梅新林　俞樟华　钟晨音　王锐　潘德宝　撰

中国现代学术编年

第十卷　（1943—1945）

华东师范大学出版社·上海

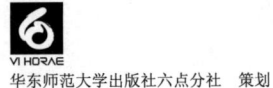

华东师范大学出版社六点分社　策划

浙江省哲学社会科学重点研究基地"浙江工业大学浙江学术文化研究中心"重大项目

华东师范大学出版社六点分社　策划

目　　录

凡　例

一、《中国现代学术编年》(以下简称《编年》)是一部以编年体著录中国现代学术发展历程与成果的集成性之作,同时兼具工具书的检索功能。

二、《编年》起于1911年,迄于1949年,在时间上与《中国学术编年》相衔接和贯通。

三、《编年》共分12卷,约1800万字,收录10万余位学者,8万余部学术著作,5万余篇学术论文。

四、《编年》具有自己独特而鲜明的学术追求,重点关注本时段学术主流特色与学术发展趋势两个方面,重在揭示以下四大规律:

1. 注重中国学术史的宏观发展演变历程,以见各代学术盛衰规律;

2. 注重学术流派的源起、形成、鼎盛及至解体历程,以见学术流派的兴替规律;

3. 注重学术群体的区域流向、移位、承变历程,以见学术中心的迁移规律;

4. 注重中外学术的冲突、交流与融合历程,以见跨文化的学术传通规律。

五、《编年》综合吸取历代史书与各种学术编年之长而加以融通之,率先采用一种新的编撰体例,由学术背景、学术活动、学术论文、学术著作、学者生卒、学术评述六大栏目构成,同时在各栏目适当处加按语,合之为七大板块。若遇跨类,则以"互见法"于相应栏目分录之。

六、《编年》中的"学术背景"栏目以事件进程为序著录,着重反映深刻影响中国学术史发展进程的重大文化政策以及政治、经济、军事、外交诸方面的重大事件,重点突显中西交融与新旧转型的时空特征,以考察学术演变的特定时代背景及其对学术思潮、治学风尚的影响。

七、《编年》中的"学术活动"栏目以人物兴替为序著录,着重记述学者治学经历、师承关系和学术交流活动,以明学术渊源之所自、学术创见之所成、学术流派之脉络以及不同流派之间的争鸣、兴替轨迹。其中学者仕历与学术思想和学术活动之演变关系密切,故多予著录。人物兴替以空间流向为板块,以学坛领袖为中心,以学术大师为主角,以代际交替为序列,有时遇相关或相近活动则一并著录之。

八、《编年》中的"学术论文"栏目以论文刊载时间为序著录,着重记述具有代表性的学术论文,兼录奏疏、序跋、书信以及译文等等。鉴于5万余篇学术论文的海量文献,故而按照学术论文发表的刊物为序编排。

九、《编年》中的"学术著作"栏目以著述类型为序著录,着重记述具有代表性的学术著作,包括纂辑、校勘、评点、注释、考证、译著等等。鉴于8万余部学术著作的海量文献,故而分为往代著述、时人自著、译著以及编译四种类型,其中往代著述以时代为序,时人自著以类别为序,译著以国别为序,编译以未署名的著作列于最后。

十、《编年》中的"学者生卒"栏目以卒年生年为序著录,又分卒年、生年两小栏。其中卒年栏著录学者姓名、生年、字号、籍贯以及代表性的重要著述,凡特别重要人物,略述其一生主要成就、贡献与地位、传记资料及后人的简单评价。

十一、《编年》中的"学术评述"栏目,以上述文献著录为基础,再就每年的学术活动与成果以及发展趋势加以简要归纳和揭示,犹如揭示各代学术发展的"纲目",以此与以上各栏目的"按语"组合起来,即相当于一部简明学术史。

十二、《编年》采用正文加按语的形式著录。按语的主要内容是:

1. 价值评判。即对学术价值以及对学术之影响进行评价,直接评价或引用前人成说皆可。

2. 原委概述。对其缘起、过程、流变、结果、影响诸方面作一概要论述。

3. 补充说明。即对其具体内容以及相关背景材料再作扼要说明。

4. 史料存真。即录下比较珍贵的史料或略为可取的异说,裨人参考。

5. 考辨论断。对于异说或有争论者,略加考辨并尽量作出断论,或择取其中一说。

"按语"犹如揭示各代学术发展的"纲目",更具学术史评述的容量与特点。

十三、《编年》采用公元纪年,配之以民国与干支年号。凡因农历与公历差异产生年份出入问题,以公历为准。鉴于公元纪年始于1912年,此前的1911年以两者兼录作为过渡。无法确切考定月、日者,用"是年""是月"标之。凡在系年上有分歧而难以断定者,取一通行说法著录之,另以按语录以他说。

十四、《编年》所涉及的地名,以民国行政区划为据,一般不注今地名。

十五、《编年》以文集、目录(图书与报刊目录)、年谱、年鉴、传记、日记、笔记、回忆录等为主要材料依据,同时也重点参考了相关学案、编年以及学术史论著。所录文献,引文标注所出,以示征信;其他材料,限于体例,未能一一注明所出。

十六、《编年》充分借鉴和吸取了学界前辈同仁的诸多学术成果,包括文集、目录、索引、年谱、年鉴、传记、日记、笔记、回忆录、评述、学案、编年以及相关学术史论著等,除了部分见于《前言》以及有关条目"按语"之外,主要载于最后所列"征引与参考文献",包括著作与论文两个方面。征引与参考文献的著录顺序:先著作,后论文,按拼音先后排序。

十七、《编年》根据一以贯之的统一要求与体例格式进行编写,但根据学术发展演变的实际情况或有变通处理,力求达到规范与变通的有机结合。

1943 年　民国三十二年　癸未

一、学术背景

1月3日，教育部成立国际学术文化资料供应委员会，管理国际友人为协助我国科学文化事业所输入之学术图书影片，同时开放阅览。

<small>按：国际学术文化资料供应委员会委员有顾毓琇（主席）、任鸿隽（副主任）、袁同礼（执行秘书）、叶企孙（会计）、蒋廷黻、杭立武、陈可忠、吴俊升、刘秉洪、魏学仁、蒋复璁等 11 人，由美国驻华大使馆参赞柯乐伯、学术资料服务处主任费正清，代表美方与委员会进行合作。</small>

1月7日，国民政府教育部第 8 次修正《教育部组织法》，裁撤视察员，将督学名额由 8 至 16 人增为 30 至 40 人。（参见中央教育科学研究所编《中国现代教育大事记 1919—1949》，教育科学出版社 1988 年版）

是日，《大公报》发表社评《中国必须收复台湾》，反对美国《太平洋关系备忘录》将台湾列为战后国际共管区。

1月9日，南京汪伪政府对英美宣战，并同日本政府联合发表《日华共同宣言》。

1月11日，中美、中英分别在重庆和华盛顿签订《关于取消英国在华治外法权及其有关特权条约》和《关于取消美国在华治外法权及处理有关问题之条约》，自此开始废除清末以来列强强加于中国的不平等条约。

1月13日，《解放日报》载：大后方青年学生营养不良，体弱多病。据中国红十字会救护总队派医生至三民主义青年团贵阳夏令营对全营学生 708 人进行体检，健康学生仅有 181 人，其余都有沙眼或肺病等。（参见中央教育科学研究所编《中国现代教育大事记 1919—1949》，教育科学出版社 1988 年版）

1月15日，晋察冀边区参议会正式成立，颁布《晋察冀边区施政纲领》。

是日，《解放日报》载：燕京大学学生体检结果，患肺病者占 1/5。

1月25日，国民政府教育部奉行政院令转令各省教育厅及师范院校：加强师范毕业生的管理，严密统制师范生服务，禁止机关团体招用服务未满的师范生。（参见中央教育科学研究所编《中国现代教育大事记 1919—1949》，教育科学出版社 1988 年版）

2月15日，陕甘宁边区政府教育厅发信给各分区专员、各县县长，下达本年教育工作中的四项指示。其内容包括：一、边区教育总的实施方针是，第一在职干部教育，第二学校干部教育，第三社会教育，第四国民教育。二、总结过去工作，为全边区教育会议作准备。三、执行中等学校国民教育精简政策，将中心力量放在完小，整顿普通小学。四、教育行政坚持

民主集中制。（参见中央教育科学研究所编《中国现代教育大事记 1919—1949》，教育科学出版社 1988 年版）

2 月 16 日，中央图书杂志审查委员会拟定，行政院指令备案《奖励优良书刊剧本办法》。（参见吴永贵《民国图书出版史编年：1912—1949》，社会科学文献出版社 2018 年版）

2 月 18 日，宋美龄在美国国会发表了 20 分钟的演讲，这是美国历史上第二位登上这一讲坛的女性，演讲赢得了众议员们热烈而长久的掌声与欢呼声。

按：曾静《论 1943 年宋美龄在美国的演讲及其影响》（《理论月刊》2009 年第 7 期）认为："1943 年 2 月至 4 月，宋美龄先后在美国国会山等地发表的 7 次正式演讲，意义重大、影响深远：向美国朝野宣传了中国抗战情况；争取到美国对华更多军事援助；推动了美国各界的对华募捐；促成了美国国会废除《排华法》。总之，其演讲对中国继续抗战及提高中国的国际地位，发挥了不可替代的重要作用。"

2 月 20 日，中央图书杂志审查委员会关于实施总动员意见的 5 个方面 15 点，作为国家实施总动员的组成部分之一，通过重庆市政府下达给警察局实施。（参见吴永贵《民国图书出版史编年：1912—1949》，社会科学文献出版社 2018 年版）

2 月 26—28 日，汪伪国民政府教育部召开第三次教育行政会议，讨论战时教育方针。汪精卫在会上讲话，要与会人员同心协力，努力推进新国民运动，"死中求生，亡中求存"。

按：3 月 1 日《申报》，第三次全国教育会议，昨日已圆满开幕，参与代表均愿实践决议，共同负起战时教育重任：（南京廿八日中央社电）昨日（廿八日）为第三次全国教育行政会议最后一日，上午九时开第三次全体会员大会……（四）第五组其他组各提案，其中关于教科书问题有樊仲云、瞿孟锴、邵鸣九、戴英夫等，相继发表意见，均对现在环境体制下，教育部于教科书之编审印发四种工作以往之努力，深致钦佩。惟印发两事，仍请教育部力求打破事实上之困难，并应转请教部呈请行政院设立国营印刷公司，并希望教科书编审之后，由部准许各书局自由印行，辗转翻印，以应需要。其余各案，均照审查意见通过。（参见中央教育科学研究所编《中国现代教育大事记 1919—1949》，教育科学出版社 1988 年版；吴永贵《民国图书出版史编年：1912—1949》，社会科学文献出版社 2018 年版）

是月，伪华北政务委员会教育总署制定并颁布《32 年度华北教育施策要纲》及实施方案。

按：《要纲》规定四项内容：一、协力食粮增产运动。中学添授农业课程。动员学生增产食粮。二、实施集团训练。组织少年团、青年团，实施严格训练。实施勤劳服务。三、肃正思想，革新生活。由学校及社会教育机关宣传倡导，使大东亚解放新国民运动具体化。确立中日共存共荣，协力完成大东亚战争之信念。四、提倡体育及正当娱乐。（参见中央教育科学研究所编《中国现代教育大事记 1919—1949》，教育科学出版社 1988 年版）

3 月 8 日，台湾日本总督府再次修正《台湾教育令》，实施国民义务教育，缩短中等以上学校学生在学年限，废止书房（私塾）。在高山族居住地区设教育所，由警务局管理，或由警察兼任教员。（参见中央教育科学研究所编《中国现代教育大事记 1919—1949》，教育科学出版社 1988 年版）

3 月 10 日，蒋介石署名、陶希圣执笔的《中国之命运》由重庆正中书局刊行。此书宣扬"一个政府、一个党、一个领袖"的"国家中心论"，宣称"中国之命运，完全寄托于中国国民党"。

按：据全国各大报刊所刊登的宣传中，统一宣称该书是"现代最伟大的著作""中国独立自由的明灯""中国革命建国的指南""中国近百年史的写照""告诉我们为什么要革命""为什么要抗战"等。至本年末，重印达 200 余次。次年初，由蒋介石略改的增印本，也大量印行重庆市及全国各地。《中国之命运》出版后，国民党通令国统区各机关、团体、军队、学校都要阅读。6 月，《出版通讯》第 2 卷第 3 期刊载了中国国民党宣传部 1943 年制定的《各机关团体仿印〈中国之命运〉办法》。(参见吴永贵《民国图书出版史编年：1912—1949》，社会科学文献出版社 2018 年版)

按：是书出版后，中共中央曾为此召开专门会议，由刘少奇主持，陈伯达、艾思奇、范文澜、王学文、何思敬、齐燕铭、吕振羽、陈唯实等参加，会议决定对《中国之命运》进行深入批判。

3 月 12 日，国民政府教育部将原颁《中等以上学校导师制纲要》分订为《专科以上学校导师制纲要》12 条及《中等学校导师制纲要》10 条。

3 月 16 日，中共中央西北局决定，延安大学、鲁迅艺术文学院、自然科学院、民族学院、新文学干部学校合并，名称仍为延安大学。

3 月 16—20 日，中共中央召开政治局会议，参加会议的有毛泽东、刘少奇、任弼时、朱德、康生、凯丰、博古、邓发、张闻天、杨尚昆、彭真、高岗、叶剑英共 13 人。会议通过了《中共中央关于中央机构调整及精简的决定》，推选毛泽东为中央政治局主席、中央书记处主席。

按：会议决定：中央书记处由毛泽东、刘少奇、任弼时组成，根据政治局决定的方针处理日常工作；刘少奇参加中共中央军委并任军委副主席；设立中央宣传委员会和中央组织委员会，作为中央政治局和中央书记处的助理机关。中央宣传委员会由毛泽东、王稼祥、博古、凯丰组成，毛泽东兼书记。中央组织委员会由刘少奇、王稼祥、康生、陈云、张闻天、邓发、杨尚昆、任弼时组成，刘少奇兼书记。

3 月 27 日，国民政府教育部指定社会教育学院、国立贵州师范学校、国立幼稚师范学校、中国乡政建设育才学院、国立师范学院等 5 校，对国民教育若干问题进行实验。其中包括：如何推进国民教育问题、如何谋求政教联系问题、如何推进失学民众补习教育问题等。(参见中央教育科学研究所编《中国现代教育大事记 1919—1949》，教育科学出版社 1988 年版)

是日，张闻天发表《出发归来记》一文，共分 10 个问题：(一)出发经过；(二)打破教条的囚笼；(三)从实际出发；(四)调查研究是从实际出发的中心一环；(五)在实际中和在群众中审查工作；(六)生产力与生产关系的调查研究；(七)着重典型；(八)分析与综合；(九)调查方法点滴；(十)坚持下去。全文精辟地论述了共产党人对调查研究应当采取的态度和进行调查研究的基本方法。

按：张闻天于 1942 年 1 月 26 日至 1943 年 3 月 3 日率领"延安农村工作调查团"，深入基层，深入群众，开展调查研究。他在陕北地区先后调查了神府县直属乡贺家川、米脂县、杨家沟村、西川、双湖峪市镇乡，并在晋西北调查了兴县高家村。搜集整理出《贺家川 8 个自然村的调查》《杨家沟地主调查》《兴县 14 个自然村的土地问题研究》等调查研究报告，坚持了马克思列宁主义和中国革命具体实践相结合的原则。参加调查团的有马洪、刘英、雍文涛、薛光军、曾彦修、尚明、徐羽、许大远、薛一平等。

是日，中华全国文艺界抗敌协会在重庆举行第五届年会，主席邵力子致辞，舒舍予报告会务，郭沫若、茅盾等演说。

3 月 29 日，教育部是日起至 4 月 4 日在全国举行第二届师范教育运动周，以推进师范教育。

是月，英国皇家学会会员李约瑟与牛津大学希腊文教授道兹(或译托德斯)等人组成英国文化科学使团，对中国进行人道主义援助，时间长达 4 年。

按：李约瑟一行先在云南昆明访问西南联合大学与中央研究院，并为这几家单位输送部分图书、仪器等紧缺物品。3 月 21 日到达重庆，先与中央研究院总办事处总干事叶企孙讨论战后中国与欧洲科学合作事宜，又与吴铁城、陈立夫、王世杰、翁文灏、张道藩、蒋廷黻、蒋梦麟、朱家骅、梅贻琦等人分别晤谈。受朱家骅聘请，李约瑟、道兹出任中央研究院通讯研究员。是年 6 月，在重庆成立中英科学合作馆，李约瑟任馆长，成员由 6 位英国科学家和 10 位中国科学家组成。

3 月 31 日，伪满民生部修订学校规程，使学校各科课程增加服务于日本侵略战争的内容,将"终日训练""勤劳奉仕"列为正式课程;并公布《战时学生体育训练要纲》,规定体育应有军事训练性质,以养成学生的"尚武精神"和"国家观念"。(参见中央教育科学研究所编《中国现代教育大事记1919—1949》,教育科学出版社1988年版)

是月,全国方音注音符号修订会议通过《中国语音分析符号总表》及《方音注音符号》。

按:随后,国民政府教育部将《总表》及《符号》令发各省市及大学采用参考。(参见中央教育科学研究所编《中国现代教育大事记1919—1949》,教育科学出版社1988年版)

4月1日,台湾总督政府宣布全台实施义务教育。

是日,伪满再次成立文教部,卢元善任文教部大臣。

4月3日,中共中央发布《关于继续开展整风运动的决定》。

按:这个决定对于国民党特务分子的渗入作了过于严重的估计,以致后来的反特斗争扩大化。《决定》认为,"自抗日民族统一战线成立与我党大量发展党员以来,日寇与国民党大规模地施行其特务政策,我党各地党政军民学机关中,已被他们打入大批内奸分子,其方法非常巧妙,其数量至足惊人"。

4月5日,国民党第五届中央常委会第二四次会议备案《总裁著述及各种训词小册普遍印行办法》。(参见吴永贵《民国图书出版史编年:1912—1949》,社会科学文献出版社2018年版)

4月15日,中国外交部长宋子文与美国海军部长诺克斯,在华盛顿签订《中美特种技术合作协定》。

是日,中共中央书记处发出《关于统一延安出版工作的通知》。

4月19日,正中书局、商务印书馆、中华书局、世界书局、大东书局、开明书店、文通书局等7个出版机构在重庆成立"国定本中小学教科书七家联合供应处",主要任务是协调分配全国中小学教科书的印刷、发行及运供等。

按:7月2日《大公报》,商务印书馆、正中书局、中华书局、开明书店、世界书局、大东书局、文通书局发布教科书供应联合声明:"本局馆店等兹谨遵照教育部令,并为协助政府推行国家教育政策起见,特联合组织'国定中小学教科书七家联合供应处',经与教育部订立合约,取得印行国定教科书供应全国之特权。现该处业已假重庆复兴路15号迁川大厦正式成立,并已开始分区赶印国定教科书,期能及时普遍供应全国各地。谨此公告。"(参见吴永贵《民国图书出版史编年:1912—1949》,社会科学文献出版社2018年版)

4月27日,国民政府军事委员会颁布《军事机关学校部队军用出版物审查办法》6条,规定各军事机关、学校、部队所出之杂志、刊物,须先将原稿呈送各该单位直属之中央主管机关审查核准,并转知中央图书杂志审查委员会发给免审证后,方得印行。(参见吴永贵《民国图书出版史编年:1912—1949》,社会科学文献出版社2018年版)

是月,国立编译馆为介绍西洋文化、学术,特成立翻译委员会,聘请梁实秋、吴俊升、邵鹤亭、潘洛基、杜殿英、瞿菊农等为委员,并函国内各科专家,征询应译书目,以便对西洋名著作有系统之介绍。(参见吴永贵《民国图书出版史编年:1912—1949》,社会科学文献出版社2018年版)

5月1日,晋察冀行政委员会发出《纪念六六教师节办法的通知》。

5月5—7日,国民政府教育部在重庆举行师范教育讨论会,主要研究师范教育制度及师范学校课程之改进、保送学生入师范学校、加强师范生专业训练、统制师范生服务等问题。院校代表、教育专家及教育部有关人员48人参加。(参见中央教育科学研究所编《中国现代教育大事记1919—1949》,教育科学出版社1988年版)

5月8日,昆明学生3000余人,在西南联大集会纪念"五四"。联大教授朱自清、闻家驷、闻一多等发言,勉励大家继承"五四"时代的民主与科学精神,为争取民主而奋斗。(参见中央教育科学研究所编《中国现代教育大事记 1919—1949》,教育科学出版社 1988 年版)

5月15日,苏联为拉拢西方,联合对抗纳粹德国,令共产国际执行委员会主席团作出《关于提议解散共产国际的决定》。

5月22日,苏联向全世界公布了《关于提议解散共产国际的决定》。

是日,中国宗教徒联谊会在重庆成立,于斌、太虚、白崇禧、冯玉祥等为常务理事。

5月24日,国民政府教育部在重庆召开各省市教育行政检讨会议,检讨过去教育行政实践,商讨今后改进办法及本年度施政计划。教育部有关人员、中央有关部会代表及各省市教育厅局长出席。

按:议决的议案有:设私立中学应加限制案、私立中学应添职业科案、县立中学应尽先发展初中案、师范学校制度应针对国民教育新县制重新厘定案、充实中心学校案、积极推行补习教育案等 99 件。(参见中央教育科学研究所编《中国现代教育大事记 1919—1949》,教育科学出版社 1988 年版)

5月27日,中共中央作出由毛泽东提议并亲自审订的《关于一九四三年翻译工作的决定》,指出"翻译工作尤其是马列主义古典著作的翻译工作,是党的重要任务之一""为提高高级干部理论学习,许多马恩列斯的著作必须重新校阅",并组建由凯丰、博古、洛甫、师哲、许元祯、杨尚昆、赵毅敏等组成的翻译校阅委员会,负责具体工作任务。

是月,中央图书杂志审查委员会编的《审查法规辑要》,由中央图书杂志审查委员会出版。(参见吴永贵《民国图书出版史编年:1912—1949》,社会科学文献出版社 2018 年版)

是月,国立礼乐馆在重庆成立,汪东任馆长,其职能掌管厘定礼制乐典及音乐教育事项,并编审与教育部有关的礼乐书籍、图表、乐器等。(参见中央教育科学研究所编《中国现代教育大事记 1919—1949》,教育科学出版社 1988 年版)

是月,中美特种技术合作所在重庆成立。

6月1—3日,伪华北政务委员会教育总署在北京召开教育行政会议。会议要求所辖各省市教育厅局,"切实遵照上年十一月本总署通令颁行之教育刷新实施纲要,洞察时代动向,统筹全局,涤除欧美功利主义,发扬东方道义精神,力谋中日文化交流,通力合作,俾完成创造新东方文化,以建设东亚新秩序之使命"。

按:会议讨论议案共 50 件,其中请统筹救济办法以维中小学教员生计方面的议案有 5 件。(参见中央教育科学研究所编《中国现代教育大事记 1919—1949》,教育科学出版社 1988 年版)

6月4日,中共中央政治局发表由毛泽东起草的《关于领导方法的决定》。

按:这个《决定》集中了整风运动的经验,同时也集中了中国共产党领导革命工作的长期经验,对于领导工作的基本方法作了说明。这个决定深刻阐述了一般号召和个别指导相结合、领导和群众相结合的领导方法。决定指出:"在我党的一切实际工作中,凡属正确的领导,必须是从群众中来,到群众中去。这就是说,将群众的意见(分散的无系统意见)集中起来(经过研究化为系统的意见),又到群众中去做宣传解释,化为群众的意见,使群众坚持下去,见之于行动,并在群众行动中考验这些意见是否正确。然后从群众中集中起来,再到群众中坚持下去。如此无限循环,一次比一次更正确、更生动、更丰富,这就是马克思主义的认识论。"(《毛泽东选集》第 3 卷)《决定》号召党的一切领导同志必须随时拿马克思主义的科学领导方法克服官僚主义的领导方法。

6月6日,"工程师节"获得社会部、教育部、内政部认可,并由行政院备案。是年"工程师节",中国工程师学会在重庆举行规模盛大的庆祝大会。

6月10日,共产国际执行委员会正式宣告解散共产国际。国民党利用共产国际解散的时机，提出"解散共产党""取消陕北特区"，掀起抗日战争时期的第三次"反共"高潮。

是日，伪南京国民政府公布《战时文化宣传政策基本纲要》。

6月11日，国民政府教育部公布《电化教育巡回工作队组织通则》22条。

6月18日，胡宗南到陕北洛川召开"反共"军事会议，部署进攻陕甘宁边区。

6月19日，国民政府教育部公布《社会教育机关工作人员检定规程》14条及《社会教育机关工作人员检定委员会组织规程》9条。

按：两个《规程》规定：各省市应组成检定委员会，每年对社会教育机关工作人员举行检定一次。检定分试验与无试验两种，检定合格发给证书。检定合格者优先享受各种法定待遇。（参见中央教育科学研究所编《中国现代教育大事记1919—1949》，教育科学出版社1988年版）

6月22日，国民政府教育部发出关于女子师范教育的通电。

按：电文云：本部曾规定每区必达到设置男女师范各一所之原则，本年暑假除高等师范学校招收女生学习师范外，各省应添设女子师范学校或女子师范部；县添设女子简易师范学校或班级。（参见中央教育科学研究所编《中国现代教育大事记1919—1949》，教育科学出版社1988年版）

6月22日，汪伪国民政府行政院第167次会议决定设立浙江大学。

7月4日和6日，八路军朱德总司令分别致电胡宗南、蒋介石，严正抗议国民党进犯陕甘宁边区的挑衅活动。

7月6日，刘少奇在《解放日报》上发表《清算党内的孟什维（克）主义思想》，使用了"毛泽东同志的思想""毛泽东同志的思想体系"的概念。

是日，国民党第五届中央常务委员会第二〇五次会议通过《试办管理出版事业计划纲要》。（参见吴永贵《民国图书出版史编年：1912—1949》，社会科学文献出版社2018年版）

7月7日，国民党中常会秘书处根据中央出版事业管理委员会第九次出版界座谈会的议定，通知各省市党部，关于保障作家生活、提高稿费版税作如下规定：1. 稿费最低千字30元，以重庆为准，各地视生活情形酌量增减之；2. 版税初版按出版书局售价抽15%。（参见吴永贵《民国图书出版史编年：1912—1949》，社会科学文献出版社2018年版）

7月8日，王稼祥在《解放日报》上发表《中国共产党与中国民族解放的道路》，纪念共产党成立22周年和抗战6周年，提出"毛泽东思想"的概念。

按：文章说："中国民族解放的整个过程中——过去、现在与未来——的正确道路就是毛泽东同志的思想，就是毛泽东在其著作中与实践中所指出的道路。毛泽东思想就是中国的马克思列宁主义，中国的布尔什维主义，中国的共产主义。""毛泽东思想与中国共产党的民族解放的正确道路是在与国外国内敌人的斗争中，同时又与共产党内部错误思想的斗争中生长、发展与成熟起来的""以毛泽东思想为代表的中国共产主义，是以马克思列宁主义的理论为基础，研究了中国革命的现实，积蓄了中共二十二年的实际经验，经过了党内党外的曲折斗争而形成起来的。"毛泽东思想"是马克思列宁主义与中国革命运动实际经验相结合的结果"。

是日，国民政府教育部颁发《提高师范学校教员薪给实施要点》及《改善师范学校教导环境实施要点》7条。

7月9日，延安各界群众3万余人举行紧急动员大会，发出呼吁团结、反对内战的通电。在解放区人民强烈抗议和全国进步人士及国际舆论的反对下，国民党顽固派被迫停止了第三次"反共"高潮。

7月13日，博古在《解放日报》上发表《在毛泽东的旗帜下，为保卫中国共产党而战！》，认为毛泽东的方向，"就是我们全党的方向，也是全国人民的方向"。

按:文章说:"我们有党的领袖,中国革命的舵手——毛泽东同志,他的方向就是我们全党的方向,也是全国人民的方向,他总是在最艰难困苦之中,领导党和人民走向胜利与光明。我们有取得胜利的一切条件!军事威胁,不足以慑服共产党,挑拨离间不足以分化共产党,相反,我们将更紧密地团结在毛泽东同志为首的中央周围,在毛泽东的旗帜下战斗,并且取得胜利!"

7月15日,康生在延安作《抢救失足者》报告,掀起"抢救运动",大搞逼供信,大批干部受到严重伤害。

7月19日,国民政府教育部颁发《教育部派遣国外留学公费生管理办法》8条。

按:《办法》规定:留学生在国外就学实习等事宜请当地中国使馆代为接洽。留学生一切生活行动应接受使馆的管理与指导。派定的研究或实习不得变更。留学生研究期满应即回国。教育部废止以前颁布的限制留学生办法后,本年出国留学生359人,较上年增长60%以上。(参见中央教育科学研究所编《中国现代教育大事记1919—1949》,教育科学出版社1988年版)

7月21日,陈伯达在《解放日报》上发表《评〈中国之命运〉》,批驳蒋介石的《中国之命运》,认为"中国共产党的思想,是毛泽东的思想,是中国化的马克思列宁主义"。中共中央宣传部发出关于广泛印发陈伯达《评〈中国之命运〉》的通知。

按:通知指出:各中央局,中央分局,并转各区党委:陈伯达同志《评〈中国之命运〉》一文,本日在《解放日报》上发表,并广播两次。各地收到后,除在当地报纸上发表外,应即印成小册子(校对勿错),使党政军民干部一切能读者每人得一本(陕甘宁边区印一万七千本),并公开发卖。一切干部均须细读,加以讨论。一切学校定为必修之教本。南方局应设法在重庆、桂林等地密印密发。华中局应在上海密印密发。其它各根据地应散发到沦陷区人民中去。一切地方应注意散发到国民党军队中去。应乘此机会作一次对党内党外的广大宣传,切勿放过此种机会。

按:《解放日报》除发表陈伯达的批判文章外,还相继发表了范文澜的《谁革命?革谁的命?》(8月1日)、齐燕铭的《驳蒋介石的文化观》(8月9日)、艾思奇的《〈中国之命运〉——极端唯心论的愚民哲学》(8月11日)、续范亭的《感言》(8月16日)、焕南的《新"圣谕广训"》(8月21日)、默涵的《谁是中国人》(8月21日)、萧三的《向国民党紧急动议两件事——为了国家民族、为了青年后代》(9月8日)、姚仲明的《事实胜于雄辩》(9月15日)等文章。(参见吴永贵《民国图书出版史编年:1912—1949》,社会科学文献出版社2018年版)

是日,国民政府教育部颁布《各级学校德育日工作大纲》6条。

按:《大纲》规定星期日为学校德育日,各级学校实行开放。德育日举行国民周会及月会,推行新生活运动及社会服务,利用学校作为社会教育活动中心,提高国民道德。学校应鼓励学生注重实践,增进品德修养。(参见中央教育科学研究所编《中国现代教育大事记1919—1949》,教育科学出版社1988年版)

7月23日,中央图书杂志审查委员会规定,自8月1日起,凡属中央机关及文化团体,出版不公开发售的中、英文刊物,不论适合免审规定与否,均应一律将原稿检送重庆市图书杂志审查处审查,以凭核发审查证或免审证。(参见吴永贵《民国图书出版史编年:1912—1949》,社会科学文献出版社2018年版)

8月6日,周恩来在《解放日报》发表《在延安欢迎会上的演说词》,认为:"毛泽东同志的方向,就是中国共产党的方向!毛泽东同志的路线,就是中国的布尔塞维克的路线!"

8月7日,吕振羽在《解放日报》上发表《国共两党和中国之命运——驳蒋著〈中国之命运〉》,认为"共产党自有其贯彻始终的马克思主义,应用在现阶段中国具体情况具体革命斗争的马克思主义,就是毛泽东同志的新民主主义,新民主主义是马列主义的发展,是民族化的马列主义"。

8月8日,周恩来在中央党校开学典礼上发表讲话,认为毛泽东同志思想所贯穿的路线就是中国布尔什维克的路线。毛泽东在中共中央党校第二部开学典礼大会上的讲话中,公开点出"王明、博古、洛甫教条宗派"。他提出党的四中全会以后,党内存在两个宗派:一个是教条主义宗派,一个是经验主义宗派。

8月15日,中共中央通过《关于审查干部的决定》,纠正"抢救运动"的错误。

8月16日,《解放日报》发表周恩来的《论中国的法西斯主义——新专制主义》,批判蒋介石的《中国之命运》。

8月17日,国民政府教育部公布《各省市师范学校毕业生免试保送升学办法》8条。

按:《办法》规定:师范学校毕业生免试升学,暂以保送师范学校或师范学院为限。凡服务8年以上,毕业成绩75分以上,操行、体育成绩在乙等以上的简易师范毕业生,年在25岁以下者可申请保送师范学校。师范学校毕业,年在30岁以下者可申请保送师范学院。(参见中央教育科学研究所编《中国现代教育大事记1919—1949》,教育科学出版社1988年版)

8月20日,中央图书杂志审查委员会列出1942年4月至1943年8月的审查剧本目录,计不准上演者116种,须修改后始准上演者7种。(参见吴永贵《民国图书出版史编年:1912—1949》,社会科学文献出版社2018年版)

8月23日,延安《解放日报》发表《国共两党抗战成绩的比较》和《中国共产党抗击的全部伪军概况》两个文件。

8月24日,汪伪国民政府任命陈柱国为浙江大学校长。

8月31日,国民政府教育部公布《教育部奖励中心学校及国民学校教员编著儿童读物办法》10条。

按:《办法》规定:儿童读物分文学、常识两种,编著分创造、重述、翻译、搜集四类。当选作品,由教育部核发奖金并陆续刊行。(参见中央教育科学研究所编《中国现代教育大事记1919—1949》,教育科学出版社1988年版)

是日,国民政府教育部公布《教育部办理国民教育通讯研究办法》10条。

按:《办法》规定:有关国民教育行政组织、课程、教材、教法、国民教育理论等方面的研究报告或问题解答,可用书面报送教育部国民教育辅导研究委员会审核。对确有心得或有特殊贡献的作品,将分别赠予图书或奖金。(参见中央教育科学研究所编《中国现代教育大事记1919—1949》,教育科学出版社1988年版)

是月,中央图书杂志审查委员会颁布《修正图书杂志送审须知》。

9月5日,国民政府行政院核准《中央图书杂志审查委员会书刊审议委员会组织规程》和《修正中央图书杂志审查委员会奖励优良图书、戏剧、电影办法》。(参见吴永贵《民国图书出版史编年:1912—1949》,社会科学文献出版社2018年版)

9月6—13日,中国国民党五届十一次全会在重庆召开,选举蒋介石任国民政府主席兼行政院长。全会决议修改《中华民国国民政府组织法》,通过《文化运动纲领草案》。大会还由中央秘书处作《关于中国共产党破坏抗战危害国家案件总报告》,并作出"反共"决议。

9月9日,伪华北政务委员会教育总署训令颁发《救济失学办法》。

按:《办法》提出:设法恢复事变前各级学校,利用废置院校及英美系教会学校开办学校。并提出小学推行二部制、补助优良私立中学等办法。同时规定,变更大学同日招生办法为异日招生,早日发榜,以利投考。(参见中央教育科学研究所编《中国现代教育大事记1919—1949》,教育科学出版社1988年版)

9月27日,汪伪国民政府任命钱慰宗为浙江大学校长。

9 月 30 日,国民政府教育部令发《扩大科学化运动工作要项》。

按:该文件指出:为扩大科学化运动,各校应组织有关科学课题的作文或讲演;整理公布日常生活中的科学问题;开放学校实验室、工厂、农场等有关科学设备。各社会教育机关应组织有关科学的讲演,或派宣传队深入民间,普及科学常识,放映有关的电影幻灯,张贴壁报标语,出版刊物,以提高群众对科学的认识。(参见中央教育科学研究所编《中国现代教育大事记 1919—1949》,教育科学出版社 1988 年版)

10 月 1 日,中共中央发出《开展根据地的减租、生产和拥政爱民运动》的指示。

10 月 2 日,国民政府教育部颁发《各省市清寒优秀师范生奖学金办法》6 条。

10 月 4 日,国民党第五届中央常务委员会第二三九次会议备案《中央宣传部各地书刊供应处组织通则》。(参见吴永贵《民国图书出版史编年:1912—1949》,社会科学文献出版社 2018 年版)

是日,军事委员会核准施行《战时新闻禁载标准》《战时新闻违检惩罚办法》。

是日,行政院公布《战时气象资料管理规则》。

10 月 10 日,中共中央决定党的高级干部重新学习和研究党的历史和路线是非问题,整风运动进入总结提高的阶段,全党整风运动告一段落。

按:全党整风运动,是一次马克思列宁主义教育运动,是用正确认识克服错误认识、用无产阶级思想克服非无产阶级思想的思想革命运动,也是打破党内以王明为代表的教条主义束缚的伟大的思想解放运动。它对推动马克思列宁主义和中国革命的具体实践相结合,具有重大意义,对正确解决无产阶级政党的建设,是一次成功的实践。

是日,中国文化服务运输公司成立,杨哲夫任总经理,属官商合办。其主要任务是解决后方各省教科书之供应,并先以西南线为着手点,其时,成都各处均已成立运输站,还拟分别向东南及沦陷区推广。(参见吴永贵《民国图书出版史编年:1912—1949》,社会科学文献出版社 2018 年版)

10 月 11 日,国民政府内政部通告,对于未经审查地图,于本日起派员分别派人施行查检。(参见吴永贵《民国图书出版史编年:1912—1949》,社会科学文献出版社 2018 年版)

10 月 12 日,国民政府教育部颁发《国立职业学校职业科目教职员补助金办法》6 条。

10 月 20 日,中央总学委发出《关于学习毛泽东〈在延安文艺座谈会上的讲话〉的通知》。

按:通知说:"《解放日报》十月十九日发表的毛泽东同志在一九四二年五月延安文艺座谈会上的讲话,是中国共产党在思想建设理论建设的事业上最重要的文献之一,是毛泽东同志用通俗语言所写成的马列主义中国化的教科书。此文件绝不是单纯的文艺理论问题,而是马列主义普遍真理的具体化,是每个共产党员对待任何事物应具有的阶级立场,与解决任何问题应具有的辩证唯物主义历史唯物主义思想的典型示范。各地党收到这一文章后,必须当作整风必读的文件,找出适当的时间,在干部和党员中进行深刻的学习和研究,规定为今后干部学校与在职干部必修的一课,并尽量印成小册子发送到广大的学生群众和文化界知识界的党外人士中去。"(根据 1943 年 10 月 22 日《解放日报》刊印)

10 月 23 日,国民党中央图书杂志审查委员会发布《取缔剧本一览表》,共开列了 116 种不准出版或演出的剧本。(参见吴永贵《民国图书出版史编年:1912—1949》,社会科学文献出版社 2018 年版)

10 月 30 日,中、美、英、苏四国在莫斯科签署《普遍安全宣言》,这一宣言确定了成立联合国的基本原则。

按:《普遍安全宣言》简称《四国宣言》。其主要内容是:一、四国对轴心国继续敌对行动,直至他们无条件投降;二、四国同意采取措施,保证由战争迅速有序地过渡到和平,并建立与维持国际和平与安全,使全世界用于军备的人力与资源达于最小限度;三、四国承认有必要根据爱好和平国家主权平等的原则,建立一普遍性的国际组织;四、四国在普遍安全制度建立以前,将彼此磋商,代表国际社会采取共同行动,以维持国际和平与安全;五、四国约定在战争终止后,将不在其他国家领土内使用军事力量,并对战后军备管制达成一实际可行的普遍协议等。

是日,国民政府教育部公布《国立专科以上学校教员支给学术研究补助费暂行办法》5条。

按:《办法》规定:学校教员除领取原有一切待遇外,另得支给学术研究补助费便于购置图书、仪器、文具等以供参考研究。受补助的以经教育部审查合格的专任教师为限,每人补助金额按教员等级标准发给。(参见中央教育科学研究所编《中国现代教育大事记 1919—1949》,教育科学出版社 1988 年版)

是月,中共中央书记处编辑的《两条路线》出版。此书是延安整风运动中,党的高级干部在总结学习党的历史经验时的主要学习文件。《两条路线》包括了从党的成立到 1943 年22 年间党的重要历史文献 135 篇。

11 月 1 日,汪精卫抵达日本东京,参加大东亚会议。会议期间,汪、日、满、泰、缅、菲等共同签署《大东亚共同宣言》。

是日,国民政府教育部颁发《各级学校公利互助社办法》15 条。

按:《办法》规定:学校组织公利;互助社,教师学生按比例认股。教育部担保按股金的 4 倍向银行贷款,以便互助社从事生产,产品廉价卖给社员。贫苦学生及教职员子女也可向互助社申请贷款。(参见中央教育科学研究所编《中国现代教育大事记 1919—1949》,教育科学出版社 1988 年版)

11 月 4 日,国民政府教育部修正公布《大学及独立学院教员资格审查暂行规程实施细则》。

按:《细则》规定:各校现任教员应于开学前将履历、学历、著作等报请教育部审批,合格后发给证书。(参见中央教育科学研究所编《中国现代教育大事记 1919—1949》,教育科学出版社 1988 年版)

11 月 5 日,国民政府教育部修正《私立学校规程》第 6 条为“外国人不得在中国境内设立教育中国儿童之小学,其专为教育其本国儿童而设立之小学,应受所在地主管教育行政机关之管理”。(参见中央教育科学研究所编《中国现代教育大事记 1919—1949》,教育科学出版社1988 年版)

11 月 15 日,国民党第五届中央常务委员会第二四二次会议通过《党营出版事业管理办法》。(参见吴永贵《民国图书出版史编年:1912—1949》,社会科学文献出版社 2018 年版)

11 月 6 日,汪、日、满、泰、缅、菲等国在“大东亚会议”上共同签署《大东亚宣言》。

按:《宣言》宣称:大东亚各国要互相敦睦,紧密提携,普引沟通文化,进而开放资源,建设共存共荣的秩序。(参见中央教育科学研究所编《中国现代教育大事记 1919—1949》,教育科学出版社 1988 年版)

11 月 7 日,中共中央宣传部发出《关于执行党的文艺政策的决定》。

按:决定:(一)十月十九日《解放日报》发表的毛泽东同志《在延安文艺座谈会的讲话》,规定了党对于现阶段中国文艺运动的基本方针。全党都应该研究这个文件,以便对于文艺的理论与实际问题获得一致的正确的认识,纠正过去各种错误的认识。全党的文艺工作者都应该研究和实行这个文件的指示,克服过去思想中工作中作品中存在的各种偏向,以便把党的方针贯彻到一切文艺部门中去,使文艺更好地服务于民族与人民的解放事业,并使文艺事业本身得到更好的发展。(二)小资产阶级出身并在地主资产阶级教养下长成的文艺工作者,在其走向与人民群众结合的过程中,发生各种程度的脱离群众并妨害群众斗争的偏向是有历史必然性的,这些偏向,不经过深刻的检讨反省与长期的实际斗争,不可能彻底克服,也是有历史必然性的。这个真理已为根据地的无数事实所证实。因此各根据地党的文艺工作者,都应该把毛泽东同志所提出的问题,看成是有普遍原则性的,而非仅适用于某一特殊地区或若干特殊个人的问题。无论是在前方后方,也无论已否参加实际工作,都应该找到适当和充分的时间,召集一定的会议,讨论毛泽东同志的指示,联系各地区各个人的实际,展开严格的批评与自我批评。各地方与部队中党的领导机关,应该普遍负责领导所属范围内文艺工作者的这个学习运动,并检讨本身过去对文艺工作的自由主义或认识不足等缺点。须知只有经过这个学习与批评,才能使真正属于人民群众的文艺与文艺家成为可能,而这种革命文艺与革命文艺家的产生,对于根据地人民事业是有重要意义的。又须知在今天的文艺战线上,与民族斗争阶级斗争的其他战线一样,不但存在着保持小资产阶级错误思想的分子,而且还混有若干为敌人反动派所派遣的奸细破坏分子,他们过去利用我们的尊重文化人(这是对的)与若干同志中的自由主义倾向(这是错的),散布思想毒素,进行反对人民的破坏革命队伍与革命文艺队伍的纯洁性的活动;不经过认真的学习运动并使这些分子觉悟,则文艺事业的发展与根据地的巩固都将遇到困难。(三)在目前时期,由于根据地的战争环境与农村环境,文艺工作各部门中以戏剧工作与新闻通讯工作为最有发展的必要与可能,其他部门的工作虽不能放弃或忽视,但一般地应以这两项工作为中心。内容反映人民感情意志,形式易演易懂的话剧与歌剧(这是融戏剧、文学、音乐、跳舞甚至美术于一炉的艺术形式,包括各种新旧形式与地方形式),已经证明是今天动员与教育群众坚持抗战发展生产的有力武器,应该在各地方与部队中普遍发展。其已发展者则应加强指导,使其逐渐提高。各根据地有演出与战争完全无关的大型话剧和宣传封建秩序的旧剧者,这是一种错误,除确为专门研究工作的需要者外,应该停止或改造其内容。报纸是今天根据地干部与群众最主要最普遍最经常的读物,报纸上迅速反映现实斗争的长短通讯,在紧张的战争中是作者对读者的最好贡献,同时对作者自己的学习与创作的准备也有大的益处。那种轻视新闻工作,或对这一工作敷衍从事,满足于浮光掠影的宣传而不求深入实际、深入群众的态度,应该纠正。由于过去许多根据地的文艺运动都曾不适当地强调提高,故在执行这两项工作或其他任何工作中,目前的方针都应该特别着重普及方面,如戏剧工作者的主要精力即应放在指导地方与部队的群众剧团或群众戏剧活动,新闻通讯工作者及一般文学工作者的主要精力,即应放在培养工农通讯员,帮助鼓励工农与工农干部练习写作,使成为一种群众运动。在这一方面,专门化的文艺工作者必须深刻觉悟到过去对这个任务的不认识或认识不足,是已经造成了严重的损失,今后应以十分的热情与恒心来开始这个工作,在陕甘宁边区工农(首先是工农干部,八路军与工厂工人)的学习条件较好,更应以大力有系统地进行之。(四)毛泽东同志讲话的全部精神,同样适用于一切文化部门,也同样适用于党的一切工作部门。全党应该认识这个文件不但是解决文艺观文化观问题的教育材料,并且也是一般的解决人生观与方法论问题的教育材料,中央总学委对此已有明确指示。鉴于根据地知识分子大多数都是受过小资产阶级、资产阶级或地主阶级文艺的深刻影响的,在他们中间尤须深入地宣传这个文件。中共中央宣传部,一九四三年十一月七日。(1943年11月8日《解放日报》)

11月8日,国民政府教育部颁发《教师节纪念办法》5条。

按:《办法》规定教育行政机关在8月27日教师节应举行纪念仪式,表扬优良教师,改善教师待遇。各级学校应举行教育学术讲演、教师友谊会、学生慰劳教师等活动。(参见中央教育科学研究所编《中国现代教育大事记1919—1949》,教育科学出版社1988年版)

是日,国民政府教育部公布《国外留学自费派遣办法》18条。

按:《办法》规定:自费留学生由教育部统筹派遣,以600人为最高额,其中实科占60%,文科占40%。出国学生经证件审核,考试合格,方得出国留学2年。12月,举办第一届自费留学生考试。参加考试学生751人,录取327人,其中实科类160人,文科类167人,均系赴美留学。(参见中央教育科学研究所编《中国现代教育大事记1919—1949》,教育科学出版社1988年版)

11月9日,中美苏等44国代表在华盛顿签署联合国《善后救济协定》。

是日,晋察冀边区行政委员会、晋察冀边区抗联会联合发出《加强今年冬学工作的指示》。

按:《指示》要求本年的冬学运动要成为改造根据地群众思想,巩固抗日民主思想阵地的运动。要普遍进行反法西斯主义的民主的思想教育,围绕这一重心进行减租政策教育、生产教育。要扫除青年及村干部中的文盲,有重点地开展农村文化娱乐工作。要加强领导,纠正形式主义的偏向。(参见中央教育科学研究所编《中国现代教育大事记1919—1949》,教育科学出版社1988年版)

11月12日,国民党公布《文化运动纲领》,包括六个部分的内容:第一、文化的意义;第二、中华民族文化的哲学基础——民生哲学;第三、中华民族文化的建立;第四、民族文化的五大建设——心理、伦理、社会、政治、经济的建设;第五、中心工作的实施;第六、文化运动之指挥、执行、考核机构。并且规定"对内施政纲领",首先即"树立三民主义的哲学、社会科学、文艺的理论"等。(参见文天行编《国统区抗战文艺运动大事记》,四川省社会科学院出版社1985年版)

11月22日,国民政府教育部公布《学生自治会规则》21条。

按:《规则》规定。学生自治会"以根据三民主义培养学生法治精神,促进德育、智育、体育、群育之发展为目的"。自治会是学生课外活动的唯一组织,以校内组织为限,不得参加校外组织活动。中等以上学校学生一律参加学生自治会。学校训导人员负责指导学生自治会。(参见中央教育科学研究所编《中国现代教育大事记1919—1949》,教育科学出版社1988年版)

11月25日,在宪政促进会第三组会上,中央图书杂志审查委员会副主任印维廉报告审查工作之困难,国民党中央宣传部部长梁寒操主张局部废止事前检查,从而进于全面废止。(参见吴永贵《民国图书出版史编年:1912—1949》,社会科学文献出版社2018年版)

11月26日,国民政府教育部训令转发《青年节纪念日办法》。

11月22—26日,蒋介石和美国总统罗斯福、英国首相丘吉尔在埃及首都开罗举行会谈,商讨反攻日本的战略及战后国际局势的安排,制定盟军合作反攻缅甸的战略及援华方案。

11月29日,国民政府教育部公布《教育部督学服务规则》22条。

按:《规则》规定:督学视导分定期与将殊两种,定期又分分区与分类两种。每年视导一次。特殊视导依教育部次长临时命令行事。(参见中央教育科学研究所编《中国现代教育大事记1919—1949》,教育科学出版社1988年版)

是日,汪精卫在上海对大学及高中学生青年团发表训话,题为《光明的方向》。要学生以刻苦耐劳勇猛精进的精神,勉力去实现"大东亚宣言"。(参见中央教育科学研究所编《中国现代教育大事记1919—1949》,教育科学出版社1988年版)

12月1日,美、英、中同时公开发表《开罗会议共同宣言》。

按:《开罗会议共同宣言》简称《开罗宣言》,原文如下:

罗斯福总统、蒋委员长、丘吉尔首相偕同各该国军事与外交顾问人员,在北非举行会议,业已完毕,兹发表概括之声明如下:

三国军事方面人员关于今后对日作战计划,已获得一致意见,我三大盟国决心以不松弛之压力从海陆空各方面加诸残暴之敌人,此项压力已经在增长之中。

我三大盟国此次进行战争之目的,在于制止及惩罚日本之侵略,三国决不为自己图利,亦无拓展领土之意思。

三国之宗旨,在剥夺日本自从一九一四年第一次世界大战开始后在太平洋上所夺得或占领之一切岛屿;在使日本所窃取于中国之领土,例如东北四省、台湾、澎湖群岛等,归还中华民国;其他日本以武力或贪欲所攫取之土地,亦务将日本驱逐出境;我三大盟国稔知朝鲜人民所受之奴隶待遇,决定在相当时期,使朝鲜自由与独立。

根据以上所认定之各项目标,并与其他对日作战之联合国目标相一致,我三大盟国将坚忍进行其重大而长期之战争,以获得日本之无条件投降。

按：对于中国而言，开罗会议是中国自鸦片战争以来第一次以世界大国的身份参加的会议。《开罗宣言》的重要意义，一是提高了中国的在国际社会的威望，确立了中国世界四强的地位；二是确认台湾属于中国领土，明确了日本侵占台湾的非法性，为战后中国处置台湾问题提供了国际法依据；三是为结束战争和战后处置日本提供了依据。

12月2日，四川三台县东北大学、三台高中、国立十八中学等校学生发起志愿从军运动。资中、成都等地学校纷纷响应，形成学生从军热潮。（参见中央教育科学研究所编《中国现代教育大事记1919—1949》，教育科学出版社1988年版）

12月11日，国民政府行政院根据国防最高委员会第一一六次常委会决定，通令各省市政府："自本年9月份起，各省市图审处及其经费，一律划归中央图审委会直辖，统筹支配，并列入中央预算。"（参见吴永贵《民国图书出版史编年：1912—1949》，社会科学文献出版社2018年版）

12月17日，美国政府废除《排华法案》。

12月18日，中央文化驿站总处划归至中央出版事业管理委员会。

12月15日，国民政府教育部学术审议委员会召开第二届第一次全体会议。会议审议了国际学术文化合作初步方案及经济建设高级干部人才培养方案。（参见中央教育科学研究所编《中国现代教育大事记1919—1949》，教育科学出版社1988年版）

12月19日，国民政府教育部公布《学生志愿服役办法》14条。

12月21日，国民政府教育部颁布《各级学校办理社会教育办法》。

是日，国民政府教育部将前颁《民众教育馆工作大纲》及《民众教育馆辅导各地社会教育办法大纲》合并简化为《民众教育馆工作办法》11条，于本日公布。（参见中央教育科学研究所编《中国现代教育大事记1919—1949》，教育科学出版社1988年版）

12月25日，中国著作人协会发起人会议在中央文化运动委员会文化会堂举行，茅盾、胡风、夏衍、史东山、阳翰笙、陈望道、姚蓬子、宋之的、于伶、王芸生等60余人出席，由张道藩任主席，召集人潘公展报告发起该会意义。（参见吴永贵《民国图书出版史编年：1912—1949》，社会科学文献出版社2018年版）

12月27日，国民党第五届中常会第二四五次会议修正通过《中央文化驿站设置办法》及《中央文化驿站总管理处组织规程》。

是日，国民党第五届中常会第二四五次会议核准颁行《各省市出版事业管理暂行办法》。

12月28日，宪政实施协进会第三次常务会议，通过了关于废除图书杂志审查等提案。（参见吴永贵《民国图书出版史编年：1912—1949》，社会科学文献出版社2018年版）

是月，伪中国工程学会在南京召开第二次年会，出席者共58人。陈君慧在会上演说"工程师在国家复兴与东亚共荣事业中的作用"。会议仍推陈君慧为理事长，陈昌祖为副理事长，王家俊、汪镶璇、尤乙照、许公定、任乐天为常务理事。

是年，国民政府任命一批国立高等学校校长。其中有：蒋介石（中央大学）、张洪沅（重庆大学）、吴南轩（英士大学）、章益（复旦大学）、王广庆（河南大学）、王怀明（山西大学）、李毓尧（湖南大学）、李远华（广西大学）、齐泮林（贵阳师范学院）、潘承孝（西北工学院）、吴伯超（音乐学院）。（参见中央教育科学研究所编《中国现代教育大事记1919—1949》，教育科学出版社1988年版）

是年，《东方杂志》（复刊）、《社会科学季刊》（复刊）、《学术界》《文化建设》《山东文化》《中山文化季刊》《民族文学》《文学》《文学杂志》《成都新民报》《编审通讯》《广西文献集刊》

《大千杂志》《时代知识》《新工商》《翻译杂志》《图书印刷月报》《无线电通讯》《机工通讯》《自学》《时与潮文艺》《现代英语》《实业之友》《星期导报》《基督教出版界·真理与生命合刊》《(沅陵)力报》《驿运界》《广西统计通讯》《国民》《正谊》《广西建设季刊》《广西邮工》《广西青年》《粤政简报》《大同》《大学生》《南国艺讯》《现代妇女》《文汇周报》《中原》《诗垦地》《戏剧时代》《戏剧月报》《明日文艺》《艺丛》《国民外交》《社会教育辅导》《文林》《黎明》《伊斯兰学报》《自由论坛》《医学常识》《枫林文艺》《战斗月报》《工业生活》《民主周刊》《风雨谈》《风云》《紫罗兰》《春秋月报》《天下》《秦风工商日报联合版》《文选》《福建省研究院院务月刊》《党言》《社政通讯》《贵州青年》《新轨道》《文风杂志》《东亚先锋》《西南风》《训练与服务》《星期》《救护通讯》《遵义党务》《绥远文讯》《农村生活》《晋察冀杂志》《冀热边政报》《工商通讯》《司法通讯》《工农兵》《向前》《群众旬刊》《晋绥学讯》《新知识》《盐阜大众》《每月新歌》《新时代(日文)》《文化通讯》《抗日杂志》《技术青年》《新民半月刊》《教育阵地》《时事图说报》《协进》《时代生活》《春秋》《家庭年刊》《银行通讯》《妙法轮》《工作竞赛月刊》《国立中央大学医科研究所公共卫生学部研究报告》《边疆服务》《地政通讯》《各重要市县生活费指数月报》《各重要城市工资指数》《社会调查与统计》《新潮》《民族正气》《书学》《风土杂志》《四川经济季刊》《业余会刊》《交大土木》《华西协会大学校刊》《合作事业统计资料》《运输研究》《实验卫生》《粮政季刊》《中国电工》《昆明市物价指数》《大观报》《云南民政月刊》《社政季刊》《地学集刊》《地学专刊》《山西大学校刊》《学术丛刊》《社会教育年刊》《地质集刊》《绿洲》《美术家》《山东画报》《大众画报》《儿童画报》《国粹画刊》《卿云画刊》《闽政导报》《自由导报》《建国导报》《人报》《抗日报》《天良报》《绍兴民国日报》《战地合作导报》《中西医报》《黔报》《东南报》《火线报》《前哨报》《滏运月报》《正义报》《江都导报》《南通报》《重庆市物价月报》《大东亚报》《文昌消息报》《善后救济总署周报》等报刊创刊。

二、学术活动

郭沫若 1 月 10 日在桂林《文化杂志》第 3 卷第 3 期发表《关于古代社会研究答客难》,批评"西周封建说"。作者表示不同意"把井田解释为庄园制",认为"西周封建说无一可通"。指出:"后期制度内有前期的孑遗,前期制度内有后期的萌蘖。此不可蒙混。非从坚实资料作客观分析,即堕入主观公式之窠臼,毫无是处。"2 月 18 日,与阳翰笙谈文化工作委员会内外情况。21 日晨,阳翰笙同即将离任的谢仁钊来访。23 日中午,周恩来、董必武、邓颖超、林彪、宋庆龄、冯玉祥、程潜、邵力子、孙科、于右任、孔祥熙、老舍、曹靖华等人出席苏联大使馆为庆祝苏联红军建军节举行的茶会,庆贺苏联红军在斯大林格勒保卫战中取得重大胜利。24 日作《人做诗与诗做人》,刊于 26 日重庆《新华日报》,又载 5 月 1 日《半月文萃》第 1 卷第 11—12 期合刊。25 日,与沈钧儒、张一麐、黄炎培、茅盾、陶行知、罗隆基、章伯钧、史良等人联名在重庆《新华日报》发表致印度总督林里资哥电,要求释放甘地。3 月 8 日,作《论读经》,刊于重庆 5 月 1 日《学习与生活》月刊第 4 卷第 5 期。文中写道:"我不反对读经,而且我也提倡读经。但我为尊重读经起见,却不希望青年人读经,而希望成年人读经,更尤其希望提倡读经的人认真读经。"10 日,作《新文艺的使命——纪念文协五周年》,刊于 27 日重庆《新华日报》,又载 6 月《半月文萃》第 2 卷第 1 期。11 日,作《抗战以来的文艺思潮——纪念文协五周年》,刊于 27 日重庆《抗战文艺·"文协"成立五周年纪念特刊》。22 日,作《沿着进化的路线前进——纪念文协五周年》，刊于 3 月 27 日《时事新报》。

按：《新文艺的使命——纪念文协五周年》回顾百年来，特别是抗战以来新文艺的发展过程，指出："随着反帝、反封建的政治旗帜的明朗化，新文艺运动乃至整个文化运动，获得了划时期的胜利，便由叛逆的地位升到了支配的地位。然而随着新的胜利的到来，却又有新的斗争接踵而至。""其斗争的激烈较之第一期有过之而无不及。""起先我们是听见'与抗战无关'的主张，继后又听见'反对作家从政'的高论，再后则是'文艺的贫困'的呼叫——叫嚣着抗战以来只有些田间式的诗歌与文明戏式的话剧。"作者批驳了这些"高论""尽管少许逆流在那儿打洄漩，中国新文艺思潮的本流始终是磅礴着的，始终是沿着反帝、反封建的路线而前进着的。""而我们的反帝、反封建的文艺思潮之所以很顺畅的转化为抗日等反法西斯的斗争，也正是历史的必然性所致。"今后文艺的使命是"克服种种的困难，加紧反法西斯的斗争，增强对于敌伪的憎恨，提高文艺作品的质量，促进国家力量的动员，巩固作家团结与民族团结的阵容，以争取民族解放与人类解放的胜利"。

按：《抗战以来的文艺思潮——纪念文协五周年》对"文学贫困论""与抗战无关论"和把作家努力参加动员工作认为"从政"等观点提出不同的看法。认为"随着战争的长期化""文艺的步骤渐渐恢复了它的常态而且大有进展""大时代作家的生活改变而充实了，文艺的内容自不得不因而充实""经过五年半的战火的锻炼，使战前的文艺思想更加钢铁化了""近来题材的范围确实是扩大了，因而也就是新现实主义活动范围更加扩大了"。

按：《沿着进化的路线前进——纪念文协五周年》认为，文协成立的贡献，"便是它自成立以来把作家团结起来了。这是一段的进化"，虽然团结了并没有消灭"文人相轻"的现象，但"只要是沿着进化的路线在走，进化一天，理想就提高一步"。文章驳斥"文协标榜'抗敌'，根本就违背文学的本质"的看法，认为"这种人更不啻是在替敌人说话了""我们并不希望伪装清客者流能够迅速地反省，更进而改变自己的主张，但我们却不能不希望文协本身不要忘记了它自己的使命，它是应该沿着进化的路线前进的。我们现在的任务，不仅要保持团结，扩大团结，而且要讲求团结的致密化与合理化。"

郭沫若 3 月 24 日接待以群、徐冰、阳翰笙等来访。25 日上午，从桂林刚回到重庆的胡风由冯乃超陪同来访。同日，茅盾、戈宝权、欧阳凡海、以群等来访，后阳翰笙亦至，漫谈至久。27 日下午，中华全国文艺界抗敌协会在重庆文化会堂举行五届年会，到会百余人。大会主席团为郭沫若、邵力子、张道藩、茅盾、老舍、孙伏园等。外地来渝会员胡风、曹聚仁、杨刚等。郭沫若、茅盾均先后发表演说。会议选出老舍、茅盾、郭沫若、孙伏园、姚蓬子、曹禺等 21 人为重庆理事，巴金、张天翼、沙汀等为外埠理事，冰心、郑伯奇、曹靖华等 9 人为监事。同月，与"剧作者联谊会"会员欧阳予倩、田汉等 24 人联名在《戏剧月报》第 1 卷第 3 期发表《我们的申诉——剧作者联谊会为保障剧作上演税》，要求有关部门保障上演税之支出，"呼吁戏剧界其他各部门工作者的赞助""要求尚未参加联谊会的剧作同志们对我们的呼吁，一致加以声援与响应！并诚恳地欢迎你们参加联谊会"。4 月 1 日，出席文化工作委员会纪念三厅成立 5 周年聚餐会，并为自桂林来重庆的胡风、沈志远接风。下午，参加文协改选后的第一次理事会。2 日，宴请朱代杰，阳翰笙作陪。28 日偕于立群往赖家桥。告诉阳翰笙，潘公展日前在一次招待编导人员的茶会上宣布其《草莽英雄》一剧"死刑"。30 日，《略论文学的语言》刊于重庆《文坛》第 2 卷第 1 期。文中认为："小说注意在描写，我感觉着它和绘画的性质相近。它的成分是叙述和对话。叙述文是作家自己的语言，对话便应该尽量地采用客观的话。""最好要简洁，和谐，慰贴，自然。""戏剧文学中的话剧，其语言与小说中的对话相同，但应该还要考虑到舞台上的限制。""诗的语言恐怕是最难的，不管有脚韵无脚韵，韵律的推敲总应该放在第一位。和谐，是诗的语言的生命。""我们是用中国字，中国语言写东西的人，对于中国的书不读是最要不得的。五四过后有些人过于偏激，斥一切线装书为无用,为有毒,这种观点是应该改变的时候了。"同月,与周恩来在寓所召集了一次从香港回渝者的聚会;邀请陈鲤庭、张骏祥、潘孑农等戏剧界朋友来寓所,为他们朗读刚完成的史剧《南冠草》,征求大家对该剧的意见。为了争取出版,同意一些词句改得稍为隐晦一些;胡风夫妇来访;《戏剧月报》出版"历史剧问题特辑",收入郭沫若、葛一虹、刘念渠、张骏祥、陈白尘等人关于历史剧创作的文章。郭沫若在《历史·史剧·现实》中旗帜鲜明地指出"历史研究是'实事求是',史剧创作是'失事求似'",主张浪漫主义史剧观。这对当时的历史剧创作产生了重大影响,剧坛卷起一股翻案风,剧作家们纷纷从现实要求出发为历史人物、历史事件翻案。

　　郭沫若5月2日在赖家桥文化工作委员会乡下办公处,与阳翰笙、冯乃超、程泽民商谈会内工作。8日,为主编的《中原》月刊作发刊辞《编者的话》,刊于《中原》月刊6月第1卷第1期。15日,《陕西新出土器铭考释》一文发表于重庆《说文月刊》第3卷第10期。对"大师篹""善夫吉父器""梁其器"等出土古代青铜器的金文进行考释。18日晚,在寓所宴请即将赴延安参加整风运动的周恩来、邓颖超夫妇,阳翰笙、冯乃超等人作陪。席间大家喝酒甚多,谈笑至快。19日,为祝贺柳亚子寿辰,寄赠剧作《南冠草》,并赋七言诗《亚子先生五十晋七诗以寿之》,刊于28日重庆《新华日报》。27日下午,在中共南方局机关学委作《文艺上的中国作风与中国气派》的报告。此时正当中共南方局机关整风运动进入文风问题学习的深化阶段,侧重研究、讨论新文化的形式与内容问题。29日,文中以医学家的眼光,观察讲述血型和其应用,通过对中国人血型与日本人、德国人血型的比较,表明:"我们中国人在血统上就是反法西斯的民族。"下旬,在天官府寓所参加周恩来召开的文化界人士会议,商讨针对国民党查禁百多种书和剧本进行抗议活动等事。听取了各剧团准备在下个雾季中演出的剧本与题材的汇报。出席会议的有各剧团负责人、主要编导,以及有关书店、出版界人士。

　　郭沫若主编的《中原》6月在重庆创刊。郭沫若在作于5月8日的《编者的话》中说:"园地是绝对公开,内容是兼收并蓄,只要是合乎以文艺为中心的范围,只要能认为对于读者多少有一些好处,我们都一律欢迎。因此创作也好,翻译也好,小说诗歌戏剧评论以及关于其他姊妹艺术部门的研究介绍,我们都一视同仁,毫无轩轾。"它声明决不许"袒护法西斯主义"的人或"稍微带些那样的气息"来扰乱《中原》,还不登"一味的泥古不化,或拘泥于文言文与旧形式的古董"。同在6月,郭沫若在广西《艺丛》月刊创刊号发表《文学的本质》,批评施蛰存"只显露得脑筋的'贫困'""抗战已经五年了,田间总还有些诗,剧作家总还有些剧",而他"却只有'文学的贫困''贫困的贫困'"。9月6日上午,郭沫若在文化工作委员会讲《公孙龙子与其音乐理论》。7日晨,往金刚村访杜国庠,借阅钱穆《先秦诸子系年》考证公孙龙子一节。与己见"完全相反","他认为《乐记》是抄袭了《荀子》《吕氏春秋》《毛诗》等书而成的东西,因而他断定公孙龙子为荀子的门人。我感觉着这样的论据实在是薄弱得可笑"。8日夜,作《公孙龙子追记》,刊于10月16日《群众》周刊第8卷第17期,指出钱穆《先秦诸子系年》所述公孙龙子,其所据《礼记正义》引刘献语,"实出于误记无疑",而刘献说"殊不足据","与其谓《乐记》出于剿袭,毋宁认《乐论》《吕览》《易系》诸书之出于剿袭之为宜"。13日上午,在文化工作委员会继续讲《公孙龙子与其音乐理论》,到10点左右讲完。同日,"读《吕氏春秋》,初意欲收集关于惠施之材料,忽尔意动,欲写吕不韦与秦始皇,写此二人的斗争。吕不韦当为一非凡人物,汉人名之为'杂家',其实彼具有集大成之野心,儒道法墨,冶于一炉,细心考之,必有所得"。19日,郭沫若接待美国驻华大使馆文化专员兼美国图书馆驻华代表费正清来访,交谈中美文化交流之事。听到费正清意欲请自己赴美国讲学的话后,答曰:"到美国是我非常希望的,可是现在我到成都去都还有困难,哪还能到美国去啊!"20日午后,苏联驻华大使馆秘书费德林来访。费德林在苏联以《屈原研究》获得博士学位后,重新来华。21日下午4点左右,阳翰笙、易君左、马彦祥来谈,不久洪深亦来,谈至黄昏方散。25日,郭沫若始作《吕不韦与秦始皇》。27日,在文化工作委员会讲《吕不韦与秦始皇》。10月1日,在赖家桥纪念文化工作委员会成立3周年,与工作人员聚餐。2日,在报上见中大出版的《社会科学季刊》广告,中有程憬《秦代政制之研究》一文,即"电话通知城内的朋友,托为购买"。3日,读程憬《秦代之政制研究》,谓"程文歌颂嬴政,有意阿世,意见与余正反,毫无新鲜资料"。夜,作《吕不韦与秦代政治》,刊于12月1日、16日重庆《群众》第8卷第20—21期合刊、第22期,全文分14部分,指出:"秦始皇是吕不韦的儿子"这个传说,"虽然得到了久远而广泛的传播,但其本身是可疑的""为什么会有这样的传说产生? 前人也有一些推测。例如王世贞《读书后记》便有两种说法。第一种是认为吕不韦自己有意编造,他想用以暗示始皇,知道他才是真正的父亲,应该使他长保富贵。第二种是认为吕氏的门客们泄愤,骂秦始皇是私生子,并使天下人知道秦国是比六国先亡。""不过照王氏的说法,却未免把吕不韦和他的门客们看得太下作了。""我认为是两汉初年吕后称制的时候,吕氏之族如吕产、吕禄辈仿照春申君与女環的故事编造的。"4日,在文化工作委员会继续讲《吕不韦与秦始皇》。同日,"打算开始写《荀子与韩非之比较研究》或《子思孟轲之思想体系》,又想把《庄子与惠施》作一彻底之清算"。10月10日,郭沫若接政治部通知,要求到总务厅广场纪念双十节和庆祝蒋介石就国民政府主席职。因下雨,道路泞滑,改在文化工作委员会主持了一个纪念会。同日,"开始读《韩非子》,翻来覆去的读了好几遍"。11日晨,同阳翰笙、胡风、冯乃超等往三圣宫参加政治部欢送梁寒操调任国民党中宣部部长的告别式。先到部长会客室听梁讲述西北之行的观感。13日,"心境颇寂寞,不愉快,勉强读《韩非子》,除《解老》《喻老》之外,大率全部温习了一遍。其中确有不能一致之处,不知系韩非前后不同之主张,抑系它人文字有所窜入。确为窜入者如首篇《初见秦》即毫无疑问。此篇必作于秦昭王时围邯郸失败事之直后,或疑乃蔡泽或其徒所为。依余所见,实吕不韦所作也"18日,在文化工作委员会主持纪念周,指会中学习空气已渐入退潮,较之去年,已大有逊色。纪念周后,继续讲完《吕不韦与秦始皇》。19日,为鲁迅逝世7周年,在文化工作委员会主持召开小型纪念会,请胡风作鲁迅研究的报告。因即将进城,与会人员会后开欢送会。同月,《今昔集》由重庆东方书社初版,列入《东方文艺丛书之四》,收杂文、散文和演讲录23篇。

郭沫若11月7日上午与董必武、宋庆龄、沈钧儒、茅盾、胡风等出席苏联驻华大使馆为庆祝十月革命26周年举行的茶话会。同日,与文化界知名人士冯玉祥、邵力子、沈钧儒、陶行知、茅盾等在重庆《新华日报》联名发表《中国文化界给苏联领袖和人民的信》,高度评价苏联人民在反法西斯侵略斗争中所起的作用,称颂"你们替全人类树立了崇高的楷模,你们是真正的民主精神的领港""我们要尽力效法你们,以你们的光辉的成就作为我们的水准""我们还须得创造,我们还须得尽自己的力量,对于法西斯毒素的肃清,世界新秩序的建立,全人类福利的增进上,切实地能够有所贡献"。同日,将苏联作家协会外国部主任米哈伊尔·亚布莱丁和前《国际文学》俄文版主编鲍里斯·苏奇特夫写给自己的信在重庆《新华日报》发表。信中说:"你和你的朋友们的每一封信,都有助于两国文学交流的巩固和发展,都有助于新的工作与经验的交换。"又与孙伏园、茅盾、张西曼、田汉等代表中国文化界,在十月革命26周年之际,向苏联人民赠《锦旗题诗》,名为《向苏联国全体人民致敬》,刊于《中苏文化》1943年第14卷第7—10期。13日,五幕历史剧《南冠草》在重庆"一园"由中央青年剧社上演,剧名作《金风剪玉衣》。洪深导演,马彦祥饰夏完淳。16日,在天官府7号,由文化工作委员会同人和部分友好举办祝贺52岁生日暨创作生活27周年纪念会餐。20日下午,常任侠、陈应庄来访。同月对陈白尘主编的成都《华西日报》副刊《艺坛》及该报文艺周刊《星期文艺》予以大力协助。

　　郭沫若12月2日在百龄饭店为将返美的费正清饯行。在费正清的纪念册上题词留念,阳翰笙等人作陪。17日午后,在寓所与阳翰笙谈论文化界的情况甚久。18日,作《韩非子〈初见秦篇〉发微》,刊于次年5月重庆《说文月刊》合订本之《吴稚晖先生八十大寿纪念专号》。此文分三部分:一、提出关于《初见秦篇》作者的问题。认为"近年来比较有贡献的是容肇祖先生",其《韩非子〈初见秦篇〉考》关于《初见秦篇》"确为秦昭王时人所说"的考证"确实是很犀利的一个揭发"。二、进一步推论《初见秦篇》的绝对年代是在秦昭王五十一年的头三四个月里,由此断定其作者为"蔡泽说"也不能成立。三、推想吕不韦于秦昭王五十一年初与子楚得脱亡回秦,《初见秦篇》作者"应该就是吕不韦"。最后指出:"《韩非子》一书中的各篇的著作权都应该从新审定,其中必然还有性质相同而被误收的东西。"下午,往中苏文化协会参观商衍鎏、商承祚父子书画展。在展厅遇常任侠,约同至沈钧儒处,遂去良庄励志社。同日,与杜国庠、茅盾、胡风、冯乃超、阳翰笙等人赴梁寒操家宴。21日下午,往百龄餐厅参加沈钧儒70岁寿辰祝贺茶会,并致辞,说"我今天另一个发现,即是沈先生的面貌、精神、品格,最象两千年前的伊尹"。同月,历史剧《孔雀胆》由重庆群益出版社初版;作《元旦献词》,刊于桂林《当代文艺》月刊1944年1月创刊号。写道:"在这一年全世界或许是更加有变化之一年。欧洲战场或许可能把纳粹解决。东方战场的前途还不能作出同样乐观的透视。但,战局尽管怎么变,为争取民主主义的胜利这个目标,是永远也不会变的。法西斯迷梦破了,在逐渐加强的晨曦中我们可以看出这样的字幕:'一个战争,一个世界,一个民主的文化'。"(参见林甘泉、蔡震主编《郭沫若年谱长编》,中国社会科学出版社2017年版;廖永祥、林平兰《中共延安整风运动与郭沫若》,《郭沫若学刊》1992年第3期;王学典《20世纪史学编年(1900—1949)》,商务印书馆2014年版;艾克恩编纂《延安文艺运动纪盛》,文化艺术出版社1987年版;文天行编《国统区抗战文艺运动大事记》,四川省社会科学院出版社1985年版;刘长鼎、陈秀华《中国现代文学运动史》,山东文艺出版社2013年版)

　　陶希圣执笔、以蒋介石名义发表的小册子《中国之命运》3月10日由重庆正中书局出版。全书共八章:(1)中华民族的成长与发达;(2)国耻的由来与革命的起源;(3)不平等条约的影响之深刻化;(4)由北伐到抗战;(5)平等互惠新约的内容与今后建国工作之重点;(6)革命建国的根本问题;(7)中国革命建国的动脉及其命运决定的关头;(8)中国的命运与世界的前途。此书的基调是强调宣扬中华民族的所谓"固有的德性""中国人的思想、中国人的精神、中国人的情感、中国人的品性",认为西方文化的入侵使中国原有的优越伦理和宗族社会组织被破坏,甚至"痛心疾首"的惊呼:近百年来中国人"因为学西洋的文化而在不知不觉中做了外国文学的奴隶""中国国民对于西洋的文化由拒绝而屈服,对于固有文化,由自大而自卑,屈服转为笃信,信其所至,自认为某一外国学说的忠实信徒;自卑转为自艾,极其所至,忍心侮蔑我们中国的固有文化遗产"。全书的主旨是宣传只有国民党救中国,只有三民主义救中国,集中表述了蒋介石集团一个主义、一个政党、一个领袖的政治观点,表述了蒋介石"力行哲学"的宇宙观、认识论、伦理学和历史观,同时指责共产党是"新式军阀",暗示要以武力消灭共产党。从而为积极反共和坚持国民党一党专政作舆论准备。国民党当局发动宣传舆论工具,大肆吹捧该书为"古今中外唯一的伟大著作"。国民党中宣部将其列为"必读之课本",通令国统区各机关、团体、军队、学校都要阅读。4月5日,国民党第五届中央常委会第二二四次会议备案《总裁著述及各种训词小册普遍印行办法》。次年1月出版增订本,第1章、第3章、第5章略有增删。虽然当时严重缺纸,但这本书第一次就印刷20万本,到1943年底重印200多次。为此,《中央日报》紧密配合,在思想文化领域展开全面的攻势。

按:根据刘维生、刘旺《试论1943年国共两党在思想文化领域的论战——以〈中央日报〉和〈解放日报〉为中心》(《衡水学院学报》2009年第5期)的梳理:在《中国之命运》发售前,中央日报就以《中国之命运》为题发表一篇社论,为蒋著吹风!称即将出版的蒋著必为"我全国同胞发明一具精确的南针,建筑一座光明的灯塔",文章说这是总裁"伟大人格的流露"是"总裁力行的结晶"。3月10日《中国之命运》发售以后,《中央日报》主要从以下几个方面发动了舆论攻势:

第一,国民党是中国革命和建国的总政治部。次日《中央日报》社论称:"总裁根据史实证明'中国国民党和三民主义青年团乃是实行革命建国的总政治部'。"文章同时批判虚空的政治宣传说:"建国须力行而不话空谈,……要求国民信仰'知难行易'的学说,'不矜不伐的笃行,实事求是的实践'",认为"如果我国内政能统一,国力能集中,而全国国民能加以一致努力,共同奋斗,则中国的命运,就归结于'精诚团结,奉公守法'八个字,如此则中国的命运为独立自由"。

第二,中国文化的发展方向是三民主义的新文化。"而目前所急需者,就是要由一个独立自主的思想运动,复兴中华民族的文化创造力,在我们所共同信仰的三民主义之下,……以仁爱为基本,以融合为方法,以自卫为精神的新文化。"也就是说我们应该建设三民主义的新文化。孙科说:"无疑的只有三民主义的文化,才合乎理想。……三民主义的文化,由于适合中国的需要,而形成中国民族文化的主流。"

第三,强调传统文化的统一性,指出中国文化之所以宝贵,"就在于含有伟大的统一性""中国历次的文化运动,无一次不以统一运动为其涵义,亦无一次不以独立运动为其涵义""所以要灭亡中国者,必欲灭亡中国的文化;要分裂中国者,亦必欲损毁中国的文化"。

第四,攻击中国共产党拥兵割据,破坏国家统一,阻碍国家建设。"中国共产党,……是一贯企图以武装暴力,一贯以拥兵割据,达其政治目的的""建设的前提须政令统一,则地方割据就是障碍。以割据来破坏统一,以阶级来愚弄全民,这种以破坏的心理与习性演化而来的方法,都不愿见之于今后的中国"。

第五,鼓吹民族主义,宣扬领袖至上,发扬"诚"的精神。"发扬中华民族以诚为本,以公为极的智仁勇精神""认清国家至上与民族至上为建国目标""'国民革命出于至诚,故择善固执'。这就是说中国人民广泛的自由,只有一线的界限,即不许破坏国家与分裂民族"。也就是说自由是有限度的,民族与国家是最高标准。

面对国民党《中央日报》发起的攻击,《解放日报》迅速做出回应。于是在重庆与延安之间引发激烈的舆论与思想较量。

陶希圣3月31日在《时代精神》第7卷第5—6期发表《百年来两个潮流一条血路》。此文为百年间中外不平等条约的终结而作:"中国的历史,便翻过去了一章了。"4月1日,在《中央周刊》第5卷第33期发表《读〈中国之命运〉》。文开篇即云:"我们期待总裁有一部大著指示我们中国革命建国途径。这个期待,现在已经实现了。总裁新著《中国之命运》已经发行了。我们期待总裁有一部大著,是很久很久的事情。"第一,总裁以一身系国家民族的安危存亡。第二,中国今后的前途和我们今后的作法,是我们每一个国民,当此国家民族的生命在存亡绝续里头,盘旋于心中而不能释的问题。第三,在各种根本问题之中,思想问题,在今日可以说最难解决而最为严重。所以我们期待,总裁的指导亦最为切迫。最后自我吹嘘道:"这部书不能尽总裁之德,亦不能尽总裁之功。这部书是总裁不得已而发之于言,而其言又不足以尽其蕴。这部书是不求文而自文的。古人称三不朽,曰立德,立功,立言。总裁文德武功,彪炳千古,抗战建国总裁之功,超越往古;力行哲学与'人类役使科学',其思想理论,蕴发于《中国之命运》一书,立德立言,蔚然大备。我们要从这许多观点来读此书,国家民族辉煌之前途,益使我兴奋而激励。"同日,在《组织旬刊》第 1 卷第 1 期发表《中国国民党组党的精神》,开篇引录《中国之命运》第四章第一节叙述中华民国十三年国父改组中国国民党的意义,以及第七章所论"惟有三民主义,本于至公,发于至诚。故中国国民党的思想,能兼容并包,而中国国民党的行动,则'择善固执'"。总结中国国民党组党的精神:一方面是广大,另一方面是谨严,在思想上,三民主义出于至公,至公所以兼容并包;在行动上,国民革命出于至诚,至诚所以择善固执。所以三民主义是全民意志的结晶,也就是全民思想的集大成。9 月,陶希圣所著《论道集》(宋明实用主义者)由南方印书馆出版。论述宋明时期的思想家,包括王荆公论道、张江陵论道、黄梨洲论道、王船山论道 4 篇。同月30 日,陶希圣呈蒋介石报告称:有两种攻击性出版物,一为延安《解放日报》所载之论文,一为各地散发之小册传单,即陈伯达作之《评〈中国之命运〉》,此外还有重庆散发之《他山石》等。10 月 6 日,军委发出通令全国之查禁电:陈伯达作之《评〈中国之命运〉》小册,内容荒谬,希饬属严予查禁,并指出其封面与《中国之命运》原书封面完全一样。同月,陶希圣任《中央日报》总主笔。撰写了大量社论,至 1945 年,发表社论《斥亡国主义》《论山岳战》《论日本战犯》《解散日本帝国》等达 330 余篇。(参见陈峰编《中国近代思想家文库·陶希圣卷》及附录《陶希圣年谱简编》,中国人民大学出版社 2014 年版;王学典《20 世纪史学编年(1900—1949)》,商务印书馆 2014 年版;刘会军、杨宇辰《1943 年中国思想文化领域的一场论战》,《长白学刊》2006 年第 2 期;刘维生、刘旺《试论 1943 年国共两党在思想文化领域的论战——以〈中央日报〉和〈解放日报〉为中心》,《衡水学院学报》2009 年第 5 期)

顾颉刚任文史杂志社副社长,主编《文史杂志》。该社职员有魏建猷、汪叔楙等。1 月初,在歌乐山阅卷毕。同月,韩儒林到渝就边语会职,顾颉刚即辞去该会职务。16 日,为国立编译馆作《编辑〈唐以前文类编〉旨趣书》,曰:本书收录材料,始于甲骨金文,终于隋代。17 日,又作《编辑〈唐以前文类编〉三十一年度工作报告》交编译馆。2 月,编译馆将此项工作收回馆中自作。1—2 月,顾颉刚任中央大学专任教授,授"春秋战国史""史记研究"二课,并任出版部主任。1 月 28 日,作《九鼎铭文》。顾颉刚日记载:是月"中英、中美另订新约,废除百年来之不平等条约,是抗战以来第一可喜事也"。大学党部及工矿党部欲向蒋介石委员长献九鼎,"而以鼎铭属予,因就(刘)起釪所草,加以改窜"。2 月 9 日,辞去中央大学教职,以中大校长顾孟余不堪受教育部长立夫压迫而辞职,故与彼同进退。同日,顾颉刚日记载:"今日得孟余先生准予辞职书,肩任一轻。予对中大学生感情甚好,期望亦殷,而不得不去者,一则事务太忙,休息无时,二则亦不愿在 CC 统制下过生活也。"18日,离中大(沙坪坝)返柏溪《文史杂志》社寓所。以后数月中重享读书生活。25 日,作《左丘失明》。

顾颉刚 3 月 23 日出席中国史学会筹备会。24 日,顾颉刚与傅斯年、黎东方、方豪、雷海宗、缪凤林、黎锦熙、陈衡哲、陈训慈、张其昀、郑鹤声、卫聚贤、吴其昌、徐炳昶、陈叔谅、张金鉴、姚从吾、王迅中、郑天挺、陈安仁、陈啸江、郑师渠、金毓黻、蒋复璁等 120 余人出席教育部史地教育委员会第三次全体大会与在中央图书馆举行的中国史学会成立大会,教育部部长陈立夫和社会部代表马仁松到会。顾颉刚致开幕词,称:"我国史料之多,单论明清档案,北京大学所保管者,据估计,如编制目录提要,即需六十年。其他若甲骨文抄本之类,更多至不可数计。盖今日研究历史范围,已放宽于二十四史之外,若地方志书、家谱、碑帖之类,均在研究之列。只以困于经费,致若干能做的事不能做。今者史学会既告成立,希望永远不停地做。"继由黎东方报告该会筹备经过,"谓本会自前年'七七'发起,邀得各方赞助,经过两年筹备,得于今日成立。现名列发起人者,已达二百余人"。接着逐条讨论通过中国史学会会章。大会先由黎东方为临时主席,推顾颉刚、徐炳昶、金毓黻、蒋复璁、陈衡哲、傅斯年、黎东方、黎锦熙、雷海宗等9人为主席团成员,由顾颉刚任总主席。大会通过《中国史学会会章》,选出的中国史学会职员,有理事21人:顾颉刚、傅斯年、黎东方、雷海宗、徐炳昶、陈寅恪、金毓黻、钱穆、朱希祖、吴其昌、胡适、缪凤林、柳诒徵、姚从吾、沈刚伯、黎锦熙、卫聚贤、萧一山、张其昀、陈安仁、陈训慈。候补理事9人:罗香林、陈衡哲、王芸生、方豪、贺昌群、陆懋德、丁山、张西堂、向达。监事7人:吴敬恒、方觉慧、张继、蒋廷黻、吴俊升、蒋复璁、邹鲁。候补监事3人:陈东原、王迅中、蒙文通。并决定于28日起举办学术讲演周。据《中国史学会章程草案》,该会"以联络全国历史学者共同促进史学之研究及史学知识之传布为宗旨""会所设国民政府所在地",可在各省市和各大学设立分会,会员分甲乙两种,研究院所助理员以上的研究人员、专科学校讲师以上的教员、其他学术机关相当于上述资格的人员以及有历史专著的人士可为甲种会员,研究生、助教、史学及史地系毕业生以及大学毕业后连续担任中学历史教员五年以上者,可为乙种会员。章程规定会员大会每年举行一次,理监事会每三个月开会一次,常务理监事会每月开会一次,将进行沟通国内外史学研究、整理史料、出版史学书刊、协助会员从事专门研究等事项。

按:顾颉刚1943年3月的日记载:"此次中国史学会之召集出于教育部,电滇、黔、粤各校教授前来,花费殆十余万。说教部提倡学术,殆无此事。有谓延安正鼓吹史学,故办此以作抵制,不知可信否? 予与今教长恶感已深,本不想参加,又恐其作强烈之打击而勉强出席。然开会结果,予得票最多,频作主席,揭诸报纸,外人不详其实,遂以为我所倡办矣。"

按:张绍良4月在《力行》第7卷第4期发表《近三十年中国史学的发展——为纪念中国史学会成立而作》。作者把30年来的中国史学分作两期:(1)五四时代中国史的翻案工作,主要指顾颉刚、钱玄同为代表的"古史辨"派,"古史辨"是考证真伪、疑古翻案,大胆否定封建卫道史的大本营;(2)北伐革命后中国史的整理,主要指社会史论战时期的史学。前者是对封建旧史学"烂账"式记录的否定,后者则是国史的整理和重建。

顾颉刚3月26日出席中国史学会第一次理监事联席会议。选举常务理监事,共选出常务理事9人:顾颉刚、傅斯年、黎东方、朱希祖、缪凤林、陈训慈、卫聚贤、金毓黻、沈刚伯;常务监事3人:吴敬恒、方觉慧、蒋复璁,并推黎东方兼任中国史学会秘书。会上还讨论了各地代表的提案,除已办者外,通过移交下次理事会商讨办理。在理监事会上,通过了由史学会审查标点二十四史的提案。28日,中国史学会讲演周开始。每日一讲,依次为卫聚贤的"敦煌石室";陈安仁的"印度文化输入后中国社会经济形态之变革";雷海宗的"先秦国际政治";郑天挺的"清初礼俗";王迅中的"甲午以前之中日外交";吴其昌的"历史上大学生之卫国与建国";罗香林的"国父家世源流考";傅斯年的"明太祖之建国与立制"。后又增加几场演讲,如雷荣珂的"百年来中国之外交",郑师许的"明清两代之军器与政治",陈国治、王兴瑞的"清末之革命党与保皇党"。3月底至4月初,与中国史学会同人游北碚、合川、钓鱼城等处。在北碚识亚光舆地学社金擎宇等人。春,欲将"春秋战国史"所讲写为论文,故向刘起釪借取笔记《春秋三传及国语之综合研究》，嘱妻女钞迄。4 月，顾颉刚与金振宇、金擎宇在北碚成立中国史地图编编纂社，顾颉刚任社长，以发起编撰《中国名人传》为第一事。作《编辑〈中国名人传〉说明书》寄同人，曰：此书"自周迄清得二百余题""期就此数百人之身而表现其各个时代与各个社会之背景。析之为菡册，合之为一书，而《中国通史》之雏形于是乎在矣"。顾颉刚任此书主编，商务印书馆出版。顾颉刚亲撰《晋文公》，作为"名人传"的第一册，此书当时即被梁实秋誉为"最生动之通俗历史，不独对民众，即一般知识阶级之非专攻历史者，读之亦觉盎然有味"。为编纂通史，顾颉刚又邀集王毓瑚、史念海、傅筑夫、吕叔达等人共同为之，而欲由自己总其成。

顾颉刚 4 月 24 日作《中国边疆学会边疆丛书总序》，曰"这个时代是我们边疆学的启蒙时代，我们该捉住这全体国民的空前的觉悟而起作大声的呼喊"，以促进内地与边疆的同胞的团结。同月，被推为三青团评议员。5 月 1 日，为缙云寺汉藏教理院法尊上人《现代西藏》作序。27 日，作《我们为什么要编名人传》，曰："一个国家独立在天地之间，必然有它的立国精神。这立国精神的简称就是'国魂'。"中华民族数千年来终不灭亡，"其最重要原因之一，就为这些年中无数的圣贤豪杰把我们的国魂陶铸熔冶，已炼成了金刚不坏之身了。""我们要就自己的行业，把确实而有系统的历史知识介绍给全体国民，历史知识里最容易发生兴趣的是名人传记，最能给人以做人榜样的也是名人传记，所以我们就从'中国名人传'作起。"并希望"就自己的环境里创造出新历史来"。30 日，妻子殷履安病逝，为之痛绝。同月，作《晋文公》。顾颉刚日记载："名人传必须示人以榜样，因将书稿《晋文公》修改，作为第一册。"又与陈训慈共同组织唐代文化研究会。6 月下旬至 7 月初，在典试院阅高考试卷。顾颉刚任高等考试典试委员。7 月，与王泽民、赵纪彬、秦林舒等商通俗读物社之复兴事。9 月，以病未出席参政会。10 月 12 日，顾颉刚致函胡适云："刚近日勉强振作精神，欲集同志合编'中国名人传'一部，计二百数十种，期于两年半完成。"并将说明书附上。

顾颉刚 10 月以商务印书馆印行《文史杂志》极迟，愆期达一年之久，故与之毁约。又与中华书局订立印行该刊合约。同月，出席民族复兴研究会年会，顾颉刚为该会理事；修改龚骏所著《张骞》。此书作为史地通俗丛书编辑社编辑之《中国名人传》，于次年由商务印书馆出版。年底，修改王毓瑚所著《卜式和桑弘羊》。11 月 6 日，文史杂志社自柏溪迁北碚。先住牌坊湾文史社中，后迁入黑龙江路中国史地图表编纂社中。同月，任大中国图书公司编辑所所长。该公司乃金氏昆仲与陈铎合组之，彼等欲扩大经营，招收外股；董事会下，分设编辑、印刷、营业三部，原有之中国史地图表编纂社，名义不变，改作为公司之编辑所。冬，与娄子匡等在重庆汇集民俗学会同仁，共同决议再次重建中国民俗学会。娄子匡在《中央日报》上发刊《风物志》周刊，顾颉刚被邀，于 12 月 11 日作《赶紧收罗风俗材料》。12 月 29 日，出席民俗学同人第二次座谈会，并赞言曰：有人以为现时研究民俗是不合时宜，但如今建国建礼，"风俗和礼乐的关系是不言而喻的"。尤其是随着时代的推进、风气的变动，"风俗资料会因此而湮没的，所以大家要赶紧搜集风俗资料，来整理研究，保存学术于万世"。同会者有娄子匡、罗香林、于飞、樊缤等。会上与娄、罗、樊等人被推为中国民俗学会筹备员。是年，任中英庚款补助科学人员事，又任中央研究院杨铨、蚁光炎奖金审查委员会委员；由白寿彝代作之《秦始皇》，由胜利出版公司出版，被列为《民族伟人故事集》第三册。（参见顾潮编著《顾颉刚年谱》，中国社会科学出版社 1993 年版；顾潮编《中国近代思想家文库·顾颉刚卷》及附录《顾颉刚年谱简编》，中国人民大学出版社 2015 年版；王学典《20 世纪史学编年(1900—1949)》，商务

印书馆 2014 年版；王承军《蒙文通先生年谱长编》，中华书局 2012 年版）

陈寅恪 8 月携家离桂林赴成都，途中全家患病，至 12 月始抵重庆，暂住观音岩妹夫俞大维家中。知交及在夏坝复旦大学之蒋秉南等，多来省视。11 月 13—14 日，夏承焘《天风阁学词日记》有记陈寅恪语："于慕蹇处见商务新出陈寅恪《唐代政治史述论稿》一册，略翻一过，极佩其精博。近日治中古史者，诚卓然一大家。予曩年妄欲治宋史，见此杰作，可以缩手矣。""阅朱希祖驳陈寅恪李唐为胡姓说。"12 月，陈寅恪偕夫人及三女自广西大学往成都燕京大学。有诗嘲朱家骅发起之献九鼎事。《竺可桢日记》载："十二月十八日星期六。……陈寅恪方自广西大学偕其夫人及三女往成都燕大。渠夫妇身体均不佳，但三女儿均强健活泼。寅恪对骝先等起献九鼎，顾颉刚为九鼎作铭，惊怪不止。谓颉刚不信历史上有禹，而竟信有九鼎，因作诗嘲之云：'沧海生还又见春，岂知春与世俱新。读书渐已师秦吏，钳世终须避楚人。九鼎铭词争颂德，百年粗粝总伤贫。周妻何肉尤吾累，大患分明有此身。'"12 月，杨树达连得陈寅恪二复书，赋诗谢之。初期小住重庆，又继续前行，行两日而抵成都，就任燕京大学教授。是年，第三届教育部学术审议委员会"补助学术研究及奖励著作发明"奖评出。社会科学类一等奖 2 名（陈寅恪《唐代政治史述论稿》、刘节《中国古代宗族移植史论》），三等奖 11 名（曾资生《中国政治制度史》、郑天挺《发羌之地望与对音等论文三篇》、王焕镳《曾南丰年谱》、邓广铭《宋史职官志考正》等）。（参见卞僧慧纂《陈寅恪先生年谱》，中华书局 2010 年版；王学典《20 世纪史学编年（1900—1949）》，商务印书馆 2014 年版）

钱穆仍任齐鲁大学国学研究所主任，并兼齐鲁大学课。1 月 1 日，在《思想与时代》第 18 期"张荫麟先生纪念号"发表《中国今日所需要之新史学与新史学家》。略谓："历史乃一时间性的学问。历史正为一大事业，一大生命。故历史上之过去非过去，而历史之未来非未来。历史学者当凝合过去、未来为一大现在，而后始克当历史研究之任务。故凡历史上之事变，扼要言之，乃尽属一种改变过去与改变将来之事业。若不能改变过去，复不能改变将来，则人类历史将永远如水之流，如花之放，成一自然景象，复何历史可言？研究历史，即谓其乃研究如何改进现在人事之一种学问，亦无不可。""此所讲之新史学，其实昔人早已言之。司马迁所谓'究天人之际，通古今之变'，此即融贯'空间'诸相，通透'时间'诸相，而综合一视之。故曰'述往事，思来者'。今则姑以名号相假借，称之为'新史学'。本此推说，则今日所需之新史学家，其人必具下开诸条件：一、其于世事现实有极恳切之关怀；二、其人又能明于察往，勇于迎来，不拘于世事现实；三、其人必于天界物界人界诸凡世间诸事相、各科学智识有相当晓了者；四、其人必具哲学头脑，能融会贯通而籀得时空诸事态相互间之经纬条理者。如此乃可当于司马氏所谓'究天人之际，通古今之变'，而后始要以成其'一家之言'。"张荫麟"博通中西文哲诸科，学既博洽，而复关怀时事，不甘仅仅为记注考订而止。然则中国新史学之大业，殆将于张君之身完成之"。同月，《两汉博士家法考》刊于中央大学《文史哲季刊》第 2 卷第 1 期。文中考辨"博士"渊源流变，依次探讨了汉代经学发展过程、"家法"问题、"齐学与鲁学""今学与古学"等问题，指出："且进而一论'家法'之所以为家法者。直捷言之，则'家法'即'章句'也。汉儒经传有章句，其事亦晚起，盖在昭、宣以下。史称丁宽'作《易说》三万言，训故举大谊而已'。《艺文志》《易》家：'《章句》，施、孟、梁丘氏各二篇。'以前说《易》无章句，有章句即有家学矣。《易》有施、孟、梁邱三家《章句》，故云有三家之学。为博士立学官、成家学者，乃着章句以授弟子。"认为清代学者所谓"汉学"并非原本意义上汉代经学等看法。此文是钱穆经学研究的重要论著,被顾颉刚《当代中国史学》一书列为钱穆代表作之一。3月,《理想的大学》刊于《思想与时代》第20期。春,赴贵州遵义浙江大学讲学1月。

钱穆4月在《思想与时代》第21期发表《孔子与心教》。同月,《五十年来中国之时代病》刊于《思想与时代》第21期。文中指出:"中国有着五千年传统不断的历史与文化,这真是举世莫匹,中国人堪以自傲的。但近五十年来的中国,却只有挫败、屈辱、退婴、不长进。较之并世列强,只有自惭自恶,几使中国人有不敢仰面对人之感。因此,怀疑到中国五千年的传统历史与传统文化,认其不过尔尔,或者根本无何价值,否则何以结局走上近五十年来的现状?但我可以反问,果使如此,则中国早应失其存在,又何来有此五千年的传统?在我简单的看法,传统五千年,是中国人的生命,一切都象征着中国生命之健全与旺盛。最近五十年,则只是生命过程中之一时病状。""幸而数十年的病魔纠缠,到底掩塞不住数千年生命大源之澎湃与洋溢。内部新生命之健康力量早已逐步的好转与前进。孙中山先生倡导的三民主义与辛亥革命,这是一个元气淋漓的,唯一的能从积极正面乐观而进一步的方向来指导中国前途的。这是从中国传统五千年生命本源里面产生的新力量;这是自我确立,不是自我抹杀。这才是复兴中国一大火种。我们只希望将此火种在每一个中国人的心头燃烧起来。"5月,《道家思想与西方安那其主义》刊于《思想与时代》第22期。6月,《古代观念与古代生活》,刊于《思想与时代》第23期。文中依次论述了民族观念、宗教观念、国家观念、人道观念以及中国古代人的生活状况、封建崩溃后之新社会。7月,《法治新诠》刊出同前《思想与时代》第24期。8月,《农业国防刍议》刊于《思想与时代》第25期。9月,《古代学术与古代文字》刊于《思想与时代》第26期。文中认为:"中国民族的'学术路径'与'思想态度',也大体在先秦时代奠定,尤要的自然要算孔子与儒家了。但我们与其说孔子与儒家思想规定了此下的中国文化,却更不如说:中国古代文化的传统里,自然要产生孔子与儒家思想。这里将先约略说一些孔子以前的古典籍。""在中国学术上,'贵族学'时代与'平民学'时代,一脉相传,只见是一种演进,却不见有所剧变与反革。而孔子与儒家思想,遂不期而成为后代之正宗了。"

钱穆是秋因齐鲁大学国学研究所停办,应华西大学文学院院长罗忠恕邀转去华西大学任教。当时老友蒙文通任四川省立图书馆馆长,兼华西教授,由其移借一部分图书寄放先生住宅,以供他和同居的齐鲁研究所研究员五六人研读之用。后应四川大学校长黄季陆屡来邀请,不得已,前往兼课。10月,《从秦始皇到汉武帝》刊于《思想与时代》第27期。11月,《新社会与新经济》刊于《思想与时代》第28期。12月,《新民族与新宗教之再融合》刊于《思想与时代》第29期。文中认为:"中国在秦汉时代,经历了公元前二二一年至公元一八九年,四百年的全盛时期,下面接着一段公元一九〇年至五八八年同样四百年的中衰期。中国史上叫做魏晋南北朝时期。这一时期,有两个最显著的特征:一、是新民族的羼杂。二、是新宗教的传入。"11月,《清儒学案序目》刊于《四川省立图书馆图书季刊》第3期。谓:"清代理学,当分四阶段论之。一曰晚明诸遗老。其次曰顺康雍。又其次曰乾嘉。又其次则曰道咸同光。要之有清三百年学术大流,论其精神,仍自沿续宋明理学一派,不当与汉唐经学等量并拟,则昭昭无可疑者。""今世运之变,又亟于道咸,一世方激荡旋转而开生人未有之新局。吾国家民族文化绵历五千年迄今未弊者,又将重回洪炉,再经锻炼,以重成其为卫国家、福种姓之所赖。今既世运逮通,五洋如同堂,六洲如合宇。他日人类大同,安知治统、学统不有日趋于一之势。吾中央正值抗战艰险之际,有意合刊宋、元、明、清四朝学案简编,颁之中外,其意可深长思矣。穆奉命承乏为清儒之役,因重加编订成若干卷,而敬述其大义于卷首。"冬,钱穆又应召赴重庆复兴关,为高级训练班讲学,同赴讲学者凡4人,即冯友兰、萧公权、萧叔玉,4人同居一屋中。居复兴关凡一月,膳食极佳。后返成都。(参见韩复智编著《钱穆先生学术年谱》,中央编译出版社2012年版)

马寅初在潘序伦主办的私立重庆北碚立信会计学校任教。1月16日,出席立法院第4届第230次会议。30日,出席立法院第4届第231次会议。同月,《经济学概论》由重庆商务印书馆出版,至1944年8月共印五版。1946年2月于上海出重订版,共印三版。1947年9月之增订版,至1948年8月,共印九版。该书入选新中学文库、大学丛书等,各种版本达20余种,为民国时期最普及之经济学教材。全书分7篇:一、概论;二、价值论;三、消费论;四、生产论;五、交换论;六、分配论;七、结论。2月21日,蒋介石就马寅初事致函朱家骅:"中央组织部朱部长勋鉴:卅一年十二月卅一日松字第205号签呈悉,马寅初君可准留居原处研究战后经济问题,并已令侍从室公费股自本月份起按月拨助壹千元交兄转致。希洽领转交,并代致慰问之意,为盼。中正。丑马侍秘。三十二年二月廿一日。"22日,马寅初拜访朱家骅,托朱家骅为其次女马仰曹安排工作。23日,得朱家骅函,谈马仰曹工作与马寅初研究安排。同日,江庸致蒋介石侍从文官沙孟海函:"总裁自二月份起,每月送马寅初先生壹千元。兹送上支票壹张(壹千元),骆公请兄备函婉言致送,以后按月由部代领转发。此上孟海老兄惠鉴。"3月1日,沙孟海批注:"已领来由曹子言兄转送。"25日,沙孟海致函组织部总务处汪处长:"总裁令由侍从室公费股自本年二月份起按月拨助马寅初先生壹千元,由部座洽领转交。除二月份业已代领转送外,请贵处以后按月代领转发为荷。"信边专嘱:"附卷阅后交还。"27日,出席立法院第4届第233次会议。2月28日,陈大齐、沈士远联名致朱家骅函,已派马仰曹为考选委员会一等科员。

马寅初3月13日出席立法院第4届第234次会议。18日,就马仰曹事致函朱家骅鸣谢。4月15日,出席立法院第4届第236次会议。4月16日,造访老友潘序伦。24日,中国经济学社第十六届年会于北碚立信会计学校举行,到会社员叶元龙、杨荫溥、卫挺生、潘序伦、章乃器、程天放等及国民党社会部、教育部,陪都重庆市党部等代表200多人出席。由时任国民政府主计处处长陈其采主席。马寅初仍为社长,但未能出席。25日,《新华日报》于"北碚简讯"栏中报道中国经济学社第十六届年会盛况时,又称:"马寅初博士十八日上午在北碚沥夏亭茶社,作久已违别之公开演讲,题为《经济学与哲学》,听者多为青年学生。"实未有此事,该报借此举冲破政府当局不准报道马寅初回渝及在渝消息之禁令。30日,出席立法院第4届第237次会议。5月15日,出席立法院第4届第238次会议。5月29日,出席立法院第4届第239次会议。6月26日,出席立法院第4届第241次会议。7月10日,出席立法院第4届第242次会议。8月11日,致朱国璋函请代步问候朱家骅:"近闻令叔骝先先生抱有清恙,本拟趋访,但仔细一想不如不去,谅令叔亦能谅我也。惟念旧心切,无时或已,特函代步敬乞代为转达,不胜感激之至,余不尽言。"当晚,朱国璋致沙孟海函:"马寅初先生来函慰问家叔之病,请以家叔名义复谢为感。"9月15日,出席立法院第4届第245次会议。22日,得朱家骅书,感谢病中致函慰问。30日,出席立法院第4届第246次会议。10月15日,出席立法院第4届第247次会议。29日,出席立法院第4届第248次会议。12月30日,出席立法院第4届第249次会议。(参见徐斌、马大成编著《马寅初年谱长

编》，商务印书馆 2012 年版）

　　冯友兰 2 月至 6 月经联大校方允准在国内休假，往重庆、成都讲学。离职期间，文学院院长职务由杨振声代理，中日战争史料征辑委员会职务由雷海宗代理，聘任委员会主席职务由郑天挺代理，中国哲学史课由任继愈代授。锺璞、锺越寄住梅贻琦家。到重庆时，陈立夫所办刊物《文化先锋》主编李辰冬在机场迎接，请冯友兰在文化会堂下榻。冯友兰在文化会堂讲演三次，题为《不变的道德与可变的道德》《人生的四种境界》《一元多元、唯心唯物问题》，讲稿均在《文化先锋》上发表。离文化会堂，往复兴关中央训练团讲《中国固有道德》两周。讲演前蒋介石约请吃饭，席间冯友兰谈及河南灾情，要求蒋减轻粮食征收。讲演期间，曾往见中央训练团教育长张轸。离中央训练团，往南温泉中央政治学校讲演四周。其间陈立夫曾宴请冯友兰，同席有范争波。后曾去范处住宿三次。又曾致函余景山，应余之请为其次子命名。在此期间，曾往重庆北大同学会，遇傅斯年，经傅介绍与张国焘相见，谈有关西南联大情况。在此期间，孔祥熙办孔教会，拟请冯友兰出任会长，冯友兰以无必要、办不了为由婉言谢绝。在此期间，赵纪彬曾多次来访，并曾说《新华日报》有人拟请冯友兰去谈谈新理学问题，冯友兰认为彼此无共同语言，未去。离中央政治学校，应卫挺生之邀游北温泉。又顺道在五云山教育部所办训练班（该班专收"不守规矩"之高中学生）讲《不变的道德与可变的道德》。又往晏阳初所办乡村教育学院访瞿菊农。离乡村教育学院，往成都华西大学哲学历史系讲演，住李安宅家。华西大学教授钱穆等有茶会欢迎冯友兰并合影留念。又曾应李耀仙之邀往光华大学讲演。在成都曾接受李约瑟（Joseph Needham）访问。李约瑟在其所著《中国科学技术史》第 2 卷《中国科学技术思想史》中说："我记得在成都，曾听冯友兰博士本人说过一个著名论断：道家是'一个根本不反对科学的神秘体系，这是世界上从未见到过的'。"

　　冯友兰 3 月教育部再次着领特别办公费，仍谢绝之。4 月，《读书答问·关于新理学》刊于《读书通讯》第 63 期；《道德功利问题——当前几个思想之一》刊于《文化先锋》第 2 卷第 4 期。5 月 4 日，《跋〈蔡孑民先生传略〉》刊于《大公报》。此稿原存《传略》编者高平叔处，王芸生闻讯后自高处索交《大公报》先行发表，用以纪念"五四"。5 月，《儒家哲学之精神》刊于《中央周刊》第 5 卷 41 期。此文认为求理想的生活是中国哲学的主流，也是儒家哲学精神之所在，而"极高明而道中庸"正可借为理想生活之说明。"极高明"是就人的境界说，"道中庸"是就人的行为说。人的境界即在行为之中，故"极高明而道中庸"者，就对于行为有充分的了解。《新理学的中之地位及其方法》刊于《哲学评论》第 8 卷第 1 期。此文认为真正底形上学的方法有两种，一种是"直觉主义底方法，从讲形上学不能讲讲起，所以其方法可谓为负底方法"，一种是"形式主义底方法，从讲形上学讲起，所以其方法可谓正底方法"；认为"《新理学》的方法就是真正形上学的正底方法"，其任务在于提出并说明"理""气""道体""大全"四个观念，其中"大全""道体"与其所拟代表者不完全相当，"大全""道体""气"所拟代表者不可思议、不可言说，故形上学不能讲。禅宗则是哲学史中以负的方法讲形上学而最合乎空灵（"其解释是形式底，所以是空底；其命题对于一切事实无不适用，所以是灵底"）的标准者。同月，《关于新理学讨论——答孙雄曾书》刊于《哲学评论》第 8 卷第 1 期。

　　按：孙雄曾 1942 年 5 月 24 日致冯友兰书刊于该刊同期；《一元与多元问题》刊于《文化先锋》第 2 卷 6 期。张聿飞《冯友兰先生的三篇演讲》刊于《文化先锋》第 2 卷 6 期。6 月 13—14 日，胡秋原《论〈新理学〉》刊于《大公报》。（参见蔡仲德编撰《冯友兰先生年谱长编》，中华书局 2014 年版）

朱家骅继续任国民党组织部长、中央研究院院长。1月5日,朱家骅在重庆各学术团体举行的牛顿诞辰300周年纪念会上以中央研究院院长身份发表讲话,教育部次长顾毓琇讲《从苹果到月亮》,瓦德逊英文讲《牛顿之生平》,严济慈讲《牛顿与光学》。6日,朱家骅致信胡适,详告发起西北科学考察团及开展工作情形。说:"前秋,弟自视察西北各省归来,鉴于发展西北之急切,必须先为科学上之详密考察,以为政府筹拟之依据。当即发起由中央研究院、中央博物院筹备处、中央地质调查所、中国地理研究所及其他学术机关共同组织一西北科学考察团。原定计划甚为详尽,继以种种关系,改由本院与中央博物院筹备处及中国地理研究所各就去年度经费内撑节移注,仅筹得二十余万元。先组织一规模极小之西北史地考察团,集合专家若干人,率同助理人员于去年四月初由渝出发。八阅月来成绩甚佳。现已决定继续考察工作,并拟扩充仍为西北科学考察团。……弟顷令中国地理研究所于酒泉设立工作站,再由中央气象局设置祁连山各地测候所,以为建设计划之依据。此特其开端而已。……以此次抗战所得之经验,河西一带将来或可恢复汉唐时代军事上政治上之地位,尤宜未雨绸缪也。该团之任务实足影响建国百年之大计。"但经费极为困难,故希望胡适在美为西北科学考察团募集捐款。

朱家骅2月接到各方报告,说敦煌千佛洞里保藏的北魏、隋、宋、元、明、清历代的壁画,是一层一层画上去的。这时有一位画家住在千佛洞里临摹,他画了一层后,就剥去一层,再画下面的一层,如果任其继续临摹下去,那么千佛洞里的历代壁画,就要整个被毁了。这位画家临摹北魏、隋、唐古画,应先会同国内外考古家及博物院专家研究一个妥当的办法,使壁画剥异之后,内外层均可完全无恙,在还没有妥善的保全办法之前,万不可轻率从事。于是朱家骅写信给河西的党务专员陈克中,要他设法转知当地的专员公署,加以制止,庶几国家的重宝,得以保存。21日,蒋介石就马寅初事致函朱家骅,谈马寅初研究工作安排及经费事。22日,马寅初拜访朱家骅,托朱为其女马仰曹安排工作。同日,朱家骅就马仰曹安排事致函陈百年、沈士远:"马仰曹女士系寅初先生之公子,燕京大学毕业,曾在上海英国大使馆服务,并在杭州高级中学教员,新近自沪来渝亟图栖息,辄函奉介,敬希惠于会中酌给工作。"23日,马寅初接朱家骅函:"昨谈至快,承嘱一节已致书百年、士远先生恳托矣。总裁关怀台端近况,并嘱转请研究战后经济问题,曾命仲谋面达,继将实情详报总裁。顷奉本月二十一日代电略开'马先生自可留居原处研究成后经济问题,并自本月份起按月拨助壹千元交兄转致,并希代致慰问之意'等因。总裁推崇学人之意甚可钦敬,兹已将本月份之壹千元领到。该款拟请托子言兄进城时带去转送,以后亦如此办理。"28日,陈大齐、沈士远联名致朱家骅函,已派马仰曹为考选委员会一等科员。3月2日,马寅初收到朱家骅函:"关于令媛仰曹女士事经致函百年、士远两先生绍介,顷接复:'拟即派为一等科员,惟本会未设女职员宿舍,想寅初先生寓所即在歌乐山,或无不便'等语知注特达。"3月3日,马寅初复朱家骅函:"小女之事承荷关垂,铭感五内,惟百年、士远先生处还祈费神当面一谈,以便早日发表。委座赐予之津贴,因目下收支勉强适合,一时尚不需要,如将来物价继续增高,确有不能维持时,当再向委座讨饭吃。务乞代为转呈,不胜感激之至。"3月8日,马寅初收到朱家骅函:"手札甚佩高怀,继思此款为数虽微,若过事谦让,转失总裁推崇学人之美意,亦无以见故旧之厚谊。即弟亦无以复命,和光同尘昔贤所尚,切祈受纳,稍慰区区。至令媛之事已函百年、士远两先生请其即予发表矣。"

朱家骅3月10日将筹设"实验医学研究所"一案提交中研院院务会议讨论通过,以林可胜为医学研究所筹备主任。先是在1941年,朱家骅看到抗战期间大后方医药卫生设备奇缺,疾病丛生,非常需要医学病理之研究,以推进实际医药卫生应用之改善与进步。于是朱家骅又再起念,拟再设法筹设,仍欲借重林可胜。至是年朱家骅再与林可胜取得联系,再申前议,并针对研究主轴与名称进行讨论。林可胜主张用"实验医学研究所"名称,朱家骅虽觉得此名甚广泛,但最后仍尊重林可胜的意见。3月10日,筹设"实验医学研究所"一案提交中研院院务会议讨论通过后,林可胜随即针对组织、人选、研究问题、经费等事项,拟定实验医学研究所筹备具体计划。6月,朱家骅赴广西、广东、湖南、江西、贵州等省视察党务。在桂林期间,视察中央研究院物理研究所、心理研究所、地质研究所。各所已有部分开始迁往昆明。上半年创办《政治情报》与《组织旬报》。9月30日,中央研究院召开在渝评议员第三次谈话会,朱家骅、翁文灏、王世杰、丁燮林、傅斯年5人出席。会议决定评议会第二次年会改于翌年3月上半旬内举行,中心议题则为拟具中央研究院的战后复员计划和工作进行大纲,及向政府建议战后全国学术事业总方案,并分别致函各评议员,请其提出意见,再分科汇编制成草案。同月,李书华接替叶企孙出任中央研究院总干事。11月11日,中央研究院对组织法和评议会条例的个别条款进行补充和修正。会议决定将原本附属中央研究院的名誉会员,改归评议会;将名誉会员重新分为名誉会员和外国会员;撤销团体名誉会员,名誉会员单指个人,选拔条件亦改为"于学术上有重大贡献或主持科学研究有重大之成绩,经评议员十人之提议,评议会评议员五分之四以上之通过",且"每一名誉会员当选之理由应公告之";将新增"外国会员"的选举方法定为"经评议员十人之提议,评议会评议员五分之四以上之通过"。

　　朱家骅主持修正《国立中央研究院组织法》11月17日公布,增列哲学、教育学、法律、经济、医学、药物学、地理、民族学、体质人类学等9个研究所,总计为23个研究所,及物理、化学、工程、地质、天文、气象、历史语言、国文学、考古学、心理、教育、社会科学、动物、植物、哲学、教育学、法律、经济、医学、药物学、地理、民族学、体质人类学等23个研究所,标志着中研院组织的壮大。当时将原"国文研究所"更名为"中国文字研究所""工程研究所"改称"工学研究所""社会科学研究所"改称"社会研究所""心理研究所"改称"心理学研究所"。朱家骅着手推动修正中研院组织法,增设新的研究学科,其用意即"重在分门研究,以定研究所名称,俾能分工合作,使所长充分发挥领导能力",并同时增设新的研究学科。但在送请立法院审议时,因立法委员意见分歧,故修正后之组织法并未能尽如朱家骅之理想。如将原有之14个研究所增至23个研究所,其中不少增列之所系立法委员欲中研院开展之研究项目,非朱家骅之意。又如,"实验医学研究所"之名系与林可胜洽商,尊重林可胜意见,并经过院务会议通过者。这次修正遭立法院将"实验"二字删去,更名为"医学研究所",迭经力争无效。另外,立法院当时甚至有意将"社会科学研究所"之名取消,激起社会科学研究所所长陶孟和与同仁的强烈反对,终经朱家骅全力争取,始得折中更名为"社会研究所"。为配合国家战时之迫切需要,朱家骅努力觅得适合之主持人后,在抗战期间先后推动新增数学研究所、医学研究所、体质人类学研究所筹备处和植物研究所,为中研院在大陆期间设所最多的时期。朱家骅为进一步健全组织,落实"学人治院"的民主领导体制完全,将原订之"本院于必要时得增设其它研究所",修正为"国立中央研究院于必要时,得依评议会之决议,增设其它研究所或研究室"。同时,原本各研究所所长及研究员聘任系属院长职权,朱家骅也全部下放,由修正法明文规定"关于各研究所所长及研究人员之资格,由评议会定之",从而进一步将中研院的人事聘任制度化,排除人为因素的干扰。12月7日,朱家骅、翁文灏发电聘请在美国的中央研究院评议员胡适、赵元任为评议会驻美代表,并以这一资格访问美国全国科学院及美国全国学术联合会。(参见胡颂平《朱家骅先生年谱》,台北传记文学社1969年版;黄丽安《朱家骅学术理想及其实践》,社会科学文献出版社2018年版;李学通《翁文灏年谱》,山东教育出版社2005年版;徐斌、马大成编著《马寅初年谱长编》,商务印书馆2012年版)

翁文灏继续任国民政府经济部长,兼任中央研究院评议会秘书。1月4日,翁文灏致函任鸿隽,告知周诒春于上年12月30日来电,将于1月13日由昆明来重庆参加中基会会议。本月初,翁文灏与任鸿隽、孙洪芬等频繁信函往来及当面商议中基会非常委员会第3次会议开会之事。会期初定于16日午后2时在李子坝开第3次会议,先于15日午后8时在上清寺中美文化协进会开预备会。任鸿隽、孙洪芬先后致函,征求翁文灏对开会地点及是否邀请外交部、教育部代表参加的意见,并约其当面商谈开会事宜。后因蒋梦麟、周诒春二人不及赶到及孙科立法院有会等原因,14日又改于17日午后8时开预备会,18日午后2时半开正式会。23日致函陈立夫,请对《工业建设计划会议召集办法大纲》提出意见。该大纲是翁文灏奉蒋介石之命所拟。2月9日,再函陈立夫,提议联名上呈《工业建设计划会议大纲》。25日出席中国地质学会理事会会议。会上,翁文灏提议举办第2届地质展览会,获得通过。该展览会后于3月3日至5日,在重庆中央图书馆举行。会议还讨论决定了学会第19届年会事宜,关于年会地质旅行的汽车及旅费2万元事宜,理事会请翁文灏负责商借。17日,做备忘录致孔祥熙,请继续保留中基会,不使其因中美新约而中断。3月6日,出席中国地质学会理事会会议。会议选举了理事会常务理事等职员。7日,出席在重庆大学举行的中国地质学会第19届年会并发表演讲。翁文灏在讲演中首先介绍了地质学会的创立历史,继而阐明地质学为纯粹理论科学及应用科学的看法,及抗战中在石油等国防民生方面的贡献,并表示中国地质学家均具有远见深思,但实际工作精细程度则颇为欠缺,且专门化之趋势太缺,同时希望中国地质学家对与地质学有关之科学,如地球物理学等多加努力。13日,致函陈立夫,商议工业建设计划会议的性质。

翁文灏3月30日为"北京人"化石问题致函美国驻华使馆官员文森特(Carter Vincent),认为美国国务院及海军部可能会对追查有帮助,请文森特设法让美国国务院关注此事。4月2日,文森特复函,告已电问华盛顿海军部,一有消息立告。4月10日,翁文灏再函文森特,追问"北京人"化石事。同日,翁文灏致函佛腾,告已分别致函魏敦瑞、Lobenstine、M. C. Baltour及美国驻华使馆,请帮助寻找"北京人"化石的线索,也希望得到美国国务院的帮助。27日,文森特回函翁文灏,告已将此事禀报国务院。4月20—30日,主持在重庆中央图书馆召开的工业建设计划会议并多次发表演讲。在开幕式上,翁文灏作题为《中国经济革新的回顾与前瞻》的演讲,强调会议性质之重要,各位使命之艰巨:"我国积贫,已非一日,救之之道,舍工业建设莫属。此次会议,讨论方案,可以不同,但所取目标,则须一致。国家建设成功,国族民生,同登富强康乐之境。战争胜利之日,即工业建设开始之时。望各位认清意义所在,共赴建设之途。"29日,与陈立夫联合主持的招待宴会上,翁文灏又即席致辞,认为:"会议工作之中心,着重战后五年计划之拟定。"30日,翁文灏在会议闭幕式的即席致辞中表示:在抗战期内,日人掠夺我煤铁宝贵资源甚多,此种损失,非赔款所能弥补。而日本侵略之力量,尤出于彼方发达的工业。战后盟国方面,理宜决定将日本一部分工业设备移交吾国。这是中国官方第一次对战后处理日本工业问题发表意见。此种意见发表后,受到国内外人士的重视。此次会议缘于上年底,蒋介石手令翁文灏与陈立夫就召集工业专家会议事宜进行设计准备,并拟具召集办法呈报。翁文灏随即起草了《工业建设计划会议办法大纲》,与陈立夫会同修改、呈报。经蒋介石批准,会议于本日至30日举行。参加者为从各机关专门人员、各工业学校校长、工学院院长、各重要公私工厂厂长及工业专家中选聘的135人(实到125人)。会议以各种工业建设计划及培养建设人才与训练技术员工计划为主,为战后工业建设制定初步蓝图。会议共收到提案140件,其间先后举行分组审查委员会48次,议案处理委员会6次,全体大会8次。30日上午,出席在教育部召开的国防科学技术策进会理事会。会议由何应钦主持,议定兵工署、航委会及交通部所需解决问题12项。

　　翁文灏5月16日出席中国地理学会理事会会议。会议决定地理学会年会筹备会人选,并定年会于7月19日举行。29日,任鸿隽致函,请翁文灏与孔祥熙密谈,以明了政府对中基会存留的真意。6月1—9日,主持第2次全国生产会议并发表演讲。17日,出席在资委会举行的中基会第6次执委会,会议决定非常委员会会期等事。21日,致函蒋廷黻,告已就中基会存废问题与周诒春、蒋梦麟等商谈,决定不拟建议任何具体意见,而静候政府正式决定,只将创立时中美换文送孔祥熙、陈立夫和外交部次长吴国桢参考。30日,出席中基会董事非常委员会第4次会议。7月4日,出席并主持在其南开中学家中举行的中国地质学会理事会会议。同月,在广西桂林出版的《新工商》杂志创刊号发表《中国工商经济的回顾与前瞻》,阐述抗战前中国工商经济特点,战时的演变情形与战后发展应行注意各点,认为,中国抗战前工商经济特征有三:一、在工业的构成上是轻工业比率庞大;二、在工业分布上是沿江沿海地区密集度过高;三、在企业组织上是旧式企业成分较大。此外,中国工商业还受到不平等条约的束缚,应付不平等的竞争和外资的箝制。作者进而指出:“抗战给予中国的新兴工商业以沉重的打击,同时也给予它以再苏的新机。”中国的工商经济在各方都引起了很大的蜕变,具体表现为:在工业方面,一是工业分布较战前已大见调整;二是重工业比重的加大;三是公营事业的增加;四是工业生产的加大,无论国营民营,生产数字都是在扶摇直上;五是工业技术水平的进步;六是工业联合组织的强化。在商业方面,一是各地新公司的设立也如雨后春笋大量增加;二是公营贸易的发展;三是同业组织的加强。此外,“还有一种将不同的企业同置于一个管理权之下的趋向,就是所谓混合企业”的发展。对于战后中国工商经济的前途,文中所论有六大重点:第一,工业区位必须有统筹规划;第二,工业生产必须有预定目标;第三,企业范围必须有明确划分;第四,企业组织必须有合理调整;第五,企业经营必须有合理管制;第六,人才、资金必须有充裕准备。8月9日,翁文灏致函任鸿隽,谢还8月5日送呈的中国留美研究员调查表。翁文灏曾于4月时向任鸿隽表示欲调查当前中国留美专门人才情况,以备将来任用。任鸿隽遂于本月5日将中基会美方董事顾临寄来的中国留美研究员调查表转呈翁文灏。9月14日,就任鸿隽7日来函询问翁文灏近日与孔祥熙就保留中基会问题谈话的结果事,复函通报与孔祥熙会谈情形,说明孔目前“不愿表示具体意见”,而且主张解散中基会的力量也仍很坚持。翁文灏认为此事一时尚不易解决。10月5日,致函中基会董事会,同意同济大学补助费仍照上年度补助2万元标准拨发。18日,出席在李子坝中基会会所举行的中基会执委会会议。21—26日,出席并主持在桂林召开的中国工程师学会(第12届)暨各专门工程学会联合年会,并在开幕式上首先致辞,宣读蒋介石致会议训辞。本次年会共有1500余人出席,收到论文240余篇,均为历届年会之冠。美国机械工程学会副会长伊登、电机工程学会代表麦美伦亦出席并做学术演讲。

> 按：会议于 22 日分土木工程、化学、机械、矿冶、电机、市政与卫生、水利、纺织等各专门工程学会，分组报告讨论。23、24 两日按铁路路线、矿产、化学工业、广西水利、水利发电等 5 项专题，分组讨论，最后由翁文灏做结论报告。25 日，分区举行学术演讲。26 日，会议闭幕。

翁文灏 11 月 9 日致函中基会董事周诒春，谈中基会与协和护士学校事。翁文灏以担任官方多项重要职务，时间不敷支配为由，向中基会董事会提出辞去非常委员会主席一职。后在美董事会一面挽留，同时派 Fork 来华协助，处理一般例行工作，故翁暂留任。但随着有关该委员会事项日增繁多，特别是较大政策及方针，仍须委员会方面表示相当意见。翁文灏表示在目前情形之下，无暇兼顾，因此再向纽约方面请辞，并建议由周诒春继任。另外，有关协和护士学校迁移后方复校事，教育部要求由协和董事会正式代表向该部呈请。但因目前后方的协和董事只有周、翁等 3 人，不足法定人数，翁文灏提议成立一"协和董事会战时执委会"的组织，以代理董事会的职务。翁同时又表示，如有可代劳之处，自当随时效力。22 日，与来访的竺可桢谈中央研究院派科学家赴英、美事。竺此前曾建议中央研究院派科学家赴英、美交流，以应英、美派李约瑟（Joseph Needham）、葛德石（Cressy）等来华之好意，但被朱家骅以没有经费为由拒绝，未能实行。翁文灏主张借目前官方有 10 个名额可以派遣出洋之机，以实现此与英、美科学交流目的，得到竺可桢的赞同。23 日，复函李约瑟，感谢他对玉门油矿的考察和帮助。同月，在国民党中宣部举行的记者招待会上，作《后方工业现状及进行之途径》的报告。报告分为后方工业概况、目前困难原因、今后补救途径三部分。是年，在中国科学社等 7 个学术团体于重庆北碚举行的联合年会上，辞去中国地理学会理事长职（胡焕庸继任），改任新设立的监事（另两名为竺可桢、李四光）。自是年起，取《孔子家语》中"弓调而后知劲，马服而后求良，士必悫而后求智能，不悫而多能，譬之豺狼不可迩"之意，自号悫士。（参见李学通《翁文灏年谱》，山东教育出版社 2005 年版）

傅斯年继续主持史语所所务。历史语言研究所调查关中、洛阳陵墓与石刻，以及陕西考古遗址。1 月 1 日，在《读书通讯》第 57 期发表《论李习之在儒家性论发展中之地位》。2 月 28 日，中国史学会筹备会在重庆召开，讨论中国史学会成立事宜。此次会议地点为重庆上清寺卡尔登饭店，傅斯年、郑鹤声、卫聚贤、金毓黻等与会，金毓黻称"参加史学会之集议""颇极一时之盛"。3 月 1 日，在《读书通讯》第 61 期发表《理学的地位》。3 月 24 日，傅斯年与顾颉刚、黎东方、方豪、雷海宗、缪凤林、黎锦熙、陈衡哲、陈训慈、张其昀、郑鹤声、卫聚贤、吴其昌、徐炳昶、陈叔谅、张金鉴、姚从吾、王迅中、郑天挺、陈安仁、陈啸江、郑师渠、金毓黻、蒋复璁等 120 余人出席教育部史地教育委员会第三次全体大会与在中央图书馆举行的中国史学会成立大会。春，傅斯年与李济在历史语言研究所与中央博物院合组的"西北史地考察团"成行。5 月，作《跋〈人境庐诗草〉》。同月 2 日，在重庆《大公报·星期论文》发表《盛世危言》，旨在"说明盛世不可无危言也"：其一曰：今日乃真卧薪尝胆剚屡及之时，而决非事既定功已成之日也。"我们应该有一个口号，这口号便是：一切为反攻。既然一切为反攻，则凡与反攻无直接关系者理应从缓办理，而为反攻所需要者，不论事实如何困难，如有缺陷，皆当整顿；不论环境如何难办，如当改正，即须改正。一壮丁必得一壮丁之用，一加仑油必得一加仑油之用，一斤血汗必得一斤血汗之用。从背面说，其与反攻无直接关系者，纵有关于十年大计，百年树人，也不妨从缓。因为失地早收复一年，即等于十年建设之效力。"

其二曰:一代之政风,每造于开国之时,而今日正开国之时造政风之日也。并谓:"今后百年之气运即决于此时。故今日政风之厚薄,实为百年治乱之所系。""我们今日政界的风气是否皆可满意,这是要检讨,要改革,要以理想之局面遗留后人的。"然后提出:今日政界的风气,我一时以为大可以注意者有两件事:第一件事是如何发动人民的力量。第二件事是如何发动在官者尽职奉公之心。

傅斯年 5 月 4 日在重庆《中央日报》发表《"五四"偶谈》,文中开篇即云:"我从来不曾谈过'五四',这有个缘故:第一,我也是躬与其事之一人,说来未必被人认为持平;第二,我自感觉'五四运动'之只有轮廓而内容空虚,在当年——去现在并不远——社会上有力人士标榜'五四'的时代,我也不愿附和。"然后以历史观重新审视"五四",而"'五四'去今年是二十四年整,以近代中国局面变化之迅速而奇幻,若有人说,所谓'五四的精神'在今天仍可尽为青年所采用,是绝无这个道理的。时代已变,社会与政治的环境大有不同,若仍沉醉在这个老调,岂不近于傻,或近于情痴? 不过,若有人说,'五四'全未留下好东西,应该忘了他,似乎也没有这个道理。就外交上说,有'五四'的动荡,而后巴黎和会上中国未签字,而后又华盛顿会议,而后有美日在远东之大不协,不协之久,至于开仗。这一线上固然有许多的原因,然而'五四'总不可不算是一个连锁的不可少的一节。'昔日即今日之原因',然则'五四'自有其历史的价值。就文化说,他曾彻底检讨中国之文化,分别介绍西洋之文化,时所立论,在今天看来,不少太幼稚的话,然其动荡所及,确曾打破了袁世凯、段祺瑞时代之寂寞。若说当年学生不该反对政府,则请勿忘当年政府正是穷凶极恶的北洋系,安福系。若问学生当年何以闹学潮,则亦是一种自然界之公式而已。昔日之事未必即可为今日之师,故今日自然绝不该是反政府闹学潮的时代,但也不要忘了当年情景不同,若以今日之不当如此,岂是历史学之公道? '五四'在往年遭逢'不虞之誉'、今日又遭逢不虞之毁,我以为这都是可以不必的"。作者从今天追想"五四",认为应该肯定的是:第一,"五四"已经成就了他的使命了。第二,"五四"未尝不为"文化的积累"留下一个永久的崖层。此为强调五四运动在"文化积累"中的特殊作用,因今日文化之超于原人时代之文化者,以其积累之厚者。积累文化犹如积山,必不除原有者,而于其上更加一层,然后可以后来居上,愈久愈高。"五四之遗物自带着法兰西革命之色泽,而包括开明时代之成分。"五四以后,"学自然科学人文科学者之增加,以学问为事业之增加,遂开民二十以后各种科学各有根基之局,似与'五四'不无关系吧? 即在今天说'科学与民主',也不算是过时罢?"最后,傅斯年罕见地(也许是首次)公开将苏俄的布尔什维克主义者与德国的纳粹主义者并列为批评对象,称这"两种人要把自原人石器时代的文化起点,一齐拆去,重新盖起来,尽抹杀以前的累积"。

傅斯年、董作宾、梁思永等 6 月 7 日下午热情接待了到访的李约瑟一行,李约瑟在考古组观看了史语所几乎所有的珍贵藏品,如青铜器、玉器、骨蚌器和著名的小屯殷墟甲骨文等。在历史组参观了收藏的大量竹简和拓片等资料,李约瑟记述道:上面写着"孔夫子时代的经典,也有一些清朝初年的帝国珍贵档案,包括给耶稣会士的信件、给西藏的政令、中国朝廷任命日本幕府将军为王侯的公文。图书也精彩极了——有宋朝的真迹,活字版印刷的书籍等等"。李约瑟还在傅斯年家住了一晚上,傅送给他一部善本《天工开物》,并用银粉在李约瑟的扇面上书写了一段《道德经》。受傅斯年之邀,李约瑟在板栗坳牌坊头大厅为史语所与社会学所的研究人员作了一次精彩的讲演。多少年后,李约瑟还清楚地记得史语所诸位人员的才学和热情,他对妻子李大斐表述道:"那里的学者是我迄今会见的人们中最杰出的,因这个学科一直是中国学者特别擅长的,这也是意料之中的事。"李庄之行给李约瑟博士留下深刻的印象,中国知识分子在艰苦卓绝的环境中勤奋忘我地工作,卓越超凡的智慧才能,使他的心灵受到强烈的震撼。为此,他在自己的游记中写道:"如果战后中国政府真正大规模地从财政上支持研究和开发,二十年左右后,中国会成为主要的科学国家。中国人具有民主的幽默感和儒家高尚的社会理想。认为中国人会屈从于日本帝国主义侵略者的诱降是不可思议的。"

傅斯年9月赴重庆出席国民参政会第三届第二次大会。11月29日,在重庆《大公报·星期论文》发表《战后建都问题》。12月,在四川南溪李庄作《〈史料与史学〉发刊词》,刊于1945年11月出版的《国立中央研究院历史语言研究所集刊》外编第二种《史料与史学》。文中首列"中央研究院历史语言研究所之刊物自创设以来,大致可分下列各目":一、集刊　单篇论文编入之。二、集刊外编　仅出第一册,即《庆祝蔡元培先生六十五岁论文集》是也。三、单刊甲种　其式如集刊,长文可自成一册者列入之。单刊乙种　其式为线装,亦长篇可自成一册者。四、专刊　凡一著作可成为专著者列入之。形式不齐,自第十五种以后,不复编号。五、史料　有《明清史料》及《史料丛刊》两种。六、田野考古报告　此为《安阳发掘报告》之延续,仅出第一册,第二册原稿在上海沦陷。七、中国考古报告　已出《城子崖》《殷墟文字乙编》二种。八、人类学集刊。九、中国人类学报告。所论《史料与史学》主旨曰:"此中皆史学论文,而名之曰《史料与史学》者,亦自有说。本所同人之治史学,不以空论为学问,亦不以'史观'为急图,乃纯就史料以探史实也。史料有之,则可因钩稽有此知识,史料所无,则不敢臆测,亦不敢比附成式。此在中国,固为司马光以至钱大昕之治史方法,在西洋,亦为软克、莫母森之著史立点。史学可为绝对客观者乎? 此问题今姑不置答,然史料中可得之客观知识多矣。有所不足,不敢不勉,此命名之意也。"是年,作《丁鼎丞先生七十寿序》。(参见欧阳哲生编《中国近代思想家文库·傅斯年卷》及附录《傅斯年年谱简编》,中国人民大学出版社2015年版;韩复智编《傅斯年先生年谱》,《台大历史学报》1996年第20期;郭胜强《董作宾传》,江苏文艺出版社2010年版;王学典《20世纪史学编年(1900—1949)》,商务印书馆2014年版;岳南《李庄往事——抗战时期中国文化中心纪实》,浙江人民出版社2005年版;王国忠《李约瑟与中国》,上海科学普及出版社1992年版;王忠良《文明的驿使——李约瑟》,北京图书出版社1997年版)

李济年初应四川省教育厅长郭有守之邀,负责组织"琴台整理工作团"的正式发掘,参加单位有四川省立博物馆、史语所和中博院,参加人员有中博院的吴金鼎、王天木,史语所的王文林,由吴金鼎担任团长。开春以后,李济坐镇李庄遥控指挥,不断收到吴金鼎的发掘进度报告。针对吴金鼎回报的情况和问题,李济作出各种指令,出面与相关方面协调关系,作好资金后勤保障。9月11日,李济在致吴金鼎的信中写道:"据来函及天木口头报告,大石座之周围雕刻,颜色犹新。孟真先生与弟已商请营造学社梁思成、莫宗江及卢绳三先生来蓉做详细校验工作,并请莫卢二君详绘石刻女乐等像(为中央博物院及将来印刷用)。梁先生等一行为此工作在成都之旅费,可由中央博物院认账。祈妥为招待,至以为托,并祈告知郭子杰厅长及汉骥兄。"经过半年的艰苦发掘,终于揭开了流传久远的"抚琴台"之谜,使南宋以后即湮没的五代前蜀王王建的"永陵"重见天日。发掘出玉台、胡床,带文字的玉玺、玉册、银罐与玉带,壁画与浮雕及立体雕等极珍贵的文物。石座之周围雕刻着大量的女乐,那些服饰、乐器、神态各异的艺伎,对于研究唐五代音乐、宫廷生活、民俗都有重要意义。吴金鼎将发掘的全部出土物悉数交给四川博物馆存留。

李济与傅斯年在历史语言研究所与中央博物院合组的"西北史地考察团"是春成行。3

月,考察团在泾河流域经彬县、乾陵、醴泉、咸阳至西安、洛阳进行考古调查。4月至6月,在老虎煞、丰镐村及歧阳堡等地进行考古发掘。这是一种彼此间的磨合和演练。随后他们去了敦煌的千佛洞,在那里住了两个月,对300多座佛龛及附近地形进行了测量和拍照,还调查了佛爷庙遗址,获得了大量的信息。10日,李济函傅斯年,"附向觉明信一封,所谈敦煌陈县长到渝受训一节,祈与骝公及企孙兄一谈"。当时,向达在《大公报》上发文揭露画家张大千损毁敦煌壁画,李济感到责任重大。夏,李济得知中研院社会所所长陶孟和要到甘肃一带进行社会调查,遂委托陶孟和了解敦煌的情况,以便作出进一步反应。4月18日,金毓黻《静晤室日记》载:"成都附近发现前蜀王建墓。内有玉册,文有'大行皇帝'及'臣衍'等字,询马叔平先生略得梗概,尚需究其详。中央研究院史语所李君济之正从事发掘。"6月,李济与傅斯年因"西北史地考察团"事务始起"误会"与冲突。史语所和中博院的关系始是父子,后演变为兄弟,史语所和中博院合组"西北史地考察团",彼此关系比较微妙。同月中旬,为晒印敦煌照片,西北考察团中的博物院研究员曾借用史语所照相室的两种药料。傅斯年本可以睁只眼闭只眼,但他却是一副亲兄弟明算账的作派。20日,傅斯年约筹备处的李光宇上山询问照相室一事原委,引得李济大不快。李光宇是李济的远房侄子,此举有违投鼠忌器,当傅斯年觉察时忙致信李济:"向兄请罪,敬乞曲谅。"李济回应:"自当由弟负责偿还,拟明日亲往觅购。"解释中犹有抱怨:"照相室管理事,除饬李连春赶紧造具清册呈送钧览外,并祈即派一品学较优之人严格管理,以维公物。"次日,李济痛定思痛,在史语所的所务会上指桑骂槐,向办事员汪和宗发难。傅斯年气急败坏,致函李济:"关于阁下声称将控诉本所庶务管理员汪和宗冒领米贴损坏本所名誉一事,查此事所指皆为鄙人所授意,请即控告本人为幸。"

李济与傅斯年的矛盾进一步升级。6月22日,傅斯年上告朱家骅要求查办,又以史语所的名义致函中博院。李济回复:"鄙人所提出弹劾本所庶务员汪和宗一案全由鄙人个人负责,与其他任何人或任何机关毫不相干,若钧座认为鄙人之提出此案为越权,即请执行所长职权,将鄙人交付惩戒。"25日、27日,傅斯年分别致函朱家骅和总干事叶企孙:"李济先生仍持汪和宗在外攫取双份米贴之说,是其对当日污辱斯年之各种言论,并无撤销收回之意,兹将一切文件送呈钧览,以便派员彻底查明真相""此次开会,济之先生之演'全武行',本为借题发挥之事,兹将其不高明与各种因素分述梗概,诸希鉴察。"7月14日,叶企孙回函傅斯年:"关于向博物院索回木匠之米代金事,兄及汪君毫无作弊之事实嫌疑及动机至为明显。济之兄随意诬人,殊属失当。但亦只能假设此因心绪不佳所致而原谅之。"这就点到了问题的实质。7月22日,经多方劝解后,李济致函傅斯年,先谈公事:"前函商董代所长彦堂先生将本所所藏之大批法国石器运往山下由济整理,现整理工作已暂作结束,所有石器仍由李光宇押送上山,归所保管,敬祈查收。"当天又致信所务会请求撤销动议。同月,李济与曾昭燏合著的《博物馆》一书由重庆正中书局出版。8月11日,李济又致函傅斯年:"兹将教部所发之新兵役法摘要抄呈,备兄参考,明晨拟上山奉访,未识能一晤谈否,祈示知。"16日,李济再致一信:"舍妹事多承垂注,曷胜感谢,何时能下山,祈示知,宜宾中校闻不再招考,纯声兄之大小姐在宜中想必有人可托,或可一询。"24日,傅斯年致函李济:"本年度第二次所务会议改于六月廿八日举行,届时当派滑竿前来迎接。"由于时局艰危,供给匮缺,交通闭塞,内心煎迫,急中生乱,借此宣泄,也许是形成"孤岛心态"深沉的社会原因。而李济一家的悲情是当时所有中国知识分子谈论的话题。

按:林徽因在给友人的信中谈论过 1943 年春天发生的这类事,看来其中有一个逐步累积的过程:"1943 年春天,在逃难来李庄的研究人员中间包括他们的妻子们在内,染上了一种最终导致争吵、愤怒、谩骂和友谊破裂的煽动性流言蜚语。这是一个思想褊狭的小城镇居民群。最近,一些快乐的或者滑稽形式的争吵已在受过高等教育的人群中发展到一种完全不相称的程度。我很怀疑,是不是人们在一个孤岛上靠十分菲薄的供应生活,最终就会以这种小孩子的方式相互打起来。"

李济主持的中博院下半年奉教育部令将在成都筹办展览,决定分为石器和铜器展两个专题:前者由李济与曾昭燏负责筹备,展出人类初期文明遗存;后者展出青铜礼器,由郭宝钧主持。10 月 10 日,"远古石器展"先在成都开幕,展品有法国史前考古学家摩梯耶父子收藏石器的一部分,还有全国各学术机关收集的石器收藏,其中相当部分石器是向史语所借展,史语所派技佐李连春随同协助展务。"远古石器展"后来移至李庄,据李济描述,一日参观人潮达 8000 人。年底又移展重庆。重庆是战时首都,展览代表着中国的最高水准。关于筹展的细节,史语所档案里有一封当年 10 月 29 日李济致傅斯年的信:"关于增加展品一节,实在来不及了,石器部分亦未尝不可鼓动观众一部分兴趣? 兹特呈弟作《远古石器浅说》,敬祈指正。曾大小姐主张将此文印出小册子出售,究竟值得印否,请兄代为一决。又此次展品启运地点得民生公司允在李庄收货,运费真是骇人听闻,真劳民伤财之事也。"《远古石器浅说》原载是年《国立中央博物院筹备处第一次专题展览会专刊》。李济撰写此文的目的,是要回答"石器能否鼓动观众兴趣"的问题。初稿完成后,他曾向部分研究人员征求意见,夏鼐毫不客气地对文稿提出了近 40 处修改意见。文章付印前,李济认真汲取了夏鼐等人的意见,并在多处作了修改。《远古石器浅说》是李济颇为用功的一篇科普文章,他从进化论的角度,介绍人类如何开始使用工具,及石器演进的过程。文章的最后一个部分谈石器在中国的历史。李济战前主持殷墟发掘,开创了现代考古学的地层学。战争中的流离,迫使他转向案头,首先开始对殷墟陶器器形学的研究。

按:《远古石器浅说》最后一个部分谈石器在中国的历史,曰:有一个时候有些人以为中国境内根本就没有旧石器时代的文化;但自从周口店及沙拉乌苏河古遗存的研究发表后,这种意见也有改变了。说起来中国的学者应该感觉万分的惭愧,这些与中国古史有如此重要关系的材料,大半是外国人努力搜寻出来的。……科学的工作本不应该分国界的,对于这个原则我们可以绝对的同意。不过中国的学者,却不能引这话来遮盖自己的懒惰,把当前的机会轻轻的放过,却望外国的朋友老远的跑到中国来替我们作工。……这些情形,至少我们希望,不会继续很久。从事这种工作的青年学者虽少,但他们所受训练的机会已比早一期的好得多。社会上对于这门学问的态度虽尚冷淡,但他们的前途也并无很大的阻碍。比起步德柏所遭遇的,现代的中国史前考古家要好得多。中国的摩梯耶、步日耶确有无量的前程。等到他们能够把中国境内的人类史从北京人写起——也许更早一点——接连不断的一直写到中华民国开国,那时证明中国境内的文化,不只是四千年、五千年的记录历史,而可以早到四十万年、五十万年,我们的民族自信心不是要更加上一百倍吗? 假如我们中国的学者对于这门学问不发生兴趣的话,别国人一定要来替我们作的。等到这一类的客人再来中国时,除非我们拒绝接受现代科学精神的全部,我们只有欢迎他们、赞助他们了。这是现代科学主要的潮流。没有任何其他的理由,可以允许一个如此广大区域的史前文化,永远地湮没在地下不让人知道的。(参见岱峻《李济传》,江苏文艺出版社 2009 年版;岱峻《发现李庄》,四川文艺出版社 2009 年版;费慰梅《林徽因与梁思成———一对探索中国建筑史的伴侣》,曲莹璞、关超等译,中国文联出版社 1997 年版;马思猛《马衡年谱》,故宫出版社 2021 年版)

董作宾在四川南溪。5 月,董作宾在《说文月刊》第 3 卷第 10 期发表《敦煌纪年》。6 月 7 日下午,李约瑟移往板栗坳,开始对研究院史语所考察访问。傅斯年、董作宾、梁思永等热情接待了李约瑟一行。李约瑟在参观甲骨文时,董作宾为李约瑟介绍了甲骨的用处、用法和主要内容。当李约瑟得知甲骨文中有日食月食天文星辰记载时很是激动，他紧握住董作宾的手说：太了不起了，太了不起了，比世界所有文字记载都要早，简直是一个奇迹！我一定要收入（书中），让全世界都知道。此前，在昆明中央研究院天文所李约瑟已经看到董的《周公测景台调查报告》，了解到董作宾正在撰著《殷历谱》，很是赞赏，并表示希望以后能看到这部大作。秋，写《殷历谱》稿本付石印。是年，董作宾所撰论文尚有：《敦煌唐写本大顺元年残历考》《魏特夫商代卜辞中的气象纪录》《殷文丁时一旬间之气象纪录》《四分一月说辩正》《中康日食》《春秋经传史日丛考》《殷代的羌与蜀》。（参见郭胜强《董作宾传》，江苏文艺出版社2010年版）

向达是年春率西北史地考察团历史组再赴河西。3月20日，向达致曾昭燏信中说"敦煌工作，并未结束而遽匆匆离去"，并对此详细列举："敦煌碑一份未拓，以之交诸喇嘛，喇嘛偷工减料，昨曾为一检点，《李怀让碑》后欠五行未拓，因不愿拼纸。又所余残石，只拓一面，又一面付之缺如。《索公碑》《杨公碑》《吐蕃赞普碑》《六朝残经幢》俱未拓，不知何事匆匆如此也。"信中毫不掩饰对劳、石二人匆促离开敦煌的不满：一方面是针对二人工作的马虎；另一方面，他在考察过程中被落单，未能与掌握考察经费的劳、石二人共同行动，造成自己经济的困境。这应该也是促使向达产生不满的原因之一。当时，向达在《大公报》上发表了敦煌文物遭到破坏的文章，提到敦煌缺少基本的保护，揭露画家张大千损毁壁画。一石激起千层浪，向达遭到大千门人及一批官员和画商的攻击。向达与张大千素无私怨，他揭露的问题真相如何，中博院该如何保护学者反映问题表达意见的权利，作为西北史地考察团的倡导者和借调向达的始作俑者，李济感到责任重大。4月10日，李济函傅斯年，说："附向觉明信一封，所谈敦煌陈县长到渝受训一节，祈与骝公及企孙兄一谈。"夏，又委托要到甘肃一带进行社会调查的中研院社会所所长陶孟和了解敦煌的情况，以便作出进一步反应。（参见赵大旺《西北史地考察团历史考古组的任务与分工》，《敦煌研究》2021年第1期；岱峻《李济传》，江苏文艺出版社2009年版；岱峻《发现李庄》，四川文艺出版社2009年版）

劳幹3月在《历史语言研究所集刊》第10本第4分发表《居延汉简考释序目》。5月，在《历史语言研究所集刊》第11本第1—2分合刊发表《两汉刺史制度考》《汉代社祀的源流》《汉简中的河西经济生活》。其《两汉刺史制度考》一文考辨梳理了御史制度与刺史制度的关系、刺史官职的设置及其因革、刺史职权的发展和职位的除授等内容；《汉代社祀的源流》一文利用居延汉简对汉代"社祀"的渊源、重要性及其与后代信仰的关系等问题进行了研究；《汉简中的河西经济生活》一文对居延汉简中可见的西汉中晚期之经济史料进行了分类，探讨了衣服、食物、车马等8类商品的价格等。劳幹这些论文是利用汉简研究汉代历史的重要著作，不仅被顾颉刚等人视为秦汉史研究领域的重要成果，也被视为是抗战时期中国历史学界的重要收获。6月，劳幹《记敦煌月牙泉》刊于《读书通讯》第67期。同月，劳幹《居延汉简考释·释文之部》在四川南溪石印出版。由于抗战爆发，居延汉简照片原版被毁。劳幹根据照片副本继续研究，著成《居延汉简考释·释文之部》，以石印版问世。劳幹在自序中阐述简牍资料的价值："正史对于边塞屯戍的事，只能记载一点广泛的一般原则，其具体事实的供给，则要倚赖发现的新史料。必须利用正史和新史料来钩距参伍，才可以得着事实的真像。"劳幹居延汉简研究的最大贡献在于他将汉简资料与汉代历史的研究相结合，在以简证史方面取得了卓越的成就。在继承罗、王二人简牍研究成果的基础上，又有所推进，把此前研究范围局限于考释和零星的史地考证扩大到对汉代的政治、经济、军事、宗教文化等领域做全方位的研究。8 月,劳幹《张掖的庙宇》刊于《读书通讯》第 71 期。

按:《居延汉简考释》图版之部,发表于 1957 年《历史语言研究所集刊》第 21 分。1944 年,劳幹出版《居延汉简考释释文》4 册、《考证》2 册(中央研究院历史语言所,1944 年 9 月),并发表了《〈居延汉简考证〉补正》(《历史语言研究所集刊》第 14 本,1948 年)一文。1949 年 11 月商务印书馆又铅印出版"释文之部"两册。这是有关居延汉简较早的释文和考证。劳幹乃居延汉简研究的集大成者,徐苹芳评价道:"他在《流沙坠简》的基础上使简的分类更加详密,大体上概括了居延简的类别。他研究的范围广泛,研究的方法基本上是在王国维所创立的方法上更加完善,通过对居延汉简的研究来恢复汉代历史。在居延汉简的研究上,劳幹先生作出了巨大的贡献。"这部书长期以来一直是治汉史者必读的著作。(参见王学典《20 世纪史学编年(1900—1949)》,商务印书馆 2014 年版;赵大旺《西北史地考察团历史考古组的任务与分工》,《敦煌研究》2021 年第 1 期)

石璋如与向达、劳幹为西北史地考察团历史组主要成员。石璋如考察"史前六期"遗址的计划并没有实现,由于气候及交通问题,改为调查关中地区遗迹,关中考察"预定四个月为期,谁知一作,作了差不多一年,仅仅完成了工作的一半"。6 月 15 日,夏鼐日记中记录了石璋如致李济的信,"述及去年在泾、渭流域工作情形及今年计划,有在兰州设工作站之意"。7 月,石璋如作《敦煌千佛洞考古记》。向达、劳幹、石璋如作为西北史地考察团历史考古组的成员,首次对敦煌莫高窟进行科学系统的考察、测量,同时调查、发掘敦煌附近的历史遗迹,在艰苦的条件中取得了突出的成就,在中国近代敦煌学史中都应占有重要的地位。在考察过程中,三位之间的误会有的来自组织协调的缺失和混乱,有的来自通讯、交通等客观条件的限制,也有各自考察任务不同,行动难以统一的原因。《敦煌千佛洞考古记》的相关记载更为广泛丰富,多有史料价值。8 月 18 日,夏鼐日记又说:"石璋如君来信诉苦,谓出差费不够开销,又令潘悫君在西安代之绘图,皆为傅所长所不满,已函令石君即行结束返所,又令潘君赴河西,否则即行停薪。"11 月 8 日上午,"石璋如携行李返所。石君系去年春间赴西北,工作二年,此次奉命返所"。(参见赵大旺《西北史地考察团历史考古组的任务与分工》,《敦煌研究》2021 年第 1 期)

吴金鼎任"琴台整理工作团"团长,主持对前蜀王建墓进行的第二阶段发掘。"琴台整理工作团"由中央研究院历史语言研究所和中央博物馆筹备处共同组成。1 月 12 日,吴金鼎致函傅斯年:"琴台发掘报告鼎所担负部分约于本年三四月间可以草就,此间事完结后,再一步工作维何,极盼所中早日指派以便预先筹备。"同日,傅斯年致电李济:"历年旧例,本院与人合作(名称)皆列在前,此次本以中博为主体,但本所应在中博前,乞改正。余均欣佩赞同,祝发掘成功。"这件事可看出傅斯年与李济各自偏重史语所与中博院的不同。3 月 6 日,吴金鼎再次致函傅斯年,说:"所中经费,深能体会,数年来深感经济压迫,国家情形如此,现决意投军委会战地服务团,谅必能见允。"同月,"琴台整理工作团"正式开始发掘,参加单位有四川省立博物馆、史语所和中博院,除第一阶段发掘的冯汉骥等人外,参加者还有王振铎、王天木、王文林等人。李济负责组织实施,中博院的吴金鼎主持发掘。吴金鼎采用"内外揭露"法,即工作团分为两队,一队由自己主持,发掘墓葬南面的外封土,探索墓门外部及封闭情况;另一队由冯汉骥主持,继续从墓葬北面第一次发掘时打开的洞口清理地宫,了解其内部构造。通过封土南面的探沟,吴金鼎发现地宫前面并无墓道和其他附属建筑,仅在地宫第一道券拱下擂一道石墙封闭墓门,石墙外又有一道砖墙,砖墙之外又有三道砖砌建筑遗存。

吴金鼎 3 月 20 日开始持续向在李庄坐镇和遥控指挥的李济报告发掘进度:同日报告:

"本星期以前门之探掘为主要工作,下星期再挖淤泥。"3月27日报告:"墓南端拱门顶部已掘出,淤泥之成因已明,至今可自南探坑北端与墓内对话。"4月15日报告:"此间工作规模逐渐扩大,希于雨季前一切粗工可得完毕,动工以来,一般情形堪称满意,新预算现余款显不敷用,闻张公岳军因公来渝,如相遇时仰代陈说。"4月28日报告:"此间工作嗣后随时有掘出大批器物之可能,唯墓内细工,大费时日耳。"5月15日报告:"琴台工作到今天,苦尽甜来,中室现有长方形筑造物出现,目前正掘其石围,随时有新发现。"6月11日报告:"此间工作自五月初旬以来,接连有三种重要发现,而棺椁之所在,当成为此后工作中极重要的问题。"9月21日,发掘结束,由此揭开了流传久远的"抚琴台"之谜,使南宋以后即湮没的五代前蜀王王建的"永陵"重现于世。对于研究唐五代音乐、宫廷生活、民俗都有重要意义。同月,吴金鼎将发掘的全部出土物悉数交给四川博物馆存留,以期发表考古报告。永陵,是中国人首次科学发掘的古代帝陵,也是吴金鼎主持的最后一项考古工作。发掘一结束,吴金鼎就投笔从戎,离开了考古学界。对吴金鼎的业绩,同人多很佩服。石璋如《田野考古第一——吴金鼎先生》(杜正胜、王汎森编著《新学术之路》,"中央研究院"史语所,1998年版)评价说:"吴先生是龙山文化的发现者,田野考古调查约二十次,所得遗址约八十四处,发掘遗址约二十六处。从山东的史前,到河南的殷周,又四川彭山的汉,云南南诏大理的唐宋,以至成都琴台的五代,并远及巴勒斯坦。时间上下数千年,直到现在为止,在田野工作上来说,称得起是田野考古第一人。"

按:吴金鼎为何要离开李庄,离开史语所,离开了田野考古工作? 2005年8月31日晚上在《发现李庄》作者岱峻家,李光谟告诉岱峻道:"吴金鼎离开李庄或许有些别的原因。他原来是专任副研究员,1942年史语所给他转成'技正'。不知这会不会对他的积极性有所挫伤?他们两口子特别恩爱。在山东做考察也带着夫人,那是在出国以前了。后来夫妇俩都去了英国。夫人陪读是自己掏钱。回来后,为了照顾吴金鼎,帮助整理材料,帮着分类,但是夫人从来不要公家的薪水,完全是尽义务。给他转为'技正',这么限制他,他肯定留不下来。像吴先生这么一个优秀的考古学家,为什么傅斯年不留他? 这些事好像都可以找到原因,但要细分析起来又什么都说不清楚。"(参见岱峻《李济传》,江苏文艺出版社2009年版;岱峻《发现李庄》,四川文艺出版社2009年版)

张政烺1月在四川南溪李庄升任中央研究院历史语言所副研究员。冬,在南溪李庄板栗坳作《相台书塾刊正九经三传沿革例》,考定相台本九经三传不是明万历(1573年——1620年)以来公认的宋代岳珂家刻的,而是元代初年义兴岳浚根据廖莹中世绿堂本校正重刻的。并指出其所附《沿革例》与岳珂无关,乃廖氏世绿堂之《九经总例》原文,还准确考证了岳飞的后人。这不仅使一批宋版书恢复了元代重刻的真相,而且使亡佚300多年的《九经总例》在人世重现。这一重要发现,冲击和震动了版本目录学界。文章还未正式发表,就不胫而走,被人传颂、引用。1960年赵万里编《中国版刻图录》就采纳了张先生的见解,且赞扬"张说甚确"。3月,张政烺在《历史语言研究所集刊》第10本第4分发表《讲史与咏史诗》。作者将传统文献与新发现史料结合,探讨了"宋人关于讲史之记载""早期讲史话本之特征""唐经进周昙咏史诗""胡曾咏史诗""宋人讲史之作"等内容,认为"咏史诗始于胡曾,前无所承,与汉魏人之咏史绝无关系""周昙进讲咏史诗为讲史之祖""平话即由咏史诗演变而来"等。

张政烺8月29日下午在王则诚处与夏鼐、张立(医师)闲谈,大部分是谈疾病及医药的事。是年,作《〈王逸集〉牙签考证》,1945年写毕,载于《中央研究院史语所集刊》第14本(商务印书馆1949年版)。此文认为黄浚《衡斋金石识小录》卷下著录"汉王公逸象牙书签"一枚,是悬系于《王逸集》书帙外的签牌,时代属魏晋或北朝。此牙签正、背两面皆有文字,记王逸著述情况,其中有"又作《汉诗》一百二十三篇"的话,张政烺联系《王逸传》的记载,推定"诗"乃"书"之误,《汉诗》百二十三篇应为《汉书》百二十三篇,并据此推断王逸参与撰写了《东观汉纪》。此考证"足以纠正范晔《后汉书》之讹,祛解刘知几之疑,还历史以真面目"。张政烺又根据《隋书·经籍志》"梁有《王逸集》二卷,录一卷,亡"的记载,认为范书本传与牙签铭文皆源自于荀勖校理晋内府藏书时所撰写的《(杂)(新)撰文章家集叙》(简称《文章叙录》)。从而使《后汉书·文苑传》资料来源以及郑默《中经簿》、荀勖《新簿》有无叙录等文献、目录研究上的重要问题,得到圆满的答案。(参见陈绍棣编著《张政烺先生年谱》,中国社会科学出版社 2019 年版;王学典《20 世纪史学编年(1900—1949)》,商务印书馆 2014 年版)

全汉升 5 月在《历史语言研究所集刊》第 11 本第 1—2 分合刊发表《唐代物价的变动》《唐宋时代扬州经济景况的繁荣与衰落》。其《唐代物价的变动》一文考察了唐初、太宗高宗、武周前后、开元天宝间、安史之乱后、两税法实行后、唐末等时期的物价变动,认为"唐代物价并不是常在静止的状态中,而是常常作一涨一落的变动",影响物价涨落的原因主要有生产发展状况、货币供应等。《唐宋时代扬州经济景况的繁荣与衰落》一文先概述唐代扬州经济繁荣的状况,然后重点分析导致唐代扬州经济发达的五个原因,最后概述分析唐末以后扬州衰落的情况及其原因。全汉升上述两文被研究者认为是物价史、商业史等研究领域的奠基性论著之一,代表了 20 世纪 40 年代中国学界对唐代货币经济研究的水平,至今仍不失学术价值。(参见王学典《20 世纪史学编年(1900—1949)》,商务印书馆 2014 年版)

罗尔纲继续任中央研究院社会研究所副研究员,是年起专事太平天国史研究。8 月,罗尔纲《太平天国史丛考》由重庆正中书局出版。内分三辑,收太平天国史论文 18 篇。吴晗序中总结出一种"剥笋考据法":在研究过程中所遇到的每一问题或史实,先要追求这问题在历史上的地位,已否解决,如已解决,它们的证据是否可信,如未解决,症结何在,接着用全力考证这问题,恰像剥笋似的一层一层地剥去这问题所堆附的外障。再接着,还不肯以问题本身的解决为满足,还要问为什么这史实成问题,为什么这史实为许多外障所蔽而成问题。这一切完成之后,对史实进行估价,给它在历史中一个恰好的位置。剥笋考掘据法已经超出了单纯的考证,从认清"是什么"到追问"为什么",由史实考证进入史事重建。同月,罗尔纲、陈婉芬编著《金田起义前洪秀全年谱》由正中书局出版。(参见王学典《20 世纪史学编年(1900—1949)》,商务印书馆 2014 年版)

陶孟和继续任中央研究院社会所所长。夏,李济、向达揭露画家张大千损毁壁画一文,感到责任重大。夏,得知中研院社会所所长陶孟和要到甘肃一带进行社会调查,遂委托陶孟和了解敦煌的情况,以便作出进一步反应。6 月 30 日,陶孟和就调查了解的情况致函告知李济:一、觉民在《大公报》上所发表之文字发生了影响,教部曾有电查办。张大千曾向向达质问,向以文示之,语并无毁伤张之意。张云余不识字,遂未谈。两人颇为水火云。二、因此张遂不能留敦煌,顷已到兰,弟日前亦晤到。彼携带画稿甚多,据云二三年画不完,其已成者将在此陈列,此亦受艺术者所要求。张在敦煌开销颇大,盖彼收入极多,每成一画,在成都可得万元以上,任何机关或个人均不能与之比拟。彼若回敦煌须在二三年后。三、教部所设之敦煌艺术研究所最初筹备时,设委员若干人,主任为高一涵,副主任为常书鸿,此所即将正式成立,常即为所长。一涵语常为一老实人,人极好,并语关于保管事项此后即为该所负责。此所并不拟包办一切,甚愿各方面共同合作。常以经费关系,日内将来渝设法。四、向觉民君为人颇 unsocial（译为"不合群"），某君竟称之为神经病。一切均守秘密，不肯告人或示人。向君行踪一说已离敦煌，月初可抵兰。一说已由万佛峡回去，尚未来兰。五、国父实业计划研究会之西北考察团有黄文弼君在内，黄现在敦煌，拟进行发掘。向君来函给此间某君云，黄对于研究向守秘密，赴新疆两次未发表一字，对此事极为忧虑。六、敦煌物价贵得可怕，鸡蛋一枚须六七元。河西出产本有限，加以近来驻军与工业人口均在增加，故物价益涨。向君在该处极苦，甚可佩服。以上所陈全属真实与否不敢说，然将来有一重要问题须考虑者，即各机关及各私人间之融洽问题是也。在今日举行发掘，无论任何机关均为经费所不许，问题尚少，然人的融洽已属必要；将来若举行发掘，则问题更困难矣。尊意以为如何？（参见岱峻《李济传》，江苏文艺出版社 2009 年版）

曾昭燏继续任中央博物院筹备处总干事。7 月，曾昭燏与李济合著的《博物馆》一书由重庆正中书局出版。是曾昭燏在德国、英国留学期间，学习、考察各种类型的博物馆后，并结合我国实际国情而写成的，是我国最早、最系统的博物馆基础理论专著，代表了当时博物馆研究的最高水准。（参见岱峻《李济传》，江苏文艺出版社 2009 年版）

梁思成继续任职于中国营造学社。李约瑟由重庆赴李庄访问中央研究院之际，同时访问了营造学社。梁思成的研究工作给他留下了深刻的印象，后来他在《中国科学与文化》一书中，称梁思成为研究中国古建筑的宗师。是年至次年，梁思成完成《中国建筑史》及英文版中国建筑史图录（A Pictorial History of Chinese Architecture）。（参见林洙、楼庆西、王军《梁思成年谱》，《建筑史学刊》2021 年第 2 期"梁思成及营造学社前辈纪念专刊"）

林徽因是年春为梁思成《中国建筑史》致函美国所属美国出版服务社社长费正清，说："思成有一个想法，把一些关于中国建筑的图版做成黑白片子，加上中英文的说明，在完成以后送到你那里做成缩微胶片，寄到美国去出版或者找到出版的资助。英文的文字稿随后出，中文稿在中国出版。这样，我们的一两套著作就可以在战争结束之前或者战争刚刚结束的时候面市。这样，这里的工作人员就会有些盼头或者说我们明年的工作就会有一个确定的目标。有这么多单位给我们写信，问我们有没有关于中国建筑的书出版，看来我们过去没有在印刷方面做更多的努力真是可惜。"费正清复函梁思成、林徽因夫妇，答应给予全力合作。（参见岱峻《发现李庄》，四川文艺出版社 2009 年版）

杨钟健论文《秦岭的几个地质问题》刊于《中国地质学会志》第 23 卷第 1 期；《记中国几种化石足印》刊于《中国地质学会志》第 23 卷第 3—4 期；《一年来几种脊椎动物化石之新研究》刊于《地质论评》第 8 卷第 1—6 期；《生物学研究与古生物研究之连系》刊于《科学》第 26 卷第 1 期；《说黄土》刊于《图书月刊》第 2 卷第 5 期。（参见王仰之《杨钟健年谱》，《西北大学学报》1983 年第 2 期）

任鸿隽继续任中基会干事长。年初，受周恩来邀请，陈衡哲曾往红岩村做客。1 月 28 日，任鸿隽与翁文灏联名致电给胡适及施肇基。2 月 8 日，任鸿隽致信胡适，谈中基会事。信中说："近因不平等条约取消，中美新约成立，中基会之存在根本发生问题。在表面上说来，大略可分两派：一派欲乘此时机，将带有国耻色彩的物事一切铲除之为快；一派愿保留与英美文化合作的组织，以为将来进一步合作的基础。至于骨子里面，自不免有欲借此时机以消除异己，扩充势力的。"至于中基会董事的主张，"不消说属于第二派，而政府中人则有属于第一派者（据闻财政教育当局如此），有属于第二派者（如孙哲生、蒋廷黻诸人），亦有介于两派之间者（如宋子文部长主张用已有资金保存原有组织）。……我们为了要促政府的注意,曾经把本会的历史、事业及今后工作计划,写成了一个数千字的说帖交给外交、财政两当局"。信中并告一星期前曾与翁文灏联名致一电给胡适及施肇基,希望将在美各董事的意见见告。胡适以个人名义先复一电,其电稿如下:"上次集会各董事均主张中基会仍宜继续存在。本会管理资金不限于本会基金,种类既多,法律手续甚繁。去年临时委员会与银行接洽,历时一年,直到修正细则手续完毕,始得银行律师承认。此诸兄所深知。此间同人均谓本会将来可依原议递减外国董事,由会中选补中国董事。但基本组织章程似不宜改变,以保存其法律持续性,并为中美教育文化保留一个历史的联系。关于以后庚款,美外部不曾有正式表示。但微闻其意颇盼我政府将来继续拨付清华基金及中基会。高斯大使电询美政府意见,想能得比较正式的回答。甚愿知之。施董事在京,尊电已译送,但未得接谈。适。"随后,胡、施联名复电任鸿隽与翁文灏:"翁部长并转权永兄:密,俭电悉。肇基意当嗟商退还庚款时两国原意,中基会系永久性质,故定名为基金会而非管理委员会。此间同人亦均主张中基会仍宜继续存在,对基本组织章程不宜改变。而当年中美政府协定之退还条件尤宜信守,以保其法律持续性,并为中美教育文化保留一个历史的联系。关于庚款余数,探悉美外交部友人解释。新订条约谓自条约发生效力之日起,庚款即应停付;对前欠偿还一节,中国政府似仍有道德之义务,继续拨付中基会及清华大学。至中基会之存在,如有人来询美政府,当表示此会美方素所关怀,愿其继续存在云云。胡适、施肇基。"

任鸿隽与翁文灏稍后又有致胡适一电:"胡适之兄,密。中基会问题迄未解决,明年度银行借款,行政院庚款联席会通过较本年增多百分之五十,但行政院不允照办。如此形势不宜长久维持。兄与植之兄前曾与美国务院主管人洽谈,弟接电后即正式函孔。近 Ballantine 函意略同。盼兄与廷黻兄面谈有无促成办法。又吾辈董事方面是否续为坐视,抑联名函陈蒋主席及孔副院长,陈述意见,亦盼在美诸君商洽见示。文灏、鸿隽。寒(十四日)。"3月,任鸿隽在《科学》第 26 卷第 1 期发表《中国科学之前瞻与回顾》,开篇曰:"中国科学社同人于民国四年发行《科学》月刊,当时定此杂志之目的有二:一为提倡科学,一为传播新知。盖以此时第一次欧战开始未久,科学社同人悚然于科学与现代国家关系之重要,知抗战御侮需要科学,和平建国尤需要科学。"继之回顾"《科学》杂志发行以来,于今二十有八年矣。此将近一世之长久岁月中,科学社同人所悬以企求之鹄的究竟达到几何? 在今日《科学》月刊经历大难垂绝复苏之会,略为回溯之讨论,当非毫无意义之举"。其一,"科学"二字在吾国一般人心目中已成普通常识;其二,科学研究机关之成立,在近三十年中亦颇夥颐可观;其三,因各种科学之发达,科学家人数之增多而有各种学会之设立。然后"观察以测我国科学之将来,吾人以为应有以下数项之注意":第一,吾国科学事业必须大量推进,科学人才必须大量养成,此非重量不重质之谓,盖唯其量多,始有美质从之而出也。第二,科学事业必须为有秩序有统系的发展。第三,科学事业不当偏重应用而忽略根本之纯粹科学。最后论"吾人不能不提及吾国科学眼前之重大危机。据近一二年来各大学招考新生之统计,投考学生以经济学、商科占最大多数,应用科学之各种工程次之,纯粹科学几有无人问津之感。此种趋向,虽不过代表抗战期间之一种特殊现象,然如不为矫正,五年至十年以后,必有感觉科学人才缺乏之一时,而此时又适为抗战后建国之重要时期。彼时欲加补救,已无及矣。若夫整个科学所受之损失,似尚不易以数字计。甚愿有责任之教育当局及早图之"。6月30 日,任鸿隽在重庆主持召开中基会非常时期委员会第四次会议,讨论各补助款项及科学研究金当选人,续聘李济、秉志、葛利普、庄长恭为科学研究教授。7月18—20日,出席在北碚举行的中国科学社(第二十三次)与中国气象学会等六学术团体联合年会,在科学社年会上做工作报告。是年,周恩来曾在吴玉章陪同下到任家花园拜访任鸿隽、陈衡哲夫妇。(参见樊洪业、潘涛、王勇忠编《中国近代思想家文库·任鸿隽卷》及附录《任鸿隽年谱简编》,中国人民大学出版社2013年版;耿云志编《胡适年谱》,福建教育出版社2012年版)

　　陈立夫继续任教育部部长。1月3日,教育部成立国际学术文化资料供应委员会,管理国际友人为协助我国科学文化事业所输入之学术图书影片,同时开放阅览。7日,国民政府教育部第8次修正《教育部组织法》,裁撤视察员,将督学名额由8至16人增为30至40人。23日,翁文灏致函陈立夫,请对《工业建设计划会议召集办法大纲》提出意见。该大纲是翁文灏奉蒋介石之命所拟。陈立夫于26日复函:"弟意大纲第二条拟加一项如下:'各工程师学会、国防科学技术促进会及国父实业计划研究会,各推代表一人',以示政府广纳社会各方之意见。其余各条均极同意。"31日,陈立夫在总理纪念周报告中提出:小学教育以推广为主,中学教育注重改进,大学教育力求充实。2月9日,翁文灏再函陈立夫,提议联名上呈《工业建设计划会议大纲》,并请教育部编拟人才培植及训练计划提案。3月1日《申报》载第三次全国教育会议昨日已圆满开幕。参与代表均愿实践决议,共同负起战时教育重任。10日,陈立夫复函翁文灏表示同意与翁文灏联名上呈《工业建设计划会议大纲》。13日,翁文灏致函陈立夫,商议工业建设计划会议的性质。翁文灏认为,应该是一个商讨性的专家会议,不涉及机关组织制度等事。除翁、陈二人署名召集主持外,应与其他部长另开会商议方针。24日,教育部决定借史地委员会第三次会议召开之机,聚集散处大后方的高校史学界人士到重庆发起成立中国史学会。史地委员会通电各大学史学系,告知开会计划安排,请各校派代表出席。陈立夫等出席会议。29日,教育部是日起至4月4日在全国举行第二届师范教育运动周,以推进师范教育。

　　陈立夫与翁文灏4月20—30日联合主持在重庆中央图书馆召开的工业建设计划会议。5月5—7日,国民政府教育部在重庆举行师范教育讨论会,主要研究师范教育制度及师范学校课程之改进、保送学生入师范学校、加强师范生专业训练、统制师范生服务等问题。24日,国民政府教育部在重庆召开各省市教育行政检讨会议,检讨过去教育行政实践,商讨今后改进办法及本年度施政计划。教育部有关人员、中央有关部会代表及各省市教育厅局长出席。6月21日,翁文灏致函蒋廷黻,告已就中基会存废问题与周诒春、蒋梦麟等商谈,决定不拟建议任何具体意见,而静候政府正式决定,只将创立时中美换文送孔祥熙、陈立夫和外交部次长吴国桢参考。7月21日,国民政府教育部颁布《各级学校德育日工作大纲》6条。8月31日,国民政府教育部公布《教育部奖励中心学校及国民学校教员编著儿童读物办法》10条。9月30日,国民政府教育部令发《扩大科学化运动工作要项》。10月30日,国民政府教育部公布《国立专科以上学校教员支给学术研究补助费暂行办法》5条。11月8日,国民政府教育部颁发《教师节纪念办法》5条,规定教育行政机关在8月27日教师节应举行纪念仪式,表扬优良教师,改善教师待遇。各级学校应举行教育学术讲演、教师友谊会、学生慰劳教师等活动。22日,国民政府教育部公布《学生自治会规则》21条。同月,陈立夫、王云五、顾毓琇、茅以升等15人在重庆当选为中国发明协会理事,陈果夫等5人为监事。12月10日,教育部长陈立夫发表讲话:学生自愿从军,应予提倡。15日,民政府教育部学术审议委员会召开第二届第一次全体会议。会议审议了国际学术文化合作初步方案及经济建设高级干部人才培养方案。12月16日,国民政府教育部推选第二批部聘教授。是年,第三届教育部学术审议委员会"补助学术研究及奖励著作发明"奖评出。

按:据中山大学历史系教授曹天忠《档案中所见的部聘教授》(《学术研究》2007年第1期)考证:第二批部聘教授推选在1943年12月。在《部聘教授荐举名单》这份档案中,不仅记录了第二批部聘教授候选人的姓名和得票排序,而且列出了当时属于秘密的荐举人的姓名,这无论对学术史和教育史的研究都是不可多得的珍贵材料。限于篇幅,仅将各科候选人排序第一和第二位的票数标出,并胪列前者的荐举人的名字,以资比较分析。

一、中国文学:第一刘文典,12票,荐举人向楚、陈子展、蒋天枢、罗常培、冯沅君、陆佩如、霍玉厚、汪国垣、魏建功、台静农、王佩芬、陈中凡;第二胡光炜,8票。

二、外国文学:第一楼光来,12票,荐举人饶孟侃、沈同洽、叶孟安、周办明、胡光廷、梅光迪、郭斌龢、汪扬宝、范存忠、初大告、徐颂年、蔺承注;第二梅光迪,10票。

三、史学:第一柳诒徵,14票,荐举人束世征、王文光、郑师许、皮名举、吴其昌、陈祖源、郑天挺、蔡维藩、缪凤林、张圣奘、顾谷宜、钱穆、盛叙功、张遽青;第二缪凤林。9票。

四、哲学:第一冯友兰,5票,荐举人瞿菊农、黄方刚、吴士栋、余家菊、罗志恕;第二金岳霖、方东美并列,均为4票。

五、教育学:第一常导直,15票,荐举人袁伯樵、汪德亮、孟宪承、徐继祖、沈履、陈剑恒、鲁世英、方惇颐、胡昌鹤、孙元曾、胡昌麒、严鰼莘、吴家镇、方万邦、林本;第二邱椿,14票。

六、数学:第一何鲁,9票,荐举人孙镛、陈传璋、段子燮、蔡仲武、张济华、余介石、单粹民、张效礼、江之水;第二胡坤升、孙鎕、何衍璿并列,均为5票。

七、物理:第一胡刚福,17票,荐举人郑愈、熊正理、郑衍芬、王恒守、朱物华、吴有训、谢玉铭、张维正、朱正元、张铭忠、何增禄、王淦昌、朱福炘、祁开智、霍渠庭、赵新吾、施士元;第二周培源,10票。

八、化学:第一高济宇,12票,荐举人戴安邦、郑兰华、周焕章、曾昭抡、张江树、李景晟、倪则埙、曹简禹、李方训、方乘、张仪尊、秦含章;第二张江树、黄子卿并列,11票。

九、政治:第一萧公权,8票,荐举人翟楚、赵泉天、刘乃诚、左乃彦、宋玉生、刘平侯、费巩、马洗繁;第二钱端升,6票。

十、法律:第一戴修瓚,13票,荐举人胡元义、李祖荫、潘震亚、陈顾远、张定夫、王覲、蒋思道、白世昌、赵鸿鼐、高承元、卜绍冈、吕复、张庆桢;第二余群宗,5票。

十一、经济:第一刘秉麟,4票,荐举人萧伟信、陈清华、姚□□、周宪文;第二萧遽,3票。

十二、农科:第一邓植仪,15票,荐举人彭家元、曾省、彭师勤、丁颖、钟兴正、应廉耕、赵云梦、谢申、蔡邦华、林亮东、冯子章、杨星岳、罗大凡、彭谦、蒋英;第二丁颖,15票。

十三、工科:第一刘仙洲,8票,荐举人金锡如、林斯□、白季眉、余炽昌、李辑祥、王敬立、孟昭礼、秦家洵;第二李熙谋、陆志鸿、施嘉炀三人并列,均为7票。

十四、医科:第一梁伯强,12票,荐举人褚葆真、梁灿英、谷镜□、黄家□、汤肇虞、陈纳逊、章元瑾、李化民、廖亚平、李为达、孟宪□、戚寿南;第二谷镜□,8票。

十五、艺术科:第一徐悲鸿,7票,荐举人陈之佛、李骧、卢学咏、余上沅、吴伯超、雷圭元、吕斯□;第二洪深,1票。

从以上分析可知,其一,在15个学科中,中国文学、历史、数学、物理、法律、医学、艺术七科的名列第一、第二位候选人之间的票数差别较大(以4票以上为界),其余八科的票数较为集中。这与第一批部聘教授推选时,"各科所荐举之人选,亦甚集中"的情况有所不同,表明首批部聘教授的荐选较第二批的同行公认度要高。其二,在不少学科位居第一和第二名的候选人中,存在着互相欣赏和推荐的情况,至少在一定程度上说明同行并不一定都是冤家。其三,在专精行业中,票数集中固然反映水平,但也不排除人际关系因素。如史学、农科排在前两位的候选人的票数,远较第三位为高,而荐举人却大同小异。这与柳诒徵和缪凤林为师徒关系,弟子同门众多;邓植仪与丁颖是中山大学农学院同事,故旧友朋不少,不无关系。

按：该年获奖的人文社会科学类著作有：文学类一等奖空缺，二等奖 1 名（朱光潜《诗论》）、三等奖 5 名（程伯藏《影史楼诗钞》、宗威《度辽吟草及劫余吟》、洪深《戏的念词与诗的朗诵》、高华年《昆明核桃等村土语研究》、邹质夫《断滕记传奇》）；哲学类一等奖 1 名（汤用彤《汉魏两晋南北朝佛教史》），二等奖空缺，三等奖 2 名（唐君毅《道德自我之建立》、胡世华《方陈概念之研究》）；古代经籍研究类一等奖空缺，二等奖 1 名（闻一多《楚辞校补》），三等奖 2 名（王如心《孟子赵朱异注纂述》、钱基博《增订新战史例孙子章句训义》）；社会科学类一等奖 2 名（陈寅恪《唐代政治史述论稿》、刘节《中国古代宗族移植史论》），三等奖 11 名（曾资生《中国政治制度史》、郑天挺《发羌之地望与对音等论文三篇》、王焕镳《曾南丰年谱》、邓广铭《宋史职官志考正》等）。（参见中央教育科学研究所编《中国现代教育大事记 1919—1949》，教育科学出版社 1988 年版；李学通《翁文灏年谱》，山东教育出版社 2005 年版；章玉政编《刘文典年谱》，安徽大学出版社 2011 年版；吴永贵《民国图书出版史编年：1912—1949》，社会科学文献出版社 2018 年版；王学典《20 世纪史学编年（1900—1949）》，商务印书馆 2014 年版）

蒋梦麟继续任西南联大常委会常委、北京大学校长，但其工作重心仍在重庆。1 月 2 日，蒋梦麟致信胡适，劝其"可在美任教，暂维生活""不必急于回国"。信中又谈及西南联大的困境与担忧，以及本人近状与今后计划："联大苦撑五载，一切缘轨而行，吾辈自觉不满，而国中青年仍视为学府北辰，盛名之下，难副其实。图书缺乏，生活困苦（物价较战前涨百倍以上），在此情形之下，其退步非人力所可阻止。弟则欲求联大之成功，故不惜牺牲一切，但精神上之不痛快总觉难免，有时不免痛则责兄与雪艇、孟真之创联大之意。数月前在渝，孟真责我不管联大事。我说，不管者所以管也。我发恨时很想把你们三人一棍打死。但我三年以来，两年中著一本《书法之原理与技艺》，近月来著成第二册。其首曰'书技'，次册曰'书艺'。"又说从上年始"夙兴夜寐，从事学习英文"，谓"或有二十余年可为国效力，以此二十余年中，以三事为目的：一弄书法，二办学校，三写英文"。信中也谈到对战后教育的责任："战后国家大事，即以文化教育而论，头绪纷繁，吾辈均须努力以赴之，以求成绩于百年之后。"而对北大的未来更是有套比较完整的设想，列于首位的是"方针"："北大之向来一贯政策，并蔡先生治学立身之精神为基础，战后在北平创立一文史与自然科学之中心，而以社会科学与应用科学附之，而尤以文史为中心之中心。"此外又有对外国文严格要求，群性、个性均加以适当之训练，学科程度亦加严格训练，并请美国大学在北大设讲座，并派学生数人去美留学，给以奖学金。希望胡适对这几点想法加以批评修正。此与蒋梦麟所论联大的困境与担忧形成鲜明的对比。信中还谈到太平洋国际学会事，告以人事及经费困难情形。同月的一天午饭前，蒋梦麟因事来到费正清在重庆的寓所，两人谈到了美国联合援华会的破产计划。

按：费正清于 1942 年底和 1943 年初在西南大后方对中国的文化教育现状进行了为时颇长的考察，他发现那些受过现代教育，如今离乡背井的中国知识分子无疑都是当时通货膨胀的最大受害者。除了费正清之外，美国的许多人都对中国知识分子的生活福利问题表示关切。美国联合援华会还在美国二十二所大学里成立教授委员会，以便向中国的这些著名教授提供尽可能的帮助。然而不幸的是，美国援华会的负责人在宣布这项消息时竟然说联合援华会的款项将用于补助中国高等学校里教授们的生活。于是这条消息在报上一经披露，立即在中国引起极其强烈的反响。有些人反对靠美国慈善团体的捐款来维持中国国立大学教授们的生活。蒋介石听说后也勃然大怒，并立即将此项援助予以取消。

蒋梦麟、梅贻琦 3 月在重庆会见张伯苓。同月 28 日，西南联大第 253 次常委会决议：梅贻琦、蒋梦麟两常委奉派为中央训练团党政训练班第 25 期教育委员会委员，先后赴渝公干。梅、蒋两常委离校期间，常委会主席职务请杨石先暂代。7 月 6 日，国立 22 所大学校长（教务长）包括中央大学朱经农，西南联大蒋梦麟、梅贻琦、张伯苓，中山大学金曾澄，武汉大学王星拱,浙江大学竺可桢,交通大学吴保丰,同济大学丁文渊,四川大学黄季陆,暨南大学何炳松,厦门大学萨本栋,复旦大学章益,中正大学胡先骕,重庆大学张洪沅,英士大学杜佐周等向蒋介石呈致敬电,盛赞其领导抗战,六载于兹,愈战愈强,胜利在望。10 月 6 日,蒋梦麟在重庆道门口银行进修礼堂参加穆藕初追悼会,主祭并宣读祭文,冯玉祥、黄炎培、江问渔、杜月笙、吴蕴初、董必武、章乃器等数百人参加。秋,蒋梦麟在住宅召集联大国民党党员教授会议。会议座谈国内形势,决定以联大区党部名义致蒋介石,提出对国内形势之意见,并推举冯友兰起草。会后,冯友兰即草拟信稿,大意是:照国内的形势看,人心所向似乎不在国民党,要收拾人心,必须开放政权,实行立宪;清朝末年,清室不肯立宪,使国民党革命得以成功,可为殷鉴。因而要求蒋介石为收拾人心而开放政权,实行立宪。数日后再至蒋梦麟宅出席会议,讨论所拟信稿。信中有"睹一叶之飘零,知深秋之将至"之句,又谓"昔清室迟迟不肯实行宪政,以致失去人心,使本党得以成功。前事不远,可为殷鉴",故应实行宪政,以收拾人心。与会者赞赏信稿,陈雪屏称冯友兰为"当代大手笔",雷海宗则说"即使你写的书都失传了,这一篇文章也可以使你不朽"。信稿通过后即由联大三青团分部干事长陈雪屏带至重庆。陈雪屏返回昆明后说蒋介石看信后"为之动容,为之泪下"。不久,区党部接到蒋介石的回信,说他很注意联大区党部的意见,并且说现在形势虽然危急,但有像联大的这些党员,相信可以转危为安。下半年,蒋梦麟的回忆录《东土西潮》基本完成。12 月 23 日,蒋梦麟致信胡适,请其在美代为处理《东土西潮》(Tides From the West,后定名为《西潮》)出版事宜。

　　按:蒋梦麟致胡适信中谈到之所以写作这部书的缘由以及他这几年的心情时说:"数月前文伯诸兄赴美,托带函一件,想已收到。弟一切情形,文伯想已一一转述。拙著《东土西潮》(即后来出版的《西潮》,英文名:Tides from the West)稿已打就。兹托李学兄就中国银行纽约职务之便,托带奉一本。其中打字打错的,及我自己写错的均不少。打错的我看出几处,已改正,其余没有看出的尚多。因为我每看一篇总有错的,所以推想一定还有不少。我自己写错的呢,以我现在英文的程度,是没法改正了,我是尽了我的最大能力了。这还是两年半来早晨 6 时起读英文用苦功的结果。你知道这十余年来,我的学问荒疏极了。到了五十五岁,才知发愤求学,你看好笑不好笑呢?但我家有长寿种,我父才于四年前,年八十无疾而逝的。假使没有抗战,我想他还在世上。我的伯祖父活到八十多岁,曾祖母活到九十多岁。所以我想也有机会活到八十多岁。在这二十多年之将来,我想做点学问,补我往者之失。但也不过想苟活一世罢了,并没有学问上的大野心,以心之所好,玩玩罢了。我这本书也不过是玩意儿,觉得有趣得很。所以黎明到夜深不断地好像人家喜打麻将的一样着迷。如能摸几文钱,使我全家的灵魂不与体魄分离,已是意外的收获了。我尚有三个孩子,曾谷有两个孩子,共五个,都在学校,靠我们两人赚钱来维持的。我请你把稿子详细读一遍,把打错的写错的都改正。还有意思不大妥当的,也请改了。行文太直率的地方、或大学校长不应该说的话,都请你使它委婉一点。又有别人将认为家丑不可外扬的,也请你使它暗藏一点。凡一切意思,或文字错的地方,请你全权修改,一点不要客气,我是不会见怪的。改好之后,请你交杜威老师看看。你若认为可以了,就请你就近交 Holland(太平洋国际学会),请他作最后校读。至何时可以出版,请等我去信通知,现在还有些手续要办也。这些手续不办妥,将来会生麻烦的。还有几张插画,现在正在写画中,当另外寄出。又改好之后,如须另打,就请你找位打字的一打。其费如太大,请你托李国钦先生代为一垫,后当如数归还。如此间要有修改的地方,我写信给你如何修改或另寄一本给 Holland。"(参见马勇、黄令坦编《中国近代思想家文库·蒋梦麟卷》及附录《蒋梦麟年谱简编》,中国人民大学出版社2015 年版;马勇《蒋梦麟传》,河南文艺出版社 1999 年版;耿云志编《胡适年谱》,福建教育出版社 2012 年版;龚克主编《张伯苓全集》第十卷附编《张伯苓年谱》,南开大学出版社 2015 年版;蔡仲德编撰《冯友兰先生年谱长编》,中华书局 2014 年版;西南联大北京校友会编《国立西南联合大学校史——1937 至 1946 年

的北大,清华、南开》,北京大学出版社1996年版)

　　张伯苓继续任西南联大常委会常委,但其实职为国民参政会副议长。1月11日,梅贻琦往重庆南开中学津南村看望张伯苓,并报告西南联大事宜。20日,与梅贻琦、周诒春等赴土湾裕丰纱厂潘世经饭约。同月,与国民政府军事委员会政治部部长张治中、重庆大学校长张洪沅共同为沙坪坝青年馆开馆揭幕。2月17日,为1943年度中华全国体育协进会经费事致函孔祥熙。不日,孔祥熙即"饬财部增拨二十万元"。18日,国民参政会在军事委员会举行庆祝中美、中英新约订立。同月,南开大学在昆明教职员应张伯苓之约赴重庆商讨复校计划。3月10日,蒋介石著《中国之命运》印行。其后,张伯苓即部署本校师生研究《中国之命运》,并要求写出研究报告。12日,重庆植树节活动在重庆南开中学举行。林森、蒋介石、国民政府各院院长及各部部长、各机关代表出席植树节仪式,师生与林森、蒋介石、张群等一起植树。同月,会见到重庆的蒋梦麟、梅贻琦。4月5日,寿辰纪念。共收寿辰纪念品礼金约四万数千元。向在校服务的学生表示,"为国家,为南开,当再努力十二年,至八十岁再退休"。同日,为祝张伯苓寿诞,重庆南开中学学生排演老舍、赵清阁编剧的《桃李春风》,沈剡导演,蓝马、黄宗江艺术指导。同一晚演出京剧《盗宗卷》。5月8日,出席重庆区专科以上学校联合运动会开幕式,致辞表示,在目前物质条件下,能在西南一隅举办运动会,可谓将来战胜日本后的远东运动会或全国运动会之先声。

　　张伯苓7月13日出席蒋介石招待国民参政会参政员餐会。25日,再函孔祥熙,设法追加1943年度中华全国体育协进会补助费35万元。8月1日,签署聘任书,聘请陶云逵为南开大学历史人类学教授。11日,以南开名义向教育部部长陈立夫去函保荐曹禺出国深造。17日,呈请教育部陈立夫核发本年南开大学补助费,以资维持。27日,孔子诞辰日,小即政府规定之教师节。在重庆南开中学教师节纪念会作演讲,谈教育目标、训练方法等。同月,谢冰心多次从歌乐山住地往沙坪坝南开中学,看望在那里就学的儿子吴平。9月17日中午,赴蒋介石宴,黄炎培、莫德惠、李璜等参加。18日,第三届国民参政会第二次大会在重庆开幕,蒋介石、张伯苓、莫德惠、李璜及参政员192人出席大会。下午,第三届国民参政会第二次大会第一次会议举行,张伯苓、莫德惠、李璜及参政员159人参加会议。19日,第三届国民参政会第二次大会第二次会议举行,张伯苓、莫德惠、李璜及参政员168人参加会议,蒋介石以兼国府主席函辞参政会主席团主席职务,会议补选了王宠惠、王世杰、江庸为主席团主席。会议宣读主席团所拟《上蒋主席电文》。下午,第三届国民参政会第二次大会第三次会议举行,张伯苓、莫德惠、李璜、王世杰、江庸及参政员130人参加会议。20日,第三届国民参政会第二次大会第四次会议举行,张伯苓、王宠惠、莫德惠、李璜、王世杰、江庸及参政员161人参加会议。21日,第三届国民参政会第二次大会第五次会议举行,张伯苓、王宠惠、莫德惠、李璜、王世杰、江庸及参政员149人参加会议。下午,第三届国民参政会第二次大会第六次会议举行,张伯苓、莫德惠、李璜、王世杰、江庸及参政员153人参加会议。晚,赴蒋介石宴,致答谢词。同日,国民政府发布命令,宣布国民参政会第三届参政员任期自本年10月1日起延长一年。23日,第三届国民参政会第二次大会第七次会议举行,张伯苓、王宠惠、莫德惠、李璜、王世杰、江庸及参政员150人参加会议。25日,第三届国民参政会第二次大会第八次会议举行,张伯苓、王宠惠、莫德惠、李璜、王世杰、江庸及参政员175人参加会议。蒋介石到会作《内政和外交的方针和实施经过》的报告,建议参政会设立宪政实施筹备会和经济建设期成会两个机构。同日,完成《私立南开大学抗战期间损失报告清册》。

张伯苓、王宠惠、莫德惠、李璜、王世杰、江庸及参政员151人9月26日上午出席第三届国民参政会第二次大会第九次会议。下午,第三届国民参政会第二次大会第十次会议举行,张伯苓、王宠惠、莫德惠、李璜、王世杰、江庸及参政员148人参加会议。会议听取了主席团所提《设置宪政实施筹备会及经济建设期成会案》。会议还通过《关于军事报告中涉及第十八集团军部分之决议案》等。27日,第三届国民参政会第二次大会第十一次会议举行,张伯苓、莫德惠、李璜、王世杰、江庸及参政员159人参加会议。下午,第三届国民参政会第二次大会第十二次会议举行,张伯苓、王宠惠、莫德惠、李璜、王世杰、江庸及参政员129人参加会议。下午5时,举行第三届国民参政会第二次大会闭幕式。张伯苓等参政会主席团主席及173名参政员出席会议,国民政府各部会长官居正、戴季陶、于右任、朱家骅、何应钦、白崇禧、程潜、陈仪、顾毓琇、翁文灏、谷正纲、徐堪、张厉生、周钟岳、曾养甫、吴铁城、吴国桢、张道藩、邵力子、潘公展、陈布雷、雷法章、陈大齐等,以及美国驻华大使高思、苏联驻华大使潘友新、英国驻华大使薛穆等200余人参加。张伯苓致休会词称:本会为抗战期中协助政府的一个民意机构,本会即应努力树立民治的模范,故同人对于民主的基本精神从不敢有所忽略。今后为促进宪政起见,当更加倍的努力做去,期不负于模范二字。会后,张伯苓在重庆南开中学召开宪政座谈会,借以引起全校师生对宪政的研究。10月1日,中华全国体育协进会举行第一次理监事联合会议,决定发起募集体育经费500万元,推张伯苓、朱家骅、吴铁城、张治中、沈鸿烈、商震、郝更生、马约翰、董守义等9人为筹募委员。

张伯苓10月17日出席南开学校成立39周年纪念大会,张伯苓自述创办和发展南开的感想:南开之有今日,实诚不易。南开过去,无时不在奋斗中,亦无日不在发展中,南开学校如果算是成功的话,则一部南开史,实一部奋斗成功史。10月25日,国防最高委员会为推进宪政实施工作,设置宪政实施协进会。该会以国防最高委员会委员长为会长,国民参政会主席团主席为当然会员。另有会员三四十人。当然会员有张伯苓、莫德惠、吴贻芳、李璜、王宠惠、王世杰、江庸等。11月11日,国民参政会举行茶话会,欢送行将赴英的中国访英代表团,王世杰、王云五、胡政之、杭立武等代表团成员及嘉宾200余人与会。张伯苓主持并讲话称,中英两国都是民主国家,思想相同,经济合作,平时有如兄弟一般。我们访英国最大的任务,是想以"同舟"之雅,互谋"共济"之策。17日,于英国伦敦举行世界学生日纪念大会之际,代表中国教育界向大会发表题为"战时学生与战后世界"的广播讲话,称赞学生具有活泼、冒险、勇敢,与追求学问与真理的渴望,这些理想,使青年学生成为各个国家的生命骨干。同时指出,中国学生常是站在历史的前面。在中国历史上,学生常是爱国主义的象征。他认为,学生不仅要有爱国思想,而且必须有更高的国际思想,为祖国与世界和平及国际友好而努力奋斗。他说,中国欢迎各国学生来华研究学术,希望战后各国间交换学生制度及交换教授、研究人员更加普遍和扩大,"这种聘访工作,实为一种真正的教育"。12月3日,因湘西北国军与日军惨烈对战,挫敌锐气,国民参政会主席团张伯苓、江庸、莫德惠、孔庚、许德珩、董必武、黄炎培等致电保卫常德全体将士,对他们奉命截击倭寇,屡挫凶锋,无任钦佩,谨表敬意。同时,致电湘鄂前线陈诚、薛岳、孙连仲司令长官,特致慰问。18日,陶行知来重庆南开中学。(参见龚克主编《张伯苓全集》第十卷附编《张伯苓年谱》,南开大学出版社2015年版;西南联大北京校友会编《国立西南联合大学校史——1937至1946年的北大、清华、南开》,北京大学出版社1996年版)

顾孟余继续任国立中央大学校长。1月,中央大学主办《文史哲季刊》于重庆创刊。该刊英文名为 The Journal of Literature, History, and Philosophy。由国立中央大学文史哲季刊编辑委员会编辑,国立中央大学出版部出版,发行地址位于重庆沙坪坝,后改由商务印书馆发行,地址位于重庆白象街。该刊"以发表关于文学、史学、哲学之论著为宗旨",主要刊载文学、哲学、史学等三个领域的学术研究成果,不仅关注国内思想研究的最新成果,也关注中国思想文化在国外的传播。所刊文章多为时任国立中央大学的教授的研究论著,学术研究价值较高,是20世纪30年代文史哲领域研究水平和专注课题的集中体现。创刊号刊载罗根泽《墨子探源》、范存忠《十七八世纪英国流行的中国思想》(第2期连载)、韩儒林《蒙古的名称》、金毓黻《宋代兵制考实》等文。2月,蒋介石在复兴关举行"纪念周",要求在渝的各大学校长奉召聆听"训话"。顾孟余只委派训导长周鸿经出席,蒋介石十分不满,指桑骂槐地斥责顾孟余。顾孟余获悉后,以辞职抗议。于是中大校园内爆发了一场声势浩大的"挽留校长风波"。学生自治会领导全体学生集体罢课,高呼"教授治校,学术自由,党派退出学校",向国民政府主席林森请愿,要求挽留校长。学生因闻 CC 派吴南轩将来校继任,即以1500人游行挽留,接着听说教育部长陈立夫将亲自出任中央大学校长,于是又出现了"驱吴拒陈"风波。尽管蒋介石两次亲自上门慰留,顾孟余都坚辞不就。同月18日,国民政府行政院会议批准顾孟余辞职,并决定行政院长蒋介石兼任中大校长,风波始告平息。3月4日,蒋介石到校视事。学校特设教育长一职,由原湖南省教育厅厅长朱经农担任。(参见南京大学高教研究所编《南京大学大事记1902—1988》,南京大学出版社1989年版;王学典《20世纪史学编年(1900—1949)》,商务印书馆2014年版)

朱经农3月4日任中央大学教育长。同日,本校学生为挽留顾孟余校长,1500人举行游行请愿。4月,遵国民政府规定,全国专科以上学校学生一律接受军训,实行军管。6月9日,校庆纪念日。7月6日,举行第十六届毕业典礼,毕业505人。8月,奉教育部令,本校医学院增设法医科和高级医事检验职业科;受国家司法行政部委托,法医科开办司法检查员训练班。理学院改地理系气象组为气象系。9月,桥梁专家茅以升应本校工学院土木工程系之聘,讲授"桥梁工程学"。10月,蒋介石聘请西南联大哲学系教授冯友兰到校作"关于贞元三书"的讲座,并亲自参加听讲。11月,行政会决定,1944年元旦《中大校刊》复刊,暂定半月一期。12月,经教育部学术审议委员会审查通过,1943年度全国专科以上学校部聘教授为15人。中央大学楼光来、胡小石、柳诒徵、常导直、高济宇、戴修瓒、徐悲鸿荣任部聘教授。(参见南京大学高教研究所编《南京大学大事记1902—1988》,南京大学出版社1989年版)

柳诒徵2月因贵州大学文学院邀请,离开重庆,抵达贵州,入贵州大学学术讲座半年,其间,与钱子厚、尹石公、林铁西交往甚密。3月24日,中国史学会成立大会在重庆召开,柳诒徵当选为32位理事之一。9月,返回重庆就任中央大学文学院研究生导师,赶赴沙坪坝为研究生上课。11月,为复旦大学学生讲演《学术思想之正规》《史原》。12月下旬,与陈叔谅、彭百川、王学素等宴请浙大校长竺可桢。第二天,又与竺可桢、胡刚复等会晤聚餐。(参见孙文阁、张笑川编《中国近代思想家文库·张尔田、柳诒徵卷》及附录《柳诒徵年谱简编》,中国人民大学出版社2014年版)

罗香林时任中央政治学校教授,并任国民党中央党部专门委员。1月,随着中美、中英不平等条约废止与新条约的签订,国内外政治形势呈现新局面,长期迟滞的礼制建设由此迎来转机。罗香林为此专门拜谒戴季陶提出相关建议。同月5日,罗香林致函蒋介石,所述六事之一即"制定中华民国通礼"。他解释称,"今国家既以坚卓抗战,跻于世界四强之列,为造成新兴气象,建立高尚秩序",应制定中华民国通礼,"以振作社会新规,宣扬国家风度,而并以示慰国人喁喁望治"之心。蒋介石认可罗香林的这一建言,并思考在新的政治形势下"如何能使中华民族成为礼义廉耻之邦,领导现代各国,共臻于平等自由之邦"的治国方略。中旬,蒋介石在举行的孙中山总理纪念周活动上指示以后的工作中心,"勉励注重礼乐"。此后遂有内政部、财政部与教育部会同拟具复兴礼乐的办法,议及"礼乐馆"之设。3月3日,罗香林在给戴季陶的信中系统陈述其关于拟定民国通礼的意见。他很希望自己能在"抗战垂胜"之际参与"三民主义国家之礼乐"的建设,提出"中华民国通礼"可分为礼制、乐制、国仪与民仪等四个部分,并拟出相应纲目。戴季陶虽未接受这种礼制分类的意见,但将罗作为起草"礼制通议"部分的重要助手。冬,罗香林在国民党中央秘书处举行的国民月会上演讲,提出"礼乐在平时固然不可缺少,而抗战时期尤其需要"。他还倡言,"制礼作乐必须配合三民主义的精神";现在"提倡礼乐的实行",目的是"要把全国人民的行动和意志统一起来,集中起来,对内要加强团结,对外要促进抗战的胜利"。与戴均看重礼制在抗战建国上的精神动员作用,积极为之进行舆论造势。11月13日,戴季陶在罗香林的帮助下拟出《中华民国礼制草案》的"总纲"部分。12月底,戴季陶主持完成了《中华民国礼制草案》的修改。(参见李俊领《威权与"治法":1943年国民政府的礼制建设及其挫折》,《北方论丛》2020年第5期)

缪凤林3月24日出席在重庆召开的中国史学会成立大会,当选为32位理事之一。26日,召开中国史学会第一次理监事联席会议,缪凤林当选为常务理事。9月,缪凤林所著《中国通史要略》3册由国立编译馆出版。缪凤林先前出版的《中国通史纲要》一书,资料虽丰富,但缺乏剪裁,属读史要录性质。后由于日军全面侵华而被迫中断。后缪凤林又在《中国通史纲要》的基础上编撰简明扼要的《中国通史要略》一书,以激励中华民族的抗战信心。缪凤林认为此"亦书生报国之一端"。作者将中国历史分为十个时代,即唐虞以前曰传疑时代、唐虞夏商西周曰封建时代、东周曰列国时代、秦汉曰统一时代、魏晋南北朝曰混乱时代与南北对峙时代、隋唐五代曰统一时代与割据时代、宋元曰汉族式微与西北诸族崛兴时代、明曰汉族复兴时代、清曰满族入主时代、民国曰中华民族更生时代。每时代为一章,综合叙述政治、经济、学术、文化、礼乐、风俗的变化发展,"自为经纬,分之可略识各代原委,合之即得千古会归焉""中华民族更生时代"与"结论"二章未能完成。《中国通史要略》记述历史,不求面面俱到,重点在显示每一个时代历史发展的特点和趋势,尤其关注民族关系和文化的发展。"就我国族所以开拓广土,团结庶众及历久长存之本原,与其政治文化社会各中变迁之荦荦大者,略述其根柢与趋向,以饷学子"。

按:罗香林尝云:"近人所著史中,以缪凤林之《中国通史要略》最为简明,文字亦甚优美。"(参见王学典《20世纪史学编年(1900—1949)》,商务印书馆2014年版)

罗根泽继续任教于中央大学。1月,在中央大学《文史哲季刊》创刊号发表《墨子探源》。同月,《李邕墓志铭跋尾》刊于《图书月刊》第2卷第6期。同月11日,访顾颉刚。25日,参加国文系毕业生宴。26日,在《中国文学批评史·自序》云:"付印时,以篇辞繁重,分为《周秦两汉文学批评史》《魏晋六朝文学批评史》《隋唐文学批评史》《晚唐五代文学批评史》四册,宋以后亦陆续刊布焉。一九四三年一月二十六日,根泽又记。"31日,访顾颉刚。2月,《中国文学批评史自序》刊于《读书通讯》半月刊第68期。19日,与朱东润访顾颉刚。21日,访顾颉刚。25日,上午访顾颉刚,下午顾颉刚来访。3月4日,访顾颉刚。7日,顾颉刚来访。13日,顾颉刚来访。16日,访顾颉刚。24日下午3时,参加中国史学会成立大会。26日,参加史学会。晚,参加成立会晚宴,同席者有卫聚贤、吴其昌、冯国瑞、刘子建、顾颉刚等人。28日,与顾颉刚、卫聚贤夫妇、侯芸圻、吴其昌等人同车至城,中午一起吃饭。4月9日,访顾颉刚。11日,顾颉刚与朱东润同来,探夫人张曼漪病。18日,顾颉刚来访。21日,访顾颉刚。23日,夫妇俩与朱东润散步江边,遇顾颉刚夫妇等人,最后同归。5月2日,顾颉刚来访,谈于书房。7日,顾颉刚来访。14日,顾颉刚来访。19日上午访顾颉刚。下午,顾颉刚来访。25日,访顾颉刚。31日,夫妇同访顾颉刚。

罗根泽夫妇6月2日以顾颉刚妻履安送灵上山前往吊唁。3日,罗根泽夫妇同到顾颉刚家。5日,与朱东润到顾颉刚家谈。9日,访顾颉刚,领编译馆六月份薪水。10日下午3时,顾颉刚来家宿。11日,宗甄甫同顾颉刚来访。12日,罗根泽夫妇在张家花园,遇顾颉刚前来买桃。15日,访朱东润,并晤顾颉刚。20日,《仁义与利欲——孟子七讲之一》刊于《文化先锋》第2卷第5—6期合刊。7月8日,顾颉刚来宿,朱东润、魏建猷、汪叔棣、赵梦若等来,一同谈话至11点方就寝。8月,《魏晋六朝文学批评史》由重庆商务印书馆初版。同月,《抢救国文》刊于《国文杂志》月刊第2卷第1期。19日,访顾颉刚。21日,顾颉刚等人来访。9月5日,顾颉刚来访。10月9日,当选经世学社理事。《萧一山先生生平大事记》(《徐州文史资料》第12辑)云:"是年(1943)十月九日,经世学社于重庆市国立中央图书馆开成立大会,参加会员五十四人,社会部、教育部派代表,粮食部徐部长堪,交通部曾部长养甫,中宣部刘秘书光炎及各报社记者参加,由先生任临时主席,票选结果:当选理事廿一人:萧一山、王捷三、顾颉刚、胡秋原、马景常、王文山、李圣三、张忠绂、章友江、蒋复璁、冀朝鼎、简又文、陈逸云、魏元光、蓝文徵、张维华、许德珩、梅璇、卫士生、章之汶、罗根泽。"11月,《隋唐文学批评史》由商务印书馆作为《中央大学文学丛书》之一在重庆初版。同月27日,《答张默生》收入《诸子考索》,题为《第一次答书》。12月,《老子故事的演变与辨证》刊于《文化先锋》第3卷第2期。27日,再写《两宋诗话辑校叙录》题记一则,交代补充内容。冬,师范学院国文系并入中央大学中文系。(参见马强才《罗根泽先生年谱简编》,载王京州编《河北近现代学者年谱辑要》,国家图书馆出版社2017年版;王学典《20世纪史学编年(1900—1949)》,商务印书馆2014年版)

唐君毅继续在中央大学任教。所著《中西哲学思想之比较研究集》由正中书局出版。此为唐君毅第一部学术著,由1934—1941年间发表的13篇论文组成的论文集,内容包括中国哲学、中国艺术、中国哲学与文学的关系、宗教道德与文学等,全书颇具实在论色彩,反映了唐氏在吸纳西方哲学思想的基础上的思想行程。这部被他自己称为"述学式"的著作出版后不久,即为他本人所否定,认为其中"多似是而非之论"。主要原因在于,这些中外哲学与文化比较的论文反映出唐君毅对西方哲学的崇尚,以西方哲学批评中国哲学,中国哲学与文化还没有被真正视为一种有自性的系统。相对于唐君毅后来的思想发展,这是一段"曲折"之处。它显示出不愿随波逐流而又难免趋新求异、对传统的逆反态度。这对于在思想上、气度上实现如实遍观人类各种哲学、各种文化,无疑是一大障蔽。但唐君毅对人与心的关注,又使得他以超然的觉悟突破了这一自我障蔽。(参见单波编《中国近代思想家文库·唐君毅卷》,中国人民大学出版社2014年版)

贺昌群继续在重庆中央大学历史系任教。6月,在《文史哲季刊》第1卷第2期发表《烽燧考》。文中将考古发现的汉简等新资料与传统典籍中的相关记载相结合,详细考辨了"汉唐间烽燧之遗制"。同期还刊载了韩儒林《吐蕃古史与传说研究》、缪凤林《古代巴蜀文化》、朱希祖《汉王劫五诸侯兵考》等文。是年,贺昌群在《大公报》发表《敦煌千佛洞应归国有赘议》,提出国家应筹措资金并设置专门学术机构保护敦煌文物。又认为西域文化是中国内地和印度、波斯等几种文化的融合,通过研究西域可以寻求这几种古代文化交流的线索。而汉唐文化则是中外文化交流的结果,所以特别重视把汉唐文化研究与西域研究结合起来,筹划《魏晋清谈思想初论》《汉唐精神》等论著。(参见王学典《20 世纪史学编年(1900—1949)》,商务印书馆 2014 年版)

宗白华继续主编《学灯》。1 月 14 日,在《中央日报·艺林》发表《中国艺术的写实精神——为第三次全国美展写》,提出"一切艺术的境界,可以说不外是写实,传神,造境:从自然的描摹,生命的传达,到意境的创造"。又说:"动天地泣鬼神,参造化之权,研象外之趣,这是中国艺术家最后的目的,所以写实、传神、造境在中国艺术上是一线贯串的,不必分析出什么写实主义,形式主义,理想主义来。"同月,在《时与潮文艺》创刊号上发表《中国艺术意境之诞生》。作者于论文后面附识云:"1943 年 1 月 18 日写于嘉陵江杨家滩滨。这是拙作《论中西艺术的写实、传神与造境》底第三部分。第一部分《中国艺术的写实精神》,初稿刊于 1 月 4 日《中央日报·艺林》。"文中论"什么是意境? 唐代大画家张璪有两句话:'始师造化,中得心源',造化与心源的凝合,成了一个有生命的结晶体,鸢飞鱼跃、剔透玲珑,这就是'意境',一切艺术底中心之中心"。

宗白华 4 月 18 日在《学灯》发表其父宗受于《整理全国水利大要》一文,并加《编辑后语》说:"今家父年垂满七十矣,时以民族生存前途为念。近年写定此篇《整理全国水利大要》,对于整理长江、淮河、黄河、运河,皆有精深扼要之发挥与设计。篇幅虽简,关系颇钜。编者恳请发表于《学灯》,以饷国人之真心关怀民族未来福利者。"5 月,宗白华在《文艺月刊》5 月号发表《论文艺的空灵与充实》,从周济论词求空,既成格调、求实,以及孟子"充实之谓美"两句话,建立一个关于物质基础、精神生活(真、善、美)的关系,包括民族文化、艺术与宗教哲学的系统,指出:"中国文艺在空灵与充实两方都曾尽力,达到极高的成就。所以中国诗人爱把森然万象映射在太空的背景上,境界丰实空灵,像一座灿烂的星天!"12 月 27 日,在《学灯》发表《介绍两本书:〈后魏六朝文学批评史〉(罗根泽著)〈文艺史学与文艺科学〉(德国纪尔霍兹著、李长之译)》。(参见林同华《宗白华生平及著述年表》,载《宗白华全集》第四卷附录,安徽教育出版社 1994 年版)

徐悲鸿 3 月 15 日在《学灯》发表《新艺术运动之回顾与前瞻》,宗白华并加《编辑后语》说:"我不反对古典主义,但却反对那没有自己真实生命一味模仿的假古典主义。"又提出要恢复文人画的真正精神,注重人格和心灵生活的充实,再发挥唐宋画像的写实精神,兼取西洋艺术的刺激和丰富的印象,深入自然与社会,使体认而保全文人画的写实,这是中国艺术复兴的途径!(参见林同华《宗白华生平及著述年表》,载《宗白华全集》第四卷附录,安徽教育出版社 1994 年版)

傅抱石 6 月 15 日在《学灯》发表《中国古代山水画史的考察》一文,宗白华加《编辑后语》,批判那种视中国古代诗人画家为地主阶级的庸俗社会学观点,指出"艺术的价值是不能拿物资来衡量的。中国第一流的艺术家是'代山川而言',是代人生表白,并不是代表地产和官僚。"10 月 17 日上午,郭沫若应傅抱石约,"往访之,中途遇杜老,邀与同往""抱石展示所作画多幅,意思渐就豁然。更蒙赠《桐阴读画图》一帧,美意可感""夫人时慧女士享以丰盛之午餐。食时谈及北伐时在南昌城故事。时慧女士时在中学肄业,曾屡次听余讲演云""立群偕子女亦被大世兄亲往邀来""午饭过后杂谈了一些,李可染和高龙生也来了""直至午后三时,始怡然告别"。是年,郭沫若建议傅抱石在重庆、成都两地举办个展,认为其绘画艺术"已经到了升堂入室的境地"。(参见林同华《宗白华生平及著述年表》,载《宗白华全集》第四卷附录,安徽教育出版社1994年版;林甘泉、蔡震主编《郭沫若年谱长编》,中国社会科学出版社2017年版)

朱东润2月19日与罗根泽访顾颉刚。3月21日,朱东润在《学灯》发表《叙事文学绪言——八代传叙文学述论》第一章,宗白华加《编辑后语》说:"历史家文学家观照人格底境界,以记述生命底历程。我们是人,我们对于人底世界自当格外亲切有味。"8月,朱东润《史记考索》由开明书店出版。(参见林同华《宗白华生平及著述年表》,载《宗白华全集》第四卷附录,安徽教育出版社1994年版;马强才《罗根泽先生年谱简编》,载王京州编《河北近现代学者年谱辑要》,国家图书馆出版社2017年版;王学典《20世纪史学编年(1900—1949)》,商务印书馆2014年版)

赵萝蕤10月18日在《学灯》发表《一些可能的文学理论》,宗白华加《编辑后语》说:"在现代西洋文学里因女性的创作者和批评家的活泼参加,使文坛增加了许多新境界,新感觉力和特异的风格。我们对中国文坛也期待着这个。"(参见林同华《宗白华生平及著述年表》,载《宗白华全集》第四卷附录,安徽教育出版社1994年版)

李长之任中央大学副教授。是年,所著《德国古典精神》由东方书社出版;《批评精神》由重庆商务印书馆出版。(参见李书《李长之年表》,《新文学史料》1979年第3期)

章益12月20日由国民政府行政院教育部任命为复旦大学校长。原来教育部拟调吴南轩为中央大学校长,以章益继任复旦校长。中央大学师生以吴南轩资望不高为名,拒其前往。教育部遂改调吴南轩为国立英士大学校长。但英士大学远在浙江乡间,吴南轩不愿前往,遂留在复旦任教育系教授。抗战爆发后,全国著名文人、学者、科学家不少都集中重庆,仅北碚就设有中央研究院的下属单位、国立编译馆等学术机构。复旦改为国立以后,经费较前充裕,又注意建造教授宿舍,聘请了不少著名学者前来任教,其中有:陈望道、周谷城、顾颉刚、吕振羽、任美锷、陈子展、章靳以、曹禺、马宗融、梁宗岱、方令孺、洪深、樊弘、李蕃、张明养、张志让、潘震亚、韦悫、张光禹、李仲珩、邓静华、钱崇澍、秉志、童第周、卢于道、陈维稷、严家显、吴觉农、毛宗良、陈恩凤等人。复旦发展为5个院、22个系科组的综合大学,虽然当时图书、仪器仍嫌不足,但学术地位较前有所提高。是年,中共中央南方局根据周恩来同志的意见,在复旦成立了"据点",在校内组织起一批进步学生团体,十月同盟、系联(各系民主学生联合会)、德社(D社)、菊社、十兄弟、民主青年同盟(U.D.Y.)、复旦核心、复旦大学新民主主义青年社、北碚地区新民主义青年社等组织。还出版了《夏坝风》《文学窗》等壁报,并和其他学校合作创办了《中国学生导报》。当时参加各种进步团体的同学有120多人,团结了700多位同学,占学生总数的三分之一左右。(参见《复旦大学百年志》编纂委员会编《复旦大学百年志:1905—2005》,复旦大学出版社2005年版)

陈望道为复旦大学新闻系提出"好学力行"作为系铭。这是把理论学习和工作实践打成一片的条规。注重学行并重,如每周举行一次时事分析、问题讨论、学术研究的"新闻晚会",并办有"复旦新闻"等30余种壁报。是年,在《读书通讯》发表《文法的研究》;在《东方杂志》发表《论文法现象和社会的关系》《评黎锦熙〈新著国语文法〉书后》。编著《中国文法革新论丛》并作序,书由重庆文聿出版社出版。(参见上海鲁迅纪念馆编《陈望道先生纪念集》,复旦大学出版社2006年版)

吴泽《中国原始社会史》3月由桂林文化供应社出版。此为继吕振羽《史前期中国社会研究》之后,又一部用马克思主义研究中国原始社会史的作品。全书共4章,论述中国人种起源、中国原始社会的经济构造、社会组织与家族形态、原始社会的意识形态等问题。此书吸收了当时中外文化人类学方面的研究成果,首次把原始文化作为原始社会史研究的重要组成部分,并对中国原始时代的文化成果进行了初步整理。(参见王学典《20世纪史学编年(1900—1949)》,商务印书馆2014年版)

邓广铭年初继续主编《读书通讯》。3月,在《历史语言研究所集刊》第10本第4分发表《〈宋史·职官志〉考证》,为邓广铭的成名作,文章认为由于"总裁失检""纂修纰缪"等原因,导致《宋史·职官志》挂漏很多,殊误特甚,非重修不可,故收集材料,校勘考辨,撰写此文。该文对于纠正《宋史》关于职官制度等方面的许多错误,对于推动宋代史学研究有重要价值。陈寅恪特为此文撰《邓广铭〈宋史·职官志〉考证序》,称"邓恭三先生广铭,夙治宋史,欲著《宋史校正》一书,先以《〈宋史·职官志〉考证》一篇,刊布于世。其用力之勤,持论之慎,并世治宋史者,未能或之先也",并指出"是其神思之缜密,志愿之果毅,逾越等伦。他日新宋学之建立,先生当为最有功之一人,可以无疑也"。同期还刊载了劳幹《居延汉简考释序目》、岑仲勉《天山南路元代设驿之今地》、王崇武《查继佐与敬修堂钓业》等文。7月,邓广铭经傅斯年鼎力举荐,被内迁重庆北碚的复旦大学聘为史地系副教授。

按:《北京大学大事年表》1943年条称,"邓广铭撰《〈宋史·职官志〉考证》,其学术思想始对我国宋金辽史研究产生影响"。由于邓广铭在复旦讲授的全校公共必修课"中国通史"颇受学生欢迎,两年后就晋升为教授。其间,邓广铭的《陈龙川传》《韩世忠年谱》《岳飞》三部著作也相继由重庆的独立出版社和胜利出版社刊行。(参见王学典《20世纪史学编年(1900—1949)》,商务印书馆2014年版)

方豪继续任教于遵义浙江大学史地系。3月20日,赴重庆出席中国历史史学会成立大会。6月2日,由方豪发起之耶律楚材逝世700年纪念会在浙大举行。

方豪在《东方杂志》撰文纪念,并于重庆《益世报》刊出纪念特辑。为此曾向陈垣索取有关资料。陈垣寄方豪《耶律楚材之生卒年》单印本,并附短札曰:"耶律楚材在金国未为忠臣,不知尊处何以取之也。"方豪《对日抗战时期之陈援庵先生》(台湾新文丰出版公司1993年版)回忆:"自余于三十年秋入浙大,曾与若干同事发起,每年选一历史上可纪念人物,作为研究对象,指导学生寻求资料。三十一年纪念者为徐霞客,三十二年可资纪念者,舍耶律楚材外,实无第二人,而楚材提倡儒学,阻止蒙古人屠杀,又精天文历法,行踪远及中亚,亦有其可取处,其他方面,竟致忽略,良深愧怍!道途梗阻,北平、贵州,邮递需数月,先生函到,纪念已过矣!"7月17日,陈垣致方豪函:"四月函中提及庆祝论文、令人颜汗。此事须得德望并重者方可行之、鲰生非其人也。且文人相轻,自古而然,恐一有赞叹,则又为不赞叹者生嗔、非公所及料也。去年春在司铎书院谈话,龚司铎记之。此一席话,本为诸司铎曾作一文曰《书〈南宋初河北新道教考〉后》而发,不足为外人道也。公非外人,特检呈一阅。"20日,方豪致函陈垣,讨论《吴渔山年谱》问题。8月,方豪由浙江大学改任复旦大学教授。同月15日,由黔赴渝,就复旦大历史地系教授。11月24日,陈垣致方豪函,谈其学术思想之变化。冬,为中国公教真理学会主编《真理杂志》,以经费拮据,仅出版1—4期。(参见李东华《方杰人(豪)先生年谱稿》,《台湾大学文史哲学报》1985年第34期;刘乃和、周少川、王明泽《陈垣年谱配图长编》,辽海出版社2000年版)

蒋天枢是夏辞去东北大学文学院国文系教授,离开四川三台,赴重庆北碚复旦大学任教。

　　朱光潜 2 月在《文学创作》第 1 卷第 5 期发表《从我怎样学国文说起》。4 月 6 日，与丰子恺一起去看望陈源与其夫人凌叔华。同日，《谈修养》由重庆中周出版社出版。6 月，《诗论》由重庆国民图书出版社出版，被称为“抗战版”。朱光潜在教授英诗之外，努力追索古今中外诗歌的渊源与关系，注重对诗歌的节奏、韵律和格律的探索。此书尝试用西方诗论解释中国古典诗歌，反过来也用中国诗论来诠释西方诗论。这是中国现代诗学史上颇具开创性的创作，是中国现代诗学体系建构的里程碑。（参见宛小平《朱光潜年谱长编》，安徽大学出版社 2019 年版；肖进《朱光潜的英诗课》，《文汇读书周报》2018 年 6 月 25 日）

　　叶圣陶 1 月日参加文协成都分会聚餐会。同月，叶绍钧、朱自清著《略读指导举隅》由重庆商务印书馆出版，为四川省立教学科学馆国文教学丛刊之一。17 日，始阅丰子恺《漫画的描法》书稿。18 日，往访龙志霍，说阅览其英文文法稿《渡船》的意见。22 日，出席文协成都分会理事会。23 日，致书郭子杰、唐仲芳，皆为文协向教育厅请求津贴事。27 日，致书郭子杰，请求增加文协的津贴。3 月 8 日，始阅贺昌群《汉唐文化研究》稿。27 日，出席蔡子民学会之集会。4 月 13 日，校读完吕叔湘译作《石榴树》，作广告辞。4 月，文协成都分会编选《笔阵》丛书及译书丛书，叶圣陶、李劼人、陈翔鹤、碧野、陶雄、谢文炳、罗念生等 7 人组成丛书编委会。5 月 1 日，《中学生》编辑部迁蓉，由叶圣陶编辑。6 日，叶圣陶、李劼人、陈翔鹤、碧野、陶雄等 11 人署名发表《成都文艺界为万迪鹤氏遗属募集赡养费为张天翼氏募集医药费启事》。9 日，阅完马文珍《北望集》书稿。10 日，校读完朱孟实《我与文学及其他》书稿，作广告辞。28 日，校读完《冰心著作集》。6 月 16 日，校读完朱东润《文学批评史》和龙志霍《渡船》。17 日，校读完吕叔湘《文言虚字》及傅庚生《中国文学欣赏举隅》。7 月 11 日，应胡和龙之邀，允为学术资料供应社之发起人。13 日，将朱东润《读诗四论》校阅完毕。8 月 9 日，将罗庸《鸭池十讲》校阅完毕。15 日，出席文协成都分会理事会。9 月 24 日，将朱东润《张居正大传》校阅完毕。10 月 16 日，将沈从文《边城》校阅完毕。11 月 15 日，中华全国文艺界抗敌协会暨成都文艺界陈白尘、陈翔鹤、叶丁易、刘海粟、应云卫、李劼人、瞿白音、陶雄、刘开渠等 41 人，在南门外竟成园礼堂为叶圣陶补贺 50 大寿（乃 50 初度，实足年龄为 49 岁）。中华全国文艺界抗敌协会暨重庆文艺界发来贺电，文协成都分会敬送锦缎、纪念册，上题各家之祝词。12 月 4 日，将罗孟韦《诗乐论》、李晓舫《科学的人生观》、叶石甫《诗经选注》校阅完毕。是年，《倪焕之》由日本竹内好译为日文，改名为《小学教师倪焕之》，原作 30 章，译前 19 章，由大阪屋号书店出版。（参见商金林《叶圣陶年谱》，江苏教育出版社 1986 年版）

　　苏雪林 1 月 1 日在日记首页大书 12 字祈愿：“伟大的胜利年，快乐的回乡年！”3 月 10 日，《东方杂志》因太平洋战争爆发而停刊，1943 年迁重庆复刊，复刊第 1 期上刊发苏雪林随感《人类的运命》。此文由中国人民经历反抗日本侵略者的惨烈斗争，想到世界反法西斯斗争的悲壮，进而联想到人类在地球上生存不易，人类文化的产生与进步更是历尽千辛万苦！文末慨叹道：“我们知道文化的产生是这样的艰难，我们更应该珍惜它，保护它，努力发展它。知道人类与天行战斗之悲壮热烈，人类前途之俊伟光明，我们只有骄傲，不容自卑；只有乐观，永不失望。”5 月 16 日，赴陪都重庆，谒张自忠将军夫妇合葬墓，作《张自忠将军殉国三周年纪念》六首。（参见沈晖编著《苏雪林年谱长编》，安徽文艺出版社 2017 年版；田本相、阿鹰编著《曹禺年谱长编》，上海交通大学出版社 2017 年版）

　　杨东莼 1 月继续在武汉大学担任教授，利用讲授中国政治思想史课程的机会，积极向学生宣传马克思主义历史观。在此期间,他和弟弟杨人梗同住在乐山嘉乐门外武圣祠一个四合院内。6月,应迁往粤北坪石的中山大学文科研究所邀请,杨东莼作题为《中国文化史》的讲演。12月,"大别山惨案"(即广西省立师范专科学校毕业的刘敦安等中共党员被广西军阀李品仙残酷地活埋)发生后,李宗仁到安徽立煌检阅第五战区部队,皱紧眉头对其部下说:"为什么杨东莼训练的干部如此成功,你们训练的干部这样蹩脚呢?"李宗仁的口气可以证明,杨东莼任校长时,把广西师专变成培养进步学生的革命摇篮,不少进步学生暗称广西师专为"小莫斯科"。(参见周洪宇《杨东莼大传》及附录《杨东莼生平年表》《杨东莼主要编译著系年》,华中师范大学出版社2014年版)

胡厚宣继续任职于齐鲁大学国学研究所。《论丛》每出一册,胡厚宣都会寄呈在浙江大学中文系任教的缪钺。缪钺为此写下长诗《题胡厚宣〈甲骨学商史论丛〉》祝贺:"胡君治卜辞,证史多创获。为学赖新资,墨守固无益。罗(叔言)王(静安)筚路功,继者亦十百。君生虽稍晚,力能穷奥赜。茫昧三千祀,事迹复奕赫。宗法本商制,周人袭遗迹。观堂所未明,于兹得真释。(胡君《殷代婚姻家庭宗法生育制度考》一文,说明宗法之制殷时已有之,非周人所创,能补正王静安《殷周制度论》之偶疏,持论尤为精湛。)滋兰忆曩时,观松喜千尺。书成丧乱余,梦随日月掷。平生相期深,廿载意不隔。聆音非谬赏,锐进勉无极。国运方中兴,学亦贵新辟。江山阻揭手,相望终日夕。"2月,胡厚宣在《学思》第3卷第3期发表《殷人疾病考》,第4期连载。是年,《甲骨学概要》刊于《大学月刊》第2卷第1期。(参见何林英《胡厚宣年谱》,载王京州编《河北近现代学者年谱辑要》,国家图书馆出版社2017年版;王学典《20世纪史学编年(1900—1949)》,商务印书馆2014年版)

张维华9月在《中国文化研究汇刊》第3卷发表《汉武帝伐大宛与方士思想》。此文对汉武帝不远万里征伐大宛的原因进行了新的推论,认为汉武帝是受到方士乘天马升天的蛊惑,兴兵伐大宛以求天马。作者最后指出"汉武帝之文治武功,多由方士之思想为出发点",并指出"宗教信仰,最足使人发生伟大力量"。同期还刊载了严耕望《两汉郡县属吏考补正》、许毓峰《周濂溪年谱》、刘铭恕《郑和航海事迹之再探》、史岩《宋季翰林图画院暨画学史实系年》、韩儒林《八思巴字大元通宝跋》等文。(参见王学典《20世纪史学编年(1900—1949)》,商务印书馆2014年版)

高亨继续任教于三台东北大学。5月4日,从三台东北大学致函王献唐,回忆同住乐山美好时光:"四月廿四日大示拜悉,承赐诗轴,早既敬领,以疏懒未复,罪甚罪甚!诗则珠光玉采,字则铁画银钩,悬之壁间,对之忆念旧游,则双江明月,孤塔闲云,古渡沙汀,春山花树,凌云寺之辉煌,揖峨庐之幽谧,辨剖文字,究论经史,以及清谈雅谑,都在目前。文旆去渝,茌止李庄,未审能驻几时?傅孟真先生谅常相见,蕲为道候。近松舲兄言,弟之师兄梁思成、思永昆仲,均以积劳致疾,不知近状如何?东北大学内部日增纷纠,弟正极力求去。如克摆脱,或薄游渝都,而得剪烛话旧也。"(参见张书学、李勇慧《王献唐年谱长编》,华东师范大学出版社2017年版)

金毓黻1月在《文史哲季刊》第1卷第1期发表《南宋三学》《汉魏人冠明字之称谓》《路分考》《〈出师表〉脱文》《南宋文范与南宋文录》,以上均为《千华山馆读史札记》。同月,《宋代府州军监制度考》刊于《志林》第4期。5月,《敦煌写本〈唐天宝官品令〉考释》刊于《说文月刊》第3卷第10期。7月,在《东北集刊》第5期发表《辽部族考》,重刊《渤海国志长编要删》。9月,离开中央大学,专执教于东北大学,兼任文科研究所主任和文学院院长。11月,《沙坪坝发现古墓纪事》刊于《说文月刊》第4卷第1期。(参见金毓黻《中国史学史》附录《金毓黻

学术年表》，商务印书馆 2010 年版；牟哥《金毓黻先生著述考》，东北师范大学硕士学位论文，2017 年）

赵纪彬继续任教于三台东北大学。《理学的本质——新理学商兑之一》刊于《文史杂志》第 3 卷第 11—12 期。此文认为"理学即讲理之学"之说有语病，因为哲学皆讲理；认为理学之特征为心物二本论，新理学之特征为客观心本论；认为明清反理学一派之若干命题需要根本颠倒或改造，若干命题需要充实与引申，经此颠倒或改造、充实与引申，反理学系统便得新生，"此新生的反理学系统的立场和方法，即是我们对于冯先生新理学系统所以根本不能同意，并提出商兑之所本"。赵纪彬又作《"纯客观论"的剖析——新理学商兑之二》，认为"冯先生说理则离开人类的主观而独立是对的，说理则离开实际事物而独有则我们不能同意"，认为新理学是"从纯客观观点出发……到达于纯主观论的观点"，其"纯客观论之最后的归结，即是与宿命论合流"。赵纪彬另有《"依照说"与"道器论"——新理学商兑之三》，刊于《中山文化季刊》第 1 卷第 2 期，认为"冯先生是'从程朱理学'，以形上底抽象底理为本，以形下底具体事物为末""其对于理与气，或道与器，以及形上与形下底关系所主张底'依照说'，乃是一种客观心本论"。（参见蔡仲德编撰《冯友兰先生年谱长编》，中华书局 2014 年版）

萧一山辞东北大学教席，休假一年。所著《清史大纲》《曾国藩传》二书出版。作者隐然以复兴中国文化为己任，穷年孜孜，对于中国文化及近代史实之演变，亦有其精辟之见解，两书叙事详实，议论公正，士林誉为不朽之作。10 月 9 日，经世学社于重庆市国立中央图书馆开成立大会，参加会员 54 人，社会部、教育部派代表，粮食部徐堪部长，交通部曾养甫部长，中宣部刘光炎秘书及各报社记者参加，萧一山任临时主席，票选结果：当选理事 21 人：萧一山、王捷三、顾颉刚、胡秋原、马景常、王文山、李圣三、张忠绂、章友江、蒋复璁、冀朝鼎、简又文、陈逸云、魏元光、蓝文征、张维华、许德珩、梅璈、卫士生、章之汶、罗根泽。候补理事 9 人：杨兆龙、陶元珍、徐辅德、刘振东、李绍鹏、祝世康、张师亮、金志超、郁士元。当选监事 7 人：方觉慧、张静愚、陈时、黎锦熙、卫聚贤、雷沛鸿、钱公来。候补监事 3 人：刘季洪、蒙文通、李廉方。大会礼成后召开理事会，推选萧一山为理事长，王捷三、王文山、李圣三、章友江为常务理事，并推选孔祥熙、孙科、戴传贤、于右任、居正 5 院长及谷正纲、陈立夫、朱家骅、徐堪、梁寒操、张厚生、曾养甫 7 部长为名誉理事，并聘章友江、卫士生为《经世季刊》主编。决定社中编印丛书多种，其书名及撰著人如次：《周易古以今注》——高亨；《中国通史》——蓝文徵；《非宇馆文存》——萧一山；《清史大纲》——萧一山；《中西交通史》——张维华；《菲希特讲演全集》——藏渤鲸译。（参见萧树苓《萧一山先生生平大事记》，中国人民政治协商会议江苏省徐州市委员会文史资料委员会编《徐州文史资料》第 12 辑，1992 年）

梅贻宝继续任成都燕京大学代校长。3 月 6 日，《燕京新闻》英文版复刊。5 月 28 日，首届在成都燕大毕业的 43 级同学，参加华西坝五大学联合毕业典礼。会上梅贻宝代校长致词，谈及本届毕业学子在抗战烽火中离乡别井，艰辛跋涉，负笈来蓉完成学业，同学们为之动容泪下。30 日，《燕京》专刊创刊号出版，顾问梅贻宝、马鉴，主席刘益玺，总编辑成恩元，编委有余梦燕等 12 人。10 月 15 日，梅贻宝代校长向全体同学作报告，美日第二次交换侨民船只抵印度，燕大美籍教授 20 人脱离日方长期羁困，乘该船返美。计有：窦维廉、博爱理、柯安喜、郭美瑞、戴维德、邓莎丽、高厚德、高科第、海松芳、韩威尔夫人、胡济生、桂美瑞、夏仁德、苏路德、桑美德、文国鼐、韦尔巽、威尔逊、吴路义、施美士等。12 月 8 日，庆祝燕大成都复校 1 周年，举行多种庆祝活动。上午 9 时，在校礼堂隆重举行纪念燕大校难 2 周年暨成都复校 1 周年纪念仪式。张群校董、梅贻宝代校长致词。会后男女生宿舍开放。中午 12

时,男女同学 400 人,在文庙大成殿男生食堂聚餐。下午 2 时,在陕西街校本部举行男女混合排球赛和土风舞。5 时半校友聚餐。晚间校礼堂庆祝游艺会,演出话剧独幕剧《十三年》《解甲归来》,京剧《黄金台》《盘夫》《鸿鸾禧》。同月,陈寅恪教授应聘自昆明来校执教。(参见张玮瑛、王百强、钱辛波主编《燕京大学史稿》,北京人民中国出版社 2000 年版)

廖泰初继续任成都燕京大学教育系教授。春,廖泰初率师生在成都北郊崇义桥夏家寺建农村研究服务站。此后三年中,服务站开办农民识字班,进行民众教育与社会调查、小生产加工服务,举办两次农业科学成就展览。先后在此工作和参加调查研究的有费景汉、方纯、赵靖等 10 多位同学。(参见张玮瑛、王百强、钱辛波主编《燕京大学史稿》,北京人民中国出版社 2000 年版)

林耀华继续任成都燕京大学社会系教授。暑假与胡良珍同学、校工老范,赴川南凉山考察彝族社会,备历惊险,87 天后回校。(参见张玮瑛、王百强、钱辛波主编《燕京大学史稿》,北京人民中国出版社 2000 年版)

郑林庄等成都燕京大学教授 10 月 22 日应成都市广播电台特约主持"燕大学术讲座",每星期五播讲一次。第一讲由郑林庄主讲《工业化下的农业》。第二讲将由蒋荫恩主讲《最近东西战局的展望》。(参见张玮瑛、王百强、钱辛波主编《燕京大学史稿》,北京人民中国出版社 2000 年版)

郑德坤继续任成都燕京大学历史系教授兼主任。10 月,获中央研究院特别奖金 15000 元,奖励他治学笃诚,成绩卓著。(参见张玮瑛、王百强、钱辛波主编《燕京大学史稿》,北京人民中国出版社 2000 年版)

黄淬伯继续任中央政治学院教授。1 月,在《文史哲季刊》创刊号发表《诗传笺商兑》。文中认为"学术之事,本因时推进……盖今人所资取者厚,其足为思想之痼蔽者亦渐见摧毁,而钻研之途术亦蒙受近世朴学家之所赐,及现代科学之影响,而日进于缜密。振旧刷新,当亦今之学人所有事耶"。6 月,《图书评论》新第 4 卷第 1—2 期合刊介绍《文史哲季刊》时,特别针对此语进行评论:"由此可见,倘能益厚资取,益摧毁思想之痼蔽,钻研之途术益肯受朴学家之赐,及现代科学之影响,而益日进于缜密,学术之事自亦当益进。或者说,倘使今之为新汉学者,真能日近于朴学,而远于浮学,学术事业,本可因时推进。而'振旧刷新',趣朴去浮,具科学之修养,叨逻辑之熏陶,受算数之锻炼,并察十九世纪后半西洋古学者所为为如何事,力行谨严精审准确,务求细致周到缜密,亦诚宜乎为'今之学人所有事'。"(参见王学典《20 世纪史学编年(1900—1949)》,商务印书馆 2014 年版)

谢无量于成都得知挚交马一浮在四川乐山乌尤寺创办"复性书院",遂作了联系。马一浮邀请谢无量到复性书院讲学,复性书院设玄学、儒理、禅学、哲学、诗教。教授有熊十力、刘百闵、梁漱溟、沈尹默、赵克生、陈布雷、寿毅等学问渊博的学者。谢无量曾讲玄学和诗教。谢倡导学生在听课时,可以自由提问,谢立即回答。他的讲课条理清晰,引证旁博。同年中,谢无量经蒙文通推荐任四川大学(城内部)中文系主任,主讲《庄子》,并讲授"汉以后学术思想变迁史",对玄学、佛学、道学、理学融会贯通,作类比综合评述。(参见刘长荣、何兴明《谢无量年谱》,《文教资料》2001 年第 3 期;王承军《蒙文通先生年谱长编》,中华书局 2012 年版)

魏建功在四川江津县国立西南女子师范学院女师学院创办"国语专修科",任主任。教员有王玉川、朱肇祥、巩书炽等。这是"国语会"决议在全国设立的三个"国语专修科"之一。其余两个,一个设在西北师院,由黎锦熙负责;一个设在重庆青木关社会教育学院,由萧家

霖负责。(参见曹达《魏建功年谱》,《文教资料》1996年第5期)

常乃惪是冬因竹林巷房主收屋,全家迁居于成都外南小天竺街岷峨书店内,室隘人众。是年,黄欣周帮助常乃惪将历年撰写的关于历史文化问题之论文十余篇集为一本《历史哲学论丛》,常乃惪在自序中谈到入川以后思想之变化,阐述其理想中的"历史哲学"之结构。(参见查晓英编《中国近代思想家文库·常乃惪卷》及附录《常乃惪年谱简编》,中国人民大学出版社2014年版)

熊十力1月1日在《思想与时代》第18期"张荫麟先生纪念号"发表《哲学与史学——悼张荫麟先生》,云:"张荫麟先生,史学家也,亦哲学家也。其宏博之思,蕴诸中而尚未及阐发者,吾固无从深悉。然其为学,规模宏远,不守一家言,则时贤之所凤推而共誉也。荫麟方在盛年,神解卓特,胸怀冲旷,与人无城府,而一相见以心。使天假之年,纵其所至,则其融哲史两方面,而特辟一境地,恢前业而开方来,非荫麟其谁属乎。惜哉!其数遽止于此也。今之言哲学者,或忽视史学;业史者,或诋哲学以玄虚,二者皆病。昔明季诸子,无不兼精哲史两方面者。吾因荫麟先生之殁,而深有慨乎其规模或遂莫有继之者也。"2月23日,欧阳大师逝世于江津,熊十力前往吊唁。3至7月,与吕澂往复通函辩论佛学根本问题。春,《新论》下卷改写成语体文。夏,北京大学昆明办事处续聘先生为北大文学院教授。熊十力于抗战中接受西南联大发给的薪水或代用品,未赴昆明。徐复观得列门墙。(参见郭齐勇编《中国近代思想家文库·熊十力卷》及附录《熊十力年谱简编》,中国人民大学出版社2014年版;王学典《20世纪史学编年(1900—1949)》,商务印书馆2014年版)

马一浮1月7日致书樊镇,应其请,为《唐南阳樊氏遗文》撰跋题端。26日,复书丰子恺。丰子恺欲使马一浮为弘一法师作传,先生不应,认为弘一法师大德已成,无需此世谛文字。3月30日,马一浮寿辰,书院诸人至濠上为其庆贺。马一浮为众人讲丹道源流与湘绮老人诗文,作《禊日见诸友见枉》《说诗》《论道》《清明遥礼皋亭山先茔》三首。王紫东、张国铨、刘公纯、樊漱圃等人致寿仪,仍用作刻书款。3月,题《温热经纬》。4月1日,丰子恺、盛学明来访。2日,撰《重印宋本春秋胡氏传序》。3日,与丰子恺、盛学明游大佛寺。同月,跋《爨宝子爨龙颜二碑》《崇高灵庙碑》《赵宽碑》临本、《衡方碑》临本、《王晖墓刻》临本。应徐子静之请,跋《仁寿县先祖专祠碑记诸文》。5月6日,访朱孟实、张真如、张梓生诸人。29日,书院诸人至濠上谒马一浮,谈书院各事。7月5日,致书董事会,再辞主讲。答吴敬生、王白尹论学书。27日,致电创议人蒋介石,辞主讲名义。是月,马一浮因数次向董事会请辞,皆未成。致书萧赞育,托其转达致蒋介石电,力辞主讲。8月1日,将前几日致蒋介石电复致董事会。致书沈敬仲,嘱其转告董事会速来接收书院。10月9日,《尔雅台答问续编》刊成。11月5日,致书董事会,请废置主讲。13日,致书屈文六,建议董事会聘屈文六为院长,沈敬仲为监院。14日,致书沈敬仲,促其来院。15日,至大佛寺访杨谯谷。18日,撰《弘一律主衣钵塔记并铭》。20日,访张真如。29日,致书董事会,欲请假一年,建议董事会聘沈敬仲为监院。12月2日,马一浮入城。致电董事会,请沈敬仲来院。4日,复书沈敬仲,促其来院。31日,致电董事会,申明次年一月即不再问书院事。是年,还有致沈敬仲、屈文六、刘百闵等人数通,谈书院之事。马一浮数次请辞,董事会皆不应,只得于年末向董事会请假。所得修金也作刻书用款或为书院诸人增加津贴;又有致丰子恺书数通,为马一浮运书及丁安期至乐山工作二事皆得丰子恺相助。马一浮曾将一部分藏书留于浙大,是年丰子恺与王驾吾欲将藏书经遵义运至马一浮处,丰子恺所介许绍光与遵义车站的站长相熟,马一浮亦有致书许绍光谈运书事。(参见马一浮著、吴光主编《马一浮全集》附录丁敬涵编著《马一浮先生年谱简编》,浙江古籍出版社 2012 年版;张雨晴《马一浮学术年谱整理(1911—1949)及其儒学践履活动研究》,贵州大学硕士学位论文,2019 年)

周恩来1月1日同董必武在八路军重庆办事处招待沈钧儒、张申府、刘清扬等,并为沈钧儒祝寿。14 日,在中共中央南方局工作人员大会上作报告,进一步动员和布置下一阶段的整风学习。年初,和董必武等帮助谭平山、陈铭枢、王昆仑、郭春涛等发起组织民主同志座谈会,通过经常性的时事讨论方式,团结国民党内的民主进步分子和中间分子。1943 年9 月该会定名为三民主义同志联合会。2 月 16 日,和董必武、邓颖超同黄炎培、左舜生、章伯钧、鲜英、杨杰、史良、刘清扬、张申府、陶行知、沈钧儒、邓初民等在特园讨论世界战局。3月 18 日,按照整风精神,写出《我的修养要则》:"一、加紧学习,抓住中心。宁精勿杂,宁专勿多。二、努力工作,要有计划,有重点,有条理。三、习作合一,要注意时间、空间和条件,使之配合适当,要注意检讨和整理,要有发现和创造。四、要与自己的他人的一切不正确的思想意识作原则上坚决的斗争。五、适当地发扬自己的长处,具体地纠正自己的短处。六、永远不与群众脱离,向群众学习,并帮助他们。过集体生活,注意调研,遵守纪律。七、健全自己身体,保持合理的百分之生活,这是自我修养的物质基础。"22 日,致函印度援华医生柯棣华家属,对柯棣华在河北唐县病逝,表示慰问。说柯棣华大夫曾是中印两大民族友爱的象征,是印度人民积极参加反对日本黩武主义和世界法西斯主义的共同战斗的模范。他的名字将永存于他所服务终生的两大民族之间。29 日,和董必武、林彪在曾家岩 50 号同前来拜访的黄炎培、冷遹谈世界大局。春,鉴于第三次"反共"高潮将起,函嘱在桂林做统战等工作的张友渔速回重庆。

周恩来4月30日出席南方局会议。会上,董必武代表审干委员会作关于审干工作经验、教训的总结。5 月 6 日,周恩来参观中华职业教育社展览会。22 日,共产国际执行委员会发布《解散共产国际的决议》。晚,周恩来会见外国记者,答复三点:(一)共产国际解散是共产国际七大以来的"自然发展,并非意外";(二)中共在共产国际七大后"对本国问题一向自主决定,并自己解决本身问题";(三)中共中央将发表决定。24 日,周恩来接中共中央书记处来电:共产国际解散,党中央将讨论中国的政策,请周恩来即回延安。25 日,同宗教界人士吴耀宗长谈,向吴详细介绍形势,呼吁一切爱国党派和人士团结起来,为反对法西斯统治,建设独立、民主、自由的新中国而奋斗;宣传阐释了中共的宗教政策。6 月 2 日,和钱之光在八路军重庆办事处招待离延安回国途经重庆的印度援华医疗队员巴思。6 月 7 日,与林彪会见蒋介石。蒋表示同意周恩来、林彪回延安。同日,张治中告知:共产国际解散后,国民党曾研究过对中共的办法,有两种意见:一为中共交出军权、政权,组织可合法;一为同国民党合并。现只等中共的意见。周恩来答:"两党问题所以不能解决,主要是国民党政治不开放,如对各党派关系、民主问题和对我党停止压迫本来都是可以先做的。"张治中对周恩来的意见表示同情。9 日,中共中央书记处致电周恩来:回延安宜速,勿耽搁;望带孔原回,留刘少文在重庆为董必武助手。15 日,毛泽东致电周恩来、林彪:何时动身?盼 7 月 1日前赶到延安,共商"七七宣言"。成都、西安两地望勿耽搁,一则求速,一则避嫌。中旬,周恩来在红岩召开扩大的干部会议,宣布共产国际解散的决定。25 日,和董必武、林彪同来访的黄炎培长谈。下旬,到郭沫若寓所,出席郭邀集的重庆各剧团负责人、主要编导和书店出版界人士的会议,讨论对国民党禁止百多种书和剧本的抗议活动。周恩来在会上讲了话;在重庆听取新知书店沈静芷关于中共在桂林地区出版工作情况的汇报。关注生活、读书、新知三家书店留在桂林干部的安全情况。指出将来在日军大举进攻、国民党军队溃退时，桂林出版机构应部署撤退，届时可以分两路，一路由陆路向西撤到重庆；另一路，由水路向桂东撤，那边是山地，地势好，是打游击的好地方，必要时，可组织当地人民干。回去告诉三家书店的同志，要吸取1938年湖南长沙大火撤退时的严重教训，提高警惕，事先做好准备。撤，就是要大家去撤革命的文化火种。次年，三家书店即遵照周恩来这个指示，分两路疏散。28日，乘卡车离渝赴延安，参加中共七大的筹备工作和整风学习。（参见中央文献研究室《周恩来年谱1898—1976》，中央文献出版社1998年版）

董必武时任中共中央南方局副书记，兼宣传部和统战部部长。1月1日，董必武和周恩来、林彪在重庆红岩办事处招待沈钧儒、张申府、刘清扬等，并为沈钧儒祝寿。4日，在南方局工作人员大会上作关于前阶段整风学习的总结报告。年初，和周恩来帮助谭平山、陈铭枢、王昆仑、郭春涛等发起组织民主同志座谈会，以团结国民党内的民主进步分子。至9月该会定名为三民主义同志联合会。2月6日，在《新华日报》上发表《我所看见的一年整风运动》一文。文章综述了整风运动一年来所取得的成就，指出整风就是发动全党运用批评和自我批评的武器，解决党的局部或党员个人身上旧的传统和不正之风。16日，和周恩来、邓颖超同冷遹、黄炎培、左舜生、章伯钧、鲜特生、史良、刘清扬、陶行知、杨杰、张申府、沈钧儒、邓初民等18人在特园聚餐，讨论世界战局。同日，和周恩来、林彪到黄炎培寓所，同黄炎培、冷遹交谈国事。3月29日，和周恩来、林彪在曾家岩50号同前来拜访的黄炎培、冷遹谈世界大局。春，和周恩来派华岗赴云南昆明联络龙云以及当地高级知识分子，争取他们和我党合作，团结抗日。4月1日，在南方局整风学习会上，报告学习问题、统一战线工作问题以及交朋友、待人接物问题。30日，在南方局会议上代表审干委员会作关于审干的经验教训的总结。23日，和林伯渠致电中共中央书记处，报告谈判近况。24日，中共中央书记处来电告周恩来、董必武：共产国际解散，党中央将讨论中国政策，请周恩来即回延安。25日，和周恩来在曾家岩50号会见宗教界人士吴耀宗，交谈国内外形势。6月4日，出席南方局会议，讨论宣布共产国际解散后的时局及对策。25日，和周恩来、林彪在中共办事处，同来访的黄炎培长谈。28日，周恩来离开重庆返延安参加党的"七大"筹备工作和整风学习。同月，南方局调周新民及李文宜到昆明进行统战工作，指示他们广交朋友，扩大爱国民主统一战线。

董必武6月底开始主持南方局工作。7月3日，就国民党当局扣压《新华日报》纪念中共22周年社论《纪念中国共产党二十二周年》一事电告毛泽东：今日《新华日报》社论，只说我党坚持抗战及十八集团军、新四军配合友军作战成绩，我党对国家民族有不少贡献，今后仍坚持抗战、团结、民主方针，竟全部被扣，又派多人来报馆监视。4日，接毛泽东来电：蒋介石正增兵包围我陕甘宁边区，内战可能爆发，请发动国统区广大群众及各界人士起来呼吁制止内战。同时，对张治中、刘为章及各国驻重庆使馆说明，我们正在研讨解决国共关系的办法，以赢得同情和制止内战的时间。7日，国民党当局又禁止《新华日报》刊登中共中央的"七七宣言"后，按照毛泽东的指示，将上述文件印成传单散发，并采取措施作好防止突然袭击的准备。9日，根据中共中央指示，将"七七宣言"、朱德总司令致蒋介石、胡宗南电、延安新华社揭穿西安特务假造民意的新闻及延安民众大会通电，秘密印发各报馆、各外国使馆、各中间党派及文化人士，并设法寄往成都、桂林、昆明各界及地方实力派。中旬，致电中共中央，建议组织力量批判蒋介石的《中国之命运》一书，对国民党顽固派展开一个宣传攻势。

20日,毛泽东复电,指出为彻底揭穿蒋介石企图以宣传攻势动摇我党,以军事压迫逼我就范的阴谋,除已发之通电和社论外,于本日公布陈伯达写的《评〈中国之命运〉》一文,驳斥蒋介石《中国之命运》一书,从思想上理论上揭穿蒋之封建的买办的法西斯体系。并告收到此文广播后,印成中英文小册子,在中外人士中散发;搜集各方反映,报告党中央;《新华日报》《群众》用其他迂回方法揭露中国法西斯的罪恶。遵照中共中央和毛泽东的指示,立即动员南方局、办事处和《新华日报》及地下党的同志,秘密印发了上述各种文件和材料,利用各种场合,向社会各界、各方人士揭露国民党的阴谋。

董必武8月11日接毛泽东、周恩来来电,电告国民党法西斯统治正在步步加强,应动员大后方民主力量以多种多样的形式,开展反对中国法西斯化的宣传运动,组织文化界起来反对国民党的法西斯文化专制,但不要暴露隐藏的文化人。12日,应左舜生、李璜、章伯钧、张君劢的邀请,到特园鲜英寓所参加晚宴,沈钧儒、史良、陶行知、邓初民、冷遹、黄炎培等参加,纵谈时事。同月,向中央报告:对国民党反动当局加紧压迫作家和出版界,拟发动被压迫者作各种形式的抗议,以配合我党对顽固派的思想斗争。9月9日,接毛泽东、周恩来电,说国民党有可能找董必武谈话,可顺带交涉陈绍禹、王稼祥等乘苏机去苏治病事。16日,致电中共中央,报告民主同盟决定,参政会如有"反共"提案或通过"反共"决议,他们将不联署,不举手。17日,接周恩来来电,建议通过章伯钧联络龙云,在龙云的行营中建立电台。21日,致电周恩来:龙云已于14日离开重庆,据说龙和罗隆基关系密切,建议通过罗隆基说服龙云在昆明建立电台,与延安取得直接联系。25日,致电毛泽东、周恩来,报告蒋介石今日在参政会的讲演中表示愿实行民主政治、组织宪政促进会与党派协进会,竭力拉拢张君劢、左舜生、李璜等。蒋介石这样做的目的是拉拢中间派,分化我党与中间派的关系。30日,在沈钧儒处,同张君劢、左舜生、邓初民等交换对目前民主运动的意见,研究了对付蒋介石拟组织的宪政实施筹备会的办法。

董必武10月1日接周恩来电:华岗既去滇养病,可否作长久打算,要让他与罗隆基联系,必要时让罗带他见龙云。5日,和黄炎培、左舜生、沈钧儒、冷遹、章伯钧等商谈宪政协进会事,向他们解释目前中共的基本态度:我们要求民主政治,现在至少要求国民党采取能代表民意的一些步骤。15日,出席第三届国民参政会第二次大会驻会委员会第一次会议。20日,收到国民党方面送来的宪政实施协进会组织规则及会议名单(会员由国防最高委员会委员长指定)。董必武和周恩来一起被指定为会员。同时被指定为会员的还有褚辅成、张君劢、黄炎培、胡霖、邵从恩、王云五、左舜生、陈启天、傅斯年等。董必武还被指定为常务会员。30日,同黄炎培谈宪政实施协进会事宜。秋,在南方局扩大会议上传达了周恩来返回延安后于8月2日在欢迎他的大会上发表的演说中作出的重要论断:我党22年的历史证明,毛泽东的意见,贯穿着整个党的历史时期,发展成为一条马列主义中国化的、也就是中国共产主义的路线。毛泽东的路线,就是中国布尔什维克的路线。通过这一传达,对中共中央南方局的党员干部进行了阶级教育和路线教育,并表示了自己对毛泽东革命路线的衷心拥护。11月1日夜,出席以宪政实施协进会正副秘书长名义召集的聚餐会,详谈该会必须进行研究的宪草研究、国民大会代表、言论开放等问题。5日,同黄炎培、沈钧儒、左舜生、章伯钧、冷遹等共商宪政实施协进会问题。16日,同邵力子、左舜生、褚辅成,黄炎培、冷遹、刘任平、张志让、杨卫玉、张君劢、王造时等聚餐,商谈宪政协进会问题。晚,出席宪政协进会第一次常务会员会议,通过办事细则,决定分设三组:第一组,关于宪法草案研究事项;第二组,关于民意机关事项;第三组,关于宪政有关法令实施状况事项。被编到第二组。12月21日,出席重庆文化界、法学界、妇女界和各民主党派人士 400 余人为沈钧儒 70 寿辰举行的祝寿茶会,在会上致祝词,热情赞扬沈钧儒认真学习,研究新事物,并勇于实践的精神。22 日,在《新华日报》上发表《祝沈钧儒先生寿诞》一文。28 日,出席孙科主持的宪政协进会第三次常务会员会议。会议讨论了关于提高国民参政会权限的三条建议,通过了关于废除图书杂志审查等提案。出席的还有吴铁城、傅作义、左舜生、莫德惠等。(参见《董必武年谱》编纂组《董必武年谱》,中央文献出版社 1991 年版)

潘梓年继续任《新华日报》社长。1 月 11 日,中国共产党在重庆办的《新华日报》为纪念发刊五周年,连续在 11、15、18 日发表祝词、贺诗和文章。茅盾《谈副刊——并祝新华日报发刊五周年纪念》说:"拥护抗建国策,力求团结进步,这是《新华日报》五年来的努力所在,大家都看得到,不用我多说。最近使我感到很大的兴趣的,是新华副刊的新作风。""新华副刊最近的新作风,似乎就想纠正公式主义、教条主义的毛病,同时切切实实谈一点学术思想。这样的作风倘能继续加强发挥,对于培养青年们的深思好学的风尚,相信它必有不小的助力。"3 月 24 日,《新华日报》刊登了一则延安讯,报道说:3 月 13 日《解放日报》以首页大部分篇幅报道了中共中央文委及中央组织部召开党的文艺工作者会议消息。毛泽东同志去年 5 月 23 日在文艺座谈会上之结语摘要,更在注目地位刊出。毛泽东同志指示,文艺应为工农兵服务,是此次会议的指针,也是文艺运动的总方向。27 日,中华全国文艺界抗敌协会在重庆文化会堂举行五届年会。《新华日报》发表社论《祝文协成立五周年》。指出"'文协'的健在与健斗保证了我们抗战文艺的发皇与战时文艺力量的发展和扩大",号召"全中国的文艺工作者团结起来,战斗到自由解放的明天"。6 月 18 日,高尔基逝世 7 周年,中苏文化协会于该会举行高尔基生平照片展览,共计 400 余幅。《新华日报》发表了亚历山大·克利摩夫作的《列宁、斯大林和高尔基——为纪念高尔基逝世七周年》,巴拉巴诺夫作、以沛译的《高尔基笔下的俄罗斯人民——纪念高尔基逝世七周年》,友谷的《向高尔基学习》等文章。

潘梓年兼任主编的《群众》周刊第 8 卷第 11 期 7 月 16 日推出"民族化问题讨论特辑",刊登了劲秋《略谈创造新的中国气派与中国作风》、瀚若《关于中国作风与中国气派》、华岗《我们应该怎样来表现中国作风和气派?》、余约《我们还要大胆的摄取》、任广《正还有待于创造》、香汀《向大众学习》、钳耳《中国的民族化》、卓芬《怎样接受中国的文化遗产》、东君《民族化断想》。31 日,《群众》第 8 卷第 12 期推出"民族化讨论特辑"(二),刊登了沈友谷《论中国民族的新文化的建立》、远庸《论中国作风与中国气派》、谷溪的《创造新风气》、德君《民族化杂谈》、黄磷《民族化和接受文化遗产》、正文《从几首歌谣来看中国作风与中国气派》以及编者《论民族主义与国际主义》。8 月 15 日,重庆《新华日报》社论《为抗建文化着想》,指出物价上涨,作家生活贫苦,要求"提高稿费、保障剧作税、设法改善作家生活",并"治标兼治本",从速解决实际困难。20 日,《新华日报》发表社论《论治标与治本——如何解除文化工作者的苦闷》。9 日,《新华日报》发表萧曙的《作家生活与文化出版事业》。11 月11 日,重庆《新华日报》社论《文化建设的先决问题》。这是与延安文艺界兴起的"为工农兵服务"热潮的互动。社论指出:在神圣的抗战之中,我们要建设的文化必然是为中华民族的自由解放而斗争的文化,也必然是反法西斯的自由民主文化。而我们民族中间,勤劳的人民大众和小有产者占了百分之九十以上,所以今天要建设的是为百分之九十以上的人民大众的文化。"为人民大众""为中国的人民大众",这是我们的前提。过去谈文化建设往往忽略了"为哪些人"而建设这个前提,他们心目中所计拟的文化只是"为少数人"点缀门面的文化。有的人仰望着天空在要求纪念碑式的作品,有的人空喊着要和欧美并驾齐驱乃至超过欧美的文化,这是徒劳的。还不如脚踏实地地到工农中去,创作反映现实的文艺来得有益些。(参见艾克恩编纂《延安文艺运动纪盛》,文化艺术出版社1987年版;孙国林编著,王佳钰、王增辉校订《延安文艺大事编年》,陕西师范大学出版总社2016年版;文天行编《国统区抗战文艺运动大事记》,四川省社会科学院出版社1985年版)

阳翰笙从去年起至是年1月1日已经搜集到六个剧本的写作材料:(一)两面人,(二)光明之路,(三)阿里郎,(四)盗火者,(五)杜文秀,(六)文化之家。今年拟写出一部分。17日,为《戏剧知识》作《剧艺之交》,祝洪深50大寿。26日,到"中万"听王瑞麟说,《草莽英雄》的上演可能有问题,已由图书杂志审查委员会(简称图审会)核转党史编纂委员会审查去了。阳翰笙日记载:"光景好象很严重,大半也在我意料之中。不过我所奇怪的是,我又不是在替谁写党史,要'拖'要'禁',想得出来的理由都很多,那又何必去兜这么大一个圈子呢!"2月1日,开始创作《两面人》。2月8日,接王昆仑信,告知友人王培仁(时任国民党立法院委员)已致函党史编纂会诸负责人,请他们对《草莽英雄》于审查时须体谅作者的苦心,早予通过。即复信王昆仑,表示感谢。3月11日,应云卫来访,言"中艺"决计4月份上演《两面人》。阳翰笙将写成的三幕读给应云卫听,听取他的意见。同日,作《"文协"诞生之前》,讲自己首先发起筹组文协的经过。19日,创作四幕话剧《两面人》毕,连载于《戏剧月报》时名《天地玄黄》。此剧从2月1日动笔,历时50日。因废寝忘食地写作,使目疾受影响,身体消瘦。23日,阳翰笙、夏衍往访周恩来。阳翰笙向周恩来汇报了国民党政府加紧迫害文工会的种种情况。如拆阳翰笙在坡内的房屋,要他搬迁,还准备强占文工会的办公处;剧本审查委员会的审查更加严厉,对"中艺"送去的剧本更是百般挑剔,等等。夏衍着重汇报了"中术"遇到的困难。除政治上受迫害外,由于物价飞涨,生活也难以维持。根据这些情况,周恩来认为:"中艺""中术"同时在重庆活动,目标太大,会引来更多的麻烦;决定"中艺"离开重庆,经资中、内江到成都,进而到全川中等城市演出。这样既避开了反动派的刀锋,又扩大了我方的影响,同时还能渡过经济生活上的难关。随后,阳翰笙即据此找应云卫商议。27日,阳翰笙参加文协5周年纪念年会。

阳翰笙4月3日鉴于国内题材难写,拟从国外取材来创作。读有关朝鲜问题的材料,为写《槿花之歌》作准备。看完《韩国的愤怒》和《中韩外交史话》二书。4日,研读《韩国志士小传》和《现阶段朝鲜社会和朝鲜革命运动》二书。又请学音乐的女儿唱朝鲜歌曲《阿里郎》《金刚山打铃》《落花铃》给自己听。6日,看了五六种朝鲜人士在华出版的杂志。7日,研究关于朝鲜的材料,觉得30多年来朝鲜的革命斗争实在伟大而丰富,可以写出好几个剧本来。但对朝鲜的风俗习惯了解得不够深,难于动笔。9日,访问金奎光(朝鲜同志)、杜君慧(二人30年代皆为左联成员)夫妇。告之以拟用朝鲜革命运动为题材写一个剧本的打算,请求帮忙找材料。10日,金奎光、杜君慧来访,为阳翰笙讲朝鲜革命史。中旬,《日本间谍》由"中制"拍成公映。阳翰笙根据意大利范斯伯著《神明的子孙在中国》(中译本为《日本间谍》)改编。26日,得友人信:谓张继、潘公展已正式宣布由中国万岁剧团申报的《草莽英雄》死刑。同日,中国图书杂志审查委员会通知"中万":禁演《草莽英雄》剧,并将原稿扣留。27

日，阳翰笙日记载："整天心绪烦乱，一想到《草莽英雄》的被禁，就会令我感到异常的痛愤！"28 日，从郭沫若处得知，潘公展宣布《草莽英雄》剧死刑时，是在日前一次招待编导人的茶会上。29 日，得悉蒋介石令电影《日本间谍》停演。5 月 14 日，从友人处得知影片《日本间谍》奉令停演和修剪改拍的经过。

阳翰笙 5 月 18—19 日连续两日在文工会与金奎光交谈，提出一二十个问题向金奎光请教。金对于朝鲜的风土人情、生活习惯谈得颇详细。31 日，这次进城，目击文化界的现象，感慨特多。阳翰笙日记载："许许多多的文化人都失去了抗战初期的生动泼辣的精神，大都陷入了极度的苦闷状态中。有的常常爱醉酒，有的常常乱发脾气，有的无缘无故地爱对人痛哭，有的不管在什么地方一碰着人就大发牢骚，有的甚么打老婆，讨戏子，滥赌狂喝，好象从一个常态的人竟变成了一条变了态的兽去了的样子。这究竟是怎么一回事啊！谁使这些国家民族的精英竟变成了这种可怕的光景啊！""这实在太令人担心了！"6 月 17 日，洪深要阳翰笙以军人读训为主题，为他写一个多幕剧，阳翰笙答应写一个独幕剧，后未写。18 日，周恩来、邓颖超将回延安参加整风，郭沫若在寓中为其饯行，阳翰笙等出席作陪。19 日，阳翰笙考虑到周恩来此次回延安后不会短期返渝，于是访周恩来，向他汇报文工会经费困难和国民党反动派对我方特别是对进步的戏剧电影活动迫害加剧的情况，请求指示。周恩来指出：国民党反动派的"消极抗日，积极反共"的方针是既定的，斗争会越夹越激烈，大家对此要有清醒的认识和充分的准备；指出要有策略思想，进攻与退守要看情况而定，要稳扎稳打，不要乱冲乱闯，即使在极端不利的情况下，还是可以做些工作。还指出：千万要注意保护干部，严防特务分子的破坏和捣乱。7 月 6 日，为贯彻周恩来行前的指示，文工会开会总结研究工作。经过两天会，阳翰笙概括为 12 条：

　　按：十二条如下：（一）本会集中了全国最优秀的文化战士。国内第一流的文化上的专家差不多都集中在本会，本会可以说是最有力量的文化机关。过去的缺点在于我们的力量无法发挥，或没有发挥。（二）过去一年仍有很多成绩，如《中国导报》《敌情研究资料》都做得好；个人研究和创作的成绩也不错，如蔡仪的《艺术新论》颇有收获。至于个人方面，如冯乃超等都起着模范作用。（三）但工作上的缺点还是很多。首先是事务工作多于业务工作。今后应强调：业务工作第一，事务工作第二。（四）要达到这一彻底的工作转变，每个人必须在工作精神上先有一个彻底的转变：应该从被动变为主动，从受动变为自动，从消极变为积极。（五）应该把握本会的基本工作方针是研究和设计。因此，每个人的工作作风都得从"动"变为"静"，从一个活动家变为一个研究者。（六）领导工作须加强，应有精密的分工，严格的检查和适切的指导，以及对每个同志的深切的了解和亲切的关怀。（七）每月召开工作汇报会。（八）各委员应分别参加和指导各组的工作。（九）工作原则，采取精兵主义，重质不重量，人力物力均须集中使用。（十）加强联系。（十一）厉行纪律，不参加工作或工作不努力者，应受适当的惩罚。（十二）倡导自由学习自由工作的好风气。阳翰笙谈到的具体问题中，还有改善文工会的机关刊物《新强报》副刊《七天文艺》。

阳翰笙是夏冒着山城的酷暑，一再主持文工会的会议，上下磋商，解决经费、人事、办刊物及其他油盐柴米的问题。又为"中艺""中术""中万""中青"的事业出力操心。经过阳翰笙上下斡旋，左右磋商，利用关系，解决了一件一件的具体问题，显示了很高的领导艺术才能。8 月 27 日，得悉图审会说，《两面人》必须改为《天地玄黄》，并且必须在演出之后才准出版。同月，在文工会，听胡风讲"文学上的几个基本观念"，听郭沫若讲"建安文学与曹氏父子"和"秦汉之际的儒家"。9 月 6 日，在文工会听郭沫若讲"公孙龙子及其音乐理论"。10 月 1 日，在纪念文工会成立 3 周年会上，特别指出会中同人不善于利用时间加紧研究和写作的缺点。2 日，开始创作剧本《槿花之歌》。19 日，参加文工会举行的鲁迅逝世 7 周年纪念会。15 日，五幕话剧《槿花之歌》写成。前后历时近一个半月，方得初稿。剧本写的是朝鲜人民在 20 世纪 20 年代初，为光复祖国，跟日本占领者之间的斗争，为的是中国抗日战争的现实。11 月 25 日，在中宣部梁寒操部长招待文化界人士的茶会上，应梁寒操、张道藩之请，阳翰笙发言，说："现在文化界的人士一般都很苦闷，苦闷的原因，大致是：(1) 写作上受的限制很大，不能得到应有的自由，一般人在未动笔之前，脑里便先装满了三十六把剪刀。象这样写出来的东西，结果有时还是不一定能够通得过；(2) 文化活动上的困难很多，特别是在文化事业上抽收重税 (书籍抽税，演戏抽税)，致使戏剧、出版、演出、展览等文化活动均大受影响，乃至无法活动；(3) 生活上的困难加重，一般作家艺术家因受物价飞涨的威胁，多已到无法生活的地步。""现在正面临着我们大反攻的前夜。我们领导文化的当局如果不赶快设法将这些令人苦闷的根源扫除，那我们这些所谓'灵魂的雕刻师'大半连自己都还在苦闷不安中，那又怎么能够叫我们在精神上去武装得了别人呢？"12 月初，发现身边有特务盯梢。22 日，经过几番周折，和国民党的图审会作必要的适当的斗争，《天国春秋》终于在成都上演。每天日夜两场，一直演到 31 日。此剧原拟 8 日上演；6 日得到图审会电令，谓此剧未经图审会修改前，绝不准上演。是年，话剧《两面人》列为《当今戏剧丛书》之一由当今出版社出版。(参见张大明《阳翰笙年谱》，《抗战文艺研究》1984 年第 3 期)

冯乃超 1 月 3 日与郭沫若等 50 人联名发表《沈衡山先生七十寿辰》，载重庆《新华日报》。3 月 15 日《新华日报》以《中共中央召开文艺工作者会议》为题，首次在国统区报道了毛泽东关于文艺问题指示的消息，提出文艺为工农兵服务。在此前后，"文工会"得到我党送来的《在延安文艺座谈会上的讲话》小册子，冯乃超便与郭沫若、阳翰笙商量，决定先党内后党外组织学习，逐步扩大学习范围。27 日，出席在文化会堂举行的"文协"成立 5 周年纪念会。发表回忆《武汉撤退前的文协》，载重庆《抗战文艺》"文协成立五周年纪念特刊"。30 日，当选为中华全国文艺界抗敌协会第五届理事会理事。4 月 12 日，作家万迪鹤在贫病中逝世。后作散文《忆迪鹤》，刊于同月 30 日重庆《新蜀报》副刊《七天文艺》第 96 期。(参见李江《冯乃超年谱》，载李伟江编《冯乃超研究资料》，陕西人民出版社 1992 年版；田本相、阿鹰编著《曹禺年谱长编》，上海交通大学出版社 2017 年版)

叶以群 2 月署名"杨华"在《新华日报》连续发表 5 篇《文艺时评》，批驳沈从文、梁实秋、陈铨的观点。针对去年 2 月 17 日施蛰存刊于《新华日报》的《文学之贫困》，10 月 25 日沈从文刊于《文艺先锋》第 1 卷第 2 期的《文学运动的重造》与刊于《世界学生》第 1 卷第 10 期的《小说与社会》，以及梁实秋的一些文学观点。杨华于 2 月 16 日发表《关于文学的民族性——文艺时评之一》。17 日，发表《文学底商业性和政治性——文艺时评之二》。18 日，发表《文学与真实——文艺时评之三》。26 日，发表《"抄袭"论和"奉命"论——文艺时评之四》；27 日，发表《"拿货色来看"和"文学贫困"论——文艺时评之五》。在《文学与真实——文艺时评之三》中，杨华集中批驳了沈从文的文艺的"超政治性""超阶级性"的论调，指出"一个艺术家，只要他忠实现实，对现实有一定的见解，一定的看法，那么他也一定能接近当代最进步的政治的真理，而与当代的前进的政治家有着共同的关于社会的认识和见解""因为真实的艺术底一个不可或缺的条件，就是对于现实的忠诚——不掩蔽现实，不粉饰现实，而以表现现实底真实为自己底任务"。所以，即使一个艺术家出身于旧社会，带着旧社会的偏见，但只要他忠于眼前的现实，就"必然能逐渐地改变他底世界观之一部或全部，而使他完成违背他底阶级利益和阶级成见的反映社会真实的作品"。同时，一个艺术家观念感情的转变,由诀别旧世界到创造新作品,"必须经过一段艰苦的长途——这是必须从生活的磨练中去解决""历史艺术底史实早已证明:文学艺术是决不能脱离政治,超越现实,而孤立独存的"。在《"拿货色来看"和"文学贫困"论——文艺时评之五》中,杨华重点驳斥了梁实秋攻击"普罗"文学"拿不出货色"的论调,随后着重就抗战文学"文学贫困"问题进行论辩:"田间式的诗歌究竟应该如何评价,我不想论及,我要问的是:在抗战以来的文学中,除了'田间式的诗歌'和'文明戏式的话剧'之外,就一无所有了吗? 不知施蛰存先生读过几节诗歌,看过几部话剧? 据我所知,抗战以来不仅并不缺少比较优秀的诗歌和剧本,而且除此之外还有着不少的优秀的长篇和短篇的小说。它们底收获,比过去任何一个时期更为丰富。只是施蛰存先生到底写出了些什么不是'田间式的诗歌'和'文明戏式的话剧'的作品呢?"他和梁的论调异曲同工,但是,他们"不论说得如何巧妙,在文学现实之前总是站不住脚的,事实是无情的"。3 月 19 日和 20 日,杨华又在《新华日报》发表《文学的"自由"和"统制"》《关于文学与"人性"》。前一篇是批判梁实秋《关于文艺政策》一文中的有关意见,后一篇是批判梁实秋和陈铨的"人性"观。(参见刘长鼎、陈秀华《中国现代文学运动史》,山东文艺出版社 2013 年版;文天行编《国统区抗战文艺运动大事记》,四川省社会科学院出版社 1985 年版)

陈家康继续任职于中共南方局。1 月,在《群众》第 8 卷第 1—2 期发表《明末农民运动研究》,文章回顾了明末农民起义的全过程,并提出:"中国社会自从进入以封建制度为主要生产方法的历史阶段以后,农民运动就成为重要的社会动力。对内而言是如此,对外而言也是如此。"这表明,马克思主义史学开始重视农民战争史研究。2 月,陈家康在《群众周刊》第 8 卷 3 期发表《真际与实际——冯友兰〈新理学〉商兑之一》。3 月,陈家康《物与理——冯友兰〈新理学〉商兑之二》刊于《群众周刊》第 8 卷第 5 期。4 月,陈家康《物与气——冯友兰先生〈新理学〉商兑之三》刊于《群众周刊》第 8 卷第 6—7 期。是年,陈家康《陶希圣的〈论道集〉批判》刊于《群众》第 8 卷第 9 期。(参见蔡仲德编撰《冯友兰先生年谱长编》,中华书局 2014 年版;王学典《20 世纪史学编年(1900—1949)》,商务印书馆 2014 年版)

王昆仑为适应形势的发展,在南方局的支持下,联合谭平山、陈铭枢等发起组织了"三民主义同志联合会",被推选为 7 位主要领袖之一。这是一个国民党上层左派人士为主的政治组织,为反对蒋介石的独裁统治起到了很好的作用。是年,开始撰写《红楼梦人物论》。(参见王朝柱《王昆仑》及附录《王昆仑年谱》,花山文艺出版社 1997 年版)

翦伯赞 4 月在《中山文化季刊》创刊号发表《夏族的起源与史前之鄂尔多斯》。《中山文化季刊》为《中山文化教育馆季刊》的续刊。《中山文化教育馆季刊》在抗战爆发后因印刷困难和人事变动等原因停刊,因而另行创办《中山文化季刊》。同期还载有侯外庐《孔子批判主义社会思想底研究》、萨孟武《从汉至唐官吏薪俸制度的研究》、杨人梗《麻迪厄及其法国革命史》等文。6 月,翦伯赞在《学习生活》第 4 卷第 5 期发表《略论中国史研究》。文中认为当时许多史家实际上是把马克思主义的科学方法论当作一种教条,在史学研究中,把科学方法论与中国具体的历史实际割裂开来,因此他提出,"新的历史家,在现在的任务,不是高谈方法论,而是应该带着他们已经知道了的方法,走进中国历史资料的宝库,去用历史资料来考验方法论"。此文可视为以唯物史观研究中国历史的方法论指南。文章依次论列了"大汉族中心主义""中国史与世界史的关联""中国史的特殊性""社会经济与主观斗争""集团分析""统治者集团内部矛盾""内外矛盾之转化""意识诸形态之发展"等中国史研究中的重大理论问题,将唯物史观原理与中国历史实际紧密结合在一起,真正进入中国历史的内部开展切实的探讨,摆脱了以往唯物史观派普遍存在的教条化倾向,是此文的价值所在,标志着重庆方面的唯物史观派史学正日益走向成熟。7月,翦伯赞在《中山文化季刊》第1卷第2期发表《诸夏的分布与鼎鬲文化》。所论主要有"诸夏之居与仰韶文化遗址""传说中的诸夏之族""吴越为诸夏之族""楚为诸夏之祖""鬼方为诸夏之族"等。同期还刊载了戴裔煊《宋代食盐生产及统制方法研究》、侯外庐《中国古代"贤者"之史的研究》、邓初民《中世纪亚洲人所建三大帝国之研究》、夏醴泉《章学诚"学术"思想试探》、彭泽益《梁启超与中国新闻事业》、罗莘田《伯希和对于中国音韵学研究的启示》等文。10月,翦伯赞《中国史纲》第一卷"先秦史"由重庆五十年代出版社出版。12月,《中国史论集》第一辑由重庆文风书局出版,收入1940—1943年的论文20篇,约20余万字。包括《略论中国史研究》《评实验主义的中国历史观》《略论殷商的青铜器文化》《论中国的母系氏族社会》《两宋时代汉奸及傀儡组织》《论明代海外贸易的发展》《论辛亥革命与中国历史之新的转向》《论中华民族与民族主义——读顾颉刚〈续论中华民族是一个〉以后》《中国进步的文化》等。(参见张传玺《翦伯赞传》及附录张怡青《翦伯赞大事年表》,北京大学出版社1998年版;王学典《翦伯赞学术思想评传》,北京图书馆出版社2000年版;王学典《20世纪史学编年(1900—1949)》,商务印书馆2014年版)

侯外庐《中国古典社会史论》因国民党"审查委员会"扣压,至是年1月才由重庆五十年代出版社出版。作者在序言中自述其研究方法云:"1.必须接受清代考证的传统;2.必须接受卜辞金文家的传统;3.必须基本上遵守经济学与历史学相结合的方法论;4.必须对于亚细亚历史性作'理论的延长'。"此书致力于对中国社会生产方式的界定,以超过四分之一的篇幅专论亚细亚生产方式及其与中国社会的关系,断言古代社会发展有着不同的路径,所谓"古典的古代""亚细亚的古代",在马、恩的著作中,都是指奴隶社会。两者有时并列使用,没有一定的序列,因而是作为不同种类看待的。侯外庐用家族、私有制、国家三个标志来说明古代文明形成的不同路径,全书充满思辨色彩。其研究重心在中国古代奴隶社会史,认为西周初年中国历史迈入文明社会门槛时,进入奴隶社会,并且走上一条独特的亚细亚道路。其论述思路是:第一,从中国古代第一次城市与乡村的分离过程以及随之而起的"国人"阶级和商人阶级的发生发展过程来论证西周进入奴隶制社会;第二,从殷周时代社会生产方式的变化过程论证中国奴隶社会的形成和发展;第三,从先秦思想史的演变探讨中国奴隶社会特殊发展道路的折射式的反映。侯外庐此书以扎实周密的理论探讨,对奴隶社会的存在和特征进行了论证,是马克思主义关于亚细亚生产方式及氏族、财产、国家等问题在中国的"理论延长",标志着马克思主义史学发展的新阶段。同月13日,《新华日报》第1版登载"侯外庐先生新著《中国古典社会史论》出版了"的消息,其云:"本书系侯先生十余年来研究中国古代社会史心得之结晶。书中对于研究中国古代社会史应遵守之法则详加论列,并将中外各家,关于此问题之著作重作估价;正文方面皆以地下材料为最后依据,详征博引,立论精到。苏联学者已特约将此书译成俄文。现已全部出版,并印有龙章报纸本二百册。"

侯外庐年初开始撰写《中国近世思想学说史》。侯外庐《韧的追求》(生活·读书·新知三联书店1985年版)回忆:"当时,研究和撰写这一段思想史,我感到有强大的动力在推动自己,一则,'近代'问题的研究更能为革命斗争的需要服务,这一点颇令人鼓舞;二则,在认识上,我认为先秦诸子思想与明清之际的思想是可以分别同希腊文化与欧洲文艺复兴、宗教改革后的文化媲美的。这是两个历史剧变时代惊心动魄的文化遗产,确实有必要先行整理。"1 月 30 日,所作《苏联英美之平等待我与废除不平等条约》刊于《中苏文化》季刊第 1 卷第 1 号。同月,所作《我对于"亚细亚生产方法"之答案与世界历史家商榷》定稿。后收入《中国古代社会研究》第一章,题为《亚细亚古代社会规律的研究》。4 月,所作《孔子批判主义社会思想底研究》刊于《中山文化季刊》第 1 卷第 1 期。文中论述"春秋思想文物的文化及文献中,一篇最详明的珍贵资料。我有幸在国内首先使用它。这份资料更使我增加了研究中国古代社会史的理论勇气",其中"孔子的社会批判及其理想""孔子的人类认识及其理想",修改后收入《中国思想通史》第一卷第六章《孔墨显学和前期儒学思想》。7 月,所作《中国古代"贤者"之史的研究》刊于《中山文化季刊》第 1 卷第 2 期,系由《中国古典社会史论》第十一章《中国古代国民晚出与贤人考》修改而成。10 月 13 日,顾颉刚阅读侯外庐所著《中国古典社会史论》。11 月 7 日,侯外庐参加苏联十月革命第 26 周年纪念大会。12 月,所著《王国维古史考释集解》由重庆三友书店出版。是年,苏联汉学家费德林告诉侯外庐:苏联前两年发现一篇马克思的遗稿《政治经济学批判大纲(草稿)》。不久,费德林送来俄文译本,侯外庐即请戈宝权译为中文。

按:侯外庐《韧的追求》(生活·读书·新知三联书店 1985 年版)自述:"我认为,这是我们所能见到的马克思关于古代社会理论的文献中,一篇最详明的珍贵资料。""第一,这篇遗稿对于古代的生产形态,即东方的、古典的,是平列地论述的。""第二,这篇文章不仅讲了亚细亚的和古典的'古代'的相同之处,也阐述了两者的相异之点。""第三,文章还通过对城市和农村的分裂,私有关系,以及生产过程的占有关系等,详细分析了亚细亚的和古典的古代文明的具体路径的不同,指出了这两种'古代'的路径,都是由氏族公社的解体过程而生长起来的,只是第一种和公社密切结合,而第二种在后来把公社的氏族外壳完全冲破了。"(参见杜运辉《侯外庐先生学谱》,中国社会科学出版社 2013 年版;王学典《20 世纪史学编年(1900—1949)》,商务印书馆 2014 年版)

老舍、郭沫若、茅盾等文化界 40 余人 1 月 1 日联名发表祝词《沈衡山先生七十寿辰》,为沈钧儒祝寿,刊于 1 月 3 日《新华日报》。同日,老舍在《现代妇女》创刊号发表《妇女与文艺》讲演稿。文中首先分析了古今中外女作家较男作家少的原因:一、男女教育不平等;二、女子家庭负担较男子重;三、参加社会活动机会少;四、有的妇女因轻信"文人无行",而对作家轻视。他认为女子才能并不弱于男子,鼓励妇女作者改变专门注意细琐事务的习惯,关心世界和国家大事,使作品含有更大的人生意义。4 日,老舍《对三十二年文艺界的希望》刊于《中央日报》《扫荡报》联合版。作者"希望大家都把眼光放远一点,去培植今天的文艺,使文艺生命得以在血泪中发生、成长、结出硕美的果实"。10 日中午,中苏文化协会为苏联对外协会驻华代表米克拉舍夫斯基归国饯行。老舍、郭沫若、洪深、夏衍等出席并题词。19 日,为纪念上海杂志公司总经理张静庐从事出版活动 25 周年,老舍及洪深、茅盾、夏衍、姚蓬子、曹靖华、张恨水、张友鸾、郑伯奇、姚苏凤、施蛰存等 25 人发起征文征画活动。2 月 9 日,《贺中国艺术剧社首次公演》刊于《中央日报》副刊"艺林",系为中国艺术剧社上演宋之的所作《祖国在呼唤》而作。19 日,《观画偶感》刊于《联合画报》第 15 期。文中指出关良、李平、赵望云、关山月 4 位画家的作品兼有中西技法的共同特点,认为"不在乎应否把新旧中外揉在一块,而在乎保留什么旧的,采用什么新的。这也就是中国的文化人们日夜所思索的问题。假若他们能把莎士比亚与元曲揉到一处,也许形成为不十分难看的东西。不幸,他们把小五义与侦探小说拉在一起,恐怕就要很糟心了"。认为"中国不能独自变好,世界也不能舍去中国而变好",中国的一切变化,是有"世界性"的。23日,《联合画报》举行招待重庆文艺界联谊会,老舍、孙伏园、叶浅予、丁聪等出席,席间老舍唱鼓词,受到热烈欢迎。同日,中央出版事业管理委员会召开座谈会,讨论版税、版权等出版发行问题,应邀出席的有重庆出版界代表、"文协"代表及有关方面人士老舍、张静庐、史久芸等。同日上午11时至下午1时,苏联大使馆为苏联红军节举行庆祝茶会,老舍参加。到会的还有周恩来、邓颖超、宋庆龄、董必武、林彪、郭沫若、冯玉祥、邵力子、孙科、于右任、王昆仑、曹靖华等政界要员、文化界知名人士以及各国使节和军界代表。

老舍3月4日下午6时半应中央文化运动委员会邀请,在文化会堂举行的第30次文化讲座上讲《读书与写作》,听众400余人。10日,《怎样读小说》刊于《国文杂志》第1卷第4—5期合刊。文中论述了小说的社会功能和鉴别小说优劣的标准:"世间恐怕只有小说能源源本本、头头是道的描画人世生活,并且能暗示人生意义。""小说是在书籍里另成一格,也就与别种书籍同样的有它独立的、无可代替的价值与使命。它不是仅供我们念着'玩'的",小说的内容,"关心社会的便好,不关心社会的便坏",因为"前者的态度严肃,关切人生",能"给我们一些知识,一点教训""后者的态度随便,不关切人生""只是供我们消遣,白费了我们的光阴"。认为"卖关子,耍笔调,都是低卑的技巧""一部好的小说,必须是真有的说""决不求助于小小的技巧来支持门面""我们读一本小说,绝不该以内容与穿插的惊奇与否而定去取,而是要以作者怎样处理内容的态度,和怎样设计去表现,去定好坏"。15日,《看戏短评》刊于《天下文章》月刊第1期。作者用极简短的文字,评论了当时在渝演出的5个剧目:《棠棣之花》"全剧富于诗意,如柳子厚文章,清丽坚俏";《钦差大臣》"剧好、演得也好,为这一季中最好的一出戏";《天国春秋》"穿指很好,但有故作惊人之笔处";《忠王李秀成》"是出相当好的戏,唯末一幕颇似文明戏,破坏了全剧的统一情调。三四幕最佳";《大雷雨》"只就此次舞台上扮的样子来看,我不能明白为什么它是名剧"。20日,《读与写》刊于《文艺先锋》第2卷第3期,是为3月4日在文化会堂的讲演稿,论述了读书与写作的关系。

老舍3月27日下午2时出席在文化会堂举行的中华全国文艺界抗敌协会第五届年会,到会百余人,老舍及邵力子、张道藩、郭沫若、茅盾、孙伏园为大会主席团成员。老舍在会务报告中说:"文协"自举行第三周年纪念会后,二年来会务仍照常进行,所棘手者是经济拮据,使办事者颇感捉襟见肘。会上通过了演剧募捐,严禁偷印,救济贫病作家等提案,并改选理事、监事。同日,老舍工作总结《五年来的文协》刊于《抗战文艺》"文协成立五周年纪念特刊"。作者指出:"文协"之所以能成为"战时文艺运动的心房",为"神圣的抗战而跳动",在极其艰难的条件下,对抗战作出了巨大贡献,根本原因在于它始终贯彻了"团结、苦干及公开三宗旨"。文中还概述了文协组织发展的情况,以及文艺创作方面的问题。30日,中华全国文艺界抗敌协会第五届理事、监事选举揭晓,老舍、郭沫若、茅盾等21人当选为在渝理事。同月,《戏剧月报》第1卷第3期发表《我们的申诉——剧作者联谊会为保障剧作上演税宣言》,老舍、欧阳予倩等23人签名。同月,《不要饿死剧作家》刊于《戏剧月报》第1卷第3期"保障上演税运动特辑"。文中揭露国统区剧作家生活困窘、无法写作的境遇,呼吁保障剧作家的合法权益;赵慧深、罗庚整理《洪深先生五十寿辰座谈会记录》刊于《戏剧月报》第1卷第3期。记录载1942年12月31日老舍的发言。4月1日,"文协"五届理事在中国文艺社首次开会,推老舍、徐霞村、王平陵、胡风、姚蓬子5人为常务理事。老舍、徐霞村为总务组正副组长,王平陵、陈纪滢为组织组正副组长,胡风、姚雪垠为研究组正副组长,姚蓬子、叶以群为出版组正副组长,梅林为秘书。同日,与赵清阁、肖亦五合著四幕话剧《王老虎》(又名《虎啸》)刊于《文学创作》第1卷第6期。23日,《批评与偏见》刊于《联合画报》第24期。同日,《文学遗产应怎样接受》刊于《文坛》第2卷第1期。就语言、思想、形式、内容四方面,论述了如何正确继承文学遗产的问题。"今人之思想,必取全人类之最良者,不能夸示家传秘方,敝帚于金""今人而作复古之想,只是糊涂,别无是处"。承受遗产要"不惑于古,而能取精去粗,为祖先增光";在形式上,"要在取法乎上,不必拘之用国货"。指出:"一民族的语言思想有其根源,不可置之不理。但今人是今人,今人研究一事须以'世界的'为主,故治文艺者亦宜把遗产二字含义扩大,要为世界的文艺遗产之享受者,不可抱着几本线装书自称家资巨万也。"

老舍6月初到北碚,住蔡锷路44号中华全国文艺界抗敌协会北碚分会,与赵清阁合写剧本《桃李春风》。16日,重庆《新民报》晚刊出副刊"出师表",每周两版,老舍被聘为特约撰稿人。7月19日,《桃李春风》脱稿于北碚。9月26日,重庆《新民报》第3版报道:"中央图书杂志审查会最近发表'取缔剧本一览表'内列不准出版或上演之剧本共一百十六种",老舍著《残雾》在禁书之列。10月11日,赵清阁合著的四幕话剧《桃李春风》在重庆公演,剧本及演出均获得好评。20日,《桃李春风》(又名《金声玉振》)刊于重庆《文艺先锋》第3卷第4期。11月上旬,中央文化运动委员会及中央图书杂志审查委员会先后嘉奖《桃李春风》。12日,重庆《新民报》第3版"文艺杂讯"报道:"教部即公布本年度优良剧本,闻创作及修正者合计达十二种,《桃李春风》《杏花春雨江南》仍属前茅。"中旬,老舍夫人胡絜青携3个年幼子女由北平经宝鸡等地抵达北碚。于9月动身,途中历时两月之久。12月30日,重庆《新民报》第3版"艺文杂讯"报道:"中央图书杂志审查委员会定明年元旦日正式公布本年度应得奖励之十一部剧本名称并将于元旦日授奖各原作著人。"《桃李春风》在得奖之列。(参见甘海岚编《老舍年谱》,书目文献出版社1989年版)

茅盾1月1日在《新华日报》发表《希望二三》,希望在新的一年里,"黔桂路修通";希望"将敌人赶出缅甸";希望"物价平定";希望"作家和出版家合力以求质的提高",同时,"加强批评介绍工作,使广大读者易于抉择",使"出版事业更加健全起来"。同日,与郭沫若、老舍、田汉、邓初民、翦伯赞、郑伯奇、冯乃超、阳翰笙、夏衍、于立群、姚蓬子、洪深等文化界人士为沈钧儒祝寿,茅盾作《沈衡山先生七十寿辰》。5日,在《半月文萃》第1卷第8号发表《一年回顾》,文中指出,"一年来的严酷事实对于我们苦战五年的中国人民不啻上了一堂政治课。这给了我们不少宝贵的教训,破碎了不少人的幻想和美梦,至少至少,让我们更深切地体认到我们抗战初期已提出来的两句金言:发动民众和自力更生。"8日,作《谈副刊——并祝新华日报发刊五周年纪念》,刊于11日《新华日报》,文中认为"新华副刊最近的新作风,似乎就想纠正公式主义、教条主义的毛病,同时切切实实地谈一点学术思想,这样的作风倘能继续加强发挥,对于培养青年的深思好学的风尚,相信它必有不少的助力"。作者还希望副刊书评的范围扩大到一切学术著作,不要限于文哲方面,不但是单行本的学术著作,其他期刊上立论精辟或材料丰富的论著也要介绍。14日,出席国民党中宣部为庆祝英美取消不平等条约和另订条约而举行的文化界茶话会。会上与张道藩见了面。15日,在《文学创作》第1卷第4期发表《新年感怀》,文中认为:"现在正是世界大战的转折点""又是中国抗战的转折点""世界和国内的局势都要求我们不能不努力再求进步"。19日,为纪念张静庐先生从事出版活动25年,与老舍、夏衍、姚蓬子等25人发起征文、征画活动,刊于《新华日报》。

茅盾2月17日作《为纪念不平等条约的取消——写作方面的零碎感想》,刊于5月15日《抗战文艺》第8卷第4期。因不平等条约的取消,引发了作者写一部"废旧约订新约的小说的设想",还认为这部小说"应当就是中华民族的解放史"。20日,在《文艺先锋》第2卷第2期发表《文艺杂谈》,认为就目前长诗创作的现状来说,已经有了"艾青的、田间的以及柯仲平的三种风格",并且分析了三种风格形成的渊源及尚需努力探索的方面。25日,与郭沫若、沈钧儒、黄炎培、陶行知等联名发表致印度总督林里资哥电,要求"为人道起见望即置甘地之释放于考虑之中",刊于《新华日报》。同月,散文集《白杨礼赞》由桂林柔草社初版印行。3月16日,作《"文协"五周年纪念感想》,刊于3月27日重庆《大公报》,文中认为:"文协是一切拥护抗建国策的文艺家的组织,文协是一切作家在拥护抗建国策这共同点上的大联合,文协本身的存在就代表着一种精神力量""诚恳的互相督促,坦白地交接意见、热诚的互助——这是全国作家们更团结得密切的精神基础,而文协就是这一基础上的一面旗。已经艰辛地支撑了五年的文协,希望它从此以后这精神基础更加坚强,这就是它的比什么都宝贵的成就了!"18日,应张道藩之邀,到中央会堂给文化运动委员会的工作人员作《认识与学习》的演讲。25日下午,至郭沫若寓所,听戈宝权谈近年来苏联的文艺论战。还见到了刚到重庆不久的胡风,在场的还有阳翰笙、欧阳凡海、叶以群、冯乃超、郑伯奇等。27日,出席在文化会堂召开的文协成立5周年纪念会和文协第五届年会。与邵力子、张道藩、郭沫若、老舍、孙伏园等被推为大会主席团成员,并在会上发表演讲,祝文协更进一步发展,祝中国文艺家创作力旺盛及丰收。大会还进行了改选,因为时间已晚,未能开票。同日,《抗战以来的文艺理论的发展——为"文协"五周年纪念作》刊于重庆《大公报·战线》,亦见于《抗战文艺》的《文协成立五周年纪念特刊》。作者认为,民族化和大众化的问题,"是这几年来我们的理论工作"的两大项目。创造民族化、大众化的形式,还需要几点正确识:"第一,'五四'以来的新文艺一向就是朝着民族化和大众化的方向走的""第二,文艺形式与内容的问题决非对立,亦不可能分离""第三,视野最广阔、观察最深刻的作品,也就是最能普及的作品。"30日,"文协"改选开票,仍当选为理事。同日,在《戏剧月报》第1卷第3期发表《在洪深先生五十寿辰座谈会上的发言》。

茅盾4月20日作《论所谓"生活的三度"》,刊于9月出版的《中原》第1卷第2期,文章论述了"生活的广度、深度、密度"这个还未引起人们充分注意的问题。"生活三度对于文艺工作者的用处,就是它把一向成为口头禅的'充实生活''向人民大众的生活学习'等口号都组织起来,给以具体的内容。"广度即"见世面大",深度即"阅世深",密度即"贴近人民"或"近人情""一个文艺工作者不怕生活之广度不够,而怕密度不足""生活有了密度的作家",才能见出他"对于人民大众的命运"的"热情和关心"。同月,《见闻杂记》由文光书店印行。5月13日下午3时,在国民党中央宣传部集中,与胡风、沈志远等由张道藩领头去上清寺某巷面见蒋介石。见面期间,蒋介石曾问及对于他的《中国之命运》的意见。同月,《戏剧的民族形式问题》由桂林白虹书店初版印行。6月,短篇小说集《耶稣之死》,由重庆作家书屋印行。7月27日下午3时,与郭沫若、阳翰笙、孙伏园、胡风等一起出席文化工作委员会委员会议。同月,散文杂文集《茅盾随笔》由桂林文人出版社出版。8月初,在《文艺先锋》主编王进珊的三番五次的催促下,终于以中篇小说《走上岗位》交了稿。约同月,《走上岗位》在《文艺先锋》上的连载,在外人看来似乎对张道藩采取了"合作"的态度,朋友中间开始有了微词。叶以群曾好心地将这些闲言碎语转告。当时就对叶以群说,为什么我们的工作方式只能是剑拔弩张呢? 我们不是还在和国民党搞统一战线吗? 只凭热情去革命是容易的,但革命不是为了去牺牲,而是为了改造世界。与张道藩翻脸很容易,然而工作就不好开展了。想当初让我到重庆来,不是要我来拼命,而是要我以公开合法的身份,尽可能多做些工作。10 月,作《"爱读的书"》,初载报刊未详,曾收《茅盾文艺杂论集》和《茅盾文集》第 10 卷。文中指出:"文学杰作之永久性和普通性",在于这些作品表现了"自由、平等、博爱"和"因争取此三者而表现之勇敢、坚决与牺牲的精神""超然物外的纯趣味,实际上是没有的"。文章还将历来的文学作品分为"历史的、当代现实的和幻想的(灵怪变异)三类"。并列举了自己所喜爱的一些中外文学作品。同月,长篇小说《霜叶红似二月花》由桂林华华书店出版。

　　按:10 月 20 日,桂林《自学》杂志和《读书俱乐部》(桂林《广西日报》副刊,每逢月半出版一次)联合在蜀欣川菜馆举行《霜叶红似二月花》座谈会。到会的有巴金、艾芜、田汉、安娥、金超、林焕平、周钢鸣、洪道、胡仲持、胡明树、孙怀琛、黄药眠、司马文森、端木蕻良等。座谈会上大家发言踊跃。周钢鸣说:"关于这本书的中心主题,我看是写新旧之间的斗争。王伯申是新兴民族资产阶级的代表、赵守义是封建没落地主的代表,展开勾心斗角的场面,从而及于土地问题,青年思想问题。……钱良材这个人是在新旧两者之间摇动的一个典型,在这本书里尚未看出思想问题。"艾芜说:"(王伯申、赵守义)这两种人物的利益是互相冲突的。然而在这一点上是共同的:对农民的剥削。"金超说:"我看作者寄托最大希望的是良材。"田汉说:"(小说的背景)是五四运动退潮的时代。……照书名来说,十月间枫叶快要脱落的时候,主要的还是写中国的社会的没落层。如同赵剥皮之流,当时是被革命的对象,又是在这时还相当得势。这就是'红似二月花'的意思。……对革命运动有更多障碍的,不但是以高利贷为剥削手段的赵剥皮之流封建地主,即是王伯申,这些民族资产阶级,对农民犯的罪过亦不可饶恕的。钱良材也许是其中光明人物,但不是主要的。"参加座谈会的各位还谈了该小说在写作技巧方面的特点及不足。最后,与会者联名给茅盾发电、慰劳他的辛勤努力。电文如下:

　　茅盾先生:《霜叶红似二月花》第一部在桂出版,同人等特于十月二十日举行座谈,共认先生此作,为抗战以来文艺上巨大之收获,除将记录及摘记分别刊载《自学》杂志及《广西日报·读书俱乐部》外,先电驰贺:并盼早竟全功。此致笔健。(电文刊于《自学》1943 年第 2 卷第 1 期。)

　　茅盾 11 月初接曹靖华来信,要求代为翻译苏联作家格罗斯曼的长篇小说《人民是不朽的》。信中说:"现得英文全译本,极望兄能分神译出,以不朽之笔,译不朽之文,写《不朽之人》,则巧在三不朽矣。盼兄无论如何,能允如所请,代为译出,列入《苏联文学丛书》,则感激不尽矣。"考虑后,决定接受这一要求,因为这是一项具有现实意义的工作。不久,见到曹靖华时,曾对他说,这是借别人的镜子,也照出了中国反动派的反民主、反人民的嘴脸,是大合时宜的工作。7 日,与郭沫若、冯玉祥、邵力子、沈钧儒、陶行知等在《新华日报》联名发表《中国文化界给苏联领袖和人民的信》,借十月革命之机,向战斗在反法西斯第一线的苏联人民致敬和表示节日的祝贺。同日上午,到重庆苏联大使馆祝贺十月革命纪念节。12 月18 日下午,在梁寒操家商量有关事宜,并共进晚餐。在座的还有郭沫若、阳翰笙等。20 日,在《文学修养》第 2 卷第 2 期发表《杂谈思想与技巧、学力与经验》。21 日下午,往百龄餐厅,出席重庆各界为祝贺沈钧儒 70 寿辰而举行的盛大茶会。到会的还有董必武、郭沫若、于右任、邵力子、陶行知等。同月,茅盾主编的《新绿丛辑》开始出书。编这套丛书的目的,是想打破出版界只发名人作品的陋习,给一些有才华的无名作者发表作品的机会。茅盾在丛书的第一辑前面的《〈新绿丛辑〉志趣》中说:"作者天南地北,既非相识,故无所谓好恶,倘有衡鉴失当,罪在我们的学力不够,但珍惜写作者的心血之心,自信还是诚恳的。"这套丛书由叶以群等创办的自强出版社出版。是年，参加"文协"组织的读书小组。同组的还有叶以群、姚雪垠、刘盛亚、臧克家。曾在生活书店宿舍和张友渔家中各开过一次会，讨论文艺方面的问题，交换对一些作品的意见；主编《国讯》文艺丛书。这套丛书由国讯书店出版，这个书店是在生活书店被国民党查封后，为了保全力量，由中华职业教育社作掩护而创办的。（参见唐金海、刘长鼎主编《茅盾年谱》，山西高校联合出版社1996年版；李建平《茅盾在桂林的文学活动》，载《语文园地》1981年第3期）

曹禺继续从事戏剧创作，并任复旦大学教授。1月1日，北京《新民报》半月刊第5卷第1期刊张允中《曹禺剧本在演出上之效果》一文。文从"曹禺氏写作客观环境的优越""曹禺氏剧作有着纯练的舞台技巧""曹禺氏作品人物有着坚实个性的创造""《日出》里包涵了多样不同的泪水""《原野》中表现了极端的因果律""《北京人》是人类未来的希望""《正在想》是人生中的一幕小刺戟""译作三种为人忽视"几个方面谈曹禺作品。9—11日，国立戏剧学校教职员在江安文庙本校剧场公演曹禺的《日出》。导演余上沅，设计陈永倞，演员冀淑平饰陈白露、温锡莹饰方达生、焦菊隐饰张乔治、刘静沅饰王福生(升)、陈治策饰黄省三、张雁饰李石清、张逸清饰李太太、王家齐饰潘月亭、夏易初饰顾八奶奶、应尚能饰黑三、马彦祥饰胡四、王文琦饰小东西、林婧饰翠喜、张天僕饰小顺子、蔡骧饰卖报的、洪深饰打手。21日，重庆《新华日报》报道《〈蜕变〉获得奖励》的消息："中央图书杂志审查委员会，鉴于曹禺所著《蜕变》剧本，为有益抗战不可多得之优良作品。故决定颁发荣誉奖状，及奖金一千元，并函请中宣部及教育部通令各剧团各学校，奖励上演。"同月，所著《文艺新论》一书由莽原出版社出版。内收署名汇南《我所见到的〈北京人〉》一文。作者认为在写作技巧上，《北京人》是一个不可多得的作品，台词使人有一种美妙清新的感觉，充分使人认识剧作者在手法上所用到的功力。全剧人物的刻画，都同时可能发展到应该表现的顶点。"北京人"引我们去的，仍旧不是新的世界，新的社会，而是一个"乌托邦"。

曹禺2月19日晚7时半于重庆上清寺储汇大楼应邀为重庆银行界同仁进修服务社邮政储金汇业局支社讲演，讲题为《悲剧的精神》，讲演经李家安记录，刊于4月15日《储汇服务》第25期，后转载于《半月文萃》第2卷第2期。曹禺说：构成悲剧的要素有二：首先，悲剧的主人不是走的一条平坦的路，他所遇到的悲哀，不仅是他个人的悲哀。他必须有崇高而伟大的目的，以义士之良心强烈地反抗压迫、罪恶与黑暗，在他艰苦的斗争过程中所遭受的不幸或牺牲，才能称为悲剧。其次，悲剧的主人必须是主动的，能够充分显示出他的意志能力，他必须有所"要"，有所"取"。仅仅是被残酷的社会辗碎了的人，他没有坚强的意志、反抗的热情和高尚的风度，而是一个屈服于恶势力之下的可怜虫，或者他仅是为小我的目的而赴难，即使投身于水火之中的，也不能称为悲剧。28日下午，曹禺应邀在重庆文化会堂讲演。同月，萧赛著《曹禺论》列为燕风文丛第2种，由燕风出版社出版，此为最早系统论述曹禺作品的专著。3月30日，中华全国文艺界抗敌协会第五届理事会理事选举开票，曹禺当选为在渝理事之一。

曹禺与欧阳予倩、郭沫若、夏衍、阳翰笙、熊佛西、田汉、洪深、老舍、吴祖光等23人联名的《我们的申诉——剧作者联谊会为保障剧作上演税宣言》刊于3月《戏剧月报》第1卷第3期"保障上演税运动特辑"。4月1日，中华文艺界抗敌协会在重庆召开"五届首次理事会"。曹禺作为新当选理事应出席该会。同月，晋察冀边区文化供应社出版曹禺的《雷雨》；日本学者服部隆造日译本《北京人》出版。5月，曹禺介绍李霁野到复旦任教。夏，开始创作《三人行》。6月29日,乘机由渝赴兰州,将至敦煌一带考察,约40天后回渝。同行者有钱昌照、陶孟和等人。在兰州又遇见了美国进步人士谢维德。曹禺还去敦煌观看了古代壁画,其时张大千刚离开敦煌。8月19日,到达西安。同日,重庆《新华日报》据报道:"西安电:资源委员会副主委钱昌照、中央研究院社会科学研究所所长陶孟和与名剧作家曹禺,于今日联袂由兰抵陕。"9月初,由西北返回重庆。秋,曹禺应中央大学中文系邀请,开设戏剧概论课,讲课"极富戏剧性",听讲的学生很多。12月5日,重庆《新华日报》载:中央图书杂志审查委员会推荐1942年度发表的名剧作品10种,曹禺的《北京人》、王平陵的《维他命》、陈白尘的《大地回春》3种剧本当选。(参见田本相、阿鹰编著《曹禺年谱长编》,上海交通大学出版社2017年版;文天行编《国统区抗战文艺运动大事记》,四川省社会科学院出版社1985年版)

王平陵继续任重庆《中外春秋》主编。3月30日当选为中华全国文艺界抗敌协会第五届理事会理事,接着与老舍、徐霞村、胡风、姚蓬子被选为常务理事。10月,在《中外春秋》第3期发表《郑振铎在四马路赛跑》:"宁方敌伪慕郑振铎之名,亟思绑为什么文化工作的主委,特派樊逆仲云到沪寻觅。樊逆过去与郑相识,素知郑之有书癖,常常在四马路一带旧书铺,购买遗弃的孤本与珍本。一天晚上,樊逆在旗盘街转弯的弄堂口,遇见郑正在出神地翻阅旧书,樊连连拍其背脊,郑仍不理,樊又拍了一下,郑才微转其首,刮目相看,知是樊逆仲云,不作一声,立即拔步狂奔,扭头就走。樊逆亦不与语,只是跟踪追赶,像在四马路举行远距离赛跑似的。郑氏终于逸去,樊逆大呼懊丧不止。"12月5日,重庆《新华日报》载:国民党中央文化运动委员会,为奖励剧作家,曾请中央图书杂志审查委员会推荐1942年度发表的名剧作品10种。经各评选委员票选结果,计当选的有王平陵的《维他命》、曹禺的《北京人》、陈白尘的《大地回春》3种剧本。该会各给予奖金国币3000元。是年,王平陵为商务印书馆主编《大时代文艺丛书》20册;所作《文艺作者的新任务》刊于《东方杂志》第39卷第1号"复刊号"。(参见陈福康《郑振铎年谱》,三晋出版社2008年版;田本相、阿鹰编著《曹禺年谱长编》,上海交通大学出版社2017年版)

胡风3月14日乘上从桂林去金城江的火车。19日下午2时到贵阳。下旬到重庆后,先带家人到新蜀报馆,自己去文化会堂开会。赶到会场时,会刚开不久,应邀讲了几分钟的话。见到了老舍、冯乃超和从香港回来的乔冠华等。散会后,由陈白尘陪同到石板街扬子江旅馆。不久,梅林、以群来访。次日一早,去到天官府,算是报到和看朋友。遇见茅盾、冯乃超和郑伯奇等。胡风与冯乃超一起去看了郭沫若。出来时,胡风和乃超说,"请你见到周副主席时代我问好,约个日子我去看他"。冯乃超却说,周副主席正忙,还是先拜拜客罢。然后两人商量了一下,确定了"拜客"对象:冯玉祥、邵力子、张道藩、潘公展。胡风前去拜访时,邵力子、张道藩在家,冯玉祥和潘公展没有见到。不久,潘公展坐轿子爬上张家花园文协来回访。张道藩以中央文化运动委员会主任名义来招待宴请从香港脱险的作家,还以这名义送来了补助旅费3000元。3月30日,胡风当选为中华全国文艺界抗敌协会第五届理事会理事。4月1日,郭沫若出席文化工作委员会纪念第三厅成立5周年聚餐会,并为自桂林来重庆的胡风、沈志远接风。同日,"文协"五届理事在中国文艺社首次开会,推老舍、徐霞村、王平陵、胡风、姚蓬子5人为常务理事。胡风、姚雪垠为研究组正副组长;桂林《文学创作》第1卷第6期刊发胡风《〈蜕变〉一解》,此文系胡风为剧宣四队演出《蜕变》而作。

按:胡风说:"在《蜕变》里面,作者曹禺正面地送出了肯定的人物。这并不是说他在别的作品里面没有送出肯定的人物,但只有在这里,他底肯定的人物才站在作品构成底中心里面,而更重要的是,只有《蜕变》里的肯定的人物,才正面地全面和现实的政治要求结合,或者说,向现实的政治要求突进。作者底艺术追求终于和人民底愿望所寄付的政治要求直接地相应,这就构成了这个剧本底感动力底最基本的要因。""我们有权利指出这个剧本底反现实主义的方向,但我们也尊重作者底竟至抛弃了现实主义的热情,以及由这热情诞生的创造的气魄。"同月,胡风夫妇访郭沫若。冯乃超为胡风约定了拜访周恩来,胡风只简单地谈了从香港脱险的经过,几天后,周恩来请胡风全家去吃了一次晚饭。

　　胡风5月11日接待文化运动委员会徐霞村来访,告知蒋介石约定星期四下午接见,旋即将中宣部长张道藩的书面通知和一张表格留下。5月13日下午3时,胡风与茅盾、沈志远、钱纳水等到中宣部会齐。再由张道藩带领乘两部汽车到上清寺某巷蒋介石住处。安排的是个别接见。张道藩招呼胡风进去,胡风与蒋介石握手后,坐在和蒋介石隔着小圆桌的单人沙发上。蒋介石先问了什么地方人,懂哪种外文,在哪里留学等,总共不过两三分钟。6月6日,胡风听说冯雪峰住韩侍桁家,即去看望,谈了一个通宵。冯雪峰对《七月诗丛》有不凡的评价。谈起他写的诗稿,要我看了给他提意见。谈到文艺方面的一些问题时,都有同感。这是分别六七年后的第一次畅谈。10月1日,出席文工会成立3周年纪念宴会。11日晨,郭沫若同阳翰笙、胡风、冯乃超等往三圣宫参加政治部欢送梁寒操调任国民党中宣部部长的告别式。19日下午,文工会同人召开鲁迅先生逝世7周年纪念会,胡风出席并讲了40分钟的话。11月7日上午,胡风与宋庆龄、董必武、沈钧儒、郭沫若、茅盾等出席苏联驻华大使馆为庆祝十月革命26周年举行的茶话会。12月18日,胡风与郭沫若、杜国庠、茅盾、冯乃超、阳翰笙等人赴梁寒操家宴。25日,中央图书杂志审查主任委员潘公展召集"中国著作人协会"发起人开会,胡风与茅盾、夏衍、史东山、阳翰笙、陈望道、姚蓬子、宋之的、于伶、王芸生等被邀为发起人。胡风表示这个协会一定要参加,这可以给他一个公开向国民党为著作人争权利的机会。30日上午,胡风到文协布置晚会节目。晚上,参加文协的辞年恳谈晚会,并主持讨论做了总结性的发言。同月,胡风收到各方面的来信约稿,要为新年元旦写点文章。为《大公报》副刊写了《由现在到将来》,又为《时事新报》的元旦特刊写成了《现实主义在今天》。30日,"文协"与中国文艺社在文化会堂举行辞年恳谈会,百余人到会,孙伏园主席,胡风主持会议。常任侠、冯雪峰、阳翰笙等围绕"一年来文艺成果的感想"发表了意见。年底,胡风收到桂林南天出版社寄来新出的诗集《我是初来的》和艾青的诗集《北方》;开始写《论"大国之风"种种》;翻阅《群众》上关于墨子的论争文,读舒芜修改的评郭沫若的墨子论说。(参见《胡风全集》第7卷第五编《回忆录》,湖北人民出版社1999年版;林甘泉、蔡震主编《郭沫若年谱长编》,中国社会科学出版社2017年版;甘海岚编《老舍年谱》,书目文献出版社1989年版;田本相、阿鹰编著《曹禺年谱长编》,上海交通大学出版社2017年版;文天行编《国统区抗战文艺运动大事记》,四川省社会科学院出版社1985年版)

　　冯雪峰1月在丽水应友人金瑞本之请为《东南日报》(丽水版)副刊《笔垒》审稿,不久又为之写杂文。2月23日,《创造力》刊于《东南日报(丽水版)·笔垒》第45期。3月,离开丽水到云和县小顺镇,住在浙江省第二保育院中。5月初,动身往广西桂林,住在邵荃麟处约两星期。6月初,奉周恩来之召到重庆,向组织汇报被捕及出狱经过。周恩来指示他在重庆争取公开活动。7月间,移住韩侍桁家中。据作者《自传》自述:"我到桂林后,邵荃麟曾报告总理,后邵荃麟告诉我,总理已派李亚群送路费给我,叫我到重庆去。我即从桂林动身,到达重庆是43年6月初,见到了总理,向总理汇报过我被捕后的情况以及出集中营的经过。最先我在红岩住了近一星期。主要是写我被捕及在上饶集中营的经过的交待材料,也写我所知道的有关整个上饶集中营的情况。……接着,总理又找我去谈话,指示我在重庆争取公开活动,参加'文协'(中华全国文艺界抗敌协会),写些文章,同时以个人名义做些统战工作,我的组织关系即在'八办'。同时指示我,为了公开活动,可去找韩侍桁、姚蓬子和老舍等人,解决住处问题。"9月间,移住"文协"。12月,迁至姚蓬子开设的作家书屋居住,直到离开重庆为止。同月,将在集中营中所写、经过散失而留下的新诗结集为《真实之歌》,由重庆作家书屋出版。(参见包子衍《雪峰年谱》,上海文艺出版社1986年版)

洪深3月30日当选为中华全国文艺界抗敌协会第五届理事会理事。6月5—6日,国立戏剧专科学校在江安本校举行本年度毕业公演,演出《北京人》,导演洪深,舞台监督陈永倞。洪深在排演之前,曾亲自前往重庆会见曹禺,商议《北京人》排演。10月14日,洪深致函郭沫若,说最近图书杂志审查委员会负责人潘公展得到指示,今后审查标准"只求大同,不问小异",并在一次招待会上正式表示,今后审查标准将"从宽""只要不泄漏军事秘密和宣传阶级斗争都可通过"。郭沫若将洪深来信给阳翰笙阅读。11月11日,洪深、吴祖光、马彦祥、焦菊隐、刘念渠等编辑的《戏剧时代》在重庆创刊,次年10月停刊。(参见林甘泉、蔡震主编《郭沫若年谱长编》,中国社会科学出版社2017年版;田本相、阿鹰编著《曹禺年谱长编》,上海交通大学出版社2017年版;文天行编《国统区抗战文艺运动大事记》,四川省社会科学院出版社1985年版)

夏衍与于伶、金山等创办中国艺术剧社。结交戏剧界曹禺、张骏祥、吴祖光等人。3月30日,夏衍当选为中华全国文艺界抗敌协会第五届理事会理事。4月,改编托尔斯泰名著《复活》为六幕剧,至5月由重庆美学出版社出版。7月,妻子蔡淑馨携子女由上海抵重庆,全家居住在中一路四德新村唐瑜建造的两间"捆绑房子"中的一间,取名为"依庐",离此不远的下坡唐瑜又建造了"碧庐",住着吴祖光、盛家伦、吕恩、沈剡、沈求我等进步文化人,郭沫若的一句戏言使其成了日后著名的"二流堂"。9月,与宋之的、于伶合作五幕剧《戏剧春秋》,由重庆未林出版社1943年11月出版。11月至12月,在重庆《新华日报》上开设"日曜漫笔"。(参见夏衍《夏衍全集》附录《夏衍年表》,浙江文艺出版社2005年版)

曹靖华1月与洪深、茅盾等25人为纪念张静庐从事出版活动25周年,发起征文征画活动。3月30日,中华全国文艺界抗敌协会第五届理事会理事选举开票,曹靖华与冯玉祥、叶楚伧、华林、郑伯奇、潘梓年、谢冰心、张西曼、顾一樵等9人当选监事。是年,在周恩来、董必武同志领导下的进步文化工作者,常在郭沫若同志家聚会,讨论"抗暴"策略,有党的负责同志参加,或有延安来的同志传达文艺精神。作《苏联名女作家瓦希列夫斯卡娅——序〈虹〉》,译《母与子》,刊于《中苏文化》季刊第2号;《虹》《保卫察里津》列入《苏联文艺丛书》出版。(参见冷柯(执笔)、毛粹《曹靖华年谱简编》,《河南大学学报》1984年第5期;田本相、阿鹰编著《曹禺年谱长编》,上海交通大学出版社2017年版)

张澜1月出于"以安逝者之心,兼慰同人之望",就慈惠堂理事长职,但不受报酬。接任后,从寄居的"怀远山庄"迁至成都九眼桥慈惠堂的培根火柴厂后院几间旧平房里(从这时起,一直住到1946年10月离蓉去渝转沪止)。不久,张澜全家也从南充迁来慈惠堂。张澜对慈惠堂的方针、人事、组织机构管理等进行了重大改革,新的管理方针为"教育与生产并重"。同时以慈惠堂作掩护,进行民主革命活动。党和民盟的一些负责人张友渔、张志和、杨伯恺、李相符、潘大逵、田一平、范朴斋等常到这里来商议重大问题。慈惠堂从此成为成都的"民主之家"。2月20日,接见成都《新新新闻》记者,向社会公开了自己的慈惠堂理事长身份,并谈了办理慈善堂的方针及对今后工作的设想。6月28日,周恩来与张澜商议后,南方局派周新民、李文宜前往昆明协助罗隆基开展民主政团同盟昆明支部的工作。行前董必武指示要广交朋友,扩大爱国民主统一战线。7月6日,鉴于国民党顽固派加紧制造反共摩擦,先后调集四五十万大军包围陕甘宁边区,内战有可能爆发之势,张澜以第三者的立场,致书蒋介石,以严正之词,分析党争之害,反对蒋介石以武力吞并异党。张澜在信中提出了实行民主的三条主张。

按:张澜提出的实行民主的三条主张是:第一,必须实行民主,一本天下为公之旨,选贤与能,只问才不才,不问党籍,举全国之才智贤能,共同尽力于国事,而后可以挽救危局,复兴国家。第二,必须实行民主,首先废除言论、思想、出版的统治与检查,使人民各本所欲所恶,对政治可以自由批评讨论,舆论有监督之力,然后政治修明,人心悦服,然后民力始能发挥。第三,国民党与中国共产党各有主义,各有区域,各有军队,能否合作,如非认真而且彻底做到政治民主化,使军队国有化,专用之于国防,则此问题将无法解决。既然国民党要一党专政,因而训练党军,以图巩固其政权,就不能禁共产党训练军队,与之对抗。张澜致蒋介石的信函,配合中国共产党对蒋介石的军事、政治反共活动进行了针锋相对的斗争,其理论意义在于:否定国民党的一党专政,对"政治民主化,军队国家化"的理论作了新的解释,指出国民党发动第三次反共高潮无论在理论上还是在实践上都是完全错误的。它是政团同盟在政治理论上和政治主张上发展的重要标志。

张澜9月中旬初由蒋介石派张群敦请出席即将召开的国民参政会第三届第二次会议,张澜回应说:"前年我向参政会提出的提案,蒋先生指示不予讨论,现在,还要我去做啥子哟?"张群当即转告他,蒋介石保证今后重视他的意见。他鉴于中共参政员已经回到参政会了,这才重新回到该会来。17日,国民参政会三届二次会议召开前夕,蒋介石邀请张澜等人交换意见。张澜直言相告,要立即结束训政,还政于民。蒋介石在第二天的大会上说:"训政还是需要的,昨天,张表老不就'训'了我一顿吗!"18日,发表《中国需要真正的民主政治》近万字的长篇政论文章,通过对"民主""党治"的本质内涵和对国民党一党专制弊害的深入分析和大胆揭露,深刻地阐述了结束党治、实行民主的迫切性和必要性,强调要实行民主政治,必须放弃一党专政,结束党治。必须实行真正的民主政治,真正实行天下为公与选贤与能,才能精诚团结,共同努力建成复兴的大业。当时国民党统治区的报刊不敢发表,乃由他原成都大学的学生秘密石印成册,并于"九一八"事变12周年时散发。尔后,此文在延安、重庆、成都、广州等十几个城市风行一时,群众争相传阅,在社会上产生了相当大的影响,气得蒋介石大骂手下无能,没有制止得住它的发行。18—27日,张澜出席在重庆召开的国民参政会第三届第二次会议。9月下旬至10月,在中间党派的推动下,蒋介石于9月25日在国民参政会提出将组织"宪政实施筹备会"得到大会通过(后改为"宪政实施协进会")。王世杰、邵力子、雷震很快拟出了会员名单。陈布雷对名单中的张澜和章伯钧极力反对。黄炎培为此事专门走访了邵力子,希望从中转圜。10月18日,王世杰向蒋介石汇报"宪政实施协进会"会员名单,提出"张澜不可去掉",但蒋介石最后仍决定将张澜排除在外,以至于连邵力子也"甚为闷之"。原因是张澜刚刚自行印发了《中国需要真正民主政治》小册子,蒋介石大发脾气,因而最终决定将张澜"排除在外"。11月1日,在成都记者联谊会上发表关于宪政问题的演讲,对国民党蒋介石的独裁专制进行了猛烈的抨击。11月12日,宪政实施协进会正式成立,表明抗战以来第二次宪政运动由此而开始。(参见谢增寿编著《张澜年谱》,群言出版社2013年版)

黄炎培1月15日在《国讯》第325期刊发所著《治事一得》一部分。谓治事重要原则在于做到:(1)没有一件事没人管理;(2)没有一寸地没人管理;(3)没有一个人没人管理;(4)没有一个时间没人管理。而于每一种之管理方面皆有极具体详细的办法,这些办法又皆系从经验中得来者。此文后集成一书,改名《机关管理一得》,由商务印书馆出版。2月15日,在重庆交通大学讲《四十年前在校求学之所得》,归纳当时交大的教育精神有四点:(1)以国家民族为中心;(2)所学知识切合实际而能应用;(3)生活规律,充满着亲爱精神;(4)具服从真理的革命精神。3月29日,到曾家岩50号访周恩来、董必武,杂谈世界大局。复到平民教育会,与左舜生、李璜谈时局。同日,至平教会与晏阳初商谈出国工作,建议为我国宣传,宜注意两要点:劝英美加强援华,加速攻日。5月4日,代《国讯》"公言"栏写一文,题曰:《"五四"运动的回味》,谓:"'五四'运动之产生,出于客观形势之必然。这与辛亥革命,倒袁运动和北伐战争皆有相同之处。因而主张历史学家和社会学家须精心了解群众心理演变之由来,并根据各种历史事实揭示它的'所以然'与'所当然',留赠后人以明镜。政治家、思想家和教育家则应发挥求真求美求善的精神,根据真理与正确的认识,慎重而坚决地提出主张,为群众的先导,然后前仆后继而完成之。'成功不必在我'。也许'其道大行,而其骨已朽',也是不必计较的。"

　　黄炎培5月6日出席在重庆巴蜀礼堂举行的中华职业教育社成立26周年纪念会。同日,理监事宣誓就职,推定钱新之任常务理事,孔祥熙任名誉理事长。黄炎培代表理事会报告社务。中共副主席周恩来参观职教社展览会,相谈甚久,涉及甘肃民众起义、贵州民变及日本帝国主义的动向诸问题。15日,因纪念中华职业学校成立25周年,作《致诸教师诸学友一封公开信》,历述创校的艰难,而终于甘心受苦而不辞者,因为有一个中心信仰:即是爱国和报国。亦即"想以生产报效国家,以科学开发生产,以人才运用科学"。13日,在重庆中央文化委员会文化会堂讲演《从团结抗战中发现伟大的中华民族遗传性》,谓中华民族之所以能以由不统一而达于统一,外族入侵而终于不能灭亡中国者,因中华民族有同化他族的本领。中国固有文化可总括为李耳《道德经》中所谓之"三宝":一曰"慈",二曰"俭",三曰"不为天下先"。中国文化因有此种"不为天下先"的精神,故此群与彼群虽不能免于战争,但能同化他民族。欧洲文化提倡斗争,故有三十年之两次世界大战。孙中山提倡"和平、奋斗、救中国",即是内部要以相爱、相信、相让、相助来取得团结,靠这种团结力量去抵抗外来势力,这就是中华民族的特性。6月9日,参加政府召集之第二次全国生产会议。会后写成《值得回忆的第二次全国生产会议》一文,刊于《国讯》第339期。25日,闻周恩来将回延安,午后到曾家岩50号中共办事处,访周恩来及董必武,并与之长谈。同月,参加《国讯》编辑部召集之"诗歌座谈会",讨论诗的语言问题。提出两点供讨论:(1)诗的大众化问题;(2)西方文化输入后,诗的变化问题。7月7日,为第七个"七七"纪念日,作《七七七歌》和《七七》诗、文各一首,号召全国人民努力团结,努力生产,尽量献给于中华民族的抗战事业。12日,国讯书店创立会在新华银行举行。通过章程,收足股款25万元。被选为董事及出版委员会主席。13日,蒋介石召餐,同席参政员14人。席间见询对于政治外交意见。

　　按:黄炎培乃答复如下:"自抗战以来,无论在朝在野,都在要好,但有等人公不敌私,致各地干犯法纪者仍不少,而以官吏为最多。惟有以人民监督官吏,以人民监督人民。川省县参议会成立以来,各地颇有良好影响。建国从民治下手,自是康庄大道。即论青年,看一切事总容易些,如果导使参加实地工作,以后方知办事并不十分容易,思想自然渐趋纯熟。一面不禁止他们说,一面领导他们做,是为对青年最好方法。"餐毕,黄炎培提出宪政问题,希望统一军政与实施宪政同时办理,并令驻会参政员讨论。最后,蒋介石又询及赴英答访团的人选问题,乃答:人选应以认识国内政治较多较确,兼在国际上知名者为当。

　　黄炎培在8月13日"八·一三"抗战6周年之际特写《从过去的上海想到未来》。大意谓胜利在望,应即早考虑到上海收复后的建设及其他,如收回租界等问题,并应考虑到整个河山的收复。因而事前的设计和临时统一的措施,均为十分重要之事。9月10日,黄炎培日记特载:"蒋介石于国民党十一中全会时讲话言:(一)中国宜从早实施宪政;(二)国民党退为平民,与国内各党派处同等地位,以解纠纷;(三)战后建设须自筹经济。据闻此系美国总统罗斯福建议于蒋者。"17日,参加"黄金物价座谈会"。在发言中,对国民党政府借进的570万两黄金,主张:(1)设立黄金市场,使有黄金者可以自由流通;(2)使黄金政策和限价政策联系起来,使囤积物资者向政府登记,政府可用黄金收买。25日,蒋介石在参政会中宣布:"从今日起筹备实施宪政。"黄炎培闻之甚喜,即席发言云:"关于宪政,过去本会同人也曾稍稍努力,希望帮助政府早日实行。"同月,陕西省参议会议长李子逸以编辑方志问题见询,乃函告以《川沙县志》编纂的经过,并谓《川沙县志》之特点,在于有大事年表之设。大事又有国际、国内两栏,以与县之大事相对照。例如川沙400年前倭寇为患,地方受害最深,试以本国大事对照,则明政不纲,贤奸倒置,因果烂然;如再与国际大事栏对照,则日本政情,亦复息息相关。故主张县志设大事年表。10月2日,应王世杰招宴,同席者有张君劢、左舜生等9人,商讨关于宪政实施筹备会各种问题。3日,出席中华职业教育社召开在渝干部同人会议并致词,申明职教社有三种传统精神:(一)为国家社会服务;(二)本人以身作则;(三)脚踏实地。今后工作须与两种环境配合:(一)须与宪政实施以前配合;(二)须与抗战结束时和结束以后配合。本社之工作,重在扩展与实验。7日,参加中华职业教育社和中华职校校董联席会议,被推为研究所所长。11日,访国家主义派李璜、左舜生,谈宪政实施问题。20日,宪政实施协进会组织规则及会员名单发表,黄炎培与孙科、王世杰被指定为常委兼召集人。在经济建设协进会,亦被指定为驻会常务会员。11月1日,黄炎培以宪政实施协进会召集人名义邀餐,到者孔祥熙、孙科、吴铁城、熊式辉、张厉生等。详谈是会进行要项,及宪草研究问题、国民大会代表问题、言论开放问题。

黄炎培11月4日访王世杰、邵力子,商谈宪政协进会事,及言论开放问题、秘书人选问题。12日,国民政府国防最高委员会实施宪政协进会成立,蒋介石自任会长,除国民党的主要首脑人物外,还邀聘了周恩来、董必武、黄炎培、褚辅成、冷遹、章伯钧、沈钧儒、王造时、张志让、左舜生、张君劢、王云五、梁漱溟等38人为委员。黄炎培被指定为该会常务委员兼召集人。16日,宪政实施协进会举行第一次常务委员会。决定分设三组:第一组关于宪法草案研究事项;第二组关于民意机关事项;第三组关于宪政有关法令实施状况事项。与许孝炎同被推为第三组召集人。20日,对中央社记者谈宪政实施协进会之任务。略谓:抗战以来,余追随领袖,奔走国事,即认为国人必须加强三事:(一)全国人民与政府合作;(二)各省与中央合作;(三)各党派的彼此合作。宪政实施协进会之任务亦应包括此三点。又谓:筹备工作甚为艰巨,必须使全国人民了解,宪政实施即为提高民族的地位,发挥人民的主张,改善人民的生活。……而良法美意往往易生阻碍。将来最大的困难,在于士劣与不肖官吏之阻挠,盖凡利于民者,皆不利于彼也。政府须对彼等采取相当严厉的方法以排除之。23日,和张志让、杨卫玉共商发起《宪政月刊》。25日,宪政实施协进会第三组开会,担任主席。由中央图书杂志审查委员会副主任印维廉报告审查工作之情况,并讨论新闻检查问题。31日,到参政会,主持宪政实施协进会第三组第三次会议,对新闻检查及图书杂志审查主张定出标准,并主张由图书杂志审查委员会邀请各方专家组织评议会,凡作家对于审查其作品有不服时,得声请该会复审。12月3日,为《国讯》创刊12周年纪念日,黄炎培于《国讯》第354期发表《试重估本刊十二年前公定信条的价值》。用抗战以来国内国际的形势,证明《国讯》原定信条的正确。《国讯》信条原定为 4 条。发行至第 232 期时,又加一条为"正确进步的思想",合为 5 条。同日,参加《国讯》12 周年纪念座谈会,讨论改进计划,并请《新华日报》社潘梓年到会发言。12 日,为《宪政月刊》作《我所身亲的吾国最初及最近期宪政运动》。17日,在国民参政会第三届第二次会议中,对成渝铁路和改善航空邮电等问题向交通部长曾养甫提出质询。29 日,董必武 60 岁,作七律一首寿之,并跋其后。

按:跋曰:"余与兄自民纪 27 年 7 月 18 日汉口中路 83 号寓庐握晤订交,六年以来,一月数晤,乃至一旬数晤,晤必纵谈时局,深佩兄于论事论人,平而不苛,深入而能客观。吾人理想,大致相同,欲以国家民族达于全人类,平其不平,乐其乐而利其利,意兄亦谓然也。中华元气,凋敝已极,逐寇难,寇去而有以善其后,则尤难。兄将何以教我?"(参见许汉三编《黄炎培年谱》,文史资料出版社 1985 年版)

张申府继续在重庆北平图书馆主编《图书季刊》。1 月 1 日,与刘清扬等出席周恩来、董必武在八路军重庆办事处举行的招待会,为沈钧儒祝寿(阴历生日)。沈钧儒与周恩来、张申府、刘清扬先后致词。年初,张申府与沈钧儒、王炳南、张友渔、刘清扬形成 5 人领导小组,紧密联络陆续返渝的左派人士,经常聚会宪政民主等共商大事。10 月 8 日,在《新华日报》发表《民主原则》,认为"最有使中国民主的可能",至少也要具备三个根本的条件。第一,必须是中国的;第二,必须是独立的;第三,必须是民主的。这里的"民主"意指"号召民主的必须在自己可能范围之内自己先民主,有民主的精神,行民主的办法"。同月,作《展开民主与宪政的讨论——"民主与宪政"的引言》,刊于 12 月 15 日《反攻》第 14 卷第 6 期。文中所归纳的主要问题包括:"什么是民主呢? 如果民主非一,中国需要哪种或哪些种的民主呢? 要在中国实现哪种民主需要准备什么条件? 一般所谓民主与一般所谓宪政关系如何呢? 民主,宪政,与所谓法治,所谓守法,关系又是如何的? 近代中国过去的民主运动,宪政制度,是为什么失败了的? 各界人民在民主运动或宪政运动上各有过什么作用或应发生什么作用? 今日国际新的民主潮流,内容如何? 如何起的? 已有了什么表现? 将趋向到什么田地? 对于中国有什么影响? 中国又应怎样与之配合呢? 诸如此类的问题,即起而加以缜密的研究,周密的讨论,也未尝不是由今日走到宪政实施以至圆满的民主的实现的悠久行程中的应有事。这其实也是应该号召各方面多数人共同来作,而不是寥寥几个人所能济事。这本小册的编刊就是想在这项研究讨论工作上多少尽点应尽的薄力。只是因为篇幅时间的限制,所能触到的问题确是太少了。这也就证明少数人担负不了大工作:要认真有效,总少不了要集思广益,群策群力。想读者们对于以上列举的一类的问题,一定也会有浓厚的兴趣。假使不弃,肯广抒宏论投寄我们,《民主与宪政》续集,再续集的编刊,也正是我们所欣望。那么,这几篇文字先行发表,也就有常说的抛砖引玉的意思。"(参见郭一曲《现代中国新文化的探索——张申府思想研究》及附录一《张申府年谱简编》,广东人民出版社 2002 年版;雷颐编《中国近代思想家文库·张申府卷》及附录《张申府年谱简编》,中国人民大学出版社 2015 年版;沈谱、沈人骅编《沈钧儒年谱》,中国文史出版社 1992 年版)

沈钧儒 1 月 1 日在《学习生活》第 4 卷第 1 期发表《学习无尽》。同日,上海法学院同学会午间聚餐为沈钧儒祝寿(阴历生日)。与张申府、刘清扬等出席周恩来、董必武在八路军重庆办事处举行的招待会。周、董并为沈钧儒祝寿。沈钧儒与周恩来、张申府、刘清扬先后致词。年初,与王炳南、张友渔,刘清扬、张申府形成 5 人领导小组,经常聚会共商大事。自太平洋事变后,不少左派人士离港抵桂。当时国民党为表示团结抗战,曾派员"邀请"左派人士返渝。因此,凡返渝不致发生危险并可发挥作用者陆续由桂返渝,继续开展抗日民主运动。沈钧儒、王炳南、张友渔、刘清扬、张申府的 5 人领导小组有时扩大为 10 余人的组织活动(人员不固定),所谈尤以有关宪政民主运动为最。2 月 10 日,出席鲁迅纪念委员会于两路口新村 3 号召开的会议。沈钧儒向会议报告鲁迅遗著出版情形。许寿裳、曹靖华、沈雁冰均补充报告了各地情况。经讨论决定:由沈钧儒负责保管版税,桂林方面由曹靖华协助;有关成都渝版事,由沈钧儒负责代表纪念委员会致函联系解决。16 日,应左舜生、章伯钧约,赴"特园"晚餐,讨论世界战局。与餐者有周恩来、董必武、邓颖超、史良、刘清扬、张申府、冷遹、陶行知、邓初民、鲜英、杨杰、罗隆基、陈启天、韩兆鹗、黄炎培。25 日,邀文化界人士为甘地绝食生命濒危,联名致电印度总督林里资哥。电文曰:"关于英印政治斗争,我辈原可不问,惟为人道起见,望即置甘地之释放于考虑之中。"4 月 28 日,得悉范长江已进入苏北解放区,女沈谱亦需前往,克制矛盾心情,支持和鼓励爱女远行。为之计划安排如何克服路途困难。并嘱其离川前应先往范长江家乡内江一行,拜见公婆。5 月 4 日,《新华日报》发表对沈钧儒的访问记,题为《健康、快乐、进步》。文中谈及修养与健康的关系及人生观的重要。认为要把自己的身体当作"救世救人"的工具。7 日,参加中华职业教育社建社 26 周年庆祝会。30 日,出席鲁迅先生纪念委员会在宋庆龄公馆召开的第二次会议,首由沈钧儒报告上次会议决定事项及出版和版税收入情形。胡风报告在桂林的出版情形。会议决定:由沈钧儒与曹靖华、胡风负责管理版税,并研究了如何推动出版鲁迅遗著问题。

沈钧儒 8 月 1 日闻邹韬奋患耳癌,病情严重,从苏北解放区秘密到沪治疗,不禁"心如刀割"。10 日,赋诗两首,"以寄山川绵渺之思"。9 月 12 日,应左舜生、李璜、章伯钧、张君劢邀,赴"特园"聚餐,纵谈时事。同席者有黄炎培、刘王立明、史良、董必武、陶行知、鲜英等20 人。10 月 24 日,张一麐逝世,沈钧儒闻讯于悲痛之余连作六首七言诗挽之,并亲撰《张仲仁传》。还与黄炎培、李根源、冷遹 4 人合撰《张仲仁先生传略》,送各报刊发表。10 月 26日,中华民国法学会举行第二届常务理事会第三次会议,推举沈钧儒为常务监事及会员资格审查委员会委员。该会宗旨为:"本发扬民族文化之精神研究法学以改进法制。"11 月 5日,参加张一麐追悼会。会上散发了沈钧儒等 4 人所写的《张仲仁先生传略》。沈钧儒并作《关于悼念仲仁先生的几句话》,刊于次日《新华日报》。7 日,在中国文化界为纪念苏联十月革命 26 周年致苏联领袖和人民函上签名,并往苏联大使馆致贺。12 日,宪政实施协进会在军事委员会召开成立大会,蒋介石致词。该会成立前,黄炎培曾先后两次邀沈钧儒等商谈此事。12 月 21 日,阴历十一月廿五日 70 寿辰(虚岁),午后 2 时,重庆文化界、教育界、妇女界、法学界及各党派人士 400 余人,假座百龄餐厅举行盛大茶话会,为沈钧儒祝寿。会上散发了是月刚出版的沈钧儒著作《中鱼集》。陶行知、于右任、邵力子、郭沫若、董必武、陶百川、史良等先后在会上讲话,一致赞扬沈钧儒所提出的,"抗战、团结、民主"三大主张。郭沫若并写了"今之伊尹"横幅,送给沈钧儒以为祝词。沈钧儒在答词中表示:"从今以后想做几件事以回答朋友们对我的鼓励和期望。第一,促成早日实施宪政;第二⋯⋯要扫除文盲⋯⋯最后一件事,就是普及法律知识。"这次盛会以祝寿为名,冲破了当时雾重庆恶劣的政治气候,公开反对投降、分裂与倒退,坚持抗战、团结与民主。12 月,沈钧儒文集《中鱼集》由峨嵋出版社出版。是年,受鲁迅纪念委员会托,致函国民党政府中央图书杂志审查委员会,要求对《准风月谈》《南腔北调集》《二心集》《伪自由书》等 4 种书籍出版解禁,复查给证,但未获批准;同意并安排峨嵋出版社出版王冶秋著《民元前的鲁迅先生》,下半年为配合宪政运动,决定出版由张志让主编的时事政策性小册子《抗战建国丛书》及张志让著《国际与外交》等。(参见沈谱、沈人骅编《沈钧儒年谱》,中国文史出版社 1992 年版)

　　张君劢继续被软禁于重庆汪山。杨永乾于上年从国立社会教育学院毕业来渝,今仍在山随侍。1月15日,在《再生旬刊》第86期上发表《〈法国崩溃日记〉序》一文,是为中文译本《法国崩溃日记》(商务印书馆出版)所作的序。2月15日,在《再生旬刊》第87期上(纪念胡石青先生特刊)发表《胡石青先生之言行》一文,张君劢为悼念胡石青而作,文章简要介绍了胡石青在河南开封入狱,以及游历北美、中南美、欧洲、东南亚等国、著《三十八国游记》等情况。2月21日,晤见王世杰。25日,与沈钧儒等联名发表致印度总督林里资哥电,请释放被禁绝食中的甘地。同日,作《英美会师太平洋之正式约束问题》。3月1日,在《读书通讯》第61期发表《菲希德对德意志国民演讲节本第五版序》一文。10日,作《美国白皮书中所见日本之战志》。15日,在《东方杂志》第39卷第1期发表《希德拉殆病矣乎?》。同日,在《再生》第88期发表《菲希德对德意志国民演讲节本第五版序》。27日,作《苏俄与同盟国间猜疑之祛除》。30日,在《东方杂志》第39卷第2期发表《英美会师太平洋之正式约束问题》。4月4日,赠黄炎培《再生旬刊》胡石青特刊。午,左舜生招餐其家,沈钧儒、章伯钧、李璜、黄炎培、罗隆基、冷御秋、鲜特生、夏涛声、郑振文、葛则枕、刘东岩等出席。4月15日,在《东方杂志》第39卷第3期发表《美国白皮书中所见日本之战志》。25日,蒋介石招餐,同席刘尚清、刘敬舆、刘孟余、缪云台、胡春藻、罗志希、沈成章、李印泉、黄炎培、王世杰、陈布雷、冷御秋、子航。26日,到张公权寓所,答复张群所询对国事之意见,嘱其转告张群。30日,在《东方杂志》第39卷第4期发表《苏俄与同盟国间猜疑之祛除》。同日,在《再生》第89期发表《轴心同盟之怪状》(此期未能按期出版)。31日,作《和议按脉派》。

　　张君劢译著《法国崩溃日记》5月由商务印书馆印行。内中有张君劢自序一篇。本书原著者为Armstrong,以日记的形式记述了法国在"二战"中败亡的过程。5月15日,在《东方杂志》第39卷第5期发表《自鲍尔温至邱吉尔》。19日,致信王云五,就战后国际和平问题谈自己的看法,以与王云五商榷。27日,作《邱吉尔氏与陈德勒氏对德日战略之争辩》。30日,在《东方杂志》第39卷第6期上发表《和议按脉派》和《邱吉尔氏与陈德勒氏对德日战略之争辩》两文。6月6日,作《德日盟约与苏日战争之推测》一文。15日,在《东方杂志》第39卷第7期发表《与云五先生商榷战后国际和平问题》。18日,作《第二战场开辟声中英美与苏俄东西响应及其空海陆并进战略》,刊于7月15日《东方杂志》第39卷第9期。6月30日,在《东方杂志》第39卷第8期发表《德日盟约与苏日战争之推测》;在《再生》第90期发表《美国国是之根本改造》。7月7日,作《日本对德能始终尽同甘共苦之义务乎?》,刊于8月15日《再生》第91期。7月15日,在《东方杂志》第39卷第9期发表《第二战场开辟声中英美与苏俄东西影响及空海陆并进战略》。20日,在重庆汪山写就《张东荪著〈思想与社会〉序》,刊于次年9月15日《东方杂志》第40卷第17期。7月30日,在《东方杂志》第39卷第10期发表《裴斐教授令人勃然兴起之新著〈远东和平方案〉》。8月30日,在《东方杂志》第39卷第12期发表《墨索里尼下台与意大利和战问题答客问》。

　　张君劢9月12日晚与左舜生、李璜、章伯钧邀请沈钧儒等赴"特园"聚餐。纵谈时事。同席者有黄炎培、刘王立明、史良、董必武、陶行知、鲜特生。16日,与左舜生一起会见王世杰,提议政府与参政会共组宪政筹备机关吸收党外人员,共同讨论推进关于言论、结社自由以及民选机关等问题,并把此项提议能否获得蒋介石的同意,作为他们此次是否出席参政会之前提。王世杰于次日晨将他们的意见转告蒋介石,蒋介石表示原则上接受。18日上午,第三届国民参政会第二次会议开幕,到会人员190余人。张君劢、左舜生等虽报到,但未出席。25日下午,出席第三届国民参政会第二次会议的第八次大会。此次大会自9月18日开幕。已开过七次大会,直到第八次大会,张君劢才首次迈进会场。30日,在沈钧儒处,同董必武、左舜生、邓初民等交换对目前民主运动的意见,研究了对付蒋介石拟组织的宪政实施筹备会的办法。10月2日午,张君劢、左舜生、章伯钧招餐"特园",宴请黄炎培。晚,王世杰招餐参政会,同席者黄炎培、左舜生、李璜、褚辅成、邵力子、周枚荪、雷震等共9人,商讨关于宪政实施筹备会种种问题,多数意见主张:(一)隶属于国民政府;(二)任务若干点;(三)人数不超过35人;(四)蒋委员长为会长;(五)召集人为3人;(六)常务委员会不超过15人;(七)五院院长为当然委员或名誉会员;(八)中共须参加,其人选以可能到会者为宜;(九)所有会员均由蒋主席指定。午后,王世杰与张君劢、黄炎培、左舜生、李璜、褚辅成、邵力子等商量宪政实施筹备会组织及人选问题。大致认为,这一团体应由中央委员及参政员各若干人组成,并约以外之人数人如沈钧儒、梁漱溟参加。张君劢等注重于言论自由之逐步开放。20日,国防最高委员会公布《宪政实施协进会组织条例》及名单。宪政实施协进会,隶属国防最高委员会,会员由蒋介石指定,张君劢任会员、常务委员。19日上午10时,至左舜生家,与左舜生、章伯钧、黄炎培会谈,章伯钧主张处处持大体,可敬爱。25日,撰写《英国高等文官序》,刊于次年2月5日出版的《再生》第93期。

张君劢10月29日午到左舜生家聚餐,左舜生、黄炎培、章伯钧、沈钧儒共谈宪政会问题。30日,在《东方杂志》第39卷第16期发表《苏京三国会议协调之预测》。11月2日夜,黄炎培以宪政实施协进会召集人正副秘书长名义邀餐,详谈是会进行要项(宪草研究问题,国民大会代表问题,言论开放问题)。到会者孔祥熙、孙科、吴铁城、张厉生、熊式辉、梁寒操、褚辅成、张君劢、黄炎培、王云五、左舜生、莫德惠、董必武、傅斯年、王世杰、邵力子、雷震等。5日,黄炎培邀餐,商谈宪政协进会问题,张君劢未到。12日上午10时半,宪政实施协进会在军事委员会开成立大会,蒋介石任会长。会上,蒋介石致辞,对促成民意机关宪草研究运动,言论自由开放,皆主早办,恰和人民期望,出席会员36人(会员共38人)。张君劢出席会议。午会餐后召开全体会议。15日,在《再生》第92期发表《吾国对于世界货币稳定计划应从自身着眼》。16日午,黄炎培招诸友会餐,张君劢、董必武、邵力子、左舜生、褚辅成、黄炎培、冷御秋、刘任平、张志让、杨卫玉等到会,商谈宪政实施协进会问题。下午5时,宪政实施协进会第一次常务会会员会在参政会秘书处举行,孙科主席,到者王世杰、王云五、褚辅成、左舜生、董必武、张君劢、黄炎培、傅斯年、莫德惠,仅吴铁城病未到。通过办事细则,决定分设三组:第一组,关于宪法草案研究事项;第二组,关于民意机关事项;第三组,关于宪政有关法令实施状况事项。张君劢在第一组。22日午后,宪政实施协进会第三组开会,黄炎培主席,张君劢、邵力子、李中襄、雷震列席会议。23日,出席宪政实施协进会第一组会议,孙科主席,讨论宪草研究问题。12月31日,印行《与居觉先生论民主宪政书》,阐述了他主张建立真正国会的观点,对国民党"以保姆自居徒负灌输之义之名"而不肯与在野各党派平等合作表示强烈不满。同月,译著《印度复国运动》由商务印书馆出版发行,1945年6月再版。(参见李贵忠《张君劢年谱长编》,中国社会科学出版社2016年版;翁贺凯编《中国近代思想家文库·张君劢卷》及附录《张君劢年谱简编》,中国人民大学出版社2014年版)

晏阳初1月11日因中、美、英、苏代表在华盛顿商谈战后建设及赈济等问题,受外交部部长宋子文邀请,拟与十余位专家前往美国组织"战后问题中国研究小组"。2月15日,中国乡村建设育才院出刊的《院讯》第3卷第1—4期合刊刊登其所拟定的《乡建院六大教育目标》，与 1940 年的"本年"条所载的《本院六大教育目标》内容相同，但多"序言"部分，"序言"内容为："中国现代的问题是'才荒'，育才院乃为作育人才，解救'才荒'而创设。所为'才'，大约可分作四种：第一，庸才——庸庸碌碌，无足轻重。第二，奴才——成事不足，败事有余。第三，天才——有一分才气，而又肯流九十九分血汗。第四，人才——不取巧，肯实事求是。育才院作育人才而不作育天才，然而有人才就必然可以产生天才的。每个人才都必须具有六个条件，我们就以这六个条件训练本院的学生，这就是我们教育的六大目标。"（参见杜学元、郭明蓉、彭雪明《晏阳初年谱长编》，上海交通大学出版社 2017 年版；宋恩荣编《中国近代思想家文库·晏阳初卷》附《晏阳初年谱简编》，中国人民大学出版社 2015 年版）

陶行知 1 月 11 日出席《新华日报》创办 5 周年纪念会，并写诗祝贺。2 月 11 日，致函陶宏："人生最大目的还是博爱，一切学术也都是要更有效的达到这个目的。"3 月，生活教育社改选，连任理事长；接受周恩来所送南泥湾大生产图片一组和毛线衣一件，带领育才师生学习"南泥湾"精神，自力更生，战胜困难，开荒 30 亩，建立育才第一个农场。5 月 3 日，在朝会上作题为《反对三寸金头》讲话，严厉批评当局限制人民的言论、思想、结社及出版自由。7 月 20 日，育才学校 4 周年纪念，写《创造年献诗》。"行以求知知更行"，将"行知行"思想发展到更高境界。9 月，为广东百侯中学复校 10 周年祝词及百侯中学校歌中写进"千教万教，救人求真；千学万学，学做真人"。10 月 13 日，作《创造宣言》，并于 16 日育才朝会上宣读。指出教育者要创造的是真善美的活人；教师的成功是创造出使你自己崇拜的人。11 月 28 日，作《育才学校校歌》（又名《凤凰上歌》）。12 月，总结"幼年研究生制"和"见习团"的经验，决定继续试行下去。（参见余子侠编《中国近代思想家文库·陶行知卷》附录《陶行知年谱简编》，中国人民大学出版社 2015 年版）

余家菊 4 月为《新中国日报》撰写有关孔子学说的系列文章，后以《孔学漫谈》为名结集，于 1976 年由台北大东书局出版。（参见余子侠、郑刚编《中国近代思想家文库·余家菊卷》及附录《余家菊年谱简编》，中国人民大学出版社 2013 年版）

章士钊 1 月 28 日以湖南旅渝同乡会理事长身份就湖南旅渝同乡会理事会召开第六届第一次理监事联席会议及暂设会址，呈文给重庆市社会局。3 月 28 日，章士钊致胡适信，说："适之吾兄左右：数年不见，积思成痗，人自彼洲来，辄询吾兄起居，藉谂闭户著书，优游自适，至为欣慰。弟蛰居陪都六年，亦颇有颜回陋巷之乐，且生平所不为之事亦恣为之，诗词都略问门户，惜远道无从就教。兹以朱学范兄来美之便，即草数字奉候。朱君少年精进，博通世故，慕兄名德，晤时望有以进之。不尽百一，嵩此，顺颂著祺。弟章士钊谨启，三月廿八日。"4 月 14 日，给重庆地方法院院长呈文。"为呈请登录事：窃士钊拟在钧院区域内执行职务，兹检呈律师证书及二寸半身相片四张。并将律师法第六条所定，律师名薄应记载之各款事项填写于后；敬祈鉴核，准予登录，寔为公便。谨呈重庆地方法院院长。附呈律师证书一件及二寸半身相片四张，登录事项表四份。具呈人律师章士钊，中华民国三十二年四月十四日。"6 月，章士钊的逻辑讲稿在重庆整理出来，取名《逻辑指要》，由张君劢推荐送给蒋介石。蒋介石看后说，没有工夫研究，可到陆军大学及警官学校去讲一讲。之后，章士钊每星期到这两个学校各讲一次，前后大约一年。同月，《逻辑指要》由在重庆时代精神社出版。7 月 17 日，作为湖南旅渝同乡会湘西北灾区救济委员会理事长，呈重庆市社会局。9 月 18 日，出席在重庆国民党军事委员会礼堂召开的第三届第二次国民参政会。（参见袁景华《章士钊先生年谱》，吉林人民出版社 2001 年版；郭双林编《中国近代思想家文库·章士钊卷》及附录《章士钊年谱简编》，中国人民大学出版社 2015 年版）

　　吴稚晖1月以中美、中英新约订立,发表谈话称世界永久和平的基础已经奠定,中国必须迅速完成现代化。4月13日,在孔学会广播《孔子大同学说》,广播词曰:"孔子的大同学说,大家都看做高远得了不得。高远固然高远,而我们国父,却把'大同'两字,常常称说。且他的遗训,现在作为党歌与国歌的,人人久已唱惯。他告诉我们,只要奉行三民主义,便能够'以建民国',从此又能够'以进大同',说得亲近得很,容易得很。""孔子'天下为公'之分条办法,共分为三,其另一条则归结大同之效果:一、政治的,所谓'选贤与能,讲信修睦',即民权主义之所有事。二、伦理的,所谓'故人不独亲其亲,不独子其子,使老有所终,壮有所用,幼有所长,矜寡孤独废疾者皆有所养,男有分,女有归'。大部皆民族主义之所有事。三、经济的,所谓'货恶其弃于地也,不必藏于己;力恶其不出于身也,不必为己'。这就是民生主义之所有事。四、是所谓另一条,归结大同的效果,所谓'是故谋闭而不兴,盗窃乱贼而不作;故外户而不闭,是谓大同'。"8月,国民政府主席林森逝世。有传闻将继任国民政府主席,故发表声明:自己"烧了灰,还是国民党;烧了灰,并是无政府主义者。下自委任末级,上至国府主席,凡属政府官吏,决不为者",以保全无政府主义者的名节。

　　吴稚晖4月23日在重庆《中央日报》发表《世界有四》,其中包含了三个理想世界,一个现实世界。5月,在《说文月刊》第3卷第10期发表《西北为文明之摇篮》,曰:"人种学家追迹原始之人,有言起于阿富汗俾路芝南边海中之一岛,此岛久已沉没海中。其如何南走北走,东走西走,成为今日五洲之数大民族,当亦能约略言之,我今所不暇问,但言其所谓欧亚两大民族,一为蒙古种,一为高加索种。蒙古云,高加索云,本非全称肯定之名词。西士谈人种者,乃就彼所知两民族发轫之地,定为种名,以便称引耳。高加索种分三族:汉姆,塞姆,亚利安。当汉姆已立国于埃及,塞姆已奄有希伯来,而亚利安尚在中央亚细亚阿母河之北,方图南下印度波斯,西走爱琴海等等,则汉姆、塞姆,亦来自高加索可知,故定三族之总名,则为高加索。蒙古种自概括汉、蒙、满、回、藏、苗,南海、东海之邻民而言。然近世西人与吾人接触多者,则为西域及中央亚细亚之蒙古人。故定此族之总名为蒙古种。民族问题,今亦非所屑问。所问者,三种文字,各有三五十万卷藏书,读者各有万万人。(一)仓颉所造,出于蒙古种之汉族。其人由中央亚细亚东下新疆,再至甘肃,而后遍布东南。(二)希腊、拉丁,与(三)回回字母,由埃及之汉姆引其端,由塞姆之斐尼与定其型,再由塞姆之希伯来、亚利安之希腊,各自修整而施其用。故若认三种文字,各有藏书三五十万卷,读者各有万万人,可致其赞美之词曰文明,则其摇篮,皆在西北。故标此文之题目曰《西北为文明之摇篮》,虽微嫌吊诡言之,而亦核实言之也。"9月,吴稚晖出席国民党五届十一中全会,建议推举蒋介石继任国民政府主席,获大会通过。是年所居"斗室"常有宾客拜访,感叹此种闲谈实属瞎忙,毫无意义,于是书一横幅:"说梦既好笑,弹琴更可怜。"并为之跋曰:"柱史稀声,蒙叟坐忘,阙里二少,矫以皇皇;斛斗选手,能破八荒,临了还欲无言,仍不出太上老君之掌。天何言哉,四时行焉,百物生焉。天何言哉,自身证明其瞎忙。稚晖先生行年将八十,似知其七十九年之非,嘱有言其座右,可叹。弟吴敬恒拜题。"(参见金以林、马思宇《中国近代思想家文库·吴稚晖卷》之《导言》及附录《吴稚晖年谱简编》,中国人民大学出版社2015年版)

　　戴季陶继续任国民政府考试院院长。1月22日,出席浙灾筹赈会大会,报告筹赈经过,后共募得3300万元。4—5月,两度请辞"三民主义丛书"编纂委员会主任委员职务,均未获准。8月16日,蒋介石指示称:"婚丧喜庆等各种礼节应由考试院会同内政、教育两部从速拟定,本年内施行。"此举为考试院院长戴季陶展示其儒学见识提供了舞台,却令教育部部长陈立夫心中不悦。在戴季陶接掌礼制工作之时,蒋介石的侍从室开始审核内政部的《礼制草案》。侍从室第二处主任陈布雷认为,可依照蒋的手令,由戴季陶召集内政部、教育部及有关部会负责人与典礼局局长共同审议,于三个月内完成修正草案,然后待"国防最高委员会大体通过后,交立法院审议,以完成立法程序"。24日,蒋介石谕令戴季陶、周钟岳与陈立夫,"对于政府与民间婚丧大典之礼节,请即共同研究,于本年年终以前决定呈报为要"。9月6—13日,中国国民党五届十一次全会在重庆召开,戴季陶继续连任考试院院长,尽管一再请辞,但未获准。全会通过的《文化运动纲领》宣称该党要领导"建立一种新的中华民族文化",相关社会建设要项有三个:一是厘订文武合一的国民生活规条;二是颁订与国家、社会、家族、个人现代生活相应的礼制;三是创制与公私生活规范礼制相应的乐章。马毅、雷沛鸿等23位参政员在国民参政会第二届第三次大会上联名提案,请求国民政府从速规定礼制。他们在提案中称,当此不平等条约取消,中国的国际地位提高之时,亟应规定礼制,以改良社会风习,发扬中华民族文化。其还建议将内政部拟定的礼制与服制从速公布。国民参政会提请国民政府加快礼制建设的进程,但戴季陶对内政部的《礼制草案》并不认可。

戴季陶10月10日宣誓就任国民政府考试院院长职。10月20日,戴季陶向内政、外交、军政、教育、铨叙各部部长与其他相关部门负责人发出邀请函,拟于10月25日举行第一次非正式会议。他在邀请函中称,"礼制之大者,不外吉凶军宾嘉五礼";中国历代制礼"皆以国家为主,其于众民,则示范以为教",现在制礼也是本此原则;另需拟订服制。他还特别说明礼制"事关治国安民之大经"。25日下午,戴季陶与相关部门主管举行第一次非正式会议,研究礼制问题。戴季陶所强调的要点有如下数端:一是礼制仍沿袭传统的"吉凶军宾嘉"五礼架构;二是本"礼不下庶人"之义,由政府官员作为行礼模范,对社会发挥示范作用;三是顺应现代国际"礼节日趋简单"的潮流,在军礼、嘉礼与宾礼上汲取各国之长,"使国内之礼与国际无大区别"。他还提出两条指导意见:一是吉礼"应以本国之风俗习惯为主",家庭祭祖的传统习俗"不应擅改";二是凶礼应沿袭传统,父母之丧"仍以三年为妥"。不久,戴季陶收到铨叙部部长贾景德的制礼意见。贾景德认为,国民政府制礼的第一要义在于"保持中国之固有道德、善良风俗、公共秩序""与世界各国取得协调",但也须注意"不必强师古人,亦不必尽袭外人"。其认同戴的"五礼"架构及"礼不下庶人"的主张,希望制礼者能够妥善处理民族传统与西方文明之间的关系,并提出五项制礼建议。第一次非正式会议结束后,戴季陶将蒋介石的电令、贾景德与何应钦关于礼制的意见分送给教育部、内政部等部门的负责人。何应钦对内政部《礼制草案》提出了10项细节性的意见。10月27日,戴季陶致函内政部、教育部、军政部、外交部等部门负责人,拟于10月30日再次举行非正式的礼制讨论会。三天后,第二次非正式的礼制讨论会如期举行。

戴季陶11月2日向蒋介石呈文,汇报下一步的礼制工作计划。4日,在戴季陶的召集下,中央党部委员丁惟汾、中央党部副秘书长狄君武及周钟岳、陈立夫等20余人参加礼制讨论会。戴季陶向各部门负责人阐释其制礼的原则:一是坚持"礼不下庶人"的原则。先定政教机关人员公私生活的仪节,由政府与学校率先垂范。暂时不规定民间生活的仪节。二是政府机关及政教人员奉行的仪节,"必须有整齐严肃之法,而行之以简易之道"。三是现代礼制既要发扬固有的道德精神,又要适应世界文明国家的大同之道。由于蒋介石对戴季陶的信任与支持,与会者对戴季陶的礼制原则多勉强接受。在集中讨论礼制期间,戴季陶还数次与教育部、铨叙部等部门负责人沟通。11 月 3—11 日的礼制讨论,被时人称为"北泉议礼"。这次讨论会依照戴季陶的主张,初步确立以"五礼"为基本框架的《中华民国礼制草案》。会议采用分组讨论的方式:陈立夫负责第一组,讨论吉礼和凶礼;贾景德负责第二组,讨论嘉礼和宾礼,宾礼中的外交礼则直接采用外交部拟订的《外交礼节》。11 月 13 日,戴季陶在罗香林的帮助下拟出《中华民国礼制草案》的"总纲"部分。戴季陶提出:礼是人类共同生活秩序的体制与行为的总称。制礼有两个基本原则:一是不能离开中国固有的道德精神,也不能因袭过去的习惯;二是不能离开"现代世界人类文化的共同趋向",还要保持自己"独立特具的精神"。在此原则下,以三民主义为指导思想,确定礼的类别、范围与功用,强调"因礼立教,以教行礼"的国家治理方略。戴季陶还提出,制礼的五项基础为"重简易""重统一""重大同""重往来""重节俭";礼制大体可分为民礼、国礼与国际礼。可以说,戴在相当程度上沿袭了传统"礼法之治"的观念。古代"礼法"系统涵盖了礼仪、法律、规制与习俗,可分为礼典、律典与习惯法等三个子系统。月底,由于戴季陶的主导,"北泉议礼"者搁置了《礼制草案》与礼乐馆的相关讨论成果,共同拟出以"五礼"为主体框架的《中华民国礼制草案》。卢前对"北泉议礼"赞道:"北泉之会,实开国盛事。"顾毓琇也表示,"是会也,重立纲目,始定民国礼制之基"。不过,戴认为,该草案尚未达到呈送蒋介石审核的水准。

戴季陶 12 月初召集内政部、教育部等部门对该草案进行审查,并指示修改原则,安排相关人员"分别草拟第二次修正草案"。月底,戴季陶主持完成了《中华民国礼制草案》的修改。该草案除了"总纲"以外,分为吉礼、嘉礼、军礼、宾礼与凶礼等 5 篇。该草案涉及国民生活的主要方面,体现国民政府以礼制促进国家建设与社会进步的意图。其具有如下特征:一是吉礼以黄帝、孙中山与孔子之祀为"国家大祀",以"祭国父陵""谒国父陵""国父纪念周"的仪式突出孙中山的"国父"地位。二是规定结婚"不得议及财物",强调节俭观念;要求婚礼的全体参与者"向国党旗暨国父遗像行三鞠躬礼",以显示国家的在场。三是军礼与外交礼节体现国民政府融入世界文明主流的进步意识。四是将"国民月会"编入礼制,又以"敬老会"的名义恢复传统的乡饮酒礼。五是干预国民的休闲娱乐,要求娱乐开始时"有人领导唱国歌",且每次娱乐"不得逾三小时"。六是丧礼沿袭本土传统,其将夫妻之丧的丧期定为三年的条文尤其不符合抗战时期及战后社会生产的实际需要。整体而言,《中华民国礼制草案》在继承固有传统与吸收西方现代文明上有长有短.较少体现官民平等的现代政治意识,更多彰显"党国"的政治威权。这也意味着民众仍是需要被教化的"身",而全能型的国民政府负责确立民众的"心"。年底,戴季陶并没有依照蒋介石的谕令呈送《中华民国礼制草案》,而是准备再做修改。因此,他请求蒋宽限三个月时间,随后得到准许。是年,戴季陶所著《国民革命与中国国民党》由中国文化服务社出版。(参见桑兵、朱凤林编《中国近代思想家文库·戴季陶卷》及附录《戴季陶年谱简编》,中国人民大学出版社 2015 年版;李俊领《威权与"治法":1943 年国民政府的礼制建设及其挫折》,《北方论丛》2020 年第 5 期)

王宠惠继续任外交部长。1 月 16 日,作《废除不平等条约之回顾与前瞻》。作者对于不平等条约废除以后充满理想的期待:"不平等条约正式废除,亦即平等互惠之新约成立以后,对于双方,无论在政治上,经济上,以及社会上,均有良好之影响:其一,在政治方面,我国领土主权,重获完整,从此始有真正独立之国防,此实为安定东亚以及世界和平之基础。其二,在经济方面,一切束缚障碍,完全廓清,工商各业可得合理之发展,不独中国国计民生,可以改善,抑且康乐兴盛之中国,与各国平等互惠,互通有无,对于世界经济之繁荣,更将有伟大之贡献。其三，在社会方面，外人各种畸形特权制度，既告取消，则社会观感为之一新，从此中外人士，和平共处，无怨无尤，不特可以消除隔阂，更可促进互助与合作。"同时也论及国民的责任："吾人回顾过去，瞻望未来，深觉国家主权之丧失，每极轻易，而其恢复，却至艰难。此后应如何倍加警惕，奋勉图强，维持以往之光荣，以满足友邦之期望。此则全国国民均不能逃其责任，愿共勉焉。"同月，作《抗战以来我国之外交》，开篇"导言"曰："抗战军兴，已逾五载，其目的实为抵抗侵略，维护民族生存，保障国际法纪，并谋树立世界永久和平。是以抗战期间外交上之努力，亦以此为归宿。在一九四一年十二月八日以前，我国单独抗战，今则得道多助，英美亦成为主要盟邦，并肩携手于疆场上矣；同时，我们的敌人，从前只有日本一国，今后德意亦成为我们作战之对象，演成世界大战矣。但推本溯源，就远东言，日本固为主要敌国，即就全世界言，战祸之蔓延，以'九一八'事变为厉阶，日本亦难逃戎首之责任。因此之故，叙述抗战以来之外交，不能不旧事重提，将过去之中日关系作开宗明义之第一章。过去中日之关系，三四百年来所以未能敦睦，原因在于日本有所谓'大陆政策'者从中作祟。此次不惜毁弃和平，对我侵略，亦即为其'大陆政策'之推行。"最后也是自欺欺人："此外尚须一言者，上所引述'天下为公''有志竟成'之遗训，不但可以适用于战时，亦可适用于平时。胜利以后，吾人尚须就政治经济文化各方面，从事建设，以充实立国之条件，其任务之艰巨，不下于抗战时期，愿我国人，谨守上述遗训，努力以赴！"

王宠惠在3月10日《中国之命运》出版后主持组织学者进行英文翻译校订，温源宁、吴经熊等协助其事。英译本1947年由纽约麦克米伦公司出版，林语堂作序。国际舆论称其为希特勒《自我奋斗》的中国版。15日，在《东方杂志》第39卷第1号发表《文化建设论》，文中先论此文缘起："《东方杂志》创刊于一九〇一年，历史悠久，成绩斐然。近年虽遭国难，一再中断；然仍尽一切可能，于短期内恢复。前年因太平洋战争爆发，又告停顿。顷王云五先生来书，又以复刊见告，并征余文。余以《东方杂志》在文化界，实为综合的定期刊物之中流砥柱，乐于复刊号中略表余个人之热烈期望，即复刊后之《东方杂志》，对文化建设，必将有更伟大之贡献。因撰寄此文，并以审世之知言君子。"作者认为："大西洋宪章之内容，有政治问题，有经济问题，有社会问题，亦有抽象的精神方面问题，而战后重建世界和平，实为一整个的问题，即在实际工作上，一面固不能不分工；而一面尤需要合作。以分工言，有政治建设、经济建设、社会建设，乃至精神建设种种事业；以合作言，无论政治制度、经济制度、社会制度以及时代思潮，均属文化之一种现象。文化愈提高，即一切建设，亦莫不随之进展。因此，战后重建世界之中心工作，应为文化建设。"又谓："今全世界各种文化均在战争的洪炉中，经一番锻炼，而熔成一片。战后之文化建设，绝非某一种文化推行于全世界，而是世界各种文化之交融，撷取其菁华，而摈弃其末流之弊，以孕育一种适于新时代的新文化。"最后归结于战后中国文化建设之道："我国本在建国中道，迄今仍在抗战中建国，文化建设为建国大业中重要工作之一，抗战以前，国人已注意及此，故有全盘西化与中国本位文化两说。以今视之，欧美人士正在研究中国文化，则全盘西化说，显属不适。而中国本位文化说，亦往往易被误解。抗战以来，中国国民党临时全国代表大会，根据遗教，特提道德之修养与科学之运动二义，实为我最正确的文化政策。申言之，道德之修养，为发扬我国固有文化；而科学之运动，乃对西方文化之迎头赶上。文化建设之目标，本在人类生活之充实向上，发扬固有文化，所以培其本，接受外来文化，亦正以求其茂。数典忘祖固属不可，而以方域自限，亦未免太隘。且中国抗战已为世界大战之一环，即中国建国亦与重建世界之大业具有不可分的关系,故中国之文化建设亦将与世界的文化建设相一致。今我国正确的文化政策,与世界文化建设之趋势,若合符节;果能推行尽利,则我国数千年悠久之文化,必将对新时代的文化有重大贡献。"

王宠惠8月因为林森去世,蒋介石派陈布雷劝说他出任国民政府主席,被王宠惠婉辞。10月10日,作《纪念国庆必须振奋革命精神》,文中强调:首先,吾人纪念国庆,必须振奋革命精神。其次,阻碍我建国之第二因素,为我国民自身努力之不足。最后,吾人纪念国庆,必须明了三民主义已于抗战中有长足之迈进。11月,随同蒋介石夫妇出席埃及开罗会议,会晤罗斯福、丘吉尔,负责会谈中的政治事宜,王宠惠与郭斌佳一起为蒋介石草拟与罗斯福会谈的四项政治建议案:设立四国机构或联合国机构问题;过渡期间国际安全问题;关于德国投降问题;远东问题。参与草拟《开罗宣言》草案,反对英国提出的日本占领的满洲、台湾、澎湖"当然必须由日本放弃"的模糊提案,认为如此修改,中国不能赞成,世界各国也将立起怀疑,世人均知这次世界大战,因为日本侵略中国东北而起,而中国人作战,是在贯彻反侵略主义,如果像提案中如此含糊的表述,只说日本应该放弃而不说应该归何国,则中国人民以至世界人民都将疑惑不解,会议公报也将毫无意义,加上外国人对中国东北及台湾、澎湖常有奇谈怪论,如果不明确应归中国,则联合国联合作战及反侵略的目标太不明显,坚持将"满洲、台湾、澎湖当然归还中国"、战后朝鲜自由独立等写进宣言;坚持西藏为中国领土的一部分,西藏问题属于中国的内政,要求英国改变以往的错误观点。同时担任蒋介石的翻译工作。是年,作《中华民族之御侮自卫精神》,文中有"顷者王君德亮乃有'中华民族之御侮自卫文献'之纂辑,上自黄帝征蚩尤,下迄总裁领导抗日,一脉相承,所谓深得此旨者矣! 不仅有裨抗战建国未竟之业,且足垂诸久远,永为民族图强之金鉴! 无疑也,书来索序,乐为书此,并志同感"云云,则此文系为王君德亮《中华民族之御侮自卫文献》所作之序言。(参见王宠惠著、张仁善编《王宠惠法学文集》及附录《王宠惠先生年谱》,法律出版社2008年版)

张道藩继续任国民党中宣部长兼文化运动委员会主任。曾专门成立了"优良剧本审查奖励委员会",主要成员有张道藩、潘公展、张北海、鲁觉吾、赵太侔、刘季洪、徐伯璞。2月初,刘百闵来生活书店探望茅盾,并拿出张道藩请赴便宴的请柬,茅盾为了以合法身份在重庆开展活动,与张道藩这样身份的人物晤面也有必要,于是就接受了邀请。便宴就设在张道藩的客厅,刘百闵也出席作陪。席间,张道藩对茅盾大加恭维,希望今后能与政府合作。茅盾说,原来想到重庆后继续编《文艺阵地》,为抗战出分力,但现在《文艺阵地》出了重庆市就被查扣,无法办下去了,实在使人无法理解。张道藩佯装不知此事,随后又对茅盾一来重庆就给《新华日报》写文章,表示不满。茅盾说,我是《新华日报》的老朋友,又恰逢该报创刊5周年,我焉能不写文章祝贺? 张道藩急忙解释道,我不是这个意思。只是希望能多方面地为抗战文化工作作贡献。茅盾说,只要有益于抗战,有利于团结的事,我都乐于从命。最后,张道藩提出,要茅盾为文化运动委员会工作人员作一次演讲,还希望能给他创办的《文艺先锋》杂志提供一部长篇连载。茅盾表示,作演讲可以,至于长篇,手头现成的没有,不过可以为《文艺先锋》写些短文。张道藩表示欢迎。3月27日下午2时,张道藩应邀出席中华全国文艺界抗敌协会在文化会堂举行第五届年会,到百余人,张道藩、邵力子、老舍、郭沫若、茅盾、孙伏园为大会主席团成员。老舍作会务报告。3月下旬胡风回重庆后,张道藩以中央文化运动委员会主任身份招待宴请从香港脱险的作家。4月17日,中国音乐学会假文化会堂举行第一届年会,到会有潘公展、吴伯超、卢前、陈济略等多人。杨仲子主席并报告一年来之会务,后即由洪友兰、罗学源、刘季洪致词。年会讨论了提案,通过了要案,计有筹划沦陷区音乐人才内迁案、筹设音乐制造厂案、声讨附逆音乐界败类案等。

王世杰3月29日在重庆举行的三民主义青年团第一次全国代表大会上当选为监察,并被任命为书记长。6月,与熊式辉讨论苏军参战后将给中国带来怎样的影响,主张应先行解决中共问题。8月7日,辞去中央设计局秘书长职务,由熊式辉继任。9月,辞去国民参政会秘书长职务。当选国民参政会主席团主席(共7人)。同月17日,与张君劢、左舜生商谈由国民政府与国民参政会组建宪政筹备机关事宜。28日,向国民政府军事委员会委员长蒋介石报告对中、英、美、苏四强宣言草约的研究意见。10月2日,奉国民政府主席蒋介石之命与中共代表董必武就改善国共关系交换意见。5日,王世杰作为国民党的代表与中共代表董必武举行会谈,寻求缓和国共冲突的办法。16日,向国民政府军事委员会委员长蒋介石报告对英国修正四强宣言文稿的研究意见。11月11日,向蒋介石报告关于四国会议问题节略。18日,以团长身份率中国代表团访问英国。12月3日,抵达伦敦,与英国国王、丘吉尔首相等举行会谈。是年,与钱端升合作的《比较宪法》增订本在重庆商务印书馆出版。(参见薛毅《王世杰传》及附录《王世杰生平大事年表》《王世杰著述目录》,武汉大学出版社2010年版)

张道藩、胡风、姚蓬子、宋之的、夏衍等60余人6月7日出席中央文化运动委员会与"文协"假文化会堂联合举行文艺晚会,首由张道藩致词,是日为第三届诗人节。晚会还通过了以"文协"名义向鄂西前线将士的致敬电。最后是大同国乐社演奏国乐。《新华日报》出了诗歌专页,发表了艾青的《吴满有》长诗的节选及《附记》、郭沫若的《鞋袜劳军》(诗)。7月6日,国民党第五届中央常务委员会第二○五次会议通过《试办管理出版事业计划纲要》。7月11日,新华社发表毛泽东写的关于中共"七七"宣言在重庆被扣、张道藩发出挑拨声明、外国记者纷纷询问内战危机的新闻稿,揭露国民党当局禁止《新华日报》发表纪念中国共产党成立22周年的社论和刊登中共中央"七七"宣言的无理行径,以及国民党宣传机关对国民党军队准备进攻陕甘宁边区一事无法掩盖的窘境。9月6—13日,中国国民党五届十一次全会通过了《文化运动纲领》,并于11月在重庆举行"民族文化建设运动周"。张道藩亲自登台,宣传"一个主义,一个党,一个领袖"的思想。10月4日,国民党第五届中央常务委员会第二三九次会议备案《中央宣传部各地书刊供应处组织通则》。同月,国民党第五届中央常会第二四五次会议备案,国民党中央宣传部制定《各省市出版事业管理暂行办法》。10月,张道藩改任海外部部长,梁寒操接任国民党中宣部部长。11月15日,国民党第五届中央常务委员会第二四二次会议通过《党营出版事业管理办法》。12月27日,国民党第五届中常会第二四五次会议核准颁行《各省市出版事业管理暂行办法》。(参见文天行编《国统区抗战文艺运动大事记》,四川省社会科学院出版社1985年版;茅盾《雾重庆的生活回忆录(三十)》;唐金海、刘长鼎主编《茅盾年谱》,山西高校联合出版社1996年版;甘海岚编《老舍年谱》,书目文献出版社1989年版;胡风《再返重庆——抗战回忆录之十五》,《新文学史料》1988年第4期;中共中央文献研究室编撰、逢先知主编《毛泽东年谱(1893—1949)》,人民出版社、中央文献出版社1993年版;吴永贵《民国图书出版史编年:1912—1949》,社会科学文献出版社2018年版)

潘公展继续任中央图书杂志审查主任委员。1月1日,重庆市图书杂志审查处奉命自即日起改为特级审查处,中央图书杂志审查委员会派员参加领导。2月1日起,该处接办中央图书杂志审查委员会交办的图书杂志审查工作。改特级审查处后,即查获淫秽、迷信禁书58种。其中,多数为铜梁县森隆堂印刷,少数由成都传入,如《寡妇上坟》《盼新郎》《烧火老》等。2月16日,中央图书杂志审查委员会拟定,行政院指令备案《奖励优良书刊剧本办法》。同日,广西省图书杂志审查处会同省党部人员,把上年查禁待毁的书刊14677册及当年检扣查禁的《论持久战》等书刊98种1381册,当场焚毁。20日,中央图书杂志审查委员会关于实施总动员意见的5个方面15点,作为国家实施总动员的组成部分之一,通过重庆市政府下达给警察局实施。23日,广西图书杂志审查处原任主任林治衡辞职,遗缺由秘书何名忠接任,秘书则由梁维垣担任。4月16日,中央图书杂志审查委员会假文化会堂招待重庆市出版界,该会主任委员潘公展致辞,出版界方面亦有报告。27日,国民政府军事委员会颁布《军事机关学校部队军用出版物审查办法》6条。规定各军事机关、学校、部队所出之杂志、刊物,须先将原稿呈送各该单位直属之中央主管机关审查核准,并转知中央图书杂志审查委员会发给免审证后,方得印行。5月,中央图书杂志审查委员会编的《审查法规辑要》,由中央图书杂志审查委员会出版。

潘公展与印维廉7月21日以中央图书杂志审查委员会正副主委身份出席重庆市图书杂志审查处召集的各书店、出版社、杂志社负责人举行谈话会。市图书杂志审查处处长张兆主持。重庆市市长贺跃祖出席,明令:(一)自7月15日起,各图书杂志出版预告,都须标明该处审查号数;(二)普通图书封底应印出审查号数;(三)各书店印刷所,应依照书店印刷所管理办法,向警察局申请登记,再转社会局发给许可证。23日,中央图书杂志审查委员会规定,自8月1日起,凡属中央机关及文化团体,出版不公开发售的中、英文刊物,不论适合免审规定与否,均应一律将原稿检送重庆市图书杂志审查处审查,以凭核发审查证或免审证。8月20日,中央图书杂志审查委员会列出1942年4月至1943年8月的审查剧本目录,计不准上演者116种,须修改后始准上演者7种。8月,中央图书杂志审查委员会颁布《修正图书杂志送审须知》。9月5日,国民政府行政院核准《中央图书杂志审查委员会书刊审议委员会组织规程》和《修正中央图书杂志审查委员会奖励优良图书、戏剧、电影办法》。9日,重庆《大公报》载,国民图书出版社总发行所开幕纪念,特价两周。10日,重庆《大公报》载,中央图书杂志审查委员会举办三十二年度第二次征文。10月23日,国民党中央图书杂志审查委员会发布《取缔剧本一览表》,共开列了116种不准出版或演出的剧本。31日,重庆市图书杂志审查处代处长陆并谦称:"1943年3至8月,重庆出版图书1974种,杂志534种,约占全国出版物的三分之一。"11月25日,在宪政促进会第三组会上,中央图书杂志审查委员会副主任印维廉报告审查工作之困难,国民党中央宣传部部长梁寒操主张局部废止事前检查,从而进于全面废止。12月11日,国民政府行政院根据国防最高委员会第一一六次常委会决定,通令各省市政府:"自本年9月份起。各省市图审处及其经费,一律划归中央图审委会直辖,统筹支配,并列入中央预算。"15日,《出版界》月刊在重庆创刊,社长及发行人为徐蔚南,由中央图书杂志审查委员主办。以报道出版界的趋向、指导青年读书方法、评介新书为目标。主要内容分学术论著、读书指导、新书提要、图书评介、统计调查、作家与出版家情况、文化动态等。1945年3月出至2卷1期。

潘公展因严厉施行图书杂志审查而广受批评与非议,为挽回影响与声誉,筹划发起成立中国著作人协会。12月25日,潘公展主持在中央文化运动委员会文化会堂举行的中国著作人协会发起人会议,茅盾、胡风、夏衍、史东山、阳翰笙、陈望道、姚蓬子、宋之的、于伶、王芸生等60余人出席,召集人潘公展报告发起该会意义,略谓发起中国著作人协会之目的,乃在团结全国著作家,共同发展文化事业,今后建国工作至为艰巨,全国著作家所负责任自亦极为重大，抗战期间，印刷出版条件均极困艰，在此有限物资条件下，吾人应如何节约物力，利用现有设施，促进文化事业之发达，尤须全国著作家与出版界随时交换意见，互助合作，俾对国家民族尽其最大之努力与贡献，则今后建国期间，我国学术文化，自必蒸蒸日上。会中推定夏衍、徐仲年、常任侠、徐蔚南、程希孟、卢于道、宗白华、简又文、王新命、李辰冬、刘百闵、胡一贯、阳翰笙、鲁觉吾、姚蓬子、华林等 16 人为筹备委员，并推潘公展为召集人，鲁觉吾兼总干事，负责积极进行筹备事宜。12 月 28 日，宪政实施协进会第三次常务会议，通过了关于废除图书杂志审查等提案。（参见吴永贵《民国图书出版史编年：1912—1949》，社会科学文献出版社 2018 年版；文天行编《国统区抗战文艺运动大事记》，四川省社会科学院出版社 1985 年版）

叶楚伧继续任国民政府中央出版事业管理委员会主任，方治任副主任委员。7 月 6 日，国民党第五届中央常务委员会第二〇五次会议通过《试办管理出版事业计划纲要》。7 日，国民党中常会秘书处根据中央出版事业管理委员会第九次出版界座谈会的议定，通知各省市党部，关于保障作家生活、提高稿费版税作如下规定：1. 稿费最低千字 30 元，以重庆为准，各地视生活情形酌量增减之；2. 版税初版按出版书局售价抽 15％。10 月 18 日，中央出版事业管理委员会召开重庆出版界座谈会，提出解决作家稿费之原则为：（一）千字 30 元稿费最低标准应予提高；（二）版税仍维持照售价抽 15％的标准；（三）各出版业应从速拨付稿费，并酌予预付稿费若干。同月，国民党第五届中央常会第二四五次会议备案，国民党中央宣传部制定《各省市出版事业管理暂行办法》。10 月 18 日，方治、谢澄宇、谢康、史久芸、张静庐、刘百闵、华林、梅林等 50 余人出席出版事业管理委员会召集的渝市出版界会议，主席方治报告：一、书刊邮寄改善办法；二、国际书刊流通管理办法；三、出版业同业公会成立经过等。在讨论稿费、版税后决定：一、30 元千字之最低稿酬应予提高，至于提至何处由出版事业管理委员会审慎考虑同"文协"代表与出版业代表商议解决；二、版税仍维持照售价抽百分之十五，但各出版业应从速拨付稿费，并可酌情预付版税若干；三、出版业同人应常聚会，交换意见，联络感情，以推进文化事业。29 日，中央出版事业管理委员召开会议，讨论"保障作家生活，提高作家稿费版税"。会议决议：（一）创作发表费，每千字最低 80 元，以重庆为准，各地视实际生活情形酌量增减之；（二）让与版权者，其版权费由出版家与作家相互磋商，作合理之决定。（三）版税维持原有照售价抽百分之十五之标准，但教科书则为例外。（四）原稿经审查机关审查通过后，即应付给稿费。（五）版税得酌量预支。（六）稿费有调整之必要时，由中央出版事业管理委员会邀作家及出版同业公会代表洽商决定之。11 月 15 日，国民党第五届中央常务委员会第二四二次会议通过《党营出版事业管理办法》。21 日，中央出版事业管理委员会第十一次座谈会研究稿费、版税、邮寄书刊、纸张问题。11 月 23 日，重庆《大公报》报道：（中央社讯）中央出版事业管理委员会第十一次出版界座谈会，21 日下午 3 时假座中国文艺社进行。到有关机关代表及出版界作家代表等 80 余人，副主任委员方治主席，报告提高稿费办法六项：（一）创作发表费，以每千字 80 元为最低标准（各地得视生活程度酌量增减）。（二）让与版权者，由出版家与作家互相切磋，作合理决定。（三）版税仍以照售价抽百分之十五为标准（教科书例外）。（四）文稿经审查通过后，即付发表费。（五）版税得酌量预支。（六）今后稿费有调整必要时，由中央出版事业管理委员会邀集作家及出版商业同业公会代表洽商决定之。以上六项办法，业经函咨政府并分函出版商业同业公会及文协会知照办理。次由姚蓬子等提出纸张供应及邮寄书刊等问题，希望该会与主管机关会商解决办法,均经主席允予分别洽商。12 月 21 日,重庆《中央日报》发表题为《出版界的一种趋向》的社论,列举了三年来图书刊物出版趋向的统计材料,说"文艺出版物的数量,与日俱增",希望"文艺与科学能够有平衡的发展"。27 日,国民党第五届中常会第二四五次会议核准颁行《各省市出版事业管理暂行办法》。(参见吴永贵《民国图书出版史编年:1912—1949》,社会科学文献出版社 2018 年版;文天行编《国统区抗战文艺运动大事记》,四川省社会科学院出版社 1985 年版)

卢作孚继续任交通部次长。3 月 19 日,国民政府行政院同意民生公司发行公司债 8000 万元,由各国家银行协助承销,作为修复轮船及清理债务之用;同时,要求民生公司资本总额由 700 万元增加到 8000 万元。4 月 17 日,正式辞去交通部次长一职。6 月 1 日,主持召开天府矿业公司第一届第六次董事监察人联席会议,大会报告 1942 年公司盈余 214 万元。23 日,陪同国民政府军事委员会副委员长冯玉祥到民生公司总公司讲演。7 月 18 日,中国科学社等六大全国性学术团体在北碚重庆师范礼堂举行联合年会,卢作孚任大会筹委会主任。会议期间,建议在北碚成立中国西部科学博物馆,得到各学术机构赞同。11 月 3 日,在民生公司第 84 次周会上指出,民生公司本年度损失船只多,加上航线缩短和重庆国民政府实行统制等原因,上半年公司航业亏损 4500 万元,最近月亏更达 1200 万元以上,公司经营上困难加大。(参见王果编《中国近代思想家文库·卢作孚卷》及附录《卢作孚年谱简编》,中国人民大学出版社 2014 年版)

蒋复璁继续任中央图书馆馆长。6 月 16 日,中国农工银行上海信托公司总经理致蒋复璁函:"日前有上海信托公司襄理卢培仁由沪抵西安,据称向两路口玉川别业杭立武先生收国币拾万元,又向两浮支路八号蒋慰堂先生收国币五万元正,以上两笔已在申分别交与北平图书馆徐森玉君及中央图书馆郑振铎君云……乞以便中早日将尊处应交之五万元掷下为荷。"同日,蒋复璁致教育部函:"查本馆存沪珍籍现仍密藏无恙,前接保管人郑振铎来函,以沪地生活维艰,请速汇款接济,乃转商上海信托公司代划国币五万元……知该款五万元业已妥交无误。惟本馆经费有限,无法腾支,拟恳钧部如数拨给,俾便归垫。"9 月 8 日,蒋复璁致徐森玉隐语信:"七月十八日手书奉悉。前以营业周转不灵,曾于六月间由齐云青先生来告犀兄需五千元,当即交去,度已由李平记转到。现又托冷僧之侄汇五百元,由揆翁转交。年内当再设法汇奉若干。随园(即袁守和)向颖川取到八千元汇申,言先生前托武兄取得之款乃犀兄所用,与平店无关。此事最好请先生来信说明,是所盼祷。"

蒋复璁(化名唐玉)9 月 28 日致郭源(即郑振铎)密信:"鸣哥赐鉴:八月七日函示均悉。货甚好,但今非昔比,集股不易,惟当遵嘱姑与白沙、佶一庐(按,佶当为结,清代藏书家朱学勤之书斋,借指朱家骅)商量后再行复闻。但为数过钜,希望极少,请勿决定为幸。最好能由他人先购,俟此间有款,再向之商购,以免散佚。农工之六千元,以齐君来函只要五千,故于七月间如数交去。曾寄一函,谅已达到。兹又托兴业张君汇五百元。以后再有交易,即当奉闻。"同日,蒋复璁(化名卫汤甫)致瞿慎余(即徐森玉)密信:"接八月六日手书,敬悉种切,已将尊意及犀兄(指郑振铎)函转达……货固好,但今非昔比,筹集股款甚为困难……"蒋复璁又致朱家骅信,云顷得郑振铎、徐森玉来信谓苏州潘氏书出售,书价较高,请朱家骅定夺。并转去郑、徐来信。11 月 15 日,刘季洪致蒋复璁信:"九月二十八日大函暨徐、郑两君原函均敬悉,并经呈部长核阅一过。关于滂喜斋藏书,此时不仅无款购置,且亦无法运藏安全地带。惟此项图书颇为重要,部长意旨,希望设法使之售于我国藏家,勿落敌手也。"12

月10日,蒋复璁致徐森玉隐语信:"久疏音候,系念良殷,惟道履康顺,一如私颂。升元兄来函,藉悉芹翁安适,至以为慰。犀兄家用窘困,兹托张□祖兄汇划一千五百元,由揆翁收转。汇款不□亦可再设法。复贱体托庇尚健,武兄亦吉,知注附闻。敬请道安。晚蔚冲谨上。"(参见陈福康《郑振铎年谱》,三晋出版社2008年版)

袁同礼继续任北平图书馆馆长。1月10日,在《大公报》第2版《星期论文》发表《南美各国最近之动态及其与中国之关系》。29日,王世杰劝教部派袁同礼赴印度:"目前教育危机,一为师资日趋堕落,一为教科书籍及其他教学工具之缺乏。于此两事,教育当局似未尽最大之努力。予因劝教部派袁同礼君赴印,办理输入仪器、图书等事。教部于此事,尤太忽视,令人闷极。"3月,袁同礼奉教部派遣赴印度,采访订购图书仪器。一月后归国,采购图书仪器合计61箱。6月,《印度之选择》刊于《图书季刊》新4卷1—2期。冬,向达在敦煌向苏莹辉介绍自己从平馆开始的敦煌研究经历。是年,《如何发扬我国之艺术》刊于《社会教育季刊》1943年第1卷第2期。(参见张光润《袁同礼研究(1895—1949)》,华东师范大学博士学位论文,2018年)

马衡继续任北平故宫博物院院长。4月2日,应贵阳师范学院邀请,演讲《石鼓八迁小史》。同日,参与发起的中国书学研究会在重庆成立。10日,赴北大同人聚会。7月2日,赴行政院会议厅列席国立北平故宫博物院第五(六)届理事会第二次大会,王世杰主持,马衡提议将安顺库存文物酌选书画一二百件公开展览,以广宣扬,请予核定案。10月31日,马衡陪同王世杰检视安顺运至重庆之故宫筹展书画。12月至次年1月,为了报答西南父老协助运输、保卫之劳,使其能饱览祖国文化瑰宝,马衡院长特呈准行政院,在陪都重庆举办了一次西迁书画告别展览会。(参见马思猛《马衡年谱》,故宫出版社2021年版)

蒙文通仍任职于四川省图书馆。1月,程天放被免去川大校长职,改由黄季陆出任。同月25日,蒙文通致信欧阳竟无。2月1日,欧阳竟无复函蒙文通。2—3月,四川大学自峨迁回成都,蒙文通于是又兼教川大,并受聘任西康省通志馆编纂。3月,蒙文通《由〈禹贡〉至〈职方〉时代之地理知识所见古今之变》刊于《图书集刊》第4期,并作一识语:"中国文化之必发生于黄河流域,而齐鲁于古代文化为最高,几无异辞也。乃日本学者言长江地理环境优于黄河,不应文化发生反在河域,遂谓苗族为中国文化之创造者,及苗族为汉族所战败,汉族取其创造文化之地位而取而代之。说见梁漱溟《东西文化及其哲学》附录中。又德国学者作《中国经济史》,谓古代黄河改道常在下游,因谓中国古代文化发达当在黄河上游,而非下游,说见陶希圣《食货半月刊》。此两说者皆以不了然于中国古代地理之情形,而妄以今日地理情形论之,是为巨谬。岂知古代黄河流域,实优于长江流域,亦未尝有改道之祸。有之,为始于周定王五年,而改道之由,则以于时赤狄侵扰中国,灭邢、卫而有其地,决河泛滥迫使改道,遂又东侵齐地而有之,河之改道自此始。其决河处为宿胥口,其时其地掌握于赤狄之手,故知河徙之祸乃赤狄之为。此与今日决河中牟,其事无异。详《史学季刊》二期,拙著《黄河首次改道与种族之祸》,孰谓古河泛滥不足以启文化耶!至黄河流域气候一切之变,为属于六朝时事,与长江流域古今之殊,当别作二篇论之,以质于大师硕儒,而黜东西学人不能多读中国书而好妄论中国史者之谬。"

蒙文通4月3日任中国史学会候补监事。5月29日,成都文化界在皇城悼念诗人吴芳吉,参加者有蒙文通和李劼人、向楚、张采芹等。谢无量在会上发言,沉痛哀悼吴芳吉。6月7日,顾颉刚致信蒙文通。7月1日,蒙文通自成都至三台,并晤金毓黻。3日,金毓黻致信蒙思明,欲聘其为中央大学史学系教授。4 日,应臧哲先邀至其宅,同至者有金毓黻。6 日,蒙文通自三台回盐亭。8 月,蒙文通在东北大学的学生张铭自三台来成都,任四川省图书馆研究辅导部助理干事,从蒙文通学宋明理学。2 日,蒙文通自盐亭回成都,途经三台,并晤金毓黻等。4 日,应金毓黻宴。11 日,为发扬蜀学,四川省政府根据省参议会议定,拨专款编辑《四川文献丛书》,并指定省立通志馆、省立博物馆、省立图书馆承办编辑事宜。秋,齐鲁大学国学研究所停办,蒙文通友钱穆于是改教华西大学,住华西大学南端洋楼;蒙文通学生洪廷彦入四川大学就读,时蒙文通正为川大学生讲授中国通史。后来,蒙文通又应学生的请求,讲了一年"专题研究"。12 月,蒙文通《馆藏嘉靖汪刻〈文心雕龙〉校记书后》刊于《图书集刊》第 5 期。是年,蒙文通学生冯汉镛在东北大学毕业,毕业后曾追随顾颉刚长达 4 年。(参见王承军《蒙文通先生年谱长编》,中华书局 2012 年版)

黎东方继续主持教育部史地教育委员会工作,兼大学用书编辑委员会常委。3 月 24 日,中国史学会成立大会在重庆召开,各大学代表及会员与会者 120 余人,陈立夫和社会部代表马仁松到会。顾颉刚致开幕词,继由黎东方报告该会筹备经过,"谓本会自前年'七七'发起,邀得各方赞助,经过两年筹备,得于今日成立。现名列发起人者,已达二百余人"。大会先由黎东方为临时主席,推顾颉刚、徐炳昶、金毓黻、蒋复璁、陈衡哲、傅斯年、黎东方、黎锦熙、雷海宗等 9 人为主席团成员,由顾颉刚任总主席。大会选出的中国史学会职员,黎东方等 21 人当选为理事。26 日,中国史学会第一次理监事联席会议召开,黎东方与顾颉刚、傅斯年、朱希祖、缪凤林、陈训慈、卫聚贤、金毓黻、沈刚伯 9 人当选为常务理事。7 月,黎东方《中国历史通论》(远古篇)由重庆国立编译馆出版。此书首先探讨了年代、地域、人种等问题,接着梳理了从氏族到帝国的过程、远古的经济及文化等问题。1944 年 2 月该书"春秋战国篇"出版,叙述了春秋战国之分期、政治经济之演变、灿烂辉煌之文化等内容。(参见王学典《20 世纪史学编年(1900—1949)》,商务印书馆 2014 年版)

朱希祖继续任职于考试院考选委员会。1 月 2 日,出席考试院院长戴季陶 52 岁生日宴会。1 月 9 日访汪东,以柳亚子托问南明史事二信付之。13 日,作《答汪旭初代柳亚子问南明史事书》约三四千字。汪东《南明史稿待杀青》:"安如属草南明史,精力所殚,又因余为介,从朱遏先质疑事,并搜集资料。"18 日,至国民政府开扩大纪念周会。会后,访沈尹默。下午,参加考试院院务会议。20 日,章炳麟婿朱铎民来访,一请作《乐清朱氏家序》;一请写汪辟疆信,欲捐国币一万元于中央大学国文学系,为章太炎先生奖学基金。同日,罗根泽来访。2 月 7 日,为设章太炎奖学基金,致信中央大学校长顾孟余及中文系主任汪辟疆。2 月 11 日,马寅初来访。2 月 14 日,接中央大学校长顾孟余、中文系主任汪辟疆复函,及太炎先生奖学金规则。15 日,致函朱铎民,并附去奖学金规则。28 日,考选委员会行纪念周礼,朱希祖讲演《慎言条理及知言方法》。3 月 6 日,被简派为民国三十二年高等文官考试初试典试委员。9 日,出席三十二年高等文官考试初试典试委员会,陈百年为试务处长,陈立夫为典试委员长。10 日,致信汪辟疆,说明太炎奖学金办法。24 日,中国史学会成立于重庆,朱希祖被选为理事,但因病未出席。27 日,弟子、北京大学史学系主任姚从吾来谒。同日,报载朱希祖被推举为中国史学会理事会常务理事。

朱希祖《中国史学通论》4 月由重庆独立出版社出版。此书是 1919 年夏在北京大学史学系讲授本国史学概论的讲义。原为三篇:一、中国史学之起源;二、中国史学之派别;三、历史哲学。后在其他大学讲授时,删除了第三篇。1942 年,朱希祖应女婿罗香林之请,决定出版该讲义,附录《太史公解》和《汉十二世著纪考》论文两篇。全书共有两部分:第一部分中国史学之起源,探讨了"史"的本义和历史记载的产生等问题;第二部分中国史学之派别,将史学分为记述主义和推理主义两大派,记述为《左氏春秋传》,推理为《公羊春秋传》和《谷梁春秋传》。其后记述主义大为发展,累世扩张,而推理主义自汉以后,渐次衰微。推理主义的发展,除凭借记述主义外,还必须有哲学、社会学为基础,"于物心两界及宇宙全体,透澈了悟"。而我国既无系统之哲学,又无求实证之社会学,所以推理主义不能发达。该书把记述史学进一步划分为编年史、国别史、传记、政治史、文化史、正史、纪事本末等类型,这种分类梳理中国史学发展的方法颇具特色。作者自序中云:"近世治史学有不免钞胥陋习者,或从中国名著颠倒抄袭,或从外国人著作中片段抄译,干没其名,据为己有",而对自己的讲义则颇为自信,认为讲义之作,虽"不足以言著述",但也"皆自出心裁,不染钞胥陋习"。

朱希祖4月1日接卫聚贤信,请加入说文社发起人,复信允之。4日,撰《建议教育部请在国立各大学分设中国分代史讲座以备完成中国通史案》,以备在中国史学会常务理事会议上提出。4月5日,出席中国史学会常务理事会,提出上述议案。9日,计划今后进退取舍之计。18日,在考选委员会作"研究《通考·选举》"报告。16—21日,点阅蒋介石《中国之命运》。19日,晤沈兼士于考试院,并询北平旧友状况。25—28日,撰《恭读〈中国之命运〉后的感想和建议》。5月1日,至考选委员会交《恭读〈中国之命运〉后的感想和建议》。8月8日,顾颉刚来访。11月26日,张继来访,闲谈史学。12月2—5日,长子朱偰受任为高等文官考试典试委员,赴歌乐山阅卷,时来看望父亲。4日,与长子朱偰谈将来设置图书馆之事。12月15日,张继来访,论当时之历史学者。张继是日日记(《张溥泉先生回忆录·日记》,文海出版社1985年版):"访邀先,论今日之历史学者,约分两派:一、致用派,亦谓教育派,如柳诒徵、缪凤林等;一为考证派,内分两支,一为怀疑派,如顾颉刚、陈寅恪等;一为证据派,如钱穆等。两者比较,以钱穆为稳妥。至若文学的历史家,自太炎、壬秋殁,未见继起。有史识而兼能文,不易得也。为国史馆计,当先开训练班,陶养史才干部,方可胜任。"(参见朱元曙、朱乐川《朱希祖先生年谱长编》,中华书局2013年版;王学典《20世纪史学编年(1900—1949)》,商务印书馆2014年版)

许寿裳1月24日至南泉党政军人事管理人员第二训练班授课,讲《历代人事制度述要》。2月10日,至重庆城内两路口新村3号宋庆龄女士寓邸,出席鲁迅纪念委员会。20日,出席考选委员会学术会议遗教组第一小组会议,作读书报告,题为《读俞曲园先生〈群经平议〉〈诸子平议〉〈古书疑义举例〉三书报告》。3月19日,成诗二首,题为《次韵酬孙旅庭》。4月1日,兼任国立药学专科学校讲师。19日,得罗根泽函,以中国文化服务社托编青年文库国学百种,请许寿裳担任《越缦堂日记选》一种,许寿裳即复书允诺。5月1日,《读〈中国之命运〉报告》,是日完稿。6月18日,得考试院聘函,聘为实用文考课委员会委员。9月18日,兼任中央训练团党政军人事管理人员第一训练班讲师,所授课程,与前在第二训练班所授者同,亦为《历代人事制度述要》。10月15日,草拟机关学校化实施办法。(参见倪墨炎、陈九英编《许寿裳文集》下及附录二《许寿裳先生年谱》,百花出版社2003年版)

沈兼士3月3日受国民党中央军校第七分校之邀,赴该校为受训官兵演讲"华北敌伪阴谋"问题,学生听后深为感动。5月4日,赴重庆广东酒家,参加北京大学同学会五四运动纪念会,并报告北平教育界近况。5月,作五言诗一首,抒发战乱中思亲之情。6月,私立北平辅仁大学撰写《编辑〈广韵声系〉之工作报告》，谈沈兼士主编《广韵声系》已完成的工作、正在进行的工作及将来的计划等。7月7日，私立北平辅仁大学呈报北京市公署教育局，因该校文学院院长沈兼士因事离校，聘教授董洗凡代理文学院院长职务，请求核转教育总署备案。10日，傅斯年来函邀赴李庄访问，作五言诗一首谢之。中旬，在西安与从沦陷区出来的青年座谈，表示如果遇到困难，愿意替大家解决一切问题。又勉励私立北平辅仁大学学生公孙嫌、张振玉努力为抗战大业服务。秋，参加在西安北大街成渝川菜社召开的私立北平辅仁大学校友聚餐会，当谈到敌后抗日形势时，深为留在北平的陈援庵校长和全校师生担忧。不久，辅大学生程述之来访，请其设法营救因嫌疑共产党而被扣押的几个辅大校友。最后，这几名校友都得以获释。冬，在西安遇见刚回国的林语堂，并相约同登华山。谈起在北平就任伪职的周作人，心情沉重。（参见郦千明、汪素梅《沈兼士年谱简编》，《湖州师范学院学报》2021第3期）

王献唐继续任国史馆筹委会顾问。2月，到四川南溪李庄，寓居中央研究院历史语言研究所内，形成图书馆办事处设乐山，服务在重庆国史馆，办公在南溪史语所之"三足鼎立"局面。时改号"栗峰老人"，不名"向湖"。5月，为庆丁惟汾70寿诞，撰成《诂雅堂主治学记》《诂雅堂主党政记》。7月，到乐山办事处，居一月余，整理馆藏书物。8月，撰《跋晁刻古文尚书残石墨本》《建武范考》。9月，为李炳南画《雪庐图》。11月，为董作宾所办读书会演讲《怎样学中国画》。发表《竹落》《新出汉三老赵宽碑考释》等，记有《平乐印庐日记》。是年，仍为中英庚款会撰《中国古代货币通考》，为国史馆撰《国史金石志稿》。其《通考》费5年之力，成50万言，大体完成。《金石稿》杀青尚早。（参见张书学、李勇慧《王献唐年谱长编》，华东师范大学出版社2017年版）

汪东继续任监察院监察委员，并任职于国史馆筹备委员会。春，病初愈，去全身石膏，易以钢马甲。王葆斋夫妇迎至黑石冲养病，汪东有《清波引》词纪之。卧病期间，曾招内政部禁烟委员会书记殷竹林来谈，询以同盟会广州起义事。殷尝亲预广州之役，事败后，安于隐退。后客死，汪东伤以《浣溪沙》词。卧病期间，许寿裳数来视疾，为言鲁迅生平，并借鲁迅著作与汪东。卧病期间，又识徐道邻，尝译其德意志籍妻所作诗。5月，作品参加在重庆中一路中苏文化协会举办之"癸未书画金石展"，另有胡小石、章士钊、沈尹默、乔大壮、沈兼士、陈铭枢、彭醇士、黄君璧、郦承铨、华飞、曾克耑、潘伯鹰、马万里、吴兆璜、谢稚柳、金堂萱、李天马、曾绍杰、蒋维嵩、曾永阁、席菊香、曾永等23人的作品参展。6月10日，翻译家伍光建病逝于上海，重庆各界人士亦为举行追悼典礼，汪东与于右任、叶楚伦、居正、但焘等参加。10月4日，钱大钧邀宴，开吴县同乡会理监事会。秋，兼任重庆复旦大学中文系教授。（参见薛玉坤《汪东年谱》，河南文艺出版社2016年版）

郑鹤声继续任职于国立编译馆。4月，《中华民国建国史》由重庆正中书局出版。此书所记自兴中会成立至1941年。以孙中山领导的资产阶级革命为主要线索，按革命的发展将中华民国史划分为三个阶段："辛亥革命推倒满清为第一阶段；北伐完成，打倒军阀为第二阶段；抗战建国为第三阶段。"（参见王学典《20世纪史学编年（1900—1949）》，商务印书馆2014年版）

李叔明继续任中华书局总经理。1月11日，中华书局总办事处改组为总管理处，分五部办事：（一）总务部；（二）业务部；（三）编审部；（四）印制部；（五）会计部。31日，重庆《大公报》载，中华书局通告："本公司总局于太平洋战事爆发后已迁渝办公，秉承在渝董事执行本公司业务,致与沦陷区之各机构失去联系,所有在沦陷区之董事、监察,股东及职员之一切行为,未经在渝董事部及总局之同意,概不发生任何法律上之效力。除呈请经济部备案外,合再登报通告如上。"2月13日,中华书局总管理处通函各分局,国定本教科书即将出版,所有初高小全部及初中公民、国文、历史、地理四种课本存书,设法尽量推销,以免存货损失。17日,中华书局总管理处召开第一次局务会议,通过了本处的组织大纲、各部办事细则、各分支局办事细则、同人考绩办法、非常时期改善员工待遇办法、印制部购买纸张油墨等材料手续的规定等。同月,中华书局总管理处编审部分四组办事:编务、出版、图书、通讯,共有25人。编审部拟定出书计划,除修改重排尚可供应之中小学教科书外,主要在重版书方面,就已出各类图书中,选取重要适销者,概用原书翻做石印,及时供应需要。首批13种送业务部发赣印去。3月1日,总处设运输组,隶属总务部,原设在贵阳的西南办事处撤销。7月9日,中华书局故总经理陆费伯鸿逝世两周年,在渝家族及本局同人举行大祥祭,分别由陆费蜓、李叔明主祭。金兆梓特撰《追忆陆费伯鸿先生》一文以为纪念。翌日,重庆《大公报》并刊登纪念文章。9月3日,重庆《大公报》载,中华书局8月份新书广告,各书均照定价十三倍在渝发售,并发表催领版税启事。

李叔明10月26日以中华书局总经理分函分局经理,此后当竭力推销善通图书。谓"教育部于是年九月间宣布初高小全部,初中公民、国文、史地概须由国定。……吾局自编有与国定本相同各科决不再印。……近与各方研究之余,颇感吾局前此普通书营业之不甚发达。似由供应推广之力尽用于教科书,而于普通书几视等附庸,实为主因。今者,教科书之营业几为国定本所夺,则吾人营业方针,此后必当竭全力于普通图书之推销,方足维持营业于不坠。推销教科书要诀,在联络教育当局,而推销普通书之方法,似当注重小同行及学校"。（参见吴永贵《民国图书出版史编年:1912—1949》,社会科学文献出版社2018年版）

王云五继续任商务印书馆总经理。1月12日,重庆《大公报》广告,商务印书馆三十二年一月份第一周新书,各书均照定价十倍发售。31日,重庆《大公报》载,商务印书馆总管理处启事:"本处依本公司定章,主管全公司之行政,并由总经理主持一切。民国二十六年冬由上海迁长沙,三十年冬再迁重庆,所有各地分馆厂统受本处管辖,惟沦陷区之分馆厂,除被敌人没收掠夺外,间有情况不明者,倘有违反本处意旨之举动,无论由于被动或自动,本处概不承认,特此声明。"是月起,王云五称迁渝后为商务印书馆小康时期之开始,迄于1945年8月日本投降之日为止。其自述曾谈商务印书馆的困境与业绩:"自太平洋战事发生,至此时期之开始,甫历一年又一月。此时期商务书馆的财政已渐宽裕,生产能力与自设工厂方面,已数倍于一年之前,而其工作效率经过全市的工作竞赛结果,名列最前。每日出版新书一种,自去年三月一日开始,迄无间断。营业方面后方各馆一律都有起色,对于营业解款之标准完全达到者,几达百分之九十。文化界与出版界殆无不赞扬商务复兴之速。同时商务驻港办事处之主要人员,亦陆续来渝,总管理处及驻渝办事处之人员也渐充实。分工合作,布置井然。我只须主持大体和计划,其它琐事,均可不必躬亲主持……。但我在这时期,虽然分心于国事,却对于商务书馆工作的进行,丝毫没有放松。积极方面,无时不筹画尽量供应教科及参考用书,新印及重印许多有价值的一般图书;消极方面,由于战事之进退无定,商务的分馆散处于整个大后方,常常有撤退及疏散之必要,而撤退或疏散以后,对于各该地区之教科用书亦须设法供应,故直至抗战胜利之日,应变工作仍随时进行。"然后重点论述了供应教科书、工具书、大学丛书、中学文库等,从一个侧面反映了的当时出版界的艰难困境以及砥砺前行的状况。

王云五主持的商务印书馆《中学文库》7月在重庆开始发行,为后方出版界最大规模之出版。本文库分类汇集为500册,其版式括有新四开及新六开即二十四开及三十二开本,只重内容适用,不顾形式整齐。廉价整售,不足之数,随即添印,凑成全部,计其售出4000部。王云五撰写了《印行中学文库缘起》。8月15日,王云五在《东方杂志》39卷11号上发表《中文排字改革的报道》,按照他提出的改革方法,进行中文排字,可提高工效50%以上。王云五宣布对此项新法,自动放弃其发明权益,任人采用。28日,重庆市出版商业同业公会成立,45家出版社出席成立大会。9月13日正式办公。成立会上选举王云五等25人为理事,刘百闵等5人为监事,并选定王云五等5人为常务理事,刘百闵为常务监事,公推王云五为理事长。11月1日,王云五在宪政实施协进会第一次大会中,提议请提前实行提审制度,并调整图书杂志报纸审查办法。25日,重庆《大公报》广告,商务印书馆12月份第三周新书出版,各书照定价18倍发售。(参见吴永贵《民国图书出版史编年:1912—1949》,社会科学文献出版社2018年版)

李伯嘉任职于商务印书馆。4月19日,正中书局、商务印书馆、中华书局、世界书局、大东书局、开明书店、文通书局等7个出版机构在重庆成立“国定本中小学教科书七家联合供应处”(简称“七联”或“七联处”)。七联处主要任务是协调分配全国中小学教科书的印刷、发行及供运等。七家书店总经理参与议事,各家派代表组成第一届理事会。商务印书馆的李伯嘉任主任,中华书局的谢惠侨任副主任。供书比例为:商务、中华、正中各23%,大东12%,世界8%,开明7%,文通4%。七家联营资金5000万元,依分配定额。该处于1946年迁上海。先后发行由编译馆编辑的教材254种,补充教材67种。7月2日《大公报》,商务印书馆、正中书局、中华书局、开明书店、世界书局、大东书局、文通书局发布教科书供应联合声明:“本局馆店等兹谨遵照教育部令,并为协助政府推行国家教育政策起见,特联合组织‘国定中小学教科书七家联合供应处’,经与教育部订立合约,取得印行国定教科书供应全国之特权。现该处业已假重庆复兴路十五号迁川大厦正式成立,并已开始分区赶印国定教科书,期能及时普遍供应全国各地。谨此公告。”(参见吴永贵《民国图书出版史编年:1912—1949》,社会科学文献出版社2018年版)

陈逢原等创办的史学书局12月5日在重庆开幕,12月4日重庆《大公报》载开业启事:敝局以服务文化、便利学人出版及经销史地专门书刊为宗旨,广求海内外史地图书作集中供应,如蒙国内各大学、各研究所、各学术机关、各私人以所出史地书刊或纯学术性之书报,委由敝局经销,极所欢迎,如有珍本旧书委交敝局寄售,手续费用亦概从简廉。兹门市部筹备略已就绪,择于12月5日正式开幕,倘承光临指导,曷胜荣幸。史学书局谨启。(参见吴永贵《民国图书出版史编年:1912—1949》,社会科学文献出版社2018年版)

叶波澄10月任在重庆新创办的南方印书馆经理,东南出版社在永安创办,创办不久,就建立印刷厂、门市部和发行部,并在重庆设立分社,在桂林设办事处,共出版各种图书近30种。1945年5月“永安大狱”事件后被封闭。(参见吴永贵《民国图书出版史编年:1912—1949》,社会科学文献出版社2018年版)

张静庐从事出版事业已有25周年。1月5日,据重庆《大公报》载,旅渝旧友沈雁冰、舒舍予、应云卫、马彦祥、赵望云、叶浅予等25人为发起征文并辑印纪念册两种,一为文字,一为书画。19日,《新华日报》载:茅盾、老舍、曹靖华、郑伯奇、夏衍、张恨水、姚蓬子、姚苏凤、施蛰存等20余人发起张静庐从事出版事业25周年纪念征文。征文说:“安慰一个朋友二十五来辛苦的生涯，并勉励他于未来二十五年间对于文化建设有更光荣的贡献。"（参见吴永贵《民国图书出版史编年：1912—1949》，社会科学文献出版社2018年版；文天行编《国统区抗战文艺运动大事记》，四川省社会科学院出版社1985年版）

　　黄洛峰12月19日在重庆约请了一部分出版界人士聚餐座谈，就国际形势、出版业发展前途、出版界目前的处境等，进行座谈。参加者有上海杂志公司、作家书屋、教育书店、峨嵋书店、五十年代出版社、文化生活出版社，以及华中图书公司、文化供应社、群益出版社、国讯书店、生活书店、新知书店和读书出版社的负责人。与会者倡议组织新的出版业联合总处，每半月或一月召开一次会议，并公推黄洛峰、张静庐主持，商讨出版业面临的各种问题。（参见吴永贵《民国图书出版史编年：1912—1949》，社会科学文献出版社2018年版）

　　萧曙11月9日在《新华日报》发表《作家生活与文化出版事业》。文章指出，不仅作家生活困难，正直的出版，也"几乎没有一家不叫苦连天"。作者认为，提高稿费、版税只是个治标的问题。"最重要的问题，乃在政府重新考虑目前的文化政策，铲除目前文化出版事业发展中的各种障碍"。此外，"开放民众运动"，这不但"有助于作家生活的改善，而且社会其他部门也因之得到改革，直接间接都与作者生活有极大裨益"。（参见文天行编《国统区抗战文艺运动大事记》，四川省社会科学院出版社1985年版）

　　徐蔚南12月15日任在重庆新创刊的《出版界》月刊社长及发行人，该刊由中央图书杂志审查委员主办。以报道出版界的趋向，指导青年读书方法，评介新书为目标。主要内容分学术论著、读书指导、新书提要、图书评介、统计调查、作家与出版家情况、文化动态等。1945年3月出至第2卷第1期。（参见吴永贵《民国图书出版史编年：1912—1949》，社会科学文献出版社2018年版）

　　李辰冬1月20日在其主编的《文化先锋》第1卷第20期刊出"文艺政策讨论特辑"（上），载有陈铨《柏拉图的文艺政策》、赵友培《我们需要"文艺政策"——兼评张梁两先生关于本问题的意见》、夏贯中《读张先生的"文艺政策"》、张道藩（以"本社"名义）《关于文艺政策再答辩》。2月1日，《文化先锋》第1卷第21期又出了"文艺政策讨论特辑"（下），发表王梦鸥《戴老光眼镜读文艺政策》、常任侠《关于"文艺政策"的补充》、丁伯骝译 E. M. Forster 著《社会对于艺术家的责任》、李辰冬《推行文艺政策的一种办法》。20日，李辰冬接任《文艺先锋》主编后，首辟"短论"栏目，极力推动有关"文艺政策""民族文艺"以及"伟大的作品"的讨论。李辰冬在此期"编后记"里，再次强调"建树民族文学"的使命，并"希望文艺界朋友们多对此问题发表伟论，并向这方面创作"，等等。同期《文艺先锋》刊出李辰冬（署名冬）《要创造我们的民族文艺》的短论以及评论臧克家的长诗《古树的花朵》（东方书社）的书评《古树的花朵》。其《要创造我们的民族文艺》一文具有风向标意义。文中标明题目是有感于张道藩所提"要创造我们的民族文艺"的口号，并进而阐发了这一口号的含义：所谓民族文艺就是适合民族现实生存的文艺。因为要适合"现实生存"，所以民族文艺有时代性与地域性。《红楼梦》是中国的民族文艺，然不是当今需要的民族文艺，舍时代性与地域性而谈民族文艺，一定引起许多误会。时代是指时代的思想潮流，地域是指地域环境的特性。时代与地域为融解古今中外一切文艺的熔炉，凡适合时代与地域需要者必融解起化合作用而成一种独具个性的文艺，否则，即不起化合作用而仍为分离的个体。由此而言，提倡我国旧文艺并不就是提倡民族文艺，尽管它能供给大量民族文艺的成分，介绍西洋文学，并不见得就能创造民族文艺，如果它不与民族生存起化合作用。李辰冬主要以"民族生存"以及时代性与地域性来界定和阐释"民族文艺"，明确指出，凡"与民族生存起化合作用之古今中外的文艺,必独具个性,即所谓民族的'独立的文艺'""今后大势所趋,尽管国际间文学潮流必定要日益加甚,但不与民族生存起化合作用者,仍为外国文学"。

按:此文又重点批评了"普罗文学",认为"普罗文学是挑拨阶级仇恨,鼓励阶级斗争的,然在我国根本没有阶级的存在,何尝阶级的仇恨,与阶级的斗争""阶级斗争本是社会的病态,不求怎样调解阶级的利益而使其融洽,反挑拨阶级的仇恨而致人类自相残杀,已成过时代的思潮"。因之,"有人尽管介绍普罗文学,创造普罗文学,然如小石落海洋,马上被民族文学的浪潮淹没了"。然后又由"普罗文学"谈到"翻译西洋文学"的问题,指出"大量地,永远地翻译西洋文学,对新文学才容易发扬滋长,这是事实,然必须翻译对民族生存带有滋补的文学""文艺之为民族的与否,视其表现民族生存的意识与否而定。不在它用中国的文字,中国的语言,描写中国人民的生活,表现中国社会的人物。很可能表面上用中国的文字,用中国的语言,描写中国人民的生活,表现中国社会的人物,而实际上受某某国际的指挥,为某某国家在宣传。所描写中国人民生活是病态的,表现中国社会的人物是歪曲的。不但不能滋补民族生存,反而于民族健康有碍。这是我们文艺界必须特别防备的"。可见,"民族"在此已经介入文学的译介与创作活动之中,并且成为一个重要的衡量标准。而从李辰冬批评"普罗文学"问题的严厉语气中,我们可以领会其所提出的"民族文艺",是针对"普罗文学"以来的新文学,特别是对当时的左翼文学思潮而言,然而从李辰冬对于"普罗文学"具体的批评字眼,比如"受某某国际的指挥""为某某国家宣传"等话语,分明又是挟带了一套政治上的话语攻击。由此可见,此时的"民族文艺"运动,因为掺入太多的党派矛盾而对左翼文艺进行某种挤压,进一步加剧了左、右翼文艺界的矛盾。于是"民族文艺"就这样被提出,而后在《文艺先锋》上引发了其他诸多问题的讨论。

李辰冬(署名冬)3月20日在《文艺先锋》第2卷第3期发表《文人相"诚"》短论及书评《牛全德与红萝卜》。前文在肯定抗战以来文艺界都一致地站在"国家民族"立场之后,即以"怎样建立民族文艺"为由,为批评界约法三章:"第一,要度量宏大""第二,不要冷嘲热骂""第三,不要歪曲事实"等。透过种种"建设性批评"的呼吁,其用意是强调"国家民族"立场,批判"文人相轻"等新文学风气。后文系对姚雪垠的小说《牛全德与红萝卜》的书评,文中同样将《牛全德与红萝卜》视之为"民族文学"的样板作品,称赞姚雪垠小说中的牛全德,即成功描写了人物"由黑暗而光明,由错误而正确,由流氓而英雄,由个人主义而民族主义,由吊儿郎当而'人应该活得有意思一点'",这是"牛全德型"。其所以不产生于抗战前而产生于抗战后,是由于民族抗战的结果,故而作品为"民族文学"。同期《文艺先锋》还刊出署名"珊"的《发扬"公"与"诚"的精神》与署名"荣"的《"言之有物"与"言之有用"》两篇短论,讨论"伟大的作品"。4月20日,李辰冬在《文艺先锋》第2卷第4期发表《正气歌》,系对吴祖光的历史剧《正气歌》的书评。此剧由文艺奖助金管理委员会出版。李辰冬也是主要肯定了吴祖光的剧作把握住了历史人物的"民族英雄"品格,描写文天祥这位"为国为民的民族主义者向自私自利的个人主义者奋斗的悲剧",并由此讨论了历史剧在塑造人物、心理描写,以及写景叙事方面的成败得失。上述三篇书评,是李辰冬基于建树"民族文学"的使命,而寻找了三篇作品,作为"民族文学"的代表作品和解读对象,也是从诗歌、小说、戏剧方面,为"民族文学"作注脚。同期《文艺先锋》又特别辟出了"文艺政策讨论特辑",刊出太虚《对于文艺政策之管见》、易君左《我们所需要的文艺原则纲要》、翁大草《论情感与理智》。三篇文章从不同角度对张道藩的"文艺政策"进行了阐发或补充。这些讨论文章,事实上扩大了张道藩提出的"我们所需要的文艺政策"在国统区的影响,也为后来国统区的文学运动奠定了理论基础。同时再一次说明,抗战后期的右翼文人在靠拢政治权力一方的同时,也带来对左翼文人的文学创作空间的排压。这样的讨论,也势必造成文学双方之间矛盾的进一步加剧与分化。(参见张志云《〈文艺先锋〉(1942—1948)与国统区文艺运动》,四川大学博士学位论文,2007年;文天行编《国统区抗战文艺运动大事记》,四川省社会科学院出版社1985年版)

易君左4月20日在《文艺先锋》第2卷第4期"文艺政策讨论特辑"发表《我们所需要的文艺原则纲要》,提出建立"三民主义文艺"的必要,认为"没有三民主义的文艺,那里有三民主义的文艺政策呢?"于是就根据"三民主义"的"民族""民权""民生"这三个方面,分门别类地整理出具体建设"三民主义文艺"的原则。8月20日,易君左的长文《如何创建新民族诗》开始连载于《文艺先锋》第3卷第2期,至第3卷第3、4、6期毕。此文还有一个异常醒目的副题:"一个革命的绝叫——切望以此引起论坛广大的共鸣。"作者首先批评了时下旧体诗和新体诗的诸多"缺憾",主要是责怪旧体诗没有"时代性",新体诗没有"历史性",然后提出一个响亮的口号要创建所谓"革命的新民族诗",具体还说"我们要求建立今日中国的诗""不但要求是现代的诗,而且要求是中国的诗""我们要求的诗,是要有历史性,同时要有时代性""创造一个诗的新境——一个发扬中国民族精神和时代精神的圣境"。文章最终指向所谓"革命的新民族诗"的"时代性""历史性",具体内涵即是"二十世纪中华民国式的革命""国民革命式的革命"。要之,此文根据创建"革命的新民族诗"这样一个响亮的口号,广泛探讨了"新民族诗"之"思想""性质""情感""风格""形象""价值""体制""题材"等等,大有全面检讨"旧体诗""新体诗",发动一场"坚强的革命运动"之势,以此树立"革命的新民族诗"。(参见张志云《〈文艺先锋〉(1942—1948)与国统区文艺运动》,四川大学博士学位论文,2007年)

卫聚贤时任《说文月刊》主编。3月23日,卫聚贤致函苏雪林:言明年为党国元老吴稚晖先生80华诞,请赐学术论文,以示恭贺。苏雪林撰《屈原〈天问〉中的旧约·创世记》。24日,卫聚贤与李济、傅斯年等发起的中国史学会举行成立大会。26日,中国史学会第一次理监事联席会议召开,卫聚贤当选为常务理事。28日,中国史学会讲演周开始,每日一讲,卫聚贤首讲"敦煌石室"。12月1日,卫聚贤在重庆《大公报》礼堂给印刷干训班讲授《中国印刷史》,讲稿发表在1944年4月15日的《印刷通讯》第2期上。28日,郭沫若为卫聚贤新开茶楼所撰贺联发表于重庆《新民报晚刊》。"大东家,大方家,法天法地,师古师今,难得一楼新宝贝;卫夫子,卫娘子,聚民聚才,贤劳贤德,真成双料活神仙。""考古专家卫聚贤,近在渝市开设茶楼一座。号聚贤楼,郭沫若特撰嵌字联为赠。卫聚贤自号卫大法师。"(参见赵换《卫聚贤学术研究》,华东师范大学硕士学位论文,2010年;沈晖编著《苏雪林年谱长编》,安徽文艺出版社2017年版;林甘泉、蔡震主编《郭沫若年谱长编》,中国社会科学出版社2017年版;吴永贵《民国图书出版史编年:1912—1949》,社会科学文献出版社2018年版)

萧赛时任燕风文艺社编辑。2月,所著《曹禺论》由燕风出版社初版,列为燕风文丛第2种。此为最早系统论述曹禺作品的专著。萧赛对曹禺的评价是:"在中国近代戏剧历史上,曹禺是不可磨灭的一个作家,他有着优异的天才,他人又那么年轻,他的作品便拥有那么多的读众和观众,许多城市连年重演着他的剧本,市面上流行着的再版,到二十余版之多,许多演剧艺术家皆以演出他的剧本为光荣,因为他满足读众和观众的灵魂,使演剧艺术者各自得到创作的愉快。近代中国诸戏剧作家中,所写的剧本能渡过东洋,译为数种外文,出现在别国舞台上的,开先例者惟曹禺一人而已,民国二十五年时,由名演员凤子他们在日本东京演出《雷雨》《日出》,深得当时戏剧界有权威的秋田雨雀和影山三郎等力誉,直到现在,曹禺早已是西欧和东方戏剧文化界所留意的人物,他的《日出》,得了《大公报》文艺奖金,《北京人》得了三十年度全国艺术奖金。当他的近作《北京人》问世,李长之在《论曹禺及其新作

〈北京人〉里云：'他像写过《穷人》之后的朵斯退益夫斯基（今译陀思妥耶夫斯基），（二十四岁）那样青年一样，不能不让我们说，这将是中国近代文学史上最煊赫的群中之一员。他是绝对有优异的天才的！'（见三十一年大公报战线）"继而萧赛说："这些都是曹禺华丽光荣的外衫，但配穿这华丽光荣外衫的，还是他本人的作品。""此外他同宋之的合作的《黑字二十八》，同张彭春改译莫利哀的《悭吝人》为《财狂》（他自己便主演着这两个戏），今冬他在陪都又改译拨拉希的《莫扎德》为《安魂曲》（还是他自己主演），但这些均非曹禺的独创，故在《论曹禺》时，只用较少的篇幅提到，所遗憾者是山河阻隔，未能拜读他的近作《家》（改编巴金小说），对《家》，在后面我只能作一种预测。"（参见田本相、阿鹰编著《曹禺年谱长编》，上海交通大学出版社 2017）

蒋星煜的《中国隐士与中国文化》10 月由重庆中华书局出版。此书内容包括中国隐士名称的研究、中国隐士形成的因素、中国隐士类型的区分、中国隐士的政治生活、中国隐士的经济生活、中国隐士的社会生活、中国隐士的地域分布、中国隐士与中国绘画、中国隐士与中国诗歌、中国学者怎样批判中国隐士，论述了中国隐士的名称、形成、类型、地域分布及其政治、经济、文化、社会生活等问题。（参见王学典《20 世纪史学编年（1900—1949）》，商务印书馆 2014 年版）

陆印泉 1 月 20 日在《文艺先锋》第 2 卷第 1 期发表《粉碎公式主义》，批评了抗战以来文艺创作中的"公式主义"倾向，及其对于"伟大作品"和抗战所带来的危害。继而具体分析了造成"公式主义"的病根，有三："作家对现实的疏远"，割裂了文艺的宣传性与艺术性之关系，"题材领域的狭窄"。为此，文章呼吁作家们走出"狭小"的圈子，"站在中国民族的立场上，站在改进现实生活的立场上，来反映现实，描写现实"，要"深入生活，分析生活"等等。（参见张志云《〈文艺先锋〉（1942—1948）与国统区文艺运动》，四川大学博士学位论文，2007 年）

谭文 9 月 6 日在重庆《新华日报》发表《读〈耶稣之死〉》，文章认为，在这本小说集里"茅盾先生是尽可能地努力地用他的笔，反映出时代的风貌，反映出知识分子在这时代的情绪，他没有使自己的笔逃到现实外面去"，而"使我们看到了一些真实的东西"。（参见唐金海、刘长鼎主编《茅盾年谱》，山西高校联合出版社 1996 年版）

苏渊雷 11 月 5 日辞去重庆南泉中央政治学校讲席，创立"钵水斋"。举凡文物交流、图籍出版、学术座谈、书画展览，无不一一举办，成为当时文人聚集的一个中心。钵水斋开张之时，汪东曾有题词。后与苏渊雷又多有交游，并尝点评苏氏诗稿。（参见薛玉坤《汪东年谱》，河南文艺出版社 2016 年版）

张友渔在重庆，任中共南方局文委秘书长、《新华日报》社论委员会委员、中共重庆工作委员会候补委员兼政策研究室副主任、生活书店总编辑。

张鸿烈为理事长，简贯三、郑若谷、阎文学为常务理事的中国社会经济建设协会 1 月 10 日在重庆成立，以研究战后社会经济建设问题为要务。刊行有《会员通讯》和《社会建设与经济建设学报》等。

朱学范 3 月 30 日在重庆召开的中国劳动协会第四届年会上致开幕词。4 月 2 日，中国劳动协会召开第四届第一次理监事会议，推举朱学范、水祥云、易礼容、程壮、刘兆祥为常务理事，决定增设国际联络委员会、劳动文化委员会、劳工福利委员会和生产技术研究委员会等组织。

陈白尘、曹禺、陈鲤庭、张俊祥、赵铭彝、贺孟斧等编辑的《戏剧月报》1 月在重庆创刊，由《戏剧月报》社编辑、五十年代出版社出版发行，该刊主要设有"每月简论""剧运回顾""戏剧创作""创作经验谈""戏剧赏析""批评与戏剧动态"等栏目，既是为了进行戏剧艺术的探讨，更是为了推动"戏剧为抗战服务"。

按：1卷5期各有侧重，第1期为"重庆抗战剧运第五年演出总批评"，第2期介绍斯坦尼斯拉夫斯基，第3期为"保障上演税运动特辑"，第4期为讨论历史剧问题特辑，第5期为"聂米洛维契丹钦珂氏纪念特辑"。内容大致分为戏剧作品和戏剧理论两大部分，内容兼顾中外、古今。至1944年5月共出版1卷5期。（参见文天行编《国统区抗战文艺运动大事记》，四川省社会科学院出版社1985年版）

吴熙祖、周彦、徐昌霖编辑的《天下文章》3月15日在重庆创刊。《发刊词》谈了创刊的四点原因：一、出版界有的是关于政治、经济、军事、教育、哲学、诗歌、小说、戏剧等专门单一性的刊物，综合性多面性的东西少，而这是"足以适合任何口味的人咀嚼的"；二、读者购买力薄弱，"事实上""每个人都这样渴望着""求得一本能包罗万象的书刊"；三、思想界还"存着不少的残渣""正须得有人去导引"；四、战时交通阻隔，资料不易搜集、保管，"我们每期有系统地搜集一个或几个有永远保存的价值的专门材料""但愿天下的好文章，今后都能尽量搜集进来，更希望在任何一个角落，都能有它的踪迹；任何范畴的研讨的人都能在这里找得他方便的参考对象：陷在谬误思想上的青年，都能从这里获得正确的解答，有志于资料搜集的朋友，更能在这一本册子中，求得他们所需要的题材"。（参见文天行编《国统区抗战文艺运动大事记》，四川省社会科学院出版社1985年版）

曹孟君主编的《现代妇女》杂志1月在重庆创刊，编委均为中共地下党员和进步人士。

聂绀弩到重庆，直至1947年先后担任《艺文志》《真报》《客观》《商务日报》《新民日报》等报刊编辑。

王恩洋继续在成都佛学社讲唯识。8月，《新理学评论》由东方文教研究院作为该院丛书之第三种在四川内江出版。此书就《新理学》各章节详加评论，认为新理学"于学理精深处，尚有一间之隔，遂致矛盾百出，违理甚多""既不足以继《周易》，亦未足以续程朱。实乃以西洋唯物论思想为骨干，而穿一套中国古装者。吾谓以中国学问而穿西装，则得整理之益，收表彰之功，结果可以导引西人以从东方圣贤之道。以西学而着中服，则皮存而神亡，尸行而心死，用夷变夏，而圣学沦亡矣"。是年，王恩洋以所著《新理学评论》赠冯友兰。（参见蔡仲德编撰《冯友兰先生年谱长编》，中华书局2014年版）

欧阳竟无2月6日感冒示疾，转肺炎，体衰不能复，然犹系念般若表不已。23日晨7时，转侧，右卧，安详去世。3月5日，教育部致公祭文："维中华民国三十二年三月五日，教育部部长陈立夫及全体职员谨致祭于欧阳竟无先生之灵曰：呜呼，晦影归真，大师长往。梁木摧颓，学人安仰。呜呼，慈恩云远，绝学将亡。宗风丕振，孰绍招唐。昔我西巡，西京古寺。瞻礼徘徊，三塔鼎峙。明道嗣法，笃生宜黄。仁山继起，震旦之光。呜呼，发海潮音，说诸空相。大愿宏慈，待刊佛藏。法无常住，道则常新。存神过化，长怀哲人。呜呼哀哉，尚飨。"3月10日，吕澂致函蒙文通、韩文畦、彭云生，告知欧阳竟无圆寂事。欧阳竟无弟子从各地来奔丧，蒙文通曾约集在成都的同门公祭。4月27日，国府发布褒扬令并附"教育部呈请行政院转呈国府褒恤欧阳大师"原呈。国府发布褒扬令曰："耆学欧阳渐，早岁精研性理，倡导良知。嗣以清季政俗衰颓，乃思以佛拯世。民国以后，编刊内典，著述益宏。尔年避寇来川，感乏时艰，激扬正义，志行老而弗衰。兹闻溘逝，良深轸惜，应予明令褒扬，并特给恤金一万元，以彰宿学而示来兹。此令。"6月，支那内学院成立院友会，公推吕澂摄理院长。欧阳竟无葬于江津支那内学院院内。（参见徐清祥《欧阳竟无评传》，百花洲文艺出版社2010年版；王承军《蒙文通先生年谱长编》，中华书局2012年版）

太虚 1 月在重庆,于钱业公会讲经。13 日,陪都扩大举行释迦世尊成佛纪念大会,由太虚及虚云分别开示,盛况空前。14 日,与冯玉祥、于斌、白崇禧发起中国宗教徒联谊会,举行发起人会。同月,《海潮音》由福善移往成都大慈寺编发。24 日,应荣昌各界欢迎,就县庙讲《中国文化及佛教与战后欧洲民族之关系》。3 月 21 日,张道藩以《我们需要的文艺政策》相询,乃作《对于文艺政策之管见》。当时"欲以恢复宋儒传统,袭取应用(西洋哲学)为范畴"之新儒家,日见嚣张,多师理学余绪而排斥佛法。大师故斥之,曰:"设一言固有文化,即随瞽儒浅见,笼统的以接受韩欧程朱一流为恢复;而不知韩欧肤见无识之偏狭,与程朱阴盗阳憎之欺伪,其狭伪实为中国文化千年来渐陷低弱之主因。则恢复固有文化,反成加三民主义以拘蔽,使不能有所择取于盛唐雄大宏远之全个民族文化也!"5 月 22 日,中国宗教徒联谊会成立,太虚任常务委员(佛、伊斯兰、天主、基督教各 1 人),以卫立民为总干事。是会之任务,为"拥护抗战建国,尊重信仰自由,提高精神修养,励行社会服务,促进世界和平"五项。太虚留渝期间,广播《佛教与国民外交》。其《佛教之中国民族英雄史》《阅为性空者辨》,均是时作。月底,太虚回缙云山。夏秋间撰《中国今后之文化》,刊于 9 月 19 日《大公报》;而《联合国战胜后之平和世界》刊于《新中华》8 月号;《人群政制与佛教僧制》刊于《时代精神》第 9 卷第 2 期。又讲《佛教徒应参与中国和世界的新文化建设》。11 月,应复旦大学社会学系社会研究室之约,往讲《中国之佛教》。同月,太虚抵渝。时以内政部颁布 8 月修正之"寺庙兴办公益慈善事业实施办法""既由县市政府主组委员会征收兴办;又于各僧寺每年收益在五万元以上者,即须征收百分之五十(以今之物价论,则五万元才为敷五人最低生活费耳);复全由县市主组委员会征收,不惟非自行兴办,且殆无过问之权"(呈蒋主席文)。致各地佛教陷于纷乱。大师乃召集中国佛学会理监事联席会议,发出虞电,呼吁反对。(参见印顺编著《太虚法师年谱》,宗教文化出版社 1995 年版)

吴耀宗仍居重庆。2 月,基督教联合出版社开始出版《基督教丛刊》杂志。2 月至 7 月,为了向基督教内外的知识青年传扬基督教的真义,引领青年归向基督教,撰写《没有人看见过上帝》,在《基督教丛刊》上系列发表,同时印单行本出版。1944 年再版,1946 年 3 版,1946 年 10 月 4 版,1948 年 7 月 5 版,1948 年 10 月 6 版。该书是其基督教思想的代表作。5 月 25 日,在重庆曾家岩中共办事处,第三次拜访周恩来。发表《基督教与新社会》《我们需要什么样的胜利》等文章。(参见赵晓阳编《中国近代思想家文库·吴耀宗卷》及附录《吴耀宗年谱简编》,中国人民大学出版社 2014 年版)

梅贻琦继续任西南联大常委会常委、清华大学校长,主持西南联大工作。1 月 13 日,遵部令选送本校学业、操行、体育成绩俱优学生蔡福林、桂立丰、陈燕、陆钟荣、林同珠、冯志成等 6 名及各该生历年成绩呈部。25 日,寒假开始。27 日下午 3 时,梅贻琦出席清华三十一年度第一次教授会,报告最近学校经费情况及将来学校大计应有之考虑。2 月 15 日,1942—1943 年度第二学期注册,22 日上课。3 月 1 日,主持国民月会,请英国剑桥大学李约瑟博士讲演,题为《科学在盟国战争中的地位》。28 日,西南联大第 253 次常委会决议:梅贻琦、蒋梦麟两常委奉派为中央训练团党政训练班第 25 期教育委员会委员,先后赴渝公干。梅、蒋两常委离校期间,常委会主席职务请杨石先暂代,梅常委所兼教务长职务亦由杨石先兼代。下旬,梅贻琦赴重庆。6 月,梅贻琦返回西南联大。7 月 1 日,西南联大第 265 次常委会决议:聘请褚士荃、阎振兴、孙绍先、潘尚贞、周荫阿、黄中孚等为本校 1943—1944 年度工学院学生生活指导委员会委员,褚士荃为主席。2日,闻一多致清华大学校长梅贻琦信。当时清华大学文科研究所中国文学部助理刘功高因事辞职,此信即为及聘请西南联大师范学院国文系本届毕业生叶金根为清华文科研究所助教事。25日,刘文典因未能续聘西南联大风波,自恃抗战以来南迁边疆,备尝艰苦,在磨黑写信给西南联大中文系主任罗常培转清华大学校长梅贻琦,申诉其理由。

梅贻琦8月7日上午11时在西仓坡5号出席清华第四十九次校务会议。与会者还有陈岱孙、冯友兰、吴有训、叶企孙、潘光旦、施嘉炀、沈履。会上梅贻琦请校务会议成员各就有关范围对战后复校计划先加考虑,会议议决:“本校战后复校计划,拟请本会同人就有关范围先加考虑。”12日,第270次常委会决议冯友兰休假期满返校,继续担任文学院院长。21日,教育部令:关于云南省教育厅请将联大师范学院独立设置一案,兹决定办法三条,即师范学院内部设施以适应培养中等学校师资为原则;俟抗战结束后再行独立;其租用校舍及修缮费应由多方筹措,由联大在建设及添加费内指拨20万元,云南省教育厅补助20万元,另由本部在下半年追加费内拨给20万元,共计60万元。11日,闻一多为续聘季镇淮为半时助教等事致清华大学校长梅贻琦信。15日,梅贻琦批示:“①照续聘半时助教。待遇如何,会计科查明。②关于上年研究生成绩及应给奖金者,教务处查明,以凭核发。”18日,梅又批示:“本年薪金定六十元,米贴四斗,余均照章。”9月1日中午12时,梅贻琦出席清华第五十次校务会议,传达教育部精神,“转行政院咨嘱各教育文化机关,就在沦陷区所受损失及战后复原所需用费依现值估价列报”,以便战后向侵略者索赔。会议据此作出决议:“拟请校长聘组委员会设计估量本校校产损失数量及价值之步骤及办法。”会上梅贻琦指定陈岱孙、吴有训、沈履组成委员会估量清华校产损失数量及价值,提交秋季将于美国召集之会议。下午3时,在西仓坡5号出席清华三十一年度第二次教授会。会议听取梅贻琦报告新近教师待遇办法、教师医药费补助办法及调查学校损失报部转呈行政院并计划战后恢复办法,通过应届本科及研究院毕业生名单,选举下届评议员、各院院长、研究院委员会主席、教授会书记。

梅贻琦9月11日手书复刘文典托罗常培转交的来云:“关于下年聘约一节,盖琦三月下旬赴渝,六月中方得返昆,始知尊驾亦于春间离校,致上学期联大课业不无困难。且闻磨黑往来亦殊匪易,故为调整下年计划,以便系中处理计,尊处暂未致聘。事非得已,想承鉴原。”9月15日,西南联大第273次常委会决议:设置党义教学委员会,请陈雪屏、姚从吾、周炳琳、贺麟、崔书琴为委员,陈雪屏为主席。11月1日,校庆6周年纪念放假1天。9日,梅贻琦为征调译员事在新校舍召集学生讲话,宣布译员服务时间为两年,可抵24—32学分,四年级学生征调归来后即可毕业。下午在工学院作同样报告。同月,西南联大组成西洋哲学编译委员会,着手编译亚里士多德、柏拉图、康德、杜威等人的名著30余种,内容包括古典哲学、现代哲学、哲学与文学三大类。12月5日晚,西南联大举行欢送志愿参加通译工作同学大会。25日下午,国民党联大区党部举行时事座谈会,陈雪屏主持,发言者有周炳琳、蔡维藩、邵循正、孙毓棠、雷海宗等。是年,西南联大教师科研成果获教育部奖励者有:陈寅恪《唐代政治史述论稿》(一等奖);汤用彤《汉魏两晋南北朝佛教史》(二等奖)、闻一多《楚辞校补》(二等奖)、王竹溪《热学问题之研究》(二等奖)、张青莲《重水之研究》(二等奖)、赵九章《大气天气之涡旋运动》(二等奖);郑天挺《发羌之地望与对音》(三等奖)、高华年《昆明核桃等村土语研究》(三等奖)、张清常《中国上古音乐史论丛》(三等奖)、阴法鲁《先

汉乐律初探》(三等奖)。(参见黄延复、钟秀斌《一个时代的斯文:清华校长梅贻琦》,九州出版社2011
年版;龚克主编《张伯苓全集》第十卷附编《张伯苓年谱》,南开大学出版社2015年版;蔡仲德编撰《冯友
兰先生年谱长编》,中华书局2014年版;闻黎明、侯菊坤《闻一多年谱长编》(增订版),上海交通大学2014
年版西南联大北京校友会编《国立西南联合大学校史——1937至1946年的北大、清华、南开》,北京大
学出版社1996年版;齐家莹编《清华人文学科年谱》,清华大学出版社1999年版)

　　杨石先3月28日经西南联大第253次常委会决议,在梅贻琦、蒋梦麟两常委奉派为中
央训练团党政训练班第25期教育委员会委员期间,暂代西南联大常委会主席职务,梅常委
所兼教务长职务亦由杨石先兼代。4月1日,杨石先主持国民月会,请国民参政会参政员褚
辅成讲演。26日,滇西远征军司令长官部司令陈诚来校演讲,题为《民生主义与民生问题》。
25日,清华大学纪念32周年校庆。5月26日,本校图书馆受国际学术文化资料供应委员
会委托代为演放图书影片,已装置就绪,将于本星期内开映。工程片在拓东路工学院图书
馆内,其他片在新校舍图书馆内。此前3月18日,国际学术文化资料供应委员会送存本校
之图书影片及阅书机到校,西南联大请吴有训主持该项图书影片阅读事宜。6月12日,原
国民党励志社第四任书记、力行社负责人刘健群来校讲演《抗战建国的核心问题》。23日上
午,刘健群在师院举行学生代表座谈会。14日,学年及毕业考试开始。8月19日,西南联
大第271次常委会决议:聘请杨石先、罗常培、陈岱孙、刘仙洲、陈雪屏为1943—1944年度
毕业生成绩审查委员会委员,杨石先为主席。10月27日,遵教育部令,西南联大聘请杨石
先为教务长,郑天挺为总务长。(参见西南联大北京校友会编《国立西南联合大学校史——1937至
1946年的北大、清华、南开》,北京大学出版社1996年版)

　　冯友兰继续任文学院院长。其时教授情况如下:中国文学系:朱自清、罗常培、罗庸、魏
建功、杨振声、陈寅恪、刘文典、闻一多、王力、浦江清、唐兰、游国恩;外国语文学系:叶公超、
柳无忌、莫泮芹、陈福田、燕卜荪、黄国聪、潘家洵、吴宓、陈铨、吴达元、钱钟书、杨业治、傅恩
龄、刘泽荣、朱光潜、吴可读、陈嘉、冯承植、谢文通,李宝堂、林文铮、洪谦、赵诏熊、闻家驷、
陈家民、温德、黄炯华、胡毅;历史学系:刘崇鋐、雷海宗、姚从吾、毛准、郑天挺、陈寅恪、傅斯
年、钱穆、王信忠、邵循正、皮名举、向达、张荫麟、蔡维藩、噶邦福、吴晗;哲学心理学系:汤用
彤、冯友兰、金岳霖、沈有鼎、孙国华、周先庚、张荫麟、冯文潜、贺麟、郑昕、容肇祖、王维诚、
王宪钧、陈康、敦福堂、熊十力(专任讲师)。1月12日,冯友兰作《关于新理学讨论——答孙
雄曾》,是对去年5月24日孙雄曾来信所提各点之答复。13日下午4时半,出席常委会第
246次会议。17日,为冯友兰偕任夫人将有重庆之行,朱自清、闻一多、浦江清、许维通、何
善周设晚宴饯行。陈梦家夫妇、余冠英夫妇及郭福堂作陪。20日,冯友兰致函梅贻琦,说明
本学年下学期休假半年,有中央训练团及中央政治学校约往讲演,由彼处致送路费及讲演
费,离校期间哲学系主任一职拟请金岳霖或王宪钧代理,并请决定文学院院长一职应由何
人代理。23日晚,清华文科研究所、北大文科研究所联合宴请牛津大学希腊文学教授
Dodds出席。同席还有牛津大学中国文学讲师E. R. Hughes。饭后讨论至9时始散。《朱
自清日记》于是日云:"多德斯指出,'世界'这个词在他们心中引起的感情反应比我们想象
的重要。然而,'Logos'既有'思想'又有'世界'的含义,即比英语'World'一词含义丰富。
钱与冯告诉多德斯:中文之'道'恰有此二义。"25日中午,游国恩设宴为冯友兰饯行,浦江清
等作陪。27日下午3时,冯友兰出席清华三十一年度第一次教授会,听梅贻琦报告最近学
校经费情况及将来学校大计应有之考虑。28日下午,出席欢迎Dodds的会议,听Dodds讲
英、德大学教育状况。5时半,出席常委会第247次会议。同月,沈于田《中国到自由之

路——评冯友兰著〈新事论〉》刊于《群众周刊》第8卷第1—2期合刊。2月,中平《冯友兰教授谈一元多元问题》刊于《大公报》。

冯友兰2月至6月经联大校方允准在国内休假,往重庆、成都讲学。6月26日,冯友兰出席清华第十九次聘任委员会会议。同月,《先秦儒家哲学述评》刊于《中央周刊》第5卷第43期;《宋明儒家哲学述评》刊于《中央周刊》第5卷第45期;《新原人》由商务印书馆在重庆出版,其《自序》云:"'为天地立心,为生民立命,为往圣继绝学,为万世开太平。'此哲学家所应自期许者也。况我国家民族,值贞元之会,当绝续之交,通天人之际,达古今之变,明内圣外王之道者,岂可不尽所欲言,以为我国家致太平,我亿兆安身立命之用乎?虽不能至,心向往之。非曰能之,愿学焉。此《新理学》《新事论》《新世训》,及此书所由作也。此书虽写在《新事论》《新世训》之后,但实为继《新理学》之作。""昔尝以《新理学》《新事论》《新世训》为贞元三书;近觉所欲言者甚多,不能以三书自限,亦不能以四书自限。世变方亟,所见日新,当随时尽所欲言,俟国家大业告成,然后汇此一时所作,总名之曰贞元之际所著书,以志艰危,且鸣盛世。"同月,陈觉玄(钟凡)《评冯著〈新事论〉》、孙次舟《新理学系统之来源》刊于《大学》第2卷第6期;胡绳《思想的漫步》(续评《新理学》)刊于《群众》第8卷第10期;张默生赠其所著《庄子研究答问》《庄子书及其哲学的研究》(油印本)。7月中旬,冯友兰与周诒春、潘光旦、吴有训、曾昭抢等访贵阳。同月,冯友兰任三民主义青年团中央组织部评议员。《新理学在哲学中之地位及其方法(续)》刊于《哲学评论》第8卷第2期。此文认为"真正的形上学使人对于实际有一种了解,此种了解使宇宙人生对人有一种意义,此种意义构成一种境界,即天地境界,所以,真正底形上学虽不讨论上帝存在、灵魂不死、意志自由等问题,但可使人有一种境界……在此种境界中,可以说是自同于上帝,已得到不灭与自由"。

按:此期《哲学评论》布中国哲学会纪事两则:(一)定于9月23日至25日在重庆召开第五届中国哲学会年会。(二)中国哲学研究委员会拟出之"中国哲学"丛书拟分为甲乙二集,甲集收哲学创作,乙集收研究中国哲学史之著作。《新理学》在重庆出版。孙次舟《新理学系统之来源》(续一)刊于《大学》第2卷7期。

冯友兰8月7日上午11时在西仓坡5号出席清华第四十九次校务会议。11日晚,访朱自清。12日上午11时,在清华办事处出席常委会第二七〇次会议。会议决定文学院院长、聘任委员会主席职务仍由冯友兰担任。15日,《中国传统哲学所求底理想生活》刊于《生活导报》第38期。19日中午12时,出席常委会第二七一次会议。同月,迁家至昆明北门街。孙次舟《新理学系统之来源》(续二)刊于《大学》第2卷第8期;胡绳《思想漫步》(续评新理学)刊于《群众》第8卷第13—14期;王恩洋《新理学评论》由东方文教研究院作为该院丛书之第三种在四川内江出版。9月1日中午12时出席清华第五十次校务会议。下午3时,在西仓坡5号出席清华三十一年度第二次教授会。冯友兰仍当选为文学院院长。6日中午12时,出席常委会第二七二次会议。11日上午11时,出席清华第五十一次校务会。15日下午6时,出席常委会第二七三次会议。22日下午6时,出席常委会第二七四次会议。26日,访朱自清。29日下午6时,出席常委会第二七五次会议。同月,联大《必修选修学程表(1943—1944年度)》规定先生所授课除"中国哲学史"外,尚有"中国哲学研究""伦理学"(各学系一年级必修课)。洪毅然《评冯友兰先生的艺术论》、孙次舟《新理学系统之来源》(续三)刊于《大学》第2卷第9期。10月13日下午6时,出席常委会第二七六次会议。20日下午6时出席常委会第二七七次会议。27日下午6时出席常委会第二七八次会议。

同月,孙次舟《新理学系统之来源》(续四)刊于《大学》第2卷10期;曹树人《冯著〈新世训〉评》刊于《新政治》第7卷1期。11月3日下午6时,出席常委会第二七九次会议。10日下午6时,出席常委会第二八〇次会议。17日,出席联大教授会,选举第六届校务会议教授代表。24日下午6时,出席常委会第二八一次会议。同月,《哲学评论》第8卷第3期刊出消息:中国哲学会原定于9月底乘国立编译馆召集哲学名词审查委员会之机会开五届年会,现因哲学名词审查委员会分昆明、重庆两地举行,故哲学年会延期举行。12月12日,周谷城《评冯友兰氏之哲学》刊于《大公报》。29日,出席清华大学评议会。同日,出席清华第二十次聘任委员会会议。同月,《中国哲学史》出重庆版。孙次舟《新理学系统之来源》(续五、续六)刊于《大学》第2卷第11—12期。是年,国民党组织青年军,动员大中学生从军。联大学生报名者不多,应校方要求,冯友兰与潘光旦、朱自清、钱端升等10余教授为此事进行讲演,于是报名者增多,超过规定名额。讲演后冯友兰在门外见有大字报劝学生对报名从军应慎重考虑,遂将大字报撕去,说"我怀疑写这大字报的是不是中国人";因法币贬值,冯友兰命冯契致函陶希圣,要求增加中国哲学研究委员会经费。蒋介石侍从室同意增加12000元。(参见蔡仲德编撰《冯友兰先生年谱长编》,中华书局2014年版;蓬莱市历史文化研究会《杨振声编年事辑初稿》,黄河出版社2007年版)

杨振声1月13日上午到图书馆,遇吴宓等。2月,任三民主义青年团第一届中央监察会监察。同月16日,在《国文月刊》第19期发表《文言文与语体文》。3月11日,因文学院院长冯友兰休假半年,杨振声代理文学院院长。本学期,为中文系三、四年级学生开选修课"文学概论"。为师范学院国文系学生初级部国文科五年级学生开必修课"文学概论"。4月2日,朱自清来访。3日,朱自清来访。7日下午3时,到文化巷30号南开大学办事处出席第五届第一次校务会议。16日,朱自清来访。同月,《诗歌与图画》刊于《世界学生》第2卷第4期。5月22日,朱自清来访。25日,联大中文系为欢送毕业生,在中法大学礼堂演出吴祖光剧作《风雪夜归人》。据5月26日《云南日报》报道:中国文学系主任罗常培主持,该校教授孙毓棠导演,杨振声舞台监督,闻一多舞台设计,沈从文、罗膺中顾问,全系同学参加演出,成绩甚佳,观众无不赞誉云。6月2日下午5时,杨振声到昆明文化巷卅号南开大学办事处参加常务委员会第二六二次会议。晚,参加中文系座谈会。11日上午11时,到西仓坡5号清华大学办事处出席第五届第二次校务会议。夏,与朱自清负责第六届留美公费生考试国文科命题。7月15日中午12时,到西仓坡5号清华大学办事处常务委员会第二六七次会议。下午3时,到北门街71号出席三十一年度第二次教授会议,共有55位教授代表参加。22日中午12时,到清华办事处参加常务委员会第二六八次会议。29日中午12时,参加常务委员会第二六九次会议。8月12日,因冯友兰上学期休假期满业已返校,杨振声请辞代理文学院院长一职。9月4日,朱自清来访。10月17日,与罗常培等当选第六届校务会议教授代表。12月22日下午4时,出席在清华办事处召开的第六届第一次校务会议。29日,在联大附中办公室出席第六届第二次校务会议。是年,《文言文与语体文》刊于《国文月刊》第19期;与古生物学家杨钟健应英国文化委员会之聘,赴英国牛津大学讲学。

按:另据萧乾《我的启蒙老师杨振声》(《北京城杂忆》,生活·读书·新知三联书店2001年版)所述:1939年出国后,我在国外曾同杨老师有过两度短暂的相处。1943年他同古生物学家杨钟健先生应英国文化委员会之聘,赴英国牛津大学从事学术交流,曾到剑桥小住几日。(参见蓬莱市历史文化研究会《杨振声编年事辑初稿》,黄河出版社2007年版;齐家莹编《清华人文学科年谱》,清华大学出版社1999年版)

贺麟在西南联合大学讲授"黑格尔理则学",所谓"理则学",通常译作"逻辑学",采用的是孙中山的译法。3 月 1 日,《我所认识的荫麟》刊于《思想与时代》第 20 期,怀念去年 10 月在贵州遵义病逝的好友张荫麟。4 月,在《思想与时代》第 23 期发表《答谢幼伟兄批评三点》,对谢幼伟就《近代唯心论简释》一书所作的评论做了回答。7 月,重庆独立出版社发行《近代唯心论简释》第二版,书末附录了《最近五十年来的西洋哲学》一文;《德国文学与哲学的交互影响》刊于《思想与时代》第 24 期。10 月,《论翻译的性质和意义》刊于《思想与时代》第 27 期。(参见高全喜编《中国近代思想家文库·贺麟卷》及附录《贺麟年谱简编》,中国人民大学出版社 2014 年版;齐家莹编《清华人文学科年谱》,清华大学出版社 1999 年版;蔡仲德编撰《冯友兰先生年谱长编》,中华书局 2014 年版)

汤用彤 1 月在《学术季刊》第 1 卷第 2 期发表《文化思想之冲突与调和》。同月 17 日,郑天挺的《日记》载:"锡予来,示以觉明敦煌来书,随与之长谈文科研究所发展事。"19 日,致函胡适,汤用彤写信谈北大南迁以来的学术活动情况。信中说:"文科领导无人,尤望我公之能提早返国。"还谈到加紧进行西北文物考察的事,提出胡适为西北者察所募款,"宜委托北大专管,务求用途得当"。又力陈学术建树为大学立足之本,并以开辟敦煌调研为重点来加以具体阐释。7 月 22 日,联大第 268 次常委会议决:汤用彤辞联大文学院哲学心理学系主任职务,请冯文潜为该系代理主任。是年,《王弼圣人有情义》刊于《学术季刊》第 1 卷第 3 期;《王弼之〈周易〉〈论语〉新义》刊于《图书季刊》新 4 卷第 1—2 合刊;《向郭义之庄周与孔子》刊于《哲学评论》第 8 卷第 4 期;所著《汉魏两晋南北朝佛教史》获教育部教师科研成果奖二等奖。(参见汤一介、赵建永编《中国近代思想家文库·汤用彤卷》及附录《汤用彤年谱简编》,中国人民大学出版社 2015 年版;耿云志编《胡适年谱》,福建教育出版社 2012 年版;齐家莹编《清华人文学科年谱》,清华大学出版社 1999 年版)

钱端升 1 月在《世界政治》第 7 卷第 19—20 期合刊发表《新世序与世界公务员》。同月,致书英国著名政治家、议会领袖斯克里普斯和著名政治家西塞尔,表达并重申中国收复东三省和台湾的决心。2 月,在《大路》月刊第 8 卷第 6 期发表《新世序的设计》。3 月 15 日,在《三民主义半月刊》第 2 卷第 6 期发表《新世序的建设》。同日,在《东方杂志》第 39 卷第 1 号发表《罗斯福四大自由之知与行》。4 月,太平洋学会理事改选,当选为理事。5 月,在《当代论坛》第 1 期发表《国际的经济分工合作为和平基础论》。同月,经 46 位校、院长推选,当选为教育部第二届学术审议会委员。7 月,在美国《外交季刊》发表"New China's Demands"(《新中国的要求》)。8 月,在《国际编译》第 1 卷第 2 期发表《战后应否有一国际人权宣言》。9 月,参加第三届国民参政会第二次会议。10 月 20 日,以参政员身份参加国防最高委员会所设的"宪政实施协进会"。11 月,上一年撰成的《战后世界之改造》一书本月由商务印书馆在重庆出版。12 月,在美国《太平洋季刊》发表"Wartime Local Government in China"(《中国战时地方政府》)。冬,与萧公权、钱穆、冯友兰、陶孟和等教授一同应聘到中央训练团高级班第二期任教官,负责讲授"现代各国的政治制度"。课程分六讲:政治制度的演进、近代民主制度、议会、行政机关、行政权的扩张、人民监督政府的问题。(参见孙宏云编《中国近代思想家文库·钱端升卷》及附录《钱端升年谱简编》,中国人民大学出版社 2014 年版)

陈序经 5 月 15 日在昆明《自由论坛》第 1 卷第 4 期发表《"五四"文化运动的评估》,指出五四文化运动的价值,与其说是在于积极地主张接受西洋的文化,不如说是在于消极地反对孔家的思想。陈独秀、胡适所提倡的西化,大致不外是民主主义与科学精神,都是严复、胡礼恒、容闳的主张。非儒的言论,并非始于五四文化运动的领袖们。周秦时代的庄子、墨子,汉代的王充,明代的李卓吾,都是反对儒家的代表人物。不过自中西文化沟通以后,积极提倡西化,而同时又极力反对孔教却是始于五四文化运动的时代。12 月 11 日,在《当代评论》第 4 卷第 2 期发表《乡村建设的途径》。(参见田彤编《中国近代思想家文库·陈序经卷》及附录《陈序经年谱简编》,中国人民大学出版社 2014 年版)

潘光旦 2 月参加第七届中国社会学社年会昆明分会,提交论文《工与中国文化》。5 月 3 日,潘光旦作“文以载道”讲演。是年,国民党组织青年军,动员大中学生从军。联大学生报名者不多,应校方要求,潘光旦与冯友兰、朱自清、钱端升等 10 余教授为此事进行讲演,于是报名者增多,超过规定名额。8 月 12 日,召开联大常委会第 270 次会议,陈达请辞社会学系主任职,改请潘光旦为社会学系主任。19 日,联大第 271 次常委会决议:聘请潘光旦、雷海宗等 5 人为联大 1943 年度新生资格审查委员会委员,并请潘光旦为该会主席。29 日,潘光旦《再论卫生与民族健康》刊于《云南日报》。9 月,朱自清、雷海宗、陈达被推举为 1943 年度教授评议员。11 月 17 日,召开联大教授会,选举第 6 届校务会议教授代表,文学院罗常培、潘光旦、杨振声当选为代表。(参见吕文浩编《中国近代思想家文库·潘光旦卷》及附录《潘光旦年谱简编》,中国人民大学出版社 2015 年版;姜建、吴为公编《朱自清年谱》,安徽教育出版社 1996 年版;齐家莹编《清华人文学科年谱》,清华大学出版社 1999 年版;蔡仲德编撰《冯友兰先生年谱长编》,中华书局 2014 年版)

雷海宗 1 月 31 日在《当代评论》第 3 卷第 9 期发表《平等的治外法权与不平等的治外法权》,指出:“不平等的治外法权,是过去百年外交史上所积成的反常制度,又称领事裁判权。与此有连带关系而性质并不完全相同的,尚有(一)关税协定,已于民国十八年废除。此次新约中只特别明订中国无再继续任用英人为海关总税务司的责任;(二)内河航行权;(三)内地驻兵权;(四)租界权。以上三种特权,一概取消,只有九龙新界租借地的问题,尚留待将来谈判。新约既已成立,此后外人通商居住就不再限于几个固定的通商口岸,全国各地在理论上都可华洋杂处,这是我们取得国际平等地位后所要负的一种新的责任。”又说造成不平等条约的除了 19 世纪西方的帝国主义精神外,还有两个其他的来源:一是我们自己的愚昧无知,一是历史的自然发展。同月,雷海宗经姚从吾、王信忠介绍,加入国民党。3 月,在昆明《当代评论》第 3 卷第 15—16 合刊发表《战后经济问题座谈会上发言及总结》,认为:“中国如要成为一个现代国家,必须于抗战之后继之以建国。抗战胜利,可以使中国得一机会(我们可以假定至少有二十年)努力建成一个现代国家。但这个机会转瞬即逝,我们必要善于利用,并迅速利用,然后中国才能真正地自由、独立、强盛,然后中国才能与世界各国共同担负世界永久和平与人类自由解放的责任。建国的事业千头万绪,如要迅速完成,必须认清本末先后,集中力量于根本的和首要的工作。现代国家的最低必备条件,对外要能保障国家生存和抵抗外来侵略,对内要能维持社会安宁和全国统一。我们认为建国的工作应集中于这两点上。从经济的立场,要使中国能具备这两个条件,应从速完成工业革命、交通革命和社会革命。换句话说,工业化、交通建设和民生主义,应列为战后经济建设的目标。”提出“战后中国应采取一种‘有计划的干涉主义’,一方面对经济建设拟有一定的计划,而另一方面在实施计划时只用干涉主义的方式而不用全面管制的方式”“战后中国的经济建设,应不限于工业建设与交通建设,政府并应根据民生主义的原则,平均地权、节制资本、改善劳动阶级的生活、保障全体国民的生存权利,并使财富分配能够符合于社会正义。经济建设,是一种很艰巨的工作,必须全国上下集中力量,用革命的手段来进行,然后才有成功的希望”。

按:作者认为:“为着达到这三项目标,在经济制度方面绝不宜采取放任主义。同时我国的政治情况、经济环境和国际局势又不允许我们采取苏联方式的计划经济。我们认为战后中国应采取一种'有计划的干涉主义',一方面对经济建设拟有一定的计划,而另一方面在实施计划时只用干涉主义的方式而不用全面管制的方式。战后经济计划的拟订,目前应即由中央设计机构聘请专家着手进行。此项计划必须基础于可靠的调查与估计,其时限最好为四年至五年。现在政府虽应对战后二十年的经济建设大体决定其纲要,但目前只能就战后第一个五年计划详细拟订其细节。在战争期间,并应有一个战后第一个五年计划的准备工作(包括调查研究人才训练等)的计划。战后工作乃战时工作的连续,我们是不应坐待战争结束后才开始经济建设的。"文中还提出生产的区位,应采取"在分散中求集中"的原则。中国因面积广阔,战后生产建设可分区进行。只要交通建设能与分区计划配合起来,则分区的办法是可行的。战后中国应建立七个生产区,即(一)东北区、(二)华北区、(三)西北区(新疆)、(四)华东区、(五)华中区、(六)华南区及(七)西南区。在每一区域中,工矿区位应依照经济的原则,集中发展。

雷海宗8月20日在昆明《当代评论》第3卷第23期发表《大地战略》,文中讨论了军事地理战略问题,指出:"我们为要明了旧大陆与新大陆距离的密切,不能看普通以赤道为中心的地图,我们必须找一张以北极为中心的地图去看一看,最好是去研究一个地球仪。我们立刻就可发现,所谓欧亚大陆与北美大陆在北极圈的内外连在一起。由美洲与亚洲的关系言,北美的阿拉斯加与苏联的东北国境,隔海可以互相望见(这种关系在普通的地图上已可看出)。由美洲与欧洲的关系言,革陵兰岛与冰岛是欧美两洲间极便利的航空线,所以阿拉斯加可说是美亚之间的桥梁,革陵兰与冰岛可说是美欧之间的桥梁。旧大陆的力量若果控制两个桥梁,就可由空中威胁北美洲所有的重要地点。反之,美洲的力量如果控制两个桥梁,就可威胁旧大陆多数的重要地点。我们都知道阿拉斯加是美国的领土,革陵兰与冰岛的控制权也暂时转到美国的手中,同时美国又是生产力最大的国家,所以美国今日在全球战局中所居的中心地位,并非出于偶然,乃是地理形势与生产力量所造成的当然结果。在今日已不能专谈大地政治,大地政治仍有它的道理与重要性,但大地政治外我们还须注意天空政治,方能彻底了解今日的整个战局。同盟国由天空政治的立场言,是处于绝对的优势的,这在盟国必胜的许多原因中,不失为一个重要的原因。"同月19日,西南联大第271次常委会决议:聘请潘光旦、雷海宗等5人为联大1943年度新生资格审查委员会委员。10月16日,雷海宗在昆明《当代评论》第3卷第24期发表《欧洲战后人的问题》。11月13日,雷海宗在昆明《生活导报周年纪念文集》发表《循环之理》,主张循环论。

按:雷海宗从以下五个层面论述他极力主张的循环论:第一,自然现象的循环。第二,动物的繁衍也有节奏。第三,人身以及许多与人身有关的事也有循环。据美国宾斯斐尼亚大学某心理学家十五年的研究结果,人类心理中不知其然而然的兴奋与烦闷的周期有两种,长的一种每九星期轮转一次,短的一种只有两星期,每个人都属于两者之一。北温带人类的体重,一年之内也有起伏,阳历九月最重,二月最轻。生辰的月份有影响一人前途的趋势。二三两月生的人夭折的机会较少。学人哲士多生在二三四月的三个月内,艺术家多生在十月或十一月,大事业的经理人士多生在十月至一月的四个月内。各种传染病的流行也有波动。肺炎与恶性感冒每三年严重一次,白喉每六年或七年一度厉害。在印度孟买地方,鼠疫每一年零四天必猖獗一阵。第四,人类经济生活的节奏,是连最保守的经济学家也不否认的。多数的商业部门都是每四十一个月盛衰轮转一次,这正与太阳气温射至地面的小循环完全相合,关系的道理何在,无人知晓。较大的商业周期为九年,最大的为五十四年。英国的麦价可以追溯到八百年前,八百年来几乎都是每五十四年涨落一次。据说,世界各地的商业虽为战争所扰,目下仍正在上涨的期间,一直可维持到一九四七年。过此时限,商业就要凋零,到一九五一年将达到不景气的低点。第五,历史文化是人类最复杂最难捉摸的产物,但也不能逃出循环规律的控制。中国自古以来就有"五百年必有王者兴"或"五百年而圣人出"的信仰,孟子特别提倡此说。"圣人"或"王者"都是太理想化的名词,我们可以不必拘泥,只解为五百年而历史发生大变就可以了。就中国历史而论,渺茫的太古不管,南北朝以下的停滞阶段不论,由殷商至五胡之乱,五百年一大变的线索的确可以看出。盘庚迁殷,是中国历史上第一件可以确定的大事。也是真正封建时代的开始,事在纪元前一三○○年,由此至平王东迁为封建时代,前后五百三十年。平王东迁,进入列国,事在(纪元前)七七○年。由春秋而战国,最后秦始皇于(纪元前)二二一年统一天下,前后五百五十年。秦汉的帝国由创立而极盛,而守成,而转衰,进到魏晋而达末世,最后由纪元三○四年起而被五胡冲破,前后五百二十五年。这种五百年的长大节奏,是偶然,还是必然,中国的例并不特殊,其他文化凡年代较为清楚的也都如此。希腊罗马文化的封建时代历史上称为王制时代,由纪元前一二零零年左右到六五零年左右共五百五十年。纪元前六五零年以下,地中海世界进入列国,到纪元前一零零年左右整个的地中海沿岸组成一个大一统的罗马帝国,前后又是五百五十年。罗马帝国也是由盛而衰,最后到纪元四一年罗马城被日耳曼人攻破,真正罗马帝国至此已经消灭,前后五百一十年。今日的欧西文化,封建时代可由神圣罗马帝国□后正式成立的纪元九六二年算起,一五零零年左右结束,前后约五百四十年。一五零零年以后,欧西进入列国,一直到今天。过去其他的文化,似乎此后都需五百五十年的发展始能成立大一统的局面,但欧西的列国时代至今方才经过了四百五十年,似此欧西的局面必须再酝酿一百年方能真正统一。然乎? 否乎? 可惜这不是今日在世的任何人所可得见或否证的。近年美国堪萨斯大学某教授,排比过去历史上各方面的事实归纳类较,最后的结论认为历史的循环最小的周期为四十五年,再大的加倍为九十年,最大的周期为五百一十年。这最后的一种似乎与孟子的五百年而有王者兴的说法不谋而合。据这位教授的推算,西方文化目前正在走下坡路,到一九六零年左右将要堕到黑暗的深渊。但其后文化再兴,到二零零零年左右黄金时代又要出现。按我们上面的推算,进入列国五百五十年而后大一统成立,欧美似乎当到二零五零年左右方能实现太平。那位教授的推算,其详不得而知,他的所谓二零零零本是约数,我们的二零五零也是约数,可能这两者是由不同方向推得的同一件事。如果欧美大帝国在二零二五年出现,两说就都证实了。上列的种种循环轮转,都介乎可解与不可解之间。一般所喜引用的因果律绝不能解释此种现象。宇宙人生的任何最后问题,都不是理性与因果所能说明的,我们最多只能知其当然,不能知其所以然。据天文学的说法,整个的宇宙是一个大的圆体,各部分都时时刻刻在循着圆形或椭圆形的轨道旋转,周而复始,永无已时。一切的星球都不能逃出此理,我们人类所居的一个渺小行星,当然更无另辟一格的可能。人类以至一切的生物,究竟由何而来,性质到底如何,结局如何,生与不生的界线何在,由不生中如何有生,生如何又变为不生——凡此一切恐怕都是我们永远不能解答的问题。但一个道理我们或可以推想而知:整个的宇宙以及宇宙的各部既然都在旋转不已,我们这些细微的寄生之物恐怕也只有随着旋转,不仅是物质的或机械的跟着地理转动,并且一切的生长与发育也都是遵照循环之理的。若用一个比喻,宇宙好似大海,我们只是大海上的浪花。浪花尽管千奇万幻,却绝无独立自由可言。大海时刻流动,浪花也随着流动,只有把浪花看为大海本身的一部,浪花才能说是有自由。古今许多的诗人,包括西方的华兹华斯与东方的泰戈尔,都称宇宙为"永恒的寂静",大概就是此义,宇宙万象循环不已,而宇宙本身永远仍然故我。所以就整个宇宙言,可说是寂静的,一切循环轮转都等于不存在。我由周年纪念而谈到宇宙最后的道理,似乎是离题太远。但这也可说是宇宙一体的明证。任何的事物,都与一切其他的事物互相关联,如果追根究底,任何一件小事一个小物都可引起我们到至大无外的太空六合。宗教家对于整个宇宙虔诚的接受,艺术家用慧眼看自然面与天地混一,都是参透了宇宙为一之理的至人。宇宙为一,可有种种不同的看法。最概括的唯理看法大概就是易经上所讲的"原始反终"之道。

雷海宗 11 月 17 日出席西南联大教授会,会议选举第 6 届校务会议教授代表,雷海宗、朱自清为候补代表。12 月 1 日,雷海宗在昆明《当代评论》第 4 卷第 1 期发表《四强宣言的历史背景》。雷海宗的主要观点是盟国必胜、美苏将走向抗衡,主张中国战后应该在欧美各国之间保持平衡立场,并"用革命的手段"发展经济。是年,雷海宗应邀为蒋介石著作《中国之命运》英文版进行校订工作;雷海宗婉拒洛克菲勒基金委的访美邀请,坚持留在国内参与抗战。此邀请的背景是,时任美国驻华使馆文化官员的费正清与清华大学美籍教授温德联名给洛克菲勒基金会写信,反映中国学者在战争中的艰难处境,呼吁基金会予以援助。基金委因此决定邀请"不但著名而且最有创造力"的中国教授赴美研修。雷海宗名列首批名单,同批学者还有闻一多、费孝通、冯友兰、梁思成、罗常培等人。然而,雷海宗却婉拒不就。梅贻琦校长曾亲自动员雷海宗接受邀请,但他答复说学校正在最困难的时期,自己不宜出国;为配合美军训练中国军队、中美协同反日的计划,西南联大和战地服务团成立昆明译员训练班,培训军事翻译人员。雷海宗无偿为其授课,教授英国史、南洋与中国、印度史、英文四门主要课程,参与了全部九期培训,直至1945年8月抗战结束。(参见江沛、刘忠良编《中国近代思想家文库·雷海宗、林同济卷》及附录《雷海宗年谱简编》,中国人民大学出版社2014年版;马瑞洁、江沛《雷海宗年谱简编》,载王京州编《河北近现代学者年谱辑要》,国家图书馆出版社2017年版;齐家莹编《清华人文学科年谱》,清华大学出版社1999年版)

　　吴宓是年至次年代理西南联大外文系主任。2月15日,吴宓重读《散原精舍诗》正、续两集,撰写笔记,兼及寅恪之家世与家学,略谓:"先生父子,秉清纯之门风,学问识解,惟取其上。而无锦衣纨绔之习,所谓'文化之贵族',非富贵人之骄奢荒淫。降及衡恪、寅恪一辈,犹然如此,诚所谓君子之泽也。先生少为'四公子'之一,佐父首行维新改革于湘中,坐是黜废禁锢,而名益显,望益高。所与交游倡和者广而众,又皆一世之名士学人、高材硕彦。故义宁陈氏一门,实握世运之枢轴,含时代之消息,而为中国文化与学术德教所托命者也。寅恪自谓少年勤读,盖实成于家学,渊孕有自。而寅恪之能有如斯造诣,其故略如宓以上所言,非偶然者也。重读散原先生诗集毕,辄书其平日之所感所思,以示友生,并质寅恪云。"3月15日,吴宓回复刘文典信函。7月15—24日,吴宓获知刘文典遭清华解聘,四方奔走,并致函远在桂林的陈寅恪,希望清华大学校长梅贻琦改变决定。30日,《吴宓日记》云:冯友兰自四川归昆明,在学校遇吴宓,应吴之要求,致函华西大学教务长方叔轩,请方为吴宓之女吴学淑"求公谊公事"。7月23日,吴宓日记载:"靛舍昕室见游国恩,读其近年所作古近体诗。"8月12日,教育部指令国立西南联大;陈寅恪、吴宓、汤用彤等8人本年度已核聘为部聘教授。15日,陈寅恪复函吴宓,称已向云南大学校长熊庆来、文学院院长姜亮夫推荐刘文典。11月10日,刘文典由磨黑归来,路遇吴宓。12月1日,吴宓路遇刘文典。(参见蔡仲德编撰《冯友兰先生年谱长编》,中华书局2014年版;卞僧慧纂《陈寅恪先生年谱》,中华书局2010年版;章玉政编著《刘文典年谱》,安徽大学出版社2011年版;齐家莹编《清华人文学科年谱》,清华大学出版社1999年版)

　　罗庸4月16日在《国文月刊》第21期发表《儒家的根本精神》。同期还刊有游国恩《论讽刺》、林庚《风雨如晦鸡鸣不已》、王力(署名了一)《什么话好听》、何善周《左传鞍之战集解》(续)、颜虚心《文心雕龙集解》等文。8月12日,教育部复函西南联合大学,核准将罗庸等35人列入部聘教授候选名单。函称:"据呈荐该校教授罗庸等七十三员为部聘教授候选人一节,兹分别核示于后:一、陈寅恪、吴宓、汤用彤、饶毓泰、吴有训、曾昭抡、张景钺、庄前鼎等八员本年度均已核聘为部聘教授,毋庸荐选。二、罗庸、朱自清、闻一多、刘文典、王力、陈福田、温德、郑昕、贺麟、冯友兰、金岳霖、毛准、郑天挺、雷海宗、噶邦福、江泽涵、杨武之、朱物华、周培源、高崇熙、黄子卿、张奚若、赵凤喈、周炳琳、秦瓒、陈总、萧蘧、施嘉炀、王裕光、张泽熙、刘仙洲、马约翰、章名涛、赵迺抟、陶葆楷等三十五员准予列入名单,发交汇选。"(参见章玉政编著《刘文典年谱》,安徽大学出版社2011年版)

　　罗常培3月第二次到大理调查少数民族语言,收获颇丰,得到了茶山、浪速、山头三种景颇语的语言材料。罗常培向来在从事高深研究的同时,不忘生活中的语言问题,尤其关心"国语运动"和语言教育。到云南后,罗常培几次在广播电台演讲,或应邀为报刊写文章,谈论语文教学问题。主张充分利用注音符号和"国语罗马字"帮助认字,抨击官定国文教本专选文言排斥白话的复古逆流,提出中学国文教员应该讲究教学法,自己要说国语。这些意见都很可取,切中时弊。罗常培还在刊物上发表了一系列关于语言文字,尤其是音韵学的通俗性文章,如《误读字的分析》《什么叫"双声""叠韵"?》《语音学的功用》《反切的方法及其应用》《音韵学研究法》等,浅显易懂,启人心智。5 月 25 日,主持西南联大中国文学系为欢送本系同学毕业的演出晚会,演出了吴祖光剧作《风雪夜归人》。杨振声为舞台监督,闻一多任舞台设计,全系学生参加演出。8 月 19 日,西南联大第 271 次常委会决议,聘请杨石先、罗常培、陈岱孙、刘仙洲、陈雪屏为 1943—1944 年度毕业生成绩审查委员会委员。11 月 14 日,《从昆曲到皮黄》刊于昆明《正义报》副刊。17 日,召开联大教授会,选举第 6 届校务会议教授代表,文学院罗常培、潘光旦、杨振声当选为代表。是年,《周秦古音之新问题及近人之贡献》由昆明西南联合大学油印出版;《王兰生与〈音韵阐微〉》刊于重庆《学术季刊》第 1 卷第 3 期;《恬庵语文论著甲集自序》刊于《读书通讯》第 58 期;《我的中学国文教学经验》刊于《国文月刊》第 20 期;《语言学在云南》刊于《边政公论》第 2 卷第 9—10 期合刊;《贡山俅语初探叙论》刊于《边政公论》第 3 卷第 12 期。(参见《罗常培文集》编委会编《罗常培文集》第 10 卷及附录《罗常培年表》,山东教育出版社 2000 年版;齐家莹编《清华人文学科年谱》,清华大学出版社 1999 年版)

朱自清 1 月 8 日上午出席云南省选送公费留美学生预备班开学典礼,并以教授代表身份讲演。朱自清在该班兼课。晚听金岳霖作《小说与哲学》讲演。15 日,出席新诗形式讨论会,听李广田、邢庆兰作研究报告。出席讨论会的还有卞之琳、冯至、闻一多等。17 日晚,与闻一多、浦江清、许维遹、何善周设宴为冯友兰夫妇重庆之行饯行。在座有陈梦家夫妇、余冠英夫妇和郭绍虞。20 日晚,应雷海宗邀宴。餐毕赴昆明电台作广播讲演。24 日,偕闻一多、浦江清等游金殿观茶花。28 日,出席牛津大学希腊文学教授多德斯欢迎会,听多德斯作《英德之大学教育》讲演。同月,《略读指导举隅》由商务印书馆出版。此书及《精读指导举隅》同为供中学国文教师参考用书。4—5 日,作诗论《诗的趋势》,刊于 6 月 1 日《文学创作》第 2 卷第 2 期,此文通过介绍现代诗人麦克里希《诗与公众世界》一文和分析两首英国诗,指出现代诗的趋势在于"不爱'晦涩',不迷恋文字和技巧,而要求无修饰的平淡的实在感,要求明确的直截的诗"。诗歌要反映时代的脉搏,同时又须有个人的体验。7 日,大寒,在闻一多宅围炉谈诗。在座有浦江清、游国恩、陶重华。下午,访查良钊、钱端升。8 日下午,偕闻一多夫妇、浦江清散步至蒜村访余冠英。13—14 日,作《论大一国文选目》。此文就朱光潜《就部颁大学国文选目论大学国文教材》一文进行商榷,指出:"大学国文不但是一种语文训练,而且是一种文化训练。"该文还就现行部颁大学国文选目的编选宗旨作了若干说明。20 日,作《中国散文的发展》讲演。2 月 16 日,在《国文月刊》第 19 期发表《文学与新闻》。3 月 1 日,讲演稿《文学与语文》刊于《文学批评》第 2 号。2 日,作论文《诗教说》毕,费时近四月,刊于 6 月《人文科学学报》第 2 卷第 1 期。3 月 4 日,接教育部出席大一国文委员会会议通知。因接通知太迟,无法赴重庆与会。8—9 日,作《〈伦敦杂记〉自序》,刊于 5 月《中学生》复刊第 63 期。29 日,作《〈中国现代语法〉序》毕,费时半月,刊于次年 2 月《图书月刊》第 3 卷第 2 期。

朱自清 4 月 14 日晚听彭丽天作《中国文字无复节之由来》讲演。17 日,读蒋介石《中国之命运》毕,认为它"热情、犀利而流畅"。20—22 日,作诗话《新诗杂话(诗的形式)》,刊于 5 月 25 日《世界学生》第 2 卷第 5 期"文艺专号",此文考察了新诗自诞生以来对诗的形式的探索和追求,并将对诗的形式的追求原则归纳为"段的匀称"和"行的均齐"。作者觉得,这种追求将继续下去,但不会出现某种形式一统天下的局面。26 日晚,在乐乡邀宴金岳霖等 9 人。29 日晚,听郑天挺作《中国传记文学》讲演。同月,《伦敦杂记》由开明书店出版。5 月 3 日,作诗论《诗与感觉——新诗杂话之一》,刊于 6 月《文艺先锋》第 2 卷第 5—6 期合刊,此文着重评介了卞之琳的诗集《十年诗草》,认为他以敏锐的感觉从细微琐屑的事物里发现了诗。同日,听潘光旦作《文以载道》讲演。8—9 日,作诗论《诗与幽默》,刊于 7 月 15 日《时与潮文艺》第 1 卷第 3 期,文中认为,新文学的小说、散文、戏剧中不乏幽默,而诗里的幽默却不多,但这种情况将随着诗歌新语言传统的建立而改变。9 日,闻一多提议朱自清与他一道去登记参加国民党,"以未收到邀请为理由拒绝之"。12 日晚,听邵循正作《中国的民族思想》讲演。晚听王宪钧作《意义》讲演。5 月 29 日晚 6 月 9 日晚,听杨振声作《山水画》讲演,并讨论山水画、山水诗与陶渊明诗等问题。在座有闻一多、汤用彤、孙毓棠、罗常培等。6 月 13 日,作诗论《真诗》毕,费时 6 日,刊于次年 1 月 1 日《新文学》第 1 卷第 2 期,此文探讨了新诗与民谣的关系,认为"新诗虽然不必取法于歌谣,却也不妨取法于歌谣,山歌长于譬喻,并且巧于复沓,都可学。童谣虽然不必尊为'真诗',但那'自然流利',有些诗也可斟酌的学;新诗虽说认真,却也不妨有不认真的时候。历来的新诗似乎太严肃了,不免单调些"。14 日,听多德斯作《近代英国诗歌》讲演。15 日,听多德斯作《希腊校勘学》讲演。16 日,出席联大为欢迎教育部代表刘健群举行的茶话会。同日,听张奚若批评时局和"委员长"。26 日,辞招考委员会召集人与留美学生选拔委员会召集人职,未果。

朱自清上半年与联大同仁组织"十一学会"("十一"即"士"的拆字),该学会主要为大家提供各抒己见的场合,常以聚餐会或茶话会形式进行。因冯至的家位置较适中,故聚会常在他家举行。每一二周一次。成员为联大教授、副教授,如潘光旦、杨振声、雷海宗、曾昭抡、闻一多、闻家驷、吴晗、冯至、卞之琳、李广田、孙毓棠、沈从文、陈铨、罗常培等。朱自清上半年多次参加讲演会或进行讲演,不少便属于这种性质。7 月 14 日,主持夏令营"新诗与旧诗"座谈会。21 日晚,出席夏令营座谈会,谈中国战后关系。23 日,夏令营结束,返回昆明。27 日,作诗论《诗与建国——新诗杂话之一》毕,刊于 9 月 25 日《世界学生》第 2 卷第 7 期,此文呼唤"现代史诗"的出现,说:"我们迫切的需要建国的歌手,我们需要促进中国现代化的诗。"28 日晚,赴榕园出席欢送陈福田、欢迎叶企孙、刘崇鋐的晚餐会。8 月 2 日,在五湖春邀宴闻一多、罗常培。11 日,应邵循正邀,允开学后在中法大学讲诗课每周二小时。24 日,作《诗正变说》毕,刊于 1945 年 8 月《文史杂志》第 5 卷第 7—8 期合刊。9 月 1 日,出席清华教授会会议,与萧叔玉、黄子卿、雷海宗、张奚若、李辑祥、陈达、赵访熊和陶葆楷当选为本年度清华评议会评议员。13 日,西南联大 1943 年度第一学期开始上课。朱自清新开设"谢灵运诗"课。此外尚有"陶渊明诗""中国文学批评""大一国文"课等。10 月 7 日晚应联大师院国文学会邀宴。27 日,赴西域楼应冯至夫妇邀宴。28 日晚,应昆明《扫荡报》社长李诚毅邀宴。在座有邱清泉军长、王泽文副司令等。

朱自清 11 月 8 日离开司家营清华文科研究所,搬进城里。以后较少回司家营。14—15 日,作诗论《朗读与诗》,连载于 1947 年 5 月 26 日、6 月 2 日《新生报》副刊《语言与文学》第 32—33 期。该文考察了古今诗与音乐、朗读的关系,分析了诗朗诵运动对诗歌发展所起的作用,指出"诗到了朗读阶段才能有独立的自由的进展",并且"为己的朗读和为人的朗读却该同时并进,诗才能有独立的圆满的进展"。11月17日下午,出席联大教授会会议,与李继侗、雷海宗、郑华炽、王明之当选为联大第六届校务会议候补教授代表。11月30日至12月1日,作诗论《爱国诗——新诗杂话之一》,刊于次年2月1日《当代文艺》第2卷第1期,此文着重评介了闻一多的爱国诗篇,号召诗人多写爱国诗:"诗人是时代的前驱,他有义务先创造一个新中国在他的诗里。"12月2—4日,作《谈文脉》,刊于次年4月1日《国文杂志》第3卷第1期。5—7日,作诗论《译诗——新诗杂话》刊于次年3月1日《当代文艺》第1卷第3期,文中认为诗是可译的,只要"译诗里保存的部分可以给读者一些新的东西,新的意境和语感;这样可以增富用来翻译的那种语言,特别是那种诗的语言"。11—15日,作诗论《诗韵》,文中具体分析了诗歌押韵的种种方式。22日,致俞平伯信,后刊于1948年10月《文学杂志》第3卷第5期。27日,作杂论《三祝报章文学》。未收集。该文对报纸提出三条祝愿:一祝成为民众的喉舌,二祝增加学术性,提高读者的趣味,三祝完全采用白话,帮助完成新文体新国语的创造。28日晚,听罗庸作《陶渊明》讲演。

　　按:朱自清在致俞平伯的信中流露了沉郁的心境,说:"弟离家二年,天涯已惯,然亦时时不免有情也。在此只教读不管行政。然迩来风气,不在位即同下僚,时有忧谗畏讥之感,幸弟尚能看开。在此大时代中,更不应论此等小事;只埋首研读尽其在我而已。所苦时光似驶,索稿者多,为生活所迫,势须应酬,读书之暇因而不多。又根柢浅,记忆差,此则常以为恨者;加之健康渐不如前,胃疾常作,精力锐减。弟素非悲观,然亦偶尔栗栗自惧。天地不仁,仍只有尽其在我耳。前曾拟作一诗,只成二句曰,'来日大难常语耳,今宵百诵梦魂惊',可知其心境也。"朱自清又在信中直言相劝蛰居北平的俞平伯"以搁笔为佳",不要在杂志上发表文章,令俞平伯感动不已。俞平伯说:"记北平沦陷期间,颇有款门拉稿者,我本无意写作,情面难却,酬以短篇,后来不知怎的,被在昆明的他知道了,他来信劝我不要在此间的刊物上发表文字,原信已找不着了。我复他的信有些含糊,大致说并不想多做,偶尔敷衍而已。他阅后很不满意,于卅二年十二月二十二日又驳回了。此信尚存,他说:'前函述兄为杂志作稿事,弟意仍以搁笔为佳。率直之言,千万谅鉴'。标点中虽无叹号,看这口气,他是急了! 非见爱之深,相知之切,能如此乎。"(参见俞平伯《诤友(朱佩弦兄遗念)》,1947年9月5日《中建》第3卷第7期(北平航空版第四期);姜建、吴为公编《朱自清年谱》,安徽教育出版社1996年版;齐家莹编《清华人文学科年谱》,清华大学出版社1999年版)

　　闻一多1月15日在新诗形式讨论会上谈对诗词格律的意见。17日,与同仁设宴请冯友兰、陈梦家等朋友。2月6日上午,北平研究院史学研究所所长徐旭生(炳昶)与闻一多谈神话研究。7日,在家中与同仁围炉谈诗及其他,自宗教、科学至新旧诗、电影、话剧皆谈,互为辩论。最后想到联合各大学教授成立一中国文学会,仿物理学会之类。朱自清"言人多派别多,不易为云"。8日,闻一多夫妇与朱自清、浦江清到余冠英家拜年。16日,《国文月刊》第19期刊登西南联大毕业生刘兆吉的《关于孤儿行》。此文本是刘兆吉写信向先生请教一个问题,闻一多觉得内容颇有价值,便推荐给《国文月刊》。22日,西南联合大学寒假后开学。本学期,闻一多为文学院中国文学系文学组三、四年级讲授"乐府诗"。3月2日,作《七十二》"附识"。此文最初由季镇淮撰写,经闻一多与何善周加工整理充实,以三人名义刊于7月《国文月刊》第22期。这可说是一次师生合作的集体创作成果。3月3日,昆明广播电台邀请先生到电台做第一次文哲讲座。12日,朱自清访王力,王力对他说"一多的广播讲话很成功"。22日,昆明各报报道蒋介石《中国之命运》在昆开始发售。国民政府规定每人都必须阅读,闻一多读后很是反感,后来说:"《中国之命运》一书的出版,在我一个人是一个很重要的关键。我简直被那里面的义和团精神吓一跳,我们的英明的领袖原来是这样想法的吗？五四给我的影响太深，《中国之命运》公开的向五四宣战，我是无论如何受不了的。"25日，在"乐府诗选"课上，讲到艺术不该摹仿，最好的诗是无韵诗。春，鼓励西南联合大学师范学院国文系副教授张清常把《九歌》写成组曲。

按：据张清常回忆："一九四三年春，闻先生住在昆明乡下，进城上课就住在联大师范学院教师集体宿舍，与我为邻居。我认为历史上的张骞出使西域是今天民族音乐舞蹈创作的好题材。闻先生说：要写，首先你就要自己踩着张骞的足迹，从长安出发往西北走一趟。这在目前有许多困难你克服不了。比较现实一些，可以考虑以《九歌》为中心内容，吸取《楚辞》全部精华，利用自己的音乐修养和文学修养，以'组曲'的形式来创作音乐，而且突破'组曲'不唱的限制，把《九歌》唱起来。然后寻求精于舞蹈的艺术家合作，反复修改，写成一篇雄浑瑰丽能够传世的作品。"

闻一多4月15日欲与王力、唐兰发起成立中国语言文字学会。5月9日，与朱自清商量加入国民党事。5月25日，西南联大中文系演出《风雪夜归人》，闻一多担任舞台设计。30日，《屈原》刊于昆明《春秋导报》(五日刊)第2期。此文是对1941年梁宗岱出版的《屈原》(华胥社丛书)一书的书评。6月9日，主持杨振声演讲会。25日，主持唐兰的甲骨文讲座，这是暑期中举办的文史讲座第一讲，罗常培、陈梦家也来听讲。26日，清华大学召开迁昆明后第十九次聘任委员会会议，议决续聘闻一多与朱自清、陈寅恪、王力、浦江清为文学院中国文学系教授，许维遹、陈梦家为副教授。30日晚，赴云南大学，参加中国文化讲谈会，听沈有鼎讲《大学》。讲毕座谈，闻一多发言，言辞颇激烈。是月，《芣苢篇》修改后发表于杨振声主编的《世界学生》第2卷第5期。收《闻一多全集》。这是《匡斋尺牍》的一部分。上半年，闻一多与西南联大同仁组织了一个"十一学会"。这个学会主要为大家提供各抒己见的场合。"十一"两字即是"土"的拆字。最初参加者多为教授、副教授，如潘光旦、杨振声、雷海宗、朱自清、曾昭抡、闻家驷、吴晗、冯至、卞之琳、李广田、孙毓棠、沈从文、陈铨等。由于冯至的家敬节堂巷位置比较适中，聚会常在他家举行，每一二周一次。后来王瑶、季镇淮、何炳棣、翁同文、丁则良、王乃梁、王佐良、吴征镒、李蜒等亦参加进来，各人主张不一，经常出现争论。

闻一多7月3日在昆明《生活导报》第32期发表《端节的历史教育》，此文是西南联大学生陈家煜代《生活导报》约的稿。8月11日，闻一多为续聘季镇淮为半时助教等事致清华大学校长梅贻琦信。同日，冯友兰对朱自清说解聘刘文典事。朱自清日记："晚冯(友兰)来，对叔雅被解聘表示不满，谓终不得不依从闻(一多)之主张。"后来，刘文典回到昆明，对解聘他的事很不服气，曾到司家营找闻一多论理。两人都很冲动，在饭桌上吵了起来。在场的朱自清极力劝解。但是，刘文典终归未能重返清华，后被云南大学聘为教授。25日，《孟浩然》刊于《大国民》周刊第3期。同月，《四杰》刊于《世界学生》第2卷第7期。9月1日，《庄子内篇校释》刊于重庆《学术季刊》第1卷第3期。同日下午3时，清华大学召开1942年度第二次教授会议，闻一多未出席。会中选举下学年各学院院长，文学院院长被提名者有闻一多与冯友兰、朱自清、雷海宗、吴宓5人，冯友兰当选。10月27日，在唐诗课讲解放区诗人田间的诗，提出："我们不但要能欣赏'余音绕梁'及'响彻云霄'的、出世的、高雅的、清沁的诗篇，我们并且需要同时欣赏入世的、激动的、争斗的、鼓韵的诗篇。"同月，《诗经通义》(召南)刊于《中山文化季刊》第1卷第3期；开始在中法大学兼课，讲授中国文学史。今存闻一多手稿中，有在该校讲课时的讲授提纲，题签上写着"中国文学史稿"六个字。提纲中有《四千年文学大势鸟瞰》，将中国文学的发展分作四段八大期，这种分期方法反映了闻一多对中国文学发展史的基本认识。

　　闻一多 11 月 13 日在昆明《生活导报周年纪念文集》发表《时代的鼓手——读田间的诗》。25 日,致臧克家信,这是一封极为重要的信,信中说明自己思想转变的决心,又说到对新诗的态度,和正在着手的选诗和译诗工作。同月,闻一多作《诗经通义》(周南)。后刊于 1945 年《图书季刊》新第 6 卷第 3—4 期合刊。这也是篇训诂著作,训有《周南》中的《关雎》《葛覃》《卷耳》《桃夭》《兔罝》《芣苢》《汉广》《汝坟》《麟之趾》9 篇。其中有些文字在 1937 年 1 月《清华学报》第 12 卷第 1 期以《诗经新义》(二南)发表过,这次又重新整理编排发表。该文与 10 月发表的《诗经通义》(召南)一样,都反映了闻一多对《诗经》的认识发展。同月,由励志社主持的军委会战地服务团译员训练班,改隶军事委员会直接领导,培训工作亦由励志社转交军委会外事局负责,名称亦改为"军事委员会外事局译员训练班",简称"军委会译训班"。军委会译训班的培训分别在重庆、昆明两地进行,在昆明者简称"军委会昆明译训班"。西南联大为支援译员培训,派遣许多教授担任讲师,闻一多亦应邀担任了该班英汉互译讲师,每次讲课有 25 美元的报酬。12 月 1 日,《文学的历史方向》发表于昆明《当代评论》第 4 卷第 1 期。《当代评论》在介绍作者时云:"闻一多先生的文学论文,必然是读者所欢迎的。闻先生并将继续就相似问题,陆续为文在本刊发表。"同月,在中法大学讲演"诗与批评"。是年,作《字与画》。此文原是应《综合》周刊所约而撰写的,它论述字与画源流等问题,试图用历史唯物主义观点,说明两者同来源于古代人类的生产与生活之路。因《综合》仅出版两期便停刊,故此文未来得及刊载。原稿曾保存于凌德铭处,后捐献给南京博物院。
(参见闻黎明、侯菊坤《闻一多年谱长编》(增订版),上海交通大学 2014 年版;章玉政编著《刘文典年谱》,安徽大学出版社 2011 年版)

　　刘文典 1 月 19 日在《云南日报》发表《暹罗在日本之北》和《燕九》,此为"学稼轩随笔"系列文章之一。"学稼轩"系刘文典在昆明期间书斋名,取"学辛稼轩浮海南奔"之意。《燕九》重点谈北京旧俗"耍燕九"由来。30 日,刘文典在《云南日报》发表"学稼轩随笔"系列文章之《晁衡》和《唐代乐谱》。2 月 22 日,国立西南联合大学 1942 至 1943 年度第二学期开学。刘文典担任"元遗山诗"和"吴梅村诗"两门课程教职。23 日,刘文典在《云南日报》上发表《美日太平洋大战和小说》。文章从拜瓦特、冈本的两部战事小说出发,评说二战风云,指点天下局势,纵横恣肆,独具眼光。4 月 1 日,刘文典应滇南普洱盐商张孟希邀请,到磨黑中学,为张母撰写墓志铭,引起非议。刘文典行前虽与蒋梦麟、罗常培打过招呼,但其所担任之课程仍受影响。又刘文典平素常吸鸦片,昆明物价上涨,刘文典无力购买,张孟希则允供给充足鸦片及酬资。这些事情在西南联大引起不小的反响。5 月,西南联大按惯例给刘文典等教授续发聘书,但清华大学中文系主任闻一多知晓后,却认为他不足为人师表,要求校方收回聘书,并致函刘文典道:"昆明物价涨数十倍,切不可再回学校,试为磨黑盐井人可也。"此信极尽讽刺之语,令刘文典百思不得其解。24 日,刘文典在《云南日报》发表"学稼轩随笔"系列文章之《桃花扇》和《岳氏五经》。7 月 25 日,刘文典在磨黑写信给西南联大中文系主任罗常培转清华大学校长梅贻琦,解释其赴滇南缘起,并一再声明"自身则仍是为学术尽力,不畏牺牲之旧宗旨也",对闻一多解聘他的原因表示不解。

　　按:全信如下:"月涵先生校长道鉴:敬启者,典往岁浮海南奔,实抱有牺牲性命之决心,辛苦危险皆非所计,六七年来亦可谓备尝艰苦矣。自前年寓所被炸,避居乡村,每次入城,徒行数里,苦况尤非楮墨之所能详。两兄既先后病殁湘西,先母又弃养于故里。典近年在贫病交迫之中,无力以营丧葬。适滇南盐商有慕典文名者,愿以巨资倩典为撰先人墓志,又因普洱区素号瘴乡,无人肯往任事,请典躬往考察,作一游记,说明所谓瘴气者,绝非水土空气中有何毒质,不过虐蚊为祟,现代医学,尽可预防,'瘴乡'之名,倘能打破,则专门学者敢来,地方富源可以开发矣。典平日持论,亦谓唐宋文人对瘴气夸张过甚,王阳明大贤,其《瘞旅文》一篇,对贵阳修文瘴气形容太过,实开发西南之在阻力,深愿辞而避之,故亦遂允其请。初拟在暑假中南游,继因雨季道途难行,加之深山中伏莽甚多,必结伴请兵护送,故遂以四月一日首途。动身之先,适在宋将军席上遇校长与蒋梦麟先生、罗莘田先生,当即面请赐假,承嘱以功课上事与罗先生商量,并承借薪一月治装。典以诸事既禀命而行,绝不虞有他故。到磨黑后,尚在预备《玄奘法师传》,妄想回校开班,与东西洋学者一较高下,为祖国学术争光吐气。不料五月遽受停薪之处分,以后得昆明友朋信,知校中对典竟有更进一步之事。典初尚不信,因自问并无大过,徒因道途险远,登涉艰难,未能早日返校耳。不意近得某君来'半官式'信,云学校已经解聘,又云纵有聘书亦必须退还,又云昆明物价涨数十倍,真有此事耶? 米果实贵至万元耶? 切不可再回学校,长为磨黑盐井人可也。其它离奇之语,令人百思不解。典此行纵罪在不可赦,学校尽可正式解聘,既发聘书,何以又讽令退还? 典常有信致校中同人,均言雨季一过,必然赶回授课,且有下学年愿多教两小时,以为报塞之言。良以财力稍舒,可以专心全力授课也(此意似尚未向罗先生提及也)。此半官式信又言,典前致沈刚如先生信中措辞失当,学校执此为典罪状。伏思典与沈君笃交,私人函札中纵有文词失检之处,又何以致据此兴文字之狱乎? (当时因为债家所逼,急迫之中诚不免有失当之处,然自问尚未至大逆不道也)。学校纵然解聘,似当先期正式通知,何以用此半官式信? 此事芝生、莘田二公亦无片纸致典,仅仅传闻昆明谣言典一去不返,故正觅替人。典虽不学无术,平日自视甚高,觉负有文化上重大责任,无论如何吃苦,如何贴钱,均视为应尽之责,以此艰难困苦时,绝不退缩,绝不逃避,绝不灰心,除非学校不要典尽责,则另是一回事耳。今卖文所得,幸有微资,足敷数年之用,正拟以全副精神教课,并拟久住城中,以便随时指导学生,不知他人又将何说? 典自身则仍是为学术尽力,不畏牺牲之旧宗旨也。自五月以来,典所闻传言甚多,均未深信。今接此怪信,始敢径以奉询究竟。典致沈君私人函札中有何罪过,何竟据以免教授之职? 既发聘书,何以又令退还? 纵本校辞退,典何以必长住磨黑? 种种均不可解。典现正整理著作,预备在桂林付印,每日忙极,(此间诸盐商筹款巨万,为典刊印著作,拙作前蒙校中特许列为清华大学整理国学丛书,不知现尚可用此名称否,乞并示知。)今得此书,特抽暇写此信,托莘田先生转呈。先生有何训示,亦可告之莘田先生也。雨季一过,典即返昆明,良晤匪遥,不复多赘。总之,典个人去留,绝对不成问题,然典之心迹不可不自剖白。再者,得地质系助教马君杏垣函,知地质系诸先生有意来此研究,此间地主托典致意,愿以全力相助,道中警卫,沿途各处食宿,到普洱后工作,均可效力,并愿捐资补助费用,特以奉闻。忙极,不另写信矣。专此寸简,敬请道安不一。弟刘文典再拜。七月二十五日。"

按:据访问萧荻记录:刘文典此行,还有一个连他本人亦未想到的背景。皖南事变后,西南联大的进步同学接到指示,疏散隐蔽,其中一些人到了磨黑中学教书。该校董事长张孟希是当地大盐商、大土豪,与蒋介石有一定矛盾,是中共的统战对象。张孟希为了巩固自己的势力,允许联大同学在那里活动。另外,张孟希也想附庸风雅,提出请联大同学介绍一位有名望的教授来此。联大同学便返昆明邀请了刘文典。刘文典到磨黑,有优厚的报酬,每天除教张孟希一两个字外,没有更多的事,但在客观上起到了掩护疏散同学的作用。这内情,外人是一概不知的。

刘文典返回昆明后,曾找闻一多理论,但最终还是未能重回清华。8月12日,教育部复函西南联合大学,核准将刘文典等35人列入部聘教授候选名单。21日,云南大学校长熊庆来致函刘文典,盛情邀请他担任云大文史系龙氏讲座教授。所开薪酬待遇,均高于西南联大。9月10日,梅贻琦复函刘文典,对于解聘一事表达歉意。至此,清华大学向刘文典关闭大门。10月6日,刘文典在《云南日报》发表"学稼轩随笔"系列文章之《北京名物》,谈读古书时发现的北京风俗名物传承脉络。11月19日,刘文典正式进入云南大学文史系任教,开设《庄子》等课程。据《云南大学志·教学志》记载,刘文典在国立云南大学期间开课10余门,分别为《文选学》《校勘学》《先秦诸子研究》《大唐西域记研究》《庄子》《淮南子研究》《文心雕龙》《史通》《文赋》《历代韵文》和《杜诗研究》等。29日,云大教授白之瀚邀刘文典赴宴。白之瀚系山西人,曾任云南督军唐继尧秘书、云南警备总司令部顾问等职,著有《云南护国简史》。12月16日,国民政府教育部推选第二批部聘教授,刘文典得票12票,名列中国文学类第一名,但最终因有"嗜好"而落选。

　　按:关于第二批的终选结果,据竺可桢1943年12月16日记:"部聘教授人选,除国文刘文典以有嗜好,以次多数之胡光炜递补外,其余均由各科教授之最多者当选。"计有中国文学胡小石(光炜)、外国文学楼光来、历史柳诒徵、哲学冯友兰、教育常导直、数学何鲁、物理胡刚复、政治萧公权、法律戴修瓒、经济刘秉麟、农学邓植仪、工科刘仙洲、化学高济宇、医科梁伯强、艺术徐悲鸿,共15人。除刘文典外,其余都是以推荐票数第一位者当选,证明学术审议会还是比较尊重业内专家的意见。刘氏之所以落选,不是水平,而是因为他抽鸦片,这显然不能为人师表。

　　刘文典12月19日在《云南日报》上发表《内阁大库》和《墨玉酒瓮》两篇札记,此为"学稼轩随笔"系列之一。其中,《内阁大库》与收入《刘文典全集》者略有不同,主要记录当年参与整理清内阁大库典籍图书的情形:"阁建自明代,石为窗棂,晦暗不见掌纹。典籍文书充栋宇,积尘厚二三尺,蛇虫窟穴其中,诸郎官则以杖拨之,遇善本书即载归。明清两代文牍则以贮以麻袋八千,辇送厂肆,将煮以为糜,更制新纸。又有倡议焚之者。李木斋(盛铎)、傅沅叔(增湘)二公止之,乃送北京大学史学科,使上庠诸生检视之。余亦得寓目焉。宋本之精者,若《文苑英华》,黄绫书衣犹新,有缉熙殿印,裱褙臣某印。盖当时进御本也。《水经注》残本,仅存数卷,实海内孤本。《名臣言行录》,板匡绝小,文多与世间传本异,盖未经改削之初本也。至清太祖努尔哈赤入寇时之檄文,自称'金国汗',言及大明犹提行。顺治中追尊多尔衮为成宗义皇帝之册文大赦诏,皆官私书所不敢言,治清史者所未知也。明季边帅塘报,言明清兵攻战斗围守事,亦多与清代实录官书异同,可误正《明史》之误,弥足珍也。"21日,刘文典与杨觉天晤面。(参见章玉政编著《刘文典年谱》,安徽大学出版社2011年版)

　　王力1月撰《中国现代语法自序》。3月,朱自清为王力的《中国现代语法》一书撰写长序,充分肯定该书的学术价值。11月,王力《中国现代语法》(上册)由商务印书馆出版。下册于1944年8月出版。此书主要是根据现代汉语的特征来分析造句法。这部书的写成,标志着他在汉语语法研究上已自成体系。作者在《自序》中将自己过去研究语法的历程分为"妄""蔽""疑""悟"四个时期,说,"我研究中国语法,已经二十一年了。就研究的历程而论,大约可分为四个时期。第一个时期是妄的时期。我二十岁做高等小学的国文教员""我满以为只要他们对于'虚字'会用了,国文也就可望通顺,以至于雅驯了。谁知结果是大失所望""第二个时期是蔽的时期",即在清华国学研究院时期。"当时的毛病是只知有词不知有句;只知斤斤于词类的区分,不知中国语法真正特征之所在;只知从英语法里头找中国语法的根据,不知从世界各族语里头找语法的真诠""第三个时期是疑的时期",即从巴黎留学归来,在清华教书时期。"我对于中国语法的研究似乎是停止了八九年""我在《清华学报》上发表了一篇《中国文法学初探》,才算正式回到中国语法的园地。在这一篇文章里,我对于以前的中国语法学(连我自己的在内),表示很大的怀疑。然而当时我的破坏力虽大,建设力却不足;批评人家的地方虽大致不错,而自己创立的理论却往往陷于观察不确""第四个时期是悟的时期。这时期可说是从民国二十六年我在《清华学报》发表《中国文法中的系词》的时候起。我开始觉悟到空谈无补于实际,语法的规律必须从客观的语言归纳出来的,而且随时随地地观察还不够,必须以一定范围的资料为分析的根据,再随时随地加以补充,然后能观其全"。抗战时期,"在长沙买得《红楼梦》一部,寝馈其中,才看见了许多从未看见的语法事实。于是开始写一部《中国现代语法》，凡三易稿"。作者后依闻一多意见，将其分为二部书，一书专讲规律，一部专谈理论。

按：作者在序中特别提到："我应该首先感谢吾师赵元任先生，当年他对于我的《中国古文法》不曾给予一句褒语，这是消极地不奖励我走上'蔽'的道路。他在那篇论文上所批的'说有易，说无难'六个字，至今成为我的座右铭。"朱自清为该书写了长序，详尽地论述了该书的特点与成就，并将其与国内外的其他语法著作进行比较。认为："本书目的在表彰中国语的特征，它的主要兴趣是语言学的。如上文所论，这一个目的本书是达到了。"

王力应昆明粤秀中学聘请兼任校长，移居粤秀中学。王力除为《生活导报》撰写小品文外，复应昆明《中央日报》增刊之请，辟《棕榈轩詹言》专栏，为该刊撰写小品文。是年，王力发表的论文有：《人称代词》刊于桂林《国文杂志》第1卷第6期；《无定代词复指代词》刊于桂林《国文杂志》第2卷第2期；《指示代词》刊于桂林《国文杂志》第2卷第4期；《疑问代词》刊于桂林《国文杂志》第2卷第5期；《什么话好听》刊于《国文月刊》第21期。（参见张谷、王缉国《王力传》及附录《王力先生年谱》，广西教育出版社出版1992年版；齐家莹编《清华人文学科年谱》，清华大学出版社1999年版）

郑天挺继续任西南联大总务长、北京大学秘书长。清华大学举行第六届留美公费生选拔，郑天挺被聘为考试委员会、研究论文评阅委员会委员。2月10日，西南联大第248次常委会决议，聘请郑天挺为本校聘任委员会主席。3月17日，郑天挺为将赴重庆开会，没有合适的衣服，将棉袍一件，托罗庸夫人修理，"五年未制新衣，领袖皆破，日日在校，人人皆穷，固无伤。若入渝则太不整齐，故托为补缀之"。其"日日在校，人人皆穷"八字，道出了当时教授们的整体生存状况。28日，西南联大第253次常委会决议：历史学系教授郑天挺、雷海宗、姚从吾、王信忠赴渝参加中国史学会成立大会。郑天挺的总务长及兼代事务主任职务请查良钊暂行兼代。5月18日日记载："近来本市物价上涨，情形异常险恶，六年以来同人等随身衣物变卖一空，现状已近崩溃，前途更难设想。"8月12日，召开联大常委会第270次会议，郑天挺请辞联大聘任委员会主席职务，请冯友兰为该会主席。9月1日，郑天挺到校发现工资犹未发放，勃然大怒："自余任总务长，必于月底发薪，未尝稍迟。昨日以上月有人事更动，手续未齐，定今日发。及入校，闻仍未发，为之大怒，询之，乃因刚如未至，无人代常委盖章，遂命人往寻，责令下午必发。今非昔比，同人中盖有不能迟半日者也。"是年，著《清代皇室之氏族与血系》《清史语解》，书中针对日本侵占中国东三省而制造的"满洲独立论"，以大量历史事实证明清代皇室包含有满、蒙、汉三族的血统，在入关前就和内地在政治、经济、文化方面有着密不可分的关系，是中华民族大家庭中的一员；入关后满、汉两族文化互相调融，相互影响，关系日益密切，指出"近世强以满洲为地名，以统关外三省，更以之名国，于史无据，最为谬妄"。从而有力地驳斥了日本侵略者的谬说；所著《发羌之地望与对音》获教育部教师科研成果奖三等奖。（参见西南联大北京校友会编《国立西南联合大学校史——1937至1946年的北大、清华、南开》，北京大学出版社1996年版；齐家莹编《清华人文学科年谱》，清华大学出版社1999年版；个厂《郑天挺：为民族保存文化火种》，《光明日报》2019年1月19日）

吴晗2月19日在《当代评论》第3卷第11期发表《论公务员内外互调》。7月，吴晗经周新民、潘光旦介绍，加入中国民主政团同盟，从此接受了中国共产党人的影响和领导。6月，文史讲座在暑假中继续举行，吴晗讲《唐宋时代的战争》。同月，吴晗《记大明通行宝钞》刊于《人文科学学报》第2卷第1期。11月，在《云南日报》发表《论贪污》一文，尖锐地指出："贪污这一现象，假如我们肯细心翻读过去每一朝代的历史，不禁令人很痛心的发现'无代无之'，竟是与史同寿！我们这时代，不应该再讳疾忌医了，更不应该蒙在鼓里自欺欺人了。翻了陈账，看看历代存亡之原，再针对现状，求出对症的药石，也许可以对抗建大业有些小补。"此为吴晗与腐朽势力战斗的最早一批杂文，是从一个醉心于读古书、搞考证的学者的转变。（参见夏鼐《吴晗的学术生涯》，浙江人民出版社 1984 年版；齐家莹编《清华人文学科年谱》，清华大学出版社 1999 年版；西南联大北京校友会编《国立西南联合大学校史——1937 至 1946 年的北大、清华、南开》，北京大学出版社 1996 年版）

　　李景汉、陈达、吴泽霖、陈序经、伍纯武教授等 20 多人 2 月 1—2 日出席中国社会学会昆明分会在云大举行的第一次年会，讨论战后社会建设问题，会上宣读的论文有：李景汉《战后农村建设问题的讨论》、吴泽霖《边疆的社会建设》、李有义《士气与社会》、李树青《中国家族制度的结构及其重建》等。2 月 19 日，李景汉《战后农村问题的讨论》刊于《当代评论》第 3 卷第 11 期。是年，陈达编著的《近代中国国势普查》由昆明战地服务团出版。（参见《云南大学志》编审委员会《云南大学志》第 2 卷《大事记（1915 年—1993 年）》，云南大学出版社 1993 年版）

　　游国恩到昆明后，因通货膨胀严重，生活极为困难。为了弥补家用，除每周进城授课外，还在云大附中和留美预备班兼课。3 月，作于喜洲的《从文献上所见的西南夷语》刊于《旅行杂志》第 17 卷第 3 期西南文化专号。同月，为徐梦麟《云南农村戏曲史》作序，刊于 1947 年北京《龙门杂志》第 1 卷第 6 期。春，曾准备将《楚辞讲疏长编》中已成编的《离骚》《天问》二卷更名为《楚辞纂义》，拿出去先行付印，因其它各篇虽已征材略具，但藏书散失，工作一时无法进行，且当时生活困难，也希望得些稿费贴补家用。游国恩就此事与联大同人罗庸相商，并请他代为作序。后终因《离骚》《天问》两卷的原稿也已丢失，所存油印稿有脱错，手头无书，不能一一核正，且考虑有的材料还须补充，有些新的研究成果尚无暇补入等原因，乃至在当时没有发表。但一年后罗庸仍把他的《楚辞纂义叙》公开发表。是年，在西南联大文史讲座作《论楚辞中的女性问题》的演讲，认为屈原常以女子和弃妇自喻，所以他在《楚辞》里所表现的，无往而非女子的口吻，从前多少注家对这一点闹不清楚，所以发生许多无谓的争论，而结果都不正确。他对屈辞中与女性有关的"昏期""灵修""女婴""求女""媒理"等词意也均有创解；又撰《论屈原文学的比兴作风》。此文旨在探索屈原辞赋中"比兴"的来源，认为远溯一点，与古诗有关，而关系更密的莫过于春秋战国时的隐语。并认为"风""骚"的"比兴"作风形成之后，对我国后世文学，尤其是诗有着深远的影响。（参见游宝谅《游国恩先生年谱》，《淮阴师范学院学报》2002 年第 1 期）

　　陈梦家 1 月 1 日在《思想与时代》第 18 期"张荫麟先生纪念号"发表《评张荫麟先生〈中国史纲〉》，其中说："这是我最近所看到历史教科书中最好的一本'创作'。我们称此篇创作以别于从前许多抄录为主的教科书，它们重复前人所犯的错误，忽略近人新立的学说。这本书的作者既详细利用所有的材料，并且遵守若干预立的原则，有条不紊地把融化了的史实用清楚明白而动人的文字写出来，使读者在优美的行文中浏览古代社会的大略，所以我名之为'创作'。"2 月 16 日，在《国文月刊》第 19 期发表《介绍王了一先生汉字改革》。9 月，陈梦家《〈古文尚书〉作者序》刊于《图书季刊》新 4 卷第 3—4 期。是年，陈梦家《〈孟子〉养气章的几点解释》刊于《理想与文化》第 5 期。（参见王学典《20 世纪史学编年（1900—1949）》，商务印书馆 2014 年版；齐家莹编《清华人文学科年谱》，清华大学出版社 1999 年版）

　　沈从文 1 月 11 日致信沈荃，表达了自己对当时交由桂林开明书店出版的修订过的作品集屡遭查扣一事的愤慨。20 日，《"文艺政策"探讨》刊于《文艺先锋》第 2 卷第 1 期。作者认为，文艺政策的意思，也就是"把文学当成一个工具，达到'社会重造，国家重造'的理想"，这种试验从晚清就已经开始，对辛亥革命、五四运动、北伐都有直接的推动。但是国家"想把它当成一种政策来好好运用的时候，作来似乎总不见得十分顺手"，其原因一是因为把文学当作工具的误用滥用而种下了恶果，并一直延续至今；二是因为政策设计者，对"文学'是'什么，'能'什么认识不大清楚，处理的方式也因之不大妥当，主持其事的既保持个习惯的心理状态，把作家当作介于'副官''庶务''秘书'三者间身份相等的人物，从不当作'专家'看待，因此，一切设计上的弱点即自然好好存在，想去去不掉，想改改不来"。结果是"国家对文艺有政策，已经有了十多年"，但"文艺政策"却始终是个空洞名词，"采用的方法居多是消极的防卫的。或用收容制度消耗他们的能力，使之用于无意义上面去，或用检查制度限制他们的发展，使有能力的亦无从好好使用。负责人对这件事尽管好像有个理想，在培养作家来实现它，事实上就只有一句话'请莫捣乱'"。在沈从文看来，要使文艺政策不只是作为装点而存在，首先要改变把作家当成政策点缀品的传统看法，把他们看成是一种专家，并把他们聚集在一起，由国家提供研究和创作的基金；其次，在办法上也要改变，文艺政策的"主事者最好是一个或一群专家，莫用官僚"，对出版物的审查制度更应改良，检查员得先受严格检查。总之，国家的文艺政策必须要有一种远大的设计，才能吸引国内优秀作家投身到工作中去，产生伟大的作品，国家也才能运用这些作品，把民族潜伏的智慧和能力、热情与勇气一一发掘出来，而向一个未来的理想推进。

　　按：沈从文还简略地回顾了国民党政府十几年来在文艺政策上的努力。当左翼以上海租界为根据地，与书商联合炒作革命文学和普罗文学，弄得热闹异常时，南京才感到这问题的麻烦，"方从限制上着手，加以查禁。查禁不济事，才一面提出个文学主张相对抗，'民族主义文学'一名词，因此而产生"。但是南京政府在积极推行文艺政策方面所耗费的金钱数目却"小的令人失笑"，上海的两个刊物（指《前锋月刊》和《现代文学评论》，他们都由现代书局出版发行）是略带强迫性和书店合作的，不花一文，南京办的《文艺月刊》也每月消耗不到两千元。在他看来，当时代表政府的"文艺政策"，也就只是用那么一点点钱办个刊物，除此别无更好设计。如果文艺政策的本意原"不在培养作家鼓励优秀伟大作品的产生，倒侧重在抵制那些投机分子的活动，并争取几个无所为的作家，来帮忙点缀点缀政治场面，增加首都一点文化空气，我们还得承认，这是北伐成功后国家花钱最少而成功最大的一件工作"。抗战爆发后，先是政治部设立了第三厅，接着是设立带有赈济性质的战时国家助奖金，以及教育部的"学术奖金"，但是政府的这些"文艺政策"都不能算成功。设立第三厅是想有计划地收容一些作家——其中居多还是原来与政府不合作的，但当时流行的第三厅是跳舞厅的嘲谑以及其后人事的一再变动，可以说明其与理想何其远；奖助金则"只做到消极救济性质"，而且处理方法也不甚妥当；学术奖金"头一次戏剧奖，即引起种种不必要的纠纷"，失去了其应有的庄严性。单从政府在文艺政策上的花钱投入，就可以看出"目前的'文艺政策'，实说不上什么政策了。它的存在不过近于'装点'即以装点应有的作用而言，还是不够的"。

　　沈从文3月21日在呈贡家中作《明日的文学作家》。4月，短篇小说集《春灯集》由桂林开明书店出版。5月25日晚，西南联大中文系为欢送毕业生，在中法大学礼堂演出由著名剧作家吴祖光编剧的《风雪夜归人》，沈从文担任本次演出的顾问。《云南日报》于翌日刊出了有关这次演出的报道："该校此次演出由中国文学系主任罗常培主持，该校教授孙毓棠导演，杨振声舞台监督，闻一多舞台设计，沈从文、罗膺中顾问，全系同学参加演出，成绩甚佳，观众无不赞誉云。"5月，重新改写《新摘星录》，并以《摘星录》为篇名在翌年1月1日发表于《新文学》第1卷。6月，论文集《云南看云集》由重庆国民图书出版社出版。7月22日，国立西南联合大学常委会第268次会议通过决议，改聘沈从文为本校师范学院国文学系教授,月薪360元。8月起,沈从文在西南联大的职务由副教授改聘为教授。11月17日下午3点,沈从文出席在西南联大昆中北院教室召开的西南联大教授会三十二年度第一次会议。是年,桂林开明书店从4月份开始陆续出版沈从文修订过的短篇小说集《春灯集》(4月)、《黑凤集》(7月)、《阿金》(7月)、《黑夜》(9月)、《春》(12月)、《月下小景》,中篇小说《边城》(9月)、《神巫之爱》,评论集《废邮存底》,散文集《湘行散记》《从文自传》等,统称为"沈从文著作集"。连同以后陆续出版的《湘西》和《长河》修订本,这套系列"著作集"共计出版了13种。

按:原计划出版30种,但有些被图书审查机关扣压了,有些则在邮寄途中遗失了。后来沈从文曾遗憾地说道:"遗失的稿子偏偏是写社会疾苦方面的那部分,出版的几册却都是关于男女事情的,这样别人就更不了解我了!"(参见吴世勇编《沈从文年谱》,天津人民出版社2006年版;汪翠华《战时国民党文艺政策的晴雨表——〈文艺先锋〉研究》,西南大学硕士学位论文,2007年)

陈铨1月20日在《文化先锋》第1卷第20期发表《柏拉图的文艺政策》,从战国策派的一套理论出发,认同张道藩《我们所需要的文艺政策》,认为文学应当配合政治对民族意识的要求,应在民族意识的培养和壮大方面发挥作用。在民族冲突到了生死存亡的时候,个人方面根本谈不上自由不自由,自然不能再死抱自由主义不放,文学应当配合政治对民族意识的要求,为实现政治理想服务,至于是否需要文艺政策,这也要以民族生存为大前提,如果需要,是没有多少讨论的余地的。(参见张志云《〈文艺先锋〉(1942—1948)与国统区文艺运动》,四川大学博士学位论文,2007年)

冯至1月28日在联大文史学会作《〈浮士德〉里的魔》的讲演。6月25日,历史系学生丁名楠将所买得的仇注杜诗,转让给冯至。据此书一首首反复研读,做了大量的卡片,为写《杜甫传》作准备。夏,为歌德《维廉·麦斯特的学习时代》译本写序言。8月,为《生活导报》"五分钟广播"栏撰写《一个希望》。9月,作《空洞的话》《认真》,批评不负责任马马虎虎的学习态度和工作作风,同月,散文集《山水》由重庆国民出版社出版,收入作品10篇。10月,作《忘形》,这是一篇有关死亡的文章,反映了冯至在存在主义哲学思想影响下形成的独特的死亡观。11月,作《书店所见》《读书界的风尚》。是年,还作有论文《工作而等待》《两种态度》。是年起,昆明民主运动复苏,出现了《生活导报》《春秋导报》《自由论坛》《独立周报》等小型周刊,应编者之邀,开始为他们写了些杂文和散文。(参见周棉《冯至年谱》,载王京州编《河北近现代学者年谱辑要》,国家图书馆出版社2017年版)

蔡维藩、王信忠、戴世光等3月19日起应邀为中国国际同志会云南分会举办现代问题讲座,每星期三、四、五晚举行。计有:蔡维藩讲《盟国胜利与德日挣扎》、王信忠讲《远东战局之展望》、王赣愚讲《自由主义之危机》、邵循恪讲《国际和平组织的过去与未来》、杨西孟讲《当前的物价问题》、滕茂桐讲《国际计划经济与国家计划经济》、伍启元讲《经济战争与现代战争》、鲍觉民讲《中国地大物博之真象》、张印堂讲《缅甸地理与滇西战场》和戴世光讲《中国与印度》。6月,文史讲座在暑假中继续举行,唐兰讲《甲骨文》、游国恩讲《楚辞中的女性》、蔡维藩讲《70年来的英俄关系》、吴晗讲《唐宋时代的战争》和浦江清讲《中国小说之演化》。(参见西南联大北京校友会编《国立西南联合大学校史——1937至1946年的北大、清华、南开》,北京大学出版社1996年版)

李广田10月1日为联大学生创办的《文艺》壁报聘为导师,以后发展为文艺社。该社于1945年扩大组织,有社员60人,经常举行讨论。后经干事会议决,"以文艺为工具宣传进步之世界观,加强政治影响"为宗旨,出版铅印的《文艺新报》,以争取进步读者。(参见齐家

莹编《清华人文学科年谱》,清华大学出版社1999年版)

姚殿芳2月25日被西南联合大学聘为中国文学系助教。姚殿芳于1942年毕业于西南联大,在校读习期间,写过一篇关于李贺研究的读书报告,闻一多看到很是赏识,留下未还给她。当她毕业时,学校没有留校名额,一时找不到合适的工作。闻一多知道姚殿芳的父母住在贵阳,主动表示愿意介绍她去贵阳花溪的清华中学教书,并说那是一所很好的学校,是由清华大学同仁创办的。但姚殿芳未去,留在昆明,这时由罗常培推荐聘为助教。(参见闻黎明、侯菊坤《闻一多年谱长编》(增订版),上海交通大学出版社2014年版)

高华年9月赠冯友兰所作《黑夷语中汉语借词研究》(南开大学文科研究所边疆人文研究室语言人类学专刊乙集第二种,油印本)。(参见蔡仲德编撰《冯友兰先生年谱长编》,中华书局2014年版)

王瑶2月在昆明私立五华中学教国文课,同在五华中学任教的有朱德熙、季镇淮、吴征镒、李赋宁等。6月,完成毕业论文《魏晋文论的发展》,交朱自清、闻一多两位先生评阅。7月,清华大学中国文学系毕业。9月考入清华大学文学院中国文学部,师从朱自清,攻读中古文学。(参见姜建、吴为公编《朱自清年谱》,安徽教育出版社1996年版)

熊庆来继续任云南大学校长。1月26日,云大拟编撰出版云南大学丛书,决定由学校酌送编撰者编撰费,既对国家社会作贡献,又可增加教师的收入,减少生活上的困难,并可扩大学校影响。熊校长已约定了编撰人员。龙云主席对此亦大加赞助,慨允拨赠编撰费国币4万元。4月20日,云大举行成立21周年纪念会。8月15日,陈寅恪复函吴宓,称已向云南大学校长熊庆来、文学院院长姜亮夫推荐刘文典。21日,熊庆来致函刘文典,盛情邀请其任云大文史系龙氏讲座教授。所开薪酬待遇,均高于西南联大。信曰:"叔雅先生史席:久违道范,仰止良殷。弟忝长云大以来,时思于此养成浓厚之学术空气,以求促进西南文化。乃努力经年,尚少效果,每以为憾。尝思欲于学术之讲求,开一新风气,必赖大师。有大师而未能久,则影响亦必不深。贤者怀抱绝学,倘能在此初立基础之学府,作一较长时间之讲授,则必于西南文化上成光灿之一页。用敢恳切借重,敦聘台端任本校文史系龙氏讲座教授。月致薪俸六百元,研究补助费三百六十元,又讲座津贴一千元,教部米贴及生活补助费照加。素识贤者以荷负国家文化教育为职志,务祈俯鉴诚意,惠然俞允,幸甚幸甚! 附上聘书一份,至希察存。何日命驾来昆,并请赐示,以便欢迓。耑此布达,敬请道祺。弟熊庆来。八月二十一日。"11月,以进步学生为骨干的云大学生自治会成立。皖南事变后,在国民党白色恐怖笼罩下,云大没有成立学生自治会,学生活动由三青团把持。云大学生自治会的成立,标志着云大学生民主进步意识的进一步觉醒,打破了三青团把持学生活动的状况。12月23日,云大召开纪念护国起义28周年座谈会,邀请护国起义的前辈、各大学文史系教授参加。熊庆来校长首先致词,阐明这个座谈会的意义,接着由云龙讲护国起义经过,王九龄讲护国起义对云南的重要性,李鸿祥讲蔡锷离开北京情形,黄斐章、刘云峰分别讲述护国第一军及第二军作战经过。25日,《云南日报》发表社论,突出护国起义争取民主、反抗帝制的精神。(参见《云南大学志》编审委员会《云南大学志》第2卷《大事记(1915年—1993年)》,云南大学出版社1993年版;章玉政编著《刘文典年谱》,安徽大学出版社2011年版)

林同济1月17日在《大公报》发表《论官僚传统——一个史的看法》,文中精辟指出中国政治的关键所在是"官僚传统""近来愈观察中国政治,愈觉得关键的关键,究都在'官僚传统'四个字。关键不彻底改良,其他枝枝节节的改良都属无关宏旨的"。然后系统地批判了传统中国政治体制内的官僚腐败,总结了中国官僚传统的皇权毒、文人毒、宗法毒和钱神毒四大特点。最后提出："这个官僚传统的雄厚历史背景，又感得兹事体大，非从整个的社会组织，生活习惯，国民教育方针以至政府与社会各势力的关系上多方着手，恐怕仍没有法子把这个膏肓彻底除根!"5月4日夜，林同济作《关于自由主义》，刊于5月15日昆明《自由论坛》第1卷第4期。5月8日，《自由论坛》编者志曰："这是林同济先生在'五四'给本刊编者的一封私人信中所讨论到的问题。自由主义过去曾赐与人类以极大的幸福;即根据过去一个世纪的经验，证明今后仍充分具有此种可能。迨一九一八年第一次世界大战告终后，在几个极权国家中，它都被斥为异端。这一次的世界大战，联合国家所揭的战争目的是'为保卫民主而战'，亦即为'保卫自由主义而战'。我们可断言:胜利的自由主义将重赐人类以幸福;但迄今我们仍听到自由主义存废的论辩，可见其前途，坎坷仍多。林同济先生年来是被一般人目为'战国派'台柱的人物，'战国派'的论调在国内曾引起过有趣的讨论，它被指为是自由主义前路中一个可怕的威胁;林先生在给编者的信中，对这点颇有解释。本刊原就愿意给各种不同的意见以自由发表的机会，故乐将林先生的信摘要刊出，以飨读者。"是年，林同济应邀为蒋介石著作《中国之命运》英文版进行校订工作。(参见江沛、刘忠良编《中国近代思想家文库·雷海宗、林同济卷》及附录《雷海宗年谱简编》，中国人民大学出版社2014年版)

　　姜亮夫2月撰《张华年谱》，至5月，粗就。《张华年谱·序》曰："张茂先一代达人，及其见收，乃无言足以自辩。悲夫，良士之不可辩朝也!虽然，茂先实亦司马氏之功臣:谏伐吴与羊祜同意，而又辅杜预以尽其功，司马氏得以一天下者，华之议为多，此其一;当时在朝，实多彬彬有文法之士，诸如陆机兄弟、顾荣、束皙、贺循、褚寿、范乔、刘颂、阎缵、挚虞、左思之俦，皆华为之左右，史称其好人物，诱进不倦，晋初文物，尚有可采，亦华之力为多，此其二;景、武之间，多更礼乐县令学校之制，而华议实为最多，此其三;议废杨太后事，以全景帝母子之谊，此其四;以先帝大臣之重，当闇主虐后之朝，而海内晏然，朝廷又安者且十年，此其五;其为都督幽州，抚纳新旧，戎夏怀之，东夷诸国，遣使朝献，定边祸之源，延西晋之统，此其六。有一于此，足称重臣，况华以功见绌而不怨，三秉要政而不骄，盖有得于《易》之谦谦者与?虽然，晋承汉、魏之弊、民不聊生，胤胄朝纲废于牝鸡，朝士大夫得保首领者不一二人，则华之死，亦时也。使华遭盛世，则雍容于礼乐制度之间，虽叔孙通不过是也，岂特以博物洽闻为后世称!"6月，欲辞去云南大学职位，未果。8月，改订多年讲授的文字学讲义。被云南大学聘为教授兼文法学院院长。10月，撰《护国军纪实》成。(参见林家骊《姜亮夫先生年谱》，《中文学术前沿》2015年第1期)

　　楚图南与周新民等1月初组织"西南文化研究会"，参加者均为文教界进步人士，主要成员还有李文宜、尚钺、闻一多、潘光旦、费孝通、吴晗等，每周一次聚餐会，轮流做学术报告，讨论抗战形势及国内政治等。18日，在教育厅举办戏剧训练班，讲授《文艺的民族形式》。年初，中共中央南方局派华岗到昆明做民族统一战线工作，并指导抗日民主运动，华岗找楚图南协助开展工作。为便于开展工作，掩护其身份，华岗化名林少侯，由楚图南推荐给云南大学校长熊庆来和文法学院院长胡小石，聘其为社会学教授，楚为华选配了助教。华给他看了周恩来关于争取团结闻一多等人的信件。2月1日，《从顾亭林先生学习》刊于《云南日报》。4月，周新民、李文宜介绍楚图南加入中国民主政团同盟(即民盟)。5月，《惠特曼的诗歌——〈草叶集选〉译序》刊于《龙门周刊》。6月6日，《救治教育和文化的萎黄病》刊于云南《国民日报》。同月，《悼念屈原》刊于《诗与散文》第2卷第6期。11月，所著《刁斗集》由昆明天野社出版。12月，《胡翔冬先生及其诗歌》刊于《文学评论》第1卷第1期;《对于政治之现代的认识》刊于《建国导报》第1期；李公朴所创办之北门出版社成立编委会，楚图南为委员。同月25日，楚图南在《云南日报》的"护国纪念特刊"上发表《云南——中国民主政治的堡垒》，27日续完。这是第一次在报刊上公开称云南为"民主堡垒"，对推动当时爱国民主运动，产生了巨大的激励与推动作用。(参见麻星甫编著《楚图南年谱》，群言出版社2008年版；《云南大学志》编审委员会《云南大学志》第2卷《大事记(1915年—1993年)》，云南大学出版社1993年版)

华岗1月1日在《学习生活》第4卷第1期发表《古代历史三问题》。2月6日，在《新华日报》发表《整风一年》。16日，在《群众》周刊第8卷第3期发表《中国工人与民族解放运动——纪念"二七"事变二十一周年》。3月18日，在《群众》周刊第8卷第6—7期发表《论中国佃农问题》。21日，在《新华日报》发表《怎样做农村调查》。5月8日，在《新华日报》发表《纪念为全世界工作的马克思》。23日，在《新华日报》发表《大后方农村经济的特质和改善途径》。7月16日，在《新华日报》发表《中国近代史的特征和研究门径》。同日，在潘梓年兼任主编的《群众》周刊第8卷第11期"民族化问题讨论特辑"发表《我们应该怎样来表现中国作风和中国气派?》。8月8日，在《群众》周刊第8卷第13—14期发表《整风二、三心得》。同月，龙云和民盟中央常委罗隆基晤谈时，要他设法邀请周恩来到昆明共商国是。于是中共云南省工委派在《云南日报》负责地下党工作的欧根到重庆向南方局汇报。董必武告诉刘浩"党决定派华岗为代表"，要刘浩介绍华岗见龙云。9月16日，在《群众》周刊第8卷第15期发表《太平天国反清战争的战略研究》。同月，经中共和爱国民主人士与龙云主席的广泛接触，根据龙云表示希望会见周恩来的要求，中共中央南方局派华岗为中共代表到昆明，以在云南大学任教的公开社会职业为掩护，与龙云直接建立联系。10月1日，周恩来致电董必武：华岗既去滇养病，可否作长大打算。要他与罗隆基联系，必要时让罗隆基带他见龙云。华岗抱病到达昆明后，化名林少侯，由楚图南、尚钺两位教授介绍担任云南大学社会学教授，以作为开展革命活动的掩护。华岗和先前派来昆明工作的周新民、李文宜等一起，主动结识了吴晗、费孝通、李公朴等进步教授，并逐步扩大到争取持中间态度的知名学者。华岗和楚图南、周新民倡导成立了一个西南文化研究会，把昆明的一批文化教育界人士组织起来，重点团结李公朴、闻一多、费孝通、吴晗等著名人士并开展爱国民主运动。(参见向阳编著《华岗传》，浙江人民出版社版1993年版；中央文献研究室《周恩来年谱1898—1976》，中央文献出版社1998年版；《云南大学志》编审委员会《云南大学志》第2卷《大事记(1915年—1993年)》，云南大学出版社1993年版)

周新民继续任教于云南大学。5月，在中国共产党的帮助下，中国民主政团同盟(1944年9月改为"中国民主同盟"，简称"民盟")的第一个地方组织——昆明支部正式成立。周新民担任该支部的组织委员。在组织发展工作中，贯彻执行中共中央南方局扩大和巩固抗日民族统一战线的指示，首先打破"三党三派"的限制，广泛吸收一些爱国民主的教授、自由职业者入盟，使民主力量在民盟昆明支部中占据了主要地位。龙云、缪云台以及民族资本家朱健飞、金龙章等先后加入民盟为秘密盟员。

按：1944年10月1日，民盟昆明支部召开盟员大会，民盟昆明支部改为民盟云南省支部。以后民盟广泛吸收各方面人士入盟，至1945年底，扩大为中国民主同盟云南省委员会，楚图南为主任委员，全省民盟成员发展到200余人；其中，李公朴、闻一多、张奚若、吴晗、曾昭抡、罗常培、周炳琳等一批爱国知识分子在斗争中成为著名的民主战士。(参见《云南大学志》编审委员会《云南大学志》第2卷《大事记(1915年—1993年)》，云南大学出版社1993年版)

李公朴1月31日撰写《民众教育为什么搞不好，艺术戏剧在民众中的重要性》一文。5月，经潘大逵、周新民介绍，参加民主政团同盟昆明支部，并为负责人之一。7月17日，李公朴参加昆明市文化界、音乐界人士举办的聂耳逝世8周年纪念晚会，并作报告。10月10日，针对蒋介石的《中国之命运》反对民主，撰《民主与领袖的关系》。12月8日，昆华民教馆民众剧社为庆祝即将公演之三幕社会喜剧《人之初》，于是日招待文化界，李公朴被邀出席，并致词说："希望民众剧社切实做到民众的目标，并望切实做到教育工作。"21日（阴历11月25日），沈钧儒虚岁70寿辰，与岳父及夫人合作梅石及题字祝贺。（参见周天度、孙彩霞《李公朴传》及附录《李公朴生平活动简表》，群言出版社2002年版）

胡小石12月17日再次来昆，受聘云南大学龙氏讲座，开设课程有《历代诗选》及《杜诗》两种。（参见《云南大学志》编审委员会《云南大学志》第2卷《大事记（1915年—1993年）》，云南大学出版社1993年版）

徐旭生（炳昶）时任北平研究院史学研究所所长。2月6日上午，徐旭生与闻一多谈神话研究。浦江清《西行日记》："陶重华自城中来此，言城中龙灯戏热闹情形，此因废除不平等条约，与盟国成立新约，故政府特下令庆祝三日。同时世界战局形势好转，胜利在望，民间庆贺旧历年之高兴，远比往年为胜。上午徐旭生来与闻公谈宓牺、颛顼、高阳等史话。时当新正而抗论羲皇上古，亦殊别致。"12月，徐旭生《中国古史的传说时代》由重庆中国文化服务社出版。全书包括"论信古""民族三集团考""洪水解""中康日食""徐偃王与徐楚在淮南势力的消长""五帝起源说""所谓黄帝以前的古史系统考"七章及附录4篇，主要从古代文献入手，结合相关的考古发掘与民间传说，考察了中国在有文字记载历史之前即传说时代的社会状况，包括当时的部落分布、部族间的关系、社会经济状况等。作者认为，我国古代部族可分为华夏、东夷和苗蛮三大集团，此三大集团经过互相斗争、融合，渐渐最后形成了后来的汉族。华夏集团是三大集团中最重要的，最后成为中国全族的代表。此书还就洪水故事、五帝起源、黄帝以前的古史系统等问题进行剖析，为中国故事传说时代创立了一个新的体系。作者对疑古派学者的偏失有所反思和纠正，首章"论信古"，主旨以为"古"有真有伪，古者可信，非古者始不可信，而孔子、墨子、孟子、荀子、太史公以及此类之学者则决非有意造谣之人，故对近人治古史者如卫聚贤、顾颉刚辈之立论，颇多批评。作者本人则注重对传世文献和传说资料进行细致的辨析和解读，充分发掘其史料价值。

按：中国悠久的历史往往远溯至上古三皇五帝时代，但有关三皇五帝的神话传说却存在诸多矛盾抵牾之处，其地域分布也不大明确。徐旭生凭借其早年留学法国学习哲学，后与瑞典学者斯文·赫定合作组成中国西北学术考察团并担任中方团长，以及与苏秉琦等主持宝鸡斗鸡台遗址考古发掘和渭河流域考古调查，结合神话研究与考古成果，终于发现在传说的五帝时代，存在着华夏、东夷、苗蛮三大部族于两河流域的三足鼎立与地理分野。徐旭生弟子黄石林《徐旭生先生传略》（载徐旭生《中国古史的传统时代》，文物出版社1985年版）归纳其师的核心观点如下：

华夏集团，地处古代中国的西北方。再可细分为三个亚集团（1）黄帝、炎帝两大支；（2）近东方的，又有混合华夏、东夷两集团文化，自成单位的高阳氏（帝颛顼）、有虞氏（帝舜）、商人；（3）接近南方的，又有出北方的华夏集团，一部分深入南方，与苗蛮集团发生极深关系的祝融等族。黄帝族的发祥地，在今陕西黄土原上，畔姬水，得姬姓。炎帝族则在今陕西境内渭河上游，畔姜水，得姜姓。此后，两族中各有一部分渐向东移。炎帝族顺着渭水、黄河两岸，一直发展到今河南及河南、河北、山东三省交界的地域。黄帝族顺着北洛水、渭水及黄河北岸，随着中条山，太行山脉，直到今北京附近。东夷集团，太皞、少皞、蚩尤均属之。它的地域范围：北自山东的东北部，最盛时达山东北部。西至河南东部，西南至河南及南部。南至安徽中部,东至海。苗蛮集团,三苗、伏羲、女娲、驩兜均属之。它的地域应以湖北、湖南、江西等地为中心。迤北到河南西部熊耳、外方、伏牛诸山脉间。这三大集团互相斗争,后又和平共处,终结完全同化,渐次形成后来的汉族。

　　概而言之,华夏部落集团主要包括黄帝、炎帝、颛顼、帝舜、祝融以及商族等,所处地域主要在西北地区,沿黄河流域向中原扩展,其中炎帝族直抵今河南及其与河北、山东交界地域;黄帝族直抵今北京附近。东夷集团主要包括太皞、少皞、蚩尤等,所处地域在今天的山东省,盛时也曾扩张至今河南、安徽一带。苗蛮集团主要包括三苗、伏羲、女娲、驩兜等,所处地域一直在江汉地区,也曾挺进至中原地区。此三个集团相遇以后,开始互相争斗,此后又和平相处,终于完成同化,才渐渐形成后来的汉族。三大集团说高度概括地揭示了中国远古民族与文化版图跨越黄河、长江两河流域的三分天下,曾得到著名考古学家苏秉琦三大系统说等考古学成果的强有力支持。后来,苏秉琦又从三大系统说进而发展为六大区系说。由于徐旭生的“三大族团说”是建立在神话传说与考古发现两相结合的基础上的,较之单纯的神话还原与考古复原显然更为复杂,也同样富有启示意义,显然有助于中国上古神话体系及其地理分布的还原与重构,也有助于对相关神话文本进行意义重释。

　　按:20世纪50年代,作者对本书作了较大的修订,于1960年由科学出版社出版增补本。1985年北京文物出版社、1999年台湾里仁书局再版。(参见王学典《20世纪史学编年(1900—1949)》,商务印书馆2014年版;梅新林、葛永海《文学地理学原理》,中国社会科学出版社2017年版;闻黎明、侯菊坤《闻一多年谱长编》(增订版),上海交通大学出版社2014年版)

　　杜宣3月受党的委托去昆明创办《群报》,临行前,专程来唐家沱向茅盾辞行,并希望给即将出刊的《群报》以大力支持,提供一部能连载的作品。茅盾表示,手头没有现成的作品,但一定给予支持。(参见唐金海、刘长鼎主编《茅盾年谱》,山西高校联合出版社1996年版)

　　张光年继续在云南任北门出版社和《民主增刊》编辑。3月至次年9月,张光年搜集整理彝族民间叙事长诗《阿细的先鸡》,这是整理我国少数民族文学遗产的一项开拓性工作,根据流传的民歌编写了长篇叙事诗《阿细人的歌》,同时创作了抒情长诗《绿色的伊拉瓦底》。

　　竺可桢1月3日在重庆出席中国科学社社友会。建议科学社联合各科学团体成立科学协进会,即Chinese Association for the Advancement of Science。11日,在北碚至中央工业试验所出席纪念周,讲演“边疆问题”,对西南、西北及东北的状况做了分析。指出抗战以来西南地区业已在开发;西北之经营,实际只限于畜牧、油矿;而东北诸省,实为我国之宝库。18日,在重庆交通大学纪念周演讲《边疆问题》,提出首先应调查昆仑、祁连山顶积雪的面积、厚度,然后在河西、新疆夏季水量不足时,将黑土铺于冰河上,如此可以人为地增加水量,使河西及天山南路增加水源。21日,在重庆晤朱家骅,提议由吕炯接任气象局长。2月10日,在浙大学生自治会举行的学术座谈会上讲《战后之中国》,认为战后问题最重要者,是人民心理的改造。期望“凡我民族性之缺点,皆应努力改革,而我传统之爱和平、尚礼节、待敌宽大、不歧视宗教诸美德,均须保存而光大之”。3月31日至4月12日,在重庆出席第一次三民主义青年团全国代表大会。4月2日,在重庆中央训练团党政高级训练班上演讲《科学与近现代思想》。分析了中国古代不能产生科学的原因,并介绍了欧洲近代科学的兴起及其对于社会的影响。后以《科学与社会》题刊于《思想与时代》第24期。11日,在重庆参加25届党政训练班开学典礼。该班到5月16日结束。训练期间曾出团一周,至北碚气象所处理所务与写文。此间曾阅读《剑桥大学科学名著》《曾文正公家书》《史记·天官书》及《尔雅·释天》等书,并摘记于日记,为著文做准备。12日,当选为三民主义青年团中央监察会监察。17日,在重庆补填入团志愿书。同日,任中央训练团教育委员会委员。19日,至中央团部开青年团新任监察、干事及指导员联席会议。宣誓就职,由团长蒋介石监誓。30日,至教育部出席国防科学技术策进会理事会会议。

竺可桢5月2日在重庆应蒋介石约参加训练团的校长及陈布雷、陈立夫中膳并作讲话,但未提及教员待遇与经费问题。竺可桢遂进言教职员入不敷出,不能维持生活之困难。3—4日,在重庆出席教育部学术审议委员会第四次会议。分组会任小组主席,审查请奖作品,并向大会报告。7日,在中央训练团大礼堂演讲《科学与国防》,指出巩固国防虽头绪万端,但奖励自然科学研究,实为基本问题。而奖励决不能仅仅限于应用科学,应包括理论研究,因为许多应用上极重要的发明统是首先从理论上研究出来的。12日,因竺可桢在现大学校长中为唯一的非党员,中央训练团谢兴平来,嘱填写入国民党志愿书,即填就交去。以后从未付过党费,也未参加过党的会议。同日,作《关于战后国都及陪都问题之意见》一文,系应中央设计局王世杰之约而作。以天、地、人、物四因子推论北平、南京、西安、武昌四地之优劣。结论以战后中心问题在于开发工业,非自开发东北不可,故主张以北平为首都。20—28日,在北碚期间先后阅读了《二十八宿比较表》《中国天文起源考》《星辰考原》《星辰目录》《书经·洪范》《东洋天文学史研究》等著作。5月25日,讲演《二十八宿起源考》。同月,由教育部聘为该部学术审议委员会第二届委员。

竺可桢6月1日在重庆往晤兵工署署长俞大维,谈及欧战前景。俞氏以为德国在两年以内决不至于崩溃,战争至少尚有三年。竺可桢则认为德国于一年内或不能支持。同日,至组织部晤朱家骅,告以气象所须增加研究员,涂长望与赵九章两人须同时聘请,否则至少请一人。同月,翁文灏、竺可桢等著《科学概论》一书由中央训练团党政高级训练班印行。7月4日,出席浙江同乡会会议,被推为董事长。8日,主持浙大第16届毕业典礼。在致词中提示学生,毕业出校后责任至大,各人须尽最大之努力,并勉励同学到祖国东北供职。18日,在中国气象学会第13届年会上当选为理事会理事。其后在中国气象学会第44次理事会上被推为常务理事,兼任理事长。10月4日,在湄潭浙大附中纪念周讲"为人之道",述抗战必胜已有把握,但建国必成还是问题;抗战是三五年的问题,建国是三五十年的问题。要建设国家先要建设个人。建设个人要从三点着手;一则须有信仰,不能谋自私自利;二则要能奉公守法,成一个法治的民族;三则保持健康。9日,郑晓沧劝竺可桢将20年来所作文出一文集,竺以印刷难辞之。10日,主持浙大国庆纪念大会,述科学可以救中国之愚、贫、病三缺点,而三者,愚尤为根本。14日,致函张其昀,讨论战后对日政策约束。对于日本方面之要求,认为我国于此时应有所预备。除恢复东四省、台湾等领土外,竺可桢提出有三点必须办到,才可以建永久之和平。一是日本人在大陆上不能再有寸土,朝鲜必须独立;二是日本的人口政策必须改变,不能再继续奖励增加人口;三是日本对所缺乏与余剩资源必须详为估计,我国与日本于战后可以互通有无。12月2日,在贵阳应贵州师范学院史地学会之邀,演讲《宇宙与人生》。回顾了300年来科学家对于宇宙和人生的观察和认识,从科学的立场,讨论了宇宙与人生的关系。最后指出,"宇宙和生命究竟是一元的,还是多元的,究竟是唯物的还是唯心的"是非常复杂的问题。15—16日,在重庆出席教育部学术审议委员会第二届委员会第一次全体会议。在学术组讨论时提出"对大学研究院扩充案""教育部增拨经费案"及"请外国学者来华指导研究案",获得通过。31日,在北碚至复旦史地学会演讲《大西洋宪章与战后和平》,述大西洋宪章值得我国之赞助,但实行起来困难有二,即(一)自给自足主义与自由贸易主义二者间的冲突。我国为工业落后国家,不能完全应用自由贸易。(二)人口问题,必须予以适当解决。(参见李玉海编《竺可桢年谱简编》,气象出版社2010年版)

张其昀、钱穆、谢幼伟、贺麟等为主要撰稿人的《思想与时代》第18期"张荫麟先生纪念号"1月1日出版,刊出钱穆、熊十力、陈梦家等纪念文章,同时刊发张荫麟遗作《论史实之选择与综合》。张氏此文对其通史方法论作了全面交代。《中国史纲》的《自序》似乎是此文的删定稿。关于史实的选择标准,去掉了"决定性的标准"。关于史实的综合,除"循环的秩序"被删除外,总体上也有所调整。此文被许冠三认为是他"精研史学原理一生的心血结晶""自司马迁倡'笔削'说以来,困扰中国新旧史家二千多年的书事义理问题,至此乃有一深切而允当的现代解答""荫麟对新史学最具体而又最重大的贡献,无疑应推通史取材原理的发明"。(参见王学典《20世纪史学编年(1900—1949)》,商务印书馆2014年版)

缪钺继续在浙江大学中文系任教。春,钱穆来浙江大学讲学。缪钺与之神交已久,此次聚会,相谈甚欢,以后经常通书论学。2月27日,时任浙江大学龙泉分校教授的夏承焘致函缪钺,此为缪钺与夏承焘通信40余年之始。6月,《论辛稼轩词》刊于《思想与时代》第23期。7月26日,缪钺致函刘永济,谓"尊论考订文人行年一事,弟亦旧有此意。抗战前一二年,弟曾立一志愿,凡古之诗人已有年谱者,其详核者采用之,不详核者补正之,无年谱者为之撰年谱,事迹简略不能成谱者,为之撰年表,然后择其精要,依年写录,为历代诗人系年。系年等于各谱表之目录,每条皆精核有据,大可为读诗考史之助。惟兹事体大,非一人之力所能为,望能有同志数人,通力合作。弟意先致力唐宋两代,故作《元遗山年谱汇纂》,又撰《杜牧之年谱》。《杜谱》甫写定,而抗战军兴,数载以还,流离万里,求书亟难,文史考订之业,遂无从致力矣"。8月,《论李义山诗》刊于《思想与时代》第25期。9月,缪钺在《思想与时代》第26期发表《王静安与叔本华》,"堪称中国第一篇从发生学角度揭示王氏为何接受叔氏的心理动因的影响比较专论。他指出:'王静安对于西洋哲学,并无深刻而有系统之研究,其喜叔本华之说而受其影响,乃自然之巧合。申言之,王静安之才性与叔本华盖多相近之点,在未读叔本华书之前,其所思所感,或已有冥符者,唯未能如叔氏所言之精速详密,乃读叔氏书,必喜其先获我心,其了解而欣赏之,远较读他家哲学之为易……'可以说,若无皓首穷极王氏、叔氏原著精髓之功力,与潜心洞烛巨魂之睿智,想必谁也道不出这番穿透力极强之高论"。10月,《李冶李治释疑》刊于《东方杂志》第39卷第16号。12月,《评郭沫若著〈屈原研究〉》刊于《思想与时代》第29期。是年,《中国史上之民族词人》由青年出版社出版;《〈诗〉三百篇纂辑考》刊于《浙江大学文学院集刊》第3集。(参见缪元朗《缪钺先生生平编年(1904年—1978年)》,《魏晋南北朝史论文集——中国魏晋南北朝史学会第八届年会暨缪钺先生百年诞辰国际学术研讨会论文集》,2004年;聂宏义《世纪初的苦魂》,上海文艺出版社1995年版)

李絜非继续任浙江大学文学院史地学系副教授。12月,在《思想与时代》第28期发表《论历史方法》。文中特别强调了历史学的研究方法与自然科学的研究方法之间的区别,认为历史学"有了社会进化之方法,而后历史才不断成功为叙述之科学,且成为说明之科学",但没有"定律"的学问终究不能说成是一门科学。(参见王学典《20世纪史学编年(1900—1949)》,商务印书馆2014年版)

陈寅恪上半年仍在桂林广西大学任教。1月18日,杨树达得陈寅恪所撰序文。27日,陈寅恪为邓广铭《宋史职官志考证》作序,提出"新宋学"概念。文中写道:"吾国近年之学术,如考古、历史、文艺及思想史等,以世局激荡及外缘熏习之故,咸有显著之变迁。将来所止之境,今固未敢断论。惟可一言蔽之曰:宋代学术之复兴,或新宋学之建立是已。华夏民族之文化,历数千载之演进,造极于赵宋之世。后渐衰微,终必复振。譬诸冬季之树木,虽已凋落,而本根未死,阳春气暖,萌芽日长,及至盛夏,枝叶扶疏,亭亭如车盖,又可庇荫百十人矣。"他还评价邓广铭说:"邓恭三先生广铭,夙治宋史,欲著《宋史校正》一书,先以《宋史职官志考正》一篇,刊布于世。其用力之勤,持论之慎,并世治宋史者,未能或之先也。……他日新宋学之建立,先生当为最有功之一人,可以无疑也。"5 月,陈寅恪在《历史语言研究所集刊》第 11 本第 1—2 分合刊发表《魏书司马叡传江东民族条释证及推论》。此文前半部分考辨分析了"貉子""巴""蜀"等有关南北朝时期江东各地不同人的称谓、分布等,后半部分根据相关材料推论了南朝的政治情形。作者认为,"南朝之政治史概括言之,乃北人中善战之武装寒族为君主领袖,而北人中不善战之文化高门为公卿辅佐,互相利用,以成此江左百年北人统治之世局也"。作者还在文末强调了《隋唐制度渊源略论稿》和《唐代政治史述论稿》中的提出的"北朝汉人与胡人之分别在文化而不在种族"的观点。

陈寅恪《唐代政治史述论稿》5 月由重庆商务印书馆出版,列为国立中央研究院历史语言研究所专刊。作者在自序中说:"寅恪尝草《隋唐制度渊源略论稿》,于李唐一代法制诸端,妄有所论述。至于政治史事,以限于体例,未能涉及。兹稿所言则以唐代之政治史为范围,盖所以补前稿之未备也。夫吾国旧史多属于政治史类,而《资治通鉴》一书,尤为空前杰作。今草兹稿,可谓不自量之至! 然区区之意,仅欲令初学之读《通鉴》者得以参考,或可有所启发,原不敢谓有唐一代政治史之纲要,全在此三篇中也。""三篇"分别为"统治阶级之氏族及其升降""政治革命及党派分野""外族盛衰之连环及外患与内政之关系"。此书从民族升降、党派集团、外族盛衰及外患与内政关系方面深度剖析唐代政治。重点在种族与文化的关系,作者谓"此二问题实李唐一代史事关键之所在""汉人与胡人之分别,在北朝时代文化较血统尤为重要",而"此点为治吾国中古史最要关键,若不明乎此,必致无谓之纠纷"。关于唐代政治之变化,作者认为:"有唐一代三百年间其统治阶级之变迁升降,即是宇文泰'关中本位政策'所鸠合集团之兴衰及其分化。"初唐社会以"关陇集团"为轴心,与之抗衡的另一种社会力量是以山东士族为代表的高门贵族;武则天开始通过科举擢进新人,引起社会阶层的流动,"关陇集团"被打破;唐玄宗以后,转化为外廷士大夫两党,世族旧人和科举新人分别勾结内廷宦官之间的斗争,牛李党争即其表现。此书是一部研究隋唐史力作,其中许多观点看法至今被不少学者称道、征引。暑假前,陈寅恪应中山大学文科研究所之邀,前往坪石讲学。8 月 12 日,教育部指令,国立西南大学陈寅恪等 8 员,本年度均已核聘为部聘教授,毋庸荐选。

按:1947 年商务印书馆在上海再次出版此书,1956 年三联书店根据 1947 年版重印,1988 年上海古籍出版社出版作者《唐代政治史略稿》手写本。据蒋天枢《〈唐代政治史略稿〉序》回忆,1943 年出版《唐代政治史述论稿》时作者曾对他说:"此书之出版,系经邵循正用不完整之最初草稿拼凑成书,交商务出版。原在香港手写清稿,则寄沪遗失矣。"1988 年出版的手写清稿原稿封面写有"请交上海浙江兴业银行王兼士先生收存",为定稿。从稿中修改斟酌情况可见是"精心酌度,悉予订正"。由人交与蒋天枢,得以出版,实属不易。(参见卞僧慧纂《陈寅恪先生年谱》,中华书局 2010 年版;王学典《20 世纪史学编年(1900—1949)》,商务印书馆 2014 年版;齐家莹编《清华人文学科年谱》,清华大学出版社 1999 年版)

梁漱溟仍居桂林。1 月,为梁任公(梁启超)逝世 14 周年撰写《纪念梁任公先生》,发表于桂林《扫荡报》。全文分三大段:一、怎样认识任公先生的伟大;二、任公先生的生平得失;三、我个人对任公先生的感念。文中说梁任公与蔡孑民先生"两位同于近五十年底中国,有最伟大之贡献。而且其贡献同在思想学术界,特别是同一引进新思潮,冲破旧网罗,推动了整个国家大局""清季政治上有排满革命和君主立宪两大派,任公一度出入其间,而大体上站在立宪一面,且为其领袖。固然最后革命派胜利,而国人政治思想之启发,乃得力于他者甚多,间接帮助了辛亥革命者甚大。国人应念其功,他自己亦可引以为慰""在倒袁运动上,先生尽了最大力量。……这是任公先生的政治活动对于国家第一度伟大不磨之贡献""民国六年佐段(祺瑞)登台之事……夹着一段反对康(有为)张(勋)复辟。……可算作他第二度对于国家的贡献""复辟既败,共和三造,段梁携手执政……此固为任公登台应有之阵容。但千不该万不该,不肯恢复国会,而另造新国会,以致破坏法统,引起'护法之役',陷国家于内战连年。这是他政治生活第二度严重失败"(第一度严重失败指"副署袁氏解散国会命令")。梁漱溟说:"任公的特异处,在感应敏速,而能发皇于外,传达给人。他对于各种不同的思想学术极能吸收,最善发挥。但缺乏含蓄深厚之致,因而亦不能绵历久远。""任公为人富于热情,亦就不免多欲,有时天真烂漫,不失赤子之心。其可爱在此,其伟大亦在此。然而缺乏定力,不够沉着,一生遂多失败。"文中最后说:"总论任公先生一生成就,不在学术,不在事功,独在他迎接新世运,开出新潮流,撼动全国人心,达成历史上中国社会应有之一段转变。"同月,作《理性与理智之分别》一文发表于桂林《文化杂志》第3卷第3期。

　　梁漱溟6月作《中国文化问题略谈》,刊于衡阳《大刚报》,全文六段:一、文化;二、中国文化;三、文化大转变时代;四、认识中国文化之必要;五、如何进行研究;六、怎样建设新中国文化。文中阐明作者在《东西文化及其哲学》一书的基本观点。作者在第二部分"中国文化"中指出:"其文化放射四周之影响,最远且大,北至于西伯利亚,南迄于南洋群岛,东及朝鲜、日本,西达葱岭以西,都在其文化势力范围。……欧洲十四五六世纪之文艺复兴,实以中国若干物质发明(特别是造纸和印刷术等)之传习为其物质基础;欧洲十七八世纪之启蒙时代,实以中国学术思想社会政治之传说为其精神来源。""如果我们取有史以来世界上每一个文化民族的成绩,比较检讨一下,便可知道中国民族所成就底,真乃自古人类惟一奇迹。它之相形见绌,只是最近一百余年底事而已。"在第六部分"怎样建设新中国文化"中重申了"对西洋(文化)要全盘接受而根本改造"之说,并引罗素著《中国之问题》一书所论:"无论为中国人打算,为世界人类打算,都应当宝爱中国文化而莫要损坏它。为了解决中国问题,它的政治、经济都必须改造。在改造时,都要顾及中国文化才好。不问用何种政治制度、经济制度,只要能达到中国文化长存于世界之目的,都赞成。""他这番意思真是可敬可感。恐怕中国人真正抱有这种心肠者,还不多有。""质言之,'中国本位'是将来自然到达之结果……这是我的态度。"同月,在桂林《时代知识月刊》发表《民主的涵义》。

　　梁漱溟初秋因重庆以筹备成立宪政实施协进会,函邀其返渝参与其事。10月8日,自桂林发寄《答政府见召书》。信中重申欧美式宪政不合中国需要,平时为然,战时尤然,战后亦然之意见,并说:"试检当时各提案原文大抵诉苦陈情之词多,而坚执宪政积极发挥者少。……所谓政府之将渐进于宪政者,吾窃未之见也。""五六年来,民有痛痒务掩之,士有气节必摧之,政之为政,党之为党,如此而已。至于今日,民心士气消沉极矣! 以此而胜利可求,将谁欺? 欺天乎! 若知恃强逞霸主不可以为政,而翻然改图焉,则民族之幸。""实施宪政,非所愿闻,践行民主,宁待筹备,昔人有云:'为政不在多言,顾力行如何耳。'此言在今日,弥感亲切。漱不赴征,诚自顾无所取;非怀挟异见,自外于抗战之政府也。"同月,写寄《为政府以宪政协进会见召答复邵力子先生信》,信中说:"方抗战之初,国内颇有团结气象。

顾自南京弃守而武汉,武汉弃守而入川,国土日蹙,国人之不相能也乃日甚。前所云游击区之实况者,即其一方面,其在大后方,则执政党对于党外之压制,转迫转紧,浸至无所不用其极。人不入党,几不得以自存;言不希旨,绝难宣之于笔墨。""如漱溟者正同处此境地,而身受其苦之一人。""政府诚有取于民主精神,政府自实践之,何用许多人来筹备。""实施宪政,非所愿闻;践行民主,宁待筹备。"于是断然拒绝去重庆。(参见李渊庭、阎秉华编著《梁漱溟年谱》,商务印书馆2018年版)

柳亚子1月1移居桂林丽君路23号。同月,中华全国文艺界抗敌协会桂林分会举行会员大会,柳亚子被选为理事;与朱荫龙同草《南明史编纂意见书》暨南明史拟目。2月,朱荫龙宴于绿宫菜馆,有田汉、罗承勋等,徐泽人临时参加。4月12日,熊佛西设宴于其崇善路榴园新寓,为柳亚子《五十七年》自传"开笔的条件"。主客柳亚子、郑佩宜夫妇,主人熊佛西、叶仲寅夫妇,另有欧阳予倩、刘问秋夫妇、朱荫龙、任珍琰夫妇,王小涵,尹瘦石,金素琴,孟超,李白风,滕白也,端木蕻良及林北丽,宾主共16人,盛况空前。13日,即开始撰写。5月28日,林北丽、谢冰莹、黄宝珣、张式沅、叶仲寅、任珍琰、田汉、孟超、熊佛西、朱荫龙、章曼实、端木蕻良等12人,发起庆祝柳亚子57寿辰于嘉陵川菜馆,与会者百余人。7月,为柳无忌编《曼殊大师纪念集》作序,盖是年为苏曼殊逝世25周年。在此时期,脑病复发,百举俱废。《五十七年》之写作亦中止。(参见柳无忌编《柳亚子年谱》,中国社会科学出版社1983年版)

巴金1月1日与茅盾、夏衍、叶圣陶、田汉、司马文森等被桂林科学书店聘为"特约选述"。3月19日下午,前往桂林社会服务处,出席"文协"桂林分会第四届会员大会,讨论多项新提案,经选举连任第五届理事。同月,旧作散文集《龙·虎·狗》由重庆文化生活出版社二版时,受到重庆市图书杂志审查处审查,"封底还印着审查证图字第二〇三〇号字样"。此版删去了揭露日本侵略军罪行的《寂寞的园子》和《狗》;译完俄屠格涅夫长篇小说《父与子》。4月初,开始创作长篇小说《〈火〉第三部》。8日,经曹禺改编的话剧《家》由中国艺术剧社首演于重庆银社,导演章泯,主要演员为金山、张瑞芳、舒强等。同月,开始翻译俄屠格涅夫长篇小说《处女地》;散文、短篇小说集《小人小事》(文学小丛刊第2集)由上海文化生活出版社版。6月初,获悉中国艺术剧社在重庆银社继续公演曹禺改编的话剧《家》,由叶露茜、黄宗江等参加演出。7月,译俄屠格涅夫长篇小说《父与子》由上海文化生活出版社出版。9月,完成长篇小说《〈火〉第三部》(一名《田惠世》)。10月20日下午,出席由《广西日报》副刊《漓水》读书俱乐部、自学杂志社联合召开的座谈会,座谈茅盾新作《霜叶红似二月花》。巴金与艾芜、田汉、孟超、端木蕻良、黄药眠等人共认茅盾此作为"抗战以来,文艺上巨大之收获",并于会后联合发电致茅盾,表示祝贺。

巴金11月译完俄屠格涅夫长篇小说《处女地》(译文丛书),次年6月由桂林文化生活出版社出版。同月,作《〈处女地〉前记》,云《处女地》是屠格涅夫的最后一部长篇小说,……这是他留给俄国青年的遗著。此书是根据1929年万人丛书版同1906年屠格涅夫小说集版(嘉尔纳特夫人所译)两种英译本重译的。约同月,在漓江东岸中北路一里6号的木屋子里接待《自由中国》主编孙陵和友人魏岑。当谈到戏剧作家洪深迫于生计、替银行创作话剧《黄白丹青》剧本时,巴金对洪深的穷愁潦倒深表同情,并说:"《黄白丹青》戏我没有看,剧本是看过的,这好象不是他写的东西,因为一个作家应该有他自己的人格和自己的灵魂,而这个戏里的人物性格,却写得不够显明,稳定金融的办法也太抽象,如果仅仅给银行里的职员看,倒是很好的,可就不象是洪深凭自己的思想所写的。"12月,作《一个中国人的疑问》,连载于17—18日《广西日报·漓水》。文中对英国赖治恩神甫关于抽象的道德的说教提出疑问。赖治恩神父时在桂林,常写有关文化艺术等方面的文章刊于《广西晚报》副刊《漓水》上,一次他著文大谈道德问题,用宗教的观点将道德行为与社会关系孤立起来,"巴金为文驳他,阐明生活和道德的不可分割;生活不好,就很难要求事事合乎道德标准。两人便你来我往在副刊上展开辩论,一时成为当时是文化中心的桂林大家谈论的话题"。同月,作《什么是较好的世界——质赖治恩神甫》,刊于26—27日《广西日报·漓水》。作者继续就中国人的道德和生活问题与赖治恩神甫展开争论,认为"生活决定道德""只有改善生活条件,才能提高道德水准"。(参见唐金海、张晓云《巴金年谱》,四川文艺出版社1989年版)

田汉 1月3日与郭沫若、茅盾、老舍、翦伯赞等50人联名致词祝贺沈衡山(沈钧儒)70寿辰。贺词刊于3日重庆《新华日报》。同日,桂林科学书店成立编辑部。与茅盾、巴金、夏衍等为特约撰稿人。3月27日,出席中苏"文协"在桂林建设研究会召开的讨论苏联抗战与文艺图片展览会的座谈会。同月,与郭沫若、欧阳予倩、夏衍、阳翰笙、洪深、熊佛西等23人联名发表《我们的申诉——剧作者联谊会为保障剧作上演税宣言》,提出:广大戏剧工作者在抗战中"向社会贡献了自己的心血和脑汁",却不能"取得应有报酬",这将关系到"整个剧运的盛衰"。4月20日,主持"文协"桂林分会在艺术馆举行的全国"文协"成立5周年纪念会,并致词,报告"文协"成立以来的成就。同月,与欧阳予倩、熊佛西等中国戏剧界人士数十人联名电唁苏联著名戏剧家丹钦科逝世。6月7日,出席"文协"桂林分会为纪念诗人节而在社会服务处举行的茶会,并发表演说。28日,作《关于当前剧运的考察》,刊于10月桂林《半月文萃》第2卷第3期,文中指出:抗战以来,戏剧运动"无论质与量都有绝大的发展。中国自有戏剧以来,从没有这样和现实政治紧密联系过""话剧这一新兴艺术已经成为……全国军民最爱好最重视的娱乐与教育的武器"。希望全体文化战士们:"在剧运的新阶段""注意到这三个口号:一、把握定我们主要的民族任务,争取胜利! 二、把工作和学习切实统一起来! 三、竭力改善我们健康状态!"7月23日,主持在桂林青年会大楼举行的聂耳逝世8周年纪念大会,并致词。同月,在桂林《艺丛》第1卷第2期发表用"答客问"体写成的《新歌剧问题》一文。

　　按:文中阐述对发展新歌剧问题的看法,说:旧戏、西洋歌剧和民歌应该同是新的中国歌剧产生的"源泉",新歌剧的产生是它们"综合"的结果。提出:"中国将来新的歌剧决不就是旧戏,但旧戏必就是一个重要的成分。"要利用旧剧形式"表现现代生活必须从音乐曲调的速度改革起"。关于中国新歌剧建设的道路,认为"由模仿而创造,由对新的事物的研究学习而达到民族性的自觉与中国作风的完成",此基本点同日本方面将是相同的,"但我们追求的是进步的形式内容的统一"。

田汉 10月20日出席桂林《自学》杂志和《广西日报》副刊《读书俱乐部》联合举行的茅盾所作长篇小说《霜叶红似二月花》第一部座谈会,并作发言,分析书中人物形象;认为本书在写作技巧方面可"看出中国化的痕迹",人物的环境、心理有几章写得"真好"。座谈会结束时,与会者联名以邮代电向茅盾表示祝贺。座谈记录载1944年2月桂林《自学》第2卷第1期。同月,有感于"戏剧圈子里抗战初期那种不顾一切效忠运动的高度热情已经不易看见,而开始着眼于物质待遇"的现象,在一次聚会上提出戏剧界要开展"招魂"运动。11月9日,与欧阳予倩、李文钊、熊佛西、瞿白音等出席桂林戏剧界在广西剧场举行的商讨西南戏剧展览会具体筹备办法的会议。会上决定正式成立筹委会,并讨论了有关事宜。28日下午,田汉主持《文学创作》社在月牙山倚虹楼召开的《战后中国文艺展望》第一次座谈会,欧阳予倩、邵荃麟、胡仲持、李文钊、熊佛西、宋云彬、周钢鸣、司马文森、彭燕郊、芦荻、灵珠、孟超、胡危舟、秦似、张煌、洪遒、韩北屏等20余人到会。田汉谈了国内外政治形势和抗战文艺的发展,欧阳予倩、邵荃麟等也发了言。田汉说,"今天的文艺作家要把握住人民的呼喊",提出:"我们要求争取民族的自我批判的权利,并且不要怕暴露自身的黑暗。我们既处在光明的时代,就不要惧怕黑暗,而暴露黑暗就含有争取光明的作用。"座谈记录刊于次年4月桂林《当代文艺》第1卷第4期。12月15日,在桂林《国民》第3期发表《伊卡拉斯的颠落——读林语堂先生〈论东西文化与心理建设〉》,认为实际上林语堂对西方人"阐述的中国文化诸相满不是那回事",提出:"抗战的力量建立在老百姓身上是真的。但并不建立在封建道德上。"要取得抗战彻底胜利,"还得对广大老百姓作深入普遍的动员""教他们把忠孝节义那些旧道德怎样在新的战斗环境中发展起来而取得崭新的意义"。22日下午,出席《文学创作》社在榴园举行的《战后中国文艺展望》第二次座谈会,并作发言。座谈记录刊于桂林《当代文艺》第1卷第4期。(参见张向华编《田汉年谱》,中国戏剧出版社1992年版;文天行编《国统区抗战文艺运动大事记》,四川省社会科学院出版社1985年版)

司马文森1月1日在桂林《大公报》发表《闲话一九四二年的文艺》,肯定1942年是文艺年,文艺创作获得丰收,同时指出:"今年的文艺界似乎不怎样团结,和抗战初期的情形比较起来的确是差得多了,这也许是文协还不能发挥它应有的作用的关系,这应是文协的中心工作之一。"同月,和巴金、茅盾、夏衍、叶圣陶、田汉、欧阳予倩、千家驹等一起,被聘为桂林科学书店特约选述。3月19日下午,在桂林社会服务处参加文协桂林分会第四届会员大会,讨论多项新提案,连选为文协桂林分会第五届理事会理事。同月,短篇小说集《人间》由桂林白虹书店出版。4月20日起,陆续在《自学》发表一组文艺随笔《关于写作题材》《谈文学修养》《谈写文章和做人》《谈艺术良心》《文学研究和研究态度》《作家研究和研究态度》等。5月,短篇小说集《孤独》由桂林今日文艺社出版。中、短篇小说集《奇遇》由桂林作者书房出增订版。7月上旬,文协桂林分会编《二十九人自选集》,由桂林远方书店出版。内收入司马文森的散文《磨》,还有巴金、茅盾、夏衍、胡风、邵荃麟、田汉、欧阳予倩等29人的作品。

司马文森主编《文艺生活》9月20日被广西当局封闭停刊。至此,《文艺生活》桂林版出满3卷18期。并由司马文森选编桂林文献出版社出版文艺生活丛书14本,有《萧》(伍禾)、《转形》(司马文森)、《黄昏》(艾芜)、《乔英》(梅林)、《骷髅集》(孟超)、《回忆鲁迅断片》(荆有麟)、《海的遥望》(华嘉)及《建设斯大林工厂的人们》(何家槐译)等。同月,司马文森的第一部长篇小说《雨季》由桂林文献出版社出版;短篇小说集《小城生活》由四川乐山三五书店出版。10月,长篇小说《人的希望》由桂林国光书店出版。同月20日下午,出席桂林《自学》杂志社和读书俱乐部《广西日报》副刊联合召开的文艺座谈会,讨论茅盾在桂林的新作《霜叶红似二月花》第一部。会后,和巴金、田汉、艾芜、周钢鸣、端木蕻良、孟超、胡仲持等17人联名发电往重庆,对茅盾表示祝贺慰问。26日,在重庆《新华日报》上发表《来函照登》声明"六月份所载林曦发表《大众文艺小论》,非本人所作,作者与本人同名"。11月15日,在桂林《国民》发表《如何阅读世界名著》,同日至翌年2月,在《国民》上连载小说《我的间谍生活》。28日,在桂林应邀参加由《文学创作》社熊佛西主持的《战后中国文艺展望》座谈会,与会者还有田汉、邵荃麟、欧阳予倩、黄药眠等20多位知名作家、诗人、学者,一致建议政府改善检查制度,扶植言论自由。12月22日下午,在桂林榴园继续参加《战后中国文艺展望》第二次座谈会。是年,长篇小说《夜寒》被广西图书审查委员会检扣。(参见杨益群《司马文森年谱》,载1985年《抗战文艺研究》第2期)

　　欧阳予倩 10 月 10 日主持中华全国戏剧界抗敌协会桂林分会在广西剧场庆祝第五届戏剧节，省艺术馆戏剧部、新中国剧社、剧宣四和五队、中兴湘剧团等参加。大会强调要认清国际形势，不要用戏剧粉饰太平，要通过戏剧鼓舞抗战必胜信心，把艺术献给抗战。1 月 9 日，西南戏剧展览会（简称"剧展会"）在桂林广西剧场举行筹备会，欧阳予倩、田汉、李文钊、熊佛西、瞿白音等到会。议定："剧展会"由广西艺术馆主办，新中国剧社及桂市文艺界协助。拟邀请黔、滇、湘、粤、闽、赣、鄂等省参加。（参见文天行编《国统区抗战文艺运动大事记》，四川省社会科学院出版社 1985 年版）

　　胡仲持 10 月 20 日主持《自学》杂志社和《广西日报》副刊《读书俱乐部》在桂联合召开的座谈会，巴金、艾芜、田汉、周钢鸣、司马文森、安娥、孟超、韩北屏、灵珠、端木蕻良、黄药眠、洪遒、胡明树、林焕平、孙怀琛等人参加，座谈茅盾的新作《霜叶红似二月花》。大家认为这是抗战以来文学上的巨大收获，并决定联名向茅盾致祝贺电。座谈记录刊于《自学》第 2 卷第 1 期。（参见文天行编《国统区抗战文艺运动大事记》，四川省社会科学院出版社 1985 年版）

　　林萤聪编著《论巴金的〈家〉〈春〉〈秋〉及其他》3 月由桂林文丛出版社初版，此为我国第一部较集中地介绍叙述巴金的长篇巨著《激流三部曲》的专著，计四章二十节，并附录两节。四章依次为：一、巴金迷与巴金研究（代序）（含三节）；二、巴金自己生活上的"家"三部曲（含五节）；三、巴金创作《家》三部曲的前后（含六节）；四、论巴金的《家》三部曲（含六节）。第一章为编者撰写，具体描写巴金的作品使"学生青年群""着迷"的动人事实，觉慧、觉新、杜大心、鸣凤、梅、瑞珏等人物"经常挂在他们的口上"，成为仿效、争论中心的生动情景，于是由"巴金谜"到进一步的"巴金研究"。认为那时"巴金研究"需着重解决的是："巴金到底是否安那其呢？""中学生喜读巴金的创作"说明什么？为什么没有写走出家庭后的觉慧等怎样在生活、学习、工作？为什么总写青年发传单办刊物、行刺殉身？巴金的"路"的内容是什么？第二章和第三章均系集辑巴金自己作品的有关论述节录成篇；第四章是选用评论家巴人（王任叔）评巴金《家》三部曲的论文；附录又系编者撰写，认为巴金为青年"指出前进的路"，却没有指出"前进的路的图样及砍荆棘的方法"；巴金又将李冷、李静、李佩珠等人物"极重要的转变过程略了"，后来又"把这些人写成美丽的英雄，没有动摇，没有忏悔，一切是铁一样的坚强""这是巴金的失着"。（参见唐金海、张晓云《巴金年谱》，四川文艺出版社 1989 年版）

　　赵家璧继续任良友复兴图书印刷公司总编辑，与张元恒在桂林负责良友复兴图书印刷公司复业事宜。4 月 13 日，重庆《大公报》载，良友复兴图书印刷公司迁桂复业告全国读者："敝公司向设上海四川路三十三号，发行良友图书杂志、文艺书籍及一般读物等，先后已达一十八年，自国军退出上海四郊后，为适应环境起见，良友图书杂志曾一度由美人出面，向美国驻沪领事馆注册，仍抱固有立场，宣传抗建国策。及太平洋战事爆发，敝公司即被敌人封闭，生财存书，损失殆尽，当即自动宣告停业。兹有敝公司因鉴于出版事业，不宜长期停滞，且最后胜利已在目前，自应为国族文化略尽绵薄。爱经决定将总公司迁至桂林，并派经理赵家璧、良友图书杂志总编辑张元恒来桂负责复业事宜，现已觅定桂南路懋业大楼为办公地点，自二月一日起恢复营业，除将上海所出各书陆续重印外，并将按月出版新书数种，良友图书杂志亦将于最短期内复刊。敝公司历年所出书籍画册，不特内容充实，且素以印刷精美，著称国内。此次移桂发行，仍当一本此志继续为文化界服务。凡吾读者，务希不吝赐教，以匡不逮，是所至幸。再者凡向上海敝公司定期良友图书杂志及第二次世界大战画集之读者，如有尚未满期而有余款存于敝公司者，请将原定单挂号寄下，以便退还现款，或改为敝公司其他出版物亦可。如待良友图书杂志复刊后，按价续寄，尤所欢迎。"是年，良友图书印刷公司续出《良友文学丛书》，后将公司迁往重庆。（参见吴永贵《民国图书出版史编年：1912—1949》，社会科学文献出版社 2018 年版）

高阳时任广西大学校长。7 月 6 日，高阳在贫病交困之中溘然长逝，时年 52 岁。唐文治闻此噩耗"大骇恸"，作《无锡高君践四家传》曰："以高君之声誉名位，而困厄若斯，岂所谓竟死不伸。孰劝为善者耶？呜呼，胡天忌才之酷耶！"（参见陆阳《唐文治年谱》，上海三联书店 2013 年版）

冯振曾为国专桂校代校长。5 月 13 日，呈文教育部，"呈复本校上海补习部师生情形并拟恳拨十万元由校派员赴沪资助内迁"，并拟派人到国专沪校商议具体内迁办法。教育部接呈文后指令，"准拨五万元，为该校上海补习班师生内迁补助费"。但此事后来因形格势禁而未能实行。（参见陆阳《唐文治年谱》，上海三联书店 2013 年版）

曹聚仁将出玉门关去担任《新疆日报》社务，后因新疆人事有变动，未成。先随蒋经国到大后方重庆，然后到桂林等地。本想扩展《正气日报》桂林版，并请萨空了主持，不料发现卷入了更大的是非圈，被黄埔系、CC 系认为已成民主人士的工具，萨空了亦受牵累，遂决心离开《正气日报》。3 月，回赣州后辞去《正气日报》所有职务。12 月 8 日，曹聚仁在《大公报》（桂林版）第 4 版上发表《论林语堂的东西文化观》，对林语堂此次演讲进行了批评。（参见曹雷编订《曹聚仁年谱》，《曹聚仁先生纪念集》2000 年；郑锦怀《林语堂学术年谱》，厦门大学出版社 2018 年版）

甄伯蔚、薛良编辑《音乐知识》1 月 16 日在桂林开始发行。编者在《关于〈音乐知识〉》中说："在目前，关于灌输音乐知识的读物，当然已经很有一些；而且它们这些也都是非常丰富、优秀的。但我们却不以为有了这一些就满足了，建立中国的新音乐艺术的工作，绝不是这样简单的！还需要更多方面的努力！何况在今天对音乐深具学习热诚而没有接受音乐教育的机会，甚至连自修都没有办法的朋友如此众多，在学校担任音乐课程的教师对于教材供给的缺乏，所感的困难又是如此严重呢？他们怎样地需要读物，需要歌曲，由于这些迫切的需要所给予我们的刺激，使我们觉得此类刊物的出版是必要的。"

按：该刊 1942 年就已印好，因故拖延了发行。1944 年终刊。（参见文天行编《国统区抗战文艺运动大事记》，四川省社会科学院出版社 1985 年版）

孙陵主编的《文学杂志》月刊 7 月在桂林创刊，大地图书公司发行。为抗战时期发行于大后方桂林的纯文学刊物，内容以文学作品为主，登载中短篇小说、童话、散文、诗歌、剧本及翻译作品等。主要撰稿人有王西彦、方敬、绿原、汪曾祺、骆宾基等。（参见唐金海、张晓云《巴金年谱》，四川文艺出版社 1989 年版）

孟超主编的《艺丛》月刊 6 月创刊于桂林，集美书店发行，鲁乃文为发行人。属于文艺刊物。设有艺术散评、诗之页、作家与作品、艺苑报告等栏目，撰稿人有许幸之、韩北屏、郁风、徐迟、郭沫若等。

李任仁等 3 月 7 日出席桂林文化供应社召开的第三届股东大会，到会的股东有 70 余人，公推李任仁为主席，选举王逊志、黄子敬、苏希询为监察人。（参见吴永贵《民国图书出版史编年：1912—1949》，社会科学文献出版社 2018 年版）

吴晓邦在广东省曲江地区的省立艺术专科学校开设舞蹈系，是中国最早的正规专业舞蹈教育机构。

岑麒祥到广西桂林调查少数民族语言和汉语方言。

巨赞撰《桂平的西山》,发表在香港出版的《旅行杂志》。作《西山吟啸集序》,刊于第 4 期《大千》。为乐观法师《奋迅集》作序。受聘兼在浔州中学教授德文。应请去贵县中学发表演说。(参见黄夏年编《中国近代思想家文库·巨赞卷》及附录《巨赞年谱简编》,中国人民大学出版社 2015 年版)

朱谦之 2 月从藤县回梧州,誊写《文化社会学》。28 日,到桂林,住在桂林师范学院。3 月 6 日,在中国教育学会桂林分会讲《中国文化新时代》。3 月 22 日,在广西省立医学院讲《现代的意义》。3 月 10 日至 4 月 16 日,在桂林师范学院讲《文化类型学十讲》。此外还为无锡国学专门学校、国立汉民中学、桂林青年会、省立桂林中学开设讲座。5 月,返回粤北坪石中山大学,全力提倡近代史研究。8 月,代理文科研究所主任。(参见黄夏年编《中国近代思想家文库.朱谦之卷》及附录《朱谦之年谱简编》,中国人民大学出版社 2015 年版;王学典《20 世纪史学编年(1900—1949)》,商务印书馆 2014 年版)

杨成志、钟敬文、郑师许、容肇祖、黄朝中、关自恕、董家遵、雷镜鎏、丘陶常、王启澍、梁受安、梁钊韬、罗致平、李肇新、马采、顾铁符、吕燕华、张为纲、陈必恒、萧维元等中山大学研究院文科研究所师生 20 人 6 月参加广东坪石民俗调查,内容包括坪石的历史、地理、人口、民间组织与制度、民间惯俗、信仰与崇拜、民间文学与艺术、方言、教育、人民等 8 个方面。11 月,杨成志因教育部通知北大、清华、南京、武汉、中山等 10 所大学遴选各科资历合格的教授一人赴美访问进修,遂代表中山大学以考察人类科学、黑人、印第安人和华侨为对象获选成行。12 月,钟敬文返回中山大学编辑出版《民俗》第 2 卷第 3—4 期合刊,同时恢复中山大学民俗学会。

王亚南继续主编中山大学经济调查研究所《经济科学》杂志。夏,英国著名中国科技史专家李约瑟访王亚南于坪石。在山村的一个小屋里,他们两度长谈,纵论世界历史和社会经济问题,李约瑟提出中国官僚政治有关问题就教。之后,王亚南着手研究此问题,发表了《中国官僚政治之历史的经济的解释》系列文章。10 月,《经济科学论丛》一书由江西赣县中华正气出版社刊行。(参见夏明方、杨双利编《中国近代思想家文库·王亚南卷》及附录《王亚南年谱简编》,中国人民大学出版社 2015 年版)

黄文山在《中山文化季刊》各期发表《世界文化的转向及其展望》《知识结合学与知行学说》等文,指出"唯生文化"将是未来世界文化发展的新方向。9 月,在《民族学研究集刊》发表《种族主义论》。(参见赵立彬编《中国近代思想家文库·黄文山卷》及附录《黄文山年谱简编》,中国人民大学出版社 2013 年版)

何炳松继续任建阳暨南大学校长。5 月,为复刊的建阳版《暨大校刊》作《复刊辞》。本期校刊刊登了何炳松的 6 次报告,内容十分丰富。6 月,教育部令东南联大各院分别并入暨大和英士大学。7 月,东南联大筹委会正式结束,作《东南联合大学筹备委员会同学录序》。(参见鑫亮《忠信笃敬:何炳松传》,浙江人民出版社 2006 年版)

胡先骕继续任中正大学校长。1 月 1 日上午 9 时,全校师生齐集大礼堂,举行庆祝元旦大会,由胡先骕主席,并即席讲演《今年之展望》,以乐观的态度分析世界大势及各战场情形。6 日,正大研究部全体研究人员大会,胡先骕作讲演,云抗战即将胜利,全国朝野均一致注意于战后建国之计划与准备,希望研究部工作亦应以此为目标。11 日,举行全校师生国父纪念周,胡先骕主席,请本校行政管理专修科主任周敦礼作题为《争取战地(即沦陷区)人力物力的政治战与经济战》讲演。2 月 5 日,举行全校师生庆祝中英中美签订平等新条约大会,胡先骕主席,并即席讲演庆祝缔结中英中美新约之意义。8 日,主持全校师生总理纪念周,并作题为《读斯大林传后之感想》讲演。22日,复吴宗慈函,评吴氏所撰《陈三立传》,并谈其所知陈家之人之事。25日,吴宗慈再来书,对胡先骕所评《陈三立传》及所补充之材料,再为商榷。3月2日,复吴宗慈函,再谈陈三立事,认为陈晚年是拥戴蒋介石。6日,吴宗慈来书,再谈之于陈三立评价。4月11日,在重庆参加第二十五届党政训练班入学典礼,认为大学校长受训,是对大学校长的侮辱。19日,在重庆参加训练班的大学校长们受英国大使西摩邀请喝下午茶,前往者有蒋梦麟、竺可桢、胡先骕、梅贻琦、胡春藻、丁文渊、熊庆来等。25日,出席中基会宴请。春间,在胡先骕赴重庆参加中央训练团期间,中正大学内发生《民国日报》事件。5月18日,教育部长陈立夫请各大学校长晚膳。5月24日,胡先骕在重庆李子坝中基会事务所,召开静生生物调查所委员会三十一年度第二次会议,出席委员有江庸、胡先骕、谢家声、任鸿隽,会议主席任鸿隽。在会上胡先骕提交静生所1943年预算,请求中基会补助30万元,并口头报告数事。

胡先骕夏初返回泰和,首先处理《民国日报》事件。夏,往赣州,蒋经国召见,知蒋经国有移中正大学至赣州之意。7月1日,《静生生物调查所研究汇报》在泰和复刊,卷号重新起算。此为新1卷1号,刊载论文8篇,其中6篇系静生所人员近年来的研究成果。有胡先骕与汪发缵合著《海桐属之四新种》,刊前置胡先骕所撰前言。14日,中央研究院院长、考试院副院长、中央组织部部长朱家骅偕重庆市党部主任委员杨公达等一行6人来中正大学视察。胡先骕敦请朱氏在大礼堂对学生训话,与会全校师生千余人。会后正大党团干部联合在正社举行欢迎会,首由胡先骕致欢迎词,继由党部及团部负责人员分别报告工作概况;继请朱氏讲话,语多勖勉,并指导今后工作方针甚详。8月11日,教育部长陈立夫为指导南岳、赣县、上饶夏令营并视察东南各省教育行政及学校情形,是日莅临中正大学。胡先骕敦请陈氏于大礼堂对留校师生500余人训话,后与全体教授座谈。席间陈氏对于教学方法及今后应行注意改善之点,指示甚详。9月29日,熊式辉与蒋介石谈中正大学校长更替事。10月31日,中正大学成立3周年,全体师生集会举行庆祝大会,胡先骕主席,并作献词,对大学3年来之成绩,甚为欣慰。11月19日,往吉安,受江西省党部之邀,于大礼堂讲演,题为《战后世界政治经济之动向》。22日,中正大学师生举行总理纪念周,胡先骕校长主席,并即席训话,对实施宪政寄予希望。30日,赴赣县分校,主持开学典礼。是年,与钱锺书通函谈诗,钱作诗二首相示。(参见胡宗刚《胡先骕先生年谱长编》,江西教育出版社2007年版)

余绍宋8月1日任新成立的浙江通志馆馆长,孙延钊为总纂。先是上年5月浙江省政府决定成立浙江省史料征集委员会,但由于战乱实际很难展开工作。为此浙江省政府将委员会改组为通志馆。鉴于战乱期间的文献损失给民族和国家造成的危害,余绍宋决定就任馆长一职来保存文献、记录日本侵略所犯罪行,以告诫后人勿忘国耻。曾先后撰写刊发《略评旧浙江通志兼述重修意见》《浙江通志稿纂修大纲》等文阐述修志意见,并网罗了宋慈抱、洪焕椿等数十位新老学人修志。余绍宋等人决定该志完全依照《定海县志》和《龙游县志》的新体例,以中华民国为正统,叙事至最近发生之事,将迷信、烈女等不合时宜的类目删除。

　　按:至1949年3月该馆停止工作时,共完成《重修浙江通志》初稿125册,1982年由浙江图书馆整理出版。(参见王学典《20世纪史学编年(1900—1949)》,商务印书馆2014年版)

李剑农继续任创办于湖南省安化县蓝田镇的国立师范学院。1月,所著《中国经济史讲稿》由新中国书局出版。此书为作者在师范学院讲授中国古代经济史的讲义,共三编,叙述自殷周至两汉的经济史。全书材料丰赡,见解独到,是先秦秦汉经济史研究的重要作品。

按:1947年又由武汉大学出版部以《中国经济史稿》为名出版,1956年略加修订后更名为《先秦两汉经济史稿》于次年由三联书店出版。(参见王学典《20世纪史学编年(1900—1949)》,商务印书馆2014年版)

李达失业居家,坚持读书和研究著述。3月,在《战干》第202期发表《交友之道》。(参见宋俭、宋镜明编《中国近代思想家文库·李达卷》及附录《李达年谱简编》,中国人民大学出版社2014年版)

吕思勉仍在故乡常州旧居,任教于游击区青云、辅华两校,每周在两校间往返奔波,甚为劳碌。每周任课十余个课时,除了文科的中国文化史、国学概论、国文、本国史外,还有中国近百年史这门课程的教学,又任高二理科的国文、历史课。由于缺乏合适的课本,吕思勉特地编写了一本讲义,从明末西力东渐讲起,直到北伐胜利,完成全国统一为止。其中第三节"鸦片战争前之国内情形",论中国此时遭遇旷古未有之变局,并从社会和政治两方面检讨之。1月,《三国史话》由上海开明书店初版印行。7月30日,致信袁希文。是年,曾去横林惠林中学做过一次《专家与通人》的学术讲演,鼓励工农子弟苦学成才;撰有《姜克群君兴学记》;所记日记名《文舆记》。

按:《文舆记》序曰:"何谓文舆?《论语》曰:文王既殁,文不在兹乎? 天之将丧斯文也,后死者不得真与于斯文也,天之未丧斯文也,匡人其如予何? 文者,人之所以相生相养之道也。居今之世,孰敢曰吾能存文,然而文王之道未坠于地,贤者识其大者,不贤者识其小者,莫不有文王之道焉。斯宾塞曰:人生于群,犹点在质,难斯宾塞曰:人生于群,犹点在质,难以单微致效全体。然而运会所至,积微成著,知能信守,都非偶然,化机之回,借斯作经,道在吾党,毋欺其意,毋狃其习,毋饰其辩,维新固佳,率旧更善,宜者自立,皆足利群。其言如此,苟有舆于斯文者,其敢不自勉乎? 或曰文舆者,文舆而实不与,曷为文舆而实不舆,日与豺狼居,欲文无舆得乎? 与鬼域居,欲无文舆得乎?《文舆记》所引斯宾塞语,出光绪戊戌天津《国闻报序》,其辞盖严几道所为也。"(参见李永圻、张耕华编撰《吕思勉先生年谱长编》,上海古籍出版社2012年版)

童书业春初自常州道经芜湖返皖。暑假期间,即由金勤昌介绍至常州横林镇惠林中学任教。横林镇在戚墅堰附近,紧贴津浦铁路,交通便给,更难得的是惠林中学是一所不归敌伪管辖的中学,童书业在此教国文、历史、地理、公民、读经、图画等课。当时吕思勉父女隐居常州,童书业会去看望他们,与吕思勉又可畅谈学问。(参见童教英《童书业传》,中国大百科全书出版社2017年版)

杨宽7月10日致函吕思勉,信中言:上海米价曾贵至5000元一石,现为3200元。是年,避居家乡时,杨宽与吕思勉、童书业之间经常互通消息。在吕思勉遗稿内,存有师生两人论学书信两封,一述借阅《道藏》之难,写于10月底;一论古代炼丹术,或写于12月。(参见贾鹏涛《杨宽先生编年事辑》,中华书局2019年版)

赖琏继续任国立西北大学校长。11月,创办全校性的学术刊物《西北学术》,商学系教授郭文鹤在发刊词中论述创办这一刊物的目的:"西北大学为西北最高学府,过去数年,整理行政,对于学术颇少贡献,今者学校当局痛感文化使命之重,椎轮大辂,先轫本刊,借以发扬我民族之精神,融合现世界之思想,且特别研究民族发祥地之西北数省,以冀对西北建设有所赞益,意义至深且大也。"此刊至次年2月止,共发行4期,由西大出版组出版,全国各大书局经售。其中发表的重要论著有:陆懋德《汉中区的史前文化》、张纯一《老子通释》、罗仲言《磁针与火药考》、曹国卿《评我国现行所得税制》、黄文弼《吐鲁番之历史与文化》、张贻侗《偶极矩与分子构造》、赵进义《非完整质点系与阿伯尔氏方程式》、傅种孙《释数学》、杨永

芳《近代若干种点集合之发见》等。（参见西北大学校史编写组《西北大学校史稿》，西北大学出版社 1987 年版）

黎锦熙照学校惯例休假一学年。在陕西一些县调查方言，广收农村词汇，用对应方法推行标准国语。是年，出版《洛川方言谣谚志》。（参见黎泽渝《黎锦熙先生年谱》，《汉字文化》1995 年第 2 期）

高一涵继续任检察院甘宁青监察使。1 月 17 日，行政院通过决议：设立敦煌艺术所，隶属教育部。即日成立国立敦煌艺术研究所筹备委员会，聘请高一涵为主任委员，常书鸿为副主任委员，秘书长为王子云，委员张庚由、张维、郑西谷、张大千、窦景椿。2 月，国立敦煌艺术研究所筹备委员会在甘宁青监察使署召开第一、二次筹备会议。高一涵主持会议，出席人员有：副主任委员常书鸿、委员张维、郑通和（甘肃教育厅长）、张庚由（张半琴代）、王子云（何正璜代）。由高一涵致开会辞，常、郑两委员报告教育部筹设该所经过，及省府与该所共同保管敦煌艺术办法。会议讨论了组织规章及其他要案多起。通过了敦煌艺术保管研究计划大纲。筹备会议期间，高一涵与常书鸿，逐一登门拜访甘肃省政府主席谷正伦、省参议会议长兼《甘肃省通志》主编张鸿汀、历史学家慕少堂、西北公路局长何竟武等甘肃省军政要员与文化名人，寻求他们对国立敦煌艺术研究所筹委会的支持。3 月 24 日，高一涵率领敦煌研究所筹备委员会工作人员常书鸿等一行 6 人抵达千佛洞，就地设立办事处，开始筹备工作。其间，高一涵再访张大千于敦煌。高一涵在《题剑阁图》中记道："癸未仲春重游敦煌，访张八大千于莫高窟。盘桓数日，夜中纵谈名胜，忽忆及滇池之游，乃展素作图，且谈且绘，口沫横飞，墨花乱舞，于深夜中写成此幅，嘱携交腾冲张舜臣将军。"

高一涵 3 月 15 日至 4 月 17 日赴甘肃省第六、第七两行政区巡视调查。视察永登、古浪、武威、永昌、山丹、张掖、临泽、高台、酒泉、玉门、安西、敦煌等县。除就各县一般政治设施情形及使署规定的视察事项外，对两行政区内水利兴办、哈萨克民族的安抚等重要情形详加考察，并专案呈报监察院转呈国防最高委员会核办在案。高一涵视察敦煌期间，曾频频要求当地军政要员大力支持国立敦煌艺术研究所筹备委员会的工作。4 月 6 日，谷正伦于甘肃省政府第 1036 次会议上提议并议决通过由国立敦煌研究所筹备委员会提交、教育厅签呈、财政厅会计处核签的《国立敦煌研究所筹备委员会开办经费和薪津预算》，"款项由年度省第一预备金项下开支，下半年度应需薪津，列入敦煌县地方预算内"。5 月，高一涵为王子云夫妇领西北艺术文物考察团为祁连、焉支、三危、鸣沙诸山及莫高窟、塔尔寺、拉卜楞寺等胜境写生，赠诗留念："冰雪寒严起冻皱，一经渲染便成春。关山万里生颜色，始信营邱笔有神。烽烟掀动满天星，谁向三边款段巡。摺叠祁连藏一室，从容且作卧游人。"6 月，张大千离敦煌返兰州，抵达兰州汽车站，军统兰州特别检查站检查张大千所有行李，达七八小时，高一涵闻讯与第八战区东路总指挥鲁大昌、甘肃省政府秘书长王淑芳等赶到现场说情无果。张大千一行在兰州期间，分别住鲁大昌与高一涵家筹备画展。6 月，高一涵赴榆中县视察。8 月 5 日，蒋介石到兴隆山，召开军事会议。"通过'请见卡'，蒋介石在这里接见了甘青宁监察使高一涵等。"10 月，高一涵赴青海省民和、乐都、西宁等县视察。10—12 月间，高一涵赴甘肃省第五、第八两行政区巡视。是年，宣传讲演 21 次。

按：21 次演讲如下：1. 在甘肃学院讲演《现代政治思潮的批评》；2. 在西北公路特别党部执行委员会讲演《新约之优点与今后订约应行注意同项意见》；3. 在甘肃省新生活运动促进会讲演《关于过去新生活运动之检讨》；4. 在甘肃省政府学术讲演会讲演《新约中重要问题》；5. 在敦煌陆军第四十八师一四二团讲演《总裁中国之命运的大意》；6. 在永昌县扩大纪念周讲演《屯垦与国防之关系》；7. 在武威各界欢迎会讲

演《如何做边疆的屯垦员》;8.在陕甘线区司令部及辎汽四团团部官佐联合纪念会讲演《在西北工作人员应有之努力》;9.在国立西北师范学院甘肃分院讲演《何为知难行易》;10.在中国银行兰州支行讲演《中国古代学术思想所以时常退化的原因》;11.在兰州各界庆祝工程师节大会讲演《科学给予政治之影响》;12.在中央军事学校毕业生调查处甘肃通讯处讲《争取时间》;13.在兰州市各界纪念总理广州蒙难大会主讲《总理一生之革命史迹》;14.在第八战区司令部讲《不平等条约给予中国之影响》;15.在甘肃省立农业学校讲演《农业与国防之关系》;16.在甘肃省政府讲《读中国之命运几点意见》;17.在空军第八大队讲《中国之命运的要点》;18.在西北干部训练团讲《中国之命运的大意》;19.在三青团兰州青年夏令营讲《青年须立志做工程师》;20.在三民主义青年团兰州青年夏令营讲《现代思想批判》;21.在甘肃省党部总理第一次起义纪念日讲《总理的革命精神》。(参见甘肃省档案馆《公布国立敦煌艺术研究所史料一组》,载《档案》2000年第3期;高大同《高一涵先生年谱》,上海文化出版社2011年版)

常书鸿1月17日经行政院通过决议,任即日成立的国立敦煌艺术研究所筹备委员会副主任委员。在前往敦煌之前,徐悲鸿曾这样勉励过常书鸿:"我们从事艺术工作的人,学习玄奘苦行僧精神,抱着不入虎穴,焉得虎子的决心,把敦煌民族艺术宝库的保护,整理,研究工作做到底。"2月,常书鸿出席国立敦煌艺术研究所筹备委员会在甘宁青监察使署召开第一、二次筹备会议,高一涵主持会议,常书鸿报告教育部筹设该所经过。其间,常书鸿陪同高一涵与逐一登门拜访甘肃省政府主席谷正伦、省参议会议长兼《甘肃省通志》主编张鸿汀、历史学家慕少堂、西北公路局长何竟武等甘肃省军政要员与文化名人,寻求他们对国立敦煌艺术研究所筹委会的支持。3月24日,高一涵与常书鸿等一行6人抵达千佛洞,就地设立办事处,开始筹备工作。自此以后,常书鸿开始了他长达半个世纪"守护敦煌"的重任。(参见常书鸿《常书鸿文集》,甘肃人民出版社2004版;叶文玲《敦煌守护神——常书鸿》,上海文艺出版社2001版;高大同《高一涵先生年谱》,上海文化出版社2011年版)

王子云继续任西北文物考察团团长。1月17日,任即日成立国立敦煌艺术研究所筹备委员会秘书长。同日,西北文物考察团王子云一行在重庆举行《敦煌艺术及西北风俗写生画展》,向陪都人民介绍了敦煌艺术的伟观和大西北的淳朴风情,参观者踊跃。该展21日结束后,2月5日起又在重庆中央大学重展两天。(参加李永翘《张大千年谱》,四川省社会科学院出版社1987年版;高大同《高一涵先生年谱》,上海文化出版社2011年版)

张大千1月17日任即日成立的国立敦煌艺术研究所筹备委员会委员。2月5日,《张大千近作展览》在成都举行,展出之书画"均为佛像、美人、山水",且"标价不公开",观众踊跃。春节期间,张大千一行在敦煌仍坚持工作,各司其职,未敢稍休。2月19日,张大千临摹完成莫高窟第八十四窟(张氏编号)壁画西魏夜叉图,并在图上题跋:"六朝隋魏诸窟,类多于四壁及龛下作夜叉,今可见者,其身灰墨黑,勾勒都不可辨。或以为六朝画怪诞,于鬼怪之属,因作此色,其实夜叉裸身,敷以银朱白粉,殆年久银朱变黑耳。第八十四窟西魏画,第九十六窟隋开皇十五年画,其色泽勾勒,尚有鲜好者,则俨然人身敷色,了无足怪者。此抚八十四窟南龛下一身,并为表出之,于此见六朝所作夜叉,绝无灰黑之身也。亦有作青绿身者,则均以敷以石青石绿,青绿不变色,虽千载后犹可辨耳。癸未上元记。"这些题识表明,张大千在敦煌不仅仅是单纯地临摹,还同时做了大量深入的考证及研究工作。3月,敦煌艺术研究所筹备委员会在兰州召开会议,研讨有关事宜,张大千未参加。

张大千约同月中旬(或下旬)接待敦煌县长陈儒学突然来访,他从怀中掏出甘肃省政府主席谷正伦的急电转交张大千,电文云:"张君大千,久留敦煌,中央各方,颇有烦言。敕转告张君大千,对于壁画,勿稍污损,免滋误会。"送陈儒学走后,张大千与肖建初等人商量,决定抓紧时间突击赶画，尽快提前结束在敦煌的工作。3 月 27 日，常书鸿到达敦煌，旋赴莫高窟。张大千闻知，即派侄比德、子心智二人驰马往迎，并行大礼。常到莫高窟后，两人把臂言欢，亲热异常。宴席间，常书鸿向张大千介绍了艺研所等委员会在兰州开会情况，并谈了自己今后的打算，请张大千给予支持，张大千一一从命。张大千对莫高窟今后有专人和专门机构管理感到十分高兴，并向常氏提供了许多好建议。席后，张大千向常氏谈到谷正伦来的电报事，"正言厉色地责备国民党做事太荒唐，他说：'既然要驱逐我出境，为什么还要我做筹备委员?! 这究竟唱的是什么戏?!'"28 日，张大千为使常书鸿能尽快了解情况，特地抽出门生肖建初为常氏带路，逐洞参观石窟，并详细介绍各洞内容与特点，如是者数日。张大千还常抽空陪常书鸿共观石窟，同探壁画奥秘。4 月，张大千率子侄门人加紧突击临摹壁画，常常夜以继日，加班工作。在敦煌期间，张大千与常书鸿、向达二人交往密切，三人成为好友。同月下旬，张大千指挥门人子侄忙于部分壁画摹品的收尾和对壁画临摹品的装运工作。月底率比德、心智携带笔墨纸砚骑马去敦煌城中，向各界朋友辞行。敦煌各友纷纷在刘宅设宴为张大千饯行。

张大千一行 5 月 1 日骑刘鼎臣代雇的骆驼队（约四十余峰）离莫高窟赴榆林窟，刘鼎臣、常书鸿等为张大千送行。中下旬，张大千全力投入了对榆林窟壁画的临摹。6 月中旬，张大千在榆林窟的预定临摹计划完成，所带给养也已用光，于是决定返回。23 日，张大千离敦煌返兰州，抵达兰州汽车站，军统兰州特别检查站检查张大千所有行李，达七八小时，高一涵闻讯与第八战区东路总指挥鲁大昌、甘肃省政府秘书长王淑芳等赶到现场说情无果。张大千一行在兰州期间，分别住鲁大昌与高一涵家筹备画展。8 月 14 日，《张大千临抚敦煌壁画展览》在兰州三青团大礼堂隆重开幕，由第八战区军政长官朱绍良，第八战区东路总指挥兼新编十四师师长鲁大昌、甘肃省政府主席谷正伦、甘宁青监察使高一涵、甘肃省参议会议长张维等主持开幕式。《西北日报》曾在头版头条刊载《介绍名画家张大千临抚敦煌壁画展览启事》。同日，《西北日报》记者以《记敦煌壁画——看张大千画展》为题，对张大千的敦煌之行给予了高度评价。该文说："近年以来，画家张大千先生，不避艰辛，不辞劳苦，远去敦煌千佛洞，潜心临抚壁画，朝夕与画像相对，并将壁画重新编号，苦心整理，其对中国古代艺术之保护与传播，实有伟大贡献!"此文在盛赞了敦煌艺术之宝贵，列举了张大千对敦煌艺术的功绩以及精湛的艺术才能之后，接着写道："看了这次张先生的画展，西北的人士将更看重千佛洞的艺术价值，将更加深对敦煌的认识，对于国内史学界、艺术界也无异注射了一针'兴奋剂'。这二十一幅壁画的宣传力量，比二十万言的宣传文字还有效。从今而后，中国的这一个国宝，再也不会被人轻轻易易地摧毁了!"23 日，张大千之临摹敦煌壁画展览在兰州圆满结束。画展期间，《中央社》《西北日报》《新华日报》等都连续发布了有关这次画展的消息报道及评价文章，对张大千为敦煌艺术所作的贡献一致称赞，并由此引起了社会对敦煌石窟的关切。

张大千一行 11 月抵达成都，就此结束了整个敦煌之行。这次从敦煌返川途中，张大千所携之临摹壁画及随身物品沿路经过了 50 多道关卡，连军政部长何应钦打来的"已通知检查单位转知沿途关卡免验放行"的电报也未起到作用，绝大部分关卡仍照查不误。而在每次检查之时，张大千还不得不在一旁为检查站的求画之人作画应酬，以求他们"手下留情"。据统计，张大千这次赴敦煌，从离蓉时算起，到现在回来时为止，共历时两年零七个月。其间，张大千除给莫高窟、榆林窟、西千佛洞等编号、记录，写成一本长达 20 余万字的学术研究著作《敦煌石室记》(初稿)之外,经过一行两年多来废寝忘食、餐风露宿的艰苦努力,还临摹得十六国、北魏、西魏、北周、隋、唐、五代、宋、西夏、元等各朝的敦煌壁画 276 幅。这是一笔来之不易的极为宝贵的收获。12 月,张大千由成都携家至青城山上清宫居住。同月,张大千率门人子侄又返回成都将自己多年收藏的历代名画编成《大风堂书画目》,详记各画尺寸及题咏等,共约 200 件。张大千并在成都作《书画润例》,其叙文曰:"涉猎纤毫,嵯峨方寸,津梁八法,刻画先秦。颠旭三杯之意,臣斯一权所归。水墨乞灵,丹青假宠,俯仰无极,陶写有涯。是以解衣盘礴,犁然当宋史之心;雕色纷华,无可逃离娄之目。然而湖州以鹅溪为袜,漆园笑山木自寇;杜陵十日之诗,仲圭神明之寄。非前贤之疏隘,亮能事之多端,愿言同嗜,窃自比于蔬食邀游;稍论养生,请以此为藩篱堡垒。"(参加李永翘《张大千年谱》,四川省社会科学院出版社 1987 年版;高大同《高一涵先生年谱》,上海文化出版社 2011 年版)

罗家伦 2 月 19 日任西北建设考察团团长。3 月 1 日,国民政府决定设立新疆省监察使署,罗家伦任监察使。3 月 2 日,父亲病逝。29 日,出席三民主义青年团第一次全国代表大会,继任常务监察。同月,《文化教育与青年》一书由重庆商务印书馆出版。4 月 26 日,就任新疆监察使。6 月 7 日,率领西北建设考察团由重庆出发,考察陕西、甘肃、宁夏、青海、新疆五省。7 月,《黑云暴雨到明霞》一书出版。9 月,诗集《耕罢集》《疾风》出版。(参见刘维开《罗家伦先生年谱》,中国国民党中央委员会党史委员会 1996 版;张晓京编《中国近代思想家文库·罗家伦卷》及附录《罗家伦年谱简编》,中国人民大学出版社 2015 年版)

毛泽东 1 月 1 日出席中共中央办公厅在中央大礼堂举行的干部晚会,进行团拜庆祝新年,并欢迎刘少奇从华中回到延安。毛泽东晚会讲话中号召大家努力工作,发展生产和教育,援助前方,争取胜利。27 日出席中共中央书记处工作会议。会议决定:为了庆祝中美、中英分别签订《关于取消美国在华治外法权及处理有关问题之条约与换文》和《关于取消英国在华治外法权及其有关特权条约与换文》,委托王稼祥为中央起草一决定,公开发布,另对党内发一指示;同意陈绍禹提出的赴苏联治病的要求,并电告共产国际征询意见。28 日,出席中共中央政治局会议。会议通过《中共中央关于庆祝中英中美间废除不平等条约的决定》,并决定举行庆祝活动;会议决定调艾思奇任《解放日报》第四版编辑主任,并增印 1000份《解放日报》。会议还讨论整风和审干问题。2 月 21 日,为庆祝苏联红军成立 25 周年与红军反攻的伟大胜利,致电斯大林,联共中央胜利,致电斯大林、联共中央和红军将士们。3月 10 日,为贯彻毛泽东去年在延安文艺座谈会上的讲话中提出的文艺为工农兵服务的方向,为使即将到基层参加实际工作的党员作家进一步了解党的文艺政策,出席中共中央文委和中央组织部联合召开党的文艺工作者会议,刘少奇、陈云、何凯丰等在会上讲话。会后,延安文艺界提出响亮的口号:"到农村、到工厂、到部队中去,成为群众的一分子。"16 日,出席中共中央政治局会议,作关于时局与方针问题的报告。20 日,出席中共中央政治局会议。会议通过《中共中央关于中央机构调整及精简的决定》,推定毛泽东为政治局主席。在中央政治局及书记处之下,设立宣传委员会与组织委员会。毛泽东任宣传委员会书记,刘少奇任组织委员会书记。书记处重新决定由毛泽东、刘少奇、任弼时组成之,毛泽东同志为主席。中央党校由毛泽东兼任校长。同日,中央总学委发出《关于整风学习总结计划》。4月 3 日,中共中央发布《关于继续开展整风运动的决定》。

毛泽东 4 月 13 日主持中共中央政治局会议。会议讨论毛泽东起草的《中共中央关于继续开展整风运动的指示》草案第一号、第二号（关于领导方法）、第三号（关于克服自由主义）。会议决定以上三个指示照毛泽东提出的草案修改通过。5月24日，为中共中央书记处起草致周恩来电："共产国际解散，中央即将开会讨论中国的政策，请你即回延安，能交涉飞机回延更好。"26日，主持中共中央政治局会议，会议一致通过《中国共产党中央委员会关于共产国际执委主席团提议解散共产国际的决定》，并决定即日召开延安干部会议，由毛泽东主席传达共产国际主席团的提议和中共中央的决定。同日晚，出席中共中央书记处召集的延安干部大会。大会由任弼时主持，李富春传达共产国际执委会主席团《关于提议解散共产国际的决定》和《中国共产党中央委员会关于共产国际执委主席团提议解散共产国际的决定》，毛泽东向大会作关于共产国际解散问题的报告。27日，主持中共中央书记处会议，会议通过经毛泽东修改的《中央关于一九四三年翻译工作的决定》。决定指出：翻译工作尤其是马列主义古典著作的翻译工作，是党的重要任务之一。延安过去一般翻译工作的质量，极端不能令人满意。为提高高级干部理论学习，许多马、恩、列、斯的著作必须重新校阅。中央指定何凯丰、秦邦宪、张闻天、杨尚昆、师哲、许之桢、赵毅敏等组成翻译校阅委员会，由何凯丰负责组织这一工作的进行。今年要首先校阅党校所用全部翻译教材及译完西方史两册，以应急需。

　　毛泽东7月1日出席中共中央办公厅为纪念中国共产党成立22周年和抗战6周年在中央大礼堂举行的干部晚会，并作报告。2日毛泽东起草的《中共中央为抗战六周年纪念宣言》在《解放日报》发表。宣言首先分析了全世界反法西斯同盟与法西斯侵略同盟两大阵线所发生的力量对比的巨大变化及其意义。宣言重申去年中国共产党纪念抗战5周年宣言中提出的战后合作建国的主张。宣言最后说：抗战的第六周年，同时即是中国共产党诞生的第22周年。22年的历史实践已经证明，中国共产党奋斗的方向，是使中华民族起死回生的完全正确的方向，并将在今后的历史实践中继续坚持下去，直到完全胜利而后已。7月7日，主持中共中央政治局会议，会议讨论关于对付国民党发动的反共宣传与准备进攻陕甘宁边区问题。9日，延安各界群众3万余人举行纪念抗战6周年大会，紧急动员全边区人民制止内战，保卫边区。12日，《解放日报》发表毛泽东写的社论《质问国民党》。8月2日，主持中共中央政治局会议，发言分析欧洲、日本与中国的时局。同日晚，出席中共中央办公厅举行的欢迎周恩来等从重庆归来的干部晚会。8日，在中共中央党校第二部开学典礼上讲话，指出：这次党校一共开六门课，就是整顿三风、审查干部、党的历史、马恩列斯著作、军事课和文化课。16日，关于抽调干部到延安学习问题，为中共中央书记处起草致邓小平转太行分局各同志电，希望他们按照中央关于保存干部给晋察冀分局电报的精神正确地处理这一问题，"即是将全部干部分为支持斗争与保存学习两部分，而从直属机关、学校抗大、党校等及太行、太岳、冀南、冀鲁豫各区抽调好的有造就前途的高级、上级干部四百至五百人送延学习"。

　　毛泽东9月7日至10月6日主持中共中央政治局在这一期间举行的会议。会议主要批评陈绍禹在10年内战时期的"左"倾机会主义错误和抗战初期的右倾机会主义错误。毛泽东多次发言并作小结。10月5日，《解放日报》发表毛泽东写的社论《评国民党〈党十一中全会和三届二次国民参政会〉》。同日，毛泽东主持中共中央书记处会议。会议通过关于党史学习的名单和分组，并决定：总学委以毛泽东为主任，刘少奇、康生为副主任，胡乔木为秘书；在日内召集中央会议，由各小组正副组长参加，由毛泽东报告学习和时局问题；学习时间暂定为三个月,开始从抗战后入门,然后再回到大革命、内战及抗战时期的问题,并向政治局提议在参加学习者中间公开宣布允许讨论党的路线问题。10日,中共中央决定党的高级领导干部重新学习和研究党的历史和路线问题。整风运动进入总结和提高的阶段。19日,《解放日报》全文发表毛泽东1942年5月《在延安文艺座谈会上的讲话》。《讲话》分"引言"和"结论"两部分。"引言"中毛泽东明确指出开会的目的是要"研究文艺工作和一般革命工作中间的正确关系,求得革命文艺的正确发展,求得革命文艺对于其他革命工作的更好协助,借以打倒我们的民族敌人,完成民族解放运动"。《讲话》指出,要使文艺密切为革命服务,主要解决的几个问题:立场问题,即"我们是站在无产阶级的和人民大众的立场,共产党员还要站在党的立场,站在党性和党的政策的立场"。态度问题,"要暴露一切敌人的残暴、欺骗及其必然失败的前途,鼓励抗日军民同心同德,坚决打倒他们;对于朋友应有联合,有批评;颂扬人民的军队,人民的政党,人民的劳动和斗争"。对象问题,"主要面对工农兵和党政军干部,强调去了解他们,熟悉他们"。"结论"部分讲了五个问题:一、文艺是为什么人的问题。我们的文艺是为工人、农民、人民军队、小资产阶级的。"为什么人的问题是一个根本的问题,原则的问题"。二、如何为工农兵服务的问题,即普及与提高的关系问题,要在普及基础上提高,在提高指导下普及。三、关于党内关系的问题,党的文艺工作与党的整个工作的关系问题,党的文艺工作者与非党的文艺工作者的关系问题——文艺界统一战线问题。指出无产阶级的文学艺术是无产阶级整个革命事业的一部分,是整个机器中的螺丝钉。四、文艺批评的标准问题,政治标准第一,文艺标准第二,两者要统一。"反对内容有害的艺术品,也反对只讲内容不讲形式的所谓'标语口号式'的倾向"。五、针对文艺界目前存在的一些问题进行分析批评。20日,中央总学委发出关于学习《讲话》的通知。

　　按:毛泽东为什么选在鲁迅逝世七周年这一天,在《解放日报》上正式全文发表《讲话》呢?这是经过深刻考虑的。毛泽东1937年做过《论鲁迅》的讲演,称鲁迅是中国第一等圣人,号召学习鲁迅的精神;1940年,在《新民主主义论》中高度评价鲁迅;准备召开文艺座谈会时,特意读了鲁迅的一些文章;《讲话》中五次谈到鲁迅。他对鲁迅怀有深深的敬意。选在10月19日发表《讲话》,正是为了纪念这位伟大的新文化旗手。这从毛泽东写的发表《讲话》的文前"按语"也可以看出。他写道:"今天是鲁迅逝世七周年纪念日。我们特发表毛泽东同志一九四二年五月在延安文艺座谈会上的讲话,以纪念这位中国文化革命的最伟大与最英勇的旗手。——编者"

　　按:中央总学委10月20日发出贯彻《讲话》的通知,全文如下:"《解放日报》十月十九日发表的毛泽东同志在一九四二年五月延安文艺座谈会上的讲话,是中国共产党在思想建设、理论建设事业上最重要的文献之一,是毛泽东同志用通俗的语言所写的马列主义中国化的教科书。此文件决不是单纯的文艺理论问题,而是马列主义普遍真理的具体化,是每个共产党员对待任何事物应具有的阶级立场,与解决任何问题应具有的辩证唯物主义历史唯物主义思想的典型示范。各地党组织收到这一文章后,必须当作整风必读的文件,找出适当的时间,在干部和党员中进行深刻的学习和研究,规定为今后干部学校与在职干部必修的一课,并尽量印成小册子发送到广大的学生群众和文化界知识界的党内外人士中去。"这个《通知》全文发表在10月22日的《解放日报》上。10月30日,晋西北根据地的《抗战日报》全文转载了《讲话》,同时刊登了中央总学委的《通知》。11月7日,中共中央宣传部又发出《关于执行党的文艺政策的决定》,指出:(一)应认真学习毛泽东同志在延安文艺座谈会上的讲话,并实行之,使文艺更好地服务于民族与人民的解放事业,使文艺界本身得到更好的发展。(二)开展批评与自我批评,清除小资产阶级的错误思想。(三)目前以戏剧新闻通讯为中心,面向工农兵群众。(四)《讲话》精神适用于文化部门和党的工作部门,不仅是解决文艺观、文化观的材料,也是解决人生观、方法论的重要材料,要普遍深入宣传。毛泽东的《讲话》和总学委的《通知》、中央宣传部的《决定》的发表,在延安及全国各地引起了热烈反响。随后,《讲话》

便以多种印刷形式在国内外传播开来。

按:据孙国林编著,王佳钰、王增辉校订《延安文艺大事编年》(陕西师范大学出版总社2016年版)的梳理:1943年至新中国成立前,国内外出版的各种版本的《讲话》,都是根据1943年10月19日《解放日报》发表的《讲话》(通称为"四三年版《讲话》")文本排版印刷的。1943年10月,延安的解放社采用通改报版的方法,出版了第一个32开的铅印《讲话》单行本,共四十页,用两种纸印刷:一种是有光纸,单面印刷,折页装订;一种是土造的马莲纸,双面印刷。至1953年《毛泽东选集》编辑出版前,内地及香港等地先后出版的《讲话》单行本,多达九十三种。1944年1月1日,延安公开发表《讲话》两个多月后,《新华日报》以《毛泽东对文艺问题的意见》为总题目,下分三个小题目:《文艺上的为群众和如何为群众》(摘要,对原文加了引号)、《文艺的普及与提高》(全部原文)、《文艺和政治》(摘要,对原文加了引号),用一个整版的版面,刊登了《讲话》的主要内容。并加了编者按:"毛泽东同志在延安文艺界座谈会上曾发表过两次讲话,有系统地说明了目前文艺和文艺运动的根本问题。原文不可能全部发表,只好提要介绍一下。原文全部共两万余字,此地所节录出来的自然只能传达出其中若干的基本的论点。"第二天,《新华日报》又在《读者与编者》栏中说:毛泽东同志在文艺运动中所提出的意见"不仅是在文艺运动上,而且也是一般的文化工作上的方针,《新副》(即《新华副刊》)在今后也将以这个方针作为它的基本原则"。说明即使在国民党统治和控制下,也不能阻止《讲话》的传播及其作用的发挥。为贯彻《讲话》,周恩来在曾家岩五十号、《新华日报》营业部等处,组织文艺工作者们,进行过几次讨论学习。

此年4月,周恩来派曾参加过延安文艺座谈会的何其芳、刘白羽,随林伯渠率领的中共代表团到重庆,向那里的文艺工作者传达毛泽东的《讲话》。他们遵照周恩来的嘱咐,先将有关延安文艺座谈会的情况向郭沫若做了汇报,第二天便在郭沫若的住所,由郭主持召开了传达《讲话》座谈会。此后,又曾多次由郭沫若或冯乃超主持,组织了学习《讲话》的座谈会,使大后方的文艺工作者受益极大。沙汀就曾在《我的传略》中,谈到他学习《讲话》的情形。1944年8月26日,《新华日报》全文登出了中共中央宣传部《关于执行党的文艺政策的决定》,使大后方的读者进一步了解了《讲话》及共产党关于文艺、文化的方针政策,有力地促进了大后方的革命文艺运动。这就使这个文献在国统区广泛传播开来。国民党中央宣传部部长张道藩对《讲话》既吃惊、恼恨,又无可奈何。他气急败坏地说,毛泽东这一套理论很难对付,几乎无法反驳,他把文化界的人都拉过去了,太可怕了。

《讲话》正式发表不久,郭沫若、茅盾发表了学习《讲话》体会。郭沫若说"凡事有权有经"。毛泽东听到后很欣赏这个说法,认为是得到了一个知音。"有权有经",即有经常的道理和权宜之计。毛泽东之所以欣赏这个说法,大概是他确实认为自己的讲话有些是经常的道理(普遍的规律),有些则是适应当时特定环境和条件下的权宜之计。例如,文艺和生活的关系,文艺与人民的关系,《讲话》对这些问题的论述是"经",其理论是永远不能动摇的。而为实现这些原则要求文艺工作者如何去做,则是在当时战争环境下提出的要求,是"权",即权宜性主张。后来环境变了,就不能机械照搬这些具体做法。

继延安解放社出版《讲话》单行本之后,山东大众日报社也于1943年10月出版了《讲话》单行本,用有光纸单面印刷,合页装订,64开本,共五十二页。此后,在各解放区大都出版过《讲话》单行本。它们是:1943年11月后的胶东联合社版,1946年苏皖地区的新华书店版,1946年的东北书店版,1947年通化日报社版,1948年太岳新华书店版,1949年华中新华书店总店版,等。陕北新华书店、晋绥新华书店、陕甘宁边区新华书店、晋冀鲁豫书店、华北新华书店等,也先后出版过《讲话》单行本。这些单行本,多为土纸印刷,32开,封面有美术装饰,美观大方,庄重严肃。至于各地出版机构印制的收有《讲话》全文的汇编本、合订本更多。由于有的印刷不够正规,流传也比较分散,所以很难统计周详。其中已见到最早的汇编本是1943年11月,延安新华书店出版的《整风文件》增订四版。后来在各抗日根据地先后印制的汇编本还有许多种。1945年在国民党统治下的上海,共产党所领导的《新文化》半月刊,也曾刊载过《讲话》。迫于国民党的书报检查制度,没用原文的标题,而另拟了三个标题分散发表。在香港,1946年2月中国灯塔出版社出版的《文艺问题》和1947年新民主出版社出版的《论文艺问题》都是《在延安文艺座谈会上的讲话》的单行本。

此外,《讲话》也广泛传播到国外:(1)在朝鲜,1945年底就由咸镜南道出版了《讲话》的朝鲜文译本。1946年8月,又有汉城大学中国文学系翻译出版的版本。此间,朝鲜文学艺术总同盟等组织还组织过关于《讲话》的学习讨论活动。朝鲜民主主义人民共和国成立后,曾再版重印《讲话》。(2)在日本,1946年有千田丸一翻译、新日本文学会主编出版的《讲话》日文版《现阶段中国文艺的方向》。1951年,又有鹿地亘的重译本《1942年延安毛泽东文艺讲话》。(3)在印度,1950年前后出版了《讲话》的英文译本和孟加拉文、印地文、马拉提文、泰米尔文、泰鲁固文、马来雅冷文等译本,引起了许多思想家、作家、艺术家的关注和学习。(4)在西方,1949年10月,法国彼埃·西盖尔出版公司翻译出版了《讲话》的法文译本。后来,一些拉丁美洲国家,又据此版本转译为西班牙文和葡萄牙文出版。从1949年到1951年,在德意志民主共和国、美国、英国、波兰、捷克斯洛伐克、匈牙利、意大利、古巴、巴西、苏联、保加利亚、罗马尼亚、越南、蒙古、印尼、瑞典、芬兰等五十多个国家,出版了《讲话》的多种节译本和全译单行本。

毛泽东 10月随中共中央书记处由延安杨家岭迁往枣园。同月,毛泽东主持编辑、中共中央书记处编印的《两条路线》成书。这部书是延安整风运动中党的高级干部研究和总结党的历史经验的主要的党的文件集。所收文件起自1922年党的二大宣言,迄至1943年10月《解放日报》发表的毛泽东《在延安文艺座谈会上的讲话》,共137篇。22日,毛泽东主持中共中央学习小组会。参加的有周恩来、刘少奇、王明、康生、朱德、洛甫、陈云、邓发、博古、王稼祥、林伯渠等。列席的有李富春、彭真、杨尚昆、陈伯达和胡乔木。11月4日,毛泽东为中共中央宣传部起草《宣传要点》。5日,代表中国共产党和中国人民致电斯大林、苏共中央和苏联全体军民,热烈庆祝十月革命26周年,庆祝红军在反法西斯战争中的伟大胜利,庆祝莫斯科三国会议及中国参加的四国宣言的伟大成功。6日,出席中共中央办公厅为庆祝十月革命26周年举行的干部晚会并讲话。11月13—27日,主持中共中央政治局在这一期间举行的会议,会议继续批评陈绍禹在十年内战时期的"左"倾机会主义错误和在抗战初期的右倾机会主义错误。12月14日,主持中共中央书记处会议。会议主要讨论高级干部学习党的路线问题,决定:学习时间为半年,从今年11月起至明年4月底;学习的课本为6种,即《共产党宣言》《社会主义从空想到科学的发展》《共产主义运动中的"左派"幼稚病》《社会民主党在民主革命中的两种策略》《联共(布)党史简明教程》《两条路线》上下册;学习要展开争论,提出中心问题,开展自我批评,要联系实际材料,要有历史观点等。会议同意毛泽东的提议,组织由任弼时、刘少奇、朱德、彭德怀等参加的政治工作委员会,以任弼时为主任,陶铸为秘书。17日,毛泽东在读了刘少奇6月28日关于人性、是非、善恶等问题致续范亭的信后,写信给刘少奇。信中说"一气看完了你这一篇,前后看了三遍。并且率直批上了我的意见""我也没有研究透彻,不能说我批的全都无错,还请你看后告我"。(参见中共中央文献研究室编撰、逄先知主编《毛泽东年谱(1893—1949)》,人民出版社、中央文献出版社1993年版;中央文献研究室《周恩来年谱1898—1976》,中央文献出版社1998年版;孙国林《毛泽东〈讲话〉的整理、修改和公开发表秘闻》,《湘潮》2013年第12期;艾克恩编纂《延安文艺运动纪盛》,文化艺术出版社1987年版;孙国林编著,王佳钰、王增辉校订《延安文艺大事编年》,陕西师范大学出版总社2016年版)

刘少奇 1月1日出席中共中央办公厅在延安中央大礼堂举行的干部晚会。晚会同时进行团拜,庆祝新年,并欢迎刘少奇自华中归来。出席晚会的有1000多名干部。毛泽东、朱德莅临讲话。刘少奇在会上报告华中和华北敌后各抗日根据地艰苦奋斗坚持抗战的情况。3月10日,出席中共中央文委和中央组织部联合召集的党的文艺工作者会议,并在会上发表讲话,批评了党内一些知识分子"口头上唯物,行动上唯心"的倾向,指出:得到知识应从深刻了解客观事物及其规律入手,读书虽也是一种不可少的方法,但要学习得好,读书不如耳闻,耳闻不如目见,旁观又不如动手。文艺工作者学习的基本方法,是直接向实际学习,直接从改造实际中学习。出席中共中央政治局会议。20日,出席中共中央政治局会议,会议通过《中共中央关于中央机构调整及精简的决定》,推举毛泽东为中央政治局主席、中央书记处主席,决定中央书记处由毛泽东、刘少奇、任弼时组成。会议还决定:在中央政治局和书记处之下,设立中央宣传委员会,由毛泽东、王稼祥、何凯丰、秦邦宪组成,毛泽东任书记,王稼祥任副书记;设立中央组织委员会,由刘少奇、王稼祥、康生、陈云、张闻天、邓发、杨尚昆、任弼时组成,刘少奇任书记,负责统一管理中央组织部(包括中央党务委员会)、统战部、民运工作委员会、中央研究局和海外工作委员会;刘少奇参加中共中央军委,为军委副主席之一;华北党政军民工作统归王稼祥负责管理,华中党政军民工作统归刘少奇负责管理,陕甘宁、晋西北党政军民工作统归任弼时负责管理,大后方工作归陈云负责管理,敌占区工作归杨尚昆负责管理;毛泽东兼任中央党校校长;刘少奇兼任中央研究局局长。5月4日,刘少奇为纪念五四运动24周年,在《新华日报》上发表《感想和回忆》,指出五四运动最大的直接的成果,是从此开展了中国历史上一个最大的新文化运动。这个新文化运动是与中国几千年来旧文化的中坚孔教相对抗的,它吸收了西欧各国进步的彻底的民主主义的文化,而成为中国彻底的民主主义的文化运动。6月28日,就人性、是非、善恶等问题写信给续范亭。

按:信中指出:"关于人性、是非、善恶诸问题,是中国过去哲学历史上提得最突出的一个问题,也是二千余年来,历代均有争论,直到现在仍没有正确解决的一个问题。"信中认为:"人与其他动物最基本的区别,就在于人是有思想的。人的脑筋及其全部神经系统特别发达(这是长期劳动长期斗争的结果),所以人能理解自然界各种事物发展的规律性,能认识客观事物的本质之发展过程,能认识各种现象之间相互的内部联系;因而人就有可能按照客观事物发展的规律去改造客观事物,去进行劳动生产,去制造工具,去改造世界。这是一切其他动物所没有的,这只有人才特具的。""人的思想,任何时候都不能离开物质而独立产生,独立存在。因为人的思想本身,就是一种特殊物质的属性,就是客观事物发展的规律性在人的头脑中的反映。"信中说:"人们的生产劳动,永远是社会的生产劳动。人们相互间在一定的劳动样式的基础上,发生一定样式的生产关系、社会关系、政治关系等(即人们共同生活的规律),这些一定的关系就决定着人们一定的社会观念形态,即决定着人们一定样式的思想、意识、观点、习惯、心理、道德等。长期的一定的人们的生产样式与生活样式,养成人们在思想行动上的一种特性,这就是人们的社会性。""自从人类社会发展成为阶级社会以后,人就作为一定阶级的人而存在。人们的社会性,就被各人在生产中斗争中所占的完全不同的阶级地位所决定,人们的社会性,就表现各种不同的以至相反的人们的阶级性。"信中指出:"人们的善恶观念,就是反映客观实际上人们的利害关系。但人是具体的人,人的利害也都是具体的。特别在阶级社会中,各阶级的利害就常常是相反的,甚至是不可调和的,人们彼此之间这些不同的利害关系,反映在人们的思想中就成了不同的善恶观念。""在阶级社会中,敌对阶级的利害关系就在基本上是不可调和的,各阶级人们之间的善恶观念及其好恶也是不能一致的。所以人性无善无恶的说法,还是抽象的说法,唯心的说法。"毛泽东在读了这封信后,对其中的一些观点和提法批注了不同的意见,并于十二月十七日写信给刘少奇,说:"一气看完了你这一篇,前后看了三遍。并且率直批上了我的意见。大体说来,凡论人性(前半部居多)的地方我以为是错的,凡论阶级斗争的地方(后半部)则是对的或比较对的(但有某些错处)。""我也没有研究透彻,不能说我批的全部无错,还请你看后告我。"

刘少奇6月29日出席中共中央政治局会议,讨论《中国共产党中央委员会为抗战六周年纪念宣言》草案,提议在宣言的最后一段,加上"全体共产党员必能巩固地团结在以毛泽东同志为首的中央的周围"一句。7月2日,《解放日报》刊登了宣言全文。7月4日,为纪念中国共产党诞生22周年,撰写《清算党内的孟什维主义思想》,刊于6日《解放日报》。文中回顾了中国共产党走过的曲折道路,强调"以马列主义的普遍原理为指导很好地总结我们党在各方面的斗争经验,还是今天我们全党的最重要的任务之一,因为这些经验的马列主义的总结,是团结全党、教育全党、提高全党以至争取中国革命胜利的最重要的一环",并首次使用了"毛泽东同志的思想""毛泽东同志的思想体系"的概念。13日,出席中共中央政治局会议。会议讨论关于国民党准备进攻陕甘宁边区和中共的对策问题。刘少奇在发言时提出,在宣传工作上应采用新的方针。不要怕蒋介石投降分裂,要抓住蒋介石的流氓政治。对蒋介石的《中国之命运》要痛驳。会后,受中共中央委托主持召开干部会议,部署写文章批判《中国之命运》。16日,与毛泽东、朱德、任弼时等一起欢迎周恩来、林彪等从重庆回到延安。23日致电陈毅、饶漱石:"蒋在三月间出版《中国之命运》一书,其中心目标就是反对共产主义与共产党,并为内战作准备。电报要求将延安民众大会通电、《解放日报》社论及评《中国之命运》等文章,广为散发,并在党内外进行深入的宣传,加紧阶级教育。"10月5日,中共中央书记处会议通过关于党史学习的名单和分组,并决定:总学委以毛泽东为主任,刘少奇、康生为副主任,胡乔木为秘书。24日,刘少奇在高级干部会议上作关于党的历史问题的报告。12月24日,毛泽东致信刘少奇,向他介绍《从猿到人》一书中编入的恩格斯的两篇短文《劳动在由猿进化到人的过程中的作用》和《人类进化的过程》(《〈自然辩证法〉导言》中的一段),以及该书编入的郭烈夫的《马克思主义观点的达尔文主义》一文,认为前者"十分精彩,可以看",后者"亦可一阅"。并说:"我正在找其他唯物史观的书看,看后再送你。"(参见中共中央文献研究室《刘少奇年谱》,中央文献出版社1996年版)

周恩来、林彪、邓颖超、孔原等100余人6月28日离重庆回延安。7月9日,到达西安。16日,周恩来、林彪等人抵达延安时,受到毛泽东、朱德、刘少奇、任弼时、叶剑英、张闻天等的欢迎。8月2日晚,出席中共中央办公厅举行的欢迎周恩来等从重庆归来的干部晚会。周恩来在会上发表演说,指出:"我们党二十二年的历史证明:毛泽东同志的意见,是贯串着整个党的历史时期,发展成为一条马列主义中国化也就是中国共产主义的路线!""毛泽东同志的方向,就是中国共产党的方向!""毛泽东同志的路线,就是中国的布尔什维克的路线!"7—8月间,延安整风进入抢救运动高潮。周恩来为一些由大后方来到延安后被关押的同志写证明,使他们获得释放。8月2日,出席中共中央办公厅举行的欢迎晚会,并在会上发表演说,阐述3年来的国际国内形势,批评国民党当局在抗战问题上的种种错误想法。指出抗战胜利是有办法的:"办法就在中国人民的身上!办法就在真正抗日的党派和军队中间!办法就在中国共产党,尤其是在我们的毛泽东同志手中!"指出:"我们党在这三年中做了比过去二十年还要伟大、还有更多成就的工作。"这"是全党团结在毛泽东同志领导之下得到的"!党的22年历史"证明只有泽东同志的意见是贯串着整个历史时期,发展成为一条马列主义中国化,也就是中国共产主义的路线。毛泽东同志的方向,就是中国共产党的方向"。中国共产党将坚持抗战到底,坚持国内团结,坚持民主和进步的方针,要为实现这个方针,在毛泽东的领导下,奋斗到底。8日,在中共中央党校开学典礼上讲话。讲话中阐述必须"搞清无产阶级思想和非无产阶级思想的分别",并联系自己过去一度执行了错误路线的体会,进行分析和自我批评。

周恩来8月16日针对蒋介石的《中国之命运》,起草《论中国的法西斯主义——新专制主义》报告提纲。提纲阐释中国法西斯主义的思想体系、历史根源、政纲和策略、组织和活动。9月,为在马列主义基础上,总结经验教训,分清路线是非,特别是对第二次国内革命战争和抗日战争时期的工作进行总结,在学习文件、参加中央会议的同时,翻阅大量历史资料,对历史进行再认识。同月 21—27 日,撰写笔记,对王明《为中共更加布尔什维克化而斗争》的小册子进行分析和批判。23 日,在中共中央党校作《中国的法西斯主义》的报告。11 月底至 12 月初,多次作整风发言,对参加革命 20 多年来的斗争实践和思想认识,进行了检查,总结正反两方面的经验教训。在这次整风运动中,周恩来也曾受到不公正的和过火的指责与批评。他在检查中,曾说了一些过分谴责自己的话。12 月 22 日,出席中共中央书记处会议。在讨论审干问题时,任弼时根据周恩来材料,认为抗战初期到延安的知识分子绝大多数是好的,对抢救运动中搞出来的"特务",应进行甄别工作。会议决定,延安审干转入甄别阶段。(参见中央文献研究室《周恩来年谱 1898—1976》,中央文献出版社 1998 年版;中共中央文献研究室编撰、逄先知主编《毛泽东年谱(1893—1949)》,人民出版社、中央文献出版社 1993 年版)

　　张闻天 1 月 15 日结束在西川、双湖峪市镇乡的调查。18 日,开始绥德市工商业调查。2 月中旬,接到中共中央电报通知,回延安参加中央会议。24 日,结束绥德调查,在调查团总结会上作自我批评。3 月 3 日,回到延安。20 日,出席中共中央政治局会议。会议通过《中共中央关于中央机构调整及精简的决定》。张闻天离开书记处,任中央组织委员会委员,委员会由刘少奇兼书记。27 日,写完送中央的调查总结报告《出发归来记》,全文共分 10 个问题。4 月 15 日,中共中央书记处会议决定中央研究院并入中央党校,中央研究院名义取消。夏,延安普遍开展的审干运动,在中央总学委副主任、社会部部长康生 7 月 15 日所作动员报告后,实际变成肃反严重扩大化的所谓"抢救运动",张闻天对于这种把外来知识分子看成"特务如麻"的说法很不满意,当面对住在自己窑洞隔壁的康生说,知识分子中哪来这么多特务。张闻天认为奔赴延安的知识分子大都是先进青年,是怀着民族仇恨、为追求真理而到延安来的。社会关系当然要复杂一点,但青年本人是纯洁的。社会关系复杂不能说明他们就有问题,正好说明他们是"叛逆者"。康生则说:你不要怀疑,我把材料给你看。于是就拿来一摞子《防奸经验》来,张闻天看了之后不相信,告诉他这里面可以看出许多都是假的,而康生则坚持说那是真的,这些人他们都保证不翻案,二人为此辩论起来。张闻天看这样子说不通,便将自己的意见反映给了任弼时,后来就反映到了毛泽东那里。不久中央停止了"抢救运动",逐步将一套错误做法纠过来。8 月 8 日,毛泽东在中共中央党校第二部开学典礼大会上的讲话中公开点出"王明、博古、洛甫教条宗派",提出党的四中全会以后党内存在两个宗派:一个是教条主义宗派,一个是经验主义宗派。

　　张闻天 9 月 7 日开始参加中央进一步讨论路线问题的整风。为准备召开党的七大,统一高级干部思想,中共中央政治局决定按照 1941 年 9 月会议的方式,继续召开政治局扩大会议,检查讨论党的路线问题。张闻天从此时起停止一切实际工作,阅读中央编的《六大以来》等文件和毛泽东的著作,参加深入讨论党史和路线是非的中共中央高层整风检查。第一阶段(9 月 7 日至 10 月 6 日,参加了主要讨论抗战时期党中央的路线是非,集中批判王明右倾错误的整风会议;第二阶段(11 月 13 日至 12 月底)参加了包括党的高级干部和七大代表在内的关于党的历史与路线是非的检查讨论,其中 11 月 13 日至 27 日的中共中央政治局会议继续批评王明在 10 年内战时期"左"倾机会主义错误和抗战初期的右倾机会主义错误。会议活动除政治局会议外,还有各学习组的分组讨论;第三阶段(1944 年春)参加了整风总结和统一认识学习讨论。9 月 13 日,在听了康生在中央政治局会议上批判王明教条主义的发言之后,回到家中对刘英说,康生这个人过去在莫斯科时候那样抬高王明,现在却这样不加分析的批判,做得太过分了。11月21日,在中共中央政治局会议上作整风检查(检查主要内容即后来12月16日所写整风笔记)。11月,博古、李维汉、张闻天、周恩来先后均在政治局会议上作检查。12月16日,根据中央规定每个参加整风的高级干部要写一份"自传"的要求,完成一篇长稿"反省笔记"(后被称为《1943年延安整风笔记》)。(参见张培森主编《张闻天年谱》,中共党史出版社2000版)

王稼祥1月12日出席中共中央政治局会议。会议讨论国共谈判问题。会议决定为培训从华北华中抽调来延安的大批干部,在中央党校设中级班,由任弼时、陈云、邓发、王稼祥、彭真、叶剑英6人组成委员会筹划并起草具体培训计划。27日,出席中共中央书记处工作会议。会议决定:为了庆祝中美、中英分别签订《关于取消美国在华治外法权及处理有关问题之条约与换文》和《关于取消英国在华法权及其有关特权之条约与换文》,委托王稼祥为中央起草一决定,公开发布,另对党内发一指示;同意陈绍禹提出的赴苏联治病的要求,并电告共产国际征询意见。28日,出席中共中央政治局会议。会议通过由王稼祥起草的《中共中央关于庆祝中英中美间废除不平等条约的决定》,并决定举行庆祝活动。3月11日,中共中央书记处工作会议听取李富春关于医生对王稼祥、陈云会诊情形的通报,决定王稼祥、陈云因病休息三个月。20日,中共中央政治局会议通过《中共中央关于中央机构调整及精简的决定》。在中央政治局和书记处之下,设立宣传委员会和组织委员会,作为政治局和书记处的助理机关。王稼祥任宣传委员会副书记与组织委员会委员。宣传委员会负责统一管理中央宣传部、解放日报社(包括新华社、广播电台)、中央党校、文委、出版局的工作。春季,住处由杨家岭搬到枣园。毛泽东和中央其他领导人的住处也由杨家岭陆续搬到枣园。王稼祥的住处同毛泽东、陈云的住处在同一排窑洞,左右为邻。在病休期间,仍不间断地阅读文件、电报和各种报刊,有时毛泽东等领导人前来商谈问题。

王稼祥7月8日在延安《解放日报》头版发表《中国共产党与中国民族解放的道路——纪念中国共产党二十二周年与抗战六周年》。此文首次提出"毛泽东思想"的科学概念,指出:"中国民族解放整个过程中——过去现在和未来——的正确道路就是毛泽东同志的思想,就是毛泽东同志在其著作中与实践中所指出的道路。毛泽东思想就是中国的马克思列宁主义,中国的布尔什维主义,中国的共产主义。""中国共产党从诞生以后便积极的参加了中国民族解放斗争,二十二年如一日,其中参加了一九二五——一九二七年大革命、苏维埃运动与最近六年来的抗日战争。中国共产党便在这些反帝反封建的斗争中壮大起来。毛泽东思想也是在三大革命斗争中生长起来成熟起来的。""中国共产主义——毛泽东思想不仅在和中国民族解放的敌人的斗争中生长起来,并且是在和共产党内部错误思想的斗争中成熟起来的。""中国共产主义,毛泽东思想,便是马克思列宁主义与中国革命运动实际经验相结合的结果。"这篇文章,成为中国共产党历史的一篇重要文献,已编入《王稼祥选集》。7月11日,中共中央总学委关于在延安进行反对内战保卫边区的群众教育的通知中,把《解放日报》7月6日刊载的刘少奇《清算党内的孟什维主义思想》和7月8日刊载的王稼祥《中国共产党与中国民族解放的道路》,列为干部和群众学习的参考文件。在这之后,"毛泽东思想"这一概念逐渐为中共党内许多同志所接受和使用。(参见徐则浩《王稼祥年谱》,中央文献出版社2001年版)

吴玉章1月在新文字干部学校《SIN—GAN TUNGSIN》(新干通讯)第1期上发表《怎样利用提高文化的工具》。2月5日,出席延安各界庆祝废除不平等条约大会。8日,在《解放日报》发表《废除不平等条约四个要件》。14日,吴玉章写信给诗人艾青:"艾青同志:承蒙来信称誉,愧不敢当! 作新诗还是首次,但我觉得有韵比较好些,不但念起来顺口,而且有节拍韵律,可以唱,外国诗大部分也很有韵的。您上次寄我的《诗刊》,里面您的大作很少,或者简直没有,来函说这次所惠赐,非常高兴,专候拜读一开眼界。见报载你同文化人在最近要下乡,希望在您下乡之前能来我处一玩!"22日,出席中共中央文委会议,讨论戏剧运动方针问题。23日,在《解放日报》发表《在红军震动全世界的胜利中来纪念红军节》。3月1日,出席在延安的朝鲜友人纪念朝鲜"三一革命"14周年大会。同日,在《解放日报》发表《两面镜子》。16日,中共中央西北局常务会议作出《关于延大、自然科学院等精简问题的决议》。19日,在延安教育界纪念生活教育运动16周年会议上发表讲话。27日,出席中央文委召开的讨论戏剧方针问题的座谈会。会议确定边区和各抗日根据地戏剧工作方针是为抗战、生产和教育服务。4月初,中共中央西北局和陕甘宁边区政府决定:将鲁迅艺术文学院、自然科学院、民族学院、新文字干部学校并入延安大学,吴玉章任延安大学校长并兼鲁艺院长。

按:鲁迅艺术学文学院创办于1938年4月,历时五周年后,结束其独立建制,并入延安大学。延安大学是党中央1941年8月29日决定筹建的,并于1941年9月22日举行了开学典礼。它是由陕北公学(1937年7月创办于延安,校长成仿吾)、中国女子大学(1939年7月创办于延安,校长王明)、泽东青年干部学校(1940年2月成立于延安,校长陈云,副校长冯文彬)合并成立的一所培养革命干部的学校,校长吴玉章,副校长赵毅敏,校址在女大旧址。初设三院二系:社会科学院、教育学院、法学院及俄文系、英文系。学制较此前的延长了,教学也系统化了,它成为中国共产党创办的第一所正规大学。1943年4月,中央对延安的院校又做了整合,将民族学院、延安自然科学院、新文字干部学校、鲁迅艺术文学院并入延安大学,但保留了前三个学院的名称和相对独立性。鲁艺此时的院名改为"鲁迅文艺学院",内分文学系、美术系、戏剧音乐系三个系,院址仍在桥儿沟。1944年5月,延安行政学院也并入延安大学。周扬、李敷仁先后任校长,周扬兼鲁迅文艺学院院长。在鲁艺独立办学的五年间,先后在鲁艺担任教学、研究的文艺家达五六十人,共培养文学人才197名,戏剧人才179名,音乐人才162名,美术人才147名,合计685名。他们是战争年代党的各种文艺部门的骨干,并且成为新中国文艺事业的基本力量。

吴玉章5月以所撰自传并履历表呈送中共中央。7月1日,出席中共建党22周年纪念会和文艺晚会。2日,在《解放日报》等报刊发表《共产党改造了我的思想》。同日,发表《整风运动前后的学习笔记》一组。包括:康梁和维新派;始一终实;普通资本家与官僚资本家;培养人才;关于民主集中制;读《联共党史》结束语笔记;读斯大林谈党的布尔什维克化;共产党改造了我的思想。7月9日,在延安3万余民众"制止内战,保卫边区"大会上发表演说。同日,在《解放日报》发表《以民主政治来完成抗战建国的伟业》一文。10日,吴玉章致信艾青并寄还《大堰河》《他死在第二次》两书。8月2日,出席中央办公厅举行的欢迎周恩来等由重庆返回延安的大会。16日,出席学习报告会,听周恩来讲《中国的法西斯主义》。17日,出席学习报告会,听朱德讲《革命与反革命简史》。9月5日,在延安各界青年纪念国际青年节大会上发表演说。10月10日,中共中央决定党的高级干部重新学习和研究党的历史和路线是非问题,整风运动进入总结和提高阶段。11月1日,出席学习组大会,李国华报告在莫斯科情况和王明情况。6日,出席中央举行的十月革命26周年庆祝会。7日,出席延安各界群众庆祝苏联十月革命26周年大会。11日,出席学习组大会,陆定、王若飞发言。（参见刘文耀、杨世元《吴玉章年谱》，四川人民出版社1998年版；艾克恩编纂《延安文艺运动纪盛》，文化艺术出版社1987年版；孙国林编著，王佳钰、王增辉校订《延安文艺大事编年》，陕西师范大学出版总社2016年版）

　　康生接7月1日毛泽东信，要他在《防奸经验》第6期上登载以下几句话："防奸工作的两条路线。正确路线是：'首长负责，自己动手，领导骨干与广大群众相结合，一般号召与个别指导相结合，调查研究，分清是非轻重，争取失足者，培养干部，教育群众。'错误路线是：'逼，供，信。'我们应该执行正确路线，反对错误路线。"7月15日，康生在延安中央大礼堂举行的大会上作《抢救失足者》的报告，"抢救运动"开始。12月27日，毛泽东同康生致电中共中央华中局转新四军第一、第二、第三、第四师，山东分局，第五师，指出："反特务斗争必须坚持少捉少杀及少捉不杀方针，才能保证彻底肃清特务及虽有弄错及诬陷（可能有大部被弄错，可能有一部被诬陷）亦留有最后挽救之余地。""应通知下级对于证据确实的特务分子，一九四四年一年之内不许杀害一人，延安、陕甘宁边区及晋西北今年反特务运动中清出大批特务没有杀一人，故虽有许多被弄错的，被诬陷的，因党内错误被误认为特务的，仅有党派问题但未作坏事亦被认为特务的，均得在查过程中加以平反。此种经验，值得注意。"（参见中共中央文献研究室编撰、逄先知主编《毛泽东年谱（1893—1949）》，人民出版社、中央文献出版社1993年版）

　　何凯丰继续任中宣部副部长兼代部长。3月20日，何凯丰兼任中共中央宣传委员会委员。4月22日，毛泽东复何凯丰21日来信，指出："增加肃奸教育办法极好，请即令人编辑材料，在一周左右弄好，以便尽速付印。""《中国之命运》我已要陈伯达写一意见（数千字，征引原文），送政治局各人看，看后再考虑办法。"同日，毛泽东再复信何凯丰："从前你有几封信我还未回复，兹复于下：（一）小资产自由主义问题，今年五五来说，还不相宜，就全党来说，目前还是让自由主义暴露的时候，还不宜于就作总论。惟今年五五，中宣部或可发表一个一般整风学习的总结性的东西，以推动全党的整风，请加考虑。（二）生日决定不做。做生的太多了，会生出不良影响。目前是内外困难的时候，时机也不好。我的思想（马列）自觉没有成熟，还是学习时候，不是鼓吹时候；要鼓吹只宜以某些片断去鼓吹（例如整风文件中的几件），不宜当作体系去鼓吹，因我的体系还没有成熟。（三）高、中两级干部教育计划，依你昨日主张暂停为好，先做肃奸教育，配合此次肃奸工作，昨信已复。（四）中宣部今年业务集中于干部教育、国民教育、文艺运动三项，同意此种意见。惟译、著方面（译是马列，著是历史），须集几个人来干，期于有些成绩。以上请考虑。明日拟开一次宣委会议。"5月27日，中共中央书记处会议通过《中央关于一九四三年翻译工作的决定》。中央指定何凯丰、秦邦宪、张闻天、杨尚昆、师哲、许之桢、赵毅敏等组成翻译校阅委员会，由何凯丰负责组织这一工作的进行。（参见中共中央文献研究室编撰、逄先知主编《毛泽东年谱（1893—1949）》，人民出版社、中央文献出版社1993年版；中共中央文献研究室《刘少奇年谱》，中央文献出版社1996年版；艾克恩编纂《延安文艺运动纪盛》，文化艺术出版社1987年版）

　　徐特立继续任中央宣传部副部长。1月5日，出席延安科学界纪念牛顿诞生三百周年大会，并作题为《对牛顿应有的认识》的演讲，认为纪念牛顿"就要把他的东西拿来研究，批判地学习他的方法，把它变成自己的方法，以及在现时的条件下，在具体的环境里，应用它来产生、创造新的东西"。同时，强调在学习上要坚持毛泽东提出的"古今中外法"，具体地说，这种方法就是古代的也要，现在的也要，外国的也要，中国的也要；把古代的变为自己的和现代的结合起来，把外国的变为自己的和中国的结合起来，这样看问题才是马列主义的方法。2 月 4 日,在《解放日报》发表《中英美新约的前因后果》一文,分析在抗日战争第六个年头中,中国废除自鸦片战争以来与西方各帝国主义国家签订的不平等条约的重大意义,认为依靠建立抗日民族统一战线和积极的国际外交政策,是巩固战后国际新秩序的重要条件。3 月,在手稿《关于心理学的讲话》中,从"人类认识的起源"和"心理学研究的学派系"两个方面,探讨心理学问题。是年,在整风运动扩大化的大气候下,中共中央西北局派陈柏村进驻延安自然科学院,很多师生受到怀疑和批判,不少人被列入"抢救"对象。徐特立了解情况后,多次仗义执言,极力保护蒙受冤屈的师生。(参见《徐特立年谱》编纂委员会编《徐特立年谱》,人民出版社 2017 年版)

博古继续任《解放日报》社社长,陆定一任《解放日报》总编辑。1 月 1 日,《解放日报》发表新年献词。指出:"一九四三年是我国更加接近胜利的一年,但同时也将是我国遭遇到空前困难的一年。""我们热烈地希望,一九四三年将是全国更趋团结,克服困难,争取胜利的一年。"2 月 4 日,为农历春节,《解放日报》连续五天在"庆祝废除不平等条约特刊"专栏中发表文章和作品。其中文艺界有:安波词、吕骥曲《庆祝废除不平等条约》,周扬《中苏英美文化交流》,萧三《破旧立新赞》,艾青《中国人民的歌——为庆祝中美、中英新约而作》,金灿然《从废约想到汪逆》,艾思奇《人民的成功》。面对 3 月 10 日蒋介石《中国之命运》出版之后国民党围绕在文化思想领域的进攻,中国共产党组织马克思主义理论工作者,迅速发起反击和批判。14 日,《解放日报》发表社论《抗战与民主不可分离——祝第二届联合国日》,指出:"这些人所提倡的中国式的法西斯主义,以'中国文化至上'来代替希特勒的'雅利安种族至上'。对中国以外的民族,重唱汪逆精卫的'以中国文化融化外族'的胡说。对中国国内,重唱希特勒的'全民政治''全民经济''全民战争'和'盲从领袖'的滥调。这个中国式的法西斯主义,完完全全像希特勒主义一样,公开反对共产主义和自由主义。……中国法西斯主义者之所谓'继承民族传统,排斥外来思想',实际上就是继承中外文化中的一切丑恶方面的大成,排斥中外文化中的一切优良成分。这就是现在中国的大地主大资产阶级反动的政治代表们所提倡的中国式的法西斯主义之内容。"3 月 20 日,中共中央政治局会议通过《中共中央关于中央机构调整及精简的决定》,决定在中央政治局和书记处之下,设立中央宣传委员会,由毛泽东、王稼祥、何凯丰、博古组成,毛泽东任书记,王稼祥任副书记。4 月 25 日,《解放日报》发表社论《从春节宣传看文艺的新方向》,指出:去年五月党中央召集文艺座谈会后,文艺界开始向新的方向转变。经过反省、讨论,他们在思想上、行动上的步调渐渐归于一致。许多脱离实际、脱离群众的小资产阶级自由主义的倾向逐渐受到清算,而毛泽东所指出的为工农大众服务的方向,成为众所归趋的道路。尤其今年春节前后的许多宣传活动,可以说是对新的文艺运动发展成绩的一个检阅。这证明了我们的文艺工作已经取得第一步的成功,在文学、音乐、美术、戏剧、舞蹈等方面都出现了新面目。

博古 5 月 5 日根据中共中央的部署,于《解放日报》刊出《中国思想界现在的中心任务》一文,指出:"中国现在思想界的中心任务,就是从思想上彻底打垮和消灭法西斯主义。"7 月 2 日,《解放日报》在"七一——中共二十二周年,七七——抗战六周年纪念特刊"里连续 8 天发表系列文章:林伯渠《举起马列主义的旗帜前进》,邓小平《太行区的经济建设》,吴玉章《共产党改造了我的思想》和《以民主政治来完成抗战建国的伟业》,彭德怀《我怎样坚持华北六年的抗战》,薄一波《太岳区抗日根据地是怎样坚持的》,聂荣臻《敌后六年之一得》,陈毅《新四军在华中》,续范亭《抗战六周年七七感言》,刘伯承《敌后抗战的技术问题》,徐向前

《克服困难迎接胜利》,李鼎铭《纪念"七七"》,贺龙《加强团结,准备反攻》,朱德《"七一"志感》《我们有办法坚持到胜利——为抗战六周年纪念而作》,其中王稼祥的《中国共产党与中国民族解放的道路》,第一次提出和使用"毛泽东思想"的概念。7月13日,《解放日报》发表《在毛泽东的旗帜下,为保卫中国共产党而战!》。同日,刘少奇在延安召集艾思奇、范文澜、吕振羽等理论干部开会,要求这些学者撰写一批文章,反击蒋介石发动的第三次反共高潮。文章交稿后,在刘少奇主持下讨论修改,最后由中共中央审查定稿。18日,《解放日报》发表题为《再接再厉,消灭内战危险》的社论,社论中不点名地批评蒋介石的《中国之命运》一书。社论说:"今年三月,大后方出版了一本中国法西斯主义的'经典'。""这本'经典'的中心思想,一句话说完,就是要在两年内解决中国共产党,以便实行法西斯主义。"19日,毛泽东就陈伯达写的《评〈中国之命运〉》一文致信秦邦宪、陆定一:"陈伯达文章看过改过,送上请阅,请在今日或明日发表,以约5000字登在社论地位,其余接登第四版,一天登完。以两天或三天广播之,并请广播两次。另印一小册子,亦请在日内印出,印15000份""以此作一次大宣传。印时请定一亲校一次,使无错字。"7月21日,《解放日报》用三个版的篇幅刊登陈伯达的文章《评〈中国之命运〉》。同日,毛泽东为中共中央宣传部起草致各中央局、中央分局并转各区党委的《关于广泛印发〈评《中国之命运》〉的通知》。在《解放日报》上发表了12篇社论,批判《中国之命运》,呼吁停止内战,挽救危亡。由此在延安文化界掀起批判蒋介石的《中国之命运》一书的高潮。

按:《解放日报》刊出的重要的文章有:陈伯达《评〈中国之命运〉》(7月21日),范文澜《谁革命? 革谁的命?》(8月1日),吕振羽《国共两党和中国之命运》(8月7日),齐燕铭《驳蒋介石的文化观》(8月9日),何思敬《驳蒋介石的法律观》(8月10日),艾思奇《中国之命运——极端唯心论的愚民哲学》(8月11日),续范亭的《感言》(8月16日),焕南的《新"圣谕广训"》(8月21日),默涵的《谁是中国人》(8月21日)、萧三《向国民党紧急动议两件事——为了国家民族、为了青年后代》(9月8日),杨绍萱《中国法西斯之命运》(9月13日),姚仲明《事实胜于雄辩》(9月15日)。《解放日报》还相继发表系列艺术作品声讨《中国之命运》。7月22日,《解放日报》发表安敏的诗歌《对照》,张望的木刻,何干之的杂文《命运二种》。23日《解放日报》发表华君武的漫画。此后,李又然发表《树叶》,通过蒋管区"人民吃树叶"的惨状与边区幸福生活对比,鞭挞国民党反人民的本质。张谔在《解放日报》刊登漫画《墨索里尼"荣膺"第一名》,讽刺德、意、日、蒋向末日"终点"赛跑。8月3日,陈学昭赋诗《边区是我们的家》。此外,黄既、张谔、彦涵、华君武等文艺家,都用作品表达了对《中国之命运》的声讨。

按:刘维生、刘旺《试论1943年国共两党在思想文化领域的论战——以〈中央日报〉和〈解放日报〉为中心》(《衡水学院学报》2009年第5期)总结《解放日报》对《中央日报》的反击集中体现在:首先,对国民党推崇传统道德文化进行批判,指出"民族的、科学的、大众的新文化,就是新民主主义的文化,也就是新三民主义的文化",才是中国的需要。其次,批判国民党集团宣传的政治思想,指出中国的政治方向是自由民主的新民主主义共和国。最后,只有共产党才是真正革命的,才是中国之命运的决定者。"只有不敢正视客观实在的人,才敢闭门自造两套孤立的计划,一套叫做以反共为中心的'革命'计划,一套叫做以饭碗为香饵的'建国'计划。谁都知道反共反民主,国将不国,还有什么建? ……所以事情很显然,只有共产党已经实践的团结抗战民主建设才是革命建国的正确道路,也只有共产党才是领导真正革命建国的伟大政党。""这场由国民党挑起,共产党进行反击的思想文化论战实质是一场'政治宣传战'。争论的核心问题是,中国应该选择什么道路,也就是革命建国的指导思想问题。国民党坚持'一个党,一个主义,一个领袖'的方针,推行权威主义,宣传文化一元论。而中国共产党根据新民主主义革命的纲领,从理论、思想文化上对其进行了批判,提出建立新民主主义文化。中国共产党在宣传中积极阐述'为人民服务'的宗旨,并在实际操作中将观念形态的东西转变为现实(例如农村的减租减息和土地改革),相反国民党当局却只注重于道德说教,强调'诚'于党国,而现实中的国民党政府又在政治上日益专制、军事上版将送出、经济上通货膨胀日益严重,人们生活每况愈下。这使得人们对国民政府的失望情绪日益增长,同时宪政运动在全国范围内再次兴起,这与共产党的舆论宣传互为声势,给国民党带来了极大的挑战。9月国民党在重庆召开五届十一中全会,蒋介石在会上表示'战争结束后一年内召集国民大会''期待中共实践诺言,用政治方法解决此一政治问题',并在10月恢复与中共的谈判。于是这场论战,以国共双方同意用谈判的方式来解决争端、维护两党的继续合作而结束。"

博古接毛泽东9月11日信,请他在《解放日报》转载罗果夫在《战争与工人阶级》杂志上发表的批评国民党政府的文章,并配发一小注,其中指出"罗果夫此文曾被美国及英国报纸广泛登载,引起世界人士的注意,在重庆亦曾博得中国真正爱国人士的广大欢迎,实为我六年抗战中苏联人士第一次对于中国政府有系统的批评。此种批评,与中国共产党及中国一切真正爱国人士的见解完全一致,但望国民党当局对于国际国内的公正舆论,勿加漠视,认真纠正自己的错误,抗战前途,庶有裨益"。10月19日,《解放日报》发表毛泽东1942年5月《在延安文艺座谈会上的讲话》。11月中,博古、李维汉、张闻天、周恩来先后均在政治局会议上作检查。是年,博古所撰写的专论《在毛泽东的旗帜下,为保卫中国共产党而战》第一次提出了"毛泽东旗帜"。12月12日,中央印刷厂俱乐部举行落成典礼。博古、陆定一和《解放日报》、新华社、出版局全体人员参加了典礼晚会。《解放日报》总编辑陆定一讲话,祝贺"自己动手"的新成果。(参见中共中央文献研究室编撰、逄先知主编《毛泽东年谱(1893—1949)》,人民出版社、中央文献出版社1993年版;张培森主编《张闻天年谱》,中共党史出版社2000版;艾克恩编纂《延安文艺运动纪盛》,文化艺术出版社1987年版;孙国林编著,王佳钰、王增辉校订《延安文艺大事编年》,陕西师范大学出版总社2016年版;刘会军、杨宇辰《1943年中国思想文化领域的一场论战》,《长白学刊》2006年第2期;吴永贵《民国图书出版史编年:1912—1949》,社会科学文献出版社2018年版)

陈伯达任中央政治研究室主任。7月21日,陈伯达在《解放日报》发表重头批判文章《评〈中国之命运〉》。此文根据毛泽东的意见撰写,题为《评蒋介石先生的〈中国之命运〉》,原拟作为《解放日报》社论发表。毛泽东审阅全文后,改标题为《评〈中国之命运〉》,并改署陈伯达个人署名。文中序言指出:"中国国民党总裁蒋介石先生所著的《中国之命运》还未出版的时候,重庆官方刊物即传出一个消息:该书是由陶希圣担任校对的。许多人都觉得奇怪:蒋先生既是国民党的总裁,为什么要让自己的作品,交给一个曾经参加过南京汉奸群、素日鼓吹法西斯、反对同盟国、而直到今天在思想上仍和汪精卫千丝万缕地纠合在一起的臭名远著的陶希圣去校对呢?难道国民党中真的如此无人吗?《中国之命运》出版后,陶希圣又写了一篇歌颂此书的文章,《中央周刊》把它登在第一篇,这又使得许多人奇怪:为什么《中央周刊》这样器重陶希圣的文章?难道蒋先生的作品非要借重陶希圣的文章去传布不成?总之,所有这些,都是很奇怪的事,因此,引起人们的惊奇,也就是人之常情了。《中国之命丛》既是以蒋介石先生的名义出版的,就因蒋先生的关系,引起了人们的注意。当此抗战处在重要关头的时候,大家想蒋先生在这个时候出版这本东西,应该是对于如何准备对敌反攻、配合盟国作战、争取抗战最后胜利的重大问题,有所指陈。因为尽人皆知:今日决定中国之命运的,是抗战,而不是其他。似大家读到《中国之命运》后却不免大失所望,原因是那书中所提出的问题,和人们所期望的都相反,而且关于抗战问题,在全书二一三页当中,只占了十二页半。全书的中的中心是谈内政问题。一言蔽之,反对自由主义与共产主义,实际上主张买办的封建的法西斯主义或新专制主义(虽然形式上仍戴着'三民主义'的帽子），因此使人们大失所望！"然后就中华民族、中国历史等不同层面展开驳论，指出：血统论是德意法西斯作为侵略全世界的工具，中国是多民族的国家，而不是一个血统的大小宗支，而工人农民是这个民族的主体。"中国历来和自然界战斗，和黑暗制度战斗，和侵略者战斗的主要力量，是中国劳苦民众，民众是中国历史的主要动力。"是否"切于中国的国计民生""必须以民族利益、民众利益为考验，除此以外一切就都是诡辩"。作者批判蒋介石的《中国之命运》被定为大后方青年的必读"圣经"，这种假造历史、曲解历史的东西，强迫灌输给青年"居心何忍"？同时呼吁团结抗日，建设以民主为主人公的新民主主义的新中国。

陈伯达7月21日发表《评〈中国之命运〉》之当日，毛泽东为中共中央宣传部起草致各中央局、中央分局并转各区党委的《关于广泛印发〈评《中国之命运》〉的通知》，全文如下："陈伯达同志《评〈中国之命运〉》一文，本日在《解放日报》上发表，并广播两次。各地收到后，除在当地报纸上发表外，应即印成小册子（校对勿错），使党政军民干部一切能读者每人得一本（陕甘宁边区印一万七千本），并公开发卖。一切干部均须细读，加以讨论。一切学校定为必修之教本。南方局应设法在重庆、桂林等地密印密发。华中局应在上海密印密发。其他各根据地应散发到沦陷区人民中去。一切地方应注意散发到国民党军队中去。应乘此机会作一次对党内党外的广大宣传，切勿放过此种机会。"同日，毛泽东在致重庆董必武的电报中，指出："本日公布陈伯达驳斥蒋著《中国之命运》一书，以便在中国人民面前从思想上理论上揭露蒋之封建的买办的中国法西斯体系，并巩固我党自己和影响美英各国，各小党派，各地方乃至文化界各方面。"（参见中共中央文献研究室编撰、逄先知主编《毛泽东年谱（1893—1949）》，人民出版社、中央文献出版社1993年版；王学典《20世纪史学编年（1900—1949）》，商务印书馆2014年版；刘会军、杨宇辰《1943年中国思想文化领域的一场论战》，《长白学刊》2006年第2期）

吕振羽1月1日在党中央庆祝新年并欢迎刘少奇晚会上，与江明一起见到毛泽东、朱德、张闻天、陈云、任弼时、王若飞、李富春等中央领导，当晚赋诗志念。2日，受到毛泽东接见，他询问了《中国政治思想史》的写作等情况。此后中央任吕振羽为刘少奇学习秘书（直至1945年）。开始住马列学院，后住中央党校校部，与王学文、何思敬、白天同住。参加整风运动，入中央党校一部学习，与朱瑞等同支部（朱为书记）。以后在中央马列主义研究院任特别研究员，从事理论研究。3月21日，完成《中国政治思想史》修订，并撰写《增订版序》。4月17日，吕振羽在《解放日报》"历史常识"专栏开始发表9个专题的历史常识系列讲话。第一个专题是《中华民族人种的由来》，9个专题连载至12月28日。这些文章叙述了从原始社会到两晋南北朝时期的中国历史。18日，《在原始公社制前期我们祖先是怎样生活的？》刊于延安《解放日报》。5月，《原始公社后期我们祖先是怎样生活的》连载于10—11日《解放日报》。6月，《商朝奴隶制国家》连载于21、23日《解放日报》。7月13日，参加刘少奇主持召开的延安理论干部会议，讨论并分头撰写批判蒋介石著《中国之命运》文章，反击蒋介石发动的第三次"反共"高潮。15日，《西周时期封建制度的成立》刊于《解放日报》。

吕振羽8月7日在《解放日报》以"专论"发表《国共两党和中国之命运——驳蒋著〈中国之命运〉》，此文曾经毛泽东阅后修改。文中批判《中国之命运》的"中式法西斯主义"缘于它是土产的封建专制主义和"舶来"的法西斯主义杂交的产物。所以它的半个身子是封建主义，另半个身子是法西斯主义。文章又着重指出：中国共产党"从它成立的那天起，就肩负起民族解放和社会解放的历史任务"，它"总是和人民在一起，总是领导人民和帝国主义封建势力作坚决的斗争，不论在任何时候，都是中国民族民主革命的'中流砥柱'""中国之命运的光明面，是寄托在中国共产党身上的，凡是与中国共产党合作的人，就与它共同负起了争取中国光明前途的任务；而在一切反共分子身上，如果也寄托什么'中国命运'的话，就只寄托了黑暗腐败的灭亡的命运"。19日，吕振羽《初期封建制的发展——春秋时期》刊于《解放日报》。而《由初期封建制至专制主义封建制的转换——战国时期》刊于22日《解放日报》。10月1、2、4日，《进入专制主义封建制的秦汉时代》连载于《解放日报》。11月23日，《封建专制国家的分裂——三国时期》刊于《解放日报》。11月25、12月27—28日，《由封建专制国家的恢复统一到外族侵略——两晋南北朝》连载于《解放日报》。(参见《吕振羽全集》第10卷附录《吕振羽生平年谱》，人民出版社2014年版；刘会军、杨宇辰《1943年中国思想文化领域的一场论战》，《长白学刊》2006年第2期)

范文澜继续任中央研究院副院长兼历史研究室主任。5月，范文澜继续撰写《中国通史简编》下册。延安中央研究院改组为中共中央党校三部，中国历史研究室成员随即被纳入了各类行政组织之内，只有范文澜、叶蠖生留中宣部历史组，范文澜调中宣部后，继续撰写《中国通史简编》下册，即近代史部分。7月10日，范文澜在《解放日报》发表整版文章《斥所谓"中国文化的统一性"》，抨击国民党抽象空洞的侈谈中国文化的统一性，指出文化是为一定政治服务的。目前文化的紧急任务，是如何发扬民族气节，团结抗战。文中针对《中国之命运》提倡的传统道德文化，从历史唯物主义出发，论述了文化是社会政治经济的反映，社会历史的不断发展变化导致文化的不断发展变化，提出应该"发扬光大""新鲜的发展的文化""批判否定""腐朽的衰亡的文化"。当前"在文化问题上的紧急任务，是如何发扬民族气节，鼓励民族道德，如何团结各党各派各阶层进行民主政治，如何挽救私欲横流、罔识大义们的将死或已死之心，如何痛斥日寇、汪精卫及一切不肖之徒的谎言谬论、阴谋诡计"。8月1日，范文澜发表长篇政论文章《谁革命？革谁的命？》，详尽批判蒋介石的《中国之命运》一书。(参见艾克恩编纂《延安文艺运动纪盛》，文化艺术出版社1987年版；刘会军、杨宇辰《1943年中国思想文化领域的一场论战》，《长白学刊》2006年第2期；王学典《20世纪史学编年(1900—1949)》，商务印书馆2014年版)

尹达《从考古学上所见到的中国原始社会》5月由作者出版社出版。此书简称《中国原始社会》。后来该书一部分修订为《中国新石器时代》，于1955年出版；1979年再版时，书名改为《新石器时代》。全书分三部分，即第一编"从考古学上所见到的中国原始社会"，第二编"从古代传说中所见到的中国原始社会"和第三编"补编"。第一编占全书的四分之三，是主体部分。本书以马克思主义理论和方法为指导，叙述了从中国猿人以迄殷末社会漫长历史，考察了原始社会各阶段的社会结构及其发生、发展和逐渐崩溃的过程。作者充分运用考古资料，并结合近世出土的甲骨文、古代文献以及神话传说，荟萃了从旧石器时代考古至殷墟发掘几乎所有有价值的材料。侯外庐称尹达是"中国原始社会史研究的开拓者之一"。(参见王学典《20世纪史学编年(1900—1949)》，商务印书馆2014年版)

齐燕铭时任中共中央党校教务处文教科科长。8月9日，在《解放日报》撰文《驳蒋介石的文化观》，指出："从中国的古代史到中国的近代史，曾经有过无数为民族争生存、坚持反抗异族侵略的民族英雄，有过无数为历史求进步、为人民争自由而进行反专制压迫斗争的革命者，有过无数在学术理论战线上进行反对独裁、压迫、黑暗、愚昧、迷信的思想家，有过无数在科学技术上贡献了增进人类幸福的发明家……这一切都是中国文化的优良传统，一定要发扬。相反的,另一方面也有不少的暴君奸臣卖国贼特务走狗之流……他们是中国文化的黑暗面,中华民族正是由于有了这群败类,曾无数次的陷于危亡灾难和痛苦。我们对于这种文化的恶劣传统,一定要予以打击消灭,使之永远不得翻身。"《中国之命运》所提倡的封建文化、封建的社会组织,实质上是"改装了的法西斯主义"。作者强调"为了中国的命运,为了民族的前途,我们坚决反对这种以中国固有文化伪装了的中国法西斯主义文化;我们并号召全国人民反对这种中国法西斯主义的文化"。(参见艾克恩编纂《延安文艺运动纪盛》,文化艺术出版社1987年版;刘会军、杨宇辰《1943年中国思想文化领域的一场论战》,《长白学刊》2006年第2期)

艾思奇1月出席中共中央政治局会议,会议讨论了关于《解放日报》改版问题,决定调艾思奇到《解放日报》任副刊部主任。2月,艾思奇到任后,经深入调查了解,召开了副刊部编辑会议,讨论了如何加强和改进副刊的问题,并把林默涵、温济泽、黎辛等调到副刊部,加强了编辑力量,为改变《解放日报》副刊面貌,作了大量工作。4月,发表为《解放日报》撰写的社论:《从春节宣传看文艺的新方向》。7月,康生发动所谓"抢救失足者"运动,大搞"逼供信",把大批同志打成"特务""反革命"。副刊部坚持实事求是,未挖出一个"敌人",艾思奇因此被认为"思想右倾",多次受到围攻,并被撤销了"学委"的职务,受审查,身心遭到了伤害。8月11日,为反击国民党第三次反共高潮,批判蒋介石抛出的《中国之命运》,艾思奇在《解放日报》头版上发表长篇文章《〈中国之命运〉——极端唯心论的愚民哲学》一文,揭露了蒋介石集团反共反人民的封建买办性的法西斯主义的真面目,成为当时干部必读的文章。作者主要从哲学的角度批判了"知难行易"和"诚"的哲学。《中国之命运》的"政治见解和哲学思想,是以'国父'主义的名义为标榜的,这就是说,作者自认为是继承了孙中山先生真正的三民主义和'知难行易'的思想""事实上是很可惜,在《中国之命运》里并没有真正的三民主义和知难行易的思想,而只是关于这些思想的一些空洞的名词,以及这些名词装饰下的中国式的买办封建性的法西斯主义政治学,和反对科学唯物主义,提倡迷信盲从的,法西斯主义的唯心论哲学"。能否成功,在于"有没有可以成功的客观条件。没有一定的客观条件,即是抱着天大的信心去做,也不过是唐吉诃德对风车的斗争,无结果的盲目冒险""终归是要失败的"。(参见《艾思奇全书》第8卷附录《艾思奇生平年谱》,人民出版社2006年版;艾克恩编纂《延安文艺运动纪盛》,文化艺术出版社1987年版;刘会军、杨宇辰《1943年中国思想文化领域的一场论战》,《长白学刊》2006年第2期)

何干之继续任晋察冀文委。1月,当选为晋察冀边区参议会参议员。6月28日,边区文化界整风委员会成立,何干之与成仿吾、沙可夫、邓拓、田间等为委员。何干之被调回延安后,任延安大学社会科学院院长,参加整风运动。配合整风运动,他撰写了《文艺上的主观主义》和《新八股的始终》等评论文章。7月22日,在《解放日报》发表《命运二种》,指出面前只有两条路:"一是为内战为法西斯主义而死亡,二是为抗日为新民主主义即新三民主义而生存。"旨在反击蒋介石的《中国之命运》,揭露批判国民党顽固派的假三民主义真法西斯主义。(参见刘炼《何干之传略》,《晋阳学刊》1981年第4期;艾克恩编纂《延安文艺运动纪盛》,文化艺术出版社1987年版;孙国林编著,王佳钰、王增辉校订《延安文艺大事编年》,陕西师范大学出版总社2016年版;张傲卉、宋彬玉《成仿吾年谱》,《东北师大学报》1985年第5期)

姚仲明在9月15日《解放日报》撰文《事实胜于雄辩》,说蒋介石在《中国之命运》上说:"如果今日的中国,没有中国国民党,那就是没有了中国。"这话荒唐谬误,强词夺理。华北民谣讲:共产党八路军,活菩萨救命人。再晚几天不到,老老少少上了阎王庙!"恨"八路,爱八路，八路走了想八路。"盼"中央，望中央，中央来了更遭殃。（参见艾克恩编纂《延安文艺运动纪盛》，文化艺术出版社 1987 年版；孙国林编著，王佳钰、王增辉校订《延安文艺大事编年》，陕西师范大学出版总社 2016 年版）

萧三 4 月 11 日在《解放日报》发表《可喜的转变》，总结自延安文艺座谈会以来文艺界的转变。指出：面向工农兵大众，为工农兵服务，与工农兵结合——是我们文艺之唯一的出路与发展前途。而大胆、广泛吸收民间艺术，拿来加以精制、改造、提高，又放还到民间大众去……应该这样干一辈子。这方面成绩很大，如戏剧方面有荒煤的《我们的指挥部》、姚时晓的《民兵》、舒非的《军民之间》、鲁艺戏剧部的《反扫荡》、鲁艺的《刘家父子》《贵娃》《流动医疗队》等，都是反映现实的，受群众欢迎的。音乐方面有鲁艺音乐部的《好日子》（大合唱）、《七月里在边区》（民歌合唱）、《抗战五年进行曲》《毛泽东同志进行曲》《追悼左权同志》等，多采用民族民间音调。小说方面有孔厥的《苦人儿》《父子俩》，都试用民间形式和民众语言。文艺活动方面，有"街头诗""街头小说""街头画报""街头音乐""街头朗诵"，很活跃，把艺术从窑洞里搬到街头上来了。春节秧歌内容新形式新，特别是鲁艺秧歌队的表演，个个高兴，人人拍手。安波、张鲁等对民歌素有研究，运用自如；青年诗人贺敬之在写歌词上也很努力。王大化、李波的打花鼓和合演《兄妹开荒》，尤为众口称赞。青艺演的生产大合唱、生产舞、红军节火把舞，西北文工团演的《红军万岁》等，都在艺术大众化方面迈进了一步。

萧三 9 月 8 日在《解放日报》发表《向国民党紧急动议两件事——为了国家民族、为了青年后代》，指出：一是收回荒唐的《中国之命运》，一是取消万恶的特务政治。10 月，中共中央书记处和毛泽东由杨家岭迁往枣园。萧三前往与毛泽东叙谈时说：解散"左联"的信，是他在苏联时王明逼他写给上海党组织的。另一位中共驻国际代表康生和他长谈，给了他"理论基础"之后，他才写的。毛泽东听了后，惊讶地说："啊！还是你写的信呀！那就是和要解散共产党差不多……那就是要和中联、右联一起搞喽！"毛泽东停了一下又说："反帝而没有无产阶级领导，那就反帝也不会有了。"这是毛泽东又一次关注和谈论左联问题。（参见高陶《天涯萍踪——记萧三》，中国青年出版社 1991 年版；艾克恩编纂《延安文艺运动纪盛》，文化艺术出版社 1987 年版；孙国林编著，王佳钰、王增辉校订《延安文艺大事编年》，陕西师范大学出版总社 2016 年版）

胡乔木时任毛泽东秘书，兼任中央宣传委员会秘书，受命对毛泽东《讲话》记录稿进行初步整理。他根据速记稿、自己的笔记和毛泽东的提纲，调整一些前后顺序，修正文字方面明显的不妥。毛泽东对整理稿很满意，自己又多次修改，由胡乔木用钢笔在有光纸稿纸上誊清。字很清秀，清清楚楚，很方便报社排字。约在 10 月 16 日，毛泽东派人将改定的《讲话》稿送给《解放日报》社副刊部主任艾思奇。毛泽东说，早点把稿子送来，是为了让报社打出清样，再送给他看。为了赶时间，博古、艾思奇等将稿子直接送印刷车间加班排字。10 月 17 日排出了清样。稿子很长，占了对开报纸的一版、四版两个整版和第二版三分之一的版面才排完。负责编发《讲话》的编辑林默涵、黎辛立即校对，之后即送毛泽东审定。他在清样上删掉共约六百字，又加了共约六百字，当天就送回报社。他修改的地方清清楚楚，字数增减相抵，报社很方便改版。黎辛说：清样两万零三百多字，删掉六百字容易，你再加上六百字，这里加一个字，那里加几个字，最后加的字正好是六百字，这就不容易了。10 月 18 日，《讲话》稿修改排定，又送毛泽东签发。他只用了一天的时间就看完送回，可见他很重视这篇稿子，校稿速度很快。毛泽东决定 10 月 19 日全文发表《讲话》。此时已经是文艺座谈会结束后的一年四个月又二十六天了。

　　按：胡乔木说："整理的时候主要是调整下文字顺序，使之更有条理。毛主席对整理稿表示满意。"但稿子整理后并没有立即发表，其原因，"一是他要对稿子反复推敲、修改，而他当时能够抽出的时间实在太少了；二是要等发表的机会。"经过整理的《讲话》，更精炼、更准确，更有严密的逻辑性，因而是理论的升华。但是，与记录稿相比，却少了许多风趣性，毛泽东一贯的幽默风格没有了。例如，毛泽东在结论开头说："座谈会开了三次，开得很好。可惜座位太少了，使一些同志站着听会。下次要多做几把椅子，让同志们坐；我对文艺是门外汉，向同志们学习了很多。前两次会是我出题目，大家做文章。今天要我做'结论'，是你们出题目，要我来做文章，考我一考；这个'结论'不好做啊！其实，朱总司令已经做了结论(指朱德5月23日下午在座谈会上的讲话)，中央的意见是一致的，有些问题我再讲讲。"这些话整理后删去了。原有的：我们有两支军队，一支是朱总司令的，一支是鲁总司令的。这种风趣的说法，不但形象生动，而且表明了他对中国新文化主将鲁迅的一种崇高评价。整理后变为"手里拿枪的军队"和"文化的军队"。原有的：批判地继承中外文艺遗产，就是用"古今中外法"，屁股坐在中国的现在，一手伸向古代，一手伸向外国。这个观点，毛泽东在1942年3月30日，中央学习组会议上谈学习党史时就讲过。整理后变为：我们不拒绝继承古人和外国的文艺遗产，但只能作为借鉴，不能代替自己的创造。在讲文艺的暴露对象"只能是侵略者、剥削者及其在人民群众中所遗留的恶劣影响"时，毛泽东进一步说：人民群众的缺点，落后现象，这应该挂在谁的账上呢？这不应该挂在群众的账上，应当挂在剥削阶级的账上。发表时，这几句话删掉了。柯仲平在会上发言时说："我们演'小放牛'，你们看不起，群众很却喜欢，送来很多鸡蛋、花生。我们一路走，一路吃，路上都是鸡蛋壳、花生皮。你要找我们民众剧团，不用打问，顺着鸡蛋皮就能找到。"毛泽东听了说"你们不能老是演《小放牛》，还要提高，不然就没有鸡蛋吃了。"整理后变为：普及工作不能总是一样的货色，一样的"小放牛"，这种普及工作还有什么意义呢？人民要求普及，跟着也就要求提高。

　　胡乔木与王首道9月29日应周恩来约研究对重庆广播问题。10月5日，中共中央书记处会议通过关于党史学习的名单和分组，并决定：总学委以毛泽东为主任，刘少奇、康生为副主任，胡乔木为秘书。12月20日，毛泽东同志给秘书胡乔木一信："请你就延安能找到的唯物史观社会发展史，不论是翻译的，写作的，搜集若干种给我。我听说有个什么苏联作家写了一本猴子变人的小说(指苏联科普文学作家伊林和他的夫人谢加尔合著的《人怎样变成巨人》一书)，我曾看过的一本赖也夫的社会学(指赖也夫斯基著的《唯物的社会学》一书)，张伯简也翻过(或是他写的)一本《社会进化简史》，诸如此类，均请收集。"(参见中共中央文献研究室编撰、逢先知主编《毛泽东年谱(1893—1949)》，人民出版社、中央文献出版社1993年版；孙国林《毛泽东〈讲话〉的整理、修改和公开发表秘闻》，《湘潮》2013年第12期；艾克恩编纂《延安文艺运动纪盛》，文化艺术出版社1987年版；孙国林编著，王佳钰、王增辉校订《延安文艺大事编年》，陕西师范大学出版总社2016年版)

　　周扬时任中共中央文委主任。3月10日，中央文委与中央组织部联合召开党的文艺工作者会议，动员下乡。延安文艺座谈会后，许多文艺家精神振奋，都表示响应党的号召，走出窑洞，到部队，进工厂，下农村，实践为工农兵服务的新文艺方向。但中央决定，文艺家们暂缓下去，留在延安参加整风学习，提高思想觉悟。2月，延安整顿三风学习基本结束。经毛泽东批准并要中共中央华中局书记刘少奇参加，中央文委和中央组织部联合，于3月10日召开有50余人参加的党的文艺工作者会议，使即将参加实际工作的党员作家充分了解党的文艺政策，实现毛主席《在延安文艺座谈会上的讲话》所指示的新方向。会址与延安文艺座谈会相同，仍是杨家岭中央办公厅楼下会议室，这是有意安排的，以表示与那次会议的衔接。会议在上午10时开始，开了一天。周扬主持会议，并代表中央文委宣布开会的目的。中宣部代理部长凯丰和中央组织部部长陈云详细说明了作家到群众中去的重大意义和几个在认识上彻底转变的根本问题,提出为工农兵服务,必须"深入群众,改造自己"。陈云讲话指出:"一部分文艺工作同志从旧社会带来两个重要弱点——自视特殊和自大自满。"中共中央华中局书记刘少奇同志批评了党内一部分知识分子"口头上唯物,行动上唯心"的倾向。延安《解放日报》社社长博古(秦邦宪)和西北局宣传部长李卓然相继讲话。博古说明了速写报告一类作品在文艺上和政治上的重要性,要求到会同志都做党报的通讯员。李卓然代表边区致欢迎之意,希望到边区工作的同志能与当地干部互相学习,互相帮助。

　　按:3月13日,《解放日报》在第一版用四分之三的版面,报道了这次重要会议,总标题是"中央文委召开党的文艺工作者会议,凯丰、陈云、刘少奇等同志讲话,指示到群众中去应有的认识"。下面分五个小标题:"实现文艺运动的新方向"是这次会议的消息。说这次会,对于实现毛泽东指示的新方向,有决定的意义。"毛泽东同志指示文艺应为工农兵服务"概括介绍毛泽东《讲话》中"文艺为什么人"的内容。"到前方到农村成为群众的一分子"介绍凯丰讲话的要点。"反对自视特殊和自高自大"介绍陈云讲话的要点。"从改造实际中长期学习"介绍刘少奇、博古、李卓然的讲话要点。3月28日,《解放日报》全文发表了凯丰的讲话《关于文艺工作者下乡的问题》,3月29日,全文发表了陈云的讲话《关于党的文艺工作者的两个倾向的问题》。此时,文艺工作者精神振奋,意气风发,掀起了到生活中去的热潮。

　　周扬任中央文委决定与西北局文委合组的戏剧工作委员会主任,柯仲平任副主任。3月22日,中央文委开会讨论戏剧运动方针问题。到会者除文委委员外,还有吴玉章、徐特立,西北局宣传部长李卓然,留守兵团政治部宣传部长肖向荣等。会议确定边区和各抗日根据地的剧运总方针是为战争、生产及教育服务。中宣部代理部长凯丰指出:"内容是抗战所需要的,形式是群众所了解的——提倡合于这个要求的戏剧,反对违背这个要求的戏剧,这就是现在一切戏剧运动的出发点。"为了贯彻这一方针,中央文委决定与西北局文委合组一个戏剧工作委员会,由周扬、柯仲平、张庚、王震之、钟敬之等组成,钟敬之任秘书长。该委员会当前的中心任务是:总结抗战以来边区戏剧工作经验,准备在5月召开边区戏剧工作会议,使今后边区戏剧运动走上统一的道路。现中央文委已通知延安各剧团有系统的检查和总结过去工作,西北局和留政宣传部亦将电令各分区各旅的剧团作同样总结,并及早指定人研究,以便届时有准备的来延参加会议。

　　按:《解放日报》3月27日刊登特讯,指出中央文委关于戏剧问题的讨论,显示边区戏剧运动在党中央和西北局的指导下将进入一个新的阶段,总结了这一时期戏剧创作的成绩与不足。肯定的好剧目有:人民剧社的《亡国恨》和许多活报剧;战地服务团、鲁艺、部艺演出的塞克、姚时晓、王震之编写的《突击》《棋局未终》《闲话江南》《佃户》等话剧;战斗剧社演出的成荫的《晋察冀乡村》等活报;民众剧团演出的马健翎编写的《查路条》《十二把镰刀》等秦腔和眉户剧;鲁艺、青艺演出的李伯钊、吕骥创作的《农村曲》;塞克、冼星海作的《生产大合唱》等歌剧;鲁艺、西北文艺工作团、青艺演出的各种秧歌剧。同时指出近期戏剧工作也存在某种脱离实际的偏向。号召党政军民各界都来关心帮助戏剧工作的发展。中央文委负责同志在文艺座谈会指示的方向,贯彻面向群众,面向实际,为战争、生产、教育服务的路线,不仅需要戏剧界同志的一致努力,还需要全党的帮助和关心。(参见艾克恩编纂《延安文艺运动纪盛》,文化艺术出版社1987年版;孙国林编著,王佳钰、王增辉校订《延安文艺大事编年》,陕西师范大学出版总社2016年版)

　　李卓然继续任中共西北局宣传部长。3月10日,李卓然出席中央文委与中央组织部联合召开党的文艺工作者会议,代表边区致欢迎之意,希望到边区工作的同志能与当地干部互相学习,互相帮助。3月22日,出席中央文委讨论戏剧运动方针问题的会议。4月25日,中共中央西北局宣传部及文委联名向各地剧团发出指示:党中央文委已确定目前戏剧运动的总方针是为战争、生产及教育服务,各地党的宣传部门应根据这一方针于最近期内召集有关人员的会议,检讨当地剧团近一年来的活动情形,检查所演剧本是否符合上述方针,并根据下列意见切实改进剧团工作:一、各地党的宣传部门,应协助党的组织部门,对各剧团负责人均加以政治上的审查,派好的党员去担任剧团的政治领导,对于有艺术素养的旧艺人应予优待,使得他们的艺术能为边区服务,而不是"为艺术而艺术"。二、各种晚会节目均应根据观众对象加以适当的选择。三、党的宣传部门应注意帮助和指导各地戏剧工作者了解边区情形,鼓励他们创作反映边区现实、且有艺术价值的新剧本。以上指示执行情况应由各地委宣传部负责向西北局作报告。

李卓然11月21日要求中共中央西北局宣传部召集各剧团负责人开会,动员和组织剧团下乡。李卓然说,自《讲话》发表和中宣部指示下达后,文艺界作了很大努力,尤以鲁艺的秧歌剧,民众剧团的《血泪仇》,平剧院的新型歌剧,青年艺术剧院的活报等,最受百姓欢迎。今后的任务是到实际工作中学习,帮助各分区的文艺运动,使之认真贯彻毛泽东同志所指出的方向。决定下乡的有鲁艺秧歌队、文协的民众剧团、西北文艺工作团、留守兵团政治部的青年剧院、平剧院。节目主要反映生产运动、丰衣足食、军民团结、保卫边区等现实的生活。27日,中共中央西北局宣传部召开会议,欢送延安各剧团下乡工作。鲁艺将于12月2日出发赴绥德分区,民众剧团12月2日出发赴关中分区,西北文工团于3日出发赴陇东分区,青年艺术剧院及部艺剧团12月中出发赴三边分区,平剧院出发赴延属各县。中共中央西北局组织部长陈正人、统战部长贾托夫、秘书长杨清、宣传部长李卓然在欢送会上亲临指示。李卓然阐述毛主席名言:"只有代表群众,才能教育群众。"说过去延安演的旧剧《四郎探母》《乾坤带》之类,就不能代表群众,教育群众,而是向群众灌输封建毒素。后来民众剧团的《查路条》,平剧院的《嵩山星火》,鲁艺的《佃户》等,有教育意义,可惜数量太少。《讲话》以后,鲁艺的《赵富贵自新》,民众剧团的《血泪仇》,受到一致赞扬。贾托夫、杨清讲话后,柯仲平代表下乡剧团全体同志发言。他说他的下乡经验是尽量想法接近群众。以烟斗为例:在乡下时他的一支烟斗曾叫许多好奇的老百姓吸过烟,而他从来未擦洗过,每次从老百姓手里拿来自己就吸起来,这样老百姓觉得他有点像自家人,说话就比较亲切了。他提醒下乡同志注意:一、不动群众一草一木;二、对群众态度不要轻佻;三、有借有还,损坏赔偿;四、宿营不乱,行前打扫。

李卓然12月14日主持中共中央西北局宣传部召开的边区一级宣传会议,讨论目前宣传教育工作的具体方针、办法及春节宣传的各种准备工作。李卓然谈对宣传工作的意见,中央宣传委员会秘书胡乔木、军委总政治部宣传部部长肖向荣等发言,确定目前在"自卫备荒""组织起来"的方针下紧密与创造模范乡村、模范工厂和模范连队结合起来。春节宣传以拥军拥政爱民为中心。12月21日,中共中央西北局宣传部召集延安机关学校座谈,布置新年春节宣传活动。戏剧有:中央党校的西蒙诺夫编剧、陈波儿、苏一平、陈明等参加的《俄罗斯人》;杨绍萱、齐燕铭等集体创作、齐燕铭导演的平剧《逼上梁山》;枣园、杨家岭的新型活报;西北党校的平剧《亡宋鉴》《打渔杀家》、新编秦腔剧《特种学校》;行政学院的平剧《孔雀胆》(根据郭沫若近作改编)、秦腔剧《重逢》;"战卫"部的平剧《史可法》《恶虎村》;留守兵团政治部的电影,民众剧团改编历史剧等。(参见艾克恩编纂《延安文艺运动纪盛》,文化艺术出版社1987年版;孙国林编著,王佳钰、王增辉校订《延安文艺大事编年》,陕西师范大学出版总社2016年版)

续范亭继续在延安休养。8月16日,撰写《感言》,驳斥蒋介石的《中国之命运》。11月26日,延安举行盛大的边区劳动英雄代表大会与生产展览会。这是中国历史上第一次出现的规模宏大的两个大会。名誉主席为毛主席、朱德总司令、任弼时、彭德怀副总司令、周恩来、林伯渠主席、李副主席、续范亭主任。主席团为李富春、杨清、徐向前、王震、高自立、霍子乐、高长久、周扬、崔田夫、杨芝芳、张汉武、刘建章、申长林、赵占魁、黄立德、李位、刘玉厚、郭凤英、马丕恩、曹力如等。评判委员会为贺龙、杨清、刘景范、易秀湘、张令彬、高长久、崔田夫、王震、马定邦等9人。会议期间，毛泽东同志作了《组织起来》的演讲。林伯渠说："象这样盛大的劳动英雄代表大会和生产展览会，在全边区全中国都是空前的。""旧的时代过去了，现在是创造新时代的时候，这个新时代的创造者就是今天二百多个劳动英雄以及成百万的边区革命的人民。"朱总司令和由西安抵延的榆林邓宝珊总司令、贺龙师长、续范亭相继讲话。续范亭说："我五十岁了，第一次才看见这样的事情！"有人把共产党诬蔑为"三头六臂的怪物""是的，共产党是有三头六臂的。三头就是'枪头''锄头'和'笔头'；六臂就是两只手能打仗，两只手能生产，另外两只手能写文章、能学习、能抓汉奸特务分子。这样的三头六臂，对老百姓是好的，对中国是好的"。（参见艾克恩编纂《延安文艺运动纪盛》，文化艺术出版社1987年版）

谢觉哉时任陕甘宁边区参议会副议长。8月21日，署名"焕南"在《解放日报》发表杂文《新"圣谕广训"》，抨击蒋介石的《中国之命运》一书反抗日、反民主、反人民的实质。11月28日，边区劳动英雄代表大会进行大会发言，谢觉哉说："世界变了天，由黑暗的天变成了很光明很伟大的天，过去农民工人不能享用自己劳动得来的东西，穿好吃好是不劳动的人；但从共产党闹革命，穷人就翻了身。"他说他四十年曾搞过科举，考秀才曾连考几个第一。"科举考中了秀才、举人、进士、翰林，很受人尊重，可是现在想起来这些人对老百姓没有一点好处，他们只能统治和剥削我们劳动者。"（参见艾克恩编纂《延安文艺运动纪盛》，文化艺术出版社1987年版）

张际春时任抗日军政大学政治委员兼政治部主任。1月6日，毛泽东、朱德、王稼祥、叶剑英致电彭德怀并转张际春，指出："同意北局决定及际春亥马电意见，抗大总校应即结束、除连排级以下学员及陆中编为抗大六分校，徐深吉任校长，袁子钦任政委，归刘、邓领导外，其余营级以上学员，总校在职干部及图书（带重要的）材料，一部基金，应统由际春负责带来延安。"张际春后调任北方局宣传部部长，总校1000多名教职员改由副校长何长工率领，于1943年1月24出发，在三月上旬到达陕北绥德县。

按：陆中，即抗大总校附设陆军中学，1942年5月在河北省邢台县成立。（参见徐则浩《王稼祥年谱》，中央文献出版社2001年版）

丁玲1月参加边区文化界欢迎边区三英雄会议。2月5日，为农历正月初一，中央党校秧歌队去南泥湾慰问三五九旅，演出丁玲根据王凤斋讲的冀中平原的一些故事所写成的剧本《万队长》。3月，参加中央文委与组织部为贯彻毛泽东《在延安文艺座谈会上的讲话》精神召集的延安党员文艺工作者会议。会后，响应党的号召，深入到群众中去，调查研究，体验生活。秋，在中央党校参与话剧《同志，你走错了路》和平剧《逼上梁山》等作品的修改讨论。5月，文抗结束后，丁玲参加审干运动。丁玲的被捕和在南京入狱问题，几经周折才得以做出了正确结论。当时丁玲找毛泽东责问，康生有什么根据说她是叛徒？要求党中央审查她这段历史，做出书面结论。毛泽东听了她的陈述说，我相信你是一个忠实的共产党员，可是要做书面结论，你得找中央组织部陈云。丁玲向陈云做了详细陈述，并写了书面材料。经组织部认真审查，终于做出实事求是的结论，认为丁玲是一个对党对革命忠实的共产党员，并将书面结论放进丁玲的档案。丁玲抄了一份留存。12 月 1 日，柯灵主编的上海《万象》月刊第 3 卷第 6 期登出胡考带来的丁玲写于 1936 年的《幽居小简》，同时刊出胡考（署名田苗）的《忆丁玲》。在日伪铁蹄下刊登陕北作家的作品，对沦陷区的读者，无疑是一个鼓舞。（参见王周生《丁玲年谱》，上海社会科学院出版社 1997 年版；孙国林编著，王佳钰、王增辉校订《延安文艺大事编年》，陕西师范大学出版总社 2016 年版）

艾青 2 月 14 日和木刻家古元，与合作社英雄刘建章一起搭骆驼队同行，去三边（安边、定边、靖边）分区考察陕北民间窗花。在盐池县火山坡一个牧户家里，主人特意邀请艾青吃了一顿饭，还送给艾青《大山羊》《荷花鲤鱼》《鸭嘴衔鱼》《老鼠偷西瓜》《纺纱》等八张形神兼备的剪纸。在定边县，一位农村妇女当场为艾青剪了一纸《母羊与羊羔》的剪纸，那母羊的嘴衔着首蓿，羊羔在母羊肚子下面吃奶，栩栩如生，艾青将它珍藏了十几年。在靖边县的张家畔，几乎家家都有窗花，艾青和古元挨家挨户地进门观看，见到可心的，就拿出纸来和农民们交换。这次"采风"，艾青满载而归。5 月，文抗结束后，艾青参加审干运动。主要对艾青曾为国民党报纸办过副刊问题，进行了审查。（参见艾克恩编纂《延安文艺运动纪盛》，文化艺术出版社 1987 年版；孙国林编著，王佳钰、王增辉校订《延安文艺大事编年》，陕西师范大学出版总社 2016 年版）

何其芳 4 月 3 日在《解放日报》发表《改造自己，改造艺术》，谈参加 3 月 10 日中央文委召开的下乡动员会后自己新的认识。他说：最近不少文艺同志到实际中去，这在我国文艺史上还是第一次。过去到前方是搜集材料，为写作品，缺乏明确的为工农兵服务的认识。这次，是改造自己，改造艺术的问题，有重大的意义。过去，只是模糊地跟着革命走，但旧我未死，心多杂念，将来可能掉队。原来自以为忠于革命，会写文章教育人，很自负。整风后猛然惊醒，认识到自己只是读过一些诗，缺乏实际知识，急需到实际中去改造。要改造欧化毛病，变为民族的形式；去掉知识分子气，改善语言贫乏的问题。这就要求文艺工作者必须到工农兵实际生活中去，只有这样才能做到真正为工农兵服务，使作品具有新风格。所以，"这次的下乡运动，是文艺工作者们彻底改造自己，改造艺术的开始。这是一件大事"。（参见孙国林编著，王佳钰、王增辉校订《延安文艺大事编年》，陕西师范大学出版总社 2016 年版）

舒群继续主编《解放日报》文艺副刊。3 月 31 日，舒群在《解放日报》发表《必须改造自己》。文中指出："在文艺座谈会以后，我们才比较认识到另一个道理，到底什么叫作'面向工农兵'。""当我们从'亭子间'来到工农群众中间，面临新的人物新的事件的时候，真好像从另一个星球掉在地球上来似的。这新的人物，新的事件，我们从前既不熟悉，今天又没有很好地去了解，以致就无从表现。写是写了，不是没写好，就是写歪了。这'没写好'和'写歪了'，不仅说明了我们不熟悉这些人和这些事，而且说明了我们本身存在着严重的问题，需要改造，改造我们的思想，改造我们的生活，改造我们的语言。这个改造，必须通过实际斗争才能改造得好。"（参见侯敏《舒群在延安始末考》，《文艺报》2017 年 9 月 18 日；艾克恩编纂《延安文艺运动纪盛》，文化艺术出版社 1987 年版；孙国林编著，王佳钰、王增辉校订《延安文艺大事编年》，陕西师范大学出版总社 2016 年版）

周立波 4 月 3 日在《解放日报》发表《后悔与前瞻》一文，谈参加中央文委和中央组织部召开的党的文艺工作者会议后的认识。他说，参加这个会，受到很大的教育。过去到过前方、下过乡，但只能写一些表面的、小的东西，没有写出好东西。因为我是去"做客"，并不真正了解他们。我反省其中的原因是：一是还拖着小资产阶级的尾巴，不愿意割掉它。二是中了书本子的毒，老觉得贾宝玉、安娜·卡列尼娜一出场就光彩夺目。在鲁艺一个时期，连安娜的睫毛也令人神往。这样就看不到群众中的真正英雄。三是在心理上强调了北方语言的困难。这三个原因使我走了一段弯路,没有好好地反映边区,真是后悔莫及。现在希望到实际工作中去,脱胎换骨,成为群众的一分子。在不远的将来,我们的新文艺一定会有丰富的收成,光彩夺目的英雄人物,一定会创造出来,鼓舞和教育我们的青年一代。(参见艾克恩编纂《延安文艺运动纪盛》,文化艺术出版社1987年版;孙国林编著,王佳钰、王增辉校订《延安文艺大事编年》,陕西师范大学出版总社2016年版)

刘白羽5月文抗结束后转到党校三部学习,参加审干运动。刘白羽的反省材料写了9遍才通过。12月26日,刘白羽在《解放日报》发表《读毛泽东同志〈在延安文艺座谈会上的讲话〉笔记》,说文艺座谈会自己是一个参加者,"首先应该进行自我批评",过去"我还是把鼻子、嘴连眼睛,埋在小资产阶级烟雾里,看不见群众""自己口头上讲'人民大众',但是看不见人民大众""我不了解他们,他们也不了解我,因此我写的人物只能说是穿了农民衣服的知识分子""不粉碎这些小资产阶级的思想意识,我就不能认识我的错误"。(参见艾克恩编纂《延安文艺运动纪盛》,文化艺术出版社1987年版;孙国林编著,王佳钰、王增辉校订《延安文艺大事编年》,陕西师范大学出版总社2016年版)

陈学昭6月13日作《一个个人主义者怎样认识了共产党》,说她自己"作为一个非党员,觉得能够参加整风,真是千载一时的好机会。可以说,在我一生中,从来没有受过比这更有益的教育了。就在共产党所给予的伟大的教育力量感受下,我才开始走近党,认识党。虽然今天我还是一个非党员,我愿意紧紧的跟着共产党走"。说她同情共产党,"是站在小资产阶级立场上,不满意旧社会,不满意当前的环境,对于社会抱着许多空想""任何事情都用自己的尺度去衡量党,从个人的利益去看党,一遇到对个人的希望不符合,对个人的利益有抵触时,就对党起反感,不信任"。所以"以前我对党一直有很大距离,而且自己愿意坚持这个距离""在整风中,我才发现过去那种想法是非常可笑的"。(参见艾克恩编纂《延安文艺运动纪盛》,文化艺术出版社1987年版)

张庚率鲁艺工作团12月2日离开延安下乡。张庚任工作团团长,副团长田方。成员有张水华、王大化、关松筠、吴梦滨、张平、王家乙、桑夫、林农、陈克、祈春、于蓝、熊塞声、欧阳如秋、韩冰、贺敬之、王岚、何洛、蒋玉衡、黄准、刘炽、唐荣枚、李焕之、时乐濛、马可、张鲁、李刚、关鹤童、孟波、丁毅、王元方、林依、加洛、彭英、华君武、陈因、计桂森、陈凡等42人。节目有王大化、黄准演的《兄妹开荒》,黄准演的《拥军花鼓》,王家乙、韩冰、于蓝等演的《二流子变英雄》,张鲁等演的《推小车》以及大型歌剧《血泪仇》等。至此年4月9日返延,历时四个多月,走遍绥德、米脂、佳县、吴堡、子洲等许多城镇乡村。(参见孙国林编著,王佳钰、王增辉校订《延安文艺大事编年》,陕西师范大学出版总社2016年版)

柯仲平时任延安平剧研究院副院长。4月24日,柯仲平在《解放日报》发表《平剧工作者应该欢迎批评》,对阿甲的《关于平剧的接受遗产与服务政治问题》一文提出异议。阿甲强调平剧的"完整性"而忽视服务政治,"想想吧,哪一种损失大?"平剧必须为工农兵、为战争、为生产、为教育的胜利服务。阿甲认为"一些文艺界朋友""不懂得技术",只会写一些"指导方向"性质的文章。这等于把别人的批评的口封住。自己以为自己是内行,别人是外行。说明他对批评者的态度是不正确的,多少有些封口的态度。4月19日,延安平剧研究院副院长柯仲平传达中央文委决定和院长张经武关于改进平剧院的指示,强调改造旧平剧,创作新平剧。并召集院研究室开会,进一步检讨过去的工作,指出过去的偏向及其影响:一、单纯着眼于技术,不顾及内容和影响,把含有封建毒素的旧戏演给群众看。甚至连最反动的违反抗战利益的剧本如《四郎探母》等，向群众普遍演出。二、只看重整套的定型的平剧，而对平剧中的小形式戏剧，如《打花鼓》《小放牛》《纺棉花》及各种地方戏，没有给以注意。认为学习中不必注意内容的好坏，不必考虑当前政治需要。三、业余平剧活动也因此受到影响，原封搬演旧剧，以至连《铁公鸡》《连环套》等拥护封建统治、仇视人民的戏，也一再上演。四、边区各地以及某些抗日根据地，对于旧戏，不经审查，不经批判，不经改造，向群众甚至部队演出，未起积极作用。会议决定坚决执行中央文委的指示，使平剧面向工农兵，为战争、生产、教育服务。并确定该院今后的工作方向：（一）审查和修改已演的旧剧本；（二）创造直接间接能为战争、生产、教育服务的新的历史剧本。（三）用民间形式的戏剧来反映今天的现实。12 月 3 日，西北文工团、民众剧团、边区群众报社部分同志组成的边区文协下乡工作队，到陇东专区宣传。领队有柯仲平、秦川，秘书谭吐。戏剧组有马健翎、林丰。音乐组有岳松、彦军。民众剧团有史雷、张云、孙凌。文协与报社有戴临风、王琳。（参见艾克恩编纂《延安文艺运动纪盛》，文化艺术出版社 1987 年版）

李纶 4 月 11 日发表平剧研究文章《关于演平剧的一个问题》，针对平剧演出中对原有剧本不加选择，不加改造，不管内容好坏，轻率演出的错误提出三点建议：一、利用平剧小形式剧，如《打花鼓》《小放牛》等编写新剧本；二、适当演出内容积极、形式为群众喜闻乐见的新剧本；三、对旧剧本加以审查、改造。5 月 13 日，李纶撰写争辩文章《平剧工作中的错误观点》。文章指出错误观点之一，认为平剧服务政治是将来的事情，现在谈平剧为政治服务是一种幼稚的"性急宣传家"与"门外汉"。之二，主张在平剧接受遗产与服务政治问题上，第一步是接受遗产，遗产接受完毕才是服务政治。把平剧工作化为三个互不相干的阶段：第一阶段学习，第二阶段研究，第三阶段改造。作者认为这是一种脱离政治的偏向。（参见艾克恩编纂《延安文艺运动纪盛》，文化艺术出版社 1987 年版）

阿甲 4 月 18 日在《解放日报》撰写平剧研究文章《关于平剧的接受遗产与服务政治问题》，主张把接受遗产与服务政治结合起来。接受遗产是为了服务政治，只有服务政治才能接受遗产。要做到"推陈出新"，办法是：（一）选择较好的剧本，或部分的修改剧本，在一定标准上创作新的历史剧；（二）以平剧中的民间形式，反映边区的生产、生活；（三）为了研究，必要时可以把许多技术完整的剧本演给少数有批判能力的同志参考。（参见艾克恩编纂《延安文艺运动纪盛》，文化艺术出版社 1987 年版）

周振吾 5 月 22 日撰写戏剧评论《谈平剧活动的偏向》。文章批评某些人口头上空喊"推陈出新"，而实际上沉溺在"陈"中，原封不动的上演一些"宣传封建秩序，颠倒是非黑白"的旧剧。间或演一两出新戏，如《瓦岗山》《岳飞》，也仅是一种点缀。如此"对群众作反宣传，当然是双倍的不可容忍了"。对旧剧改革怠工的借口有两条：一是改革需要一个"长的过程"，一是说平剧有一种"不可破坏"的艺术完整性。阿甲 4 月 18 日文章，就很有讨论的必要。如主张"等到把旧技术学精了再动手创造""旧平剧服务于政治……在技术上是有条件的"，等等。（参见艾克恩编纂《延安文艺运动纪盛》，文化艺术出版社 1987 年版）

蔡天心 1 月 4 日在《解放日报》撰文《宋江与"乌龙院"》，对延安平剧研究院尚伯康写的《〈乌龙院〉的生活和思想》一文提出不同意见。认为：宋江作为反抗统治阶级的代表者流传民间和被反映在艺术作品里是符合历史实际的。（参见艾克恩编纂《延安文艺运动纪盛》，文化艺术出版社 1987 年版）

林默涵 1 月 17 日在《解放日报》发表《读高尔基的社会论文》，指出高尔基那样憎恨"摆着鄙夷政治嘴脸"的虚伪艺术家，抨击"虚伪的人道主义""市侩主义"，使我们一方面加深了对于凶狠卑劣的敌人的憎恶与轻蔑,另一方面提高了对工作的热情和信心;同时成为我们的一面镜子,照出粘附我们身上的精神污点。4月7日,林默涵在《解放日报》发表杂文《说真话》,强调在整风运动中要说真话,这有两方面意思:一是对别人,要是则是,非则非,好处要说,缺点也要说。一是对自己,不怕丢面子,说出缺点和错误。"要割尾巴,就先得露出尾巴来"。6月18日,为纪念高尔基逝世7周年,林默涵在《解放日报》撰文《高尔基怎样和"害虫"斗争》。8月,林默涵在《解放日报》发表杂文《谁是中国人》,揭露国民党限制中国人的思想自由与思想自主,搞独裁统治。(参见艾克恩编纂《延安文艺运动纪盛》,文化艺术出版社1987年版)

王震之1月17日在《解放日报》发表通讯《部艺工作团的新年演出》,说部艺演出的四幕歌舞活报剧《保卫边区》,反映了边区好、整军、开辟南泥湾和拥护党的一元化领导的四个主题。全剧的创作是在饱满的政治热情下,发挥了集体力量而进行的,它积极反映了当前的斗争生活。(参见艾克恩编纂《延安文艺运动纪盛》,文化艺术出版社1987年版)

张仃3月23日在《解放日报》发表杂谈《画家下乡》,强调"画家如果不向劳动人民学习。即使'下乡',即使皮肤已经晒得黝黑,思想也仍旧是苍白的"。画家"必须从劳动与土地结合过程中去寻找构图,在民主的阳光下去发现色彩,生产动员,开荒,春耕,移民,生产竞赛,公粮会议,运盐,合作社的发展,都必须成为画家们新的表现题材"。(参见艾克恩编纂《延安文艺运动纪盛》,文化艺术出版社1987年版)

王大化、李波、路由集体编剧,路由写词、安波配曲秧歌剧《兄妹开荒》4月25日在《解放日报》连载。26日,王大化在《解放日报》发表长篇文章《从〈兄妹开荒〉的演出谈起——一个演员创作经过的片断》。7月5日,重庆《新华日报》转载王大化《解放日报》发表的谈《兄妹开荒》演出经验的文章《一个秧歌剧演员的创作经验谈》。前言称:"秧歌,是中国各地农民都爱好的一种艺术。当抗战和民主生活创造了新的农民的时候,这农民所喜闻乐见的艺术,就生长出了更新的内容,发出了更灿烂的光辉,在北方赢得了人民衷心的爱好,收到莫大的成功。这一篇是演出《兄妹开荒》的演员自述,从这里我们可以看到一个艺术民族化的实例。"同版刊登街头秧歌剧《兄妹开荒》(最后两段)。

按:《解放日报》发表社论《从春节宣传看文艺的新方向》。指出:去年五月党中央召集文艺座谈会后,文艺界开始向新的方向转变。他们在思想上行动上的步调渐渐归于一致。许多脱离实际,脱离群众的小资产阶级自由主义的倾向逐渐受到清算,而毛泽东同志所指出的为工农大众服务的方向,成为众所归趋的道路。尤其今年春节前后,可以说是新的运动发展成绩的一个检阅。单就延安说,鲁艺、西北文工团、青年剧院以及各校的秧歌队,古元的木刻,孔厥的小说《一个女人翻身的故事》,艾青的诗,都是范例。春节文艺活动所表现出来的新方向的特点是:一、"文艺与政治的密切结合"。这本来是党所领导的革命文艺运动的光荣传统,但由于文艺工作者很多是小资产阶级知识分子出身,自由主义思想,对外国文艺的偏爱,强调文艺特殊性的成见,影响了文艺运动。很多文艺作品是用来表现个人主义的思想和情调。现在开始抛弃小资产阶级的艺术趣味,努力表现革命的战斗的内容,把抗战、生产、教育问题作为创作主题。二、"文艺工作者面向群众"。这也是我们革命文艺的传统。但许多同志抽象地承认要与大众结合,而行动上却脱离群众;他们幻想万世不朽的伟大艺术,而不肯用力创作为老百姓喜闻乐见的作品。现在开始面向工农群众。三、文艺的普及与提高问题也有了解决的方向。社论指出存在的不足是,对群众的语言、生活以及民间艺术不熟悉;一些新作品是初级的,如《兄妹开荒》,比较简单,不够深刻,有待提高;文艺活动范围狭小,限于延安附近,限于少数知识分子,需要扩大、深化。社论号召文艺工作者下更大的决心,深入到工农兵群众中去,响应中央文委的号召,取得更好的成绩。

赵树理任职于中共北方局调查研究室,他在辽县(后改左权县)搞农村调查时,了解到一桩农村干部迫害争取婚姻自由的青年农民致死的案件,以此素材写成短篇小说《小二黑结婚》,把原来悲剧的结局改为喜剧结局,表现小二黑和小芹这一对青年反封建、争取婚姻自由并最终胜利的故事。5月,《小二黑结婚》先在《解放日报》发表,10月华北新华书店初版,受到读者的一致好评,仅在太行区就印了三四万册,小说很快传遍全国。周扬、郭沫若、茅盾等都著文称赞,被誉为延安文艺座谈会以后作家与群众密切结合的优秀成果。许多剧团把小说改编成戏剧演出,美术工作者将它改编成连环画,它的社会影响不断扩大,小二黑、小芹几乎成了家喻户晓的人物。1950年前后,这本小说被英、美、苏、法、日、朝、越等国家翻译出版,产生了良好的国际影响。

按:《小二黑结婚》的出版经历了坎坷历程。5月,赵树理将刚写成的《小二黑结婚》交给北方局党校书记杨献珍,征求意见。杨献珍认真读了小说初稿,觉得很不错,便转给彭德怀夫人、中共北方局妇委书记浦安修看。她阅读后认为,《小二黑结婚》一反过去作品中写青年婚恋受挫后或轻生或出走的悲剧性结局,表现了一对青年为自身幸福,勇于和封建势力做斗争而终成眷属的新故事。同时,也表现了新的人民政权对青年的有力支持,是别开生面的不可多得的一部好作品。所以浦安修又将作品推荐给彭德怀。彭德怀当时担任中共北方局代理书记,又是八路军副总司令。他在戎马倥偬中挤出时间,一连读了两遍《小二黑结婚》,很是兴奋,连连说好。随后,他便把作品转交给太行新华书店出版。但新华书店审读了《小二黑结婚》后,认为小说将抗日政权的基层干部写成胡作非为、横行霸道的新恶霸,担心出版后带来负面影响,就让赵树理将小说中的金旺、兴旺这两个村干部形象删掉。而赵树理则认为,这两个人物是混进基层政权的坏人,小二黑、小芹和他们斗争,是确信边区政府会支持他们。斗争胜利是对新的人民政权的颂赞,也说明基层政权建设的复杂性。他坚持作品保留这两个人物。新华书店负责人却坚持认为,这样写是暴露解放区的阴暗面,是给人民当家做主的新政权抹黑,不予出版。杨献珍把这些情况直接汇报给彭德怀。彭德怀听后就随手在一张纸上写下了这样一句话,"象这种从群众调查研究中写出来的通俗故事还不多见",以示对《小二黑结婚》的支持。之后,彭德怀将这个题词亲手交给中共北方局宣传部长李大章,要他直接交给太行新华书店。不久,《小二黑结婚》出版。彭德怀写的那段题词,印在了小说的扉页上。这大概是彭总一生中仅有的一次对文学作品出版发行的题词。

赵树理继《小二黑结婚》之后,10月间又发表3万来字的被誉为"解放区文艺的代表之作"的中篇小说《李有才板话》。它是实践毛主席文艺方向的又一杰作。小说以人民政权建立初期农民和地主恶霸之间尖锐复杂的斗争为题材,教育干部改进工作作风,贯彻阶级路线,树立群众观点。正如作者所说:"如果有些很热心的青年同事,不了解农村中的实际情况,为表面的工作成绩所迷惑,我便写《李有才板话》。"郭沫若评论说:"我是完全被陶醉了,被那新颖、健康、简朴的内容和手法,这儿有新的天地,新的人物,新的作风,新的文化,谁读了我相信都会感着兴趣的。"茅盾认为,这部小说"是大众化的作品",表现在作者是站在人民的立场上,笔下的农民是道地的农民,人物的对话是活生生的口语,从斗争的发展中表现人物的个性,用快板描写背景与人物,简洁、有力、风趣。(参见艾克恩编纂《延安文艺运动纪盛》,文化艺术出版社1987年版;孙国林编著,王佳钰、王增辉校订《延安文艺大事编年》,陕西师范大学出版总社2016年版)

马健翎10月间创作大型秦腔剧《血泪仇》。该剧通过农民王仁厚一家的悲惨遭遇,揭露了国民党反动派的血腥统治,歌颂了党领导人民进行翻身解放的斗争。周扬指出,它"在抗日民族战争时期尖锐地提出了阶级斗争的主题,赋予这个主题以强烈的浪漫色彩,同时选择了群众所熟悉的所容易接受的形式"。该剧由民众剧团演出,后由鲁艺以及延安和各解放区的艺术团体演出,传播很广,影响极大。民众剧团参加演出者有张云、黄俊耀、张克勤、王承祥、大郎、王志义、李刚、廖春花、党培英等。秋,中共中央书记处书记、中宣部部长张闻天给民众剧团打电话通知："毛主席邀请柯仲平、杨醉乡、马健翎三同志到枣园一见。"他们三个结伴而去。毛主席握手后说："请来'三贤'，有两位'美髯公'，一位'佘太君'。你们是苏区的文艺先驱，一个抗战剧团，一个民众剧团，好象两个深受群众欢迎的播种队，走到哪里就将抗日的种子撒播到哪里。"

按：马健翎曾在边区文教大会上荣获"特等奖状"和"人民艺术家"称号。民众剧团荣获"特等模范"奖旗。1944年6月21日，马健翎在《解放日报》撰写创作谈《〈血泪仇〉的写作经验》。说《血泪仇》的材料，是我在过去(旧社会里生活时)和后来看到听到的(报章杂志里看到的也算听到的)许多人物与事件。有些本身就刺激我感动我的东西。在旧社会里，我不仅看到听到人家的被压迫受痛苦，我自己就是其中的一个。可以说，《血泪仇》是我憎恨、怜惜、悲伤、激愤、愉快、赞美的一部分人物与事件组织结合起来的东西。剧中那些受难人的情景和哀鸣，在我脑子里演映与哭诉时，我自己禁不住滚滚泪下，常常滴湿了稿纸。我写《血泪仇》，要求自己："近情近理，红火热闹，教人看得懂，受感动；看完了明白世事，懂得道理。"(参见艾克恩编纂《延安文艺运动纪盛》，文化艺术出版社1987年版)

贺绿汀7月14日应党的召唤，辗转来到延安，在鲁艺担任音乐教师。他与毛泽东相见，是在王家坪八路军总部礼堂的一个文艺晚会上。鲁艺副院长周扬把贺绿汀领到毛泽东面前，介绍说："这是音乐家贺绿汀，湖南邵阳人，在新四军工作过，刚来延安。"毛泽东称赞贺绿汀的"《游击队歌》写得很好啊，你为人民做了好事，人民是不会忘记你的"。(参见孙国林编著，王佳钰、王增辉校订《延安文艺大事编年》，陕西师范大学出版总社2016年版)

邓小平11月10日在中共中央北方局党校第八期开学时作整风动员讲话，指出："我党自从一九三五年一月遵义会议之后，在以毛泽东为首的党中央领导之下，彻底克服了党内'左'右倾机会主义，一扫主观主义、宗派主义和党八股的气氛，把党的事业完全放在中国化的马列主义，即毛泽东思想的指导之下，直到现在已经九年的时间，不但没有犯过错误，而且一直是胜利地发展着。"(参见中共中央文献研究室编撰、逄先知主编《毛泽东年谱(1893—1949)》，人民出版社、中央文献出版社1993年版)

成仿吾1月出席在温塘新建的礼堂隆重召开的晋察冀边区第一届参议会，与聂荣臻、刘澜涛、肖克、吕正操等同志为大会主席团成员。成仿吾被选为边区参议会议长，于力为副议长。4月，在北岳区党的文艺工作者会议上发言提出文艺应大众化，文艺工作者不能脱离现实，"文艺为一定阶级斗争服务"的主张。文载5月21日《晋察冀日报》。5月6日，边区文联第二届代表大会召开，会期4天。成仿吾与于力、邓拓等参加了会议。6月28日，边区文化界整风委员会成立，成仿吾和沙可夫、邓拓、何干之、田间等为委员。9月1日，在《参议员通迅》第1卷第5期发表《关心人民利益》。12月，党中央通知成仿吾去延安参加党的第七次代表大会。(参见张傲卉、宋彬玉《成仿吾年谱》，《东北师大学报》1985年第5期)

邹韬奋仍在苏北解放区。1月，苏北解放区军民取得反"扫荡"斗争胜利。韬奋会见新华社记者并发表谈话，说"我到根据地来是我平生最兴奋的事情。在这里我有两个最深刻的印象，一是共产党在抗日民族统一战线中的忠实而充分的照顾各阶级的利益，使全根据地的人民团结起来坚持抗战；二是民主政治的实现，根据地内人民普遍参加政治生活，热烈拥护政府的情形，使我十余年来为民主政治而奔走的信心更加坚定了"，并表示希望病体复原后到延安去参加整风学习，迫切要求以一个共产党员的标准来改造自己。同月，参加苏北各阶层人士在华成公司举行的欢迎宴会，了解他们对共产党和根据地的看法，并介绍了大后方的情况。"他看到党的民族统一战线政策，获得了显著的成效，为此而深受感动"；致陈毅军长信，赞扬反"扫荡"斗争的胜利。后来在其最后遗嘱中还回忆说："此次在敌后根据地视察研究，目击人民的伟大斗争，使我更看到新中国光明的未来。"（参见复旦大学新闻系研究室编《邹韬奋年谱》，复旦大学出版社出版 1982 年版）

　　钱杏邨仍在新四军根据地。5 月 5 日，收到《盐阜大众》创刊号。21 日，《春荒及其救济的断片》万余言完稿。6 月 6 日，完成《扫荡别记》。其中《神话》《两个地主》《自家人》三篇交《先锋》杂志发表。《三个鬼子》《老人》《祖和孙》三稿交《盐阜大众》发表。23 日，参加《大众知识》编委会，决定改名《新知识》，任主编。编委有阿英、车载、王阑西、白桃（扬帆代）、赵平生、孙克定、艾寒松、华应申、沈柔坚。前三人为常委。钱毅为助理编辑。30 日，起草《新知识》征稿启事，向有关人员发出催稿信。7 月 1 日，作《气节与黄冠》，刊于《盐阜报》副刊《新地》。8 月，《先锋》杂志复刊第 4 期刊出《春荒及其救济的断片》。同月 6 日，与彭康等以华中文化界名义，联名致电国民党名流，反对内战，呼吁团结。10 月 1 日，《新知识》创刊号出版。11 日，作《苏北伟大的水利工程建设——宋公堤》，近两万字，分两期在《新知识》上刊登。23 日，为纪念三师参谋长彭雄牺牲，经多方了解，搜集资料，撰写《为着战死者的忆念——回忆彭雄同志》。11 月 22 日，往小夏庄军鲁工团讲《中国戏剧运动史》。24 日，完成《盐阜民族英雄传》，刊于次年《新知识》第 5 期。（参见钱厚祥整理《阿英年谱（下）》，《新文学史料》2006 年第 1 期）

　　江陵 3 月任在淮北抗日民主根据地新成立的淮北教育出版社社长。淮北教育出版社总称淮北苏皖边区行政公署教育处教育出版社，其前身是 1941 年 9 月成立的淮北苏皖边区行政公署教育处编审科。主要出版小学和中学教材、政治读物和通俗文艺读物、对敌伪宣传品、军事地图、边区行政图、年画等。（参见吴永贵《民国图书出版史编年：1912—1949》，社会科学文献出版社 2018 年版）

　　陈垣继续任辅仁大学校长。1 月，陈垣致顾廷龙函："顷接到《书画录》等数种，共十二册三份。谨留一份、以一份送辅仁图书馆。其致廉公一份暂存，因有不利于公，闻已隐去也。"2 月，叶德禄编辑的《民元以来天主教史论丛》由辅仁大学图书馆出版发行，其中收入陈垣宗教史论著 16 种。朱师辙序曰："吾友陈援庵先生，擅史学，而考宗教尤精、著述甚富。余尝谓中国治宗教史者寡，昔日史家无有逾之者，信其作为必传。"3 月 28 日，陈垣致方豪函："兹遵属钞上《西游录》一秩，乞察收。愚前欲注之未成。此录除《老学丛谈》引用八百余字外，《至元辩伪录》亦曾引用千余字。"4 月 6 日，致汪宗衍函。指出《天然谱》误点。8 日，陈垣致方豪函："三月廿八日曾寄上足本《西游录》抄本十一叶。想已收到。即日接二月廿一日大函询耶律刻像，未见，耶律墓则数年并未出城。不知其何若也。关于耶律旧稿二首，想见过。"6 月 22 日，以北平图书馆影印《于文襄手札》一册赠刘乃和。书末题字："乃和同学酷爱余考证之文，然考证一毫疏忽不得、如余所编次之于文襄论《四库全书》手札年月，若再将各札内容细究，当发现误编之处不少也。"秋，辅仁大学在校学生增至 4000余人。沦陷后的北平，辅仁大学是唯一未被日伪接管的大学。它在日伪压迫威胁之下，不受伪教育部命令，仍遵国民政府之学制及校历、假期规定。使用原有教材，保持了故都学府一片净土。此间，不少知名教授转入辅仁任教、使教师阵容空前强大。学校积极扩充学系，广收沦陷区失学青年，许多有爱国思想之青年都以考入辅仁为荣，造成辅仁大学之鼎盛时期。

　　陈垣 11 月 24 日致方豪函，谈学术思想的变化："此间司铎书院亦有隽才，如龚司铎者，文字俱佳,后起之秀也。教会学校甚少注意书法、近风气大变,司铎书院能书者渐有其人,亦破天荒之事也。其意义《道教考》廿三页曾畅言之,想犹忆及。至于史学,此间风气亦变。从前专重考证,服膺嘉定钱氏;事变后颇趋重实用、推尊昆山顾氏:近又进一步,颇提倡有意义之史学。故前两年讲《日知录》。今年讲《鲒埼亭集》,亦欲以正人心,端士习,不徒为精密之考证而已。此盖时势为之,若药不暝眩,厥疾弗瘳也。未知南中风气如何? 素患难,行乎患难,愿与同人共勉之!""七七事变"之后,陈垣的学术思想发生了变化,越来越推崇经世致用的思想。而其经世致用思想直接导源于清初学者顾炎武。他仍从事考证,然其目的、意义却在考证之外。12月,在《辅仁学志》第12卷第1—2合期发表年代考证短文《李志常之卒年》《黄东发之卒年》二篇,并史源学实习范文《北宋校刊南北八史诸臣考》一篇。年底,曾计划离开北平南下。年底,柴德赓得悉汉奸曹汝霖将出任辅仁大学董事长,于是忍无可忍,与陈垣商量好一起离开北平南行。因辅仁大学教务长等人极力挽留,陈垣终于未能成行。是年,陈垣作《邵克跋考》《廿二史札记十一载刘昶奔魏有子承绪、孙文远不误》,后至1979年发表于《社会科学战线季刊》第4期上;开始写作《通鉴胡注表微》。(参见刘乃和、周少川、王明泽《陈垣年谱配图长编》,辽海出版社2000年版;王学典《20世纪史学编年(1900—1949)》,商务印书馆2014年版)

余嘉锡继续任辅仁大学文学院院长。2月3日,作《跋旧抄本中兴馆阁录》。夏,北平辅仁大学历史系学生来新夏,在其师余嘉锡的指点下,利用暑假编制完成《书目答问汇补》一书的《人名索引》《书名索引》和《姓名略人物著作索引》。(参见王语欢《余嘉锡学术年谱》,黑龙江大学硕士学位论文,2013年)

朱师辙12月在《辅仁学志》第12卷第1—2期合刊发表《北魏六镇考辨》。文章主要内容有"北魏诸镇之溯原""六镇异说之考辨""六镇地域今释"等。作者认为沈香六镇说为北魏初期所有之事。此后因政治社会变迁,六镇有所改变,魏末六镇应以袁枢《通鉴纪事本末》所载为是。同期还刊载了余逊《南朝之北土地位》、柴德赓《〈鲒埼亭集〉谢三宾考》、赵光贤《清初诸王争国记》、李玄伯《述也是园旧藏古今杂剧跋》等文。(参见王学典《20世纪史学编年(1900—1949)》,商务印书馆2014年版)

刘乃和毕业于北京辅仁大学历史系,又考入辅仁大学史学所,跟随陈垣攻读历史学硕士。从此一直跟随在陈垣校长身边学习、工作。

俞平伯受聘任中国大学国学系主任,在他主持系务工作期间,为了使古今中外文学得以平衡发展与研究,他提议将国学系改为文学系。1月6日,周作人59岁初度,俞平伯拟至周宅祝寿,打电话询问,值周将出门,遂未果行,10日致周作人信。2月19日,作札记《音乐悦乐同音说》,刊于7月1日《艺文杂志》月刊第1卷第1期。后又载1947年9月10日《国文月刊》第59期。19日元宵节。应汪健君之嘱,为之题《红牙盇簪集》,录新作札记《音乐悦乐同音说》全文,并在跋中说:"昆腔虽非先代雅音,犹饶温厚和平之趣,以今乐由古乐一语论之,当亦贤圣所不废乎。"春,参加伪华北作家协会第一次"华北文艺奖金"审查委员会会议,并任诗歌方面的主审委员。4月6日,应嘱为中国大学学生顾视的诗集《画影篇》题词:"大作诗意清新,欣佩无似。鄙人自愧其少作未能有所攻错,进千虑之一得尤款然也。读《画影篇》后书此。"同月,收到朱自清4月16日自昆明来信。因俞平伯已答应代朱自清出售藏书,故朱自清特列出不拟出售的书目,请俞平伯售书时留意。6月20日,《词曲同异浅说》刊于《华北作家月报》第6期,后收入《论诗词曲杂著》。

俞平伯7月1日接待尤炳圻来访,并在俞宅老榆树旁为俞平伯摄影。此照片刊登在9

月1日《艺文杂志》月刊第1卷第3期。12日上午,应邀出席在六国饭店召开的《艺文杂志》出版纪念会。9月1日《古槐随笔》六则,即:《贺日食月食》《猫名笑话》《明刘元卿贤弈编"猫说"》《丁香》《元遗山瞿宗吉论诗》《南浦西山》,发表在《艺文杂志》月刊第1卷第3期。其中《元遗山瞿宗吉论诗》一则又载1948年3月21日天津《民国日报·民园》副刊,总题目为《槐屋诗谈》。9月,收到朱自清9月1日来信。同月,《谈〈西厢记·哭宴〉》刊于《文学集刊》第1辑。12月1日,《侨秋荔亭谈〈坚瓠集〉随笔》五则,即:《老头儿亦有幸有不幸》《官场现形记故事之一》《苏曼殊诗亦有沿袭》《下驴》《别巾剧中之施槃》,刊于《艺文杂志》月刊第1卷第6期,又载1947年10月21日天津《民国日报·民园》副刊,题目为《读〈坚瓠集〉小说》,删去了《苏曼殊诗亦有沿袭》一则。12月,收到朱自清11月22日自昆明来信,建议俞平伯不要为伪杂志写稿。俞平伯接受了朱自清的建议。另,按照朱自清的嘱托,俞平伯将代他售书所得款分期转寄至扬州家中。同月29日,访周作人,未值。30日,复周作人明信片。(参见孙玉蓉《俞平伯年谱》,天津人民出版社2006年版)

张岱年春节前后作《事理论》。秋,到私立中国大学任教"中国哲学概论"课程。作为讲义,《中国哲学大纲》第一次排印。此书参照西方哲学,对中国古典哲学的论述逻辑框架作了重新建构,按照宇宙论、人生论、致知论三大部分对中国古典哲学进行精密的解析,即将中国哲学中宇宙论、人生论、致知论所讨论的基本问题探寻出来,加以分类、综合,然后叙述关于每一个问题的思想学说的源流及演变过程,是我国第一部以问题为纲写的哲学史,也是中国哲学研究中开启新体系经典名著。是年,张岱年作《知实论》,收入《文集》第3卷、《全集》第3卷。又作《文化通诠》,刊于《艺术与生活》1946年创刊号。文中认为文化有正德、利用、厚生、致知、立制五要素,及生产事业、群制、学术三层次;而"历史可谓人之宰物以厚生、致知以行义之历程"。应冯友兰来函相邀,张岱年和夫人又搬到冯先生在白米斜街的旧寓暂住。(参见杜运辉《张岱年先生年谱简编》,载王京州编《河北近现代学者年谱辑要》,国家图书馆出版社2017年版)

周作人1月1日上午往伪华北政务委员会参加元旦团拜,又往北京饭店参加中日贺年会;对《晨报》记者发表新年感言,鼓吹:"大东亚战争最后胜利之获得已无待于著卜",而吾人此时所应注意者当为今后之建设工作。4日上午,往伪华北教育总署参加新年团拜。5日下午,往伪华北教育总署,与署长等商定署中职员考绩事项。6日,作《留学的回忆》,刊于《留日同学会季刊》。9日下午往伪华北政务委员会,参加临时紧急会议。10日上午往伪新民学院,参加新民学院成立5周年纪念大会。11日上午,往伪华北教育总署,接待日本女子大学校长井上秀等4人的来访。12日,作《〈文史丛著〉序》,刊于1944年11月《文史》第1期。19日,往伪华北政务委员会,参加伪华北地区省市长会议。又参加伪新民会中央委员会会议。晚,在北京大学办公处公宴日本公使坂本。20日,伪民政府最高国防会第二次会议上决定:特派王揖唐、周作人为新国民运动促进委员会委员。同日上午,周作人往怀仁堂,赴伪新民会第二次临时全体联合协议会。会上全体代表宣誓表明对英美作战的决心,发表声明表示拥护伪国民政府参战,并推汪精卫为新民会名誉会长。又往北京图书馆办辞去北京图书馆长的公文。21日,作《〈文史通义〉逸文二篇跋》,署名知堂。23日下午,往原燕京大学,参加伪华北综合调查研究所开所仪式。25日上午,往中南海勤政殿,出席宗教制度讨论会。下午,往伪内务总署,出席宗教制度讨论会。2月3日,伪国民政府最高国防会议第四次会议决定:特派周佛海、陈群、周作人等25人为新国民运动促进委员会委员,指定王揖唐、周佛海、周作人等9人为常务委员。6日中午,周作人往大佛寺朱深宅宴,同座有汪时璟、王荫泰、余晋和、齐燮元、朱深共6人。这是周作人任伪"督办"期间参加伪华北政委会几个常委轮流做东举行宴集的最后一次。在周作人出任"督办"的两年一个月间,参加这种宴集约80次。下午汪时璟来访,传达朱深让周作人任北大校长之意,实际上即通知周作人:已接受了他的辞呈。8日,汪伪国民政府饬令批准原华北政务委员会全体委员的辞呈。周作人被解去伪华北政务委员会委员兼常务委员及教育总署督办职。

周作人3月6日下午往六国饭店,赴日本侵略军中将铃木之招宴。11日下午,日人田中、安藤来访。12日,得汪精卫电,为追任周作人为伪国府委员事。14日,许介君来谈。15日,沈启无来访,并带来汪精卫手书。16日上午,往伪华北政务委员会,17日,复汪精卫信。19日,招宴许介君、郭绍虞。因郭绍虞拟举家迁回苏州,后未成行。22日上午,往北京大学出席行政会议。29日下午,赴新民印书馆之招宴,谈发刊《艺文杂志》事。决定《艺文杂志》为非纯文学杂志,于本年7月创刊,由艺文社名义编辑,新民印书馆刊行,周作人任社长,另设编辑干事二人。主要撰稿人有:俞平伯、徐祖正、孙楷弟、瞿兑之、许世瑛、谢刚主、傅芸子、毕树棠、钱稻孙等。30日上午,往北京大学文学院,出席庆祝伪国民政府还都3周年纪念会,并在会上致了训词。4月1日,在伪国民政府中央政治委员会第122次会议上通过"追认周作人为伪华北政务委员会委员"一案。3日,得伪华北政务委员会函,告已任命为伪华北政务委员会委员。

周作人4月5日应汪精卫之邀,乘火车出发赴南京等地就伪国府委员职并讲学,周丰一、苏瑞成、王万松等同行。周作人被解去伪华北教育总署督办职务后,汪精卫特为他安排了这次活动。6日上午,至徐州,下午抵南京。杨鸿烈夫妇、张次溪、王古鲁等人去车站迎接。宿留日同学会。与沈启无、杨鸿烈往访汪精卫及伪宣传部长林柏生、伪外交部长褚民谊等。晚往龙门酒家,赴伪宣传部之招宴。8日下午,往伪中央大学讲演,晚同沈启无同往汪精卫宅,赴汪招宴。9日下午,往伪中日文化协会,出席座谈会。伪南京政府宣传部与中日文化协会为欢迎南来的周作人,特于下午3时举行座谈会,到会的有周作人、樊仲云、许锡庆、张资平、陈柱尊、杨鸿烈及日本方面林房雄、草野心平等20余人。伪宣传部长林柏生也出席了会议。会议对所谓"我国之文化思想问题""未来思想之趋向,暨如何使思想纳入正轨",即纳入日本帝国主义所鼓吹的"大东亚思想"的轨道,进行了座谈。10日上午,乘火车赴苏州。同行的有沈启无夫妇、周丰一、苏瑞成、王古鲁、伪中央大学教授龙沐勋、伪宣传部事业司司长杨鸿烈等共9人。伪江苏省宣传处、教育厅、江苏日报、伪中央社苏州分社代表及江苏教育学院副院长汪馥泉,以及伪中华日报陶亢德、柳雨生等去车站迎接。11日上午,由苏州图书馆的馆长徐徵陪同去马医科巷瞻仰了俞曲园的故居春在堂,又去锦帆路祭扫章太炎墓。下午往苏州教育学院讲演《知识的活用》。12日上午,周作人乘火车回南京。往看水师学堂,下午又往伪国民政府,并接待了大陆日报社记者的访问。13日上午至伪中央大学讲演《中国文学上的两种思想》,讲稿刊于7月《艺文杂志》第1卷第1号,讲演中说"关于政治道德中国本来有两种绝不同的思想",即"为君主的思想"和"为人民为天下的思想""依据我对于中国思想与文学的意见来说,这种一切为君主的思想本是后起的,因为时代的关系一时间大占势力,在文化表面上很是蔓延,但是终于扎不下深的根,凡是真正好的文学作品都不是属于这一路的,现在又因为时代的关系明显的已失势力,复兴的应该是那一切为人民为天下的思想,不但这是中国人固有的思想,一直也就是中国文学的基调"。下午,往南京市伪模范女子中学讲演一小时,又至伪南方大学讲演一小时。15日下午,往访汪精卫,向汪辞行,汪赠旅费6000元。往林柏生、李圣五宅辞行。

周作人4月17日下午返抵北京。18日上午,往北京饭店,赴庸报社座谈会。下午,与武者小路实笃、谷川吉田、钱稻孙同往参观厚生职业指导所。20日上午,往伪华北政务委员会访伪华北综合调查研究所所长祝书元等人。又往中南海勤正殿,访问19日自伪满洲抵北平的大汉奸周佛海。后又至大佛寺朱宅"投片问候"。21日,致函汪精卫、林柏生、李圣五、樊仲云、冯子光、储曼秋等人,感谢在南京、苏州的接待。22日,母亲鲁瑞在北平去世,终年87岁。4月27日,任伪华北综合调查研究所副理事长。6月1日上午,往伪华北综合调查研究所就职。与该所各理事及全体所员相见。3日,接汪精卫电,令任伪中央大学校长。后致电汪精卫辞谢,未赴任。6日上午,往北京大学文学院,出席毕业典礼,并致辞。7日,得汪精卫函,即复。9日晚往日本官员森冈公馆,又赴调查委员会恳谈会。12日同秘书黄公献往日本大使馆,访盐泽公使,祝贺他晋升。25日下午,往伪华北综合调查研究所参加理事会会议。28日上午,往北京大学,参加伪东亚文化协议会评议员会议。30日上午,往伪东亚文化协议会,参加理事会会议及临时评议员会议。晚,设宴招待出席伪东亚文化协议会理事会会议的全体中日人员。7月1日,由周作人任社长,尤炳圻、傅芸子、陈绵任编辑的《艺文杂志》月刊在北平创刊。同日上午,周作人往怀仁堂,参加北京大学毕业生毕业典礼。12日上午,往六国饭店,赴《艺文杂志》出版纪念会。参加者尚有俞平伯、张我军以及日本方面田中、佐藤、河野等。20日,作《汉文学的前途》,刊于《艺文杂志》第1卷第3期,文中认为:汉文学的传统"就是对于人生的特殊态度""中国思想向来很注重人事,连道家也如是,儒家尤为明显,世上所称中国人的实际主义即是从这里出来的""换一句话说,就可以叫做为人生的艺术""将来新文学之伟大发展,其根基于中国固有的健全的思想者半,其有待于世界的新兴学问之培养者亦半"。又说:"中国新文学不能孤立的生长,这里必要思想的分子,有自己的特性而又与世界相通流。"30日,作《关于祭神迎会》,刊于10月《艺文杂志》第1卷第4期。文中略述了外国,特别是日本与中国在祭神迎会的习俗方面的异同,说:"日本国民富于宗教心,祭礼正是宗教仪式,而中国人是人间主义者,以为神亦是为人生而存在者,此二者之间正有不易渡越的壕堑。"8月25至27日,第二次"大东亚文学者大会"在日本东京举行,日本作家片冈铁兵在一项《要求中国文学之确立》的提案(刊登在《文学报国》的第3号上)中,猛烈地斥责中国的"反动老作家"(即指周作人),引发了会后和周作人的一场争论。

周作人9月13日得龙榆生寄伪中央研究院筹备委员聘书。16日下午,往北京饭店,参加伪东亚文化协议会部长会。25日下午,往伪华北综合调查研究所,参加理事会会议。26日下午,往北海公园,参加伪东亚文化协议会茶话会。29日下午,往伪华北综合调查研究所办事处,参加习俗研究会会议。10月2日上午,往伪华北综合调查研究所办事处,参加理事会会议。3日下午,往东华会馆,参加东亚民俗研究会成立大会,并致祝词。7日下午,往伪华北综合调查研究所,参加理事会会议。12日,作致汪精卫信。23日上午,往伪华北政务委员会,参加伪新民会中央委员会会议,协议新民会全联会日程。26日上午往怀仁堂,参加伪新民会全体联合协议会。伪宣传部长林柏生代表汪精卫出席了会议。这次会议主要研究了"集结军政全民总力剿灭共匪,建设华北"的问题。11月8日晚,许介君来谈北大文学院事。12 日,作《两种祭规》,刊于次年 2 月《中和月刊》第 5 卷第 2 期。文中介绍了嘉庆七年刊萧山汪辉祖订定的《大宗祠祭规》和光绪十六年山阴平步青所订定的《潮祭值年祭簿》。19 日下午,往北京饭店,出席伪东亚文化协议会理事会会议。20 日上午,日人安藤来访。同日,作《俞理初的著书》,刊于次年 1 月 1 日《古今》第 38 期。文中介绍了清代学者俞正燮(理初)所著《癸巳类稿》《癸巳存稿》《四养斋诗集》等。24 日下午,往北京大学参加伪东亚文化协议会评议员会议。26 日上午,往北京大学参加伪东亚文化协议会评议员会议。下午,往北京大学文学院,出席伪东亚文化协议会文学部会,又至北京饭店参加伪东亚文化协议会茶话会。27 日下午,往北京大学,继续参加伪东亚文化协议会评议员大会,会上改选了评议会职员,周作人连任评议会会长。12 月 6 日晚,许介君来访。8 日,作《论小说教育》,刊于次年 2 月 10 日《天地》第 5 期。30 日,寄汪精卫信。下午,往留日同学会,出席习俗调查会会议。同日,作《药堂杂文·序》。是年,伪华北作家协会设立文艺奖金,周作人任散文方面的主审委员。(参见张菊香、张铁荣主编《周作人年谱》,南开大学出版社 1985 年版;王学典《20 世纪史学编年(1900—1949)》,商务印书馆 2014 年版)

谢国桢 2 月 3 日撰写的自传性质散文《三吴回忆录》在《古今》上陆续发表。此文不是在全部写成后才分成若干部分发表的,而是依撰写进度先后刊载于是年周黎庵在上海主编的《古今》(自第 9 期起改为半月刊)第 15 期、创刊周年纪念特大号第 19 期和 5 月 1 日发行的第 22 期上。5 月,所作《雪堂所编丛书解题》刊于《中德学志》第 5 卷第 12 期。夏、秋,谢国桢两次至上海,认识朱朴之、周黎庵。朱、周分别为上海《古今》杂志的社长、主编。(参见牛建强《谢国桢先生年谱》,《明史研究》2010 年第 1 期)

容庚 9 月 5 日过 50 寿诞,此为其有生以来最郁闷的一个生日。据容庚日记载:"是日为予五十诞辰,因虎疫四城关闭,黯然度过。"日军控制下的北平,因虎列拉(霍乱)病流行而关闭城门。但容庚是在郁闷之中,仍不忘反思既往校正人生方向。他在日记中写道:"读《东塾集》,中有《与陈懿叔书》云:'澧亦自念:人之一生,岁月几何? 精神几何? 才智几何? 如我所好,一一为之,虽寿如彭祖不能毕其事,乃稍稍减损。有索诗者,则为诗,不摹仿古人诗矣;有索书者,则书字,不临写古人书矣。以为不得已应酬而已,自尔以来,二十余年,不惟不学诗,不学书,乃并小学、音韵之属亦皆辍业,近年惟读经史,日有课程,如学童初入塾者,安得有余力以学诗哉?'"容庚进而反思道:"予近来颇好书画,亦当以此自戒,复归考古,庶不至顾此失彼乎。东坡诗:'多好竟无成,不精安用夥。'当书作楹联以铭座右。"随后基本上回归到古文字与青铜器考古研究的道路上来。(参见容庚著、夏和顺整理《容庚北平日记》,中华书局 2019 年版)

张东荪自去年秋出狱后,至是年春在北平险恶的环境中完成《思想与社会》,并抄录多套以备不测。张东荪托人将书稿带到大后方,交给好友张君劢撰序并联系出版。张东荪在被日本宪兵逮捕关进监狱期间,继续对知识与文化的关系问题进行思索,有了一些心得。出狱后半年,即 1942 年底到 1943 年初,张东荪着手将这些思索的心得撰写出来,这便是《思想与社会》一书。此书堪称《知识与文化》的姊妹编。《思想与社会》共分 9 章,外加一个"结论",大致分三部分:一是讨论思想与社会的关系,一方面说明社会文化对理论知识的限制作用,另一方面说明理论知识(思想)对文化(社会)的反作用(1—4 章);二是比较中西道统,实际上是从纵向比较中西思想和文化的差异(5—8 章);三是探讨了中国文化的出路问题(第 9 章及"结论")。全书的主旨是继续讨论知识与文化的关系,即思想与社会的关系问题,补充其"多元交互主义"的知识论,尤其对理论知识的性质作了非常精辟的阐述。

按:张东荪《思想与社会·序论》(上海商务印书馆 1946 年版)曰:"我在两年以前想把这三种态度合并在一起作一个综合的知识论,遂写成一书,其名是《知识与文化》。写了这部书以后又拿它作讲义在大学讲了一次。当时就觉得尚留下许多问题在那书上未曾提到。后来虽时时想再作一个补充而总是苦于人事碌碌没有工夫。等到入了狱以后,初起精神甚为不振,不能思索,后来经友人劝慰,以为与其枯坐不如择若干哲学问题来加以冥索。于是忽又有一些所见。只是苦于无纸笔,虽时有所思而无法记录下来。出狱以后以致所思者已忘去大半,仅余一个轮廓而已。本书可以说就是那个轮廓而又加以补充与修正始成功的。书中所说几乎完全是增补前作《知识与文化》。亦可说就是《知识与文化》之续编。或称之为姊妹编亦无不可。"

张东荪 6 月派叶笃义赴解放区与十八集团军总部联系。张东荪在被捕入狱期间,其学生姚继鸣也被捕。张东荪很快得知他也是一位中共地下党员,便想通过姚继鸣重新建立与中共的联系。但姚继鸣表示不能代表中共与他联系,只表示可以代为牵线。通过姚继鸣的介绍,张东荪派叶笃义直接与十八集团军总部联系,并希望能与中共建立一个书面的协定。7 月 7 日,叶笃义受张东荪之命秘密到十八集团军总部,与彭德怀等人会晤,签订合作协议。20 日,张君劢为张东荪《思想与社会》作序,并将其纳入《东西文化丛书》,由重庆商务印书馆于 1946 年 3 月正式出版。张君劢在较长时间内被视为中国现代非理智主义的代表,经过一段时间的思考后,张君劢的思想发生了变化,转向理性主义。秋,中国民主政团同盟代表张云川在离开苏北返回重庆之前,来到日寇统治下的北平。他第一次把中国民主政团同盟的政治纲领带到北平,与张东荪、王宾荪、王大鲁、许宝骙、杨毓珣等人聚晤,商讨根据"政治纲领"在华北地区开展工作,积极宣传团结抗日,坚定抗战信心等问题。为了便于开展工作,张东荪等人决定组织一个秘密的青年组织——中国青年互助会,作为中国民主政团同盟的外围组织,吸收那些不愿做亡国奴、急于寻找抗日救国道路的进步青年参加。(参见左玉河编《张东荪年谱》,群言出版社 2014 年版;左玉河编《中国近代思想家文库·张东荪卷》及附录《张东荪年谱简编》,中国人民大学出版社 2015 年版)

赵紫宸潜心创作《基督教进解》,谋求突破西人对基督教的解释,树立中国基督教神学旗帜。(参见赵晓阳编《中国近代思想家文库·赵紫宸卷》及附录《赵紫宸年谱简编》,中国人民大学出版社 2014 年版)

张尔田《玉溪生诗评》(续)、《龙榆生词序》3 月刊于《同声月刊》第 3 卷第 1 号。4 月,《玉溪生诗评》(续)刊于《同声月刊》第 3 卷第 2 号。5 月,张芝联从问中国文化真相,先生略述梗概,张芝联为之记录,名之曰《历史五讲》。7 月,《株昭集》(诗 95 首)刊于《同声月刊》第 3 卷第 5 号,龙榆生作跋。8 月,龙榆生携长女顺宜北上游历。在北平,晤阔别 14 年之久的张尔田。张尔田有词《忆旧游》(榆生北来见访,不相见者十四年矣,喜而赋之)以及《株昭集刊误》刊于《同声月刊》第 3 卷第 6 号。(参见孙文阁、张笑川编《中国近代思想家文库·张尔田、柳诒徵卷》及附录《张尔田年谱简编》,中国人民大学出版社 2014 年版)

张宗颖 9 月在《中德杂志》第 5 卷第 3 期发表《社会学的历史观》。文章从社会学立场说明历史记载受社会制度的限定,它无所谓因果,也没有定律,甚至历史的真相也无从认识。历史知识的价值不在寻求因果定律,而在于"在创造新理想或维持旧组织任何一项企图中,常被用作有力的说服工具""显明的是意识形态的表映的一种方法""它应视作现在社会秩序的一种安定力,或是推动力"。作者认为,历史不能成为科学。

按:张宗颖为张东荪三子,1940 年毕业于昆明清华大学(西南联合大学)社会学系,1947 年北平燕京

大学研究院硕士毕业。(参见王学典《20世纪史学编年(1900—1949)》,商务印书馆2014年版)

傅增湘1月1日撰《校神异经跋》,费两日功夫,以《太平御览》本《神异经》,对勘程氏《汉魏丛书》本,后又勘《太平广记》本,方可读。6日,撰《校别国洞冥记跋》,以《太平御览》本校程刻本,补脱纠缪不少并举例,远胜昔年用《文房》《说郛》两本校勘所得。13日,撰《明钞本论语意原跋》,此残本源出宋刻,录自明贤,为谢肇淛所钞,纠正了《武英殿聚珍版书》分为四卷之错。24日,开始以宋本《苕溪渔隐丛话后集》校杨佑启耘经楼本,至2月28日完毕,改讹删补共2578字。同月,撰《元刊本集千家注批点杜工部诗集跋》,略记此书版本之大略;撰《影宋本披沙集跋》,记原本与钞本之传授源流,杨守敬与邓孝先之藏书聚散大略;撰《朱竹垞腾笑集跋》,叙此书传授之故实,并附冯柳东识语于后。20日,取粤局覆聚珍本《公是集》点勘校钞本,28日结束,历时9天。23日,以影宋本《旧闻证误》与《涵海》本对校,拾遗纠缪,收获不小,并与书后撰写识语,附录宋本溢出各条。创稿于1928年9月,完成于1936年11月的《宋代蜀文辑存》,因兵事而未能付梓。历经16年后终于于2月开始刊刻。此书100卷,收录蜀人之文2600余首,作者450余人。3月1日,阅毕宋本《附释文互注礼部韵略五卷》,此为借文禄堂王进卿之书,并归还。3日,撰写《宋刊本苕溪渔隐丛话跋》,作者以宋刊后集与1741年海盐杨佑启耘经楼依宋本重刊本对勘,改正甚多;根据宋刻特点、标题"绍兴甲寅",断为杨刻非宋本覆梓,而是据元翠岩精舍本;并叙此本近世传授源流。6日,撰写《明刊愧郯录跋》《明刊程史跋》,此书得于厂肆,为潘文勤公旧藏;于石斋撰《明刊野客丛书跋》,考王毅祥生平。8日,于长春室撰《石园全集跋》,此为李元鼎与其夫人朱中楣的著作合集,家藏灌婴庙瓦砚也是文房雅供。月初,撰写《校钞本公是集跋》。31日,于昆明湖致信张元济:刻《游记》三册;《蜀文》开印;正校宋本《渔隐丛话后集》40卷,改订2000余字。同月,览《广见闻录》,撰跋记此书大意,考《四库存目》所录版本源流。

傅增湘4月9日撰《钞本摩墨亭墨考跋》,略记此书概要及撰人颜崇规生平。10日,撰《消夏闲记跋》,此书为钞本笔记一册,后阅《涵芬楼秘笈》,得以明此帙源流。5月11日晨起,撰《钞本权载之文集跋》;撰《钞本权文公集跋》,此书游吴中时得之沈韵伯家。下旬,撰《知非堂稿跋》,此书为徐森玉旧藏,流布厂肆,谢刚主送与傅增湘。6月初,撰《异鱼图赞笺并补赞闰集跋》,此书得于厂肆,为梁节庵旧藏。6月3日,以陆存斋本《墨薮》对校明刊本,改订陆本逾百许字,佳胜之处撰跋记之。14日,移入砚云岩山馆第一日,撰《戴松门写本秋堂集跋》,此本从赵元方借,校李振堂刻《宋人集》本,编次大异,字句差讹,赖戴本钞补改正,并评秋棠诗文,戴跋四则附跋后。18日,于昆明湖撰《边州闻见录跋》,此书所涉滇、黔、蜀、粤,其中记蜀地事最详,可补蜀旧闻佚事。下旬,于瓮山西麓补记《朱少河杂著稿本跋》,恐此书失传,公布于世,供他人取资。8月,为整理而成的《藏园群书题记初集》撰写识语。9月25日,撰《题元本韩诗外传》,此为1937年吴梅庵所赠翻元本底本。10月,览元刊《华严经》,于书后记此本成书之原委。12月4日,撰《记皇舆全览》,昔年借陶湘《皇舆全览》阅览,无首帙,其测量法为绳记法,别书未曾见过。考此书编撰时间和卷数,近日从顾侠君《阎邱年谱》断为康熙四十四年奉旨编著。11日,于企骥轩撰《影宋本分门纂类唐歌诗跋》,此为友人赵东甫所赠影宋钞本,曹栋亭言源于绛云楼,与阮文达《宛委别藏》对勘,先后次第及字句都有差异,经推寻,系阮文达以意窜改古本而致。12日,览《却扫编》述古堂钞本,略与尹家书籍铺本校勘,字句有异,于企骥轩撰跋记之。此月,撰《钞本浮休杂志跋》《钞本林居漫录跋》,撮其大意,考撰人伍袁萃生平;撰《汲古阁刊本沧螺集跋》,汲古阁所刊别集单行本惟元之《牧潜集》、明初《清江碧嶂集》和此本，传世不多，甚为稀觏。12 月 27 日至 1944 年 1 月 24 日间，于文友堂见明刊本《南宋名臣言行录十六卷》，有人题为宋版，错也。是年，详记宋刊本《册府元龟一千卷》所存各卷，以及已校卷数，共存 594 卷；自行排印 1942 年所整理的《藏园群书题记初集》8 卷。（参见孙英爱《傅增湘年谱》，河北大学硕士学位论文，2012 年）

王静如 8 月在《华北编译馆馆刊》第 2 卷第 8 期发表《二十世纪之法国汉学及其对于中国学术之影响》。此文是王静如在设在东皇城根原中法大学校舍的中法汉学研究所的演讲，由瞿宝恩记录。文中介绍了葛兰言的学术方法，且对之加以相对正面的评价，指出，法国汉学得以成为一种专门的学问，是起于十九世纪时，在"近五十年来的二十世纪"才影响"汉学发生的本土"，即中国。王静如认为沙畹以前的法国汉学是"语文考据方法"，自沙畹起在"语文考据方法"的基础上又加上"史学方法"，自葛兰言起又在以上基础上加上"社会学方法"。王静如指出"三十年来中国学术界受法国汉学影响至为巨大而广发"，并认为最先受法国汉学影响的是王国维，之后胡适、陈寅恪、中研院史语所、徐炳昶、冯承钧、张星烺、裴文中、邵循正、李玄伯等都受到法国不同时期汉学的影响。王静如希望中国学者"尽量采法国汉学的方法及其优点以董理国学、史学"，法国的汉学家利用便利多和中国有见地的学人交往，"深深理解中国学者个别优点"，这"不只是国学或汉学的光明道路，并且是两国学术文化光明的开始"。（参见王铭铭《葛兰言（Marcel Granet）何故少有追随者》，《民族学刊》2010 年第 1 期；王学典《20 世纪史学编年（1900—1949）》，商务印书馆 2014 年版）

张兆和表现逃难群众悲惨生活的《流民图》9 月终于完稿。此画一幅高两米、长约 26 米，足足画了两年。10 月 29 日，《流民图》在太庙如期展出。前来看画的人，瞬间就被长卷上的画面所震撼。在画面中，100 多个无家可归的难民，或立或坐或蹲或卧地出现在观画者眼前，他们衣衫褴褛，脸上写满了苦难与沧桑，氛围悲怆，让人有喘不过气来的感觉。一幅《流民图》足以真实而形象地反映出日本侵略者给中国人民造成的巨大灾难，足以浓缩中华民族在这一时期的屈辱历史。有人说它是"为民写真的现实主义杰作"，有人说它"开创了中国人物画的新纪元"。开幕不久，50 套《流民图》照片就全部售空。侵华日军因此感到了心虚和恐慌，在展出短短几个小时后，便出动宪兵和警察进行清场、禁展。（参见覃仕勇《隐忍与抗争：抗战中的北平文化界》，北京时代华文书局 2015 年版）

雷振邦从日本回国，先后在北平女子中学和惠中女子中学做音乐教员。

圆瑛在北京中国佛学院发表演讲，号召佛教青年要肩挑"救国爱教"两副重担，不能闭门读书，要对国家存亡负起责任。

邹韬奋 2 月初病情加剧，决定返沪。临行时他曾对戴伯韬同志表示：敌后抗日民主根据地是全国最理想的地方，真正的民主自由在共产党领导下的抗日根据地实现了，没有正确的政策和具体细致的工作，不可能取得这样的成就。他"希望病快快好，好了我立刻就回来"。上旬，新四军军部派专人护送邹韬奋回沪。中途到新四军一师师部驻地时会见了粟裕司令员，了解苏中解放区战况。中旬，返沪住陈其襄家。经医生会诊检查，确诊为癌症。3 月初，由陈其襄用德和企业公司经理的身份具保住进上海红十字医院治疗，先休养了一段时间。5 月，由外科主任穆瑞芬医师主治，施行手术。这时夫人沈粹缜和大儿子邹嘉骅已由桂林来沪陪伴。邹韬奋在恢复期中对沈粹缜畅谈从梅县乡间分别以后的情况，以及在苏北的见闻，此时记忆力很好。6 月，用镭锭进行放射治疗，此后右太阳穴和右颊经常发生剧痛，并日益加剧,甚至在地板上爬滚,面部的肌肉抽搐,眼泪即时夺眶而出。邹韬奋顽强地同病魔搏斗,并对人说:"我的眼泪并不是软弱的表示,也不是悲观。我对任何事情从来不悲观。我只是痛到最最不能忍受的时候,用眼泪来同病痛作斗争!"7月,上海地下党组织派人到新四军军部汇报邹韬奋病况。陈毅军长主持紧急会议,范长江、曾山、钱俊瑞等出席,会上决定派人秘密赴北平请名医到沪医治。陈毅强调:"要用尽一切力量,想尽一切办法,不惜任何代价来医治他的病。"8月,邹韬奋病势稍有起色。去信新四军军部,要求到苏北去治病。9月,转剑桥医院住院。癌细胞转移,病情恶化,每天注射麻醉针药。生活书店负责人徐伯昕从桂林来沪看望韬奋,向他汇报书店在内地的工作情况。邹韬奋表示,"希望病愈之后再和大家一起继续努力二三十年",并谈了今后的打算:"第一他要恢复生活书店;第二他想为失学青年办一个图书馆;第三,他要办一个日报,以偿他的夙愿。"10月间,中共中央华中局派徐雪寒同志来沪探望韬奋病况,韬奋表示希望病愈后很快就能回到苏北解放区去,并写了一封信托徐转交华中局,说"我死也死在抗日民主根据地"。11月间,为避敌伪耳目,转去瞿直夫医院,不久,又转去德济医院。先后用假名"邹恒逊""邹白甫""李晋卿"。(参见复旦大学新闻系研究室编《邹韬奋年谱》,复旦大学出版社出版1982年版)

郑振铎继续潜居上海。1月29日,致刘承幹信:"尊处与张叔平先生所订售书合同,敝人原为中人之一,至今牵延未决,敝人决意退出中人地位,特此声明,敬祈鉴察。"据刘承幹《壬午让书纪事》:"因此时外面有种种流言,谓中人所得甚丰,而张叔平且亲语(叶)揆初,谓已厚酬中人,展转传述,西谛闻之不快,因有来函辞退中人地位。"2月12日,郑振铎日记载:"初八日。今日为入春后第一次阅肆,至富晋、忠厚、来青、来薰,饭后,又至汉文渊、文汇、上海、书林及传新。在忠厚购《痛史》,来薰购《荆驼逸史》及《明季稗史汇编》,传新购《南疆绎史》,备校勘用也。《绎史》并不坏。尚有《小腆纪年、纪传》《两朝剥复录》《南天恨》《记载汇编》《明季南北略》《适园丛书》《国粹丛书》等,虽已有,仍拟再购之,以资比勘。"3月,为购藏缪荃孙《艺风藏书再续记》作题跋:"记中书多曾目睹,读之如与故人相见也。"4月6日,郑振铎日记载:"十时许,至来薰阁小坐,见吴向之稿本《明资治通鉴长编》及《乾隆以来系年要录》已到,即致电伯祥,嘱其即来检点册数。购《善本书影》别卷及《中国书籍解题》各一册,均长泽氏所著。至忠厚,购《劫灰录》等二种。见彼等正在以残书及《经策通纂》等不售书,作废纸售予纸厂估人;仅六七扎,得价六七百金,似不较售出为廉。近来旧书旧报,大量的被纸商收去造纸,将来若《九朝圣训》等大部而价廉之书均将绝迹于世,实文化之一大浩劫也! 思之,为之慨慨无已!"

郑振铎继续收集珍本文献。4月16日,郑振铎化名"犀"致蒋复璁隐语信:"李平记款已收到……兄处日用浩大,未必敷用,而尚能勉拨家用,感激之忱,非言可宣。谢甚,谢甚! 此间费用日增,大是不了,幸合家大小均甚安吉,可慰远念! 芹、圣二位老辈亦均健安,乞勿念! ……弟因家用不继,去冬曾押去自藏之词曲一批,今春又售去明板书若干,方得勉强不至挨饿………近来有人计画开设旧书肆……兄处如需手头应用之书,当可陆续寄上矣,然尚未必能否告成也。"5月11日,化名"犀"致蒋复璁隐语信,"此间生活程度,春夏之间又数度高涨""今日方始感到经济压迫之苦也",又介绍"友人杨泉德君……最近拟回乡一行,尚乞赐以接谈并援手为感"。7月18日,郑振铎化名"犀"致蒋复璁隐语信,提到"物价之高涨无止境""弟向不诉苦谈穷,然今春以后,却亦不能不叫苦矣。尚望吾兄处随时加以资助为感。现时积欠李平记已有数千之多,得此信时,请即付第一模范市场二十号中国农工银行齐云青君六千元。请其转入李平记账内,以便还清旧欠。"8 月 7 日,郑振铎化名"犀"致蒋复璁隐语信:"前上一函,谅已达到。所请拨付农工银行齐云青君存入李平记账内之六千元,恳请照付为感!⋯⋯如为了囤积计,则书籍殆为最冷落、最廉价之物。⋯⋯似应乘此时多收若干,盖人弃我取,实计之至上者。⋯⋯对此'滂喜'物,我辈应如何珍视之乎?! 与圣翁商谈久之,束手无策,相对长叹。今日之大藏家,南瞿外,便应数到'滂喜''宝礼'二潘矣。'滂喜'如散失,诚不可补救之一大劫也。⋯⋯我辈日夜思维,无计可施,不得不恳兄向紫阳、颍川二股东处极力设法,筹得此款,以便购入。"郑振铎并已先向开明书店借款垫付。

> 按:11 月,伍麟趾编南京汪伪杂志《出版月报》第 3—4 期《文化出版报道》栏载:"郑振铎近日绝鲜写作,闻在静安寺路开一旧书店,自为老板,日夕研究古书。"12 月 2 日,郑振铎残存访书日录:"于忠厚书庄袁西江处见到古泉拓本十三种,甚精。古泉之学,今胜于昔。凡古人所视为珍罕之品,在今日往往是习见之物。然古人一番搜讨之苦辛,却不容埋没。故此十许种书,在货币研究史上自有其重要之价值,西江索价三万金,余无力购入,乃录目如下,惟愿此十余种能得所归也。"(参见陈福康《郑振铎年谱》,三晋出版社 2008 年版)

徐森玉 7 月 19 日化名圣予致蒋复璁隐语信:"前因生意乖角,蒙向武兄告急,加以援助,得度危难,感荷无似! 犀处大小平安,惟此间生活已高至极峰,度日维艰,璇白兄慨借三千(储券),以为薪米之资,期限一个半月。先生接此信后,祈速筹六千,交第一模范商场廿号中国农工银行齐云青兄手收,归还李平记旧欠,不胜盼祷! 明知尊处境非裕如,然除此无他善法,尚希见谅!"(信内附郑振铎手书便条,未签名;"年内需款约二万元,已设法在此拨借。函详。")蒋批:"函复。已函。五万元由农工银行汇李平记转交。"信封上蒋批:"复于六月间由齐云青先生告犀兄需五千元,当即交去,度已由李平记转到。现又托冷僧之侄汇去五百元,由揆翁转交。年内当再设法汇奉若干。"8 月 6 日,徐森玉化名圣予致蒋复璁隐语信:"前寄各函,谅邀青照。商场齐处,当蒙接洽,不胜驰系。此间货价,较前去两岁约增二十余倍,而买主亦日众。偶有一二种货出现,始则竞鞭争先,未知鹿死谁手;终则为有力者负之他去。久有芝艾俱尽之叹! 有心人均以为宜从速设法挽救,俾免将来无米为炊也! 吴县潘氏所存各货,驰名已久,博山兄故后,亏空甚多,议陆续变货还债。此事知者尚鲜,故不觉喧呶。前日首出之货,已为友人斥产收藏(将来可以转让),次出者则无力保存矣。圣与犀商讨此事,责任惟在总号不宜妄自菲薄。祈用全力筹十万交开明号收账,此间即从该号逐次取款收购。至于辨别功楷、乏抑价值,圣与犀当竭尽知能赴之。倘得如愿,较之芹藻,尤觉生色。又,商号珍丛,业已售罄,存商号款当甚钜,如此款可提,则不必从开明转折,公能设法否? 公是余货,去冬某君用二十万收购,即以一小部分转鬻于朱某,已得二十余万。嗣公是悔议价太低,致函某君废约,将来恐致涉讼。公是菁华,其价值当数十倍于此。至今思之,令人短气! 可见事过审慎,反无益有害。桑榆之收,此其时矣!"(参见陈福康《郑振铎年谱》,三晋出版社 2008 年版)

李登辉继续主持复旦沪校。2 月,章益就任国立复旦大学校长。李登辉弛书庆贺,称"得子继吾衣钵,吾无憾矣"。李登辉曾语沪校同人:"余执教近 40 年,现年老力衰,无能为力,友三(章益)从我多年,与我善,知我深,执掌吾校,定能'得天下之英才而教育之',我深为今日之中国青年庆⋯⋯"4 月 16 日,有日方背景的"上海华侨公论社",邀李登辉对海外华侨撰文,李以"贱体弱衰、右目昏糊,不克撰文"为由婉拒。9 月 10 日,汪伪首脑陈公博、林柏生在上海举行文化界名流座谈会,邀请李登辉出席,李以体衰目昏为由拒绝与会。10 月 10 日,国庆日。李登辉与多位青年学子为国家民族长跪祈祷。沪上青年受李登辉领导者,莫不得其精神上之感召。英国传教士贝克与李登辉结识甚久,知其人格,乃谓一般青年曰:"The youngmen of our New China still needs the voice of Dr. Lee."自沪校创立后,李登辉虽年高体弱,每日上午仍至校听课。所听课有英文、法文、德文、莎士比亚戏剧、英国文学批评等。(参见钱益民《李登辉传》及附录四《李登辉年谱简编》,复旦大学出版社 2005 年版)

马叙伦继续隐居上海,"日日躬亲涤扫,尝平生未有之苦,亦得许多乐趣,以能体味人生,知处世接物之道"。4 月 18 日,与开明书店夏丏尊、章锡琛、王伯祥等商谈《说文解字六书疏证》出版事。春,经任铭善介绍,收任表弟沈幼征为徒。5 月上旬,致函顾廷龙借书。7日,顾廷龙"得马叙伦借书信"。次日,顾"复马叙伦信"。13 日,还书合众图书馆。上半年,为沈幼征写介绍信致丁福保(仲祜)。沈幼征《回忆马叙伦先生》(《杭州文史资料》第 23辑):"听了几周课以后,我感到先生讲课所涉及的内容极为广泛,按照先生的指导去自学,需要很多资料,而我手头只有一部段玉裁的《说文解字注》。于是,请教先生买哪几部参考书比较恰当。先生指着身旁凳子上说,应当买一部《说文解字诂林》。我告诉他坊间买不到这部书,先生说,'丁仲祜先生那里还留有几部,我给你写封介绍信,一定可以买到。'立即提笔写了一封介绍信交给我。可是这部书价格较高,我当时没有工作,治病及生活费用都是我哥给我钱,我又怎能再向他要这笔钱呢?书没有买,这封介绍信我却作为珍贵的情意,一直保存到解放以后。在马先生那里大约只学习了三四个月,我接到家信,母亲患上重病,不得不告辞先生,离开上海。"12 月 2 日,夏承焘致宓逸群函,附信致马求书绝句。(参见卢礼阳《马叙伦年谱》,浙江古籍出版社 2021 年版)

蒋伯潜、蒋祖怡父子的国学著作"国学汇纂丛书"1 月由上海正中书局开始出版。该丛书收录蒋伯潜编著的《文体论纂要》《文字学纂要》《校雠目录学纂要》《诸子学纂要》《经学纂要》《理学纂要》,蒋祖怡编著的《史学纂要》《诗歌文学纂要》《小说纂要》等 10 部著作。(参见王学典《20 世纪史学编年(1900—1949)》,商务印书馆 2014 年版)

谭正璧 7 月创办新中国艺术学院(我党地下工作之一),任校长。未满二月,遭敌特破坏而停办。又数年间在各杂志投稿数百篇,有长篇历史剧 5 种《梅花梦》《洛神赋》《长恨歌》《金缕曲》《浪淘沙》,独幕剧 8 种《于陵嫌》《邯郸梦》《赈灾行》《断裾记》《旗亭欢》《女神哭》《商女泪》《文蠹心》,汇成《蘖楼戏剧集》。(参见谭麓《谭正璧年谱》,载周嘉主编《嚣云》第 2 辑,中西书局 2014 年版)

唐文治继续在上海举办国专沪校。1 月,国专沪校毕业民国三十一年度第一学期学生,2 人,皆为三年制国学科。2 月,国专沪校开学,学生实到者百余人。唐文治仍授《论语》与读文、作文文法。同月 22 日,蒋介石以侍秘字第 16118 号代电致教育部长陈立夫,称:"据转呈国立编译馆编审侯谔等签呈悉,唐蔚芝先生毕生办学,晚节清高,良堪矜式。除已去电慰问、并致救济费叁万元交该部转汇外,所请资送该沪分校师生内移一节,即希核办为要……"4 月 7 日,金巨山招俞寿田、许鲁山、沈信卿、田鲁渔、唐文治、孙沧叟、冒鹤亭、戴伯寅、闵瑞之共 9 人宴饮,皆年 70 以上。金巨山首成五古,诸人依韵和之,并摄影,是为《海滨九老图》。后唐文治于次年夏撰《海滨修禊图记》以志。国专计划内迁既未果,不久,为不向敌伪当局登记立案,国专沪校将校名恢复为私立性质的"国学专修馆",仍请王蘧常担任教务主任,陈养浩为训育员,张仲礼为会计员。当时办学经费拮据,幸有金城银行吴蕴斋补助1 万元,得以使困难稍有缓解。7 月,国专沪校毕业民国三十一年度第二学期学生 5 人,皆为三年制国学科。夏,金松岑作《海上七君子诗》。所谓"海上七君子"系指唐文治、钟天静、冒鹤亭、高吹万、吕思勉、邓老铁、胡嘉言。8 月，国专沪校开学，唐文治为学生授课二节，一为《孝经大义》，一为《国文大义》。是年，金巨山著《读书管见》由商务印书馆印行，唐文治为之作序。（参见陆阳《唐文治年谱》，上海三联书店 2013 年版）

夏敬观 1 月 1 日在上海《东方文化》第 2 卷第 1 期发表《西戎续考》。2 月 19 日，赴李宣龚招饮。座有陈瀓一、陈伯冶、沈剑知、钱锺书、朱象甫、顾廷龙。4 月 4 日，赴李宣龚招食茶点。座有冒广生、沈昆三、沈剑知、瞿凤起、瞿旭初、顾公雄、黄霭农、顾廷龙、钱锺书。8 月 10 日，赴李宣龚招晚餐。座有冒广生、沈昆三、沈剑知、瞿旭初、顾廷龙、钱锺书。10 月 7 日（重九），赴郑韶觉招饮，赋诗柬冒广生、李宣龚、叶恭绰。12 月 7 日，龙榆生致函夏敬观云："补寄《同声月刊》想承察入。《戈韵斠正》能在开明出版，有功于词林者至大。《汇辑词话》未刊之稿，谨代保存，以后仍拟陆续刊出，他日老伯别印专书，可随时寄上也。"是年，撰成《春秋繁露补遗》1 卷、《订正戈顺卿词林正韵》1 卷。（参见陈谊《夏敬观年谱》，黄山书社 2007 年版）

叶恭绰将其所藏之方志、山志、书院志、寺观志、古迹志，及关于文献考古的函札图片都捐给上海合众图书馆，此馆是年 3 月先做出了一个关于地理类的编目，共计地理类图籍 960 种 2245 册。28 日，将《清代学者象传》拟目 245 人送顾廷龙，嘱其代为删减至 120 人左右。顾觉得此事难办，首先选取学者的范围大与小都在于编者自己，如果着重于像的话就不必删，如果希望眉目清楚就可以分类，如果不重于像，那删去的人就太多了，这批人也都已经有传记，不必再重写，也写不好。4 月 2 日，将《内阁大库档案目》80 余件寄给顾廷龙看，但是并无重要的。16 日，赠给顾廷龙自刻的著作，并嘱顾廷龙访钱重知，接洽领取山志之事。5 月 1 日，捐赠山水书院妙语等志约 847 种给合众图书馆。21 日，叶景葵来访，并代顾廷龙致意。25 日，钱重知来替叶恭绰面交书函，并代合众图书馆拟具答复稿。28 日，北京荣宝斋书画扇面展览会在宁波同乡会大礼堂举行，至 6 月 3 日止，展出叶恭绰、吴湖帆、冯超然、齐白石、赵叔孺、梅兰芳、溥心畬、溥雪斋、祁井西、萧谦中、陈半丁等南北名家作品。6 月 12 日，托钱重知转交顾廷龙自己的藏书印、赠书印各一方，嘱咐每册钤之。7 月 30 日，叶恭绰致顾廷龙信，借抄《文道希手札》。8 月 28 日，胡文楷将叶恭绰题跋过的《秀野草堂图卷》转交顾廷龙。9 月 9 日，叶恭绰致函顾廷龙，说张謇等像将画好。10 月 9 日，叶恭绰电话告之顾廷龙，宣古愚（人哲）所遗金石书很多，拟赠合众图书馆，但是要另辟一室来保存，或者分出半间，在门上加以标识，让顾廷龙和叶景葵商夺。10 月 19 日，叶恭绰电话告知顾廷龙《经学博采录》中有清学者像传资料。11 月 16 日，送传记资料丁、王两姓两札给顾廷龙。12 月 24 日，赠给顾廷龙千元为撰写《续清代学者象传》的报酬。（参见杨雨瑶《叶恭绰先生艺文年谱》（下），《艺术工作》2019 年第 1 期；王震《20 世纪上海美术年表》，上海书画出版社 2005 年版）

黄宾虹 1 月 80 大寿，其挚友傅雷和弟子顾飞夫妇为他在上海举办了一场大型个人画展。北平艺专的日本主持人听说是黄宾虹 80 寿辰，准备以学校师生名义为他举行庆寿会。黄宾虹认为日本人此举是黄鼠狼给鸡拜年，不安好心，拒绝到会。当晚，齐白石老人专门为他的 80 寿辰画了一幅蟠桃图，亲自送到府上祝贺。"南黄北齐"，不但艺术成就相近，在关于国家命运、民族气节的大义上，也没有半点含糊，为当时的全国人民及后世子孙做出了表率。11 月 19 日，黄宾虹书画展在宁波同乡会 4 楼举行，至 23 日止。（参见覃仕勇《隐忍与抗争：抗战中的北平文化界》，北京时代华文书局 2015 年版；王震《20 世纪上海美术年表》，上海书画出版社 2005 年版）

刘海粟 5 月 25 日由南洋乘日本军用飞机辗转抵沪，并对日伪新闻记者发表谈话，称道

"大日本"的"王道"。6月8日，上海急赈华北灾荒，由《申报》馆代收赈款、赈品，各方捐献极为踊跃，已收到方行素捐赠名贵书画20余件，内有石涛《墨竹》等。6月11日，为华北急赈书画展，《申报》收到刘海粟捐赠所作油画《雪》、国画《兰》《竹》两幅，字屏四幅。11月29日，刘海粟画展预展在中国画苑举行，由张一鹏、林康侯主持，到会者中日各界300余人，日本方面有东亚同文会副会长津田中将，海军武官府长近藤少将，盐田大尉，陆军部川本大佐，日本大使馆奥村课长，岩井书记官，华中振兴公司高岛总裁、冈部顾问等。中方有周作民、朱朴之、陈绍妫、赵晋卿、吴湖帆、丁伯雄、潘仰尧、周化人、柳雨生等人，并以茶点招待。

按：1953年6月1日，徐悲鸿写了第一封信给周扬部长，诉说刘海粟的四大罪状，其中第一条即是"乘用日本军用飞机从新加坡返回上海，并与日本军官来往密切"。（参见王震《20世纪上海美术年表》，上海书画出版社2005年版）

郑午昌师生画展5月7日在大新公司4楼画厅举行，出品弟子有蒋孝游、娄咏芬、潘君诺、吴其苇、尤其侃、朱旌圣、王吉轩、吴子余、谢宝树、王宸昌、丁庆龄、汪海澜、陈静子、陈石濑、潘季华、贝聿昭、翁潜、吕哲民、尤冰如、张宇澄、郑克乡等21人。展品共156件。除每人选出一件充作助学义卖外，其余悉属非卖品。义卖之件可以复定，郑氏更愿为清寒子弟挥毫。至9日止。5月11日，郑午昌师生书画义卖助学在大新公司4楼画厅继续举行，师生23人，卖品26件，竞卖一空。其中郑午昌之《松壑鸣琴》，竞卖11次，以4000元成交，朱旌圣《临梅道人》，竞卖9次，以1300元成交，贝聿昭《仿大痴》，竞卖4次，以500元成交。共得中储券16840元，悉数捐与《申报》《新闻报》助学金。9月14日，甲午同庚千龄会在魏延荣私人花园榕园举行第一次集会。该会由1894年即甲午战争出生的郑午昌、吴湖帆、汪亚尘、杨清磬、秦清曾、梅兰芳、周信芳、李祖夔等20位沪上知名人士组成，是年当他们50虚岁时，祖国更遭日本的侵略，有感于此，发起是会，并定每年春、秋聚会两次，加强联系，增进团结，永不忘国难。是年，熊松泉、赵敬予、戈湘岚、殷志湘、谢之光、谢碧月、陈英泉、徐韶九为吴湖帆、梅兰芳、周信芳、汪亚尘、范烟桥、郑午昌、洪警铃、杨清磬8人绘《八骏图》。（参见王震《20世纪上海美术年表》，上海书画出版社2005年版）

顾廷龙1月2日访沈剑知，看到《王廉州册》10页，庚寅年绘，为叶恭绰所藏。17日，顾廷龙访叶恭绰，叶恭绰欲编撰三书：《全五代文》《清代学者象传二集》以及《清词选》。其《全五代文》的工作拟托付王欣夫，《清代学者象传二集》当时已经有200余人画像，还没有写传文，之前曾有人（唐某）写过但是体例不佳，于是请顾廷龙重写。《清词选》则拟请王佩净与潘景郑以及顾廷龙合作。31日，顾廷龙访叶恭绰，将《清代学者象传续编》携归细读。2月1日，顾廷龙复信叶恭绰。9日，顾廷龙访叶恭绰，谈《清代学者象传续编》纂例，时蒋谷孙亦在。10日午后，顾廷龙访叶恭绰，读叶尔凯先生遗书，取《象传》资料两包。16日，顾廷龙收到任心白居士带来的先生笺，说将请胡文楷（世范）来校《清词选》，拟到合众图书馆借查书籍。28日，顾廷龙访叶恭绰，借阅陈硕甫（奂）所藏《友朋论学书札》。此即《流翰仰瞻》23家79札，今藏复旦大学图书馆，叶恭绰后将此册赠给王欣夫。3月25日，顾廷龙到访，询问《大藏经》版本问题，叶恭绰还给他看了王欣夫所藏的江标刻汪喜孙、胡培翚尺牍，顾廷龙带回校对。4月23日，顾廷龙访叶恭绰，交还《流翰仰瞻》，谈了山志的领取手续，以双方交还一函为凭据。25日，顾廷龙到法宝馆，拜访钱重知，检点拟捐赠合众图书馆的山志，点了10箱。27日，顾廷龙到法宝馆整理了12箱书。5月9日，钱重知电话给顾廷龙让他取山志的书，一共14箱，钱重知把先生赠书的信稿交给顾廷龙，约定此图书不能转让或出售，并要在两年内编一提要。27 日，顾廷龙复信感谢，并有各董事签字，由钱重知转来。叶恭绰将所藏的地理类书籍相赠，并说是"空谷传音，良可善慰"。6 月 1 日上午，顾廷龙访叶恭绰，午后与张志孙一起到顾廷龙处。7 月 9 日，胡文楷访顾廷龙，谈到《续清代学者象传》，希望顾廷龙早日完成，顾廷龙开始着手。11 月 21 日，顾廷龙访叶恭绰，代汪伯绳求书联。谈到宣古愚藏书，先生说他的后人还在争执家产，可能稍需时日，又提到王体仁（绶珊）的藏书可能会要卖，希望合众图书馆能接收，并嘱顾廷龙联络姚虞琴。12 月 26 日，顾廷龙访叶恭绰，送来《诸贞壮集稿》9 册，并奉还稿费。（参见沈津编著《顾廷龙年谱》，上海古籍出版社于 2004 年版；张人凤、柳和城编著《张元济年谱长编》，上海交通大学出版社 2011 年版；杨雨瑶《叶恭绰先生艺文年谱》（下），《艺术工作》2019 年第 1 期）

张元济 1 月初决定卖文鬻字，以济贫困。3 月 7 日，至合众图书馆，与潘季孺、叶景葵、顾廷龙等"围坐，叙谈为快"。8 日，于寓所主持商务印书馆董事会第 450 次会议。鲍庆林报告南京分馆建房屋事。22 日，至"合众"参加董事会第三次临时会议，主席陈陶遗。叶景葵报告 1942 年度上届财产目录及收支报告；报告收到李英华捐助出版费 5000 元整。议决通过：1. 拨第二次特别购书费 5 万元，购纸费 1 万元；2. 增加膳食费、经常费与职员津贴及车费等。5 月 27 日，在寓所主持商务印书馆董事会第 451 次会议。（一）报告武定路小沙渡路口租地建筑栈房事。（二）议决 1942 年度仍垫发股东股息六厘。同日晚，李拔可招宴，先生应约前往李宅。同席有颜惠庆、冯耿光、吴震修、叶景葵、沈昆田、刘崇杰（子楷）、刘承幹等。同月，重订《鬻书润例》。7 月 2 日，在寓所主持商务印书馆董事会第 453 次会议。31 日下午，赴合众图书馆参加董事会第四次临时会议。主席陈陶遗。叶景葵报告近期各方赠书、捐款情况：5 月 1 日，叶退庵先生捐赠山水、书院、庙宇等志约 847 种，惟声明二事："（一）此书之全份经交与贵馆之后，请贵馆妥为保管，除遇天灾人事不可抗力者外，保不毁坏、散失，亦不以之转赠或售出。（二）贵馆应于两年之内将书之全部分编一提要。"5 月 15 日、7 月 9 日，李英华两次续捐出版费共中储券 1 万元。7 月 15 日，汪伯绳捐永久基金中储券 1 万元，借视叶景葵 70 寿。会议议决通过：由会费筹拨购备米油；因物价日增不已，增拨经常费及增加职员薪金、津贴；又拨第三次特别购书款 5 万元。8 月 14 日，至合众图书馆，贺叶景葵 70 寿辰。同座有顾逸农、刘子楷、李拔可、袁帅南、金任钧、李英年、陆颂尧、许梦琴、戴楚材和顾廷龙等。同日，撰古诗《叶揆初七十生日》。

张元济 9 月 22 日在寓所主持商务印书馆董事会第 453 次会议，报告：（一）"本会书记黄仲明君辞去馆务，现改委韦傅卿君继任"；（二）"鲍庆林君日前经医生检查，血压甚高，必须休息。按鲍君年来对于馆务责重事繁，辛劳备至。现既患高血压，自应劝其多加休息，所有公司对内对外一切事宜除必要者，仍请示鲍君外，只可暂由各主管人员妥为措理，俾鲍君安心静养，早复健康"。10 月 30 日午后，至叶景葵寓所参加浙江公益会董事会议。"照例三月一次，无事，故只开一次。"到会者陈仲恕、胡藻青、徐寄顾、张笃生、徐永祚、何德奎、陈元松与刘承幹等。以有 3 人任期已满，总续联任。11 月 13 日，至合众图书馆，与顾廷龙谈叶昌炽《缘督庐日记》原稿事。11 月，与陈叔通、邓实、王遽、秦更年、关善、吴仲坰、姚光等联署，为黄宾虹 80 书画展览会刊登广告请柬。是年，商务上海办事处与中华、世界、大东、开明等 5 家书局发起组织中国联合出版公司（五联）。（参见张人凤、柳和城编著《张元济年谱长编》，上海交通大学出版社 2011 年版）

陆高谊继续任世界书局总经理。2 月 10 日，重庆《大公报》载，世界书局总管理处启事：

"本公司管理处业已迁渝办公,秉承在渝各董监意旨,执行本公司业务,统辖各地分局分厂,惟在渝沦陷区内之各机构情况特殊,如有违反本处意旨之一切行为,概不承认,特此声明。"6月2日《申报》报道,中国联合出版公司,昨日隆重开幕,形成统一机构,出版复兴可期:商务印书馆、中华、世界、开明、大东等书局,联合筹备之中国联合出版股份公司,开始筹备以来,业已就绪。于昨日下午3时半假华懋饭店8楼举行茶会,招待各界。除到有该公司经理曹冰严及商务、中华、世界、开明、大东等书局经理鲍庆林、吴叔同、陆高谊、章锡琛、蒋息岑、蒋君毅等外,长官来宾莅会者,中国方面,到有陈市长代表赵秘书长尊岳,教育部李部长代表赵秘书润丰。宣传部驻沪办事处冯处长节,市教育局林局长炯庵,及来宾赵正平、闻兰亭、袁履登、黄警顽、沈仲安、夏剑丞、赵晋卿、周越然等,友邦日本方面,计到大使馆上海事务所田尻公使代表冈崎总务部长、岩井领事、田中领事、佐治部长,工部局新闻检查处菊地课长、船津长一郎、吉田东祐,同文书院大学矢田校长,日本改造社社长山本实彦,日本书籍商会会长出光,配给会社坂田武夫等200余人,三时半茶会开始,首由吴叔同主席,致开会辞。7月22日,上海《申报》公告:世界书局股份有限公司召集股东常会通告:本公司定于8月22日(星期日)下午2时,在福州路390号本公司发行所举行股东常会,改选监察人,讨论增资,及垫发卅一年度盈余,并修改章程等事项。务希各股东准时出席为荷。倘有过户或变更地址等情,请即日前来办理。自8月1日起,停止过户。除分函外,特再公告。董事会谨启。卅二年七月廿一日。22日,上海世界书局召开股东常会。23日,上海《申报》载,世界书局股份有限公司增资公告:本公司8月22日股东常会决议增加资本至国币四千万元,尽老股东优先认购,认股期限自本年8月23日起至本年9月10日止,逾期不认,作为自愿放弃,除分函外,特再公告。董事会谨启。卅二年八月廿三日。(参见吴永贵《民国图书出版史编年:1912—1949》,社会科学文献出版社2018年版)

　　章锡琛继续任开明书店总经理。6月1日下午3时半,与鲍庆林、吴叔同、陆高谊、章锡琛、蒋息岑、蒋君毅在华懋饭店8楼出席中国联合出版公司隆重开幕茶会。7月3日,上海《申报》公告:"开明书店股份有限公司召集股东临时会公告:兹经本公司董事会议决定,于七月十一日星期日下午二时,在四马路五百十四号沪东公社召开股东临时会。报告近年营业状况,并讨论增资事宜,除函知外,特此公告。自登报日起至开会日止,照章停止过户,各股东地址如有改变,并请从速通知。"9月18日,重庆《大公报》载,开明书店股份有限公司董事会启事:查本公司业务重心业于抗战初期奉命内迁,原有南京、北平、广州、汉口、长沙、杭州各分支店亦均先后撤退。三十年7月,经本会决议,于桂林设立总办事处为正式管理机关(兹为办事便利正在准备迁渝),三十一年1月起并改上海总店为上海办事处,其职责仅为保管一部分劫余财产,对外不得发生关系,为此郑重声明,如该办事处有越权行为,本会概不承认,惟希公鉴。董事长邵仲辉。12月15日,开明书店的夏丏尊、章锡琛被日本宪兵队逮捕。25日,经同业公会同仁和日本友人内山完造营救,两人获释。(参见吴永贵《民国图书出版史编年:1912—1949》,社会科学文献出版社2018年版)

　　夏丏尊夫妇1月21日结婚40周年纪念日,章锡琛约书店同人王伯祥、徐调孚、顾均正、索非等六对夫妇宴于夏寓。大家将各自家里烹调的菜肴带到夏家,为之庆贺。章锡琛即席作七律4首。事后,王伯祥、徐调孚、周振甫、周德符等各和一首,王统照以多少有点诙谐的口气凑成两首。当时函件尚通内地,叶圣陶、贺昌群、朱自清、朱光潜、卢冀野、马叙伦等闻讯,亦分别赋诗遥致祝贺。3月,由夏丏尊题记、上海弘一大师纪念会编辑的《晚晴老人讲演录》印行。收录弘一法师学佛心得 12 篇。4 月 18 日，介绍王伯祥与马叙伦见面。27 日，叶圣陶得夏丏尊等友人信。5 月，见日本作家谷崎润一郎新著《昨今》中有中国文艺评论，尤以关于丰子恺者最详。丰子恺去内地已六年，思念甚殷，故将此文译出，题为《读〈缘缘堂随笔〉》。后刊于《中学生战时半月刊》第 67 号（9 月 5 日出版）。夏丏尊在译文序中说："著者丰子恺，是现代中国最像艺术家的艺术家，这并不是因为他多才艺，会弹钢琴，写随笔的缘故，我所喜欢的，乃是他的像艺术家的真率，对于万物的丰富的爱，如他的气质、气骨……他所取的题材，原并不是什么有实用或深奥的东西，任何琐屑轻微的事物，一到他的笔端，就有一种风韵，殊不可思议。"

夏丏尊 6 月作《〈中诗外形律详说〉跋》，刊于 8 月 15 日《学术界》第 1 卷第 1 期。刘大白逝世 10 余年，夏丏尊一直念念不忘因故未能出版的刘大白手稿《中诗外形律详说》，抱着"有负宿诺"的惆怅心情，四处联系。他在《〈中诗外形律详说〉跋》中详述了该书未能及时出版的前因后果。8 月，于在春被日本宪兵队"留置"，于妻慌乱中请夏丏尊帮同营救，夏丏尊尽力设法。过了两天，因不放心营救结果，不顾病体，亲自到于家探询。9 月，作《〈弘一大师永怀录〉序》，刊于 10 月出版的《弘一大师永怀录》。同日，在玉佛寺主持弘一法师圆寂 1 周年纪念会，追忆法师的德行与功绩。10 月前，译《上海霖雨》中内山完造著《弘一律师》一文，刊大雄书店出版的《弘一大师永怀录》。文中讲述了内山完造与弘一法师的相识、内山完造为弘一法师转赠日本各高校《四分律比丘戒相表记》《华严经疏论纂要》等重要经书的过程。10 月，上海弘一大师纪念会编印《弘一大师永怀录》纪念集，由大雄书店出版。书中征集的纪念文章来自各个阶层，包括奠章、赞谟、挽诗、挽联等。夏丏尊《怀晚晴老人》《弘一法师之出家》《〈子恺漫画〉序》《弘一大师的遗书》，译作《弘一律师》等收录其中。11 月，在夏丏尊筹划下，刘大白《中诗外形律详说》由中国联合出版公司出版。

夏丏尊、章雪村、王伯祥、周予同等 12 月 5 日应邀赴马叙伦在寓中设宴。15 日凌晨 5 时，多名日本宪兵敲开夏丏尊的家门。当日，夏丏尊与章锡琛、世界书局赵侣青、中华书局潘公望、北新书局赵景深夫人李希同，以及四所小学、四所中学的教师，圣约翰大学校长、教师等 39 人同时被日本宪兵司令部逮捕。夏丏尊被"留置"后，与赵侣青同羁 1 号牢房。在被拘留的 11 天中，夏丏尊有 5 天受审。审讯时，日本人用日语提问，并要求用日语回答，夏丏尊说："我是中国人，我说中国话。你们有翻译人员，翻译就是了。"日军出示有夏丏尊签名的中国文艺家协会抗日宣言，据以问罪。日本人还请日本学生出面，恭请夏丏尊为大东亚共荣圈鼎力，被夏丏尊严正拒绝。25 日，夏、章释放。日本宪兵曾向夏、章追问郑振铎的住处，他们坚不吐实。是年，参与上海佛教界发起的《大藏经》编译工作；由夏丏尊、丰子恺、叶圣陶等发起，在时任上海玉佛寺方丈震华法师的全力支持下，在玉佛寺建成弘一纪念图书馆。（参见葛晓燕、何家炜编著《夏丏尊年谱》，中国文史出版社 2012 年版；陈福康《郑振铎年谱》，三晋出版社 2008 年版）

周予同正月由章锡琛、王伯祥两人之邀，开始任开明书店编辑，编写《词综》书目部分稿件。3 月，致书复旦大学校长章益，是年曾为复旦史地学会同学举行演讲。4 月 5 日，与开明诸友至宁波路三泰成聚饮，应主人邀，题"借酒浇愁"四字。5 月 21 日，与郑振铎等聚餐，曾提醒郑氏注意外间关于购书流言。是年，与郑振铎、耿济之等人曾筹划编写《中国百科全书》，未果。（参见成棣《周予同先生年谱》，《传统中国研究集刊》第 20 辑，上海社会科学院出版社 2019 年版；葛剑雄整理《谭其骧日记》，文汇出版社 1998 年版）

郭绍虞因美国基督教会在北平办的燕京大学被日军封闭后,拒绝伪北大的邀请,遂失业。郑振铎支持郭绍虞的正义行为,向上海开明书店总经理章锡琛推荐任编辑。2 月 12 日午刻,郑振铎在上海宴请郭绍虞。13 日午,郑振铎在聚丰园宴请郭绍虞。10 月 8 日,郭绍虞作《〈中诗外形律详说〉序》,刊于《国文月刊》第 41 期。郭序自注云:"这一篇序写于三十二年十月八日,当时因刘先生此书出版的地方有些问题,所以临时抽去。"《中诗外形律详说》为刘大白所著。是年,又有《中国文字可能构成音节的因素》刊于《国文月刊》第 42 期。(参见何旺生《郭绍虞学术年表》,《中国韵文学刊》2008 年第 1 期;陈福康《郑振铎年谱》,三晋出版社 2008 年版)

陶亢德是春在上海新成立的太平出版印刷公司任总经理,副经理为柳雨生。该公司为日军接收英商的别发印刷所后,通过招商经营,由日本人承揽组建而成。曾出版周作人、陶晶孙、谭正璧、张爱玲、文载道(金性尧)、路易斯(纪弦)等人的诗文集。次年夏,改组为太平书局。(参见吴永贵《民国图书出版史编年:1912—1949》,社会科学文献出版社 2018 年版)

林伯生继续任汪伪上海市宣传部长。1 月 14 日,主持市府宣传部假江西路都城饭店 2楼召开的文化界谈话会。汪伪上海市市长陈公博出席会议,应邀参加会议的有文化人朱朴、陈彬龢、周越然、包天笑、郑逸梅、秦瘦鸥、钱云鹤等 70 余人,林伯生谓:如何重建中国文化之基础,树立其于东亚、对世界文化前站之地位。(参见王震《20 世纪上海美术年表》,上海书画出版社 2005 年版)

李默 1 月 10 日在上海《杂志》月刊第 10 卷第 5 期(复刊第 7 号)发表《论"新文艺"笔法》,批评巴金的长篇创作"是以一种新文艺的滥调"在"害人","有些文艺素养的人",读他的作品就有"恶形恶状,令人作呕"和"肉麻之感"。文中认为"巴金的为人,对文学的修养,以及他的译笔,都是不错的。就是他的三部曲,在反封建的一点上,我们还得承认。不过他的那种新文艺笔法,是实实在在要不得的""巴金的长篇,他总是要把情绪在笔头上发泄无余,不嫌盈篇累牍",认为巴金的长篇创作"至少可以减去三分之二的字数"。(参见唐金海、张晓云《巴金年谱》,四川文艺出版社 1989 年版)

涵紫 5 月 10 日在上海出版的《杂志》第 11 卷第 2 期上发表《一年来的桂林文化界》。7月 10 日,上海出版的《杂志》第 11 卷第 4 期发表了涵紫的文章《再谈桂林文化界》。(参见吴永贵《民国图书出版史编年:1912—1949》,社会科学文献出版社 2018 年版)

陈北鸥 5 月 15 日在《东方杂志》第 39 卷第 5 号发表《出版文化的指标》一文,指出"克服粗制滥造。提供健康、廉价的读物,是目前出版界的当务之急"。(参见吴永贵《民国图书出版史编年:1912—1949》,社会科学文献出版社 2018 年版)

黄果夫 11 月在上海《人物种种》发表《记茅盾》,文中回忆了与茅盾的交往,特别谈到了写《子夜》时,茅盾如何到交易所进行实地的观察,"活跃得像一个商人,挤在生意买卖的人丛中去打听行情""表现得是那样地认真,又是那样老练"。文章还认为,《腐蚀》是"茅盾整个的心情流露与对重庆不满的呼声"!(参见唐金海、刘长鼎主编《茅盾年谱》,山西高校联合出版社 1996 年版)

朱生豪健康日衰,但仍握笔不辍,又次第译出莎氏全部悲剧、杂剧,以及英国史剧 4 部,连同喜剧在内共计 31 部。

米谷在上海为《新申报》《光化日报》等报刊作画。

陈蝶衣主编的《春秋》文艺杂志在上海创刊。

张爱玲在上海结识周瘦鹃、柯灵、苏青、胡兰成等文化名人。

周瘦鹃受上海银星广告社委托,创办一本杂志。因过去所办《紫罗兰》受到读者喜爱,遂袭用旧名。为不与20世纪20年代的《紫罗兰》混淆,人称(后期)《紫罗兰》,或《紫罗兰》(后)。

陆抑非、王季迁、朱梅邨、徐邦达、俞子才等共24名梅景书屋同门书画展在上海宁波同乡会展出。

徐玉兰从上海请来刘涛排练剧本戏,改变越剧原先那种无文字、无剧本、轻舞美的缺点,把越剧从"幕表戏"一举推进到"剧本戏"这样一个全新的表演形式,揭开了宁波越剧革新的序幕。

吴小楼随陶叶剧团科班到大来剧场,参与袁雪芬进行的越剧改革。

孙道临参加中国旅行剧团、上海国华剧社等演剧团体。

盛幼禽居士(法名普慧)居于上海,出资在上海成立普慧大藏经刊印会,计划汇集校刊南传北传诸经论。夏丏尊与虚云、兴慈、应慈、圆瑛、太虚、赵朴初、黄幼希、李赞侯、黄涵之等任理事,持松、芝峰、黄幼希、许圆照、范古农、李圆净等负责编辑。夏丏尊负责翻译日本所传的《南传大藏经》中《佛本生经》部分(收佛经故事546则)。并邀请当时参加地下工作的楼适夷同译。楼是无神论者。经夏再三介绍《佛本生经》的文学价值,遂同意参与翻译。由于时局、资金等原因,校勘精良的普慧大藏经仅出100册。(参见葛晓燕、何家炜编著《夏丏尊年谱》,中国文史出版社2012年版)

江亢虎继续担任伪考试院院长。1月9日,参加伪中央政治委员会临时会议,讨论对英、美的"宣战",赞同并签名副署了《宣战布告》。4月1日,汪伪第四届中央政治委员会成立,江继续担任"当然委员"。(参见汪佩伟编《中国近代思想家文库·江亢虎卷》及附录《江亢虎年谱简编》,中国人民大学出版社2015年版)

龙榆生以伪中央大学文学院院长的资格兼领南京文物保管委员会博物专门委员会主任委员。当年,他3次去北平,通过张东荪教授和中共中央华北局取得联系,曾做过策动拥有两万装备精良军队的伪中央陆军将校训练团中将教育长郝鹏举起义的工作,但未果。

胡兰成2月因法制局撤销,转任经济委员会特派委员。12月7日,被汪精卫下令逮捕。

陈群为主任委员的国史编纂委员会7月8日在南京成立。

胡适继续居留美国。1月2日,蒋梦麟致信,劝胡适"可在美任教,暂维生活""不必急于回国"。6日,朱家骅致信,详告发起西北科学考察团及开展工作情形。19日,汤用彤写信谈北大南迁以来的学术活动情况。同月,应聘为美国国会图书馆东方部名誉顾问。2月8日,江泽涵致信胡适,信中略谈冬秀夫人近况。说她住上海不甚寂寞,因住在亲戚家里,对门又住着石原皋夫妇,可常来往。上海生活也还不苦,故不来昆明,不去内地,"未尝不是对"。同日,任鸿隽致信,谈中基会事。信中并告一星期前曾与翁文灏联名致一电给胡适及施肇基,希望将在美各董事的意见见告。任、翁之电当系上月28日所发,故胡、施复电称之为俭电。胡、施复电稿,未署确切日期,应在本月内。28日,作《〈易林〉断归崔篆的判决书——考证学方法论举例》一文初稿。这是"离开大使馆后第一篇考证文字"。3月28日,章士钊致信胡适,介绍朱学范赴美时前去拜晤,并作道候之意。5月12日,在美国法律学会年会讨论国际人权计划时,作书面发言。30日,胡适致信王重民,说:"学术工作有'为人'与'为己'两方面⋯⋯我以为,凡学术的训练方面,皆是'为己',至于把自己的心得公开告人,才可以说是'为人'。……你信上说的'铢积寸累,由少成多,即是本分以内之成功',即是我说的'为己'之学,是做学问的根本途径。这是治学的最可乐的部分。正因为此皆是训练自己,故事事求精,求完善,苛求无厌,终不自觉满意。等到你自己认为勉强满意了,把结果公开于世,使世人同享受我自己辛苦得来的一点成绩,使人人因我的辛苦而减少他人的辛苦,这就是'为人'。并不须'著为论说,以期有影响于当世',才是'为人'。"信中引《三朝名臣言行录》中的故事以说明治学如同断狱,当持"勤、谨、和、缓"四字为基本精神,亦即胡适授予后学的四字治学真经:"我十几年前常借用此四字来讲治学方法。勤即是来书说的'眼勤手勤',此是治学成败的第一关头,凡能勤的,无论识大识小,都可有所成就。谨即是不苟且,一点一笔不放过,一丝一毫不潦草。举一例,立一证,下一结论,都不苟且,即是谨,即是慎。'和'字,我讲作心平气和,即是'武断'的反面,亦即是'盛气凌人'的反面。进一步看,即是虚心体察,平心考察一切不中吾意的主张,一切反对我或不利于我的事实和证据。抛弃成见,服从证据,舍己从人,和之至也。""'缓'字在治学方法上十分重要。其意义只是从容研究,莫匆遽下结论。凡证据不充分时,姑且'悬而不断'。英文的 Suspension of judgment,即是暂时悬而不断。"

胡适接翁文灏 7 月 14 日信:"(一)中基会已于上月举行年会,对于政府办法,将从前创立时中美换文缮录一份,分送财、教、外三部参考,但未提议任何办法,照此间董事商定意见如此也。(二)吴稚晖先生对美国文艺学院选彼为名誉会员事,函言不愿致复,而以无形冻结了事……(三)章行严君近刊《逻辑指要》一书,其中提及与兄讨论之处,措辞颇有礼貌,但张君劢君之序文,则对兄较不客气。"31 日,致信裘开明,询问吉斯特图书馆的藏书情况。8月 6 日,裘开明复书谈吉斯特搜集中国图书的历史,谓其所藏之书,纯为藏书家之藏书,于研究者不甚有用。允借《十通》寄上供使用。10 月 12 日,顾颉刚致信胡适,报告分别 6 年来生活与工作情况,感慨"治学则材料无存,办事则经费竭蹶,当家则生离死别,触目伤心,弄得一个人若丧魂魄,更无生人之趣"。又称:"近日勉强振作精神,欲集同志合编《中国名人传》一部,计二百数十种,期于两年半完成。"21 日,向达致信胡适,报告西北考察团的工作情形,主要是发掘敦煌古墓葬群的情形。信中提到闻胡适已为考察团募得 2500 美金。同月,胡适应哈佛大学之聘,讲"中国历史文化"6 次。11 月 5 日,王重民致信胡适,说他近遇一部校本《水经注》,因审阅此本而想及"赵戴""全赵"两公案,遂在写其善本书目提要时,不觉竟写成五六千字的一篇文字。特将此文写呈胡适阅看。其中说:"按清儒之治《水经》,全、赵、戴三家最称巨擘。戴本最先出,赵本次之。乾嘉间学者以赵本多同于戴本,遂谓赵抄戴书,莫之能辨。道光、咸、同以来,始反其案,至今日已成定谳。"

胡适 11 月 8 日夜写长信回复王重民,此信一直写到 9 日天明始成。信中说他于"赵戴"《水经注》一案,总觉其中有许多不近情理处,因疑其中或有别情。昔日,孟森、王国维诸先生定此案时,似颇有成见。很想搜集此案全部材料,重加审理。王氏的信和文成为推动他着手重理此案的一大契机。至是,遂改变了他六年前复魏建功信时认此案已成定案的态度。王重民得复信后,大加赞成。胡适亲到华盛顿国会图书馆借阅资料。从这时起,终其晚年,一直把主要精力倾注于此一课题。在稍后数日的一封给王重民的信中,又提出,在"赵戴"《水经注》案的背后,颇有朴学与戴学冲突的影子。因戴氏不满足于"声音训诂名物象数"之学,而要进一步作哲学思想的破坏与建设。这与朴学传统不合,因而引起正统朴学后裔们的敌视、因以铸成戴窃赵书的冤案。12 月 7 日,作《戴震对江永的始终敬礼》。23

日,蒋梦麟致信胡适,请其为他校正《东土西潮》一文的英文稿(为太平洋国际学会写)。同月,作《武力当作法律与政治的工具》《〈清代名人传略〉序》《伟纳英译〈西游记〉序言》。(参见耿云志编《胡适年谱》,福建教育出版社2012年版)

晏阳初3月初将育才院院务交由瞿菊农代理。自重庆启程赴美。同月,经昆明,飞越驼峰到印度,会晤加尔各答大学教授,谈及中国平教乡村改造,知印度农民正需定县教育方法。旋飞往埃及,游览金字塔等古迹,继续起航,后平安抵达华盛顿,以中国国防物质采购处做日常集会和办公地点。5月11日,"哥白尼逝世400周年全美纪念委员会"表彰委员会主席安吉尔(Dr. JamesR. Angell)致信晏阳初,邀请其参加同年5月24日的表彰大会。邀请函称:"在哥白尼那个时代,他是革命者,并取得具有革命性意义的成就;在我们的时代,在我们的同辈人中,也有少数出类拔萃的人,他们在处理问题的思想和方法上已作出或正在作出独具革命性意义的贡献。为发扬这种精神,并促成会议的成功,许多杰出的教育家和科学家将出席,从而使会议产生更深远的影响。这项纪念哥白尼逝世四百周年计划的最高荣誉是为一些当代革命性伟人赠授荣誉表彰。全美纪念委员会决定成立一个代表不同学科和学术团体的特别表彰委员会,让其成员推选我们时代里具有哥白尼的革命精神,并为时代作出革命性贡献的人。在最近召开的会议上,表彰委员会全体成员一致认为您就是具有这种实际贡献的人,推选您为这些杰出伟人中的一员,并委托我,代表委员会的全体成员将此决定告知您,恳请您亲自出席纪念大会并接受这一荣誉。"13日,收到中国驻美大使馆转来"哥白尼逝世400周年全美纪念委员会"表彰委员会主席安吉尔博士来信。

晏阳初5月24日出席哥白尼逝世400周年全美纪念大会。美国科希丘什科基金会(Kosciuszko Foundation)因晏阳初"将繁难的汉字简化易读,用书本知识开启千万不识字人的心智,用科学的方法指导农民发展生产",与爱因斯坦、杜威、福特、莱特、劳伦斯、华特·迪斯尼、斯坦利、斯可尔斯奇等被膺选为"现代世界最具革命性贡献的十大伟人"。并在大会上接受表扬状,成为唯一一位获此殊荣的亚洲人。表扬状称:"杰出的发明者:将中国的几千文字简化容易读,使书本上的知识开放给以前万千不识字的人民,又是伟大的人民的领导者:应用科学方法,肥沃他们的田土,增加他们的辛劳果实。"会后应东西方协会主席赛珍珠之邀作演讲,又在纽约市国际学会向中国留学生讲演,其内容包括中国人如何抵抗日本侵略、平教乡建与战后建设和世界和平的关系。7月5日,与几位美国人士在赛珍珠女士的宾州寓所讨论中美关系陷入困境的原因。同月,着手与美国作家麦克沃伊(J. P. McEvoy)合作撰写《免于愚昧无知的自由——平民教育实用手册》,提出"第五自由"的著名论断。9月18日,将在7月5日讨论基础上撰成的"在美国工作计划"文件以及自己的意见送宋子文考虑。

晏阳初9月22日参加"战论问题中国研究小组"在华盛顿的讨论会,将"在美国工作计划"文件主要内容作了说明。计划分三部分:(一)少数通晓中美两国文化、政治、社会情势,又为美国各界领袖熟悉的中国最高知识分子,与美国政府及企业界领袖分别洽谈,在友好自由气氛中说明中国真相;(二)多数中国知识分子到各学校、工会、妇女会、男人团体等演讲,主旨以适应对方兴趣的中国事物作通俗而幽默的解说。这批演讲人应自知本身即中国的"样品",故必须诚实乐观引人悦目,借使美国人信任他们;(三)美国各地华人社区也应加以组织,分担这一计划的部分工作。24日,成立中美文化关系委员会。此后,应邀赴12所大学讲演。28日,在华盛顿特区致信宋子文,谈及进行下列计划:①选择有成就的留学生参加"平教总会"的研究与训练工作;②为"平教总会"高、初级人员去美国大学研究、进修安排所需奖学金;③为乡村建设学院邀请专家担任优秀教师。11月,与美国作家麦克沃伊合作撰写《免于愚昧无知的自由——平民教育实用手册》的提纲由麦克沃伊撰写成《中国教师的特使:晏阳初》在美《读者文摘》当年第11期刊载。文章主要简述中国"平教总会"的工作、成就及被膺选为"现代世界最具革命性贡献的世界十大伟人"之一的情况。在结语中引用晏阳初在美国的讲话:"全球三分之二的人都陷于苦力阶段""没有任何一国能超越其民众而强盛起来,只有这许多大众——世界上最丰富的尚未开发资源,经过教育而发展,且受教育而参加他们自己的建设工作,否则将没有和平可言""平民教育将造就每一个人成完全的人,那时他就是任何其他人的兄弟!""这样,我们不只能拥有'四大自由',还有第五自由;比较其他四项都显得伟大。没有它,我们如何能有四大自由?这就是免于愚昧无知的自由。"是年,晏阳初与麦克沃伊合撰的论文《中国的特别的教师》刊于《读者文摘》当年第11期。此文是与麦克沃伊合著的《免于愚昧无知的自由——平民教育实用手册》一书的概要。(参见杜学元、郭明蓉、彭雪明《晏阳初年谱长编》,上海交通大学出版社2017年版;宋恩荣编《中国近代思想家文库·晏阳初卷》附《晏阳初年谱简编》,中国人民大学出版社2015年版)

赵元任等人1月1日全天都在进行台湾地图注音工作,制作地名表等,饭桌成了工作台。4日,上班继续做Mathews'字典修订工作,这是他的主要任务,从日记可看出,这项工作花费了他大量的时间。17日凌晨4点,台湾地图注音工作全部完成,18日,将注好音的地图交给Cleaves教授。2月,开始整理1942年暑期学校粤语课教材,着手编著粤语课本及灌制粤语课本唱片。3月8日,出席宋美龄在波士顿的报告会;4月15日,出席中华赈济联合会的聚餐和讲演会。5月,编写粤语教科书前言。5—6月,两次与夫人去纽约看望胡适、林语堂、孟治、Robert King等几位朋友。6月,撰写该书文法一章。15—21日,录制韩先生的朝鲜话。7月,哈佛大学以Lecturer in Chinese Language名义续聘赵元任一年。7月6日至9月9日在哈佛大学暑期学校担任"Chinese 3a"中文课。上课期间字典工作照样进行。美国对日宣战后,美国陆军委托许多大学举办中文和日文训练班,训练美国军人,称之为Army Special Training Program简称ASTP。8月,哈佛大学也接受了任务,在Harvard Overseas Administration下,设立了中文和日文两个训练班。

按:据赵元任日记载:8月18日,Elisseeff主任要赵元任主持ASTP中文训练班工作,日文班则由主任本人负责。哈佛大学从是年8月到1944年12月共办两批训练班,FE—1和FE—2(即远东—1,远东—2班),每班训练期限为10个月,两批训练时间有一段交叉。修订字典固然是赵元任在哈佛大学的主要任务,但他对语言教学兴趣更大。这一年尽管主持ASTP中文班的工作,负担加重了许多,但他干得起劲和愉快。赵元任主持的ASTP班每天只有一小时用英文讲解的大班课,余下时间则让学员听课文录音,或分成小班,由助教采用直接法训练学员的听说能力。学员绝大部分时间是听中文和说中文。经过几个月训练,学员成绩虽然有好有差,但都能说中国话。作为练习,学员自编自演短剧。还有部分学员学会写汉字。他们听说中国有个《大公报》,他们就办了一个《大私报》。

赵元任7月在哈佛大学、Radcliffe College和麻省理工学院的中国留学生及家属中,选说北京话的人做助教,并通过哈佛大学聘请。教材的编写,课文的录音,大班课的讲授由赵元任担任。小班(9—10人一班)语言训练由助教担任,赵元任指导。在教学上则采用听说法和直接法,想方设法让学生跟所学语言多接触,多听多说。9月6日,参加哈佛大学授予英国首相丘吉尔名誉学位仪式等。赵元任所居行人街27号仍然是一个中国人的活动中心。清华同学会,哈佛-MIT同学会,香港同学会等都在元任家聚会。胡适、金岳霖、陈福田等是常客;林语堂、邹秉文、周鲠生来过多次,还有画家张书旂、费孝通、吴贻芳、于宾主教等都曾来过。(参见赵新那、黄培云编《赵元任年谱》,商务印书馆1998年版)

林语堂所撰《瞬息京华》刊于1月1日《河南青年》第3卷第1期。后在《河南青年》陆续刊出续篇。同日,林语堂在纽约发表声明,对美国冷漠对待熊式辉带领的重庆国民政府军事使节团之举表示愤慨。1月15日至3月14日,美国纽约的大都会博物馆举办了一场现代中国绘画展,并为此编印了一本小册子,内有该馆远东艺术部主任艾伦·普利斯特撰写的前言,胡适与林语堂的各自一篇小引,寿景伟撰写的《现代中国绘画与国际文化交流》。1月16日,林语堂所撰英文文章"Wanted:A Political Strategy for Asia"(《为人所需:亚洲的一种政治策略》)刊于《民族》第156卷第3期。4月,所撰英文文章"Geopolitics:The Law of the Jungle"(《地缘政治学:丛林法则》,或译为《地缘政治:野蛮的法则》)刊于《亚细亚杂志》第43卷第4期。

按:1943年9月,国际编译社推出一本《地缘政治与心理政治》,内含此文的中文译文,译者是蒲耀琼。

林语堂所撰《替亚洲呼吁》连载于5月19、21日《大公报》(桂林版)。6月,《半月文萃》第2卷第1期"时文集锦"栏目刊登了《日本应该被消灭吗?——纽约午报(P. M.)座谈会纪录摘要》一文,内含林语堂的言论:"首先,击败日本必须在它的本土上实现。我们不只要击破它的舰队,还要把军队开到东京。单个的说,个别的日本人也有的很好,但是由于民族性之构成,他们有着天生的危险的特性。——他们的心理构成同德国人一样,对于全世界都非常危险,他们自己认为是优越的民族,崇拜武力,怀着征服世界的陈腐幻梦,所以我说必须攻入日本本土才可以打破他们的幻觉。我们必须粉碎日皇乃是神明苗裔这个信念。除非民族优越感和武力崇拜予以打破,那末代表日本社会的文化心理永远要为患世界,一如希特勒治下之德国一样。其实我们对付日皇还不如对付他们的军阀更为切要。日本之有军阀不自今日始,从九世纪至十九世纪日本人民从未脱离军阀的统治,所以黩武主义必先加以破除。其次,我认为他们的政体也要有重要的改革。过去陆军海军全可以借着不参加内阁而迫使任何一个内阁辞职,因此他们便成为一个超内阁、超宪法、超国会的力量,风潮乃随之起伏无已。我相信日本的自由派人士对政体的改革一定欢迎。日本的力量必须予以摧毁,日本的文化必须加以改革——必须因此才能够稳定远东甚至全世界的任何部分。如果我们不能够使远东获得稳定,则美国在将来还须作战,一如今日之在瓜达康纳尔者然。'文末标注'转载三月十七日建阳《东南日报》。"

林语堂所著Between Tears and Laughter(《啼笑皆非》)7月由美国纽约的庄台公司出版。同月,所撰英文文章"The Future of Asia"(《亚洲的未来》)刊于《亚细亚杂志》第43卷第7期。8月29日,林语堂参加了本日上午11时开始的"The University of Chicago Round Table Discussion"("芝加哥大学圆桌讨论")电台广播节目。本次是"The Lessons of the War"("战争的教训")系列广播节目的最后一场,主题为"On the Meaning of the War"("论战争的意义")。同月,所撰英文文章"In Defense of the Mob"(《为人民作辩护》)刊于《亚细亚杂志》第43卷第8期。9月10日,《中苏文化》第14卷第3—4期合刊刊登了玄圃撰写的《评林语堂〈京华烟云〉》第一部分。目录题名《评林语堂〈京华烟云〉(苏联特约稿)》。正文题名后标注"原书名Moment in Peking郑陀、应元杰合译本"。本期刊登三节,包括:(一)是不是历史小说;(二)红楼梦,梦,宿命主义;(三)怎样提出人物来? 同月,国际编译社将桑底克、林语堂与李嘉斯的著述汇编成一册出版,书名为《地缘政治与心理政治》,列入"政治丛书"。卷首收有董霖撰写的引言。10 月 24 日,林语堂在中央大学发表题为"论东西文化与心理建设"的演讲,演讲稿刊于 10 月 26 日《大公报》第 3 版,又载 12 月《半月文萃》第 2 卷第 5 期,标注"十月二十四日在中央大学演讲稿"。

按:12 月 8 日,曹聚仁在《大公报》(桂林版)第 4 版上发表《论林语堂的东西文化观》一文,对林语堂此次演讲进行了批评。15 日,田汉在桂林《国民》第 3 期发表《伊卡拉斯的颠落——读林语堂先生〈论东西文化与心理建设〉》一文,说:实际上林语堂对西方人"阐述的中国文化诸相满不是那回事",提出:"抗战的力量建立在老百姓身上是真的。但并不建立在封建道德上。"要取得抗战彻底胜利,"还得对广大老百姓作深入普遍的动员""教他们把忠孝节义那些旧道德怎样在新的战斗环境中发展起来而取得崭新的意义"。

林语堂所撰"Gandhi Is Fighting for What George Washington Fought for!"(《乔治·华盛顿昔之所求恰是甘地今之所求》)刊于印度国际书屋有限公司 11 月 17 日出版的《奔向自由:印度与世界》杂志。30 日,《中苏文化》第 14 卷第 7—10 期合刊("庆祝苏联十月革命廿六周年")续登了玄圃撰写的《评林语堂〈京华烟云〉(苏联特约稿)(续完)》。目录题名《评林语堂〈京华烟云〉(续完)》。正文题名后标注"原书名 Moment in Peking 郑陀、应元杰合译本"。本期续载两节,包括:(六)一般的人物与故事;(七)最后说到思想问题。11 月,所译《卖花女》由开明书店推出修正初版,至 1947 年 12 月修正再版,1949 年 2 月修正三版,列入"开明英汉译注丛书"。12 月 10 日,《国立四川大学校刊》第 15 卷第 10 期"校闻"栏目刊登署名"笑侬"的《林语堂博士讲写文之道》一文。全文如下:"本月二日,本校文艺研究会,请新由美国回来之林语堂博士莅校演讲,下午二时,林博士准时而至,会场上响起了一阵春雷似的掌声。首由校长作简短的介绍,林博士开始以幽默的语调在演讲了。演的题目是《写文之道》,要点有二:(一)作文无法,而在于多写多练习而已。(二)作文先要培养性灵。故应有丰富的思想与感情。词虽简而深刻得很,极为听众所吸取,当时听众共五六百人,诚为迩来一大盛会云云。"16 日,所撰《科学与人生观》载《中央周刊》第 6 卷第 18 期。所译 Tales and Parables of Old China(《古代中国故事与寓言》)由旧金山的加州图书俱乐部出版,署名 Lin Yutang。内容录自林语堂的 The Wisdom of India and China(《印度与中国的智慧》)一书中的相关章节;所著《怎样说话与演讲》由沈阳的惠迪吉书局出版,有精装与平装两种。

按:全书分为"怎样说话"和"怎样演说"两编。前者共计七章,分别是:说话是一件难事;给人家一个好印象;同意人家的主张;要有自己的立场;要开发别人的话机;怎样和人家辩难;怎样说规劝人家的话。后者收录六章,分别是:勇气和自信力的养成;怎样预备演讲;怎样引起听众的注意;内容的注意;姿势的注意;演讲的开头和结尾。卷首收有朱自清的《说话——代序》。另,2004 年 6 月,北京的文化艺术出版社出版了林语堂著、杨永德整理的《怎样说话与演讲》。(参见郑锦怀《林语堂学术年谱》,厦门大学出版社 2018 年版)

金岳霖 1 月因好友沈性仁去世而撰写了一篇既深沉又动人的纪念文《悼沈性仁》。5 月,《势至原则》刊于《哲学评论》第 8 卷第 1 期。6 月,与费孝通、张其昀等 5 人抵重庆办护照,参加集训 5 天,不快。受到蒋介石接待。然后乘飞机由渝抵美,作为期一年的访问和讲学。在美访问期间,撰有《道、自然与人》。7 月,《归纳原则与将来》(所著《知识论》第八章)刊于《哲学评论》第 8 卷第 2 期。8 月 15 日,与费孝通等一起出席芝加哥大学举办的有关中国问题的座谈会,在会上指出:大学教育学生人数增加是好现象,但是同时也要注重水平和程度的提高。又说:为了工业化,不可只注重工程学和经济,一定要同时发展纯粹自然科学、社会科学和人文科学。11月，《自然》（所著《知识论》第九章）刊于《哲学评论》第8卷第4期。是年，为美国军人讲述中国文化，撰"Chinese Philosophy"（《中国哲学》）英文稿，曾油印少量分送与人。

　　按：此文于1980年首次发表于《中国社会科学》英文版创刊号；又由钱耕森译，王太庆校，发表于《哲学研究》1985年第9期。译者附识中说"金先生的这篇著名论文，虽难免受到时代的局限，然其思想深邃，新意迭出，英文地道""文风独特"。作者在《中国哲学》文中指出："中国哲学的特点之一，是那种可以称为逻辑和认识论的意识不发达。""多数熟悉中国哲学的人大概会挑出'天人合一'来当作中国哲学最突出的特点。"又说："'天人合一'说确是一种无所不包的学说；最高、最广义的'天人合一'，就是主体融入客体，或者客体融入主体，坚持根本同一，泯除一切显著差别，从而达到个人与宇宙不二的状态。"在作者看来，"天人合一"说的这种境界，体现出中国哲学的特色。（参见王中江编《中国近代思想家文库·金岳霖卷》及附录《金岳霖年谱简编》，中国人民大学出版社2014年版；齐家莹编《清华人文学科年谱》，清华大学出版社1999年版；蔡仲德编撰《冯友兰先生年谱长编》，中华书局2014年版；齐家莹编《清华人文学科年谱》，清华大学出版社1999年版）

　　费孝通7月赴美国文化交流一年，主要工作是编译了两本英文书：（1）将自著的《禄村农田》和张之毅的《易村手工业》《玉村农业和商业》译为英文，1945年由芝加哥大学出版社出版，书名为Earthbound Ching: A Study of Rural Economy in Yunnan（中文版名为《云南三村》，天津人民出版社1990年出版）；（2）将史国衡的《昆厂劳工》编译成China Enters the Machine Age，1944年由哈佛大学出版社出版。除此之外，1945年他将在美国一年间所观察到的事实和引起的感想写成《初访美国》一书，1945年由重庆美国新闻处出版，1946年生活书店再次出版。11月，费孝通的《禄村农田》一书由商务印书馆出版。此书获上年教育部教师科研成果奖三等奖。（参见吕文浩编《中国近代思想家文库·费孝通卷》及附录《费孝通年谱简编》，中国人民大学出版社2015年版）

　　王重民接胡适5月30日函，谈治学的方法与训练的问题，总结为"勤、谨、和、缓"四字治学真经。11月5日，王重民致信胡适，说《水经注》"赵戴""全赵"两公案："按清儒之治《水经》，全、赵、戴三家最称巨擘。戴本最先出，赵本次之。乾嘉间学者以赵本多同于戴本，遂谓赵抄戴书，莫之能辨。道光、咸、同以来，始反其案，至今日已成定谳。"是年至次年，王重民继续在国会图书馆摄制北京图书馆寄存的善本书，并撰成提要，为保存祖国的珍贵古籍，作了不懈的努力。到回国时，寄存古书2720余种的提要全部写成，稿已带回。后亦编入《中国善本书提要》中。

　　按：刘修业在整理这批遗稿时，起初发现有散佚，其北平图书馆寄存美国善本书部分，只存一千九百余种，因急于发稿，未及再找，所以上海古籍社1983年8月出版的《中国善本书提要》中尚缺一部分，八百余种。1983年春，刘修业从旧居朗润园十公寓搬到燕东园，重新整理有三遗稿、书籍时，却发现了所缺之稿，编成《补遗》以备出版。王重民在撰提要时，还为一部分为人忽视的著者、编者撰写传记，题名为《显微录》以发表，但稿未全部写出，且有未发表者，我编有三《冷庐文薮》，俱收入《文薮》中。（参见耿云志编《胡适年谱》，福建教育出版社2012年版；刘修业《王重民教授生平及学术活动编年》，载王京州编《河北近现代学者年谱辑要》，国家图书馆出版社2017年版）

　　孙健初2月17日自美致函翁文灏，告在美学习、实习情形及美国石油地质研究状况。19日，翁文灏复函在美留学的孙健初，认为，"Subsurface Geology国人以前尚少致力，其在石油及其他方面之研究既已日增重要，实有彻底学习之价值，即盼吾兄于此多所用力，以便他日返国后应用也"。8月15日，孙健初致函翁文灏，报告在美学习情形及到各地实习所见美国石油公司情形、地质情况。孙认为，就所有研究得到之经验，与中国地质相比较，深觉中国之油实不只甘、新二处。甘、新南北亦有研究之必要。陕西仍觉有油，如其有油或可发展至山西、河北等省。四川亦不能视为绝望。倘有望，大可发展至云、贵二省。其他各省亦或有油。不过长久发展，中国之油矿非有一番彻底之研究不可。孙表示："公为中国地质界领袖，已令中国之理论地质名闻于世，对于经济地质，亦盼无使永落人后，但对人才造就至关重要。"并主张，学校不应只有理论，应让学生入油矿公司实习，以增经验。还介绍了美矿业极注意航空测量，油管之铺设、地质图绘制，皆利用航测图等情况，并向翁文灏建议应设法派人赴美学习航测技术。(参见李学通《翁文灏年谱》，山东教育出版社 2005 年版)

熊式辉时任驻美军事代表团团长。在纽约、华盛顿、伦敦之招待会上屡因《中国之命运》的发表被人提出如下问题，要求他答复：(一)中国名为民主国家，对民权政治之产生，保障及巩固之方法如何？(二)劳动营之设立，根据何种目的？以上两个问题，被到会人士反复质问，熊式辉默然无以为答。是年，熊式辉转任国民党中央设计局局长。

按：《中国之命运》的发表和国民党掀起的反民主逆流，在国际上也引起强烈反响。英美盟邦人士对中国法西斯政治大为不满。《远东研究》第 12 卷第 14 期发表《论中国在联合战争中的地位》一文指出：该书"反对的目标不是日本而是西方帝国主义者"，表现了"国民党中国内"的"领导人不愿抛弃封建制度的教条""官僚主义的统治加紧了"，不利于动员抗日。苏联塔斯社中国分社社长罗果夫 8 月 8 日在莫斯科《战争与工人阶级》上发表文章指出："这将是对中国人民的背叛和暗害，使日本帝国主义坐收渔利。"(参见刘会军、杨宇辰《1943 年中国思想文化领域的一场论战》，《长白学刊》2006 年第 2 期)

张其昀是年至 1945 年应美国国务院邀请，赴美讲学，任哈佛大学访问教授，并获塞顿·霍尔大学和圣约翰大学法学博士。

梁思礼申请获得美国租借法案中对留美中国学生的生活津贴，于是转入普渡大学电机工程系，主修无线电，以后又学自动控制。

周培源再次利用休假赴美国，在加利福尼亚理工学院从事湍流理论研究。

钱学森任加州理工学院助理教授。

李士英随杨杰赴中东、北非战场及英国考察军事，回国后任《扫荡报》主笔。

陈西滢到英国伦敦，在中英文化协会工作。

萧乾放弃读书，领取随军记者证，正式成为《大公报》的驻外记者，也是第二次世界大战期间欧洲战场上唯一的中国记者。

冼星海 5 月 16 日接受阿拉木图作曲家协会委托，完成管弦乐《第四组曲·满江红》，音乐主题取自词牌《满江红·金陵怀古》，描写"战斗了六年的中国"。建国后由黄贻钧指挥上海交响乐团演奏，乐谱 1959 年由苏联国家音乐出版社出版。8 月 23 日，为疗理病躯，将旧作歌曲配器改为管弦乐《音画·中国生活》。10 月 19 日，完成《第二交响曲·神圣之战》，原定多乐章，后改为单乐章，全曲以《国际歌》音调代表苏联，取一节奏型骚乱的乐句代表德国法西斯。经过对比较量，法西斯主题减弱，《国际歌》音调再现，象征反法西斯战争胜利：以此谴责"德国法西斯背信弃义侵袭苏联"，鼓舞苏联红军"早日消灭法西斯野兽"。作者在总谱前还写下俄文献词："此作奉献给与爱好自由的英美人民结成联盟的苏联红军，他们正把被奴役的国家与人民，从'黑色的奴役'中拯救解放出来。"11 月，为与"生活奋斗"，将旧作改编为管弦乐《中国歌曲三首》。12 月初，始写交响诗《阿曼盖尔德》初稿，奈因营养体力难支而中断。10 日，携带管弦乐作品去迁址在塔什干的列宁格勒音乐院作曲教研室求教，施泰因堡教授代表教研室签署书面意见：指出《中国舞曲三首》"用管弦乐演奏"将"会是有趣味的""作者以高度的作曲技巧把鲜明的中国民族音乐，与法国后期印象派作风结合起来"。

(参见秦启明《冼星海年谱简编(1905—1945)》(续完),《星海音乐学院学报》1990年第1期)

郁达夫为进一步扩大生产,维持流亡文化人的生活,集资开设造纸厂和灰水肥皂厂,出面任头家,但不久,因营业不振而停开。5—6月,奉日本宪兵部令,跟从宪兵离开武吉丁宜去苏北亚齐出差,侦察联军"间谍"活动。"在乡间搜索抗日分子,调查、侦察二个月""从乡间到城市,从城市到乡村,就是昏天黑地跟着团团转"。由于日本人不懂荷兰文,也看不懂那些物证,一切都非问他不可,于是经过他一通译,这些情形很严重的人被视为无足轻重,放走了,连最重要的物证也被其销毁。有此以后,他对日本军人的残暴和颓废腐化,认识更清,"认为日本法西斯绝无出路"。6月,因苏门答腊要建立军政监部而与马来亚的统治权分开,武吉丁宜被内定苏岛政府。面对复杂形势,经胡愈之劝说,决定脱离宪兵部。为此装病,"虐待自己"。每天"鸡鸣即起,用冷水冲凉,让自己伤风;吃鸦片、喝酒,让自己咳嗽……终于进了萨瓦伦多医院。在医院里,用送酒等办法,让日本医官开具患肺病的证明,宪兵部终于批准他辞职的要求。附带条件为"随时有替皇军服务的义务"。回巴爷公务后,主持酒厂公务,又筹集资金,开办华侨农场,并为当地华侨帮忙琐事。6—7月间,在巴东教育界张紫薇的谋划下,与坐落在巴东盆洛街新开设的荣生旅馆股东合股。(参见陈其强《郁达夫年谱》,浙江大学出版社1989年版)

胡愈之因郁达夫身份暴露,被日寇监视,与沈兹九、汪金丁等再次流亡,在马达山度过流亡生活两年。与沈兹九合著《流亡在赤道线上》一书。(参见朱顺佐、金普森《胡愈之传》及附录《胡愈之生平大事年表》,杭州大学出版社1991年版)

铁禅再次赴日本,参加大东亚佛教会议。

英国剑桥大学教授、著名科技史专家李约瑟2月下旬与多兹教授一同经印度加尔各答飞越"驼峰",降落到了云南省昆明市的军用机场。当时的昆明聚集了西南联大等大量学校、科研机构和工厂,再加上昆明是重要的战时交通线滇缅公路的起点,李约瑟迅速开始访问昆明的科研机构,他的第一站就是由清华、北大和南开三所学校合并而成的西南联大。3月1日,梅贻琦主持国民月会,请英国剑桥大学李约瑟博士讲演,题为《科学在盟国战争中的地位》。战时的西南联大校舍几乎都是"临时营房",没有几间像样的房子。就在这样艰苦的环境中,李约瑟发现了中国学者因陋就简的聪明才智:用黏土自制电炉的电炉丝用罄了,他们就用云南一家兵工厂制炮车床上的刨屑代替;显微镜的载片买不到,就将空袭炸坏的玻璃裁切后使用;没有玻璃盖板,就用当地的云母片权充。另外,联大校内没有防空洞,如果遇到严重空袭,人们就疏散到山上,而学校的贵重设备,则被搬进每个房间地下事先备好的大汽油桶里,这样,只要不是炸弹直接命中,设备就能保存下来。随后,李约瑟还访问了清华无线电研究所、中央研究院植物研究所、北平研究所物理和化学所、教育部药物研究所、国立中央防疫处等。这些研究机构大部分位于昆明郊外,李约瑟不辞劳苦,骑着自行车四处奔走,参观、演讲、座谈。他很快发现,中国科学家比自己更加不畏艰苦,这些能干的中国科学家似乎能解决无数难题,然而有些困难他们实在无能为力,而所有的科研机构都有一个大难题,大学和科研技术人员的工资实在是太低。在昆明的这些见闻,让李约瑟隐隐意识到了帮助中国科学家与外界联系的必要。

李约瑟3月21日乘坐飞机从昆明飞抵国民政府的陪都重庆。不久,他就清楚地意识到,自己"在人道主义方面没有多少可做的事,而在科学技术方面则大有可为——给在当时难以想象的困难条件下勉力进行工作的中国科学家、工程师和医务人员以切实的帮助"。

于是，他向英国政府建议，在重庆设立一个为中国科学技术界服务的机构"中英科学合作馆"，拟定该馆的工作包括加强中外科学界的联系、向中国科学界供应科学物资、介绍或推荐中国科学家撰写的论文在国外发表、为中国科技机构提供科技咨询、协助中国科学家和学者赴英交流等。6月，在英国驻华大使西摩的支持下，英国方面批准了李约瑟的建议，中英科学合作馆在重庆正式成立，李约瑟出任馆长，办公地点设在英国驻华使馆内。随后三年，合作馆的成员除了李约瑟外，逐渐增加了16名中外学者，其中包括他的夫人李大斐和中国学生鲁桂珍。他们为中国科学界运送了7000多册书籍和200多种英美科技、医学杂志的缩微胶卷，购买了6万英镑严重匮乏的实验仪器和药品，包括给清华大学无线电研究所的几大瓶稀有气体，给北平研究院的几大箱光学玻璃，给昆明物理学家的一台阴极射线示波器，给四川农业实验所的几克秋水仙碱等。合作馆还帮忙送出了中国科学家的138篇科学论文，这些论文的86%被英美刊物接收，其内容涵盖各个科学领域，作者包括大名鼎鼎的童第周、吴大猷、汤佩松、贝时璋、王淦昌、程开甲、钱临照、李四光等。显然，无论是购买物资，还是输送论文，合作馆都必须准确了解散布在全国各地的中国科技人员的工作情况。为此，李约瑟和他的同事冒着危险，在三年的时间内进行了11次旅行和访问，从西北的敦煌到东海之滨的福州，25000多英里的行程中，他们访问考察了近300个科研机构。正是在这数万里的"长征"中，李约瑟亲眼目睹了战时中国的科学现状，针对各机构的需求准确地施以援助，帮助中国科学家搭建起了与西方学术界交流的桥梁。李约瑟最感兴趣的是中国古代科技成就、科学思想及其在人类文化史上的价值，拟写一部专著《中国的科学和文化》（即后来著名的《中国科学技术史》）。此举受到了中国政界学界各方面要人如陈立夫、朱家骅、翁文灏、胡适、石声汉等的大力支持。中国学界也热忱回报了这位英国科学家，李约瑟因此结识了竺可桢、王铃等一大批对中国科学技术史有兴趣的科学家，他们帮助李约瑟搜集相关的书籍、史料，甚至直接与李约瑟合作完成了后来享誉世界的《中国科学技术史》。

李约瑟5月28日访问武汉大学。李约瑟以英国皇家学会会员及英国驻华使馆科学参赞、驻华科学考察团团长的多重身份来到乐山，了解战时中国大学教育与科研情况。在参观了武汉大学理学院生物系设在乐山李公祠内的简易实验室后，又给全校师生作"生物化学"的专题演讲。6月初，李约瑟在迁往乐山的武汉大学教授石声汉的陪同下，与助手黄宗兴及秘书等人，搭乘一条盐船沿岷江漂流而下，到达李庄镇。首先访问了设在李庄禹王庙内的同济大学。李约瑟得知大禹的故事后，把大禹称为中国历史上第一位"水利工程师"。在禹王庙，中德合办的同济大学师生人人都讲德语，李约瑟入乡随俗，用德语作了四次演讲，并会见到了"第一流的试验胚胎学家"童第周。早在十多年前童第周留学比利时时，两人就相识，再次见面，两个旧友用流利的法语长谈了一番。李约瑟参观了童第周简陋的试验室后感叹："难道你就是在这片空地上完成那样难度的试验吗？真是奇迹！在这样艰苦的条件下，写出那样高水平的科学论文，简直不可思议。"随后，李约瑟访问了在李庄的中央研究院历史语言研究所，在史语所所长傅斯年的热情招待下，李约瑟亲眼目睹了珍稀的古代文物。与他同行的助手黄兴宗回忆："他简直不敢相信，周代、汉代青铜器，商代甲骨，刻满经文的竹简等等。李约瑟只在书上读到过，如今却亲眼目睹了。"最让他兴奋的是，他设想中的中国科技史研究，在史语所引起了"普遍的骚动"。李约瑟在给夫人李大斐的信中写道："各学科研究人员奔走搜寻，发掘他们所想得起的有趣资料，例如：公元二世纪谈到鞭炮的段落；几次重大的爆破事件的记载；公元1076年禁止向鞑靼人出售火药的通令。也就是说,比人们所扬言的伯尔安·施瓦茨(Berthold Schwartz)的'原始发现'还要早二百年。"看到史语所学者发掘的资料,经过同他们的谈论,李约瑟更坚定了自己关于中国科学史的研究设想:在千百年流传下来的文献之中,一定潜伏着无数条有关中国科学技术历史的资料,需要鉴别、研讨,并且促使西方学者注意。

李约瑟和黄兴宗6月15日结束了对包括李庄在内的四川西部的考察。回到重庆,他们连夜把旅程中记下的各大学、研究单位所需物品名目和估计价值列成详细的表格,交给马上就要返回伦敦的英国外交部专职信使。在重庆忙碌了将近两个月后,又马不停蹄地开始了西北之行。8月7日,李约瑟一行乘坐卡车,与英国大使馆的一辆前往西北的卡车同时出发。此行除了代表中英科学合作馆考察战时西北的科技现状,李约瑟还打算为了他的中国科学史研究计划去一趟敦煌。8月28日,李约瑟一行人历尽艰辛终于抵达兰州。其间,李约瑟把中国工业合作协会英国促进会委托他赠送的仪器、工具交给兰州培黎学校,给国立西北图书馆捐赠了54种图书资料。在艾黎等人的陪同下,考察了由国立资源委员会和甘肃省政府合办的大型机器厂、干电池厂、发电站、"工合"的许多工厂、西北防疫处、甘肃科学教育馆以及"工合"在兰州的一个研究所。李约瑟最感兴趣的是兰州的培黎学校,感叹"西北吸引人之处不在于已有的成就,而在于其远景和潜力。该地区的年轻人对知识和发展的渴求就像沙漠需要更好的灌溉一样"。9月18日,李约瑟、艾黎、黄兴宗和两名培黎学校学生沿着丝绸之路继续向西。9月22日到酒泉。画家吴作人正要去老君庙油田和敦煌写生,他曾留学法国和比利时,一番法语交谈,李约瑟欣然带他搭车同行,终于在9月30日到了考察的目的地敦煌。此时,距离离开重庆,已经过了将近两个月。10月2日,原计划离开千佛洞,因卡车发动机的轴承烧坏了,不得不在敦煌逗留了三个多星期。李约瑟和艾黎在千佛洞及其周围考察文物、观摩壁画、欣赏风光,他还发现一个石窟内竟然出现了"最后的晚餐"的绘画,基督教的神话出现在了佛教壁画中。李约瑟把在千佛洞的观察写成论文,发表在英国《自然》杂志。他还写下了大量的书信、日记、速写,拍摄了100多张有关敦煌和莫高窟的照片。这些素材后来多次出现在《中国科学技术史》中。10月24日,司机邝威终于从老君庙油田带回了修好的发动机。12月初,李约瑟回到兰州,在兰州过完他的43岁生日后,乘坐飞机回到重庆。20日,李约瑟致函(英文)翁文灏,报告了他赴玉门考察的情形,并表示:"我将尽一切力量尽快支援他们一些基本的研究仪器、设备、化学制品和书籍。在油矿时,我还非常愉快地见到了你的堂弟,出色而年轻的地质学家翁文波博士。"23日,翁文灏复函李约瑟,感谢他对玉门油矿的考察和帮助。李约瑟于翁文灏在复函(英文)中表示,"感谢给我送来你对甘肃油矿的观察所得""你为争取加强那里的研究所做的努力,也给我以极大的激励。非常感谢你所提及的对我们工作的有益帮助"。(参见杨丽娟《一见倾心——抗战时期英国科学家李约瑟的中国之行》,《北京日报》2022年1月29日;李学通《翁文灏年谱》,山东教育出版社2005年版;郭胜强《董作宾传》,江苏文艺出版社2010年版;沈晖编著《苏雪林年谱长编》,安徽文艺出版社2017年版;田本相、阿鹰编著《曹禺年谱长编》,上海交通大学出版社2017年版)

英国牛津大学教授Dodds访问西南联大。1月13日,清华文科研究所、北大文科研究所联合设宴,招待英国牛津大学教授Dodds,饭后讨论甚久。当时牛津大学中国文学讲师Hugheos亦在司家营,应邀请参加。(参见闻黎明、侯菊坤《闻一多年谱长编》(增订版),上海交通大学2014年版)

英国人罗伯特·白英8月1日到西南联大,后经英国驻华大使馆介绍,于11月3日被联大以教授待遇聘任,教"西洋小说""现代英诗"。罗伯特·白英在西南联大做研究工作,准备选编一部《中国新诗选译》,但他不懂中文,特邀请闻一多合作。由于选诗的关系,闻一多在朱自清处看到了解放区诗人田间的诗,大为赞扬。10月27日,闻一多在唐诗课讲解放区诗人田间的诗,称田间为"时代的鼓手"。11月3日,接受英国大使馆介绍,聘请白英来西南联大任课,给予教授待遇。(参见西南联大北京校友会编《国立西南联合大学校史——1937至1946年的北大、清华、南开》,北京大学出版社1996年版;闻黎明、侯菊坤《闻一多年谱长编》(增订版),上海交通大学2014年版)

美国驻华大使馆文化专员兼美国图书馆驻华代表费正清继续以其独特的视角观察中国,同时积极开展与左翼人士的交往。8月,费正清所写笔记表明国民政府已经不可救药,他写道:"我对现政权已不存在希望,因为从感情上,它已失去广大人民的信任,而且也不能给人民带来任何实实在在的好处。这个政权已经千疮百孔,腐朽不堪,并且没有足够的有识之士来挽救残局,因此,它不过是苟延残喘而已。"9月19日,费正清驱车前往文化工作委员会夏季使用的农舍,郭沫若和主要同事热情接待,彼此交谈中美文化交流之事。费正清意欲请郭沫若赴美讲学,郭沫若曰:"到美国是我非常希望的,可是现在我到成都去都还有困难,哪还能到美国去啊!"10月,费正清又应邀参加郭沫若的50岁生日宴会。随后,费正清又结识了茅盾和陶行知。当时费正清已敏锐地发现文化工作委员会的实际困境:"事实上,这个委员会更像是一种限制行为的围栏,已有很多知名作家被圈在里面。假如他们离开这里前往延安,将会对统一战线造成一场灾难。"其间,还宴请了中共南方局董必武和周恩来的秘书陈家康。同月,费正清写道:"这里生活的主题似乎就是物价与革命。我与菲利普·斯普劳斯一起宴请了国民参政会的共产党员董必武老先生和周恩来的秘书陈家康。前者说着令人费解的方言,后者则思维活跃,不时会冒出一个新想法。为了验证他们的说法,第二天早上我又去走访了国民党中央组织部战区党务处。周三与蒋介石的首席日本问题专家共进晚餐,于是我在想,周四我应该拜访共产党人士,这样才能保持大致的公平而没有偏见。"

费正清11月会见了梁思成。此前春天,林徽因为梁思成《中国建筑史》致函费正清。当时费正清兼任美国大使馆所属的美国出版服务社社长,专门搜集中国和日本出版物,并协助国务院执行文化交流计划。随后,费正清给梁思成夫妇回了一封信,答应给予全力合作。11月底,费正清写道:"他(梁思成)昨晚第一次来到这里,看到了他的中国建筑史图画的缩微胶片,小伙子们特别喜欢照它们,因为它们效果极佳。思成只有102磅重,在写完十一万字的《中国建筑史》以后显然很疲倦,他和一个绘图员以及徽因都必须工作到半夜。但他和往常一样精力充沛和野心勃勃,并且具有那使他在任何情况下都像贵族那样行事的矜持和魅力。"费正清把建筑图画做成缩微胶片,一共复制了两份,其中一份受梁思成委托,寄到华盛顿保存,另一份则留在中国。12月2日,郭沫若在百龄饭店为将返美的费正清饯行,并在费正清的纪念册上题词留念。阳翰笙等人作陪。年底,费正清返回华盛顿,调陆军情报局远东部。(参见林甘泉、蔡震主编《郭沫若年谱长编》,中国社会科学出版社2017年版;岱峻《发现李庄》,四川文艺出版社2009年版)

美国文森特时任美国驻华使馆官员。3月30日,翁文灏为"北京人"化石问题致函文森特,告知他去年冬天曾收到佛腾来函,报告太平洋战争前"'北京人'化石连同一部分相关物品起先托付给美国驻平陆战队,打算在他们从中国撤退时带往美国。不料,他们尚滞留秦皇岛时,太平洋战争爆发了,这些陆战队员都作了日军的俘虏。此后,这些化石的下落竟杳无音讯。我们迄今尚未公布这件事，是为了避免引起日本人的注意和兴趣"。翁文灏表示：
"我们必须马上行动找到它们并加以安全保管。"翁文灏认为美国国务院及海军部可能会对
追查有帮助，请文森特设法让美国国务院关注此事。4 月 2 日，文森特复函，告已电问华盛
顿海军部，一有消息立告。10 日，翁文灏再函文森特，追问"北京人"化石事。同时又致函佛
腾，告已分别致函魏敦瑞、Lobenstine、M. C. Baltour 及美国驻华使馆，请帮助寻找"北京人"
化石的线索，也希望得到美国国务院的帮助。27 日，文森特回函翁文灏，告已将此事禀报国
务院。但"北京人"化石依然没有下落。（参见李学通《翁文灏年谱》，山东教育出版社 2005 年版）

　　美国夏仁德任教于燕大心理学系。3 月，夏仁德被关进山东潍县集中营。直到 9 月美
国和日本交换囚犯，他才回到美国。（参见覃仕勇《隐忍与抗争：抗战中的北平文化界》，北京时代华
文书局 2015 年版）

　　印度援华医疗队巴苏华大夫 5 月 5 日离开延安，启程返回印度。行前，毛泽东、朱德等
分别向他介绍中国抗日战争和抗日民族统一战线的经验，并托他带回中共中央致印共中央
的信和毛泽东、朱德致印度国民大会的信，信中对印共积极致力于全民族反法西斯统一战
线和谋求民族独立的工作表示关切和支持，对印度国民大会派遣医疗队来华表示感谢。（参
见中共中央文献研究室编撰、逄先知主编《毛泽东年谱（1893—1949）》，人民出版社、中央文献出版社
1993 年版）

　　日本饭塚朗 3 月在日本《中国文学》第 92 期发表《苦闷的作家——巴金的天性》。4 月，
发表《小论巴金——向环境挑战》（译文收于《巴金研究在国外》，张立慧、李今编，湖南文艺
版社 1986 年版）。论文介绍巴金的生平、现实和"对火热社会生活的向往"；称他的《家》
《春》《秋》是"自传性的巨作"。是年，饭塚朗发表《巴金著作目录》，载日本《中国文学》终刊
号。（参见唐金海、张晓云《巴金年谱》，四川文艺出版社 1989 年版）

　　日本作家片冈铁兵 8 月 25—27 日出席在日本东京举行的第二次"大东亚文学者大
会"。在这次大会的第二分组会上，片冈铁兵在一项《要求中国文学之确立》的提案（刊于
《文学报国》第 3 号）中，猛烈地斥责中国的"反动老作家"（即指周作人），引发了会后和周作
人的一场争论。又据日本学者山田敬三的文章说：周作人对片冈铁兵的提议也不示弱，曾
声明退出文学报国会。为此而感到尴尬的日本外务省还曾派小说家丰岛与志雄专程从日
本赴中国，并由当时兴亚院华北联络部任日本驻北京大使馆调查官的志智嘉九郎陪同一道
去劝说周作人，以息事宁人。

　　按：片冈铁兵在演说中称：在中国"和平地区内"（按：指沦陷区），"有一特殊之文学敌人存在""即目
前正在和平地区内蠢动之反动的文坛老作家，而此敌人虽在和平地区之内，尚与诸君思想的热情的文学
活动相对立，而以有力的文学家资格站立于中国文坛。关于此人的姓名，余尚不愿明言，总之彼常以极度
消极的反动思想之表现与动作，对于诸君及吾人之思想表示敌对。诸君及吾人建设大东亚之理想，系一
种崭新之思想，亦即青年之思想，欲将东亚古老之传统以新面目出现于今日历史之中……然彼老作家则
毫不考虑今天之中国呼吸于如何历史之中，被置于如何世界情势之下，唯以其独自随意的魅力来丰富的
表现，暗噬诸君，而于新中国之创造不作如何的努力。彼已为诸君与吾人前进之障碍……"片冈铁兵所说
要扫荡的"反动老作家"，据周作人说"胡兰成第一个说明就是指我"，这就大大触怒了周作人。为查问清
楚起见，1944 年，周作人写信给"文学报国会"的事务局长久米正雄，要求说明。后来，片冈复信承认，并
说明所以主张要扫荡的理由。信中说："请你想起在改造社《文艺杂志》所登载的大作《中国的思想问题》
中之一节，原文云，他们要求生存，他们生存的道德，不想损人以利己，可是也不能圣人那样损己以利人云
云。……鄙人在大东亚文学者大会中发表那篇演说，即有此文在鄙人胸中。……鄙人感到，不应阻害中

国人民的欲望之主张,实即是对于为大东亚解放而斗争着的战争之消极的拒否,因此在去年九月大东亚文学者大会第二分组会议席上,作那样的演说。"此后,周作人曾以与片冈铁兵争论的这一事件为证,多次说明他在沦陷时期并未与日本方面合作,乃至否认他的汉奸行为。(参见张菊香、张铁荣主编《周作人年谱》,南开大学出版社1985年版;王学典《20世纪史学编年(1900—1949)》,商务印书馆2014年版)

日本大东亚出版公司常务董事山田谦吉与大东亚出版文化研究所理事上野巍7月16—17日连续晤上海杂志界,祈求所谓"中日文化交流进展"。7月14日《申报》载:日本出版界要人联袂抵沪。日本大东亚出版有限公司常务董事山田谦吉,及大东亚出版文化研究所常务理事上野巍两氏,日前联袂抵沪,最近期间拟与本埠出版界交换意见,并参观各文化机关云。16日《申报》载:日本出版界山田、上野两氏抵沪,本行茶会招待:日本出版界巨子大东亚出版公司常务董事山田谦吉与大东亚出版文化研究所理事上野巍两氏,为研究大东亚各地文化出版事业东亚共荣圈之文化出版之基础起见,特于日前联袂来沪,连日分访各机关及各团体,并拟与本市文化界人士交换意见,爰由本报发起昨日下午五时,假兴亚大楼工商联谊会会议室茶会招待,两氏与本市新闻界人士相见。除两氏应出席外,并到有中济研究所长波多博氏,及新闻联合会、各报社代表等20余人,济济一堂,情绪热烈。17日《申报》载:日本大东亚出版公司常务董事山田谦吉与大东亚出版文化研究所理事上野巍两氏,自日前来沪后,连日酬酢颇忙,前日并由本报举行茶会招待两氏,介绍与本市新闻界人士会见,互相恳谈,详情业志昨日本报。嗣本报以出版文化事业与杂志界有不可分离之关系,对于中日文化交流上亦有重大意义,爰特再度于昨日下午五时假兴亚大楼举行茶会,介绍二氏与本市杂志界同人相见,计到有山田、上野两氏,及杂志界代表周瘦鹃、柳雨生、陶亢德、杨光政、叶德铭与杂志联合会代表任云鹏等十余人,席间由本报陈社长为杂志界代表一一介绍。(参见吴永贵《民国图书出版史编年:1912—1949》,社会科学文献出版社2018年版)

日本国际文化振兴会大泽武进6月18日设茶会招待马公愚、汪亚尘、王季迁、熊松泉、房虎卿、郑午昌、王季眉、吴湖帆等上海书画名家。首由日本大使馆上海事务所福间副领事致辞:"日本很注意随时以本国文化介绍至中国,望中国能如日本一样将本国文化介绍给日本,此于中日文化之交流上为极应注意者。"继由大泽武进报告该会之内容及事业等,然后要求沪上艺术家发表宏论。

6月21日,日本国际文化振兴会主办中日书画座谈会纪录发表,中有吴湖帆、王季眉、王季迁、汪亚尘等发言。汪谓:绘画艺术是感觉有美观的,中国画在近五年来,每一画家以时局的关系,都特别打起精神埋首研习,但这不是政治力量,要是画以政治背景来推动提倡的话,是没有成效的。(参见王震《20世纪上海美术年表》,上海书画出版社2005年版)

三、学术论文

王平陵《学术上的超功利主义》刊于《中外春秋》第1卷第2期。

按:是文认为:学以致用的治学信条,"中国几千年来的学人,无不遵守奉行,在春秋战国时代的各种学派,例如,儒家、道家、法家、阴阳家、纵横家……几乎都是根据这些信条而立言,祈求见用于时王,立功于当世"。基于这样的一种学术观,故中国的文化与学术研究,尽管历史悠久,但"古今学人由于急图立刻发生实效之故,大抵是在伦理、政治、经济、文章、法术的方向,致力独多"。但对于研究自然的科学,却很少有人"敢作学问上的探险""因此,我们的文化尽管悠久,遗产就是丰富,在今天能够真正于实用的,并不算多"。

是文指出:"我们治学的方向,愈切近于功利,发生的效用,反愈暂,愈浅,愈有限,如果我们能立大志,把眼观放远一些,不汲汲皇皇于近功小利的争取,而事实上所收的效果,必愈长,愈深,愈无穷。牛顿看见苹果落地,感悟到万有引力的作用,便悉心研讨,孜孜不倦,他决没有预料到研讨这些东西在将来有什么用;达尔文拉马克的专攻生物学,马可尼爱迪生的试验电波的流动,爱因斯坦的发明相对律……他们仅是为学问而学问,决不会计及眼前的得失,及其成功,就能使全人类同沾莫大的幸福,他们也就能永远享受无上的光荣,所以,超功利主义的意思,决不是'离开现实,学不成用'之谓,其目的就在不计较近功和小利,而必须要抱定宏远的志趣,成大功,求大利。"

文章认为:"在中国,自然科学的知识,假设有一天能够普及和深入的话,那种自私自利,虚伪欺诈,倾轧排挤,昧远图,急近功的劣根性,必可因为胸怀视野的开拓,彻底解消,积极帮助法令的推行,健全政治机构的组织,增进政治的效率。中国自然科学的落后,实在是文化上一个急于要补偿的弱点! 现在欧美应用科学的发达,都是根据自然科学的原理法则而来,我们要展开科学的应用,首先就要提高自然科学的水准,充实研究自然科学的设备,迎头赶上近代思想家在自然科学上发见的成果。我们仅从应用科学的模仿着手,还是急近功,昧远图,其效用是非常有限的。在今天的中国,固然要有整理儒家的传统,建立新理学的冯友兰先生,却尤其需要有在自然科学的范围内,任选其一部门,穷毕生的精力,不计一时的成败得失,埋头苦攻的牛顿、达尔文、马可尼、爱因斯坦。我们既认清了苦攻自然科学,才是一条创造中国新文化的大路,我们就必须抱定超功利主义,不问路途的遥远,立即造成为学问而学问的风气!"

杨幼炯《中国学术思想之演变与三民主义思想的渊源》刊于《中山文化季刊》第1卷第4期。

严耕《望两汉郡县属吏考补正》刊于《中国文化研究汇刊》第3期。

童震亨《〈周官〉为群经源本论》刊于《国学丛刊(北京)》第12期。

周宝书《〈史记〉十篇有录无书考》刊于《国学丛刊(北京)》第12期。

陈瀚年《书〈汉书·儒林传〉后》刊于《国学丛刊(北京)》第12期。

陈瀚年《东汉多循吏论》刊于《国学丛刊(北京)》第12期。

韩知白《后唐明宗论》刊于《国学丛刊(北京)》第12期。

陈瀚年《〈汉书·金日磾传〉书后三则》刊于《国学丛刊(北京)》第13期。

王汝棠《两汉丧葬丛考》刊于《国学丛刊(北京)》第13期。

蒋介石《社会与学术风气之改造问题》(摘自《中国之命运》)刊于《心理建设》第1卷第4期。

李翊灼《中国学术与中国学报》刊于《中国学报》第1卷第1期。

按:是文为《中国学报》发刊词,从文前的"编者题记"可知,此文"原名《中国学报颂》。就中国学术精深博大处,为之抉探根原,纠正歧异;先陈十难,继示二义五法……最后认定复兴中国学术,即复兴中国民主始基"。是文所指的中国学术研究之"十难"为:"道之大者,学之备者,义之精者,文之简者,史之不足者,灾厄之者,变迁之繁数者,传说之歧者,专治之难者,会通者尟者。""二义者"——"精通致用是也";"五法者"——"博学、审问、慎思、明辨、笃行是也"。

张德钧《经术与经学》刊于《中国学报》第1卷第1期。

朱希祖《广州微访南明史料记》刊于《中国学报》第1卷第1期。

金毓黻《唐代两税与宋代二税》刊于《中国学报》第1卷第1期。

汪辟疆《近代诗派与地域》刊于《中国学报》第1卷第1期。

唐圭璋《论词之做法》刊于《中国学报》第1卷第1期。

鲍先德《论西汉政治思想》刊于《中国学报》第1卷第2期。

金毓黻《文心雕龙史传篇疏证》刊于《中国学报》第1卷第2期。

刘修业《海外所藏中国小说戏曲记》刊于《中国学报》第 1 卷第 2 期。

熊公哲《辨商君书》刊于《中国学报》第 1 卷第 2 期。

朱希祖《郦亭读书记》刊于《中国学报》第 1 卷第 2 期。

刘修业《海外所藏中国小说戏曲记》刊于《中国学报》第 1 卷第 2 期。

范存忠《十七八世纪英国流行的中国思想》刊于《国立中央大学文史哲季刊》第 1 卷第 1—2 期。

罗根泽《墨子探源》刊于《国立中央大学文史哲季刊》第 1 卷第 1 期。

唐君毅《心，理，道颂》刊于《国立中央大学文史哲季刊》第 1 卷第 1 期。

熊伟《说，可说，不可说，不说》刊于《国立中央大学文史哲季刊》第 1 卷第 1 期。

柳无忌《希腊悲剧中的人生观》刊于《国立中央大学文史哲季刊》第 1 卷第 1 期。

金毓黻《千华山馆读史札记》刊于《国立中央大学文史哲季刊》第 1 卷第 1 期。

程憬《古代中国的创世纪》刊于《国立中央大学文史哲季刊》第 1 卷第 1 期。

金毓黻《宋代兵制考实》刊于《国立中央大学文史哲季刊》第 1 卷第 1 期。

韩儒林《蒙古的名称》刊于《国立中央大学文史哲季刊》第 1 卷第 1 期。

贺昌群《清谈之起源（上）》刊于《国立中央大学文史哲季刊》第 1 卷第 1 期。

黄淬伯《诗传笺商兑》刊于《国立中央大学文史哲季刊》第 1 卷第 1 期。

唐圭璋《云谣集杂曲子校释》刊于《国立中央大学文史哲季刊》第 1 卷第 1 期。

陈康《判断分析》刊于《国立中央大学文史哲季刊》第 1 卷第 1 期。

李翊灼《悉昙声字实相义释》刊于《国立中央大学文史哲季刊》第 1 卷第 2 期。

屈万里《周易爻辞中之习俗》刊于《国立中央大学文史哲季刊》第 1 卷第 2 期。

杨树达《语源学论文十篇》刊于《国立中央大学文史哲季刊》第 1 卷第 2 期。

朱希祖《汉王劫五诸侯兵考》刊于《国立中央大学文史哲季刊》第 1 卷第 2 期。

贺昌群《烽燧考》刊于《国立中央大学文史哲季刊》第 1 卷第 2 期。

韩儒林《吐蕃古史与传说研究》刊于《国立中央大学文史哲季刊》第 1 卷第 2 期。

鲁实先《金乙未元历朔实考》刊于《国立中央大学文史哲季刊》第 1 卷第 2 期。

程憬《后羿与汉勾力斯》刊于《国立中央大学文史哲季刊》第 1 卷第 2 期。

方管《释无久》刊于《国立中央大学文史哲季刊》第 1 卷第 2 期。

缪凤林《古代巴蜀文化》刊于《国立中央大学文史哲季刊》第 1 卷第 2 期。

崔载阳《三民主义哲学研究史纲》刊于《中山学报》第 1 卷第 8 期。

邓植仪《湘粤桂垦荒之土地利用问题》刊于《中山学报》第 1 卷第 8 期。

陈振铎《土壤颜色测定法研究》刊于《中山学报》第 1 卷第 8 期。

谢申《土壤需要肥料之测定与广东土壤需肥问题》刊于《中山学报》第 1 卷第 8 期。

杨成志《广东名胜古迹之性质分类及其文化象征》刊于《中山学报》第 1 卷第 8 期。

朱谦之《文化社会学发端》刊于《中山学报》第 1 卷第 8 期。

陈安仁《史学研究导言》刊于《中山学报》第 1 卷第 8 期。

容肇祖《唐贞元册南诏便袁滋题名拓跋本》刊于《中山学报》第 1 卷第 8 期。

郑师许《我国史前文化（续本刊创刊号）》刊于《中山学报》第 1 卷第 8 期。

张为纲《泰和透定二母的两种特别变化之研究》刊于《中山学报》第 1 卷第 8 期。

严永晃《学校兼办社会教育的历史发展》刊于《中山学报》第 1 卷第 8 期。

丁宝兰《我国中学课外活动发展的研究》刊于《中山学报》第 1 卷第 8 期。

蒋英《中国紫金牛科植物研究纪略》刊于《中山学报》第 1 卷第 8 期。

吴康《苏格拉底哲学思想》刊于《中山学报》第 2 卷第 1 期。

李白华《印度思想之一般的特质》刊于《中山学报》第 2 卷第 1 期。

罗时宪《佛学总要》刊于《中山学报》第 2 卷第 1 期。

李子《"有"与"无"》刊于《中山学报》第 2 卷第 1 期。

郑师许《我国史前文化》刊于《中山学报》第 2 卷第 1 期。

马米《中国绘画研究导论》刊于《中山学报》第 2 卷第 1 期。

朱子范《民族文学讲义引言》刊于《中山学报》第 2 卷第 1 期。

黄学勤《怎样做现代作家》刊于《中山学报》第 2 卷第 1 期。

李应南《告子传略》刊于《中山学报》第 2 卷第 1 期。

严永晃《中学推广卫生教育的研究》刊于《中山学报》第 2 卷第 1 期。

李瑛《现代战争中救护队的大概》刊于《中山学报》第 2 卷第 1 期。

罗肃容《粤北首次发现之斑疹伤寒》刊于《中山学报》第 2 卷第 1 期。

王鹇雏《火花辨钢法》刊于《中山学报》第 2 卷第 1 期。

陈柱尊《韩文研究法》刊于《真知学报》第 2 卷第 5 期。

李龙汉《庄子研究》刊于《真知学报》第 2 卷第 5 期。

李郎墨《刘宋时期之文艺批评》刊于《真知学报》第 2 卷第 5 期。

朱建新《文房四友》刊于《真知学报》第 2 卷第 5 期。

苏生《金石书编目商榷》刊于《真知学报》第 2 卷第 5 期。

纪甦宣《商史徵》刊于《真知学报》第 2 卷第 6 期。

朱建新《论研究金石应具备辅导学识》刊于《真知学报》第 2 卷第 6 期。

云中《中国文字与中国字学》刊于《真知学报》第 2 卷第 6 期。

段无染《明代山水画派衍概观》刊于《真知学报》第 2 卷第 6 期。

周劭《劳动争议发研究》刊于《真知学报》第 2 卷第 6 期。

余祥森《汉石经汇考》刊于《真知学报》第 3 卷第 1 期。

朱建新《论金石之访求》刊于《真知学报》第 3 卷第 1 期。

杨郎墨《诗三百首叠字类辑》刊于《真知学报》第 3 卷第 1 期。

朱起凤《易经正诂》刊于《真知学报》第 3 卷第 1 期。

樊仲云《改革教育制度私见》刊于《真知学报》第 3 卷第 1 期。

黎国昌《课程与学制》刊于《真知学报》第 3 卷第 1 期。

郑秉珊《钱牧斋的政治活动和文学成就》刊于《真知学报》第 3 卷第 1 期。

铁英《中国文之起源》刊于《真知学报》第 3 卷第 1 期。

汪太玄《中国新出版业史话》刊于《真知学报》第 3 卷第 1 期。

周作人《人的文学之根源》刊于《真知学报》第 3 卷第 2 期。

沈启无《卜辞中之繇辞及其他》刊于《真知学报》第 3 卷第 2 期。

王森然《王观堂先生评传》刊于《真知学报》第 3 卷第 2 期。

杨晋雄《论诗义派诗人》刊于《真知学报》第 3 卷第 2 期。

谭正璧《日本所藏中国佚本章回小说述考》刊于《真知学报》第 3 卷第 2 期。

周匡《两汉中央政府与地方政府的关系》刊于《真知学报》第 3 卷第 2 期。

涵唐《隋唐及五代人物部落考》刊于《真知学报》第 3 卷第 2 期。

段无染《明代山水画派衍概观》(续)刊于《真知学报》第 3 卷第 2 期。

孙楷第《北曲剧末有"楔子"说》刊于《大众》第 2 卷第 3 期。

周越然《西厢与琵琶》刊于《风雨谈》第 1 期。

谭正璧《宋元戏文与元明杂剧》刊于《风雨谈》第 1—2 期。

泽夫《关汉卿在元曲中的地位》刊于《风雨谈》第 5 期。

吴敬恒《五丁诠实》刊于《说文月刊》第 3 卷第 9 期。

卫丁法师《秦汉时发现甲骨说补证》刊于《说文月刊》第 3 卷第 9 期。

于右任《汶川纪行诗》刊于《说文月刊》第 3 卷第 9 期。

卫聚贤《石纽探访记》刊于《说文月刊》第 3 卷第 9 期。

王献唐《竹落》刊于《说文月刊》第 3 卷第 9 期。

阿难《张宗昌开炮求雨》刊于《说文月刊》第 3 卷第 9 期。

程仰之《古蜀的洪水神话与中原的洪水神话》刊于《说文月刊》第 3 卷第 9 期。

罗香林《夏民族发祥于岷江流域说》刊于《说文月刊》第 3 卷第 9 期。

姜蕴刚《治水及其人物》刊于《说文月刊》第 3 卷第 9 期。

黄芝冈《大禹与李冰治水的关系》刊于《说文月刊》第 3 卷第 9 期。

林名均《四川治水者与水神》刊于《说文月刊》第 3 卷第 9 期。

傅振伦《蜀守李冰治水事迹考略》刊于《说文月刊》第 3 卷第 9 期。

程仰之《古神话中的水神》刊于《说文月刊》第 3 卷第 9 期。

刘铭恕《关于四川古代之井制》刊于《说文月刊》第 3 卷第 9 期。

冯沅君《元剧中二郎斩蛟的故事》刊于《说文月刊》第 3 卷第 9 期。

卫聚贤《二郎》刊于《说文月刊》第 3 卷第 9 期。

蒋逸雪《李仪祉传》刊于《说文月刊》第 3 卷第 9 期。

蒋逸雪《孔祥榕传》刊于《说文月刊》第 3 卷第 9 期。

孔祥关《西北文化》刊于《说文月刊》第 3 卷第 10 期。

于右任《西北纪行诗》刊于《说文月刊》第 3 卷第 10 期。

吴敬恒《西北为文明之摇篮》刊于《说文月刊》第 3 卷第 10 期。

张继《西北精神之建设》刊于《说文月刊》第 3 卷第 10 期。

刘子健《古代四川之治水者》刊于《说文月刊》第 3 卷第 10 期。

何正璜《敦煌莫高窟现存佛洞概况之调查》刊于《说文月刊》第 3 卷第 10 期。

姜亮夫《敦煌经卷在中国学术文化上之价值》刊于《说文月刊》第 3 卷第 10 期。

震雷《敦煌的佛教美术》刊于《说文月刊》第 3 卷第 10 期。

董作宾《敦煌纪年》刊于《说文月刊》第 3 卷第 10 期。

劳贞一《伯希和敦煌图录解说》刊于《说文月刊》第 3 卷第 10 期。

何正璜《唐太宗昭陵》刊于《说文月刊》第 3 卷第 10 期。

金毓黻《敦煌写本唐天宝官品令考释》刊于《说文月刊》第 3 卷第 10 期。

王献唐《新出汉三老赵宽碑考释》刊于《说文月刊》第 3 卷第 10 期。

卫聚贤《李克用后裔的族谱》刊于《说文月刊》第 3 卷第 10 期。

冯国瑞《麦积山石窟志》刊于《说文月刊》第3卷第10期。

于右任《鸳鸯七志斋藏石记目录》刊于《说文月刊》第3卷第10期。

郭沫若《陕西新出土器铭考释》刊于《说文月刊》第3卷第10期。

靳玄生《青海历代城堡遗址考》刊于《说文月刊》第3卷第10期。

孔德成《自土沮漆解》刊于《说文月刊》第3卷第10期。

黄文弼《波斯古史及与中国文化之关系》刊于《说文月刊》第3卷第10期。

刘铭恕《吐鲁番发现的熊首图案绢布之考察》刊于《说文月刊》第3卷第10期。

傅振伦《中国文化传入西伯利亚考》刊于《说文月刊》第3卷第10期。

张铁弦《突厥钱币考》刊于《说文月刊》第3卷第10期。

于右任《太平海(续)》刊于《说文月刊》第3卷第11期。

陈述《日本海正名》刊于《说文月刊》第3卷第11期。

卫聚贤《为太平海命名质中国地理学会》刊于《说文月刊》第3卷第11期。

陆懋德《汉中区的史前文化》刊于《说文月刊》第3卷第11期。

董作宾《春秋经传史日丛考》刊于《说文月刊》第3卷第11期。

方壮猷《宋史类编及宋史校注》刊于《说文月刊》第3卷第11期。

朱希祖《西夏史籍考》刊于《说文月刊》第3卷第11期。

谢希凝《清初史料四种考释》刊于《说文月刊》第3卷第11期。

方豪《康熙雍正二帝之提倡拉丁文》刊于《说文月刊》第3卷第11期。

商承祚《太平天国瑞天豫傅佐廷等告示》刊于《说文月刊》第3卷第11期。

翼王石《石达开布告》刊于《说文月刊》第3卷第11期。

卫聚贤《册封琉球图》刊于《说文月刊》第3卷第11期。

沈祖同《印度财政金融贸易最近趋势》刊于《经济汇报》第8卷第7期。

王北辰《论吾国战时社会政策》刊于《经济汇报》第8卷第7期。

陈钦模《当前之农田水利金融问题》刊于《经济汇报》第8卷第7期。

丁鹄《介绍需要曲线之型式(续)》刊于《经济汇报》第8卷第7期。

陈振汉《从苏德的经济建设论到中国经济建设》刊于《经济汇报》第8卷第7期。

陈启运译《苏联对外贸易(一)》刊于《经济汇报》第8卷第7期。

宋国荃《陕西工业调查》刊于《经济汇报》第8卷第7期。

贺知新《我国钨之产销概况》刊于《经济汇报》第8卷第7期。

郭荣生《抗战期中之省地方银行(续六期)》刊于《经济汇报》第8卷第7期。

黎小苏《甘肃棉业概况(续六期)》刊于《经济汇报》第8卷第7期。

赵兰坪《我国之利率与利率政策》刊于《经济汇报》第8卷第8期。

赵兰坪《概论黄金用途》刊于《经济汇报》第8卷第8期。

陈振汉《从苏德的经济建设论到中国经济建设》刊于《经济汇报》第8卷第8期。

张白衣《国家信用论》刊于《经济汇报》第8卷第8期。

张芳谔《战后我国盐务政策之商讨》刊于《经济汇报》第8卷第8期。

纪乘之译《美国进出口银行对南美各国的经济协助》刊于《经济汇报》第8卷第8期。

许育英《汉代赋税概况》刊于《经济汇报》第8卷第8期。

邬志陶《从黄金内运说到物价与通货问题》刊于《经济汇报》第8卷第8期。

宋同福《专卖实施与其制度》刊于《经济汇报》第 8 卷第 8 期。

杨承厚《陕西省推行公库制度概况》刊于《经济汇报》第 8 卷第 8 期。

宋国荃《陕西省工业调查(续七期)》刊于《经济汇报》第 8 卷第 8 期。

赵在田《关于对外商业之领事制度》刊于《经济汇报》第 8 卷第 8 期。

程绍德《论当前之黄金问题》刊于《经济汇报》第 8 卷第 8 期。

俞鸿钧《十年来中国之财政政策》刊于《经济汇报》第 8 卷第 9 期"财政部孔兼部长就任十周年纪念专号"。

朱偰《中国之专卖制度》刊于《经济汇报》第 8 卷第 9 期"财政部孔兼部长就任十周年纪念专号"。

邹琳《十年来中国之国外贸易》刊于《经济汇报》第 8 卷第 9 期"财政部孔兼部长就任十周年纪念专号"。

袁梅因《十年来我国公债政策之回顾》刊于《经济汇报》第 8 卷第 9 期"财政部孔兼部长就任十周年纪念专号"。

宋同福《十年来之地方财政》刊于《经济汇报》第 8 卷第 9 期"财政部孔兼部长就任十周年纪念专号"。

顾翊群《十年来中国之金融政策》刊于《经济汇报》第 8 卷第 9 期"财政部孔兼部长就任十周年纪念专号"。

姜又虔《十年来我国直接税之发展》刊于《经济汇报》第 8 卷第 9 期"财政部孔兼部长就任十周年纪念专号"。

宋同福《我国盐专卖实施概况》刊于《经济汇报》第 8 卷第 9 期"财政部孔兼部长就任十周年纪念专号"。

朱耀初《战时之广东金融业》刊于《经济汇报》第 8 卷第 9 期"财政部孔兼部长就任十周年纪念专号"。

孟长泳《英国战时财政白皮书之统计》刊于《经济汇报》第 8 卷第 9 期"财政部孔兼部长就任十周年纪念专号"。

杨承厚《河南省推行公库制度之概况》刊于《经济汇报》第 8 卷第 9 期"财政部孔兼部长就任十周年纪念专号"。

陈炳章《十年来中国财政金融之进步》刊于《经济汇报》第 8 卷第 9 期"财政部孔兼部长就任十周年纪念专号"。

鲁佩章《十年来中国财政机构之变化》刊于《经济汇报》第 8 卷第 9 期"财政部孔兼部长就任十周年纪念专号"。

李傥《十年来中国之国库》刊于《经济汇报》第 8 卷第 9 期"财政部孔兼部长就任十周年纪念专号"。

梁敬錞《十年来中国之税制整理》刊于《经济汇报》第 8 卷第 9 期"财政部孔兼部长就任十周年纪念专号"。

张静愚《十年来中国之税务》刊于《经济汇报》第 8 卷第 9 期"财政部孔兼部长就任十周年纪念专号"。

郑莱《十年来中国之关税》刊于《经济汇报》第 8 卷第 9 期"财政部孔兼部长就任十周年纪念专号"。

缪秋杰《十年来中国之盐务》刊于《经济汇报》第 8 卷第 9 期"财政部孔兼部长就任十周年纪念专号"。

关吉玉《十年来中国之田赋》刊于《经济汇报》第 8 卷第 9 期"财政部孔兼部长就任十周年纪念专号"。

戴铭礼《十年来中国之金融》刊于《经济汇报》第 8 卷第 9 期"财政部孔兼部长就任十周年纪念专号"。

尹任先《十年来中国之公债》刊于《经济汇报》第 8 卷第 9 期"财政部孔兼部长就任十周年纪念专号"。

程绍德《论目前不宜设立以实物为保证之票据承兑所》刊于《经济汇报》第 8 卷第 11 期。

李荣廷《战时工商业徵信机构之建立问题》刊于《经济汇报》第 8 卷第 11 期。

杨德昌《我国产物保险向国外分保问题》刊于《经济汇报》第 8 卷第 11 期。

蒲耀琼译《珍珠港事变后日本的经济》刊于《经济汇报》第 8 卷第 11 期。

田克明《相对数在经济及社会问题分析上之应用》刊于《经济汇报》第 8 卷第 11 期。

邓文烈译《英美法遗产税之物纳制度》刊于《经济汇报》第 8 卷第 11 期。

祁敏译《轴心经济》刊于《经济汇报》第 8 卷第 11 期。

许育英《汉代物价之变动》刊于《经济汇报》第 8 卷第 11 期。

麦树楠《创业二年的广西企业公司》刊于《经济汇报》第 8 卷第 11 期。

宋国荃《陕西省工业调查（续八卷八期）》刊于《经济汇报》第 8 卷第 11 期。

宋同福《食糖专卖实施概况》刊于《经济汇报》第 8 卷第 11 期。

刘廷藩《经济资料类目》刊于《经济汇报》第 8 卷第 11 期。

宁恩承《黄金之利用与物价问题》刊于《经济汇报》第 8 卷第 12 期。

姚枬《读〈战争与经济〉》刊于《经济汇报》第 8 卷第 12 期。

胡元民《论产业合理化与科学管理》刊于《经济汇报》第 8 卷第 12 期。

李荣廷《战后对日经济制裁问题》刊于《经济汇报》第 8 卷第 12 期。

汤庆芝译《美国财政如何应付战争》刊于《经济汇报》第 8 卷第 12 期。

邓文烈译《日本银行券之发行制度》刊于《经济汇报》第 8 卷第 12 期。

沈东运《"九一八"前日本在我东北金融事业发展概况》刊于《经济汇报》第 8 卷第 12 期。

倪良钧《青海茶叶市场之研究》刊于《经济汇报》第 8 卷第 12 期。

宋国荃《陕西省工业调查》刊于《经济汇报》第 8 卷第 12 期。

宋同福《火柴专卖实施概况》刊于《经济汇报》第 8 卷第 12 期。

赵在田《华侨之职业及经济概况》刊于《经济汇报》第 8 卷第 12 期。

钱穆《古代学术和古代文字》刊于《思想与时代》第 26 期。

念华《反对学术上的宗派倾向》刊于《群众》第 8 卷第 16 期。

张发奎《一年来世界大势之检讨与我们应有之努力》刊于《国防研究》第 1 卷第 2 期。

张励《抗战经验中"康尼"的检讨》刊于《国防研究》第 1 卷第 2 期。

吴石《新国防论》刊于《国防研究》第 1 卷第 2 期。

孙实刚《闪击战之原则及运用》刊于《国防研究》第 1 卷第 2 期。

吴石《新战术论》刊于《国防研究》第 1 卷第 2 期。

［日］多田礼吉著，杨淙译《现代战争的新武器》刊于《国防研究》第 1 卷第 2 期。

吴石《倭国最近行政改革之全豹》刊于《国防研究》第 1 卷第 2 期。

［日］武村中雄著，张景宁译《国防经济学的理论基础》刊于《国防研究》第 1 卷第 2 期。

方遹君《国防教育之历史根据及其实施》刊于《国防研究》第 1 卷第 2 期。

张群《读总理〈国防十年计划书〉》刊于《国防研究》第 1 卷第 2 期。

张发奎《纪念先烈要切实推行国家总动员》刊于《国防研究》第 1 卷第 5 期。

郭冠杰《论国防》刊于《国防研究》第 1 卷第 5 期。

吴石《新国防论》刊于《国防研究》第 1 卷第 5 期。

黄照熹《论我国地形与抗战形势》刊于《国防研究》第 1 卷第 5 期。

［美］爱特温玛勒著，孙实刚译《美国怎样补充她的军官》刊于《国防研究》第 1 卷第 5 期。

［美］史维斯基著，骆任行译《空军的胜利》刊于《国防研究》第 1 卷第 5 期。

覃卫斌《论商君之战争思想与国防计划》刊于《国防研究》第 1 卷第 5 期。

谢振铎《两汉与匈奴关系概观》刊于《国防研究》第 1 卷第 5 期。

王云五《复刊词》刊于《东方杂志》第 39 卷第 1 号“复刊号”。

邹鲁《从废除不平等条约说到世界永久和平》刊于《东方杂志》第 39 卷第 1 号“复刊号”。

张道藩《中英美平等新条约与远东和平》刊于《东方杂志》第 39 卷第 1 号“复刊号”。

钱瑞升《罗斯福四大自由之知与行》刊于《东方杂志》第 39 卷第 1 号“复刊号”。

张君劢《希特拉殆病矣乎？》刊于《东方杂志》第 39 卷第 1 号“复刊号”。

于斌《教廷与中国》刊于《东方杂志》第 39 卷第 1 号“复刊号”。

龚次筠《英土谅解的重要性》刊于《东方杂志》第 39 卷第 1 号“复刊号”。

陈钟浩《外交与利益》刊于《东方杂志》第 39 卷第 1 号“复刊号”。

张冀枢《战后和平机构之我见》刊于《东方杂志》第 39 卷第 1 号“复刊号”。

汪叔棣《迎接战后新世界》刊于《东方杂志》第 39 卷第 1 号“复刊号”。

王鹤仪译《太平洋战争第一年》刊于《东方杂志》第 39 卷第 1 号“复刊号”。

龚德柏《日本在轰炸下的惨状》刊于《东方杂志》第 39 卷第 1 号“复刊号”。

易日《从欧洲第二大战场想到亚洲第二大战场》刊于《东方杂志》第 39 卷第 1 号“复刊号”。

孙科《今后文化工作应有之方针》刊于《东方杂志》第 39 卷第 1 号“复刊号”。

王宠惠《文化建设论》刊于《东方杂志》第 39 卷第 1 号“复刊号”。

沈鸿烈《文化与杂志》刊于《东方杂志》第 39 卷第 1 号“复刊号”。

程沧波《文化上的平等》刊于《东方杂志》第 39 卷第 1 号“复刊号”。

罗家伦《中华儿女应当目光四射》刊于《东方杂志》第 39 卷第 1 号“复刊号”。

范任《中华民族之年龄》刊于《东方杂志》第 39 卷第 1 号“复刊号”。

汪少伦《民族主义与世界大同》刊于《东方杂志》第 39 卷第 1 号“复刊号”。

姜蕴刚《二十世纪社会思潮》刊于《东方杂志》第 39 卷第 1 号“复刊号”。

俞湘文《河曲藏区游牧藏民之家庭组织》刊于《东方杂志》第 39 卷第 1 号“复刊号”。

张治中《乐观主义与悲剧精神》刊于《东方杂志》第 39 卷第 1 号"复刊号"。

苏雪林《人类的运命》刊于《东方杂志》第 39 卷第 1 号"复刊号"。

吴铁城《国父致知力行正德厚生之学说》刊于《东方杂志》第 39 卷第 1 号"复刊号"。

刘百闵《知难行易学说与新底逻辑创造》刊于《东方杂志》第 39 卷第 1 号"复刊号"。

张天泽《从复兴民族说到经济建设》刊于《东方杂志》第 39 卷第 1 号"复刊号"。

万国鼎《中国农业之改造》刊于《东方杂志》第 39 卷第 1 号"复刊号"。

程绍德《从战时通货政策方面论限价问题》刊于《东方杂志》第 39 卷第 1 号"复刊号"。

王云五《从限价到平价》刊于《东方杂志》第 39 卷第 1 号"复刊号"。

龙复兴《如何实施"加强管制物价方案"》刊于《东方杂志》第 39 卷第 1 号"复刊号"。

白崇禧《学校军训之重要与改进》刊于《东方杂志》第 39 卷第 1 号"复刊号"。

黄觉民《随便想起的几个教育问题》刊于《东方杂志》第 39 卷第 1 号"复刊号"。

李书华《中国科学研究的过去与未来》刊于《东方杂志》第 39 卷第 1 号"复刊号"。

陈遵妫《抗战期内我国的天文界》刊于《东方杂志》第 39 卷第 1 号"复刊号"。

罗登义《珍馐的科学观》刊于《东方杂志》第 39 卷第 1 号"复刊号"。

谭勤余《抗战期内我国科学出版物》刊于《东方杂志》第 39 卷第 1 号"复刊号"。

方豪《耶律楚材逝世七百年纪念》刊于《东方杂志》第 39 卷第 1 号"复刊号"。

黎东方《关于子见南子之一段故事》刊于《东方杂志》第 39 卷第 1 号"复刊号"。

朱杰勤《清代金石学述要》刊于《东方杂志》第 39 卷第 1 号"复刊号"。

王平陵《文艺作者的新任务》刊于《东方杂志》第 39 卷第 1 号"复刊号"。

陈望道《论文法现象和社会的关系》刊于《东方杂志》第 39 卷第 1 号"复刊号"。

唐钺《李太白模范前人》刊于《东方杂志》第 39 卷第 1 号"复刊号"。

李长之《"陆放翁之思想及其艺术"序》刊于《东方杂志》第 39 卷第 1 号"复刊号"。

陈北鸥《演剧的展望》刊于《东方杂志》第 39 卷第 1 号"复刊号"。

张君劢《英美会师太平洋上之正式约束问题》刊于《东方杂志》第 39 卷第 2 号。

史国纲《怎样划定战后的世界地图》刊于《东方杂志》第 39 卷第 2 号。

张明养《卡港会议后的世界战局》刊于《东方杂志》第 39 卷第 2 号。

吴光杰《太平洋战争之检讨》刊于《东方杂志》第 39 卷第 2 号。

汪叔棣《世界永久和平的展望》刊于《东方杂志》第 39 卷第 2 号。

陈钟浩《第二次大战中的土耳其》刊于《东方杂志》第 39 卷第 2 号。

陈廷锐《收复国宝论》刊于《东方杂志》第 39 卷第 2 号。

杨杰《如何解决建设新中国的技术干部问题》刊于《东方杂志》第 39 卷第 2 号。

范任《再论中华民族之年龄》刊于《东方杂志》第 39 卷第 2 号。

叶秋原《基督教与新儒家》刊于《东方杂志》第 39 卷第 2 号。

何君超《峨眉山与中国文化》刊于《东方杂志》第 39 卷第 2 号。

黄任夫《英美苏的战时景象》刊于《东方杂志》第 39 卷第 2 号。

龚德柏《山穷水尽的日本财政》刊于《东方杂志》第 39 卷第 2 号。

李超英《敌寇对我经济封锁之分析》刊于《东方杂志》第 39 卷第 2 号。

程绍德《国家金融机构再调整刍议》刊于《东方杂志》第 39 卷第 2 号。

龙大均《吾国应否采行凭券购物制》刊于《东方杂志》第 39 卷第 2 号。

吴起元《现代会计的两个重要假定》刊于《东方杂志》第 39 卷第 2 号。

黄炎培《菁园絮语——关于方言》刊于《东方杂志》第 39 卷第 2 号。

常道直《欧美大学生活特性之一斑》刊于《东方杂志》第 39 卷第 2 号。

陈遵妫《三月星座神话》刊于《东方杂志》第 39 卷第 2 号。

罗登义《战时大学生营养问题》刊于《东方杂志》第 39 卷第 2 号。

陈北鸥《美国的最新武器》刊于《东方杂志》第 39 卷第 2 号。

黎正甫《两晋交州之吏治》刊于《东方杂志》第 39 卷第 2 号。

方豪《红楼梦考证之新史料》刊于《东方杂志》第 39 卷第 2 号。

朱杰勤《诗学考源》刊于《东方杂志》第 39 卷第 2 号。

张君劢《美国白皮书中所见之日本战志》刊于《东方杂志》第 39 卷第 3 号。

史国纲《和平会议与国际会议》刊于《东方杂志》第 39 卷第 3 号。

方绝尘《梵蒂冈之世界和平计划》刊于《东方杂志》第 39 卷第 3 号。

张忠绂《中国与帝俄关于蒙古之交涉》刊于《东方杂志》第 39 卷第 3 号。

王鹤仪译《印度的国际地位——现在与将来》刊于《东方杂志》第 39 卷第 3 号。

汪叔棣《战后人类福利增进的检讨》刊于《东方杂志》第 39 卷第 3 号。

范任《中国人的团结力》刊于《东方杂志》第 39 卷第 3 号。

吴泽炎《现代民族主义引论》刊于《东方杂志》第 39 卷第 3 号。

董问樵《争取经济主动》刊于《东方杂志》第 39 卷第 3 号。

刘秉麟《废除不平等条约与中国经济上新纪元》刊于《东方杂志》第 39 卷第 3 号。

沈来秋《中国战后计划经济之不可能》刊于《东方杂志》第 39 卷第 3 号。

顾青虹《中国蚕丝问题之检讨》刊于《东方杂志》第 39 卷第 3 号。

金澍荣《现行师范学院制度与中等学校师资的调节》刊于《东方杂志》第 39 卷第 3 号。

陈北鸥《文艺的批评精神》刊于《东方杂志》第 39 卷第 3 号。

徐君远《论传记文学》刊于《东方杂志》第 39 卷第 3 号。

朱杰勤《吴渔山评传》刊于《东方杂志》第 39 卷第 3 号。

王云五《战后国际和平问题》刊于《东方杂志》第 39 卷第 4 号。

史国纲《战后国际机构问题》刊于《东方杂志》第 39 卷第 4 号。

张君劢《苏俄与同盟国间猜疑之祛除》刊于《东方杂志》第 39 卷第 4 号。

张志让《德国军事形势与日本战略》刊于《东方杂志》第 39 卷第 4 号。

吴泽炎《纳粹德国的败征》刊于《东方杂志》第 39 卷第 4 号。

陈钟浩《国际风云中之伊拉克》刊于《东方杂志》第 39 卷第 4 号。

范任《中国人的社交性》刊于《东方杂志》第 39 卷第 4 号。

陈盛清《我国公证制度》刊于《东方杂志》第 39 卷第 4 号。

夏炎德《中国建设独立自主国民经济之机运》刊于《东方杂志》第 39 卷第 4 号。

陈宏铎《现阶段之专卖事业与今后政策之商榷》刊于《东方杂志》第 39 卷第 4 号。

方豪《清代西文中国经济史料四则》刊于《东方杂志》第 39 卷第 4 号。

汪叔棣《战后加紧征服自然的含义》刊于《东方杂志》第 39 卷第 4 号。

施之勉《殷亳考辨》刊于《东方杂志》第 39 卷第 4 号。

史国纲《加紧太平洋战区的攻势》刊于《东方杂志》第 39 卷第 5 号。

龚德柏《北非肃清后的欧局》刊于《东方杂志》第 39 卷第 5 号。

汪叔棣《战后之帝国主义制度问题》刊于《东方杂志》第 39 卷第 5 号。

范任《中国人的组织力》刊于《东方杂志》第 39 卷第 5 号。

陈友松《新时代的人文科学》刊于《东方杂志》第 39 卷第 5 号。

盛启芳《论东北四省之收复与建设》刊于《东方杂志》第 39 卷第 5 号。

卫挺生《对于我国教育的检讨》刊于《东方杂志》第 39 卷第 5 号。

简素《记明代倭寇先后事》刊于《东方杂志》第 39 卷第 5 号。

张符生译《一九四二年的世界大势》刊于《东方杂志》第 39 卷第 5 号。

朱偰《南泉建文峰纪游》刊于《东方杂志》第 39 卷第 5 号。

陈北鸥《出版文化的指标》刊于《东方杂志》第 39 卷第 5 号。

顾颉刚《从书子目类编序》刊于《东方杂志》第 39 卷第 5 号。

方豪《明末清初旅华西人与士大夫之晋接》刊于《东方杂志》第 39 卷第 5 号。

张君劢《丘吉尔氏与陈德勒氏对德日战略之争辩》刊于《东方杂志》第 39 卷第 6 号。

陈玉祥《丘吉尔组阁三年来英美合作之进展》刊于《东方杂志》第 39 卷第 6 号。

王云五《科学管理与国防》刊于《东方杂志》第 39 卷第 6 号。

李毓田《战后处置日本的根本问题》刊于《东方杂志》第 39 卷第 6 号。

程石泉《中国"人本主义"之宗教及其典礼》刊于《东方杂志》第 39 卷第 6 号。

范任《再论中国人的组织力》刊于《东方杂志》第 39 卷第 6 号。

陈安仁《印度文化东传对于中国社会经济形态之影响》刊于《东方杂志》第 39 卷第 6 号。

唐钺《说"不均"与"不安"》刊于《东方杂志》第 39 卷第 6 号。

杨振声《诗与近代生活》刊于《东方杂志》第 39 卷第 6 号。

张君劢《与王云五先生商榷战后国际和平问题》刊于《东方杂志》第 39 卷第 7 号。

陈钟浩《论战后欧洲的重建》刊于《东方杂志》第 39 卷第 7 号。

吴泽炎《进攻欧洲的前奏——地中海之战》刊于《东方杂志》第 39 卷第 7 号。

张印堂《北非胜利的重要》刊于《东方杂志》第 39 卷第 7 号。

龚德柏《由突尼西亚看德国崩溃》刊于《东方杂志》第 39 卷第 7 号。

范任《三论中国人的组织力》刊于《东方杂志》第 39 卷第 7 号。

成惕轩《古代政治上的揖让与和平》刊于《东方杂志》第 39 卷第 7 号。

龙大均《如何实施凭券购物制》刊于《东方杂志》第 39 卷第 7 号。

姜鹏翙《限价政策之检讨》刊于《东方杂志》第 39 卷第 7 号。

杨湘年《我国战后财政政策和金融措施的商榷》刊于《东方杂志》第 39 卷第 7 号。

范义田《云南民族之溯源及发展》刊于《东方杂志》第 39 卷第 7 号。

许君远《论意境》刊于《东方杂志》第 39 卷第 7 号。

田禽《论中国戏剧批评》刊于《东方杂志》第 39 卷第 7 号。

陈北鸥《关于剧本"安娜·卡列尼娜"》刊于《东方杂志》第 39 卷第 7 号。

钱瑞升《论战后国之大小》刊于《东方杂志》第 39 卷第 8 号。

张君劢《德日盟约与苏日战争之推测》刊于《东方杂志》第 39 卷第 8 号。

龚德柏《美国怎样进攻日本》刊于《东方杂志》第 39 卷第 8 号。

吴泽炎《英国战后社会建设计划》刊于《东方杂志》第 39 卷第 8 号。

范任《中国人的同情心》刊于《东方杂志》第 39 卷第 8 号。

孟长泳《吾国司法之检讨》刊于《东方杂志》第 39 卷第 8 号。

孙甄陶《行政效率与经验》刊于《东方杂志》第 39 卷第 8 号。

刘仙洲《培植工业建设人才之具体计划》刊于《东方杂志》第 39 卷第 8 号。

余六铁《战后工业建设之途径与准备》刊于《东方杂志》第 39 卷第 8 号。

徐琢如《科学管理与工业化》刊于《东方杂志》第 39 卷第 8 号。

刘操南《说太阴盈亏》刊于《东方杂志》第 39 卷第 8 号。

许君远《论小说的人物》刊于《东方杂志》第 39 卷第 8 号。

王平陵《几个旧课题的新发现》刊于《东方杂志》第 39 卷第 8 号。

陈启天《国际问题的看法问题》刊于《东方杂志》第 39 卷第 9 号。

史国纲《怎样维持战后的世界和平》刊于《东方杂志》第 39 卷第 9 号。

汪叔棣《战后德义日的改造》刊于《东方杂志》第 39 卷第 9 号。

张君劢《第二战场开辟声中英美与苏俄东西响应及其空海陆并进战略》刊于《东方杂志》第 39 卷第 9 号。

薛正斗《纳粹的宣传战略》刊于《东方杂志》第 39 卷第 9 号。

范任《中国人的保守精神与创辟精神》刊于《东方杂志》第 39 卷第 9 号。

王惠中《实施新县制的基本问题》刊于《东方杂志》第 39 卷第 9 号。

蒋聪临《改进高等教育刍议》刊于《东方杂志》第 39 卷第 9 号。

李泽彦《从物理学立场话空袭》刊于《东方杂志》第 39 卷第 9 号。

唐文播《河上公老子章句作者考》刊于《东方杂志》第 39 卷第 9 号。

许行迈《金亡前后南宋和蒙古的一段交涉》刊于《东方杂志》第 39 卷第 9 号。

韩儒林《元秘史之酒局》刊于《东方杂志》第 39 卷第 9 号。

唐钺《水经延存温浪四水条文举疑》刊于《东方杂志》第 39 卷第 9 号。

严敦杰《论红楼梦及其他小说中之科学史料》刊于《东方杂志》第 39 卷第 9 号。

张君劢《裴斐教授令人勃然兴起之新著〈远东和平方案〉》刊于《东方杂志》第 39 卷第 10 号。

史国纲《争取绝对胜利的建议》刊于《东方杂志》第 39 卷第 10 号。

龚德柏《全般战局的考察》刊于《东方杂志》第 39 卷第 10 号。

陈伯庄《工业化对于国民德性的影响》刊于《东方杂志》第 39 卷第 10 号。

孙九录《稳定战后世界通货计划之原则》刊于《东方杂志》第 39 卷第 10 号。

何乃民《汽车工业十年计划的初步研究》刊于《东方杂志》第 39 卷第 10 号。

方豪《康熙前钦天监以外研究天文之西人》刊于《东方杂志》第 39 卷第 10 号。

范义田《滇西明家人史略》刊于《东方杂志》第 39 卷第 10 号。

唐钺《水经注西南四水注文举疑》刊于《东方杂志》第 39 卷第 10 号。

王平陵《夸张与真实》刊于《东方杂志》第 39 卷第 10 号。

郭沫若《由人类血型说到战后世界》刊于《东方杂志》第 39 卷第 11 号。

史国纲《从国联盟约说到战后国际机构》刊于《东方杂志》第 39 卷第 11 号。

吴泽炎《美国的战后世界建设计划》刊于《东方杂志》第 39 卷第 11 号。

孙本文《论农民运动与精神总动员》刊于《东方杂志》第 39 卷第 11 号。

陈伯庄《起码的计划经济》刊于《东方杂志》第 39 卷第 11 号。

陈振汉《经济政策在苏德经济建设中之地位》刊于《东方杂志》第 39 卷第 11 号。

艾伟《对于大学课程标准之管见》刊于《东方杂志》第 39 卷第 11 号。

欧元怀《三年来贵州教育改进之趋势》刊于《东方杂志》第 39 卷第 11 号。

王云五《中文排字改革的报道》刊于《东方杂志》第 39 卷第 11 号。

唐钺《水经注温水条校讹》刊于《东方杂志》第 39 卷第 11 号。

高语罕《红楼梦底文学观》刊于《东方杂志》第 39 卷第 11 号。

张君劢《墨索里尼下台与意大利和战答客问》刊于《东方杂志》第 39 卷第 12 号。

丁文渊《今后轴心战事趋向之推测》刊于《东方杂志》第 39 卷第 12 号。

史国英《欧洲的新战场》刊于《东方杂志》第 39 卷第 12 号。

姜蕴刚《文化的吟味》刊于《东方杂志》第 39 卷第 12 号。

高觉敷《社会心理学的研究路向的一个转变》刊于《东方杂志》第 39 卷第 12 号。

沈来秋《原贫》刊于《东方杂志》第 39 卷第 12 号。

高叔康《战斗的经济》刊于《东方杂志》第 39 卷第 12 号。

任美锷《地理研究与经济建设》刊于《东方杂志》第 39 卷第 12 号。

唐文播《敦煌老子卷子之时代背景》刊于《东方杂志》第 39 卷第 12 号。

朱海涛《北大与北大人——蒋梦麟先生》刊于《东方杂志》第 39 卷第 12 号。

方殷《苗族民歌研究》刊于《东方杂志》第 39 卷第 12 号。

许君远《论报纸文学》刊于《东方杂志》第 39 卷第 12 号。

汪叔棣《战后世界机构论》刊于《东方杂志》第 39 卷第 13 号。

史国纲《中立国与侵略暴行的罪人》刊于《东方杂志》第 39 卷第 13 号。

薛正斗《新约所复失权概述》刊于《东方杂志》第 39 卷第 13 号。

汤德明《美国的工业动员与军火生产》刊于《东方杂志》第 39 卷第 13 号。

刘操南《公孙龙子之白马论》刊于《东方杂志》第 39 卷第 13 号。

许同莘《说行》刊于《东方杂志》第 39 卷第 13 号。

陈振汉《中国政治传统与经济建设政策》刊于《东方杂志》第 39 卷第 13 号。

赵曾珏《建国工作之体认与准备》刊于《东方杂志》第 39 卷第 13 号。

辛勤《我国中等农业教育应根本改造》刊于《东方杂志》第 39 卷第 13 号。

严敦杰《欧几里得几何原本元代输入中国说》刊于《东方杂志》第 39 卷第 13 号。

孙甄陶《历史的真实性与时间性》刊于《东方杂志》第 39 卷第 13 号。

朱海涛《北大与北大人——胡适先生》刊于《东方杂志》第 39 卷第 13 号。

易日《南太平洋岛屿在今日战略上之重要》刊于《东方杂志》第 39 卷第 13 号。

王冶秋《中等学校的国文教学问题》刊于《东方杂志》第 39 卷第 13 号。

方豪《读逻辑指要别记》刊于《东方杂志》第 39 卷第 13 号。

史国纲《欧亚战场并重论》刊于《东方杂志》第 39 卷第 14 号。

陈钟浩《法国未来的地位》刊于《东方杂志》第 39 卷第 14 号。

吴泽炎《战后新秩序的建设问题》刊于《东方杂志》第 39 卷第 14 号。

杜光埙《论重建世界和平的基本问题》刊于《东方杂志》第 39 卷第 14 号。

梁树芳《如何保护我民族未来之优秀婴儿》刊于《东方杂志》第 39 卷第 14 号。

孙甄陶《我国妇女在政治上的实际权力》刊于《东方杂志》第 39 卷第 14 号。

许同莘《省区域之研讨》刊于《东方杂志》第 39 卷第 14 号。

董问樵《国防经济的物资政策》刊于《东方杂志》第 39 卷第 14 号。

周宪文《工业礼赞》刊于《东方杂志》第 39 卷第 14 号。

台静农《南宋小报》刊于《东方杂志》第 39 卷第 14 号。

朱偰《水经注若水绳水孙水辨》刊于《东方杂志》第 39 卷第 14 号。

许杰《论语文现象与社会关系》刊于《东方杂志》第 39 卷第 14 号。

许君远《论触景生情》刊于《东方杂志》第 39 卷第 14 号。

张明养《论战后的国际组织》刊于《东方杂志》第 39 卷第 15 号。

龚德柏《英国进攻缅甸的预测》刊于《东方杂志》第 39 卷第 15 号。

吴光杰《太平洋战争三路动态之检讨》刊于《东方杂志》第 39 卷第 15 号。

陈振汉《中国战后经济建设与计划经济》刊于《东方杂志》第 39 卷第 15 号。

姚枏《战后南洋华侨经济问题之商榷》刊于《东方杂志》第 39 卷第 15 号。

曾大钧《派遣实业人才出国问题之商榷》刊于《东方杂志》第 39 卷第 15 号。

金澍荣《我国大学导师制的症结》刊于《东方杂志》第 39 卷第 15 号。

王崇武《朝鲜三田渡清帝功德碑文考》刊于《东方杂志》第 39 卷第 15 号。

王云五《新名词溯源》刊于《东方杂志》第 39 卷第 15 号。

岑麟祥《语言与文学》刊于《东方杂志》第 39 卷第 15 号。

王平陵《今年雾季的戏剧运动》刊于《东方杂志》第 39 卷第 15 号。

毛筠如、李元福《西南边疆的民间文学》刊于《东方杂志》第 39 卷第 15 号。

张君劢《苏京三国会议协调之预测》刊于《东方杂志》第 39 卷第 16 号。

宋斐如《日本"劳动力新编制"的暗礁》刊于《东方杂志》第 39 卷第 16 号。

张伯符译《我们应该怎样去处理德国》刊于《东方杂志》第 39 卷第 16 号。

崔书琴《政党政治与以党治国》刊于《东方杂志》第 39 卷第 16 号。

史国英《论吾国今后的国防计划》刊于《东方杂志》第 39 卷第 16 号。

赵曾珏《政治与电讯》刊于《东方杂志》第 39 卷第 16 号。

田文彬《工业资金问题之发展》刊于《东方杂志》第 39 卷第 16 号。

金澍棠《欧美师范教育探源》刊于《东方杂志》第 39 卷第 16 号。

刘冰弦《中国代数名著"益古演段"评介》刊于《东方杂志》第 39 卷第 16 号。

缪钺《李冶李治释疑》刊于《东方杂志》第 39 卷第 16 号。

周立三《战后我国首都地理位置的商讨》刊于《东方杂志》第 39 卷第 16 号。

朱文长《战后应建都兰州》刊于《东方杂志》第 39 卷第 16 号。

詹锳《曹植〈洛神赋〉本事说》刊于《东方杂志》第 39 卷第 16 号。

陈北鸥《高尔基的写作技巧》刊于《东方杂志》第 39 卷第 16 号。

吴泽炎《世界变局的心理分析》刊于《东方杂志》第 39 卷第 17 号。

龚德柏《缅甸战争的预测》刊于《东方杂志》第 39 卷第 17 号。

谢南光《东条内阁的行政整理》刊于《东方杂志》第 39 卷第 17 号。

曾纪桐《美国黄金政策的回顾》刊于《东方杂志》第 39 卷第 17 号。

范任《论"文"与"质"》刊于《东方杂志》第 39 卷第 17 号。

戴锡樟《儒家民族思想及其影响》刊于《东方杂志》第 39 卷第 17 号。

孙九录《当前之国家财政与社会经济》刊于《东方杂志》第 39 卷第 17 号。

腾大春《论五年制中学》刊于《东方杂志》第 39 卷第 17 号。

李絜非《历史学与统计学》刊于《东方杂志》第 39 卷第 17 号。

张君俊《西安建都之研究》刊于《东方杂志》第 39 卷第 17 号。

隋树森《读曲续志》刊于《东方杂志》第 39 卷第 17 号。

朱东润《论自传记法显行传》刊于《东方杂志》第 39 卷第 17 号。

史国纲《四国宣言的检讨》刊于《东方杂志》第 39 卷第 18 号。

按:1943 年 10 月 19 日,苏联人民外交委员长莫洛托夫,美国国务卿赫尔,英国外相艾登,在莫斯科举行会议,其主要任务之一是要讨论和签署由美国提出并已取得英国赞同的《普遍安全宣言》草案。后美、英、苏、中四主要联合国成员,公布了所签订《普遍安全宣言》,简称《四国宣言》。

陈安仁《战后世界和平机构之建设问题》刊于《东方杂志》第 39 卷第 18 号。

范任《古希腊罗马之"文"与"质"》刊于《东方杂志》第 39 卷第 18 号。

张柳云《人治与法治之研究》刊于《东方杂志》第 39 卷第 18 号。

崔书琴《政党存在的必要及其功用》刊于《东方杂志》第 39 卷第 18 号。

许德珩《晚明的经济与社会研究导论》刊于《东方杂志》第 39 卷第 18 号。

朱剑农《论保障佃农之必要及其方法问题》刊于《东方杂志》第 39 卷第 18 号。

陈侠《师范学院的修业年限问题》刊于《东方杂志》第 39 卷第 18 号。

刘仙洲《中国在热机历史上之地位》刊于《东方杂志》第 39 卷第 18 号。

方豪《北平北堂图书馆小史》刊于《东方杂志》第 39 卷第 18 号。

施之勉《墨子姓墨辨》刊于《东方杂志》第 39 卷第 18 号。

易日《北太平洋区域在战略上的重要》刊于《东方杂志》第 39 卷第 18 号。

田禽《中国剧作家概论》刊于《东方杂志》第 39 卷第 18 号。

汪叔棣《划时代的四国宣言》刊于《东方杂志》第 39 卷第 19 号。

史国纲《莫斯科会议公报的检讨》刊于《东方杂志》第 39 卷第 19 号。

张明养《莫斯科会议后同盟国的外交关系》刊于《东方杂志》第 39 卷第 19 号。

吴光杰《欧洲战局检讨》刊于《东方杂志》第 39 卷第 19 号。

龚德柏《日本能否成为民主国家》刊于《东方杂志》第 39 卷第 19 号。

曾纪桐《黄金物价与币制》刊于《东方杂志》第 39 卷第 19 号。

申悦庐《中华民族特性论》刊于《东方杂志》第 39 卷第 19 号。

陈玉祥《训政与宪政,约法与宪法》刊于《东方杂志》第 39 卷第 19 号。

万国鼎《中国农业改造计划》刊于《东方杂志》第 39 卷第 19 号。

蔡泽《战后我国铁路政策与铁路网之建立》刊于《东方杂志》第 39 卷第 19 号。

张觉人《周秦两汉的地方自治制度》刊于《东方杂志》第 39 卷第 19 号。

陈定闳《社会学者斯宾塞逝世四十周年祭》刊于《东方杂志》第 39 卷第 19 号。

汪叔棣《空前的国际盛事》刊于《东方杂志》第 39 卷第 20 号。

张明养《论"欧洲堡垒"的围攻》刊于《东方杂志》第 39 卷第 20 号。

吴泽炎《"欧洲堡垒"的真相》刊于《东方杂志》第 39 卷第 20 号。

李毓田《日军阀的穷途末路》刊于《东方杂志》第 39 卷第 20 号。

曾纪桐《评凯因斯战后通货计划》刊于《东方杂志》第 39 卷第 20 号。

吕德润《论美国废止限制华人移民律》刊于《东方杂志》第 39 卷第 20 号。

范任《意大利民族之文与质》刊于《东方杂志》第 39 卷第 20 号。

崔书琴《政党应具的条件与竞争的方法》刊于《东方杂志》第 39 卷第 20 号。

陈盛清《我国调解制度》刊于《东方杂志》第 39 卷第 20 号。

周尚《卫生教育与国民健康》刊于《东方杂志》第 39 卷第 20 号。

俞湘文《河曲藏区人口问题之研究》刊于《东方杂志》第 39 卷第 20 号。

何乃民《汽车工业十年计划续论》刊于《东方杂志》第 39 卷第 20 号。

钱珍《贵州的铁矿》刊于《东方杂志》第 39 卷第 20 号。

朱谦之《哥仑布前一千年中国僧人发现美洲说(续完)》刊于《现代史学》第 5 卷第 2 期。

陈安仁《东西哲人对于人生道德价值的批判》刊于《现代史学》第 5 卷第 2 期。

陈安仁《"文学原理"再版序》刊于《现代史学》第 5 卷第 2 期。

容肇祖《清初的哲学三派》刊于《现代史学》第 5 卷第 2 期。

按:是文认为:"清初的学术思想,大概有三种特征,一是尊朱反王派,如顾炎武,陆陇其,是这派中最显著的;一尊王反朱派,如毛奇龄,是这派中最显著的;一反朱反王派,如颜元,李塨,是这派最显著的。自然清初的学术,以浙江一省为盛,如上面所举,陆陇其,毛奇龄又都是浙江人。"而是文所说的清初的哲学三派:"一为黄宗羲,他是王守仁派,而没有斥朱熹,他的思想的最出色的,反对专制君主的政治;一为吕留良,他是朱熹的一派,痛斥陆王,而其实陆陇其反王思想也受他的影响,他的思想最显著的,反对异族的统治中国;一为潘平格,他是反对朱熹,陆九渊,以为朱子道,陆子禅,与颜元,李塨之说,不谋而合。这三派学说,前二派为朱王两派中之最有见解者,而后一派亦与清学中的最切实之颜李学有吻合的地方。"

王兴瑞《海南岛手工业之史的考察》刊于《现代史学》第 5 卷第 2 期。

罗时宪《唐五代法难与中国佛教》刊于《现代史学》第 5 卷第 2 期。

季子《理智史原理》刊于《现代史学》第 5 卷第 2 期。

陆丹林《民国前的教会女学校》刊于《现代史学》第 5 卷第 2 期。

丘陶常《南明士大夫领导下的民兵复国运动》刊于《现代史学》第 5 卷第 2 期。

陈安仁《三十年来宣传与办党之小小经验》刊于《现代史学》第 5 卷第 2 期。

黄庆华《中国史学思想史引端》刊于《现代史学》第 5 卷第 2 期。

苏燕海《论周代之生产关系》刊于《现代史学》第 5 卷第 2 期。

张絧伯《说釿》刊于《泉币杂志》第 16 期。

高善谦《锡母之探讨》刊于《泉币杂志》第 16 期。

王荫嘉《元钞辑闻》刊于《泉币杂志》第 16 期。

张果园《契丹文大钱辨》刊于《泉币杂志》第 16 期。

郑家相《五铢之研究(续前)》刊于《泉币杂志》第 16 期。

王荫嘉《銙牌掘得之先后》刊于《泉币杂志》第 16 期。

丁福保《历代钱谱(续前)》刊于《泉币杂志》第 16 期。

郑家相《上古货币推究(续前)》刊于《泉币杂志》第 16 期。

罗沐园《刘嘉灵传》刊于《泉币杂志》第 16 期。

王荫嘉《迴文从衡文与正德钱》刊于《泉币杂志》第 16 期。

郑家相《后素楼泉稿跋》刊于《泉币杂志》第 16 期。

蒋伯壎《记五铢桥》刊于《泉币杂志》第 16 期。

郑家相《梁范馆谈屑(三)》刊于《泉币杂志》第 16 期。

王荫嘉《宣和靖康纪元之谶》刊于《泉币杂志》第 17 期。

高善谦《赵宝重興之我见》刊于《泉币杂志》第 17 期。

罗沐园《建炎改元始末》刊于《泉币杂志》第 17 期。

陈铁卿《释齐刀之夻字》刊于《泉币杂志》第 17 期。

郑家相《五铢之研究(续前)》刊于《泉币杂志》第 17 期。

丁福保《历代钱谱(续前)》刊于《泉币杂志》第 17 期。

郑家相《上古货币推究(续前)》刊于《泉币杂志》第 17 期。

宣愚公《后素楼泉稿跋》刊于《泉币杂志》第 17 期。

王荫嘉《清仪阁日记抄》刊于《泉币杂志》第 17 期。

郑家相《梁范馆谈屑(四)》刊于《泉币杂志》第 17 期。

罗伯昭《太平百钱非吴制说》刊于《泉币杂志》第 18 期。

郑家相《五铢之研究(续前)》刊于《泉币杂志》第 18 期。

王荫嘉《清史稿不载七钱三分之主币》刊于《泉币杂志》第 18 期。

丁福保《历代钱谱(续前)》刊于《泉币杂志》第 18 期。

郑家相《上古货币推究(续前)》刊于《泉币杂志》第 18 期。

张宗儒《宣愚公先生传》刊于《泉币杂志》第 18 期。

郑家相《梁范馆谈屑(五)》刊于《泉币杂志》第 18 期。

蔡季襄《汉西域大秦国裹躃金考》刊于《泉币杂志》第 19 期。

陈铁卿《隋五铢穿右竖画之由来》刊于《泉币杂志》第 19 期。

张季量《世平百钱释义》刊于《泉币杂志》第 19 期。

王荫嘉《周伯琦书至正权钞》刊于《泉币杂志》第 19 期。

郑家相《五铢之研究(续前)》刊于《泉币杂志》第 19 期。

王荫嘉辑录《张文襄公粤省购办机器试铸银铜钱全案》刊于《泉币杂志》第 19 期。

王荫嘉《合肥龚氏藏金爰拓册跋》刊于《泉币杂志》第 19 期。

郑家相《梁范馆谈屑(六)》刊于《泉币杂志》第 19 期。

罗沐园跋《中央储备银行发行新钞通告》刊于《泉币杂志》第 19 期。

陈铁卿《论传形》刊于《泉币杂志》第 20 期。

郑家相《五铢之研究(续前)》刊于《泉币杂志》第 20 期。

王荫嘉《浙江银币之今昔及五分币英文纪重之误》刊于《泉币杂志》第 20 期。

王守谦《中国机器版铸造制钱与银圆之起源》刊于《泉币杂志》第 20 期。

王荫嘉辑录《张文襄公粤省购办机器试铸银铜钱全案(续)附跋》刊于《泉币杂志》第 20 期。

郑家相《上古货币推究(续前)》刊于《泉币杂志》第 20 期。

刘祝封遗著《钱匮纪略王荫嘉跋》刊于《泉币杂志》第 20 期。

张絧伯《皇宋通宝圣宋元宝折二泉连拓》刊于《泉币杂志》第 20 期。

郑家相《梁范馆谈屑(七)》刊于《泉币杂志》第 20 期。

陈铁卿《泉后于钱说》刊于《泉币杂志》第 21 期。

张绚伯《泉钱辨名》刊于《泉币杂志》第 21 期。

罗伯昭《钱泉平议　附编者跋》刊于《泉币杂志》第 21 期。

方药雨《说永昌福宝银钱》刊于《泉币杂志》第 21 期。

郑家相《说永安五铢土字》刊于《泉币杂志》第 21 期。

郑家相《五铢之研究(续前)》刊于《泉币杂志》第 21 期。

王荫嘉辑录《湖北银元局丛藳请铸银元摺》刊于《泉币杂志》第 21 期。

郑家相《上古货币推究(续前)》刊于《泉币杂志》第 21 期。

王君复《中国银元祖范拓本跋》刊于《泉币杂志》第 21 期。

王荫嘉《神怪之应运元宝钱》刊于《泉币杂志》第 21 期。

张季量《历代钱表跋》刊于《泉币杂志》第 21 期。

中国医药社《丁福保先生七十寿传》刊于《泉币杂志》第 21 期。

郑家相《梁范馆谈屑(八)》刊于《泉币杂志》第 21 期。

许涤新《战时经济政策的检讨》刊于《群众》第 8 卷第 1—2 期。

于刚《论军务工作者的业务学习》刊于《群众》第 8 卷第 1—2 期。

薛子正《"治安强化"运动之透视》刊于《群众》第 8 卷第 1—2 期。

陈家康《明末农民运动研究》刊于《群众》第 8 卷第 1—2 期。

罗克汀《论中国社会发展阻滞的原因》刊于《群众》第 8 卷第 1—2 期。

阮齐《关于诗歌的几个主要论点》刊于《群众》第 8 卷第 1—2 期。

[苏]蔡特金作,戈宝权译《列宁论艺术及其他》刊于《群众》第 8 卷第 1—2 期。

《关于战后和平问题及其他》刊于《群众》第 8 卷第 1—2 期。

高扬《自由独立新中国的七点》刊于《群众》第 8 卷第 3 期。

华岗《中国工人与民族解放运动》刊于《群众》第 8 卷第 3 期。

吴克坚《反对群众工作中的宗派主义倾向》刊于《群众》第 8 卷第 3 期。

陈家康《真际与实际》刊于《群众》第 8 卷第 3 期。

戈宝权译《列宁论文学及其他(上)》刊于《群众》第 8 卷第 3 期。

《论敌寇动向与敌后斗争》刊于《群众》第 8 卷第 4 期。

《敌寇的新攻势》刊于《群众》第 8 卷第 4 期。

《一个战争·一个和平》刊于《群众》第 8 卷第 4 期。

曹蒙《论苏军胜利反攻及其意义》刊于《群众》第 8 卷第 4 期。

许涤新《列强在华经济力量的消长》刊于《群众》第 8 卷第 4 期。

梓年《物质与精神的关系》刊于《群众》第 8 卷第 4 期。

嘉梨《研究的对象和生活的对象——评艾芜著〈文学手册〉》刊于《群众》第 8 卷第 4 期。

戈宝权译《列宁论文学及其他(中)》刊于《群众》第 8 卷第 4 期。

《甘地绝食与印度政局》刊于《群众》第 8 卷第 5 期。

《限价实施后的工作》刊于《群众》第 8 卷第 5 期。

吉川勇《日本国内现状》刊于《群众》第 8 卷第 5 期。

黎韦《战时日本独占资本的发展》刊于《群众》第 8 卷第 5 期。

北君《日寇空军发展的概略》刊于《群众》第 8 卷第 5 期。

陈家康《物与理——冯友兰先生"新理学"商兑之二》刊于《群众》第 8 卷第 5 期。

戈宝权译《列宁论文学及其他(下)》刊于《群众》第 8 卷第 5 期。

《苏德战争的新形势》刊于《群众》第 8 卷第 6—7 期。

史明操《敌汪关系的演变》刊于《群众》第 8 卷第 6—7 期。

香玎《论日本本年度的庞大预算》刊于《群众》第 8 卷第 6—7 期。

华岗《论中国佃农问题》刊于《群众》第 8 卷第 6—7 期。

高元莱《蒙古帝国统治下的中国社会》刊于《群众》第 8 卷第 6—7 期。

方卓芬《心理因素与物价》刊于《群众》第 8 卷第 6—7 期。

余伯约《历史、历史剧、闹剧》刊于《群众》第 8 卷第 6—7 期。

陈家康《物与气——冯友兰先生"新理学"商兑之三》刊于《群众》第 8 卷第 6—7 期。

戈宝权译《列宁论托尔斯泰(其一)》刊于《群众》第 8 卷第 6—7 期。

《日本政府的纠纷与日本今后的动向》刊于《群众》第 8 卷第 8 期。

于雪《论现行工矿放款政策》刊于《群众》第 8 卷第 8 期。

胡绳《论辩证法的法则与方法》刊于《群众》第 8 卷第 8 期。

许光达《军队的组织问题》刊于《群众》第 8 卷第 8 期。

戈宝权译《列宁论托尔斯泰(其二)》刊于《群众》第 8 卷第 8 期。

《从第一国际到第三国际》刊于《群众》第 8 卷第 9 期。

止戈《科学与民主》刊于《群众》第 8 卷第 9 期。

许光达《军队的组织问题(下)》刊于《群众》第 8 卷第 9 期。

陈家康《陶希圣的〈论道集〉批判》刊于《群众》第 8 卷第 9 期。

惠中权《靖边的水利事业》刊于《群众》第 8 卷第 9 期。

戈宝权译《列宁论托尔斯泰(其三)》刊于《群众》第 8 卷第 9 期。

卓芬《谈经济上的远景与近况》刊于《群众》第 8 卷第 9 期。

《论共产国际的解散》刊于《群众》第 8 卷第 10 期。

《论黄金解禁》刊于《群众》第 8 卷第 10 期。

于怀《共产国际解散与世界战局》刊于《群众》第 8 卷第 10 期。

马特《怎样领导干部?》刊于《群众》第 8 卷第 10 期。

胡绳《思想的散步(其一)》刊于《群众》第 8 卷第 10 期。

戈宝权译《列宁论托尔斯泰(其四)》刊于《群众》第 8 卷第 10 期。

矢健《美国求实精神和俄国革命广度》刊于《群众》第 8 卷第 10 期。

《华府会议与世界战局》刊于《群众》第 8 卷第 11 期。

《希特勒的神经战》刊于《群众》第 8 卷第 11 期。

《日寇的临时会议》刊于《群众》第 8 卷第 11 期。

《限价与议价》刊于《群众》第 8 卷第 11 期。

劲秋《略谈创造新的中国气派与中国作风》刊于《群众》第 8 卷第 11 期。

瀚若《关于中国作风与中国气派》刊于《群众》第 8 卷第 11 期。

华岗《我们应该怎样来表现中国作风和中国气派?》刊于《群众》第 8 卷第 11 期。

钳耳《中国的民族性》刊于《群众》第 8 卷第 11 期。

卓芬《怎样接受中国的文化遗产》刊于《群众》第 8 卷第 11 期。

《从敌议会看敌寇敌寇国内危机》刊于《群众》第 8 卷第 12 期。

《论保障佃农》刊于《群众》第 8 卷第 12 期。

华西园《大后方农村经济之特质和改善途径》刊于《群众》第 8 卷第 12 期。

沈友谷《论中国民族的新文化的建立》刊于《群众》第 8 卷第 12 期。

谷谿《论中国作风与中国气派》刊于《群众》第 8 卷第 12 期。

德君《民族文化杂谈》刊于《群众》第 8 卷第 12 期。

黄磷《民族化和接受文化遗产》刊于《群众》第 8 卷第 12 期。

《从几首歌谣来看中国作风与中国气派》刊于《群众》第 8 卷第 12 期。

《论民族主义和国际主义》刊于《群众》第 8 卷第 12 期。

杜德《法西斯主义的真面目》刊于《群众》第 8 卷第 13—14 期。

许涤新《金的问题》刊于《群众》第 8 卷第 13—14 期。

芦甦《从民间文化论接受文化遗产》刊于《群众》第 8 卷第 13—14 期。

胡继瑗《船舶押款制度演进之回顾》刊于《政治经济学报》第 1 期。

齐思和《勇德在中国古代思想上之地位及其地位变迁》刊于《政治经济学报》第 1 期。

元贤能《任诺风的经济思想》刊于《政治经济学报》第 1 期。

魏重庆《中国土地利用的变迁》刊于《政治经济学报》第 1 期。

王之相《研究战时国际公法所应有之理解》刊于《政治经济学报》第 1 期。

邸维周《行政管理职探讨》刊于《政治经济学报》第 1 期。

张锡彤译《墨索里尼著法西斯主义的理论》刊于《政治经济学报》第 1 期。

齐思和《春秋时代之政治思想》刊于《政治经济学报》第 2 期。

傅尚文《周秦时代礼法刑三观念之变迁》刊于《政治经济学报》第 2 期。

魏重庆《农业增产与农业金融》刊于《政治经济学报》第 2 期。

胡继瑗《中古时代公价与利息之理论》刊于《政治经济学报》第 2 期。

张锡彤《意国组合制度之研究》刊于《政治经济学报》第 2 期。

邱继周《市政管理职检讨》刊于《政治经济学报》第 2 期。

吴世煌《金融寡头政治的形成》刊于《政治经济学报》第 2 期。

姚琏《发行公债对于银行事业之关系》刊于《政治经济学报》第 2 期。

何焕章《关于民族性问题的检讨》刊于《政治经济学报》第 2 期。

吴霸啸《农村教育之新建设》刊于《教育建设》第 5 卷第 4 期。

章大年《教学法述要》刊于《教育建设》第 5 卷第 4 期。

王晓初《书法心理》刊于《教育建设》第 5 卷第 4 期。

陈平《解决教育纷乱的途径》刊于《教育建设》第 5 卷第 4 期。

金维明《怎样布置小学教室》刊于《教育建设》第 5 卷第 4 期。

马治奎《应该怎样视导体育》刊于《教育建设》第 5 卷第 4 期。

严恩柞《我对上海戏剧学校的印象和希望》刊于《教育建设》第 5 卷第 4 期。

敬远《介绍建村农学院》刊于《教育建设》第 5 卷第 4 期。

冯志成《关于社会教育之刍议》刊于《教育建设》第 5 卷第 4 期。

俞义范《满洲国之教育(四)》刊于《教育建设》第 5 卷第 4 期。

艾伟《心理学与教育》刊于《教育心理研究》第 2 卷第 1—2 期合刊。

萧孝嵘、张义尧《赞扬与申斥对于大学生学习效率之影响》刊于《教育心理研究》第 2 卷第1—2期合刊。

龙叔修《一个关于错觉中的融合说的实验》刊于《教育心理研究》第2卷第1—2期合刊。

吴襄《最近关于睡眠之实验及学说》刊于《教育心理研究》第2卷第1—2期合刊。

汝若愚、闵燦西《国语朗读与默读之比较研究》刊于《教育心理研究》第2卷第1—2期合刊。

朱道俊《领导品质实验研究》刊于《教育心理研究》第2卷第1—2期合刊。

常任侠《中学国文教学之管见》刊于《教育心理研究》第2卷第1—2期合刊。

黄炎培《职业指导的基本理论纲要》刊于《教育与职业》第198期。

杨卫玉《对于职业教育的几点感觉》刊于《教育与职业》第198期。

常导直《论高中毕业生服务指导》刊于《教育与职业》第198期。

张希孟《抗战期间中等学校的教务问题》刊于《安徽教育》第3卷第3期。

葛洛天《师范学校教务上的问题》刊于《安徽教育》第3卷第3期。

程曦明《教务上不应忽视的几点》刊于《安徽教育》第3卷第3期。

耿家舒《中学课程应该怎样调整》刊于《安徽教育》第3卷第3期。

顾慕连《师范生的实习问题》刊于《安徽教育》第3卷第3期。

王了一《古语的死亡残留和轻生》刊于《安徽教育》第3卷第3期。

李宗仁《抗战与文化》刊于《安徽教育》第4卷第1期。

杨玉清《教育者的风范》刊于《安徽教育》第4卷第1期。

刘乃敬《师范教育之中心思想》刊于《安徽教育》第4卷第1期。

刘孝纯《颜习斋先生教育思想》刊于《安徽教育》第4卷第1期。

葛洛天《教育辅导之研究》刊于《安徽教育》第4卷第1期。

张希孟《在教育方面应怎样准备战后工业建设》刊于《安徽教育》第4卷第1期。

杨叔明《对于推动本省中等教育的几点意见》刊于《安徽教育》第4卷第1期。

叶树垣《安徽教育视导之改进》刊于《安徽教育》第4卷第1期。

程曦明《小学新课程标准的特点》刊于《安徽教育》第4卷第1期。

陈立夫《学问为济世之本》刊于《安徽教育》第4卷第1期。

童文斐《营养与食物》刊于《安徽教育》第4卷第1期。

张健甫《从五四运动说到中国教育的路向》刊于《广西教育研究》第5卷第3期。

黄金鳌《新时代的训导原理》刊于《广西教育研究》第5卷第3期。

廖伯华《评十二种中学算术教科书》刊于《广西教育研究》第5卷第3期。

操震球《介绍〈向传统教育挑战〉》刊于《广西教育研究》第5卷第3期。

伯华《国民中学的进步性》刊于《广西教育研究》第5卷第4期。

真求《学问与劳动合一》刊于《广西教育研究》第5卷第4期。

显能《私人办理国民教育问题》刊于《广西教育研究》第5卷第4期。

林励儒《五四运动的评价》刊于《广西教育研究》第5卷第4期。

林促达《普通中学要走国民中学之路》刊于《广西教育研究》第5卷第4期。

林本《今后师范教育改进之途径》刊于《广西教育研究》第5卷第4期。

方惇颐《改进师范教育政策的建议》刊于《广西教育研究》第5卷第4期。

金开山《现行国民教育制度之商榷》刊于《广西教育研究》第 5 卷第 4 期。

廖伯华《再评十二种中学算术教科书》刊于《广西教育研究》第 5 卷第 4 期。

陈恩教《谈国民中学学生错字》刊于《广西教育研究》第 5 卷第 4 期。

王琎《师范教育对于建国之使命》刊于《贵州教育》第 5 卷第 1—3 期合刊"推进师范教育专号"。

王克仁《我为什么从事教育》刊于《贵州教育》第 5 卷第 1—3 期合刊"推进师范教育专号"。

熊铭青《推进师范教育的重要性》刊于《贵州教育》第 5 卷第 1—3 期合刊"推进师范教育专号"。

孙亢曾《师范教育几种误解的纠正》刊于《贵州教育》第 5 卷第 1—3 期合刊"推进师范教育专号"。

王裕凯《抗战建国与师资训练》刊于《贵州教育》第 5 卷第 1—3 期合刊"推进师范教育专号"。

方惇颐《师范教育政策的建议》刊于《贵州教育》第 5 卷第 1—3 期合刊"推进师范教育专号"。

钱安毅《国民教育实施后师范学校应有之改革》刊于《贵州教育》第 5 卷第 1—3 期合刊"推进师范教育专号"。

梁瓯第《民族教师的当前认识》刊于《贵州教育》第 5 卷第 1—3 期合刊"推进师范教育专号"。

徐儒《非常时期教师应有的心理修养》刊于《贵州教育》第 5 卷第 1—3 期合刊"推进师范教育专号"。

黄熙庚《师范学校的教务行政组织与人员》刊于《贵州教育》第 5 卷第 1—3 期合刊"推进师范教育专号"。

龚家骊《评阅省立各师范学校学生实习教案实习报告及参观报告之结果》刊于《贵州教育》第 5 卷第 1—3 期合刊"推进师范教育专号"。

蹇先艾《如何做一个师范学校的学生》刊于《贵州教育》第 5 卷第 1—3 期合刊"推进师范教育专号"。

汪经略《师范教育的展望》刊于《贵州教育》第 5 卷第 1—3 期合刊"推进师范教育专号"。

盈川《本省社会人士对推进师范教育应有之努力》刊于《贵州教育》第 5 卷第 1—3 期合刊"推进师范教育专号"。

王荣曾《怎样帮师范生安身立命》刊于《贵州教育》第 5 卷第 1—3 期合刊"推进师范教育专号"。

欧元怀《贵州省三十二年度教育施政方针及实施计划》刊于《贵州教育》第 5 卷第 1—3 期合刊"推进师范教育专号"。

欧元怀《三年来贵州教育改进之趋势》刊于《贵州教育》第 5 卷第 4—6 期合刊"贵州教育检讨专号"。

周世万《贵州教育行政的现状》刊于《贵州教育》第 5 卷第 4—6 期合刊"贵州教育检讨专号"。

傅志仁《贵州的教育经费》刊于《贵州教育》第5卷第4—6期合刊"贵州教育检讨专号"。

黄熙庚《贵州的高等教育》刊于《贵州教育》第5卷第4—6期合刊"贵州教育检讨专号"。

梁瓯第《贵州中等教育的改进及其趋向》刊于《贵州教育》第5卷第4—6期合刊"贵州教育检讨专号"。

王荣益《贵州中学教育的检讨与改进》刊于《贵州教育》第5卷第4—6期合刊"贵州教育检讨专号"。

朱年葆《贵州师范教育的检讨与改进》刊于《贵州教育》第5卷第4—6期合刊"贵州教育检讨专号"。

欧国清《贵州职业教育的检讨与改进》刊于《贵州教育》第5卷第4—6期合刊"贵州教育检讨专号"。

龚家骃《贵州国民教育的检讨与改进》刊于《贵州教育》第5卷第4—6期合刊"贵州教育检讨专号"。

王守论《贵州社会教育的检讨与改进》刊于《贵州教育》第5卷第4—6期合刊"贵州教育检讨专号"。

吴修勤《贵州边民教育的检讨与改进》刊于《贵州教育》第5卷第4—6期合刊"贵州教育检讨专号"。

郑炳炎《三年来的贵州教育督导工作》刊于《贵州教育》第5卷第4—6期合刊"贵州教育检讨专号"。

赵连福《贵州的行政干部训练》刊于《贵州教育》第5卷第4—6期合刊"贵州教育检讨专号"。

欧元怀、梁瓯第《贵州试办中学生毕业升学联考制度之检讨》刊于《贵州教育》第5卷第7—8期合刊"高中学生毕业升学联合考试专号"。

慎夫《谈贵州联考》刊于《贵州教育》第5卷第7—8期合刊"高中学生毕业升学联合考试专号"。

梁瓯第《关于贵州联考》刊于《贵州教育》第5卷第7—8期合刊"高中学生毕业升学联合考试专号"。

方惇颐《高中毕业与升学联考平议》刊于《贵州教育》第5卷第7—8期合刊"高中学生毕业升学联合考试专号"。

陈立《审查成绩招收新生办法研究报告》刊于《贵州教育》第5卷第7—8期合刊"高中学生毕业升学联合考试专号"。

欧元怀《训育是教育的中心》刊于《贵州教育》第5卷第7—8期合刊"高中学生毕业升学联合考试专号"。

欧元怀《高中毕业生服务问题的我见》刊于《贵州教育》第5卷第7—8期合刊"高中学生毕业升学联合考试专号"。

欧元怀《青年读书问题》刊于《贵州教育》第5卷第7—8期合刊"高中学生毕业升学联合考试专号"。

马鸿述《英国现行中学课程述略》刊于《贵州教育》第5卷第7—8期合刊"高中学生毕

业升学联合考试专号"。

梁瓯第《职业学校的现状及其改进》刊于《贵州教育》第 5 卷第 7—8 期合刊"高中学生毕业升学联合考试专号"。

陈立夫《贵州全省国民体育运动大会训词》刊于《贵州教育》第 5 卷第 9—10 期合刊。

欧元怀《全省国民体育运动大会之意义》刊于《贵州教育》第 5 卷第 9—10 期合刊。

严真予《写在省运动大会前面》刊于《贵州教育》第 5 卷第 9—10 期合刊。

蒋湘青《提倡体育要从士大夫做起》刊于《贵州教育》第 5 卷第 9—10 期合刊。

陈立夫《倡导学不厌教不倦之士风》刊于《国民教育指导月刊(广西)》第 2 卷第 1 期"国民教育辅导研究专号"。

顾毓琇《怎样推动国民教育辅导工作》刊于《国民教育指导月刊(广西)》第 2 卷第 1 期"国民教育辅导研究专号"。

薛天汉《县教育科长怎样办理国教辅导工作》刊于《国民教育指导月刊(广西)》第 2 卷第 1 期"国民教育辅导研究专号"。

水心《教师进修的方法》刊于《国民教育指导月刊(广西)》第 2 卷第 1 期"国民教育辅导研究专号"。

王弘毅《辅导人员的修养》刊于《国民教育指导月刊(广西)》第 2 卷第 1 期"国民教育辅导研究专号"。

环家珍《师范学校实施地方教育辅导之探讨》刊于《国民教育指导月刊(广西)》第 2 卷第 1 期"国民教育辅导研究专号"。

刘开运《组织各级国民教育研究会的意义及其任务》刊于《国民教育指导月刊(广西)》第 2 卷第 1 期"国民教育辅导研究专号"。

钱卓升《国民教育辅导制度的演进》刊于《国民教育指导月刊(广西)》第 2 卷第 1 期"国民教育辅导研究专号"。

金开山《国民教育辅导面面观》刊于《国民教育指导月刊(广西)》第 2 卷第 1 期"国民教育辅导研究专号"。

卢显能《怎样展开师范学校的辅导工作》刊于《国民教育指导月刊(广西)》第 2 卷第 1 期"国民教育辅导研究专号"。

戴自俺《中心学校怎样辅导国民学校》刊于《国民教育指导月刊(广西)》第 2 卷第 1 期"国民教育辅导研究专号"。

李文圃《国民教育辅导的我见》刊于《国民教育指导月刊(广西)》第 2 卷第 1 期"国民教育辅导研究专号"。

李豪《中心学校辅导国民学校的问题》刊于《国民教育指导月刊(广西)》第 2 卷第 1 期"国民教育辅导研究专号"。

马客谈《师范生精神训练纲目及考查标准》刊于《国民教育指导月刊(广西)》第 2 卷第 1 期"国民教育辅导研究专号"。

黄熙庚《国民教育师资训练的实际研究》刊于《国民教育指导月刊(广西)》第 2 卷第 1 期"国民教育辅导研究专号"。

胡叔异《儿童教育的新动向》刊于《国民教育指导月刊(广西)》第 2 卷第 1 期"国民教育辅导研究专号"。

顾树森《今后民众补习教育的趋向》刊于《国民教育指导月刊(广西)》第2卷第3期"民众补习教育研究专号"。

薛天汉《实施成年失学民众补习教育的检讨》刊于《国民教育指导月刊(广西)》第2卷第3期"民众补习教育研究专号"。

宛学宝《成年补习教育的初步任务——扫除文盲》刊于《国民教育指导月刊(广西)》第2卷第3期"民众补习教育研究专号"。

陈大白《民众补习教育的综合研究》刊于《国民教育指导月刊(广西)》第2卷第3期"民众补习教育研究专号"。

孙爱棠《河南省第十一区实施失学民众补习教育之成绩》刊于《国民教育指导月刊(广西)》第2卷第3期"民众补习教育研究专号"。

洪石鲸《介绍福建省龙溪县办理失学民众补习教育各项办法》刊于《国民教育指导月刊(广西)》第2卷第3期"民众补习教育研究专号"。

潘翼云《办理民众补习教育一得》刊于《国民教育指导月刊(广西)》第2卷第3期"民众补习教育研究专号"。

覃天铭《河池县下坳乡的成人教育》刊于《国民教育指导月刊(广西)》第2卷第3期"民众补习教育研究专号"。

张镇道《办理成人教育的点滴经验》刊于《国民教育指导月刊(广西)》第2卷第3期"民众补习教育研究专号"。

莫承曾《如何发动社会力量推进国民教育》刊于《国民教育指导月刊(广西)》第2卷第3期"民众补习教育研究专号"。

唐云根《一个算术科研究会的报导》刊于《国民教育指导月刊(广西)》第2卷第3期"民众补习教育研究专号"。

李忠直《目前兴安国民教育的几个实际问题》刊于《国民教育指导月刊(广西)》第2卷第3期"民众补习教育研究专号"。

蓝士周《废除体罚》刊于《国民教育指导月刊(广西)》第2卷第3期"民众补习教育研究专号"。

莫必周《我怎样做教师》刊于《国民教育指导月刊(广西)》第2卷第3期"民众补习教育研究专号"。

陆义田《我们生活工作的一瞥》刊于《国民教育指导月刊(广西)》第2卷第3期"民众补习教育研究专号"。

李济深《师范教育运动之急务》刊于《国民教育指导月刊》第2卷第4期。

黄旭初《如何发展师范教育运动》刊于《国民教育指导月刊(广西)》第2卷第4期"推进师范教育运动特辑"。

教育部《师范教育实施要领》刊于《国民教育指导月刊(广西)》第2卷第4期"推进师范教育运动特辑"。

中教司《一年来师范教育之进展情形》刊于《国民教育指导月刊(广西)》第2卷第4期"推进师范教育运动特辑"。

苏希洵《迎接师范教育之新时代》刊于《国民教育指导月刊(广西)》第2卷第4期"推进师范教育运动特辑"。

唐现之《本省四十年来师范教育之一瞥》刊于《国民教育指导月刊(广西)》第 2 卷第 4 期"推进师范教育运动特辑"。

刚伯《师资的师资》刊于《国民教育指导月刊(广西)》第 2 卷第 4 期"推进师范教育运动特辑"。

金开山《青年们到师范学校来》刊于《国民教育指导月刊(广西)》第 2 卷第 4 期"推进师范教育运动特辑"。

卢显能《师范学校学生的实习问题》刊于《国民教育指导月刊(广西)》第 2 卷第 4 期"推进师范教育运动特辑"。

魏冰心《初小常识国语两科为什么要配合教学》刊于《国民教育指导月刊(广西)》第 2 卷第 4 期"推进师范教育运动特辑"。

金蕃《中心学校国民学校教员待遇之检讨》刊于《国民教育指导月刊(广西)》第 2 卷第 4 期"推进师范教育运动特辑"。

方洪浦《小学教员任用与升迁问题的商榷》刊于《国民教育指导月刊(广西)》第 2 卷第 4 期"推进师范教育运动特辑"。

钱卓升《对于现行小学教员待遇法规的商榷》刊于《国民教育指导月刊(广西)》第 2 卷第 4 期"推进师范教育运动特辑"。

沈宝钰《卅一年度各省市小学教员待遇的统计和检讨》刊于《国民教育指导月刊(广西)》第 2 卷第 4 期"推进师范教育运动特辑"。

金开山《国民教师待遇之研究》刊于《国民教育指导月刊(广西)》第 2 卷第 4 期"推进师范教育运动特辑"。

戴自俺《国民教师待遇问题的症结及其解决办法》刊于《国民教育指导月刊(广西)》第 2 卷第 4 期"推进师范教育运动特辑"。

谭森《略谈教师待遇的改进问题》刊于《国民教育指导月刊(广西)》第 2 卷第 4 期"推进师范教育运动特辑"。

许谟《杂谈国民教师某些不应有的态度》刊于《国民教育指导月刊(广西)》第 2 卷第 4 期"推进师范教育运动特辑"。

童润之《国民教育与公共造产》刊于《国民教育指导月刊(广西)》第 2 卷第 5 期"国民教师福利事业研究专号"。

余井塘《对于小学教师福利事业的期望》刊于《国民教育指导月刊(广西)》第 2 卷第 5 期"国民教师福利事业研究专号"。

朱元懋《提议创行全国小学教员福利金制度》刊于《国民教育指导月刊(广西)》第 2 卷第 5 期"国民教师福利事业研究专号"。

水心《小学教师的福利事业与康乐活动》刊于《国民教育指导月刊(广西)》第 2 卷第 5 期"国民教师福利事业研究专号"。

洪石鲸《教师福利事业经费之筹措与管理》刊于《国民教育指导月刊(广西)》第 2 卷第 5 期"国民教师福利事业研究专号"。

顾开轩《县(市)小学教员福利事业设施计划的拟议》刊于《国民教育指导月刊(广西)》第 2 卷第 5 期"国民教师福利事业研究专号"。

周景杭《以合作社方式举办小学教员福利事业之刍议》刊于《国民教育指导月刊(广

西)》第2卷第5期"国民教师福利事业研究专号"。

戴自俺《几件急办易办的国民教师福利事业》刊于《国民教育指导月刊(广西)》第2卷第5期"国民教师福利事业研究专号"。

周仰歧《儿童习作的订正方法》刊于《国民教育指导月刊(广西)》第2卷第5期"国民教师福利事业研究专号"。

覃天铭《如何提高儿童班学生程度》刊于《国民教育指导月刊(广西)》第2卷第5期"国民教师福利事业研究专号"。

葛曾会《第一区各中心国民学校训导方法改进的意见》刊于《国民教育指导月刊(广西)》第2卷第5期"国民教师福利事业研究专号"。

李奇才《第七区各县中心国民学校教学方面改进的意见》刊于《国民教育指导月刊(广西)》第2卷第5期"国民教师福利事业研究专号"。

杨翼超《我的训导心得和经验》刊于《国民教育指导月刊(广西)》第2卷第5期"国民教师福利事业研究专号"。

陆世荣《几个有意义的集会》刊于《国民教育指导月刊(广西)》第2卷第5期"国民教师福利事业研究专号"。

蓝士周《我是怎样做国民教师》刊于《国民教育指导月刊(广西)》第2卷第5期"国民教师福利事业研究专号"。

李观方《新地学与教学》刊于《国民教育指导月刊(广西)》第2卷第5期"国民教师福利事业研究专号"。

胡叔异《充实中心学校与师资及设备问题》刊于《国民教育指导月刊(广西)》第2卷第6期。

熊矞高《充实中心学校设备的经费筹集方法》刊于《国民教育指导月刊(广西)》第2卷第6期。

程法泌《怎样提高小学生程度》刊于《国民教育指导月刊(广西)》第2卷第6期。

宛学宝《中心国民学校设备有关之几项问题》刊于《国民教育指导月刊(广西)》第2卷第6期。

教育部《初步充实中心学校要项》刊于《国民教育指导月刊(广西)》第2卷第6期。

梁上燕《边远县份的国民教育问题》刊于《国民教育指导月刊(广西)》第2卷第6期。

戴自俺《推进师范教育声中的幼稚教育问题》刊于《国民教育指导月刊(广西)》第2卷第6期。

魏华龄《在革新政治风气运动中谈革新国民教育风气问题》刊于《国民教育指导月刊(广西)》第2卷第6期。

戴显《中心国民学校各种公约的改良》刊于《国民教育指导月刊(广西)》第2卷第6期。

黎尚武《忆初作国民教师时》刊于《国民教育指导月刊(广西)》第2卷第6期。

唐现之《教学与师生》刊于《国民教育指导月刊(广西)》第2卷第8期"教学方法研究专号"。

胡叔异《国教实施后之教学问题》刊于《国民教育指导月刊(广西)》第2卷第8期"教学方法研究专号"。

程法泌《怎样指导儿童理解演示分数除法应颠倒相乘》刊于《国民教育指导月刊(广

西)》第 2 卷第 8 期"教学方法研究专号"。

郭荣章《小学作文教学之我见》刊于《国民教育指导月刊(广西)》第 2 卷第 8 期"教学方法研究专号"。

汪芹圃《中心学校怎样实施时事教学》刊于《国民教育指导月刊(广西)》第 2 卷第 8 期"教学方法研究专号"。

王秀南《国民教育推进中校务组织的改进》刊于《国民教育指导月刊(广西)》第 2 卷第 8 期"教学方法研究专号"。

俞焕斗《论复式数学及其课表的编排问题》刊于《国民教育指导月刊(广西)》第 2 卷第 8 期"教学方法研究专号"。

周作福《怎样辅导国民教师改进教学方法》刊于《国民教育指导月刊(广西)》第 2 卷第 8 期"教学方法研究专号"。

黎尚武《怎样处理顽皮的儿童》刊于《国民教育指导月刊(广西)》第 2 卷第 8 期"教学方法研究专号"。

蔡崇庆《简易师范科的几个实际问题》刊于《国民教育指导月刊(广西)》第 2 卷第 8 期"教学方法研究专号"。

梁咨义《"学校"农场运动》刊于《国民教育指导月刊(广西)》第 2 卷第 8 期"教学方法研究专号"。

万启宇《论视导效率》刊于《国民教育指导月刊(广西)》第 2 卷第 10 期"视导考核专号"。

胡超伦《县教育视导工作的纵横联系问题》刊于《国民教育指导月刊(广西)》第 2 卷第 10 期"视导考核专号"。

吴伯俊《加强国民教育督导与考核工作之研讨》刊于《国民教育指导月刊(广西)》第 2 卷第 10 期"视导考核专号"。

朱元懋《国民教育之视察与辅导》刊于《国民教育指导月刊(广西)》第 2 卷第 10 期"视导考核专号"。

洪石鲸《国民教育视导方法之改进》刊于《国民教育指导月刊(广西)》第 2 卷第 10 期"视导考核专号"。

黄阅《县教育视导人员实际工作之研讨》刊于《国民教育指导月刊(广西)》第 2 卷第 10 期"视导考核专号"。

李豪《怎样做个优良的县督导》刊于《国民教育指导月刊(广西)》第 2 卷第 10 期"视导考核专号"。

周作福《教育视导与考核方法》刊于《国民教育指导月刊(广西)》第 2 卷第 10 期"视导考核专号"。

戴自俺《中心校辅导主任的辅导问题》刊于《国民教育指导月刊(广西)》第 2 卷第 10 期"视导考核专号"。

徐伯廉《视导国民学校经验谈》刊于《国民教育指导月刊(广西)》第 2 卷第 10 期"视导考核专号"。

郁祖庆《县视导区教师资料参考室计划大纲》刊于《国民教育指导月刊(广西)》第 2 卷第 10 期"视导考核专号"。

蔡挺生《柳庆师范区辅导略况及其问题》刊于《国民教育指导月刊(广西)》第 2 卷第 10 期"视导考核专号"。

罗善屏《当前国民教育之严重问题及其解决方法》刊于《国民教育指导月刊(广西)》第 2 卷第 10 期"视导考核专号"。

李次民《第二次世界大战参考地图》刊于《国民教育指导月刊(广西)》第 2 卷第 10 期"视导考核专号"。

黄朴心《今后广西师范教育应有之努力》刊于《国民教育指导月刊(广西)》第 2 卷第 11 期"师资训练专号"。

金开山《广西师范教育的新阶段》刊于《国民教育指导月刊(广西)》第 2 卷第 11 期"师资训练专号"。

黄朴心《改进教育制度声中本省中等教育当前的措施》刊于《国民教育指导月刊(广西)》第 2 卷第 11 期"师资训练专号"。

薛天汉《推行国民教育的师资问题》刊于《国民教育指导月刊(广西)》第 2 卷第 11 期"师资训练专号"。

滕仰支《师资训练要点》刊于《国民教育指导月刊(广西)》第 2 卷第 11 期"师资训练专号"。

胡叔异《中心国民学校教师的责任与修养》刊于《国民教育指导月刊(广西)》第 2 卷第 11 期"师资训练专号"。

梁士杰《改进师范生的训练》刊于《国民教育指导月刊(广西)》第 2 卷第 11 期"师资训练专号"。

陈鹤琴《怎样做一个优良的教师》刊于《国民教育指导月刊(广西)》第 2 卷第 11 期"师资训练专号"。

李豪《国民教师怎样训练自己》刊于《国民教育指导月刊(广西)》第 2 卷第 11 期"师资训练专号"。

戴自俺《国民教师之职业分析》刊于《国民教育指导月刊(广西)》第 2 卷第 11 期"师资训练专号"。

沈宝钰《卅一年度各省市办理国教师资短期训练班概况》刊于《国民教育指导月刊(广西)》第 2 卷第 11 期"师资训练专号"。

胡叔异《国民教育师资短期训练班课程纲要编订经过》刊于《国民教育指导月刊(广西)》第 2 卷第 11 期"师资训练专号"。

林远《解决当前儿童文化食粮的饥荒》刊于《战时教育》第 7 卷第 11—12 期合刊"儿童文学专号"。

茅盾《谈儿童文学》刊于《战时教育》第 7 卷第 11—12 期合刊"儿童文学专号"。

郭沫若《本质的文学》刊于《战时教育》第 7 卷第 11—12 期合刊"儿童文学专号"。

杜守素《关于儿童文学》刊于《战时教育》第 7 卷第 11—12 期合刊"儿童文学专号"。

以群《儿童文学的新路》刊于《战时教育》第 7 卷第 11—12 期合刊"儿童文学专号"。

臧克家《好好的想一下》刊于《战时教育》第 7 卷第 11—12 期合刊"儿童文学专号"。

姚雪垠《一封谈儿童文学的信》刊于《战时教育》第 7 卷第 11—12 期合刊"儿童文学专号"。

欧阳凡海《儿童应该怎样学习文学》刊于《战时教育》第 7 卷第 11—12 期合刊"儿童文学专号"。

戈茅《关于童话写作及题材》刊于《战时教育》第 7 卷第 11—12 期合刊"儿童文学专号"。

田涛《接近现实些》刊于《战时教育》第 7 卷第 11—12 期合刊"儿童文学专号"。

臧云远《一个课题》刊于《战时教育》第 7 卷第 11—12 期合刊"儿童文学专号"。

王亚平《展开儿童文学运动》刊于《战时教育》第 7 卷第 11—12 期合刊"儿童文学专号"。

吴克强《儿童们在饥饿中》刊于《战时教育》第 7 卷第 11—12 期合刊"儿童文学专号"。

方与严《儿童文学创作三条路》刊于《战时教育》第 7 卷第 11—12 期合刊"儿童文学专号"。

韩庆濂《从科学管理谈到教育行政》刊于《中等教育》第 1 卷第 2 期。

李惟远《中学生训练不足与程度低落问题》刊于《中等教育》第 1 卷第 2 期。

孙东生《战时中学课程的实施》刊于《中等教育》第 1 卷第 2 期。

匡焕葆《论教学上发问技术》刊于《中等教育》第 1 卷第 2 期。

龚启昌《中学国文精读指导程序之检讨》刊于《中等教育》第 1 卷第 2 期。

金澍荣《现行高中英语教本课文难度之比较》刊于《中等教育》第 1 卷第 2 期。

陆殿扬《怎样改正错误（英语教学法之一）》刊于《中等教育》第 1 卷第 2 期。

胡思齐《代数教学之实际问题》刊于《中等教育》第 1 卷第 2 期。

皇甫珪《中学地理教学经验谈》刊于《中等教育》第 1 卷第 2 期。

陈立夫《师范教育界之责任》刊于《中等教育》第 1 卷第 3 期"师范教育专号"。

郭有守《师范教育运动周的意义》刊于《中等教育》第 1 卷第 3 期"师范教育专号"。

颜歆《师范教育的重要性》刊于《中等教育》第 1 卷第 3 期"师范教育专号"。

陈养蒙《师范教育与地方自治》刊于《中等教育》第 1 卷第 3 期"师范教育专号"。

章柳泉《师范教育的问题及其解决的途径》刊于《中等教育》第 1 卷第 3 期"师范教育专号"。

檀仁梅《哥伦比亚大学新学院的师资训练》刊于《中等教育》第 1 卷第 3 期"师范教育专号"。

黄熙庚《国民教育师资训练的实际研究》刊于《中等教育》第 1 卷第 3 期"师范教育专号"。

马客谈《师范生精神训练纲目及考查标准》刊于《中等教育》第 1 卷第 3 期"师范教育专号"。

朱智贤《教师的求知问题》刊于《中等教育》第 1 卷第 3 期"师范教育专号"。

张敷荣《怎样坚定师范生对于教育的信念》刊于《中等教育》第 1 卷第 3 期"师范教育专号"。

滕仰支《师范教育运动的新意义》刊于《中等教育》第 1 卷第 3 期"师范教育专号"。

宋大鲁《如何训练国民教育师资》刊于《中等教育》第 1 卷第 3 期"师范教育专号"。

陈伯琴《谈谈师范教育的师资》刊于《中等教育》第 1 卷第 3 期"师范教育专号"。

宋大鲁《怎样解决师荒问题》刊于《中等教育》第 1 卷第 3 期"师范教育专号"。

滕仰支《一年来之师范教育》刊于《中等教育》第1卷第3期"师范教育专号"。

陈立夫《教育上应有之新动向》刊于《中等教育》第1卷第5期。

林本《现代训育思想之演进》刊于《中等教育》第1卷第5期。

马秀文《高级师范教育之回顾与前瞻》刊于《中等教育》第1卷第5期。

杨广铸《中等教育与童军训练》刊于《中等教育》第1卷第5期。

李长河《科学教育之理论与实际》刊于《中等教育》第1卷第5期。

凌康源《数学与公民训练》刊于《中等教育》第1卷第5期。

胡思齐《代数图解教学法》刊于《中等教育》第1卷第5期。

顾化五《英语教学之我见》刊于《中等教育》第1卷第5期。

孙东生《怎样作中学校长》刊于《中等教育》第1卷第5期。

李惟远《一个中学校长的回忆》刊于《中等教育》第1卷第5期。

陈养蒙《中等学校检查学生书信问题》刊于《中等教育》第1卷第5期。

陶德斯《当代英国教育上的传统与实验》刊于《中等教育》第1卷第5期。

林本《现代训育思想之演进(续)》刊于《中等教育》第1卷第6期。

袁伯樵《中等教育分区办法之检讨》刊于《中等教育》第1卷第6期。

辜远《初级中学应如何实现其试探职能》刊于《中等教育》第1卷第6期。

马轶尘《关于中等学校导师制》刊于《中等教育》第1卷第6期。

郁祖庆《论中等学校兼办社教》刊于《中等教育》第1卷第6期。

齐东野《教师专业化问题》刊于《中等教育》第1卷第6期。

刘恩兰《地理学与公民训练》刊于《中等教育》第1卷第6期。

孙邦正《指定作业和辅导教学(上)》刊于《中等教育》第1卷第6期。

胡思齐《数学教学之目的及教材之组织》刊于《中等教育》第1卷第6期。

朱也农《我怎样教中学生的国文》刊于《中等教育》第1卷第6期。

虞诚《一个算术教学实例》刊于《中等教育》第1卷第6期。

李晓舫《评戴编普通物理学》刊于《中等教育》第1卷第6期。

方治《训育的任务及训导会议的使命》刊于《中等教育》第1卷第7—8期合刊。

柯育甫《训导与学风》刊于《中等教育》第1卷第7—8期合刊。

汪通祺《中学训育问题之社会影响》刊于《中等教育》第1卷第7—8期合刊。

禹海涵《一个国立中学学生营养的分析》刊于《中等教育》第1卷第7—8期合刊。

郁祖庆《中等学校如何兼办社会教育》刊于《中等教育》第1卷第7—8期合刊。

方惇颐《师范学校训导问题商榷》刊于《中等教育》第1卷第7—8期合刊。

邱觉心《初级中学甲组选习科目问题的商榷》刊于《中等教育》第1卷第7—8期合刊。

孙邦正《指定作业和辅导自学(下)》刊于《中等教育》第1卷第7—8期合刊。

齐东野《文学教学的目的》刊于《中等教育》第1卷第7—8期合刊。

胡思齐《练习与数学教学》刊于《中等教育》第1卷第7—8期合刊。

檀仁梅《蜕变中美国大学》刊于《中等教育》第1卷第7—8期合刊。

方惇颐《我国中学的教育宗旨》刊于《中等教育》第1卷第9—10期合刊。

汪通祺《中国战后之职业教育》刊于《中等教育》第1卷第9—10期合刊。

袁伯樵《中等学校之教务行政》刊于《中等教育》第1卷第9—10期合刊。

邱觉心《中等学校教务行政上之几个问题》刊于《中等教育》第 1 卷第 9—10 期合刊。

柯育甫《论学生操行成绩考查》刊于《中等教育》第 1 卷第 9—10 期合刊。

齐东野《中等学校事务管理上几个实际问题》刊于《中等教育》第 1 卷第 9—10 期合刊。

胡思齐《个性差异与数学教学》刊于《中等教育》第 1 卷第 9—10 期合刊。

汪桂荣《高等代数教学法(上)》刊于《中等教育》第 1 卷第 9—10 期合刊。

陆子芬《中等数学如何教和学》刊于《中等教育》第 1 卷第 9—10 期合刊。

陈伯琴《初中几何测验报告》刊于《中等教育》第 1 卷第 9—10 期合刊。

朱也农《谈中学生的国文作文练习》刊于《中等教育》第 1 卷第 9—10 期合刊。

杨竞荣《一篇初中国文教学报告》刊于《中等教育》第 1 卷第 9—10 期合刊。

陈立夫《法律教育的重要性及其新动向》刊于《高等教育季刊》第 3 卷第 1 期。

洪兰友《法律教育问题的检讨》刊于《高等教育季刊》第 3 卷第 1 期。

孙晓楼《法律教育的一个新制度——理实并重制》刊于《高等教育季刊》第 3 卷第 1 期。

卢绫《战后之法律教育与司法制度》刊于《高等教育季刊》第 3 卷第 1 期。

苏秋实《当前中国法律教育问题之商榷》刊于《高等教育季刊》第 3 卷第 1 期。

陈顾远《法律教育之普及与提高》刊于《高等教育季刊》第 3 卷第 1 期。

朱显桢《改进我国法律教育之私见》刊于《高等教育季刊》第 3 卷第 1 期。

吴学义《论法律学院司法继之设置及课程》刊于《高等教育季刊》第 3 卷第 1 期。

林诚毅《所希望于政府改进法教育的几点》刊于《高等教育季刊》第 3 卷第 1 期。

梁传愈《美国法律教育》刊于《高等教育季刊》第 3 卷第 1 期。

朱师迹《我国现代法律教育小史》刊于《高等教育季刊》第 3 卷第 1 期。

沈灌群《最近我国法律教育之新设施》刊于《高等教育季刊》第 3 卷第 1 期。

正帆《星期的推算法》刊于《现代儿童》第 7 卷第 2 期。

粤华《真正的平等》刊于《现代儿童》第 7 卷第 3 期。

正帆《减法的运算》刊于《现代儿童》第 7 卷第 3 期。

粤华《为什么要实行新生活》刊于《现代儿童》第 7 卷第 4 期。

罗联嘉《怎样提高学习的兴趣》刊于《现代儿童》第 7 卷第 5 期。

杨春绿《怎样升学和就业》刊于《现代儿童》第 7 卷第 6 期。

粤华《如何实行新生活?》刊于《现代儿童》第 7 卷第 6 期。

俞腾舞《怎样加快你的演算》刊于《现代儿童》第 7 卷第 6 期。

正帆《除法的性质》刊于《现代儿童》第 7 卷第 6 期。

罗联络《怎样加强你的记忆?》刊于《现代儿童》第 8 卷第 1 期。

心子《从青年问题说到消灾弭劫》刊于《罗汉菜》第 37 期。

李圆净《论金圣叹》刊于《罗汉菜》第 38 期。

李圆净《论甘地》刊于《罗汉菜》第 40 期。

周叔迦《般若经之研究法(上)》刊于《佛学月刊》第 2 卷第 8—10 期。

白云译《大乘起信论在佛教中的地位》刊于《佛学月刊》第 2 卷第 8 期。

白云译《大乘起信论研究(一)》刊于《佛学月刊》第 2 卷第 9—10 期。

周叔迦《道场观》刊于《佛学月刊》第 2 卷第 9—10 期。

周叔迦《法相五经之研究法》刊于《佛学月刊》第 2 卷第 11—12 期。

周叔迦《人生的两大定律》刊于《佛学月刊》第3卷第1期。

魏善忱《佛家哲学之知识论》刊于《佛学月刊》第3卷第1期。

周叔迦《美恶的始源》刊于《佛学月刊》第3卷第1期。

慈舟《发菩提心——深心·真心·大悲心》刊于《佛学月刊》第3卷第1期。

定修《正法念处经提要(一)》刊于《佛学月刊》第3卷第1期。

大力《美的佛教文学》刊于《佛学月刊》第3卷第1期。

中观《印度贵霜王朝之佛教美术(三)》刊于《佛学月刊》第3卷第1期。

唐云起《佛教东渐考》刊于《佛学月刊》第3卷第1—2期。

周叔迦《轮回与因果》刊于《佛学月刊》第3卷第2期。

黄证依《中国佛法之西传(一)》刊于《佛学月刊》第3卷第2期。

晋仁《日本来华留学高僧纪(三)》刊于《佛学月刊》第3卷第2期。

中观《印度贵霜王朝之佛教美术(四)》刊于《佛学月刊》第3卷第2期。

灵妙《佛教文学的藻采与风格》刊于《佛学月刊》第3卷第2期。

浩乘《现代僧伽应趋的新动向》刊于《佛学月刊》第3卷第2期。

周叔迦《华严经研究法》刊于《佛学月刊》第3卷第3—4期合刊。

倓虚《佛说阿弥陀经玄义(上)》刊于《佛学月刊》第3卷第3—4期合刊。

王大涵《"因""缘""业""果"与"自由""必然"之问题并附论忏悔》刊于《佛学月刊》第3卷第3—4期合刊。

定修《正法念处经提要(三)》刊于《佛学月刊》第3卷第3—4期合刊。

黄证依《中国佛法之西传(二)》刊于《佛学月刊》第3卷第3—4期合刊。

晋仁《日本来华留学高僧纪(四)》刊于《佛学月刊》第3卷第3—4期合刊。

中观《印度贵霜王朝之佛教美术(五)》刊于《佛学月刊》第3卷第3—4期合刊。

周叔迦《方等五经之研究法》刊于《佛学月刊》第3卷第5—8期合刊。

中观《印度贵霜王朝之佛教美术(六)》刊于《佛学月刊》第3卷第5—6期合刊。

三好鹿雄《中国佛教之西传(三)》刊于《佛学月刊》第3卷第5—6期合刊。

黄证依《中国佛法之西传(三)》刊于《佛学月刊》第3卷第5—6期合刊。

晋仁《日本来华留学高僧纪(五)》刊于《佛学月刊》第3卷第5—6期合刊。

守培《六十自述》刊于《妙法轮月刊》第1年第9期。

震华《玉山守老人传》刊于《妙法轮月刊》第1年第9期。

明性《守公老法师六十寿序》刊于《妙法轮月刊》第1年第9期。

雨昙《关于守公法祖老人的几点事实》刊于《妙法轮月刊》第1年第9期。

郁华《守公亲教上人之生平与轶事》刊于《妙法轮月刊》第1年第9期。

惟真《为法祖老人六十寿辰敬述数事》刊于《妙法轮月刊》第1年第9期。

雨华《如是我闻之守老法师》刊于《妙法轮月刊》第1年第9期。

楞镜《从守培老法师底字说起》刊于《妙法轮月刊》第1年第9期。

印泉《我所知道的守老法师》刊于《妙法轮月刊》第1年第9期。

静西《谈不立文字》刊于《妙法轮月刊》第1年第10期。

圆照译《南传大藏经简目提要(续)》刊于《妙法轮月刊》第1年第10期。

能彻《守培法师说法——亲闻记》刊于《妙法轮月刊》第1年第10期。

震华《中国佛教人名大辞典缩影(续二)》刊于《妙法轮月刊》第 1 年第 10 期。

印泉《我所知道的守老法师(续)》刊于《妙法轮月刊》第 1 年第 10 期。

能彻《守培法师说法——亲闻记(续)》刊于《妙法轮月刊》第 1 年第 11 期。

震华《中国佛教人名大辞典缩影(续三)》刊于《妙法轮月刊》第 1 年第 11 期。

本沧译《泰国的佛教》刊于《妙法轮月刊》第 1 年第 11 期。

大明《天台与雁荡之风光》刊于《妙法轮月刊》第 1 年第 11 期。

芝峰《禅学讲话译序》刊于《妙法轮月刊》第 1 年第 12 期。

能彻《守培法师说法亲闻记(续)》刊于《妙法轮月刊》第 1 年第 12 期。

震华《中国佛教人名大辞典缩影(续四)》刊于《妙法轮月刊》第 1 年第 12 期。

本沧《泰国的佛教(续)》刊于《妙法轮月刊》第 1 年第 12 期。

陈抱一《弘一法师画像记》刊于《妙法轮月刊》第 1 年第 12 期。

大云《我最崇拜的古德——见月律师》刊于《妙法轮月刊》第 1 年第 12 期。

浩乘《僧青年的新思想与行为》刊于《妙法轮月刊》第 1 年第 12 期。

僧觉试译《大小乘之我见》刊于《佛教文艺》创刊号。

孙著声《四库提要序笺释(总序)》刊于《佛教文艺》创刊号。

望云试译《艺术上的宗教观》刊于《佛教文艺》创刊号。

圆瑛法师《中国佛教季刊之目的》刊于《中国佛教季刊》第 1 卷第 1 期。

纳罗达《略谈佛教之特征》刊于《中国佛教季刊》第 1 卷第 1 期。

苏尼博《佛法不舍世间法》刊于《中国佛教季刊》第 1 卷第 1 期。

开远《玄奘法师小传》刊于《中国佛教季刊》第 1 卷第 1 期。

瓦兴陀罗巴尔塔里《我辈何故为佛徒》刊于《中国佛教季刊》第 1 卷第 1 期。

嘎乐爵士《佛教之将来》刊于《中国佛教季刊》第 1 卷第 1 期。

德森法师《略述印光大师小史》刊于《中国佛教季刊》第 1 卷第 1 期。

僧琦应(译音)《皈依因缘小记》刊于《中国佛教季刊》第 1 卷第 1 期。

婆齐罗那那《佛教与日常生活》刊于《中国佛教季刊》第 1 卷第 2 期。

尼那提罗喀《佛教思想方法》刊于《中国佛教季刊》第 1 卷第 2 期。

圆瑛法师《在北京市政府招待会之演讲词》刊于《中国佛教季刊》第 1 卷第 2 期。

照空法师《教哲学精华》刊于《中国佛教季刊》第 1 卷第 2 期。

开远《法显西行记略》刊于《中国佛教季刊》第 1 卷第 2 期。

杨慧纯《论比时佛徒应有之职责》刊于《弘化月刊》第 24 期。

了缘《诸恶莫作众善奉行》刊于《弘化月刊》第 26 期。

忏罪生《论菩萨戒中他胜处法》刊于《弘化月刊》第 26 期。

悔余生《酒戒与赈灾之关系》刊于《弘化月刊》第 26 期。

扬东《信为愿行的基本》刊于《弘化月刊》第 26 期。

李净通《净业四要》刊于《弘化月刊》第 26 期。

四、学术著作

(汉)荀悦著,王丹岑点注《申鉴》由安徽立煌两间书屋刊行。

（唐）玄奘译《佛说持世陀罗尼经》由上海觉圆精舍刊行。

（宋）朱熹集注《四书集注》由上海光亚书局刊行。

（宋）朱熹集注《（铜版）四书集注》由四川成都古书流通社刊行。

（宋）朱熹集注《大学与中庸》由安徽立煌两间书屋刊行。

（宋）周敦颐著，朱熹注，王丹岑补注《周子通书》由安徽立煌两间书屋刊行。

（明）袁了凡著《了凡四训白话解释》由上海佛学书局刊行。

（明）吕新吾原著，李之振编次《仕学正则》由贵州贵阳经纬出版社刊行。

（清）彭二林编《死后之审判》由上海大雄书店刊行。

（清）陈弘谋辑，朱荫龙选辑《五种遗规辑要》由广西桂林文化供应社刊行。

（清）刘沅著《古本大学质言》刊行。

（清）陈弘谋辑《从政遗规》由福建永安改进出版社刊行。

（清）吴楚材、吴调侯编选，胡朴安鉴定，吴拯寰校勘《古文观止读本》（1—8册）由上海春江书局刊行。

按：《古文观止》是清朝康熙年间选编的一部供学塾使用的文学读本。"观止"一词表示"文集所收录的文章代表文言文的最高水平"，是迄今为止对中华五千年历史的写作名篇较精的一本古文书。

（清）程允升著，（清）邹梧冈增补，曹本译注《（新增白话注解）幼学琼林》由上海艺海书店刊行。

（清）程允升著，（清）邹圣脉增补，曹国锋标点，王天恨校正《（言文对照详细注解）幼学故事琼林》由上海国学研究社刊行。

（清）程允升原著，（清）邹圣脉增补，谢梅林、邹可庭参订《（新增精校白话注解）幼学琼林》由四川成都新亚书店刊行。

章太炎著，曹聚仁编《国学概论》由中国文化服务社刊行。

曹朴著《国学常识》（上下册）由广西桂林国文杂志社刊行。

按：曹朴在书中回顾"国学"的发展历程时曾经总结说："和国学相当的名词，还有国粹和国故。国粹两个字，似乎有点夸大中国学术乃完全精粹物的意思，又似乎有点选择精粹部分而抛弃其他部分的意思，所以人们觉得不甚妥当，改称国故。国故，就是本国文献的意思。不论精粹不精粹，过去的文献总是可宝贵的史料，都可包括在国故范围里面去，这样看起来，国故这个名词总算是公平而完备了。但它也有它的缺点，就是只能够代表研究的对象，而不能代表研究这种对象的学问，因此大家又想起用国故学的名称来代替它，最后又简化而称为国学。"

谭正璧编《国学概论讲话》由上海光明书局刊行。

顾寔著《国学运动大纲》由重庆中华国学社刊行。

按：是书分10章，阐述开展国学运动的意义、作用和方法，介绍运动的口号及纲领。附著者和前人诗2首及《诚堂丛书》书目。

国学书院第一院编纂组主编《国学丛刊》（第12册）由编者刊行。

国学书院第一院编纂组主编《国学丛刊》（第13册）由编者刊行。

唐君毅著《中西哲学思想之比较研究集》由重庆正中书局刊行。

朱启贤著《科学哲学与玄学》由重庆商务印书馆刊行。

冯友兰著《新原人》由重庆商务印书馆刊行。

王冠青著《唯物辩证法批判》由重庆胜利出版社刊行。

惠迪人著《行动哲学》由重庆商务印书馆刊行。

姜学潜著《青年与哲学》由吉林长春五星书林刊行。

民族革命理论及实施研究院编辑《哲学的辩正（二）——物产证券按劳分配学会对艾思奇先生关于"中的哲学的评述"之辩正》由抗战复兴出版社刊行。

曹辛汉编《先秦政治思想》刊行。

高亨著《（重订）老子正诂》由上海开明书店刊行。

张默生著《老子章句新释》由四川成都东方书社刊行。

柯横著《孔子人格学术与现代各科学派之最高原理》由四川成都孔学总会刊行。

孔祥熙等著《孔学会况》由四川成都孔学会刊行。

孔学会编《孔学广播讲演集（第 1 辑）》由四川成都孔学会刊行。

孔学会编《孔学会成立大会言论辑要》由四川成都孔学会刊行。

程树德著《论语集释》（上中下册）由北京国立华北编译馆刊行。

徐英编著《论语会笺》由重庆正中书局刊行。

徐新民校《论语》由江西赣县群益书局刊行。

叶源编述《论语新编释》由广东揭阳周关盛书局刊行。

余家菊著《大学通解》由重庆武昌中华大学刊行。

萧天石著《大学中庸贯议》由重庆大江出版社刊行。

萧天石著《大学中庸贯议与君学之最高原理》由四川成都大江出版社刊行。

邱良任辑《大学中庸新义》由中国国民党中央执行委员会三民主义丛书编辑委员会刊行。

严立三注《礼记大学篇考释》刊行。

马绍伯著《孟子学说底新评价》由重庆国民图书出版社刊行。

按：李锐说："与前代之孟学著作相比，《孟子学说底新评价》不能算严格意义上的传统孟学著作，即便与同时代的其他孟学著作相比，《孟子学说底新评价》也是独树一帜的，其中没有对于传统义理的诠释，也没有对于《孟子》原文的注疏。与同时代的孟学著作相比，《孟子学说底新评价》没有将《孟子》割裂成各种思想的集合体，而是将《孟子》之中的语句分类整理后，由其来进一步推演孟子的思想，因为'对于中国古人思想的了解，便须要多费一番爬搜组织的工夫，须要在他全般相关的语言中来把握他的思想，并且也只有在全般相关的语言中，才易于确定某一句话的意义'。而马绍伯也认为'孟子学说是一套完整的理论体系与实践方案；是"人之所以异于禽兽者几希"的那"几希"之发挥；是人类行为的最高的同时最低的总指示'，正因为马氏对于孟子思想的这样的体认，所以才使得马氏《孟子学说底新评价》一书极具宣传性。从其中的篇目来看，马氏实际上是将《孟子》作为政治宣传工具，如'三个民权一个治权''革命只允许一个动机'等都是将《孟子》与孙中山的'三民主义'思想相呼应之后的产物。……不可否认的是《孟子学说底新评价》一书之中充满浓厚的政治性，然而成书于抗战之中，使得本书的这种政治功用变得可以理解和接受，其将《孟子》中关于气节以及义利等方面的语句与抗战之中的气节保持联系起来，并将《孟子》作为持久抗战的宣传语，从而使得《孟子学说底新评价》一书的政治功利性有所削弱，更多的是以救亡图存的面目出现。"（李锐《民国孟学研究》，山东师范大学硕士学位论文，2009 年）

中法汉学研究所编《吕氏春秋通检》由北平中法汉学研究所刊行。

沈颜闿《孝经讲疏》由重庆中华国学社刊行部刊行。

中法汉学研究所编《论衡通检》由北平中法汉学研究所刊行。

杜金铭著《中国儒学史纲要》由北平国立华北编译馆刊行。

毛邦汉编《儒家之性与命》由江苏雪堰桥佛家净业社刊行。

韩梅岑著《中国政治哲学思想之主潮与流变》由重庆青年出版社刊行。

查猛济著《北宋象数哲学引论》刊行。

常守义著《哲学史缩型》由北京西什库天主堂印书馆刊行。

严灵峰著《胡适中国哲学史大纲批判》由江西赣县中华正气出版社刊行。

赵纪彬著《中国知行学说简史》由上海中国文化服务社刊行。

按：是书依时代顺序，叙述先秦至清代各家及有关思想家的知行观，包括先秦时代的老子、孔子、墨子、荀子学派、两汉隋唐时代的汉儒、佛教诸宗，宋明时代的邵雍、周敦颐、张载、程颢、程颐、陆九渊、王阳明等人，清代的考据学派、颜李学派、公羊学派等。刘伯闵著《知难行易学说述义》（代序）。

贺麟著《知难行易说与知行合一说》由重庆青年书店刊行。

张厉生摘述《行易知难学说语要》由中央训练团党政高级训练班刊行。

袁月楼著《力行哲学概论》由中国力行学会刊行。

袁月楼著《力行哲学史纲要》由中国力行学会刊行。

李天然著《读了傅双无先生的科学社会主义科学批判发凡以后》由四川成都正学社刊行。

叶青辑《国父哲学言论精华》由江西泰和时代思潮社刊行。

张太风著《三民主义哲学》由江西泰和新潮出版社刊行。

陈安仁著《孙先生之思想及其主义》由重庆国民图书出版社刊行。

梁寒操著《总理学说之研究》由重庆独立出版社刊行。

刘炳藜著《国父思想体系述要》由重庆独立出版社刊行。

周开庆著《蒋介石先生的思想体系》由重庆正中书局刊行。

李长之著《德国的古典精神》由四川成都东方书社刊行。

倪青原、叶协琴著《逻辑概论》（第一部：科学方法通论）由江苏南京金陵大学文学院哲学组刊行。

殷福生著《逻辑学讲话》由重庆中国文化服务社刊行。

章士钊著《逻辑指要》由重庆时代精神社刊行，有自序和张君劢、高承元序。

按：张君劢《逻辑指要序》说："章行严先生出所著《逻辑指要》，征序于予，且曰：平生著书，不请人序；有之，自今始。窃思晚近三四十年学术史上之人物，屈指可数，而行严先生确为其中之一人。予所以序之者，毋宁以行严先生在学术史上之地位，与海内识者共商榷之，其可乎？治近年学术史者，举国中人物，辄曰：章太炎、王静安、严又陵、梁任公、胡适之、章行严等六人。章、王所治为国学，严之声名在译欧洲名著，此三人应俟别论……行严先生今兹《逻辑指要》之作，章节次第虽同于西方逻辑，而所征引为中土学者关于逻辑学之言论；一以辨中土逻辑说之非，二以明中土旧逻辑学西方学说之相合。故此书不仅寻常逻辑读本，而中土旧逻辑史料，实具于其中。"

柴熙著《论理学大纲》由北平辅仁大学刊行。

陈大齐著《实用理则学八讲》由重庆中国文化服务社刊行。

中国国民党中央执行委员会训练委员会编辑《伦理建设》由连城建国出版社刊行。

余兆昆编著《有趣的问题》由广西桂林文献出版社刊行。

洪德辉著《两汉嘉言懿行集》由湖北汉口光汉印刷厂刊行。

陈清初著《曾涤生立达要旨》由重庆人文书店刊行。

陈清初著《曾涤生之自我教育》由重庆人文书店刊行。

程兆熊著《一个人的完成》由上饶真实出版社刊行。

程仲文著《淘金集》由贵州贵阳中央日报社刊行。

邓熙著《国民道德论》由重庆国民图书出版社刊行。

广东省政府秘书处编译室编《治事》由广东广州编著刊行。

何维凝讲述，财政部财务人员训练所盐务人员训练班编《立业刍言》由编者刊行。

洪鼎钟著《政治节操问题》由广西桂林中州文化服务社广西分社刊行。

薄渺三编《青年之路》由奉天新亚书店刊行。

凯丰等著《青年之路》由陕西延安中国青年社刊行。

胡毅著《了解青年》由重庆独立出版社刊行。

储景良著《现代青年成功之道》由重庆青年出版社刊行。

李立、敏青编《给大时代的青年》由广西桂林刊行。

孙蕴著《青年与职业》由广西桂林乐群书店刊行。

实夫著《青年事业修养讲话》由广西桂林乐群书店刊行。

林志石著《青年修养讲话》由上海光明书局刊行。

华北青年社辑《青年修养》由华北新华书店刊行。

王志成著《青年修养讲话》由广西桂林光明书局刊行。

温剑光著《青年的私生活》由曙光出版社刊行。

蒋凤征著《成功论》由重庆进步书店刊行。

康德编著《成功手册》由广西桂林群力出版社刊行。

马璧编著《成功之道》由重庆正中书局刊行。

蒋介石等著，教育部训育研究委会编《青年必读文选》（1—3辑）由重庆正中书局刊行。

金人著《谈话的艺术》由吉林长春启智书局刊行。

黎逸君著《怎样建设你自己》由上海纵横出版社刊行。

李节文著《中国固有人生观》（一名《中道的人生观》）由广东韶关大道出版社刊行。

李世安著《怎样确立革命人生观》由广东广东省地方行政训练委员会刊行。

李惟果等著《自许与自律》由重庆智仁勇出版社刊行。

刘杰著《中的方法论》由民族革命理论及实施研究院刊行。

刘奇著《论理首例》由重庆商务印书馆刊行。

刘文岛著《行业组合与近代思潮》由重庆商务印书馆刊行。

罗家伦著《新人生观》由重庆商务印书馆刊行。

马璧著《人本论》由重庆商务印书馆刊行。

朱光潜著《谈修养》由重庆中周出版社刊行。

张澄清编著《大众修养》由广西桂林中央图书文具公司刊行。

梅公毅著《工作修养与生活》由广西桂林白虹书店刊行。

秦翰才著《做人做事经验谈》由重庆国讯书店刊行。

秦蕴芬著《给大时代的女儿》由贵州贵阳交通书局刊行。

宋诚等著《职业·出世·修养》由广西桂林科学书店刊行。

王龙舆著《工作方法与修养》由广东曲江大道文化事业公司刊行。

燕义权著《修养新论》由重庆建国书店刊行。

唐文治著《(唐蔚芝先生)劝孝编》由上海崇德善会刊行。

陶希圣著《论道集》由重庆南方印书馆刊行。

汪漱碧编《古今格言大全》由上海中央书店刊行。

王谷著《中国大人学史导论编》(一名《中国大人学史命名通释》)由北京中华印书馆刊行。

王耀武著楚雄军司令部参谋处编《从作人到作战》由力行季刊社刊行。

王云五著《做人做事及其他》由重庆商务印书馆刊行。

吴俊升、边振方编著《理则学》由重庆正中书局刊行。

向绍轩编著《大学与中国民族文化》由重庆正中书局刊行。

萧孝嵘著《怎样领导》由重庆商务印书馆刊行。

徐企唐编《中外名人格言》由广西桂林长风书店刊行。

薛暮桥著《思想方法与学习方法》由西北军校分校刊行。

江陵著《思想教育与工作方法》由香港海洋书屋刊行。

杨叔和著《幸运与机会》由重庆大中出版社刊行。

俞子夷著《人生于世》由成都天行杂志社刊行。

袁昌英著《生死、友谊》由湖南蓝天袖珍书店刊行。

曾杰著《人道》由广西桂林浸胜山房刊行。

郑婴主编《做人做事》由衡阳华岳出版社刊行。

裴小楚著《现实与奋斗——给中华儿女的二十八封信》由桂林学习社刊行

林萍著《给青年的二十四封信》由四川成都长风书局刊行。

吴兆棠讲《群众心理纲要》由中央训练团党政训练班刊行。

严谦六编著《青年期心理学》由重庆正中书局刊行。

朱智贤著《青年心理》由广西桂林文化供应社刊行。

印顺著《印度之佛教》由四川正闻学社刊行。

刘汝霖著《中国佛教地理》刊行。

白崇禧著《中国回教与世界回教》刊行。

不空居士著《鸿福齐天》由华夏哲理禅微社刊行。

陈海量编《在家学佛要典》由上海大法轮书局刊行。

大东亚佛教总会编《颂圣集》(第1辑)由编者刊行。

谛闲著《续尘影集》由湖南西南日报社刊行。

福善等编《太虚大师文选》由重庆罗汉寺佛经流通处刊行。

胡维铨演述《地藏菩萨本愿经白话解释》由山东青岛湛山寺印经处刊行。

华北中华基督教团本部编《华北中华基督教团第二届执行委员会记录》由北平编者刊行。

黄书云著《念佛要略》由四川成都永久印赠佛书会刊行。

苦行著《净土指南》由上海佛学书局刊行。

乐观著《奋迅集》由中国佛教会广西分会广西省佛教居士林刊行。

刘瞻明演述,陈无我校阅《心灵感通录》由上海大法轮书局刊行。

山宗泰著《吴杨两修士传》由上海土山湾印书馆刊行。

上海佛学图书馆编《妙音集》由上海大雄书局刊行。

太虚著《佛教人乘正法论》由中国佛学会刊行。

王仁生编著《高中教理讲义》（上册）由上海土山湾印书馆刊行。

卫理公会华北年议会编《华北中华基督教团前卫理公会华北山东年议会记录》由北平编者刊行。

文涛、印明编《闽南佛学院特刊》由福建厦门闽南佛学院刊行。

邬崇音居士编《木铎声》3集由上海木铎声编辑处刊行。

无母编《轮回》（皆大欢喜第4集）由上海大法轮书局刊行。

吴耀宗著《没有人看见过上帝》由上海青年协会书局刊行。

杨少圃著《伊斯兰教义概况》由北平德顺成回教经书部刊行。

叶德禄著《民元以来天主教史论丛》由北平辅仁大学图书馆刊行。

叶善通编《上海善德坛飞鸾录初集》由上海善德坛印刊行。

印光著《寿康宝鉴》由北平中央刻经院刊行。

张润波编著《修女避静道理》第1辑由宣化天主堂刊行。

张兆理著《伊斯兰教义与党员守则》由重庆国民图书出版社刊行。

中央刻经院佛经善书局编《玉历宝钞劝世文》由北平编者刊行。

毛起鵁著《社会学》由重启正中书局刊行。

叶楚伧著《马克思主义与社会史观》刊行。

周之鸣著《战时各国马克思主义者是怎样的》由重庆独立出版社刊行。

陈达编著《近代中国国势普查》由云南昆明战地服务团刊行。

孙本文著《现代中国社会问题》（1—4册）由重庆商务印书馆刊行。

孙本文讲《中国社会之研究》由重庆中央训练团党政高级训练班刊行。

华北政务委员会总务厅情报局编《交战各国之国民生活》由编者刊行。

陈善林著《统计学》由重庆时与潮书店刊行。

贵州省地方行政干部训练委员会编《统计学概要》由编者刊行。

王光汉著《统计学》由四川江津时代青年出版社刊行。

褚一飞著《统计学概论》由重庆天地出版社刊行。

褚一飞编《统计学》由上海立信会记图书用品社刊行。

中华经济统计研究所丛书委员会著《统计学概论》由重庆中华经济统计研究所刊行。

刘坤阊编《统计实务进修课本》由云南昆明进修出版教育社刊行。

广东省地方行政干训团编《应用统计》由编者刊行。

社会部统计处编《全国人民团体统计表》由编者刊行。

浙江省政府统计室编《浙江省统计简编》由编者刊行。

余天休著《人类之过去现在与将来》由北平北京大学法学院社会科学季刊出版刊行。

储安平著《英人·法人·西班牙人》由湖南蓝田袖珍书店刊行。

张君俊著《中华民族素质之改造》由重庆商务印书馆刊行。

张君俊著《华族素质之检讨》由重庆商务印书馆刊行。

杨人楩著《德国民族之侵略性》由广西桂林开明书店刊行。

穆超编著《西洋礼俗》由重庆文信书局刊行。

中央训练团编《各种纪念日简史》由编者刊行。

陈果夫著《中国礼俗研究》由江西南昌力行出版公司刊行。

葛赤峰著《藏边采风记》由重庆商务印书馆刊行。

华北政务委员会政务厅情报局编《日本的国家纪念日》由编者刊行。

周学权编《(最新)交际大全》由广西桂林建国书局刊行。

弘予编《日用交际大全》由广西桂林同文出版社刊行。

费孝通著《禄村农田》由重庆商务印书馆刊行。

余牧人著《基督教与中国乡村建设运动》由上海广学会刊行。

唐瑛著《新农村体制建设之原理》由上海中国农民教育协会刊行。

唐瑛著《新农村体制建设之原理》由上海东天红农民教育部刊行。

李蓼编《给未婚青年》(又名《恋爱与结婚》)由天下书店刊行。

董菲海著《家庭生活漫谈》由广西桂林曙社刊行部刊行。

朱云影著《人类性生活史》由重庆正中书局刊行。

詹文浒著《两性问题》由上海世界书局刊行。

阎仲彝著《性生活与民族改进》由开封山河书店刊行。

梁家谟著《职业生活》由广西桂林曙社刊行部刊行。

王克编《中国社会服务事业》由重庆商务印书馆刊行。

窦季良编《同乡组织之研究》由重庆正中书局刊行。

张世文编著《生命统计方法》由重庆正中书局刊行。

潘嘉林著《户口异动登记》由重庆商务印书馆刊行。

黄炎培著《机关管理一得》由重庆商务印书馆刊行。

陈果夫等讲,中央训练团党政高级训练班编《机关组织》由编者刊行。

郑彦棻著《怎样才能使机关学校化》由重庆青年书店刊行。

中华职业教育社编《事务管理概要》由重庆商务印书馆刊行。

李自馥编著《政治学》由湖南蓝田新长风编印社刊行。

按:是书分绪论、国家论、政府论3编。分别叙述政治学和国家的定义、性质等,政体分类与政府的职权,以及宪法、立法、司法、政党等。

邓公玄著《政治艺术论》由中国文化服务重庆分社刊行。

邝震鸣著《现代政治概论》由福建永安改进出版社刊行。

詹文浒著《现代政治思想》由重庆中国文化服务社刊行。

吴恩裕著《政治思想与逻辑》由重庆中国文化服务社刊行。

张默君著《中国政治与民生哲学》由湖南湘乡翼社刊行。

罗刚著《三民主义的体系与原理》由重庆东方出版社刊行。

蒋介石等著《三民主义精论》由上饶真实出版社刊行。

林桂圃著《我为什么信仰三民主义》由重庆现实出版社刊行。

萨师炯著《三民主义概要》由重庆独立出版社刊行。

陶国铸编著《三民主义的基本认识》由重庆国民图书出版社刊行。

尉素秋著《三民主义之理论与实践》由江西泰和时代思潮刊行。

严明编辑《三民主义学术》由广东曲江民族文化出版社刊行。

叶青编著《怎样研究三民主义》由江西私立行健中学刊行。

孟云桥编著，中山文化教育馆主编《三民主义之理论研究》由重庆正中书局刊行。

张闻天等著《三民主义与共产主义》由新华书店刊行。

黄毅芸编著《三民主义述要》由广东广州大学出版刊行。

刘修如执笔，教育部三民主义教学研究会编订《三民主义教程》由金华正中书局刊行。

陈邵先编《中山文选》由广西桂林文化供应社刊行。

黄永滋编《总理遗教概要》由福建永安改进出版社刊行。

陆达节编辑《国父轶文集》由国立中山大学训导处刊行。

王应瑞编《国父遗教问题详解》由重庆上海书局刊行。

孙中山著，黄季陆主编《总理全集》由众志书局刊行。

蒋介石著《中国之命运》由重庆正中书局刊行。

樊苐棠编《读〈中国之命运〉》由陕西西安中国文化服务社陕西分社刊行。

冯家勋编辑《研读〈中国之命运〉的问答》由广西桂林军民书店刊行。

刘伟森编《〈中国之命运〉研究》由广东曲江大道文化事业公司刊行。

王仲文编辑《〈中国之命运〉研究》由福建南平总动员出版社刊行。

甘仲玉编《〈中国之命运〉的研究》由广西桂林华光书店刊行。

巩民编著《〈中国之命运〉的问答》由广西桂林华光书店刊行。

张明编《〈中国之命运〉问答》由福建南平总动员出版社刊行。

陈淑雨编著《〈中国之命运〉问答》由柳州百城书局刊行。

陈淑雨编著《〈中国之命运〉研究》由广西桂林南光书店刊行。

陈毅夫著，陈克成校《总裁的三大根本政治思想》由成都杂说月刊社刊行。

谌震编《总裁言论集》由福建永安改进出版社刊行。

丘良任编《总裁言论索引》由重庆中国国民党中央执行委员会宣传部刊行。

刘少奇著《论党》由大众日报社刊行。

杨杰讲《苏联主要政党研究》由中央训练团党政高级训练班刊行。

邵力子讲《苏联政党之研究》由中央训练团党政高级训练班刊行。

凯丰等著《整风参考文选》由华北新华书店刊行。

新华书店编辑部辑《整风补充文件》由新华书店刊行。

丁逢白著《民主义与中国革命问题》由江西泰和时代思潮社刊行。

东北书店编《国民党和共产党》由冀鲁豫书店刊行。

蒋乃镛著《新政论》由云南昆明中国学术研究会刊行。

王之平著《大同主义之研究》由重庆中美文化协会刊行，有孔祥熙序。

丁世宝著《世界大同之道》由重庆通和印刷股份有限公司刊行。

徐弦著《劳动问题》由香港生活书店刊行。

陈伯达等著《五大文件》由新华书店刊行。

中国国民党福建军队联合特别党部编《五月的革命运动》由编者刊行。

周缉熙著《复兴民族之路》由重庆独立出版社刊行。

王一士著《无产阶级革命与国民革命》由重庆独立出版社刊行。

万振鹰著《新时代与新任务》由中国国民党福建省军队联合特别党部刊行。

袁晴晖著《中国革命与建国的途径》由广东曲江民族文化出版社刊行。

朱家骅著《科学世界与建国前途》刊行。

李树棠著《抗战建国与基层政治》由云南中国地方政治学会刊行。

李侠文编著《战后的世界》由广西桂林三户印刷社刊行。

钱端升著《战后世界之改造》由重庆商务印书馆刊行。

关稼农著《战后之中国》由福建永安中华出版社刊行。

乔冠华著《形势比人还强》由重庆新华日报刊行。

张友渔等著《从防御到反攻》由重庆生活书店刊行。

张友渔等著《暴风雨的前夜》由重庆生活书店刊行。

李璜等著《我们为何而奋斗》刊行。

欧阳樊著《中国为什么要抗战》由重庆中国国民党中央执行委员会宣传部刊行。

王晋琦等编辑《从奋斗到胜利》由安徽中央日报社刊行。

桂丹华编著《怎样推进各种社会运动》由教育部国民教育司刊行。

梁占梅编著《中国妇女奋斗史话》由重庆建中出版社刊行。

浦薛凤等讲述,中央训练团党政高级训练班编《现代政治学说及制度》由编者刊行。

曾资生著《中国政治制度史》(1—4 册)由重庆南方印书馆刊行。

邓广铭著《宋史职官志考证》刊行,有陈寅恪序、自序及凡例。

按:陈寅恪《邓广铭〈宋史职官志考证〉序》说:"邓恭三先生广铭,夙治宋史,欲著《宋史校正》一书,先以《宋史职官志考证》一篇,刊布于世。其用力之勤,持论之慎,并世治宋史者,未能或之先也。寅恪前居旧京时,获读先生考辨辛稼轩事迹之文,深服其精博,愿得一见为幸。及南来后,同寓昆明青园学舍,而寅恪病榻呻吟,救死不暇,固难与之论学论史,但当时亦见先生甚为尘俗琐杂所困,疑其必尠余力,可以从事著述。殊不意其拨冗偷闲,竟成此篇。是其神思之缜密,志愿之果毅,逾越等伦。他日新宋学之建立,先生当为最有功之一人,可以无疑也。"(原载 1943 年 3 月《读书通讯》第 62 期)

福建省政府统计室编《福建省政府组织概况》由编者刊行。

广东省政府秘书处编译室编《广东行政三联制之实施》由广东曲江编者刊行。

贵州省地方自治月刊社编辑《新贵州之建设》由编者刊行。

贵州省政府编《贵州省各县与乡镇权责划分方案暨有关法令汇编》由编者刊行。

汉口特别市政府秘书处编《接收汉口日法租界实录》由湖北汉口编者刊行。

湖北省政府政务厅编《湖北省县政会议纪事》由编者刊行。

湖南省政府秘书处编《湖南省政府工作报告》由编者刊行。

华北新华书店编《抗日民主根据地的土地政策与法令》由编者刊行。

王孟邻编著《比较县政府》由重庆正中书局刊行。

张金鉴编著《各国人事行政制度概要》由重庆正中书局刊行。

新都县政府统计室编《四川新都县概况》由四川新都编者刊行。

宋助文著,晋察冀边区行政委员会编《晋察冀边区行政委员会工作报告》由编者刊行。

行政院编纂《国民政府年鉴》由编者刊行。

河南省政府编《河南省政府救灾总报告》由编者刊行。

江西省第四区行政督察专员兼保安司令公署编《新赣南五年建设计划》江西编者刊行。

广东省政府粮政局编《广东省救济民食计划方案》由编者刊行。

王漱芳讲,姚荣龄笔记《甘肃省施政纲领与中心工作》刊行。

邢振基著《山西过去之政治》由陕西西安益文印刷社刊行。

巴县临时参议会秘书室编《巴县临时参议会第一次大会记录》由四川巴县编者刊行。

张子汤、杨春利编《福建省的地方自治》由福建省政府教育厅刊行。

胡次威讲《省政问题》由中央训练团党政高级训练班刊行。

陈柏心著《县政建设实施概论》由广西桂林文化供应站刊行。

蒋介石著《党政训练班毕业训词》由党政训练班刊行。

李楚狂著《县政工作程序表解》由编者刊行。

李宗黄讲，中央训练团党政高级训练班编《县政问题》由编者刊行。

广东省政府秘书处编译室编《县各级民意机关浅说》由广东曲江编者刊行。

高柳桥著《地方行政研究法》由江西泰和生教出版社刊行。

李宗黄著《现行保甲制度》由重庆中华书局刊行。

罗志渊著，黄士华校《中国地方行政制度》由重庆独立出版社刊行。

马仁波著《县政建设之理论与实际》福建永安改进出版社刊行。

李宗黄著《新县制之理论与实际》由重庆中华书局刊行。

田镐编著《县各级组织纲要释义》由重庆商务印书馆刊行。

田镐著《地方行政制度》由四川省训练团刊行。

张鉴虞著《县单位的政治教育》由四川成都更生书局刊行。

萧明新编著《新县政之管理》由重庆正中书局刊行。

中山文化教育馆编辑《地方制度改进专刊》由重庆中华书局刊行。

朱枕薪编《市县行政研究》（第 1 卷第 2、4、5 期）由北平市县行政研究月刊社刊行。

张强著《党的组织与训练问题》由中央训练团党政高级训练班刊行。

中国国民党贵州省执行委员会编《中国国民党贵州省执行委员会工作报告》由编者刊行。

中国国民党河北省执行委员会编《河北省党务工作殉难同志追悼大会纪念特刊》由河北编者刊行。

中国国民党新疆省执行委员会编《中国国民党新疆省执行委员会工作报告》由编者刊行。

中国国民党中央执行委员会宣传部编《抗战六年来之党务》由重庆编者刊行。

中国国民党中央执行委员会训练委员会编《中国国民党政纲政策》由重庆编者刊行。

中央常务委员会编著《第五届中央执行委员会第十一次全体会议党务报告》由编者刊行。

蒋介石讲述《今后发展党务的途径》由重庆中央文化驿站总管理处刊行。

中央党史史料编纂委员会编《中国国民党简史初稿》由中央训练团刊行。

中央训练团编《中国国民党宣言集》由编者刊行。

中央政治学校编《中国国民党各级党部组织》由编者刊行。

中央组织部编《地方党部选举法规辑要》由编者刊行。

中央组织部编《如何做县的党务工作》由编者刊行。

中央组织部编《中国国民党党员守则释义》由编者刊行。

朱家骅讲，中央组织部编《朱部长对于组织工作之指示》由编者刊行。

中国国民党中央执行委员会宣传部编《抗战六年来之内政》由重庆编者刊行。

中国国民党中央执行委员会宣传部编《抗战六年来之外交》由编者刊行。

中国国民党中央执行委员会训练委员会编《三十二年度上半年各省训练工作总检讨》由编者刊行。

中国国民党中央执行委员会训练委员会编《中央训练团党政训结班工作讨论资料选录增编》由编者刊行。

薛岳讲《薛兼主任言论选集》由湖南省地方行政干部训练团刊行。

谷正伦著，甘肃省政府秘书处编《谷主席言论集》(第5—7辑)由编者刊行。

刘峙讲，重庆卫戍总司令部编《刘峙演讲集》由重庆衡阳大刚印书馆刊行。

李汉魂编《广东粮荒救济的经过和对各界的希望》由广东省政府秘书处刊行。

中央宣传部西安区书刊供应处编《两年来工作实录》由中央宣传部刊行。

旅美华侨统一义指救国总会编《七七抗战七周年纪念特刊》由编者刊行，有冯执正序、谢己原发刊词。

海琴编《怎样做一个好的保甲长》由重庆国民图书出版刊行。

蒋经国著《伟大的西北》由重庆天地出版社刊行。

朱家骅讲《边疆政策与边疆建设》由中央文化驿站刊行。

黄奋生著《抗战以来之边疆》由重庆史学书局刊行。

方国瑜著《滇西边区考察记》由国立云南大学西南文化研究室刊行。

李友邦著《台湾革命运动》由福建台湾义勇队刊行。

台湾革命同盟会编《台湾问题言论集》由国际问题研究所刊行。

贵州省地方行政干部训练委员会编《人事行政》由编著刊行。

何伯言著《人事行政之理论与实际》由重庆正中书局刊行，有柳克述序及自序。

湖南省地方行政干部训练团编《行政统计》由编著刊行。

王世宪著《人事管理》由重庆商务印书馆刊行。

夏邦俊著《人事管理之理论与实际》由重庆国讯书店刊行。

张毅忱著《现代警察》由著者刊行，有方策序及著者序。

郑宗楷著《警官巡逻勤务论》由重庆正中书局刊行，有徐中齐序。

中央警官学校讲义摘要《警察摘要》(1—2)由重庆中央警官学校刊行。

中华警察学术研究社编辑股编《中华警察学术研究社第三届年会特刊》由编者刊行。

大公出版社编《大公报社评选集》由大公出版社刊行。

申报社编辑《申报社评选》由上海申报社刊行。

方治讲，中央训练团党政高级训练班编《训育问题之研究》由编者刊行。

王伊同著《五朝门第》由成都金陵大学中国文化研究所刊行。

力行学社编辑《历届高等县长考试试题详解》由湖南兰田复兴书局刊行。

荣誉军人职业协导会编《荣誉军人职业协导会工作报告》由重庆编者刊行。

谢茜茂编《汉口大水记》由湖北汉口特别市政府刊行。

熊材俠著《干部训练问题》由江西省政府秘书处编译室刊行。

姚枬著《马来亚华侨史纲要》由重庆商务印书馆刊行。

张立夫著，黄其昌校阅《战后侨政之理论与实施》由广东韶关个人刊行。

外交部编《外交礼节》由编者刊行。

王仁勉编《他山石》由时代出版社刊行。

邢肇棠等著《真伪辨》由新中国书店刊行。

中央训练团编《团长训词选读》由编者刊行。

陈体强著《中国外交行政》由重庆商务印书馆刊行。

陈钟浩著《外交史》由陆军大学校刊行。

祖崮社编《抗战以来中国外交重要文献》由祖国社刊行。

袁伯琪著《共产国际史略》由重庆独立出版社刊行。

按：是书概述共产主义思想的起源与初期活动，第一、二、三共产国际成立的经过，以及第三共产国际的组织、活动和解散。

张志让等著《国际与外交》由重庆峨眉出版社刊行。

丁世宝著《世界大同之由》由重庆通和印刷股份有限公司刊行。

青白出版社编《第三国际解散事件》由青白出版社刊行。

王一士著《第三国际与中国》由重庆胜利出版社刊行。

郑学稼著《第三国际兴亡史》由重庆胜利出版社刊行。

周凤陵编著《共产国际解散后与中国共产党》由前锋出版社刊行。

姜季辛编《中外舆论对第三国际解散之回响》由重庆政论社刊行。

《共产国际解散的理由及其意义》由新华书店刊行。

《共产国际解散的文献》由延安刊行。

张钱君著《第三国际的解散与一国社会主义建设论》由重庆独立出版社刊行。

周子亚著《第三国际与苏联外交》由重庆正论社刊行。

周子亚编著《使书与领事》由重庆国际编译社刊行。

刘光炎著《国际问题的纵横面》由重庆独立出版社刊行。

张忠绂编《国际政治论文集》由重庆正中书局刊行。

万昇著《战后国际和平导论》由重庆中国文化服务社刊行。

汪远涵编著《世界各国侧影》由福建南平国民出版社刊行。

储安平著《英国与印度》由广西桂林科学书店刊行。

夏文运著《印度的独立运动》由上海中国文化社刊行。

新华日报国际问题研究组编译《印度问题》由编译者刊行。

朱国桢编《印度的伟大》由广西桂林文献出版社刊行。

高时良编著《非洲风云》由福建省政府教育厅编辑委员会刊行。

邓梅羮著《崩溃中的日本》由福建南平敌情研究会刊行。

华北政务委员会政务厅情报局编《海洋国之日本》由编者刊行。

杨敬之著《日本之回教政策》由重庆商务印书馆刊行。

杨宁生著《如此日本》由重庆商务印书馆刊行。

中国国民党中央执行委员会宣传部编著《抗战六年来之日寇》由重庆编者刊行。

三民主义青年团中央团部编《敌国政治动向》由编者刊行。

社会问题研究会编《什么是敌人的防谍工作》由编者刊行。

苏中社编辑《西欧各国的反德斗争》由苏中社刊行。

谢贻徵著《纵横谈欧洲》由湖南蓝田袖珍书店刊行。

吴清友著《苏联政制》由重庆商务印书馆刊行。

按：是书阐述苏维埃制度的起源，苏维埃社会主义共和国联邦的成立，国家立法、行政机构及地方权力机构的组织情况等，有著者序言。

徐道邻著《德义主要政党的研究纲要》由中央训练团党政高级训练班刊行。

刘独峰著《英帝国论》由福建永安联合书屋刊行。

刘廼诚编著《各国地方政治制度—英吉利篇》由重庆正中书局刊行。

欧阳谿著，郭卫修编《法学通论》由上海法学编译社刊行。

按：是书第一编论述法学之观念、法学之分类、法学研究志方法及学派、法系之概略、法学与其他学科之关系等内容；第二编论述法律之进化、法律之本质、法律之内容、法律之类别、法律之渊源、法律之效力、法律之改废、法律之解释、法律之适用、法律之制裁等内容；第三编论述国家之性质、国家之意义、国家之类别、国家之发达、国家之目的、国家之活动等内容；第四编论述权利之意义、权利之种类、权利之主体、权利之客体、权利之取得、权利之变丧、义务之意义、义务之类别等内容。此外，论述了宪法、行政法、刑法、民法、商法、民事诉讼法和刑事诉讼法。

周邦式编著《法律学概要》由湖南兰田新中国书局刊行。

高维浚编著《法学通论》由江苏南京国立编译馆刊行。

中国国民党中央执行委员会训练委员会编《法律要义》由重庆编者刊行。

季灏编著《战时法规述要》由重庆编著者刊行。

陆军特种兵联合分校编《法律教程讲授大纲》由编者刊行。

唐表民编著《法律之谜》由重庆商务印书馆刊行。

刘燕谷著《欧洲法律思想史纲要》由重庆独立出版社刊行。

秦尚志编著《中国法制及法律思想史讲话》由上海世界书局刊行。

李宜琛著《日耳曼法概说》由重庆商务印书馆刊行。

晋冀鲁豫边区政府编《法令汇编》由编者刊行。

萨孟武著《宪法新论》由重庆著者刊行。

按：是书分民主政治的转变、五权宪法的特质、政权的组织及其运用、治权的组织及其运动等4章。

萨孟武著《各国宪法及其政府》由重庆南方印书馆刊行。

中国国民党中央执行委员会宣传部编《宪政建设重要文献汇编》由重庆编者刊行。

董霖编著《中国宪法》由重庆国民图书出版社刊行。

党军社编《建国大法规汇辑》由重庆编者刊行。

宪兵学校编《基本法规》由重庆编者刊行。

金鸣盛著《直接民权大纲》由重庆国民图书出版社刊行。

林纪东编著《中国行政法总论》由重庆正中书局刊行。

考试院考选委员会编《考选法规汇编》由重庆编者刊行。

经济部商标局编《商标局注册须知》由四川璧山编者刊行。

张企泰著《中国民事诉讼法论》由重庆中国文化服务社刊行。

中央训练团编《国际私法研究》由重庆编者刊行。

苏荫森注解《二十世纪孙子注解》由江苏南京武学书局刊行。

覃孝方著《孙子兵法今释》由四川成都复兴书局刊行。

贾赫注释《戚继光治兵语录解释》由重庆军学编译社刊行。

蒋介石《增补曾胡治兵语录》由中央训练团刊行。

姚槐编《军事学讲话》由广西省地方行政干部训练团教务处第二股刊行。

林熏南、李浴日主编《兵学论丛》由广东世界兵学编译社刊行。

萧叔宜讲述《军事讲演集》由军事参议院军事厅编纂科刊行。

李浴日编《东西兵学代表作之研究》由广西桂林世界兵学编译社刊行。

高遵义编《烽火台》（战争理论文化史的研究）由大连高丘书店刊行。

曾光汉著《战斗纲要释要》由重庆军学编译处刊行。

军事委员会编《陆军初级军官必携》由重庆军用图书社刊行。

张开著《轰炸东京》由贵州贵阳新新出版社刊行。

中国文化社编《所罗门》由上海中国文化社刊行。

大本营海军报道部著《大东亚战争与日本海军》由上海申报社刊行。

刘建绪著《治兵与治心》由福建南平天行杂志社刊行。

戴安澜著，安澜遗集编委会编《安澜遗集》刊行。

王铁汉编著《朝会讲词集》由四九文化丛书社刊行。

刘功超编《现代陆海空军军用公文程式》由上海万有书局刊行。

李侠文编《军人读训诠释》由重庆军学编译社刊行。

陆军大学编《兵站勤务附录》由陆军大学刊行。

杨杰著《国防新论》由军事委员会政治部刊行。

按：是书内容包括战争与国防、近代国防的形式及其组织、如何建设中国国防等。

武尚权著《未来战争与国防建设问题》由重庆正中书局刊行。

徐庭瑶著《机械化军备论》刊行。

何应钦辑《军队训练手册表解》由陆军战车防御炮教导总队部刊行。

陈立夫讲《国防教育讲授大纲》由中央训练团党政高级训练班刊行。

杨正治著《参观西北军事教育印象记》由军训部步兵监中山室出版组刊行。

邓文仪著《黄埔军校之建设》由真实出版社刊行。

张凤基编《射击教育简述》由陆军步兵学校西南分校刊行。

军事委员会铨叙厅编《陆海空军人事法规汇编》由军用图书社刊行。

蒋介石著《第四届全国兵役会议训词》由重庆中央秘书处文化驿站总管理处刊行。

罗天亚编著《兵役释疑》由重庆新新出版社刊行。

张伟、徐庆堂编《兵役须知》由河西印刷合作社刊行。

吴光杰著《德国重整军备及大战中之概况》由国防研究院刊行。

王俊、刘士毅著《中国陆军教育概况·日本军队教育现况》由军训部步兵监中山室出版组刊行。

郭寄峤讲《战术讲话（现代战术之演变）》由中央训练团刊行。

杨亚超编著，夏鹤一校阅《新游击战术》刊行。

马渊编著《基本应用战术详解——师阵地攻击之部》由重庆军学编译社刊行。

赵壮飞编《军警小部队讨伐战法》由北平燕赵兵书馆刊行。

周琦著《小部队战斗实施法》由湖南长沙忠文书店刊行。

陈绍宽讲《海军建设》由中央训练团刊行。

孟锦华著《浙江国防地理史话》由中国史地学社刊行。

沙学浚著《国防地理新论》由重庆商务印书馆刊行。

按：是书共19篇，主要有地位价值、海洋国家、日本绝不能以苏代美、美日经济力量之比较、日本南进之比较、太平洋战争之地理基础、国防地理等。

郑樵编著《防空避难室建筑法》由防空总监部民防处刊行。

张峻著《防空工程学》由重庆现代防空出版社刊行。

万耀煌著《甲午中东战事之回溯及余评》由中央陆军军官学校教育处图书馆刊行。

中央陆军军官学校教育处编《兵器学讲义》由编者刊行。

按：是书共7篇：射击学、抛射药破坏药及点火药、炮兵、步兵、航空兵器及防空、毒气战及人工雾。书前有兵器学概说。

陈绍祺编《重兵器射击教范第二部表解》由遵义步兵书店刊行。

朱家骅著《科学与军事》刊行。

郑介民著《军事情报学》刊行。

赵兰坪著《经济学》由金华正中书局刊行。

江文敏讲述《经济学》由重庆陆军大学刊行。

按：是书分3编，首编简述经济学的定义、范围、西方经济思想发展史及人类社会经济发展的过程；次编从理论上阐述生产、消费、价值、价格、地租、工资、金融资本、经济恐慌等理论；末编专门讲授中国近代国民经济概况、近代企业的发展、中国的对外贸易和金融、帝国主义对中国的经济侵略等。

朱伯康著《经济学纲要》由重庆中国文化服务社刊行。

黄兆栋著《经济学大纲》由广东省部国民印刷厂刊行。

王炳勋编著《经济地理学总论》由北平国立华北编译馆刊行。

张与九著《经济学原论》由重庆商务印书馆刊行。

许璇著《农业经济学》由重庆商务印书馆刊行。

按：是书分11章。论述农业经济学的意义、范围、地位，农业的土地、经营、机械、金融、关税，以及世界各国农业变迁情况。

周金声著《民生主义经济学》由著者刊行。

程孝刚著《三民主义之计划经济》重庆国父实业计划研究会刊行。

罗敦伟编《民生主义计划经济》由重庆青年书店刊行。

蒋中正著《中国经济学说》由江西上饶真宝出版社刊行。

按：是书内容包括"中国经济学的定义与范围""中国经济学说的分别""中国古来的经济规模""民生主义之经济原理""将来的经济思想"等五部分。作者认为："中国经济学以社会全体为本位。"

李剑农著《中国经济史讲稿》由上海新中国书局刊行。

郑合成著《中国经济史研究》刊行。

孙毓棠著《中国古代社会经济论丛》（第1辑）由云南全省经济委员会印刷厂营业部刊行。

翁文灏著《中国经济建设论丛》由资源委员会秘书处刊行。

翁文灏讲《中国经济建设概论》由中央训练团党政训练班刊行。

王亚南著《经济科学论丛》由江西赣县中华正气出版社刊行。

于捷锋编撰《统制经济常识》由上海编者刊行。

董问樵著《国防经济》由陆军大学刊行。

张锡昌等著《战时的中国经济》由桂林科学书店刊行。

姜庆湘著《中国战时经济教程》由桂林科学书店刊行。

常奥定著《经济封锁与反封锁》由重庆刊行。

陈学才著《战时经济原理》由重庆文信书局刊行。

罗敦伟著《战时经济总动员论》由重庆南方印书馆刊行。

按：是书共11章：绪论、经济动员基础理论、农业动员、战时工业总动员、战时消费及分配统制、战时粮食统制、战时劳动总动员、战时交通总动员、战时财政金融总动员、战时物价统制、经济动员的机构。

中国国民党中央执行委员会训练委员会编《中国战时经济问题》由编者刊行。

大东亚战争两周年特刊编辑委员会编《大东亚战争二周年中国经济进展概况》由上海新闻报馆发行科刊行。

冯亦吴著《中国共产党与抗战经济》由江西泰和胜利出版社江西分社刊行。

王铁夫著《统制国民经济的合法性》由西安大东书局刊行。

吴景超著《中国经济建设之路》由重庆商务印书馆刊行。

李复著《怎样解决经济困难》由长春大陆书局刊行。

陈伯庄著《经建五论》由重庆中国经济建设协会刊行。

陈安仁著《中日战时经济之比较》由江西赣县中华正气出版社刊行。

李超英演讲《伪组织政治经济概况》由重庆商务印书馆刊行。

祝世康著《民生主义与社会保险》由重庆民生主义经济学社刊行。

陈洪进等著《乡镇公共造产事业》由重庆农产促进委员会刊行。

丁文霖编《现行工商法规汇编》刊行。

经济部编《商业法规》（公司法及有关法令）由编者刊行。

霖社编《最新商业重要法规税则汇编》由桂林编者刊行。

章柏雨、汪荫元著《中国农佃问题》由重庆商务印书馆刊行。

按：是书论述我国农佃制度的形成、沿革，全国各地佃农对于农业、半耕农的增减趋势，农佃制度对于农业、社会经济的影响，租佃契约的内容、田租的形态和租率，农佃间的关系等，并介绍了近代欧美各国租佃制度的改革，提出改变我国农佃制度的途径。

广东省政府建设厅编《广东战时建设概要》由编者刊行。

蒋君章编著《战时西南经济问题》由重庆正中书局刊行。

蒋君章编著《西南经济地理概要》由重庆正中书局刊行。

张印堂著《滇西经济地理》由国立云南大学西南文化研究室刊行。

张聿飞著《从总裁指示论西北建设》由重庆现代评坛社刊行。

汪昭声编著《西北建设论》由青年出版社刊行。

任美锷等著《西北问题》由桂林科学书店刊行。

中央银行经济研究处编《西北生产现状及改进办法》由重庆编者刊行。

左治生著《以行政的眼光观察西北经济建设》由兰州长江实业银行兰州分行刊行。

吴藻溪编《经济统计学》由重庆南方印书馆刊行。

杨端六著《现代会计学》由重庆商务印书馆刊行。

按：是书分整理账与统驭账、单据制度、分店会计、银行会计、成本会计、标准会计、政府会计、外币处理方法、国币价值变动问题等9章。

余肇池编《公有营业会计》由重庆立信会计图书用品社刊行。

郭文正编《簿记浅说》由中国文化服务社陕西分社刊行。

冯大钊著《会计单位》由重庆北斗书店刊行。

沈维经著《会计学原理》(第1—2册)由著者刊行。

金铬编著《义务劳动服务之实施》由重庆商务印书馆刊行。

史维焕讲《劳工政策与劳工问题》由重庆中央训练团党政高级训练班刊行。

汪昭声著《工作竞赛之理论与实施》由重庆青年出版社刊行。

王世宪著《工作竞赛》由重庆商务印书馆刊行。

国民勤劳奉公局编《国民勤劳奉公制度问答》由编者刊行。

叶中允著《折旧研究》由上海建国书局刊行。

王国鼎编著《政府审计大纲》由西安标准出版社刊行。

寿勉成讲《合作事业与社会经济国防》由重庆中央训练团党政高级训练班刊行。

贵州地方行政干部训练委员会编《合作讲义》由编者刊行。

王石英著《合作理论与实际》由西安中正学生出版社刊行。

冯紫岗著《合作经营讲话》由河南省合作事业管理处刊行。

吴志铎著《合作组导技术》由重庆商务印书馆刊行。

杨申编《合作事业》由安徽省地方行政干部训练团刊行。

尹树生著《合作运动发展史论》由重庆合作评论社刊行。

萧赞猷著《民间原有的合作组织》由云南省合作事业管理处刊行。

尹耕南编著《怎样推进地方合作事业》由教育部刊行。

林嵘、侯哲荄、李敬民著《中国初期的合作思想》由重庆合作评论社刊行。

蒋静一著《总理实业计划之研究》由重庆国民图书出版社刊行。

陈豹隐、黄元彬讲《实业计划综合研究总论》由中央训练团党政高级训练班刊行。

顾毓琇等讲《实业计划综合研究各论》由重庆中央训练团党政高级训练班刊行。

朱玉仑、朱泰信讲《实业计划之综合研究各论》(实业计划上之矿冶建设)由重庆中央训练团党政高级训练班刊行。

彭学沛讲《国父实业计划要义》由重庆中央训练团党政训练班刊行。

国父实业计划研究会编《国父实业计划广播演讲集》(第1集)由重庆编者刊行。

国父实业计划研究会编《国父实业计划研究报告》由重庆编者刊行。

朱敦春著《人力动员论》由重庆国民图书出版社刊行。

王世宪著《工作竞赛》由重庆商务印书馆刊行。

阮模著《中国农业合作论》由福建战地图书出版社刊行。

林缵春编著《农村经济与合作事业》由广东建设厅合作事业管理局刊行。

滑秉懿编《农村经济与合作》由贵州省立绥阳国民学校师资训练所刊行。

汤佩松、巫宝三编著《农业十篇》由重庆独立出版社刊行。

章之汶编《我国战后农业建设计划纲要》由编者刊行。

朱子爽著《中国国民党土地政策》由重庆国民图书出版社刊行。

杨登元著,李思桢校《中国土地政策研究》由成都杂说月刊社刊行。

王晋伯著《新县制与地政》由重庆文信书局刊行。

王晋伯著《土地行政》由重庆文信书局刊行。

张继等著《平均地权与土地改革》由重庆商务印书馆刊行。

郑震宇著《地政问题》由中央训练团党政高级训练班刊行。

郑震宇著《最近之地政》由中央训练团党政高级训练班刊行。

徐钟渭著《规定地价》由浙江省民政厅刊行。

浙江省民政厅编《浙江地政概要》由编者刊行。

林诗旦、屠剑臣编《龙岩之土地问题》由福建龙岩县政府刊行。

财政部四川省土地陈报办事处编《四川土地陈报纪要》由编者刊行。

四川省地政局编《四川省地政法规》由编者刊行。

四川省田赋管理处编《土地陈报改进工作表解及要旨》由编者刊行。

张济川著《佃权国有的复兴农村计划》由重庆文化服务社刊行。

张丕介著《垦殖政策》由重庆商务印书馆刊行。

中苏文化协会编译委员会编，西门中华译《苏联集体农场组织法》由重庆中华书局刊行。

钱天鹤讲《农林建设》由中央训练团党政高级训练班刊行。

四川农业改进所编《农林法规汇编》由编者刊行。

农林部参事处编《农林法规汇编》由重庆农林部总务司刊行。

中央训练委员会编辑《经济行政》由编者刊行。

杜赣生编著《开垦荒地》由浙江省民政厅刊行。

詹显哲著《实施国家总动员法与粮食动员》由重庆国民图书出版社刊行。

沈宗瀚《粮食》由重庆国防研究院刊行。

闻亦博著《中国粮政史》由重庆正中书局刊行。

陈明璋著《福建粮食问题》由福建省研究院编译社刊行室刊行。

吴传钧编《中国粮食地理》由重庆商务印书馆刊行。

严中平著《中国棉业之发展》由重庆商务印书馆刊行。

曾仲刚编《湖南之桐茶油》由湖南省银行经济研究室刊行。

吴觉农编《整理武夷茶区计划书》由福建崇安刊行。

林馥泉著《武夷茶叶之生产制造及运销》由福建省农林处农业经济研究室刊行。

张绍言编著《烟草经营论》由重庆正中书局刊行。

林和成著《工业管理》由重庆商务印书馆刊行。

中国全国工业协会编《中国全国工业协会章程》由编者刊行。

经济部统计处编《后方工业概况统计》由编者刊行。

经济部统计处编《后方工矿资金研究》由编者刊行。

朱子爽著《中国国民党工业政策》由重庆国民图书出版社刊行。

经济部编《工业法规》由编者刊行。

社会部编《职工福利法规》由编者刊行。

重庆中国国民党中央执行委员会宣传部编《抗战六年来之工矿》由重庆编者刊行。

廖兆骏著《中国战时工业建设论》由著者刊行。

翁文灏等讲《工业建设问题》由中央训练图刊行。

徐庭瑶著《从国防着眼论工业建设》由著者刊行。

立信会计师重庆事务所编《矿业法规》由重庆立信会计图书用品社刊行。

崔岐著《宁夏炼铁事业》由宁夏省政府建设厅刊行。

经济部编《电气事业行政业务法规》由重庆商务印书馆刊行。

国民政府主计处会计局编《电气业统一会计科目》由编者刊行。

单岩基著《上海染织业概况》由中国经济研究会工业调查丛刊刊行。

顾毓珍著《中国十年来之油脂工业》由经济部中央工业试验所刊行。

单岩基、孙凤翔著《上海榨油业》刊行。

竺墨林著《盐工管理实务》由重庆盐工之友社刊行。

冯若斯著《成都小手工业调查概况》由四川成都新闻报馆文化服务部刊行。

宁夏省政府建设厅编《宁夏战时工业(2)》由编者刊行。

经济部资源委员会运务处编《三年来之工矿运输》由编者刊行。

赵曾珏著《中国之电信事业》由重庆商务印书馆刊行。

交通部统计处编《运价统计》由编者刊行。

交通部统计科编《中华民国三十年交通部统计年报》由编者刊行。

朱子爽著《中国国民党交通政策》由重庆国民图书出版社刊行。

交通部编《交通部人事法令汇编》由编者刊行。

交通部设计考核委员会编《交通部各种工作竞赛办法汇编》由编者刊行。

曾养甫讲《最近之交通》由中央训练团党政训练班刊行。

财政部货运管理处编《一年来之货运》由中央信托局印制处刊行。

杨湘年著《铁道经济与财政》由重庆商务印书馆刊行。

金士宣编著《铁路运输经验谈》由重庆正中书局刊行。

凌鸿勋编《天宝铁路兴筑之经过及今后之展望》由编者刊行。

魏文瀚著《共同海损论》由重庆中华书局刊行。

王洸主编《中国航业》由重庆中国航空学会刊行。

中国商船驾驶员总会编纂组编《战后中国航业建设问题》由编者刊行。

周至柔著《飞行员手册》由重庆青年出版社刊行。

吴立本编著《专卖通论》由重庆中华书局刊行。

朱茜茜编著《商品通信推销法》由上海世界书局刊行。

刘长宁著《物价统制论》由重庆财政评论社刊行。

马秉文著《致富秘诀》由上海急流书店刊行。

伍启元著《当前的物价问题》由重庆独立出版社刊行。

尹耕南著《管制物价浅说》由重庆国民图书出版社刊行。

端木恺著《物价管制》由中央训练团刊行。

周凤镜编《战时粮价特辑》由重庆粮食部调查处刊行。

财政部花纱管制局编《花纱布管制之概况》由中央信托局印制处刊行。

章友江著《商约论》由中国文化服务社刊行。

章友江著《统制贸易制度》由重庆中国文化服务社刊行。

章友江著《对外贸易政策》由重庆正中书局刊行。

章友江著《商业论》由中国文化服务社刊行。

李超英著《比较财政制度》由重庆商务印书馆刊行。

梁式文著《财政学大纲》由广州大学出版组刊行。

王延超编著《财政学概论》由重庆立信会计图书用品社刊行。

朱博能编著《县财政问题》由重庆中华书局刊行。

申兰生著《江南财政论丛》由上海经济出版社刊行。

中国国民党中央执行委员会宣传部编《抗战六年来之财政金融》由编者刊行。

财政部参事厅等编《十年来之财政丛刊》由中央信托局印刷处刊行。

财政部统计处编《十年来之财务统计》由中央信托局印刷处刊行。

鲁佩璋著《财务行政》由中央训练委员会刊行。

谢干宏、朱博能、王心中编《最新税务大全》由赣州康健书局刊行。

王晋伯著《地价税要论》由重庆文信书局刊行。

朱偰著《中国战时税制》由重庆财政评论社刊行。

高秉坊著《中国直接税的生长》由财政部直接税研究室刊行。

高秉坊讲《直接税问题》由编者刊行。

关吉玉著《田赋、土地陈报、土地税》由中国文化服务社刊行。

郭垣、崔永楫编《田赋会要》由重庆正中书局刊行。

关吉玉、刘国明、余钦悌编纂《田赋会要》由重庆正中书局刊行。

财政部直接税处编《营业税宣传资料辑要》由编者刊行。

张森著《中国营业税制度》由重庆正中书局刊行。

包超时著《中国所得税逃税论》由重庆财政部直接税处经济研究室刊行。

孙邦治著《中国所得税查账学》由重庆财政部直接税处经济研究室刊行。

张森编《中国所得税制度》由杭州正中书局刊行。

按：是书为中国税制丛书之一。内容分为绪论、我国现行所得税制度、我国现行财产租赁出卖所得税制度、我国现行过分利得税制度、商货登记与稽征等 6 章。

杨兴勤著《中国战时盐务问题》由广西国民出版社刊行。

张绣文著《三十年来之盐政》由重庆财政部盐务总局刊行。

财政部盐政司编《十年来之盐政》由中央信托局印制处刊行。

陈荣渠著《中国历代盐策》由广东第七战区司令部编委会新建设出版社刊行。

曾仰丰著《治盐要览》由川康盐务人员训练班刊行。

财政部全国财务人员训练所川康区盐务人员训练班编《盐政概论》由编者刊行。

彭雨新、陈友三、陈思德著《川省田赋征实负担研究》由重庆商务印书馆刊行。

尹文敬著《中国战时公债》由重庆财政评论社刊行。

陈剑舟编著《整理财政》由浙江省民政厅刊行。

陈宗经著《战时日本财政》由重庆商务印书馆刊行。

伍启元著《战后世界币制问题》由重庆青年书店刊行。

伍顽立著《中国法币问题总论》由广东大道文化事业公司刊行。

张一凡著《特别圆制度之研究》由银行周报社刊行。

朱偰著《中国信用货币发展史》由重庆中国文化服务社刊行。

梁庆椿主编《近代金融学说》由重庆中国农民银行经济研究处刊行。

杨湘年著《物价与金融政策》由重庆商务印书馆刊行。

邹宗伊著《中国战时金融管制》由重庆财政评论社刊行。

杨荫溥等著《本国金融概论》由重庆邮政储金汇业局刊行。

刘芹堂讲《金融与民生》由建国银行刊行。

郑学稼著《马先尔的新古典派经济学》由重庆南方印书局刊行。

李裕编著《南洋印度之产业》由重庆正中书局刊行

蔡文星著《中南半岛经济地理》由国重庆民图书出版社刊行。

郑允恭著《日本之物资配给统制》刊行。

龚德柏著《一九四二的日本国力》由重庆商务印书馆刊行。

郑允恭著《统制经济下日本经济组织的变迁》由中国经济研究会刊行。

陈伯庄著《苏联经济制度》由重庆商务印书馆刊行。

西门宗华著《革命以前俄国经济》由重庆商务印书馆刊行。

谢劲健编著《英国战时计划经济》由重庆正中书局刊行。

陈玉祥、郑德如编《美国经济关系之研究》由重庆正中书局刊行。

蒋乃镛、荆磐石编《美国经济的动态》由重庆独立出版社刊行。

陈玉祥、郑德如编著《美日经济关系之研究》由重庆正中书局刊行。

外交部调查司编《世界重工业资源与满洲国》由长春满洲事情案内所刊行。

邝松光编著《战时日本物价管制》由重庆独立出版社刊行。

单岩基编著,潘文安校订《南洋贸易论》由上海申报馆刊行。

徐敦璋编《美国与各国所缔结之互惠贸易协定》由财政部贸易委员会刊行。

张公辉著《各国战时生活必需品分配制度》由重庆国民图书出版社刊行。

俞恩瀛编,恽震校《美国电力事业概论》由资源委员会中央电工器材厂刊行。

郑菊荣编著《美国之农业金融》由重庆正中书局刊行。

陈仲明、罗虔英著《世界大战中各国合作运动总检阅》由福建崇安社会部全国合作社物品供销处东南分处刊行。

杨伟昌著《世界合作史》由湖北全省合作联合社刊行。

陈安仁著《中国文化建设问题》由重庆国民图书出版社刊行。

叶青著《三民主义文化运动论》由江西时代思潮社刊行。

蒋星煜著《中国隐士与中国文化》由重庆中华书局刊行。

按:是书阐述形成隐士的因素,隐士的政治、经济、社会生活,隐士与诗歌、绘画文化的关系等。

胡克峰等著《论知识分子》由华北书店刊行。

杨成志著《广东人民与文化》由广东中山大学研究院文科研究所刊行。

高时良著,徐君梅等编《福建省的文化》由福建省政府教育厅编辑委员会刊行。

黄尧著《战争中的中国人》由广西桂林科学书店刊行。

宣传部编《战时文化宣传政策基本纲要》由编者刊行。

罗家伦著《文化教育与青年》由重庆商务印书馆刊行。

胡秋原著,李建明编《中西文化与文化复兴》由重庆祖国出版社刊行。

朱家骅讲《如何迎头赶上西洋文化》由三民主义青年团灌县青年夏令营刊行。

李洁非等著《战后中美文化关系论丛》由重庆中美文化协会刊行,有孔祥熙、陈立夫的序。

中日文化协会武汉分会编《中日文化协会武汉分会二周纪念特刊》由编者刊行。

东亚文化协议会编《东亚文化协议会概况》由编者刊行。

马星野著《英国之新闻事业》由重庆文风书局刊行。

管翼贤纂辑《新闻学集成》(1—8册)由北平中华新闻学院刊行。

谢崇周著《新闻标题的理论与技术》由新新闻报馆刊行。

吴晓芝编著《新闻学之理论与实用》由北平立达书局刊行。

全国新闻检查会议编《全国新闻检查会议总报告》由编者刊行。

石门新报社编《石门新报四周年特刊》由编者刊行。

容又铭编著，马星野校订《世界报业现状》由广西桂林铭真出版社刊行。

彭乐善著《广播战》由重庆中国编译出版社刊行。

范任宇著《教育概论》(新中学文库)由重庆商务印书馆刊行。

吴康著《新人文教育论》由江西赣县中华正气出版社刊行。

王士略著《教学原理》由广西桂林文化供应社刊行。

汪少伦著《训育原理与实施》(大学丛书)由重庆商务印书馆刊行。

王镜清编《普通教学法大纲》由重庆南方印书馆刊行。

程今吾著《"教学做合一"理论与实践》由重庆商务印书馆刊行。

周思真编著《中国教育及教育思想史讲话》由上海世界书局刊行。

按：是书介绍我国自殷商至清中叶前和近代的教育概况、教育思想。

国立师范学院心理学会编《国立师范学院心理学会年刊》由湖南兰田编者刊行。

段铮著《学习心理学概要》由重庆中华书局刊行，有著者序。

相菊潭编著《学校社会服务》(训导丛刊)由重庆正中书局刊行。

罗廷光著《教育行政》(大学丛书)(国立中正大学丛书)由重庆商务印书馆刊行。

张正藩著《实用地方教育行政》由北平华北文化书局刊行。

宛学宝编著《地方教育视导实际问题》(国民教育实际问题小丛书)由教育部刊行。

金蕃编著《怎样管理地方教育经费》(国民教育实际问题小丛书)由教育部刊行。

徐诵明讲《学校卫生》由中央训练团党政高级训练班刊行。

章楷编著《怎样经营学校校园和农场》(国民教育实际问题小丛书)由教育部刊行。

熊羲高著《怎样充实中心、国民学校设备》(国民教育实际问题小丛书)由重庆教育部国民教育司、国民教育辅导研究委员会刊行。

教育部科学仪器制造所编《教育部科学仪器制造所概况》由编者刊行。

新浙东报社编《教育新方向》由浙东韬奋书店刊行。

统一出版社编《中共之教育》(奋斗丛书)由编者刊行。

张鉴虞编著《中国之政教合一运动》(四川文化事业协进会丛书)由四川成都更生书局刊行。

孙德中著《抗战与我国教育之前途》(东南教育研究出版社教育丛书)由杭州正中书局刊行。

陈端志著《教育改制与工读教育》由江苏南京中国青年工读团刊行。

刘百川著《国民教育十讲》(国民教育文库)由上海新亚书店刊行。

何心石著《国民教育新论》由重庆独立出版社刊行。

胡超伦编著《国民教育视察与辅导》（国民教育实际问题小丛书）由教育部刊行。

刘开达编著《怎样分层组织国民教育研究会》（国民教育实际问题小丛书）由教育部刊行。

教育部编《第五届中央执行委员会第十一次全体会议教育部工作报告书》由编者刊行。

教育部编《各省市教育行政工作检讨会议参考法规》由编者刊行。

教育部训育委员会编《训育法令汇编》由编者刊行。

忠修合作奖学基金筹募委员会编《忠修合作奖学基金纪念册》由浙江编者刊行。

殷钟麒著《学校文书处理与档案管理》由四川成都更生书局刊行。

教育部中等教育司编《各省市教育行政工作检讨会议报告》由编者刊行。

教育部编《三十一年度各省市教育施政计划汇刊》（教育行政辅导丛书）由编者刊行。

教育部编《三十一年度各省教育工作总检讨汇刊》（教育行政辅导丛书）由编者刊行。

教育部编《三十二年度各省市教育施政计划汇刊》（教育行政辅导丛书）由编者刊行。

教育部国民教育司编《各省市实施国民教有第一期概况》由编者刊行。

教育部国民教育司编《三十一年度国民教育实施概况》（上下册）（国民教育实际问题小丛书）由编者刊行。

冀鲁豫日报社编《陕甘宁边区文教工作》由冀鲁豫书店刊行。

江西省教育厅编《江西省教育简明统计》由编者刊行。

江西省政府教育厅编《江西省国民教育法令汇编》（第 1—2 辑）由编者刊行。

福建省教育厅编《福建省三十二年度教育会议专辑》由编者刊行。

福建省教育厅编《闽教十年》由编者刊行。

湖北省政府编《湖北省计划教育法令汇编》（计划教育丛书）由编者刊行。

湖北省政府编《湖北省计划教育实施概况》（计划教育丛书）由编者刊行。

湖北省政府编《计划教育答问》（计划教育丛书）由编者刊行。

湖南省教育厅编《湖南省教育统计提要》由编者刊行。

广东省教育厅编《广东省教育统计》（三十学年度）由编者刊行。

广东省政府秘书处编译室编《广东教育》（广东省政丛书）由编者刊行。

四川省教育厅编《四川省教育统计简表》由编者刊行。

四川省教育厅编《四川省政府教育厅三十二年度施政计划》由编者刊行。

贵州省教育厅编《贵州教育》由编者刊行。

中国国民党中央执行委员会宣传部编《抗战六年来之教育》（抗战建国六周年纪念丛刊）由重庆编者刊行。

邵鸣九著《我与儿童》由中国儿童教育协会刊行。

俞子夷编著《怎样选辑说话教材并指导儿童练习》（国民教育实际问题小丛书）由教育部刊行。

魏贞子编《儿童游戏》由四川成都中华基督教教育促进会刊行。

万启宇编著《中心国民学校怎样办理幼稚教育》（国民教育实际问题小丛书）由教育部刊行。

钟昭华著《怎样办幼稚园》由广西桂林华华书店刊行。

丘仲琛著《实用小学训育法》由广东著者刊行。

水心著《小学适用教学方法及其实例》（上下篇）（国民教育实际问题小丛书）由重庆教育部国民教育司、国民教育辅导研究委员会刊行。

侯铭著《小学分组编制教学法》由重庆正中书局刊行。

顾开轩编著《怎样考查成绩和计分》（国民教育实际问题小丛书）由教育部刊行。

王弘毅编著《小学课卷订正法》（国民教育实际问题小丛书）由教育部刊行。

刘隽杰著《小学合作教育之理论与实施》（河南省合作事业管理处丛刊）由河南省合作事业管理处刊行。

魏冰心编著《怎样实施国语常识科混合教学》（上下篇）由教育部刊行。

俞子夷编著《怎样训练心算》（国民教育实际问题小丛书）由教育部刊行。

高梓著《小学体育》（师范丛书）由重庆正中书局刊行。

曹云先编《马哥孛罗游中国》（中国历史故事）由上海世界书局刊行。

孙士仪编著《小学低年级速算练习片的应用》（国民教育实际问题小丛书）由教育部刊行。

伊祁兰编《小学生歌曲集》由广西桂林南光书店刊行。

钱立英著《儿童航空游戏》由四川成都大陆书局刊行。

王学政著《我教你运动》（新少年文库）由重庆文风书局刊行。

熊翥高编著《怎样筹集中心、国民学校基金》（国民教育实际问题小丛书）由教育部国民教育司刊行。

熊忠信著《怎样订定中心、国民学校的重要章则》由重庆教育部国民教育司、国民教育辅导研究委员会刊行。

刘开达编著《怎样绘制中心、国民学校的统计图表》（国民教育实际问题小丛书）由教育部刊行。

乔一乾编《怎样做一个中心国民学校的校长》由重庆教育部国民教育司、国民教育辅导研究委员会刊行。

吴研因、孙邦正编著《中心国民学校的设施》（国民教育实行问题小丛书）由教育部刊行。

方洪浦编著《中心国民学校怎样协助地方自治》（国民教育实际问题小丛书）由教育部国民教育司刊行。

朱镜坚、张振宇编著《怎样指导中心学校毕业生升学》（国民教育实际问题小丛书）由教育部刊行。

黄竞白编著《怎么做一个中心学校的教导主任》（国民教育实际问题小丛书）由教育部刊行。

金钺编著《中心学校怎样辅导国民学校》（国民教育实际问题小丛书）由教育部刊行。

李积勋编《中心学校校长必携》（四川省立酉阳师范学校丛刊）由四川省立酉阳师范学校刊行。

陈正江编著《中等学校训导纲要》由贵州贵阳文通书局刊行。

袁公为著《中等学校公民科教材及其教学法》由重庆商务印书馆刊行。

吴邦伟编《课外运动》（训导丛刊）由重庆正中书局刊行。

张凡编《全国大学历届英文招生试题详解》（投考大学必备丛书）由湖南蓝田新中国书局刊行。

文仲炎编《中外历史问答》（初中考试丛书）由湖南长沙缤缤书局刊行。

史地研究社编《中外地理问答》（大学入学高中会考准备丛书）由湖南长沙湘芬书局刊行。

邹新垓著《解答世界地理纲要》（亚新地学社地学丛书）由湖南新化亚新地学社刊行。

王云编著《外国地理问答》由广西桂林南光书店刊行。

萧晓畋等编，谭肇闻校《（陈建功氏）高中几何学题解》由四川成都四达书局等刊行。

田长和演解《高中几何学题解》由四川成都中西书局刊行。

黄计懿编《（正中高中）物理题解》由四川成都四达书局刊行。

钱洪翔主编《全国初中会考试题总览》（增订本）由四川成都现代教育研究社刊行。

贾祖璋等编《投考高中顾问》（上下册）由浙江永嘉文学竞进社刊行。

刘淼华编《中学生手册》（广东省梅州区中学教育研究会丛书）由广东梅县教育出版社刊行。

陈洁华等编《中学生手册》由广西桂林长风书店刊行。

周忠治、李培根编著《中学生手册》由广西桂林南光书店刊行。

教育部视导室编《中学视导标准》由编者刊行。

北京市立第八中学校编《北京市市立第八中学校年刊》（中华民国三十二年度）由北平编者刊行。

华光女中编《华光女中校刊》由北平编者刊行。

明德中学编《明德中学校刊》由北平编者刊行。

潘公展编《课外学艺研究》（教育部训导丛刊）由重庆正中书局刊行。

省立缅云师范学校编《满园桃李》（缅云师范丛刊）由云南编者刊行。

许公武著《青年实业补习教育》由重庆独立出版社刊行。

周辉鹤著《怎样实施成人强迫教育》（国民教育实际问题小丛书）由教育部刊行。

沈宝钰著《怎样办理成人班和妇女班》（国民教育实际问题小丛书）由教育部刊行。

中国国民党中央执行委员会组织部编《工人识字读本》由编者刊行。

洪宝林著《怎么训练特殊儿童》（国民教育实际问题小丛书）由教育部刊行。

陆廷珏编著《中心国民学校办理社会教育纲要》（国民教育实际问题小丛书）刊行。

水心著《怎样搜集并编辑地方性教材》（国民教育实际问题小丛书）由教育部刊行。

陈鹤琴著《家庭教育》由广西桂林华华书店刊行，有郑宗海、陶行知序。

臧健飞编著《怎样教育子女》由吉林长春新京书店刊行。

张光鲁编《自学手册》（战时知识丛书）由福建南平总动员出版社刊行。

胡洗尘编《青年自学讲话》由吉林长春新京文化社刊行。

曹伯韩著《青年自学论集》由华北书店刊行。

徐咏平编《求学门径通讯集》由重庆文信书局刊行。

文森华等著《读书方法》（青年自修丛书）由广西桂林维新书局刊行。

杨杰等著《读书指导》（二）（青年文库）由重庆中国文化服务社刊行。

童启智编《读书方法总汇》（学生文摘季刊）由四川江津时代青年出版社刊行。

王学政著《体育之基本原理与实际》由重庆商务印书馆刊行。

徐汝康编著《田径赛及全能运动裁判法》由湖南蓝田体育与健康教育研究社刊行。

中国教育器械馆编《最新体操图》由重庆商务印书馆刊行。

何秋英编著《科学的健美法》由广西桂林天下书店刊行。

李林著《机巧运动教材》（广西省立南武师范学校丛书）由广西南宁广西省立南武师范学校刊行。

万籁声著，军政部军训部审定《国术教本》由福建永安改进出版社刊行。

万籁声著《中国国民体操》由福建永安福建省银行刊行。

顾舜华编《国民体操》（中央青年干部学校讲义3）由中央青年干部学校刊行。

周锦前等著《模型教育之路》由重庆中国滑翔出版社刊行。

谢宣编著《海内外象棋新谱》由重庆天地出版社刊行。

邵次明编著《象棋战略》由山东青岛民宫报社刊行。

沈子丞编《古今围棋名局汇选》由上海世界书局刊行。

周家森编著《象棋与棋话》由上海世界书局刊行。

胡贻毂著《社交游戏法》由上海正声书局刊行。

友松编《战时团体游戏》（学生各科参考丛书）由广西桂林真实书店刊行。

陈景虞著《游戏与工作》（新少年文章）由重庆文风书局刊行。

于省吾著《双剑誃殷契骈枝三编》刊行。

《最近德国之教育制度》（德国丛书）由上海璧恒公司刊行。

周建章编《文艺类典》由大连文化书局刊行。

高元白著《我国文字形体的源流》由城固文化服务社刊行。

符定一编著《连绵字典索引》由北平京华印书局刊行。

符定一编著《连绵字典》（1—10册）由编者刊行。

刘治平编《字辨》由广西桂林华光书店刊行。

高华年著《黑夷语中汉语借词研究》由云南昆明南开大学文科研究所边疆人文研究室刊行。

刘思生编著《中国音韵学概要》由江苏南京国立编译馆刊行。

林迭肯主编，齐铁恨注音《（连写、定型、注调、分部）国语拼音词汇》由上海世界书局刊行。

齐佩瑢著《训诂学概论》由北京国立华北编译馆刊行。

王力著《中国现代语法》（上下册）由重庆商务印书馆刊行，有自序和朱自清序。

按：作者《自序》说："我研究中国语法，已经二十一年了。就研究的历程而论，大约可分为四个时期。第一个时期是妄的时期。我二十岁做高等小学的国文教员""我满以为只要他们对于'虚字'会用了，国文也就可望通顺，以至于雅驯了。谁知结果是大失所望。""第二个时期是蔽的时期。"即在清华国学研究院时期。"当时的毛病是只知有词不知有句；只知斤斤于词类的区分，不知中国语法真正特征之所在；只知从英语法里头找中国语法的根据，不知从世界各族语里头找语法的真诠。""第三个时期是疑的时期。"即从巴黎留学归来，在清华教书时期。"我对于中国语法的研究似乎是停止了八九年""我在《清华学报》上发表了一篇《中国文法学初探》，才算正式回到中国语法的园地。在这一篇文章里，我对于以前的中国语法学（连我自己的在内），表示很大的怀疑。然而当时我的破坏力虽大，建设力却不足；批评人家的地方虽大致不错，而自己创立的理论却往往陷于观察不确。""第四个时期是悟的时期。这时期可说是从民国二十六年我在《清华学报》发表《中国文法中的系词》的时候起。我开始觉悟到空谈无补于实际,语法的规律必须从客观的语言归纳出来的,而且随时随地地观察还不够,必须以一定范围的资料为分析的根据,再随时随地加以补充,然后能观其全。"抗战时期,"在长沙买得《红楼梦》一部,寝馈其中,才看见了许多从未看见的语法事实。于是开始写一部《中国现代语法》,凡三易稿"。作者后依闻一多意见,将其分为二部书,一书专讲规律,一部专谈理论。作者在序中特别提到:"我应该首先感谢吾师赵元任先生,当年他对于我的《中国古文法》不曾给予一句褒语,这是消极地不奖励我走上'蔽'的道路。他在那篇论文上所批的'说有易,说无难'六个字,至今成为我的座右铭。"朱自清为该书写了长序,详尽地论述了该书的特点与成就,并将其与国内外的其他语法著作进行比较,认为"本书目的在表彰中国语的特征,它的主要兴趣是语言学的。如上文所论,这一个目的本书是达到了"。(齐家莹编《清华人文学科年谱》,清华大学出版社1999年版)

陈望道编著《中国文法革新论丛》由重庆文聿出版社刊行。

杜子劲著《四声易通》由中国文化服务社河南分社刊行。

王敦行著《注音符号概说》由重庆三友书店刊行。

汪怡、孙崇义、徐世荣编著《注音符号讲义》由北平教育总署直辖中国大辞典编纂处刊行。

孙文林选注《国文选注》(1—6册)由陕西西安英华书店刊行。

夏宗秀编著《国音讲义》由江西省立赣县民教馆刊行。

赵镜波、储觉民编《(标准国音词性分解)学生字典》由上海晨钟书局刊行。

钱少华著《儿童声韵通》由重庆正中书局刊行。

王云五著《王云五新词典》由重庆商务印书馆刊行。

王裴烈著《论吐火罗及吐火罗语》由中德学会刊行。

王子农著《佛教梵文读本》(第1—2册)由北京中国佛教学院出版部刊行。

史雪怀著《怎样使用标点符号?》由吉林长春山城书坊刊行。

徐仲年著《大学基本法文文法》(国立中央大学丛书)由湖南长沙中西文化印书馆刊行。

何霭人编著《文法概要五讲》由吉林长春益知书店刊行。

吴研因主编《中华小字典》由重庆中华书局刊行。

秦光银、青枫著《文章偶话》由四川泸县青年文化促进社刊行。

刘启瑞编著《文章学十讲初稿》(训练丛书第1种)由编者刊行。

马璧著《作文讲话》由湖南长沙世界书局刊行。

陆思江著《作文的方法》由重庆建国书店刊行。

文森华著《作文捷径》由雷风出版社刊行。

李尚文编著《青年写作指导》由上海世界书局刊行。

周阆风、张匡编《儿童作文指导》由重庆商务印书馆刊行。

刘铁冷编著《作文描写辞典》由广西桂林文潮书店刊行。

董坚志编《高级模范作文》由上海合众书店刊行。

顾震白著《国文作法》(自学丛书第1册)由广西桂林耕耘出版社刊行。

伍人杰编著《(分类指导)模范作文》由衡阳联友出版社刊行。

赵容期编著《学生应用文手册》由广西桂林南光书店刊行。

席令编《一问三答新尺牍》由上海益智书社刊行。

富立田编《女子新尺牍》由奉天关东印书馆刊行。

汪苍梧编著《现代契约程式》由江西赣县群益书局刊行。

谭正璧编《叙述文范》(国文入门必读)由四川成都中华书局刊行。

谭正璧编《文言尺牍入门》(国文入门必读)由四川成都中华书局刊行。

世界书局编辑所编《(分类广注)普通尺牍大观》由上海世界书局刊行。

王梦弼著《(言文对照)学生新尺牍》由哈尔滨大东书局刊行。

无公编《(最新)应用文类例》由四川成都复兴书局刊行。

沈志坚编著《模范日记与作法》由江西赣州沪江图书公司刊行。

黄澄甫编著《非常时期模范日记》由广西桂林上海印书馆刊行。

陈俊编著《战时模范日记》由广西桂林远东书局刊行。

周镕编《(分类注释)学生日记精华》由广西桂林南光书店刊行。

韩东屏著《新式公文作法》由重庆三户图书社刊行。

杨长清编《新编公文程式作法》由湖南长沙启智书局刊行。

严焕之著《少年文范》(高小初中国文补充读物)由广西桂林少年读物社刊行。

瞿世镇编《现行公文程式大全》由上海春江书局刊行。

秦柳方编著《金融工商界应用文》由广西桂林实学书局刊行。

秦光银编著《中心及保国民学校处理公文手册》由四川泸县青年文化促进社刊行。

茆玉麐编著《中心国民学校教职员应用文作法》由教育部国民教育司国民教育辅导研究会刊行。

按:此书收入教育部国民教育司国民教育辅导研究会所编国民教育实际问题小丛书。

王虹长著《酬联辑要及作法》由陕西西安中国文化服务社陕西分社刊行。

凌善清编《(言文对照、广注句解)唐著写信必读》由广西桂林南光书店刊行。

莫一庸选注《书信选》(中学略读文库)由广西桂林文化供应社刊行。

沈永椿著《实用书信》由广西桂林霖社刊行。

张九如编《初中记事文教学本》由重庆商务印书馆刊行。

张澄清编《处世文件要诀》由广西桂林中央出版社刊行。

顾绮仲著《怎样说话与演讲》由纵横社刊行。

林语堂、田鸣岐编《怎样说话与演讲》由奉天惠迪吉书局刊行。

尹德华编著《演讲术例话》(青年文库)由广西桂林文化供应社刊行。

任毕明著《演讲术》由广西桂林实学书局刊行。

任毕明著《雄辩术》由广西桂林实学书局刊行。

任毕明著《谈话术》由广西桂林实学书局刊行。

叶绍钧、朱自清著《略读指导举隅》由重庆商务印书馆刊行。

叶苍岑等编,叶圣陶校订《初中精读文选》(第1—3册)由广西桂林文化供应社刊行。

杨世才编著《言子选辑》由重庆指南编辑社刊行。

荆凡注释《现代语体文选》(第1册)由广西桂林华岳出版社刊行。

庞南州编选《大河文选》(1—6册)由洛阳大河出版社刊行。

国立贵阳师范学院国文学会编《大学国文》(上下册)(大学丛书)由贵州贵阳文通书局刊行。

国立编译馆大学用书编辑委员会编选《(部定大学用书)大学国文选》由金华国立编译

馆刊行。

顾一之选注《模范文选》(少年国语科补助读物第 1 集)由广西桂林万有书局刊行。

艾金编《中学模范文选》由广西桂林学习出版社刊行。

郭固编著《文学指导》(青少年指导丛书)由吉林长春满洲新京艺文书房刊行。

张文华校订《幼学故事琼林》由吉林长春大陆书局刊行。

日本三省堂编辑所编著《日本国语中辞典》由上海三通书局刊行。

牛光夫编《日语读音研究》(自立语文学会丛书)由重庆联友出版社刊行。

冯亨嘉编《日语之门》(日语自修丛书)由上海启明书局刊行。

教科书编辑部编《速成日本语读本》(上下卷)由大连大陆教科用图书株式会社刊行。

姜来编《小品文类的写作及日本诗歌》(下)由大连大满文库刊行。

赵元任编著《(华文注解学生读本)英文文法与作文》由广西桂林民光书局刊行。

张哲夫编著《(英汉对照)学生英语会话》由广西桂林天下书店刊行。

张永馨编《(言文对照)模范女子尺牍》由奉天新亚书店刊行。

尹萃编著《华英翻译举例》由广西桂林英语周刊社刊行。

闻天声编《(高级中学适用)短篇英语文范》由上海世界书局刊行。

姚雪垠著《差半车麦秸》(英汉对照文艺丛书)由广西桂林远方书店刊行。

许祖惇编《战时英文读本》由江西吉安东南书局刊行。

徐介夫编《基本英语三千句》由广西桂林远东书局刊行。

谢天镳编著《(华文注释)英文相同常用字语用法》(自修及参考丛书)由四川成都友生社刊行。

吴献书编著《初中英文背诵文选》由上海普及出版社刊行。

吴芳吉著,金龙史译《(中英对照及华文详注)英译婉容词》由四川成都英译周刊社刊行。

王成瑜编《英文大写字母用法》(英语周刊社汇刊第 5 种)由四川成都英语周刊社刊行。

沈彬编《近世英文选》(上下册)由四川成都复兴书局刊行。

钱歌川编著《中文英译举例》(英文研究小丛书 6)由重庆中华书局刊行。

钱歌川编著《英文重音法》(英文研究小丛书 5)由重庆中华书局刊行。

钱歌川编著《英文难句详解》(英文研究小丛书)由重庆中华书局刊行。

钱歌川编著《英文类似句辨异》(英文研究小丛书 2)由重庆中华书局刊行。

钱歌川编著《英文发音法》(英文研究小丛书 4)由重庆中华书局刊行。

华中书局编辑部编著《(增订本)英文成语八千句》由衡阳华中书局刊行。

华士堂编著《模范英语书信》由广西桂林真理出版社刊行。

华士堂编著《(华英对照详加注释)高级模范英语作文》由广西桂林真理出版社刊行。

华士堂编《(华英对照)模范英语会话》由广西桂林真理出版社刊行。

何良编《最新英语良友》由广西桂林新艺书店刊行。

桂林盱编《六百个英文基本成语》由重庆中华书局刊行。

关应麟编注《(汉文注释)伊索寓言》由重庆中华书局刊行。

范存忠编《英语学习讲座》(青年文库)由上海中国文化服务社刊行。

董绍华编《标准英文改错例解》由湖南长沙中南印书馆刊行。

陈原著《外国语文学习指南》由广西桂林实学书局刊行。

陈平编著《英语无师自通》由广西桂林新生书局刊行。

陈嘉编著《英文基础三千句》由四川成都群益出版社刊行。

卞纪良编《(英汉对照默记举例)英语常用二千字》由广西桂林新生书局刊行。

《(言文对照)详注写信不求人》由重庆上海书店刊行。

《(四年级用)拉丁句学课本》由山东兖州保禄印书馆刊行。

毛泽东著《毛泽东同志在延安文艺座谈会上的讲话》由陕西延安解放社刊行。

郭沫若等著,柳倩编《文艺新论》由四川成都莽原出版社刊行。

欧阳凡海著《文学论评》由重庆当今出版社刊行。

叶以群(原题以群)著《文艺底基础知识》由广西桂林自学书店刊行。

冀鲁豫边区文联选编《大众文艺研究》由冀鲁豫边区文联刊行。

王集丛著《三民主义文学论》由江西泰和时代思潮社刊行。

陈铨编著《文学批评的新动向》由重庆正中书局刊行。

中国青年写作协会编《文艺写作经验谈》由重庆天地出版社刊行。

按:是书收叶绍钧《杂谈我的写作》、朱自清《写作杂谈》和《关于写作问答》、老舍《三言两语》和《我怎样写短篇小说》、徐仲年《我的写作经验》和《如何写小说》、王平陵《写作难》、苏雪林《写作经验漫谈》、谢冰莹《我怎样写第一部小说》、林语堂《我怎样写〈瞬息京华〉》等 9 位作家的 13 篇创作谈。

林山著《通俗文艺的基本问题》由广西桂林文化供应社刊行。

欧阳山、叶以群(原题以群)等著《文艺阅读与写作》由重庆学习生活社刊行。

田鸣岐编《历代文学小史》由辽宁沈阳惠迪吉书局刊行。

罗根泽编著《魏晋六朝文学批评史》由重庆商务印书馆刊行。

罗根泽编著《隋唐文学批评史》由重庆商务印书馆刊行。

林山腴著《中国文学概要》由四川成都建华书局刊行。

周作人讲校,邓恭三记录《中国新文学的源流》由北平人文书店刊行。

陈遵统编《中国民族文学讲话》由福建永安建国出版社刊行。

梁乙真著《中国民族文学史》由重庆三友书店刊行。

按:是书分宋辽夏金元种族战争中的民族文学,明代边患倭祸反映中的民族文学,明清剧烈的种族战争中民族文学运动的展开,由对外战争到最后的国内种族战争间之民族文学等 4 篇,叙述中国自宋代至辛亥革命时的民族文学史。

傅庚生著《中国文学欣赏举隅》由重庆开明书店刊行。

徐炳昶著《中国古史的传说时代》由重庆中国文化服务社刊行。

朱光潜著《诗论》由重庆国民图书出版社刊行。

按:作者在书中说:"诗的起源实在不是一个历史的问题,而是一个心理学的问题。诗或是表现内在的情感,或是再现外来的印象,或是纯以艺术形象产生快感,它的起源都是以人类天性为基础。所以严格地说,诗的起源当与人类起源一样久远。"

徐英著《诗法通微》由重庆正中书局刊行。

汪怡著《诗牌新编》由著者刊行。

祝嘉编《军国民诗话》由重庆商务印书馆刊行。

李广田著《诗的艺术》由重庆开明书店刊行。

臧克家著《我的诗生活》由重庆学习生活社刊行。

郭沫若著《屈原研究》由重庆群益出版社刊行。

杜天縻注《广注诗品》由上海世界书局刊行。

杨启高编著《唐代诗学》由江苏南京正中书局刊行。

刘开荣著《唐人诗中所见当时妇女生活》由重庆商务印书馆刊行。

郭银田著《陆放翁之思想及其艺术》由重庆独立出版社刊行。

邵祖平著《七绝诗论·诗话合编》由四川成都中国文化服务社四川分社刊行。

马一浮著《蠲戏斋诗词选》由复性书院刊行。

缪钺著《中国史上之民族词人》由重庆青年出版社刊行。

赵恂九著《小说作法之研究》由大连启东书社刊行。

姚雪垠著《小说是怎样写成的》由重庆商务印书馆刊行。

胡适著,郁鹏程编辑《中国章回小说考证》由大连实业印书馆刊行

卫聚贤著《杨家将及其考证》由重庆说文社刊行。

田仲济著《小说的创作与鉴赏》由重庆文信书局刊行。

茅盾、田汉等著《戏剧的民族形式问题》由广西桂林白虹书店刊行。

徐梦麟著《云南农村戏曲史》由国立云南大学西南文化研究室刊行。

孙毓棠编著《传记与文学》由重庆正中书局刊行。

按:是书收录《论新传记》《传记的真实性和方法》《历史与文学》《文章絮话》《旧诗与新诗的节奏问题》《谈抗战诗》《生活的文学》等7篇论文。其谈传记的两篇文章,比较完整地归纳了西方传记理论家当时最新的传记理论主张。

陈因编《满洲作家论集》由大连实业印书馆刊行。

按:是书分别论述山丁、小松、田琅、古丁、石军、吴瑛、金音等16位伪满时期的青年作家,并各附肖像。著者有孟素、陈因等23人。

学艺编委会编《艺文小语》(文学理论及艺术介绍批评集)由上海新中国报社刊行。

孙犁著《怎样写作》(上下册)由华北书店刊行。

田仲济著《杂文的艺术与修养》由重庆东方书社刊行。

王平陵著《新狂飙时代》由重庆商务印书馆刊行。

林萤聪著《通俗文学读本》由广西桂林文心书店刊行。

朱光潜著《我与文学及其他》由上海开明书店刊行。

荆有麟著《鲁迅回忆断片》由广西桂林上海杂志公司刊行。

萧赛著《曹禺论》由四川成都燕风出版社刊行。

林萤聪编《论巴金的〈家〉〈春〉〈秋〉及其它》由柳州文丛出版社刊行。

姜丹书等著《弘一大师永怀录》由大雄书店刊行。

赵景深著《文坛忆旧》由上海北新书局刊行。

卫明编《当代作家书简》由上海普及出版社刊行。

沈从文著《沈从文自传》由上海中央书店刊行。

柳无忌著《明日的文学》由广西桂林建文书店刊行。

沈从文著《云南看云集》由重庆国民图书出版社刊行。

萧一山著《非宇馆文存》由贵州贵阳文通书局刊行。

姜丹书等著《弘一大师永怀录》由大雄书店刊行。

罗振玉著《贞松老人遗稿》乙集刊行。

唐文治著《茹经堂文集》第四编刊行。

沈钧儒著《中鱼集》由峨嵋出版社刊行。

周佛海著《往矣集》由上海古今出版社刊行。

徐伟编著《西洋近代文艺思潮讲话》由上海世界书局刊行。

按：是书分文艺思潮源流、古典主义、浪漫主义、现实主义、积极的现实主义、新浪漫主义、颓废派、象征主义、唯美主义、文艺思潮的转向等10讲。

徐伟编著《欧洲近代文学史讲话》由上海世界书局刊行。

荆凡编著《俄国七大文豪》由广西桂林理知出版社刊行。

姜蕴刚著《历史艺术论》由重庆商务印书馆刊行。

按：是书收《历史艺术论》《历史的宇宙》《史料·史学与历史》《撒谎的杰作》《历史与小说》《国史开辟探源》《人类纪元》《火的故事》《若存若亡的三皇时代》《国史悲剧的发展》《四川几个有历史价值的节目》《恺撒的复活》《人生·戏剧·历史》等14篇。

蔡仪著《新艺术论》由重庆商务印书馆刊行。

戴蕃豫著《佛教美术史印度篇》初稿由华北居士林佛画研究所刊行。

刘建庵刻《西洋美术选集》由广西桂林远方书店刊行。

吴梦非著《西画概要》由重庆商务印书馆刊行。

沈子函编《历代论画名著汇编》由上海世界书局刊行。

黄茅著《绘画书简》由广西桂林春草书店刊行。

黄茅著《漫画艺术讲话》由重庆商务印书馆刊行。

杜定友编著《(抗建时期)业余艺术》(上下册)由广西桂林时代图书服务社刊行，有自序。

易琼刻《近代十六个女名人木刻像》(附传)由晨风出版社刊行。

按：是书包括宋庆龄、宋美龄、罗斯福夫人、奈都夫人、柯伦泰、赛珍珠、邓肯、绥甫林娜、蔡特金、居里夫人等16人的木刻头像。

赵望云作《赵望云西北旅行画集》由四川成都东方书社刊行。

胡冰编绘《最新画汇》由浙江丽水中华艺社刊行。

柏乐受编绘《现代实用图案画》由广西桂林万象艺术社刊行。

杨鹏升著，郑睦烈编《杨鹏升题画录》由四川世界书局刊行。

张谔绘，蒋逢美刻《旧阴谋新花样》(连环漫画)由广西桂林新光书店刊行。

丰子恺作《子恺近作漫画集》由广西桂林集成书局刊行。

丰子恺作《画中有诗》由广西桂林文光书店刊行。

丰子恺著，汪子美绘图《我教你描画》由重庆文风书局刊行。

丰子恺著《漫画的描法》由广西桂林开明书店刊行。

丁陇编著《丁陇画纲》由陕西西安大兴书局刊行。

叶零绘《绘画图案》(抗战之部)由重庆新生命书局刊行。

李显著《西南写生画集》由贵州贵阳文通书局刊行。

朱吻冰(原题吻冰)作《战时漫画》由江西泰和江西文化出版社刊行。

徐燕孙绘，厉南溪题识，李桂埏编《霜红楼画剩》由个人刊行。

黄士英著《战地恩仇记》由联友出版社刊行。

新中华杂志社编《欧美漫画精选》由重庆中华书局刊行。

黄尧著《漫画重庆》由广西桂林科学书店刊行。

黄宾虹书画展览会筹备处编《黄宾虹书画展特刊》由上海黄宾虹书画展览会筹备刊行。

野夫著《木刻手册》由广西桂林文化供应社刊行。

刘建庵刻《阿 Q 的造像》由广西桂林远方书店刊行。

王迎晓等著《清乡木刻集》由江苏苏州清乡区党务办事处宣传科刊行。

李健著《金石篆刻研究》由上海中国联合出版公司刊行。

于右任手临《临标准草书千字文》由重庆正中书局刊行。

王书年著《美术字》（文天祥《正气歌》）由安徽屯溪火炬周刊社刊行。

朱获著《美术字新研究》由广西桂林三户图书社刊行。

中国书学研究会编，商承祚、沈子善、朱锦江主编《书学》（1—4 期）由重庆文信书局刊行。

丰子恺著《音乐初阶》由广西桂林文光书店刊行。

马国霖著《唱歌法》由广西桂林新大地社刊行。

李凌、赵沨编著《新音乐教程》由广西桂林新光书店刊行。

林路编著《袖珍音乐辞典》由广西桂林立体出版社刊行。

赵定保著，薛良校阅《音乐常识讲话》由广西桂林立体出版社刊行。

李凌、赵沨编《世界名歌选集》（第 1 集）由文汇书店刊行。

李凌编《绥远民歌集》由广西桂林立体出版社刊行。

杨印溪译《经歌译要》刊行。

邱望湘作曲《卖花集》由重庆乐艺社刊行。

邱望湘作曲《送春集》由重庆乐艺社刊行。

邱望湘作曲《寄影集》由重庆乐艺社刊行。

《时代之歌》由四川成都二二五童子军书报用品社刊行。

丁俊晖、田一民编选《名歌选辑第一》由重庆中国漫画出版社刊行。

中国基督教圣教书会灵歌新集编辑委员会编《灵歌新集》由四川成都中国基督教圣教书局刊行。

文行编著《新歌及其演唱》由广西桂林大方书店刊行。

刘天华著，剑影编译《梅兰芳歌曲谱》初集、四集、五集由重庆国剧研究社刊行，有梅兰芳、刘天华、南愫生的序。

李纪元编著《大军进行曲》由湖南求知书店刊行。

孙慎等编辑《新音乐歌集》由广西桂林立体出版社刊行。

社会部社会福利司编《儿童歌曲选集》由编者刊行。

陆梦萍编《大口张开唱》（第 1 集）由湖南编者刊行。

陆静山编著《新儿童生活歌曲》由广西桂林康健书局刊行。

陈田鹤作曲《剑声集》由重庆大东书局刊行。

陈伊克编《（中外流行）电影名歌集》（1943 年最新本）由广西桂林现代音乐研究社刊行。

陈原、余获编《二期抗战新歌》续集由实学书局经售，有编者的"新版序"、陈原的"新歌二集序"。

林路主编，安俄之编《抗战二部合唱歌曲集》由广西桂林抗战歌曲刊行社刊行，有序。

项风著《大中华进行曲》(项风歌曲)(第1集)由浙江温岭县宣传委员会刊行。

赵白编著《新时代歌集》由编著者刊行。

洪波作曲《心弦底歌》(洪波歌曲)(第1集)由广西桂林黑白出版社刊行。

姚牧作曲《姚牧新作演唱集》由广西桂林姚牧新作演唱会刊行。

贾玉铭著《圣徒心声》由重庆中国基督教灵修学院刊行。

夏白著《我教你唱歌》由重庆文风书局刊行。

歌曲研究社编《(最新)苏联名曲选》由编者刊行。

歌曲研究社编《少年新歌手册》由广西桂林少年书店刊行。

蕙子编《新歌丛》由广西桂林普及出版社刊行。

薛良、甄伯蔚编《世界名歌选集》(中国歌曲之部)由广西桂林集艺出版社刊行。

黄自先生遗作整理委员会编《黄自全集》(第1集长恨歌)由重庆黄自全集出版委员会刊行。

洪深著《戏的念词与诗的朗诵》由重庆美学出版社刊行。

洪深著《戏剧导演的初步知识》由重庆中国文化服务社刊行。

中国歌剧艺术学会编《歌剧研究与舞蹈》由编者刊行。

平剧研究社编《平剧新谱》由四川成都平剧研究社刊行。

方成甫编著《平剧歌谱精选》由桂林群众图书公司刊行。

刘作霖编《(新编标准)京调曲谱精选》由华兴书局、求知书店刊行。

孙唯中著《京剧秘笈》(第1集)由北平中华印书局刊行。

时代剧社选辑《京剧歌谱》由四川成都中华出版社刊行。

孟醒著《(最新)京剧胡琴指南》由北方出版社刊行。

金武周编《上海租界游戏场调查》由上海沪东公社刊行。

石叔明著《戏剧散篇》由永安福建省教育厅民教一团刊行。

艺光剧团编《晚宴》由编者刊行。

叶运升著《电影常识》由广西桂林文化供应社刊行。

黄自、歌辛等著《电影戏剧插曲》由广西桂林育文出版社刊行。

中国教育电影协会总务组编《中国教育电影协会会务报告》由编者刊行。

黎东方著《中国历史通论》(远古篇)由重庆国立编译馆刊行。

按：是书分春秋战国之分期、政治机构与政治内容、春秋战国时代的经济演变、辉煌灿烂的古典时代等4章。附列国通表三幅、大事年表两幅、历史地图两幅。

雷敢编《中国史纲》(上下册)由北平民国学院刊行。

翦伯赞著《中国史论集》(第1辑)由重庆文风书局刊行。

朱希祖著《中国史学通论》由重庆独立出版社刊行。

按：此书是作者1919年在北京大学史学系为学生讲授本国史学概论的讲义。原为三篇：一中国史学之起源；二中国史学之派别；三历史哲学。以后在其他大学讲授此讲义时，删除了第三篇。1942年，朱氏应女婿罗香林之请，决定出版该讲义，附录论文两篇："太史公解"和"汉十二世著纪考"。

缪凤林著《中国通史要略》由重庆国立编译馆刊行。

按：是书共12章，第一册从唐虞以前到秦汉。第二册魏晋南北朝到宋元。第三册分述明清历史。

据本书总目次所载,第三册尚有民国和结论两章,但注明"暂缺俟再版时补撰"。

　　侯外庐著《中国古典社会史论》由重庆五十年代社刊行。

　　按:是书包括中国古典城市国家的成立与发展、周代城市国家及其亚细亚性、周代的商人与自由民、中国古典政治与思想概说 5 章。作者以卜辞彝铭和先秦文献为依据,具体探讨了殷周社会生产方式、城市国家、社会分工以及学术思潮的特殊性质,是作者关于中国奴隶社会史的第一部专著。

　　吕振羽著《中国原始社会史》由广西桂林耕耘出版社刊行。

　　吴泽著《中国原始社会史》由广西桂林文化供应社刊行。

　　按:是书包括人种的起源、史前原始社会的经济构造、社会组织与家族形态、原始社会的意识形态 4 章。

　　尹达著《中国原始社会》由作者出版社刊行。

　　按:该书的主要两个部分,分别从考古学上和古代传说上考察中国原始社会。这是用马克思主义观点进行中国原始社会研究的有益尝试。该书第一编,第一次在细致分析考古发掘所获可信资料的基础上,探讨了中国古代氏族制度的发展进程。现在看来,尽管书中的某些论断不甚妥帖,主要是对殷代的生产力和生产关系作了过低的估计,认为当时处于崩溃过程中的氏族社会,西周才是中国出现阶级社会的开始。但尹达以其一腔革命热情,在各方面条件都很困难的情况下,摸索了考古学与历史研究结合、服务于理论斗争的一条新路,有其不可埋没的开创之功。

　　罗倬汉著《史记十二诸侯年表考证》由重庆商务印书馆刊行。

　　杨树达著《春秋大义述》由重庆商务印书馆刊行。

　　秦同培注译,宋晶如增订广注语译《国策精华》由上海世界书局刊行。

　　瞿益锴、张树棻著《秦汉史》(第 1 册)由北平国立华北编译馆刊行。

　　朱东润著《史记考索》由上海开明书店刊行。

　　按:是书共 18 篇文章:一、《史记终于太初考》;二、《史记纪、表、书、世家、传说例》;三、《史赞质疑》;四、《史记序传质疑》;五、《楚人建置考》;六、《读高祖功臣侯年表书后》;七、《汉初匈奴大事年表》;八、《史记徐广本异文考证》;九、《裴骃史记集解说例》;十、《司马贞史记索隐说例》;十一、《张守节史记正义说例》;十二、《史记正义本异文考》;十三、《邹诞生史记音义辑佚》;十四、《刘伯庄史记音义辑佚》;十五、《太史公年谱订证》;十六、《太史公名称考》;十七、《史记名称考》;十八、《史记百三十篇伪窜考》。

　　吕思勉著《三国史话》由桂林开明书店刊行。

　　陈寅恪著《唐代政治史述论稿》由重庆商务印书馆刊行,有自序。

　　按:作者《自序》说:"寅恪尝草《隋唐制度渊源略论稿》,于李唐一代法制诸端,妄有所论述。至于政治史事,以限于体例,未能涉及。兹稿所言则以唐代之政治史为范围,盖所以补前稿之未备也。夫吾国旧史多属于政治史类,而《资治通鉴》一书,尤为空前杰作。今草兹稿,可谓不自量之至! 然区区之意,仅欲令初学之读《通鉴》者得以参考,或可有所启发,原不敢谓有唐一代政治史之纲要,反在此三篇中也。""三篇"分别为"统治阶级之氏族及其升降""政治革命及党派分野""外族盛衰之连环及外患与内政之关系"。

　　卢前著《西夏文化轮廓》刊行。

　　范文涛著《郑和航海图考》由重庆商务印书馆刊行。

　　吴相湘著《清史研究初集》由湖南长沙信义书房刊行。

　　罗尔纲著《太平天国史丛考》由重庆正中书局刊行。

　　刘治襄著《慈禧太后西狩记》由重庆北方出版社刊行。

　　谢森著《党国大事纪要》由广西桂林远东书局刊行。

　　郑鹤声编著《中华民国建国史》由重庆正中书局刊行。

　　林希谦著《大战前夕》(上下册)由福建永安改进出版社刊行。

刘尊棋编《二次世界大战史料》(第二年)由重庆大时代书局刊行。

林本选辑《国际文献》(中英对照)由广西桂林新艺书店刊行。

陈祖润编《一九四二年的太平洋》由重庆独立出版社刊行。

羊枣著《太平洋的暴风雨》由广西桂林国光出版社刊行。

李菊休著《太平洋战后的世界》由四川成都中西书局刊行。

邓中夏著《中国职工运动简史》由延安解放社、新华书店、太岳新华书店、天津知识书店刊行。

中国国民党中央执行委员会宣传部编《抗战第六周年纪念册》由重庆编者刊行。

彭文凯编《七七抗战六周年纪念中外文献汇编》由重庆国民图书出版社刊行。

高一轩编，邢怀仁校《东厂实录》由上海光华书局刊行。

唐成中著《汪逆伪组织解剖》由福建南平总动员出版社刊行。

罗香林著《中夏系统中之百越》由重庆独立出版社刊行。

教育部蒙藏教育司编《川西调查记》由重庆编者刊行。

龚家骅编《云南边民录》由重庆正中书局刊行。

盛襄学著《湘西苗区之设治及其现状》由重庆独立出版社刊行。

岭光电著《倮情述论》由四川成都编者刊行。

杨成志编《粤北乳源傜山调查报告》由广东广州中山大学研究院文科研究所刊行。

许公武编《青海志略》由重庆商务印书馆刊行。

江山县政府编《江山民众抗敌小史》由浙江江山编者刊行。

蔡韫辑《鹤峰县志》刊行。

丁实存著《驻藏大臣考》由蒙藏委员会刊行。

方豪著《中外文化交通史》由重庆独立出版社刊行。

王治心著《中日文化史类编》(上中册)由上海作者书店刊行。

中法汉学研究所编《十八世纪十九世纪之法国汉学》由北平编者刊行。

吴嘉编《外国史表解》由四川成都教育研究社刊行。

何达编《亚洲文化论丛》(第2辑)由北平中华法令编印馆刊行。

宏宇编《东洋史全壁》由上海启智书店刊行。

蒋益明编著《西洋近世史》由中央陆军军官学校刊行。

李季谷著《西洋近世史》由重庆中国文化服务社刊行。

莫东寅著《东方研究史》由北平东方社刊行。

陈修和著《越南古史及其民族文化之研究》由云南昆明国立云南大学西南文化研究室刊行。

周传儒编著《西伯利亚开发史》由重庆正中书局刊行。

吴清友编《苏联民族》由重庆商务印书馆刊行。

林志烈编著《希特勒怎样打败仗》由漳州福建新闻社刊行。

张君劢著《印度复国运动》由重庆商务印书馆刊行。

黄綮编著《中国伟人的生活》由广西桂林文友书店刊行。

　按：是书收帝尧、孔子、勾践、屈原、苏秦、荆轲、项羽、司马迁、苏武与李陵、张骞、诸葛亮、陶渊明、李白、杜甫、白居易、韩愈、郭子仪、岳飞、文天祥、成吉思汗、郑和、戚继光、史可法、秦良玉、郑成功、洪秀全等

27 位中国历代著名人物的传略。

　　严济宽著《中国民族女英雄传记》由重庆商务印书馆刊行。

　　刘觉著《中国历史上之民族英雄》由重庆商务印书馆刊行。

　　蒋恭晟著《周武王》由重庆正中书局刊行。

　　钱穆著《刘向歆父子年谱》由重庆中国文化服务社刊行。

　　王焕镳著《曾南丰先生年谱》由重庆商务印书馆刊行。

　　按：是书于 1943 年获第三届教育部学术审议委员会"补助学术研究及奖励著作发明"奖社会科学类三等奖。

　　邓广铭著《陈龙川传》由重庆独立出版社刊行。

　　郭银田著《陆放翁之思想及其艺术》由重庆独立出版社刊行。

　　自动生著《岳飞》由重庆正中书局刊行。

　　余亮编著《文天祥》由重庆国民图书出版社刊行。

　　刘宇著《陆秀夫》由重庆正中书局刊行。

　　张振珮著《成吉思汗评传》由重庆中华书局刊行。

　　王禹卿编著《王阳明之生平及其学说》由重庆正中书局刊行。

　　张默生著《义丐武训传》(《异行传》第 1 集)由重庆东方书社刊行。

　　按：张默生幼承家学(其父为前清举人)，对旧学和新文艺、佛学和西洋文化都下过功夫，涉猎甚广，对传记文学尤有研究。他曾谈到写传记作品的缘起："由入川后种种奇迹的发现，触动我半生来得知的奇人奇事，便想用我的拙笔，传述这些奇人奇事于世间；又因我一向是酷嗜传记文学的，就更引起我的技痒，于是《异行传》便开始动笔了。"张默生传记作品中的人物，"在奇异的行为上要具有一种至性，才可以入选"。另外，这些人物虽然不见经传，但都是他熟悉的，如《苗老爷传》中的苗子久，《疯九传》中的疯九，都是他父亲的朋友，《鸟王张传》《异仆传》中的人物都是他自己的朋友，他与他们交往甚久，观察详细，材料积累丰富，写起来如谈家常，亲切动人。这是张默生传记的特点。《义丐武训传》虽系辑录，但旁搜博采，慎重取舍，他所补充的一些材料也较为珍贵，因此发表后即广为流传(参见《中国百年传记经典》第 3 卷《义丐武训传》解题)。

　　朱东润著《张居正大传》由上海开明书店刊行。

　　蒋星德著《中国四大政治家评传》由重庆中周出版社刊行。

　　按：是书分别介绍三国的诸葛亮、北宋的范仲淹、明代的张居正、清代的曾国藩等人的生平事业和政治成就。

　　程宽正著《戚继光》由重庆中华书局刊行。

　　吴原著《戚继光》由重庆正中书局刊行。

　　殷国俊编著《戚继光》由重庆国民图书出版社刊行。

　　黄萍孙著《刘永福》由重庆正中书局刊行。

　　梁乙真著《熊廷弼评传》由成都东方书社刊行。

　　殷国俊著《史可法》由重庆国民图书出版社刊行。

　　朱文长著《史可法传》由重庆商务印书馆刊行。

　　朱书绅编《同光朝名伶十三绝传略》由北平三六九画报社刊行。

　　庾年著《清代国人新疆旅行之概述》刊行。

　　胡哲敷著《曾国藩》由重庆中华书局刊行。

　　王德亮编著《曾国藩之民族思想》由重庆商务印书馆刊行。

戴慕真著《左宗棠评传》由陕西西安新中国印书店刊行。

刘治寰著《慈禧太后西狩记》由重庆北方出版社刊行。

邢端编《于钟岳别传》由贵州朱启钤刊行。

罗尔纲、陈婉芬编著《洪秀全年谱》由重庆正中书局刊行。

梁启超著《康南海先生传》由北平万国道德总会刊行。

梁希文编《民国人物志》由陕西北方出版社刊行。

梁希文编《现代学人外史》由陕西北方出版社刊行。

按：是书介绍梁启超、章太炎、蔡元培、吴稚晖、胡适、叶楚伧、柳亚子、章士钊、邵力子、林损、马君武等 11 名学者的事迹。

李启元著《参加辛亥革命自述》由南平闽北印刷所刊行。

朱德君编《近代名人传记选》由重庆文信书局刊行。

按：是书收《自传》（孙文）、《总裁事略》（陈果夫）、《我在教育界的经验》（蔡元培）、《一个牧羊人的自述》（于右任）、《我的苦学经验》（丰子恺）、《我的青年时代》（胡庶华）、《许地山先生传》（容肇祖）、《我幼年求学的经过》（陈衡哲）、《自述》（谢冰心）、《双忠记》（柳总持）等 10 篇传记。

严恩纹编《总理广州蒙难》由重庆中国国民党中央执行委员会宣传部刊行。

蒋星德编《国父的一生》由军事委员会政治部刊行。

宋大仁编述《国父与医学及其肝病经过》由上海中西医药研究社刊行。

陈毅夫著《国父的伟大与中华民族之出路》由四川成都杂说月刊社刊行。

张江裁编《汪精卫先生复国行实录》由北京中华民国史料编刊会刊行。

蒋星德著《蒋委员长传》由重庆天地出版社刊行。

于右任等著，赵逢古编辑《我们的领袖》由广西桂林大我出版社刊行。

大地画报社编，蒋仲琪摄影《蒋大元帅影集》由新大地出版社刊行。

北辰出版社编《中外人士心目中之李宗仁先生》由北辰出版社刊行。

谢灵肖著《毛泽东故事》由华严出版社刊行。

邹鲁著《少年的回顾》由重庆独立出版社刊行。

冯玉祥著《我的童年》由重庆文风书局刊行。

冯玉祥著《我的生活》由重庆作家书屋刊行。

冯玉祥著《我的读书生活》（上卷）由重庆作家书屋刊行。

陆曼炎编著《时贤别纪》由重庆文信书局刊行。

按：是书分两集，共收录近代学术界、思想界、科学界的贤能人士小传 43 篇。第一集介绍蔡元培、马相伯、蒋百里、杨云史、许地山、王光祈、张善孖、马君武、胡子靖、沈骊英等 19 人；第二集介绍林森、吴承仕、林庚白、刘季平、李纪堂、弘一法师、胡石青、林公铎、林文英、刘湛思、赵毓政、朱文央等 24 人。

中国国民党中央宣传部编著《抗战英雄传记》由重庆国民图书出版社刊行。

按：是书收录了张自忠传、谢晋元传、郝梦龄传、陈安宝传、冯安邦传、饶国华传、高志航传、阎海文传、陈怀民传、陈中柱传等 10 篇传记。

张荫椿、杨利春编著《福建省的先贤》由福建省政府教育厅编辑委员会刊行。

新中国报社编《时局人物》（一、二集）由上海编者刊行。

三民主义青年团中央干事会编《三民主义青年团团员忠勇事略》由编者刊行。

上海杂志社编《人物种种》由编者刊行。

按：是书汇集茅盾、沈从文、马彦祥、潘光旦、吴梅等 17 人的事迹，包括他们的经历、作品，以及私生活方面的轶事趣闻。

　　朱章编《国际企业家》由陕西西安大漠出版社刊行。

按：是书收录福特、摩根、康奈尔、赫斯特、路透、克虏伯、三井高利、中山川彦次郎、大仓喜八郎、张季直等 24 名企业家小传。

　　李复著《怎样成为伟大人物》由长春大陆书局刊行。

按：是书收录古今中外 125 篇著名人物的传略和轶事。

　　黄志民编著《大独裁者》由广西桂林金马出版社刊行。

　　林海涛编著《日本军政界人物评论》由军事委员会台湾义勇队刊行。

　　朱杰勤编《亚历山大故事》由重庆商务印书馆刊行。

　　常任侠著《民俗艺术考古论集》由重庆正中书局刊行。

　　河北省立莲池图书馆社教研究会编《河北省保定道文献材料及文化物品丛考》由编者刊行。

　　金陵大学中国文化研究所编《金陵大学中国文化研究所长沙古器物展览目录》由编者刊行。

　　国立北平故宫博物院编《国立北平故宫博物院书画展览会展品目录》由编者刊行。

　　易宜曲著《中国地理的特色》由重庆天下书店刊行。

　　王燕浪编《西南与西北》由福建南平国民出版社刊行。

　　刘炎臣著《津门杂谈》由天津三友美术社刊行。

　　武尚权著《热河新志》由重庆东北四省抗敌协会刊行。

　　武尚权著《热河》由重庆中国文化服务社刊行。

　　庾年著《清代国人新疆旅行之概述》刊行。

　　韩清涛著《今日新疆》由贵州贵阳中央日报社刊行。

　　汪永泽编著《新疆风物》由重庆文信书局刊行。

　　陈彬龢著《东行观感》由上海申报馆刊行。

　　内政部地图审查委员会编《内政部地图》由江苏南京编者刊行。

　　韩清涛著《今日新理》由贵州贵阳中央日报社刊行。

　　李慎铭编《福建省的海岸》由福建省政府教育厅刊行。

　　陈杰编《福建省的沿革地形和气候》由福建省政府教育厅编辑委员会刊行。

　　李怀仁编《河南省辉县一般概况》由河南编者刊行。

　　大刚报社编《衡阳指南》由湖南衡阳大刚印书馆刊行。

　　曹弃疾编《洛阳指南》由洛阳中央日报扫荡报办事处刊行。

　　徐德光编《成都灌县青城游览指南》由四川成都旅行图书出版社刊行。

　　周芷颖编《新成都》由四川成都复兴书局刊行。

　　章达编辑《永嘉要览》由浙江永嘉县政府统计室刊行。

　　陈正祥著《河西走廊》由重庆国立中大地理系刊行。

　　金仲华编，朱育莲绘《世界现势图解》由上海世界知识社刊行。

　　金端苓编绘《第二次世界大战参考地图》由广西桂林文光书店刊行。

　　许仁生编绘《最新中国分省地图》由上海中华书局刊行。

　　金擎宇、阮国梁编制《重庆市附近交通详图》由重庆求知图书社刊行。

中国史地图表编纂社编《河北分县详图》由上海亚光舆地学社刊行。

刘鸿泳编《外国地理问答》由湖南长沙湘芬书局刊行。

刘志熙编著《中外史地问答》由赣县合众书局刊行。

叶阳子、刘启午编《中外史地常识问答续编》由湖南长沙湘芬书局刊行。

陈原著《世界地理十六讲》由广西桂林实学书局刊行。

按：是书分美国、法国、德国、意大利、日本、高度发展的几个小国、东南欧的小国和土耳其、中国和南洋、英国的自治领和印度、非洲、拉丁美洲、苏联等 16 讲。书末有《世界陆地面积分配表》《列强及其殖民地分布表》《苏联在世界经济地理中的位置》等 5 篇参考资料，以及著者后记。

邹鲁著《二十九国游记》由重庆商务印书馆刊行。

端木露西著《海外小笺》由湖南蓝田袖珍书店刊行。

张礼千著《中南半岛》由重庆商务印书馆刊行。

臧健飞著《南洋的风光》由吉林长春新京书店刊行部刊行。

姚扔、张礼千著《槟榔屿志略》由重庆商务印书馆刊行。

沈太闲著《南洋牙拉巅游记》由北成华乔协会刊行。

陈正祥编著《西部亚洲地理》由重庆正中书局刊行。

唐易尘编著《麦加巡礼记》由北京震宗报出版部刊行。

邵力子著《苏联归来》刊行。

阎若雨编《国学入门》由农民书店刊行。

方冲之编著《国学举隅》由聂中丞公学消费合作社刊行。

四川省政府教育厅主编《学术讲演集》（第 12 辑）由编者刊行。

四川省政府教育厅主编《学术讲演集》（第 13 辑）由编者刊行。

四川省政府教育厅主编《学术讲演集》（第 14 辑）由编者刊行。

四川省政府教育厅主编《学术讲演集》（第 15 辑）由编者刊行。

四川省政府教育厅主编《学术讲演集》（第 16 辑）由编者刊行。

四川省政府教育厅主编《学术讲演集》（第 17 辑）由编者刊行。

苏渊雷编《经世文综》由黄中出版社刊行。

李松伍著《汉学辑要》由吉林长春艺文书房刊行。

德育推行社编辑《（故事图说）真快乐》（第 1 集）由编者刊行。

江亢虎著《文庙讲经记》由上海民意月刊社刊行。

张涤华著《类书流别》由重庆商务印书馆刊行，有刘永济等序。

按：是书分名谊、缘起、体制、盛衰、利病、存佚等 6 篇。

万言编《中国要览》（19 版）由文言出版社刊行。

王原培编著《日常万事顾问》由桂林南光书店刊行。

新中国报评论委员会编《新中国报评论集》（一集）由新中国报社刊行。

叶育之编著《百科常识表解》（第 1 集）由复兴书局刊行。

曾昭燏、李济编著《博物馆》由重庆正中书局刊行。

按：是书主要探讨博物馆的管理、收藏、保存、研究、教育等各个方面的问题，首次提出博物馆具有保存有价值的物品、辅助研究工作、实施实物教育和精神教育的四大功用，对中国博物馆建设有理论性指导作用。

萧一山编著《清代学者著述表》由重庆国立编译馆刊行。

萧一山著《清代学者著述考》由重庆商务印书馆刊行。

丁实存、陈世杰编《中文新疆书目》由国文实业计划研究会刊行。

王云五著《新目录学的一角落》由重庆商务印书馆刊行。

杜定友编《三民主义化图书分类法》由广东省立图书馆刊行。

中央图书杂志审查委员会编《战时图书杂志原稿审查办法释义》由编者刊行。

国立北京师范学院图书馆编《国立北京师范学院图书馆中日文图书目录》(下卷)由编者刊行。

国立华北编译馆馆刊编辑部编《国立华北编译馆馆刊》(二之一)由国立华北编译馆刊行。

国立华北编译馆馆刊编辑部编《国立华北编译馆馆刊》(二之二)由国立华北编译馆刊行。

国立华北编译馆馆刊编辑部编《国立华北编译馆馆刊》(二之八)由国立华北编译馆刊行。

中华书局编《中华书局图书目录》(重编第10号)由编者刊行。

(伪)山东省公署教育厅编《山东教育统计》(中华民国三十一年一月份)由编者刊行。

(伪)广东省宣传处编《和平歌集》(1)由编者刊行。

(伪)滨江省民生厅教育会编《日本语学校用语集》由编者刊行。

[苏]斐尔司曼著,中宣部国际宣传处译《战争与作战原料》由重庆国际编译社刊行。

[苏]薛格洛夫著,王子野译《西洋哲学史简编》由新华书店刊行。

[苏]斯大林著《论列宁主义的几个问题》由延安解放社刊行。

[苏]列宁著《在民主革命中社会民主党的两个策略》由延安解放社刊行。

[苏]瓦图丁等著,任芳华译《苏德战争中的战略与战术》由重庆生活书店刊行。

[苏]德重昂达非洛夫著,宋逢春译、谭家骏校《苏联现代陆军作战之特质》由重庆陆大出版社刊行。

[俄]布尔林著,陈非译《战略原理》由陆军大学刊行。

[苏]诺维茨基著,舒非译《苏联演剧体系》由广西桂林上海杂志公司刊行。

[苏]斯坦尼斯拉夫基(原题史达尼斯拉夫斯基)著,郑君里、章泯译《演员自我修养》由重庆中苏文化协会编译委员会刊行。

[苏]高尔基著,张友松译注《二十六男和一女》(晨光英汉对照丛书甲级)由重庆晨光书局刊行。

[苏]A.诺维可夫·泼立薄罕等著,荃麟译《(英汉对照)意外的惊愕》(英汉对照小丛书)由广西桂林文化供应社刊行。

[俄]契诃夫著,张友松译注《爱·凡卡》(晨光英汉对照丛书甲级)由重庆晨光书局刊行。

[俄]列·托尔斯泰著,胡仲持译《一个人需要多少土地》(英汉对照文艺丛刊2)由广西桂林文范出版社刊行。

[俄]阿耳瓦著,彦英译《男性的友情》(英汉对照小丛书)由广西桂林文化供应社刊行。

[苏]高尔基等著,学习出版社编译《写作经验讲话》由广西桂林学习出版社刊行。

〔苏〕高尔基著,叶以群(原题以群)译《给初学写作者及其他》(高尔基文艺通信集)由重庆读书出版社刊行。

〔苏〕高尔基等著,胡风辑译《人与文学》由广西桂林文艺出版社刊行。

〔苏〕卢那察尔斯基(原题卢那却尔斯基)等著,茅盾等译《外国作家研究》由广西桂林文学出版社刊行。

〔苏〕高尔基著,曹葆华译《苏联的文学》由华北书店刊行。

〔苏〕谢尼布诺夫著,蒋路、斯庸译《回忆托尔斯泰与高尔基》由广西桂林文林书店刊行。

〔苏〕I. 卢波尔等著,庄寿慈译《普式庚论》由广西桂林白虹书店刊行。

〔俄〕卢那卡尔斯基等著,吕荧译《普式庚论》由广西桂林远方书店刊行。

〔苏〕谢尔宾拉著,蒋路译《论静静的顿河》由广西桂林河山出版社刊行。

〔俄〕M. 瓦希列夫斯喀亚等著,曹靖华等译《党证》(苏联抗战文艺选集)由华北书店刊行。

〔苏〕高尔基著,陈节译《海燕》由广西桂林文学出版社刊行。

〔俄〕普式庚著,曹辛编《高加索的俘虏》由广西桂林中流书店刊行。

〔俄〕契诃夫著,焦菊隐译《樱桃园》由重庆明天出版社刊行。

〔苏〕卢那察尔斯基著,何凝(瞿秋白)译《解放了的唐·吉诃德》由广西桂林文学编译社刊行。

〔俄〕A. 托尔斯泰著,巴金译《丹东之死》由广西桂林开明书店刊行。

〔苏〕I. Bakhterev, A. Razumovsky 著,陈国桦译《苏渥洛夫大元帅》由重庆商务印书馆刊行。

〔俄〕托尔斯泰原著,沃兹尼生斯基编剧,北鸥译《安娜·卡列尼娜》由重庆五十年代出版社刊行。

〔俄〕亚利山大·科尔涅楚克著,军事委员会外事局译《前线》由重庆军事委员会政治部刊行。

〔俄〕托尔斯泰等著,林原编译《小姐——农村姑娘》由广西桂林文育出版社刊行。

〔俄〕契科夫等著,林焕平辑译《红袜子》由广西桂林科学书店刊行。

〔俄〕拉甫列涅夫等著,曹靖华、尚佩秋译《星花》由重庆东方书社刊行。

〔苏〕高尔基等著,叶方明编《苏联文学》由重庆文风书店刊行。

〔俄〕普式庚著,孟十还译《普式庚短篇小说集》由广西桂林文化生活出版社刊行

〔俄〕冈察洛夫著,齐蜀夫译《奥勃洛摩夫》由广西桂林远方书店刊行。

〔俄〕莱蒙托夫著,小畏译《当代英雄》(上部)由重庆星球出版社刊行。

〔俄〕莱蒙托夫著,小畏译《当代英雄》(下部)由重庆星球出版社刊行。

〔俄〕屠格涅夫著,丰子恺译《初恋》由重庆开明书店刊行。

〔俄〕屠格涅夫著,巴金译《父与子》由重庆文化生活出版社刊行。

〔俄〕屠格涅夫著,浮尘译《虔敬的姑娘》由广西桂林中心书店刊行。

〔俄〕陀思妥耶夫斯基著,荃麟译《被侮辱与被损害的》由广西桂林文光书店刊行。

〔俄〕陀思妥耶夫斯基著,耿济之译《兄弟们》由广西桂林良友复兴图书印刷公司刊行。

〔俄〕陀思妥耶夫斯基著,徐霞村等译《白痴》由重庆文艺奖助金管理委员会出版部刊行。

［俄］乔尔尼雪夫斯基著，世弥译《何为》由重庆文化生活出版社刊行。

［俄］托尔斯泰著，小畏译《高加索的俘虏》由重庆星球出版社刊行。

［俄］托尔斯泰著，邹荻帆译《爱情！爱情》由重庆文聿出版社刊行。

［俄］托尔斯泰著，阿明译《爱的囚徒》由广西桂林远东书局刊行。

［俄］托尔斯泰著，侍桁译《哥萨克人》由重庆文艺奖助金管理委员会出版部刊行。

［俄］托尔斯泰著，高植译《复活》由重庆文化生活出版社刊行。

［俄］托尔斯泰著，宗玮译《安娜·卡列尼娜》由广西桂林文汇书店刊行。

［俄］丹青科著，茅盾译《文凭》由广西桂林春潮社刊行。

［俄］契珂夫著，鲁迅译《坏孩子和别的奇闻》由重庆雅典书屋刊行。

［苏］柴霍甫著，华林一译《吻》由重庆古今书社刊行。

［苏］高尔基著，耿济之译《俄罗斯浪游散记》由上海开明书店刊行。

［苏］高尔基著，夏衍译《没用人的一生》由广西桂林春草书店刊行。

［苏］高尔基著，适夷译《人间》由江西赣州开明书店刊行。

［苏］高尔基著，洪济译《苦命人巴威》由广西桂林春草书店刊行。

［苏］高尔基著，孙光瑞译《母》由广西桂林开明书店刊行。

［俄］爱伦堡著，小畏译《巴黎的陷落》由重庆星球出版社刊行。

［俄］M·左盛柯著，孟十还译《黑王子》由广西桂林文学书店刊行。

［俄］巴甫林珂著，肖林译《复仇的火焰》由桂林学文出版社刊行。

［俄］巴普林科著，茅盾译《复仇的火焰》由重庆中苏文华协会编译委员会刊行。

［俄］奥斯特洛夫斯基著，王语今译《从暴风雨里所诞生的》由重庆读书出版社刊行。

［俄］瓦希列夫斯卡著，曹靖华译《虹》由重庆中苏文华协会编译委员会刊行。

［俄］伊凡·柯鲁包夫著，曼斯译《鼓风炉旁四十年》由重庆国讯书店刊行。

［俄］拜阔夫著，曲舒译《牝虎》由吉林长春新京书店刊行。

［苏］高尔基著，伍蠡甫译《文化与人民》由重庆大时代书局刊行。

［俄］爱伦堡著，戈宝权辑译《英雄的斯大林城》由重庆新华日报图书课刊行。

［俄］顾静著，安尼译《游击日记》由山东画报社刊行。

［俄］亚尔米丁琴著，三畏译《曙光》由上海国民新闻图书印刷公司刊行。

［俄］葛达尔著，桴鸣译《铁木儿及其伙伴》由重庆心知书店刊行。

［俄］茅基莱福斯卡亚著，金人译《小夏伯阳》由新知书店刊行。

［苏］卢那察尔斯基（原题卢那却尔斯基）等著，茅盾等译《外国作家研究》由广西桂林文学出版社刊行。

［苏］谢尼布诺夫著，蒋路、斯庸译《回忆托尔斯泰与高尔基》由广西桂林文林书店刊行。

［苏］高尔基著，罗稷南译《高尔基和列宁——和列宁相处的日子》由广西桂林文学出版社刊行。

［苏］I. 卢波尔等著，庄寿慈译《普式庚论》由广西桂林白虹书店刊行。

［苏］卢那卡尔斯基等著，吕荧译《普式庚论》由广西桂林远方书店刊行。

［美］梯利著，罗忠恕译《希腊哲学》由四川成都华西大学文学院刊行。

［美］马尔腾著，李泉鑫译《成功哲学》由重庆建华图书馆刊行。

［美］马尔腾著，谈理译《服务哲学》由重庆建国书店刊行。

〔美〕罗伊斯著，谢幼伟译《忠之哲学》由重庆商务印书馆刊行。

〔美〕何令渥斯（原题霍林渥斯）著，阮春芳译《听众心理学》由重庆中国文化服务社刊行。

〔美〕马尔腾著，杨瑜译《告现代青年》由重庆建国书店刊行。

〔美〕爱因斯坦（原题爱恩斯坦）等著，应远涛、袁访赍译《我的信仰》由广西桂林长风书店刊行。

〔美〕马尔腾著，陈生译《怎样锻炼你自己》由重庆建国书店刊行。

〔美〕马尔腾著，冀蒲译《怎样训练思想》由大连关东出版社刊行。

〔美〕丹福著，章申译《奋斗的人生》由四川成都青年协会书局刊行。

〔美〕马尔腾著，狄原译《怎样创造你的前途》由重庆正风出版社刊行。

〔美〕威尔脱·匹顿著，希青译《事业的返老还童》（一名《大器晚成》）由四川成都慧协社刊行。

〔美〕伯恩汉（原题布尔汉姆）著，沈学文编译《创业之路》由大漠出版社刊行。

〔美〕司美生著《恩赐与恩典》由上海美华津会书局刊行。

〔美〕帕克斯著，湛小岑、蒋金钟译《马克思主义之检讨》由重庆中华书局刊行。

〔美〕何林渥著，阮春芳译《听众心理学》由重庆中国文化服务社重庆分社刊行。

〔美〕威尔基等著，中央宣传部国际宣传处编译《民族平等论》由贵州贵阳文通书局刊行。

〔美〕贝福著，姚曾廙译《远东之和平基础》由重庆独立出版社刊行。

〔美〕杨格著，曾既划译《日本内幕》由联友出版社刊行。

〔美〕孟罗·斯密著，〔美〕梅耶编，姚梅镇译《欧陆法律发达史》由重庆商务印书馆刊行。

〔美〕法拉哥等著，萧孝嵘、丁祖荫译《德国心理战》由重庆商务印书馆刊行。

〔美〕洛克斯、霍德著，陈瘦石译述《比较经济制度》由重庆商务印书馆刊行。

〔美〕伦德堡著，张冀声、叶笃庄译《美国六十家》由重庆五十年代出版社刊行。

〔美〕海密布朗著，徐谦译《会计学原理与实务》由兰州兴陇公司印刷厂刊行。

〔美〕斐南著，张更生、吴鑫译《斐南氏会计学原理》由上海世界书局刊行。

〔美〕伍德华、罗斯著，吴宗焘、张钊译《通货膨胀问题之研究》由重庆商务印书馆刊行。

〔美〕汉伯纳著，罗玉东编译《财产保险学》由重庆商务印书馆刊行。

〔美〕培林革著，殷炎麟译《西洋戏剧史》由贵州贵阳文通书局刊行。

〔美〕波比兹著，熊子容译《课程编制》由重庆商务印书馆刊行。

〔美〕雷斯顿著，陈友松、李芳经译《实验中学教育》由重庆正中书局刊行。

〔美〕麦克乐著，教育部国民体育委员会编译《家庭健身操》由重庆编译者刊行。

〔美〕桑戴克原著，李友梅译《英文最常用四千字表》由四川成都新生书局刊行。

〔美〕霍桑、亚伦坡著，张友松译注《野心客》（晨光英汉对照丛书甲级）由重庆晨光书局刊行。

〔美〕Dale Carnegie 著，萧敏颂译《（英汉对照）名人逸事》（英汉对照小丛书）由广西桂林文化供应社刊行。

〔美〕埃麦松罗斯著，田禽译《怎样写电影剧》由重庆正中书局刊行。

〔美〕约翰·史坦倍克著，楼风译《人鼠之间》由重庆东方书社刊行。

〔美〕埃尔茂·拉西著,袁俊译《审判日》由四川成都联友出版社刊行。

〔美〕马克·吐温著,刘正训译《萍踪奇遇》由广西桂林亚东出版社刊行。

〔美〕哈里斯著,郑安娜译《牛郎忆语》由重庆古今出版社刊行。

〔美〕勃罗尼维著,施落英译《战友》由上海启明书局刊行。

〔美〕杰克·伦敦著,周行译《马丁·伊登》由广西桂林文学编译社刊行。

〔美〕辛克莱著,平凡译《荆莽》由广西桂林中心书店刊行。

〔美〕辛克莱著,平凡译《沙米尔》由广西桂林中心书店刊行。

〔美〕辛克莱著,陈汉年译《不许通行》由四川成都中心书局刊行。

〔美〕范达痕著,程小青译《龙池惨剧》由上海世界书局刊行。

〔美〕赛珍珠著,王家械译《龙种》由重庆正中书局刊行。

〔美〕马关著,林疑今译《波城世家》由重庆新生图书文具公司刊行。

〔美〕奈埃德著,孙晋三译《高于一切》由重庆时与潮书店刊行。

〔美〕海明威著,冯亦代译《蝴蝶与坦克》由重庆美学出版社刊行。

〔美〕宓西尔著,傅东华译《飘》由上海龙门联合书局刊行。

〔美〕密哲尔著,之江译《乱世佳人》由四川成都译者书店刊行。

〔美〕斯坦因贝克著,刘尊棋译《月落》由重庆中外出版社刊行。

〔美〕斯坦培克著,赵家璧译《月亮下去了》由广西桂林良友复兴图书印刷公司刊行。

〔美〕斯坦恩培克著,胡仲持译《月亮下去了》由上海开明书店刊行。

〔美〕斯坦倍克著,秦戈船译《月落乌啼霜满天》由重庆中华书局刊行。

〔美〕马尔兹著,柳无垢译《再会——实情如此》由重庆山城出版社刊行。

〔美〕马尔兹著,柳无垢译《大年夜》由广西桂林远方书店刊行。

〔美〕威尔基著,刘尊棋译《天下一家》由重庆中外出版社刊行。

〔美〕威尔基著,沈炼之、郑庭椿等译《天下一家》由福建研究院社会科学研究所刊行。

〔美〕怀特著,吴景荣译《轻艇歼倭记》由重庆时与潮社刊行。

〔美〕劳荪著,徐迟、钱能欣译《我轰炸东京》由重庆时代生活出版社刊行。

〔美〕劳森著,白禾译《东京上空三十秒》由重庆复旦大学文摘出版社刊行。

〔美〕卡德威尔著,邓莲溪译《莫斯科日记》由重庆时与潮社刊行。

〔美〕威廉·萨洛延著,吕叔湘译《石榴树》由四川成都开明书店刊行。

〔美〕斯温著,沈炼之译《世界文化史》由福建永安文选社刊行。

按:是书共9章。内分历史的一般性和特殊性、太古时代、史前的人、古帝国时代、古典文明、中世纪(近代文明的形成期)、民族文化的发展、从法国革命至世界大战(国际文化的开端)、二十世纪的文明和文化运动。

〔美〕葛德沙尔克著,骆迈译《法国革命时代史》由重庆南方印书馆刊行。

〔美〕夏尔孟编,吴耀宗、刘开荣译《为人师的耶稣》由重庆商务印书馆刊行。

〔美〕台尔·卡乃基著,萧敏颂译《巨人细事》由广西桂林文化供应社刊行。

按:是书介绍30位欧美名人轶闻琐事。

〔美〕格鲁著,钱能欣译《使日回忆录》由时代生活出版社刊行。

〔英〕阿丹逊著,江天骥译《斐希德生平及其哲学》由重庆独立出版社刊行。

〔英〕毕德尔(原题毕德)著,李世繁编译《正确思考之学:逻辑》由北平辅仁大学刊行。

［英］Viscount Samuel 著,王清彬译《信徒与行动》由重庆中国文化服务社刊行。

［英］嘉玛鲁丁著,中国回教学会译《至圣》由重庆回教文化出版同志会刊行。

［英］蔼理斯著,潘光旦译《健康教育论》由上海青年协会书局刊行。

［英］罗素著,柯硕亭译《权力》由重庆商务印书馆刊行。

［英］聂科逊著,郭节述译《外交学》由重庆商务印书馆刊行。

按:是书共 10 章。阐述外交行政和外交理论的历史发展,外交行政的变迁,外交官的品德修养及外交礼节,各国外交政策,列举外交人员考选、任用办法,并将常见外交用语编成词汇。

［英］爱奇渥斯著,张正元译《物价水准》由重庆中国文化服务社刊行。

［英］李约瑟(原题尼特汉)著,中美文化协会译《轴心国家对国际科学的破坏》由译者刊行。

［英］沙金特讲,四川省政府教育厅编译《沙金特访华演讲录》由四川省政府教育厅出版部刊行,有郭有守序。

［英］陶德斯著,英国驻华大使馆新闻处译《形成中的思想》由重庆译者刊行。

［英］莎默塞德·穆漠著,胡仲持注释《中国见闻杂记》由广西桂林开明书店刊行。

［英］哈代著,林伦彦译《月下人影》由广西桂林环珠书屋刊行。

［英］佛洛朗著,田禽译《给有志于文艺的青年》由四川成都中西书局刊行。

［英］攸里辟得斯著,罗念生译《阿尔刻提斯》由重庆古今出版社刊行。

［英］乔叟著,方重译《屈罗勒斯与克丽西德》由重庆古今出版社刊行。

［英］莎士比亚著,曹鸿昭译《维娜丝与亚当尼》由重庆大时代书局刊行。

［英］雪莱著,徐迟译《明天》由广西桂林雅典书屋刊行。

［英］莎士比亚著,曹未风译《罗米欧与朱丽叶》由贵州贵阳文通书局刊行。

［英］萧伯纳著,陈瘦竹译《康蒂妲》由四川成都中西书局刊行。

［英］迭更司著,许天虹译《大卫·高柏菲尔自述》由重庆文化生活出版社刊行。

［英］康拉德著,柳无忌译《阿尔麦耶的愚蠢》由重庆古今出版社刊行。

［英］戴维斯著,萍隐译《漂泊者自传》由广西桂林立体出版社刊行。

［英］杜·莫里哀著,杨普稀译《蝴蝶梦》由四川成都燕风社刊行社刊行。

［英］曼宁、柯尔斯著,张尚之译《英国的间谍》由福建改进出版社刊行。

［英］曼宁、柯乐士著,白禾译《偷天换日记》由重庆古今出版社刊行。

［英］B·Newman 著,叶华译《第五纵队秘话》由重庆中国文化服务社刊行。

［英］劳伦斯著,吕叔湘译《沙漠革命记》由四川成都兼声编译社刊行。

［英］加拉格尔著,张冀声译《东方的撤退》由重庆五十年代出版社刊行。

［英］桑得尔著《战时美国过眼录》由重庆中周出版社刊行。

［英］麦利阿著,刘世传译《二次大战之起因》由四川成都中西书局刊行。

［英］哈威著,姚枬译注《缅甸史》(上中下卷)由重庆商务印书馆。

［法］施亨利著,黎东方译《历史唯物论批评》由重庆独立出版社刊行。

［法］莫洛亚著,周文波译《处世艺术》由重庆刊行。

［法］孟司铎等著《天主圣神》由河北献县天主堂刊行。

［法］庭升徐灵骆著,卓励之译《高等战术之研究》由重庆陆大出版社刊行。

［法］查理·季特著,姚絅章译《新合作主义》由重庆中国合作学社刊行。

[法]都德班色著,彭师勤译《班色论合作主义》由重庆合作与农村出版社刊行。

[法]阿勒拜密罗著,金琼英译《现代教育之主要趋势》由重庆独立出版社刊行。

[法]A.英洛亚著,许天虹译《迭更司评传》由广西桂林文化生活出版社刊行。

[法]纪德著,盛澄华译《地粮》由重庆新生图书文具公司刊行。

[法]安德烈·纪德著,卞之琳译《新的粮食》由广西桂林明日社刊行。

[法]康斯当著,徐仲年译《阿笃儿夫》由重庆古今出版社刊行。

[法]拉马尔丁著,陆蠡译《葛莱齐拉》由重庆文化生活出版社刊行。

[法]巴尔扎克著,诸侯译《伪装的爱情》由重庆自强出版社刊行。

[法]巴尔扎克著,穆木天译《从兄蓬斯》由广西桂林丝文出版社刊行。

[法]梅里美著,马耳译《加尔曼》由重庆建国书店刊行。

[法]都德著,李劼人译《小东西》由重庆作家书屋刊行。

[法]莫泊桑著,徐蔚南译《她的一生》由重庆世界书局刊行。

[法]洛蒂著,黎烈文译《冰岛渔夫》由重庆文化生活出版社刊行。

[法]纪德著,丽尼译《田园交响乐》由重庆文化生活出版社刊行。

[法]蒙弗雷特著,陈占元译《红海的秘密》由广西桂林明日社刊行。

[法]西蒙著,周进楷译《欧洲人物》由重庆五十年代出版社刊行。

[法]罗曼·罗兰著,梁宗岱译《歌德与悲多汶》由广西桂林华胥社刊行。

[法]A.英洛亚著,许天虹译《迭更司评传》由广西桂林文化生活出版社刊行。

[法]罗曼·罗兰著,梁宗岱译《歌德与贝多芬》由广西桂林华胥社刊行。

[德]杜科罕著,关洪桐译《德国的精神》由北平中德学会刊行。

[德]费希特(原题菲希特)著,威渤鲸译《菲希特演讲全集》由贵州贵阳文通书局刊行。

[德]马克思、恩格斯合著,博古校译《共产党宣言》由延安解放社刊行。

[德]克尔生编著,[日]横田喜三郎译,刘燕谷转译《纯粹法学》由重庆中国文化服务社刊行。

[德]赖德涵著,陆振国译《德国之航空》由上海璧恒公司刊行。

[德]福尔区著,汪德余译《现代战争术》由上海中国图书杂志公司刊行。

按:是书分5章:战争之要旨与定义、过去战争之面目、现代战术、指挥官、附录。

[德]E.R.斐勃著,龚积芝译《德国国家指导经济》由福建永安改进出版社刊行。

[德]保罗·海泽著,高殿森译注《泼姑娘》(晨光英汉对照丛书甲级)由重庆晨光书局刊行。

[德]马尔霍兹著,李长之译《文艺史学与文艺科学》由重庆商务印书馆刊行。

[德]海涅著,范纪美译《还乡纪》由上海木简书屋刊行。

[德]海涅著,雷石榆译《海涅诗抄》由广西桂林文汇书店刊行。

[德]海涅著,雷石榆译《奴隶船》由广西桂林文汇书店刊行。

[德]海涅著,周学普译《冬天的故事》由福建永安十日谈社刊行。

[德]蒂奥·蓉著,魏荒弩译《爱底高歌》由四川成都莽原出版社刊行。

[德]斯托姆著,巴金译《迟开的蔷薇》由广西桂林文化生活出版社刊行。

[德]施笃谟著,郭沫若译《茵梦湖》由上海启明书局刊行。

[德]爱伦斯·邬戴著,陶在湄译《战乱之翼》(空军小说)由湖南长沙中西文化印书馆

刊行。

［德］I. Litten 著，蓝雯译《谁无儿女》由重庆大时代书局刊行。

［德］凯司特涅著，程小青译《学生捕盗记》（侦探小说）由广西桂林南光书店刊行。

［德］埃米·卢德威格著，王敏译《埃及女王传》由天津开明新记书店刊行。

［德］斯特拉塞著，李宜培、凤申译《我所见的德国》由重庆时与潮社刊行。

［日］岛本久彦编《创业五周年》由华北电信电话株式会社刊行。

［日］深谷瑞辅著，娄子伦译《知能增进法》由福建南平天行社刊行。

［日］长野朗著，聂克刚译述《自治学总论》由重庆商务印书馆刊行。

［日］米良静夫著，施学习译《犹太问题与中日事变》由汕头东亚联盟汕头支会刊行，有译者序。

［日］鹿地亘著《日本当前之危机》由重庆国民图书出版社刊行。

［日］波多野鼎著，舒贻上译《日本统制经济概要》由北京国立华北编译馆刊行。

［日］斋藤直基知编《满洲产业经济大观》由长春满洲产业调查会刊行。

［日］松冈晓美著《我的小朋友》由江苏南京儿童学园刊行。

［日］儿岛献吉郎著，隋树森译《中国文学概论》由上海世界书局刊行。

［日］林房雄著，张庸吾译《青年》由上海太平书局刊行。

［日］鹿地亘著，沈起予译《我们七个人》由重庆作家书屋刊行。

［日］鹿地亘著，张令澳译《寄自火线上的信》由重庆五十年代出版社刊行。

［日］丹羽文雄著，吴志清译述《海战》由上海大陆新报社刊行。

［日］鹤见祐辅著，陈秋子译《拜伦传》由广西桂林远方书店刊行。

［日］早川二郎著，张荫桐译《日本历史教程》由广西桂林文化供应社刊行。

［日］菊池宽著，陈致平译《新日本外史》由广东广州中日文化协会广东省分会刊行。

［日］大森金五郎著，文沫光译《现代日本史》由上海中日文化研究所刊行。

［日］森川觉三著，吴心文译《纳粹德国之解剖》由重庆独立出版社刊行。

［日］藤田菱花著《汪精卫传》由吉林长春满洲图书株式会社刊行。

［日］鹤见祐辅著，娄子伦译《英雄史诗》由江西民族正气出版社刊行。

按：是书介绍加富尔、俾斯麦、林肯、迪斯雷利、凯撒、拿破仑的生平事迹。

［日］鹤见祐辅著，陈秋子译《拜伦传》由广西桂林远方书店刊行。

［日］长泽规矩也著，胡锡年译《中国学术文艺史讲话》由上海世界书局刊行。

［西班牙］O. P. I. Ibanez 编《（福安方言）班华字典》由上海商务印书馆刊行。

［西班牙］阿左林著，卞之琳辑译《阿左林小集》由重庆国民图书出版社刊行。

［西班牙］Caldron 著，唐贵珍译《弥撒奥义》（西班牙名剧）由山东兖州保禄印书馆刊行。

［西班牙］Jose Echegaray 著，王鹤仪译《造谣的社会》由重庆商务印书馆刊行。

［捷］佛兰·芒克著，徐宗士译《武力经济学》由重庆财政评论社刊行。

［捷克］史提芬·海姆著，马耳译《人质》由重庆古今出版社刊行。

［捷克］斯蒂芬·海摩著，赵泽丰译《楚囚》由重庆青年书店刊行。

［捷克］黑姆著，陶雄译《人质》由四川成都复兴书局刊行。

［奥］奥斯科瓦尔德著，马绍伯译《文化学之能原的基础》由重庆三友书店刊行。

［奥地利］萨尔丹著，胡仲持译《森林里的悲喜剧》由重庆大时代书局刊行。

〔奥地利〕沙尔顿著，方安译《斑麋》由重庆商务印书馆刊行。

〔荷〕缪勒著，范文涛译述，张礼千校订《马来半岛与欧洲之政治关系》重庆商务印书馆刊行。

〔荷〕斯宾诺莎著，贺麟译《致知篇》由重庆商务印书馆刊行。

〔荷〕斯宾诺莎著，刘荣焌译《论知性之改进》由重庆人文书店刊行。

〔波兰〕奥西斯歌著，钟宪民译《孤雁泪》由重庆进文书店刊行。

〔波兰〕显克微支著，王鲁彦译《老仆人》由广西桂林文学书店刊行。

〔挪威〕易卜生著，马耳译《总建筑师》由重庆建国书店刊行。

〔挪威〕施特林堡著，危之译《男子之悲剧》由江西赣县中华正气出版社刊行。

〔意〕皮蓝德娄著，徐霞村译《亨利第四》由重庆南方印书馆刊行。

〔意〕I. Silone 著，赵萝蕤译《死了的山村》由重庆独立出版社刊行。

〔希腊〕荷马著，徐迟译《依利阿德选译》由重庆美学出版社刊行。

〔瑞士〕史必烈著，林雪清译《海地》由重庆正中书局刊行。

〔匈牙利〕贝拉巴拉兹著，焦菊隐译《安魂曲》由重庆文化生活出版社刊行。

莫列爱斯、史汀生著，王福时译《印度概观》由重庆中华书局刊行。

Hoornaert 著，萧杰一译《好青年》由上海安庆天主堂刊行。

N. Coward 著，柳无垢译《铁蒂姨母》（英汉对照小丛书）由广西桂林文化供应社刊行。

N. Coward 著，柳无垢译《天性的研究》（英汉对照小丛书）由广西桂林文化供应社刊行。

Jan Petersen 著，叶华译《格斯塔普审判记》由重庆独立出版社刊行。

Minoo masai 著，陈友生译《我们的印度》由重庆独立出版社刊行。

裴化行著，王昌社译《利玛窦司铎和当代中国社会》（第 1—2 册）由上海东方学艺社刊行。

德国情报处编，窦襄山译《一九四四年德国的政向》由上海译者刊行。

米诺夫斯基著《关于德国文化的几句话》刊行。

施米德著，P. Ch. Ming 译《孤儿传》由河北献县张家庄天主堂刊行。

巴尔肯（H. H. Balkin）著，李木译《相人术与成功术》由天津李本书屋刊行。

G·特里著，孙琪译《罗宾汉的故事》由重庆国讯书店刊行。

马尔丹原著，赵怀信译《圣女小德肋撒神婴小路》由宣化天主堂刊行。

万嘉禄编，李安敦译《白话祷文小集》（第 1 册）由山东沂州沂州教区主教府刊行。

夏尔孟编，吴耀宗、刘开荣译《为人师的耶稣》由重庆商务印书馆刊行。

中苏文化协会编，李葳、邹绿芷译述《普式庚论集》由重庆商务印书馆刊行。

鲍斯高著，陈伯康、苏冠明译《多明我沙维贺传》由澳门慈幼印书馆刊行。

司古鲍著，常守义译《神灵战术》由北平明德学园刊行。

斯顾拔著，沈容斋译《地狱信证》由上海土山湾印书馆刊行。

巴克尔著，王学武译《日本有多强》由重庆商务印书馆刊行。

威廉·齐夫著，周新译《二次世界大战之教训》由重庆时代生活出版社刊行。

魏布罗克著，张永懋译《劳力供给与国防》由重庆正中书局刊行。

马加烈特·狄格琶著，陈仲明、罗虔英译《合作供销业务之研究》由重庆中国合作学社刊行。

徐訏著，胡曦英译《租押顶卖》（汉英对照文艺小丛书）由广西桂林三叶书室刊行。

萧红著，任玲逊英译《手》（英汉对照文艺丛书）由广西桂林远方书店刊行。

鲁迅著，林兰编《（中英对照）呐喊》由上海北新书局刊行。

鲁迅等著，［美］斯诺译，之江编《（中英对照）现代小说选》由四川成都译者书店刊行。

柔石著，［美］史诺英译《（汉英对照）为奴隶的母亲》（汉英对照文艺丛刊）由广西桂林远方书店刊行。

巴金原著，任玲逊译《星》（汉英对照文艺丛刊）由广西桂林远方书店刊行。

张赫宙著，范泉译《朝鲜春》由上海文星出版社刊行。

黄维斯著，黄嘉德译《流浪者自传》由上海西风社刊行。

舍勒著，金逊、平心译《青楼夜谭》由上海国民新闻图书印刷公司刊行。

特雷斯著，陈澄之译《尼黛姑娘的故事》由重庆正中书局刊行。

阿姆斯脱朗著，张君劢译《法国崩溃日记》由重庆商务印书馆刊行。

宗鲁等译《恋爱·结婚·家庭》由广西桂林科学书店刊行。

中央组织部边疆语文编译委员会译《朱部长讲边务工作应有的认识和态度》由译者刊行。

国民新词社译述《战时印度》由上海国民新闻图书印刷公司刊行。

中美文化协会编译室编译《美国杂志选译》由重庆中美文化协会刊行，有孔祥熙序、张道藩序。

国民新闻社译述《南洋建设与澳洲危机》由上海国民新闻图书印刷公司刊行。

周谷城译《新英国与新世界之建设计划》由重庆独立出版社刊行。

刘家驹编译《班禅大师全集》由重庆班禅堪布会议厅刊行。

刘智译著《穆圣仪行录及遗嘱》由重庆回教文化出版社同志会刊行。

上海圣心报馆辑译《奉献全家于圣心录要》由上海土山湾印书馆刊行。

圣母会会士编译《幸福的阶梯》由北平圣母会公教书籍编辑部刊行。

时兆报馆编译部编译《圣经述奇》由上海时兆报馆刊行。

万宾来编译《炼灵弥撒经文》由山东兖州天主堂印书馆刊行。

姚景星译《圣龛中的呼声》由上海土山湾印书馆刊行。

徐励译《圣若瑟小日课》由上海土山湾印书馆刊行。

朱希圣译述《修女裴宜业小传》由江苏海门主教公署刊行。

李达钊编译《合伙会计》由上海世界书局刊行。

陈汉年编译《美国人与英国人》由四川成都中美出版社刊行。

中外出版社编译部编译《联合国概观》由重庆中外出版社刊行。

沈叔之、吴觉农编译《日本人民对东北事件公论》由上海黎明书店刊行。

中央宣传部国际宣传处编译《美日两国海军实力之比较》由贵州贵阳文通书局刊行。

陈国信译述《菲岛血战纪实》由广西宁儒出版社刊行。

田牧译《射击的要诀》由第一二九师军事教材编审委员会刊行。

崔泽春编译《对空射击学理及其应用》由中央陆军军官学校第二分校刊行。

国民新闻社编译《国社党治下德国经济复兴史》由上海国民新闻图书印刷公司刊行。

李达钊编译《合作会计》由上海世界书局刊行。

灵珠等译《穿上了征衣的女郎》（苏联最新抗战歌曲）由广西桂林河山出版社刊行。

吴光杰译《军国民体育常识》由重庆中华书局刊行。

吴文忠编译《田径赛补助运动》（体育丛书）由重庆教育部国民体育委员会刊行。

林祝敬编译《语言学史》由上海世界书局刊行。

牛光夫译《怎样学习俄文》（自立语文学会丛书）由重庆联友出版社刊行。

庄稼编译《（英汉对照·华文详注）怎样写英文日记》由广西桂林新生书局刊行。

张则之选译《最佳英文诗选》（英汉对译文艺丛刊）由四川成都复兴书局刊行。

杨承芳选注《（最新）中学精读英文选》由广西桂林环珠书屋刊行。

钱稻孙译注《樱花国歌话》由北京中国留日同学会刊行。

南登山编译《印度故事集》由重庆正中书局刊行。

章克标辑译《现代日本小说选集》（第1集）由上海太平书局刊行。

文化生活出版社译《爱与死的搏斗》由广西桂林文化出版社刊行。

孟克之译《波兹尼雪夫的爱》由江原出版社刊行。

蒙天辑译《犹太作家三人集》由广西桂林文献出版社刊行。

傅学文编译《丹娘》由重庆中苏文化协会妇女委员会刊行。

赵沨编译《海之歌》（世界名歌集）由云南昆明北门书屋刊行。

沈锜译《美国内幕》由重庆中国书店刊行。

张旭光编译《大战史料汇编（第1—3集）》由江西泰和江西文化出版社刊行。

伦敦泰晤士报编辑，黎子耀译《土耳其之建设》由贵州贵阳文通书局刊行。

梁纯夫编译《二十五年的苏联》由重庆中苏文化协会编译委员会刊行。

许之桢编译《毛泽东印象记》由华北新华书店刊行。

陈鸿恩等编译《五十科学伟人》由上海世界书局刊行。

按：是书收录毕达哥拉斯、托勒密、培根、古腾堡、哥白尼、马可尼、牛顿、拉马克、达尔文等50位外国科学家略传。

岩客编译《现代欧美名将外传》由广西桂林霖社刊行。

按：是书收录英、法、苏、德、美等五国25名军事将领的外传。其中包括英国的艾思赛德、蒙哥马利等7人，法国的戴高乐等2人，苏联的伏罗希洛夫等2人，德国的布劳希奇、隆美尔等4人，美国的马歇尔、艾森豪威尔等8人。

中外出版部编译部编译《英国名将剪影》由重庆中外出版社刊行。

薛良编译《名音乐家传》由广西桂林立体出版社刊行。

按：是书介绍最严肃伟丽的作曲家巴哈、无匹敌的圣谭曲作者韩德尔、法国浪漫派的权威白辽士、浪漫派的音诗人韦伯、音乐的神奇莫扎特、艺术歌曲之王舒伯特、乐剧的创造者华格纳、俄国的贝多芬——柴可夫斯基、廿世纪最优秀的钢琴家巴特拉斯基、五十年代声誉最高的中音安德生、美国杰出的指挥詹生、写实主义的作家莫索格斯基、最受人民爱戴的音乐家杜那也夫斯基、新时代典型的作曲家萧斯塔珂维契等人事迹。

国民图书编译馆编译《墨索里尼被难记》由上海编者刊行。

徐治等译著《巴夫洛夫纪念集》由重庆商务印书馆刊行。

刘奇译述《齐伯林传》由重庆商务印书馆刊行。

施慎之著《毕斯麦传》由上海世界书局刊行。

《白衣神咒灵验记》由北平中央刻经院刊行。

《告解指南》由河北献县天主堂刊行。

《汉译圣人名称录》刊行。

《基督教与新中国》刊行。

《圣母会公规》由上海土山湾印书馆刊行。

五、学者生卒

刘海涵(1860—1943)。海涵字怡轩,河南信阳人。历任河南省长公署秘书、河南宣抚顾问、河南管书局经理、河南通志馆协修、信阳县志馆纂修。著有《信阳诗抄》12 卷、《何大复年谱录》2 卷、《龙谭新志》2 卷、《贤首山录》《龙谭集》2 卷、《龙谭诗草》《龙谭青话》《卧香楼诗》等。

胡瑞霖(1864—1943)。瑞霖字子笏,法名妙观居士,湖北江陵人。早年留学日本,入明治大学政治经济系肄业。回国后历任实业奖进会坐办、南洋出品协会坐办、汉口银行讲习所坐办、湖北咨议局议员。1911 年任军政府实业司司长。1913 年任湖南省内务司长兼财务司长。1914 年任湘江道道尹。1918 年调任为福建省省长。后皈依佛教,1919 年 9 月与北京佛教名流张仲仁、庄蕴宽、夏寿康等发起“己未讲经会”,先后创办华北居士林、藏文学院和妇女佛教会,并发起组织武昌佛学院、汉口佛教正信会。曾任武汉佛化青年会会长及北平女子佛学院院长。著有《餐石记》等。

王礼培(1864—1943)。礼培字佩初,号南公,一号潜虚老人,湖南湘乡人。就读于长沙思贤讲舍,从王闿运为师。1903 年进士,曾任湘乡学堂监督,支持维新变法,后流亡日本,入帝国大学研习政法,并加入孙中山同盟会。辛亥革命后回国,曾任河南大学教授。嗜藏书,自日本归国后,往返于京、津、沪、宁间,访求古籍,自称“搜书 40 余年,得宋椠 20 余种,元椠及明初本不下百余种”。先后藏书 10 余万卷,其藏书处有“扫尘斋”“小招隐馆”“复壁”“紫金精舍”等。有《复壁藏书目》1 册。1930 年辑有《宋元留真谱》2 册。藏书印有“复壁藏书”“礼培私印”“扫尘斋王氏藏印”“湘乡王氏孤籍秘本”“紫金精舍藏书”等。著有《扫尘斋文集》《两思集》《甲子诗篇》《小招隐馆谈艺录》《家传》等。

李时灿(1866—1943)。时灿字敏修,晚号闇斋,河南卫辉人。1892 年进士。授刑部主事。曾在籍创办经正书舍,历任长垣寡过书院、武陟致用精舍、禹县颍滨经舍山长,主讲经学。1905 年任河南教育总会会长。1913 年起,历任河南教育司司长、清史馆协修,中州文献征集处总编辑等职。1918 年当选为参议院议员。1922 年当选为众议院议员。1932 年参加国难会议。1937 年成立谷音诗社和谷音书画社,宣传抗日救国的道理。著有《毋自期斋文字纪年》《读易杂感》《论语之道德学》《论语之政治学》《论语之辞学》《梓里记事》《中州先哲传》《闇斋日记》《东窗遗墨》《故都漫游录》《李闇斋先生演讲集》《癸申之间游草》《毋自期斋文字纪年》《中州书征》《中州诗征》《中州学系考》《中州艺文录》等。编有《中州文献征集处现存书目》等;辑刊有《河南人物小乐府》《中州文征续编》等。

按:嵇文甫《纪念李敏修先生》说:“汲县李敏修先生逝世三年了。我们特别征集诗文来纪念他。这有什么意义呢? 简单说,我们纪念李先生,是要唤起河南学术界的精神,来展开一个伟大的学术运动。我们应该知道,学术的确是国家民族的精神命脉所系,学术救国绝不是一句好听的门面话。任何时代,任何国家,一到了所谓'学绝道丧',所谓'上无礼,下无学',一到了大家都'不悦学',不尊重学术,不尊重学者,那就是必亡的征兆。为什么? 因为他们的精神堕落了,腐化了,不肯向上,不求进步,什么原理原则,正当不正当,都不管了。于是乎卑污苟贱,乱闯瞎碰,混、混、混……这个国家还有什么希望呢? 李老先生讲学数十年,当清末民初时候,在河南新教育的创办上,曾经轰轰烈烈的干过一番。现在河南教育界四十岁以上的人士,大概都直接间接受过他的影响。他是当时河南学术界的代表人物,一提河南学术界,决不会想不到他。自然,他是个理学家,他所讲的那一套,不一定尽合现代人的口味。然他始终以学术为他的安身立命所在,热心的追求着,仔细的探索着。不以学成德尊而鄙夷新进,不以衰病颠沛而姑息偷安。在他的家书中有这几句话:'余自记生平,早岁未尝无志于学,亦尝夙夜研究,然初累于科举,后迫于生计,其专心于学者日复落落;及欧风东渐,融会殊难,而余已垂老矣。'看他这样歉然不自足之心,好像有甚深遗憾的样子。这真是所谓'烈士暮年,壮心不已',活活表现出来一位自强不息力争上游的学术界的老英雄! 李老先生逝世了! 无论怎样伟大的学者,谁也不能不受时代的限制,地域的限制,李老先生当然也不能例外。然而只要是一个真正学者,总都是超然独立于势力纷华之外,而别有一种崇高伟大的境界,以自乐其天怀。视世之蝇营狗苟者如无物,他那种忠心于学术,献身于学术的精神,总是永远光明的。让我们来继承李老先生的遗志,弥补李老先生的遗憾,发扬李老先生的伟大精神吧。我们就以李老先生的名字,作为我们今后学术运动的旗帜!"（郑州大学嵇文甫文集编辑组编《嵇文甫文集》（中册）,河南人民出版社1990年版）

按:刘卫东《李时灿——开创河南近代教育的先驱者》说:"（李时灿）一生献身于教育事业,率先在全省改革书院教育,并亲自创办中、高级新式学校,特别是创办了河南留学欧美预备学校、河南优级师范学堂、河南法政学堂和河南农业专门学校（以上学校均为河南大学前身）,是中国近代著名的进步教育家,也是河南最早创办近代教育的先驱者。"（《河南大学学报》2003年第5期）

赵戴文（1866—1943）。戴文字次陇,山西五台人。1890年肄业于晋阳书院。1904年被选送到日本东京宏文师范学习。1906年回国后,先后在太原农林学校、晋阳中学等校担任教员、庶务长、斋务长等职。1911年参加同盟会。1912年先任都督府秘书监兼将校研究所所长,继任督军公署参谋长。1918年受阎锡山的委派,主持创办国民师范学校。1927年任北方国民革命军总参议。1928年10月任国立北平故宫博物院理事。1929年8月被推选为监察院院长。1936年任山西省政府主席、山西牺牲救国同盟会副会长。1943年9月30日草就《希望世界和平之遗言》一文。著有《周易序卦说》《孟子学说足以救世界》《禅净初谭》《清凉山人文稿》《读经偶笔》《唯识入门》《读藏录》《宇宙缘起说》等。

伍光建（1867—1943）。光建字昭展,笔名君朔,广东新会人。天津北洋水师学堂毕业,保送英国格林尼治海军大学,旋转入伦敦大学学习理化数学。归国后历任出使日本大臣随员、出洋考察政治大臣头等参赞、学部二等咨议官、海军处顾问等职。民国后,历任财政部顾问、盐务署参事、复旦大学教授。长期从事翻译。译著有《法国大革命史》《拿破仑传》《俾斯麦》《十九世纪欧洲思想史》等。

徐世泽（1869—1943）。世泽又名伯子,字芷湘,又字子襄,号指湘父,江苏吴江人。清光绪间举人,曾任邮传部主事。为吴江名士、金石书画家,工书法,初学颜真卿,后则服膺何绍基（蝯叟）,因自号次蝯。真草隶篆四体俱工,隶得汉碑神髓。间亦作画,与任伯年、陆恢、吴昌硕、顾鹤逸等相切磋,但画幅绝少流传。

张纯初（1869—1943）。纯初,广东番禺人。早从居廉学画。1924年参与邓剑刚、黎庆思、陈树人倡导的"清游会"活动。1926年以《丽春》参加国画研究会举行的第一次会员作品展。1927年冬参加国画研究会香港分会于陶园酒家设"书画助赈即席挥毫会"活动。1930

年任广州市第一次美术展览会美术组委员;有画作《泉石杜鹃》《凤仙茉莉》《海棠小鸟》入选"第二次全国美术展览会广东省预展会",其中《海棠小鸟》参加在南京举行的"教育部第二次全国美术展览会"。1931年仲春,清游会同人高剑父、陈树人、凌巨川、黎泽闿、苏少伟、周演明、贯明、昆仲、叶竞生、袁芷芬、刘秉纲、陈草村、黄詠雨、陈子和、李供林代为张纯初梓印《笔花草堂词》,内含《花痕梦影集》《貉尘集》《百花集》。1940年参与香港艺术研究社的艺术观赏会活动,有画作《木棉》参展。

程宗伊(1869—1943)。宗伊字学川,浙江海盐人。1904年进士,授翰林院庶吉士,入进士馆肄业。由日本法政学堂毕业后回国,授编修。民国后,就浙江湖州南浔刘氏之聘任沪寓西席,专心著述。著有《辽金元地理今释》《春风草堂骈体文集》《亦勉行唐诗文集》等。

欧阳竞无(1871—1943)。竞无名渐,字竞无,江西宜黄人。人称"宜黄大师"。1890年进入南昌经训学院学习。1897年受桂伯华影响而信佛。1903年被保送赴京朝考,次年以朝考二等发任广昌县教谕。1906年因生母病逝而感人生无常,遂杜绝仕进,归心佛法。1907年到南京随杨文会学佛学。同年秋受命东渡,游日本数月,回国后任两广优级师范教师,因病辞职。杨文会于1911年去世后,承其遗志经营金陵刻经处,自任主编、校勘。1914年在主持刻经处编校事务之余,专为吕澂、姚妙明、黄树因、徐克明、苏心田等讲佛学。次年,从者日多,遂于刻经处附设研究部。1917年刻成《瑜伽师地论》后50卷。1918年在原刻经处研究部的基础上,筹设支那内学院,发布《简章》,确立规模,得章炳麟、沈曾植等赞同,皆为作《缘起》文。后因经费无着而无果,直到1922年支那内学院才正式创立,有僧俗弟子16人,为其讲授《唯识抉择谈》。从其学佛者有陈铭枢、梁漱溟、熊十力、王恩洋、夏藕耕、黄忏华、汤用彤、蒙文通、张君劢、梁启超等。1924年印度泰戈尔访问内学院。1925年在内学院增设法相大学特科。1936年成《大乘密严经叙》,自称为"晚年定论之学说"。1937年率内学院迁往四川江津,筹设支那内学院蜀院。1938年正月蜀院正式成立,恢复"讲学以刻经"。1940年5月蜀院发起精刻《大藏经》。1943年2月23日因感冒引发肺炎,逝世于江津内院。著有《竞无内外学》《欧阳大师遗集》《欧阳竞无集》等。

按:雍琦《讲学以刻经——欧阳竞无佛教教育研究》说:"在清末民初传统佛教陷入低回徘徊局面的情况下,欧阳竞无通过艰苦卓绝的努力,在1922年创办了一所集教学、刻经和佛教研究于一体的机构——支那内学院。内学院以'充人之的'为教育目标,以'西方学'和'为人学'为教育宗旨,组织起以'五科佛学'为核心的完备教学系统,开创了以居士团体为主的佛教教育和研究体系。通过'讲学以刻经'的方法,在前后不到三十年的时间内,内学院先后培养佛学专门人才二百余人,先后出版《藏要》三辑,收佛典50余种,300余卷,成为近代佛教教育和研究的重镇之一。""以内学院的活动为核心,欧阳竞无在佛学教育方面的主要贡献表现在三个方面:一为刻经,二为办学,三为创立居士团体。刻经,为近代佛学的复兴奠定了文献基础,以此培养出一批具有现代学术水准的佛学研究者。讲学,开创了与近代国民教育体系并行的独立佛学院校,培养出佛学教育的风气。创立居士团体,使居士佛学独立于寺院之外,揭橥'居士甚住正法''可以作师'之论,形成近代居士佛学浸浸然盛的局面。"(复旦大学博士学位论文,2010年)

金万昌(1871—1943)。万昌,北京人。青年时代为北京南城外优秀说唱艺人,继承"南板梅花调"创始人文玉森的唱法。又得京韵大鼓艺人刘宝全、弦师韩永禄和苏启元的帮助,在北板大鼓原有音乐旋律的基础上,进行改革,不断创制新腔,形成长于抒情的"梅花大鼓",人称"梅花鼓王"。民国初年首次到天津献艺后,曾到上海、南京、武汉等地演唱,受到听众赞赏。代表曲目有《黛玉悲秋》《鸿雁捎书》《宝玉探病》《安安送米》《目连救母》等。

陈训正(1872—1943)。训正字无邪,又字屺怀,号天婴,浙江慈溪人。早年参与组织

"石关算社""剡社"。1902年在上海参与创立"通社"，以研究数学、诗文及翻译日本和西洋的科学名著。1905年至1911年任宁波教育会首届副会长。1910年当选为浙江省咨议局议员，同年加入同盟会。并至上海与汤寿潜、戴季陶及其堂弟陈布雷等创办《天铎报》。1912年在上海参与创设平民共济会，主办《生活杂志》。1920年底在上海创刊《商报》，任报社社长兼经理。1927年至1931年先后历任浙江省政府委员、杭州市市长、浙江省民政厅代理厅长，西湖博物馆馆长、国民政府参事等多职。1932年夏应蒋委员长之邀，修纂《国民革命军战史初稿》。1937年任浙江省临时参议会副议长、省参议会议长。著有《国民革命军战史初稿》《天婴室丛稿》《晚山人集》《天婴诗辑》《甬言名谓考》《论语时训》《悲回风》、杂文集《倪言》《读礼籀记》《孟子学说》《岁寒述学》《泽畔吟》等，并修纂《定海县志》《掖县新志》《鄞县通志》等方志。

按：张唯《陈训正研究》说："陈训正作为近代甬籍文化名人，集教育家、报人和学者于一身。作为一位教育家，他的一生可谓是殚精竭虑。早在1904年间，他就与卢洪昶创办了育德农工小学堂，又与赵家艺于原月湖书院旧址改建宁波府师范学堂（后为省立第四师范学校）。又与钟观光等办女学，以湖西竹洲已停办的崇正小学为基础，于1912年春改建为旧宁属县立女子师范学校。陈训正在1905—1911年担任宁波府教育会副会长期间，在甬属六县中，兴办了多达三四百的中小学。在办学过程中，陈训正还首创了职业教育和特种教育，培养了大量的优秀人才，也使得无数的'堕民'像普通人一样得到了接受教育的机会。作为一位报人，早在辛亥革命前夕，他就在上海创刊了《天铎报》，发表了大量攻击清王朝腐败政治的文章，揭露了清政府媚外残民的种种丑恶行径，积极宣传革命。民国建立后，与赵家艺在上海创设'平民共济会'，刊印'生活杂志'，提倡节育，禁止早婚。后来，他又在上海创办《商报》，评论中外时事，时有卓见，可谓名噪全国。《商报》也成为当时上海滩上与《申报》《新闻报》鼎足而立的新闻媒介。同时，陈训正还是一名学者，一生著述颇丰。……编修方志则是陈训正一生中在学术方面的最大成就。在方志编纂的过程中，他勇于创新，不袭旧例。《定海县志》《鄞县通志》《掖县新志》的修纂以及民国《慈溪县志》例目的编写都反映了他日渐成熟的方志学理论，凝结了他的心血。尤其是《鄞县通志》这一部巨著，在我国方志史上更是具有举足轻重的地位。"（宁波大学硕士学位论文，2012年）

钱振锽（1875—1943）。振锽字梦鲸，号谪星，又号名山，别署星隐庐主人、海上羞客，江苏阳湖人。曾任刑部主事，以丁忧归。抗战时期，曾以鬻书所得，捐助抗战。工诗文，善书画，精医学。著有《名山全集》《星隐庐诗文集》，辑有《梅录诗集》《卫哀剩稿》。

胡子笏（1876—1943）。子笏字瑞霖，法名妙观，湖北黄陂人。1919年随太虚法师参与弘法，并参与创办武昌佛学院。1924年资助北京藏文学院学法团赴藏的旅费及生活费用。1926年随中国佛教界代表团前往日本参加东亚佛教大会。1930年任世界佛学苑筹备处主任。1939年在五台山显通寺设立汉藏学院，1941年北京创立大乘佛教弘化院。

穆藕初（1876—1943）。藕初名湘玥，上海人。1900年考入江海关任办事员，后相继在上海龙门师范学校及江苏省铁路公司供职。1909年赴美留学，1914年获农学硕士学位。归国后即投身于棉纺业，先后集资创设上海德大、厚生纱厂和郑州豫丰纱厂，分别担任经理、总经理、董事长等职。参加发起组织华商纱厂联合会及上海华商纱布交易所，曾多次连任该交易所理事长。1928年任工商部常务次长，后又调迁实业部中央农业实验所筹备主任、行政院农产促进委员会主任委员、经济部农本局总经理。曾参与发起成立中华职业教育社；捐银5万两供北京大学选派罗家伦、段锡明、康白情等赴美留学。又在1921年与贝晋眉、徐镜清、张紫东等集资在苏州五亩园开办昆剧传习所。1922年2月又以"昆曲保存社"的名义，在上海夏令配克戏院彩串昆曲三天，为传习所筹集资金。著有《昆曲演出史稿》《上海戏曲史料荟萃》等。

陆士谔(1876—1943)。士谔名守先,字士谔,以字行,江苏青浦人。早年从同邑名医唐纯斋学中医,历时五载。后又弃医改业图书出租,并创作小说。著有医书《医学南针》《陆评王氏医案》《陆评温病条辨》等。主编《基本医书集成》。所著小说长篇达 30 余种,如《十尾龟》《女界风流史》《女子骗术奇谈》《六路财神》《官场怪现状》《最近上海秘密史》《续孽海花》《血泪黄花》《清史演义》《清朝开国演义》《顺治太后外纪》《雍正游侠传》《血滴子》《三剑客》《八大剑侠》《七剑八侠》等。科幻小说有《新中国》《新上海》《新三国》《新水浒》《新野叟曝言》《鬼国史》等。

顾视高(1877—1943)。视高字渔隐,号仰山,云南昆明人。清光绪进士。1906 年留学日本东京法政大学学法律、政治、经济等科。归国后任翰林院编修、侍讲等职务,又任贵胄学堂教习。旋辞职回到云南,任昆明学务公所咨议。1909 年任云南咨议局委员兼云南省自治筹备处总办。1910 年任资政院议员。辛亥革命之后,在北京闲居,曾任北京临时参议院议员。1913 年在昆明任云南法政学校校长。1930 年任云南通志馆顾问兼编纂,参与编纂《云南通志》。1935 年续修《昆明县志》。1939 年完成《新纂昆明县志》。著有《漱石斋诗文集》《自反斋日记》《有声集》等。

陶思曾(1878—1943)。思曾字叔惠,号啸岳,湖南安化人。陶澍曾孙。15 岁举秀才,悉心经世舆地之学。会梁启超讲学长沙,从梁氏游,遂醉心时务。1902 年乡试中副榜,旋以官费派赴东京法政大学留学。卒业归国,劝说湘抚庞鸿书创办法政学堂,受聘为教务员。1907 年以道员分发四川,总督赵尔丰委为商务、矿务两局会办。1908 年被委为调查西藏开埠事宜委员。1910 年任四川高等检察厅检察长。1912 年任湖南都督府参事兼法政专门学校校长。1915 年任北京公府政事堂法制局参议。次年湖南省议会成立,被推举为议长。后改任湖南高等审判厅厅长。未几,以司法官应回避本省调任浙江高等检察厅检察长。著有《藏輶日记》《滇蜀纪程》。

张国溶(1879—1943)。国溶字海若,号月波,别号万善楼主,湖北蒲圻人,幼年随父亲寓居安徽芜湖。1902 年与兄国淦同科中举。1904 年进士及第,授翰林院编修,奉旨留学日本。1908 年回国返鄂,任汉口商业学堂学监(校长)。1909 年任湖北省咨议局副议长。又与汤化龙、夏寿康发起成立"汉口宪政同志会",要求早日实行君主立宪。辛亥首义成功,任湖北军政府政事部编制局局长。1912 年任中华民国临时政府政事堂参议、礼制馆评议员。1915 年任北京政府众议院议员、参事堂参事,后又任国务院参议、陆军第 15 师 20 旅旅长。1919 年"五四"运动后,结束政治生涯,离开政界,开始以书画、拓片为主的隐居生活。

马德宝(1882—1943)。德宝,经名哈只·阿布都剌·拉赫曼,字善亨,北京人,回族。1899 年起颂习教典,兼习英文、希伯来文和土耳其文,造诣颇深。1905 年到沙特阿拉伯的圣地麦加朝觐。1912 年任北京市清真寺教长,兼任北京筹边高等学校和国立法政专科学校回文教师。1928 年任北平清真中学教员。编译《中阿要语合璧》;著有《回历对照表》《清真通历》等。

吕碧城(1883—1943)。碧城名贤锡,以字行,号圣因、兰清、遁天、清扬,晚年法号宝莲,安徽旌德人。1903 年任《大公报》编辑,创办北洋女子公学。民国成立后,曾任袁世凯总统府秘书,1915 年辞职。后留学美国哥伦比亚大学,皈依佛教。著有《文史纲要》《美利坚建国史纲》《吕碧城集》《信芳集》《晓珠词》《香光小绿》《鸿雪因缘》《观经释论》《欧美纪事》等。

余叔岩（1890—1943）。叔岩谱名第祺，字小云，湖北罗田县人，生于北京。余三胜之孙，余紫云之子，出身梨园世家。自幼习文武老生，少年时期以"小小余三胜"艺名在天津演出，初露头角。曾先后向钱金福、王长林、姚增禄、陈彦衡、王君直等学习。又加入"春阳友会"，与樊棣生、世哲生等切磋技艺。后拜谭鑫培为师，在全面继承谭派艺术的基础上，以丰富的演唱技巧进行较大的发展与创造，成为"新谭派"的代表人物，世称"余派"。1915年加入梅兰芳班社。1917年谭鑫培去世后，自己挑班演出。弟子有谭富英、杨宝忠、杨宝森、王少楼、孟小冬、李少春等。代表作有《搜孤救孤》《王佐断臂》《战太平》《审头刺汤》《清官册》《问樵闹府·打棍出箱》《盗宗卷》《南阳关》《宁武关》《镇潭州》《定军山》《战宛城》《战樊城》《长亭会》《摘缨会》《黄金台》《太平桥》《上天台》《捉放宿店》《击鼓骂曹》《阳平关》《连营寨》《空城计》《武家坡》《汾河湾》《卖马当锏》《珠帘寨》《桑园寄子》《托兆碰碑》《洪羊洞》《四郎探母》《打渔杀家》《御碑亭》《打侄上坟》《天雷报》《二进宫》《失印救火》《乌龙院》《乌盆记》《翠屏山》《打严嵩》《琼林宴》《失（街亭）空（城计）斩（马谡）》等。

董维键（1892—1943）。维键字润田，笔名之学，湖南桃源人。曾就读于常德中学、湖南省立高等工业学校。1912年夏赴美留学7年，获美国哥伦比亚大学经济学博士学位。学成回国后，在湘与何叔衡、徐特立、方维夏、朱剑凡等从事改造旧教育，培养新人才的工作。1924年加入中国国民党，先后担任国民党长沙县党部执行委员、国民党湖南省党部执行委员兼宣传部长、湖南军资委员会委员、湖南省教育厅厅长、湖南省交涉署署长、湖南省外交特派员、湖南省清理逆产委员会委员等职。同时被聘为湖南省农民协会顾问。1927年1月与谢觉哉、柳直荀等组成收回中华邮政管理权委员会。同年5月"马日事变"后，在武汉经郭亮介绍，加入中国共产党。1928年初由武汉到上海，被分配在党中央机关做国际宣传和情报工作。1930年奉命组织工农通社，负责中央交通局新开辟的上海、香港、汕头进入苏区的秘密交通线工作，先后组织护送周恩来、刘少奇、叶剑英、瞿秋白、董必武、谢觉哉、林伯渠等领导同志到达苏区。1935年2月不幸被捕。1937年获释出狱，被安排在国民政府军委会政治部第三厅负责国际宣传和情报工作。1940年被党组织安排到香港边治疗、边主持党组织创办的《中国通讯》英文刊物的编辑工作，直至1943年3月13日病逝。著有《国际贸易浅说》等。

李先根（1893—1943）。先根，广东香山人。早年留学日本，加入中国同盟会。民国成立后，任孙中山秘书，随侍孙中山直到他逝世。历任香山县县长、江门市市长、西南政务委员会委员、粤汉铁路局局长、广东省政府设计委员会主任委员等。擅长书法。著有《岭南书风》《小容安堂诗钞》等。

赖和（1894—1943）。和原名赖河，字懒云，台湾彰化人。1914年毕业于台北医学院。1917年到厦门，在博爱医院工作。1919年回台湾，在故乡彰化开设赖和诊所，一面行医，一面参加台湾人民的抗日爱国运动。1921年任台湾文化协会理事。从1922年起，开始在报刊上发表旧体诗词，表达坚强的民族意识。翌年12月被日本殖民统治当局逮捕入狱。1924年在由张我军发起的新旧文学的论战中，站在新文学一边，并通过创作实践使自己成为台湾新文学运动的奠基人和开拓者。1941年又因"思想问题"再度入狱，次年因心脏病出狱。1943年终因心脏病发逝世。其作品有小说《斗闹热》《一杆"秤仔"》《惹事》等，均收在《赖和先生全集》之中。

沈性仁（1895—1943）。性仁，浙江嘉兴人，幼时喜欢数学，曾在日本长崎活水女学求学,因为父病回国,后入北京女高师。1917年与陶孟和结婚。1925年翻译的房龙的《人类的故事》,在中国掀起了"房龙热"。卢沟桥事变后,她辗转前往桂林,与陶孟和及其他孩子会合,前往红十字会报名,志愿去看护伤兵。1943年1月因肺炎突发在兰州逝世。金岳霖作有《悼沈性仁》散文。

毛泽民(1896—1943)。泽民字咏莲,后改为润莲,化名周彬,湖南湘潭人。毛泽东大弟。1921年在毛泽东任主事的湖南省立第一师范附小负责校务。1922年10月任长沙笔业工会秘书。同年年底受中共湘区委员会的指派,到江西安源路矿从事工人运动。1923年3月创办安源路矿工人消费合作社。1925年年底从广州到上海从事地下工作,任中共中央出版发行部经理。1927年"四一二"反革命政变后,任《汉口民国日报》总经理。1929年冬率领钱希钧等9名共产党员和共青团员由上海到天津,创办党的秘密印刷厂。1931年夏任闽粤赣军区经济部部长,随后到瑞金,协助毛泽东筹备第一次中华苏维埃共和国代表大会。1932年3月任中华苏维埃国家银行行长。1934年10月中央红军开始长征,任十五大队队长和没收征集委员会副主任。红军胜利到达陕北后,任中国工农民主政府国民经济部部长。1938年2月取道新疆,前往苏联治病。因故留在新疆工作,化名周彬,担任省财政厅副厅长、代理厅长之职。1941年2月调任民政厅厅长,主持制定《新疆省区村制章程》。1943年9月27日深夜被敌人秘密杀害。2009年被授予100位为新中国成立作出突出贡献的英雄模范人物。

陈潭秋(1896—1943)。潭秋原名澄,字云先,湖北黄冈人。武昌高等师范学校英文部毕业。1920年参加发起建立武汉共产主义小组,并参与创办《武汉星期评论》,为该刊主撰之一。1921年7月出席中共第一次全国代表大会。1923年参与领导京汉铁路工人大罢工。1924年任中共武汉地委书记,次年协助董必武创办《楚光日报》。此后辗转江西、湖南、江苏等地担任党的领导工作。1928年底调任顺直省委宣传部长,主持出版党内刊物《出路》。1935年8月赴莫斯科任中共驻共产国际代表团工作,常用"徐杰""余杰"等笔名在《救国时报》《全民月刊》《共产国际》等报刊上发表文章,宣传中共关于抗日民族统一战线的政策。1939年5月回国后任中共中央驻新疆代表和八路军驻新疆办事处负责人。在新疆期间,十分重视《新疆日报》的宣传工作,常亲自审阅、修改重要的社论、文章和消息。1943年9月27日被军阀盛世才杀害。

杜重远(1899—1943)。重远,吉林怀德人。1917年以官费留学日本,入东京高等工业学校学习陶瓷工业。1923年夏归国,在沈阳集资创办启新窑业公司。1927年被选为奉天省总商会副会长。1929年转任奉天工会会长,曾帮张学良组织东北国民外交协会。1931年"九一八事变"后,来到上海与邹韬奋并肩战斗,经常为《生活》周刊撰文,揭露日本帝国主义的侵华罪行。1932年春与李公朴、胡愈之等发起筹办《生活日报》。1933年《生活》周刊被迫停刊后,出面于1934年创办《新生》周刊,任发行人兼编辑人。1935年5月4日因刊登的《闲话皇帝》一文提到日本天皇,日本借机挑衅,国民党当局屈从日方的无理要求,勒令《新生》周刊停刊,并将杜重远逮捕入狱。1936年9月8日出狱后即去西安,促成张学良、杨虎城两将军联合抗日。1937年"七七事变"后,奔走各地,热情宣传党的抗日民族统一战线和八路军在华北战场的光辉战绩。1939年任新疆学院院长。1940年5月被盛世才软禁,诬陷他是"汪精卫系统的汉奸",将其逮捕入狱。1943年被秘密杀害于监狱中。著有《杜重远文集》。

　　按:陈世阳《杜重远与〈新生〉周刊》说:"杜重远不仅是著名的爱国民主人士、实业家和教育家,也是位杰出的新闻斗士。在他的一生中,从事新闻出版工作的时间虽不算长,但是由他创办的《新生》周刊,以及后来的'新生事件'在我国新闻史上留下了闪光的一页。杜重远所创办的《新生》周刊宣传的抗日救亡思想,教育了当时一般民众,对于推动国民政府抗日起了很大作用。在日本帝国主义和国民党反动势力压迫下的'新生事件'让人民看清了形势,对于后来的抗日民族联合统一战线的建立起了重要作用。"(上海社会科学院硕士学位论文,2008年)

　　朱森(1902—1943)。森,湖南彬县人。曾任国民政府中央研究院地质研究所研究员,重庆大学、中央大学教授。长期从事地质学、古生物学研究工作。著有《宁镇地层及古生物研究》《皖省贵池地质考查记略》《四川龙门山地质》等。

　　潘承厚(1904—1943)。承厚字温甫,号少卿,一号博山、蘧庵,江苏吴县人。与潘景郑在祖父的藏书基础上,极力搜集收购,达30万卷,藏于宝山楼上。辑有《明清藏书家尺牍》《明清两朝画苑尺牍》等。

　　范有信(—1998)、吴金华(—2013)生。

六、学术评述

　　本年度为抗日战争战略相持阶段(1938年10月至1943年12月)的最后一年。同盟国反法西斯战争终于熬过了最为艰难的1942年,由此转入战略反攻阶段,日军在太平洋战场上屡遭失败,海上交通线被切断,南洋日军面临被切割的困境。中国的抗日战争出现了重要转机。1月11日,为了共同对抗日本侵略者,中美、中英分别在重庆和华盛顿签订《关于取消英国在华治外法权及其有关特权条约》和《关于取消美国在华治外法权及处理有关问题之条约》,自此开始废除清末以来列强强加于中国的不平等条约。10月30日,中、美、英、苏四国在莫斯科签署《普遍安全宣言》,这一宣言确定了成立联合国的基本原则。11月22—26日,中、美、英在开罗举行会议,讨论如何协调对日作战的共同军事问题和战后如何处置日本等政治问题,史称"开罗会议"。这是中国自鸦片战争以来第一次以世界大国的身份参加的会议。12月1日,美、英、中同时公开发表《开罗会议共同宣言》。鉴于国内外政治形势的变化,国共两党高层在舆论、组织以及军事攻势上都作出了相应的调整和部署。在舆论攻势方面,国民党最为重要的是精心推出由蒋介石署名、陶希圣执笔的《中国之命运》。在当时世界反法西斯力量日益高涨的特定背景下,尤其是英美等国宣布废除晚清以来与中国政府签订的不平等条约,象征着中国百年国耻终于结束,中国成为了名义上的世界大国。蒋介石也觉得这是一个宣扬自己政治地位与政治功绩的绝佳契机,于是就让陶希圣撰写了一本符合自己政治意图的小册子《中国之命运》。3月10日,《中国之命运》由重庆正中书局刊行。此书极力宣扬"一个政府、一个党、一个领袖"的"国家中心论",宣称"中国之命运,完全寄托于中国国民党",刻意凸显蒋介石是近代中国民族主义的杰出代言人,将其从北伐到抗战的历史描绘成带领中国摆脱民族危机的过程。与此同时,蒋介石还在书中大力提倡中国传统道德,极力贬低五四新文化运动。当然,更为重要的是,书中用了不小的篇幅来抨击中国共产党,称边区为"封建割据"。《中国之命运》出版后,国民党通令国统区各机关、团体、军队、学校都要阅读。全国各大报刊统一宣称此书是"现代最伟大的著作""中国独立自由的明灯""中国革命建国的指南""中国近百年史的写照""告诉我们为什么要革命""为什么要抗战"等。至年底,重印达200余次。次年初,由蒋介石略改的增印本,也大量印行于重庆市及全国各地。与上述密切相关的另一重大事件,是苏联为拉拢西方,联合对抗纳粹德国,于5月15日令共产国际执行委员会主席团作出《关于提议解散共产国际的决定》。22日,苏联向全世界公布了这一决定。6月10日,共产国际执行委员会正式宣告解散共产国际。国民党利用共产国际解散的时机,提出"解散共产党""取消陕北特区",于是掀起了抗日战争时期的第三次反共高潮。6月18日,胡宗南到陕北洛川召开"反共"军事会议,部署进攻陕甘宁边区,国共双方再次陷入了内战的危机。9月6—13日,中国国民党五届十一次全会在重庆召开,选举蒋介石为国民政府主席兼行政院长。全会决议修改《中华民国国民政府组织法》,通过《文化运动纲领草案》。大会还由中央秘书处作《关于中国共产党破坏抗战危害国家案件总报告》,并作出反攻决议。而在延安,最为重大的决策是3月16—20日中共中央召开政治局会议,会议通过了《中共中央关于中央机构调整及精简的决定》,推选毛泽东为中央政治局主席、中央书记处主席,决定:中央书记处由毛泽东、刘少奇、任弼时组成,根据政治局决定的方针处理日常工作;刘少奇参加中共中央军委并任军委副主席;设立中央宣传委员会和中央组织委员会,作为中央政治局和中央书记处的助理机关。这一机构与人事的重大调整,直接关系到党的"七大"、解放战争以及新中国建设。与此同时,中共高层领导连续在《解放日报》发文以确立和巩固毛泽东的全党领袖地位。7月6日,刘少奇在《解放日报》上发表《清算党内的孟什维(克)主义思想》,使用了"毛泽东同志的思想""毛泽东同志的思想体系"的概念。8日,王稼祥在《解放日报》上发表《中国共产党与中国民族解放的道路》,纪念共产党成立22周年和抗战6周年,第一次明确提出"毛泽东思想"的重要概念。另一方面,是对国民党文武两手进攻的反击。针对蒋介石的《中国之命运》,中共中央召开了专门会议,决定对《中国之命运》进行深入批判。随后《解放日报》连续发表12篇批判文章,重在揭露蒋介石的真实用心,批判国民党统治集团的法西斯本质,有力传播了毛泽东思想与中国共产党的抗日建国主张;针对蒋介石的武装进攻,八路军朱德总司令于7月4日和6日分别致电胡宗南、蒋介石,严正抗议国民党进犯陕甘宁边区的挑衅活动。在解放区人民强烈抗议和全国进步人士及国际舆论三重力量的强力反对下,国民党顽固派被迫停止了第三次"反共"高潮。

在文化教育的整体导向上,国民党当局依然是奖罚并举,但控制和钳制甚于激励。2月16日,中央图书杂志审查委员会拟定,行政院指令备案《奖励优良书刊剧本办法》。20日,中央图书杂志审查委员会关于实施总动员意见的五个方面15点,作为国家实施总动员的组成部分之一,通过重庆市政府下达给警察局实施。3月27日,教育部指定社会教育学院、国立贵州师范学校、国立幼稚师范学校、中国乡政建设育才学院、国立师范学院等5校,对国民教育若干问题进行实验。4月27日,国民政府军事委员会颁布《军事机关学校部队军用出版物审查办法》6条。5月5—7日,教育部在重庆举行师范教育讨论会,主要研究师范教育制度及师范学校课程之改进、保送学生入师范学校、加强师范生专业训练、统制师范生服务等问题。24日,教育部在重庆召开各省市教育行政检讨会议,检讨过去教育行政实践,商讨今后改进办法及本年度施政计划。同月,中央图书杂志审查委员会编的《审查法规辑要》,由中央图书杂志审查委员会出版。6月6日,"工程师节"获得社会部、教育部、内政部认可,并由行政院备案。7月6日,国民党第五届中央常务委员会第二〇五次会议通过《试办管理出版事业计划纲要》。21日,教育部颁布《各级学校德育日工作大纲》6条。23日,中央图书杂志审查委员会规定,自8月1日起,凡属中央机关及文化团体,出版不公开发售的中、英文刊物，不论适合免审规定与否，均应一律将原稿检送重庆市图书杂志审查处审查，以凭核发审查证或免审证。8月，中央图书杂志审查委员会颁布《修正图书杂志送审须知》。9月5日，国民政府行政院核准《中央图书杂志审查委员会书刊审议委员会组织规程》和《修正中央图书杂志审查委员会奖励优良图书、戏剧、电影办法》。30日，教育部令发《扩大科学化运动工作要项》。10月4日，国民党第五届中央常务委员会第二三九次会议备案《中央宣传部各地书刊供应处组织通则》。同日，军事委员会核准施行《战时新闻禁载标准》《战时新闻违检惩罚办法》。23日，国民党中央图书杂志审查委员会发布《取缔剧本一览表》，共开列了116种不准出版或演出的剧本。同月，国民党第五届中央常会第二四五次会议备案，国民党中央宣传部制定《各省市出版事业管理暂行办法》。11月4日，教育部修正公布《大学及独立学院教员资格审查暂行规程实施细则》。8日，教育部颁发《教师节纪念办法》5条；颁发《国外留学自费派遣办法》18条。12日，国民党公布《文化运动纲领》。22日，教育部公布《学生自治会规则》21条。26日，教育部训令转发《青年节纪念日办法》。29日，教育部公布《教育部督学服务规则》22条。12月2日，四川三台县东北大学、三台高中、国立十八中学等校学生发起志愿从军运动。资中、成都等地学校纷纷响应，形成学生从军热潮。15日，教育部学术审议委员会召开第二届第一次全体会议。会议审议了国际学术文化合作初步方案及经济建设高级干部人才培养方案。18日，中央文化驿站总处划归至中央出版事业管理委员会。19日，教育部公布《学生志愿服役办法》14条。21日，教育部颁布《各级学校办理社会教育办法》。27日，国民党第五届中常会第二四五次会议修正通过《中央文化驿站设置办法》及《中央文化驿站总管理处组织规程》。同日，国民党第五届中常会第二四五次会议核准颁行《各省市出版事业管理暂行办法》。28日，宪政实施协进会第三次常务会议，通过了关于废除图书杂志审查等提案。是年"工程师节"，中国工程师学会在重庆举行规模盛大的庆祝大会。以上都对本年度的学术产生不同程度的影响。

　　就学术版图结构而论，国内依然划分为国统区、解放区与沦陷区三大区域五大板块，加之海外为六大板块，其中重庆、昆明、延安依然构成西南—西北学术纵轴线。

　　首先是国统区。重庆轴心继续以郭沫若、顾颉刚、马寅初、钱穆、傅斯年、李济、董作宾、梁思成等为学坛领袖。郭沫若继续以通才之冠承担着学界领袖的使命，并继续联通于文化界、文艺界与学术界。就文化工作而言，郭沫若继续担任文工委主任。6月，郭沫若主编的《中原》在重庆创刊。在文艺方面，郭沫若积极参与组织纪念文协成立5周年系列活动，并连续撰写了《新文艺的使命——纪念文协五周年》《抗战以来的文艺思潮——纪念文协五周年》《沿着进化的路线前进——纪念文协五周年》，分别刊于2月27日重庆《新华日报》与同日重庆《抗战文艺·"文协"成立五周年纪念特刊》以及3月27日《时事新报》。5月27日下午，郭沫若在中共南方局机关学委作《文艺上的中国作风与中国气派》的报告。实际上，这是对1938年10月12—14日毛泽东在党的六届六中全会所作政治报告《抗日民族战争与抗日民族统一战线发展的新阶段》所论文化的民族形式问题提出的"洋八股必须废止，空洞抽象的调头必须少唱，教条主义必须休息，而代之以新鲜活泼的、为中国老百姓所喜闻乐见的中国作风和中国气派"的回应。而在学术方面，最为重要的是郭沫若启动了《十批判书》的写作。中央研究院依然是重庆陪都轴心的学术大本营。朱家骅继续以国民党组织部长兼任中央研究院院长，在中央研究院发展问题上多有谋划：一是发起由中央研究院、中央博物院筹备处、中央地质调查所、中国地理研究所及其他学术机关共同组织一西北科学考察团；

二是筹设"实验医学研究所"一案提交中研院院务会议讨论通过,以林可胜为医学研究所筹备主任;三是拟具中央研究院的战后复员计划和工作进行大纲,及向政府建议战后全国学术事业总方案,并分别致函各评议员,请其提出意见,再分科汇编制成草案;四是主持修正的《国立中央研究院组织法》于 11 月 17 日公布,在原来物理、化学、工程、地质、天文、气象、历史语言、国文学、考古学、心理、教育、社会科学、动物、植物、哲学、教育学、法律、经济、医学、药物学、地理、民族学、体质人类学等研究所的基础上,增列哲学、教育学、法律、经济、医学、药物学、地理、民族学、体质人类学等 9 个研究所,总计为 23 个研究所,标志着中研院组织的壮大。这些重要举措都密切关系到在中央研究院的定位、扩容与发展。6 月 7 日下午,傅斯年、董作宾、梁思永等热情接待了到访的英国李约瑟一行。在李约瑟离开李庄之后,傅斯年与李济合作的历史语言研究所与中央博物院又在以下两个方面取得了重要成果:一是根据中央研究院的统一部署,由历史语言研究所与中央博物院合组的"西北史地考察团"春季成行,首次对敦煌莫高窟进行科学系统的考察、测量,同时调查、发掘敦煌附近的历史遗迹,在艰苦的条件中取得了突出的成就,在中国近代敦煌学史上占有重要地位。二是吴金鼎主持,由中央研究院历史语言研究所和中央博物馆筹备处共同组成的"琴台整理工作团",负责对前蜀王建墓进行第二阶段发掘。至 9 月 21 日,发掘结束,由此揭开了流传久远的"抚琴台"之谜,使南宋以后即湮没的五代前蜀王王建的"永陵"重现于世,对于研究唐五代音乐、宫廷生活、民俗都有重要意义。重庆陪都轴心的另一学术大本营是高等学校。居于重庆陪都高等学校之首的国立中央大学经历了一场学潮风暴。2 月,蒋介石在复兴关举行"纪念周",要求在渝的各大学校校长奉召聆听"训话"。顾孟余只委派训导长周鸿经出席。蒋介石十分不满,指桑骂槐地斥责顾孟余。顾孟余获悉后,以辞职抗议。于是中大校园内爆发了一场声势浩大的"挽留校长风波"。学生自治会领导全体学生集体罢课,高呼"教授治校,学术自由,党派退出学校",向国民政府主席林森请愿,要求挽留校长。学生因闻 CC 派吴南轩将来校继任,即以 1500 人游行挽留顾孟余校长,接着听说教育部长陈立夫将亲自出任中央大学校长,于是又出现了"驱吴拒陈"风波。尽管蒋介石两次亲自上门慰留,顾孟余都坚辞不就。同月 18 日,国民政府行政院会议批准顾孟余辞职,并决定行政院长蒋介石兼任中大校长,风波始告平息。尤其值得一提的是,中央大学主办的《文史哲季刊》1 月在重庆创刊,该刊"以发表关于文学、史学、哲学之论著为宗旨",所刊文章多为时任国立中央大学教授的研究论著,学术研究价值较高,是 20 世纪 30 年代文史哲领域研究水平和专注课题的集中体现。顾颉刚 3 月辞去中央大学职务。同月 24 日,顾颉刚出席并主持教育部史地教育委员会第三次全体大会与在中央图书馆举行的中国史学会成立大会。大会通过《中国史学会会章》,选举顾颉刚、傅斯年、黎东方、雷海宗、徐炳昶、陈寅恪、金毓黻、钱穆、朱希祖、吴其昌、胡适、缪凤林、柳诒徵、姚从吾等 21 人为理事,并决定于 28 日起举办学术讲演周。4 月,顾颉刚与人合办中国史地图表编纂社,任社长。11 月,大中国图书公司成立,以史地图表社为编辑所,顾颉刚任所长。陈寅恪 8 月携家由桂林赴成都,至 12 月始抵重庆,随后加盟成都燕京大学。是年,陈寅恪《唐代政治史述论稿》荣获第三届教育部学术审议委员会"补助学术研究及奖励著作发明"奖社会科学类一等奖,这是对此著作原创性贡献的高度肯定。钱穆仍任齐鲁大学国学研究所主任,并兼齐鲁大学课。春,赴贵州遵义浙江大学讲学一个月。秋,钱穆因齐鲁大学国学研究所停办,应华西大学文学院长罗忠恕邀转去华西大学任教。当时老友蒙文通任四川省立图书馆馆长,兼华西教授,由其移借一部分图书寄放钱穆住宅，以供他和同居的齐鲁研究所研究员五六人研读之用。章益 12 月 20 日由国民政府行政院教育部任命为复旦大学校长。复旦改为国立以后，发展为 5 个院、22 个系科组的综合大学，经费也较前充裕，重点投入建造教授宿舍，聘请了不少著名学者前来任教，虽然当时图书、仪器仍嫌不足，但学术地位较前有所提高。陈望道提出"好学力行"作为复旦大学新闻系铭，这是把理论学习和工作实践打成一片的条规。注重学行并重，如每周举行一次时事分析、问题讨论、学术研究的"新闻晚会"，并办有"复旦新闻"等 30 余种壁报。武汉大学朱光潜所著《诗论》6 月由重庆国民图书出版社出版，被称为"抗战版"。这是中国现代诗学史上颇具开创性的创作，是中国现代诗学体系建构的里程碑。东北大学萧一山所著《清史大纲》出版。作者隐然以复兴中国文化为己任，穷年孜孜，对于中国文化及近代史实之演变，亦有其精辟之见解，全书叙事详实，议论公正，士林誉为不朽之作。梅贻宝继续任成都燕京大学代校长。10 月 15 日，梅贻宝代校长向全体同学作报告，美日第二次交换侨民船只抵印度，燕大美籍教授 20 人脱离日方长期羁囚，乘该船返美，计有：窦维廉、博爱理、柯安喜、郭美瑞、戴维德、邓莎丽、高厚德、高科第、海松芳、韩威尔夫人、胡济生、桂美瑞、夏仁德、苏路德、桑美德、文国鼐、韦尔巽、威尔逊、吴路义、施美士等。重庆陪都轴心上述两个学术大本营之外，交织于政界、文艺界与学术界的学术活动更为丰富，也更为庞杂。一是以中共中央南方局为中心、周恩来与董必武领导的中共以及左翼文人学者群体。主要阵地有潘梓年继续任社长的《新华日报》，阳翰笙实际主持的文化工作委员会，王昆仑、翦伯赞、侯外庐等负责的"中苏文化协会"与《中苏文化》刊物，汇集老舍、茅盾、曹禺、胡风、冯雪峰等的中华全国文艺界抗敌协会。二是以张澜、黄炎培为领袖的民主同盟政治—学术群体，属于国共之外的第三方力量，但总体来说与共产党阵营更为接近。三是任职于国民党党务、政府以及学术文化机构的文人学者群体。潘公展继续任中央图书杂志审查主任委员。因严厉施行图书杂志审查而广受批评与非议，潘公展为挽回影响与声誉，决定筹划发起成立中国著作人协会。12 月 25 日，潘公展主持在中央文化运动委员会文化会堂举行的中国著作人协会发起人会议，茅盾、胡风、夏衍、史东山、阳翰笙、陈望道、姚蓬子、宋之的、于伶、王芸生等 60 余人出席，召集人潘公展报告发起该会的意义。会中推定夏衍、徐仲年、常任侠、徐蔚南、程希孟、卢于道、宗白华、简又文、王新命、李辰冬、刘百闵、胡一贯、阳翰笙、鲁觉吾、姚蓬子、华林等 16 人为筹备委员，并推潘公展为召集人，鲁觉吾兼总干事，负责积极进行筹备事宜。四是任职于商务印书馆、中华书局等出版机构的文人学者群体。王云五继续任商务印书馆总经理。1 月起，王云五称迁渝后为商务印书馆小康时期之开始，迄于 1945 年 8 月日本投降之日为止，从一个侧面反映了当时出版界的艰难困境以及奋力前行的状况。张静庐从事出版事业已有 25 周年。1 月 5 日，据重庆《大公报》载，旅渝旧友沈雁冰、舒舍予、应云卫、马彦祥、赵望云、叶浅予等 25 人为发起征文并辑印纪念册两种，一为文字，一为书画。19 日，《新华日报》载：茅盾、老舍、曹靖华、郑伯奇、夏衍、张恨水、姚蓬子、姚苏凤、施蛰存等 20 余人发起张静庐从事出版事业 25 周年纪念征文。此外，欧阳竟无 2 月 6 日感冒示疾，转肺炎，体衰不能复，于 23 日晨 7 时安祥去世。3 月 10 日，吕澂致函蒙文通、韩文畦、彭云生，告知欧阳竟无圆寂事。欧阳竟无弟子从各地来奔丧，蒙文通曾约集在成都的同门公祭。6 月，支那内学院成立院友会，公推吕澂摄理院长。欧阳竟无葬于江津支那内学院院内。

国统区的另一轴心是昆明。重中之重依然是西南联大，其次是云南大学，然后是在云南的学术文化机构。梅贻琦继续任西南联大常委会常委、清华大学校长,主持西南联大工作。8月7日上午11时,梅贻琦在西仓坡5号出席清华第四十九次校务会议。会上梅贻琦请校务会议成员各就有关范围对战后复校计划先加考虑,自此开始为抗战胜利后的学校复员提前谋划与部署。9月1日中午12时,梅贻琦出席清华第五十次校务会议,传达教育部精神:"转行政院咨嘱各教育文化机关,就在沦陷区所受损失及战后复原所需用费依现值估价列报",以便战后向侵略者索赔。会上梅贻琦指定陈岱孙、吴有训、沈履组成委员会估量清华校产损失数量及价值,提交秋季将于美国召集之会议。而就学术而论,继续任文学院院长的冯友兰当之无愧地为学界领袖。当时文学院教授名单如下:中国文学系:朱自清、罗常培、罗庸、魏建功、杨振声、陈寅恪、刘文典、闻一多、王力、浦江清、唐兰、游国恩;外国语文学系:叶公超、柳无忌、莫泮芹、陈福田、燕卜荪、黄国聪、潘家洵、吴宓、陈铨、吴达元、钱钟书、杨业治、傅恩龄、刘泽荣、朱光潜、吴可读、陈嘉、冯承植、谢文通、李宝堂、林文铮、洪谦、赵诏熊、闻家驷、陈家民、温德、黄炯华、胡毅;历史学系:刘崇鋐、雷海宗、姚从吾、毛准、郑天挺、陈寅恪、傅斯年、钱穆、王信忠、邵循正、皮名举、向达、张荫麟、蔡维藩、噶邦福、吴晗;哲学心理学系:汤用彤、冯友兰、金岳霖、沈有鼎、孙国华、周先庚、张荫麟、冯文潜、贺麟、郑昕、容肇祖、王维诚、王宪钧、陈康、敦福堂、熊十力(专任讲师)。真可谓名家云集,人才济济。同在此年,西南联大教师科研成果获教育部奖励者有:陈寅恪《唐代政治史述论稿》(一等奖),汤用彤《汉魏两晋南北朝佛教史》(二等奖),闻一多《楚辞校补》(二等奖),王竹溪《热学问题之研究》(二等奖),张青莲《重水之研究》(二等奖),赵九章《大气天气之涡旋运动》(二等奖),郑天挺《发羌之地望与对音》(三等奖),高华年《昆明核桃等村土语研究》(三等奖),张清常《中国上古音乐史论丛》(三等奖),阴法鲁《先汉乐律初探》(三等奖)。此为西南联大学术实力的集中体现。昆明学术轴心的另一高地是云南大学。熊庆来继续任云南大学校长。1月26日,云大拟编撰出版云南大学丛书,决定由学校酌送编撰者编撰费,既对国家社会作贡献,又可增加教师的收入,减少生活上的困难,并可扩大学校影响。随后,熊校长陆续约定了编撰人员。龙云主席对此亦大加赞助,慨允拨赠编撰费国币4万元。楚图南与周新民等1月初组织"西南文化研究会",参加者均为文教界进步人士,主要成员还有李文宜、尚钺、闻一多、潘光旦、费孝通、吴晗等等,每周一次聚餐会,轮流做学术报告,讨论抗战形势及国内政治等。12月25日,楚图南在《云南日报》"护国纪念特刊"上发表《云南——中国民主政治的堡垒》,27日续完。这是第一次在报刊上公开称云南为"民主堡垒",对推动当时爱国民主运动,产生了巨大的激励与推动作用。

国统区的西南区域中,广西桂林依然保持文化城的优势,陈寅恪、梁漱溟、柳亚子、巴金、田汉、司马文森、欧阳予倩、曹聚仁、赵家璧等皆汇集于桂林。陈寅恪上半年仍在桂林广西大学任教。1月18日,杨树达得陈寅恪所撰序文。27日,陈寅恪为邓广铭《宋史职官志考证》作序,提出"新宋学"概念。5月,陈寅恪《唐代政治史述论稿》由重庆商务印书馆出版,列为国立中央研究院历史语言研究所专刊。此书从民族升降、党派集团、外族盛衰及外患与内政关系三处深度剖析唐代政治。重点在种族与文化的关系,谓"此二问题实李唐一代史事关键之所在""汉人与胡人之分别,在北朝时代文化较血统尤为重要",而"此点为治吾国中古史最要关键,若不明乎此,必致无谓之纠纷"。这是一部关于隋唐制度史的经典之作,后获教育部科研成果奖一等奖,其中许多观点至今被不少学者称道、征引。田汉10月28日下午主持《文学创作》社在月牙山倚虹楼召开的《战后中国文艺展望》第一次座谈会,欧阳予倩、邵荃麟、胡仲持、李文钊、熊佛西、宋云彬、周钢鸣、司马文森、彭燕郊、芦荻、灵珠、孟超、胡危舟、秦似、张煌、洪道、韩北屏等20余人到会。座谈记录刊于次年4月桂林《当代文艺》第1卷第4期。西南区域的学术高地仍是浙江大学与中山大学。因为去年张荫麟的英年早逝,浙大损失惨重,也令学界无限惋惜。从年初开始,浙江大学竺可桢校长已提前开始思考战后重建问题。2月10日,在浙大学生自治会举行的学术座谈会上演讲《战后之中国》,认为战后问题最重要者,是人民心理的改造,期望"凡我民族性之缺点,皆应努力改革,而我传统之爱和平、尚礼节、待敌宽大、不歧视宗教诸美德,均须保存而光大之"。12日,作《关于战后国都及陪都问题之意见》一文。6月1日,竺可桢在重庆往晤兵工署署长俞大维,谈及欧战前景。10月4日,在湄潭浙大附中纪念周演讲《为人之道》,述抗战必胜已有把握,但建国必成还是问题。14日,竺可桢致函张其昀,讨论战后对日政策约束。12月31日,竺可桢在北碚至复旦史地学会演讲《大西洋宪章与战后和平》。中山大学朱谦之继续全力提倡近代史研究。王亚南继续主编中山大学经济调查研究所《经济科学》杂志。夏,英国著名中国科技史专家李约瑟于坪石访王亚南。在山村的一个小屋里,与王亚南两度长谈,纵论世界历史和社会经济问题,李约瑟提出中国官僚政治有关问题就教。之后,王亚南着手研究此问题,发表了"中国官僚政治之历史的经济的解释"系列文章。黄文山在《中山文化季刊》各期发表《世界文化的转向及其展望》《知识结合学与知行学说》等文,指出"唯生文化"将是未来世界文化发展的新方向。杨成志、钟敬文、郑师许、容肇祖、黄朝中、关自恕、董家遵、雷镜鎏、丘陶常、王启澍、梁受安、梁钊韬、罗致平、李肇新、马采、顾铁符、吕燕华、张为纲、陈必恒、萧维元等中山大学研究院文科研究所师生20人6月参加广东坪石民俗调查,内容包括坪石的历史、地理、人口、民间组织与制度、民间惯俗、信仰与崇拜、民间文学与艺术、方言、教育、人民等8个方面。11月,杨成志因教育部通知北大、清华、南京、武汉、中山等10所大学遴选各科资历合格的教授一人赴美访问进修,遂代表中山大学以考察人类科学、黑人、印第安人和华侨为对象获选成行。12月,钟敬文返回中山大学编辑出版《民俗》第2卷第3—4期合刊,同时恢复中山大学民俗学会。

国统区的西北区域中心在西北大学。赖琏继续任国立西北大学校长。11月,创办全校性的学术刊物《西北学术》,商学系教授郭文鹤在发刊词中论述创办这一刊物的目的:西北大学为西北最高学府,过去数年,整理行政,对于学术颇少贡献,今者学校当局痛感文化使命之重,所以创办此刊。黎锦熙照学校惯例休假一学年。在陕西一些县调查方言,广收农村词汇,用对应方法推行标准国语。是年,黎锦熙出版《洛川方言谣谚志》。在此补充一下国立敦煌艺术研究所的进展。1月17日,行政院通过决议:设立敦煌艺术所,隶属教育部。即日成立国立敦煌艺术研究所筹备委员会。聘请检察院甘宁青监察使高一涵为主任委员,常书鸿为副主任委员,秘书长为王子云,委员张庚由、张维、郑西谷、张大千、窦景椿。2月,国立敦煌艺术研究所筹备委员会在甘宁青监察使署召开第一、二次筹备会议。高一涵主持会议,出席人员有:副主任委员常书鸿、委员张维、郑通和(甘肃教育厅长)、张庚由(张半琴代)、王子云(何正璜代)。会议讨论了组织规章及其他要案多起,通过了敦煌艺术保管研究计划大纲。3月24日,高一涵率领敦煌研究所筹备委员会工作人员常书鸿等一行6人抵达千佛洞,就地设立办事处,开始筹备工作。其间,高一涵再访张大千于敦煌。自此以后,常书鸿开始了他长达半个世纪"守护敦煌"的重任。此外,罗家伦2月19日任西北建设考察团团长。4月26日,就任新疆监察使。6月7日,率领西北建设考察团由重庆出发,考察陕西、甘肃、宁夏、青海、新疆五省。此为罗家伦一生中最为边远的任职。

其次是解放区。仍以延安为轴心,当时延安思想理论战线重要举措归结为"立"与"破"两个方面。就"立"的方面而言,就是"毛泽东思想"这一重要概念的提炼与确立。从 7 月 6 日刘少奇在《解放日报》上发表《清算党内的孟什维(克)主义思想》,使用了"毛泽东同志的思想""毛泽东同志的思想体系"的概念,到同月 8 日王稼祥在《解放日报》上发表《中国共产党与中国民族解放的道路》,第一次提出"毛泽东思想"的概念,再到 11 月博古在所撰写的专论《在毛泽东的旗帜下,为保卫中国共产党而战》中第一次提出"毛泽东旗帜",这既是延安整风运动的直接成果,更是遵义会议以来中国共产党艰难探索的思想结晶;而从"破"的方面而言,则是组织力量集中回击与批判蒋介石《中国之命运》。7 月 13 日,刘少奇在出席中共中央政治局会议讨论关于国民党准备进攻陕甘宁边区和中共的对策问题之后,受中共中央委托主持召开专门会议,陈伯达、艾思奇、范文澜、王学文、何思敬、齐燕铭、吕振羽、陈唯实等参加,会议决定对《中国之命运》进行深入批判,以反击蒋介石发动的第三次"反共"高潮。7 月 21 日,《解放日报》用三个版的篇幅刊登陈伯达的文章《评〈中国之命运〉》。此后,《解放日报》刊出的重要文章还有:范文澜、吕振羽、齐燕铭、何思敬、艾思奇、续范亭、焕南、默涵、萧三、杨绍萱、姚仲明等人的驳论文章,以及周恩来的《论中国的法西斯主义——新专制主义》,集中批判蒋介石的《中国之命运》,由此在延安文化界掀起批判蒋介石的《中国之命运》一书的高潮。另一方面是毛泽东 1942 年 5 月《在延安文艺座谈会上的讲话》精神的贯彻落实。9 月 19 日,《解放日报》全文发表毛泽东 1942 年 5 月《在延安文艺座谈会上的讲话》。该《讲话》分"引言"和"结论"两部分。20 日,中央总学委发出关于学习《讲话》的通知。《在延安文艺座谈会上的讲话》作为毛泽东思想的重要组成部分,对于当时及以后的文艺界、学术界产生了巨大而深远的影响。本年度王大化、李波、路由集体编剧的《兄妹开荒》与赵树理《小二黑结婚》《李有才板话》以及相关理论与批评(尤其是自我批评)文章的大量涌现,都是贯彻落实《在延安文艺座谈会上的讲话》精神的必然结果,当然也不同程度地反映了延安文人学者经历从整风到审干的心路历程。而在延安教育学术机构方面,最为重要的调整是 3 月 16 日中共中央西北局决定,延安大学、鲁迅艺术文学院、自然科学院、民族学院、新文学干部学校合并,名称仍为延安大学,吴玉章任延安大学校长并兼鲁艺院长。新建置的延安大学成为延安文化学术高地。

再次是沦陷区。仍以北平—上海为两大中心。北平燕京大学因 1941 年 12 月太平洋战争爆发而被侵华日军封闭,乃于 1942 年至 1945 年内迁成都办学,所以北平中心以辅仁大学为重镇,也包括中国大学以及伪北大等。陈垣继续任辅仁大学校长。沦陷后的北平,辅仁大学是唯一未被日伪接管的大学。尽管时时受到日伪的压迫威胁,但坚决不承伪教育部命令,仍遵国民政府之学制及校历、假期规定,使用原有教材,保持了故都学府一片净土。此间,不少知名教授转入辅仁任教,使教师阵容空前强大。学校积极扩充学系,广收沦陷区失学青年,许多有爱国思想之青年都以考入辅仁为荣,造成辅仁大学之鼎盛时期。此外,原任教于燕京大学的张东荪自去年秋出狱后,至是年春在北平险恶的环境中完成《思想与社会》,并抄录多套以备不测。张东荪托人将书稿带到大后方,交给好友张君劢撰序并联系出版。6 月,张东荪派叶笃义赴解放区与十八集团军总部联系。7 月 7 日,叶笃义受张东荪之命秘密到十八集团军总部,与彭德怀等人会晤,签订合作协议。秋,中国民主政团同盟代表张云川在离开苏北返回重庆之前,来到日寇统治下的北平,最先将中国民主政团同盟的"政治纲领"带到北平,与张东荪、王宾荪、王大鲁、许宝骙等人聚晤,商讨根据"政治纲领"在华北地区开展工作,积极宣传团结抗日,坚定抗战信心等问题。为了便于开展工作,张东荪等人决定组织一个秘密的青年组织——中国青年互助会,作为中国民主政团同盟的外围组织,吸收那些不愿做亡国奴、急于寻找抗日救国道路的进步青年参加。俞平伯继续任私立中国大学国学系主任,在他主持系务工作期间,为了使古今中外文学得以平衡发展与研究,提议将国学系改为文学系。春,俞平伯参加伪华北作家协会第一次"华北文艺奖金"审查委员会会议,并任诗歌方面的主审委员。11月22日,朱自清自昆明致函俞平伯,建议俞平伯不要为伪杂志写稿。俞平伯接受了朱自清的建议。沦陷区的另一中心是上海。郑振铎、徐森玉继续潜居上海,以化名与中央图书馆馆长蒋复璁联系,继续收集珍本文献,并以"隐语"通讯。由此可见郑振铎、徐森玉、蒋复璁继续收集珍本文献的恒心与艰难。唐文治继续在上海举办国专沪校。2月22日,蒋介石以侍秘字第16118号代电致教育部长陈立夫,称:"据转呈国立编译馆编审侯谔等签呈悉,唐蔚芝先生毕生办学,晚节清高,良堪矜式。除已去电慰问、并致救济费叁万元交该部转汇外,所请资送该沪分校师生内移一节,即希核办为要……"不久,为不向敌伪当局登记立案,国专沪校将校名恢复为私立性质的"国学专修馆",仍请王蘧常担任教务主任,陈养浩为训育员,张仲礼为会计员。当时办学经费拮据,幸有金城银行吴蕴斋补助一万元,困难才稍有缓解。上海同时又是全国艺术中心与出版中心。关于艺术方面,黄宾虹、刘海粟、郑午昌、叶恭绰、夏敬观等都居于上海。黄宾虹1月80大寿,其挚友傅雷和弟子顾飞夫妇帮他在上海举办了一场大型个人画展。北平艺专的日本主持人听说是黄宾虹80寿辰,准备以学校师生名义为他举行庆寿会。黄宾虹认为日本人此举是黄鼠狼给鸡拜年,不安好心,拒绝到会。当晚,齐白石老人专门为他的80寿辰画了一幅蟠桃图,亲自送到府上祝贺。"南黄北齐",不但艺术成就相近,在关于国家命运、民族气节的大义上,也没有半点含糊,为全国人民及后世子孙做出了表率。刘海粟5月25日由南洋乘日本军用飞机辗转抵沪,并对日伪新闻记者发表谈话,称道"大日本"的"王道"。11月29日,刘海粟画展预展在中国画苑举行,由张一鹏、林康侯主持,到会者中日各界300余人,日本方面有东亚同文会副会长津田中将,海军武官府长近藤少将,盐田大尉,陆军部川本大佐,日本大使馆奥村课长,岩井书记官,华中振兴公司高岛总裁、冈部顾问等。刘海粟这次画展曾引起不少非议。徐悲鸿后于1953年6月1日第一次致信周扬部长,诉说刘海粟的四大罪状,其中第一条即是"乘用日本军用飞机从新加坡返回上海,并与日本军官来往密切"。郑午昌等发起的甲午同庚千龄会9月14日在魏延荣私人花园榕园举行第一次集会。该会由1894年即甲午战争出生的郑午昌、吴湖帆、汪亚尘、杨清磬、秦清曾、梅兰芳、周信芳、李祖夔等20位沪上知名人士组成,是年当他们50虚岁时,祖国更遭日本的侵略,有感于此,发起此会,并定每年春、秋聚会两次,加强联系,增进团结,永不忘国难。关于出版方面,张元济主持的商务印书馆、陆高谊主持的世界书局、章锡琛主持的开明书店等都在艰难维持运转。12月15日,开明书店夏丏尊与章锡琛、世界书局赵侣青、中华书局潘公望、北新书局赵景深夫人李希同,以及四所小学、四所中学的教师,圣约翰大学校长、教师等39人同时被日本宪兵司令部逮捕。夏丏尊被"留置"后,与赵侣青同羁1号牢房。在被拘留的11天中,夏丏尊就有5天受审。审讯时,日本人用日语提问,并要求用日语回答,夏丏尊说:"我是中国人,我说中国话。你们有翻译人员,翻译就是了。"日军出示有夏丏尊签名的中国文艺家协会抗日宣言,据以问罪。日本人还请日本学生出面,恭请夏丏尊为大东亚共荣圈鼎力,被夏丏尊严正拒绝。25日,夏丏尊与章锡琛被释放。日本宪兵曾向夏、章追问郑振铎的住处,他们坚不吐实。

最后是海外交流。先看"出"的方面,仍以美国为中心。胡适继续居留美国,蒋梦麟、朱家骅、汤用彤、江泽涵、任鸿隽、王重民等先后致信胡适。11月5日,王重民致信胡适,说他近遇一部校本《水经注》,因审阅此本而想及"赵戴""全赵"两公案,遂在写其善本书目提要时,不觉竟写成五六千字的一篇文字,特将此文写呈胡适阅看。11月8日夜,胡适作长信回复王重民,一直到9日天明始成。王重民得复信后,大加赞成。从此时起,终其晚年,胡适一直把主要精力倾注于此一课题。赵元任所居行人街27号依然是一个中国人的活动中心。清华同学会、哈佛-MIT同学会、香港同学会等都曾在赵元任家聚会。胡适、金岳霖、陈福田等是常客;林语堂、邹秉文、周鲠生来过多次,还有画家张书旂、费孝通、吴贻芳、于宾主教等都曾来过。晏阳初5月24日出席哥白尼逝世400周年全美纪念大会。美国科希丘什科基金会因晏阳初"将繁难的汉字简化易读,用书本知识开启千万不识字人的心智,用科学的方法指导农民发展生产",与爱因斯坦、杜威、福特、莱特、劳伦斯、华特·迪斯尼、斯坦利、斯可尔斯奇等被膺选为"现代世界最具革命性贡献的十大伟人",并在大会上接受表扬状,成为唯一一位获此殊荣的亚洲人。7月5日,晏阳初与几位美国人士在赛珍珠女士的宾州寓所讨论中美关系陷入困境的原因。同月,晏阳初着手与美国作家J. P. McEvoy合作撰写《免于愚昧无知的自由——平民教育实用手册》,提出"第五自由"的著名论断。金岳霖8月15日与费孝通等一起出席芝加哥大学举办的有关中国问题的座谈会,在会上指出:大学教育学生人数增加是好现象,但是同时也要注重水平和程度的提高。又说:为了工业化,不可只注重工程学和经济,一定要同时发展纯粹自然科学、社会科学和人文科学。费孝通7月赴美国文化交流一年,主要工作是编译了两本英文书:(1)将自著的《禄村农田》和张之毅的《易村手工业》《玉村农村和商业》译为英文,1945年由芝加哥大学出版社出版;(2)将史国衡的《昆厂劳工》编译成China Enters the Machine Age,1944年由哈佛大学出版社出版。11月,费孝通的《禄村农田》一书由商务印书馆出版。此书获上年教育部教师科研成果奖三等奖。再看"进"的方面,最为重要的一是英国剑桥大学教授、著名科技史专家李约瑟2月下旬与多兹教授一同经印度加尔各答飞越"驼峰",降落到了云南省昆明市的军用机场。李约瑟迅速开始访问昆明的科研机构,其第一站就是由清华、北大和南开三所学校合并而成的西南联大。3月21日,李约瑟乘坐飞机从昆明飞抵重庆。随后向英国政府建议,在重庆设立一个为中国科学技术界服务的机构"中英科学合作馆"。6月,在英国驻华大使西摩的支持下,英国方面批准了李约瑟的建议,中英科学合作馆在重庆正式成立,李约瑟出任馆长,办公地点设在英国驻华使馆内。为了准确了解散布在全国各地的中国科技人员的工作情况,李约瑟和他的同事冒着危险,在三年的时间内进行了11次旅行和访问,从西北的敦煌到东海之滨的福州,25000多英里的行程中,先后访问考察了近300个科研机构。李约瑟最感兴趣的是中国古代科技成就、科学思想及其在人类文化史上的价值,拟写一部专著《中国的科学和文化》(即后来著名的《中国科学技术史》)。此举受到了中国政界学界各方面要人陈立夫、朱家骅、翁文灏、胡适、石声汉等的大力支持。中国学界也热忱回报了这位英国科学家,李约瑟因此结识了竺可桢、王铃等一大批对中国科学技术史有兴趣的科学家,他们帮助李约瑟搜集相关的书籍、史料,甚至直接与李约瑟合作完成了后来享誉世界的《中国科学技术史》。5月28日,李约瑟访问武汉大学。6月初,李约瑟访问了设在李庄禹王庙内的同济大学与中央研究院历史语言研究所。在史语所所长傅斯年的热情招待下,李约瑟亲眼目睹了史语所珍稀的古代文物。8月28日,李约瑟一行人历尽艰辛终于抵达兰州。其间,李约瑟把中国工业合作协会英国促进会委托他赠送的仪器、工具交给兰州培黎学校,给国立西北图书馆捐赠了54种图书资料。9月30日,李约瑟抵达考察的目的地敦煌。李约瑟把在千佛洞的观察写成论文,刊于英国《自然》杂志。李约瑟还写下了大量的书信、日记、速写,拍摄了100多张有关敦煌和莫高窟的照片。这些素材后来多次出现在《中国科学技术史》中;美国驻华大使馆文化专员兼美国图书馆驻华代表费正清继续以其独特的视角观察中国,同时积极开展与左翼人士的交往。8月,费正清所写笔记表明国民政府已经不可救药:"我对现政权已不存在希望,因为从感情上,它已失去广大人民的信任,而且也不能给人民带来任何实实在在的好处。这个政权已经千疮百孔,腐朽不堪,并且没有足够的有识之士来挽救残局,因此,它不过是苟延残喘而已。"9月19日,费正清驱车前往文化工作委员会夏季使用的农舍,受到郭沫若和主要同事的热情接待,彼此交谈中美文化交流之事,费正清意欲请郭沫若赴美国讲学。10月,费正清又应邀参加了郭沫若的50岁生日宴会。随后,费正清又结识了茅盾和陶行知。当时费正清已敏锐地发现文化工作委员会的实际困境:"事实上,这个委员会更像是一种限制行为的围栏,已有很多知名作家被圈在里面。假如他们离开这里前往延安,将会对统一战线造成一场灾难。"其间,费正清还宴请了中共南方局董必武和周恩来的秘书陈家康。同月,费正清写道:"这里生活的主题似乎就是物价与革命。我与菲利普·斯普劳斯一起宴请了国民参政会的共产党员董必武老先生和周恩来的秘书陈家康。前者说着令人费解的方言,后者则思维活跃,不时会冒出一个新想法。为了验证他们的说法,第二天早上我又去走访了国民党中央组织部战区党务处。周三与蒋介石的首席日本问题专家共进晚餐,于是我在想,周四我应该拜访共产党人士,这样才能保持大致的公平而没有偏见。"美国文森特时任美国驻华使馆官员。翁文灏3月30日为"北京人"化石问题致函文森特,告知他去年冬天曾收到佛腾来函,报告太平洋战争前"'北京人'化石连同一部分相关物品起先托付给美国驻平陆战队,打算在他们从中国撤退时带往美国。不料,他们尚滞留秦皇岛时,太平洋战争爆发了,这些陆战队员都作了日军的俘虏。此后,这些化石的下落竟杳无音讯。我们迄今尚未公布这件事,是为了避免引起日本人的注意和兴趣"。翁文灏表示:"我们必须马上行动找到它们并加以安全保管。"翁文灏认为美国国务院及海军部可能会对追查有帮助,请文森特设法让美国国务院关注此事。4月2日,文森特复函,告已电问华盛顿海军部,一有消息立告。10日,翁文灏再函文森特,追问"北京人"化石事。同时又致函佛腾,告已分别致函魏敦瑞、Lobenstine、M. C. Baltour及美国驻华使馆,请帮助寻找"北京人"化石的线索,也希望得到美国国务院的帮助。27日,文森特回函翁文灏,告已将此事禀报国务院。但"北京人"化石依然没有下落。

　　本年度的学术论争渐有复兴之势,集中体现在以下9个方面:

　　1. 关于《中国之命运》的大论战。就当时的政学两界以及媒体影响力而言,当推3月10日重庆正中书局出版的由时任蒋介石侍从室第五组组长的陶希圣执笔、以蒋介石名义发表的小册子《中国之命运》。全书的主旨是宣传只有国民党救中国,只有三民主义救中国,集中表述了蒋介石集团"一个主义、一个政党、一个领袖"的政治观点,表述了蒋介石"力行哲学"的宇宙观、认识论、伦理学和历史观,同时指责共产党是"新式军阀",暗示要以武力消灭共产党,从而为积极"反共"和坚持国民党一党专政作舆论准备。总的来说,陶希圣奉命抛出《中国之命运》以及全力开动宣传机器予以鼓吹，以及共产党阵营的集中火力批判，同时交织着政治斗争与学术论争。根据刘维生、刘旺《试论1943年国共两党在思想文化领域的论战——以〈中央日报〉和〈解放日报〉为中心》（《衡水学院学报》2009年第5期）的梳理：在《中国之命运》发售前，中央日报就以《中国之命运》为题发表一篇社论，为蒋著吹风，称即将出版的蒋著"不啻我全国同胞发明一具精确的南针，建筑一座光明的灯塔"，文章说这是总裁"伟大人格的流露"，是"总裁力行的结晶"。3月10日《中国之命运》出版以后，《中央日报》主要从以下几个方面发动了舆论攻势：第一，国民党是中国革命和建国的总政治部。第二，中国文化的发展方向是三民主义的新文化。第三，强调传统文化的统一性，指出中国文化之所以宝贵，"就在于含有伟大的统一性"。第四，攻击中国共产党拥兵割据，破坏国家统一，阻碍国家建设。第五，鼓吹民族主义，宣扬领袖至上，发扬"诚"的精神。与此同时，国民党官方组织力量对《中国之命运》进行集中阐释，以最快的速度迅速出版了樊荮棠编《读〈中国之命运〉》、冯家勋编辑《研读〈中国之命运〉的问答》、刘伟森编《〈中国之命运〉研究》、王仲文编辑《〈中国之命运〉研究》、甘仲玉编《〈中国之命运〉的研究》、巩民编著《〈中国之命运〉的问答》、张明编《〈中国之命运〉问答》、陈淑雨编著《〈中国之命运〉问答》《〈中国之命运〉研究》等。另一方面是延安学者的反击与批判，主要以《解放日报》为阵地，先后刊出的重要的文章有：陈伯达《评〈中国之命运〉》（7月21日），范文澜《谁革命？革谁的命？》（8月1日），吕振羽《国共两党和中国之命运》（8月7日），齐燕铭《驳蒋介石的文化观》（8月9日），何思敬《驳蒋介石的法律观》（8月10日），艾思奇《中国之命运——极端唯心论的愚民哲学》（8月11日），续范亭的《感言》（8月16日），焕南《新"圣谕广训"》（8月21日），默涵《谁是中国人》（8月21日），萧三《向国民党紧急动议两件事——为了国家民族、为了青年后代》（9月8日），杨绍萱《中国法西斯之命运》（9月13日），姚仲明《事实胜于雄辩》（9月15日）。以上12篇文章集中批判蒋介石的《中国之命运》，由此在延安文化界掀起批判蒋介石的《中国之命运》一书的高潮。《解放日报》对《中央日报》的反击集中体现在：首先，对国民党推崇传统道德文化进行批判，指出"民族的、科学的、大众的新文化，就是新民主主义的文化，也就是新三民主义的文化"，才是中国的需要。其次，批判国民党集团宣传的政治思想，指出中国的政治方向是自由民主的新民主主义共和国。最后，强调只有共产党才是真正革命的，才是中国之命运的决定者。"只有不敢正视客观实在的人，才敢闭门自造两套孤立的计划，一套叫做以反共为中心的'革命'计划，一套叫做以饭碗为香饵的'建国'计划。谁都知道反共反民主，国将不国，还有什么建？……所以事情很显然，只有共产党已经实践的团结抗战民主建设才是革命建国的正确道路，也只有共产党才是领导真正革命建国的伟大政党"。总的来看，这场由国民党挑起、共产党进行反击的思想文化论战实质是一场"政治宣传战"。争论的核心问题是，中国应该选择什么道路，也就是革命建国的指导思想问题。蒋介石抛出《中国之命运》以及全力开动宣传机器予以鼓吹，以及共产党阵营的集中火力批判，成为本年度乃至抗战以来国共双方最为激烈的思想较量。9月，国民党在重庆召开五届十一中全会，蒋介石在会上表示"战争结束后一年内召集国民大会""期待中共实践诺言，用政治方法解决此一政治问题"，并在10月恢复与中共的谈判。于是这场论战，以国共双方同意用谈判的方式来解决争端、维护两党的继续合作而结束。在国共激烈较量之际，《中国之命运》的论战也波及其他不同层面，并引发不同的反响。3月22日，昆明各报报道蒋介石《中国之命运》在昆开始发售。国民政府规定每人都必须阅读。张伯苓即部署本校师生研究

《中国之命运》,并要求写出研究报告。闻一多读后却很是反感,后来说:"《中国之命运》一书的出版,在我一个人是一个很重要的关键。我简直被那里面的义和团精神吓一跳,我们的英明的领袖原来是这样想法的吗?五四给我的影响太深,《中国之命运》公开的向五四宣战,我是无论如何受不了的。"10月10日,李公朴针对蒋介石的《中国之命运》反对民主,撰《民主与领袖的关系》,批判《中国之命运》。尤其值得回味的是本年度出现了诸多纪念五四的文章,实际上是以一种独特的范式捍卫五四以及否定《中国之命运》的反五四立场。本来,蒋介石以为《中国之命运》的出版,能够让自己的声望达到一个高峰,进而巩固自己的统治。然而此书的基调是强调宣扬中华民族的所谓"固有的德性""中国人的思想、中国人的精神、中国人的情感、中国人的品性",认为西方文化的入侵使中国原有的优越伦理和宗族社会组织被破坏,甚至"痛心疾首"地惊呼:近百年来中国人"因为学西洋的文化而在不知不觉中做了外国文学的奴隶""中国国民对于西洋的文化由拒绝而屈服,对于固有文化,由自大而自卑,屈服转为笃信,信其所至,自认为某一外国学说的忠实信徒;自卑转为自艾,极其所至,忍心侮蔑我们中国的固有文化遗产"。正是由于《中国之命运》的价值观、历史观、政治观、文化观严重缺失,导致事与愿违,除了在国民党内部引发颇多争议之外,在中国知识界、学术界更是引起了不小的波澜。有人认为蒋介石如此宣扬民族主义与废除不平等条约的意义,会惹恼英美列强,不利于他们援助中国抗战。有人认为此书对五四新文化运动以来的新思潮贬抑太过,同时对中国传统道德评价过高,不利于现代化观念的普及,是一种文化上的倒退。还有一些属于自由主义阵营的亲国民党知识分子,觉得蒋介石此书表现出国民党政权的"大倒退",与他们所信奉的那一套价值理念差距太大。总之,《中国之命运》的出版,虽然有不少国民党内的御用学者为其宣扬赞美,并以书中的历史观和政治观为标准进行更大范围的学术研究,但更多的学者则因此书而对蒋介石心生不满,使得国民党统治越来越离心离德,同时也从一个侧面反映了蒋介石所想象的"大国地位"的虚幻。为了扩大《中国之命运》在国际上的影响,王宠惠于3月10日《中国之命运》出版后组织学者进行英文翻译校订,温源宁、吴经熊等协助其事。此外,西南联大雷海宗、林同济也应邀为此书英文版进行校订工作。尽管《中国之命运》英译本1947年由纽约麦克米伦公司出版,林语堂作序;然而英美盟邦人士对此书的反民主逆流以及中国法西斯政治大为不满意。《远东研究》第12卷第14期发表的《论中国在联合战争中的地位》一文指出,该书"反对的目标不是日本而是西方帝国主义者",表现了"国民党中国内"的"领导人不愿抛弃封建制度的教条""官僚主义的统治加紧了",不利于动员抗日。苏联塔斯社中国分社社长罗果夫8月8日在莫斯科《战争与工人阶级》上发表文章指出:"这将是对中国人民的背叛和暗害,使日本帝国主义坐收渔利。"国际舆论甚至称其为希特勒《自我奋斗》的中国版。时任驻美军军事代表团团长的熊式辉在纽约、华盛顿、伦敦之招待会上屡因《中国之命运》的发表被人提出如下问题,要求他答复:(一)中国名为民主国家,对民权政治之产生,保障及巩固之方法如何?(二)劳动营之设立,根据何种目的?以上两个问题,被到会人士反复质问,熊式辉默然无以为答。可见《中国之命运》在国际上也是失分的。

　　2.关于五四运动24周年的纪念与阐释。"五四运动"再度受到高度关注,实与《中国之命运》强调回归传统文化,极力贬低甚至否定五四新文化运动息息相关,由此引发学界对于"五四"的再评价,但比较微妙,值得细细品味。在重庆,国民党《中央日报》对此高度重视,于5月4日特辟纪念"五四"的特辑,刊载社论《国民革命与五四运动》以及黎晋伟《五四运动之新认识》、龙蔚然《青年的任务》、傅斯年《"五四"偶谈》、罗家伦《五四纪念与全国青年第三次大团结》、海啸《事实与成见》等文。社论延续以往国民党对五四运动的定调,力图将其直接纳入既有的政治框架之中而赋予其党派意义:"'五四'实是国民革命中一个支流,这一个支流,经过四年的时间,仍旧汇宗于国民革命的大海""'五四'时代的青年要想爱国而难于得到机会,掀动了全国的社会运动而仅得表现其爱国之情绪",甚至断言"就'五四'运动所提倡的精神而论,则当时所提倡的所谓民主与科学,其要义绝没有超越三民主义的范围","五四运动是产生于舆论及教育,五四运动所以能够勃然发动,就因平素受着散布在社会中的革命思想。参加'五四'的人物,后来有许多到广东参加国民革命",强调"今日全国青年,惟当竭尽全力,服从领袖,贡献能力,就是爱国的最大表现,也就是发扬'五四'的精神"。而傅斯年《"五四"偶谈》尽管也以历史观重新审视"五四",但主要还是予以正面评价,认为从今天追想"五四",应该肯定的是:第一,"五四"已经成就了它的使命了。第二,"五四"未尝不为"文化的积累"留下一个永久的崖层。此为强调五四运动在"文化积累"中的特殊作用,因今日文化之超于原人时代之文化者,以其积累之厚者。积累文化犹如积山,必不除原有者,而于其上更加一层,然后可以后来居上,愈久愈高。"五四之遗物自带着法兰西革命之色泽,而包括开明时代之成分。"五四以后,"学自然科学人文科学者之增加,以学问为事业之增加,遂开民二十以后各种科学各有根基之局,似与'五四'不无关系吧? 即在今天说'科学与民主',也不算是过时罢?"就政治立场而言,傅斯年是绝对的排共派,但作为五四运动的领袖,无论在情感逻辑还是历史逻辑维度上都对五四作了充分肯定,于此也就与《中国之命运》的文化复古主义拉开了距离。同在5月4日,《大公报》刊发社评《五四与青年》以及冯友兰《跋〈蔡孑民先生传略〉》。后文原存《传略》编者高平叔处,《大公报》主编王芸生闻讯后自高处索交《大公报》先行发表,用以纪念五四,其中涉及对五四的评价。同日,黄炎培代《国讯》"公言"栏撰写《"五四"运动的回味》,谓"'五四'运动之产生,出于客观形势之必然。这与辛亥革命,倒袁运动和北伐战争皆有相同之处。因而主张历史学家和社会学家须精心了解群众心理演变之由来,并根据各种历史事实揭示它的'所以然'与'所当然',留赠后人以明镜。政治家、思想家和教育家则应发挥求真求美求善的精神,根据真理与正确的认识,慎重而坚决地提出主张,为群众的先导,然后前仆后继而完成之。'成功不必在我',也许'其道大行,而其骨已朽',也是不必计较的"。6月1日,重庆中共机关刊物《群众》第8卷第9期刊有止戈《科学与民主》,继续高扬五四运动科学与民主两面旗帜。在延安,先是4月22日《解放日报》刊登了陕甘宁边区青救会纪念"五四"的任务指示,要求各地青救会根据当地具体的情况开展"五四"纪念活动,决定在"五四"隆重奖励青年劳动英雄和模范工作者,并指出"我们迎接今年的'五四'青年节,中心任务在于执行生产和教育的两大任务"。4日,《解放日报》发表亚灵的《五四运动》。5日,《解放日报》第一版、第二版连载的社论《中国思想界现在的中心任务》,指出从思想上彻底打垮和消灭法西斯主义是中国思想界现在的中心任务,也是我们纪念五四运动、解放民众思想、团结民主力量、争取抗战胜利的重要任务。再看昆明,5月15日,昆明《自由论坛》第1卷第4期发表陈序经《"五四"文化运动的评估》、林同济《关于自由主义》。前文指出:五四文化运动的价值,与其说是在于积极地主张接受西洋的文化,不如说是在于消极地反对孔家的思想。陈独秀、胡适所提倡的西化,大致不外是民主主义与科学精神,都是严复、胡礼恒、容闳的主张。不过自中西文化沟通以后,积极提倡西化,而同时又极力反对孔教却是始于五四文化运动的时代。后文作于5

月4日夜,作者认为"中国今日最基本的问题是如何把个性的灵机活力从二千年来皇权主义的桎梏下解放出来,但同时又要如何避免这个性于久缚乍放的情绪中,颓倒泛滥而变为庸俗、混乱、虚无的一团糟! 在皇权积重下谈自由,最可能的实际趋势厥为虚无之一途,就好像在自由畸形发展后谈纪律,惟一的可能纪律多半是独裁路线一样!""这个全面的个性运动必须根据在贵士运动上推行而建设起来。"5月8日《自由论坛》编者志曰:"这是林同济先生在'五四'给本刊编者的一封私人信中所讨论到的问题。自由主义过去曾赐与人类以极大的幸福;即根据过去一个世纪的经验,证明今后仍充分具有此种可能。迨一九一八年第一次世界大战告终后,在几个极权国家中,它都被斥为异端。这一次的世界大战,联合国家所揭的战争目的是'为保卫民主而战',亦即为'保卫自由主义而战'。我们可断言:胜利的自由主义将重赐人类以幸福;但迄今我们仍听到自由主义存废的论辩,可见其前途,坎坷仍多。林同济先生年来是被一般人目为'战国派'台柱的人物,'战国派'的论调在国内曾引起过有趣的讨论,它被指为是自由主义前路中一个可怕的威胁;林先生在给编者的信中,对这点颇有解释。本刊原就愿意给各种不同的意见以自由发表的机会,故乐将林先生的信摘要刊出,以飨读者。"由"战国派"领袖林同济谈论自由主义,而且选在五四的特殊日子,具有为自己原先的"反自由主义"辩白以及重评五四运动的双重意义。

3. 关于战后重建的广泛讨论。广泛涉及经济、政治、文化、军事、外交建设等各个方面,其中经济重建是重中之重。3月,雷海宗在昆明《当代评论》第3卷第15—16期合刊上发表《战后经济问题座谈会上发言及总结》,认为:"中国如要成为一个现代国家,必须于抗战之后继之以建国。抗战胜利,可以使中国得一机会(我们可以假定至少有二十年)努力建成一个现代国家。""建国的事业千头万绪,如要迅速完成,必须认清本末先后,集中力量于根本的和首要的工作。从经济的立场,要使中国能具备这两个条件,应从速完成工业革命、交通革命和社会革命。换句话说,工业化、交通建设和民生主义,应列为战后经济建设的目标。""经济建设,是一种很艰巨的工作,必须全国上下集中力量,用革命的手段来进行,然后才有成功的希望。"4月20日,工业建设计划会议在重庆中央图书馆举行,翁文灏主持会议并在开幕式上作题为《中国经济革新的回顾与前瞻》的演讲,重点阐述了抗战前中国工商经济特点,战时的演变情形与战后发展应行注意各点。后刊于7月在广西桂林出版的《新工商》杂志创刊号。30日,翁文灏在会议闭幕式的即席致辞中表示:在抗战期内,日人掠夺我煤铁宝贵资源甚多,此种损失,非赔款所能弥补。而日本侵略之力量,尤出于彼方发达的工业。战后盟国方面,理宜决定将日本一部分工业设备移交吾国。这是中国官方第一次对战后处理日本工业问题发表意见。此种意见发表后,受到国内外人士的重视。10月15—16日,龙季子在重庆《新华日报》发表的《实行工业化的条件》特别提到"所谓建国的工作,正是要以工业化做它的主要内容",然后就这一个重大问题提出若干建议:第一,要确行国策。第二,要统盘计划。第三,要妥筹资金。第四,要善为保育。第五,要稳定币值。第六,要准备技术。此外,董问樵《争取经济主动》、沈来秋《中国战后计划经济之不可能》、张天泽《从复兴民族说到经济建设》、夏炎德《中国建设独立自主国民经济之机运》、陈振汉《中国战后经济建设与计划经济》、余六铁《战后工业建设之途径与准备》、蔡泽《战后我国铁路政策与铁路网之建立》等文也都论及战后经济重建问题。相关著作则有:翁文灏著《中国经济建设论丛》《中国经济建设概论》,罗敦伟著《战时经济总动员论》,吴景超著《中国经济建设之路》,陈伯庄著《经建五论》,董问樵著《国防经济》,张锡昌等著《战时的中国经济》,姜庆湘著《中国战时经济教程》、陈学才著《战时经济原理》、中国国民党中央执行委员会训练委员会编《中国战时经济问题》。罗敦伟著《战时经济总动员论》共11章，即绪论、经济动员基础理论、农业动员、战时工业总动员、战时消费及分配统制、战时粮食统制、战时劳动总动员、战时交通总动员、战时财政金融总动员、战时物价统制、经济动员的机构。战后重建的另一重点是文化建设问题。9月8日，国民党在重庆召开的五届十一中全会通过了《文化运动纲领》。11月12日，国民党正式公布《文化运动纲领》，包括六个部分的内容：第一，文化的意义；第二，中华民族文化的哲学基础——民生哲学；第三，中华民族文化的建立；第四，民族文化的五大建设——心理、伦理、社会、政治、经济的建设；第五，中心工作的实施；第六，文化运动之指挥、执行、考核机构。规定"对内施政纲领"，首先即"树立三民主义的哲学、社会科学、文艺的理论"等。尽管这一《纲领》产生影响的时效主要在此年之后，不过在学界则已开先声。3月15日，王宠惠在《东方杂志》第39卷第1号率先发表了《文化建设论》，文中提出："今全世界各种文化均在战争的洪炉中，经一番锻炼，而熔成一片。战后之文化建设，绝非某一种文化推行于全世界，而是世界各种文化之交融，撷取其菁华，而摈弃其末流之弊，以孕育一种适于新时代的新文化。"最后归结于战后中国文化建设之道："我国本在建国中道，迄今仍在抗战中建国，文化建设为建国大业中重要工作之一，抗战以前，国人已注意及此，故有全盘西化与中国本位文化两说。以今视之，欧美人士正在研究中国文化，则全盘西化说，显属不适。而中国本位文化说，亦往往易被误解。抗战以来，中国国民党临时全国代表大会，根据遗教，特提道德之修养与科学之运动二义，实为我国最正确的文化政策。"6月，梁漱溟作《中国文化问题略谈》，刊于衡阳《大刚报》，全文六段：一、文化；二、中国文化；三、文化大转变时代；四、认识中国文化之必要；五、如何进行研究；六、怎样建设新中国文化。是年，胡秋原著、李建明编《中西文化与文化复兴》由重庆祖国出版社刊行。此书从中西文化的双重维度专论中国文化复兴的基本思路，就是现代化问题。作者认为，"中国革命之目的，在于建立现代化的中国。我们抗战，是要打破现代化的障碍；我们建国，就是建设现代化中国之基础。""所谓现代化不是别的，就是工业化，机械化的意思，就是民族工业化的意思。中国必须现代化，才能生存于现代国际环境中，才能洗刷我们的落后和污秽，浅薄和玄虚。而现代化也是中国自然前途。"此外，林语堂10月24日于短暂回国期间在中央大学发表题为《论东西文化与心理建设》的演讲，后刊于10月26日《大公报》第3版，又载12月《半月文萃》第2卷第5期。正文含"啼笑皆非""中国文化之正确的认识""崇拜欧美和复古思潮"三部分。12月8日，曹聚仁在《大公报》(桂林版)第4版上发表《论林语堂的东西文化观》一文，对林语堂此次演讲进行了批评。15日，田汉在桂林《国民》第3期发表《伊卡拉斯的颠落——读林语堂先生〈论东西文化与心理建设〉》一文，说：实际上林语堂对西方人"阐述的中国文化诸相满不是那回事"。作者提出："抗战的力量建立在老百姓身上是真的。但并不建立在封建道德上。"要取得抗战彻底胜利，"还得对广大老百姓作深入普遍的动员"，"教他们把忠孝节义那些旧道德怎样在新的战斗环境中发展起来而取得崭新的意义"。文化重建的一个核心内容就是文艺建设。12月28日下午，田汉主持《文学创作》社在月牙山倚虹楼召开的"战后中国文艺展望"第一次座谈会，欧阳予倩、邵荃麟、胡仲持、李文钊、熊佛西、宋云彬、周钢鸣、司马文森、彭燕郊、芦荻、灵珠、孟超、胡危舟、秦似、张煌、洪道、韩北屏等20余人到会。会议中心主题即是展望战后中国文艺。田汉谈了国内外政治形势和抗战文艺的发展，欧阳予倩、邵荃麟等也发了言。座谈记录刊于次年4月桂林《当代文艺》第1卷第4期。战后重建的第三个重点是建都以及都市建设问题。竺可桢、傅斯年关注战后建都问题。5月12日,竺可桢应中央设计局王世杰之约作《关于战后国都及陪都问题之意见》一文,以天、地、人、物四因子推论北平、南京、西安、武昌四地之优劣。结论以战后中心问题在于开发工业,非自开发东北不可,故主张以北平为首都。11月29日,傅斯年在重庆《大公报·星期论文》发表《战后建都问题》。另有周立三《战后我国首都地理位置的商讨》与朱文长《战后应建都兰州》同刊于《东方杂志》第39卷第16号。黄炎培则特别关注收复后的上海建设问题。8月13日,黄炎培在"八·一三"抗战6周年之际特写《从过去的上海想到未来》。大意谓胜利在望,应即早考虑到上海收复后的建设及其他,如收回租界等问题。并应考虑到整个河山的收复。因而事前的设计和临时统一的措施,均为十分重要之事。战后重建的第四个重点是对日本的处置以及国际外交问题。王宠惠1月作《抗战以来我国之外交》,提出:"胜利以后,吾人尚须就政治经济文化各方面,从事建设,以充实立国之条件,其任务之艰巨,不下于抗战时期,愿我国人,谨守上述遗训,努力以赴!"6月,《半月文萃》第2卷第1期"时文集锦"栏目刊登了《日本应该被消灭吗?——纽约午报(P.M.)座谈会纪录摘要》一文,内含林语堂的言论:首先,击败日本必须在它的本土上实现。其次,他们的政体也要有重要的改革。总之,"日本的力量必须予以摧毁,日本的文化必须加以改革——必须因此才能够稳定远东甚至全世界的任何部分。"10月14日,竺可桢致函张其昀,讨论战后对日政策。对于日本方面之要求,认为我国于此时应有所预备。除恢复东四省、台湾等领土外,竺可桢提出有三点必须办到,才可以建永久之和平。一是日本人在大陆上不能再有寸土,朝鲜必须独立。二是日本的人口政策必须改变,不能再继续奖励增加人口。三是日本对所缺乏与余剩资源必须详为估计,我国与日本于战后可以互通有无。另有钱端升1月致书英国著名政治家、议会领袖斯克里普斯和著名政治家西塞尔,表达并重申中国收复东三省和台湾的决心。同月,钱端升在《世界政治》第7卷第19—20期合刊上发表《新世序与世界公务员》。2月,钱端升在《大路》月刊第8卷第6期上发表《新世序的设计》。8月,钱端升在《国际编译》第1卷第2期上发表《战后应否有一国际人权宣言》。其他相关论文尚有:盛启芳《论东北四省之收复与建设》、史国纲《怎样划定战后的世界地图》、王云五《战后国际和平问题》、张君劢《与王云五先生商榷战后国际和平问题》、杜光埙《论重建世界和平的基本问题》、陈安仁《战后世界和平机构之建设问题》。上述四文主题相近,并有论争意味。其他领域尚有:李景汉《战后农村问题的讨论》、汪叔棣《战后人类福利增进的检讨》、陈廷锐《收复国宝论》、杨杰《如何解决建设新中国的技术干部问题》、吴泽炎《战后新秩序的建设问题》、史国英《论吾国今后的国防计划》、高扬《自由独立新中国的七点》。这些论文广泛涉及战后重建的诸多方面,尤其是受到复刊之后的《东方杂志》的高度关注。

4. 关于中国社会性质的讨论。郭沫若1月10日在桂林《文化杂志》第3卷第3期发表《关于古代社会研究答客难》,批评"西周封建说"。作者表示不同意"把井田解释为庄园制",认为"西周封建说无一可通",指出:"后期制度内有前期的孑遗,前期制度内有后期的萌蘖,此不可蒙混。非从坚实资料作客观分析,即堕入主观公式之窠臼,毫无是处。"同月,侯外庐所作《我对于"亚细亚生产方法"之答案与世界历史家商榷》定稿,同时因国民党"审查委员会"扣压的《中国古典社会史论》终由重庆五十年代出版社出版。此书以扎实周密的理论探讨,对奴隶社会的存在和特征进行了论证,是马克思主义关于亚细亚生产方式及氏族、财产、国家等问题在中国的"理论延长",标志着马克思主义史学发展的新阶段。同月13

日,《新华日报》第1版登载"侯外庐先生新著《中国古典社会史论》出版了",云:"本书系侯先生十余年来研究中国古代社会史心得之结晶。书中对于研究中国古代社会史应遵守之法则详加论列,并将中外各家,关于此问题之著作重作估价;正文方面皆以地下材料为最后依据,详征博引,立论精到。苏联学者已特约将此书译成俄文。现已全部出版,并印有龙章报纸本二百册。"吕振羽在《解放日报》连续发表相关论文。6月21、23日,《商朝奴隶制国家》连载于《解放日报》。7月15日,《西周时期封建制度的成立》刊于《解放日报》。8月19日,《初期封建制的发展——春秋时期》刊于《解放日报》。22日,《由初期封建制至专制主义封建制的转换——战国时期》刊于《解放日报》。10月1、2、4日,《进入专制主义封建制的秦汉时代》连载于《解放日报》。11月23日,《封建专制国家的分裂——三国时期》刊于《解放日报》。11月25和12月7、28日,《由封建专制国家的恢复统一到外族侵略——两晋南北朝》连载于《解放日报》。另有罗克汀《论中国社会发展阻滞的原因》刊于《群众》第8卷第1—2期,也属于上述论争之列。此外,吕振羽著《中国原始社会史》、尹达著《从考古学上所见到的中国原始社会》等也都涉及相关论题以及方法论问题。尹达《从考古学上所见到的中国原始社会》以马克思主义理论和方法为指导,叙述了从中国猿人以迄殷末社会的漫长历史,考察了原始社会各阶段的社会结构及其发生、发展和逐渐崩溃的过程。作者充分运用考古资料,并结合近世出土的甲骨文、古代文献以及神话传说,荟萃了从旧石器时代考古至殷墟发掘几乎所有有价值的材料。侯外庐称尹达是"中国原始社会史研究的开拓者之一"。

5. 关于"民族文艺"问题的讨论。从广义上说,"民族文艺"与现代文学"民族主义"思潮息息相关,在抗争时期再度高涨,但在左右翼文人学者群体之间多有不同的内涵与指向。王晓明《现代中国的民族主义》(《当代作家评论》2003年第2期)、旷新年《民族国家想象与中国现代文学》(《文学评论》2003年第1期)曾从不同的层面作了探讨。张志云《〈文艺先锋〉(1942—1948)与国统区文艺运动》(四川大学博士学位论文,2007年)认为,"民族文艺"这个名称,得自1942年9月1日张道藩刊于《文化先锋》创刊号的长文《我们所需要的文艺政策》,张道藩所论"六不""五要"的文艺政策之"五要"首条提出"要创造我们的民族文艺"。特别是本年2月20日李辰冬接任《文艺先锋》主编后,即将此作为刊物的"艺术使命",大力倡导"民族文艺"。首先体现在刊物的栏目编排方面,从2月20日出版的《文艺先锋》第2卷第2期起,增辟"短论"栏目,专门倡导"民族文学运动"。此外,李辰冬在此期"编后记"里,再次强调"建树民族文学"的使命,并"希望文艺界朋友们多对此问题发表伟论,并向这方面创作",等等。其中李辰冬(署名冬)刊于《文艺先锋》第2卷第2期首设的"短论"栏目之《要创造我们的民族文艺》具有风向标意义。李辰冬主要以"民族生存"以及时代性与地域性来界定和阐释"民族文艺",另一方面则重点批评了"普罗文学",然后又由"普罗文学"谈到"翻译西洋文学"的问题,然而李辰冬对于"普罗文学"具体的批评字眼,比如"受某某国际的指挥""为某某国家宣传"等话语,分明又挟带了一套政治上的话语攻击。由此可见,此时的"民族文艺"运动,因为掺入太多的党派矛盾而对左翼文艺进行某种挤压,进一步加剧了左、右翼文艺界的矛盾。于是在《文艺先锋》上引发了其他诸多问题的讨论。这一时期的短论文章,主要围绕着"民族文学"运动,讨论了许多关于文学建设方面的问题。其中的两个重点批判指向是"市侩主义"与"自由主义"。前者主要借着批判"商业化"现象清理新文学的生态语境,事实上是在缩小新文学运作空间,以便促成国统区"民族文艺"运动的进一步演化。后者主要针对抗战以来政府方面似乎一直缺乏有效的文艺管理政策,而认文艺作家为

"自由职业者"，"只有消极的限制，而无积极的策划"，因而建议采取更为有效的文化管理政策。李辰冬（署名冬）刊于 7 月 20 日《文艺先锋》第 3 卷第 1 期的《要安定文艺家的生活》甚至建议政府应将文艺家纳入"公务员"，实行"有计划"的礼遇，美其名曰"要安定文艺家的生活"，并举英国战时对文艺的"国家统制"为榜样。与上述密切相关的另一论题是关于"伟大的作品"的讨论。张志云《〈文艺先锋〉(1942—1948)与国统区文艺运动》（四川大学博士学位论文，2007 年）认为，自去年 11 月 3 日李辰冬在《文化先锋》第 1 卷第 10 期发表《为甚么我们当代没有伟大的文艺》以来，引起了不少共鸣文章。本年 1 月 20 日，陆印泉在刊于《文艺先锋》第 2 卷第 1 期的《粉碎公式主义》一文中，批评了抗战以来文艺创作中的"公式主义"倾向，及其对于"伟大作品"和抗战所带来的危害，继而具体分析了造成"公式主义"的病根，有三："作家对现实的疏远"，割裂了文艺的宣传性与艺术性之关系，"题材领域的狭窄"。为此，文章呼吁作家们走出"狭小"的圈子，"站在中国民族的立场上，站在改进现实生活的立场上，来反映现实，描写现实"，要"深入生活，分析生活"，等等。这些文章，通过对"伟大作品"的讨论，实际是在否定抗战以来文艺的成就与方向，其中对于作家"民族"立场的强调，逐渐得到一部分人的政治共识。3 月 20 日，《文艺先锋》第 2 卷第 3 期刊出署名"珊"的《发扬"公"与"诚"的精神》与署名"荣"的《"言之有物"与"言之有用"》两篇短论。前文以呼唤"伟大的作品"为由，要求作家本诸"民族"立场，自觉负起"教化大众"的任务，发扬"公"与"诚"的写作精神。后文则讨论了"伟大的文艺作品"之真义，是"要对国家民族负责""有益于人群的文艺作品"，而不仅是"五四"时期胡适之所提出的"言之有物"，文中还特别批评了一些伪谈个人"自由"的创作现象。值得注意的是，当越来越多的文艺者纷纷将"伟大的文艺作品"与"民族"捆绑起来的时候，"五四"新文学话语也开始遭受质疑甚至批判，比如"个性""自由"这样的话语，均遭到了批评，正如《"言之有物"与"言之有用"》那篇短论所批评的那样。这说明四十年代的抗战后期，国统区的部分文艺界人士，随着"民族"话语与"伟大作品"的讨论，开始动摇和放弃"五四"以来的新文学立场与传统，以此标明抗战以来的新文学与新文化知识分子在四十年代国统区的进一步分流。或许是"伟大作品"的诱惑力实在太大，而当时的文艺作家们似乎也多有一种"伟大"情结，有关"伟大的作品"之讨论，竟然延续到抗战胜利以后。

6. 关于文艺民族形式问题讨论的延续。自 1938 年 10 月 12—14 日毛泽东在党的六届六中全会所作政治报告《抗日民族战争与抗日民族统一战线发展的新阶段》谈到文化的民族形式问题，提出"洋八股必须废止，空洞抽象的调头必须少唱，教条主义必须休息，而代之以新鲜活泼的、为中国老百姓所喜闻乐见的中国作风和中国气派"以来，关于文艺民族形式的讨论一直在持续进行，至本年依然是个热点问题。兹参考刘长鼎、陈秀华《中国现代文学运动史》（山东文艺出版社 2013 年版）、文天行编《国统区抗战文艺运动大事记》（四川省社会科学院出版社 1985 年版）以及相关学者年谱大致梳理如下：1 月 18 日，楚图南在教育厅举办戏剧训练班，讲授"文艺的民族形式"。4 月 23 日，老舍在《文坛》第 2 卷第 1 期发表《文学遗产应怎样接受》，文中就语言、思想、形式、内容四方面，论述了如何正确继承文学遗产的问题。5 月 27 日下午，郭沫若在中共南方局机关学委作《文艺上的中国作风与中国气派》的报告。此时正当中共南方局机关整风运动进入文风问题学习的深化阶段，侧重研究、讨论新文化的形式与内容问题。同月，茅盾《戏剧的民族形式问题》由桂林白虹书店初版印行。6 月 5 日，黄磷在《新华日报》副刊发表《谈中国作风与中国气派》，认为"在原则上要求符合目前抗战的利益和需要,在形式上也应为人民大众所喜闻乐见。它不是中国某种固有的气派和作风的翻版,也不是中国一切固有的气派和作风的简单综合。它是根据中国现存的社会经济基础,从大众的现实生活和民族的革命斗争的实践中,接受民族的优秀遗产,完全加以消化,而创造出来的一种崭新的中国气派和中国作风"。同月,黄炎培参加《国讯》编辑部召集之"诗歌座谈会",讨论诗的语言问题。提出两点供讨论:(1)诗的大众化问题;(2)西方文化输入后,诗的变化问题。7月16日,潘梓年兼任主编的《群众》周刊第8卷第11期推出"民族化问题讨论特辑",刊登了劲秋《略谈创造新的中国气派与中国作风》、瀚若《关于中国作风与中国气派》、华岗《我们应该怎样来表现中国作风和中国气派?》、余约《我们还要大胆的摄取》、任广《正还有待于创造》、香汀《向大众学习》、钳耳《中国的民族化》、卓芬《怎样接受中国的文化遗产》、东君《民族化断想》。31日,改为半月刊的《群众》第8卷第12期推出"民族化讨论特辑"(二),刊载了沈友谷《论中国民族的新文化的建立》、远庸《论中国作风与中国气派》、谷溪《创造新风气》、德君《民族化杂谈》、黄磷《民族化和接受文化遗产》、正文《从几首歌谣来看中国作风与中国气派》、编者的《论民族主义与国际主义》。同月,田汉在桂林《艺丛》第1卷第2期发表用"答客问"体写成的《新歌剧问题》一文,重点阐述了对发展新歌剧问题的看法,认为旧戏、西洋歌剧和民歌应该同是新的中国歌剧产生的"源泉",新歌剧的产生是它们"综合"的结果。8月,芦蕻《从民间文化论接受文化遗产》刊于《群众》第8卷第13—14期。10月30日,万里之在《新华日报》副刊发表《"民族化"新文化的创造》,认为民族化的问题,不仅是"形式"问题、"作风"问题、"气派"问题,而且是民族的"内容"问题、"实质"问题。要之,从1938年毛泽东提出"中国作风和中国气派",到1940年发表《在延安文艺座谈会讲话》,再到1942年毛泽东在延安干部会上讲演《反对党八股》,关于文艺民族形式的讨论受到延安解放区以及国统区左翼阵营的高度重视,但普遍"没有认识到它对于中国文学思潮发生转移的巨大意义,以及此后对中国现代文学所产生的巨大影响",所讨论的主题不够集中,论题有待深化。

7. 关于对冯友兰"新理学"批评的延续。1月12日,冯友兰作《关于新理学讨论——答孙雄曾》,是对去年5月24日孙雄曾来信所提各点之答复。同月,沈于田《中国到自由之路——评冯友兰著〈新事论〉》刊于《群众周刊》第8卷第1—2期合刊。2月,陈家康《真际与实际——冯友兰〈新理学〉商兑之一》刊于《群众周刊》第8卷第3期;中平《冯友兰教授谈一元多元问题》刊于《大公报》。3月,陈家康《物与理——冯友兰〈新理学〉商兑之二》刊于《群众周刊》第8卷第5期。4月,冯友兰《读书答问·关于新理学》刊于《读书通讯》第63期,此为致李文湘函;陈家康《物与气——冯友兰先生〈新理学〉商兑之三》刊于《群众周刊》第8卷第6—7期。5月,冯友兰《关于新理学讨论——答孙雄曾书》刊于《哲学评论》第8卷第1期。孙雄曾1942年5月24日致冯友兰书刊于该刊同期。同月,张聿飞《冯友兰先生的三篇演讲》刊于《文化先锋》第2卷第6期。6月13—14日,胡秋原《论〈新理学〉》刊于《大公报》。同月,陈觉玄(钟凡)《评冯著〈新事论〉》、孙次舟《新理学系统之来源》刊于《大学》第2卷第6期;胡绳《思想的漫步》(续评《新理学》)刊于《群众》第8卷第10期。7月,孙次舟《新理学系统之来源》(续一)刊于《大学》第2卷第7期。8月,孙次舟《新理学系统之来源》(续二)刊于《大学》第2卷第8期;胡绳《思想漫步》(续评新理学)刊于《群众》第8卷第13—14期。同月,王恩洋《新理学评论》由东方文教研究院作为该院丛书之第三种在四川内江出版,书出版后赠冯友兰。此书就《新理学》各章节详加评论,认为新理学"实乃以西洋唯物论思想为骨干,而穿一套中国古装者。吾谓以中国学问而穿西装,则得整理之益,收表彰之功,结果可以导引西人以从东方圣贤之道。以西学而着中服,则皮存而神亡,尸行而心死,用夷变夏,而圣学沦亡矣"。9月,洪毅然《评冯友兰先生的艺术论》、孙次舟《新理学系统之来源》(续三)刊于《大学》第2卷第9期。10月,孙次舟《新理学系统之来源》(续四)刊于《大学》第2卷第10期;曹树人《冯著〈新世训〉评》刊于《新政治》第7卷第1期。12月12日,周谷城《评冯友兰氏之哲学》刊于《大公报》。同月,孙次舟《新理学系统之来源》(续五、续六)刊于《大学》第2卷第11—12期。是年,赵纪彬《理学的本质——新理学商兑之一》刊于《文史杂志》第3卷第11—12期。赵纪彬又作《"纯客观论"的剖析——新理学商兑之二》,认为新理学是"从纯客观观点出发……到达于纯主观论的观点",其"纯客观论之最后的归结,即是与宿命论合流"。赵纪彬另有《"依照说"与"道器论"——新理学商兑之三》,刊于《中山文化季刊》第1卷第2期,认为"冯先生是'从程朱倒学',以形上底抽象底理为本,以形下底具体事物为末""其对于理与气,或道与器,以及形上与形下底关系所主张底'依照说',乃是一种客观心本论"。就冯友兰的反批评而论,除了上述陆续发表的诸文(或信)之外,尚需重点关注一下冯友兰6月由商务印书馆在重庆出版的《新原人·自序》,所谓"'为天地立心,为生民立命,为往圣继绝学,为万世开太平',此哲学家所应自期许者也。况我国家民族值贞元之会,当绝续之交,通天人之际,达古今之变,明内圣外王之道者,岂可不尽所欲言,以为我国家致太平,我亿兆安身立命之用乎? 虽不能至,心向往之。非曰能之,愿学焉。此《新理学》《新事论》《新世训》,及此书所由作也。此书虽写在《新事论》《新世训》之后,但实为继《新理学》之作",既是冯友兰的"夫子自道",也是以另一种方式对各种批评的回应。

8. 关于对"文学贫困论"与"人性论"批评的延续。根据刘长鼎、陈秀华《中国现代文学运动史》(山东文艺出版社2013年版)、张志云《〈文艺先锋〉(1942—1948)与国统区文艺运动》(四川大学博士学位论文,2007年)等著述梳理如下:去年2月17日,施蛰存在《新华日报》发表《文学之贫困》,指责抗战以来没有好作品,此即所谓"文学之贫困"。10月25日,沈从文在《文艺先锋》第1卷第2期发表《文学运动的重造》,提出为"使文学作品价值,从普通宣传品而变为民族百年立国的经典",就必须"努力把它从'商场'和官场解放出来,再度成为'学术'一部门",再不受"商业与政治两种势力的分割与玷污",这就要发动"文学运动的重造"。同日,沈从文在《世界学生》第1卷第10期发表《小说与社会》,也谈到有关问题,申述了《文学运动的重造》的主要观点。然后至本年2月,叶以群署名"杨华"在《新华日报》连续发表5篇《文艺时评》,包括《关于文学的民族性——文艺时评之一》《文学底商业性和政治性——文艺时评之二》《文学与真实——文艺时评之三》《"抄袭"论和"奉命"论——文艺时评之四》《"拿货色来看"和"文学贫困"论——文艺时评之五》,批驳沈从文、施蛰存、梁实秋的"文学贫困论"与"人性论"观点。3月19日和20日,杨华又在《新华日报》发表《文学的"自由"和"统制"》《关于文学与"人性"》。前者批判梁实秋《关于文艺政策》一文中的有关意见,后者批判梁实秋和陈铨的"人性"观。同月,白尘也在《文艺先锋》第1卷第6期发表《读书随笔——文学的衰亡》,批评施蛰存在抗战开始就"隐起来了",他"隐居了三年五载,伸出头来便向人要伟大作品,似乎还过早一点。因为抗战前那十多年中间,连今日隐士在内,又产生过多少巨作伟构? ——不过,我们可以保证的是:'抗战文学的收获''数量'既然'不少',即使是'贫困得可怜'而将来伟大的作品,必然是在这些'不少'的,'贫困得可怜'的土壤中萌芽出来。因为这些'贫困得可怜'的东西到底是在抗战中和人民的鲜血一道生长起来的。它已经获得了生命"。此外，茅盾2月20日在刊于《文艺先锋》第2卷第2期的《文艺杂谈》中也批评了施蛰存的"文学贫困论"。茅盾此文，本是有感于王亚平与戈茅二位合著的《诗歌新论》，书中探讨了有关当时诗歌创作的几个问题，茅盾也谈了一点自己的意见，并积极肯定了艾青、田间、柯仲平等诗人在诗歌方面的探索和成就，于是便由当时诗坛的"勃盛"，联想到施蛰存所说的"文学贫困论"，以及对于田间诗人的讽刺，便反讽施蛰存的这一"新奇"之论，说"'文学贫困论'还是重在指斥中国现在的文艺作品都不足一顾呢，抑在替文学力争地盘，要使历史、哲学、政论，等等，都像古代希腊似的归在文艺名下呢，我实在看不清楚，但想来这两个意思施蛰存是都有的"。6月，郭沫若在《艺丛》月刊创刊号发表《文学的本质》，批评施蛰存"只显露得脑筋的'贫困'""抗战已经五年了，田间总还有些诗，剧作家总还有些剧"，而他"却只有'文学的贫困''贫困的贫困'"。从文学本身而言，尽管抗战文学存在着种种不足，但沈从文、施蛰存、梁实秋、陈铨等不仅退隐于抗战幕后，而且反过来对抗战文学提出种种责难，不仅仅是一种观念上的偏见，更是面对民族危难时刻的一种立场表现。就此而论，杨华、郭沫若、白尘等对沈从文、施蛰存、梁实秋、陈铨的批评不仅是十分必要的，也是十分及时的。

9. 关于对张荫麟的缅怀与评价。1月1日《思想与时代》第18期刊出"张荫麟先生纪念号"，载有张荫麟遗著《论史实之选择与综合》、钱穆《中国今日所需要之新史学与新史学家》、谢幼伟《张荫麟先生之哲学》、熊十力《哲学与史学》、王焕镳《张君荫麟传》、张其昀《敬悼张荫麟先生》、陈梦家《评张荫麟先生〈中国史纲〉第一册》、徐规《张荫麟先生著作系年目录》等文。熊十力《哲学与史学》谓："张荫麟先生，史学家也，亦哲学家也。其宏博之思，蕴诸中而尚未及阐发者，吾固无从深悉。然其为学，规模宏远，不守一家言，则时贤之所夙推而共誉也。荫麟方在盛年，神解卓特，胸怀冲旷，与人无城府，而一相见以心。使天假之年，纵其所至，则其融哲史两方面，而特辟一境地，恢前业而开方来，非荫麟其谁属乎。惜哉！其数遽止于此也。今之言哲学者，或忽视史学；业史者，或诋哲学以玄虚，二者皆病。昔明季诸子，无不兼精哲史两方面者。吾因荫麟先生之殁，而深有慨乎其规模或遂莫有继之者也。"钱穆《中国今日所需要之新史学与新史学家》谓："今日所需之新史学家，其人必具下开诸条件：一、于世事现实有极恳切之关怀；二、明于察往，勇于迎来，不拘拘于世事现实；三、于天界物界人界诸凡世间诸事相各科学智识有相当晓了；四、具哲学头脑，能融会贯通时空诸事态相互间之经纬条理。如此乃可当于司马氏所谓'究天人之际，通古今之变'，而后始要以成其'一家之言'。张荫麟博通中西文哲诸科，学既博洽，而复关怀时事，不甘仅仅为记注考订而止。然则中国新史学之大业，殆将于张君之身完成之。"

其他论争或讨论还有：关于取消不平等条约的讨论、关于"宪政"与"民主"的讨论、关于文艺政策讨论的延续、关于"文协"成立5周年的总结与讨论、关于文工会工作的总结与讨论、关于抽象道德的质疑与讨论、关于茅盾文学创作讨论的延续、关于巴金文学创作讨论的延续、关于曹禺文学创作讨论的延续，等等。刊物"专号"的专题讨论则主要有：《经济汇报》第8卷第9期刊出"财政部孔兼部长就任十周年纪念专号"；《中等教育》第1卷第3期刊出"师范教育专号"；《国民教育指导月刊（广西）》第2卷第4期刊出"推进师范教育运动特辑"；《贵州教育》第5卷第1—3期合刊刊出"推进师范教育专号"；《国民教育指导月刊（广西）》第2卷第11期刊出"师资训练专号"；《国民教育指导月刊（广西）》第2卷第1期刊出"国民教育辅导研究专号"；《国民教育指导月刊（广西）》第2卷第8期刊出"教学方法研究专号"；《国民教育指导月刊(广西)》第2卷第10期刊出"视导考核专号"；《贵州教育》第5卷第4—6期合刊刊出"贵州教育检讨专号"；《战时教育》第7卷第11—12期合刊刊出"儿童文学专号"，等等。

上述学术论争之外，聚焦于重要学术论题的论著尚有：章太炎著、曹聚仁编《国学概论》，谭正璧编《国学概论讲话》，顾寔著《国学运动大纲》，陈友松著《新时代的人文科学》，王平陵著《学术上的超功利主义》，李翊灼著《中国学术与中国学报》，朱启贤著《科学哲学与玄学》，苏雪林著《人类的运命》，高亨著《(重订)老子正诂》，柯横著《孔子人格学术与现代各科学派之最高原理》，马绍伯著《孟子学说底新评价》，冯友兰著《新原人》《新理学的中之地位及其方法》，赵纪彬著《中国知行学说简史》，严灵峰著《胡适中国哲学史大纲批判》，贺麟著《知难行易说与知行合一说》《近代唯心论简释》《德国文学与哲学的交互影响》《论翻译的性质和意义》，李长之著《德国的古典精神》，唐君毅著《中西哲学思想之比较研究集》，章士钊著《逻辑指要》，陈大齐著《实用理则学八讲》，吴恩裕著《政治思想与逻辑》，林同济著《论官僚传统——一个史的看法》，曾资生著《中国政治制度史》(1—4册)，邓广铭《宋史职官志考证》，朱家骅讲《边疆政策与边疆建设》，钱穆著《五十年来中国之时代病》，马寅初著《经济学概论》，李剑农著《中国经济史讲稿》，王亚南著《经济科学论丛》，黄炎培著《从团结抗战中发现伟大的中华民族遗传性》，叶楚伧著《马克思主义与社会史观》，陈达编《近代中国国势普查》，孙本文著《现代中国社会问题》(1—4册)《中国社会之研究》，张宗颍著《社会学的历史观》，陈果夫著《中国礼俗研究》，费孝通著《禄村农田》，萨孟武著《宪法新论》《各国宪法及其政府》，沙学浚著《国防地理新论》，胡克峰等著《论知识分子》，蒋星煜著《中国隐士与中国文化》，杨成志著《广东人民与文化》，罗家伦著《文化教育与青年》，陈立夫讲《国防教育讲授大纲》，余家菊著《大学通解》，于省吾著《双剑誃殷契骈枝三编》，王力著《中国现代语法》，陈望道编著《中国文法革新论丛》，毛泽东著《毛泽东同志在文艺座谈会的讲话》，郭沫若等著、柳倩编《文艺新论》，曹禺著《悲剧的精神》，茅盾著《论所谓"生活的三度"》，宗白华著《中国艺术意境之诞生》《论文艺的空灵与充实》，朱光潜著《诗论》《我与文学及其他》，陈铨编著《文学批评的新动向》，罗根泽编著《魏晋六朝文学批评史》《隋唐文学批评史》，梁乙真著《中国民族文学史》，傅庚生著《中国文学欣赏举隅》，徐炳昶著《中国古史的传说时代》，黄淬伯著《诗传笺商兑》，郭沫若著《屈原研究》，杨启高编著《唐代诗学》，刘开荣著《唐人诗中所见当时妇女生活》，缪钺著《中国史上之民族词人》，胡适著、郁鹏程编辑《中国章回小说考证》，卫聚贤著《杨家将及其考证》，徐梦麟著《云南农村戏曲史》，孙毓棠编著《传记与文学》，陈因编《满洲作家论集》，蔡仪著《新艺术论》，徐伟编著《西洋近代文艺思潮讲话》《欧洲近代文学史讲话》，孙毓棠编著《传记与文学》，姜蕴刚著《历史艺术论》，翦伯赞著《略论中国史研究》，李絜非著《论历史方法》，雷海宗著《循环之理》，朱希祖著《中国史学通论》，傅斯年著《〈史料与史学〉发刊词》，黎东方著《中国历史通论》(远古篇)，翦伯赞著《中国史论集》(第1辑)，缪凤林著《中国通史要略》，吴泽著《中国原始社会史》，翦伯赞著《中国史纲》(第一卷)《中国史论集》(第一辑)《夏族的起源与史前之鄂尔多斯》《略论中国史研究》《诸夏的分布与鼎鬲文化》，杨树达著《春秋大义述》，朱东润著《史记考索》，罗倬汉著《史记十二诸侯年表考证》，吕思勉著《三国史话》，陈寅恪著《唐代政治史述论稿》《宋史职官志考证序》，卢前著《西夏文化轮廓》，罗香林著《中夏系统中之百越》，杨成志编《粤北乳源傜山调查报告》，罗尔纲著《太平天国史丛考》，顾颉刚著《我们为什么要编名人传》，钱穆著《刘向歆父子年谱》，朱东润著《张居正大传》,张默生著《义丐武训传》(《异行传》第1集),梁希文编《现代学人外史》,蒙文通著《由〈禹贡〉至〈职方〉时代之地理知识所见古今之变》,吴稚晖著《西北为文明之摇篮》,莫东寅著《东方研究史》,陈修和著《越南古史及其民族文化之研究》,范文涛著《郑和航海图考》,张君劢著《印度复国运动》,贺昌群著《敦煌千佛洞应归国有赞议》,何正璜著《敦煌莫高窟现存佛洞概况之调查》,姜亮夫著《敦煌经卷在中国学术文化上之价值》,张政烺著《相台书塾刊正九经三传沿革例》,刘文典著《内阁大库》,张涤华著《类书流别》,萧一山编著《清代学者著述表》《清代学者著述考》,曾昭燏、李济编著《博物馆》,等等。王平陵《学术上的超功利主义》反思学以致用的治学信条,强调"我们既认清了苦攻自然科学,才是一条创造中国新文化的大路,我们就必须抱定超功利主义,不问路途的遥远,立即造成为学问而学问的风气!"李翊灼《中国学术与中国学报》为《中国学报》发刊词,从文前的"编者题记"可知,"原名《中国学报颂》。作者就中国学术精深博大处,为之抉探根原,纠正歧异;先陈十难,继示二义五法,……最后认定复兴中国学术,即复兴中国民主始基"。顾寔《国学运动大纲》分10章,阐述开展国学运动的意义、作用和方法,介绍运动的口号及纲领。雷海宗《循环之理》从自然现象的循环、动物的繁衍节奏、人身以及许多与人身有关的事的循环、人类经济生活的节奏、历史文化也不能逃出循环规律的控制五个层面论证与阐释循环论,"最概括的唯理看法大概就是易经上所讲的'原始反终'之道。"冯友兰为《新原人》所作《自序》云:"'为天地立心,为生民立命,为往圣继绝学,为万世开太平。'此哲学家所应自期许者也。况我国家民族,值贞元之会,当绝续之交,通天人之际,达古今之变,明内圣外王之道者,岂可不尽所欲言,以为我国家致太平,我亿兆安身立命之用乎?虽不能至,心向往之。非曰能之,愿学焉。此《新理学》《新事论》《新世训》,及此书所由作也。此书虽写在《新事论》《新世训》之后,但实为继《新理学》之作。""昔尝以《新理学》《新事论》《新世训》为贞元三书;近觉所欲言者甚多,不能以三书自限,亦不能以四书自限。世变方亟,所见日新,当随时尽所欲言,俟国家大业告成,然后汇此一时所作,总名之曰贞元之际所著书,以志艰危,且鸣盛世。"冯友兰《新理学的中之地位及其方法》认为真正底形上学的方法有两种:一种是"直觉主义底方法",一种是"形式主义底方法",又谓"《新理学》的方法就是真正形上学的正底方法",其任务在于提出并说明"理""气""道体""大全"四个观念。钱穆《五十年来中国之时代病》痛感"近五十年来的中国,却只有挫败、屈辱、退婴、不长进。较之并世列强,只有自惭自愧,几使中国人有不敢仰面对人之感"。然而追本溯源,"传统五千年,是中国人的生命,一切都象征着中国生命之健全与旺盛。最近五十年,则只是生命过程中之一时病状。"又说:"孙中山先生倡导的三民主义与辛亥革命,这是一个元气淋漓的,唯一的能从积极正面乐观而进一步的方向来指导中国前途的。这是从中国传统五千年生命本源里面产生的新力量;这是自我确立,不是自我抹杀。这才是复兴中国一大火种。我们只希望将此火种在每一个中国人的心头燃烧起来。"陈寅恪《唐代政治史述论稿》为其《隋唐制度渊源略论稿》的姊妹篇,荣获第三届教育部学术审议委员会"补助学术研究及奖励著作发明"奖社会科学类一等奖,这是对此著作原创性贡献的高度肯定。获二等奖的则有汤用彤《汉魏两晋南北朝佛教史》、闻一多《楚辞校补》。马寅初《经济学概论》一再重版,为民国时期最普及之经济学教材。曹禺《悲剧的精神》提出:构成悲剧的要素有二:首先,悲剧的主人不是走的一条平坦的路,他所遇到的悲哀,不仅是他个人的悲哀。他必须有崇高而伟大的目的,以义士之良心强烈地反抗压迫、罪恶与黑暗,在他艰苦的斗争过程中所遭受的不幸或牺牲,才能称为悲剧。其次,悲剧的主人必须是主动的,能够充分显示出他的意志能力,他必须有所"要",有所"取"。仅仅是被残酷的社会辗碎了的人,他没有坚强的意志、反抗的热情和高尚的风度,而是一个屈服于恶势力之下的可怜虫,或者他仅是为小我的目的而赴难,即使投身于水火之中的,也不能称为悲剧。茅盾《论所谓"生活的三度"》论述了"生活的广度、深度、密度"——这个还未引起人们充分注意的问题。"广度"即"见世面大","深度"即"阅世深","密度"即"贴近人民"或"近人情"。"一个文艺工作者不怕生活之广度不够,而怕密度不足","生活有了密度的作家",才能见出他"对于人民大众的命运"的"热情和关心"。宗白华《中国艺术意境之诞生》说,"唐代大画家张璪有两句话:'始师造化,中得心源',造化与心源的凝合,成了一个有生命的结晶体,鸢飞鱼跃、剔透玲珑,这就是'意境',一切艺术底中心之中心"。宗白华《论文艺的空灵与充实》指出,"中国文艺在空灵与充实两方都曾尽力,达到极高的成就。所以中国诗人爱把森然万象映射在太空的背景上,境界丰实空灵,像一座灿烂的星天"。以上表明宗白华借鉴西方、回归传统艺术文学批评体系的成熟。朱光潜所著《诗论》6月由重庆国民图书出版社出版,被称为"抗战版"。此书尝试用西方诗论解释中国古典诗歌,反过来也用中国诗论来诠释西方诗论,为中国现代诗学史上颇具开创性的创作,也是中国现代诗学体系建构的里程碑。徐旭生《中国古史的传说时代》为中国神话传说研究的经典名著,作者凭借其早年留学法国学习哲学,后与瑞典学者斯文·赫定合作组成中国西北学术考察团并担任中方团长,以及与苏秉琦等主持宝鸡斗鸡台遗址考古发掘和渭河流域考古调查的经历,结合神话研究与考古成果,终于发现在传说的五帝时代,存在着华夏、东夷、苗蛮三大部族于两河流域的三足鼎立与地理分野,为中国故事传说时代创立了一个新的体系。梁乙真《中国民族文学史》分宋辽夏金元种族战争中的民族文学,明代边患倭祸反映中的民族文学,明清剧烈的种族战争中民族文学运动的展开,由对外战争到最后的国内种族战争间之民族文学等4篇,叙述中国自宋代至辛亥革命时的民族文学史。孙毓棠编著《传记与文学》谈传记的两篇文章,比较完整地归纳了西方传记理论家当时最新的传记理论主张。翦伯赞《略论中国史研究》认为当时许多史家实际上是把马克思主义的科学方法论当作一种教条,在史学研究中,把科学方法论与中国具体的历史实际割裂开来,因此他提出,"新的历史家,在现在的任务,不是高谈方法论,而是应该带着他们已经知道了的方法,走进中国历史资料的宝库,去用历史资料来考验方法论"。此文将唯物史观原理与中国历史实际紧密结合在一起,真正进入中国历史的内部开展切实的探讨,摆脱了以往唯物史观派普遍存在的教条化倾向,可视为以唯物史观研究中国历史的方法论指南,标志着重庆方面的唯物史观派史学正日益走向成熟。李絜非《论历史方法》特别强调了历史学的研究方法与自然科学的研究方法之间的区别,认为历史学"有了社会进化之方法,而后历史才不断成功为叙述之科学,且成为说明之科学",但没有"定律"的学问终究不能说成是一门科学。蒙文通《由禹贡至职方时代之地理知识所见古今之变》认为:"中国文化之必发生于黄河流域,而齐鲁于古代文化为最高,几无异辞也。乃日本学者言长江地理环境优于黄河,不应文化发生反在河域,遂谓苗族为中国文化之创造者,及苗族为汉族所战败,汉族取其创造文化之地位而代之。说见梁漱溟《东西文化及其哲学》附录中。又德国学者作《中国经济史》,谓古代黄河改道常在下游,因谓中国古代文化发达当在黄河上游,而非下游。说见陶希圣《食货半月刊》。此两说者皆以不了然于中国古代地理之情形,而妄以今日地理情形论之,是为巨谬。岂知古代黄河流域,实优于长江流域,亦未尝有改道之祸。有之,为始于周定王五年,而改道之由,则以于时赤狄侵扰中国,灭邢、卫而有其地,决河泛滥迫使改道,遂又东侵齐地而有之,河之改道自此始。其决河处为宿胥口,其时其地掌握于赤狄之手,故知河徙之祸乃赤狄之为。此与今日决河中牟,其事无异。详见《史学季刊》二期。拙著《黄河首次改道与种族之祸》,孰谓古河泛滥不足启文化耶! 至黄河流域气候一切之变,为属于六朝时事,与长江流域古今之殊,当别作二篇论之,以质于大师硕儒,而黜东西学者不能多读中国书,而好妄论中国史者之谬。"陈寅恪为邓广铭《宋史职官志考证》作序,谓:"邓恭三先生广铭,夙治宋史,欲著《宋史校正》一书,先以《宋史职官志考正》一篇,刊布于世。其用力之勤,持论之慎,并世治宋史者,未能或之先也。……他日新宋学之建立,先生当为最有功之一人,可以无疑也。"于此提出"新宋学"概念。萧一山所著《清史大纲》出版。作者隐然以复兴中国文化为己任,穷年孜孜,对于中国文化及近代史实之演变,亦有其精辟之见解。贺昌群《敦煌千佛洞应归国有赞议》提出国家应筹措资金并设置专门学术机构保护敦煌文物。又认为西域文化是中国内地和印度、波斯等几种文化的融合,通过研究西域可以寻求这几种古代文化交流的线索。而汉唐文化则是中外文化交流的结果,所以特别重视把汉唐文化研究与西域研究结合起来。张政烺《相台书塾刊正九经三传沿革例》考定相台本九经三传不是明万历(1573—1620)以来公认的宋代岳珂家刻的,而是元代初年义兴岳浚根据廖莹中世绿堂本校正重刻的,并指出其所附《沿革例》与岳珂无关,乃廖氏世绿堂之《九经总例》原文,还准确考证了岳飞的后人。这不仅使一批宋版书恢复了元代重刻的真相,而且使亡佚三百多年的《九经总例》在人世重现。这一重要发现,冲击和震动了版本目录学界。文章还未正式发表,就不胫而走,被人传颂、引用。刘文典《内阁大库》主要记录当年参与整理清内阁大库典籍图书的情形。张涤华《类书流别》分名谊、缘起、体制、盛衰、利病、存佚等6篇。曾昭燏、李济编著《博物馆》主要探讨博物馆的管理、收藏、保存、研究、教育等各个方面的问题,首次提出博物馆具有保存有价值的物品、辅助研究工作、实施实物教育和精神教育的四大功用,对中国博物馆建设有理论性指导作用。此外,胡适5月30日致信王重民,提出"为人""为己"以及"勤、谨、和、缓"四字治学精神,凝聚了胡适本人独特的治学经历与经验。

聚焦于学术史的重要论著有:容肇祖著《清初的哲学三派》,任鸿隽著《中国科学之前瞻与回顾》,李书华著《中国科学研究的过去与未来》,杨幼炯著《中国学术思想之演变与三民主义思想的渊源》,傅振伦著《中国文化传入西柏利亚考》,姜蕴刚著《二十世纪社会思潮》,贺麟著《近代唯心论简释》第二版书末所附《最近五十年来的西洋哲学》,缪钺著《王静安与叔本华》,周作人著《汉文学的前途》,朱杰勤著《清代金石学述要》,董作宾著《敦煌纪年》,石璋如著《敦煌千佛洞考古记》,谭勤余著《抗战期内我国科学出版物》,等等。容肇祖《清初的哲学三派》认为,清初的学术思想,大概有三种特征:一是尊朱反王派;一尊王反朱派;一反朱反王派。自然清初的学术,以浙江一省为盛,如上面所举,陆陇其,毛奇龄又都是浙江人。而清初的哲学也有三派:"一为黄宗羲,他是王守仁派,而没有斥朱熹,他的思想的最出色的,反对专制君主的政治;一为吕留良,他是朱熹的一派,痛斥陆王,而其实陆陇其反王思想也受他的影响,他的思想最显著的,反对异族的统治中国;一为潘平格,他是反对朱熹,陆九渊,以为朱子道,陆子禅,与颜元,李塨之说,不谋而合。这三派学说,前二派为朱王两派中之最有见解者,而后一派亦与清学中的最切实之颜李学有吻合的地方。"任鸿隽《中国科学之前瞻与回顾》回顾《科学》杂志发行以来二十八年的艰难历程与成果。最后论"吾人不能不提及吾国科学眼前之重大危机。据近一二年来各大学招考新生之统计,投考学生以经济学、商科占最大多数，应用科学之各种工程次之，纯粹科学几有无人问津之感。此种趋向，虽不过代表抗战期间之一种特殊现象，然如不为矫正，五年至十年以后，必有感觉科学人才缺乏之一时，而此时又适为抗战后建国之重要时期。彼时欲加补救，已无及矣。若夫整个科学所受之损失，似尚不易以数字计。甚愿有责任之教育当局及早图之。"王静如《二十世纪之法国汉学及其对于中国学术之影响》介绍了葛兰言的学术方法，且对之加以相对正面的评价，认为法国汉学得以成为一种专门的学问，是"起于十九世纪时"，在"近五十年来的二十世纪"才影响"汉学发生的本土"，即中国。其中沙畹以前的法国汉学是"语文考据方法"，自沙畹起在"语文考据方法"的基础上又加上"史学方法"，自葛兰言起又在以上基础上加上"社会学方法"，"三十年来中国学术界受法国汉学影响至为巨大而广发"，并认为最先受法国汉学影响的是王国维，之后胡适、陈寅恪、中研院史语所、徐炳昶、冯承钧、张星烺、裴文中、邵循正、李玄伯等都受到法国不同时期汉学的影响。作者希望中国学者"尽量采法国汉学的方法及其优点以董理国学、史学"，法国的汉学家利用便利多和中国有见地的学人交往，"深深理解中国学者个别优点"，这"不只是国学或汉学的光明道路，并且是两国学术文化光明的开始"。缪钺《王静安与叔本华》指出："王静安对于西洋哲学，并无深刻而有系统之研究，其喜叔本华之说而受其影响，乃自然之巧合。申言之，王静安之才性与叔本华盖多相近之点，在未读叔本华书之前，其所思所感，或已有冥符者，唯未能如叔氏所言之精速详密，乃读叔氏书，必喜其先获我心，其了解而欣赏之，远较读他家哲学之为易，……"缪元朗《缪钺先生生平编年（1904 年—1978 年）》评价此文"堪称中国第一篇从发生学角度揭示王氏为何接受叔氏的心理动因的影响比较专论""可以说，若无皓首穷极王氏、叔氏原著精髓之功力，与潜心洞烛巨魂之睿智，想必谁也道不出这番穿透力极强之高论"。周作人《汉文学的前途》认为："汉文学的传统""就是对于人生的特殊态度"，"中国思想向来很注重人事，连道家也如是，儒家尤为明显，世上所称中国人的实际主义即是从这里出来的"，"换一句话说，就可以叫做为人生的艺术"，"将来新文学之伟大发展，其根基于中国固有的健全的思想者半，其有待于世界的新兴学问之培养者亦半"。又说："中国新文学不能孤立的生长，这里必要思想的分子，有自己的特性而又与世界相通流。"此外，陈垣 11 月 24 日致方豪函，谈学术思想的变化，盖"七七事变"之后，陈垣的学术思想越来越推崇经世致用的思想，而其经世致用思想直接导源于清初学者顾炎武。他仍从事考证，然其目的、意义却在考证之外。12 月 15 日，张继访朱希祖，论当时之历史学者，约分两派：一、致用派，亦谓教育派，如柳诒谋、缪凤林等；一为考证派，内分两支，一为怀疑派，如顾颉刚、陈寅恪等；一为证据派，如钱穆等。两者比较，以钱穆为稳妥。至若文学的历史家，自太炎、壬秋殁，未见继起。有史识而兼能文，不易得也。为国史馆计，当先开训练班，陶养史才干部，方可胜任。（以上参见本书"学术背景""学术活动""学术论文""学术著作""学者生卒"栏所引文献与出处，以及章恒忠、王亚夫主编《中国学术界大事记（1919—1985）》，上海社会科学院出版社 1988 年版；中央教育科学研究所编《中国现代教育大事记 1919—1949》，教育科学出版社 1988 年版；付祥喜《20 世纪前期中国文学史写作编年研究》，北京师范大学出版社 2013 年版；王学典《20 世纪史学编年（1900—1949）》，商务印书馆 2014 年版；中国大百科全书总编辑委员会《中国大百科全书·考古学》，中国大百科全书出版社 2002 年版；张岂之主编《民国学案》，湖南教育出版社 2011 年版；王学珍等编《北京大学纪事（1898—1997）》，北京大学出版社 1998 年版；清华大学校史研究室编《清华大学一百年》，清华大学出版社 2011 年版；齐家莹编《清华人文学科年谱》，清华大学出版社 1999 年版；南京大学高教研究所编《南京大学大事记（1902—1988）》，南京大学出版社 1989 年版；北京师范大学党委办公室、北京师范大学校长办公室《北京师范大学纪事》，北京师范大学出版社2012年版;张玮瑛、王百强、钱辛波主编《燕京大学史稿》,人民中国出版社2000年版;刘长鼎、陈秀华《中国现代文学运动史》,山东文艺出版社2013年版;艾克恩编纂《延安文艺运动纪盛》,文化艺术出版社1987年版;孙国林编著,王佳钰、王增辉校订《延安文艺大事编年》,陕西师范大学出版总社2016年版;文天行编《国统区抗战文艺运动大事记》,四川省社会科学院出版社1985年版;沈卫威《学衡派编年文事》,南京大学出版社2015年版;吴永贵《民国图书出版史编年:1912—1949》,社会科学文献出版社2018年版;王震《20世纪上海美术年表》,上海书画出版社2005年版;欧阳哲生《纪念"五四"的政治文化探幽——一九四九年以前各大党派报刊纪念五四运动的历史图景》,《中共党史研究》2019年第4期;郝智浩《延安时期党对五四运动的纪念——以〈解放日报〉为中心的考察》,《毛泽东思想研究》2021年第1期;刘维生、刘旺《试论1943年国共两党在思想文化领域的论战——以〈中央日报〉和〈解放日报〉为中心》,《衡水学院学报》2009年第5期;苏国安《南京国民政府时期学校教育政策研究》,河北大学博士学位论文,2010年;李来容《院士制度与民国学术——1948年院士制度的确立与运作》,南开大学博士学位论文,2010年;李扬《从第三厅、文工会看国统区抗战文艺(1937—1945)》,中国社会科学院研究生院博士学位论文,2010年;熊飞宇《中共中央南方局与重庆抗战文学》,四川大学博士学位论文,2011年;熊飞宇《重庆"民族形式"问题论争与中共中央南方局的关系考辨》,《遵义师范学院学报》2011年第3期;徐坤《中央图书杂志审查委员会研究(1938—1945)》,华中师范大学博士学位论文,2017年;尚博《〈文艺先锋〉研究》,重庆师范大学硕士学位论文,2010年;张艳《五四运动阐释史研究(1919—1949)》,浙江大学博士学位论文,2005年;王仁宇《院长冯友兰与清华名教授》,《中华读书报》2017年8月16日;杨丽娟《一见倾心》,《北京日报》2020年2月25日;王尧,《我将他们视作道德英雄》,《收获》2018年第1期;刘维生《试论抗战胜利前后国共两党的几次论战——以〈中央日报〉和〈解放日报〉为中心》,湖南师范大学硕士学位论文,2010年;滕茜茜《抗战时期"三民主义文化运动"研究》,湖南师范大学硕士学位论文,2014年;刘会军《1943年中国思想文化领域的一场论战》,《长白学刊》2006年第2期;张挺玺《1943年文学现象研究》,贵州师范大学硕士学位论文,2021年;于文善《抗战时期重庆马克思主义史学研究》,华东师范大学博士学位论文,2011年;张志云《〈文艺先锋〉(1942—1948)与国统区文艺运动》,四川大学博士学位论文,2007年;张明平《中共南方局的文艺策略》,重庆师范大学硕士学位论文,2006年;施要威《民国时期大学知识分子的文化性格——以西南联大教授群体为中心的历史考察》,华中科技大学博士学位论文,2017年;桑兵《近代学术转承:从国学到东方学——傅斯年〈历史语言研究所工作之旨趣〉解析》,《历史研究》2001年第3期)

1944 年　民国三十三年　甲申

一、学术背景

1月1日,国民政府明令各省自是日起一律施行《公证法》《战时新闻违检惩罚办法》《战时新闻禁载标准》。

是日,国立敦煌艺术研究所在敦煌千佛山成立。

1月6日,陕甘宁边区政府主席林伯渠在边区政府委员会第四次会议上作《关于边区政府一年工作总结的报告》。

按:《报告》明确提出边区教育的方针是"为抗日战争与边区人民服务,干部教育第一,国民教育第二,就是说,必须将脱离抗战实践、脱离边区与边区人民的那些现象加以改变,使之充分符合于革命的三民主义(即新三民主义)和十大政策的精神,适合于边区当前建设的需要"。(参见中央教育科学研究所编《中国现代教育大事记1919—1949》,教育科学出版社1988年版)

1月10日,延安《解放日报》载,晋绥分局规定党员要学习毛主席三大名著,精印5000册分发党内外。

按:新华社晋西北八日电:由于整风深入,我党政军民干部更深刻认识到了毛主席思想的伟大,精研毛主席著作之风,遂以日盛。我根据地及敌占区之党外人士,更称毛主席所著之《论持久战》《论新阶段》《新民主主义论》为"三大天书",索阅者甚众。中共晋绥分局近特精印毛主席三大名著五千册,发给同志们学习,并以部分赠送给党外人士。一月五日,晋绥分局发布了关于学习与发行毛主席三大名著的决定,着重指出毛主席的三大名著是指导中国革命解放人民的理论武器与具体方略,所有共产党员都应熟读深思,领会贯通,并运用到实际工作中去。各机关部队应认真组织学习讨论,作为经常课本,一般规定于一九四四年内学习完毕,并将学习情形随时报告分局。(参见吴永贵《民国图书出版史编年:1912—1949》,社会科学文献出版社2018年版)

1月14—15日,国民政府教育部在重庆召开边疆教育会议,着重讨论边疆教育与其他教育的配合与联系。

按:教育部次长顾毓琇在会上指出:边疆教育计划大致具备,中央开始从师资训练及职业训练入手,今后将特别注意国民教育及师资培训。会议的决议案有改进边疆教育师资案、优待边地学生出国留学案等51件。(参见中央教育科学研究所编《中国现代教育大事记1919—1949》,教育科学出版社1988年版)

1月15日,国民政府教育部转发《军政部征用法律系毕业生规程》11条。

1月19日,国民政府行政院公布《小学教员检定办法》19条,废止前颁《小学教员检定规程》。

1月30日,宪政实施协进会召开第二次全体会议,张伯苓、莫德惠、孙科、吴铁城、陈布雷等32人出席。

1月31日,中共中央晋察冀分局宣传部发出《关于1944年宣传工作方针与任务的指示》,明确在党内外要广泛宣传毛泽东思想。(参见吴永贵《民国图书出版史编年:1912—1949》,社会科学文献出版社2018年版)

是日,国民政府教育部公布《学龄儿童及失学民众强迫入学办法》17条。

是日,国民政府教育部颁发《省市立科学馆工作实施办法》8条。

按:《办法》提出,科学馆要根据民众实际需要,灌输科学常识,扶助地方生产。科学馆要联系党政机关、社会团体、当地知名人士,增进工作效能。科学馆的各种设施,应尽量巡回推广,以期普及。(参见中央教育科学研究所编《中国现代教育大事记1919—1949》,教育科学出版社1988年版)

是日,蒋经国出任三民主义青年团中央干部学校教育长。

2月2日,国民政府教育部公布《领事兼办侨民教育行政规则》9条。

2月10日,国民政府公布《捐资兴学褒奖条例》12条,废止前颁《条例》。

是日,晋察冀边区行政委员会发出《在冬学运动的基础上建立民校进行民众教育的通知》。

按:《通知》要求,各县在冬学运动的基础上,在巩固区有重点的争取民校工作经常化,在游击区开展宣传活动,继续进行民众教育。教学内容以生产教育与反法西斯教育为主,同时继续进行识字教育。宣讲班每10天上课1至8次,识字班每10天上课1至2次,每次上课90分钟。《通知》对教材、教师、经费等提出了具体要求和规定。(参见中央教育科学研究所编《中国现代教育大事记1919—1949》,教育科学出版社1988年版)

2月15日,行政院会议决定成立抗战损失调查委员会,对于日军在华一切罪行进行普遍的调查,详加核查,以便将来对于罪行者予以惩处。

是日,国民政府行政院公布《教育部修正补习教育推行委员会组织规程》13条。

是月,日军华北方面军按照大本营的《一号作战纲要》,开始研究制订打通大陆纵贯平汉铁路南部沿线地区的计划,即豫中会战计划。

按:日军企图以打通中国大陆交通线,将侵华日军各部分贯通起来,并联系被切断海上交通的南洋日军,以保护本土和东海海上交通安全,于是启动《一号作战纲要》

3月5日,蒋介石手谕:"编审中小学教科书时最应注意之要旨:一、伦理科目应以《春秋》与《礼记》材料为中心;二、农村生活为国民生活之本位;三、自然科学之浅说与注重机械之原理与常识。"

按:4月8—9日,国民政府教育部邀集重庆附近中小学教育专家及编译馆有关人员开会,研究修订中小学教科书的意见。(参见中央教育科学研究所编《中国现代教育大事记1919—1949》,教育科学出版社1988年版)

3月15日,国民政府公布《国民学校法》25条,规定:"国民学校实施国民教育,注重国民道德之培养及身心健康之训练,并授以生活必需之基本知识技能。"(参见中央教育科学研究所编《中国现代教育大事记1919—1949》,教育科学出版社1988年版)

3月19—25日,国民政府教育部举行"扩大国语运动周"。教育部印发《国语运动纲领》5条,并通令各省推行注音汉字、注音符号,实行国字读音标准化,统一全国读音。

3月25日,国民政府教育部推行师范教育运动周期间,举行师范教育讨论会,讨论的议案有:确定师范教育制度、加紧培养各级师资、拟定战后全国实施师范教育五年计划大纲、拟定今后培养国民学校师资计划要点等 24 件。

按:陈立夫、顾毓琇、余井塘等和重庆附近师范院校负责人及专家等 61 人出席。次年 1 月,教育部公布了此次会议的经过及决议案。(参见中央教育科学研究所编《中国现代教育大事记 1919—1949》,教育科学出版社 1988 年版)

3 月 22 日,日本人解放联盟在延安成立。

3 月 25 日,国民政府教育部将国语推行委员会主任委员吴稚晖所撰"注音符号歌"公布。

按:注音符号歌原词:第一折:德始克己,履礼知耻,特啊古族,如欧都稀。第二折:昂喔斯傲,翁婆儿女,诶讷诶粗,款鲁款愚。第三折:国父博爱,出树主义,迷途日苏,彼岸俱抵,努苦服务,严遏虚取。第四折:似佛垿恩,割摩岂辞,披革呵护,惕惕孜孜。(万仁元、方庆秋《中华民国史史料长编》,南京大学出版社 1992 年版)

3 月 26 日,国民参政会宪政座谈会举行会议,黄炎培主持,到会者有沈钧儒、史良等 50 余人,一致要求"保障民权"。

3 月 27 日,国民政府教育部公布《各级学校学生健康检查及健康比赛办法》15 条。

3 月 29 日至 4 月 4 日,国民政府教育部在青年节与儿童节之间举行青年科学运动周。

按:本周内,组织有关科学的文字图表、标本仪器、音乐戏曲、展览演说等活动,提倡研究科学的兴趣,灌输国防生产科学常识。(参见中央教育科学研究所编《中国现代教育大事记 1919—1949》,教育科学出版社 1988 年版)

3 月 30 日,国民政府教育部颁发《专科以上学校实施劳动服务办法》8 条。

4 月 1 日,国民政府教育部颁发《大学教授副教授自费出国进修办法》4 条。

按:《办法》规定:现任大学教授、副教授,资格经教育部认可,任职满 5 年以上,所教或研究的学科确有出国进修必要,并能自筹经费者,可准出国进修 2 年。(参见中央教育科学研究所编《中国现代教育大事记 1919—1949》,教育科学出版社 1988 年版)

4 月 3 日,国民政府教育部公布《教育部战区学生指导处组织规程》11 条。

4 月 7 日,中共中央西北局决定,延安大学与行政学院合并,成立新的延安大学。

4 月 10 日,国民党第五届中常委会第二五一次会议通过:1. 准予叶楚伧辞去出版事业管理委员会主任职务;2. 出版事业管理委员会改组为事业机构,并交由中宣部统辖。

按:此后凡有关全国出版事业之指导,各种刊物杂志之调整,每月出版会报之主持,出版业同业公会之管理及党团机关文化用纸之分配事宜,均归宣传部办理。(参见吴永贵《民国图书出版史编年:1912—1949》,社会科学文献出版社 2018 年版)

4 月 12 日,毛泽东在延安高级干部会议上作《学习和时局》的报告,指出我党领导的革命力量已经完成打败日本侵略者、解放全中国的必要的思想准备和物质准备。为了争取更大胜利,必须在全党干部中间提倡"放下包袱和开动机器"。(参见秦淑贞、盛继红编《中国共产党大事记》,中国人民大学出版社 1991 年版)

4 月 15 日,中共西北局宣传部召开地委书记会议,讨论边区文化建设工作。

4 月 16 日,国民党中央拟定《中共政治问题解决办法草案》。其解放的方针是国家军令政令必须统一。

是日,《新华日报》在《祝"文协"成立六周年》的社论中,再次指出文艺只有在自由与民主的花园中才能茂盛地开花与结实,强烈要求国民党当局给予作者言论、思想、著作、出版等民主自由权利。

4月17日,伪满文教部公布《大学战时体制确立要纲》,规定大学的一切活动都要适应战备要求,大学师生要成为"尽忠报国、协和奉公"的官吏。

按:为便于日本学生入伍,8月7日宣布国立大学临时缩短修业年限半年。(参见中央教育科学研究所编《中国现代教育大事记1919—1949》,教育科学出版社1988年版)

4月18日,日本帝国主义在太平洋战场节节失利,为了打通大陆交通线,支援太平洋战场的作战,发动了"中原战役"。

4月18—19日,延安《解放日报》全文转载郭沫若的《甲申三百年祭》,并发表编者按语,赞扬该文是"充满了爱国爱民族的热情"。

按:郭沫若的《甲申三百年祭》发表后,很快就成为毛泽东和党中央教育党员干部的素材。毛泽东指出,我们印发该文"是叫同志们引为鉴戒,不要重犯胜利时骄傲的错误"(《毛泽东选集》(第3卷),人民出版社1991年版)。6月7日,中宣部和中央军委总政治部联合发出通知,号召认真学习该文,并要求党员"必须永远保持清醒与学习的态度,千万不可冲昏头脑,忘乎所以,重蹈李自成的覆辙"(刘益涛《十年纪事:1937—1947毛泽东在延安》,中央党史出版社2007年版)。

4月27日,国民政府修正公布《修正著作权法》。

按:第一章　总则

第一条　就下列著作物,依本法注册,专有重制之利益者为有著作权:一、文字之著译;二、美术之制作;三、乐谱、剧本;四、发音片、照片或电影片。就乐谱、剧本、发音片或电影片有著作权者,并得专有公开演奏或上演之权。

第二条　著作物之注册,由内政部掌管之。内政部对于依法令应受审查之著作物,在未经法定审查机关审查前,不予注册。

第三条　著作权得转让于他人。

第二章　著作权之所属及限制

第四条　著作权归著作人终身享有之。并得于著作人死亡后,由继承人继续享有三十年;但另有规定者,不在此限。

第五条　著作物系由数人合作者,其著作权归各著作人共同终身享有之。著作人中有死亡者,由其继承人继续享有其应有之权利。前项继承人得继续享有其权利,迄于著作人中最后死亡者之死亡后三十年。

第六条　著作物于著作人死亡后始发行者,其著作权之年限为三十年。

第七条　著作物用官署、学校、公司、会所或其他法人或团体名义者,其著作权之年限为三十年。

第八条　凡用笔名或别号之著作物,于声请注册时,必须呈报真实姓名,其享有著作权之年限与第四条规定者同。

第九条　照片、发音片,得由著作人享有著作权十年。但系受他人报酬而著作者,不在此限。刊入学术或文艺著作物中之照片,如系特为该著作物而著作者,其著作权归该著作物之著作人享有之。前项照片著作权,在该学术或文艺著作物之著作权未消灭前,继续存在。电影片得由著作人享有著作权十年,但以依法令准演者为限。

第十条　从一种文字著作以他种文字翻译成书者,得享有著作权二十年,但不得禁止他人就原著另译。

第十一条　著作权之年限,自最初发行之日起算。

第十二条　著作物逐次发行或分数次发行者,应于每次发行时,分别声请注册。

第十三条　著作权人死亡后,无继承人者,其著作权消灭。

第十四条　著作权之移转及继承,非经注册,不得对抗第三人。

第十五条　著作物系由数人合作,而有少数人或一人不愿注册者,如性质上可以分割,应将其所著部分除外;其不能分割者,应由余人酬以相当之利益,其著作权则归余人所享有。

第十六条　出资聘人所成之著作物,其著作权归出资人享有之。但当事人间有特约者,从其特约。

第十七条　讲义演述虽经他人笔述,或由官署学校印刷,其著作权仍归讲演人享有之。但别有约定或经讲演人之允许者,不在此限。

第十八条　揭载于新闻纸、杂志之事项,得注明不许转载。其未经注明不许转载者,转载人应注明其原载之新闻纸或杂志。

第三章　著作权之侵害

第十九条　著作物经注册后,其权利人得对于他人之翻印、仿制或以其他方法侵害利益提起诉讼。著作物在声请注册尚未核发执照前,受有前项侵害时,该著作物所有人得提出注册声请有关证件,提起诉讼。但其注册声请经核定驳回者,不适用之。前二项规定,于出版人就该著作物享有出版权者,亦适用之。

第二十条　受让或继承他人之著作权者,不得将原著作物改窜、割裂,变匿姓名或更换名目发行之。但得原著作人同意,或受有遗嘱者,不在此限。

第二十一条　著作权年限已满之著作物,视为公共之物。但不问何人,不得将其改窜、削裂、变匿姓名或更换名目发行之。

第二十二条　冒用他人姓名发行自己之著作物者,以侵害他人著作权论。

第二十三条　未发行著作物之原本及其著作权,不得因债务之执行而受强制处分。但已经本人允诺者,不在此限。

第二十四条　下列各款情形经注明原著作之出处者,不以侵害他人著作权论:一、节选他人著作成书,以供普通教科书及参考之用者;二、节录引用他人著作,以供自己著作之参证注释者。

第二十五条　就已经注册之著作物,为下列各款之行为者,应得原著作人之同意;但著作权已消灭者,不在此限:一、用原著作物名称继续著作者。二、选辑他人著作,或录原著作加以评注、索引、增补或附录者;三、用文字、图书、摄影、发音或其他方法重制,或演奏他人之著作物者。

第二十六条　著作权之侵害,经著作权人提起诉讼时,除依本法处罚外,被害人所受之损失应由侵害人赔偿。

第二十七条　著作物由数人合作者,在著作权受侵害时,得不俟余人之同意提起诉讼,请求赔偿其所受之损失。

第二十八条　因著作权之侵害,提起民事或刑事诉讼时,得由原告告诉人或自诉人请求法院,将涉于假冒之著作暂行停止其发行。于有前项处分后,经法院审明并非假冒,其判决确定者,被告因停止发行所受之损失,应由原告告诉人或自诉人赔偿之。

第二十九条　著作权之侵害,经法院审明并非有意假冒者,得免处罚。但被告应将所得利益偿还原告。

第四章　罚则

第三十条　翻印、仿制或以其他方法侵害他人之著作权者,处五千元以下罚金,其知情代为出售者亦同。以犯前项之罪为常业者,处一年以下有期徒刑、拘役,得并科五千元以下罚金。

第三十一条　违反第二十条之规定者,处三千元以下罚金。

第三十二条　违反第二十一条之规定者,处一千元以下罚金。

第三十三条　注册时呈报不实者,处一千元以下罚金,并得注销其注册。

第三十四条　未经注册之著作物,于其末幅假填某年月日业经注册字样者,处二千元以下罚金。

第三十五条　依第三十条至第三十二条处罚者,其著作物没收之。

第三十六条　第三十条、第三十一条之罪,须告诉乃论。但犯第三十一之罪,而著作人死亡者,不在此限。

第五章　附则

第三十七条　本法自公布日施行。（叶再生《中国近代现代出版通史》附录，华文出版社 2002 年版）

4 月 28 日，重庆各民主党派负责人沈钧儒、章伯钧、张申府等联合举行文化界招待会，提出言论自由、思想自由、学术自由、民主改革等要求。

4 月 29 日，中共代表林伯渠偕王若飞、伍云甫等人离开延安，前往西安同国民政府代表王世杰、张治中等进行谈判。

是月，国民党中央出版事业管理委员会编的《出版法规汇编》由正中书局出版，"凡党政军机关制颁之各项出版法规与解释现行有效者，均搜集编入"。（参见吴永贵《民国图书出版史编年：1912—1949》，社会科学文献出版社 2018 年版）

5 月 2 日，中国共产党代表林伯渠与中国国民党代表王世杰、张治中在西安会谈实施民主政治等问题。

是日，张静庐、金长佑、黄洛峰、姚蓬子、田一文、唐性天联合署名的《出版界的困难》在《大公报》上发表。文章对政府提出 7 点建议，希望当局广开言路，提倡自由研究，自由读书之风气，以挽颓风，而振文运。

5 月 3 日，张申府、孙伏园、曹禺、张静庐、吴藻溪、马彦祥、沈志远等 50 多人举行茶会，发出《重庆文化界对言论出版自由意见书》和 78 人联名的《重庆文化界为言论出版自由呈中国国民党十二中全会请愿书》。

5 月 4 日，国共双方代表在西安开始正式谈判。

5 月 10 日，中共中央书记处会议决定成立"党的历史问题决议准备委员会"，委员会共7 人：任弼时（召集人）、刘少奇、康生、周恩来、洛甫、彭真、高岗。

5 月 11 日，中共中央向华中局、北方局发出《关于向河南发展方针的指示》，要求河南地区组织抗日游击队和人民武装，建立抗日根据地。

5 月 12 日，国民政府教育部修订《学生参战奖励办法》，改为《高中以上学校学生志愿从军办法》15 条。

按：新颁布的《办法》规定：从军学生服役期满，可回原校衔接年级或提高年级学习，根据成绩给以公费，对有功的学生另行叙奖。（参见中央教育科学研究所编《中国现代教育大事记 1919—1949》，教育科学出版社 1988 年版）

5 月 14 日，沈钧儒、黄炎培等在重庆举行宪政座谈会，立法院长孙科及董必武、章伯钧、张君劢、李璜、左舜生等 300 余人出席。

5 月 17 日，国共双方代表转赴重庆继续谈判。

5 月 20 日，中国国民党五届十二中全会在重庆召开，大会通过《收复沦陷地区政治设施之准备案》《加强管制物价方案紧急措施案》等决议案。

是日，国民党中央出版事业管理委员会制订了关于出版节约的三条办法：1. 选用稿力求慎重，以印刷科学、工业及抗战有关者为原则；2. 付印稿件紧缩字数；3. 排版技术力求经济，缩短天地头，加紧行数，并省去题字与序文。（参见吴永贵《民国图书出版史编年：1912—1949》，社会科学文献出版社 2018 年版）

5 月 21 日，中国共产党在延安杨家岭召开六届七中全会。七中全会第一次会议选出毛泽东、朱德、刘少奇、任弼时、周恩来同志组成主席团，毛泽东为主席团主席，并决定在全会期间由主席团处理党的日常工作，书记处及政治局停止行使职权。

5 月 24 日，毛泽东在新成立的延安大学开学典礼上发表讲话，要求延安大学要为各个抗日根据地服务。

按：毛泽东说："总之，延安大学要为各个抗日根据地服务。根据地的工作上了轨道，我们陕甘宁边区的政治、经济、文化、党务各项工作上了轨道，就使得我们的学校也上了轨道。但是过去的缺点一定要克服，教条主义一定要去掉。政治上你们要学习党的方针和政策，如统一战线、'三三制'、精兵简政等。工业、农业、商业、运输、财政，你们都要学习，现在的方针是要全面自给。'三三制'的执行，前年开高干会以前右了一点，去年又'左'了一点。我们的方针是非常清楚的、确定的，就是打日本，中国的一切党派，一切阶级，一切政治的、非政治的团体，只要是赞成打日本、同共产党合作的，不是破坏共产党的，我们都要团结。这个方针是始终不变的。同志们学政治，就要坚持这样的方针，团结全国人民，达到打败日本的目的。……政治、经济、文化，是我们延大学习的内容，一定要学好，要会做这方面的工作，要为实际服务，不搞教条主义，不脱离实际。"（中共中央文献研究室中央档案馆编《建党以来重要文献选编（一九二一——一九四九）》第二十一册，中央文献出版社2011年版）

5月25日，国民党洛阳守军弹尽援绝乃分路突围，洛阳古城沦陷，豫湘桂战役中始于春季的豫中会战至此结束。

是月，国民党第五届中央执行委员会第十二次全体会议通过《改进出版检查制度案》。

5月31日，中国民主政团同盟发表《对目前时局的看法和主张》，认为国共两党谈判短期内不可能结束，批评国民党政府"不仅不是一个民主国家，而且是一个十足的反民主的国家"。

是月，中共中央晋察冀中央分局编辑中国第一部《毛泽东选集》出版。全书分5卷，50万字。

按：1944年初，中共晋察冀中央分局为系统宣传毛泽东思想，提高干部的理论水平和政策水平，决定出版《毛泽东选集》。经中共中央宣传委员会批准，分局将此项任务交给晋察冀中央局宣传部副部长、《晋察冀日报》社长兼总编辑邓拓来具体负责。邓拓和《晋察冀日报》的编辑人员一起，用近四个月的时间，完成了编辑工作。这部《毛泽东选集》，主要编入毛泽东从抗日战争以来到1944年6月间的著作。全书收文29篇，约45万字，按内容分为5卷。邓拓在他所写的《编者的话》中使用了"毛泽东思想"这一科学概念，高度评价了毛泽东同志在中国革命斗争中的伟大作用。

6月1日，国民政府教育部颁发《教育部在国外各大学设置中国文化奖学金办法》10条。

按：《办法》规定：自本年起，每年在国外著名大学设置中国文化奖学金。凡在大学肄业的非中国籍学生，选习中国历史、语文、文学、艺术、政治、经济、地理等科一年以上具有相当成绩者。得申请中国文化奖学金。（参见中央教育科学研究所编《中国现代教育大事记1919—1949》，教育科学出版社1988年版）

是日，国民政府教育部颁发《教育部国外留学生奖助金办法》6条。

按：《办法》规定：在国内专科以上学校毕业并领有留学证书，在英美两国大学研究满一年以上成绩优良者得申请奖助金。（参见中央教育科学研究所编《中国现代教育大事记1919—1949》，教育科学出版社1988年版）

6月2日，国民政府教育部公布《边疆学生待遇办法》14条。

按：《办法》规定：家住蒙古、西藏及其他语言文化具有特殊性质地方的学生，均得享受保送升学、申请公费及常年补助等优待。（参见中央教育科学研究所编《中国现代教育大事记1919—1949》，教育科学出版社1988年版）

6月3日，中外记者西北参观团到达延安进行参观访问，叶剑英举行招待会，介绍中国抗日战场情况及中共七年来的战绩。

6月6日，中华全国文艺界抗敌协会发表向全世界反法西斯作家致敬书。

是日，中国工程师学会联合中国土木工程学会、中国电机工程学会等专门工程学会举行扩大纪念会,到会千余人。

6月9日,伪满文教部公布《社会教育大纲》,开展国民教化运动,要求达到"满洲皇民化"的要求。(参见中央教育科学研究所编《中国现代教育大事记 1919—1949》,教育科学出版社 1988年版)

6月17日,美国副总统华莱士来华,先后访问重庆和延安。

6月20日,国民政府公布《战时出版品审查办法及禁载标准》及《战时书刊审查规则》。

是日,张澜等在成都组织民主宪政促进会,提出对国事的 10 项主张。

6月22日,国民政府公布《学校教职员退休条例》22 条、《学校教职员抚恤条例》20 条。

7月1日,中共中央向全军发出《关于整训部队的指示》,确定在现有基础上,通过整训,提高部队的政治和军事素质,为将来部队发展一倍至数倍准备条件。

7月3日,国民政府公布修正《中央图书杂志审查委员会组织条例》。

是日,国民政府教育部颁发《边地国立各级学校教员奖助金办法》9 条。

7月7日,国民政府教育部公布《著作发明及美术奖励规则》14 条。

按:《规则》规定:奖励每年审议一次。凡本国学者,最近 3 年内完成的作品,经专家初审,学术审议委员会复审合格者,给以 5000 元以上之奖金,得一等奖者另给奖状。(参见中央教育科学研究所编《中国现代教育大事记 1919—1949》,教育科学出版社 1988年版)

是日,西南联大、云南大学,中法大学等校学生 3000 余人联合举行"七七"时事座谈会,要求改革政治,争取民主,争取自由。闻一多、潘光旦、曾昭抡等教授出席讲话。闻一多号召青年,为反对国民党统治,"再来闹一次"。(参见中央教育科学研究所编《中国现代教育大事记 1919—1949》,教育科学出版社 1988年版)

7月12日,生活书店等 29 家出版社向国民参政会送文《出版业为文化危机向参政会的紧急呼吁》,并用呈文形式,上报国民政府行政院和国民党中央宣传部。呼吁书上报后,即送各报纸发表。(参见吴永贵《民国图书出版史编年:1912—1949》,社会科学文献出版社 2018年版)

7月13日,陕甘宁边区政府政务会议决定,为适应边区文教工作发展的形势,边区政府发出《关于专署分设民政、教育两科的命令》。(参见中央教育科学研究所编《中国现代教育大事记 1919—1949》,教育科学出版社 1988年版)

7月15日,国民政府教育部公布《修正教育部组织法》。

按:此为第四次修正,主要内容是:增设人事处,改统计室为统计处,增加科长、科员、办事员,并规定必要时得设聘任人员。(参见中央教育科学研究所编《中国现代教育大事记 1919—1949》,教育科学出版社 1988年版)

7月15日,中华全国文艺界抗敌协会总会发布《发起筹募援助贫病作家基金缘起》。

7月18日,国民政府公布《强迫入学条例》16 条。

是日,国民政府教育部公布《各县市社会教育推行委员会组织规程》10 条。

是月,苏中出版社出版苏中区党委编辑的《毛泽东选集》第 1 卷,卷首序言《论毛泽东思想》摘录了刘少奇、周恩来、朱德等人对毛泽东思想的论述。

是月,中国共产党领导的八路军冀鲁豫军区建立豫东根据地。

8月8日,国民党衡阳守军伤亡惨重,且孤军无援,被迫放下武器,衡阳陷落,豫湘桂战役中始于 5 月的长衡会战至此结束。

8月10日,国民政府教育部、社会部拟定《体育会组织办法》7 条。《办法》规定:体育会以"普及体育,增进健康,发扬民族精神,研究体育学术"为宗旨。(参见中央教育科学研究所编

《中国现代教育大事记1919—1949》，教育科学出版社1988年版）

8月31日，《宪政》月刊社举行时政座谈会，讨论保障人身自由问题。

是月，国民政府教育部举行第二次大学课程会议，邀请专家讨论修订《大学文、理、法、师范四学院分院共同必修科目表》及《分系必修选修科目表》。会议决定将"三民主义"及"伦理学"正式列入《科目表》。（参见中央教育科学研究所编《中国现代教育大事记1919—1949》，教育科学出版社1988年版）

是月，中国共产党领导的新四军恢复豫皖苏抗日根据地。

是月，中央图书杂志审查委员会颁发《修正图书杂志剧本送审须知》。

是月，为适应日本侵略战争之危急，伪满文教部公布《大学决战体制》，实行强化军事教育，彻底勤劳奉仕制度等。（参见中央教育科学研究所编《中国现代教育大事记1919—1949》，教育科学出版社1988年版）

9月5日，国民政府修正公布《著作权法施行细则》。

9月5—18日，国民参政会三届三次会议在重庆举行，参政员164人出席。会议的中心议题是促进宪政与经济建设。蒋介石致训词，并作《一年来军事外交政治及经济等情形》的报告，重申用"政治方法"解决"中共问题"。

9月8日，毛泽东在中共中央警备团追悼张思德同志的会上作《为人民服务》的讲演。

按：张思德，四川仪陇人，中共中央警备团的战士。1944年9月5日，他在陕北安塞县山中烧炭，因炭窑崩塌而牺牲。毛泽东说："我们的共产党和共产党所领导的八路军、新四军，是革命的队伍。我们这个队伍完全是为着解放人民的，是彻底地为人民的利益工作的。张思德同志就是我们这个队伍中的一个同志。人总是要死的，但死的意义有不同。中国古时候有个文学家叫做司马迁的说过：'人固有一死，或重于泰山，或轻于鸿毛。'为人民利益而死，就比泰山还重；替法西斯卖力，替剥削人民和压迫人民的人去死，就比鸿毛还轻。张思德同志是为人民利益而死的，他的死是比泰山还要重的。因为我们是为人民服务的，所以，我们如果有缺点，就不怕别人批评指出。不管是什么人，谁向我们指出都行。只要你说得对，我们就改正。你说的办法对人民有好处，我们就照你的办。'精兵简政'这一条意见，就是党外人士李鼎铭先生提出来的；他提得好，对人民有好处，我们就采用了。只要我们为人民的利益坚持好的，为人民的利益改正错的，我们这个队伍就一定会兴旺起来。我们都是来自五湖四海，为了一个共同的革命目标，走到一起来了。我们还要和全国大多数人民走这一条路。我们今天已经领导着有九千一百万人口的根据地，但是还不够，还要更大些，才能取得全民族的解放。我们的同志在困难的时候，要看到成绩，要看到光明，要提高我们的勇气。中国人民正在受难，我们有责任解救他们，我们要努力奋斗。要奋斗就会有牺牲，死人的事是经常发生的。但是我们想到人民的利益，想到大多数人民的痛苦，我们为人民而死，就是死得其所。不过，我们应当尽量地减少那些不必要的牺牲。我们的干部要关心每一个战士，一切革命队伍的人都要互相关心，互相爱护，互相帮助。今后我们的队伍里，不管死了谁，不管是炊事员，是战士，只要他是做过一些有益的工作的，我们都要给他送葬，开追悼会。这要成为一个制度。这个方法也要介绍到老百姓那里去。村上的人死了，开个追悼会。用这样的方法，寄托我们的哀思，使整个人民团结起来。"（《毛泽东选集》第3卷）

9月15日，中国共产党代表林伯渠在重庆举行的三届三次国民参政会上提出废除国民党一党专政，召开各党派会议，成立民主联合政府的主张，引起民主党派的强烈反响。

9月18日，国民政府教育部颁发《国民教育实验区考核要项》。

按：这一文件根据划分实验区工作、政教合一或政教合作、国民教育普及工作、推行管教卫养工作、国民教育人员进修训练等项，对实验区进行考核。（参见中央教育科学研究所编《中国现代教育大事记1919—1949》，教育科学出版社1988年版）

9月19日,中国民主政团同盟全国代表大会在重庆召开,会议决定更名为中国民主同盟,张澜、沈钧儒、黄炎培、章伯钧、罗隆基、左舜生、李璜、曾琦、梁漱溟、张君劢、张东荪、张申府、潘光旦等当选民盟中央常务委员会,张澜为主席。会议通过《中国民主同盟纲领草案》。

9月21日,宪政实施协进会通过《改善书报检查办法》。

9月24日,重庆各界爱国人士和各党派代表董必武、张澜、沈钧儒、冯玉祥等500余人举行会议,要求实行民主,结束国民党一党专政。

9月25日,国民政府教育部公布《省市立艺术馆规程》25条。

按:《规程》规定:各省、市至少应设艺术馆一所,馆内设美术、戏剧、音乐等部,以辅导或协助各地社会教育机关及中小学推行艺术教育。(参见中央教育科学研究所编《中国现代教育大事记1919—1949》,教育科学出版社1988年版)

9月27日,教育部正式公布《大学文、理、法及师范四学院分系必修及选修科目表》及实施要点,规定自本年度入学新生开始施行。

按:《实施要点》规定:体育为各院系当然必修科目;各必修科的程序不得变更、减少;除规定者外可以自设选修科。(参见中央教育科学研究所编《中国现代教育大事记1919—1949》,教育科学出版社1988年版)

9月29日,中美苏三国代表在美国顿巴敦橡树园会商有关世界组织之一切问题。

是月,中国共产党领导的太行区党委和太行军区建立新的豫西根据地。

是月,国民政府教育部训令各省、市教育厅局:切实改善师范学校教导环境,增筹师范学校科学设备,发动地方筹设公共理化试验所,改进教学,提高学生程度。(参见中央教育科学研究所编《中国现代教育大事记1919—1949》,教育科学出版社1988年版)

10月2日,晋察冀边区行政委员会发布《关于开展冬学运动的指示》。《指示》要求:今年的冬学运动一般以提高群众文化为中心。(参见中央教育科学研究所编《中国现代教育大事记1919—1949》,教育科学出版社1988年版)

10月7日,中、美、英、苏分别在美国顿巴敦橡树园开会,商讨战后成立世界永久和平安全机构。

10月9日,中、美、英、苏发表联合宣言,决定战后成立"联合国"。

10月10日,中国民主同盟发表《对抗战最后阶段的政治主张》,内容包括军事、政治、外交、经济和文化教育五部分,共35条。响应中国共产党提出的建立民主联合政府的号召,要求立即结束一党专政,建立联合政府,并提出召集党派会议、开放党禁、废除特务,动员一切力量,保卫大西南的主张。

10月11日,周恩来召集吴玉章、博古、邓颖超、周扬、艾思奇、张仲实、林默涵、李文、程今吾等12人开会,讨论邹韬奋追悼办法,决定将华北书店改名为韬奋书店,以示悼念。

10月11—14日,国民党中央召开发动知识青年从军会议,中央、省、市的党、团、政、教有关人员约150人参加。会议讨论发动知识青年从军的征集、训练、待遇等问题。

按:会后,设立知识青年从军指导委员会,地方、学校成立知识青年从军征集委员会。兵役部门公布《知识青年从军优待办法》,规定从军学生保留学籍,家属可享受优待。教育部颁发《全国知识青年志愿从军征集办法》,规定凡年在18至35岁之间,具有中上教育程度的青年可志愿从军。(参见中央教育科学研究所编《中国现代教育大事记1919—1949》,教育科学出版社1988年版)

10月11日至11月16日,陕甘宁边区文教代表大会在延安举行,450余位代表参加,大会总结了1942年以来文教工作经验,表扬、奖励了一批文教工作的典型和模范,明确了继续发展文教工作的方针和目标。毛泽东在大会上作了《文化工作中的统一战线》的报告,明确了文教工作在整个革命事业中的地位和作用。

按:11月23日,《解放日报》发表社论,指出:这次文教代表大会"表示了中国新民主主义文化的一个长足的进步"。此后,各分区均召开了文教大会。(参见中央教育科学研究所编《中国现代教育大事记1919—1949》,教育科学出版社1988年版)

10月17日,赫尔利与中共代表林伯渠、董必武在重庆会谈国共两党关系问题。

10月20日,中华全国文艺界抗敌协会理事会商讨援助贫病作家,特别是桂柳撤退之贫病作家,拟建作家之家。

是日,中央图书杂志审查委员会公告《妨害风化作品解释事项》。

10月22日,蒋介石发表《告知识青年从军书》,发动知识青年从军运动。

10月23日,国民政府教育部发出训令,对申请出国的专科以上学校教员予以限制。(参见中央教育科学研究所编《中国现代教育大事记1919—1949》,教育科学出版社1988年版)

10月24日,国民政府行政院颁发《省市图书杂志审查处暨审查专员办事处组织规程》。

10月31日,国民政府公布《教育会法》38条,规定教育会以研究教育事业,发展地方教育,协助政府推行教育法令为宗旨。(参见中央教育科学研究所编《中国现代教育大事记1919—1949》,教育科学出版社1988年版)

10月31日晚,成都市警察两千人包围市立中学,威胁学生接受被开除的特务学生返校,并打伤学生40余人,学校停课,由此引发学潮。(参见中央教育科学研究所编《中国现代教育大事记1919—1949》,教育科学出版社1988年版)

11月4日,毛泽东致函美国总统罗斯福,表示深愿经过罗斯福总统的努力与成功,得使中美两大民族在击败日寇、重建世界的永久和平以及建立民主中国的事业上,永远携手前进。

11月5日,潘公展、张道藩等在重庆召开"中国著作人协会"成立大会,大会通过了关于组织工作、稿费、著作人权益等议案多件。(参见吴永贵《民国图书出版史编年:1912—1949》,社会科学文献出版社2018年版)

11月6日,成都市大中学生罢课请愿,抗议10月31日晚成都市警察的暴行。

11月7日,美国总统罗斯福私人代表赫尔利与林伯渠由重庆飞抵延安,会见中共领导人毛泽东、周恩来等,调处国共两党关系,共同拟定《中国国民政府、中国国民党与中国共产党协定》。由于蒋介石坚持一党专政,赫尔利调处失败。

11月10日,汪精卫在日本名古屋帝大医院病死,其伪职由陈公博代理。

11月11日,四川大学、金陵大学、燕京大学等校学生万余人示威游行,抗议特务暴行,要求保障人身自由。在此以后,市立中学校长、成都市市长、警察局长被迫去职。(参见中央教育科学研究所编《中国现代教育大事记1919—1949》,教育科学出版社1988年版)

11月22日,国民政府教育部公布《全国各县市普及教育文化事业实施办法》7条。

按:《办法》规定:各县市应召集当地中小学教员及知识分子座谈推进乡村文化运动,普遍实施政治训练。乡镇公所应举行公民常识军事常识讲演,办理民众学校,设立图书馆等。(参见中央教育科学研究所编《中国现代教育大事记1919—1949》,教育科学出版社1988年版)

是日,国民政府教育部公布《普及全国图书馆教育办法》15条。

按:《办法》规定:为普及全国图书馆教育以提高文化水准,各省、市应充实或设置图书馆。县市设图书馆或在民众教育馆附设图书室。各乡镇设图书阅览室。各校图书馆一律开放,供民众阅览。(参见中央教育科学研究所编《中国现代教育大事记 1919—1949》,教育科学出版社 1988 年版)

11 月 29 日,国民政府教育部代电颁发《学校协同策进全国知识青年从军运动要点》9 条。

按:这个文件要求学校建立知识青年从军征集委员会,举行志愿从军运动周,学校训导人员及国民党、三民主义青年团组织鼓励学生从军,教职员以身作则自动参加或送子女从军等。(参见中央教育科学研究所编《中国现代教育大事记 1919—1949》,教育科学出版社 1988 年版)

是月,中国共产党领导的八路军、新四军和华南纵队开辟豫鄂湘粤敌后抗日根据地。

是月,中国民主同盟与中共签订合作协定,要点为:双方如有谈判,得互相通知;互相同意后始得与国民党成立协议;凡中共所有主张,不违背民盟原则者,民盟有支持义务,如双方主张意见有相左者,不公开发表。

是月,中国科学社举行第 24 次年会,决定中国科学社董事会改名为监事会,决定扩充明复图书馆图书,向教育部文化资料委员会申请"图书缩影胶片",由竺可桢提议中国科学社的英文名字由"Formerly Science Society of China"改为"Chinese Association for the Advancement of Science",有社员主张正式将其缩写为 C. A. A. S. 可以与美国 A. A. A. S. ,英国 B. A. A. S. 并立为 A. B. C. 。

12 月 3 日,国民政府任命朱家骅为教育部长。

是日,国民政府教育部颁发《国外留学办法》28 条。

按:《办法》规定:公费、自费留学生均须参加教育部举行的留学考试。留学生在国外入学手续由教育部代办。政府认为必要时得暂缓出国日期。留学期限为 1 至 4 年。(参见中央教育科学研究所编《中国现代教育大事记 1919—1949》,教育科学出版社 1988 年版)

是日,国民政府教育部公布《电化教育实施要点》22 条。

按:《实施要点》规定:以"注重培养民族意识及国民观念,提高政治知识,增加生产能力,提倡正当娱乐以促进社会与文化之发展"为电化教育实施目标。各省原设的教育电影放映区及播音教育指导区撤销,一律改照行政督察区划分电化教育区。此《实施要点》是在原《各省市实施电影教育办法》《播音教育办法》的基础上合并改订而成。(参见中央教育科学研究所编《中国现代教育大事记 1919—1949》,教育科学出版社 1988 年版)

12 月 4—19 日,陕甘宁边区参议会第二届第二次会议在延安举行。林伯渠主席作《边区民主政治的新阶段》的政府工作报告。

12 月 9 日,民盟云南省机关刊物《民主周刊》正式出版,闻一多、楚图南主编。

12 月 10 日,日军第 21 师与第 22 师各一部在绥渌会合,大陆交通线全部打通,始于 8 月的桂柳会战以及日军发动于 4 月的整个豫湘桂战役至此结束。国民党豫湘桂战役的大溃退是抗战以来国民党正面战场的第二次大溃退,中国在豫湘桂战场上损兵 50—60 余万,丧失 4 个省会和 146 座城市、7 个空军基地和 36 个飞机场,丧失国土 20 多万平方公里、6000 万人民。

按:豫湘桂战役是日本陆军于 1944 年 4 月至 12 月期间贯穿中国河南、湖南和广西三地进行的大规模进攻战役,最终完成了打通大陆交通线的作战计划。其间经历了豫中会战、长衡会战、桂柳会战,国民党正面战场出现了继武汉会战之后的第二次大溃退。在当时世界反法西斯战争节节胜利的形势下,中国正面战场竟然出现了如此的大溃败,不仅有损于中国在世界反法西斯战争中的形象,而且引发了国内各阶层人民对国民党独裁统治的普遍不满和愤怒,进一步认清了国民党当局的腐败无能及其错误政策的严重危害,同时也激起了大后方要求改革政治的民主运动浪潮。另一方面中国共产党领导的八路军、新四军和华南纵队各部普遍发起攻势作战,袭击敌伪军据点和交通线,收复许多县城,恢复并扩大了解放区。有7月建立的豫东根据地,8月恢复的豫皖苏抗日根据地,9至10月建立的新的豫西根据地和11月开辟的豫鄂湘粤敌后抗日根据地。12月27日,新四军第一师渡江南下去完成控制苏浙皖边和发展浙东沿海地区的战略任务。国共之间强烈的反差也使越来越多的国人把实现民主、争取抗战胜利的希望寄托在中国共产党身上。日军在豫湘桂战役中,侵占了中国大片地区,形式上虽完成了打通大陆交通线的作战计划,但日军在此次作战中,付出了重大的代价,损失惨重,无力保障大陆交通线畅通,也未能阻挡美机空袭日本本土。(参见秦淑贞、盛继红编《中国共产党大事记》,中国人民大学出版社1991年版)

12月27日,新四军第一师渡江南下去完成控制苏浙皖边和发展浙东沿海地区的战略任务。

12月31日,中华全国文艺界抗敌协会总会发布《为宣布结束募集援助贫病作家基金运动公启》。

是年,国民政府教育部在《教育部33年度业务之总检讨》中概括了本年的教育工作。

按:文件指出,本年教育情况是:一、教员生活未见十分安定,教师仍感缺乏;二、战时设备不易补充,素质改进较难;三、教科书尚未能普遍供应;四、学校训管成效未彰,风潮仍所难免;五、教育军事化尚未贯彻;六、国民教育素质未能改善,民教部尚未切实办理;七、国立中学性质特殊,尚未臻于理想之改进;八、中学附设师范难期专业训练,工厂附设职校尚未普遍实施;九、大学研究院尚未充实;十、大学辅导中等学校办法尚未昭著;十一、社会教育范围广泛,推行不易收效;十二、边疆教育内容尚待充实。文件指出,当前教育之困难有三:一、学校经常费比额偏低。全年教育文化费总额约三十亿元,员生膳食费及食米代金占十八亿余元,所余十亿余元为学校经常费。维持原有事业已属不敷,更无力充实改进;二、学校人数年有增加,预算无法控制,校舍容量有限;三、教育质、量兼顾殊难立见成效。以现状衡之,量愈扩大,质愈低落,质如提高,则量受影响,兼筹并顾,尚须研究。(参见中央教育科学研究所编《中国现代教育大事记1919—1949》,教育科学出版社1988年版)

是年,兰州西北师院教师何乐夫等人在洮兰公路沿线山沟挖掘发现新石器时代的古物百余件,并发现灰层、灰坑洞穴和后汉遗址。

是年,中华图书馆协会第六次年会再次积极提倡图书馆学教育,建议教育部在师范学院添设图书馆学课程。

是年,伪满文教部将"师道大学女子部"改为"女子师道大学","中央师道训练所"改为"中央师道学院"。

是年,《读书月报》《读书月刊》《当代文艺》《农村周刊》《发明杂志》《新儿童世界》《中华英语》《中华少年》《金字塔》《社会建设》《宪政》《民主与世界》《民宪》《民主世界》《社会工作通讯》《社会卫生》《新使命》《时代纪录》《现代中国》《民治》《真理杂志》《高原文丛》《社会周刊》《评论报》《手工艺》《欧闻集锦》《千秋》《民意》《民意月刊》《西北文化》《西北先锋》《军党月刊》《新地》《时代导报》《新镇宁》《渤海日报》《胶东医刊》《爆炸大王》《教师之友》《工作与学习》《新华文摘》《平原》《祖国呼声》《儿童文娱》《青年解放》《老百姓》《苏中教育》《农村剧团》《农村文娱》《党内通讯》《淮南大众》《路东通讯》《苏北通讯》《乡村建设》《敦邻》《战斗报》《青年解放》《山东医务杂志》《孩子们》《中央研究院植物研究所年报》《中国工商新闻》《手工业》《东方副刊》《锻炼》《震旦法律经济杂志》《电业通讯》《中央林业实验所研究专刊》《公路统计年报》《外交部通讯》《农业经济集刊》《社会行政统计月报》《社会建设》《社会福利统计》《标准》《辅导通讯》《孩子们》《民治》《青年问题》《大同学志》《川西农民》《中华英语半月刊》《中华营建季刊》《水工》《气象丛刊》《气象通讯》《四川青年》《四川商联月刊》《四川经济研究专刊《农村经济季刊》《西川邮工》《华大药学社社讯》《华西医讯》《华声》《时论摘要》《体育通讯》《青年园地》《县政学报》《林讯》《金融周讯》《政治生活》《浪花》《民主世界》《新商业》《中成月刊》《民主周刊》《自由论坛周刊》《民锋旬刊》《半月文献》《西康统计季刊》《贵州民意》《励行月刊》《今日东北》《汉学》《麻城中山周报》《湖北省立农学院通讯》《自治月刊》《湖南教育通讯》《桂林师范学院院刊》《立风艺专校刊》《音乐艺术》《美术家》《艺新画报》《苏北画报》《拂晓画报》《胶东画报》《渤海画报》《儿童漫画》《沈阳博物馆专刊》《雍华图文杂志》《天公报》《中国学生导报》《新真导报》《四川省公路局公报》《文学新报》《云南晚报》《华北新报》《天津华北新报》《评论报》《群众报》《人民报》《新浙东报》《真报》《冀察群众报》《苏南报》《诸暨报》《观察报》《中正日报》《淮南日报》《鲁西北日报》《中兴日报》《复兴日报》《军民日报》等报刊创刊。

二、学术活动

郭沫若1月1日在重庆《时事新报》发表《民主战争与民主文化》,指出:"民主是目前世界政治的主流",世界政治发展的规律是"由个人和少数人的专制走向人民和大多数人的民主","民主这一伟大潮流是不可抗拒的,谁要想违反这一潮流,谁就会在自己所制造的逆流中淹没","目前世界民主的潮流,是表现在世界规模的反法西斯的战争中。世界反法西斯的战争,其本质就是世界民主的战争。""民主战争是革命的正义的战争,所以它必得胜利。"论及民主文化时说:"一定的文化是一定社会的政治经济在观念形态上的反映,而它又给予伟大的影响于一定社会的政治经济",因此,"民主战争及其所争取的民主政治经济必须有民主的文化与之适应。而这种民主的文化又是为民主战争与民主政治服务并给予它们以伟大的影响的","反法西斯的民主的文化就负有两重的任务:在政治上保卫世界的民主,在文化上保卫人类的文明。文化战线有它的特殊的领域,这就是精神的总动员","民主的文化,也就是科学的文化。因为科学是反对武断、迷信、愚昧、盲从而拥护真理、主张学术思想的自由的,而这种科学精神恰正是民主精神。所以科学的战士必是民主的战士,而赞成民主的人一定是科学的拥护者"。同日上午,参加文化工作委员会团拜。晚,与朋友们在寓所为董必武60寿辰做寿,并朗诵新作七言诗《董老行》。6日上午,陈白尘自成都回渝,来寓所晤谈,阳翰笙亦来,三人畅谈。9日,收到毛泽东请董必武转交的电报。电报说:"收到《虎符》,全篇读过,深为感动。你做了许多十分有益的革命的文化工作,我向你表示庆贺。"12日,开始起草《韩非子的批判》。13日,在南山中学讲演。15日,与于怀(乔冠华)等朋友商谈纪念明亡300年事,大家一致认为,柳亚子是明史泰斗,纪念明亡,非他开炮不可。20日夜,写成《韩非子的批判》,"清算得颇为彻底"。后刊于上海《新文化》半月刊1945年11月16日第1卷第3—9期。

　按:此文分六部分:一、指出韩非子应该称为"法术家",考察其学术渊源,在"言法的一方面大体上是祖述商鞅",在谈"术"的一方面与申不害"衣钵相承",把申子与商君"二人综合"了。从远源上来说"应该是道家与儒家","在行程的推进上则参加得有墨、法"。由于把申、商两家综合起来,向他所主张的"绝对君权"上去"使用",便与墨家"通了婚姻"。"韩非个人在思想上的成就,最重要的似乎就在把老子的形而上观,接上了墨子的政治独裁的这一点。他把墨子的尊天明鬼,兼爱尚贤扬弃了,而特别把尚同、非命、非乐、非儒的一部分发展到了极端。非命是主张强力疾作的,《韩非》全书是对于力的讴歌"。二、韩非"采取了君主本位的立场,故他对于'术'便感觉着特殊的兴趣"。"术是运用之妙存乎一心的东西,玩弄起来,似乎很不容易捉摩",除"多设耳目"一项外,又举出七项"重要的大纲"。从《势难》篇可以知道韩非正是一位"极端的势治派",极力主张"专制行为"而为"法治之反面"。其所主张"人所设定之势",而非"自然之势",即所谓多设耳目的"聪明之势",任法用术的"威严之势",有了这样的东西,不必等尧、舜来天下才治,就是"中庸之材"便可以"平治天下"。"权势既设,这是为人主者所'独擅'的东西,绝对不能够与臣下相共"。"推重权势的结果流而为专制独裁,那是必然的结论"。三、从《解老》《喻老》《主道》《扬榷》诸篇是否韩非作品入手,考察道家的形成与思想主张。四、"老子毫无疑问是韩非思想的源泉,但也并不是唯一的源泉""他的思想中摄取有各家的成分""韩非攻击儒家的态度在先秦诸子中恐怕要算是最猛烈的""凡是儒家的东西差不多没有一样不受严厉的反对""所说'上古''中世''当今',约略相当于现今所说的原始社会、奴隶社会、封建社会。韩非去古未远,他对于古代的这种划分是正确的"。五、"事实上韩非所需要的人只有三种:一种是牛马,一种是豺狼,还有一种是猎犬。牛马以耕稼,豺狼以战阵,猎犬以告奸,如此而已。愚民政策是绝对必要的"。六、《五蠹篇》是韩非晚年的作品,在其"所谓'法治'的思想中,一切自由都是禁绝了的,不仅行动的自由当禁('禁其行'),集会结社的自由当禁('禁其欲')"。韩非子自己有几句很扼要的话,"'禁奸之法,太上禁心,其次禁其言,其次禁其事'(《说疑》),这真是把一切禁制都包括尽致了"。

郭沫若1月27日上午在寓所与阳翰笙谈西北的局势。因胡宗南部奉蒋介石命令大举进攻陕甘宁边区,内战有一触即发之势,感到十分担忧。30日,始作《由周代的农事诗论到周代社会》。作者主张周代为奴隶社会说,而不赞成周代是封建社会说,"现在想从周代的农事诗来证成我的说法"。同日,王若飞、阳翰笙先后来寓所,商讨如何解决中国艺术剧社经济危机等事。同月,始着手为著文纪念甲申明亡300周年做准备,先后阅读和摘录了《明季北略》《明史》《芝龛记》等书中的相关资料。2月4日中午,与阳翰笙在百龄餐厅宴请华思、司徒华等美国朋友。8日,作《人乎,人乎,魂兮归来!——题〈浮士德〉新版》,刊于4月8日《联合周报》。10日,作《"五十以学"答问》,刊于13日重庆《新华日报》,文中作出与林语堂《五十以学易辩》不同的解说。12日,作《戏剧与民众》,刊于15日重庆《新华日报》。强调"戏剧,尤其话剧,应该是最民众的东西。它是为民众开花,为民众结实,始于民众,终于民众""内容要于民众有利,至少是无害"。指出:"在我们陪都的剧坛上,却流行着一种和这不十分合拍的倾向",即"陶醉于为艺术而艺术,为戏剧而戏剧的资本主义社会末期的空气里面"。14日下午,阳翰笙来寓所。15日晨,往文化会堂出席由剧协召开的纪念戏剧节大会。17日,《由周代农事诗论到周代社会》作讫,刊于9月《中原》第1卷第4期。18日,出席并主持剧协举办的学术报告会,请美国剧评家爱思讲《现代美国戏剧》,中国戏剧家陈白尘讲《目前剧运的危机》。20日,作《〈先秦学说述林〉后叙》,刊于4月1—3日《华西晚报》。

按:文中写道:"关于中国古代的研究,断断续续地,前后费了将近十五年的功夫,自己感觉着对于古代的认识是比较明了了。十五年前所得到的一个结论,周代是奴隶社会,经过种种方面的检讨,愈加证明着是正确的。有了这个结论,周秦之际的一个学术高潮才能得到说明;而那个高潮期中的各家的立场和进展,也才能得到正确的了解。我是以一个史学家的立场来阐明各家学说的真相。我并不是以一个宣教师的态度企图传播任何教条。在现代要恢复古代的东西,无论所恢复的是那一家,事实上都是时代错误。但人类总是在向前发展的。在现代以前的历史时代虽然都是在黑暗中摸索,经过曲折迂回的路径,却也和蜗牛一样在前进。因而古代的学说也并不是全无可取,而可取的部分大率已溶汇在现代的进步思想里面了。这儿正表示着我所走过的迂回曲折的路,是一堆崎岖的乱石,是一簇丛杂的荆榛。这些都是劳力和心血换来的,因而我也相当宝贵它们。有善于铺路的人要使用它们去做素材,我可感觉着荣幸。"

郭沫若3月10日所撰《甲申三百年祭》脱稿,连载于19—22日重庆《新华日报》。作者写道:"甲申年总不失为一个值得纪念的历史年。规模宏大而经历长久的农民革命,在这一年使明朝最专制的王权统治崩溃了,而由于种种的错误却不幸换来了异族的入主,人民的血泪更潜流了二百六十余年。这无论怎样说也是值得我们回味的事。"文章总结了明末政治腐败而至于明朝灭亡的历史教训,同时也指出了李自成农民起义从成功推翻明王朝统治,建立新政权旋即失败的历史原因:其一,在过短的时期之内获得了过大的成功,大家都昏昏然,以为天下已经太平无事了。其二,近在肘腋的关外大敌,全不在意。其三,李自成用人"有亲疏",导致了更大的历史悲剧。其四,代表农民利益的运动早迟会变质。"自成的大顺朝即使成功了(假使没有外患,他必然是成功了的),他的代表农民利益的运动早迟也会变质,而必然也会做到汉高祖、明太祖的藏弓烹狗的'德政',可以说是断无例外。"此文引起了国共两党和社会各界的广泛关注,产生了极大的政治反响。国民党视之为洪水猛兽。3月24日,《中央日报》组织对《甲申三百年祭》的围攻,先是由陶希圣执笔,发表了社论《纠正一种思想》,对郭沫若《甲申三百年祭》一文发难,攻击该文"鼓吹失败主义和亡国思想","不能姑息和放纵这种反常思想,听其谬种流传"。随后国民党文人不断对该文进行攻击。4月1日,重庆的《商务日报》也发表社论《论赫尔的名言》,攻击郭文是"散播败战思想,把不正确的毒素,渗进社会内层"。13日,《中央日报》又发表社论《论责任心》,说郭文是用"文学、戏剧、史论,渲染着亡国的怨望和牢骚"。20日,叶青抛出长文《郭沫若〈甲申三百年祭〉评议》,对《甲申三百年祭》及《新华日报》副刊发表的附和一一点名攻击。叶青说:"际此甲申之年,特利用明亡的历史事实来作材料,而妄想以明朝来隐射国民政府。郭沫若向来是共产党的同情者,而又薄有文名,自为执行这个宣传政策的适当人物。所以郭沫若的失败主义不过是共产党的失败主义之流露而已。"与此相反,中共方面则持欢迎态度。3月20日,《新华日报》副刊发表《甲申事变——明末亡国的历史》一文,对明末阶级斗争和民族斗争形势的变动作了介绍。4月12日,毛泽东在延安高级干部会议上作《学习和时局》的讲话,其中高度评价《甲申三百年祭》:"近日我们印了郭沫若论李自成的文章,也是叫同志们引为鉴戒,不要重犯胜利时骄傲的错误。"4月15日,《群众》第9卷第7期发表柳亚子《纪念三百年前的甲申》,翦伯赞《桃花扇底看南朝》与《明末的政治风气》《明末清初史学的时代意义》等文,作为对郭文的唱和。18—19日,延安《解放日报》全文转载《甲申三百年祭》,并在编者按中指出:"郭沫若先生这篇名震一时文章""充满了爱国爱民的热忱"。6月7日,中共中央宣传部、军委总政治部联合发出印发该书通知,指出这部著作"对我们的重大意义,就是要我们全党,首先是高级领导同志,无论遇到何种有利形势与实际胜利,无论自己如何功在党国,德高望重,必须永远保持清醒与学习态度,万万不可冲昏头脑,忘其所以,重蹈李自成的覆辙"。

　　按:《甲申三百年祭》初于9月15日由苏中出版社出版单行本,文前有中共中央宣传部、总政治部印发该书通知;又由上海野草出版社1945年10月出版单行本,加副标题"明末亡国史实",11月再版改书题为《明末亡国史——甲申三百年祭》。初收上海海燕书店1947年8月初版《历史人物》,后收《沫若文集》第12卷,现收《郭沫若全集·历史编》第4卷。

　　郭沫若3月28日应青年生活社约作《如何研究诗歌与文艺》,刊于4月16日重庆《新华日报》。同月,作《〈老子其人与老子其书〉编者后案》,刊于重庆《中原》月刊第1卷第3期。4月1日,参加三厅老同人聚餐,纪念三厅成立6周年。2日,听阳翰笙介绍各界友人对《中央日报》社论攻击《甲申三百年祭》的反应,同意阳翰笙"沉默就是最好的答复"的看法,并谓:"即使要答复,也没有地方登载得出来。"5日,作《在民主主义的旗帜下》。15日,开始作《商周古文字类纂》。17日下午,往百龄餐厅出席庆贺老舍从事创作20周年茶会并致辞。

晚，与董必武在寓所设宴为老舍致贺，文化界朋友梅贻琦等三四十人作陪。20 日夜，苏联驻华大使馆文化参赞汉学家费德林来访，托为代还翦伯赞《中国史纲》稿，并请代约翦伯赞到苏联大使馆讲学。5 月 18 日，《商周古文字类纂》"集成"。19 日晨，作《商周古文字类纂·跋》，谓该书因无书籍可资参考，未能详尽，它日当补辑之。文字结构，许书多臆说，允宜凭借商周古器物重新加以说明。同日，作杂文《谢陈代新》，刊于重庆《群众》半月刊第 9 卷第 18 期。24 日，就青年的教育问题写信答复《新华日报》记者，摘要发表于 6 月 25 日重庆《新华日报·青年教育与思想问题特辑》。文中认为，国家的教育政策至少应该具备如下特点："一、人民本位。为最大多数人谋最大幸福。""二、国民教育普及。""三、高级教育保护。""四、学术研究自由。""五、尊重学者，保护师资。""六、国防协调。"对于青年思想教育，"最好是诱发式的，感应式的，培养式的。德育、智育、体育，各方面都要顾到"。27 日，在寓所与文化界的友人们欢迎刚刚从延安来到重庆的何其芳和刘白羽。告二人说："人们说我们这里是重庆的小延安呢！"听何其芳和刘白羽传达毛泽东《在延安文艺座谈会上的讲话》及延安文艺座谈会前前后后的情况。表示拥护毛泽东的讲话，并一起研究传达毛泽东《讲话》精神的范围、方式。30 日，全家又搬到赖家桥乡居。同日，组织文工会工作人员学习延安整风文件以及毛泽东《在延安文艺座谈会上的讲话》。为大家辅导，作了关于古代中外文化交流史的研究报告。

郭沫若 6 月 5 日上午在文化工作委员会讲《韩非子思想》。6 日，继续在文化工作委员会讲《韩非子思想》。7 日，《韩非子思想》讲毕。阅《新华日报》，对开辟第二战场的消息感到高兴，但又对日本侵华军发动湘北战争颇为担心。13 日，作《为革命的民权而呼吁》。14 日，为纪念俄国作家契诃夫逝世 40 周年，作《契诃夫在东方》，刊于 7 月 15 日《新华日报》。同日，在寓所与阳翰笙、夏衍联名宴请延安来的何其芳、刘白羽、王若飞和林默涵等，并一起畅谈。26 日，在文化工作委员会听阳翰笙讲《中国话剧运动发展史》。27 日上午，续听阳翰笙讲《中国话剧运动发展史》。听讲毕，希望阳翰笙将讲稿整理印出。同时，希望冯乃超作一次文学发展史的报告。30 日晨，参加文化工作委员会全体大会，讨论福利委员会的工作问题。同月，《凤凰（沫若诗前集）》由重庆明天出版社出版。7 月 3 日，始作《古代研究的自我批判》。8 日，与沈钧儒、陶行知、张申府、邓初民、茅盾、史良等文化界人士联合致广西党政军学文化各界的通电发表于重庆《新华日报》。表示响应"立刻动员民众，坚决抗日，铲除抗战中的失败主义"的呼吁。10 日，在文化工作委员会主持纪念周后，讲《青铜器时代》。12 日，与冯乃超等出席阳翰笙、何成湘宴请何其芳、刘白羽的晚餐。15 日上午，出席文化工作委员会契诃夫逝世 40 周年纪念会，听胡风、杨晦和阳翰笙作学术报告，并请三位报告人把报告稿整理好，决定在下期《中原》月刊出一特辑。同日，《青年与学习》刊于上海《人报·文艺》。18 日，撰成《古代研究的自我批判》，刊于《群众》半月刊 10 月 31 日第 9 卷第 20 期。

按：此文分八个部分：一、古代研究上的资料问题。提出秦以前古代社会研究"达到了能够作自我批判的时候"。从文献的处理、卜辞的处理、殷周青铜器的处理、古器物中所见殷周关系等"材料处理"方面进行检讨。二、论所谓"封建制"。指出古时所说封建，是"封诸侯，建藩卫"，"现代的封建社会是由奴隶社会蜕化出来的阶段。生产者已不再是奴隶，而是被解放了的农工"。从殷代的生产状况、西周的生产状况进行考察。三、关于井田制。纠正了以前的看法，认为"殷、周两代是实行过豆腐干式的均田法的""只是各地所行的方式，多少有些出入。这些，一律都可以叫作井田，不必一定要九夫为井或八家共井"。四、施行井田的用意。"一是作为榨取奴隶劳动的工作单位，另一是作为赏赐奴隶管理者的报酬单位。"针对新史学家中"西周是大封建社会"或"初期封建社会"的观点进行驳论，"土田虽见分割并非私有""不能认为封建制的特征"。五、申述人民身份的演变。六、井田制是怎样破坏了的。"私田的产生则是由于奴隶的剩余劳动之尽量榨取,这项劳动便是在井田制的母胎中破坏了井田制的源动力。""初税亩"三个字,"确是新旧两个时代的分水岭","因为在这时才正式承认了土地的私有"。七、工商是怎样分化出来的。纠正自己一个错误,即"关于铁器使用的时期","我以前根据郑玄'石所以为锻质'的解释认为铁矿,那完全是牵强附会","铁的使用倒真正成为春秋、战国时代是古代社会的转折点的'铁的证据'了"。八、奴隶就这样得到解放。"私家与公室之争,争取人民,在春秋、战国年代差不多是每一个国家所共通的现象,一直到秦始皇与吕不韦的斗争为止""这儿正表明着一个社会变革的关键,人民就是在这样的契机下从奴隶的羁绊解放出来"。更"值得注意的是在春秋年间有所谓'士'的一个阶层出现","人民分化成为四民,所谓士农工商,而士居在首位"。士的流品的复杂"表示着在社会变革的过程当中,奴隶解放的程度相当彻底"。但"社会的动荡一平静了之后,士的成分便逐渐纯化;工农所打出来的天下,又由新的贵族们来君临着,那些地主和工商业的巨头代替了奴隶主的地位,把所谓'士'垄断了","于是又形成一种新的封建秩序。工农所得到的是什么呢? 由有形的锁链变而为无形的锁链而已"。作者还论及材料的审查对于研究工作的重要性:"无论作任何研究,材料的检讨是最必要的基础阶段。材料不够,固然大成问题,而材料的真伪和时代性如未规定清楚,那比缺乏材料还要更加危险。因为材料缺乏,顶多得不出结论而已,而材料不正确,便会得出错误的结论。这样的结论比没有更要有害""新史学家们对于史料的征引,首先便没有经过严密的批判"。

　　郭沫若7月19日开始作《孔墨的批判》。20日,反战同盟成立4周年,与阳翰笙、何成湘等应鹿地亘夫妇之邀,往其家中晚餐。席间,得悉日本东条内阁已经倒台的讯息,日本局势成了中心话题。24日上午,在文化工作委员会讲《古代社会研究的自我批判》。27日,林伯渠、王若飞、徐冰等来到寓所贺郭沫若归国6周年纪念。上午,文化工作委员会召开座谈会。30日,美国驻华大使馆一等秘书到乡间寓所来访,请其午餐,阳翰笙作陪。同月,为之题刊名的《诗前哨》第1辑由重庆五十年代出版社出版。8月1日,《孔墨的批判》初步完成。此文作为重庆《群众》周刊1945年3月8日第3—4卷合刊附册刊印,又发表于《学府》1945年创刊号,题为《论孔墨》。分别论述了孔墨的思想体系。4日,在寓所与阳翰笙、冯乃超、胡风等人闲谈。大家预感,目前这种生活过得不会长的,一年以后,也许又要大忙起来。劝各位好好地利用这个时间,或者去创作两部东西,或者去翻译几部名著,不然到忙起来的时候,又什么都不能写了。11日晚,应苏联驻华大使馆代办斯高磋、秘书费德林等邀请,偕于立群与阳翰笙等6人进城往苏联大使馆晚餐,并观看四部电影《马戏团》《女演员》《基辅审判德凶手经过》《乌克兰的解放》的节略。深夜返回到赖家桥寓所。19日,"读《管子·心术》《白心》《内业》《枢言》《戎》《君臣》《四称》《侈靡》诸篇。忽悟《心术》《白心》《内业》与《庄子·天下篇》宋钘、尹文之学为近,乃比较研究之,愈觉若合符契。无意之间得此发现大快于心。此重要学派重见天日,上承孔、墨,旁逮孟、庄,下及荀、韩,均可得其联锁。在灯下更不断发掘,愈发掘,愈信其不可易"。20日,"把《心术》《白心》《内业》等诸篇整个抄写了一遍"。发现"《心术下篇》和《内业篇》的中段相同,而简篇是错乱了,依着《内业》把它整理了出来,觉得更有条贯"。26日,开始作《宋钘尹文遗著考》。28日,《宋钘尹文遗著考》完成,成为"一项重要的副产物",刊于10月15日上海《东方杂志》月刊第40卷第19期。8月下旬,郭沫若收到周恩来从延安托林伯渠带来的《屈原》《甲申三百年祭》单行本。即致函毛泽东、周恩来以及许多在延安的朋友,感谢他们的鼓励和鞭策。9月1日,开始作《稷下黄老学派的批判》。8日,始作《儒家八派的检讨》。11日,《儒家八派的检讨》作讫,刊于重庆《中原》月刊1945年3月第2卷第1期。19日,《稷下黄老学派之勃兴》完稿,刊于《群众》半月刊12月25日第9卷第23—24期合刊。26日,《庄子的批判》完稿,刊于成都大学《大学》月刊1945

年 3 月第 4 卷第 1—2 期合刊、6 月第 4 卷第 3 期。

按：《宋钘尹文遗著考》分五部分：一、从先秦诸子的论述中，了解到宋钘尹文学派的大概：是道家的一派，也颇接近墨子，亦被归为名家，和儒家的关系也不坏。以这个基本认识为出发点，从现存《管子》书中发现宋钘、尹文的遗著——《心术》《内业》《白心》《枢言》。二、知道"白心"是这一学派的术语，"心之行"其实就是"心术"。对照《内业篇》与《心术下篇》的文字，认为两者"实在就是一篇，而且必是古本"。三、考察《心术》《内业》两篇的具体内容。四、断言《心术》《内业》两篇"毫无疑问是宋钘、尹文的遗著"。"黄老学说之所以成派，是对于儒墨斗争的一种反映。在这儿，初期的道家可能有一种合理的动态，便是站在黄老的立场以调和儒墨。我们发觉了《心术》《内业》是宋钘、尹文的遗著，算是把这个'失掉了的连环扣'，找着了。"五、考察《枢言》一篇，"有好些思想或辞句，和《白心》篇有平行的地方"，大约是"尹文子后人的杂乱抄本"。

按：《儒家八派的检讨》分六部分：一、子张氏这一派"特别把民众看得很重要"，仁爱的"范围很广"，表面上和墨家"有点相似"，其后学似乎更和墨家"接近"了。子张氏在儒家中是"站在为民众的立场的极左翼"，而墨子则是"站在王公大人的立场"，这是"极严峻的区别"。二、论述"子思之儒"和"孟氏之儒""乐正氏之儒"，应该是一系。三、"颜氏之儒"是为庄子一派师表，孔、颜、老、庄之间的关系是颜回这一派从孔子那里得到了老子学说而传之于庄子的，因而儒、道是相交通的。四、"漆雕氏之儒"，这是初期儒家里的一个"任侠的别派"。考得孔门弟子中有三漆雕，从构成一个独立的学派来看，"当以漆雕开为合格"。五、"仲良氏之儒"，因其详情"不可得而闻"，估计为陈良的一派。屈原应该是"出于他的门下"。六、"孙氏之儒"，即荀子的一派。荀子屡次称道子弓，和仲尼并举，证明他是"子弓的徒属"。从年代考察，子弓和子思"同时"。比较这两派，在儒家思想上"算是一种展开"，在中国思想史上也"算是最初呈出了从分析着想的倾向"。子思的"五行相生"、子弓的"阴阳对立"，后来被发展成阴阳家，再加上迷信的成分，"成为二千多年的封建社会的妖魔窟"，却是子思和子弓"所初料不及"的。"八派中把子夏氏之儒除外了，不知道是什么原故。"

按：《稷下黄老学派之勃兴》首先指出，道家思想为先秦各家中渊源最长的一家。认为，"黄老之术，值得我们注意的，事实上是培植于齐，发育于齐，而昌盛于齐的"。齐之"稷下之学的设置，在中国文化史上实在是有划时代的意义，似乎是一种'研究院的性质'，和一般的庠序学校不同。发展到能够以学术思想为自由研究的对象，这是社会的进步，不用说也就促进了学术思想的进步"。稷下之学的"派别可以说是很复杂，或者也就是很自由，然而这里面没有墨家；而道家是占最大多数的"。"这些道家，他们都以'发明黄老道德意'为其指归，当然都有一些共同的倾向。但他们的派别也不尽相同，《庄子·天下篇》分析得很清楚。"宋钘、尹文的一派，田骈、慎到的一派，关尹即环渊的一派，它们的兴起，在学术史上有其意义和贡献："到稷下先生时代，道家三派略有先后地并驾齐驱，不仅使先秦思想更加多样化，而且也更加深邃化了。儒家、墨家都受了他们的影响而发生质变，阴阳、名、法诸家更是在他们的直接感召之下派生了出来的。"文章接下去分别考察三个派：宋钘、尹文一派，以"调和儒墨"的态度出现。慎到、田骈一派，把道家的理论"向法理一方面发展"了，只有这一派或慎到一人"才真正是法家"。韩非思想虽然主要是由慎到学说的再发展，但它是发展"向坏的方面"，渗进了申子或关尹、老子的"术"，使慎到的"法理完全变了质"。《道德经》是关尹根据老聃的遗说'整理出来'的，里面已经很露骨地在主张着愚民政策"，"不以人民为本位的个人主义，必然要发展成为这样的。更进一步，便否认一切文化的效用而大开倒车"，"老聃之术传于世者二千余年。经过关尹、申不害、韩非等人的推阐，在中国形成为一种特殊的权变法门，养出了大大小小不计其数的权谋诡诈的好汉"。

按：《庄子的批判》写道：庄子虽然是道家的中心人物，"他的师承渊源却不甚明白"，"我怀疑他本是'颜氏之儒'""从颜氏之儒出来"，而后"自己也成立了一个宗派"。不过"庄周并不曾自命为'道家'"，只是因为"有庄周及其后学们的阐扬和护法，才有这个宗派的建立"。庄子"前一时代人奔走呼号，要求奴隶的解放，要求私有权的承认，谈仁说义，要把人当成人，把事当成事，现在是实现了。韩、赵、魏、齐都是新兴的国家，是由奴隶王国蜕化出来的，然而毕竟怎样呢？""他们更聪明，把你发明了的一切斗斛、权衡、符玺、仁义,通通盗窃了去,成为了他们的护符。而下层的人民呢? 在新的重重束缚里面,依然还是奴隶,而且是奴隶的奴隶。"因此,庄子对于现实的一切"采取着不合作的态度","悲观是很悲观,但在当时却不失为是一种沉痛的批判"。"真正的道家思想,假使没有庄周的出现,在学术史上恐怕失掉了它的痕迹的。"正因为有了他的出现,"从稷下三派吸收他们的精华,而维系了老聃的正统,从此便与儒、墨两家鼎足而三了"。"从庄子的思想上看来,他只采取关尹、老聃的清静无为的一面,而把他们的关于权变的主张扬弃了。"庄子与关聃"分歧的地方"主要在"并不想知雄守雌,先予后取,运用权谋诈术以企图损人利己而已"。庄子及其门徒,由于愤慨礼乐仁义为大盗所盗,为避开那些欺世盗名的大盗,想出一套不能被盗的法宝,至少应该想出借以保全自己或安慰自己的办法。于是,他来了一套大法宝,"藏天下于天下",以为这还盗得去吗? 不曾料想,"他所理想的'真人',不是一、二传即成为阴阳方士之流的神仙,连秦始皇都盗窃他的'真人'的徽号。他理想的恬淡无为,也被盗窃了成为二千多年来的统治阶层的武器。上级统制者用以御下,使天下人消灭了悲愤抗命的雄心;下级统制者用以自卫,使自己收到了持盈保泰的实惠。两千多年来的滑头主义哲学,封建地主阶层的无上法宝,事实上却是庄老夫子这一派所培植出来的"。庄子后学流而为"卑污"乃至堕为骗子,与其思想的局限直接相关。"大凡一种思想,一失掉了它的反抗而转形为御用品的时候,都是要起这样的质变的。在这样的时候,原有的思想愈是超然,堕落的情形便显得愈见彻底。"

　　郭沫若9月24日在寓所与阳翰笙、刘盛亚商议群益出版社事,决定把群益出版社的组织合理化、现代化,真真正正像一个科学化了的出版公司,并嘱咐刘盛亚说服郭培谦,希望他也决心这么干。25日上午,纪念周后,请翻译家霍应人在文化工作委员会讲《方言问题》。25日、27日、30日,与宋庆龄、于右任、孙科、冯玉祥、柳亚子、马寅初等72人在重庆《新华日报》联名发表《邹韬奋先生追悼大会启事》。25日下午,在寓所与阳翰笙商谈《中原》杂志编辑方面的问题,决定由蔡仪负责编辑上的技术责任。同月,收到周恩来17日从延安来信。信中望赴延安视察访问,说延安"年来发展甚速,空中陆上,时有人来,继参政五老之后,文化界其有意乎? 兄如有意,盍一图之","此间诸同志切盼之至",并告"近日延安大学正在以平剧形式排演历史剧《虎符》和《高渐离》"。10月1日上午,从乡下赶往银社,参加邹韬奋先生追悼大会,被推选为主祭人之一。送手写挽联,并致哀辞,以《韬奋先生哀词——在追悼会上讲演稿》为题刊于2日重庆《新华日报》,高度评价邹韬奋光辉的一生。14日,与沈钧儒、茅盾、老舍等150人联名代表中国文化界电贺苏联科学院院长柯马洛夫75寿辰,发表于15日重庆《新华日报》。电文说:"真正的科学家一定能成真正的民主战士。"18日中午,与阳翰笙、冯乃超商议《中原》杂志和群益出版社的问题。31日,《荀子的批判》完稿,刊于重庆《抗战文艺》月刊1945年3月第10卷第1期。

　　按:文中评价荀子是先秦诸子的"最后一位大师",不仅集了儒家的大成,而且"集了百家的大成"。先秦诸子没有一家没经过他的批判,他"把百家的学说差不多都融会贯通了","可以称为杂家的祖宗"。以"思想家而兼长于文艺"为标准来衡量,荀子与孟子、庄子"可以鼎足而三"。如果算上韩非子,可以称为"四大台柱"了。荀子的宇宙是"一种循环论""只承认变化而看不出进化,只承认循环而看不出发展""最反对迷信""富有裁天的思想,即所谓人定胜天""主张人性恶,这是他最有特色的一项学说""否认天生的圣哲,而特别强调后天再而三的学习和环境作用,这是他的学说的极有光辉的地方"。因为孟子主张性善便视之为唯心论者,而荀子主张性恶"便是唯物论者""却是有点不大公平的"。性恶说和他关于知识的见解自相矛盾,和他的心理说、教育说等,都没有一定的有机的联系,"只是一种好胜的强辞"。在先秦诸子中能够明显地抱有社会观念,是荀子学说的一个特色。他是认定了"群体的作用"的,认为"能群"是人类之所以能够克服自然界而维持其生存的"主要的本领",而"群"之所以能够维持是"靠着分工",分工的依据就是"礼义"。他的"君君臣臣父父子子兄兄弟弟(夫夫妇妇)"虽说是有所承继而来,但"同时也就开启了此后二千余年的封建社会的所谓纲常名教"。荀子的"隆礼义"包含着"尊法听制的主要成分",和孔子有了"相当大的距离"。荀子所尚之礼主要在"复古",慎到所尚之法主要在"从俗",这又是他们之间"一点重要的不同处"。荀子的政治理论,原则上重视王道,但也不反对霸道。"在荀子的政治节目里面,没有言论思想的自由。后来汉武帝的废百家,崇儒术,事实上是渊源于这儿的。"杂家代表《吕氏春秋》一书,是以荀子的思想"为其中心思想"的。荀子"这种杂家的面貌,汉武帝以后学术思想虽统于一尊,儒家成为了百家的总汇,而荀子实开其先河"。

郭沫若11月1日上午与阳翰笙商谈国民党图书审查委员会主任潘公展出面发起组织"著作人协会"的事,决定参加该"协会"的成立大会,由阳翰笙和洪深在会上作主要发言,提出我方的主张。若我方的主张不获通过,就当即退出会场以示反对。5日下午,"著作人协会"召开成立大会,被选为该会理事。6日,听阳翰笙谈"著作人协会"成立大会的情形,对潘公展、张道藩等人反对我方提出重审被禁剧本各案及辱骂我方人员等事表示愤慨。晚,阳翰笙告以据邵力子说,明天在十月革命纪念大会上讲演恐怕会有人来捣乱。决定不管它,明天还是讲。7日上午,与阳翰笙及文工会中同人到苏联驻华大使馆祝贺十月革命纪念日。中午,出席苏联代办斯高礎为庆祝十月革命节举行的茶会。午后,与阳翰笙、洪深等应邀往青年大礼堂,出席中苏文化协会举行的庆祝苏联建国27周年纪念大会并作演讲。讲演词以《奉行孙中山遗教,向苏联看齐!》为题刊于10日重庆《新华日报》;以《苏联十月革命二十七周年纪念大会演说词》为题刊于《中苏文化》第15卷第10—11期合刊"苏联十月革命二十七周年纪念特辑";又以《向苏联看齐!——在中苏文化协会举办的十月革命二十七周年庆祝会上的演说辞》刊于12月8日延安《解放日报》;还以《奉行国父遗教——向苏联看齐!》为题刊于《时代》杂志1945年11月7日第5卷第19期。11日晚,在天官府街7号文化工作委员会内设宴,欢迎从桂林来渝的柳亚子,王若飞和其舅父黄齐生等作陪。刚从延安飞渝的周恩来亦参加宴会,并"畅谈延安近况"。12日,在文化工作委员会举行茶会,欢迎艾芜、沙汀来渝,并请艾芜谈自桂林来渝的见闻,请沙汀谈乡居杂感。与会文化界友人近20人。13日,得文化工作委员会同人提前举行53岁生日庆贺会。周恩来、王若飞、陈家康、徐冰及许多其他会外朋友亦来参加。晚餐后举行晚会,周恩来、李侠公、胡风、冯雪峰等讲了话。14日晨,与阳翰笙等人坐大卡车回赖家桥。15日,作《序〈羽书集〉》,刊于22日重庆《新华日报》。文中叙述了《羽书集》书稿4年间的坎坷遭遇。16日晨,出席赖家桥乡间文工会同人举行的生日庆贺会。午餐后,与周恩来、徐冰等谈话至4时半始散。19日,与阳翰笙同往北碚晤见老舍。20日晨,往金刚碑看望熊十力。下午,陈望道、马宗融、章靳以、方令儒等来兼善公寓晤谈。21日上午,与阳翰笙到歇马场,看望翦伯赞。下午,返回赖家桥。29日,始作《名辩思潮的批判》。

郭沫若11月4日夜接待周恩来访天官府寓所,并与阳翰笙听周恩来讲述日本进犯黔境及国民党加剧内战的严重形势,要大家对前途抱以乐观态度。谈话至凌晨两点左右才结束。5日,盛传敌已陷贵州独山,人心摇撼。午后与阳翰笙、冯乃超、夏衍等谈时局至久,大家都感战局的严重。6日,续写《名辩思潮的批判》,关于庄子的部分。"从《墨经上下篇》看出了墨家辩者有两派的不同,是我进城后的第一个发现,这个发现在庄子以后是为前人所未曾道过的。"12日晚,在寓所宴请文化界诸好友阳翰笙、孙伏园、巴金、章靳以等。席间谈及时局。同月,《争取今天——庆祝伯奇五十及二十年创作生活》发表于《高原》月刊第2期"郑伯奇先生文坛生活廿周年纪念特辑"。文中赞扬郑伯奇"重信义,不轻易改变自己的心向。出处进退决不肯丝毫苟且";与老舍、胡风往陕西路一间临时设立的"战区文化人招待所",探视问候刚从广西、贵州逃难到重庆的文化工作者,并询问贵阳等地战区文化工作者流落的状况。11月21日，毛泽东从延安致信郭沫若："你的《甲申三百年祭》，我们把它当作整风文件看待。小胜即骄傲，大胜更骄傲，一次又一次吃亏，如何避免此种毛病，实在值得注意。倘能经过大手笔写一篇太平军经验，会是很有益的；但不敢作正式提议，恐怕太累你。最近看了《反正前后》，和我那时在湖南经历的，几乎一模一样，不成熟的资产阶级革命，那样的结局是不可避免的。此次抗日战争，应该是成熟了的罢，国际条件是很好的，国内靠我们努力。我虽然兢兢业业，生怕出岔子，但说不定岔子从什么地方跑来；你看到了什么错误缺点，希望随时示知。你的史论、史剧有大益于中国人民，只嫌其少，不嫌其多，精神决不会白费的，希望继续努力。"是年，在邵力子为苏联大使举行的一次便宴上初识苏联大使馆译员齐赫文斯基；与沈钧儒、茅盾、史良、老舍等人在曾家岩50号听从延安来重庆的周而复介绍陕甘宁边区文化教育的情况。又在天官府寓所与于立群会见来访的周而复、林默涵等。向周而复询问了一些延安的情况，谈起为其诗集《夜行集》作序的往事。（参见林甘泉、蔡震主编《郭沫若年谱长编》，中国社会科学出版社2017年版；王学典《20世纪史学编年（1900—1949）》，商务印书馆2014年版）

　　顾颉刚继续任文史杂志社副社长，主编《文史杂志》。该社职员有吴维亚、史念海、容媛、孙元徵等。又继续任中国史地图表编纂社社长。1月14—15日，出席教育部边疆教育委员会会议。同月，应中央训练团邀请，作《中国近代政治思想》。25日，到该团演讲，谓"这一个时代里，最有名而又最有价值的人物，是黄梨洲、顾亭林、王船山三位先生"。黄之《明夷待访录》"代表他的政治理想""充满了民主精神""是人类文化的曙光"。顾之《日知录》"一扫宋、明时代回避现实的玄学思想，而向着经世致用的目标进行"。王之《噩梦》和《黄书》"是讲治天下的大法"。"重民轻君是黄、顾、王三人一致的思想"，"我们又该促进他们的政治思想的实现，来造成一个彻底民主的中华民国"。31日，与娄子匡主编之《风物志集刊》由中国民俗学会出版，为作《序辞》。2月1日，《文史杂志》出版"美术专号"，刊有唐君毅《中国文化中之艺术精神》、郭宝钧《由铜器研究所见到之古代艺术》、傅抱石《中国山水画论》等7篇文章。同月，顾颉刚任郑逢原等在重庆创办的史学书局总编辑。3月，顾颉刚任复旦大学史地系教授，授"史记研究"课。4月5日，为中国史学会之《中国史学》作《〈蜀王本纪〉与〈华阳国志〉所记蜀国史事之比较》，略谓："列观二书异同，可以悟昔人整理史料之方法。杨氏所录固多不经之言，而皆为蜀地真实之神话、传说。常氏书雅训矣，然其事既非民间之口说，亦非旧史之笔录，乃学士文人就神话、传说之素地而加以渲染粉饰者。何去何从，即此可晓。"7日，被推为北碚修志委员会常务委员。抗战以来，京、平、沪之学术机关相率西迁至北碚，多就地取材继续研究，故发起修北碚志，组织该会，复于北碚管理局下设修志局。宾主一堂，分工合作。9日，在林同济等创办的创学社演讲"边疆问题及其对策"。同月，文史杂志社迁至北碚黑龙江路；《文史杂志》出版"明清史专号"，刊有孟森《明开国以后之制度》、李文治《明末的寨堡与义军》、萧一山《天德王洪大全考》、罗尔纲《翼王石达开略传》等文。社论《明清史研究的重要及其趋向》中提出："历史研究的目的原在帮助人类对于现实问题的理解，进而决定其行动趋向与取舍。所以古代史的研究与近代史的研究是有同等的重要性。为了探求现代中国社会文化的渊源，以决定将来社会文化的进路，我们固然需要源溯到三代秦汉以上，而近代的明清两朝的历史，尤其需要下一番研讨的工夫。……希望明清史研究者把他们的研究计划和抗战建国的需要切实配合起来，使明清史的研究在现在可以直接有利于抗战，在将来更可以直接帮助建国。"5月，严耕望自成都来投，顾颉刚嘱其标点

《汉书》《后汉书》。同月，始识翦伯赞、吴泽。6 月，始识侯外庐。夏，应邀与彼等讨论《学府》杂志事。

顾颉刚 5—11 月编著《顾颉刚文集》第一、二册。先是上年 12 月 4 日郑逢原创办史学书局，欲为顾颉刚刊文集，故有此举。第一册专载所作有关边疆的文字 29 篇。第二册为《西北考察日记》及《辅助西北教育设计报告书》，其《日记》乃将当时简单的日记加上手册中偶然的记录以及脑中所忆旧事重写而成。又作两册之序录。6 月，《文史杂志》出版"中国经济史专号"，刊有傅筑夫《由汉代的社会变动说到两汉的兴亡》、谷霁光《宋元时代造船事业之进展》、万国鼎《殷商之土地制度》等 7 篇文章。社论《略论中国经济史研究》中指出："中国经济史的研究，是近二十年的事。最初是以研究社会史开其端，这不待言是受着民国十五六年北伐时革命思潮的影响。因而这种研究乃是皮毛的抽象的，所以在民国二十年以前真正有价值的中国经济史研究的论文很少看到。二十年以后，随着国内社会的渐趋安定与发展，经济史的研究乃渐趋于本格的""依某一些历史学者的主张，经济史研究乃全部历史研究的重心，一切历史上所发生的分歧复杂的社会现象，都可以而且必须向当时经济实况中求得其所以然的原因；如果不把历史上各时代的经济情形予以说明，那一切历史事实绝不能得到正确而合理的解释"。就经济史研究提出三点希望：一是应把研究方向由局部问题的考订转向大部资料的整理；二是把近年来的经济史论文做一个索引，以减少学者搜求参考资料的困难；三是把外人经济史著述，特别是关于中国的，多介绍一点过来，以作他山之助。

顾颉刚 6 月应邀至国立编译馆纪念周讲"如何编纂中通史"。同月，继续改写《春秋史话》。7 月，出席中国出版公司发起人会议。该公司乃张天泽发起。同月，作中国通史编辑计划及与中国出版公司合作计划。又与谢六逸、娄子匡、岑家梧主编之《文讯》第 5 卷第 1 期（风物志专号）出版。8 月，顾颉刚主编的《文史杂志》出版"近代史专号"，刊载萧一山《太平天国的革命思潮》、罗尔纲《李鸿章评传》、彭泽益《郭嵩焘之出使欧西及其贡献》等 9 篇文章。同月 31 日，顾颉刚作《诗经通论》序。重庆北泉图书馆馆长杨家洛辑印丛书，列《诗经通论》为第一集。9 月，因病未出席参政会。秋，在复旦大学改授"春秋战国史""历史地理"课。11 月 15 日，顾颉刚乘汽车离开重庆。16 日，抵成都齐鲁大学。此前齐鲁大学汤吉禾力邀担任国学研究所主任，顾颉刚虽拒绝任这一职务，但允诺到齐鲁大学一个时期，以便于开展标点二十四史的工作。是时至年底，在齐鲁大学讲授"中国地理沿革史""春秋史"课程，学生有李文实、方诗铭等。又任齐鲁大学国学研究所所长，作该所组织纲要、工作纲要、人员分配及预算书等。是时该所职员有胡厚宣、张维思等。该所工作除各人专门研究外，又计划集体之编辑工作，如编辑"春秋经通检"、标点二十四史等。12 月，为齐鲁大学成立 80 周年纪念特刊作《我所认识的齐鲁大学》。是年，主编《中国名人传》，以后此书改由中国出版公司出版；欲与史念海、傅筑夫、王毓瑚、傅振伦等编辑中国通史；记笔记《融一斋笔记》。（参见顾潮编著《顾颉刚年谱》，中国社会科学出版社 1993 年版；顾潮编《中国近代思想家文库·顾颉刚卷》及附录《顾颉刚年谱简编》，中国人民大学出版社 2015 年版；王学典《20 世纪史学编年（1900—1949）》，商务印书馆 2014 年版；吴永贵《民国图书出版史编年：1912—1949》，社会科学文献出版社 2018 年版）

陈寅恪 1 月 21 日撰《大千临摹敦煌壁画之所感》，其曰："寅恪昔年序陈援庵先生《敦煌劫余录》，首创'敦煌学'之名，以为一时代文化学术之研究必有一主流，敦煌学今日文化学术研究之主流也。凡得预此潮流者,谓之'预流',近日向觉明先生撰《唐代俗讲考》,足证鄙说之非妄。自敦煌宝藏发见以来,吾国人研究此历劫仅存之国宝者,止局于文籍之考证,至艺术方面,则犹有待。大千先生临摹北朝唐五代之壁画,介绍于世人,使得窥见此国宝之一斑,其成绩固已超出以前研究之范围,何况其天才特具,虽是临摹之本,兼有创造之功,实能于吾民族艺术上别开一新境界,其为'敦煌学'领域中不朽之盛事,更无论矣。故欢喜赞叹,略缀数语,以告观者。三十三年一月二十一日,陈寅恪。"寒假期间,成都燕京大学历史系师生开会欢迎陈寅恪及徐中舒。欢迎会由王锺翰主持。春季始业,陈寅恪授"晋南北朝史"及"元、白诗"。秋季授"唐史""晋至唐史专题研究"及"元、白、刘诗"。4月27日,杨树达接得陈寅恪信。7月20日,朱自清来访,陈寅恪陪往访侯宝璋、蔡乐生。约在暑假,王锺翰将离燕大他就。陈寅恪苦留之,王因不去。后陈寅恪移居,且约王同住。9月,陈寅恪致函牛津大学中文高级讲师修中诚,授权其代表他向牛津大学提交《高级中国研究计划》。计划中规定:该教授应负责将《旧唐书》及《新唐书》以比较形式译成英文。为了提高唐史翻译的价值,应运用这种新的比较研究方法,利用敦煌手稿,撰写研究论著,阐明唐代文化。同时,出版社应该委任雷海宗、邵循正、孙毓棠写一套3卷本约1500页并附所需地图及详细索引的中国历史。这套历史应用英文撰写,并以认真的历史学生为对象。

按:1945年秋,陈寅恪到英国治疗眼疾未能奏效,不得不放弃牛津的聘任。1946年1月21日,牛津大学正式公布陈寅恪因健康不佳辞职。这一计划也就失去了实施的机会。

陈寅恪10月25日接待李思纯过访。27日,吴宓自昆明休假来成都燕京大学讲学,往访陈寅恪。12月12日,陈寅恪左目又失明。14日,住进陕西街存仁医院三楼73室。18日,手术治疗,未能治好,可能因手术不佳,反而造成以后到英国医治之困难。吴宓、王锺翰经常探视。陈寅恪虽住院辍讲,仍有研究生时就病榻前请益。12月,陈寅恪《隋唐制度渊源略论稿》由重庆商务印书馆出版。此书始撰于1939年冬,1940年4月完稿。本书讨论了隋唐礼仪、职官、刑律、音乐、兵制、财政等制度的渊源,谓隋唐制度有三源:一曰北魏、北齐,二曰梁、陈,三曰西魏、周,而尤以前二者更为重要,从而纠正了人们认为隋唐制度渊源于西魏、北周的一般认识。作者分别考察了隋唐制度形成的轨迹和原因,并探讨了汉化和胡化的问题,分析魏晋以降东西南北各地域间文化的转输保存关系。《唐代政治史述论稿》和《隋唐制度渊源略论稿》两书,"空论少而发明多,建设多而破坏少",推究渊源,明述系统,不具成见,实事求是,被评为"异于时人所讥之琐碎考据,亦异于剪裁陈言纂辑成书之史钞,更大异于具有成见与含有宣传性之史论",可一洗当时治史者喜称专家,不识制度损益演变,多穿凿附会一二事之流弊,为抗战期间公认的佳作。有人因而以"风雨如晦,鸡鸣不已"称赞二书。是年,遵义浙江大学缪钺教授开始与陈寅恪通讯问学。(参见卞僧慧纂《陈寅恪先生年谱》,中华书局2010年版;王学典《20世纪史学编年(1900—1949)》,商务印书馆2014年版;齐家莹编《清华人文学科年谱》,清华大学出版社1999年版)

钱穆仍执教于华西大学。自重庆返成都后,患胃病,临床数月,及病稍好,读完《朱子语类》全书130卷及《指月录》两书,对唐代禅宗终于转归宋明理学一演变,获有稍深的认识。1月,《个性伸展与文艺高潮》刊于《思想与时代》第30期,后收入《中国文化史导论》,改题名《文艺美术与个性伸展》。文中谈到:"唐代科举制度,同样为宋、元、明、清四代所传袭,沿续达千年之久。这是建筑中国近代政治的一块中心大柱石,中国近代政治全在这制度上安顿。同时亦是近代中国文化机体一条大动脉。在此制度下,不断刺激中国各地面,使之朝向同一文化目标而进趋。中国全国各地之优秀人才,继续由此制度选拔到中央,政治上永远新陈代谢,永远维持一个文化性的平民精神,永远向心凝结,维持着一个大一统的局面。中国是一个传统农业文化的国家,凭借这个文艺竞选的考试制度,把传统文化种子始终保留在全国各地的农村,根柢盘互日深、枝叶发布日茂,使全国各地农村文化水平,永远维持而又逐步向上。几乎使无一农村无读书声;无一地方无历史上的名人古迹。农村永远为中国文化之发酵地。不得不说多少是这一个制度之功效。"又谓"那时唐代,一切文学艺术正在含葩待放,而禅宗却如早春寒梅,一枝绝娇艳的花朵,先在冰雪地中开出。禅宗的精神,完全要在现实人生之日常生活中认取,他们一片天机,自由自在,正是从宗教束缚中解放而重新回到现实人生来的第一声。所以唐代的禅宗,是中国史上的一段'宗教革命'与'文艺复兴'"。"文学、艺术在中国文化史上,发源甚早,但到唐代,有他发展的两大趋势:(1)由贵族阶级转移到平民社会。(2)由宗教方面转移到日常人生。因此唐代的文学、艺术,遂很显著的由此从贵族到平民、从宗教到日常人生的两大趋势。"

钱穆2月在《思想与时代》第30期发表《宋以下中国文化之趋势》,后收入《中国文化史导论》,改题名《宗教再澄清民族再融合与社会文化之再普及与再深入》。文中指出:宋以下值得大书特书的第一事,厥为"宗教思想之再澄清"。其次要算"民族之再融和",然后是社会文化之再普及与再深入。3月,《东西接触与中国文化之趋向》刊于《思想与时代》第32期。后收入《中国文化史导论》,改题名《中西接触与文化更新》。文中认为:"中国一向是一个农业文化的国家,他一切以'安足'为目的,现在他骤然遇见了西欧一个以'富强'为目的之商业文化,相形见绌了。因西方的富强,推翻了我们自己的安足,中国文化在不安足的环境中失败而毁灭。如是中国人当前遇到了两个问题:(1)如何赶快学到欧美西方文化的富强力量。(2)学到之后,而不把自己传统文化以安足为终极理想的农业文化之精神斵丧或戕伐了。若第一问题不解决,中国的国家民族将根本不存在;若第二个问题不解决,则中国国家民族虽得存在,而中国传统文化则仍将失其存在。"又谓"中国人第一次接触到西方文化是印度,第二次是波斯、阿拉伯,第三次始是欧洲"。"自然科学在中国文化进程里不很发达,由于中国文化则自始即在一个广大和协的环境下产生成长,因此中国方面的缺憾并不在一种共通与秩序,这一方面早已为中国文化所具有了。中国方面的缺陷,则在此种共通与秩序之下的一种'变通与解放'。中国哲学上有一句话,叫做'理一分殊',中国人认为'理一'是不成问题了,应该侧重的转在'分殊'方面。如此科学思想便不易发展。科学思想的精髓,正在抽象理性的深信与坚执,正应侧重在其'理一'方面,而不在侧重其'分殊'方面。西方科学家因刻意寻求'理一',故不惜隔绝事实,从任何实体中抽离,来完成他的试验与理论。双方的学术思想界,正如双方自然环境般,一边只见破碎分离,一边只见完整凝一,这是中西的大分别所在。"

钱穆4月在《文史哲季刊》第2卷第1期发表《两汉博士家法考》。文中考辨"博士"渊源流变,并梳理探讨汉代经学发展过程、"家法"问题、"齐学与鲁学""今学与古学"等,提出了清代学者所谓"汉学"并非原本意义上汉代经学等看法。此文是钱穆经学研究的重要论著,被顾颉刚《当代中国史学》一书列为钱穆代表作之一。同月,在《思想与时代》第33期发表《中国近代儒学趋势》。5月,《易传与小戴礼记中之宇宙论》刊于《思想与时代》第34期。文中认为:"《易传》与《戴记》之宇宙论,实为晚周以迄秦皇、汉武间儒家所特创,又另自成为一种新的宇宙论。此种新宇宙论,大体乃采用道家特有之观点。庄老道家所创之宇宙观,可称为'气化的宇宙观',以其认宇宙万物皆不过为一气之转化也。《易传》《戴记》承其说,而又别有进者,即就此一气之转化,而更指出其'不息'与'永久'之一特征也。《易传》曰:'一阴一阳之谓道,继之者善也,成之者性也。'此所谓'一阴一阳',即指阴阳之永久迭运而不息也。""北宋理学兴起,始复有儒家自己一套的宇宙论。逮于南宋朱子之理气论出,而此一番新起的宇宙论,乃臻完成。若以孔孟时代为天帝人格化的古昔素朴的宇宙论,《易·系》与《戴礼》为'畸于神'的'德性一元的宇宙论',则两宋理学可谓是'畸于理'的'理性一元的宇宙论'。欲探究中国儒家思想所抱有之宇宙论,必分别此三者而加以探究。其畸于神与畸于理之两部分,虽在其贯通于人生论方面,莫不上承孔孟,而无大扞格;但畸神、畸理,终不能谓其无所歧异。继今而后,于此畸神、畸理之两面,是否重有所轻重取舍,以为调和融通,再产生一种更新的宇宙论,以使儒术更臻于发扬光大,则尚有待于此下新儒崛起之努力。"

钱穆5月在《说文月刊》第4卷合刊本发表《神农与黄帝》。文中以地理论史,谓"黄帝、神农实为当时中原东西对峙之两部落。黄帝部族较在东,居沼泽低洼之地,而以游牧为业;神农部族较在西,居黄土河谷之地,而以耕稼为生。而神农部族之居地,复与虞舜、夏禹同其方域"。"黄帝、帝喾似属古代较东之一支。黄帝既征炎帝、蚩尤,为一时共主,姬、姜两族渐趋合流,故周人与黄帝俱为姬姓,而其祖妣曰姜源,则显为东西之相融也。至若虞、夏世系,皆溯源于帝颛顼。而秦、楚先祖亦出颛顼。秦、楚皆发迹于西方,是帝颛顼之苗裔,皆西系也。西系多本诸颛顼,而东系则多本诸帝喾,此则可征论者。商人之先出自帝喾,既确可证其为东系矣;而周之先祖亦为帝喾,与虞、夏不同,是周人殆亦以东支而西移者也。若如《史记》所载,颛顼亦黄帝后,则颛顼必黄帝以后,以东帝而传衍为西支之最先又最要之一人也。""神农、虞、夏为西系之大宗,秦、楚为西系之旁孽。自黄帝战蚩尤于涿鹿,东方部族之势力,乃渐伸展而西;久则与同化焉,如周人是也。故周人亦俨若为西支焉。若论其原始,则西方部族断当推姜姓神农氏为远祖。而神农部族之开化,亦似在东方黄帝部族之前。古史以农事言古帝者,惟神农、虞舜、后稷;此三人者,其所传耕稼地之位望,以今推之,皆在西方。故知中国古史上农业文化之开始,应在中原之西部,南自汉、北至汾。再具体言之,就其文献可征者,应南起今湖北省之随县,北至今山西省之临汾,中经今河南省南阳、嵩县,划一微向西北斜倾之直线,定为神农、虞、夏一系农业文化之发祥与繁荣地。""今若果以颛顼、帝喾同为黄帝之后,则必颛顼一系先向西殖,而帝喾一支多留东方。惟自文化系统而言,则虞、夏在先,西周继之,楚、秦又继之,皆承续神农姜姓部族而成为中国古史上之西系,亦关键则自黄帝战涿鹿启其机。《史记·五帝本纪》开始独详此事,知古人传述自有所受。近人论史,于黄帝、蚩尤之战,亦有能言其崖略者,惟昧于地望,遂多误失,因再为探究而略论之,以待治古史者之详定。"6月,在《思想与时代》第35期发表《与缪彦威书论战国秦汉间新儒家》。暑假,钱穆移居灌县灵岩山寺,得暇游县中老人村等地。

钱穆9月在《思想与时代》第36期发表《辨性》。文中谈道:"《易》《庸》与《论》《孟》间的分别,形成了古代儒家思想之两大系统。汉儒见解,多承袭《易》《庸》。魏、晋、隋、唐时代的儒家思想,依然偏在《易》《庸》方面。直到宋儒,始再回头看重《论》《孟》。但对《易》《庸》一系的理论,无形中感染甚深,因此常不免将《论》《孟》《易》《庸》两系思想搅在一起,而自不免在此中间发生矛盾冲突。这一现象,最显著者便表现在程、朱的学说里。"关于孔孟、《易》《庸》、程朱、陆王四派论性异同,"若再扼要说之,则不妨将孟子、《中庸》、晦翁、阳明作为此四派之代表。大抵孟子重在'即心见性',一切从人心人事上推扩。《中庸》则重在'因物见性',一切从天行物理上来和会。孟子切实简易,《中庸》阔大恢宏。孟子由内以及外,《中庸》举物而包人。这是显相殊异的两条路。晦翁偏近《中庸》,阳明偏近孟子。惟此两人似乎都承认孟子、《中庸》自有障隔,因此晦翁常要牵拉孟子到《中庸》一边去,阳明又常要牵拉《中庸》到孟子这边来。因此两家思路便不免各生几许罅隙与漏洞。大抵晦翁讲宇宙方面,思路较完密;但其所谓'理',则规范的意味重,推动的力量薄,平铺没气力,落到人生方面,使人感到一种拘检与散漫疲弱无从奋力之感"。"阳明在人生方面言之,若亲切易简,当下可使人用力向前,此乃其长处。但要把心来包罗宇宙万物,又嫌唐大不实,在理论方面太单薄,牢笼不住。此则王学之所短。但此处亦并非谓孟子、《中庸》两条路,竟不能会通和合;只是说朱子在此方面工夫较深,阳明则工夫较浅。若更求圆融浑成,更求简易明白,更求少流弊误解,则实宜从朱子方面进而求之耳。"

钱穆11月在《思想与时代》第37期发布《说良知四句教与三教合一》。文中指出:"阳明自谓:'自幼笃志二氏,其后见得圣人之学,始自叹悔。'又其于宋贤之说,濡染亦深。龙场驿一悟,始指点出'良知'二字,自谓是千古圣贤相传一点滴骨血。然其所提良知宗旨,犹多未及深究。其平常言教,颇杂老、释与宋贤陈言,与其良知之说多有错差。而阳明包和混会,不及剖析。故其身后,门人后学即多分歧,梨洲所谓'各以意见搀和,说玄说妙,几同射覆'也。其最为诟厉者所借口,则莫如龙溪《天泉证道记》所举'无善无恶心之体'一语。窃谓此实王学中一大节目,研究良知学者,于此不宜轻轻放过。"同月,《知识青年从军的历史先例》刊于重庆《大公报》专论。12月,《禅宗与理学》刊于《思想与时代》第38期。文中谓"若纯就人文本位之大纲节处着眼,则程朱儒,陆王亦儒。其一段淑世不离事之精神,自与宗门出世不着事者分别,不得谓程朱儒而陆王禅。盖禅宗所由异夫孔孟者,主要在其为宗教形式所拘,既已出家离俗,修、齐、治、平,非分内事,故其精神面貌,终不能不与孔孟异。程朱虽毕生孳孳,时亦有渐染于禅学而不自知者。后人必谓理学原起于禅,此固大误。然矫枉过正,认禅学绝无近理处,则亦误。故宋明理学,亦可谓乃是先秦儒学与唐宋禅学之一种混合物。论其精神,则断然儒也。若必谓儒是禅非,以陆王为禅,以程朱为儒,则终自陷于门户之见,不足以语夫学术思想源流派分之真相也"。是年,冯友兰自重庆来成都,华西坝诸教授作一茶会欢迎,钱穆与冯友兰就"今日当勉作一中国人"与"今日当作一世界人"发生分歧与论争。

按:据钱穆晚年回忆道:"又一日,冯芝生(冯友兰)忽亦自重庆来成都,华西坝诸教授(华西大学各教授宿舍均在华西坝四围附近)作一茶会欢迎,余亦在座。不知语由何起,余言吾侪今日当勉作一中国人。芝生正色曰:'今日当作一世界人,何拘拘于中国人为。'余曰:'欲为世界人,仍当先作一中国人,否则或为日本人美国人均可,奈今日恨尚无一无国籍之世界人,君奈之何。'芝生无言。(梁)漱溟语不忘国,芝生自负其学,若每语必为世界人类而发,但余终未闻其有一语涉及于当前之国事。则无怪此后两人同居北平之意态相异矣。"(参见韩复智编著《钱穆先生学术年谱》,中央编译出版社2012年版;王学典《20世纪史学编年(1900—1949)》,商务印书馆2014年版)

马寅初1月15日出席立法院第4届第253次会议。1月29日,出席立法院第4届第254次会议。2月15日,出席立法院第4届第255次会议。29日,出席立法院第4届第256次会议。同月,《通货新论》著成。3月20日,致书中华高级会计职业学校校长尹见民,索取代买毛巾、白布发票。31日,出席立法院第4届第258次会议。4月15日,出席立法院第4届第259次会议。本月于北碚演讲《法币》,刊于《公余季刊》1944年第1期。5月4日,出席立法院第4届第260次会议。20日,出席立法院第4届第261次会议。6月28日,出席立法院第4届第262次会议。同月,《通货新论》由商务印书馆出版。全书分24章,对第一次世界大战后美、英、法、德、意、加等经济强国整理货币之实践,其中之经验教训,以及在此过程中所涌现新理论、新学派——深入透析,阐明各自机理,评说优劣短长。进而考察中国:中国战后,无论对内对外,不言建设则已,如言建设,必自整理币制始。最后一章——第24章内容与货币整理无直接关联,特地谈及"中国社会组织与传统的经济思想之关系",反映对战后中国经济重建导向之新思考。通篇以"安"字为核心。中国战后第一步设施莫要于安定人心,中国之传统思想重在一"安"字,西洋则重在一"强"字;"安"由"均"而得,"均"为求"安"之手段,"安"为行"均"之目的等。然而,今日所讲之"安",并非安贫乐道,须跟上世界大势,西洋之经济思想,以生产为起点。先有生产而后有分配。中国人则不顾生产,只讲分配。西洋人主提高生活程度,中国人则以安贫为高尚。安贫思想不适合今日之世界,应创造"均富"新思想以替代之。"吾人嗣后不能再谈'安贫',应讲均富之法,以期达到'自安''相安'与'治安'之大道,则国富民强,可以图自存矣。"《通货新论》为民国时期比较货币学集大成之作,经济学界引为经典,工商界、金融界亦视为必读,对世人思考战后经济走势,提供参考与启示。

按:作者自序云:"本书之用意,在将第一次大战后所发明之各种新学说,凡可为中国将来整理通货之理论的根据;与大战后各国调整通货之种种方法与步骤,凡可为中国整理通货之经验的根据者,著成专书,对于当前的大时代,作一涓埃的贡献,庶几日后之政治家、国民大会代表、立法院委员、经济学者,以及工商界领袖、金融界巨子,凡对于通货问题有兴趣者,或与通货问题有利害之关系者,皆可以此书作参考之资料,而青年学生以及服务于工商业者,亦可从此书得一最基本之知识。"此书列为中学文库,于重庆出三版,1946年2月上海初版,后又出三版。1981年再版,1999年商务印书馆再行重版。

马寅初之"寅初亭"7月22日由重庆大学师生改建为瓦亭,师生合影留念。29日,出席立法院第4届第263次会议。8月,于家中接受采访。记者何干请就政府发布《各省管制物资及实施纲要》表示意见,马寅初答曰:"不了了之!"记者再询:"这样发展下去,中国经济前途是不是有崩溃的危险?"复曰:"早已崩溃了! 有了钱,买不到东西,这还能说经济不崩溃吗?"此次采访内容至1946年4月21日始由《消息半周刊》披露。9月20日,出席立法院第4届第265次会议。25日,会同宋庆龄、于右任、孙科、冯玉祥等72人联名发表"邹韬奋先生追悼大会启事"。同月,以中华高级会计职业学校名誉校长身份与教职员合影。10月1日,参加邹韬奋追悼大会。12日,出席立法院第4届第266次会议。31日,出席立法院第4届第267次会议。11月月底,恢复行动自由。12月9日,出席立法院第4届第269次会议。21日,重大校长张洪沅就马寅初重返讲坛事请示朱家骅:"窃查马寅初先生上年因言论偏激以致离校。两年以来闭门读书,潜心著述,言论思想亦颇改变。自返渝后,商学院同仁咸思其回校。马先生学识经验久为士林所钦仰,兹拟聘其返校继续讲学,藉宏教益,是否可行,敬祈钧裁。"22日,出席重庆工商界人士"星五聚餐会",演讲《中国工业化与民主是不可分割的》。考察第二次世界大战两大阵营国家各自工业化道路与民主制度及文化教育之关系,反观中国,指出:"欲谋中国之独立与生存,必先使之工业化。欲使之工业化,必先利用外资与技术……况提高农民生活水准,为中国工业化必不可缺的条件。实业界巨子与金融界领袖必抱有同一的见解。真所谓人同此心,心同此理,则于世界和平会议以前实行宪政,似业为全国一致的要求。"并论及"二五减租""广东、湖北、江苏、浙江四省,以浙江之成绩为最优。因浙江的减租,主其事者为省党部,不同于江苏之由县长办理。党部与地主并无利害关系,故能认真办理,颇著成效"。23日,教育部呈报:"张洪沅拟聘马寅初先生返校继续讲学,是否可行,祈钧裁示遵。"朱家骅批示"呈核""存"。29日,出席立法院第4届第270次会议。同月,受聘立信会计专科学校,讲授《经济与哲学》。据《潘序伦传》载,所讲《经济与哲学》由秘书记录,准备整理后由立信会计图书用品社出版发行。1946年11月与记者谈话中亦提到正撰写《经济与哲学》一书,已具七八万字,但无下文。(参见徐斌、马大成编著《马寅初年谱长编》,商务印书馆2012年版;彭华《马寅初年谱简编》,《淮阴师范学院学报》2005年第1期)

朱家骅继续任国民党中央组织部长、中央研究院院长。1月1日元旦,朱家骅在戴季陶家中谈起大局,表示忧虑。同月,朱家骅与戴季陶、翁文灏、陈立夫等在重庆发起组织川康采冶地质研究社。当时法币一天天贬值,物价波动十分厉害,组织部里的设计委员张国焘常与朱家骅讨论经济问题。3月8日至10日,中央研究院举行第二届评议会第二次年会,朱家骅、翁文灏、竺可桢、傅斯年、吴有训等27人出席。蒋介石发布训词。会议推定翁文灏、汪敬熙、庄长恭、姜立夫、李书华、李四光6人为名誉会员候选人推举委员会委员,翁文灏为召集人。10日,中央研究院第二届评议会第二次年会会议综合提案要旨提出《倡助科学建议书》。该《建议书》要点有:对各学科宜平衡发展,相互联系,促其进步;建设学术中心,以培养科学人才;筹备举行全国学术会议;维持并鼓励有关高深学术研究之刊物;派遣学术访问团去友邦访问;会议修正《国立中央研究院研究所组织规程》,并经呈奉国民政府备案。16日晚,朱家骅召集在渝评议员谈话会,吴有训、李四光、傅斯年、汪敬熙、竺可桢、李书华等20人出席。会议主要讨论两大问题,一是关于本届评议员的任期及下届评议会的筹备改选事宜、聘任评议员名额的增加与分配。会议推选朱家骅、翁文灏、王世杰、何廉、李书华、竺可桢、王家楫7人为委员,组织第三届评议员选举筹备委员会。同时,规定下届聘任评议员增加10名,加上原30名定额,共为40名。5月5日,朱家骅与陈立夫、谷正纲等出席中国教育、学术团体在重庆举行的第三届联合年会,会议通过《战后世界和平与教育改造》《实业计划最初十年人才培养》等文件。11月20日,朱家骅接替陈立夫为国民政府教育部长。23日,朱家骅辞去考试院副院长,同时又任国民政府委员。12月初,朱家骅带了秘书刘英士等到青木关教育部接事。21日,中央研究院在总办事处举行在渝评议员谈话会,朱家骅、王世杰、傅斯年、李书华等7人出席,主要讨论明年评议会年会举行与否的问题。(参见胡颂平《朱家骅先生年谱》,台北传记文学社1969年版;中央教育科学研究所编《中国现代教育大事记1919—1949》,教育科学出版社1988年版)

翁文灏继续任经济部长。1月1日,国民政府授予其一等景星勋章。3日,在资源委员会纪念周上,作题为《中国经济建设中几个根本观念》的演讲。翁文灏略述中国由强而弱和西方"复兴与精进的历史"发展过程,认为"国力之强弱,全在人力之能否从实际事物精勤推动"。对于如何使建设工作达到建国的目标,翁文灏提出三项中心方针:一为国家的统一,二为国防的力量,三为事业的健全。作者提醒,此次战争之后,国际间必大力提倡贸易,不重关税壁垒,欧美工业化较高之各国,产量大,成本轻,中国产品如果不提高效率,成本不大为减少,势必造成洋货对国货冲击。因此"无论事业之生存,或国富之保留,所有各种经济事业之组织管理运用各方面,皆不可不力求健全,使在国际贸易畅通无阻之时代中,确能物美价廉,顺利进行"。17日,被中国工程师学会聘为该会工程技术奖金委员会主任委员。2月15日,出席并主持中国地质学会理事会会议。会议研究决定了召开学会第20届年会等事宜。同日,翁文灏还出席并主持了中国地质学会丁文江纪念奖金委员会会议。会议投票决定本年度丁文江纪念奖金授予黄汲清。21日上午,陪同蒋介石参观"资源委员会工矿产品展览会"。22日,据《中央日报》报道,澳洲矿冶学会在庆祝该会成立50周年之际,以翁文灏对于中国科学及工业之贡献,卓著成绩,特选为该会名誉会员,并举行授证典礼,由中国驻澳公使馆参事段茂澜代表接受。同月,为黄汲清的《天山之麓》作序。3月8日至10日,翁文灏与朱家骅、竺可桢、傅斯年、吴有训等27人出席中央研究院举行的第二届评议会第二次年会。会议推定翁文灏、汪敬熙、庄长恭、姜立夫、李书华、李四光6人为名誉会员候选人推举委员会委员,翁文灏为召集人。

翁文灏6月6日出席重庆工程师节纪念大会并致词。同月,《中国经济建设概论》出版。全书分为:一、经济建设与国力,二、实业计划纲要,三、战前中国实业概况,四、抗战期内中国实业概况,五、战后中国实业建设方针。8月28日,就美国战时生产局局长纳尔逊来华问题对中央社记者发表谈话,表示罗斯福特派纳尔逊来华商谈经济问题,充分证明罗斯福总统援助中国经济建设之决心。中国战时及战后经济需要彻底而大规模之建设,确为一刻不容缓之举,"本人以经济部长资格对纳尔逊先生此来深表欢迎,并抱有很大希望"。9月5日,翁文灏出席第3届国民参政会第3次大会开幕式。6日,向参政会报告经济部一年来各项措施。10月4日,出任新成立的经济部国外实习人员考选委员会主任委员。该会委员有张家祉、李鸣龢、欧阳仑、包可永、吴承洛、张兹闿、吴兆洪和庄智焕。10月9日及11日、14日、16日,主持召开纺织业会议,讨论战后纺织业建设十年计划,决定分两个五年计划逐步实施。会议的目的是使直接有关民生之各项工业企业主与事业主持人员交换意见,俾制定计划便于实施。23日,在国民党中枢纪念周上做经济部施政报告。11月1日与钱昌照邀集在资源委员会工作10年以上人员晚餐,纪念该会成立12周年。16日,就成立战时生产局对中央社记者发表谈话,表示:为更加推进战时生产起见,决定仿照美国战时制度,设立战时生产局。(参见李学通《翁文灏年谱》,山东教育出版社2005年版)

傅斯年继续主持史语所所务。历史语言研究所调查广西土语及其他少数民族语言。4月2日,《天朝——洋奴——万邦协和》刊于重庆《大公报·星期论文》。5月4日,《"五四"二十五年》刊于重庆《大公报·星期论文》。值此五四运动的25周年之际,作者回顾历史,不禁感慨万端:"'五四'的积极口号是'民主'与'科学'。在这口号中,检讨二十五年的成绩,真正可叹得很。……注意科学不是'五四'的新发明,今天的自然科学家,很多立志就学远在'五四'以前的。不过,科学成了青年的一般口号,自'五四'始,这口号很发生了他的作用,集体的自觉总比个人的嗜好力量大。所以若干研究组织之成立,若干青年科学家之成就,不能不说受这个口号的刺激。在抗战的前夕,若干自然科学在中国已经站稳了脚,例如地质、物理、生理、生物、化学,而人文社会科学之客观研究,也有很速的进展。若不是倭鬼来扰,则以抗战前五年的速度论,中国今天可以有几个科学中心,可以有几种科学很像个样子了。"考察科学发展的历史,傅斯年认定学术自由、思想解放、追求真理是科学进步的真正途径,"为科学而科学"是科学的"清净法门"。显然,傅斯年真正关心的还是科学在中国如何生根的问题,他语重心长地说:"全部科学史告诉我们,若没有所谓学院自由,科学的进步是不可能的。全部科学史告诉我们,近代科学是从教条、学院哲学、推测哲学、社会成见中解放出来的,不是反过来向这些东西倒上去的。全部科学史又告诉我们,大科学家自然也有好人,有坏人,原来好坏本自难分,有好近名的,有好小利的,原来这也情有可原,但决没有乱说谎话的,作夸大狂的,强不知以为知的。……所以今日提倡科学的方法极简单,建设几个真正可以作工作的所在,就是说,有适宜设备的所在,而容纳真正可以作科学工作的若干人于其中就够了。……工作的环境可以培植科学家，宣传与运动是制造不出科学家来的。"

傅斯年5月在中央研究院历史语言研究所、中央博物院筹备处、北京大学文科研究所、中国地理研究所原先西北史地考察团的基础上新联合组建了"西北科学考察团"，开始在甘肃调查发掘敦煌墓葬。6月，中央研究院历史语言研究所主办的《史料与史学》创刊。傅斯年在《发刊词》中指出："本所同人之治史学，不以空论为学问，亦不以'史观'为急图，乃纯就史料以探史实也。史料有之，则可因钩稽有此知识，史料所无，则不敢臆测，亦不敢比附成式。此在中国，固为司马光以至钱大昕之治史方法，在西洋，亦为软克、莫母森之著史立点。史学可为绝对客观者乎？此问题今姑不置答，然史料中可得之客观知识多矣。"该刊共出2期，1945年停刊。1948年4月，历史语言研究所将《史料与史学》作为《历史语言研究所集刊》第15本重排出版。同月，历史语言研究所在李庄自办子弟小学。7月6日，傅斯年复袁同礼两函，第一封致谢赠书，复对冯汉骥文章发表意见、商量研究补助费分配。其中有曰："继续补助研究费，诚大佳事，兄之努力至可佩也。名单中所拟加入'向觉明、贺昌群、姚从吾、唐兰、徐中舒、王崇武、张政烺'弟均同意。皆妙选也。其中有若干人，去年即当有之矣。李方桂兄，去年之一事，弄得不上不下，弟意可改为全份，其学力足以当之（亦寅恪之次也）。未知吾兄以为如何？联大各人，似乎除锡予应给全份外，（年老、资深、病多、累重。）其余似均可给半份，以免纠纷。萧公权、潘光旦二位似皆不是汉学 Sinology，此亦兄去年未同意者，萧闻亦尚不太窘，此点乞兄斟酌。已赴美或即赴美者，似不当更给。因报告中甚难提及，奉派赴美，而又领此，美国人或不解耳。兄名单之外，弟意可加闻一多，彼专心治学者也。总之，一切乞兄斟酌，弟无不同意。兄定即定矣，不必再找大人物去商量，如去年之生枝节也。敝所兄拟加之人外，尚有可考虑者，有凌纯声、芮逸夫二人，皆极困难，又有陈槃兄，更有梁思永，只惜在病中。"最后"再启者"曰："王献唐先生著作甚多，其最近大著《中国古代钱币史》，尤为考古界第一流之钜著也，盖今年在本所，材料多，工力更加勤宜。五百元之一份，未知可以有法列入否？（加入潘、萧除去，赴美者不给，因有余额时。）然此须在兄拟新加'向、贺、姚、唐、徐中舒、王崇武、张政烺'之外，不便以其更易兄所拟诸人，弟觉兄所拟诸人皆甚当，弟极同意。弟斯年又白。"

傅斯年7月9日于重庆《大公报·星期论文》发表《我替倭奴占了一卦》。7月12日，《"第二战场"的前瞻》刊于重庆《大公报·星期论文》。文中对是年美、英开辟第二战场以后的形势分四段加以推演：(1)登陆；(2)扩充混合为大战线；(3)决战；(4)德虏无条件投降。他预估形势的进展，"英美的海空军优势，兼以德虏这次仍旧受他历来最恐惧而也最免不了的'两面战场'之拘束，盟方陆海空军三方面之高度配合，造成了革命的新战术，就是在西欧登陆。以后的进展必然节节胜利，而且每段胜利必付重大代价的。其所以必然节节胜利者，以实力优越之故，最大的难题就是登陆，而登陆业已试验的成功；其所以必付重大代价者，以在这些地方打仗，在德虏是拿手好戏"。可见傅斯年对军事形势的评论，确实达到了行家的水平。9月，傅斯年赴重庆参加国民参政会第三届第三次大会。同月20日，袁同礼与傅斯年商量分配哈佛燕京社补助费事。同日，傅斯年致董作宾函所述经过："哈佛燕京社补助费事，今日与守和作最后之商决（今日之更动系加入岑仲勉先生）"，获补助者有董作宾（彦堂）、梁思成、梁思永、向达各6万元，李济、王献唐、芮逸夫、陈槃（槃庵）、傅乐焕、张政烺、劳幹（贞一）各4万元，高去寻、王振铎、曾昭燏（曾国潢的长曾孙女）、王崇武、岑仲勉、马学良各 3 万元。马学良为傅斯年补偿其为北平图书馆买书的亏累而列入，傅斯年自拟另有王崇武、张政烺、傅乐焕，并主张多补助考古研究，因"此事太无人注意了"。11 月 19 日，《现实政治》刊于重庆《大公报·星期论文》。（参见韩复智编《傅斯年先生年谱》，《台大历史学报》1996 年第 20 期；欧阳哲生编《中国近代思想家文库·傅斯年卷》及附录《傅斯年年谱简编》，中国人民大学出版社 2015 年版；岱峻《李济传》，江苏文艺出版社 2009 年版；张光润《袁同礼研究（1895—1949）》，华东师范大学博士学位论文，2018 年）

李济配合傅斯年于是春在原西北史地考察团的基础上，重组西北科学考察团，参加单位有中研院史语所、中博院与北大、中国地理研究所等，团员有夏鼐、向达、阎文儒、李承三、周廷儒等。4 月，西北科学考察团飞到兰州。22 日，向达、夏鼐致函傅斯年、李济，"在兰州附近调查得彩陶残片十余片，抵酒泉后拟开始作调查工作，就近赴文殊口调查佛寺及壁画，又拟赴金塔调查汉长城烽燧遗址"。5 月，考察团坐汽车进入戈壁。在敦煌、洮沙、民权等地进行考古调查，并对佛爷庙墓地进行初步发掘。8—10 月，考察团调查发掘了敦煌月牙泉墓地。9 月 14 日，王献唐至李济处，看其所研究之殷墟各种陶器及陶器上花纹文字，伊方撰陶器专书。10 月，在玉门关外发掘，获汉简 30 余片。10 月 25 日，夏鼐向傅斯年、李济报告发掘工作情形及结束后的打算，"关于采集品之运输问题，西北公路局允免费一吨运兰，生拟返东后在兰过冬，将已运到之物开箱稍作整理并作较详之记载，然后返川"。（参见岱峻《李济传》，江苏文艺出版社 2009 年版；岱峻《发现李庄》，四川文艺出版社 2009 年版；张书学、李勇慧《王献唐年谱长编》，华东师范大学出版社 2017 年版）

董作宾继续任史语所代理所长。1 月 1 日，为庆祝元旦，董作宾举办了新年同乐会。8 日，董作宾来访王献唐，与商讨数事。午饭后，董作宾及其眷属等，同至山上塔间坐多时。12 日，董作宾来访王献唐。19 日，王献唐阅董作宾近作《王若曰古义》稿。24 日，为旧历除夕，董作宾约所中诸人消遣，甚热闹。2 月 1 日，王献唐至董作宾处，"录卜辞数段，甚有益于所考杞国历史。见西安新出周尊二器照片，录其文入《金石志》"。4 日，史语所派人至大河边村勘查汉墓，劳仲武、董作宾来约王献唐，未往。6 日，王献唐约高少白、董作宾等下山，至博物院晤李济，又约郭宝钧同至留芬饭馆午饭。饭后送高少白上船，复与董作宾至张官周家。旋访罗伯希，出观其川中砖拓，多未著录，赠大泉五十钱范拓本一纸，闻宜宾所出。8 日，董作宾来，偕其眷属至李庄。继至琴庄，张访琴今日请吃饭，坐客皆研究所、博物院人，院中红绿梅尚未落，庭宇颇雅静。接家信及钟孝先函。12 日，接孔德成函，言董作宾求联，乃其 50 岁生日寿诞："献兄史席：二十一日手教敬悉，笔均非佳品，不过在重庆已属难得者耳。彦老日昨曾有函来，属弟书联，今读大札，始知为五十大庆之期，则此非写不可矣。新年诸事颇繁，数日来未得读书，甚羡老人寒夜独酌，与古人共话也。冯五久不得消息，邢二酒兴又发，不可遏止，观行听言，洵不误也。弟寄之纸，系故典一所求义卖者，此公洵为无厌，然为纪念其先人，题目正大，人情又不可却，故弟始敢再渎左右也。闻彦老言，尊著《金石志》又成一册，寄渝国史馆否？甚盼早日快读也。"3 月 17 日，王献唐为董作宾 50 寿诞作贺诗。"彦堂明日五十寿，所中诸人约余为做寿，成诗一律贺之，以朱砂写讫。彦堂来，持去。校点《钱考》。意念苍茫，前日由李庄回山曾得二句，即足成之。接庚款会函。晚饭后，至江边坐多时。"

董作宾 3 月 20 日 50 岁生日，史语所的同仁和弟子们发起要为他祝寿，他推辞不过也就答应了，不过他要把这次祝寿活动办成一个展览会，不仅要展示自己的经历和作品，更要展示史语所的历程和成就，也活跃一下同仁们的生活。从 3 月初开始，董作宾用了十来天的时间编撰了《平庐影谱》，以图片为主辅以文字说明，按年谱体记述了自己的经历，其中殷墟发掘和辗转西南占了绝大篇幅，还收集了一些其他文字、图片和实物资料。展览设在板栗坳牌坊头会议室里，室内的布置由董作宾自己亲自设计，正厅迎面一个大大的寿字，柱子上粘贴照片和贺词。在西壁与南壁的一部，挂着已经组合整齐似横披式的甲骨拓片、摹片、影片、临片，还有印刷样张等。南壁的大部，汇集了史语所在广州、北平、上海、南京、长沙、昆明、龙泉镇等处的所址及工作照片。东壁即门上，挂的是甲骨文断代各时期的标准实物照片。以下为三排桌子，第一排为董作宾的著作，有专册、油印本，还有印谱。董是刻印名家，石章虽都赠人，可是留在谱上的朱色印文，都是他的得意之作。第二排为《平庐影谱》，影谱折叠成册，展开长达十余米，好几张桌子尚未展完，这是最惹人注意的目标。其中有个人有单位，从安阳殷墟发掘以来，董作宾始终都和史语所联系在一起；有工作有生活，董作宾的生活也离不开史语所，他与熊海平婚前的浪漫之旅，也就在殷墟工地；有苦，有甜，有繁华的都市，有荒芜的山村。第三排为往来信件，其中有国外的，有国内的，有长辈的，有晚辈的，还有以前的同事在离所后写来的。展览中引人注意的还有一幅由著名画家、时任中央博物院筹备处专门设计委员及编纂委员的谭旦冏为董作宾画的肖像，上有劳幹的题辞："长松百尺灵岳千寻，静陂万顷皓月满林。"布置完竣后在展品前留影，有的人建议，请董站在谭所画的肖像之后，对比一下，看看谭的艺术造诣。祝寿那天由屈万里负责签名，那廉君素以爱早闻名，但来到时有好多人已经到了。这时候孩子们比大人更为高兴，围着三排桌子跑来跑去。山下的中央博物院、中国营造学社、社会科学研究所、体质人类学研究所、同济大学等的同仁、教授，以及镇上的士绅们，都来签名道贺参观，把一向沉寂而宁静的小坳，弄得像过年似的，热热闹闹，喜气洋洋。见面的人都说从来都没有这样的盛况。

按：人员到齐后，由小学生献旗，寿星立在大礼堂门前的走廊上，学生站在石阶下面的广场上，客人们自动地立在学生的后面或侧面。学生们列队肃立，唱歌献旗，达到庆寿盛况的最高潮。之后开始参观，在《平庐影谱》前围了好多人，寂寂地居住在这山坳中数年而未照过相的人们争先恐后地挤着来看，还在影谱中寻找自己的身影。在信笺前，大家争着仔细地去寻找，看看其中有没有自己的手笔，还有且看且评地说：某某为《兰亭序》笔法，某某为郭家庙，某某为柳公权，某某为褚遂良，某某为欧阳询。有的人找到了自己的手书，跳脚地抱怨自己，为什么当时写得那样的丑，是否可以抽换再写？有的人则说本来就写得不好，何必换呢，那才是存真。

董作宾3月20日中午设薄酒答谢大家，开席后全体起立，高举酒杯向寿星祝福祝寿，大家边饮边笑，边吃边谈，欢乐的气氛表现在每个人的脸上。直到下午1时以后，客人才相继告辞离去。下午稍事休息，董作宾余兴未尽，带领全家大小到戏楼院的旁门，也就是牌坊头的后门外散步。这里右临山壁，左侧为鳞次栉比的房屋背影，前面地势空旷开阔，下临悬崖绝壁，其上有一牌楼，上题"咏南山"三个大字。董作宾遥望远处逶迤起伏的川东南群山，看着不知疲倦追逐嬉戏的孩子和连日操劳略显倦意但仍兴致勃勃的妻子，不觉心潮起伏，思绪万千。妻子嫁给自己不久，即跟着自己颠沛流离，备尝苦辛，敏儿、武儿几个孩子降临人世就没有过上一天安稳的日子，真是难兄难弟……想到这里心中惨然，正想说些什么，一旁看在眼里的熊海平说话了："敏儿、武儿，今天大家这样高兴，请石璋如叔叔来给我们照张像吧！"孩子们一听要照相高兴地跳了起来，于是留下了在"咏南山"牌坊下的那张照片。

按：在董作宾逝世20周年的时候，董敏撰《源远流长——纪念先父董作宾》（董作宾、董敏、董灵《万像——甲骨文诗画集》1996年版）回忆了依稀可记的当年艰苦的生活：父亲逝世已经整整二十年了，就在这些消逝的岁月里，他最小的子女都已是四十开外的中年人了。而缅怀父亲一生致力于中华文化的建设,就在相当的岁月时,已对中华民族有了"延伸中华信史三百年"的贡献。而今我们生活所享受的物质条件,可算的上是中国有史以来最富有的、也是最"现代化"的水平;可是我们对文化的爱,对民族传统的宣扬,维护,却和上一辈历经战乱、流离、贫困的生活,及他们的贡献,成为负面的鲜明对比。

董作宾3月23日访王献唐,托其考元凤六年五铢范时日与《长术辑要》不合处,知注书有误。30日,董作宾访王献唐,同下山,回拜梁正麟。先至博物院,李济等人亦同往,继偕至琴庄。回李庄,王献唐约董作宾及其幼女午饭。4月20日,董作宾来访王献唐,以所撰《交食谱》写样数叶见示,《殷历谱》之一也。5月24日,董作宾访王献唐,以新写《殷历谱》数叶见示。7月19日,董作宾以所撰《么些象形文字字典叙》印本一册赠王献唐。8月15日,董作宾访王献唐,带来胡厚宣近著《甲骨学商史论丛》四册,略翻一过,董作宾批记多条。9月4日,董作宾向王献唐送所撰《平庐杂稿》。10月3日,董作宾等拟合写一字卷,赠哈佛燕京社,为临金文一器。20日,董作宾于学术演讲会讲《殷之年代》,王献唐前往听之。11月6日,同董作宾下山。"至博物院,看其仿制之长沙漆器,及收集么些人用具,见北平国子监旧藏彝器数十事,康侯丰鼎、内言卤、子爵,皆真而佳。牺尊尤精,嵌松石铅片,为海内有数之器。外簋筐各一,尊一,皆后代仿造者也。回至济之处,济之夫人赠菊花一束,今年首次见也。四时许,至所中大礼堂,听石璋如讲《殷墟发掘情形》。"(参见《董作宾先生全集》乙编第五册,台湾艺文印书馆1977年版;林甘泉、蔡震主编《郭沫若年谱长编》,中国社会科学出版社2017年版;岱峻《李济传》,江苏文艺出版社2009年版;岱峻《发现李庄》,四川文艺出版社2009年版;张书学、李勇慧《王献唐年谱长编》,华东师范大学出版社2017年版)

向达5月率原西北史地考察团改组的"西北科学考察团"开始在甘肃调查发掘遗址。是月,历史语言研究所、中央博物院筹备处、北京大学文科研究所、中国地理研究所在原西北史地考察团的基础上联合组建了"西北科学考察团"。向达任考察团历史考古组组长,夏鼐任副组长。历史考古组的考察限于甘肃境内,参加者有向达、夏鼐、阎文儒3人。夏鼐持续时间最长,1944—1945年先后调查发掘了敦煌佛爷庙、月牙泉、北朝和唐代墓葬、玉门关汉代烽燧遗址、临洮寺洼山和广河阳洼湾的史前遗址、武威附近的唐代吐谷浑墓葬。1944年11月5日,先后采集到汉简48枚。1948年夏鼐在《历史语言研究所集刊》第19本发表《新获之敦煌汉简》,整理公布了48枚简牍的照片,并作了释文。这是第一次由中国学者独立组团的考察、发掘活动,意义深远,成果丰硕。不仅发现了不同时期的大量考古遗存,对玉门关、汉代烽燧等有了新认识,而且夏鼐根据宁定县阳洼湾遗址的发掘资料,改正了安特生关于甘青地区编年中齐家文化早于仰韶文化的错误。(参见王学典《20世纪史学编年(1900—1949)》,商务印书馆2014年版)

劳幹9月在《历史语言研究所集刊》第11本第3—4分合刊发表《两关遗址考》。作者利用新出土的汉简材料,分从"太初以前的玉门关""汉代的玉门新关""阳关遗址""唐以后的玉门关"四个部分对玉门关、阳关的位置及其变迁进行了考辨,修订了王国维认为玉门关西迁之观点。是年,劳幹著《居延汉简考释》由中央研究院历史语言研究所刊行。作者在考证中以性质和用途分简牍为五大类:(一)文书书檄、封检、符券、刑讼;(二)簿册烽燧、戍役、疾病死亡、钱谷、名籍、资绩、器物、车马、酒食、计簿、杂簿;(三)信札;(四)经籍历谱、小学、六经诸子、律令、医方、术数;(五)杂类无年号者、有年号者。此书代表了简牍研究的最高水平。劳幹因此成为居延汉简研究的集大成者。

按:在1960年的修订本中,劳幹又重分简牍为七大类66项,其中新增的条目如下:(一)简牍之制封检形式、检署、露布、版书、符券、契据、编简之制;(二)公文形式与一般制度诏书、玺印、小官印、刚卯、算赀、殿最、别火官、养老、抚恤、捕亡、刺史、都吏、司马、大司空属、地方属佐、文史与武史、期会、都亭部、传舍、车马、行程;(三)有关史事文件举例汉武诏书、五铢钱、王路堂、王莽诏书用月令文、西域、羌人;(四)有关四郡问题四郡建置、禄福县、武威县、居延城、居延地望;(五)边塞制度边郡制度、烽燧、亭障、坞堡、邸阁、兵器、屯田、将屯、农都尉、罪人徙边、内郡人与戍卒、边塞吏卒之家属、雇佣与"客";(六)边郡生活粮食、谷类、牛犁、服御器、酒与酒价、塞上衣着、缣帛、蟾褕、社、古代记时之法、五夜;(七)书牍与文字书牍、"七"字的繁写、《仓颉篇》与《急就篇》,共包括释文简10156枚,图版605幅。

按:顾颉刚在《当代中国史学》一书中说:"关于秦汉史的研究,以劳榦先生的成就最大,……俱极精审,发前人之所未发。"(参见王学典《20世纪史学编年(1900—1949)》,商务印书馆2014年版)

张政烺所誉"山东省近几百年来罕见的学者"的王献唐1月31日"至苑峰处闲谈",见罗希咸等所藏川中近出汉画砖拓本六、七纸甚精;又晋墓门石刻及孟蜀石经拓本三种。2月3日晚,在傅斯年处,与向达一起听夏鼐传达李济拟明晨上山之意。6月14日,郑天挺"校《中央日报》所登文稿,欲以寄张苑峰"。8月,张政烺《汉故郎中赵蜀残碑跋》刊于《史学集刊》第4期。8月,作《关于殷代卜龟之来源》,刊于12月《学史丛刊》创刊号。9月,作《关于〈"庚"字说〉》,刊于12月《学史丛刊》创刊号。约是年,成立了战区文物保存委员会,宗旨是呼吁保护沦陷区的文物,免遭破坏,如呼吁盟军不要轰炸北平古城等。委员会主任是李济,副主任是梁思成。张政烺是委员之一,负责图书,朱家济负责字画。但因抗战结束得比较突然,没有做多少工作。(参见陈绍棣编著《张政烺先生年谱》,中国社会科学出版社2019年版)

全汉升《唐宋帝国与运河》11月由商务印书馆出版。全书十章,以交通对于经济的作用作为论述的主线,探讨了运河畅通与否与唐宋帝国兴衰的关系,充分肯定了当时漕运对于经济发展的意义。杨联陞评价此书有两个优点:一是采用了一种"新纲目体",二是把经济史同政治史军事史打成一片。李根蟠在《二十世纪的中国古代经济史研究》一文中认为此文"打开了了解近代以前中国政治、经济、军事、文化的发展的一个窗口"。(参见王学典《20世纪史学编年(1900—1949)》,商务印书馆2014年版)

王叔岷任中央研究院历史语言研究所助理研究员。8月20日,完成《庄子校释》一书及附录共6册,20余万字,其中附有《评刘文典〈庄子补正〉》一文,对刘文典著作颇多指责。"在王氏以前,近世以校勘见长者有刘文典(叔雅),以《淮南鸿烈集解》《庄子补正》名世。按:王氏四十年代所著《庄子校释》附有《评刘文典〈庄子补正〉》一文,少年气盛,于刘著指摘严苛;据说中央研究院首届院士选举时,王亦批评刘氏《集解》《补正》两著皆甚粗疏,不宜作院士候选人。"在此前后,王叔岷亦曾致函胡适,对刘文典《庄子补正》颇有微词:"(民国)三十一年至三十三年来,生在李庄,常接昆明联大师友函,无不称颂刘文典先生《庄子补正》。刘先生亦极自炫,所谓'欲与我谈庄子,须庄子后生可也',实刘先生口头语,至今亦然。彼时师友中多劝生不必作《庄子校释》,言刘先生旧稿,已有观止之叹也。及得见其书,不过尔尔,故心颇有不平,因于评《补正》一文中,引及彼语,然不平即失和,至今思之,诚如先生所言,彼之语不必举出也。临颖匆上,聊陈衷曲,先生将复有以教我邪?"

按:1972年,台北台联国风社重印《庄子校释》,王叔岷悔其少作,将《评刘文典〈庄子补正〉》一文删除。据王叔岷《庄子校诠》(台北《中央研究院历史语言研究所专刊》之八十八)自述:"《〈庄子〉校释》附录二,有《评刘文典〈庄子补正〉》一篇,乃岷少年气盛之作,措词严厉,对前辈实不应如此!同治一书,各有长短,其资料之多寡,工力之深浅,论断之优劣,识者自能辨之,实不应作苛刻之批评。况往往明于人而暗于己邪!一九七二年,台湾台北市台联国风社翻印拙作《庄子校释》,岷在海外,如知此事,决将《评刘文典〈庄子补正〉》一篇剔除,至今犹感歉疚也!"(参见胡文辉《地阔星火眼狻猊邓飞·王叔岷》,《南方都市报》

2008年5月11日;章玉政编著《刘文典年谱》,安徽大学出版社2011年版)

梁思成4月恢复了《中国营造学刊汇刊》,并作《复刊词》,文中写道:"在抗战时期,我们在物质方面日见困苦,仅在捉襟见肘的情况下,于西南后方做了一点实地调查。但我们所曾调查过的云南昆明至大理间有十余县,以及西康至雅安虞山二县,其中关于中国建筑工程及艺术特征亦不乏富于趣味及价值的实物。就建造类别论:我们所研究的有寺观、衙署、会馆、祠、庙、城堡、桥梁、民居、庭园、碑碣、牌坊、塔、幢、墓阙、崖墓、券墓等。就建造艺术方面而言,西南地偏一隅,每一实物,除其时代特征外,尚有其他地方传统特征值得注意。此外如雕塑、摩崖造像、壁画等附艺,在我们调查范围者,多反映时代及地方艺术之水准及手法,亦颇多有趣味之实例值得搜集研究。"是年,梁思成任教育部战区文物保存委员会副主任。为政府及盟军(美军)编制敌占区文物建筑名单,并在军用地图上标明位置。同时建议美军在战争中保护日本历史文化名城京都和奈良。所著《中国建筑史》英文版中国建筑史图录终于完成。作者将中国三千多年有记载的历史分成六个时代,对每一个时代的建筑遗存进行了清晰的介绍和论证,从此结束了没有中国人写的《中国建筑史》的缺憾,纠正了西方人对中国建筑艺术的偏见和无知。限于李庄的条件,当时只是用钢板和蜡纸刻印了几十份。

按:梁思成认为,建筑是文化的记录,建筑史并不是罗列和堆砌各时代的有关史料和建筑遗存,而应该注意各个时期的建筑思想、建筑特征及其演变、发展的条件和规律。通过建筑史的研究,使后人增进对自己国家建筑传统的继承和理解,以求新的发展。此书林徽因没有署名,但全书融入了她的心血。所有文字都经过她的加工润色,许多地方见人所未见,发人所未发,从而集科学家的谨严、史学家的清明、艺术家的诗情于一体。(参见林洙、楼庆西、王军《梁思成年谱》,《建筑史学刊》2021年第2期"梁思成及营造学社前辈纪念专刊";岱峻《发现李庄》,四川文艺出版社2009年版)

许德佑时任地质调查所古生物研究室无脊椎组主任、技正。4月24日,许德佑在率技佐陈康、练习员马以思(女)进行地质调查时,在贵州遇匪被害。6月11日,翁文灏出席中国地质学会和地质调查所为许德佑等举行的追悼大会并致词。翁文灏对中国科学家所处的恶劣环境深表痛心:"本人今天有两点特别感到痛心。第一点,地质界人士有百分之十几都为工作而死于非命,前仆后继,但是并没有得到社会上人的充分注意,此实在不足以策励将来。第二点,在地方上有人被土匪打死,大家的同情心并无甚多表现,这样重要的学者死去,大家反认为是常事,则将来好人都要死光,在我们自己亦应引以自愧。"(参见李学通《翁文灏年谱》,山东教育出版社2005年版)

陈立夫继续任教育部长。1月,陈立夫与戴季陶、朱家骅、翁文灏等在重庆发起组织川康采冶地质研究社。同月14—15日,教育部在重庆召开边疆教育会议,着重讨论边疆教育与其他教育的配合与联系。2月10日,国民政府公布《捐资兴学褒奖条例》12条,废止前颁《条例》。2月15日,教育部宣布受奖的剧本,共4部。老舍、赵清阁的《桃李春风》奖20000元,曹禺的《蜕变》奖15000元,于伶的《杏花春雨江南》奖10000元,沈浮的《金玉满堂》奖10000元。此外,《桃李春风》的导演吴永刚、《蜕变》和《杏花春雨江南》的导演史东山、《金玉满堂》的导演潘孑农,各奖5000元。再,演出《桃李春风》和《金玉满堂》的中电剧团、演出《蜕变》的中国万岁剧团、演出《杏花春雨江南》的中国艺术剧社,各得奖旗一面。3月5日,蒋介石手谕:"编审中小学教科书时最应注意之要旨:一、伦理科目应以《春秋》与《礼记》材料为中心;二、农村生活为国民生活之本位;三、自然科学之浅说与注重机械之原理与常识。"19日,教育部国语运动周开幕,教育部印发《国语运动纲领》5条,并通令各省推行注音汉字、注音符号,实行国字读音标准化,统一全国读音。教育部部长陈立夫对国语运动发表讲话,要求加紧努力,来完成全国读音统一运动,进而实现国语统一的目的。25日,国民政府教育部将国语推行委员会主任委员吴稚晖所撰"注音符号歌"公布。同日,教育部推行师范教育运动周期间,举行师范教育讨论会,讨论的议案有:确定师范教育制度、加紧培养各级师资、拟定战后全国实施师范教育五年计划大纲、拟定今后培养国民学校师资计划要点等24件。陈立夫、顾毓琇、余井塘等和重庆附近师范院校负责人及专家等61人出席。次年1月,教育部公布了此次会议的经过及决议案。4月8—9日,国民政府教育部邀集重庆附近中小学教育专家及编译馆有关人员开会,研究修订中小学教科书的意见。

陈立夫、朱家骅、谷正纲等5月6日出席中国教育学术团体联合会办事处在重庆举行的第三届联合年会。11个单位的300余人出席。年会着重讨论"战后世界和平与教育改造问题"及"实施实业计划最初10年所需人才培养问题"。会上决议:一、中国教育学术团体联合会办事处改名为中国教育学术团体联合会;二、加强教育学术研究;三、举办科学讲演等。会议通过《战后世界和平与教育改造》《实业计划最初十年人才培养》等文件。12日,国民政府教育部修订《学生参战奖励办法》,改为《高中以上学校学生志愿从军办法》15条。6月1日,国民政府教育部颁发《教育部在国外各大学设置中国文化奖学金办法》10条。《办法》规定:自本年起,每年在国外著名大学设置中国文化奖学金。凡在大学肄业的非中国籍学生,选习中国历史、语文、文学、艺术、政治、经济、地理等科一年以上具有相当成绩者,得申请中国文化奖学金。7月3日,国民政府教育部颁发《边地国立各级学校教员奖助金办法》9条。7日,国民政府教育部公布《著作发明及美术奖励规则》14条。《规则》规定:奖励每年审议一次。凡本国学者,最近3年内完成的作品,经专家初审,学术审议委员会复审合格者,给以5000元以上之奖金,得一等奖者另给奖状。同日,云南大学、西南联大,中法大学等校学生3000余人联合举行"七七"时事座谈会,要求改革政治,争取民主,争取自由。闻一多、潘光旦、曾昭抡等教授出席讲话。闻一多号召青年,为反对国民党统治,"再来闹一次"。15日,国民政府教育部公布《修正教育部组织法》。此为第四次修正,主要内容是:增设人事处,改统计室为统计处,增加科长、科员、办事员,并规定必要时得设聘任人员。8月,国民政府教育部举行第二次大学课程会议,邀请专家讨论修订《大学文、理、法、师范四学院分院共同必修科目表》及《分系必修选修科目表》。会议决定将"三民主义"及"伦理学"正式列入《科目表》。9月18日,国民政府教育部颁发《国民教育实验区考核要项》。这一文件根据划分实验区工作、政教合一或政教合作、国民教育普及工作、推行管教卫养工作、国民教育人员进修训练等项,对实验区进行考核。27日,教育部正式公布《大学文、理、法及师范四学院分系必修及选修科目表》及实施要点,规定自本年度入学新生开始施行。同月,国民政府教育部训令各省、市教育厅局:切实改善师范学校教导环境,增筹师范学校科学设备,发动地方筹设公共理化试验所,改进教学,提高学生程度。10月23日,国民政府教育部发出训令,对申请出国的专科以上学校教员予以限制。

陈立夫主导起草的《教育会法》38条10月31日由国民政府公布。《教育会法》规定教育会以研究教育事业,发展地方教育,协助政府推行教育法令为宗旨。同日晚,成都市警察两千人包围市立中学,威胁学生接受被开除的特务学生返校,并打伤学生40余人,学校停课,由此引发学潮。11月20日,国民政府宣布朱家骅接替陈立夫为教育部长。是年,第四届教育部学术审议委员会"补助学术研究及奖励著作发明"奖评出。该年获奖的人文社会科学类著作有:文学类一等奖空缺,二等奖2名(罗根泽《周秦两汉文学批评史》、李嘉言《贾岛年谱》),三等奖8名(冯阮君《古优解》、李辰冬《红楼梦研究》、缪钺《杜牧之年谱》等);哲学类一、三等奖空缺,二等奖1名(黄建中《比较伦理学》);古代经籍研究类一等奖1名(劳幹《居延汉简考释》),二等奖1名(吴毓江《墨子校注》),三等奖3名(徐复《后读书杂志》、蒋礼鸿《商君书锥指》、张国铨《新序校注》);社会科学类一等奖空缺,二等奖5名(萧一山《清史大纲》、简又文《太平军广西首义史》等),三等奖16名(蓝文征《中国通史》上卷、洪启翔《古代中日关系之研究》、施之勉《古史庶实》、王伊同《五朝门第》、汪士杰《里甲制度考略》等)。(参见中央教育科学研究所编《中国现代教育大事记1919—1949》,教育科学出版社1988年版;胡颂平《朱家骅先生年谱》,台北传记文学社1969年版;王学典《20世纪史学编年(1900—1949)》,商务印书馆2014年版;文天行编《国统区抗战文艺运动大事记》,四川省社会科学院出版社1985年版)

蒋梦麟年初继续任西南联大常委会常委、北京大学校长。2月,在《华声》第1卷第3期发表《战后我们的教育往那里走?》。文中指出:"教育家口口声声谈战后教育,想求世界和平。政治家摇摇摆摆稳步踏入第二次大战,使教育家的乐园变成焦土。二十年来辛辛苦苦造成的青年人才,化为灰尘,岂不是人类最悲惨的一幕滑稽剧?"根据作者的总结:"七十年来,吾国继续不断之努力,一言以蔽之曰:救国。李鸿章种种设施不能救甲午之败,于是有戊戌政变,冀以改革政治而救国。立宪保皇亦不能救前清灭亡,辛亥以后,复经种种纷乱,直至卢沟桥事变之日,始全国一致,抵抗暴日,以救中国。经七年英武抗战,受绝大牺牲痛苦,才奠定了立国基础。此后工作,尚多困难,建国之难,于此可见。数千年来修身、治国的教育宗旨,因外患的迫切而改为救国的教育宗旨。这教育宗旨经三十年的学校训练而养成了有全国一致性的民族自觉,这是这回抗战的基础。现在中国的教育,虽有种种缺点,唯对于抗战的能持久,不无相当的贡献。"文中特别强调中国教育转入文化问题的两个要点:一曰民权主义;一曰科学。关于科学,作者认为"科学有四级。最低一级是应用科学,为第四级。此级分两部分:一部分是物质的应用科学,如工程、制造等,国人现在以为科学的,不过如此而已;一部分是社会的应用科学,如社会学、经济学、政治学等,这些国人以为不是科学。在这以上的一级是自然科学,为第三级,如物理、化学等。这些国人以为没用的——然而一切应用科学的根基在此。更上一级是纯理科学,为第二级,如数学、天文学等。这些是没有用了。然而自然科学的根基在此。最上一级是思想之系统的组织,所谓逻辑,这是国人尚没有看见的。然而纯理科学是由此而产生的"。而"科学的出发点有三:(一)思想的方法与系统,这是讲思想内存的法则;(二)对天然造物有兴趣,不为应用;(三)求天然造物内存的法则。具备这三点,中国才能把科学变成国货,否则永远是洋货"。

按:此文最后提出:"以国家文化而论,科学是整个的,不能在那一段割取一部分,就算是科学。从脑筋里起一直到造铁路、桥梁、汽车、肥料、药物、军械止,是一贯的。曾国藩、李鸿章割取了军械,所以无效。张之洞割取了制铁,所以无效。康梁割取了政治改革,所以无效。唯有国父自心理建设、知难行易起至工业建设、社会建设止,是整套的。我们要发展科学是要整套的。这是战争结束后,我们教育上应该走的一条堂堂大道。支解割裂是旁支歧径。我们如能这样前进,我们的道德、文章、艺术才会长足的进步。行了五十年,不但可以救国,而且可以拯天下之溺。格物之道在乎此,致知之道在乎此,乃至修身、齐家、治国、平天下均在乎此。到那时候,我们可以不要讲救国了,我们可以讲世界大同了。那时候,我们又可以回复到修身、治国的教育宗旨,而且可以进于大同的教育宗旨,这是三民主义的极则。"

蒋梦麟4月30日出席清华33周年校庆,并发表讲话。据朱自清日记载:"蒋梦麟在讲话中一再说,西南联大是中国的民主堡垒。……今天约有五百人团聚一堂,甚为欢乐。"11

月 6 日，西南联合大学举行国民月会，教育部代表刘健群报告时事，联大常委、北大校长蒋梦麟讲演，号召青年从军。当时蒋介石以争取抗战最后胜利为名，发表告青年书，动员开展 10 万知识青年从军运动。11 日，云南省党政机关召开联席会议，决议组织知识青年从军征集委员会，龙云任主席，梅贻琦、熊庆来等为委员。联大常委会还专电蒋介石，表示拥护从军运动。接着，联大组织劝征委员会。12 月 16 日，蒋梦麟、张君劢、邵毓麟等人晨飞昆明，其他代表定日内前往，会齐后一道飞美。后经印度飞美，出席太平洋学会会议。17，蒋梦麟与张伯苓等联名宣言，要求盟国修改战略，立刻采取有效军事行动。25 日晨，与张君劢、钱端升、宁恩承、杨云竹、吴文藻、邵玉麟等飞抵美国，出席太平洋学会国际会议，任中国代表团首席代表，兼任该会中国分会会长。同日，胡适日记载："蒋梦麟、钱端升、张君劢、宁恩承、杨雪竹、吴文藻、邵毓麟诸君自国内飞到。今早相见，甚快慰。"（参见马勇、黄令坦编《中国近代思想家文库·蒋梦麟卷》及附录《蒋梦麟年谱简编》，中国人民大学出版社 2015 年版；马勇《蒋梦麟传》，河南文艺出版社 1999 年版；李贵忠《张君劢年谱长编》，中国社会科学出版社 2016 年版；闻黎明、侯菊坤《闻一多年谱长编》（增订版），上海交通大学 2014 年版）

张伯苓 1 月 1 日出席国民政府开国纪念会、党政首脑团拜及授勋典礼。国民政府令：授予张伯苓一等（特种大绶）景星勋章。景星勋章，中心为五角星形图案。所谓景星，犹言德星，系指德行崇高。14 日，国民参政会驻会委员会举行第七次会议，主席团成员有张伯苓、莫德惠，驻会委员有黄炎培，秘书长邵力子等出席，由张伯苓主席，农林部部长沈鸿烈报告农林行政设施情形及本年度市政计划。30 日，举行宪政实施协进会第二次全体会议，张伯苓、莫德惠、孔祥熙、孙科、吴铁城、朱家骅、陈布雷、黄炎培、董必武等出席，蒋介石于午间邀约全体委员叙餐。同月，南开校友总会为纪念南开学校成立 40 周年暨张伯苓 70 诞辰，发起"伯苓四七奖助基金"活动，发动各地南开校友捐款，预定目标为 40 万加 70 万，计 110 万元，取庆祝南开学校成立 40 周年与张伯苓 70 寿辰之意，预计至 4 月 5 日张伯苓诞辰时捐款活动结束。2 月 11 日，国民参政会驻会委员会第九次常会举行，张伯苓主席，由邵力子秘书长代谈外交部书面报告，谷正纲报告社会部工作情况。2 月 25 日参加国民参政会驻会委员会第十次会议。3 月 9 日，举行国民参政会经济建设策进会第二次常会，主席团张伯苓、莫德惠，秘书长邵力子，副秘书长兼策进会秘书雷震，策进会驻会常务委员等出席。10 日，国民参政会驻会委员会第十一次会议，会议听取外交部、内政部报告等。11 日，南开学校校友总会在《大公报》刊登关于张伯苓 70 初度大庆通告。4 日，国民参政会驻会委员会第十二次会议，主席团张伯苓、莫德惠、江庸及驻会委员孔庚、王普涵、杭立武、黄炎培、王云五、董必武、冷遹、阿旺坚赞，秘书长邵力子，副秘书长雷震等 20 余人出席，外交部、粮食部负责人报告。4 月 5 日，南开学校暨南开校友总会在重庆南开中学礼堂、图书馆二楼提前举行庆祝张伯苓 70 寿辰盛大纪念会。

按：会场高悬蒋介石亲题"南极辉光"四字。周恩来、邓颖超致送庆寿条幅。国民政府党政军要员、教育文化界和实业各界首长何应钦、白崇禧、吴铁城、陈布雷、王宠惠、王正廷、翁文灏、张治中、卢作孚、邵力子等及南开校友赠送寿幛、寿词及祝词，悬挂于四壁。晨九时，各界人士到校致贺，蒋介石由陈布雷代表签名，王宠惠、吴铁城、邵力子、许世英、何应钦、白崇禧、张治中、王正廷、翁文灏、莫德惠、沈鸿烈、胡庶华、贺耀祖、商震、余井塘、胡政之、卢作孚等二百余人参加。张伯苓一一招待，表示谢意。下午五时，校友总会举行庆祝会，到会校友张厉生、张道藩、吴国桢、张平群、凌勉之、宁恩承及 12 个校友分会代表、严氏家塾、师范班、高等师范班、中学部 37 个班、大学部 17 个班代表五百余人参加。全体向校长三鞠躬。喻传鉴报告"伯苓四七奖助基金"捐募情况已达 470 万元，当以支票呈献，张伯苓亲自接受并表致谢。蒋介石撰长篇祝词,盛赞张伯苓办学成就,敬祝"眉寿无疆"。孔祥熙到会并致辞,略谓:"张校长七十大庆,德、爵、幽三者俱全,为人生一大快事。四十年从事教育,经营南开,为复兴国家而奋斗,造成不少人才,功在党国。张先生有先见之明,'七七'以前来川办学,扩展南开爱国教育之精神,尤令人钦佩。今后建国需要大批人才,张先生为一大匠,但希望南开校友发扬发扬母校精神,人人成为建筑国家之有用人才,写下建国史之光辉之一页,使私立之南开与英之牛津、剑桥,美之哈佛、雅礼(耶鲁)并驾齐驱。"张伯苓致谢辞称,孔先生以建国相勖勉,本人四十年办学目的即在此。南开得政府与社会爱护始有此一点成就。领袖曾许本人"有中国必有南开"。时至今日,不仅有中国且希望有一强大之中国,故不仅有南开,必能有一大南开。余誓为南开复校。中国建国两大目标,一为实施宪政,一为科学生产。南开校友应本'公''能'两字校训,为国努力。同日,《蒋介石日记》:"今日为张伯苓生日。"

张伯苓 4 月 7 日出席国民参政会驻会委员会举行的第十三次常会,由访英归来的王世杰、王云五、胡政之、杭立武出席报告经过。同日,中华全国体育协进会重庆市分会成立,当选理事,同时当选的还有刘峙、董守义、郝更生等 21 人,张之江、吴铁城、陈立夫、沈鸿烈、朱家骅、康泽、蒋经国等 7 人当选监事。9 日,中华基督教青年会在重庆召开第八次全国干事会议,讨论战时事工及战后建设,约请张伯苓、孔祥熙、谷正纲、梁寒操、朱经农为讲员。21 日,国民参政会驻会委员会第十四次会议,张伯苓主席,何应钦报告国内外军事情形。24 日,请蒋梦麟、梅贻琦"列选保荐"姜立夫、邱宗岳、冯文潜、黄钰生 4 教授出国进修。5 月 5 日,包括 12 个教育学术团体的中国教育学术团体联合会年会在重庆中央图书馆召开,入选主席团,主持会议,并致开幕词。主席团成员还有黄炎培、程天放、朱经农等人。年会中心议题"世界和平与教育改造及实业计划最初十年人才培养问题"。张伯苓在开幕词中指出,教育政策要与国策密切配合,一切教育目标均以国家为前提,其方式固可多边化,而其内容则绝对要求中国本位,方式亦渐趋中国化,由此而正式确定中国教育目标,而此目标应以三民主义为其最高准绳。午后,中国教育学会召开第七届会员大会,改选理事,张伯苓、常导直、许恪士、李蒸、钟道赞、谢循初、罗廷光等 15 人当选。审定通过《中国教育学会章程》。该会个人会员 880 余人,团体会员 40 余单位,分会计有 13 处。晚,张伯苓在中央与国际广播电台用中英文分别向国内外教育文化界演讲。6 日,中国教育学术团体联合会第一次大会召开,宣读论文。午后,召开第二次大会讨论议题等。同日,中国教育学会举行第一次理事会,推举张伯苓等 5 人为常务理事。7 日,中国教育学术团体联合会年会举行闭幕式,并发表宣言,强调建设人才之培养为教育界当前之重大任务。

张伯苓 5 月 9 日接待印度本奈斯大学副校长罗达爵士来重庆南开中学参观。24 日,推荐日本东京大学毕业的穆木天教授去西南联大任教。同月,结合研读蒋介石的《中国之命运》一书,主持撰写《中国之命运与南开之教育——由"公能教育"进为"建国教育"》一文。9 日,出席国民参政会驻会委员会第十七次会议。11 日,邀请时寓重庆南开津南村的柳亚子,为本校高中学生文言文作文比赛试卷,选拔 5 份排列名次。13 日,以校长办公室名义致函谢冰心,请来学校为高中学生集会时,演讲关于学术或修养的问题。14 日,出席宪政实施协进会第三次全体会议,召集人为孙科、王世杰、黄炎培。会议就设立县各级民宪机关,保障人民人身自由,改善图书杂志审查办法等提案进行讨论。中午,蒋介石设宴招待张伯苓、莫德惠、左舜生、黄炎培、胡政之、王云五、江庸等人。餐后,张伯苓、莫德惠、左舜生、胡政之、王云五、江庸、张志让等人相继发言谈论时政。20 日,美国副总统华莱士由迪化(今乌鲁木齐)飞抵重庆,蒋介石到机场迎接,陪同除张伯苓,另有宋美龄、孙科、何应钦、宋子文、王宠惠、莫德惠、江庸、重庆市长贺耀祖、重庆卫戍司令刘峙。21 日,美国副总统华莱士在陈立夫、顾毓琇等人陪同下到重庆南开中学参观，张伯苓在校长室接待，回答有关南开教育的询问。其中问到南开中学学生升大学比例，张伯苓答有百分之九十五升入中央大学、西南联大及成都各大学等。华氏赴大礼堂向全体学生演讲，张伯苓翻译。22日，应邀出席蒋介石为美国副总统华莱士举行的晚宴。24日，在南开同人聚餐会上发表题为《国际大势与南开前途》的讲话，称抗日战争光明前途和战后南开发展的远景。6月末至7月初，南开大学昆明教职员应张伯苓之召，相继赴重庆商讨复校计划。7月1日，就世界局势，建国大业，天津未来发展地位，大学及中学在天津恢复，东北重要性，大学保持私立及其经费之筹等10个问题，与赴重庆商讨复校计划的南开大学昆明教职员谈话。南开同人向张伯苓进言，一是大学复校人才首要；二是战后经济困难与纷乱必更甚于今日，应当预为谋划。7月7日，国民参政会驻会委员会第十九次会议召开，张伯苓出席，以本日"七七"纪念，全体委员起立为抗战阵亡将士及死难同胞默哀三分钟。

张伯苓7月16日出席中国教育学术团体联合会举行的各团体代表大会，讨论通过联合会组织章程。张伯苓、常导直、艾伟、郝更生等27人当选理事，并公推张伯苓为理事长。17日，为庆祝南开创建40周年和张伯苓70寿辰而开展的南开学校"四七"捐款活动结束。"四七奖助基金"总数超过600万元，创当时国内教育捐款最高纪录。8月25日，主持国民参政会驻会委员会第二十一次常委会，讨论向第三次大会提出本届驻会委员会会务报告等。30日，重庆南开中学开学。张伯苓提出"设计运动"十字诀。9月5日，第三届国民参政会第三次大会开幕，由张伯苓主席宣读国父遗嘱，并致开会辞，谓本次大会的中心议题即"促进宪政与经济建设两大问题，实以二者均为立国之根本大政"。15日下午，第三届国民参政会第三次大会第十四次会议举行，张伯苓、莫德惠、吴贻芳、李璜、王宠惠、王世杰、江庸及参政员171人参加会议。会议听取了张治中所作的《关于国共商谈经过的报告》，随后会议通过了主席团所提《组织延安视察团案》，该团由无党派人士组成，有胡政之、王云五、傅斯年、陶孟和、冷遹。18日，第三届国民参政会第三次大会第十八次会议举行，张伯苓、莫德惠、吴贻芳、李璜、王宠惠、王世杰、江庸及参政员150人参加会议。会议选举了本次会议休会期间驻会委员会委员，通过刷新政治，改善公务、教育人员待遇，加强中苏友好合作等提案。下午，第三届国民参政会第三次大会第十九次会议举行，张伯苓、莫德惠、吴贻芳、李璜、王宠惠、王世杰、江庸及参政员158人参加会议。并举行第三届国民参政会第三次大会闭幕典礼。

张伯苓10月6日出席在重庆上清寺美专街中宣部礼堂召开的南开校友大会，并发表训话称，昔日办教育以教育救国，今后办教育以教育建国为方针，切实配合建国步骤。10月16日，抱病出席南开全体校友大会，发表题为《训练人人为世界的青年》的讲话，称南开40年来毕业或肄业校友分布于国内外者不下3万人，并谓其个人做事宗旨，始终抱定"创"与"长"二字，惟"创"，故年年求发展；惟"长"，故时时求进步。17日上午8时，在重庆南开中学运动场举行建校40周年盛大纪念会，来宾、校友、全体师生两千余人。张伯苓发表讲话，以坚定乐观的观察，认定中国抗战必胜，南开必能复校。勉励全体同学发扬南开"公""能"精神，服务国家社会，为建设新中国而奋斗。同日，为南开40年纪念校庆特刊撰著《四十年南开学校之回顾》（亦称《南开四十年》）。全文分为：创校动机、办学目的、训练方针、学校略史、检讨工作、发展原因、结论等7部分。该文回顾南开既往奋斗历史，阐述教育理念和南开教育方针，总结南开教育发展的根本原因。文末指出，南开之事业无止境，南开之发展无穷期,所望我同人同学,今后更当精诚团结,淬厉奋发,抱百折不回之精神,怀勇往直前之气概,齐心协力,携手并进,务使我南开学校,能与英国之牛津、剑桥,美国之哈佛、耶鲁并驾齐驱,东西称盛。是岂我南开一校一人之荣幸,实亦我华夏国家无疆之光辉也。27日,出席并主持国民参政会召开的驻会委员会第二次会议。11月17日,国民参政会主席团主席张伯苓、莫德惠、吴贻芳、李璜、王宠惠、王世杰、江庸及褚辅成、王云五、董必武等25位驻会委员电贺罗斯福第4次当选美国总统,期在阁下继续执政期内,促进全世界民主政治之发扬。同日,国民参政会召开驻会委员会第三次会议,由张伯苓主持。12月1日,出席国民参政会驻会委员会第四次会议。11日,美国8个文化教育机构联署邀请张伯苓访美。邀请函写道,由于中美两国日益缺乏信任,以下签名的这些非政府的文化教育机构深感不安。我们认为重建两国人民之间的信任是非常重要的。而这种关系的重建,可以通过我们的学者与一个全球认可的中国教育家举行会议来实现。因此,我们邀请您访问美国,同以下这些文化教育机构的代表会晤。我们相信误解会被清除,良好的关系重新恢复。邀请张伯苓的8个文化教育机构是:卡内基国际和平慈善会、洛克菲勒基金会、美国学术团体委员会、美国教育委员会、美国教育联合会、国际教育研究所、美国大学教授联合会、美国大学女子联合会。15日,出席国民参政会驻会委员会会议。17日,与胡适、蒋梦麟、林语堂、于斌、胡政之等21人发表宣言,要求盟国修改战略,立即采取有效的军事行动在中国战场打击日军。29日,出席并主持国民参政会驻会委员会第七次会议。(参见龚克主编《张伯苓全集》第十卷附编《张伯苓年谱》,南开大学出版社2015年版;西南联大北京校友会编《国立西南联合大学校史——1937至1946年的北大、清华、南开》,北京大学出版社1996年版)

任鸿隽继续任中基会总干事长。1月初,科学社董事会改为监事会,继续担任监委会书记、理事会会长(社长)。同月,在《科学》第27卷第1期发表《国际科学合作的先决条件》,文中开宗明义提出:"'科学是有国际性的',这句话的意思要从两个方面看。一方面是说科学是人类智慧的公共产品,科学知识应该公开出来为全人类谋幸福,不应由少数国家或个人据为独得之秘,阻碍人类的进步。另一方面,科学的本身,须靠了国际间学者的合作方能得到迅速的发展。"回顾"过去国际间的科学研究虽然已有不少的合作事实,但其合作的动机或由于私人的友谊或由于自然的趋势,故其结果尚未能达到希望的完美。其所以如此,则有以下的几个原因:(一)一部分研究结果的不公开,(二)各国文字语言的阻碍,(三)国际间科学组织的缺乏。此刻要谈国际科学合作,我们以为须以解决以上三个问题为先决条件"。9月,为所译《科学与科学思想发展史》作译者序,认为"要求把二千余年来直到最近十数年为止,西方科学的发展作一个具体而有统系的叙述,追溯其来源,阐明其关系,提纲挈领,以简驭繁,不偏于一部份的特长,亦不流于肤浅的通俗作品,以我所知,尚未有出于丹丕尔·惠商教授(Professor William Cecil Dampier Whetham,现在是威廉爵士)的科学史一书之右者"。由简略回顾"本书翻译始于民国三十年冬间,彼时笔者因避空袭,僦居昆明乡间,长日无聊,因取此书移译以资消遣。此后播迁靡定,作辍无常,而朋友们听说我拟译此书,即多方督促,早观其成。笔者不欲过拂朋好之意,爰将此书后四章分请华西大学教授李珩君及中央研究院化学研究所所长吴学周君担任翻译,以期迅速蒇事。故此书前六章译文为本人执笔,其第七、八两章为李珩君所译,第九、十两章译事则吴学周君所担任也。两君译文皆经本人仔细校阅一过,俾归一致,其文责当由译者与校者共负之"。11月4—6日,在成都主持召开科学社成立30周年庆祝大会暨第二十四次年会。(参见樊洪业、潘涛、王勇忠编《中

国近代思想家文库·任鸿隽卷》及附录《任鸿隽年谱简编》,中国人民大学出版社2013年版)

朱经农继续任中央大学教育长。3月12日,中央大学学生自治会举办孙中山先生逝世19周年纪念会,教育部长陈立夫到会讲话。6月21日,美国副总统华莱士由教育部长陈立夫陪同参观中央大学,并在欢迎会上讲了话。法学院创设边政系。7月9日,举行第十七届毕业典礼,毕业604人。会后,学生自治会组织抗日献金、义卖,所得款项,全部捐献政府。8月8日,蒋介石辞去中央大学校长职务,改任永久名誉校长。行政院决定,本校不再设教育长一职,原教育长朱经农改任教育部次长。国民政府任命顾毓琇为中央大学校长。(参见南京大学高教研究所编《南京大学大事记1902—1988》,南京大学出版社1989年版)

顾毓琇年初继续任教育部次长。1月14—15日,国民政府教育部在重庆召开边疆教育会议,出席、列席56人。会议着重讨论边疆教育与其他教育的配合与联系。教育部次长顾毓琇在会上指出:边疆教育计划大致具备,中央开始从师资训练及职业训练入手,今后将特别注意国民教育及师资培训。会议的决议案有改进边疆教育师资案、优待边地学生出国留学案等51件。3月25日,陈立夫、顾毓琇、余井塘等在国民政府教育部推行师范教育运动周期间出席师范教育讨论会。4月5日,音乐节。中国音乐学会主持的音乐节纪念大会和第二届年会在广播大厦合并举行,主席顾毓琇。大会听取了会务报告,并决议编辑音乐学会丛书,请免音乐演奏会娱乐捐等。大会选举吴伯超、李抱忱、赵光任、江定仙等27人为理事。午后音专举行学生独唱比赛会,评判员由杨仲子、吴伯超、李抱忱、应尚能、胡然、斯义桂、戴粹伦等担任,演唱均是我国作曲家的作品。8月8日,顾毓琇任国立中央大学校长。31日,顾毓琇赴柏溪分校视察,在柏溪分校的阶梯大教室向学生作了讲话,首先讲了世界时局,认为世界大战即将以法西斯国家德意日之惨败告终,我国8年抗战胜利在望。而后谈到我们学生的责任是要做好准备,为建设一个新中国而奋斗。顾毓琇担任国立中央大学校长期间,提出着重学术教育人才为办大学之根本原则,提出大学应以教授为第一,但也希望教授对政治、经济与社会有所重视。同时又看到西北地区之重要。

顾毓琇校长9月聘张士一为教务长;王书林为训导长;吴世瑞为总务长;李翙灼为文学院院长、孙光远为理学院院长、卢锡荣为法学院院长、张士一兼师范学院院长、陈章为工学院院长、冯泽芳为农学院院长、戚寿南为医学院院长、刘宝善为柏溪分校主任。同月,文科研究所增设外国语文学部;法科研究所增设法律学部;师范学院研究所增设教育学部;农科研究所增设农业经济学部。受国家主计署委托,法学院经济系增设统计组。教育部为表彰在校执教7年以上著有劳绩之优秀教师,颁发一、二、三等奖。中央大学获一等奖者有张士一、戴居正、毛宗良;获二等奖者有汪辟疆、胡小石、潘菽、楼光来、孙本文等21人;获三等奖者有范存忠、徐仲年、吕斯百、梁希、施士元等45人。10月,蒋介石发表《告知识青年书》,国民政府下令组织十万知识青年参加“青年军”。中央大学成立“知识青年志愿从军征集委员会”,顾毓琇为主任委员,张庆桢、王书林为副主任委员。11月,奉准刊行《大学新闻》周刊。12月,中央大学抗日救亡会成立;社会学会成立,推选孙本文等7人为监事。(参见南京大学高教研究所编《南京大学大事记1902—1988》,南京大学出版社1989年版;中央教育科学研究所编《中国现代教育大事记1919—1949》,教育科学出版社1988年版;文天行编《国统区抗战文艺运动大事记》,四川省社会科学院出版社1985年版)

宗白华继续主编《学灯》。1月,在《哲学评论》第8卷第5期发表《中国艺术意境之诞生》(增订稿),作者有附识云:“本文系拙稿《中国艺术底写实传神与造境》的第三篇。前二篇尚在草拟中。本文初稿曾在《时与潮文艺》创刊号发表,现重予删略增改,俾拙旨稍加清晰,以就正读者。承《哲学评论》重予刊出,无任感激。"在增订稿中指出:"现代的中国站在历史的转折点。新的局面必将展开,然而我们对旧文化的检讨,以同情的了解给予新的评价,也更形重要。就中国艺术方面——这中国文化史上最中心最有世界贡献的一方面——研寻其意境的特构,以窥探中国心灵的幽情壮采,也是民族文化的自省工作。"同月,在中国哲学会第四届年会上被选为理事。任理事的还有方东美、全增嘏、汪奠基、何兆清、吴康、金岳霖(常务兼会计)、林志钧、胡适、范寿康、冯友兰(常务)、张君劢、张东荪、汤用彤、贺麟(常务兼秘书)、黄建中(以姓氏笔划为序)。又任西洋哲学名著编辑委员会委员,同时被选为委员的还有贺麟(主任)、汤用彤、冯友兰、张颐;又任中国哲学委员会委员,同时被选为委员的还有冯友兰(主任)、汤用彤、贺麟、黄建中;又任中国哲学会编辑委员会委员,同时被选为委员的还有冯友兰(主任)、汤用彤、张东荪、瞿菊农、黄子通、黄进中、刘衡如、范寿康。

宗白华2月23日在《学灯》发表《介绍两本新书〈中西哲学思想之比较研究集〉(唐君毅著)〈哲学评论〉(第8卷第5期,中国哲学会编辑)》。4月20日,在《学灯》发表《凤凰山读画记》,文章末注:"青年节次晨写于柏树村。"赞扬吕斯伯的画境,"正像他的为人和性格,'静'和'柔'两字可以代表,静故能深,柔故能和。画中静境最不易到。静不是死亡,反而倒是甚能深微妙的潜隐的无数的动,在艺术家超脱广大的心襟里显呈了动中有和谐有韵律,因此虽动却显得极静。这个静里,不但潜隐着飞动,更是表示着意境的幽深。唯有深心人才能刊落纷华、直造深境幽境"。又说:"陶渊明、王摩诘、孟浩然、韦苏州这些第一流大诗人的诗都是能写出这最深的静境的。不能体味这个静境,可以说就不能深入中国古代艺术的堂奥!"5月10日,在《学灯》发表《"意境"的没落与教育的悲哀》,并撰写《编辑后语》。(参见林同华《宗白华生平及著述年表》,载《宗白华全集》第四卷附录,安徽教育出版社1994年版)

唐君毅任中央大学哲学系教授、主任,与贺麟多次会晤。所著《人生之体验》由中华书局出版。此书著成于1940年。当时唐君毅和大多数中国知识分子一样,被战争的炮火逼至中国的西南角,虽不能拼杀疆场报效国家,但都拿出几乎全部的精神顾念整个民族的灾难,试图用理论来证明中华民族与其文化,已经过几千年的考验,但愈遇困难,愈能发扬光大,进而说明中国文化精神终必战胜日本的武士道精神。在中华民族生死存亡的关头,这批学者在艰难困厄中研究、整理中国文化,他们所要寻找的无疑是民族文化生命的支点。同其他学者略有不同的是,唐君毅更想从哲学本身来贯彻这一思想,试图在人类精神人类文化的大背景中阐明中国文化的特点,从中西哲学、文艺的比较研究中,适当地安排中西文化各自应有的地位,寻找中国精神的支点。作者在对生命的真实感受的基础上,直陈人生理趣。其中保留了他早年所写的《柏溪随笔》(1934年发表于《文化通讯》)的文学风格,用诗化的语言表述其人生哲学思想,追求的是他在《柏溪随笔》中所向往的"如轻云透月"的哲学境界。所以书中往往于清新活泼的行文中所表露的人生感叹,唯基于对人生的向上性的肯定,与这种青年时的心境相比较,他在步入不惑之年后,对人生的艰难、罪恶、悲剧方面体验较深,凝重与忧患取代了原先的朝阳之气,以前对人生理想的正面开辟的思考,这时转化为对人生的艰难苦罪的真切体会与真实承担,可以视为作者突破自我障蔽的开始,正是在这个意义上,唐君毅倾向于把此书作为他的第一部专著。这是他的总名为"人生之路"的系列著作中的第一部。所谓"人生之路",意在面对真实具体的生命存在,疏解人生的种种矛盾,拯救生命的种种痛苦,开启人生的理想之路。由此,我们可以体会到,唐氏的这一自我否定,意味着其学术风格由述学式向体验式的转变。所谓"体验"乃是"透过生活体验感知所及而回返于生命之自身"的活动。这种转变实质上是使学院式的哲学研究向生命的真实感受回归，是知行合一、情理合一的思考方式的确立。

唐君毅《道德自我之建立》由商务印书馆出版。这部独语式的著作，不仅有系统的思想内容，更能让人强烈地感受到唐君毅个人的具体生命与人格，引发人对理想的追求与向往，对重塑民族精神极具意义，并且对人的精神发展也有普遍意义。而对唐君毅来说，生命中的原始性情或固有仁体被唤发出来后，使他于人生道德问题有所用心，"对'人生之精神活动，恒自向上超越'一义，及'道德生活纯为自觉的依理而行'一义，有较真切之会悟。遂知人之有其内在而复超越的心之本体或道德自我"。这样，他便明晰了他的思想方向，即在学问上归宗于德行，而德行的本源即在人的"道德自我"或仁心本性上。比较《道德自我之建立》《人生之体验》与《中西哲学思想之比较研究集》，作者的中心观念的根本性转变，即由后者所表现的纯由分辨比较上去了解问题、以自然的天道观为中心观念去比较中心思想的不同，转而把哲学的思辨与生活上的体认相贯通，肯定了道德自我或人的仁心本性为讨论中西思想的依据所在。由此，在自我思想的"战争"中，他很快否定了前说，而朝着《人生之体验》《道德自我之建立》所确立的思想方向向前推进，从此不再有方向上的改变，而只有深度与广度上的展开。

按：追究为发生这一根本性转变的原因，这固然与他在深研西方哲学思想的过程中会通于康德以后的唯心论有关，但深层的原因还在于他生命中的原始性情或他生命中所固有的"真诚恻怛之仁体"，在中华民族沦于浩劫之时的昭露，即面对人性与兽性的决战、面对中国文化的危机、面对人的生命精神的浮靡，他必然要从纯粹智的思辨中走出来，体验人的生命存在，昭露生命中所固有的仁体以救世。这样，唐君毅一面顺应时代的呼号，把他的悲情扩散到中华民族乃至全人类的命运之上，表现出为天地立心、为生民立命的悲愿，通过一些应时的理论文章重新肯定民族文化的价值，展示中国人的人性光辉，以帮助人们树立民族自信心；一面又在他的悲情的牵引下，沉入对道德自我或道德理性的思辨与体认之中，阐明人的仁心本性、道德自我的尊严性、现实自我的超越性，用思想去照亮具体的人生存在。（参见单波编《中国近代思想家文库·唐君毅卷》，中国人民大学出版社2014年版；高全喜编《中国近代思想家文库·贺麟卷》及附录《贺麟年谱简编》，中国人民大学出版社2014年版）

柳诒徵寓居柏溪，在中央大学史学系为研究生上课，讲授历史研究法（后来此讲义汇编为《国史要义》），校长顾孟余曾致聘书欲聘其为文学院院长，坚辞。不久，教育部聘其为部聘教授兼学术评议会委员。2月，因审稿疲劳而致病，诊治服药后病转愈。中央训练团将举办高级训练班，陈果夫拟聘请他讲中国史，因病力辞。是年，与卫瑜璋、王仲荦、许绍光等交往论学。（参见孙文阁、张笑川编《中国近代思想家文库·张尔田、柳诒徵卷》及附录《柳诒徵年谱简编》，中国人民大学出版社2014年版）

朱东润继续任教于重庆中央大学。1月13日《叶圣陶日记》记："东润来，以所作文《文章之标准》交余，系投《国文月刊》者。……谈次，余以君时称其师唐蔚芝（文治）先生读文之神妙，请摹读数篇，俾余得其仿佛。君遂为余诵欧阳修《五代史·伶官传序》及《秋声赋》两篇，字字咬清楚，为其长处，其抑扬顿挫，与苏人无大异。据谓唐之声调得自吴挚甫也。"同月，朱东润《中国文学批评史大纲》由桂林开明书店出版。作者在《大纲·自序》中指出《大纲》与此前已出版的陈钟凡、郭绍虞、罗根泽的"中国文学批评史"相比，有三个不同点：一是注重个人而不见时代和宗派；二是把每个批评家对各种文体的批评集中在一起叙述，而不是分开，即强调整体批评；三是在叙述上特别注重近代批评家。朱东润承认，关于第一点，自己"忘去了作者的时代或宗派，是一种不能辩护的疏忽"。第二、三点，却是有意为之。朱东润发现,将同一批评家对不同文体的论述分置各处,固然论述方便,却颇有割裂之病。因此,他在书中采取了第二点所示的策略。至于采取第三种策略,则针对于当时学界"信而好古"的风气,一般文学史或文学批评史往往厚古薄今。为此,朱东润采取了远略近详的叙述原则。全书76节,论元明清文学批评有36节。《大纲》全书以历代批评家为叙述主体,上起孔孟,下迄清末陈廷焯,共76章。虽采用传统的著述体例,却首次把小说、戏曲理论纳入中国文学批评史写作的范围并予以专题阐述,是中国第一部比较系统、完整的中国文学批评史,它奠定了中国文学批评学科的初步框架和体系,与陈钟凡、罗根泽、郭绍虞的中国文学批评史并称本学科的经典著作。

按:朱东润先于1929年4月担任国立武汉大学外文讲师,后应武汉大学文学院院长闻一多邀请,在中文系讲授中国文学批评史课程。当时朱东润"读过森茨伯里的英国文学批评史的,但是那时中国只出过陈钟凡教授的中国文学批评史,虽然筚路蓝缕,陈先生已经做出了最大的贡献,究竟只是尽了启蒙的责任,无法应用到大学的讲坛"。多年后,朱东润在《自传》中说:"这就是我那本《中国文学批评史》的由来。"为了上好课,他必须认真备课编讲义。那时的武汉生活条件比较差,据朱东润后来的《自传》回忆,"那时的武昌最有名的是三不:道路不平、电话不灵、电灯不明。我们平时都给电灯搞苦了,要开新课,不能不读书,遇到这样的电灯,实在也只能对付着搞下去"。"每周要写五六千字的讲义,查对资料不在其内,实在有苦难言。"为了准备讲稿,朱东润"常在武昌旧书店走动"。这样边讲边写,到1932年夏天,完成《中国文学批评史讲义》初稿。1932年秋天,重加订补,1933年完成第二稿。1936年再行删正,1937年完成第三稿,秋天开始排印。但由于抗日战争爆发,1938年春天武汉大学西迁,这时讲义只印了一半。下半部分文稿因此失散。1944年,将第三稿的上半部和第二稿的下半部合并,略加修订,在著名学者叶圣陶的赞助下,由开明书店出版,这就是《大纲》。

按:朱自清在《诗文评的发展》一文中,盛赞《大纲》是中国"第一部简要的中国文学批评全史"。章培恒认为,可分浅层次和深层次两个角度来考察《大纲》的贡献:"从浅层次来看,此书的明显特色是初步确立了中国文学批评史的框架;这也可说是大家看得见的贡献。就其深层次而言,则是第一次用新的文学观念较系统地考察了中国从先秦到清末的文学批评发展过程,尽可能地挖掘了在这个过程中在不同程度上体现了文学本质特征的观点和主张,描述了它们的演进历程,也适当地交代了与它们相矛盾的文学批评及其变迁。……这种深层次的贡献,大致又可分为两个方面,即新颖文学观念的贯彻和具有卓见的文学批评发展过程的描述。"(参见付祥喜《20世纪前期中国文学史写作编年研究》,北京师范大学出版社2013年版;陆阳《唐文治年谱》,上海三联书店2013年版)

罗根泽1月11日有《致张默生》,收入《诸子考索》,题为《第二次答书》。18日,有顾颉刚信。同月,《周秦两汉文学批评史》由北平人文书店刊行。此书尤以收罗材料宏富著称,为"中央大学文学丛书"之一,也是罗根泽拟编写的《中国文学批评史》第一分册。《中国文学批评史》共分四册,由先秦至五代,其余三册分别是:《魏晋六朝文学批评史》《隋唐文学批评史》《晚唐五代文学批评史》。2月1日,在柏溪,整理与张默生的两道通信为《与张默生先生讨论名墨书》,并于序言详细交代前后因果,云:"中央大学《文史哲季刊》第一卷第一期载拙稿《墨子探源》,以抽印本请正友人张默生教授,惠书多所指教,余癖难疗,未能默尔,遂致往复讨论。……时默生在北碚,余居柏溪。"后载《读书通讯》84期。3—4月间,《中国文学起源的新探索》刊于《真理杂志》本年第1卷第2期。17日,张静秋带来顾颉刚信。5月15日,顾颉刚有信,商谈前日《中央日报》刊登顾颉刚与刘文涛订婚启事事件。29日,顾颉刚有信。6月,《怎样研究中国文学批评史》刊于《说文周刊》第4期。同月,得朱自清6月24日信。7月初,得朱自清7月3日信。29日,顾颉刚有信。11月28日,顾颉刚自成都有信。是年,还写成《绝句三源》,直到1955年方发表,见《罗根泽古典文学论文集》。(参见马强才

《罗根泽先生年谱简编》,载王京州编《河北近现代学者年谱辑要》,国家图书馆出版社2017年版;付祥喜《20世纪前期中国文学史写作编年研究》,北京师范大学出版社2013年版)

李长之继续任中央大学副教授,主编《时与潮文艺》书评副刊。所著《迎中国的文艺复兴》《北欧文学》由商务印书馆出版;《中国画论体系及其批评》由独立出版社出版;《韩愈》由胜利出版社出版;《我教你读书》由文风书局股份有限公司出版。6月,李长之、吴组缃在《时与潮文艺》第3卷第4期发表《〈霜叶红似二月花〉》。李长之认为,《霜叶红似二月花》的"要旨在写资本主义和农村社会之初期冲突"。就人物而言,"最成功的是婉姑",其次是"青年地主钱良材以及年虽老而仍然有兴趣于科学和公益事情的朱行健"。这部小说,"较之作者过去的《虹》,自然生动而不那么沉闷了,较之《蚀》也更为深入,但却远不及《子夜》的坚实。"吴组缃认为,茅盾的作品"在取材方面,具有丰富的时代意义,敏锐的社会科学者的眼光;气魄格局雄大;表现则明快有力"。他对茅盾的作品还有"一种直觉的看法",认为"作品的主题,往往似乎从演绎而来,而不是从归纳下手,似乎不是全般从具体的现实著眼,而是受着抽象概念的指引与限制。因此他的一部小说,往往似乎只是为社会科学理论之类举出一个例证;作为艺术的创作看,就似乎缺少一点活生生的动人心魄的什么"。12月15日,李长之在《时与潮文艺》第4卷第3期"书评副刊"栏发表《〈憩园〉》,认为"巴金的小说'有点'象朵斯退益夫斯基。因为:第一,他们同样有一颗同情而苦痛着的心,第二,他们同样偏重于写人们的心灵,而不太象托尔斯泰那样着力于写人物的外表";新著《憩园》"最可称道的自然是作者那惯有的热情和悲悯,其次是杨家那个故事之次第展开",其三是"他创造了那么一个可爱的人物——姚太太"。"令人不满足的是":文章主题太多,笔调"太轻易,太流畅""缺的是曲折,是深,是含蓄"。(参见李书《李长之年表》,《新文学史料》1979年第3期;唐金海、刘长鼎主编《茅盾年谱》,山西高校联合出版社1996年版)

陈望道6月为"充实新闻教学的设备和内容,使有志新闻事业的青年更能学以致用",亲自发起募捐筹建一座"新闻馆"。馆内设有:图书资料室、印刷室、会议室以及收音广播室。9月1日,复旦大学新闻馆奠基,参加奠基典礼。(参见上海鲁迅纪念馆编《陈望道先生纪念集》,复旦大学出版社2006年版)

陈子展继续任复旦大学教授。12月,所著《唐代文学史》由重庆作家书屋出版,内封页题为"中国文学史丛编——唐代文学史",为"丛编"之一卷。1948年商务印书馆再版。陈子展的"中国文学史丛编""源溯上古,迄于晚清,并附现代",据书末所附广告,这套丛书分十册,即将出版的有《唐代文学史》《宋代文学史》《明代文学史》《元代文学史》,而实际上后两种未见出版。此书比较全面地论述了唐代的诗歌、古文及唐代新出现的小说、词等文学样式的文体特征与嬗变轨迹。全书共分为8个部分:第一章"说到唐代文学"论述唐代文学兴盛的原因及唐代文学发展的分期;第二至五章分别为"初唐诗人""盛唐诗人""中唐诗人""晚唐诗人",阐述唐代诗歌发展演变的历史进程;第六至八章分别为"古文运动""唐人小说""晚唐五代词人",先后探讨唐代的散文、小说及晚唐五代的词。较之此前出版的胡云翼的《唐代的战争文学》(商务印书馆1927年版)、陆晶清的《唐代女诗人》(神州国光社1931年版)、胡朴安、胡怀琛兄弟合著的《唐代文学》(商务印书馆1931年版)、孙俍工的《唐代底劳动文艺》(亚东图书馆1932年版)等都从某些侧面叙述唐代文学,具有集成之功,论述也更为精到。

按:次年4月,陈子展又有《宋代文学史》由重庆作家书屋出版。1947年9月,由作家书屋将本作者的《唐代文学史》《宋代文学史》合为一册出版(即沪一版),书名为《唐宋文学史》。(参见付祥喜《20世纪

前期中国文学史写作编年研究》,北京师范大学出版社 2013 年版)

方豪继续任复旦大学历史系教授。4 月,所著《中外文化交通史研究》由重庆独立出版社出版。此书收录《嘉靖间葡萄牙人在宁波被屠问题》《明季西书七千部流入中国考》《明清之际中西血统之混合》《伽利略与科学输入我国之关系》《望远镜传入中国考》《红楼梦新考》《清初宦游云南之犹太人》《同治前欧洲留学史略》《浙江外来宗教史略》等 11 篇论文及与缪钺、方国瑜、向达等人的 7 封通信,主要论及明代以后中国与南洋西洋史事。12 月,方豪《中国天主教史论丛》(甲集)由商务印书馆出版。(参见李东华《方杰人(豪)先生年谱稿》,《台湾大学文史哲学报》1985 年第 34 期;王学典《20 世纪史学编年(1900—1949)》,商务印书馆 2014 年版)

朱光潜 4 月在重庆《大公报》发表《宪政促进与言论自由》,文中为"言论自由"作了辩护,希望国民党政府也向西方学习,给人民以言论自由,并指出"政治本身应该是一种教化而不只是一种统制"。5 月,国民政府教育部颁发 1943 年度学术奖,《诗论》获二等奖。同月,在《中学生杂志》发表《知识的有机化》。此文从一个侧面反映了作者思想的变化,即从传统的思想资源——尤其是中国传统的生命本体观中吸取养料,以重新修正原先借鉴于西方的美学体系。9 月,在《燕京新闻》第 10 卷第 23 期发表《谈新学风运动》。11 月,在《华声半月刊》第 1 卷第 2 期发表《教育的质与量——战后高等教育问题之一》,提出要重"质"而非"量"的观点。(参见宛小平《朱光潜年谱长编》,安徽大学出版社 2019 年版)

吴其昌 2 月 23 日病逝于四川乐山,终年 40 岁。吴其昌于 1938 年随武汉大学迁往四川乐山,因条件艰苦患上咯血症。其同事方壮猷在《吴其昌教授事略》一文中指出,面对家属朋友的劝告,吴其昌"辄以'国难严重,前方将士,效命疆场,后方教授,当尽瘁于讲坛'为辞",拒绝休息静养。吴其昌在去世前两月,几乎日夜不息赶撰《梁启超传》,"虽在发烧、吐血之日,亦几未间断,其事至苦""朋友劝阻而不果",终于完成五万多字的《梁启超传》上册。封笔数天后,吴其昌即病逝。(参见王学典《20 世纪史学编年(1900—1949)》,商务印书馆 2014 年版)

叶圣陶 1 月 22 日为张大千临摹敦煌壁画展览题诗。28 日,应宋云彬邀请,作字寄桂林参加展览,得资助梁漱溟办学院。2 月 11 日,应招出席图书杂志审查处召集的作者编辑人员座谈会。22 日,与文协成都分会诸友宴李葳。3 月 16 日,将薛贻源所译美人克莱塞《中国地理基础》校阅整理完毕,作广告辞。4 月 3 日,出席文协理事会,商量召集年会和准备改选之事。6 日,将黄炎培《苞桑集》重行整理完毕,作广告辞。15 日,主持文协成都分会一九四四年度年会,叶圣陶、陶雄、陈翔鹤、谢文炳、罗念生、李劼人、刘开渠、杨云慧、陈白尘等 9 人当选为理事。16 日,开文协理事会,纪念文协总会成立 6 周年,庆祝老舍创作 20 周年。5 月 7 日,开始筹备创刊《文与艺》杂志,作征稿启事和《创刊举要》,30 日,将林庚白《丽白楼自选诗》稿校读完毕,作广告辞;将《英译唐人绝句百首》稿整理完毕,作广告辞。31 日,将吴祖光《少年游》稿校阅完毕,作广告辞。6 月 7 日,将薛贻源《地理与战争》稿校阅完毕,作广告辞。27 日,赴王云五之招宴,同席为书业界同人。宴后听王云五演讲,谈战时英国的出版界与教育。7 月 14 日,因桂林告急,《中学生》自 78 期起在重庆印刷。23 日,与陈翔鹤谈文协分会响应文协总会募集救济贫病作家基金事。31 日,与陈翔鹤谈为募集援助贫病作家基金招待新闻界之事。同月,叶圣陶致书王力,希望昆明文艺界为援助贫病作家发起筹募基金会运动。当时,王力在昆明主编昆明《中央日报·星期增刊》。

叶圣陶 8 月 2 日召集文协诸理事在家集会,讨论响应募集援助贫病作家基金事。5 日,文协成都分会招待新闻界,感谢新闻界助文协募捐资助贫病作家,叶圣陶作报告。15 日,因开明书店由桂林撤迁重庆,叶圣陶赴渝与章锡珊、傅彬然等人接洽印刷机构,并访问作者。夜宿内江。次日,抵渝。18日,会见梅林、以群。次日,游南温泉。21日,会见巴金。22日,文协宴叶圣陶。主人为叶以群、夏衍、洛峰、张静庐、何其芳、冯雪峰、沈雁冰、沈启予、孙伏园等30余人。席间,叶圣陶报告成都募捐情况。23日,至天官府郭沫若寓所,与少数友人为会,请《大公报》记者谈参加记者团参观延安的感想。27日,杭州一师校友冯雪峰、陈达夫、傅彬然等集会过"教师节",为叶圣陶、胡公冕、姜伯韩、沈仲九4位老师祝寿。30日,至作家书屋,与巴金、雪峰、以群、梅林等商王鲁彦后事。31日,应邀出席《宪政月刊》召集的宪政座谈会。赴沈衡山之招宴,同席有沙千里、张恨水、周鲸文。9月16日,参加王鲁彦追悼会,致辞。25日,离渝返蓉。在重庆停留期间先后会见了胡绳、刘白羽、何其芳、夏衍、胡风、徐盈、陶载良、沈雁冰、柳无垢、周谷城、卢冀野、丁晓光、王云五、陈望道、杨卫玉、贺昌群、丰子恺、吴朗西、朱东润、柳亚子、谢冰心、李儒勉、范寿康、钱歌川等人。10月13日,叶圣陶出席文协理事会,议定参加韬奋追悼会、开晚会答谢赞助募款诸君、开歌会继续募款。19日,参加成都各大学学生20余人秘密举行的鲁迅逝世8周年纪念会兼悼邹韬奋,致辞。25日,出席新世纪学会筹备会,讨论宗旨、性质,为新世纪学会发起人之一。31日,主持文协与《华西晚报》联合举办的会议,答谢各界赞助募捐诸君,致词申谢;出席新世纪学会筹备会,修润缘起及章程。11月12日,出席书业公会集成图书馆开幕式。12月11日,出席文协成都分会理事会,讨论湘桂黔文友有来蓉者,宜如何接待。12日,出席文协理事会,研究援助湘桂流亡来蓉的文化界人士之事。28日,援助湘桂文友流亡来蓉者之"文化人协济委员会"成立,叶圣陶为协济组召集人。15日,出席新世纪学会筹备会。28日,到中国新闻专修班作第二次演讲。(参见商金林编《叶圣陶年谱》,江苏教育出版社1986年版)

杨东莼5月在武汉大学举办的纪念"五四运动"座谈会上公开对师生演讲:要继续高举德先生(民主)和赛先生(科学)两面旗帜,发扬它的光荣传统。在武大任教期间积极支持进步学生的革命活动,提出许多重要指导意见,引起国民党特务的严密监视。是年,在《读书通讯》第92期发表文章《我的读书过程》。在《安徽青年》第1—2期发表文章《谈小学教员与基层工作人员的进修》。(参见周洪宇《杨东莼大传》及附录《杨东莼生平年表》《杨东莼主要编译著系年》,华中师范大学出版社2014年版)

苏雪林1月1日在日记第一页第一行书:"但愿今年为我等真实之胜利年,俾我等能作还乡之计,则幸甚矣!"4月22日,在《东方杂志》第40卷第8期发表《〈天问〉里的后羿射日神话》。论文钩稽屈原《天问》中的神话传说——后羿射日神话,就如同洪水神话一样,具有世界性;天有十日,后羿射之,十日神话亦自域外传至中土。5月10日,在《东方杂志》第40卷第9期发表《〈天问〉里的印度诸天搅海故事》。论文举印度古老神话诸天搅旋乳海,源自印度著名史诗《摩诃婆罗多》及《罗摩耶那》,认为屈原《天问》中的所谓"良药"即中国神话中的具有极大魔力的"不死药",在印度称为"不死甘露,亦《旧约·创世纪》,创世纪生命树及巴比伦生命草之演变"。由此来证明屈原《天问》里的神话故事的精彩片断,与域外神话有惊人的相似。12月7日,开始撰写《昆仑之谜》。在研究屈原《天问》过程中,不可避免涉及中国古代历史与地理,其中"昆仑"一词犹迷雾缠绕、混沌一团:"真中有幻,幻中有真,甲乙互缠,中外交混,如空谷之传声,如明镜之互射,使人眩乱迷惑,莫如适从。故学者对此每有难于措手之感。而'海外别有昆仑'(晋郭璞语)、'东海方丈,亦有昆仑之称'(后魏郦道元语)、'昆仑无定所'(元金履祥语)、'古来言昆仑者,纷如聚讼'(近代顾实先生语),种种叹息,腾于论坛。"这本小册子的内容共列六大问题,并为之一一解谜:一、昆仑一词何时始见于中国载记;二、汉武帝考定昆仑公案;三、中国境内外之昆仑;四、何者为神话昆仑? 何者为实际昆仑? 五、昆仑与四河;六、昆仑与中国。(参见沈晖编著《苏雪林年谱长编》,安徽文艺出版社2017年版)

胡厚宣《甲骨学商史论丛初集》3月由齐鲁大学国学研究所专刊出版。此集共四册,收《武丁时五种记事刻辞考》《殷代卜龟之来源》《殷人疾病考》《卜辞下乙说》等论文20篇,约40万言。作者提出"殷非奴隶社会论"和殷代已有封建制度的论点,指出一些人用来论证殷代存在奴隶的甲骨文其实与奴隶并不相干。《殷非奴隶社会论》一文中说:"今之治中国社会史者,多以殷代为'奴隶社会',谓殷代凡农业生产以至征伐军事无不以奴隶为之。"其所根据的卜辞诸文,"固无一能作殷为奴隶社会之证据者也"。在《殷代封建制度考》一文中,胡厚宣指出王国维所说的"中国文化之变革莫剧于殷周之际",与历史实际不符。他认为殷与西周实为一个文化单位,其剧变不在殷周之际,乃在东周以来。《论丛》四集,解决了诸如农业生产、四方风名、宗法制度、封建制度、高媒求生、记事文字以及卜龟来源等甲骨学殷商史研究中的许多关键问题,为该学科树起了一座丰碑。获教育部学术审议委员会科学发明奖二等奖。被日本古史名家白川静认为是"这一学科空前的、金字塔式的论文集,是继董作宾先生《甲骨文断代研究例》之后的又一划时代的著作"。

按:此书出版后引发不同的评价:冯汉骥支持胡厚宣观点。冯汉骥认为,胡厚宣的殷非奴隶社会论"自为卓识,可一洗强将中国社会比附西洋社会发展的通病"。他对奴隶制时代的否定,比胡厚宣还彻底,认为"以供牺牲之俘虏为奴隶,亦容有未妥""中国社会制度的剧烈变动,当以盘庚时代前后为断。因为一固定村落的社会组织,自与一时常迁徙的村落社会组织的需要大不相同了。封建制度之开始,大概亦于此时"。陈中凡则提出激烈批评:"胡氏对于封建一词之界说,未能确证。"胡厚宣所列举作为殷代封建制度之特征之五等爵和五种义务,都"属于形式主义之解释,已不能证成其说。若再进而论及封建制之本质,考当时生产方式若何,封建地主对于农民之关系若何,更无一字述及"。殷代的"众"和"众人"从事生产劳动,而其收获则归于王族,这种生产关系正是奴隶所有者与奴隶之关系。"以'众'为贵戚集团或民众集团之通称,而成牵强附会矣。"

按:据胡厚宣回忆,该书在1942年已开始印刷,因石印过慢,至1944年方才印完正式出版。1942年故宫博物院院长马衡看到该书初集部分文章,呈请教育部学术审议委员会颁予科学发明奖二等奖。此后,胡厚宣又将《甲骨学商史论丛二集》(二册,1945年3月)、《甲骨学商史论丛三集》(一册,1945年7月)、《甲骨学商史论丛四集》(二册,1946年)作为齐鲁大学国学研究所专刊出版。此四集六册"论丛"共收入论文30余篇,涉及考古、释字、文例、地理、帝王、礼制、宗教、历法、医学、断代等甲骨学与殷商史研究的方方面面。尤其是在宗法制度、重男轻女、帝王世系、四方风名、记事刻辞、卜龟来源、农业生产等一系列重大问题上的探索,"实为新的研究在更高水平上进行奠定了坚实的基础,树起一座继往开来的里程碑"。

胡厚宣12月27日在成都《新中国日报》发表《齐鲁大学对甲骨文的贡献》。是年,又有《关于殷代之气候》《关于殷卜龟之来源》两篇同时刊于《史学丛刊》1944年第1期。胡厚宣先于1938年根据卜辞所载降雨、降雪、获象、捕兕的刻辞,和殷墟发掘出的今多见于南方的竹鼠、獐、大象、圣水牛相印证,推测殷代"气候必与今日长江流域甚或以南者相当也"。1940年德国学者魏特夫格引用卜辞中有关天象、农稼、征戎、游田之纪月者370条,证明殷代气候较现代为稍暖。这有力支持了胡厚宣的观点。但胡厚宣、魏特夫格等人关于殷代气候较今为暖的观点遭到了甲骨学家董作宾的反驳,他认为这一观点尚有可商讨之处,"骨化石所提出者,不过是一种意见,而卜辞是不能证实,也还有许多问题"。为了对殷代气候进行更深入的研究，胡厚宣于 1944 年详实地考察了史前时代、历史时代、欧美各地的气候变迁，并深刻分析了古籍中所见气候方面的史料，并利用丰富翔实的甲骨文资料，进一步论证了殷代气候远较今日为热，与今日长江流域或更南者相当。而董作宾仍对胡厚宣等人的观点持不同意见，坚持认为殷代安阳的气候与今世的安阳"实在无甚差异"。由于对甲骨文字的解释不同和对考古材料认识上的参差，导致了董作宾与胡厚宣在殷代气候上"根本不同"的见解。（参见何林英《胡厚宣年谱》，载王京州编《河北近现代学者年谱辑要》，国家图书馆出版社 2017 年版；王星光《商代的生态环境与农业发展》，《中原文物》2008 年第 5 期；王学典《20 世纪史学编年（1900—1949）》，商务印书馆 2014 年版）

常乃惪任教于齐鲁大学，迁居小天竺街后的齐鲁村 8 号。6 月，《历史哲学论丛》由重庆商务印书馆出版。作者激烈批判实证史学，说：实证史学家"以为科学的历史就是考证式的历史，就是努力搜集些干枯材料累积起来的工作，他们的理想标准是把历史表册化，令人打开一看除了干枯无味的人名地名及数字之外再没有别的东西了，他们以为能做到这个程度才算尽了科学化历史的能事"。这种"为一件琐细到极点的不相干问题费上数万字的考证工夫，换得一个博学的头衔"，实际上是"玩物丧志"，是浪费"聪明才力"，是"贻误后代"。这样的史学不能称之"学"，只是"史术"，这样的史家不能称之为"家"，只是"抄书匠"。他指出："伟大的史学家其任务决不仅以搜求史料为满足，历史家之任务在能接受时代的潮流，以其个人伟大的天才与社会心灵相互渗入，反映社会之需求，并进而指导社会的新趋向。"只有这样，才能写出具有"伟大生命力"的"杰作"，才能称得上"伟大的史学家"。夏，中国青年党内部再起派别分歧。一部分中央委员在成都集会，拟改选中常委，并将中央党部迁至成都。但因为出席的中央委员不足法定人数，左舜生、陈启天、余家菊等均在重庆，未曾出席，故此次成都集会不被承认，中央党部未能由渝迁蓉。但此后一年多，中央党部仍"陷于停顿，不能有所作为"。10 月 7 日下午，常乃惪参加了在华西大学体育馆召开的"国事座谈会"。（参见查晓英编《中国近代思想家文库·常乃惪卷》及附录《常乃惪年谱简编》，中国人民大学出版社 2014 年版；王学典《20 世纪史学编年（1900—1949）》，商务印书馆 2014 年版）

徐中舒任教于成都燕京大学。7 月 20 日，朱自清访徐中舒等。22 日，黄季陆、徐中舒等访朱自清。8 月 9 日下午，徐中舒访朱自清，谈邀其至齐鲁大学讲学事。徐中舒说："成都的朋友都想把他留在成都，燕大川大也都预备延聘他，我也曾做了一次说客，但是他不忍离开清华，暑假后他仍是独自飞回昆明了。"9 月，徐中舒在《中国文化研究汇刊》第 4 卷发表《井田制探原》。作者提出了"田之初义为田猎为战陈""偏旁从田诸字仍多从田猎得义""春秋战国之世仍当为田猎畜牧而兼农业之社会""井田之形方，实由田猎社会演化而来"等观点，并认为井田制实是殷代田制和兵制的遗存。有研究者认为该结论"说不可易"。同期还刊载了胡厚宣《气候变迁与殷代气候之探讨》、刘朝阳《殷末周初日月食初考》、陈寅恪《〈连昌宫词〉笺证》、刘恕铭《苏莱曼〈东游记〉证闻》、徐益棠《南宋杭州之都市的发展》、唐文播《巴黎所藏敦煌〈老子〉写本综考》、杨明照《〈抱朴子外篇〉举正》等文。（参见姜建、吴为公编《朱自清年谱》，安徽教育出版社 1996 年版；王学典《20 世纪史学编年（1900—1949）》，商务印书馆 2014 年版）

金毓黻 1 月发表《东北榷名》《中华民族与东北》《从史实上证明东北为中国领土》《东北大学建立之意义及其使命》《东北大学文学院之概观》《苗可秀论》。其《东北通史》上编由重庆五十年代出版社铅印再版。开始编纂《东北要览》，撰写《东北大事年表》，提出编写《东北通史要略》。2 月，将计划编写的《东北通史要略》改为《东北简史》。自述其"早治文学，雅喜桐城,嗜《文选》……近二十年究心乙部……以为文能优美,乃称佳史……余之研史,实由清儒……余用其法以治诸史,其途出于考证无不顺如流水……上述三端,是为余治学之梗概"。3月,于东北大学近代史研究社讲话,述其治学之途径:"始于理学,继以文学,又继以小学,又继以史学。"4月,发表《宋史所载岳飞战功辩证》。5月,发表《论北人南人学问之异》。6月,《东北要览》完稿。9月,发表《论东北四省为中国之重心》《东北四省流亡后方之人口及其动态》《纪念"九一八"与收复东北》《开罗会议与收复东北》。撰成《宋辽金史》并校改。考虑修订《清史稿》。10月,发表《论师》《辽会要作法》。听说黎东方主张修《清史稿》,与其联系表示愿意承担部分或全部修订工作,并于完成之后再写一部《清通鉴》。11月,发表《岳飞战功考实》。12月,辞东北大学文学院院长职务。是年,著成《东北古印钩沉》,主编《东北要览》,出版《中国史学史》。撰述及修改《中国史学史》期间,深感战争环境所带来的困难,自言"今辑是稿,前无所承,虽有仰屋之勤,难免覆瓿之诮,重以颠沛之余,旧典多丧,即欲详说,实病未能"。《中国史学史》"在整体内容的安排上受梁启超的启发,在撰述方法上受考据之学的影响",是中国史学史学科在"草创时期的代表性著作"。(参见金毓黻《中国史学史》附录《金毓黻学术年表》,商务印书馆2010年版;牟哥《金毓黻先生著述考》,东北师范大学硕士学位论文,2017年)

　　赵纪彬《平面逻辑的发展观——〈新理学〉商兑之四》刊于《中山文化季刊》第2卷第2期。此文认为新理学"不是从纵剖面看宇宙生成的条理,而是从横剖面看宇宙存在的层次,因而在发展问题上遂形成一种平面逻辑的观点",即循环论的发展观,其坚持循环论的原因之一则在"见量不见质",即"以发展为纯量的继续,以质的突变为不可能,以新质对于旧质只能是较新底,而不能是全新底"。(参见蔡仲德编撰《冯友兰先生年谱长编》,中华书局2014年版)

　　谢无量继续任四川大学(城内部)中文系主任。5月29日,在成都文化界于皇城召开悼念诗人吴碧柳(吴芳吉)会上作了极其伤感的发言。一起参加会议的有蒙文通、李劼人、向楚及张采芹等,谢发言很沉痛。其间,由于经济窘迫,曾托人销售书法诗联。偶或为机关、商店题招牌。能做到不卑不亢、有礼有节。当时在写招牌上有两件趣事:一是1944年成都火城公园附近有条陕西街,街中有酒楼,叫"不醉无归小酒家",酒楼老板的父亲,曾作过慈禧太后的御厨,名声自以为很大。老板请谢无量题酒楼招牌,选择了一个黄道吉日,请陪客当面答谢谢无量,谢无量按时到泥楼赴宴。刚入座不久,有两辆小车开来,老板陪三位宾客上楼并卑躬地向谢无量介绍,是国民党成都行辕秘书、参谋之流,老板意思要谢让出正中座位,谢无量一气之余,拂袖下楼而去,气愤地说出一句:"不饮也醉宦场家。"二是大约也是这段时间,成都有个"恒昌银号",老板何姓温江人,慕名谢无量书法,派他的大掌柜来请谢无量题招牌。谢平时与此人有所接触,觉得鄙俚庸俗,此次又指派掌柜来,谢让家人在门上回答"谢无量说过,不管何人,招牌字一两黄金一个,现金现货"。那掌柜不明了谢是拒写之意,如实转告何老板,老板取出四两黄金命掌柜再来,谢无量家人回答说:"刚才川来人请去了!"一时趣闻传遍锦城。(参见刘长荣、何兴明《谢无量年谱》,《文教资料》2001年第3期;王承军《蒙文通先生年谱长编》,中华书局2012年版)

　　黄建中《比较伦理学》6月由四川大学出版,其《自序》云:"吾友冯芝生、陶希圣两君近函商由中国哲学研究委员会印行此书,编为会中丛书之一。川大黄校长则力促在蓉先印千部,作全校教本。"此书出版后,赠予冯友兰。(参见蔡仲德编撰《冯友兰先生年谱长编》,中华书局2014年版)

　　朱自清7月8日动身回成都度夏。是日下午飞抵重庆。9日,下午访姚蓬子,将编好的

《新诗杂话》稿交他。访老舍，遇冯雪峰、韩侍桁。晚，应蒋复璁邀宴。11日午，应浦薛凤邀宴。下午访王化成、陆晶清等。13日晨，乘车赴成都，晚宿内江。14日晚，抵成都家中。是日为竹隐生日，家中亲友正欲为竹隐贺岁，朱自清突然返家，皆大欢喜。15日，访叶圣陶、张志和、金拾遗、刘云波等人。19日，受吴宓托，访四川大学校长黄季陆，为吴宓了解至四川大学讲学的可能性。同日，访罗念生等。20日，访陈寅恪、徐中舒等。午，应陈寅恪邀宴。21日，访叶圣陶、赵守愚等。22日，黄季陆、徐中舒等来访。25日，访吕叔湘、李小缘、闻宥等。29日晚，赴叶圣陶邀宴。在座有杨人楩、吕叔湘、章锡舟、胡赞平等9人。30日上午，赵守愚来访，转致黄季陆欲邀朱自清至四川大学任教之意。8月1日，访叶圣陶，遇王楷元、程千帆夫妇、殷孟伦。偕赴少城公园绿荫阁茶社约见萧公权、赵守愚等。2日上午，访黄季陆、刘云波等。下午，偕吕叔湘举办茶话会，邀请成都的朋友。3日，程千帆、华忱之、南克敬来访。4日，罗念生、谢文炳夫妇等来访。5日，访吕叔湘、陈寅恪、陈中凡。8日，《短长书》刊于重庆《中央日报》。文中认为，长篇小说的受欢迎源于读者的消遣娱乐心理，但这不是忧，"文学不妨见仁见智，完美的作品尽可让严肃的看成严肃，消遣的看成消遣，而无害于它的本来的价值"。而对"本来的价值"的发抉，则要靠书评家和批评家的完美公正的批评，这是目前所缺少的。

朱自清8月9日上午接待黄季陆来访，谈邀吴宓来四川大学讲学事。访大学生活社邱荣海、阎锡庚，谈新诗、文言和贫病作家救助事。下午，徐中舒来访，谈邀朱自清至齐鲁大学讲学事。8月14日，致程千帆信，谈程千帆所赠之诗。17日，程千帆来访，赠书甚多。24日，访程千帆。9月3日，王力、王楷元等来访。同日，访徐中舒。4日午，应徐中舒邀宴。6日下午，赴周企何宅出席茶话会。在座有贺直斧、应云卫、陈白尘、王云楷等。7日，徐中舒来访。下午，参观正在发掘中的王建墓。9日，访赵守愚、张志和等。13日，西南联大教授会选举联大第七届校务会议教授代表，朱自清和张奚若、燕树棠、叶企孙、钱端升、潘光旦、闻一多、陈雪屏、刘仙洲、陈岱孙等11人当选。22日晚，赴燕京大学礼堂作讲演，讲题不详。24日，吕叔湘、金拾遗等来访。25日下午，访徐霞村等。26日，应殷孟伦邀宴。在座有程千帆夫妇等。28日，动身返回昆明。当日飞抵重庆。因机票紧张，经多日努力方得成行，为此耽搁返校时间。晚，应蒋复璁邀宴。29日，访王化成、吴士选等。遇叶公超。（参见姜建、吴为公编《朱自清年谱》，安徽教育出版社1996年版）

孙次舟继续任华西大学教授。6月25日，在成都"诗人节纪念会"上提出"屈原是文学弄臣"一说，并于9月6—8日在成都《中央日报》副刊连载《屈原是"文学弄臣"的发疑——兼答屈原崇拜者》。11月15—16日，又在《中央日报》副刊连载《屈原讨论的最后申辩》，文末附言云："闻一多先生亦有此类似之说，以屈原与梅兰芳比""且幸吾道不孤，闻一多先生大作如写成，定胜拙文远甚"。此与1942年10月张道藩刊于《文艺先锋》创刊号的《我对于中国诗歌的意见》观点相近，张闻在"重订诗人节"问题上，以闻一多对屈原的意见为由，反对以屈原的忌日为诗人节，说："屈原虽是一个大诗人，但闻一多先生等既然列举理由说明他是嬖幸之类的臣妾，而另外几位学者根本怀疑有无其人，只有郭沫若一个劲儿地拿他作自己的模特，显见得屈大夫并不能得到全国一致的支持。而且，这一天是屈原的忌日，有点忌讳""建议以杜甫的诞辰为诗歌节"。闻一多同情孙次舟，但不打算作为同盟军；对文艺界的朋友，闻一多认为他们性子太急。虽然闻一多同意"文学弄臣"的说法，但认为屈原是由家庭奴隶进而变成文化奴隶——"文学侍从之臣"，而孙次舟却是"把事实看倒了头""把它看成先有文人，而后变成弄臣。这样一来，真是'失之毫厘，谬之千里'了！依我们的看法，是反抗的奴隶居然挣脱枷锁，变成了人；依孙先生的看法，是好好的人偏要跳入火坑，变成奴隶，二者之间，何啻天渊之隔！"12月，闻一多作《屈原问题——敬质孙次舟先生》，就孙次舟观点作了辩证。后刊于次年10月郭沫若主编的重庆《中原》第2卷第2期。

> 按：关于本文的写作原因，闻一多说："本年九月间，朱佩弦先生从成都给我一封信，内附孙次舟先生的一篇文章，题作《屈原是'文学弄臣'的发疑——兼答屈原崇拜者》，是从成都《中央日报》的《中央副刊》剪下的。信上说，在本年成都的'诗人节'纪念会上，孙先生提出了这问题，立时当地文艺界为之大哗，接着就向他发动围攻，直到最近，孙先生才开始公开抵抗，那便是这篇文章的来由。佩弦先生还说到他自己同情孙先生的意思。后来他回到昆明，我们见着便谈起这事，我问他还记不记得十几年前，我和他谈到和孙先生类似的意见，他只摇摇头。（十几年是一个太长的时间，我想。）这里让我打一个岔。就在本年暑假中，我接到某官方出版机关的一封信，约我写一本《屈原传》一类的小书，我婉词谢绝了，读者此刻可以明白我当时的苦衷吧！好了，前几天佩弦先生又给我送来孙先生的第二篇文章，在这篇《屈原讨论的最后申辩》的附白中，孙先生转录了李长之兄给他通信里这样一段话：'昔闻一多先生亦有类似之说，以屈原与梅兰芳相比。'本来我看到孙先生第一篇文章时，并没有打算对这问题参加讨论，虽则心里也曾发生过一点疑问：让孙先生这样一个人挨打，道义上是否说得过去呢？如今长之兄既把我的底细揭穿了，而孙先生也那样客气的说道'闻一多先生大作如写成，定胜拙文远甚'（这仿佛是硬拖人下水的样子，假如不是我神经过敏的话。），这来，我的处境便更尴尬了，我当时想，如果再守口如瓶，岂不成了临阵脱逃吗？于是我便决定动笔了。"

> 按：闻一多殉难后，延安《解放日报》于1946年7月20日刊登是文，并加了编者按，说："一多先生这篇很有学术价值的文章，三十四年发表于《中原》。关于屈原的身份问题，由于成都某大学教授孙先生提出屈原是'文学弄臣'之说法后，曾引起文化界极大反响，郭沫若先生也曾撰文表示异议。闻先生的说法，一面承认屈原是一'弄臣'，一面则指出屈原的'人'的价值，加以推崇。这个问题是社会史上及艺术史上一个重要问题，尚待专家研究，才能解决。一多先生的说法，自然不是定论。不过从这篇文章，我们也可以看出一多先生在抗战之后的思想一斑，其向往民主自由的精神尤使人钦佩。读着他这篇巨作，想望其发展前途，我们更感到悲痛与愤怒！"（参见闻黎明、侯菊坤《闻一多年谱长编》（增订版），上海交通大学出版社2014年版）

秦佩珩11月在《新经济半月刊》第11卷第3期发表《中国经济史坛的昨日今日和明日》。作者总结说：中国经济史研究的主潮是"材料的整理及方法的讨论"。在"中国经济史"的总旗帜下，尽管各路诸侯云集，然而，大势所趋，仍倾向于食货一派。结果自然要以陶希圣马首是瞻。他所主办的《食货》半月刊杂志，执笔者几遍全国，而其思想亦掩袭大江南北，这时，中国经济史的倡导工作，已达到了最高潮。秦佩珩还为日后的经济史研究作了规划，打算成立四个学术团体。第一，成立一个方志索引社；第二，成立一个欧洲经济史译学社，翻译欧洲经济史名著；第三，成立一个国学社，将笔记诗文中的经济史料分类汇抄；第四，成立一个西洋史料供应社，采集各国史籍中关于中国的材料。（参见王学典《20世纪史学编年（1900—1949）》，商务印书馆2014年版）

傅振伦《中国史学概要》7月由重庆史学书局出版。作者先于1929年至1937年在国立北平大学女子文理学院史学系讲授中国史学通论。抗战后入蜀，1942年在白沙国立女子师范学院史地系讲授史学通论。是年，将讲义整理成书，原拟题名《史学通论》，为与其师朱希祖的书相区别，改名为《中国史学概要》。此书分10篇，分别为：史之解谊、史官建置、史学起源、史书名目、史学流别、史体得失、史学名著举要（上、下）、史学上两大思想家、史籍之整理，并有附录《编辑史籍书目提要之商榷》。其《自叙》谓："金静庵先生撰《中国史学史讲义》，以吾国史学发展历程分为五级。今本其说而略论之。"此书虽寥寥八万言，但对中国史学的诸多方面，都有简要论列。傅振伦的史学史研究是在朱希祖的指引下完成的，自谓"余每有专著，辄就正于先师""及阅《史通之研究》，推为研究刘知几学说之津梁，论《刘知几年谱》，曰搜集资料甚备。……《中国史学概要》，则谓能广师说，而备述各方面"。（参见王学典《20世纪史学编年（1900—1949）》，商务印书馆2014年版）

魏建功继续任四川江津县国立西南女子师范学院国语专修科主任。年底，抗战胜利在望，重庆方面开始考虑战后接收台湾问题。"教育部"赵迺传通过女师学院院长谢循初约魏去台主持推行国语，魏接受了此项邀请。（参见曹达《魏建功年谱》，《文教资料》1996年5期）

姜蕴刚在华西大学担任中国社会史课程。夏，姜蕴刚创办的华西大学中国社会史研究室成立，出版刊物《中国社会》。（参见王学典《20世纪史学编年（1900—1949）》，商务印书馆2014年版）

梅贻宝继续任成都燕京大学代校长。1月1日，全校教职员举行新年团拜，并欢迎新到燕大执教的陈寅恪、萧公权、曾连荣、徐仲舒教授等。3月4日，由燕大董事长孔祥熙、副董事长张群、代理校长梅贻宝联名邀请，为燕大捐募基金成都地区赞助人举行茶会。14日，梅贻宝代理校长赴重庆，联系推动重庆地区为燕大捐募基金事宜。8日，燕大董事长孔祥熙假重庆胜利大厦宴请重庆各界领袖，共商为燕大筹募千万元基金事，到会有胡政之、李德全、康心如等百余人。梅贻宝代校长在会上报告燕大迁后方复校，惨淡经营，初获成果情况。4月17日，梅贻宝返抵成都，燕大在重庆捐募基金运动在重庆进行顺利，估计能超额完成。同日，燕大与金大、华大、齐大四校接军委会外事局译员训练班来电，要求各校将四年级男生造册电复，并将派员来蓉办理培训事宜。5月16日，五大学系主任举行联席会议，讨论未来课程合作问题。23日，梅贻宝代校长赴重庆，协助结束在渝募集基金事宜。6月26日五大学在华西坝联合举行本届毕业典礼。8月下旬，举行新生指导周，第一天，梅贻宝代校长向新生讲述燕大校史、沿革及北平燕大被日寇封闭后，成都复校的燕大秉承燕大传统和燕京精神的办学情况。新生聆听其他导师介绍燕京生活、燕京精神后，参观朴实、简陋然而学习环境安定有序的校园、图书馆、教学楼等。10月7日，五大学12个学会及学生团体联合举行国是座谈会，邀请在成都的国民参政会参政员张澜、李璜等多人出席演讲。11月3日，校内七学术、文艺团体：益友学会、诚正学会、文学研究会、燕京生活社、燕京文摘社、星火社、海燕剧团举行联谊大会，出版联合壁报，海燕剧团演出话剧《少年游》。7日，燕大同学18人考入空军军官学校，抗日报国，有王惠棠、徐福承、王树荣、王仲涛、刘文荟、徐云、刘锦柏、蔡恩普、罗恩广、张极堂、温绍伦、张耀明等，全校师生高举"燕"学校旗，欢送他们到华西坝集合。13日，校务会议举行临时会议，投票选举赴美讲学人选，梅贻宝以多数票当选，将于年底赴美。12月17日，梅贻宝代校长赴重庆出席董事会会议。（参见张玮瑛、王百强、钱辛波主编《燕京大学史稿》，人民中国出版社2000年版）

沈体兰教授12月18日出任燕大秘书长，当日在周会上对同学作首次讲话。28日，燕大五学术团体举行联合晚会，欢迎沈体兰教授。（参见张玮瑛、王百强、钱辛波主编《燕京大学史稿》，人民中国出版社2000年版）

马鉴9月任燕京大学研究院院长兼文学院院长。同月，郑林庄代理法学院院长，魏永清任副训导长，卢惠卿兼女部主任。10月，燕京大学接美国政府函，邀请燕大教授赴美讲学，学校成立选派委员会，由马鉴、包贵思、陈寅恪任委员。（参见张玮瑛、王百强、钱辛波主编《燕京大学史稿》，人民中国出版社2000年版）

林耀华教授7月率梁畏三等两同学,赴西康省甘孜地区进行藏族实地调查工作,历时两个半月,行程3000华里。(参见张玮瑛、王百强、钱辛波主编《燕京大学史稿》,人民中国出版社2000年版)

李肇基为新闻系同学。6月6日,李肇基等部分爱好研究时事和新闻、文学的同学发起,组织燕京文摘社,特邀蒋荫恩任社长,李肇基为副社长。文摘社定期出版报刊文摘墙报。(参见张玮瑛、王百强、钱辛波主编《燕京大学史稿》,人民中国出版社2000年版)

熊十力仍住北碚勉仁书院。年初致函冯友兰,对其《新原人》甚为推许,同时提出不同意见。3月,全部《新唯识论》语体文本由中国哲学会作为中国哲学丛书甲集之第一部著作由商务印书馆在重庆出版。是书标志熊十力的哲学体系最终成熟。从正月至秋冬之际,起草《读经示要》。冯友兰自重庆返昆明后复信与之讨论。(参见郭齐勇编《中国近代思想家文库·熊十力卷》及附录《熊十力年谱简编》,中国人民大学出版社2014年版)

徐复观往重庆北碚勉仁书院谒师熊十力,拜入门下悟熊氏"亡国者,常先亡其文化"之言,乃潜心于中国文化典籍。是年,任联秘处秘书长秘书,侍从室第六组。(参见干春松编《中国近代思想家文库·徐复观卷》及附录《徐复观年谱简编》,中国人民大学出版社2014年版)

马一浮1月9日撰《蠲戏斋诗自序》。24日,致书谢无量,谢其与沈尹默合捐6万元,将作为专刻经籍费用。是年亦有与谢无量唱和问讯书数通。同日,致书问候沈敬仲,是年亦有致沈敬仲书数通,多谈募集刻书基金之事。同日,致书吴敬生。致书张铨,得其所著《新序校注》并序,为其题端。同月,马一浮多次向董事会声明,请假不再过问书院事。因不愿依附书院,作《蠲戏斋鬻字改例启》,以鬻字为生。3月,自跋《维摩诘经》写本、《维摩诘所说经序》写本。4月8日,复书金景芳,阅其《研经方法》讲稿,认为其文辞义并茂,不为苟作。附一诗谢其所捐刻书款并言及张德钧、王白尹等人。23日,自跋《大乘起信论疏序》写本。同月,作《慈湖家记序》,自明嘉靖秦钺编刻《慈湖遗书》录出《慈湖家记》10卷。自跋《嵇叔夜〈养生论〉〈答难养生论〉》写本、《毛诗》写本。5月1日,复书罗少秋,其人致书向马一浮求问《易》者,马一浮称书院已停讲习,嘱院友附一份书目给他。同月,自跋《泰山刻石》写本、《庚公德政颂》写本。又跋《诅楚文》。

马一浮6月作《重刊〈周易系辞精义〉序》,提出此书是否为吕祖谦所编的疑问,随后举说经两例。同月,沈敬仲寄来沈尹默草拟书院募集刻书基金启事,马一浮认为文中对自己过于称许,便对此文做了修改并增加若干刻书事例,作《为董事会代拟〈书院募集刻书基金启〉》。此稿后经董事会认可后发布。有复朱铎民书,朱铎民所介马季洪欲于暑假至书院问学,马一浮复书称自己已退处无为,不问院事,刻书事亦交与友人。7月20日,自跋《太白酒楼记》写本。同月,自跋《索幼安草书状》写本、《唐太宗晋书王羲之传论》写本、《陆士衡文赋》写本、《史孝山出师颂》临本、《右军草书帖》临本、《唐人〈月仪〉》临本、《草诀歌》临本、《书谱》临本、《晋武帝临〈辟雍颂〉》临本,跋《崔子玉草书势》。8月,跋《安身论》写本,自跋《头陀寺碑》写本,书《欧阳永叔明妃曲庐山高》缀跋。10月20日,致书乌以风,附新刻《系辞精义》《慈湖家记》二序。此二序亦致送云颂天。11月,跋《隋江夏县绿果道场砖塔下舍利记》临本。是年,有致张立民书,马一浮称离开书院并不单单是经济方面的困难,1940年教育部欲核准书院人员及教材时便有去意,1941年学生反对刻《答问》成去的主因;答吴希之书,叙书院刻书情形:已刊《系辞精义》,而《大学纂政记》书已成,待装订;《孝经集传》因已有成都刻本,暂时搁置;《石斋传》因已有成都刻本,暂时搁置;《石斋经说》尚无力刊刻。(参见马一浮著、吴光主编《马一浮全集》附录丁敬涵编著《马一浮先生年谱简编》,浙江古籍出版社2012年版;张雨晴《马一浮学术年谱整理(1911—1949)及其儒学践履活动研究》,贵州大学硕士学位论文,2019年)

周恩来11月7日陪同毛泽东到机场迎接飞抵延安的赫尔利。8—9日,陪毛泽东与赫尔利会谈。10日,和赫尔利同机飞重庆,准备同国民党谈判。同日,同董必武等参加郭沫若为柳亚子洗尘的宴会。餐后在同柳亚子、郭沫若、沈钧儒、艾芜、阳翰笙等聚谈中介绍国内时局,并说明这次来渝的任务。13日,应邀参加国民政府军事委员会政治部文化工作委员会举行的宴会,向在座的百余位文化界人士介绍时局和国共谈判问题。16日,宴请美国新闻处驻渝广播记者福尔曼、《劳工报》记者爱泼斯坦、《纽约杂志》记者白修德,董必武、王若飞、王炳南等作陪。17日,和董必武应邀赴福尔曼、爱泼斯坦、白修德的宴请。王炳南、陈家康等同席。18日,在新华日报馆向全体工作人员作《国内外形势和解放区情况》的报告。下旬,召集徐冰、乔冠华、陈家康和夏衍开会,听取他们关于统战、外事、文艺方面情况的汇报,传达毛泽东在延安文艺座谈会上的讲话精神和文艺整风以后解放区文艺工作的动向。冬,指示新华社记者登门拜访在中共和社会舆论压力下蒋介石被迫释放的马寅初,并建议在《新华日报》上发表马寅初的文章。是年,指示新华日报社负责人协助"自然科学座谈会"同科学技术界人士广泛交往,积极团结更多的科学技术工作者、教育工作者,组织范围广泛的公开的科学团体。周恩来并向个别著名科学家做了动员。年底,梁希、潘菽、金善宝、涂长望和谢立惠等拟订了《组织中国科学工作者协会缘起》,分别向国民党统治区各大城市征求科技工作者的意见。不久,著名科学家竺可桢、李四光、任鸿隽、丁燮林、严济慈等百多人纷纷表示赞成和支持。次年7月1日,中国科学工作者协会在重庆正式成立。(参见中央文献研究室《周恩来年谱1898—1976》,中央文献出版社1998年版)

林伯渠继续任陕甘宁边区政府主席。4月14日,毛泽东关于印发林伯渠3月25日在中共中央西北局高级干部会议上所作的关于"三三制"经验的报告,写给李维汉一个批语,说此件很有用,由西北局印5000份,分发到县级党政军干部、党校学生及中央直属干部。29日,林伯渠受中共中央委派离延安赴重庆与国民党谈判,5月2日到达西安。林伯渠在西安同国民党中央和蒋介石派来的代表张治中、王世杰举行多次会谈,初步交换了意见。17日,林伯渠同张治中、王世杰乘飞机到重庆。5月10日,中共中央书记处会议讨论党的第七次全国代表大会问题。会议还讨论对林伯渠5月4日请示同国民党谈判的条件来电的答复问题。同日,林伯渠来电谈关于国共谈判条件问题,说:在六、七、八三日同张治中、王世杰的会谈中,"张、王的态度是倾向照林彪提案解决,但不愿作正面肯定的表示。他们办法是探求我们能接受的意见向蒋报告,再由国民党中央作一提示案,交我转延安接受"。13日,毛泽东主持中共中央书记处会议,讨论毛泽东所提对林伯渠10日关于国共谈判条件问题来电的复电问题。会议决定先复电林伯渠,说明中央正在讨论,要他飞渝继续谈判。会后毛泽东根据会议决定复电林伯渠。15日,关于国共谈判条件问题,毛泽东再复电林伯渠,指出:王世杰、张治中"既屡求我方提具体意见,故决提全国者三条,两党者十七条,明日由军政部台发来,请备公函交给王、张";"为顾全彼方面子,谈判全文暂勿向外发表,但在判明彼方毫无诚意时,准备向外发表";"林案已被何应钦否决,年来情况亦大有变更,故须另提新案";"要求彼方将提示案草稿先交我们审阅,协议妥当,再将正式提示案交我,如不事先协商妥当(内容及文字),则属彼方片面意见,我方不负实行之责"。

林伯渠5月16日接毛泽东电,告知中共中央向国民党方面提出的解决若干急切问题的意见20条。关于全国政治者3条：（一）请政府实行民主政治与言论、出版、集会、结社及人身之自由；（二）请政府开放党禁，承认中共及各爱国党派的合法地位，释放爱国政治犯；（三）请政府允许实行名副其实的人民地方自治。22日，林伯渠将中共中央提出的关于解决目前若干急切问题的意见20条送交张治中、王世杰，张、王以20条如此写法无异暴露政府之罪状为借口，拒绝接收和转呈国民党政府。23日、25日，林伯渠连续致电毛泽东，汇报张、王拒不接收和转交20条等情况。6月5日，林伯渠与张治中、王世杰会谈。林伯渠将中共中央修正后的关于解决目前若干急切问题的意见书12条（附口头要求8条）递交张、王。张、王表示不接收，经林据理力争后才收下，但仍声言不能转报国民党政府。同时，张、王将《中央对中共问题政治解决提示案》交林伯渠。6日，林伯渠致信张、王，指出国民党政府提示案与中共中央的12条意见相距甚远，但愿将这一提示案报告中共中央，并再次要求张、王将中共中央的12条转报国民党政府。15日，张治中、王世杰致信林伯渠，说已将中共12条意见转报国民党政府，但坚持解决办法只能按国民党政府提示案办理，不能变更。至此，谈判陷入僵局。

　　林伯渠8月30日致信国民党政府代表王世杰、张治中，说奉中共中央之命，对张、王8月10日来信答复如下：国民党政府提示案与中共提出的书面意见12条及口头8条，在原则问题上相距太远，中共无法接受。双方谈判相距甚远的真正原因，在于国民党政府始终不愿意实行孙中山的三民主义及足以团结全国各党派各阶层抗日力量的民主政治。我们希望国民党政府在解决全国政治问题与国共关系问题上，应把整个国家民族的利益放在第一，而不把一党一派一己的私利放在第一，应从有利全国团结抗战、有利促进民主的观点出发，而不应从维持一党统治的方针出发，才能使双方的谈判易于接近，才能使一切问题可以得到公平合理的解决。9月4日，中共中央关于提出改组国民政府成立联合政府问题，致电林伯渠、董必武、王若飞。15日，林伯渠在国民参政会第三届第三次大会上报告四个多月来国共谈判经过，强调提出挽救目前抗战危机准备反攻的救急办法，是必须对国民党政府的机构、人事、政策迅速来一个改弦更张，希望国民党立即结束一党专政的局面，由政府召开各党各派、各抗日部队、各地方政府、各人民团体的代表参加的国是会议，组织各抗日党派联合政府。（参见中共中央文献研究室编撰、逢先知主编《毛泽东年谱（1893—1949）》，人民出版社、中央文献出版社1993年版）

　　董必武1月1日接到周恩来亲笔代中央起草的中国共产党中央委员会贺60大寿电。3日，致中共中央谢寿电。下午，在重庆各党派人士举行的宪政问题座谈会上发表讲话。指出："民主是讨论宪政的先决条件，民主更是今天动员人民参加抗战、加强团结的先决条件。没有民主，没有言论、出版、集会、结社的自由，就不能实现人民总动员，也不能认真的由人民研究宪草，宪草也就不可能实现。"5日，《新华日报》辟专版庆祝董必武寿辰，发表了郭沫若、黄炎培、沈钧儒、邓初民等写的祝寿诗、文，和徐冰、许涤新、钱之光、熊瑾玎、陈家康、潘梓年等联名写的《六十寿辰献词》和十八集团军驻渝办事处全体人员名义发表的诗歌《祝董老六十大寿》。8日，《新华日报》又刊载了署名何记的《董必武革命小史》和向群的《向董老学习》。16日，和徐冰在重庆设宴招待各党派人士左舜生、邓初民、翦伯赞、张申府、张志让等，交换对时局的看法。23日，出席宪政实施协进会第二次全体会议，讨论黄炎培提出的切实奉行训政时期约法案。会议决定交常会整理后送请政府办理。中旬，同英国记者斯坦因等谈话。3月5日，出席各党派人士在重庆发起的宪政座谈会第二次会议。9日，接周恩来来电,欢迎中外记者西北参观团(其中有美联社、合众社、塔斯社等外国记者和《大公报》《中央日报》《扫荡报》记者)到延安参观。10日,郭沫若为纪念李自成领导农民起义胜利300周年所作《甲申三百年祭》完成,于本日送董必武审阅。董审阅后指示《新华日报》于3月19日至21日连载,全文发表。21日夜,出席宪政协进会小组会议,讨论张君提出的政治结社自由问题。讨论中孙科主张国民党应将军队与党划分,董必武表示中共早有此主张。此点获得吴铁城、张君劢、左舜生、莫德惠、黄炎培、邵力子、雷震等一致赞同。

董必武4月4日夜和孙科、吴铁城、邵力子、张君劢、王世杰、王云五、左舜生、黄炎培、莫得惠等人出席在孙科寓所举行的宪政协进小组会议,讨论关于知识分子对国民党政府不满的问题,主张开放言论出版自由。16日,和左舜生、沈钧儒、黄炎培等50余人出席宪政协进会召开的宪草座谈会。22日,致电周恩来,建议利用国际上对国民党的压力以及国民党内部动摇的机会,组织民主党派用政团同盟几个人的名义发表文章,阐明希望建立什么样的中国,并动员一些大学教授著文批评国民党当局只要独裁不要民主的统治人们思想的举动。26日,赴黄炎培寓所,长谈国内外局势。5月14日,出席沈钧儒、黄炎培主持的宪政座谈会,会议有李璜、张志让、张申府、史良、左舜生、张君劢、章伯钧等300余人参加。23日,和林伯渠、王若飞、翦伯赞应邀出席在章伯钧寓所举行的宴会,同左舜生、张君劢、章伯钧、沈钧儒谈目前战局及两党谈判等问题。6月12日,和林伯渠、王若飞同张晓梅、张申府、刘清扬等在曾家岩50号讨论国际形势及国内政治、军事、经济情况等问题。8月26日,和林伯渠接待黄炎培来访,就国内外形势及国共关系问题进行了长时间的谈话。

董必武9月5日和林伯渠一起出席第三届国民参政会第三次大会,提出这次大会着重讨论国共谈判、召开国是会议、成立各党派民主联合政府等问题。9月10日晨,邵力子来曾家岩50号与董必武、林伯渠晤谈。邵力子提出如董必武返延安,要偕五参政员一起返渝。邵力子还表示,民主和联合政府都愿意赞成,但必须有步骤,慢慢增加信心。18日,第三届国民参政会第三次大会闭幕,继续当选为休会期间驻会委员会委员。21日,和林伯渠会见国民参政会参政员王云五、胡霖、冷遹、陶孟和、傅斯年,并代表中共中央欢迎他们前往延安参观访问。24日,出席在重庆的各党各派各界代表冯玉祥、覃振、邵力子、孔庚、张澜、沈钧儒、黄炎培、邓初民、章伯钧、李璜、左舜生、王昆仑、屈武、胡子婴等500余人的民主集会。会议通过了沈钧儒发起组织民主宪政促进会的提议,并推选王昆仑、屈武等为筹备人。25日,出席民盟等组织共同召集的宪政座谈会,在会上介绍中共中央关于召开国是会议,改组政府、建立联合政府的主张。冯玉祥、覃振、章伯钧、沈钧儒也在会上讲了话。30日,和林伯渠等出席中苏文化协会举行的茶会,讨论促进中苏邦交,沟通中苏文化问题。10月1日,和林伯渠、宋庆龄、于右任、邵力子、郭沫若、张澜等在重庆参加邹韬奋追悼大会。下旬,和林伯渠到重庆津南村看望柳亚子。11月9日,董必武同黄炎培、左舜生、张申府在重庆信义街39号举行座谈会,主持讨论国是问题。提出:各党派应进一步密切联系,共同奋斗,以建立民主自由之中国。11日,参加由周恩来在红岩宴请柳亚子的宴会。参加的还有郭沫若、沈钧儒、王若飞、王炳南、徐冰、马寅初、冯乃超、阳翰笙、胡风、胡绳、夏衍、乔木(乔冠华)。同日,和周恩来等参加郭沫若为柳亚子洗尘的宴会。餐后在同柳亚子、郭沫若、沈钧儒、艾芜、阳翰笙等聚谈中介绍国内政局。11月16日,和王若飞、徐冰、王炳南等陪同周恩来在曾家岩50号宴请美国新闻处三外宾。17日,和周恩来、王炳南出席美籍驻渝广播记者福尔门、劳工记者爱泼斯坦、纽约杂志记者白修德、国际宣传处顾问夫聪等举行的宴会。同时出席宴会的还有邱莱莉、吉可比及塔斯社罗米诺斯基、普金科夏耐尼科夫等 10 人。(参见《董必武年谱》编纂组《董必武年谱》,中央文献出版社 1991 年版)

潘梓年继续任《新华日报》社长。1 月 1 日,《新华日报》以第六版整版的篇幅发表了《在延安文艺座谈会上的讲话》的部分内容,总题为《毛泽东同志对文艺问题的意见》,具体包括三篇文章:《文艺上的为群众和如何为群众的问题》《文艺的普及和提高》《文艺和政治》。编者在附言中指出:"毛泽东同志在延安文艺座谈会上曾发表过两次讲话,有系统地说明了目前文艺和文艺运动上的根本问题。原文不可能全部发表,只好提要介绍一下。在这三篇文章中,关于普及与提高问题的一篇,全部是毛泽东同志的原文,另外两篇中加着引号的部分也都是他的原文。原文全部共二万余字,此地所节录出来的自然只能传达出其中若干基本的论点。"2 月 15 日,《新华日报》发表了社论《抗战戏剧到人民中去! ——祝三十三年度戏剧节》,概述了剧运的艰难进程,取得的成功,特别指出了存在的问题,号召"用更大的决心来扭转我们剧运危机"。该报还出了纪念特刊,刊登了郭沫若的《戏剧与民众》、夏衍的《我们要在困难中行进》、焦菊隐的《扩展戏剧抗战的领域》、史东山的《今日戏剧的命运》、梅令宜的《发扬新演剧的优良传统》。3 月 19 日,《新华日报》发表郭沫若的《甲申三百年祭》,此文精辟地论述了明末农民起义的经验教训。4 月 15 日,《新华日报》载:郭沫若、沈雁冰、孙伏园等 20 余人为老舍从事创作 20 年发起举行纪念会。同日,《新华日报》发表了社论《祝"文协"成立六周年》,指出"抗战已经快七年而我们的文艺运动却沉滞在黯云低迷的状况之下","现在我们的文艺作家,局促在后方的小天地之中,被阻塞了和人民群众接触的路子,出版事业濒于窒息,文艺不当作整个抗日战争的一环而被视为'娱乐'的手段,于是而风花雪月的风气抬头,消闲猎奇,谈狐说鬼的'文艺'继起,文艺变成了少数人茶余酒后的消遣,健康而有益于抗战的文艺反受了阻抑与冷遇"。社论最后说:"但是今天,我们还是衷心地祝福和珍重着这个文艺工作者们的节日,春已酣,反法西斯战争胜利的日子已经近了,我们祝祷着全国文艺工作者的奋斗。"17 日,《新华日报》为祝老舍先生创作 20 周年发表了短评《作家的创作生活》,说:"他在抗战七年来为文艺界团结所尽的力量是值得人们永远追忆的,他又曾为了实际的需要而尝试运用各种文艺形式(包括民间文艺形式),这对所谓既成的作家是很难能的事。他曾屡次为文艺界生活的困难而向社会呼吁,但他同时又斩钉截铁地说:'尽管贫穷,我们要咬紧牙关忍受,要保持清高,不可变节'。"同时,该报还出了纪念特刊,载有茅盾的《光辉工作二十年的老舍先生》、郭沫若的诗《文章入冠》、胡风的《在文协第六届年会的时候祝老舍先生创作二十年》。

潘梓年在 8 月 26 日《新华日报》重点刊载中共中央宣传部《关于执行党的文艺政策的决定》,指出"毛泽东同志《在延安文艺座谈会上的讲话》规定了党对于现阶段中国文艺运动的基本方针。全党都应该研究这个文件,以便对于文艺的理论与实际问题获得一致的正确认识,纠正过去各种错误的认识。全党的文艺工作者都应该研究和实行这个文件的指示,克服过去思想中、工作中、作品中存在的各种偏向,以便把党的方针贯彻到一切文艺部门中去,使文艺更好地服务于民族与人民的解放事业,并使文艺事业本身得到更好的发展"。9月 30 日,潘梓年兼任主编的《群众》第 9 卷第 18 期刊出文艺问题特辑,发表郭沫若的《谢陈代新》、余伯约的《如何做大众的牛》、何其芳的《关于艺术群众化问题》、刘白羽的《新的艺术,新的群众》、戈宝权译的《论文学中的人民性问题》(上)、锥耳的《评吴组缃的〈鸭嘴涝〉》、陆定一的《读〈向吴满有看齐〉有感》。10 月 1 日,《解放日报》发表经毛泽东修改审定的社论

《新四军的胜利出击与中国的救国事业》。社论指出:蒋介石有两件事最受日本侵略者欢迎,一件是"反共"活动,一件是《中国之命运》。11月23日,《新华日报》以《解放区新民主主义文化统一战线方针》为题,摘要发表了毛泽东在边区文教大会上的讲演。毛泽东同志指出统一战线的两原则:"第一是团结,第二是批评,或者教育改造,投降旧形式是错误的,排斥鄙弃也是错误的,我们的任务是联合一切可用的旧形式,旧人,而帮助感化与改造他们。"还指出:"一切知识分子,一定要抛弃脱离群众的恶习,以鞠躬尽瘁的精神献身人民,与工农密切结合;而工农干部亦应重视和信任这种革命的知识分子。"编者在按语中说:"毛主席十月三十日出席边区文教大会,在千多听众面前,宣布了解放区新民主主义文化运动中的统一战线方针。在他的讲演中,他解决了文化工作的重要性,中国新民主主义文化的社会基础,文化统一战线的必要,群众的需要与自愿应该是工作中的两个基本原则等问题。"(参见文天行编《国统区抗战文艺运动大事记》,四川省社会科学院出版社1985年版)

夏衍与于伶、宋之的合作的三幕剧《草木皆兵》4月由重庆未林出版社出版。6月至8月,接替生病的乔冠华,撰写了一系列的"欧洲战事述评"。8月,代章汉夫任《新华日报》总编辑。10月,杂文集《边鼓集》由重庆美学出版社出版。8月至9月,在重庆《新华日报》开设"漫谈·杂感"专栏。创作四幕剧《离离草》,由辽东建国社12月出版。11月,周恩来在听取夏衍关于大后方文艺界情况时,即指示要防止大后方进步文艺整风学习中的扩大化问题。(参见夏衍《夏衍全集》附录《夏衍年表》,浙江文艺出版社2005年版)

老舍1月在北碚开始写长篇小说《四世同堂》。2月15日,重庆《新华日报》第3版刊消息《四个剧本得到奖励》:"教育部将在戏剧节宣布第一次应予奖励的优良剧本。据悉:经该部优良剧本审查委员会选出之四种优良剧本,都给与奖状。关于奖金的发给,经投票决定如下:《桃李春风》,老舍、赵清阁合著,共获二万元。《蜕变》,曹禺著,获一万五千元。《杏花春雨江南》,于伶著。《金玉满堂》,沈浮著,各奖一万元。此外,《桃李春风》的导演吴永刚,《蜕变》和《杏花春雨江南》的导演史东山,《金玉满堂》的导演潘孑农各奖五千元。演出《桃李春风》和《金玉满堂》的中电剧团,演出《蜕变》的中国万岁剧团和演出《杏花春雨江南》的中国艺术剧社都各奖给锦旗。"4月1日,老舍出席"民间艺术协会"在文化会堂召开的成立大会。5日下午2时,陪都文化界4月份国民月会及第三届音乐节庆祝会在文化会堂合并举行,文化界50余人出席。老舍讲话,希望音乐界多作激昂慷慨之音以振作民心。14日晚,"文协"举办文艺欣赏会,老舍在会上谈创作体会。15日晚7时,中华全国文艺界抗敌协会在文化运动会大礼堂举行座谈会,讨论"文艺与社会风气"问题。老舍、胡风、茅盾、马宗融、姚蓬子、王平陵、李辰冬等数十人到会。16日下午2时,中华全国文艺界抗敌协会在曹家庵文化会堂举行成立6周年纪念大会,老舍、邵力子、张道藩、胡风、茅盾、姚雪垠、孙伏园、姚蓬子、宋之的、夏衍、阳翰笙、马宗融、黄芝岗、张骏祥、张恨水、赵清阁、王平陵以及梁寒操、潘公展等30余人出席。主席邵力子致开会词后,老舍报告了"文协"一年来会务和重病未愈的作家王鲁彦、张天翼、卢洪基、白薇4人的情况,决定将《大公报》赠"文协"的1万元作为4位作家的医疗费用。胡风宣读了年会集体论文《文艺工作的发展及努力方向》,最后老舍宣读为贫病作家筹募救济基金、提高稿费、请定"五四"为文艺节等提案,通过"向前方抗战将士致敬电""向同盟反法西斯作家致敬电"等。同日,重庆《新民报》第3版《文艺杂讯》栏报道:"纪念老舍创作二十年,中央文化委员会特赠老舍纪念册一本。"昆明文艺界举行庆祝老舍创作生活20年纪念会,罗常培、李广田等数十人发出贺电。17日,重庆文化界邵力子、郭沫若、茅盾、孙伏园、冯雪峰等 29 人发起,于下午在百龄餐厅举行纪念老舍创作20 周年茶会。邵力子主持,沈钧儒、冯玉祥等各方面人士及国际友人共 30 余人到会。

　　按:会上多人致词赞扬老舍 20 年来创作上的成就和维持"文协"的苦心与努力。邵力子祝贺老舍 20年来的成功,希望他有更多的 20 年,更多的作品贡献人类。郭沫若祝他三年内完成百万字的创作。黄炎培说老舍不但"新瓶装新酒",也"旧瓶装新酒",为的是能使民众接受,"他能力改文人相轻之习,而为相重相助,但愿把牛鼻子上的绳子去掉,使他呼吸得更自由些"。梅贻琦希望他少喝些酒,多做些文章。邓初民以"文艺权威,民主象征"八字为祝,说老舍和和气气,诚诚恳恳,大公无私的为人就是民主的象征。茅盾代表文协称赞老舍为"不屈不挠,团结的象征"。顾一樵、孙绳武、张道藩称赞老舍生活严肃,创作严肃。沈钧儒说,在老舍的幽歌中,实具有深心,苦心。老舍致谢词说,20 年虽历尽辛苦,得来不容易,今天承诸友厚爱,我敬谨接受并深致谢意,此后当更坚守岗位,专心一志地写下去。日后老舍《八方风雨》回忆说,"三十三年四月十六日,文协开年会。第二天,朋友们给我开了写作 20 年纪念会,到会人很多,而且有朗诵、大鼓、武技、相声、魔术等游艺节目。有许多朋友给写了文章,并且送给我礼物。到大家教我说话的时候,我已泣不成声。我感激大家对我的爱护,又痛心社会上对文人的冷淡,同时想到自己的年龄加长,而碌碌无成,不禁百感交集,无法说出话来。"文协成都分会、张治中、回教协会等团体与个人发来贺电。在重庆文化界开展纪念话动的同时或前后,北碚、成都、昆明等"文协"分会也都举行了纪念会。重庆的《新华日报》《新蜀报》《抗战文艺》《大公报》,成都的《扫荡报》《天地画报》《抗战文艺》《大公报》《华西日报》《华西晚报》,昆明的《扫荡报》等,都开辟创作生活 20 周年纪念专栏。《抗战文艺》及《新蜀报》刊载了老舍 20年中结集出版的著作总目,《抗战文艺》出版祝贺专辑。同日,重庆《新华日报》第三版发表短评《作家的创作生命——贺老舍先生创作廿周年》。19 日,"文协"成都分会为庆祝"文协"成立 6 周年和老舍创作生活20 周年,举办了庆祝会。

　　老舍 5 月 16 日应邀到复旦大学讲演《二十年来创作经验》。6 月 6 日,中华全国文艺界抗敌协会发表向全世界反法西斯作家致敬书。15 日,《文学创作》第 3 卷第 2 期"文创点滴"栏报道:重庆文化界洪深、茅盾、老舍等 78 人最近曾"联名呈请十二中全会准许言论出版自由"。下半年,老舍《桃李春风》在美国译成英文。7 月 15 日,"文协"在《新华日报》发布《筹募援助贫病作家基金缘起》。29 日,《新华日报》载:"文协"成都分会为响应总会捐集援助贫病作家基金的号召,召开了理事会,通过:一、全体"文协"成员写文章在各报副刊指定日期发表,捐出稿费;二、排印捐册请各会友捐募;三、稿子性质随意,创作翻译均可。9 月 17 日,"文协"昆明分会为响应总会提出的募集贫病作家基金号召,召开全体会员大会,决定了募集贫病作家基金办法 11 项。29 日,宋庆龄为援助贫病作家主办晚会,除是日外,还有 30日,共两天。晚会中设有一项节目为抽奖,奖品是郭沫若、茅盾、老舍、孙伏园、曹禺、巴金、雪峰等人的著作。晚会捐款共计 80 万元。同月,《抗战文艺》第 9 卷第 3—4 期合刊中设"老舍先生创作生活二十年纪念文选辑",除载老舍《写作二十年》外,还刊有茅盾《光辉工作二十年的老舍先生》、郭沫若《文章入冠》、胡风《祝老舍先生创作二十年》、台静农《我与老舍与酒》、何容《语言的创造者》等文章。10 月 1 日,《新华日报》在"读者园地"发表署名向天的短文《作家生活为什么这样惨》,举例说:"作家王鲁彦因贫病,无力就医,而至于死!接着又有剧作家洪深卧病的消息传出,记得他以前曾因贫病交加而服毒自杀一次,经友人急救才得复生,而今又病倒了,而且穷病着!"作者发问道"为什么这些人在生活上得不到保障——鲁彦、洪深等人要陷于穷愁潦倒的境地?""这是什么原故?"14 日,老舍、沈钧儒、郭沫若、茅盾、孙伏园等 150 人代表中华全国文艺界抗敌协会、中国文化界联名致电苏联科学院院长柯马洛夫,祝贺他 75 寿辰。20 日,"文协"召开常务理事会,商讨关于援助作家,和展开文艺工作,决定紧急援助法和通常援助法,以及举办文艺奖金、翻译作品出国、文学顾问会、建造作家宿舍等文艺事业开展之问题。议定会刊稿费暂定千字200元,再由出版者负责100元,共300元。11月25日,自"文协"发动募集作家基金以来,到今为止,已收到捐款2652150元。所发之援助金为585012元。受补助者:鲁彦55000元,蔡楚生23000元,艾尧20000元,荃麟、葛琴各15000元,余所亚13000元,黄药眠、杨晦、郑延毅、吴似鸿、孟昌、张煌各10000元,曹伯、张治安、尹瘦石、张白山、陈迹冬、端木蕻良、许幸之、芦荻、伍禾、新波、宋云彬、熊佛西、李九仙、徐德华各5000元,华嘉、安娥、黄宁婴、瞿白音、胡危舟、司马文森、甦夫、于逢、易巩、周钢鸣、陈残云、孟超、何家槐等各3000元。

老舍长篇小说《四世同堂》第一部《惶惑》11月10日开始在重庆《扫荡报》连载。至1945年9月2日续完,共载179期。上海良友复兴图书印刷公司1946年1月初版;上海晨光出版公司1946年11月分上、下册出版。11月18日下午,北碚复旦大学请老舍作题为《谈文艺诸问题》的学术讲演。19日,郭沫若往北碚看望老舍。25日,全国文艺界抗敌协会举行晚会,欢迎湘桂来渝会友艾芜、邵荃麟、葛琴、余所亚、杨云辉等人。到会的有老舍、冯乃超、何其芳等共40余人。12月16日,"文协"在中国文艺社举行茶会,欢迎由于湘桂战局紧张而撤退来渝的作家宋云彬、彭燕郊、严杰人、华嘉、伍禾等63人。老舍致欢迎词,宋云彬等报告了旅途艰辛情况。21日,重庆文化界为纪念美国参战3周年,联名向美国总统罗斯福致敬。老舍以及张道藩、邵力子、吕斯百、秦宜夫、郭沫若、茅盾、孙伏园、胡一贯、李辰冬、陈纪滢、冯雪峰、胡风、赵友培、王平陵、林风眠、潘梓年、姚雪垠等百余人签名。31日,中华全国文艺界抗敌协会总会发表《为宣布结束募集援助贫病作家基金运动公启》,总结了从7月开始的此项运动情况。公启宣布自本年7月开始的募集援助贫病作家基金运动至12月底正式截止,还对援助和支持者"提出简单的声明和真挚的感谢":一、这个运动"从文艺运动以及民主运动的立场说,是一个令人感奋的胜利的表记,但从本会以及一个一个作家的立场说,所感到的应该不仅仅是安慰和鼓舞,而且更是沉重的鞭策和深刻的警惕"。二、"文协"承认新文艺还"包藏着一些严重的不良倾向""和人民之间还存在着相当的距离",表示要战胜前进中的阻力。三、贫病者的援助只是救急之计,根本的是要推进文艺事业的发展,"为民族服务,为人民服务,使文艺作家更快地在自由、平等、幸福的新中国里面分受到应有的待遇"。次年1月24日《新华日报》刊登了这个公启。(参见甘海岚编《老舍年谱》,书目文献出版社1989年版;田本相、阿鹰编著《曹禺年谱长编》,上海交通大学出版社2017年版;文天行编《国统区抗战文艺运动大事记》,四川省社会科学院出版社1985年版)

茅盾3月11日作《致戈宝权》。信中说:"我的失眠还很厉害,……因此狼狈不堪。"所以,虽决定翻译苏联小说《人民是不朽的》,但尚未正式动手试译。并请戈宝权代交赠费德林手书一幅。24日"文协"召开理事会,决定4月16日举行成立6周年纪念大会。根据张道藩提议,应向大会提交一篇有分量的论文,茅盾与胡风、李辰冬、王平陵被推为论文的起草人,由胡风执笔。同月,作《生活与"生活安定"》,刊于4月16日重庆《大公报》副刊《文艺》第24号。文中指出,"生活安定"对于作家来说,也是至关重要的,但生活是否"安定",不能仅用"物质条件来衡量","所谓'生活安定',应当作如是解释:必要的时间加上相当安定的心境。何谓'安定的心境',就是精神上不感到桎梏与压迫","没有自由精神的作家不可能是一个健全的现实主义者;创作自由受了桎梏和压迫的时代,也就很难使现实主义文学得到高度的发展"。4月7日,作《光辉工作二十年的老舍先生》,刊于4月17日《新华日报》,亦见于《抗战文艺》第9卷第3—4期。本文高度评价了老舍先生的文学创作和抗战以来所做的贡献。抗战开始时,老舍先生就"置个人私事于不顾,尽力谋'文协'之实现"。"如果没有老舍先生的任劳任怨,这一件大事——抗战的文艺家大团结,恐怕不能那样顺利迅速地完成,而且恐怕也不能艰难困苦地支持到今天了。"15日,与郭沫若、孙伏园等20余人提议17日在重庆百龄餐厅举行老舍先生创作生活20周年纪念茶会。同日,出席"文协"举办的题为"文艺与社会风气"的讨论会。到会的还有胡风、老舍、马宗融、姚蓬子、王平陵等。

茅盾4月16日出席"文协"在文化运动委员会举行的成立6周年纪念会。到会的还有老舍、胡风、曹禺、夏衍、张道藩、潘公展等共150余人。在这次会上初识吴组缃。17日,出席重庆文艺界在百龄餐厅举行的"老舍先生创作生活二十周年纪念茶会",并在会上致词。到会的还有邵力子、郭沫若、黄炎培、邓初民、程中行、顾毓琇、张道藩、沈钧儒等。晚,出席在郭沫若寓所举行的向老舍致贺的宴会。散席后,与叶以群、吴组缃等人一起去"文协"宿舍过夜。在路上,有人建议也应该为茅盾先生做纪念,因为他的创作生活也不短了。茅盾笑着,远远地避开了。是夜,与叶以群、吴组缃同寝一室。28日,应左舜生、沈钧儒、章伯钧、章乃器之邀,出席文艺界同人午餐。席间大家对言论自由问题发表了许多意见,都主张目前的审查制度必须撤销。最后,与孙伏园等6人被推为文件起草者,将以上的主张公开宣扬出去。5月23日,作《幻想与现实》,刊于6月27日重庆《时事新报》副刊《文林》第1期。作者认为,"幻想"的作品,"不一定是逃避现实的""这幻想的世界是应当作为现实世界的某些不合理状态的夸张和放大来看的""针对现实的幻想作品之出现,正表示了言论的不自由""所以就文学而论,幻想色彩的题材也可以有积极的现实意义,问题在于作者对于现实的态度"。7月8日,与郭沫若、张申府、邓初民、沈志远、夏衍、金山、宋之的、司徒慧敏、叶以群等联名致电广西党政军及教育与文化各界,表示响应桂林文化界关于保卫东南的呼吁,主张"采取民主的办法,组织人力物力",保卫东南。夏,茅盾担任新成立的中外文艺联络社(文联社)社长。叶以群创办这个文联社的目的,是为了向国内外报刊推荐解放区的文艺作品。该社总编辑由叶以群担任、冯亦代任经理,日常事务皆由叶、冯处理。8月22日,应叶以群、洛峰、夏衍邀请,与叶圣陶、傅彬然等至读书出版社赴宴,在座的还有张静庐、何其芳等。晚7时半,与诸友步行至文协会,又见孙伏园、沈启予、陶雄、冯雪峰等诸多熟友。23日上午,去叶圣陶处,与其谈了目前各方面的情况。28日,叶圣陶、傅彬然等应邀前来唐家沱居所做客。大家品茶饮酒、畅谈甚欢。下午1时许,亲自送客人至码头登轮后,方归家。

茅盾9月1日在《青年文艺》第1卷第2期发表《杂谈文艺现象》。文中指出,一本"好书",必须具备下列诸条件:"第一,他不能不讲到大多数人所关心最切身的问题;第二,它不能不揭露大多数人最痛心疾首的现象;第三,它不能只在问题的边缘绕圈子,它必须直捣问题的核心;第四,它必须在现实的复杂的错综中间指出必然的历史动向。"当前的文坛要"负起时代的使命",就必须"反映现实,喊出人民大众的要求",并去"争取最广大的反映现实的自由"和"校正技术主义的倾向"。10日,给戈宝权送去《人民是不朽的》译稿两册。后来又去开明书店,与叶圣陶长谈,特别回忆了新疆的一段经历。其间,陶雄来。当晚,宿开明书店。16日下午7时,赴观音岩中国文艺社、参加王鲁彦追悼会,并在会上讲话,以表示对逝者的哀悼。参加追悼会的有40余人,其中包括傅彬然、晓先、王平陵、张道藩、姚蓬子等。18日,作《永远年轻的韬奋先生》,刊于9月30日《新民报》。作者认为,韬奋的众多的令人敬仰的品质中最突出的"是始终保持着天真!""韬奋先生是死了,然而这巨星殒落时的雷鸣似的震响,将唤起千千万万人民的应声。长虹似的闪光将燃起千千万万人民的热血!无数的青年人将永远把他当作自己的师友和长兄。"30 日,与宋庆龄、于右任、孙科、冯玉祥、柳亚子、邵力子、郭沫若等知名人士共同发起"邹韬奋先生追悼大会"。下旬,开始频繁参加各种政治集会,响应中国共产党的号召,讨论彻底结束国民党一党专政的办法。在一次政治集会上,沈钧儒建议茅盾加入救国会。茅盾则表示,无意加入党派,但为了更多地了解各方面的形势,可以列席救国会的各种会议。沈钧儒同意了这个意见。

茅盾 10 月 1 日前往银社参加"邹韬奋先生追悼大会"。14 日,与沈钧儒、郭沫若、老舍等 150 人代表中国文化界联名致电苏联科学院院长柯马洛夫,祝贺他 75 岁寿辰。18 日,给戈宝权送去《人民是不朽的》的最后一批译稿。19 日下午,茅盾与宋庆龄、沈钧儒共同主持在百龄餐厅召开的"纪念鲁迅逝世八周年茶会",并在会上发表讲话,说:"抗战七年来没有了鲁迅先生,没有能够好好的来纪念鲁迅先生,没有能够检讨我反法西斯文化战线的力量,这是无限的损失和感触。鲁迅先生是伟大的思想家、民族战士,他热爱民族、痛恨法西斯,他揭露了那些为奴才们用作欺骗人民的社会病态,他的笔是尖刻的,心是痛苦的,他是爱之切、恨之深。所以,我们要冲破障碍,发扬鲁迅先生的精神和作用。"约仲秋,"突兀文艺社"的田苗、徐邦和穆仁来到唐家沱寓所,感谢茅盾对他们所办刊物的支持。12 月 5 日,在成都《华西日报》发表《祝圣陶五十寿》,认为叶圣陶的新小说,是中国现代小说的"坚固基石"。叶圣陶的"为人"和他的作品风格是"统一和调和"的。"你要从他作品之中找寻惊人之事,那不一定有;然而即在初无惊人之处有他那种净化升华人的品性的力量。"同月,法国作家罗曼·罗兰逝世。《文学新报》第 3 期准备为文纪念,萧蔓若为此来找茅盾商量。茅盾除了答应自己写文章外,又建议萧去找郭沫若等要稿。最后出了一个纪念专辑。冬,应周恩来邀请去重庆曾家岩 50 号开会,会上周而复向重庆文化界和民主人士介绍了陕甘宁边区文化教育情况。出席会议的还有郭沫若、史良、邵荃麟等。(参见唐金海、刘长鼎主编《茅盾年谱》,山西高校联合出版社 1996 年版)

巴金 1 月 6 日在《广西日报·漓水》发表《关于"道德"与"生活"问题的一封信》,继续与赖治恩神甫展开争论。约上旬,到桂林东江路福隆园看望已故的林憾庐的夫人林太太,在林太太房里遇到刚从美国回来的林语堂,因林摆名人派头,甚为傲慢,只寒暄几句,话不投机,就无话可说了。中旬,接待从福建南平返重庆复旦大学任教的靳以及其夫人陶肃琼,留住数日,谈抗战局势和日后打算,有时促膝谈至深夜。21 日,去火车站依依送别靳以一家赴重庆。在月台上遇到林憾庐的孩子也在送别叔父林语堂。未与林语堂交谈。3 月 19 日下午 1 时,前往桂林社会服务处,参加文协桂林分会五届会员大会,与柳亚子、田汉、邵荃麟等 19 人当选为第六届理事会理事。5 月初,决定与萧珊离开桂林,并嘱兄弟代为印发"旅行结婚"通知。8 日,与萧珊在贵阳郊外"花溪小憩"结婚。11 日,告别花溪,偕萧珊返贵阳住两天。

巴金 5 月在重庆寓所接待从延安来的诗人何其芳。"我仿佛见到一个新人。他陪我到曾家岩'周公馆'去,他向我介绍延安的一些情况,他给我送来解放区生产的小米和红枣……"约下旬,两次接萧珊来信叫回四川,遂决定改变回桂林计划,准备动身去重庆。离开贵阳前,重返"花溪小憩",在寂寞的公园里找寻昔日和萧珊留下的足迹,并用随身带的一锭墨,小字笔,将一叠西式信纸当稿纸,在小碟子或茶碗盖上磨墨,用毛笔在信笺上写字,继续写《憩园》。同月,两天后自花溪返贵阳,带着未写完的《憩园》原稿乘上到重庆海棠溪的邮车,离开贵阳。在渝筑道上的小客栈里,仍用毛笔续写《憩园》。7 月上旬,抵重庆,与萧珊晤面。任重庆文化生活出版社总编辑。约下旬,惊悉桂林 15 日由于湘桂战争引起大火,"大火烧毁了我的住处,两个竹书架上的书也化作灰烬了"。连同《自私的巨人》著译稿和历年来收集的缪崇群的一大堆信函与桂林文化生活出版社的存书全部毁于战火。同月,《憩园》初稿完成后,给萧珊、田一文看,稍作修改后交重庆文化生活出版社,受到重庆市图书杂志审查处审查。结果,"装订成一本的西式信笺的每一页上都盖了审查处的圆图章",只好根据这个稿本排印;获悉黄裳曾两次到桂林找他未遇,黄已去印度。10 月,《憩园》由重庆文化生活出版社初版。

巴金 10 月 19 日在重庆出席中苏文化协会主办的鲁迅先生逝世 8 周年纪念会,"会场在民国路文化生活出版社附近,宋庆龄到会,中苏文协的负责人张西曼也来了,雪峰、胡风都在。宋庆龄因事早退后,⋯⋯会场秩序就乱了,国民党特务开始围攻胡风,还有人诬蔑在上海的许广平,雪峰出来替许先生辩护,准备捣乱的人就吵起来。⋯⋯我们几个⋯⋯到了雪峰那里,雪峰住在作家书屋,就在文化生活社的斜对面。我们发了一些牢骚;雪峰很生气,胡风好象严肃地在想什么。我劝他小心,看样子,特务可能有什么阴谋"。同月,在民国路小楼房里,接待从沦陷后的桂林逃出来的赵家璧。获悉他在金城江大火中丧失一切后,表示愿意助他一臂之力,也答应给他一部小说,帮助他重建出版社:"我答应帮忙,我了解他,因为我在桂林有着同样的损失。"约同月,让萧珊回成都探望亲友,开始创作长篇小说《寒夜》。但因战乱,不久即中断写作。12 月,出席中华全国文艺界抗敌协会举办的座谈会,并聆听周恩来报告,受到极大的鼓舞:"他的态度恳切,话语明确,通过一个晚上的交谈,他把他那坚定的信心传染给我们了。我们感觉到他是我们可以依靠的巨大力量,在危难的时刻他可以领导我们前进。我们不再象先前那样彷徨无主了,大家坚守各自的岗位,和国民党反动政府的投降、逃跑阴谋作斗争。"(参见唐金海、张晓云《巴金年谱》,四川文艺出版社 1989 年版)

曹禺 2 月 1 日下午出席中华全国戏剧界抗敌协会为今年戏剧节举行的招待新闻记者会,当晚举行聚餐。众多剧人参加,曹禺作为戏剧节剧本创作者之一员,当参加这一剧人盛会。12 日,重庆《新华日报》第 3 版刊消息《今年的戏剧节》:"剧协筹备盛大戏剧节,节目大致已定。除十四日晚全体聚餐、广播外,十五日上午举行纪念会,下午'国民月会'招待戏剧界,并有川剧、平剧、汉剧、杂耍等节目。十六日起,举行学术演讲,连续四日,演讲者有郭沫若、洪深、焦菊隐、曹禺等四人。"14 日下午 6 时,重庆戏剧节人士在文化会堂聚餐,曹禺与洪深、陈白尘、阳翰笙、黄芝岗、白杨、张骏祥、马彦祥、沙漠、蒋天流等 200 余人参加。15 日,中华全国戏剧界抗敌协会在重庆文化会堂举行召开戏剧节纪念大会,曹禺与会。同日,重庆《新华日报》第 3 版刊消息《四个剧本得到奖励》,曹禺著《蜕变》,获奖 15000 元。中央图书杂志审查委员会给奖剧本共 11 种,曹禺的《蜕变》为其一;准演话剧剧目共计 70 种,《蜕变》《黑字二十八》《北京人》《家》《安魂曲》在列;《原野》被列取缔剧目表;《日出》被列须修改后方准上演剧本之一。

曹禺 4 月 16 日下午 2 时于重庆文化会堂出席中华全国文艺界抗敌协会成立 6 周年纪念会。17 日下午,重庆文艺界人士在重庆百龄餐厅举行"老舍创作生活二十年纪念"茶会,曹禺前往参加。5 月 3 日下午,出席在百龄餐厅举行的重庆文化界人士茶会,商讨关于言论出版自由等问题。同月,与洪深、孙伏园、韩侍桁、范寿康、郭沫若、茅盾、姚蓬子、吴藻溪、黄芝岗、张骏祥、老舍、潘子农、马彦祥、夏衍、吴祖光、胡风等 78 人联名签署《重庆文化界对言论出版自由意见书》和《重庆文化界为言论出版自由呈中国国民党十二中全会请愿书》,一致要求"取消图书杂志及戏剧演出审查制度""不得禁止发行""不得禁扣书刊""不得借故吊销登记证""保障言论出版自由"等。同在5月，上海《文潮》第3期刊消息："三十一年度剧本正式评定给奖者，计有曹禺之《北京人》，陈白尘之《大地回春》，王平陵之《唯他命》三种，各得奖金千元。""曹禺新剧本《桥》已脱稿，此为其去年夏赴大西北旅行之收获。"6月17日，"文协"于重庆文化会堂举办文艺欣赏晚会。会上，曹禺谈创作经验，史东山讲导演经验。10月10日，《文艺春秋丛刊之一·两年》在上海创刊。本期"文艺春秋"栏刊消息："洪深在渝复旦大学任外国文学系主任，剧作家曹禺等亦执教复旦。"11月15日，《时与潮文艺》第4卷第3期"艺文情报"栏刊消息："曹禺任教中央大学国文系。"(参见田本相、阿鹰编著《曹禺年谱长编》，上海交通大学出版社2017年版)

胡风元旦上午参加文工会的所谓"团拜"，热闹了一番。晚上，郭府为董老做寿，聚餐、闹酒，又是一番热闹。3日，访五十年代出版社的老板金长佑。听说这个出版社愿出各方面进步作家的书，想约我介绍些稿子给他们。见了面，他很客气，表示愿意为文化事业出力，欢迎介绍稿子，将来还要出文艺刊物，云云。见到乔木(乔冠华)时，他告诉我他们不愿发表舒芜的论文。5日，搭车回乡。接郭副官通知，郑伯奇已决定不回重庆，对面的房子可以搬进去住。3月24日"文协"召开理事会，张道藩为开年会事请吃饭。席间忽然提议在年会上宣读一篇论文。最后决定由4人起草：茅盾、我、王平陵和李辰冬(李辰冬不是文协理事，他完全是代表张道藩的)。李辰冬在文运会餐厅请吃饭，讨论论文内容。他宣称，今天的讨论打破头都可以，但出门以后意见要一致。讨论中，胡风除了抗战和民主的内容外，竭力避开政治问题。讨论下来，决定了对文艺工作的几点意见，如文艺应该坚持反映抗战内容，应该和人民结合，应该展开文艺批评等等。由谁执笔呢？胡风是研究部主任，于是接受了这一任务。胡风用了两、三天的时间撰成《文艺工作的发展及其努力方向》。开会前一天，胡风带着誊写好的稿子进城去。先到作家书屋给冯雪峰看，冯雪峰表示同意。然后去参加有老舍、茅盾、姚蓬子等组成的年会筹备会。最终张道藩没有出席年会，论文《文艺工作底发展及其努力方向》由胡风自己宣读。4月15日，"文协"召开座谈会，胡风、茅盾、老舍、马宗融、姚蓬子、王平陵等数十人到会，论题为《文艺与社会风气》。16日，"文协"在文运会举行6周年纪念会，邵力子主席，老舍报告会务。胡风在会上宣读了"文协"理事会推举5位理事商讨要点由研究部执笔草成的参考论文《文艺工作底发展及其努力方向》。该文从客观实际和主观战斗精神的关系出发，回顾了抗战文艺的发展，特别指出了"主观战斗精神的衰落""我们看到了对于生活的追随的态度""我们看到了对于生活的做假态度""我们看到了对于生活的卖笑态度"。文章强调，"文艺家底人格力量，文艺家的战斗要求""对于生活的深入和献身"，第二"用具体的努力开发广大人民底文化生活""促进新作家出现和成长"。

胡风5月25日得到中宣部洪昉来信，告诉《希望》已准送审出版。6月6日，胡风见报载"第二战场已于今晨开辟"，立即为文协拟《向全世界反法西斯作家致敬电》，电称："在今天，伟大的民主阵营用雷霆万钧的力量向法西斯的元凶希特勒德国开始了最后的致命打击的六月六日，我们，全中国的为民族的彻底解放，为民主的彻底胜利而奋斗的作家们，在激动狂热的情绪里面，向你们表示兄弟的关怀，向你们致送战友的敬礼！"还表示："在战斗要求上，工作的道路彼此相连，我们要用艰苦的斗争来响应你们的艰苦的斗争，要汲取你们的斗争经验，要学习你们的斗争精神，要配得上被称为你们的战友，为民族的彻底解放和民主的彻底实现而不在任何困难面前却步。"月底，胡风又到中宣部去找洪昉打听《希望》登记证的下落。据他说,关于《希望》的会核复函已送内政部。看来先前听说可以送审的话是太乐观了,真正到登记证拿到手,还不知得多少时日呢? 刘白羽、何其芳等来到文工会,胡风被约去闲谈。7日,胡风又到文工会听刘白羽等讲边区文化情况。第二天,郭沫若、阳翰笙等邀请刘白羽等参加,召开了个文艺座谈会,由胡风主持。6月25日,诗人节。在重庆的诗人假文化工作委员会举行纪念会,参加者有胡风、臧克家、王亚平、臧云远、柳倩等50余人。胡风致开会词,何其芳报告华北敌后诗歌活动,戈宝权讲苏联抗战诗歌,王亚平、臧云远等也讲了话。后即举行朗诵,朗诵者有柳倩等。7月15日上午,文工会召开契诃夫逝世40周年纪念会,胡风、杨晦和阳翰笙作学术报告。郭沫若并请三位报告人把报告稿整理好,决定在下期《中原》月刊出一特辑。10月19日,胡风出席在百龄餐厅用茶话会形式举行的鲁迅先生逝世纪念会。胡风发言说:鲁迅先生揭露了中国旧传统的主要,揭露了奴才主义与阿Q主义。他不但是文学家,而是民族战士。因为他始终和人民站在一起。他看见了人民,看见了未来。他指出了中国未来的道路。这次仍处在不能公开纪念的情况下,人到得很少。除了文艺界人士外,只有孙夫人、沈钧儒和几个外国记者参加。不料还是混进了国民党特务从中破坏。12月,胡风看了《希望》的最后清样,就和金长佑一道到印刷厂安排封面制版。因为加了红色的灯,这封面成了三色版。又修改了石怀池的书评和绿原的诗集《破坏》。年底,胡风参加文协理事会议;主持文协辞年晚会;又拟就文协结束贫病作家捐款的公启。除夕,在郭沫若主任家开文艺座谈会,得知《希望》已出版。(参见胡风《胡风全集》第7卷第五编《回忆录》,湖北人民出版社1999年版;林甘泉、蔡震主编《郭沫若年谱长编》,中国社会科学出版社2017年版;文天行编《国统区抗战文艺运动大事记》,四川省社会科学院出版社1985年版)

　　黄药眠在成都参加中国民主同盟,积极参与推动抗日救亡的民主运动。7月29日,在《云南日报》发表《读了〈文艺工作底发展及其努力方向〉》,批评胡风为文协第六届年会写的那篇《文艺工作底发展及其努力方向》,几乎逐段加以驳诘,加以质疑,加以指摘,而缺乏有说服力的具体分析。说胡的文章"写得如此晦涩",什么"现实生活的深入和献身于人格力量"都是在现实生活里形成,未免空洞,让人费解。说胡的文章例如第二段,"其中有机械派,波格打诺夫布恰林派的观点,有唯心论马哈主义的观点,有考茨基的机会主义的观点,错综复杂,看了以后,真使人如坠五里雾中"。(参见刘长鼎、陈秀华《中国现代文学运动史》,山东文艺出版社2013年版)

　　冯雪峰继续在重庆从事统战和文化工作,继续从事理论研究和文学创作。春节,张道藩要在"文协"年会上宣读一篇论文,指定文稿由茅盾、胡风、王平陵和李辰冬(李辰冬代表张道藩,并非"文协"理事)起草。胡风以"文协"研究部主任名义,当仁不让地争得论文起草权。胡风在文中除了写抗战和民主的内容外,竭力避开政治问题,提出文艺应该坚持反映抗战内容,应该和人民结合,应该展现文艺批评等等。这篇题为《文艺工作底发展及其努力方向》的论文,胡风写好后,不仅给当时共产党在文艺方面的负责人冯乃超看,还特意把文稿拿到作家书屋请冯雪峰斟酌,就像当年左联时期一样,很多事情都要冯雪峰来把关。5月,文化界人士聚集郭沫若家,欢迎从延安来渝的何其芳和刘白羽。他俩是奉周恩来之命随林伯渠率领的中共代表团到重庆的,任务是介绍延安整风及文艺界情况。他俩按周恩来的指示,先向郭沫若谈延安整风及文艺界情况。郭沫若深受启发,即按周恩来在延安的嘱托,第二天就召开了座谈会,请诗人、小说家谈了延安整风情况、文艺座谈会前后及《讲话》精神。重庆《新华日报》转载《讲话》后,尤其是从延安来的何其芳和刘白羽的宣讲和现身说法,在陪都进步文艺界引起了强烈的反响,胡风、冯雪峰等人都对《讲话》中的一些观点和何其芳的现身说法持有异议。9月,冯雪峰在《抗战文艺》月刊第9卷第3—4期合刊发表《历史的分析和批判》《简论市侩主义》。10月10日,《鲁迅先生谈知识分子》刊于《青年文艺》月刊(重庆)第1卷第3期。11月,冯雪峰此前于1943年1月至4月在丽水、小顺所写杂文和8月至12月在重庆所写杂文结集为《乡风与市风》由重庆作家书屋出版。(参见包子衍《雪峰年谱》,上海文艺出版社1986年版;颜坤琰《冯雪峰在重庆及其坎坷后半生》,《文史春秋》2016年第10期)

臧克家继续任中华全国文艺界抗敌协会赈济委员会专员,并负责编辑《难童教养》杂志。6月25日,臧克家与胡风、王亚平、臧云远、柳倩等50余人出席诗人节纪念会。《新华日报》发表了臧克家的《吊古,自吊》。臧克家在文中赞扬了屈原的高洁志向后说:“今日的诗人同样有高尚的政治理想——民主与自由;同样有献身民族的意志,也同样有高洁的人格与爽朗的胸怀。可是,在精神上,多少诗人却作了刖足的献宝者! 把整个灵肉交给了国家,但,还须双手捧着自己的一颗血淋淋的心到处求人辨认。”“今天,诗人节,诗人们吊罢古人更该自吊,自发、自奋!”7月30日,《新华日报》刊载昆明消息说:“联大教授潘光旦、闻一多等人,有部令解聘说。”臧克家闻知此事,关心地来信打听,并写了诗《擂鼓的诗人——呈一多先生》和一篇文章一起寄呈闻一多。9月1日,闻一多致臧克家信,说:“暑假快完,未曾休息,最近才摆脱一切,到乡下来小住。城里传来谣言说我又被解聘,你的诗文都送到,你的信也转来了。劳你又一度虚惊,现在可以告慰你的是:并无其事。本系主任要出洋,学校还在拉我出任主任呢,你们那边却在传我解聘,岂不滑稽? 但是你在诗文里夸奖我的话,我只当是策励我的。从此我定不辜负朋友们的期望。此身别无长处,既然有一颗心,有一张嘴,讲话定要讲个痛快,但也不希望朋友们替我过事渲染。我并不怕撞祸,但出风头的观念我却痛恨!”10月12日,闻一多致臧克家信。此前臧克家曾来信,请闻一多为他在联大谋一教职,闻一多回信说:“本年联大未添一人,因米贴名额,教部有限制。此间人人吃不饱,你一死要来,何苦来。乐土是有的,但不在此间,你可曾想过? 大学教授车载斗量,何足重你? 你看远大点,勿再叨叨。”又说:“另函寄上油印物二张,代表我最近工作之一,请传观。”所说的“油印物”,臧克家在《闻一多先生的几封信》中尾注:“所称油印物,系昆明各界争取民主的宣言,对政府颇多指责,并提出意见数项。其中错字,经闻先生亲笔改正,此项宣言,想系闻先生起草。寄此宣言的信皮上写着联大‘高’寄,因恐被扣发不出。”信中还寄了一幅条幅,是用金文书写的《诗经·小雅·天保》中的两章:“天保定尔,以莫不兴,如山如阜,如冈如陵,如川之方至,以莫不增。如月之恒,如日之升,如南山之寿,不骞不崩,如松柏之茂,无不尔或承。”落款书“克家四十初度,民国三十三年十月闻一多书贺”。此幅可称书法之杰作,尤其是九个“如”字,无一重复,颇具功力。(参见闻黎明、侯菊坤《闻一多年谱长编》(增订版),上海交通大学2014年版)

罗学濂2月14日主持中华全国戏剧界抗敌协会面向新闻界的招待会,马彦祥、周伯勋叙说了戏剧界的状况、贡献和要求,谈到戏剧工作者生活没有保障,在前线的只享有士兵待遇,在后方的贫病交加;捐税多而重,“希望税收合理”,还希望能合理提高票价。罗学濂最后说:“我们不反对任何税和捐,只希望政府减轻我们的负担,如果觉得戏剧不是单纯的娱乐,而值得争取观众的话。”同日,剧协发布广播讲词《携起手来,更勇敢地前进!》,回顾剧运的历史,经历的曲折和贡献,表示“将永远永远站在中国民族中国人民的立场”,为“新中国而工作,而创造,而奋斗"。15日,罗学濂在文化会堂主持中华全国戏剧界抗敌协会召开的戏剧节纪念大会,邵力子、梁寒操、郭沫若、顾毓琇、潘公展、黄少谷、洪深、罗学濂、马彦祥、周伯勋、夏衍、宋之的及美国新闻处总编辑华思等共200多人出席。罗学濂主席说:今天是纪念政府明令规定后的第一次戏剧节,纪念大会,第一为的怀念与敬悼在戏剧岗位上努力奋斗而牺牲的同志;第二对过去剧运加以检讨,以求得将来的发展;第三配合建国的任务,以发挥宣传教育有效的力量。(参见文天行编《国统区抗战文艺运动大事记》,四川省社会科学院出版社1985年版)

马彦祥2月15日在文化会堂出席中华全国戏剧界抗敌协会召开的戏剧节纪念大会,并代表剧协报告戏剧节工作情形,并提出减轻捐税的要求。他说戏剧界负担实在是太重了。重庆去年的娱乐捐抽百分之三十,今年加到百分之五十,加上印花税、营业税、冬令救济捐、湘灾救济捐等总数达百分之七十到八十。他反对把戏剧当做"单纯的娱乐"看,说课以重税是在限制发展。他还指出戏剧界非常艰难,由此而产生了两种倾向:一是选择剧本与抗战脱节,不得不迎合观众胃口;一是公演减少,因实赔不起钱。16日,剧协为庆祝戏剧节在文化会堂举行学术讲演。马彦祥和洪深主讲。前者的讲题是《地方剧演技体系研究》,后者的讲题是《柏拉图和亚里斯多德的戏剧理论》。17日,再次举行了讲演。主讲焦菊隐,讲题是《表现民主的戏剧》。曹禺也参加了讲演。(参见文天行编《国统区抗战文艺运动大事记》,四川省社会科学院出版社1985年版)

阳翰笙1月6日在中苏文协参加剧本集体创作会议。拟议中的《胜利进行曲》五幕大纲已成,大家决定:第一幕由曹禺、沈浮负责,沈浮执笔;第二幕由宋之的、陈白尘负责,陈白尘执笔;第三幕由潘孑农、阳翰笙负责,阳翰笙执笔;第四幕由夏衍、于伶负责,于伶执笔;第五幕由鲁觉吾、洪深负责,洪深执笔。2月1日,出席剧协理监事联席会,讨论纪念戏剧节的布置。3日,将《槿花之歌》简要地念给金奎光、杜君慧听。他们听后很受感动,说此剧如果朝鲜人看了,一定会大哭的。15日,参加剧协所主持的第六届戏剧节纪念会。16日,应邀作主席,主持剧协的学术讲演会,由洪深讲《柏拉图和亚里斯多德的双剧理论》、马彦祥讲《地方剧研究》。18日,出席剧协学术讲演会第三日大会,听美国剧评家爱恩讲《现代美国戏剧》、陈白尘讲《目前剧运的危机》。19日,参加地方剧座谈会。3月5日,马彦祥对阳翰笙谈日前与梁寒操部长会商减免戏剧捐税的经过。19日,应冯乃超约,谈文艺问题,报告对于目前文运的观察和分析。参加者有胡风、杜国庠、蔡仪等。4月14日,撰写短文一篇纪念老舍创作20周年。17日,以《一封向老舍先生致贺的信》为题刊于《新蜀报》。16日,参加文协六周年纪念会。17日,出席纪念老舍创作生活20周年的茶会。晚上,董必武、郭沫若在郭宅设宴为老舍致贺,阳翰笙亦出席作陪。28日,左舜生、沈钧儒、章伯钧、章乃器邀文艺界同人午餐,阳翰笙出席。席间主要讨论言论自由问题。

阳翰笙所作《两面人》5月13日终于在重庆公演,沈浮导演。阳翰笙为此剧筹备了半年,经过许多波折和斗争,由于朋友们的艰苦努力和多方争取,因陋就简,克服种种困难,在渝共演21场,场场客满。27日,文化界人士在郭沫若家欢迎自延安来的何其芳、刘白羽,阳翰笙参加。何、刘是为宣传、贯彻《在延安文艺座谈会上的讲话》而到重庆来的,他们畅谈了解放区文运。6月14日,和夏衍联合在郭老家宴请从延安来的王若飞、何其芳、刘白羽、林默涵。26—27日,在文工会纪念周讲《中国话剧运动发展史》,从1907年春柳社成立讲到1929年艺术剧社提倡新兴剧运为止。阳翰笙为这次讲演,足足准备了一个月。7月12日,宴请何其芳、刘白羽。郭沫若、冯乃超等出席作陪。13日,文工会同人开座谈会欢迎何其芳、刘白羽。何、刘报告延安及陕甘宁边区文化活动状况。15日,文工会举行契诃夫逝世40周年纪念会,胡风、杨晦和阳翰笙作报告。阳翰笙讲契诃夫的戏剧创作。8月13日,根据报告记录稿,重写论契诃夫戏剧的文章。30日,得到父亲病故的消息。对于是否返乡奔丧葬父,十分矛盾。考虑再三,给两个弟弟发去长电,要他们将父亲灵柩择地暂厝,俟战后再回去安葬。31日,郭沫若前来慰问阳翰笙。对于阳翰笙的决定,郭沫若极表赞同。9月12日,《天国春秋》由群益出版社出单行本。

　　阳翰笙10月1日参加邹韬奋追悼会。5日,又发现特务盯梢。11月1—2日先后与郭沫若、冯乃超商谈著作人协会问题。从国民党图书杂志审查委员会主任潘公展组织该会之日起,就识破了其诡计,遂决定与之展开针锋相对的面对面的斗争。阳翰笙同郭沫若、夏衍、徐冰、冯乃超商量对策,决定参加该"协会"的成立大会,由阳翰笙和洪深在会上作主要发言,提出我方的主张。若这些主张不得通过,就当即退出会场,表示反时。4日,往访马彦祥等,商谈著作人协会戏剧方面的提案。5日午后1时,中国著作人协会成立大会在胜利大厦开会。阳翰笙等提了三个提案:一、请转请政府再度放宽图书杂志审查尺度。除违反抗战建国利益与泄漏国防、外交秘密者外,一律准予出版。二、请转请政府废除剧本和演出的事先审查。三、请转政府重审本年七月以前被禁之一百种剧本,根据放宽尺度之原则,一律准予自由出版。终因潘公展和张道藩之反对,结果还是未得大会的通过。7日,陪郭沫若和文工会同人到苏大使馆致贺。复参加十月革命纪念大会,郭沫若讲演。8日,致书鲁觉吾,声明退出著作人协会。11日,郭沫若设宴欢迎从桂林来重庆的柳亚子夫妇,阳翰笙出席作陪。刚于前一日自延安飞抵渝的周恩来亦赶来参加。12日,郭沫若宴请艾克、沙江,阳翰笙出席作陪。席间,艾芜谈自桂林来重庆的见闻,沙汀谈乡居杂感。13日,文工会同人为郭沫若53岁生日祝寿,周恩来、王若飞、陈家康、徐冰均到会,阳翰笙出席,周恩来有讲话。12月9日,与夏衍联名约请戏剧界友人到文工会茶话。于伶、宋之的、马彦祥、焦菊隐、史东山、郑君里、冯亦代、陈鲤庭等到会。鉴于时局紧张,大家深感要多联系,决定每周碰头两三次。14日,参加文协理事会,讨论救济贫病作家和从湘桂来渝的文化人问题。(参见张大明《阳翰笙年谱》,《抗战文艺研究》1984年第3期)

　　冯乃超4月17日下午往百龄餐厅,出席文化界为老舍创作生活20年举行的纪念茶会。5月,在郭沫若家与文化界人士欢迎从延安到重庆的何其芳、刘白羽,倾听他们畅谈延安文艺整风及文艺座谈会前后的情况。6月,与郭沫若多次主持文化界座谈会,学习和贯彻《在延安文艺座谈会上的讲话》精神。9月15日,高穆在上海《小说月报》第44期发表《冯乃超论》,认为诗集《红纱灯》"与其说他赋印象的技术,毋宁说他较近唯美"。9月17日,周恩来从延安写信给郭沫若,说重庆文化界及郭如有意赴延安视察访问,可由老舍、洪深等提出,与徐冰、冯乃超商量。11月13日,出席"文工会"招待周恩来、王若飞、张晓梅的宴会。餐后周恩来谈延安情况、时局和国共谈判问题。(参见李江《冯乃超年谱》,载李伟江编《冯乃超研究资料》,陕西人民出版社1992年版)

　　何其芳和刘白羽4月间受周恩来委派,随林伯渠率领的中共代表团到达重庆,向大后方的文艺工作者传达毛泽东《在延安文艺座谈会上的讲话》,并调查国统区文艺运动情况。临行前,周恩来对他们到重庆的活动做了周密安排,叮咛他们首先见郭沫若,把任务、做法向他报告一下,听听他的意见。5月,文化界人士聚郭沫若家,欢迎从延安来渝的何其芳、刘白羽二人。他俩按周恩来的指示,先向郭沫若谈延安整风及文艺界情况。郭沫若深受启发,即按周恩来在延安的嘱托,第二天就召开了座谈会,请何其芳、刘白羽谈了延安整风情况、文艺座谈会前后及《讲话》精神。8月2日,何其芳在重庆《新华日报》连载《谈写诗——答复初学写诗的朋友所提出的问题》。编者按说:每天在编辑室里总收到读者投来的很多诗稿,其中多数还附着信,要求我们对寄来的诗批评、修改,并提出关于做诗的问题要我们答复。编者虽极愿尽力给读者服务,但常为不能充分满足写诗朋友的要求而深感不安。现在我们根据最近收到的几位朋友的诗稿和信提出的问题,由诗人何其芳同志执笔作一次综合的答复。在这答复里,其芳同志针对这些具体的作品,并且根据他自己写诗的经验,讨论了关于写诗的一些最重要的基本问题。因为全文很长,不得不分两天发表,希望读者中有兴趣写诗的同志注意,对于这文中所说的,有什么意见和问题,自然是我们极愿知道的。

何其芳9月30日在《关于艺术群众化问题》中说,鲁迅艺术文学院的一个剧团到绥德、米脂、清涧、佳县一带去演戏,四个多月,观众达12万人以上。他们演《下南路》的戏,农民报名到南边开荒的有50多人。老百姓送他们的锦旗上写着:“真正大众化”。延安在春节期间组织了27个秧歌队,老百姓参加进来一起跳,这是何等动人的场面,是知识分子与工农兵结合的典型例子。过去错误地强调“写熟悉的题材,说心里的话”,结果只写过去的经历和旧人物,而不积极去了解新生活、新人物。强调说心里话就使一些不健康的思想感情得到肯定。这些错误我个人应该负责的。秧歌剧《兄妹开荒》反映了新农民的愉快生活,获得很大成功。说明向群众学习是解决艺术群众化的关键。歌舞剧《农村曲》,反映了小资产阶级知识分子的声音,显得软弱无力。新的艺术必须民族化,为百分之九十的人民大众服务。同日,刘白羽在重庆《群众》周刊第18期“文艺问题特辑”发表《新的艺术,新的群众》,说:延安的秧歌,是文艺进入一个伟大时代的标志。《牛永贵受伤》,写出了对日本的恨;《一朵红花》,深刻表现了新社会人们的新关系,写出了劳动妇女的新精神。在这些戏里,人民群众成了主人,新的英雄在成长。新文艺做到了从群众中来,到群众中去,洋溢着新的生活气息。这是一个伟大的开始,新文艺走上了为群众的方向。(参见艾克恩编纂《延安文艺运动纪盛》,文化艺术出版社1987年版;孙国林编著,王佳钰、王增辉校订《延安文艺大事编年》,陕西师范大学出版总社2016年版;文天行编《国统区抗战文艺运动大事记》,四川省社会科学院出版社1985年版)

王昆仑继续领导“小民革”“三民主义同志联合会”,配合南方局开展国民党上层的工作。“中国民主革命同盟”的核心会议主要在王昆仑家、中国实业银行许宝驹处与罗静宜在中一路“捍卫新村”的家中举行,周恩来经常参加。9月24日,重庆各界、各党派、各阶层代表冯玉祥、覃振、邵力子、孔庚、黄炎培、沈钧儒、章伯钧等500余人在迁川大厦礼堂集会。会议就如何提早实行民主及具体办法两个主题自由发言。沈钧儒提议:“效昆明、成都先例,组织成立民主宪政促进会,以今天发起人及钟天心、司徒德、王昆仑、屈武等先生为筹备人。”会议一致鼓掌赞成。是年,王昆仑继续写《红楼梦人物论》。(参见王朝柱《王昆仑》及附录《王昆仑年谱》,花山文艺出版社1997年版;杜运辉《侯外庐先生学谱》,中国社会科学出版社2013年版;沈谱、沈人骅编《沈钧儒年谱》,中国文史出版社1992年版)

翦伯赞接2月8日郭沫若信,说:“近于友人处得见一乾隆年间之抄本《剿闯小史》写李自成事颇详,甚引起趣味。有李信一名李岩者,乃河南举人,参加当时活动,此人尤有意思。关于此时期之史料,兄谅知之甚悉。除《明亡述略》曾略见李信外,它尚有所见否?乞示知一二,为感。”4月15日,翦伯赞在重庆《群众》半月刊9卷7期发表《桃花扇底看南朝》。同月，翦伯赞《中国史纲》第1卷由重庆五十年代出版社出版。全书共21章，约20余万言。以时代演变划分为"前氏族社会""氏族社会""古代社会""初期封建社会"四阶段。此书在结构上，每一个叙事单元基本上都是经济、政治、文化三大板块，而且这三大板块之间并非平列并置，而是由底至上梯度推进：经济史——政治史（政权、制度、阶级关系等）——文化史。这种框架，是唯物史观诸学理层次之间关系的外在化。在对象的取舍上，社会经济史的内容极大增多，政治史、军事史、事件史、精英阶层史等内容被大幅度压缩。春秋战国时期是政治军事斗争最为激烈、最为波澜壮阔的时期，但作者仅以10页的篇幅就把"春秋五霸""战国七雄"之间血与火的搏杀交代过去，而在论述"春秋、战国时代的社会经济构造"时，却用了21页。许多在传统史家笔下鲜见的经济史内容毕现于书中。此卷《中国史纲》还有一个最引人注目的特点是利用人类学、社会学、民俗学、经济学、考古学等所提供的成果，阐释、清理中国的史前社会。作者自序中说："这本书，上起开天辟地，下迄殷周之世，其所论述的范围，是秦以前的中国古史。"

按：1946年12月容媛在《燕京学报》第31期发表书评云："著者侧重氏族社会之演变与封建制度之形成，及农业经济之发展与私有财产制度之产生；循自然之演变，渐次形成社会之阶级。""本书即根据最新出土之史料以为出发，打破循循相因的藩篱""推陈出新，为研究上古史者辟一新途径。惟校对欠精，鲁鱼亥豕，比比皆是。"1949年2月，邓嗣禹在美国《远东季刊》第8卷第2期的一篇文章中提到，翦书是项"雄心勃勃的尝试"，似乎目空前人，但的确组织精密，有一些新思想。张传玺认为"全书坚持了历史唯物主义的观点，也坚持了文献与考古资料相结合的方法，为中国通史的编写开拓了一条新的道路"，将上古史"从神的历史还原为人的历史"，"将瑞典著名地质学家和考古学家安特生对于中国新石器文化划分的六期说引入中国古代史研究。此举使前此的'传神书怪，捕风捉影'的旧式研究受到沉重打击，为新史学建设开辟了科学而广阔的道路"，"将西周封建论写入《史纲》，并作了较充分的论述，对于西周封建论一派学术观点的形成和中国古代奴隶制与封建制社会的研究与讨论，都起了巨大的推动作用"。1946年7月，此书被生活书店收入"新中国大学丛书"再版；1950年北京三联书店、1990年北京大学出版社再版此书。

翦伯赞4月21日接郭沫若信："久不通讯了，近来好不？昨夜费君来寓，将大稿《中国史纲》交还弟处嘱转，弟意待兄入城时当面奉交为妥，想荷赞同也。费君请兄讲书事，据云时期当在明年一月底或二月初，届时再专函奉恳。彼时于兄之工作日程无妨碍否？《中原》四期急需稿，兄如有'元曲研究'之类的文字极表欢迎也（能于十日内投下最好）。"5月，在《中山文化季刊》第1卷第4期发表《吐蕃种族来源考》，认为羌族南徙西藏当在史前时代，吐蕃的人种主要成分是南徙诸羌，而非发羌一支，更不是后来的"秃发族"。同期还刊载了杨幼炯《中国学术思想之演变与三民主义思想的渊源》、吴泽《殷代帝王名谥世次世系家族与继承制研究》、方壮猷《中国中古时期之门阀》、侯外庐《乾嘉时代的汉学潮流与文化史学的抗议》、杨荣国《戴东原的哲学思想》等。9月18日，郭沫若致信翦伯赞，说："大稿及函均奉到。稿将转城，因五号早编好并付排，恐将编入六号矣。《扬州十日记》中有《幸存录》，兹遵嘱寄上。因系会中存书，阅毕仍望掷还。拙作《自我批判》关于社会部分已付《群众》，将分三期刊出，届时可求教。目前无油印本，乞谅。关于意识形态之部，已成《论孔墨》（已交外庐）、《儒家八派之探检》《稷下黄老学派之勃兴》《庄周思想之渊源及其演变》（将编《中原》六期）。余则如《韩非子之批判》（《中原》五期）、《杂家批判》（即《吕不韦与秦代政治》已早就）。尚余名家之批判在撰述中。关于文艺艺术之部待撰。不知今年能成否耳。大著《史纲》二部已成，敬贺。"秋，翦伯赞第二次到育才学校讲课，为时半月。（参见张传玺《翦伯赞传》

及附录张怡青《翦伯赞大事年表》,北京大学出版社1998年版;王学典《翦伯赞学术思想评传》,北京图书馆出版社2000年版;林甘泉、蔡震主编《郭沫若年谱长编》,中国社会科学出版社2017年版;王学典《20世纪史学编年(1900—1949)》,商务印书馆2014年版)

侯外庐1月1日作《中国近世思想学说史》自序,提出:《中国古代思想学说史》出版之后,"本想将过去的研究大纲扩充范围,按照次序,继写秦汉思想史,再及中古玄学史,宋明理学史,最后至近世思想史,惟有一个先决难题实须研究清楚,即社会史的时代认识观。中古至近世的中国社会颇易辨析,而古代至秦汉的中国社会则颇难于研究,……秦汉思想史的工作,亦须先之以秦汉社会史论始能朴实说理。因此,我把写作的程序变更,先把关于17世纪以至清末民初的思想史整理出来,然后回头从事中古诸朝的思想研究,期以十年或有全部更完整的贡献。其次,中国先秦诸子思想之花果,固然可以媲美于希腊文化,而清代思想之光辉,亦并不逊色于欧西文艺复兴与宗教改革以来的成果。我们认识与继承这两个时代惊心动魄的文化遗产,在研究岗位上说来亦宜首先有所发抒己见,以供同好学人的参考"。"本书所采的研究方法,仅'朴实'二字,这亦是正统学者应守的治学精神"。"治学应'实事求是'与'自得独立'二者并重,二者看起来,好像相反,而实相成"。此后,侯外庐奉命参加统战工作,"有两年时间我没有机会从事研究著述"。10日,《中国古代文明起源考》刊于《文风杂志》第1卷第2期。此文由《中国古典社会史论》第一章第四节《东方文明与西方文明起源之差别性》与第三章《中国古代文明起源的具体路径》修改而成,包括"东方文明与西方文明起源之差别性""中国古代文明的具体路径"。文中认为:"古代文明路径在一般的合法则性中,复包含了特殊的合法则性""西方古代是主要走着第二种路径(指'罗马的路径'),而东方古代的路径则是氏族保有着大部分的土地,而为土地国有制明甚。东方文明社会的发生,……顺着两个方法而进行的。一即因公共职务的传统,一即因部落间的冲突。"

按:该刊同期介绍侯外庐所著《中国古代思想学说史》,认为:"文章深入浅出,见解精辟入理,其创说独到之处,贯通全书,与前人之治先秦思想者迥乎不同,是书考镜源流,探明演化之史职,辟一研究学术史之新路径。"

侯外庐所著《船山学案》4月由重庆三友书店出版。作者自序云:"王船山先生不但是明清之际的第一位哲学家,而且是中国思想史上一位伟大的哲学家,由他自负的话'六经责我开生面'一语看来,便知道他的独立自得之学识了。""船山先生的学术,比清初的诸大儒都要丰富得多,……但学人多赏识他的史论,却不重视他的哲学。民国以来,研究明清思想史的人,不是把他忘记了(如胡适之之专重戴东原,而一字不提及王船山,实则东原观念论的哲学体系,不及船山远甚),便是把他的思想轻描淡写地谓之像一位理学家(如冯友兰在其所著《中国哲学史》中所写的)。梁任公与钱穆皆治中国近三百年学术史者,在船山的片段学术中颇有论述,而亦缺少对于他的哲学体系的发挥,这不能不说是一种中国学术界的空白了。""船山先生的学术是清以前中国思想的重温与发展,他不但把六经别开生面地重新解说,而且从孟子以后的中国哲人多在他的理性主义批判之下翻案估定,所以他的思想,蕴涵了中国学术史的全部传统,这在研究他的哲学上是最棘手沉重的难题,故作者尝试研究他的结论,亦如船山先生所云'不敢执一以贼道'罢了。"5月10日,《东方古文明理解之钥释》刊于《文风杂志》第1卷第4—5期合刊,此文由《中国古典社会史论》第一章《亚细亚古代社会法则之研究》第三节《关于亚细亚古代底文献》修改而成。28日,侯外庐与翦伯赞、张申府拜访阳翰笙。5月,《乾嘉时代的汉学潮流与文化史学的抗议》刊于《中山文化季刊》第

1卷第4期。文章认为:"清朝乾嘉时代的汉学,在中国学术史上为最奇特的一种思潮",乾嘉学者的朴学成绩,自有历史地位,作者以为这是要分辨问题的主流与因此主流而派生的副作用,其间指导的主流,是企图腰斩清初活文化的人民性与社会性,在古典的经籍中使之失去个性的发展,从文化上"开明"的烙印冲淡那异族统治的仇恨;然而这亦可能产生了副作用,即乾嘉学者的治学方法以及由经学的整理而淹流于一般文献之探寻。由性理的烦琐到考证的烦琐,其烦琐的对象不同,而拘束人性之独立发展,则殊途同归。实斋就是在这个时候挽持风气。《文史通义》略当今日所谓之文化史学,《校雠通义》则当今日之所谓学术史。要知道研究思想史,乃正实斋所云"辨章学术,考镜源流",既不是冬烘先生们之读古人言行,以前都是今人的宝筏,亦不是如五四浪漫主义时代之"打孔家店"的态度,把古人当作今人和他争辩。

　　侯外庐6月21日在歇马场翦伯赞家与顾颉刚、李效广谈话,并一起午餐。30日,《中国十七世纪思想家李二曲评述》刊于《中苏文化》第15卷第3—4期合刊。此文系《中国近世思想学说史》第五章《中国十七世纪的西北思想家》第二节《折中体用二元的李二曲》第二部分《二曲修正理学的二元论》,后修改为《中国早期启蒙思想史》第七章《李的思想》之第一节《李修正理学的二元论》。同月,所著《中国古代思想学说史》由重庆文风书局出版。此书具有拓荒性质,表明侯外庐中国思想史研究体系的形成。作者把古代思想发展划分为三个阶段,即西周的官学,春秋时代的缙绅之学和战国时代的诸子百家并鸣之学。他试图用马克思主义系统探讨先秦思想学说史。此书在分析思想史的变迁和思想家的思想理论过程中,具体而详尽地揭示了思想观念产生和变化的社会根源。不仅从生产方式的变化上,而且从社会制度的变革上,深入分析社会存在的变化给人们思想观念带来的影响。侯外庐《韧的追求》(生活·读书·新知三联书店1985年版)自述:"在我的《中国古代思想学说史》出版前后,有关中国思想史的马克思主义著作,问世者已有十余种之多,其中有郭沫若的《十批判书》、杜国庠的《先秦诸子思想》、赵纪彬的《论语研究》、杨荣国的《孔墨思想》。这些著作,见解虽不一致,但是都有研究上的独创,是可贵的。我国马克思主义的学术史研究工作得到前所未有的发展。""我的《中国古代思想学说史》,是继《中国古代社会史论》之后,在1942年年底写成的。它是我从社会史转向思想史研究的一个界碑。从此以后,我治学的重点就基本上转到思想史方面来了。"

　　按:侯外庐《韧的追求》(生活·读书·新知三联书店1985年版)又曰:"我在写《中国古代思想学说史》的时候,力求避免非科学的态度,在积极方面是第一步严格进行对文献的考订与审查;第二步是实事求是地究明'古人用语的实在所指',庶不为'文字符箓'所蒙蔽。而根本则在掌握和运用马克思主义理论来研究问题,分析问题,还历史以本来面目,从而作出科学的判断。"侯外庐认为,思想史研究的原则和方法是:"一、社会历史阶段的演进,与思想史阶段的演进,存在着什么关系。二、思想史、哲学史出现的范畴、同它所代表的具体思想,在历史的发展过程中,有怎样的先后不同。范畴,往往掩盖着思想实质,如何分清主观思想与客观范畴之间的区别。三、人类思维的发展与某一时代个别思想学说的形成,其间有什么关系。四、各学派之间的相互批判与吸收,如何分析究明其条理。五、世界观与方法论相关联,但是有时也会出现矛盾,如何明确其间的主导与从属的关系。上述原则和方法,就是我在撰著《中国古代思想学说史》的过程中所遵循的科学的规范。……这些科学的规范,后来也就成为《中国思想通史》各卷共同遵循的规范。"作者自谓此书的特征是:(1)"始终注意社会史与思想史的关联。它与《中国古代社会史论》是姊妹作,后者论述中国古代社会史即奴隶社会史的发展,前者论述中国古代思想史即奴隶社会思想史的发展,互相贯串,互为补充,后者是前者的基础。把社会史和思想史如此紧密地结合起来进行论述,在我是第一次,在并时学者的同类著作或者也是较早的实践"。(2)"这部书特别关心于解决历史的疑难,这就是把解决思想史上的难题作为特别关心的重点。……自信这些解答是在进行深入研究的基础上得出的,有确实的资料作依据,有正确的理论作指导,不是草率的漫然的自由其说。在学术史研究上重视独立自得的精神,是我治学所一贯秉持的。我认为,解决疑难只有在现象的背隐处去发掘,个人之自得愈深刻,则本质的意义愈能表露"。(3)"力求实事求是,从材料实际出发,进行论述,不凭虚幻的想象与无根据的推断。……论必有据,有据才立论,使观点与材料统一起来,实事求是地分析各种历史问题。实事求是,不仅要求从材料实际出发,也要求对材料作科学的审查与考订,去伪存真,去芜存菁"。(4)"注重内容,不多作浮词泛论。但它的缺点是文字艰涩,深奥难懂,读者多有指摘"。

按:赵纪彬认为侯外庐的《中国古代思想学说史》"是'学术中国化'号召以来,思想史研究上一颗最硕大、最肥美的新果实"。阳翰笙《风雨五十年》(人民文学出版社1986年版)认为:《中国古代思想学说史》和其他史学论著"都努力以唯物史观来探讨历史发展的规律,从历史宏观的角度阐明我国社会的发展,以科学的力量,证明了抗日民族战争的必胜前途。尽管论述的是古代史,但它以事实说明正义必胜,反动派必亡,所以在大后方群众中具有很大的吸引力和影响"。

侯外庐7月31日在《中苏文化》第15卷第5期发表《颜习斋反玄学底基本思想》,此文系《中国近世思想学说史》第四章《近世世界底预言者颜习斋》第二节《习斋反玄学的基本思想》,修改后收入《中国早期启蒙思想史》第九章《颜元的思想》第二节《颜元的性理论和知识论》。8月4日,顾颉刚致信侯外庐。11日,侯外庐与郭沫若夫妇、夏衍夫妇、阳翰笙、冯乃超等应邀到苏联大使馆看电影。14日,侯外庐与翦伯赞拜访顾颉刚,中午由侯外庐在松鹤楼请客,同席还有老舍、左恭、周谷城、卢于道、吴泽。饭后讨论《学府》杂志事。下午,顾颉刚送侯外庐、翦伯赞上车站。同月,日军进攻广西前,李济深在桂林大声疾呼"铲除失败主义",要求国民党当局"动员民众",实行"民主抗战"。侯外庐以"小民革"名义与沈钧儒、张申府等联名致电响应;侯外庐所作《第十九世纪初中国思想界的一个号筒——龚定庵思想的历史说明》刊于《大学》杂志第3卷第7—8期合刊,此文系《中国近世思想学说史》第十二章《经今文学家的兴起与龚定庵思想》第三节《揭露封建黑暗预言民族危机的议政家龚定庵》的第一部分《一个时代的号筒》,修改后收入《中国早期启蒙思想史》第十七章《龚自珍的思想》第一节《龚自珍的社会批判思想》。9月,侯外庐参加各民主党派召开的大规模集会,讨论如何及早实现民主,冯玉祥、孔庚、章伯钧等发言。10月,《黄梨洲底哲学思想与近代的思维方法》刊于《中苏文化》第15卷第6—7期合刊,此文系《中国近世思想学说史》第二章《近代启蒙思想家黄梨洲》第三节《梨洲的哲学思想与近代的思维方法》,修改后收入《中国早期启蒙思想史》第三章《黄宗羲的思想》第四节《黄宗羲的哲学思想》。11日,顾颉刚致信侯外庐。11月,所著《中国近世思想学说史》(上卷)由重庆三友书店出版。该书在写作中由瞿菊农、左恭借与资料,在出版方面得到万克哉的热心赞助。此书是侯外庐继《中国古代思想学说史》之后又一思想史力作,以人而不以学派或思想为单位论述了中国近三百年的思想学说史。之所以跳过秦汉至明代的时期而直接研究清代,侯外庐认为有两个原因,一是著述思想史要清楚一个"先决难题",即"社会史的时代认识"。由于古代至秦汉的中国社会众说纷纭,学者间至今犹无共识,以此基础来写必然流于附会臆度;二是研究中国近三百年学术史也是社会较迫切的需要,有利于认识和继承"清代思想之光芒"。侯外庐自言此书的研究态度是"实事求是"与"自得独立"并重。

按:此书出版以后颇受好评。杜国庠在《接受遗产与知人论世》一文中称赞该书"在已有的中国近世思想史中,是最优秀的著作""启示了接受中国思想遗产的一个良好法门"。该书下卷在1945年6月出版,1946年6月,三友书店又出版了订正第3版。

侯外庐12月1日在《民主世界》第1卷第14期发表《黄梨洲的诗文论》,此文系《中国近世思想学说史》第二章《近代启蒙思想家黄梨洲》第四节《梨洲的诗文论》。12月,《图书季刊》第5卷第4期介绍侯外庐所著《中国古代思想学说史》与《船山学案》,认为:"侯君是书大体以时代先后为论叙次第。惟较后起之老庄学派,叙次在思孟以前,则又不尽然也。侯君书中多驳近人学说,于梁启超、胡适、冯友兰诸氏尤甚,但侯君之说,似乎未有以胜于诸氏。侯君自序谓过去治中国思想史者有许多缺点,有以古人名词术语附会现代科学为能事者,有以思想形式之接近而比拟西欧学说者,侯君自信无此积习。案前一积习,本书似未能免。而比拟之处又不一而足。其实比拟有助读者之了解,未必是病,要看是否正确与是否不穿凿傅会耳。侯君是书文字艰涩,若能加以芟除整理,当更便于读者。""是书对船山哲学,类皆先标出大意,继引船山原文一两段,以当说明或于船山原文一两段之后,加以简短之解释。船山所用术语,'道''理''气',已相当费解。著者所释,仍未能明晰。即八节标题亦令人苦无一目了然之感。著者谓清季以来,学者多喜船山之论史,而忽略其哲学,本书之作,正以弥补此种缺憾。但观此八节文字,似乎仍以末节论船山之史论在全书中差为明了之部分。至书中引船山原文,时有句读错误之处……,特疵之小者耳。"年底,在周恩来的帮助下,由侯外庐和许德珩、梁希、储辅成、黎锦熙、潘菽、劳君展等人发起的"民主科学座谈会"在重庆成立。"民主科学座谈会"后改名"民主科学社",抗战胜利后改名"九三学社"。许德珩回忆:这个座谈会"以聚餐形式聚会讨论民主与抗战问题,主张'团结民主,抗战到底',发扬'五四'反帝反封建的精神,为实现人民民主与发展人民科学而奋斗。这个座谈会经常举行,不断发展"。(参见杜运辉《侯外庐先生学谱》,中国社会科学出版社2013年版;王学典《20世纪史学编年(1900—1949)》,商务印书馆2014年版)

余求之6月19日在《新华日报》第4版"新华副刊"发表《读〈船山学案〉》。文章认为:"侯外庐先生此书阐发二百余年前这位识力宏远的学人的思想,是极有贡献的一本著作。虽然因为这是专门的学术著作,也许难以接近一般的读者,然而凡注意中国思想史的人是一定都会赏识这本书的。""很显然的,这本书是在船山著作中致力很深而后写出的,因此才能从船山著作中的隐晦的术语和对古籍的诠释中,把船山思想的真实面目揭发出来,整理成为一个完整的体系。本书著者在这里不是找出船山著作中片段的话来即批上某种考语(倘那样做法,无论如何,总不免陷于主观主义的泥沼),而是认真地从解说船山的著作下手。中国向来的哲学家,所用的术语常是使我们难以了解他的思想实质的障碍,尤其是像船山这样在思想上突破传统,而又不得不因袭承用向来理学家所用的名词的人,要了解他的思想,就不能不充分了解其所赋予这些术语的实际内容。在这方面,本书著者是用了很大功夫的,如对于船山所用的理与气,道与器,继善成性这些术语都作了很恰当的分析,因此就使船山思想豁然显露了。""正因为本书著者是从船山著作中实事求是地分析其思想内容,所以他就真正使我们看到了二百余年前这位哲人是怎样地用他自己的方式来表现了唯物论的思想并发挥了运动发展的观念。""也因为本书著者是从船山的全部著作中把握其理论体系,所以他也不仅指出了船山思想中的优点,更给以了恰当的批评。""在本书中,对于船山的历史理论及其对实际历史的叙述,用较多的篇幅作了详尽的分析说明,是很重要的一部分。本书开端,并提示了一些船山对现实的政治社会的批判,从这里我们看到船山不仅在哲学思想上是个大胆的先驱者,而且对现实问题,也是勇敢而有远见的批判者。真正的思想家是必须结合这二者于一身的。可是在这方面,本书中所论及的还觉太少一点。作为附录,本书又转载了三篇前人所作的船山传述。假如作者集合更多材料,写成一篇传记,置入本书,使读者由其人而更加知其思想,那就更加完满了。"(参见杜运辉《侯外庐先生学谱》,中国社会科学出版社2013年版)

契伊10月16日在《新华日报》第4版发表《评〈中国古代思想学说史〉》,认为:"侯外庐先生继《中国古典社会史论》之后,又写了一部《中国古代思想学说史》,这是从他对于古代的历史的见解上来把握中国古代思想之发展的一部大著,是值得绍介的。""本书的特色与见解甚多,⋯⋯至若本书的立论之严整,⋯⋯确是学者研究的谨严态度。最令人特别满意的,是在全书中处处能于历史的秘密深处,把烟雾弥漫的古名古语揭开,解答了历史最棘手的问题。侯先生治学修养之深,以及由其学力所能驾驭的理论运用手法,是可以从本书中看出来的,因此,这本书是可以称为近代著作中的一本模范读物。"(参见杜运辉《侯外庐先生学谱》,中国社会科学出版社2013年版)

张澜2月13日和邵从恩、李璜等人发起的成都民主宪政促进会在慈惠堂召开成立大会,到会的有刘豫波、徐申甫、张志和、蒙文通等56位知名人士,黄炎培恰因事过成都,亦应邀参加。张澜担任大会临时主席,并致开会词,说明该会是以"研究宪草,促进宪政,创导民权,实现民主"为宗旨。黄炎培畅谈这次宪政实施协进会通过的各项提案的精神和内容。大会选举刘豫波、徐申甫、张志和、蒙文通等9人为常务委员,邵从恩当选为主席,张澜和李璜为副主席。4月2日,成都民主宪政促进会在慈惠堂举行座谈会,张澜对国民党拟订的《五五宪草》提出批评,认为其"总纲"第一条应改为"建立永久的共和国"。5月3日,与沈钧儒、黄炎培、左舜生、章伯钧、张君劢等集会,提出将中国民主政团同盟改组为中国民主同盟。同月,配合宪政运动,中国民主政团同盟发表《对目前时局的看法与主张》,对国民党排斥异己,拖延"训政",拒绝民主的专横态度表示了不满和忧虑。同时,批评国民党政府当权的国家,"不仅不是一个民主国家,而是一个十足的反民主国家!"6月20日,成都民主宪政促进会举行座谈会,在张澜的倡议下,提出了《对于国事之十项主张》。强调"非立即实行民主,不足以团结各方,争取胜利",要求切实实行民主,"尊重人民言论之自由""人身自由""思想信仰及一切集会结社之自由";创新政治,"给予各级民意机关以必要的权力";切实改革征兵、征粮、征税之弊端,严惩贪污,杜绝中饱,革除苛扰,以减轻人民痛苦,并实施全民动员,"组织人民,武装人民",加强抗战力量等。如何达到目的呢? 仅靠呼吁不行,要起来斗争!

张澜8月17日接受《华西晚报》记者采访,称"参政会不够一个民意机构,各党派及无党派的人参加太少"。28日,赴重庆出席国民参政会前夕,在成都接受记者采访时发表有关民主的谈话:"中国没有民主,就永远没有办法。中国今天需要的是真正的民主,今天中国假如还不实现真正民主,第一,起码不能把全国人民团结起来,而单凭少数'天才'是不能把国家治理好的;第二,没有民主政治,民权就不能伸张;第三,由于民主不能伸张,人民受到了压迫,试问人民的力量是怎么能够发挥出来呢?"《新华日报》《解放日报》报道了张澜的这次谈话,大后方各报刊竞相转载。9月2日,与邵从恩、李璜等人乘专机自成都飞抵重庆,出席国民参政会三届二次会议。3日,接受各大报记者访问时说:"归根结蒂,关键是在民主。只有民主是中国唯一的道路,只有实行民主才是国家人民之福。"5—18日,出席国民参政会第三次会议。19日,中国民主政团同盟在重庆上清寺"特园"召开全国代表会议。会议决定取消民盟的团体会员制，盟员一律以个人名义加入，民盟组织的名称，由中国民主政团同盟改为"中国民主同盟"，把三党三派的联盟改为有党派与无党派的广大民主人士的联盟，扩大了民盟的社会基础。大会通过了《中国民主同盟纲领草案》，包括政治、军事、经济、外交、教育、社会六个部分，共46条；选出中央执行委员33人，张澜、张君劢、章伯钧、左舜生、潘光旦、罗隆基、李璜、沈钧儒、张申府、梁漱溟、陈启天、张东荪、鲜特生、杨叔明、黄艮庸、曾昭抡、朱蕴山、周鲸文、曾琦、丘哲、张云川、周新民、韩兆鹗、林可玑、郭则沉、刘东岩、黄炎培、冷遹、张志和、余家菊、郑振文、吴晗、潘大逵；中央常委13名：张澜、沈钧儒、黄炎培、章伯钧、左舜生、李璜、罗隆基、梁漱溟、张申府、曾琦、张君劢、张东荪、潘光旦；推选了主席、总书记，张澜任主席，左舜生任总书记。并决定中央执行委员会下设组织、宣传、国际关系、国内关系等委员会。总部部门负责人名单如下：组织委员会主任章伯钧，宣传委员会主任罗隆基，国内关系委员会主任梁漱溟，国际关系委员会主任张君劢。中国民主政团同盟的改组与"中国民主同盟"，标志着国共之外的第三方民主党派力量的真正崛起。

张澜9月24日出席宪政座谈会第七次会议在重庆迁川大厦举行。到会各党派和民主人士有董必武、沈钧儒、黄炎培、冯玉祥、覃振、邵力子、李璜、邓初民、刘清扬等500余人。大会以"中国需要民主"作为讨论的主题。张澜以中国民主同盟主席名义主持会议。会场气氛极其激愤而又热烈，大家在发言中一致抨击国民党的独裁统治，拥护中共提出的成立联合政府的主张。25日，《新华日报》刊载邹韬奋追悼会启事，定于10月1日在重庆银社开会，追悼于7月24日病逝的杰出的新闻记者和出版家邹韬奋。宋庆龄、林伯渠、黄炎培、张澜等72人列名追悼会发起人。9月26日，张澜乘专机回到成都，接受《新中国日报》记者访问，谈对于出席这次参政会的意见和感想。27日，在成都接受各报记者采访，谈民主问题。下旬，与邵从恩、李璜、常乃惪在成都对记者发表谈话，一致认为，无论从国内还是国际的需要看，成立联合政府，实行民主政治，"实为今日解决国事，挽救危局所必需"。10月7日，为了尽快打开成都民主运动的局面，张澜等返蓉参政员出席了成都五大学（四川大学、华西大学、燕京大学、金陵大学、齐鲁大学）12个学会主持的国事座谈会。这次座谈会的地点在华西大学体育馆。到会者不仅有学生，还有各界人士，把可容纳2000多人的体育馆挤得水泄不通。会场上贴满了同学们书写的条幅，内容是质问国民党的各种问题，等候参政员回答。会议由燕京大学学生会主席、地下党员刘克林主持，各位参政员看完同学们提出的问题后，都相继发表了自己的看法。当张澜健步走上讲台时，全场报以长时间的热烈掌声。最后张澜以那种宣传家所特有的，极富鼓动色彩的话语，号召同学们行动起来，为结束国民党的独裁统治，实现中国共产党提出的联合政府主张而奋斗。10月8日，主持召开"成都宪政促进会"第五次座谈会。11月，原由左舜生主编的宣传民主宪政的刊物《民宪》，从本月起，正式由中国民主同盟接办，由张澜与张君劢、沈钧儒、李璜、罗隆基、章伯钧、张申府、梁漱溟、左舜生组成编委会。年底，张澜亲自吸收龙云入盟。龙云约请楚图南等人在他昆明的寓所座谈，举行秘密入盟仪式。龙云成为盟员，对抗战后期昆明成为"民主堡垒"影响很大。（参见谢增寿编著《张澜年谱》，群言出版社2013年版）

沈钧儒1月2日在重庆律师公会改选中当选为理事。3日，与各民主党派负责人章伯钧、王造时、张志让、黄炎培、张君劢、左舜生等16人在迁川工厂联合会共同发起召集宪政问题座谈会。晚，与董必武、张志让、王造时、刘清扬等被邀在左舜生家聚餐。自此时始至5月，每月均于重庆召开民主宪政座谈会。沈钧儒与黄炎培等联络广大民主人士讨论《五五宪草》,抨击国民党的寡头专政,要求"主权在民"。11日,在《新华日报》创刊7周年联欢会上,与该报社长潘梓年赛跑,李公朴任裁判,一时传为佳话。2月6日,沈钧儒等访黄炎培谈宪政前途,起草对于张君劢所提人民基本权利三项保障案处理方法的意见书,拟在实施宪政协进会第三小组联席会议上提出。同月,加入璧山(四川高等法院所在地)律师公会,兼在重庆和璧山两地执行律师职务。当时,桐君阁药铺、平正法律事务所楼上楼下,经常有特务散坐四旁椅上监视。3月5日,参加宪政座谈会第二次会议。提出《五五宪草》第二章(关于人民权利义务)中应删去"非依法律"四字,以保障人民应有的学术研究自由和权利。4月8日,偕叔羊参加陶行知在中苏友协所设宴会,叔羊捐画四幅予育才画展,供育才学校筹款。16日,出席宪政座谈会。提出我国省区很大,可根据中央立法原则规定各省自己草行法规;根据中山先生《建国大纲》,地方政府应由人民自下而上选出。17日,出席老舍创作20年纪念会,并致词。

沈钧儒与黄炎培、张君劢、章伯钧、张申府等5月3日共商改组中国民主政团同盟事。为便于扩大同盟组织,容纳各无党派民主人士,拟去"政团"二字,改为"中国民主同盟"。23日,与章伯钧、左舜生、李璜、张申府、张君劢6人作东,于章伯钧寓所邀林伯渠、董必武、王若飞晚餐,请黄炎培、翦伯赞作陪。餐毕就目前战局及两党的谈判问题等进行了交谈。6月14日,在桂林的民主人士李济深、李任仁、柳亚子等呼吁组织民众保卫西南。沈钧儒与郭沫若、张申府、陶行知等联名致电响应保卫西南,力主采取民主办法,动员人力物力,坚持到底。同月,由于当时宪政民主运动的需要,沈钧儒等发起成立"中国法学研究会"。上半年领导并安排峨嵋出版社继续出版张志让所编《抗战建国丛书》。其中有张申府著《民主与宪政》、沈志远著《中国经济现状与对策》、韩幽桐著《法与宪法》。7月8日,与郭沫若、张申府、邓初民、史良、陶行知等20人联名致电广西各界,主张立即动员民众,坚决抗战,铲除失败主义,力主采用民主办法,组织人力物力,坚持抗战到底。8月31日,出席宪政座谈会研讨保障人身自由问题。提出:谈人身自由,须先追源及1935年6月1日公布的提审法。提审法第一条即规定:人民得拒绝法院外任何机关的非法拘捕。但公布后一直未施行。为此,主张先实行提审法。主张法权一元化,拘捕一元化,审判一元化。一切拘捕人犯必须在24小时内送法院。又主张除现役军人按军法审判外,不应再有其他特别法。同月,东吴大学法律系函请先生演讲。峨嵋出版社为出版吴泽编《中国历史简编》事,仲秋元特往征求沈钧儒意见。

沈钧儒9月1日得悉邹韬奋7月24日在上海逝世噩耗,悲痛得"一时像失掉了脑子"。作悼文《悲痛的回忆》。韬奋逝世后,沈钧儒有感而发起"人生问题座谈会",在张家花园56号"菁园"黄炎培寓所举行。所谈者总的为人生观和世界观的问题。沈钧儒讲了一篇深邃的人生哲学。9日,在国民参政会第三届第三次大会开幕后的第五日,委托左舜生向大会提出质问:在高唱人权保障声中,杜重远生死如何? 萨空了下落又如何? 10日,偕叔羊往生活书店参加公祭邹韬奋,担任主祭。15日,沈钧儒等为邹韬奋逝世刊出讣告。19日,出席在重庆"特园"举行的中国民主政团同盟全国代表会议。会议对同盟改组的问题展开了热烈的讨论。决定取消"政团"二字,改为"中国民主同盟"。沈钧儒积极主张及支持"同盟"改组。会议通过了《中国民主同盟纲领》。沈钧儒当选为中央委员及中央常务委员。24日,与重庆各界、各党派、各阶层代表冯玉祥、覃振、邵力子、孔庚、黄炎培、章伯钧等500余人在迁川大厦礼堂集会。要求改组国民政府,成立联合政府,以挽救危亡。会议就如何提早实行民主及具体办法两个主题自由发言。沈钧儒指出:"政府如要表示对民主的诚意,只要五分钟就可以使言论自由、承认各党派地位及释放政治犯三点"得到实行。还提出质问:"张学良先生为何不释放? 杜重远先生生死不明?""他们及其他政治犯很多都应立即释放。"沈钧儒等发起成立民主宪政促进会,呼吁迅速召开国事会议,成立联合政府。10月1日,重庆数千人举行邹韬奋追悼大会,沈钧儒任主席,并与郭沫若、黄炎培同任主祭。这次大会,力争民主自由,呼吁向法西斯进军。沈钧儒沉痛疾呼:"韬奋是为民主而死!"同日,所撰《邹韬奋先生事略》刊于《新华日报》。10日,经民盟中央常务委员会多次协商,决定提出《对抗战最后阶段的政治主张》,内容包括军事、政治、外交、经济和文化教育五部分,响应中国共产党所提组织联合政府的号召。19日,参与主持重庆文化界纪念鲁迅逝世8周年纪念会,并致词,号召学习、继承、发扬鲁迅先生一生爱民族、为人民工作坚韧到底的精神。指出:"在这极端危机的时候,中国今天正需要这种精神。"同月,诗集《寥寥集》在重庆再版。

　　沈钧儒11月11日晚应邀在郭沫若寓所为刚从桂林到达重庆的柳亚子设宴洗尘。适逢周恩来自延安飞来重庆,与董必武等一起赶来参加,同饮甚欢。宴后,周恩来向大家介绍了国内的时局和他这次来重庆的任务。数日后,又与黄炎培、左舜生、张君劢、章伯钧、张申府等同赴周恩来宴。14日,参加《宪政月刊》社第十次座谈会,并发言。讨论中心为"中国应如何运用美国总统罗斯福连任总统后之世界新形势"。12月27日,为利于生活书店工作在不同地区能有相应发展,主持生活书店渝桂区负责干部联席会议,并发言。提出:应以书店为中心团结起来。不在一起工作的,精神上仍应保持更密切联系。疏散工作仍应继续,不仅要防军事变动,并应防其他意外。是年,沈钧儒等80人曾交宪政实施协进会油印函一件。从温代荣律师无端被拘事谈起,提出四点要求:1.召开全国司法会议;2.政府明令特种刑事案改由司法机关办理;3.政府明令颁定提审法施行日期;4.请根据宪法,凡违法侵犯人民自由权利,人民得依法请求赔偿;为陶行知所办育才学校募捐,勉仁中学开办展览会募捐时,亦写字相助。国民党教育部令上海法学院上报教务主任名单,批复时指定曹辛汉为教务主任。自此,沈钧儒在上海法学院的教务长职,始在名义上正式结束。(参见沈谱、沈人骅编《沈钧儒年谱》,中国文史出版社1992年版)

　　黄炎培1月2日起草《吾人要把宪政运动迎取抗战最后胜利》播讲稿,于23日在广播电台播讲,后刊于1月5日出版的《国讯》第357期。3日,与张君劢、左舜生等发起宪政座谈会,在迁川工厂举行,到者70余人。6日,陆步青主持国立编译馆,编辑中小学教科书,来征询意见,语以三点:(一)须教今后青年在发展民族意识以外,兼富有世界观念;(二)中学须加强法制知识,在推行宪政、提倡法制之际尤感急需;(三)中、小学课程分量宜减轻,中学更感重要。课文最好多采活页,除必要一部分,可因人因地酌用。27日,以《国讯》旬刊社和宪政月刊社名义在重庆两路口社会服务处召开"宪政讲谈会",研讨"五宪草"(民国25年5月5日国民党所公布之宪法草案)人民之权利与义务问题。30日,参加宪政实施协进会第二次全体会议,提出切实奉行训政时期约法一案,引起与会者的热烈讨论。最后通过办法,交常委会整理后,送请政府办理。31日,至重庆沙坪坝中央大学参加孙中山纪念周。朱经农主席,黄炎培应邀演讲《吾人应如何响应宪政运动》。同月,因邹韬奋去世,对人生问题有所感触,乃与沈钧儒联合发起召开"人生问题座谈会"。所谈者总的为人生观和世界观的问题,而又分为为人的人生观、义务的人生观、现实的人生观、苦与乐诸问题;为《宪政月刊》第2号撰写《愿全国上下尽力奉行约法来练习奉行宪法》。2月13日,在成都参加四川省民主宪政促进会,被邀讲演三点:(一)蒋介石多次讲话,皆说行宪之必要,且特别注重实施;(二)在宪法未公布前,全国上下先实行约法,以养成官吏和人民共同守法之习惯;(三)宪政实施协进会将派员考察各地民意机关情况。同日,应金陵大学校长陈裕光之邀,对学生讲演,希望学生:一、注意新学风运动;二、注意宪政实施运动。同月,自在《宪政月刊》第2号发表《愿全国上下尽力奉行约法来练习奉行宪法》一文后,有驰书表示同情,并征询本案之实施状况者,乃于《宪政月刊》第3号发表在宪政实施协进会中所提之两种文件,以慰读者。

黄炎培3月7日在四川乐山对武汉大学政谈社和法律学会讲演宪政问题。21日,赴嘉陵新村吴铁城家参加宪政实施协进会小组会议,讨论政治结社自由问题。4月4日,宪政实施协进会小组会在孙科家举行,在会上发言,详述知识分子对政府有离心力,坚主开放言论、出版自由。5日,和张志让联名召集第四次宪政座谈,专谈妇女和宪政问题。参加座谈者有史良、罗叔章、曹孟君、韩幽桐等17人。在会上发言,说明妇女在社会上地位之重要以及和宪政之关系。5月1日,《国讯》自367期起改为半月刊。为《国讯》"公言"栏作一文,题为《我们为什么这样努力办国讯?》,重申《国讯》的政治主张如下:"同人对我中华民国主张国权统一,主张民族平等,主张民主政治,主张拥护领导全国抗战之国民政府与最高领袖,并主张偕同同盟友邦于争获抗战最终胜利以后,建设国际公共的力量,以巩固世界和平,增进人类幸福。"3日,与张君劢、章伯钧、沈钧儒、张申府等商改组中国民主政团同盟,去"政团"二字,以便于容纳各无党派民主人士。4日,为经济建设协进会草《急救物价狂涨危机书》脱稿。12日,连同《开发生产较易举办之六项事业建议书》一并缮正送出。17日,访吴铁城,面交4日缮印之建议书二份。即于其家晤张群,略谈解决时局之要点。同日,再作《协助政府促成全国上下尽力奉行约法》。26日,宴请林伯渠、董必武、王若飞,并邀杨卫玉、冷御秋作陪,告以江苏共产党情形,希望改进。

黄炎培6月9日参加参政会驻会委员会第十七次会议,孔祥熙报告财政后,提出质询。13日,和张志让以《宪政月刊》社名义召集第六次座谈会,讨论私人企业和宪政问题。同月,作《中国的民主前途》。7月1日,因第八个"七七"纪念日将届,为文纵论世界战局,谓从第八个"七七"纪念日到第九个或不及到第九个"七七"日,将为日本帝国主义寿终正寝的时期。26日,假交通银行以《宪政月刊》社名义和张志让召集第七次座谈会,讨论《暴日政局剧变后的新趋向》。出席者有陈博生、王芸生、章乃器等20余人。主要讨论7月18日日本东条内阁的倒台问题。同月,作《宪政运动下南洋侨务两大方针》,刊于《宪政月刊》7—8号合刊。8月15日,作《中国国货前途与世界新经济组织》,刊于《国讯》374期。同月,作《国民参政会六年九次大会的客观检讨》,详述历次会议时间、议案件数及重要议案内容。9月15日,作《邹韬奋先生为何如人?》,刊于《国讯》第378期。文中痛惜韬奋先生之死,并详述其为人、做事之可敬、可效法者。又谓邹韬奋所办《生活周刊》之得以风行一时,固由于韬奋先生之文笔清朗流畅,足以吸引广大读者,其工作的精神亦为一般人所不及者有三:(一)《生活》自始至终从未脱期;(二)全部刊物每一个字均经韬奋看过;(三)从不在《生活》以外,为其他刊物写文章。25日,假交通银行用《宪政月刊》社名义召集第九次座谈会,讨论"建国最基本之地方政象刷新问题"。同时,因抗战胜利在望,希望于抗战后人民所渴望之民主制度能够实现,特联合张志让、杨卫玉、冷御秋、江问渔、章乃器、孙起孟、吴蕴初、吴羹梅、陈乃昌、卢作孚等30人发表《民主胜利献言》,对国事提出9点主张,公布于《国讯》和《宪政月刊》,以唤起社会响应,迫使政府实行。11月8日,闻罗斯福第四次当选美总统,特撰一文以贺之,并寄希望于罗斯福者二点:(一)以"公平"原则处理对战败国和盟国相互间的善后问题;(二)支援我国把日本军队彻底驱出中国。同日,在重庆社交大会堂讲演《机关民主化》问题,认为要使机关发生精神力量,须做到下列五点:(1)尊重每个人的人格;(2)虚心访求每个人的意见;(3)尽量利用每个人的能力;(4)万勿藐视低级工作人员;(5)万勿厌恨反抗精神。10日,塔斯社社长普金科邀宴,与杨卫玉、冷御秋同往参加。据悉美将于中国设军事机构,主持作战。12日召集《国讯》社同人研究时局新变化的方向。14日,以《宪政月刊》社名义召集第十次座谈会。讨论中心为《中国应如何运用美国总统罗斯福连任总统后的世界新形势》。发言者有俞颂华、沈钧儒等人。(参见许汉三编《黄炎培年谱》,文史资料出版社1985年版)

李璜继续主持中国青年党四川省党部。1月1日,李璜在成都《新中国日报》发表《宣传民主,推进民权之年》,认为"如果号称民主,而国家大权还是握在一个人或少数人手里,人人只准服从命令,不准说话,此乃是假民主"。2月13日,在慈惠堂出席成都民主宪政促进会成立大会,邵从恩当选为主席,张澜和李璜为副主席。9月19日,中国民主政团同盟在重庆上清寺特园举行全国代表会议,出席代表10人,决议将中国民主政团同盟改组为"中国民主同盟",李璜当选为中央执行委员。增选沈钧儒、李璜、潘光旦为常务委员。11月5日,民盟四川支部在成都慈惠堂成立,张澜主持监选,选举成立民盟四川省支部第一届委员会。李璜为主任委员兼组织委员会主任,张志和、李相符为组织委员,田一平为秘书主任,马哲民为宣传委员会主任,杨伯恺、沈志远为宣传委员,杨叔明为国内关系委员会主任,宋连波为国外关系委员会主任,省支部委员成立时即决定以成都为中心在四川、西康各地建立组织,先后成立了邛崃、南充、江津、内江等10余县分部,全省约有盟员2000人。同月,《民宪》正式由中国民主同盟接办,李璜与张澜、张君劢、沈钧儒、罗隆基、章伯钧、张申府、梁漱溟、左舜生组成编委会。(参见谢增寿编著《张澜年谱》,群言出版社2013年版)

张申府继续在重庆北平图书馆做编纂工作,主编《图书季刊》。张申府的参政员资格虽然已被取消,但他仍积极参加第二次宪政运动,多次在"宪政座谈会"上发表意见,撰文阐述民主、宪政的意义。5月3日,与沈钧儒、黄炎培、张君劢、章伯钧等共商改组中国民主政团同盟事。决定去掉"政团"二字,改为"中国民主同盟"。同日,重庆文化界假百龄餐厅举行茶会,张申府、孙伏园、曹禺、潘子农、吴藻溪、马彦祥、张静庐、沈志远等50多人出席,由张申府主席,会上一致要求取消出版审查制度,杂志出版后再登记;各地军政当局不得禁扣各种书刊及干涉戏剧演出;取消关于剧本的禁令,发还扣押原稿等。当场推举沈志远等6人负责整理各种意见,起草《重庆文化界对言论出版自由意见书》和78人联名的《重庆文化界为言论出版自由呈中国国民党十二中全会请愿书》。23日,与沈钧儒、章伯钧、左舜生、李璜、张君劢6人作东,于章伯钧寓所邀林伯渠、董必武、王若飞晚餐,请黄炎培、翦伯赞作陪。餐毕就目前战局及两党的谈判问题等进行了交谈。6月,作《我们为什么要民主与自由》,刊于9月12日《新华日报》,作者先围绕"我们要民主"从以下7个层面加以阐述:一、因为在根本上,人与人差不多。所以在根本上,所有人都应有差不多的权与责。二、因为国家是大家的,所以国家的事大家都有权过问。大家对国事都负有一种的责任。三、因为要广泛地动员,以至统一心志,团结力量。特别现在在战时,只有广泛动员一切人力物力,统一团结,乃能打赢仗,乃能打败强敌,乃能把惨忍残人的战争赶快收场。四、因为只有民主乃能适应国际已经造成的民主潮流,而与民主的盟国配合。然后乃能立国于斯世。五、因为只有民主乃能容许人人或最大多数人的才力都得到极大量的发展与利用。然后最进步的世界，最快活的人生，人类最高的理想，乃能有实现的可能。六、因为民主最合乎科学，最合于科学法。事情由会议讨论决定，服从多数，尊重少数，都深合乎科学的实验方法。七、因为民主最近于中国天下为公的大同理想，最近于"仁"与"中"的哲学，最近于恕道，最近于讲情理讲理性的风尚。——民主也是有合于哲学的辨与通的。这也是中国真传统之所重。然后围绕"我们要自由"阐述"民主"与"自由"的关系："因为没有自由，民主是不可能的。如果没有言论、出版、集会、结社、身体、居住、职业、思想、学术、学习、研究、讲学，以至免除匮乏，摆脱恐惧，不至赋闲的自由，前说种种必都作不到。"继之分别阐述"我们要自由"的内容：一、我们要言论自由。二、我们要出版自由。三、我们要集会自由。四、我们要结社自由。五、我们要身体、居住、职业自由。六、我们要思想自由。七、我们要学术自由。八、我们要学习、研究、讲学自由。九、我们自然也要免除匮乏、脱掉恐惧，以及不至赋闲的自由。9月19日，中国民主政团同盟召开全国代表大会，决定将中国民主政团同盟改名为"中国民主同盟"（简称"民盟"），张申府被选为中央常委兼文化工作委员会主任，兼华北总支负责人。（参见郭一曲《现代中国新文化的探索——张申府思想研究》及附录一《张申府年谱简编》，广东人民出版社2002年版；雷颐编《中国近代思想家文库·张申府卷》及附录《张申府年谱简编》，中国人民大学出版社2015年版；吴永贵《民国图书出版史编年：1912—1949》，社会科学文献出版社2018年版；文天行编《国统区抗战文艺运动大事记》，四川省社会科学院出版社1985年版）

张君劢1月3—5日在成都《新中国日报》发表《人民基本权利三项之保障——人身自由、结社集会自由、言论出版自由》。3日午后2时，张君劢、左舜生、黄炎培、沈钧儒、章伯钧、王造时、张志让等60余人发起的宪政问题座谈会在江家巷迁川工厂联合会大礼堂举行，除发起人之外，各界人士参加的有邓初民、郭春涛、董必武、史良、刘王立明、刘清扬、罗叔章、张晓梅、张云川、屈武、周谷城、张申府、宋杰人、何公敢、孙亚夫、闵刚侯、沈志远等60余人。左舜生主席，致开幕词。继起张君劢等12人发言。夜，左舜生邀餐，张君劢、沈钧儒、董必武、王造时、刘清扬、张云川、葛则诚、张志让等应邀参加。15日，在《东方杂志》第40卷第1期发表《英国大宪章提要》。30日，出席宪政实施协进会第二次会议，并向会议提出了保障人民三项基本权利一案，决议通过，交常会办理。3月2日，作《轴心同盟之怪状》，刊于《再生》第89期（此一期未能按期出版）。5日下午2时，宪政座谈会在江家巷迁川大厦举行，邵力子、梁寒操、左舜生、张君劢、沈钧儒、张申府、董必武、刘清扬、史良等50人参加，张君劢主席。21日夜，宪政实施协进会小组会议在嘉陵新村6号吴铁城家召开，讨论张君劢所提政治结社自由问题。吴铁城、张君劢、黄炎培、董必武、孙科、左舜生、莫德惠、李中襄、洪兰友、邵力子、雷震等出席。26日，作《确立中华民国对于四强系统之关系及其地位》，刊于5月16日《民宪》创刊号即第1卷第1期。

张君劢4月4日夜和董必武、孙科、吴铁城、邵力子、王世杰、王云五、左舜生、黄炎培、莫德惠等人出席在孙科寓所举行的宪政实施协进小组会议，讨论关于知识分子对国民党政府的不满问题，主张开放言论出版自由。6日，王世杰在孙科宅与张君劢、左舜生、董必武、黄炎培等诸参政会员商讨改进检查图书办法等问题。王世杰主张图书审查制度首须改革或废撤。15日，张君劢在《东方杂志》第40卷第7期发表《现代宪政之背景》。16日午后，张君劢、左舜生等在迁川工厂召集宪政座谈会。黄炎培即席制成总统及五院人员产生及职权表，就宪草中间指出若干问题。21日夜，张君劢、左舜生、董必武招餐特园。30日，张君劢在《再生》第94期发表《英美法德日俄六国制宪由来及宪政实现之要件》《人民基本权利三项之保障》《国超儿自沪至渝日记跋》3 篇文章。5 月 2 日,出席宪政实施协进会第六次常会,会商各方对宪草意见。夜,出席黄炎培、王云五、莫德惠的招待会。出席者还有孙科、吴铁城、邵力子、左舜生、傅斯年、张厉生、褚辅成、董必武。3 日下午,赴左舜生家,与张澜、左舜生、黄炎培、章伯钧、沈钧儒、张申府等商改中华民主政团同盟,去"政团"二字,改名为中国民主同盟,以容纳各党分子。4 日夜,出席孔祥熙的家宴,与会者还有王云五、温源宁、左舜生、莫德惠、邵力子、黄炎培、蒋经国、宋子良、王正廷、杭立武、董显光、董必武等。与会者叙谈商民怨苦、物价狂涨、前途莫大危机等问题。14 日,出席宪政座谈会,孙科讲宪政。出席会议的还有沈钧儒、黄炎培、董必武、李璜、张志让、张申府、史良、左舜生等 300 余人。16 日,在左舜生家,与左舜生、李璜、黄炎培、章伯钧、沈钧儒、张申府及郑贞文、刘泗英共商谈。同日,由左舜生任编辑和发行人的《民宪》半月刊在重庆信义街 39 号正式创刊发行。在创刊号即第 1 卷第 1 期上,张君劢发表《确立中华民国对于四强系统之关系及其地位》。23 日夜,与左舜生、章伯钧、沈钧儒、李璜、张申府 5 人作东在章伯钧家宴请林伯渠、董必武、王若飞,黄炎培、翦伯赞作陪。餐毕,就目前战局和国共两党谈判问题进行交谈。30 日,作《印度哲学家罗达克立希纳学案》。31 日,在《民宪》第 1 卷第 2 期发表《大爱国心》一文。

张君劢 6 月 14 日作《决战年之一致团结》。15 日,在《民宪》第 1 卷第 3 期发表《建国目的之政治休战》。19 日,在重庆信义街与黄炎培、左舜生谈时局。毕,送黄炎培回家。午后,黄炎培来访,张群、吴达诠、左舜生、沈钧儒、史良、张肖梅(中国银行经济研究室主任,张禹九夫人,张君劢的弟媳)等 8 人共谈时事。24 日 9 时,宪政实施协进会第七次常务会,孙科主席,讨论:(一)王造时提出《迅速健全临时民意机关人选并提高其职权案》。(二)张君劢提《扩大国民参政会职权案》,分别赞否并交小组会议。(三)张志让《保障言论自由案》等。29 日,作《华莱士东来与美国外交政策之关系》。30 日,在《民宪》杂志第 1 卷第 4 期发表《决战年之一致团结》。7 月 15 日,在《东方杂志》第 40 卷第 13 期发表《印度哲学家罗达克立希纳学案》。16 日,在《民宪》第 1 卷第 5 期发表《华莱士东来与美国外交政策之关系》。17 日,作《联合国家中的治国与乱国》。31 日,在《东方杂志》第 40 卷第 14 期发表《国际会议中之战后世界教育方针》。8 月 15 日,在《民宪》第 1 卷第 6 期发表《联合国家中的治国与乱国》。9 月 5 日上午,出席在重庆国民政府军事委员会礼堂举行的第三届国民参政会第三次会议开幕式,并接受《新华日报》记者采访。

张君劢 9 月 10 日在《民宪》第 1 卷第 7 期发表《塞班战役与德国战局》。16 日晚 7 点,蒋介石在军委会大礼堂宴请参政会参政员,张君劢、张伯苓、莫德惠、吴贻芳、李璜、王世杰、王宠惠、江庸、张难先、张澜、黄炎培、冷御秋、褚辅成、左舜生、林伯渠、王云五、胡政之、董斌、章士钊、达浦生等 170 余人出席。18 日上午,第三届国民参政会第三次会议举行第十八次大会,张君劢再次当选为驻会委员。下午,国民参政会第三届第三次会议举行第十九次会议,闭幕。19 日,中国民主政团同盟在特园召开全国代表大会,会议决定"中国民主政团同盟"改名为"中国民主同盟"(简称民盟),由团体会员制改为个人参加,吸收无党派人士参加,壮大民主运动,增强第三方面力量。会议通过了《中国民主政团同盟纲领草案》。会议选举了张澜等 30 人为中央委员。张君劢被选举为中央常务委员和国际关系委员会主任。在左舜生的操纵把持下,所有议程一天内匆匆全部通过。21 日上午 9 时,出席宪政实施协进会第四次全会。25 日,与宋庆龄、于右任、林祖涵、许德珩等 72 人发起"邹韬奋先生追悼大会"。10 月 15 日,作《国共问题公开报告以后》。20 日,在《民宪》第 1 卷第 8 期发表《征途百里之最后十里》。古语"行百里者半九十",强调"做事"之最后阶段之重要性。11月7日,作《威尔斯氏政治思想及其近作人权宣言》。12日,在《民宪》第1卷第9期发表《两时代人权运动概论》。14日,写成《邱吉尔民主政治标准七事释义》。17日,与国民参政会同人致电美国总统罗斯福。同月开始民盟接手左舜生主办的《民宪》杂志,由张君劢、张澜、罗隆基、沈钧儒、李璜、梁漱溟、章伯钧、张申府、左舜生等组成编委会。(参见李贵忠《张君劢年谱长编》,中国社会科学出版社2016年版;翁贺凯编《中国近代思想家文库·张君劢卷》及附录《张君劢年谱简编》,中国人民大学出版社2014年版)

余家菊8月在《民宪》第1卷第6期发表《论教育上之物力与人力》谓"为今之计,对于教育事业,应分为负责经营与力为奖助之两大类。政府当负责经营者,计有两种:即学术之促进与国民教育发展是。其余则一概列入极力奖助之列"。9月10日,《教育之生命》刊于《民宪》第1卷第7期。文中开篇即云:"教育之生命安在? 曰:培育学生向上之真实意志是矣;简言之,即培育学生之为善诚意。就社会之观点言,教育之机能在维持社会已有之文化而发展之;就学生之观点言,教育之机能在培育学生使其汲取社会之已有文化而更促进之。文化之特征维何? 处于獉狉状态而安心焉,不能谓为有文化。处于灿烂境地而停滞焉,亦不得谓为有文化。文化之所由构成,实由于不断的向上进取。故文明人之本质在自强不息,在日新其德。"秋,出席民主同盟在重庆召开的全国代表大会。是年前往成都出席青年党中央委员全体会议。12月,在《民宪》第1卷第10期发表《论今日习气之由来及其救治法》。(参见余子侠、郑刚编《中国近代思想家文库·余家菊卷》及附录《余家菊年谱简编》,中国人民大学出版社2013年版)

沈志远继续任生活书店总编辑,并主编季刊《理论与现实》。5月3日下午,出席在百龄餐厅举行的重庆文化界人士茶会,商讨关于言论出版自由等问题。"到会有孙伏园、张申府、曹禺、潘子农、吴藻溪、张静庐、马彦祥、沈志远等五十多人……一致同意取消审查制度;杂志先行出版,再行登记;各地军政当局不得禁扣各种书刊及干涉出演戏剧,取消过去对若干剧本的禁令,以前被扣原稿应予发还等意见。当场推定沈志远等六人负责,整理各组意见,并起草重庆文化界对民主文化意见发表告全国同胞书及致国民党十二中全会要求取消新闻图书杂志戏剧演出审查制度函,向当局和社会发出呼吁。"以救国会成员身份经沈钧儒、马哲民介绍参加民盟。11月,中国民主同盟成立,沈当选为民盟四川支部委员。(参见田本相、阿鹰编著《曹禺年谱长编》,上海交通大学出版社2017年版)

刘仲容时任国民党军队副总参谋长白崇禧的高级参谋。秋,刘仲容动员侯外庐参加"中国民主革命同盟"。侯外庐《韧的追求》(生活·读书·新知三联书店1985年版)回忆:"我把这件事告诉了徐冰。不久,徐冰、张友渔先后来找我,授意我把工作的重心转移到城里搞统战,正式参加'中国民主革命同盟'。"张友渔"还明确告诉我,根据周恩来同志的意见,我参加这个组织的任务是'帮助进行学习'"。同时加入的还有阳翰笙、沈志远,侯外庐不久即成为核心成员,"这个组织的成员,绝大多数都是著名的社会活动家,象我这样纯书生的核心成员,似乎是绝无仅有的"。该组织后期发展的一些科学家,后来成为"九三学社"的骨干。(参见杜运辉《侯外庐先生学谱》,中国社会科学出版社2013年版)

陶行知编著《育才学校手册》1月由时代印刷出版社出版。其时育才学校有任课导师34人,其中有留学经历者4人。3月,动员育才全体师生去光铁坡农场开荒生产以自救。同月19日,陕甘宁边区教育厅为纪念陶行知生活教育运动17周年举行边区国民教育座谈会。座谈会建议除完小仍由政府办外,其余普通小学要大力提倡民办。4月,育才学校重庆办事处在管家巷28号成立。5月，派员前往重庆难童收容所、保育院等单位选拔学生。7月，陶行知为纪念育才学校创办5周年作《从五周年看五十周年》的讲演。他总结育才学校的优良传统，并根据时代的需要，提出育才学校应加强几样大的学问：一、在战时，"要加重军训""军训要教真武艺"。二、在平时，尤其在战时，每一个学校应该是一个生产体。"要伸出双手来作生产劳动""要学习自食其力"。三、"学习科学，帮助创造科学的新中国。"四、学习民主，帮助创造民主的新中国。"学习怎样做中华民国的主人。"9月18日，陶行知怀念生死与共的患难战友邹韬奋，一天内写成《追思韬奋先生》《韬奋先生挽歌》《怀念邹韬奋先生》等。26日，与宋庆龄、于右任、孙科、冯玉祥、郭沫若、柳亚子、马寅初等72人联名发起"邹韬奋先生追悼大会启事"，发表于《新华日报》。10月1—12日，中国民主同盟在重庆召开第一次全国代表大会，当选为中央执行委员、中央常务委员，并任民主教育委员会主任。12月5日，在育才学校武训先生诞辰纪念会上，阐述武训精神。次日，《新华日报》（重庆）以《谈武训精神》为题刊出，强调要以武训"三无""四有"精神去"继续为穷人的教育事业奋斗"。16日《创造的儿童教育》一文刊于重庆《大公报》。文中指出教育是要在儿童自身的基础上，过滤并运用环境的影响，以培养加强发挥其创造力，而培养儿童的创造力，就要解放孩子的头脑、双手、嘴、空间和时间。冬，鼓励并帮助育才戏剧组学生张本治创作四川方言剧《嘟格办》，并于写成后在重庆公演。是年，与沙千里、周竹安筹建大孚出版公司。（参见余子侠编《中国近代思想家文库·陶行知卷》附录《陶行知年谱简编》，中国人民大学出版社2015年版；中央教育科学研究所编《中国现代教育大事记1919—1949》，教育科学出版社1988年版）

吴稚晖1月被国民政府授予一等卿云勋章。3月，国民党中央及蒋介石发来贺词，为其祝寿。张静江、李石曾联名在美国纽约设立"稚晖大学"，以表彰其在推动海外中国大学建设方面的贡献。5月，教育部在全国推广吴氏指导所撰注音符号歌。同月，《说文月刊》第4卷合订本《吴稚晖先生八十大庆纪念号》出版，刊发《释丑（上）》，文前题："为吴先生八十寿征文，初拟题目《居延汉简中之钱与泉》，继别改他题。内中古字过多，势难排印。（卫）聚贤先生来函云：'如影印或石印，应易纸张，即此一文，须费三万余元。'嘱仍撰前题。时期忽迫，适草此文方毕，即以应之。遇有古字及须摹入古器物铭文处，尽量减削，甚有古字不宜以今体写者，亦勉强改写，虽非余意，处今日印刷困难之时，亦无可如何也。"《说文月刊》第4卷合订本《吴稚晖先生八十大庆纪念号》汇集了王献唐、丁惟汾、孔德成、马衡、商承祚、陈万里、刘敦桢、郭宝钧、钱穆、徐中舒、冯汉骥、贺昌群、罗香林、顾颉刚、陈梦家、柳诒徵、郑鹤声、黄文弼、傅振伦、皮高品、郑德坤、闻宥、姜寅清（亮夫）、孙次舟、李根源、蒋秉南（天枢）、蒙文通、吴其昌、朱希祖、郭沫若、金毓黻、刘节、陆侃如、冯元君、罗根泽、常任侠、方豪、丁山、刘铭恕、郭廷以等众多名家文章。是年，吴稚晖所著《上下古今谈》再版，为之作重版序，并仿照《陋室铭》，作《斗室铭》以自娱："山不在高，有草即青。水不厌洁，有矾即清。斯是斗室，无庸德馨。谈笑或鸿儒，往来亦白丁。可以弹对牛之琴，可以背鼯鼯之经。耸臀草际白，粪味夜来腾。电台发癫团之叫，茶客摆龙门之阵。西堆交通煤，东顾扫荡盆。国父云：阿斗之一，实中华民国之大国民。"（参见金以林、马思宇《中国近代思想家文库·吴稚晖卷》之《导言》及附录《吴稚晖年谱简编》，中国人民大学出版社2015年版；张书学、李勇慧《王献唐年谱长编》，华东师范大学出版社2017年版）

戴季陶继续以礼学权威的身份主导礼制建设，但陈立夫、顾毓琇等人悄然另行其道。1月，礼乐馆重新拟定了《中华民国礼制草案》总纲的条文，呈请蒋介石审核。新条文总计14条，着重说明制礼的目的与基本信条，礼的"四仪""四宜""六事""七用"以及政教人员的责任等,较之过去的"总纲"10条,虽条目数量有所增加,但内容更为简洁、完整。14日,教育部将其拟出的20条典礼音乐制作原则单独报请蒋介石审核。24日,教育部完成了《中华民国礼制草案》部分内容的修订,并请戴季陶审阅。2月初,教育部向行政院呈称,《中华民国礼制草案》是根据戴确定的原则和蒋的指示拟订而成,除了军礼与外交礼节以外,其余部分"均较内政部及礼乐馆商定之《礼制草案》更为详尽";该部已审查完成内政部《礼制草案》,现呈送相关审查意见与《修正礼制草案》;在蒋已命戴主持"制礼工作"全局的情况下,请行政院定夺是否还有必要再单独审查内政部《礼制草案》。10日,教育部向蒋介石汇报礼乐馆工作的进度及成绩,从礼乐不可分制的角度强调礼乐馆的角色与地位。不久,礼乐馆将其修订后的《中华民国礼制草案》编印成册,名为《北泉议礼录》,然而,该馆在编印此书的事先与事后均未告知戴季陶。当时陈立夫、顾毓琇等教育部要人与戴季陶的关系若即若离,甚是微妙。

戴季陶3月12日约请周钟岳、贾景德、陈立夫、狄君武、顾毓琇等人,拟用4天时间共同审读《中华民国礼制草案》全稿。下旬,从戴季陶给陈立夫的信来看,当时礼制草案已"六易稿",但未成定稿,且"总纲"部分仍需斟酌。23日,《中华民国礼制草案》的修订期限将至,但实际的修改工作远未完成。戴季陶不得不致函陈布雷,说明修改礼制的难度与进度,并委托陈向蒋介石转达再"宽假百日"的请求。陈虽不认为考试院有制礼之职责,但也同情戴的境遇。他向蒋汇报称,戴所撰的礼制初稿"实属精心研究,一字不苟",但要全部完成,还需延期4个月,"于七月底呈阅"。4月,蒋同意以陈布雷的名义回复戴,希望其在7月底呈核。在蒋看来,"家世愈艰而礼法不可不饬"。5月,在举行的国民党五届十二中全会上,戴季陶意外见到教育部印行的《北泉议礼录》,事先却未得到任何相关消息。他深感此书骤然印行问世,实为轻率,但也无可奈何。戴季陶又转念一想,现代"百事皆非民主化不可",制礼也应如此,索性将礼制草案"付诸世间公开讨论,或者集思广益,能得一些好处"。因此,他决定将其阅读古代礼仪经典的札记及相关信函、呈文等汇集成册,名为《学礼录》,作为制礼者的参考资料。约在7月底,戴季陶将第二次修订过的《中华民国礼制草案》呈蒋介石审核,而蒋对该草案迟迟不表态。罗香林后来回忆称,该草案呈审后不久,他隐约听闻蒋对其丧礼部分"未惬",故"留中未发"。可以想到,蒋原本希望新的礼制将丧期缩短,但见该草案不仅没有依照指示拟定相关条文,反而还将夫妻之丧的丧期由一年增加为三年,自是不满。至少在丧礼制度上,蒋介石的文化权威不足以令戴季陶信服。6月,获准辞去"三民主义丛书"编纂委员会主任委员一职。8月上旬,应蒋介石之邀,往黄山小住数日。

按:蒋介石对《中华民国礼制草案》虽有不满,一时搁置,但并未弃用。1945年夏,其通过行政院命礼乐馆限期审定该草案。后因复员、还都等事,礼乐馆没能及时依令行事。1946年年底,该馆召集会议,加紧审定这一草案。而此时,国共两党斗争激烈,战火硝烟迭起,而制礼作乐已成无关大局的边缘事务。1948年,礼乐馆被撤销,其礼制审订不了了之,"北泉议礼"之成果化作历史尘烟。数年后,作为此次"议礼"执笔者的罗香林叹称:"礼制终缺,与有责焉。"(参见桑兵、朱凤林编《中国近代思想家文库·戴季陶卷》及附录《戴季陶年谱简编》,中国人民大学出版社2015年版;李俊领《威权与"治法":1943年国民政府的礼制建设及其挫折》,《北方论丛》2020年第5期)

邵力子继续任国民参政会及宪法促进委员会秘书长。2月15日,中华全国戏剧界抗敌协会在文化会堂召开戏剧节纪念大会,邵力子、梁寒操、郭沫若、顾毓琇、潘公展、黄少谷、洪深、罗学濂、马彦祥、周伯勋、夏衍、宋之的及美国新闻处总编辑华思等共200多人出席。21日,中国国民党中央执行委员会第二四九次会议通过,委任邵力子为宪章起草宣传指导委员会委员。4月16日,"文协"在文运会举行6周年纪念会,到150余人,邵力子主席,老舍报告会务,略述了文协年来以每月2000元之经费处置全国会务的拮据情形。胡风在会上宣读了"文协"理事会推举5位理事商讨要点由研究部执笔草成的参考论文《文艺工作底发展及其努力方向》。17日,文艺界假百龄餐厅为老舍从事创作20周年举行纪念茶会,座无虚席。主席邵力子致词说:今日参加茶会人士的踊跃,足以证明社会对于舒先生敬慕之忱,与企望之重。在座有左邦人士、有民间艺人,所以舒先生真是"蜚声海外,深入民间"。我们既庆贺他过去20年创作的成绩,也希望今后20年、40年能更多读到老舍的创作,贡献民族人群,就其盼望文艺界人士都能效法舒先生以文艺创作为终身事业,矢志不贰。(参见文天行编《国统区抗战文艺运动大事记》,四川省社会科学院出版社1985年版)

　　王世杰1月获一等景星勋章。3月28日,向蒋介石汇报出访情况。向时任行政院副院长兼财政部长的孔祥熙汇报英、美借款事宜。4月6日,与立法院长孙科及国民参政会的左舜生、董必武、黄炎培等商讨改进检查图书杂志等问题。10日,在国民党中央、国民政府举行的总理纪念周上报告访问英国情况。14日,与国民政府军事委员会副总参谋长白崇禧商谈有关把盛世才调离新疆问题。24日,蒋介石约谈新疆问题。25日,拜访苏联大使潘友新。5月2—11日,与张治中以国民政府代表身份同赴西安,在第十八集团军办事处与中共代表林伯渠举行会谈,磋商中共军队改编数额、中共合法地位等问题。12日,电告重庆方面与中共代表林伯渠会谈情形及要点。17日,乘飞机回到重庆。20日,出席国民党六届十二中全会。6月5日,与中共代表林伯渠举行会谈,互换提案。10日,为蒋介石拟具与美国副总统华莱士谈话的要旨。11日,到中央大学演讲《中国教育上的几个问题》。18日,在新疆首府迪化迎接来华访问的美国副总统华莱士。19日,陪同华莱士参观新疆女子学院。20日,同华莱士一行飞抵重庆。7月3日,接到林伯渠口头转达中共对于6月5日国民党提示案的意见。10日,为改进中苏关系给蒋介石呈报签呈。13日,向蒋介石呈报新"国联"约章草案。15日,蒋介石约谈中国参加华盛顿国际组织会议事宜。

　　王世杰8月19日向蒋介石呈报关于国际安全组织投票问题的分析意见。22日,致函侍从室第二处主任陈布雷,提出对于世界和平机构会议中方节略的意见。9月14日,与蒋介石商定,推选冷御秋、胡霖、王云五、傅斯年、陶孟和等人组成视察团前往延安视察。18日,毛泽东致电林伯渠、董必武,邀请王世杰等人来延安。19日,偕何应钦、张治中等与美国总统特使赫尔利商讨国共和谈问题,议定《协议之基本条件》5条,由赫尔利与中共磋商。10月11日,与美国赫尔利将军会谈中共问题。11月3日,与赫尔利再度磋商中共问题。4日,与蒋介石谈赫尔利参访延安事宜。10日,出席蒋介石召集的会议,商讨国民党对其他各党派的立场。11日,收到赫尔利从延安带来的毛泽东签字的新的五点协议。20日,国民党中央党部常务委员会决议:王世杰复任国民党中央宣传部长。21日,与张治中将协议修正案交给赫尔利,并做最后的商讨。22日,上午在赫尔利重庆寓所与中共代表周恩来、董必武会谈,下午陪同周、董会见蒋介石。24日,被推举为北平故宫博物院代理理事长。12月1日,王世杰前往国民党中央宣传部就职。在第二任就职典礼上说:"我们中央宣传部的主管工作,都是求新求速的工作,就等于运动场上的快速接力跑,当初我交出去一棒,现在又轮到我再接下一棒了。"王世杰复任国民党中央宣传部长后,提出三点宣传方针:(1)放宽新闻之检查;(2)关于中共问题,力求相互攻击之停止,造成较为宁静空气,以利政治解决;(3)倡导中苏亲善之舆论。18日,被蒋介石约见,续商中共问题。蒋要求王世杰提出新方案。21

日,提出新方案,得到蒋介石的认可。(参见薛毅《王世杰传》及附录《王世杰生平大事年表》《王世杰著述目录》,武汉大学出版社 2010 年版)

梁寒操继续任中国国民党中央宣传部长。2 月 15 日,与邵力子、郭沫若、顾毓琇、潘公展等出席戏剧节。4 月 10 日,国民党第五届中常委会第二五一次会议通过:1. 准予叶楚伧辞去出版事业管理委员会主任职务;2. 出版事业管理委员会改组为事业机构,并交由中宣部统辖。4 月 25 日,中宣部到该委员会接收竣事。嗣后,凡有关全国出版事业之指导,各种刊物杂志之调整,每月出版会报之主持,出版业同业公会之管理及党团机关文化用纸之分配事宜,均归宣传部办理。4 月,国民党中央出版事业管理委员会编的《出版法规汇编》由正中书局出版,"凡党政军机关制颁之各项出版法规与解释现行有效者,均搜集编入"。5 月 15 日,中央出版事业管理委员会邀集中央及重庆各运输单位举行会议,目的是使书刊能畅销各地,以解决书荒问题。20 日,国民党中央出版事业管理委员会制订了关于出版节约的三条办法;1. 选用稿力求慎重,以印刷科学、工业及抗战有关者为原则;2. 付印稿件紧缩字数;3. 排版技术力求经济,缩短天地头,加紧行数,并省去题字与序文。同月,梁寒操、潘公展、甘乃光、张铁君、陶百川等在重庆当选为新成立的三民主义学会理事。7 月 12 日,生活书店等 29 家出版社向国民参政会送文《出版业为文化危机向参政会的紧急呼吁》,并用呈文形式,上报国民政府行政院和国民党中央宣传部。呼吁书上报后,即送各报纸发表。本年度《申报》关于重庆言论出版自由问题,有三次报道,汇录如下:8 月 5 日《申报》,渝文化界要求言论出版自由;9 月 19 日《申报》,渝检查报纸,钳制舆论;12 月 14 日《申报》,渝方取缔厌战书籍。其中 9 月 19 日《申报》所载谈到本年 4 月,渝宣传部长梁寒操对中外记者发表谈话,承认国民党审查制度,在技术上有缺点,甚至错误,并宣布放宽尺度。11 月 5 日,中国著作人协会在广播大厦成立。张道藩报告筹备经过,梁寒操致词。20 日,国民党中央党部常务委员会决议:王世杰复任国民党中央宣传部长。

按:8 月 5 日《申报》,渝文化界要求言论出版自由:(中央社讯)渝方于本年五月十二日举行五中全会时,曾就英美攻击渝方之独裁化一点,提出讨论。为博其欢心起见,会后曾发表称,渝方此后对于新闻通信及言论出版之检阅制度,将加以缓和,并以此大事宣传。渝方以战时为借口,其极端抑压舆论,早为国内所非难,尤以一般大学校教授并作家之辈,因此忍气吞声,生活为难,引起所谓"文化之危机",酿成莫大之社会问题。兹据此间获悉,确实情报,共党所设之通讯社"新华社",于最近无线电播音中,曾就渝方缓和检阅言论一点,揭穿其内幕称:此次举行十二中全会时,代表重庆文化界之郭沫若、洪深、老舍、茅盾、曹禺等七十八名,曾联名指摘当局压迫言论界之非,并向全国发出痛烈之通电,于十二中全会提出强硬之请愿文。此事虽经渝方禁止发表,但衡阳之《大刚报》,成都之《新中国报》,及各大学校之特刊杂志,曾一齐加以揭载,并引起大反响与声援云。该项通电中称,七年以来,于言论出版、学术研究、戏剧公演等之际,当局辄以"不合国情""不合抗战要求"等理由而加以禁止抑压,类如此种灾厄不遑枚举。当局之抑压言论出版之自由,已达极点,此不仅可阻碍抗战建国,且可阻碍一国文化之发展,故提出下列五条:(一)取消图书杂志,及戏剧公演审查制度。(二)杂志于出版同时申请登记,于登记发行以前,亦可邮递。又业已发行者不得无故取消其登记证,或停止其发行。(三)出版后不得不经法律手续而禁止其发行,各地军政当局不得禁止出版及干涉演剧。(四)训令地方当局,严守法令,以保障言论出版之自由。(五)过去经抑留之一切戏剧并著作,凡不违反抗战建国及民族利害者,均返回其原稿,解除禁止命令。上项五条要求,即系郭等所提出者,而共党机关通讯社之加以暴露者,当此国共两党妥协,交涉难以接近之秋,亦殊有兴味也。

按:9 月 19 日《申报》,渝检查报纸,钳制舆论:本月十二日《解放日报》之《言论自由之后》之社论,言词乃攻击渝方言论自由问题。本年四月,渝宣传部长梁寒操对中外记者发表谈话,承认国民党审查制度,在技术上有缺点,甚至错误。并宣布放宽尺度,至五月间,国民党十二中全会宣告对公正之舆论,其言论应为揭发事弊,宣达民隐,并通过改进出版检查要点一案,局部废止事前送检,迨至六月公布审查办法,及禁载标准,和木板审查规则,由于国民党宣布禁载之解释,此项条例主要内容,不以论述军事政治外交为目的之杂志,则由著作发行人自行审查,并仍负法律上之责任。且可在出版后再行查禁,其禁载标准,重要者有:一、违背立法最高原则者的解释,挑拨各民族之团结者,鼓吹侵略主义者,鼓吹法西斯主义。或阶级独裁理论者,鼓吹私人□□者,危害国家及破坏公共秩序者。二、妨害本国及友邦信谊,或同盟国团结者等。其解释上已有规定之种种办法,因在条例之本身弊病颇多。此足谓国民党之独裁表现。例如各每日出版之报章,在五月份未刊出或被删去之社论外论及消息等,而已被发刊之部分,共有三十三篇,其中包括主张民主团结者共十二篇,其余则包括各党派等等,而渝立法院长孙科,在国民中央训练团所发表演说论文,亦未刊出。此外在本月十五日美籍记者批评林语堂之言论,词句荒谬,而外报讯亦未刊出。如此严重情形,何以能言之为言论自由。(参见文天行编《国统区抗战文艺运动大事记》,四川省社会科学院出版社1985年版;吴永贵《民国图书出版史编年:1912—1949》,社会科学文献出版社2018年版)

潘公展继续任国民党中央图书杂志审查委员会主任、中央文化运动委员会副主任。1月,胜利出版社开始编印潘公展、印维廉主编的"中国历代名贤故事集"。第一辑为"民族伟人",收录有吴晗编著《明太祖》(1946年2月)、朱焕尧编著《汉武帝》(1945年2月)、钱穆和姚汉源编著《黄帝》(1946年2月)、黎东方编著《孔子》(1946年2月)、顾颉刚编著《秦始皇帝》(1946年2月);第二辑为"历代贤豪",收录有罗尔纲编著《洪秀全》(1944年4月)、卫聚贤编著《勾践》(1944年5月)、郑鹤声编著《郑和》(1945年1月)、潘公展编《陈其美》(1947年4月)等;第三辑为"学术先进",收录有杨杰编著《孙武子》(1944年2月)、张默生编著《老子》(1944年3月)、方豪编著《徐光启》(1944年6月)、吴其昌编著《梁启超》(1944年7月)、李长之编著《韩愈》(1945年3月)、苏渊雷编著《玄奘》(1946年5月)、许寿裳编著《章炳麟》(1946年5月)等。4月9日,重庆《大公报》载,潘公展、印维廉两氏主编之《中国历代名贤故事集》共40余种,均系国内专家学者执笔。27日,国民政府修正公布《著作权法》。5月25日,国民党第五届中央执行委员会第十二次全体会议通过《改进出版检查制度案》。6月15日,《出版界》1卷5期发表社论《著作家出版家与图书馆的联系》,指出三者应经常沟通讯息,加强联系。20日,国民政府公布了由国防最高会议第一三八次会议通过的《战时出版品审查办法及禁载标准》。7月3日,国民政府公布修正《中央图书杂志审查委员会组织条例》。8月,中央图书杂志审查委员会颁发《修正图书杂志剧本送审须知》。9月5日,国民政府修正公布《著作权法施行细则》。21日,在孙科、王世杰主持的宪政实施协进会上,通过了《改善书报检查办法》。10月20日,中央图书杂志审查委员会公告《妨害风化作品解释事项》。10月24日,国民政府行政院颁发《省市图书杂志审查处暨审查专员办事处组织规程》。11月4日,中央图书杂志审查委员会在重庆召集书业界谈话。

潘公展等11月5日在重庆召开"中国著作人协会"成立大会,大会通过了关于组织工作、稿费、著作人权益等议案多件。潘公展任国民党图书杂志审查委员会主任之后,审查图书非常严酷,引起各民主党派、各人民团体及文化界的极度不满,致使他声名狼藉。他为了挽回其失败的影响,就以国民党文化界头面人物为中心来组织一个所谓"著作人"协会。会议通过的主要议题有:1. 策动全国著作人响应从军运动;2. 制定最低版税,一律15%起,提高稿费,以千字斗米为标准;3. 请政府保障著作人权益及著作人贫病与生命保险等。大会选出潘公展、张道藩、老舍、鲁觉吾、印维廉、巴金、洪深、徐蔚南、茅盾、胡一贯、陈立夫、冯友兰、李辰冬、袁哲、程天放、梁寒操、马彦祥、顾颉刚、王平陵、孙伏园、徐仲年、谢冰心、曹禺、姚蓬子、王芸生、王云五、郭沫若、胡秋原、夏衍、王新命为理事,赵清阁、孙本文、沈尹默、汪东、史东山、阳翰笙、张铁君、洪兰友、陈望道、叶溯中、徐悲鸿、季灏、卢于道、张其昀、姚苏凤为候补理事,刘百闵、简又文、顾一樵、陶百川、竺可桢、成舍我、胡健中、赵兰坪、欧阳予倩为监事,王星拱、金兆梓、谢冰莹、陈铨为候补监事。会上,洪深要求取消国民政府颁发的图书戏剧审查制度,未果。夏衍、阳翰笙、洪深、马彦祥等退出会场,以示抗议。6日,《中国著作人协会成立宣言》对外公开发表。7日,潘公展谈新订图书审查办法规则执行三个月来的情况,潘公展指出有如下 4 个方面的特点:(一)逐渐废除事先审查;(二)法律责任分明;(三)禁载标准 12 条注释简明;(四)著作人对各审查决定可向上级机关申述。潘公展还谈到当前出版界的困难:(一)书刊寄递难,寄费高;(二)出版品成本高,较战前加五十倍亦难维持。8日,阳翰笙声明退出著作人协会。16日,重庆《大公报》广告,胜利出版社为庆祝中国国民党建党 50 周年,特请潘公展主编《五十年来的世界》《五十年来的中国》。重庆总经售处:文信书局。(参见吴永贵《民国图书出版史编年:1912—1949》,社会科学文献出版社 2018 年版;张大明《阳翰笙年谱》,《抗战文艺研究》1984 年第 3 期;王学典《20 世纪史学编年(1900—1949)》,商务印书馆 2014 年版;文天行编《国统区抗战文艺运动大事记》,四川省社会科学院出版社 1985 年版)

张道藩时任中央文化运动委员会主任。7月7日,《新民报》载:"七七"前夕,文艺界假文化会堂举行献金晚会,200 余人到会。"文协"代表老舍、张道藩等参加了晚会。10月20日,中华全国文艺界抗敌协会理事会商讨援助贫病作家,特别是桂柳撤退之贫病作家,该会拟建作家之家,并将《抗战文艺》稿费提高至千字 500 元,张道藩也召集本市新闻出版各界商讨办法,救济委员会已拨 50 万元为桂来重庆之旅费。中华全国文艺界抗敌协会于本年 7月发起募集的援助作家基金至 11 月下旬,已收捐款 200 余万元,至 12 月底,文协宣布援助活动结束。11 月 5 日,中国著作人协会在重庆召开成立大会,张道藩报告筹备经过,国民党中宣部长梁寒操致词。接着大会讨论提案,首先通过名誉会员,内有吴敬恒、于右任、张继、戴季陶、孙科、叶楚伧、邵力子、陈布雷、陈果夫、朱家骅、王世杰、冯玉祥、吴铁城、蒋梦麟等。大会还通过关于组织工作、稿费、著作人权益、作家救济等类议案。据沙汀《建议·希望·祝贺》回忆:"这个阴谋,就是由一批文化官僚和少数不知底细的文人学者发起,邀请重庆文化界进步人士,成立一个全国性的著作人协会,借以削弱、乃至代替全国文艺界抗敌协会,以及其他进步文学艺术组织的作用,为其反动政治服务。其实质也就是篡夺党对国统区文学艺术的领导。但是南方局的负责同志很快就识破了敌人的阴谋!""遵循党组织的指示,经过周密安排,开会那天,就由夏衍同志率领,所有的党员和一向团结在党的周围的进步文学艺术工作者,几乎全部都参加了。""其初,空气相当平静,一到洪深先生发言,会场内的来宾立刻活跃起来。因为洪深先生发言的内容是对图书审查制度进行批评,而且要求立即通过决议,取消这一钳民之口的反动措施!""他们的鹰犬则都开始向洪深先生进行狡辩""当主席台上宣布开始选举理事,以便正式成立著作人协会的时候,夏衍同志领先退出会场。这是一个事先约定的暗号,他一走,于是我们和一切党的朋友,也纷纷退席了。"(参见吴永贵《民国图书出版史编年:1912—1949》,社会科学文献出版社 2018 年版;张大明《阳翰笙年谱》,《抗战文艺研究》1984 年第 3 期;文天行编《国统区抗战文艺运动大事记》,四川省社会科学院出版社 1985 年版)

王宠惠任"国际问题讨论会"主任委员。1月1日,王宠惠作《三大文献与世界和平》,指出:今日为民国三十三年之元旦,亦抗战第八年开始之日。以余观察,民国三十三年必为最大胜利之年,此吾人今日所能自慰亦当自勉者也。"所谓三大文献者,即去年十月三十日签字于莫斯科之四国宣言,十二月一日公布之开罗会议公报与德黑兰宣言是也。此三大文献,合之成为一美丽之蓝图。四国宣言为一共同原则,开罗公报及德黑兰宣言为其适用于亚欧二洲之结论。联合国家既能在战时获得一致之意见,于战后自足以保证永久之和平。未来世界不能预见之问题,虽未能于此时全部解决(此为不可能亦不必要之事),但亚欧之基本问题,四国已有一致之意见,所有爱好和平之人士,无不同表欣赞。此即具最充分之理由,对世界之和平,抱无限之乐观者也。""吾人试思,战胜日寇以后,国耻湔雪,失土重光,一幅辉煌灿烂之美景,已在眼前,在国内方面言,吾人可从政治上实施宪政,从经济上发展工业;在国际方面言,吾人当与各友邦竭诚合作,维护世界之和平,提高全人类生活之水准。富强康乐之中国与光明和平之世界亦可同时出现。此其光荣幸福为何如乎?凡此光荣幸福,乃七年间血汗与生命所换来,故今日庆祝新年之时,吾人对于劳苦功高之将士,当益增崇德报功之念者也。虽然,行百里者半九十。最后胜利与永久和平之大业,吾人诚可谓已完成百分之九十,但最后之成功,尤有待于吾人最大之努力。"(参见王宠惠著、张仁善编《王宠惠法学文集》及附录《王宠惠先生年谱》,法律出版社2008年版)

谷正刚时任社会部部长。1月15日,由他题名的《社会工作通讯》月刊在重庆创刊。该刊"以阐扬本党社会政策,诠释社政法令,研究社工方法,检讨社工绩效,报导社工消息,汇集社工资料,并为社工人员解释疑难辅导进修为主旨",分专论、工作报告、法令文献、统计资料、社工消息和图书述评等栏目,是中国历史上最早以"社会工作"命名的杂志。

卢作孚5月5日主持召开天府矿业公司第4届股东常会,大会报告公司1943年盈余2529万元。8月,中国出席国际通商会议代表人选最后确定为张公权、陈光甫、范旭东、卢作孚、李铭、贝祖贻等6人,分别代表中国银行业、化工业、运输业和进出口业。卢作孚10月5日出访,次年4月下旬回国。(参见王果编《中国近代思想家文库·卢作孚卷》及附录《卢作孚年谱简编》,中国人民大学出版社2014年版)

袁同礼继续任北平图书馆馆长。3月1日,复函ALA执行秘书Carl Milam,欢迎美国同行访华。后来,袁同礼促成了教育部对美国同行的官方邀请。4月12日,致教育部长陈立夫函,申请美国图书馆专家来华事宜。先是美国图书馆协会有意派专家访华,为援华事业作调查,并培养会内中国图书馆事业的人才,曾致函袁同礼,"征求阁下是否同意这个访问的需要,如荷同意,我们建议由中华图书馆协会致美国图书馆协会一函,说明已取得贵国教育部之同意,不知高见以为然否?"5月4日,陈立夫来函,同意美国专家访华。5—6日,袁同礼在重庆中央图书馆参加中国教育学术团体第三届联合年会,并以理事长身份主持中图协第六次年会。在中图协年会上,建议多设专门委员会推进会务,宣布美国将派图书馆专家来华,又云自己身体欠佳,辞去理事长职务。同日,在重庆《中央日报·副刊》刊出袁同礼、蒋复璁、沈祖荣3人文章,宣传协会会议。袁同礼文章为《中华图书馆协会之过去现在将来》。美国图书馆协会有贺电,经由袁同礼转致中图协。此次中图协年会,出现改选理监事风波,王铭悌、岳良木、严文郁、孙述万等24日提出改选理监事、修改《组织大纲》,6日现场票选中,共计有效选票40张,袁同礼得理事选票14张,监事选票21张(排名第一)。其理事所得选票,不足半数,远在沈祖荣(39票)、蒋复璁(38票)之后,得票排名第18位,殊为尴尬。

袁同礼接傅斯年7月6日所复两函,其中之一致谢赠书,复对冯汉骥文章发表意见、商量研究补助费分配。16日,袁同礼与蒋复璁、沈祖荣代表中图协参加教育部各团体代表大会,地点在教育部礼堂(重庆)。袁同礼和蒋复璁当选为理事,沈祖荣当选常务监事。该会全称为教育学术团体联合会,5月5日曾开第三届联合年会。8月以前,袁同礼为孙文青著

《摹本南阳草店汉墓画象集》作序,并划拨平馆经费资助该书出版。《画象集》为"雨湘图书馆丛书"之一。夏,孙文青在南阳市区发现更多汉画象石,拟出《汇存》第五集。9月3日,行政院政务委员、国际宣传处副部长董显光同意袁同礼出国考察,并饬财政部拨给"川旅费美金六千元"。11日,董显光来函,请电话约定面谈拜谒蒋介石事宜。20日,与傅斯年商量分配哈佛燕京社补助费事。23日,董显光来函,蒋介石已核准袁同礼出国,董氏函商面谈出国事宜。11月29日下午5点,袁同礼在中美文化协会(重庆),参加中图协理监事联席会议,为主席。协会会址,仍在重庆沙坪坝国立北平图书馆内。在接开的下届第一次理事会中,袁同礼仍被推为理事长,其出国期间,会务由理事蒋复璁代理。30日,袁同礼奉行政院派遣,由重庆转飞印度、经埃及赴美考察文化事业。12月下旬抵美国。是年,《中华图书馆协会之过去现在将来》刊于《中华图书馆协会会报》第18卷第14期。(参见张光润《袁同礼研究(1895—1949)》,华东师范大学博士学位论文,2018年)

蒋复璁继续任中央图书馆馆长。是年,在北平《教育与社会》杂志第3卷发表论文《国立中央图书馆之使命》,概括了国立中央图书馆的使命。作者认为国立中央图书馆的使命是:"(1)征集全国各地出版品,储藏国家全部文献;(2)典藏古籍,保存文物;(3)搜集外国重要图书,供备众览;(4)全国图书馆业务之辅导。"

蒙文通继续任四川省立图书馆的馆长,兼任四川大学的教授。1月9日午,至福兴街全家福,应郭子杰招宴。客有沈尹默、陈寅恪、钱宾四、陈博玄、闻在宥、李小缘、徐中舒、张大千、马季明、冯汉骥,皆所谓学人也。午宴后,至张大千家,观其临摹敦煌壁画。25日,张大千临摹敦煌壁画在成都展览,蒙文通等20余名学者或艺术家纷纷著文评价敦煌壁画、评价张大千敦煌壁画展及其贡献。其《观大千临摹敦煌壁画题记》云:"张君大千之于绘一事,固未必即驾一切画师而上之,然其名高一代者,正以海内外人士之尚之也,其所以好之者,固亦千文《出师表》之比,其气磅礴,其势挺纵,所云泱泱大国风者,吾以张君为巨擘也。"6月16日,金毓黻致信蒙文通,欲聘蒙文通为研究生考试委员。6月20日,邵从恩与张澜联名发起组织民主宪政促进会,在成都慈惠堂召开成立大会,开展民主宪政运动。参加大会的有蒙文通、刘豫波、徐申甫、龙国祯、费平如、张志和、陈国栋等50余人。黄炎培因事路过成都,也应邀参加。大会推张澜为主席,邵从恩作报告,讲了民主宪政促进会的宗旨是研究宪章,促进宪政,倡导民权,实现民主,并指出民主宪政是抗战建国的根本途径。大会在通过简章后,选举邵从恩为主席,张澜、李璜为副主席,蒙文通和刘豫波、张申甫、张致和、费平如、杨叔明、李光奢、舒君实、王白与等为常务委员。8月13日,四川文献整理委员会在成都召开第一次会议,决定由张群任主任,蒙文通与李肇甫、谢无量任委员,并于9月23日制定了《四川省文献整理委员会组织规程》10条。暑后,蒙文通未获四川大学续聘,然学生来家要求上课,蒙文通以学校不聘,可不到学校上课,学生之请不可固辞,遂同意学生来家上课。下半年,四川大学校长黄季陆来家聘蒙文通,于是又兼教四川大学。10月7日,华西坝五大学12个学术团体共同召开"国事座谈会",两千多名学生参加此次座谈会。11月3日,邀吴宓、赵人家宴。同月,结集有关儒学论文为《儒学五论》,合本论、广论计10篇10余万言,由成都路明书店印行。内收《儒家哲学思想之发展》《儒家政治思想之发展》《漆雕之儒考》《浮丘伯传》《论墨学源流与儒墨汇合》(附《儒家法夏法殷义》)、《周代之商业》《秦代之社会》《汉代之经济政策》《宋明社会之设计》等10篇文章,并附蒙季甫《〈月令〉之渊源与其意义》及跋和自序各一篇。

　　按：蒙文通《儒学五论》自序云："儒之学，修己以安人。达以善天下，穷以善一身，内圣而外王，尽之矣。汉唐之间，成盛治，树伟烈，其光照于载记者，何莫非取法于儒之所能？观于贞观之际，堂庙之吁咈，然后知孔孟之教，不为欺我之虚言。自学失其绪，矜宏洽，饰浮丽，以《诗》《书》为禽犊，其于济世淑人之间，若儒固无与焉，而世亦以儒为无益于人国也。吁，岂其然欤？惟俊杰为能师圣贤，于贞观之治验之也。《政要》一编，于两宋元明，若家诫，若庭诰，诵习不替，俨为王者师。从则治，不从则乱。此我数千载间历史之所由建立者耶？而儒岂鲍瓜之不食哉？此余五论之所为作也。"

　　按：蒙默《儒学五论》重版前言云："《儒学五论》，1944年11月成都路明书店出版，为先君子文通先生自编、自校、自跋的惟一论文集。先生时届五十知命之年，学问亦已大成；除《古史甄微》《经学抉原》系由商务出版早已获誉林外，他如《周秦少数民族研究》《中国史学史》《古地甄微》等亦皆基本定型，其中部分也以论文形式刊布于世。先生之儒学思想也在此时趋于成熟，适路明书店主人许洁夫拟为先生出一文集，于是乃辑为此编。计《本论》五篇、《广论》四篇、《自序》一篇，在校印中又写了数千字的《跋》文对有关各篇作了补充，在《目录》后又写了两千字的《题辞》以补《自序》未竟之意。编末又附蒙季甫先生《〈月令〉之渊源与其意义》，以作先生论明堂议政的补充。本编虽为一论文集，内容也涉及理学、经学、诸子、史学等多个学科，但并非驳凑杂集之作，而是能够自成体系，较全面地反映先生当时儒学成就的一个阶段性总结。但校印时正值抗日战争方殷之际，国难当前，米珠薪桂，印刷质量既劣，印数复又不多，以故流布不广，时闻学人有未能得见之憾。"（参见王承军《蒙文通先生年谱长编》，中华书局2012年版；汪毅《从张大千临摹敦煌壁画展论成都系中国文艺复兴发祥地》，《文史杂志》2009年第5期）

　　马衡继续任北平博物院院长。1月18日，马衡赴中央图书馆陪同蒋介石、宋美龄参观故宫博物院书画展。9月12日，郑振铎为《长乐郑氏汇印传奇》（第一集）题词："叔平先生古道热肠，助人救世，日不暇给。此书之得于乱离之代印成问世，全藉叔平先生之力，固不仅予一人私衷感之也。夫古书之亡佚者多矣，汉唐写本传者绝罕，流沙遗简、敦煌卷子存什一于千万耳。即宋元以来，刊版盛行而不及千载，宋版之存者有几？元版之存者有几？殆皆可屈指计之也。亡于兵燹，亡于水火，亡于无知妇孺之手，亡于商贾与卫道者之手，无时无地不遭厄运。而存之则艰，传之尤难，每有皓首穷经毕生著述，而身没之后遗著荡然者。远者不论，即清代诸朴学大师之作未能传世者，岂在少数。但有有力者能为古人之著述化身千百，其承前启后之功固不在学人专家之下也。叔平先生愿力弘伟，继此必复将有所刊布也欤！书成之日，敬奉贻一部并略抒所见以质高明。中华民国二十三年九月十二日，郑振铎拜书。"10月，著《我教你写字》，第一章绪论；第二章文字的起源与演进；第三章字体的演变；第四章工具的使用；第五章习字的程序。11月19日，王世杰致函马衡，议迁运安顺80箱件文物。24日，列席国立北平故宫博物院第五（六）届理事会第三次会议，报告一年来院务进展情况。12月30日，马衡陪王世杰视察安顺迁至巴县文物。是年，《谈印刻》刊于《说文月刊》第4卷合刊本。（参见马思猛《马衡年谱》，故宫出版社2021年版；陈福康《郑振铎年谱》，三晋出版社2008年版）

　　汪东2月出任国立礼乐馆馆长。礼乐馆隶属于教育部，下设总务、礼制、乐典三组，其中礼制组主任为卢前，乐典组主任为杨荫浏。礼乐馆系于1933年5月奉国防最高委员会命令成立，隶属教育部（教育部原设音乐教育委员会至是并入该馆），由当时教育部顾次长毓琇、卢参政员前筹备设立。馆址设重庆北碚中山路。该馆组织：于馆长之下，设总务、礼制、乐典三组。每组设主任一人，研究人员、事务人员各若干人，研究人员分编纂、编审、副编审、助理编审四级，事务人员分组员、助理组员两级。首任馆长为顾毓琇，业于上年冬辞职。汪东继任馆长，礼制组主任卢前，乐典组主任杨荫浏，聘任之各级研究人员有杨仲子等16人。

按：吴家《国立礼乐馆全貌与动态》(1946年1月17日《申报》)："该馆成立迄今，历二年余，订礼制乐，建树殊多。举其荦荦大者，诸如先后举行礼制谈话会(三十二年八月二十七日在该馆举行，研讨内政部二十七年拟订之礼制草案)，礼制讨论会(三十二年十月三日在北温泉举行议订五礼草案)，礼制审议会(三十四年五月十八日在该馆举行专议丧服问题)；审订国民日常生活礼节，学校礼节；刊行《礼乐》《采风》，凯歌选，从军曲选，昆曲选，搜集民歌，民俗调查，婚礼指导等项，均已有所表现。该馆工作进行状况：总务组系处理馆中日常总务事项；礼制、乐典两组所订工作纲领，系按征集、调查、编译、厘订、演习各项，分别延聘专家主持，进行工作。惟据云以该馆规模较小，又因战时国库支绌，所得事业费甚微，故集中人才与推进工作均感困难。该馆目前方集中精力，从事较小范围之工作。礼制方面，侧重民俗之采集研究，乐典方面，侧重军歌、凯歌、音乐教材之审订刊行。但求耕耘，不问收获，以为未来工作奠立基础。当俟还都以后，经费与人才，再求充实，工作当更有新开展也。"

汪东 3月18日至复旦大学(重庆)上课，顾颉刚来访。时汪东兼任复旦大学中文系教授，顾任史地系教授。6月，张充和据沈尹默诗意画成合眼抱琵琶仕女图，汪东为赋《醉吟商小品》词。7月5日，朱希祖病逝。8月8日，各界假中央图书馆举行公祭，汪东致送挽联："史识宏通，记先师所称有如干事；交游零落，为寝门之哭今几何人。"11月10日，汪精卫病死于日本名古屋帝国大学医院，汪东闻讯后作诗惜之。同月，桂林、柳州相继失陷，悲愤不已，赋《摸鱼儿》遣怀。(参见薛玉坤《汪东年谱》，河南文艺出版社2016年版)

朱希祖 1月1日赴考试院参加新年团拜，因体力不支，始悉患肠胃病，呕归向家湾休养。8日，张继来访，谈整理中国历史原则并漫谈史事。11日，因心肺病入中央医院治疗。20日，病愈出院。上旬，接教育部学术审查委员会来函，委托审查朱文长所著《史可法传》。朱希祖因病住院，未能立即审，出院后完成审查报告。2月6日，病情加重。同月，撰《全唐诗之来源及其遗佚考》，刊于《文史杂志》第3卷第9—10期合刊。3月5日，病转趋沉重，再住医院，施行手术，抽出积水四管，病情略见好转。7月5日，病情恶化，下午5时40分逝世于重庆歌乐山上海医学院附属医院。中央图书馆馆长蒋复璁分别于7月6—7日致函朱希祖长子朱偰、女婿罗香林唁问，并慨允在中央图书馆举行公祭。8月8日，各界假中央图书馆举行公祭，国民政府蒋主席特颁挽词，题曰"渊衷硕学"，各界赠送挽联凡300余幅，戴季陶院长亲临主祭，祭者有吴敬恒、陈百年、沈钧儒、陈立夫、张忠道、潘公展、狄膺、梁寒操、俞鸿钧、朱家骅(代表)等300余人，极一时之哀荣焉。(参见朱元曙、朱乐川《朱希祖先生年谱长编》，中华书局2013年版；王学典《20世纪史学编年(1900—1949)》，商务印书馆2014年版)

沈兼士 1月15日在西安中国银行行刊《雍言》第3卷第12期发表《抗建杂谈》一文。这是作者应该行之邀所作的一篇演讲稿，主要论述敌占区的情况、抗战胜利前夕的相关政策和战后的建设复兴等问题。春，撰成《〈二进宫〉剧谱序》。5月9日，作致中央文化驿站总管理处处长贺师俊电函，请其转呈教育部长陈立夫等，报告私立北平辅仁大学教师郝德元已赴重庆，另有辅仁大学教师欧阳湘、左明辙等先后遭日军逮捕。28日，私立北平辅仁大学教员柴德赓来访，谈及学校有关情况。6月2日，国民政府教育部长陈立夫发致沈兼士电函，同意发放脱险抵陕的私立北平辅仁大学讲师陈祥春、助教邢宗江救济费各5000元，请沈兼士代转。6月，作五言诗一首，诗前记曰："甲申六月，勾当公事了，关东烽警益亟，一日数惊，乃决计去陕返蜀。道出宝鸡，以候飞机，须作十日留。束君云章驰函邀至蔡家坡雍兴公司小住，越日束君自西安来会，下陈君之榻，羁客如归。访子云之居，清谈忘倦。濒行赋此，不徒惜别已也。"8月，撰成《石鼓文研究三事质疑》，后发表于《辅仁学志》第13卷第1、2合期。10月底，赴中央大学，主持成立了重庆沙磁(沙坪坝、磁器口)区私立北平辅仁大学校友会，并出版《沙磁辅声》，以推广抗日救国的宣传工作，并加强大后方各地辅仁校友的联系。（参见郦千明、汪素梅《沈兼士年谱简编》，《湖州师范学院学报》2021第3期）

许寿裳4月1日应中央训练团党政军人事管理人员第一训练班之请，写《历代考试制度述要》完稿。5月4日，应柳非杞之请，为《鲁迅先生诗抄》撰序，又为《尹默手写鲁迅诗抄》题跋。6月1日，许寿裳日记载："今日起，本会（按：指考选委员会）进修班开始，余任文字学，时间为星期一下午一至二时；四时起，则主讲总理遗教，已将三年矣。"16日，写讲演稿《周官和古制度古文字》，以备次日8时半至铨叙部讲演也。10月6日，应张自明之请，为其兄张自忠上将抗日殉国事，赋诗一首，以颂扬其义烈。18日，作《回忆鲁迅》文一篇。26日，许寿裳日记载："傍晚起，右目外旁觉有火星飞驰，环头部而动，不知目睛中含何质点，想老境侵寻矣。平常视物，亦有黑点。"12月15日，许寿裳日记载："连日阅派遣国外实习农、工、矿业技术人员考试党义试卷，今晚始竣事，共计一千一百七十本。"（参见倪墨炎、陈九英编《许寿裳文集》下及附录二《许寿裳先生年谱》，百花出版社2003年版）

王献唐客四川南溪李庄中央研究院历史语言研究所。中英庚款会继续支助研究一年。1月，被国史馆聘为编审。9月，获得美国哈佛燕京学社为赞助文史研究拨发研究补助费4万元。是年，续撰《国史金石志稿》《中国古代货币通考》。其《志稿》已完成第4期，《通考》一书基本完成。又撰《释关》《释丑（上）》《周康季鼑铭读记》《张自忠入祀忠烈祠令》《传钵大师传》及《近百年山东之学风》等。（参加张书学、李勇慧《王献唐年谱长编》，华东师范大学出版社2017年版）

史念海继续在重庆任国立编译馆副编审，兼任复旦大学历史系副教授。9月，史念海《中国的运河》由重庆史学书店出版。此书共8章，从上古对自然水道的利用说起，然后按时间顺序论述了我国从先秦至清代人工运河发展演变及其历史过程，对中国运河的研究影响颇大，其中的论点及资料常被后人引用。

按：1988年4月，陕西人民出版社出版了增订版。（参见王学典《20世纪史学编年（1900—1949）》，商务印书馆2014年版）

韩儒林继续任边疆语文编译委员会副主任。8月，在《史学集刊》第4期发表《突厥蒙古祖先传说》。此文以研究"突厥蒙古祖先传说之演变，及其传说上承受希伯来天竺及吐蕃之痕迹"为目的，内容包括"乌孙高车突厥先世传说中之狼""畏兀儿蒙古祖先传说中之天光感生说""'甘教'与苍狼苍突厥苍蒙古之解释""蒙古祖先传说中天竺吐蕃成分之分析""蒙古祖先传说中希伯来突厥成分之分析"等。有研究者指出此文对相关资料文献进行综合分析比较，有根有据、合情合理地证实了蒙古史中"层累地叠加"这种理论。同期还刊载了李玄伯《中国古代婚姻制度的几种现象》、董作宾《中康日食》、丁山《班殷铭跋》、徐炳昶《晋宁访古记》等文。（参见王学典《20世纪史学编年（1900—1949）》，商务印书馆2014年版）

张大千临摹敦煌壁画1月25日在成都展览。事后在四川美术协会编著暨西南印书局印行的《张大千敦煌壁画展览特集》中，蒙文通与张群、林思进、陈寅恪、马鉴、谢无量、沈尹默、叶绍钧、闻宥、刘开渠、陈玄、冯汉骥、芮善、庞薰琹、雷圭元、吴作人、周太玄、罗文谟、冯若飞、郭有守等20余名学者或艺术家纷纷著文评价敦煌壁画、评价张大千敦煌壁画展及其贡献。蒙文通《观大千临摹敦煌壁画题记》赞张大千"其气磅礴，其势挺纵，所云泱泱大国风者，吾以张君为巨擘也"。夏，张大千居青城山潜心作画。9月，率门人子侄二游峨眉。岁末在成都举办近作展。（参见王承军《蒙文通先生年谱长编》，中华书局2012年版；汪毅《从张大千临摹敦煌壁画展论成都系中国文艺复兴发祥地》，《文史杂志》2009年第5期）

张静庐为董事长,黄洛峰、姚蓬子等筹划新出版业联合总处扩大改组为联营书店股份有限公司。2月25日,重庆《大公报》刊载重庆新出版业联合广告第1号,共有13家出版机构做了联合广告,分别为生活书店、华中图书公司、峨嵋出版社、东方书社、国讯书店、读书出版社、建国书店、上海杂志公司、文化供应社、作家书屋、文化生活出版社、文信书局、新知书店。4月1日,重庆《大公报》刊载重庆新出版业联合广告第2号,共有13家出版机构做了联合广告,分别为生活书店、作家书屋、上海杂志公司、文化生活出版社、群益出版社、文化供应社、东方书社、光明书局、读书出版社、建国书店、五十年代出版社、国讯书店、新知书店。4月29日,重庆《大公报》载,新出版业联合总处成立以来,为节省人力物力,加强战时出版事业,决定试办重庆第一联营书店,觅定林森路特18号新厦,定5月1日开业。所有参加……会员二十家出版之图书杂志,一律八折优待两周。5月1日,重庆新出版业联合总处创办的第一联营书店开张。参加署名的有19家,至5月11日增至21家:上海杂志公司、五十年代出版社、文化生活出版社、文化供应社、文信书局、文风书店、中外出版社、生活书店、光明书局、作家书屋、东方书社、峨嵋出版社、教育书店、国讯书店、建国书店、华中图书公司、正风出版社、新知书店、群益出版社、读书出版社等。第一联营书店设在林森路西四路口,董事长黄洛峰,总经理张静庐,经理贺礼逊。

张静庐、金长佑、黄洛峰、姚蓬子、田一文、唐性天等6位重庆出版人5月2日联名致函桂林《大公报》记者,对该报3月9日发表的《物价与文化》一文论述弥觉感奋,对出版业萧条衰落之症结提出两点补缺,并对政府提出7点改善办法。桂林《大公报》以《出版业的呼吁》为题,发表了这封公开信。3日,黄洛峰等组织重庆文化界名人在百龄餐厅集会发表《重庆文化界对言论出版自由意见书》,并向国民党十二中全会提出"请愿书",与郭沫若、茅盾、老舍、侯外庐、洪深、曹禺、臧克家、姚雪垠、沈志远、潘梓年、胡绳、张友渔、夏衍、胡风等78人在"请愿书"上签字。28日,联营书店出版书刊汇集的简目共263种,分别计:社科自然科学12种,国际时事政经33种,史地传记26种,创作小说19种,翻译小说42种,诗画杂文36种,剧本理论41种,外语文学修养20种,少儿17种,应用及其他17种。抗日战争胜利后,联营书店迁至上海,又在武汉、广州、北平设分店。9月,新出版业联合总处在成都开设第二联营书店,经理万国钧。9月9日,新出版业联合总处扩大改组为联营书店股份有限公司,张静庐为董事长,黄洛峰、姚蓬子为常务董事。在重庆设立总管理处,贺礼逊为总经理,薛迪畅、陆梦生为协理,万国钧为总会计,方学武为秘书,仲秋元为重庆分店经理,孙明心为成都分店经理,孙明心之后由倪子明、邓晋浩任经理。年底,在西安设立特约分店,负责人为沈勤南。参加联营书店的出版单位,抗战胜利时为33家,上海解放时达43家。(参见吴永贵《民国图书出版史编年:1912—1949》,社会科学文献出版社2018年版;杜运辉《侯外庐先生学谱》,中国社会科学出版社2013年版)

王云五继续在重庆任商务印书馆总经理。4月12日,重庆市出版业公会首次举行学术演讲会,由王云五讲解英国出版概况及其书刊审查问题。王云五突出介绍了英国审查制度的两种形式:自由送审制与强制送审。其国内发行一般均采取自由送审制。4月25日,重庆《大公报》载,商务印书馆重庆分馆总管理处落成启事,打折售书10天。5月,国民党第五届十二中全会会议公报发表。公报的附件中关于出版业的有:重庆市出版商业同业公会理事长王云五提出的《对救济出版事业共同疾苦之建议书》、洪深等提出的《关于出版事业刍见五项》。夏初,商务印书馆东方图书馆重庆分馆成立,公开阅览。王云五有下列叙述:"余自太平洋战事发生之即日，经致电西南各分馆各保留样书两部，开单寄重庆总处。一面检查渝馆存书。尽量选定全套，嘱令检寄汇集，暂行保存于汪山安全石室，连同三年以来在渝新版重版二三千种，除仍存一套在汪山外，一面修建重庆白象街部分被日机炸毁之馆屋，规模稍具，即辟出一大间房屋庋存样书及新版重版图书各一册，统计不下万册以上，并设一小规模之阅览室，自上午九时开放公众阅览，至晚间九时为止。白象街原为僻地，幸一出街口，即为林森路宽大之马路。由于重庆此时公开之图书馆不多，商务有此较大规模，且切实用之藏书，一时来馆阅览者，座上常满，极为社会所称道。"6月15日，《出版界》1卷5期载有《商务印书馆两年来出版图书目录》，自1942年3月至1944年5月，所出新书及重版书402种。最初一年，每周只出新书及重版书二三种，但自1943年起，每周出版新书及重版书，常在六七种左右。7月10日，商务印书馆因时局关系，其湘、桂、粤、陕各支馆图书多运往重庆。9月22日，王云五受中央图书杂志审查委员会之聘，为该会书刊审议委员会委员。11月18日至21日，重庆《商务日报》连续刊载郑君实所撰《经济界的文化人：王云五》，介绍王云五之成就与贡献，共15个方面：标准文化人、一副寿星脑壳、牛的生活、野蛮的身体、有脚的百科全书、职业的读书人、研究实验发明、检字法大师、伟大的不倒翁、广东精神、他的买卖、文化的保姆、科学管理专家、开发人矿者、老牌子参政员。（参见吴永贵《民国图书出版史编年：1912—1949》，社会科学文献出版社2018年版）

沈骏声时任大东书局总经理。6月2日在重庆病逝，6月6日，重庆《大公报》载有大东书局公告：本局沈总经理骏声先生前因病在中央医院医疗期间，为遵医嘱静养，特行商请王延松先生代为主持局务。兹骏声先生业于六月二日逝世，所有本局总经理职务，自即日起，即由王延松先生负责暂代，敬此奉告。大东书局总管理处。卅三年六月三日。（参见吴永贵《民国图书出版史编年：1912—1949》，社会科学文献出版社2018年版）

陶百川接替王延松任重庆大东书局兼任总经理。8月12日，重庆《大公报》载，大东书局启事：查本公司王代总经理延松函请辞职，经董事会一再挽留不获，当经改聘为本公司顾问，并由董事会聘请陶董事百川兼任总经理，业于本月7日视事，除分别函达外，特此公告。（参见吴永贵《民国图书出版史编年：1912—1949》，社会科学文献出版社2018年版）

卫聚贤继续主编《说文月刊》。2月5日，致函王献唐，谓前寄《释关》一篇，若影印入《说文月刊》，纸张工费须3万余元，势不可能，嘱别作一篇。23日，卫聚贤又致函王献唐催文："今天距吴先生的生日，只有四十天了，赶生日前要将《纪念号》印出。先生大文请速寄来，务请于二三日邮寄来，以便出版。"是年，出版《雷峰塔》《勾践》《山西票号史》《秦良玉》《古今货币》等。7月22日，王献唐接卫聚贤函，嘱书《金文彷格》备印行。25日，王献唐"为聚贤写《金文彷格》，因彼欲为学生印书帖，求人书各种字体，印为《彷格》出售，以金文嘱余也"。（参见赵换《卫聚贤学术研究》，华东师范大学硕士学位论文，2010年；张书学、李勇慧《王献唐年谱长编》，华东师范大学出版社2017年版）

李辰冬继续主编《文化先锋》《文艺先锋》。7月21日，李辰冬在《文化先锋》第3卷第24期"书报评介"栏发表《（二）柔密欧与幽丽叶》一文，认为："莎翁这部《柔密欧与幽丽叶》的中文译本中，以曹禺先生的译文为最佳。"其理由是："第一：因曹禺先生是剧作家，以剧作家而译剧本，戏剧艺术的奥妙与技巧可以领会，并可以传递出来，自较一般文人的译文要高一筹，话剧可分文人剧与戏剧家剧。""第二：曹禺先生的英文欣赏力，亦可胜任翻译莎翁的作品。""第三：他是第一个用韵文来译莎翁的韵文原作。他这种韵文当然没有严格的规律，然使读者一点不感干涩，且神气活现，这也是他成功的一点。"8月20日，在《文艺先锋》5卷

1—2 期合刊发表《评〈第七号风球〉》,将夏衍的剧作《第七号风球》,作为"民族文学"的一个反面对象加以批判。李辰冬抓住剧作的题目做文章,故意挑剔剧作的题目,说"作者根本没有把写作意识弄清,而又不会在生活中剪裁材料,加以喜欢用象征的名辞,所以使这部剧作意识模糊,结构松懈,文不对题",等等。(参见张志云《〈文艺先锋〉(1942—1948)与国统区文艺运动》,四川大学博士学位论文,2007 年;田本相、阿鹰编著《曹禺年谱长编》,上海交通大学出版社 2017 年版)

易君左 6 月 20 日在《文艺先锋》第 4 卷第 6 期发表《新民族诗的音节和符号》。由于去年 8 月 20 日易君左长文《如何创建新民族诗》开始连载于《文艺先锋》第 3 卷第 2 期,至第 3 卷第 3 期、第 3 卷第 4 期、第 3 卷第 6 期毕,且此文还有一个异常醒目的副题:"一个革命的绝叫——切望以此引起论坛广大的共鸣",但并未取得预期效果;于是易君左再撰此文,具体针对旧体诗与新体诗的"音节""语言文字"问题,提出了几项"建设性"意见:"第一,反对艰深僻涩的语言文字而采用浅近熟练的语言文字""第二,反对用浮华浅薄的语言文字而采用纯朴写实的语言文字""第三,反对用矫揉造作的语言文字而采用其直截明朗的语言文字""第四,反对死的语言文字而采用活的语言文字",并列举了大量的例子为证。(参见张志云《〈文艺先锋〉(1942—1948)与国统区文艺运动》,四川大学博士学位论文,2007 年)

夏炎德 1 月 1 日在《文化先锋》第 3 卷第 4 期上发表《中国近三十年来经济学之进步》,认为中国经济学社"自成立至今已有二十年,社务蒸蒸日上,社员人数日众,国内大多数著名经济学者已经入社,人才辈出,堪称中国经济学界之中心组织"。

涂传杰 1 月 15 日任在重庆创刊的《印刷通讯》季刊编辑,发行人沈骏声,同年 4 月出至第 2 期。(参见吴永贵《民国图书出版史编年:1912—1949》,社会科学文献出版社 2018 年版)

赵超构为《新民报》主笔。夏,参加中外记者团访问延安,著《延安一月》,全书 15 万言。12 月 8 日,重庆《大公报》广告,赵超构著《延安一月》列入"新民报时代丛书"出版,此书"极具体,而细致,忠实记录;纯国民,超党派,深刻观察"。(参见吴永贵《民国图书出版史编年:1912—1949》,社会科学文献出版社 2018 年版)

陈以文、杜子才、戴文葆等在中共南方局青年组的领导下,与复旦大学的一批进步同学共同筹办《中国学生导报》。12 月 22 日,《中国学生导报》在重庆创刊,同时成立了"中国学生导报社",陈以文任"中导社"推进委员会主任。为更好地团结和发动广大青年学生参加反对内战,争取和平民主的斗争,经中共南方局青年组同意,在"中导社"的基础上,建立了"中国学生社"。陈以文利用这一合法身份,巧妙地把公开合法的斗争和党对群众的教育、组织等秘密工作结合起来。

万籁天、杨村彬、吴祖光等 30 余人 3 月出席四川省图书杂志审查处召集戏剧界和报纸副刊编辑举行的座谈会,代表戏剧界向当局提出了要求:保障剧人生活、放宽审查尺度、严格检查上海拍摄的影片、减低娱乐捐税、迅速审发剧本、建立剧场、平抑剧场租金。(参见文天行编《国统区抗战文艺运动大事记》,四川省社会科学院出版社 1985 年版)

张健 5 月 30 日在《新华日报》发表《再谈"尊重作家"》。文中着重谈了政治与艺术的关系问题。"有一位论客"引用了毛泽东同志艺术要服从政治的话并说这是要剥夺作家的自由,作者以为这种说法是错误的,服从的只是"自己阶级的政治要求,而并非说所有的作家都应该服从一个阶级,一个党"。(参见文天行编《国统区抗战文艺运动大事记》,四川省社会科学院出版社 1985 年版)

鲍霭如 2 月 1 日在《万象》第 3 年第 8 期发表《曹禺论》,给予曹禺极高的评价。文中说:

"论曹禺,又比论其他作家来得更困难。他是剧作家,不但有作品流传,更有无数的看官从舞台上欣赏他的戏剧。更有一点和一般剧作家不同的地方,他最享盛名的三部曲,《雷雨》《日出》《原野》,都已先后摄成影片,广大的电影观众为这位文坛灿灿彗星的光芒耀眩也对他狂热起了。……从《雷雨》到《日出》,作者非常勤勉地把现实的尖锐的矛盾概括到他的艺术劳作里去。在《原野》里显然地它更进了一步发掘着我们传统的精神,赤裸了那隐蔽在现实深处的灵魂,而构成了一种民族的出色的形式。作者这样向多方面的创造的新形式和不断发展新的表现方法,不单是完成着整个伟大时代的不朽反映,而且作者把自己和群像的精神,风习密接起来。无疑地曹禺就是在这一基础上建立他的形式,同时,也把曹禺这二个字和他的劳积非常荣耀的进入了历史的道路!"(参见田本相、阿鹰编著《曹禺年谱长编》,上海交通大学出版社 2017 年版)

　　吕荧 9—12 月在《抗战文艺》第 9 卷第 3—4 期、第 9 卷第 5—6 期连载《曹禺的道路》。全文共分 4 部分。第一部分"思路的轨迹",作者将《雷雨》《日出》《原野》《北京人》《蜕变》《家》6 部剧作排列在一起,试图画出曹禺创作道路的投影、曲折和方向。作者认为,《雷雨》是一个"自然中人的悲剧",《日出》是社会学的产物,《原野》是观念论的产物。而《北京人》是剧作家向现实踏入较深一步的表现,是向诗追求更大胆的一步。第二部分"社会的悲剧与喜剧",着重评论了《日出》《北京人》《家》和《蜕变》,认为从《北京人》起,剧作家开始绘写生的悲剧和喜剧;特别指出《蜕变》是以喜剧的方法创作出来的"肯定性的剧本"。第三部分"结构·人物·场面·动作·语言",着重分析了曹禺戏剧在戏剧结构、人物形象、戏剧场面、戏剧动作及语言等方面的特点和成就。第四部分"剧与诗",着重论述了曹禺剧作的诗性特征。作者认为,真正的剧,伟大的剧,同时也是诗;从《雷雨》到《原野》,曹禺"仿佛一个充溢着夏之郁热的诗人,是浪漫的,是热情的",而《北京人》之后,曹禺渐渐"如一个怀有秋之肃静的画家,是写实的,是冷静的"。(参见田本相、阿鹰编著《曹禺年谱长编》,上海交通大学出版社 2017 年版)

　　杨晦 11 月 10 日在《青年文艺》第 1 卷第 4 期发表《曹禺论》。文中说:"曹禺先生是中国近年来戏剧界中最值得注意的一位作家。他近十年,从《雷雨》《日出》,到最近的《家》,已经出版了六部作品,另外还有一部独幕剧集,大概还没有印出。这是很可观的一种成就。我们对于这样一位忠于艺术,也有了极大贡献的作家,自然要感到无限的尊敬。然而,也正因为这是一位很难得的中国作家,有许多地方不能不令人感到一种惋惜,这一方面是社会环境的影响,一方面也由于他对生活和对艺术的思想与态度,造成了他个人的限制。所以,我觉得,对于曹禺先生的剧作,作一次善意的诚恳批评,未尝不是一件有意义的工作。"杨晦认为从《雷雨》《日出》到《原野》,曹禺创作"由《雷雨》那样充满神秘命运观念的家庭悲剧,这中间自然含有大部分社会问题的,一进而为《日出》那样在黑暗势力铁掌下的社会悲剧,为《原野》那样农民向土豪地主复仇的悲剧,本来是一个极大的进步。可惜的是,在《日出》里已经向社会问题方面发展去的道路,却走进《原野》的黑林子里迷失了方向,由社会问题转为心里问题,良心问题等的精神枷锁"。他认为曹禺的艺术水准相当高,那是"他就有意要跟近代欧美资本主义的作家相抗衡"。对于"有人批评曹禺,说他的意识不正确,思想有问题,这未尝不对"。为什么呢?杨晦认为,"也是由他对艺术的见解所致。他是认为艺术就是艺术,与思想不相干,或者就不算不相干,而作者的思想也不至于妨碍他的艺术创造""曹禺的所谓思想,是艺术家的思想,并不是思想家的思想"。杨晦认为:"《日出》,在曹禺的剧作中,是最富于现实性,最接近真实的一部。”“《日出》在曹禺的剧本里,总是一种突出,是一种值得赞美的成绩。可惜,他不能百尺竿头更进一步,却一下坠入《原野》的迷离境界。”（参见田本相、阿鹰编著《曹禺年谱长编》,上海交通大学出版社 2017 年版）

田春 9 月 4 日在《新华日报》发表《〈霜叶红似二月花〉读后》,认为这部小说的主题是“缙绅、实业家、地主这三者彼此为着他们的利益而斗争”。是“充分表现出了‘中国气派、中国作风’的一本‘民族形式’的创作”。作品的不足之处有二:“第一,我们以为对话写得太罗嗦”“第二,有些地方不免刻板”。（参见唐金海、刘长鼎主编《茅盾年谱》,山西高校联合出版社 1996年版）

张恨水 5 月 16 日 50 寿辰。渝新闻界、文艺界拟举行茶会,以表庆祝。然张恨水不愿接受,于 15 日返南泉。《新华日报》发表短评《张恨水先生创作三十年》,指出:“我们不仅要为恨水先生个人致祝,同时还要为中国文坛向这位从遥远的过程,迂徐而踏实地走向现实主义道路的艺人,致热烈的敬意。”他的作品“在主题上尽管迂回而曲折,而题材却是最接近于现实的;由于恨水先生的正义感与丰富的热情,他的作品也无不以同情弱小,反抗强暴为主要的‘题目’”。（参见文天行编《国统区抗战文艺运动大事记》,四川省社会科学院出版社 1985 年版）

金祖同继续在重庆从事学术研究。秋,作《上圣翁西谛二先生书》:“奉上所草《东南沿海古文化研究例言》一稿呈政。晚弱而好弄,多能鄙事,为学十年,而丛驳无是处。推原其故,……所师非人,实为一端。后晚从沫若师专事殷契文字。……自晚入蜀后,见其人嚣张更甚于昔日。难与言学,且亦无意为学。……只得破门,索然归来。……研究东南古文化,其室内工作是否为晚所胜任,则请二前辈下一定论。……则提携倡导,舍二公其谁!……忝在见爱,敢布寸衷,惟二公实利图之!”（参见陈福康《郑振铎年谱》,三晋出版社 2008 年版）

梁希在重庆与潘菽、金善宝、涂长望、干铎等人参加“自然科学座谈会”。年底,在“自然科学座谈会”的基础上,联合中国科学社、中华自然科学社、中华农学会、中国工程师学会等科学团体,以及其他科学技术人士,共同发起组成“中国科学工作者协会”,创办《科学新闻》,梁希任编委。

张志让 3 月在重庆主持《宪政》月刊社举行的座谈会,沈志远、章乃器等 30 余人参加,讨论国民经济问题。9 月,黄炎培、张志让等 30 人联名在《宪政》月刊发表《民主与胜利献言》,陈明对时局的 9 项建议,要求实施人民渴望的民主制度。

许德珩、潘菽、涂长望、税西恒等人 11 月在重庆参与发起组织民主科学座谈会,主张团结民主,抗战到底。

吴铁城、吴开先、陶百川、潘公展、毛庆祥等人 12 月 1 日在重庆发起成立中国战后建设协进会,以“研究战后各种建设问题,并推进战后各种建设事业”为宗旨。

张友渔是秋主持成都文化界座谈会,以统一文化界行动,陈白尘、沈志远、黄药眠、马哲民、叶丁易等参加会议。

唐启宇为理事长的中国农场经营学会 9 月 9 日正式成立,以“研究农场经济及协助农人改进农场经营”为宗旨。

张巨伯、邹树文、邹钟琳、吴福桢、刘崇乐等 30 余人 10 月 12 日发起成立中华昆虫学会于重庆,以“联合昆虫学同志,研究昆虫科学,增进人类幸福”为宗旨。

艾芜由广西桂林逃难到重庆,写完著名长篇小说《故乡》,编辑抗敌协会重庆分会会刊《半月文艺》（附在重庆《大公报》上）计 60 期。

王子建、吴承洛、齐植璐等人在重庆成立中国经济问题研究社，创办《中国经济》月刊。

周贯仁所编《爱恨悔文选》一书，业经呈奉中央宣传部，中央图书杂志审查委员会以及重庆市图书杂志审查处批示准予解禁。2月23日，重庆《大公报》对此作了报道。（参见吴永贵《民国图书出版史编年：1912—1949》，社会科学文献出版社2018年版）

郭有守1月在《艺术上一件大事》中称赞张大千"以私人做了一件应该由政府所做的事，这是值得格外称颂的。成都旧有小巴黎之称，如果将来大千能把他的作品都留在成都，至少在美术方面，成都以比巴黎无愧色。张大千早已不仅是中国的张大千，他是20世纪全世界人类的张大千"。（参见汪毅《从张大千临摹敦煌壁画展论成都系中国文艺复兴发祥地》，《文史杂志》2009年第5期；王承军《蒙文通先生年谱长编》，中华书局2012年版）

于斌、太虚、梁寒操等人10月21日在重庆正式成立人生哲学研究会，于斌任理事长，下设总务、研究、服务三部，并设有各种委员会和新生俱乐部。

按：该会成立后，以编著《人生哲学丛书》《宗教哲学丛书》《道德哲学丛书》《礼义丛书》《社会问题丛书》《卫生健康丛书》为中心，出版了《西洋礼俗》《道德论》《人生特刊》等书。

太虚1月3日任岐山寺住持。9日，太虚于衡阳社会服务处，开讲《心经》，随后还抵桂林。17日，于佛教会开讲《佛说观弥勒菩萨上生兜率陀天经》，一周而毕。继之还重庆。去湘桂前，大师号召各省佛教代表，来集陪都，除呼吁取消"寺庙兴办公益慈善事业实施办法"，且呼吁组成中国佛教会。迨西南归来，中佛会之组立，迄未实现。则以政府中内政部意在提产；而部分信佛者，如戴季陶、屈文六之流，复多方阻挠其间。外摧内腐，致不易成功。3月15日，太虚访教育部长陈立夫，商汉院员生缓役事，得其允可。又访军政部长，以全国僧侣免役以事救护工作为请。同日，太虚作《转移风气运动的原则》：一、以今融古成民族文化思潮；二、以中融外成国际文化思潮；三、以义融利成道德文化思潮；四、以雅融俗成进步文化思潮。太虚应中央文化委员会约，讲《佛学与文化》。旋回缙云山。4月，《海潮音》移衡阳花药寺编发。5月14日，顾一樵次长陪印度大学校长罗达克利西那，来访大师于缙云山。大师集合全院欢迎，赠之以诗。6月，司法行政部彭养光、陈观圣等，迎大师至部，讲《佛法之内容及佛学理论之研究》。7月15日，太虚复美国纽约宗教联合会姜摩西书。当时衡阳陷敌，福善奉海潮音移贵阳黔明寺编发。8月8日，太虚以陈铭枢、黄忏华、潘怀素、张剑峰等来山，召开座谈会，以《佛法能否改善现实社会》为题。9日，太虚患轻中风。9月，国立敦煌研究所，函聘大师为设计委员。秋，大师病前编集《人生佛教》目次，嘱妙钦集理为学僧讲之。其《代序》及《人生佛教之层次》，则秋季开学，大师勉于病中讲出。时以杨嘉骆之引发，尘空奉大师命，检读大师著述，初有编纂全书之议。大师在重庆驻锡"太寓"。独山沦陷，《海潮音》乃移来重庆太寓编发。年来转辗移徙，备历艰困，福善终得称其所职！福善虽不如大师内有悟入，而风度颇类大师青年时代，太虚亦以是器之。（参见印顺编著《太虚法师年谱》，宗教文化出版社1995年版）

梅贻琦继续任西南联大常委会常委、清华大学校长。1月7日，1943—1944年度第一学期考试开始。同月，梅贻琦、冯友兰、朱自清、潘光旦、蒋梦麟、杨振声、罗常培、陈雪屏、熊庆来、姜寅清、唐兰、沈从文在《闻一多教授金石润例》上签名。3月4日下午1时，在西仓坡5号出席清华第二十三次评议会，与会者还有冯友兰、潘光旦、陈岱孙、施嘉炀、雷海宗、李辑祥、赵访熊、黄子卿、朱自清、陶葆楷、沈履。会议通过吴宓等下学年休假案。11日，国民政府行政院副院长孔祥熙在云南大学至公堂为云大、联大学生讲演。学生对孔祥熙极度不满,听讲时喧哗不已,译员训练班学员未进场即离去。15日,接受美国麦克尼尔夫妇为纪念其子赠予本校美金200元,作为补助学生医药费之用。4月,梅贻琦《抗战期中之清华(四续)》刊于《清华校友通讯》,文中继续报告五个研究所所取得的成果:"本校除参加联大以外,尚有5个特别研究所。这5个研究所,事实上包括7个单位,工作同人60余人。农业、航空、无线电三所,于抗战以前;国情普查,金属学所,来昆明以后,才分别成立。立研究事业,均系针对著国家迫切需要而设。六年以来,在同人努力之下,多少都还有一些贡献。""清华研究所,现有文、理、法三所,共12部门。文科研究所下设:中国文学、外国语文、哲学、历史四部。理科研究所下设:物理、化学、算学、生物、心理五部。法科研究所下设:政治、经济、社会三部,共有研究生42人,为研究高深学问,本校虽在经费极拮据下,亦乐于继续进行。"留美考试情况:"清华留美公费生考试,原为本校特种事业之一,南来以后,曾举行一次,是为第五届,去年8月复举行一次(第六届),分成都、重庆、桂林、昆明四地考试,四区报考人员,共370余人。共分24门类,共应录取24人,试卷大致评阅完毕,仅差一门,付邮在途,尚未到达,兹已将各项手续办理如式,俟该门试卷送到,即可召集会议,当众揭晓。此项留美考试,如将来财力允许,希望能继续进行。"

梅贻琦6月5日出席国民月会,请中央电工器材厂总经理恽震讲演《中国将来的工程师》,梅贻琦常委报告校务,谓本校今年只在渝昆两地招生,重庆考生只进行国文、英文、数学三科初试,合格者来昆进行复试,分别编入大一或先修班。8月24日中午12时半,出席清华第五十五次校务会议,与会者还有冯友兰、潘光旦、施嘉炀、吴有训、叶企孙、陈岱孙、沈履。会议讨论现在负责保管清华基金之机关组织如有变动时应有何主张,议决由政府组织清华基金保管委员会负责保管清华基金,委员会人选请政府指派,唯希望有清华校长、教授代表及同学会代表参加,并聘请中、美财政专家为顾问。13日下午,西南联合大学召开教授会议。会上梅贻琦报告数事,蒋梦麟报告参加红十字会湘桂视察情形。15日,梅贻琦设宴欢送陈梦家赴美国讲学,冯友兰偕任夫人应邀出席。同席者还有莫泮芹夫妇、王力夫妇及吴晗、吴宓、朱自清等。10月8日下午5时,梅贻琦出席联大常委会第三一五次会议,并会上报告教育部为检发知识青年从军征集办法及知识青年从军征集委员会组织办法各一份,仰切实办理具报训令。冯友兰与汤用彤为印度研究生许鲁嘉急于返国,特拟定考试办法,函请转呈教育部备案,会议决定应照转呈。11月29日下午3时,西南联大全校停课,假新校舍北区东饭厅集会,由教授多人向学生做从军讲演。梅贻琦致辞中说:"假使现在不从军,则二十年后将会感觉空虚。"钱端升说:"现代战争是为现代化武器与现代化头脑与现代化生产的战争。凡此均需现代化头脑现代化技术,此则非知识青年不为功也,故必须知识青年参加。"冯友兰、闻一多、周炳琳、燕树棠等出席并发言,勉励学生从军。是年,冯友兰为联大中文系人选事,致函梅贻琦一通,其文曰:"哲学系主任仍由汤锡予担任,不必再出布告。国文系由罗膺中暂代理,一多下乡至今未回,于今日出布告:'中国文学系主任罗莘田先生因事赴渝,未返校前请罗膺中代理系务。'并致罗膺中一公函。《云南日报》载一多未解聘,学生又贴条子,似乎可在该晚报登一更正。"又国民党政府当局曾暗示西南联大解聘闻一多等进步教授,梅贻琦根本不予理睬。一些"部订"教学上的规章制度,也由于广大师生的抵制和反对,有些流于形式,有些"变通执行"。总之,与其他学校相比,西南联大始终保持为一所民主自由空气较浓的学府。特别是后期,联大发展成为"民主堡垒",同样也与梅贻琦的开明思想有关。(参见黄延复、钟秀斌《一个时代的斯文:清华校长梅贻琦》,九州出版社2011

年版；龚克主编《张伯苓全集》第十卷附编《张伯苓年谱》，南开大学出版社 2015 年版；蔡仲德编撰《冯友兰先生年谱长编》，中华书局 2014 年版；闻黎明、侯菊坤《闻一多年谱长编》（增订版），上海交通大学 2014 年版；西南联大北京校友会编《国立西南联合大学校史——1937 至 1946 年的北大、清华、南开》，北京大学出版社 1996 年版）

　　冯友兰继续任文学院院长。1 月 12 日下午 5 时，在才盛巷 2 号北大办事处出席常委会第二八五次会议。同月，《哲学评论》第 8 卷第 5 期发布消息：（一）中国哲学会中国哲学研究委员会辑"中国哲学"丛书甲乙二集，已收到熊十力《新唯识论》、嵇文甫之《晚明思想史论》，前者列为甲集之一，已交商务印书馆付印，后者列为乙集之一，不日亦可付印。（二）国立编译馆中国哲学名词审查委员会在昆明委员拟于最近期内在昆明开会，届时中国哲学会会员冯友兰、汤用彤、贺麟、陈康、郑昕、沈有鼎、王宪钧、冯文潜、徐炳昶等皆将出席。因物价飞涨，生活日艰，冯友兰准备卖字，闻一多特为冯友兰刻印章二枚，其一"冯友兰之钤"（阴文），另一"芝生"（阳文）。任夫人则设油锅炸麻花卖以补家用。同时闻一多开始公开治印，浦江清为之以骈文拟"金石润例"，冯友兰与梅贻琦、蒋梦麟、熊庆来、杨振声、姜寅清、朱自清、罗常培、唐兰、潘光旦、陈雪屏、沈从文等 12 人署名其上。2 月 3 日，印度来华研究生许鲁嘉、叶赫生前来报到，联大决定由冯友兰与汤用彤拟订其三十二年度下学期研究计划。9 日中午 12 时，在南开大学办事处出席常委会第二八八次会议。16 日下午 5 时，出席常委会第二八九次会议。代主席杨石先报告冯友兰与汤用彤为拟定印度来华研究生许鲁嘉、叶赫生本学期和下学期研究计划来函。23 日下午 5 时，在清华办事处出席常委会第二九〇次会议。27 日，《教育与政治》刊于《扫荡报》。29 日晚，在联大讲演《论风流》，讲演由罗常培主持。

　　冯友兰 3 月 1 日下午 5 时在西仓坡 5 号出席联大校务会第六届第三次会议。4 日下午 1 时，在西仓坡 5 号出席清华第二十三次评议会，会议通过吴宓等下学年休假案。8 日下午 5 时，出席常委会第二九一次会议。9 日，出席联大教授会。11 日，出席联大欢送应征译员会并讲演。12 日，《欢送应征译员会上讲话》刊于昆明《民国日报》。14 日中午 12 时，在西仓坡 5 号出席第四届第四次校务会议。15 日下午 5 时，出席常委会第二九二次会议。22 日下午 5 时，出席常委会第二九三次会议。同月，第二次往中央训练团讲"中国固有哲学"两周。其间，陈雪屏曾来约冯友兰往见蒋梦麟、梅贻琦，蒋问及对政府有何意见，冯友兰说舆论对孔祥熙、宋子文黄金案不满，希望严惩贪污；冯友兰曾访陶希圣，在其处见熊十力致陶书。后冯友兰致函熊十力，谓熊对自己"期许之厚，属望之殷，令人感奋"；发表《中国哲学中所说精神动员》，认为今人所谓精神动员就是宋明道学家所谓"主敬"；《新理学讨论——答谷春帆》刊于《哲学评论》第 8 卷第 6 期。此文是对谷春帆就《新理学》所提问题的答复。谷春帆所提问题亦刊于同期《哲学评论》；其《新事论》由商务印书馆出重庆五版。4 月 5 日下午 5 时，在南开办事处出席常委会第二九四次会议。下午 7 时半，出席联大校务会议第六届第五次会议。6 日，《论民族哲学》刊于《扫荡报》。12 日下午 5 时，出席常委会第二九五次会议。19 日下午 5 时，出席常委会第二九六次会议。26 日下午 5 时，在清华办事处出席常委会第二九七次会议。29 日中午 12 时半，在西仓坡 5 号出席清华第五十二次校务会议。30 日，参加清华 33 周年校庆。蒋梦麟在讲话中一再说，西南联大是中国的民主堡垒。同月，发表《论感情》。此文是对去年 3 月 31 日《中央日报》所载李文湘《三本好书与三个问题》一文及桂林《文化杂志》第 2 卷 6 期所载胡绳《评〈新世训〉》一文所作的答复。李、胡二文均认为《新世训》主张"无情"，文中说明《新世训》之实际主张是"有情而不为情所累""有情而无我";《中国哲学史》由商务印书馆出增订版,书前有本月专为此版所写《自序》,序云:"全书出版后,陆续写有《原儒墨》《原儒墨补》及《原名法阴阳道德》三篇,刊入《中国哲学史补》,又与张可为君同写有《原杂家》一篇。此四篇论先秦诸家之起原,可补此书所未备。又写有《孟子养气章解》,了解《孟子》,亦为此书所未及,故并列入附录,以备读者之参考。"又《西南联合大学"党义教学委员会"组织授课情况》规定"心理建设"为其专题讲演之一,由冯友兰担任。

　　冯友兰5月10日下午5时出席常委会第二九八次会议。20日上午11时,在云南大学至公堂听印度哲学家罗拉丹瑞盛南爵士讲《民主的意义》,同听者除云南大学学生外,还有联合大学哲学系冯文潜、沈有鼎、王维诚等10余人及云南大学校长熊庆来。24日中午12时半,出席清华第五十三次校务会议。31日下午5时,出席常委会第三〇〇次会议。6月7日下午5时,出席校务会议第六届第七次会议。8日,出席清华聘任委员会会议。会议决定改聘许维遹、陈梦家等为教授。同日,清华大学第21次聘委会会议通过1944年度清华续聘各系、所教授、副教授、专任讲师名单。其中文学院部分如下(包括社会学系及国情普查研究所):中国文学系教授:闻一多、朱自清、王力、浦江清;外国语文学系教授:陈福田、吴宓、温德、吴达元、杨业治、陈嘉、陈定民、赵诏熊、胡毅,专任讲师:李赋宁;哲学系教授:冯友兰、金岳霖、沈有鼎、王宪钧;历史学系教授:雷海宗、刘崇鋐、噶邦福、王信忠、邵循正、吴晗;社会学系教授:潘光旦、吴泽霖、李景汉、李树青;国情普查研究所教授:陈达。14日下午5时,冯友兰出席常委会第三〇一次会议。15日,《论天真活跃》刊于昆明《中央日报》。21日下午5时,出席常委会第三〇二次会议。28日下午5时,出席常委会第三〇三次会议。同月,发表《论七十二》。此文针对《国文月刊》22期所载闻一多、季镇淮、何善周之集体考据文章所说"原来'七十二'是一年三百六十日的五等分数,而这个数字乃是由五行思想演化出底一种术语"提出异议,认为"一年三百六十日之五分之一,并不是'七十二'虚数的来历,而是汉人要求坐实这个虚数底一种穿凿附会之谈。不过经此一附会,七十二的应用更广。指出这一点是闻先生等的贡献。但要说明七十二的来历,似乎还要另一解",即"'三'是中国人所最先用以表示数之多底虚数,以后九、十八、三十六、七十二都从三来,都是三的倍数。不过这几个数既为人常用以后,人又往往用他们为凑数的标准"。又作《新原道·自序》。

　　冯友兰7月5日下午3时出席联大常委会第三〇四次会议。下午5时,出席联大校务会议第六届第八次会议。7日下午,赴中西哲学名著编译委员会宴请。归途中与吴宓谈其休假事。18日下午5时,出席清华第五十四次校务会议。19日下午5时,出席联大常委会第三〇五次会议。26日下午5时,出席联大常委会第三〇六次会议。28日,出席清华聘任委员会会议。同月,发表《儒家论兵》。此文认为"儒家论兵的根本意思就是军事以政治为本,打仗以组织为先";杨中慎《读〈新原人〉》刊于《哲学评论》第9卷2期。8月2日下午5时,出席联大校务会议第六届第九次会议。6日,《儒家论将》刊于《扫荡报》。9日下午5时,出席联大常委会第三〇七次会议。18日,第五军军长邱清泉在昆明北校场军部举行时事座谈会,冯友兰与闻一多、吴晗、曾昭抡、邵循正、杨西孟、刘崇鋐、华罗庚、马大猷等11位教授出席。冯友兰会上发言。23日下午5时出席联大常委会第三〇八次会议。24日中午12时半,出席清华第五十五次校务会议。下午3时出席清华三十二年度第二次教授会。会议通过研究院第十届、本科第十六级毕业生名单,并选举下届评议员、教授会书记。30日下午5时,出席联大常委会第三〇九次会议。31日出席清华聘任委员会会议。同月,《中国固有的哲学》刊于《读书通讯》第 95 期。9 月 6 日下午 5 时,出席联大校务会议第六届第十次会议。7 日下午 3 时,出席清华第二十四次评议会。下午 3 时出席联大教授会三十三年度第一次会议,13 日,选举第七届校务会议代表。下午 5 时出席联大常委会第三一〇次会议。冯友兰在会上提出文学院中国文学系暨师范学院国文系主任罗常培因事赴渝,该两系主任拟请罗庸暂行代理,会议决定照准。17 日,《墨家论兵》刊于昆明《民国日报》。20 日下午 5 时,出席联大常委会第三一一次会议。同月,撰《〈新原道〉自序》（英文）;《论风流》刊于《哲学评论》第 9 卷第 3 期;联大《必修选修学程表(1944—1945 学年)》规定冯友兰除"中国哲学史"外,所授课尚有"哲学方法论研究""伦理学"（每周讨论一小时）;王浩《新理学的形而上学系统》刊于《哲学评论》第 9 卷第 3 期。

　　冯友兰 10 月 5 日下午出席清华教授会。18 日下午 5 时,出席联大常委会第三一三次会议。25 日下午 5 时,出席联大常委会第三一四次会议。26 日下午,出席全体教职员公会会议。30 日下午 5 时,出席联大校务会议第七届第二次会议。31 日中午,宴请朱自清、闻一多、罗庸、罗常培等。席间谈中文系人事安排问题。11 月 2 日下午 3 时半,出席清华第二十五次评议会。8 日下午 5 时,出席联大常委会第三一五次会议。11 日,出席中国哲学会昆明分会第二次讨论会。会上,洪谦作《论新理学的哲学方法》讲演,冯友兰即席答辩。15 日下午 5 时,出席联大常委会第三一六次会议。17 日,出席联大教授会。会议通过征调四年级男生做译员案。22 日下午 5 时,出席联大常委会第三一七次会议。24 日下午 5 时,出席联大校务会议第七届第三次会议,讨论扩大军训计划问题。25 日,参加北大同学会全体会议。26 日,参加北大同学会欢迎蒋梦麟之宴会。12 月 1 日下午 3 时,出席联大校务会议,继续讨论扩大军训问题。5 日下午,出席联大教授会。会议通过扩大军训计划,军训时间为四个半月。又为知识青年从军事,向国民党中央提出 4 项建议。6 日下午 5 时,出席联大常委会第三一八次会议。7 日下午 3 时,出席清华三十三年度第二次教授会。19 日晚,访朱自清。20 日下午 5 时,出席联大常委会第三二〇次会议。27 日下午 5 时,出席联大常委会第三二一次会议。是年,发表《经济制度与社会制度》。此文是对梁漱溟《社会演进上的中西殊途》一文（载《理想与文化》第 5 期）的答复;发表《关于真善美》;其《中国哲学史》在赣县出版。(参见蔡仲德编撰《冯友兰先生年谱长编》,中华书局 2014 年版)

　　闻一多 1 月 15 日经教育部审查并核定通过大学教授资格。学字第 02745 号训令公布通过教授资格者共 59 人,除闻一多外还有张奚若、杨武之、吴泽霖、贺麟、姚从吾、江泽涵、马约翰、赵九章、华罗庚、闻家驷、刘崇鋐、邵循正、陶葆楷、浦江清等。18 日,重庆《新华日报》刊登吴青所写的短讯《昆明二三事》,中云:"昆明物价,为全国第一,教授们生活困难,大都另谋开源之道,闻一多教授订润例作金石。"闻一多准备挂牌治印,即在这前。今云南师范大学一二·一纪念馆存有闻一多与沈从文、彭仲铎、唐兰、陈雪屏、浦江清、游国恩、冯友兰、杨振声、郑天挺、罗常培、罗庸共 12 教授共同发起的《诗文书镌联合润例》,知诸教授早有"另谋开源之道"的打算。

　　按:《诗文书镌联合润例》如下:文直:颂赞题序:五千元;传状祭文:八千元;寿文:一万元;碑铭墓志:一万元（文均限古文,骈体加倍）;诗直:喜寿颂祝:一千元;哀挽:八百元;题咏:三千元（诗以五律及八韵以内古诗为限,七律及词加倍）;联直:喜寿颂祝:六百元;哀挽:四百元,题咏:一千元（联以十二言以内为限,长联另议）;书直:楹联:四尺六百元,五尺八百元（加长另议）;条幅:四尺四百元,五尺五百元（加长另议）;堂幅:四尺八百元,五尺一千元（加长另议）;榜书:每字五百元（以一方尺为限,加大值亦加倍）;斗方扇面:每件五百元;寿屏:真隶(书法)每条一千五百元,篆书每条二千元（每条以八十字为限）;碑铭墓志:一万元;篆刻直:石章每字一百元,牙章每字二百元(过大过小加倍,边款每五字作一字计)。收件处:国立西南联合大学中国文学系王年芳女士代转

　　闻一多年初指导中文系同学撰写毕业论文。其中彭兰的论文《高适系年考证》,是闻一多亲自确定的题目。2月20日,《复古的空气》刊于《云南日报》"星期论文"专栏。再刊于3月1日《当代评论》第4卷第10期。文章针对《中国之命运》中主张恢复传统的思想,批评"知识和领导分子"的倒退,说"复古"者有四种类型:自卫机能,报复意味的自尊心,自卑感,掩饰缺点。指出:"我得强调的声明,民族主义我们是要的,而且深信是我们复兴的根本。但民族主义不该是文化的闭关主义。我甚至相信正因我们要民族主义,才不应该复古。老实说,民族主义是西洋的产物,我们的所谓'古'里,并没有这东西。谈谈孔学,做做歪诗,结果只有把今天这点民族主义的萌芽整个毁掉完事。其实一个民族的'古'是在他们的血液里,像中国这样一个有悠久历史的民族,要取消它的'古'的成分,并不太容易。难的倒是怎样学习新的,因为在上文我们已经提过,文化是有惰性的,而愈老的文化,惰性也愈大。克服惰性是一件难事啊!"3月1日,《家族主义与民族主义》刊于昆明《中央日报》。这是一篇以史论今的杂文,认为家族主义妨碍民族主义的发展,应当改变儒家"孝"的家族主义观念,走民族主义的路。8日,在中法大学中国文学史课上讲唐朝文化与北朝"文质"之演进。19日,《说舞》刊于昆明《生活导报》第60期。这是一篇很精彩的论说文,文中形象地描写了澳洲风行的科罗泼利舞的热烈场面,说它"可以代表各地域各时代任何性质的原始舞,因为它们的目的总不外乎下列这四点:(一)以综合性的形态动员生命,(二)以律动性的本质表现生命,(三)以实用性的意义强调生命,和(四)以社会性的功能保障生命"。同日,《庄子外篇校释——骈拇》刊于昆明《中央日报》"星期增刊"第7期。这是一篇训诂文章。3月29日,闻一多对国民政府宣布取消"五四"纪念大为不满,在《八年的回忆与感想》谈话中说:"联大风气开始改变,应该从三十三年算起,那一年政府改三月二十九日为青年节,引起了教授和同学们一致的愤慨。"4月9日,由联大爱好文学的何孝达等12位同学组织了"新诗社",请闻一多担任诗社的导师。23日,《从宗教论中西风格》刊于昆明《生活导报》第65期。此文从宗教入手,分析中西文化风格的互异。5月3日,西南联大历史学会在新校舍南区10号教室,举行"五四"25周年纪念座谈会。大会主席是李晓同学,闻一多和张奚若、周炳琳、吴晗、雷海宗、沈有鼎等教授到会,并发表演讲。会上,周炳琳首先报告了他在"五四"时的经历,接着闻一多也讲了参加"五四"运动的情况,张奚若把"五四"运动与辛亥革命做了比较,吴晗发言说明今天所受思想与文化上的束缚,雷海宗则认为学生的天职就是读书。这时,闻一多再次站起来,提出要"里应外合",打倒孔家店。这是一次十分成功的晚会,1946年吴晗谈到这年"五四"纪念的几次大会时,认为它们"建立了近两年来联大民主运动的基础"。闻一多的发言,被西南联大经济系学生张友仁记录整理,冠以《五四历史座谈》为题,交吴晗。文中讲述了自己在"五四"时的活动,并针对蒋介石在《中国之命运》中主张恢复传统的儒家思想甚至否定西方资产阶级国家的自由民主的言论,针锋相对地提出号召,要大家"里应外合"打倒孔家店。

　　按:闻一多激动地说:"现在是民国呵,难道要我们倒退到封建朝代去吗?我要重喊打倒孔家店,我也相信我现在有资格说这句话。你们知道,我酷爱我们祖国的文化,我们的祖先确实创造了不少优秀的东西,正是为了这,我在那故纸堆里钻了很久很久,古董消蚀了我多少生命!我总算摸清了一点底细,其中有些精华,但也有许多糟粕,我总算认识了那些反动糟粕的毒害,而这些货色正是那些人要提倡的东西!同学们,现在大家又提出'五四'要科学、要民主的口号,我们愿意和你们联合起来,把它一起拆穿,和

大家里应外合地来彻底打倒孔家店,摧毁那些毒害我们民族的思想。"

闻一多5月4日出席"五四"25周年纪念日活动。晚,西南联大"文艺"壁报社在新校舍南区10号教室举行回顾五四以来的文艺晚会,总题目为"五四运动与新文艺运动"。闻一多和罗常培、冯至、朱自清、沈从文、杨振声、李广田等应邀到会。但这个会却由于一些意外的原因流产了。9日,重庆《新华日报》刊载《联大热烈纪念五四》中说:"是日晚,由文艺壁报主办的文艺晚会,特别请了八个教授主讲,预定的有闻一多教授'新文艺与文学遗产'、杨振声讲'新文艺前途'、朱自清讲'新文艺中散文的收获'、冯至讲'新文艺中诗歌的收获'、罗常培讲'五四前后新旧文艺的辩争'、李广田讲'五四运动的意义与影响'……这晚会相当热闹,一间小小的教室,在未开会前便挤得水泄不通。后来改到大阅览室举行。不过,在群情欣然下,是不是也有人觉得不耐烦,那是不得而知。总之,当冯至教授讲'新诗歌的收获'的时候,忽地窗子外面黑暗的角落里,突然人声嘈杂起来,接着大骂大叫,并敲打门窗,结果使讲演会简直不可能开下去,弄得许多参加晚会的校内外同学,都快然散去。究竟这些在黑角落里喊叫的人为了甚么,联大同学大都有'心照'的味道。"同日,《楚辞校补》获教育部学术审议会颁发的1943年度(第三届)学术二等奖。重庆《新华日报》次日作了报道,标题为:《学术审议会昨日续开大会,选拔得奖作品和发明,闻一多朱光潜得二等奖,洪深得三等奖》。5日晚6时半,出席昆明文艺界、西南联大国文学会、外国语文学会、中法文史学会等联合举办之第一届"五四"文艺节纪念晚会。当地报纸预告晚会地点在西南联大新校舍大草坪,由徐嘉瑞主席,闻一多与罗庸、尚钺、李何林、李广田、周钢鸣、闻家驷、楚图南、朱自清、常任侠分别演讲,闻一多的演讲题为《艾青及田间》。昆明《扫荡报》报道,是日下午7时,闻一多应云南大学文史学会邀请,在该校泽清堂讲"庄子的思想背景"。但闻一多因参加第一届五四文艺节纪念晚会,故演讲移至下周进行。7日,《九歌校释——东皇太一》发表于昆明《中央日报》"星期增刊"第14期。此文为对《九歌·东皇太一》若干诗句之校释。8日,原先于4日流产的五四文艺晚会于是晚重开,组织者改为联大国文学会,主持人为齐亮等同学,地点改在图书馆前大草坪,到会者3000余人。大会主席由闻一多和罗常培共同担任。罗常培首先致开会词,接着便讲"五四前后文体的辩争",冯至讲"新文艺中诗歌的收获",朱自清讲"新文艺中散文的收获",孙毓棠讲"谈现代中国戏剧",沈从文讲"从五四以来小说的发展及其与社会的关系",卞之琳讲"新文艺与西洋文学的关系",闻家驷讲"中国之新诗与法国文学",李广田讲"新文艺中杂文的收获",闻一多讲"新文艺与文学遗产",杨振声讲"新文艺的前途"。本年的"五四"纪念,是联大乃至昆明民主运动重新蓬勃发展起来的标志。"五四"的大规模集会,在大后方也是头一次。

按:除了5月4日晚已邀请的冯至、朱自清、沈从文、杨振声、李广田教授外,又邀请了卞之琳、孙毓棠、闻家驷教授。到会者三千余人,不仅有联大同学,云大、中法大学和一些中学同学也来参加。这次晚会十分热烈,5月9日《云南日报》报载:"有什么能够代表联大精神吗?记者认为就是今天这个晚会。你不见,在傍晚的时候,昆北街上,公路两头,就像潮涌般的人都向着新校舍奔去。这时可以用一句俗话形容:'山阴道上,络绎不绝。'真的他们有着远道朝山的行僧一般的虔诚与热望,而这会真也可以比喻做一座香火旺盛的圣地。过去有人说联大像一潭止水,而现在则是止水扬波,汹涌壮阔。"

按:闻一多的讲演,经张友仁记录,以《新文艺与文学遗产》为题,于1947年交给吴晗。文中说:"今天晚上在场发言的,建设新文艺的人物有八位教授(冯至、朱自清、孙毓棠、沈从文、卞之琳、闻家驷、李广田、杨振声),而我和罗先生(常培)是干破坏的,破坏旧的东西,……月亮出来了(闻先生指着初从云中钻出的满月说),乌云还等在旁边,随时就会给月亮盖住。我们要特别注意……要记住我们这个五四文艺晚会是这样被人阴谋破坏的;但是我们不用害怕,破坏了,我们还要来! 五四的任务没有完成,我们还要干! 我们还要科学,要民主,要打倒孔家店和封建势力! ……文学遗产在五四以前是叫做国粹,五四时代叫做死文学,现在是借了文学遗产的幌子来复古,来反对新文艺,现在我就是要来审判它:中国在君主政治底下,'君'是治人的,但不是'君'自己去治,而实际治人的是手下的许多人,治人就是吃人! ……中国的政治由封建而帝制,再由帝制而民治……中国的封建社会里面有四种家臣:第一种是绝对效忠主子的,是儒家;第二种次之,是法家;第三种更次之,是墨家;而庄子是第四种,是拒小惠而要彻底的拆台的,但是因为有前三种人的支持,所以没有效果,后来,由反抗现实而逃到象牙塔中。辛亥以后,治人吃人的观念并没有打倒。管家人吃人,借了君子的名字。在五四,第四种人出塔了,他们要自己管理自己,管家的无立足余地了,但是他们仍旧可以存在的,不过不再是替君子管而是替人民管了。可惜第四种人在塔外住不惯,又回到塔里面去了! 那么前三种人又活跃了! 但他们觉得新主子不如旧主子好,所以才'献九鼎'啊! 新主子一出来首先要打击五四运动,要打击提倡民治精神的祸因。后来他们发现民主是从外国来的,于是义和团精神又出现了,跟外国人绝交。现在谈第四种人,他们拼命搬旧塔的砖瓦来造新塔,就如有人在提倡晚明小品,表面上是新文艺,其实是旧的。新文学同时是新文化运动,新思想运动,新政治运动,新文学之所以新就是因为它是与思想、政治不分的,假使脱节了就不是新的。文学的新旧不是甚么文言白话之分,因为古文所代表的君主旧意识要不得,所以要提倡新的。第四种人中的道家则劣处较少。新文学是要和政治打通的。至于文学遗产,就是国粹,就是桐城妖孽,就是骸骨,就是山林文学。中国文学当然是中国生的,但不必嚷嚷遗产遗产的,那就是走回头路,回去了现在感到破坏的工作不能停止,讲到破坏,第一当然仍旧要打倒孔家店,第二要摧毁山林文学。从五四到现在,因为小说是最合乎民主的,所以小说的成绩最好,而成绩最坏的还是诗。这是因为旧文学中最好的是诗,而现在做诗的人渐渐地有意无意地复古了。现在卞先生(之琳)已经不做诗了,这是他的高见,做新诗的人往往被旧诗蒙蔽了渐渐走向象牙塔。"

按:会将结束之际,闻一多再次站起来发言。尚土《痛忆闻师》:"先生第一次走到群众面前是在一九四四年联大国文学会举办的五四文艺晚会上,那天出席讲演的先生很多,所涉及的文艺范围很广,由罗常培先生任主席。将结束时,罗先生说:'今天唱压轴戏的是杨今甫先生,杨先生将到美国讲学。'在杨先生讲后,闻先生第二次上台讲话:'今天唱压轴戏的不是杨先生而是我,我们研究中国文学二十年,目的就在摧毁这座封建的精神堡垒。'最后先生提高嗓子高呼:'我号召大家第二次打倒孔家店! 五四时候做得不彻底。'这是先生开始向民主进军的宣誓词。"闻一多希望今后在联大应有更多的这种座谈会、讨论会,并向大家建议:"利用杨振声先生渡美之便,让我们用今天晚会的名义,向于硕果仅存的新文艺引导者胡适先生转致敬意,并报道今晚的盛况。"

闻一多5月16日在昆明《中央日报》"文林"副刊第1期发表《九歌校释》。这是对《东君》《云中君》《湘君》的训诂文章。同日,在中法大学文史学会第二十次公开讲演作"庄子的思想背景"演讲。同月,全家从司家营清华大学文科研究所搬到大西门外昆华中学。初,住在初中部学生宿舍,与何炳棣夫妇相邻。6月6日,致清华大学校长梅贻琦两信。一为本系副教授许维遹、陈梦家晋升为教授事;又一函为何善周晋为教员事。梅贻琦于7月28日批示通过。6月8日,清华大学召开迁昆明后第二十一次聘任委员会会议,议决续聘闻一多与朱自清、王力、浦江清为中文系教授,改聘许维遹、陈梦家为教授。14日晚7时,文协昆明分会及各大学共15个文艺团体在云南大学至公堂联合举行诗人节晚会。闻一多和罗庸、游国恩、徐梦麟、尚钺等出席,楚图南、李广田报告新诗成果。常任侠、田汉、冯至、光未然等诗歌朗诵,新中国剧社也有歌唱。25日,美国副总统华莱士及拉铁摩尔、范宣德、哈查尔参观西南联合大学,并在联大和昆明学术界、宪政研究会等处举行了座谈会,闻一多参加了某次座谈。29日,暑假开始。约这前后,闻一多参加设在北门街唐家花园的西南文化研究会,该会为华岗、周新民、楚图南、尚钺等人秘密组织。此为闻一多政治生活发生巨大转变的重要阶段。约此时，闻一多参加过"民社"，成员有楚图南、吴晗、周新民、吴富恒、唐筱莫等。邵循正后来亦加入。上半年，闻一多应郭沫若之约，答应为《中原》杂志撰稿。

闻一多 7 月 1 日致信张奚若，对因斥责国民党政府是历史上最反动的政府而受到围攻的张奚若的斗争精神表示敬佩，并希望他再发动更猛烈的进攻，同时还说自己正在写《八教授颂》一诗。这是一封思想发展中极为重要的信。2 日，《龙凤》刊于昆明《中央日报》"星期增刊"第 2 期。7 日，抗日战争 7 周年纪念日。晚，闻一多、熊庆来、潘光旦、杨西孟、邵循正、潘大逵、蔡维藩、伍启元、沈有鼎、鲁冀参、冯景兰、李树青、曾昭抢、罗隆基等 15 位教授出席西南联大壁报协会和云南大学、中法大学、英语专科学校三校学生自治会在云大至公堂联合举行的"时事座谈会"，出席会议的学生多至 3000 余人。这是自皖南事变以来，昆明各大学学生联合举办的第一次政治性的大规模集会。9 日，参加新诗社诗歌朗诵晚会，并发表了关于爱国的责任和文艺的形式问题的若干意见。同月，《画展》刊于昆明《生活导报》。这是篇批评知识分子躲避现实的杂文，在当时发生了重要影响。8 月 18 日下午 5 时，闻一多与冯友兰、陈雪屏、杨西孟、华罗庚、刘崇鋐、邵循正、曾昭抢、马大猷、陆钦墀、吴晗等 11 位教授参加第五军军长邱清泉举行的座谈会。9 月 1 日，《诗与批评》发表于李一痕主编的《火之源丛刊》第二、三集合刊。当时人们对"什么是诗"有两种对立的认识，一种认为"诗是不负责的宣传"，另一种则认为"诗是美的语言"。闻一多把前者称为"诗的价值论者"，把后者称为"诗的效率论者"，说："这两种态度都是不对的。因为单独的价值论或是效率论都不是真理。我以为，从批评诗的正确的态度上说，是应该两者兼顾的。"最后，作者还特别强调："我们需要懂得人生、懂得诗、懂得什么是效率、什么是价值的批评家为我们制造工具，编制选本。"

闻一多 9 日与 10 日晚参加东北同学会组织的"九一八"纪念座谈会。13 日下午，西南联合大学召开教授会议，选举本校第七届校务会议教授代表。西南联大实行三权分立制度与教授治校原则，每年度选举教授代表参加校务会议，共同商定校中大政方针。闻一多此前曾被提名数次，但这次是首次当选为教授代表。会上，又选举教授会书记，闻一多当选。西南联大教授会相当于民主国家的议会，教授会书记相当于教授会的秘书长。17 日下午 1 时，中华全国文艺界抗敌协会昆明分会在民众教育馆大礼堂召开第四届全体会员大会，讨论响应重庆文协总会关于援助贫病作家募集基金事项，并改选理事、监事。闻一多与楚图南（高寒）、常任侠、李何林、徐梦麟（嘉瑞）、凌鹤、光未然（张光年）、白澄、吕剑、赵沨、马子华、杨东明、范启新、罗铁鹰、杨亚宁等当选为理事；候补理事有尚钺、李广田、魏荒弩、欧根；监事有包白痕、林慧、冯素陶、张宗海、花新人；候补监事为彭桂蕊、虞慕陶。20 日，闻一多、徐梦麟、高寒、常任侠、马子华当选为文协昆明分会常务理事，并公推徐梦麟为理事长。秋，担任西南联大学生文艺团体"剧艺社"导师；经吴晗介绍，闻一多以个人身份加入中国民主同盟，是他一生中的重大转折。闻一多参加民主同盟前后，曾与张光年谈到想去解放区看看。10 月 1 日中秋节，闻一多与冯至一起在新校舍北面莲花池附近的英国花园参加联大新诗社举办的赏月诗歌朗诵会。9 日，参加西南联大新诗社成立半周年纪念晚会。到会的有联大、云大、中法等大学 14 位教授和昆明文化界人士、大中学生共 200 余人。会上闻一多宣读了亲笔抄写并有冯至、楚图南、李广田、尚钺等 123 人签名的《给贫病作家的慰问信》，刊于 22 日昆明《自由论坛》第 5 期。同期又以《诗人们的歌吼》报道了纪念会盛况。10 日，辛亥革命 33 周年纪念日，民盟昆明支部与西南联大、云南大学、中法大学等校学生及云南省文化界,联合发起举行保卫大西南群众大会。闻一多是大会主席团成员。大会结束之前,闻一多宣读了由罗隆基起草,经他润色誊录(最末一段为李公朴抄录)的《昆明各界双十节纪念大会宣言》。宣言几经修改,特别突出要求国民党结束一党专政。这次大会由于动员广泛,旗帜鲜明,主持得力,又发表了宣言,在大后方产生不小的影响。会后,又印发了《人民的呼声》(昆明各界双十节纪念大会专册),首刊闻一多的《组织民众与保卫大西南》,又有楚图南《言论自由与身体自由》、吴晗《中苏邦交与国共问题》、李公朴《改善士兵生活与当前政治问题》、罗隆基《改革政治的方案》。其《人民的呼声》书前有序,题作《为什么刊印这本小册子》。

　　按:闻一多在双十节的言行,引起国民党地方当局的注意,《国民党组织部部长陈果夫为一九四四年十月十日群众集会事致军事委员会办公厅函》中引云南省党部组正二字第八六四号呈文云:"所谓昆明学术界宪政研究会……于昆华女中附小体育场举行讲演。……该会讲演人员为闻一多、楚图南、吴晗、李公朴、罗隆基等。演讲内容,均系反对本党及攻击现政府之荒谬论调。……该等最后并通过宣言,内容多系攻击现政府,极尽狂妄之言词。"

　　闻一多10月19日下午7时出席西南联合大学"冬青"等文艺壁报与云南大学学生自治会在云大至公堂联合举办的鲁迅逝世8周年纪念晚会。到会者有徐梦麟、尚钺、楚图南、姜亮夫、李何林、朱自清及各大中学生、职业青年、文化界人士,共4000余人。开会前几日,大会组织者对是否请闻一多出席有些犹豫,觉得闻一多过去属于反对鲁迅的"新月派",担心闻一多不愿到会讲话。但他们找闻一多商量时,闻一多表示不但要参加,而且要发言。会上闻一多作了《鲁迅活在青年心里——八周年忌日晚会杂掇》的发言,说:"时间愈久,越觉得鲁迅先生伟大,今天我代表自英美回国的大学教授,至少我个人,向鲁迅先生深深忏悔!"同月,闻一多参加联大新诗社为救济贫病作家而发起的募捐活动。同月,中国民主同盟昆明支部召开全体盟员大会,决定改组为中国民主同盟云南省支部。会议推选闻一多与罗隆基、潘光旦、周新民、潘大逵、李公朴、楚图南、吴晗、杨恰士为执行委员。12月5日下午3时,出席西南联大教授会议,决议对知识青年从军向国民党中央提出4项建议。8日,应云南男女青年会同工读书会所请,演讲"士大夫与中国社会"。提纲下列有13个小题,为:"一、中国式的社会。二、近代人民身份与意识中的奴隶形态。三、保罗的初期奴隶社会。四、殷周奴隶社会初期形态的推测。五、殷周革命的社会背景。六、缓冲阶级之兴起。七、释儒。八、孔子与儒家思想。九、墨家。十、道家。十一、汉代儒家的复兴。十二、从殷末到今天——一部奴隶解放史。十三、新时代与士大夫。"10日,昆明《扫荡报》"省市鳞爪"报道,昆明第一中华职业补习学校应爱好文艺者要求,自第十九届起增设文艺讲座一科,敦聘闻一多与楚图南、李何林、李广田、尚钺、章泯分别主讲文艺诸问题。12日,应西南联大文史学会邀请,在联大昆北教室讲演"士大夫与中国社会",这是近几天第三次讲这个题目。

　　闻一多12月13日晚7时出席西南联合大学学生自治会在联大新校舍北区东食堂举办的第二次时事座谈会。座谈会总题为"一年来国内局势的检讨"。分政治、军事、经济、社会、教育五讲,由张奚若、曾昭抡、伍启元、李树青、吴晗及闻一多主讲。会上张奚若讲政治,曾昭抡讲军事,伍启元讲经济,李树青讲社会,吴晗讲教育。最后,闻一多讲"一年来的中国文化",并对此次座谈会作结论。中旬,与吴晗一起,邀洪德铭、陈定侯、王念平等座谈,并商谈筹组"民主青年同盟"之事。25日,云南护国首义29周年纪念日,除云南省政府上午9时举行扩大纪念会外,下午1时,昆明各界亦在云南大学会泽院右侧广场召开了盛大纪念会。闻一多在会上演讲题为"护国起义与民主政治"。这是一次非常成功的大会,对社会动员的广度是抗战以来昆明地区鲜有的。尤其是大会通过了《云南各界护国起义纪念大会宣言》，提出立即结束国民党一党专政、召开人民代表会议、组织联合政府等主张，表现了与中国共产党和各民主党派完全一致的立场。这个宣言为吴晗起草，闻一多润色后誊录。27日晚，出席自由论坛社主办的"中国的出路"座谈会。出席者还有张奚若、罗隆基、王赣愚、孙毓棠、冯文潜、潘光旦、王逊、杨西孟、丁则良、李树青、费孝通、沈有鼎、郭相卿、曾昭抡、吴晗等。会上，讨论的问题非常广泛，相继提出的问题有新中国与旧传统、士大夫与中国社会、中国问题的症结、工业现代化、教育的功用、中共政策与革命、文化革命、经济政策、怎样改良中国的政治、中华民族的缺点等。同月，作《屈原问题——敬质孙次舟先生》。后刊于次年10月郭沫若主编的重庆《中原》第2卷第2期。是年，闻一多研究屈原，尤重于研究屈原的思想，并从屈原出发，研究封建时代文人的思想。今存未刊手稿中有一篇没有定稿的《屈原论》，其中一节题作《封建社会的崩溃与诸子思想》颇能反映闻一多这时的认识。（参见闻黎明、侯菊坤《闻一多年谱长编》（增订版），上海交通大学出版社2014年版）

吴晗2月11日在《当代评论》第4卷第8期发表《贪污史的一章》。5月3日，吴晗与张奚若、闻一多、周炳琳出席西南联大爱国师生举办的"五四"纪念座谈会，在会上作了慷慨激昂的发言，讲述了今天所受思想与文化上的束缚，分析和比较了"五四"时代和今天的情况，指出："五四运动是为了打破一个牢笼，打破一种束缚，那种束缚是打破了。然而在今天我们又面对着一种新的牢笼的束缚。"他呼吁"今天的青年不能光往回看，更重要的是应该注意现在。要去冲破今天所受的束缚"。之后，闻一多站起来，反对"读经尊孔"，提出"重新喊打倒孔家店"。"五四"纪念座谈会之后的第二天一早，联大民主墙就贴满了壁报。这次"五四"纪念会，成了西南联大民主运动新高潮的起点。当时吴晗和闻一多思想都明显地倾向于共产党，接受共产党的领导和主张。作为一个高级知识分子，吴晗有明确的政治态度和是非观点，已经逐步成长为一个民主战士。吴晗有了一个比较明确的政治倾向后，他就自觉地了解共产党，学习马列主义。在他的桌案上有了《新民主主义论》《联共党史》《新华日报》等书刊。同月，吴晗作《明代的锦衣卫和东西厂》（重写稿），收入《历史的镜子·灯下集》。6月，吴晗所著《由僧钵到皇权》由重庆在创出版社出版。随后，重庆胜利出版社将其《明太祖》作为《中国历代名贤故事集》第一辑出版。后来吴晗在《〈朱元璋传〉自序》中说他当时写《明太祖》时，"是由于当时对反动统治蒋介石集团的痛恨，以朱元璋影射蒋介石，虽然一方面不得不肯定历史上朱元璋应有的地位，另一方面却又指桑骂槐，给历史上较为突出的封建帝王朱元璋以过分的斥责。"暑期，吴晗又主持西南文化研究会。西南文化研究会下设主要搜集云南护国运动资料的西南文献研究室，地点也在唐家花园。唐家花园的主人是唐继尧的儿子唐筱蓂，他特为研究室辟了一间宽敞的房子。西南文献研究室由吴晗主持，工作人员是两位西南联大学生，其中一位是清华大学历史研究所的研究生丁名楠。

按：吴晗在《拍案而起的闻一多》中，记述到西南文化研究会的活动："我们一些人秘密组织一个座谈会，成员有十几个人，其中有一两个是共产党员。座谈的目的是学习党的政策和分析时事，计划斗争。地点有时在一家花园里，有时雇一条船，到滇池漫游。在这些会上，我们初步知道中国社会两头小中间大、统一战线政策、个人和集体的关系等等道理。以后我们又得到《论联合政府》《新民主主义论》《论解放区战场》等党的文献和《新华日报》《群众》等刊物，如饥似渴地抢着阅读，对政治的认识便日渐提高了。"

按：丁名楠回忆说：这间房子"室内桌椅齐全，窗明几净，还陈列了几架古书。室外花木扶疏，群芳争妍，几株山茶树迎风招展，开花时鲜艳夺目，惹人喜爱，环境确是美极了""研究室没有固定的经费来源，全靠吴先生张罗，闻一多先生从刻字收入中，也资助过一些。闻先生还为我们刻了一颗'西南文献研究室'

的精致图章"。丁名楠还回忆说:"我到研究室工作后,发现有人夜间或星期日在研究室开会,起初不知道是什么人,后来才明白吴先生联系的民主人士,常借研究室作为叙会的场所。原因是唐家当时在昆明有一定的社会地位,国民党特务对它有所顾忌,没有敢于轻举妄动,进行捣乱,在那里开会比较安全。因此西南文献研究室对昆明的民盟等民主党派的活动起了某种掩护的作用。"

吴晗7月16日在《昆明生活导报》第76期发表《生活与思想》。同月,吴晗与闻一多、潘光旦等参与"民社"活动,成员有楚图南、周新民、寸树声、吴富恒、唐筱蓂等。邵循正后来亦加入。8月18日下午,与冯友兰、闻一多、陈雪屏、杨西孟、华罗庚、刘崇鋐、邵循正、曾昭抡、马大猷、陆钦墀等11位教授参加第五军军长邱清泉举行的座谈会。吴晗在发言中说:"恐怕大多数部队不能得到好的营养,战死的人远不如死于不合理的黑暗情形者之多,如保甲长利用兵役法上下其手,使多少农家子弟破产。师管区为送兵机构,亦不免有少数军官以送兵为生财大道。接兵部队亦有许多长官因生活费用不够,在士兵身上想办法。这许多的政治问题不解决,军队便无从改善。一切重要的焦点在政治,不在军事。"9月15日,赴梅贻琦欢送陈梦家将赴美讲学便宴。秋,吴晗介绍闻一多加入民主同盟。民盟昆明支部先于1943年酝酿成立,当时参与筹备的罗隆基、潘大逵曾邀请闻一多参加,受到婉拒,并说如果要加入组织,就加入共产党。至此时改变了态度。一天的黄昏,吴晗受组织委托,到昆华中学闻一多家里,与他作了亲切的长谈,并邀请他正式加入民盟。闻一多起初有些犹豫,经过认真考虑后,表示可以加入,并说了一段感人的话:"国事危急,好比一幢房子失了火,只要是来救火,不管什么人都是一样,都可以共事。"闻一多入盟时的介绍人有两位,一是罗隆基,另一有人说是潘大逵,有人则说是吴晗。由于民盟当时还处于秘密状态,成员身份不公开。闻一多入盟宣誓后,组织上当着他的面把誓词及表格烧掉。不过吴晗来谈时,闻一多依然明确的表示将来要加入中国共产党。

吴晗是秋在昆明《正义报》第9期发表《三百年前的历史教训》,论述了明朝灭亡以后,明贵族官僚在南京组织了一个小朝廷。10月10日,辛亥革命33周年纪念日,民盟昆明支部与西南联大、云南大学、中法大学等校学生及云南省文化界,联合发起举行保卫大西南群众大会。大会在昆华女中操场上举行,吴晗与闻一多、罗隆基、李公朴、楚图南5人发表了演讲。11月,中国民主同盟昆明支部召开全体盟员大会,决定改组为中国民主同盟云南省支部。吴晗与罗隆基、潘光旦、周新民、潘大逵、李公朴、楚图南、杨怡士被推为执行委员。吴晗又任青年委员。12月25日,联大、云大发起在云大大操场上举行护国纪念晚会,有6000余人参加。吴晗在会上演讲《护国纪念之历史意义》,并为大会起草了《云南各界护国起义纪念大会宣言》,提出:(一)结束一党训政。化一党的国家为全民的国家,以期实现真正的全民动员。(二)召集人民代表会议。集全国各党各派及无党无派的优秀人才于一堂,群策群力,共赴国难。(三)组织联合政府。由人民代表会议选举各党派代表人物及全国众望所归的领导人才,负国家民族安危的重任。会后,吴晗、闻一多等进步教授和大中学生一起走上了街头游行。这次大会开得很成功,影响很大,是党的抗日民族统一战线的胜利。27日晚,出席自由论坛社主办的"中国的出路"座谈会,会上讨论了新中国与旧传统、士大夫与中国社会、中国问题的症结、工业现代化、教育的功用、中共政策与革命、文化革命、经济政策、怎样改良中国的政治、中华民族的缺点等问题。(参见夏鼐《吴晗的学术生涯》,浙江人民出版社1984年版;闻黎明、侯菊坤《闻一多年谱长编》(增订版),上海交通大学出版社2014年版;齐家莹编《清华人文学科年谱》,清华大学出版社1999年版;西南联大北京校友会编《国立西南联合大学校史——1937至1946年的北大、清华、南开》,北京大学出版社1996年版)

　　罗常培1月2日在昆明《中央日报·星期论文》发表《国语运动的新方向》。18日，重庆《新华日报》刊登吴青所写的短讯《昆明二三事》，罗常培为共同发起的《诗文书镌联合润例》的12教授之一。2月15日，闻一多在联大讲《舞与诗》，罗常培作"跋"，说他讲得最健康、最会辩证法。4月19日，《我与老舍》（为老舍创作二十周年）刊于昆明《扫荡报》副刊。5月4日，"五四"25周年纪念日。晚，《文艺》壁报社在南区10号教室举办以"五四与新文艺运动"为中心的文艺晚会。邀请罗常培、杨振声、闻一多、朱自清、冯至、沈从文、李广田、卞之琳等教师讲演，预定罗常培讲"五四前后新旧文艺的辩争"，由于参加者多，会场容纳不下，临时改换地点引起纠纷，晚会改期举行。罗常培在《第一个五四文艺晚会的回忆并怀一多佩弦》中提到这件事："一九四四年的五四，昆明西南联大的同学发起了一个文艺晚会，约请一多、佩弦、今甫（杨振声）、从文、君培（冯至）、广田和我担任讲演。会场是在联大新校舍南区十号——那是我们常常举行学术讲演的一个较大的教室。那天晚上我和一多、佩弦从福照街（余）冠英家里赶到，会场已经挤得满满的，外面还围绕着好几层。另外还有更多的学生跑到北区的广场上要求改到那里开会。可是已经在第十教室占了两点钟座儿的热心听众坚决反对。我和一多百般劝导无效，加上三青团的分子又乘机捣乱，于是这个大家渴望的晚会，竟至没有开成。"8日，重开纪念"五四"文艺晚会，改由国文学会主办，罗常培、闻一多共同主持，地点在新校舍图书馆前草坪，除原请教师外，增请闻家驷、孙毓棠两人，各就新文学运动中各种文学体裁的收获以及新文学与西洋文学、与文学遗产的关系等发言，校内外参加者2000余人。罗常培首先致开会词，接着便讲"五四前后文体的辩争"。

　　罗常培5月21日在《云南日报·星期论文》发表《从文艺晚会说起》。7月6日，《汉语里的借字》刊于昆明《中央日报·周中专论》。19日，西南联合大学召开第三〇五次常务委员会会议，议决："罗常培先生因事离昆，函请自本月二十日起给假一个月，并请准予离校期所有本大学文学院中国文学系主任暨师范学院国文系主任职，由闻一多先生暂行代理，应均照准。"26日，罗常培和郑天挺等应邀赴大理参加撰修《大理方言志》工作。罗常培十分注意搜集地方方言文献和少数民族历史文化资料和民情、民俗等。当年所写的日记、随笔、散文等，艺术风格朴实自然而有风趣，显示一位博学幽默而有文采的学者风度。后来一部分著为学术论文，一部分收入散文集《蜀道难》和《苍洱之间》内。8月27日，罗常培访闻一多，谈五六小时，内容为西南联合大学本年度下学期的课程安排，并详细讨论个人研究计划等。9月13日，教育部核定本校教授罗常培、吴宓于1944—1945年度在国内休假进修。同日，西南联大第三一〇次常委会决议：罗常培因事赴渝，中国文学系及师院国文学系主任职务请罗庸暂行代理。20日，《新华日报》刊载联大中文系主任罗常培于5日写给该报的一封信，说明闻一多并未被解聘。10月31日，冯友兰请罗常培、闻一多、朱自清、罗庸午餐，商量中文系事务。时罗常培即将赴美讲学，其所担任之西南联大中文系主任一职，需另行择人。11月8日，西南联大第三一五次常委会决议：罗常培应美国加州朴茂纳大学邀请将赴美讲学，担任人文科学访问教授，请辞中国文学系及师院国文系主任职务，请罗庸继任。16日，罗常培行前，联大中文系曾开欢送会。罗常培在会上说：许多先生都到过外国，自己未曾去过，这次有机会就去一次，偿了心愿，只是不能同大家一起从事爱国活动，很觉遗憾。这话反映了罗常培的矛盾心情，但闻一多则说："问题在于爱不爱国，只要爱国，不论在什么地方都有可做的事。"在场者都认为闻一多讲得很对。按照国民党政府规定，凡出国人员要先去重庆中央训练团受训，并加入国民党，才发给官员出国护照，便于买较高的舱位，并有其他方便。罗常培宁可领取普通护照坐三等舱,但要保持学者本色。

潘光旦与闻一多、沈从文、彭仲铎、唐兰、陈雪屏、浦江清、游国恩、冯友兰、杨振声、郑天挺、罗常培、罗庸共 12 教授共同发起《诗文书镌联合润例》信息,1 月 18 日载于重庆《新华日报》。3 月,潘光旦《优生与抗战》一书(《人文生物学论丛》第 7 辑)由商务印书馆在重庆出版。作者在本书《弁言》中表示为自己的"意见"得到社会部的采纳"作为国家人口政策之局部张本"而"庆慰"。7 月,潘光旦与闻一多、吴晗等参加西南文化研究会。8 月 30 日,聘请雷海宗、潘光旦为联大 1944 年度新生入学资格审查委员会委员,并请潘光旦为该会主席。10 月 31 日,出席西南联大经济系举办的时事晚会。11 月,潘光旦出席中国民主同盟昆明支部召开的全体盟员大会,被推选为执行委员,并财务委员。12 月 10 日,昆明《民主周刊》创刊,这是中国民主同盟云南省支部的机关刊物,该刊首任总编辑为罗隆基,但是以潘光旦的名字登记的,因为主持新闻审查的金某是潘光旦的学生。12 月 25 日,云南护国首义 29 周年纪念日。下午 1 时,由云南大学、西南联大等校学生自治会等团体发起,在云大至公堂召开护国运动 29 周年纪念大会,潘光旦与白小松、李子猷、唐小莺、张奚若、闻一多、吴晗、潘大逵、曾昭抡、徐梦麟等出席。大会由潘光旦主持,云龙发表演讲,号召发扬云南护国首义的光荣传统,再造共和的精神,提出"消灭独裁政治,立即实行宪政""武装民众,保卫大西南"等口号。并通过了《云南各界护国起义纪念大会宣言》。宣言揭露国民党政府纲纪废弛,贪污成风,教育奴化,军政腐败的事实。宣言指出,保证抗战胜利唯一办法是民主政治,具体方案是结束一党训政,召开人民代表会议,组织联合政府。大会结束后,举行了声势浩大的示威游行。参加游行的达 2 万多人,显示了云南爱国民主力量的强大和广泛,标志着云南的爱国民主运动进入了新高潮。

按:26 日,《正义报》以《护国精神复活了——记文化界纪念会及大游行》为题报道了昆明文化界纪念大会的情形,文中说:一点多钟,潘光旦走上主席台,宣布开会,致词中说:"今天我们纪念护国,第一因为中央已准恢复纪念,第二因为时局的严重,所以意义特别重大。"护国将领黄斐章在演讲中特别指出了三点重要意义:"一、中国历以仁义为基础,护国精神便是仁义的表现。二、共和与专制的分界。三、守法的精神,此值得遗赠后人,后人应学习而发扬光大者也。"唐继尧的儿子唐筱蓂谈了感想:"一、希望对护国有正确性的历史。二、了解护国精神,护国是维护民主政治的运动。三、发扬这一宝贵光荣的传统。"白小松演讲中说:"护国首义是求国家民主自由真正之实现,护国精神便是民主精神""希望我们正确了解护国的史实和意义,能这样,国家民族才有前途"。护国起义参加者由云龙在会上"述说了当年五日的情形:跟今天的天气一样的暖和,跟今天的大会情绪一样的兴奋,然而首义虽已发动,元勋们仍战战兢兢,到各界的游行队伍上街时,满街欢声雷动,得到了人民的热烈拥护后,元勋们的心才安定下来,而能壮胆的去干了。人民不仅安慰了他们,支撑着他们去做,并保证了这一运动的成功。人民的力量是这样伟大不可侮呵!"预定有两位教授发言。吴晗"以历史的眼光来看护国运动的意义,分析极为详尽"。闻一多在发言结束时说:"由于护国的精神、护国的成功,增加了我们的信心。正确认识了护国的意义,纪念是不会失败的。"

按:据南京中国第二历史档案馆藏《一二·一运动史料汇编》第 3 辑载:1945 年元月 30 日,康泽给教育部长朱家骅信中,云:"据报去年十二月二十五日云南拥护共和起义纪念,昆明文化界假云南大学至公堂开会庆祝,内有反动分子藉名参加,实行反动宣传,参加听讲者约二千人,其中大中学生居多。大会主席为联大教授潘光旦,发言者以联大教授吴晗、闻一多等,措词偏激,攻击本党,煽动学生,要求政府立即实行宪政,取消审查制度,开放言论自由,保障身体自由云云。会后游行市街,参加者约千余人。"(参见吕文浩编《中国近代思想家文库·潘光旦卷》及附录《潘光旦年谱简编》,中国人民大学出版社 2015 年版;闻黎明、侯菊坤《闻一多年谱长编》(增订版),上海交通大学出版社 2014 年版;《云南大学志》编审委员会《云南大学志》第 2 卷《大事记(1915 年—1993 年)》,云南大学出版社 1993 年版;齐家莹编《清华人文学科年

谱》,清华大学出版社1999年版)

张奚若1月19日下午访朱自清。2月24日,张奚若与朱自清、雷海宗、陈福田、刘崇
鋐、刘仙洲、赵访熊、金岳霖、黄子卿当选为下年度清华评议会评议员。5月3日,张奚若与
周炳琳、雷海宗、闻一多、沈有鼎、吴晗等出席历史学会在南区10号教室举行的时事座谈
会,纪念"五四"25周年大会,学生数百人参加,师生多人作了慷慨激昂的发言。同日,昆明
《中央日报》报道云:"西南联大为纪念五四,特发动座谈会、演讲会及体育表演。历史学会
订于今晚七时假昆北北食堂,举行座谈会,讨论'五四运动的认识'。除分(一)五四运动之
历史追忆,(二)五四运动的内包及外延,(三)我们对五四的认识外,并分详细细目。已请张
奚若、潘光旦、周炳琳、吴之椿、王赣愚、曾昭抡、闻一多、雷海宗、刘崇鋐、姚从吾、吴晗、郑天
挺、邵循正、蔡维藩、孙毓棠、毛子水等教授出席指导。"会上,张奚若把"五四"运动与辛亥革
命做了比较。9月20日,教授会选举出席第七届校务会议之教授代表:张奚若、燕树棠、叶
企孙、钱端升、潘光旦、闻一多、陈雪屏、刘崇鋐、刘仙洲、陈岱孙、朱自清等当选为代表,冯文
潜、李辑祥、杨武之、张景钺等当选为候补代表。12月13日,学生自治会举行时事座谈会,
总题为《一年来国内局势检讨》,由张奚若讲《一年来国内政治及其演变经过》、曾昭抡讲《一
年来的军事情形》、伍启元讲《一年来之经济》、李树青讲《一年来之社会》、吴晗讲《一年来之
教育》,最后由闻一多总结。参加者2000多人。

张奚若接闻一多7月1日信。在国统区掀起第二次宪政运动的高潮中,蒋介石曾声称
准备实行宪政、结束训政。西南联大政治学系主任张奚若,洞悉到这不过是蒋介石愚弄人
民的又一个骗局,于宪政讲演会上斥责国民党政府是历史上最反动的政府,由此受到围攻。
闻一多的信,即对其斗争精神表示敬佩,并希望他再发动更猛烈的进攻,同时还说自己正在
写《八教授颂》一诗,信中说:"听说你曾在某处受过一次包围,并曾奋勇的从重围中杀出。
可惜我没资格参加那会议的余兴,否则你知道我是会属于那条阵线的。有人替你担心,将
因包围的影响而实行'改过自新',我说这是笑话。但我却真怕你会因包围而守住原来地
点,而不再发动更猛烈的攻势。如果是那样,也就够叫人着急的了!久已想找你谈谈,老没
有机会,话闷在心里,再加上周来疟魔的高温的力量,思想发酵了。整十五年没写诗,今天
为你张奚若破戒了,就恕我拿你开刀吧。计划是要和教授阶级算账,除你外,还有潘光旦、
冯友兰、钱穆、梁宗岱、沈从文、卞之琳,和闻一多自己等七个冤家,题名曰《八教授颂》。屈
你作陪,并坐首席,有两个用意,(一)春秋责备贤者;(二)这里有贤,也有真不肖,而且是天
天要见面的,话过火了,太不好意思,如果有你作伴,人家面子上也好看点。我信得过你的
度量与Scense of humor,所以敢于这样冒失。这于你实在无损于高明,于别人却很有益处
(当然最没有益处的是对我自己)。如蒙你同意,我就发表了它,检查不检查,是别人的事。"

按:信中所说的《八教授颂》,只写出了序和《政治学家》。没有写完的原因,张奚若在纪念先生死难
二周年所写的《一个报告》(《北大半月刊》第8期,1948.7.20)中说:"一多,顺便再谈一件事,我很可惜你
那篇《八教授颂》长诗没有写完,不然,虽然不敢说一定会'与别人有益',但总可增加青年人对于人性的认
识,对于社会革命运动进一步的了解。假如你那篇原来可与《八哀诗》媲美的大作没有写成的原因是和我
那天与你谈话有关,那我就真的追悔无及了。为了可能忏悔这一点,我现在想把你那封与这首诗有关的
信发表,你大概不至反对吧!"

张奚若7月10日出席教育部高等教育司司长吴俊升邀请西南联大、云南大学、中法大
学文法学院系主任以上的教授会议,讨论《部颁课目表》修订事。会议从下午3时开到晚上
9时,其间张奚若"发言最多,痛诋政府"。9月10日晚,张奚若与闻一多、吴晗、潘大逵、傅

恩龄等 10 余位教授出席东北同学会组织的"九一八"纪念座谈会。12 月 13 日晚 7 时,张奚若出席西南联合大学学生自治会在联大新校舍北区东食堂举办的第二次时事座谈会。座谈会总题为"一年来国内局势的检讨"。分政治、军事、经济、社会、教育五讲,由张奚若、曾昭抡、伍启元、李树青、吴晗及闻一多主讲。25 日,出席云南护国首义 29 周年盛大纪念大会。27 日晚,张奚若与闻一多、罗隆基、王赣愚、孙毓棠、冯文潜、潘光旦、王逊、杨西孟、丁则良、李树青、费孝通、沈有鼎、郭相卿、曾昭抡、吴晗等出席自由论坛社主办的"中国的出路"座谈会。会上,广泛讨论新中国与旧传统、士大夫与中国社会、中国问题的症结、工业现代化、教育的功用、中共政策与革命、文化革命、经济政策、怎样改良中国的政治、中华民族的缺点等问题。(参见西南联大北京校友会编《国立西南联合大学校史——1937 至 1946 年的北大、清华、南开》,北京大学出版社 1996 年版;闻黎明、侯菊坤《闻一多年谱长编》(增订版),上海交通大学出版社2014 年版;姜建、吴为公编《朱自清年谱》,安徽教育出版社 1996 年版)

　　罗隆基继续在西南联大任教。6 月 16 日,在云南大学政治系作题为《中国需要什么样的民主》的讲演,称"我们需要的民主,必须建立在'政治平等''经济平等'的基础之上。在政治上必须保障人民有言论、出版、思想、研究、集会、结社的自由;在经济上必须做到生产手段公有"。10 月 10 日,是辛亥革命 33 周年纪念日,民盟昆明支部与西南联大、云南大学、中法大学等校学生及云南省文化界联合发起在昆华女中操场上举行保卫大西南群众大会。罗隆基、闻一多、李公朴、楚图南、吴晗 5 人发表了演讲,分别是:罗隆基《改革政治的方案》,闻一多《组织民众与保卫大西南》,楚图南《言论自由与身体自由》,吴晗《中苏邦交与国共问题》,李公朴《改善士兵生活与当前政治问题》。大会通过了由罗隆基起草、闻一多润色誊录(最末一段为李公朴抄录)的《昆明各界双十节纪念大会宣言》。

　　按:宣言全文如下:今年这一个双十节,不但是民国历史上空前的危机,而且是中华民族生命上空前的危机。外则强寇深入,二十余省土地沦于敌手,三亿以上人民变为奴隶;内则政专于一党,权操于一人,人心涣散,举国沸腾。三十三年前祖先苦心缔造的民主国家,到今天,国既不成国家,民更不是主人。瞻顾前途,不寒而栗!

　　国家所以造成今日局面,绝非偶然。全国人民固应深自愧悔,而专权在位十余年的国民党尤当引咎自责。就拿八年抗战的历史事实来说,抗战初起的时候,全国国民一再呼吁,认为必抗战民族始有生命,必民主抗战始有胜利;认为为民主,对外必实行抗战,为抗战,对内必实行民主。不幸人民八年来的呼吁,竟不曾丝毫影响政局。到了今天,以言军事,敌人无攻不克,我则每战必溃;以言财政,通货是无限制的膨胀,物价则几何数的跃进;以言经济,竭泽而渔,户鲜盖藏,杀鹅取卵,饿殍载道;以言内政,贿赂公行,贪污成风,道德沦亡,法纪废弛;以言外交,对近邻猜疑轻视,对远友评诋谴责。以这样的环境,当这样的难关,若再因循困守,必至国亡种灭。我们外观大势,内察人心,一致认为今日只有内部的彻底改革,才足以应抗战之急,救灭亡之祸。

　　我们以为今日彻底改革的要图,首先应由专权在位的国民党立即宣布结束党治,还政于民。国民党北伐成功以后,训政本限定四年。今时间早已超过,诺言仍未履行。民国二十四年及二十五年的时候,政府曾一再宣布召集国民大会结束党治,今则推诿迁延将近十年。民国三十二年,国民党十一中全会又决议抗战结束一年后召集国民大会,结束训政。最近蒋主席又公开昭示国人,正在考虑提前实施宪政。训政果未完成,十年前何以即可实施宪政,训政既可随时宣布结束,宪政又何必推诸明年,更何必待诸战后?八年抗战,牺牲了数千万人民的生命,数万万人民的财产,本应是保全民族生命建立民主政治的代价,而不是为一党一人把持权利的机会。今日的形势既有结束党治,还政于民的需要,而我们国民亦有要求立即实行宪政,实现民主的权利。

　　其次,今日政府应立即召集国是会议,组成全民政府。国民党既还政于民,国家必有代表人民行使主权的机关,使政府得以向其负责。此外如制定宪法,改编军队,整理财政,革新外交等等,必须集全国人民的心思才力,以资应付。至于将来的全民政府既向国是会议负责,即应由国是会议产生。新政府的人选应包括全国各党派之代表及全国无党无派才高望重之人。这样的政府,才能得到国内的团结,才能得到军令政令的统一,才能得到全民的拥护,才能得到盟友的信任,才能支持长期的抗战,挽救国家民族的危亡。

对新成立的政府,我们认定应立即实现这些政策:甲,绝对保障人民身体言论集会结社等等自由。乙,立即释放汉奸以外的一切政治犯。丙,立即彻底改善财政及经济政策,停止通货膨胀,且必须用毅然决然的手段,使富有阶级依能力担负战费的责任,以便减轻平民的痛苦。丁,必须彻底提高士兵待遇,调整军事编制,并且普遍平均分配全国军队的装备与供应。

再其次,我们认定西南的川、桂、滇、黔几省,是今日全国家仅存的托命寄身的根据地,我们必拼全力保持,虽战到一兵一卒,亦必死守不失。第一次欧战的时候,德军已逼近巴黎,福煦将军"他们永远不许过去"的命令,居然转危为安。这次世界大战,苏联以史大林格勒为不可再退的防地,居然转败为胜。我们应该用这样的精神决心和勇气以保卫大西南。我们今日应发动西南全民力量,组织群众,武装人民,与敌寇决生死,与国土共存亡。在国家民族生命危在旦夕的今日,凡有与奸伪相勾结,与敌寇谋妥协,为卖国投降的勾当者,我们誓与国人共弃之。总上所言,我们本良心之主张,作救国之呼吁。邦人君子,幸垂教焉。谨此宣言!

罗隆基11月出席中国民主同盟昆明支部召开的全体盟员大会,会议决定改组为中国民主同盟云南省支部,推选罗隆基、闻一多、潘光旦、周新民、潘大逵、李公朴、楚图南、吴晗、杨怡士为执行委员。罗隆基任主任委员、周新民任组织委员、李公朴任宣传委员、吴晗为青年委员、潘光旦为财务委员、杨怡士为秘书处主任。当时民盟云南省支部有盟员44人。12月9日,昆明《民主周刊》创刊,这是中国民主同盟云南省支部的机关刊物,首任总编辑为罗隆基,闻一多以支部宣传委员和文化工作委员会主任兼任编辑委员。25日,为云南护国首义29周年纪念日。下午1时,云南民盟罗隆基、潘大逵、吴晗、曾昭抡、潘光旦、周新民、楚图南等发起并负责筹备的昆明各界盛大纪念会在云南大学会泽院右侧广场召开。27日晚,罗隆基与闻一多、张奚若、王赣愚、孙毓棠、冯文潜、潘光旦、王逊、杨西孟、丁则良、李树青、费孝通、沈有鼎、郭相卿、曾昭抡、吴晗等出席自由论坛社主办的"中国的出路"座谈会。(参见闻黎明、侯菊坤《闻一多年谱长编》(增订版),上海交通大学2014年版)

罗常培《论藏缅族的父子连名制》刊于南开大学《边疆人文》第1卷第3—4期合刊;《再论藏缅族父子连名制》刊于《边政公论》第3卷第9期;《三论藏缅族父子连名制》刊于《边疆人文》第2卷第1—2期合刊;《推行语政与宗族融合》刊于《边政公论》第3卷第1期。《贡山怒语初探叙论》刊于《边政公论》第3卷第12期;《茶山歌》刊于《边疆人文》第1卷第5—6期合刊。《反切的方法及其应用——"恬庵说音之六"》刊于《国文月刊》第27期;《音韵学不是绝学》刊于《读书通讯》第83期;《〈史通增释〉序》刊于《图书季刊》第5卷第4期。罗常培先于1940年在《临川音系序论》中论到赣方言和客家方言的关系,并论述了客家迁徙的过程。这是先生把语言研究延伸到文化领域的开端。入滇以后,罗常培把那篇叙论单独抽出,修改为《从客家迁徙的踪迹论客赣方言的关系》发表在一家期刊上。文章说:"如果有人把客家问题彻底地研究清楚,那么关于一部分中国民族迁徙的途径和语言演变的历程就可以认识一半多。"随后,罗常培尽量搜集藏缅族的父子连名制的语言材料和有关文献,片纸只字都不放过,逐步深入研究,至是年3次发表文章,最后总合成一篇《论藏缅族的父子连名制》的长文,详细论证了以大理一带为中心的"古诏国"(约8—10世纪)的建国者是有父子连名制的藏缅族,即现在有父子连名制特征的彝族和仍存有这一特征遗迹的白族的祖先,而不是没有这一文化特征的非藏缅族的称为"白彝"或"摆彝"的傣族。这个结论得到公认，非但解决了民族史上的疑难，而且有地缘政治的现实意义。

按：1943年夏，罗常培在西南联大主办的文史演讲会上，用"文化与语言"为题演讲，建立了日后《语言与文化》一书的框架。20世纪80年代后期，"社会语言学"在我国升起一股势头，自然想起在20世纪40年代罗常培即开创了从语言研究扩展到语言与文化、语言与民族社会历史关系的研究。(参见《罗常培文集》编委会编《罗常培文集》第10卷及附录《罗常培年表》，山东教育出版社2000年版；闻黎明、侯菊坤《闻一多年谱长编》(增订版)，上海交通大学出版社2014年版；齐家莹编《清华人文学科年谱》，清华大学出版社1999年版)

雷海宗1月出任国民党西南联大区分部执委。2月11日，雷海宗《战后的苏联》刊于《当代评论》第4卷第8期。5月3日，联大历史学会举行"五四"25周年纪念座谈会，雷海宗与闻一多、吴晗、沈有鼎等出席。8月30日，联大聘请雷海宗、潘光旦为1944年度新生入学资格审查委员会委员。9月，雷海宗与朱自清、陈福田、刘崇鋐、金岳霖被推举为1944年度教授评议员。(参见江沛、刘忠良《中国近代思想家文库·雷海宗、林同济卷》及附录《雷海宗年谱简编》，中国人民大学出版社2014年版；马瑞洁、江沛《雷海宗年谱简编》，载王京州编《河北近现代学者年谱辑要》，国家图书馆出版社2017年版；齐家莹编《清华人文学科年谱》，清华大学出版社1999年版)

李树青12月13日出席联大学生自治会举行的时事座谈会，总题为《一年来国内局势检讨》，其中李树青讲《一年来之社会》，吴晗讲《一年来之教育》，最后由闻一多总结，参加者2000多人。12月，李树青译，伊黎、魏尔万著的《土地经济学》由商务印书馆作为大学丛书出版。译者在译序中谈到翻译本书的动机有二："第一，因《土地经济学》是一门新兴的科学，国内专著无多，因而谈者每不免有误解之处。我们对本门科学具有兴趣的人，应该尽可能多介绍几本西洋名著，俾国内知识界于研究及讨论上有所遵循。其次，魏尔万先生的谆谆教诲，多方指导，亦使译者不能不有所表达，以志其衷心铭感于万一。"该书作者为译者在美国维斯康新大学时教授。译者在西南联大担任这门课程时，魏氏赠赐此书。译者用2年4个月时间译成。(参见齐家莹编《清华人文学科年谱》，清华大学出版社1999年版)

朱自清1月8日听伦威克作《英诗概况》讲演。9日，加入中英文化协会并出席该协会会议。18日，出席欢迎伦威克教授和克雷西教授的茶话会。19日晚，应吴之椿邀宴，在座有伦威克等。20日，听克雷西作《航空时代之地略学》讲演。23日晚，应赵凤喈邀宴。24日晚，应莫克夫妇邀宴。同日，在《闻一多金石润例》上签名。2月5日—11日，作《谢灵运年谱》，稿今佚。13日，作《谢灵运传》及《南朝谢氏族系表》毕，稿今佚。14日，西南联大1943年度第二学期开始上课，朱自清开设"谢灵运诗"课等。15日晚，听闻一多作《舞与诗》讲演。2月23日晚，邀宴罗常培、卞之琳、李广田。24日，出席清华教授会会议，与张奚若、雷海宗、陈福田、刘崇鋐、刘仙洲、赵访熊、金岳霖、黄子卿当选为下年度清华评议会评议员。29日，听冯友兰作《论风流》讲演。3月7日，顾一樵、闻一多来访。15日下午，出席联大学生生活指导委员会会议。22日晚，出席中国文学会译员话别会。24日，出席为欢送萧叔玉而举行的午宴。当时萧叔玉因将就任中央大学校长而离开联大。4月10—12日，作《论废话》，刊于5月28日《生活文艺》第2号。22日午，赴经济农场应徐绍谷邀宴。在座有罗常培、陈雪屏、郑天挺。30日，出席清华大学三十三周年校庆纪念会。朱自清日记载："蒋梦麟在讲话中一再说，西南联大是中国的民主堡垒。这是个勇敢的发言。"

朱自清5月4日应联大学生文艺壁报社举办的"五四"文艺晚会邀，与闻一多、杨振声、冯至、罗常培、沈从文、李广田等6人前往南区10号教室作《五四运动与新文艺运动》讲演。

因学生抢座位以及三青团分子的捣乱，造成秩序混乱，晚会未能举行。8 日午，与冯至邀宴杨振声、沈从文等。晚，在罗常培、闻一多的主持下，"五四"文艺晚会改由中文学会主办，在联大图书馆前草坪再次举行。除前邀 7 人外，又邀孙毓棠、卞之琳、闻家驷，共 10 人作讲演。朱自清讲题为"新文艺中散文的收获"。次日，昆明《中央日报》以《月夜中畅谈新文艺——记西南联大文艺晚会》为题，对这次晚会和朱自清的讲演作了详细的报道。是年的"五四"，被联大学生称为"精神复兴的一天"。14 日，修改论文《诗言志》毕，费时一月余。此文初作于 1937 年，这次作了细致修改，故朱自清《〈诗言志辨〉序》称"《诗言志》篇差不多重写了一回"。5 月 16 日晚，赴中法大学作讲演，讲题不详。同时讲演的还有闻一多。20 日，应王力邀赴粤秀中学作"人和我"讲演。6 月 7 日晚，作"诗与文学的原则与技巧"讲演。9日，作《论青年》毕，费时 4 日，刊于 8 月《中学生》第 78 期，文中分析了青年人的优势和弱点，指出："在青年时代，学校的使命更重大了，中年教师的责任也更重大了，他们得任劳任怨的领导一群群青年人走上那成德达材的大路。"

　　朱自清 10 月 1 日上午从重庆飞抵昆明。同日，访邵循正、吴达元、闻一多。3 日上午，作讲演，讲题不详。同日，季镇淮、王瑶来访。4 日，访徐绍谷、查良钊、沈履。5 日，开始到大渌河私立五华中学兼任国文教员。本学年，朱自清在联大还开设"历代诗选"和"宋诗"课等。10 日晚，应金岳霖邀宴。11 日晚，赴暇娱楼应季镇淮、王瑶邀宴。19 日晚，赴云南大学至公堂出席由"文协"昆明分会、联大五文艺团体和云南大学学生自治会举办的鲁迅逝世 8周年纪念晚会，作"鲁迅先生对写作的态度"讲演，将鲁迅对中国文言的见解作了一番解析。同时讲演的还有闻一多、徐嘉瑞、楚图南、姜亮夫、李何林、尚钺等。文化界和大中学生约4000 人参加了晚会。21—23 日，作《〈新诗杂话〉序》，刊于 12 月《抗战文艺》第 9 卷第 5—6期合刊。此文交待了该书写作的缘起和思路，指出其主旨在于"解诗"，因为"作者相信文艺的欣赏和了解是分不开的，了解几分，也就欣赏几分，或不欣赏几分；而了解得从分析意义下手"。31 日午，应冯友兰邀宴。在座有罗常培、闻一多、罗庸，商谈联大中文系人事安排之事。11 月 1 日下午，傅彬然来访。3 日午，出席送罗常培休假赴美而举行的饯别宴会。4 日上午，赴开明书店昆明办事处访傅彬然。晚，应徐绍谷邀宴。5 日，出席联大中文系迎新送别会。6 日晚，应孙毓棠、浦江清邀宴。8 日晚，赴东月楼出席宴会，为罗常培饯行。9 日，赴欢送陈福田、浦江清、罗常培之公宴。13 日午，应黄钰生邀宴，为罗常培饯行。17 日，叶公超来访，畅谈多时。偕访闻一多。译《灵魂工程师》毕，费时 5 日，刊于 11 月 19 日昆明《中央日报》副刊《星期增刊》第 42 期，11 月 26 日昆明《中央日报》副刊《星期增刊》第 43 期续完，署名佩弦。20 日午，应杨石先邀宴。晚，赴欢迎叶公超的宴会及茶会。25 日，出席北大同学会全体会议。26 日午，应任之恭邀宴。27 日，出席北大同学会举办的欢送蒋梦麟之宴会。12 月 10 日午，出席《国文月刊》编辑部午餐会。16—18 日，作《〈诗言志辨〉序》，刊于次年 6 月《国文月刊》第 36 期。文中指出："现在我们固然愿意有些人去试写中国文学批评史，但更愿意有许多人分头来搜集材料，寻出各个批评的意念如何发生，如何演变——寻出它们的史迹。这个得认真的仔细的考辨，一个字不放松，像汉学家考辨经史子书。这是从小处下手。希望努力的结果可以阐明批评的价值，化除一般人的成见，并坚强它那新获得的地位。"此书考辨了中国文学批评发端时期的四个批评概念的"本义跟变义，源头和流派"。26 日晚，在清宝源邀宴浦江清。（参见姜建、吴为公编《朱自清年谱》，安徽教育出版社 1996年版）

杨振声1月参与西南联大12位教授共同发起的《诗文书镌联合润例》。月底,昆明成立"宪政讨论会",省政府主席龙云亲任常务理事,附设研究委员会,由杨振声与崔书琴、钱端升、姜亮夫、查良钊等组成。3月1日下午5时,到西仓坡4号出席第六届第三次校务会议。4日中午12时,在西仓坡4号出席第六届第四次校务会议。同月,国民政府宣布取消"五四"纪念,将黄花岗起义的3月29日定为青年节,引起联大师生强烈不满。4月5日晚7时,到文化巷30号南开大学办事处出席第六届第五次校务会议。5月2日,朱自清来访未遇。3日下午5时,在西仓坡4号出席第六届第六次校务会议。4日,参加文学晚会。8日,赴朱自清、冯至招午宴。晚,参加改由中文系国文学会主办、在联大图书馆前大草坪举行的晚会。罗常培、闻一多任主席,参加者3000余人。会上讲演总题为"五四运动与新文化运动",与冯至、朱自清、沈从文、李广田、孙毓棠、卞之琳、闻家驷等人分别讲演。杨振声演讲题为《新文艺的前途》。9日晚7点,应梅贻琦约。17日,联大为杨振声、陈序经赴美讲学事电呈教育部,请填发出国护照。30日,因教育部对杨、陈赴美讲学事迟迟无答复,再电教育部催促。后,与陈序经赴美。杨振声讲授中国诗歌和中国美术史。(参见蓬莱市历史文化研究会《杨振声编年事辑初稿》,黄河出版社2007年版;闻黎明、侯菊坤《闻一多年谱长编》(增订版),上海交通大学出版社2014年版;齐家莹编《清华人文学科年谱》,清华大学出版社1999年版)

浦江清1月15日经教育部审查核定通过大学教授资格,联大教授共有59人。2月11日,浦江清《论小说》续载于《当代评论》第4卷第8期。4月,以闻一多始用业余时间公开挂牌治印博取升斗之资补贴家用,为其写一骈文小启,工楷誊录,装框挂于公开收件处:"秦玺汉印,雕金刻玉之流长;殷契周铭,古文奇字之源远。自非博雅君子,难率尔以操觚,傥有稽古宏长,偶涉笔以成趣。浠水闻一多先生,文坛先进,经学名家,辨文字于毫芒,几人知己;谈风雅之源始,海内推崇。斫轮老手,积习未忘;占毕余暇,留心佳冻。惟是温馨古泽,徒激赏于知交;何当琬琰名章,共榷扬于并世。黄济叔之长髯飘洒,今见其人;程瑶田之铁笔恬愉,世尊其学。爰缀短言为引,聊定薄润于后,具名发起者为梅贻琦、蒋梦麟、杨振声、唐兰、陈雪屏、朱自清、沈从文、罗常培、罗庸等九位。"闻一多对浦江清此骈文尤为欣赏。浦江清给季镇淮信中说:"闻先生对于'文坛先进,经学名家,辨文字于毫芒,几人知己;谈风雅之源始,海内推崇'那几句很高兴。黄济叔是明代刻印名家,其为人长髯飘洒,喻闻先生之风度。程瑶田清代经学名家,兼长篆刻,以之拟闻先生最为恰合。至于闻氏之刻印,因为他对古文字学的研究,加以早年在美国专学艺术,所以线条配合,别出匠心。学问、艺术双方造诣均高,迥不同于俗笔。而当时昆明一般人士也看重文学名家及教授地位,所以请教他的特别多。在钟鼎文方面也只有他一人擅长,多数指定他刻钟鼎文。"(参见闻黎明、侯菊坤《闻一多年谱长编》(增订版),上海交通大学出版社2014年版;蓬莱市历史文化研究会《杨振声编年事辑初稿》,黄河出版社2007年版;齐家莹编《清华人文学科年谱》,清华大学出版社1999年版)

沈从文1月1日在《新文学》第1卷第2期发表《摘星录》。同月,沈从文在《闻一多金石润例》上签名。2月3日,《宋人演剧的讽刺性》刊于《新文学》第1卷第3期。4月29日,国民政府教育部下发学字20336号训令,批准核定沈从文、张清常等44人的西南联大教员资格。5月4日,西南联大《文艺》壁报社在南区10号教室举办以"五四与新文艺运动"为中心的文艺晚会。晚会邀请罗常培、杨振声、闻一多、朱自清、冯至、沈从文、李广田、卞之琳等教师讲演。但由于参加者多,会场容纳不下,临时改换地点引起纠纷,加之三青团分子乘机捣乱,割断电线,以致晚会无法进行,只好改期。8日,中午,赴朱自清与冯至的邀宴。出席的还有杨振声等人。晚,经缜密安排,西南联大重开纪念五四文艺晚会,改由国文学会主办,罗常培、闻一多共同主持,地点在新校舍图书馆前草坪。演讲除原请教师外,增请闻家驷、孙毓棠两人,各就新文学运动中各种文学体裁的收获以及新文学与西洋文学、与文学遗产的关系等发言,校内外参加者近3000人。沈从文在晚会上所讲的题目为"从五四以来小说的发展及其与社会的关系"。15日,《白魇》《黑魇》同时刊于重庆《时与潮文艺》第3卷第3期。这两篇散文与《绿魇》被认为是沈从文"试图逃往抽象,写思辨中的无章次的人生"之作,"但思辨非其所长""不是成功之作"。6月27日,沈从文与朱自清一起拜访朱的朋友绍谷,未遇。28日,国立西南联合大学1943—1944年度第二学期结束,开始放暑假。同日上午,与朱自清再次往访绍谷。29日,与朱自清一起参加绍谷举办的晚餐会。

　　沈从文7月8日出席在西南联大北门街宿舍召开的西南联大教授会三十二年度第二次会议。9月6日,老舍写信给当时在昆明主编《云南晚报》的李何林,请他邀约闻一多、沈从文、罗膺中等文协分会的成员商谈发动援救贫病作家活动。13日,李何林把老舍的来信在自己主编的《云南晚报》"夜莺"副刊上全文刊出。16日,致函在美国的胡适。沈从文信中认为7年的抗战对国内各部门造成巨大的影响,在新文学方面,"便是做官的对于这个运动控制力的加强",但"控制力虽加强,运用方法可并不进步,因之国家出钱编的书,办的刊物,还是不大有销路,内容也不见好。在野左翼依然要运用文学作宣传,也并无何等好作品出现。自由主义作家,也到无单独刊物可供发表情形,又因作家与商业关系不正常,不容易靠版税生活,因此多搁笔"。沈从文信中还请胡适为英译小说集《中国大地》写序,以利于在美销售。并表示自己想利用此书外销版税去美国:"我希望因此有机会到美国看看,住二三年,或自费,或在需要教'中国现代文学'的什么学校,担任这个部门的课。因为在国内大学谈这个问题已近十年,解释它的过程得失及作品得失时,还有条理。"此书由西南联大英籍教师白英和学生金院选译,内收《从文小说习作选》中一部分短篇小说,以及中篇小说《边城》。12月初,沈从文对文聚出版处即将出版的土纸本《长河》进行校对,12月15日校毕。在校对时,沈从文十分罕见地仔细为自己这一作品加了大量注释。这些注释现以《〈长河〉自注》为题,收入《全集》第10卷《长河》集中,其篇名《〈长河〉自注》为《全集》编者所拟。(参见吴世勇编《沈从文年谱》,天津人民出版社2006年版)

　　冯至1月作《传统与颓废的宫殿》。4月,联大爱好新诗的同学组织了新诗社,时常应邀参加该社组织的讨论会、朗诵会,与闻山、秦泥等交往较多,后成为朋友。以"鼎室随笔"为笔名,作杂文《自慰》《外乡人与读书人》《替将来的考据家担心》《小学教科书》等。5月4日晚,出席西南联大"文艺"壁报社在新校舍南区10号教室举行的回顾五四以来的文艺晚会。8日晚,在重新举行的五四文艺晚会上演讲"新文艺中诗歌的收获"。同月,作《逐求》《问与答》等。6月14日晚7时,出席文协昆明分会及各大学共15个文艺团体在云南大学至公堂联合举行的诗人节晚会,在会上朗诵诗歌。9月2日,在昆明哲学编译会上讲《从〈浮士德〉里人"造"人略论歌德的自然哲学》。冬,作《伍子胥》后记。10月1日中秋节,冯至与闻一多等参加联大新诗社举办的赏月诗歌朗诵会。9日,出席西南联大新诗社成立半周年纪念晚会,与闻一多、楚图南、李广田、尚钺等123人联合签名发表《给贫病作家的慰问信》。是年,还撰有《诗与事实》《一首陆放翁的诗》《这中间》《阿果尼》《简单》等;文艺杂论《论历史的教训》。又曾想撰《杜甫传》。(参见周棉《冯至年谱》,载王京州编《河北近现代学者年谱辑要》,国家图书馆出版社2017年版;闻黎明、侯菊坤《闻一多年谱长编》(增订版),上海交通大学出版社2014年版)

　　郑天挺对当时很多教授都使出各方招术谋求外快不以为然,1月7日日记写道,"近半年来,昆明各报"星期论文"每篇稿酬 800 元,小报无聊文字每千字酬二三百元,同人争先恐后,余甚耻之,曾语端升,非贫无立锥,绝不为小报写稿也。"即使到了连吃一个鸡蛋都是奢侈的时候,郑天挺也没有兼课,也不曾写过一篇"润笔"文字,践行着"君子固穷"的士人操守。2 月 23 日,西南联大第二九○次常委会决议:郑天挺、杨石先、查良钊、周炳琳、李继侗经遵部令筹设本校公利互助社,聘请为公利互助社筹备委员会委员,郑天挺为主席。4 月,公开反驳"满洲独立论"。4 月 11 日,郑天挺在西南联大文史演讲会作《清代皇室之氏族与血系》演讲。郑天挺对满洲的族称、满洲先世在元明的地位、爱新觉罗姓氏的由来、氏族与旗籍、清代诸帝之血系、佟氏与汉人、满汉通婚之禁、选秀女之制进行了详细论述。他从清开国前后满族的源流入手,证明清代皇室氏族中,含有满、蒙、汉各族的血统,原来东北地区的满族,同内地各族的政治经济文化关系密切,是中华民族大家庭中不可分割的一员。他说:"清代以满洲表部族。"满洲是族称而非地名、国名。他用满族的历史,痛斥日本侵略者非法扶持"满洲国",认为"近世强以满洲为地名,以统关外三省,更以之名国,于史无据,最为谬妄"。6 月 28 日,暑假开始。西南联大第三○三次常委会决议:遵部令,聘郑天挺负责主持本校人事工作。7 月 26 日,郑天挺、罗常培等应邀赴大理参加修志工作。9 月 13 日,第三一○次常委会决议:(一)聘请郑天挺、陈岱孙、张景钺、鲍觉民、许浈阳、刘本钊为本校教职员眷属宿舍管理委员会委员,郑天挺为主席。(参见西南联大北京校友会编《国立西南联合大学校史——1937 至 1946 年的北大、清华、南开》,北京大学出版社 1996 年版;王学典《20 世纪史学编年(1900—1949)》,商务印书馆 2014 年版;个厂《郑天挺:为民族保存文化火种》,《光明日报》2019 年 1 月 19 日)

华罗庚 3 月应爱因斯坦邀请,赴美讲学。7 月 7 日晚,出席抗日战争 7 周年纪念晚会。晚会上讨论的最为重要的问题,是从事学术研究的人同时应否有政治的兴趣。罗隆基发言之后,云大校长熊庆来以数学家的眼光,与罗隆基论变与不变的问题。沉闷了一段时间之后,闻一多站起来了,以热情而激奋的嗓子说:"刚才李树青先生的话应该修改,为赤子道长,老人道消;老人道长,赤子道消。我完全赞成潘光旦先生的说法。如果要我们研究,我们首先得要研究吃得饱。"熊庆来是闻一多多年的老友,但闻一多没有顾忌这层关系,放了一炮。事后华罗庚去向熊庆来解释,熊庆来说:"是训导长让我去的,我上了特务的当,我不该去,你见到一多,帮我解释一下。"闻一多知道后,也说:"当时不得不这样啊。自然,我讲话太嫌锋利了一些。"8 月 18 日下午,华罗庚出席第五军军长邱清泉举行的座谈会并作发言,说:要文武合一,人才应充分利用,训练新兵,大学教授也应到军队里参加,效率定能提高,战斗力定能加强。(参见闻黎明、侯菊坤《闻一多年谱长编》(增订版),上海交通大学出版社 2014年版)

吴宓 3 月 2 日致函梅贻琦校长,因"自民国二十年九月迄今,在校授课,未尝间断""今拟于三十三年至三十四年度休假"。其休假计划书为:"(一)拟将所编《世界文学史纲》修订整理出版。(二)继续读书以充实'欧洲文学史'一课之内容。(三)撰作《文学与人生》讲义(已成其半)。"5 月 10 日,吴宓从报上看到闻一多 5 月 8 日演讲,对其批判文学遗产的态度不以为然。在日记中写:"报载前日闻一多演辞,竟与我辈'拥护文学遗产'者挑战,恨吾力薄,只得隐忍。"11 日,又在日记中写:"下午 1—2 时联大上课,见学生壁报,承闻一多等之意,出特刊讨论尊孔、复古问题,不胜痛愤,仍强为隐忍。"6 月 29 日,吴宓致函梅校长暂不休假。7 月 10 日,教育部高等教育司司长吴俊升邀请西南联大、云南大学、中法大学文法学院系主任以上教授开会,讨论《部颁课目表》修订事。会上闻一多批评了一些学校的中文教学内容，并批评云南大学聘请刘文典。吴宓日记载："闻一多发言，痛斥各大学之国学教法，为风花雪月、作诗作赋等恶劣不堪之情形，独联大翘然特异，已由革新求合时代云云。又盛夸其功，谓幸得将恶劣之某教授（典）排挤出校，而专收烂货、藏垢纳污之云大则反视为奇珍而聘请之。云云。云大在座者姜寅清无言。徐嘉瑞圆转其词以答，未敢对闻一多辩争。"会后吴俊升宴请与会诸教授，吴宓"因闻一多等暴厉之言行，心中深为痛恨，故以酒浇愁，痛饮多杯，又因积劳空腹（未进饭），遂至大醉，为三年来所未有"。次日，吴宓内火未消，至一友人家，"述昨会中闻一多等恶论，共嗟息久之"。

吴宓7月25日致函梅校长仍拟休假研究，函曰："最近再加考虑，决仍休假一年。住居昆明，专心读书著作，所拟之计划如下。（一）将已编成且付油印之《世界文学史大纲》（英文）讲义细加改订，且译成汉文。该书英、汉文均拟呈请教育部付国立编译馆出版。（二）将前年所撰之《文学与人生》英、汉文讲义稿（未印）续撰，并修改编辑成书，相机出版。（三）乘暇多读西洋文学书籍（以前未读过者），以充实《欧洲文学史》课目之内容。"9月13日，教育部核定联大教授罗常培、吴宓于1944—1945年度在国内休假。同月，吴宓休假离昆明赴成都，先后在燕京大学和武汉大学（乐山）讲学。12月16日，吴宓在燕京大学礼堂讲演"红楼梦评论"。同日，吴宓的《文学与道德》，载成都《星期快报》。本年，吴宓编写的教材《世界文学史大纲》由西南联大外国语文系印发（未正式出版）。（参见齐家莹编《清华人文学科年谱》，清华大学出版社1999年版；闻黎明、侯菊坤《闻一多年谱长编》（增订版），上海交通大学出版社2014年版）

贺麟3月在《哲学评论》第8卷第6期发表《谢林哲学简述》。5月，《宋儒的新评价》刊于《思想与时代》第34期。文中总结并重点申述了如下观点：（一）宋以后的中国文化有些病态，宋儒思想中有不健康的成分，我相当承认。须校正宋儒的偏蔽，发扬先秦汉唐的精神，尤为我们所应努力。（二）程伊川的错处仅在于误认夫死妻再嫁为失节，与近代人对夫妇及贞操的看法不同。假如伊川生在现代，他也许不再固执那种旧贞操观念。伊川所提出的"饿死事小，失节事大"的根本原则，至今仍有效准。在饥饿线上尚在为教育为学术守节操的学者们，已经在实行并证实伊川的原则了，更无法去反对他。（三）宋代之衰弱不振，亡于异族，主因是开国时国策有错，宋儒责任甚轻。宋儒哲学中寓有爱民族，爱民族文化的思想，在某意义下宋明儒之学，可称为民族哲学，为发扬民族、复兴民族所须发挥光大之学。（四）宋儒格物穷理，凡事必深究其本源，理论基础甚深厚，虽表面上似虚玄空疏，而实有大用，故发生极大的影响，说宋儒不切实用，大都是只就表面论，而不明程朱学说之全体大用者。

贺麟6月在《思想与时代》第35期发表《论时空（答石峻书）》。11月11日，洪谦出席中国哲学会昆明分会第二次讨论会，会上作《论新理学的哲学方法》讲演，冯友兰即席答辩。后贺麟《中国当代哲学》记此事云："洪谦先生……分析出冯先生新理学的基本命题，虽不同于纯逻辑数学的形式命题，但却同样的无有内容，空无意义，从玄学立场而言，反不如传统玄学之富于诗意，足以感动人心情。所以假如维也纳学派欲'取消'玄学，那么冯先生的新理学的玄学，将会被'取消'，但是传统的玄学则依然有其哲学上的地位。冯先生本人当即提出答辩，金岳霖及沈有鼎先生亦发言设法替冯先生解围。这是中国哲学界近来很有趣的一场辩难。"同月，贺麟在《思想与时代》第37期发表《功利主义的新评价》。文中将功利主义可大别分为旧式与新式的功利主义两种：旧式的功利主义，或个人的功利主义，所求者是个人的幸福、财富、名利或权力。常识上的功利主义，大都指此种个人的旧式的极现实的功利主义而言。新式功利主义,即近代的功利主义不是个人的功利主义,而可说是社会的理想主义,或社会福利主义。从发展上看,这种新功利主义的思想,是从旧式的内心道德,纯义务的道德思想进化过来的。因为内心的道德思想注重人格修养,不受物质的限制,保持自己的纯洁,这固然很好,但新功利主义则要进一步,从人格保持到人格的发展;从不受物质的支配,到支配物质;从消极的个人人格修养,到积极的大众福利的增进。总之,从消极道德,进而为积极的道德;从不计算人生利害得失,到彻底计算人生利害得失,用科学统计方法来计算人生的利害得失。由一时的从内心直觉出发的善行,到有组织有计划的公益事业。

按:文中又论"近代功利主义在中国之被误解,被贬斥,大概是由于(一)人们误将近代的重社会理想的功利主义与旧式的个人的功利主义相混,误以功利主义为自私自利之人张目。(二)由于不知近代功利主义,乃系自重个人修养的内心道德进展而来。(三)由于不知功利主义须有亦应有超功利的宗教精神以作基础,因此近代功利主义之在中国,不惟未发挥其应有的良好效用,反而产生了不少的流弊"。

贺麟 12 月在《建国导报》第 1 卷第 14 期发表《杨墨的新评价》。此文被置于战乱的特殊场域加以讨论:"每当人类遭遇惨绝人寰的浩劫时,一方面大家鉴于到了危急存亡的关头,特别会发挥出本能的自保自利的意志,同时另一方面对于他人的厄难灾殃,也最易流露出感同身受的同情心。自保自利是利己主义的出发点,同情心是利他主义的出发点。这是关于伦理和人生问题上争论不休的两大对立的学派。在大战期间,感受战祸,人人都有流离迁徙,遭受灾难之感的时候,来对利己主义与利他主义作一番理论的探讨,或许更觉切适。如果我们认'杨子为我'为利己主义的代表,认'墨子兼爱'为利他主义的代表,则我们这一番讨论,便可说是对于孟子所排斥的杨墨,加以新的评价。"然后"试纯就理论去考察,利己与利他究竟是什么意思。就一个行为之涉及人与我或己与他的利害关系来说,大约不外下列六种可能"。最后的归纳是:"总之,利己主义者,清高风雅,主张到山林去隐逸,注重艺术欣赏。利他主义者,悲悯为怀,主张到民间去拯救,注重宗教精神,这是两者相异处。两者皆反对人本主义,一归于自然,趋向超道德的艺术。一皈依神圣,趋向超道德的宗教。"是年,《战争与道德》刊于《军事与政治》第 6 卷第 2—3 期。又有《辩证法与辩证观》《从看外国电影谈到文化异同》发表;唐君毅在重庆中央大学任教,贺麟与唐君毅多次会晤。(参见高全喜编《中国近代思想家文库·贺麟卷》及附录《贺麟年谱简编》,中国人民大学出版社 2014 年版;齐家莹编《清华人文学科年谱》,清华大学出版社 1999 年版;蔡仲德编撰《冯友兰先生年谱长编》,中华书局 2014 年版)

金岳霖 5 月、7 月在《哲学评论》第 9 卷第 1—2 期发表《思想》(所著《知识论》第六章)。9 月,金岳霖与雷海宗、朱自清、陈福田、刘崇鋐被推举为 1944 年度教授评议员。是年,金岳霖在第四届中国哲学会上再次被选为理事;指导王浩撰写毕业论文,论文题目为《经验知识问题讨论》,弟子写完一章,金岳霖就看一章;所撰《哲学与生活》原为英文。文中提出:"并非只是在中国,哲学家才面临着哲学与生活脱节的问题。去年春季的哲学家大会表明,这个问题终于也在美国引起了普遍的注意,但是,似乎还没有什么解决的办法,这不仅仅是哲学家的任务。下面我们将说明,为此受谴责的不仅有哲学家,现行的知识结构和追求知识的方式也不利于形成一种有见识有辨别力的生活,而这一点对于民主的理想来说也是极其危险的。""有两个问题需要考虑,一个是哲学的界域,一个是哲学的性质。"值得注意的是两者都已经改变了。"现代哲学是否有用的问题,有赖于我们如何看待哲学所产生的作用。在这里,值得注意的事实不是认识论主宰了哲学,而是整个哲学领域都是为了理解或者说是为了追求知识而构建起来的。伦理学不再教导学生为善，它教学生理解善为何物；美学不再教学生欣赏美，它教学生理解什么是美。格瑞翰·瓦勒斯关心思想方法的孤心独旨之所以值得赞赏，是因为近来的逻辑课程为学生提供的是知识的合法性证明，而不是训练他们如何合理地进行思考。有所失必有所得。哲学的现代研究方法使哲学比过去更加清晰明确，也更有助于知识的积累，使蕴藏在哲学中的知识能够唤起广泛的兴趣。并且，哲学的知识能够遗留给后代而哲学的经验和洞察则不能。无可否认的是，从进行理解和获得知识出发而建构起来的哲学已经取得了稳固的进步。因为知识总是有用的，无论直接还是间接，所以哲学不可能丧失其有用性，尽管它的作用已经转移了领域，这个领域与我们按哲学的昔日风范所指望它发挥作用的领域不甚相同。"作者最后强调："一种全面的通才教育是必要的。这种教育应当包括对价值观念的辨别和对信仰的毫无愧色的宣称。"（参见王中江编《中国近代思想家文库·金岳霖卷》及附录《金岳霖年谱简编》，中国人民大学出版社 2014 年版；齐家莹编《清华人文学科年谱》，清华大学出版社 1999 年版）

　　汤用彤与冯友兰、冯沅君、陈寅恪、胡适等 3 月被中山大学文科研究所聘为名誉导师。8 月 9 日下午 5 时，西南联大于昆明龙翔街校总办公处会议室召开常委会第一一二次会议，决议通知公布冯文潜辞去哲学心理学系主任，由汤用彤担任。是年，《汉魏两晋南北朝佛教史》编入"佛学丛书"于重庆再版；《隋唐佛教之特点》发表于《图书月刊》第 3 卷第 3—4 期；王达津毕业于西南联大的北大文科研究所。他在文科研究所"受古文字学家唐兰和哲学史家汤用彤的影响，攻金文、甲骨、《尚书》与诸子"。此间在汤用彤指导下，他整理研究了《老子王弼注》。（参见汤一介、赵建永编《中国近代思想家文库·汤用彤卷》及附录《汤用彤年谱简编》，中国人民大学出版社 2015 年版）

　　钱端升 1 月当选为宪政讨论会研究委员会委员。2 月，在中央广播电台演讲"进入宪政之途径"。2 月，所著《战后世界之改造》一书由商务印书馆再版。6 月，陪同美国副总统华莱士参观西南联大。9 月 20 日，被西南联大教授会选为出席第七届校务会议教授代表。10 月，与费孝通被中英文化协会聘为英国文化专题讲座昆明区讲师。11 月 29 日，与梅贻琦、冯友兰、闻一多、周炳琳等向学生作从军动员讲演，勉励学生从军。12 月，与张伯苓、胡适、蒋梦麟、周鲠生等 21 人发起联合宣言，促盟邦注意亚洲战场。（参见孙宏云编《中国近代思想家文库·钱端升卷》及附录《钱端升年谱简编》，中国人民大学出版社 2014 年版）

　　费孝通 7 月结束访美，回到中国。前几年翻译的在伦敦政治经济学院求学时期的老师、英国人类学家雷蒙德·弗思的《人文类型》，收入吴文藻主编的社会学丛刊甲集第三种，由商务印书馆出版。同月，闻一多见到费孝通，即指出他上年所写的《鸡足朝山记》中流露的思想是消极的。说该书中"留恋在已被社会所遗弃的职业里，忍受着没有法子自解的苛刻的待遇中，虽则有时感觉着一些雪后青松的骄傲，但是当我听到孩子饥饿的哭声，当我看见妻子劳作过度的憔悴时，心里好像有着刺，拔不出来，要哭，没有泪；要飞，两翅胶着肩膀；想跑，两肩上还有着重担。我沉默了，话似乎是多余的。光明在日子的背后"的句子，是"知识分子对现实无可奈何的一种想法"。费孝通还说："我自己过去就有过，而且钻进故纸堆，就像你们知道的，听任丑恶去开垦，看它造出个什么世界！结果呢？明哲可以保身，却放纵反动派把国家弄成现在这样腐败、落后、反动，所以我们不能不管了，决不能听任国民党反动派为所欲为了。"9 月，费孝通由云南大学转入西南联大工作。10 月 18 日，中英文化协会聘请联大教授钱端升、费孝通等为英国文化专题讲座昆明区讲师。（参见吕文浩编《中国近代思想家文库·费孝通卷》及附录《费孝通年谱简编》，中国人民大学出版社 2015 年版；闻黎明、侯菊坤《闻

一多年谱长编》(增订版),上海交通大学出版社 2014 年版)

陶云逵 1 月 26 日逝世,闻一多闻讯十分悲痛。陶云逵是人类学家,1939 年底留学回国,被聘为联大讲师,后任南开大学文学院边疆人文研究室主任,该室编辑的《边疆人文》甲、乙两种杂志,在国内社会学领域具有重要影响。闻一多研究古代文学,运用社会学、人类学诸方法,其中不少观点与陶云逵磋商过,两人情谊真挚。闻一多的《说鱼》,便是应陶云逵之约刊于《边疆人文》。陶云逵逝世后,夫人林亭玉生活无着,投滇池自尽,幸为渔民救起。2 月 16 日,陶云逵追悼会于校图书馆举行。云南省主席龙云捐款 3 万元,抚助遗属。(参见闻黎明、侯菊坤《闻一多年谱长编》(增订版),上海交通大学出版社 2014 年版;西南联大北京校友会编《国立西南联合大学校史——1937 至 1946 年的北大、清华、南开》,北京大学出版社 1996 年版)

王力所著《中国现代语法》(下册)、《中国语法理论》(上册),两书由商务印书馆出版。在联大时期,王力讲授"中国现代语法"和"语言学概要",他的《中国现代语法》讲义,朱自清与闻一多看后都十分欣赏。闻一多向王力建议将《中国现代语法》讲义分为两部分,分别写成《中国语法理论》和《中国现代语法》两书。王力接受了这一建议,将讲义中的理论部分抽出来编成《中国语法理论》,作为《中国现代语法》的姐妹篇。"《中国语法理论》的研究重点,与当时的语言学家迥然不同。近 30 年来,中国语言学家在语法上的争论,重点几乎全在词的分类和术语问题上。"王力认为这种争论没有触及语法的主要部分,"语法的主要部分是汉语的构成方式,也就是造句法。汉语的造句法乃是汉语语法的一大特征。王力这两部书中,着重研究汉语的造句法。这个问题在当时几乎为我国所有语法学家所忽视。他的语法理论,在这个问题上是富有开创性的"。是年,王力还作有论文《一个和一个》,刊于桂林《国文杂志》第 2 卷第 1 期;《基数、序数和问数法》刊于《国文杂志》第 3 卷第 1 期;《观念和语言》刊于《文学创作》第 3 卷第 1 期;《字和词》刊于《国文月刊》第 31—32 期合刊。自本年 9 月至 1946 年 3 月,王力为《自由论坛》辟《龙虫并雕斋琐语》专栏;同时在《独立周报》开辟《清呓集》小品文专栏,为该报撰写了几篇小品文。在昆明期间,王力先后为报刊作小品文 62 篇。(参见齐家莹编《清华人文学科年谱》,清华大学出版社 1999 年版)

罗庸年初在《国文月刊》第 31—32 期合刊发表《楚辞纂义叙》。序文在概述了二千年来楚辞学的发展变化以及前人治楚辞的成败得失之后指出:"泽承此编,承近世学风之变,兼前人累世之长";并举出其在诸多方面超过前人的地方。序文还指出此书盖有"八善""二长""虽旧说之渊海,实新义之甾会";并说"此书一出,行见群爝息光,一星独曜"。罗庸不仅高度评价了游国恩在楚辞学史上的地位,也说明《离骚纂义》《天问纂义》二书后来出版时虽又遍寻了一切可能找到的资料,并对某些按语作了修正,但它的成书在当时也已经成熟了。9 月 13 日,联大第三一〇次常委会决议:罗常培因事赴渝,所有文学院中国文学系及师范学院国文系主任职务,请罗庸代理。11 月 8 日,联大第三一五次常委会决议:罗常培赴美,请辞中国文学系及师院国文系主任职务,请罗庸继任。(参见游宝谅《游国恩先生年谱》,《淮阴师范学院学报》2002 年第 1 期;齐家莹编《清华人文学科年谱》,清华大学出版社 1999 年版)

游国恩 4 月在云南大学文学史会作《文学与谐隐》的演讲,刊于 12 日昆明《扫荡报》。同月,《槁庵随笔》15 则连载于《国文月刊》第 36、38、40 期。7 月 6 日,清华大学文科研究所中国文学部举行傅懋勉毕业初试,游国恩应邀担任考试委员。暑假,云南省大理县政府聘请海内文理方面专家以现代方法重修县志。西南联大文科受聘的教授有罗常培、郑天挺和游国恩。这次修县志 30 多天。游国恩除为修县志工作写了有关材料外,还利用资料写了关于西南民族的考察论文若干篇。计有《南诏德化碑校勘记》《白古通考》《夷族令节考》《跋杨慎滇载记》《韦土官非阴后裔辨》和《驳段樊堂二名不偏讳说》。在修县志工作结束后,一直协助这一工作的华中大学教授包鹭宾(游国恩中学、大学的同学,同乡、同事和好友)突发高烧,不意在一天内死亡,游国恩异常悲痛,加之协助办理他的后事,操劳过度引发急性阑尾炎,情势严重。当时,游国恩等部分修志人员都在喜洲,当地医疗条件差,只能赶紧送往县城大理。当年要找一辆汽车很困难,只能请夫子用"滑竿"急忙起程。后经多方努力,借到一辆邮政车,检修后才得上路,中途追赶上去。动手术前需要签字,是罗常培签的字。术后转危为安。11月6日,清华大学文科研究所中国文学部举行范宁毕业初试,游国恩应约担任考试委员。(参见游宝谅《游国恩先生年谱》,《淮阴师范学院学报》2002年第1期)

陈梦家任西南联大副教授。6月6日,闻一多为本系副教授许维遹、陈梦家晋升为教授事,致清华大学校长梅贻琦两信:"涵师校长道席:敬启者,本系副教授许维遹、陈梦家二先生升任现职已届三年,并于教课之余肆力著述,初不以物质生活之清苦、图书设备之简陋稍改其志。许先生除完成其巨著《管子集释》廿四卷、《韩诗外传集释》十卷外,又尝致力于《尚书义证》一种,会通古训,发明辞旨,谠正文字,创获之多,盖自晚清瑞安孙氏以来,罕有其匹。至其《释爨》《缞礼考》二文,于古代礼俗之研究亦能辟一新途径。陈先生于研究金文之余,亦尝兼及《尚书》,而于两周年代及史实之考证,贡献尤大。'年历学'为治理古文之基础,晚近学者渐加注意,实迩来史学界之一新进步。陈先生本其研究金文之心得,致力斯学,不啻异军突起,凡时贤所不能解决之问题,往往一经陈氏之处理,辄能怡然理顺,豁然贯通。要之,二先生数年来,不但于先秦典籍沉潜日深,且能处处利用新材料与新方法,故其成就乃得如此,一多于二先生之工作,深所钦佩,特征得本系教授同人之同意,拟请师座转呈聘任委员会,自下学年度起升任二先生为正教授,用励贤劳,而崇硕学,如何之处,敬俟卓裁。专此布达,祗颂道祺。"8日,清华大学召开迁昆明后第二十一次聘任委员会会议,议决改聘陈梦家、许维遹为教授。9月5日,闻一多致清华大学校长梅贻琦信。并代转陈梦家请假一年函。当时陈梦家经费正清联系,受美国芝加哥大学东方学院约请,将前往教授古文字学并主持研究工作。闻一多曾明确表示不赞成陈此时出国,认为国内的事更紧要。但陈梦家觉得机会难得,执意赴美,闻一多便不再说什么。15日,梅贻琦设宴欢送陈梦家将赴美讲学,同席者有莫泮芹夫妇、陈梦家夫妇、冯友兰夫妇、王力夫妇、闻一多、吴宓、吴晗。(参见闻黎明、侯菊坤《闻一多年谱长编》(增订版),上海交通大学出版社2014年版)

萧涤非4月在《国文月刊》第26期发表《论词之起源》。6月,萧涤非《为"诗史"进一解》,刊于《国文月刊》第27期。10月,萧涤非《汉魏六朝乐府文学史》由中国文化服务社出版。此书原为作者在清华研究院的毕业论文,导师黄晦闻(即黄节),始著于1931年,脱稿于1933年。至1934年作者执教山东大学时,曾着手把毕业论文修改成讲义,但因故中途停止。直到1941年在西南联大任教,才重新改写,于1943年改成,被列为"青年文库"之一出版,"青年文库"编委为朱光潜、老舍、叶圣陶、罗根泽等。全书分六编:第一编叙论,叙述乐府诗的起源与先秦乐教、乐府诗的产生及其沿革、乐府诗的界说与分类、乐府诗与五言诗兴起的关系、乐府诗变迁的趋势。第二编为两汉乐府,分贵族乐府、民间乐府和文人乐府三大类别,依时代先后叙列。第三编为曹魏乐府,以三曹、王粲、左延年为重点。第四编为两晋乐府,分故事、拟古和讽刺三类。第五编为南朝乐府,前期以吴声、西曲、神弦为重点,后期以萧纲、沈约、吴均、柳恽等文人拟作为重点。第六编为北朝乐府,分民间乐府与文人乐府两类叙述。书中对陆侃如和罗根泽的某些论点提出了批评。萧涤非此著的特点,主要在于对乐府诗史实的钩稽,乐府诗演变的揭示,乐府诗内容的阐释,都具有强烈而深刻的史识,是一部成就卓越的分体文学史著作。卷首以黄节在1933年为作者之毕业论文写的"审查报告"代序,对此书作出了高度评价。

按:黄节在"审查报告"中评价说:"统观成绩全部,皆能从乐府本身研究。知变迁,有史识;知体制,有文学;知事实,有辨别;知大义,有慨叹,此非容易之才。"不论叙述哪朝哪代的乐府,萧氏都把它置于乐府文学发展的全局视阈下加以考量,这使他常有新奇之论。如在论"乐府变迁之大势"时说:"自汉武立乐府,下迄于唐,历时九代,无虑三变。寻其往迹,可得而言。两汉乐府,虽亦有文人诗赋,然大部皆采自民间,今所存《相和歌辞》是也,故其中多社会问题之写真,而其风格亦质朴自然,斯乐府正则也。"此论一反历代重视汉代文人乐府而轻视民间乐府的传统观念,高度评价民间乐府,认为民间乐府才是"乐府正则"。正是因为侧重民间文学,书中几乎一字不提班固《汉书》,直到沈约《宋书·乐志》才稍微提及,黄节先生赞其"真有识之言"。同理,对于南朝乐府,本书也作了比较全面、客观的评价,认为其理论价值在于:"今之言文学史者,率偏重南朝数大诗人,而略于其乐府,要知南朝乐府自是富有时代性与创作性之文学。虽其浪漫绮靡,不足拟于两汉,然在文学史上实具有打开一新局面,鼓荡一新潮流之力量。"(参见齐家莹编《清华人文学科年谱》,清华大学出版社1999年版;付祥喜《20世纪前期中国文学史写作编年研究》,北京师范大学出版社2013年版)

齐亮5月8日主持西南联大国文学会组织召开的纪念五四运动文艺晚会,讲演总题为"五四运动与新文化运动"。

何孝达(何达)、沈叔平(闻山)、施载宣(萧荻)、康倪、赵宝煦(白鹄)、黄福海(黄海)、周纪荣、赵明洁、段彩楣、施巩秋、王永良、万绳楠等西南联大12位爱好文学的同学发起成立"新诗社"。4月9日,何孝达等12人来到司家营闻一多家中,请闻一多担任他们准备成立诗社的导师。闻一多很高兴,和同学们谈了许多,并建议这个诗社应表现出"新"意。于是联大"新诗社"这天诞生了。史集《闻一多先生和新诗社》(《云南师范大学学报》,1987年第2期)载:"闻先生非常认真直率地评讲了大家带来的习作。他非常支持我们组织诗社的愿望,兴奋地为我们讲述了他对诗的见解。从批判中国传统的所谓'诗教',讲到写诗和做人的道理,谈他在现实生活中的感受,更坦诚地谈他对我们诗社的期望。他说:'我们的诗社,应该是"新"的诗社,全新的诗社。不仅要写新诗,更要做新的诗人。你们当然比我懂得更多,在这年头,你们会明白究竟应该做一个什么样的诗人。'这就是我们所以把酝酿成立的诗社命名为'新诗社'的由来。后来,我们把闻先生这次讲话的精神,归结成新诗社的四条纲领,那就是:一、我们把诗当作生命,不是玩物;当作工作,不是享受;当作献礼,不是商品。二、我们反对一切颓废的、晦涩的、自私的诗;追求健康的、爽朗的、集体的诗。三、我们认为生活的道路,就是创作的道路;民主的前途,就是诗歌的前途。四、我们之间是坦白的、直率的、团结的、友爱的。虽然在一周之后,我们又在联大南区教学区旁的学生服务处小会堂,开了一个有更多同学参加的新诗社成立大会,但是我们仍然把司家营和闻先生一起的集会作为新诗社成立的纪念日。"(参见闻黎明、侯菊坤《闻一多年谱长编》(增订版),上海交通大学出版社2014年版)

施载宣(萧荻)、王松声、何孝达、张源潜、程法伋、游继善、罗长友、温功智等进步同学在"五四"纪念活动后编辑了《剧艺》壁报。秋季开学后,学校根据五月颁布的《本大学学生壁报管理办法》,要求各社团到训导处补办登记手续。王松声等办理手续时,因为准备从事戏剧创作与演出活动,便用"剧艺社"的名称,作为壁报团体进行了登记。闻一多应邀担任西南联大学生文艺团体"剧艺社"导师。所以在登记表中,填写的负责人为王松声、施载宣,导师为闻一多。剧艺社是在《剧艺》壁报基础上发展起来的,《剧艺》壁报不定期出版,大概只出了两三期,因为大家兴趣不在戏剧理论研究,而在戏剧演出实践,因此很快就到戏剧编演上来了。闻一多既是《剧艺》壁报的导师,也是剧艺社的导师。(参见李光荣、宣淑君《西南联大剧艺社史事——兼及与新中国剧社的关系》,李建平、张中良主编《抗战文化研究》第1辑,广西师范大学出版社2007年版;闻黎明、侯菊坤《闻一多年谱长编》(增订版),上海交通大学出版社2014年版)

何炳棣、李志伟、王积涛、吴仲华、钟开莱、杨振宁、方中达、张炳熹、张燮、白家祉、洪朝生、黄茂光、张建侯、黎禄生、曹建猷等6月16日通过清华大学庚款留美学生考试。同日,清华大学庚款留美学生考试放榜,22人被录取,其中联大毕业生或教师有15人。(参见王效挺、王学珍、黄文一、郭建荣主编《北京大学纪事(1898—1997)》(上册),北京大学出版社1998年版)

季镇淮为清华大学文科研究所中国文学部研究生。7月9日下午3时,赴西仓坡5号校办事处出席毕业初试。考试范围为"魏晋以前的人品观念"。闻一多与汤用彤、罗常培、冯友兰、雷海宗、朱自清、浦江清、王力、许维遹、陈梦家为考试委员。18日,闻一多为清华大学文科研究所研究生季镇淮原兼半时助教改为助教等事,致清华大学校长梅贻琦信。信中说:"中国文学系助教朱兆祥拟不续聘,遗缺请以半时助教季镇淮递补。季君研究院毕业,初试已及格,其论文考试预计暑期后可以举行,目前只可用助教名义,一俟正式毕业后,则宜升为教员。如何之处,统希钧裁是幸。"(参见闻黎明、侯菊坤《闻一多年谱长编》(增订版),上海交通大学出版社2014年版)

王瑶为清华大学文科研究所中国文学部研究生。6月,毕业留校任教。7月28日,闻一多为王瑶补为半时助教事致清华大学校长梅贻琦信:"前奉一函,关于中国文学系助教进退事,有所陈说。兹因种种关系,略有变动:除助教朱兆祥不再续聘外,半时助教季镇淮因肄业年限已满,即将毕业,其半时助教资格当然停止。兹拟以研究生王瑶递补季镇淮所遗半时助教名额。此与前函所拟办法不同者,系前拟辞一助教,补一助教;今则辞一助教,补一半时助教,而以人数论,实无变动。耑此陈请,谅邀赐准,祇颂道祺。"梅贻琦遂于当日批示:"照办"。(参见闻黎明、侯菊坤《闻一多年谱长编》(增订版),上海交通大学出版社2014年版)

王达津为北大文科研究所研究生。约5月,闻一多等担任王达津的考试委员。王达津回忆道:"一九四四年我毕业于北大文科研究所的时候,闻先生是答辩考试委员之一,就曾用楷书写详细评语于我的论文卷面,并加朱印。当时我是以金文、甲骨、《尚书》来论证古代人身代词的用法的,而闻先生却严勉以应进一步研究典章制度。这一指示,就使我终身难忘。"(参见王达津《吾将上下而求索——学习一多先生治学精神》,《古典文学研究丛稿》,巴蜀书社1987年版;闻黎明、侯菊坤《闻一多年谱长编》(增订版),上海交通大学出版社2014年版)

傅懋勣为清华大学文科研究所中国文学部研究生。7月6日下午,赴西仓坡5号清华办事处出席清华大学文科研究所中国文学部举行的毕业初试,考试范围为"汉赋研究"。担任考试委员的有朱自清、闻一多、游国恩、邵循正、沈有鼎、浦江清、王力、许维遹、陈梦家、彭仲铎。(参见姜建、吴为公编《朱自清年谱》,安徽教育出版社1996年版)

范宁为清华大学文科研究所中国文学部研究生。11月6日下午,赴西仓坡5号清华办事处出席毕业初试。担任考试委员的有朱自清、闻一多、汤用彤、游国恩、冯友兰、孙毓棠、王力、许维遹、浦江清。(参见姜建、吴为公编《朱自清年谱》,安徽教育出版社1996年版)

彭兰就读于清华大学中文系。年初,闻一多指导彭兰撰写毕业论文,论文《高适系年考证》由闻一多亲自确定。闻一多对彭兰说:要欣赏诗作和了解诗的真意,需首先了解作家的生平、社会背景及其著述情况。(参见闻黎明、侯菊坤《闻一多年谱长编》(增订版),上海交通大学出

版社 2014 年版)

　　熊庆来继续任云南大学校长。1 月,在《闻一多金石润例》上签名。3 月 20 日,熊庆来奉兼任三民主义青年团团长蒋介石令,乘车前往滇西一带视察团务,校务由教务长何衍璇代理,旬日即返回。3 月 18 日,熊庆来为解决西南文化研究室经费困难,函请兴文银行、劝业银行补助西南文化研究室第三年度预算 1243200 元。4 月 20 日,云大在至公堂举行校庆 22 周年纪念,并欢送参加译训班的同学。熊庆来校长在讲话中强调云大成立 20 多年来,"均赖政府扶持及各机关人士如中英庚款委员会、资源委员会、企业局、兴文银行等之赞助,抗战后虽两度被炸,仍不懈不挠,使原议计划逐步实现"。接着,国民党云南省党部书记赵公望、北平研究院院长李书华、省参议会副议长李一平等来宾也相继演说,并欢送参加译训班的同学。末由参加译训班代表马愚接受学校及校友的赠礼并致谢词。6 月 25 日,美国副总统华莱士参观云南大学,并在云大礼堂对云南大学、西南联大 5000 余师生发表演说。7 月 7 日,抗日战争 7 周年纪念日,云大学生自治会、联大壁报协会、中法大学学生自治会、省立英专学生自治会于云大至公堂联合举行"七七"时事座谈会,3000 多学生参加,熊庆来、闻一多、潘光旦、杨西孟、邵循正、朱驭欧、潘大逵、蔡维藩、伍启元、沈有鼎、鲁冀参、冯景兰、李树青、曾昭抡、罗隆基等 15 位教授应邀出席。会上讨论的问题很多,其中最为重要的问题,是从事学术研究的人同时应否有政治的兴趣。云大校长熊庆来起来说明了三点:一、这次座谈会是学术性的,是寓纪念于学术的讨论,所以才来参加;二、认为中国的积弱是由于学术不昌明;三、要救中国的积弱,要昌明学术,我辈做师生的人就应当每人守住他的讲求学术的岗位,孜孜矻矻以赴之,而不应当驰心于学术以外的事物,例如政治商业之类。8 日,熊庆来函请陆崇仁资助"云南文化丛书"编撰,函中说:"拟出'云南文化丛书'二十种,以作永久之纪念,凡历史文化、经济、物产等有关云南之专门著作,均加搜集印行。曾由本校教授徐梦麟面呈一切,并由方国瑜、徐梦麟二君负责计划推进。至所拟预算全系印刷费,每种以 5 万元计,约需 100 万元,业已另案送达,恳祈特予核准,庶不负主席及台端提倡教育、发扬文化之初心。"信中措词何等恳切,足见筹集经费之艰难。同月,疏散到嵩明马坊镇的理学院,移回昆明。

　　熊庆来 9 月 20 日出席中国科学社社友会、中国天文学会、新中国数学会、中国物理、化学、动物、植物、地质等学会昆明分会等 8 个科学团体举行的第一次筹备会,会议决定 10 月 14 日至 15 日在云南大学举行联合年会,推举熊庆来、陈遵妫、姜立夫、郑蕴炽、杨石先、陆近仁、张愚铖、袁复礼、常宗会、何衍璇、吴正之、李继侗、孙铁仙为筹备委员,熊庆来任主席。10 月 14 日,中国科学社、中国天文学会、中国动物学会昆明分会、新中国数学会、中国物理学会昆明分会、中国化学学会昆明分会、中国植物学会昆明分会、中国地质学会昆明分会在云南大学至公堂举行联合年会开幕典礼。年会请龙云主席为名誉会长,推定梅贻琦、熊庆来、李书华、吴有训、周仁为大会主席团。由梅贻琦主席,致开幕词,继由教育厅长龚自知代表龙主席致词。熊庆来报告筹备经过,周仁报告科学社成立 30 年来的工作,吴有训报告其它 7 个团体的简史及工作,霍秉权报告战时美国科学界动态。下午宣读论文,李书华讲科学研究与工业应用。15 日上午继续宣读论文,下午举行闭幕式。到会的有 264 人。11 月,云南大学学生自治会改选。在改选中,进步学生经过艰苦斗争,战胜了三青团在云大的破坏和竞选活动,获得胜利。12 月 25 日,在中共云南省工委的组织领导下,由云南大学、西南联大等校学生自治会等团体发起,在云大至公堂召开护国运动 30 周年纪念大会。是年,工学院奉部令创设航空工程系，以应航空技术人才的急需；社会学系研究室与云南省经济委员会合作，由该会负担经费，出版刊物多种，并译成英文，编入太平洋学会报告及哈佛大学社会学丛书。

　　按：熊庆来校长重视学校的学术研究，尤其将西南文化研究作为云南大学的己任，他说："大学的生命在于教学和研究以及各种高尚的活动。"他还说："大学的重要，不在其存在，而在其学术之生命与精神。"他任云大校长以来，着力打造大学学术，塑造云大精神。他认为，云南地处西南边疆，研究、发展西南文化是云南大学的责任所在，云大也有着得天独厚的优势。因此，对于西南文化研究室的成立他花了很大的精力，也给予了很高的期望。他放下校长的架子向社会募捐，多次亲笔给银行负责人写信，恳请给予经费支持，言语恳切，抱诚守真，使西南文化研究室赢得较大的经费帮助，因而没有在抗日战争和解放战争极其艰苦的环境中夭折，坚持到最后。（参见《云南大学志》编审委员会《云南大学志》第 2 卷《大事记（1915 年—1993 年）》，云南大学出版社 1993 年版；闻黎明、侯菊坤《闻一多年谱长编》（增订版），上海交通大学出版社 2014 年版；雷文彬《西南文化研究室——云南大学学术领域中的重要里程碑》，云南大学档案馆·党史校史研究室 2014 年 4 月 10 日）

　　方国瑜继续主持云南大学西南文化研究室。3 月 18 日，《国立云南大学西南文化研究室概况》中对研究地域和研究项目作出明确说明："近岁通用'西南'二字，盖以《史记》《汉书》西南列传所载之境域为范围，即今云南全省、贵州、西康二省之大部分及其四周之地。""本室研究之地域以云南、西康、贵州为主；次及西藏、四川、湖南、两广；又次及安南、缅甸、印度、马来半岛诸境。所研究问题列之如下：（一）西南开发之研究。历代经营西南之军事、政治之经过及其影响，如历代治理之成绩及改土归流诸问题。（二）西南移民之研究。历代中原移民及其开拓生产之经过及文化之发展与土族同化诸问题。（三）西南地理沿革之研究。历代设治之因革及展拓边土与界务诸问题。（四）西南民族史之研究。土著民族之史迹，如民族生活史、土司制度史诸问题。（五）西南文化一般问题之研究。古代及近代之一般问题，如经济资源、土宜物产、礼俗文学、艺术、语言文字诸端之实况及其演进。（六）西南边区之自然与人文之研究。调查边境之地理环境与人民生活，并研究如何改良物质享受及促进教育文化诸问题。（七）西南边裔之研究。历代经略藩属之史绩与诸境之现状，并与本国有关之政治、经济、文化诸问题。"研究地域广阔，研究项目繁多，研究室承担起十分艰巨的任务。又据《国立云南大学西南文化研究室概况》载，研究室曾两次组织考察团大规模进行考察；一次是第二年度"拟组织历史及边疆两考察团。历史考察在昭通、曲靖诸地之汉晋遗址；边疆考察在车里、佛海诸地之摆夷地域"。另一次是第三年度，规模更大，"与本校社会研究所及北平研究院史学研究所合作组织边疆及历史两考察团"。云南边疆地区山高坡陡，交通堵塞，只能依靠落后的交通工具和两条腿，其艰辛程度可想而知。加之时值战乱，地方并不安宁，更增添了旅途的风险。但是，考察团成员却以满腔的热情进行深入细致的实地考察，取得了可喜收获。由此可见，田野调查是西南文化研究室结出累累硕果的源泉，也是云南大学学术精神的最好体现。（参见《云南大学志》编审委员会《云南大学志》第 2 卷《大事记（1915 年—1993 年）》，云南大学出版社 1993 年版；雷文彬《西南文化研究室——云南大学学术领域中的重要里程碑》，云南大学档案馆·党史校史研究室 2014 年 4 月 10 日）

　　刘文典 3 月 22 日在云大演讲《诗缘情以绮靡》，迟到一小时，令吴宓不满。3 月 30—31 日，在《云南日报》发表长文《日本败后我们该怎样对他》，建议政府和国民"务必要连最初丧失的琉球也都收回来"。在这篇文章中，刘文典颇具先见地提出战后处理日本问题的三个原则：第一，主张不索赔款；第二，不要求割地，但日本必须要将琉球岛归还中国；第三，日本应拿出他们的文物作为对于中国文化劫掠的赔偿。文中说：我对于战后合约的主张，可以说是个"无割让，无赔偿"的，不过"侵地"必须要"尽返"，"旧物"必然要全"光复"，不能含糊了事，以收复东北四省为满足。台湾固然要收回，琉球是关系国防的要害之地，无论如何，必须要收归自己的掌握。中国之不能放弃琉球，犹之美国之不能放弃珍珠港，英国之不能放弃直布罗陀，澳邦之不能放弃所罗门群岛。关于这一点。政府固然要在和会上力争，国民更要一致的为政府后。总要举国上下，一齐努力，把这个地方收回来，切不可视为一个无足重轻的小岛，稍有疏忽，贻国家后日无穷之害。4 月 19 日，吴宓留函，托刘文典为从佛门还俗的好友释远峰求职。24 日，刘文典复函吴宓，对释远峰还俗一事表示不以为然。25 日，刘文典与吴宓同进晚餐，相谈甚欢。5 月 9 日，吴宓应刘文典之邀赴其好友孙乐家中，与众人聊。29 日，孙乐与吴宓谈论不收刘文典房租一事。当时刘文典避居官渡，在城中有课时则借住好友孙乐宅中。孙乐，云南元江人，又名孙乐斋，善书法，通诗文，中途弃仕学佛，号"佛海居士"，与刘文典关系甚笃。31 日，吴宓拜访孙乐，与刘文典谈释远峰。

　　刘文典 6 月 6 日在孙乐家中夹带吴宓来访。13 日，吴宓拜访刘文典，谈闻一多。20 日，吴宓来访未遇刘文典。27 日，吴宓来访，求刘文典为其修改诗稿。7 月 7 日，坊间传言刘文典为人撰墓志铭，得金甚丰。10 日，国民政府教育部高等教育司司长吴俊升邀约西南联大三大学文法院主任讨论《部颁课目表》修改事项，会中闻一多痛斥云大聘请刘文典，令吴宓大为不满。当晚，吴宓大醉。11 日，吴宓到孙乐家中，共谈闻一多并大骂。22 日，吴宓拜访刘文典，畅谈甚欢，兴致颇高。8 月 1 日，吴宓拜访刘文典。8 月 2 日，刘文典与胡小石、孙乐、张友铭等人倡议创立云南国学研究院，并力推吴宓为筹备主任。8 日，吴宓拜访刘文典。22 日，刘文典晚上赴徐为光宴请，同席者有吴宓、胡小石等人。23 日，刘文典与吴宓闲谈，未涉及国学研究院事宜。25 日，刘文典拜访云南军界名流马崇六，为云南国学院募款，并力推吴宓为院长。但吴宓希望刘文典兼任。27 日，因云南国学院事宜，吴宓左右为难，征询好友虞唐意见。虞唐批评刘文典品行，建议吴宓推却。8 月 29 日至 9 月 12 日，吴宓四度拜访刘文典，除一次未遇外，其余三次皆略谈，未再提及国学院一事。之后，吴宓游学四川，国学院一事遂作罢。9 月，国立北平图书馆《图书季刊》"学术界消息"栏目刊载刘文典等人举办演讲会的消息，全文如下："国立云南大学文史学系及文史学会本年度举行学术演讲会，分请校内外学人作专题讲演，每周一次，现已举办至第七次。各次演讲人及题目录后：（一）罗常培——读书八式；（二）刘文典——中国旧诗；（三）吴宓——红楼梦人物评论；（四）游国恩——文学与谐隐；（五）白寿彝——中国伊斯兰之发展；（六）浦江清——诗词的语言；（七）朱自清——文学的国语。各次听众皆极踊跃云。"（参见章玉政编著《刘文典年谱》，安徽大学出版社 2011 年版；《国立云南大学文史学系之学术演讲会》，载《图书季刊》新第 5 卷第 2—3 期）

　　姜亮夫 3 月录《敦煌经籍校录》，并重加校正。又录《敦煌杂录》，一月内完成。8 月，被云南大学聘为龙氏讲座教授兼文法学院院长。敦煌研究所所长常书鸿先生聘请姜亮夫为国立敦煌艺术研究所设计委员会委员。8 月至次年 7 月，妻子陶秋英任云南大学文史系讲师。10 月 19 日下午 7 时，与徐梦麟、尚钺、楚图南、李何林、朱自清及各大中学生、职业青年、文化界人士共 4000 余人出席西南联合大学"冬青"等文艺壁报与云南大学学生自治会在云大至公堂联合举办的鲁迅逝世 8 周年纪念晚会。姜亮夫在发言中谈到鲁迅与周作人的关系。据李何林回忆：纪念会本来开得很好，轮到姜亮夫教授发言了，就流露出对鲁迅先生的不恭，甚至认为"鲁迅也不是什么了不得的"。闻一多先生听后，当即对姜亮夫的发言作出反驳，说"过去我们认为鲁迅是海派，我们错了。毛泽东说鲁迅是中国的圣人"。然后他转过身去，向大会挂的鲁迅像鞠躬敬礼，接着说："现在，我向鲁迅忏悔……当鲁迅受难的时候，我们正在享福。当时如果我们都有鲁迅那样的硬骨头精神，那怕只有一点，中国也不至于现在这样了。"李何林被闻一多的发言震撼了，他知道当年像闻一多这些京派文人学者，把鲁迅称为海派，对鲁迅怀有成见。即使在抗战时期的西南联大，有些教授依然对鲁迅抱着颇不以为然的态度。姜亮夫的发言不过是一个代表，也是不奇怪的。但闻一多如此激昂慷慨地给予驳斥，如此沉痛地批评自己，使他感到先生的人格精神。（参见田本相《李何林亲历闻一多遇害始末》，《中华读书报》2003年7月2日；林家骊《姜亮夫先生年谱》，《中文学术前沿》2015年第1期）

徐梦麟继续任云南大学教授、文史系主任。6月14日晚7时，文协昆明分会及各大学共15个文艺团体在云南大学至公堂联合举行诗人节晚会。徐梦麟与闻一多、罗庸、游国恩、尚钺等出席。9月17日下午1时，徐梦麟在民众教育馆大礼堂出席中华全国文艺界抗敌协会昆明分会召开的第四届全体会员大会，讨论响应重庆文协总会关于援助贫病作家募集基金事项，并改选理事、监事。理事有楚图南（高寒）、常任侠、李何林、徐梦麟、凌鹤、光未然（张光年）、白澄、吕剑、赵沨、马子华、杨东明、范启新、罗铁鹰、杨亚宁；候补理事有尚钺、李广田、魏荒弩、欧根；监事有包白痕、林慧、冯素陶、张宗海、花新人；候补监事为彭桂蕊、虞慕陶。此次文协昆明分会恢复活动，与重庆全国文协总会号召开展援助贫病作家的活动密切联系。此前7月15日，《新华日报》刊登文协总会"为援助贫病作家筹募基金缘起"，云："抗战七年，文艺界同人坚守岗位，为抗建之宣传，最军民之忠勇，曾未少懈。近三年来，生活倍加艰苦，稿酬日益低微，于是因贫而病，因病而更贫。或呻吟于病榻，或惨死于异乡。卧病则全家断炊，死亡则妻小同弃。政府当局虽屡屡垂念，时赐援助，而一时之计，未克转死为生，且粥少僧多，亦难广厦尽庇。苟仍任其自生自灭，则文艺种子渐绝，而民族精神之损失或且大于个人之毁灭。用特发起筹募援助贫病作家基金，由本会组织委员会妥为保管，专作会员福利设施之用。一元不薄，百万非奢，爱好文艺者必乐为输将！"9月8日，《云南日报》在《援助贫病作家，展开募集运动》报道中登载了重庆全国文协总会致文协昆明分会的信函。中云："总会此次遵照六届年会决议案，发起募集援助贫病作家基金运动，各方无不热烈响应，良深感奋。查抗战以来，作家固守岗位，从事民族解放事业，七载于兹，任劳任怨，唯民族解放是从。年来生活益形艰苦，贫病交迫，几达绝境。若仍不设法自救，则制造供应人民精神食粮之作家，行将无法生存，其影响民族精神之巨，何可言喻。贵分会与本会辱齿相关，呼吸与共，尚望酌量当地情形，展开此项运动，勉力捐募，俾收更大效果。"

徐梦麟9月20日当选为中华全国文艺界抗敌协会昆明分会理事长。25日，《正义报》报道《昆文协分会推定常务理事》云："二十日晚，召开首次联席会议，讨论大会付予执行之案件，至深夜始散，并推出常务理监事。常务理事为闻一多、徐梦麟、高寒、常任侠、马子华，并公推徐梦麟为理事长；常务监理为包白痕、花新人云。"10月19日晚7时，云南大学学生自治会和西南联大文艺壁报社在云大至公堂联合举行鲁迅先生逝世8周年纪念晚会，到会的有西南联大、云南大学、中法大学和各中学男女学生以及文化界、公务员、银行职员共约4000多人，至公堂内外挤满了人群。首由云大教授徐梦麟代表昆明文协分会致辞，指出鲁迅的战斗思想。继由尚钺、楚图南、姜亮夫、李何林、朱自清、闻一多演讲，对鲁迅生平、作品及其战斗精神作了精辟阐述，尤其对认识鲁迅的战斗精神，特别着重。大家一致强调，纪念鲁迅必须学习鲁迅。气氛异常热烈，晚会进行三个半小时，最后在高唱《义勇军进行曲》中结束。是年，云南战火纷飞，抗战进入了最艰苦的时期。徐梦麟应邀前往大理，为编纂大理地方志作实地考察，为期 34 天；文史学系设文史研究室，由刘文典教授主持，钱穆为导师，罗庸为特约导师。（参见闻黎明、侯菊坤《闻一多年谱长编》（增订版），上海交通大学出版社 2014 年版；《云南大学志》编审委员会《云南大学志》第 2 卷《大事记（1915 年—1993 年）》，云南大学出版社 1993 年版）

　　楚图南继续任教于云南大学。1 月 2 日，在《正义报》发表《今后的文化运动》。3 月，所译惠特曼诗歌《大路之歌》由重庆读书出版社出版。1947 年该社又在上海再版。4 月，从大观楼附近迁往棕树营居住。6 月 14 日晚 7 时，楚图南出席文协昆明分会及各大学共 15 个文艺团体在云南大学至公堂联合举行的诗人节晚会，并与李广田报告新诗成果。7 月 7 日，出席由西南联大壁报联社与云南大学、中法大学、省立英语专科学校三校学生自治会，在云南大学至公堂联合举办的"七七"抗战 7 周年座谈会。23 日，《论史可法》刊于《真报》第 3 期。同月，迁居胜因寺昆华师范学校宿舍。8 月 3 日，《说新诗》刊于昆明《扫荡报》。此文又刊于《诗与散文》第 3 卷第 3 期。27 日，《"师"与"道"的历史看法》刊于《真报》。同日，所译诗歌集《枫叶集》由北门书店出版。同月，到昆华师范学校授课。9 月 3 日，《棕树营》刊于《云南日报》，10 日、17 日连载。17 日，文协昆明分会召开第四次会员大会，再次当选为理事，并被推举为常务理事会监事。24 日，昆明文化界人士在李公朴家里举行"文艺的民主问题座谈会"，楚图南、李公朴、李何林、章泯、尚钺、张光年、吕剑、赵沨、白澄等出席。此前，经过多方工作，龙云秘密加入民盟。龙云让其子龙绳祖也加入民盟，楚图南、闻一多、冯素陶做监誓人，主持了其入盟宣誓。

　　楚图南 10 月 1 日在民盟昆明支部全体盟员大会上当选为云南民盟支部委员。9 日，楚图南在新诗社成立半周年纪念会上，朗诵了《大路之歌》及《在俄罗斯谁能快乐而自由》各诗中的一段，并就新诗的发展过程和前途做了发言。10 日，昆明各界在昆华女中举行"昆明双十节纪念大会"，有 5000 人参加，楚图南为主席团成员，在会上作了题为《言论自由和身体自由》的讲演。讲演时，国民党特务燃放鞭炮扰乱会场。19 日晚，云南大学学生自治会与西南联大壁报联社联合举办"鲁迅逝世八周年纪念会"，楚图南作了题为《我所知道的鲁迅》的讲演。29 日，《〈孔雀胆〉的另一种看法》刊于《真报》。同月，《说独裁心理》刊于《评论报》第 7 期；《领袖制度与英雄主义》刊于《评论报》第 9 期。在楚图南等人发动下，昆华中学部分教师和学生自治会掀起援助贫病作家的募捐活动，在动员会上，楚图南作了充满爱国主义激情的讲话。他捐款 1000 元。11 月 5 日，《人才与奴才》刊于《真报》。15 日，《防护精神或道德上的国土》刊于《真报》。12 月 9 日，应邀在昆明第一中华职业补习班开设的文艺讲座上讲课。10 日，民盟云南支部所办的《民主周刊》出版，楚图南为主编之一。24 日，《护国纪念的新认识》刊于《云南日报》。25 日，出席民盟发起的"护国纪念大会"并讲话，还参加了会后的游行。同月，应云南大学附中之邀，就日寇进攻滇西南的局势作了报告，分析了抗战形势，坚定了抗战必胜的信心；在民盟支持的进步妇女组织"乐群团"作了题为《文艺与妇女》的讲演。（参见麻星甫编著《楚图南年谱》，群言出版社 2008 年版；闻黎明、侯菊坤《闻一多年谱长编》（增订版），上海交通大学出版社 2014 年版）

　　华岗受中共南方局派遣在昆明继续做龙云的联络与统战工作，以任云南大学社会学教授作为开展革命活动的掩护。华岗、周新民、楚图南、尚钺等人的秘密组织西南文化研究会,设在北门街唐家花园,实际上是学习讨论会,对外也用西南学术研究会或西南文献研究室等名称。重点在高级知识分子中逐步开展工作。暑期,闻一多应邀参加了西南文化研究会这一秘密组织。

按:楚图南在《记和华岗同志在一起工作的日子》(《文史哲》1980年第4期)中谈到他们对闻一多认识的转变:"当时,我们当中一些同志对争取团结像闻一多先生这样的知识分子是有些偏见的,认为他早年站在新月派一边,信奉过国家主义。到了云南,又钻进小楼,醉心于经史楚辞的研究。像他这样的人,能和我们走到一起来吗? 就在这时,华岗同志给我们看过周恩来的亲笔信(用华的名'西园'),信的大意是:像闻一多这样的知识分子,对国民党反动派的腐败是反抗的,他们也在探索,在找出路,而且他们在学术界、在青年学生中,还是有广泛的社会联系和影响的,所以应该争取他们,团结他们。这样,周恩来同志实际上就委婉地批评和规劝了我们之中对闻一多等人不全面的看法,用党的统一战线的策略思想教育和提高了我们。正是这样,我们和闻一多先生的接触多了起来,逐渐地了解他。在一定的时机我去看他,向他表明,有一位中共方面的朋友想来看他。闻一多立即热情地表示欢迎,甚至还急不可待地想会见这位朋友。这以后,华岗同志和闻一多之间有过多次开诚布公地促膝长谈。在闻一多长期的徘徊苦闷之后,他找到了光明,看到了希望。"

按:尚钺(《访问尚钺记录》,1977年10月26日)也回忆到他们与闻一多谈话的情况,并商谈组织"西南文化研究会"等事:"一多当时住在昆华中学的一个小楼里。第一次,我和楚图南以云南大学教授身份去拜访他。一多说他是卖苦力的,是手工业者,靠刻图章过日子。我们约定以后再谈,并留下话,说以后再来时给他介绍一个朋友。我们把谈话的情况向华岗做了汇报。华岗说,一多很热情,有爱国精神。第二次,我和华岗一起去看望一多,主要是一多与华岗谈,我没怎么说话。一多说他从长沙走到昆明,路中与农民接触,以前对农民不了解,现在感到亲切了。当时我们研究想在昆明文化界组织一个学术会,地址在唐家花园,一多当时就介绍了吴晗、潘光旦、曾昭抡。楚图南介绍了冯素陶。罗隆基也由华岗介绍了进来,一共有十多人。起初漫谈世界政治形势,搞政治的人发言较多,如曾、罗、华、潘等。后来分题做学术报告,罗隆基讲欧洲民主(美国),一个月后华岗又讲苏联的民主。彼此间似乎针锋相对。第三次由一多做学术报告,题目是'说儒',他说从字根上讲,'儒'有'而'字,就是软的,就是奴隶。说'儒'就是奴隶,奴隶捧其主子。这个报告比《全集》中那篇尖锐得多。"

华岗鉴于国民党在湘桂战役中的溃败激起了国统区人民爱国民主运动的高涨,在以龙云为代表的地方实力派与知识分子群体中有效开展工作。夏,华岗在成都主持龙云、刘文辉、李济深等代表以及中国民主同盟负责人的五方联系会议,酝酿成立西南联合抗日民主政权。在这些活动中,华岗政治上的敏锐和洞察力,面临复杂形势的应变能力,深得西南诸省地方领导的赞许,也多次受到周恩来、董必武的表扬。随着与龙云谈话一次比一次深入,龙云主动提出要中共在他那里设立一个秘密电台,以便更好地与中共中央联系,并叫华岗搬到城里来住,以便有事时可随时找他。之后,龙云在距他的灵源别墅不远的法源寺设立了一架100瓦的电台。这部电台的主要任务是抄收新华社的新闻电稿,华岗送给南方局的请示报告和一些重要情报也常借此电台发出。8月,此电台便与红岩南方局取得联系,后根据指示只与延安电台保持联系。9月,中共代表林信集在国民参政会上及时表达了人民的意志,要求国民党结束一党专政,成立民主联合政府。这个建议立即得到了全国人民的热烈支持。在华岗的建议下,双十节在昆明召开了有5000人参加的群众大会,提出"改组国民党政府,成立民主联合政府和联军统帅部"。这个大会迅速影响到成都、贵阳人民民主运动的高涨。10月10日,昆明各界"纪念双十节"的活动中,中统特务前来破坏,被龙云派宪兵赶出会场,巩固了"全国抗日民族统一战线"。在民主运动的基础上,华岗先后成立了民主青年同盟,新民主主义者联盟和民主工人同盟等进步群众组织。昆明被誉为民主堡垒。

(参见向阳编著《华岗传》,浙江人民出版社 1993 年版)

潘大逵继续任云南大学教授。4 月 26 日,在《云南日报》发表《提供宪草(即宪法草案)意见须在'五·五'以前结束之商讨》。公开批评国民党这一决定的错误。文章说,国民党十一中全会议决为抗战结束后一年开国民大会。现在战争正在进行,何时完结尚不可知,宪章又何须在今年 5 月 5 日前结束提供意见呢? 要求展延时限。此文发表后,引起很大反响。5 月 2 日,《云南日报》发表社论《展延宪草研究时限》。(参见《云南大学志》编审委员会《云南大学志》第 2 卷《大事记(1915 年—1993 年)》,云南大学出版社 1993 年版)

伍启元继续任云南大学教授。5 月 3—8 日,在中共云南地下党组织领导下,西南联大、云南大学等校进步学生和爱国民主教授举行了"五四"座谈讨论会,一致强调要复活科学、民主和救国的"五四"精神,并在《云南日报》上发表了大量的报道和文章纪念"五四"。伍启元在《云南日报》上发表的《民主与舆论》,强调"五四"运动所追求的理想是民主与科学。"五四"运动所采取的方式是用舆论的力量去督促政府和用舆论的力量去影响社会。在政治民主的国家中,才有真正的舆论,同时,也只有在健全的舆论社会中,民主政治才有成功的可能。(参见《云南大学志》编审委员会《云南大学志》第 2 卷《大事记(1915 年—1993 年)》,云南大学出版社 1993 年版)

周新民继续任教于云南大学。8 月 13 日,在《云南日报》发表《纪念"八·一三"七周年》一文。文章最后说,挽救当前的危机,争取最后的胜利,对内必须实行民主,并且彻底动员;对外必须亲英美,同时亲苏联,方可达到目的。假使国内不能实现民主,便不能彻底动员,更谈不到亲英美,同时亲苏联。因为国内人民如果无完全自由,任何方法都不易动员起来。国内政治如果无彻底改进,任何国家总不免对我们有些疑虑。所以实现民主,已成了今天内政外交的重要关键。(参见《云南大学志》编审委员会《云南大学志》第 2 卷《大事记(1915 年—1993 年)》,云南大学出版社 1993 年版)

李公朴上半年成立北门出版社。2 月 5 日,昆明市学术界人士成立宪政研究会,与褚辅成、潘光旦等 8 人被推为理事。5 月 4 日,李公朴、闻一多等在昆明创办《自由论坛》杂志。9 月 21 日,在《孩子们》月刊创刊号发表《写给贤明的家长和教师》。24 日,与楚图南、李何林、尚钺等昆明文化界人士在自己家中举行"文艺的民主问题"座谈会。李公朴解释了"民主"及其运动的意义,并报告了敌后的文艺活动。座谈完毕由文艺评论社招待便饭。10 月 10 日,昆明各界群众 5000 余人举行双十节纪念大会,被推为大会主席团成员和大会总指挥,并在会上做《改善士兵生活与当前政治问题》的报告。会议期间,面对特务捣乱,沉着指挥、交涉,维持秩序,使大会圆满成功。中旬,参加昆明为援助贫病作家的募捐活动,捐款 1000 元。11 月,中国民主同盟云南省支部成立,任执行委员和宣传委员。12 月 9 日,民盟云南省支部机关刊物《民主周刊》创刊,为编委之一。25 日,参加云南护国起义纪念大会。秋冬之际,撰写《青年人怎样锻炼自己》和《青年人怎样对付战争》两篇文章。(参见周天度、孙彩霞《李公朴传》及附录《李公朴生平活动简表》,群言出版社 2002 年版;闻黎明、侯菊坤《闻一多年谱长编》(增订版),上海交通大学出版社 2014 年版)

张光年继续在云南任北门出版社和《民主增刊》编辑,在云南与李公朴、闻一多一道从事民主运动和诗歌朗诵活动。9 月下旬,先是一位美国友人来访问闻一多,继之一位澳大利亚的著名记者庄士敦通过西南联大外文系教员王佐良介绍,也访问了闻一多。几天以后,闻一多对张光年谈到了这两次谈话的内容,说:前天有两个外国朋友先后来看我,谈到中国民主问题。一位是美国朋友,他站在美国人的立场,希望中国有第三个力量起来,担负建立新中国的责任。我说第三个力量是有的,目前还在生长发展中。另一位是澳洲朋友,站在澳洲人的地位,比较倾向于英国方面,一方面骂美国人,一方面却更多地同情中国。他问中国究竟需要怎样的民主,他的意见,应该是社会主义的民主,他说英国目前正一天天地接近苏联,打算向着那个方向走去。他曾和丘吉尔谈话,丘氏也承认了这一点。丘氏的矛盾是印度问题;不过一般的英国人,认为丘氏适合于做战时的领袖,战后建设大概不大合适,他们希望以后对印度问题能有更开明的办法。这位澳洲记者问起我:中国的民主运动是否太温和了? 战斗性是否还不够强烈? 我说我是站在青年人一边的,和老辈人的看法不同;我个人看来,目前的民主运动的确战斗性不够,也许有些老辈人认为操之过切,反而不好。

秋,闻一多以个人身份加入中国民主同盟前后,曾与张光年谈到想去解放区看看。

按:张光年在《为革命真理而献身》(《人民文学》1985年第12期)中说:"我清楚地记得,当一多同志在昆明中学兼课,从东郊迁到昆华中学教职员宿舍一个二楼上暂住时候,我几次去看望他。一天晚上,我到那里,他正倚身枕在被卷上假寐。月光透过宽大的窗户洒遍房间,洒在他的床上,他的美髯笑脸上。他让我坐下,自己仍然半躺着,说:今夜月光这么好,我们不开灯了,就在月光下漫谈如何? 我说当然太好了。他让我谈谈时局,谈谈延安窑洞。他突然抬身坐起,满怀热忱地对我说:我想到延安去看看,你能帮助我吗? 我说:现在不行,路不通了。他十分严肃认真地说:我要去! 想学学怎么做好组织工作。青年们信任我们,可是情况很复杂,咱们办法少,得去延安取点经。我笑着说:从昆明去延安,好家伙! 不等你走到,半路上就给抓去了;或者没抓去,等你回来,帽子更红了,闻一多就不成其为民盟领导人的闻一多,也就不能起闻一多的作用了。还是留以有待吧。一多同志低声解释说:我的意思是化名去,咱们不告诉任何人,悄悄去,悄悄地回来。我为他孩子般的至诚所感动,但是笑出声了,似乎说了这样的话:正因为你是闻一多,保不了密,去不了延安。他怫然不悦地躺下说:你们这些人,都是这样的,顾虑多端! 就想想办法,让我去看一眼嘛! 我听出来,他已通过其它渠道,提出了同样话题,而回话也是类似的。"

张光年与楚图南、李公朴、李何林、章泯、尚钺、吕剑、赵沨、白澄等9月24日出席昆明文化界人士在李公朴家里举行的"文艺的民主问题座谈会"。首由张光年作《民主运动的新时期和文艺运动的新发展》的报告,对"民主运动的新时期和文艺运动的新发展"加以详尽的分析和解释。大意说:民主运动已经发展到了一个新时期,有许多因素足以保证民主运动可能并且必然走向胜利。但民主运动在全国各地也有着不平衡的发展。而民主运动的发展必然影响到文艺运动的发展,并给它以新的意义。在这历史的新时期当中,文艺作家们对这一问题自应给以热切的注意,并担当起民主主义文艺运动的任务来,从而创造新的民主主义的文艺。高寒提出文艺作家对民主运动应担当起三件任务,争取言论出版自由就是最大的任务之一,并强调建立"民主的文艺批评"。会上,大家对文艺与民主问题进行了认真讨论,认为"政治上不民主",文艺便得不到顺利发展,"民主主义文艺运动,就是反封建、反假民主的文艺运动""必须坚持现实主义的创作方法和文艺民主的文艺运动""必须培养大批文艺干部""必须和人民群众的批评结合"。28日,《云南日报》刊登《"文艺的民主问题",文学评论社昨邀开座谈会》的报道,记述座谈会上的讨论情况:"《文学评论》月刊创刊号在昆明出版后,即告停顿。该刊发行人近邀光未然、叶以群出来主编,新一号在组稿中。日前该月刊社邀集了一个'文艺的民主问题'座谈会,除闻一多先生因病,李广田先生因另有事未克出席外,计到高寒(楚图南)、李何林、李公朴等十余人。"(参见闻黎明、侯菊坤《闻一多年谱长编》(增订版),上海交通大学出版社2014年版;文天行编《国统区抗战文艺运动大事记》,四川省社会科学院出版社1985年版)

李何林继续任文协昆明分会总务部主任,并主编《云南晚报》"夜莺"副刊。9月6日,老舍在重庆北碚写信给昆明的李何林,请他在昆明发动援救贫病作家活动。13 日,老舍的信在李何林主编的《云南晚报》"夜莺"副刊全文刊登,信中说:"昆明本来有文协分会,不知今日还有人负责没有;假若你愿意,可否邀约闻一多、沈从文、罗膺中、游泽丞、章泯、凌鹤、光未然、魏猛克、王了一诸先生谈一谈,有没有把分会重新调整一番的必要。假若你太忙,无暇及此,那么就在便中遇到章泯和凌鹤两先生的时候,告诉他们一声,看他们有工夫出来跑跑没有。假若我不打摆子,我必会给他们写信的。"李何林收到老舍信后,立即开展了紧张有效的募捐活动。闻一多虽然贵为教授,一家人却难以度日,当李何林接受到闻一多的捐款时,极为感动。闻一多豪放、爽朗的性格使李何林觉得一见如故。在后来开展的文协活动中,李何林与闻一多建立了友谊。秋,闻一多以个人身份加入中国民主同盟。闻一多又介绍李何林加入民盟,并推荐他担任民盟云南省支部文艺委员会主任委员。

按:田本相在《李何林亲历闻一多遇害始末》(《中华读书报》2003 年 7 月 2 日)中说:"何林先生和闻一多最初的接触是在他受老舍之委托,重新调整文协昆明分会和开展对贫病作家的募捐工作期间。先生以为自己一开始就插手分会的重组工作,作为一个外来人,可能阻力很大。闻一多原来就是分会的负责人。为此,何林先生专门去拜访了闻一多先生,想不到闻先生是那么诚恳热情,那么容易接近。他们谈得格外投机,颇有一见如故之感。闻一多先生反而鼓励何林先生大胆工作,他说:'昆明分会太涣散了,大家都忙于自己的工作,又没有专职的工作人员,工作几乎是处于停滞状态,你不必有何顾虑,就把这个担子挑起来吧。'闻一多先生以自己的行动支持何林先生的工作。当改选时,他和一些朋友力主推选何林先生为理事和监事,并担任总务部的主任。""其时,在云南地方当局同国民党中央勾心斗角、明争暗夺的情况下,何林先生的工作也得以开展,得以参加报纸副刊和文艺刊物的编辑工作,闻一多先生也给予很多支持。当闻一多先生看到何林先生对于工作高度负责和不怕牺牲的精神,觉得何林先生不但是一个勇敢的民主战士,而且具有组织能力。他就对何林先生说:'你在民盟外面干,虽然也可以发挥作用,但进来一起干,可以配合得更好些。'不久,周新民和李文宜,这些民盟中的地下共产党员,也诚恳地找何林先生谈加入民盟的问题,在闻一多和张光年的介绍下,正式加入了中国民主同盟。不久,振华先生就被选为民盟云南省执行委员会的执行委员兼妇女运动委员会主任委员,闻一多被选为执委。闻一多原是文艺委员会的主任委员,但他推荐何林先生接替他,担任主任委员。可以看出他对何林先生的信赖。"

李何林9 月 17 日下午 1 时在民众教育馆大礼堂出席中华全国文艺界抗敌协会昆明分会(下简称"文协昆明分会")召开的第四届全体会员大会,会议讨论响应重庆文协总会关于援助贫病作家募集基金事项,并改选理事、监事,李何林当选为理事。24 日,出席在李公朴家里举行的"文艺的民主问题座谈会"。李何林说,民主主义文艺运动,就是反封建反假民主的文艺运动,必须更加紧学习,并把握现实主义的创作方法和现实主义的文艺批评,并须培养大批文艺干部。10 月 19 日下午 7 时,李何林与闻一多、徐梦麟、尚钺、楚图南、朱自清及各大中学生、职业青年、文化界人士共 4000 余人出席西南联合大学"冬青"等文艺壁报与云南大学学生自治会在云大至公堂联合举办的鲁迅逝世 8 周年纪念晚会。李何林首先发言,认为鲁迅是中国最伟大的作家。闻一多发言并向鲁迅忏悔,深深震撼了李何林。后来,李何林曾深情地回忆闻一多,"他那目光炯炯、五绺长髯的严肃可敬的英姿,他那简劲有力带有情感的语言,表现了令人信服的内容,鼓舞了千万名群众行动起来!"李何林不只一次在课堂上对他的学生说:闻先生的这篇讲演,你们一定好好读。当时可谓石破天惊,在文艺界影响很大。郭老后来就说过,闻一多这篇讲演"是把生命拿来做了抵押品的严烈的自我批判"。(参见田本相《李何林亲历闻一多遇害始末》,《中华读书报》2003 年 7 月 2 日;闻黎明、侯菊坤《闻一多年谱长编》(增订版),上海交通大学出版社 2014 年版)

竺可桢1月6日在重庆晤朱家骅，谈辞所长事，并决定赵九章代理气象所所长。至5月1日赵九章到北碚就任代所长。自此赵九章承担起继竺可桢之后中国现代气象科学奠基的重任，并兼任中央大学理学院气象系教授，讲授动力气象学。1月28日，竺可桢为基督教团契冬令会演讲《空、时与人》。2月2日，阅《当代评论》第4卷第4期社评《宪政与法治》，对文中观点甚为赞同。14日，在浙大纪念周上报告，谈战后前景，指出有三点为不可忽略者：（一）不要以为袖手旁观即可获胜而一跃成为强国，即使同盟国获胜，中国若不出力，则和会中我仍无讲话之余地。（二）不要以为战事终结，吾人即可享福，恢复战前歌舞升平之景象。（三）勿以和平后民主可以立至。最后批评国人存在不能合作、自私自利以及乏礼貌之缺点。3月10日，在重庆出席中央研究院评议会第二届第二次年会。讨论修改评议会法规，定名英文评议会为"Council of Academia Sinica"，评议员称Member of Council of Academia Sinica。另设研究院学侣。14日，在重庆出席中国科学社理事会，主张将科学社与自然科学社合并，改组为科学促进社。16日，在重庆出席中央研究院院务会议。18日，至北碚处理气象所事务。20日，浙大研究生施雅风、毛汉礼来北碚，竺可桢劝毛放弃华中研究所津贴，专心致力于边疆地理如中俄、中缅边疆以及台湾、朝鲜等的研究。4月1日，在重庆出席中国地理学会第五届理事、监事会第一次会议。与翁文灏、李四光当选为监事会监事。10日，接待英国剑桥大学教授、英国驻华科学考察团团长李约瑟来浙大参观。30日，在中国天文学会第一届理事会第一次会议上当选为监事。

竺可桢4—5月为作《二十八宿考》做准备，此间博览有关书籍如《吕氏春秋》《玉海》《史记·天官书》《史记·律书》《太史公自序》《史记索隐》《晋书·天文志》《六经天文编》《尔雅》《何字堂集》《岁星经》《天官书补目》《天官考异》《法苑珠林》《灵枢经》《黄帝素问》《淮南子》《道藏·云笈七签》《学津讨源》《东洋天文学史研究》《中星定时》《高厚蒙求》《甲骨文中之天象记录》《夏小正》《印度天文学》《曲礼》《历书》《春秋夏正考》《三皇考》等。5月5日，荣膺国民政府颁发之三等景星勋章。12日，接赵九章函。知已将气象所中事务部署得一头绪，又将郭晓岚、黄仕松、叶笃正与朱岗昆之工作排定。所中研究工作从此可望风气大为转变，感到欣慰。准备到7月间或年终必辞所长职，不然"真所谓老马恋栈，阻住贤路矣"。25日，开始着手写《二十八宿考》。同月，任防空技术策进会委员。6月6日，浙大工学院发生火灾，损失巨大。7日，行政谈话会上称赞学生们在此次火灾中冒险抢救，奋不顾身，精神可嘉，指示当即公告，以资激励。11日，《二十八宿起源之时代与地点》一文作毕，后刊于《思想与时代》。对于这样一个重大的中国科学史问题，国外争论了一百多年，而在本文发表以前，中国竟无一人注意。文章对反对中国起源说者所持的理由予以有力批驳，对主张中国起源说者所持的理由又似是而非者予以纠正，最后从中国天文学的特点（注重昏星观测、以斗建定季节、以立春为一年的开始、一年四季冬夏长而春秋短等等）来论证二十八宿必起源于中国。又以二十八宿体系不符合印度天文学的特点（对拱极星不感兴趣、偏重理论计算、分一年为六季等）来反推不起源于印度。最后的结论是：二十八宿起源于中国，再传到印度，再传到其他地方。关于二十八宿起源的地点问题，在本文发表以后，国内外学者基本上趋于一致。6月13日，应邀赴陆军步兵学校讲演"科学与国防"。对科学与现代战争之演变，纯粹科学与应用科学之联系，及中国国防与科学关系等问题，尽有详尽阐述。7月1日，在浙江大学第17届毕业生毕业典礼上发表演讲"反攻时期之大学教育"，刊于《大公报》。3日，

《二十八宿起源之地点与时间》一文寄《气象学报》发表。该文虽不属气象范围,但文中对于二十八宿起源之地点与时间,均以气候原因定之。13日,将入国民党申请书寄给陈训慈。记"余对国民党并不反对,但对于入党事极不热心,但对于国民党各项行动只有嫌恶憎恨而已。因余已允于前,故不能不寄此入党申请书。近来党中人处处效法德国纳粹,尤为余所深恶而痛极"。

竺可桢8月21日致函张其昀,嘱对哈佛大学导师制现行办法以及其效能,加以详细考查,以备日后之参考。9月1日,在湄潭召集浙大湄潭教授开会,说明训导、教务应改进各点。批评湄潭学生无礼貌、不守纪律,尤属痛心,要求严格训导须彻底实行。30日,接董作宾所赐对联。文曰:"毕雨箕风,季别春秋二八月;天孙河鼓,星考古昔五千年"。10月6日,至遵义酒精厂讲演"怎样做一个民主国家的公民",指出中国向来以"民为贵,社稷次之"。中国要做民主国,必须革除二弊,一是士大夫阶级之观念,过去历史,士大夫襄皇帝治理天下,立法而不守法;二是革除黄老观念,见义勇为,不要采取袖手旁观、明哲保身态度。18日,浙大心理学教授黄翼病逝。22日,李约瑟夫妇及毕鉴(剑桥动物学讲师)再次到浙大参观访问,29日始离浙大。返英后,对浙大颂扬备至,称浙大堪与剑桥媲美。23日,偕李约瑟夫妇等同赴湄潭参加中国科学社年会。30日,李约瑟向浙大全校师生讲演"科学与民主"。25日,在湄潭出席中国科学社湄潭社友会及30周年纪念大会。在会上报告社务,介绍中国科学社简略历史。李约瑟与毕鉴到会。26日晚,讲演"二十八宿起源之时代与地点"。28日,偕李约瑟等返遵义。下午,李约瑟参观史地系尚满意,对地图和徐霞客300周年纪念事甚注意。秋,中央大学气象系自地理系分出,独立成系。聘竺可桢为名誉教授。

竺可桢11月19日主持遵义县房租评价座谈会,县教育长、议长及金镇旅长等出席。会议提请县政府组织房租评价委员会。24日,贵阳形势趋紧,省政府下令疏散人口。25日作纪念黄翼文,题为《余所知的羽仪》,述近10年来与黄之交谊。后收黄之子黄章恺为义子。28日,召集行政谈话会讨论时局问题。12月2日,主持浙大校务会议,决定组织临时校务委员会,分组遵义、湄潭、永兴三委员会,遵义委员为竺可桢等9人,永兴委员为储润科等7人,湄潭委员为胡刚复等9人。3日,主持浙大心理学教授黄翼追悼会并致辞,称赞黄翼之不可及:不要钱,不怕死。4日,主持浙大临时校务委员会联席会议,决定以集中湄潭为原则,遵义留办事处。5日,主持浙大教职员全体会议。为应对时局,要求各人签名加入救护、供应、交通、粮食、通讯、保卫各组。9日,得六寨克复消息,敌人有总退却之趋势。主持浙大临时校务会,决定以时局好转,劝学生暂勿疏散。11日,致函张其昀,介绍贵州战事情况,认为敌寇无力深入黔省,浙大决计留遵、湄不动,永兴、湄潭照常上课。20日,参加浙大从军学生欢送会并致辞,引《论语·子张》"士见危致命"篇,以"孔子弟子中,子路战死沙场,冉有、有若均为将,樊迟伐齐,冲锋陷阵,极为勇敢"之例,激励从军学生。年底,与李四光、任鸿隽、丁燮林、涂长望、潘菽、严济慈等发起成立"中国科学工作者协会筹备会"。(参见李玉海编《竺可桢年谱简编》,气象出版社2010年版)

缪钺继续在浙江大学中文系任教。1月,《论李易安词》刊于《真理杂志》第1卷第1期;《汪容甫诞生二百年纪念》刊于《思想与时代》第30期。2月,《评贺麟译斯宾诺沙〈致知论〉——兼论翻译》刊于《思想与时代》第1期。3月,《姜白石之文学批评及其作品》刊于《思想与时代》第32期。4月,《读〈二程全书〉》刊于《思想与时代》第33期。5月,《六朝人之言谈》刊于《思想与时代》第34期。6月,《与钱宾四书——论战国秦汉间新儒家》刊于《思想与时代》第35期。7月,《论荀学》刊于《思想与时代》第36期。9月30日,吴宓自昆明至遵义,小住十余日。10月,《颜之推年谱》刊于《真理杂志》第1卷第4期。同月13日,吴宓北赴重庆转成都。在此期间,缪钺得以与吴宓从容交谈,并听吴宓在浙大讲"《红楼梦》人物分析"专题。夏秋,湘桂战事紧张。11月,日寇自湘入桂,局势严峻。月底浙大实际停课。12月2日,贵州独山失守,都匀大火。3日,学校在何家巷12号教室为教育系黄羽仪(翼)先生举行追悼会,缪钺撰献挽联:奇疾陨中年未竟德琏著书志;忍饥存旧义可怜愍度过江来。5日,贵阳戒严,局势危急。8日,缪钺携家眷随萧璋(仲圭)(祖籍四川三台),与浙大川籍部分学生一道,步行入川。翻越娄山关,经桐梓、松坎,最终到綦江。后不久,重返遵义。是年,始与时在成都燕京大学任教的陈寅恪通函请益,以所作之文论与诗稿寄呈请教。(参见缪元朗《缪钺先生生平编年(1904年—1978年)》,《魏晋南北朝史论文集——中国魏晋南北朝史学会第八届年会暨缪钺先生百年诞辰国际学术研讨会论文集》,2004年)

梅光迪在国民参政会上提案两件《国立大学应增设东方语文学系以加强东方各民族在政治经济文化上之联系而维持世界永久和平案》《大学教育在遵行国家教育方针之下应给予相当自由以利进展案》。12月17日,忽患心脏衰弱之症,需要休息与静养。(参见眉睫《梅光迪年谱初稿》,海豚出版社2017年版)

洪谦2月在浙江大学《思想与时代》月刊第31期发表《释学术》,反对将学术与技术分立视之,而将"学术"视为一个"统一体"。文中认为,学术并非与技术对立,而是可分为"学"与"术"两大类。"学"指一切理论的系统知识,包含哲学、文学、历史文化科学、自然科学、艺术科学、神学研究等。"术"则指将各种学理的理论研究结果应用于社会各方面。"所谓学术之所以为学术,事实上,就包含有各种'学'与各种'术',就具有学术与技术之两大部分,'学'与'术'之于整个的学术,犹如体质躯干四肢之于健全的人体。'学'与'术'在事实上之不可分离,亦如人体之于体质躯干四肢之不可分离。"

蹇先艾继续主编《贵州日报》文艺副刊《新垒》,因缺少有质量的稿件,抱着试探的心情,给慕名已久但从未谋面的茅盾发了一封约稿信。10天之后,就收到茅盾的回信和一篇杂文。从此,和茅盾开始了通信联系。茅盾还曾请方敬转交一篇杂文给蹇。(参见唐金海、刘长鼎主编《茅盾年谱》,山西高校联合出版社1996年版)

柳亚子自3月起,脑病渐愈,开始文学活动。停笔半年多的《五十七年》,在本月底又续写一章,至1906年20岁结婚时为止。同月,桂林文协分会改选,仍任理事;开始卖字,以补家用;辑林庚白《丽白楼遗集》成,附《更生集》1卷,林北丽作。林庚白友何遂自桂赴沪,携稿以去,谋付印,未成。4月,另编林庚白《丽白楼自选集》1卷,由宋云彬介绍于叶绍钧,拟由开明书店印行,后因战事迫近桂林,亦未成。同月12日,撰《五十八岁初度预赋叠春字韵四首》,有叙,初刊于《柳亚子先生五十晋八寿典纪念册》,为南明史料社同人编印。5月,主张改定5月5日为诗人节。在此期间,先后撰写:一、《介绍一位现代的女诗人(林北丽)——为双五新诗人节作》;二、《旧诗革命宣言》;三、《纪念诗人节》。在第二篇宣言书中提出的口号为:"诗人要有气节;诗人要有思想。"认为旧诗也许还有50年的寿命,但"旧诗必亡,新诗必昌"。并预言:"平仄的消灭,极迟是五十年以内的事情;而方块字的消灭,也极迟是一百年以内的事惰。"同月,赴桂林师范学院史地学会,讲明清之间史事;董必武自重庆寄诗来,预为祝寿,有"诗能报国应长寿"句。5月28日,时届柳亚子58寿辰,桂林文化界假社会服务处礼堂举行纪念茶会,百余人出席。田汉致祝寿词,李铁夫、梁漱溟、金仲华、宋云彬、千家驹、熊佛西等相继演说。宋云彬、金仲华指出要了解柳亚子的旧诗作品,应该从他整个为人的气质出发,才能得出正确的评论。熊佛西指出,柳亚子的思想为人,重于实事求是,见于行动,他的实际行动比诗文更能感人。最后柳亚子致答词,述说了五八初度的感想,还说愿多活几年,尽力从事研究工作。南史社同人宋云彬、朱荫龙等出版《柳亚子先生五十晋八寿典纪念册》。当时柳亚子为南明史料纂征社(南史社)社长,宋云彬、朱荫龙副之,其宗旨为搜集与研讨南明史料;及辑成《南明纪年》《南明纪事本末》与《南明史》(条例第一则)。如经济许可时,得编印《南明史料汇编》《南明史料新编》与《南明史料月刊》之属(条例第六则)。规划甚大,惟因时局关系,未能实现。

柳亚子6—8月因日军大举南下,陷长沙,围攻衡阳,威胁桂林,文化事业停顿,各种写作与出版计划,均成泡影。6月26日,自桂林疏散,抵平乐,暂住平乐师范学校。后仍返桂林。捐款1万元,慰劳衡阳守城军民。9月12日,偕佩宜夫人自桂林乘最后一班飞机安抵重庆,住大梁子友人家,中国共产党代表徐冰(邢西萍)来访。13日,国民党旧日友人狄君武亦过访。柳亚子迁寓渝郊沙坪坝南开学校津南村教职员住宅,与儿、媳、孙女同居,局促一室。时柳无忌仍在中央大学任教。11月11日,郭沫若于重庆城内南纪门天宫府街4号寓所,为柳亚子设席洗尘,席中周恩来同志由延安飞到,赶来参加。沈钧儒亦在座,有诗纪其事,题《经年》。郭沫若和诗,题《双十一》,句云:"诗盟南社珠盘在,澜挽横流砥柱看。"柳亚子次年1月3日补赋《次韵奉酬衡老鼎兄》一诗。此后,与郭沫若时有往来。(参见柳无忌编《柳亚子年谱》,中国社会科学出版社1983年版)

梁漱溟住广西桂林贺州八步。1月,作《中国以什么贡献给世界呢》,刊于桂林《大公报》。全文分作五段,从抗战前"中国人早已不相信,自己有什么可以贡献给世界的东西""一切都是落后底"到"自抗战以后,欧美人士对我不无刮目相看"之处讲起,重申在《东西文化及其哲学》一书中提出的:"最近未来的世界,将是中国文化的复兴。"并借流亡到美国的捷克人佛兰芒克所著《武力经济学》一书中第一至第七章讲的话,来说明自己的认识:"中国就是以其人生态度贡献给世界,而为世界和平奠立其基础。""须知政治上之民主主义、经济上之社会主义,我对它并不生疑问。不过我要指出:它必将转入另一种人生态度,而后乃得安立。"第五段阐述中国人在人生最基本取舍上——指出:"'人生向上,伦理情谊'便是我本来谈论民族精神所约举底八个字。这固然是中国的民族精神,其实原本是人类精神,不过一向郁而未发。但在不久之将来,时机一到,它便发出来了。世人希望之世界和平,亦即奠立在此,却不在武力,经济又回到福利经济。"文中最后指出:"中国人之特长为人生目的之正当概念,a just conception of the ends of life,中国可以贡献给世界者,就是这点东西。"5月1日,在《大公报》发表《宪政建筑在什么上面》。

梁漱溟所著《梁漱溟最近文录》一书5月由中华正气出版社出版。是书汇集作者1940年至1943年曾在报刊发表过的《中国文化问题》《中国文化问题略谈》《教育的出路与社会的出路》《纪念蔡子民先生》《纪念梁任公先生》《香港脱险寄宽恕两儿》和《我的自学小史》等文章。9月,发表《社会演进上中西殊途》,后编入四川中周出版社"中周"丛书。同月19日,中国民主政团同盟在重庆上清寺特园召开全国代表会议,决定将"中国民主政团同盟"改为"中国民主同盟"。会上选举了中央委员、常委和主席。梁漱溟当时在桂林,未参加,被选为中央委员、常委、国内关系委员会主任。是年,梁漱溟在《民宪》重庆版第1卷第2期发表《谈中国宪政问题》。又撰《中国到宪政之路》。此文属稿时,敌侵桂林,故未及终稿,曾在1944年《民宪》重庆版第1卷第3—5期连载。全文共7节:一、试论什么是宪政;二、民主精神之分析;三、宪政与民主;四、英国之例;五、再看苏联如何;六、由阶级统治到民主政治;七、阶梯原理。梁漱溟在已写出的这7节中,仍然立足于阐述民主政治的重要性,并以英国和苏联政治制度的对比分析。(参见李渊庭、阎秉华编著《梁漱溟年谱》,商务印书馆2018年版)

田汉1月1日在桂林《当代文艺》1卷1期发表《抗战戏剧第七年(上)》,指出:"今日戏剧界似乎又回复到以前人自为战的时代""把抗战初期的宝贵的热情大部份消歇了,甚至艺术上一些应有的新认识也渐次把握不定了。"再次提出"招魂"口号。15日,主持"文协"桂林分会为李济深将军奉调赴渝任军事参议院长而在乐群社举行的欢送宴会,并作发言,指出:文艺作家要学习他"要求民主的精神来争取创作上的自由""要在固穷中坚持我们对时代对人类所抱的素志"。同月,为筹备西南剧展,与欧阳予倩函电在渝朋友征求有关文献、剧作原稿、海报、说明书、论文等资料。2月1日,在桂林《新文学》1卷3期发表《展开有理论的戏剧运动》,指出:目前中国在"戏剧理论上几乎还是一张白纸""不仅建立新的话剧我们需要理论""就是改革旧剧——地方剧也须要理论""我们必须根据今日的客观要求组织现阶段改革旧剧的理论,而且不要单在一个角落里干,应把这理论普及到每一个角落里,让大家都起来照着干。"同日,在桂林《自学》2卷1期发表《读威尔基的〈天下一家〉》,说:中国目前的抗战及今后的工业化"主要还是要靠我们自己更大的努力"。4日下午,进城先后看望蔡楚生、严恭、熊佛西、欧阳予倩等,与欧阳予倩"畅谈剧展筹备及应展开的问题"。12日下午,出席西南剧展会筹委会在乐群社举行的招待茶会,并发表演说,希望藉剧展会这个机会"来一次总的检讨,研究怎样才能使戏剧工作与抗建合拍,怎样才适合于现实的要求",并说:"剧展不是比赛性质,而是互相观摩,互相学习,以彼之长补己之短,共谋进步!"

田汉2月15日下午出席在桂林艺术馆新厦隆重举行的"西南剧展"开幕式,并发表演说,详述抗战以来广大戏剧工作者所作的艰苦斗争和赤诚贡献,呼吁社会各界及政府对他们予以应有之爱护及工作上之便利。希望参加此次剧展会的广大戏剧工作者能诚恳坦白,自我批判,检讨过去得失,推进戏剧理论运动,藉使今后戏剧能获得正确之发展方向。同日,发表《宝贵这空前的盛举》,提出:应使此次剧展会"达成它应有的政治意义",即"更彻底的动员"抗战的士气;其次要"达成其必有的文化意义"。18日下午,陪同张道藩访问新中国剧社等剧团,并到省立医院探视蔡楚生。19日下午,主持剧展会为欢迎张道藩在社会服务处礼堂举行的茶会,并致词。21日,出席张道藩在乐群社举行的招待剧展会筹备委员及各团体代表的宴会。22日,与韩北屏、孟超、陈迩冬、秦似、周钢鸣、秦牧、华嘉、骆宾基、洪遒等10人组成的剧展会演出批评团举行首次会议,决定"对每剧之演出,经集体研讨后,均写作批评发表,以供各演出团队之参考"。23日上午,出席由剧展会秘书处召开的西南戏剧工作者大会预备会议。下午,参加舞台工作及资料展览筹备会议。下旬,被推选为西南戏剧工作者大会主席团成员,并担任论文委员会主任委员。29日,主持"文协"桂林分会在大华饭店举行的欢迎参加剧展会各团队代表的茶会,并代表"文协"主席致词。

田汉3月1日上午出席在艺术馆礼堂举行的西南第一届戏剧工作者大会开幕式。同日,在桂林《当代文艺》1卷3期发表《送抗战的观光者——林语堂先生》。7日上午,出席西南戏剧工作者大会,对本次大会及演出展览等事宜作布置,并介绍演出批评团的工作打算。8日上午,在西南戏剧工作者大会上作《当前的客观形势与戏剧工作者的新任务》的专题演讲,希望戏剧工作者担负起面对现实、反映现实、批判现实之战斗任务。认为本次剧展会中所演剧目,尚未能深度接触当前现实,亦未能充分表现8年来戏剧抗战之成果,实应加倍努力,加紧工作,以确立明日新中国之戏剧运动。10日晚,陪同张治中前往国民戏院观看四维平剧社的演出。11日下午,主持西南戏剧工作者大会提案讨论会。13日下午,继续主持提案讨论会。会上通过呈请政府增设演剧宣传五十队等提案。16日上午,继续主持提案讨论会。会上通过组织前线劳军团和国际戏剧观光团等提案。下午,在西南戏剧工作者大会上作剧运工作总结报告。报告完毕后,对张治中前来参加剧展会致欢迎词,并向他介绍各戏剧团队。17日上午,出席西南戏剧工作者大会闭幕式,并报告了张治中捐款等事项。下午,剧展会戏剧资料展览在省艺术馆开始举行。19日下午,"文协"桂林分会第四届会员大会在社会服务处举行,田汉任大会主席,在报告中检讨了一年来分会之工作,又谈了改选事宜和今后文艺工作的积极任务。李文钊作会务报告。会议通过的提案有:设立西南文艺工作者联谊部、响应当前宪政运动、加强与印刷厂的联系、出版定期刊物、编印文艺年鉴、恢复文艺讲习班、加强与国际友人之联系、介绍优秀作品出国等。大会进行了改选,结果选出理事21人:田汉、欧阳予倩、艾芜、李文钊、柳亚子、周钢鸣、巴金、胡仲持、韩北屏、孟超、司马文森、邵荃麟、黄药眠、宋云彬、熊佛西、骆宾基、端木蕻良、穆木天、蔡楚生、瞿白音等。候补理事5人:洪遒、伍禾、王鲁彦、王西彦、陈闲。4月20日,主持"文协"桂林分会为庆祝总会成立6周年而在省艺术馆举行的会员同乐大会,在致词中阐述了文艺工作者6年来在文艺组织团结之下为抗战文化努力之情形,并指出今后文艺运动方向是要求作家应把视线扩大,与国际文艺界取得密切联系。27日,与柳亚子、黄药眠、彭燕郊、伍禾、芦荻等20多位诗人出席《当代文艺》社和《文学创作》社在榴园举行的"诗人节诗人谈诗及诗人"座谈会。同月,在桂林《中学生杂志》第74期发表《戏剧节与西南剧展》,指出:"中国戏剧的改革运动,从清末起就与当时中国整个革命运动相配合,成为它的一翼。"回顾了近代剧运发展的几个阶段。说:"今日戏剧工作者必须再为扩大抗战宣传而动员""通过我们的艺术唤起广大军民""对抗战的信心和牺牲的决心""希望大家能把七年来摸索所得的东西趁这个机会展览出来,消极的可以克服一些缺点,积极的可以取得更多的自信""由此建立我们更坚实的戏剧理论"。

田汉5月15日在桂林《新文学》第1卷第4期发表《批评战线的重要》。19日,出席在省艺术馆举行的"西南剧展"闭幕式。28日下午,主持为柳亚子58岁诞辰而在社会服务处礼堂举行的庆祝茶会,并致词。29日,在重庆《新华日报》发表《戏剧运动中的几个问题》,此为在西南戏剧工作者大会上代表主席团对于各团队报告所作的总结中的一节,谈学习、工作态度、表演方法等问题。30日下午,出席桂林市党部在社会服务处举行的革新社会风气运动座谈会,并作发言,指陈后方骄奢淫佚之形成,及政治所影响,抗战初期之士气民气逐渐消沉,实为政治上之危机,故云革新社会风气,首先争取政治上之民主及争取言论自由为前提,否则空谈无补于实际。31日,出席"文协"桂林分会理事会议,讨论如何开展今后工作等会务问题。6月6日下午,主持"文协"桂林分会在省艺术馆召开的全体会员大会,商讨"文化界扩大动员抗战宣传周"工作准备事宜。10日,与欧阳予倩等发起正式成立"桂林文化界扩大动员抗战宣传工作委员会",具体领导开展宣传周活动。中旬,与欧阳予倩等领导桂林文化界举行"扩大动员抗战宣传周",并在音乐日前往社会服务处作《如何建立我们的心防》的演讲。22日,桂林文化界于宣传周结束后召开各部门联席会议,议决筹备成立"桂林文化界抗战工作协会"。田汉与欧阳予倩等9人被推为筹备委员。28日下午,出席在省艺术馆举行的"桂林文化界抗战工作协会"成立大会,并报告筹备经过。会上,当选为该协会工作委员。29日,出席桂林文化界抗战工作协会第一次工作委员会议。会上当选为常务委员,并与李文钊任指导部正副主任;与林励儒任柳庆区艺术宣传巡回队领队人。春夏间,写成戏曲剧本《武则天》上本。7月6日,田汉任新成立的"桂林市文化界抗战工作队"副总领队。31日,率领"文抗队"出发前往湘桂线前线开展劳军宣传工作。9月上旬,回到桂林。随之根据桂林城防司令部发出的第二次疏散令,与安娥一起离开桂林,向柳州撤退。秋,由柳州继续西撤,经独山、都匀等地抵达贵阳。在独山闻从柳州退出的张向华将军为多年所集的藏书全部散失而伤心落泪,感而作七律一首。12月,抵贵阳后,全力投入文化人救济工作。"创办'文化人招待所',解决住的问题";利用社会关系筹钱,"准备给文化人发一点救济费,解决衣和食的问题";"到处设法搞几部车子,准备疏散文化人到重庆去,解决行的问题"。(参见张向华编《田汉年谱》,中国戏剧出版社1992年版;文天行编《国统区抗战文艺运动大事记》,四川省社会科学院出版社1985年版)

欧阳予倩、田汉、熊佛西、李文钊、瞿白音、赵如琳、陈劭先、千家驹等2月15日出席广西艺术馆新厦落成典礼与"剧展会"开幕式,两者合并隆重进行。到会有桂、粤、黔、滇、闽、赣、鄂8省戏剧工作者共千余人。欧阳予倩报告筹备经过,张道藩致词,田汉演说:"要求政府予戏剧工作者以应有之爱护及工作上之便利。希望此次剧展会中各戏剧工作者,能诚恳坦白自我批判,检讨过去得失,推进戏剧理论运动,藉使今后戏剧能获得正确之发展方向。""剧展会"包括的内容有:一、戏剧演出;二、戏剧工作者大会;三、戏剧资料展览。同日,《力报》刊载剧展会发布的《西南第一届戏剧展览会开幕启事》:"敬启者:西南各省市戏剧工作者,鉴于戏剧发展至今之阶段,益应加紧团结,互相研讨,以收观摩切磋之效。几经集议,于本年戏剧节日,在桂林举行西南第一届戏剧展览会。筹备以来,荷蒙各地首长加意匡复,社会人士热心赞助,工作得以顺利进行。今各地参加团队已陆续到达,爰订于二月十五日下午三时,假座桂西路广西省立艺术馆大礼堂,举行开幕典礼。唯事属创举,工作艰难,一切容有未周,恭请贵临指教。"28日,为庆祝欧阳予倩56寿辰和创作33周年,"文协"桂林分会举行了庆祝会。(参见文天行编《国统区抗战文艺运动大事记》,四川省社会科学院出版社1985年版)

司马文森2月至4月观看"西南第一届剧展"的演出,并发表了评论文章《祝西南第一届剧展》《欢迎剧宣四队〈家〉的演出》《评〈法西斯细菌〉》《评艺大的〈蜕变〉》《我看了一个好戏》(看剧宣九队演出《胜利进行曲》有感)等。3月19日下午,在桂林社会服务处出席文协桂林分会第五届会员大会,讨论、通过多项决议,连选为第六届理事会理事。4月1日,桂林《当代文艺》发表《中国战后文艺展望》(座谈会纪录),谈到:"司马文森虽赞成战后必须加强肃清文盲的工作,但战时的创作自由的限制,却也是不可忽视的阻碍文艺进步的原因",他不满进步文艺工作者"小的是被看不起,大的就要吃不少冤枉"的社会现状。上半年,司马文森等合著的《春湖集》由桂林华华书店出版。7月,日寇迫近桂林。湘桂大撤退开始后,司马文森曾动员汉民中学的学生,帮助作家艾芜一家抢上开往贵阳的火车,并组织其他进步文化人撤离桂林后,自己一家才于最后一批离开桂林,转赴柳州。9月上旬,桂林城防司令部发出第二次疏散令,全市居民纷纷疏散离桂,司马文森同邵荃麟、端木蕻良、田汉、苏夫等撤往柳州。在柳州参加《柳州日报》社工作。12日,桂林沦陷,柳州也将陷落,司马文森携家徒步走了4天,向广西融县撤退。他把妻子雷维音送到远离县城百里的小苗山寨家里养病,旋即告别妻子和蹒跚学步的女儿,奔赴70里外的永乐乡,组织领导桂北抗日武装斗争。司马文森在给雷维音的信中谈到这时的艰苦生活,并鼓励妻子养好身体,准备投入新的斗争生活。不久,司马文森将妻子、女儿接到游击根据地。和吉联抗、郑思"三人建立了一个党支部,以后,司马半月去一趟龙岸支部开一次会,研究抗战形势,当地情况和党的工作"。(参见杨益群《司马文森年谱》,载1985年《抗战文艺研究》第2期)

熊佛西主编的《当代文艺》1月1日在桂林创刊。编者在《卷头语》中说:"创刊伊始,我们不愿空立诺言,愿以将来的行动来表示我们现在的意旨。我们是文艺爱好者,誓以文艺报国——以文艺为武器,争取我们的胜利,完成我们建国的心理建设。"还说"胜利的曙光已照耀在眼前""本社同仁愿与全国作家读者诸君共同奋勉,发挥文艺的功能,争取民族国家的自由独立。"6月20日,"文协"桂林分会在该会会址召开桂市文艺刊物编辑及发行人会议,熊佛西主席,商讨稿费问题,决定:一、拥护总会提出的千字斗米运动;二、因近米价波动大,暂定七、八月千字80元稿酬,9月以后则以上月米价的平均数为标准;三、看清样后即付酬。(参见文天行编《国统区抗战文艺运动大事记》,四川省社会科学院出版社1985年版)

王鲁彦继续任桂林《文艺杂志》主编。1月14日,因贫病交迫,患肺病留医衡阳,桂林文化界发起募捐,司马文森捐500元,交由端木蕻良转交王鲁彦。约同月,巴金获悉王鲁彦患病住医,为使他能支付医药费和维系一家生活,遂参加桂林文艺界发起的募捐活动。8月20日,王鲁彦病逝于桂林医院,司马文森、邵荃麟、端木蕻良、曾敏之等从柳州冒险重返桂林,刊登讣告,撰写悼文,发起募捐,救助遗孤。下旬,巴金在重庆惊悉王鲁彦因肺病殁于桂林,想到"最后一次看见他,他的声音已经哑了,但他还拄着手杖一拐一拐地走路"的情景,听到他临死前,不能发音,"只能用铃子代替语言,却仍然没有失去求生的意志"的情况,引起对老友深沉强烈的思念。同旬,作《写给彦兄》,刊于1945年5月桂林《文艺杂志》新1卷第1期,文中回顾两人的亲密交往,痛悼好友王鲁彦的病故。云:"在中学读书的时候,你的《灯》,你的《狗》感动过我。那种热烈的人道主义的气息,那种对于社会的不义的控诉,震撼了我的年轻的心。……自然我不能说你给我指引过道路",但"你曾经扶过我一把,……我们十三四年的友情就建立在这一点感激上面"。30日,桂林文艺界举行王鲁彦追悼会,到会有欧阳予倩、邵荃麟、司马文森、端木蕻良、曾敏之等300余人,欧阳予倩任主席,邵荃麟代表总会致悼词。(参见杨益群《司马文森年谱》,载1985年《抗战文艺研究》第2期;唐金海、张晓云《巴金年谱》,四川文艺出版社1989年版)

李支继续任特级审查处广西省图书杂志审查处处长。2月,广西省图书杂志审查处由甲级处升格为特级审查处,按特级处的编制,机构扩大,人员增多,经费也随之增加。内部机构有设计委员会、秘书室和第一、二、三组。特级审查处仍由李支任处长。第一组负责图书杂志及原稿审查,制发审查证和许可证;第二组负责出版机构的调查统计,书店印刷厂的检查,违禁书刊的取缔及对各县审查分处的指导考核;第三组负责调查检查、统计、指导考核、宣传、联络等5项工作。4月19日,广西省图书杂志审查处将本年春季检扣撕毁的书刊清册一份呈报中央图书杂志审查委员会备案。该"清册"开列的查禁书刊有《新哲学大纲》等28种259册。(参见吴永贵《民国图书出版史编年:1912—1949》,社会科学文献出版社2018年版)

罗尔纲被广西通志馆向社会研究所借调至广西研究忠王李秀成自传原稿,写有《李秀成自传原稿笺证》《广西太平天国人物传》《太平天国广西首义志》等书。

欧阳敏纳为总编辑的《广西晚报》2月25日创刊于桂林,广西日报采访主任刘火子任主编,广西日报副采访主任陈子涛任采访主任。

朱谦之3月代理中山大学文学院院长。4月,《太平天国革命文化史》由江西赣江中华正气出版社出版。此书由三章和一个附录组成,第一章为"太平天国史料及其研究方法",

第二章为"太平天国革命文化之背景"，第三章为"太平天国革命文化之面面观"，附录为"天德王之谜"。该书不仅系统地介绍了太平天国史料的分类、价值及研究方法，还分析了太平天国爆发的原因及政治、军事、文化、宗教制度，较全面地反映了当时太平天国史研究的状况。此书显示了朱谦之治史的变化，即提倡史料和史观并重，并部分受到唯物史观的历史解释的影响。5 月，朱谦之组织举办诗歌朗诵会提倡音乐文学；文科研究所季刊第 4 期为科学史专号。6 月 1 日，朱谦之在《现代史学》第 5 卷第 3 期发表《中国文化新时代》。作者认为，经过抗战的洗礼，改变了很多人认为中国文化过时的看法，并使人认识到，中国文化"越到现代越发现出蓬勃新兴的气象，从文化的独立现象看，中国文化是永远绵延，永远不会磨灭的"。作者还探讨了在新时期中国文化应该采取什么样的对策来继续发扬光大。同期还刊载了陈安仁《中国近代民族复兴之历史意义与本质》、邱陶常《阳明的学说和明季的士风》、陆丹林《基督教传华的四期》等文。同月，豫湘桂战役延及湘北，中大师生疏散。赴梧州。9 月，梧州失陷，再迁至苍梧。11 月，返坪石。12 月 8 日，开设讲座《现代史学思潮十讲》《文化类型学十讲》。（参见黄夏年编《中国近代思想家文库·朱谦之卷》及附录《朱谦之年谱简编》，中国人民大学出版社 2015 年版；王学典《20 世纪史学编年（1900—1949）》，商务印书馆 2014 年版）

　　王亚南所著《中国经济论丛》2 月由五十年代出版社出版，并撰写社会科学方面的文章。日本侵略军袭击粤北，中山大学再次迁校。王亚南未跟随学校撤退，而是到赣南南康县郭大力的家乡与郭同住一村。旋因日本侵略者侵袭赣州，王亚南从江西到福建临时省会永安，担任福建省研究院社会科学研究所所长。到任后，改组福建省研究院社会科学研究所，创办《社会科学》杂志，组织人员赴闽西调查红军根据地的土地改革。同时，兼任当时迁校于长汀的厦门大学客座教授，讲授"高级经济学""中国土地问题"等专题。（参见夏明方、杨双利编《中国近代思想家文库·王亚南卷》及附录《王亚南年谱简编》，中国人民大学出版社 2015 年版）

　　徐中玉继续任教中山大学，在中大开设"民族文学"课程。2 月，《民族文学论文初集》由国民图书出版社出版。全书收《民族文学的基本信念》《论民族制度》《论文学上的爱国主义》《论文学上的民族主义与国际主义》《以果戈里为例，论民族文学的暴露黑暗》《论民族性的改造——民族性与民族文学》等 11 篇论文，主要探讨了民族文学的原理和题材问题，主张民族文学以民族主义（爱国主义）为基础，同时又揭示了民族主义、爱国主义的真正内涵，并由此阐释了民族文学与国际主义、民主主义、启蒙主义之间的紧密关联，一定程度上消除了很多人对民族文学的狭隘看法。作者又从民族历史、民族英雄、民族乡土、民族传习等视角展开了切实而深入的理论探讨，超越了当时一般民族文学理论的空疏浮浅。因为是"初集"，此书对表现与技术上的问题以及中国民族文学发展演进的历史暂未涉及。4 月，所著《伟大作家论写作》由天地出版社出版。这是一部关于写作的资料书，辑录了亚里士多德、卡莱尔、渥次渥斯（华兹华斯）、雪莱、巴尔扎克、雨果、法朗士、罗曼·罗兰、歌德、普式庚（普希金）、果戈里、托尔斯泰、高尔基以及孔子、孟子、庄子、曹丕、曹植、李白、杜甫、韩愈、柳宗元、白居易、欧阳修、苏东坡、鲁迅等 26 位中外作家有关写作的部分言论。

　　按：此书虽然是资料书，却经过了编者的严格选择和精心组合，每则资料还加上了提纲挈领的小标题，对于文学创作和文学理论研究都很有参考价值，使用起来也极为方便。比如亚里士多德关于写作的论述很多，徐先生却只挑选了其中最为精彩的一部分，并将其归纳为"完善的风格""史诗的剪裁和布局""悲剧人物的高尚性格""让人物自己登场""诗和历史的区别""论性格的描写"等六个方面，看起来一目了然。（参见王学振《徐中玉先生抗战前后文论述评》，《文艺理论研究》2013 年第 2 期）

　　傅衣凌 6 月在《福建文化》总 33 号发表《关于捻乱的新解释——太平天国时代社会变

乱史研究之一》。文中注意到太平天国时期江淮间发达的"寨堡组织",并认为捻军是地方封建割据势力乘中央统治力下降而发动的叛乱。8月,傅衣凌《福建佃农经济史丛考》由福建协和大学中国文化研究会出版,开创社会经济史研究新路径。此书以偶然发现的一大箱数百张明清以迄民国时代各种土地文书及租佃契约为基本依据,对福建的佃农经济进行了深入研究,"提出一些过去尚未为人论及的看法,并为中国社会经济史的地区研究开拓一个新的领域",开创了中国经济史学利用民间文书,社会史与经济史相结合,地区研究和宏观研究相结合的新路。他在该书中所倡导的区域社会经济史的选题设计,对此后的中国社会经济史研究产生了重要影响。此书问世后,虽然因为战争原因在国内流传不广,"但很快被介绍到日本,成为战后日本史学界重建中国史学方法论的一个来源;而后又由日本史学者的媒介,传播到美国,成为美国五六十年代新汉学研究方法的一个重要组成部分"。钞晓鸿、郑振满在《二十世纪的清史研究》(《历史研究》2003 年第 4 期)一文中认为该书"主要资料是作者搜集的民间契约文书,研究风格、包括资料的搜集利用均与传统的治史方式大相径庭,开一代风气,为此后的中国社会经济史研究产生了重要影响"。(参见王学典《20 世纪史学编年(1900—1949)》,商务印书馆 2014 年版)

何炳松继续任建阳暨南大学校长。5 月,李约瑟和美国防鼠疫专家伯力士来暨大考察,陪同参观。6 月,为恢复原名的建阳版第 2 期校刊《暨南校刊》作《卷首语》。(参见鑫亮《忠信笃敬:何炳松传》,浙江人民出版社 2006 年版)

胡先骕继续任中正大学校长。1 月 1 日,全校师生集会庆祝元旦,胡先骕主席,即席作关于国内外形势的讲演。5 日,在省政府大礼堂讲演,激励青年从军。10 日,主持纪念周,并作《如何改进课外活动?》之讲演。同月,邹秉文代表国民政府参加联合国粮食农业组织筹备委员会,自美国曾有函来。2 月 14 日,纪念周,全校师生集会,胡先骕主持,领导行礼后,即请校文史系主任王易作题为《身心卫生》之讲演。3 月 5 日,军事委员会政治部部长、三民主义青年团中央团部书记长张治中,由江西支团部干事长蒋经国陪同到中正大学视察。到校后即往学生宿舍及教室、膳厅参观,继由胡先骕引导至大礼堂对全体学生训话,主要讲述其个人过去所经历之故事。8 日,教育部批准胡先骕呈请辞中正大学校长之职。13 日,新学期中正大学第一次纪念周,胡先骕即讲《母教之回忆》。21 日,主持全校纪念周,邀请江西省卫生处长方积颐讲演赴印度观感。4 月 11 日,中正大学农学会邀请胡先骕作《科学研究与中国新农业之展望》讲座,到该会会员及各年级学生 200 余人。下旬,中正大学农学会、经济学会、税务学会等分别召开欢送胡先骕校长大会,皆应邀参加。25 日,参加中正大学生物系举行留别大会并讲话,到周拾禄、张肇骞、严楚江等教授及全体同学 30 余人。5 月 2 日,教育部新任正大校长萧蘧到任。3 日,中正大学学生自治会举行迎送新旧校长大会。胡先骕校长对近千名学生说:"今日大会,一送一迎,在国内各大学中诚为创举。"激愤之情,溢于言表。8 月,胡先骕往泰和胡氏总祠祭祖十余日。(参见胡宗刚《胡先骕先生年谱长编》,江西教育出版社 2007 年版)

曹聚仁因日军逼近赣州,举家借道宁都、南城、鹰潭,逃难至江西乐平。由宦乡推荐入上饶《前线日报》工作。任《前线周刊》总主笔。(参见曹雷编订《曹聚仁年谱》,《曹聚仁先生纪念集》2000 年)

施蛰存应江苏学院之聘,到福建三元任教,为教授。

程长源任江西省立天翼图书馆馆长。

陈仲明为理事长,罗虔英为总干事的合作经济研究社 1 月在福建崇安成立。曾编辑出版《合作经济》月刊及《合作丛书》10余种。

马大浦任安徽学院生物系教授,兼安徽省农业改进所所长。

唐德刚在安徽学院史地系讲授《西洋通史》。

李达8月因零陵沦陷于日军铁蹄之下,避居湖南永江河胡家栋大马槽(今属湖南省双牌县)。在《申报月刊》第2卷第8号发表《上海经济的动态》。11月,在《青年与科学》第1卷第6期发表《怎样建筑一个完美的飞机场》;在《申报月刊》第2卷第11号发表《物价管理与强化金融统制》。(参见宋俭、宋镜明编《中国近代思想家文库·李达卷》及附录《李达年谱简编》,中国人民大学出版社2014年版)

吕思勉是年日记曰《强为善记》,其《日记二·强为善记序》曰:“孟子之告滕文公曰:君子创业垂统,为可继也。若夫成功,则天也。君如彼何哉,强为善而已矣。此言最有味。予尝欲以强为善名斋,求达如作记,达如许之,未果,而达如化为异物矣。伤哉!(强为善记)”1月5日,徐哲东撰写《吕诚之先生六十寿序》,由四川乐山武汉大学寄到常州。7月8日、14日,作《致陈研因、徐哲东信》。9月,《吕著中国通史》下册由上海开明书店初版印行。全书设36章,按时间顺序叙述中国政治史的变革,其中最后一章《革命途中的中国》撰于“九一八”的当日,录梁任公先生所译的拜伦诗句为结言,表达了他对抗战的胜利,以及中国的前途抱有充分的信心和热切的期望。

　　按:吕思勉在书中这样写道:我们现在所处的境界,诚极沉闷,却不可无一百二十分的自信心。岂有数万万的大族,数千年的大国、古国,而没有前途之理? 悲观主义者流,“君歌且休听我歌,我歌今与君殊科”。我请诵近代大史学家梁任公先生所译英国大文豪拜伦的诗,以结吾书。

　　希腊啊! 你本是平和时代的爱娇,你本是战争时代的天骄。撒芷波,歌声高,女诗人,热情好。更有那德罗士、菲波士荣光常照。此地是艺文旧垒,技术中潮。只今在否? 算除却太阳光线,万般没了。马拉顿前啊! 山容缥缈。马拉顿后啊! 海门环绕。如此好河山,也应有自由回照。我向那波斯军墓门凭眺。难道我为奴为隶,今生便了? 不信我为奴为隶,今生便了。

　　按:1946年,方德修君撰《与张东苏先生论历史的意义》,刊于上海《东南日报》的《文史》副刊,有论吕思勉所著《吕著中国通史》(下册)的地方,尤其称道先生所论尧舜禹“禅让”和中国古代民主政治的遗迹。兹节录相关段落于后:我们知道吕先生对于旧学很下过苦功,他学问的渊博,不但为今日史学界所公认,便是对于社会科学各部门的修养,也在一些留学生之上,这,我们只要一翻他的《吕著中国通史》(民国三十年开明版),即可明白他的讲解历史着重于文化,而言文化即处处以社会科学为根据,他承认经济是历史的基础,谓政治只是表面的事情,在今日史学界,有新的知识和深切的见解,而兼有充实的中国史学问的,吕先生可说是可数的了。关于尧舜禅让,吕先生在《中国通史》第二十一章曾说:“尧、舜、禹的相继,据儒家的传说,是纯出于公心的,即所谓‘禅让’,亦谓之‘官天下’。但《庄子·盗跖篇》有尧杀长子之说,《吕览》《去势》《求人》两篇,都说尧有十子,而《孟子·万章上篇》和《淮南子·泰族训》,都说尧只有九子,很像尧的太子是被杀的。(俞正燮即因此疑之,见所著《癸巳类稿·募证》)后来《竹书纪年》又有舜囚尧,并偃塞丹朱,使不与尧相见之说。刘知几因之作《疑古篇》,把尧、舜、禹的相继,看作和后世的篡夺一样。其实都不是真相。古代君位与王位不同,在第三章中,业经说过,尧、舜、禹的相继,乃王位而非君位,这正和蒙古自成吉思以后的汗位一样。成吉思以后的大汗,也还是出于公举的(详见第四十五章)。前一个王老了,要指定一人替代,正可见得此时各部族之间,已有较密切的关系,所以共主之位,不容空阙。自夏以后,变为父子相传,古人谓之‘家天下’,又可见得被举为王的一个部族,渐次强盛,可以久居王位了。”吕先生又说:“政权当归诸一人,而大多数人,可以不必过问;此乃事势积重所致,断非理论之当然。所以不论那一国,其原始的政治,必为民主。后来虽因事势的变迁,专制政治逐渐兴起,然民主政治,仍必久之而后消减。……然民主的制度可以废坠,民主的原理,则终无灭绝之理。所以先秦诸子,持此议论的即很多。

因后世儒术专行,儒家之书,传者独多,故其说见于儒家书中的亦独多,尤以《孟子》一书,为深入人心。其实孟子所诵述的,乃系孔门的书说,观其论尧舜禅让之语,与伏生之《尚书大传》,互相出入可知。(司马迁《五帝本纪》亦采儒家书说)两汉之世,此义仍极昌明。"

吕思勉10月10日在范泉主编的《两年:文艺春秋之一》发表《论魏史之诬》《沈延国〈周书集释〉序》。同日,吕思勉所撰《两年诗话》刊于范泉主编的《两年:文艺春秋丛刊之一》。此篇记述自1942年8月至是年7月回家乡常州的生活、思想及见闻,是吕思勉重要的传记资料,读此可见抗战时期先生艰苦的生活及社会状况。23日,为徐永清君作《论疑古考古释古》,现收入《吕思勉诗文丛稿》。12月1日,《崔浩论》刊于《星花:文艺春秋丛刊之二》。冬(或是十二月初四)应邀往牛塘桥青云中学作学术讲演,题目大概是《古代城市的形成》,可惜讲稿不存。据顾和等同学回忆,是日吕思勉是在大操场上冒着风寒向全体师生作讲演的。1944—1945年间,常州西郊湟里(埠头)的博文中学邀请吕思勉为该校高中毕业班做考前辅导,吕思勉停下了手头《两晋南北朝史》的编撰,精心备课,认认真真地写了一篇数万字的复习提纲,由学校油印成册,发给同学。这份写于抗战胜利前夕的《本国史提纲》,简明扼要,最便学习。(参见李永圻、张耕华编撰《吕思勉先生年谱长编》,上海古籍出版社2012年版)

刘季洪7月接替调任教育部常务次长的赖琏任西北大学校长。时任教务长杜元载(教授兼),训导长蓝文征(教授兼),总务长徐朗秋(副教授兼代),文学院院长萧一山(教授兼),理学院院长赵进义(教授兼),法商学院院长曹国卿(教授兼)。刘季洪曾任南京市党部委员、河南大学校长和国民政府教育部社会教育司司长,系国民党CC骨干,国民党六大后任国民党中央执行委员。他在1944年7月接任校长后,在校政方面,基本上与赖琏在西大期间执行的方针相同。在政治上,积极"反共"和压制民主,使用中统和军统特务分子强化对学校的反动统治。在思想上,他想方设法严密控制进步师生的言论、行动,不准成立学生自治会,审查壁报,控制结社,在学生中成立"铁血门""手枪队",随身携带武器,横行霸道。在人事安排上,注意培植私人势力,三处九组负责人除一位老师和一位同乡继续留任外,全部更换,把他的同学、老乡和亲信者分别拉来掌管西大国民党区党部、三青团分团部和其他行政要职,训导长和课外活动组主任均由CC分子担任。最后酿成1946年学生争民主的"城固学生运动",一度被学生赶出学校。(参见西北大学校史编写组《西北大学校史稿》,西北大学出版社1987年版)

萧一山应刘季洪校长之聘,出任西北大学文学院院长。5月,萧一山《清史大纲》由重庆经世学社出版。此前萧一山《清代通史》只写到太平天国,并未囊括整个有清一代,且篇幅庞大,检读不易。而《清史大纲》则用通俗的史话体裁,通贯从后金建国直到辛亥革命的清代历史,实为《清代通史》的简写本。全书以"民族革命"思想贯穿始终,共10章:明清之际、民族革命之酝酿、大清帝国之盛衰、近代社会之经济、民族革命之新对象、民族革命之壮澜、曾国藩与李鸿章、西方帝国主义之压迫、东方帝国主义之压迫、民族自觉与国民革命。此书不繁征史料,史事纵横旁通,议论一气呵成。萧一山在"引论"中说:"我是主张民族革命史观的,尤其是讲中国近代史,必须以它为骨干,为中心。因为它——民族革命——整个支配了中国近代社会,一切都依它为枢纽而变动的。"作者把近代社会的起点置于明末清初,认为只有这样才能更好地体现其"民族革命史观"。在萧一山看来,近代历史分为三个时期:第一时期的革命对象是清廷,如十七世纪的反清运动、天地会及太平军的起义;第二时期是维新运动和辛亥革命,革命对象为列强帝国主义;第三时期前一段从民国元年到1928年是反对列强帝国主义,后一段从三十年代起是反对日本帝国主义,以抗战建国为口号。这样就构成了一个以民族主义为中心的历史体系。但这种分期法,有把清代历史变成国民党党纲的注解和三民主义的政治教本之嫌。按:张其昀认为该书"勾玄提要,体大思精,诚为大气磅礴,匠心独运之巨作"。(参见萧树苓《萧一山先生生平大事记》,中国人民政治协商会议江苏省徐州市委员会文史资料委员会编《徐州文史资料》第12辑,1992年;王学典《20世纪史学编年(1900—1949)》,商务印书馆2014年版)

黎锦熙继续任教于国立西北大学。5月,黎锦熙倡议和推动国立西北师范学院、国立女子师范学院、国立社会教育学院创办了国语专修科,为在台湾推行国语预先培训人才。这个专修科毕业的百余人在台湾光复后奔赴台湾成了在台推行国语的骨干。是年,所著《建设的"大众语"文学》(一名《国语运动史纲序》)由重庆商务印书馆刊行。(参见黎泽渝《黎锦熙先生年谱》,《汉字文化》1995年第2期)

嵇文甫继续任教于迁至陕西宝鸡的河南大学。9月,嵇文甫《晚明思想史论》由重庆商务印书馆出版。作者自云:"晚明这短短数十年,一方面是从宋明道学转向清代朴学的枢纽,另一方面又是中西两方文化接触的开端。其内容则先之以王门诸子的道学运动,继之以东林派的反狂禅运动,而佛学、西学、古学错综交织于其间。这一幕思想史剧,也可算热闹生动了。""这样一个思想史上的转型期,大体上断自隆万以后,约略相当于西历16世纪的下半期以及17世纪的上半期。"(参见王学典《20世纪史学编年(1900—1949)》,商务印书馆2014年版)

陆懋德应陕西省立师范专科学校校长郝耀东之邀,任该校史地科教授,主要讲授中国上古史、中国中古史、考古学、历史教材教法等课程。

高一涵继续任检察院甘宁青监察使。3月18日,高一涵为兰州首届青年节举办"有志青年身心健康各项竞赛"赠送钢笔二支、日记簿二册作奖品。21日,赴兴隆山祭成吉思汗陵。4月16日至5月26日,赴甘肃省第二、三行政督查区及宁夏各县巡视调查。秋,卧病。病中多梦,所梦皆为挚友和昔日经行之地,醒后各作小诗以记之。计有《梦过江津怀仲甫》《梦游成都赠张八大千》《梦游芷江景星寺》《夜梦收京》《梦从军》等。病中,于右任送书、送米以慰问。高一涵赋诗答谢。是年,参加民国三十三年第一次高等考试初试监试。派员参加其他各类考试监试9次;甲申年诗作收入《金城集》诗集卷四计105首。(参见高大同《高一涵先生年谱》,上海文化出版社2011年版)

常书鸿1月1日任正式成立的国立敦煌研究所所长。自1941年秋国民政府监察院长于右任视察莫高窟后,提议将莫高窟收归国有,并成立专门的管理、研究机构。1943年国民政府行政院决议成立隶属于教育部的国立敦煌研究所。国立敦煌研究所成立后,立即对外发出公告称:"莫高窟正式收归国家所有,禁止人们在附近放牧和私自进入。"4月,张道藩、陈树人、高一涵、罗家伦、傅斯年、李书华、张大千、徐悲鸿、顾颉刚等58人被敦煌艺术研究所聘为设计委员会委员。(参见常书鸿《常书鸿文集》,甘肃人民出版社2004年版;叶文玲《敦煌守护神——常书鸿》,上海文艺出版社2001年版)

罗家伦2月22日西北建设考察团考察任务结束。此次考察历时半年,行程1.7万余公里,完成考察报告14册。此行罗家伦撰写诗歌200余首,合集为《西北行吟》,1946年重庆商务印书馆出版。5月5日,获国民政府颁发"景星勋章"一枚。5月27日,出席中国国民党五届十二中全会。6月16日,罗家伦从重庆返回新疆监察使署,以迎候美国副总统华莱士访华。8月11日,新疆督办盛世才以开会为名,大肆逮捕在新疆的国民党人员,是为"黄林案"或"八一一黄林案"。8月12日,蒋介石召见吴忠信请其接任盛世才为新疆省主席。

13 日,召见第八战区司令长官朱绍良,令其飞迪化与盛世才谈判。16 日,朱绍良飞迪化,罗家伦迎接。8 月 19 日,盛世才向蒋介石提出辞呈。8 月 29 日,国民政府宣布同意盛世才辞呈,任命其为农林部长;吴忠信为新疆省政府委员兼新疆省政府主席。11 月,新疆伊宁发生暴乱,宣布成立"东突厥斯坦共和国"。12 月 2 日,罗家伦自重庆飞抵迪化任所,了解情况,随时报告,并提出多项应对措施。(参见刘维开《罗家伦先生年谱》,中国国民党中央委员会党史委员会 1996 年版;张晓京编《中国近代思想家文库·罗家伦卷》及附录《罗家伦年谱简编》,中国人民大学出版社 2015 年版)

李安宅与张逢吉、任乃强等人到西康省南北两路进行藏族社会调查,为时半年,写有《喇嘛教萨迦派》《西康德格之历史与人口》等论文。

吴作人年初赴康藏高原,深入少数民族地区,写各色风貌,作大量写生画,举行多次展览。

毛泽东所著《论持久战》《论新阶段》《新民主主义论》被中共中央晋绥分局印制为《毛主席三大名著》。1 月 5 日,中共中央晋绥分局发出关于学习与发行《毛主席三大名著》的决定。决定指出毛泽东的三大名著,是指导中国革命解放人民的理论武器与具体方略,所有共产党员都应熟读深思,领会贯通,并运用到实际工作中去。各机关部队应认真组织学习讨论作为经常课本。9 日,毛泽东致电董必武,请他转交给郭沫若电报。给郭的电报说:"收到《虎符》,全篇读过,深为感动。你做了许多十分有益的革命的文化工作,我向你表示庆贺。"同日晚,观看中共中央党校俱乐部演出的平剧《逼上梁山》后,写信给该剧的编导杨绍萱、齐燕铭予以充分肯定。2 月 7 日,延安市人民秧歌队、市政府和群众团体的代表到中共中央所在地杨家岭,向毛泽东献旗。毛泽东 2 月 24 日主持中共中央书记处会议,会议讨论"七大"的准备工作和党的历史问题等。关于"七大"的准备工作,决定由毛泽东作政治报告,朱德作军事报告,刘少奇作组织问题(包括党章)报告。3 月 5 日,主持中共中央政治局会议,作关于路线学习、工作作风和时局问题的长篇讲话。3 月 2 日,在中共中央宣传委员会召开的宣传工作会议上讲话,谈发展陕甘宁边区的文化教育问题。讲话论述了政治、军事、经济、文化的关系和应将文化教育工作提上陕甘宁党政领导机关的议事日程。会后,中共中央宣传部和西北局组织了 6 个调查组,分别到陕甘宁边区的 6 个分区,深入农村调查文化教育情况,总结经验,为这一年 10 月陕甘宁边区文教工作者会议作准备。28 日,复董必武 3 月 23 日关于询问毛泽东的近著尚有哪些应译为英文的来电,指出除董必武来电所述最近已译出英文的《新民主主义论》边区财经政策演说《论合作社》《组织起来》数篇外,无其他文章可译。4 月 2 日,关于周扬为《马克思主义与文艺》一书写的编者序言,致信周扬。

毛泽东 5 月 10 日主持中共中央书记处会议,会议讨论党的第七次全国代表大会问题。会议决定组织下列准备报告委员会:军事问题报告准备委员会,由朱德负责召集;组织问题报告准备委员会,由刘少奇负责召集;党内历史问题决议准备委员会,由任弼时负责召集;周恩来准备在大会作一次关于统战工作的报告,统战工作报告准备委员会由周恩来负责召集。5 月 19 日,主持中共中央书记处会议。会议决定 5 月 21 日召开六届七中全会,确定参加会议的名单和议程,并决定向七中全会提议由毛泽东、刘少奇、任弼时、朱德、周恩来组成七中全会主席团。5 月 24 日,出席延安大学在陕甘宁边区政府大礼堂举行的开学典礼,并在会上讲话，指出延安大学应为抗战及边区的政治、经济、文化建设服务。同月，在中共中央晋察冀分局领导下，晋察冀日报社编辑的《毛泽东选集》一至五卷出版，编选的大部分是毛泽东抗日战争时期的著作。6月5日，主持中共六届七中全会第二次会议全体会议，讨论城市工作问题，通过了毛泽东起草的《中共中央关于城市工作的指示》，并通过朱德的提议：七大增加讨论城市工作的议程和由刘少奇、彭真等14人组织城市工作委员会。9日，中外记者西北参观团一行21人到达延安，其中有美联社的斯坦因、美国《时代》杂志的爱泼斯坦、合众社的福尔曼等外国记者6人。12日，毛泽东会见中外记者西北参观团。14日，《解放日报》发表毛泽东写的社论《纪念联合国日，保卫西安与西北！》。29日，主持中共六届七中全会主席团会议，会议讨论美军事使团来延安和国共谈判问题。7月3日，中共中央在杨家岭中央大礼堂招待出席陕甘宁边区合作社会议的全体代表。毛泽东到会并讲话，阐述了合作社的方针和任务等。4日，为庆祝美国独立168周年，同朱德设宴招待在延安的美国侨民和中外记者团。宴会后，又出席延安各界在王家坪大礼堂举行的庆祝晚会。

毛泽东8月21日修改陈毅所写《皖南事变的真相》和《苏北事件的真相》后，复信陈毅"各件均好。略有增改，请再酌""各件重抄送去后，请留副本交李富春转秘书处保存，将来有用"。23日，致信秦邦宪，就《解放日报》原拟发表的一篇题为《把新民主主义社会的基础建立在家庭里》的社论稿，谈了三方面的问题。同日，同谢伟思就国共关系问题进行长时间谈话。9月1日，主持中共六届七中全会主席团会议，讨论了关于提议召开各党派代表会议成立联合政府，关于开展满洲工作，关于建立城市工作部等问题。4日，中共中央发出关于建立城市工作部门的指示。9月8日，出席中央警备团为张思德举行的追悼会，并在会上讲话，阐述为人民利益而牺牲的意义。这个讲话编入《毛泽东选集》时，题为《为人民服务》。9月18日，毛泽东致电林伯渠、董必武转胡政之、王云五、冷遹、傅斯年、陶孟和五参政员："闻五先生决定来延，甚表欢迎，敬祈早日命驾为祷。"10月1日，《解放日报》发表经毛泽东修改审定的社论《新四军的胜利出击与中国的救国事业》。社论指出：蒋介石有两件事最受日本侵略者欢迎，一件是"反共"活动，一件是《中国之命运》。10日上午，毛泽东同朱德、周恩来等出席陕甘宁边区政府为庆祝双十节举行的招待会，应邀出席的有美军观察组成员、外国记者及延安各界代表。11日，同意周恩来主持会议提出的延安追悼邹韬奋活动的建议。纪念活动包括：将延安的华北书店改名韬奋书店，编辑出版邹韬奋著作选集，举行追悼大会等。10月30日，在陕甘宁边区文教大会上讲话，阐述新民主主义文化运动中的统一战线方针。讲话指出："我们的工作首先是战争，其次是生产，其次是文化。没有文化的军队是愚蠢的军队，而愚蠢的军队是不能战胜敌人的。"

毛泽东11月6日主持中共六届七中全会主席团会议，会议讨论赫尔利来延安谈判问题。7日，同朱德设宴庆祝苏联十月革命27周年。出席宴会的有苏联、美国、英国的来宾，在延安的国际友人及延安各界人士百余人。席间，毛泽东举杯庆祝同盟国反法西斯战争的胜利和苏联红军的胜利。8日上午，和朱德、周恩来同赫尔利进行第一次会谈。赫尔利首先说明自己是受罗斯福的委托作为他的私人代表，来谈判关于中国的事情。这次来延安，还得到蒋介石的同意和批准。然后他提交一份他和蒋介石共同草拟的题为《为着协定的基础》的文件，内容有五点，主要是要中国共产党的军队遵守并执行国民党政府及其军事委员会的命令，要共产党军队的一切军官和士兵接受政府的改组，然后国民党政府才承认共产党的合法地位。赫尔利宣读了这一文件，赫尔利并作了一些说明。上午会谈至此结束，历时 50 分钟。同日下午 3 时,开始同赫尔利进行第二次会谈。毛泽东对《为着协定的基础》提出具体修改意见。11 月 9 日下午 3 时,开始同赫尔利进行第三次会谈,讨论经过修改后的协定草案。同日晚,毛泽东主持中共六届七中全会全体会议,向全会报告同赫尔利会谈情况。10 日上午 10 时,开始同赫尔利进行第四次会谈。随后,毛泽东与赫尔利分别在《中国国民政府、中国国民党与中国共产党协定》上签字。这个协定还有待于国民党政府主席蒋介石签字。下午 2 时,赫尔利携带签字后的协定乘机离开延安,周恩来和包瑞德同行。同日,应赫尔利的建议,写信给美国总统罗斯福。信中说:"我很荣幸地接待你的代表赫尔利将军。在三天之内,我们融洽地商讨一切有关团结全中国人民和一切军事力量击败日本与重建中国的大计。为此,我提出了一个协定。""这一协定的精神和方向,是我们中国共产党和中国人民八年来在抗日统一战线中所追求的目的之所在。""我现托赫尔利将军以我党我军及中国人民的名义将此协定转达于你。"又致电罗斯福,祝贺他连任美国总统。19 日,赫尔利同蒋介石谈话,将他 11 月 10 日在延安与毛泽东签署的五条协定草案交蒋介石,被蒋拒绝。21 日,蒋介石提出另一协定草案,共三条,主要是:中共派代表参加政府和军事委员会;中共将一切军队交国民党政府军事委员会管辖,进行整编,承认中共合法。

　　毛泽东 11 月 21 日给郭沫若、柳亚子、茅盾各写一封信。复信郭沫若曰:"武昌分手后,成天在工作堆里,没有读书钻研机会,故对于你的成就,觉得羡慕。你的《甲申三百年祭》,我们把它当作整风文件看待。小胜即骄傲,大胜更骄傲,一次又一次吃亏,如何避免此种毛病,实在值得注意。倘能经过大手笔写一篇太平军经验,会是很有益的;但不敢作正式提议,恐怕太累你。最近看了《反正前后》,和我那时在湖南经历的,几乎一模一样,不成熟的资产阶级革命,那样的结局是不可避免的。此次抗日战争,应该是成熟了的吧,国际条件是很好的,国内靠我们努力。我虽然兢兢业业,生怕出岔子,但说不定岔子从什么地方跑来;你看到了什么错误缺点,希望随时示知。你的史论、史剧有大益于中国人民,只嫌其少,不嫌其多,精神决不会白费的,希望继续努力。"致信柳亚子曰:"广州别后,十八年中,你的灾难也受得够了,但是没有把你压倒,还是屹然独立的,为你并为中国人民庆贺!'云天倘许同忧国,粤海难忘共饮茶',这是你几年前为我写的诗,我却至今做不出半句来回答你。"又致信沈雁冰曰:"别去忽又好几年了,听说近来多病,不知好一些否? 回想在延时,畅谈时间不多,未能多获教益,时以为憾。很想和你见面,不知有此机会否?"12 月 8 日,毛泽东和周恩来同包瑞德进行会谈,坚决拒绝蒋介石的三点建议,批评赫尔利背弃与中共签署的五点建议并为蒋介石的反建议作说客。9 日,主持中共六届七中全会全体会议,会议讨论关于成立解放区联合委员会问题。12 日,主持中共六届七中全会主席团会议,在会上明确提出:解放区联合委员会暂缓成立,报上也不宣传,可放口头空气。现在全国总的任务是建立统一中国一切力量的民主联合政府,其他的不提,"七大"也要采取这种态度。15 日,在陕甘宁边区第二届第二次参议会上作题为《一九四五年的任务》的演说。(参见中共中央文献研究室编撰、逄先知主编《毛泽东年谱(1893—1949)》,人民出版社、中央文献出版社 1993 年版)

　　刘少奇 2 月 24 日出席中共中央书记处会议。会议讨论中共七大的准备工作和党的历史问题等。3 月 5 日,出席中共中央政治局会议。会议讨论关于路线学习、工作作风、时局和方针、宪政运动等问题。5 月 10 日,出席中共中央书记处会议。会议讨论中共七大的准备工作,决定组织问题报告准备委员会,由刘少奇负责召集。5 月 21 日,出席扩大的中共六届七中全会第一次会议。会议通过由毛泽东、刘少奇、任弼时、朱德、周恩来组成七中全会主席团。8月16日,出席中共中央西北局常委会议,讨论抗大工作问题。11月6日,出席中共六届七中全会主席团会议,讨论赫尔利来延安谈判等问题。12月9日,出席扩大的中共六届七中全会,讨论成立解放区联合委员会问题。同日,延安各界代表2000余人在杨家岭大礼堂集会纪念"一二·九"运动9周年。在雄壮的《义勇军进行曲》中,选出朱总司令、刘少奇、邓发、吴玉章、林祖涵、彭真、杨秀峰、范文澜、黄松龄、冯文彬、胡乔木、蒋南翔、王治国等为大会主席团。朱德、刘少奇、彭真发表讲话。刘少奇在讲话中指出:"一二九运动"是划分中国反动时期与革命时期的一个标志。尽管这个运动还存在一些缺点,但它和当时人民武装革命运动一道,在中国历史上是一个划分革命,开始重新前进阶段的标志。革命的青年学生必须与广大的工农兵相结合,必须在共产党的领导之下,才能达到革命的目的。这就是"一二九"时代的革命青年学生所走过的一条道路——到乡村去,到革命的武装部队中去,和人民特别是和农民结合起来,在共产党领导之下,建立革命根据地和进行抗日战争。这是一切革命青年学生在民族危机中争取民族解放的正确道路。(参见中共中央文献研究室《刘少奇年谱》,中央文献出版社1996年版)

周恩来2月27日出席延安各界人士举行的宪政问题座谈会。同日,受中共中央委托同王明谈话,劝王明反省自己的错误。3月2日,将同王明谈话的情况报告中共中央,说王明还是站在个人利益上认识问题。并将王明的信转给中央。3月3—4日,在中共中央党校作题为《关于党的"六大"的研究》的报告。5日,出席中共中央政治局会议,在会上谈关于宪政运动。5月1日,同刘白羽、何其芳谈话;中共中央决定他们到重庆的大后方向进步文化界人士传达毛泽东《在延安文艺座谈会上的讲话》。对他们抵渝后如何活动,作了周到安排,并叮嘱他们先找郭沫若交换意见,请郭沫若主持。春末(或夏初),召集延安党、政、军、民、学参加接待中外记者团的负责人和干部开会,介绍记者团的情况和采访的目的,交待中共中央接待的方针政策。以后又出席军委秘书长杨尚昆召开的陕甘宁边区政府交际处全体干部大会,在会上讲话指出交际处工作的根本任务是"宣传出去,争取过来",要准备对记者团在参观访问过程中反映出来的各种思想,多做解答解释工作,揭穿国民党的造谣诬蔑。加深他们对我们的了解,以利于进一步开展国内国外的统一战线。

周恩来5月21日出席中共六届七中全会第一次会议。会议决定由毛泽东、刘少奇、任弼时、朱德和周恩来组成主席团,毛泽东为主席团主席,在全会期间由主席团处理党的日常工作,书记处和政治局停止行使职权。决定周恩来负责在"七大"作统战工作报告和公开的讲演,参加党章报告起草委员会和历史问题报告起草委员会,以及负责主持召集统战工作报告起草委员会。6月10日,周恩来应邀在第十八集团军总司令朱德为欢迎中外记者西北参观团举行的晚会上作陪。17日,出席中共六届七中全会主席团会议。会议决定由周恩来召集解放社、洛甫处及外事组,研究国际问题。7月6日,为准备返回重庆的中国记者饯行。15日,致函毛泽东,提议毛在会见美记者爱泼斯坦时,请爱泼斯坦代向宋庆龄和她领导的保卫中国同盟对我们的援助表示谢意。22日,同叶剑英、杨尚昆等到机场迎接来了解中国敌后战场情况的美军观察组首批成员。同叶剑英召集美军观察组组长达维·包瑞德和约翰·谢伟思会谈。26日,出席为欢迎美军观察组举行的晚会。27日,同谢伟思谈话。在谈到国共谈判问题时说,国民党是利用谈判来捞宣传上的好处,主要是为做给美国舆论看;国民党希望战争结束时能把共产党一举歼灭;它会继续不断地衰落。另外还就美军在太平洋的进展和美国未来对日的战略以及中国大陆战场的重要性等问题同谢伟思交换意见。8月

6日,致函王炳南,希望他多注意储备人才和同外国朋友埃德加·斯诺、艾格尼丝·史沫特莱、埃文斯·卡尔逊、约翰·范宣德(即文森特)等保持联络。9月2日,获悉邹韬奋在沪病逝,向中共中央提议:(一)在延安开追悼会。先组筹备会;(二)《解放日报》发表追悼文章;(三)中央致挽电。毛泽东同意照周恩来意见办。17日,致函郭沫若切盼文化界朋友来延安,请与徐冰、冯乃超商量。10月12日,致电林伯渠、董必武、王若飞等:此间邹韬奋生前友人决定11月1日举行盛大追悼会和著作展览并出特刊。请在渝搜集《萍踪寄语》《生活日报》《大众生活》等,并请宋庆龄、柳亚子、张澜、黄炎培、沈钧儒、陶行知等写追悼短文。29日,同戴维斯谈战后中国的建设问题。说中国共产党进入城市后将派一些具有实践经验的人去美国学习技术,还将招聘一些外国专家和顾问;贸易方面,中国需要大量的在沿海航行的船只等。(参见中央文献研究室《周恩来年谱1898—1976》,中央文献出版社1998年版)

博古继续任《解放日报》社长。1月1日,《解放日报》新年献词《迎接一九四四年——纳粹覆亡的一年》,文章指出:1944年将是我国抗战战略相持阶段的最后一年,也许是最困难最艰苦的一年。我们"必须精神上对于对付最坏的环境有充分的准备,始能临事不惧;必须在实际工作中兢兢业业,实事求是,依靠群众,不要脱离群众,始能取得新的成绩"。2月16日,博古撰写社论《本报创刊一千期》,文中说:"办报是全党一件大事,是人民大众的一件大事,是治国的本领之一。"4月16日,延安《解放日报》报道全国文协成立6周年纪念活动:重庆《新华日报》发表社论《祝"文协"成立六周年》。指出中华全国"文协"成立6年来的贡献和文艺运动沉滞的现状,说明"文艺只有在自由与民主的花园中才能茂盛地开花与结果"。全国"文协"在重庆文化运动委员会举行成立6周年纪念会,到会者有老舍、茅盾、胡风、曹禺、夏衍、张道藩、潘公展等150余人。老舍报告会务,胡风宣读论文《文艺工作的发展及其努力方向》。20日,"文协"桂林分会庆祝总会成立6周年,到会千余人。会议主席田汉。柳亚子、欧阳予倩、熊佛西、邵荃麟、许幸之等人进行了演讲。柳亚子要求把"抗战、团结、民主"作为文艺的三大目标。欧阳予倩说:光明应该讴歌,黑暗也要暴露。延安文艺工作者看到这一报道,很受鼓舞。8月26日,《中共中央宣传部关于执行党的文艺政策的决定》,重庆《新华日报》全文登出。至此,《新华日报》在周恩来同志领导下,在两年多的时间内,公开把延安文艺座谈会召开的消息,《讲话》的主要内容和原文,边区和各敌后根据地执行《讲话》的动态和经验,中共中央布置学习《讲话》的决定等,都介绍给了国统区的广大读者。

博古8月31日接毛泽东信,就《解放日报》原拟发表的一篇题为《把新民主主义社会的基础建立在家庭里》的社论稿,谈了三方面的问题:(一)"原文着重改造家庭,关于联系群众运动方面说的很少(即在已发表的那篇社论(1)上亦是如此),而问题的重点,恰是使家庭改造与群众运动联系起来""我们是提倡'走出家庭'与'巩固家庭'的两重政策""不断地走出,不断地巩固,这就是我们的需要"。(二)"新民主主义社会的基础是工厂(社会生产,公营的与私营的)与合作社(变工队在内),不是分散的个体经济。分散的个体经济——家庭农业与家庭手工业是封建社会的基础,不是民主社会(旧民主、新民主、社会主义,一概在内)的基础,这是马克思主义区别于民粹主义的地方。简单言之,新民主主义社会的基础是机器,不是手工。我们现在还没有获得机器,所以我们还没有胜利。如果我们永远不能获得机器,我们就永远不能胜利,我们就要灭亡。现在的农村是暂时的根据地,不是也不能是整个中国民主社会的主要基础。由农业基础到工业基础,正是我们革命的任务。"(三)"我在改文中加上了解放个性,这也是民主对封建革命必然包括的。有人说我们忽视或压制个性,这是不对的。被束缚的个性如不得解放，就没有民主主义，也没有社会主义。"10 月 4 日，毛泽东在博古的陪同下，到清凉山中央印刷厂礼堂看望《解放日报》社和新华社的全体工作人员，并讲话。在讲到办党报和通讯社工作的两个方面——指导和反映时，毛泽东说，党中央对于各地工作的领导和指示，除一些日常性的指示活动外，大政方针很多是通过《解放日报》和新华社传达下去的。党中央了解国内外情况有许多来源，你们是一个重要渠道。他勉励大家要全心全意地为人民服务，把《解放日报》和新华社办好。11 日，博古在《党报记者要注意些什么问题》中第一次提出"党报的记者是党的耳目喉舌"，殷切希望党报记者，要用党的立场和观点去分析问题，党报记者不仅要反映现实问题，还要指导解决现实问题。11 月 16 日，历时一个月的边区文教大会闭幕。11 月 23 日，《解放日报》社论《此次文教大会的意义何在？》指出：它"表示了中国新民主主义文化的一个长足的进展，将来修中国文化史的人对此不可不大书一笔"。说"人民群众建立自己的文化生活，既及于人口的大多数，又及于文化的各方面者，实际是开始于土地革命时期，这时革命政权下的广大群众才把文化教育的权利拿在自己手中，造成中国文化的新天地"。边区的真正大规模的群众文化运动，还是直到这次大会才真正进入成熟的境地。这次大会的基本成就，"总结了自生产运动与整风运动以来群众文教工作的各种经验，提出了新的任务，并在各个阵地上发扬群众中成功的典型，并指出这些典型的方向是完成新任务的保证"。（参见中共中央文献研究室编撰、逄先知主编《毛泽东年谱（1893—1949）》，人民出版社、中央文献出版社 1993 年版；艾克恩编纂《延安文艺运动纪盛》，文化艺术出版社 1987 年版；孙国林编著，王佳钰、王增辉校订《延安文艺大事编年》，陕西师范大学出版总社 2016 年版）

　　张闻天是春继续参加整风运动。2 月 20 日，中共中央书记处讨论党的历史问题，统一了对五个问题的认识。4 月，中共中央政治研究室改组，成立中央政治材料室，张闻天兼任主任。张闻天接受这一工作后，即筹划材料室的建设，并亲自动手搜集资料，至今中央档案馆还保存有张闻天摘录的当时国共谈判的来往电报材料一百多页。5 月 10 日，中共中央书记处会议决定成立"党的历史问题决议准备委员会"，张闻天被列为成员之一，委员会共 7 人：任弼时（召集人）、刘少奇、康生、周恩来、洛甫、彭真、高岗。中旬，张闻天开始参加党的历史问题决议的起草工作。这项工作一直进行到 1945 年春，为期近一年。从中央档案馆保存下来的起草的草案稿看，先有任弼时起草的一稿，中间有胡乔木起草的一稿，而后即有张闻天起草的一稿，后来毛泽东动笔修改的稿子最初就是在张闻天起草稿的抄清稿上进行修改的。6 月 5 日，出席中共六届七中全会全体会议。会议讨论毛泽东起草的《中共中央关于城市工作的指示》。张闻天在发言中指出：应该认识到，整个统一战线目前已经进入一个新阶段。可以考虑发起一个民主的同盟，来团结一切革命的民主派。

　　张闻天 6 月 30 日以"时事资料室"名义主编的《参考资料》第 1 期出版。这是一份专供中央领导研究国内外形势参考的内部刊物。第 1 期刊载的文章共 4 篇：（一）最近国内时事述评；（二）国民党征粮政策下的人民负担与粮食损耗；（三）当前大后方民营工业的危机；（四）物价与农工生活（转载）。7 月 31 日，《参考资料》第 2 期刊出张闻天分别于 6 月 9 日、30 日所撰国民党政治动态专题报告《国民党十二中全会》与美国动态的专题报告《最近美国对华动向》。8 月 13 日，撰成一篇关于国际经济专题评论《国际货币金融会议述评》，刊于 8 月 31 日出版的《参考资料》第 4 期。9 月 1 日，出席中共中央六届七中全会主席团会议，并在会上作关于形势问题的发言。9 月 12 日，撰成一篇时事评论《美国大选展望》，刊于 9 月

30日出版的《参考资料》第4期。秋，住处从杨家岭迁至枣园。10月11日，撰成一篇时事评论《罗邱魁北克会谈及美英远东战略》，刊于11月30日出版的《参考资料》第6期。12月5日，撰成一篇专题报告《十二中全会后国民党的动态》，刊于同月31日出版的《参考资料》第7期。（参见张培森主编《张闻天年谱》，中共党史出版社2000版；刘文耀、杨世元《吴玉章年谱》，四川人民出版社1998年版）

吴玉章2月16日出席边区政府、参议会的宴会。边区政府、参议会联合宴请在延安党政军民学50岁以上的同志，到会百多人。17日，和周恩来、谢觉哉等在林伯渠处座谈宪政。25日，在《解放日报》发表《谈宪政》。27日，出席延安各界人士宪政座谈会。3月9日，贺林伯渠60寿辰。3月12日下午，参加孙中山逝世19周年纪念大会。16日，出席延安各界人士宪政座谈会。17日，在延安回胞及各界代表追悼抗日民族英雄马本斋大会上讲话。19日，出席边区国民教育并纪念生活教育运动17周年座谈会。23日，出席高级干部会，周恩来讲宪政问题。24日，出席国民教育座谈会。25日，出席高级干部会。林伯渠报告边区实行"三三制"的经验。27日，出席高级干部会，贺龙讲财经问题。31日，在中央委员会全体会议上发言：完全同意毛泽东的报告与朱总司令的意见。算旧账的用意是好的，但不合今天情况的需要。"六大"就是看重了算旧账，对新的大的问题反而忽略了。这个经验要告诉同志们，毛泽东的报告可比于列宁的四月提纲。现在国际国内的问题都成熟了，党内外的人都同意我们联合政府的主张，集中全党精神，团结全党力量来实现党的主张。迎接新的胜利。4月3日，参加高级干部会座谈会。7日，出席高级干部会，任弼时作报告。同日，中共中央西北局、陕宁边区政府决定，延安大学与行政学院合并，仍名延安大学，由边区政府直接领导，任命周扬、王子宜为正副校长。该校下分行政、艺术文学、自然科学三院。28日，为林伯渠赴重庆饯行。

吴玉章5月4日在延安各界青年纪念"五四运动"大会上讲话。22日，出席报告会，听周恩来报告时局及英美记者团将来延安等事。24日，在延安大学开学典礼上讲话。6月5日，出席中共六届七中全会第二次会议，讨论城市工作问题。10日，出席欢迎中外记者团的集会。14日，出席延安各界庆祝联合国日和保卫西北动员大会。26日，在边区银行大楼主持延安文化界和中外记者团的座谈会，并致欢迎词。延安文艺界周扬、成仿吾、丁玲、柯仲平、柯柏年、张庚、欧阳山、陈学昭、肖军、艾青、吴伯箫以及周恩来的秘书陈家康等40余人出席。吴玉章向中外记者介绍作家们，记者团领队谢保樵介绍了记者团。同日下午，欢迎美军观察组来延安，并出席晚宴。10月10日，吴玉章出席庆祝中华民国建国33周年集会。10月11—16日，主持召开陕甘宁边区文教代表大会，并在开幕式上讲话。13日，出席会议讨论追悼邹韬奋事宜。11月7日，欢迎借林伯渠来延安的胡政之、王云五、冷遹、傅斯年、陶孟和等5位参政员。22日，主持延安各界追悼邹韬奋大会，并致悼词。在《解放日报》发表《哀悼为新民主主义奋斗的战士邹韬奋同志》。12月4—19日，出席陕甘宁边区第二届参议会第二次会议。19日，在闭幕式上发表讲话。9日，出席延安各界青年代表纪念"一二·九运动"9周年集会。18日，出席中央办公厅组织的集体祝寿会。中央办公厅为56位50岁以上的同志祝寿，这56位同志中有中央领导、中央委员，也有马夫、伙夫。李富春致开幕词，刘少奇、康生、陈毅致贺词，徐特立代表寿星们致谢词。时吴玉章65岁，毛泽东50岁。22日，吴玉章出席陕甘宁边区劳动英雄和模范工作者大会开幕式。（参见刘文耀、杨世元《吴玉章年谱》，四川人民出版社1998年版；艾克恩编纂《延安文艺运动纪盛》，文化艺术出版社1987年版）

　　周扬3月21日发表长文《表现新的群众的时代》，从理论上总结了文艺座谈会以后的秧歌运动，指出："这是实践毛主席文艺方针的初步成果。"文章说，延安春节秧歌，将新年变成群众的艺术节，数量之多，规模之大，远远超过职业剧团。多以反映生产、战斗、劳动为主题。出色的有《钟万财起家》（军法处秧歌队）、《动员起来》（枣园秧歌队）、《女状元》《变工队》（南区秧歌队）、《刘生海转变》（西北党校秧歌队）、《一朵红花》（中央党校秧歌队）、《组织起来》（杨家岭秧歌队）、《张治国》（留政宣传第二队）、《模范纺织》（延安市民秧歌队）、《好庄稼》（行政院秧歌队）、《雷老汉种棉花》（延安县秧歌队）、《孙老汉拾粪》（西北党校秧歌队）等。这是一次完全的秧歌集体创作，尤其值得重视的是工农兵参加了创作，展现了勇气，创造了才能。艺术工作者、学生知识分子则尽到其骨干、指导的责任。新秧歌是解放了的、开始集体化的新农民艺术，是消灭了或至少削弱了封建剥削的新农村的产物。群众已把秧歌当作自我教育的手段，用以表现生活斗争。新社会人与人、人与自然的关系在变化，群众欣赏力也在变化。他们需要"斗争秧歌"。这种转变由知识者开始，现在已成为群众的要求。在斗争条件下，新秧歌的主题、人物都在变，它已成为人民的集体舞、大合唱，不再以恋爱为主题或表现单调的农村生活。就形式而言，它加进了"五四"以来新文艺形式的要素，熔戏剧、音乐、舞蹈于一炉，是一种新型的、小型的广场剧。秧歌剧能迅速、简单、明了地反映群众生活斗争，它是建立大型民族新歌剧、新话剧的重要基础及推动力量。秧歌剧作为广场歌舞剧只是戏剧种类之一，它与话剧、平剧、秦腔等各有自己的传统和特点，各有长处和限制。它们不是互相排斥，而是互相补充，互相发展的。新秧歌还存在许多问题：其中群众观点、群众语言、群众感情、群众作风还不够；剧本中具有典型性、个性特征的人物还不多；应注意学习民间艺术，同时又要注意艺术性；应使文艺工作者与工农兵相结合。秧歌方面要做的工作：一、经常派职业剧团下乡；二、大量创作秧歌剧本，出版优秀作品；三、吸收工农兵参加秧歌写作和演出；四、有计划有系统地搜集和研究民间艺术；五、发展批评。

　　周扬接毛泽东4月2日信："此篇（指周扬为《马克思主义与文艺》一书写的序言）看了，写得很好。你把文艺理论上几个主要问题作了一个简明的历史叙述，借以证实我们今天的方针是正确的，这一点很有益处，对我也是上一课。只是把我那篇讲话（指《在延安文艺座谈会上的讲话》）配在马、恩、列、斯……之林觉得不称，我的话是不能这样配的。此外，第十页上'艺术应该将群众的感情、思想、意志联合起来'（见蔡特金写的《列宁回忆录》），似乎不但是指创作时'集中'起来，而且是指拿这些创作到群众中去，使那些被经济的、政治的、地域的、民族的原因而分散了的（社会主义国家没有了政治原因，但其他原因仍在）'群众的感情、思想、意志'，能借文艺的传播而'联合起来'，或者列宁这话的主要意思是在这里，这就是普及工作。然后在这个基础上'把它们提高起来'。是否可以作这样解释，请再斟酌一下，或同懂俄文的同志商量一下加以酌定。其余没有意见。"周扬当时用的译文是："艺术是属于人民的。它的最深的根源，应该是出自广大劳动群众的最底层。它应该是为这些群众所了解和为他们所挚爱的。它应该将这些群众的感情、思想和意志联合起来，并把他们提高起来。"1957年人民出版社出版的蔡特金《回忆列宁》一书的中译本中，这段话为"艺术是属于人民的。它必须在广大劳动群众的底层有其最深厚的根基。它必须为这些群众所了解和爱好。它必须结合这些群众的感情、思想和意志，并提高他们。"8日，周扬在《解放日报》发表长篇文章《马克思主义与文艺——〈马克思主义与文艺〉序言》，在《序言》中说：《马克思主义与文艺》一书是为了更好地学习毛主席《在延安文艺座谈会上的讲话》而编纂的。

"从本书当中,我们可以看到毛泽东同志的这个讲话一方面很好地说明了马克思、恩格斯、列宁等人的文艺思想,另一方面,他们的文艺思想又恰好证实了毛泽东同志文艺理论的正确。"《马克思主义与文艺》一书选辑了马克思、恩格斯、普列汉诺夫、列宁、斯大林、高尔基、鲁迅及毛泽东同志的有关文艺理论和意见,分为五辑:一、意识形态的文艺;二、文艺的特质;三、文艺与阶级;四、无产阶级文艺;五、作家、批评家。此外还附录了苏共中央《关于文艺领域上党的政策》《苏联作家联盟规约》及鲁迅《对于左翼作家联盟的意见》等。这本书是建立中国马克思主义文艺学的一项基础工程。

按:《序言》从"人类的一切文化,包括艺术与文学,都是群众劳动所创造的",来论证文艺为什么是从群众中来的;从脑力劳动与体力劳动的分离,而导致的"资本主义就同某些精神生产部门如艺术和诗歌相敌对",论证了艺术从群众中来,必须回到群众中去。周扬概括说:"毛泽东同志的《在延安文艺座谈会上的讲话》给革命文艺指示了新方向。这个讲话是中国革命文学史、思想史上一个划时代的文献。"《讲话》"最正确、最深刻、最完全地从根本上解决了文艺为群众和如何为群众的问题",这些论断,成为日后理论界对《讲话》评价的基本的、习用的观点。5月,此书首先由延安解放社出版。1946年3月、6月,东北大连大众书店两次再版。1947年5月,佳木斯东北书店再版。1949年4月,中原书店再版。它体现了周扬作为"毛泽东文艺思想宣传者、实践者"业绩。

周扬5月18日任延安大学校长兼教务处处长及文艺学院院长。是日,边区政府任命延安大学负责干部,决议说:"行政学院与延安大学合并,合并后学校名称仍称延安大学。任命周扬为延安大学校长兼教务处处长及文艺学院院长,王子宜为副校长兼干部处处长及行政学院院长,宋侃夫为秘书长,陈康白为科学院院长,张桂标为校务处处长,张成功为校务处副处长。"24日,延安大学在边区政府大礼堂举行开学典礼,毛泽东、朱德亲临参加并讲话。会议由校长周扬、副校长王子宜主持。毛泽东说,我们一切工作只有一个目标,就是打倒日本帝国主义。要把日本打出去,没有根据地就不行。有了根据地就要做工作,要做军事、政治、经济、文化、党务等项工作,以便给日寇以最后的打击。延大是政治、经济、文化的大学,这三项就是我们延大所要学习的,要学这一套,要做这一套。文化建设方面,要使边区老百姓每一个人至少识1000个字,要提倡卫生,要教会老百姓闹秧歌、唱歌,要达到每个区有一个秧歌队。家家有新内容的年画、春联。毛主席说要为实际服务,不要闹教条主义。人总要落在一个地点,不能到处飞不落地。教条主义就是不落地的,它是永远挂在空中。毛主席指出共产党人应该不怕自我批评,有缺点就公开讲出是缺点,有错误就公开讲是错误,一经纠正之后,缺点就不再是缺点,错误也就变成正确了。朱总司令说,延大这次开学是重新开始,重新教育,重新学习。他号召大家把学与用联系起来,学工科的与工厂结合,学农科的与农场结合。晚上演出《黄河大合唱》《把眼光放远一点》等节目。

周扬在9月15日《解放日报》发表《〈把眼光放远一点〉序》,说这是"一个反映敌后人民生活和斗争的独幕剧""是一个好剧本。以它所描写的内容的新鲜和它的艺术力量,以及它的大众性和艺术性的结合程度来说,它在抗战以来产生的剧本中,算得是最特殊的,非常优秀的一个"。9月20日,延安市文教会议开幕,到会代表121名。开会目的是交换经验,检讨缺点,订出今后方案。会议分艺术、卫生、教育、报纸四大项进行小组讨论,由边区政府民政厅长刘景范、延大校长周扬、延市马市长、市委张汉武分别负责指导。21日,延安文教会艺术组举行秧歌座谈会。参加者有秧歌队长、伞头、自乐班代表、农民画家以及延大的贺敬之、程钧昌、丁毅等。周扬为座谈会纪要写了《前记》。25日,周扬在延安市文教会议上详述秧歌队的组织和剧本问题。10月4日,延安戏剧界和鲁艺招待美国记者及剧评家爱金生,周扬陪同爱金生到鲁艺参观，并观看了鲁艺和党校三部联合表演的秧歌。10月11日，边区文教代表大会在边区参议会大礼堂开幕。11月12日，周扬在边区文教大会作总结报告《开展群众新文艺运动》。主要内容：1、群众要求新文艺，但封建旧文艺在群众中尚占优势。2、普及工作是今天整个新文艺运动的主要任务。3、改造旧秧歌，发展新秧歌，刘志仁是群众新秧歌运动的先驱与模范。4、改造旧戏，团结与改造旧艺人。5、加强地方剧团作用，贯彻剧团下乡方针。6、党政领导机关应重视文艺工作，加以认真、细致的领导。（参见中共中央文献研究室编撰、逄先知主编《毛泽东年谱（1893—1949）》，人民出版社、中央文献出版社1993年版；艾克恩编纂《延安文艺运动纪盛》，文化艺术出版社1987年版；金紫光、何洛主编《延安文艺丛书·文艺理论卷》，湖南人民出版社1987年版；孙国林编著，王佳钰、王增辉校订《延安文艺大事编年》，陕西师范大学出版总社2016年版）

艾思奇在《解放日报》副刊部，除忙于各种编务工作外，还写了大量政治、科普、文艺、哲学方面的文章，如《逼上梁山》《群众需要精神粮食》《人民的军队》等。1月8日，崇基（艾思奇）在《解放日报》发表《逼上梁山》，指出中央党校新编平剧《逼上梁山》，是平剧改革中大有成绩的一部作品。它在旧故事基础上添进了新的观点、新的内容，从而发挥了进步教育作用。对定型化的平剧形式，作了相当的改革。一是多了群众场面；二是改了脸谱，将被压迫的群众小花脸改为眉清目秀的英俊后生，把统治者改为丑角。演员也很努力，尤其几个丑角极为出色。演鲁智深的王琏瑛，把性格刻画出来了，使观众赞不绝口。演林冲的金紫光也很能胜任，他能表现出人物的坚韧卓绝的气概，具有很大的感染力量。20日，《解放日报》发表艾思奇写的社论《群众需要精神粮食》。他说：1943年的生产运动使边区丰衣足食，促使工农兵群众文化要求进一步提高。为响应毛泽东"组织起来"的号召，实现创造模范村、模范乡的口号，完成"自卫备荒"任务，文化战线的同志们，有责任在文化普及上做出更多的工作，使工农兵群众更深刻地认识当前的政策和任务。但是，我们的工作做得还很不够。延安文艺座谈会以来，文化工作上仍存在许多缺点：文艺真正深入农村只能算是开始，只有几个剧团在延安附近下乡；出版《边区群众报》《部队生活》报及另外一些通俗报刊，数量、质量上均存在不足。希望文化工作者肃清轻视、忽视普及工作和脱离群众、脱离实际的思想，真正眼睛向下，向群众学习，考虑群众的需要，根据实际斗争生活为群众创作作品，出版更多好的读物，以满足他们需要的精神食粮。

艾思奇5月参加周恩来召集的会议，布置延安追悼韬奋活动。艾思奇负责《解放日报》出悼念专刊，并参加纪念委员会，撰写纪念文章《中国人民大众的立场》。春夏之间，一批中外记者到延安访问，也访问了《解放日报》的副刊部，美联社记者史坦因、国统区《新民报》资深记者赵超构等发文称赞副刊编得好。赵超构在《中外人士访延安纪实》一书中指出："艾思奇主编的副刊堪称延安文坛的天枰。"同月15日，崇基（艾思奇）撰文评鲁艺工作团在延安演出的歌剧《惯匪周子山》，认为它编得好，演得好，新鲜有味，可以和《血泪仇》《模范城壕村》《逼上梁山》《抓壮丁》等好剧本并列得一等奖。7月，艾思奇与王丹一同志结婚。7月至8月间，《解放日报》报导了许多改造封建家长制旧家庭、建立新民主主义新式家庭的典型事例，为广泛宣传这种新式家庭在抗日根据地人民生活中的意义和作用，报社决定由艾思奇起草一篇社论，题为《把新民主主义社会的基础建立在家庭里》，送有关领导阅示。毛泽东十分重视，作了很多修改，将题目改为《改善家庭关系，建设新家庭》。毛泽东认为："改的与原文颇不调和"，批示："此文不发表。"但这是一篇具有重要历史意义的未刊稿。完成了坚持14年业余时间翻译海涅的《德国——一个冬天的童话》长诗，趁林默涵调往重庆《新华日报》工作之机,捎给黄洛峰主持的读书生活出版社出版。秋,美军军事观察组到南泥湾参观359 旅举行的军事演习,王震将军邀请了艾思奇夫妇、音乐家贺绿汀、农学家陈凤桐,一同到南泥湾参观颇具规模的军事演习;并以开荒生产的劳动成果宴请大家,也将南泥湾的精神介绍给了国际友人。从 1944 年底开始,艾思奇参加了中共高级干部对《关于若干历史问题的决议》(草案)的学习讨论。(参见《艾思奇全书》第 8 卷附录《艾思奇生平年谱》,人民出版社 2006年版;艾克恩编纂《延安文艺运动纪盛》,文化艺术出版社 1987 年版;孙国林编著,王佳钰、王增辉校订《延安文艺大事编年》,陕西师范大学出版总社 2016 年版)

范文澜《论王实味的思想意识》由冀鲁豫书店出版。7 月 23 日、26 日,《汉奸刽子手曾国藩的一生》(中国近代史稿的一节)连载于延安《解放日报》,同年由延安新华书店出版。文中揭露曾国藩的虚伪:"曾国藩学得道学的虚伪,却不曾受束缚于道学的迂腐。邵懿辰当面责备他虚伪,说他对人能作几副面孔。曾国藩说,'我生平以诚自信',专标一个诚字来用人、办事;左宗棠与他因派别冲突,结成深仇,专标一个伪字来揭穿他。事实上虚伪和残忍是结合在一起的,虚伪乃是残忍的一方面,这两方面正是曾国藩这个反动派代表者的特点。没有虚伪就不能表现他反对革命的真诚。"他严词声讨曾国藩残酷屠杀太平军的罪恶行径:"他把惨杀当痛快,后来每次战胜,他总是用痛快的表情,绘声绘色地写出屠场的惨景,宛如一幅一幅的地狱图,向满洲空帝报功请赏。他的汉奸刽子手立场的坚决,真像顽石一般。"曾国藩攻破安庆,屠杀城中太平军二万余人。"他自称大快'人'(兽)心,向咸丰帝报功,不料这个满洲主子在八月里因荒淫过度死去了。他接到消息,哭得'伏地恸绝',说是不得趁主子活着的时候博他一笑。"又揭露曾国藩办天津教案,以预先保证杀人数目讨好法国侵略者。"经过这次屈辱外交,曾国藩的汉奸面目太暴露了,全国朝野呼为卖国贼,人人欲得而诛,连他的湖南同乡也把他在湖广会馆夸耀功名的匾额,摘下来打碎成灰了。"10 月 10 日,范文澜《辛亥革命:三条路线斗争的结果》刊于延安《解放日报》。(参见陈其泰《范文澜学术思想评传》,北京图书馆出版社 2000 年版)

徐特立与胡乔木、柳混混、杨和亭等 3 月中旬受毛泽东之邀,商谈群众教育改革问题。3 月 19 日,陶行知生活教育社运动十七周年纪念日,与柳湜联名提议召集国民教育座谈会,交换对过去与今后边区教育工作的意见。会上介绍了生活教育运动许多值得学习的经验,并将陶行知的精神概括为"面向群众,实事求是",认为陶行知最重视中国农民的教育,亲自走到农村去,走上门对农民进行教育。春,为办好延安中学,到该校住校一个多月,进行调查研究,指导工作。4 月,参加毛泽东召集的群众文化教育改革座谈会。6 月 12 日,在延安接见中外记者赴西北参观团。10 月 11 日,出席陕甘宁边区文化教育会议开幕式并讲话。11 月 22 日,在追悼邹韬奋的大会上发表《韬奋的事业与精神》的讲话,从邹韬奋一生的事业,追溯他的革命精神及实际精神,以及全身心地贡献于人民的奋斗精神。讲话稿刊于同日《解放日报》。(参见《徐特立年谱》编纂委员会编《徐特立年谱》,人民出版社 2017 年版)

谢觉哉时任陕甘宁边区参议会副议长。7 月 28 日,毛泽东致信谢觉哉:"《明季南北略》及其他明代杂史我处均无,范文澜同志处或可找得,你可去问讯看。《容斋随笔》换一函送上。其他笔记性小说我处还有,如需要,可寄送。"12 月 1 日,毛泽东修改谢觉哉准备在二届二次参议会作的《常驻会工作及明年改选问题》报告后,致信谢觉哉,指出:关于此次参议会的问题,中央想讨论一次。"政治民主有其自己的内容,经济是其物质基础,而不就是政治民主的内容。文化是精神的东西,它有助于政治民主,也不就是政治的内容。""人民各项权利,在我们这里,只能说实现了几个重要部分,例如管理政府,工作权,在现有物质条件限制下的言论、出版、集会权等。至于休息权,中国目前大体上还谈不到,工农更是如此。教育权、老病保养权,还在走头一步。苏联宪法是几个五年计划的产物,在中国许多部分还是理想,不是事实。"这些请考虑。(参见中共中央文献研究室编撰、逢先知主编《毛泽东年谱(1893—1949)》,人民出版社、中央文献出版社1993年版;艾克恩编纂《延安文艺运动纪盛》,文化艺术出版社1987年版)

李鼎铭时任陕甘宁边区政府副主席。4月29日,毛泽东同志给陕北民主人士李鼎铭(边区政府副主席)一信:"《永昌演义》前数年为多人所借阅;近日鄙人阅读一过,获益良多。并已抄存一部,以为将来之用。作者李健侯先生(陕甘宁边区参议员,在米脂县文献委员会工作)经营此书,费了大力,请先生代我向作者致深切之敬意。此书赞美李自成个人品德,但贬抑其整个运动。实则吾国自秦以来二千余年推动社会向前进步者主要的是农民战争,大顺帝李自成将军所领导的伟大的农民战争,就是二千年来几十次这类战争中的极著名的一次。这个运动起自陕北,实为陕人的光荣,尤为先生及作者健侯先生们的光荣。此书如按上述新历史观点加以改造,极有教育人民的作用,未知能获作者同意否?又健侯先生近来健康如何,能来延安一游否?统祈转致健侯先生为祷!"

按:李健侯又名李宝忠,陕西米脂县小桑坪人。1894年1月24日生于官宦家庭。其父在绥德当知州。李宝忠从小听过许多家乡农民讲的造反头目李自成的故事。当他知道李自成和自己是一个家族后,便决心创作《永昌演义》。他到处收集李自成的传说,并请人到河南、湖北等地采访,抄录了有关史书和文献记载。他"检集正杂各史,稗官笔记以及各州县志,聚私家抄本,旁采乡里闾巷父老传闻""存其可证之事,弃其不经之谈"(见《永昌演义》自序),于1926年写出初稿。杜斌丞等人看后,提了意见。作者六次修改,于1930年冬定稿。全书40回,近40万言。李鼎铭当了陕甘宁边区政府副主席后,将该书转交毛主席。毛主席阅后十分高兴,将此书抄录一份,给李鼎铭写了一信。李鼎铭托四子李之配将毛主席手书转交李宝忠。李看后激动不已,即赴延安。毛主席热情地接待了他,奖励两石小米。建国后,毛主席指示陕西省政府将李宝忠安排在省文化馆当研究员,修改《永昌演义》。不幸于1950年病逝。(参见艾克恩编纂《延安文艺运动纪盛》,文化艺术出版社1987年版)

李卓然继续任中共西北局宣传部长。1月31日,中共中央西北局宣传部发出通知《关于秧歌队总结经验问题》。要求各秧歌队、宣传队就下列问题做出总结:一、秧歌队成立经过,工作中的困难,克服困难的办法,工作情绪;二、将演出的戏剧节目和极受欢迎的剧目的名单抄录一份;三、演出的次数、地址、观众数目;四、观众的反映:某些人对某剧之态度,对秧歌队的意见;五、最出色的演员的姓名、简历。4月28日,西北局文委召开会议,总结去年春节下乡剧团秧歌队及今年春季宣传队工作的经验。到会有延大、鲁艺、文协、平剧院、民众剧团等下乡宣传队负责人和延安各文化领导机关的代表。会议由宣传部长李卓然主持。会上肯定下乡工作的成绩,它具体实践了毛主席的文艺方向,在作品内容上反映了党的政策与广大群众运动相结合的现实,艺术上也提高了一步。同时指出对毛主席《讲话》还缺乏深刻体验,对边区人民思想情绪、生活、语言还不熟悉。张庚、柯仲平、王镇武、杨醉乡、吴雪等相继详述各剧团下乡工作的成绩、缺点与偏向,并用事实说明创作与演出的问题,如怎样写人物性格、写词配曲以及大剧本与小剧本如何利用和改造平剧等旧形式问题,下乡的准备工作及组织问题,加强与统一全边区戏剧工作的指导问题。5月2日,继续开会,周扬、艾青、柳湜、马健翎、杨醉乡、张庚、王震之、萧三、艾思奇等就以上问题发言。柯仲平根据下乡经验讲述"服从当时当地政治任务的临时创作"的重要性及领导上对这临时创作的态度,赵伯平略述各种戏剧形式的历史根源以及如何利用其为工农兵服务问题;周扬论述延安戏剧运动的历史发展及这次秧歌剧运动的群众性的特点,认为各宣传队下乡的经验,使艺术服从政治及民间形式改造这两个问题得到了实际解决。他认为现在仍应以普及为主,应从实际出发来反映政策,并推动政策的实行。会上,西北局文委委托周扬、赵伯平、柯仲平 3 人负责组织研究边区剧运情况,审查剧本,指导边区戏剧工作。最后,李卓然对批评与奖励问题讲了话。文协主任赵伯平提出受奖的秧歌剧共 20 余个,经到会同志交换意见和补充后,总数增到 31 个。其中一等奖剧目有《血泪仇》《模范城壕村》《逼上梁山》《抓壮丁》《惯匪周子山》等。

李卓然 8 月 8 日主持边区文教会筹委会、西北局文委召开的座谈会,阐明开会意义,主要讨论下乡办冬学及推动秧歌戏剧的准备工作。出席者胡乔木、周扬、刘芝明、丁玲、沙可夫、萧三、张庚、艾青、欧阳山、塞克、赵伯平、马健翎、欧阳山尊等 20 余人。周扬就秧歌戏剧问题提出初步意见,尔后大家讨论。一致认为目前戏剧应以普及为主,组织和推动群众的秧歌活动,做到一个区一个秧歌队,主要由老百姓自己搞,我们下乡去帮助。去年是"秧歌下乡",今年是"乡下秧歌"。谈到剧本问题,大家认为秧歌剧团最需短小精悍,以 15 分钟演完最适宜。决定由党校、延大、文协的同志分别担任写作。关于下乡地区分配,决定延属分区由党校负责,绥德和陇东分区由鲁艺负责,三边和关中分区由文协负责。并推定延大校长、鲁艺院长周扬草拟关于如何推动"乡下秧歌"的计划,供下乡同志参考。会上对正在崛起的反映革命战争的大型话剧如鲁艺的《粮食》,联政宣传队的《沁源围困》和已演出并获得好评的中央党校的《同志,你走错了路》等,均认为对戏剧运动有极大的意义和推动。但在边区目前仍以普及的"乡下秧歌"为主。

李卓然 12 月 28 日召集中共中央西北局宣传部各有关机关开会,讨论春节宣传工作,并提出初步意见,继有赵毅敏、艾思奇、肖向荣、周扬、赵伯平等发言。认为依照毛泽东同志《一九四五年的任务》中指出的,着重抓下列宣传中心:(一)向边区人民说明,只有建立民主联合政府,抗战才能胜利。(二)宣传八路军、新四军及敌后各解放区人民英勇奋斗的战绩与陕甘宁边区的建设成绩。(三)宣传与表扬边区劳动英雄及群众中卫生识字的范例。具体措施:一、由中央党校、鲁艺、联政、边区保卫处等宣传队及枣园、文协等文工团,在春节中组织新秧歌队在本市表演,并深入延安、安塞、甘泉等县;二、发动本市各机关学校中的杂务人员及工作人员与附近居民合组秧歌队,或派干部在附近乡村进行个别宣传;三、由中央党校、鲁艺宣传队和枣园文工团等分别派人帮助"难民"等工厂的春节宣传,文协文工团派人帮助本市市民秧歌队;四、由中央党校、鲁艺、联政、文协、保安处等宣传队创作配合当前形势的活报剧或秧歌剧;五、由《解放日报》和《边区群众报》登载有关宣传内容的具体材料,并及时报道各地春节宣传活动的情形与经验。(参见艾克恩编纂《延安文艺运动纪盛》,文化艺术出版社 1987 年版;孙国林编著,王佳钰、王增辉校订《延安文艺大事编年》,陕西师范大学出版总社 2016 年版)

肖向荣任联防司令部政治部宣传部部长。11 月 22 日,在边区文教会上总结部队文教工作时说:文艺工作要创造部队作风。文艺座谈会后,部队文艺工作有了进步,近年来留守兵团政治部宣传队创作并演出《张治国挖甘草》《刘顺清开辟南泥湾》等戏,使文艺逐渐走上正确方向。如何注意部队特点,创造部队作风? 1. 必须打破所谓部队齐整划一、穿的同样的衣服、没有特点和不好表现的形式主义的看法。2. 内容主要应反映部队实际情况,特别是具体的人和事。3.新秧歌是表现群众的形式,不是表现军队的形式。为部队服务的戏剧应以创造表现军队的形式为主。4.眉户、道情及其他民间小调,不十分适于表现军队。音乐上应以创作合乎军队生活方式和情感的歌曲为主。5.为合乎军队的实际,避免起反作用,女角色在戏剧中应提起注意。6.以创造军队形式为主,并不反对利用旧形式。7.连队文娱工作,以歌咏为主,并发展小型戏剧活动。(参见艾克恩编纂《延安文艺运动纪盛》,文化艺术出版社1987年版)

　　柳湜时任陕甘宁边区政府教育厅厅长。10月11日,陕甘宁边区文教代表大会在边区参议会大礼堂开幕。这次规模空前的会议,是由西北局宣传部、教育厅、边区文协共同筹办的,历时1个月,至11月16日圆满结束。出席者分8个代表团,450余位代表,加上来宾和旁听者共计千余人。包括工农、热心文教的绅商、少数民族、宗教人士、知名作家、艺术家,以及国际友人。柳湜致开幕辞,朱德、吴玉章、徐特立、李鼎铭等出席大会并讲话。朱总司令发表讲话说:今天文化教育工作上的巨大成绩,证明毛主席前年在文艺座谈会上的正确结论,发生了效果。以前文艺工作者与群众没有结合得好,现在他们和群众开始结合,并发动广大群众自己来做,这是值得庆幸的事情。他说这里不分贫富,男女老少都可以读书受教育,而在大后方文化人说句真话就有生命危险。吴玉章说:中国人民百分之八十以上不识字,消灭文盲是一件巨大的工作。徐特立说:我是来学习的,我读了几年书,觉得还有许多新的东西要学习。他赞扬了几个民办小学的工作,强调学习要跟实际密切联系,破除教条。晚上举行招待会,由延安大学演出《虎符》。11月15日,陕甘宁边区政府秘书长罗迈(李维汉)作大会总结,题为《开展大规模的群众文教运动》,内分为六个问题:一、边区文教工作的总任务;二、新时期开始了;三、组织广泛的统一战线;四、发动群众,加强领导;五、质与量并重,反对形式主义;六、培养大批的边区知识分子,是开展文教运动的总关键。16日,历时1个月的边区文教大会闭幕,边区文教大会作出《关于发展群众艺术的决议》,这个决议经边区二届二次参议会批准,共4条:一、新艺术是伟大的教育武器,是新的政治、经济不可缺少的同伴。文艺工作有普及与提高两方面的任务,目前以普及为主。要加强领导,团结一切艺术工作者,大力发展新艺术,改造旧艺术,使艺术在边区建设中发挥它的力量。二、艺术的新旧,决定于能否为群众的利益服务,能否为群众的战斗、生产、教育服务。发展新艺术和改造旧艺术,不能靠行政权力,必须依靠群众。目前,戏剧是主要的。戏剧的改旧创新的主要方面,是发展新戏剧,做好团结旧艺人的工作。三、发展边区群众艺术,基本上就是发展与改造农民艺术。要注意边区的实际条件,从思想入手,分出轻重、缓急、好坏,不能简单化、绝对化。要鼓励演新戏。四、随着普及的发展,必然要求逐步提高。专业文艺团体是指导普及的支柱,应起指导作用。

　　按:本《决议》于1945年1月2日在《解放日报》发表。(参见艾克恩编纂《延安文艺运动纪盛》,文化艺术出版社1987年版;孙国林编著,王佳钰、王增辉校订《延安文艺大事编年》,陕西师范大学出版总社2016年版)

　　杨绍萱、齐燕铭等集体创作了平剧《逼上梁山》。1月2日,延安各机关欢欣鼓舞迎新年,纷纷举行同乐晚会。中央党校首次演出平剧《逼上梁山》(杨绍萱、齐燕铭等集体创作,齐燕铭导演,金紫光、王连瑛、索立波、赵光远等演出)。9日夜,毛主席给中央党校杨绍萱、齐燕铭写信:"看了你们的戏(指他们编导、延安党校三部演出的京剧即平剧《逼上梁山》),你们做了很好的工作,我向你们致谢,并请代向演员同志们致谢!历史是人民创造的,但在旧戏舞台上(在一切离开人民的旧文学旧艺术上)人民却成了渣滓,由老爷太太少爷小姐们统治着舞台,这种历史的颠倒,现在由你们再颠倒过来,恢复了历史的面目,从此旧剧开了新生面,所以值得庆贺。郭沫若在历史话剧方面做了很好的工作,你们则在旧剧方面做了此种工作。你们这个开端将是旧剧革命的划时期的开端,我想到这一点就十分高兴,希望你们多编多演,蔚成风气,推向全国去!"

按:齐燕铭撰文说:特别值得回忆的是 1 月 9 日,我们的戏只演了十来场,剧本修改还不那样完整,上午教务处突然通知说:毛主席要来看我们的戏,并要先将剧本送去。当时我们兴奋极了。立即紧张地进行一切准备。只有剧本拿不出一个完整的本子。大家商量由五个同志分工,每人几场,在旧本子上,根据现在演出情况,回忆着,修改出来,然后用当时延安比较好的毛边纸,毛笔抄清,在当天中午迅速送到中央办公厅转呈毛主席。这天演出是在中央党校大礼堂,从幕布缝隙中,望到毛主席坐在台下中间,一直把戏看完。次日清晨,一位警卫员送来一个大信封,上面龙飞凤舞的大字写着另一同志和我的名字,下有毛主席的署名。啊!是毛主席的亲笔信!两张信纸读完,下面写的日期是"一九四四年一月九日"。原来毛主席看了戏回去,竟不顾疲倦,在午夜灯光之下,写了这封对于戏曲革命具有深远意义的指示而又热情洋溢的信。这时我们的兴奋,实在无法用言语表达。当我们将此信向全体同志宣读后,大家对伟大领袖给这个戏以如此高的评价,指出它是"旧剧革命的划时期的开端",这是对于我们最大的鼓舞和鞭策,增加了我们把戏搞好的决心。

按:刘芝明在 1945 年 2 月 26 日《解放日报》撰文介绍《逼上梁山》的创作经过《从〈逼上梁山〉的出版谈到平剧改造问题》。说《逼上梁山》初稿是杨绍萱写成的,还有齐燕铭、李波、邓泽、金紫光、王禹明、齐瑞堂、王琏瑛、贺瑞林等帮助。最后完成靠群众的力量。初稿共 23 场,1943 年 9—10 月间写。先后改过二十次。中央党校俱乐部设有业余平剧组织,叫"大众艺术研究社",从事研究、改造平剧的尝试。创作中提出《逼上梁山》应该写群众事业呢?还是写林冲的个人英雄呢?应通过林冲的遭遇反映群众的斗争,反映像林冲这种人物的前途,写出一个轰轰烈烈的创造历史的群众运动。如何掌握《水浒》的问题,既要照顾《水浒》的历史真实性,又要加以改造、选择、批判,尽量考虑群众的习惯性。一个戏剧的灵魂是思想,《逼上梁山》所以有思想,不是反映一些表面现象,而是通过艺术给人以教育、鼓舞。平剧改革的三条规律是:一、以利用平剧形式为主加以适当的改造和批判,不是推倒它和否定它。二、利用旧形式不是连同封建内容也一道保存下来,而是改造成新内容。三、要了解旧形式(包括服装、道具、音乐、歌舞、说白等)和新内容的矛盾,其统一办法就是演新观点的历史剧。该剧的缺点是:过于分散、零碎,没有适当集中。林冲思想转变写得不明确,主要群众写得不够。(参见艾克恩编纂《延安文艺运动纪盛》,文化艺术出版社 1987年版)

胡乔木继续任毛泽东秘书、中共中央政治局秘书。5 月 27 日,毛泽东就艾青写的《秧歌剧的形式》一文,给胡乔木一信:"此文写得很切实、生动,反映了与具体解决了年来秧歌剧的情况和问题,除报上发表外,可印成小册,可起教本的作用。最好把文尾附注移至文前,并稍为扩充几句,请与作者商酌。"据不完全统计,延安从 1943 年春节到 1944 年上半年,创作并演出了 300 多个秧歌剧,观众达 800 万人次。艾青的《秧歌剧的形式》,正是这一秧歌运动的总结。(参见艾克恩编纂《延安文艺运动纪盛》,文化艺术出版社 1987 年版;孙国林编著,王佳钰、王增辉校订《延安文艺大事编年》,陕西师范大学出版总社 2016 年版)

丁玲 4 月调至边区文协专门写作,胡乔木鼓励她去写报道。同月,陈明也由党校三部调至边区文协。5 月,与陈明、画家石鲁等人去延安柳林区麻塔村 3 天,回来后作《三日杂记》,年底又作修改,刊于次年 1 月 12 日《解放日报》。文章描绘了陕北根据地人民生产和生活的风貌。6 月中旬,陕甘宁边区在延安召开合作社会议,丁玲广泛接触这些互助合作中的模范人物,写成报告文学《田保霖——靖边县新成区五乡民办社主任》。文章介绍田保霖和党同心协力建设新民主主义新靖边,热心为人民服务的事迹。30 日,报告文学《二十把板斧》发表于《解放日报》。作品报道了某县游击队用 20 把板斧扳掉敌人一个碉堡,缴获许多武器的故事。7 月 1 日,收到毛泽东信:"丁玲、欧阳山二同志:快要天亮了。你们的文章(指丁玲的《田保霖》和欧阳山的《活在新社会里》)引得我洗澡后,睡觉前一口气读完。我替中国人民庆祝,替你们两位的新写作庆祝。合作会议要我讲一次话,毫无材料,不知从何讲起。除了讲你们的文章之外,我还想多知道一点,如果可以的话,今天下午或傍晚,拟请你们来我处一叙。"两人如期前往,毛主席招待便餐。毛泽东说,写《田保霖》是丁玲写工农兵的开始。丁玲受到很大鼓舞,虽然她不觉得这篇文章好,一点也不满足,但她说:"这封信给我很大鼓励,我的新的写作作风开始了。什么是新写作作风呢? 就是写工农兵。"同月,为纪念抗战 7 周年,博古分配丁玲写《一二九师与晋冀鲁豫边区》,此文作为解放区介绍之六由《解放日报》8 月 14—19 日连载。

　　丁玲与陈明 8 月去安塞难民纺织厂深入生活两个多月,收集这个厂的史料,原拟写厂史,因收集的材料在 1946 年战事中遗失,未写成。9 月,回延安会见英国记者福尔曼,事毕返回安塞。10 月中旬,从安塞回延安,参加陕甘宁边区文教卫生模范工作者代表大会。20 日,参加延安文艺工作者代表大会,作通讯《民间艺人李卜》,发表于本月 30 日《解放日报》。文章记叙了民间艺人李卜苦难、颠簸的生活经历及参加延安民众剧团的成长过程。21 日,在《解放日报》副刊发表《谈鬼说梦的世界》。文中认为"有话不能直说,在我们这封建专制国家,原来是由来已久……民国以来民主仍是一句空话,谈鬼说梦的方法仍然有它的地位,而国民党统治下,连做梦的自由都没有"。11 月,参加边区劳动英雄大会,写成报告文学《袁广发》,原题《袁光华》,发表于次年 1 月 12 日《解放日报》。文中介绍 7 次负伤的红军营长袁光发以主人翁的态度创办难民纺织厂,千方百计克服困难,任劳任怨搞好生产,成为边区劳动英雄的事迹。年底,与陈明、石鲁等人去聚财山,计划根据"红鞋女妖精"案写一章回小说,因后来北上赴张家口,未写成。(参见王周生《丁玲年谱》,上海社会科学院出版社 1997 年版)

　　艾青 6 月 28 日在《解放日报》发表《秧歌剧的形式》一文,谈 7 个问题:一、群众的新歌舞剧。二、秧歌剧的表现手法。三、音乐、歌曲、歌词。四、舞蹈。五、化妆、服装、道具。六、大型剧、小型剧。七、群众的喜剧。文章说,秧歌剧所以能够很快地发展,主要因为它体现了毛主席的文艺方向——和群众结合,内容表现群众的生活和斗争,形式为群众所熟悉所欢迎的。它歌颂人民,歌颂劳动,歌颂革命战争。工农兵成了剧中的主角。秧歌剧的表现手法吸收了各种戏剧手法,主要是象征手法和写实手法。象征手法是用手势或别的动作,来形容物体的存在和运动。现实手法要求动作真实,给观众增加真实感和亲切感。总之,从剧本的内容到形式,从秧歌队的组织到演出,都是最富有群众性的东西。7 月 4 日,艾青在《解放日报》发表他在延安文化界招待中外记者团会上的发言《我的声明》。声明公布了重庆《良心话》刊物的一张剪报,题目是《行不得也——艾青!》,艾青列举事实加以反驳。"《良心话》毫无良心""今天我把从重庆寄来的这个造谣污蔑的材料宣布出来,是为了要证明:国民党常常给那些不应该享受自由权利(因为他们破坏团结抗战)的人以自由;却不给应该享受自由权利(为团结抗战而努力工作)的人以自由。请记者先生们注意这个事实"(参阅南京《新民报》主笔赵超构的《延安一月》)。11 月 8 日,艾青在《解放日报》撰文《汪庭有和他的歌》,介绍木匠汪庭有的经历和诗歌创作。他的《老顽固》是一首长歌,分十二月唱,每月八句,叙述"友区"(按——指当时国民党统治区)人民受顽固分子糟踏的痛苦。他的《十绣金匾》表达了对毛主席和革命政权的热爱。文章说像汪庭有这样的新民间艺人、群众艺术活动的组织者,在边区逐日增多。(参见艾克恩编纂《延安文艺运动纪盛》,文化艺术出版社1987年版)

萧三2月2日在《解放日报》发表改编剧《傻瓜》。原剧为苏合多尔斯基编,记叙游击队战士智取敌营、活捉日寇中尉的故事。萧三在剧末加注:这个剧不能称为"独幕戏",只是"剧速写"的一种形式——作者是苏合多尔斯基,收在1942年莫斯科艺术出版局出版的集子里。4月5日,萧三撰文《看了〈动员起来〉以后》,说:枣园文艺工作团演出的《动员起来》,编剧很出色,方言使用、唱腔的选择也很成功。要发展方言文艺,新文字是一个好工具。一些难用汉字表达的方言,用拉丁字母拼出,既方便,也不失方言原来的音、意味、神气。5月19日,经毛主席建议,萧三所译苏联A·考涅楚克作三幕五场话剧《前线》在《解放日报》分8天连载完毕。《解放日报》并转载1942年9月29日发表于《真理报》《消息报》和《少共真理报》的介绍斯大林文艺奖金获奖剧本《前线》的文章。6月1日,《解放日报》发表社论《我们从考涅楚克的〈前线〉里可以学到些什么?》。重庆《新华日报》于7月31日转载了这篇社论。社论说:荣获斯大林文艺奖金第一奖的话剧《前线》,为什么在德寇攻到斯大林格勒门前时公演呢?因为红军中有大大小小的戈尔洛夫们,他们有功劳,有忠心,有勇敢,但没有使用头等军备的能力。他们摆老资格、不学习;他们没有能力,又摆老资格,就势必与一些"笨虫——糊涂种,拍马屁的,会钻营的,卑鄙的家伙"结成一气,来打击与排挤有能力的人。只有把他们教育过来,如果教育不过来就撤换下去,战争才能胜利。因此,《前线》成为转换战局的因素之一,价值无可比拟。我们公演《前线》有很大意义,它将帮助我们教育出许多才德兼备、智勇双全的干部,并提高人民和军队的文化水平,打倒日寇,实现抗战建国的胜利。2日,萧三在《解放日报》撰文《欢迎西北战地服务团回延》。7月1—2日,萧三的《毛泽东同志的初期革命活动》连载于《解放日报》。

按:此文的产生,经历了一个曲折的过程。1943年12月26日,是毛泽东50岁生日。4月间,中共中央宣传部副部长凯丰致信毛泽东,报告了为他祝寿的计划。4月22日,毛泽东回函凯丰予以明确拒绝。此前,任弼时郑重嘱托毛泽东的好友、诗人萧三:写一本"毛泽东传",以庆祝他的五十大寿。毛泽东的秘书胡乔木极力促成此事,为使萧三集中精力写成这本书,免除了他的一些会议活动,力争1943年12月写成。5—10月间,萧三访问了陈正人、蔡畅、谢觉哉、徐特立、谭政、周恩来、朱德、叶剑英、胡耀邦、胡乔木等,搜集了大量素材。更为难得的是毛泽东在与他"翻古"时,也零星地谈到自己的一些经历。根据这些材料和萧三自己做学生时与毛泽东同窗时的接触,经过紧张撰写,完成长篇文章《毛泽东同志的初期革命活动》,准备公开发表。但被毛泽东制止。直至1944年7月1日党的生日发表在《解放日报》上。(参见艾克恩编纂《延安文艺运动纪盛》,文化艺术出版社1987年版;孙国林编著,王佳钰、王增辉校订《延安文艺大事编年》,陕西师范大学出版总社2016年版)

舒群因在青岛坐牢期间的政治表现没有证明人,《解放日报》副总编余光生积极执行康生的指示,诬陷舒群在坐牢期间有叛变行为,并训斥他是"文痞""无赖",致使舒群不得不被迫停止工作,接受党组织的隔离审查。其间又不幸染上了肺病,曾一度想自杀。后来,党组织决定把舒群的问题暂时保留,日后审查。《解放日报》社社长博古与三五九旅旅长王震商量,由王震担保,调舒群到南泥湾三五九旅干休所疗养,同时让其从事开荒生产和帮助战士学习文化。在南泥湾期间,舒群结识了一大批长征军事干部和工农群众,这些人的言行给予了舒群很大触动,也更加坚定了他终生和工农大众站在一起的决心与立场。9月4日,重庆《新华日报》转载舒群去年3月31日首刊于《解放日报》副刊文艺专栏的《必须改造自己》。编者在前言中说:"对于从事任何事业的人,自我批评都是进步的推动力,作为'灵魂工程师'的作家自然也不是例外。在'批评与介绍'专页上希望能有自我批评的文章刊出。现在先从选载延安作家的文章开始。八月十四日已刊立波先生的一篇，这里再转录舒群先生的一篇。"秋，舒群的个人问题得到了澄清，党组织恢复了舒群的工作，调他到延安鲁迅艺术学院工作，担任文学系主任。为了适应党的迫切需求，舒群积极扩大教员的阵容，除了文学系原有的教员何其芳、周立波、陈荒煤、严文井、公木、天兰，又先后请来了萧军、艾青、欧阳凡海、高长虹、李又然、孙犁、邵子南等人。舒群安排萧军、何其芳、周立波、公木等负责授课，严文井负责组织创作实习，孙犁、邵子南、孔厥等分别辅导，进行作品讨论。（参见侯敏《舒群在延安始末考》，《文艺报》2017年9月18日；孙国林编著，王佳钰、王增辉校订《延安文艺大事编年》，陕西师范大学出版总社2016年版）

周立波任《解放日报》社副刊部副部长并主编文艺副刊。3月2日在《解放日报》发表《秧歌的艺术性》，此为较早关注和提出秧歌艺术性的一篇文章。文中指出：边区群众欣赏力在普遍提高，秧歌的艺术性也应提高，即内容丰富，题材多样，少模仿，多创造。不仅应深入工农兵，发现新问题，猎取好材料，而且也应充分发挥秧歌形式的特点：一、它是广场剧，锣鼓要响，歌喉、动作要大；剧情紧凑、简明，尽快引起高潮，人物不宜太复杂。二、应明快，有风趣，嬉笑怒骂皆成文章。三、它是歌舞剧，歌唱要好，舞蹈要美，应适当吸收民间、西洋的音乐舞蹈，器乐方面将胡琴、唢呐、古笙等配合使用。8月14日，立波的《要真正到群众中去，不再"做客"》一文由重庆《新华日报》转载。编者说：能够认真实行自我批评，就能够不断地进步。在"批评和介绍"专页上，希望常能有作家的自我批评的文章刊出。现在先把在延安的作家的文章选载一篇。这篇是节录出来的，题目也是由编者所加。11月9日，萧三、立波在《解放日报》发表《练子嘴英雄拓老汉》。拓老汉叫拓开科，子洲县裴家湾人。16岁起闹秧歌，最拿手的是练子嘴（快板）。共编出23个练子嘴，最受欢迎的有《闹官》《种棉花》《禁洋烟》等。《解放日报》发表拓开科写的练子嘴《闹官》。周立波、舒群的文章，帮助国统区文化界更多地看到延安作家们新的文艺思想面貌。冬，任八路军南下第一支队司令部秘书，随军南征。（参见艾克恩编纂《延安文艺运动纪盛》，文化艺术出版社1987年版；孙国林编著，王佳钰、王增辉校订《延安文艺大事编年》，陕西师范大学出版总社2016年版）

陈学昭1月12日在《解放日报》发表剧评《看〈苏联人〉回忆》，呼吁开展新话剧活动。文中指出：年前中央党校演出此剧时曾在延安观众中引起极大兴趣，并留下深刻印象。自延安文艺座谈会后，大本的话剧再未演出。以前许多话剧，因与群众实际斗争距离较远，或完全无关而停演，而把戏剧工作者的精力用在坚持正确的方向上，是对的。但这并不意味着话剧这种形式不要了，《苏联人》仍意义极大。希望延安以《苏联人》的演出为契机展开一个新的话剧运动。我们边区和各抗日根据地，有许许多多感人的故事，英雄事迹，只要我们到生活中去，就有写不完的话剧题材。关键是剧作家如何组织这些材料，创作出令人爱看的剧本来。陈学昭的倡议得到了不少剧作家的响应。3月8日，陈学昭撰文《体验劳动的开始》。文章说，谁都明白，为着"自卫备荒"，每个人必须生产，减轻人民负担，改善自己生活。但实践的时候，就碰到许多思想问题。我想："学纺纱，把时间浪费在这个事情上面，一小时能纺多少？"从不耐烦、轻视、害怕、抱怨，经过一番斗争，才耐心地坐在纺车旁边纺起纱来了。我相信今天的延安，没有一个女同志不会摇纺车的，这好象不是一件了不起的事情，但对知识分子来说并不是很简单的。从劳动中改造知识分子，这确是一件大事。（参见艾克恩编纂《延安文艺运动纪盛》，文化艺术出版社1987年版；孙国林编著，王佳钰、王增辉校订《延安文艺大事编年》，陕西师范大学出版总社2016年版）

　　林默涵4月11日在《解放日报》发表《关于秧歌的三言两语》：春节期间，各秧歌队的表演有共同点：对于当地群众生活、风格、语言熟悉，所以演来亲切，使百姓们易于接受。群众知道必须抓住哪一点，才能强有力地表现一定事物、一定生活，这就是老百姓的艺术眼光，艺术工作者需虚心学习之处。农民妇女扭秧歌，表面上似乎只是一件小事，实际上它是中国天翻地覆的事实之一。老百姓欢迎新秧歌，并自己改造旧秧歌，若艺术工作者再能帮助他们，一定可使秧歌改造工作尽快发展起来。5月29日，撰文评西北战地服务团在前方编演的优秀话剧《把眼光放远一点》。说这出戏是一个精致的艺术品，展现了一幅敌后人民坚苦奋斗的图画。它有令人意外的曲折的情节，有刻画细致的农民形象。人物不是公式的模型，而是有血有肉的各式各样的活人。我们感到敌后斗争异常艰苦，但在艰苦中，又透露出胜利的欢乐调子。10月19日，林默涵在《解放日报》撰文《国民党删削辞典》，说大后方文化供应社出版的《抗战建国实用百科辞典》，被国民党检查机关摧残，很多名词不翼而飞。大体包含两种事情：一种是由国民党造成的国家的耻辱和他们所干的丑事，如"九一八事件""何梅协定"等，他们怕让人民知道，一种是人民自己的斗争纪念节日和人民所拥护的政党、人物，如"一二·九""二七""中国共产党""毛泽东"等，这是他们深恶痛绝的。至于删除"小资产阶级""资产阶级"就有些奇怪。其用意是想抹煞中国有阶级存在的事实，以便在人民面前隐藏他们大地主大资产阶级的寡头专制政治面目。（参见艾克恩编纂《延安文艺运动纪盛》，文化艺术出版社1987年版）

　　李纶4月11日撰文《平剧院下乡的经验》：平剧院宣传队下乡70天中，演出67场。节目有《难民曲》《上天堂》《打渔杀家》等。演出结果说明：一、老百姓爱看表演他们熟悉的生活，且愿从中得到教育。他们说："新戏爱看，那一满是老百姓自己的世事。"二、创作新历史剧，首先应着重表现人民的阶级斗争、民族斗争等真实生活，并在演出时尽力将群众解不下的东西去掉。三、观众喜欢有歌舞、有音乐的戏，乐器、歌曲应是他们熟悉或能接受的，服装最好色彩鲜艳。为了真正反映工农兵生活，剧作者必须把自己当成工农兵之一员，而非高踞于群众之上。（参见艾克恩编纂《延安文艺运动纪盛》，文化艺术出版社1987年版）

　　张庚在5月15日《解放日报》发表长文《鲁艺工作团对于秧歌的一些经验》。该团42人从1943年12月2日到1944年4月9日，在绥德分区工作九个月零七天，主要演出秧歌剧。文章就如何收集材料、结构剧本、刻画典型、运用语言、写词配曲、表演和学习社会等7个问题进行了总结。收集材料方面有一种倾向，就是预先主观认定采访某个地方，写某个主题。结果一去碰到的是与此无关的问题就不往下追究。结构剧本犯有两种偏向，一是为结构而牺牲现实，二是毫无结构的罗列现象。如写《郝家桥》，把模范村的一切都写了，没有头绪。写《减租会》，写了开会，发现特务，成立农会，提出公约，散散漫漫，看不出要点。刻画典型，只注意外形特征，如秃头、跛脚、好喝酒、爱多嘴、不说话、小脾气等，把工农兵丑化了。《血泪仇》里的王仁厚，是一个好典型。运用语言方面，不能认为方言土语就是工农化语言。农民语言很丰富，如写揽工人儿难，"受的牛马苦，吃的下眼饭"，"牛马苦""下眼饭"就很生动。再如"把太阳从东山背到西山""一颗米一滴汗"等，都很活。写词受两种坏影响，一是旧剧的老一套："听他言""不由我""泪双抛"等；一是新的抒情腔调："红格丹丹的太阳……小理河的流水哗啦啦的流。"表演方面也有两种偏向：一是来自话剧的，一是来自旧剧的。主要是无条件的要求真实感，即要求上台之后完全成为剧中人，而忘了自己。这是一种外国教条。所有问题的关键，是对于工农兵学习不够。这次下乡，时间短，走的地方多，走马看花，

很不深刻。(参见艾克恩编纂《延安文艺运动纪盛》,文化艺术出版社 1987 年版)

杨思仲(陈涌)在 7 月 19 日《解放日报》发表《从联政宣传队的一个活报想起》。由看活报《加强团结,准备反攻》想到文艺与生活、文艺与政治以及活报的民族形式等问题。这活报所以博得观众好评,由于它反映了我们过去和现在的生活和政治情绪,看后有亲切的感觉。同时,在反映这种生活和政治情绪的时候,它利用了熟悉的民间调子、戏剧和秧歌的动作。8 月 29 日,杨思仲(陈涌)在《解放日报》发表《〈岛田上等兵〉在延安演出》。说日本工农学校最近演出的《岛田上等兵》,演员都曾是日本的士兵,现在是我们的战友。他们把亲身经历的生活重现舞台,是再真实不过了。它留给我们延安的戏剧工作者以深刻的印象。日本人民自己演出的反对日本法西斯的戏剧,这在延安是第一次,在全中国是第一次。《岛田上等兵》回日本去演出的日子,也不会很远。(参见艾克恩编纂《延安文艺运动纪盛》,文化艺术出版社 1987 年版)

贾怀济、平凡、刘漠冰、陈叔亮 8 月 28 日在《解放日报》发表《几种美术宣传方式的经验》:介绍三边(安边、定边、靖边)美术工作者在抗战七周年的宣传活动中创造的美术与音乐相结合(连环画与拉洋片、唱大鼓书相结合)、漫画与地图相结合(漫画化的地理示意图)的新方法,获得较大效果。艾思奇在《美术工作与群众的进一步结合》一文中予以推荐,认为这"使美术工作者更密切地和群众结合起来""值得推广,值得发扬"。10 月 16 日,陈叔亮在《解放日报》发表《蒙古新歌剧的演出》。说民族学院蒙古同志演出的四个新编蒙古歌剧《上延安》《赶骡马会》《找八路军去》《反抗》有三个特点:在人力配备方面:从剧作、排练直到演员、乐队,都由蒙古同志自己动手;内容方面:通过各种具体事实或人物,反映了今天处在日本法西斯侵略者与中国大汉族主义双重压迫之下的蒙古人民的苦难生活,以及蒙古民族唯一救星的中国共产党、八路军,如何帮助他们寻求解放道路;形式方面:运用了蒙古语言、歌曲、服装、动作、风尚,采取了正在边区广泛流传的各种新兴广场剧或秧歌剧的形式。其中最受群众欢迎的是《反抗》。在边区文教运动中,这是一件值得注意的创举。(参见艾克恩编纂《延安文艺运动纪盛》,文化艺术出版社 1987 年版)

阿光在 9 月 4 日《解放日报》撰文《看〈前线〉以后的一封信》。说《前线》出版后,读者中产生了各种议论。有的说:"不见得吧,新干部也有戈尔洛夫类型的。"有的说:"我看工农干部、知识分子干部都有一点,大小不同罢了。"我看了《前线》和《我们从考涅楚克的〈前线〉里可以学到些什么?》社论后,认为:"阻挡我们进步的,就是戈尔洛夫思想,自高自大不求进步的毒素在我们脑海中存在着。这种思想,对于党与革命事业,对于自己个人的进步,都给了最大的危害。"我们"应当从戈尔洛夫的教训来检讨自己。放下包袱,解除负担,使我们的步伐走得更整齐,更轻快"。(参见艾克恩编纂《延安文艺运动纪盛》,文化艺术出版社 1987 年版)

安波执笔的文教会艺术组文章《驼耳巷区的道情班子》10 月 31 日发表。说道情戏在绥德、米脂、清涧一带有百年的历史,流传很广,深入民间,由群众自发组织起来,道情班子很多,驼耳巷区的道情班就是其中较好的一个。他们在鲁艺工作团的影响下,开始自编自演新戏,改造自己的技术。(参见艾克恩编纂《延安文艺运动纪盛》,文化艺术出版社 1987 年版)

刘漠冰 10 月 21 日撰写三边分区文教典型介绍之一《蒙古民族戏剧的诞生》。说民族学院在毛主席文艺方向指导下,参加秧歌活动过程中编演了蒙古民族戏剧《赶会》《找八路军去》《到好地方去》《反抗》等。蒙古民族过去没有戏剧,只有许多民歌、舞蹈,民族学院在原有的基础上创造了蒙古民族戏剧,是一件很可纪念的事。(参见艾克恩编纂《延安文艺运动纪

盛》,文化艺术出版社1987年版）

　　林平10月22日撰文《陕北民歌"顺天游"》,说"顺天游"是陕北老百姓最喜欢唱的曲调,"顺天游"的唱法有七种（其实不止）,有些唱法使人听起来感到悲哀,悒郁,沉重。有些又很新鲜,明朗,有着山野农村的愉快风味。"顺天游"是值得我们今天利用的民间艺术形式。希望写歌词的同志,以新的内容感情多写出能配合它的新歌词。（参见艾克恩编纂《延安文艺运动纪盛》,文化艺术出版社1987年版）

　　周而复的报告文学《诺尔曼·白求恩断片》11月12—14日连载于《解放日报》,此文是为纪念白求恩逝世5周年而作。作者在晋察冀搜集到大量关于白求恩的材料,在延安以较长的篇幅写出这位国际主义战士,在深入前线、救死扶伤、以身作则、医药建设等方面,为中国人民的抗日战争奉献全部生命的高贵品格。文中有许多感人的细节,如关心伤员、培训医生、伤口感染及牺牲的经过,读来催人泪下。作者笔下的白求恩,医术高明、思想高尚、懂得工作的意义和目标是为人类的解放,心中充满了对中国共产党和毛泽东的挚爱。一个伟大的国际共产主义战士的形象跃然纸上。周而复在陕甘宁边区文教大会上,被授予"模范文艺工作者"称号。冬,调到重庆新华日报社工作,编辑党的机关刊物《群众》周刊。（参见孙国林编著,王佳钰、王增辉校订《延安文艺大事编年》,陕西师范大学出版总社2016年版）

　　余聿12月2日在《出版界要照顾群众需要》一文中,对延安印工合作社出版的《平剧小本子》提出批评。这本小本子包括《王佐断臂》《十三妹》《打渔杀家》《浔阳楼》《宝莲灯》《四猜》《一棒雪》《捉放曹》《贩马记》《宇宙锋》等10出,都是摘自每个戏内的一小段印成,曲谱和唱词并有。这些戏的内容,仅就印出的唱词来说,除了《打渔杀家》《浔阳楼》比较好些外,其他的唱词都带有封建意识,因果报应或迷信毒素。如"多亏英雄来救命,来世结草当报恩"（十三妹）。如《宇宙锋》唱什么"牛头马面玉皇爷,驾祥云,接我上天"等。《四猜》是《四郎探母》中的一段,而《四郎探母》则是要不得的戏。这些东西铅印出来大量发卖,而又未经精选,渣华并存,无形中会给读者以坏影响。为什么不印用正确观点编写的寓有现实斗争意义的《逼上梁山》呢?（参见艾克恩编纂《延安文艺运动纪盛》,文化艺术出版社1987年版）

　　陈伯林3月11日在《解放日报》发表《移民歌手》,谈歌曲《东方红》的诞生,指出《移民歌》是《东方红》的雏形。陕北佳县城关贫苦农民李有源和他侄子李增正,积极响应毛泽东的号召,1943年冬,带领着70人的移民大队,从佳县到延安。他们一路走一路唱,自编移民歌《毛主席领导穷人翻身》（共9段）,并配以"骑白马调":"东方红,太阳升,中国出了个毛泽东,他为人民谋生存,他是人民大救星。……"5月24日,马可在《解放日报》发表《群众是怎样创作的》,写李有源和他的侄子李增正如何编写"东方红,太阳升,中国出了个毛泽东"的歌曲。这两位陕北佳县农民,带头南下开荒,率领移民大队,一路走,一路唱。他们说:"我们编这些秧歌,是为了把工作做得更好,因为有些人还有些落后的思想,不安心,他们唱了这些歌,红红火火,就提起劲来了。"红红火火,就提起劲来了,想着南路的好处,不想家了。"第一个带头唱""东方红,太阳升"的是李增正。贺敬之将李有源的《移民歌》加以整理,变为三段,改名《东方红》,在《解放日报》发表。

　　按:后来,《东方红》不断完善。作曲家贺绿汀将它改编成混声合唱,为党的"七大"演出。1945年9月,以鲁艺师生为主的东北文艺工作团,从延安向东北进发,一路歌声不断,其中也唱到《移民歌》。随行的公木写了一首诗《出发》,开头是:"共产党,像太阳,照到哪里哪里亮;哪里有了共产党,哪里人民得解放。"到了沈阳演出时,刘炽、王大化、高阳、田方、严文井等把《移民歌》加工改编成一首可以集体演唱的《东方红》演出。此后,这支歌曲便迅速传播开来。建国初期,首次刊登在《人民画报》上。（参见艾克恩编纂《延安文艺运动纪盛》,文化艺术出版社 1987 年版;艾克恩主编:《延安文艺史》下,河北教育出版社 2009 年版;孙国林编著,王佳钰、王增辉校订《延安文艺大事编年》,陕西师范大学出版总社 2016 年版)

黎文 1 月 20 日撰文《怎样把书报送到工农兵手里》。说过去书报只适于工作干部和学生们阅读,发行对象 90%以上是知识分子和干部。从去年开始,出版了一些中级读物:《表》《不走正路的安德仑》《铁流》通俗本、《在北极》《地球和宇宙》《水》《十万个为什么》,还有《刘家父子》《火烧山》《史可法守扬州》《日本兵上吊》以及《刘志丹》《新旧光景》《大财东和老百姓》等,使通俗书籍多起来了。因此老百姓扔掉《四郎探母》《柜中缘》而买新书。延安骡马大会上,新华书店、华北书店摆摊供应《十二把镰刀》《二流子转变》《丰衣足食》《刘主任》等,很受群众欢迎。今后应该多出群众需要的书和作品,发行上应将群众喜爱的书报、唱词置于醒目地位。各地书店应将书报投入集市,与流动挑担商贩联系,让他们帮助推销。工厂里的指导员,区、乡干部,部队中政治工作者,要兼做书报义务推销员。应将识字少或不识字的群众组织起来,读书报给他们听并加以讲解。同日,《解放日报》发表社论《群众需要精神粮食,怎样把书报送到工农兵手里》。(参见艾克恩编纂《延安文艺运动纪盛》,文化艺术出版社 1987 年版;吴永贵《民国图书出版史编年:1912—1949》,社会科学文献出版社 2018 年版)

陈家康、黄华、柯柏年、马海德、林迈可、沈建图等 4 月任陕西延安外国语学校英文系兼职教员。是年,柯柏年任中央军委外事组高级联络官,在从事翻译马列著作的同时,还参加接待中外记者团和美军延安观察组。谢保樵、邓友德率中外记者西北参观团一行 21 人 5 月 31 日抵达陕甘宁边区,领队谢保樵,副队长邓友德。外国记者 6 人:史坦因(美联社)、爱卜斯坦(美国时代杂志、纽约时报)、福曼(合众社)、武道(路透社)、夏南汗神甫(美国天主教信号杂志)、普金科(塔斯社)。中国记者 9 人:孔昭恺(大公报)、张文伯(中央日报)、谢爽秋(扫荡报)、周本渊(国民公报)、赵炳烺(时事新报)、赵超构(新民报)、金东平(商务日报)、徐兆镛(中央社)、杨嘉勇(中央社)。国民党中宣部参加的有魏素蒙、陶启湘、张湖生、杨西昆。6 月 9 日,中外记者西北参观团抵达延安。朱德总司令、叶剑英参谋长,先后设宴欢迎。连日参观被服工厂、光华农场、日本工农学校、医科大学、国际和平医院第三部、解放日报、新华社、兵工厂、难民工厂、皮革工厂、振华纸厂、中央医院等。6 月 12 日下午 6 时,毛泽东接见中外记者西北参观团,畅谈国内外局势,并回答了记者三个问题:关于国共谈判,关于第二战场,关于中共的希望和它自己的工作。晚餐后,毛泽东与中外记者西北参观团成员共观延安平剧研究院演出的《古城会》《打渔杀家》《鸿鸾禧》《草船借箭》。6 月 24 日上午,延安文艺界在边区银行大楼集会欢迎中外记者,向他们介绍延安的文艺情况。招待会由边区文协主席吴玉章主持,延安文艺界的精英周扬、成仿吾、丁玲、柯仲平、萧军、艾青、吴伯箫、陈学昭、欧阳山、张庚及周恩来的秘书陈家康等出席。7 月 12 日,中外记者西北参观团离开延安,前后进行了 33 天的参观访问。重庆《新民报》记者赵超构返回重庆后,撰写了十余万字的长篇通讯《延安一月》,在《新民报》的重庆版、成都版同时发表。之后又出了单行本,影响极大。国民党惊呼:"没料到,这个聋瞽(赵失聪)记者给我们捅个大漏子!"

按:《延安一月》饶有意趣的是所载"文人掠影":

1. 柯仲平言谈随意,粗声大嗓,喝酒也豪爽,常常醉倒,"狂飙"之气十足。他主要搞民众剧团,写秦腔剧。

2. 丁玲抽烟很厉害,大口吸入,大口吐出。能讲战区生动的故事。自己在窑洞前面种着菜,窑洞内有纺车,每天纺线二两,一个月收入六千元边币。书架上放着《静静的顿河》和《战争与和平》。她在酒桌上畅言,这里没有书报检查制度,办刊物自由。写作要面向群众,接受读者观众的批评。

3.创造社的作家成仿吾、李初梨,多做实际工作,很少做文字工作。成仿吾担任华北联大校长,长得又黑又瘦,沉默寡言。

4.李初梨一团和气,虽然很久不做文艺批评,但其见解富有学术气。他在军队做敌情研究,兼任日本工农学校的校长,是个日本通。

5.萧三飘逸、文雅,说话的声调柔和。他在文化沟住着两个窑洞,洞外的小园,种着瓜果和包谷,颇有田园诗人的风趣。他从苏联回来,是中苏间文艺交流的最佳联络员,曾受过高尔基的指导。目前,正写毛泽东传记。

6."艾青则带有粗野奔放的气质""可称为战斗诗人"。常因推敲诗句睡眠不足眼睛发红。他是边区参议员,"很受尊重"。他写了长诗《吴满有》,还念给吴满有听,照吴满有的意见修改,"这件事,也可以表现延安作家写作生活的特色之一"。

7.陈学昭出身名门,留学外国,但她却选择了延安,至今还保留着法国风的娴雅与含蓄。她在《解放日报》社当编辑,同时翻译法文作品。她发表了一篇谈防线的文章,使我看到知识分子的"蜕变""这一种自我克服的过程,总免不了有一些痛苦"。

8.陈波儿,在延安搞话剧,身材矮小,穿工人装,披一件夹克,表情坚毅,说话时依旧是演话剧的姿态。她"是一位强烈执拗的女性,对过去的日子没有一点留恋"。

9.周扬,现任延安大学校长,又是延安文坛主要的批评家,新出版了《马克思主义与文艺》。他"态度儒雅,端庄大方,在那边颇有领袖群伦的气度",不是一见就看得出"共产党人的气味"。

10.艾思奇的地位,"可以说是文艺政策的执行人"。他负责《解放日报》第四版,"掌握着延安文坛的天平"。他属于含蓄一派的人,沉默多,说话少。"他的舞技是全延安第一的""藏书之多,恐怕在延安作家中也是有数的"。(参见艾克恩编纂《延安文艺运动纪盛》,文化艺术出版社1987年版;孙国林编著,王佳钰、王增辉校订《延安文艺大事编年》,陕西师范大学出版总社2016年版)

成仿吾1月7日以晋察冀边区议长身份向参议员致新年祝辞。2月初,出席晋察冀边区群英大会,同程子华、刘澜涛、宋邵文等在大会上讲了话。同月,和萧克一同去延安参加"七大"。经过三千里的长途跋涉,通过敌人一道道封锁线,走了三个来月才到达延安。随行的有夫人张琳同志和长女小红。4月,到达延安,同各地来的领导同志一起住在杨家岭。5月,召开党的六届七中全会第一次会议,决定起草《关于若干历史问题的决议》。同住在杨家岭的党的高级干部一道参加了党的若干历史问题的讨论。下半年,一直住杨家岭,参加"七大"文件草稿的讨论,直至"七大"召开。(参见张傲卉、宋彬玉《成仿吾年谱》,《东北师大学报》1985年第5期)

邓拓时任晋察冀日报社社长主编。1月10日,随着整风运动的深入进行,中共中央晋察冀分局提出要在干部中特别是高级干部中"建设正确的思想——毛泽东同志的思想,以达到统一党的思想,增强干部党性,巩固党的纪律"。为了贯彻这一指示,晋察冀分局决定编辑出版《毛泽东选集》,由晋察冀日报社社长邓拓任主编。邓拓及其团队已出版多版毛泽东著作单行本,为正式出版《毛泽东选集》进行了各种准备。5月,《毛泽东选集》由晋察冀日报社出版,这是国内最早出版的《毛泽东选集》。实际上,在该版《毛泽东选集》的版权页上,标注的时间为是年5月,此指发稿付排时间。在付排前,临时补充了6月份发表的《同中外记者团的谈话》,但版权页未变更。在当时的环境下,该版《毛泽东选集》在编排上还是比较系统而完整的。在体例上,成书肖像页后面依次是扉页、版权页、编者的话、总目录。在编排上,按照内容共分为五个分卷,共29篇文章,46万多字,第一卷包括《新民主主义论》等5篇著作,为国家与革命问题的论著;第二卷收录《中国抗日民族统一战线在目前阶段的任务》等 11 篇,为统一战线问题的论著;第三卷收录《论持久战》等 3 篇,为战争与军事问题的论著;第四卷收录《论合作社》等 3 篇,为财政经济问题的论著;第五卷收录《反对党八股》等 7 篇,为党的建设问题的论著。该版《毛泽东选集》由晋察冀新华书店发行,7 月和边区人民正式见面,掀起了一股学习毛泽东著作的热潮。此后,在这个版本的基础上,又进行了四次增订再版。(参见吴永贵《民国图书出版史编年:1912—1949》,社会科学文献出版社 2018 年版;李丹《第一版〈毛泽东选集〉的诞生》,《学习时报》2020 年 7 月 29 日)

　　钱杏邨仍在新四军根据地。5 月,主编《盐阜报》副刊《新地》。撰写《华中根据地出版书录》《敌后演剧四讲》等。7 月 7 日,华中文化界邹韬奋、范长江、钱俊瑞、阿英、王阑西、白桃、艾寒松、陈农菲、张劲夫、林淡秋、梅雨、于毅夫、孙冶芳、李仲融、刘季平、包子静、黄源联名致电"敌占区文化参观团",希望他们将根据地的真实情况报导给全世界。电文还生动地介绍了华中敌后新文化情况。8 月 4 日,《盐阜大众》副刊《文化娱乐版》创刊,每周 1 期。刊载了钱杏邨撰写的《编剧漫谈》。同日,"旅延安记者团"(即"敌占区文化参观团")电复华中文化界邹韬奋、范长江、阿英等人,讲他们在解放区所见"特别受感动"。但"没有时间去拜访我们希望去的各个抗日民主根据地""希望后人能做到,并且将我们反对共同敌人日本军阀主义的光辉工作报导全世界"。签名为福尔、斯坦因、武道、爱卜斯坦、普全科。22 日,作《我们从高涅楚克〈前线〉创作手法上学些什么?》,刊于 25 日《盐阜报》。后收入《前线》单行本,易题《校读后记》。9 月 1 日,新华社华中分社发表《华中新闻事业概观》、钱杏邨的《〈华中新闻事业概观〉续录》,介绍华中的报刊、杂志情况。29 日,盐阜地委集中九个县文工团 300 余人,举办为期两个月的集训。钱杏邨为集训班讲授戏剧理论及基础知识。11 月 12 日,三师八旅文工队队长黎一明、孔方等奉副师长兼八旅旅长张爱萍命,前来请钱杏邨将郭沫若的《甲申三百年祭》改为剧本演出。25 日,开始为八旅文工队排演苏联高涅楚克的话剧《前线》。30 日,与钱毅谈《前线》导演问题,又将最近写成的《关于剧本的写作》最后一节交钱毅阅读。同日,《农村文娱》杂志创刊,发表了钱杏邨《论农村剧团组织、训练与演出》。(参见钱厚祥整理《阿英年谱(下)》,《新文学史料》2006 年第 1 期)

　　刘知侠绕道南边过津浦铁路,到达微山湖,与铁道游击队的英雄人物们在一起生活了一段时间,为以后写作长篇小说《铁道游击队》奠定基础。

　　陈垣继续任辅仁大学校长。1 月,辅仁校友周国亭冒险突破敌伪防线,进入北平,曾去看望陈垣。周国亭见陈垣处境困厄,考虑到其抗战教育工作已为敌伪所洞悉之后的危险,乃进言陈垣,可以南归后方,取道河南柘鹿路线,愿伴送之。陈垣曰:"余如南归,辅仁大学数千青年,有何人能代余教育之沦陷区正气,有何人能代余支持倡导,且余之图书,又不能全部都带去,支身南逃,尤属不宜。"同月 30 日,柴德赓挥泪告别陈垣,携家离开北平。临行前夜所作诗文序曰:"余立志南行,期在明日,援庵夫子早有同行之约,部署已定,而教务长雷冕等涕泣相留,遂不果行。今夕余往辞别,师勉励之余,继以感喟,余泪下不能禁,归寓倚装赋此,不知东方既白。甲申正月初五夜。"3 月下旬,日本当局对辅仁大学进行大搜捕,辅大一大批教员被捕,惨遭非刑的有英千里、张怀、董洗凡、叶德禄等人。陈垣作为校长,虽不鼓励教师和学生去冒险,但常常暗中支持他们,和他们一起并肩与敌人周旋。8 月 11 日,陈垣答复张长弓询问《神仙传》《搜神记》问题:"今本葛洪《神仙传》、干宝《搜神记》,虽非后人伪撰,亦未必尽是元书。苟其中史料有见于范蔚宗书者,自可以范书为主,而说明并见今本

《神仙传》或《搜神记》。因范书为历来学者所承诵，其保存元本部分较葛、干二书为多，故可引用。至其事实之可信与否，则时代知识及风俗问题，而非本书之真伪问题矣。"是月，为沈兼士《广韵声系》作序。9月7日，尹炎武来函："《滇黔佛教考》弘揽广劭，有为而作，神往无穷。因以示腾冲李印泉，渠亦诧为得未曾有。而昆明老儒于乃义复寄来补目，以走观之，皆无所取材。兹附入书内，敬希澄鉴。"（参见刘乃和、周少川、王明泽《陈垣年谱配图长编》，辽海出版社2000年版；覃仕勇《隐忍与抗争：抗战中的北平文化界》，北京时代华文书局2015年版）

英千里继续任辅仁大学秘书长。3月，日本宪兵队再次逮捕了英千里，并从他家中抄出了华北文教协会的主要工作人员名单。3月20日以后，日军根据名单对华北教育界进行了空前规模的大逮捕。辅仁大学被捕的师生有沈兼士、胡鲁士神父（荷兰人）、范文澜、赵光贤、李德伦、萧乾、葛信益、赵禹锡、张怀等多名教授、附中教员30余人，其中包括该校的秘书长、两个学院院长及7个系的教授、讲师和助教，当时辅大几乎塌了半边天。此外，校外文教协会骨干被捕的也有十多人，这一案件轰动了华北教育界。所有被捕人员全都受到非人待遇。身患胃病的英千里常常两三天都吃不到任何东西，被摧残得不像样，但他还是坚强地泰然处之，没有怨言，还劝同学们多忍耐，强忍着把发霉的窝头咽下去。文教协会的成员被宪兵队审讯了四个多月后，转押于日寇华北军部监狱，交由军法处逼供。日本军事法庭宣判了27人的徒刑，其中英千里被判了死刑，家中断了经济来源，英夫人只得靠典当自己的嫁妆并外出教书来养家糊口，还要给狱中的丈夫送衣送饭，真是凄凉无限。所幸，后来在中央政府地下工作者的协助下，英千里得由死刑改判为无期徒刑，后来又减为15年徒刑。此前，重庆国民政府一度以为他已在狱中英勇就义，专门在重庆为他举行了追悼会。（参见刘乃和、周少川、王明泽《陈垣年谱配图长编》，辽海出版社2000年版；覃仕勇《隐忍与抗争：抗战中的北平文化界》，北京时代华文书局2015年版）

孙楷第继续在辅仁大学任教。在《汉学》第1辑刊发《傀儡戏考原》。11月前，孙楷第有三封谈到《金瓶梅》：一封专论《金瓶梅》，另一封为此专论《金瓶梅》书信的补充，还有一封也涉及《金瓶梅》。这三封书信都没有标明具体写作时间，但最晚不会超过是年11月。因为胡适在是年11月22日致王重民的书信中已经提到了孙楷第上述三封信中的内容。从这三封书信可以看出，虽然孙楷第先生没有公开发表过有关《金瓶梅》的论文，但他对该书还是下过一番功夫的。在那封专论《金瓶梅》书信的开头，他已经道出这一点："关于考证《金瓶梅》的材料，我平日收了一点，因没有时间整理，有的现在也忘了，一时又不愿检书。现先草草写出一个大概。"在这封书信中，孙楷第首次明确提出："《金瓶梅》作者，我可以大胆假设是李开先。""在未得其他反证之先，我一定这样大胆的主张；而且自谓这个假设是极有可能性的。"其推断过程是这样的：他首先提出《金瓶梅》作者应该具备四个条件："（1）作者当为嘉靖人，丝毫无疑。（2）作者必为山东人，亦丝毫无疑。据我看，进一步言之，作者又当为山东济南附近的人（因为他的话和《醒世姻缘》一样，如虚字多用'没的'，如歇后之'秋胡戏妻'，游戏之有'摘瓜子'）。（3）作者当是名公才子（沈德符《野获篇》）。（4）作者当为有闲阶级、有钱阶级，以书中所铺叙知之。"在此基础上，孙楷第更进一步指出："就书中所记，和开先事情比起来也很对"，并从两个方面进行比照：一是"书中所记多是嘉靖二十年以后的事，正中麓罢官家居之时"，二是小说中所写西门庆妻妾及丧子事与李开先经历相似。经过如上论证，孙楷第断言："以此言之，则书为中麓所作，实无疑义。"他还分别指出作品人物所影射的具体人物，并强调"凡此种种，非敢谓近似，不过姑为比附，略借以窥测作者之用意而已”。（参见于飞《孙楷第先生年谱简编》，载王京州编《河北近现代学者年谱辑要》，国家图书馆出版社 2017 年版；苗怀明《〈金瓶梅〉作者李开先说的首创者当为孙楷第》，古代小说网 2019 年 7 月 15 日）

何其巩继续任中国大学校长，兼任“北方救国会”理事长。4 月 5 日傍晚，日本宪兵队闯入何其巩家将其逮捕，关押在东城煤渣胡同日本宪兵队监狱。在狱中，何其巩对日本军警所问一概不答，并拒绝进食。到了第 5 天，慑于何其巩的社会地位与舆论压力，日本军警只好妥协：“外边舆论对阁下太好，我们一定释放，但请复食。”说完，奉上丰盛饭菜。何其巩说：“绝食是抗议，当然要出去，果真放我出去了，必须在 13 日前，这是中国大学的返校节，如果我不出去，舆论更要扩大。”4 月 12 日下午 6 点，日本军警最后不得不将何其巩“开释”。日本特务机关为了监视何其巩的行动，将特务机关“森冈洋行”迁至何家对面的一幢 4 层楼房里，从窗口监视何其巩的一举一动。何其巩装作不知，在从事抗战工作时更加小心谨慎，就这样，一直工作到抗战胜利。（参见覃仕勇《隐忍与抗争：抗战中的北平文化界》，北京时代华文书局 2015 年版）

俞平伯继续在中国大学文学系任教。1 月 24 日致周作人信，为许宝骙商谈领取北大退职金之事。同月，《续谈〈西厢记·哭宴〉》刊于《文学集刊》第 2 辑。2 月 15 日至 6 月 15 日，赵肖甫辑录的俞平伯与顾颉刚讨论《红楼梦》的书简，连载于《学术界》月刊第 2 卷第 1 期至第 5 期。3 月 13 日，应嘱为王守惠创作、张肖虎谱曲的歌剧《木兰从军》作《序》，收入本年 8 月天津印《王守惠先生纪念刊》。作者在《序》中说：“余与守惠，郊园共学，知其于文章经籍以外兼精音乐，谷音曲社既立，即约其来游，佳日相逢，寻常视之。今则万事如云烟而守惠之墓行将宿草，栖迟陋巷，重省遗编，见《木兰》一剧犹在焉，诚不胜其叹惋之情。”6 月 1 日，俞平伯手书“重修真定隆兴寺碑文”摄影刊登在《艺文杂志》月刊第 2 卷第 6 期。6 月 22 日，致周作人信。同月，收到朱自清 6 月 5 日自昆明来信。10 月 16 日，在古槐书屋接待从上海到北平办事顺便来访的唐弢。唐弢介绍了上海的情形，俞平伯向他谈了几位在北平的熟人的近况，并应唐弢之请，为之书近作诗《红梨》《什刹后海观荷》和《眉绿》三首，诗中表明了作者索居荒城、一片清白的心迹。这三首诗均收入《俞平伯旧体诗钞》。10 月 18 日下午，到西总布胡同回访唐弢，未遇。（参见孙玉蓉编《俞平伯年谱》，天津人民出版社 2006 年版）

周作人 1 月 15 日作《风雨后谈·序》，而《风雨后谈》出版时改为《秉烛后谈》。20 日，在《中国文学》创刊号发表《新中国文学复兴的途径》，文中说：“新中国文学复兴之途径没有第二条，这与新中国之复兴走的是同一条路。近四五十年中，中国在做着的工作便是这尚未成功的革命，用最近通行的话来说，即是复兴中国，保卫东亚。”又说作中国文学复兴工作的人须得有这几个条件：“一是把握得住国民思想的传统，理解世界文明的精义；二是有写作的能力；三是一心为国家民族尽力克服一切为个人为派别的私意”“四是要能耐久耐寂寞。”同月，《药堂杂文》由北京新民印书馆出版。共收 1940 年至 1943 年所作散文 27 篇。同月，作《谈翻译》，收录于《苦口甘口》。文中谈到从 1904 年起弄笔从事翻译工作以来的一些经验。2 月 5 日，作《梦想之一》，刊于 3 月 1 日《求是月刊》第 1 卷第 1 号，文中又鼓吹：“现代中国心理建设”很是切要，这“有两个要点，一是伦理之自然化，一是道义之事功化”。18 日作《甲申怀古》，刊于 4 月 1 日《古今》第 43—44 期合刊。29 日，作《文艺复兴之梦》，刊于 5 月 15 日《求是月刊》第 1 卷第 3 号，在国难深重的当时，作者乌托邦地梦想着在中国发生一次文艺的复兴，他说：“我们希望中国文艺复兴是整个的，就是在学术文艺各方面都有发展，成为一个分工合作，殊途同归的大运动……本国固有的传统固不易于变动，但显明的缺点亦不可不力求克服……对于外国文化的影响,应溯流寻源,不仅以现代为足,直寻求其古典的根源而接受之,又不仅以一国为足,多学习数种外国语,适宜的加以采择,务深务广,依存之弊自可去矣。"

周作人3月8日作《苏州的回忆》,刊于4月《杂志》第13卷第1期,及5月《艺文杂志》第2卷第5期,文中回忆了1943年4月间在苏州旅行游览的情况,再次附和当时日本帝国主义者建设大东亚共荣圈的叫嚣。12日,作《关于老作家》,刊于4月10日《中华日报》,署名知堂。文章针对1943年8月日本东亚文学者大会上日本片冈铁兵《扫荡反动作家》的演说作辩白。4月6日,作《秉烛后谈·序》。5月1日,伪《华北新报》在北平创刊,周作人兼任《华北新报》理事及报道协会理事。在创刊号上刊登了他对该社社长管翼贤谈的对《华北新报》创刊的感想,其中说:"今后的新闻纸至少要和民众互相联系。"并提出希望《华北新报》将"小报所有的特征色彩,要予以有效的活用……依其目标,提高素质"。31日,作《希腊的余光》,刊于8月《艺文杂志》第2卷第7—8期合刊。因一个月以前见有日译《古代希腊文学史》出版,写了这篇感想文字,指出:"古希腊的探讨对于中国学艺界甚有用处,希望其日渐发达,原典翻译固然很好,但评论参考用书之编译似尤为简洁切要。"同月,《书房一角》由北京新民印书馆出版,收1935年6月至1943年所写各类读书笔记,共191则。7月5日,所作《我的杂学》之一至二十脱稿。其中之一至十二连载于5月1日至8月26日《华北新报·文学》第1—12期,全文又连载于6月1日至9月16日《古今》第48、50、51、52、55期,收《苦口甘口》。文中详细地记述了从幼年时代起杂览各种中外书籍及接受其影响的情况。

　　按:周作人说:"我自己承认是属于儒家思想的,不过这儒家的名称是我所自定,内容的解说恐怕与一般的意见很有些不同的地方。我想中国人的思想是重在适当的做人,在儒家讲仁与中庸正与之相同,用这名称似无不合。"他说,在中国"上下古今自汉至于清代",他所最敬服的是王充、李贽、俞正燮,并称"他们为中国思想界之三盏灯火,虽然很是辽远微弱,在后人却是贵重的引路的标识"。谈到外国作家的影响时,他说,在日本留学时期,"受了民族思想的影响,对于所谓被损害与侮辱的国民的文学更比强国的表示尊重与亲近""从西文书中得来的知识,此外还有希腊神话""我因了安特路朗的人类学派的解说,不但懂得了神话及其同类的故事,而且也知道了文化人类学,这又称为社会人类学"。文章还特别叙述了英国性心理学家蔼理斯对自己的影响,称赞其学说是"一种很好的人生观"。此外,文中还记述了所浏览的地理类、戏剧史、佛经等方面的书籍。

周作人8月2日作《灯下读书论》,刊于10月《风雨谈》第15期。同月,在北京独居的朱安因生活拮据,同意将整理的鲁迅藏书中文、日文、西文三册书目委托来薰阁旧书店向南方兜售。周作人也想收买其中的一部分。后经许广平、郑振铎、唐弢、许寿裳等人多方面的阻止,这场出售鲁迅藏书的风波才算平息。9月23日,作《女人的文章》,刊于10月《古今》第57期,署名药堂,收《立春以前》。同月,《秉烛后谈》,由北京新民印书馆出版。收1937年4月至1940年1月所写散文24篇。11月16日,往怀仁堂,参加伪华北政务委员会公祭汪精卫大会。20日,散文集《苦口甘口》由上海太平书局出版。12月1日,在《艺文杂志》第2卷第12期发表《艺文社与〈艺文杂志〉社》。周作人自1943年7月至此一直任"艺文社"社长,编辑《艺文杂志》共18期,由新民印书馆刊行。此文略述了"艺文社"与《艺文杂志》社的组成以及其间的关系。着重说明:"《艺文杂志》第一不是纯文学杂志,第二不是同人杂志。"20日,作《明治文学的追忆》,收《立春以前》。文章记述了作者涉猎日本明治大正时代的文学及所受其影响的情况。如文中提到他所喜欢和佩服的作家有那个时代的夏目漱石、坂本文泉子、铃木三重吉、长冢节、森鸥外、木下本太郎、永井荷风、户川秋骨、谷崎润一郎、岛崎藤村等。同月，兼任伪中日文化协会华北分会理事长。是年，日本松枝茂夫翻译的《周作人随笔集·结缘豆》由实业日本社出版。（参见张菊香、张铁荣主编《周作人年谱》，南开大学出版社1985年版）

钱稻孙继续兼任伪北京大学文学院院长。11月11日，钱稻孙出席在南京召开的所谓"中国文学年会"首届会议，被推举为议长，陶晶孙为副议长。伪江苏省教育厅厅长袁殊等出席会议。当晚是伪江苏省府的招待晚宴，袁殊致欢迎词，钱稻孙说自己40余年前曾来过苏州，"但是他除了致一极短的谢词外，也没有多说什么"。钱稻孙还去伪江苏省教育学院作了讲座。12日，又召开所谓"第三届大东亚文学者大会"，大会由钱稻孙、陶晶孙分别担任正副议长。日本对华侵略战争已是强弩之末，因此第三届"大东亚文学者大会"并没有像前两次那样在日本东京举办，而是选择在汪伪政府的南京举行。机缘巧合的是，汪精卫于1944年11月10日上午10点30分病死于日本名古屋，随后"中国文学年会"、第三届"大东亚文学者大会"在南京举行，这不啻是一个历史的象征。会议结束后，约三分之二的与会作家前往苏州一日游。其间曾经攻击讽嘲过郑振铎的汉奸文人杨光政等人参加了这些活动。（参见张菊香、张铁荣主编《周作人年谱》，南开大学出版社1985年版；陈福康《郑振铎年谱》，三晋出版社2008年版）

谢国桢参与《续修四库全书总目提要》的撰写。日本模仿美、英先例，在1923年至1925年之间通过与中方签署的三个文件，将庚子赔款的一部分用于文化事业，最后落实到编纂《续修四库全书总目提要》上，搜集并对乾隆以后至宣统年间的代表著作撰写提要。1925年10月9日在北京成立东方文化事业总委员会，1927年12月20日成立下属机构人文科学研究所。提要撰写从1931年7月开始，1942年1月截止，但事实上也有部分作者直到1945年7月还在呈缴提要稿子。根据附册"索引"查检，谢国桢撰写了大量书籍或丛书的提要，计有从第29册第281页的李其彭所编《廿一种诗诀》（乾隆丙申刻本）至博明的《西斋三种》（嘉庆刻本），从第30册第1页的梁廷楠所编《海国四说四种》（道光刻本）至施国祈的《金源札记四种》（嘉庆间问贝居刻本），从第31册第1页的潘祖荫所编《潘刻五种》（同治壬申滂喜斋刻本）至傅以礼所辑《忠节故实》（抄本），从第35册第596页李柬的《巍岩遗稿》16卷（朝鲜刻本）到第635页洪恩波的《表忠刍议》2卷（光绪甲申刻本），从第37册第776页王希曾的《中兴苏浙表忠录》18卷（光绪间刻本）到第838页陆毅的《陆氏三种》。许多提要非一年所能蹴就，故权系此。（参见牛建强《谢国桢先生年谱》，《明史研究》2010年第1期；中国科学院图书馆《续修四库提要全书总目提要（稿本）》，齐鲁书社1996年）

张东荪继续留居北平。上年秋，张东荪从张云川处得到了一份中国民主政团同盟的纲领。是年初，张东荪为了与西南大后方取得联系，派叶笃义秘密赴重庆，代表自己参加民主政团同盟。叶笃义临行前，张东荪让叶笃义将自己所著的一份《思想与社会》（手稿）带到重庆出版，"并送一个稿给周恩来和张闻天"。随后，张东荪开始撰写《理性与民主》，旨在通过比较中西文化以探索中国的出路。完成《知识与文化》和《思想与社会》后，张东荪从理论上建立了一套"多元交互主义"知识论。但他并不满足，仍想继承前两书所讨论的问题，从另一个方面作进一步发挥。于是撰写了《理性与民主》。全书分六章：序论、文明与进步、人性与人格、理智与条理、自由与民主、中国之过去与将来。按照张东荪的计划，本来还要写第七章《结论》，但当写到第六章末尾时，抗战胜利了，张东荪便草草收笔。1946年3月，他匆匆起草了一个《后序》，便交付商务印书馆于1946年5月出版。在这部著作中，张东荪一改前两书纯学术的立场，主旨在于通过比较中西文化以探索中国的出路。他特别强调，西方民主主义是一种文化,而这种文化主要由进步、人格、理性、自由等几个核心概念构成;通过对这几个概念进行比较和分析,他论证了中国如何建立和移植民主主义文化问题。故张东荪将该书的副题定为:民主主义的人生观基础。张东荪通过撰写《知识与文化》《思想与社会》和《理性与民主》三书,从知识社会学角度讨论知识与文化问题,建构了一套以"多元交互主义"知识论为基础和核心,包括文化哲学、政治哲学和社会哲学在内的独特的思想体系。

按:是年春,中共改派殷之钺负责与张东荪联系(直到抗战胜利),张东荪与中共地下党重新建立了联系。张东荪此时在大觉胡同的寓所,是一个进出比较方便的多重院落。殷之钺是一位很精干的上海青年。他经常与张秘密谈论政局、交换情况,与张家关系处得很好。日本投降后,张东荪介绍中共地下党员殷之钺用"殷冷"的名字参加民盟,但不久殷的身份暴露,无法再在盟内工作,被迫调往他处。

按:当时日本宪兵虽然假释了张东荪,但仍对他进行秘密监视。日本宪兵安达弘每个月必到张家一趟,主要是劝张东荪出山,为日本人做事;同时,察看张东荪是否逃离北平。张东荪每次都闲谈一番,敷衍过去了事。有时,当中共地下党正在张家时,碰巧日本宪兵安达弘也来,张家人赶快将地下党转移到后院,从另外一个门撤离。在非常险恶的环境中,张东荪与中共地下党保持着稳定的联系。

张东荪与何其巩、张懋德继续领导北方救国会进行秘密集会,经常齐集在北池子何其巩家中,讨论以后的局势。他们确定单独策略是:今后仍必须佯同日伪联系拉拢,以便及时得到一些真实消息,防止受其威胁。9月,中国民主政团同盟在重庆召开会议,将名称改为中国民主同盟,张东荪被选为中央常委,负责组织和领导民盟华北总支部。秋,汤芗铭出任华北合作事业总会理事长。日伪当局此前多请他出任华北伪政权的职务,都被张东荪婉言拒绝。这次出任理事长,除了日本人利诱和属下的怂恿之外,主要是他认为合作事业总会是经济团体,无关乎政治,担任该职利于与日伪当局周旋,便于掩护抗日人士的秘密活动。12月,叶笃义从重庆秘密返回北平,向张东荪介绍了大后方的情况,并传达了民盟会议的决定。张东荪与叶笃义等人秘密筹备民盟华北总支部。(参见左玉河编《张东荪年谱》,群言出版社2014年版;左玉河编《中国近代思想家文库·张东荪卷》及附录《张东荪年谱简编》,中国人民大学出版社2015年版)

张尔田与钱仲联通信订交,讨论学术。"复治三礼,考订服制,多正前人违失。"7月,《曹君直庶子出后为本生他庶母无服议书后》刊于《同声月刊》第4卷第1号。9月,《论中国文化及其宗教道德》(即《历史五讲》)刊于《汉学》第1辑。张芝联撰《〈资治通鉴〉纂修始末》刊于同期,该文由张尔田与聂崇岐指导。11月,《历史五讲》最后改本刊于《同声月刊》第4卷第2号。(参见孙文阁、张笑川编《中国近代思想家文库·张尔田、柳诒徵卷》及附录《张尔田年谱简编》,中国人民大学出版社2014年版)

傅增湘留滞北京,从事古籍的收藏与整理。1月11日于昆明湖之清华轩撰《宋元合璧本朱文公校昌黎先生集跋》,述其大略,并嘱后学"吾愿后之得此书者,当焚香百拜,盥手而展诵之,庶几前辈之精神得穆然晤对于萤窗雪案间也"。22日,傅增湘致书张元济,谓:"《全蜀文》自旧历正月开印,至今百卷已印完。……值此时期,竟能完此大书,真属大幸。而耗费之多乃至不可胜计。全书只二千三百余叶,印二百五十部,用至五万元,昂贵骇人。然今年虽贵,尚能印,明年恐多金亦不能印。""今年北方物价增至十倍,人人皆告穷困。家用从前月费六百金,今乃至五千余金。而一切食用皆刻苦万状,往往当食而叹。自去夏至今,卖去滦矿、启新洋灰、商务馆各股票将近十万,而目前又告罄,亟须卖书矣。如此过活,何时是了!恐明年时局严重更将加甚。天地虽大,何处能容我辈耶?"2月15日,傅增湘致书张元济,谓:"昨冬以蜀文辑存印成,曾以奉告。其序例印入《雅言》,当时似未及寄呈,兹补寄一册。其此书原委及纂辑大旨均详序中。敬祈指正谬失。至叩。全书订三十四册,售价恐须四百元。"又告拟校《册府元龟》,商借商务搜印卷目。3月14日,撰《分门纂类唐宋时贤千家诗选后集跋》,此书宋本杨守敬得于日本,后归徐积余,此本为缪荃孙借徐本影写。是年,开始把1938年至1944年间所撰216篇题跋,和初集、续集失收各篇,编成《藏园群书题记》8卷;对历年所撰题跋进行考证、改定、割舍,所订正地方,由子晋生代笔,孙熹年课余也随从誊录,历时3年,大致删订一过。1989年经傅熹年整理出版的《藏园群书题记》就是据此进行的。(参见孙英爱《傅增湘年谱》,河北大学硕士学位论文,2012年;张人凤、柳和城编著《张元济年谱长编》,上海交通大学出版社2011年版)

赵紫宸潜心创作《圣保罗传》。7月,创作中国古典诗词风格大型神乐清唱剧《圣诞曲》,张肖虎作曲,12月25—26日,在天津基督教青年会第六区青年会服务部礼堂公演。(参见赵晓阳编《中国近代思想家文库·赵紫宸卷》及附录《赵紫宸年谱简编》,中国人民大学出版社2014年版)

邹韬奋1月至2月间病情好转,决定将一生经历中尚未发表过的事情,写成长篇回忆录,题为《患难余生记》。每天早餐以后就拥被而坐,伏在小木案上写作,有时废寝忘食,直至夜晚。曾对同事说"我要争取时间,和病魔搏斗!""能写多少是多少,写一些是一些"。原计划还要写《苏北观感录》和《各国民主运动史》,对沈粹缜说:"我虽在病中,也还一定要写。要把我这次看到的这么许多好的东西都写出来。把解放区的真实情况介绍给千百万读者,让他们看到那里是我们新中国的希望!"2月,《患难余生记》写成五万多字。由于病况不佳,第三章未写完就不得不停笔(原定写四章)。同月,日军谍报机关在上海侦缉邹韬奋。由沈粹缜陪同,转移到生活书店同事毕青家中住了一个多月,化名"季晋卿"。此时病情又一次恶化,食欲渐减,剧痛增加,夜间经常痛醒。春,生活书店同事张又新专程去苏北向华中局和上海市委汇报。华中局派徐雪寒同志来沪商量邹韬奋的后事,并组织了一个委员会。3月,一天夜里,昏厥十几分钟。次日找徐伯昕嘱咐后事,说他死之后,遗体希望能予解剖,或者对医学上有所贡献。又谈到家属安排,说自己平生不治私产,夫人可参加社会工作,长子嘉骅可专攻机械工程,次子嘉鞠可研究医学,幼女嘉骊爱好文学,都希望给予深造的机会。邹韬奋谈到,20多年来他大约写了几千万字,早期的著作有缺点,和他后来的思想的发展不相一致,希望由胡愈之全权处理。邹韬奋还郑重提出"我死之后,请中国共产党中央委员会严格审查我一生奋斗的历史,如其认为合格,请追认入党。遗嘱也望妥送延安,火葬后的骨灰尽可能带往延安"。邹韬奋在此前后还对毕青说:"假使能病好起来,我还要做几十年工作。"4月间,邹韬奋住进上海医院。6月1日深夜,突然昏厥一次。次日,召集亲友口授遗嘱。同月间,对沈粹缜说:"等我病好了,我们就一定到延安去。在那里可以接触到许多新东西,学习到许多新东西。我要用这枝笔再好好为人民工作几十年。你也可以学习一点东西,参加一点工作,小孩也可以很好地学习和锻炼。"7月上旬,又昏厥一次,已不大能说话。郑振铎等去医院看望。21日,嗓子失音,发烧。但仍以笔代言,字迹颤抖。23日,在纸上写:"一切照办,不要打折扣。"24日晨7时20分,在上海医院逝世。弥留时,说周恩来同志是他最敬佩的朋友;嘱夫人拿出遗嘱,请人读后,改正几个字,亲笔签名;另在纸上写"不要怕"三字。下旬,以"季晋卿"的假名入殓,棺柩停放上海殡仪馆。8月中旬,徐伯昕携带韬奋遗嘱赴苏北,向中共中央华中局报告韬奋的情况,并请将其遗嘱转告延安中共中央,将韬奋逝世转告重庆救国会和文化界。

按：邹韬奋去世后，以下三个不同区域相继开展追悼活动：

一是苏北解放区。8月18日邹韬奋追悼会在新四军军部举行，苏北党政军民各界人士几千人出席，张云逸代军长致悼词，范长江、钱俊瑞、于毅夫、徐雪寒等演讲。10月12日，东江纵队全体指战员电唁邹韬奋家属，决定在全区举行隆重追悼大会并翻印其遗著。

二是延安解放区。9月2日，周恩来获悉邹韬奋在沪病逝，向中共中央建议在延安开追悼会，先组织筹备会；《解放日报》发表追悼文章；中央致挽电。毛泽东同意。12日，重庆《新华日报》刊登韬奋逝世讣告。28日，中国共产党中央委员会电唁邹韬奋家属，表示接受邹韬奋临终请求，追认其为中国共产党党员，并指出："韬奋先生二十余年为救国运动，为民主政治，为文化事业，奋斗不息，虽坐监流亡，决不屈于强暴，决不改变其主张，直至最后一息，犹殷殷以祖国人民为念；其精神将长留人间，其著作将永垂不朽。"10月7日，延安《解放日报》头版刊载《中国文化界先进战士邹韬奋逝世》消息、《邹韬奋先生遗嘱》《邹韬奋先生事略》《中共中央电唁邹韬奋先生家属》《苏北军民集会追悼邹韬奋先生》消息和社论《悼邹韬奋先生》。11日，周恩来召集吴玉章、博古、邓颖超、周扬、艾思奇、柳湜、林默涵、张仲实、李文等13人，发起组织"邹韬奋同志追悼会筹委会"，并主持召开了发起人第一次会议，商讨纪念和追悼韬奋先生的办法。周恩来在会上热诚颂扬了韬奋为宣传党的抗日救国政策、主张，指引无数青年走上革命道路所立下的不可磨灭的历史功绩。他再次谈到韬奋游历考察欧美所写的《萍踪寄语》和《萍踪忆语》，说：《忆语》是视察研究资本主义发达到最高度的代表型美国的结果，对它的分析认识很深刻，是难得的一部著作。会议商定：将延安的"华北书店"改为"韬奋书店"；向陕甘宁边区文教会议建议电唁他的家属；在延安举行追悼会，展览韬奋著作和他办的期刊；建议《解放日报》出追悼专刊，专刊由艾思奇、张仲实负责。成立追悼会筹委会，由周扬、艾思奇、林默涵、李文、张仲实组成，周扬负总责。周恩来在此会议记录上批道："提议以韬奋为出版事业模范。"会后，周恩来同志亲笔修改纪念和追悼方法，加上"提议韬奋为出版事业模范"一句，并将会议记录送毛主席阅批。16日，毛泽东在周恩来主持制订的《纪念和追悼韬奋先生办法》上批道："照此办理。"10月29日，延安追悼邹韬奋同志大会筹备会举行扩大会议，到周恩来、吴玉章、徐特立、艾思奇、萧三、陈学昭、邹文宣、林默涵、李文、张仲实等25人。会议报告筹备情况，商谈纪念办法，并鉴于在延安青年中过去受韬奋同志重大影响者为数众多，决定广泛征集纪念论文、诗歌、木刻等，刊行纪念特刊和专册，以表哀思。决定追悼大会于11月22日——"七君子"被捕纪念日举行。10月31日，《解放日报》报道，边区政府最近一次政务会议决定，设立韬奋出版奖金，基金定一千万元，专用以奖励对办报纸、杂志及出版发行事业有特别成绩者。11月1日，延安生活书店同人在韬奋书店举行韬奋同志逝世百日座谈会，到会有张仲实、林默涵等20余人。周恩来和邹韬奋之弟邹恩洵也出席此会。大会给韬奋家属发了唁电，签名的有柳湜、张仲实、林默涵、李文、卜明、徐律、王矛、张国钧、岳剑莹、吴彬、杜星垣。11月15日，毛泽东为纪念邹韬奋题词："热爱人民，真诚地为人民服务，鞠躬尽瘁，死而后已，这就是邹韬奋先生的精神，这就是他之所以感动人的地方。"朱德为邹韬奋题词："爱国志士，民主先锋。"11月22日，延安各界人士在边区政府大礼堂隆重集会追悼邹韬奋。到会各界人士近两千人。主祭人吴玉章，陪祭人周扬、柳湜。柳湜报告邹韬奋生平事略，继由朱德、陈毅、吴玉章、李鼎铭、李卓然以及群众黄志强、朱宝庭等讲话。张仲实代表筹委会报告：1.提议成立纪念委员会。通过由周恩来、吴玉章、林伯渠、博古、陈毅、续范亭、杨秀峰、成仿吾、贾拓夫、柳湜、周扬、艾思奇、丁玲、张宗麟、林默涵、李文、张仲实等同志为纪念委员会委员。2.陕甘宁边区政府设立"韬奋出版奖金"，将移交纪念委员会。大会通过致韬奋先生家属的唁电。同日，延安《解放日报》以四个版的篇幅，出版"邹韬奋先生纪念特刊"，刊登了毛泽东、朱德为邹韬奋题词的手迹和悼念文章28篇，作者有陈毅、吴玉章、徐特立、沈钧儒、沙千里、茅盾、胡绳、范长江等。11月，华北书店为纪念邹韬奋生前致力于新文化出版事业之奋斗精神，在邹韬奋逝世百日时改名韬奋书店。

三是重庆陪都。9月中旬，重庆生活书店同人在分店二楼举行了邹韬奋追悼会，由沈钧儒主持，读书出版社、新知书店和新华日报社的人员也参加了追悼会。以后的几个月中，重庆出版文化界所开展的邹韬奋追悼活动综述如下：9月14日，沙千里、王志华、章乃器、黄炎培、陶行知、沈钧儒、史良、杨卫玉、徐伯昕等在重庆代告发出讣告。下旬，中华职业教育社、中华职业学校及校友会也联合举行了追悼会。追悼会后,生活书店重印了邹韬奋的自传《经历》发行。25日,公布了10月1日重庆文化出版界举行邹韬奋追悼大会发起人名单,有宋庆龄、于右任、孙科、冯玉祥、邵力子、陈布雷、林祖涵、黄炎培、董必武、郭沫若、戈宝权、潘汉年、夏衍、曹靖华、黄洛峰、徐雪寒、沈钧儒、陶行知、李公朴、沈志远、沈雁冰、徐伯昕等72人。10月1日,重庆文化出版界在重庆银社举行邹韬奋追悼大会,由宋庆龄、林伯渠、郭沫若等72人发起,各党派各阶层800多人参加。沈钧儒致悼词,郭沫若、邵力子、林伯渠等发言。周恩来、邓颖超的挽联写道:"忧时从不后人,办文化机关,组救亡团体,力争民主,痛培独裁,那怕冤狱摧残,宵小枉徒劳,更显先生正气;历史终须前进,开国事会议,建联合政权,准备反攻,驱除日寇,正待吾曹努力,哲人今逝去,倍令后死伤神"。林伯渠、董必武的挽联写道:"是屈大夫贾太傅一流,爱国忧时,文采光芒长万丈;与杜国辅徐仲车同病,逊言危行,德人风节动千秋"。邹韬奋的译著《革命文豪高尔基》《事业管理与职业修养》等七折发售。(参见复旦大学新闻系研究室编《邹韬奋年谱》,复旦大学出版社1982年版;吴永贵《民国图书出版史编年:1912—1949》,社会科学文献出版社2018年版)

　　郑振铎继续潜居上海。1月2日下午,"在金都看《风雪夜归人》,不佳。"2月14日,于李宗侗(玄伯)处见洪升《稗畦集》,即作题跋云"洪昉思以《长生殿》一曲废弃终身,后饮酒大醉,其老仆失足落水,昉思救之,溺死。《长生殿》刻本甚多,都是后印模糊者。暖红室刻本谬误,尤触目皆是。予藏有稗畦堂原刻本二部,为曲藏中得意之物,后又得昉思《四婵娟》写本,殆皆人间少见之珍本。今复于玄伯先生处获见此《稗畦集》,喜欢赞叹,不能释手。昉思诗世无传本,此殆是天壤间厘存之一本也。玄伯先生其许录副乎?若得墨版传世,则尤为论述清诗清曲者所深望也"。4月6日,汉奸报纸《新中国报》发表译自日本《大陆新报》"报道"《中国文艺协会将在各地成立/会长将由周作人担任》,其中无耻地宣布郑振铎也是会员。郑振铎阅后极为气愤,在当时秘密隐居的情况下根本不能辟谣声明。徐开垒战后写道(《留沪作家苦斗录》):"'树大招风',郑氏的地位困难可想而知。他韬光养晦,什么人都不见。可笑那时一般(班)汉奸文人,还想吃天鹅肉,他们满想利用郑氏炫耀自己,但又苦于郑振铎的决绝,于是又在一堆臭名里写上郑的名字,……而那时的上海正是丑物的世界,郑氏的屈辱可想而知。"该谣言也传入内地,靳以后来回忆(《不是悲伤的时候》):"记得有一次,一个无耻的家伙说到他可能气节有亏,我就立刻气愤地加以驳斥。"6月1日上午,至各书肆,见杨某自宁波携来之《玉簪记》,为孙蜗庐物,如见故人,感慨系之! 此前郑振铎曾于1931年8月与赵万里一起去宁波访书时在孙祥熊(蜗庐)家见到此书,极为惊喜;此时重见,无力购买;不意后来又于1958年初由上海古籍书店为郑振铎购得。郑振铎后作有长跋,述其离遇之奇。6月9日,郑振铎日记载:"在友人吴氏所设之文华阁购得余嘉锡撰《目录学发微》,归作题跋。"22日上午,至张宅闲谈,购面包为午餐,往探友病。便访葱玉,犹未起床。(按,"往探友病"指秘密去探望病危的邹韬奋。)关于此事,郑振铎后有《韬奋的最后》一文记之。7月8日,郑振铎作《长乐郑氏汇印传奇第一集自序》。

　　按:序开首以隐晦的语言写艰险的处境:"天时不正,河山如墨,泥泞载道,跬步不得,计唯闭户读书,以自遣耳。"叙述"予聚曲半生,于汲古阁《六十种曲》外,初收李卓吾评本《浣纱》《玉合》二记,即诧为珍秘;后复递有所得,惟车王府、曹心泉二曲库散出者,垂得而复失;之后,幸于吴郡获得许守白先生钞本七八十种,中多古戏及李、薛、朱、邱诸氏所作,差堪快意。然劫火方殷,世变日亟,今之暂聚于予者,其能终保无恙乎? 尝念元明杂剧自藏选百种以外,复有息机子、龙峰徐氏、黄正位、顾曲斋、孟称舜、沈泰、邹式金诸选。至予得赵清常钞校元明剧二百四十本,择印其中孤本百许,颇谓取之尽锱铢矣。而清代杂剧,自予先后印行二集八十本,亦已稍见规范。独明清传奇,则自汲古结集后,继起无人。……读曲之余,辄欲继此绝业,以予所得,公诸于世。乃冒雨涉泥,商之吾友。终藉吾友之赞,得先成第一集,集传奇六本,墨版行世。继之或将有二集、三集以至十集、廿集之印行,夫唯力是视耳,固不仅以续阅世道人之六十种自域也。

大抵予所收者，以孤本流传之明传奇为先，汲古已刊者摒之，继以清初诸大家之作。若清中叶以来，纤丽凡庸之篇，传本犹多，固弗之及也。此第一集，自发愿经营至装帧成册，为时仅历二月，可谓速矣。爰叙印行经过，振笔为序"。末署"中华民国二十三年七月七日"，自是为了迷惑敌伪。文中"吾友"指张叔平。"继之或将有二集、三集……"的设想随于条件后未能实现。

郑振铎 7 月 24 日日记："闻季君逝，为之怅然者久之！"按，"季君"即邹韬奋，今晨病逝于上海，当时化名为"季晋卿"。上面这句话是郑振铎用铅笔添写在本日台历边上的。8 月 9 日，郑振铎日记："今日为防空日。出购报即归。写清代文集目录，凡得七百九十余种，尚有数十种，未编入。大约有八百种以上。写序毕。"《清代文集目录序》曰："予收书始于词曲小说及书目，继而致力于版画，遂广罗凡有插图之书。最后乃动博取清代文集之念。自壬午至甲申，予几无日不阅市。每见清人集，必挟之以归。……三年来专心一志之所获，亦有足一述者。""予之不收诗集而专取文集者，盖以诗集多不胜收，清新之作少，而庸腐之篇则充栋汗牛。文集固亦有滥竽充数者，而大体则都为有用。或富史料，或多考订之作。而治经子金石文字者，尤多精绝之言，为我人所不能不取资者。晚清诸家集，亦足以考见近百年来之世变，往往为予《晚清文选》所未收。续选有日，必将据此成编。而专治一经一史或一专门之学者，其亦必将有取于斯无疑也。辑序跋，则可自成一书；辑碑传，则可补缪、闵诸集；收诂经之文，则可成一弘伟之诂经文钞；录论史之作，则可集为史学史之资料。大抵竹头木屑，无不有用。予之致力于斯，殆为后人任其艰辛耳。世变方殷，劫火未烬，念集之之不易，乃不能不虑及保存之方。世有同心者，其将有感于斯而合力协谋之欤？但愿不至目在书亡，为他日无穷之憾耳。"10 日，郑振铎日记："上午，至修文堂，见清代文集又到不少，大约已经齐了，约需二万余金，尚不知如何还法？！"下旬，郑振铎得悉周作人在北平蓄意怂恿朱安女士将鲁迅遗书出售，十分气愤和焦急，竭力设法抢救。本拟亲自北上，但因友人均认为太冒险，遂被劝阻未去。后来许广平于 9 月 10 日发表启事阻止鲁迅遗书的出售；10 月，唐弢与刘哲民到北平做朱安女士的工作；郑振铎专门给北平来薰阁、修绠堂各书店和赵万里等人写信（信由唐弢等带去），全力保卫鲁迅遗书。9 月 3 日，郑振铎为《清代文集目录》作跋。

按：跋曰："右清代文集八百三十六种，皆予二十余年来所累积而得者。'一二八'之变，储于申江东区之书，胥付一炬，而清集十去其七八。凡此目所著录者，十之八九，皆为壬午以后三年中所补购。此三年中，志不旁骛，专以罗致清集为事。三年心力，毕耗于斯，而财力亦为之罄焉。力所不及，则缩食节衣以赴之，或举债以偿之，或售去他书以易之。……古书日少，劫火方红。前之不易得者，今固尤甚，而前之易者，今亦成为难见之书矣。清目写成，循读一过，念集之之艰辛，颇自珍惜。……似此一意求书，大类愚公移山，精卫填海。……予素志恬淡，于人世间名利，视之蔑如。独于书，则每具患得患失之心。得之，往往大喜数日，如大将之克名城。失之，则每形之梦寐，耿耿不忘者数月数年。……沧海横流，人间何世，赖有'此君'相慰，乃得稍见生意耳。则区区苦辛营求之劳，诚不足道也。"（参见陈福康《郑振铎年谱》，三晋出版社 2008 年版）

马叙伦继续潜居上海。1 月 10 日，夏承焘日记："阅报沪上日军十日内捕教育界文化人三百余人，甚念马夷初、周予同、郑西谛诸人。"25 日，正月初一，兼任伪上海市长的陈公博冒雨过访，马告以民间疾苦，劝其"及早回头"。4 月 8 日，任铭善向夏承焘转示马叙伦函，内称"两年来躬亲涤扫"，又言已尽读夏词。此前任铭善赴龙泉浙大分校任教，友人朱镜清于姚主教路（今天平路）设家宴饯行，与任、宓、朱应邀作陪，畅谈世界形势与中国前途。21 日，夏承焘来函。春，姑母之孙唐莱安、庆安兄弟以 2 万元求画师吴待秋写《石屋图》，寿马"六十初度"；沈幼征从任铭善信中得悉马处境，托兄长送去纸币 1 万元。马叙伦却坚持不收。经沈幼征哥哥反复陈述，说这是做学生的微不足道的心意，并说，"先生如执意不收，我也难以回复舍弟了。"马叙伦这才勉强收下，并叮嘱以后切不可如此。隔了不久，又给沈幼征写信，说自己没有什么困难，千万不要再这样做。还附寄手书横披一幅，写的是自己作的四首七律。5 月 23 日，程砚秋应约为马作书。6 月 7 日，往合众图书馆查看庄兆麒《春庭说录》稿。下半年，收谢孝萍、徐淳穆为门生，每周指导两个下午。是年，边成（政平）《君子馆论书绝句一百二十首》出版，马叙伦颇为欣赏。（参见卢礼阳《马叙伦年谱》，浙江古籍出版社 2021 年版）

李登辉仍在复旦沪校。春，沪校经费极度困难。李登辉白内障加剧，脚部溃疡，行走不便。校友许晓初送来三轮车，出门便以三轮车代步。于右任、邵力子、章益在重庆发函，向大后方各地校友会募集李登辉老校长颐养基金。函中说："李师腾飞，本年已达七十晋二之高龄，频年为救济滞沪员生，殚精竭虑，犹不时亲至母校上海补习部予师生以助勉。惟近接沪上各方消息则称：李师以久患眼疾，两目几已失明，生计之艰窘，更与日而俱深。盖倾注其毕生精力于母校，虽老而弥笃。而及今风烛残年，乾茕口口一老，桑榆之收，方且无以为颐养之计矣。吾济济校友，无虑万数，尼山仰止，固夙切瞻依，闻兹情形，谅同深怀系。在渝校友除由力子两次共约集数十人，已同认定募集李师颐养金达五十余万元，并预定重庆市校友捐献，以百万元为目标外，特再吁请学兄为同声之应，就贵地发动李师颐养金之募集……"（参见钱益民《李登辉传》及附录四《李登辉年谱简编》，复旦大学出版社 2005 年版）

唐文治继续任国专沪校校长。1 月 15 日，据交通大学《国文系本学期工作报告》称："事务方面，过去刊物出版唐文治演讲录，本学期因演讲停止，印刷费又大涨，故未能继续。"2 月，国专沪校开学，学生及旁听生百余人。唐文治每逢星期二到校，为学生讲授《读文法》一节。同月，孙煜峰等五六人仍来听讲。每星期授课二节，一为《周易消息大义》，一为《孟子大义》。春，应唐淞源之请，为《唐氏孝友乐善图》作"序"。7 月，国专沪校毕业民国三十二年度第二学期学生 19 人，其中三年制国学科 17 人，五年制国学科 2 人。10 月 24 日，唐文治电话张元济，谈及张文魁拟请张元济作书，询问润资之事。次日，张元济致函唐庆诒，请代为转告润格。11 月 20 日，由唐文治、林康侯、赵叔孺、徐朗西等 18 人发起的中国美术馆开幕，林祖潘、赵叔孺揭幕。同月，144 位社会名流发布《恭祝钱子泉孙卿两先生六秩双庆建筑二泉桥启》，唐文治列名。二泉桥至 1946 年筑成，唐文治特作《无锡二泉桥记》，曰："自有明东林以后，学术文艺，代有传人，高顾二贤，理学气节，彪炳乾坤。"12 月 1 日，唐文治八秩与黄氏七秩寿庆，亲友来贺者凡百人。《茹经先生自订年谱》记：谱弟曹君叔彦赠寿序以道义相勉，北京张新吾等亦赠寿序，叙述昔年在商部时苦心维持各事，均极可感。交通大学校友汇编有关纪念文集。另有凌鸿勋撰《八十年来之中国铁路——为纪念唐蔚芝先生八十寿而作》，刊于《宝天路刊》第 4 期。冬，为描绘唐保谦善举的《同族保谦公孝善遗型图》作总序。年底，孙煜峰印《茹经堂文集》四编成。唐文治"闻排印费甚昂，深为可感"，并作跋。《四编》共 8 卷，有文 169 篇，由陆汝挺、陆景周校对。（参见陆阳《唐文治年谱》，上海三联书店 2013 年版）

夏敬观 1 月 31 日于迁园招饮。"客来一一携所藏，有似义尊供雪堂。"3 月 30 日，龙榆生于徐州致函夏敬观，云："《同声月刊》承赐各稿，将于最近两期内刊完。近日诗坛殊为寂寞，尊处有新咏，恳即寄示，以便编登。陆微昭、胡士莹两兄之词亦乞转求录寄。"8 月，龙榆生偕门人张寿平过访。10 月 25 日（重九），为《胡亚光画像集》作序。序云："明清以来传神写照约分两派：师曾波臣者，有谢文侯、徐象九、张子远、子远子德思、顾仲书、郭无疆、徐瑶圃、顾云程诸人,此以古为今自成家数,与禹慎斋白描,两颧微晕脂赪,虽非相师,同一源也;师焦秉贞者,则冷吉臣、崔象洲、莽卓然、金介玉等。自摄影术东来,绘像者大率焦派,古法荡然无存矣。胡君亚光得外家戴文节之传,雅擅丹青,遂兼习西画,研讨写貌之法,与曾焦二派,取长补短,骎骎乎欲独树一帜。昔朱竹坨述曾派门徒之语,曰:其未得,若有所胶于中而不释,及其即得于心,若飞鸟之过目,其行之去我愈疾而神愈全。胡君盖有会于斯言矣。甲申重九映夏敬观。"是年,撰成《毛诗序驳议》。(参见陈谊《夏敬观年谱》,黄山书社2007年版)

　　叶恭绰1月13日赠顾廷龙食用之物六色,代替稿费。17日,致函顾廷龙,借阅《青云谱》。20日,顾廷龙到访。31日,顾廷龙到访,不遇。2月9日,因近日赠给顾廷龙《瘿公诗稿》,顾廷龙复信感谢。2月10日,顾廷龙到访,求书联二、画扇一,不遇。20日,画扇毕,托胡文楷带给顾廷龙。3月5日,顾廷龙午后将自己所拟的《续清代学者象传》稿交给叶恭绰并长谈,叶恭绰为他写两副对联,一赠沈范思,一赠董康(斋名诵芬室)。5月1日,顾廷龙在魏廷荣处看他所藏书画,有《新罗画菜》,叶恭绰为之题句。21日,顾廷龙来访,恰富晋书社主人(王福山)带来张云溪《双钩竹长卷》、朱存理《铁网珊瑚》著录。7月10日,叶恭绰介绍的玉佛寺主持震华与濮伯欣(一乘)同到合众图书馆阅寺志,将编辑《佛教人名辞典》。27日,顾廷龙来访,得知文权去世三月。8月1日,顾廷龙将《续清代学者象传》资料二札、原稿11本送还。3日,潘景郑来访,交《续清代学者象传》稿,共260人。此书三分之二系潘景郑完成。9月28日,派甥严敏之访顾廷龙,面致一函,赠顾廷龙礼券万元为稿费。10月11日,打电话给顾廷龙,嘱托他查张伯起先世的字号,顾廷龙没有查到。15日,顾廷龙到访,略谈。11月1日,访顾廷龙,商量为顾廷龙订润例之事。顾廷龙不敢定过高,叶恭绰提到近来书画的润格,四尺篆联已经须800元。并和顾廷龙聊往事,《快雪时晴帖》溥仪带出宫后,被鹿传霖搜到。2日,给顾廷龙打电话,商量润例待定人应否多邀数人,顾廷龙认为不必。3日,到合众图书馆交代顾廷龙定润例事。5日,顾廷龙来访。同日,叶景葵给顾廷龙看陈叔通(敬第)藏陈宪章、刘世儒《墨梅》两卷,想要易主,顾廷龙想到叶恭绰交游广,便请他代办,索价20万。叶恭绰为他详述了袁世凯事、古物保管委员会事和印四库全书事。12月,叶恭绰的《清词钞》《五代十国文》《清代学者象传》仍在继续编撰,请了顾廷龙、潘景郑、王庸(以中)、陆维钊4人帮忙。(参见杨雨瑶《叶恭绰先生艺文年谱》(下),《艺术工作》2019年第1期)

　　傅雷1月与裴柱常、顾飞、张菊生、叶玉甫、陈叔通、邓秋牧、高吹万、秦曼青等共同署名发起在上海举办"黄宾虹八秩诞辰书画展览会",并刊印《黄宾虹先生山水画册》和《黄宾虹画展特刊》,特刊上以笔名"移山",撰写介绍黄宾虹绘画之《观画答客问》。2月,翻译巴尔扎克《亚尔培·萨伐龙》。4月7日,以笔名"迅雨"撰写《论张爱玲小说》,刊于柯灵所编《万象》五月号。文中对张爱玲创作的发展趋向提出了精当中肯的批评。12月,翻译巴尔扎克《高老头》,1946年8月由骆驼书店出版。是年冬至1946年,曾与十余友人组织两周一次的茶话会,与会者轮流就文艺科技等专题作讲座,并座谈时局,交换看法。参加者有姜椿芳、周煦良、李平心、沈知白、陈西禾、裴复生、裴劭恒、雷垣、宋奇、朱滨生等人。(参见傅雷《傅雷文集——书信卷(上下)》附傅敏、罗新璋《傅雷年谱》,安徽文艺出版社1998年版)

　　蒋兆和携《流民图》到上海的华懋饭店展出。5月26日,日文《大陆新报》与《申报》为庆祝日本第39届海军节,在华懋饭店8楼联合举办第二次古今名画展览,展品二百件系向沪上集藏家征借,古代书画唐宋元明清诸家均有,现代有张大千、吴湖帆、刘海粟、蒋兆和、溥心畬等。至30日止。蒋兆和展出《流民图》同样引起巨大轰动,画被没收。张兆和弟子范增《天经百劫云归——谈恩师蒋兆和》认为，"俄罗斯列宾之《伏尔加纤夫》及苏里柯夫《枪兵临刑早晨》与《流民图》近似，类皆个性鲜明、发人深思之千古杰作。谈兆和师不纵横比列，是目下专司评论者疏忽处，而倘文字又粗浅，不知所云，则距本相所去益远"。（参见覃仕勇《隐忍与抗争：抗战中的北平文化界》，北京时代华文书局2015年版；王震《20世纪上海美术年表》，上海书画出版社2005年版）

刘海粟与夏英（伊乔）结婚典礼1月15日在上海工商联谊会礼厅举行，证婚人刘崇杰，介绍人卢秋鹏、曾万铺。特邀来宾有日本大使馆奥村课长、广田课长，陆军部川木大佐、御船大佐，华中振兴公司高岛总裁、波多博、吉田东祐，中宾有丁默村、林康侯、潘三省等共500余人。婚礼后来宾代表林康侯致词，最后由主婚人代表陈彬龢致谢词。5月20日，刘海粟计划离开上海往内地，被日本特务发现而未果。（参见陈祖恩、袁志煌编著《刘海粟年谱》，上海人民出版社1992年版；王震《20世纪上海美术年表》，上海书画出版社2005年版）

郑午昌、吴湖帆、汪亚尘、杨清磬、秦清曾等1月29日于福州路万寿山酒楼出席甲午同庚千龄会的集会。2月2日，古今书画展在中国画苑举行，由《申报》和日文《大陆新报》联合主办。展出溥心畬、张大千、沈子培、吴昌硕、王一亭、叶誉虎、沈尹默、汪精卫、吴湖帆等人的书画。其中有吴湖帆与潘淑静合作《春风燕喜图》及吴氏临王司农《岩滩春晓图》、临梁风子《睡猿图》、临陈老莲《仕女图》等共300余幅。7月13日，梅景书屋同门书画展，在上海西藏路宁波同乡会五楼画厅举行，梅景书屋系吴湖帆别署，出品人有吴湖帆、王季迁、朱梅村、陆抑非、徐邦达、俞子才等34人，至18日止。展品有34人合作画屏四幅，义卖后捐助学金。11月12日，中华基督教青年会美术奖金展卖会在八仙桥青年会二楼青年画厅举行，并请张充仁演讲《造型艺术》。13日，请郑午昌演讲《国画与宗教》。14日，请郎静山演讲。至21日止。共义卖作品8件，义卖之款由《申报》支配。（参见王震《20世纪上海美术年表》，上海书画出版社2005年版）

顾廷龙1月1日阅《清实录》，补《学政年表》。14日，校《河朔古迹图识》，付印并送去。徐森玉、诸仲芳、王大隆来长谈。19日，开明书店送《明代版本图录》来，齐鲁大学赠10部，附印50部。此时印成，不胜快幸。20日，访叶恭绰；钱钟书来访。21日，致张元济信，并呈上《明代版本图录》一部。22日，张元济致顾廷龙信致谢。2月6日，郭绍虞来访，渠新兼大厦大学课，言及闻洪业已入辅仁大学。同日，访陈陶遗，述鸿英图书馆窘甚，蒋维乔有归并"合众"之意。鸿英子亦愿不坚持保存此名义。以原则而论，似不可办之，手续、人事固有问题，不难解决，而经费实其要也。2月14日，张元济送《圣迹图》与顾廷龙，"命考编入、刊年"。15日，张元济嘱顾廷龙查《古文苑》9卷本，见几家著录。又去合众图书馆，嘱刻图章。21日，拟撰《续清代耆象传》。3月5日，整理所撰《续清代耆象传》稿，午后交叶恭绰，并长谈。8日下午4时，与张元济、叶景葵、陈陶遗、陈叔通、李宣龚出席合众图书馆董事会常会会议。主席陈陶遗，顾廷龙为书记。4月7日，顾廷龙访张元济，"求书《栩缘画集》引首"。6月1日，杨友仁持金天翮介绍信来见张元济，谓金天翮发起《苏州诗徵》之辑，以曹叔彦为社长，以清苏府为范围，吴江、常熟、昆山各设分社，嘱顾廷龙为采访。顾廷龙允就所知所有者开单备采。8月21日，拟《苏州丛书》目。8月14日，撰《苏州丛书》序。10月17日，偕王以中访徐森玉，言及北平图书馆藏善本，沪、平、美三处分散，将来归合殊匪易易。12月1日，读张孟老《中文化及其宗教道德》，并录其警语："徵文考献者，史家之工具，而非史家目的也。史家之目的，班固所谓历纪古今成败祸福存亡之道尽之矣。道，犹路也，谓人类动力推进之路也。历史，本全世界人类动力推进之一过程，而所谓古今成败祸福存亡者，则人类推进过程中之一波纹耳。"12日下午2时，与张元济、叶景葵、陈陶遗、陈叔通、李宣龚出席合众图书馆董事会常会会议。主席陈陶遗，顾廷龙为书记。（参见沈津编著《顾廷龙年谱》，上海古籍出版社2004年版；张人凤、柳和城编著《张元济年谱长编》，上海交通大学出版社2011年版）

张元济1月24日赠合众图书馆唱本一包。2月29日，复傅增湘书，谓："赵斐云来，询知起居健适，且比曩昔为佳，闻之欣慰。先奉到去年十二月廿七日、本年正月廿二日两次手教，均谨诵悉。《全蜀文》居然告成，了却生平一大心愿，可贺可贺。惠寄《雅言》一册亦经收到，蜀文大序捧读数过，真觉苦心孤诣，非寻常人所能及。此书观成，定当有古衣冠数千人拜于床下也。闻兄售去书籍不少，为之一叹。斐云云尚非最佳者，则气又为之少舒。弟则寥寥数种，早于三四年前尽数货去矣。承询照存宋刊《册府元龟》，弟昔年曾有详细记录，现不知置于何所，无从检得。此书从东邦借照，约不及五百卷。所有软片悉数被毁，翻存铅皮版亦被人取去。展转交涉，始得归来，零乱不堪着手。所有存货栈房，或被锢闭，或受驱逐。几经迁徙，原有货物存亡多少，一时亦无从查究。昔年曾印连史纸底样一分，寄存何所，问诸主者，亦不能置答。非至偃武修文之日，大约无可复命矣。我兄近欲复理校勘之业，试易他种何如？弟鬻书生涯近虽减逊，却未匮竭。差幸贱体尚健，可以耐劳，藉堪上慰廑注。"3月8日下午，张元济至合众图书馆参加董事会常会。主席陈陶遗。叶景葵报告1943年度财产目录及收支情况；又报告刘吉生、叶起凤捐购书费2000元。顾廷龙作本馆1943年度工作报告。议决通过：去冬物价上涨，拟加职员津贴、追认去年8月以来购置米、煤及添用具等项费用、拨第四次特别购书费5万元等事。同月，为朱菊生作《古文苑》跋。

张元济4月1日在寓所主持商务印书馆董事会第454次会议。议决1943年度股息垫发一分。又议定青岛支馆亏损严重，全部盘出。5月17日，送合众图书馆拓本3种。5月23日，偕张树年参观合众图书馆。6月10日，在寓所主持商务印书馆董事会第455次会议。7月12日，张元济复古今文物义展会书，谓："昨奉公函，藉悉诸君子关怀国粹，轸念民依，搜集古今名迹，宏开胜会，甚盛甚盛。辱蒙不弃，征及下走，属为赞助。事关公益，雅念谆谆，谨遵定章，选呈拙书五件，另附清单二纸，托敝友黄君警顽代呈，敬祈鉴核。"15—24日，古今文物义展会假西门路山东会馆全部举行古今文物义卖展览会。张元济应邀"送去《集座右铭屏》，六千元；《朱子家训》堂幅，二千四百元；五、六言联，各一千元；泥金双行小楷扇面，一万元。均未销去"。19日，在寓所主持商务印书馆董事会第456次会议。（一）张元济报告代经理鲍庆林不幸于7月15日逝世，请议如何赙赠。议决致送治丧费10万元，赠金20万元，一次致送薪金20万元，共计50万元。（二）张元济提议调整及充实上海办事处负责人员：1."以襄理周颂久君、郭梅生君、王巧生君、韦傅卿君改任协理。"2."以协理韦傅卿君暂行代理经理。"3."以郁厚培君、朱颂盘君、张雄飞君、张子宏君、丁英桂君为襄理。"张元济提议上海办事处成立总务会议。拟以韦、周、王、朱、丁为出席人员，并指定韦傅卿为主席。会议规则另订之。议决通过。9月13日，在寓所主持商务印书馆董事会第457次会议。（一）张元济报告鲍庆林夫人请求增加赙赠，议决增送一年薪金中储券20万元。（二）韦福霖报告成本激增，书业同业公会决定照现售价增加八成。本公司已将《百衲本二十四史》及《最新化学工业大全》再版出书，自9月5日起发售特价。10月17—23日，北京荣宝斋在上海成都路中国画苑举行第六届画展，陈列张元济及叶恭绰、张大千、冯超然、吴湖帆、梅兰芳等多人书画作品。12月7日，在寓所主持商务印书馆董事会第458次会议。讨论通过《同人留职不办事及退职暂行办法》。另议定自本年10月21日起，书售价增加五成。10

日下午，至合众图书馆参加董事会常会。主席陈陶遗。叶景葵报告 1943 年度下届财产目录及收支报告。顾廷龙呈阅本馆工作报告。选举任满董事二人。李拔可、陈叔通当选连任。互选董事长及常务董事。陈陶遗、叶景葵连任。议决通过：自 6 月起因物价渐涨，增加膳食费和职员津贴等事。是年，商务印书馆于重庆开设东方图书馆分馆；《学生杂志》复刊；出版熊十力《新唯识论》、金毓黻《中国史学史》、洪谦《维也纳学派哲学》、杨端六《现代会计学》及《王云五新辞典》等。（参见张人凤、柳和城编著《张元济年谱长编》，上海交通大学出版社 2011 年版）

　　李叔明继续任中华书局总经理。4 月 21 日，中华书局召开第二次局务会议，决定：（一）由于制造印书用纸利薄，槽户多转槽，纸价上涨，准备在各地预购本年用纸。在重庆进熟料纸二三千令，每令价 1800 元；在邵阳进龙山纸一千令，每令 700 元；在赣县存纸尚多，再购江西纸五百令，每令 1200 元。三地共计预购纸三千五百到四千五百令，需款 490 万到 670 万元。（二）本局新书出版不多，教科书将统用国定本，营业额势将减少，分局应紧缩开支，裁汰不得力人员，用人开支不超过营业额 20% 为度，如在 10% 以下者酌提奖金。（三）扩大分局外版书寄售范围，订定统一办法。（四）派员去界首及江山进购文具，分发西北及东南区各分局，以维营业。6 月 17 日，中华书局上海发行所发生火灾。同日，《申报》报道中华书局大火："福州路中华书局昨晚十二时许，发生大火，各区救火车，云集灌救，奈火势燎原，直至三时余，尚未救熄，全部房屋，付之一炬，损失殊巨。"18 日《申报》报道中华书局被焚，损失惨重："吾国文化出版事业巨擘中华书局，其营业处设于河南路福州路口，讵于昨（十七）日上午另时十五分，突告失慎，一时火焰狂炽，全馆顿遭回禄，其起火祸肇，发生于三楼内，该楼大部分作为堆栈，极小部分辟为办公室。该馆自前晚五时，职员均下办公后，即如数归家，内部空无一人，讵至昨晨另时后，三楼突发生大火，当时火势燎原，火舌向上直窜，迨经就近自警团发觉，即鸣报近在咫尺之消防处，立派帮浦车驰往灌救，奈因火势直冒，四五楼杂物堆栈内，虽经设法施救，压四小时后，始告稍煞，至下午五时尚在灌救中。该馆仅一二楼营业部遭受水渍外，三楼以上全部被焚，损失惨重，比邻商务印书馆虽未遭蔓延，惟已波及水渍，损失亦告不赀。"19 日，《申报》报道中华书局设立临时营业处启事。26 日，《申报》报道，中华书局为股票照常过户启事。8 月 3 日，《申报》报道中华书局迁回原址营业启事。6 日，《申报》刊载中华书局谢启："一昨敝局发行所迁回原址营业，谨本节约之旨，原不敢有所举动，乃承各界各同业贤达多所匡教，既屈高轩，复叨盛贶，云情稠叠，感荷莫名，只以招待多疏，良用歉仄，除将所收礼金连同敝局节省茶点费集合成数，送交申、新两报充作助学金，为诸公造福外，谨藉报端，以申谢悃，维祈鉴照。中华书局董事会暨全体同人谨启。三十三年八月六日。"（参见吴永贵《民国图书出版史编年：1912—1949》，社会科学文献出版社 2018 年版）

　　胡文楷继续任中华书局编辑。4 月，著成《历代妇女著作考》。此书是中国目录学史上一部重要著作。作者以编著闺秀艺文目录的形式，运用丰富的材料展现了中国古代女性文学的发展。共著录汉魏迄清末 4500 多位女性作家的作品、略传，其中清代所占最多，收录清人妇女著作达 3500 家左右。以朝代编次，每代中按姓名笔画多少为先后排列，以便检索。满蒙、方外或姓氏佚者，列于卷末。书中资料，多采自各省府州县志书，故史料价值较高。可作为中国妇女文学史资料参考。

　　按：此书于 1957 年 11 月由上海商务印书馆出版，1973 年台北鼎文书局影印出版，1987 年上海古籍

出版社出版增订本。(参见付祥喜《20 世纪前期中国文学史写作编年研究》,北京师范大学出版社 2013 年版)

　　陆高谊继续任世界书局总经理。7 月 22 日,上海《申报》载,世界书局换发股票发股利启事:"本公司以前所发世字及界字各股票并增资股款收据,自即日起一律换发书字正式股票,同时并派发老股自三十二年一月至八月廿二日之股利,俾新旧股利轧平,以便合并换发书字新股票,敬请各股东随带上开股票或股款收据,于每日上午十时起下午四时止(星期日例假),至福州路三九〇号本公司办理手续为荷,除分函外,特此公告。董事会谨启。"9 月 24 日,上海世界书局召开股东常会,8 月 22 日上海《申报》有公告:"世界书局股份有限公司召开股东堂会公告:兹定于本年 9 月 24 日下午二时,在福州路三九〇号本公司发行所举行第廿三届股东常会,报告业务,垫发股利,并改选监察人等各事宜,敬希各股东凭入场证准时出席为荷。"又,自 9 月 10 日起,停止股票过户,除分函外,特此公告。(参见吴永贵《民国图书出版史编年:1912—1949》,社会科学文献出版社 2018 年版)

　　夏丏尊继续任职于开明书店。年初,黄幼雄带《鲁迅传》译者范泉及《鲁迅传》译稿访夏丏尊,请他对照原著,帮忙修正错误。1 月 20 日,叶圣陶作书致徐调孚,询夏丏尊、章雪村在沪被捕事。3 月 8 日,叶圣陶得上海信,有伯、调、丏、绍虞 4 人执笔,调孚信述丏、村二公被捕事甚详。4 月 27 日,叶圣陶作《关于夏章两先生被捕》一文,后载《中学生战时半月刊》第 76 号(6 月 5 日出版)。文中描述了夏丏尊和章锡琛被拘期间的生活情形。10 月,与李芳远合编之弘一法师《晚晴山房书简》,由弘一大师纪念会印行。流通处开明书店、大法轮书局、大雄书店等,共收书简 370 余通,其中有弘一法师致夏丏尊信函 95 件。夏丏尊为该书作序。序中写道:"弘一大师入灭后,福建永春李芳远君辑师书牍若干通,寄稿至沪,嘱为刊行。顾所收不多,未足成集。年来多方征求搜罗,益以己所旧藏,其量已远倍于李君所辑。世方多难,散失堪虞,因排百难而使之成书。斯编所收,皆师出家后所作。师为一代僧宝,梵行卓绝,以身体道,不为戏论。书简即其生活之实录。举凡师之风格及待人接物之状况,可于此仿佛得之。故有见必录,虽事涉琐屑者,亦不忍割爱焉。师别署甚多,五十以后,喜用晚晴称号,常自署曰晚晴沙门或晚晴老人。颜其白马湖之精舍曰晚晴山房。乱后乡村不宁,山房无人居宁,门窗砖瓦被盗垂尽,闻将成废墟矣。斯编名曰晚晴山房书简,不特从师夙好,亦将藉以为胜迹留一纪念也。编中书简,除余所藏者外,来自各方,助为缮写者同事丰君沧祥,郭君沈澄,朱君子如,及窦德清宗性姊弟,付刊者同事徐君调孚,校对者同事周君振甫,例得备书,以志功德。"11 月 25 日,作《致大晚报记者书》。年底,内山完造夫人美喜子病重,夏丏尊前往探望。是年,兴慈法师邀亦幻法师至上海法藏寺襄理寺务,同时邀墨禅法师等来寺主持佛教教育,乃将法藏学社改组为法藏学院。夏丏尊受邀讲授语文课程。(参见葛晓燕、何家炜编著《夏丏尊年谱》,中国文史出版社 2012 年版;陈福康《郑振铎年谱》,三晋出版社 2008 年版)

　　郭绍虞继续任开明书店编辑。11 月 12 日,王伯祥日记:"十时绍虞来,本约雪村同赴西谛饭约,坐以待之,十时半警戒警报作,索非派人来告雪村顷有电话不来矣。至十一时,余遂与绍虞行步至善钟路口,警报解除。至居尔典路前弄,适被封塞,遂绕其后行,竟迷路,反复问讯,重到福开森路,遇调孚,因再绕白赛仲路,而得达焉。途次已徘徊多时矣。迨十二时,济之、予同亦至,乃共饮,欢叙至二时,始罢。食后又围坐作剧谈。四时半,复同出过蕴华阁、萃古斋两书坊。"(参见陈福康《郑振铎年谱》,三晋出版社 2008 年版)

　　东方曦(孔另境)继续在上海世界书局主编《剧本丛刊》。11 月,作《怀茅盾》,收 1946 年

1月永祥印书馆出版的《庸园集》。作者系茅盾的亲属,掌握着许多第一手材料。文章在回顾了茅盾的生平之后,总结性地谈到了茅盾成功的原因:"茅盾是一位理智胜于感情的人,所以他能理智地分析现象,把握事实,他应付一切生活的遭遇几乎是不大动感情的,但这并不是说他没有感情,他也具备一个文艺家所必需具备的热烈丰富的情怀,不过他不是外烁而是内蕴罢了,否则他是写不出这许多有血有肉的著作来的。""茅盾的学识相当丰富,他不但于自己本位的知识有深湛的研究,他还对社会科学下过一番研究功夫,他懂得历史发展的轨路,他能把握住前进的方向,他之所以能够在文艺运动中起领导作用,一半就得力于他从社会科学研究而来的前进思想和意识。""茅盾在文艺领域中的理解也非常广泛,他对中国的旧学问也经过研究,他注释过《庄子》《墨子》等书,同时他对西洋文学也十分爱好,他在未去日本以前,他的工作成绩几乎全部是翻译,他译过许多的外国作家的文艺理论和作品,而且译笔异常地流利生动,几乎看不出是译品。他后来创作的所以能一举成功,我怕一半是得力于长期从事翻译的修养。"(参见唐金海、刘长鼎主编《茅盾年谱》,山西高校联合出版社1996年版)

朱朴、周化人、陶晶孙、柳雨生、周越然、鲁风、包天笑等2月11日下午6时假座都城饭店聚餐,筹组中国文学协会,集结力量适应战时文化。出席者还有刘石克、潘予且、周黎庵、张资平、谭正璧、冯和仪、杨荫深、梁式、杨晋豪、吴江枫、傅彦长、郑吾山、丘龙铎、文载道、江离石、蒋植之、吕一羽等50余人,公推周化人主席。首由周化人报告聚餐主旨,继由张资平、柳雨生、陶晶孙、周越然、包天笑、鲁风、傅彦长、江离石等发表意见,旋推举朱朴、陶晶孙、周化人、周越然、包天笑、鲁风、吴江枫、刘石克、潘予且、梁式、郑吾山、吕一羽、冯和仪、傅彦长等15人担任中国文学协会上海方面筹备委员,最后由潘予且等发抒感想,语多振奋,至九时余始散会。12日,上海《申报》载中央社讯:本市著名作家及文学工作者,鉴于年来沪上文艺读物之风起云涌,出版文化逐渐复兴,为结集力量,统一步骤,适应战时文化体制之要求起见,有进一步联系必要,复因全国性质之中国文学协会,正在筹备进行中,沪地为出版文化中心,对此尤应密切协助,共同迈进。(参见吴永贵《民国图书出版史编年:1912—1949》,社会科学文献出版社2018年版)

夏康农是年秋在上海创办《大学》月刊,陈中凡、黄宪章、马哲民、杨伯恺、李相符、薛愚、邓初民、陈家芷、沈志远等组成新的《大学月刊》编委会。同时聘请千家驹、王亚南、周谷城、胡绳、胡风、茅盾、屈武、张友渔、侯外庐、郭沫若、翦伯赞等为特约撰稿人。

谭正璧是年春应《什志》社邀,游苏州天平山、灵岩山、虎丘。10月7日至11月12日,《梅花梦》由新艺剧团再度演于卡尔登大剧院。11月,银星剧团盗演《梅花梦》于天津大明剧院(主演李红)。是年,《当代女作家小说选》由太平书局出版,《国文必读》第一辑六种《国文修辞》《国文文法》《国文作法》《国文入门》《国文阶梯》《国文进修》由世界书局出版。(参见谭麓《谭正璧年谱》,载周嘉主编《蕙云》第2辑,中西书局2014年版)

陈柱继续任伪南京中央大学校长。10月1日,因中风病逝于上海。唐文治为其作《广西北流陈君柱尊墓志铭》云:"柱尊性至孝,侍奉庭闱,恪体亲意……举凡群经诸子,靡不心维口诵,淹贯无遗……好饮酒,能引数巨觥,与余同席,辄歌诗诵文,余戏以'陈惊座'呼之……体貌魁梧,志气闳达,余以为必能大展其用,乃卒至于此,岂造物之忌才耶,抑中有不自得者耶?"(参见张京华、王玉清《陈柱学术年谱》,《广西社会科学》2007年第2期;陆阳《唐文治年谱》,上海三联书店2013年版)

汪亚尘主持"佩文绘画音乐补习学校"。3月,日寇为控制上海,再次限令汪亚尘主持的

"佩文绘画音乐补习学校"进行登记,汪氏为保持民族气节,与日伪划清界限,不愿在日寇统治下办事,便解散学校,停止一切办学活动。(参见王震《20世纪上海美术年表》,上海书画出版社2005年版)

应野平、徐邦达、王季迁3人发起组织的绿漪画社4月1日在上海成立。应野平为召集人。每月集会一次,切磋技艺,共同作画。除发起人以外,一些留在上海的中国书画家,也曾先后参加画社的书画雅集。活动至1946年3月"上海美术会"成立而自行停顿。(参见王震《20世纪上海美术年表》,上海书画出版社2005年版)

朱生豪年初带病译出《约翰王》《理查二世》《理查四世》等4部莎士比亚历史剧,4月写完《译者自序》,编《莎翁年谱》。

钟天1月10日在上海出版的《杂志》第12卷第4期发表《重庆文化界一瞥》,其中有一节标题为"桂林——冷落了的文化城"。(参见吴永贵《民国图书出版史编年:1912—1949》,社会科学文献出版社2018年版)

胡兰成被释放,回到上海,与张爱玲结婚,炎樱作为证婚人。

徐玉兰应傅全香之邀重来上海,两人搭档在美华大戏院演出。

王文娟受竺素娥提携,与其搭档演出《碧玉簪》《盘夫索夫》等戏,脱颖而出。

江亢虎继任考试院院长。3月29日,汪伪第五届中央政治委员会成立,江继续担任"当然委员"。10月,向病入膏肓的汪精卫辞职,辞去伪考试院院长职务,随即自行离职。10月13日,由上海飞抵日本,筹组孔子2500年祭典事宜。16日,其《国际的孔子与孔子的国际》一文在国内发表。11月3日,经伪中央政治委员会第141次会议,选江为伪国民政府委员,同时仍保留其伪中央政治委员会"当然委员"一职。11月20日,从日本回到国内,潜至南京清凉寺当和尚。在日的一个多月期间,五次与日本首相小矶、三次与外相重光会谈。还在日本东亚同文院、外交协会、兴亚本部和广播电台发表多次演讲,鼓吹"以孔子学说为中心,借以发扬东方文化"。(参见汪佩伟编《中国近代思想家文库·江亢虎卷》及附录《江亢虎年谱简编》,中国人民大学出版社2015年版)

钱仲联与张尔田通信订交,讨论学术《读北魏书崔浩传书后》发表于《学海月刊》。任汪精卫国民政府监察院委员。

黄永年毕业于苏州中学常州分校,在校期间有幸听了吕思勉先生讲授的国文、本国史,以及中国文化史、国学概论4门课,等于上了一次大学。同时,从吕思勉处得知顾颉刚先生的《古史辨》,购读后深信三皇五帝、夏禹治水之非史实,并由此学得了精密的考证方法。接着又认识了与吕思勉先生同编《古史辨》第7册的童书业。同年考入中央大学南京部历史系。

陈济成时任伪驻满大使。4月9日,上海《申报》载,《申报》记者趋访陈济成。陈济成谈到有关伪满洲国出版事业之问答。有记者问:满洲国出版事业之状况,请略述一二。陈济成答:满洲政府于国务院之下,设一弘报处,各都市分设弘报股,负指导监督,及推行全国各省市宣传报道事宜。至于新闻事业,为全国一元化,设康德新闻社于新京,各省市均设有支社。出版物虽不多,而对文艺方面,有《麒麟说文志》《兴亚》《新满洲》等许多刊物发行,销路亦广。其他关于社会青年方面者,有《民生》及《青年文化》等各刊物。(参见吴永贵《民国图书出版史编年:1912—1949》,社会科学文献出版社2018年版)

曹汝霖4月出任日伪华北政务委员会有关人员发起的华北出版普及会会长,理事7人,顾问6人,委员23人,下设20个支部,主要发行日伪课本。该组织既有出版发行任务,又兼为日伪政府统一控制华北出版发行的管理机构。(参见吴永贵《民国图书出版史编年：1912—1949》,社会科学文献出版社2018年版)

王秋萤编《满洲新文学史料》11月由吉林长春开明图书公司刊行,版权页标注的印行日期是伪满洲国的皇帝纪元(康德十一年),而且该书出版曾受满洲书籍配给株式会社资助。书中所选作家作品带有一些日本殖民特征。入选的有谷实的《满洲新文学年表》《满洲文艺书提要》、山丁的《十年来的小说界》、李文湘的《新诗十年》、九日的《一九三三年里满洲文坛的社》、摩西的《一年来满洲文坛的没落及史的观察》、吴瑛的《满洲女性文坛》等。

　　按：王秋萤(1914—1995),原名王之平,辽宁抚顺县人,东北沦陷时期作家。曾担任沈阳中苏友好协会文化部部长,兼《文化导报》主编,《盛京时报》《哈尔滨日报》编辑等职。著有短篇小说集《去故集》《小工车》,长篇小说《河流的底层》,评论《东北沦陷期文学概况》等。编《满洲国新文学史料》,(长春)开明书店发行,1944年11月印刷、12月发行。所选材料,从各个方面反映了东北沦陷区文坛的真实情况。(参见付祥喜《20世纪前期中国文学史写作编年研究》,北京师范大学出版社2013年版)

胡适继续居留美国。初春,经邓嗣禹(时在芝加哥主持陆军特训班,教美国士兵说中国话)联络,受芝加哥大学聘,为该校讲学10余次。3月13日,始撰《全校〈水经注〉辨伪》,作为重审"全、赵、戴三家《水经注》判决书"的第一部分,至21日改定,全文3.4万字。曾先给王重民看过。22日,作《孙逸仙》。4月12日,在芝加哥移民保护联盟会讲《中美人民友谊的基础》。26日,致信邓嗣禹,请代向芝加哥大学的几个中国教师致意,感谢所借赵一清《水经注释》,并顺告,此乃乾隆五十一年初刻初修本。5月2日,竹垚生致信胡适,告冬秀夫人在沪甚好,请释念。信中说,其弟与唐星海合办中原建业公司,竹亦小有股份。想请胡适出名担任董事长。5月6日,跋陈迈的《全氏七校〈水经注〉稿本跋》。5月31日,作《全祖望、赵一清、戴震三人对〈水经注〉的研究》。6月26日,任鸿隽致信胡适,报告中基会进行上的困难。同月,作《古德意著〈中国人名简史〉书评》。7月17日,写信给雷海宗、田培林等,说两年来写《中国思想史》的工作被考证的兴趣引开。"把写通史的工作忘在脑后,用全力去做考证。……往往废寝忘餐,夜间工作到天亮"。信中还说,近写成《全校〈水经注〉辨伪》一篇长文,"长至四万字,举出十五个铁证,证明此书(指薛福成刻《全氏七校〈水经注〉》——引者)从头到尾是伪造的"。并说："证明全校本之伪,是为全谢山洗冤。证明赵书刻本(赵东潜校《水经注》)与'库本'确有不同,……是为赵东潜洗冤。证明戴东原决未见全、赵之书是为东原洗冤。我费了七个月的'笨工夫',居然能替十八世纪三个大学者洗清五百年(五字疑有误——引者)的冤枉,总算一件快事。"8月9日,罗常培致信胡适,解释前曾荐介一批后进,希望给他们以出国深造的机会。

胡适10月7日在日记中记道："我因研究《水经注》大疑案,始悟中国向来的法堂审案的心理成见是不利于被告的,我作英文Note述此案重审的结果,我只须说There is absolutely no evidence that 戴震 had see or utilized the works of 赵与全就够了。但我写中文报告时,才感觉这种说法不够,——在中国人的心里,'空穴来风,必有所自',故被告必须提出有力的反证,单驳斥原告所提证据是不够的。我因此改写我的《水经注》案全文,一面驳斥百年来提出的证据;一面提出戴未见全、赵书的十证。我因此又想到中国法庭的'证据法'的问题与人权的保障有关切。若证据法不明,法律的实施将不够保障人民的名誉与生命财产。……故为保障人权计,中国法理学应该向'证据法'的方向发展。"22日,离纽约,赴康桥,准备到哈佛大学讲8个月的《中国思想史》。11月6日开讲,每周一、三、五上午11点上课。11 月 13 日,得知汪精卫死在日本医院里,当日记道:"精卫一生吃亏在他以'烈士'出身,故终身不免有'烈士'的 complex。他总觉得我性命尚不顾,你们还不能相信我吗? 性命不顾是一件事;所主张的是与非是另外一件事。"17 日,在纽约美国中国艺术学会致开会词。29 日,经三个多月考虑后决定辞谢康奈尔大学聘作 1946—1947 年度的 Messenger Lecture-ship("梅辛杰讲座")。因前不久曾答允王世杰,不再接受可以束缚行动自由的聘约。

胡适 12 月 5 日接待张其昀访谈,张其昀提议中央研究院脱离政治,恢复学术独立,请胡适回国任院长。胡适表示"决不干此事""只希望留此余生做完几件未了的学术工作"。6 日,写长信给即将回国担任战时生产局秘书长的吴景超,说:"今日之事,只有自己埋头拼命苦干,对友邦诚心合作,此外别无他路可以救亡图存。"同日夜,在 Lowell House 谈话,大意说:"中国在目前这场战争中的问题,简单地说,就是一个科学与工艺都无准备的国家同一个军事、工业的强国进行一场现代战争的搏斗。这个基本形势七年半之中没有改变,尽管我们的盟国最近三年颇致力帮助我们改变它。而我们的敌人从一开始就估计盟国对中国的援助必不足以改变这个基本形势。"8 日,周鲠生致信胡适,极言抗日军事危急情形,要胡适"自己到华盛顿一行",与美国陆、财两长谈一谈。12 日,周鲠生再次致信,提出几点意见供胡适与美要人访谈或写信时参考。13 日,因受国内朋友多人劝促,决定出面谋求美国军援,特写一信给美国陆军部长和财政部长。此信给周鲠生、萨本栋、张其昀看过,并与陈光甫谈两次。19 日,将两信发出。17 日,与张伯苓等 21 人发表联名宣言,要求盟国修改战略,采取有效军事行动,在中国战场打击敌人。(参见耿云志编《胡适年谱》,福建教育出版社 2012年版;耿云志编《中国近代思想家文库·胡适卷》及附录《胡适年谱简编》,中国人民大学出版社 2014年版)

赵元任 1 月帮助夫人编著《中国食谱》一书的工作,修改每道食谱的译文、写序言、做索引和注解,最后看校样,花了不少时间。此书是为外国人写的,书中所用的材料是在美国都能买到的,而做出的菜却是中国菜。不但介绍如何做饭菜,同时也介绍中国的一些习俗。胡适和赛珍珠分别为此书写前言和序言。3 月和 6 月两次返回纽海文,参加耶鲁语言学学术会,并在一次会上宣读论文。年初开始继续主持 ASTP 中文班的工作,定期召集助教一起研究并指导小班教学。因 ASTP 两个班进度不一样,所以每天要讲两次内容不一样的大班课。赵元任边教边编课文,并适当编进一些方言课文,便于学员接触一点中国的方言。金陵女子大学吴贻芳校长和于宾主教在波士顿作的演讲也编入教材。12 月 2 日,ASTP 全部教学工作结束,每个班学习时间仅 10 个月。7 月以后,继续做 Mathews《汉英字典》的编辑工作,核对字典中每一个字的发音,撰写前言和序言。11 月中,赵元任与王岷源将字典稿交给主任 Elisseeff 教授。赵元任与贝尔电话公司研究室签订合同,兼任该研究室声学语言学顾问。赵元任一直对贝尔研究室的 Phonetic Visible Speech 语图仪研究工作感兴趣,该研究室也欣赏元作的学术工作。

赵元任继续担任华美协进社董事会董事,多次到纽约参加研究学生问题的会议。是年辞去 Committee on war time planning for Chinese students in the United States 的副主任职务,但仍然兼任委员。7—8 月,该委员会改组,郭秉文被推选为主席,T. P. Hsu 为副主席,孟治为执行秘书,赵元任、周鲠生、S. R. Chow 和 T. M. Hsu 等为委员,先后在纽约开了几次会。12 月 17 日,胡适生日,赵元任家为他祝寿,43 位客人出席生日午餐。赵元任夫妇同时宣布了二女儿新那与黄培云订婚。28—29 日,出席在纽约召开的美国语言学会学术会议。

学会提名委员会选举赵元任担任 1945 年度美国语言学会会长，学会秘书 J. M. Cowan 教授正式函告。赵元任家依然经常宾客满堂，在此举行的中国同学聚会有：清华同学会（4 月 29 日，12 月 25 日），波士顿区域中国同学会（8 月 4 日和 9 月 9 日），MIT 中国同学会（10 月 7 日），中亚同学会（9 月 10 日）等。聚餐聚会，每次几十人。此外，老朋友胡适、金岳霖、萨本栋、陈福田、周鲠生等来过多次；韩权华、桂质廷、陈之迈、于宾主教等也先后来访。10 月 22 日至次年暑期，胡适应聘在哈佛大学讲学，更是家中常客。（参见赵新那、黄培云编《赵元任年谱》，商务印书馆 1998 年版）

　　林语堂《论东西文化与心理建设——三十二年十月二十四日在中央大学演讲稿》1 月 1 日刊于《重建月刊》第 1 卷第 2 期（"新年专号"）。目录题名为《论东西文化与心理建设》。31 日，《东亚文化与心理建设》刊于《新动向》第 93 期。正文前有译者的说明文字："此文系据一月号《时局情报》之日译文所重译者。据日译者序文略谓：林语堂去年十月下旬自美归国后，对重庆各界曾披露其对美之见解，颇于盲目追随英美之政府当局者间，引起相当反响。此乃《大公报》所发表，最近于重庆中央大学讲演之全文云云。兹特译供读者参考。"正文含"啼笑皆非""中国文化之正确的认识""崇拜欧美和复古思潮"三部分。2 月，《国民杂志》第 4 卷第 2 期刊登《东西文化与心理建设》。

　　按：11 月，《天下文章》第 2 卷第 4 期"每月论战"栏目刊登了总题为"论东西文化与心理建设"的一组文章，其中就包括林语堂的《论东西文化与心理建设》、郭沫若的《啼笑皆是》、丁易的《忆"古香斋"》、陈桑的《释"外国也有臭虫论"》、S. Y 的《亡国之音》、杨槐的《从幽默到油滑》《难得糊涂》、江浩的《朝花夕拾》、居伏的《此风不可长》、佚名作者的《硬是开倒车》与《曹聚仁谈林语堂的武器》（文末标注"珊葆一月二十七日寄自×州"）、岳真的《林语堂的玄虚》、林语堂的《五十以学易辩》（文末标注"三十三年正月卅日于贵阳"）、郭沫若的《"五十以学"答问》。12 月，《宇宙风》第 135—136 期合刊重登了林语堂所讲《论东西文化与心理建设》。标注"十月二十四日在中央大学演讲稿"。正文前有"语堂按""本文发表《大公报》后，颇有凑热闹之徒，断章取义，颠倒是非，尽缠夹之能事。余以当日所言，任人如何歪曲，原文俱在，不难对证。且原文阐意极明，非有意歪缠者，不致误会，故亦毋庸另文答辩。兹将原稿重载《宇宙风》，并将可注意二点，特为指出。……三十三年正月二十二日于桂林。"

　　林语堂所撰《England and the English 英国与英国人》以汉英对照的形式 5 月 1 日刊于《中华英语半月刊》第 1 卷第 9 期。6 月 1 日，所讲《中国戏和外国戏——对夏声剧校学生演讲词》载《国风》第 36 期。8 月 20 日，《日本研究》第 3 卷第 2 期刊登"本社编辑部"辑译的《林语堂氏的国际政治观》。同月，所撰《五十以学易辩》载《宇宙风》第 138 期。11 月 20 日，所著《杂感集》由大连实业印书馆于 10 月 20 日印刷，1944 年 11 月 20 日发行，列入"当代创作文库"。同月，所撰《科学与人生观》载《新东方杂志》第 10 卷第 3—4 期合刊。是年，所撰英文文章"Laotse and the Modern World"（《老子与现代世界》）载《生物智慧学评论》（*The Biosophical Review*）第 8 卷第 1 期；所著英文小说 *The Vigil of a Nation*（自附中文书名《枕戈待旦》）由美国纽约的庄台公司出版；所著《啼笑皆非》（陈封雄节译）由时代生活出版社出版，列入"时代生活丛书"。该书为节译本，仅译出林语堂所著 *Between Tears and Laughter*（《啼笑皆非》）中的十六章。卷末载有陈封雄撰写的"译后言"；桂林的华光书店出版陈荡编选的《评林语堂（文集）》。该书内收 22 篇关于林语堂的文章，包括《评林语堂题记》（署名"陈荡"），《论东西文化与心理建设》（署名"林语堂"），《啼笑皆非概述》（署名"世泽译"），《评〈啼笑皆非〉》（署名"纽约时报"），《论林语堂的东西文化观》（署名"曹聚仁"），《郭沫若氏痛斥林语堂啼笑皆非》（署名"小鱼"），《啼笑皆是》（署名"郭沫若"），《呜呼！林语堂》

（署名"陈荡"），《恭贺林语堂博士》（署名"秦牧"），《是幽默还是糊涂》（署名"阿沙"），《给林语堂的一封公开的信》（署名"钟未明"），《上语堂博士书》（署名"陈思"），《释〈外国也有臭虫〉》（署名"陈渠"），《赠言语堂先生》（署名"东草"），《奉劝林语堂博士》（署名"影"），《现实驳倒了谁》（署名"忆松"），《"自信心"与"大国风度"》（署名"木子"），《尚书和易经为崇》（署名"明"），《难道还要我教易经吗?》（署名"自放"），《谈通经致用与通史致用》（署名"阿呆"），《林语堂歪论》（署名"二郎"），《编后杂记》（署名"编者"）。（参见郑锦怀《林语堂学术年谱》，厦门大学出版社2018年版）

杨钟健所著《自然论略》由商务印书馆出版。该书收入《中国地质学界的前躯》《中国地质学在世界学术上的地位》等20余篇文章。由翁文灏推荐，赴美、加、西欧考察和讲学。在国外3年，走访了许多古脊椎动物研究中心。特别是在美国自然历史博物馆和大英博物馆观察标本，与沃森、格雷戈里、罗默、辛普森、科尔伯特等专家共同探讨，并完成和开始了一生中许多重要著作。论文《四川威远之爬行动物化石》刊于《中国地质学会志》第24卷第3—4期；《天山南北麓之地层及古生物概论》刊于《地质论评》第9卷第1—3期；《新生代生物研究之现况及其意义》刊于《科学》第27卷第4期。（参见王仰之《杨钟健年谱》，《西北大学学报》1983年第2期）

张君劢、蒋梦麟、邵毓麟等人12月16日晨飞昆明，后经印度飞美，这是张君劢生平第一次游历新大陆。在印停留十余日。其间，拜会了尼赫鲁，并经尼赫鲁引，与印度政治及学术界进行广泛接触。20日，张君劢在《民宪》第1卷第10期上发表《威尔斯氏政治思想及其近作人权宣言》。24日深夜，抵达纽约。25日晨，与时在美国访问的张公权相见。当时张公权正在和八弟嘉铸早餐，张君劢突至。张君劢昨晚抵纽约，以所乘飞机提前到达，故张公权来不及接。同日，张君劢就到书店里去购买"年来所未读之书"，所开列的书单中首列的是汤因比的《历史研究》，书店的老板告诉他《历史研究》在美早已脱销，并答应去信帮他到英国邮购。然而一年后书从伦敦寄到纽约时，他已返国。31日，张君劢、张公权、张嘉铸长谈竟一日，同吃过年饭。（参见李贵忠《张君劢年谱长编》，中国社会科学出版社2016年版；翁贺凯编《中国近代思想家文库·张君劢卷》及附录《张君劢年谱简编》，中国人民大学出版社2014年版）

陈达继续任"清华大学国情普查研究所"所长，主持开展人口研究工作，每周3天去昆明上课，4天在研究所工作。"清华大学国情普查研究所"所在地在离昆明不远的呈贡县城的文庙，在当时频繁的日机骚扰中，陈达依然进行"清华大学国情普查研究所"的研究工作。上半年，美国普林斯顿大学邀请陈达前去参加建校200周年纪念的学术讨论会，陈达为此准备论文，用英文起草了《现代中国人口》。是书总结了清华大学国情普查研究所的大部分工作，但陈达还是不只一次地说起为没有把研究所的全部工作写出专著而感到遗憾。这体现了作者治学严谨、勤奋和强烈的社会责任感。作者在该书自序中说："社会学者大都需要人口学的资料，其主要是因为这些资料对于研究社会理论，社会问题及社会制度都有裨益。在中国不幸得很，无论在历史上以至于近代，可靠的人口资料都是极端缺乏，因而阻碍了政府行政效率的提高，并停滞了社会科学向正常发展。"又说："在如是扰攘不安的环境中，若干近代人口学上的初步实验工作已有所成就，亦颇堪自慰，因而希望本书不但在战后中国社会科学上，准备着有关事实研究的根基；而且希望这种工作，可以成为国家现代化的一部分基础。"陈达赴美参加了普林斯顿大学的学术讨论会后，芝加哥大学社会学系邀请他到校讲学。这篇在普林斯顿大学学术讨论会上宣读过的《中国现代人口》旋被 *The American*

Journal of Sociology（《美国社会学学报》）全文刊于1946年7月号，且通期只此一篇论文。后芝加哥大学又出版了英文单行精装本，名为《战时国内移民运动及社会变迁》。不久由廖宝昀译成中文准备出版，但是由于此后的种种磨难与遭遇，此书连同作者为之勤劳奋斗一生的专业均被打入冷宫。是年，陈达还著有《云南省户籍示范工作报告》，由清华大学国情普查研究所出版油印本。

按：《中国现代人口》直至1981年10月由天津人民出版社将该书列为"社会学丛书"之一予以出版。作者的老师、挚友，美国芝加哥大学社会学系主任奥格朋教授在该书导言中指出："在中国人口学上有一本好的著作，是一件值得夸耀的事。"又说："我们的学校和学院里可以增添好多关于中国的课程，我们的报章杂志也可以发表好多关于中国方面的消息。一本真正以科学态度讨论中国的书，所以也就很自然地受到了欢迎。"他认为陈达"确是中国人口研究最著名的权威"。（参见齐家莹编《清华人文学科年谱》，清华大学出版社1999年版）

陈序经4月1日在《自由论坛》第2卷第4期发表《维新运动的历史意义》。7日，法商学院主办的宪政系统讲演开始。陈序经讲《中华民国与宪法》。以后还有陈岱孙讲《宪政与预算制度》、赵凤喈讲《宪政与司法制度》、周炳琳讲《宪政中的经济政策》。6月24日，应美国国务院约请到美演讲与研究一年，离重庆。居印度1个星期。7月4日，抵达纽约，与杨振声同行。沿途乘美国飞机，住美军营，受到殷勤招待。居美期间，曾讲授中美关系、国共合作、主权论；晤谈爱因斯坦；考察纽约、克利夫兰、芝加哥、欧班那、圣路易斯、洛杉矶、旧金山、西雅图、华盛顿等地。8月9日，西南联大第三○七次常委会决议：陈序经奉派赴美，请辞法商学院院长职务，请周炳琳继任。11月22日，陈序经在重庆《大公报》发表《借镜与反省——十月十七日在旧金山》，其曰：第一，美国在大战中成为同盟国的军需、武器库，不但对民众生活无多大影响，自珍珠港事件以来，物价增长不到30%；同时民众收入较战前增加百分之百以上，其生活反较战前充裕。现正讲求战后复兴计划。第二，恰逢杜威与罗斯福竞选总统，互相指斥，便于民众自己决定是非，主持正义。公开的批判与讨论精神，就是民主政治的真谛。第三，美国一般人民"至少是希望我们要像美国一样的富而强、一样的民主化"。唯其如此，才能裁制日本的军国主义，才能保持将来的东亚的和平与太平洋的和平，以至全世界的和平。（参见田彤编《中国近代思想家文库·陈序经卷》及附录《陈序经年谱简编》，中国人民大学出版社2014年版；西南联大北京校友会编《国立西南联合大学校史——1937至1946年的北大、清华、南开》，北京大学出版社1996年版）

王世杰继续在英国访问。1月5日，出席中国驻英国大使顾维钧宴请英国外相艾登等人的晚宴。10日，参观英国爱丁堡附近的海军基地。18日，参观英国情报部新闻检查处。25日，拜会英国首相丘吉尔。2月3日，借访英团成员胡霖、李惟果抵美国访问。23日，与美国海军部长诺克斯、美国国务院代理国务卿斯退丁纽斯会谈。24日，拜访美国副总统华莱士，会谈联合国组织等问题。3月4日，离开美国，乘火车前往加拿大访问。3月6日，出席加拿大首相举行的欢迎宴会。27日，回到重庆。（参见薛毅《王世杰传》及附录《王世杰生平大事年表》《王世杰著述目录》，武汉大学出版社2010年版）

罗常培应美国加州朴茂纳大学邀请赴美讲学，担任人文科学访问教授。10月从昆明乘火车、轮船、飞机，经加尔各答、孟买去美国。11月23日，应泰戈尔创建的国际大学邀请，罗常培作了短期学术访问，并作演说"印度对于汉语音韵学研究的影响"演说稿。后刊于次年3月《中印研究》1卷3期。12月，抵达美国。（参见《罗常培文集》编委会编《罗常培文集》第10卷及附录《罗常培年表》，山东教育出版社2000年版）

　　李景汉由清华大学派送美国进修,在美国国情普查局学习各种调查方法,实地参加美国的农业人口普查,并到欧洲、南美洲、非洲等 20 余国考察社会情况,搜集社会学研究资料。于 1947 年在联合国粮农组织统计专家室工作,未再回到清华任教。(参见齐家莹编《清华人文学科年谱》,清华大学出版社 1999 年版)

　　梁方仲发表论文《释一条鞭法》。受中央研究院派遣与丁声树、全汉升一起赴美学术考察,被哈佛大学经济系聘为研究员,任期两年。(参见刘志伟编《梁方仲文集》及附录《梁方仲先生学术编年》,中山大学出版社 2004 年版)

　　丁声树是年至 1948 年赴美国考察,参加过美国语言学会,兼任哈佛大学远东语言部研究员、耶鲁大学研究院语言学部研究员。

　　萨本栋 6 月接受美国国务院邀请,再度赴美讲学,同时应邀的有北京大学教授杨振声、南开大学教授陈序经、金陵大学教授陈裕光、岭南大学教授容启东、中央研究院汪敬熙。

　　陈翰笙因国民党政府迫害,逃离中国,先在印度德里大学任教授,旋赴美国,在西雅图华盛顿大学及约翰·霍普金斯大学执教。

　　陈梦家赴美国芝加哥大学讲学,其间曾到欧洲搜集中国青铜器资料。

　　李大明当选中国民主宪政党副主席兼美国海外分会主席。

　　陈之迈任驻美国大使馆参事。

　　周一良获美国哈佛大学博士学位,留校任日语教员。

　　吴于廑在哈佛大学获文学硕士学位。

　　叶君健应英国战时宣传部之邀,到英国各地讲演,介绍中国人民英勇抗战的斗争。

　　冼星海 1 月 30 日应聘与苏联哈萨克族作曲家科伊什巴耶夫同赴哈萨克共和国库斯坦那依城,筹建国立音乐馆,住城区十月大街 44 号 22 室。这是卫国战争最艰苦阶段,由于薪金很少,食堂又不能正常供应,冼星海只得变卖衣服手表充饥。2 月下旬,据哈萨克民歌改编《哈萨克女声三部合唱曲》,钢琴伴奏,完稿后寄阿拉木图广播电台。3 月 19 日,与科伊什巴耶夫主持库斯坦那依城国立音乐馆揭幕音乐会,冼星海并独奏本人改编的小提琴曲《郭治尔·比戴》(又名《红麦子》)。6 月 10 日,完成交响音诗《阿曼盖尔德·献给苏联哈萨克人民英雄》,由两架钢琴与小提琴合奏。17 日,苏联哈萨克民族英雄阿曼盖尔德殉难 25 周年,库斯坦那依城举行纪念音乐会,冼星海用小提琴参与首演新作《音诗·阿曼盖尔德》。乐曲终了,冼星海被呼出返场会见听众,当地党政领导人一一登台祝贺。冼星海也因此领得鸡蛋、牛油、香肠各 1 斤,以补充病体营养。10 月,迁居库斯坦那依城果戈里大街 57 号 7 宅 2 室。同月,作钢琴独奏曲《哈萨克舞曲》3 首。12 月下旬,作艺术歌曲《中国古诗十首》,钢琴伴奏。盖因无力写大作品,写此"借以慰病"。(参见秦启明《冼星海年谱简编(1905—1945)》(续完),《星海音乐学院学报》1990 年第 1 期)

　　郁达夫"每年岁首,例作遗言,以防万一"。1—2 月间,被华侨汉奸洪根培陷害,而受人告发,从此身份暴露。告之胡愈之等人,自己已被人告密,"躲避不了"。并说,最近宪兵每天去他家里"喝酒闲谈",虽然没有说穿,显然,自己"已被监视了"。表示自己"蒙性不动声色,等事情爆发了再作打算"。并要胡愈之等人迅速离开;"不然,事情怕牵连太大。"经过商量,胡愈之和沈兹九去棉兰;张楚琨、高云宽等去巨港。同月,日本宪兵部开始调查。在巴爷公务、巴东、石功班让、望加丽等地,逮捕十多个华侨。对郁达夫只是暗中监视,不立即逮捕,则是"因为宪兵明白达夫并非间谍,而且也不怕达夫逃走;同时可用达夫作为线索,去侦查他所来往的一批朋友"。8 月，郁达夫被带往武吉丁宜宪兵部受讯。胡愈之说，宪兵部对达夫案件非常重视，经过几个月，化了很多费用才算侦查完毕。达夫在受讯时，"神态从容，态度自若"，对宪兵的讯问一一作答。此后，宪兵部也未进一步追究，亦无动静。但他一直挂着心，直到宪兵队长调到星洲，达夫送他一千盾旅费，才放下了心。10 月，郁达夫托人带信给胡愈之，要他们"安住棉兰""不要搬动"。告之日人已把自己和他的关系联结起来，宪兵已向侨长查问，侨长推作不知。（参见陈其强《郁达夫年谱》，浙江大学出版社 1989 年版）

黄裳从印度寄来第一部散文集《锦帆集》和信，要求找一个出版机会。巴金收到此信阅后很快复信，告黄裳已将他的散文编入一个丛刊。（参见黄裳《记巴金》，香港《新明报》，1978 年 10 月 5—22 日；唐金海、张晓云《巴金年谱》，四川文艺出版社 1989 年版）

英国著名科学史家李约瑟继续率英国驻华科学使团在中国考察。当时世界反法西斯战争微露胜利曙光，穷途末日的日军决定反扑，大举进攻长沙、衡阳，继而攻陷桂林、柳州，甚至攻入贵州，逼近四川，中国东南部与重庆被隔断。李约瑟就在这种形势下，绕道贵州贵阳、独山，广西柳州、桂林，湖南衡阳等地，前去广东和福建考察。2 月，在重庆中国农学会演讲《中国与西方的科学与农业》，首次提出近代科学为何在西方诞生而未在中国发生的著名的"李约瑟难题"。春，赴中国东南部考察旅行。5 月 29 日，正在福建协和大学访问的李约瑟和黄兴宗听到广播说，日军向汉口以南推进了 40 英里，这也许是大攻势的开始。两人抓紧时间完成访问计划，准备返程。6 月 3 日，从曲江乘火车前往衡阳，路上空袭警报频繁，列车时开时停，如爬行般缓慢，直到 6 月 6 日才到衡阳。衡阳表面平静，无数士兵正在构筑防御工事，滞留一天，火车终于开动，8 日凌晨 1 点抵达桂林。李约瑟离开衡阳 10 多天后，长沙沦陷，不久，为阻挡日军渡过湘江，衡阳守军炸毁了衡阳大桥，几个星期后衡阳沦陷。幸运返回重庆的李约瑟，与福建科学界的联系彻底被切断，而他刚刚考察过的中山大学、岭南大学和东吴大学也被迫遣散。值得庆幸的是，贵州的遵义和湄潭安然无恙，李约瑟就在这里两次访问了西迁至此的浙江大学，会见了气象学家、浙江大学校长竺可桢，从此开启了两人长达 30 年的友谊。

李约瑟与夫人、生物学家桃乐赛 4 月首次赴贵州遵义和湄潭，访问西迁中的浙江大学。这是李约瑟与竺可桢在遵义第一次正式见面。竺可桢在日记中记录："李约瑟为剑桥大学之生物化学副教授，能说俄、波、法、德诸国语言，对中文亦能写能读。对于中国对于科学的贡献尤感兴趣……"由于贵州秋冬多云，晒太阳机会少，竺可桢还请李约瑟帮忙"带入若干维他命 D 之精"，李约瑟欣然答应。半年后的 10 月 22 日，李约瑟再次到访浙大。这次陪同他的是哈佛大学动物学讲师毕丹耀和李约瑟的第二任助手曹天钦，黄兴宗已赴英国深造。10 月 24 日上午，李约瑟在湄潭的浙江大学学生膳厅作《科学与民主》的演讲，受到约 400 名师生的热烈欢迎。晚上 8 点，李约瑟在文庙大成殿再次演讲，题目是他最关心的《中国科学史与西方之比较观察》，着重分析了中国之所以没有产生近代科学的原因。李约瑟认为，中国近代科学之所以不能兴起，是由于地理、气候、经济与社会四个因素所致，"后二者乃由中国之无商人阶级。地理方面，中国为大陆国，故闭关自守、固步自封，与希腊、罗马、埃及之海洋文化不同。天气方面，因雨量无一定，故不得不有灌溉制度，因此，地主尽为一国之王所吞并，而官僚封建制度不可消灭，商人无由兴起"。李约瑟讲了一个多小时，迫切希望中国科学发展、民族自强。中国学者对这个问题都很感兴趣，大家纷纷发言，各抒己见。竺可桢说，如果近代科学是指实验科学，那么中国人不喜欢动手做实验，应该也是一个原因。教育学家郑宗海针对李约瑟所说的"中国之无商人阶级"发言,指出《史记》《汉书》的《货殖列传》对商人竭力排斥,尊崇儒教,这就使得士大夫尊居高位,工商阶级一蹶不振。数学史家钱宝琮认为,中国科学之所以不兴,是因学以致用为目的,且无综合抽象之科学,不用演绎法和归纳法。李约瑟认真地听大家的发言,不时在本子上记着,直到晚上11点,热烈的讨论才结束。随后几天,李约瑟参加了中国科学社成立30周年的纪念活动,听了30余位与会学者的论文宣读,参观了浙大的数学系、物理系、生物系等。李约瑟的两次浙大之行留下了大量的珍贵史料,也对浙江大学留下了深刻印象,盛赞浙大战时的学术氛围,甚至将浙大誉为"东方剑桥"。

按:2017年10月19日晚,英国剑桥大学教授、剑桥李约瑟研究所的名誉所长古克礼访问浙江大学,代表李约瑟研究所郑重地将装订成册的史料交到浙大副校长罗卫东手中。这批捐赠史料中,包括了李约瑟1944年8—10月中国西南之行的日志、照片及文字说明,正式向英国大使馆递交的"关于1944年8—10月中国西南之旅的报告",以及与竺可桢老校长之间的往来通信等,均为高清电子扫描件,将入藏浙江大学档案馆。罗卫东对英国剑桥李约瑟研究所的捐赠表示感谢。他说,今年是浙大建校120周年,浙大人对于李约瑟先生早已如数家珍。这次捐赠,对校史上的重大事件有了更翔实的资料佐证。当前,浙江大学正在开展校史编纂,他希望掌握学校发展过程中的史料的各界朋友能够慷慨捐赠,这将有利于历史编撰工作更加准确、更具权威。随后,古克礼作了一场题为《李约瑟与浙大》的报告,讲述了70多年前李约瑟与浙大的诸多往事。早在1990年,浙大副校长薛继良前往英国访问李约瑟,询问了关于"东方剑桥"的说法,当时的对话是这样的:"教授您对'东方剑桥'这一称号是否还有印象呢?""有,我当时对竺校长这样说过。""虽然李约瑟当时已经90岁高龄,但他的意识、头脑都还很清楚。只是在之前的具体文字记载已经找不到了。"但是,古克礼坚定地认为"行动胜于雄辩",他拿出一份1944年《贵州日报》的一篇报道的复印件,标题为:尼德汉(李约瑟)教授赞扬我科学家:联大浙大不啻牛津剑桥哈佛。"这篇报道基于同年的另一篇报道,该报道记录了李约瑟与UCCL(Universities China Committee in London)的一场谈话。从李约瑟当时的记录本中可以看到,上面写着'Zheda'的提示词。或许就是在那次谈话中出现了著名言论'东方剑桥'。"古克礼教授称,李约瑟每次谈话都会提前写几个关键词,那一次写的是Zheda。次年10月,返回英国后的李约瑟在《自然》杂志上发表文章《贵州和广西的科学》,他动情地描述:"在遵义之东75公里的湄潭,是浙江大学科学活动的中心。在那里,不仅有世界第一流的气象学家和地理学家竺可桢,有世界第一流的数学家陈建功、苏步青教授,还有世界第一流的原子能物理学家卢鹤绂、王淦昌教授。他们是中国科学事业的希望。"

李约瑟12月在伦敦作了《战时中国的科学与生活》的广播演讲,为中国呼吁国际援助,促使英国文化委员会给予中国大批物资援助。是年,李约瑟在其著作《传统中国的科学》中对"李约瑟难题"再作探讨:首先,"为何现代科学,即伽利略时代的'新的,或者说实验性的'哲学只兴起于欧洲文化,却不见于中国或印度文化呢?"其次,"为何在科学革命前的大约14个世纪中,中国文明在发现自然,并将自然只是造福于人类方面比西方有成效的多?"自这个问题被提出以来,李约瑟问题一直是学术界研究的一个热点问题,各种解释性假说自成一派,对于问题根源的分析众说纷纭,除传统的文化、政治官僚体系解释外,还诞生了如技术发明模式论、高水平均衡陷阱论、制度假说、小农经济制度内卷论等新解释。(参见沈厚棋、徐奇渊《经济中心和政治中心的分离——李约瑟之谜的空间视角》,《明史研究论丛》2022年春季号,总第20辑;杨丽娟《一见倾心——抗战时期英国科学家李约瑟的中国之行》,《北京日报》2022年1月29日;朱原之、杨之玥、周炜、章咪佳《73年前的浙大是这样砥砺前行的》,《浙江日报》2017年10月22日)

英国林迈可(Michael Lindsay)为燕京大学外籍教授。林迈可和妻子李效黎带着刚一岁半的幼女,冒着枪林弹雨从晋察冀抵达延安。在延安,林迈可见到了朱德、周恩来,还有毛泽东。林迈可向毛泽东、朱德、周恩来提出:当务之急应冲破新闻封锁,让世界听到延安的声音。数天后,朱德亲自给林迈可签发了印有"第十八集团军总司令部无线电通讯顾问"的聘书。"新官上任"的林迈可经过一番详细检查和精心研究,发现延安当时虽没有合适的零部件能够组装起一部高效能的无线电电台,但只要一根灵敏度高的定向天线,即使电力不大,也可以将信号发往很远的地方,包括在大洋彼岸的美国。林迈可根据德国人弗雷德里克·特尔曼的经典著作《无线电工程》中的公式,设计制作了一个灵敏度很高的"V"形定向天线,并依靠一本《球面三角》和一只经纬仪,将发报机定位在一个小山顶上,把定向天线面向山谷的另一面,并用经纬仪校准天线及其他各标杆的位置,最终成功地组建了一台1000瓦的发射机。从此,延安建成了可以将信号发射到美国旧金山和印度等地的首部国际电台。8月15日,延安的英文广播面向世界"发出声音",林迈可亲自参与了英文新闻稿的编辑工作。下半年,二战已经到盟军反攻阶段,美国有一批专门人员在旧金山负责监听世界各地的无线电信号。当这些美国监听人员听到了一个来自中国的正宗牛津腔英语,正在朗声报告着来自中国战场的捷报。他们分析到这是来自中国延安的新信号后,兴奋极了,做了详尽的记录,并把重要内容编辑成册,分发给华盛顿的高层官员们。在这之前,美国官方关于中国的信息全是来自日本同盟通讯社。美国高层领导自从这一天开始接收到新华社英文电讯后,对中国华北战争图景顿时有了改观。那些从美国西海岸收听、记录下来的最早的新华社英文电讯稿,至今还作为美国国家档案,收藏在马里兰州联邦传播委员会档案库里。(参见覃仕勇《隐忍与抗争:抗战中的北平文化界》,北京时代华文书局2015年版)

美国著名记者史沫特莱自1941年9月因病回美国治疗后,受到美国政府的迫害。在处境异常困难的情况下,她仍致力于介绍中国革命,从事关于朱德一生的《伟大的道路》一书的写作。8月14日,朱德总司令给美国作家史沫特莱写信,说:"在敌后,在美国人中间,我们常常谈起你。现在有个机会,我写信向你问好,并且告诉你,如有可能我们希望你能到中国来,同我们多住一个(些)时候。"信中对史沫特莱表达了深切的关怀之意。但考虑到史沫特莱在美国的处境,语言极为委婉、含蓄。(参见艾克恩编纂《延安文艺运动纪盛》,文化艺术出版社1987年版;孙国林编著,王佳钰、王增辉校订《延安文艺大事编年》,陕西师范大学出版总社2016年版)

美联社的斯坦因、美国《时代》杂志的爱泼斯坦、合众社的福尔曼等中外记者21人组成中外记者西北参观团。6月9日,中外记者西北参观团一行到达延安。12日,毛泽东会见中外记者西北参观团。毛泽东致词后将记者提问综合为三个问题回答:(一)关于国共谈判,(二)关于第二战场,(三)关于中共的希望和它自己的工作。他着重谈了第三个问题,指出:中国缺乏一个为推进战争所必需的民主制度。"我们所希望于国民政府、国民党及一切党派的,就是从各方面实行民主。""民主必须是各方面的,是政治上的,军事上的,经济上的,文化上的,党务上的以及国际关系上的。""我们很需要统一,但是只有建筑在民主基础上的统一,才是真统一。""我们共产党为着打倒日本帝国主义而做的一切工作,都贯彻着一个民主统一或民主集中的精神。""我们认为全中国只有民主制度、民主作风,目前才能胜敌,将来才能建立一个很好的和平的国内关系与国际关系。"这次会见长达3小时。会见后,毛泽东设宴招待记者参观团。宴会后,又陪同他们观看平剧。6月22日,第十八集团军参谋长叶剑英向中外记者西北参观团作题为《中共抗战一般情况的介绍》的长篇谈话。7月2日,毛泽东同中外记者西北参观团举行谈话会。12日,记者团除5名外国记者留下继续参观访问,其余离开延安回重庆。14日,毛泽东会见中外记者西北参观团成员,美联社、英国《曼彻斯特卫报》、美国《基督教科学箴言报》记者斯坦因，回答他提出的问题，会见从下午3时持续到15日凌晨3时。其中谈到如何对待中外文化遗产问题。毛泽东说："中国历史遗留给我们的东西中有很多好东西，这是千真万确的。我们必须把这些遗产变成自己的东西。然而我们中国有些人却崇拜旧的过时的思想，这些思想对于我们今天的中国不仅不适用而且有害。这样的东西必须抛弃。""外国文化也一样，其中有我们必须接受的、进步的好东西，而另一方面，也有我们必须摒弃的腐败的东西，如法西斯主义。""继承中国过去的思想和接受外来思想，并不意味着无条件地照搬，而必须根据具体条件加以采用，使之适合中国的实际。我们的态度是批判地接受我们自己的历史遗产和外国的思想。我们既反对盲目接受任何思想也反对盲目抵制任何思想。我们中国人必须用我们自己的头脑进行思考，并决定什么东西能在我们自己的土壤里生长起来。"18日，毛泽东会见中外记者西北参观团成员，路透社、《多兰多明星周刊》《巴尔的摩太阳报》记者武道，同他进行了关于政治科学、国共两党关系等问题的谈话。（参见中共中央文献研究室编撰、逄先知主编《毛泽东年谱（1893—1949）》，人民出版社、中央文献出版社1993年版；艾克恩编纂《延安文艺运动纪盛》，文化艺术出版社1987年版；孙国林编著，王佳钰、王增辉校订《延安文艺大事编年》，陕西师范大学出版总社2016年版）

美国记者及剧评家爱金生10月4日由周扬陪同到鲁艺参观，并观看了鲁艺和党校三部联合表演的秧歌，对秧歌队颇为赞赏。后举行座谈会，到会有柯仲平、马健翎、沙可夫、王震之、萧三、舒非、王斌、姚时晓、陈荒煤、李伯钊、艾青、张水华、罗烽、周扬、沙蒙、舒强、周巍峙、张季纯、陈波儿、钟敬之等40余人。爱氏在会上说：延安戏剧界的活动给他印象很深。并对电影与舞台剧、中国与西方的剧运作了对比性论述。柯仲平、周巍峙分别介绍了边区与敌后剧运概况，大家就如何与美国戏剧界建立联系等问题作了热烈发言。（参见艾克恩编纂《延安文艺运动纪盛》，文化艺术出版社1987年版）

美国副总统华莱士6月24日从重庆飞抵昆明。25日，参观云南大学，并在云大礼堂对云南大学、西南联大5000余师生发表演说。首先对两校师生在日本侵略者飞机不断轰炸下，弦诵不辍，表示敬佩。并说，将来世界秩序恢复时，中国的国际地位极为重要，希望今后中国能成为一个强盛、自由与民主的国家。他还说，中国与苏联两国壤土相接，有如美国与加拿大，关系至为密切，深愿两国能和平相处，保持友好态度，以促进人类的幸福。他最后说，7年来，中国几经颠危困苦，然皆能安然渡过。今日中国处境，虽极困难，深信在中国一致努力下，必能履险如夷。27日，华莱士离昆。（参见《云南大学志》编审委员会《云南大学志》第2卷《大事记（1915年—1993年）》，云南大学出版社1993年版）

美国包瑞德上校任中缅印战区驻延安观察组（代号"迪克西使团"）组长。7月22日，包瑞德率中缅印战区驻延安观察组第一批人员乘飞机到达延安。第二批人员于8月7日到达延安。驻延安美军观察组共18人。7月26日，毛泽东出席为美军观察组第一批人员到达延安举行的晚宴。席间同坐在身旁的观察组成员、美国驻华大使馆二等秘书、中缅印战区司令部政治顾问谢伟思进行交谈。在交谈中，毛泽东提出美国是否有可能在延安建立一个领事馆的问题，并说他提出这一问题，是因为考虑到在抗日战争结束后美军观察组会立即撤离延安，而那时正是国民党发动进攻和打内战的最危险的时机。8月15日，《解放日报》发表经毛泽东重新改写的社论《欢迎美军观察组的战友们！》。

按：社论说：在过去，在盟国政府与盟国人民方面，他们所了解的中国抗战情形、所得的印象，是中国抗战的主力军是国民党，将来反攻日军也主要依靠国民党。"这些印象，直到现在还是统治着盟国朝野大多数人的思想的。""所以出现了这种完全违反事实的现象的原因，主要的在于国民党统治人士的欺骗政策与封锁政策。""只许国民党的丑诋、恶骂、造谣、诬蔑,向世界横飞乱喷,决不许共产党、八路军、新四军的真象稍许透露于世。""但是事实胜于雄辩,真理高于一切,外国人中国人的眼睛,总有一天会亮起来的。现在,果然慢慢地亮起来了,中外记者团与美军观察组,均先后冲破国民党的封锁线,来到延安了。这是关系四万万五千万中国人反抗日寇解放中国的问题,这是关系中国两种主张两条路线谁是谁非的问题,这是关系同盟各国战胜共同敌人建立永久和平的问题。""关于国民党的抗战不力、腐败无能这一方面,大半年以来的外国舆论与中国舆论,已经成了定论了。关于共产党的真象究竟如何这一方面,大多数的外国人与大后方的中国人,还是不明白的,这是因为国民党的反动宣传与封锁政策为时太久的原故。但是情况已经在开始改变。大半年以来的外国舆论中,已经可以看见这种改变是在开始。这次记者团与观察组的来延,将为这种改变开一新阶段。"

澳大利亚的著名记者庄士敦(George Johnston)9 月下旬通过西南联大外文系教员王佐良介绍访问闻一多。随后,庄士敦撰写了一篇《东方的萧伯纳连系中国的过去、现在和未来》,闻一多对此文很感兴趣,曾给西南联大外文系专任讲师薛诚之看过。与庄士敦谈话的第二天,又有一位美国朋友来看望闻一多。闻一多对张光年说:外国朋友的确很想了解中国。譬如今天来看我的另一位美国朋友对我说,我来到中国,为的要看看活着的中国人民,他说现在在美国替中国说话的有三个人,一个是落了伍的胡适之;一个是国际文艺投机家林语堂;一个是感伤的女人赛珍珠。他们的文章,都不能表现中国的真实。他说他每回读到林语堂的文章,描写中国农民在田里耕作时如何地愉快,以及中国的刺绣、磁器如何地高贵……他就很生气地把这位林博士的著作撕毁了掷到墙角里去。我听到这里,感激地向他伸出手来,我说:你是我所遇到的少有的美国人!(参见薛诚之《闻一多和外国诗歌》,《外国文学研究》1979 年第 3 期;张光年记、闻一多谈《文艺的民主问题》,《闻一多全集》第 3 册;闻黎明、侯菊坤《闻一多年谱长编》(增订版),上海交通大学出版社 2014 年版)

日本中田、小竹文夫、吉田东祐等为便于加强文化侵略,在上海筹建东方文化编译馆。6 月 11 日,东方文化编译馆在上海开成立会。12 日,上海《申报》报道:中日文化协会沪分会,为研究东方文化新建设,沟通中日文化,近特聘请沪地中日文化界知名之士,组织东方文化编译馆,从事出版事业。该馆昨(十一)日下午举行首次董事会,计到中田书记官、小竹文夫、林广吉、吉田东祐、赵正平、李权时、吴湖帆、陈彬解等十余人,首由主席陈彬爵氏致开会词及说明成立意义,旋即通过董事会人选及工作计划,至傍晚始行散会。闻该馆馆址设于咸阳路中日文化协会内,即日开始编译工作云。(参见吴永贵《民国图书出版史编年:1912—1949》,社会科学文献出版社 2018 年版)

三、学术论文

曹孟良《保证战时之农政》刊于《大学月刊》第 2 卷第 1 期。

黄宪章《中国实施计划经济的几个问题》刊于《大学月刊》第 2 卷第 1 期。

吴寄塞《中国工业化运动的检视与展望》刊于《大学月刊》第 2 卷第 1 期。

归鉴明《中国战时财政政策论》刊于《大学月刊》第 2 卷第 1 期。

念一《真理论》刊于《大学月刊》第 2 卷第 1 期。

张忠绂《中国取消德俄等国在华特权的经过》刊于《大学月刊》第 2 卷第 1—2 期。

蔡维藩《论外交对于国家的贡献》刊于《大学月刊》第 2 卷第 2 期。

刘开荣《唐诗中所见当时一般妇女的精神生活》刊于《大学月刊》第 2 卷第 2 期。

一盅《关于开辟欧洲第二战场之类的问题》刊于《大学月刊》第 2 卷第 3 期。

张忆之《关于"中国绘画科学化"之讨论》刊于《大学月刊》第 2 卷第 3 期。

冯铸《论正确主义》刊于《大学月刊》第 2 卷第 6 期。

田研耕《论青年需批判的接受宋儒的修养方法》刊于《大学月刊》第 2 卷第 6 期。

彭迪先《经济思潮之新动力》刊于《大学月刊》第 2 卷第 6 期。

惕文《民主主义，民族主义，社会主义与法西斯主义》刊于《大学月刊》第 2 卷第 6 期。

孙次舟《"新理学"之系统来源》刊于《大学月刊》第 2 卷第 6—7 期。

孙怒潮《抗战批评的评论与展望》刊于《大学月刊》第 2 卷第 7 期。

冯铸《抗战六年中我国外交形势》刊于《大学月刊》第 2 卷第 7 期。

黄宪章《确保战时金融之指导原则》刊于《大学月刊》第 2 卷第 7 期。

马哲民《论确保现阶段的经济建设》刊于《大学月刊》第 2 卷第 8 期。

洪毅然《评冯友兰底艺术论》刊于《大学月刊》第 2 卷第 9 期。

郭乾德《中国艺术的演变及其前途》刊于《大学月刊》第 2 卷第 9 期。

墨武《论科学的美学观》刊于《大学月刊》第 2 卷第 9 期。

马哲民《论中国之工业化》刊于《大学月刊》第 2 卷第 9 期。

孙次舟《"新理学"之系统来源》刊于《大学月刊》第 2 卷第 9—12 期。

林穆光《儒家思想与民主主义》刊于《大学月刊》第 2 卷第 10 期。

惕文《民主政治与土地问题》刊于《大学月刊》第 2 卷第 10 期。

陈觉玄《民主与文化》刊于《大学月刊》第 2 卷第 10 期。

薛愚《科学与民主》刊于《大学月刊》第 2 卷第 10 期。

冯铸《近世民主政治之演进及我国民主政治的前途》刊于《大学月刊》第 2 卷第 10 期。

陈觉玄《中国宪政运动之回顾》刊于《大学月刊》第 2 卷第 11—12 期。

李安宅《论边疆工作如何作法》刊于《大学月刊》第 2 卷第 11—12 期。

冯铸《论"人权"》刊于《大学月刊》第 2 卷第 11—12 期。

惕文《近代宪政的本质及其历史发展》刊于《大学月刊》第 2 卷第 11—12 期。

陈觉玄《国际文化合作与中国文化的新动向》刊于《大学月刊》第 2 卷第 11—12 期。

王公维《战后国际贸易问题》刊于《大学月刊》第 2 卷第 11—12 期。

刘唯公《试谈中国学术文化底自立自主》刊于《大学月刊》第 3 卷第 5—6 期。

按：文章指出："最需努力者，当为力求中国社会的发展和现代化。因为一国学术文化的发展，是常须以其社会发展为背景的。中国现今学术文化发展之所以迟滞落后，亦即系缘于中国社会发展之久滞于封建时代和半封建时代。所以我们要真求中国学术文化的发展和自立自主，亦势须力求中国社会的尽速发展和现代化。但是我们同时知道通常学术文化的发展，固以社会的发展为其背景，而在某种程度内，社会的发展实亦必须藉助于某种发展程度的学术文化来有促进之完成之。正因为这种关系，我们虽知中国现今的学术文化甚为落后，但我们深信仍可以此现有的学术文化为基础，同时在某种程度内更兼藉各先进国家学术文化的相当助益与吸取，来尽我们的最大能事，发挥其最大效用，以促进中国社会的尽速发展与现代化。由于社会的迅速发展，更可促过学术文化的发展；由于学术文化的更形发展，又可相当影响社会的更迅速发展。如此相互影响，相互推进，中国的现代化固有以促进，中国学术文化的自立自主，自亦可皆现。所谓力求社会的发展与现代化，简单地说，就是要力求中国的工业化，科学化，和民主化。"

凯若《学术自由的本质和体现》刊于《大学月刊》第 3 卷第 5—6 期。

按：是文认为："学术自由，是民主主义，民权自由的一种，包含于思想自由之内。其与一般思想自由不同的地方,即所谓学术,指的是哲学思想、科学思想、艺术思想或政治思想、经济思想、文化思想等思想领域中,已经成为学问的流派或思想的系别,比较一般所谓思想,要深化些,要有系统些。……学术自由,因其代表人类高级智识活动的自由,所以就是思想自由之高度的表现。没有学术自由,即学术受统治的地方,根本就不会有思想的自由。所以一般思想是否自由,即当以学术自由与否来判断。学术自由,即是思想自由的高度表现,所以同时也是民族主义的政治标识。民主政治,把思想自由作为人民最神圣的基本权利,所以凡属民主,没有不尊重学术自由的。如果政治是与民主相反的独裁,其余学术思想亦未有不独断统治的。所以在独裁政治之下,决不会有学术的自由。学术自由,不特是民主的标识,而且可以看作开拓民法道路的先导。要争取政治的民主,必须首先争学术思想的自由。"

关于学术自由与民主的关系,是文指出:"学术的自由,拿民主的眼光来看,就是思想上的民主,民主在意识领域上的表现。他与民主主义是分不开的。民主越发展,则学术上所受的限制因素就越发减少,其所享有的自由就越发增加。学术自由是与民主相伴而行的,随民主之产生而产生,随民主的发展而发展。民主社会是学术自由最适宜的土壤,学术自由又是以其反作用而使民主的发展加速前进。""学术的自由,不特为学术思想发展进步,即人类社会精神文明的进步之所必需,而且是改造环境改善生活促使人类社会物质文明的进步所不可少。但人类历史上,除民主时代而外,一切非民主的时代,都没有甚么的学术自由,即是历史已进入民主的时代,凡独裁的政治层,是害怕真理的,是害怕大多数人民知道现实事物,尤其是社会现象之真实情况的。因为暴露了显示的真象,对于独裁的统治层是异常不利的,所以为了掩盖一切现象的真况,为了愚弄人民,不得不厉行思想的统治,不得不厉行学术的统治,不得不仇视于己不利的真理,所以也就一种排斥学术的自由。"

那么学术的自由具体又体现在哪些方面呢?是文认为:"第一,必须有并存的自由。学术思想,不管是关系自立的,社会的或思维的,不管是理论的或历史的,只要他是由实在产生出来,反映了真理的若干部分,那便是有益于人群的东西,便得让他与其他学术思想一同存在。学术之并存的自由,乃学术自由起码的条件。有了这个自由,就可以防止凭少数人的权威和利害,给学术决定去取,甚至把那类少数人的利益威胁相抵触的学术思想,认为叛道离经,大逆不道加以残酷的迫害,不容许其存在流传。""第二,必须有研究的自由。学术自由,除在并存互竞上,表现而外,还须表现为研究的自由。所谓研究的自由,就是对于学术思想,言论是个人或团体,公私的学术机关,都应享有研究的自由。在学术的研究上,不应有什么束缚和禁制。""第三,必须有批判的自由。学术自由第三个表现是批判的自由。没有批判的自由,便没有学术自由。学术思想范围积广,流派甚多,其发展进步与认识的推陈出新,去谬存真,最要紧的就是批判。只有批判才能发现和除去独断的毛病。所谓学术思想,在不断的斗争过程中立定自己,完成自己,加强自己,就是说学术思想的成立与进步,要以不断的批判与被批判为因素。越是经得起批判的,就越发是不可攻破的真理,就越发有学理上的威权,俗语云'真金不怕火烧''百炼成钢',就是同样道理,假使怕人家批判,经不起批判的东西,一定没有成立存在之价值。""第四,必须有讲学的自由。讲学自由,亦学术自由的重要表现。若于学术思想上有讲学的限制,取缔讲学之自由,那也就是学术思想的专断统治而非学术的自由了。讲学自由实际是学术的并存自由,研究自由与自由运用于传习方面。例如一国的高级学府或各级教育机关,学术组织,凡属学术思想的传习,应该保持自由精神。现在所有的学术思想,站在真理之探讨的立场上,都应不分厚薄地一律看待,自由讲授,自由研习,自由辩难。只有这样,才算是把前三种自由见诸实践,才算是真正有了学术的自由。如果反之,依政治的权势,把某学术思想认为有害不许习授传习,而视讲授者为有罪,这不明明白白是把学术思想的并存、研究、批判等自由一笔勾销吗?""第五,必须有刊发的自由。学术自由的具体表现,除以上四者外,最后还需要刊发自由,这也就是出版的自由。学术思想,虽有以前四项自由,经过研究、批判与讲习,自然可能使其深入前进,但若没有出版的自由,则不能在社会上广行流传,引起社会更多数人的注意,使更多的人都参加研究、批判和辩难的工作,扩大其影响,加速其进步,普遍其作用。所以出版自由绝对必要。"

罗继祖《女真语研究资料》刊于《国学丛刊(北京)》第14期。

柯昌济《殷金文卜辞所见国名考》刊于《国学丛刊(北京)》第14期。

寿鹏飞《方志本义管窥》刊于《国学丛刊（北京）》第 14 期。

夏仁虎《文体举要》刊于《国学丛刊（北京）》第 14 期。

阎恬厂《秦代政术考》刊于《国学丛刊（北京）》第 14 期。

徐慕温《汉高祖约法三章论》刊于《国学丛刊（北京）》第 14 期。

范宬《汉高祖约法三章论》刊于《国学丛刊（北京）》第 14 期。

杜仲陵《广救学弊论》刊于《中国学报》第 1 卷 3 期。

李翊灼《欧阳竟无先生学行序赞》刊于《中国学报》第 1 卷 3 期。

潘重规《关雎篇义今解》刊于《中国学报》第 1 卷 3 期。

金毓黻《文心雕龙史传篇疏证下》刊于《中国学报》第 1 卷 3 期。

方竑《读墨经偶记》刊于《中国学报》第 1 卷 3 期。

唐圭璋《纳兰容若评传》刊于《中国学报》第 1 卷 3 期。

傅惜华《元代杂剧作家传略》刊于《中国学报》第 2 卷 1—3 期。

钱穆《两汉博士家法考》刊于《国立中央大学文史哲季刊》第 2 卷第 1 期。

何兆清《〈科学思想概论〉绪言》刊于《国立中央大学文史哲季刊》第 2 卷第 1 期。

柳诒徵《三国志裴注义例》刊于《国立中央大学文史哲季刊》第 2 卷第 1 期。

程憬《泰一考》刊于《国立中央大学文史哲季刊》第 2 卷第 1 期。

金毓黻《宋国史所载岳飞战功辨证》刊于《国立中央大学文史哲季刊》第 2 卷第 1 期。

冯和侃《真妮·奥丝汀的艺术》刊于《国立中央大学文史哲季刊》第 2 卷第 1 期。

张健《十八世纪英国诗人的词藻》刊于《国立中央大学文史哲季刊》第 2 卷第 1 期。

张世禄《杜甫诗的韵系》刊于《国立中央大学文史哲季刊》第 2 卷第 1 期。

杨潜斋《离骚义证》刊于《国立中央大学文史哲季刊》第 2 卷第 1 期。

李证刚《孔子大同小康说之现实价值》刊于《国立中央大学文史哲季刊》第 2 卷第 2 期。

柳诒徵《从周官观其时社会》刊于《国立中央大学文史哲季刊》第 2 卷第 2 期。

商章孙《启蒙运动之德国文字》刊于《国立中央大学文史哲季刊》第 2 卷第 2 期。

张贵永《最近九十年来的德国史学》刊于《国立中央大学文史哲季刊》第 2 卷第 2 期。

方竑《礼运说》刊于《国立中央大学文史哲季刊》第 2 卷第 2 期。

李长之《章学诚的文学批评》刊于《国立中央大学文史哲季刊》第 2 卷第 2 期。

游寿《金文武功文献考辑》刊于《国立中央大学文史哲季刊》第 2 卷第 2 期。

黄少荃《战国史异辞》刊于《国立中央大学文史哲季刊》第 2 卷第 2 期。

赵正平《东方文化之特质——优点及其劣点》刊于《东方学报》第 1 卷 1 期。

樊仲云《中国本文解》刊于《东方学报》第 1 卷 1 期。

［日］吉田东祐《西洋文化与东方文化》刊于《东方学报》第 1 卷 1 期。

龚达仁《东洋文化与西洋文化》刊于《东方学报》第 1 卷 1 期。

赵如珩《中庸之研究的启端》刊于《东方学报》第 1 卷 1 期。

吴敏轩《日本文化的特质》刊于《东方学报》第 1 卷 1 期。

仙心《东西文化类型论》刊于《东方学报》第 1 卷 1 期。

华心《关于中国文化西渐的一个考察》刊于《东方学报》第 1 卷 1 期。

赵华星《日本儒学概述》刊于《东方学报》第 1 卷 2 期。

仙心《阳明哲学与日本》刊于《东方学报》第 1 卷 2 期。

赵如珩《日本的水户学》刊于《东方学报》第1卷2期。

程中道《朱子学在日本》刊于《东方学报》第1卷2期。

佳禾《朱舜水与日本文化》刊于《东方学报》第1卷2期。

谢建南《易的原理与日本精神》刊于《东方学报》第1卷2期。

[日]武内义雄《中国思想与日本》刊于《东方学报》第1卷2期。

吴敏轩《近世日本的哲学》刊于《东方学报》第1卷2期。

陈定谟《怀疑和信仰》刊于《中山学报》第2卷第2期。

黄学勤《国难与超人》刊于《中山学报》第2卷第2期。

谢申《土壤需要肥料之测定与广东土壤需肥问题》刊于《中山学报》第2卷第2期。

吴尚时、曾昭璇《丹霞南雄层位之新见解》刊于《中山学报》第2卷第2期。

梁兆庆《教师组织及其活动之意见调查报告》刊于《中山学报》第2卷第2期。

严永晃《中学兼办社会教育之意见调查报告》刊于《中山学报》第2卷第2期。

陈安仁《史学研究导言(续一卷八期)》刊于《中山学报》第2卷第2期。

郑师许《我国史前文化(续)》刊于《中山学报》第2卷第2期。

李子《"有"与"无"(续)》刊于《中山学报》第2卷第2期。

徐俊鸣《天然孔道与国防交通建设》刊于《中山学报》第2卷第2期。

黄仲文《我国畜牧事业科学化与粮食问题》刊于《中山学报》第2卷第2期。

梁次诪《现代战争中维他命的需要》刊于《中山学报》第2卷第2期。

翟克、缪凯民《美国埃奥华省农场劳工与机耕力工之成本与利用(续)》刊于《中山学报》第2卷第2期。

李全佳《陆机文赋义证》刊于《中山学报》第2卷第2—3期。

朱谦之《文化社会学发端(续一卷八期)》刊于《中山学报》第2卷第3期。

杨成志《广东名胜古迹之性质分类及其文化特征(续)》刊于《中山学报》第2卷第3期。

李四光《与崔克信君论西康构造书》刊于《中山学报》第2卷第3期。

莫柱孙《粤北连县构造及其与湘南湖之关系》刊于《中山学报》第2卷第3期。

陈国达《从近年古植物学上之发现论大羽羊齿植物群之时代》刊于《中山学报》第2卷第3期。

陈国达《赣北缭水上游之袭夺现象》刊于《中山学报》第2卷第3期。

高振西《福建地质概要》刊于《中山学报》第2卷第3期。

莫柱孙《大理苍山及其附近地质》刊于《中山学报》第2卷第3期。

邹鲁《澄庐诗集》刊于《中山学报》第2卷第5期。

邓植仪《中山大学与邹校长》刊于《中山学报》第2卷第5期。

杜寒友《礼物》刊于《中山学报》第2卷第5期。

钱庆《哲学释名》刊于《中山学报》第2卷第5期。

丁颖《中华民族与科学思想》刊于《中山学报》第2卷第5期。

陈安仁《新中国建设之物力准备与文化》刊于《中山学报》第2卷第5期。

丘琳《从教育的本义说到大学生的修养》刊于《中山学报》第2卷第5期。

李翼纯《论安定国币宜积极开采金银铜矿》刊于《中山学报》第2卷第5期。

卒笠《校勘学之界义》刊于《中山学报》第2卷第5期。

刘求南《五院制之顾瞻》刊于《中山学报》第 2 卷第 5 期。

谢申《土壤与施肥对于农作物内容成分之影响》刊于《中山学报》第 2 卷第 5 期。

蒋英、张宏达《湘南植物分布之概况》刊于《中山学报》第 2 卷第 5 期。

朱子范《毛诗国风述义》刊于《中山学报》第 2 卷第 5 期。

陈柱《中庸讲记》刊于《真知学报》第 3 卷第 3—4 期。

叶梦雨《诸子之变化与战国时代思潮》刊于《真知学报》第 3 卷第 3—4 期。

李长傅《禹贡地理考》刊于《真知学报》第 3 卷第 3—4 期。

叶梦雨《清儒汉宋之争訾议》刊于《真知学报》第 3 卷第 3—4 期。

戴魏光《三百篇有淫诗而无淫声考》刊于《真知学报》第 3 卷第 3—4 期。

李嘉音《江苏省土壤之研究》刊于《真知学报》第 3 卷第 3—4 期。

李思纯《部颁师范学院史地学系课程的一个修正意见》刊于《国立四川大学师范学院院刊》第 1 期。

汪奠基《从师范教育论到公训学系课程改订之意见》刊于《国立四川大学师范学院院刊》第 1 期。

朱义胄《中学国文教材教法研究之我见》刊于《国立四川大学师范学院院刊》第 1 期。

邓胥功《教育与宪法》刊于《国立四川大学师范学院院刊》第 1 期。

张敷荣《教育社会学与师资训练》刊于《国立四川大学师范学院院刊》第 1 期。

薛鸿志《美国师范学生之在校生活及课外活动》刊于《国立四川大学师范学院院刊》第 1 期。

朱义胄《文体述要》刊于《国立四川大学师范学院院刊》第 1 期。

罗孔昭《士相见礼》刊于《国立四川大学师范学院院刊》第 1 期。

傅葆琛《乡村建设之方式原则及其与教育之关系》刊于《国立四川大学师范学院院刊》第 1 期。

袁伯樵《中等教育应如何改进师资以增加其效率》刊于《国立四川大学师范学院院刊》第 1 期。

张伸《我国中学师资问题与训练》刊于《国立四川大学师范学院院刊》第 1 期。

张登受《集体式的教育》刊于《国立四川大学师范学院院刊》第 1 期。

张增杰《我对于师范学校课程中改教育概论为教育通论的一点意见》刊于《国立四川大学师范学院院刊》第 1 期。

何其恺《完形心理学之批判》刊于《国立四川大学师范学院院刊》第 1 期。

黄仲良《三次考察新疆之观感》刊于《国立四川大学师范学院院刊》第 1 期。

刘绍禹、何其恺《"心向"与"相属原则"》刊于《国立四川大学师范学院院刊》第 1 期。

伍启元《西洋古代底经济思想：希腊思想》刊于《华大经济学报》第 1 期。

吴澄华《民主主义经济思想体系之试探》刊于《华大经济学报》第 1 期。

程英祺《中国国民所得估计方法论稿》刊于《华大经济学报》第 1 期。

滕茂桐《货币理论的新体系》刊于《华大经济学报》第 1 期。

潘源来《完全竞争与不完全竞争》刊于《华大经济学报》第 1 期。

林穆光《中国经济史上之三皇五帝》刊于《华大经济学报》第 1 期。

卫聚贤《古物出国展览》刊于《说文月刊》第 3 卷第 12 期。

陈大年《刚卯严卯考》刊于《说文月刊》第 3 卷第 12 期。

金公亮《两汉诸帝年寿子嗣考证》刊于《说文月刊》第 3 卷第 12 期。

方壮猷《辽金元科举年表》刊于《说文月刊》第 3 卷第 12 期。

刘节《中国文艺观赏录》刊于《说文月刊》第 3 卷第 12 期。

赵擎寰《汉賨邑长考》刊于《说文月刊》第 3 卷第 12 期。

孙诞光《西南民族与汉族同源的证据》刊于《说文月刊》第 3 卷第 12 期。

陶大镛《中国金石并用时代的生产技术》刊于《说文月刊》第 3 卷第 12 期。

黄希成《新津出土蜀王虎钟考略》刊于《说文月刊》第 3 卷第 12 期。

卫聚贤《数目字》刊于《说文月刊》第 3 卷第 12 期。

冯沅君《元剧题目正名的唱念者》刊于《说文月刊》第 4 卷。

卫聚贤《五月渡泸深入不毛考》刊于《说文月刊》第 5 卷第 1—2 期。

陈大年《释圭之商兑》刊于《说文月刊》第 5 卷第 1—2 期。

张西曼《乌孙即哈萨克考》刊于《说文月刊》第 5 卷第 1—2 期。

孙道升《原始基督教教义所受中国古代文化之影响》刊于《说文月刊》第 5 卷第 1—2 期。

陈安仁《中国先哲对于人性问题之见解》刊于《说文月刊》第 5 卷第 1—2 期。

郑师许《八股文的沿革及其对于士风所发生之影响》刊于《说文月刊》第 5 卷第 1—2 期。

许大纯《孔子之涉世与施教》刊于《说文月刊》第 5 卷第 1—2 期。

张震泽《秦丞相考》刊于《说文月刊》第 5 卷第 1—2 期。

阎文儒《浐水灞水考》刊于《说文月刊》第 5 卷第 1—2 期。

王叔岷《读钟嵘〈诗品〉札记》刊于《说文月刊》第 5 卷第 1—2 期。

李懋昭《等韵研究》刊于《说文月刊》第 5 卷第 1—2 期。

张维思《周秦西汉歌戈麻本新考》刊于《说文月刊》第 5 卷第 1—2 期。

劳贞一《汉简中之武帝诏》刊于《图书季刊》新 5 卷。

冯沅君《孤本元明杂剧钞本题记》刊于《图书季刊》新 5 卷第 4 期。

俞平伯《谈〈西厢记〉哭宴》刊于《文学集刊》第 1 辑。

俞平伯《续谈〈西厢记〉哭宴》刊于《文学集刊》第 2 辑。

孔思礼《辨孤本元明杂剧本〈刘玄德醉走黄鹤楼〉杂剧非元朱士凯作》刊于《中和》第 5 卷第 5 期。

郑骞《论元人杂剧散场》刊于《读书青年》第 1 卷第 2 期。

郑骞《读〈孤本元明杂剧〉》刊于《读书青年》第 1 卷第 5 期。

王古鲁《元曲赵氏孤儿与服尔德》刊于《留日同学会季刊》第 3 卷第 2 期。

周越然《〈西厢记〉研究》刊于《文艺世纪》第 1 卷第 1 期。

冒广生《新斠中原音韵定格曲子》刊于《同声月刊》第 3 卷第 12 号。

翦伯赞《元曲新论》刊于《中原月刊》第 1 卷第 4 期。

《复刊词》刊于《中国营造学社汇刊》第 7 卷第 1 期。

按：由是文可知：《中国营造学社汇刊》出版到第 6 卷第 4 期时，正值七七抗战爆发，此后，中国营造学社南迁到长沙、昆明，以及四川南溪的李庄。时局的变化，使营造学社在七七抗战前测绘摄影的华北、江浙各地建筑实物的图录,没有机会得以发表。七七抗战后,中国营造学社并未停止中国建筑的调查研究,在抗战期间,营造学社在西南后方做了大量的实地调查,曾调查过云南昆明至大理间的十余个县,四川嘉陵江流域、岷江流域,川陕公路沿线的三十余个县,以及西康之雅安等地。所研究的建筑类别有寺观、衙署、会馆、庙、祠、城堡、桥梁、民居、庭园、碑碣、牌坊、塔、崖墓等。因为"急于见到我们所调查的记录及报告,本社社友们曾多次建议我们复刊"。但由于对汇刊而言,最重要的照片及测绘图需要比较精良的铜板,对印刷要求较高,在抗战期间,很难做到。"直至今年我们经再三踌躇之后",才决定"因陋就简,降低印刷标准,改用石印"。于是才有了《中国营造学社汇刊》的复刊。

编者《为什么研究中国建筑?》刊于《中国营造学社汇刊》第 7 卷第 1 期。

刘致平《云南一颗印》刊于《中国营造学社汇刊》第 7 卷第 1 期。

莫宗江《宜宾苍州霸白塔宋墓》刊于《中国营造学社汇刊》第 7 卷第 1 期。

卢绳《旋螺殿》刊于《中国营造学社汇刊》第 7 卷第 1 期。

王世襄《四川南溪李庄宋墓》刊于《中国营造学社汇刊》第 7 卷第 1 期。

梁思成《记五台山佛光寺建筑》刊于《中国营造学社汇刊》第 7 卷第 1 期。

周谷城《世界民主政治之倾向与中国民主政治之创造》刊于《东方杂志》第 40 卷第 1 号。

崔书琴《民族思想的消沉与民族地位的恢复》刊于《东方杂志》第 40 卷第 1 号。

陶孟和《关于建都的一个意见》刊于《东方杂志》第 40 卷第 1 号。

张君劢《英国大宪章提要》刊于《东方杂志》第 40 卷第 1 号。

史国纲《苏捷条约的意义》刊于《东方杂志》第 40 卷第 1 号。

曾纪桐《美国国际投资政策的回顾与战后展望》刊于《东方杂志》第 40 卷第 1 号。

陈正谟《中国太古时代社会经济鸟瞰》刊于《东方杂志》第 40 卷第 1 号。

何君超《科学化中国》刊于《东方杂志》第 40 卷第 1 号。

鲁实先《金乙未元历朔实考辨疑》刊于《东方杂志》第 40 卷第 1 号。

谭勤余《急待商榷之化学名词》刊于《东方杂志》第 40 卷第 1 号。

张宗炳《生命的意义》刊于《东方杂志》第 40 卷第 1 号。

郭沫若《述吴起》刊于《东方杂志》第 40 卷第 1 号。

方豪《明末西洋火器流入我国之史料》刊于《东方杂志》第 40 卷第 1 号。

蒋逸雪《〈老残游记〉考证》刊于《东方杂志》第 40 卷第 1 号。

汪叔棣《由彻底胜利到永久和平》刊于《东方杂志》第 40 卷第 2 号。

沙学浚《海洋控制与世界和平》刊于《东方杂志》第 40 卷第 2 号。

董问樵《国防人力论》刊于《东方杂志》第 40 卷第 2 号。

王梦鸥《释敬——为心理建设进一解》刊于《东方杂志》第 40 卷第 2 号。

田镐《关于省之问题》刊于《东方杂志》第 40 卷第 2 号。

曾资生《魏晋南北朝时期的察举与岁贡》刊于《东方杂志》第 40 卷第 2 号。

朱慕唐《战后利用外资问题》刊于《东方杂志》第 40 卷第 2 号。

严敦杰《算盘探源》刊于《东方杂志》第 40 卷第 2 号。

周淮水《心理学中的因素分析》刊于《东方杂志》第 40 卷第 2 号。

黎正甫《古代中国与交趾之交通》刊于《东方杂志》第 40 卷第 2 号。

茅灵珊《论诗歌中孤独之境界》刊于《东方杂志》第 40 卷第 2 号。

徐协中《战后永久和平方案的检讨》刊于《东方杂志》第 40 卷第 3 号。

陈钟浩《论美国参议院的外交权》刊于《东方杂志》第 40 卷第 3 号。

张明养《战后怎样去处置日本》刊于《东方杂志》第 40 卷第 3 号。

高觉敷《真我与社会我》刊于《东方杂志》第 40 卷第 3 号。

李书田《潼关以上黄河水利与西北经济建设》刊于《东方杂志》第 40 卷第 3 号。

曾资生《隋唐时代的制科》刊于《东方杂志》第 40 卷第 3 号。

范义田《西南夷之族类及其名称与地理生活关系》刊于《东方杂志》第 40 卷第 3 号。

施之勉《秦博士职掌考》刊于《东方杂志》第 40 卷第 3 号。

张礼千《唐代之南海大国》刊于《东方杂志》第 40 卷第 3 号。

朱偰《盛唐诗歌中之河西走廊及西域》刊于《东方杂志》第 40 卷第 3 号。

朱海涛《北大及北大人——钱穆先生》刊于《东方杂志》第 40 卷第 3 号。

陈世材《国际合作之前途》刊于《东方杂志》第 40 卷第 4 号。

戴文葆《当前世界政治的主流》刊于《东方杂志》第 40 卷第 4 号。

史国纲《苏波疆界问题》刊于《东方杂志》第 40 卷第 4 号。

孙九禄《国际经济合作中之货币金融》刊于《东方杂志》第 40 卷第 4 号。

曾纪桐《怀特战后货币计划与国际银行计划》刊于《东方杂志》第 40 卷第 4 号。

汤德明《美国之高度工业化》刊于《东方杂志》第 40 卷第 4 号。

田文彬《工业救济问题之检讨》刊于《东方杂志》第 40 卷第 4 号。

周荫棠《县官在政制史上的地位》刊于《东方杂志》第 40 卷第 4 号。

曾资生《隋唐五代的岁贡科举》刊于《东方杂志》第 40 卷第 4 号。

汤学耕《请改贷金为工读金》刊于《东方杂志》第 40 卷第 4 号。

许行迈《蒙古伐金初期契丹人之投效》刊于《东方杂志》第 40 卷第 4 号。

王崇武《明纪辑略与朝鲜辨诬》刊于《东方杂志》第 40 卷第 4 号。

姜蕴刚《文学的时代》刊于《东方杂志》第 40 卷第 4 号。

王平陵《艺术有用论》刊于《东方杂志》第 40 卷第 4 号。

田禽《中国战时戏剧创作之演变》刊于《东方杂志》第 40 卷第 4 号。

王云五《战时英国经济》刊于《东方杂志》第 40 卷第 5 号。

陶樾《惩治战犯问题之法律观》刊于《东方杂志》第 40 卷第 5 号。

沈来秋《从经纪人到国防人》刊于《东方杂志》第 40 卷第 5 号。

邵祖平《道家守神论述义》刊于《东方杂志》第 40 卷第 5 号。

许同莘《格物与致知》刊于《东方杂志》第 40 卷第 5 号。

费青《几种法律否定论之检讨》刊于《东方杂志》第 40 卷第 5 号。

曾纪桐《战后我国对外贸易政策的商榷》刊于《东方杂志》第 40 卷第 5 号。

陈植《论留学政策》刊于《东方杂志》第 40 卷第 5 号。

周毅恒《理想的大学教育发凡》刊于《东方杂志》第 40 卷第 5 号。

周淮水《中国心理测验探源》刊于《东方杂志》第 40 卷第 5 号。

史念海《娄敬和汉朝的建都》刊于《东方杂志》第 40 卷第 5 号。

曹亨闻《现代报纸的"专栏"与"专栏记者"》刊于《东方杂志》第 40 卷第 5 号。

朱偰《论游记文学》刊于《东方杂志》第 40 卷第 5 号。

田禽《论中国的戏剧理论建设》刊于《东方杂志》第 40 卷第 5 号。

王云五《战时英国财政》刊于《东方杂志》第 40 卷第 6 号。

方显廷《漫谈美国战时生活》刊于《东方杂志》第 40 卷第 6 号。

周谷城《论世界民主政治之最后胜利》刊于《东方杂志》第 40 卷第 6 号。

李树青《从文化发展的条件说到中国文化》刊于《东方杂志》第 40 卷第 6 号。

陈定闳《舆论之社会心理学观》刊于《东方杂志》第 40 卷第 6 号。

陈植《论大学教授》刊于《东方杂志》第 40 卷第 6 号。

欧元怀、梁鸥第《贵州试办中学生毕业升学联考制度之检讨》刊于《东方杂志》第 40 卷第 6 号。

张宗炳《科学之限制》刊于《东方杂志》第 40 卷第 6 号。

项英杰《越都琅琊疏证》刊于《东方杂志》第 40 卷第 6 号。

黎正甫《中越文化关系》刊于《东方杂志》第 40 卷第 6 号。

詹锳《〈玉台新咏〉三论》刊于《东方杂志》第 40 卷第 6 号。

王云五《战时英国政府》刊于《东方杂志》第 40 卷第 7 号。

张君劢《现代宪政之背景》刊于《东方杂志》第 40 卷第 7 号。

费巩《民主政治与我国固有政制》刊于《东方杂志》第 40 卷第 7 号。

任美锷《沦陷后之东北》刊于《东方杂志》第 40 卷第 7 号。

洪绂《漫谈几种建都的理论》刊于《东方杂志》第 40 卷第 7 号。

王梦鸥《中国乐妓之消沉》刊于《东方杂志》第 40 卷第 7 号。

郑华《防止黄河水灾计划》刊于《东方杂志》第 40 卷第 7 号。

郑师许《玄奘法师之行脚与取经》刊于《东方杂志》第 40 卷第 7 号。

许同莱《〈张文襄年谱〉编纂始末》刊于《东方杂志》第 40 卷第 7 号。

朱海涛《北大与北大人——陈垣先生》刊于《东方杂志》第 40 卷第 7 号。

王平陵《出版物的行销问题》刊于《东方杂志》第 40 卷第 7 号。

吴泽炎《中国外交的基本认识》刊于《东方杂志》第 40 卷第 8 号。

陈钟浩《美国总统的外交权》刊于《东方杂志》第 40 卷第 8 号。

曾纪桐《战后复兴南洋华侨经济问题》刊于《东方杂志》第 40 卷第 8 号。

郭质良《微生物应用之新进展》刊于《东方杂志》第 40 卷第 8 号。

方豪《顺治刻本西洋新法历书四种题纪》刊于《东方杂志》第 40 卷第 8 号。

龙骏《甘英出使大秦考》刊于《东方杂志》第 40 卷第 8 号。

朱偰《杜少陵在蜀之流寓》刊于《东方杂志》第 40 卷第 8 号。

施子愉《唐代科举制度与五言诗的关系》刊于《东方杂志》第 40 卷第 8 号。

苏雪林《〈天问〉里的后羿射日神话》刊于《东方杂志》第 40 卷第 8 号。

王云五《战时英国出版》刊于《东方杂志》第 40 卷第 8 号。

周剑尘《六年来剧作动向剖论》刊于《东方杂志》第 40 卷第 8 号。

张印堂《人类种族与民主的挑战》刊于《东方杂志》第 40 卷第 9 号。

曾纪桐《国际货币基金与战后币制金融问题的解决》刊于《东方杂志》第 40 卷第 9 号。

萨师炯《战时省制之演变及其今后之改进》刊于《东方杂志》第 40 卷第 9 号。

戴星如《战后工业化与农村经济》刊于《东方杂志》第 40 卷第 9 号。

汤德明《美国生产诸要素》刊于《东方杂志》第 40 卷第 9 号。

陈伯康《计然复越的物价政策》刊于《东方杂志》第 40 卷第 9 号。

张安国《今后中国之女子教育》刊于《东方杂志》第 40 卷第 9 号。

张宗炳《一个科学家的宗教观》刊于《东方杂志》第 40 卷第 9 号。

周通旦《春秋研究纲要》刊于《东方杂志》第 40 卷第 9 号。

李繄非《滇省开发史之回顾》刊于《东方杂志》第 40 卷第 9 号。

李梦瑛《元站及站赤考释》刊于《东方杂志》第 40 卷第 9 号。

陈定闳《战后中国社会之新图案》刊于《东方杂志》第 40 卷第 10 号。

汪叔棣《战后世界机构支柱的建竖》刊于《东方杂志》第 40 卷第 10 号。

程懋珪《战后教育的改造之基本原理》刊于《东方杂志》第 40 卷第 10 号。

陈植《论学术自主》刊于《东方杂志》第 40 卷第 10 期。

按：是文认为："我国之有近代科学输入，肇自清季，所谓'废科举，设学堂'，实为清代学制之革新，抑亦提倡科学之发轫也。当是时也，其从事于高级人才之作育者，为最高学府之北京之京师大学堂，及各省所设之优级师范学堂（若南京之两江优级师范学堂、苏州之江苏优级师范学堂等），及为大学预科之高等学堂（江南高等学堂，苏州高等学堂等），暨专门程度之高等实业学堂（农、工、商、矿各科具备）。而各该学堂之教师，十九聘自日本，并聘留学日本者担任之，不惟所用专门书籍，类皆日文原本，教师之为日人者，且复迳用日语讲授，而影响所及，各中学所编讲义，及所用教材，亦类由东邻流入。盖中学教师，既皆受业于日人，及日本留学生，其所应用，自亦承其所传授也。故当日我国高中等教育，可谓为：'日人辅翼时期'。迨辛亥革命而后，聘请日本教师之风已杀，而欧美教士，在各地所设之教会学堂，次第为大学之增设（若南京之金陵，苏州之东吴，上海之沪江、圣约翰，杭州之之江，北京之燕京，济南之齐鲁，成都之华西，武昌之华中，广州之岭南等各大学）。而此由教会所设之各大学教授，类由英美各国人士所担任，不惟书籍悉为原本，且复讲授迳用英语，其用他国语文者，震旦（应用法文），同济（应用德文）而已。故民国元年至五六年间，我国高等数学，可谓为：'西人辅翼时期'。"

"前后两期，虽情劳互殊，然为外国学术之附庸，固初无二致也。尔后各省高师，及专门学校，次第成立，民国十年而后，国立大学，且复乘时勃兴，我国教育前途，遂由黑暗而渐见曙光。惟以各校教授，类多返自英美，故教科用书，亦复好用英文原本，或亦迳以英语讲授（若同济大学应用德文，震旦、中法大学应用法文，则属例外），风气所尚，影响至巨；寖假且复波及中学，盖中学教师，亦复承其所传授也。夫外国文字，为治学之津梁，固矣！然外文书籍，供高深学术之参考则可，若举以为教科用书，则虽于教者称便，然于学者殊未有当也。良以学贵致用，如各种术语，仅知外文，诚欲用之国内，以语文扞格，虽如何剖析，欲求一般了解，不可得矣。矧外国书籍中，本国材料，无法探索，故若仅以外籍为教本，而不另将本国材料，设法加入，则读者问世，终感困难丛生也。中学校数理化教本，教师为求计也，用意何在，尤不可解。坐是四十年来，我国学术终彼羁绊而滞陷于附庸之域，不可自拔，亦可痛矣！抗战七年，胜利在望，且自不平等条约取消后，尽归旧日之束缚，竞求一切之自主。学术之盛衰，关系国家之兴废，尤应亟图独立，迎头赶上，以期迈进无已，而与列强相抗衡。尝考日本当明治维新之初，大学及各机关中，亦曾聘外籍学者专家，分任教授技师，待成效已著，即相率解聘，所遗工作，由其国人继任，对于各项学术，俱能继承前绩，努力不懈，以与先进各国相媲美；且复各有其独到之处，以贡献于社会国家，初非一意模仿抄袭者，所可望其项背者也。……我国学术四十年来，仍徘徊于模仿抄袭之中，迄未能独立自主，迈步疾行，实为学术界之一大病态，亟应对症施药，设法补救，而为此喁喁望治之国家民族，尽其更大努力。若不自振拔，仅以模仿抄袭，及聘用外国专家为能事，殊非国家复兴与前途之福也。"

为促进学术自主，是文认为应该从以下几点抓起：1."充实研究机关"；2."注重大学研究"；3."审定科学名词"；4."提高专门著作"；5."扶植各种学会"；6."审定各级学位"。

朱有瓛《英格兰教育与苏格兰教育》刊于《东方杂志》第 40 卷第 10 号。

陈节坚《先逻辑与逻辑》刊于《东方杂志》第 40 卷第 10 号。

高觉敷《大脑机能的分区》刊于《东方杂志》第 40 卷第 10 号。

范义田《华戎之同种及西南高原族"昆明""明家""滇""诏"之解说》刊于《东方杂志》第 40 卷第 10 号。

贺益文《大理史地丛谈》刊于《东方杂志》第 40 卷第 10 号。

张之毅《新疆坎井来源析疑》刊于《东方杂志》第 40 卷第 10 号。

张遵俭《中西目录学要论》刊于《东方杂志》第 40 卷第 10 号。

卢建虎《战后修志问题》刊于《东方杂志》第 40 卷第 10 号。

程懋珪《战后政治改造之基本原理》刊于《东方杂志》第 40 卷第 11 号。

龚骏《义大利之政党与最近民主政体之树立》刊于《东方杂志》第 40 卷第 11 号。

田文彬《平均负担与稳定物价》刊于《东方杂志》第 40 卷第 11 号。

曾纪桐《国际币制趋向与中国战后复兴建设》刊于《东方杂志》第 40 卷第 11 号。

吴文晖《地产分配的循环》刊于《东方杂志》第 40 卷第 11 号。

王伟民《农业人口阶层之分析》刊于《东方杂志》第 40 卷第 11 号。

金琼英《谈灵感》刊于《东方杂志》第 40 卷第 11 号。

刘冠生《战后我国公医制度的展望》刊于《东方杂志》第 40 卷第 11 号。

李式金《青海湖流域》刊于《东方杂志》第 40 卷第 11 号。

李长之《司马迁的父亲》刊于《东方杂志》第 40 卷第 11 号。

朱海涛《北大与北大人——北大老》刊于《东方杂志》第 40 卷第 11 号。

茅灵珊《论英国女诗人蔡斯琴那·罗色蒂的情诗》刊于《东方杂志》第 40 卷第 11 号。

苏雪林《阿修罗与人类永久和平》刊于《东方杂志》第 40 卷第 12 号。

龚骏《抗战以来华侨待遇之改善及希望》刊于《东方杂志》第 40 卷第 12 号。

鲍扬廷《美国对拉丁美洲的政策》刊于《东方杂志》第 40 卷第 12 号。

何廷光《国际金融合作必当注意之点》刊于《东方杂志》第 40 卷第 12 号。

陶孟和《第一次世界大战的德国赔偿》刊于《东方杂志》第 40 卷第 12 号。

陈植《农政泛论》刊于《东方杂志》第 40 卷第 12 号。

周宪文《说贫》刊于《东方杂志》第 40 卷第 12 号。

朱有瓛《经验主义与英国教育》刊于《东方杂志》第 40 卷第 12 号。

叶维法《我国医学教育之改造》刊于《东方杂志》第 40 卷第 12 号。

施之勉《秦官多同六国考》刊于《东方杂志》第 40 卷第 12 号。

张礼千《十五六世纪时印度棉布输入南洋考》刊于《东方杂志》第 40 卷第 12 号。

汪叔棣《战后世界与美国》刊于《东方杂志》第 40 卷第 13 号。

龚骏《丘吉尔执政四年来英国国际关系进度的剖析》刊于《东方杂志》第 40 卷第 13 号。

周子亚《论中国领事行政及其改进办法》刊于《东方杂志》第 40 卷第 13 号。

张君劢《印度哲学家罗达克立希纳学案》刊于《东方杂志》第 40 卷第 13 号。

金天锡《管制物价应与工业化政策配合》刊于《东方杂志》第 40 卷第 13 号。

郭垣《明代矿税之发展和影响》刊于《东方杂志》第 40 卷第 13 号。

高德明《论公医制度》刊于《东方杂志》第 40 卷第 13 号。

张宗炳《经济昆虫学的理论基础》刊于《东方杂志》第 40 卷第 13 号。

施之勉《董仲舒对策年岁考》刊于《东方杂志》第 40 卷第 13 号。

李絜非《〈三国志〉唐朝间之中央与云南》刊于《东方杂志》第 40 卷第 13 号。

方豪《钓鱼城抚今追昔录》刊于《东方杂志》第 40 卷第 13 号。

王璜《〈红楼梦〉里的文学用语》刊于《东方杂志》第 40 卷第 13 号。

张明养《国际民主与民主问题》刊于《东方杂志》第 40 卷第 14 号。

周尚《国际批评与国际宣传》刊于《东方杂志》第 40 卷第 14 号。

谢汉俊《战后我国汇率调整问题》刊于《东方杂志》第 40 卷第 14 号。

萨师炯《中国立法程序之平时与战时》刊于《东方杂志》第 40 卷第 14 号。

何鹏毓《论明代的君主专制》刊于《东方杂志》第 40 卷第 14 号。

张君劢《国际会议中之战后世界教育方针》刊于《东方杂志》第 40 卷第 14 号。

周绶章《论今日之大学风气》刊于《东方杂志》第 40 卷第 14 号。

于务泰《中国民族发展略论》刊于《东方杂志》第 40 卷第 14 号。

陈遵妫《孔子诞辰日期问题》刊于《东方杂志》第 40 卷第 14 号。

贾祖璋《拉马克及其学说》刊于《东方杂志》第 40 卷第 14 号。

戴景素《中国商业宣传史料》刊于《东方杂志》第 40 卷第 14 号。

彭泽益《张謇的思想及其事业》刊于《东方杂志》第 40 卷第 14 号。

孙云畴《主权与国际法》刊于《东方杂志》第 40 卷第 15 号。

陶樾《空运外交论》刊于《东方杂志》第 40 卷第 15 号。

王云五《战时美国工业》刊于《东方杂志》第 40 卷第 15 号。

朱文长《对于经营河西的一种看法》刊于《东方杂志》第 40 卷第 15 号。

严霈章《医学教育与卫生建设》刊于《东方杂志》第 40 卷第 15 号。

黄德馨《家庭教育的新观念——性教育》刊于《东方杂志》第 40 卷第 15 号。

施之勉《诗为夏声说》刊于《东方杂志》第 40 卷第 15 号。

朱偰《秦汉时代夜郎国考》刊于《东方杂志》第 40 卷第 15 号。

杨幼炯《新世界重建的理想与设计》刊于《东方杂志》第 40 卷第 16 号。

陈钟浩《论不列颠自治领的外交权》刊于《东方杂志》第 40 卷第 16 号。

孙本文《近时社会学上一种新理论——"S学说"》刊于《东方杂志》第 40 卷第 16 号。

周绶章《宪政运动中谈政治道德与政治》刊于《东方杂志》第 40 卷第 16 号。

包文甫《改进司法之刍议》刊于《东方杂志》第 40 卷第 16 号。

王学孟《留学政策之重建》刊于《东方杂志》第 40 卷第 16 号。

沙学浚《空权时代与中国经济地理的变迁》刊于《东方杂志》第 40 卷第 16 号。

何君超《侯官严先生眼中之第一次世界战争》刊于《东方杂志》第 40 卷第 16 号。

严敦杰《跋〈红楼梦新考〉内西洋时刻与中国时刻之比较》刊于《东方杂志》第 40 卷第 16 号。

施之勉《〈太史公行年考〉辨疑》刊于《东方杂志》第 40 卷第 16 号。

陈植《记明代造园学家计成氏》刊于《东方杂志》第 40 卷第 16 号。

朱偰《先君遏先先生对于史学之贡献》刊于《东方杂志》第 40 卷第 16 号。

朱锦江《论中国诗书画的交融》刊于《东方杂志》第 40 卷第 16 号。

董每戡《说"丑"》刊于《东方杂志》第 40 卷第 16 号。

吴恩裕《国家目的问题》刊于《东方杂志》第 40 卷第 17 号。

郑林庄《战争和平与合作问题》刊于《东方杂志》第 40 卷第 17 号。

张明养《怎样解决战后小国与少数民族问题》刊于《东方杂志》第 40 卷第 17 号。

史国英《日寇今后的军事动态》刊于《东方杂志》第 40 卷第 17 号。

李树青《论知识分子》刊于《东方杂志》第 40 卷第 17 号。

周通旦《周易革卦之革命义》刊于《东方杂志》第 40 卷第 17 号。

张君劢《张东荪"思想与社会"序》刊于《东方杂志》第 40 卷第 17 号。

郑宗楷《人事管理之重点》刊于《东方杂志》第 40 卷第 17 号。

姚枬《战后发展南洋航业刍议》刊于《东方杂志》第 40 卷第 17 号。

曾资生《宋辽金元的制举概略》刊于《东方杂志》第 40 卷第 17 号。

高觉敷《神经的特殊势力说》刊于《东方杂志》第 40 卷第 17 号。

岑仲勉《唐代戏乐之波斯语》刊于《东方杂志》第 40 卷第 17 号。

陈植《筑山考》刊于《东方杂志》第 40 卷第 17 号。

龚骏《纳粹德国陆军之成长与消沉》刊于《东方杂志》第 40 卷第 18 号。

曾纪桐《国际货币基金与国际建设开发银行》刊于《东方杂志》第 40 卷第 18 号。

潘楚基《古巴新政局》刊于《东方杂志》第 40 卷第 18 号。

姜蕴刚《中国人之所以为中国人》刊于《东方杂志》第 40 卷第 18 号。

檀仁梅《"五五"宪草中教育专章的商榷》刊于《东方杂志》第 40 卷第 18 号。

许同莘《丧服刍议》刊于《东方杂志》第 40 卷第 18 号。

谭耀宗《水利与建国》刊于《东方杂志》第 40 卷第 18 号。

曾昭抡《中外化学发展概述》刊于《东方杂志》第 40 卷第 18 号。

施之勉《中华民国解》刊于《东方杂志》第 40 卷第 18 号。

张礼千《南洋的地名》刊于《东方杂志》第 40 卷第 18 号。

张明养《战后太平洋新形势与中国外交》刊于《东方杂志》第 40 卷第 19 号。

萨师炯《省制问题之再检讨》刊于《东方杂志》第 40 卷第 19 号。

陈章《工业化与合作精神》刊于《东方杂志》第 40 卷第 19 号。

曹锡珍《论战时宣传》刊于《东方杂志》第 40 卷第 19 号。

吴恩裕《马开维里论人性、政治、道德及法律》刊于《东方杂志》第 40 卷第 19 号。

李树青《士大夫的生活与妓女》刊于《东方杂志》第 40 卷第 19 号。

刘任萍《文化、学术、文明三大要素之分界》刊于《东方杂志》第 40 卷第 19 号。

廖皓龄《微生物学研究之新页》刊于《东方杂志》第 40 卷第 19 号。

郭沫若《宋钘尹文遗著考》刊于《东方杂志》第 40 卷第 19 号。

郑师许《王玄策使印度及其勋业》刊于《东方杂志》第 40 卷第 19 号。

吕德润《菩提迦耶巡礼》刊于《东方杂志》第 40 卷第 19 号。

徐履诚《人治法治与宪政》刊于《东方杂志》第 40 卷第 20 号。

曾纪桐《国际建设开发银行与战后国际经济》刊于《东方杂志》第 40 卷第 20 号。

龚骏《东南欧各国之政党及其分野》刊于《东方杂志》第 40 卷第 20 号。

汪叔棣《不列颠眺望》刊于《东方杂志》第 40 卷第 20 号。

吴恩裕《人性私产与国家》刊于《东方杂志》第 40 卷第 20 号。

曾资生《宋金与元的乡里制度概况》刊于《东方杂志》第 40 卷第 20 号。

腾大春《道德教育的隐忧》刊于《东方杂志》第 40 卷第 20 号。

岑仲勉《唐代最南大商港 Al-Wakin》刊于《东方杂志》第 40 卷第 20 号。

顾家杰译《印度姓名制度》刊于《东方杂志》第 40 卷第 20 号。

邹鲁《教育与和平》刊于《东方杂志》第 40 卷第 21 号。

史国纲《国际组织建议案的检讨》刊于《东方杂志》第 40 卷第 21 号。

张明养《怎样解决战后殖民地问题》刊于《东方杂志》第 40 卷第 21 号。

金天锡《国际金融合作与中国》刊于《东方杂志》第 40 卷第 21 号。

徐协中《宣传的过去与将来》刊于《东方杂志》第 40 卷第 21 号。

潘光旦《写在"儿童福利会议"后》刊于《东方杂志》第 40 卷第 21 号。

郭宗麟《论弹性利率与物价》刊于《东方杂志》第 40 卷第 21 号。

许同莘《丧服之商榷》刊于《东方杂志》第 40 卷第 21 号。

鲁实先《四分一月说辨正商榷》刊于《东方杂志》第 40 卷第 21 号。

陈定闳《关于〈红楼梦〉中之钟及其他》刊于《东方杂志》第 40 卷第 21 号。

汤成锦《从巴勒士坦归来》刊于《东方杂志》第 40 卷第 21 号。

孙玄常《金石目治》刊于《东方杂志》第 40 卷第 21 号。

陈伯吹《论寓言与儿童文学》刊于《东方杂志》第 40 卷第 21 号。

陶樾《政治多元主义述评》刊于《东方杂志》第 40 卷第 22 号。

吴恩裕《英国民主思想的新趋势》刊于《东方杂志》第 40 卷第 22 号。

戴文葆《关于国民大会的二三问题》刊于《东方杂志》第 40 卷第 22 号。

秦百川《论县干训练与地方自治》刊于《东方杂志》第 40 卷第 22 号。

杨端六《市政与标准化》刊于《东方杂志》第 40 卷第 22 号。

李树青《纪念伊黎先生》刊于《东方杂志》第 40 卷第 22 号。

程懋珏译《杜威及其影响》刊于《东方杂志》第 40 卷第 22 号。

刘操南《说天地》刊于《东方杂志》第 40 卷第 22 号。

李长之《〈史记〉各篇著作先后之可能的推测》刊于《东方杂志》第 40 卷第 22 号。

徐复《歹字源出藏文说》刊于《东方杂志》第 40 卷第 22 号。

凌也微《西蜀女诗人薛涛》刊于《东方杂志》第 40 卷第 22 号。

杨幼炯《世界和平的始基》刊于《东方杂志》第 40 卷第 23 号。

曾纪桐《黄金政策之归趋》刊于《东方杂志》第 40 卷第 23 号。

秦百川《论当前县各级民意机关之地位与使命》刊于《东方杂志》第 40 卷第 23 号。

秦孝思《改进司法之我见》刊于《东方杂志》第 40 卷第 23 号。

周通旦《〈墨子·非乐〉辩》刊于《东方杂志》第 40 卷第 23 号。

唐钺《从李唐士人不讳势利说起》刊于《东方杂志》第 40 卷第 23 号。

万里孤译《梵蒂冈教廷组织、外交及文化机关之最近概况》刊于《东方杂志》第 40 卷第 23 号。

徐履诚《论我国之人口统计》刊于《东方杂志》第 40 卷第 23 号。

汪家祯译《世界人口的趋势》刊于《东方杂志》第 40 卷第 23 号。

谢东平《社会生活与社会教育》刊于《东方杂志》第 40 卷第 23 号。

叶维法《国民营养改善论》刊于《东方杂志》第 40 卷第 23 号。

蒋逸雪《心史辨伪》刊于《东方杂志》第 40 卷第 23 号。

郑鹤声《郑和出使之宝船》刊于《东方杂志》第 40 卷第 23 号。

朱海涛《北大与北大人——课程与图书》刊于《东方杂志》第 40 卷第 23 号。

郑林庄《百周年的英国消费合作运动》刊于《东方杂志》第 40 卷第 24 号。

陈钟浩《论英国的外交权》刊于《东方杂志》第 40 卷第 24 号。

曾纪桐《国际货币合作中之国际资金流动问题》刊于《东方杂志》第 40 卷第 24 号。

张白衣《战时节约论》刊于《东方杂志》第 40 卷第 24 号。

陈定闳《战后中国人口复元问题》刊于《东方杂志》第 40 卷第 24 号。

陈盛清《战后关于婚姻的法律问题》刊于《东方杂志》第 40 卷第 24 号。

秦孝思《说检察制度》刊于《东方杂志》第 40 卷第 24 号。

周绶章《由沙坪坝从军热谈学生运动》刊于《东方杂志》第 40 卷第 24 号。

姜蕴刚《农业发展中的西周社会》刊于《东方杂志》第 40 卷第 24 号。

鲁实先《宋乾兴历积年日法朔余考》刊于《东方杂志》第 40 卷第 24 号。

郑鹤声《郑和之家世及其境遇》刊于《东方杂志》第 40 卷第 24 号。

陈寄生《黄帝族地考》刊于《东方杂志》第 40 卷第 24 号。

南迁《入莫非不毛辨》刊于《东方杂志》第 40 卷第 24 号。

陈国桦《荷马史诗》刊于《东方杂志》第 40 卷第 24 号。

朱谦之《中国文化新时代》刊于《现代史学》第 5 卷第 3 期。

陈安仁《中国近代民族复兴之历史意义与本质》刊于《现代史学》第 5 卷第 3 期。

丘陶常《阳明的学说和明季的士风》刊于《现代史学》第 5 卷第 3 期。

季子《从知识史学观科学生成史》刊于《现代史学》第 5 卷第 3 期。

罗时宪《瑜伽唯识宗与外道》刊于《现代史学》第 5 卷第 3 期。

陆丹林《基督教传华的四期》刊于《现代史学》第 5 卷第 3 期。

李肇新译《论历史比较法(J. J. Gapanovich 原作)》刊于《现代史学》第 5 卷第 3 期。

李肇新译《原始人的心理(F. Boas 原作)》刊于《现代史学》第 5 卷第 3 期。

陈安仁《赴渝出席史学会观感记》刊于《现代史学》第 5 卷第 3 期。

肇新《国立中山大学文科研究所通讯》刊于《现代史学》第 5 卷第 3 期。

罗梦册《论学术风气之转移》刊于《文化先锋》第 3 卷第 14 期。

胡秋原《论学术上之忠恕》刊于《文风杂志》第 1 卷第 3 期。

罗伯昭《古文钱字考证》刊于《泉币杂志》第 22 期。

张絅伯《再论泉钱辨名》刊于《泉币杂志》第 22 期。

郑家相《刀布泉钱名币之由来及其变化》刊于《泉币杂志》第 22 期。

陈铁卿《开元读开通说正误》刊于《泉币杂志》第 22 期。

罗伯昭《拟定钱范为钱镕说》刊于《泉币杂志》第 22 期。

郑家相《五铢之研究(续前)》刊于《泉币杂志》第 22 期。

王荫嘉《湖北银元局丛稿》刊于《泉币杂志》第 22 期。

郑家相《上古货币推究(续前)》刊于《泉币杂志》第 22 期。

王君复《先提法息存公创铸银铜币及钞票始末记》刊于《泉币杂志》第 22 期。

王荫嘉《名古屋泉谈跋》刊于《泉币杂志》第 22 期。

郑家相《梁范馆谈屑（九）》刊于《泉币杂志》第 22 期。

王君复《鄂省创印银元票文件跋》刊于《泉币杂志》第 23 期。

罗伯昭《汉献帝钱》刊于《泉币杂志》第 23 期。

郑家相《燕布之新发现》刊于《泉币杂志》第 23 期。

方药雨《历代帝王统系歌》刊于《泉币杂志》第 23 期。

王荫嘉《沐园有重熙双璧》刊于《泉币杂志》第 23 期。

郑家相《梁范馆谈屑（十）》刊于《泉币杂志》第 23 期。

俞棪《辽东锐锋刀考释（上）》刊于《泉币杂志》第 24 期。

王君复《湖北紫铜样币始末记》刊于《泉币杂志》第 24 期。

罗伯昭《安禄山铸安永一十等钱说荫嘉跋》刊于《泉币杂志》第 24 期。

方药雨《历代帝王统系歌（续）》刊于《泉币杂志》第 24 期。

郑家相《梁范馆谈屑（十一）》刊于《泉币杂志》第 24 期。

王建训《梁当锾金释义》刊于《泉币杂志》第 25 期。

王君复《读泉币杂志江南省一元银币之说明后》刊于《泉币杂志》第 25 期。

俞棪《辽东锐锋刀考释（下）》刊于《泉币杂志》第 25 期。

王荫嘉辑《湖北银元局丛稿（续）》刊于《泉币杂志》第 25 期。

张絧伯《东汉五铢范》刊于《泉币杂志》第 25 期。

王荫嘉《昂天天赞之出现》刊于《泉币杂志》第 25 期。

方药雨《历代帝王统系歌（续）》刊于《泉币杂志》第 25 期。

郑家相《梁范馆谈屑（十二）》刊于《泉币杂志》第 25 期。

俞棪《贝币考》刊于《泉币杂志》第 26 期。

郑家相《古布釿字之研究（下）》刊于《泉币杂志》第 26 期。

罗沐园《说两》刊于《泉币杂志》第 26 期。

方药雨《历代帝王统系歌（完）》刊于《泉币杂志》第 26 期。

黄宾虹《说聿贝》刊于《泉币杂志》第 27 期。

俞棪《共字币考证》刊于《泉币杂志》第 27 期。

王荫嘉《大字钱补遗》刊于《泉币杂志》第 27 期。

王荫嘉《元之浸铜术》刊于《泉币杂志》第 27 期。

岑子潜《题金山程吴泉大泉五千之室图咏并序》刊于《泉币杂志》第 27 期。

陈铁卿《古泉新知録续编印成戏题三绝》刊于《泉币杂志》第 27 期。

皮名举《历史教学应有的改进》刊于《高等教育季刊》第 3 卷第 2 期。

谷霖光《从中学历史师资问题谈到大学的历史课程与训练》刊于《高等教育季刊》第 3 卷第 2 期。

周谷城《考察史学教育报告》刊于《高等教育季刊》第 3 卷第 2 期。

谷霖光《史学方法教学改进之试验》刊于《高等教育季刊》第 3 卷第 2 期。

谌亚达《今后大学地理教学上几件事》刊于《高等教育季刊》第 3 卷第 2 期。

万鼎勳《对于师范学院史地系"自然地理"教学的意见》刊于《高等教育季刊》第 3 卷第 2 期。

姜琦《大学之军事管理》刊于《高等教育季刊》第 3 卷第 2 期。

李子真《尊师论——向大学教师要求，为大学教师要求》刊于《高等教育季刊》第3卷第2期。

孟莹《论高等考试与大学教育》刊于《高等教育季刊》第3卷第2期。

李心庄《论政治教育》刊于《高等教育季刊》第3卷第2期。

王凤岗译《师范学院的目标》刊于《高等教育季刊》第3卷第2期。

毛锐《师范学院制度的实际问题》刊于《高等教育季刊》第3卷第2期。

张文昌《师范学院设系与分组的问题商榷》刊于《高等教育季刊》第3卷第2期。

孙云寿《法国药学教育之概观》刊于《高等教育季刊》第3卷第2期。

沈灌群《我国医药教育之史的发展》刊于《高等教育季刊》第3卷第2期。

朱师遏《两届学术奖励的比较观与综合观》刊于《高等教育季刊》第3卷第2期。

楚安《教育部举办民国三十一年度著作发明及美术奖励之经过》刊于《高等教育季刊》第3卷第2期。

王万钟《孙文学说疏证》刊于《高等教育季刊》第3卷第3期。

李相显《朱子哲学提要》刊于《高等教育季刊》第3卷第3期。

刘奇《理论古例》刊于《高等教育季刊》第3卷第3期。

杨树达《春秋大义述》刊于《高等教育季刊》第3卷第3期。

贺懋庆《周易卦序之研究》刊于《高等教育季刊》第3卷第3期。

金景芳《易通》刊于《高等教育季刊》第3卷第3期。

胡焕庸《缩小省区方案研究》刊于《高等教育季刊》第3卷第3期。

郭宝钧《中国古铜器学大纲》刊于《高等教育季刊》第3卷第3期。

胡厚宣《甲骨学商史论业》刊于《高等教育季刊》第3卷第3期。

全汉升《中古自然经济》刊于《高等教育季刊》第3卷第3期。

张印堂《滇缅铁路沿线经济地理》刊于《高等教育季刊》第3卷第3期。

吴文晖《中国土地问题及其对策》刊于《高等教育季刊》第3卷第3期。

张金鉴《人事行政学》刊于《高等教育季刊》第3卷第3期。

张宗鉴《关于合作现象之贡献》刊于《高等教育季刊》第3卷第3期。

罗香林《国父家世源流考》刊于《高等教育季刊》第3卷第3期。

张宗燧《对于合作现象之贡献》刊于《高等教育季刊》第3卷第3期。

涂长望《中国气象之研究》刊于《高等教育季刊》第3卷第3期。

吕炯《西藏高原与今古气候之研究》刊于《高等教育季刊》第3卷第3期。

孙云铸《中国古生代地层之划分》刊于《高等教育季刊》第3卷第3期。

卢于道《脑的进化》刊于《高等教育季刊》第3卷第3期。

黄翼《儿童的物理因果观念》刊于《高等教育季刊》第3卷第3期。

冯景兰《川康滇铜矿记要》刊于《高等教育季刊》第3卷第3期。

方文培《峨眉植物图志》刊于《高等教育季刊》第3卷第3期。

郭质良《中国酒具在近代化工之新应用》刊于《高等教育季刊》第3卷第3期。

雷圭元《工艺美术之理论与实践》刊于《高等教育季刊》第3卷第3期。

朱师逊《我国研究机关与工作概况》刊于《高等教育季刊》第3卷第3期。

曾昭抡《怎样改进我国的国防科学教育》刊于《高等教育季刊》第3卷第4期。

欧元怀《训育是教育的中心》刊于《高等教育季刊》第3卷第4期。

郝耀东《人性的科学分析》刊于《高等教育季刊》第3卷第4期。

李相显《训导人员应该注意的事项》刊于《高等教育季刊》第3卷第4期。

罗廷光《新生训练教材:求学做人的要道》刊于《高等教育季刊》第3卷第4期。

朱师逊《我国留学教育史略》刊于《高等教育季刊》第3卷第4期。

茆玉馨《抗战期间留学教育之改进及其实施概况》刊于《高等教育季刊》第3卷第4期。

沈灌群《部订师范学院科目表之再检讨》刊于《高等教育季刊》第3卷第4期。

张文昌《师范学院之教学实习的困难及其解决》刊于《高等教育季刊》第3卷第4期。

环惜吾《师范学院辅导中等教育之面面观》刊于《高等教育季刊》第3卷第4期。

张德环《语数位形测验之编造与试用》刊于《高等教育季刊》第3卷第4期。

朱师逊《由"中国之命运"的训示论到今后教育改进的途径》刊于《高等教育季刊》第3卷第4期。

钟健《恭读"中国之命运"后对于教育方面的研讨》刊于《高等教育季刊》第3卷第4期。

成乐《十年教育计划又一刍议》刊于《高等教育季刊》第3卷第4期。

沈灌群《〈中国之命运〉对于教育建设大计之启示》刊于《高等教育季刊》第3卷第4期。

水心《如何树立笃实践履的学风》刊于《高等教育季刊》第3卷第4期。

李子真《忠孝与国运》刊于《高等教育季刊》第3卷第4期。

杨卫玉《战后职业补习教育与职业介绍之趋向》刊于《教育与职业》第199期。

喻兆明《职业介绍的真谛及其基本的实施原则》刊于《教育与职业》第199期。

黄万里《职业学校土木工科教学问题》刊于《教育与职业》第199期。

陈鹤琴《国语教科书要怎样编的》刊于《活教育》第3卷第4—5期合刊。

雷震清《小学课程实施量表》刊于《活教育》第3卷第4—5期合刊。

刘于艮《我国小学课程的检讨》刊于《活教育》第3卷第4—5期合刊。

杨士枬《怎样编辑乡土教材》刊于《活教育》第3卷第4—5期合刊。

钟昭华《幼稚园三月份课程纲要》刊于《活教育》第3卷第4—5期合刊。

张文郁《国文集体教学实验总纲》刊于《活教育》第3卷第4—5期合刊。

刘绍勲《英语教学法研究》刊于《活教育》第3卷第4—5期合刊。

程法泌《重复与变化》刊于《活教育》第3卷第4—5期合刊。

钟道赞《视导工作之检讨》刊于《教育视导集刊》第1期。

黄问岐《全国教育视导简况》刊于《教育视导集刊》第1期。

陈东原《大学教育之视导》刊于《教育视导集刊》第1期。

唐惜分《办理大学教育之困难》刊于《教育视导集刊》第1期。

贾国恩《中等教育视导问题之商榷》刊于《教育视导集刊》第1期。

孙爱棠《国民教育之视导》刊于《教育视导集刊》第1期。

俞同龄《战区教育之视导》刊于《教育视导集刊》第1期。

姜琦《学校训育之视导》刊于《教育视导集刊》第1期。

钟道赞《战时职业教育之焦点》刊于《教育视导集刊》第1期。

张亶翔《我所见的湖南中等教育》刊于《教育视导集刊》第1期。

王鸿益笔记《广西省之国民中学》刊于《教育视导集刊》第1期。

吴学增《贵州中等教育》刊于《教育视导集刊》第 1 期。

葛成慧《西康省教育鸟瞰》刊于《教育视导集刊》第 1 期。

杨予秀《东北青年教育概述》刊于《教育视导集刊》第 1 期。

子瑞《战区青年之招致训练》刊于《教育视导集刊》第 1 期。

张振宇《教学辅导的理论及其实施》刊于《教育视导集刊》第 1 期。

孙尧云《教育视导人员八十问》刊于《教育视导集刊》第 1 期。

聂云台《关于佛学的几件浅近事实》刊于《罗汉菜》第 47 期。

周叔迦《方等五经之研究法（下）》刊于《佛学月刊》第 3 卷第 7—8 期合刊。

倓虚《佛说阿弥陀经玄义（下）》刊于《佛学月刊》第 3 卷第 7—8 期合刊。

大力辑《法句撰》刊于《佛学月刊》第 3 卷第 7—8 期合刊。

灵妙《诸佛法身常住释迦如来何以示现寿促》刊于《佛学月刊》第 3 卷第 7—8 期合刊。

季刚《读周叔迦居士"轮回与因果"质疑》刊于《佛学月刊》第 3 卷第 7—8 期合刊。

黄证依《中国佛法与西夏（上）》刊于《佛学月刊》第 3 卷第 7—8 期合刊。

［日］三好鹿雄《日本僧成寻及其遗迹开宝寺（二）》刊于《佛学月刊》第 3 卷第 7—8 期合刊。

中观《印度贵霜王朝之佛教美术（七）》刊于《佛学月刊》第 3 卷第 7—8 期合刊。

黄懋忱《华北居士林佛画展览会参观记（下）》刊于《佛学月刊》第 3 卷第 7—8 期合刊。

周叔迦《涅槃三经之研究法》刊于《佛学月刊》第 3 卷第 9—10 期合刊。

灵妙《沙门统墨曜年代考（上）》刊于《佛学月刊》第 3 卷第 9—10 期合刊。

黄证依《中国佛法与西夏（下）》刊于《佛学月刊》第 3 卷第 9—10 期合刊。

［日］三好鹿雄《日本僧成寻及其遗迹开宝寺（三）》刊于《佛学月刊》第 3 卷第 9—10 期合刊。

晋仁《日本来华留学高僧纪（七）》刊于《佛学月刊》第 3 卷第 9—10 期合刊。

周叔迦《净土经典研究法（上）》刊于《佛学月刊》第 3 卷第 11—12 期合刊。

杨真译《南传转法轮经》刊于《佛学月刊》第 3 卷第 11—12 期合刊。

［日］三好鹿雄《日本僧成寻及其遗迹开宝寺（四）》刊于《佛学月刊》第 3 卷第 11—12 期合刊。

灵妙《沙门统墨曜年代考（下）》刊于《佛学月刊》第 3 卷第 11—12 期合刊。

晋仁《日本来华留学高僧纪（八）》刊于《佛学月刊》第 3 卷第 11—12 期合刊。

陈兆年《诗禅辑话序》刊于《佛学月刊》第 3 卷第 11—12 期合刊。

杨木《与程际泰居士论世事与修行》刊于《佛学月刊》第 3 卷第 11—12 期合刊。

周叔迦《净土经典研究法》刊于《佛学月刊》第 4 卷第 1—2 期合刊。

应脱《十诵律概述（上）》刊于《佛学月刊》第 4 卷第 1—2 期合刊。

黄证依《形神因果问题（上）》刊于《佛学月刊》第 4 卷第 1—2 期合刊。

杨木《慈宗三要释疑论》刊于《佛学月刊》第 4 卷第 1—2 期合刊。

聂长振《经幢（中）》刊于《佛学月刊》第 4 卷第 1—2 期合刊。

刘柱遗稿《菩提达摩在中国的事迹和学派的传说（二）》刊于《佛学月刊》第 4 卷第 1—2 期合刊。

悉成《锡兰岛的佛教》刊于《佛学月刊》第 4 卷第 1—2 期合刊。

周湛然《燕京辽金古刹之贵址》刊于《佛学月刊》第 4 卷第 1—2 期合刊。

晋仁《日本来华留学高僧纪(九)》刊于《佛学月刊》第 4 卷第 1—2 期合刊。

零僧《隐恶扬善》刊于《佛教文艺》第 1 卷第 2 期。

寄如《姓的问题》刊于《佛教文艺》第 1 卷第 2 期。

爽亭《八识规矩颂研究》刊于《佛教文艺》第 1 卷第 2 期。

孙著声《四库提要序笺释》刊于《佛教文艺》第 1 卷第 2 期。

僧觉试译《大小乘之我见(续完)》刊于《佛教文艺》第 1 卷第 2 期。

逸名《我的来而复去》刊于《佛教文艺》第 1 卷第 2 期。

蔡培《迎奉东来大士纪念碑志》刊于《佛教文艺》第 1 卷第 3 期。

望云试译《艺术的上宗教观》刊于《佛教文艺》第 1 卷第 3 期。

爽亭《八识规矩颂研究》刊于《佛教文艺》第 1 卷第 3 期。

孙著声《四库提要序笺释》刊于《佛教文艺》第 1 卷第 3 期。

春日礼智《现代佛教漫话》刊于《佛教文艺》第 1 卷第 4 期。

慧月《佛学与学佛之我见》刊于《佛教文艺》第 1 卷第 5 期。

释迦昭玄译《关于"中国佛教社会经济史"之研究(一)》刊于《佛教文艺》第 1 卷第 5—8 期。

大云《关于纪念澄师祖的事》刊于《佛教文艺》第 1 卷第 6 期。

欧阳渐《内学院院训什——什教训第三(续)》刊于《佛教文艺》第 1 卷第 6 期。

王少湖《法华经普门品要释序》刊于《佛教文艺》第 1 卷第 6 期。

澄慧《佛教是崇拜偶像的吗?》刊于《佛教文艺》第 1 卷第 7—8 期合刊。

爽亭《八识规矩颂研究(续)》刊于《佛教文艺》第 1 卷第 7—8 期合刊。

北国行者《华北佛教的动态》刊于《佛教文艺》第 1 卷第 7—8 期合刊。

培能《我求学的新状况(续)》刊于《佛教文艺》第 1 卷第 7—8 期合刊。

铁云《僧教育将实行三级制》刊于《佛教文艺》第 1 卷第 9—10 期合刊。

爽亭《四种真实之研究》刊于《佛教文艺》第 1 卷第 9—10 期合刊。

释迦昭玄译《关于"中国佛教社会经济史"之研究(续)》刊于《佛教文艺》第 1 卷第 9—10 期合刊。

欧阳竟无《内学院院训释——释教训第三释义二(续)》刊于《佛教文艺》第 1 卷第 11—12 期合刊。

昭玄译《解脱思想的检讨》刊于《佛教文艺》第 1 卷第 11—12 期合刊。

慧圆《"儒家之性与命"书后》刊于《佛教文艺》第 1 卷第 11—12 期合刊。

瓦齐剌那那《佛教如何救世》刊于《中国佛教季刊》第 2 卷第 1—4 期合刊。

太虚法师《现代生活中之佛教》刊于《中国佛教季刊》第 2 卷第 1—4 期合刊。

圆瑛法师《菩提达摩小传》刊于《中国佛教季刊》第 2 卷第 1—4 期合刊。

沈信华《今后佛教因循之途径》刊于《中国佛教季刊》第 2 卷第 1—4 期合刊。

范古农《唯识学义略》刊于《中国佛教季刊》第 2 卷第 1—4 期合刊。

丁福保《健康长寿法》刊于《中国佛教季刊》第 2 卷第 1—4 期合刊。

震华法师《论中国佛教修史问题》刊于《中国佛教季刊》第 2 卷第 1—4 期合刊。

爱尔伯《新释迦传》刊于《中国佛教季刊》第 2 卷第 1—4 期合刊。

妙慧法师《论僧青年生活》刊于《中国佛教季刊》第 2 卷第 1—4 期合刊。

张一留《净土宏纲论》刊于《弘化月刊》第 32 期。

嘿然《净土求生具二意说》刊于《弘化月刊》第 32 期。

杨智芳《从教育的观点解释六度》刊于《弘化月刊》第 32 期。

戴传礼《对农民浅讲》刊于《弘化月刊》第 32 期。

施宗导《宋朱智馥居士生西事略》刊于《弘化月刊》第 32 期。

李秉成《佛法不可思议记》刊于《弘化月刊》第 32 期。

屈翰南《圆明大悲会来杭结缘记》刊于《弘化月刊》第 32 期。

广觉《净土诗三十首》刊于《弘化月刊》第 32 期。

张一留《西方认识论》刊于《弘化月刊》第 33 期。

了因《破迷启悟说》刊于《弘化月刊》第 33 期。

吴敬仁《地藏菩萨灵感记》刊于《弘化月刊》第 33 期。

薛同悦《我之纪念印光大师》刊于《弘化月刊》第 33 期。

四、学术著作

(唐)房玄龄注《管子》由重庆正中书局刊行。

(宋)蔡沈集传,刘一依校(仿宋)《书经读本》由上海广益书局刊行。

(宋)朱熹集注《四书集注》由重庆中华书局刊行。

(明)袁了凡著,佛学推行社注《袁了凡先生家庭四训简注》由北京京华印书局刊行。

(明)袁柳庄著《柳庄相法》由上海书局刊行。

(清)吴楚材、吴调侯编选,胡朴安鉴定《(增订)古文观止》(上下册)由上海春江书局刊行。

(清)程允升著,邹圣脉增补《(详细注解新式标点)幼学琼林》由上海亚光书局刊行。

孟载南编著《国学丛谈》由四川内江仁义永书局刊行。

陈启天著《新社会哲学论》由重庆商务印书馆刊行。

熊十力著《新唯识论》由重庆商务印书馆刊行。

按:此书于 1932 年出版,标志着蜚声中外的"新唯识论"哲学体系的诞生。但遭到佛学界人士尤其是内学院师友之群起攻击。其师欧阳闳后痛言:"灭弃圣言,唯子真为尤",措辞严厉。欧阳弟子刘衡如著《破新唯识论》对熊氏其书进行系统破斥。熊十力又著成《破〈破新唯识论〉》一书,对刘氏之斥逐一破解。蔡元培、马一浮等人对此书推崇备至,评价甚高。

柯璜著《人生基础哲学》由重庆商务印书馆刊行。

按:是书以语录体裁,阐述古今中外有关社会、人情、风俗、民生疾苦忧患、心身修养、国家治乱、宇宙变化的原理。全书分为格物、致知、诚意、正心、修身、齐家、治国等 8 篇。

李天然著《哲学方面的创造与研究》由四川成都正学社刊行。

苏渊雷著《天人四论》(原题《新哲学体系》)由重庆黄中出版社刊行。

王民著《唯物辩证法批判》由重庆国民图书出版社刊行。

崔载阳著《三民主义哲学》由广东曲江大道文化事业公司刊行。

胡一贯著《民生哲学精义》由重庆中央文化运动委员会刊行。

王铉著《三民主义哲学的几个根本问题》由重庆独立出版社刊行。

王万钟著《孙文学说疏证》由重庆正中书局刊行。

袁月楼编著《唯生进化论》由重庆正中书局刊行。

王志之著《知行论》由四川成都文化服务处刊行。

罗梦册等著《现时代之思想论战》由重庆文化建设印务局刊行。

侯外庐著《中国古代思想学说史》由重庆文风书局刊行。

按：作者以此书为标志，将史学研究重点从社会史转向了思想史。是书认为，中国古代社会经历了西周、春秋、战国三个阶段，中国古代思想的发展也相应地分成三个阶段，分别为学在官府的畴官贵族之学；邹鲁缙绅诗书传授之学；战国百家争鸣之学。此外，作者在该书中把解决思想史上的难题作为特别关心的重点，根据历史唯物主义的观点和方法对学术上的疑难问题作了解答，并将内容研究与方法探索有机结合，总结了一套思想史研究的科学规范（《民国学案》第二卷《侯外庐学案》）。

侯外庐著《中国近世思想学说史》（上下卷）由重庆三友书店刊行。

按：是书上自明清之际的王夫之、顾炎武，下迄清末民初的王国维，时间跨越约 300 年。作者认为，17 世纪的启蒙思想，正是中国封建社会末世资本主义生产方式开始萌芽的社会历史的反映；18 世纪的汉学运动，代表了乾嘉时期对外闭关、对内安定的学术暗流；19 世纪中叶至 20 世纪初叶，中国逐渐沦为半殖民地、半封建社会，思想界受到西方学术的直接影响，更加复杂多样。这些观点体现了作者对这一历史阶段的时代精神与社会经济运动之间内在联系的深刻认识（《民国学案》第二卷《侯外庐学案》）。

嵇文甫著《晚明思想史论》由重庆商务印书馆刊行。

蒋伯潜著《十三经概论》由上海世界书局刊行。

蒋伯潜编著《经学纂要》由重庆正中书局刊行。

李源澄著《经学通论》由四川成都路明书店刊行，有自序。

按：是书论述经学的范围、性质和治经的途径，概述清以前各代经学，并分论《周易》《尚书》《诗经》《三礼》《春秋三传》。

丁超五著《易理新诠》（原名《科学的易》，又名《周易的新发现》）由四川成都著者刊行。

苏渊雷著《易通》由重庆黄中出版社刊行。

陆世鸿著《老子现代语解》由云南昆明中华书局刊行。

李天然著《老学辨正解（即道德经解）》由四川成都正学社刊行。

严灵峰著《老子章句新编》由重庆文风书店刊行。

梁午峰注解《道德经贯解》由陕西西安西北教育用品社刊行。

余家菊著《论语通解》（一名《孔学漫谈》）由云南昆明中华书局刊行。

世界书局编译所编注《（分类详解）孟子读本》（上下册）由湖南世界书局刊行。

赵正平著《孟子新解》由上海大学出版部刊行。

温晋城选注《孟子会笺》由重庆正中书局刊行。

吴毓江著《墨子校注》由重庆独立出版社刊行。

按：是书保存了许多今天难见或已经失传的《墨子》版本中的内容，为整理研究《墨子》提供迄今为止最详尽的版本资料，于 1944 年获第四届教育部学术审议委员会"补助学术研究及奖励著作发明奖"古代经籍研究类二等奖。

黄光学编校《四书（言文对照）》（上下册）由江西国风书局刊行。

中法汉学研究所编《淮南子通检》由北平中法汉学研究所刊行。

倪正和解释《朱子治家格言新解》由上海大雄书局刊行。

何贻焜著《亭林学术述评》由重庆正中书局刊行。

侯外庐著《船山学案》由重庆三友书店刊行。

蒙文通著《儒学五论》由四川成都路明书店刊行。

按:是书收录作者战时发表有关儒家哲学思想、政治思想、诸子学、国史的文章。

燕义权著《儒家精神》由重庆新中国文化社刊行。

任毕明著《乱世哲学(中国古代纵横术)》由韶关正光书局刊行。

陈铨著《从叔本华到尼采》由重庆在创出版社刊行。

李源澄著《李源澄学术论著初编》由四川成都路明书店刊行。

周维新著《伦理建设论》由南平国民出版社刊行。

姜琦著《中国国民道德原论》由重庆商务印书馆刊行。

按:是书分为国民道德之意义、本质、现象、法则、纲领、教育、实践、目的等 10 章。作者认为"三民主义是国民道德的最高原则"。

白云上人编《座右铭》由重庆人文书店刊行。

陈立夫著《生之原理》由重庆正中书局刊行。

陈雯登编《新生活实践》由重庆中华书局刊行。

陈筑山著《人生艺术》由重庆商务印书馆刊行。

按:是书提出从伦理的和心理的角度培养高尚人格的方法。全书分五篇:人生艺术的渊源,人生艺术的原则,人生艺术的方法总论,人生艺术的方法各论,结论,共 21 章。

程仲文著《认真与人生》由贵州贵阳中央日报社刊行。

郭毅编《世界名言小辞典》由四川成都经纬书局刊行。

甲申出版社编《给中学生的二十封信》由四川成都编者刊行。

梁栋编著《做人做事的道理》由江西泰和知行出版社刊行。

林中梅著《生活手册》由四川成都复兴书局刊行。

刘光著《我们这一代的道路》由重庆新华日报图书科刊行。

唐君毅著《人生之体验》由上海中华书局刊行。

唐世文编《处世手册》由四川成都复兴书局刊行。

陶英士编《立达要旨》由重庆中周出版社刊行。

王寒生著《行学》由江西文化服务部出版。

赵宗预著《行为与思想》由上海世界书局刊行。

中山文化教育馆编辑《民生史观研究集》由重庆中华书局刊行。

钟显尧著《生活的体验》由重庆中华书局刊行。

周季庄辑《人生手本》由四川成都大东书局刊行。

朱建德编《格言集》由上海刘孝菴刊行。

张芟兰编著《写给青春的少女》由重庆正中书局刊行。

陆伦章著《心理建设论》由南平国民出版社刊行。

按:是书分 8 章:绪论,心理与心理建设,心理建设与国民革命,心理建设与国家革命,心理建设与革命哲学之建立,心理建设之基础与内容,心理建设之方案,心理建设与中国之命运。

萧孝嵘著《人事心理问题》由重庆商务印书馆刊行。

按:是书分析不同年龄、不同职业的人们的心理差异,进而论述教育的多样性、特殊性。全书分一般人事心理问题、军警心理问题、实业心理问题、教育心理问题等4部分。

萧孝嵘等著《人事心理论文集》由重庆人事心理研究社刊行。

吴兆棠讲《人事心理纲要》由中央训练团党政军人事管理人员训练班刊行。

萧骏编著《心理学教程》由中央军校政治部刊行。

陈节坚著《变态心理学》由重庆商务印书馆刊行。

按:是书上篇介绍变态心理学研究的意义和方法,下篇论述精神病的范围与分类,并对各种精神病作了具体的心理分析。

阮镜清著《性格类型学概观》由重庆中华书局刊行。

汪敬熙著《行为之生理的分析》由重庆独立出版社刊行。

李玉阶著《新宗教哲学思想体系》由陕西西安中国文化服务社陕西分社刊行。

按:是书分有物质之自然观、宇宙之本体、宇宙之起源、精神之人生观、生命之究竟、奋斗之道等9章。

傅勤家著《道教史概论》由重庆商务印书馆刊行。

汤用彤著《汉魏两晋南北朝佛教史》由重庆商务印书馆刊行。

按:《汉魏两晋南北朝佛教史》于1938年由商务印书馆在长沙初版,此次重版。周霞《中国近代佛教史学探研(1900—1949)》(华东师范大学博士学位论文,2005年)说:汤用彤的《汉魏两晋南北朝佛教史》和《隋唐佛教史稿》,厘清了汉唐佛教思想发展的特点及其基本线索,深入分析了各时期的学派和学说及其代表人物,多方面介绍了传译求法和佛教著述的文献概况,探讨了帝王、士大夫与佛教的关系,从而建立了一套较为完整的汉唐佛教史体系;同时,他通过对中印文化融合的过程、途径与方法的考察,阐发了"外来文化必须适合本土文化""中外文化的冲突与融合存在三个阶段"等中外文化融合的基本规律;在方法论上,他将考证与义理相结合,通过多维比较的方法,特别是"同情之默应"与"心性之体会"方法的运用,将中国近代佛教史学推进到顶峰。

王博谦辑述,印光鉴订《学佛浅说》由上海弘化社刊行。

蒋维乔编《佛学纲要》由哈尔滨佛经流通处刊行。

白寿彝著《中国回教小史》由重庆商务印书馆刊行。

方豪著《中国天主教史论丛》由重庆商务印书馆刊行。

白水青松著《哲学讲义大全》(命理索隐)由上海星相研究会刊行。

鲍月旺编著《向主仆福若瑟神父九日敬礼》由山东兖州天主堂刊行。

陈崇桂著《神的应许》由布道杂志社刊行。

陈海量著《可许则许》由上海大法轮书局刊行。

陈念兹著《念兹笔谈》由上海大法轮书局刊行。

陈雅初编《念佛的基础》由江苏苏州佛学图书馆刊行。

单英民著《预言与时兆》由上海时兆报馆刊行。

狄守仁著《九十三题》由天津崇德堂刊行。

法喜编《大雄传》由上海大雄书店刊行。

汉藏教理院编《世界佛学苑汉藏教理院特刊》由四川私立北泉图书馆印行部刊行。

弘一讲,弘一大师纪念会编《晚晴老人讲演录》由上海大雄书店刊行。

黄觉著《因果轮回征信录》由上海大雄书店刊行。

慧因编《楞严经易读简注》由北平庚申佛经流通处刊行。

李基鸿讲解,许止烦校订《金刚般若波罗蜜经白话绎义》由四川成都佛化印书局刊行。

罗运炎编《静修一助》刊行。

门慧著《应用唯识学决定生净土论·藏密答问汇编·佛法护国护身释疑论·净土宗修行上品上生秘密简要法》由四川佛学社刊行。

木铎声编辑处编《木道人二百岁纪念特刊》由上海大道书局刊行。

陕甘宁边区政府办公厅编《展开反对巫神的斗争》由冀南新华书店刊行。

按：是书内收《解放日报》1944 年 4 月 29 日社论《展开反巫神的斗争》，以及《各地反对巫神斗争的情况》《巫神的罪恶》等文章。

苏州佛学图书馆编《慈风》（第 4 集）由江苏苏州编者刊行。

王昌祉编著《祈祷宗会纪律讲话》由上海土山湾印书馆刊行。

王昌祉编著《祈祷宗会领班讲话》由上海土山湾印书馆刊行。

王季同著《佛法省要》由上海大法轮书局刊行。

肖杰一编《往训万民》（1—4 册）由安徽安庆天主堂刊行。

徐志一、广觉合编，德森鉴定《印光法师嘉言录续编》由上海印公纪念会流通部刊行。

许崇灏著《伊斯兰教志略》由重庆商务印书馆刊行。

玄真子著《实验玄真相法》由玄真子命相馆刊行。

杨仁山著《佛教初学课本》由哈尔滨佛经流通处刊行。

伊纳爵著《灵修法》由天津刊行。

殷师竹编《内功炼丹秘诀》（下册）由上海武侠社刊行。

又信等著《一千二百年之古罗汉寺》刊行。

园晋编《处世明灯》由上海乐中印书会刊行。

张清林著《回教丧礼述要》由重庆回教文化出版同志会刊行。

张一留著《净土宏纲论·西方认识论合编》由上海印公纪念会流通部刊行。

孙本文著《社会学原理》由重庆商务印书馆刊行。

姜蕴刚著《社会学原理》由四川成都华西大学中国社会史研究室刊行。

张少微著《人与社会》由重庆文风书局刊行。

秦汉著《社会建设论》由福建南平国民出版社刊行。

陶孟和讲《中国社会之研究》由重庆中央训练团党政高级训练班刊行。

陶希圣著《中国社会史》（古代篇）由重庆文风书局刊行。

按：是书包括上古期、古代期两篇共 7 章，论述氏族社会、原始封建组织的发生发达，氏族及原始封建制的崩溃与奴隶经济的发达，统一国家之成立，社会改革之必要及其失败等。

张家驹著《宋代社会中心南迁史》（上篇）由广东广州协荣印书馆刊行。

陈达编著《战时国内移民运动及社会变迁》由美国芝加哥大学出版英文版。

梁漱溟著《社会演进上中西殊途》由重庆中周出版社刊行。

言心哲著《现代社会事业》由重庆商务印书馆刊行。

按：是书包括现代社会事业纲要、各国社会事业概况、社会事业人才的训练、社会个案工作、社会团体工作、社区服务工作等 6 编。

曾松友编《战时社会行政研究》由重庆正中书局刊行。

童润之编《乡村社会学纲要》由重庆正中书局刊行。

汪龙编著《社会调查纲要》由重庆编著者刊行。

李景汉编《社会调查》由重庆中国国民党中央执行委员会训练委员会刊行。

陈达讲《社会调查（社会调查之主要方法）》由重庆中央训练团党政党纪训练班刊行。

史可京编《调查方法》由重庆正中书局刊行。

张世文著《农村社会调查方法》由重庆商务印书馆刊行。

林良桐编《社会保险》由重庆正中书局刊行。

中央设计局台湾调查委员会《日本统治下的台湾社会事业》由中央训练团刊行。

李安宅著《边疆社会工作》由重庆中华书局刊行，有自序。

王克编《中国社会服务事业》由重庆商务印书馆刊行。

赵幻云著《学术演讲集》由北平协进图书服务社刊行。

褚一飞编《统计学续编》由上海立信会计图书用品社刊行。

中华经济统计研究所丛书委员会著《统计学概论》由重庆中华经济统计研究所刊行。

中华经济统计研究所丛书委员会编《统计学概论续编》由重庆编者刊行。

行政院编《行政参考统计资料》由重庆行政院刊行。

中国国民党中央执行委员会训练委员会编《重要统计参考资料》由重庆编者刊行。

安徽省府统计处编《安徽省统计简编》由编者刊行。

全国经济委员会统计局编《统计一斑》由编者刊行。

陈国钧著《蒙古风土人物》由贵州贵阳文通书局刊行。

柳诒徵讲《礼俗史论略》由重庆中央训练团党政高级训练班刊行。

宗杰、霍明志著《达古斋真富指南》由北平中原印刷社刊行。

蒋旨昂著《战时的乡村社区政治》由重庆商务印书馆刊行。

王政著《家庭新论》由重庆中国文化服务社刊行。

邵潇容著《夫妻之间》由重庆中国文化服务社刊行。

潘光旦著《优生与抗战》由重庆商务印书馆刊行。

高达观著《中国家族社会之演变》由重庆正中书局刊行。

王镜潭编《学道须知》刊行。

陈振荣编《户籍行政须知》由重庆商务印书馆刊行。

潘嘉林著《户口异动登记》由重庆商务印书馆刊行。

国民政府统计局编《中国人口问题之统计分析》由重庆正中书局刊行。

穆超编著《西洋礼俗》由重庆文信书局刊行。

萨孟武编著《政治学原理》由重庆文化建设印务局刊行。

钱纳水著《战后中国建设问题》由重庆国民图书出版社刊行。

黄炎培著《中华复兴十讲》由重庆国讯书店刊行。

谢贻征著《从战胜到战后》由著者刊行。

新中华杂志社编《中国战后建都问题》由重庆中华书局刊行。

按：是书将各种论点按照功能与区域性质分而论之，前者即经济建都论与国防建都论；后者则为南京、武汉、北平、西安等四处建都论。除了正文选取的8篇有代表性的文章外，另外列出有关中国战后建都问题论文提要以及论文索引，补白还附有中国历代首都、中国首都之海拔与海距、中国各假想首都比较表等各种补充资料。《大公报》在1943至1945年多次刊登关于建都问题的文章，形成一股热烈讨论之风气。1941年至1947年，《思想与时代》杂志曾发表多篇讨论建都问题的论文，其中有钱穆的《战后新首都》，张其昀的《定都南京之十大理由》《南京乎？北平乎？》《金陵与钱塘》《再论建都》，贺昌群的《再论历代建都与外患及国防之关系》等。

谷风著《论建都》由福建南平江南出版社刊行。

康国栋编《战后建都论丛》由重庆人文书店刊行。

孙公达编《战后之建都》由福建永安中华出版社刊行。

按：是书作者有周宪文、翁文灏、金兆梓等。

梅盦编《战后中国建都问题》由南平总动员出版社刊行。

张君俊著《战后首都之研究》由重庆国都研究会刊行。

张君俊等著《国都问题讨论集》由陕西西安天识书店刊行。

独立出版社资料室编《建都问题论集》由重庆独立出版社刊行。

郦时言著《浙西战后的建设》由浙江民族出版社刊行。

徐旭著《西北建设论》由重庆中华书局刊行。

李次民编著《战后世界建设问题》由重庆商务印书馆刊行。

按：是书共5章。总论战后持久和平问题，提出惩处战犯及政治、经济及社会改造问题。附远东战后和平草议等。

孙科著《中国与战后世界》由重庆商务印书馆刊行。

林炳康编《世界与中国》由福建中央日报社刊行。

史国纲著《我国与世界和平》由重庆商务印书馆刊行。

广西省地方行政干部训练团区县训练指导处主编《总理遗教》由编者刊行。

刘云龙编《国父遗教表解》由四川成都铁风出版社刊行。

毛泽东著，晋察冀日报社编辑《毛泽东选集》（1—5卷）由晋察冀新华书店刊行。

毛泽东著《中国革命与中国共产党》由延安解放社刊行。

按：是书继解放社刊行后，由张家口新华书店晋察冀分店、时事研究会、山东新华书店、冀鲁豫书店、晋察冀新华书店、华北新华书店、佳木斯东北书店、华中新华书店、香港新民主出版社、东北新华书店等出版社刊行。

刘少奇著《论共产党员的修养》由华中新华书店刊行。

蒋介石著，中国国民党中央执行委员会训练委员会编《总裁言论选集》（1—2册）由编者刊行。

朱家骅著《战地党务》由重庆中央组织部刊行。

荆磐石编著《政治经济宗教论文集》由重庆天地出版社刊行。

杨玉清著《中国政治之路》由重庆北斗书店刊行。

叶青著《中国政治问题》由重庆时代思潮社刊行。

赵建新著《政治建设论》由南平国民出版社刊行。

陈伯达等著《评〈中国之命运〉》由华北新华书店刊行。

罗毅编《〈中国之命运〉论丛》由福建南平总动员出版社刊行。

吕振羽等著《〈中国之命运〉解剖》由新华书店刊行。

陈之迈著《中国政府》由重庆商务印书馆刊行。

张白衣著《国家总力战论》由重庆商务印书馆刊行。

蒋君章等著《中国的政治思想》由重庆中周出版社刊行。

崔书琴编著《全民政治与议会政治》由重庆正中书局刊行。

吴恩裕著《民主政治的基础》由上海商务印书馆刊行，有自序。

马哲民著《论民主问题》由四川成都大学印书局刊行，有自序。

张云伏著《大纲》由上海华侨图书印刷公司刊行。

邓发等著《谁爱护青年？谁戕害青年？》由辽东建国书店刊行。

解放日报社辑《正面战场的危机》由浙东书局刊行。

解放日报等著《当前时局论文选》由新华书店刊行。

晋察冀日报编《七月以来的时局》由晋察冀日报社刊行。

宋特立编辑《制度与人才》由重庆北斗书店刊行。

许寿裳讲《历代考试制度述要》由中央训练团党政军人事管理人员训练班刊行。

陶希圣编《辩士与游侠》由重庆商务印书馆刊行。

陈世材著《两汉监察制度研究》由重庆商务印书馆刊行。

翟兑之、苏晋仁著《两汉县政考》由上海中联合出版公司刊行。

陈寅恪著《隋唐制度渊源略论稿》由重庆商务印书馆刊行。

方壮猷著《辽金元科举年表》刊行。

张金鉴讲《中外官制》由中央训练团党政高级训练班刊行。

郑彦棻著《省政五论》由重庆青年书店刊行。

陈念中编著《县各级民意机关》由重庆正中书局刊行。

侯畅著《县行政概论》由江苏南京民本出版公司刊行。

刘佐人著《行政权责划分论》由广东韶关民族文化出版社刊行。

胡次威、汪镕三编著《建立乡镇》由四川省训练团刊行。

高亨庸著《保甲长之任务》由重庆正中书局刊行，有著者序。

沈鹏、陈一编著《民众组训》由四川成都更生书局刊行。

王一帆编《区县训练的要义与实施》由江西省地方行政干部训练团区县训练指导处刊行。

杨道任编著《乡镇自治》由浙江省民政厅刊行。

江士杰著《里甲制度考略》由重庆商务印书馆刊行。

黄同仇著《乡政制度与乡政问题》由安徽立煌两间书屋刊行。

柯琴辑《总裁对地方自治训示辑要》由重庆商务印书馆刊行。

余贻泽编著《中国土司制度》由重庆正中书局刊行。

张维翰讲《新县制实施问题》由中央训练团党政军人事管理人员训练班刊行。

周异斌等著《中国地方行政制度讨论集》由重庆中央政治学校毕业生指导部刊行。

黄炎培著《机关管理一得》由重庆商务印书馆刊行。

陈果夫讲，江康黎笔记，中央训练团党政高级训练班编《机关组织》由编者刊行。

中华职业教育社编《事务管理概要》由重庆商务印书馆刊行。

杨绰庵讲，中央训练团党政高级训练班编《业务管理》由编者刊行。

卢作孚讲，中央训练团党政高级训练班编《业务管理总论》由编者刊行。

姜琦编《生活管理》由重庆正中书局刊行。

范晓六编，冷雪樵校正《中国童子军史》由上海二二五童子军刊行。

刘澄清著《童子军教育史》由重庆商务印书馆刊行。

中国童子军总会编著《十年来的中国童子军总会》由重庆编者刊行。

周伯平编著《中级童子军训练》由杭州少年教育用品供应社刊行。

傅学文著《现代妇女》由重庆商务印书馆刊行。

新运妇女指导委员会文化事业组编《宪政实施与妇女》由新运总会妇女指导委员会刊行。

新运妇女指导委员会文化事业组撰述《战时纺织女工》由新运总会妇女指导委员会刊行。

吴耀麟著《中国青年组训练问题》由重庆商务印书馆刊行。

吴耀麟著《青年训练理论与实际》由重庆商务印书馆刊行。

《处理目前时局之要旨》由中央执行委员会秘书处刊行。

包文同著《青年夏令营别记》由重庆青年出版社刊行。

蔡恂著《北京警察沿革纪要》刊行。

胡存忠讲述《中国警察史》由中央警官学校警政高等研究班刊行。

张毅忱著《警察权的研究》由著者刊行。

余明长编《公众卫生警察学》由重庆中央警官学校刊行。

范文治编《厉行新生活》由浙江省民政厅刊行。

湖北省地方行政干部训练团编《训练第五年》由编者刊行。

李文斋著《报告南京脱险经过》刊行。

刘建绪讲演《军队党务工作的新途径》由中国国民党福建省军队特别党部刊行。

刘建绪著《福建省政府施政报告》由福建省政府刊行。

三民主义青年团浙江支团部编《入团训练资料合辑》由编者刊行。

三民主义青年团中央干事会编《女青年工作之理论与实施》由编者刊行。

山东省渤海区选举委员会编《山东渤海区县参议会选举办法》由编者刊行。

陕甘宁边区政府办公厅编《陕甘宁边区政策条例汇集》刊行。

谢克著《延安十年》由上海青年出版社刊行。

新华书店编《中国敌后解放区概况》由陕西延安新华书店刊行。

新生活运动促进总会编《新运十年》由重庆编者刊行。

云南省民政厅编《一年来之云南民政》由云南昆明编者刊行。

中国国民党中央执行委员会党史史料编纂委员会编《中国国民党现行党务法规辑要续编》由编者刊行。

中国国民党中央执行委员会组织部编《中国国民党军队党务法令汇编》由编者刊行。

鲍震球著《公职候选人考试之理论与实施》由重庆国民图书出版社刊行。

考试院秘书处编《第三届国民参政会第三次大会考试院工作报告书》由编者刊行。

考试院秘书处编《第五届中央执行委员会第十二次全体会议考试院工作报告书》由重庆编者刊行。

喻兆明著,李树衢校《荣誉军人继续指导》由军事委员会后方勤务部政治部刊行。

张知辛著《怎样发动民众慰劳荣军》由军事委员会后方勤务部政治部刊行。

中国国民党中央执行委员会训练委员会编《训练概况》由编者刊行。

中央训练团复兴关训练集编纂委员会《复兴关训练集》由重庆编者刊行。

中央训练团教育委员会编《中央训练团教育委员会各组工作要领》由编者刊行。

乔启明编著《农会会务与业务》由重庆正中书局刊行。

余长河编著《各国工会制度》由重庆正中书局刊行，有马超俊序。

《时事小评选粹》由山西左权华北书店刊行。

续范亭等著《寄阎锡山书》由山东新华书店刊行。

谌小岑著《帝国主义的理论》由重庆中华书局刊行。

陈原著《世界形势新讲》由广东曲江正光书局刊行。

金体乾编著《建立世界和平的设计》由重庆正中书局刊行。

彭文凯编《世界和平建设问题》由重庆国民图书出版社刊行。

张道行著《战后世界和平问题》由重庆国民图书出版社刊行。

沈颜闵著《世界大同论》由重庆中国国学研究所驻渝通信处刊行。

刘楚平编著《动乱中的小国》由广西桂林华光书店刊行。

邵力子等著《中美英苏宪政运动的教训》由重庆中周出版社刊行。

钱端升讲，中央训练团党政高级训练班编《现代各国政治制度》由编者刊行。

史国纲著《联合国家》由重庆文风书局刊行。

徐荄编著《珍珠港事件后之国际政治》由编著者刊行，有自序。

程海峰编著《国际劳工组织》由重庆正中书局刊行。

抗战日报社编辑《盟邦的舆论》由抗战日报社刊行。

李其诚编《英美之声》由云南昆明幸福出版公司刊行。

王汉民编《英美之声》由重庆独立出版社刊行。

张怀谷编《美国舆论》由四川成都出版社刊行。

周子亚编著《外交监督与外交机关》由重庆正中书局刊行。

曾纪肋著《欧洲的斗鸡场巴尔干》由广西桂林春秋书馆刊行。

抗战日报社编《欧洲的二十年》由抗战日报社刊行，有编者前言。

刘圣斌著《印度与世界大战》由重庆时与潮社刊行。

石啸冲著《欧洲反法西斯的民主运动》由重庆文垂出版社刊行。

按：是书评述意大利法西斯政权崩溃后欧洲的新形势，法西斯主义的产生及其建立政权的经过，反法西斯运动的新阶段及未来的展望等，附欧洲反法西斯运动大事年表。

徐昭著《印度与英国》由重庆独立出版社刊行。

韦伯著《苏联的政治思想》由重庆中周出版社刊行。

按：是书共11节。包括利润制度的废除、为公共消费的计划而生产、社会平等、新代议制度、科学崇拜、无神主义、共产党的意识、资本主义的崩溃、苏联共产主义的前途等。

杨绩荪编述《罗斯福炉边闲话暨宣言演词》由华中出版社刊行。

龚骏等著《各国移民研究》由重庆外交问题研究会刊行。

刘征明著《南洋华侨问题》由重庆金门出版社刊行。

胡卓英著《日本妇女》由江西赣县中华正气出版社刊行，有刘恩慕序。

宗霖编著《法学通论》由重庆中华政治经济学会刊行。

闻亦有著《法学通论》由上海正中书局刊行。

按：是书分12章，包括法律的概念、法律的成立与消灭、组成法律的资料、法律的效力、法律的解释、法律的制裁、权利义务的意义及种类、权利的分析及行使、法律的分类、法律内容的分类、我国法律的现状、诉讼概要等。

楼桐苏编著《法学通论》由重庆正中书局刊行。

按：是书分10章讲述什么叫做法学通论，什么是法学，法学在科学上的地位和他的分类，法系及法与其他社会规范的关系，以及法律的概念、渊源、类别、系统、效力、解释等。

高维浚编著《法学通论》由江苏南京国立编译馆刊行。

李祖荫著《法律学方法论》由湖南国立湖南大学法律学会刊行。

张榆芳著《读律杂笔三续》由湖北汉口大楚报社刊行。

林彬著《法律概论》由中央训练团党政高级训练班刊行。

林纪东编著《法律概论》由重庆大东书局刊行。

刘静文著《法治新论》由重庆新评论社刊行。

梅祖芳著《法律论》由重庆公诚法律会计事务所刊行。

苏中行政公署编《法令汇编》由编者刊行。

容肇祖著《三晋法家的思想》由重庆史学书局刊行。

张友渔著《法与宪法》由重庆生活出版社刊行。

张友渔著《五五宪草研究》由重庆生活出版社刊行。

张友渔著《民主与宪政》由重庆生活出版社刊行。

张友渔著《中国宪法论》由重庆生活出版社刊行。

按：是书共6章，第一章绪论：孙中山先生的宪政论，第二章宪政、宪法、宪政运动总论，第三章中国宪政运动史论，第四章国民大会论，第五章地方制度论，第六章保障人民自由权利论，附录：关于宪法的施行、保障、解释与修正。

程天放编《宪法与教育》由重庆正中书局刊行。

按：是书分宪法与教育宗旨、宪法与教育机会平等、宪法与国家教育权、宪法与基本教育及补习教育、宪法与教育经费、宪法与教育奖励等10章。

伍启元编《宪政与经济》由重庆正中书局刊行。

杜呈祥编《到宪政之路》由重庆青年出版社刊行。

陈启天著《民主宪政论》由重庆商务印书馆刊行。

韩幽桐编著《法与宪法》由重庆峨嵋出版社刊行。

青年书店编《根本法》由重庆青年书店刊行。

陈世材著《"五五宪草"在立法技术上的研究》由重庆著者刊行。

张九如编《从五权宪法到五五宪草的大论战》由重庆时代精神社刊行。

宪政实施协进会编《五五宪草及有关法规汇编》由重庆中国文化服务社刊行。

民主宪政促进会编《宪草研究参考资料选辑》由重庆编者刊行。

章渊若编著《人民之权利义务》由重庆正中书局刊行。

陕西省财政厅第四科编《现行交代法令汇编》由陕西西安编者刊行、

黄伦著《户籍法与户籍行政》由重庆中国文化服务社刊行。

外交部编《外交部法规汇编》由重庆外交部刊行。

中央出版事业管理委员会编《出版法规汇编》由重庆正中书局刊行。

山东省政府秘书处编《山东省单行法规汇编》由编者刊行。

李光夏著《民法物权论》由重庆新评论社刊行。

龙显铭著《现行法上租赁之研究》由重庆商务印书馆刊行。

徐福基编著《租赁法综论》由重庆大同出版社刊行。

吴传颐编著《比较破产法》由重庆商务印书馆刊行。

周子亚著《国际法新论》由重庆新评论出版社刊行。

梅仲协编著《国际私法新论》由上海大东书局刊行。

刘仁德编著《中华民国训政时期约法论释》由重庆正中书局刊行。

卢蕙君编《世界各国宪法汇编》由江西知行出版社刊行。

刘东严编《世界各国宪法汇编》由四川成都环球书局刊行。

曹绍濂著《欧美民主宪法》由贵州贵阳文通书局刊行。

新华日报编《苏联宪法》由重庆新华日报刊行。

赵家焯著《政略学初编》由永安大江出版社福建分社刊行。

林问樵著《论战争与交通》由青年书店刊行，有霍原璧序。

按：是书分战争意义与交通意义、战争与交通的关系及配合、交通战的研究、计算战斗力的研究等。

卢凤阁编《中外古代战史》（卷一至三）由陆军大学校刊行。

黄震遐编著《西洋战争思想评述》由重庆正中书局刊行。

按：是书分战争的心理观、战争的价值、战略思想的演进、战略问题的关键等4章。

孙子贤著《抗战战史》由陆军大学刊行。

重庆拔提书店编《黄埔建军史话》由编者刊行。

史久光著《中国国防史》由陆军大学校刊行。

张其钧著《中国军事史略》由重庆正中书局刊行。

按：是书分4章：兵役与兵制、军政与军令、兵源与将才、兵器与军资。以朝代为经、以事为纬，对中国历代军事演变追溯原始，述其沿革，论其得失。

田世英编《英汉军用语词典》由重庆商务印书馆刊行。

宁墨公著《我们的小战士》由重庆文风书局刊行。

潘华国著《国防思想》由中央训练团党政高级训练班刊行。

蒋震华著《太平洋战略新形势》由广东曲江正光书局刊行。

王镇著《太平洋战斗概要》由陆军大学校刊行。

汤垚著《战地余言》由碧湖文化运动委员会刊行。

中华日报社编纂室编《玻根维尔吉尔贝特海空战》由上海中华日报社刊行。

新中国编译社编《决战阶段》由上海新中国报社刊行。

张叔方著《二次大战中战术与武器之新姿态》由中国工程师学会辰溪分会刊行。

孙志俊编著《中国军械计政之理论与实务》由军政部兵工署刊行。

杨杰著《军事与国防》由重庆商务印书馆刊行。

赵振宇著《中国军备与国防》由中国印刷公司刊行。

徐培根等著，新潮出版社编《国防建设》由江西泰和新潮出版社刊行。

应用科学编译社编《国防科学专辑》刊行。

孙秉杰著《领袖的军事教育论》由陕西南郑青年出版社刊行。

蒋介石著《军事训练基本动作的意义与效用》由三民主义青年团中央团部刊行。

蒋介石著《校长训词》由中央陆军军官学校刊行。

刘咏尧讲《陆海空军人事行政讲话》由中央训练团刊行。

喻兆明著《荣誉军人之职业再造》由军事委员会后方勤务部政治部刊行。

喻兆明著《荣誉军人职业教育》由重庆军事委员会后方勤务部政治部刊行。

郑涛著《修正兵役法中的免缓役问题》由重庆中华书局刊行。

张宗逊著《三五八旅冬训总结》由八路军留守兵团司令部刊行。

程子华著《冀中平原上的民兵斗争》由战线社刊行。

联防军政治部宣传部编《战斗在太行山上》由联防军政治部刊行。

王德亮著《中华民族御侮自卫文献》由贵阳交通书局刊行。

曹漭等记录《军事视察团东渡观光录》由赴日军事视察团刊行。

黎夫著《飞将军》由重庆国民图书出版社刊行。

潘宝泰编著《未来战争指导及战术趋势·劣势军之战术思想》由重庆陆大出版社刊行。

中央陆军军官学校步兵科编订《战术学讲义》由中央陆军军官学校教育处刊行。

军事委员会交通警备司令部干部训练班编《战术学概要》由编者刊行。

按:是书分4篇:战争之概念、战斗之概说、各兵种之战术、战斗序列及军队区分。

陈星垣编著《战术运用要诀》由重庆军学编译社刊行。

军事委员会军令部编《陆海空军军队符号》由军用图书社刊行。

军事委员会军训部公布《战时陆军教育令草案》由军学编译社刊行。

干毅编著《反战车战术》由重庆陆军大学刊行。

章培编《装甲部队作战纲要稿案》由重庆陆军大学校刊行。

陈志力、叶耀奎编著,何奇校正《通信兵术科教案》由中央陆军军官学校第七分校教育处刊行。

欧阳荣编《从军乐》由虎啸出版社刊行。

中国国民党福建省执行委员会宣传处编《青年学生从军手册》由编者刊行。

军政部编《修正学生志愿服役办法》由编者刊行。

全国知识青年志愿从军指导委员会秘书处编《全国知识青年志愿从军指导委员会秘书处工作报告》由编者刊行。

三民主义青年团皖南区团部编《知识青年志愿从军须知》由编者刊行。

军事委员会军令部编《常德会战获敌文件及其研究》由编者刊行。

张善编著《忠勇川军》由成都新新新闻文化服务社刊行。

胡焕庸著《最新国防地理》由国防文化出版社刊行。

杜业编《地形学讲义》由陆军大学校刊行。

赵曾珏编著《军事通讯方法》由重庆正中书局刊行。

罗云平著《军用急造道路工程》由重庆商务印书馆刊行。

张峻著《城塞之理论与实施》由重庆现代防空出版社刊行。

张峻、杜拱辰著《国防工程》由重庆现代防空出版社刊行。

曾昭抡著《火箭炮与飞炸弹》由云南昆明北门出版社刊行。

王鹓雏编《兵器学讲义》由陆军大学刊行。

朱炳海著《军事气象学大纲》由重庆商务印书馆刊行。

按:是书分5章,讲述气象通论,海、陆、空军与天气,军事设计与气候,以及如何发展我国的军事气象工作等。

李自我著《远征回忆录》刊行。

赵振宇编《缅北战区战车部队后方勤务》刊行。

韩云五著《野战炮兵情报勤务》由重庆陆军大学校刊行。

石抗鼎著《经济学纲要》由中国比较法学院刊行。

谢君哲著《经济战争论》由湖南衡阳大刚印书馆刊行。

按：是书论述战时经济封锁与反封锁、国际贸易之争夺战、战时国家财政之措施、战时物价问题，并述及我国征实、征购、经济统制、合作经济等。

余国雄著《经济政策论》由编者刊行。

施复亮著《经济漫谈》由重庆文聿出版社刊行。

胡焕庸著《经济地理》由京华印书馆刊行。

李权时著《中国经济史概要》由中国联合出版公司刊行。

罗仲言著《中国国民经济史》由重庆商务印书馆刊行。

余精一著《中西社会经济发展史论》由江西东西文化社刊行。

俞寰澄著《管子之统治经济》（《最古统制经济制度》）由温州中华铸字制版印刷厂刊行。

马元材著《桑弘羊及其战时经济政策》由重庆中国文化服务社刊行。

全汉升著《唐宋帝国与运河》由重庆商务印书馆刊行。

王亚南著《中国经济论丛》由重庆五十年代出版社刊行。

翁文灏等著《经济政策参考资料》由中央训练团党政高级训练班刊行。

沈志远等编《中国经济的现状与对策》由重庆峨眉出版社刊行。

陈啸江著《当前经济的根本问题》由史学书局刊行。

吴大琨著《经济建设论》由福建南平国民出版社刊行。

朱伯康著《经济建设论》由重庆青年出版社刊行。

沈志远著《民主与经济建设》由成都大学印书局刊行。

翁文灏、顾翙群著《中国经济建设与农村工业化问题》由重庆商务印书馆刊行。

张希哲编《计划政治与计划经济》由重庆独立出版社刊行。

镜昇著《战时中国经济轮廓》由重庆著者刊行。

吴景超著《战时经济鳞爪》由重庆中国文化服务社刊行。

林蔚人编著《战时经济论》由中央军校政治部刊行。

颜悉达著《经济作战论》由重庆拔提书店刊行。

邹启元编《战后中国经济建设》由福建南平总动员出版社刊行。

寿勉成著《中国合作经济政策研究》由重庆社会部合作管理处刊行。

寿勉成著《中国当前合作经济问题之研究》由中央训练团党政高级训练班刊行。

陆季蕃著《合作法制》由重庆青年书店刊行。

伍玉璋著《合作学发凡》由四川成都普益协社刊行。

野夫著《中国合作运动史木刻画集》由福建中国合作经济研究社刊行。

中共西北中央局调查研究室编《南区合作社组织运输合作的经验》由编者刊行。

华北合作事业总会编《华北合作社协议会议案》由编者刊行。

华北合作事业总会编《华北合作社运营新方针与紧急对策》由编者刊行。

华北合作事业总会调查科编《河北省正定县合作社联合会经营概况》由编者刊行。

张省梅著《实业概论》由重庆商务印书馆刊行。

陈立夫著《实业计划之综合研究总论》（政治方面的考察）由重庆中央训练团党政高级训练班刊行。

叶秀峰选《实业计划之综合研究总论》（技术方面之考察）由重庆中央训练团党政高级训练班刊行。

杨继曾讲《实业计划之综合研究各论》（实业计划之工业建设）由重庆中央训练团党政高级训练班刊行。

杨承信讲《实业计划之综合研究各论》（实业计划之交通建设：铁路）由重庆中央训练团党政高级训练班刊行。

朱泰信讲《实业计划之综合研究各论》（实业计划上的城市建设）由重庆中央训练团党政高级训练班刊行。

国民参政会经济建设策进会秘书处研究室编《一年来我国之生产、金融、物价概况》由编者刊行。

冯玉祥著《节约献金救国运动的文件》刊行。

许晚成主编《上海行名录》由龙文书店编辑部刊行。

中国国民党四川省执行委员会宣传处编《四川经济建设》由编者刊行。

王成敬著《四川东南山地区之经济地理与经济建设》由四川省银行经济研究处刊行。

李季伟著《彭县西北边区经济考察团报告书》由四川彭县西北边区考察团刊行。

黄朝琴著《台湾收回后之设计》由编者刊行。

江应樑编著《大小凉山开发方案》由云南省民政厅边疆行政设计委员会刊行。

甘肃省银行经济研究室编《甘肃之特产》由甘肃省银行总行刊行。

张永言、黄其杰著《高等会计学》上编由重庆财政部直接税署经济研究室刊行。

许本怡著《基本会计》由重庆时与潮书店刊行。

赵克明著《现代簿记》由重庆中心书局刊行。

何士芳编《高级簿记学》由标准会计图书账表社刊行。

李觉鸣著，郭兰斌、李钟熙校《理论簿记学》由重庆李辟会计师事务所刊行。

归润章编著《成本会计学大纲》由重庆正中书局刊行。

社会部劳动局编《国民义务劳动法令辑要》由编者刊行。

贺衷寒讲《劳动管制》由社会部劳动局刊行。

杨端六编《工商组织与管理》由重庆商务印书馆刊行。

黄玉明、汪洪法著《合作经济论》由广州中山国立中山大学出版组刊行。

陈颖光著《合作经济导论》由重庆青年书店刊行。

杨甲著《合作之理论与经营》由安徽安庆华中出版社刊行。

尹树生著《中国合作新论》由合作评论社刊行。

李绍忠编著《合作社概论》由上海知行编译社刊行。

甘肃省地方行政干部训练委员会编《合作事业讲义》由编者刊行。

居秉英著《合作应用统计》由重庆正中书局刊行。

吴半农著《国营事业论》由重庆中国文化服务社刊行。

陈颖光著《当前我国农村经济问题》由重庆国民图书出版社刊行。

董时进著《国防与农业》由重庆商务印书馆刊行。

农村经济研究会编《农村经济论辑》由冀鲁豫书店刊行。

朱剑农著《自耕农扶植问题》由重庆中华书局刊行。

张德粹著《农业合作》由重庆商务印书馆刊行。

钱天鹤讲《农业建设》由中央训练团党政高级训练班刊行。

农村经济研究会编《农村经济论辑》由冀鲁豫书店刊行。

李仁柳著《农业建设与合作》由福建崇安社会部全国合作社物品供销处东南分处刊行。

沈鸿烈著,农林部编《中国之农业》由编者刊行。

姚公振、顾翊群著《中国农业建设的轮廓》由重庆中国出版社刊行。

傅衣凌著《福建佃农经济史丛考》由福建协和大学中国文化研究会刊行。

按:傅衣凌《福建佃农经济史丛考·集前题记》说:"谁都知道,社会经济史的研究,应注重于民间记录的搜集,所以近代史家对于素为人所不知道的商店账簿、民间契约等等都珍重地保存、利用,供为研究的素材。在外国且有许多的专门的学者,埋首于此项资料的搜集和整理,完成其名贵的著作,而在我国则方正开始萌芽,本书对于此点也特加注意,其所引的资料,大部分即从福建的地方志、寺庙志以及作者于民国二十八年(1939年)夏间在永安黄历乡所发现的数百纸民间文约类辑而成,皆为外间所不经见的东西,这一个史料搜集法,为推进中国社会经济史的研究,似乎尚值提倡。"1939年夏,傅衣凌为躲避敌机轰炸,在无意中进入黄历村的一间破屋,在那里发现一大箱从明代嘉靖年间到民国时期的土地契约文书,内容涉及田地的典当买卖、金钱借贷字据、分家合约、钱谷出入及物价的流水账等。他依据这些材料,并参考相关的地方志等,先后写成《明清时代福建佃农风潮考证》《明清时代永安农村的社会经济关系》和《清代永安农村赔田约的研究》三篇文章,最后编成此书出版。

张丕介著《土地经济学导论》由重庆中华书局刊行。

按:是书分导论、土地之定义分类与特性、土地与人口、论土地利用、论农地、论市地、论富源地、论地租等10章。

唐陶华著《土地行政概论》由重庆著者刊行。

祝平著《土地政策要论》由重庆文信书局刊行。

孟光宇著《土地登记制度》由重庆天地出版社刊行。

余群宗著《中国土地法论》(上下卷)由国立四川大学出版社刊行。

吴文晖著《中国土地问题及其对策》由重庆商务印书馆刊行。

王慰祖编著《福建之地政》由福建省政府秘书处刊行。

吴致华编著《土地陈报概要》由四川省训练团刊行。

唐启宇编著《历代屯垦研究》由重庆正中书局刊行。

黄奋生著《边疆屯垦员手册》由重庆青年出版社刊行。

邹序儒编《开垦荒地须知》由重庆商务印书馆刊行。

内政部编《建仓积谷须知》由重庆商务印书馆刊行。

朱子爽编著《中国国民党粮食政策》由重庆国民图书出版社刊行。

闻汝贤、闻亦博著《中国现行粮政概论》由重庆正中书局刊行。

张柱著《我国战时粮食管理》由重庆正中书局刊行。

粮政局编《粮食行政》由贵州地方行政干部训练委员会刊行。

粮食部编《粮政法规》由重庆编者刊行。

梁庆椿等编《鄂棉产销研究》由重庆中国农民银行经济研究处刊行。

华中棉产改进会编《民国三十一年度棉冬作物生产费调查成绩》由编者刊行。

周永林编《贵州柑桔之经济地理》刊行。

郭汉鸣、孟光守著《四川租赁问题》由重庆商务印书馆刊行。

刘鸿万著《物价与工业资本》由重庆正中书局刊行。

徐开源编《工厂须知》由技工训练处刊行。

梅成章著《工程管理》由重庆商务印书馆刊行。

龚昂云编著《化学工业之设计作业及管理》由上海世界书局刊行。

李春昱著《国防与矿产》由重庆商务印书馆刊行。

高自立著《为工业品的全面自给而奋斗》由新华书店刊行。

中国工业经济研究所编《关于工业会议重要文献》由编者刊行。

于心潭著《我们怎样工业化》由广西桂林致用图书出版社刊行。

刘大钧著《工业化与中国工业建设》由重庆商务印书馆刊行。

翁文灏著《中国工业化的轮廓》由重庆中周出版社刊行。

重庆中国工业经济研究所编《工业问题座谈纪要合辑》由编者刊行。

蒋乃镛著《战后中国工业建设之路》由重庆中华书局刊行。

天府矿业股份有限公司编《天府煤矿概况》由重庆大东书局刊行。

严匡国编著《桐油》由重庆正中书局刊行。

云南锡业公司编《云南锡业公司章则汇报》由编者刊行。

钱健夫著《当前的动力问题》由重庆建华文化事业公司刊行。

南京中央电工器材厂编《资源委员会中央电工器材厂》由编者刊行。

詹克俭著《宁夏陶瓷事业》（第1册）由宁夏光华瓷厂刊行。

天津特别市工厂联合会调查组编《天津特别市造胰工厂调查报告》由天津世界印刷商行刊行。

华北纤维统制总会编《华北纤维汇报》由编者刊行。

刘国钧著《扩充纱锭计划纲要》由编者刊行。

蒋乃镛著《中国纺织业概论》由重庆中华书局刊行。

童岳著《华中制粉业》刊行。

高叔康著《中国手工业概论》由重庆商务印书馆刊行。

王树基编著《甘肃之工业》由兰州甘肃省银行总行刊行。

中国工业经济研究所编《四川工矿业调查》由编者刊行。

交通部统计科编《中华民国三十一年交通部统计年报》由编者刊行。

薛光前编著《交通行政研究》由重庆商务印书馆刊行。

曾养甫讲《交通建设》由中央训练团党政高级训练班刊行。

何乃民编著《汽车与公路》由重庆商务印书馆刊行。

佘贵棠编著《游览事业之理论与实际》由广西桂林中国旅行社刊行。

黎震寰编著《中国邮票图鉴全集》由天津官其惠刊行。

马任全编《国邮手册》由国粹邮学研究出版社刊行。

世荣编《最新国内明密电码书》由启新服务社刊行。

张遵时著《商业知识》由上海新中国报社刊行。

秦须予编著《日用商人快览》由南光书店刊行。

陈文编著《商业概论》（上下册）由重庆立信会计图书用品社刊行。

寿进文著《战时中国物价问题》由云南昆明生生出版社刊行。

赵兰坪著《通货外汇与物价》由编者刊行。

王璧岑著《物价问题总检讨》由昆明大观出版社刊行。

孙义慈著《战时物价管制》由重庆中华书局刊行。

按：是书阐述战时物价管制办法，包括实施限价，掌握物资，增进生产，节约消费，管制金融，调整税法，紧缩预算等。

童岳著《上海皮革业》由中国经济研究会刊行。

姚宝猷著《中国丝绢西传史》由重庆商务印书馆刊行。

杨承厚编著《中国公库制度》由中央银行经济研究处刊行。

王延超著《五权宪法的预算制度》由重庆博文书局刊行。

马大英著《中国财政收支系统论》由著者刊行。

曾今可编《税务全书》由福建建国出版社刊行。

淮海省财政厅编《国税章则汇编》由编者刊行。

程滨遗、罗世峰、夏益赞、吴泽编纂《田赋史》（上册）由重庆正中书局刊行。

马大英、江士杰、刘国明、王延超编纂《田赋史》（下册）由重庆正中书局刊行。

关吉玉著《田赋征实之理论与实务》由重庆中国文化服务社刊行。

关吉玉讲《田赋》由财政部全国财务人员训练所刊行。

郭垣著《中国国民党地税政策》由中国国民图书出版社刊行。

杜岩双著《中国所得税纲要》由重庆财政部直接税署经济研究室刊行。

段逸珊著《非常时期过分利得税之理论与实际》由重庆独立出版社刊行。

赵懿翔编著《中国所得税实务》由重庆财政部直接税处经济研究室刊行。

陈清初著《现行货物税》由重庆独立出版社刊行。

张静愚讲《货物税纲要》由中央训练团党政高级训练班刊行。

张佩玺著《中国遗产税》由重庆财政部直接税署经济研究室刊行。

曾仰丰著《盐政新义》由编者刊行。

马泰钧讲《盐专卖政策》由编者刊行。

汪元铮编著《政府会计人员手册》由重庆立信会计图书用品社刊行。

龙家骧著《货币学概论》由广西银行总行刊行。

马寅初著《通货新论》由重庆商务印书馆刊行。

曾纪桐著《战后国际币制论》由重庆中华书局刊行。

千家驹著《中国法币史之发展》由福建南华出版社刊行。

李骏耀著《中国纸币发行史》由重庆中央银行经济研究处刊行。

刘全忠编著《银行学》由重庆正中书局刊行。

张绍言编著《合作金融概论》由重庆中华书局刊行。

按：是书主要叙述我国合作金融史实及其推进因果，并介绍其他各国金融发展概况。

邹宗伊著《民生主义金融政策》由重庆国语千字报刊行。

姚公振著《中国战后农业金融政策》由重庆中华书局刊行。

童蒙正著《中国战时外汇管理》由重庆财政评论社刊行。

高平叔著《利用外汇问题》由重庆商务印书馆刊行。

魏文翰著《海上保险学》由重庆中华书局刊行。

高平叔、丁雨山著《外人在华投资之过去与现在》由重庆中华书局刊行。

陈岱孙讲,中央训练团党政高级训练班编《现代各国经济学说》由编者刊行。

傅角斤编著《世界经济地理》由重庆商务印书馆刊行。

西门宗华著《苏联经济发展》由重庆中华书局刊行。

王云五著《战时英国经济》由上海东方杂志刊行。

何凤山著《美国政治经济》由重庆国际编译社刊行。

中央训练团党政高级训练班编《印度经济建设计划纲要及提要》由编者刊行。

余长河著《苏联劳动政策》由重庆中华书局刊行。

欧阳樊著《战时日本农业问题》由重庆独立出版社刊行。

张大田编著《苏联集体农场法》由重庆商务印书馆刊行。

曾昭抡著《世界工业建设佳话》由重庆中国出版社刊行。

张道藩等著《文化建设新论》由中央文化运动委员会刊行。

中国国民党中央执行委员会宣传部编《文化运动纲领》由编者刊行。

林桂圃辑《文化建设与思想路线》由现实出版社刊行。

朱谦之著《中国文化之命运》由广东国立中山大学训导处刊行。

李长之著《迎中国的文艺复兴》由重庆商务印书馆刊行。

苏渊雷著《民族文化论纲》由四川北碚黄中出版社刊行。

按:是书分4章,论述如何继承、吸收以及怎样创造新民族文化诸问题。

许焕章著《战地文化动员论》(原名《文化作战论》)由重庆新中国文化社刊行。

周化人著《中日文化讲话》由上海中日文化协会上海分会刊行。

梁漱溟著《漱溟最近文录》由江西赣县中华正气出版社刊行。

葛一虹编,中苏文化协会主编《交流》由重庆商务印书馆刊行。

鲁风著《新闻学》由上海新中国报社刊行,有著者序。

田玉振著《新闻学新论》由重庆新闻出版社刊行。

按:是书分新闻篇、新闻纸篇、新闻通讯篇、新闻工作员篇4卷。

萨空了(原题艾秋飙)著《科学的新闻学概论》由广西桂林文化供应社刊行。

按:是书分18章,介绍有关新闻学研究的范围、发展、展望,并论述如何采访、编辑,以及管理报社的原则等。

新闻战线社编《新闻事业建设论》由重庆侨声书店刊行。

吴宪增编著《中国新闻教育史》由石门新报社刊行,有管翼贤、张鹤魂、赵幻云的序及自序。

程其恒编《各国新闻事业概述》由重庆国民图书出版社刊行。

龙之鹏编著《各国新闻事业透视》由重庆大华书局刊行。

田玉振著《战时新闻工作的途径》由重庆新闻出版社刊行。

程其恒编著,马星野校订《战时中国报业》由广西桂林铭真出版社刊行,有马星野的序及自序。

《中共中央晋察冀分局关于党报工作的指示》刊行。

中共西北中央局宣传部编《活跃在农村的读报组》由编者刊行。

边区群众报社编《怎样写新闻通讯》由冀南济南日报社（翻印）刊行。

扫荡报社编《读报手册》由广西桂林扫荡报社刊行。

蔡天梅编著《新民报社史》由北平社团法人新民报社清算事务所刊行。

新兴日报社编《新兴日报二周年纪念册》由新兴日报社刊行。

绥德分区文教大会秘书处编《大众黑板报》（绥德分区文教会议材料之六）由编者刊行。

朱经农著《教育思想》（国民教育文库）由重庆商务印书馆刊行。

按：是书分自由与纪律、个人与国家、斗争与互助、学校与社会、知识与道德、艺术与职业、科学与宗教、结论等 8 章。

陈润泉著《科学教育》由广西桂林文化供应社刊行。

胡君朴著《科学运动》由四川成都西南印书局刊行。

胡梅村编著《现代教育思潮》由重庆南方印书馆刊行，有嵇文甫序。

朱智贤著《教育研究法》由重庆正中书局刊行。

陈选善编著《教育研究讲话》（教育讲话丛书）由上海世界书局刊行。

按：是书为著者影响较大的书籍之一。《教育研究讲话》共十三讲。内容主要包括第一讲教育研究的性质，共五部分：模仿与试误；思想的历程；思想中的错误；科学方法的特征；科学研究的步骤。第二讲教育研究的类别，共两部分：各家的分类；本书的分类。第三讲历史的研究，共两部分：性质和功用；步骤和方法。第四讲调查的研究，共两部分：性质和功用；步骤和方法，等等。

林汉达著《西洋教育史讲话》（教育讲话丛书）由上海世界书局刊行。

按：是书分西洋教育史讲话提要、古代希腊的教育、基督教的兴起、法兰西大革命与平民教育、从卢梭到杜威等 16 讲。

陈友松著《苏联的教育》由重庆商务印书馆刊行。

按：是书共 11 章，先述"苏联教育的社会背景"和"教育发展略史"，次述苏联的"教育之原理""教育行政""学制系统及其量的发展""学前教育""小学与中学教育""师资训练""地方教育辅导""都市教育——以莫斯科为例"，并以"苏联的教育研究"终其篇。

沈有乾著《教育统计学讲话》（教育讲话丛书）由上海世界书局刊行。

萧孝嵘著《教育心理学》由重庆国立编译馆刊行。

杨鸿昌编《教育心理》由四川成都建华书局刊行。

姜琦编著《训育与心理》（教育部训导丛刊）由重庆正中书局刊行，有陈礼江序。

许天虹编著《教育心理漫谈》由福建永安改进出版社刊行。

陈选善著《教育测验讲话》（教育讲话丛书）由上海世界书局刊行。

徐锡珩著《劳动生产教育》（国民教育丛书）由广西桂林文化供应社刊行。

赵廷为著《教材及教学法通论》由重庆商务印书馆刊行。

萧承慎著《师道征故》由贵州贵阳文通书局刊行。

孙邦正编著《教育视导大纲》由重庆商务印书馆刊行，有常道直序。

朱翊新编《学校文件》（大众应用文件集成）由上海世界书局刊行。

操震球著《校务行政处理法》由广西桂林文化供应社刊行。

操震宇著《健康教育》（国民教育丛书）由广西桂林文化供应社刊行。

卢显能著《国民教育概要》（国民教育丛书）由广西桂林文化供应社刊行。

夏威著《民生主义经济共管制》（大道丛书）由广西柳州大道书社刊行。

邰爽秋等著，中国民生建设实验院研究处编《民生本位教育论文集》（第1集）由重庆教育编译馆刊行。

罗辀重著，陶龛校友总会编《老青集》（罗辀重先生教育言论集之一）由江西青年正气出版社刊行。

王捷三著《教育论集》由陕西西安陕西省教育厅编审室刊行。

王裕凯著《教育论丛》由贵州贵阳熙明印书馆刊行。

陈立夫讲《最近之教育》（中央训练团党政训练班讲演录）由重庆中央训练团刊行。

陈果夫著《中国教育改革之途径》由重庆正中书局刊行。

陈石珍讲《教育人事制度》（中央训练团党政军人事管理人员训练班讲演录）由编者刊行。

郭有守、刘百川著《国民教育》（师范参考书）由重庆商务印书馆刊行。

姜允升编著《国民教育概要》由个人刊行。

汪通祺著《新县制下之国民教育》由重庆中华书局刊行。

孙爱棠编《国民教育之理论与实际》（上下册）由重庆独立出版社刊行。

傅志纯著《新制国民教育的理论与实施》由重庆说文社刊行部刊行。

中国教育学术团体联合办事处编《中国教育学术团体联合年报》由重庆编者刊行。

中国教育学术团体第三届联合年会筹备委员会编《提案原文》由编者刊行。

中国教育学会编《中国教育学会年报》（三十三年）由重庆中华书局刊行。

宾业绳等编《高考之路》由重庆北斗书店刊行。

辛毅编著《学校生活》由广西桂林银河文艺社刊行。

教育部编《国民参政会第三届第三次大会教育部工作报告书》由编者刊行。

教育部编《第五届中央执行委员会第十二次全体会议教育部工作报告书》由编者刊行。

周宏培著《设立学校》（乡镇自治指导读物）由浙江省政府民政厅刊行。

教育部编《三十二年度各省市教育工作总检讨汇刊》（教育行政辅导丛书）由编者刊行。

陕甘宁政府办公厅编《陕甘宁边区教育方针》由陕甘宁边区政府办公厅刊行。

中央设计局台湾调查委员会编《日本统治下的台湾教育》由中央训知团刊行。

四川省教育厅编《四川省三十三年度教育部门施政计划》由编者刊行。

陶行知编著《育才学校手册》由重庆私立育才学校刊行。

董任坚编《儿童研究纲要》（中华儿童教育社千种丛书）由上海世界书局刊行。

香山慈幼院幼稚师范学校编《幼儿歌谣教材》由重庆新运总会妇女指导委员会、香山慈幼院幼稚师范学校刊行。

张雪门编《幼儿游戏教材》由北平香山慈幼院幼稚师范学校刊行。

陈杰著《小学训育标准实施法》由福建四维出版社刊行。

俞子夷编著《教算一得》由重庆正中书局刊行。

魏志澄编《小学升学指导》由重庆文化供应社刊行。

俞凌编《（新编）小学升学指导》由重庆大公书店刊行。

俞尚壎编著《小学教师应用文件》由青溪印书社刊行。

郭有守、刘百川编著《国民教师须知》由上海中国教育研究社刊行。

郭有守著《好学生》(新少年文库)由重庆文风书局股份有限公司刊行。

黄香山著《小学行政纲领》由重庆中国文化服务社重庆分社刊行。

周祖训等主编《怎样办理中心国民、国民学校》(河南省立信阳师范附设国民教育实验区结果报告之一)(上下卷)由河南信阳河南省立信阳师范刊行。

戴自俺著《中心学校辅导工作》(国民教育丛书)由广西桂林文化供应社刊行。

胡叔异著《国民学校教师手册》(五项建设手册)由重庆青年出版社刊行。

陕甘宁边区政府办公厅编《四个民办小学》(边区读物3)由编者刊行。

上海特别市市立飞虹模范小学校编《上海特别市市立飞虹模范小学四十周年纪念刊》由上海编者刊行。

陈侠著《近代中国小学课程演变史》由重庆商务印书馆刊行。

　　按：是书为师范讲习所用，分草创时期、因袭时期、改革时期、革新时期和小学课程的检讨等6章。

王凤岗等著《中等学校训导与各科教学》(训导丛书)由重庆正中书局刊行。

常燕生著《理想的中学生》(新中国小丛书)由四川成都西部印务局刊行。

上海南洋中学校编《南洋中学民三三级毕业刊》由上海编者刊行。

李蒸等著《专科以上学校训导实施方法》(训导丛书)由重庆正中书局刊行。

言心哲著《大学毕业论文的作法》由重庆商务印书馆刊行。

何清儒著《职业教育》(教育讲话丛书)由上海世界书局刊行。

檀仁梅著《农业职业教育的实际问题》(协大农业教育丛刊)由福建邵武私立福建协和大学农业教育系刊行。

严寅编著《民众教育之理论与实施》(知求教育丛书)由湖南求知书店刊行。

金开山著《儿童班各科教材及教学法》(国民教育丛书)由广西桂林文化供应社刊行。

陈礼江著《社会教育机关训导实施法》(教育部训导丛书)由重庆正中书局刊行。

俞子夷著《困学琐记》(天行丛刊)由福建南平天行社刊行。

胡哲敷等著《青年求学指导》由四川成都岷峨书局刊行。

郭维宗等著《中学生读书经验谈》由重庆经纬书局刊行。

庄泽建著《现代读书之技术》(国民文库)由重庆中国文化服务社刊行。

黄质夫、王治范著《中等学校劳动生产训练》(训导丛刊)由重庆正中书局刊行。

徐造华编《投考大学全书(物理之部)》由浙江龙泉青年读书生活社刊行。

方万邦编著《青年体育》由重庆商务印书馆刊行。

王学政著《体育概论》(复兴丛书)由重庆商务印书馆刊行。

　　按：是书分体育与生活、体育之意义及其目的、体育与人类之本性、体育之演进及其制度与背景等11章。附：下肢长骨停止增长之时期等表31种。

刘德超著《体育概论》由重庆商务印书馆刊行。

吴蕴瑞著《体育建筑及设备》(上卷)(体育丛书)由重庆教育部体育师范训练所刊行。

宋鸿坦编著《中等学校体育建筑及设备》(教育部特设体育师资训练所体育丛书)由重庆教育部特设体育师资训练所刊行。

田汉祥、戴仁声编著《青年体操》(青年体育丛书)由重庆青年出版社刊行，有程登科序。

周鹤鸣编著《初中器械运动》由重庆教育部国民体育委员会刊行。

潘知本编《棒球》(体育小丛书)由重庆商务印书馆刊行。

宋君复编著《垒球》由重庆教育部国民体育委员会刊行。

教育部国民体育委员会审定《垒球规则》由重庆教育部特设体育师资训练班刊行。

李寿篯著《武当嫡派太极拳术》由江苏南京业余太极拳社刊行,有贺耀祖等人的题词、张之江序及著者自序。

黄元秀编著《太极要义》由重庆文信书局刊行,书前有蒋中正等人题词、谭梦贤等7人序。

邓德达编著《劈剑图解》由重庆教育部特设体育师资训练所刊行。

教育部国民体育委员会主编,邓德达编《擒拿》由重庆教育部国民体育委员会刊行。

谢宣辑选《金鹏决着著谱·王著梅花谱合编》由重庆风云出版社刊行。

崔庆德著《(新撰)围棋初步》(上下册)由上海学生书局刊行。

王力著《中国语法理论》(上下册)由重庆商务印书馆刊行。

按:作者说:"这二三十年来,中国语法学家所争论的全是词的分类问题和术语的问题。这样,所争论的只是语法的皮毛,不是语法的主要成分。须知所谓语法,就是族语的法则,主要的部分乃在于其结构的方式,并不在于人们对语言成分的称谓如何。……现在本书和《中国现代语法》想在这一方面(造句法方面)做一些草创工作。第一、二章专论造句法;第五章论特殊形式,也就是造句法的特殊形式;第六章论欧化的语法,大致也就是新兴的造句法。只有第三章论语法成分,第四章论替代法和称数法,稍稍溢于造句法的范围,然而这也是中国语法的主要成分,并非模仿西洋语法而形成的。"

王力(原题王了一)著《语文丛谈》由重庆国民图书出版社刊行。

董同龢编著《上古音韵表稿》由重庆国立中央研究院历史语言研究所刊行。

按:中国古音学著作,全书分序论和音韵表两个部分。序论部分由五个章节组成:第一章声母、第二章韵尾辅音、第三章介音、第四章原音系统、第五章韵母分论;每一章又由若干小节组成。

王景春著《新汉字检字法及拼音法》由重庆商务印书馆刊行。

郑业建著《修辞学》由重庆正中书局刊行。

金兆梓著《实用国文修辞学》由重庆中华书局刊行。

按:是书分题目、材料、谋篇、裁章、炼句、遣词、藻饰等7章。

甲申出版社编《文章正误示例》由四川成都甲申出版社刊行。

中国大学国文讲习会编《中国大学国文教本》由北京中国大学刊行。

钟元吾编《最新文艺描写辞典》由重庆新中书局刊行。

赵侣青、张咏春、卢冠六编《模范学生字典》由上海中华书局刊行。

吴甲原著《首笔号码索引法》由重庆香草书屋刊行。

吴稚晖编著《注音符号歌》由重庆中央组织部刊行。

林迷肯等著《中国拼音文字的整理》由上海世界书局刊行。

吕叔湘著《文言虚字》(开明青年丛书)由广西桂林开明书店刊行。

杜子劲写《国语拼音字拼写法式》(国语罗马字修正式)刊行。

黎锦熙著《建设的"大众语"文学》(一名《国语运动史纲序》)由重庆商务印书馆刊行。

何容著《中国文法论》(开明文史丛刊)由重庆独立出版社刊行。

谭正璧编著《国文文法》(语文会通)由上海世界书局刊行。

曹朴著《国语文法》(自修国文讲义,宋云彬等编)由广西桂林乐群书店刊行。

陈友琴著《国文十讲》由福建南平国民出版社刊行。

马国英编著《实用基本国语话》由上海世界书局刊行。

西南联大文学院编《(西南联大)语体文示范》由重庆作家书屋刊行。

孙起孟著《写作方法入门》(青年自学丛书)由广西桂林学艺出版社刊行。

任学范编《中学生作文法》由上海经纬书局刊行。

茅盾著《怎样练习写作》(新少年文库第3集)由重庆文风书局刊行。

刘兆吉著《初中作文教学法》由重庆商务印书馆刊行。

陈望道著《作文法讲义》由开明书店刊行。

陈淑雨编《中学模范作文》由广西桂林南光书店刊行。

卢冠六编《(分类指导)模范作文一百篇》由上海仁智书店刊行。

卢冠六编《(分类题解中心指导)模范作文一百篇》由重庆一心书局刊行。

任苍厂编《中学国文作文题解》由上海经纬书局刊行。

胡怀琛选编《小学生模范文选》(第1—4册)由重庆商务印书馆刊行。

陈子展著《应用文作法》由上海文化社刊行。

吴乃容编辑《(现代适用)新公文程式》由北平中国法政学社刊行。

温晋城编著《现行公文作法》由重庆大东书局刊行。

韩东屏编著《公文体用》由江西泰和江西文化服务部刊行。

姚乃麟编著《商业书信》由上海经纬书局刊行。

姚乃麟编《家常书信》由四川成都经纬书局刊行。

董成志编著《学生书信作法》由广西桂林进修书店刊行。

娄哲著《(各界适用)白话新尺牍》由吉林长春启智书店刊行。

严焕之著《少年文范》(高小初中国文补充读物)由重庆实学书局刊行。

辛安亭编《识字课本》由韬奋书店刊行。

周性初编著《(注音、求解、作文、成语、辨字)五用小辞典》由上海亚光图书社刊行。

曾金编著《(口才训练)怎样演讲》由上海经纬书局刊行。

高华年编著《黑夷语法》由云南昆明南开大学文科研究所边疆人文研究室刊行。

世界书局编辑所编《全国中学国语文成绩大观》由上海世界书局刊行。

缪崇群著《我教你写日记》(新少年文库第2集,王平陵主编)由重庆文风书局刊行。

郭莽西编著《一篇文章的构成》(读书生活丛书)由浙江龙泉龙吟书屋刊行。

郭怀人编《古今名文精选》(中学国文补充读物)由重庆实学书局刊行。

龙志霍著《渡船—练习答案》由重庆开明书店刊行。

文教部编《国民学校补充读本》由吉林长春满洲图书株式会社刊行。

军训部陆军军官预备学校筹备总处《(军训部审定陆军军官预备学校专用课本)俄文读本》刊行。

冯文洛编《世界语中文大辞典》(第1—7册)由重庆世界语函授学社刊行。

总务局炼成课编《日本语读本》(上卷)由满铁总务局炼成课刊行。

樊元彰著《(俄华对照)我说俄国话》由重庆著者刊行。

褚永泽编著《法语初步》(上下册)由上海土山湾印书馆刊行。

庄稼编《(英汉对照中文详注)怎样写英文书信》由广西桂林启明书局刊行。

周光耀编著《英语文法简明教程》由重庆峨嵋出版社刊行。

中学生杂志社编《英语的故事》(中学生杂志丛刊36)由上海开明书店刊行。

赵任元编著《实用英文翻译法》由广西桂林民光书局刊行。

赵鸿隽编著《初步英文造句法》由上海世界书局刊行。

余兆昆编著《学习英语的正确途径》（现代英语自学丛书）由广西桂林现代外国语文出版社刊行。

余秀豪、刘剑如编著《英文俗语集》由重庆刊行。

叶绍钧等著《遗腹子》（英汉对照文学丛书）由广西桂林长风书店刊行。

叶德光编著《实用英语会话》由广西桂林实学书局刊行。

叶德光编著《实用英文初步》由广西桂林实学书局刊行。

杨彦劬等著《英文文法片谈》（中学生杂志丛刊）由江西赣县开明书店刊行。

钱歌川编著《英文杂话》（英文研究小丛书）由重庆中华书局刊行。

钱歌川编著《英文新词汇》（英文研究小丛书）由重庆中华书局刊行。

钱歌川编著《英文拼字法》（英文研究小丛书）由重庆中华书局刊行。

钱歌川编著《英文倒装法及省略法》（英文研究小丛书）由重庆中华书局刊行。

钱歌川、张梦麟编《英语学习法》由上海中华书局刊行。

奚识之编《模范英语作文精华》由上海进修书店刊行。

吴奚真译注《（英汉对照）最新英美杂志文选》（第 1 辑）由重庆环球中西文印刷所刊行。

唯明编注《（英汉对照）华莱士在华言论集》由重庆世界出版社刊行。

王范五著《公式化英语复句构造法习题答案》（范五英文丛书第 2 种）由重庆范五英文研究社刊行。

王范五著《公式化英语复句构造法》（范五英文丛书第 2 种）由重庆范五英文研究社刊行。

瓦尔夫著，柳无垢译注《（一个法国集中营的故事）裘儿》（英汉对照文艺丛书）由广西桂林远方书店刊行。

田世英编《高级英语军用会话》（上下册）由重庆中华书局刊行。

田世英编《（汉英对照）军语会话》由重庆中华书局刊行。

青年文协社编《（中英对照）蒋夫人访美言论集》由福建永安中国文化服务社刊行。

南开中学编《南开英文选读》（第 2 册）由重庆时与潮书店刊行。

马文元等著《英文单语的学习》（中学生杂志丛刊）由上海开明书店刊行。

李志英著《英文中译法》由上海世界书局刊行。

李思明、关敏可编著《（英汉对照）国际政治一瞥》由上海中华书局刊行。

李慕白编著《英文通译手册》由重庆中国文化服务社刊行。

甲申出版社编《（最新实用）英文常用五千字》由四川成都甲申出版社刊行。

胡铁吾、黄稚澜编著《循序英文法》（第 2 册）由上海世界书局刊行。

戴冕伦编著《英文书信例释》由重庆中华书局刊行。

程道清著《（中英文）标点使用法》由重庆商务印书馆刊行。

陈原编《英语分类词汇》由重庆实学书店刊行。

陈徐堃编著《（句式分析）英文阅读法》（英文自学丛书）由上海世界书局刊行。

陈浩编《实用英语交际会话》由重庆天地出版社刊行。

陈浩编《日常英语交际会话》由重庆新光出版社刊行。

陈澄之著《战士英语》由陕西西安华北新闻社刊行。

陈澄之编著《大众英语》(1)由重庆正中书局刊行。

曹涟君编著《(公式举例华文讲解)英文中译法》由广西桂林新生书局刊行。

周钢鸣著《文艺创作论》由广西桂林远东书局刊行。

茅盾等著《文艺写作讲话》由福建南平战时文化供应社刊行。

赵友培编著《三民主义文艺创作论》由重庆正中书局刊行。

张道藩、梁实秋等著《文艺论战》由重庆中央文化运动委员会刊行。

徐中玉著《民族文学论文初集》由重庆国民图书出版社刊行。

胡秋原著《民族文学论》由重庆文风书局刊行。

陈子展著《唐代文学史》由重庆作家书屋刊行。

按:此书是作者中年时期撰写,此前已有写作《最近三十年中国文学史》等几部文学史的成功经验,因而本书不仅体例完整,内容丰富详细,将唐代文学变迁的态势与发展规律描述得十分清晰,而且时有精彩论述。(参见付祥喜《20世纪前期中国文学史写作编年研究》,北京师范大学出版社2013年版)

任访秋《中国现代文学史》(上卷)由(南阳)河南南阳《前锋报》社刊行。

按:此书的编写始于1942年,是中国第一部以"中国现代文学史"命名的史著,但书中的"现代"不是后来通指的1919至1949年,而是始于清末。事实上,本书第一编对清末民初政治思想与文学的介绍,占了四分之一篇幅。"从思想史进入文学,关注文学发展的思想史背景,这是任著的另一个重要特色。"(参见付祥喜《20世纪前期中国文学史写作编年研究》,北京师范大学出版社2013年版)

萧涤非著《汉魏六朝乐府文学史》由重庆中国文化服务社刊行。

按:此书原为作者在清华研究院的毕业论文,导师黄晦闻(即黄节),动笔于1931年,脱稿于1933年。1934年,作者执教山东大学时,曾着手把毕业论文修改成讲义,但因故中途停止。直到1941年在西南联大任教,才重新改写,于1943年改成,被列为"青年文库"(朱光潜、老舍、叶圣陶、罗根泽等任编委)之一出版。"五四"以后,文学史写作大多看重民间文学,至20世纪30年代,汉代乐府研究及其文学史写作,吸引了不少学人。萧涤非此著的特点,主要在于具有强烈的史识,黄节在"审查报告"中评价说:"统观成绩全部,皆能从乐府本身研究。知变迁,有史识;知体制,有文学;知事实,有辨别;知大义,有慨叹,此非容易之才。"(参见付祥喜《20世纪前期中国文学史写作编年研究》,北京师范大学出版社2013年版)

胡怀琛《中国小说的起源及其演变》由重庆正中书局刊行。

杨之华著《文艺论丛》由上海太平书局刊行。

按:是书收《新文艺思潮的起源及其流变》《中国现代的小说及其流变》《中国现代散文的派别及其流变》《中国现代新诗的起源及其派别与流变》《清末的翻译界》《清代的朴学及其派别与流变》《日本现代文学的流派及其变迁》等15篇侧重介绍文学思潮及流派的论文。

朱东润著《中国文学批评史大纲》由广西桂林开明书店刊行。

罗根泽编著《周秦两汉文学批评史》由重庆商务印书馆刊行。

按:是书于1944年获第四届教育部学术审议委员会"补助学术研究及奖励著作发明奖"文学类二等奖。

郭银田著《屈原之思想及其艺术》由重庆独立出版社刊行。

马雍著《苏李诗制作时代考》由重庆商务印书馆刊行。

王亚平著《杜甫论》由重庆商务印书馆刊行。

卢冀野著《民族诗歌续论》由重庆国民图书出版社刊行。

黄药眠著《论诗》由广西桂林远方书店刊行。

废名(原题冯文炳)著《谈新诗》由北京新民印书馆刊行。

王国维著《谈词曲》由重庆中周出版社刊行。

余毅恒编著《词筌》由重庆正中书局刊行。

王国维著,徐泽人编《人间词话·人间词合刊》由重庆出版界月刊社刊行。

阿英著《中国俗文学研究》由上海中国联合出版公司刊行。

按:是书收《太平天国的小说》《小说人物考略》《红楼梦书话》《玉堂春故事的演变》《吴趼人的小说论》《弹词论体》《关于清禁淫词小说》《清末的时调》等28篇关于中国通俗文学的研究、考证文章,末附《明人笔记小话》10篇。

卫聚贤等著《小说考证集》由重庆说文社刊行部刊行。

胡适、刘复著《谈小说》由重庆中周出版社刊行。

卫聚贤编著《杨家将及其考证(附杨文广平蛮)》由重庆说文社刊行。

卫聚贤著《薛仁贵征东考》由重庆说文社刊行。

方豪著《红楼梦新考》由重庆独立出版社刊行。

张恨水著《水浒人物论赞》由重庆万象周刊社刊行。

田禽著《中国戏剧运动(新中国戏剧简评)》由重庆商务印书馆刊行。

按:此书主要论述了"五四"文学革命以来的新剧,共八章,其中有五章曾在《东方杂志》发表。目次:一、论中国戏剧批评;二、中国战时戏剧创作之演变;三、论中国的戏剧理论建设;四、中国剧作家概论;五、中国女剧作家论;六、中国戏剧运动之路向;七、第六届戏剧节感言;八、三十年来戏剧翻译之比较。(参见付祥喜《20世纪前期中国文学史写作编年研究》,北京师范大学出版社2013年版)

陈白尘著《习剧随笔》由重庆当今出版社刊行。

陈铨著《戏剧与人生——编剧概论》由重庆在创出版社刊行。

冯沅君著《孤本元明杂剧钞本题记》由重庆商务印书馆刊行。

鲁觉吾著《戏剧新时代》由重庆青年书店刊行。

王传本著《门外剧论》由著者刊行。

夏衍著《边鼓集(有关戏剧的短论散文杂感)》由重庆美学出版社刊行。

王季思著《西厢五剧注》由浙江龙吟书屋刊行。

胡风著《看云人手记》(第二批评论文集)由重庆自力书店刊行。

钟敬文等著《艺文集刊》(第2辑)由江西赣县中华正气出版社刊行。

于潮等著《方生未死之间》由福建永安东南出版社刊行。

陈荡编辑《评林语堂》由广西桂林光华书局刊行。

徐迟著《美文集》由重庆美学出版社刊行。

常风著《弃余集》由北京新民印书馆刊行。

缪钺著《缪钺文论甲集》由四川成都路明书店刊行。

阿杨著《新艺散谈》由福建崇安中国木刻用品合作工厂刊行。

乐风社编《乐风》(第16号)由重庆大东书局刊行。

冯沅君著《古优解》由重庆商务印书馆刊行。

按:是书为文史杂志社丛书之一。于1944年获第四届教育部学术审议委员会"补助学术研究及奖励著作发明奖"文学类三等奖。

孟津选注《鲁迅自传及其作品》由上海英文学会刊行。

杨之华主编《文坛史料》由上海中华日报社刊行。

王秋莹编《满洲新文学史料》由吉林长春开明图书公司刊行。

按：书中入选的有谷实的《满洲新文学年表》《满洲文艺书提要》、山丁的《十年来的小说界》、李文湘的《新诗十年》、九日的《一九三三年里满洲文坛的社》、摩西的《一年来满洲文坛的没落及史的观察》、吴瑛的《满洲女性文坛》等等。所选材料，从各个方面反映了东北沦陷区文坛的真实情况。此书是为数不多的东北沦陷区文学史料汇编，对于了解和研究东北沦陷区文学有较高的史料价值。(参见付祥喜《20世纪前期中国文学史写作编年研究》，北京师范大学出版社2013年版)

李长之著《北欧文学》由重庆商务印书馆刊行。

郑学稼著《苏联文学的变革》由重庆国民图书出版社刊行。

吕奇著《艺术与技术》由北京新民印书馆刊行。

丰子恺著《艺术与人生》由广西桂林民友书店刊行。

丰子恺著《艺术学习法及其他》由广西桂林民友书店刊行。

傅抱石著《怎样欣赏艺术》由重庆文风书局刊行，有萧同兹的序。

李长之著《中国画论体系及其批评》由重庆独立出版社刊行。

按：是书以宋元时代的画为依据，研究中国绘画上的主观问题，用具、对象问题，以及画论中的一般艺术问题。

丰子恺、吴甲原作《世态画集》由广西桂林文光书店刊行。

丰子恺作《人生漫画》由重庆崇德书店刊行，有作者自序。

沈叔羊著《国画六法新论》由重庆峨眉出版社刊行

诸宗元著《中国画学浅说》由重庆商务印书馆刊行。

俊彦编绘《图案字画手册》由广西桂林南光书店刊行。

张乐平、西崖等作《万象集》由福建崇安中国木刻用品合作工厂刊行。

周吉士编《图案字选集》由贵州中国美术工艺社刊行。

滨海农村社编，任迁乔画《翻身》由山东新华书店刊行。

胡季委、柯蓝作，笑俗、刘迅画《小曲子》(第1本)由新华书店刊行。

华北漫画协会编《南游记》由编者刊行。

唐英伟著《中国现代木刻史》由福建崇安中国木刻用品合作工厂刊行。

刘铁华编《中外木刻集》由重庆东方书店刊行。

安怀作《民族健康》由福建崇安中国木刻用品合作工厂刊行。

邰爽秋设计，尚莫宗、王琦绘刻《三兄弟踊跃从军》由重庆教育编译馆刊行。

按：是书为抗战建国长篇故事木刻画之一。

邰爽秋设计，尚莫宗、王琦绘刻《荣誉军人》由重庆教育编译馆刊行。

麦非、乐平著《爱与憎》由福建崇安中国木刻用品合作工厂刊行。

于右任著《标准草书范本千字文》由上海大众出版社刊行。

黄若舟著《行草通书》由重庆中华书局刊行。

刘延涛著《草书概论》由重庆说文社刊行部刊行，有于右任序。

陈百学编绘《超群美术字集》由文元书局刊行。

陈锐编绘《(1944)美术字手册》由广东科学书店刊行。

马衡著《我教你写字》由重庆文风书局刊行。

祝嘉选辑《书学格言》由重庆教育书店刊行。

周越然著《书书书》由上海中华日报社刊行。

沈士骏著《律吕透视》由重庆商务印书馆刊行。

夏白编著《简谱体系》（增订本）由重庆时代音乐社刊行。

刘雪厂作曲《湛露集》由四川璧山社教学院音乐组乐谱丛刊社刊行。

钟昭华编《儿童歌曲》由广西桂林华华书店刊行。

阮伯英编选《晨光歌选》（第1、5集）由重庆晨光书局刊行。

李宝璇编著《歌者之歌》由广西桂林建成书店刊行。

华莺、章淑编《儿童歌曲》由重庆作家书屋刊行。

王岳编，罗联元校订《名曲选粹》由编者刊行。

教育部音乐教育委员会编《国乐合奏曲集》由编者刊行。

舒模著《民主抗战进行曲》（舒模歌曲集）由重庆教育书店刊行。

鲁不敏编《新声》由广东新会刊行，有刘禹卓、陈嘉荣及编者序。

魏序伦、陈纫秋编《世界歌选》（第1集）由四川成都伟拉乐谱供应社刊行。

田禽著，汪子美绘图《我教你演戏》由重庆文风书局刊行。

私立西安夏声戏剧学校编《夏声戏剧学校旅行公演特刊》由编者刊行。

谷剑尘著《戏剧教育之理论与实际》由重庆商务印书馆刊行。

按：是书包括戏剧与教育的关系，戏剧对社会的反对特征功能和我们应取的对策，戏剧教育的认识、价值、特征和定义、六大路线，学校剧的研究，人员和专业，制度和行政、实施，怎样推进中国戏剧教育运动，各国戏剧教育运动概观等12章。

军委会政治部剧宣七队编《我们怎样演出法西斯细菌》刊行。

林如松编辑《四郎探母》由广西桂林非声平剧研究社刊行，有欧阳予倩、焦菊隐的序。

高梓、俞淑芬编著《踢踏舞》由重庆教育部特设体育师资训练所刊行。

江上鸥著《银国春秋》由四川成都联友出版社刊行。

蒋祖怡著《史学纂要》由重庆正中书局刊行。

按：是书分4编：1.绪言，简要论述"史"的意义和史书与史学。2.史书，分7章论述纪传、编年、纪事本末、国别、专史、杂史等体例的史书。3.史学，分7章论述史学略史、史学名著、史料、史料的去取、史学的关系等。4.余论，分注史与论史、史学之前瞻2章。

常乃德著《历史哲学论丛》由重庆商务印书馆刊行。

国立中央研究院历史语言研究所编《史料与史学》（第1册[上下册]）由重庆独立出版社刊行。

罗香林著《历史之认识》（甲集）由重庆独立出版社刊行。

黎东方著《中国历史通论》（春秋战国篇）由重庆国立编译馆刊行。

翦伯赞著《中国史纲》（第1卷）由重庆五十年代出版社刊行。

按：1941年至1943年，翦伯赞在30年代中国社会史论战的基础上，运用马克思主义唯物史观，系统地研究总结中国历史的发展规律，撰著《中国史纲》第一卷。这是关于中国史前史和殷周史的专著，是关于原始社会、奴隶社会和初期封建学说体系的一部力作。该书出版后，在文化界引起了巨大反响，重庆《新华日报》称之为"人的历史，真的历史"。（《民国学案》第二卷《翦伯赞学案》）

傅振伦著《中国史学概要》由重庆史学书局刊行。

按：是书分10章，论述史之解释、史官建置、史学起源、史书名目、流别、史体得失、史籍名著举要、史学上两大思想家、史籍之整理等。

金毓黻著《中国史学史》由重庆国立编译馆刊行。

汪啸凡著《中国历代兴亡鉴》由重庆拔提书店刊行。

俞剑华著《中华民族史》由国民出版社刊行。

陈竺同著《中国文化史略》由广西桂林文化书店、上海文光书店刊行。

姚宝猷著《中国丝绸西传史》由重庆商务印书馆刊行。

按：是书分中国丝绸的起源、西传之路线、汉代西人对丝国及丝绸之观感、西方语言中有关"赛里斯"诸字的语源及蜕变、桑蚕种子之西传和西方丝业之发展、古代贩运丝绢之民族等问题，共7章。

方豪著《中外文化交通史论丛》(第1辑)由重庆独立出版社刊行。

梁盛志著《汉学东渐丛考》由北平中国留日同学会刊行。

胡厚宣著《甲骨学商史论丛初集》由齐鲁大学国学研究所刊行。

按：是书收录作者的《殷代封建制度考》《殷代婚姻家族宗法生育制度考》《殷非奴隶社会论》《殷代焚田说》《殷代方考》《殷代之天神崇拜》《殷代年岁称谓考》《甲骨文四方风名考证》《论殷代五方观念及中国称谓之起源》《卜辞下乙说》《殷人疾病考》《殷人占梦考》《武丁时五种记事刻辞考》《殷代卜龟之来源》《卜辞地名与古人居丘说》等文章。

黎东方著《先秦史》由重庆商务印书馆刊行。

瞿兑之著《秦汉史纂》由上海中国联合出版公司刊行。

按：是书分秦、秦楚之际、汉、新(王莽新朝)、两汉之际、东汉6部分。叙述各时期政治、经济、军事状况及各种制度。

吴泽著《古代史》(殷代奴隶制社会史)由上海棠棣出版社刊行。

刘朝阳著《周书历法考》由四川成都华西协和大学中国文化研究所刊行。

陈梦韶著《大同新论》由福建永安中国学术研究社刊行。

王梦鸥选注《大小戴记选注》由重庆正中书局刊行。

姚薇元著《廿四史解题》由重庆中国出版社刊行。

张荫麟著《东汉前中国史纲》由重庆青年书店刊行。

卫聚贤著《诸葛亮征八莫》由重庆说文社刊行部刊行。

王叔著《三唐辑要》由著者刊行。

罗香林著《唐代文化史研究》由重庆商务印书馆刊行。

朱希祖著《伪齐录校补》由重庆独立出版社刊行。

叶青等著《关于甲申三百年祭及其他》由重庆独立出版社刊行。

萧一山著《清史大纲》由重庆经世学社刊行。

归静先著《清代文献纪略》由重庆人文书店刊行。

简又文著《金田之游及其他》(太平天国杂记2辑)由重庆商务印书馆刊行。

朱谦之著《太平天国革命文化史》由江西赣县中华正气出版社刊行。

按：是书分太平天国史料及其研究方法、太平天国革命文化之背景、太平天国革命文化之面面观3章。

陆曼炎编《中华民国开国前革命文献》由名山出版公司刊行。

陆曼炎著《革命春秋》由重庆大华书局刊行。

赵泉天编著《东北问题与世界和平》由重庆南方印书馆刊行。

时事研究会编《九一八以来国内风云录》由编者刊行。

叶剑英著《中共抗战一般情况的介绍》由延安解放社、太行新华日报刊行。

太行新华日报编《敌人口中的八路军新四军与中国共产党》由新华书店、太岳新华书店、渤海日报社刊行。

郭祖光编《蒋罗邱在开罗（附德黑兰会议内幕）》由广东曲江大道文化事业公司刊行。

张治中著《关于中共问题商谈经过》刊行。

柴绍武编著《反攻日本论》由福建南平战时文化供应社、总动员出版社刊行。

中国国民党中央执行委员会宣传部编《抗战第七周年纪念册》由重庆国民图书出版社刊行。

马毅著，东北四省抗敌协会编辑《东北现势》由重庆独立出版社刊行。

察哈尔省政府秘书处编《察哈尔省敌奸伪概况》由洛阳编者刊行。

中国民族学会编《中国民族学会十周年纪念论文集》由四川成都编者刊行。

蒙藏委员会调查室著《玉树二十五族调查报告》由著者刊行。

赤峰、胡庆钧著《藏苗两区采风记》由重庆中周出版社刊行。

徐益棠著《雷波小凉山之罗民》由金陵大学中国文化研究所刊行。

范义田著《云南古代民族之史的分析》由重庆商务印书馆刊行。

许崇灏编撰《新疆志略》由上海正中书局刊行。

温延龄编《浙西初期抗战史话》由浙西民族文化馆刊行。

三民主义青年团中央团部编《台湾研究》由编者刊行。

北碚修志委员会编《创修北碚志缘起》由北碚北泉图书馆刊行。

汶川县政府编《汶川县县志》（卷一）由编者刊行。

陈正飞编《二次世界大战史料（第三年）》由重庆大时代书局刊行。

史明编《罗斯福斯大林丘吉尔战时言论集》由重庆新华日报图书课刊行。

中国国际联盟同志会编《有关战后世界和平安全文献》由重庆史学书局刊行。

抗战日报社编《世界的新面貌》由编者刊行。

简柏邨等著《第二战场与太平洋》由重庆太平洋问题研究会刊行。

羊枣著《太平洋战争新局势》由战时中国出版社刊行。

何达编《亚洲文化论丛》（第 3—4 辑）由北平亚洲文化学会刊行。

马义编著《朝鲜革命史话》由自由东方社刊行。

洪启翔著《日本历史概论》由重庆国民图书出版社刊行。

朱谦之著《扶桑国考证》由重庆商务印书馆刊行。

蔡文星编著《泰国近代史略》由重庆正中书局刊行。

刘伯奎著《马来人及其文化》由重庆商务印书馆刊行。

陈钟浩著《欧亚风云中之土耳其》由陕西西安新中国文化出版社刊行。

阎宗临著《欧洲文化史论要》由广西桂林文化供应社刊行。

吴清友著《苏联史地》由重庆商务印书馆刊行。

屈武著《论苏德战争》由重庆中苏文化协会编译委员会刊行。

刘文岛著《意大利史地》由重庆商务印书馆刊行。

骆介子著《澳洲建国史》由重庆商务印书馆刊行。

张丹子主编《中国名人年鉴》由上海中国名人年鉴社刊行。

李元信编纂《环球中国名人传略》（上海工商各界之部）由上海环球出版社刊行。

按：是书收录上海各界有成就的名人小传 279 篇。

罗廷光著《中国的大教育家》由重庆青年出版社刊行。

郭垣著《中国八大理财家》由重庆史学书局刊行。

按:是书介绍中国历史上八大理财家管仲、商鞅、桑弘羊、王莽、刘晏、杨炎、王安石、张居正等的事迹。

钱穆、姚汉原编著《黄帝》由重庆胜利出版社刊行。

按:是书是在特殊背景下基于强化民族共同体认同感需要而编撰的,作者充分认同黄帝是中华文明的奠基者和创始人,其后的尧舜禹汤、文武周公,一脉相传,形成道统,即文化传统的传授者。这实际上是对远古黄帝神话传说时代的"历史化"重构,此书《弁言》开篇有言:"史者一成而不变,而治史者则每随时变而异其求,故治史之难,莫难于时变之方新。"

张默生编著《老子》由重庆胜利出版社刊行。

黎东方著《孔子》由重庆胜利出版社刊行。

沈荣龄编《孔子故事》由重庆中华书局刊行。

杨杰著《孙武子》由重庆胜利出版社刊行。

卫聚贤编著《勾践》由重庆胜利出版社刊行。

顾颉刚编著《秦始皇帝》由重庆胜利出版社刊行。

龚骏著《张骞传》由重庆商务印书馆刊行。

祝秀侠编著《诸葛亮》由重庆胜利出版社刊行。

苏渊雷编著《玄奘》由重庆胜利出版社刊行。

梁启超著《王荆公》由重庆中华书局刊行。

邓恭三著《陈龙川传》由重庆独立出版社刊行。

邓恭三著《韩世忠年谱》由重庆独立出版社刊行。

孙毓修原编,郭箴一改编《岳飞》由重庆商务印书馆刊行。

卫聚贤编著《杨家将及其考证(附杨文广平蛮)》由重庆说文社刊行。

卫聚贤著《薛仁贵征东考》由重庆说文社刊行。

方豪编《徐光启》由重庆胜利出版社刊行。

吴晗编著《明太祖》由重庆胜利出版社刊行。

按:是书分5章,着重阐述其政治、经济、文化、人事等政策,并介绍朱元璋的家庭生活和个人性格。

吴晗著《由僧钵到皇权》由重庆在创出版社刊行。

朱东润著《王守仁大传》成书,原稿分装3册,留江苏泰兴,未付刊。

陈启天著《张居正评传》(修订本)由重庆中华书局刊行。

余守德编著《张江陵传》由重庆正中书局刊行。

方豪著《徐光启》由重庆胜利出版社刊行。

李庆成、周静安著《秦良玉》由重庆说文社刊行。

胡秋原著《宋元学案明儒学案节补》由重庆中央周刊社刊行。

张惟骧编《清代毗邻名人小传稿》由上海常州旅沪同乡会刊行。

张惟骧编《毗陵名人疑年录》由上海常州旅沪同乡会刊行。

何贻焜著《亭林学术述评》由重庆正中书局刊行。

侯外庐著《船山学案》由重庆三友书店刊行。

许同莘编《张文襄公年谱》由重庆商务印书馆刊行。

萧一山著《曾国藩》由重庆胜利出版社刊行。

范文澜著《汉奸刽子手曾国藩的一生》由华中新华书店刊行。

杨振锷著《杨淇园先生年谱》由重庆商务印书馆刊行。

罗尔纲编著《洪秀全》由重庆胜利出版社刊行。

吴其昌著《梁启超》由重庆胜利出版社刊行。

方中阳编绘《中国现代伟人像》由艺术出版社刊行。

按：是书收录孙中山、蒋介石、宋美龄、宋子文、孙科、居正、孔祥熙等人的像30幅。

郑余德编著《中国之命运历史人物考》由浙江群力书店刊行。

按：是书对蒋介石所著《中国之命运》中涉及的中外人物67人的生平事迹略加以介绍，以朝代先后为序。传略前有蒋介石年谱。

龚国熊编著《中国远征英雄传》由四川成都华夏出版社刊行。

八路军留守兵团政治部编《留守兵团的英雄和模范》由编者刊行。

八路军留守兵团政治部编《部队劳动英雄的代表》由编者刊行。

雷鸣著《汪精卫先生传》由上海政治月刊社刊行。

周彬编著《十个民族英雄》由浙江中国史学研究社刊行。

姚海舫编著《中华四英雄传》由重庆人文书店刊行。

刘克编《抗战中的阎百川将军》由太原学习社刊行。

刘克著《战斗英雄铁军人侯米贵》由学习社刊行。

山东新华书店编《青工劳动英雄曹国兴》由山东济南编者刊行。

陶百川著《蒋主席的生活和生活观》由重庆中周出版社刊行。

中国国民党中央执行委员会训练委员会编《总裁言行》由重庆正中书局刊行。

李烈钧著《李烈钧将军自传》由三户图书社刊行。

陈乃乾编《阳湖赵惠甫先生年谱》由上海中国联合出版公司刊行。

贵州省政府教育厅编《贵州名贤传》由贵阳文通书局刊行。

严竹书编著《转瞬五十》由成都编著者刊行。

赵敏恒著《采访十五年》由重庆天地出版社刊行。

丁福保著《畴隐居士七十自叙》由上海中华书局刊行。

林子青编《弘一大师年谱》由中日文化协会上海分会刊行。

陈邦直著《罗振玉传》由吉林长春"满日文化协会"刊行。

罗尔纲著《师门辱教记》由广西桂林建设书店刊行。

按：是书乃罗尔纲应广西桂林文化供应社总编辑钱实甫之约而撰写的自传。作者在书中说："这是因为我著的《太平天国史纲》于1937年春出版了，适之师严厉地训饬我偏于太平天国，有背史家严正的立场。那时候，许多太平天国史料还没发现，我也和当时的人们一样以为杀人放火，抢劫掳掠，是太平天国干的。所以我沉痛地感到有负师教与他对我的希望，因把此书叫做《师门辱教记》。"

陈荡编辑《评林语堂文集》由广西桂林光华书局刊行。

李嵩年编《中国电影演员小史》由上海中华文化出版公司刊行。

王芄生著《一个平凡党员的回忆与自我检讨》刊行。

陕甘宁边区政府办公厅编《医药卫生的模范》由编者刊行。

孟繁彬著《转移》由晋绥边区吕梁文化教育出版社刊行。

叔寒编《海陆空风云人物——欧亚非战场名将剪影》由重庆读书出版社刊行。

按：是书分为"远东战场""苏德战场""欧洲战场""地中海战场"4部分。介绍马歇尔、麦克阿瑟、蒙巴顿、尼米兹、奥金莱克、海尔赛、史迪威、陈纳德、卡森、伏罗希罗夫、朱可夫、布琼尼、罗科索夫斯基、崔可夫、艾森豪威尔、蒙哥马利、杜立特、威尔逊、亚历山大、吉罗、魏德迈、巴顿等30名将领简历。

杨绩荪编《盟国主干人物传记》由安徽华中出版社刊行。

按：是书收录美、英、苏、法、捷、意、菲、印度、朝等国重要政治、军事人物传记49篇。

郑学稼著《拿破仑的生活》由重庆天地出版社刊行。

陈国桦编著《美国金融家成功小史》由四川成都正声书局刊行。

李慕白著《莎士比亚评传》由重庆中国文化服务社刊行。

法喜居士编《大雄传》由上海大雄书店刊行。

按：大雄是梵文的意译，古印度佛教徒用为教主释迦牟尼的尊称，意为像大勇士一样无畏无惧。是书叙述了释迦牟尼一生的事略。

沈兼士著《石鼓文研究三事质疑》由辅仁大学辅仁学志社刊行。

劳幹著《居延汉简考释》由中央研究院历史语言研究所刊行。

杨大钊编著《禹贡地理今释》由重庆正中书局刊行。

王成祖著《地理学》由重庆商务印书馆刊行。

封开基著《国际地理》由白沙奎斯文化服务社大学先修班合作社刊行。

戴介民编著《世界地理故事》由重庆正中书局刊行。

吴永成著《本国地理大纲》由重庆路明书店刊行。

贺湄著《中国地理讲话》由广西桂林实学书局刊行。

任美锷编著《中国地理大纲》由上海正中书局刊行。

蒋君章等著《中国边疆地理》由重庆文信书局刊行。

易宜曲著《少年地理故事》由广西桂林文林书店刊行。

史念海著《中国的运河》由重庆史学书局刊行。

国立东北大学《东北要览》由三台国立东北大学出版组刊行。

武尚权著《东北地理与民族生存之关系》由重庆独立出版社刊行。

周幼海著《日本概观》由上海新生命社刊行。

马友三著《日本之透视》由重庆独立出版社刊行。

陈正祥编著《南洋地理》由重庆独立出版社刊行。

南美农夫著《回溯南游》刊行。

蒋君章著《缅甸地理》由重庆建设出版社刊行。

华北政务委员会总务厅情报局编《菲律宾共和国》由编者刊行。

陈正祥编著《印度地理》由重庆正中书局刊行。

金念祖编著《印度概况》由重庆正中书局刊行。

黄觉寺著《欧游之什》由编者刊行。

胡焕庸著《德国地理》由重庆京华印书馆刊行。

王云五著《战时英国》由重庆商务印书馆刊行。

赵敏恒著《伦敦去来》由江苏南京新民报总社刊行。

萧立坤著《游美指南》由重庆中华书局刊行。

黄珍吾著《游美考察记》刊行。

蒙藏委员会调查室编《果洛调查报告》由编者刊行。

宋家泰著《柴达木盆地》由重庆中央大学研究院刊行。

汪昭声著《到新疆去》由编者刊行。

周荫棠编著《台湾郡县建里志》由重庆正中书局刊行。

王子毅著《台湾》由重庆自由出版社刊行。

文学研究社编《国学常识问答》由大新书局刊行。

苏渊雷编《经世文综》(3 版)由黄中出版社刊行。

万言编《中国要览》(19 版)由文言出版社刊行。

故宫博物院文献馆编《故宫博物院十九周年纪念文献专刊》由北平编者刊行。

向宗鲁著《校雠学》由重庆商务印书馆刊行,有王利器的序。

陆曼炎著《中国七大典籍纂修考》由文信书店刊行。

马哲民著《大学月刊社论集》由成都大学印书局刊行。

四川省政府教育厅主编《学术讲演集》(第 18 辑)由编者刊行。

四川省政府教育厅主编《学术讲演集》(第 19 辑)由编者刊行。

燕京大学国学研究所等编《中国文化研究汇刊》(第 4 卷上下册)由编者刊行。

朱翊新编《生活常识集成(日用必备)》由上海世界书局刊行。

申报年鉴社编《申报年鉴》(民国三十三年度)由编者刊行。

裘开明著《中国图书编目法》由重庆商务印书馆刊行,有王云五的序及自序。

潘承弼、顾廷龙著《明代版本图录初编》由开明书店刊行。

张惟骧编《清代毗邻书目》由常州旅沪同乡会刊行。

北京中法汉学研究所编《明代版画书籍展览会目录》由编者刊行。

方树梅著《明清滇人著述书目》由国立云南大学西南文化研究室刊行。

国立武汉大学编《国立武汉大学教员著作一览》由编者刊行。

中华书局编《中华书局图书目录(重编第 12 号)》由编者刊行。

中法汉学研究所编《中法汉学研究所工作概况》由编者刊行。

中法汉学研究所编《春秋繁露通检》由北平中法汉学研究所刊行。

蒋星煜编《作家笔名索引》由重庆燎原出版社刊行。

(伪)北京特别市剿共委员会编《教师的使命》(社会小丛书)由北平编者刊行。

(伪)中央电报社刊行委员会编《中国文教建设问题》由编者刊行。

(伪)华北政务委员会总务厅情报局编《电影检阅论》由编者刊行。

(伪)华北政务委员会总务厅情报局编《国府汪主席行述》由编者刊行。

(伪)江苏省政府教育厅编《两年来之江苏教育》由编者刊行。

[美]卡耐基著,王维义译《应付人的技术》由上海世界书局刊行。

[美]迈尔士著,谭文山译《儿童人格之培养》由重庆正中书局刊行。

按:是书根据生动的事例和实践经验,分析儿童的智能、态度、感情、对环境的反映、观察问题的方法等,论述儿童人格的培养方法。全书分 12 章。

[美]哥登回事著,陆德音译《社会科学史纲》(第 5 册文化人类学)由商务印书馆刊行。

[美]桑格著,赵元任夫人译《女子应有的知识》由重庆商务印书馆刊行。

[美]阿朋德等著,中央宣传部国际宣传处译《如何处置战败后的日本》由重庆国际编译

社刊行。

　　[美]胡佛著，彭荣仁译《持久和平问题》由重庆独立出版社刊行。

　　[美]葛利士著《一个美国朋友给中国的一封信》刊行。

　　[美]欧文等著，王学哲译述《英国人之生活与思想》由重庆商务印书馆刊行。

　　[美]赖维世著，张正鹄译《捷克的民主政治》由重庆国际编译社刊行。

　　[美]佛莱特烈克·威尔著，钱今葛译《萌动中的美国革命》由上海新申报馆刊行。

　　[美]马罕著，蔡鸿干译《海军战略》由海军第二工厂学术研究室刊行。

　　[美]洛温著，程希孟译述《第二次世界大战之经济后果》由重庆商务印书馆刊行。

　　[美]司温雷著，杨天全译《币值变动时之会计》由重庆文信书局刊行。

　　[美]伊利、魏东方著，李树青译《土地经济学》由重庆商务印书馆刊行。

　　[美]伊顿讲，金之杰译记《工业管理漫谈》由重庆中华书局刊行。

　　[美]哥尔德著，荃麟注释《碾煤机》由重庆开明书店刊行。

　　[美]锐甫著，孙邦正译《中学教学法》由重庆商务印书馆刊行。

　　[美]艾德勒著，张静斯译《读书方法论》由重庆大华书局刊行。

　　[美]项美丽著，林疑今译注《中尉麦敏》（英汉对照文艺丛刊）由重庆新中国文化社刊行。

　　[美]斯坦恩培克著，胡仲持译《约翰熊的耳朵》（英汉对照文艺丛刊 3）由广西桂林文范出版社刊行。

　　[美]赛珍珠著，柳无垢译注《（英汉对照）敌人》（现代英语自学丛书）由广西桂林现代外国语文出版社刊行。

　　[美]德莱赛著，黄药眠译《永逝了的菲比》（英汉对照小丛书）由广西桂林文化供应社刊行。

　　[美]包尔温著，何公超译注《林肯传》（晨光英汉对照丛书）由上海晨光书局刊行。

　　[美]S. A. Nock、[德]H. Mutschmann 编，钱歌川译注《实用中美会话》由重庆中华书局刊行。

　　[美]加尔·凡·多兰著，胡曦译《现代美国的小说》由重庆新生图书文具公司刊行。

　　[美]巴斯莱选编，张静译《现代美国幽默文选》由重庆五十年代出版社刊行。

　　[美]克罗泽尔等著，李霁野译注《忙里偷闲》（嘉陵文学小丛书 1）由重庆新知书店刊行。

　　[美]惠特曼著，高寒译《大路之歌》由重庆读书出版社刊行。

　　[美]奥达茨著，冯亦代译《千金之子》由重庆美学出版社刊行。

　　[美]J. Kirkland 改编，贺孟斧译《烟草路》由重庆群益出版社刊行。

　　[美]德莱赛著，钟宪民译《情网》由重庆光华出版社刊行。

　　[美]德莱赛著，钟宪民译《人间悲剧》由重庆建国书店刊行。

　　[美]埃立克·奈特著，余涛译《飞》由重庆华联出版社刊行。

　　[美]萨洛扬著，柳无垢译《人类的喜剧》由重庆文光书店刊行。

　　[美]卡丽赛著，李素译《秋来时候》由重庆国际编译社刊行。

　　[美]勃福朗特著，史大俊译《怪水手》由上海万有书店刊行。

　　[美]约翰·雷特著，郭有光译《震撼世界的十日》由重庆美学出版社刊行。

　　[美]兴笃斯著，胡仲持、达史、赫生译《俄罗斯母亲》由广西桂林文化供应社刊行。

〔美〕威廉·魏特著，林德伟译《空中皇后》由四川成都正声书局刊行。

〔美〕艾达·施伯著，贾午译《巴黎地下二妇女》由重庆时与潮书店刊行。

〔美〕托里舍斯著，张冀声译《东京日记》由重庆五十年代出版社刊行。

〔美〕柏涅特著，陈伯吹译《蓝花国》由重庆中华书局刊行。

〔美〕包尔温著，张镜潭译注《富兰克林传》（英汉对照丛书）由上海晨光书局刊行。

〔苏〕赫利桑福夫等著《国际舆论选》由苏中出版社刊行。

〔苏〕罗克兴著，余长河译《苏联的工业》由重庆中华书局刊行。

〔苏〕佛提阿夫斯基著，董任坚译《苏联托儿学校与父母教育》由上海世界书局刊行。

〔苏〕卫·毛希科夫斯基著，钟斌译《苏联的跳伞上滑翔运动》由广东刊行。

〔苏〕I.涅察叶夫著，沈西山译《化学武器的故事》由广西桂林实学书局刊行。

〔俄〕江布尔等著，黄药眠译《沙多霞》（苏联抗战诗歌选）由重庆峨眉出版社刊行。

〔俄〕路斯赫威里著，侍桁、北芒译《英雄与美人》由重庆文风书局刊行。

〔俄〕路斯赫威里著，侍桁、北芒译《虎皮骑士》由重庆文风书局刊行。

〔俄〕罗司泰凡里著，李霁野译《虎皮武士》由重庆南方印书馆刊行。

〔俄〕江布尔著，李葳编译《给静静的顿河的儿子》由重庆骆驼社刊行。

〔俄〕托尔斯泰著，芳信译《黑暗之势力》（五幕剧）由上海世界书局刊行。

〔俄〕米哈·柴霍甫著，胡随译《海鸥》由重庆南方印书馆刊行。

〔俄〕契诃夫著，丽尼译《万尼亚舅舅》由重庆文化生活出版社刊行。

〔俄〕米哈·柴霍甫著，芳信译《樱桃园》由上海世界书局刊行。

〔苏〕高尔基著，芳信译《下层》由上海世界书局刊行。

〔俄〕安得烈夫著，芳信译《大学教授》（四幕悲剧）由上海世界书局刊行。

〔俄〕卡泰耶夫著，芳信译《新婚交响曲》（三幕剧）由上海世界书局刊行。

〔俄〕葛里伯夫著，朱梅隽译《新女性》由重庆人文书店刊行。

〔俄〕李昂诺夫著，曹靖华译《侵略》由重庆东南出版社刊行。

〔俄〕K.西蒙诺夫著，孙师毅改订《为国争光》由重庆美学出版社刊行。

〔俄〕西蒙诺夫著，曹靖华译《望穿秋水》由重庆新地出版社刊行。

〔俄〕斯华金斯基著，芳信译《少校夫人》由上海世界书局刊行。

〔俄〕科尔内楚克著，萧三译《前线》由新华书店刊行。

〔俄〕高涅楚克著，萧三译《前线》由山西太行新华书店日报社刊行。

〔俄〕考纳丘克著，聊伊译《前线》由重庆新知书店刊行。

〔俄〕左琴科等著，曹靖华辑译《哑爱》由重庆生生出版社刊行。

〔俄〕班菲罗夫等著，王元译《死后》由重庆新知书店刊行。

〔俄〕瓦希列夫斯卡等著，林举岱译《在乌克兰的草舍中》由广西桂林文光书店刊行。

〔俄〕科希夫尼可夫等著，罕全译《苏联抗战故事集》由福建南平国民出版社刊行。

〔俄〕普式庚著，孙用译《甲必丹女儿》由福建永安东南出版社刊行。

〔俄〕普式庚著，立波译《复仇艳遇》由广西桂林文学出版社刊行。

〔俄〕普式庚著，孟十还译《杜勃洛夫斯基》由重庆文化生活出版社刊行。

〔俄〕A.普式庚著，吕荧译《欧根·奥涅金》（诗体小说）由重庆云圃书屋刊行。

〔俄〕果戈理著，之江译《续死魂灵》由四川成都译者书店刊行。

［苏］莱蒙托夫著,小畏译《当代英雄》由重庆星球出版社刊行。

［俄］屠格涅夫著,齐蜀夫译《初恋》由重庆世界出版社刊行。

［俄］屠格涅夫著,橘林译《情之所钟》由重庆正风出版社刊行。

［俄］屠格涅夫著,李葳译《阿霞小姐》由重庆骆驼社刊行。

［俄］屠格涅夫著,巴金译《处女地》由重庆文化生活出版社刊行。

［俄］陀思妥耶夫斯基著,高滔、宜闲译《白痴》由广西桂林文光书店刊行。

［俄］托尔斯泰著,高植译《幼年·少年·青年》由重庆文化生活出版社刊行。

［俄］托尔斯泰著,方敬译《伊凡·伊里奇之死》由重庆文化生活出版社刊行。

［俄］托尔斯泰著,侍桁译《哥萨克人》由重庆文风书局刊行。

［俄］托尔斯泰著,马耳译《结婚的幸福》由重庆大时代书局刊行。

［俄］托尔斯泰著,马耳译《农奴的故事》由重庆美学出版社刊行。

［俄］托尔斯泰著,周笕等译《安娜·卡列尼娜》由广西桂林文学出版社刊行。

［俄］契诃夫著,金人译《草原》由广西桂林光明书局刊行。

［苏］高尔基著,鲁迅译《俄罗斯童话》由重庆文化生活出版社刊行。

［苏］高尔基著,以群译《英雄的故事》由重庆上海杂志公司刊行。

［苏］高尔基著,姚篷子译《我的童年》由重庆上海杂志公司刊行。

［苏］高尔基著,凌宵译《童年》由重庆联益出版社刊行。

［苏］高尔基著,胡明译《我的大学》由广西桂林上海杂志公司刊行。

［苏］高尔基著,适夷译《老板》由重庆上海杂志公司刊行。

［苏］高尔基著,汝龙译《阿托莫诺夫》由重庆文化生活出版社刊行。

［俄］格罗斯曼著,林陵译《不朽的人民》由广西桂林文光书店刊行。

［俄］爱达诺夫著,李育中译《拿破仑之死》由广西桂林文献出版社刊行。

［俄］史维卡著,李葳译《母地》由四川成都自力书局刊行。

［俄］托尔斯泰著,徐迟译《托尔斯泰散文集》由重庆美学出版社刊行。

［俄］克拉索文等著,何家槐译《齿轮》由广西桂林文苑出版社刊行。

［俄］筛特林著,徐昌霖编,汪子美绘图《兔和狼的故事》由重庆建国书店刊行。

［俄］托尔斯泰著,邹荻帆译《鹰与鸡》由重庆建国书店刊行。

［俄］Stepniak 著,陈伯吹译《一文奇怪的钱》由重庆中华书局刊行。

［苏］波契卡列夫著,稽古译《俄罗斯历代名将概论》由莫斯科外国文书籍出版局出版。

［俄］普式庚著,孟十还译《杜勃洛夫斯基》由重庆文化生活出版社刊行。

［俄］托马舍夫斯基著,吴保泰译《普法战史》由陆军大学校刊行。

［俄］托马舍夫斯基讲述,孔祥铎译《日俄战史讲义》由陆军大学刊行。

［苏］高尔基著,汝龙译《阿托莫诺夫一家》由重庆文化生活出版社刊行。

［英］培根著,张荫桐编译《培根道德哲学论文集》由重庆中图文化服务社刊行。

［英］M. 道生著,章申译《欧柏林传》由四川成都基督教联合出版社刊行。

［英］司托浦司著,李小峰译《结婚的爱》由新文化服务社刊行。

［英］哈顿著,实甫译《结婚的性艺术》由福建十日谈社刊行。

［英］爱恩济格著,顾重寿译《战后和平的保障》由重庆独立出版社刊行。

［英］罗郎·艾文思著,蕴文译《和平的前奏》由重庆独立出版社刊行。

〔英〕摩尔著,刘麟生译《乌托邦》由上海商务印书馆刊行。

〔英〕戴乐著,王世宪译《英国高级文官》由重庆商务印书馆刊行。

〔英〕霍克氏著,王可襄译《英国陆海空军新论》由重庆商务时报社刊行。

〔英〕庇古著,高叔平、周华章译《社会主义与资本主义》由中华书局刊行。

〔英〕佛尼威尔著,王泰译《缅甸社会经济史纲要》由重庆商务印书馆刊行。

〔英〕戴维斯著,郭垣译《经济统计》由重庆三友书店刊行。

〔英〕查理·马吉著,张澍霖译《战后工业》由重庆中国工业经济研究所刊行。

〔英〕欧兹著,钱歌川译注《房客》由重庆文津社刊行。

〔英〕马夏尔、沙卜著,杨承芳译《英语教程》由广西桂林文化供应社刊行。

〔英〕卢克斯等著,钱歌川译注《现代英文选》由重庆文津社刊行。

〔英〕哈代著,钟宪民译《娱妻记》(英汉对照丛书 3)由重庆万光书局刊行。

〔英〕C. 兰姆、M. 兰姆改编,之堇、之江译《(英汉对照)铸情》由四川成都译者书店刊行。

〔英〕攸里辟得斯著,罗念生译《特罗亚妇女》由重庆商务印书馆刊行。

〔英〕莎士比亚著,曹未风译《汉姆莱特》由贵州贵阳文通书局刊行。

〔英〕莎士比亚著,曹禺译《柔密欧与幽丽叶》由重庆文化生活出版社刊行。

〔英〕莎士比亚著,曹未风译《错中错》由贵州贵阳文通书局刊行。

〔英〕莎士比亚著,杨晖译《雅典人台满》由重庆新地出版社刊行。

〔英〕莎士比亚著,邱存真译《知法犯法》由重庆商羊书屋刊行。

〔英〕雪莱著,方然译《沈茜》(五幕悲剧)由重庆新地出版社刊行。

〔英〕雪莱著,方然译《解放了的普罗米修斯》(四幕诗剧)由广西桂林雅典书屋刊行。

〔英〕萧伯纳著,朱文振译《康第达》由重庆青年书店刊行。

〔英〕巴蕾著,毕垎译《名门街》由重庆青年书店刊行。

〔英〕司各脱著,陈原译《劫后英雄记》(上册)由重庆五十年代出版社刊行。

〔英〕狄更司著,邹绿芷译《黄昏的故事》由重庆自强出版社刊行。

〔英〕哈代著,吕天石译《黛丝姑娘》(上下册)由重庆正风出版社刊行。

〔英〕柯南道尔著,因以、虚生译《福尔摩斯探案新编》由重庆进文书店刊行。

〔英〕大卫·加德纳著,叶琼译《父与女》由重庆华联出版社刊行。

〔英〕奈维尔·休特著,吴奚真译《花衣吹笛人》由重庆时与潮书店刊行。

〔英〕杜·莫洛亚著,林疑今译《丽贝珈》由重庆五十年代出版社刊行。

〔英〕爱狄密勒著,李冰梅译《冒险的故事》由福建天行社总社刊行。

〔英〕巴士德著,默君译《纳粹女间谍》由重庆五十年代出版社刊行。

〔英〕约翰·摩理斯著,王鹤仪译《自东京归来》由重庆商务印书馆刊行。

〔英〕霍德逊著,李成一译《沙漠前线》由重庆五十年代出版社刊行。

〔英〕R. Kipling 著,陈伯吹译《神通伏象记》由重庆中华书局刊行。

〔英〕尼司蓓蒂著,陈伯吹译《出卖心的人》由重庆中华书局刊行。

〔英〕阿尔麦·莫德著,徐迟译《托尔斯泰传》(第 1—3 部)由重庆国讯书店刊行。

〔英〕G. E. Harvey 著,李意等译《缅甸史纲》由云南昆明国立云南大学西南文化研究室刊行。

〔英〕钮碧君著,王勤堉译《近代地理学》由重庆商务印书馆刊行。

按：是书共有9章。论述近代地理学的起源、地形和侵蚀作用、气候和天气、欧美动植物的分布、动植物的养殖、人种的起源与分布、物产的分布和工业、城市系统的分布等问题。

[法]罗曼·罗兰著,俞庆赉译《卢骚》由福建永安改进出版社刊行。

[法]莫洛亚著,李木译《生活的艺术》由天津李木书店刊行。

[法]约斯兰著,王伯琦译《权利相对论》由上海中华书局刊行。

[法]狄·诺斯著,万歌译《爱弥儿·左拉》由重庆群益出版社刊行。

[法]高乃意著,焦菊隐译《希德》由重庆青年中国出版社刊行。

[法]罗曼·罗兰著,贺之才译《爱与死之赌》由上海世界书局刊行。

[法]罗曼·罗兰著,贺之才译《群狼》由上海世界书局刊行。

[法]罗曼·罗兰著,贺之才译《丹东》由上海世界书局刊行。

[法]罗曼·罗兰著,贺之才译《李柳丽》由上海世界书局刊行。

[法]罗曼·罗兰著,贺之才译《圣路易》由上海世界书局刊行。

[法]罗曼·罗兰著,贺之才译《哀尔帝》由上海世界书局刊行。

[法]罗曼·罗兰著,贺之才译《理智之胜利》由上海世界书局刊行。

[法]莫泊桑著,徐蔚南译《两渔夫及项圈》(英汉对照丛书2)由重庆万光书局刊行。

[法]斯丹达尔著,赵瑞蕻译《红与黑》(第1分册)由重庆作家书屋刊行。

[法]巴尔扎克著,韩云波译《犹金妮》由重庆文信书局刊行。

[法]巴尔扎克著,穆木天译《二诗人》由广西桂林耕耘出版社刊行。

[法]巴尔扎克著,穆木天译《巴黎烟云》(上册)由广西桂林耕耘出版社刊行

[法]雨果著,微林译《悲惨世界》(上下册)由重庆自强出版社刊行。

[法]乔治桑著,鲍屡平译《魔沼》由重庆商务印书馆刊行。

[法]弗洛贝尔著,李劼人译《马丹波娃利》(上中下册)由重庆作家书屋刊行。

[法]小仲马著,林琴南译《茶花女遗事》由重庆文力书局刊行。

[法]左拉著,倪明译《萌芽》(上下册)由广西桂林新光书店刊行。

[法]左拉著,马宗融、李劼人译《梦》由重庆作家书屋刊行。

[法]莫泊桑著,徐蔚南译《老处女》由重庆现代出版社刊行。

[法]莫泊桑著,徐蔚南译《新婚之夜》由重庆大华书局刊行。

[法]莫泊桑著,李劼人译《人心》由重庆作家书屋刊行。

[法]莫泊桑著,黎烈文译《两兄弟》由重庆文化生活出版社刊行。

[法]洛蒂著,徐霞村译《菊子夫人》由重庆正风出版社刊行。

[法]古尔蒙著,姚蓬子译《处女的心》由重庆作家书屋刊行。

[法]勒白朗著,林俊平译《七心奇案》由四川成都环球书报社刊行。

[法]罗曼·罗兰著,钟宪民、齐蜀夫译《若望·葛利斯朵夫》由重庆世界出版社刊行。

[法]纪德著,陈占元译《妇人学校》由广西桂林明日社刊行。

[法]纪德著,金满城译《女性的风格》由重庆作家书屋刊行。

[法]马格丽特著,李劼人译《单身姑娘》由四川成都中西书局刊行。

[法]波殊古碧著,听荷译《铁假面》由上海广智书局刊行。

[法]卢骚著,沈起予译《忏悔录》(上卷)由重庆作家出版社刊行。

[法]居里艾芙著,朱葆光译《战地行》由重庆中外出版社刊行。

〔法〕E·居礼著，刘长宁译《欧亚菲战地旅行记》（上下册）由重庆中国文化服务社刊行。

〔法〕马德林著，夏伯译《拿破仑情书》由重庆五十年代出版社刊行。

〔法〕佛朗士著，谢康译《佛朗士童话集》由重庆青年书店刊行。

〔法〕梅特林克著，罗塞译《青鸟》由云南昆明黎明社刊行。

〔法〕罗曼·罗兰著，陈占元译《悲多汶传》由桂林明日社刊行。

〔德〕齐麦曼著，吴光杰译并补编《步兵教练手册》由上海中华书局刊行。

〔德〕来麟阁著，吴光杰译，王东原、俞大维校《装甲与防御》由重庆中华书局刊行。

〔德〕维尔纳著，梁纯夫译《世界大战透视——从苏德战争到联合大攻势》由重庆五十年代出版社刊行。

〔德〕立伯著，黄培华译，谭家俊校《抵御新论》由重庆陆大出版社刊行。

〔德〕穆勒著，彭师勤译《穆勒论合作的中立性问题》由重庆中国合作学社附设中国合作通讯社刊行。

〔德〕艾福特著，魏国斑译《歼灭胜利》由重庆陆军大学校刊行。

〔德〕狄尔著，林和成译述《国家经济学原理》由重庆立信会计图书用品社刊行。

〔德〕米德著，陆元诚译《世界和平之经济基础》由重庆中国文化服务社刊行。

〔德〕海涅著，胡明树译《海涅政治诗集》由广西桂林新大地出版社刊行。

〔德〕E.梅立克著，白禾译《莫扎特——普拉格之旅》由重庆自力书店刊行。

〔德〕卡罗萨著，姚可崑译《引导与同伴》由广西桂林开明书店刊行。

〔日〕小泉八云著，曹晔译《神国日本》由上海杂志社刊行。

〔日〕铃木荣太郎著，韩云波译述《农村社会学》由重庆正中书局刊行。

〔日〕成田赖武著，李浴日译《克劳塞维慈战争论纲要》由广东韶关世界兵学社刊行。

〔日〕高桥龟吉著，邝松光译《日本物价政策》由中国农民银行经济研究处刊行。

〔日〕黑田鹏信著，丰子恺译《艺术概论》由重庆开明书店刊行。

〔日〕清水益次著《集团勤劳读本》由北平新民印书馆刊行。

〔法〕季特著，胡纪常译《合作主义国际贸易论》由上海商务印书馆刊行。

〔日〕竹田复著，隋树森译《中国文艺思想》由贵州贵阳文通书局刊行。

〔日〕武者小路实笃著，张我军译《黎明》由上海太平书局刊行。

〔日〕中岛敦著，卢锡熹译《李陵》由上海太平出版印刷公司刊行。

〔日〕岩堂保著，徐蔚南、吴企云译《美国大学生活》由重庆万光书局刊行。

〔日〕小笠原编著，孙世瀚编译《南洋童话集》由上海教育研究社刊行。

〔日〕平野义太郎著，韩幽桐译《日本民权运动史》由重庆读书出版社、政治部文化工作委员会刊行。

〔日〕鹤见祐辅著，娄子伦译《思想人物》由江西民族正气出版社刊行。

按：是书分"保守思想""急进思想""理想主义"等3章，分别介绍了亚里斯多德、马恺维利、洛克、麦迪逊、卢梭、马克思、柏拉图、伯克、穆勒、马志尼、格林等11位历史人物。

〔意〕加西阿斯著，梁纯夫译《墨索里尼的审判》由重庆五十年代出版社刊行。

〔意〕西隆涅著，马耳译《巴黎之旅》由广西桂林开明书店刊行。

〔意〕珂洛蒂著，林之孝译《木偶奇遇记》由上海经纬书局刊行。

〔捷〕贝奈斯著，尤亚贤译《民主政治之现在与将来》由重庆商务印书馆刊行。

[捷]米克谢著,郭麟、郭道武译《空降部队》由重庆陆大出版社刊行。

[捷]鲍洛斯著,飞白译《欧洲之黑暗》由重庆进文书店刊行。

[匈牙利]柯曼地著,朱梅隽译《撒旦的悲哀》由重庆独立出版社刊行。

[匈牙利]育珂摩尔著,钟宪民译《海尔敏娜》由重庆世界出版社刊行。

[匈牙利]培拉·伊诺斯著,郑伯华译《喀尔巴阡山狂想曲》(第 1、2 部)由广西桂林远方书店刊行。

[波兰]詹福琪著,唯明译《大饭店》由重庆进文书店刊行。

[波兰]詹福琪著,唯明译《伪爱与真恨》由重庆进文书店刊行。

[波]马凌诺斯基著,费孝通等译《文化论》由重庆商务印书馆刊行。

[波]O. Gorka 著,刘英士译《波兰的过去与现在》由重庆独立出版社刊行。

[荷兰]博雅著,马坚译《回教哲学史》由重庆商务印书馆刊行。

[荷兰]海哲曼著,袁俊译《好望号》由重庆国讯书店刊行。

[比利时]马塞儿·郭儿著,徐仲年译《光明与黑影·特鬊迦尔曲》由重庆独立出版社刊行。

[比利时]麦特林克著,马耳译《乔婉娜》由重庆建国书店刊行。

[罗]姆拉德拉兹著,彭师勤译《合作思想史》由重庆中国合作学社刊行。

[罗]姆拉德拉兹等著,彭师勤译《合作企业的理论与实际》由福建崇安中国合作经济研究社刊行。

[挪威]爱德文·般克曼著,倪明译《两个活的和一个死的》由重庆读书出版社刊行。

[挪威]边孙著,赵毅深译,汪子美画《两兄弟》由重庆建国书店刊行。

[希腊]柏拉图著,陈康译注《柏拉图巴曼尼德斯篇》由重庆商务印书馆刊行。

[瑞典]斯特林堡著,姚篷子译《爱情与面包》由重庆作家书屋刊行。

[保加利亚]巴介甫著,陈翰伯、朱葆光译《逃出巴尔干》由重庆中外出版社刊行。

[西班牙]伊本纳兹著,朱绍墀译《茅舍》由浙江昌化民族出版社刊行。

[犹太]阿莱凯姆著,柳无垢译《阿莱凯姆短篇集》由广西桂林耕耘出版社刊行。

R. Firth 著,费孝通译《人文类型》由重庆商务印书馆刊行。

Washington 著,田世英译述《日本战术总论》由重庆商务印书馆刊行。

C. H. Desch 著,王学武译述《战时与平时的替代品》由重庆商务印书馆刊行。

E. J. Richer 著,王泰译《谁应负担战费?——一个凯恩斯计划的批判》由重庆商务印书馆刊行。

Mary Macpherson 著,傅东华译述《神曲的故事》由上海中国联合出版公司刊行。

Alice Derish 著,陈伯吹译《一家人都飞去了》由重庆中华书局刊行。

卢前著,G. M. Tayler、H. Y. Yang 英译《中兴鼓吹》由广西桂林开明书店刊行。

马司铎著,狄守仁编译《天主教教义提纲(第 1 册问答)》由天津刊行。

常守义译《利用已过的技术》由明德学园刊行。

徐司铎著,申自天译《耶稣真徒的生活》(第 4 册,公教道德即效法耶稣)由天津崇德堂刊行。

鲍斯高著,邓青慈译《马高鼐弥尔传》由澳门慈幼印书馆刊行。

陈无我选,陆渊雷译《法海搜珍》由上海大法轮书局刊行。

克鲁斯曼著《英国的政治思想》由重庆中周出版社刊行。

维尔纳著,于怀译《论第二战场》由重庆生生出版社刊行。

彭罗斯著,刘朝缙译《总力战争的经济组织》由重庆商务印书馆刊行。

渥斯瓦德·特区著,纪乘之译《战后经济和平论》由重庆中华书局刊行。

第·考克著,陈思德、杨友三译《中央银行新论》由重庆财政评论社刊行。

辻善之助著,方纪生译《中日文化之交流史话》由上海中日文化协会上海分会刊行。

保罗·倍凯尔著,张洪岛译《音乐的故事》由重庆独立出版社刊行,有译者序。

聂绀弩著,金重英译《姐姐》由上海远方书店刊行。

巴金著,丁明英译《(英汉对照)初恋》(巴金短篇小说选译)由重庆真理出版社刊行。

鲁林斯陶乐奇著,林琅译述《婚变》由广西桂林上海万有书局刊行。

莫里逊著,王学政译《对日之战》由重庆商务印书馆刊行。

拉普提夫著,余长河译,中苏文化协会编译委员会编《苏联的农业》由重庆中华书局刊行。

罕金斯著,华鼎彝译《社会科学史纲》由商务印书馆刊行。

伊黎、魏尔万著,李树青译《土地经济学》(上下册)由重庆商务印书馆刊行。

按:李树青《译序》在谈到翻译此书的动机时说:"第一,因《土地经济学》是一门新兴的科学,国内专著无多,因而谈者每不免有误解之处。我们对本门科学具有兴趣的人,应该尽可能多介绍几本西洋名著,俾国内知识界于研究及讨论上,有所遵循。其次,魏尔万先生的谆谆教诲,多方指导,亦使译者不能不有所表达,以志其衷心铭感于万一。"

斯托克敦等著,吴廉铭译注《美人呢,猛虎?》(英汉对照文学丛书)由上海中华书局刊行。

周尚、周安编译《今日之印度》由重庆商务印书馆刊行。

康柏尼兹、且立夫可天著,重矛译《少年军事游戏》由重庆正中书局刊行。

莫勒、赖奇曼著,潘焕昆译《世界战略地理论》由重庆时与潮社刊行。

按:是书作者强调战争的全球性,并在战争技术进步的条件下,预测现存国家间可能发生的任何战争和战役的部位。全书分 4 篇:一九三九的列强、世界交通、天然的侵征孔道、近代军事革命。

格兰特著,沈铸译《新缅甸》由重庆正中书局刊行。

白德美纪念出版社编译《天价的诺言》由澳门慈幼印书馆刊行。

中华浸会少年团联合会编辑部译《马丁路德的事迹》由上海中华浸会书局刊行。

钟协译《公进女青年主保》由澳门白德美纪念出版社刊行。

吴榆珍编译《社会个案工作方法概要》由重庆中华书局刊行。

陈尧圣译《世界大同之始基》由重庆独立出版社刊行。

关稼农编译《战后之世界》由福建永安中华出版社刊行。

陈士英编译《美国人看中国》由云南昆明光明出版社刊行。

波顿姆金著,宏毅译《第二次世界大战的前期与苏联致力和平的奋斗》由新华书店刊行。

戴尔卿译《拉丁美洲内幕》由重庆时与潮社刊行。

王可襄编译《英国陆军部组织与业务检讨》由国防研究院刊行。

中国农民银行汉译社会科学百科全书译辑委员会编译《农业经济概论》由重庆正中书

局刊行。

中国农民银行汉译社会科学百科全书译辑委员会编译《农业制度》由重庆正中书局刊行。

崔永楫编译《美洲各国农业政策》由重庆正中书局刊行。

戴鼎译述《印度经济建设计划纲要》由重庆商务印书馆刊行。

杨人楩译《法国革命时代物价问题》由四川成都学术公论社刊行。

牛光夫编译《俄文教程》（自立语文学会丛书）由四川成都自立语文学会出版部刊行。

陆殿扬、张儒秀选注《英文精选》（上下册）由上海光明书局刊行。

周扬编译《马克思主义与文艺》由陕西延安解放社刊行。

按：是书编选了马、恩、列等导师对文艺的析论，依内容分成5辑：一为文艺与阶级；二为无产阶级文艺；三为意识形态的文艺；四为文艺的特质；五为批评家、作家。是书被视为新中国成立前马克思主义的文艺理论观点在中国传播发展的集大成之作。

徐中玉辑译《伟大作家论写作》由重庆天地出版社刊行。

柳无忌编注《近代欧美短篇小说选》（1—2集）由广西桂林开明书店刊行。

章克标辑译《现代日本小说选集》（第2集）由上海太平书局刊行。

张充和、叶万青译《游园》（选自明汤显祖牡丹亭）由重庆国立礼乐馆刊行。

茅木著，林同端译《斐冷翠山庄》由重庆青年书店刊行。

李慕白著《莎士比亚评传》由重庆中国文化服务社刊行。

徐迟译《托尔斯泰传》第1部由重庆国讯书店刊行。

高地辑译《七十一队上升》由重庆国民图书出版社刊行。

黄道编译《大战侧影》由福建南平总动员出版社刊行。

吴光杰编译《第二次欧洲大战史略》（第1集）由重庆中华书局刊行。

叶文雄、冲矛编译《南洋各国论》由重庆读书出版社刊行。

柳总持编译《世界发明家生活史》由重庆文信书局刊行。

按：是书介绍谷滕堡、奥托·葛利克、契利斯丹·韦格司、富兰克林、瓦特、理查·阿克莱、亨利·柏塞麦、诺贝尔、乔治·威斯汀豪斯、约翰·霍兰、贝尔、爱迪生、格林奈、马可尼、齐柏林、赖特兄弟等27名发明家的生活史。编译者的目的，是"写下他们的生活历史，同时对他们发明的事物，也有简略的描述，使读者偶一展卷，不但可以了解各个发明家的身世，也可增加科学的认识"。

谢再善译《蒙古青史》由重庆正中书局刊行。

于大千编译《太平洋岛屿志要》由重庆读书出版社刊行。

余俊贤编述《南洋研究所两年来工作概况》刊行。

任重编译《今日之美国》由重庆读书出版社刊行。

《大瞻礼弥撒》刊行。

《告解指南》由河北献县天主堂刊行。

《耶稣圣心圣月》刊行。

五、学者生卒

秦敦世（1862—1944）。敦世原名宝璐，榜名宝珉，字湘臣（一作湘丞），晚号大浮老人，江苏无锡人。1885 年中举人。1904 年挑取誊录,任国史馆校对、三品衔吏部考功司郎中。后改任工部缮司郎中。曾任职于宪政编查馆、内阁印铸局。辛亥革命后,在北京参与创办国立历史博物馆。著有《辟邪香室诗文集》等。

乐嘉藻(1867—1944)。嘉藻,贵州黄平人。曾参与"公车上书"。1902 年创办贵州第一所力行现代教育的贵阳师范学堂。1904 年与平刚等人发起成立贵州最早的资产阶级革命团体"科学会",并任会长。1907 年 11 月参与张百麟等 30 余人在贵阳田家巷镜秋轩照相馆的集会,成立"自治学社",以"学会"之名而行"革命"之实。后经平刚介绍,以自治学社加入孙中山为首的同盟会。1911 年参与贵州独立起义,任大汉贵州军政府枢密员。1915 年以农商部商品陈列所所长的身份率人参加在美国旧金山举行的"巴拿马万国博览会",将中国的"茅台酒"当众打碎,香气四溢,从而使该酒被评为世界名酒,获得奖章和奖状。著有《中国建筑史》等。

吴震春(1868—1944)。震春字雷川、雪川、雪霜,浙江杭县人。1898 年戊戌科进士,任翰林院编修。1906 年后历任北京省立学校校长、杭州高等学堂堂长、江北高等学堂监督、浙江省高等学堂监督、浙江旅游学校监督、仁(和)钱(塘)教育会会长、浙江省教育会副会长、浙江巡抚公署学务参事等。1912 年任浙江教育司佥事,后任北京教育部佥事。1925 年任国民政府教育部参事。1926 年任北平燕京大学教授、副校长。1928 年任国民政府教育部常任次长。1929 年再次任北平私立燕京大学校长。

王葆心(1869—1944)。葆心字季芗,别号晦堂,晚号青垞,湖北罗田人。自幼好学,先后入黄州书院、两湖书院学习。光绪中任湖北博通书院、潜江传经书院、黄梅调梅书院、罗田义川书院山长。光绪末中举人,官北京总务司行走、京师图书馆编纂、礼学馆纂修。后被湖广总督张之洞以博学鸿词荐到朝廷任学部主事、礼部郎中。辛亥革命后,任湖南官书报局总纂,不久任北京图书馆总纂。1922 年到武昌,任武昌师范大学、武汉大学文学院教授、湖北省立国学馆馆长、湖北通志馆筹备主任、总纂等职。与甘鹏云合纂有《湖北文征》。又与甘鹏云力志蓄书,均以藏书知名。著有《方志学发微》24 卷、《重修湖北通志条议》1 卷、《修志通则》1 卷、《采访志书条例》1 卷、《拟定江汉道属各县县志纂修通则》1 卷、《钞纂直省方志湖北人物长编》未分卷、《重修罗田县志稿》、《湖北文征》240 卷、《湖北诗征长编》未分卷、《江汉献珍录》未分卷、《宋季淮西六寨纪事》1 卷、《明季江淮七十二寨纪事》7 卷、《天完志略》9 卷、《续汉口丛谈》6 卷、《再续汉口丛谈》4 卷、《三续汉口丛谈》6 卷、《拾补》1 卷、《江浒金石小记》1 卷、《孟宗故宅纠误考》1 卷、《燕京古今朝民丛载》3 卷、《义川书院志》6 卷、《罗田靖乱记》4 卷(补遗 1 卷)、《罗田团练始末记》5 卷、《附后记》1 卷、《采用书目》1 卷、《窈溪旧话》30 卷、《青垞旧闻》10 卷、《英山倒挂岩烈妇奇迹考》1 卷、《元代忠孝二寓贤题咏集》1 卷、《西汉松滋令何丹墓考》1 卷、《北宋晋安林氏兄弟隐居罗田考》1 卷、《唐对高丽百济水陆用兵考》1 卷、《两淮盐商列传》(附《长芦盐商列传》)3 卷、《发军初记异同荟笺》4 卷、《近世事笺》4 卷、《续仿今言》1 卷、《革除铅泪记》1 卷、《清代疑案小记》1 卷、《满珠野史》1 卷、《晦堂无隐录》6 卷、《吾国政治改革动机论》2 卷、《史学表》1 卷、《中国教授史》不分卷、《先秦诸子学案长编》60 卷、《附先秦诸子学表》2 卷、《士民丧礼通纂》6 卷、《附礼部礼学馆修通礼民俗条议》1 卷、《续议》1 卷、《民俗证古》1 卷、《历史讲义前编》1 卷、《历朝经学变迁史》5 卷、《经学研究法前编》4 卷、《经文杂记》4 卷、《公羊非常异议举例》1 卷、《经学讲演录》1 卷、《群经图志》1 卷、《孔子已删未删之诗篇辩》、《古文辞通义》20 卷、《晚唐诗研究》3 卷、《宋诗派别考》2卷、《艺林演雅》3卷、《中国文学历朝体派略》1卷、《青垞文钞》(初集20卷,二集20卷,三集20卷)、《晦堂骈文》2卷、《晦堂诗》2卷、《潜龙室联语》3卷、《虞初支志》(甲篇4卷、乙篇4卷)、《晦堂目录》共36本、《义川讲义录》8卷、《经义策论要法》、《渎蒙小记》2卷、《湖北国学馆学规课程》1卷、《湖北国学馆四科演讲录》1卷、《心灵学类证》1卷、《中国之武士道》1卷、《军人模范》6卷、《晦堂文存》共12编等。

按:陈昊《王葆心的学术成就与学术思想研究》说:"王葆心是中国近代著名的国学大师,他著作等身,阅历丰富,一生中写过170余种论著,涉及方志学、史学、文学、经学、教育学等多个领域,成就斐然。在篡修革命史方面,王葆心总篡的《湖北革命实录》是民国以来第一部革命史,保存了丰富的辛亥革命史料,具有较高的史料价值。在弘扬国学方面,王葆心为湖北国学馆制定了一系列办学方案,培养了一大批国学人才,如新儒家的代表人物徐复观就是王葆心的弟子。在整理乡邦文献方面,王葆心总篡了《湖北文征》,并撰著了《续汉口丛谈》《再续汉口丛谈》等乡邦文献。在修史方面,王葆心提出了'革命史应为生人立传'的思想,这是对前人的超越,具有创新意义。在修志方面,王葆心创造了'篡辑为主,撰著为辅'的修志体例;他还认为,'取材宜有次第',为修志提供了很好的理论指导。王葆心的学术思想,具有继往开来的意义。"(华中师范大学硕士学位论文,2012年)

郝云衫(1870—1944)。云衫名玉章,山东齐河人。清末举人。早年曾在临邑教私塾,后应聘于济南女子师范。1934年被济南市中医药界推为代表,前往南京请愿,反对国民党政府歧视中医的政策。返济后发起筹办山东国医专科学校,任校长兼国医慈善医院院长。著有《伤寒论注释》。

蒋藩(1871—1944)。藩字恢吾,号蓼庵居士,河南杞县人。1901年中举人。1915年任《河阴县志》总篡修。1919年任《杞县志》总篡修。1921年至1938年参与河南通志篡修。著有《梧荫楼诗文抄》6卷、《梧荫楼诗抄》2卷、《秋愧作斋笔记》3卷等。

王瀣(1871—1944)。瀣字伯沆、伯谦,号无想居士,晚自号冬饮,江苏南京人。早年肄业于南京钟山书院。后执教于南京陆师学堂、两江师范学堂、南京高等师范学校。著有《读四书私记》《离骚九歌辑评》《冬饮庐文稿》《冬饮庐诗稿》《冬饮庐词稿》《冬饮庐读书记》《清四家词选》等。

刘春霖(1872—1944)。春霖字润琴,号石云,直隶肃宁人。1904年甲辰科状元,亦是中国历史上最后一名状元。授翰林院修撰,旋被派往日本,入东京法政大学深造。1907年回国,历任咨政院议员、记名福建提学使、直隶法政学校提调、北洋女子师范学校监督等职。1917年12月任中央农事试验场场长。后又任直隶省教育厅厅长、直隶自治筹备处处长等。曾两次代表徐世昌到山东曲阜主持孔子大成节典礼。1928年愤然辞官,在上海、北京以诗书自慰。善书法,尤以小楷为著。又对古文学、史学和金石学造诣深邃。

陆祖谷(1874—1944)。祖谷字文达,号仲襄、稼孙,浙江嘉兴人。1890年入县学,考中秀才。曾与同县郑棐谌合创游艺斋算术社,有社员50余人,精研数学。1906年应嘉兴府学堂之聘,掌教国文、经学、算术。次年辞府学职,转任嘉兴高等小学堂堂长。1908年任教于秀水高等小学校。民国成立后,专教省立第二中学国文及文字学(曾兼女子师范教员),历时15年。1912年任嘉兴统一党分部部长。1915年任嘉兴图书馆名誉馆长。1919年当选为嘉兴教育会会长。1923年5月被选为嘉兴平民教育会会长。1927年受聘为浙江省图书馆指导员。著有《周礼札记》《毛诗郑笺异义考》《汉书霍光传补注》《字例大凡》《圆理括囊详解》《算罔论辑释》《正弦表》《八线图解》等。

伦明(1875—1944)。明字哲如,一作哲儒,广东东莞人。光绪举人。1917年任北京大学文学系教授。1930年赴东京鉴定古籍,其后任北京师大、辅仁大学等校教授。1937年任广东省立图书馆副馆长兼岭南大学教授。藏书楼名"续书楼",藏书达数百万卷。编有《续书楼书目》。著有《续修四库全书刍议》《续书楼藏书记》《王渔洋著述考》《续修四库全书提要稿》《版本源流》《建文逊国考疑》等。

程树德(1877—1944)。树德字郁庭,福建闽侯人。清末举人,后留学于日本,毕业于日本法政大学法律科。回国后,通过留学生授职考试,赐予法政科进士出身,授翰林院编修。历任国史馆协修、法典编纂会纂修、福建法政学堂教务长、留美生考试襄校官、法官考试襄校官、国务院法制局参事和帮办、北京大学、北平大学法学院、清华大学政治系讲师和教授等职。著有《论语集释》《九朝律考》《汉律考》《中国法制史》《国际私法》等。

朱希祖(1879—1944)。希祖字遏先,又作迪先、逖先,浙江海盐人。早年留学日本早稻田大学,专攻文史。毕业后回国任教于嘉兴中学。1913年赴教育部商议汉语读音统一问题。历任北京大学、北京师范大学、清华大学、辅仁大学、中山大学及中央大学等校教授。曾较早地倡导开设中国史学原理及史学理论等课程,并讲授"中国史学概论",在中国史学史的早期研究方面起到了一定的作用。1932年任广州中山大学教授兼文史研究所所长,先后撰写《南明之国本与政权》《南明广州殉国诸王考》《中国最初经营台湾考》《屈大均传》《明广东东林党传》等数十篇论文,成为研究南明史的权威。著有《汲冢书考》5卷、《战国史年表》8卷、《国史馆论议》3卷、《明季史籍题跋》6卷、《中国史学概要》《中国史学通论》等。

按:王爱卫《朱希祖史学研究》说:"在史学史研究方面,朱希祖最早开设了'史学史'课程,其讲稿即后来出版的《中国史学通论》,是目前所知的最早的史学史讲义。他运用西方'新史学'理论,对中国古代史学进行了系统的反思,在实际上开创了中国史学史学科。朱希祖两次参与史馆修史,在清史馆和国史馆都为史书的编纂拟定了体例,并提出了积极可行的建议,在一定程度上起到了发凡起例的作用。在历史文献研究方面,朱希祖搜集和整理了大量的南明史料,力图撰写一部南明史,但未成功。对明清档案的发掘与利用,也探索出不少行之有效的办法,为保存和整理明清档案立下了汗马功劳。他还考证和辑补了《伪齐录》和《伪楚录》,揭露日寇侵华、汉奸卖国的罪行,使史学研究服务于国家和社会。他的方志研究起步较早,见解精辟。尤其在参与编纂《广东通志》期间,提出了新的方志体例及撰写细则,阐发了其方志学思想。对边疆史地的研究视野开阔,涉及内容广泛,既反映了其史学研究考证求实的功力,又凸显了经世致用的精神。"(南开大学博士学位论文,2009年)

李元鼎(1879—1944)。元鼎,陕西蒲城人。1905年选送日本留学,就读于早稻田大学,加入孙中山先生在日本组建的同盟会。与井勿幕等陕籍同学创刊《夏声》杂志,鼓吹革命。1909年回国任陕西咨议局秘书长。1911年参加张凤的秦陇复汉军,任参议兼文书、都督府秘书长,后任省教育司司长,倡办三秦公学、同州师范、凤翔二中,扶持创办西安易俗社,创办宣讲团。1928年被国民党中央部编纂委员会聘为编纂,以后任监察院委员及审计部部长。后被选为国民参政会第一、二、三届参政员。1940年1月被推为国民参政会华北慰劳视察团团长,率团赴洛阳、南阳、江陵等抗日前线。1942年任陕西省临时参议会议长。1943年任《蒲城县志》主编。著有《老曼斋诗存》。

王用宾(1881—1944)。用宾字利臣、理成,号太蔋,别号鹤村,室名半隐园,山西临猗人。1899年以院考府首而小有文名。后入猗氏县学,补为廪膳生员。1900年县府保送考入太原府学堂,又转入山西大学堂。1904年以官费留学日本,先入日本盐仓铁道专科学校,后转入法政大学攻法律。1905年参加孙中山创立的同盟会,并被推举为同盟会山西支部长。民国成立后,历任山西省临时议会议长、参议会议员、国民党山西支部筹备处处长、河南省代理省长、国民党北平政治分会秘书长、国民政府立法院立法委员、立法院法制和财政委员会委员长、考试院考选委员会委员长、司法行政部部长等职。曾任《晋阳白话报》《晋阳公报》主笔。与焦易堂合力在南京创办首都女子法政讲习所,培养妇女法政人才。著有《中国历代法制史》(与邵修文合著)、《辛亥革命前后山西起义纪实》《半隐园侨蜀诗草》《半隐园词草》等。

李曰垓(1881—1944)。曰垓字子畬,云南保山腾冲人。早年曾就读于云南高等学堂,后被公费推荐至京师大学堂经济特科。1909年毕业时加入同盟会,后曾任永昌中学教习、全省沿边土民学堂总办、蒙自中学堂监督等职。辛亥革命中参加领导临安(今建水)起义,光复滇南。云南军政府成立后历任军政部次长、殖边总办、西藏宣慰使等。著有《漫汗录》《文牍篇》《天地一庵诗抄》及《滇缅界务说略并图》等。

景耀月(1882—1944)。耀月字太昭,笔名秋陆,山西芮城人。1906年留学日本,在日期间,结识孙中山,加入同盟会。1907年8月在东京创办《晋乘》杂志,宣传革命主张。与此同时,常为太原《晋阳白话报》撰稿。1908年2月与于右任等发起晋豫秦陇学会,创办《夏声》杂志,继续鼓吹反清革命。1909年回国,到上海参加编辑《民吁日报》和《民立报》,以言词激烈而名噪一时。辛亥革命后,被孙中山任命为南京临时政府教育次长。南北议和后,任山西省督军。五四运动后脱离政界,长期任教于华北各大学。1944年4月病逝。

汪精卫(1883—1944)。精卫原名兆铭,字季新,笔名精卫,广东佛山人。1903年官费赴日本留学。1905年7月加入同盟会,参与起草同盟会章程。8月被推为同盟会评议部评议长。以"精卫"的笔名先后在《民报》上发表《民族的国民》《论革命之趋势》《驳革命可以召瓜分说》等一系列文章,宣传三民主义思想,痛斥康有为、梁启超等的保皇谬论,受到孙中山的好评。曾一度主编《民报》。1907年随孙中山赴南洋。1910年3月谋炸清摄政王载沣,事泄被捕,被判处终身监禁。1911年10月武昌起义后出狱并结识袁世凯。与杨度组织"国事共济会",呼吁停战议和。12月充当南方议和参赞,参与南北和谈,主张孙中山让权,推举袁世凯为临时大总统。袁世凯统治时期到法国留学。回国后于1919年在孙中山领导下,驻上海创办《建设》杂志。1921年任广东革命政府高等顾问、教育会会长等职。次年任国民党本部参议,参加国民党改组工作。1924年1月当选为国民党中央执行委员兼宣传部长。11月随孙中山入京,任秘书。1925年3月代孙中山起草遗嘱。7月被举为国民政府常务委员会主席兼军事委员会主席。1927年7月15日在武汉发动"七一五政变",残杀共产党人和革命群众。1928年11月被陈公博等改组派举为首领。1930年联合冯玉祥、阎锡山、李宗仁共同反蒋。失败后,潜逃香港。1931年在广东另立国民政府。"九一八事变"后,与蒋介石再次合作。1935年被刺受重伤。1936年任国民党政治委员会主席。1937年7月被举为国防最高会议副主席、国民党副总裁、国民参政会议长。1938年12月潜逃越南,发表"艳电",公开投降日本。1939年1月被国民党中央执委会临时会议开除国民党党籍和一切公职;5月与日本当权者直接进行卖国交易。8月在上海秘密召开伪国民党第六次代表大会,宣布"反共睦邻"的基本政策。12月与日本特务机关签订《日华新关系调整纲要》。1940年3月在南京成立伪国民政府,任"行政院长"兼"国府主席"。1944年11月在日本名古屋病死。著有《帝国主义侵略中国的趋势和变迁概括》《中国国民党党史概括》《汪精卫先生演讲集》《汪精卫文存》《汪精卫最近言论集》《汪精卫言行录》《领袖、政府、主义》《论游击战》《汪主席和平建国言论集》《双照楼诗词稿》《新国民运动纲要》《汪精卫集》等。

萧谦中（1883—1944）。谦中原名萧逊，字谦中，号大龙山樵，安徽怀宁人。早年师从姜筠学习山水画，后出游西南、东北名胜，行万里路。1920 年与周肇祥、金城、陈师曾等人发起成立中国画学研究会。曾任教于北京美术专科学校及中国画学研究会。出版有《萧龙樵山水精品二十四帧》《课徒画稿》等。

林彦博（1883—1944）。彦博本名嵩堕，字公博，别号博道人，世居京华，满族正蓝旗，西林觉罗氏，民国后以林彦博之名行世。在清光绪、宣统年间，任礼部员外郎。民国以后，任平汉铁路局编纂，并先后在北平铁路大学、北平艺术专科学校讲授《中国书画史》《诗词》等课。

夏元瑮（1884—1944）。元瑮字浮筠，浙江杭州人。早年在南洋公学学习。1905 年赴美国留学，先在加利福尼亚大学伯克利分校预习理化试验，后转入耶鲁大学。1909 年赴德国柏林大学学习物理学。1913 年中断学习回国，任北京大学理科学长、物理学教授。1919 年第二次到柏林，经普朗克介绍认识爱因斯坦，代表北京大学邀请爱因斯坦到中国讲学。1921 年回国后，先后任北京大学、同济大学、大夏大学教授。曾任北平大学女子文理学院院长、北平大学代校长、湖北省教育厅厅长。长期任中国物理学会理事。译有爱因斯坦的《相对论浅释》等。

王军演（1884—1944）。军演初名君演，又名君衍、玉蓬，字军演（后以字行）、秋湄，晚号无念、摄堂，室名北濠草堂，广东番禺人。工书法，精章草。平生集藏北魏造数百种，编有《北周造像》《章草例》等。

王伯群（1885—1944）。伯群原名文选，又名荫泰，以字行，贵州兴义人。幼时从父学易、书二经，又学阳明学、四书等。18 岁丧父，从贵州姚茫父、熊范舆、徐叔群三人专攻读《孟子》《左传》和数理学。1906 年东渡日本留学，入东京中央大学政治经济系，再入中央研究院深造。在日本与章太炎等加入孙中山领导的同盟会，参与革命活动，并与梁启超结识。1912 年回国，在上海加入章太炎、程德全组织的"中华民国联合会"（后改称统一党）。应章太炎之邀，出任《大共和日报》经理，宣传孙中山革命思想。时梁启超在京组织进步党，受邀任干事。1914 年在北京参与制定《中华民国约法》。1915 年 10 月下旬应蔡锷、梁启超之邀赴天津谋划反袁大计。护国战争胜利后，任贵州督军府总参赞及黔军总司令部秘书长、黔中道尹等职。1918 年入广州护法军政府。次年加入中华革命党，以广州护法军政府议和代表身份赴上海出席议和会议。1920 年随孙中山回粤恢复军政府，在广州任大总统府参议兼军政府交通部长。1921 年任贵州省长。1925 年任段祺瑞执政府临时参议院议员。1926 年任上海财政委员会委员。1927 年任国民政府政治会议委员、交通部长兼交通大学校长。1943 年当选国民政府委员，连任中央执行委员、国史馆筹备委员。著有《交通事业改革方案》《电政设施三年计划》《航政建设纲要》《伯群文集》等。

张竹平（1886—1944）。竹平字竹坪，江苏太仓人。圣公会基督教徒，上海圣约翰大学毕业。1922 年进申报馆工作，被史量才提拔为经理兼营业部主任。1924 年创办申时电讯社（设在申报馆内）。1928 年与同人购得《时事新报》股权，组织股份有限公司，任董事长兼经理。1930 年脱离《申报》馆，与友人合作接办上海英文日报《大陆报》。1932 年又创办《大晚报》，并将其与《时事新报》《大陆报》、申时电讯社组成"四社"，实施集资经营、联合办公，自任各社经理。1934 年以申时电讯社名义出版《报学季刊》与《申时社十周年纪念》专刊。

1935年准备在中国建立报业集团的计划遭阻，"四社"产权全部为孔祥熙官僚资本收买，改任联合广告公司董事长、协丰矿行经理等职。1936年赴香港经商。

陈柱（1890—1944）。柱一名绳孔，字柱尊，号守玄，广西北流人。师从唐文治。1914年从日本读中学毕业归国，考入南洋大学（交通大学）。1915年未及毕业即受聘为国文教席。1916年任广西省立梧州第二中学校长。1924年受聘大夏大学教授、国文系主任。1925年兼暨南大学、光华大学中文系主任。1928年受聘为交通大学教授。1940年任南京中央大学校长。著有《守玄阁文字学》《小学考据》《公羊家哲学》《墨子间诂补正》《墨子十论》《诸子概论》《小学评议》《三书堂丛书》《文心雕龙校注》《中国散文史》等。唐文治作《广西北流陈君柱尊墓志铭》。

按：刘固盛、王闯《论陈柱的老学成就》说："陈柱的老子研究，在继承传统老学优良传统的基础上，自觉地运用西方哲学和自然科学知识，对《老子》义理做出新的诠解，从而使其研究具备了新的特质。陈柱的老学规模宏大，见解精审，不仅贯通老、庄、韩，而且融中西之学于一体，具有鲜明的时代精神，体现出老学发展的新成就，堪为近代老学史上之代表。"（《人文杂志》2012年第3期）

孙裴谷（1891—1944）。裴谷原名熙，又名炽君，字谷圃，号裴谷山人、闲闲草堂主人、岭东画痴、黄岐山樵，广东揭阳榕城人。早年师从杨柳芬、林亦华学艺习画。1907年到汕头同文书院就学。1912年赴东南亚，任新加坡端蒙学校美术教席，并创立星州美术学院，自任院长。1918年回国，先后任揭阳一中、揭阳女中、潮阳六都中学、汕头一中、汕头女中等学校的美术教员。1931年在汕头开设谷园画室，并与黄史庭、李君可、高振之等人创办艺涛画社，出版《岭东名画集》。后又执教于潮州师专、揭阳真理中学和惠来中学，先后在厦门、梅县以及潮汕各地举办个人画展。抗战中，先后出版《抗日宣传画册》二集。

唐义精（1892—1944）。义精原名粹盦，湖北武昌人。唐一禾长兄。早年就读于湖北省立第一师范学校，钻研艺术，兼作中西绘画。1920年与蒋兰圃（一作甫）等创办武昌美术学校，任教务主任；后改为武昌艺术专科学校，任校长。1937年随校迁四川江津。在校中曾组办文艺刊物《歌海留》。1944年3月兄弟两人乘船途中不幸舟覆罹难。著有《六朝艺术概论》《湖北画人辑略》《陕豫考古录》等。

邹韬奋（1895—1944）。韬奋原名邹恩润，乳名荫书，曾用名李晋卿，笔名韬奋，江西余江人，出生在福建永安。先后就读于福州工业大学、上海南洋公学附属小学、南洋公学中院，1919年由南洋公学上院机电工程科转入上海圣约翰大学文科，1921年毕业。1922年由黄炎培介绍到中华职业教育社任编辑，主编《教育与职业》，编译《职业教育丛书》。1926年在上海主编《生活》周刊，正式从事新闻出版工作。1932年创办生活书店。1933年参加蔡元培、宋庆龄、鲁迅等发起的中国民权保障同盟，当选为执行委员。同年7月14日出国考察，先后考察了意大利、瑞士、法国、英国、比利时、荷兰、德国、苏联、美国等9个国家，撰写160多篇考察报告，汇为《萍踪寄语》三册和《萍踪忆语》。1935年起主编《大众生活》周刊。1936年流亡到香港，筹办《生活日报》。是年11月22日与其他救国会的领袖沈钧儒、沙千里、李公朴、史良、章乃器、王造时在上海被捕，史称"七君子"事件。1937年7月31日获释，于8月19日在上海创办《抗战》三日刊，出版《抗战画报》。1938年7月将《抗战》和《全民》合并，改名为《全民抗战》三日刊，与柳湜同为主编。1941年2月24日辞去国民党参政员的职务，于4月25日再度流亡香港，5月恢复《大众生活》周刊。1944年7月24日病逝，临终前写有《患难余生记》。2009年被授予100位为新中国成立作出突出贡献的英雄模范人物。

著有《韬奋全集》。穆欣编有《邹韬奋生平和著作年表》。

按：1944年11月15日毛泽东亲题挽词："热爱人民，真诚地为人民服务，鞠躬尽瘁，死而后已，这就是邹韬奋先生的精神，这就是他之所以感动人的地方。"11月2日朱德的题词是："韬奋同志爱国志士民主先锋。"挽联："为坚强民主战士，是广大青年导师。"周恩来与夫人邓颖超致送挽联："忧时从不后人，办文化机关，组救亡团体，力争民主，痛摧独裁，哪怕冤狱摧残，宵小枉徒劳，更显先生正气；历史终须前进，开国事会议，建联合政府，准备反攻，驱除日寇，正待吾曹努力，哲人今竟逝，倍令后死伤神。"（延安《解放日报》1944年11月22日）

马宗荣（1896—1944）。宗荣字继华，贵州贵阳人。早年赴日本留学，入东京帝国大学教育科。毕业后曾任日本岩波书店教育科学讲师，中华学艺社古树编辑等职。留日期间曾加入中华学艺社、新中国建设学会及日本教育思潮研究会等学术组织。回国后，先后任上海教育局督学，上海劳动大学、暨南大学、江苏省立教育学院讲师，中国工学教授，国民政府教育部秘书等职。并曾任中华学艺社常务董事长、理事。著有《王阳明及其思想》《社会教育概说》《日本教育制度》《日本教育行政通论》《大时代社会教育新论》《大时代的教育》《现代图书馆序说》《现代图书馆经营论》等。

顾明道（1897—1944）。明道原名顾景程，又号正谊斋生、日月生、虎头书生，江苏苏州人。毕业于教会所办的振声中学，并留校任教，受洗为基督教徒。早年化名"梅倩女史"写社会言情小说成名。与严独鹤等在苏州成立星社。1929年于《新闻报》附刊《快活林》连载《荒江女侠》声名鹊起。抗战期间，在上海创办明道补习社，并从事创作，多以言情恋爱为题材，属"鸳鸯蝴蝶派"。作品有《海上英雄》《芳草天涯》《英雄喋血记》《奈何天》《蓬门红泪》《花萼恨》《侠骨恩仇记》《草莽奇人传》《海外争霸记》《血雨琼葩》《红妆侠影》等。

鲁彦（1902—1944）。彦原名王衡臣，又名王衡、王鲁彦、王返我、王忘我，浙江镇海人。1920年参加由李大钊、蔡元培等创办的工读互助团，自上海到北京大学旁听。1923年夏先后到湖南长沙平民大学、周南女学和第一师范任教。同年在11月号的《东方杂志》发表处女作《秋夜》。1926年出版第一部小说集《柚子》。1927年任湖北武汉《民国日报》副刊编辑。1928年春至南京国民政府国际宣传部任世界语翻译。1930年至福建厦门任《民钟日报》副刊编辑。1941年参加中华全国文艺界抗敌协会的组织工作。1942年出版最后一部小说集《我们的喇叭》。1944年在桂林逝世。著有《柚子》《黄金》《童年的悲哀》《小小的心》《屋顶下》《驴子和骡子》《婴儿日记》《雀鼠集》《乡土》《鲁彦短篇小说集》《河边》《旅人的心》《野火》（又名《愤怒的乡村》）《伤兵医院》《随踪琐记》《桥上》《惠泽公公》《我们的喇叭》《鲁彦散文集》《鲁彦选集》《鲁彦散文选集》等。翻译作品有《犹太小说集》《给海兰的童话》《显克微支小说集》《花束》《世界短篇小说集》《失了影子的人》《苦海》《在世界的尽头》《忏悔》等。

按：周春英《王鲁彦研究资料中的一些错误》说："王鲁彦是20世纪二三十年代乡土小说派的中坚作家，他只活了短短的44年，但留下了150万字的文学遗产。作为'文学研究会'成员之一，王鲁彦一生遵循'为人生'和'改良这人生'的宗旨，进行坚实的现实主义创作。他紧紧抓住浙东沿海地区较早受资本主义经济和文化侵略、民众心理开始被金钱观念所锈蚀而失去应有的淳朴善良本性的特点，用扎实、纯朴的写实手法和生动流畅的语言塑造人物、叙写风俗民情，使他的作品在人生派创作和乡土写作中享有很高的声誉。"（《中国现代文学研究丛刊》2011年第11期）

黄翼（1903—1944）。翼字羽仪，福建思明人。1924年毕业于北京清华学校，后赴美国在斯坦福大学、耶鲁大学专攻心理学，获哲学博士学位。1930年回国任浙江大学心理学教授，讲授儿童、教育、实验和变态心理学等课程达15年。在浙江大学时曾筹建心理实验室，

并首创培育院。著有《儿童心理学》《神仙故事与儿童心理》《儿童绘画之心理》《儿童语言之功用》等

吴其昌（1904—1944）。其昌字子馨，号正厂，浙江海宁人。16岁考入无锡国学专修馆，受业于唐文治，与王蘧常、唐兰合称"国专三杰"。1923年毕业后至广西容县中学任教。1925年考入清华大学国学研究院，从王国维治甲骨文、金文及古史，从梁启超治文化学术史及宋史。1928年任南开大学讲师，后任清华大学讲师。1932年任武汉大学历史系教授，直至逝世。著有《殷墟书契解诂》《金文世族谱》《三统历简谱》《北宋以前中国田制史》《宋元明清学术史》《朱子著述考》以及杂文集《子馨文存》等。

唐一禾（1905—1944）。一禾，湖北武昌县人。1922年考入私立武昌美术专门学校。1924年就读于北京美术专科学校，专攻油画。1926年返回武昌参加国民革命军，在第六军政治部从事宣传工作。1927年中断学业回武昌参加北伐军，随征战部队做宣传鼓动工作。1928年毕业于武昌艺术专科学校，并留校任教。1931年赴法国入巴黎高等美术专科学校，师从劳伦斯学习油画。与当时留学法国的常书鸿、秦宣夫、吕斯百、曾竹韶、王临乙等人发起"旅法美术协会"。1934年毕业于巴黎美术学院。回国后，一直在武昌艺专从事美术教育工作，并任教务主任兼西洋画系主任。1944年赴重庆参加"中华全国美术会"会议，并当选中华全国美术会常务理事，途中因江轮倾覆罹难。今有《唐一禾画集》传世。

彭雪枫（1907—1944）。雪枫，河南南阳人。1926年9月加入中国共产党。1930年5月被派到苏区，1934年10月参加长征，任军委第1野战纵队1梯队队长、红3军团5师师长、陕甘支队第2纵队司令员、红1军团4师政治委员。1936年秋被派往太原等地，做团结各界爱国人士、联合阎锡山抗日的统一战线工作。抗日战争爆发后，任八路军总部参谋处处长兼驻晋办事处主任。1938年春调赴河南确山竹沟，任中共河南省委军事部部长，组织训练抗日武装。同年9月组建新四军游击支队，任司令员兼政治委员，领导开辟豫皖苏边区抗日根据地，任中共豫皖苏边区委员会书记。后任新四军第六支队司令员兼政治委员、八路军第四纵队司令员。兼任新四军游击支队随营学校校长。1941年皖南事变后，任新四军第4师师长兼政治委员、淮北军区司令员。曾编写《游击战术》《战略战术讲授提纲》等教材，经常到抗日军政大学第四分校授课。1944年9月11日在河南省夏邑八里庄指挥作战时不幸被流弹打中牺牲。2009年被授予100位为新中国成立作出突出贡献的英雄模范人物。著有《游击队政治工作教程》《游击队政治工作概论》。

朱生豪（1911—1944）。生豪原名朱文森，又名文生，学名森豪，笔名朱朱、朱生等，浙江嘉兴人。1933年毕业于杭州之江大学，入上海世界书局任英文编辑。1935年起从事《莎士比亚戏剧全集》的翻译，是中国翻译莎士比亚作品较早和最多的一人，译文质量和风格卓具特色，为国内外莎士比亚研究者所公认。1939年任《中美日报》编辑。1942年5月回故乡，继续从事译事。著有《古诗与古赋》《雨丝》《英雄与美人》《莎士比亚全集》（译作）《朱生豪小言集》《朱生豪情书》《秋风和萧萧叶的歌》（朱生豪宋清如诗词集）《莎氏乐府本事》《仲夏夜之梦》《威尼斯商人》《第十二夜》《古梦集》《小溪集》《丁香集》等。

按：刘云雁《朱生豪莎剧翻译——影响与比较研究》说："翻译标准不一，评论流派各异，依然不能否认朱生豪翻译的莎士比亚全集作为印数最多，覆盖面最广的莎士比亚戏剧译本，对于外国文学的本土化以及中国的文学文化建设产生了深刻的影响。朱生豪的译作受到了中国古诗传统与新文化运动中新旧矛盾的波及，对卞之琳、英若诚等翻译家的莎士比亚戏剧翻译都产生了一定的影响，更通过其在普罗大众

中的广泛传播,对于建国以来的文学精神建构起到了重要的作用。"(浙江大学博士学位论文,2011年)

六、学术评述

本年度是抗日战争战略反攻阶段(1944年初至1945年8月)的第一年,已处于抗战胜利的前夜,然而却同时演绎了日本帝国主义的最后疯狂和国民党正面战场的第二次大溃败。其间中国正面战场经历了豫中会战、长衡会战、桂柳会战,中国损兵50—60万,丧失4个省会和146座其他城市、7个空军基地和36个飞机场,丧失国土20多万平方公里、6000万人民。另一方面,中国共产党领导的八路军、新四军和华南纵队各部普遍发起攻势作战,袭击敌伪军据点和交通线,收复许多县城,恢复并扩大了解放区。其中有7月建立的豫东根据地,8月恢复的豫皖苏抗日根据地,9至10月建立的新的豫西根据地,以及11月开辟的豫鄂湘粤敌后抗日根据地。12月27日,新四军第一师渡江南下去完成控制苏浙皖边和发展浙东沿海地区的战略任务。国共之间强烈的反差也使越来越多的国人把实现民主、争取抗战胜利的希望寄托在中国共产党身上。正是在国民党军事上大溃败及其声望一落千丈之际,蒋介石迫于国内外的压力而同意重启国共谈判以及美国介入调停。11月7日,美国总统罗斯福私人代表赫尔利与林伯渠由重庆飞抵延安,会见中共领导人毛泽东、周恩来等,调处国共两党关系,共同拟定《中国国民政府、中国国民党与中国共产党协定》。然而由于蒋介石坚持一党专政,赫尔利调处失败。与此同时,国共双方也都在为抗战胜利提前布局,大多兼顾了当前与未来的整体考量,同时也介入了美国意志与力量。在国共之外,是民主党派力量的快速崛起以及民主呼声与运动的再度高涨,尤其是大学学潮的再次勃兴,其中具有代表性与标志性的事件:一是7月7日西南联大、云南大学、中法大学等校学生3000余人联合举行"七七"时事座谈会,要求改革政治,争取民主,争取自由。闻一多、潘光旦、曾昭抡等教授出席讲话。闻一多号召青年,为反对国民党统治,"再来闹一次",被楚图南誉为"民主堡垒"的昆明开始发力。二是10月7日成都华西坝5个大学及12个学会共2000余人举行国事座谈会,国民参政员张澜出席会议。会议认为,中国目前的危局是政治不民主造成的,只有实行民主,全国才能团结,人才才能集中,政治才能革新。会议一致要求改组国民政府及统帅部,成立联合政府。三是10月31日晚成都市警察2000人包围市立中学,威胁学生接受被开除的特务学生返校,并打伤学生40余人,学校停课,由此引发学潮。11月6日,成都市大中学生罢课请愿,抗议10月31日晚成都市警察的暴行。11月11日,四川大学、金陵大学、燕京大学等校学生万余人示威游行,抗议特务暴行,要求保障人身自由。在此以后,市立中学校长、成都市市长、警察局长被迫去职。

就有关文化教育的整体导向而论,主要有:1月1日,国民政府明令各省自是日起一律施行《战时新闻违检惩罚办法》《战时新闻禁载标准》。3月5日,蒋介石手谕:"编审中小学教科书时最应注意之要旨。"15日,国民政府公布《国民学校法》25条,规定:"国民学校实施国民教育,注重国民道德之培养及身心健康之训练并授以生活必需之基本知识技能。"19—25日,教育部举行"扩大国语运动周"。教育部印发《国语运动纲领》5条,并通令各省推行注音汉字、注音符号,实行国字读音标准化,统一全国读音。25日,教育部将国语推行委员会主任委员吴稚晖所撰"注音符号歌"公布。4月27日,国民政府修正公布《修正著作权法》。5月,国民党第五届中央执行委员会第十二次全体会议通过《改进出版检查制度案》。

6月1日，教育部颁发《教育部在国外各大学设置中国文化奖学金办法》10条。同日，教育部颁发《教育部国外留学生奖助金办法》6条。20日，国民政府公布《战时出版品审查办法及禁载标准》及《战时书刊审查规则》。7月3日，教育部颁发《边地国立各级学校教员奖助金办法》9条。同日，国民政府公布修正《中央图书杂志审查委员会组织条例》。7日，教育部公布《著作发明及美术奖励规则》14条。15日，教育部公布《修正教育部组织法》。18日，国民政府公布《强迫入学条例》16条。同月，中央图书杂志审查委员会颁发《修正图书杂志剧本送审须知》。9月5日，国民政府修正公布《著作权法施行细则》。18日，教育部颁发《国民教育实验区考核要项》。21日，宪政实施协进会通过《改善书报检查办法》。10月20日，中央图书杂志审查委员会公告《妨害风化作品解释事项》。24日，国民政府行政院颁发《省市图书杂志审查处暨审查专员办事处组织规程》。27日，教育部正式公布《大学文、理、法及师范四学院分系必修及选修科目表》及实施要点，决定将"三民主义"及"伦理学"正式列入《科目表》，规定自本年度入学新生开始施行。10月31日，国民政府公布《教育会法》38条，规定教育会以研究教育事业，发展地方教育，协助政府推行教育法令为宗旨。11月22日，教育部公布《全国各县市普及教育文化事业实施办法》7条。同日，教育部公布《普及全国图书馆教育办法》15条。12月3日，教育部颁发《国外留学办法》28条。同日，教育部公布《电化教育实施要点》22条。同日，国民政府任命朱家骅接替陈立夫为教育部长。在此前后两人的关注重心与施政风格有所不同。是年，第四届教育部学术审议委员会"补助学术研究及奖励著作发明"奖评出。该年获奖的人文社会科学类著作有：文学类一等奖空缺，二等奖2名（罗根泽《周秦两汉文学批评史》、李嘉言《贾岛年谱》），三等奖8名（冯沅君《古优解》、李辰冬《红楼梦研究》、缪钺《杜牧之年谱》等）；哲学类一、三等奖空缺，二等奖1名（黄建中《比较伦理学》）；古代经籍研究类一等奖1名（劳幹《居延汉简考释》），二等奖1名（吴毓江《墨子校注》），三等奖3名（徐复《后读书杂志》、蒋礼鸿《商君书锥指》、张国铨《新序校注》）；社会科学类一等奖空缺，二等奖5名（萧一山《清史大纲》、简又文《太平军广西首义史》等），三等奖16名（蓝文征《中国通史》上卷、洪启翔《古代中日关系之研究》、施之勉《古史庶实》、王伊同《五朝门第》、汪士杰《里甲制度考略》等）。以上陆续出台的文化教育规章与政策，都在学术界产生不同程度的影响。

就学术版图结构而论，国内依然划分为国统区、解放区与沦陷区三大区域，加之海外为六大板块，其中重庆、昆明、延安依然构成西南—西北学术纵轴线。

首先是国统区。重庆轴心继续居于国统区学术版图之首，仍以郭沫若、顾颉刚、马寅初、钱穆、傅斯年、李济、董作宾、梁思成等为学坛领袖。郭沫若继续以通才之冠承担着文化与学界领袖之责任，而其名震天下的新作是《甲申三百年祭》。此文在重庆《新华日报》连载后，引起了国共两党和社会各界的广泛关注，产生了极大的政治反响。国民党视之为洪水猛兽，极力围剿。在学术研究方面，郭沫若主要在撰写《十批判书》上取得了重要进展，完成了《孔墨的批判》《宋钘尹文遗著考》《儒家八派的检讨》《稷下黄老学派之勃兴》《庄子的批判》《荀子的批判》等，又在《群众》第9卷第20期发表《古代研究的自我批判》，对自己的古史研究作了反思与总结。重庆轴心的学术大本营依然是中央研究院。朱家骅继续任国民党中央组织部长、中央研究院院长。3月8—10日，中央研究院举行第二届评议会第二次年会，朱家骅、翁文灏、竺可桢、傅斯年、吴有训等27人出席。会议推定翁文灏、汪敬熙、庄长恭、姜立夫、李书华、李四光6人为名誉会员候选人推举委员会委员，翁文灏为召集人。10

日，中央研究院第二届评议会第二次年会会议综合提案要旨提出《倡助科学建议书》。会议修正《国立中央研究院研究所组织规程》，并经呈奉国民政府备案。11月20日，朱家骅接替陈立夫为国民政府教育部长。12月21日，中央研究院在总办事处举行在渝评议员谈话会，朱家骅、王世杰、傅斯年、李书华等7人出席，主要讨论明年评议会年会举行与否的问题。傅斯年继续主持史语所所务。6月，中央研究院历史语言研究所主办的《史料与史学》创刊，傅斯年作《发刊词》。该刊共出2期，1945年停刊。李济配合傅斯年于是春在原西北史地考察团的基础上，重组西北科学考察团，参加单位有中研院史语所、中博院与北大、中国地理研究所等，团员有夏鼐、向达、阎文儒、李承三、周廷儒等。向达任考察团历史考古组组长，夏鼐任副组长。4月，西北科学考察团飞到兰州。5月，考察团坐汽车进入戈壁。在敦煌、洮沙、民权等地进行考古调查，并对佛爷庙墓地进行初步发掘。8—10月，考察团调查发掘了敦煌月牙泉墓地。董作宾继续任史语所代理所长。5月24日，董作宾访王献唐，以新写《殷历谱》见示。这意味着为董作宾赢得巨大学术声誉的经典名著《殷历谱》即将行世。梁思成继续撰写《中国建筑史》及英文版《中国建筑史图录》(A Pictorial History of Chinese Architecture)，又任教育部战区文物保存委员会副主任，为政府及盟军（美军）编制敌占区文物建筑名单，并在军用地图上标明位置。同时他建议美军在战争中保护日本历史文化名城京都和奈良。重庆轴心的另一学术大本营是高等学校。中央大学经过一番学潮风波之后，至8月8日，由教育部次长顾毓琇出任国立中央大学校长。31日，顾毓琇赴柏溪分校视察，在柏溪分校的阶梯大教室向学生作了讲话，首先讲了世界时局，认为世界大战即将以法西斯国家德意日之惨败告终，我国抗战胜利在望。而后谈到我们学生的责任是要做好准备，为建设一个新中国而奋斗。顾毓琇担任国立中央大学校长期间，提出着重学术教育人才为办大学之根本原则，强调大学应以教授为第一，但也希望教授对政治、经济与社会有所重视。同时又看到西北地区之重要。9月，顾毓琇校长聘张士一为教务长，王书林为训导长，吴世瑞为总务长，李翊灼为文学院院长，孙光远为理学院院长，卢锡荣为法学院院长，张士一兼师范学院院长，陈章为工学院院长，冯泽芳为农学院院长，戚寿南为医学院院长，刘宝善为柏溪分校主任。同月，文科研究所增设外国语文学部；法科研究所增设法律学部；师范学院研究所增设教育学部；农科研究所增设农业经济学部。受国家主计署委托，法学院经济系增设统计组。顾颉刚继续任文史杂志社副社长，主编《文史杂志》，又继续任中国史地图表编纂社社长。2月1日，《文史杂志》出版"美术专号"。3月，任复旦大学史地系教授。6月，《文史杂志》出版"中国经济史专号"。8月，顾颉刚主编的《文史杂志》出版"近代史专号"。陈寅恪继续任成都燕京大学教授。9月，致函牛津大学中文高级讲师修中诚，授权其代表他向牛津大学提交《高级中国研究计划》。12月，陈寅恪经典名著《隋唐制度渊源略论稿》由重庆商务印书馆出版。钱穆继续在华西大学任教。4月，在《文史哲季刊》第2卷第1期发表《两汉博士家法考》。马寅初继续在私立重庆北碚立信会计学校任教。6月，《通货新论》由商务印书馆出版。全书分24章，对第一次世界大战后美、英、法、德、意、加等经济强国整理货币之实践，其中之经验教训，以及在此过程中所涌现新理论、新学派——深入透析，为民国时期比较货币学集大成之作，经济学界引为经典，工商界、金融界亦视为必读，对世人思考战后经济走势，提供参考与启示。11月底，马寅初恢复行动自由。以上两个学术大本营之外，再就交织于政界、文艺界与学术界的学术活动作一简要梳理：一是以中共中央南方局为中心、周恩来与董必武领导的中共以及左翼文人学者群体，包括汇集老舍、茅盾、曹禺、胡风、冯雪峰等的中华全国文艺界抗敌协会，郭沫若任主任、阳翰笙实际主持的文化工作委员会，王昆仑、翦伯赞、侯外庐等任职的"中苏文化协会"。其中中华全国文艺界抗敌协会主要有五项重要活动：其一是"文协"成立6周年纪念活动；其二是老舍创作20年纪念活动；其三是言论出版自由请愿活动；其四是救济贫困作家；其五是欢迎湘桂来渝会友活动。二是以张澜、黄炎培为领袖的民主同盟政治—学术群体。张澜继续任中国民主政团同盟主席，民主运动空前高涨。1月1日，由黄炎培发起出版的《宪政》（月刊）在重庆创刊。主编张志让，编委戴修瓒、褚辅成、杨卫玉、王芸生、傅斯年等。9月19日，中国民主政团同盟在重庆上清寺特园举行全国代表会议，出席代表10人，决议将中国民主政团同盟改组为"中国民主同盟"，取消"政团"二字，由团体会员制改为个人参加。会议通过《中国民主同盟纲领草案》，选出中央执行委员33人，张澜任主席，左舜生任总书记，并决定中央执行委员会下设组织、宣传、国际关系、国内关系等委员会，组织委员会主任为章伯钧，宣传委员会主任为罗隆基，国内关系委员会主任为梁漱溟，国际关系委员会主任为张君劢。中国民主政团同盟改组为"中国民主同盟"，标志着国共之外的第三方民主党派力量的真正崛起，同时也对中国民主同盟群体的学术取向以及全国学坛产生重要影响。三是任职于国民党党务、政府以及学术文化机构的文人学者群体。吴稚晖1月被国民政府授予一等卿云勋章。5月，教育部在全国推广吴氏指导所撰注音符号歌。同月，《说文月刊》第4卷合订本《吴稚晖先生八十大庆纪念号》出版，汇集了王献唐、丁惟汾、孔德成、马衡、商承祚、陈万里、刘敦桢、郭宝钧、钱穆、徐中舒、冯汉骥、贺昌群、罗香林、顾颉刚、陈梦家、柳诒徵、郑鹤声、黄文弼、傅振伦、皮高品、郑德坤、闻宥、姜寅清（亮夫）、孙次舟、李根源、蒋秉南（天枢）、蒙文通、吴其昌、朱希祖、郭沫若、金毓黻、刘节、陆侃如、冯元君、罗根泽、常任侠、方豪、丁山、刘铭恕、郭廷以等众多名家文章。11月5日，张道藩、潘公展等在重庆召开"中国著作人协会"成立大会，张道藩报告筹备经过，国民党中宣部长梁寒操致词。大会通过了关于组织工作、稿费、著作人权益等议案多件，选举潘公展、张道藩、老舍、鲁觉吾、印维廉、巴金、洪深、徐蔚南、茅盾、胡一贯、陈立夫、冯友兰、李辰冬、袁哲、程天放、梁寒操、马彦祥、顾颉刚、王平陵、孙伏园、徐仲年、谢冰心、曹禺、姚蓬子、王芸生、王云五、郭沫若、胡秋原、夏衍、王新命为理事。会上，洪深要求取消国民政府颁发的图书戏剧审查制度，未果。夏衍、阳翰笙、洪深、马彦祥等退出会场，以示抗议。四是任职于商务印书馆、中华书局等出版机构的文人学者群体。张静庐为董事长，黄洛峰、姚蓬子等筹划新出版业联合总处扩大改组为联营书店股份有限公司。5月1日，重庆新出版业联合总处创办的第一联营书店开张。参加署名的有19家，至5月11日增至21家。第一联营书店设在林森路西四路口，董事长黄洛峰，总经理张静庐，经理贺礼逊。9月9日，新出版业联合总处扩大改组为联营书店股份有限公司，张静庐为董事长，黄洛峰、姚蓬子为常务董事。这毫无疑问是出版界的"航空母舰"。

　　国统区的另一轴心是昆明。梅贻琦继续任西南联大常委会常委、清华大学校长。4月，梅贻琦《抗战期中之清华（四续）》刊于《清华校友通讯》，文中继续报告五个研究所取得的成果。是年，国民党政府当局曾暗示西南联大解聘闻一多等进步教授，梅贻琦根本不予理睬。与其他学校相比，西南联大始终保持为一所民主自由空气较浓的学府。特别是后期，联大发展成为"民主堡垒"，同样也与梅贻琦的开明思想有关。在学术上，依然以文学院院长冯友兰为当之无愧的领袖。4月8日，清华大学第21次聘委会会议通过"1944年度清华续聘各系、所教授、副教授、专任讲师名单"。其中文学院部分如下（包括社会学系及国情普查研究所):中国文学系教授:闻一多、朱自清、王力、浦江清;外国语文学系教授:陈福田、吴宓、温德、吴达元、杨业治、陈嘉、陈定民、赵诏熊、胡毅,专任讲师:李赋宁;哲学系教授:冯友兰、金岳霖、沈有鼎、王宪钧;历史学系教授:雷海宗、刘崇鋐、噶邦福、王信忠、邵循正、吴晗;社会学系教授:潘光旦、吴泽霖、李景汉、李树青;国情普查研究所教授:陈达。闻一多因为学术成就与民主斗士的双重因素突然进入其人生的"高光时刻"而引人注目。1 月 15 日,闻一多经教育部审查并核定通过大学教授资格。西南联大还有张奚若、杨武之、吴泽霖、贺麟、姚从吾、江泽涵、马约翰、赵九章、华罗庚、闻家驷、刘崇鋐、邵循正、陶葆楷、浦江清等。同月,闻一多因生计所迫,邀请梅贻琦、冯友兰、朱自清、潘光旦、蒋梦麟、杨振声、罗常培、陈雪屏、熊庆来、姜寅清、唐兰、沈从文在《闻一多教授金石润例》上签名,由此可见当时教授生计之艰难。7 月 7 日,为抗日战争 7 周年纪念日。晚,闻一多、熊庆来、潘光旦、杨西孟、邵循正、朱驭欧、潘大逵、蔡维藩、伍启元、沈有鼎、鲁冀参、冯景兰、李树青、曾昭抡、罗隆基 15 位教授出席西南联大壁报协会和云南大学、中法大学、英语专科学校三校学生自治会在云大至公堂联合举行的"时事座谈会",出席会议的学生多至 3000 余人。这是自皖南事变以来,昆明各大学学生联合举办的第一次政治性的大规模集会。秋,经吴晗介绍,闻一多以个人身份加入中国民主同盟,这是他一生中的重大转折。10 月 10 日,辛亥革命 33 周年纪念日。民盟昆明支部与西南联大、云南大学、中法大学等校学生及云南省文化界,联合发起举行保卫大西南群众大会。闻一多为大会主席团成员。大会结束之前,闻一多宣读了由罗隆基起草,经他润色誊录(最末一段为李公朴抄录)的《昆明各界双十节纪念大会宣言》。会后,又印发了《人民的呼声》(昆明各界双十节纪念大会专册)。闻一多在双十节的言行,引起国民党地方当局的注意,《国民党组织部部长陈果夫为一九四四年十月十日群众集会事致军事委员会办公厅函》中引云南省党部组正二字第 864 号呈文云:"所谓昆明学术界宪政研究会……于昆华女中附小体育场举行讲演。……该会讲演人员为闻一多、楚图南、吴晗、李公朴、罗隆基等。演讲内容,均系反对本党及攻击现政府之荒谬论调。……该等最后并通过宣言,内容多系攻击现政府,极尽狂妄之言词。"此为 1946 年闻一多惨遭国民党特务暗杀的不祥先兆。要之,以闻一多为中心的富有政治意义的学术活动,带有明显的"广场民主"的氛围与意义,同时代表了闻一多思想的重要转折以及西南联大民主运动的空前高涨。昆明轴心的另一学术高地是云南大学。熊庆来继续任云南大学校长。4 月 20 日,云大在至公堂举行校庆 22 周年纪念,并欢送参加译训班的同学。熊庆来校长在讲话中强调云大成立 20 多年来艰难奋斗的历程与成就。10 月 14 日,中国科学社、中国天文学会、中国动物学会昆明分会、新中国数学会、中国物理学会昆明分会、中国化学学会昆明分会、中国植物学会昆明分会、中国地质学会昆明分会在云南大学至公堂举行联合年会开幕典礼。年会推定梅贻琦、熊庆来、李书华、吴有训、周仁为大会主席团。由梅贻琦主席,致开幕词,熊庆来报告筹备经过,周仁报告科学社成立 30 年来的工作,吴有训报告其他 7 个团体的简史及工作,霍秉权报告战时美国科学界动态。华岗受中共南方局派遣在昆明继续做龙云的联络与统战工作,以任云南大学社会学教授作为开展革命活动的掩护。华岗、周新民、楚图南、尚钺等人的秘密组织西南文化研究会,设在北门街唐家花园,实际上是学习讨论会,对外也用西南学术研究会或西南文献研究室等名称,重点在高级知识分子中逐步开展工作。方国瑜继续主持云南大学西南文化研究室。3 月 18 日,《国立云南大学西南文化研究室概况》对研究地域和研究项目作出明确说明。云南大学西南文化研究室同时凝聚着熊庆来校长与方国瑜主任的心血。

国统区的南方区域中,柳亚子、梁漱溟、田汉、司马文森、欧阳予倩等依然汇集于桂林文化城。田汉 3 月 19 日下午主持在社会服务处举行的"文协"桂林分会第四届会员大会,在致词中对一年来的工作作检讨,并说明此次改选理事情形及今后文艺工作者积极之任务。在理事会改选中,田汉与欧阳予倩、柳亚子、巴金等 21 人当选为理事。4 月 20 日,田汉主持"文协"桂林分会为庆祝总会成立 6 周年而在省艺术馆举行的会员同乐大会,到会千余人。田汉在致词中阐述了文艺工作者 6 年来在文艺组织团结之下为抗战文化努力之情形,并指出今后文艺运动方向,要求作家应把视线扩大,与国际文艺界取得密切联系。柳亚子、欧阳予倩、熊佛西、邵荃麟、许幸之等人进行了演讲。柳亚子要求把"抗战、团结、民主"作为文艺的三大目标。27 日,田汉与柳亚子、黄药眠、彭燕郊、伍禾、芦荻等 20 多位诗人出席《当代文艺》社和《文学创作》社在榴园举行的"诗人节诗人谈诗及诗人"座谈会。5 月 30 日下午,田汉在国民党桂林市党部召开的革新社会风气座谈会上,以桂林出版业凋敝及文艺作品凡暴露现实者不易通过为例,指出要革新社会风气,首应争取政治民主、言论自由为前提,否则空谈,则无补于实际。因为当时针对桂林左翼文人的荟萃与活动的高涨,国民党地方审查制度也以桂林最为严密。2 月,广西省图书杂志审查处由甲级处升格为特级审查处,按特级处的编制,机构扩大,人员增多,经费也随之增加。4 月 19 日,广西省图书杂志审查处将本年春季检扣撕毁的书刊清册一份呈报中央图书杂志审查委员会备案。该"清册"开列的查禁书刊有《新哲学大纲》等 28 种 259 册。田汉 5 月 30 日下午在座谈会上的发言,预示着桂林文化城的即将衰落。另外两大高地是浙江大学与中山大学。2 月 14 日,浙江大学校长竺可桢在浙大纪念周上报告,谈战后前景。10 月 22 日,李约瑟夫妇及毕鉴(剑桥动物学讲师)再次到浙大参观访问,29 日始离浙大,返英后,对浙大颂扬备至,称浙大堪与剑桥媲美。朱谦之 3 月代理中山大学文学院院长。6 月,豫湘桂战役延及湘北,中大师生疏散。赴梧州。9 月,梧州失陷,再迁至苍梧。11 月,返坪石。12 月 8 日,开设讲座《现代史学思潮十讲》《文化类型学十讲》。王亚南继续任教于中山大学。因日本侵略军袭击粤北,中山大学再次迁校。王亚南未跟随学校撤退,而是到赣南南康县郭大力的家乡与郭同住一村。随后又因日本侵略者侵袭赣州,王亚南从江西到福建临时省会永安,担任福建省研究院社会科学研究所所长。到任后,改组福建省研究院社会科学研究所,创办《社会科学》杂志,组织人员赴闽西调查红军根据地的土地改革。

国统区的西北区域中,刘季洪 7 月接替调任教育部常务次长的赖琎任西北大学校长。时任教务长杜元载(教授兼),训导长蓝文征(教授兼),总务长徐朗秋(副教授兼代),文学院院长萧一山(教授兼),理学院院长赵进义(教授兼),法商学院院长曹国卿(教授兼)。刘季洪系国民党 CC 骨干,国民党六大后任国民党中央执行委员。接任西北大学校长后,在政治上,积极反共和压制民主,使用中统和军统特务分子强化对学校的反动统治。在思想上,想方设法严密控制进步师生的言论、行动,不准成立学生自治会,审查壁报,控制结社,在学生中成立"铁血门""手枪队",随身携带武器,横行霸道。在人事安排上,注意培植私人势力,三处九组负责人除一位老师和一位同乡继续留任外,全部更换,把他的同学、老乡和亲信者分别拉来掌管西大国民党区党部、三青团分团部和其他行政要职,训导长和课外活动组主任均由 CC 分子担任。最后酿成 1946 年学生争民主的"城固学生运动",一度被学生赶出学校。萧一山应刘季洪先生之聘,出任西北大学文学院院长。5 月,萧一山《清史大纲》由重庆经世学社出版。全书以"民族革命"思想贯穿始终,把近代社会的起点置于明末清初,认为只有这样才能更好地体现其"民族革命史观"。张其昀认为该书"勾玄提要,体大思精,诚为大气磅礴,匠心独运之巨作"。西北区域的另一重要学术事件,是常书鸿1月1日任正式成立的国立敦煌研究所所长。自1941年秋国民政府监察院长于右任视察莫高窟后,提议将莫高窟收归国有,并成立专门的管理、研究机构。1943年国民政府行政院决议成立隶属于教育部的国立敦煌研究所。国立敦煌研究所成立后,立即对外发出公告称:"莫高窟正式收归国家所有,禁止人们在附近放牧和私自进入。"4月,张道藩、陈树人、高一涵、罗家伦、傅斯年、李书华、张大千、徐悲鸿、顾颉刚等58人被敦煌艺术研究所聘为设计委员会委员。

其次是解放区。仍以延安为轴心,其中值得重点关注的是周扬作为马克思文艺理论家的快速成长。一是周扬将所编《马克思主义与文艺》一书及编者序言呈送毛泽东后,毛泽东4月2日致信周扬,称赞周扬为《马克思主义与文艺》一书写的序言写得很好。又说:"你把文艺理论上几个主要问题作了一个简明的历史叙述,借以证实我们今天的方针是正确的,这一点很有益处,对我也是上一课。"同月8日,周扬在《解放日报》发表长篇文章《马克思主义与文艺——〈马克思主义与文艺〉序言》。其《马克思主义与文艺》一书选辑了马克思、恩格斯、普列汉诺夫、列宁、斯大林、高尔基、鲁迅及毛泽东同志的有关文艺理论和意见,分为五辑:一、意识形态的文艺;二、文艺的特质;三、文艺与阶级;四、无产阶级文艺;五、作家、批评家。此外还附录了苏共中央《关于文艺领域上党的政策》《苏联作家联盟规约》及鲁迅《对于左翼作家联盟的意见》等。此书成为建立中国马克思主义文艺学的一项奠基工程。二是周扬出任新延安大学校长。4月7日,中共中央西北局决定,延安大学与行政学院合并,成立新的延安大学。5月18日,周扬出任延安大学校长兼教务处处长及文艺学院院长,王子宜为副校长兼干部处处长及行政学院院长,宋侃夫为秘书长,陈康白为科学院院长,张桂标为校务处处长,张成功为校务处副处长。24日,延安大学在边区政府大礼堂举行开学典礼,会议由校长周扬、副校长王子宜主持,毛泽东、朱德亲自参加并讲话。毛泽东说,我们一切工作只有一个目标,就是打倒日本帝国主义。要把日本打出去,没有根据地就不行。有了根据地就要做工作,要做军事、政治、经济、文化、党务等项工作,以便给日寇以最后的打击。延大是政治、经济、文化的大学,这三项就是我们延大所要学习的,要学这一套,要做这一套,强调延安大学应为抗战及边区的政治、经济、文化建设服务。再看晋察冀边区:邓拓时任晋察冀日报社社长主编。当时晋察冀分局决定编辑出版《毛泽东选集》,由邓拓任主编。5月,中共中央晋察冀中央分局编辑的中国第一部《毛泽东选集》出版。邓拓在他所写的《编者的话》中使用了"毛泽东思想"这一概念,高度评价了毛泽东同志在中国革命斗争中的伟大作用。7月,此版《毛泽东选集》由晋察冀新华书店发行,和边区人民正式见面,于是掀起了一股学习毛泽东著作的热潮。此外,华中解放区汇集了邹韬奋、范长江、钱俊瑞、阿英、王阑西、白桃、艾寒松、陈农菲、张劲夫、林淡秋、梅雨、于毅夫、孙冶芳、李仲融、刘季平、包子静、黄源等人。7月7日,邹韬奋、范长江等联名致电正在延安访问的"旅延安记者团"(即"敌占区文化参观团"),希望他们将根据地的真实情况报导给全世界。电文还生动地介绍了华中敌后新文化情况。然因时间关系惜未成行。8月4日,"旅延安记者团"电复华中文化界邹韬奋、范长江、阿英等人,讲他们在解放区所见"特别受感动",但"没有时间去拜访我们希望去的各个抗日民主根据地""希望后人能做到,并且将我们反对共同敌人日本军阀主义的光辉工作报导给全世界"。签名为福尔、斯坦因、武道、爱卜斯坦、普全科。"旅延安记者团"中的重庆《新民报》记者赵超构返回重庆后,撰写了10余万字的长篇通讯《延安一月》,在《新民报》的重庆版、成都版同时发表。之后又出了单行本,影响极大。国民党惊呼:"没料到,这个聋瞽(赵失聪)记者给我们捅个大漏子!"由此足以证明《延安一月》的巨大影响力。

　　再次是沦陷区。仍以北平—上海为两大中心。陈垣继续任辅仁大学校长,艰难地支撑着北平的教育危局。1月,辅仁校友周国亭冒险突破敌伪防线,进入北平,去看望陈垣。周国亭见陈垣处境困厄,考虑到其抗战教育工作已为敌伪所洞悉之后的危险,乃进言陈垣,可以南归后方,取道河南柘鹿路线,愿伴送之。陈垣曰:"余如南归,辅仁大学数千青年,有何人能代余教育之沦陷区正气有何人能代余支持倡导,且余之图书,又不能全部都带去,只身南逃,尤属不宜。"3月下旬,日本宪兵队再次逮捕了英千里,并从他家中抄出了华北文教协会的主要工作人员名单。3月20日以后,日军根据名单对华北教育界进行了空前规模的大逮捕。辅仁大学被捕的师生有沈兼士、胡鲁士神父(荷兰人)、赵光贤、李德伦、萧乾、葛信益、赵禹锡、张怀等多名教授和附中教员30余人,当时辅大几乎塌了半边天。此外,校外文教协会骨干被捕的也有十多人,这一案件轰动了华北教育界。日本军事法庭宣判了27人的徒刑,其中英千里被判了死刑,家中断了经济来源,英夫人只得靠典当自己的嫁妆并外出教书来养家糊口,还要给狱中的丈夫送衣送饭,真是凄凉无限。所幸在国民政府地下工作者的协助下,英千里得由死刑改判为无期徒刑,后来又减为15年徒刑。此前,重庆国民政府一度以为他已在狱中英勇就义,专门在重庆为他举行了追悼会。何其巩继续任中国大学校长,兼任"北方救国会"理事长。4月5日傍晚,日本宪兵队闯入何其巩家将其逮捕,关押在东城煤渣胡同日本宪兵队监狱。至4月12日下午6点,日本军警慑于何其巩的社会地位与舆论压力,最后不得不将他"开释"。日本特务机关为了监视何其巩的行动,将特务机关"森冈洋行"迁至何家对面的一幢四层楼房里,从窗口监视何其巩的一举一动。何其巩装作不知,在从事抗战工作时更加小心谨慎,一直工作到抗战胜利。张东荪继续留居北平。上年秋,张东荪从张云川处得到了一份中国民主政团同盟的纲领。至本年初,张东荪为了与西南大后方取得联系,派叶笃义秘密赴重庆,代表自己参加民主政团同盟。叶笃义临行前,张东荪让他将自己所著的一份《思想与社会》(手稿)带到重庆出版,"并送一个稿给周恩来和张闻天"。9月,中国民主政团同盟在重庆召开会议,将名称改为中国民主同盟,张东荪被选为中央常委,负责组织和领导民盟华北总支部。12月,叶笃义从重庆秘密返回北平,向张东荪介绍了大后方的情况,并传达了民盟会议的决定。张东荪与叶笃义等人秘密筹备民盟华北总支部。是年,张东荪通过撰写《知识与文化》《思想与社会》和《理性与民主》三书,从知识社会学角度讨论知识与文化问题,建构了一套以"多元交互主义"知识论为基础和核心,包括文化哲学、政治哲学和社会哲学在内的独特的思想体系。上海中心的重大事件是潜居上海治疗的邹韬奋不幸病逝并引发强烈反响。7月24日晨7时20分,邹韬奋在上海医院逝世。弥留时,说周恩来同志是他最敬佩的朋友;嘱夫人拿出遗嘱,请人读后,改正几个字,亲笔签名;另在纸上写"不要怕"三字。下旬,邹韬奋以"季晋卿"的假名入殓,棺枢停放在上海殡仪馆。8月中旬,徐伯昕携带韬奋遗嘱赴苏北,向中共中央华中局报告韬奋的情况,并请将其遗嘱转告延安中共中央,将韬奋逝世转告重庆救国会和文化界。随后,苏北解放区、延安解放区与重庆举行隆重的追悼大会。8月下旬,郑振铎得悉周作人在北平蓄意怂恿朱安女士将鲁迅遗书出售,十分气愤和焦急,竭力设法抢救。本拟亲自北上,但因友人均认为太冒险,遂被劝阻未去。后来许广平于9月10日发表启事阻止鲁迅遗书的出售。10月,唐弢与刘哲民到北平做朱安女士的工作;郑振铎专门给北平来薰阁、修绠堂各书店和赵万里等人写信(信由唐弢等带去),全力保卫鲁迅遗书。李叔明继续任中华书局总经理。6月17日,中华书局上海发行所发生火灾,全部房屋,付之一炬,损失殊巨。10月12日,上海《申报》载中央社讯:本市著名作家及文学工作者,鉴于年来沪上文艺读物之风起云涌,出版文化逐渐复兴,为结集力量,统一步骤,适应战时文化体制之要求起见,有进一步联系必要,复因全国性质之中国文学协会,正在筹备进行中,沪地为出版文化中心,对此尤应密切协助,共同迈进。夏康农是年秋在上海创办《大学》月刊,陈中凡、黄宪章、马哲民、杨伯恺、李相符、薛愚、邓初民、陈家芷、沈志远等组成新的《大学月刊》编委会。同时聘请千家驹、王亚南、周谷城、胡绳、胡风、茅盾、屈武、张友渔、侯外庐、郭沫若、翦伯赞等为特约撰稿人。

最后是海外交流。先说"出"的方面,仍以美国为中心。胡适继续居留美国。初春,经邓嗣禹(时在芝加哥主持陆军特训班,教美国士兵说中国话)联络,受芝加哥大学聘,为该校讲学十余次。3月13日,始撰《全校〈水经注〉辨伪》一文,作为重审"全、赵、戴三家〈水经注〉判决书"的第一部分,至21日改定,全文3.4万字。自此开始《水经注》研究。12月5日,张其昀访胡适,提议中央研究院脱离政治,恢复学术独立,请胡适回国任院长。胡适表示"决不干此事","只希望留此余生做完几件未了的学术工作"。8日,周鲠生致信胡适,极言抗日军事危急情形,要胡适"自己到华盛顿一行",与美国陆、财两长谈一谈。12日,周鲠生再次致信,提出几点意见供胡适与美要人访谈或写信时参考。13日,因受国内朋友多人劝促,胡适决定出面谋求美国军援,特写一信给美国陆军部长和财政部长。此信给周鲠生、萨本栋、张其昀等人看过,并与陈光甫谈两次。17日,胡适与张伯苓等21人发表联名宣言,要求盟国修改战略,采取有效军事行动,在中国战场打击敌人。赵元任12月28—29日出席在纽约召开的美国语言学会学术会议。学会提名委员会选举赵元任担任1945年度美国语言学会会长,学会秘书J. M. Cowan教授正式函告。赵元任家依然经常宾客满堂,在此举行的中国同学聚会有:清华同学会,波士顿区域中国同学会,MIT中国同学会,中亚同学会等。聚餐聚会,每次几十人。此外,老朋友胡适、金岳霖、萨本栋、陈福田、周鲠生等来过多次;韩权华、桂质廷、陈之迈、于宾主教等也先后来访。10月22日至次年暑期,胡适应聘在哈佛大学讲学,更是家中常客。林语堂去年10月24日在中央大学的演讲《论东西文化与心理建设》连续被多家刊物刊载和转载,在学界引起不同反响。1月1日,《论东西文化与心理建设——三十二年十月二十四日在中央大学演讲稿》刊于《重建月刊》第1卷第2期("新年专号")。12月,《宇宙风》第135—136期合刊重登了林语堂所讲《论东西文化与心理建设》。正文前有"语堂按""本文发表《大公报》后,颇有凑热闹之徒,断章取义,颠倒是非,尽缠夹之能事。余以当日所言,任人如何歪曲,原文俱在,不难对证。且原文阐意极明,非有意歪缠者,不致误会,故亦毋庸另文答辩。兹将原稿重载《宇宙风》,并将可注意二点,特为指出。"陈序经6月24日离开重庆,应美国国务院约请到美演讲与研究一年。7月4日,抵达纽约,与杨振声同行。居美期间,曾讲授中美关系、国共合作、主权论,曾晤谈爱因斯坦,考察纽约、克利夫兰、芝加哥、欧班那、圣路易斯、洛杉矶、旧金山、西雅图、华盛顿等地。陈达应美国普林斯顿大学邀请,前去参加建校200周年纪念的学术讨论会,并提交英文起草的《现代中国人口》,旋被《美国社会学学报》全文刊于1946年7月号,且通期只此一篇论文。郁达夫"每年岁首,例作遗言,以防万一"。1—2月间,被华侨汉奸洪根培陷害而受人告发,从此身份暴露。极为不幸的,郁达夫次年终被日本宪兵所杀害。关于"进"的方面,则主要有:英国著名科学史家李约瑟继续率英国驻华科学使团在中国考察。当时世界反法西斯战争微露胜利曙光,穷途末路的日军决定反扑,大举进攻长沙、衡阳,继而攻陷桂林、柳州,甚至攻入贵州,逼近四川,中国东南部与重庆被隔断。李约瑟就在这种形势下,绕道贵州贵阳、独山,广西柳州、桂林,湖南衡阳等地,前去广东和福建考察。其间,李约瑟就在这里两次访问了西迁至贵州遵义的浙江大学,会见了浙江大学校长竺可桢,从此开启了两人长达30年的友谊。李约瑟两次浙大之行留下了大量的珍贵史料,也对浙江大学产生了深刻印象,盛赞浙大战时的学术氛围,甚至将浙大誉为"东方剑桥"。12月,李约瑟在伦敦作了《战时中国的科学与生活》的广播演讲,为中国呼吁国际援助,促使英国文化委员会给予中国大批物资援助;英国林迈可(Michael Lindsay)为燕京大学外籍教授,和妻子李效黎带着刚一岁半的幼女,冒着枪林弹雨从晋察冀抵达延安,向毛泽东、朱德、周恩来提出:当务之急应冲破新闻封锁,让世界听到延安的声音。林迈可根据德国人弗雷德里克·特尔曼的经典著作《无线电工程》中的公式,设计制作了一个灵敏度很高的"V"形定向天线,并依靠一本《球面三角》和一只经纬仪,将发报机定位在一个小山顶上,把定向天线面向山谷的另一面,并用经纬仪校准天线及其他各标杆的位置,最终成功地组建了一台1000瓦的发射机。从此,延安建成了可以将信号发射到美国旧金山和印度等地的首部国际电台。美国高层领导自从这一天开始接收到新华社英文电讯后,对中国华北战争图景顿时有了改观。那些从美国西海岸收听、记录下来的最早的新华社英文电讯稿,至今还作为美国国家档案,收藏在马里兰州联邦传播委员会档案库里;美国著名记者史沫特莱自1941年9月因病回美国治疗后,受到美国政府的迫害。在处境异常困难的情况下,她仍致力于介绍中国革命,从事关于朱德一生的《伟大的道路》一书的写作。8月14日,朱德总司令给美国作家史沫特莱写信,表达了深切的关怀之意;日本中田、小竹文夫、吉田东祐等为便于加强文化侵略,在上海筹建东方文化编译馆。6月11日,东方文化编译馆在上海开成立会。12日,上海《申报》对此事进行了报道。上述以李约瑟继续率英国驻华科学使团在中国考察学术含量最高。

与上年相比,本年度学术论争有所萎缩,至少在论争广度上有所收缩,兹归结为以下8个方面。

1. 关于《甲申三百年祭》的论争。3月10日,郭沫若所撰《甲申三百年祭》脱稿,刊于19日至22日重庆《新华日报》。明清之际的历史在近代中国影响甚广,许多不同立场的学者在不同时期都关注过这一问题,他们或是借此来抒发民族主义情感,或是用当时的政治乱局来影射现实中的政治现象;或是从文学的角度借研究当时的著名文人来浇心中块垒。在这篇文章中,郭沫若叙述了明末的政治斗争史与农民起义史,揭示了明末政治的腐败,以及李自成领导的农民起义军之所以能取得胜利与胜利之后迅速变质衰亡的原因。此文引起了国共两党和社会各界的广泛关注,产生了极大的政治反响。国民党视之为洪水猛兽,极力围剿。3月24日,《中央日报》组织对《甲申三百年祭》的批判,先是由陶希圣执笔,发表了社论《纠正一种思想》,对郭沫若《甲申三百年祭》一文发难,攻击该文"鼓吹失败主义和亡国思想",强调"不能姑息和放纵这种反常思想,听其谬种流传"。随后国民党文人不断对此文进行攻击。4月1日,重庆的《商务日报》也发表社论《论赫尔的名言》,攻击郭文是"散播败战思想,把不正确的毒素,渗进社会内层"。13日,《中央日报》又发表社论《论责任心》,说郭文是用"文学、戏剧、史论,渲染着亡国的怨望和牢骚"。20日,叶青发表长文《郭沫若〈甲申三百年祭〉评议》，对《甲申三百年祭》及《新华日报》副刊发表的呼应——点名攻击。叶青说："际此甲申之年，特利用明亡的历史事实来作材料，而妄想以明朝来隐射国民政府。郭沫若向来是共产党的同情者，而又薄有文名，自为执行这个宣传政策的适当人物。所以郭沫若的失败主义不过是共产党的失败主义之流露而已。"与此相反，中共方面则持欢迎态度。3月20日，《新华日报》副刊发表《甲申事变——明末亡国的历史》，对明末阶级斗争和民族斗争形势的变动作了介绍。4月12日，毛泽东在延安高级干部会议上作《学习和时局》的讲话，高度评价《甲申三百年祭》："近日我们印了郭沫若论李自成的文章，也是叫同志们引为鉴戒，不要重犯胜利时骄傲的错误。"4月15日，潘梓年兼任主编的《群众》第9卷第7期发表柳亚子《纪念三百年前的甲申》、翦伯赞《桃花扇底看南朝》《明末的政治风气》《明末清初史学的时代意义》等文，作为对郭文的唱和。18—19日，延安《解放日报》全文转载《甲申三百年祭》，并在编者按中指出："郭沫若先生这篇名震一时文章""充满了爱国爱民的热忱"。6月7日，中共中央宣传部、军委总政治部联合发出印发该书通知，指出这部著作"对我们的重大意义，就是要我们全党，首先是高级领导同志，无论遇到何种有利形势与实际胜利，无论自己如何功在党国，德高望重，必须永远保持清醒与学习态度，万万不可冲昏头脑，忘其所以，重蹈李自成的覆辙"。11月21日，毛泽东从延安致信郭沫若："你的《甲申三百年祭》，我们把它当作整风文件看待。小胜即骄傲，大胜更骄傲，一次又一次吃亏，如何避免此种毛病，实在值得注意。倘能经过大手笔写一篇太平军经验，会是很有益的；但不敢作正式提议，恐怕太累你。最近看了《反正前后》，和我那时在湖南经历的，几乎一模一样，不成熟的资产阶级革命，那样的结局是不可避免的。此次抗日战争，应该是成熟了的罢，国际条件是很好的，国内靠我们努力。我虽然兢兢业业，生怕出岔子，但说不定岔子从什么地方跑来；你看到了什么错误缺点，希望随时示知。你的史论、史剧有大益于中国人民，只嫌其少，不嫌其多，精神决不会白费的，希望继续努力。"历史是一面镜子，上述不同的历史观可以从一个侧面映照出彼此的不同价值取向与命运。

　　2. 关于战后重建问题论争的延续。首先，建都问题受到空前关注，除了陶孟和《关于建都的一个意见》、洪绂《漫谈几种建都的理论》等论文再次讨论了战后建都问题，相关著作则有：谷风著《论建都》，张君俊著《战后首都之研究》，张君俊等著《国都问题讨论集》，孙公达编《战后之建都》，康国栋编《战后建都论丛》，梅盦编《战后中国建都问题》，独立出版社资料室编《建都问题论集》，新中华杂志社编《中国战后建都问题》。其中新中华杂志社编《中国战后建都问题》将各种论点按照功能与区域性质分而论之，前者即经济建都论与国防建都论，后者则为南京、武汉、北平、西安等四处建都论。除了正文选取的8篇有代表性的文章外，另外列出有关中国战后建都问题论文提要以及论文索引，补白还附有中国历代首都、中国首都之海拔与海距、中国各假想首都比较表等各种补充资料。《大公报》在1943至1945年多次刊登关于建都问题的文章，形成一股热烈讨论之风气。1941年至1947年，《思想与时代》杂志曾发表多篇讨论建都问题的论文，其中有钱穆的《战后新首都》，张其昀的《定都南京之十大理由》《南京乎？北平乎？》《金陵与钱塘》《再论建都》，贺昌群的《再论历代建都与外患及国防之关系》等。其次，经济依然是重中之重。翁文灏1月3日在资源委员会纪念周上作题为《中国经济建设中几个根本观念》的演讲，略述中国由强而弱和西方"复兴与精进的历史"发展过程，认为"国力之强弱，全在人力之能否从实际事物精勤推动"。对于如何使建设工作达到建国的目标，翁文灏提出三项中心方针：一为国家的统一，二为国防的力量,三为事业的健全。6月,翁文灏《中国经济建设概论》出版。全书分:一、经济建设与国力;二、实业计划纲要;三、战前中国实业概况;四、抗战期内中国实业概况;五、战后中国实业建设方针。此书的重心也在战后经济重建问题。翁文灏还与顾翊群合著《中国经济建设与农村工业化问题》,由重庆商务印书馆刊行。5月15日,戴星如在《东方杂志》第41卷第9号发表《战后工业化与农村经济》,认为“战后已不能亦不必恢复战前社会经济之旧型。我国于战后必须工业化,而且必须加速地工业化,已为世所公认,殆无疑义。然工业化问题并非简单,其所牵涉之范围至广至大,其所影响于社会经济文化各方面之程度亦至深至巨;吾人于工业化所将引起之各种困难及复杂之问题,宜未雨绸缪,事先作详尽之考虑及计划,方不致有临渴掘井,捉襟见肘之虞”。然后重点就“工业化与农村经济”之问题发表了自己的意见,一方面高度关注工业化与农村经济交互影响之关系,另一方面提出了工业化下我国应采之农业政策,包括扩大农贷、土地国有、控制生产。同月,马寅初《通货新论》由商务印书馆出版。作者由对第一次世界大战后美、英、法、德、意、加等经济强国整理货币之实践、经验教训,以及在此过程中所涌现新理论、新学派,进而考察中国:中国战后,无论对内对外,不言建设则已,如言建设,必自整理币制始。最后第24章反映对战后中国经济重建导向之新思考。通篇以“安”字为核心。12月22日,马寅初在重庆星五聚餐会上讲演《中国工业化与民主是不可分割的》,后刊于《民主与科学》第1卷第1号。其结论是:“欲谋中国之独立与生存,必先使之工业化。欲使之工业化,必先利用外资与技术,……况提高农民生活水准,为中国工业化必不可缺的条件。实业界巨子与金融界领袖必抱有同一的见解。真所谓人同此心,心同此理,则于世界和平会议以前实行宪政,似当为全国一致的要求。”关注战后经济重建的论著尚有:吴大琨著《经济建设论》,朱伯康著《经济建设论》,沈志远著《民主与经济建设》,翁文灏、顾翊群著《中国经济建设与农村工业化问题》,镜昇著《战时中国经济轮廓》,吴景超著《战时经济鳞爪》,林蔚人编著《战时经济论》,颜悉达著《经济作战论》,邹启元编《战后中国经济建设》,朱慕唐著《战后利用外资问题》,曾纪桐著《战后我国对外贸易政策的商榷》,戴星如著《战后工业化与农村经济》,谢汉俊著《战后我国汇率调整问题》。以上论著皆重在国内经济重建问题。而曾纪桐则注重于国际经济重建问题,相继有《美国国际投资政策的回顾与战后展望》《战后复兴南洋华侨经济问题》《国际货币基金与战后币制金融问题的解决》《国际币制趋向与中国战后复兴建设》《国际建设开发银行与战后国际经济》等文问世。另有姚枬《战后发展南洋航业刍议》重在南洋经济重建的探讨。再次,教育重建继续受到高度关注。5月5日,朱家骅与陈立夫、谷正纲等出席中国教育、学术团体在重庆举行的第三届联合年会,会议通过《战后世界和平与教育改造》《实业计划最初十年人才培养》等文件。相关重要论著则有:陈果夫《中国教育改革之途径》,蒋梦麟《战后我们的教育往那里走?》,余家菊《论教育上之物力与人力》,朱光潜《教育的质与量——战后高等教育问题之一》,程懋珪《战后教育的改造之基本原理》,王学孟《留学政策之重建》,茆玉馨《抗战期间留学教育之改进及其实施概况》,杨卫玉《战后职业补习教育与职业介绍之趋向》,等等。蒋梦麟《战后我们的教育往那里走?》指出:七十年来,吾国继续不断之努力,一言以蔽之曰:救国。经七年英武抗战,受绝大牺牲痛苦,才奠定了立国基础。此后工作,尚多困难,建国之难,于此可见。文中特别强调中国教育转入文化问题的两个要点:一曰民权主义;一曰科学。朱光潜《教育的质与量——战后高等教育问题之一》提出要重“质”而非“量”的观点。余家菊《论教育上之物力与人力》提出:“今国家已入于建设时代,各种建设皆需用大量人才,教育欲与建设相配合,乃不能不为大量之扩张。实行教育的大扩张,立即遭遇财政问题。教育财政政策,固然只有量出为入之一途,然而就整个财政观点言之,终有要求教育经费尽量经济节约之权利,所以教育经费在大量膨胀之中,其支用仍当无背于节约之精神。今后教育费,其需要额之庞大,直是莫可供应,教育预算之编制,又何可不善加权衡? 此所以言教育者,不可不措意于物力。""为今之计,对于教育事业,应分为负责经营与力为奖助之两大类。政府当负责经营者,计有两种:即学术之促进与国民教育之发展。其余则一概列入极力奖助之列。"此外,与战后重建紧密相关的还有中国出路问题的讨论,比如12月27日晚,闻一多、张奚若、罗隆基、王赣愚、孙毓棠、冯文潜、潘光旦、王逊、杨西孟、丁则良、李树青、费孝通、沈有鼎、郭相卿、曾昭抡、吴晗等出席自由论坛社主办的"中国的出路"座谈会。会上讨论的问题非常广泛,相继提出的问题有新中国与旧传统、士大夫与中国社会、中国问题的症结、工业现代化、教育的功用、中共政策与革命、文化革命、经济政策、怎样改良中国的政治、中华民族的缺点等。其中与战后重建多有交集,但所涉及的方面更为广泛,所关注的论题更为长远。其他尚有:黄炎培著《中华复兴十讲》,钱纳水著《战后中国建设问题》,谢贻征著《从战胜到战后》,杨玉清著《中国政治之路》,程懋珏著《战后政治改造之基本原理》,赵建新著《政治建设论》,徐旭著《西北建设论》,郦时言著《浙西战后的建设》,萨师炯著《战时省制之演变及其今后之改进》,陈定闳著《战后中国社会之新图案》,汪叔棣著《战后世界机构支柱之建竖》,卢建虎著《战后修志问题》,刘冠生著《战后我国公医制度的展望》,陈定闳著《战后中国人口复元问题》,陈盛清著《战后关于婚姻的法律问题》,崔书琴著《民族思想的消沉与民族地位的恢复》,张明养著《怎样解决战后小国与少数民族问题》《战后太平洋新形势与中国外交》,孙科著《中国与战后世界》,杨幼炯著《新世界重建的理想与设计》,李次民编著《战后世界建设问题》《怎样解决战后殖民地问题》,广泛涉及内政外交诸多方面,同时也可见《东方杂志》对此问题的持续关注。

3. 关于文化建设及中西论争的延续。宽泛地说,战后建设也需要将文化纳入其中,但自上年9月8日国民党在重庆召开的五届十一中全会通过《文化运动纲领》,以及11月12日国民党正式公布《文化运动纲领》之后,阐释《文化运动纲领》成为文化建设与研究的一个重要内容,诸如中国国民党中央执行委员会宣传部编《文化运动纲领》、张道藩等著《文化建设新论》、林桂圃辑《文化建设与思想路线》等多是如此。然而《文化运动纲领》主要由国民党中央宣传部内成立的"中央文化运动委员会"主导,国民党中央宣传部长张道藩任主任委员,宣传部副部长潘公展任副主任委员。中央文运会的"工作目标"标榜"以文化力量增强抗战力量,以文化建设促进国家建设",主要任务是"规划全国文化运动之各种方案""协助策进各地文化事业",但它实际上是想方设法限制和扼杀各地,尤其是重庆抗日文化运动的蓬勃发展。更何况《文化运动纲领》本身强调"仁爱即民生哲学的基础,民生哲学就是中华民族文化的哲学基础",要求"坚定三民主义为救国救世界的主义的信仰","确认忠孝仁爱信义和平八德与礼义廉耻四维为律定群己关系的共同目标",还要求"建立三民主义的哲学、社会科学及文艺的理论体系",等等,集中地体现了国民党领导抗日文化运动的倒退的、保守的、片面的主导思想。这不仅为红色与左翼阵营所批判,也与坚守五四精神的知识界相背离,因而必然会进一步激发新旧中西文化的论争。就在1月1日,郭沫若在重庆《时事新报》发表《民主战争与民主文化》,指出:"民主是目前世界政治的主流",世界政治发展的规律是"由个人和少数人的专制走向人民和大多数人的民主""民主这一伟大潮流是不可抗拒的，谁要想违反这一潮流，谁就会在自己所制造的逆流中淹没""目前世界民主的潮流，是表现在世界规模的反法西斯的战争中。世界反法西斯的战争，其本质就是世界民主的战争。""民主战争及其所争取的民主政治经济必须有民主的文化与之适应。而这种民主的文化又是为民主战争与民主政治服务并给予它们以伟大的影响的""反法西斯的民主的文化就负有两重的任务：在政治上保卫世界的民主，在文化上保卫人类的文明。文化战线有它的特殊的领域，这就是精神的总动员""民主的文化，也就是科学的文化。因为科学是反对武断、迷信、愚昧、盲从而拥护真理、主张学术思想的自由的，而这种科学精神恰正是民主精神。所以科学的战士必是民主的战士，而赞成民主的人一定是科学的拥护者"。此文可以视为对国民党《文化运动纲领》直接的强烈批判与反击。同在 1 月，梁漱溟作《中国以什么贡献给世界呢》，刊于桂林《大公报》。全文分作五段，从抗战前"中国人早已不相信，自己有什么可以贡献给世界的东西""一切都是落后底"到"自抗战以后，欧美人士对我不无刮目相看"之处讲起，重申在《东西文化及其哲学》一书中提出的"最近未来的世界，将是中国文化的复兴"，并借流亡到美国的捷克人佛兰芒克所著《武力经济学》一书中第一至第七章讲的话，来说明自己的认识："中国就是以其人生态度贡献给世界，而为世界和平奠立其基础。""须知政治上之民主主义、经济上之社会主义，我对它并不生疑问。不过我要指出：它必将转入另一种人生态度，而后乃得安立。"文中最后指出："中国人之特长为人生目的之正当概念，a just conception of the ends of life，中国可以贡献给世界者，就是这点东西。"3 月，钱穆在《思想与时代》第 32 期发表《东西接触与中国文化之趋向》，认为"中国一向是一个农业文化的国家，他一切以'安足'为目的，现在他骤然遇见了西欧一个以'富强'为目的之商业文化，相形见绌了。因西方的富强，推翻了我们自己的安足，中国文化在不安足的环境中失败而毁灭。如是中国人当前遇到了两个问题：（1）如何赶快学到欧美西方文化的富强力量。（2）学到之后，而不把自己传统文化以安足为终极理想的农业文化之精神斲丧或戕伐了。若第一问题不解决，中国的国家民族将根本不存在；若第二个问题不解决，则中国国家民族虽得存在，而中国传统文化则仍将失其存在。"又谓"中国人第一次接触到西方文化是印度，第二次是波斯、阿拉伯，第三次始是欧洲。""自然科学在中国文化进程里不很发达，由于中国文化则自始即在一个广大和协的环境下产生成长，因此中国方面的缺憾并不在一种共通与秩序，这一方面早已为中国文化所具有了。中国方面的缺陷，则在此种共通与秩序之下的一种'变通与解放'。中国哲学上有一句话，叫做'理一分殊'，中国人认为'理一'是不成问题了，应该侧重的转在'分殊'方面。如此科学思想便不易发展。科学思想的精髓，正在抽象理性的深信与坚执，正应侧重在其'理一'方面，而不在侧重其'分殊'方面。西方科学家因刻意寻求'理一'，故不惜隔绝事实，从任何实体中抽离，来完成他的试验与理论。双方的学术思想界，正如双方自然环境般，一边只见破碎分离，一边只见完整凝一，这是中西的大分别所在。"梁漱溟、钱穆两文都在中西比较中对于中国文化的建设与发展提出了自己的思考与意见。在此还要特别说一下时任中央大学哲学系教授、主任唐君毅所著《人生之体验》《道德自我之建立》两书出版的意义。值此中华民族生死存亡的关头，唐君毅与许多学者一样，也是在艰难困厄中致力于研究、整理中国文化，以寻找民族文化生命的支点。所不同的是，唐君毅更想从哲学本身来贯彻这一思想，试图在人类精神人类文化的大背景中阐明中国文化的特点，从中西哲学、文艺的比较研究中，适当地安排中西文化各自应有的地位，寻找中国精神的支点。比较《人生之体验》《道德自我之建立》与此前的《中西哲学思想之比较研究集》,作者的中心观念的根本性转变,即由后者所表现的纯由分辨比较上去了解问题、以自然的天道观为中心观念去比较中心思想的不同,转而把哲学的思辨与生活上的体认相贯通,肯定了道德自我或人的仁心本性为讨论中西思想的依据所在。此外,苏渊雷著《民族文化论纲》、朱谦之著《中国文化之命运》《中国文化新时代》、李长之著《迎中国的文艺复兴》、陈安仁著《中国近代民族复兴之历史意义与本质》、许焕章著《战地文化动员论》(原名《文化作战论》)、陈觉玄著《民主与文化》《国际文化合作与中国文化的新动向》、孙道升著《原始基督教教义所受中国古代文化之影响》等论著也都提出了自己的文化观。朱谦之《中国文化新时代》认为,抗战的洗礼,改变了很多人认为中国文化过时的看法,并使人认识到,中国文化“越到现代越发现出蓬勃新兴的气象,从文化的独立现象看,中国文化是永远绵延,永远不会磨灭的”。作者还探讨了在新时期中国文化应该采取什么样的对策来继续发扬光大。李长之《迎中国的文艺复兴》为作者探讨中国文化走向的文章集,广泛涉及五四运动之文化的意义及其评价、儒家的根本精神、大学教育之精神、国家民族意识之再强化及其方案、新世界新文化新中国,所涉皆为文化认知与建设的宏旨大义,着眼于中华民族的文艺复兴。另有日本《东方学报》第 1 卷第 1 期刊有赵正平《东方文化之特质——优点及其劣点》、吉田东祐《西洋文化与东方文化》、龚达仁《东洋文化与西洋文化》、仙心《东西文化类型论》、华心《关于中国文化西渐的一个考察》等文,作者多为汉奸与间谍,所以特别要以批判的眼光进行具体分析。

4. 关于五四运动 25 周年的纪念与阐释。国共双方都在继续进行基于现实需要的新阐释。在延安,4 月 25 日的《解放日报》刊登了在边区青救会召开的纪念“五四”筹备会议中,经由中央民委、留政、边区教育厅、中央党校等十余单位代表讨论决定的“五四”纪念办法。5 月 4 日,延安各界青年代表 3000 余人热烈纪念“五四”,纪念会上边区青救会主任王治周、“延安五老”之一吴玉章、边区政府副主席李鼎铭、边区教育厅厅长柳湜分别致辞。吴玉章在讲话中追述了五四运动的历程,分析了五四运动的时代背景与其革命性质,并号召边区及敌后各抗日根据地的青年要将生产与斗争结合起来,以“五四”的传统精神打倒日本强盗与汉奸卖国贼。5 日,《解放日报》第一版和第二版刊登的社论《边区青年运动中的一个基本问题》,指出边区的青年运动和五四前后的青年运动相比已经是截然不同的工作环境和工作方向,在地广人稀、交通闭塞和社会分工不发达的陕甘宁边区,青年工作的中心任务是加强青年的教育,即在农村环境中指导青年学习建设新民主主义社会的实际知识。同在 5 月 4 日,重庆中共机关报《新华日报》发表林柏《五四运动忆感》、林焕成《五四运动与青年思想》。5 日,重庆中共机关刊物《群众》第 9 卷第 8—9 期刊有潘梓年《提高自己,改造自己》。国民党《中央日报》则于 5 月 4 日发表社论《青年运动的又一阶》,以五四运动与戊戌维新、抗日战争作了比较:“‘五四运动’的波澜壮阔远较‘公车上书’为壮阔,但比起七年的全面抗战,甚至于抗战高潮里面青年从军的运动,却又不免黯然无色。‘五四运动’的动机,主要是朦胧的祖国爱和民族感,其影响所至,如果没有汇合于国民革命之中,必至于像蔡子民先生所说:‘学生运动成了强弩之末’。五四所激起的文学革命,亦必有待于国民革命的发展,而后有光芒,有成果。最近的智识青年从军运动,则以比五四运动更明白更深挚的祖国爱民族感为出发点,以献身于苦战血斗的阵营。两相比较,五四运动便不如这一次智识青年从军运动的伟大壮阔和坚决确实。”社论的主旨是在鼓励知识青年投入抗战从军运动。所谓“进一阶”,即是希望将来的青年运动“转到和革命主潮并驾齐驱的一阶”。与上述明显不同的是,重庆、昆明学界重新发出了科学与民主的呼声。傅斯年刊于5月4日重庆《大公报·星期论文》的《"五四"二十五年》一文针对《中国之命运》回归传统文化与道德,提出了不同之见:"恢复民族的固有道德,诚为必要,这是不容怀疑的。然而涤荡传统的瑕秽,亦为必要,这也是不容怀疑的,假如我们必须头上肩上背上拖着一个四千年的垃圾箱,我们如何还有气力做一个抗敌劳动的近代国民? 如何还有精神去对西洋文明'迎头赶上去'?"值此"五四"运动的25周年之际,作者回顾历史,不禁感慨万端,但其主旨是极力引向科学一端而重释五四精神:"'五四'的积极口号是'民主'与'科学'。在这口号中,检讨二十五年的成绩,真正可叹得很。……注意科学不是'五四'的新发明,今天的自然科学家,很多立志就学远在'五四'以前的。不过,科学成了青年的一般口号,自'五四'始,这口号很发生了他的作用,集体的自觉总比个人的嗜好力量大。所以若干研究组织之成立,若干青年科学家之成就,不能不说受这个口号的刺激。在抗战的前夕,若干自然科学在中国已经站稳了脚,例如地质、物理、生理、生物化学,而人文社会科学之客观研究,也有很速的进展。若不是倭鬼来扰,则以抗战前五年的速度论,中国今天可以有几个科学中心,可以有几种科学很像个样子了。"通过考察科学发展的历史,傅斯年认定学术自由、思想解放、追求真理是科学进步的真正途径,"为科学而科学"是科学的"清净法门"。显然,傅斯年真正关心的不是民主而在于科学,还是科学在中国如何生根的问题,他语重心长地说:"全部科学史告诉我们,若没有所谓学院自由,科学的进步是不可能的。全部科学史告诉我们,近代科学是从教条、学院哲学、推测哲学、社会成见中解放出来的,不是反过来向这些东西倒上去的。全部科学史又告诉我们,大科学家自然也有好人,有坏人,原来好坏本自难分,有好近名的,有好小利的,原来这也情有可原,但决没有乱说谎话的,作夸大狂的,强不知以为知的。……所以今日提倡科学的方法极简单,建设几个真正可以作工作的所在,就是说,有适宜设备的所在,而容纳真正可以作科学工作的若干人于其中就够了。……工作的环境可以培植科学家,宣传与运动是制造不出科学家来的。"杨东莼5月在四川乐山武汉大学举办的纪念"五四运动"座谈会上公开对师生演讲,明确提出要继续高举德先生(民主)和赛先生(科学)两面旗帜,发扬它的光荣传统。在昆明,从本年开始以西南联大为中心的纪念五四运动突然高涨,而且重点向反抗国民党当局的"民主"方向甚至民主广场运动演变。闻一多《八年的回忆与感想》曾说道:"联大风气开始改变,应该从三十三年算起,那一年政府改三月二十九日为青年节,引起了教授和同学们一致的愤慨。"先是2月20日闻一多《复古的空气》刊于《云南日报》"星期论文"专栏,再刊于3月1日《当代评论》第4卷第10期。此文针对《中国之命运》中主张恢复传统的思想,批评"知识和领导分子"的倒退。5月3日,西南联大历史学会在新校舍南区10号教室举行"五四"25周年纪念座谈会,闻一多和张奚若、周炳琳、吴晗、雷海宗、沈有鼎等教授到会,并发表演讲。会上,周炳琳首先报告了他在"五四"时的经历,接着闻一多讲述了自己在"五四"时的活动,并针对蒋介石在《中国之命运》中主张恢复传统的儒家思想甚至否定西方资产阶级国家的自由民主的言论,针锋相对地提出号召,要大家"里应外合",打倒孔家店。然后是张奚若把"五四"运动与辛亥革命做了比较,吴晗发言说明今天所受思想与文化上的束缚,雷海宗则认为学生的天职就是读书。4日晚,西南联大"文艺"壁报社在新校舍南区10号教室举行回顾五四以来的文艺晚会,晚会主题定为"五四运动与新文艺运动",闻一多和罗常培、冯至、朱自清、沈从文、杨振声、李广田等应邀到会。但由于一些意外的原因流产了。8日晚,西南联大重开"五四"文艺晚会,到会者3000余人。大会主席由闻一多和罗常培共同担任。其中的重头戏是罗常培、冯至、朱自清、孙毓棠、沈从文、卞之琳、闻家驷、李广田、闻一多、杨振声8教授联袂演讲,彼此从不同视角深入探讨了"五四"新文学运动的重要意义。如此规模的"五四"大集会,在大后方还是头一次。总之,5月3、8日西南联大、云南大学等校进步学生和爱国民主教授共同举行了"五四"座谈讨论会和文艺晚会,一致强调要复活科学、民主和救国的"五四"精神,并在《云南日报》上发表了大量的报道和文章纪念"五四"。其中云南大学教授伍启元刊于《云南日报》的《民主与舆论》一文具有一定的代表性。文中强调"五四"运动所追求的理想是民主与科学,"五四"运动所采取的方式是用舆论的力量去督促政府和用舆论的力量去影响社会。在政治民主的国家中,才有真正的舆论,同时,也只有在健全的舆论社会中,民主政治才有成功的可能。这种对于五四精神中的"民主"的充分凸显,也是西南联大乃至昆明重新蓬勃发展起来的民主运动的重要标志。

5. 关于中国社会性质论争的延续。郭沫若对此一直难以释怀,继续坚持周代奴隶社会说。1月30日,郭沫若始作《由周代的农事诗论到周代社会》,主张周代为奴隶社会说,而不赞成周代是封建社会说,"现在想从周代的农事诗来证成我的说法"。2月17日,郭沫若作《由周代农事诗论到周代社会》毕,刊于9月《中原》第1卷第4期。20日,郭沫若作《〈先秦学说述林〉后叙》,刊于4月1—3日《华西晚报》。文中写道:"关于中国古代的研究,断断续续地,前后费了将近十五年的功夫,自己感觉着对于古代的认识是比较明了了。十五年前所得到的一个结论,周代是奴隶社会,经过种种方面的检计,愈加证明着是正确的。有了这个结论,周、秦之际的一个学术高潮才能得到说明;而那个高潮期中的各家的立场和进展,也才能得到正确的了解。我是以一个史学家的立场来阐明各家学说的真相。我并不是以一个宣教师的态度企图传播任何教条。在现代要恢复古代的东西,无论所恢复的是那一家,事实上都是时代错误。但人类总是在向前发展的。在现代以前的历史时代虽然都是在黑暗中摸索,经过曲折迂回的路径,却也和蜗牛一样在前进。因而古代的学说也并不是全无可取,而可取的部分大率已溶汇在现代的进步思想里面了。这儿正表示着我所走过的迂回曲折的路,是一堆崎岖的乱石,是一簇丛杂的荆榛。这些都是劳力和心血换来的,因而我也相当宝贵它们。有善于铺路的人要使用它们去做素材,我可感觉着荣幸。"6月18日,郭沫若撰成《古代研究的自我批判》,刊于《群众》半月刊10月31日第9卷第20期。其中第二部分论所谓"封建制",指出古时所说封建,是"封诸侯,建藩卫,"现代的封建社会是由奴隶社会蜕化出来的阶段。生产者已不再是奴隶,而是被解放了的农工"。第四部分论施行井田的用意。针对新史学家中"西周是大封建社会"或"初期封建社会"的观点进行驳论,认为"土田虽见分割并非私有""不能认为封建制的特征"。胡厚宣在3月由齐鲁大学国学研究所专刊出版的《甲骨学商史论丛初集》中提出"殷非奴隶社会论"和殷代已有封建制度的论点,并指出一些人用来论证殷代存在奴隶的甲骨文其实与奴隶并不相干。其《殷非奴隶社会论》一文说:"今之治中国社会史者,多以殷代为'奴隶社会',谓殷代凡农业生产以至征伐军事无不以奴隶为之。"其所根据的卜辞诸文,"固无一能作殷为奴隶社会之证据者也"。在《殷代封建制度考》一文中,胡厚宣指出王国维所说的"中国文化之变革莫剧于殷周之际",与历史实际不符。他认为殷与西周实为一个文化单位,其剧变不在殷周之际,乃在东周以来。此书出版后引发不同的评价:冯汉骥支持胡厚宣观点,认为胡厚宣的殷非奴隶社会论"自为卓识,可一洗强将中国社会比附西洋社会发展的通病"。他对奴隶制时代的否定,比胡厚宣还彻底，认为"以供牺牲之俘虏为奴隶，亦容有未妥""中国社会制度的剧烈变动，当以盘庚时代前后为断。因为一固定村落的社会组织，自与一时常迁徙的村落社会组织的需要大不相同了。封建制度之开始，大概亦于此时"。陈中凡则提出激烈批评："胡氏对于封建一词之界说，未能确证。"胡厚宣所列举的作为殷代封建制度之特征之五等爵和五种义务，都"属于形式主义之解释，已不能证成其说。若再进而论及封建制之本质，考当时生产方式若何，封建地主对于农民之关系若何，更无一字述及"。殷代的"众"和"众人"从事生产劳动，而其收获则归之于王族，这种生产关系正是奴隶所有者与奴隶之关系。"以'众'为贵戚集团或民众集团之通称，而成牵强附会矣。"翦伯赞依然坚持西周封建论，但在研究理念与方法上多有更新与拓展。5月，翦伯赞《中国史纲》第1卷由重庆五十年代出版社出版。全书共21章，以时代演变划分为"前氏族社会""氏族社会""古代社会""初期封建社会"四阶段。此书在结构上，每一个叙事单元基本上都是经济、政治、文化三大板块，而且这三大板块之间并非平列并置，而是由低至上梯度推进：经济史—政治史（政权、制度、阶级关系等）—文化史。这种框架，是唯物史观诸学理层次之间关系的外在化。此卷《中国史纲》还有一个最引人注目的特点是利用人类学、社会学、民俗学、经济学、考古学等所提供的成果，阐释、清理中国的史前社会。作者自序中说："这本书，上起开天辟地，下迄殷周之世，其所论述的范围，是秦以前的中国古史。"邓嗣禹1949年2月在美国《远东季刊》第8卷第2期的一篇文章中提到，翦书是项"雄心勃勃的尝试"，似乎目空前人，但的确组织精密，有一些新思想。张传玺认为"全书坚持了历史唯物主义的观点，也坚持了文献与考古资料相结合的方法，为中国通史的编写开拓了一条新的道路"，将上古史"从神的历史还原为人的历史""将瑞典著名地质学家和考古学家安特生对于中国新石器文化划分的六期说引入中国古代史研究。此举使前此的'传神书怪，捕风捉影'的旧式研究受到沉重打击，为新史学建设开辟了科学而广阔的道路""将西周封建论写入《史纲》，并作了较充分的论述，对于西周封建论一派学术观点的形成和中国古代奴隶制与封建制社会的研究与讨论，都起了巨大的推动作用"。所憾上述讨论多为各自陈说，而缺少激烈的交锋。

　　6.关于殷代气候论争的激化。这一问题的讨论伴随甲骨学的兴起而兴起。据王星光《商代的生态环境与农业发展》（《中原文物》2008年第5期）等文的梳理，早在1914年，罗振玉即在《殷墟书契考释》中指出："象为南越大兽，此后世事。古代则黄河南北亦有之。为字从手牵象，则象为寻常服御之物。今殷墟遗物，有镂象牙礼器，又有象齿，甚多，卜用之骨，有绝大者，殆亦象骨，又卜辞卜田猎有'获象'之语，知古者中原象，至殷世尚盛也。"王国维也重新审视了《吕氏春秋·古乐篇》中"商人服象，为虐于东夷"记载的可靠性，认为"此是殷代有象之确证矣"（《观堂别集》，1921年）。徐中舒则于1928年专门写了《殷人服象及象之南迁》（《中央研究院历史语言研究所集刊》第2本第1分）一文，主要根据甲骨文中"获象""来象"的记载，结合古史传说，指出殷墟之象，"必殷墟产物"，并非"他处贡献"而来。他又考释出"豫"字为"象邑"之合文，得出"殷代河南实为产象之区"的结论。徐中舒还根据法国地质考古学家桑志华1923年在内蒙古、宁夏及华北等地的旧石器时代黄土地层中发现犀、象等动物化石，认识到当时北方的自然环境适宜这些热带动物生存，并推测它们"由旧石器时代绵延至于殷商以前，（或虞夏时）仍生息于黄河流域，实为意中之事"。蒙文通《中国古代北方气候考略》（《史学杂志》第2卷第3—4期合刊，1930年南京中国史学会出版）、《古今河域气候有如今江域说》（《禹贡》半月刊第1卷第3期），北平禹贡学社1934年）、《由禹贡至职方时代之地理知识所见古今之变》(《图书集刊》1943年第4期)等文则认为古代黄河流域河湖密布、气候适宜、盛产竹子和水稻，"正有似今江南地带，则古时北方气候之温和适宜，必远非今之荒凉干亢者比矣。故中国古文化必发生于黄河流域而不在长江流域也"，并指出气候恶化是黄河流域人民在西周末年大量南迁的原因之一。这实际上已认识到殷商时期的气候是温暖湿润的。1936年法国古生物学家德日进和中国古生物学家杨钟健《安阳殷墟之哺乳动物群》(《中国古生物志》丙种第12号第1册，1936年)指出：这些动物中如竹鼠、貘、圣水牛、獐、大象等，为活动在南方热带的动物，与今日安阳之动物有明显不同，这对认识殷商时期的生态环境提供了珍贵的实物资料。1938年，胡厚宣《卜辞中所见之殷代农业》(《甲骨学商史论丛》第2集)根据卜辞所载降雨、降雪、获象、捕兕的刻辞，和殷墟发掘出的今多见于南方的竹鼠、獐、大象、圣水牛相印证，推测殷代"气候必与今日长江流域甚或以南者相当也"。1940年德国学者魏特夫引用卜辞中有关天象、农稼、征戎、游田之纪月者370条，证明殷代气候较现代为稍暖(Karl August Wittfogel, Meteorological Records from the Divination Inscriptions of Shang, *The Geographical Review* Vol. XXX No. 1 Jan. 1940；又见陈家芷译：《商代卜辞中的气象纪录》，1942年刊《大学》第1卷第1—2期)。这有力支持了胡厚宣的观点。但甲骨学家董作宾《读魏特夫商代卜辞中的气象纪录》(华西协合大学《中国文化研究所集刊》1942年第3卷第1—4期合刊)则对胡厚宣、魏特夫等人关于殷代气候较今为暖的观点提出反驳，认为这一观点尚有可商讨之处，"骨化石所提出者，不过是一种意见，而卜辞是不能证实，也还有许多问题"。为了对殷代气候进行更深入的研究，胡厚宣于本年详实地考察了史前时代、历史时代、欧美各地的气候变迁，撰成《气候变迁与殷代气候之检讨》(《甲骨学商史论丛》初集，1944年)，文中深入分析了古籍中所见气候方面的史料，并利用丰富翔实的甲骨文资料，进一步论证了殷代气候远较今日为热，与今日长江流域或更南者相当。次年12月29日，董作宾再作《再谈殷代气候》(原载华西大学《中国文化研究所集刊》，又见《董作宾先生全集》乙篇第3册，台北艺文印书馆，1977年)，仍对胡厚宣等人的观点持不同意见，坚持认为殷代安阳的气候与今世的安阳"实在无甚差异"。由于对甲骨文字的解释不同和对考古材料认识上的参差，导致了董作宾与胡厚宣在殷代气候上"根本不同"的见解。

　　7. 关于对冯友兰新理学批评的延续。关于新理学最为重要而内在的讨论发生在熊十力与冯友兰之间。年初，熊十力由北碚勉仁书院致书陶希圣、冯友兰，对冯著《新原人》甚为推许，并提出不同意见相讨论。3月，冯友兰第二次往中央训练团讲"中国固有哲学"两周。其间曾访陶希圣，在其处见熊十力致陶书。后先生致函熊十力，谓熊对先生"期许之厚，属望之殷，令人感奋"。冯友兰自重庆返昆明后作《与熊十力论〈新原人〉书》，复函熊十力与之讨论。清华大学陈来教授对此评点道(《东方》1993年创刊号)："从这封信可以知道，《新原人》出版之后，熊十力曾详细阅览，然后致书冯先生，有所讨论。而其要点，大略有二。第一是关于本体论的，熊十力在抗战前曾著《新唯识论》，《新唯识论》注重建立一种本体论，且把'心'说为宇宙本体，所以，熊先生站在自己的哲学立场上批评冯先生既不承认有宇宙本体，也不承认心为宇宙本体。指出冯先生只把心当作心理学意义上的心。第二是关于境界论的，《新原人》的内容即是冯先生所创的著名的四种境界说，认为人的精神境界可分为四种：自然境界、功利境界、道德境界和天地境界。从冯先生答书可知，熊十力认为冯先生四境界说的一大缺点是：未能包容佛教的'无相之境'。冯先生对熊十力的第一点批评并不否认，并指明这是两个人哲学'本原不同'之处。对熊十力的第二点批评,冯先生有所解释,认为'无相之境'相当于《新原人》中所说的'同天之境',认为这是两个人'条流之合'。熊先生的批评是否恰当,冯先生的答辩是否合理,有待从学术上详加辨析,无法在这里深入讨论。""熊十力先生与冯友兰先生是二十世纪儒家哲学重建运动的两个代表,大体上说,熊十力的新唯识学体系为现代儒家哲学中的'新心学'一派,而冯友兰先生的新理学体系是现代儒家哲学中'新理学'一派,两位先生可谓二十世纪前半纪中国哲学的最重要的代表人物。海外曾长久流传两先生围绕'良知'的谈话,影响颇广,为此我曾在冯先生晚年请问此事经过,冯先生说,记不得有此事了。而由此信篇首提到的熊十力与陶希圣书来看,熊先生在四十年代对冯先生的工作还是颇为推许的。四十年代中期,正是两先生哲学造诣最臻圆熟之时。由此篇答书所论,不仅可以窥见两位大师'过招'的精彩,亦可由之理解二十世纪理学、心学之争的若干要点,是此书之所以为宝贵也。"

8. 关于邹韬奋逝世的追悼与评价。邹韬奋7月24日逝世后,以下三个不同区域相继开展追悼活动:一是苏北解放区。8月18日邹韬奋追悼会在新四军军部举行,苏北党政军民各界人士几千人出席,张云逸代军长致悼词,范长江、钱俊瑞、于毅夫、徐雪寒等演讲。10月12日,东江纵队全体指战员电唁邹韬奋家属,决定在全区举行隆重追悼大会并翻印其遗著。二是延安解放区。9月28日,中国共产党中央委员会电唁邹韬奋家属,表示接受邹韬奋临终请求,追认其为中国共产党党员,并指出:"韬奋先生二十余年为救国运动,为民主政治,为文化事业,奋斗不息,虽坐监流亡,决不屈于强暴,决不改变其主张,直至最后一息,犹殷殷以祖国人民为念;其精神将长留人间,其著作将永垂不朽。"10月7日,延安《解放日报》头版刊载《中国文化界先进战士邹韬奋逝世》消息、《邹韬奋先生遗嘱》《邹韬奋先生事略》《中共中央电唁邹韬奋先生家属》《苏北军民集会追悼邹韬奋先生》消息和社论《悼邹韬奋先生》。11月1日,延安生活书店同人在韬奋书店举行韬奋同志逝世百日座谈会,到会有张仲实、林默涵等20余人。周恩来和邹韬奋之弟邹恩洵也出席此会。11月22日,延安各界人士在边区政府大礼堂隆重集会追悼邹韬奋。到会各界人士近两千人。主祭人吴玉章,陪祭人周扬、柳湜。柳湜报告邹韬奋生平事略,继由朱德、陈毅、吴玉章、李鼎铭、李卓然以及群众黄志强、朱宝庭等讲话。同日,延安《解放日报》以四个版的篇幅,出版"邹韬奋先生纪念特刊",刊登了毛泽东、朱德为邹韬奋题词的手迹和悼念文章28篇,作者有陈毅、吴玉章、徐特立、沈钧儒、沙千里、茅盾、胡绳、范长江等。同月,华北书店为纪念邹韬奋生前致力于新文化出版事业之奋斗精神,在邹韬奋逝世百日时改名韬奋书店。三是重庆陪都。9月中旬,重庆生活书店同人在分店二楼举行了邹韬奋追悼会,由沈钧儒主持,读书出版社、新知书店和新华日报社的人员也参加了追悼会。以后的几个月中,重庆出版文化界所开展的邹韬奋追悼活动综述如下:9月14日,沙千里、王志华、章乃器、黄炎培、陶行知、沈钧儒、史良、杨卫玉、徐伯昕等在重庆代告发出讣告。下旬,中华职业教育社、中华职业学校及校友会也联合举行了追悼会。追悼会后,生活书店重印并发行邹韬奋的自传《经历》。10月1日,重庆文化出版界在重庆银社举行邹韬奋追悼大会。由宋庆龄、于右任、孙科、冯玉祥、邵力子、陈布雷、林祖涵、黄炎培、董必武、郭沫若、戈宝权、潘汉年、夏衍、曹靖华、黄洛峰、徐雪寒、沈钧儒、陶行知、李公朴、沈志远、沈雁冰、徐伯昕等72人发起,各党派各阶层800多人参加。沈钧儒致悼词,郭沫若、邵力子、林伯渠等发言。邹韬奋的译著《革命文豪高尔基》《事业管理与职业修养》等七折发售。

其他相关论争或讨论尚有：同在 3 月，谷春帆就《新理学》所提问题与冯友兰对谷春帆就《新理学》所提问题的答复《新理学讨论——答谷春帆》同时刊于《哲学评论》第 8 卷第 6 期。4 月，冯友兰发表《论感情》。此文是对去年 3 月 31 日《中央日报》所载李文湘《三本好书与三个问题》一文及桂林《文化杂志》第 2 卷第 6 期所载胡绳《评〈新世训〉》一文所作的答复。李、胡二文均认为《新世训》主张"无情"，文中说明《新世训》之实际主张是"有情而不为情所累""有情而无我"。7 月，杨中慎《读〈新原人〉》刊于《哲学评论》第 9 卷第 2 期。9 月，王浩《新理学的形而上学系统》刊于《哲学评论》第 9 卷第 3 期。同月，赵纪彬《平面逻辑的发展观——〈新理学〉商兑之四》刊于《中山文化季刊》第 2 卷第 2 期。此文认为新理学"不是从纵剖面看宇宙生成的条理，而是从横剖面看宇宙存在的层次，因而在发展问题上遂形成一种平面逻辑的观点"，即循环论的发展观，其坚持循环论的原因之一则在"见量不见质"，即"以发展为纯量的继续，以质的突变为不可能，以新质对于旧质只能是较新底，而不能是全新底"。同在 9 月，梁漱溟《社会演进上中西殊途》刊于《理想与文化》第 5 期，后编入四川中周出版社"中周"丛书。文中针对《新事论·原家国》关于"有以家为本位底生产方法，即有以家为本位底生产制度。有以家为本位底生产制度，即有以家为本位底社会制度，在以家为本位底社会制度中，所有一切社会组织均以家为中心"的论述，提出三点反证，认为中国旧社会之所以特别重家，并非由于生产家庭化。随后，冯友兰发表《经济制度与社会制度》，对梁漱溟《社会演进上的中西殊途》一文作出答复，认为梁文所提不足为《新事论》中说法之反证。11 月 11 日，冯友兰出席中国哲学会昆明分会第二次讨论会。会上，洪谦作《论新理学的哲学方法》讲演，冯友兰即席答辩。由上可见，冯友兰的哲学研究具有持续引发论争的热度与动力。

上述学术论争或讨论之外，聚焦于重要学术论题的论著尚有：刘任萍著《文化、学术、文明三大要素之分界》，陈启天著《新社会哲学论》，洪谦著《释学术》，凯若著《学术自由的本质和体现》，陈植著《论学术自主》，刘唯公著《试谈中国学术文化底自立自主》，罗梦册著《论学术风气之转移》，胡秋原著《论学术上之忠恕》，李树青著《论知识分子》，蒋梦麟著《中国何以科学不发达》，侯外庐著《中国古代文明起源考》《东方古文明理解之钥释》，苏渊雷著《天人四论》（原题《新哲学体系》）《易通》，蒋伯潜著《十三经概论》，周通旦著《周易革卦之革命义》，蒙文通著《儒学五论》，余家菊著《论语通解》（一名《孔学漫谈》），吴毓江著《墨子校注》，陈安仁著《中国先哲对于人性问题之见解》，贺麟著《功利主义的新评价》《杨墨的新评价》，熊十力著《新唯识论》，陈铨著《从叔本华到尼采》，姜琦著《中国国民道德原论》，李玉阶著《新宗教哲学思想体系》，傅勤家著《道教史概论》，白寿彝著《中国回教小史》，方豪著《中国天主教史论丛》，陆丹林著《基督教传华的四期》，萧孝嵘著《人事心理问题》，汪敬熙著《行为之生理的分析》，萨孟武编著《政治学原理》，毛泽东著《论持久战》《论新阶段》《新民主主义论》，刘少奇著《论共产党员的修养》，陈伯达等著《评〈中国之命运〉》，罗毅编《〈中国之命运〉论丛》，吕振羽等著《〈中国之命运〉解剖》，吴恩裕著《民主政治的基础》，马哲民著《论民主问题》，许寿裳讲《历代考试制度述要》，劳幹著《两关遗址考》，陶希圣编《辩士与游侠》，陈世材著《两汉监察制度研究》，翟兑之、苏晋仁著《两汉县政考》，陈寅恪著《隋唐制度渊源略论稿》《大千临摹敦煌壁画之所感》，方壮猷著《辽金元科举年表》，胡焕庸著《经济地理》，李权时著《中国经济史概要》，马元材著《桑弘羊及其战时经济政策》，史念海著《中国的运河》，全汉升著《唐宋帝国与运河》，王亚南著《中国经济论丛》，翁文灏等著《经济政策参考资料》，沈志远等编《中国经济的现状与对策》，陈啸江著《当前经济的根本问题》，傅衣凌著《福建佃农经济史丛考》，千家驹著《中国法币史之发展》，王云五著《战时英国经济》，陈定闳著《战后中国社会之新图案》，任鸿隽著《国际科学合作的先决条件》，孙本文著《社会学原理》，陶孟和讲《中国社会之研究》，陶希圣著《中国社会史》（古代篇），张家驹著《宋代社会中心南迁史》（上篇），陈达编著《战时国内移民运动及社会变迁》，梁漱溟著《社会演进上中西殊途》，柳诒徵讲《礼俗史论略》，潘光旦著《优生与抗战》，高达观著《中国家族社会之演变》，张友渔著《中国宪法论》《法与宪法》《五五宪草研究》《民主与宪政》，容肇祖著《三晋法家的思想》，伍启元编《宪政与经济》，陈启天著《民主宪政论》，程天放编《宪法与教育》，杨杰著《军事与国防》，张其钧著《中国军事史略》，萨空了（原题艾秋飙）著《科学的新闻学概论》，朱经农著《教育思想》，余家菊著《教育之生命》，朱智贤著《教育研究法》，陈立夫讲《最近之教育》，陈果夫著《中国教育改革之途径》，陈植著《论大学教授》，周绶章著《论今日之大学风气》，言心哲著《大学毕业论文的作法》，萧孝嵘著《教育心理学》，陈友松著《苏联的教育》，王力著《中国语法理论》（上下册），董同龢编著《上古音韵表稿》，吴稚晖编著《注音符号歌》，吕叔湘著《文言虚字》（开明青年丛书），黎锦熙著《建设的"大众语"文学》（一名《国语运动史纲序》），张道藩、梁实秋等著《文艺论战》，徐中玉著《民族文学论文初集》，胡秋原著《民族文学论》，卢冀野著《民族诗歌续论》，朱东润著《中国文学批评史大纲》，罗根泽编著《周秦两汉文学批评史》，苏雪林著《〈天问〉里的后羿射日神话》，萧涤非著《汉魏六朝乐府文学史》，阿英著《中国俗文学研究》，陈子展著《唐代文学史》，胡怀琛著《中国小说的起源及其演变》，王国维著《谈词曲》，王国维著、徐泽人编《人间词话·人间词合刊》，胡适、刘复著《谈小说》，卫聚贤等著《小说考证集》，卫聚贤编著《杨家将及其考证（附杨文广平蛮）》，卫聚贤著《薛仁贵征东考》《诸葛亮征八莫》，方豪著《红楼梦新考》，张恨水著《水浒人物论赞》，田禽著《中国戏剧运动（新中国戏剧简评）》《论中国的戏剧理论建设》，冯沅君著《古优解》《孤本元明杂剧钞本题记》，陈铨著《戏剧与人生——编剧概论》，任访秋著《中国现代文学史》（上卷），王秋萤编《满洲新文学史料》，李长之著《北欧文学》，郑学稼著《苏联文学的变革》，郭乾德著《中国艺术的演变及其前途》，唐英伟著《中国现代木刻史》，宗白华著《凤凰山读画记》，蒋祖怡著《史学纂要》，常乃德著《历史哲学论丛》，罗香林著《历史之认识》（甲集）《唐代文化史研究》，黎东方著《中国历史通论》（春秋战国篇）《先秦史》，翦伯赞著《中国史纲》（第1卷），傅振伦著《中国史学概要》，金毓黻著《中国史学史》，俞剑华著《中华民族史》，姚宝猷著《中国丝绸西传史》，方豪著《中外文化交通史论丛》（第1辑），钱穆、姚汉原编著《黄帝》，顾颉刚编著《秦始皇帝》，吴泽著《古代史》（殷代奴隶制社会史），胡厚宣著《甲骨学商史论业》，刘朝阳著《周书历法考》，瞿兑之著《秦汉史纂》，姚薇元著《廿四史解题》，朱希祖著《伪齐录校补》，苏渊雷编著《玄奘》，吴晗编著《明太祖》，朱东润著《王守仁大传》，顾颉刚著《明清史研究的重要及其趋向》，萧一山著《清史大纲》，归静先著《清代文献纪略》，张惟骧编《清代毗邻名人小传稿》《毗陵名人疑年录》，朱谦之著《太平天国革命文化史》《扶桑国考证》，竺可桢著《二十八宿起源之时代与地点》，陈正祥编著《南洋地理》《印度地理》，胡焕庸著《德国地理》，沈兼士著《石鼓文研究三事质疑》，劳干著《居延汉简考释》，陆曼炎著《中国七大典籍纂修考》，向宗鲁著《校雠学》，蒋复璁著《国立中央图书馆之使命》，曹亨闻著《现代报纸的"专栏"与"专栏记者"》，朱师邈著《两届学术奖励的比较观与综合观》，楚安著《教育部举办民国三十一年度著作发明及美术奖励之经过》，等等。洪谦《释学术》反对将学术与技术分立视之，而将"学术"视为一个"统一体",认为学术并非与技术对立,而是可分为"学"与"术"两大类。"学"指一切理论的系统知识,包含哲学、文学、历史文化科学、自然科学、艺术科学、神学研究等。"术"则指将各种学理的理论研究结果应用于社会各方面。"所谓学术之所以为学术,事实上,就包含有各种'学'与各种'术',就具有学术与技术之两大部分,'学'与'术'之于整个的学术,犹如体质躯干四肢之于健全的人体。'学'与'术'在事实上之不可分离,亦如人体之于体质躯干四肢之不可分离。"凯若《学术自由的本质和体现》认为"学术自由,不特是民主的标识,而且可以看作开拓民法道路的先导。要争取政治的民主,必须首先争学术思想的自由。"文中还论述了学术自由与民主的关系以及学术的自由的具体体现。陈植《论学术自主》将近代以来学术分为"日人辅翼时期"与"西人辅翼时期","尔后各省高师,及专门学校,次第成立,民国十年而后,国立大学,且复乘时勃兴,我国教育前途,遂由黑暗而渐见曙光"。为促进学术自主,作者认为应该从以下几点抓起:(1)"充实研究机关"。(2)"注重大学研究"。(3)"容定科学名词"。(4)"提高专门著作"。(5)"扶植各种学会"。(6)"审定各级学位"。刘唯公《试谈中国学术文化底自立自主》指出:"最需努力者,当为力求中国社会的发展和现代化。因为一国学术文化的发展,是常须以其社会发展为背景的。中国现今学术文化发展之所以迟滞落后,亦即系缘于中国社会发展之久滞于封建时代和半封建时代。所以我们要真求中国学术文化的发展和自立自主,亦势须力求中国社会的尽速发展和现代化。""所谓力求社会的发展与现代化,简单地说,就是要力求中国的工业化,科学化,和民主化。"蒋梦麟《中国何以科学不发达》通过比较分析得出的结论是:"我们中国的道德宇宙观,是求社会的稳定;而西洋的智识宇宙观,是求智识的进步。我们要求中国能振兴强大,非使工业化不可。而要中国能工业化,除一方面应研究科学,奋起直追以发达工业之外,一方面似不能再限于我国传统的道德宇宙观念,更要积极培养为真理而求真理之精神。"贺麟《功利主义的新评价》将功利主义可大别分为旧式与新式的功利主义两种,又论"近代功利主义在中国之被误解,被贬斥"之三大原因,"因此近代功利主义之在中国,不惟未发挥其应有的良好效用,反而产生了不少的流弊。"熊十力《新唯识论》标志着蜚声中外的"新唯识论"哲学体系的诞生。但遭到佛学界人士尤其是内学院师友之群起攻击。《杨墨的新评价》置于战乱的特殊场域加以讨论,最后的结论是:"总之,利己主义者,清高风雅,主张到山林去隐逸,注重艺术欣赏。利他主义者,悲悯为怀,主张到民间去拯救,注重宗教精神,这是两者相异处。两者皆反对人本主义,一归于自然,趋向超道德的艺术。一皈依神圣,趋向超道德的宗教。"吴毓江著《墨子校注》保存了许多今天难见或已经失传的《墨子》版本中的内容,为整理研究《墨子》提供了详尽的版本资料,于1944年获第四届教育部学术审议委员会"补助学术研究及奖励著作发明奖"古代经籍研究类二等奖。毛泽东所著《论持久战》《论新阶段》《新民主主义论》被中共中央晋绥分局印制为《毛主席三大名著》。1月5日,中共中央晋绥分局发出关于学习与发行《毛主席三大名著》的决定。决定指出毛泽东的三大名著,是指导中国革命解放人民的理论武器与具体方略,所有共产党员都应熟读深思,领会贯通,并运用到实际工作中去。全汉升《唐宋帝国与运河》以交通对于经济的作用作为论述的主线,探讨了运河畅通与否与唐宋帝国兴衰的关系,充分肯定了当时漕运对于经济发展的意义。杨联陞评价此书有两个优点:一是采用了一种"新纲目体",二是把经济史同政治史军事史打成一片。李根蟠在《二十世纪的中国古代经济史研究》一文中认为此文"打开了了解近代以前中国政治、经济、军事、文化的发展的一个窗口"。余家菊《教育之生命》提出:"教育之生命安在?

曰：培育学生向上之真实意志是矣；简言之，即培育学生之为善诚意。就社会之观点言，教育之机能在维持社会已有之文化而发展之；就学生之观点言，教育之机能在培育学生使其汲取社会之已有文化而更促进之。文化之特征维何？处于獉狉状态而安心焉，不能谓为有文化。处于灿烂境地而停滞焉，亦不得谓为有文化。文化之所由构成，实由于不断的向上进取。故文明人之本质在自强不息，在日新其德。"胡厚宣《甲骨学商史论丛初集》共四册，收《武丁时五种记事刻辞考》《殷代卜龟之来源》《殷人疾病考》《卜辞下乙说》等论文 20 篇，约 40 万言。《论丛》四集，解决了诸如农业生产、四方风名、宗法制度、封建制度、高媒求生、记事文字以及卜龟来源等甲骨学殷商史研究中许多关键问题，为该学科树起了一座丰碑，获教育部学术审议委员会科学发明奖二等奖，被日本古史名家白川静认为是"这一学科空前的、金字塔式的论文集，是继董作宾先生《甲骨文断代研究例》之后的又一划时代的著作"。朱东润《中国文学批评史大纲》由桂林开明书店出版。此书首次把小说、戏曲理论纳入中国文学批评史写作的范围并予以专题阐述，是中国第一部比较系统、完整的中国文学批评史，它奠定了中国文学批评学科的初步框架和体系，与陈钟凡、罗根泽、郭绍虞的中国文学批评史并称本学科的经典著作。罗根泽编著《周秦两汉文学批评史》于 1944 年获第四届教育部学术审议委员会"补助学术研究及奖励著作发明奖"文学类二等奖。冯沅君《古优解》为文史杂志社丛书之一，于 1944 年获第四届教育部学术审议委员会"补助学术研究及奖励著作发明奖"文学类三等奖。萧涤非《汉魏六朝乐府文学史》原为作者在清华研究院的毕业论文，为第一部汉魏六朝乐府文学史研究著作，也是这一领域的经典名著。任访秋《中国现代文学史》（上卷）为中国第一部以"中国现代文学史"命名的史著，但书中的"现代"不是后来通指的 1919 至 1949 年，而是始于清末。翦伯赞《中国史纲》（第 1 卷）是关于中国史前史和殷周史的专著，是关于原始社会、奴隶社会和初期封建学说体系的一部力作。该书出版后，在文化界引起了巨大反响，重庆《新华日报》称之为"人的历史，真的历史"。顾颉刚《明清史研究的重要及其趋向》提出："为了探求现代中国社会文化的渊源，以决定将来社会文化的进路，我们固然需要源溯到三代秦汉以上，而近代的明清两朝的历史，尤其需要下一番研讨的工夫。""希望明清史研究者把他们的研究计划和抗战建国的需要切实配合起来，使明清史的研究在现在可以直接有利于抗战，在将来更可以直接帮助建国。"竺可桢《二十八宿起源之时代与地点》提出的这样一个重大的中国科学史问题，国外争论了一百多年，而在本文发表以前，中国竟无一人注意。此文对反对中国起源说者所持的理由予以有力批驳，对主张中国起源说者所持的理由又似是而非者予以纠正，最后从中国天文学的特点（注重昏星观测、以斗建定季节、以立春为一年的开始、一年四季冬夏长而春秋短等等）来论证二十八宿必起源于中国。又以二十八宿体系不符合印度天文学的特点（对拱极星不感兴趣、偏重理论计算、分一年为六季等）来反推不起源于印度。最后的结论是：二十八宿起源于中国，再传到印度，再传到其他地方。关于二十八宿起源的地点问题，在本文发表以后，国内外学者基本上趋于一致。劳榦《两关遗址考》利用新出土的汉简材料，分从"太初以前的玉门关""汉代的玉门新关""阳关遗址""唐以后的玉门关"四个部分对玉门关、阳关的位置及其变迁进行了考辨，修订了王国维认为玉门关西迁之观点。蒋复璁《国立中央图书馆之使命》概括国立中央图书馆的使命："（1）征集全国各地出版品，储藏国家全部文献；（2）典藏古籍，保存文物；（3）搜集外国重要图书，供备众览；（4）全国图书馆业务之辅导。"

聚焦于学术史的重要论著有：李约瑟讲《中国科学史与西方之比较观察》，钱穆著《辨性》,侯外庐著《中国古代思想学说史》《中国近世思想学说史》(上下卷)《乾嘉时代的汉学潮流与文化史学的抗议》《船山学案》,嵇文甫著《晚明思想史论》,胡秋原著《宋元学案明儒学案节补》,何贻焜著《亭林学术述评》,秦佩珩著《中国经济史坛的昨日今日和明日》,顾颉刚著《略论中国经济史研究》,夏炎德著《中国近三十年来经济学之进步》,梁盛志著《汉学东渐丛考》,张贵永著《最近九十年来的德国史学》,丘陶常著《阳明的学说和明季的士风》,沈灌群著《我国医药教育之史的发展》,郑师许著《八股文的沿革及其对于士风所发生之影响》,周剑尘著《六年来剧作运动剖论》,等等。李约瑟《中国科学史与西方之比较观察》着重分析了中国之所以没有产生近代科学的原因,认为中国近代科学之所以不能兴起,是由于地理、气候、经济与社会四个因素所致,"后二者乃由中国之无商人阶级。地理方面,中国为大陆国,故闭关自守、固步自封,与希腊、罗马、埃及之海洋文化不同。天气方面,因雨量无一定,故不得不有灌溉制度,因此,地主尽为一国之王所吞并,而官僚封建制度不可消灭,商人无由兴起。"针对李约瑟的观点,学者们各抒己见。竺可桢说,如果近代科学是指实验科学,那么中国人不喜欢动手做实验,应该也是一个原因。教育学家郑宗海指出,《史记》《汉书》的《货殖列传》对商人竭力排斥,尊崇儒教,这就使得士大夫尊居高位,工商阶级一蹶不振。数学史家钱宝琮认为,中国科学之所以不兴,是因学以致用为目的,且无综合抽象之科学,不用演绎法和归纳法。是年,李约瑟在其著作《传统中国的科学》中对"李约瑟难题"再作探讨:首先,"为何现代科学,即伽利略时代的'新的,或者说实验性的'哲学只兴起于欧洲文化,却不见于中国或印度文化呢?",其次,"为何在科学革命前的大约 14 个世纪中,中国文明在发现自然,并将自然只是造福于人类方面比西方有成效的多?"自这个问题被提出以来,李约瑟问题一直是学术界研究的一个热点问题,各种解释性假说自成一派,对于问题根源的剖析众说纷纭。除传统的文化、政治官僚体系解释外,还诞生了如技术发明模式论、高水平均衡陷阱论、制度假说、小农经济制度内卷论等新解释。钱穆《辨性》简要梳理"《易》《庸》与《论》《孟》间的分别,形成了古代儒家思想之两大系统"。侯外庐《中国古代思想学说史》把古代思想发展划分为三个阶段,即西周的官学,春秋时代的缙绅之学和战国时代的诸子百家并鸣之学,具有拓荒性质,表明作者将史学研究重点从社会史转向了思想史以及侯外庐中国思想史研究体系的形成。侯外庐《中国近世思想学说史》(上下卷)上自明清之际的王夫之、顾炎武,下迄清末民初的王国维,时间跨越约 300 年,其中所论及主要观点体现了作者对这一历史阶段的时代精神与社会经济运动之间内在联系的深刻认识。顾颉刚《略论中国经济史研究》指出:"中国经济史的研究,是近二十年的事。最初是以研究社会史开其端,这不待言是受着民国十五六年北伐时革命思潮的影响。因而这种研究乃是皮毛的抽象的,所以在民国二十年以前真正有价值的中国经济史研究的论文很少看到。二十年以后,随着国内社会的渐趋安定与发展,经济史的研究乃渐趋于本格的""依某一些历史学者的主张,经济史研究乃全部历史研究的重心,一切历史上所发生的分歧复杂的社会现象,都可以而且必须向当时经济实况中求得其所以然的原因;如果不把历史上各时代的经济情形予以说明,那一切历史事实绝不能得到正确而合理的解释"。顾颉刚就经济史研究提出三点希望:一是应把研究方向由局部问题的考订转向大部资料的整理;二是把近年来的经济史论文做一个索引,以减少学者搜求参考资料的困难;三是把外人经济史著述,特别是关于中国的,多介绍一点过来,以作他山之助。秦佩珩《中国经济史坛的昨日今日和明日》总结说:中国经济史研究的主潮是"材料的整理及方法的讨论"。在"中国经济史"的总旗帜下,尽管各路诸侯云集,然而,大势所趋,仍倾向于食货一派。结果自然要以陶希圣马首是瞻。他所主办的《食货》半月刊杂志,执笔者几遍全国,而其思想亦掩袭大江南北,这时,中国经济史的倡导工作,已达到了最高潮。夏炎德《中国近三十年来经济学之进步》认为中国经济学社"自成立至今已有二十年,社务蒸蒸日上,社员人数日众,国内大多数著名经济学者已经入社,人才辈出,堪称中国经济学界之中心组织"。张伯苓《四十年南开学校之回顾》(亦称《南开四十年》)系为"南开四十年纪念校庆特刊",全文分为创校动机、办学目的、训练方针、学校略史、检讨工作、发展原因、结论等7部分。此文回顾南开既往奋斗历史,阐述教育理念和南开教育方针,总结南开教育发展的根本原因。文末指出,南开之事业无止境,南开之发展无穷期,所望我同人同学,今后更当精诚团结,淬厉奋发,抱百折不回之精神,怀勇往直前之气概,齐心协力,携手并进,务使我南开学校,能与英国之牛津、剑桥,美国之哈佛、耶鲁并驾齐驱,东西称盛。是岂我南开一校一人之荣幸,实亦我华夏国家无疆之光辉也。张伯苓所凝聚的南开精神的确令人感动,因而此文具有教育史论的特殊意义。(以上参见本书"学术背景""学术活动""学术论文""学术著作""学者生卒"栏所引文献与出处,以及章恒忠、王亚夫主编《中国学术界大事记(1919—1985)》,上海社会科学院出版社1988年版;中央教育科学研究所编《中国现代教育大事记1919—1949》,教育科学出版社1988年版;王学典《20世纪史学编年(1900—1949)》,商务印书馆2014年版;付祥喜《20世纪前期中国文学史写作编年研究》,北京师范大学出版社2013年版;中国大百科全书总编辑委员会《中国大百科全书·考古学》,中国大百科全书出版社2002年版;张岂之主编《民国学案》,湖南教育出版社2011年版;王学珍等编《北京大学纪事(1898—1997)》,北京大学出版社1998年版;清华大学校史研究室编《清华大学一百年》,清华大学出版社2011年版;齐家莹编《清华人文学科年谱》,清华大学出版社1999年版;南京大学高教研究所编《南京大学大事记(1902—1988)》,南京大学出版社1989年版;北京师范大学党委办公室、北京师范大学校长办公室《北京师范大学纪事》,北京师范大学出版社2012年版;张玮瑛、王百强、钱辛波主编《燕京大学史稿》,人民中国出版社2000年版;刘长鼎、陈秀华《中国现代文学运动史》,山东文艺出版社2013年版;艾克恩编纂《延安文艺运动纪盛》,文化艺术出版社1987年版;孙国林编著,王佳钰、王增辉校订《延安文艺大事编年》,陕西师范大学出版总社2016年版;文天行编《国统区抗战文艺运动大事记》,四川省社会科学院出版社1985年版;沈卫威《学衡派编年文事》,南京大学出版社2015年版;吴永贵《民国图书出版史编年:1912—1949》,社会科学文献出版社2018年版;王震《20世纪上海美术年表》,上海书画出版社2005年版;欧阳哲生《纪念"五四"的政治文化探幽——一九四九年以前各大党派报刊纪念五四运动的历史图景》,《中共党史研究》2019年第4期;郝智浩《延安时期党对五四运动的纪念——以〈解放日报〉为中心的考察》,《毛泽东思想研究》2021年第1期;商金林《几代人的"五四"(1919—1949)》,《新文学史料》2009年第3期;熊飞宇《中共中央南方局与重庆抗战文学》,四川大学博士学位论文,2011年;李扬《从第三厅、文工会看国统区抗战文艺(1937—1945)》,中国社会科学院研究生院博士学位论文,2010年;陈峰《从食货之学到社会经济史——社会史论战对中国经济史学的催生和形塑》,《南京大学学报(哲学·人文科学·社会科学)》2010年第3期;陈峰《社会史论战与现代中国史学》,山东大学博士学位论文,2005年;施要威《民国时期大学知识分子的文化性格——以西南联大教授群体为中心的历史考察》,华中科技大学博士学位论文,2017年;杨丽娟《一见倾心》,《北京日报》2020年2月25日;王尧《我将他们视作道德英雄》,《收获》2018年第1期;张正光《延安知识分子与马克思主义中国化研究》,华东理工大学博士学位论文,2010年;田刚《"鲁迅"在延安》,《延安大学学报(社会科学版)》2012年第3期;覃仕勇《林迈可:让世界听到延安的声音》,《百年潮》2015年第1期;何方昱《"科学时代的人文主义":〈思想与时代〉月刊(1941—1948)研究》,复旦大学博士学位论文,2006年;朱猷武《国共两党在国统区的文化策略》,《潍坊学院学报》2009年第3期;罗玲《"国难"中的大学与学术:抗战时期内迁重庆的国立中央大学文学院研究》,四川大学博士学位论文,2011年;朱斌《民国学术史上被湮没的一页——齐鲁大学国学研究所述论》,山东大学博士学位论文,2017年;王星光《商代的生态环境与农业发展》,《中原文物》2008 年第 5 期;安培华《竺可桢与中国科学史的兴起》,北京大学硕士学位论文,2012 年;蔡仲德编撰《冯友兰先生年谱长编》,中华书局 2014 年版;闻黎明、侯菊坤《闻一多年谱长编》(增订版),上海交通大学 2014 年版;单波编《中国近代思想家文库·唐君毅卷》,中国人民大学出版社 2014 年版;高全喜编《中国近代思想家文库·贺麟卷》及附录《贺麟年谱简编》,中国人民大学出版社 2014 年版)

1945 年　民国三十四年　乙酉

一、学术背景

1月1日，蒋介石在广播讲话中，反对成立联合政府，坚持一党专政。

是日，延安《解放日报》发表题为《争取胜利早日实现》的新年献词。

1月2日，国民政府教育部公布《普及失学民众识字教育计划大纲》21条。

1月7日，中国民主同盟在重庆举办茶会，欢迎桂柳来渝的文化工作者，到会者有郭沫若、张志让、郑贞文、宋云彬、邵荃麟、孙伏园、茅盾、金仲华、祝世康、刘清扬、邓初民、李剑华等70余人。沈钧儒致欢迎词，左舜生、章伯钧相继报告同盟的性质和最近的努力方针，说明实现民主为目前挽救危局的迫切要求。张申府致结束词，表示中国民主同盟要为争取民主政治的实现而奋斗！

1月9日，国民政府行政院颁布训令，各省市图书杂志审查处的业务，仍由中央图书杂志审查委员会继续监督。（参见吴永贵《民国图书出版史编年：1912—1949》，社会科学文献出版社2018年版）

1月15日，中国民主同盟针对蒋介石在《新年文告》中完全否定中共参政员在国民参政会提出建立联合政府一事，向报界发表对时局宣言，提出要求"立即结束一党专政，建立联合政府"以及保障人民言论、集会、结社、职业、身体自由等10项主张。此宣言稿送交各报，仅《新华日报》发表。

1月24日，周恩来离开延安，飞抵重庆，代表中共与国民党谈判，商谈建立民主联合政府事。蒋介石仍坚持一党专政，反对成立联合政府。

2月4—11日，美、英、苏在苏联雅尔塔举行会议并签订协定，规定苏联在对德战争结束后三个月参加对日作战，条件为保证苏联在东北的权益。又决议4月25日在旧金山召开联合国大会。

按：《雅尔塔协定》披露后，重庆、南京、上海、汉口、杭州、南昌、北平、青岛等中国各大城市迅速爆发反苏示威游行，蒋介石及国民党上层也支持这次全国范围内的示威游行，其涉及面之广、规模之大，为抗战以来所罕见。

2月10日，国民政府行政院根据中央图书杂志审查委员会的报告，通令各省市政府："此后检扣违禁书刊，应由各地图审机关、军委会特审处、邮电检查所、宪警机关共同负责，切实办理，其它各机关均不得任意越权检查，以专责成。"（参见吴永贵《民国图书出版史编年：

1912—1949》,社会科学文献出版社 2018 年版)

是日,美洲十家华侨报纸通电国内,要求结束一党专政,立即成立联合政府。

2 月 13 日,重庆《新华日报》发表于仅、于绍芳、于立群、李德全、曹孟君、林琼等 104 人联合署名的《陪都妇女界对时局的进言》,提出要求召开国是会议,成立联合政府,给人民以言论、出版、集会、结社等基本自由的主张。

2 月 14 日,国民政府教育部公布《国立学校及学术机关聘用外籍人员规程》5 条。

按:《规程》规定:国立学校及学术机关可以聘用外籍人员来华讲学,担任教员、教授及研究人员、兼职人员,并对聘用手续、时间、待遇、食宿等项作出了规定。(参见中央教育科学研究所编《中国现代教育大事记 1919—1949》,教育科学出版社 1988 年版)

2 月 15 日,中央图书杂志审查委员会给 1944 年出版并演出的剧本中的 8 个获奖剧本颁奖,这 8 个获奖的剧本是《万世师表》《陆文龙》《草木皆兵》《董小婉》《凯歌归》《河山春晓》《少年游》《否极泰来》。(参见吴永贵《民国图书出版史编年:1912—1949》,社会科学文献出版社 2018 年版)

2 月 19 日,国民党第五届中委会第二七八次会议通过《中央宣传部三民主义丛书编纂委员会组织规程》。(参见吴永贵《民国图书出版史编年:1912—1949》,社会科学文献出版社 2018 年版)

2 月 22 日,《新华日报》发表重庆文化、出版界知名人士郭沫若、茅盾、胡绳、黄洛峰、张静庐、巴金、史东山、老舍、宋云彬、沙千里、吴祖光、周谷城、金善宝、马寅初、夏衍、张申府、邓初民、谢冰心、顾颉刚等 312 人签名的《文化界对时局进言》,揭露国民党在政治、经济、文化、教育等方面的反动政策,指出"民主团结是解决国内局势之主要前提",要求召开临时紧急会议,组织战时全国一致政府,提出废除一切限制人民活动的法令、取消一切党化教育的设施、停止特务活动、枪口一致对外等 6 项主张。

按:宣言要求:"更就有碍民主实现者而言,则有荦荦六大端,应该加以考虑。一、审查检阅制度除有关军事机密者外不应再行存在,凡一切限制人民活动之法令皆应废除,使人民应享有的集会、结社、言论、出版、演出等之自由及早恢复。二、取消一切党化教育之设施,使学术研究与文化运动之自由得到充分的保障。三、停止特务活动,切实保障人民之身体自由,并释放一切政治犯及爱国青年。四、废除一切军事上对内相克的政策,枪口一致对外,集中所有力量从事反攻。五、严惩一切贪赃枉法之狡猾官吏及囤积居奇之特殊商人,使国家财富集中于有用之生产与用度。六、取缔对盟邦歧视之言论,采取对英美苏平行外交,以博得盟邦之信任与谅解。"签名者有:力扬、丁然、于去疾、于友、于伶、王戊、王采、王岚、王琦、王亚平、王冶秋、王复生、王郁天、王深林、王超凡、王沿津、王务安、王进英、巴金、戈宝权、方令孺、方舆岩、方学武、文怀沙、毛守昌、禾波、白薇、白杨、甘祠森、史东山、石西民、石炎、石啸冲、田一文、田涛、田仲济、司徒慧敏、史伊凡、伍禾、任钧、任秋石、朱海观、朱鹤年、老舍、吉联抗、仲秋元、沈扬、沈浮、沈钧儒、沈静芷、沈经农、沈慧、冷火、宋之的、宋云彬、杜冰波、杜君慧、杜国庠、吕霞光、吕恩、汪子美、汪刃锋、何公敢、何成湘、余所亚、沙千里、李凌、李畏、李士豪、李可染、李声韵、李思杰、李华飞、吴视、吴茵、吴祖光、吴家骧、吴蔚云、吴组缃、吴藻溪、吴清友、吴泽、但杜宇、辛勤、阮有秋、林谷、林辰、林仲易、林举岱、周而复、周知、周峰、周谷城、周徽林、明敏、金月石、金仲华、金善宝、金锡如、金瑞苓、邵荃麟、孟目的、孟君谋、孟用潜、初大告、阿嘉、岳路、茅盾、胡子、胡风、胡绳、胡文淑、胡守愚、洪深、侯外庐、柳倩、柳亚子、范朴斋、姚木溪、姚雪垠、姚蓬子、郁风、郁文哉、施白芜、俞珊、俞励梗、冼群、马义、马宗融、马寅初、马思聪、高集、高崇民、高龙生、高懿、崔小萍、崔万秋、夏衍、夏白、夏迪蒙、徐冰、徐迟、徐昌霖、徐悲鸿、袁水拍、梁希、梁纯夫、梁永泰、梁公任、索开、孙伏园、孙陵、孙源、孙坚白、孙施谊、孙锡纲、秦柳方、秦牧、康性天、祝公健、殷子、殷野、耿震、凌珊如、郭沫若、郭春涛、郭培谦、郭树权、梅林、许士骐、许幸之、许桂明、许涤新、黄晨、黄蕊、黄若海、黄洛峰、黄宛苏、黄碧野、黄荣灿、黄寿慈、舒维清、堵述初、毕相辉、盛家伦、陈之佛、陈文泉、陈先舟、陈先泽、陈原、陈润泉、陈鲤庭、陈翰伯、陈翠华、陈烟桥、陈迩冬、陶金、陶行知、曹靖华、曹禺、章石林、章汉夫、章靳以、章曼苹、章超群、焦菊隐、陆梦生、陆诒、张正宇、张申府、张西曼、张光宇、张志让、张定夫、张明养、张孟闻、张鸿眉、张静庐、张铁弦、张瑞芳、张雁、张磊、张翼、张骏祥、张维冷、张重英、冯乃超、冯文洛、冯雪峰、傅彬然、傅抱石、华林、华嘉、彭燕郊、乔木、覃英、覃必陶、舒绣文、曾敏之、汤灏、阳翰笙、贺礼逊、贺孟斧、费巩、项堃、董时进、董鼎清、叶以群、叶浅予、杨晦、杨荣国、杨潮声、杨村彬、贾纬廉、邹绿芷、葛一虹、葛琴、路翎、路曦、庄寿慈、虞静子、万灿、廖静文、廖沫沙、赵晓恩、赵韫如、赵慧深、邓初民、刘清扬、刘厚生、刘白羽、刘火子、刘尊棋、刘砥方、刘铁华、刘运筹、刘义斯、蒋路、翦伯赞、臧克家、臧云远、潘子农、潘梓年、潘菽、潘震亚、霍应人、蔡仪、蔡楚生、郑君里、郑敏、卢于道、卢鸿基、薛迪畅、钱歌川、钱辛稻、萧强、萧隽英、戴爱莲、谢冰心、谢添、龙季子、聂绀弩、韩北屏、韩涛、罗家正、罗髫渔、严杰人、魏志澄、蓝马、蓝馥心、苏怡、顾颉刚。

按:国民党当局强迫华林、汤灏等签名者,公开登报声明"并未参加",拒绝更正的费巩因此"失踪",惨遭杀戮。(参见吴永贵《民国图书出版史编年:1912—1949》,社会科学文献出版社2018年版)

2月24日,天津《大公报》发表傅斯年、任鸿隽、陈衡哲、王云五、楼光来、宗白华、范存忠、储安平、吴世昌、林超、苏继顷、钱清廉、吴任之、吴思裕、陈铭德、罗承烈、赵超权、钱歌川、任美锷、张贵友等20人联名的《我们对于雅尔塔秘密协定的抗议》书。

2月25日,傅斯年在重庆《大公报》发表《中国要和东北共存亡》长篇檄文。

按:此时,西南联合大学110名教授联名发表《对东北问题宣言》,主张苏联军队撤出东北。千余名师生在联大新校舍草坪举行东北问题演讲会,傅恩龄、冯友兰、查良钊、雷海宗、燕树棠、高崇熙等教授分别发表演讲,高喊苏军撤出东北的口号。

2月27日,文化界推荐1944年国内出版好书12种:翦伯赞著《中国史纲》、赵超构著《延安一月》、夏衍著《滩离草》、聊伊译《前线》、侯外庐著《中国近世思想学说史》、袁水拍著《冬天冬天》等。

3月5日,国民党第五届中常委会第二七九次会议通过《文化运动纲领实施办法》。(参见吴永贵《民国图书出版史编年:1912—1949》,社会科学文献出版社2018年版)

3月10日,中国民主同盟发言人在重庆对最近国内民主与团结问题发表谈话,反对国民政府定于11月12日召开国民党一党包办的国民大会,主张召开各党派及无党派之领袖会议。

3月12日,《新华日报》刊登姜亮夫、游国恩等342人联名发表的《昆明文化界关于挽救当前危局的主张》,由吴晗起草,闻一多润色,罗隆基补充而成。

3月18日,中国民主同盟代理主席左舜生在重庆对外国记者发表声明:民主同盟将不参加不民主的"国民大会";并称民主同盟站在右边国民党与左边共产党的中间,它毫无保留地反对任何形式的独裁,并相信全国团结是胜利的先决条件,同时亟盼沟通国民党与共产党间的鸿沟,衷心希望两党恢复谈判。

3月29日,国民政府特派宋子文为中国出席联合国首席代表,顾维钧、王宠惠、魏道明、胡适、吴贻芳、李璜、张君劢、董必武、胡霖为代表团成员。

3月30日,国民政府军委会政治部以机构重叠为名,下令撤销"文化工作委员会",郭沫若召集会议,宣布该会工作到此结束。

按:4月8日,重庆各党派及文化界人士宴请郭沫若和"文工会"成员,以示声援和慰问。(参见吴永贵《民国图书出版史编年:1912—1949》,社会科学文献出版社2018年版)

4月1日,教育部成立"战时文物保存委员会",开始从事战区文物保护和战后文物调查的准备工作。

4月4日,国民政府教育部在重庆举行学术审议委员会第二届第十四次常务委员会。会议通过了《教育部学术审议委员会科学研究奖助办法(草案)》。

4月11日,中国民主同盟四川省负责人李相符、杨伯恺、田一平及成都文化界120余人发表《成都文化界对时局献言》,提出立即结束国民党党治、尽速召开真正能代表民意的普选国民大会、释放一切爱国政治犯等10项主张。

4月12日,美国总统罗斯福病逝,哈里·杜鲁门继任美国总统。

4月14日,国民政府公布《教育部教育研究委员会组织条例》10条。

按:《条例》规定该会的任务是关于教育制度、学生训导、学校行政及有关教育问题的研究与计划。其经常事务为:教育复员工作之设计,参与国际文教事业之筹划,部内各单位重要文件之审核,并对教育政策及学术性问题随时提供意见。(参见中央教育科学研究所编《中国现代教育大事记1919—1949》,教育科学出版社1988年版)

4月15日,重庆《中央日报》发表梅贻琦、竺可桢、李蒸、柯璜、潘序伦、老向、汪辟疆、杨仲子、朱恒璧、伍蠡甫、马星野、邹树文、廖世承、吴伯超、吴煦、吕斯百、钱歌川、周太炎、孙俍工、林风眠、王星拱、余上沅、蒋碧微、张倩英、林庆年、许文顶、连瀛洲、杨慕时、郑鹤声、任美锷、马客谈、言心哲、汪静之、谢稚柳、戴粹伦、佘大钢、汪日章、卢锡荣、李熙谋、卢前、钱用和等750人签名的《为争取胜利,敬告国人》。

4月18日,国民党中央有关各部召开第四次出版会议,会议指出:陪都近数月来,"出版书刊甚为踊跃,供过于求,但各省市县则普遍感到书荒,形成畸形发展状态"。出书"又侧重知识分子,而一般广大民众又苦无书读""重都市轻农村"等。(参见吴永贵《民国图书出版史编年:1912—1949》,社会科学文献出版社2018年版)

4月20日,中共中央六届七中全会讨论通过《关于若干历史问题的决议》,对王明的"左倾"错误作了明确的结论。

4月23日至6月11日,中国共产党第七次全国代表大会在延安举行,毛泽东主持会议,作《两个中国之命运》的开幕词和《论联合政府》的政治报告。朱德作《论解放区战场》的军事报告。刘少奇作《关于修改党的章程的报告》,科学地概括毛泽东思想的主要内容,精辟地提出毛泽东思想就是马克思列宁主义的理论与中国革命的实践之统一的思想。在大会通过的新党章中,明确规定以毛泽东思想作为中国共产党一切工作的指针。大会制定"放手发动群众,壮大人民力量,在我党的领导下,打败日本侵略者,解放全国人民,建立一个新民主主义的中国"的战略。会议选举毛泽东、朱德、刘少奇、周恩来、任弼时等5位中央书记处书记,史称"五大书记"。毛泽东当选为中央委员会主席、中央政治局主席和中央书记处主席。中国共产党以毛泽东为核心的第一代领导集体形成。

按:刘少奇在《关于修改党章的报告》中,根据马克思列宁主义的建党理论和长期以来党的建设的经验,对新党章的精神作了深刻的阐述。报告指出,新党章确定了毛泽东思想为党的指导思想,规定"中国共产党以马克思列宁主义的理论与中国革命实践之统一的思想——毛泽东思想,作为自己一切工作的指针"。报告还指出,新党章增加了总纲部分,作为党的基本纲领,说明了中国革命的性质、动力、任务、特点和党的基本方针;强调了坚持党的群众路线、健全党的民主集中制和开展批评与自我批评等问题,并对党员的权利和义务作了明确规定。大会充分讨论了毛泽东、朱德和刘少奇所作的报告及新党章,通过了政治决议案、军事决议案和《中国共产党党章》,选举出44名中央委员和33名候补中央委员,组成了新的中央委员会。"七大"是中国共产党历史上一次空前盛大的代表大会。它以"团结的大会,胜利的大会"而载入中国共产党的史册。它在中国历史转变的关键时刻,总结了我国民主革命24年曲折发展的历史经验,制定了正确的路线、方针和政策,解决了中国新民主主义革命的根本问题;它确定了马克思列宁主义的理论与中国革命实际相统一的毛泽东思想为全党一切工作的指针,实现了全党在马克思列宁主义、毛泽东思想基础上的空前团结和统一,为争取抗日战争的最后胜利,为反对国民党顽固派发动内战和新民主主义革命在全国的胜利奠定了基础。(陈光林主编《中共党史纲要》,山东人民出版社1991年版)

4月25日至6月26日,46个国家在旧金山举行联合国成立大会,中国与其他与会国一起签署《联合国宪章》。

4月27日,国民政府教育部颁发《第六届全国专科以上学校学生竞试办法》。

按:规定本届竞试仅举行三民主义、物理、化学、数学4科。文、法、商、师范各学院所属各学系及属于文、法、商、师范之专科或专修科各年级学生,应一律参加三民主义之竞试。理、工、农、医各学院所属各学系及属于理、工、农、医之专科或专修科各年级学生每人均应在物理、化学、数学3科中任择一科参加竞试。(参见中央教育科学研究所编《中国现代教育大事记1919—1949》,教育科学出版社1988年版)

5月4日,中华全国文艺界抗敌协会在重庆举行大会,纪念"文协成立七周年和第一届文艺节"。会后通过要求保障人权、保障作家身体自由、写作自由等议案。(参见吴永贵《民国图书出版史编年:1912—1949》,社会科学文献出版社2018年版)

5月5日,中国国民党第六次全国代表大会在重庆召开,选举蒋介石连任总裁。

5月8日,苏联红军攻克柏林,德国宣布无条件投降,欧洲战场至此结束。第二次世界大战形势发生重大转折。

5月10日,国民政府修正公布《捐资兴学褒奖条例》,对前颁《条例》作了补充规定。

按:新《条例》规定:对在蒙古、西藏或其他语言文化具有特殊性质的地方捐资兴学者,除按规定授予奖状外,按捐资多寡分别由教育部、蒙藏委员会、行政院、国民政府给予明令嘉奖、题颁匾额的奖励。原规定的奖状分5个等级改为分7个等级。(参见中央教育科学研究所编《中国现代教育大事记1919—1949》,教育科学出版社1988年版)

5月28日,中国国民党六届一中全会在重庆召开,任命宋子文为行政院院长。

6月2日,参政员褚辅成、黄炎培、冷遹、王云五、傅斯年、左舜生、章伯钧等7人致电毛泽东、周恩来,希望国共两党从速恢复商谈,促成团结,不唯抗战得早获胜利,建国新猷,亦基于此(《解放日报》1945年6月30日)。

6月9日,国民政府公布《教育部国语推行委员会组织条例》9条。

按:《条例》规定该委员会的任务是关于国语文字整理之审议、国语文字标准书籍之编订、国语语言文字资料之搜集、国语文字教学法之实验、统一中外译名读音标准之订定、推行国语教育人员之训练、国内不识字者及侨居国外人民语文教育之设计实施及视导、边疆地方实行语文教育之设计及其他语文教育事项。(参见中央教育科学研究所编《中国现代教育大事记1919—1949》,教育科学出版社1988年版)

是日,国民政府公布《教育部国民体育委员会组织条例》10条。

按:《条例》规定该委员会的任务是关于国民体育实施方案之计划推行,国民体育之指导考核,国民体育经费之审议,国民体格之检查统计,体育师资之训练检定,体育学术之研究,运动比赛之管理及其他国民体育事项。(参见中央教育科学研究所编《中国现代教育大事记1919—1949》,教育科学出版社1988年版)

6月18日,毛泽东、周恩来致电褚辅成、黄炎培、左舜生、章伯钧等7位参政员,谓诸先生团结为怀,甚为钦佩。由于国民党拒绝党派会议,坚持召开包办分裂之国大,已进一步造成内战危机。诸公的热心呼吁,倘能使当局觉悟,放弃一党专政,召开党派会议,商组联合政府,并立即实行最迫切之民主改革,我党无不乐于商谈。并表示热烈欢迎7位参政员赴延安考察(《解放日报》1945年6月30日)。

6月29日,国民政府教育部公布《修正教员服务奖励规则》17条,将原来的一等、二等、三等服务奖状,改为智字、仁字、勇字服务奖状,并删去原有"凡已受有一等以下服务奖状者,如继续服务达规定年限者,得晋等授予服务奖状"的规定。(参见中央教育科学研究所编《中国现代教育大事记1919—1949》,教育科学出版社1988年版)

7月1日,民盟中央常务委员黄炎培、左舜生、章伯钧和中央执行委员冷遹4人与褚辅成、傅斯年以国民参政会参政员的身份赴延安考察,受到中共领导人毛泽东、朱德、周恩来、王若飞等人的欢迎。是月,民盟代表黄炎培、左舜生、冷遹等与中共中央代表陈毅等会谈,达成了向国民党政府提出"停止国民大会进行,从速召开政治会议"提案的协议。

是日,中国科学工作者协会在重庆成立,竺可桢担任第一任理事长。学会的宗旨为联络中国科学工作者致力科学建国工作;促进科学技术之合理运用;争取科学工作条件之改善及科学工作者生活之保障。

7月2日,中共中央在延安举行盛大晚会,欢迎褚辅成、黄炎培、左舜生、章伯钧等6位参政员,毛泽东、朱德、周恩来出席,李富春主持晚会,周恩来致欢迎词。

7月4日,中国民主同盟主席张澜在重庆发表谈话指出:目前中国的任务是废除党治,实行民主,加强国内的团结一致,配合盟军登陆实行反攻。

是日,黄炎培与褚辅成等6参政员在延安期间与毛泽东、周恩来等进行3次正式商谈,是日达成五点共识:一、双方一致同意停止国民大会进行,从速召开政治会议。二、中共建议:(一)政治会议应由国、共、民(盟)三方各自推出同等数目的代表加上无党派代表组成。(二)政治会议的性质,应该是公开的、平等的、自由的、一致的,有决定权的。(三)政治会议应讨论民主改革的紧急措施;结束一党专政,建立举国一致的民主联合政府;制定民主施政纲领及将来国民大会之召集等。(四)政治会议前释放政治犯。(五)政治会议前,应由国、共、民(盟)三方面先作预备性质的协商,以便商定中共提出的上述四点及具体内容。

7月5日,褚辅成、黄炎培等6参政员离开延安返回重庆,毛泽东、朱德、周恩来、林伯渠等至机场欢送。

7月7日,昆明文化界文艺沙龙举行研讨会,中国民主同盟昆明负责人闻一多、李公朴、潘光旦及田汉、安娥等300多人参加,一致认为:"政治不民主,一切文化都没有前途。当前的文化正在被绞杀,我们要把文化从严酷的灾难中救出来,我们要把绞杀文化的黑手击退,文化才有发展的前途。"

7月8日,邵力子请中国民主同盟主席张澜出席四届一次国民参政会,张澜希望国民党照顾到国内外局面,不要在11月召开国民大会,要在党派会议上解决一切问题。

7月12日,上海杂志公司、生活书店、耕耘出版社、大时代书局、正风出版社、峨嵋出版社、中外出版社、北门出版社、国讯书店、五十年代出版社、光明书局、教育书店、文化供应社、作家书屋、华中图书公司、文化生活出版社、东方书社、复兴书局、文风书局、美学出版社、新知书店、文光书店、建国书店、群益出版社、文信书局、建中出版社、读书出版社、文聿出版社、南天出版社在重庆《大公报》广告栏刊发表《出版业为文化危机向参政会紧急呼吁》。(参见吴永贵《民国图书出版史编年:1912—1949》,社会科学文献出版社2018年版)

7月15日,重庆成立中国妇女联谊会,理事会由李德全、史良、刘清扬、张晓梅、曹孟君、胡子婴等26人组成。

7月17日,苏、美、英三国首脑在波茨坦举行会议。

7月24日,各民主党派人士在重庆集会纪念邹韬奋、杜重远逝世1周年,号召民主力量团结起来。民盟主席张澜表示:人民的民主团结,不是任何力量所能分化的。

7月26日,中美英三国首脑签署的《波茨坦公告》在柏林发表。公告促令"日本政府应立即宣布所有日本武装部队无条件投降",并重申开罗宣言的条款必须实施。

7月28日,国民党控制的国民参政会决议拒绝召开党派会议,民盟为此在《中华论坛》月刊和重庆《新华日报》上发表《中国民主同盟对时局宣言》,要求确实保障人民身体、言论、出版、集会、结社、迁徙、居住之充分自由。

8月3日,中国民主同盟主席张澜在招待外国记者会上发表讲话,介绍民盟成立经过和基本政治主张,表示:(一)反对国共两党打内战;(二)坚决反对国民党政府于11月12日召集国民大会,并提出对当前时局的五项主张:第一,允许人民有一切自由权力;第二,允许各党派合法存在,释放一切政治犯;第三,召开各党派政治会议制定临时施政纲领,筹集真正的国民大会;第四,改组政府为临时民主联合政府,筹备真正的国民大会;第五,积极对敌反攻,迫使敌人无条件投降。

8月6日,美国在日本广岛投下一颗原子弹。

8月8日,苏联对日本宣战,苏联红军进入我国东北。

8月9日,毛泽东发表《对日寇的最后一战》的声明。

是日,美国在日本长崎投下一颗原子弹。

8月10—11日,朱德总司令发布受降及配合苏军作战等7道命令,令华北、华中和华南各解放区的人民军队迅速前进,收缴敌伪武器,接受日军投降,并命令在冀热辽区的人民军队迅速进入东北。我军在各前线向日伪军开展了全面大反攻。(参见秦淑贞、盛继红编《中国共产党大事记》,中国人民大学出版社1991年版)

8月11日,蒋介石发布三道命令:1.令解放区部队"原地驻防待命,不得擅自行动";2.令其嫡系部队"加紧进军""勿稍松懈";3.令沦陷区伪军"维持治安""趁机赎罪"。国民党高级将领何应钦、冷欣同侵华日军总司令冈村宁次约定,趁日军尚未遣散之际利用日军参加同共产党领导的军队作战。

是日,中共中央发出由毛泽东拟定的《关于日本投降后我党任务的决定》,指示全党全军立即争取和保卫抗日胜利果实。

是日,中国民主同盟主席张澜为抗战胜利后的时局发表谈话,指出:"我们感到中国今天更迫切需要统一、团结、民主。必若此,则能使全国人民一德一心,和衷共济,以尽其最大的最善的努力,也才能担负起一切建国工作,这是政党和全国人民共有的责任,不能丝毫放弃。目前最要紧的,更是希望国共两党军队赶快停止各地足以促成大规模内战的一切摩擦。并即刻召开党派会议,从事团结商谈","只有停止内战,立刻团结,才能统一建国,保持胜利成果。舍此之外,则无途径可寻"。

是日,国民政府教育部公布《教育播音办法》8条。

按:《办法》规定的教育播音的项目有儿童教育、青年教育、公民教育、科学教育、卫生教育、国体教育、艺术教育、国语教育、边疆教育、战区教育、史地教育、教育消息12项。要求教育播音材料须富有兴趣、切合实用。播音时间为每周3节,每节15分钟。(参见中央教育科学研究所编《中国现代教育大事记1919—1949》,教育科学出版社1988年版)

8月13日,毛泽东在延安干部会议上作《抗日战争胜利后的时局和我们的方针》的报告。

是日,朱德、彭德怀总、副司令致电蒋介石,坚决拒绝其错误命令。

8 月 14 日,日本政府照会中、苏、美、英四国政府,接受《波茨坦公告》。

是日,中国政府代表王世杰与苏联代表莫洛托夫在莫斯科签订《中苏友好同盟条约》。

是日,蒋介石第一次致电延安,邀请毛泽东赴重庆谈判。

是日,国民政府教育部公布《教育部电化教育工作队组织规程》10 条,规定其宗旨为实验电化教育施教方法,改进电化教育事业。

8 月 15 日,日本天皇广播《停战诏书》,宣告无条件投降。

是日,朱总司令命令南京日军最高指挥官冈村宁次及所属一切部队,停止一切军事行动,听候中国解放区八路军、新四军及华南抗日纵队的命令,向我方投降(被国民党军队包围之日军在外)。

是日,朱总司令致美、英、苏三政府说帖,声明中国人民抗日武装力量,在延安总部指挥之下,有权接受被我军所包围之日、伪军队的投降,有权派自己的代表参加同盟国处理敌国投降事宜。(参见秦淑贞、盛继红编《中国共产党大事记》,中国人民大学出版社 1991 年版)

是日,国民政府教育部长朱家骅向收复区教育界广播,告以"暂维现状,听候接收"。

是日,教育部电颁《战区各省市教育复员紧急办理事项》14 条,请各省市政府转饬教育厅局遵照办理。

按:文件规定:各省市教育厅局即日办理教育复员工作,并限期恢复各县市教育局科;派员接收敌伪各级教育文化机关;尽先接收敌伪档案;迅速清理教育款产;令各级公立学校及社教机关一律暂维现状,不得停顿;甄审教育行政人员学校教职员及社教人员;登记所需人员,短期训练后任用;尽速在半年内恢复战前所有各级学校及社教机关等。教育部并令各收复区分设教育复员辅导委员会。(参见中央教育科学研究所编《中国现代教育大事记 1919—1949》,教育科学出版社 1988 年版)

是日,中国民主同盟发表《在抗战胜利声中的紧急呼吁》,提出了"民主统一、和平建国"的口号,并提出了反对 11 月 12 日召开国民大会、明令重申保人民的一切基本自由、释放一切政治犯和思想犯、召集各党派及无党派民主人士的政治会议等 10 项主张。

8 月 16 日,毛泽东复蒋介石 8 月 14 日第一次邀请毛泽东去重庆谈判的来电:"朱德总司令本日曾有一电给你陈述敝方意见,待你表示意见后,我将考虑和你会见的问题。"

是日,南京伪中央政治委员会召开临时会议,决定解散国民政府,将中央政治委员会改为南京临时政务委员会,军事委员会改为治安委员会。

8 月 17 日,国民政府教育部公布《推行家庭教育办法》14 条。同日,公布《家庭教育实验区设施办法》10 条。

按:《办法》规定:各省市教育行政机关应督导所属各学校、社会教育机关及文化团体、妇女团体积极推行家庭教育。并对各级学校、各民众教育馆提出具体要求。(参见中央教育科学研究所编《中国现代教育大事记 1919—1949》,教育科学出版社 1988 年版)

8 月 19 日,苏军在沈阳机场逮捕伪满洲国皇帝溥仪一行。

8 月 20 日,蒋介石第二次致电延安,邀请毛泽东赴重庆谈判。

8 月 22 日,毛泽东复蒋介石 8 月 20 日第二次邀请毛泽东赴重庆谈判电:"兹为团结大计,特先派周恩来同志前来进谒。"

是日,国民政府教育部公布《中等以上学校社会教育推行委员会组织规程》9 条。

按:《规程》规定:中等以上学校应组织社会教育推行委员会,主持规划本校办理社会教育及家庭教

育事宜。（参见中央教育科学研究所编《中国现代教育大事记1919—1949》，教育科学出版社1988年版）

8月23日，蒋介石第三次致电延安，邀毛泽东赴重庆谈判。

是日，《正言报》在上海复刊，社长吴绍澍，副社长王晋琦，总经理徐亚倩，总编辑先为胡道静，后为鲍维翰、何锡庵，副总编辑杨继民。

是日，因抗战胜利，为筹划清华大学、北京大学、南开大学返回平津事宜，西南联合大学第343次常委会决定成立三大学联合迁移委员会，聘请郑天挺、黄钰生、查良钊、施嘉炀、陈岱孙为委员，郑天挺为主席。

8月24日，毛泽东复蒋介石8月23日第三次邀请毛泽东赴重庆谈判的来电："鄙人极愿与先生会见，商讨和平建国大计。俟飞机到，恩来同志立即赴渝晋谒。弟亦准备随即赴渝。"

8月25日，中共中央发表《中国共产党中央委员会对目前时局的宣言》，要求国民政府实行以下紧急措施，以奠定和平建议的基础。

按：宣言指出：1.承认中国解放区的民选政府和抗日军队，撤退包围与进攻解放区的军队，以便立即实现和平，避免内战。2.划定八路军、新四军以及华南抗日纵队接受日军投降的地区，并给他们以参加处置日本的一切工作的权利，以昭公允。3.严惩汉奸，解散伪军。4.公平合理地整编军队、办理复员，救济难胞，减轻赋税，以苏民困。5.承认各党派合法地位，取消一切妨碍人民集会、结社、言论、出版自由的法令，取消特务机关，释放爱国政治犯。6.立即召开各党派和无党派代表人物的会议，商讨抗战结束后的各项重大问题，制定民主的施政纲领，结束训政，成立举国一致的民主的联合政府，并筹备自由无拘束的普选的国民大会。同胞们！抗战胜利了！新的和平建设时期开始了！我们必须坚持和平、民主、团结，为独立、自由与富强的新中国而奋斗！（《群众》1945年9月15日第10卷第17期）

8月26日，中共中央发出《关于同国民党进行和平谈判的通知》，决定派毛泽东、周恩来、王若飞到重庆和国民党进行和平谈判。

8月28日，毛泽东、周恩来、王若飞应蒋介石连续三次邀请飞抵重庆，代表中共与国民党进行和平谈判，中共方面的谈判代表是周恩来、王若飞；国民党方面的谈判代表是王世杰、张群、张治中、邵力子。

按：在渝期间，毛泽东将9年前创作的《沁园春·雪》书赠柳亚子。柳亚子深为该词磅礴的气势所折服，连同自己填的一首题为《沁园春·次韵毛润之初到陕北看大雪之作》的和词送交中共在渝的《新华日报》要求发表。后来毛泽东的《沁园春·雪》在重庆《新民报晚刊》副刊显著位置隆重推出，并配发了热情洋溢的"按语"——"毛润之先生能诗词，似鲜为人知。客有抄得其《沁园春·雪》一词者，风调独绝，文情并茂，而气魄之大乃不可及。"从而引发关于毛词的大论战。论战的焦点是毛词有没有"帝王思想"。12月4日，易君左在《和平日报》的"和平副刊"发表一首和词。作者在序中矫"全民之命"，以盟主自命，号召"天下词家"作出响应："乡居寂寞，近始得读《大公报》转载毛泽东、柳亚子二词。毛词粗犷而气雄，柳词幽怨而心苦。因次成一韵，表全民心声，非一人私见；望天下词家，闻我兴起！"其词曰："国脉如丝，叶落花飞，梗断蓬飘。痛纷纷万象，徒呼负负；茫茫百感，对此滔滔。杀吏黄巢，坑兵白起，几见降魔道愈高？明神胄，忍支离破碎，葬送妖娆。黄金难贮阿娇，任冶态妖容学细腰。看大漠孤烟，生擒颉利；美人香草，死剩《离骚》。一念参差，千秋功罪，青史无私细细雕。才天亮，又漫漫长夜，更待明朝。"（另见朱能毅《易君左与毛泽东的"唱和"硝烟》，《文史博览》2005年第17期）

是日，重庆《中华论坛》《宪政月刊》《国讯》《民主世界》《民宪》《文汇周报》《再生》《中学生》等8家杂志社代表开会，认为战争已结束，战时图书杂志审查制度已无存在的必要，决定函请国民政府明令废止，并从9月起自动不再送审，以抵制审查制度。与此同时发行《联合增刊》。

是月，中央博物院筹备处奉教育部令，对历年被日本毁掠的公私文物进行调查，开具出《日本公私机关收藏中国古物者之详单》和《见于著录在日本之中国古器物目录》两份清单。教育部同时赶制《日本应归还我国及应作抵偿甲午以来我国学术文化损失用之文物简表》，以供追索之用。

9月2日，日本向盟军投降签字仪式在东京湾美国主力舰"密苏里"号上举行，日本政府在投降书上签字，抗日战争胜利结束。

是日，毛泽东、周恩来、王若飞亲赴特园，出席民盟中央常委会为中共代表举行的欢迎宴会。张澜、沈钧儒、左舜生、黄炎培、冷遹、张申府、章伯钧、罗隆基、鲜特生等出席作陪。宾主并就时局问题进行亲切交谈。在重庆期间，毛泽东曾多次会见民盟领导人进行协商。

9月3日，重庆部分文教、科学技术界人士，为纪念抗日战争胜利，促进中国各方面力量联合建国和中国人民的民主幸福，发起组织"九三学社"。

按：1944年11月，一批科技界、教育界人士在重庆组织成民主科学座谈会，讨论团结抗战、民主科学等问题。1945年9月3日，为纪念抗日战争胜利，改名为九三学社。主张促进民主政治，争取人民基本自由，学术思想自由，实现国家工业化、农业现代化，反对内战，反对官僚资本主义。选举潘菽、褚辅民、许德珩等16人为理事，卢于道等8人为监事。中央机关初设重庆，1946年10月迁北平，并在重庆、成都、上海、南京设立分社。

按：九三学社基本主张：(1)促进民主政治实现，争取人民基本自由；(2)以政治民主化，军队国家化，根绝内战；(3)肃清贪污，反对官僚资本政治；(4)从速完成国家工业化，农业现代化，改善农民生活及农村租佃问题；(5)建立民主的经济制度，反对官僚买办资本；(6)学术思想绝对自由；(7)积极普及国民教育；(8)加强同盟国家之间的团结与合作，促进世界和平。

9月5日，国民政府在陆军总部之下成立党政接收计划委员会作为最高接收机构，下设党团、经济、内政、交通、财政、外交六个组，负责对沦陷区的政治、经济、军事的全盘接收工作。

9月6日，《中苏文化》《现代妇女》《战时教育》《国论》《学生杂志》《新中华》《东方杂志》《民主与科学》在《拒检联合声明》上签名。同时，重庆33家杂志在青年会举行茶会，宣告重庆杂志界联谊会成立，为参加"拒检运动"作准备。

9月8日，成都《新中国日报》《华西日报》《华西晚报》《成都快报》《现代周刊》《大义周刊》《大学月刊》《天风》《开明少年》和以康通讯社、自强通讯社宣布参加"拒检运动"，并成立成都文化新闻杂志界联谊会，推举叶圣陶、沈志远、黎澍等为执行委员。同时，四川大学的9个团体、燕京大学的11个单位，亦通电响应"拒检运动"，宣称他们所办的刊物、壁报也拒送检查。

按：当时，昆明的《民主周刊》《人民周刊》《大路杂志》、北门出版社、天野社、进修出版社等11家出版单位，也响应"拒检运动"，并成立昆明杂志界出版界联谊会。西安、桂林、上海、北平等城市，也先后成立杂志界出版界联谊会，响应重庆等地开展的"拒检运动"。

9月9日，南京举行第二次世界大战中国战区受降仪式，日本中国派遣军总司令冈村宁次签署投降书。

9月10日，民盟中央主席张澜于国共两党谈判期间致函蒋介石和毛泽东，希望国共两党乘此时机"全盘""彻底"解决国家的问题，并提出"政治必须彻底民主""军队属于国家，军人忠于国家"等项建议。

9月11日，毛泽东、周恩来、王若飞在重庆桂园宴请张澜、黄炎培、沈钧儒等，就促进国共团结问题交换意见。

9月13日,国民政府教育部公布《边疆初等教育设施办法》27条。

按:《办法》规定,在边远游牧地方或人烟稀少区域得设流动性之学校或学级,置备帐幕及驮马或车船等,以及其他可以装拆之教具,跟随学生家庭移动,实施教育。(参见中央教育科学研究所编《中国现代教育大事记1919—1949》,教育科学出版社1988年版)

9月14日,美国总统杜鲁门发表援蒋声明,声明称:"美国政府准备援助中国发展适度的武装力量,借以维持国内和平与安全,并承担中国解放地区包括满洲与台湾在内的有效控制。"

9月17日,蒋介石致信阎锡山并附《剿匪手本》两册。当时阎部正在进犯以长治为中心的晋东南解放区。重庆谈判期间,蒋介石还命令四个战区的司令长官傅作义、胡宗南、孙连仲、李品仙等,分别率领所部沿铁路线向解放区进犯。

是日,中共中央作出"向北推进,向南防御"的战略方针。

9月20日,国民政府教育部在重庆举行全国教育善后复员会议。专科以上学校、国立中学、省市教育厅局、教育学术机关的代表,有关部会代表及教育专家等200余人出席。蒋介石向全体代表致词,说:"教育关系建国之成败,至为重大",教育界人士"必须认识建国时期,教育第一之要义,切实负起责任,培植下一代青年,对于国家民族有所贡献"。

按:会议于9月26日结束。会议共有提案128件,其所得结论包括内迁教育机关之复员问题、收复区教育复员与整理问题、台湾区教育之整理问题、华侨教育之复员问题、其他教育之复员问题五大类。(参见中央教育科学研究所编《中国现代教育大事记1919—1949》,教育科学出版社1988年版)

9月25日,张群、张治中、邵力子设宴招待周恩来、王若飞及张澜、左舜生、沈钧儒、罗隆基、黄炎培、章伯钧、张申府等,国共两党代表报告商谈情况,军队问题略有眉目,国大问题未获结果将交给政治会议讨论,政权问题将继续商谈。黄炎培提出应一面继续商谈,一面着手组织政治会议。

是日,国民党中央宣传部颁布《废除出版检查制度办法》,宣布从10月1日起,废止战时出版品检查办法及禁载标准,战时书刊审查规则同时废止,新闻检查除军事禁区外,一律废止。

9月27日,行政院颁布《管理收复区报纸、通讯社、杂志、电影、广播事业暂行办法》,对收复区敌伪及附逆的报纸杂志的处置作出规定。规定"敌伪机关或私人经营之报纸、通讯社、杂志及电影制片厂、广播事业一律查封,其财产由宣传部长会同当地政府接受管理"。

是日,《时事新报》在上海复刊,负责人为张万里,总编辑朱虚白,总经理黄金城,发行人胡鄂公。

9月28日,中共中央军委发出《关于争夺东北方针部署的指示》,指出不应将主力部署在满洲门口抵住蒋介石,"我发展东北的部署,应将重心首先放在背靠苏联、朝鲜、外蒙、热河有依托的有重点的城市和乡村,建立持久斗争的基点"。

9月29日,成都文化界丁诚、方然、李劫人、杜重远、沈志远、吴耀宗、吴作人、马思聪、高洁、姚雪垠、陈白尘、陈子涛、张友渔、张天翼、叶圣陶、黎澍、刘开渠、卢熙、龚敬威等248人在重庆《新华日报》发表《成都文化界对时局的呼吁》。

是月,教育部在上海设立"京沪区教育复员指导委员会",蒋复璁任主委,聘任徐森玉、马叙伦、钱基博、郑振铎为委员,主持清理敌占区的图书文物。后成立"上海区清点接收文物委员会",叶恭绰为会长,徐森玉实际负责,郑振铎、王庸、孙家晋、徐微、张凤举等参与其事。

10 月 1 日，中国民主同盟临时全国代表大会在重庆举行。大会讨论了民盟的政策、组织、机构、政纲，大会提出迅速召开政治协商会议，成立民主联合政府，举行国民大会等 10 项主张。会议选举张澜为主席。

10 月 1 日，行政院长宋子文要求外交部转告盟军占领日本统帅部，通知日本政府禁止对自甲午战争以来劫自我国的文物作转让变卖。

是日，国民政府废除战时新闻检查制度。重庆《大公报》发表社评《新闻言论自由之始》；重庆《新华日报》发表社论《言论自由初步收获》；重庆《中央日报》发表社论《舆论政治时代的来临》。

10 月 3 日，陈公博、周佛海等汉奸从日本押解到南京。

10 月 4 日，国民政府教育部公布《促进注音国字推行办法》8 条。同日，公布《各省市县推行注音符号办法》20 条。

按：《办法》规定：国民学校成人班、妇女班及初级补习学校之课本，其文字均用注音国字。国民学校初级小学、中心国民学校高级小学国语科课本生字，均用注音国字。（参见中央教育科学研究所编《中国现代教育大事记 1919—1949》，教育科学出版社 1988 年版）

是日，重庆杂志联谊会《联合增刊》第 2 期发表叶圣陶的《我们永远不要图书杂志审查制度》。

10 月 5 日，中国青年党发表对目前时局的主张 10 条，要内容是：从速召集建国会议；保障人民之基本自由；用人行政一本唯才唯贤之旨；严惩汉奸，肃清贪污；解散伪军，裁汰冗兵；挽救工商业危机，稳定金融，平抑物价；改进教育，教师讲学自由；加强对美、苏、英、法之平等合作。

是日，教育部战时文物保存委员会拟具归还被劫文物的初步意见。

10 月 6 日，国民政府行政院宣布废除《非常时期报社、通讯社、杂志登记管制暂行办法》《非常时期军办报社、通讯社、杂志社登记管理暂行办法》及一应出版检查制度和办法。（参见吴永贵《民国图书出版史编年：1912—1949》，社会科学文献出版社 2018 年版）

10 月 8 日，国民政府教育部颁发《各级学校学年学期假期办法》10 条。

按：《办法》规定：各级学校以每年 8 月 1 日为学年之始，翌年 7 月 31 日为学年之终。一学年为二学期，以 8 月 1 日至翌年 1 月 31 日为第一学期，以 2 月 1 日至 7 月 31 日为第二学期。还规定：专科以上学校第一学期 148 日，第二学期 132 日；中等学校第一学期 148 日，第二学期 137 日；小学第一学期 156 日，第二学期 142 日。《办法》还对各级学校暑假、寒假、年假、春假及本校纪念日放假的具体时间做了统一规定。（参见中央教育科学研究所编《中国现代教育大事记 1919—1949》，教育科学出版社 1988 年版）

10 月 10 日，国共双方在重庆签署《政府与中共代表会谈纪要》（又称《双十协定》）。纪要内容包括和平建国的基本方针、政治民主化、国民大会、人民自由、党派合法化、特务机关、释放政治犯、地方自治、军队国家化、解放区地方政府、奸伪、受降等 12 个问题。

按：《双十协定》原文：中国国民政府蒋主席于抗战胜利后，邀请中国共产党中央委员会主席毛泽东先生，商讨国家大计。毛先生于八月二十八日应邀来渝，进见蒋主席，曾作多次会谈；同时双方各派出代表，政府方面为王世杰、张群、张治中、邵力子四先生，中共方面为周恩来、王若飞两先生，迭在友好和谐的空气中进行商谈，已获得左列之结果，并仍将在互信互让之基础上，继续商谈，求得圆满之解决。兹特发表会谈纪要如下：

一、关于和平建国的基本方针：一致认为中国抗日战争，业已胜利结束，和平建国的新阶段，即将开始,必须共同努力,以和平、民主、团结、统一为基础,并在蒋主席领导之下,长期合作,坚决避免内战,建设独立、自由和富强的新中国,彻底实行三民主义。双方又同认蒋主席所倡导之政治民主化,军队国家化及党派平等合法,为达到和平建国必由之途径。

二、关于政治民主化问题:一致认为应迅速结束训政,实施宪政,并应先采必要步骤,由国民政府召开政治协商会议,邀集各党派代表及社会贤达协商国是,讨论和平建国方案及召开国民大会各项问题。现双方正与各方洽商政治协商会议名额、组织及其职权等项问题,双方同意一俟洽商完毕,政治协商会议即应迅速召开。

三、关于国民大会问题:中共方面提出重选国民大会代表,延缓国民大会召开日期及修改国民大会组织法、选举法和《五五宪法草案》等三项主张;政府方面表示:国民大会已选出之代表,应为有效,其名额可使之合理的增加和合法的解决,五五宪法草案原曾发动各界研讨,贡献修政意见;因此双方未能成立协议。但中共方面声明:中共不愿见因此项问题之争论而破裂团结,同时双方均同意将此项问题,提交政治协商会议解决。

四、关于人民自由问题:一致认为政府应保证人民享受一切民主国家人民在平时应享受身体、信仰、言论、出版、集会结社之自由,现行法令,当依此原则,分别予以废止或修正。

五、关于党派合法问题:中共方面提出:政府应承认国民党、共产党及一切党派的平等合法地位;政府方面表示:各党派在法律之前平等,本为宪政常轨,今可即行承认。

六、关于特务机关问题:双方同意政府应严禁司法和警察以外机关,有拘捕,审讯和处罚人民之权。

七、关于释放政治犯问题:中共方面提出:除汉奸以外之政治犯,政府应一律释放;政府方面表示:政府准备自动办理,中共可将应释放之人提出名单。

八、关于地方自治问题:双方同意各地应积极推行地方自治,实行由下而上的普选,惟政府希望不以此影响国民大会之召开。

九、关于军队国家化问题:中共方面提出:政府应公平合理地整编全国军队,确定分期实施计划,并重划军区,确定征补制度,以谋军令之统一。在此计划下,中共愿将其所领导的抗日军队由现有数目缩编至二十四个师至少二十个师的数目,并表示可迅速将其所领导而散布在广东、浙江、苏南、皖南、皖中、湖南、湖北、河南(豫北不在内)八个地区的抗日军队着手复员,并从上述地区逐步撤退应整编的部队至陇海路以北及苏北皖北的解放区集中;政府方面表示:全国整编计划正在进行,此次提出商谈之各项问题,果能全盘解决,则中共所领导的抗日军队缩编为二十个师的数目可以考虑。关于驻地问题,可由中共方面提出方案,讨论决定。中共方面提出:中共及地方军事人员应参加军事委员会及其各部的工作,政府应保障人事制度,任用原部队人员为整编后的部队的各级官佐,编余官佐,应实行分区训练,设立公平合理的补给制度,并确定政治教育计划;政府方面表示:所提各项均无问题,亦愿商谈详细办法。中共方面提出:解放区民兵应一律编为地方自卫队;政府方面表示:只能视地方情势有必要与可能时,酌量编置。为具体计划本项所述各问题起见,双方同意组织三人小组(军令部、军政部及第十八集团军各派一人)进行之。

十、关于解放区地方政府问题:中共方面提出:政府应承认解放区各级民选政府的合法地位;政府方面表示:解放区名词在日本无条件投降以后,应成为过去,全国政令必须统一。中共方面开始提出的方案为:依照现有十八个解放区的情形,重划省区和行政区,并即以原由民选之各级地方政府名单呈请中央加委,以谋政令之统一;政府方面表示:重划省区变动太大,必须通盘筹划,非短时间所能决定。同时政府方面表示:依据蒋主席曾向毛先生表示,在全国军令政令统一以后,中央可考虑中共所荐之行政人选,收复区内原任抗战行政工作人员,政府可依其工作能力与成绩,酌量使其继续为地方服务,不因党派关系而有所差别。于是中共方面提出第二种解决方案:请中央于陕甘宁边区及热河、察哈尔、河北、山东、山西五省委任中共推选之人员为省府主席及委员,于绥远、河南、江苏、安徽、湖北、广东六省,委任中共推选之人为省府副主席及委员(因以上十一省或有广大解放区,或有部分解放区),于北平、天津、青岛、上海四特别市,委任中共推选之人为副市长,于东北各省容许中共推选之人参加行政。此事讨论多次后,中共方面对上述提议,有所修改,请委任省府主席及委员者,改为陕甘宁边区及热察冀鲁四省,请委省府副主席及委员者,改为晋绥两省,请委副市长者改为平、津、青岛三特别市。政府方面对此表示:中共对于其抗战卓著勤劳,且在政治上具有能力之同志,可提请政府决定任用,倘要由中共推荐某某省主席及委员,某某省副主席等,则即非真诚做到军令政令之统一。于是中共方面表示:可以放弃第二种主张,改提第三种解决方案,由解放区各级民选之政府,重新举行人民普选,在政治协商会议派员监督之下,欢迎各党派、各界人士还乡参加选举,凡一县有过半数区乡已实行民选者,即举行县级民选,凡一省或一行政区有过半数县已实行民选者,即举行省级或行政区级民选,选出之省区县级政府,一律呈请中央加委,以谋政令之统一。政府方面表示:此种省区加委方式乃非谋政令之统一,惟县级民选加委,可以考虑,而省级民选须待宪法颁布,省的地位确定以后,方可实施,目前只能由中央任命之省政府前往各地接管行政,俾即恢复常态。至此中共方面提出第四种解决方案:各解放区暂维现状不变,留待宪法规定民选省级政府实施后,再行解决,而目前则规定临时办法,以保证和平秩序之恢复。同时中共方面认为可将此项问题,提交政治协商会议解决。政府方面则以政令统一,必须提前实现,此项问题久悬不决,虑为和平建设之障碍,仍亟盼能商得具体解决方案。中共方面表示同意继续商谈。

十一、关于奸伪问题:中共方面提出严惩汉奸,解散伪军;政府方面表示:此在原则上自无问题,惟惩治汉奸要依法律行之,解散伪军亦须妥慎办理,以免影响当地安宁。

十二、关于受降问题:中共方面提出:重划受降地区,参加受降工作;政府方面表示:参加受降工作,在已接受中央命令之后,自可考虑。

中华民国三十四年国庆纪念日于重庆　王世杰、张群、张治中、邵力子、周恩来、王若飞(1945年10月12日重庆《新华日报》)

是日,《建国日报》在上海复刊,社长郭沫若,总编辑夏衍。

10月11日,毛泽东等由张治中陪同,乘坐蒋介石专机离开重庆返回延安,民盟中央主席张澜及民盟中央常委章伯钧、陶行知等前往送行。

10月16日,国民政府公布《教育部医学教育委员会组织条例》12条。

按:《条例》规定该委员会的任务有:关于医学、药学、护士、助产及卫生各项教育计划之拟定;医学、药学、护士、助产等学校及各级学校卫生科课程设备标准之审拟;医学、药学、护士、助产等学校及卫生人员训练机构立案备案之审查;建议与医学教育有关之一切改革事项。委员会设医学、药学、护士、助产、卫生5个教育组,每组设组长1人。(参见中央教育科学研究所编《中国现代教育大事记1919—1949》,教育科学出版社1988年版)

10月19日,中国民主同盟发表《临时全国代表大会宣言》,对政治协商会议、民主联合政府、国民大会、人民自由、释放政治犯与废止特务制度,以及军队、经济、外交、内政、教育等十个方面阐述立场和态度,力求全盘彻底地总解决。

是日,国民政府教育部修正公布《教育部处务规程》96条。

10月20日,蒙古人民共和国在公民投票结果后宣布独立。

10月22日,《建国日报》被国民党上海市党部下令查封,前后出版了12天。

10月23日,行政院召开院会决定组建一个"收复区全国性事业接收委员会",任命行政院副院长翁文灏为主任委员,该委员会负责一切非军事领域的接收工作,包括工矿、商业、农林、粮食、水利、交通、金融事业。

10月24日,国民政府教育部公布国民教育研究问题,要求各地国民教育研究会检讨本乡(镇)或本县(市)或本师范教育区实施国民教育成绩及其应改善事项。并要求拟订辅导所属国民学校或中心国民学校方案和举办教师进修研究计划,以及教师福利计划,研究如何强化收复区各级国民教育研究会之组织,并推进其工作和如何肃清收复区敌伪对于儿童及民众所施之奴化教育。(参见中央教育科学研究所编《中国现代教育大事记1919—1949》,教育科

学出版社 1988 年版)

是日,联合国正式成立。根据联合国制宪会议决定:《联合国宪章》生效。

10 月 25 日,中国战区台湾区受降典礼在台北举行,广播宣布"台湾及澎湖列岛正式重入中国版图,所有土地、人民、政事皆已置于中国政府主权之下"。

10 月 26 日,中国民主同盟总部在重庆举行记者招待会,报告同盟的成立和历史,以及此次临时代表大会的经过和成就。张澜强调同盟不愿中国再见内战,军事冲突应立即停止,希望舆论界一致主张、一致努力。

10 月 28 日,三民主义同志联合会在重庆召开成立大会,大会通过《三民主义同志联合会政治主张》和《三民主义同志联合会临时组织总章》等文件。主要负责人为谭平山、柳亚子、王昆仑等。

10 月 29 日,中苏达成协议,苏军从 11 月 2 日始至 12 月 2 日止分 3 期撤出东北使衔,赴中国"调处"国共冲突。

10 月 31 日,东北人民自治军组成,林彪任总司令员。

是月,国民政府教育部公布《修正国立中央图书馆组织条例》14 条。

按:《条例》规定,国立中央图书馆隶属于教育部,掌理关于图书之搜集、编藏、考订、展览及全国图书馆事业之研究事宜。(参见中央教育科学研究所编《中国现代教育大事记 1919—1949》,教育科学出版社 1988 年版)

是月,教育部设台湾区教育复员辅导委员会,任罗宗洛为特派员办理辅导接收教育事宜。

按:据 1944 年资料,台湾原有学校概况:大学 1 所、专门学校 5 所、师范学校 3 所、实业学校 27 所、实业补习学校 90 所、中学校 21 所、高等女学校 22 所、初等学校(中国人就学的)1124 所、盲哑学校 2 所、幼稚园 95 所、私立学校 9 所。中国学龄儿童就学率为 71%。(参见中央教育科学研究所编《中国现代教育大事记 1919—1949》,教育科学出版社 1988 年版)

是月,台湾省行政长官公署于台北成立。长官公署设民政、教育、财政等 9 处。教育处为掌理全省教育行政及学术文化之行政机构。

是月,生活·读书·新知三联书店在上海成立。

11 月 1 日,行政院训令教育部战时文物保存委员会改名为清理战时文物损失委员会。

按:该会分设建筑、古物、图书、美术四组。由军政部、外交部、内政部各派代表一人,另有中央研究院院长、中央文化运动委员会主任、北平故宫博物院院长、中央博物院筹备处主任、北平研究院院长、国史馆馆长、中央图书馆馆长,以及教育部部长特派的高级职员和聘请社会热心美术保存古物的人士充任该会委员,主任委员杭立武,副主任委员李济、梁思成,委员由马衡、蒋复璁、袁同礼等 18 人组成。教育部清理战时文物损失委员会设立京沪区、平津区、东北区、粤港区等区特派员办事处,参与对敌伪文物的接收、清点和分配。调查结束后,编有《战时文物损失目录》。(参见孟国祥《战后接收日本在华图书文物述要》,《日本侵华南京大屠杀研究》2021 年第 2 期)

是日,《东北日报》在沈阳创刊;《大公报》上海版复刊,发表《重来上海》的长篇社论。

11 月 2 日,中国民主同盟发言人罗隆基为制止内战发表谈话提出 4 点主张:政府应在 10 天内召集各党派政治协商会议;在政治协商会议召开前,国共双方停止冲突;由政治协商会议组织视察团,分赴冲突地点,就地调解纠纷,并公诸社会;政治协商会议全盘彻底地合理解决军队的编遣与地方政治的调整。"当前中国第一件事是停止内战,避免内战,消弭内战。"

11月8日,国防最高委员会商讨拟定《关于索赔与归还劫物之基本原则及进行办法》。

11月9日,周恩来、王若飞邀请民主人士黄炎培等人,告以最近国共商谈情况,以及缴获蒋介石重新印发之《剿匪手本》与发动内战的作战命令。

是日,台湾省行政长官公署颁布《教育接收办法》,开始接收省内学校及其他教育机构。

按:12月7日,接收工作结束,全省中等学校68所名称全部改定。教育处派员赴各州、厅视察。(参见中央教育科学研究所编《中国现代教育大事记1919—1949》,教育科学出版社1988年版)

11月11日,国民党复员整军会议在重庆召开,会议制定"对共产党全盘战争"的作战计划,预计在"三个月到半年消灭共军"。

是日,国共双方代表张群、王世杰、邵力子、周恩来、王若飞邀请民主同盟张澜、沈钧儒、黄炎培、左舜生、罗隆基、章伯钧、张申府、鲜特生、周鲸文在重庆特园举行会议,商谈政协会议和国民大会召开时间及停止军事冲突问题。商得3点:(一)政治协商会议日期主张本月20日左右召开,希望中共速复;(二)国民大会日期,政府主张明年5月5日,不加可否;(三)双方先电令停止军事冲突。

11月13日,国民政府教育部公布《教育部设置边疆教育督导员办法》13条。

按:《办法》规定:边疆教育督导员以分区设置为原则。依边疆交通情形,暂分察绥区、甘宁青区、新疆区、西藏区、川康区、云贵区等6个区。(参见中央教育科学研究所编《中国现代教育大事记1919—1949》,教育科学出版社1988年版)

11月14日,《新民报晚刊》第二版副刊"西方夜谭"上发表了毛泽东的这首《沁园春·雪》,标题为《毛词·沁园春》。柳亚子赞为"中国有史以来第一作"。

按:9月6日下午,毛泽东、周恩来、王若飞等人都来到柳亚子家中,这次毛泽东送上了自己的手书词《沁园春·雪》,柳亚子看过后深受震撼,诗兴大发,步韵贺一首,并称赞毛泽东的《沁园春·雪》是"中国有史以来第一作"。《新民报晚刊》编辑吴祖光看到了毛泽东《沁园春·雪》这首词后,认定一旦这首词发表,必将震惊整个重庆,甚至可以轰动全国!于是匆忙抄录毛泽东的词稿,刊于10月14日《新民报晚刊》第二版副刊"西方夜谭",《沁园春·雪》的发表,好像在重庆扔了一颗"炸弹",顿时震撼了山城,并迅速波及全国,形成一场国共两党的文化大战。吴祖光则因为发表毛词,受到国民党的追究,被迫逃往香港。(参见孙国林编著,王佳钰、王增辉校订《延安文艺大事编年》,陕西师范大学出版总社2016年版)

是日,全国"文协"召开理事监事联席会,一致议决:中华全国文艺界抗战协会更名为中华全国文艺界协会,简称仍为"文协"。

按:总会改名后,会刊仍以《抗战文艺》之名,于1946年5月4日出刊最后一期。"文协"在该期的《启事》中说:"本会机关杂志《抗战文艺》,自廿七年创刊,迄今已有八年,兹因抗战结束,本期《抗战文艺》即为终刊号,今后易名为《中国作家》,随本会迁沪出版。"延安文抗本是全国文抗的分会,随之也更名为"中华全国文艺界协会延安分会",简称"延安文协"。(参见孙国林编著,王佳钰、王增辉校订《延安文艺大事编年》,陕西师范大学出版总社2016年版)

11月15日,国民政府教育部公布《专科以上学校教员应约出国讲学或研究办法》9条。

按:《办法》规定:应约出国讲学人员,须任审查合格教授或副教授5年以上并有专门著述,在学术上有重要贡献者;应约出国研究人员须任审查合格讲师2年或助教5年以上著有成绩者。各校每年应约出国讲学人员不得逾全校教员人数2%,应约出国研究人数不得逾全校教员人数4%。应约出国讲学期间以1年为限,研究期间以1年以上2年以下为限,如必须延长时须申请教育部核定之。(参见中央教育科学研究所编《中国现代教育大事记1919—1949》,教育科学出版社1988年版)

是日,民盟中央执行委员会举行全体会议,决议设置西南、西北、东南、南方、东北、华北及海外7个总支部(当时海内外支部共有46处,盟员人数大增),并决定组织编辑委员会,接办《民宪》半月刊,在东南区发行《民宪》东南版;在重庆筹备创办民盟机关报《民主报》。

11月16日,联合国教育会议在伦敦举行,44个国家的代表参加。国民政府派胡适、程天放、罗家伦、赵元任、李书华5人出席。同日,签订联合国教育科学文化组织约章。(参见中央教育科学研究所编《中国现代教育大事记1919—1949》,教育科学出版社1988年版)

11月19日,张澜、沈钧儒、黄炎培等发起成立"陪都各界反对内战联合会"。同日,该会在重庆举行500余人的反内战大会,陶行知、黄炎培等在会上发表反内战讲话,号召全国人民动员起来,用一切办法包括以罢工罢课罢市、拒绝纳税等来制止内战,号召国民党官兵拒绝内战,发表宣言,呼吁和平,呼吁早日成立联合政府,反对美国干涉中国内政。

11月22日,《申报》在上海复刊,发表《重与读者相见》。潘公展为指导员兼总主笔,陈训念为总经理兼总编辑。

11月23日,国民政府行政院公布《收复区敌伪产业处理办法》。该办法规定:收复区敌伪产业之接收及处理,以全国性事业接收委员会为中心机关。

11月25日,昆明西南联大、云南大学、中法大学等校6000余师生举行反内战时事晚会。

按:11月25日昆明西南联大、云南大学、中法大学等校六千余师生举行反内战时事晚会,遭国民党军警破坏。以后数日,昆明各大中学校学生举行总罢课及示威游行,反对内战、反对美国侵害中国主权干涉中国内政,遭国民党宪警武装镇压。12月1日,国民党军警、特务荷枪实弹,分批闯入西南联大、云南大学等校,杀死学生4人,伤60余人,酿成"一二·一"惨案。(参见中央教育科学研究所编《中国现代教育大事记1919—1949》,教育科学出版社1988年版)

11月26日,外交部约集军政、经济、教育、内政各部代表讨论办理归还劫物案事宜。

11月27日,国民政府向新闻界发表政治协商会议代表名单计38人,其中政府代表为孙科、吴铁城、陈布雷、陈立夫等8人,共产党代表为周恩来、董必武、王若飞、吴玉章等7人,青年党代表为曾琦、陈启天等5人,民主同盟代表为张君劢、张东荪、梁漱溟、沈钧儒等9人,无党派人士代表为王云五、傅斯年、胡霖、钱永铭等9人。

是日,美国驻华大使赫尔利发表演说,声称美国对华政策的失败纯粹是由于美国职业外交官与国务院大部分人士支持中共及对华政策紊乱所致,并宣布辞职。

是日,美国总统杜鲁门任命前陆军参谋长马歇尔为总统驻华特使,兼大使衔,赴中国"调处"国共冲突。

是月,台湾省行政长官公署公布《甄别中等及国民学校教师办法》,教育处成立教师甄选委员会。

12月1日,国民党军警、特务荷枪实弹,分批闯入西南联大、云南大学等校,杀死学生4人,伤60余人,酿成"一二·一"惨案。

按:11月25日昆明西南联大、云南大学、中法大学等校六千余师生举行反内战时事晚会,遭国民党军警破坏。以后数日,昆明各大中学校学生举行总罢课及示威游行,反对内战、反对美国侵害中国主权干涉中国内政,遭国民党宪警武装镇压。再至12月1日,酿成"一二·一"惨案。(参见中央教育科学研究所编《中国现代教育大事记1919—1949》,教育科学出版社1988年版)

是日,中国民主同盟举行外国记者招待会,由张澜主持,罗隆基、沈钧儒、章伯钧、梁漱溟等出席,对记者发表谈话:(一)民盟欢迎马歇尔使华;(二)主张成立东北的地方联合政府;(三)华北问题,主张县由地方选举,省由各党派协商成立地方联合政府;(四)中国事情由中国人自己解决,美军帮助任何一方都是不对的;(五)东北苏军缓撤系应中央政府的请求,仍属在履行中苏条约范围内;(六)由政治协商会议共同协议,成立联合政府。

是日,美国驻华军事代表团成立,魏德迈任团长。

12月6日,中国民主同盟总部发言人为昆明"一二·一"惨案发表谈话,严厉谴责国民党残酷镇压手无寸铁的青年学生,要求:(一)国民党政府应查明事实,追究责任,严惩肇事军政长官。(二)抚恤受害青年,赔偿损失,保证以后不再有类似事件发生。(三)撤销特务,保障人民言论集会结社之民主自由。(四)国民党政府勿再听任军警干涉爱国运动,致生不幸事件。

12月12日,晋察冀边区行政委员会冀中行署发布《关于新解放区教育工作的指示》。

按:《指示》要求新解放区要积极摧毁敌方奴化教育,树立新民主主义教育,对旧教员应采取团结与改造的方针。《指示》并对如何开展教育工作以及民办公助等问题提出了具体要求。(参见中央教育科学研究所编《中国现代教育大事记1919—1949》,教育科学出版社1988年版)

12月15日,中国解放区战犯调查委员会公布首批日本战犯冈村宁次等369人名单。

12月16日,中共政协代表周恩来、吴玉章、叶剑英、陆定一、邓颖超等人由陕西延安飞抵重庆。

是日,民主建国会成立大会在重庆召开,选举黄炎培、胡厥文、黄墨涵为主席团。通过《民主建国会成立宣言》《民主建国会政纲》《民主建国会组织原则》和《民主建国会章程》。

按:《民主建国会章程》规定,民主建国会"以团结各界思想进步行动踏实之分子,合力推进民主政治,并以互助方式发展各种有利建国之事业为宗旨"。《民主建国会政纲》把民有、民治、民享作为民建的最高理想,"认定民治实为其中心,必须政治民主,才是贯彻民有,才能实现民享"。《民主建国会成立宣言》具体地阐述了民建的政治主张,涉及国际关系、国内政治、经济、社会、教育、文化等各个方面。在教育文化方面,主张"应以国家力量,一面鼓励其自由发展,一面调整其地域和部门的偏枯。义务教育必须努力推行,以求普及;免费学额必须大量扩充,以求教育机会均等。各级学校课程,必须斟酌删减;同时充实设备,提高教育水准,以求效果之宏大。人格的培养与生活技能的训练,必须兼顾;更宜尊重教学自由,以启发民主精神,并诱导高深学术的探讨。天才儿童必须加以爱护;文学家、艺术家、科学家及在技术上有特殊成就者,均宜特别尊崇,以鼓励文化学术上的创造发明"。(中国民主建国会中央委员会宣传部编《中国民主建国会历史文献选编》,书目文献出版社1992年版)

是日,美国总统杜鲁门发表声明,对华政策是全面支持国民政府。

12月19日,民主建国会第一次理、监事联席会议在迁川工厂联合会召开,会议选举胡厥文、章乃器、黄炎培、胡西园、施复亮、吴羹梅、李烛尘、杨卫玉、孙起孟、章元善、黄墨涵为常务理事,选举李组绅、冷遹、彭一湖、张雪澄、刘丙吉为常务监事。

12月20日,民主建国会召开第一次常务理事会,决定设立秘书处、财务组、会员组、分支会组、言论出版组、技术研究组、事业推广组、对外联络组等办事机构,明确了相应的负责人。其中,秘书处主任孙起孟,副主任何萼梅、范尧峰;财务组主任黄墨涵,副主任鄢公复;会员组主任章乃器;分支会组主任杨卫玉,副主任温仲六;言论出版组主任施复亮,副主任毕相辉、伍丹戈;技术研究组主任胡厥文,副主任鄢云鹤、魏如;事业推广组主任章元善;对外联络组主任胡西园,副主任徐崇林。

12月21日,国民政府教育部颁布《收复区专科以上学校教员职员甄审办法》6条。

按:《办法》规定:收复区专科以上学校教职员由教育部组织甄审委员会作详尽调查审核。《办法》对"应厉行检举""不再担任教育工作""继续担任教育工作""予以奖励"四种情况的具体标准作出规定。次年 2 月 7 日，颁布《收复区专科以上学校教职员甄审委员会组织章程》9 条，对该委员会的任务、组织作了具体规定。（参见中央教育科学研究所编《中国现代教育大事记 1919—1949》，教育科学出版社 1988 年版）

是日，台湾省行政长官公署教育处决定在全省加强国语教育。

按：1946 年 4 月 2 日，台湾省国语推行委员会成立。其后，各县市成立国语推行所，每所设国语推行员 3 至 7 人。采取措施有：广播示范、编印国语学习用书、编印《国音标准汇编》、街巷名等加注国音符号等。（参见中央教育科学研究所编《中国现代教育大事记 1919—1949》，教育科学出版社 1988 年版）

12 月 26 日，中国民主同盟沈钧儒、张东荪、梁漱溟、罗隆基、章伯钧、周鲸文往访马歇尔，说明民盟对停止内战、联合政府、国民大会等问题的意见。

12 月 27 日，国民政府教育部颁布《收复区专科以上学校毕业生甄审办法》9 条。同日，公布《收复区专科以上学校肄业生学业处理办法》9 条。

按：《甄审办法》规定：收复区敌伪专科以上学校毕业生应于 1946 年 1 月 20 日至 3 月 15 日分别向各区教职员甄审委员会办理登记手续，经审查合格者视为相当于专科以上学校毕业由本部发给证明书，审查不合格者得按其成绩准予投考入相当学校及年级肄业，并规定了甄审条件和手续。《处理办法》规定：收复区专科以上学校肄业生经登记合格者由各区教育复员辅导委员会逐送临时大学补习班予以补习，补习期满并经考核成绩符合本部规定程度者得转入其他学校肄业。（参见中央教育科学研究所编《中国现代教育大事记 1919—1949》，教育科学出版社 1988 年版）

是日，教育部"呈请行政院会商军委会分饬收复区军政有关机关，将以未接收之敌伪图书文物等一律通知本部清理战时文物损失委员会接收"。

12 月 28 日，国民政府教育部训令各省市教育厅局：奉行政院令，将战地失学失业青年招致训练委员会与教育部战区教育指导委员会合并，改组为青年复学就业辅导委员会，主持失学失业青年辅导工作。（参见中央教育科学研究所编《中国现代教育大事记 1919—1949》，教育科学出版社 1988 年版）

是日，重庆《民主星期刊》等 17 家杂志，提出言论自由的 5 项主张，并建议文化界实行拒绝期刊登记运动。

12 月 29 日，中国民主同盟南方总支部在香港成立，李章达为主任、丘哲为副主任。李章达、丘哲、胡愈之、陈此生、萨空了、黄药眠等为委员。南方总支部领导广东、广西、福建、香港、澳门、马来亚、新加坡、印度尼西亚、越南、英国、美国等地的民盟工作。1946 年 1 月 1 日发表成立宣言。

12 月 30 日，中国民主促进会在上海举行成立大会。重要领导人为马叙伦、周建人等。

是日，中国民主同盟主席张澜致函国共两党代表张群、王世杰、邵力子和周恩来、王若飞、叶剑英，提出政治协商会议举行在即，至希中央政府、中国共产党于民国三十五年元旦，双方命令所属一切军队即日停止武力冲突，所有问题均得提交政治协商会议解决。为此迫切建议，希望转达当局，予讯鉴纳施行。

是月，宋庆龄在上海组织中国福利基金会（保卫中国同盟的后继组织），从事妇幼卫生、文化教育和社会救济事业。在十分困难的条件下，先后创办了儿童福利站、医院、阅览室、识字班及儿童剧团等机构。（参见中央教育科学研究所编《中国现代教育大事记 1919—1949》，教育科学出版社 1988 年版）

是月，中外文艺联络社在重庆举办延安木刻联合展览会。

是年，国民政府教育部通令各大学及独立学院，对现行大学课程详加研讨，并提出五项调整原则:要注重重要科目;科目要集中;酌减学分数;不十分必需之科目列为选修;选修科目不必太多。(参见中央教育科学研究所编《中国现代教育大事记1919—1949》,教育科学出版社1988年版)

　　是年,《社会科学》《史学杂志》《法治论坛》《新华文摘》《中华论坛》《新文化》《上海文化》《东南文化》《中法文化》《中韩文化杂志》《东北文化周刊》《礼乐半月刊》《民主》《民主周刊》《民主政治》《民主评论》《民主青年》《自由中国》《自由人》《自由导报》《自由谈》《自由论坛》《新学报》《新群众》《新大众》《时代评论》《社会评论》《国际时事研究》《平论半月刊》《教育通讯》《陪教教育》《山东教育》《社教通讯》《教育世界》《河北教育》《四川教育通讯》《云南省教育会周报》《淮海大众》《生活》《通讯往来》《辽北大众》《戏剧》《黎明》《人民呼声》《民众导报》《出版界》《希望》《中华体育》《良心半月刊》《川滇滇越铁路周刊》《海鸥周刊》《五华月刊》《莘莘月刊》《国际知识》《工程界》《新年代》《绥远新生》《太行第五专署通讯》《新大众》《工作通讯》《行署通讯》《苏北党刊》《上海周报》《人人周刊》《文萃》《时代学生》《生活知识》《世界知识》《工程界》《工兵学校》《群众半月刊》《山东群众》《苏联之友》《冀东子弟兵》《淮海文艺》《新军人报》《牡市公报》《边府通讯》《工农兵》《做学写》《七日谈》《人之初》《工业问题丛刊》《上海市政府工作报告》《上海市政建设专刊》《公用月刊》《公民旬刊》《生产与技术》《台湾月刊》《宇宙》《交大学报》《光明旬刊》《光杂志》《华美文摘》《麦籽》《时代文艺》《前进妇女》《武艺半月刊》《复旦统计通讯》《纤维工业》《家庭良伴》《展望周报》《通讯》《特写图画杂志》《教师生活》《新文化》《新生中国月刊》《新路线》《立法院统计季报》《工资指数》《土木通讯》《大同周刊》《大众周刊》《小百姓》《户政导报》《中央边报》《公共工程专刊》《世界文艺季刊》《民力周报》《农会导报》《伪府内幕》《国大周刊》《科学群众》《科学新闻》《翻砂座谈会录》《国父实业计划研究分会会讯》《黎明》《华北新闻》《鲁中大众》《卫生半月刊》《福州大学自然科学研究所研究汇报》《福建省研究院社会科学研究所研究汇报》《江西国教》《社政通讯》《民治月刊》《大学新闻》《文艺春秋》《文英杂志》《文哨》《文教丛刊》《世界语杂志》《古今谈》《民间报》《边疆服务通讯》《东北前锋》《四川合作界》《华北通讯》《进步世纪月刊》《机力年刊》《学生导报》《法国文学》《时代文学》《国际时论》《儿童福利月刊》《怎么办》《战斗中国》《军之友》《金灯召》《科学通讯》《笔戈文艺月刊》《现代军事》《联合增刊》《新战士月刊》《市民周刊》《新闻天地》《燕大通讯》《复兴关》《朝报副刊》《公论周刊》《景东旬刊》《文艺新报》《民主文艺丛刊》《罢委会通讯》《川滇·滇越铁路周刊》《楚雄学报》《独立周报》《正论周刊》《新轨道》《通俗周刊》《边铎旬刊》《新社会》《修文》《师范生》《驿路》《新贵师校刊》《黎明》《兰州杂志》《甘行周讯》《中国天下》《中法汉学研究所图书馆馆刊》《西北风》《新风周报》《大地周版》《人民世纪》《工程学报》《大道旬刊》《大路旬刊》《乡土杂志》《文艺大众》《文教论坛》《艺果杂志》《中国科学》《中流月刊》《立国周刊》《光华周报》《平果》《创作》《自强月刊》《学生旬刊》《开明少年》《现代少年》《青年战士》《青年之友》《民主青年》《北平青年》《工商青年》《江苏青年》《青海女青年》《青年周刊》《青年文化》《青年之友》《青年军》《青年人》《青年魂》《天津青年》《青年文化》《青年前锋》《湖州青年报》《上海青年》《上海妇女》《女青年》《西康妇女》《时代妇女》《妇女杂志》《新妇女》《妇女旬刊》《国民公论》《国际时论》《南北杂志》《和平钟月刊》《剧世界》《罡风》《爱伦》《塞光半月刊》《新中华周报》《新风周报》《新世界》《新世纪周报》《新东北》《新生杂志》《新生命》《新宇宙》《新华周刊》《新青》《新知识半月刊》《新闻论评》《精进月刊》《燕大双周刊》《译文月刊》《文联》《法政》《学生周刊》《国体师专校刊》《津电月刊》《诗生活丛刊》《新国风》《复员导报》《武汉大学周刊》《河淮月刊》《新合作》《时代火炬》《经济周报》《现代经济》《财政经济》《经济生活》《经济季刊》《财政统计通讯》《经济统计》《上海市社会行政统计》《红棉周刊》《四川田粮通讯》《粮食调查通讯》《福建省银行季刊》《银行通讯》《湖北省银行通讯》《中国工商导报》《中国建设》《湖南建设》《建设杂志》《贵州建设》《建设评论》《福建省研究院农林研究所研究专报》《土木》《运输周刊》《云南省物价统计月报》《资源委员会统计月报》《鄂计通讯》《统计年刊》《广西统计季刊》《清华昆虫学会通讯》《四川气象通讯》《中国农业推广协会会报》《善救月刊》《广州大学校刊》《广东抗疟》《兽医校刊》《医学导报》《现代医药杂志》《公医》《新中华医药月刊》《国立药学专科学校校刊》《护士通讯》《现代医药杂志》《苏联医学》《医联》《学习知识》《自由世界》《自由文摘》《生存月刊》《岭南大学校报》《新中国》《新时代月刊》《广西民政》《岭表论坛》《新闻天地》《明朗周报》《北平邮刊》《邮票世界》《文叶》《警钟》《海风》《采风》《国声》《力余》《奋斗》《客观》《证道》《改造》《蓉新》《民声》《五华》《光》《一般》《黔灵》《知识》《希望》《大风》《长风》《正风》《天风》《海风》《群意》《昆阳》《文猎》《马嘶》《进取》《砥砺》《新星》《群策》《凯声》《匕首》《晨声》《矿苗》《黔灵》《方向》《新潮》《文哨》《前线》《生路》《火炬》《七天》《荒原》《吉普》《西点》《光明》《钟》《祖国》《青光》《知识》《学习》《浦青》《公道》《万众》《新群》《新语》《漫游》《综合》《读者》《环球》《工锋》《六艺》《中美》《影剧平报》《国际影坛》《艺术论坛》《国立艺术专科学校第二十年校庆特刊》《南金》《时代风》《时代电影》《艺苑》《艺术生活》《艺光》《丹青》《美》《国粹画刊》《银都画报》《剧世界画报》《新生画报》《东北画报》《战士画报》《自由画报》《苏中画报》《胜利画报》《联合画报》《上海图画新闻》《狂澜画刊》《天津民国日报画刊》《湘灾导报》《昆明新报》《新力报》《上海中央日报》《广西日报》《和平日报》《时代日报》《联合日报》《中国晨报》《雄风日报》《北江日报》《晨报》《中国新报》《大中国报》《嘉音日报》《冀中导报》《冀晋日报》《苏浙日报》《苏北报》《正报》《人民日报(吉林)》《大众日报》《松江日报》《哈尔滨日报》《长春日报》《辽东日报》《新察哈尔报》《建国日报》《张垣日报》《烟台日报》《江潮日报》《天津导报》《苏浙日报》《解放周报》《江海导报》《江潮日报》《大众报》《苏浙前线报》《新生活报》《中苏新报》《湖州扫荡报》《青年报(海北版)》《民声报》《辽吉日报》《民主日报》《工人报》《光明日报》《滦东大众报》《人民报》《前线日报》《中国时报》《新威日报》《延边民报》《七七报》《冀晋群众报》《东北日报》《松江新报》《长春新报》《通化日报》《民众报》《运河报》《北光日报》《前锋报》《江海导报》《牡丹江日报》《人民新报(朝文)》《公安时报》《沂水群众报》《泰兴报》《人民大路报》《大众报》《腾峰报》《人民报》《职工报》《绥德大众报》《前线报》《解放周报(日文)》《上海大众报》《正言报》《建国日报》《联合日报》《民国日报》《立报》《中美日报》《山东民主导报》《冀晋日报》《张垣时报》《冀晋群众报》《湖西大众报》《华美晚报》《大美夜报》《神州日报》《青年日报》《工程导报》《大同周报》《台湾民声报》《中苏月报》《国际译报》《蒙古人民报》《石门日报》《韩民日报》《延边民报》《人民新报》等报刊创刊。

二、学术活动

毛泽东8月28日上午11时许同周恩来、王若飞在27日来延安迎接的蒋介石代表张治中和美国驻华大使赫尔利陪同下,乘飞机离开延安。下午3时许,到达重庆,在机场对中外记者发表书面谈话:"本人此次来渝,系应国民政府主席蒋介石先生之邀请,商讨团结建国大计。"毛泽东与欢迎者一一握手并合影,然后乘车至张治中官邸桂园稍事休息。随即会见郭沫若与其夫人于立群及王世杰,接见记者,赴红岩八路军办事处参加中共南方局欢迎晚会,会见南方局负责人和新华日报社、群众周刊社的章汉夫、许涤新、胡绳、戈宝权等人。晚8时半,在张治中、邵力子陪同下,与周恩来、王若飞应邀赴蒋介石山洞林园官邸出席欢迎宴会。作陪者有张群、陈诚、吴国桢、王世杰、周至柔、蒋经国、赫尔利、魏德迈。应蒋介石之请,在林园下榻。8月29日上午,与周恩来、王若飞在林园同张治中商谈谈判的内容和程序问题。下午,同蒋介石第一次直接商谈。30日,由林园返回桂园。上午分别访晤宋庆龄、赫尔利。到住地桂园商谈的有:柳亚子、沈钧儒、陈铭枢、王昆仑、黄炎培、左舜生、章伯钧、冷遹、傅斯年、王云五等。柳亚子赠毛泽东七律一首,以"弥天大勇""霖雨苍生"称赞毛泽东,并向毛泽东索诗留念。下午,前往中国民主同盟总部特园(又称"民主之家")访问民盟主席张澜,民盟中央委员、特园的主人鲜特生在座。毛泽东首先向张澜转达朱德对老师的问候,转达吴玉章对老友的问候。张澜为毛泽东的安全担心,表示不相信蒋介石有和平民主的诚意,是假戏。毛泽东说,我们就来一个假戏真做,让全国人民当观众,看出真假,分辨是非,这场戏就大有价值了。晚上出席张治中的宴会,于右任、孙科、邹鲁、叶楚伧作陪。饭后,于右任辞去,吴铁城来,毛泽东与他们交谈。31日上午,同周恩来、王若飞赴国民参政会,出席邵力子的宴请。下午,在桂园会见中国民主革命同盟领导人王昆仑、许宝驹、屈武、侯外庐、曹孟君、谭惕吾,畅谈近3个小时。

毛泽东同周恩来、王若飞9月1日参加中苏文化协会会长孙科、副会长邵力子为庆祝中苏友好同盟条约而举行的盛大鸡尾酒会。散会后,当毛泽东出门时,聚集在大门口的几千群众鼓掌高呼:"欢迎！欢迎！"晚8时,同周恩来、王若飞应张群、王世杰、吴铁城的邀请,在冯玉祥的陪同下,赴吴铁城住宅出席宴会。9月2日,日本政府正式签署投降书,第二次世界大战宣告结束。同日上午10时,在桂园约见王世杰。中午,同周恩来、王若飞赴特园,出席张澜以中国民主同盟名义举行的宴会。毛泽东说:这是"民主之家",我也回到家里来了。今天我们聚会"民主之家",今后共同努力,生活在民主之国。参加宴会的有民盟负责人沈钧儒、黄炎培、冷遹、鲜特生、章伯钧、罗隆基、张申府、左舜生等。在宴会上,毛泽东反复强调"和为贵",并同沈钧儒谈健身运动,同黄炎培谈职业教育,同张申府谈"五四运动"往事。宴毕,特园主人拿出纪念册,请毛泽东题词留念,毛泽东题写"民主在望"4个字,并说,道路尽管曲折,前途甚是光明。下午,会见邹鲁及各方友好。晚8时半,与周恩来、王若飞去林园赴蒋介石的晚宴,在座的还有孙科、吴铁城、张群、王云五、张伯苓、傅斯年等。宴会后,同蒋介石就中共领导下的军队编组数目和驻地、解放区、政治会议、国民大会代表等问题直接商谈。3日上午,会见王世杰。将8月30日拟定的中共11条意见略加修改后,由周恩来、王若飞面交张群、张治中、邵力子转蒋介石。下午往访于右任、戴季陶、白崇禧、吴稚晖。下午5时,会见韩国临时政府官员。下午6时,会见郭沫若、于立群、翦伯赞、邓初民、冯乃超、周谷城等,征询他们对时局的意见。7时半,赴苏联大使彼得洛夫的宴会,会见英美法等国大使和荷比等国使馆官员。4日上午,会见来桂园回访的白崇禧。同日,蒋介石将其自拟的《对中共谈判要点》交张群、王世杰、张治中、邵力子,正式指定他们4人为谈判代表,要他们拟具对中共9月3日所提方案的复案。同日,中共代表周恩来、王若飞在毛泽东领导下,同国民党政府代表张群、张治中、邵力子进行谈判;毛泽东同周恩来、王若飞应赫尔利大使邀请共进午餐,美国访华团团长史奈德亦在座。下午5时,应蒋介石邀请,参加在军委会举行的庆祝抗战胜利茶会。会后,毛泽东和蒋介石直接商谈。晚上,出席英国驻华军事代表团团长魏亚特将军的招待会。9月5日,同周恩来赴邹鲁的午宴。在桂园接见《大公报》记者。晚上,出席曾访延安的6位参政员褚辅成、黄炎培等的宴会。

毛泽东与周恩来、王若飞9月6日赴于右任的午宴,在座的还有陈立夫、叶楚伧等。下午,访晤居正,往中正学校、中央大学访问故旧,到沙坪坝南开中学访柳亚子、张伯苓。以《沁园春·雪》词书赠柳亚子。晚上,与周恩来、王若飞出席宋庆龄的宴会。宴会后访晤苏联大使彼得洛夫。7日,同周恩来、王若飞赴覃振的午宴。下午,同周恩来、王若飞往访英国大使薛穆、法国大使贝志高,各谈一小时余。应邀赴加拿大大使欧德伦茶会,谈两小时。同周恩来、王若飞赴冯玉祥的晚宴。8日下午4时,同周恩来在桂园举行茶会,招待在重庆的各国援华救济团体负责人,保卫中国同盟主席宋庆龄和各国援华救济团体负责人出席茶会。毛泽东致词感谢各方人士8年来对陕甘宁边区及解放区的援助,并希望能继续这种援助。晚7时半,同周恩来、王若飞赴孙科的宴会。9日下午,在红岩村会见郭沫若、于立群等,并与他们共进晚餐。11日晚上,在桂园宴请张澜、沈钧儒、黄炎培等,向他们介绍了两党谈判情况,并征询他们的意见。席间,周恩来报告了国民党军队向上党地区进攻的消息,在座者皆为之愤愤不平。12日上午,在红岩会见许德珩教授及夫人劳君展。许德珩谈了民主与科学座谈会的情况。毛泽东勉励他们说,既然有许多人参加,就把座谈会搞成一个永久性的政治组织。13日,同周恩来、王若飞首次招待在渝外国记者。同日,应邀先后赴赫尔利的午宴和戴季陶的晚宴。14日,毛泽东与周恩来接见日本反战作家鹿地亘和池田幸子。晚上赴白崇禧的宴会。15日下午,赴特园看望张澜,向张澜介绍和谈情况。下午5时,在桂园宴请在重庆的中国青年党中央委员左舜生等,周恩来、王若飞等作陪。17日,应邀赴林园同蒋介石共进午餐,张群、吴国桢、赫尔利在座。餐后,同蒋介石直接商谈,双方的争执仍在军队和政权问题。下午,在桂园举行茶会,招待产业界人士,到会者有刘鸿生、范旭东、胡西园、吴羹梅、吴蕴初、章乃器、潘昌猷等。毛泽东赞扬他们为发展中国民族工业所作的贡献,同时指出,在半殖民地半封建社会的中国,民族资本是得不到发展的,只有在国家独立、民主、自由之下,民族工商业才有发展前途。并向他们介绍了中国共产党对待民族资本的政策。

毛泽东与周恩来、王若飞9月19日共同研究军队缩编及驻地问题的新方案,由周恩来、王若飞在本日举行的国共谈判中向张群、张治中、邵力子提出。同日,设午宴招待燕京大学校长司徒雷登。20日,访陈立夫、叶楚伧、程潜、贺耀祖。22日上午,邀请青年党领导人蒋匀田来桂园,双方就政治主张、斗争方式、国内形势等问题进行讨论。随后,会见在重庆的作家和戏剧界人士。27日,毛泽东答路透社记者甘贝尔问在《新华日报》发表。10月2日,毛泽东约柳亚子到红岩见面。4日,致信柳亚子,信中说:"前曾奉告二语:前途是光明的,道路是曲折的。吾辈多从曲折(即困难)二字着想,庶几反映了现实,免至失望时发生许多苦恼。而困难之克服,决不是那么容易的事情。此点深望先生引为同调。"10月8日,国共双方代表就《会谈纪要》交换意见并修改定稿,预定10月10日签字。同日,出席张治中举行的欢送宴会,周恩来、王若飞陪同前往,到会各党派、各界人士500多人。毛泽东发表讲话,指出:"这次商谈,全国的人民、全世界的友人与各同盟国的政府都很关心,因为商谈不是仅关系两党,而是与全国人民的利害有关的问题。商谈的情况如张先生所说,是可以乐观的。""中国今天只有一条路,就是和,和为贵,其他的一切打算都是错的。""不能否认,困难是有的,不指出这一点是不好的。"9日,与周恩来、王若飞应蒋介石夫妇邀请,赴林园共进午餐,宋子文、王世杰、张群、张治中、邵力子等在座。餐后,毛泽东与蒋介石直接商谈。10日下午,经过国共双方代表先后进行的12次谈判,周恩来、王若飞同王世杰、张群、邵力子、张治中在桂园客厅签署《国民政府与中共代表会谈纪要》,史称《双十协定》。签字后,邵力子说,这次商谈得以初步完成,多赖于毛先生不辞辛苦奔波,我们请他见面。毛泽东正在桂园二楼,下楼和在场者一一握手。下午4时,蒋介石到桂园回访毛泽东,谈十余分钟,毛泽东、周恩来、王若飞同蒋介石乘车赴国民政府礼堂参加双十国庆招待会。会后毛泽东回桂园。晚上,同周恩来、王若飞赴林园蒋介石官邸辞行,毛泽东与蒋介石直接商谈。当晚毛泽东宿林园。11日晨,同蒋介石作最后一次直接商谈。蒋介石表示在解放区问题上不再让步。毛泽东告诉蒋介石,周恩来、王若飞将在重庆继续商谈。上午9时半,由张治中陪同,乘车到九龙坡机场。陈诚代表蒋介石到机场送行。到机场送行的有重庆各界人士和八路军办事处及《新华日报》工作人员等500余人。毛泽东与各界代表握手话别;与陈诚、张治中、陶行知夫妇在飞机旁合影留念。登机前,毛泽东向中外记者发表简短谈话,指出:中国问题是可以乐观的,困难是有的,但是可以克服的。然后和张治中、王若飞登机,9时45分起飞,下午1时30分回到延安。(参见中共中央文献研究室编撰、逄先知主编《毛泽东年谱(1893—1949)》,人民出版社、中央文献出版社1993年版)

周恩来1月24日飞抵重庆。行前对新华社记者发表讲话称这次去重庆是代表中共中央,向国民政府、国民党和民盟提议,召开党派会议,作为国事会议的预备会议,以便正式商讨国事会议和联合政府的组织及实现的步骤问题。当前全国人民期望的是立即废除一党专政,成立民主的联合政府和联合统帅部,承认一切抗日党派的合法地位,取消镇压人民自由的法令,废除特务机关,停止特务活动,释放政治犯,撤退包围边区和八路军、新四军的军队,承认解放区军队和民选政府的合法地位等。抵重庆后,又向《新华日报》记者发表同样内容的讲话。同日,赴宋子文宴请,赫尔利、王世杰同席。宋子文提出拟请中共和其他党派参加国民政府行政院下准备设立的行政委员会。周恩来声明,如不取消一党专政,任何形式的组织,中共不参加,只有召开党派会议,成立联合政府,才能解决问题;招待《大公报》和《新民报》记者,向他们说明中共中央的主张。25日,同赫尔利会晤。同日,邀请民主同盟负责人交换意见。大家一致赞成中共主张,愿为之共同奋斗;同郭沫若、柳亚子等交谈时局和国共谈判问题。26日,赴赫尔利寓所,继续昨日的谈话。同日,召开扩大的各党派座谈会,到会的有民主同盟、国民党内的民主派和社会名流共40余人。高崇民、马寅初、柳亚子、章伯钧等讲话赞成中共的态度。28日,招待产业界人士。到会的有吴蕴初、刘鸿生、章乃器、胡厥文、胡子昂、李烛尘、胡西园等30余人。他们一致赞成民主,反对国民党一党专政。周恩来在讲话中强调抗战要坚持到底,民族要独立,国家要富强,工业家要为国家做贡献。28日(或29日),和王若飞参加孙科在其寓所举行的晚餐会。到会的还有吴铁城、王昆仑、黄炎培、章伯钧、李珍、左舜生、沈钧儒、王世杰、邵力子,议论国共问题。孙科主张以中共的方案作讨论的基础。周恩来介绍几次来渝谈判经过和双方分歧点,说明只有取消国民党一党专政,实行民主,才有出路。30日,同宋子文、王世杰、张治中会谈。31日,同王世杰谈判。

周恩来2月1日同赫尔利谈话,互相通报情况。同日,与王若飞应邀到邵力子家聚餐,同孙科、王昆仑、章伯钧、沈钧儒、张申府、左舜生等商谈国共问题。2日,根据毛泽东电告的内容,起草关于党派会议的协议草案。晚,继续同王世杰谈判。6日,应邀和王若飞、王炳南、徐冰到李绍涵家聚餐,同陈铭枢、杨虎、郭沫若、左舜生、李璜、沈钧儒、章伯钧、张申府、柳亚子、马寅初等谈论时局。8 日,应黄炎培邀,和王若飞同孙科、王世杰、左舜生、李璜、沈钧儒、张申府、章伯钧、王昆仑、雷震等到参政会商谈国共问题。9 日,会见赫尔利。10 日,继续同宋子文、张治中、王世杰、赫尔利谈判。11 日,会见赫尔利。13 日,同赫尔利会见蒋介石。蒋宣称不接受组织联合政府的主张,党派会议等于分赃会议,组织联合政府无异于推翻政府。周恩来逐条予以批驳。14 日,于重庆特园宴请于右任、孙科、左舜生、沈钧儒、张申府、章伯钧、李璜、冷遹、王昆仑、屈武、陶行知、杨杰、陈铭枢、郭沫若、邓初民、谭平山、鲜英、黄炎培等。周恩来报告最近国共谈判经过,揭露蒋介石反民主的本质,说明鉴于蒋介石的态度,谈判无法进行,明日即返延安。同日,面告谢伟思,国共谈判又陷入僵局。16 日,飞返延安。

周恩来与毛泽东、王若飞等由赫尔利、张治中陪同于 8 月 28 日飞抵重庆。晚,出席蒋介石举行的宴会,住在蒋的官邸山洞林园。次日继续同蒋会晤。30 日回红岩。29 日,周恩来、王若飞举行茶会招待各界人士,说明中国共产党要求国民党政府实行中共 25 日公布的《对目前时局的宣言》中的 6 项措施。8 月 30 日至 9 月 1 日,连日与王若飞同国民党方面代表王世杰、张治中、张群、邵力子会晤,就军事、政治等问题广泛交换意见。8 月 30 日至 10 月 11 日,陪同毛泽东与各方人士会晤,就国是问题交换意见。会见的有宋庆龄、于右任、孙科、覃振、冯玉祥、戴季陶、白崇禧、陈立夫、柳亚子、吴稚晖、张澜、沈钧儒、左舜生、罗隆基、章伯钧、黄炎培、邹鲁等。并和苏、英、法、加拿大等国大使会晤,招待合众社、路透社等驻重庆的外国记者。9 月 3 日,和王若飞同张群、张治中、邵力子交换意见,向他们提出 11 条建议。同日,和王若飞同张治中、张群、邵力子开始谈判。6 日,和毛泽东、王若飞看望居正、柳亚子、张伯苓等。8 日,和毛泽东招待各国援华救济团体,感谢他们对解放区的援助。到会的有宋庆龄和英国援华会、美国联合援华会、公谊救护队、英国红十字会、美国红十字会、世界学生救济委员会、国际救济委员会的代表。10 日,出席国共第三次谈判。提出在召开国民大会之前,应召开一次有各党派及无党派人士代表参加的党派会议,商讨国是。不同意国民党于 11 月召开国民大会。11 日,和王若飞同张群、邵力子、叶楚伧、张历生第四次谈判,会商国民大会代表问题。12 日,致信邹韬奋夫人沈粹缜:"在邹韬奋的笔下,培育了中国人民的觉醒和团结,促成了现在中国人民的胜利。""中国人民一定要继续努力,为实现韬奋先生全心向往的和平、团结、民主的新中国而奋斗不懈。"14 日,毛泽东、周恩来致电中共中央转张云逸、饶漱石等上海《新华日报》及南京、武汉、香港等地以群众面目出版的日报,必须尽速出版。派范长江、钱俊瑞、阿英等去上海工作,要多去人、快去人。在此期间,还和夏衍谈话,派他到上海恢复《救亡日报》。至 10 月 10 日,《救亡日报》改名《建国日报》在上海出版,郭沫若任社长,夏衍任总编辑。同日,和毛泽东会见日本反战作家鹿地亘和池田幸子。15 日,和王若飞同张群、邵力子第六次谈判,讨论解放区问题和军队问题。19 日,出席国共第七次谈判。21 日,出席国共第八次谈判,讨论军事和解放区问题。

周恩来 8 月 27 日出席国共第九次谈判,双方同意另设小组谈军事问题。28 日,出席国共第十次谈判。双方交换参加军事小组的人员名单,中共为叶剑英,对方为林蔚、刘斐(刘为意)。在讨论政治协商会议问题时,周恩来提议代表人数定为 37 人,国、共、民盟和无党派每方 9 人,加一名主席。会议除讨论和平建国方案、召开国民大会外,还可讨论其他问题。会议的方式应是平等的、自由的、一致的、公开的,协议结果应有最后拘束力。30 日,和王若飞同张治中、张群、邵力子在国民参政会宴请张澜、沈钧儒、章伯钧、张申府、罗隆基、王云五、曾琦、左舜生、陈铭枢等,商议政治协商会议组织等问题。10月2日,出席国共第十一次谈判。5日,出席国共第十二次谈判,将谈判记录交给对方。8日,国共双方代表就周恩来起草的《会谈纪要》交换意见。10日,王世杰、张群、张治中、邵力子、周恩来、王若飞在《政府与中共代表会谈纪要》(即《双十协定》)上签字。随后,毛泽东会见双方代表,表示祝贺。11日,到机场送毛泽东返延安。17日,致电中共中央转饶漱石:在沪指定专人负责文化宣传工作,最好速派钱俊瑞、范长江、阿英去开展工作。已在上海的吴大瑶、刘尊棋、凤子等人同我们有关系。18日,电告毛泽东,"我党在沪必须筹备一大的党报和通讯社",已请董必武在美国订购印刷机,已派夏衍、徐迈进筹备,将派廖沫沙、戈宝权、范剑涯去。请华中局速派干部去南京、上海工作。19日,应西南实业协会邀请,出席星五聚餐会,并作《当前经济大势》的讲演,阐明中共对工业的几个基本问题的意见。同日,出席重庆文化界人士举行的纪念鲁迅逝世9周年大会,并讲话:"全国如何进入和平建设(文化建设也在其内),这是全国全世界人士所关心的,这次政府与中共的会谈,决非两党的事情,这是关系全国人民的事,自然也为文化界所关心。"鲁迅先生说过"革命的文学家至少是必须和革命共同着生命,或深切地感受着革命的脉搏的"。20日,和王若飞同张群、王世杰、邵力子就政治协商会议进行商谈。不同意对方提出的青年党占6个名额的意见。这是签订《双十协定》后的第一次国共谈判。21日,出席全国文艺界抗敌协会为改名中华全国文艺界协会而举行的联欢晚会。晚会由老舍主持,郭沫若、叶圣陶、巴金、冯雪峰等五六十人到会。周恩来在会上介绍延安文艺界的活动情况,将延安文艺活动分为三个时期。

　　按:周恩来说:延安文艺活动,大约可分三个时期:第一是抗战初期,那时各方面的作家,许多到延安去了,产生了许多反映适合抗战初期的作品;到后来中间一个时期,没有产生什么作品;最近两年多来,又蓬蓬勃勃起来了。原因是这样的:初期因为从各方面来的作家,经历了抗战初期民族抗战的这种热潮,所以有许多作品写出来。中间一个时期,因为作家在延安住了一个时期,延安虽然是一个城市,但性质上还是农村环境,社会活动比较少,大家忙于生产,生活很紧张,但也单纯,没有什么复杂曲折的生活,因此这时期作品产生较少。第三个时期,一方面因为经过了一个思想解放运动(即整风),其次是生产运动,后者是物质基础,人民对于文化的要求增多了。许多作家过去对于城市生活人物比较有把握去表现,憎爱也极分明。所以对旧社会的认识很深,产生了许多优秀的作品,如曹禺先生的《日出》《北京人》这样的作品。但到延安就不同了,这是新社会,熟悉城市的作家,对农村环境就不一定熟悉了。许多就是从城里走向乡村,走到广大的农民中去,并且生活在他们中间,因此发现了浓厚的民间艺术源泉,如秧歌舞等。中国的新歌剧是从这里发展出来的,话剧也要吸收这个形式的优良因素。现在又是一个新的时期到了,延安的作家,又大批的到收复区去,去深入生活。我到重庆以前,就送走了一百多位文艺工作者,其中有作家、诗人、木刻家、音乐家、演员等等。重庆的作家、朋友,在目前也是在新的时期中,求得更大的发展,驰骋的地方也多了,今后一定会有大的成绩的。

　　周恩来和王若飞11月11日赴民盟领导人对国共双方代表的宴请。民盟领导人提出:(一)双方停战;(二)国大延期;(三)政协会议在本月20日前召开。国民党代表表示国大于明年5月5日召开,周恩来主张明年双十节召开,这一点未达成协议。16日,周恩来和吴玉章、叶剑英、陆定一、邓颖超飞抵重庆。12月19日,和董必武接待来访的中国民主同盟张澜、张东荪、梁漱溟等,就有关政协会议问题交换意见。中共代表团宴请国民党谈判代表,邵力子出席(张群、王世杰不在重庆)。周恩来向邵提出:中共希望政协迅速开幕,开幕前停止内战,其他具体问题可在战争停止后用商谈方法求得解决。22日,到机场迎接新任美国驻华大使马歇尔。23日,和董必武、叶剑英访马歇尔,对他来华表示欢迎。周恩来说中国人民抗战8年,如从"九一八"算起,已经14年了,牺牲重大。中国不能再有内战。我们主张由政治协商会议草拟宪法,然后由改组了的政府筹备国民大会,通过宪法,使中国走入宪政的国家。并说美国有许多地方值得我们学习:(一)华盛顿时代的民族独立精神;(二)林肯的民有、民治、民享和罗斯福的四大自由的精神;(三)美国的农业改革和国家的工业化。24日,重庆各界反内战联合会致函蒋介石,呼吁和平,要求停止武装冲突,接纳各党派所提民主要求。同时也致函毛泽东呼吁和平。28日,周恩来、董必武复信,对他们给毛泽东的信表示感佩,并说明这次来重庆,已向政府提出立即无条件停战,和平协商解决一切争论。27日,国共谈判恢复。中共代表为周恩来、叶剑英、王若飞。国民党代表为王世杰、张群、邵力子。29日午,和董必武等以中共代表团名义,宴请沈钧儒、陶行知、邓初民、李公朴、史良、章伯钧等,交换对政协会议问题的意见。30日,张澜致函国共两党代表,请即停止内战。次日,周恩来、王若飞、叶剑英复函张,表示完全同意,并说明已向政府提出停止内战的办法,但尚未见答复。31日,和王世杰谈判。同日,蒋介石决定于次年1月10日召开政治协商会议。(参见中央文献研究室《周恩来年谱1898—1976》,中央文献出版社1998年版;艾克恩编纂《延安文艺运动纪盛》,文化艺术出版社1987年版;孙国林编著,王佳钰、王增辉校订《延安文艺大事编年》,陕西师范大学出版总社2016年版)

董必武4月6日晨为准备参加旧金山联合国会议,由延安乘飞机抵达重庆。同日,在中国民主同盟举行的欢送会上发表讲话,指出:中共与民主同盟今天奋斗的共同目的是"争取中国实现民主团结,以便达到抗战建国的成功"。阐明受中共中央委派出席旧金山会议是"代表敌后解放区一万万同胞向各国表示我们的意见",我们将以爱好和平、力求民主团结的精神,为国际和平而奋斗。沈钧儒在发言中称董必武是中国人民的代表。章伯钧说董必武是真正代表中国的劳苦大众。7日,出席张治中、王世杰、邵力子、雷震、黄炎培等在参政会举行的饯行会。席间,褚辅成希望国民党要继续和共产党谈判,要董必武将此意报中共中央,意在请周恩来出来商谈。当即将以上情况报告党中央。8日,在重庆妇女界举行的欢送茶话会上发表讲话,介绍了中国解放区和陕甘宁边区最近在军事、政治、经济等方面的情况以及解放区妇女参加各种工作的概况,并听取重庆妇女界对旧金山会议的希望和意见。晚6时,出席重庆各民主党派领袖及文化界人士欢宴郭沫若先生及文化工作委员会各先生的宴会。4月12日,董必武率章汉夫、陈家康乘飞机离重庆赴美出席旧金山联合国会议。

董必武11月20日在章汉夫陪同下离美回国。26日,飞抵重庆。与王若飞主持中共重庆工作委员会工作。28日,赴黄炎培寓所会面长谈。12月5日,周恩来向中共中央书面建议,恢复中共中央南方局(或重庆局),由董必武任书记;王若飞任副书记;刘少文、徐冰、华岗、钱瑛、钱之光、潘梓年、熊瑾玎为委员,章汉夫、王世英、童小鹏、王炳南、许涤新、张友渔、夏衍为候补委员,共16人组成,以领导国统区工作。另组中共代表团,由周恩来、董必武、王若飞、陆定一、叶剑英、吴玉章、邓颖超组成,负责谈判和出席政协会议。15日,中共中央全体会议通过了出席政协代表7人名单和周恩来关于正式成立南方局(目前称作重庆局)的提议。董必武为书记,王若飞为副书记。16日,和王若飞等到机场迎接由延安来重庆出席政治协商会议的我党代表周恩来、吴玉章、叶剑英、陆定一、邓颖超及随团工作人员李澄之、齐燕铭等30余人。17日,和周恩来、叶剑英、王若飞、陆定一等分访孙科、王世杰、邵力子、张澜等。18 日,和周恩来、叶剑英、王若飞、邓颖超、陆定一出席中共代表团举行的记者招待会。19 日上午,和周恩来一起接待来访的中国民主同盟成员张澜、张东荪、梁漱溟、蒋匀田等,双方就有关政治协商会议问题交换了意见。中午,中共代表团宴请国民党邵力子、张群、王世杰,因张、王不在渝,仅邵力子出席。双方商讨了政协诸问题。21 日,和周恩来、叶剑英、王若飞、陆定一、邓颖超应邀出席邵力子、雷震举行的招待会;出席的还有黄炎培、李璜、江庸、褚辅成、王云五、左舜生。

董必武和周恩来、叶剑英 12 月 23 日访晤马歇尔,对他来华表示欢迎。在谈话中,董必武提议马歇尔可邀请其他党派及各种政治、文化、经济团体代表见面,马歇尔表示接受这个提议。同日,和叶剑英、邓颖超、沈钧儒、马寅初、梁漱溟、胡厥文等应邀出席中国经济事业协进会成立大会。该会是中共中央南方局为在经济界扩大统一战线,而推动组织起来的。24 日,重庆各界反内战联合会致函蒋介石,呼吁和平,要求国民党政府停止武装冲突,接纳各党派所提民主要求。同时也致函毛泽东呼吁和平。28 日,周恩来、董必武复信,对他们给毛泽东的信表示感佩,重申"坚持团结、反对分裂为我党十年来一贯主张",并说明中共代表团已向国民党政府提出立即无条件停止内战,一切争论通过和平协商解决。27 日下午 7时,和周恩来、叶剑英应邀出席美使馆为欢迎美国特使马歇尔举行的宴会。同日,中共代表团以书面形式正式向国民党政府提出无条件停止内战的三项建议。(一)双方应下令所属部队在全国范围内均暂各驻原地,停止一切军事冲突。(二)凡与避免内战有关一切问题,均应于军事冲突停止后,经和平协商方法解决。(三)在政治协商会议指导下,组织全国各界内战考察团分赴全国发生内战区域进行实地考察,随时将事实真相提出报告,并公布之。28 日,和叶剑英分别访问了傅斯年、贺国光、刘斐和林蔚。同日,中共代表团在曾家岩设午宴,招待民主同盟政协代表及在重庆的中央常务委员,交换对政协会议的意见。29 日,和周恩来等以中共代表团的名义,宴请救国会方面的沈钧儒、陶行知、邓初民、李公朴、史良,交换对政协的意见。晚,和周恩来等以中共代表团的名义宴请第三党方面章伯钧等 8 人,交换对政协的意见。31 日下午 6 时,和周恩来、叶剑英、王若飞同国民党代表张群、王世杰、邵力子继续商谈。(参见《董必武年谱》编纂组《董必武年谱》,中央文献出版社 1991 年版)

吴玉章 12 月 16 日上午 9 时和周恩来、叶剑英、陆定一、邓颖超等飞渝出席政治协商会议。下午 4 点 30 分抵渝。出席政治协商会议的中共代表团除周恩来、董必武、王若飞、叶剑英、吴玉章、陆定、邓颖超 7 名正式代表外,还有顾问 8 人:李澄之、何思敬、王世英、沈其震、许涤新、张友渔、华岗、王炳南。17 日,出席政治协商会的中共代表向报界发表声明:"中国需要和平统一,希望在政治协商会议以前及开会期间,国民党军队停止进攻解放区,使能以谈判的方式解决问题。"21 日,和其他中共代表及随员应邀出席邵力子、雷震举行的招待会。22 日,中共代表团迁入中山三路 263 号原中国银行招待所办公。28 日,中共代表团在曾家岩设午宴,招待民主同盟政协代表及在重庆的中央常务委员,交换对政协会议的意见。同日,中共代表团函复重庆各界反内战联合会,对该会反对内战,促进政治协商,深表感佩。29 日,中共代表团宴请救国会的沈钧儒、陶行知、邓初民、李公朴、史良等,交换对召开政协会的意见。当晚又宴请第三党章伯钧等人,交换对召开政协会意见。30 日,中共中央发言人对苏美英三国外长莫斯科会议关于中国问题的协议发表谈话。(参见刘文耀、杨世元《吴玉章年谱》,四川人民出版社 1998 年版)

王世杰、张群、张治中、邵力子为国共谈判国民党方面的代表,中共方面的代表是周恩来、王若飞。王世杰时任外交部部长,张群时任四川省政府主席,张治中时任国民政府军委会政治部长,邵力子时任国民参政会、宪法促进委员会秘书长。1月5日,王世杰与宋子文、赫尔利等人商讨国共谈判事宜,提出由赫尔利致电毛泽东,希望毛泽东邀请宋子文、王世杰、张治中到延安与中共代表会谈。毛泽东随后答复:会谈应由国民党、共产党、民主政团同盟三方代表参加。15日,约见民盟秘书长左舜生,商谈行政院战时政务委员会政务委员事宜。24日,与宋子文、张治中、邵力子等国民党代表在重庆和中共代表周恩来举行谈判。28日晚,出席孙科宴请周恩来、黄炎培等人的宴会。30日,在与周恩来会谈时表示:倾向于召集党派会议。2月3日,向赫尔利提交关于政治协商会议的草案。6日,与宋子文、王宠惠、吴鼎昌磋商访问苏联时在中苏同盟问题,东三省及大连、旅顺、中东铁路等问题、中共问题、新疆问题等方面的原则立场。10日,赫尔利约王世杰等与周恩来继续会商。13日,陪同蒋介石会见周恩来。14日,在外国记者招待会上发表声明。3月6日,撰述《中共问题商谈之经过》,叙述9个月来与中共商谈情形。17日,向国民党总裁蒋介石拟具关于旧金山会议宣传办法,共计3项。23日,致电蒋介石,建议派秦邦宪作为中共代表出席旧金山会议。29日,向蒋介石提议,在对苏联态度方面,中方应坚持领土完整、主权完整两大原则,不可轻言让步。4月6日,对即将出席旧金山会议的行政院长兼外交部长宋子文提出:如赴苏联,对满洲之领土与主权不可让步。29日,陪同蒋介石听取美国驻华大使赫尔利介绍雅尔塔会议内容。

　　王世杰5月20日在重庆当选为国民党中央第六届监察委员会委员。6月1日,约黄炎培、褚辅成、王云五、傅斯年等人在蒋介石官邸商讨中共问题。13日,与美国特使会谈中苏关系问题。25日,与宋子文商定中苏谈判的主要内容。同月,当选国民党中央监察委员。7月6日,蒋介石就外蒙古独立一事征询王的意见。王认为东北问题如确能得到不损领土主权之解决,则承认外蒙古人民于战后投票自决亦尚合算。因外蒙古实际已脱离中国20多年。9日,代蒋介石拟致电文,内容主要是外蒙战后独立问题。提出其宣言应由中国单独宣告,并须首先划定外蒙古的疆界。中国宣告后,苏联应照会中国永远尊重外蒙古独立。24日,行政院长兼外交部长宋子文向王表示,希望他接任或改任外交部长,并将他在莫斯科与斯大林谈判的全部记录交给王世杰研究。25日,蒋介石召见王世杰,希望王兼任外交部长。30日,王世杰出任国民政府外交部长。同月,当选第四届国民参政会主席团主席。8月1日,正式到外交部工作。在出席外国记者会时表示,将继续抗战以来一贯的外交政策。5日,与宋子文等赴莫斯科参加中苏友好同盟条约第二阶段谈判。7日,陪同宋子文与斯大林举行会谈。8日,与中国驻苏联大使傅秉常应邀到苏联外交部长莫洛托夫办公室,接受莫洛托夫宣读苏联对日宣战书。10日,陪同宋子文与斯大林再次会谈。14日,代表中国政府与苏联代表莫洛托夫在莫斯科签订《中苏友好同盟条约》。16日,离开莫斯科,经德黑兰返回重庆。20日,拜访立法院长孙科,告知中苏签约经过。22日,在重庆黄山官邸向蒋介石等政要报告中苏签约经过,解释约文内容。24日,在国民政府隆重举行的《联合国宪章》签署典礼上,与国民政府主席蒋介石先后在宪章上签字。同日,先后向国防最高委员会、国民党中常会、立法院、国民参政会报告中苏条约内容,完成全部批准程序。同月,王世杰因被任命为国民政府外交部长,乃坚辞中宣部长一职,由吴国桢接任。

　　王世杰8月为国共谈判国民党方面的代表,参加国共重庆谈判。同月28日,拜会前来参加国共谈判的毛泽东,并转交胡适给毛泽东的电报。30日,去电阻止派往广州方面受降的将领派兵进入澳门,同时向蒋介石提议将来用买回的方式解决澳门问题。下午,与中共代表周恩来继续谈判。31 日,与周恩来商讨举行政治会议及中共军队问题。9 月 1 日,会见苏联驻华大使,要求进入中国东北的苏军保护当地的财产。晚上与周恩来继续谈判。2日,电告中国驻葡萄牙公使,嘱其向葡萄牙政府交涉收回澳门,并提出可用购回方式。上午,应约到毛泽东下榻的桂园与毛泽东商谈,毛泽东提出 8 项原则性意见。随后与周恩来继续商谈。当晚,出席蒋介石在其官邸举行的欢迎毛泽东、周恩来等的宴会。3 日,与毛泽东继续会谈。毛泽东要求将中国军队改编为 48 个师。晚上给毛泽东写信,告知若对具体问题要求过甚,谈判将陷入僵局,并告知毛泽东与蒋介石在性格及信念上似不难合作。4日,作为中国政府代表前往伦敦,参加中、苏、英、法、美五国外交部长会议。同日,蒋介石将其自拟的《对中共谈判要点》交王世杰、张群、张治中、邵力子,正式指定他们 4 人为谈判代表,要他们拟具对中共 9 月 3 日所提方案的复案。此日开始至 10 月 5 日为止,中共代表周恩来、王若飞在毛泽东领导下,同国民党政府代表张群、王世杰、张治中、邵力子共进行 12次谈判。5 日,王世杰在加尔各答与从美国回国的宋美龄相遇,告知中苏关系与中共问题。10 日,在英国会晤英国外相贝文,了解英国对战后处理日本问题的态度。11 日,会晤美国国务卿贝尔纳斯,了解美国对战后处理日本问题的态度。13 日,担任当天举行的五国外长会议主席,主要讨论对意大利和约的原则。14 日,拜会英国首相艾德礼和英国商务大臣克里浦斯。15 日,会见苏联外交部长莫洛托夫,重申日本在华之公私产业必须为其对华赔偿的一部分。17 日,在英国首相举行的晚宴上发表演讲,表示中国对于建立国际永久和平之一切努力愿尽全力。21 日,巴西驻英国大使求见,希望中国帮助该国当选联合国安全理事会理事。23 日,得到苏联外交部长莫洛托夫的意见:由英美苏中共同管制日本。25 日,发表声明,赞成美国成立顾问委员会来协商管制方法。28 日,出席五国外长会议,讨论法国所提管制德国案。29 日,出席五国外长会议,担任会议主席。10 月 8 日,回到重庆,当晚向蒋介石报告会议概况。9 日,出席行政院会议,报告参加五国外长会议情形;会晤苏联驻华大使彼得罗夫。

王世杰 10 月 10 日代表国民党在国共会谈纪要上签字。签字的国民党代表还有张群、张治中、邵力子;中共代表为周恩来、王若飞等。当晚与毛泽东长谈,希望毛泽东返回延安后再来重庆商议参加政治协商会议事宜。12 日,出席国民参政会驻会委员会,报告参加五国外长会议情况。20 日,与周恩来、王若飞就政治协商会议等议题进行商谈。21 日,连日与周恩来、王若飞等商谈政治协商会议名额与人选、恢复铁路交通和召开国民大会、停止军事冲突等问题。26 日,与周恩来、王若飞就停止进兵、恢复交通问题进行会谈。同月,获胜利勋章。11 月 1 日,和周恩来等继续商谈避免内战、恢复铁路交通办法。考虑国共双方在形式统一之下,暂择分疆而治之政策。7 日,赴苏联驻华使馆及中苏文化协会,出席苏联十月革命纪念活动。8 日,被蒋介石召见,与宋子文、张群、白崇禧、吴鼎昌、陈布雷等商议东北局势。11 日,应民主同盟张澜邀请,与周恩来等在重庆特园商谈停止内战事宜;确定当月20 日左右召开政治协商会议。14 日,在蒋介石曾家岩官邸参加会议,商讨将东北行营撤至山海关事宜。同日,与周恩来、王若飞就避免内战、解放区政权、敌伪受降、国民大会、政治协商及外交等问题举行谈判。15 日,与蒋介石、宋子文面商后照会苏联大使,告知国民政府东北行营及其人员将迁移山海关。17 日,苏联大使照会王世杰,表示苏军司令部严格遵守中苏条约。23 日,应约到国民政府副主席兼立法院长孙科家中商谈,孙科主张亲苏和共。

26日,到国防最高委员会报告东北接收困难情形。同日,照会苏联大使,说明即派蒋经国、张家琭到长春详商办法。28日,被蒋介石召集商讨对苏联的经济合作事宜。王世杰提出先解决政治问题,再商谈经济合作。12月2日,王世杰与周恩来、王若飞继续谈判停止军事行动办法。12月3日,与蒋介石讨论中共问题。5日,代表中国与荷兰签订《平等条约》,荷兰声明放弃在华特权。10日,出席国民党中央常委会,报告外蒙古公民投票事,决定于1946年1月15日承认外蒙古独立。16日,与孙科、陈布雷、邵力子等到吴铁城家中开会。提出在即将召开的政治协商会议上向中共作一妥协尝试。17日,在国父纪念周上作外交形势报告。20日,与蒋介石细商中共问题及与马歇尔谈话内容。12月21日,陪同蒋介石在南京黄埔路中央军校内蒋的官邸会见马歇尔。陪同会见的还有宋美龄、沃尔特·罗勃逊、魏德迈。23日,陪同蒋介石由南京飞往重庆,拟定蒋经国赴莫斯科会见斯大林的计划。27日,与中共代表周恩来等进行停战谈判。30日,与马歇尔详谈中共问题。31日,与周恩来、叶剑英、董必武、王若飞晤谈,提出3项停止军事冲突办法。(参见薛毅《王世杰传》及附录《王世杰生平大事年表》《王世杰著述目录》,武汉大学出版社2010年版;中共中央文献研究室编撰、逄先知主编《毛泽东年谱(1893—1949)》,人民出版社、中央文献出版社1993年版;中央文献研究室《周恩来年谱1898—1976》,中央文献出版社1998年版)

张治中时任国民政府军委会政治部长。2月8日,郭沫若主持撰写《文化界发表时局进言,要求召开临时紧急会议,商讨战时政治纲领,组织战时全国一致政府》,并亲自征集签名,沈钧儒、柳亚子、马寅初、茅盾、老舍等文化学术界知名人士312人签名,刊于22日重庆《新华日报》。蒋介石对此极为恼火,遂以机构重叠为名,下令撤销"文化工作委员会"。3月30日,张治中发布训令,着"裁撤"文化工作委员会。郭沫若即派人通知阳翰笙、冯乃超等人来寓所商量善后问题。4月2日,郭沫若为"裁撤"文工会签复张治中公文,内容有五项:(一)移交时间定在四月底;(二)四月份同人的薪给请照发;(三)全体同人要求资遣的签呈并望从优资遣;(四)留下程泽民、郭劳为等4人作报销工作,时间以半年为限,请照准;(五)全体士兵求资遣亦请照准。4月30日,郭沫若致信张治中。告以军政部已将天官府7号接收去了,政治部需用此房,请直接与军政部交涉。5月5—21日,张治中在国民党六大上当选为国民党中央执行委员会委员和常务委员。同在国民党六大召开期间,王世杰与潘公展等组成特种审查委员会,起草《对中共问题的决议》,主张用政治方法解决中共问题。

张治中与美国驻华大使赫尔利8月27日乘专机抵达延安。毛泽东、朱德、周恩来、林伯渠等人亲自到延安机场迎接。张治中下机后,与中共领导人一一握手,互致敬意。随后来到了毛泽东等中央领导人所居延安枣园。当晚,赫尔利和毛泽东谈了些有关重庆的情况。张治中应邀在周恩来的窑洞内商讨毛泽东到重庆的安全。张治中提出把自己的公馆桂园腾出来,让毛泽东住。两人还就谈判中可能遇到的问题交换了意见。8月28日上午11时,张治中与周恩来、赫尔利等人陪同毛泽东登上飞机飞往重庆。下午3时许,到达重庆。然后乘车至张治中官邸桂园休息。晚8时半,在张治中、邵力子陪同下,毛泽东与周恩来、王若飞应邀赴蒋介石山洞林园官邸出席欢迎宴会。作陪者有张群、陈诚、吴国桢、王世杰、周至柔、蒋经国、赫尔利、魏德迈。8月29日上午,张治中与周恩来、王若飞在林园商谈谈判的内容和程序问题。下午,毛泽东同蒋介石第一次直接商谈。晚上,毛泽东同张治中、王世杰、张群等继续商谈,双方同意先作一般性交换意见。9月4日开始至10月5日为止,国民党政府代表张群、王世杰、张治中、邵力子与中共代表周恩来、王若飞共进行12次谈判。9 月 29 日,周恩来主动去拜访张治中,商谈毛泽东回延安之事。张治中说:"恩来兄,你放心,我既然接毛先生来,当然要负责安全地将毛先生送回去。"10 月 8 日上午,张治中通知周恩来,"蒋主席同意毛先生在《纪要》签字后回延安,并用蒋的专机'美龄号'送毛先生回延安。但有个新情况,蒋主席要我在《纪要》签字后立即飞往兰州,去新疆解决伊犁地区的问题"。当天下午,张治中得到蒋介石的批准:先送毛泽东回延安,再飞往兰州。10 月 8 日晚上,张治中在林森路国民党军委大礼堂举行盛大鸡尾酒会,为毛泽东送行。10 月 10 日下午,周恩来、王若飞同王世杰、张群、邵力子、张治中在桂园客厅签署《国民政府与中共代表会谈纪要》(简称《双十协定》)。

张治中 10 月 11 日陪同毛泽东乘坐蒋介石的专机从重庆返回延安。10 月 12 日上午 9 时,张治中将乘机离开延安飞往兰州。中共中央领导人毛泽东、刘少奇、朱德、彭德怀等人亲赴机场送行。在去机场的路上,毛泽东和张治中同乘一辆汽车,毛泽东说:"你对和平的奔走是有诚意的。"张治中笑着说:"何以见得?"毛泽东幽默地说:"这个我调查过,你把《扫荡报》改为《和平日报》就是一个例子。《扫荡报》是在江西围攻我们时办的,你要改名字,一定有很多人不赞成。第二件事,你把康泽办的一个集中营撤销了,释放了许多革命青年,这也是一件大好事。"之后张治中乘机从兰州飞往新疆。受周恩来委托,张治中到新疆成功地解救了被盛世才监禁多年的 100 多名共产党干部,使他们安全地回到延安,为共产党保存了一批重要的骨干力量。(参见中共中央文献研究室编撰、逢先知主编《毛泽东年谱(1893—1949)》,人民出版社、中央文献出版社 1993 年版;中央文献研究室《周恩来年谱 1898—1976》,中央文献出版社 1998 年版)

邵力子时任国民参政会、宪法促进委员会秘书长。5 月 4 日午后,邵力子与郭沫若、茅盾、老舍、阳翰笙等人往文化会堂,参加文协成立 7 周年纪念大会及第一届"五四"文艺节。7 日,中华全国文艺界抗敌协会总会第七届年会,改选理监事,邵力子与郭沫若、老舍等 21 人"当选为渝理事"。6 月 6 日,出席中苏文协为欢迎苏联新任驻华大使彼得罗夫、庆祝苏联红军胜利举行的酒会。由于郭沫若即将赴苏,成为谈话中心。宋庆龄和邵力子一再为他干杯,祝他一帆风顺,完成使命。8 日午后,邵力子出席并主持中苏文协、全国文协、全国剧协三团体举行的欢送郭沫若大会,到会者有 200 余人,茅盾、史东山、侯外庐、柳亚子和马寅初分别致词,郭沫若致答词。7 月 8 日,邵力子请中国民主同盟主席张澜出席四届一次国民参政会,张澜希望国民党照顾到国内外局面,不要在 11 月召开国民大会,要在党派会议上解决一切问题。8 月 28 日,邵力子与张群、王世杰为国民党代表,同中共代表周恩来、王若飞等进行谈判。10 月 10 日,在重庆桂园张治中家客厅,国共两党签订《双十协定》。19 日,邵力子在重庆白象界西南实业大厦举行鲁迅逝世 9 周年纪念会,与宋庆龄、周恩来、沈钧儒、柳亚子、许寿裳等同为发起人。(参见晨朵《邵力子生平大事纪要》,《浙江师范学院学报》1983 年第 1 期;中共中央文献研究室编撰、逢先知主编《毛泽东年谱(1893—1949)》,人民出版社、中央文献出版社 1993 年版;中央文献研究室《周恩来年谱 1898—1976》,中央文献出版社 1998 年版)

戴季陶继续任国民政府考试院院长。其所主持的《中华民国礼制草案》因蒋介石有所不满,一时搁置,但并未弃用。夏,通过行政院命礼乐馆限期审定该草案。后因复员、还都等事,礼乐馆没能及时依令行事。8 月 9 日,出席蒋介石召集的研讨会,商议苏联出兵东北后中国政府的对策。11 日,闻知日本投降,转而忧虑共产党势力壮大危及国民党和中国前途,竟至数日不能起。9 月 2 日晚,戴季陶出席蒋介石欢迎毛泽东的宴会。当毛泽东与周恩来进入宴会所在的山洞林园,因为大厅之中悬挂着一幅孙中山的画像,为了表示尊敬,以毛泽东为首的共产党代表一起对着孙中山的画像三鞠躬。戴季陶言辞戏谑地对着毛泽东说道："怎么，共产党的主席也要拜国民党总理吗？"毛泽东恭恭敬敬地行完礼之后，才坦然而真诚地对戴季陶回应道："孙中山先生早些年推翻了统治中国两千多年的封建帝制，建立了中华民国，拯救了无数生活在水深火热中的人们。后来他倡导国共合作，我就是在第一次国共合作的时候受过孙中山先生的教诲，至今仍不敢忘。"接着毛泽东继续说道："想必戴先生还记得，联俄、联共、扶助农工三大政策是孙中山先生亲自提出的，国共两党原本就是一家，在孙中山先生这里，又会有什么党派之分呢？"又说："我党赴约重庆虽是受蒋介石所约，但实际却是为了孙中山先生的遗愿，国内和平。"毛主席的反问让戴季陶哑口无言，不再应答。即便如此，毛泽东还是于次日亲赴陶园拜访戴季陶。9月上旬，戴季陶与何应钦、白崇禧、张治中、朱家骅等于陈立夫寓所商讨东北问题，主张收复东北不宜操之过急，不能派兵出关。10月上旬至11月17日，请假回成都祭墓。11月初，病痛复作，一日服安眠药过量，至不省人事，经解救乃苏醒。（参见桑兵、朱凤林编《中国近代思想家文库·戴季陶卷》及附录《戴季陶年谱简编》，中国人民大学出版社2015年版；李学通《翁文灏年谱》，山东教育出版社2005年版；李俊领《威权与"治法"：1943年国民政府的礼制建设及其挫折》，《北方论丛》2020年第5期）

　　吴稚晖继续任国民党中央监察委员。2月，应蒋介石之邀，赴黄山官邸商讨国际形势。5月，在国民党第六次全国代表大会上代表主席团推举蒋介石连任总裁。9月3日下午，毛泽东往访于吴稚晖。12月，吴稚晖作《答毕修勺先生书》，谈民主与科学问题。同月14日，吴稚晖、张伯苓、王宠惠、钱新之、王世杰、陈布雷、黄任之、王云五联名于重庆《中央日报》刊登《浙西张元济鬻书》启事，云："张菊生先生在前清早报魁科，蜚声翰苑。戊戌政变，罢官南旋，伏处海隅，从事教育。主商务印书馆四十余年，编校新旧书籍无算。近遭敌寇蹂躏，备受饥驱，年届八旬，专以鬻书自给。同人等敬慕高风，尤钦健笔，代定润例，藉联翰墨之缘。四尺楹联屏条每件六千元，堂幅加倍。扇面五千元。余以类推。"（参见张人凤、柳和城编著《张元济年谱长编》，上海交通大学出版社2011年版）

　　柳亚子1月迁南开学校津南村11号，有房一间。与南开英文教员卢子才同一院落。寓渝期间，与中国共产党人士更为接近。在《新华日报》创刊纪念会上讲话，曾公开宣称："世界的光明在莫斯科，中国的光明在延安。"2月7日，署名于重庆《文化界对时局进言》，其他签字者有郭沫若（主稿）、沈钧儒、沈雁冰、马寅初等。3月28日，郭沫若与沈钧儒、王若飞等人发起为柳亚子庆祝59岁生日。在重庆的各民主党派和文化界人士40多人，借天官府文工会举行祝寿宴会。5月，在沙坪坝津南村10号儿媳住宅，设宴款客，有周恩来、沈钧儒、郭沫若、董必武、王若飞、王炳南诸人。同月，与政治活动相辅，文学方面，偕张西曼（《民主与科学》杂志编者）等发起革命诗社，自为社长，张西曼为主编。其他发起人，有郭沫若、田汉、林北丽等。《革命诗社征诗启》中，有云："爰纠民主歌手，创立革命诗社，配合时代，争取光明"等语。6月，自沙坪坝进城，参加友好为郭沫若饯行。时郭沫若将去莫斯科，出席苏联科学院成立220周年纪念大会。8月，日本乞降。于12日补赋诗一首，以志欢欣："殷雷爆竹沸渝城，长夜居然曙色明。"但又云："贪天好幸侈功成，横流举世吾滋惧。"不久，赴城内天官府街郭沫若寓所，参加中国共产党及民主派人士欢迎周恩来为国共和谈事自延安返渝（美大使赫尔利陪同）大会，聚集者数十人，有演讲，有谈笑，有音乐舞蹈，沈钧儒表演太极拳。至为兴备，夜半始返沙坪坝。数日后，周恩来与赫尔利复去延安，张治中偕行，迎毛泽东来渝。

柳亚子在 8 月 28 日毛泽东赴渝国共谈判期间，二人时有诗信往还，数次晤谈。30 日，毛泽东由林园返回桂园。到住地桂园商谈的有：柳亚子、沈钧儒、陈铭枢、王昆仑、黄炎培、左舜生、章伯钧、冷遹、傅斯年、王云五等。柳亚子赠毛泽东七律一首，以"弥天大勇""霖雨苍生"称赞毛泽东，并向毛泽东索诗留念。9 月 6 日，毛泽东偕周恩来，王若飞来访于沙坪坝南开学校津南村寓所，以旧作《沁园春·咏雪》词一阕相赠。柳亚子曾撰词次韵和之，自云："不能尽如原意也。"首句："廿载重逢，一阕新词，意共云飘。"原作及和词曾由重庆各报发表，引起广泛注意。客人离去前，邻居卢子才之子国琦，以纪念册索题，毛泽东书："为和平、民主、团结而奋斗"；周恩来书："民主团结，和平建国"；王若飞书："在和平民主团结的基础上，实现独立、统一、富强的新中国。"柳亚子识："国琦小友纪念册，润之、恩来、若飞都有题字，余亦继声"，为作七绝一首："兰玉庭阶第一枝，英雄崇拜复何疑。已看三杰留鸿爪，更遣髯翁补小诗。"10 月 2 日，毛泽东约柳亚子到红岩见面。4 日，毛泽东致信柳亚子信，说："前曾奉告二语：前途是光明的，道路是曲折的。吾辈多从曲折（即困难）二字着想，庶几反映了现实，免至失望时发生许多苦恼。而困难之克服，决不是那么容易的事情。此点深望先生引为同调。"对于柳亚子的诗，作如下评价："先生诗慨当以慷，卑视陆游、陈亮，读之使人感发兴起。可惜我只能读，不能做。但是万千读者中多我一个读者，也不算辱没先生，我又引以自豪了。"6 日，柳亚子收到毛泽东 10 月 4 日来函后，曾为《感赋二首》，又《赋赠一首》。四后诗首四句云："瑜亮同时君与我，几时煮酒论英雄？陆游陈亮宁卑视，卡尔中山愿略同。"7 日，毛泽东复函柳亚子，指出：关于和谈结果"目前发表文章、谈话，仍嫌过早。人选种种均谈不到"。

柳亚子 11 月 12 日参加陈嘉庚安全脱险庆祝大会。同日，撰《总理诞辰八十周年纪念》一文，反对内战，坚持国共双方以及各民主党派之合作。因环境关系，此文未发表。14 日，撰《致美国杜鲁门总统特使马歇尔函》，有云："试问今日中国之执政者，为民主乎？抑为反民主乎？中原之血迹未干，昆明之惨案又起。"最后，期望美国"远追华盛顿总统立国继续，迭承罗斯福总统援华之盛意，勿与人民为敌，勿与民主为仇。速撤驻华之兵，远离祖蒋之吏，勿以械弹与空运制造中国之分裂，勿以租借法案与政治借款鸩毒中国之群氓，则贵我两国之邦交，庶或永垂于不朽欤！"前已在重庆参加中国民主同盟，此时复与谭平山、李济深、陈铭枢、马寅初、郭春涛等，创办三民主义同志联合会，任文教委员会主任委员，尹瘦石为委员。李世璋为联合会中委。待机飞沪，自沙坪坝迁城内，暂寓机房街宁邺 2 号黎里同乡毛啸岑家。骆宾基、丰村等来访。同月，由邵力子设法购得机票二张，偕佩宜夫人自渝郊珊瑚坝机场起飞，送行者有王若飞、李澄之及甥徐文烈 3 人。抵沪后，仍寓法租界辣斐德路旧宅。（参见柳无忌编《柳亚子年谱》，中国社会科学出版社 1983 年版；中共中央文献研究室编撰、逄先知主编《毛泽东年谱（1893—1949）》，人民出版社、中央文献出版社 1993 年版）

张伯苓继续任国民参政会副议长。1 月 9 日，《大公报》载：中国教育学会经张伯苓、艾伟、许恪士等理监事决议，建议政府创设中央教育研究所，以便集中人才，研究教育学术理论以及教育的新方法。20 日，张伯苓在学期结束的南开同人聚餐会上发表题为《从世界大势说到南开前途》的讲话，主要回顾了南开学校的历史、南开学校训练学生的方针、当前世界大势、战后的南开复校计划、将来南开的使命等。3 月 1 日，出席宪政实施促进会第五次全体会议。4 月 5 日，重庆南开中学为张伯苓 70 寿辰布置寿堂，张挂军政学商各界及校友致送的祝寿对联、彩绣，有周恩来、邓颖超、李宗仁、白崇禧、吴铁城、陈布雷等人的贺词。陶孟和、梅贻琦、严智钟、姜立夫、梅贻宝、周诒春、顾毓琇、魏元光、张直卿等人,以及南开校友及河北籍人士200余人来到校为张伯苓拜寿。6日,中国教育学术团体联合会举行教育座谈会,联合会所属中国教育学会、中华职业教育社、中国平民教育促进会等十余团体代表参加。联合会理事长张伯苓主持会议,讨论战后收复区教育再造问题。14日,中国教育学会召开教育问题座谈会,研讨对宪政教育草案的意见,张伯苓以常务理事身份参加并主持会议。18日,与东北人士座谈,拟于战后在哈尔滨创办南开工商学院。20日,出席并主持国民参政会驻会委员会第十五次会议,莫德惠、王世杰、江庸及许德珩、黄炎培等驻会委员参加。23日,国民政府公布第四届国民参政会参政员名单,依照《国民参政会组织条例》第三条甲项,张伯苓被遴选为天津市代表。5月5日,国民党第六次代表大会在重庆召开。此前朱家骅和陈立夫联名向蒋介石推荐98名"最优秀教授党员",有黎锦熙(西北师范学院)、陈寅恪(燕京大学)、伍蠡甫(复旦大学)、熊庆来(云南大学)、萨本栋(厦门大学)、金毓黻(东北大学)、竺可桢(浙江大学)、王星拱、朱光潜(均武汉大学)、张伯苓、蒋梦麟、梅贻琦、冯友兰、贺麟、华罗庚、姚从吾(均西南联大)等。

张伯苓接世界传记百科全书出版社5月14日函,通知其被收入1945年度的《教育界名人录》。21日,国民党第六次代表大会闭幕,张伯苓等104人当选国民党中央监察委员。26日,为纪念戴安澜将军,与龙云、冯玉祥、张治中、梁寒操、鹿钟麟、张道藩、潘公展、熊庆来、郭沫若、史良、杜聿明、关麟征、宋希濂、卫立煌、邱清泉、郑庭笈、蒋梦麟、潘光旦、雷海宗、伍启元、蔡维藩、曾昭抡等102人发表创办《海鸥周刊》缘起,内容提倡忠义,意在匡救颓风,以期提高军中文化水准。30日,出席国民党六届中央监察委员会第一次全体会议。6月1日,中华全国体育协进会理监事会议举行第二届联席会议,理事长张伯苓,常务理事王正廷、郝更生、吴蕴瑞,理事袁敦礼、马约翰、章辑五、宋君复、高梓、王卓然、尚树梅,监事张治中、沈鸿烈、金曾澄、陈时等20余人出席。张伯苓主持会议并致辞。王正廷、张伯苓、袁敦礼、董守义等提出"第十五届奥林匹克运动会(1952年)在我国举行案",获与会人员一致通过。18日,参加并主持国民参政会驻会委员会第十八次会议。20日,与《学生杂志》主编论教育,特别谈到抗战胜利后南开的发展设想,在长春设高初中,在哈尔滨设大学分校,使曾经被迫接受过奴化教育的东北四省青年"重新获得自由教育的机会,灌输他们国家民族的意识,使他们重新做一个健全的中国公民"。25日,在中央广播电台对天津市民发表题为《天津市复员协进会之组织及工作》广播讲话。讲话对在敌寇奸伪的双重压迫之下的天津市同胞表示衷诚的慰问和崇高的敬意,说明最近组织了"天津市复员协进会",由在重庆的天津人士张伯苓、范旭东、胡政之、时子周、魏元光、施奎龄等人组成,其主要任务是"协助国军和盟军,来完成光复天津,复兴天津,以及建设天津的工作"。并畅谈世界大势和国家前途,对天津市同胞提出三点希望,以便"使战后天津成为一个民主的、康乐的、现代化的新天津、大天津"。

张伯苓7月3日致函即将赴美国印第安纳大学作访问教授的杨石先,请其与姜立夫教授在美物色优秀人才,以充实南开理科各系教师队伍。信中还特别强调,"凡两先生所同意者,苓亦必同意也"。5日,国民参政会秘书长邵力子召开茶话会招待参政员,讨论参政会开幕典礼临时主席人选,周炳琳提议张伯苓担任,参政员予以通过。7日,第四届国民参政会第一次大会暨抗战建国8周年纪念会合并举行,大会在重庆国民政府军事委员会大礼堂召开,张伯苓主持会议,发表《国家前途光明应该努力两点,加强和平团结,实行民主政治》的讲话。随后,蒋介石及周炳琳先后致辞。开幕式后,大会举行预备会议。会议选举张伯苓、王世杰、吴贻芳、莫德惠、李璜、江庸、王云五为第四届国民参政会主席团主席。下午,第四届国民参政会第一次大会第一次会议举行,张伯苓、王世杰、莫德惠、江庸、王云五及220名参政员出席。8月11日,为南开大学复校经费事致函蒋介石,呈请按照北大、清华经费数目,由政府拨付。18日,中国教育学术团体联合会召开第四届年会,中国教育学会等14个团体300余人与会,讨论抗战胜利后实施计划教育及复员问题,推请张伯苓、陈果夫、黄炎培、蒋梦麟、朱经农、艾伟、胡定安、陈剑修、蒋复璁等为主席团成员。8月24日,与王世杰、莫德惠、江庸、王云五出席国民参政会驻会委员会第三次会议,听取王世杰关于中苏友好同盟条约问题的报告。晚,由主席团、秘书处及驻会委员会设宴招待赴莫斯科谈判归来的王世杰。蒋介石出席晚宴,并一一征求张伯苓、莫德惠、黄炎培、王云五、江庸、冷遹、左舜生等人对于中苏友好条约的意见。28日,与张治中等国民党军政要员到机场,迎接毛泽东偕周恩来等中共代表团成员飞抵重庆。29日,亲自推荐并经国民政府任命,南开大学黄钰生教授为天津市政府教育局局长。同月,就前不久蒋介石提出南开大学"可与商改国立"的指示,再次呈文蒋介石,表示南开大学"愿以人民社团立场,继续努力,以贯彻为国服务之初衷"。

张伯苓9月2日出席蒋介石招待毛泽东、周恩来、王若飞的晚宴。4日,出席国民政府为各国使节及盟国军官举行的招待会。蒋介石致辞,毛泽东、周恩来、王若飞等与会。6日下午,毛泽东偕周恩来、王若飞前往沙坪坝津南村拜访张伯苓。7日,张伯苓赴上清寺张治中公馆回拜毛泽东,不遇而返。同日,中华全国体育协进会召开常务理事会,理事长张伯苓,常务理事王正廷、吴蕴瑞、董守义、郝更生等人出席,张伯苓主持会议。会议议决,申请1952年奥林匹克运动会在中国举行事,推举张伯苓、王正廷为代表向政府商洽。张伯苓同意王正廷提出的董守义为国际奥委会中国委员新增名额。20日,梅贻琦出席重庆召开的全国教育善后委员会会议,拜访张伯苓,并商谈西南联大复员问题。25日晚,蒋介石在军事委员会宴请全国教育善后委员会会议全体出席人员,请国民参政会主席团成员作陪。28日,英国罗士培教授与英国大使薛穆来南开参观。10月1日,西南联大报请教育部,南开大学拟派张彭春前往天津接收校产。6日,在重庆中央广播电台对海外校友发表广播讲话。10日,国民政府颁令:张伯苓、吴贻芳、莫德惠、李璜、江庸、王云五、毛泽东、曾琦、林虎、孔庚、左舜生、褚辅成、冷遹、傅斯年、黄炎培、董必武等,各授予"胜利勋章"。17日,在南开学校41周年校庆会上讲话,强调今后南开仍将维持私立,发扬其固有精神坚持办学。并谓建国工作中,学校教育最为基本,我不能不致力也。复校后的董事已请定有吴鼎昌、张群、翁文灏、莫德惠、张直卿、范旭东、胡政之、陶孟和、梅贻琦、胡适。同日,在中央广播电台发表告全国南开校友讲话,报告南开41年来奋斗史迹和南开复校前景。说到南开复校计划,强调:南开大学要尽力充实,加深研究,配合国家需要,培植建设人才,增强学术贡献。大学将有五学院:文学院、理学院、法商学院、工学院及医学院。南开是一个长进的学校,南开精神,就是长进的精神、创造的精神和奋斗苦干的精神。日新月异,自强不息,是应有的风格。在不断地长和不断地创之中,求对于国家民族有更大的贡献。11月7日,受张伯苓委托,张彭春抵达天津主持南开复校事宜。12月27日,前湖南雅礼医学院创办人医学博士爱德华·H.休姆(Edward H. Hume,中文名胡美)、肖特韦尔博士(Doctor Schottwell)及中美协进社孟治成立编辑小组,为明年纪念张伯苓70岁生日准备编纂纪念专集。是年,中国乡村建设学院董事会的张治中、张伯苓、黄炎培、卢作孚发起为该学院筹募经费活动，募得法币2000万元。（参见龚克主编《张伯苓全集》第十卷附编《张伯苓年谱》，南开大学出版社2015年版；西南联大北京校友会编《国立西南联合大学校史——1937至1946年的北大、清华、南开》，北京大学出版社1996年版）

　　张澜继续担任中国民主同盟主席。1月1日，蒋介石在对全国的元旦广播讲话中声称："准备建议中央，一俟我们军事形势稳定，反攻基础确立，最后胜利更有把握的时候，就要及时召开国民大会，颁布宪法……归政于全国的国民。"国民党完全拒绝了中共和民盟要求成立联合政府的主张，仍然坚持一党包办的国民大会。15日，民盟发表《对蒋介石新年文告发表时局宣言》，驳斥了蒋介石所谓不久即将召开国民党包办的"国民大会""还政于民"的谎言。民盟要求国民党在抗战胜利前，首先应做到下列10条：（1）立即结束一党专政，建立联合政权；（2）召集党派会议，产生战时举国一致之政府，并筹备正式国民大会之召开及宪法之制定；（3）保障人民言论、出版、集会、结社、职业、身体之自由，废除现行一切有妨害上列自由权利之法令与条例；（4）开放党禁，承认各党派公开合法地位，并立即释放一切政治犯；（5）废除特务及劳动营一类纯法西斯之组织；（6）全国一切派系不同之军队，应本平等待遇之原则，统筹装备、给养、训练、补充之公平，以求得作战指挥之统一，并渐进入军队国家化之正规；（7）财政绝对公开，凡预算、决算及增加人民负担之措施，必须交由现有民意机关审查通过；（8）保障人民之最低生活，改善士兵及公务员之待遇，对战时战后之受灾人民，尤应统筹救济；（9）立即停止党化教育，保障讲学自由及从事教育职业之自由；（10）促进中苏邦交，加强对英美及其他盟邦之联系，以期彻底合作。

　　张澜2月26日在《华西晚报》发表《中国民主同盟的缘起主张与目的》。4月18日，由张澜担任董事长的《华西晚报》被暴徒捣毁了营业部，并打伤了编辑和工人。民盟四川支部，成都各大专院校和各界进步社团纷纷声援该报，后经调停，该报停刊2日后复刊。23日，国民政府公布第四届国民参政会参政员名单。依照参政会组织条例第三条丁项要求，张澜被推选为参政员，但他声明不参加本届参政会。7月1日，在《华西晚报》发表《论报纸之职责》，认为报纸"为人民之喉舌，大处小处，总宜搜考详实，出于严谨之态度。民意所必争，真理所必护，正义所必持，阿谀所必拒。古人有言，修辞立其诚，庶几近之"。6日下午2时，民盟重庆市支部举行盛大欢迎会，欢迎自蓉返渝的张澜主席和由延安归来的黄炎培、左舜生、章伯钧等参政员。14日，针对蒋介石在参政会上公然诬蔑中共和中间党派的言论，以及声称将包办国民大会的霸道蛮横作风，张澜致书蒋介石，推诚相告，劝他考虑民意，识民主潮流，改变主张，放弃一党独大，迅速召开各党派会议，争取主动，不要陷入身败名裂的境地。24日，邹韬奋逝世周年，民盟举行纪念邹韬奋、杜重远大会，沈钧儒主持，张澜在大会上致辞。28日，张澜得知国民党大举进攻边区真相后，在"特园"召集在渝部分民盟中央委员会议，通过并发表《中国民主同盟对时局宣言》。8月3日，张澜代表民盟总部招待外国记者，这是民盟成立后举行的第一次外国记者招待会。几天后，西方各大通讯社纷纷报道：中国民主同盟主席公开谴责国民党妄图包办国民大会，继续实施独裁统治。张澜谈到关于战后中国立国的国策和原则，那就是：一、对社会各阶层都保障其应得权益，力图阶级谐调，防止阶级斗争，而求社会的和平顺遂地发展。二、切实推进国家的现代化，普遍提高全国人民的生活水准、教育水准、文化水准，以打破今日中国各方面的落后状态。11日，张澜就抗日战争胜利结束发表谈话，表达了他万分喜悦的心情，以及更多的忧虑和反思。8月15日，民盟发表《在抗战胜利声中的紧急呼吁》,提出"民主、统一、和平、建国"的口号及 10 项具体主张。

张澜与邵力子、沈钧儒、左舜生、章伯钧等 8 月 28 日下午 3 时 37 分同时到机场迎接从延安飞抵重庆九龙坡机场的毛泽东和周恩来、王若飞。30 日上午,周恩来亲赴特园告知张澜,当天下午毛泽东要亲临拜访。当晚,张澜出席了张治中在桂园为欢迎毛泽东来渝举行的宴会。9 月 2 日中午,张澜以中国民主同盟名义在特园宴请毛泽东、周恩来、王若飞等。出席者有沈钧儒、黄炎培、鲜英、张申府、左舜生、罗隆基等。5 日,民盟在重庆"特园"召开庆祝抗日战争胜利及欢迎郭沫若访苏归来大会,到会数百人,沈钧儒主持会议,张澜在大会上作报告。10 日晚,与沈钧儒、黄炎培、左舜生、罗隆基、张申府等出席周恩来、王若飞的招待宴会,听取周恩来报告国共两党 10 余天以来的谈判情况。11 日晚,应毛泽东、周恩来、王若飞请,与沈钧儒、黄炎培等至"桂园"赴宴,就促进国共双方的团结问题,交换了意见,张澜与沈钧儒等都表示尽力斡旋。14 日,张澜及张申府邀请国共两党谈判代表张群、邵力子和周恩来、王若飞到民盟总部所在地特园,请国共双方报告两党最近谈判情况,意图进行斡旋。9 月 15 日下午,毛泽东赴"特园"看望张澜,再度同他密谈。毛泽东还与他商讨了民盟与中共的配合问题,西南大后方问题,政治协商会议,联合政府问题,以及内战一旦爆发,四川怎么办等问题。18 日,在征得毛泽东的同意后,张澜在重庆《新民报》上发表《致国共两党领袖的公开信》,为促成国共谈判的发展,发挥了积极作用。25 日,张澜与沈钧儒、黄炎培、左舜生、罗隆基、章伯钧、张申府,以及中共代表周恩来、王若飞等出席张群、张治中、邵力子在国民参政会的宴请,听取国共两党代表报告近日谈判情况。30 日,与沈钧儒、黄炎培、王云五、傅斯年、章伯钧、罗隆基、曾琦、左舜生出席国共两党代表张群、张治中、邵力子与周恩来、王若飞在国民参政会的宴会,商谈有关召开政治协商会议组织等问题。同月,中国民主同盟重庆市支部正式成立。何公敢为主委,史良为组织部长,陶行知为宣传部长,刘清扬为妇女委员会主任。全市有盟员 300 多人,并创办机关刊物《民主星期刊》。

张澜 10 月 1 日在《民主星期刊》创刊号上发表谈话,对中国民主运动目前阶段的特点,以及民主运动应当依靠的主要阶层和民主运动发展的方向,提出了 5 点极为重要的意见。10 月 1—12 日,出席中国民主同盟在重庆上清寺特园召开的临时全国代表大会,会议的中心议题:讨论建立一个什么样的国家的问题。大会通过了《中国民主同盟临时全国代表大会政治报告》《临时全国代表大会宣言》和《中国民主同盟纲领》三个文件。张澜被推选为中央常务委员会主席。11 日,毛泽东由张治中陪同飞返延安,张澜亲到机场送行。15—16日,中国民主同盟第一届中央委员会开幕。在张澜的主持下,会议讨论通过了临时全国代表大会交议的各项议案。决议:(一)在全国设置西南、西北、东南、南方、东北、华北及海外 7个总支部,加强对各省、市民盟支部工作的领导(当时海外支部共 46 处)。(二)组织编辑委员会,接办《民宪》半月刊,并在重庆筹备创办民盟机关报《民主报》。21 日,经过多次酝酿,反复协商,中国民主同盟确定张澜和沈钧儒、罗隆基、张君劢、张东荪、张申府、黄炎培、梁漱溟、章伯钧 9 人为代表参加全国政治协商会议。31 日,张澜召集民盟中央常务委员会委员开会,讨论时局及内战危机问题。梁漱溟、左舜生、沈钧儒、罗隆基、黄炎培、章伯钧、陶行知等出席会议,决定以发言人名义发表谈话,对大规模内战提出几个意见。11 月 2 日,中国民主同盟发言人为制止内战发表谈话。10 日,与沈钧儒、黄炎培等在重庆特园召开民盟中常会,讨论当前严重局势,决定组织大规模反内战运动,发起在重庆召开反内战群众大会,并推定黄炎培负责筹备。黄炎培提出，由民盟出面发动重庆进步的人民团体，联合召开反对内战群众大会，成立"陪都各界反对内战联合会"，并推动全国各地组织"各界反对内战联合会"，再组织"全国反对内战联合总会"，来制止国民党发动的内战。11日，与民盟沈钧儒、左舜生、罗隆基、章伯钧、张申府、鲜特生、周鲸文应国共双方代表周恩来、王若飞、张群、王世杰、邵力子邀请，在特园举行会议，商谈政治协商会议和国民大会召开的时间及停止军事冲突问题。然而，国民党政府于第二天单方面宣布，将于明年5月5日召开国民大会。

张澜与民盟领导人沈钧儒、黄炎培联合22个爱国人民团体500余人11月19日出席在重庆西南大厦召开的"反内战群众大会"，郭沫若、陶行知、黄炎培等在会上发表了反内战演说，大会决定成立"陪都各界反内战联合会"。号召全国人民行动起来，用一切办法，包括以罢工、罢课、罢市，拒绝纳税等来制止内战；号召国民党官兵拒绝内战。呼吁早日成立联合政府，反对美国干涉中国内战。并倡议在全国各地分别成立由各界人士参加的反内战联合会，制止内战，以奠定国内的永久和平。12月1日，张澜主持中国民主同盟举行的外国记者招待会，民盟中央常务委员罗隆基、沈钧儒、章伯钧、梁漱溟等出席。6日，中国民主同盟总部发言人为昆明"一二·一"惨案发表谈话，严厉谴责国民党残酷镇压手无寸铁的青年学生，要求：（一）国民党政府应查明事实，追究责任，严惩肇事军政长官。（二）抚恤受害青年，赔偿损失，保证以后不再有类似事件发生。（三）撤销特务，保障人民言论集会结社之民主自由。（四）国民党政府勿再听任军警干涉爱国运动，致生不幸事件。9日，"一二·九"运动10周年，重庆各界于长安寺为昆明"一二·一"惨案死难师生举行追悼大会，公祭3日。张澜与民盟代表参加公祭，并与梁漱溟、张东荪敬送挽联："为反内战而牺牲，真成痛史；试思中国之命运，能勿忧心！"12日，《自由画报》第二次股东大会公推张澜为该报董事长，叶圣陶为副董事长。30日，致函国共双方谈判代表张群、王世杰、邵力子和周恩来、王若飞、叶剑英，请速即停止内战。（参见谢增寿编著《张澜年谱》，群言出版社2013年版）

沈钧儒年初鉴于罗斯福第四次连任美国总统，安排峨嵋出版社出版《罗斯福传》翻译本。1月1日，所作《新年希望》刊于《新华日报》。6日，继续主持生活书店渝桂地区负责干部联席会议。主要讨论如何清理账目，妥善解散旧合作社组织；如何适应环境，取得合法地位，公开吸收外资，容纳更多人才，扩大组织，筹建新机构等问题。选出沈钧儒、诸度凝、薛迪畅、方学武、陈正为、沈百民、仲秋元7人为社务结束委员会委员；推选沈钧儒与张锡荣、邵公文、诸度凝、仲秋元5人为筹备委员，筹建"新生企业公司"新机构。会议因书店桂林区事实上已不存在，经讨论改组渝桂区联席会议，另成立"内地区管理处"为生活书店管理方面最高机关。选沈钧儒、诸度凝、薛迪畅、张锡荣、方学武5人为委员。7日，生活书店同人聚会，并提前一天为沈钧儒祝寿。11日，生活书店内地区管理处临时于冉家巷三楼召开第一次会议，沈钧儒未及参加。会议推沈钧儒为主席兼召集人，诸度凝为主任，方学武为总务。并定冉家巷三楼为办公室。12日，参加郭沫若、王若飞、徐冰下郭寓借祝沈钧儒71寿会谈时事的聚会。与会者有柳亚子、马寅初、黄炎培、屈武、王昆仑、邓初民、章伯钧、张申府等10余人。13日，与左舜生、章伯钧、张申府、冷遹、黄炎培商定《中国民主同盟对蒋介石新年文告发表时局宣言》稿。15日刊于《新华日报》。

沈钧儒1月14日晚于良庄主持召开生活书店"新机构委员会"。诸度凝、邵公文、仲秋元参加。议决新机构拟仍采取合作社形式，对旧社章加以审讨、修改；另辟贸易部分，采用企业组织，以帮助合作社的发展。为慎重起见，决定召开三机构联席会议商议决定。17日，于平正法律事务所主持召开生活书店内地区管理处、社务结束委员会、新机构筹备起草会联席会议。经讨论否决1月6日渝桂地区联席会议议决的结束生活出版合作社案。决定对原组织进行整理改组,仍采取合作社制,改名为"生活文化合作社",以重庆为中心。另在上海筹组"新生企业公司",并头进行。社务结束委员会改为"旧生活出版合作社清理改组委员会"。19日,参加黄炎培、张志让联名以《宪政月刊》社名义,假座交通银行宴请孙科、王世杰、邵力子等人所举行的时事座谈会。25日,应周恩来邀,往曾家岩50号中共办事处商谈召集党派会议等问题。周恩来谈了当前形势及中共对党派会议的意见。28日,应孙科邀餐于其嘉陵新村20号寓所,同席者有周恩来、王若飞、李璜、左舜生、黄炎培、章伯钧、吴铁城、邵力子、王世杰、王昆仑等12人。餐后商谈国共问题。2月1日,应邵力子邀于其寓所聚餐,继续商谈国共问题。同时应邀者有周恩来、王若飞、孙科、王昆仑、章伯钧、张申府、左舜生、李璜等。同日,主持生活书店内地区管理委员会第二次会议。听取生活出版社经济情况以及参加国讯书店投资等情况的报告,并讨论各项会务。6日,应邀赴李绍涵寓所聚餐,谈论时局。同席者有周恩来、王若飞、王炳南、徐冰、陈铭枢、杨虎、郭沫若、左舜生、李璜、章伯钧、张申府、柳亚子、马寅初等。7日,与柳亚子、沈雁冰、马寅初等在郭沫若主稿的重庆文化界《对时局进言》上签名。8日,应黄炎培邀到参政会商谈国共问题。同时应邀者有周恩来、王若飞、孙科、王世杰、左舜生、李璜、张申府、章伯钧、王昆仑、雷震等。10日,又主持生活书店内地区管理委员会第三次会议讨论会务。14日,应邀出席周恩来在重庆特园的宴请。出席者有于右任、孙科、左舜生、张申府、章伯钧、李璜、冷遹、王昆仑、屈武、陶行知、杨杰、陈铭枢、郭沫若、邓初民、谭平山、鲜英、黄炎培等24人。15日,应王昆仑、屈武邀餐,同席者有黄炎培、李璜、左舜生、章伯钧、张申府、吴茂荪等,共商大局。2月17日,沈钧儒以民盟负责人名义发表谈话。在高度赞扬《克里米亚会议公报》的同时,结合我国当时现实情况及斗争需要,向政府及各界人民提出要求。21日,应郭沫若、王若飞邀,于郭寓聚餐,参加者20余人。漫谈克里米亚会议和国共团结问题。

沈钧儒与马寅初、郭沫若、沙千里等重庆文化界312人2月22日签名发表《对时局进言》,要求召开临时紧急会议,组织战时全国一致政府,提出废除一切限制人民活动的法令、取消一切党化教育的设施、停止特务活动、枪口一致对外等6项主张。3月8日、23日,应王若飞邀,与郭沫若、黄炎培等于良庄续谈有关大局问题。10日、24日,主持生活书店内地区管理处第五、第六次会议,通过管委会章则草案。4月1日,出席政治部文化工作委员会为成立7周年举行的纪念活动。2日,与黄炎培、吴贻芳、胡霖、邵力子、雷震、左舜生、章伯钧、张申府、孙科等同王若飞谈国共问题,大家一致请致电延安,欢迎周恩来和董必武再来重庆协商。6日,董必武自延安飞抵重庆,将于12日离重庆,出席旧金山联合国会议。民盟举行欢送茶会,沈钧儒参加并致词。7日,与江一平、潘震亚受任新出版业联合总处联营书店股份有限公司常年法律顾问。8日,主持重庆各党派领袖和文化界人士欢宴文化战士郭沫若会议,并作结束语,要大家团结,共同努力,做好文化工作。5月27日,到左舜生寓所,与黄炎培、章伯钧、张申府等商谈黄所提出的关于解决国共问题的意见。30日,为《再生》杂志《民主与团结》专栏撰文《争取全国性的和谐合作,防止内部不幸的战争》。6月24日,重庆文化界集会庆祝茅盾50寿辰,沈钧儒任主席,并致词,首先对茅盾创作表示敬意,继而指出:"茅盾先生能抓住时代,现在什么问题都脱离不了时代。"最后希望茅盾先生以后更多地写人民、写农民,希望以后看到更多的《霜叶红似二月花》。7月6日,出席民盟欢迎张澜及访问延安返渝的黄炎培、左舜生、章伯钧、冷遹大会。18日,与江庸等受任重庆市烟纸同业公会、手工会员业务促进会暨全体手工卷烟商常年法律顾问。24日,主持纪念邹韬奋、杜重远两先生逝世1周年纪念会,并致词。8月17日,报载沈钧儒及张澜、陶行知等百余人出席民盟文化委员会招待文化界的茶会。张申府任会议主席,向会议报告民盟对时局的态度,即反对内战,实现民主。继而通过发表文化界对时局宣言,当即推定8人为起草委员。并根据提议筹组文化民主协进会,推出21人为筹备委员。8月28日,沈钧儒到机场欢迎毛泽东和周恩来、王若飞由延安飞抵重庆。29日,出席中国共产党举行的茶话会,王若飞报告说:毛泽东主席赴重庆前,中共中央议决,要求国民党政府从速实行紧急措施6条。30日,应毛泽东邀,赴曾家岩"桂园"张治中寓所座谈。并往国民外交协会赴宴。国共谈判期间,与毛泽东、周恩来数度会晤。

沈钧儒9月5日主持民盟为庆祝胜利及欢迎郭沫若访苏归来所举行的会议。10日,与张澜、黄炎培、左舜生、罗隆基、张申府等出席周恩来、王若飞晚宴。周恩来报告10余日来国共谈判情况。11日,应毛泽东、周恩来、王若飞请,与张治中、黄炎培等至"桂园"赴宴,就团结问题交换意见。25日,应张治中、张群、邵力子邀,参加在国民参政会举行的宴会,应邀的还有周恩来、王若飞、张澜、黄炎培、左舜生、章伯钧、罗隆基、张申府等。会上国共双方报告谈判情况。30日,与张澜、黄炎培、王云五、傅斯年等9人应邀参加周恩来、王若飞、张治中、邵力子、张群联名举行的宴会,共商政治会议组织等问题。10月1—12日,出席民盟在重庆上清寺"特园"召开的临时全国代表大会,于开幕日致词,强调同盟和衷共济,力求民主中国的实现。大会中心议题为"建立什么样的国家"。沈钧儒当选为中央常务委员兼青年运动委员会主任。11日,大会由沈钧儒任会议主席,通过了《纲领》。11月2日,出席迁川工厂联合会及《国讯》《宪政》月刊所发起的"工厂与民主"座谈会,并发言。10日,与张澜等于"特园"集会,筹备发起反对内战大会事。17日,赴特园,与梁漱溟、黄炎培、左舜生、张申府、柳亚子、章伯钧、陶行知等会商政治协商会议应提之具体计划。19日,出席"陪都各界反对内战联合会"成立大会,当选为常务理事,并在《大会宣言》上签名。12月1日,出席民盟举行的外籍记者招待会,并发表谈话:赞成东北成立地方联合政府;反对美军帮助中国任何一方。同日,昆明发生"一二·一"惨案。沈钧儒等向国民党政府表示强烈抗议,并寄挽幛追悼于再、李鲁连、张华昌、潘琰四烈士。12月9日,"一二·九"运动10周年,重庆各界于长安寺为昆明"一二·一"惨案死难师生举行追悼大会,公祭3日。沈钧儒代表救国会主祭并讲话。10日,沈钧儒出席重庆律师公会理事监事联席会议,办理新、旧理监事移交(沈钧儒当时为常务理事)。

沈钧儒12月16日与在重庆的救国会同人聚集在重庆中一路韦家院坝16号任宗德家举行会员代表大会。与陶行知、史良被推选为主席团。会议主要商谈救国会改组问题。由沈钧儒报告改组缘起,陶行知报告筹备改组经过。鉴于抗日战争胜利后,救国会争取抗日胜利民族解放的政治任务已经完成,决定将救国会改称为"中国人民救国会"。沈钧儒与陶行知、史良、曹孟君、李公朴、何惧、萨空了被选为中央常务委员,沈钧儒任主席。21日,出席在良庄召开的"人救会"第一次常务委员会议。会议决定组织辅助政治协商会议之特别委员会;由先沈钧儒以主席名义向记者发表谈话,公布救国会改组为人救会情形;并推沈钧儒与李公朴、宋云彬、高集负责筹备创办一种周刊。23日,出席中国经济事业协进会招待会,并发言。希望大家研究和发动如何组织内战调查团,以及对政治纲领、国民大会等问题提出意见,交给政协代表。同日,在《自由导报》发表《对政治协商会议两点希望》。该刊 23 日出版,24 日即被禁卖。24 日,沈钧儒等代表"陪都各界反内战联合会"致函蒋介石、毛泽东,呼吁和平,希望停止武装冲突,促进政治协商,以贯彻和平建国大业。27 日,出席"人救会"第二次常务委员会议,向会议报告下列重要事项:1. 常务委员萨空了离开重庆,其任务为:"以常委资格会同华南中委筹划一切,并主持宣传工作,恢复《大众生活》等事";2. 决定发行《民主生活》杂志的筹备经过,经费由沈钧儒筹划,并将于下月 10 日前出版;3. 昨日与马歇尔特使谈话经过等。29 日午,与陶行知、邓初民、李公朴、史良等救国会方面代表应中共代表团邀赴宴交换对政治协商会议意见。同日,与章伯钧、罗隆基、史良、李公朴等以"重庆反内战联合会"名义致函蒋介石,要求国民党政府明令"停止武装冲突,使和平建国大业早日顺畅推行"。30 日,出席"人救会"第二次代表大会,任会议主席。会议听取李公朴所作政治报告及各部工作报告。(参见沈谱、沈人骅编《沈钧儒年谱》,中国文史出版社 1992 年版)

黄炎培 1 月 6 日至青年党左舜生家,商量民主同盟进行办法。7 日,中华职业教育社举行茶话会,出席讲话,阐述职教社和政治的关系。19 日,与张志让联名以《宪政月刊》社名义,假交通银行宴请孙科、王世杰、邵力子、沈钧儒等多人,举行时事座谈。25 日,应周恩来之邀至曾家岩 50 号中共办事处听取报告。周恩来昨自延安返渝。同座者为沈钧儒、郭沫若、邓初民、章伯钧、张申府等 9 人。28 日,孙科招餐于其家嘉陵新村 20 号,到者周恩来、王若飞、沈钧儒、王世杰、邵力子等 12 人。餐后谈国共问题。下次会由邵力子为主人。同月,和杨卫玉、冷御秋、孙起孟、章乃器、罗叔章、吴羹梅等 64 人继上年《民主胜利献言》之后,发表《为转换当前局势献言》,提出意见 20 条。2 月 1 日,邵力子招餐,到者和上次即 1 月 28 日孙科招餐时同,续商国共问题。8 日,假参政会招餐,到者周恩来、孙科、邵力子等 13 人,续谈国共问题。14 日,周恩来招餐,到者 24 人,周恩来报告国共问题最近商洽经过。15 日,因周恩来将返延安,经商得王世杰同意后,即约周恩来、王世杰、李璜于晚间在中宣部会谈,建议此一问题希望在联合国大会前获得初步解决。21 日,郭沫若、王若飞在郭家邀餐。参加者沈钧儒、邓初民、王炳南、徐冰、王昆仑、章伯钧、张申府、陈铭枢等 19 人。漫谈克里米亚会议及国共团结问题,建议以公意电请周恩来返渝。23 日,在参政会听取外交报告。为《宪政月刊》作一文,题为《读了克里米亚会议宣言以后》。28 日,《民主政治》主编胡秋原以《今后国民党》为题征文,谓将以供国民党六次全国代表大会之公览。因作一文曰:《致国民党诸友好公开信》,以刊布《宪政月刊》第 14—15 合刊号。3 月 1 日,出席宪政实施协进会第五次常务会员全体会,报告国共问题商谈经过,并将《致国民党诸友好公开信》面交会长蒋介石。2 日,至左舜生家,参加中国民主同盟中常会,发表对国共问题之宣言。8 日,应王若飞邀谈,参加者有沈钧儒、郭沫若等 10 余人,主要讨论组织联合政府及争取民主问题。15 日,假重庆江苏同乡会和章乃器、吴蕴初、冷御秋、杨卫玉等会谈时局问题。31 日,代表职教社宴请潘光旦、陈达等,并举行宪政座谈会,讨论在现时社会状况下,欲实现民主,应先举办哪些事的讨论。

黄炎培 4 月 2 日与褚辅成、王云五、冷御秋联名假参政会宴饯赴旧金山出席联合国会议之胡、董、吴、李等代表,并畅谈国共问题,强调继续协商之必要,请王若飞以公意电请周恩来返渝。复于 4 月 7 日在张治中、邵力子为董必武饯行会上,与褚辅成再次提出国共继续协商问题。6 日,在中国教育会座谈会中,对沦陷区收复后的教育问题,提出如下意见:(一)第一步要消毒。应将敌伪学校强迫使用的教科书(含有明显毒素者),公开烧毁。这在精神上可起消毒作用。(二)在敌伪教育界中有爱国之士,亦有迫于淫威而无重大罪行者,应予以照顾,并使其继续服务。(三)各地设立死难纪念碑和抗战博物馆。(四)名地应将沦陷和收复日作为纪念日。10 日,胡厥文、章乃器、吴羮梅等招餐,同席者刘鸿生、杨卫玉、吴蕴初、冷御秋等,餐后商谈时事。13 日,参加各期刊座谈会。到者《民宪》左舜生、《中华论坛》章伯钧、《民主世界》钟天心、《国论》周谦冲。黄炎培与杨卫玉、张志让代表《国讯》和《宪政月刊》。决议组织民主期刊协进会,被推起草组织大纲。因罗斯福逝世,并决议函请《大公报》发起人民追悼会。23 日,国民党政府发表第四届参政员名单,仍被聘为参政员。25日,作《美总统罗斯福悼词》。5 月 6 日,在中华职业教育社第 28 周年纪念会上发表演说,谓职业教育社之创立,实建筑于一种理论、两种精神之上。对职业教育,经二次世界大战而信仰益坚。两种精神,即尽职精神与服务精神也。10 日,宪政座谈会假江苏同乡会举行,参加者 300 多人,讨论对参加联合国会议代表之建议等问题,被推与张志让任主席。同日,主持《宪政月刊》社召集之第十三次座谈,讨论"对旧金山会议(即联合国)应有之建议和努力"。27 日,提出关于国共问题之意见,到左舜生家和沈钧儒、张申府、章伯钧等商谈。6 月 1 日,因 5 月 25 日褚辅成等民主人士多人建议恢复国共商谈,蒋介石今日邀餐商谈。会后和傅斯年被推起草致延安电稿。2 日,定稿。

按:电文如下:"延安毛泽东、周恩来先生惠鉴:团结问题之政治解决,久为全国国人所渴望。自商谈停顿,参政会同人深为焦虑。月前经辅成等一度集商,一致希望继续商谈,先请王若飞先生电闻,计达左右。现同人鉴于国际国内一般情势,惟有从速促成团结,俾抗战胜利早临,即建国新奠实基于此。敬掬公意,伫盼明教。褚辅成、黄炎培、冷御秋、王云五、傅斯年、左舜生、章伯钧。"

黄炎培 6 月 21 日出席宪政实施协进会第十一次常务会议,并提出修改现行出版品审查制度案,被通过。晚孙科招餐,参加者有冷御秋、邵力子等数人,共商中共问题。邵力子交阅毛泽东复电,大意谓国民党如放弃一党专政,召开党派会议,商组联合政府,实行民主改革,则无不乐于商谈,并欢迎赴延安云云。26 日,与褚辅成、冷御秋、王云五、左舜生、章伯钧、傅斯年等 7 人会商于中央研究院,商定意见三条:(一)由政府迅速召集政治会议;(二)国民大会交政治会议解决;(三)会议以前,政府先自动实施若干改善政治之措施。将此意见致书蒋介石主席,得同意后偕赴延安。27 日,昨日会议之 7 人,再聚于中央研究院,王世杰、邵力子亦到。王世杰反对将昨函呈蒋,谓必遭蒋介石大不满。7 人又访美大使赫尔利,亦不得要领。有主张散伙者,力持不可,乃同见蒋介石,蒋介石表示无成见,遂决定 7 月 1日赴延安。同月,与杨卫玉、俞颂华联名祝茅盾先生 50 寿,执笔为寿言,称颂茅盾一身兼为社会文学家、民族文学家和民间文学家三种资格之一人。7 月 1 日 9 时 30 分,搭机赴延安,同行者褚辅成、冷御秋、章伯钧、左舜生、傅斯年共 6 人。到延安时,欢迎者有毛泽东等党政军负责同志 10 余人。2 日,晤见陈毅、丁玲、范文澜、张仲实等畅谈。下午 6 人晋见毛泽东主席,陈述来意并畅谈所见。7 月 3 日晚,毛泽东、周恩来、朱德、林伯渠在招待所会谈,共同商定两点:(1)国民大会停止举行;(2)从速召开政治会议。4 日,参观延安日本工农学校。访陈绍禹、吴玉章、陈毅、黄齐生等。和冷御秋见毛主席畅谈。有一次毛泽东与黄炎培等的交谈中,毛泽东问黄炎培的感想怎样?黄炎培提出周期率的问题,就是希望找出一条新路,来跳出这周期率的支配。毛泽东说我们已经找到新路,我们能跳出这周期率。

按:黄炎培说:我生六十多年,耳闻的不说,所亲眼看到的,真所谓"其兴也悖焉,其亡也忽焉",一人,一家,一团体,一地方,乃至一国,不少单位都没有能跳出这周期率的支配力。一部历史,"政急宦成"的也有,"人亡政息"的也有,"求荣取辱"的也有,总之没有能跳出这周期率。中共诸君从过去到现在,我略略了解的了,就是希望找出一条新路,来跳出这周期率的支配。毛泽东说我们已经找到新路,我们能跳出这周期率。这条新路,就是民主。只有让人民来监督政府,政府才不敢松懈。只有人人起来负责,才不会人亡政息。

黄炎培7月5日由延安返抵重庆。同日,为邹韬奋逝世1周年,沈钧儒作纪念词。6日,召集职教社全体同仁及邻居友好,报告访问延安经过。7日,参加国民参政会第四届第一次会议开幕式。下午见蒋介石,报告延安商谈结果。将在延安带来之谈话纪录交王世杰研究。9日,和左舜生等商定,拟具一访问延安报告,送交参政会主席团。12日,与冷御秋、江问渔商定,起草不参加国民大会专题讨论之意见书。召集国民大会问题为国民党的主张,亦为此次参政会之中心议题。20日,国民参政会第四届会议今日结束,仍被选为驻会委员。24日,所撰《延安归来答客问》脱稿,《延安五日记》完成三分之二,今日分送《国讯》和《宪政月刊》发表。8月6日,中华职业教育社举行纪念周,为讲述国共团结问题现况及职教社同人参加政治活动之意义。11日下午,职教社举行紧急会议,商讨各部在停战后之新方针。14日,日本接受波茨坦宣言,无条件投降,中苏友好条约签字。因与杨卫玉、王艮仲等商量职教社返沪复员问题。15日,雷震电话告知黄炎培,蒋介石直接电请毛泽东来渝,会商国共问题。17日,参政会驻会委员会讨论复员问题。与冷御秋提案建议参政员协助政府办理复员工作,被通过。21日,邵力子招餐于参政会,同席者张群、王世杰、张澜及访问延安之5人。24日,在参政会驻会委员会中,对国民党政府和苏联签订之中苏友好条约提出如下意见:(一)旅顺口军事设备及管理归苏,仅行政权归我,又军委会苏三人,我二人,此二点是问题,应考虑;(二)外蒙独立,似无不可,但订入中苏条约之内,似不相宜。28日,至机场欢迎毛泽东、周恩来、王若飞等。30日,应毛泽东之招,在张治中家谈话。到者张澜、沈钧儒等10余人。

黄炎培9月2日应邀出席蒋介石欢迎毛泽东等的宴会。日本投降后,国民党内出现各种现象颇堪忧虑。黄炎培作《胜利了痛定思痛》一文,提出如下意见:(一)抗战8年,一般民众之负担和牺牲最为惨重,应尽速给予安慰和救济;(二)从速召集政治会议,以顺民心,定国是;(三)切实执行参政会之决议,保障人民身体、言论、出版及集会、结社之自由,承认各党派之合法地位;(四)国民大会应在全国和谐之空气中进行;(五)战时机关必须改组,战时法令必须重订;(六)缩编军队,紧缩裁并行政机构;(七)采用"国民之利"的经济原则,对全国公私生产界,简化法令与手续以解决之,并扶助之。(八)全国教育事业,应根据形势,消除特别势力,使其有自主自力之精神和能力。10日,根据6日第一次杂志联谊会之意见,起草一公函,分送中国国民党中央宣传部、参政会、宪政协进会,要求废止杂志审查办法。18日,参加中华职业教育社战后工作讨论会,并发表演说。29日,与胡厥文、杨卫玉、章乃器、孙起孟、章元善、吴羹梅等再商谈政团组织问题,定名为"民主建国会"。30日,周恩来、王若飞、张治中、邵力子、张群联名招餐于参政会。在座者有沈钧儒、张澜、王云五、傅斯年和其他民主同盟上层人物共9人,共商政治会议组织问题。10月3日,参加民主建国会会餐,讨论通过"民主建国会"政治主张20条。8日,张治中假军委会举行盛大宴会,为毛泽东、周恩来饯行,黄炎培应邀参加。11月2日,由国讯社,宪政月刊社会同迁川工厂联合会,召集"工厂与民主座谈会"。和胡厥文被推为主席。19日,"陪都各界反对内战联合会"假西南实业大厦举行。出席者为各党派及工商、金融、文化各界人士500余人。黄炎培被推为大会主席。30日,因政协召开在即,特于报端发表和平建国四原则。12月7日,民建会会餐,和胡子昂交换意见,举行第二次筹备会,被推为主席。10日,与沈钧儒、孙起孟等20余人至重庆长安寺,公祭昆明学生反对内战"一·二一"惨案4烈士。15日,作《为什么不走这条康庄大道》,主张国民党放弃独裁,开放政权,实行民主政治,以解决国内问题。16日,民主建国会经过24次之筹备会议,今日假西南实业大厦举行成立大会,与胡厥文、黄墨涵被推为主席团,并被推报告筹备经过。在报告时,声明"民建会有别于'党同伐异'之政团。不斗争,但辨是非。为人民之生活幸福而努力。其精神以国家之利益为先,团体及个人之利益次之。如组织原则草案中有一条'重在选贤与能,而不限定候选人之属于本会',即为具体实现'选贤与能,天下为公'八个字,亦可说明衷心无私云"。晚,与胡厥文、李烛尘等具名招待新闻界,报告民建会成立旨趣。19日,民主建国会第一次理监事联席会议在迁川工厂联合会举行。互选常务理事11人,常务监事5人。黄炎培被选为常务理事。28日,与杨卫玉、孙起孟等商谈政治协商会议之后援组织问题。(参见许汉三编《黄炎培年谱》,文史资料出版社1985年版;中共中央文献研究室编撰、逄先知主编《毛泽东年谱(1893—1949)》,人民出版社、中央文献出版社1993年版)

张东荪11月25日向燕京大学请假,赴重庆参加政协会议,住在上清寺特园鲜英家,也就是当时民盟总部所在地。张东荪一到重庆,立即成为舆论界关注的人物。张东荪接受重庆《新民报晚刊》记者浦熙修的采访,为张东荪到重庆后首次向外界发表自己对于战后政治问题的主张。12月,张东荪先后参加了中国经济事业协进会、民盟重庆支部茶话会、青年党欢迎会、民主建国会招待会,在与各界人士交流意见的同时,不断阐述民盟及自己对于政局的意见。同月,民盟秘书长左舜生辞职,张东荪被推举为民盟秘书长。云南昆明发生"一二·一惨案"后,张东荪与民盟主席张澜及常委梁漱溟对国民党特务行径给予痛斥,对死难学生给予同情,并撰写了挽联:"为反内战而牺牲,真成痛史。试思中国之命运,能勿忧心!"12月,重庆友人及学生为张东荪设宴祝贺60寿辰。12月19日,张东荪与张澜、梁漱溟拜会中共代表周恩来、王若飞、叶剑英交换政协会议的若干意见,与周恩来商定:民盟与中共在重大政治问题上,事先交换意见,采取一致步调,建立密切合作关系。回来在开会期间,双方遵守这个约定,民众代表与中共代表遇事磋商,在修改宪法原则问题上达成一致,促成了政协五大决议的通过。23日,美国决定派马歇尔作为总统特使来华调停国共关系。张东荪在谈到国共关系与和平民主的前途时说:"中国的事情复杂得很,民主就可能假造。不过,揭露这种黑幕,使假民主变成真民主,这不能靠外国朋友,还要靠国人自己来揭露,来争取,这是中国人民的责任,是责无旁贷的。"张东荪认为和平与民主是中国政治发展的潮流,但在实行过程中,要防止国民党当局实行假民主,并且真正的民主要靠中国人民自己来争取,不应对美国抱太大希望。26日,马歇尔邀晤民盟代表张东荪、沈钧儒、梁漱溟、章伯钧、罗隆基等,并会晤军政部次长俞大维。(参见左玉河编《张东荪年谱》,群言出版社2014年版;左玉河编《中国近代思想家文库·张东荪卷》及附录《张东荪年谱简编》,中国人民大学出版社2015年版)

章伯钧主编的《中华论坛》2月1日创刊于重庆,郭沫若、邓初民、许德珩、周谷城等撰稿。7月1日,章伯钧与褚辅成、冷御秋、黄炎培、左舜生、傅斯年6人组成的参政会代表团赴延安访问。8月31日,《中华论坛》的章伯钧,《宪政月刊》和《国讯》半月刊的黄炎培、张志让、杨卫玉,《民主世界》的钟天心,《民宪》半月刊的左舜生,《文汇周报》的陈翰伯,《再生》的孙宝毅,《中学生》的傅彬然等8大杂志的主办人举行会议,大家一致认为战争已经过去,审查制度已无必要存在,致函国民党中宣部、参政会、宪政协进会,请明令废止《战时图书杂志原稿审查办法》,并从9月份起,各刊一律不再送原稿。《东方杂志》《现代妇女》《民主与科学》等刊随即加入,并于9月6日举行第一次联谊会,采取一致行动拒绝送检,此时公开列名的已达16家。9月8日,成都《华西日报》《大学月刊》等10余家刊社联名致函重庆杂志界,响应拒检运动,即起停送审查。至9月10日,成都除《中央日报》和《黄埔日报》继续送审外,其余已全部拒检送审。接着先后有昆明等各大城市出版业分别加入拒检行列。9月15日,重庆20家杂志社通知国民党中央宣传部、国民参政会自9月份起自动不送审查。(参见吴永贵《民国图书出版史编年:1912—1949》,社会科学文献出版社2018年版)

梁漱溟年初住广西八步。1月31日,撰成《追记广州往事》《记十八年秋季太原之行》两文。文中写道:"右述广州太原各事,问及愚当时对大局种种意见,与后此主张未必悉合,半为适应时势则然,而今视之,盖亦未成熟之思想也。述此,为民国政治存一史料;且以见愚过去思想行动之一斑。"5月,偕李民欣同行到戎墟,访李任潮,拥护李对蒋形成以李为中心的实力派。左翼人士狄超白等也相继访李任潮。夏,以问答体写出《谈当前宪政问题》一文,刊于《民宪》东南版第1期。由于当时国民党政府决定本年11月12日召开国民大会,制定宪法,梁漱溟针对这一形势,将抗战以来关于宪政问题之曲折,一起一落过程用图解方式详细说明。6月,《梁漱溟教育论文集》由开明书店出版,同年11月再版。此书由唐现之编辑,收入梁漱溟有关教育问题的论著13篇,约13万字。8月,作《中国党派问题的前途》,刊于《民宪》东南版第2期。9月,邵力子电邀梁漱溟去重庆共商国是。因没有交通工具,未能成行。10月1—12日,中国民主同盟在重庆召开临时全国代表大会,即第一次全国代表大会。会上推选出张澜等18位中央常务委员,梁漱溟被推选为常务委员。他本人当时在广州。11月,梁漱溟从广州飞重庆,住特园。当晚、周恩来到特园看望。12月24日,中国民主同盟部分领导人参加陪都各界反内战联合会,致函毛泽东主席和国民政府,呼吁政治解决纠纷,"万不宜诉诸武力",并说:"同人等慎国亡无日之戒,爰成立本会。"联名发此函者,有彭一湖、梁漱溟和沈钧儒、陶行知等28位。同月,梁漱溟在贵阳《大刚报》发表《中国统一在何处求》,指出:"中国的统一必于团结求之,团结必于确定国是国策,发动建国运动中求之。"(参见李渊庭、阎秉华编著《梁漱溟年谱》,商务印书馆2018年版)

张申府继续任民盟中常委和文化工作委员会主任。1月15日,从本日开始至3月23日,五十年代出版社发起每月好书评选活动,首评12部,邀请张申府、侯外庐、金仲华、夏衍、姚蓬子等30多人为评选人,于本月15日开第一次会议。好书评选会每半月一次,同年3月23日,公布2月27日第二次评选会票选结果:翦伯赞著《中国史纲》(16票)、赵超构著《延安一月》(13票)、夏衍著《离离草》(7票)、顾伊译《前线》(7票)、侯外庐著《中国近代思想学说史》(6票)、袁水拍著《冬天,冬天》(5票)、王亚南著《中国经济论丛》(5票)、梁纯夫译《苏联经济新论》(5票)、贺湄著《中国地理新讲》(4票)、张粟原著《教育生物学》(4票)、骆宾基著《姜步畏家史》(3)、丁玲著《我在霞村的时候》(3票)。9月1日,毛泽东出席中苏文化协会在重庆中山一路黄家垭口会址为庆祝《中苏友好同盟条约》的签订而举行的鸡尾酒会,张申府应邀出席。(参见吴永贵《民国图书出版史编年:1912—1949》,社会科学文献出版社2018年版)

陶行知1月5日在招收音乐组学生时,采取对复杂音乐感受力的测验,选拔有音乐特才的幼儿进行专业教育。3月15日,育才同学会成立。出席并发表讲话,号召同学们加强团结。同月,在《中学生》杂志3月号方能《受教育的与改革教育》一文。作者指出:改革教育不只是教育家、教育者、教育官的问题,身当其冲的是受教育的,尤其要加以注意,非但要讨论如何改革，并且要促成真个改革。春，派人请来自延安的陈波儿到育才学校教秧歌舞。4 月 2 日，为农村儿童征求节日礼品的公开信发表于《新华日报》。4 日，《民主的儿童节》发表于《新华日报》，认为儿童的生活是社会的一面镜子。指出儿童节是全国儿童的儿童节，绝不是少数儿童的儿童节；民主的儿童节之先决条件是政治经济的民主，真正爱护小孩的朋友，必须是民主的战士。5 月，在《战时教育》第 4 卷第 2 期发表《实施民主教育的提纲》，对旧民主与新民主、庸俗的民主与创造的民主进行区分，提出："民主的教育是民有、民治、民享的教育""民主的教育必须办到各尽所能，各学所需，各教所知"。文中对教育的对象和目的、方法、教师、教材、课程、学制、行政、民众教育、文学等方面都提出了民主教育的主张。同月，协助中国民主同盟主编《民主》星期刊。

陶行知 7 月 20 日参加育才学校 6 周年校庆活动，接受美国援华会所赠的儿童读物，并与贵宾一起将读物分发给育才小朋友。其时育才学校教职员已有 61 人，其中在国外获有学位的教师 9 人。9 月 9 日与冯亦代、倪斐君共同筹办，由美国援华会资助的国际难童学校（又称培才小学）开学。该校招收难童学生百余人，为育才的兄弟学校。由徐进、胡晓风任教。育才学校社会组还与胡晓风、潘冷云等合办青年训练班。9 月，多次会见来重庆谈判的毛泽东。10 月 1—12 日，民盟在重庆召开临时全国代表大会。出席会议并被推为民盟中央常务委员、教育委员会主任委员。10 月 11 日，送毛泽东返延安并在机场合影。18 日，发表英文论著《全民教育》，提出"民主第一""全民教育""全面教育""终身教育"等指导原则。31 日，适应和平建国需要，主持的《战时教育》改名为《民主教育》。11 月 1 日，在《民主教育》创刊号上发表《民主教育》《民主》两文。前文指出民主教育是教人做主人，做自己的主人，做国家的主人，做世界的主人。后文提出真民主包含政治民主、经济民主、社会民主、国际民主，它的意义和内容还在发展。12 月 9 日，参加重庆各界追悼昆明"一二·一"死难烈士大会。临行前写下遗嘱，愿为民主献身。12 月 22 日，着手筹办重庆社会大学。是年，任大孚出版公司总编辑。（参见余子侠编《中国近代思想家文库·陶行知卷》附录《陶行知年谱简编》，中国人民大学出版社 2015 年版；中央教育科学研究所编《中国现代教育大事记 1919—1949》，教育科学出版社 1988 年版）

覃振继续任国民政府司法院副院长。8 月 28 日，毛泽东偕同周恩来、王若飞从延安乘专机到重庆后，周恩来即约见覃振私人秘书蒯伯赞，要他向覃振通报了情况，并告知 9 月 1 日毛泽东将应邀出席中苏文化协会在重庆中山一路黄家垭口会址为庆祝《中苏友好同盟条约》的签订而举行的鸡尾酒会，务要邀请覃振参加。蒯伯赞将上述情况转告覃振时，覃振很高兴，并表示一定前往。当晚 6 时左右，应邀赴黄家垭口会址出席宴会的有：苏大使彼得罗夫夫妇、罗申武官、宋庆龄、孙科、冯焕章、覃振、翁文灏、邵力子、王世杰、陈诚、张治中、鹿钟麟、梁寒操、朱家骅、陈立夫、吴铁城、沈钧儒、马寅初、左舜生、郭沫若、傅斯年、谭平山、王芸生、李德全、王昆仑、许宝驹、张申府、高崇民、史良、曹孟君、刘清扬、倪斐君、茅盾、侯外庐、张西曼、阳翰笙等，以及文化、新闻、戏剧界人士 300 多人。次日，《新华日报》对此作了报道。7 日，覃振以家宴招待毛泽东，是为毛泽东到覃府做礼节性拜访，覃振亦有为毛接风之意。当时因覃振夫人全汝真不在重庆，宴会由二女儿覃铭全面筹办。陪同毛泽东到覃府的有周恩来、王若飞、叶剑英等，覃振请蒯伯赞作陪。覃振宴请毛泽东之事很快在社会上传开。章士钊得知此事后，向覃振表示，他想见一见毛泽东。覃振很痛快地回答说："那么我再请一次好了，请你参加。"遂有 9 月下旬覃振第二次家宴，先由蒯伯赞代覃振向周恩来说明了再请的原因,女主人全汝真一手筹办。客人还是毛泽东、周恩来、王若飞、叶剑英4位,作陪的有章士钊、翦伯赞和邓初民。就是在这次家宴上,章士钊对毛泽东说:"三十六计走为上计。"据全汝真女士回忆(邱文楚《身在海外,心向祖国——覃振夫人全汝真女士访问、接触纪实》,载《新观察》1981年第24期)说:"是的。这个问题,章、覃二人完全一致。这正是宴请毛主席的出发点之一。他们两人都以蒋介石如何背信弃义对待张学良的历史事实,为毛主席的安全担忧。毛主席连连感谢他们的好意。"邓初民《沧桑九十年》(《新华月报》(文摘版)1980年第10期)回忆这次家宴说:"翦伯赞总是要毛主席和周副主席提高警惕,免遭蒋介石暗算。我虽然没有说话,但也很担心。"(参见张传玺《翦伯赞传》及附录张怡青《翦伯赞大事年表》,北京大学出版社1998年版)

章士钊4月23日被国民政府公布为第四届国民参政会参政员。6月,作为辩护律师为高秉坊贪污案向重庆实验地方法院呈补充辩护意见书。与陈达虞、张冕一起为高秉坊贪污辩护。7月7日,出席在重庆国民政府军事委员会礼堂召开的国民参政会四届一次会议。9月下旬,与蒋介石有一面之交,深知蒋为人的章士钊为毛泽东的安全和国家的命运非常着急。他当时正借住在重庆杜月笙的公馆,仅仅是一个普通的参议员,根本不可能见到毛泽东来陈述自己的担心。当他得知同盟会元老,时任司法院副院长的覃振宴请毛泽东的消息后,立刻有了主意,于是托覃振再次宴请毛泽东。就在覃振家里,毛泽东提起了1920年为解决留法勤工俭学的旅费向章求援事,表示感谢,章士钊听了非常感动。10月,"双十协定"签字后,时有特务猖獗,当毛泽东找章士钊叙谈时,章士钊谈了自己对当时形势的看法,认为蒋介石和谈无诚意,正在背后准备内战,乘他尚未准备就绪,说到这里便在手掌上写了一个"走"字,并小声说:"三十六计,走为上策。""老蒋是不会和共产党合作的。他现在是托延时间,准备内战。你若不尽快离开,他会下手,扣你为人质。"毛泽东很重视他的建议,并说章行老真正是共产党的朋友才能提出这样直言不讳的中肯意见。于是于11日离开重庆回到延安。11月28日,章士钊在《申报》发表《评所谓带原政策》。年底,返上海任《申报》总编,因国民党对新闻严厉管制,不久即辞职。是年,章士钊路过四川江津时,写了怀念陈仲甫(陈独秀)的一首诗,以示怀念自己的好朋友。诗云:"鹤山曾此住幽人,鹤去人空胜古津;我是山阳江上客,怕嫌闻笛失寻邻。"年底,《申报》此时为国民党接收,章士钊去上海主持《申报》。(参见袁景华《章士钊先生年谱》,吉林人民出版社2001年版;郭双林编《中国近代思想家文库·章士钊卷》及附录《章士钊年谱简编》,中国人民大学出版社2015年版;张传玺《翦伯赞传》及附录张怡青《翦伯赞大事年表》,北京大学出版社1998年版)

郭沫若1月1日在文工会出席重庆诗歌工作者举行的新年诗歌座谈会,并发表讲话。呼吁迎接新年要加强团结,争取民主。茅盾、戈宝权、何其芳、王亚平、袁水拍、徐迟、臧克家等百余人参加座谈会,与会诗人朗诵了诗作。3日,作《苏联会参加东方战场吗?》。7日下午,参加民主同盟举行的茶会,欢迎桂柳来渝文化工作者并在会上发言。8日,为悼念罗曼·罗兰逝世,作《宏大的轮船停泊到了安全的海港》,刊于《文学新报》月刊1月20日第1卷第3期。文中写道:"宏大的一只轮船停泊到了安全的海港。这是当我从报上读到罗曼·罗兰逝世消息的时候,在我心灵上所引起的第一个波动。罗曼·罗兰,他的身体虽休息了,他的精神作用,毫无疑问,在人类史上是要永远存在的。他是法兰西的夸耀,同时也是全人类的夸耀。"9日,在重庆十八梯回教礼拜堂讲授《中国古代史》。12日,为祝贺沈钧儒71寿辰,与王若飞等邀柳亚子、黄炎培、马寅初、王昆仑、邓初民、谭平山、左舜生、章伯钧、张申府等人在家聚会,谈时事。18日,作《文艺与民主》,刊于《青年文艺》双月刊1945年2月15日第1卷第6期。文中提出:"我们要尽量呼吁,和目前民主高潮的大时代配合起来,放下剪刀尺子,向苏联和美国看齐,救救我们的文艺!"同日,作《伟大的战士,安息吧!——悼念罗曼·罗兰》,刊于《文艺杂志》月刊1945年5月新1卷第1期。文中写道:"不足十年的功夫,四位伟大的文化战士,先后逝世。高尔基、鲁迅、巴比塞、罗曼·罗兰,你们都请安息吧。你们都已经尽了你们领港者的责任,完成了你们的战斗的任务。"中旬,《名辩思潮的批判》"勉强完了卷",刊于2月16日、3月16日重庆《中华论坛》月刊第2—3期。

按:此文分十部分。前言明确指出:社会制度发生变革,"一切都须得调整,因而在意识形态上的初步反映便必然有'正名'的要求,故在战国时期有所谓'名家'的产生,这件事本身也就足以证明在周秦之交,中国的社会史上有过一个划时代的变革"。打破汉代关于"名家"的范围,"泛论各家的名辩",以"检讨"先秦名辩思潮的"整个发展过程"。一、列御寇,即列子。二、宋钘与尹文。稷下黄老学派的主要的一支。三、兒说、貌辩、昆辩。乃"白马非马"之辩的始发者,公孙龙为其弟子或再传弟子。四、告子与孟子。告子是黄老学派人物,与宋钘、尹文属同一系统,"很有辩者的倾向"。孟子虽然站在儒家的立场,但在当时是以"好辩"而受非难的人。五、惠施与庄周。同属道家,"思维动向断然不同",惠施是向外穷索,庄子是向内冥搜。二人间的辩论,每一项差不多都表示他们在"方法论上的对立",却又都有着"同一的归趣",即他们的"观念游戏"或有心或无心,或积极或消极,都是在替新起政权的基础"增加它的巩固性"而"泯灭下层的斗志"。六、桓团和公孙龙。到他二人之时,差不多只是"为辩察而辩察"了,"观念的游戏"可以说是"登峰造极"。公孙龙可能是"渊源于宋钘",是把黄老学派的观念论"发展到了极端"的一个人。应该"特别注意"其"诡辞"是以"何原因或用意"而产生,强调公孙龙的"诡辞"都可以演绎为两种相反的社会意义,并举其"白马非马"为例。"白马非马"可演绎为"暴君非君"或"暴人非人",依前者则杀暴君非杀君,"富有革命性";而依后者则杀暴人非杀人,"遂成为暴政的口实"。七、墨家辩者。"检讨"最详。墨者之辩在现存《墨子》书中有《经上》《经下》《经说上》《经说下》《大取》《小取》6篇,从中发现一件"被忽略"的事,即6篇文字不是一家,而至少"有不尽相同的两派",在某种见解上是完全"对立"着的。八、邹衍,属于阴阳家,对于名辩的态度完全采取的是"正常的立场"。主要思想很明显是"儒家思孟一派的发展",之所以成为怪迂狂诞,应该由"假借他的学说而不通其意的燕齐的方士们负责"。九、荀子。在儒家中是参加辩争最积极的一位代表。提出"君子必辩",并于辩中分别出"小人之辩""士君子之辩""圣人之辩"。一方面表示荀子的"门户之见的酷烈",另一方面也要归咎到惠施、公孙龙和墨家辩者的一部分"把名辩的潮流引向错误的路上去了"。

郭沫若1月25日下午应邀往曾家岩,听周恩来谈时局和国共谈判问题。柳亚子、黄炎培、沈钧儒、章伯钧等在座。26日,在家设茶会欢迎周恩来。文化界人士有数十人参加。30日,开始写《前期法家的批判》。下旬,在《名辩思潮的批判》写完之后,认为已经写了法家的韩非和杂家的吕不韦,从春秋末年一直到秦代,"算已经作了一个通盘的追迹。假使还有一节断径须得架一座桥梁的话,那便是韩非以前的法家思想的清理"。因此,"便有了《前期法家的批判》的补充"。同月,《羽书集》由重庆群益出版社出版;应聘为《民主与科学》杂志"特约撰述"。该刊由张西曼主编,创刊于是年1月。6日,应邀与周恩来、王若飞、王炳南、徐冰等往李绍涵家聚餐,并同陈铭枢、杨虎、左舜生、李璜、沈钧儒、章伯钧、张申府、柳亚子、马寅初等谈论时局。8日,郭沫若主持撰写《文化界发表时局进言,要求召开临时紧急会议,商讨战时政治纲领,组织战时全国一致政府》,并亲自征集签名,沈钧儒、柳亚子、马寅初、茅盾、老舍等文化学术界知名人士312人签名,刊于22日重庆《新华日报》。"进言"道:"'道穷则变',是目前普遍的呼声;中国的时局无须乎我们危辞悚听,更不容许我们再要来巧言文饰了。""办法是有的,而且非常简单,只须及早实行民主。在野人士正日夕为此奔走呼号,政府当局最近也公开言明,准备提前结束党治,还政于民。""形势是很鲜明的,民主者兴,不民主者亡。""我们恳切地希望,希望全国人士敞开胸襟,把专制时代的一切陈根腐蒂打扫干净,贡献出无限的诚意、热情、勇气、睿智,迎接我们民主胜利的光明的前途。"文中揭露国民党在政治、经济、文化、教育等方面的反动政策,要求召开临时紧急会议,组织战时全国一致政府,提出废除一切限制人民活动的法令、取消一切党化教育的设施、停止特务活动、枪口一致对外等6项主张。同日,为了使《青铜时代》一书的书名"更有所凭藉",始作《青铜器时代》。为"十几年来研究青铜器所得的结论",也是"错综在《前期法家的批判》写作期中的一个副产物"。10日,《青铜器时代》草成。中国的青铜器时代的下限很明了,是在周、秦之际,秦以后便转入铁器时代,而春秋战国年间是过渡时代。殷以前的作为前驱时代的器皿一个也不曾发现,实在是古代研究上的"一个重大的悬案",可能是青铜或铜的冶铸技术由别的区域输入黄河流域,而原产地尚未发现。周代年限太长,"因而周器的断代研究便成为一个重要的课题"。归纳自己所采用的方法,选定已知年的标准器为联络站,以其人名、事迹为线索,"再参证以文辞的体裁,文字的风格,和器物本身的花纹形制,由已知年的标准器便把许多未知年的贯串了起来"。殷周青铜器可以分为四个时期鼎盛期,为殷代及周室文、武、成、康、昭、穆诸世;颓败期,大率起恭、懿、孝、夷诸世以迄春秋中叶;中兴期,自春秋中叶至战国末年;衰落期,战国末叶以后。明白了社会生产进展的过程,便可以了解青铜器无论形式、花纹、文体、字体等所显示出的波动。把这许多的古器物的年代定妥了,那器物本身和它的铭文才能作为我们研究古史的有科学性的资料。时代不分,一团混沌,除了作古董玩物,是没法利用的。

按:11日,郭沫若作《〈青铜时代〉序》。"我把十年关于秦前社会和学术思想的研究文字收集成为两个集子:一个是这儿呈献出的《青铜时代》,另一个是她的姊妹篇《十批判书》。""《十批判书》的内容,如书名所示,偏于评判。本集则偏重于考证。两者相辅相成的地方很多。""写作年代上相隔了十年,见解便不免有些出入","以显示十年来的自己的履迹","附录三篇关于青铜器的文字,是从《两周金文辞大系》和《古代铭刻汇考》等书摘录下来的,借以表示我研究青铜器的方法和收获"。同日,作《周代彝铭进化观》"跋语","此文乃一九三一年纂集《两周金文辞大系》时所拟序说之一节,因嫌蛇足,未及印入,后于一九三年出《古代铭刻汇考》时,乃收作附录以当注脚。今复转录于此"。

郭沫若2月14日应周恩来之邀与王若飞、于右任、孙科、左舜生、沈钧儒、张申府、章伯钧、李璜、王昆仑、黄炎培、屈武、陶行知、杨杰、陈铭枢、邓初民、谭平山、鲜英等24人,在鲜特生宅聚谈,周恩来报告最近国共谈判经过,并征求众人意见。18日,《前期法家的批判》完成。法家的产生应该追溯到子产,子产"铸刑书"是新刑律的成文化。法家思想的产生是由于"社会有了变革,然后才有新的法制产生,有了新的法制产生,然后才有运用这种新法制的法家思想出现"。文章分四部分。一、李悝。"李悝在严密意义上是法家的始祖",同时又具有"儒家的气息",他的建树并不专在于刑律,还有更积极的一方面,实施了"尽地力之教"的经济政策,由此断定《史记》《汉书》中关于儒家的李克与法家的李悝是同一人。二、吴起。不单纯是一位兵家,而应该是"法家的一位重要人物"。因已写有《述吴起》一文,这里只强调其也是"在初期儒家的影响中陶冶出来的人",他行之于楚的办法,与商鞅后来行之于秦的"差不多完全一致"。三、商鞅。思想是"从儒家蜕化出来的"。分析商鞅的"变法之令",指出"战国时法家所共同的一个倾向,是强公室而抑私门,这里是包含有社会变革的意义的""他的用法而不用术,正是初期法家的富有进步性的地方。初期法家主张公正严明,一切秉公执法，以法为权衡尺度，不许执法者有一毫的私智私慧以玩弄权柄。"肯定"纯粹法家"是"以富国强兵为目标"，虽然采取的是"国家本位"，但不一定是"王家本位"。四、申不害。与李悝、吴起、商鞅等的倾向"完全不同"，严格地说应该称为"术家"。所谓"术"，是执法者以私智私慧玩弄法柄的东西，与"法"是"不两立"的。这种"帝王南面之术"，倡导于老聃、关尹，而发展于申不害。申不害的主张"完全是以人主为本位"的，把法放在"不足重轻"的地位。《韩非子·定法篇》中所说"申不害不擅其法，不一其宪令，则奸多"，正是法家与术家的"不同的地方"。最后，对名辩思潮作出一点补充，即名辩思想在申不害这里发展到了"政治上的实用方面"，综合名实，更发展为后世的名分论。19日，作《〈老聃·关尹·环渊〉追记》。以"此文一九三五年四月发表于沪上《新文学》杂志之后即失其踪迹，今承李可染兄自《古史辨》第六册中抄寄，得以编入本书，甚为感纫"。指出"范环之名又见《战国策·楚策》""《史记·甘茂传》亦载其事，则作范蜎""于时范环必已老年，故当得参预国家大事之咨询""本文中未及因列此事，补志之于此"。21日，与王若飞共同邀请沈钧儒、黄炎培、陈铭枢、谭平山等20余人到家聚谈，从克里米亚会议谈到国共合作。23日，作《人类的前卫——纪念第二十七届红军节》，发表于24日重庆《新华日报》。晚，往青年馆，出席中苏文化协会为纪念苏联红军节举行的晚会，原拟在会上演讲，因被警告作罢。

郭沫若2—3月间与茅盾、老舍、洪深、阳翰笙、夏衍、冯乃超、张静庐等78人，联名发表《重庆文化界为言论出版自由呈中国国民党十二中全会请愿书》，提出"取消图书杂志及戏剧演出审查制度""严令各地方当局切实遵守法令，保障言论出版自由"等要求。3月1日，致苏联作家协会主席尼塔哈诺夫的电文刊于重庆《新华日报》。电文说："惠电敬悉。阿·托尔斯泰先生逝世，中国作家接受此消息，莫不感受深切的悲痛。""谨以至诚表示哀悼，并请转达托尔斯泰先生遗族。"8日，与沈钧儒、黄炎培、邓初民等，应王若飞之邀，往良庄聚谈。13日上午，与阳翰笙、冯乃超商量文工会会计工作，因原会计病重，决定请程泽民继任。15日，《神明时代》刊于《文艺春秋》丛刊之三《春雷》。由"关于自由""关于歌德""神明时代"三部分组成。19日，《申述关于中医科学化的问题》刊于重庆《新华日报》。21日，作《中华全国文艺界抗敌协会悼念罗曼·罗兰》，刊于25日重庆《新华日报》。25日上午，在青年馆参加罗曼·罗兰追悼会，并代表文协致《罗曼·罗兰悼词》。参加者有各国使节和各界人士共千余人，于右任为主席。28日，与沈钧儒、王若飞等人发起为柳亚子庆祝59岁生日。在重庆的各民主党派和文化界人士40多人，借天官府文工会举行祝寿宴会。30日，蒋介石因对郭沫若主持撰写《文化界发表时局进言，要求召开临时紧急会议，商讨战时政治纲领，组织战时全国一致政府》极为恼火，遂以机构重叠为名，下令撤销"文化工作委员会"。同日，接国民党政治部长张治中训令，政治部宣布解散文化工作委员会。郭沫若即派人通知阳翰笙、冯乃超等人来寓所商量善后问题。31日，在家接待上门表示慰问的各界友人。同日，文化工作委员会被"裁撤"的消息见诸重庆各报。《新华日报》并加编者按说："郭沫若先生于七七抗战爆发后，自日本只身逃归祖国，领导战时抗敌宣传工作。""文化工作委员会在郭先生领导下，对于抗战文化，贡献宏伟，驰誉友邦朝野，这次突被解散，闻者颇感惊异。"在重庆的中外人士对于文工会被"裁撤"，均极表关切。各民主党派领导人、新闻记者、文化界知名人士及苏、美、法等国驻渝外交人员等纷纷前来慰问。《新华日报》还以"代邮"的形式转达读者"甚表震惊"和"深表同情"的来函。同月，《青铜时代》由重庆文治出版社出版，收《序》、正文12篇，附录3篇：《〈两周金文辞大系〉序说》《周代彝铭进化观》《彝器形象学试探》；其

《关于中国音乐》发表于《音乐艺术》第2卷第1期。

郭沫若4月1日晚为第三厅成立7周年举行聚餐会,邀请沈钧儒、章伯钧、翦伯赞、马宗融等民主人士、国际友人等百余人参加。在会上奋笔疾书:"始于今日,终于今日,憎恨法西斯,不忘今日。"并解释说:"所谓'始于今日,终于今日',不是说文化而是说'花瓶'。今日我们是解散了,我们恢复了本来面目,我们更自由了。"2日,为"裁撤"文工会签复张治中公文,内容有五项:(一)移交时间定在四月底;(二)四月份同人的薪给请照发;(三)全体同人要求资遣的签呈并望从优资遣;(四)留下程泽民、郭劳为等4人作报销工作,时间以半年为限,请照准;(五)全体士兵求资遣亦请照准。8日,出席重庆各党派领袖及文化界人士举行的宴会并致辞。到会者有沈钧儒、左舜生、章伯钧、柳亚子、黄炎培、董必武、王若飞、谭平山、陶行知、张志让、马寅初、邓初民、郭春涛、史良、沙千里、翦伯赞、侯外庐、史东山、阳翰笙、于伶、吴祖光、夏衍、胡风、冯乃超等100多人。席间沈钧儒、左舜生、陶行知、王若飞、柳亚子、马寅初、翦伯赞等先后致辞,高度评价郭沫若多年来对文化的伟大贡献,指出"郭先生是国家的至宝,为全国人民所热爱,他是永远不会孤立的"。9日下午,阳翰笙来寓商谈中苏文化协会研究委员会事。介绍朱海观、蔡仪和霍应人到研委会工作。10日,在昆明的文化界人士闻一多、楚图南、费孝通、罗隆基等50多人来信,对国民党解散文工会一事表示亲切慰问。上旬,开始主持中苏文化协会研究委员会,任主任委员。11日,指示去赖家桥办理文工会结束工作的人员:清理账目者,须集中办公;赶办公文、公物移交者,须于20日前结束。

郭沫若4月12日作《向人民大众学习》,刊于重庆《文哨》月刊5月4日第1卷第1期"五四"文艺节创刊号;又载6月17日延安《解放日报》以及次年《胶东大众》第30期。15日上午,往抗建堂,参加为苏联作家A.托尔斯泰举行的纪念大会,并作讲话《悼念A.托尔斯泰》,讲话摘要发表于16日《新华日报》。20日,作《人民的文艺》,刊于29日重庆《大公报》;又作为代发刊词刊于次年1月1日《文艺生活》光复版第1期以及次年《胶东大众》第44期。说道:"今天是人民的世纪,我们所需要的文艺也当然是人民的文艺。""人民的文艺是以人民为本位的文艺,是人民所喜闻乐见的文艺,因而它必须是大众化的,现实主义的,民族的,同时又是国际主义的文艺。"24日,阳翰笙来寓谈"郭沫若研究所"筹备详情。同日,与邵力子、苏联文化代表多洛雪也夫、邓初民等200多人,在中苏文协参观了"希特勒新秩序"照片展。27日,作《"五四"课题的重提》,刊于重庆《群众》月刊第10卷第9期;又刊于《天下文萃》1946年第1卷第5期。认为:"'五四'运动的课题是接受赛先生(科学)与发展德先生(民主)。这课题依然还是一个悬案。""我们今天的任务,依然要继续'五四'精神,加紧解决我们的悬案:接受科学并发展民主。""要做到这一层,总要有政治的民主化以为前提,学术研究得到自由,科学者的生活得到保障,一切都以人民为对象,科学才能够脱掉买办性质,而不致遭受恶用。科学精神也才能够得到鼓励而发扬起来。""我们必须重提起'五四'精神,为拯救中国,为拯救全人类而努力。"28日下午,往沙坪坝学生公社做讲演,后以《我们需要怎样的文艺?》为题(R.L记录)刊于5月8日重庆《新华日报》,文中说:"我们不需要替统治者歌功颂德,替一家一姓歌功颂德,我们要歌人民大众的功,颂人民大众的德!我们需要这样的文艺!""我们要以文艺来替人民服务,在科学的水平上走向人民文艺的道路。""现在是人民的世纪,我们反对法西斯,反对一个人的独裁专制,反对个人主义、侵略主义,这样才能勉尽文艺家的责任,才能满足人民的要求。""在政治上,是天下人之天下或少数人之天下的斗争;在文艺上,是人民的文艺和帝王文艺的斗争;现在我们不需要一人的文艺,而是需要人民的文艺。"29日上午,阳翰笙来谈日前召开"郭沫若研究所"筹备会的情况。以成功的可能比较小之故,对筹备会讨论的结果"不敢赞一词"。同月,《先秦学说述林》由福建永安东南出版社初版,列为"大学学术丛书",收论文14篇及后叙。5月3日,老舍来访,阳翰笙亦来,谈文协大会的准备。4日午后,与邵力子、茅盾、老舍、阳翰笙等人往文化会堂,参加文协成立7周年大会及第一届"五四"文艺节,并讲话,说:"新文化运动的责任又落在文艺工作者肩上,我们的责任加重了。'五四'的课题,至今没有实现。""'五四'是新旧文艺的斗争,十七年,我们的文艺界依然存有'三寸金莲'主义,也更存在有'高跟鞋'主义,对于这些,要用全力扫荡。"5日,作《我怎样写〈青铜时代〉和〈十批判书〉》,刊于本月《民主与科学》第1卷5—6期合刊;又载上海《文萃》周刊1946年1月1日、8日第13—14期。

> 按:此文分六部分。一、叙述接触周秦诸子的经历以及在"烽火连天"中写了六种历史剧和这两个学术论集。新史学阵营里多数朋友对自己坚持的殷周是奴隶社会的观点"每每提出相反的意见",自己对于儒家和墨家的看法"和大家的见解也差不多形成了对立",受到"鼓励和刺激",因而"秦汉以前的材料,差不多被我彻底剿翻了。考古学上的、文献学上的、文字学、音韵学、因明学,就我所能涉猎的范围内,我都作了尽我可能的准备和耕耘","爬过了一个高峰要达到另一个高峰"。二、叙写作《墨子的思想》《述吴起》《秦楚之际的儒者》《公孙龙子与其音乐理论》的进展。三、记述写作《吕不韦与秦王政的批判》《韩非子的批判》《韩非子〈初见秦〉篇发微》《由周代农事诗论到周代社会》以及《甲申三百年祭》《先秦学说述林·后叙》的进展。四、叙写作《古代研究的自我批判》《孔墨的批判》《宋钘尹文遗著考》《稷下黄老学派的批判》《儒家八派的批判》《庄子的批判》《荀子的批判》的进展。特别将古代社会研究的"重要的新发扬"归纳为四点:即把井田制肯定了,从事工商业者的官奴春秋中叶以后逐渐成为了都市的有产者,《考工记》是春秋年间齐国的官书,详细考察了士民阶层的分化。五、写作《名辩思潮的批判》《前期法家的批判》的进展。六、写作《青铜器时代》、编辑两本论集的情况,列出两本论集的目录。

郭沫若5月7日出席中华全国文艺界抗敌协会总会第七届年会,会议改选理监事,与邵力子、老舍等21人"当选为渝理事"。8日,作《兑进文艺的新潮》,刊于重庆《文哨》月刊第1卷第2期。16日,应苏联大使彼得罗夫之邀,出席为庆祝苏联红军在欧洲取得胜利和德国无条件投降举行的酒会。同日,与阳翰笙、冯乃超一起商定,同意把"郭沫若研究所"的筹备工作暂时停一停。19日,偕于立群与阳翰笙、冯乃超、胡风等乘车前往赖家桥,看望留在那里的原文工会成员,并一起午餐。28日晚,苏联大使馆费德林博士来访,带来邀请信,受邀参加苏联科学院成立220周年的纪念大会。另一位受到邀请的是丁西林。29日,与费德林往北碚访丁西林。30日,作《国际的文化联盟刍议》,刊于6月3日重庆《新华日报》。6月2日,作《〈十批判书〉后记之后(一)》。文中感谢杜国庠告知两则他人研究成果:陈澧《东塾读书录》卷12《诸子书》以思孟之学出于子游,近人刘节以《心术》《白心》二篇出于宋钘或尹文,"志此以示不敢掠美"。4日,以中苏文协研委会的名义,对于茅盾、戈宝权、葛一虹等人翻译苏A.罗斯金著《高尔基》表示感谢,并为译本作《序》,称赞译文"至为简明扼要,善能传神"。5日,蒋介石召见,准予赴苏联访问。6日,阳翰笙来寓所,告以昨日见蒋介石的结果。同日,出席中苏文协为欢迎苏联新任驻华大使彼得罗夫、庆祝苏联红军胜利举行的酒会。由于即将赴苏,成为谈话中心。宋庆龄和邵力子一再为他干杯,祝他一帆风顺,完成使命。7日,往曾家岩50号,出席王若飞等人举行的欢送会。晚,出席马寅初、柳亚子、陶行知、邓初民、阳翰笙等为他举行的饯行宴会。8日午后,出席中苏文协、全国文协、全国剧协三团体举行的欢送大会,并致答词,说:"中国人民和诸位文化界人士都是主人,好比是我的君,我实是一个'差使'而已,但愿能够'使于四方,不辱君命'就好了。"到会者有200余人,邵力子主持，茅盾代表文协致辞，史东山代表剧协讲话，侯外庐代表中苏文协致辞，柳亚子和马寅初亦致了送别词。晚，偕于立群出席张治中为苏联新任驻华大使彼得罗夫等人举行的欢迎宴会。

郭沫若6月9日午饭后启程赴苏联访问。8月20日上午，飞抵重庆，并立即接受《新华日报》记者采访，畅谈访苏的感想和印象。前往迎接的有马寅初、阳翰笙等20余位文化界的朋友。28日下午，与重庆知名人士往机场迎接参加国共谈判飞抵重庆的毛泽东、周恩来、王若飞等人，赫尔利、张治中陪同到达。29日下午，与丁西林出席中苏文协的欢迎会。30日上午，与丁西林出席全国文协和剧协联合举行的欢迎访苏归来茶会。在会上介绍了苏联文艺工作者在反法西斯战争中的贡献。月底，邀请文艺界的朋友30余人来寓聚会。周恩来赶来与大家见面，他代表中共中央和毛泽东向大家问好，并谈了这次毛泽东亲自参加和谈的重大意义。9月1日，出席中苏文协为庆祝《中苏友好同盟条约》举行的酒会。毛泽东、周恩来、王若飞及苏联驻华大使彼得罗夫等300余人参加。3日，往毛泽东下榻处。在座的有翦伯赞、邓初民、冯乃超、周谷城等人。4日下午6时，受到毛泽东的接见。5日，参加中国民主同盟举行的抗战胜利暨欢迎郭沫若访苏归来庆祝会，并发表讲话。同日，劝阳翰笙接受张治中任命的设计委员一职。9日，往红岩村看望毛泽东、周恩来。14日，在星期五聚餐会上发表题为《苏联工业现状及其成功之关键》的演说。演说全文载《西南实业通讯》第12卷1—2期合刊。中旬，接到"17日郁达夫被日本宪兵杀害于苏门答腊"的噩耗。稍后，接到郁达夫生前写的信和《题画诗》手迹照片，悲痛之余，即于照片后面题字："郁达夫《题画梅诗》。乙酉乃一九四五年，达夫以此年秋遇难。"27日夜，校完《十批判书》，作感言。写道："《青铜时代》和《十批判书》都由我自己校对了几遍，但终不免仍有错字，深感校书之难。中国假如专由我辈任校对，而有更笃实的学者著书，学术界的进展谅必大有可观了。"影印手迹活页，收重庆群益出版社1945年9月初版《十批判书》。28日，作《〈十批判书〉后记之后二》，指出《管子》书中多法家言，《法法》《任法》和《明法》诸篇，其"理论确渊源于慎到，而为韩非所本"，明显地表现出是慎到与韩非之间的"桥梁"。对于《明法篇》别有《明法解》，认为"或许即是慎到在稷下学宫里的教本"，一经一传，分明是师徒之间"传授的讲义录"。30日，应邀出席成都大学月刊社为马哲民、邓初民、沈志远3人举行的招待会。同月，散文集《波》由重庆群益出版社出版；与柳亚子、熊瑾玎、张西曼、田汉、林北丽等联名创立了"革命诗社"。诗社社长柳亚子，主编张西曼；《十批判书》由重庆群益出版社出版，为"文化研究院丛书"之一。收录《古代研究的自我批判》《孔墨批判》《儒家八派的批判》《稷下黄老学派的批判》《庄子的批判》《荀子的批判》《名辩思潮的批判》《前期法家的批判》《韩非子的批判》和《吕不韦与秦王政的批判》等十篇论文，以及《后记——我怎样写〈青铜时代〉和〈十批判书〉》《后记之后》。

按:《十批判书》本书对先秦思想的批判，涵盖了先秦诸子及重要学派。作者提出"人民本位"作为评判历史人物的标准。他还主张先清算社会机构——生产力、生产关系、社会性质，然后清算建立于其上的意识形态的研究方法。朱自清说："郭先生的学力，给他的批判提供了充实的根据，他的革命生活、亡命生活和抗战生活，使他亲切的把握住人民的立场。他说'现在还没有达到可以下结论的时候，自然有时也不免要用辩论的笔调'。他的辩论的笔调，给读者启示不少。他'要写得容易懂'，他写得确是比较容易懂；特别是加上那带着他的私人情感的《后记》，让人们更容易懂。我推荐给关心中国文化的人们，请他们都读一读这一部《十批判书》。"

郭沫若10月2日作《千载一时的建国机会》，刊于11日上海《建国日报》（晚刊）。8日，往军委会大礼堂参加张治中以政治部长名义举行的陪都文化界招待会,为毛泽东饯行。9日,《苏联纪行》在重庆《新华日报》开始连载,至1946年1月22日连载毕;又分16次刊于1945年《时代》第5卷第18期至1946年第6卷第13期;又从11月13日起在香港《正报》连载;又分15次连载于1946年1月7日至21日延安《解放日报》。以日记形式记述了访问苏联期间的活动、见闻、感受。单行本由上海中苏文化协会研究委员会1946年3月出版。10日,创办并发行《建国日报》晚刊。11日,与张澜、茅盾等百余人前往机场欢送飞返延安的毛泽东、王若飞等人。13日晨,阳翰笙来访。交谈时局、清理工作等事宜,同意将《苏联纪行》一书编入中苏文协的研究丛书之内的建议。14日上午,往访周恩来。下午,往张家花园参加文艺界抗敌协会理监事联席会。到会的有冯玉祥、邵力子、冯乃超、茅盾、李劼人、阳翰笙等人。会议的主题是改名的问题和复员的问题。一致同意把"抗敌"二字取消,改名为"中华全国文艺界协会"。15日,《人民世纪的文艺》刊于上海《建国日报·春风》第6期。17日,作《我建议》,纪念鲁迅逝世9周年,刊于19日重庆《新华日报》,又载《文萃》第18期。文中写道:"我建议,应该设立鲁迅博物馆。凡关于鲁迅的资料,他的生活历史、日常生活状态、读的书、著的书、原稿、译稿、笔记、日记、书简、照片等等,还有关于他的研究,无论是本国的或外国,都专门搜集起来,分门别类地陈列。让研究鲁迅者,让景仰鲁迅者的人民大众,得以瞻仰。"19日下午,往西南实业大厦出席鲁迅先生逝世9周年纪念会,并作讲演。提出纪念鲁迅的若干建议,包括设立鲁迅博物馆、多塑造鲁迅像等。并介绍了列宁、斯大林对苏联文化建设的重视。纪念会是与周恩来、宋庆龄、邵力子、沈钧儒、许寿裳等人共同发起的。纪念会后,与文艺界朋友回寓中会餐,并举行"文艺漫谈会",所谈都是过去文艺活动的总结。20日,作《今屈原》,刊于25日重庆《新华日报·柳诗尹画联展特刊》。21日,在中苏文协妇委会作《苏联妇女漫谈》演讲。演讲词刊于11月7日《中苏文化》月刊第16卷第11期"苏联十月革命二十八周年纪念特刊"。

郭沫若10月21下午出席中华全国文艺界协会在张家花园举行的会员联欢晚会并讲话,说:"文协改名以后,一定会象抗战中八年所表现的成果一样,为和平建国而工作。"联欢晚会由老舍主持,并邀请到会的周恩来介绍延安文协的工作。到会的有叶圣陶、巴金、傅彬然、赵家璧、常任侠、胡风、冯雪峰等56人。29日,作《应有的结论》,刊于11月7日《中苏文化》月刊第16卷第11期"苏联十月革命二十八周年纪念特刊"。同月,讲演录《王安石》刊于重庆《青年知识》半月刊第1卷第3期。11月4日,应中大学生自治会之请,作题为《苏联观感》的讲演。讲演词载5日重庆《新华日报》。7日中午,应邀出席苏联大使馆为庆祝十月革命28周年举行的盛大酒会,并致辞。下午,出席中苏文协在青年馆举行的苏联十月革命28周庆祝会,并讲话。17日,戏剧界诸友来寓所开漫谈会,谈抗战以来的戏剧运动。19日,出席重庆各界反对内战联合会成立大会,与黄炎培、柳亚子、沈钧儒、罗隆基等被选为理事。在会上讲话。指出:民主国家的一切事情要问人民,内战是反民意、反老百姓的。同时谴责美国拼命帮助蒋介石打内战。23日,与茅盾、叶圣陶、老舍、洪深等17人,联名致美国援华会作者委员会赛珍珠和全美作家书,刊于重庆《新华日报》。12月初,为武训诞辰107周年,领衔与张申府、周恩来、徐迟、陶行知、邓初民、邵力子、陈铭枢、黄炎培、李公朴、冯玉祥、沈钧儒、柳亚子等200人发起"武训先生诞辰纪念大会"。3日,作《吊星海》,为悼念不久前病逝于莫斯科的冼星海,刊于次年1月4日上海《文汇报》。4日,与沈钧儒、罗隆基、章伯钧等反内战联合会常务理事,联名致电全国人民,呼吁各地都成立反内战联合委员会。6日,出席"武训先生诞辰纪念大会",为主席团成员,并发表讲话。讲话摘要见黎舫《重庆武训先生纪念会发言摘录》。7日,为声援昆明师生对"一二·一"惨案的抗议,与重庆文艺界人士吴祖光、茅盾、巴金、胡风、叶圣陶、冯乃超等人联名致电昆明各校罢课联合委员会并转全体教授、教师、同学,"对死者致悼,对伤者慰问,祝生者继续努力"。9日,参加重庆各界在长安寺内为昆明"一二·一"惨案死难诸烈士设灵祭奠仪式,并致哀辞。后以《追悼大会哀辞》为题刊于10日重庆《新华日报》。哀辞中说道:"抗战八年,民生雕丧,幸获胜利,勉跻五强。""蠢尔威武,直等蚊虻,拯溺救火,何畏死伤。全民奋起,共树典常。魂其有灵,来格来飨。"10日,浦熙修《郭沫若先生——政治协商代表访问之十》刊于《新民报晚刊》。11日,参加陪都文化界、戏剧界在长安寺公祭昆明4烈士大会,为主祭人。15日,作《历史的大转变》,刊于次年1月1日上海《文汇报》。17日,作《一切为了人民》,刊于《抗战文艺》月刊次年5月4日第10卷第6期。18日,与周恩来、董必武、叶剑英、沈钧儒、李公朴等人参加燕京大学留渝校友,以及重庆各党派及文化界人士为祝贺张东荪60寿辰举行的宴会。20日,就杜鲁门声明与马歇尔来华答《新华日报》记者问,表示欢迎杜鲁门声明,希望马歇尔能迅速将声明内容付诸实现,撤走在华美军,停止装备不民主的军队。24日,与陶行知等28人代表重庆反内战联合会致电毛泽东和蒋介石,希望立即停止武装冲突,促进政治协商,使和平建国大业早日进行。28日下午,同傅斯年、王云五等人出席邵力子、雷震举行的宴会。听邵力子报告国共谈判经过,并共商无党派代表的办公处等问题。30日,作《走向世界和平的桥梁》。
(参见林甘泉、蔡震主编《郭沫若年谱长编》,中国社会科学出版社2017年版;王学典《20世纪史学编年(1900—1949)》,商务印书馆2014年版)

顾颉刚继续主编《文史杂志》。1月25日,顾颉刚因齐鲁大学发生风潮离开成都。顾颉刚离开后,整理廿四史之计划等受阻。顾颉刚后又去信给主持研究所工作的吴禹铭商量此事,信中说:"《二十四史》之标点,为我辈整理中国历史之初步工作,且为不能不经过之一阶段。经过此一阶段,然后研究工作方有凭借,引用原文方有标准。"这一工作最终似无结果。顾颉刚到达重庆后,担任了复旦大学教授。同月,国民党中央党部停发《文史杂志》经费。2月8日,参与签名发表《文化界发表时局进言,要求召开临时紧急会议,商讨战时政治纲领,组织战时全国一致政府》,刊于2月22日《新华日报》。由此激起当局之不满,朱家骅、张道藩各派人来要顾颉刚登报更正,被顾颉刚拒绝。同月,中国史地图表编纂社之地图组移重庆工作,历史组暂停。因去年湘桂战役中,大中国图书公司货物损失惨重,故图表社极度撙节,几于停顿。同月,中国史学会为校订《清史稿》事召开全体理监事会议。与会者认为,曾被国民政府列为禁书的《清史稿》得失互见,瑕瑜不掩,各大学、研究机构均以近代史为必修科或研究要目,而《清史稿》为第一位的参考书。因此,特呈文教育部,要求由中国史学会负责校订和出版,请政府解禁,并给予适当帮助。3月,《文史杂志》经费改由中国出版公司提供。3—4月,应杨家洛邀,将燕大《春秋史讲义》重写为《春秋史要》六章:《三代略史与周的东迁》《春秋列国的先世》《郑庄公和郑厉公》《楚国经营江汉及其北侵》《齐桓公前期》《齐桓公霸业》,陆续由北泉图书馆印行。3—6月,在复旦大学授"历史地理""春秋战国史"课。

顾颉刚4月9—11日出席三民主义青年团评议会。18日,为《文史杂志》第5卷第3—4合期(古代史专号)作《编后记》。同月,中国史学会移交史学书局;《文史杂志》出版"古代史专号",刊载顾颉刚《黄河流域与中国古代文明》、郑德坤《中国古代文化的形成》等7篇文章。社论《研究古代史的新途径》云:我们今日要想研究上古的史实,不能单靠几本古书,只有尽力从事于考古学,努力向地下发掘遗物;顾颉刚蝉联国民参政会第四届参政员;陶行知来,表示政府不发文史杂志费,渠等可以代筹。顾颉刚谢之,因不愿加入左右之争;参加马衡、何遂、庄严等10人参加杨家骆主持的大足石刻考察团。24日出发,先后至合川、铜梁、大足,观汉墓及唐宋造像。归途璧山。5月8日,返北碚。同月,拟《春秋经通检》目录。6月28日,被推为北碚修志委员会主任委员,实际工作由傅振伦主持。同月,《文史杂志》出版"社会史专号"。本期专号包括社论《我们要补足旧史的缺陷》和8篇专论文章。《我们要补足旧史的缺陷》云:"近年欧西的治学方法传入我国,一切旧有的学问都被重新整理和估价,在历史的部门中尤其是如此。……但是我们几千年来的社会,也有我们自己独特的环境,因而产生出许多独特的现象。……盲目的比附,常常会发生相反的结论,而使原来的史实根本改变了性质,这决不是治史者所应持的态度。……我们要想补足旧日史家留给我们的缺陷,要想由史料的整理得见旧日社会的全貌,但这些社会的全貌要的的确确是由史料中显示出来的,而不是我们有意或无意中想象出来的。这是我们的任务,也是我们的要求。"顾颉刚作上教育部呈文,请贷款印前年图表社所绘中国、世界两种地图,不得部长朱家骅批准。此二图"奋力一年始告就绪。经内政、教育两部之审查、修正者又年余,至今夏始克付印。以近日物资之奇缺,工价之突高,此两图之得与世人相见,其中所历之艰辛实非局外所可想象"。6—12月,作《我在北大》三篇,刊《北大化讯》。

顾颉刚7月1日作《我为什么要作中国史话》,并修改段畹兰代作之《郑樵献书》《郑思肖心史孤忠》《晋文公得士兴邦》三文,寄此刊发表。同月,编辑《复旦学报》第3期迄;出席参政会第四届第一次大会,参加教育文化组审查会,审查提案,并修改教育报告审查意见。8月1日,作《〈中等学校通用中国世界两种地图〉序》。同月,中国出版公司正式成立,顾颉刚任总编辑、董事,张天泽任总经理。9月,张天泽来北碚接收文史杂志社,该社即成为公司之编辑所。同月始,到北碚修志馆办公,为该馆作征稿启事。方诗铭自成都来投,嘱在修志馆任职。10月,北碚文化建设委员会成立,顾颉刚任常务委员;因以总经理张天泽不堪共事,辞去中国出版公司总编辑职;与大东书局副理骆无涯商印行廿六史(标点本)事。在齐鲁大学所标点之廿四史,为大中图书公司丁君匋所见,介绍于该书局,乃有此事。作印行廿六史计划。后又商编印中国通史事,并作计划。然均因书局总经理无意而作罢。11月,任重庆北碚修志委员会主任委员;修改方诗铭代作之《近百年来中国史学》,此乃《当代中国史学》之前半部。该书为胜利出版公司印维廉所编辑"当代中国丛书"之一;因中国出版公司董事会议决将文史杂志社解散(自十二月停发经费),故决定另寻出路。是时,应贵阳文通书局经理华问渠聘任局编辑所所长,遂将文史杂志社诸人介绍入该书局。该书局资本甚厚而缺编辑之人,乃双方合作。同月9日,为北碚修志馆之周刊《北碚小志》作《复刊引言》。22日,作《请北碚人士送稿》,欲在当地人中征集族系、人物、民间文艺、社会生活、帮会、灾害等方面材料,以编入志书。23日,作《致北碚各机关为北碚修志委员会征集文献材料书》,曰:"胜利已临,复员在即,如不急速征稿","一散不可再聚"。29日,举行修志委员会扩大会议,由各方报告工作进度,使志书"有确实脱稿之期"。12月,史学书局停业,《顾颉刚文集》不得出版;与白寿彝主编《文讯》。此刊为文通书局5年前创办,去年因湘桂战役而停顿,现复刊。17日,为该刊新一号作《复刊词》,曰:"历史是民族文化的结晶,民族自信心的基石""希望在本刊里,把史学家和文学家联合起来,以史学的方法取得正确的材料和系统的智识,而由文学家的一枝笔宣布给大众。"但"通俗化的专门文字最难写,因为这必须把艰深的东西嚼烂了吐出来""我们很愿意努力达成这个'嚼饭哺人'的任务"。30日，作《呈为个人所藏图书文物扫数被敌人劫掠请求追偿事》，送交教育部清理战时文物损失委员会。是年，顾颉刚任中国边疆学会理事；任教育部、铨叙部审查论文事；任国立编译馆大学用书、社会教育用书二编纂委员会常务委员。（参见顾潮编《顾颉刚年谱》，中国社会科学出版社1993年版；顾潮编《中国近代思想家文库·顾颉刚卷》及附录《顾颉刚年谱简编》，中国人民大学出版社2015年版；王学典《20世纪史学编年（1900—1949）》，商务印书馆2014年版）

陈寅恪自去年12月12日双目失明之后，住进存仁医院治疗。该院眼科的陈耀真教授曾在世界顶尖的美国约翰·霍普金斯大学威尔默眼科研究所任研究员，有着丰富的临床经验和精湛的医术，经诊断，陈寅恪的眼疾非常严重，于12月18日做了手术，但未获成功。新年元旦上午，吴宓至存仁医院探视陈寅恪。3日，妻子唐篔因劳累过度，心脏病发作，回家休息。同学昼夜轮流值班，吴宓天天探视，陪坐陪谈。陈寅恪"终以坚强的毅力面对现实，情绪安稳下来"。2月12日，除夕，陈寅恪目疾不愈，自存仁医院归家。不久研究生刘适兼任助手。约在五六月间，陈寅恪撰《吴其昌撰〈梁启超传〉书后》。中间论戊戌当时言变法者有二源。4月，董作宾《殷历谱》由中央研究院历史语言研究所出版后，陈寅恪对此书赞赏有加，谓"病中匆匆拜读一过，不朽之盛业，唯有合掌赞叹而已"，"抗战八年，学术著作当以《殷历谱》为第一部，决无疑义也"。6月26日，陈寅恪56岁生日，悲恨交集，痛苦之状可由所作《五十六岁生日三绝》知之。7月7日，吴宓访陈寅恪，留下共进晚餐。8月10日，日本无条件投降，喜讯传出，陈寅恪有《乙酉八月十一日晨起日本乞降喜赋》诗。9月，陈寅恪民国三十二年在桂林时所著《陶渊明思想与清谈之关系》由燕京大学哈佛燕京社刊印于成都，列为《中国文化研究丛刊》第一种。秋间，英国方面请陈寅恪赴英治疾，请吴宓协助办理出国事宜，并拟亲送至昆明。因突患胸疝，改由刘适伴送。9月14日晨7时，陈寅恪由成都飞往昆明。17日下午，闻一多看望陈寅恪，此是闻一多与陈寅恪的最后一次见面。21日，陈寅恪偕同邵循正、孙毓棠、沈有鼎、洪谦乘飞机赴印度加尔各答转英国。（参见卞僧慧纂《陈寅恪先生年谱》，中华书局2010年版；王学典《20世纪史学编年（1900—1949）》，商务印书馆2014年版；齐家莹编《清华人文学科年谱》，清华大学出版社1999年版）

钱穆任教于华西大学，兼四川大学教席。1月，《再论禅宗与理学》刊于《思想与时代》第39期。文中曰："余尝谓唐代禅宗，实佛教出世思想之反动，乃东土之宗教革命。六祖乃佛门中之马丁路德，《坛经》则其宗教革命之宣言书也。宗教必依他力，《坛经》则曰：'自性迷即是众生，自性觉即是佛。慈悲即是观音，喜舍名为势至，能净即释迦，平直即弥陀。'——返向自心，由外转内，舍他归己，即心即佛，教味淡，理味深，此一也。六祖告韦使君：'佛言随其心净则佛土净，使君东方人，但心净则无罪。虽西方人，心不净，亦有愆。东方人造罪念佛，求生西方，西方人造罪念佛，求生何国？'如是则皈依薪向，一无所著，西方极乐世界之念可歇，此二也。宗教必有经典、有教条，期于共信共守。六祖谓：'一切修多罗及诸文字，皆因人置，因智慧性方能建立。若无世人，一切万法本自不有。故知万法本自人兴，一切经书缘人说有。'如是则经典法训，自性不实，如病与药，药随病除，此三也。宗教又必有戒律，使人由此出世离俗。六祖曰：'若欲修行，在家亦得，不由在寺。在家能行，如东方人心善。在寺不修，如西方人心恶。'如是则出家限制亦不存在，四也。成佛、往生、求法、出家，此四者，皆佛教成为宗教之大节目，今既一一为之解脱破除，是非一种极彻底之宗教革命而何？"2月，《三论禅宗与理学》刊于《思想与时代》第40期，谓"三国魏晋以下，乃南北朝隋唐佛教与宋明理学迭起争长之时期。简言之，此乃宗教与义理之争；以昔人语述之，即所谓'教'

'理'之争也"。又谓："尝试论之,古今人类凡奉以为制行之标的者,不外四宗。一曰天,二曰世,三曰物,四曰心。荀、韩皆'世宗'也。在上者制礼作法,以临制其下,使在下者不敢各展其欲以乱群,斯乃藉于群以各遂其欲者。庄老则欲解散群体,谓使人不得恣其性而遂其欲者,皆群体之为害。故必离群而造于独,以使人遂其性焉。然亦必因顺乎天地万物自然之大理,而自节适其欲。而后我之性得以全,欲得以遂,此以谓之'物宗'也。斯二者,其主有群与无群异,其或主节欲,或主遂欲,亦各不同。'天宗'者,推本上帝,信神道。凡上帝之所欲,我始欲之。上帝所不欲,则人斯舍其欲而不敢存。故曰天宗。'心宗'者,可欲可不欲,一判诸其心,而不论乎其外。凡信教者皆宗天,崇法者皆宗世,考寻物理者皆宗自然(物)。惟主张人伦道德者则宗心。"

钱穆 3 月在《东方杂志》第 41 卷第 6 期发表《中国传统政治与五权宪法》。4 月,《选举与考试》,刊于《东方杂志》第 41 卷 8 期。5 月,《论元首制度》,刊于《东方杂志》第 41 卷 10 期。5 月,《中国学术思想之分期》刊于重庆《中央周刊》第 7 卷第 17 期。文中认为："近贤讲论中国学术思想,每以先秦为第一期,两汉以下为第二期。细审实有未当。若论政治史,以先秦为限断,此甚贴切。先秦前为'封建政治',而秦后则为'郡县政治'也。若论社会经济史,似不如以五代为划时代之界线。五代以前,可称为'门第社会'。宋以后则为'平民社会'。论其经济,宋以前中国经济偏在北部黄河流域,大体为大农制度。宋以后则偏于南方长江流域,大体为小农制度。但论学术思想,则其情形又不同。窃谓中国学术思想,当以两汉以前为第一期,魏晋以后又为一期;直至明末以来,则渐渐走上第三期。"其中第一期学术,为经学与子学对抗之时期;第二期学术,则为佛学与理学争衡之时期。第一、第二两期学术不同之点。古代学术无论那一家那一派,都注重在集体意识上,以国家大群为讨论的出发点与归宿处;孔、老、墨、法,莫不皆然。而魏晋南北朝以下的学术,便比较偏重个人方面,以自己内心为出发点与其归宿处。故第一期为集体观念之学,第二期为个人观念之学。第一期学术思想的重要问题,多偏重于历史、社会、政治、经济、天下治乱、民族盛衰,而第二期之学术思想的主要问题,则更偏重于自己的"心""性"。晚明以下,应该是第三期学术思想的开始,惟仍在萌芽时代。自道、咸以下,西方新学术、新思想东渐,情形更复杂了。这条路,大体说之,应该仍是晚明以来想走的路子。应该是重新回复到第一期的集体观念上去,而同时也应该以第二期之学术,个人心性之自修自证悟其本,而以第一期所看重的国族大群、治国平天下之大经大纶尽其用。这庶乎是"内圣外王"与"全体大用"合一之学,庶乎是第三期学术之康庄大道。

钱穆 6 月在重庆《中央周刊》第 7 卷第 21—22 期发表《东汉以下宗教思想之复活》。文中认为中国宗教思想复活于东汉一代,此为中国学术思想史第一、第二期之转折点。同月,《地方自治》刊于《东方杂志》第 41 卷第 11 期;《由老庄思想到道教》刊于重庆《中央周刊》第 7 卷第 23—24 期合刊。7 月,《神会与坛经》刊于《东方杂志》第 41 卷第 14 期;《魏晋玄学与南渡清谈》刊于重庆《中央周刊》第 7 卷第 26 期。文中谓玄学之盛："王弼、何晏倡于前,阮籍、嵇康继其后,向秀、郭象承其末。此为魏晋之际玄学演进之三大宗。"同月,《佛教之传入与佛道之争》刊于重庆《中央周刊》第 7 卷第 28 期;《大乘佛法与竺道生》刊于重庆《中央周刊》第 7 卷第 29 期。8 月,《佛教之中国化》刊于重庆《中央周刊》第 7 卷第 32—33 期合刊。文中谓："台、贤、禅、净四大宗派,是经过中国化的佛学。其中以禅宗为中心台柱,天台唱于前,华严和于后。及其既衰,则以净土为尾闾,为归宿。大抵佛学之中国化,正相当于隋唐时代,中国统一盛运再临,社会精力弥满,生气蓬勃;佛学界亦在此环境下转变,人人想自创法门,自开宗风。这已是佛学中国化的时代了。""中国学术思想界,往往可从南北分区;唐初中国佛学天台、华严、禅宗皆盛于南,华严则与唯识盛于北。南尚清通,北尚繁密。"同月,《论首都》刊于《东方杂志》第41卷第16期。此文要义见于1942年《战后新首都问题》;其《学统与治统》刊于《东方杂志》第41卷第15期。文中谓:"中国传统政治,尚有一端义当阐述,即是'政治'与'学术'之紧密相融洽。中国古代政治之转折点,乃在春秋战国之际,其时自由学者兴起,百家争鸣,并多握得各国政治之实权,由此而贵族政治解体,士人政治代兴。孔子曰:'学而优则仕,仕而优则学。'秦汉以下,仕途几为学人所独占,此实中国传统政治一至堪注意之大特点。"

钱穆9月在《东方杂志》第41卷第17期发表《人治与法治》。11月,《政学私言》由重庆商务印书馆初版印行。作者自序:"客岁,胃痛时剧,医嘱入院检验,谢事静摄。值寇氛嚣张,独山沦陷。后方惶扰,讹言日兴。开岁小痊,颇能兴起。其间偶得数十分钟闲,握笔排闷,隔越旬日,亦成篇幅。春尽花落,病乃向已。检点成稿,凡获七章。其所论刊,皆涉时政,此为平生所疏,又不隶党籍,暗于实事。区区所论,三俱无当,谥曰'私言',亦识其实。率本所学,吐其胸臆,邦有君子,当不悯笑。要之为一家之私言云尔。"书中又谓三种文化类型:"中国之前途,将决于中国之文化。文化即人类之生活。大地人生,不越三型:(一)沙漠草原区。(二)平原江河区。(三)滨海岛屿区。大抵草原宜于游牧,江河利于耕稼,海洋便于贸易,此三型之生活,发展而为三型之文化。游牧部落,逐水草而迁徙,支帐幕为居处。其人必好大群集合,行动飘忽,剽悍不驯。滨海居民,浩渺无际,土地蹙狭,不足依存。惟有跨海远出,冒险求利,大率乐于独行而长机智。平原居民,以气候温和,雨量沾足,并有河流灌溉,土地肥饶,四季循序,便于播植,故其人率安土重迁,勤于稼穑,生活平凡而有远虑。"此外,还谈到:"新中国当以西安为首都,建设西北,兼顾西南;当以北平为陪都,调整东北,兼顾东南。第一首都西安,回复民族生机,唤醒历史光荣。第二首都北平,吸纳世界新潮、开展国际和平。中山先生说:'革命的中国,首都宜在武汉。建设的中国,首都宜在西安。领导亚洲的中国,首都宜在伊犁。'这一节话,将再新宣示其内在精神之含义,而悬为新中国建国途径之一种新启示。上述的建国三纲领,'民族'主义是一个'明道设教'的问题。'民权'主义是一个'立法创制'的问题。'民生'主义是一个'亲民行政'的问题。此道、法、政三问题之逐步建设,全国上下只有坚苦卓绝、笃实践履,将为中华民族乃至全世界人类造无穷之幸福。"(参见韩复智编著《钱穆先生学术年谱》,中央编译出版社2012年版)

马寅初1月12日至重庆天官府街4号郭沫若家为沈钧儒71岁作寿,并会谈时事。到者王若飞、徐冰、章伯钧、柳亚子、杨耿光、许宝驹、屈武、王昆仑、邓初民、谭平山、左舜生、张申府、冷遹等。17日,出席立法院第4届第271次会议。31日,出席立法院第4届第272次会议。同月,张西曼主编《民主与科学》杂志创刊,聘马寅初、茅以升、周谷城、邓初民、陶行知、张申府、郭沫若、翦伯赞、谭熙鸿、费孝通、丁燮林等48人为特约撰述;马寅初受聘为重庆大学教授,商学院四三级全体学生联名恭贺马师夫妇新年。2月2日,《新华日报》发表马寅初及重庆文化界人士对时局进言。6日,赴重庆棉花街58号李绍涵家,与谭平山、黄炎培、杨耿光、郭春涛、邓初民、陈真如、杨虎、郭沫若、周恩来、王若飞、徐冰、陈家庆、左舜生、李幼椿、沈衡山、章伯钧、张申府、柳亚子、王炳南等畅谈时局。27日,出席立法院第4届第273次会议。3月1日,完成《战时经济论文集》编写,自序云:"回忆二十年前鄙人所作的各篇论文与所讲的各项问题,专注重于介绍西洋学说,以今日之眼光视之,可谓幼稚极矣;以视今日后起的学者所作的专著,更不能望其肩背,足见经济学这门科学在中国于短短的二十年之中已有长足的进步。然则后起者之学说,必驾乎前人之上,自为学术前进必由的途径。希望本集读者,以精益求精的态度作进一步的研究,使此学日变而无穷则幸甚。"4日,应重庆伊斯兰青年会邀请在重庆中国回教协会演讲《战后中国的唯一出路》(又名《中国需要伟大的政治家,为老百姓做事》)。不指名批评蒋介石,"一个人不能是一个真空管……真空管是肚里空空的,没有东西,外面的东西却又坚决地抗拒不让进来",并指出,"经济上的出路是:一个是民主,一个是和平,不民主的就是反潮流,是反动分子"。9日,复函中华高级会计职业学校校长尹见民,告沈钧儒居重庆枣子岚垭83号,于林森路172号律师事务所办公,沙千里也在此办公。15日,出席立法院第4届第274次会议。18日,重庆大学商学院学生因不满校方委派方秘书任商学院院长,贴出"欢迎马寅初任院长,驱逐方秘书"标语,并呈请重庆市政府。21日,应卢作孚邀请,于民生公司演讲《中国经济界的前途》,认为中国的工业,在战后,一定要与全世界的工业联合起来。中国所产的东西,无论如何要准出口到外国,外国所产的东西,要销与我国。要这样,世界的安全才稳定。

马寅初3月返重庆大学商学院任教。商学院学生贴出标语"欢迎马先生重长商学院",集体罢课驱逐方院长。市警察局呈文市政府:"重大商学院学生因不满方秘书继任院长,贴出欢迎马寅初任院长驱逐方秘书标语。"但马寅初知政府态度,亦无意回任,于是建议学生重请朱国璋任院长,使事态稍息。4月8日,出席重庆文化界"欢宴文化战士郭沫若及文工会诸先生"会议。重庆文化界知名人士百余人到会。马寅初于会上不指名批评蒋介石:"解散文工会的是真空管!"14日,出席立法院第4届第276次会议。25日,致重庆交通大学教务长李熙谋书曰:"承嘱,演讲自当遵命。兹定于下星期二(五月一日)上午十时左右到校,题为《国际经济趋势与政治的关系》。"后因所乘车辆于山洞抛锚,不能如期到校,改至5月8日演讲。28日,出席立法院第4届第277次会议。5月8日,受重庆交通大学教务长李熙谋邀请,演讲《国际形势与国内政治的关系》。开场白云:"战前对中国经济发生密切关系的是英国与日本,可是战后要被民主强大的美国与社会主义的苏联代替了。美国有着充分的财力、技术与正义;苏联有着伟大的计划与勇气。面临着这两大盟邦,需要建设的中国必须要善于利用这种形势才有希望。我们应该知道,美国是一个资本主义的国家,而苏联是一个社会主义的国家,两个不同制度的国家是有矛盾的。战后的中国应尽量避免去挑拨这个矛盾,不可抱着惟恐天下不乱的心理,这样对我们是毫无好处的。怎样避免这个冲突,以增强我们本身的力量,力使能在短期内建设成一个强大的中国? 这实在需要一个具有远大的眼光、学问、道德、修养都好的人领导才成。一如我们古代历史上的伟大政治领袖商鞅、诸葛武侯、王安石诸人,他们都具备了在他们所处的时代作为一个政治领袖的条件,他们有丰富的学问,有高尚的道德修养,他们洁身自好;他们有以国家之治乱为己任的忠实和自我牺牲的精神。""战后,世界的经济趋势,是明显地走向经济民主的道路。不论是资本主义的美国和半封建的中国,都得循着经济民主的方向前进。"最后勉励听众:"各位注意,各位是民脂民膏培养出来的,各位身体属于国家,各位做事应对得住国家,对得住自己的良心。应该要敢说敢笑,不要怕一颗枪弹突然飞到头上。"

马寅初5月10日晚于重庆龙化桥餐厅为女儿马仰惠与徐汤莘举行婚礼。婚典由国民政府立法院院长孙科主持,民主同盟领袖沈钧儒证婚。前来祝贺者有孙科、邵力子、顾翊群、左舜生、梅汝璈、关佩诗、马新善、徐冰、李云良、金国宝、王若飞、王炳南、郭沫若、于立群、张西曼、潘仰山、邓初民、柳亚子、黄炎培、章伯钧、张圣奘、金天锡、周佩箴、顾廷芳、朱通九、陈希诚、王竹尊、徐兆荪、陈达、叶沛婴、朱国璋、杜邦纪、王光、丁哲明、邢契莘、张雪羽、蒋世杰、马家骧、曾乐平、徐昭、王家松、孟韫佳、王克宥、任世铎等200余人。次日，重庆《新民报》消息："郭沫若氏特往道贺，当场朗诵《民主家庭》贺诗一篇，风趣横生，博得掌声不少。"17日，为刘泽霖《银行国有论》作序。认为："近二十年来华人自办之银行，接踵而起，有如雨后春笋，其中尤以国家银行势力膨胀之速为最显著的现象。举凡昔日落在外商银行掌握中之大权，如关盐税之存放，外汇行市之议定，皆已次第收回，吾国金融业之发展不可谓不速。惟以组织之欠健全，管理之不良善，种种业务上之困难与弊病，皆因缘而生。故时贤撰文立说，多着重于组织与管理两方面。惟吾友刘泽霖教授独持异议，以为今日经济问题之关键，固在银行，而银行问题之重心，不在管理与组织，乃在制度，欲解决经济问题而不变更银行制度，徒劳而无功耳。刘教授抱此见解，故力主银行收归国有，不仅消极的可以制止物价之畸形膨胀，而积极的亦可配合国家之经济政策，俾战后之经济建设，可以顺利进行。"30日，出席立法院第4届第278次会议。6月2日，赴中央大学为1945届全体毕业生演讲《中国战后之福利经济》。主张人类社会转入全面发展、平衡发展阶段："今后的福利经济，不但要求财富的增加，尤其要求财富的均享，所以中国之福利经济是要政府以有计划的方式改善全民生活，增进全民幸福。等待全民均富达到以后，就应讲究更高的价值，那是真、善、美、圣。"6月8日，偕邵力子、柳亚子、茅盾、侯外庐等出席中苏文协、全国文协、全国剧协三团体欢送文化使节郭沫若赴苏会，并发表讲话："郭先生的被邀和出使，是再恰当地没有的了。将由于他的努力，不仅要使中苏文化交流，而还要使中苏思想文化交流。中苏毗邻一万八千里，没有理由可以拒绝这样的交流，这是二十世纪后半叶的主流，是阻遏不住的。"16日，出席立法院第4届第279次会议。18日，在《天风》发表《思想何以要自由》。文中指出："思想的自由，产生了科学，中世纪思想不自由，酿成学术界的黑暗。科学是记述过去的伟大学者顺了三度空间中第四轴向不同的方面所走的路程，过去大的哲学家与科学家开发和扩展人类知识的领域，而大的工程师和技术人才把他们投影到现实的世界上来。"22日，就中国经济危机发表记者谈话："中国经济危机好比吸食毒品。"

马寅初7月28日出席立法院第4届第281次会议。8月15日，出席立法院第4届第282次会议。8月24日，出席立法院临时会议。30日，出席立法院第4届第283次会议。9月1日，借郭沫若等应邀出席"中苏友好协会"招待会，会见毛泽东、周恩来等中共领导人。月初，赴中共重庆办事处会见毛泽东，恳谈两小时余。15日，应中国妇女联谊社邀请，于西南实业大厦演讲《美国问题、中国问题、中国妇女问题》。16日，重庆市商会大礼堂演讲《黄金政策所表现之经济政策》，10月25日，在重庆《商务日报》发表《投资与国际贸易》。28日，三民主义同志联合会第一次全体大会于重庆上清寺"特园"举行。当时该会加快筹备工作步伐，正式组建中央领导机构，制定政治纲领及组织章程，由邓初民、马寅初、郭春涛、许宝驹、何公敢和甘祠森分担起草任务。大会由谭平山主持，郭春涛任秘书长。柳亚子、马寅初、陈铭枢、邓初民、高崇民、何公敢等人发言。最后选举产生临时干事会，并决定筹建监察会。中央临时干事会人选17人：谭平山、陈铭枢、杨杰、朱蕴山、王昆仑、郭春涛、许宝驹、于振瀛、何公敢、甘祠森、柳亚子、马寅初、邓初民、余心清、高崇民、阎宝航、李世璋。前10人为发起人，后7人为新增。商定李济深、冯玉祥、孙科3人为指导员。同月，政治协商会议于重庆召开，马寅初、章乃器、杜斌丞、邓初民、史良担任民盟代表团顾问。11 月，《马寅初战时经济论文集》由作家书屋出版，发行人姚蓬子。抗战时期共撰论文 60 余篇，该书收录 33 篇，余皆散佚。重庆出二版，1946 年 2 月上海初版，后又出三版。12 月 9 日，延安各界青年召开纪念"一二·九"10 周年大会。大会主席团成员联名致函："寅初先生：延安各界青年纪念'一二·九'十周年的时候，怀念先生十年来对青年爱国运动，曾作热情的指导与支援；今日中国青年又在为反对内战要求和平争取民主而进行艰苦的斗争，先生复以大无畏的精神仗义执言，伸张公理，远道闻之，实深感奋。谨向先生致真诚的慰问与崇高的敬意。"大会主席团陈伯达、何思敬、柳湜、张宗麟、齐燕铭、江隆基、冯文彬、黄敬、毛德贞、乔石、杨述、彭大谋、黄华、欧阳方、于刚。13 日，《新华日报》报道："著名经济学教授马寅初先生致函昆明各大中学教授、教师和同学，表示深切慰问，信里说：'我很同情你们的不幸遭遇，我更憎恨反动派法西斯的卑劣无耻。愿坚持反内战，争民主的神圣意念，共同继续奋斗到底。'"23 日，于中国经济事业协进会招待政治协商会议代表茶话会，演讲《论官僚资本》。29 日，出席立法院第 4 届第 291 次会议。（参见徐斌、马大成编著《马寅初年谱长编》，商务印书馆 2012 年版）

朱家骅继续任国民政府教育部长，兼任中央研究院院长。1 月 26 日，日军攻下曲江，中山大学又从坪石撤退，朱家骅 16 年捐赠两广地质调查所的 3000 多册书籍，包括他的博士论文抽印本，以及他在德国出版的《水层岩构造》等书，全部丢失。1—6 月，朱家骅指示招收豫、湘、粤战区学生 41000 多人，在各地区设立进修班，或联合中学，或战时中学来安置，全部给予公费。朱家骅高度重视国定教科书和课程标准问题，指定南宁师范学院、西北师范学院、浙江大学和西南联大的师范学院加以彻底检讨，然后由部修订一个完整的课程标准。4 月 4 日，国民政府教育部在重庆举行学术审议委员会第二届第十四次常务委员会，朱家骅、朱经农、陈立夫、茅以升等出席。会议通过了《教育部学术审议委员会科学研究奖助办法（草案）》。会议初审合格教授 64 人，副教授 45 人，讲师 84 人，硕士 22 人，助教 146 人。14 日，国民政府公布《教育部教育研究委员会组织条例》10 条。《条例》规定该会的任务是关于教育制度、学生训导、学校行政及有关教育问题的研究与计划。5 月 25 日，教育部密令改组中央大学学生自治会。

朱家骅 6 月 9 日在第四届参政会第一次大会上报告教育状况。同日，国民政府公布《教育部国语推行委员会组织条例》9 条、《教育部国民体育委员会组织条例》10 条。7 月 29 日，朱家骅致信胡适，告称政府决聘胡适为今年 8 月 29 日至 9 月 6 日在伦敦举行的世界青年大会的赞助人之一。8 月 11 日，国民政府教育部公布《教育播音办法》8 条。《办法》规定的教育播音的项目有儿童教育、青年教育、公民教育、科学教育、卫生教育、国体教育、艺术教育、国语教育、边疆教育、战区教育、史地教育、教育消息 12 项。要求教育播音材料须富有兴趣、切合实用。播音时间为每周 3 节，每节 15 分钟。15 日，日本法西斯宣布无条件投降。同日，朱家骅以国民政府教育部长向收复区教育界播发《战区各省市教育复员紧急办理事项》的通告，要求收复区各教育机关暂维现状，听候接收；教育部电颁《战区各省市教育复员紧急办理事项》14 条，请各省市政府转饬教育厅局遵照办理。文件规定：各省市教育厅局即日办理教育复员工作，并限期恢复各县市教育局科；派员接收敌伪各级教育文化机关；尽先接收敌伪档案；迅速清理教育款产；令各级公立学校及社教机关一律暂维现状，不得停顿；甄审教育行政人员学校教职员及社教人员；登记所需人员，短期训练后任用；尽速在半年内恢复战前所有各级学校及社教机关等。教育部并令各收复区分设教育复员辅导委员会。21日，朱家骅电胡适、蒋廷黻、赵元任，请他们在美策动募捐以助国内大学复校。30日，朱家骅电告胡适，世界教育会议（即后来的联合国教科文组织）于11月1日在伦敦开会，推胡适为中国出席代表之一。当时在英国的各国流亡政府教育部长会议发起一个国际教育文化科学组织，规定11月在伦敦开会。朱家骅决定亲自前往，并约定胡适、赵元任、罗家伦、程天放等为代表，陈源、王敬熙、瞿菊农等为顾问，汤吉禾、阎掖华为秘书。后因忙于复员各事，不得脱身，乃于10月19日电请胡适担任首席代表，主持中国代表团一切事务。31日，中央研究院在总办事处举行在渝评议员及各所所长谈话会，朱家骅、傅斯年、吴有训、丁燮林等14人出席。会议集中讨论中央研究院的复员问题，决定评议会第二届第三次年会"因复原问题，无法召集，拟即停开"，由原定于本年11月1日在重庆举行，改为次年3月5日在南京举行。

朱家骅9月3日致电胡适，已推定胡适为北京大学校长，返国前，由傅斯年代理校务。同日，胡适又电致朱家骅，推辞出席世界教育会议代表事。中旬，朱家骅在教育部接待毛泽东来访。10日，胡适致电朱家骅、蒋梦麟、傅斯年，告"世界教育会议，当勉强遵命参加"。12日，朱家骅致电胡适，请在美设法与美方陆海空当局妥商，求得一部分战时所用而现已闲置的科学设备，及得自德、日之同类设备，以济国内急需。20日，国民政府教育部在重庆举行全国教育善后复员会议。专科以上学校、国立中学、省市教育厅局、教育学术机关的代表，有关部会代表及教育专家等200余人出席。蒋介石向全体代表致词。他说："教育关系建国之成败，至为重大"，教育界人士"必须认识建国时期，教育第一之要义，切实负起责任，培植下一代青年，对于国家民族有所贡献"。朱家骅提出四点：（一）如何利用各级学校复员的机会，使各级学校在地域上一个相当合理的分布，使全国教育得到平衡的发展；（二）如何肃清收复区光复区内敌伪的奴化教育的流毒，以及如何逐渐恢复正常教育；（三）各方各校若干教职员来自沿江沿海一带的，如何使其仍能安心工作，不至影响校务。（四）前方后方直接间接参加抗战工作及因战事影响而失学的青年，人数甚众，如何予以救济鼓励，使其获得复学的机会。朱家骅强调，"教育上的复员并非就是还原"，应肃清奴化教育的影响，收复区学校整改和师生甄审等问题不可忽视。会议至9月26日结束，共有提案128件，其所得结论包括内迁教育机关之复员问题、收复区教育复员与整理问题、台湾区教育之整理问题、华侨教育之复员问题、其他教育之复员问题五大类。其要点有：一、专科以上学校作合理之迁移与分布，因战事停顿而具有历史之学校应予恢复；二、国立中等学校，分别交省办理，战区学生遣送还乡，具有特殊性之学校，仍酌量保留国立。三、籍隶收复区之教员继续在后方七省学校服务，应设法予以鼓励。四、战时服务后方而籍隶战区之教育人员无力还乡者，政府应设法予以资助。五、积极建设西安、成都、昆明、兰州四地之教育机关，俾五年内得树立为西南、西北之文化中心据点。六、收复区各级学校之教员应予以甄审，分别追认其资格。七、收复区中等以上学校学生应予以甄审，并设法维持其学业，已毕业者经甄审后追认其资格。八、被敌劫掠之公私古物图书及各种文献艺术品应速清理收回，并责令战罪国家赔偿损失。九、中等以上学校战时服役学生应予以复学与转学之便利，失学青年继续予以救济。

朱家骅9月底派蒋复璁为京沪区教育善后复员特派员，沈兼士为平津区特派员，辛树帜为武汉区特派员，王季高为青岛区特派员，臧启芳为东北区特派员，张云为广州区特派员，办理接收事宜。10月19日，国民政府教育部修正公布《教育部处务规程》96条。《规程》规定，教育部下设高等教育司（下设四科）、中等教育司（下设四科）、国民教育司（下设三科)、社会教育司(下设三科)、蒙藏教育司(下设二科)、总务司(下设四科)、教育资料研究室(下设二组)。《规程》列有文书、服务通则、款项收支、庶务、附则等共7章。20日后,朱家骅带何师俊、方志懋赴收复区视察教育。24日,国民政府教育部公布国民教育研究问题,要求各地国民教育研究会检讨本乡(镇)或本县(市)或本师范教育区实施国民教育成绩及其应改善事项。并要求拟订辅导所属国民学校或中心国民学校方案和举办教师进修研究计划,以及教师福利计划,研究如何强化收复区各级国民教育研究会之组织,并推进其工作和如何肃清收复区敌伪对于儿童及民众所施之奴化教育。同月,国民政府教育部公布《修正国立中央图书馆组织条例》14条。《条例》规定,国立中央图书馆隶属于教育部,掌理关于图书之搜集、编藏、考订、展览及全国图书馆事业之研究事宜。教育部设台湾区教育复员辅导委员会,任罗宗洛为特派员办理辅导接收教育事宜。11月13日,国民政府教育部公布《教育部设置边疆教育督导员办法》13条。《办法》规定:边疆教育督导员以分区设置为原则。依边疆交通情形,暂分察绥区、甘宁青区、新疆区、西藏区、川康区、云贵区等6个区。15日,国民政府教育部公布《专科以上学校教员应约出国讲学或研究办法》9条。11月25日,昆明西南联大、云南大学、中法大学等校6000余师生举行反内战时事晚会,遭国民党军警破坏。以后数日,昆明各大中学校学生举行总罢课及示威游行,反对内战、反对美国侵害中国主权干涉中国内政,遭国民党宪警武装镇压。12月1日,国民党军警、特务荷枪实弹,分批闯入西南联大、云南大学等校,杀死学生4人,伤60余人,酿成"一二·一"惨案。21日,国民政府教育部颁布《收复区专科以上学校教员职员甄审办法》6条。《办法》规定:收复区专科以上学校教职员由教育部组织甄审委员会作详尽调查审核。《办法》对"应厉行检举""不再担任教育工作""继续担任教育工作""予以奖励"四种情况的具体标准作出规定。

朱家骅、萨本栋、傅斯年、吴有训等人12月24日出席中央研究院再次召集的在渝评议员及各所负责人谈话会,会议决定将第三次年会的召开日期改为次年9月5日,届时须"决定今后评议会之工作方案及筹办评议员改选等重大问题,会期之前须缜密筹备",由傅斯年、翁文灏等5位评议员"即日商讨筹备"。27日,国民政府教育部颁布《收复区专科以上学校毕业生甄审办法》9条。要求各区教职员甄审委员会负责办理毕业生甄审事宜。同时,教育部严格规定收复区敌伪专科以上学校毕业生在甄审合格后始得予以承认学历;收复区敌伪专科以上学校毕业生须经登记甄审合格,各机关方可录用。同日,公布《收复区专科以上学校肄业生学业处理办法》9条。28日,国民政府教育部训令各省市教育厅局:奉行政院令,将战地失学失业青年招致训练委员会与教育部战区教育指导委员会合并,改组为青年复学就业辅导委员会,主持失学失业青年辅导工作。教育部长朱家骅兼任主任委员。冬,由萨本栋接替李书华任中央研究院总干事。是年,第五届教育部学术审议委员会"补助学术研究及奖励著作发明"奖评出,其中人文社会科学类著作有:文学类一等奖空缺,二等奖2名(柴德赓《鲒埼亭集谢三宾考》、姚薇元《鸦片战争史事考》),三等奖7名(孙文青《南洋草店汉墓画像集》、严济宽《中国民族女英雄传记》、王玉哲《鬼方考》、许澄远《魏晋南北朝教育史》等),奖助者5名(朱谦之《哥伦布前一千年中国僧人发现美洲说》等);哲学类一二等奖空缺,三等奖2名(崔书琴《三民主义新论》、金平欧《心理建设论》);社会科学类一等奖空缺,二等奖3名(周荫棠《中国近代文官出身之途径》等),三等奖8名(罗仲言《中国国民经济史》上册等);古代经籍研究类一二等奖空缺,三等奖2名(程廷杰《周易程传参正》、苏维岳《诗经丛著》)。(参见胡颂平《朱家骅先生年谱》,台北传记文学社1969年版;耿云志编《胡适年谱》,

福建教育出版社2012年版;中央教育科学研究所编《中国现代教育大事记1919—1949》,教育科学出版社1988年版;黄伟《抗战胜利后国民政府对收复区大学生教育甄审研究》,《历史教学》2019年第12期;王学典《20世纪史学编年(1900—1949)》,商务印书馆2014年版)

翁文灏继续任国民政府经济部部长,兼中央研究院评议会秘书。1月1日,翁文灏被行政院会议通过特派兼任战时生产局局长。8日,出任今日成立的战时生产局中美联合生产委员会主任委员及该局审议委员会主席、财务委员会主任委员,副主任委员为国民政府高等经济顾问、前美国战时生产局长纳尔逊。12日下午3时,出席在重庆中央图书馆召开的中法科学合作委员会成立大会,被选举为该会会长并发表致词。另一名会长为法国驻华大使贝志高,吴敬恒、李煜瀛、郎之万、哈玛达为名誉会长。到会者有张继、朱家骅、陈立夫、吴铁城、于斌、尚维善及贝志高等百余人。同日,在国民参政会驻会委员会议上报告战时生产局自去年11月16日成立以来8周中的工作情况。2月7日,致函胡适,通报中基会终获维持的前后经过。据翁文灏所云,前任教育部部长陈立夫力主张撤销庚款机关,将其原经办事业改归教育部接办。各机关将补助费预算送财政专门委员会审查时,该会主持人徐堪及陈立夫决定将所有庚款机关一律裁撤。国防最高委员会遂依此议决,行政院当即根据此项决定备文通知各庚款机关。后经翁文灏等积极争取,孔祥熙同意在战事未结束前仍维持现状,俟战后再议办法。但翁文灏认为此项办法虽战时暂免结束,一俟战事结束,问题必将再起。为一劳永逸计,将中基会应予永久维持之理由,以及国外对于撤销该会之不良反响,呈报蒋介石,但竟被侍从室拒绝转呈。后因教育部长换为朱家骅,行政院长由宋子文代理,形势方为之一变,同意战时仍照旧办理。21日,举行记者招待会,向在华外国记者介绍战时生产局的目前工作并回答记者提问。

翁文灏3月10日再次当选为中国地质学会理事,并被推举为该会新成立的奖金委员会委员。5月5日,出席在重庆复兴关中央干部学校大礼堂举行的国民党第6次全国代表大会开幕式,并于11日的第7次全体大会上作行政院工作报告。在20日大会上当选为国民党中央执行委员会委员。31日,在国民党六届一中全会上被推举为行政院副院长,院长为宋子文。同日,国民政府正式任命翁文灏为行政院副院长、国民政府委员。6月6—10日,出席在中央干部学校大礼堂举行的中国工程师学会年会,并担任大会主席。7月7日,资源委员会设全国水利发电工程总处于四川长寿,任务是统一开发全国水力发电事业,配合战后建设需要进行计划与准备。拟议规划、设计、开发的地区和对象有滇中、川西、华西、三峡、钱塘江、西北等地区的水力发电勘测。8日,在国民参政会上作经济及战时生产情况报告。21日,与宋子文共同在国民党中央党部大礼堂举行茶会,招待国民参政会参政员。30日,行政院进行部分改组,仍兼任经济部部长。8月1日,公布《经济部收复区工矿整理委员会组织规程》。同日,行政院核定《收复区处理敌产应行注意事项》。9日,出席蒋介石召集的研讨会,商议苏联出兵东北后中国政府的对策。出席会议者还有立法院长孙科、司法院长居正、监察院长于右任、考试院长戴季陶等。同日,公布经济部《工业标准委员会组织规程》,规定该会以议定全国工业标准,促进各项工业合理化为职责,下设技术、事务、编译、推行四组及会计室。11日,出席由蒋介石主持召开的国防最高委员会和国民党中央执行委员会联合紧急会议,商讨日本投降的有关问题。同日,主持经济部研究筹划收复沦陷区经济部门和工矿企业紧急措施,并议定经济部各收复区特派员:江浙皖区张兹闿,湘鄂赣区李景潞,粤桂闽区林继庸,冀察绥区王翼品,鲁豫晋区杨公兆,各区又另有专门委员三四人,准备随军前往各地接收。21日,由经济部拟定的《收复区重要工矿事业处理办法》获行政院会议通过,30日抄附致各省市政府。22日,就收复区工矿事业的处理问题发表声明,称收复各区工矿事业已由中央规定办法,分区设立特派员办事处监督接收。25日,在全国工业团体联合大会开幕式上发表关于战后工业复员的演说。翁文灏认为:中国工业界因战事关系须渡过三个时期:第一为抗战时期,第二为复员时期,第三为建设时期。29日,颁布经济部《收复区敌国资产处理办法》暨《收复区工矿事业接收整理办法》。9月4日,颁布经济部、战时生产局《各收复区办公处组织规程及登记与接收工矿事业办法》。

翁文灏9月17日由重庆飞抵南京,为最早返抵南京的国民政府高级官员。19日,向蒋介石报告,经与财政部长俞鸿钧协商,决定经济部与财政部共拨出40亿元,用于收购准备迁回东南的后方各工厂成品。此案得到蒋的批准。20日,在全国教育善后复员会议开幕式上发表演说。会议于26日闭幕,翁文灏当晚与宋子文、戴季陶联合在国民党中央党部礼堂设宴招待全体会议代表。10月1日,应邀出席在重庆合作大会堂举行的农业推广委员会等23团体联谊会并发表演说,谈以农立国之道。3日,举行外国记者招待会就日本对中国的掠夺和经济复员建设工作发表谈话。翁文灏表示,战后中国"仍须以重大之努力及工作,以建设中国,成一稳定坚强之国家,藉以保证世界和平与其他各国友好合作"。9日,在南京就京沪等地工矿接收复员工作发表谈话。10日上午,出席南京各界代表中山陵谒陵仪式。仪式由何应钦主祭,翁文灏及南京市长马超俊陪祭。翁文灏在随后召开的南京各界庆祝抗战胜利大会上发表致词,勉力全国文武一致努力从事建国工作。下午,出席在励志社举行的招待酒会。同日,被国民政府颁令授予"胜利勋章";在《中央日报》上发表《战后经济建设应有的几点认识》,论述中国战后经济建设方针。11日,由南京抵上海,视察接收复员工作。12日上午,出席宋子文在上海中央银行召集的在沪中央及地方各机关首长暨沪市金融工商各界领袖会议。19日,召集彭学沛、张兹闿、严家淦、王晓籁等讨论处理敌伪财产问题。22日,在上海中央银行办事处召集上海市副市长吴绍澍、秘书长沈士华及彭学沛等有关方面负责人会议。23日,被行政院第717次会议通过任命为收复区全国性事业接收委员会主任委员。该会设主任委员一人,综理会务,副主任委员一人,襄助会务,委员91人。另设秘书长及副秘书长,各组组长。该会职掌全国性事业的接收、处置,接收处理之策划,人员的调派及接收处理工作的监督等。同日,在上海主持召开收复区全国性事业接收管理委员会筹备组织会议,商讨接收事宜。翁文灏强调指出,合作事业为复兴建设之要政,并命社会部合作事业特派员陈仲明参加全国性事业接管会议。29日,出席并主持在上海中央银行举行的全国性事业接收委员会上海区敌伪产业处理审议委员会(主任委员彭学沛)第1次会议。

翁文灏11月1日在南京对记者发表谈话,认为收复区经济调整问题结症在交通。3日,由上海乘机返抵重庆。4日,向蒋介石当面汇报收复区经济接收情形,介绍了全国性事业接收委员会于本月1日在南京成立,内设两处,一为地产处理委员会,一为液料处理委员会。蒋介石指示由经济部负责对华北开发公司做系统化之接收,翁文灏表示已预定前往北平督导实施。5日,接见工业界代表胡西园、胡厥文和吴羹梅,对当前工业困难情形做详尽讨论。9日,偕美国总统杜鲁门的私人代表洛克乘专机由重庆飞抵青岛。10日,由青岛飞抵天津。11日,由天津飞抵北平。12日,在北平对记者发表谈话,指斥收复区种种不良现象"坏到使人不敢相信"的程度,并称"本人官可以不做,此若干坏事必加追究"。在北平期间,翁文灏除赴石景山制铁厂发电所视察外,还连日召见日本在华北各大开发公司日籍人员,举行重要会议,并对经济部的接收工作及资产处理办法详加规划和指示。16日,由北平飞返重庆。21日,举行外国记者招待会,报告收复区接收敌产情形。在介绍日本侵华经济机构及其在华经济掠夺情形后,翁文灏表示:"目前中国的工作是为历史开一新的时代,一切以国家进步及国民利益为前提,于自强之中,并重视他国利益,以巩固国际和平。"26日下午,出席在行政院举行的最高经济委员会首次会议,会议由蒋介石主持。根据上午国民党中央常会和国防最高委员会联席会议通过的《最高经济委员会组织条例》规定,该委员会职权为:一、全国资源之充分有效利用事项;二、主要经济政策之决定事项;三、主要经济计划及方案之制定;四、经济各部门的联系;五、经济工作进度的考核。最高经济委员会由行政院长兼主任委员,副院长兼副主任委员。27日,因战事结束,行政院第722次会议决定撤销战时生产局,并决定设立中国纺织建设公司。12月7日,出席国民参政会驻会委员第11次会议,报告收复区接收敌产情况。15日,命经济部增设商务局以取代已结束之贸易委员会,配合工商业发展与国际贸易。22日,与宋子文、白崇禧等到机场迎接由南京飞抵重庆的马歇尔,同到机场迎接的还有中共代表周恩来、叶剑英、王若飞等。12月24日,中央研究院再次召集在渝评议员及各所负责人谈话会,会议决定将第三次年会的召开日期改为次年9月5日,届时须"决定今后评议会之工作方案及筹办评议员改选等重大问题,会期之前须缜密筹备",由傅斯年、翁文灏等5位评议员"即日商讨筹备"。31日,翁文灏出席蒋介石在林园举行的同盟国胜利庆祝宴会。(参见李学通《翁文灏年谱》,山东教育出版社2005年版)

傅斯年继续主持史语所所务。1月,历史语言研究所开始出版《六同别录》。该书系《历史语言研究所集刊》外编第三种,1945年1月至1946年1月陆续出版上中下三册。该书收录在李庄的史语所同人论著,手写石印出版,上册载文9篇,中册载文11篇,下册载文8篇。1948年9月,史语所将《六同别录》所刊论文重新编排为《历史语言研究所集刊》第13、14本出版。同月,傅斯年作《〈六同别录〉编辑者告白》,同年收入《国立中央研究院历史语言研究所集刊·外编》第三种《六同别录》上册。2月25日,傅斯年在重庆《大公报》发表《中国要和东北共存亡》长篇檄文。当时西南联合大学110名教授联名发表《对东北问题宣言》,主张苏联军队撤出东北。千余名师生在联大新校舍草坪举行东北问题演讲会,傅恩龄、冯友兰、查良钊、雷海宗、燕树棠、高崇熙等教授分别发表演讲,高喊苏军撤出东北的口号。4月,傅斯年续任国民参政会第四届参政员;所作《〈殷历谱〉序》收入国立中央研究院历史语言研究所专刊《殷历谱》。同月29日,在重庆《大公报》发表《罗斯福与新自由主义》,对罗斯福"新政"作了积极、正面评价:"他给自由主义一个新动向、新生命,并且以事实指证明白,这个改造的、积极的新自由主义有领导世界和平与人类进步的资格。"6月25日,北京大学校长蒋梦麟出任行政院秘书长。蒋梦麟作此决定时,事前并未曾跟任何人商量,事后又不来信解释,于是引起了北大一些人的不满。尤以时任北大秘书长的郑天挺和时任北大历史系教授兼历史语言研究所所长的傅斯年二人最为不满。6月30日,傅斯年写给周炳琳、郑天挺二人的信中道:"骝先与(蒋)孟邻先生谈,初谈大吵大闹,直可入电影。第二天他来了,说我们用意极善,极可感,请适之担任(北大校长),在他无问题。孟邻先生此一态度,至可佩也。一切待(周)枚荪、(钱)端升二兄来此细商。但适之先生身体一时不能返,他肯就否,亦难决,乞公等考虑之。"

傅斯年与黄炎培、褚辅成、章伯钧、冷遹、左舜生6位参政员7月1日由王若飞陪同代表国民参政会访问延安,商谈和平建国问题,毛泽东同朱德、周恩来、林伯渠等到机场欢迎。2

日下午,毛泽东在杨家岭会见褚辅成等参政员,听取他们述明来意和对国内问题的意见。陪同会见的有朱德、刘少奇、周恩来、任弼时等。7月3日下午,毛泽东、周恩来同章伯钧、左舜生谈话。晚上,同朱德、周恩来、林伯渠到褚辅成等参政员下榻的陕甘宁边区政府交际处,同他们继续会谈。4日,毛泽东在杨家岭住处会见褚辅成等参政员,进行第三次会谈,毛泽东将中共方面整理的《中共代表与褚辅成、黄炎培等六参政员延安会谈记录》交褚辅成等。5日,毛泽东、朱德、周恩来、林伯渠等到延安机场欢送褚辅成等参政员飞返重庆。傅斯年在延安拜访林伯渠、范文澜和看望弟子尹达。离开延安时,毛泽东委托傅斯年向在美国的胡适转达问候,董必武亲自出面代表中国共产党争取胡适对共产党的支持,但被胡适拒绝。7—17日,傅斯年出席国民参政会第四届第一次大会,向大会提出"彻查中央信托局历年积弊,严加整顿,惩罚罪人,以重国家之要务而肃官常案"。30日,《评英国大选》载重庆《大公报·星期论文》。于此可见傅斯年与胡适的理论认同明显有些差异,胡适的自由主义思想几不提"平等",因而也缺乏社会主义的因素。在第二次世界大战结束之际,傅斯年借探讨美、英之动向,表明自己的社会理想,这对国人自然是一次思想的劝导,对重返故都、即将执政的国民党其实也是一个严正的警示。8月9日,傅斯年《黄祸》一文载重庆《大公报》。

傅斯年在蒋梦麟8月卸北大校长职之后,成为北京大学校长第一人选。蒋介石及国民党政府都想让傅斯年出任北京大学校长,并让教育部长朱家骅劝说傅斯年就任,但傅斯年对胡适一向以师礼事之,对其极为尊重、信仰,认为只有胡适才适合担任北大校长,所以没有答应出任北大校长。8月12日,傅斯年在写给郑天挺的信中表明了他的看法:"北大问题,请胡(适)先生,不是办不到,要大家努力。……我们应写信(分头写)劝驾去。"又说:"北大复员后增设工、农、医三学院,弟意工学院不要与清华重复,农、医学院,我们从头办。"他还表示:"我们为北大,必须积极去干。目下只有胡先生(任校长)一法,只有他能号召人,北大名字也不能号召。"当时拥护胡适出任校长,在北大不少教授中都已认可,不仅仅是傅斯年的个人意见,但他的辞让精神却为人所称道。8月16日,傅斯年收到教育部长朱家骅信,告知蒋介石属意于傅斯年任北京大学校长。17日,傅斯年直接致书蒋介石,极言北大校长非胡适莫属,表示自己坚持不肯担任北京大学校长之职,理由是自己身体不好,难于承担重任;更由于北大是自己母校,威望不如胡适,所以他在此信中推荐胡适担任。傅斯年在信中不仅说明了自己不能胜任北大校长的理由,而且还极力推荐胡适出任北大校长,并谈及了胡适的许多优点和长处。由于傅斯年陈述的理由充足,国民党政府答应了他的要求,决定任命胡适为北京大学校长。因为胡适在美国未归,在胡适归国以前,任命傅斯年为北京大学代理校长,并聘为西南联大常务委员。

按:傅斯年致蒋介石信中写道:"日昨朱部长骝先先生,以尊命见示,谓蒋梦麟先生之北京大学校长出缺,即以斯年承乏。骝先先生勉之再三,云出于钧裁,强为其难。……惟斯年赋质愚憨,自知不能负荷世务,三十年来,读书述作之志,迄不可改。徒以国家艰难,未敢自逸,故时作谬论。今日月重光,正幸得遂初志,若忽然办事,必累钧座知人之明。兼以斯年患恶性血压高,于兹五年,危险逐年迫切,医生告诫,谓如再不听,必生事故。有此情形,故于胜利欢腾之后,亦思及觅地静养之途,家族亲友,咸以为言。若忽任校务,必有不测,此又求主席鉴谅者也。抑有进者,北京大学之教授全体及一切有关之人,皆盼胡适之先生为校长,为日有年矣。适之先生经师人师,士林所宗,在国内既负盛名,在英、美则声誉之隆,尤为前所未有。今如以为北京大学校长,不特校内仰感俯顺舆情之美;即全国教育界,亦必以为清时佳话而欢欣;在我盟邦,更感兴奋,将以为政府选贤任能者如此,乃中国政府走上新方向之证明;所谓一举而数得者也。适之先生之见解,容与政府未能尽同,然其爱国之勇气,中和之性情,正直之观感,并世希遇。近年养病留美,其政府社会询咨如昔,有助于国家者多矣,又如民国廿四年冬,土肥原来北平,勾结萧振瀛等汉奸,制造其华北特殊化。彼时中央军与党部撤去久矣。适之先生奋臂一呼,平津教育界立即组织起来以抵抗之,卒使奸谋未遂,为国长城,直到'七七'。盖适之先生之拥护统一,反对封建,纵与政府议论参差,然在紧要关头,必有助于国家也。今后平、津将仍为学校林立文化中心之区,而情形比前更复杂。有适之先生在彼,其有裨于大局者多矣。"

　　傅斯年8月22日由重庆写给郑天挺的信中也谈到为了让胡适出任校长而努力周旋以及接收北大之事,说:"适之先生(任北大校长)事,教育部早赞同,但尚有转变之处。弟正为此努力,务必达到我们的目的而后已,独盼愈速愈佳。所以我们现在必须选举一个复校建设委员会,除三院长当然者外,再举些位。我至今还是(北大)教授。也想运动一下,以免我在此间并无法律之根据也。一笑。"在谈到代理校长事时,他又说:"代理适之先生之人,(周)枚荪提出(汤)炀子,弟等皆赞成。似乎孟邻先生有一信给教部,以兄代,因炀子不肯也。弟意,兄必作北方一行。而且此等有涉名誉之事,我们同学不可为之,将来学校之 Kay 与 Position(拟点)都应该由不是北大出身之人为之院长系主任,我们只是效劳。如此方可门户大开,承蔡(元培)先生之传统也。"傅斯年在信中表达了恢复蔡元培时代北大的兼容并包,学术自由的优良传统,以及作为北大人在母校复校搬迁等善后事宜中应尽的责任和义务问题。特别是他这种有涉名誉,北大同学不可为之的思想,至为可贵。9月3日,教育部长朱家骅致电,已推定胡适为北京大学校长,返国前,由傅斯年代理校务。4日,国民政府令:国立北京大学校长蒋梦麟呈请辞职,准免本职,任命胡适为国立北京大学校长。胡适未到任前,由傅斯年代理。6日,任命胡适为北大校长的令文正式发表。同日,傅斯年致电胡适,称:"北大复校,先生继蒋梦麟先生,同人欢腾,极盼早归。此时关键甚大,斯年冒病勉强维持一时,恐不能过三个月。更当增设医、农、工三院,林可胜主张以协和为北大医科,乞在美进行。化工系可与侯德榜一商。此时恐非在美捐款及书籍不可。聘请教员亦须在美着手。乞先生即日进行,并作归计。"9月20—25日,傅斯年以西南联大常委、北京大学代理校长的身份参加了在重庆召开的全国教育善后复原会议。会议就内迁教育机关的复原以及教育秩序整顿问题进行了讨论和议决。国民党政府对此事相当重视,朱家骅、翁文灏、李石曾、蒋廷黻等参加会议。蒋介石亲临大会讲话,强调:"教育关系建国之成败,至为重大。"教育界人士"必须认识建国时期,教育第一之要义,切实负起责任,培植下一代青年,对于国家民族有所贡献"。傅斯年在大会上多次发言,阐述对教育复原工作的意见。10月17日,傅斯年致胡适长信,报告北大"以胡继蒋"的前后经过,及为出席世界教育会议事,李石曾大攻朱家骅等情况。从信中也可看出北大、清华之间相互较劲的意味。西南联大时期,虽是三校合一,但以清华实力最强,清华校长梅贻琦实际主持联大校务,公正厚道,威望极高。但对以"最高学府"自居的北大而言,却有一种"寄人篱下"之感,因而对时任北大校长的蒋梦麟有所不满,认为他没有足够维护北大利益。傅斯年信中提及此事也是耿耿于怀,"我们这些年与清华合作,清华得到安定,我们得到卑视"。信中主要围绕北大复员后如何扩张的主题,详细讨论院系设置、延聘教员、募集书籍仪器及款项等问题,提出许多具体想法供胡适酌夺。最后谈及政治问题,说:"国共问题不解决,经济问题不解决,这样胜利,一切是笑谈。"30日,蒋梦麟已辞去国立北京大学校长职务,本校常务委员会委员职务一并解除。教育部聘请傅斯年为本校常务委员会委员。教授会开会欢迎傅斯年到昆明。(参见欧阳哲生编《中国近代思想家文库·傅斯年卷》及附录《傅斯年年谱简编》,中国人民大学出版社 2015 年版;韩复智编《傅斯年先生年谱》,《台大历史学报》1996 年第 20 期;焦润明《傅斯年传》,人民出版社 2002 年版;胡颂平

《胡适之先生年谱长编初稿》，台湾联经出版公司1984年版；耿云志编《胡适年谱》，福建教育出版社2012年版；中共中央文献研究室编撰、逄先知主编《毛泽东年谱（1893—1949）》，人民出版社、中央文献出版社1993年版；西南联大北京校友会编《国立西南联合大学校史——1937至1946年的北大，清华、南开》，北京大学出版社1996年版；王学典《20世纪史学编年（1900—1949）》，商务印书馆2014年版；岳南《南渡北归》第二部，湖南文艺出版社2011年版）

　　李济与傅斯年继续组织和推动西北科学考察团的考古发掘。1—2月，西北科学考察团在大方盘长城遗址进行考古发掘。夏鼐多次致信傅斯年、李济，报告敦煌附近的发掘所得、玉关遗址的考察、采掘品的运输方式及下一步的工作计划。傅斯年、李济分别电函夏鼐："运发掘品返川之事，今又寄院长一信，请其重新考虑；兄买到之卷子，大佳大佳；兄之工作似可再在甘肃作一夏天。""兄既有留甘肃之意，甚好，费用到重庆后必为筹得。标本运否当决于朱先生（朱家骅）。兄之计划以至秋季为宜，在兰存物及工作之处，袁翰青先生前面允设法。六朝花砖墓之工，可喜可喜！愿兄勉之，今年即专心作野外工作。对于敦煌艺术研究所主持人常君教育部应给以款励乎？"最后一句，应该是对向达披露事情的追踪，也就是说敦煌40年代被提上保护日程，傅斯年、李济等功不可没。据不完全统计，从1944年至1945年不到两年的时间里，傅斯年、李济与夏鼐等的往来电函竟达40多封。夏鼐随时请示报告，李济件件及时回复，保证了风筝不断线。8月15日，日本宣布无条件投降，消息传到李庄后，李济召集中博院全体人员开会庆贺，他在讲话中指出："日本投降……昭告原子能新时代之来临，我们每个人都当有新的认识，也有了更重要的新责任。"11月1日，行政院训令教育部以"战时文物保存委员会"为基础，成立"清理战时文物损失委员会"，主任委员杭立武，李济、梁思成任副主任委员。19日，美联社发出"北京人"遗骸在日本发现的电讯。几乎同时，报纸上刊载了中央社"我将组调查团赴日调查战时文物损失"的信息。至次年1月7日，李济以英国皇家人类学研究所荣誉研究员的名义，担任中国驻日代表团顾问，赴日本参与受降等事宜，调查和索回被日本人掠走的中国文物。（参见岱峻《李济传》，江苏文艺出版社2009年版；岱峻《发现李庄》，四川文艺出版社2009年版；张书学、李勇慧《王献唐年谱长编》，华东师范大学出版社2017年版）

　　董作宾2月15日与芮逸夫访王献唐，同下山至博物院李济等人处，又至曾昭燏等处，复至罗伯希、李临轩处。27日，傅斯年访王献唐，以所作《殷历谱序》见示。细阅二过，交屈万里。去年董作宾50寿时，曾口占一联赠之曰"五秩称庆，一堂独存"，嘱罗伯希以篆书写之，作跋书于联上送董作宾。"昔钱玄同以王观堂、罗雪堂、郭鼎堂及彦堂，为甲骨学中'四堂'。今王、罗已老故，郭亦别治他业，故云一堂独存也。"以"四堂"之称确立了罗振玉、王国维、郭沫若、董作宾在甲骨学中的崇高地位。4月27日，王献唐为董作宾书《殷历谱》封面。28日，王献唐再为董作宾以油墨写封面，并送去。同月，董作宾《殷历谱》由中央研究院历史语言研究所出版。《殷历谱》历时10年，数易其稿，至1943年秋初稿基本完成，但限于条件在李庄无法铅印，同时由于大量引用甲骨卜辞也不便于铅印，于是董作宾就准备手写石印。又用了一年零八个月的时间，于1945年4月完成，以中央研究院历史语言研究所专刊出版，石印200部，每部都有编号。傅斯年多次督促董作宾写印《殷历谱》，并亲自筹划出版事宜。所以《殷历谱》即将完成时，董作宾请傅斯年作序。傅斯年踌躇不决，自己既不懂天文历法，又不懂甲骨文，不敢贸然下笔。但毕竟是共事多年的挚友，他目睹了董作宾多年来矢志不移、勇于进取的奋斗历程，深为他迎难而上、勤奋不已的治学精神所感动，于是一气呵成写出了长达3800余字的序言。傅斯年在序言中对作者在抗战期间漂泊流离的环境中，完成这部巨著予以高度评价,指出:"当世甲骨学之每进一步,即是彦堂之每进一步……彦堂之书出,集文献大小总汇,用新法则厥信史上增益三百年,孔子叹为文献无证者,经彦堂而有证焉。"傅序高度评价董氏的学术成就,指出董作宾在历法研究中广泛应用新技术,并用现代天文学关于日月食的记录加以检验,澄清了商朝统治时期的顺序。他写道:"必评衡此书之全,则有先决之条件在:一、其人必通习甲骨如彦堂;二、其人必默识历法如彦堂,必下几年工夫。"同时还分析了其参加殷墟发掘掌握新的考古资料、广泛运用新技术和综合能力是其取得事业成就的原因。董作宾本人作了同样篇幅的自序,介绍了全书的内容、写作目的和写作经过与方法,强调"此书虽名《殷历谱》,实则应用'断代研究'更进一步之方法,试作甲骨文字分期、分类、分派研究之书也。余之目的一为借卜辞中有关天文历法之纪录,以解决殷周年代之问题,一为提示用新法研究甲骨文字之结果"。全书分上下两编,上编4卷,下编10卷。董作宾提出了研究古代史年代学的三个原则,即"线、点、段"。"线"是指古往今来合于"天行之历"的一条时间纵线;"点"是指根据真实的史料在时间纵线上确定的据点;"段"则是由据点推出形成一个历史年代。"段之构成在点,点之寄托在线",以此来推证历史年代。书中大量使用把甲骨卜辞按占卜日期排列起来进行综合研究的排谱方法,从卜辞中整理出商王按严格规定的日程逐个祭祀先王、先妣的所谓"五种祀典"制度。这种根据甲骨卜辞所反映的礼制等方面的情况进行研究的方法,揭示出甲骨卜辞中一些重要现象,对甲骨文的断代研究和礼制等方面的研究产生了促进作用。作者参阅了《左传》《史记》《通鉴外纪》《太平御览》《皇极经世》《通志》《帝王世纪》《大衍历议》等大量文献资料,研究了大量甲骨文和天文学资料,提出了自己的见解:殷商总年为629年,盘庚迁殷后之年为273年,并确定了盘庚以后各王在位的时间。盘庚到帝辛八代十二王总计287年。盘庚是在继位后十五年即公元前1383年迁殷的,除去在原都的十四年,迁殷后总年仍为273年。武王伐纣之年为公元前1111年。周代总年为867年,共和以前为281年。董作宾研究认为,殷代的历法是当时世界上较先进的一种阴阳合历。以太阴圆缺一次为一个月,月有大小之分,大月三十日,小月二十九日,大小月相间,也有两个月连续为大月被称之"频大月"。以太阳之温凉寒暑嬗变一次为一年,一年为三百六十五又四分之一天,用闰月调整阴阳差,即三年一闰,十九年而七闰。武丁、祖庚时于年终置闰,称"十三月"。祖甲以后始变为年中置闰,即置闰于当闰之月,并改称一月为正月。

按:关于殷代的历法,从20世纪30年代以来,学术界形成了两大派意见,一派以刘朝阳和孙海波先生为代表,认为殷商历法与天象无关,都是人为规定的,是一种"纯粹的政治历";另一派就是上述以董作宾为代表的"阴阳合历"说。随着学术研究的不断深入,"纯粹的政治历"的观点已被多数学者所放弃。尽管董作宾的殷历学说也不断被学者们所批评,但"阴阳合历"的观点却得到普遍的承认。

董作宾《殷历谱》出版有着重要意义,在学界引发轰动效应。国内外学界名流如胡适、陈寅恪、马衡、徐中舒、唐兰、徐旭生、竺可桢、邓广铭、杨树达、卫挺生、孔德成、章鸿钊、李约瑟、德效骞等,纷纷致书董作宾予以赞赏和祝贺。著名历史学家陈寅恪先生曾指出:"病中匆匆拜读一过,不朽之盛业,唯有合掌赞叹而已。""抗战八年,学术著作当以《殷历谱》为第一部,决无疑义也。"著名学者朱自清在贫病中看到《殷历谱》后,马上给董作宾写信指出:"我差不多从头到尾读完了这部大著,得到了许多殷代史的知识,也得到了许多历法的知识。最感谢的是您'肯'说的详细,'能'说的明白。这种深入显出的功夫,是顶难得的。我在这部书所讨论的各方面十足外行,但读时津津有味。书中的结论,我自然不敢赞一辞,但觉得大体都可信。特别是祀统，真是个大发现！我最感兴趣的是，武丁日谱和帝辛证人方日谱，这两个谱使我们亲近殷代，而渐渐减少那些渺茫之感。从前读你的《甲骨文断代研究例》开始对甲骨文和殷史发生兴趣，后来读《武丁父子的健康》一文，也很喜爱。我对历法的兴趣，也是从您在《读书通讯》一篇论太平天国的文字引起的。倘使甲骨学者都'肯'，都'能'像您一样，写书不但给专家看，也给素人看，那就不仅是我们素人的福气，甲骨学也会长足的发展的。"《殷历谱》为中国学术界争得了荣誉，显示了我国的学术实力，也引起了最高当局的重视，蒋介石亲自签发了嘉奖令："中央研究院朱院长勋鉴：三十四年七月四日呈悉，董作宾君所著《殷历谱》一书，发凡起例，考证精实，使代远年湮之古史之年历，爬疏（梳）有绪，脉络贯通，有俾学术文化诚非浅显，良深嘉勉。希由院转致嘉勉为盼。"（参见郭胜强《董作宾传》，江苏文艺出版社2010年版；王学典《20世纪史学编年（1900—1949）》，商务印书馆2014年版）

夏鼐1—2月率西北科学考察团在大方盘长城遗址进行考古发掘，并多次致信傅斯年、李济报告进展。大漠荒野，风沙漫漫，西北考古的艰险非当事人难以想象。2月25日，夏鼐由兰州寄信给在重庆的李济，汇报了面临的困难，并希望恩师向傅斯年委婉陈词：傅先生来示，令生再作一季，秋间再返川，经费俟傅先生三月中旬来渝时当再筹划。在现下情况之下，设备不周，交通不便，田野工作实在困难，故生不拟在外久留；但傅先生如能筹得经费，生自当遵其命令，工作至秋间返川，否则亦可以去年余款作小规模之考察工作。……前接家电，谓家父病危。闻讯之下，忧心如焚，急欲返家一视，奈交通已断。生现拟最晚当于秋间返川，一俟渝温交通恢复，即行请假返里，不欲久滞西北，以免将来一旦交通恢复，而工作在手不易脱身。家父虽年近古稀（今年七旬），而身体素健，此次获疾，当由于去秋故乡三度沦陷时筹划全家避难事宜过于辛苦所致。翘首东望，泫然欲涕。5月，夏鼐在甘肃宁定县阳洼湾发现两座齐家文化墓葬，从墓葬的填土中发现了马家窑文化的陶片并据此否定了齐家文化早于仰韶文化的结论，又把齐家文化划归另一个文化系统，动摇了安特生的甘肃史前文化六期划分说。夏鼐又在武威发掘唐代吐谷浑慕容氏墓葬。

按：1947年5月，在甘肃宁定县半山区阳洼湾发掘墓坑时，夏鼐在回填土中发现了仰韶文化的彩陶片，终于在地层学上找到了仰韶文化的年代早于齐家文化的证据，纠正了安特生在甘肃新石器时代文化分期问题的错误论断，为建立黄河流域新石器时代的正确年代序列打下了基础。夏鼐等人西北考古的成功，也是史语所"集团研究"的结果，凝聚着傅斯年、李济等人的智慧心血。（参见岱峻《李济传》，江苏文艺出版社2009年版；岱峻《发现李庄》，四川文艺出版社2009年版；王学典《20世纪史学编年（1900—1949）》，商务印书馆2014年版；中国大百科全书总编辑委员会《中国大百科全书·考古学》，中国大百科全书出版社2002年版）

张政烺2月4日写毕《〈说文〉燕召公〈史篇〉名丑解》，刊于《六同别录》上，《中央研究院历史语言研究所集刊外编》第三种。此文认为《史篇》原文谓召公寿，说解者误以为召公名丑也。故疑爽下"《史篇》名丑"四字乃后学所附益也。8月15日日本投降之后，中国准备派一个代表团到日本，了解日军劫掠中国文物情况，张政烺是代表团成员之一，在重庆集中，因故未能成行。11月26日，写毕《〈说文解字序〉引〈尉律〉解》，刊于1948年商务印书馆出版的《中央研究院历史语言研究所集刊》第十七本。此文认为汉承秦弊，学法令者以吏为师，"既以文乱法，是非无正，人用己私，巧说邪辞，使天下学者疑"，刘歆于是乘机假借律文以附会其一家之言，托古改制。他举九章（指方田、粟米、差分、少广等算术而言）、六曹（田曹、兵曹、集曹、仓曹、金曹等）皆成写字之道。改九章为九千字，六曹为六体（古文、奇字、篆书、隶书、缪篆、虫书）。其荒诞甚。"而班、许诸儒祖述刘说，信而不疑。学者安其所习，终以自蔽,虽有《尉律》,盖莫达其说久矣。"12月初,张政烺来到重庆。27日,在重庆牛角沱,遇顾颉刚先生,到茶馆长谈。年底,张政烺在重庆说二祀、四祀坝其卤的长铭是假的,很快风传开了。

张政烺是年写成《六书古义》,刊于1948年4月商务印书馆出版的《中央研究院历史语言研究所集刊》第十本。此一篇考证之文,"六书"词义的文章。引用甲骨、汉简等大量文献,阐明《周官》之"六书"(六十干支表),乃汉代小学学习书法的篇章,且源远流长。每旬(十天)之干支首日为甲,每一甲为一篇,共为六篇。"汉人小学以书法为主,《六甲》遂有《六书》之名。"刘歆创立"六书",即象形、象事、象意、象声、转注、假借,"是托《周官》'六书'一词而抽换'六甲'之实",托古改制以提高小学启蒙课程的地位。"刘歆创立六书,使说字之术有统纪,化占验法戒之说,为纯文字学上之研究,实为一大进步。"许慎《说文解字》的造字六书之名,即指事、象形、形声、会意、转注、假借,"绝不见于新莽以前之书",实乃源于刘歆一家之说,而有所改定。使"六书"之说进了一步。刘歆之学亦源于《易》,其"六书"条例之中象形、象事、象意、象声即本于《易》之四象。许慎撰《说文》,无论自叙其立意,即其书收字与分部之数目、部首之排列等,无不本于《易》。其中有种种迷信,起着束缚学者观念的作用。当然,他的造字理论就有了缺失。这一发现"是石破天惊之论,对文字学界产生了巨大影响",为使中国的古文字学建立在出土材料之上建立了基础。文末云"此稿多蒙丁梧梓(即丁声树)先生教正,附此志感"。这既反映了先生不掠人之美的高尚学术道德,也表现了他与丁先生的深厚友谊。张政烺对于"六书"古义的考证,受到甲骨学界的重视,著名甲骨学家胡厚宣先生在《五十年甲骨发现的总结》中就曾予以肯定。(参见陈绍棣编著《张政烺先生年谱》,中国社会科学出版社2019年版)

李光涛继续任职于史语所。7月,在《历史语言研究所集刊》第12本第1—2分合刊发表《清太宗求款始末提要》等文。李光涛系历史语言研究所收购大库档案后招募的书记员,参与了这批档案的清理、整理、编辑的全部过程。在这一过程中,作者逐渐积累掌握了大量档案材料,并且开始利用这些材料进行研究工作。此期发表的《清太宗求款始末提要》《清入关前之真象》《记努尔哈赤之倡乱及萨尔浒之战》《论建州与流贼相因亡明》《记清太宗皇太极三字称号之由来》《记崇祯思念南海岛大捷》《清太宗与三国演义》,就是作者以大库档案资料为基础,参考其他文献资料,对明清之际相关历史事实的考辨,有研究者这些研究"使明清之际这段本来就错综复杂,又被清政权故意篡改歪曲了的许多史实,得以拾遗补缺,匡谬纠误,取得了重大的突破,做出了卓越的贡献"。同期还刊载了王崇武《读明史朝鲜传》,岑仲勉《旧唐书逸文辨》《"回回"一词之语原》《吐鲁番一带汉回地名对证》《吐鲁番木柱刻文略释》,陈槃《古谶纬书录解题》(二)、《古谶纬全佚书存目解题》(一)。(参见王学典《20世纪史学编年(1900—1949)》,商务印书馆2014年版)

梁思成3月致信清华大学校长梅贻琦建议创办建筑系。10月,在《大公报》发表《市镇的体系秩序》一文,提出"住者有其房""一人一床"的社会思想;希望今后各大学增设建筑系与市镇计划系;指出"安居乐业"是城市规划的最高目的。(参见林洙、楼庆西、王军《梁思成年谱》,《建筑史学刊》2021年第2期"梁思成及营造学社前辈纪念专刊")

裴文中8月28日致函翁文灏,告"北京人"全部标本已经遗失。"中国猿人之全部标本,现不知存于何处,胡恒德先生及文等,均疑已为日人掠去,而故云不知。胡先生认为有派人赴东京寻找之必要。如我师认为可行之时,文愿任此责,赴东京一行"。裴文中后于11

月致李春昱函中言及，"关于'北京人'之标本事，公曾面嘱仍继续寻找"。（参见李学通《翁文灏年谱》，山东教育出版社 2005 年版）

任鸿隽继续任中基会总干事长。2 月，中基会成立由任鸿隽、蒋梦麟、朱经农、傅斯年等组成的"特别补助金委员会"，办理由美国援华救济联合会对教育研究机关补助骨干人员研究之用的拨款。候选人须有学术研究及教学之成绩，经济十分困难者的高级研究教学人员。7 月 1 日，出席在重庆中央大学礼堂召开的"中国科学工作者协会"成立大会，被公推为大会主席。8 月，被选为理事。9 月 20—26 日，抗战胜利后，出席在重庆中央图书馆召开的全国教育善后复员会议，与竺可桢、蒋孟麟、吴有训等提出"向日本调查图书仪器，以补大学与研究机关损失案"。12 月 1 日，在重庆召开的中基会第十八次年会上作干事长报告，安排复员工作。因抗战胜利，撤销中基会的战时临时机构，恢复正常组织。（参见樊洪业、潘涛、王勇忠编《中国近代思想家文库·任鸿隽卷》及附录《任鸿隽年谱简编》，中国人民大学出版社 2013 年版）

杭立武时任教育部次长。抗日战争结束后，赔偿诉求成了举国上下第一要务。8 月 31 日，浙江大学农学院教授蔡邦华致函教育部，建议调查我国文化机关的损失，责令日本赔偿。9 月，四川省温江县临时参议会电呈行政院，"请索还被日掠夺之我国文物"。同月，教育部艺术司司长张道藩向蒋介石提交"请组织清理日本掠夺中国文物委员会案"。10 月 5 日，教育部"战时文物保存委员会"拟具归还劫物初步意见，其中提出"拟由本部派专员驻东京盟军总部，协助调查我国文物被劫夺情形"。11 月 1 日，行政院训令教育部以"战时文物保存委员会"为基础，成立"清理战时文物损失委员会"，主任委员杭立武，副主任委员李济、梁思成，委员有马衡、蒋复璁、袁同礼等 18 人，下设有建筑、古物、图书、美术四组。主要任务是抽调专家，派赴实地访察指导，调查文物损失详情，以备向日本搜寻和追偿，负责各地敌伪文物的封存清理等。经过几个月的努力，清理战时文物损失委员会初步掌握了侵华战争造成的部分损失。抗战前夕，全国博物院（馆），除国立的以外，其独立设置及附属于学校或图书馆者约有 80 余所，战时大半被劫被毁，其中被劫掠的还包括中博院在北平和南京的两批珍贵文物。古建筑的寺庙、铸像、钟楼、碑塔、陵墓等的损失也十分严重，统计在案的古迹损毁有 741 处。文物损失严重，一些重要文物被劫，如举世闻名的"北京人"和"山顶洞人"化石等。（参见岳峻《李济传》，江苏文艺出版社 2009 年版）

顾毓琇上半年继续任国立中央大学校长。2 月，文学院增设俄文专修科。7 月，经中共中央南方局批准，中央大学成立"新民主主义青年社"（简称"新青社"，地下秘密先进青年组织），领导人为黄可、刘晴波、翁礼巽等。"新青社"先后邀请郭沫若、茅盾、马寅初、臧克家等著名学者来校演讲，受到师生欢迎。8 月，校长顾毓琇辞职获准，由西南联大理学院院长吴有训继任。同月 29 日，吴有训卸任西南联合大学理学院院长职务，布衣长衫，未带一人，由昆明至重庆赴任。在中央大学，吴有训亲自开物理课。每周由沙坪坝至柏溪上课两次。到校不久，即着手领导复员搬迁筹划。9 月，吴有训校长聘唐培经为教务长、沙学俊为训导长、戈定邦为总务长；范存忠为文学院院长、欧阳翥为理学院院长、何联奎为法学院院长、徐养秋为师范学院院长、罗清生为农学院院长、陈章为工学院院长、戚寿南为医学院院长。成立本校复员计划委员会。吴有训校长为主任委员，江良规、胡家健为副主任委员。江良规负责主持复员事宜，胡家健负责在南京主办复校事宜。9 月 20—25 日，吴有训参加全国教育善后复员会议，与梅贻琦、竺可桢等提出一项向日本调查图书、仪器，以补偿大学和研究机关损失案。同在 9 月，梁希、潘菽、金善宝等在重庆组织"民主科学座谈会"。次年 5 月，将

"民主科学座谈会"改建为"九三学社"。重庆谈判期间,毛泽东主席在张治中公馆会见本校潘菽、梁希和金善宝3位教授。毛泽东又到中央大学看望长沙第一师范学校老同学熊子容。熊子容时为师范学院教育系教授。10月,中央大学复员委员会成立,负责办理校舍的接收,吴有训担任主任委员。同月,经与金大商议,汪伪政府在金大校址所设"中央大学"之校产,仪器设备归本校接管;图书杂志等归金大接管。11月28日,吴有训校长赴南京,办理四牌楼校本部的接收工作。因学校被日本陆军医院占用,伤兵的撤离得延至次年2月方能结束,接收工作暂时无法进行。12月1日,为"甄别"日军占领南京时期的中大学生,仍借金大校舍开办"临时大学补习班"。有关系科派出教师授课,考核。是年,在《科学记录》发表与胡玉和合作的论文《论X射线的吸收》。(参见徐文镐《吴有训年谱》,《中国科技史料》1997年第4期;南京大学高教研究所编《南京大学大事记1902—1988》,南京大学出版社1989年版)

金毓黻2月重回中央大学执教。3月,开始撰写东北史。8月,《堂后官考》刊于《文史杂志》第5卷第7—8期。9月,教育部聘为东北教育复员辅导委员会委员,任监察院监察委员,仍在中央大学任教。10月,任清理战时文物损失委员会委员,主持东北区办事处。12月,《汤著季汉书解题》刊于《历史与考古》第1期。(参见金毓黻《中国史学史》附录《金毓黻先生学术年表》,商务印书馆2010年版;牟哥《金毓黻先生著述考》,东北师范大学硕士学位论文,2017年)

宗白华继续主编《学灯》。1月1日在重庆《学生导报》周刊第1期发表《中国艺术三境界》,分论写实的境界、传神的境界、妙悟的境界。2月11日,在《学灯》发表书评《介绍新书:〈张居正大传〉》。7月27日,作《致舒新城函》。9月24日,在《学灯》发表《介绍一本人生哲学书:〈人生之体验〉》,指出"本书在直陈人生理趣,无论证,亦无外表——形式系统,唯各部义蕴交流互贯,中心思想即透露文中,故无须形式之结论,可供人之把握"。又说:"世上有两种好书,一种可以增富你的知识,一种可以影响你的生活态度,开拓你的胸襟。此书属于后者。"同月,毛泽东、周恩来在重庆召开座谈会,会见少年中国学会在渝会员,宗白华参加这次历史性会见。11月4日,在重庆《大公报》发表题为《团山堡两日游——9月26日、27日日记》。文中赞扬司徒乔的画,表达一位具有童贞的心灵、生活在永恒世界里(如桑塔耶那那样哲学家)的画家的境界。12月9日,在《大公报》发表《与宣夫谈画》。文中指出:"世上的艺术家,可有二型,一是亲密自然的,一是离开自然的。离开自然的作风,像埃及的画,西洋中古的雕刻,现代立体派表现派的画。亲密自然的,对昼、夜、风、雨、霞光、月色、花、草虫、天边的飞鸟,水边的沙痕,点点痕痕都是他心中的泪,心里的血,画着它们,就是画着自己的梦魂。"年底,抗日战争胜利后,中央大学迁回南京,宗白华继续在该校任教。(参见林同华《宗白华生平及著述年表》,载《宗白华全集》第四卷附录,安徽教育出版社1994年版)

柳诒徵寓居柏溪,为中央大学文学院、史学系学生授课,兼为教育部审阅学术著作。3月,赴重庆参加教育部学术评议会。8月,日本战败投降,闻之大喜,急欲东归收复国学图书馆旧藏,与教育部联系。9月底,离开重庆。10月上旬,由重庆返回南京,复任江苏省立国学图书馆馆长,立即着手收回馆舍和藏书18万余册,董理校编收复馆藏图书目录。11月,柳诒徵在《文史哲季刊》第3卷第1期发表《史原》《史权》。此二文即系被称为"先生文史学晚年定论"的《国史要义》前两篇。同期还刊载了张贵永《从英国先期浪漫主义到赫尔德的历史思想》《西洋外交史研究》,唐圭璋《宋词版本考》,朱焕尧《四种记注史书述》等。(参见孙文阁、张笑川编《中国近代思想家文库·张尔田、柳诒徵卷》及附录《柳诒徵年谱简编》,中国人民大学出版社2014年版;王学典《20世纪史学编年(1900—1949)》,商务印书馆2014年版)

罗根泽2月21日接待顾颉刚与张静秋夫妇来访。又有魏建猷、许绍光来与顾颉刚谈。

24日,顾颉刚与甄甫来访。3月,与康光鉴合著《墨子》,作为《中国历代名贤故事集》丛书第三辑《学术先进》,由胜利出版社(重庆)出版。书前附作者小传。4月15日,顾颉刚有信。5月10日,顾颉刚有信。7月,《晚唐五代文学批评史》由商务印书馆作为《中央大学文学丛书》刊行。同月16日,致信杨树达,云:"遇夫先生有道:承示尊作《曾传》,文质并茂,启迪良多。敝校国文系顷合并于中国文学系,伍叔傥主任嘱函请我公慨践宿诺,余命驾西来,俾两系学生共沐教化,后学亦得遂请益,故尤馨香祝祷。引领东望,不胜翘跂。专肃,敬候裁示。"28日,与李炳焕同访顾颉刚。8月2日,在编译馆,与顾颉刚谈。9月16日,遇顾颉刚。到蓉香赴李炳焕宴。是年,《叶适及其他永嘉学派的文学批评》刊发于《文艺先锋》第6卷3—5期。本期杂志编后记,云曾于第2卷第3期《文艺先锋》刊发对于罗著《中国文学批评史》第二三册之评介。(参见马强才《罗根泽先生年谱简编》,载王京州编《河北近现代学者年谱辑要》,国家图书馆出版社2017年版)

朱东润《张居正大传》12月由开明书店出版。此书通过对大量材料的梳理,叙述了明朝中晚期著名政治家张居正的一生,把张居正的政治活动展现给世人,并且力求公允地看待张居正。朱东润在《我怎样写作"张居正大传"的?》一文中指出,自己是"想从历史陈迹里,看出是不是可以从国家衰亡的边境找到一条重新振作的道路"。该书和梁启超的《李鸿章传》、吴晗的《朱元璋传》、林语堂的《苏东坡传》一起被誉为"20世纪四大传记",被多次再版。(参见王学典《20世纪史学编年(1900—1949)》,商务印书馆2014年版)

杨晦继续任中央大学中文系教授。4月14日,中大中国文学系请杨晦演讲《文艺与民主》,听众颇多。杨晦讲了题目的意义和讲解的动机后说:"文艺本来便是民主的。在人类的童年原始时代,没有个别的艺术家,大家都可以参加艺术活动,人人都有表现艺术才能的机会,这段期间的艺术作品极丰富,和近代的艺术水准比起来,毫无逊色。这为甚么? 因为这时的艺术是完全在民主的条件下产生的。"他用中国文学的事实证明不把人当人的专制时代不能有伟大的文艺作品;纵然有,也是病态的东西。"一般认为唐朝是中国的黄金时代,文艺活动特别高涨,但其实,以中国面积这样大,人口这样多,这点文学成果和俄国法国短期间比较起来,真是太微渺不足道了。如果那时唐朝是个开明的时代,情况就会更好些了。"文艺不仅是民主的产物,本身也应是民主的。他说:"文艺注重形象,注重表现的本领。然而,不民主的社会环境偏偏处处破坏人的表现才干,不要人衷心地哭和笑流露真正的情感。"还说:"文艺应该争取民主,争取人人有创作的权利。""文艺像一面镜子照出生活的形形色色,它比别种方式更能形象地描绘出生活的真相,因此文艺也是争取民主中最有效的工具。"(参见文天行编《国统区抗战文艺运动大事记》,四川省社会科学院出版社1985年版)

章益继续任重庆复旦大学校长。抗战胜利后,章益迅速启动复原工作。10月初,章益乘飞机赴沪,联系迁校事宜。中旬,与金通尹赴无锡接洽,颇受当地人士欢迎。但无锡校舍尚待建筑,上海赫德路(今常德路)校舍狭小,渝校师生渴望东返,因此决定先行迁回上海江湾复课,待无锡校舍建筑完成以后,再行搬迁。江湾校舍原为私立复旦大学校产。经过数度协商,章益召集有关人员开会,说明大学部改为国立,复旦附属中学及复旦实验中学仍为私立,附中应改名为复旦中学,推举李登辉为两校董事长及校长,并任命何恭彦为复旦中学主任,朱祖舜为复旦实验中学主任。以后上海赫德路校舍归复旦实验中学使用。而复旦实验中学所租借中一大楼四楼校址,转归复旦大学文摘社使用。当时沪、渝两校合并,师生员工共计3000余人,江湾校舍根本不敷应用。其时,校外有日本兵营及伪上海大学的农场,于是学校向行政院及敌伪产业处理局要求将该批房屋、土地作为战争损失赔偿，拨归复旦大学使用，获得批准。这样，学校土地面积扩大至 330 余亩。11 月 26 日，复旦大学上海补习部的土木工程系和化学系师生 200 余人先行迁回江湾上课。可是校房破坏严重，修理费时，直到次年 3 月底才初步修缮完工，其他各系陆续迁回江湾，于 4 月 1 日开学上课。复旦大学重庆部分将提前结束，5 月 12 日放暑假，分水陆两路复员。以陆路为主，经川陕公路、陇海、津浦、沪宁铁路返回上海，水路则乘轮东下。到 9 月，复员工作即基本结束。沪、渝两校合并，学校规模较前扩大。（参见《复旦大学百年志》编纂委员会编《复旦大学百年志：1905—2005》，复旦大学出版社 2005 年版）

陈望道继续任教于复旦大学新闻系。4 月 5 日，"新闻馆"开幕典礼隆重举行，陈望道在开幕典礼上发表《新闻馆与新闻教育》的讲话。5 月 7 日，选举中华全国戏剧界抗敌协会第七届理监事，陈望道、史东山、聂绀弩、张西曼等 4 人为候补监事。8 月下旬，重庆国共谈判期间，陈望道、张志让、周谷城等受到毛泽东的邀见。11 月 13 日，重庆复旦大学的 30 多个团体千余人举行念孙中山 80 诞辰晚会，陈望道、老舍等呼吁与会者"联合起来""制止内战"。（参见上海鲁迅纪念馆编《陈望道先生纪念集》，复旦大学出版社 2006 年版；唐金海、张晓云《巴金年谱》，四川文艺出版社 1989 年版；田本相、阿鹰编著《曹禺年谱长编》，上海交通大学出版社 2017 年版）

周谷城继续任复旦大学史地系教授，兼任系主任及教务长，与翦伯赞是大同乡，对翦伯赞的道德、文章早就很倾慕。曾多次到歇马场访翦伯赞，又多次一同参加学术活动，甚相投合。为了活跃复旦的学术空气，周谷城曾请翦到复旦作学术讲演，翦伯赞亦表示同意。春，复旦大学文学院制定了一个"开展学术活动"的计划，拟每月举行一次大型的学术讲演，翦伯赞在首批邀请之列。除周谷城当面促驾之外，院方还数次来信，商谈有关讲演事宜。5 月下旬，翦伯赞应复旦大学（在北碚）之邀，作《史料与历史科学》的学术讲演。（参见张传玺《翦伯赞传》及附录张怡青《翦伯赞大事年表》，北京大学出版社 1998 年版）

吴泽上半年继续任教于复旦大学。7 月，《中国历史简编》由重庆峨嵋出版社出版，原名《中国社会简史》，1942 年 11 月由桂林学艺出版社出版，后经增补扩充，改名为《中国历史简编》。全书共 7 编 17 章，简要地叙述中国史前时代至"七七"卢沟桥事变中国社会历史的发展过程及其规律和特点。作者按照马克思主义社会经济形态学说，把中国历史的发展依次划分为史前原始公社制社会、殷代奴隶制社会、西周至鸦片战争的封建制社会等几个阶段，打破了"万世一系"的王朝体系和上古、中古、近世等笼统、模糊的旧史体例。9 月，吴泽携家赴贵州赤水，任教于大夏大学（今华东师范大学）。同月，在《中山文化季刊》第 2 卷第 2 期发表《殷墟青铜器研究》。同期还刊载侯外庐《章太炎基于"分析名相"底经史一元论》、杜守素《墨家认识论的研究》、翁达藻《中国上古的鬼神观念》、林仲达《大学教育之史的发展》等文。（参见王学典《20 世纪史学编年（1900—1949）》，商务印书馆 2014 年版）

方豪继续任教于复旦大学史地系。3 月 14 日，陈垣致方豪函：《清初僧净记》刻本新成，谨以一部奉贻。11 月 7 日，方豪复函陈垣："去年《复旦学报》创刊，实先兄为文发表，亦曾寄请赐教。想为邮驿所误，或未能上尘清览。顷实先兄见告，谓对先生之钦敬殆未能以言语形容，居恒常自恨谫陋，极希来年能有良缘，面聆教益。实先兄年甫而立，而治学勤劬，往往通宵为之，不知东方之既白。渠在《复旦学报》之文，对尊著虽有所献疑，但今则已深感歉意，伏冀宽宥。"10 日，陈垣致方豪函："《复旦学报》创号未见，目录有鄙著订误一篇，先睹为快。文章天下之公器，有人指正，求之不得者也，便幸裁示为感。垣老矣，恐不能复有所造述,关于天主教史及《日历》等,皆二三十年前所致力,此调不弹久矣。今得诸君子为之接力,岂不甚善!"20日,方豪致函蔡元:"鲁实先君一文,渠云今日将亲函寄奉。鲁君甫逾而立,颇用功,惟所学殊窄,性亦狂妄。蒙渠不弃,以晚为好友,两年来时时劝导,已进步多矣。本校薛仲三先生专习统计、廿八年曾在上海商馆出版《两千年中西历对照表》,渠手头亦无此书,据云极便检查。昨语晚曰:《中西回史日历冬至订误》一文,或竟错在鲁君亦未可知。惜其书不在,无从查稽也。""此间无书可读,学殖日落,深惧有负训诲,日夜彷徨。明岁初夏,可望北上亲聆教益,则毕生之愿偿矣。"12月1日,陈垣致方豪函:"公教论文,学人久不置目,足下孤军深入,一鸣惊人,天学中兴,舍君莫属矣。鲁君《订误》,已承寄示。士贵有诤友,蒙何幸得此。正拟广为传扬,以志吾过。惜此书早已绝板,不然将鲁君之表刊附卷末,岂不甚善? 华北沦陷八载,人才消散,奎壁所聚,乃在西南。来示所述诸公,恨未能一一奉手,晤时为致倾慕之意,实所厚盼。"10日,方豪致函蔡元:"拜读赐示,奖饰逾恒,益增愧怍。今日晚稍有收获,皆十九年前恩师一言鼓励之功。"(参见李东华《方杰人(豪)先生年谱稿》,《台湾大学文史哲学报》1985年第34期;刘乃和、周少川、王明泽《陈垣年谱配图长编》,辽海出版社2000年版)

　　王星拱继续任武汉大学校长。2月6日,武汉大学向教育部呈文学生胡钟达等十三人思想左倾一案等事项。对于特务分子密告武大学生利用社团、壁报、郊游野餐开展革命活动时,王星拱校长又以学校名义专门呈文予以辩驳。武大呈文中指出:"(1)本校学生团体虽多,但均系经本校训导处核准成立,少数团体学生平时言论虽难免偶有失当,而在校行为尚无越轨之处。(2)壁报为学生团体公开活动之表现,亦为学生练习写作之唯一园地,本校学生壁报无论报导新闻、评论时事,均须经训导处审查后始准公布,其言论虽力求精辟然尚无过于偏激之作品。(3)壁报上间有刊布敌后画片及国外照片者,大抵以读者均为本校有智识有判断力之学生当不致发生反面结果。且国外照片均为美大使馆新闻处所供给。(4)其他活动,如为人补习课程,乃战区学生籍以弥补费用之主要办法,至郊游野餐或品茶等均为生活方式一种,本校训导处当尽量设法指导与监督。"这些呈文既是为保护进步学生的辩护词,也是对国民党反动统治的辛辣讽刺。随后,王星拱以身有重病为由,呈请辞校长职。7月7日,国民党政府教育部批准王量拱辞职,并任命周鲠生接任武汉大学校长。(参见吴贻谷主编《武汉大学校史(1893—1993)》,武汉大学出版社1993年版)

　　周鲠生8月7日在教育部次长杭立武的陪同下,奔赴乐山。8日,周鲠生到校宣誓就职,正式接任武汉大学校长。9月1日,按照国民党政府教育部的命令,成立"武汉大学复校委员会",推定杨端六、刘诚、葛扬焕、徐贤恭、曾昭安、赵师梅、方壮猷、张宝龄、缪恩钊、熊国藻、董永森等11人为委员,杨端六为主任委员。复校委员会决定指派赵师梅、萧洁两人先赴武昌珞珈山清查接收校产,做好复校的准备工作。抗战期间的珞珈山校舍,先是被日本侵略军作为侵华司令部中原分部,后又为日军野战医院本部占用。日寇投降后,珞珈山校舍的工学院和其他一些教员宿舍仍被日俘伤兵占用,其余大部分房屋驻扎着美国空军十四航空队和国民党的第十五师。复校委员会为复员武昌做了大量工作。在成都、重庆、宜宾等地设办事处,为分期分批出发到这些地方的师生员工订购车船票、安排食宿。拟定两条东还路线。一是水路:由乐山经宜宾抵重庆,再从重庆经万县、宜昌到武昌。一是陆路:自乐山经成都、宝鸡、西安北行取道郑州回武昌。此外,也有学生沿川湘公路经长沙回武昌。学校各种公物一律装木船和扎木排水运。10月,经校务会议决,专门成立了"一年级国文委员会",并聘定中文系主任刘赜教授为主任委员,教务长朱光潜教授也亲自参加此项领导工

作。(参见吴贻谷主编《武汉大学校史(1893—1993)》,武汉大学出版社1993年版)

朱光潜1月读到好友梁宗岱在《复旦大学学报》第1期发表的《试论直觉的表现》,于是作《论直觉与表现答难——给梁宗岱先生》,刊于5月《文艺先锋》第7卷第1期,两人围绕直觉与表现的相关问题展开论辩:克罗齐讲的"直觉"与"概念的"是截然分立,还是两者乃有关系?是否"改了一个字同时也就改变了意境"?究竟直觉是否即表现呢?是否没有表现即没有直觉呢?"直觉即表现"是否忽视"传达"的作用?以及关于诗和散文的分别。无论是朱光潜还是梁宗岱实际上都不赞成克罗齐抹杀传达在艺术表现中的作用,这完全出自朱、梁都是中国人,中国传统生命有机体的理论流淌在他们的学脉中,对于西方只重逻辑,单从知识论(即认识论)看直觉多少持质疑的态度,这从朱光潜直觉即表现那"一刹那"前后不排斥"名理"(包括概念、道德、社会内容)的观点;梁宗岱艺术可要"经过四个阶段:受感、酝酿、结晶、和表现或传达"的观点可以得到证明,这是西方直觉说"本土化"(中国化或华化)一个典型案例。朱光潜适度保留了美学作为认识论的规定性,但是对克罗齐心灵的客观唯心认识不够充分;同样,梁宗岱恰恰没有分清楚哲学的直觉和艺术的直觉的区别,但是对于直觉的超越性质有不自觉的感受。5月5日,国民党六大召开前夕,在朱家骅与陈立夫联名向蒋介石推荐的98名"最优秀教授党员"中,黎锦熙、陈寅恪、伍蠡甫、熊庆来、萨本栋、金毓黻、竺可桢、王星拱、朱光潜、张伯苓、蒋梦麟、梅贻琦、冯友兰、贺麟、华罗庚、姚从吾等最为著名的大学校长、教授赫然在列。

朱光潜5月底陪同王星拱校长以及理学院代院长叶峤三接待李约瑟博士来访。同月7日,选举中华全国戏剧界抗敌协会第七届理监事,朱光潜、沙汀当选为各地(无分会地点者)理事。6月,作《谈心》,论说了作者日后作"学问"努力的方向。8月,武汉大学复校委员会成立,朱光潜任第一外国语委员会委员。夏,传言与周鲠生相交30年的好友杨端六可能要接替朱光潜任教务长。周鲠生校长生病就医,朱光潜代理校长,因校务与工学院长闹意见,朱光潜坚决撤了杨端六职,朱光潜本人也辞去教务长职。9月,朱光潜在《国文杂志》第4卷第3期发表《研究诗歌的方法》。同月,陈寅恪发表于1943年桂林所作的《陶渊明之思想与清谈之关系》,遂引起朱光潜作《陶渊明》与陈寅恪商榷。10月,武汉大学全体师生迁回武汉。朱光潜随之离开,结束了7年的乐山教研生活。11月7日,周鲠生校长请朱光潜任外国文学系主任。在此之前,朱光潜已收到北京大学校长胡适敦促其回北大任西语系主任函,朱光潜决意离开武大已成定局。是年,朱光潜在武大课堂上讲到华兹华斯的《玛格丽特的悲苦》,认为语境颇似"风云有鸟路,江汉限无梁",待念到最后两句——"如果有人为我叹息,他是怜悯我,而不是我的悲苦",竟然语带哽咽,不能自持,迅即合上书本,走出了教室。那句诗的意思是:"若有人为我叹息,他们怜悯的是我,不是我的悲苦。"(参见宛小平《朱光潜年谱长编》,安徽大学出版社2019年版;宛小平《直觉与表现——基于朱光潜与梁宗岱的争辩》,《学习与探索》2016年第1期;田本相、阿鹰编著《曹禺年谱长编》,上海交通大学出版社2017年版)

叶圣陶1月1日在《中学生》第83期发表《革除传统的教育精神》。6日,出席文化人协济委员会之会。10日,出席新世纪学会筹备会。22日,出席文协理事会。28日,出席新世纪学会之成立会,任副理事长。同日,出席燕大学生的座谈会,讨论"我们需要怎样的文艺",致辞。30日,与黄药眠等共商文艺联谊会之事。同月,《西川集》由重庆文光书店出版。2月2日,出席文化人协济委员会常务理事及财务委员之联席会议。3日,主持文协会员联谊大会,报告今日文化界之现状。4日,为骆宾基、丰村二人在郫都被扣事致书姚蓬子、孙伏园、冯雪峰,商谈如何营救。6日,出席文协理事会,讨论援救骆宾基、丰村二人之事。9日,出席文化人协济委员会常务理事与财务委员联席会议。20日,出席文化人协济委员会会议。21日,出席新世纪学会理事会;会见赵超构,赵超构赠其新作《延安一月》。22日,将罗莘田《中国人与中国文》校阅完毕,作广告辞。23日,初见毛主席《在延安文艺座谈会上的讲话》,系黄药眠所赠。3月12日,与文协诸君签署《成都文化界对时局宣言》。16日,加入民主同盟会。19日,出席新世纪学会第三次理事及财务委员会联席会议。21日,与友人集会,听赵超构谈访问延安的观感。23日,出席文化生活社之集会,听张友渔谈日本问题。将吴晗《明太祖》书稿校阅完毕,作广告辞。4月4日,与文协诸理事讨论协济会之事。6日,出席新世纪学会理事会。19日,当局以"裁去骈枝机构"的名义撤消文化工作委员会,叶圣陶作文慰问郭沫若。24日,出席文协理事会。

　　叶圣陶5月4日出席文协年会,当选为理事;主持庆祝文艺节大会,致辞;观览成都各大学纪念"五四"之壁报;参加成都大中学105个学生团体联合举办的纪念"五四"大会,会场遭特务捣乱。晚,叶圣陶到华大体育场参加105个团体纪念"五四"营火会,致辞。11日,主持文协成都分会第一次理事会,议定于阴历五月初五召开诗人节晚会,于暑期中为大、中学生及社会青年举办文艺讲座。17日,出席新世纪学会理事会。24日,往访张天翼。29日,离蓉赴渝与开明同人商量开明书店事务。次日,抵渝。6月8日,中外文艺联络社正式成立,叶圣陶为发起人之一,并担任编辑委员;参加文光书店开幕礼。是日,为郭沫若赴苏出席苏联科学院220年之庆典赋诗送别:"期申文化联盟愿,聊遣乘槎浮海情。天地纵宽复谁局,独来独往郭先生。"14日,离渝返蓉。在重庆期间先后会见了郭沫若、沈雁冰、巴金、丰子恺、吴大琨、孙伏园、夏衍、赵家璧、陶行知、吴朗西等。20日,主持文艺讲座委员会会议。24日,出席沈雁冰50寿辰纪念会,致辞:"我们要和茅盾一样提着灯笼在黑暗里行走,现在成都、重庆、昆明各地到处有人点着灯笼,光明越聚越多,黑暗终将冲破。"叶圣陶演讲时"大声呐喊,甚至站到了凳上"。30日,朱自清自昆明返成都,与叶圣陶会晤。7月1日,设茶会,招待担任文艺讲座的许可经、吴组缃、吴作人、姚雪垠等人。8日,往燕大布置文艺讲座之讲堂。9日,文艺讲座开始,致开幕辞。叶圣陶为文艺讲座的主持人,并于18日作讲,题为《小说的欣赏》。主讲者中,许可经讲《音乐的欣赏》、邹荻帆讲《新诗之创作》、戴铭龄讲《传记文学》、吴组缃讲《生活态度》、丰子恺讲《艺术与艺术家》、吴作人讲《敦煌艺术》、姚雪垠讲《小说之结构》、王冰洋讲《文学批评的任务》、陈白尘讲《戏剧之创作》、李劼人讲《佛罗贝尔》、庞薰琹讲《工艺美术》。每次讲座,叶圣陶都到会作"介绍辞"。这次文艺讲座,被国民党内部通报为"异党活动"。16日,《开明少年》创刊,叶圣陶主编,作发刊词。自第8期起,叶圣陶、叶至善、贾祖璋、唐锡光列名主编,实际的编辑工作由叶圣陶和叶至善担任。

　　按:发刊词说:"本志创刊了,名目叫做《开明少年》。其实他不是一种新创的杂志,他的前身叫做《新少年》,可以说是《新少年》的复刊。《新少年》创刊于二十五年一月十日,是种半月刊。出到二十六年八月间,'八一三'战事爆发,我们的印刷厂被敌人的炮火毁了,只好与其他几种杂志一同停刊。到如今将近八年了,我们一直想把他复刊。看了一些青年(八年前的少年现在是青年了)寄给我们的信,诉说他们惦念《新少年》的心情,听了一些朋友的鼓励话,说那样的少年杂志现在很需要,我们更希望从早把他复刊。但是我们先在桂林,去年来重庆,都感到编辑上印刷上发行上种种的困难,想出又不敢出。今年来,纸价更涨了,印刷工价更高了,运输寄递不比以往方便,许多朋友依然散处在各地,编辑方面也还是感觉人手不够,我们想,要等待种种困难改变过来,恐怕还不止一年两年,有句通常话叫做'克服困难',我们何不试试呢?等待是自己不作主,克服困难是自己作主,我们何不作作主呢?这么想着,我们就动手筹备起来,定在这个月里出版。半月刊暂时办不到,就出月刊。《新少年》的名目被人家用去了,就叫做《开明少年》。"

叶圣陶7月24日与文协诸理事举行茶会,欢迎冯焕章,兼谢为文艺讲座作讲的朱自清、姚雪垠、吴组缃、丰子恺等人。8月2日,叶圣陶到燕大听周谦冲讲出席参政会的观感及中苏关系。3日,潘公展约见,言《中学生》谈政治过多,告诫少谈政治。8月5日,文艺讲座结束,叶圣陶致闭幕词。8日,开文协常务理事会。10日,报载日本投降,夜不成眠。11日,与文协诸君叙饮于章雪舟家,共谈对于日本投降之感慨。15日,出席新世纪学会理事会。8月16日,叶圣陶致书上海诸友。信中言:"终见日本之崩败,虽非我力,究属大欣。遥念公等,书此达意,暂代'联杯'之贺。八年为别,思念难任,今交通尚阻,未可速赋东归,而其期已属必有。重逢之顷,必当畅谈三日,痛饮三日。思此为之不寐。颇盼于见面之前,获读赐书,能许之乎深望之矣!"28日,会见朱自清,此为永别。同月,文协成都分会设立文艺顾问会,叶圣陶任委员。9月7日,重庆《东方杂志》《新中华》《中学生》等8种杂志抗议国民党的图书审查制度,决定不再送稿审查,成都得讯后,各报馆、通讯社、杂志社纷纷响应,叶圣陶代表成都17个文化团体起草《成都十七文化团体致重庆杂志界的一封公开信》。9日,叶圣陶为成都言论界起草宣言《我们永远不要图书审查制度》。9月9日,主持文协文艺顾问委员会小说组座谈会,讨论今后小说发展的倾向,及文艺下乡诸问题。16日,参加草桥同学会之集会。17日,出席各报各杂志社之集会,决定出版联合增刊《自由言论》。26日,离蓉迁渝。27日,抵渝,暂居交场坝附近螃蟹井。29日,为迎接我国收复台湾,与范寿康、丁晓先诸君共商台湾临时教科书编撰事;叶圣陶与丁晓先、叶至善合编台湾临时教科书《小学国语教本》和《初中国语教本》。10月2日,会见沈雁冰夫妇和冯雪峰。次日,赴沈雁冰之招宴,他客有胡乔木、何其芳。15日,出席10杂志《联合增刊》的编辑会议。12日,会见柳无忌。次日,会见老舍;往励志社,观陈烟桥、王琦、黄荣灿等10余位作家的木刻展览。14日,出席文协理监事全会;应陆梦生之招宴,他客有李公朴、傅彬然。15日,出席《联合增刊》编辑会议。16日,应周恩来邀请,赴曾家岩中共办事处参加晚宴。第一次见到周恩来副主席,同座有叶以群、吴组缃、老舍、靳以、胡风、何其芳、王若飞、徐冰。19日,出席鲁迅逝世9周年纪念会,该会由周恩来、宋庆龄、茅盾、郭沫若、叶圣陶、柳亚子、冯雪峰、许寿裳等人发起。会上,周恩来、老舍、胡风、叶圣陶、郭沫若、柳亚子、冯玉祥、许寿裳发言。21日,赴孙伯才之招宴,他客有吴研因、郭沫若、潘梓生等。席间,郭沫若谈苏联见闻,吴研因谈菲律宾情形。同日,出席文协茶酒晚会,叶圣陶报告成都情形。周恩来副主席到会谈延安文协近况,题为《延安的文艺活动》。23日,会见郁文哉、罗文玄,共商下届杂志联谊会之事。28日,赴郭沫若与潘梓年之招宴;席间听周恩来副主席谈国内外形势。

叶圣陶11月1日参加杂志社联谊会临时会议,代表各杂志社作《"不要内战"——重庆二十七种杂志的呼吁》。6日,晤沈雁冰夫妇,慰沈霞之丧。9日,主持杂志社联谊会,决议致书美国人民,请促其政府撤回在华美军。14日,出席全国反内战联合会之筹备会。16日,赴郭沫若54岁寿宴。24日,主持杂志界之集会。26日,往访赵家璧,谈续编《新文学大系》。12月1日起,昆明市区内有组织的便衣特务及军政部军官总队,分批袭击捣毁联大、师范学院等学校。7日,叶圣陶与郭沫若、茅盾、巴金、冯雪峰、胡风、阳翰笙等18人致函昆明各校师生"对死者致悼,对伤者慰问,祝生者继续努力"。19日,会见俞颂华、尚丁,共同编定《联合增刊》第6期。21日,主持杂志界之集会,讨论对于政治协商会议应提出的意见;出席文协晚会。12月24日,叶圣陶与重庆开明书店拟回沪职员一起,雇木船两艘,在临江门登船。27日,国民党中央社窃用陪都各杂志联谊会的名义,发表《陪都各杂志社联谊会宣言》,污蔑共产党"称兵作乱""据地自私"。叶圣陶致函《新民报》,抗议国民党政府的卑劣的行径。28日,别重庆,扶老携幼乘木船经三峡东下,开始了漫长的回家之旅。29日,舟歇洛碛,登岸至国立女子师范,谒章伯寅先生。次日,舟泊涪陵县石家沱。与舟人共庆除夕。同月,与郭沫若、茅盾、老舍、阳翰笙、冯乃超等17人联名致函美国援华会作者委员会赛珍珠先生及全美作家,指出美国士兵有卷入中国内战的迹象,请求美国朋友尽力阻止。是年,童话集《稻草人》由马继高译为阿拉伯文,在埃及《文化》杂志上连载。(参见商金林编《叶圣陶年谱》,江苏教育出版社1986年版;葛晓燕、何家炜编著《夏丏尊年谱》,中国文史出版社2012年版)

朱自清6月29日下午乘飞机赴成都探亲。晚抵家中。30日,访叶圣陶、赵守愚、吴宓、程千帆等。同月,在《抗战文艺》第10卷第2—3期合刊发表所译美国多罗色·汤姆生作《回到大的气派——英雄的时代要求英雄的表现》,收入《语文零拾》。9日下午,程千帆等来访。偕赴望江楼吃茶,谈古典文学。11日,因离校辞联大1944年度毕业成绩审查委员会委员职,由雷海宗继任。12日上午,赴燕京大学由"文协"成都分会所举办的文艺讲座作"新诗的趋势"讲演。在座有叶圣陶等。午,赴宴宾楼应董每戡邀宴。在座有叶圣陶、姚雪垠、叶丁易、陈中凡等。下午,访吴宓等。15日午,赴明湖春应章锡舟、叶圣陶邀宴。在座有丰子恺、陶载良等。16日午,赴全家福应陈中凡、陈白尘、叶丁易、叶圣陶邀宴。在座有董每戡、姚雪垠。17日,徐中舒等来访,与之长谈。21日下午,赴望江楼约见丰子恺、叶圣陶、吕叔湘、王楷元等。晚,偕丰子恺、叶圣陶赴郭宅出席郭有守为欢迎周寄梅夫妇、丰子恺、陶载良等所设宴会。22日上午,孙望夫妇来访。同日,吴组缃来访,畅谈甚欢。晚,赴开明书店出席书店同人为欢迎丰子恺、陶载良、朱自清所设茶话会。24日上午,访冯玉祥、吴组缃。同日,出席"文协"成都分会为欢迎冯玉祥、吴组缃、姚雪垠、丰子恺和朱自清等,兼谢为"文艺讲座"作讲演诸人所设茶话会。叶圣陶主持会议,冯玉祥、吴组缃、朱自清、丰子恺、姚雪垠等相继发言。在座有陈白尘、叶丁易等。午,赴宴宾楼应"文协"成都分会邀宴。28日,讨论诗歌问题。在座有邹荻帆、黄药眠等。8月2日,清华大学教授会选举校评议会评议员,朱自清和张奚若、李辑祥、雷海宗、陈福田、赵访熊、王裕光、刘崇鋐、汤佩松当选。7日,访邵循正、王宪钧。10日,得悉日本侵略者向盟军无条件投降消息,欣喜万分的到大街上去和老百姓一起狂欢了一整夜。28日,偕张志和去叶圣陶家辞行。这是两人所见最后一面。(参见姜建、吴为公编《朱自清年谱》,安徽教育出版社1996年版)

苏雪林1月1日应重庆《南风》月刊元旦征文,撰《元旦日记》,对新的一年充满希望。25日,寒假期间完成约6万言的《昆仑之谜》写作。此书自上年"十二月七日起草,历时一月而脱稿,缮写修饰者又半月,而全文告成"(《昆仑之谜·自跋》)。书名《昆仑之谜》,实乃破解"昆仑"之奥秘,亦即求证中外文化同出一源,此源即为西亚两河流域,它是世界各个支派文化发祥的原点。比如中国人向称昆仑为山祖,为诸神聚会之处。在西亚称神山为阿拉拉特,其名见于《圣经·旧约》:大洪水后,挪亚方舟搁于此山,于是神山阿拉拉特的神话传遍天下。如希伯来人称为伊甸,希腊人称为亚灵匹斯,印度人则称为须弥山,中国人称为昆仑山。7月,历史小说集《蝉蜕集》由重庆商务印书馆出版。秋后,武大已计划分批返鄂,负责行政的领导及员工先行,回珞珈山做回迁准备,其余的员工及学生分批返校。此时"让庐"的韦从序一家及袁昌英(杨端六时任武大教务长)一家先后离开乐山返珞珈山了。"让庐"房子一下变得十分空敞。原属袁家的大客厅,现在布置成大画室,可用尺幅大一点的川连纸作大画,尽情挥洒,作了不少大幅山水,并请擅长书法的刘永济院长(陈源此时已离开武大文学院,赴英国伦敦,主持中英文化协会工作,院长一职由刘接任)在画上题字。10月,凌叔华携子由乐山赴重庆,乘飞机回北平。珞珈三友中,仅剩孤寂的苏雪林还留在乐山。(参见沈晖编著《苏雪林年谱长编》,安徽文艺出版社2017年版)

胡厚宣继续任教于齐鲁大学。3月,所著《甲骨学商史论丛二集》由齐鲁大学国学研究所专刊出版。该集分为两册,收《卜辞中所见之殷代农业》《气候变迁与殷代气候之检讨》《甲骨学绪论》《甲骨学类目》4篇文章,约26万言。7月,《甲骨学商史论丛三集》由齐鲁大学国学研究所专刊出版。该集收《中央大学所藏甲骨文字》《华西大学所藏甲骨文字》《清晖山馆所藏甲骨文字》《束天民氏所藏甲骨文字》《曾和窨氏所藏甲骨文字》《释双剑誃所藏甲骨文字》6篇,亦称为《甲骨六录》,收录甲骨670片,每片都附有摹本并做了考释。8月,抗战胜利。胡厚宣为赓续前志,探寻济南齐鲁大学本部明义士旧藏甲骨下落,二为搜访散落民间甲骨,东行心切,但艰于成行。幸赖马衡等师友相助,总算弄到了去北平的机票。在北平前后逗留了40余日,到天津住了一周,访遍了北平琉璃厂、前门、东四、西单和天津天祥商场一带的古玩铺、碑帖铺、书店、寄卖行、旧货摊,以及各地公家机关和私人的收藏。凡是战后新出,没有著录过的材料,无论实物拓本,有见必购。不能买到的,也总要托人设法或借拓,或钩摹。胡厚宣从北平庆云堂碑帖铺购得400片甲骨,里面有人头骨和牛肋骨的刻辞各一片,十分难得;还有半块腹甲,记四方风名,和胡厚宣昔年作《甲骨文四方风名考》有关,竟可以与史语所13次发掘出土甲骨缀接。另从李泰那里购得甲骨448片,大片得300,其中有完整大龟三版,卜兆刻过,甲桥部位有朱书记事刻辞。特别是从粹雅堂碑帖铺买到甲骨拓本两厚册,多达6000片,不少是战后新出土之品,让胡厚宣大喜过望。胡厚宣搜集甲骨纯然出于学术研究,而古董商重利,甲骨价格暴涨。北平富晋书社有两份谢氏瓠庐殷墟遗文,是战后新出甲骨之拓本,胡厚宣用两万元买下一份,另一份几天内就抬价到25万元。但在市侩商贾之外,平、津诸师友却另有一番情谊。北平容庚和天津谢午生,欣然出示所有甲骨,慨允先胡厚宣施拓;于省吾把全部藏品,让胡厚宣手录一过,其中包括一片甲骨文中字数最多、材料极珍贵的长篇战争虏获祭祖刻辞;曾毅公、黄伯川、李革痴、乔友声等,还以甲骨拓本相赠。平、津之行虽收获甚丰,然而南下济南的铁路交通尚未通畅,前往探寻明义士旧藏甲骨未能成行,遂重返成都。是年,《论卜辞中关于雨雪之记载》刊于《学术与建设》1945年第1卷第1期。(参见何林英《胡厚宣年谱》,载王京州编《河北近现代学者年谱辑要》,国家图书馆出版社2017年版)

常乃惪继续任教于齐鲁大学。元旦,与四川大学、华西协和大学等处的史学家在望江楼召开中国史学会成都分会的筹备座谈会。6月,常乃惪在《文史杂志》"社会史专号"上发表《中国社会之史的发展》,同意"社会发展有一定必然的轨道",但是不主张以社会经济形态的发展来划分历史时期。他提出以"社会权力的转移"作为历史分期标准。从商代到春秋末叶是"封建社会",亦即"贵族权的社会";战国秦汉时代封建社会已经崩溃,是所谓"君权社会";魏晋北朝则形成第二期的"封建社会";至宋明以后则又形成第二期的"君权社会"。11—12月,中国青年党在重庆召开第十次全国代表大会,决议改委员长为主席,由曾琦担任,李璜为外务部长,左舜生为宣传部长,余家菊为训练部长,郑振文任组织部长,杨叔明任内务部长,常乃惪为文化运动委员会主任委员,何鲁之任人文研究所所长,大会还决定由曾琦、陈启天、余家菊、常乃惪、杨叔明5人为代表参加政治协商会议。是年,发表《战与舞》《向吉普女郎致敬》等文，一反社会对跳舞风气的批评，从正面、积极的观点支持这一现象，"哄传社会，颇变观感"。（参见查晓英编《中国近代思想家文库·常乃惪卷》及附录《常乃惪年谱简编》，中国人民大学出版社2014年版；王学典《20世纪史学编年（1900—1949）》，商务印书馆2014年版）

陆侃如、冯沅君夫妇继续任教于东北大学。1月6日，受中华全国文艺界抗敌协会总务部主任老舍委托，陆侃如、冯沅君与杨向奎、姚雪垠、丁易等发起的"中华全国文艺界抗敌协会川北分会"在三台成立，陆侃如为川北分会主席，冯沅君与赵纪彬为副主席。会址就设在三台陈家巷陆侃如、冯沅君家中。陆侃如、冯沅君常号召大家举办多种多样的活动来宣传抗战精神，如组织纪念爱国诗人屈原的"五五诗人节"以及庆祝作家茅盾50寿辰的活动等。冯沅君担任会报《文学期刊》主编。（参见许志杰《陆侃如和冯沅君》，山东画报出版社2006年版）

杨向奎继续任教三台东北大学。1月6日，参与发起"中华全国文艺界抗敌协会川北分会"。12月，《西汉经学与政治》由重庆独立出版社出版。此书被认为是针对顾颉刚《五德终始说下的政治与历史》而作，共分7章，论述了五行说的起源及"五德终始说"于西汉的发展，于西汉经学今古文之别之外，又提出孟学与荀学之别，反对康有为等关于刘歆编伪群经，王莽以伪篡汉的观点。（参见王学典《20世纪史学编年（1900—1949）》，商务印书馆2014年版）

罗忠恕继续主持华西协和大学东西文化学社。4月，在美国旧金山制订联合国宪章时，"东西文化学社"起草了有关联合国文化交流意见书，提出教育、科学、文化合作规划。意见书由我国代表团散发给出席该会的各国代表，其主要建议在联合国宪章中都得到了体现。罗忠恕在其中发挥了重要作用。（参见李贤臣《罗忠恕：中西方文化交流的使者》，《广安日报》2018年4月8日）

王绳祖继续任金陵大学历史系教授。5月，王绳祖《近代欧洲外交史》由重庆商务印书馆出版。此书由作者留学回国以后在金陵大学的讲义修改而成。作者以国际均势问题为贯穿全书的主线，从经济、政治、文化、社会及个人的因素出发，重新解读了维也纳会议、克里米亚战争、柏林会议、英国孤立政策等。（参见王学典《20世纪史学编年（1900—1949）》，商务印书馆2014年版）

刘铭恕继续在成都金陵大学任教。9月，在《中国文化研究汇刊》第5卷发表《宋代出版法及对辽金之书禁》。作者根据《宋会要》等书记载，认为有宋一代出版法制，大约有四个方面：一是"不经之天文邪教书籍之禁"，二是"科场举子应用时文字之禁"，三是"政治法律书籍之禁"，四是"讲论政治经济等文字出境于辽金之禁是也"。四方面"不无互相影响沟通之处"，尤其是对辽金之书禁一端，"直接间接波及于宋代图书出版问题者特巨"。作者还指出，宋代图书审查法，自北宋仁宗时代已经成立，设立此种审查法之首要原因，在于担心国内情况泄露到辽金。同期还刊载了刘朝阳《夏书日食考》、徐益棠《宋代平时的社会救济行政》、刘铭恕《宋代海上通商史杂考》、甄尚灵《汉字俗解小考》、唐文播《巴黎所藏敦煌〈老子〉写卷彰记》、杨明照《〈汉书〉颜注发覆》、王钟翰《〈三国志〉裴注考证》等文。（参见王学典《20世纪史学编年（1900—1949）》，商务印书馆2014年版）

萧公权继续在成都光华大学任教。4月，萧公权《中国政治思想史》由商务印书馆出版。此书著成于1940年。全书五编25章，上起先秦，下至孙文，论及古今学者60余人。该书《凡例》指出，"本书采政治学的观点，用历史学的方法，叙述晚周以来2500年间政治思想变迁之大概"，"体例以时代为经，以思想派别为纬，其取材以前人著作之具有理论价值者为主"，"叙述各家思想，力守客观之态度"。该书共有五编：第一编"封建天下之政治思想——

创造时代"，第二编"专制天下之政治思想——因袭时期"，第三编"专制天下之政治思想——转变时期（上）"，第四编"近代国家之政治思想——转变时期（下）"，第五编"近代国家之政治思想——成熟时期"。作者在《绪论》中指出："吾国政制自商周以来，凡经三变：商周之际，部落社会渐进而成封建天下，此为一变；始皇并吞六国，划天下为郡县，定君主专制之制，此为二变；满清失政，民国开基，二千年之君制遂告终止，此为三变，段落分明。"此书被认为是中国政治思想史领域的奠基性著作之一，开创了中国政治思想研究的新局面，至今再版版本众多。美国汉学家牟复礼穷十余年之力移译此书，后由普林斯顿大学印行。（参见王学典《20世纪史学编年（1900—1949）》，商务印书馆2014年版）

魏建功2月兼四川江津县国立西南女子师范学院教务主任。上半年，重庆方面开始着手准备接收台湾的具体工作，在"中训团"开设"台湾行政干部训练班"，魏建功应邀与王玉川同去重庆为该班"教育组"（即将来的台湾行政长官公署"教育处"工作人员）讲授"国语"课。8月，魏建功以"国语会常委"资格，被台湾行政长官公署教育处"借调"去台湾推行国语。一同被借调者还有"驻会委员"何容（子祥）、"干事"王炬。女师学院国语专修科师生，以自愿为原则，报名前往，亦有多人去台。10月，赴重庆候机。（参见曹达《魏建功年谱》《文教资料》1996年5期）

柴德赓继续任国立四川白沙女子师范学院历史系副教授兼图书馆长。10月5日致函陈垣："数年阻隔，一旦畅通，此乐不易得也。国事如麻，忧患正多。贪污之风不除，陷溺之心难救。受业目睹斯难，益增惶悚，惟望得一清静环境，从事学业，于愿足矣。"是年，柴德赓《鲒埼亭集谢三宾考》获第五届教育部学术审议委员会"补助学术研究及奖励著作发明"奖人文社会科学类著作二等奖。（参见刘乃和、周少川、王明泽《陈垣年谱配图长编》，辽海出版社2000年版）

梅贻宝继续任成都燕京大学代校长。1月4日，校董会决定成立燕大基金保管委员会。保委会今日在重庆举行首次会议，梅贻宝代校长和教职员代表郑林庄先后去渝参加，会上推举费起鹤（云臬）校董为基金保管委员会主任。4月3日梅贻宝应美国政府邀聘赴美讲学，今日离校，预计在美讲学8个月，年底回国。离校期间，组织"行政委员会"代行校务，由马鉴、韩庆濂、赖朴吾3人组成，马鉴为主席。（参见张玮瑛、王百强、钱辛波主编《燕京大学史稿》，北京人民中国出版社2000年版）

吴宓继续在成都燕京大学讲学。1月1日，吴宓在成都《流星》创刊号发表《红楼梦之文学价值》，又载1946年12月《武汉日报·文学副刊》第1期。2月10日，吴宓《贾宝玉之性格》刊于成都《流星》第1卷第2期。3月11日，吴宓《论紫鹃》刊于《成都周刊》第1期。又载1946年12月《武汉日报·文学副刊》第2期。25日，吴宓《红楼梦之教训》刊于《成都周刊》第3期。又载1946年12月《武汉日报·文学副刊》第4期。4月1日，吴宓《红楼梦之人物典型》刊于《成都周刊》第4期。又载1947年1月《武汉日报·文学副刊》第5期。同月，吴宓《王熙凤之性格——红楼梦人物评论之一》刊于成都《流星》第1卷第3—4期合刊。此间，吴宓发表了有关《红楼梦》研究的一系列论文，并且应邀到浙江大学、武汉大学、西北大学作《红楼梦》之学术报告，"都曾'轰动'了这些高学府及所在地方"。7月4日，吴宓在燕京讲学期满，准备回西南联大，燕京同学赵荣声、孙亦椒等21人开会欢送，赠物献花，别情依依。吴宓感而赋诗，有"客座惭虚讲，将归黯别情。今宵来盛会，多士见真诚。歌诵添余兴，嘤鸣求友声。师生融泄乐，吾早爱燕京"句。8月26日，吴宓致梅贻琦校长等校领导信，请求仍请假1年。本来，吴宓在休完假后，决定于开学前赶回联大、清华授课，不慎于8月9

日跌倒受重伤，接着又患疟疾，只得改变计划。他在这封信中说道："宓再四踌躇，只以病疽甚重，一时不能旅行，于万不得已之中，今仍恳钧处准宓在联大、清华请假一年，或半年"，"届时回到清华园中，追随左右，服务本校，当不至迟期误事也。宓一再反复，殊深愧歉，然疾病侵袭，实非得已，至祈鉴察。清华聘书，签就附呈，联大系中，本年即已改'欧洲文学史'为'英国文学史'，则仍命李赋宁君讲授，更无问题"。后因种种原因，吴宓终于未再返回清华。（参见韩进廉《别具慧眼，独辟蹊径》，载《第一届吴宓学术讨论会论文选集》；齐家莹编《清华人文学科年谱》，清华大学出版社 1999 年版；张玮瑛、王百强、钱辛波主编《燕京大学史稿》，北京人民中国出版社 2000 年版）。

　　林耀华教授与李方桂教授暑期分别带燕京大学社会系研究生陈永龄与外语系研究生张琨赴川西北嘉戎四个土司地区，进行社会文化和语言的调查研究工作。李、张二人留驻四土重镇杂谷脑作嘉戎语言调查，林教授及陈永龄深入梭磨、卓克基、松冈、党坝四土司地区（俗称四土嘉戎），进行调查访问，山高路险，历病饿险阻，幸得生还。（参见张玮瑛、王百强、钱辛波主编《燕京大学史稿》，北京人民中国出版社 2000 年版）

　　卫永清时任燕京大学学生自治会主席。4 月 1 日，燕大 30 个学生团体联合举行"旧金山会议与中国"时事座谈会。会上，吁请学生自治会以全体同学名义发表对时局宣言。2 日，卫永清主持召开全校大会。经过大会发言、倡议，由文书李中汇总，通过《燕大师生对时局宣言》，提出：保障人民民主权利，成立联合政府，组成中国出席旧金山会议代表团的建议等 7 项主张。15 日，燕大学生自治会致电美国总统杜鲁门，对罗斯福总统逝世表示哀悼。28 日，成都 10 所大学同学在华西大学赫菲院礼拜堂联合举行罗斯福总统追悼大会。5 月 4 日，成都各大学 105 个学生团体联合举行纪念"五四运动"26 周年活动，除在华西坝举办纪念"五四"的图片和各团体壁报展览外，本日下午，在华西大学礼堂举行纪念大会，参加过"五四运动"的罗忠恕、何鲁之几位教授在会上讲话。同日下午特务分子在会场外捣毁、破坏图片、壁报展览会场。晚，在华西坝大草坪举行纪念"五四"营火晚会。虽有特务、便衣在四周起哄、捣乱，晚会仍热烈进行。叶圣陶、陈中凡、吴耀宗、沈体兰教授及加拿大籍文幼章教授莅会讲话，燕大同学张瑀作为学生代表发言。会后举行火炬游行，在华西坝校园游行一周，经校外小天竺街到新南门复兴大桥解散。7 月中旬，暑假开始，以"未名""启明""可犁"团契及"燕京生活""燕京文摘"社成员为骨干，得华西坝五大学"学生公社"经费赞助，与华西、金女大同学组成两个乡村工作服务团，由燕大李中、卫永清分别带队，分赴龙泉驿和金堂县姚家渡，进行为期一个半月的乡村教育、卫生及抗日宣传服务，并开展乡村社会调查，至 8·15 日本投降消息传到乡间，始行返校。11 月 6 日，学生自治会召开学生大会，讨论制止内战问题，出席 225 人，会上决议发出制止内战宣言和致美国人士书，要求美国勿干涉中国内政。（参见张玮瑛、王百强、钱辛波主编《燕京大学史稿》，北京人民中国出版社 2000 年版）

　　熊十力仍住北碚勉仁书院。12 月，熊十力的又一鸿篇巨制《读经示要》由重庆南方印书馆作为中国哲学丛书甲集之三印行。是年，贺麟、谢幼伟、周通旦等发表文章推崇熊十力之学，王恩洋则以佛学立场发表文章对熊十力提出批评。（参见郭齐勇编《中国近代思想家文库·熊十力卷》及附录《熊十力年谱简编》，中国人民大学出版社 2014 年版）

　　马一浮 1 月 9 日致书张立民，嘱其谒见张真如谈书院筹集基金之事时，须申明是为书院刻书筹款，而非先生欲假借书院名义刻自己的书。2 月，作《养生四诀》。4 月，战事紧张，与沈敬仲游犍为清水洗，为觅避难之所。5 月 5 日，致书张德钧，谢其所致做寿钱。信中云此事乃乌以风所唱，使得书院学人年年如此，马一浮望此事自此结束，已将汇款返还。同月,钟钟山来访,马一浮向董事会推荐,聘其为协纂。因募集到一部分社会捐款,书院有望刻书,亦受主讲兼总纂聘,仍将修金全部用作刻书款。7月,遣人去安谷乡抄录故宫博物院藏,原文渊阁四库全书中之书作为书院刻书底本。9月,因涨水而移居尔雅台。9—11月,致书虞逸夫数通,其人允聘书院董事会委员。12月,作《复性书院拟先刻诸书简目》,列群经统类、儒林典要、文苑菁华、政典先河四类。作《复性书院修订规制刍议》,安排书院东迁后事宜。同月,致书蒋介石,请其命浙江政府,为书院东迁拨予屋舍;有与沈敬仲往来书信数通,谈书院事项及书院东迁计划。受兼任总纂聘,将全部修金用作刻书;致书屈文六,促董事会对书院东迁做出决议;与谢无量、钟钟山、沈尹默、程演生、陆孔章等人唱和数篇。(参见马一浮著、吴光主编《马一浮全集》附录丁敬涵编著《马一浮先生年谱简编》,浙江古籍出版社2012年版;张雨晴《马一浮学术年谱整理(1911—1949)及其儒学践履活动研究》,贵州大学硕士学位论文,2019年)

潘梓年继续任重庆《新华日报》社社长。1月11日,《新华日报》创刊7周年纪念日,当晚在报社举行秧歌晚会,演出了秧歌剧《一朵红花》《兄妹开荒》《牛永贵负伤》。各界著名人士如沈钧儒、史良、郭沫若、沙千里、邓初民、老舍、曹禺等,都纷纷前来祝贺。社长潘梓年、总经理熊瑾玎和报社与杂志编辑人员热情招待贺客。25日,《新华日报》刊出"追悼罗曼·罗兰特辑",载有戈宝权的《罗曼·罗兰的生活与思想的道路》、严杰人的《呼吸英雄的气息》和王亚平的诗《欧罗巴,民主的巨星殒落了》。2月14日,中华全国戏剧界抗敌协会在《新华日报》发表通告和启事,通告说:"查二月十五日为国定戏剧节本会为庆祝节日起见,特定于是日上午九时假座文化会堂(曹家庵十六号)举行本年度戏剧节纪念大会务,希我戏剧界同仁及各剧团体团员踊跃参加为幸。"2月22日,《新华日报》发表重庆文化、出版界知名人士郭沫若、茅盾、胡绳、黄洛峰、张静庐、巴金、史东山、老舍、宋云彬、沙千里、吴祖光、周谷城、金善宝、马寅初、夏衍、张申府、邓初民、谢冰心、顾颉刚等312人签名的《文化界对时局进言》,揭露国民党在政治、经济、文化、教育等方面的反动政策,要求召开临时紧急会议,组织战时全国一致政府,提出废除一切限制人民活动的法令、取消一切党化教育的设施、停止特务活动、枪口一致对外等6项主张。《进言》发表了之后,当局竭力进行反攻,分化签名者,使自行登报声明否认;同时进行威胁。浙大教授费巩因此而失踪,好些人也因此而失了业。为了抵消这个《进言》的影响,顽固派还组织了一个"反签名运动,由另外一批'文化人'发表了拥护政府的另外一种'宣言',起初的目的是想争取三百七十二人中的多数人重签,然而这目的却没有达到"。3月1日,《新华日报》载:郭沫若与"文协"电唁苏联作家协会,对阿·托尔斯泰的逝世表示哀悼,认为是"全人类之一大损失"。10日,《新华日报》刊登《中华全国文艺界抗敌协会总会为募集援助贫病作家基金鸣谢》和《中华全国文艺界抗敌协会总会征求独幕剧本启事》。

潘梓年主持的《新华日报》4月30日刊载文化工作委员会被解散的消息,并加了编者按说:"郭沫若先生于七七抗战爆发后,自日本只身逃归祖国,领导战时抗敌宣传工作。于民国二十七年任政治部第三厅厅长,二十九年解职,复奉命成立文化工作委员会,该会委员,计有阳翰笙、李侠公、茅盾、杜国庠、沈志远、胡风、老舍、洪深、田汉、张志让、孙伏园、冯乃超等,都是文化界知名人士。几年以来,该会在郭先生领导下,对于抗战文化,贡献宏伟,驰名友邦朝野。这次突被解散,闻者颇感惊异。"同日,《新华日报》刊载苏联作家协会主席提航诺夫关于苏联名作家阿·托尔斯泰给毛泽东同志的讣电及毛泽东同志的吊唁电。该报还发表了纪念文章:亨利·罗维契作、郁文哉译的《伟大的俄罗斯作家与热情的爱国主义者》

和《Ａ·托尔斯泰传略》。6月21日，《新华日报》载：郭沫若、老舍、叶圣陶、洪深、陈白尘、巴金等24人发起，为茅盾诞辰50周年举行茶会。23日，《新华日报》报道昆明纪念诗人节的盛大晚会。24日，《新华日报》发表了社论《中国文艺工作者的路程》，概述了茅盾在文艺上所走过的道路。8月29日，《新华日报》发表社论《迎毛泽东同志来渝》。9月3日，《新华日报》社论《庆祝胜利》。14日，《新华日报》载："文协"召开紧急会议。鉴于在各方复员工作积极开展中抗战作家复员束手无策，刊物停顿、生活难以维持，"文协"提出：必须由政府予以协助才能谈到复员及解决目前的生活问题。该会已拟具复员计划，并推代表向有关当局接洽。25日，《新华日报》载："文协"致许景宋、郑振铎、夏丏尊、王统照、李健吾等在敌人魔掌下坚贞不屈的上海文艺界战士书。10月2日，《新华日报》载：昆明文化界提出6项主张：一、当局宣布10月1日起废除新闻检查制度，必须做到"彻底"二字；二、取消中央社的新闻垄断政策，民营通讯社和报馆有自由采访、收发新闻和翻译新闻的自由权利；三、人民有经营通讯社和创办报纸杂志、印行书籍的绝对自由；四、取消邮电书报检查，一切信息和出版品的流通，不受任何限制或阻挠；五、保障民营出版机构：取消以命令强迫接受印件、废止纸张的垄断和囤积独占、减低邮包寄费、优先协助民营文化事业复员；六、尊重文化人的人身自由、言论自由、保证人民有批评以及反对政府的权利。23日，《新华日报》发表留居上海的文艺战士郑振铎、许景宋、夏丏尊、李健吾、周建人、柯灵、许杰、满涛、佐临、师陀、唐弢等对"文协"的慰问复信。11月10日，《新华日报》召开《清明前后》和《芳草天涯》两个剧的座谈会。座谈纪要以《两个话剧的座谈》为题发表在28日《新华日报》上。23日《新华日报》载：上海文化界反对国民党当局压迫人民自由，要求废止收复区的新闻检查制度，要求实现言论出版自由，发表宣言。同日，《新华日报》发表郭沫若、洪深、老舍、茅盾、叶圣陶、孙伏园、曹靖华、胡风、阳翰笙、马彦祥、靳以、宋之的、冯乃超、冯雪峰、陈白尘、吴祖光、梅林致赛珍珠和全美作家的信。12月6日，《新华日报》发表柳亚子、宋云彬给昆明受难学生的慰问电。8日，《新华日报》发表郭沫若、茅盾、巴金、曹靖华、宋之的、陈白尘、邵荃麟、葛琴、冯乃超、阳翰笙等18人致昆明众师生电。（参见文天行编《国统区抗战文艺运动大事记》，四川省社会科学院出版社1985年版；田本相、阿鹰编著《曹禺年谱长编》，上海交通大学出版社2017年版；艾克恩编纂《延安文艺运动纪盛》，文化艺术出版社1987年版）

　　戈宝权任重庆《新华日报》和《群众》杂志的编辑和编委。2月23日，郭沫若致信戈宝权："今天看见《新华（日报）》上的《学府》预告（三月出版），才知道我的关于《论孔墨》一文已被登出，我感觉有点儿惶恐。""那篇文章本是应外庐之索投去，后因（邓）初民想快出书，又将原稿要回。我以为他不再登了，书还未写完，故交（冯）乃超转交你，谁知他录了副本竟然登出了。""我的书定名为《十批判书》，为取名称齐一起见，故将《论孔墨》，改为《孔墨的批判》。仿佛我是一稿二投，真是惶恐。""我现在打算这样做：（1）《孔墨的批判》如已印就，一切纸张排印费由我负担。（2）如只排就而未印出，我也愿意出纸张排印费，让它作为单行本出版。""这件事实在使我不安的很，请商决，赐复为荷。"8月28日，毛泽东、周恩来、王若飞飞抵重庆，然后乘车至张治中官邸桂园稍事休息。赴红岩八路军办事处参加中共南方局欢迎晚会，会见南方局和新华日报社、群众周刊社负责人，戈宝权、章汉夫、许涤新、胡绳等受到毛泽东接见。（参见杜运辉《侯外庐先生学谱》，中国社会科学出版社2013年版；中共中央文献研究室编撰、逄先知主编《毛泽东年谱（1893—1949）》，人民出版社、中央文献出版社1993年版）

　　阳翰笙1月1日为庆祝元旦，在《新华日报》发表短文《几点希望》。第一"希望我们能够自由的想，自由的说，自由的写"；第二希望"真正的去唤起民众，千万别要再去怕民众吓民众，限制民众"；第三希望"国家大事，应该让大家来商量，大家来负责"。中旬，《天国春秋》在昆明上演，章泯导演，王人美饰洪宣娇。18 日，出席剧协理监事联席会，讨论筹备今年的戏剧节问题。20 日，郭沫若以茶会欢迎蔡楚生和各演剧队代表。阳翰笙到会，并奉郭沫若之命，回答了演剧队代表提出的问题，负责解决各演剧队 8 年来的工作报告及创作的出版问题。26 日，郭沫若在自己住宅设茶会欢迎周恩来，阳翰笙等文艺界数十人到会。29 日，在文工会所林默涵、周而复介绍西北文教大会情况。此前 21 日曾同林、周个别交谈甚久。2 月 2 日，到曾家岩 50 号"周公馆"参加周恩来举行的招待会。周恩来向大家报告了这次同国民党谈判的经过。上旬，得中共中央南方局指示，郭沫若、阳翰笙、冯乃超、杜国庠等根据周恩来在 1 月 25 日记者招待会上发表的我党中央的精神进行讨论，拟定了 6 条要求的提纲，然后由郭沫若执笔起草，又经过大家讨论修改，定名为《文化界时局进言》。随后，与郭沫若、阳翰笙、冯乃超、杜国庠以及文工会的绝大多数同志一起出动，通过秘密方式，向文化界知名人士 300 余人发动了在《文化界时局进言》上签名的运动。22 日，《文化界时局进言》在《新华日报》《新蜀报》等报刊上发表，引起极大的震动。《新华日报》发表时题为《文化界发表对时局进言，要求召开临时紧急会议，商讨战时政治纲领，组织战时全国一致政府》。至 4 月 6 日延安《解放日报》转载。

阳翰笙 2 月 23 日出席苏联使馆举行的红军节招待会。晚，参加中苏文协召开的纪念晚会。24 日，《槿花之歌》首次在重庆上演。同月，《槿花之歌》由黄河书局在重庆出版单行本，为赵清阁主编的《黄河文艺丛书》之一种。3 月 18 日，参加王亚平诗作 15 周年纪念及 40 寿辰纪念会，并在会上发言，赞扬王亚平为人民服务和以朋友的苦难为苦难之精神。25 日，出席罗曼·罗兰追悼会。同月，在郭沫若主编的《中原》杂志发表《关于契诃夫的戏剧创作》，文中简述契诃夫在戏剧创作和实践方面的历史功绩。30 日，有 300 余名文化界著名人士签名的《文化界时局进言》使蒋介石异常震怒，下令立即解散文工会。4 月 1 日，文工会为被解散举行聚餐晚会。在重庆新闻界、文化界、各民主党派和各人民团体、国际友人等百余人参加。与会者激愤地抗议国民党的法西斯行为，热情地赞扬了文工会的成就，慰问了郭沫若和文工会全体同仁。郭沫若在签名纸上写道"始于今日，终于今日，憎恨法西，勿忘今日"。同月，文工会被勒令解散后，延安、成都、昆明、桂林、香港等地纷纷公开发表致文工会的慰问电，形成抗议国民党反动派的又一次影响很大的民主斗争和文化斗争。苏联、美国、法国等国际友人也来信来电慰问。此后半年内，阳翰笙奔忙于文工会解散后的善后工作，尽力为同志们安置工作，解决生活困难等等。4 月 6 日，奉命代郭沫若主持中苏文协研委会主任委员工作。8 日，各党派领袖及文化界人士欢宴郭沫若及文工会全体同仁，到会者百余人。沈钧儒主持，发言的有左舜生、侯外庐、陶行知、王若飞、邓初民、史东山、柳亚子、马寅初、翦伯赞、郭沫若。这对阳翰笙等是极大鼓舞。19 日，到中苏文协开第一次研委会。道洛费也夫、钟天心、屈武、葛一虹等到会。经讨论：（一）重新确定了研究委员；（二）议定了今后三个月的工作计划。下旬，阳翰笙等找人商谈，拟成立文化研究所。蔡仪起草缘起，阳翰笙等起草纲要。5 月中旬，又和邓初民、章伯钧、黄炎培、左舜生、沈钧儒、柳亚子、马寅初等反复商议过。其间，常受国民党特务监视。研究所终因国民党压迫日甚和抗战形势的变化，未能成立。

阳翰笙 5 月 4 日出席"文协"成立 7 周年大会及第一届"五四"文艺节。13 日，应邀到中苏文协的妇女委员会讲演《中国戏剧中的新旧女性》。6月7日晚,郭沫若将赴苏联参加苏科学院第220周年庆祝大会,马寅初、柳亚子等为郭沫若举行的饯行,阳翰笙应邀出席。8日,文协、剧协、中苏文协联合为郭沫若送行,阳翰笙出席。24日,文化界文艺界朋友为茅盾50大寿和创作25周年举行纪念会,阳翰笙出席。7月12日,杨宪益根据未经审查的手稿,将《天国春秋》译成英文,准备送美国出版。同日,阳翰笙作小传,并剧照一起送杨宪益。8月11日,出席文化界人士和民盟负责人举行的午宴,庆祝抗战胜利。第一次听70高龄的张澜讲演。席间,大家都很兴奋。但对潜伏的内战危机,又颇觉忧虑。14日,出席剧协、作协的联谊会。大家主张发表一个"宣言"式的文件,坚决要求:一、严办戏剧汉奸;二、取消检查制度;三、要求和平、民主、统一、团结。16日,到育才中学参加陶行知约集的文化界茶会。大家认为必须坚决反对内战,要求和平、民主、团结。31日,应徐冰之约,到桂园见到来重庆谈判的毛泽东、周恩来、王若飞。之后,对毛泽东谈文化文艺工作,谈得很详细,很全面。这是阳翰笙在大革命失败后第一次见毛泽东。9月1日,中苏文协为庆祝中苏同盟条约,举行酒会,毛泽东、周恩来、王若飞、宋庆龄、冯玉祥、陈立夫、孙科、谭平山、郭沫若、茅盾、阳翰笙等到会。3日,毛泽东约文化界朋友邓初民、翦伯赞、周谷城、史东山、宋之的、张西曼、冯乃超、于伶、阳翰笙谈话。毛泽东说:"我们的前途是光明的,但我们还要走一段'之'字路。"临别时又对大家说"请大家记着这次大战跟第一次世界大战不同,人民是一定要胜利的"。6日,赴苏联大使馆参加彼德罗夫大使的宴会。7日,应苏联大使馆请,出席大使馆招待文化人的茶会。从大使馆出来,与周恩来站立谈话甚久。13日,根据9—10两日跟戏剧界朋友商谈的结果,召开剧协联席会,讨论复员问题。11日,出席张治中为毛泽东举行的欢送宴会。14日,参加文协理监事联席会,冯玉祥、邵力子、郭沫若、茅盾等均到会,第一次认识李劼人。会议决定改"中国文艺家抗敌协会"为"中国文艺家协会",还讨论了复员问题。19日,参加鲁迅逝世9周年纪念大会。又在郭沫若处举行文艺界漫谈会,漫谈会以后还举行了多次。中心内容是总结过去的文艺运动。20日被政治部改聘为专任设计委员。

阳翰笙11月1日接待沈浮来谈《草莽英雄》的修改问题。4日,根据中国万岁剧团油印本,修改《草莽英雄》毕。修改定稿本将交群益出版。13日,《文萃》1卷6期转载了阳翰笙的论文《中国戏剧中的新女性》。文章说,人生就是一座大舞台。从中国新旧戏剧中可以看出近几百年中国妇女的生活史。元明清的戏剧,展示了中国妇女惨痛的人生画面。"五四"以后的戏剧中的女性,则高举"科学"与"民主"的大旗,高唱妇女解放运动。如胡适的《终生大事》、田汉的《生之意志》、郭沫若的《三个叛逆的女性》,表明新的人物新的女性已经登上我们人生的舞台。"九一八"到"七七"阶段戏剧中的女性,如田汉的《暴风雨中的七个女性》、夏衍的《秋瑾》,已经由民族救亡代替了个人恋爱。至于抗战以来的戏剧,展现的更是大义凛然的反汉奸的女儿,艰苦卓绝的女游击战士,正义感和责任感都很强烈的女医生,活泼热情、机敏勇敢,善于鼓励士气、长于组织民众的女政治工作者。19日,读雪莱的《解放了的普罗米修斯》,拟写剧本《盗火者》。认为在民主斗争正待开展的今天,伟大的普罗米修斯确有复活在每个人心中的必要。12月19日晚,中共代表团30余人往观《天国春秋》,周恩来、邓颖超、董必武、叶剑英、陆定一、何思君均到。《天国春秋》剧第三次在渝上演,仍场场客满,连演不衰。冬,为朋友们举办中国影界联营公司、成立启蒙出版社,找人谈话,协商,招募股金,竭尽辛劳。(参见张大明《阳翰笙年谱》,《抗战文艺研究》1984年第3期)

冯乃超1月1日在"文工会"主持重庆诗歌工作者的新年诗歌座谈会。同月胡风在重庆主编的《希望》月刊创刊,发表胡风的《置身在为民主的斗争里面》和舒芜的《论主观》。为此,冯乃超曾主持过几次座谈会,何其芳、刘白羽、茅盾等出席,对胡风和舒芜的文章提出批评。25日,冯乃超主持召开小型座谈会,讨论舒芜的文章《论主观》。茅盾在会上首先发言,认为该文对大后方文艺界情况的分析不符合实际,洋洋几万言,实际上是"卖野人头",说完就退席。参加座谈会的还有邵荃麟、冯雪峰、蔡仪、胡风、何其芳、刘白羽、林默涵等。年初,林默涵、周而复从延安到重庆,讲述陕北文教大会的盛况,推动贯彻执行《讲话》精神。2月23日,与郭沫若等311人联名发表文化界《对时局进言》,要求召开临时紧急会议。3月30日,蒋介石指令政治部解散郭沫若主持的文化工作委员会,文化界人士闻讯后极表惊异和关切,《新华日报》亦发表评论。4月1日,出席原政治部第三厅和"文工会"举行的聚餐会暨恳谈会。8日晚,出席重庆各党派领袖和文化界人士为郭沫若及"文工会"成员举行的宴会。5月4日,《能够默不做声吗?》刊于重庆《新华日报·新华副刊》,又载重庆《抗战文艺》"文协成立七周年并庆祝第一届文艺节纪念特刊"。同日,出席在文化会堂举行的纪念"文协"成立7周年和第一届文艺节大会。7日,"文协"改选理监事,被选为在渝理事。10日,出席"文协"理监事会议,被推为组织组副主任。

冯乃超5月19日晨与郭沫若、阳翰笙等乘车往巴县赖家桥,看望留居的原"文工会"成员,并搬运家具进城居住。次日回城。同月,在重庆《文艺杂志》月刊新1卷第1期发表评论《发现李卜与戕害莎士比亚》。6月8日下午,冯乃超出席中苏文协、全国文协、全国剧协在中苏文协会堂为郭沫若赴苏举行的欢送茶会。24日,往白象街西南实业大厦,出席庆祝茅盾50寿辰和创作生活25周年大会。8月3日,茅盾文艺奖金开始征文,冯乃超任评选委员。30日上午,出席全国文协、全国剧协欢迎郭沫若和丁西林从苏联归来的东会。9月3日,与郭沫若等应邀赴红岩村13号,同从延安到重庆进行和平谈判的毛泽东会见。10月14日,出席"文协"召开的理监事联席会议,商讨协会改名问题。一致议决改称中华全国文艺界协会。会刊《抗战文艺》易名《中国作家》。21日,往张家花园,出席"文协"为改名而举行的会员联欢晚会,周恩来介绍延安文艺界蓬蓬勃勃的新气象。12月8日,与郭沫若等18人联名发表《声援昆明学生》,揭露国民党法西斯暴徒在"一二·一"事件中血腥镇压进步学生的罪行,刊于重庆《新华日报》。又拟挽联一则:"问鲁伯何人,便知姜凯。看戈林未死,又有关公。"16日,以周恩来为首的中共参加政治协商会议的代表团由延安飞往重庆。年底,冯乃超参加中共代表团工作,因无职称,便由周恩来指定为顾问,任至次年5月。(参见李江《冯乃超年谱》,载李伟江编《冯乃超研究资料》,陕西人民出版社1992年版)

杜国庠继续在文工会任职。3月11日,所作《接受遗产与知人论世——介绍近刊侯外庐著的〈中国近世思想学说史〉上卷》刊于《青年知识》第1卷第2期。文中认为:"最近出版的侯外庐先生的《中国近世思想学说史》上卷,它的第一个特点就是运用了这种新的最正确的历史观(最高级的哲学)从事研究中国近世思想而写成的。这一特点,不但导出了本书其他值得重视的特点,同时也保证了它的结论的正确性。依我个人看来,在已有的中国近世思想史中,这是最优秀的著作。""第一,著者在本书中,是运用着正确的历史方法的。他处处注意于从社会的存在去社会的意识,注意于'社会史的时代认识'等等。""第二,由于把握正确的方法,导出了他的时代学术的支配的主潮的认识——即是认识明清之际诸老学说的创造价值,而乾嘉时代的学术则系'退休状态',是余波,不是主潮。""第三,由于把握了正确的方法,故能够透过事物的现象而把握到它的本质。""第四,重视学者对于政治社会前途的认识,因而启示了接受中国思想遗产的一种良好法门。""因为过于守'朴',故在说明上往往压缩得太甚,以致邻于晦涩,使读者得自己去引申补充(这在一般初学者颇不易做到),不免吃力。……因对象范围广大,引文力求节约,结果仍不免有些地方,不能做到'详尽',可能发生'疑问'的。……这两点都是本书美中不足,希望将来改版时能够有所补充修改,使广大的读者更容易接近。并希望本书下卷早日出版,以惠学人。"8 月,毛泽东到重庆与蒋介石谈判期间,会见了杜国庠,从晚 9 时半至 11 时,杜国庠向毛主席汇报了入党以后的工作、思想概况,请求指示。毛主席静静地听着,间或问几句,最后说:"就这样地做吧,党信任你!"这句话深深地鼓舞了杜国庠。12 月,林柏(杜国庠)《玄虚不是中国哲学的精神——评冯友兰〈新原道〉》刊于《群众周刊》第 10 卷 24 期。(参见邱汉生《杜国庠传略》,《史学史研究》1984 年第 3 期;杜运辉《侯外庐先生学谱》,中国社会科学出版社 2013 年版;蔡仲德编撰《冯友兰先生年谱长编》,中华书局 2014 年版)

　　王昆仑继续在重庆领导"小民革"。2 月 14 日,应周恩来之邀与王若飞、于右任、孙科、左舜生、沈钧儒、张申府、章伯钧、李璜、黄炎培、屈武、陶行知、杨杰、陈铭枢、邓初民、谭平山、鲜英等 24 人,在鲜特生宅聚谈,周恩来报告最近国共谈判经过,并征求众人意见。春,中国民主革命同盟("小民革")在重庆举行全体盟员大会,王炳南作政治报告,许宝驹作组织报告。大会选出 21 人的中央委员会:侯外庐、于振瀛、王昆仑、王炳南、刘仲容、许宝驹、许宝骙、阳翰笙、沈志远、吴茂荪、杨明轩、闵刚侯、汪季琦、杜斌丞、屈武、金仲华、高崇民、徐淡庐、曹孟君、阎宝航、赖兴治(赖亚力)。5 月 5—21 日,国民党在重庆召开第六次全国代表大会。王昆仑在会上质询国民党的抗日方略,以及为何把投敌的军长说成功臣等事,遭到围攻,蒋介石气得破口大骂近一个小时。王昆仑凛然正气,昂首走出会场。8 月 28 日,毛泽东主席在周恩来等人的陪同下,赴重庆与蒋介石进行和谈。王昆仑数次见到毛泽东主席。8 月 30 日,毛泽东在周恩来的陪同下,拜访阔别近 20 年的孙夫人宋庆龄。王昆仑接到通知,赶到孙夫人官邸参加接见。当周恩来指着王昆仑向毛泽东同志介绍过后,毛泽东用力地握住王昆仑的手说道:"久闻大名,久闻大名。"王昆仑作为政治家,自然懂得这次安排他接见的实际意义:一是表示孙夫人是支持王昆仑质询国民党的义举的;二是中国共产党的主席毛泽东同志对王昆仑的工作给予肯定。但出乎王昆仑意外的是,毛泽东说的"久闻大名"还有另外一层含义,那就是他认真地读了王昆仑的《红楼梦人物论》,而且还产生了某种共鸣。31 日下午,毛泽东在张治中公馆桂园会见中国民主革命同盟领导人王昆仑、许宝驹、屈武、侯外庐、曹孟君、谭惕吾。就在毛泽东设宴为名、实为接见"小民革"主要成员长达 10 个小时的谈话中,《红楼梦》竟然成了借古喻今的一大话题。毛泽东告知王昆仑:"我读过你的《花袭人论》和《晴雯之死》,很有新意,是反我们的蔡校长和胡适先生的。"又指着周恩来继续说道,"他回延安的时候,给我带回了不少精神食粮,其中也包括你的文章。我认真地读了,希望你继续写下去。"至此,王昆仑才想起周恩来回延安前夕的那次接见,当时他认为周恩来同志的话鼓励成分居多,从未敢想毛泽东同志会真的读他写的这些文章。此时再回味毛泽东同志对他的文章的品评,似乎他也感到了和毛泽东同志在《红楼梦》的见解方面有某种共鸣。也就是这次会见,促使王昆仑同志下决心写完了这部新红学著作《红楼梦人物论》。

　　按:王昆仑在晚年的时候,曾写下了这样一段话:"最使我终生难忘的是总理回延安时,曾向毛主席推荐——毛主席在重庆谈判期间接见我们几个'小民革'的朋友时,曾对我谈到《红楼梦》,并提起过这件事。这一切对我的鼓舞太大了,我本没有打算系统地写下去,此时欲罢不能,于是便在车上枕边一遍又一遍地阅读《红楼梦》,在工余会后——篇又一篇地写评论人物的文章。"(参见王朝柱《王昆仑》及附录《王昆仑年谱》,花山文艺出版社1997年版;杜运辉《侯外庐先生学谱》,中国社会科学出版社2013年版;《周恩来年谱1898—1949年》修订本,中央文献出版社1998年版)

翦伯赞 1月16—17日在重庆《新华日报》发表《我的氏姓,我的故乡》,批判蒋介石的反共小册子《中国之命运》。2月,《王莽改制及其失败》刊于重庆《中华论坛》创刊号;《论甲午中日战争》刊于重庆《群众》第10卷第2期;《学术与暴力》刊于重庆《中华论坛》第1卷第2期;《怎样研究中国历史》载《怎样自我学习》,重庆新华日报社"青年生活"主编,新华日报图书课出版。3月,《杨家将故事与杨业父子》刊于重庆《中原》第2卷第1期。4月,《世界史的大转变——从法西斯的反动到新民主主义时代》,刊于重庆《民主世界》第2卷第7期;《春秋之义》刊于重庆《中华论坛》第1卷第4期;《两汉的尚书台与宫廷政治》刊于重庆《中华论坛》第1卷第5—6期合刊。5月下旬,应复旦大学(在北碚)之邀,以《史料与历史科学》为题,作学术讲演。所讲内容分为三个部分:一、中国文献学上的史料;二、中国考古学上的史料;三、与收集整理史料有关的各种学问。共讲演两小时,内容全面、系统、具体、深刻,受到听众的热烈欢迎和很高的评价。次日,侯外庐自白鹤林来到歇马场,要在《中苏文化》上发表翦伯赞的讲演稿。翦伯赞花了一个月的时间,将稿改定,共约有2万字,由《中苏文化》杂志社报到国民党报刊新闻检查部门,从此石沉大海。杂志社多次催问,该部门回答:"已报上级审查,尚未批下。"拖到8月15日,抗日战争胜利,国民党准备还都南京,其下属部门已乱作一团,新检部门也是如此,翦伯赞的文章已无处查问。翦伯赞在复旦大学作学术讲演接受后,上海国际文化服务社有位编辑向他约稿,建议他将所讲三个部分扩充为三章,编为一册,以《史料与史学》为题,出一本专著。翦伯赞在将原稿整理、交给《中苏文化》杂志之后,他即着手于整理增广工作。

按:1962年5月,翦伯赞自苏州到南京访问,由中共省委宣传部副部长陶白陪同,参观当年的国民党中央档案馆(今中央第二档案馆),该馆馆长捧出一个卷宗放在翦的面前,请他检阅。卷宗上批:"国民党扣压翦伯赞给《中苏文化》杂志所写《历史材料与历史科学》等稿件及其查扣意见。"翦先生轻轻翻了一下,大声说:"这是我在重庆给复旦大学做的学术讲演稿。后来《中苏文化》上报,从此没有下文。原来跑到这里来了!"他再往下翻,是另一篇被扣稿《论南明第三个政府的斗争》。下边好像还有,他未再细看,就对在场人士谈了如下一段情况:他初到重庆时,本来计划写一组有关"南明"的文章,共三篇:一为《论南明第一个政府的斗争》,二为《论南明第二个政府的斗争》,三为《论南明第三个政府的斗争》。其目的,都是为了总结历史上的经验教训,以利于抗日。可是,他在1940年5月1日发表点名批判胡适的文章《中国历史科学与实验主义》后,国民党中宣部对他的行踪就特别警觉。不久,《中苏文化》杂志将他的《论南明第一个政府的斗争》一文送审,即被扣压。所以次年1月25日在该杂志首先发表的是《论南明第二个政府的斗争》。第一篇一直未能发表,后来只好改写,题也改为《南明史上的弘光时代》,于1947年出版《中国史论集》第二辑时,收入其中。第三篇是在第二篇发表后不久送审的,直到1962年5月,才知其下落。在重庆时,已知此文被扣压,发表无望,就也改写,用《南明史上的永历时代》为题,于1945年12月1日发表于重庆《中华论坛》第1卷第10—11期合刊。这些论文都有较强的时间性,延宕若干年再发表,其意义就不大了。他又说:"《历史材料与历史科学》一文被扣压,我是想不到的。因为这几乎是一篇纯学术性的论文,在两万余字中,既未引用马克思主义经典著作的词句,也未提到马克思主义名家的名字。唯一可能犯了忌讳的,是在第三部分中有那么一句话:'还有一个最重要的工作,就是从史料中抽出历史原理。进行这种工作,就需要唯物辩证法的帮助。'"说到这里,馆长插话:"翦老,我看主要原因不在于这句话,而在于您的名字。他们一看到'翦伯赞'这个名字就犯忌讳。"翦老点头说:"有道理! 有道理!"

翦伯赞6月在重庆《中山文化季刊》第2卷第1期发表《论司马迁的历史学》。同期还刊载侯外庐《古文献最初发现的中国古代文明考》、张蓉初《元代大都粮食的运输》等。《论司马迁的历史学》内容包括"司马迁的传略""司马迁的历史方法——纪传体的开创""司马迁的历史方法——纪传体的活用""司马迁的历史批判——'太史公曰'""史料的编制及其历史观"等。8月2日，翦伯赞完成《史料与史学》的第一章，题为《略论中国文献学上的史料》，约有3万字。全文分为五个部分：一为《导言》，二为《正史》，三为《正史以外的诸史》，四为《史部以外的群书——经、子、集》，五为《四部以外的各种文字记录》。《导言》是全文的总纲。起首即指出："中国文献学上的史料，真是浩如烟海，学者往往穷毕生之力，而莫测涯际。"他说：史部有正史，即24史，就有3242卷；此外，还有编年史、纪事本末、别史、杂史、实录、典制、方志、谱谍及笔记等，其数量更百倍千倍于所谓正史。又史部之外的文献，都含有史料，"六经皆史""诸子亦史""诸诗集、文集、词选、曲录、传奇、小说亦史"，乃至政府档案、私人信札、碑铭、墓志、道书、佛典、契约、账簿、杂志、报纸、传单、广告，以及一切文字的记录，无一不是史料。"若并此等史料而合计之，其数量又百倍千倍于史部的文献。"《导言》还对各类文献史料的价值做了比较，最后指出："总之，就史料的价值而论，正史不如正史以外之诸史，正史以外之诸史，又不如史部以外之群书。为了要使中国的历史获得更具体更正确之说明，我们就必须从中国的文献中，进行史料之广泛地搜求，从正史中，从正史以外之诸史中，从史部以外之群书中，去发掘史料，提炼史料。只有掌握了更丰富的史料，才能使中国的历史，在史料的总和中，显出它的大势；在史料的分析中，显出它的细节；在史料的升华中，显出它的发展法则。"此类文章不仅代表了翦伯赞在史料学研究方面的深度与广度，也显示出唯物史观派史学在20世纪40年代开始重视史料的新动向。同日，翦伯赞预感时局将有突变，自己的写作将会中断，于是在本文文稿上写了一段"整理记言"。

按：翦伯赞"整理记言"曰："我很早就想写一篇关于史料的论文，但总是没有着笔。月前复旦大学文学院约我作一次学术讲演，我就讲《史料与历史科学》这个问题。惟讲演时，为时间所限，不能作较详之发挥。近因书店之约，要我写一本关于史料学方面的小册子，我就开始把这次的讲演稿加以整理，计有三篇：一、中国文献学上的史料；二、中国考古学上的史料；三、与收集整理史料有关的各种学问。现在我还只写成《中国文献学上的史料》一篇；其余两篇，假如我的生活不发生变动，也想继续写出来。伯赞一九四五年八月二日。"

按：1945年10月，上海国际文化服务社老板按照约定的时间来到翦家索取《史料与史学》的书稿，可是他见书桌上正在撰写的稿件不是《史料与史学》，而是《我们要求立即停止内战》。他知道不仅国家的形势发生了变化，翦家的形势也发生了变化。书店老板也是进步人士，双方达成协议，按原计划，照常出书。仍收论文三篇：一、《略论中国文献学上的史料》；二、《论司马迁的历史学》；三、《论刘知几的历史学》，共约有10万字。第一篇已有文稿。第二、三篇则是不久前在重庆《中山文化季刊》上发表的。《论刘知几的历史学》分为七个部分，其标题：一、刘知几的传略；二、刘知几的著作、思想及其历史观；三、刘知几论中国历史学各流派；四、刘知几论纪传体的各部门；五、刘知几论历史学方法；六、刘知几论历史学文献；七、余论。此书于1946年4月由上海国际文化服务社出版。

翦伯赞8或9月在重庆《青年知识》第1卷第2期发表《为思想自由》。又作《略论中国文献学上的史料》，收入《中国史论集》第二辑，也收入《史料与史学》。8月28日，毛泽东偕同周恩来、王若飞从延安乘专机到重庆后，翦伯赞担任了毛泽东、周恩来与国民党高级左派人士如冯玉祥、覃振等的联系人。9月2日，翦伯赞《贪污列传序》刊于重庆《新华日报》4版。9月3日下午，翦伯赞在重庆桂园受到毛泽东主席的接见，在座的还有郭沫若、于立群、邓初民、冯乃超、周谷城等。7日，覃振以家宴招待毛泽东，陪毛泽东到覃府的有周恩来、王若飞、叶剑英等，覃振请翦伯赞作陪。9月下旬，覃振第二次家宴，先也是先由翦伯赞代覃振与周恩来联系。同月，翦伯赞《论刘知几的历史学》刊于重庆《中山文化季刊》第1卷第4期。10月28日，翦伯赞长子结婚，证婚人冯玉祥，在重庆的主要民主人士应邀参加婚礼，地点在兵役部招待所，客人有周恩来、王若飞、郭沫若夫妇、柳亚子、沈钧儒、陶行知、章伯钧、王昆仑等。礼成后举行"形势座谈会"，由周恩来做重要讲话。同日，翦伯赞《论历史画——看了尹瘦石的历史画以后》刊于重庆《新华日报》4版。11月1日，《人类的尊严与教育自由》刊于重庆《民主教育》创刊号。24日，《我们要求立即停止内战》刊于重庆《民主星期刊》第7期。两文都是宣传争取和平民主、反对内战的重要文章。12月11日，发表《慰问昆明师生电》，向在"一二·一"昆明惨案中受害者及其亲人表示慰问。14日，在重庆《新华日报》发表《慰问昆明师生的公开信》。同月，《南明史上的永历时代》刊于重庆《中华论坛》第1卷第10—11期合刊。（参见张传玺《翦伯赞传》及附录张怡青《翦伯赞大事年表》，北京大学出版社1998年版；王学典《翦伯赞学术思想评传》，北京图书馆出版社2000年版；王学典《20世纪史学编年（1900—1949）》，商务印书馆2014年版；林甘泉、蔡震主编《郭沫若年谱长编》，中国社会科学出版社2017年版；中共中央文献研究室编撰、逄先知主编《毛泽东年谱（1893—1949）》，人民出版社、中央文献出版社1993年版）

侯外庐1月1日在《新华日报》第6版登载"一九四五年新年献辞"。3日，《新华日报》第1版登载"侯外庐先生著《中国近世思想学说史》"：本书为侯外庐先生的精心力作，读过侯先生的《中国古代思想史》的人，便可以信任著者的治学精神。本书内容新颖，材料丰富，凡70万言，中国近代思想发展，凡哲学、史学、政治经济社会人文诸思想皆贯通包罗无遗。所述近代思想的渊源生长，学派演化，思潮变迁，学术交替，处处分析精湛，考核谨严，独立自创一种科学的说明。著者治思想史有年，诚如过去有人对他的著作评论说，侯先生著思想史，"致力很深而后写出的，因此才能从前人著作中的隐晦的术语和对古籍的诠释中，把真面目揭发出来，——著者是用了很大功力的，能作很恰当的分析，因此就使思想史豁然显露，'凡注意中国思想史的人是一定都要赏识他的书的'"。24日，作《协商的通路》，刊于次年2月1日《世界知识》第13卷第3期。2月16日，所作《康有为氏在民国初年的反民主理论》刊于《中华论坛》第1卷第2期，文中认为："康有为的戊戌政变的基本思想，在经济上是洋务重商主义之理论的延长，在政治上是俾斯麦——大彼得——明治天皇的国权主义之中国版，在思想关系上是以变法政策升化而为绝对的变法主义，复由'变'的绝对歌颂倒退而为'变'的特定自由。我们不要以为他的《大同书》是一种什么社会主义，反之这本《大同书》实在为否定民主革命的反动理论。"22日，《新华日报》登载《文化界对时局进言，要求召开临时紧急会议，商讨战时政治纲领，组织战时全国一致政府》。此进言由王若飞建议，郭沫若、冯乃超、杜国庠、阳翰笙组织，文化界人士共312人参加，侯外庐是签名人之一。23日，所作《中山先生对于苏联红军之预见——中苏文化协会纪念红军节特稿》刊于《新华日报》第2版，又载《中苏文化》1945年3月第16卷第1—2期合刊"苏联红军第二十七周年纪念"特辑。

侯外庐所作《章太炎关于民族、民主的政论》3月16日刊于《民主世界》第2卷第6期。同月，所作《第十七世纪中国的一个新世界观》刊于《中原》月刊第2卷第1期。此文系《中国近世思想学说史》第四章《近世界底预言者颜习斋》第一节《习斋的新世界观》，修改后收入《中国早期启蒙思想史》第九章《颜元的思想》第一节《颜元的新世界观》。4月1日，所作

《"五四"文化运动与"孙文学说"的关系》刊于《中华论坛》第 1 卷第 5—6 期合刊。文中认为："五四文化的市民自觉运动，是中国近代的思想启蒙，它的革新意义，对中国封建社会的腐朽因袭传统，从意识上做了一个扫清工作，上面结束了士大夫的卑躬屈节的说士气习，下面在人民观念上与国民运动相联结。""有些人不愿意崇赞五四运动，故意说，中山先生和它没有关系，这是错误的曲解，应该纠正的。要知道，中山先生的青春理想，不论在五四时代问世的心理建设或物质建设，都是有素朴纯真的远大计划的，他之反对改良思想的实行家，而以理想家自居，……这和五四运动的精神相为一致。"8 日，重庆各党派领袖和文化界人士设宴慰问郭沫若和文化工作委员会诸工作人员，侯外庐与沈钧儒、左舜生、史东山、王若飞、邓初民、马寅初、翦伯赞等相继发言。侯外庐在发言中指出："郭先生在文化学术方面的伟大贡献，使他不但是中国的权威，也是世界的权威之一，他几十年来奋斗所得的文化成果，给了我们许多不朽的著作，我们相信郭先生今后还要更多创造有利中国人民的作品。在欧美各国，最有成绩的学术研究机关，差不多都不是官办的，就是苏联，有名的学者也独立发展其研究，如瓦尔加的经济研究所。要中国文化发展，社会或私人办的研究机关比官办也一定更有作用，刚才左（舜生）先生说欢迎郭先生回到更大的自由天地来，我补充一点意见，我们不妨计划设立民间研究所，相信对民主文化更有利益。希望我们中国文化人在郭先生领导下，群策群力，联合租界学者，成立研究所。"又据《阳翰笙日记选》（四川文艺出版社 1985 年版）载："侯外庐先生主张在郭先生的领导下，创立一民间性的文化研究所。"

侯外庐所作《康有为与戊戌变法运动的历史》4 月 15 日刊于《中苏文化》月刊第 16 卷第 3 期。此文系《中国近世思想学说史》第十三章"百日维新派自由思想者康有为"第二节"康有为与戊戌变法运动的历史"。同日，顾颉刚致信侯外庐。20 日，阳翰笙拜访侯外庐。侯外庐就关于研究所的筹备很积极地提供了许多意见。春，中国民主革命同盟（"小民革"）在重庆举行全体盟员大会，侯外庐当选为 21 位中央委员会之一，其代号为"内"。此后，侯外庐以大部分时间从事"小民革"的政治活动。6 月 8 日下午，中苏文协、全国文协、全国剧协举行欢送郭沫若等赴苏联访问的大会，侯外庐与邵力子、茅盾、史东山、柳亚子、马寅初等致辞。侯外庐在发言中提出："郭先生是中苏文协的领导者之一，郭先生在中国学术上的成就是没有能出于其右的。相信郭先生必能有很好的成就，且必能把苏联学术上的成就和他们的精神带回中国。"18 日，作《苏联历史学界诸论争解答》之"自序"，认为："这本书是关于历史发展律的研究，而且和哲学经济学的范畴有密切关系，它亦不仅限于抽象的法则研究，而且更企图把法则适用于具体材料。""苏联学者在提出问题讨论上贡献了甚大的功绩，没有他们在前头论争，追求真理，我们是还不会在一个专门问题方面做深入的探讨的，这是真话，但真理不是一蹴便可以豁然贯通的，要在于人类智慧的汇流才能解答的。著者虽然在做理论延长的工作，而亦是一个尝试而已。"同月，侯外庐在《中山文化季刊》第 2 卷第 1 期发表《古文献最初发现的中国古代文明考》；所著《中国近世思想学说史》（下卷）由重庆三友书店出版。其中第十六章"反映十九世纪末叶社会全貌底太炎哲学思想"是在赵纪彬《章太炎哲学思想评述》的基础上写成，内容上小有变动。

按：侯外庐提出："所谓中国'近代'云者，严格地说，明末清初至十九世纪中叶以前，是封建社会的末世，已有资本主义生产关系的萌芽，故本书的第一编、第二编，乃封建社会末世的思想史；十九世纪中叶至二十世纪二十年代，中国逐步沦为半殖民地半封建社会，故本书的第三编，乃半殖民地半封建社会的思想史，也就是旧民主主义革命时期的思想史。这种时代的断限，是学术思想史作出科学判断的根据，应该重视。本书第一编标为'十七世纪中国学术之新气象',实已表明在封建末世具有资本主义萌芽的历史条件下,学术思想已有新的气氛。本书第三编标为'十九世纪思想活动之巨变',实示中国历史进入近代后学术思想的划时代剧变。但是也应该承认,这种认识当时还没有象后来那样明确。""过去出版过梁启超的《清代学术概论》和《近三百年中国学术史讲义》,出版过钱穆的《近三百年中国学术思想史》。他们都是用资产阶级的观点方法治学术思想史的,尽管罗列材料,作出论断,但是不能揭露本质,得出科学的结论。"而《中国近世思想学说史》则是"用马克思主义的观点方法研究近三百年思想史的尝试""马克思主义的治史要求,在乎详细地占有史料,从客观的史实出发,应用历史唯物主义的基本原理和方法,认真地分析研究史料,解决疑难问题,从而得出正确的结论,还历史以本来面目。……对思想史的要求,则在乎对于前人的思想学说,区别精华与糟粕,按其实际作出历史的评价。研究历史,贵在能解决疑难,抉露本质,……使历史真实呈露出来,使历史规律性跃然在眼。这与调和汗漫的研究态度相反,既不能依违于彼此之间,亦不能局促于一曲之内。我常以这种治学精神宣为鹄的,读书得间,则著于篇章。非经研究有得,不敢轻于论断事实,率于评定古人,既不敢'执一以贼道',更不愿'强天下必从其独见'(用王船山语)。学术公器,惟百家争鸣,乃能有进,区区素抱,如是而已。"

侯外庐6月在《中山文化季刊》第2卷第1期发表《古文献最初发现的中国古代文明考》。同月,《图书季刊》新第6卷第1—2期合刊介绍侯外庐的《中国近世思想学说史》下册。7月1日,所作《我对于"亚细亚生产方法"之答案与世界历史家商榷》发表于《中华论坛》半月刊第1卷第7—8期合刊。此文认为:"研究历史,首先要知道当作'种差'的生产方法,藉以区别社会的经济构成,因为'生产方法'是一种社会的指导律,决定着社会性质。""所谓生产方法,在科学上的意义是指特殊的生产手段与特殊的劳动力二者间的结合关系(切勿解释为技术),由此始能明白社会构成的一般的合法则运动。""照以上的特色而言,灌溉、热带等自然环境是亚细亚古代'早熟'的条件,氏族共同体的保留以及转化而为土地所有制的氏族王侯,是其'维新'的路径,土地国有而无私有地域化的所有形态,是其因袭的传习,征服周围部落的俘获,是其集团奴隶劳动力的源泉。""亚细亚生产方法"便是"土地氏族国有的生产手段与集体氏族奴隶的劳动力二者间之结合关系,这一关系支配的东方古代的社会构成,它和'古典的古代'是一个历史阶段的两种不同的路径。"

按:侯外庐在附记中提出:"作者对于亚细亚生产方法这一问题,从苏联学者论战以来,就列在我的研究课题表之中。十余年来这个恼人的问题无时不在材料继续提供之下,思索又思索,考核复考核,一方面是理论原则的材料整理,他方面是原则引用于东方古代史上的决疑说明,阙一不可能解答这一问题,这正是一种博古通今的课题,谈何容易。我初步寻求出答案来是在战前的一年,但并不敢冒然把自己的'理论延长工作'贡献出来,和世界学者商榷。就在我写《中国古代社会史论》的时候,虽然大体上根据自己的研究,说明中国古代历史的发展律,而并没有从原则上全般地拿出来的。因此就有几位朋友或面询或函问我为什么保留系统的说明呢? 其实我亦不安的。此文是我在两年半以前,用了一个月工夫写出来的,最兴奋的是在我刚写完时,又发现了理论大师的遗著(见附录),佐证了我的假定。然而,我慎重着,压不发表到如今。其间我把此稿送交过几位朋友预先征求批评,但都没有否定的商榷,故初稿写竟,在此二年多的时间。我也没有修改过,现在《中华论坛》编者再三敦促,重读一遍,决意把它发表,深望爱好历史理论的专家给我以严正批评。"

侯外庐7月15日在《青年知识》创刊号发表《一个五四时代的青年看民主中国的青年》。同月,所作《谭嗣同的社会思想》刊于《中苏文化》第16卷第6—7期合刊。此文系《中国近世思想学说史》(《近代中国思想学说史》)第十四章"维新思想的健者谭嗣同"第三节"嗣同的社会思想";《戊戌政变健者谭嗣同的思想流派》刊于《民主世界》第2卷第12期。此文由《中国近世思想学说史》第十四章"维新思想的健者谭嗣同"第二节"嗣同的思想流派"修改而成。8月3日,郭沫若在莫斯科苏联对外文化协会历史哲学组演讲,刊于12月苏联《历史问题》。郭沫若谈道:"在研究这一时期的哲学问题及其他思想形态问题的中国历史学家当中,侯外庐占了最显要的地位。不久以前,他发表过《中国古代史社会史论》和《中国古代思想学说史》二书。他认为周代是奴隶社会,在这一点上,他的见解和我是相符的,但在这一时期的思想史的许多问题,我们之间就有了本质的分歧。""对于研究思想史问题,侯外庐的能力是很强的。除了古代思想史一著作外,出于侯外庐的手笔的还有一部《中国近世思想学说史》的巨著,侯外庐在这一方面的成就是非常伟大的。"31日下午,侯外庐在张治中公馆参加由毛泽东召集的"小民革"核心成员座谈会,出席者还有王昆仑、许宝驹、屈武、曹孟君、谭惕吾以及王若飞、徐冰。同月,侯外庐在《中华论坛》第1卷第7—8期合刊发表《我对于"亚细亚生产方式之答案"与世界历史家商榷》。此文后经作者修改,编入其所著《中国古代社会史论》第一章,题为《亚细亚古代社会规律的研究》。

侯外庐所著《苏联历史学界诸论争解答》8月由中苏文化协会研究委员会出版。此书综合了作者关于亚细亚生产方式和先秦社会史研究的新成果,引起了国际学术界的重视。夏,蒋介石被迫放松对记者萨空了(被关押在五云山集中营)的监禁,萨空了经常到白鹤林看望先生与王昆仑,并由侯外庐安排会见《新华日报》采访部主任石西民。9月1日,侯外庐组织并参加中苏友好协会庆祝《中苏友好同盟条约》签订的宴会,这实际上是一个欢迎毛泽东的盛会。出席者有宋庆龄、冯玉祥、沈钧儒、覃振、郭沫若、史良以及中苏文化协会的正副会长孙科、邵力子、陈立夫,各民主党派负责人,国民党军政要员陈诚等。3日,侯外庐参加"民主科学座谈会"在重庆青年会大厦举行的庆祝反法西斯战争胜利大会。会上决定把"民主科学座谈会"改为"九三座谈会"。这次庆祝大会后,成立了九三学社筹备会。后来侯外庐与曹靖华、施复亮、钟复光等退出九三学社。7日,覃振私人宴请毛泽东,侯外庐与翦伯赞应邀作陪。9日,《新华日报》第1版介绍侯外庐所著《苏联历史学界诸论争解答》,略谓:"本身是一本解决历史学上悬案的创著,也把悬案置于理论的和历史科的探讨中,究玄决疑,迎刃而解。书中提出诸问题,在苏联历史界都经过长期论战,甚至有迄今尚未定论者,依靠著者深厚学力,根据科学方法,一一给以详细的审核,并独特的见解。每一问题都经过几载的深思熟虑,才作判断,其贡献可知。书中如关于一般社会史规律的问题;如东方古代史规律的问题,或亚细亚生产方法的特定意义;如中国古代史发展的路径问题,或中国古代社会性质的究竟说明;如苏联新社会发展法则的讨论与解答,都排除了独断误解,纠正了依违疑似,截然划出一个显明轮廓,论断皆石破天惊,独具慧眼。学习历史者,不论专门参考,或初学引津,均应先睹。全书十二万言,用上等熟料纸精印,校对正确。"

侯外庐9月30日在《新华日报》第4版星期专稿发表《友道今释》。"编者按"指出:"本文从'语法''字学''训诂'来反复说明'友道'对和平、民主、团结、合作的重要。"同月,所作《王国维古史决疑之诸范例》刊于《中苏文化》第16卷第8期,此文系《中国近世思想学说史》第十七章"古史学家王国维"第三节"观堂古史疑决之诸范例";《章太炎关于"分析名相"的经史一元论》刊于《中山文化季刊》第2卷第2期,此文系《中国近世思想学说史》第十五章"章太炎的科学成就及其对于公羊学派的批判"第三节"太炎的经史论";《关于哲学起源的理论的探讨》刊于《青年知识》第1卷第3期。《章太炎关于"分析名相"的经史一元论》认为章氏的学术活动"在中国学术史上是19世纪末叶的有价值遗产。他的经史一元论,是继承了清初傅青主'经子皆王制',章实斋'六经皆史'的思想,而发展为一家之言";章氏"是以历史学与逻辑学而治经学"，循此两条治学路径，"他以历史是人类智识的宝库，治经在'存古'，存古则非谓旧章可永远遵循，乃谓据此文明制度流变之学问而'灌溉'吾民；治经不能以历史为刍狗，而归结于某一人的唯心创造，乃谓六籍与历代史书并重。所谓'斟酌古今，未有不资于史'；治经不是一种君学，而是一种匠学，故他以孔子与刘歆皆因校雠之学，使学术下私人，不为帝王所独专，他们做良史之功都甚伟。然而，治经尤在于逻辑，即所谓'理内之言''推既见以至微隐'，其方法则为忠恕之学，归纳与演绎并重，而更应重视归纳"。《关于哲学起源的理论的探讨》文中认为哲学起源的理论问题可以依据"对立物的统一"法则得到说明，哲学经过了"劳动——语言——文字——思想"的发展历程，"哲学的自觉，应该是拆穿了思维的秘密，使哲学由神宫回到它的自然史的基础"。

　　侯外庐所作《中国民主前途感言》10 月 10 日刊于《国讯》第 400 期"双十节特大号"。25日，与徐冰、阳翰笙谈出版社的事情。27 日，所作《"清议"辨》刊于《民主星期刊》第 5 期第 2版。31 日，《新华日报》第 1 版登载"打破抗战以来记录之巨著出版"，介绍侯外庐所著《中国近世思想学说史》下卷："本书近百万言，三编三十余章，分装上下二大卷，计廿开本一千余页，重资精印。侯先生著作等身，而以本书为其最精到的代表作。全书内容，十七世纪至二十世纪中国哲学、历史学、经济政治思想之源流发展，学派演化，思潮变迁，学术交替；其写作方法，则材料与训释兼重，考核与断证并顾。"11 月 7 日，所作《苏联与全人类的利益》刊于《中苏文化》"苏联十月革命第二十八周年纪念刊"，又载 11 月 7 日《新华日报》第 3 版，题为《苏联与全人类的利益——为苏联建国二十八周年而作》。同月，所作《中国古代民族专政与统治之起源》刊于《中苏文化》第 16 卷第 9—10 期合刊，此文系在《中国古典社会史论》第7 章《中国古代氏族贵族专政与统治阶级之起源》的基础上修改而成，包括"中国古代文明路径与先王的起源""中国古代统治者权利的起源"。12 月 9 日，所作《什么战争？》刊于《自由导报》革新第 4 号。同月，所作《中国古代民族专政理论的修正与否定》刊于《中苏文化》第16 卷第 12 期，此文系由《中国古典社会史论》第 12 章《中国古代民族专政理论的修正与否定》修改而成，包括"宗教先王到理想先王之孔墨观""战国诸子对于先王观论争的思想线索""战国末期对于先王的还原与否定"；《图书季刊》1945 年新第 6 卷第 3—4 期合刊介绍侯外庐所著《中国近世思想学说史》下卷。年底，"小民革"在徐淡庐主办的《商务日报》报馆召开了一次规模最大的会议，推举侯外庐为参加政治协商会议（旧政协）的代表，选举侯外庐、王炳南、王昆仑、许宝驹、屈武、刘仲容、于振瀛、阎宝航、闵刚侯、金仲华、曹孟君、徐淡庐、吴茂荪、吴觉农、袁翰青等为中央委员。后来中国共产党以"社会贤达"名义推举侯外庐参加旧政协，但遭到傅斯年和国民党政府的反对而未果。（参见杜运辉《侯外庐先生学谱》，中国社会科学出版社 2013 年版；中共中央文献研究室编撰、逄先知主编《毛泽东年谱（1893—1949）》，人民出版社、中央文献出版社 1993 年版；王学典《20 世纪史学编年（1900—1949）》，商务印书馆 2014 年版）

　　曹靖华继续任《中苏文化》编辑委员会副主任。4 月 15 日，阿·托尔斯泰悼念会在抗建堂举行，到会 1500 多人。邵力子任主席，并致词略述阿·托尔斯泰的贡献及纪念的意义。曹靖华报告了阿·托尔斯泰的生平，称他永远追求真理，永远向现实学习，因此是一个永远前进的作家。他曾受象征派影响。十月革命使这位作家放弃了脱离现实的倾向，放弃了对政治的冷淡态度。阿·托尔斯泰不仅是一个作家，还是一个反法西斯的战士。6 月 19 日，中苏文化协会、"文协"假抗建堂举行高尔基逝世 9 周年纪念会，到百余人。邵力子任主席并致词。曹靖华报告了高尔基生平，甚详。8 月 13 日，中华全国文艺界抗敌协会总会举行晚会,成立"附逆文化人调查委员会",推老舍、曹靖华等 11 人为委员,负责调查附逆文化人。毛泽东在重庆和谈期间,两次看望中苏文化协会同志。10 月 13 日,北方旅渝文化人曹靖华、侯外庐等发起的北方文化工作者联谊会在中苏文化沙龙召开第一次筹备会,骆宾基、臧云远、王亚平、田仲济、亚克、丰郁、刘铁华、钱新哲等 20 余人到会。王亚平被推为主席。他说:本会召集旨在商谈复员回乡工作,固守岗位,推进文化,实现民主理想。到会者踊跃发言。议定:成立北方文化工作者协会,曹靖华、侯外庐、王亚平、臧克家、臧云远、骆宾基、刘铁华、田仲济、石啸冲等 9 人被推为筹备员。19 日,曹靖华与郭沫若、柳亚子、老舍、叶圣陶、冯雪峰等 500 多人出席在重庆西南实业大厦隆重举行的鲁迅逝世 9 周年纪念会。11 月 23 日,与郭沫若、洪深、老舍、茅盾、叶圣陶、孙伏园、胡风、阳翰笙、马彦祥、靳以、宋之的、冯乃超、冯雪峰、陈白尘、吴祖光、梅林等在《新华日报》发表致赛珍珠和全美作家的信。12 月 8 日,与郭沫若、茅盾、巴金、宋之的、陈白尘、邵荃麟、葛琴、冯乃超、阳翰笙等 18 人在《新华日报》发表致昆明众师生电。(参见冷柯(执笔)、毛粹《曹靖华年谱简编》,《河南大学学报》1984 年第 5 期;文天行编《国统区抗战文艺运动大事记》,四川省社会科学院出版社 1985 年版)

郁文哉任《中苏文化》杂志编辑。9 月 29 日在重庆《新民报》晚刊发表《读〈清明前后〉》,文中认为:"中国民族工业的厄运是中国现代经济史的重要内容之一,也是中国现代文学的重要主题之一。中国文艺家首先而且正确地把它反映入作品中去的,当推茅盾先生。"文章还指出:"《子夜》和《清明前后》两书虽然都是描写中国民族工业的厄运,但其间已明白表示出有着一个距离。吴荪甫失败得发了疯;林永清则终于觉悟起来了。这是中国民族工业家的一个进步。"(参见唐金海、刘长鼎主编《茅盾年谱》,山西高校联合出版社 1996 年版)

黄洛峰是年春在中共中央南方局和周恩来同志领导下,组建三联书店联合出版部,以人民出版社的名义出版《毛泽东印象记》等新书,有力地配合了重庆谈判。5 月,黄洛峰在生活书店、读书出版社、新知书店三店负责干部的联席会议上传达了中共南方局三店联合的建议。三店负责人一致赞成这一战略决策,并商定了合并的工作部署:委托邵公文起草联合后新机构的各种章程制度草案,公推仲秋元负责成立联合出版部,三店新收书稿一律交该部出版,重版书仍由三店自印。三店三个门市部仍分别经营,但业务活动(如刊登广告、售卖廉价书等)以联合的方式进行。6 月,三店联合生产部成立。8 月,抗战胜利后,在重庆的生活、读书、新知三店领导商定,三店总店立即返回上海恢复出版业务,占领出版阵地。发行工作除上海仍分设三个门市部外,其他地方实行合并,重庆分店定名为生活·读书·新知三联书店,其他各地则用兄弟图书公司、光华书店、新中国书局、朝华书店等店名开业。10 月 22 日,在重庆生活书店二楼举行了三店全体同人大会,宣布自 11 月 1 日起,重庆生活、读书、新知三店正式合并,成立三联书店,并公布了《生活、读书、新知为合组重庆三联分店告同人书》。"告同人书"公布了经三店总管理处批准的《重庆生活、读书、新知三店关于合组三联分店的决议》。决议公布了人员名单:经理仲秋元,副经理刘逊夫,下设批发、进货、栈务、邮购、发行、推广等科,总务部主任杨明,下设庶务、收发二科,会计部主任何理立,下设账务、出纳二科。三个门市部由三店人员混合组成。至此,联合生产部即告结束。联合生产部出的书,用"人民出版社"的名义,所出丛刊名为"人民丛刊"。11 月 2 日,重庆第三门市部(原新知门市部)首先改挂三联分店招牌营业。11 月 20 日,第一门市部(生活)和第二门市部(读书)同时改牌营业,并在重庆各大报纸上连登三天合并启事的公告。合并后,三联承担了 22 种期刊的发行工作,出版了两种期刊。由于多家出版社回上海复业,有 21

家出版社把重庆和西南地区的发行任务交给了三联。12月，三店联合派人去北平设立三联书店，取名朝华书店，去广州开设兄弟图书公司，去武汉开设联营书店，去长沙开设兄弟书店。

　　按：1946年1月，鉴于重庆、广州、长沙三地已成立三联分店，三店工作人员已在一起工作，三店各自实行的员工薪给办法必须统一，特制定了《三联书店暂行薪给办法》，自该月起，在渝、沪、粤、湘四处实行。同年5月，由黄洛峰、徐伯昕、沈静芷组成的三联书店总管理处在上海成立，黄洛峰为总经理，日常工作请万国钧、刘耀新等作为兼职人员办理。这个小型机构也称为三联申庄。1948年5月1日，在中共香港文委指导下，生活、读书、新知三店领导人做出决定：三店全面、彻底地合并，组成生活·读书·新知三联书店。中共香港文委负责人胡绳、邵荃麟与三店负责人徐伯昕、黄洛峰、沈静芷五人组成合并工作筹备委员会，全面领导合并工作，对清产核资、书稿、纸型、存书、房产、家具及账务上的问题等，商定了处理办法，草拟了新的三联书店的章程和各种规章制度。6月6日，周恩来致电章汉夫转胡绳：请告三联书店负责同志："即将三联工作人员及编辑人员主力逐渐转来解放区，资本亦尽可能转来"，"业务以出版通俗读物为主，向工、农、兵、学生、店员、贫民等介绍社会与自然科学知识及新文艺"，"有计划地编印或选印几套丛书"；为联系读者，在转移时应"保留一部分可能留下的活动力量"，"有时可改换门面以求存在"，对转移人员"必须告以解放区条件困难"，使他们"有精神准备"。10月18日，举行三店股东代表大会，选举了临时管理委员会，推选黄洛峰为主席，徐伯昕任总经理，沈静芷任副总经理；万国钧、薛迪畅为协理。决定新机构命名为"新中国文化企业公司"，在香港仍用"生活书店、读书出版社、新知书店三联书店"名称，通过了《新中国文化企业有限公司增资缘起及简章》。在发展计划中，除了经营出版、发行业务外，还要建立印刷厂、造纸厂，兼营文具和科学仪器，以及与文化有关的事业。10月26日，三店召开了全体人员大会，宣布生活·读书·新知三联书店成立，胡绳、徐伯昕、黄洛峰、沈静芷在会上讲话，晚上举办联欢会。会后，派陈正为专程赴沪，传达三店合并的决定。大批同人随后分批奔赴解放区或潜返上海。1949年2月，三联书店东北区管理处成立。4月，三联书店总管理处迁至北平。7月8日，三联书店临时管委会举行第六次会议，黄洛峰主持。会议商讨了业务方针、发行据点的布置、召开华北区分店经理会议及总管理处机构、人事调整等事项。7月18日，中共中央发出《关于三联书店今后工作方针的指示》，对生活、读书、新知三店过去的工作，给予了极高的评价，对合并成三联后的工作方针，做了具体指示。7月，中共中央发布文件，规定三联书店今后只在全国几个大城市建店。8月15日，生活书店与读书出版社、新知书店联名在报纸上刊登了《为统一店名告全国读者和同业书》，宣布全国已解放，过去以兄弟、光华、朝华、新中国书局等名义经营已无必要，统一店名为生活·读书·新知三联书店。曹辛之重新设计了三联书店的店徽。（参见吴永贵《民国图书出版史编年：1912—1949》，社会科学文献出版社2018年版）

　　张西曼主编《民主与科学》杂志1月在重庆创刊，聘马寅初、茅以升、周谷城、邓初民、陶行知、张申府、郭沫若、翦伯赞、谭熙鸿、费孝通、丁燮林等48人为特约撰述。张西曼是老同盟会员、国民党立法委员，但他参政、议政而不从政。为了"联合民主战士，发扬救国主张，推动时代的改造"，张西曼利用自己在知识分子中的深厚人脉，筹备创办了这份杂志。张西曼任主编兼发行人，特约撰稿人由丁瓒、周谷城、马寅初、曾昭抡、茅以升、姚传法、陶行知、许德珩、郭沫若、翦伯赞、邓初民等著名爱国学者组成。先后在《民主与科学》上发表文章的有马寅初、邓初民、丁瓒、华罗庚、钱崇澍、周太玄、卢于道、董时进、吴景超、柳亚子、陶大镛、孟宪章等著名学者近百人。《民主与科学》的办刊宗旨是"争取国际民主团结及抗战胜利，同时促进科学教育，发扬科学的建国精神，使国家民族同跻于富强之林"。张西曼在《民主与科学》发刊词中开宗明义，提出中国革命的目标就是"民主"与"科学"。提出"民主"是抗建的先决条件和主导力量，而"科学"是抗建的骨干和细胞。但从张西曼所发表的文章中可以看出，这里所说的"民主"并不是一般意义上的泛泛的"民主"，而是具有强烈的政治色彩，就是要建立苏联社会主义那样的"民主"。这同张西曼长期坚持宣传孙中山的"三大政策"和苏联社会主义运动，主张利用苏联社会主义革命的方法和手段来改造中国的思想是相一致的。《民主与科学》作为综合性刊物，其栏目有民主政治和科学研究文论、边疆学术研究、时事述评、革命诗选等，但主要的文章还是以政治论文和科学研究论文为主。从文章的类型和内容来看，《民主与科学》所关心的都是社会现实问题，尤其是关注于抗战胜利之后的建国问题。张西曼本人所撰的《民主与科学是中国革命的两大目标》《要大家都能问国事》《五四中的社会主义运动》《政治道德和革命纪律》《民主是根除官僚黑暗的特效药》就是最典型的示范。

　　按：《民主与科学》从1945年1月在重庆创刊，到1946年年初，共出了一卷12期，二卷1期目前只发现有目录，但没有看到杂志的实物。这12期都是在重庆出版的，其中9—10期和11—12期合刊由张西曼委托朋友同时在上海印刷。由于杂志倡言民主、和平，反对独裁、内战，言辞激烈，创刊初期就遭到国民党当局的迫害，再加上纸张缺乏，物价飞涨，到1946年6月国民党悍然发动内战后，被迫停刊。（参见于景洋、程舒伟《张西曼在〈民主与科学〉时期的思想倾向》，《历史教学》2010年第6期）

　　老舍1月6日在《云南日报》第3版发表《沫若抱石两先生书画展捧词》，对郭沫若的书法和傅抱石的绘画进行了见解精辟的评论。他赞扬郭沫若"天才极高，无论是创作文艺，还是考证史实，他都无所依傍的独身创辟"，其书法"自成一家"，"他的字体时时改动，有时很刚硬，有时很柔媚，有时驰放，有时透敛。……在他的字里，我可以看出他的落落大方与风流儒雅"；称赞傅抱石运用中国传统画法所取得的成就，显示了"艺术的一种根本力量""不是美的装饰，而是美的原动力"，认为傅抱石具有"中国画特有的最好的技巧"和"笔力"，"把握住这点技巧，才能画出好的中国画，能画出好的中国画，才能更进一步的改造中国画"。文章还在比较中，评论了赵望云、丰子恺、关山月等人作品的长短得失，并由此提出了改进中国绘画的意见："第一去把握到中国画的笔力，有此笔力，中国画才能永远与众不同，在全世界的绘画中保持住他特有的优越与崇高；第二，去下番工夫学西洋画。有了中国画的笔力，和西洋画的基本技巧，我们才真能创造现时代的中国画法。"20日，《储蓄思想》刊于重庆《文艺先锋》第6卷第1期，又载于次年3月《书报精华》以及次年4月1日上海《和平日报》"海天"。文章论述了思想修养对文艺作者的重要意义。2月1日，《南风》杂志在重庆创刊，老舍为编撰委员之一。22日，文化界进步人士老舍以及郭沫若、茅盾、夏衍、巴金、陶行知、沈钧儒、金仲华、胡绳、侯外庐、柳亚子、徐悲鸿、马寅初、冯雪峰、傅抱石、郑君里、戴爱莲、谢冰心、顾颉刚等300余人在重庆《新华日报》发表《文化界对时局进言》，提出6点意见，要求召开临时紧急会议，商讨战时政治纲领，组织战时全国一致政府。3月，学术月刊《学府》在重庆创刊，老舍、周谷城、翦伯赞、顾颉刚为编委，作家书屋发行。

　　老舍4月1日在北碚于打摆子中写《四世同堂》序言。序文介绍了《四世同堂》全部完成后的组织规模：将有100段、共100万字，"设计此书时，颇有雄心。可是执行起来，精神上，物质上，身体上，都有苦痛"，"在这年月而要安心写百万字的长篇，简直有点不知好歹"。29日，《"文协"七岁》刊于重庆《大公报》"文艺"第65期。编入《抗战文艺》第10卷第4—5期合刊《文协成立七周年并庆祝第一届文艺节纪念特刊》（未出版）。此文为纪念"文协"成立7周年而作，作者回顾了"文协"走过的艰苦历程，希望它继续奋斗，发扬民主精神，使文艺产生更大的社会影响。5月4日下午1时半，"文协"在文化会堂召开会议，纪念"文协"成立7周年和庆祝第一届文艺节。老舍以及邵力子、郭沫若、茅盾、张恨水、孙伏园等100余人到会。主席邵力子以及郭沫若、王芸生、老舍相继讲话。老舍报告了会务。5日下午,中华全国文艺界抗敌协会在陪都青年馆举行文艺欣赏会,文艺界数百人到会,孙伏园任主席。徐迟朗诵鲁迅的《狂人日记》,胡风报告五四以来文艺发展情况。演出了话剧《求婚》与《哈哈》。老舍和著名曲艺艺人山药蛋表演了相声,就黄金舞弊案编制了新词,受到热烈欢迎。7日,中华全国文艺界抗战协会总会理监事选举结果揭晓:老舍以及邵力子、郭沫若、茅盾、胡风、巴金、夏衍、姚蓬子、冯乃超、曹禺、阳翰笙、梅林、洪深、冯雪峰、艾芜、王平陵等21人当选为在渝理事。10日,"文协"新选理监事开会,推老舍、孙伏园为总务组正副主任;胡风、叶以群为研究组正副主任;王平陵、冯乃超为组织组正副主任;姚蓬子、巴金为出版组正副主任;冯雪峰负责《抗战文艺》会刊编务,梅林为理事会秘书。12日,"剧协"为著名导演贺孟斧举行葬礼,重庆剧作者、导演、舞台工作者舒绣文、张瑞芳、吴祖光、张骏祥、沈浮、郭沫若、曹禺、白杨、老舍(带病)以及观众数百人参加了葬礼和送殡。

老舍与郭沫若、叶圣陶、洪深、陈白尘、巴金等文化、文艺界24位知名人士6月21日联名在重庆《新华日报》发表为茅盾50寿辰召开庆祝茶会通启。24日,重庆文化界、文艺界在白象街西南实业大厦举行集会,庆祝茅盾50寿辰和创作生活25周年,到会700多人。会上宣读了老舍的祝贺信。同日,老舍《给茅盾兄祝寿》刊于《大公报》"文艺"第71期。文中高度评价了茅盾的革命精神与创作道路,指出:"勇敢使他永远年轻,而时间增高了他的智慧。他创作,他翻译,他研究,他编辑,他的辛劳与成绩,从五四到今天,老跑在我们的前面。"在抗战中,"无论到那里,他总是殷恳地撒播新文艺的种子,虽然这种工作会给他带来许多身体上与精神上的痛苦"。文章最后希望茅盾再写出十部八部比《子夜》更伟大的作品。7月5日,《写与读》刊于《文哨》第1卷第2期。文中较为详尽地叙说了在英国伦敦时期所受的外国文学作品的影响。8月3日,《新华日报》发表《文艺》杂志、《文哨》月刊的《茅盾文艺奖金征文启事》,言"茅盾先生五十寿辰,经各方捐献二十五万元,作为茅盾文艺资金",请老舍、章靳以、杨晦、冯乃超、冯雪峰、邵荃麟、叶以群等7人为评选委员。13日,中华全国文艺界抗敌协会总会举行晚会,成立"附逆文化人调查委员会",推老舍、孙伏园、巴金、姚蓬子、夏衍、于伶、曹靖华、靳以、梅林、叶以群、张骏祥、徐迟、邵荃麟、黄芝冈、徐蔚南、马彦祥、赵家璧、史东山等18人为委员,负责调查附逆文化人及罪行。22日,"附逆文化人调查委员会"召开首次会议,议决凡担任伪文化官,主编和出版书籍杂志,为伪方宣传著述,从事伪教育文化工作,以及伪特务文化人员,在敌伪控制下的文化机关团体中工作和其他不洁人物,公布姓名和罪状,要求逮捕并公开审判。同月,《我怎样写〈骆驼祥子〉》刊于《青年知识》第1卷第2期。文中叙述了辞去教职专事写作的经过,构思和写作《骆驼祥子》的过程,以及"这是一本最使我自己满意的作品"的原因和它的缺点。

老舍等27人10月6日在《周报》第5期发表创作家联谊会声明:《保留著作权益》。14日下午,中华全国文艺界抗敌协会召开监事联席会,商讨"文协"易名问题,老舍特从北碚赶到重庆。到会的还有冯玉祥、邵力子、郭沫若、茅盾、巴金等20余人。鉴于抗战胜利,会议一致通过,由是年10月10日起,正式改称"中华全国文艺界协会",简称仍为"文协"。而"文协"于筹措文艺界复员事宜外,仍坚持团结全国作家的精神,以期对新中国的建设有所贡献。10月16日,周恩来在重庆曾家岩中共办事处举行晚宴,老舍以及以群、胡风、吴组缃、王若飞等应邀出席。19日下午2时,重庆文化界在西南实业大厦餐厅举行鲁迅逝世9周年纪念大会,老舍是大会发起人之一。周恩来、冯玉祥、邵力子、郭沫若、老舍、柳亚子、叶圣陶、曹靖华、冯雪峰及美国、苏联友人共计500余人到会。会议由许寿裳主持,冯玉祥、柳亚子、郭沫若、叶圣陶、胡风、周恩来相继讲话,老舍、赵丹、徐迟朗诵了鲁迅作品。老舍朗诵的是《阿Q正传》第七章,受到热烈欢迎,他在开场白中说,拿阿Q精神建国,国必如阿Q一样是会死的。阿Q没有生命,只有陈腐势力压在他身上,他画了一个圆圈而死。如今虽说收复了东北台湾,假若如阿Q一样,也会死的。20下午3时,主持召开中华全国文艺界协会记者招待会,"文协"其他负责人茅盾、胡风、梅林等出席。老舍报告了"文协"历年工作概况,并说文协总会以后将迁上海,旧前分会已请郑振铎、许景宋、夏丏尊、李健吾等着手组织。目前该会的主要工作是:帮助作家解决复员中若干困难,已呈请国民党中宣部,希望给各地作家复员的交通便利,如车船免费,并酌发路费;目前书刊多数暂停发刊,作家生活极度困难,希望当局设法救济;郁达夫在苏门达腊被日本人逮捕,文协将请国民党海外部侨委会电盟邦军事当局查究释放;调查文化汉奸工作,该会已在积极进行中,正开始作初步调查,并将刊印文化汉奸罪行录,要求政府逮捕文化汉奸,文化界派代表参加审判。

老舍10月21日晚7时主持中华全国文艺界协会在张家花园举行的会员联欢会,到会的有郭沫若、叶圣陶、巴金、赵家璧、常任侠、胡风、冯雪峰、华林等五六十人。因为停电,联欢会被称作"鸡尾光烛会"。会上,老舍宣布此次开会是为庆祝"中华全国文艺界抗敌协会"改名为"中华全国文艺界协会",并报告了关于会员复员准备情况。老舍讲话间,周恩来到会,在老舍热情邀请下,周恩来讲了延安文协分会的活动情况。讲后,老舍兴奋地站起来说:延安文协和这里文协虽然在不同的政治和生活中,但几年来彼此合作,一直很亲密,这是可庆贺的事。今天抗战已经结束,希望能同北方朋友见面,使关系更加密切。而实现这一愿望就需要和平。今天国共正在谈判,希望为了国家民族,能建立起和平局面;否则国家一团糟,更无从谈文艺。11月23日,重庆《新华日报》发表中国作家郭沫若、老舍、叶圣陶、曹靖华、阳翰笙、斯以、冯乃超、陈白尘、梅林、洪深、茅盾、孙伏园、胡风、马彦祥、宋之的、冯雪峰、吴祖光等17人联名致美国援华会作者委员会赛珍珠和全美作家,呼吁美国作家"发挥你们的如椽之笔的力量,使美国人民明白那些已经在中国发生的事实的真相",希望美国朋友"尽力阻止凡有可能损坏中美两国人民友谊的行动"。28日,因《骆驼祥子》被译为英文后,在美国销路很广,博得好评,美国使馆文化专员费正清夫人特持英译本《骆驼祥子》(译名为《洋车夫》),亲往北碚老舍寓邸探访。同月,重庆《新民报》采访老舍,老舍由壁上挂的齐白石的虾蟹水墨画谈到想回北平去,可是不容易。"文协"请求政府设法解决交通工具,但还没有具体的办法。谈到《骆驼祥子》在美国出版得到好评,美国的出版家有过一封信给他。版税是由译者、美国人伊万·金拿的,原作者一点也没有。有许多书评,差不多是一致的赞美。谈到译本对原作的删节和结尾的改变时,老舍苦笑着说:"他们把收场改成大团圆。"12月1日,昆明"一二·一"惨案。12月9—10日,连续举行群众大会,要求公审祸首,保障自由。老舍曾带领"文协"队伍前往。28日,于北碚完成回忆录《八方风雨》的写作。年底,写完《四世同堂》一、二部。(参见甘海岚编《老舍年谱》,书目文献出版社1989年版)

茅盾1月1日下午出席在文化工作指导委员会举行的新年诗歌座谈会,并在会上发表演说。到会的还有郭沫若、戈宝权、何其芳、冯乃超、王亚平、袁水拍、徐迟、臧克家等。7日,与郭沫若等出席中国民主同盟欢迎来渝文化工作者之茶会,并应邀在会上讲话。茶会上大家决定将提出对目前时局的看法。10日,作《对于文坛的一种风气的看法——谈长篇小说需要之多及其写作》,刊于2月15日《青年文艺》新1卷第6期。文中认为长篇小说的创作之所以"成了一时的风尚"，其主要原因在于社会的要求和需要，"读者们渴求明了此一时代社会各方面动态的心理是更加迫切了"，而长篇小说能较好地满足人们的这种需求。作者还指出，目前长篇优秀作品不多的根源是"外来的束缚"太多，诸如"审查标准之所谓四大原则，实在太笼统抽象，作家们每苦于无处捉摸……结果落得手足如缚，意兴索然了"。不过，目前大家都愿意写长篇的风气，"对于新文艺的将来必将产生深远的影响"。20日，《拿出力量来》刊于《文学新报》第3期。此文是为悼念法国大作家罗曼·罗兰而作的。21日，作《对于文坛的又一风气的看法——谈短篇小说之不短及其他》，刊于6月出版的《抗战文艺》第10卷第2—3期。25日，出席由当时党的文委负责人之一的冯乃超召开的小型座谈会，讨论舒芜的文章《论主观》（该文发表在胡风主编的《希望》创刊号上）。茅盾在会上首先发言，认为该文对大后方文艺界情况的分析不符合实际，洋洋几万言，实际上是"卖野人头"，说完即退席。参加座谈会的还有邵荃麟、冯雪蜂、蔡仪、胡风、何其芳、刘白羽、林默涵等。同月，出席由周恩来在曾家岩周公馆召开的座谈会，继续讨论舒芜的《论主观》。在会上，茅盾谈了自己对该文的批评意见。周恩来还以《子夜》为例，来说明文艺真实性的问题。

茅盾2月1日作《永恒的纪念与景仰》，刊于6月《抗战文艺》第10卷第2—3期。文中谈到，罗曼·罗兰"从一个个人主义者与和平主义者变成一个社会主义者，从一个资产阶级人道主义者变成一个社会主义的人道主义者""足足走了七十年的长途，光是这一点坚韧的求真理以及自我批判的精神，已经值得我们万分景仰了"，"中国的文艺工作者将以善于学习罗曼·罗兰作为永恒的纪念和景仰"。22日，与郭沫若、老舍、夏衍、冯雪峰等重庆文化界312人联名在《新华日报》发表《文化界时局进言》。3月25日，出席《文哨》编辑部举行的座谈会。在会上建议《文哨》应多登载反映农村生活的稿子，注意培养农村文艺青年，到会的还有叶以群、夏衍等。30日，国民党顽固派查到《文化界时局进言》签名运动的发起和组织者是文化工作委员会，蒋介石闻之大怒，立即下令解散了郭沫若主持的、茅盾等为委员的文化工作委员会。同月，作《近年来介绍的外国文学——国际反法西斯文学的轮廓》，刊于5月4日《文哨》第1卷第1期。此文系《现代翻译小说选》写的长达14000字的序文。该文较详细地介绍了抗战以来翻译世界古典名著，苏联和欧美反法西斯文学作品的情况；茅盾短篇小说集《委屈》由重庆建国书店初版印行。4月19日，作《五十年代是"人民的世纪"——纪念"文协"七周年暨第一届"五四"文艺节》，刊于5月4日《抗战文艺》文协成立7周年特刊。文中指出："'五四'是思想运动，也是群众性的政治运动。"文章还认为"民主与科学，是新文艺精神之所在。同时，发扬民主与科学也就是新文艺的使命。而民主与科学表现在文艺思潮上的，我们称之为'现实主义'"。而现实主义的新文艺"应当配合着今天的民主运动"。因为"不民主，中国就没有前途"。

茅盾5月4日上午与叶以群一起参加重庆学生公社在学生公会大礼堂内举行的庆祝"五四"文艺节而组织的文艺讲话，到会者千余人，盛况空前，茅盾发表讲话。下午，出席在重庆文化会堂举行的"文协"成立7周年暨第一届文艺节纪念会。与郭沫若、老舍、孙伏园、胡风等被选为在渝理事，会上还通过了保障作家人身和写作自由等提案。同日，《我们的方向——在〈文哨〉编辑部座谈会上的发言》刊于《文哨》第1卷第1期。6月初，徐冰和廖沫沙专程来唐家沱寓所，谈祝寿之事；茅盾作《回顾》，刊于24日《新华日报》，亦载10月1日《文哨》第1卷第3期。文中回顾了自己所走过的人生和创作的道路，谈到了其中的甘苦和经验。6日，郭沫若、叶圣陶、老舍等发起"茅盾五十寿辰和创作生活二十五周年纪念"活动。

同日,茅盾应邀出席中苏文化协会为欢迎彼德罗夫大使和庆祝红军战胜德国法西斯的鸡尾酒会。8日下午3时,出席由中苏文化协会、文协、剧协联合举行的茶会,欢送郭沫若赴苏出席苏联科学院220周年纪念盛会。茅盾在会上致词说,郭先生是代表了中国人民,是以人民大使、文化大使的身份参与盟邦苏联的这一盛会的。希望郭先生把中国人民争取进步、自由的情形带给苏联,把苏联的文化进步的情形带回来。上旬,"中外文艺联络社"成立,茅盾任社长,总编辑叶以群、总经理冯亦代。

按:此系原来的"文通社"转变而来。1941年12月太平洋战争爆发,香港沦陷后,"文通社"自行解散。后到1944年春夏,叶以群受周恩来指示,要一个类似"文通社"那样的文艺机构,以便继续沟通重庆、昆明、成都、贵阳、西安等城市以及四川、湘南一些城乡的报刊发行出版,与美、苏、法、日等文艺交流信息,与香港、上海、汉口、平津等地的联系。"文联社"的活动基金"是由孙夫人宋庆龄资助的"。1945年夏至1946年初,"文联社"社址在重庆。1946年春,社址移至上海。主要编辑成员有郭沫若、茅盾、老舍、闻一多、叶圣陶、曹禺、洪深、夏衍、冯乃超、曹靖华、李青崖、焦菊隐、戈宝权、徐迟、袁水拍、叶以群。(冯亦代《回忆以群》;凤子《〈海天〉的天地在哪里》,《新华日报》1945年7月19日"文化短波"、1946年5月16日"文化短波";王中忱《茅盾参与过的三个文学社团》,载《东北师大学报》1982年第4期)

茅盾6月24日为了参加祝寿活动,与夫人孔德沚早早地就从唐家沱出发去城里。因搭车不顺,到会场时已近下午3时。重庆各界知名人士和文艺界的朋友几乎都到了,共七八百人。王若飞代表中共出席了茶会,邵力子以个人身份前来祝贺。到会的还有沈钧儒、柳亚子、马寅初、章伯钧、邓初民、刘清扬、胡子婴、张道藩等。苏联大使馆的一等秘书费德林、美国新闻处的窦爱士以及外国新闻记者等11位盟邦友人、刚从新疆监狱中死里逃生的赵丹、徐韬、王为一、朱今明也前来祝贺。纪念活动的主席沈钧儒首先致词,在表示了对茅盾的敬意之后,谈了3点看法:第一,茅盾先生的创作是有中心思想,围绕这个中心思想而选择材料描写的;第二,作品中表现出认清了时代的各种关系;第三,写老百姓的东西。总起来说,他能够抓住时代,是文化战士。柳亚子说:"作为文艺家,要的是政治认识,'有所为'是对政治的认识。'有所不为'就是对政治的操守,没有操守思想就反动落后,对民族无一点好处,茅盾先生就是'有所为'与'有所不为'的作家。"邓初民说,今天的祝寿会,"是庆祝也是鞭策,不仅对茅盾先生是鞭策,对大家也是鞭策"。费德林宣读了苏联驻华大使彼得罗夫的贺信,信中说:"尊敬的茅盾先生:衷心祝愿您五十岁寿,并希望您的写作事业得到更辉煌的成就。苏联的读者,对您的天才和作品,有着崇高无比的估价。苏联读者普遍敬仰和热烈欢迎您底大作。"在会上讲话的还有邵力子、王若飞、窦爱士、马寅初、刘清扬、常任侠(刚从昆明来)、冯雪峰(代表文艺界)、傅彬然(代表出版界)等。随后,于立群朗诵了中华全国文艺界抗敌协会的祝词,祝词中说:"严肃的态度,细密的文字,无尽的篇幅,不屈的操守,您的这些工作特点与处世精神,使您成为我们的灯塔、我们的表率、我们的模范。"白杨、赵蕴如、臧云远以及育才学校的女生朗读了贺电、贺诗。赵丹、金山、张瑞芳朗诵了《子夜》中吴荪甫和赵伯韬在酒吧谈判的一节。祝寿茶会结束以前,茅盾起来致答词,首先,向在座的各位表示感谢,今后一定更努力地工作,不辜负大家的希望。

按:6月24日祝寿会上,正大纺织厂的陈钧(陈之一)先生委托沈钧儒和沙千里律师将一张十万元支票赠送给茅盾,指定作为茅盾文艺奖金。事后听说,这笔奖金是陈钧在董必武授意下捐赠的。茅盾在接受捐款时表示:自己生平所写的反映农村生活的作品不多,引以为憾,建议以这些捐款,举行一次反映农村生活题材的短篇小说有奖征文。以后,"文协"为此专门成立了由老舍、靳以、杨晦、冯雪峰、冯乃超、邵荃麟、叶以群组成的茅盾文艺奖金评奖委员会,并组织了一次有较大影响的有奖征文。

按：6月24日，《新华日报》发表社论《中国文艺工作者的路程》，载重庆《新华日报》。（据该文重新于1981在《新文学史料》第3期发表时，廖沫沙"前记"的说明文字，云本文是应中国共产党在重庆的领导周恩来、董必武、王若飞"决定在《新华日报》为沈老五十岁生辰和创作生活二十五周年编发专刊祝寿"而写的，经"周恩来、王若飞同志审查、修改后，以社论名义发表"。）云"以茅盾先生坚定地斗争过来的二十五年的历史作为一根辉煌的红线，来谈谈中国知识分子和文化工作者所经历了的路程"。认为茅盾"二个五年的心血"，集中于"反封建反帝国主义——争民主争自由"，茅盾"一贯努力的方向""一根灿烂的红线"就是"文艺要为人生，也就是要为民族的解放，要为大众的幸福"。认为茅盾描写了农村、城市的"平凡的人"，并寄予同情，也描写了大地主大买办大银行家，作者"充满了憎恶"。认为"中国新文艺运动中有茅盾先生这样一位弥久弥坚，永远年轻，永远前进的主将"，是"值得骄傲的"。

按：6月24日，王若飞在《新华日报》发表《中国文化界的光荣、中国知识分子的光荣——祝茅盾先生五十寿日》，载《新华日报》。云："茅盾先生的创作事业，一直是联系着和反映着中国民族与中国人民大众的解放事业的。"他"为中国的新文艺探索出一条现实主义的道路"。文章最后指出：茅盾"所走的方向，是为中国民族解放与中国人民大众解放服务的方向，是一切中国优秀知识分子应走的方向"。

按：6月24日，成都文化界也举行了庆祝茅盾五十寿辰和创作二十五周年的纪念活动。叶圣陶、黄药眠、应云卫、沈志远、丁易、邹获帆出席并讲了话。叶圣陶激动地说，我们都在黑暗中走路，不管离天亮还有多久，路上还有多少险阻，我们终究会走过去的。茅盾先生二十五年的工作，就好比是举一盏灯笼在黑夜里努力地走，我们祝贺他五十寿辰，就要像他那样也拿起一盏灯笼向前走，尽管现在还是黑暗、但光明终将把黑暗照亮。"文协"成都分会还给茅盾发去了贺词，赞扬茅盾"始终不屈不挠和我们人民站在一起向黑暗势力奋斗""先生的笔，是一支最有力的武器，先生的名字，是一个旗帜。在先生五十寿辰的今天，我们敬礼先生健康长寿，并领导我们为实现自由、独立、民主的新中国而奋斗"。（《行进在民主运动的行列中》）

按：6月24日，昆明文艺界在新开张的文艺沙龙举行茅盾五十寿辰和创作二十五周年的纪念活动。到会的有李公朴、闻一多、朱自清、田汉、李广田、宋云彬、刘思慕、李何林、白澄、吕剑、韩北屏、楚图南、光未然、马子华、何家槐等。大家在纪念会上纷纷发言，高度评价了茅盾这些年的劳绩。朱自清在讲话中谈到自己走上文学道路最初就是受到茅盾的鼓励。自己写的第一篇文章，就是由茅盾发表在《小说月报》上的，还收到了茅盾的回信，由是抬高了写作的兴趣。整个纪念会气氛热烈，不少与会者还题词向茅盾表示祝贺。

按：10月1日，《文哨》第1卷第3期为"茅盾先生五十寿展暨创作二十五周年纪念特辑"，发表了叶圣陶、吴组缃、沙汀、艾芜、叶以群的回忆和纪念文章。吴组缃《雁冰先生印象记》谓茅盾"不是那庙堂之器，他也不要作那种俨然人师和泥胎偶象，他只是个辛勤劳苦的，仁慈宽厚的，中国新文学的老长年和老保姆呵"。以群《雁冰先生生活点滴》回忆了与茅盾的交往和友谊，特别是香港脱险的共同经历，以此来表示对茅盾的"钦仰和祝福"。沙汀《感谢》谈到茅盾给予他的帮助和启示："这不是说在先生的启示下，在我改过作风以后，我已经有了怎样了不得的成就，我还没有如此狂妄，但我认为，那时以后，我所走的路子才是常路，同时更认清了先生的诱导之功。"艾芜《记我的一段文艺生活》谈了茅盾先生对他走上文学创作道路所产生的影响。

茅盾偕夫人孔德沚6月25日应邀出席宋庆龄、沈钧儒、史良在史良寓所（犹庄）举行的宴会，出席作陪的还有王若飞、陶行知、邓初民、沙千里等。午后，参加中苏文协研委会全体会议，到会的还有阳翰笙、王芸生（《大公报》主笔）、陈伯庄、章友江（进步文化工作者）、侯外庐等。同月，与戈宝权、郁文哉、葛一虹合译的传记小说《高尔基》由北门出版社和新中国书店同时初版；茅盾译著《人民是不朽的》作为中苏文化协会文学丛书，由文光书店印行。7月24日上午9时，应邀出席重庆文化界人士举行的"邹韬奋、杜重远两先生逝世一周年纪念会"。同月，《时间的记录》由良友复兴图书公司出版。8月1日，"文艺杂志社"与"文哨月刊社"联合发出"茅盾文艺奖金"征文启示。征文以反映农村生活的短篇小说、速写、报告为限。老舍、靳以、杨晦、冯乃超、冯雪峰、邵荃麟、叶以群7人为评选委员。6日起，剧本《清明前后》开始在重庆《大公晚报·小公园》上连载。10日，《怎样复兴抗战后的文化事业》刊于《国讯》旬刊第396期。12日，《为民营出版业呼吁》刊于重庆《大公报》，文中对于重庆数十家民营出版社就纸张供应、印刷价格等问题而发出的呼吁，表示了自己支持的态度，同时抨击了国统区出版业的腐败现状，认为这是"文化市场"的"空前危机"。13日晚，出席"文协"在张家花园召开的庆祝抗战胜利欢谈会。会上，谈到了"文协"改名和废除战时图书杂志审查制度等问题，并成立了附逆文化人调查委员会，来处理文化汉奸的问题。29日下午，出席中苏文协为欢迎郭沫若、丁西林访苏归来而同日举行的茶会。同月，日本投降后，每周参加两次固定的活动。

　　按：一次在郭沫若的寓所，参加者为各民主党派头面人物，也有共产党的代表（一般为徐冰），会议主要漫谈时局的演变，最后由共产党的代表讲一点意见。另一次活动是在周公馆，参加者绝大多数是党员文艺工作者，会议内容为总结抗战8年的文艺运动和探讨今后新形势下文艺运动的方向，也讨论当时比较敏感的一些文艺问题。周恩来经常来参加这两个会。

　　茅盾9月1日应邀出席中苏文协举办的庆祝中苏同盟条约签定的盛会。前来重庆参加国共谈判的中共中央主席毛泽东亦来出席此会，第一次与各界人士见面。上旬，与夫人孔德沚同去重庆红岩村，向到渝不久的毛泽东作礼节性的拜访。又应毛泽东之约，与马寅初同赴红岩村，和毛泽东就时局等问题恳谈了两个小时；应邀与郭沫若同去毛泽东处晤谈，讨论时局。18日，出席重庆文化界和文艺界在文化会堂举行的座谈会，讨论了复员等问题。到会者还签名发起国际文化合作促进会和中华全国文艺作家协会。26日，茅盾第一部剧作《清明前后》正式公演。导演赵丹，舞台监督朱今明，演员王为一、顾而己、秦怡、赵韫如、孙坚白等。下旬，《清明前后》公演4天后，观众愈来愈多，场场爆满，甚至星期天还要加演，才能满足观众的需要。同月，《在"建设东北之路"座谈会上的发言》刊于《反攻》第10卷第2期。秋，作《清明前后·后记》，刊于10月1日《大公晚报·小公园》。9月26日，该剧在重庆青年会正式公演。周恩来同志看后对茅盾说："你的笔是犀利的投枪，方向很准呀！什么样式都可以试试，都可以发挥应有的力量啊！"29日，郁文哉在重庆《新民报》晚刊发表《读〈清明前后〉》，文中认为："中国民族工业的厄运是中国现代经济史的重要内容之一，也是中国现代文学的重要主题之一。中国文艺家首先而且正确地把它反映入作品中去的，当推茅盾先生。"10月1日，金同知在《新华日报》发表《〈清明前后〉观后感》，认为"茅盾先生以纯真的感情，细腻朴实的笔，在观众眼前展露了一幅幅人生的画面"。"《清明前后》的演出，有着深刻积极的意义，它对现在的明确、尖锐、严正的针砭，正标贴出了大后方剧运的一个新的起点，一个好的倾向和好的作用和范例。"12日，何其芳在《新华日报》上发表《〈清明前后〉的现实意义》，说《清明前后》是茅盾的一部力作，因它有着尖锐又丰富的现实意义。

　　茅盾10月11日上午与柳亚子等文化界人士一同去机场，为结束国共谈判的中共中央主席毛泽东返回延安送行。14日，出席"文协"理监事联席会议，主要讨论了改名和作家复员的问题。一致同意将"中华全国文艺界抗敌协会"中"抗敌"二字取掉，改名为"中华全国文艺界协会"，出席会议的还有冯玉祥、邵力子、郭沫若、阳翰笙等。20日，出席"文协"组织的记者招待会。老舍任主席，参加者还有胡风、梅林等。同月《清明前后》由重庆开明书店出版。23 日,茅盾与郭沫若、洪深、叶圣陶等联合发表致赛珍珠及美国作家的信。同月,茅盾应邀出席周恩来在与国民党谈判的间隙召开的文艺座谈会。第一次会议在天官府郭沫若寓所举行。周恩来在讲话中,先谈了自己对毛泽东思想的认识,然后特别谈到了郭沫若与茅盾,他认为茅盾等发起的文学研究会的"为人生"的艺术主张是正确的,是起了进步作用的。在具体论及到《幻灭》《动摇》《追求》这三部小说时,指出了作品的不足和欠缺。第二、第三次座谈会在曾家岩 50 号客厅里举行,周恩来均未参加。在这几次座谈会上,茅盾曾发言,批评了胡风的文艺思想和舒芜的《论主观》。参加座谈会的还有郭沫若、冯雪峰、何其芳、夏衍、胡风、邹荃麟、黄药眠等。12 月 7 日,茅盾与郭沫若、巴金、曹靖华、宋之的、陈白尘等 18 人联名致函昆明各校师生,声明他们反对内战,争取民主的正义行动,对在"一二·一"反内战示威中,遭国民党反动派血腥镇压而死伤者,表示慰问和悼念。同日,作《为"一二·一"惨案作》,刊于 9 日《新华日报》,文中对国民党反动派的暴行提出了强烈的抗议。10 日,作《现在我们要开始检讨——八年来文艺工作的成果及倾向》,刊于次年 1 月 5 日《文联》创刊号,亦载 30 日《华西晚报》,收入《茅盾文集》第十卷时,改题为《八年来文艺工作的成果及倾向》。26 日,作《要真正的民主才能解决问题》,刊于次年 1 月 1 日《新华日报》,此文系应《新华日报》社之约而作。30 日,出席在张家花园"文协"举行的辞年晚会,并作了即兴发言。同日,与冯玉祥、周恩来、郭沫若等联名发出《冼星海纪念演奏会启事》,决定于1946 年 1 月 5—6 日在七星岗江苏同乡会举行纪念演奏会。月底,在东北抗敌协会主持的重庆中苏友好协会会议室举行的纪念萧红逝世 3 周年的会上,作了动情而深刻的讲话。称萧红为红姑娘,《生死场》是革命文学,是反抗的。鲁迅反对奴才,因为奴才趴在主子的脚下,表示"不要奴才,要学习萧红当革命文学家"。参加会议的还有何其芳、骆宾基、聂绀弩、白峡等。同月,苏联对外文化协会代表向茅盾发出访苏的邀请,茅盾表示,希望能同时邀请夫人一起前往。苏联表示同意;茅盾短篇小说集《耶稣之死》由上海作家书屋出版。(参见唐金海、刘长鼎主编《茅盾年谱》,山西高校联合出版社 1996 年版;文天行编《国统区抗战文艺运动大事记》,四川省社会科学院出版社 1985 年版)

巴金参与沈钧儒、柳亚子、徐悲鸿、马寅初、侯外庐、傅抱石、郭沫若、茅盾、老舍、力扬、陶行知、谢冰心、顾颉刚等 312 名文化界进步人士联署的《文化界时局进言》刊于 2 月 22 日重庆《新华日报》。春,谢绝良友复兴图书公司总编辑赵家璧编《中国新文学大系》续篇的邀请。后在原请定担任诗集编选的闻一多因教务繁忙来信辞去时,又帮赵家璧邀约李广田接任;获悉挚友萧乾从伦敦奔赴欧洲战场采访。5 月 4 日下午,出席中华全国文化界抗敌协会在曹家庵文化会堂举行的成立 7 周年暨第一届文艺节纪念会,郭沫若、胡风、老舍、邵力子、王平陵等百余人到会。6 月 6 日,从《新华日报》上获悉文艺界由郭沫若、叶圣陶、老舍发起,积极筹备庆祝茅盾 50 诞辰和创作生活 25 周年纪念。24 日下午,前往重庆白象街西南实业大厦出席为茅盾 50 诞辰举行的茶话会,并会见了许多好朋友和文艺界人士。7 月,《〈火〉第三部》由上海开明书店版,含《后记》及正文 18 章和《书尾》。8 月 14 日,正式听到日本宣布无条件投降的消息,立即打电报到上海与三哥李尧林联系返沪事。29 日,从报上获悉毛泽东飞抵重庆与蒋介石进行和谈,与全国人民一样关注着时局的发展。同月,第一次见到赴重庆与国民党谈判的毛泽东。毛泽东见到巴金时说:"奇怪,听说你年轻时信仰过无政府主义,……。"巴金回答说:"是嘛。听说你年轻时也相信过无政府主义。"参加文协组织的"附逆文化人调查委员会",与老舍、夏衍等 8 人共同负责调查背叛祖国、投靠日伪的汉奸文人的罪行。约同月,打电报给上海的三哥,又得尧林回电。获悉三哥大病初愈,希望自己早日返沪。9月1日,巴金阅重庆《国讯》等8家杂志发表的联合声明,获悉重庆文化界呼吁当局取消"战时新闻杂志审查制度",遂向同人提议,文化生活出版社重庆办事处也积极参与行动,决定9月份起与重庆文化出版界统一行动,出版物不再送审。

巴金10月21日往张家花园,出席中华全国文艺界抗敌协会为改名中华全国文艺界协会而举行的会员联欢晚会。到会的还有周恩来、郭沫若、老舍、叶圣陶、冯雪峰、胡风等。第一次听到周恩来传达的关于延安文艺运动的讲话,关于文艺为工农兵服务的方针,以及延安文艺工作者深入生活、参加集体生产劳动的情况。这些"深深地打动了我的心,给我打开了新的广阔的眼界","可是我没有勇气同旧的生活决裂,……又害怕痛苦的磨炼,没有走上新的路,辜负了总理的教诲"。约下旬,在重庆文化生活出版社与回国的黄裳初次见面,告之即将赴沪之事,答应向尧林转达黄的谢意和问候。11月上旬,抵达上海。25日,料理三哥后事,把他安葬在虹桥公墓。同月,偕索非前往开明书店老板章锡琛家聚餐;在霞飞坊会见开明书店主持编辑事务的夏丏尊,"坐了不到一个小时,谈了些文艺界的情况和出版事业的前景,我们对国民党都不抱任何希望";在沪期间,与挚友李健吾等晤面,获悉他与郑振铎拟筹备主编抗战后上海唯一的大型刊物《文艺复兴》,表示支持,遂将中篇小说《第四病室》和散文《纪念一个善良的友人》交给李健吾,并应约继续撰稿。12月7日,与郭沫若、茅盾、曹靖华等18人在《新华日报》发表致昆明各校师生的联署电文,"对死者致悼,对伤者慰问,祝生者继续努力"。约上旬,参加中华文艺协会上海分会的筹备工作。与郑振铎、李健吾、许广平等商谈大会的三大提案:要求政府迅速开放言论自由;请求保障作家利益,组织特种委员会检举附逆文人等。不久,因萧珊在重庆待产离沪。约下旬,获悉全国文艺协会上海分会17日于上海金城银行7楼举行的成立大会上被选为理事。月底,与重庆文艺界人士前往一座古庙去吊唁昆明"四烈士"。同月,从曹禺处获悉,曹明年将与老舍应邀赴美讲学。冬,拟主编现代长篇小说丛书,由文化生活出版社出版。遂与田一文等分头与萧乾、老舍、沙汀、萧军等作家联系,并托田一文找老舍约稿。不久得《骆驼祥子》修定稿,看了一遍,"觉得很好",即交书店付排。(参见唐金海、张晓云《巴金年谱》,四川文艺出版社1989年版)

曹禺与阳翰笙、黄芝岗、金山、张瑞芳、白杨、路曦等重庆戏剧界人士在1月11日重庆《新华日报》创刊7周年纪念日当晚,前往观看《新华日报》社举行的秧歌晚会。2月22日,由郭沫若执笔起草,曹禺与郭沫若、老舍、吴祖光等重庆文化界312人联名签署的《文化界对时局进言》在《新华日报》《新蜀报》发表。4月6日,延安《解放日报》题为《重庆文化界发表对时局进言》予以转载。15日,凯歌剧社在重庆中兴餐厅召开成立大会。推选王权笙、梁寒操、洪深、余上沅等为名誉理事,曹禺等为监事。5月4日,"文协"在重庆文化会堂举行成立7周年纪念会和第一届文艺节庆祝会,曹禺与郭沫若、茅盾、老舍等百余人到会。7日,曹禺被选为中华全国戏剧界抗敌协会第七届理事。12日上午8时半,中华全国戏剧界抗敌协会为导演贺孟斧举行葬礼,曹禺与郭沫若、老舍、吴祖光、张骏祥、舒绣文、白杨、于伶等300多人参加。9月22日下午,毛泽东在周恩来的陪同下,接见重庆作家、导演和戏剧人士,曹禺坐在紧靠毛泽东的右手边,这是周恩来的有意安排。年底,周恩来非常关心曹禺的情况。据吴祖光《曹禺传》回忆:"周总理对曹禺是格外关心的,有一件事我记得很清楚。日本投降之后,要在上海创办《新民晚报》,约我去编副刊,立即要去上海,由报馆给我买好了去上海的飞机票,是1946年元旦这一天的票。临行前夕,我去看望周总理,到了曾家岩五十号,我向警卫人员说明来意,警卫说周总理正在开会,这样,我就不敢再打扰他了。但很快警卫人员又赶上来,说周总理让我回去见他。他同我谈了两个小时,我记得很清楚。他几乎用了一半时间询问曹禺的情况,问他的写作情况,家庭问题,婚姻问题,问得相当详细。从这件事可看出周总理对曹禺的爱护和关心。"(参见田本相、阿鹰编著《曹禺年谱长编》,上海交通大学出版社2017年版)

胡风1月在周恩来的经济支持下,创办并主编文学杂志《希望》,以配合延安的整风运动。7日,《希望》创刊号要目见报。上有胡风的《置身在为民主的斗争里面》和舒芜的《论主观》,认为"艺术创作的源泉是作家的主观力量在现实人生中的自我扩张"。何其芳、刘伯羽等曾在重庆召开座谈会,对舒芜的主观论提出批评,胡风等极为不满。《论主观》成为一场长达5年之久的文艺论争的主要焦点之一。5月5日下午,胡风出席中华全国文艺界抗敌协会在陪都青年馆举行的文艺欣赏会,报告"五四"以来文艺发展情况。抗战胜利后,胡风认为"文协"应该发一个庆祝胜利的宣言,冲击下蒋介石的舆论动员。冯乃超、以群都很同意,就要胡风起草,写成后给老舍寄去。但老舍回信说不同意。冯乃超等决定由胡风与阳翰笙一同去北碚看老舍。回家修改好宣言后,胡风就和阳翰笙一同去了北碚,在老舍家晚餐,和他谈近日来的国内外情况。老舍很兴奋,对宣言表示了完全同意。中秋节前夕,胡风住到"文协"后,主持"文协"常会,为"文协"执笔给上海作家的慰问信,交即将去上海的夏衍带去。我还请他带给许广平一封信。9月27日下午,周恩来招待文艺界报告谈判情况,说打败了日本帝国主义,只是胜利了一半,现在主要的是争取和平和民主,不能再让蒋介石搞独裁。而我们就应设法复员回乡,回去开展工作。为"文协"全体会员复员事,与姚蓬子访中宣部部长吴国桢。他的回答是得慢慢来。后来,又与巴金、姚蓬子再去访吴国桢,仍然答说要想办法,一时恐怕还办不到。被邀参加了张治中欢送毛泽东主席的酒会。10月11日晨,赴九龙坡机场欢送毛主席回延安。19日,胡风出席在白象街西南实业大厦举行的鲁迅先生逝世9周年纪念会。晚上,在郭沫若主任家开文艺座谈会,主要是漫谈过去的文艺活动,总结经验并讨论今后的工作怎样开展,还提到了"文协"的名称问题。第二天,"文协"召开了理事会,决定将"抗敌"二字取消,改名为"中华文艺界协会"。此后,胡风为"文协"复员事,又与老舍、王平陵到行政院去访蒋梦麟。为鲁迅版税事,与曹靖华再访沈钧儒,请他无论如何将我以前交他的账单和钱找出来,好设法带给许广平。

胡风11月7日上午应邀出席苏联大使馆的招待会。一年一度,进步的文化人都要到大使馆来表示对苏联十月革命节的祝贺。费德林出来招待胡风等到小客室,随便谈了谈。费德林问胡风将来到哪儿去,胡风回答说即将到上海去。而费德林可能是去南京。同月,《希望》出版3期后,同五十年代出版社结束了出版关系,经协商,生活书店爽快应允发行。胡风开始编《希望》第4期。这期主要是庆祝胜利,庆祝这个8年来全国人民斗争目标的实现。要透露出这个胜利的性质,不是斗争的结束,而是斗争的转折点,从以民族解放为主流转到以保卫胜利成果和人民解放为主流的历史新阶段上去;要透露出国统区依然是一个半封建半殖民地的旧中国,思想文化上的斗争一定会在政治斗争的影响下向前发展。这一期仅十来万字,但内容很丰富。第一篇是绿原的长诗《终点,又是一个起点》,它总结了8年抗战人民的苦难和英勇的献身,它为胜利的未来呼唤着一个新中国的出现。路翎的一组小说《胜利小景》,及时描绘了人们当胜利来到时各式各样的情景。杂文《青面圣人》等,抗议了国民党对共产党人和革命人民的迫害。所有这些,都宣扬了抗日战争胜利是中国人民为完成民族解放和进行革命的一场新的斗争的起点。12月22日,胡风在纪念萧红的会上讲了话,意思是纪念一个作家朋友,应该说真话。胡风认为,萧红后来走向了脱离人民脱离生活的道路,这是毁灭自己创作的道路,我们应该把这当作沉痛的教训。后来听说骆宾基很生气,认为我贬低了萧红。他为开成这个会奔走筹划,花了不少气力,但我认为评价一个作家只能根据他的作品和他所走过的道路,而不能凭着主观愿望来一味美化。他要把萧红美化成为理想的人物,我这样说他当然受不了。年底,胡乔木从延安到重庆,任务是解决文化工作方面的问题。他先同胡风谈话;后同舒芜谈话,批评他《论主观》的唯心主义观点。胡风回忆说:"我坐在一旁,一言未发,因为这种哲学方面的专门性问题,我并不感兴趣,自己也觉得是惹了麻烦。"他们"大约谈了两三小时,双方争论得很激烈,舒芜简直是脸红耳赤了。最后,不欢而散。我和他回到住处时,他愤愤地对我说'他设下了一个个陷阱,要我跳下去'"(参见《胡风全集》第7卷第五编《回忆录》,湖北人民出版社1999年版;文天行《国统区抗战文艺运动大事记》,四川省社会科学院出版社1985年版;甘海岚编《老舍年谱》,书目文献出版社1989年版;刘长鼎,陈秀华《中国现代文学运动史》,山东文艺出版社2013年版;唐金海、刘长鼎主编《茅盾年谱》,山西高校联合出版社1996年版)

　　黄药眠4月在《文艺生活》光复版第3号发表《论约瑟夫的外套——读了希望第一期〈论主观〉以后》。此文最先送到重庆文艺性杂志被退了回来,原因是"此文有碍于某权威的'权威',文艺杂志恐不便发表"(见《作者附记》),后于次年3月1日才与读者见面。文章批判了"唯主观"史观错误,指出:"舒先生这一篇论主观,是气魄很宏大的,他企图把人类整个历史解释成为主观发展史",这样一来"唯物史观是应该被解释成为主观史观了!"本来,舒先生要相信唯心论,生机主义,唯生史观,这是舒先生的自由,但是舒先生却"外用约瑟夫的美的外衣裹了起来,怡然自得地在错误的森林里散布,并以此为骄傲",则大可不必!文章批评了舒芜"作深刻状"的长篇大论和故作"高深"的文风,并讽刺说:"老实说我对于舒先生这样天真的在万人面前作了一次错误的展览,心里觉得非常之难过,舒先生,多读一点书对你是有益的,而且我相信,你的沉默将证明你是聪明"。(参见刘长鼎、陈秀华《中国现代文学运动史》,山东文艺出版社2013年版)

　　冯雪峰1月作《"高洁"与"低劣"——文艺风貌偶瞥之二》,刊于5月《文艺杂志》新1卷第1期。3月,在《抗战文艺》第10卷第1期发表《"蒙"》《跑码头和捧灵牌》,后文收入《有进无退》。7月,《什么是艺术力及其它》刊于《文艺杂志》新1卷第2期,后改题《论艺术力及其它——文艺风貌偶瞥之三》,收入《有进无退》。8月28日,以毛泽东为首的中共代表团抵达重庆,后同国民党进行了为期43天的谈判。在此期间,毛泽东曾会见雪峰。据冯夏熊《冯雪峰传略》载:"1945年重庆谈判期间,冯雪峰同志在重庆看到毛泽东同志。谈到文化工作方面的事时,毛泽东说,'好几年来还没有看到过象《乡风与市风》《真实之歌》这样好的作品。'"9月,《在伟大的胜利前面》刊于《文艺杂志》新1卷第3期。11月13日,《谈被推与推人到历史上去》刊于《文萃》周刊第6期。12月,将1944年7月至1945年7月在重庆所写杂文结集为《有进无退》,由重庆国际文化服务社出版。(参见包子衍《雪峰年谱》,上海文艺出版社1986年版)

　　谢冰心继续在重庆积极从事创作和文化救亡活动。11月30日,上海《申报》载,朱承勋律师代表谢冰心女士为《关于女人》版权警告天地出版社启事:"兹据谢冰心女士代表人委称,本人所著《关于女人》一书(笔名男士),曾委托重庆天地出版社印行初版,嗣因种种未能满意,即通知该社停印,并与负责人凌遇选君切实商定,由天地社即日将该书版权交还本人,该社不得再印,所存本书初版数量,应即查报,并将纸型截角交出,均经凌君当面允诺,因将该书重行修改增订,改委开明书店出版。讵该社对于前项诺言迄未履行,经叠次去函催告,该社非特并不照行,更在上海印行沪版,登报发售。本月二十三日,又委贵律师去函交涉,仍复置若罔闻,为特委请代表警告,限于即日起停售该项书籍,并于三日内速照前约履行,否则即当依法诉究等语前来,合代启事如上。民国卅四年十一月廿九日。"(参见吴永贵《民国图书出版史编年:1912—1949》,社会科学文献出版社2018年版)

张恨水时任《新民报》副刊主笔。9月13日,经周恩来安排,毛泽东在重庆单独接见张恨水,愉快交谈两个多小时。谈到小说时,毛泽东说:张先生是大手笔啊,你那《八十一梦》延安可是出了单行本的,我是完全拜读了的。张恨水说:我的小说脂粉气太重了,很惭愧。毛泽东说:"脂粉气未必有什么不好,我看曹雪芹的脂粉气比先生的要浓得多,但《红楼梦》同样为我们今天叹为观止。"文艺作品的好坏,不能从题材上作统一而言,关键在于是否真实地反映了社会生活的矛盾。关于张恨水的笔名,毛泽东问:张先生"恨水"之名很有味道,愿闻其详。张恨水回答说,我原名"心远","恨水"是我17岁那年在苏州第一次投稿时取的笔名,是从李后主的《相见欢》"自是人生长恨水长东"截取来的。那时我想人生有限,绝不能让光阴如流水一样白白流逝,便取了这个笔名。也是想让人们叫我的名字时,提醒我珍惜光阴。这次交谈两人都很愉快。临别,毛泽东赠送张恨水延安产的小米、红枣和一块灰色的精纺呢料。张恨水做了一件中山装,作为礼服,穿着开会或赴宴,一直到新中国成立后。(参见孙国林编著,王佳钰、王增辉校订《延安文艺大事编年》,陕西师范大学出版总社2016年版)

蒋梦麟1月6日在美出席太平洋学会第九次会议,会议主题为:战后如何处置日本? 5月,在中国国民党第七次全国代表大会上被选为中央监察委员。5月31日,国民政府行政院改组,宋子文任院长。6月25日,出任行政院秘书长。蒋梦麟就此正式踏入他的从政道路。这在当时的北大同仁中,引起了不小的波动。一是蒋梦麟原本考虑兼职,但这有悖于他自己手定的大学校长不得兼任政府官员这一限定。据江泽涵致胡适信,蒋梦麟在这次会议上说:朱家骅、傅斯年"劝他辞北大校长,因为他兼任北大校长,违反他手订的《大学组织法》。他说他从前未想到此点,故打算兼任,现在他觉得必须辞职了。他说,大概要你(指胡适)做北大校长,在你回国之前,要派人代理。他说话的态度极好,得着大家的同情"。二是蒋梦麟年届62出任行政院秘书长,有辱于蒋梦麟本人与北大。尤以时任北大历史系教授兼秘书长的郑天挺和时任北大历史系教授兼历史语言研究所所长的傅斯年二人最为不满。郑天挺于5月底从重庆回昆任北大法学院院长的周炳琳那里得知这一信息,直言,"果有此事,未免辱人太甚,不惟(蒋)个人之耻,抑亦学校(北大)之耻"。三是蒋梦麟早在当年的春天即赴美国考察教育,遍访美国东部、西部及北部。北大教授们曾希望他这次访美能洽购一些图书、仪器,并物色新教授,以为胜利后复员中的北大建设有所裨益。不料他在美期间即应允就任行政院秘书长职,此决定他事前并未曾跟任何人商量,事后又不来信解释,于是引起了北大一些人的不满。于是即将复员回北平的北大开始发生一场"倒蒋举胡"的风潮,欲趁蒋梦麟到行政院任职的机会,用胡适来取代蒋梦麟在北大的作用。

蒋梦麟7月8日在给郑天挺的信中亦谈及蒋、傅二人争执之事:"弟决去职(指辞北大校长)系采(傅)孟真之建议,盖当时尚未闻有公然之攻击。孟真来行政院,彼一启口,弟便怒骂之,彼亦怒目相报。孟真去后,弟便深感其言之忠直。越日驱车还谒,告之其偏见中有真理,真理中有偏见,决采其意见而感谢之。厥后愈思而愈感其忠诚。"事实上,傅斯年的直言快语,虽使蒋梦麟一时不快,乃致彻底失眠,但他毕竟想通了,于是二人友好如初。8月7日,蒋梦麟在昆明请北大教授茶会,正式提出他的辞职问题。9月4日,国民政府令:国立北京大学校长蒋梦麟呈请辞职,准免本职,任命胡适为国立北京大学校长。胡适未到任前,由傅斯年代理。10月17日,傅斯年在致胡适的一封长信中谈到蒋梦麟夫人陶曾谷与北大一些教授严重不合的问题,而蒋梦麟的太太陶曾谷与北大的一些教授严重不合,这或许是北大同人竭力"倒蒋举胡"的重要原因。这一层江泽涵,傅斯年信中写道:"北大的事,是因孟邻先生到行政院起来的。他这几年与北大教授感情不算融洽,总是陶曾谷女士的贡献,大家心中的心理是'北大没有希望'。我为这事,曾和孟邻先生谈过好多次。他总是说,联大局面之下无办法,一切待将来,而今日之局,其罪魁祸首是我(长沙临时大学之发动)!我真苦口婆心劝他多次,只惹得陶之不高兴而已。他答应宋到行政院,事先绝未和北大任何人商量过,到此地亦若干日与北大同人无信(过昆明飞机未停),我劝他赶快回去一看,也未能做到。于是昆明同人吵起来了。在他事之初发表时,我还与骝先商量,枚荪代理一时,不意我在此接到昆明的信,——连着好几封,一致主张先生继任,包括毅生诸人在内,而枚荪尤为强调。我去一说,又太直爽,然旋即说通。当时孟邻虽发一小气,事后甚好,于是决定请先生担任。不过枚荪做得太过火,连累及我,我做得太直爽,累及骝先。孟邻先生最初态度甚好,近反若有所芥蒂,大约又是陶曾谷的把戏。也许因为行政院已经有趣了,故心理如此(陶却最高兴)。"10月30日,蒋梦麟已辞去国立北京大学校长职务,联大常务委员会委员职务一并解除。(参见马勇《蒋梦麟传》,河南文艺出版社1999年版;焦润明《傅斯年传》,人民出版社2002年版;西南联大北京校友会编《国立西南联合大学校史——1937至1946年的北大、清华、南开》,北京大学出版社1996年版)

王宠惠1月1日作《战后之世界和平机构》,谓"四国战后世界和平机构会议,于八月二十一日开始,在华盛顿之巴敦橡树,分美英苏与中美英两阶段举行,至十月七日闭幕。四国就会议中已经商定之项目,制成建议案,作为将来联合国全体会议时讨论之基础。此项会议系于和谐友好之空气中进行,充分表现四大国家开诚合作之精神,故能在此较短时间,完成此项关系世界未来之重大文献,为永久和平,重放光明,殊使吾人引为欣慰"。然后提出相关建议案要点,概括如下:(一)新组织之最大特点,厥为防止战争与维持和平之大权,集中于安全理事会,并将安全理事会定为常设机构。(二)建议案规定设立军事参谋委员会,以便对于管制军队制度,与威胁及破坏和平行动之制止,作经常之研究与计划,并于采取行动时,负调遣与指挥军队之责。(三)本建议案主张在大会之下设立经济与社会理事会,协助国际总机构关于经济社会各项问题之解决,而根本消灭战争之原因。(四)建议案在程序方面,亦有一重大进步,即放弃国联会员国中全体一致通过之原则。作者进而"展望未来,对于世界永久和平,实抱有无限之希望,谨提供意见数点,藉备参考":(一)会员国之领土完整与政治独立应加保障。(二)侵略之定义必须确定。(三)国际武力必须设置,最低限度须有国际空军。(四)新国际组织在战时应即成立。4月,王宠惠代表中国出席在美召开的《联合国宪章》制宪会议。

王宠惠5月作《五十年来的外交》,文中"引言"指出:"距今五十年前为中日甲午之役,而本党亦于此时成立于檀香山。甲午战役为中日关系转变之关键,本党成立则为国民革命运动之发端。此二事者,相互关联,对我国近五十年来外交之演变关系至大。"作者将我国近五十年来之外交,大致可分国民政府成立以前,与国民政府成立以后两个阶段。第一个阶段又可以分为清末与北京政府两个时期;第二个阶段又可以分为抗战之前与抗战之后两个阶段。文末所得出的"结论"是:综观我国近五十年来之外交,与本党殆有不可分割之关系。其次,甲午战争为中日外交关系之转折点,此次抗战则为中国之大翻身。复次,不平等条约之废除,使我国百年积耻一笔勾销,中外关系纳于常轨。最后,吾人须知外交与内政密切相关,欲求外交之胜利,必须先谋内政之修明。6月3日,王宠惠为司法人员训练办法案致司法行政部谢部长冠生函:"冠生吾兄勋鉴:六月廿八日大函通悉,司法人员训练办法一案,订于七月八日下午四时在美专校街十七号共同商讨,务希贲临为幸,顺颂勋祺。王宠惠六月三十日。"

王宠惠10月3日为修正出版法致林彬委员函:"佛性委员吾兄大鉴:关于现行出版法之酌加修正,拟请我兄拟具具体意见,于本月九日前见示,并定于十一日(星期四)午后五时在美专校街十七号开会商讨,请届时莅临为荷。端此布达,即行公祺,弟王宠惠拜启,卅四年十月三日。"18日,呈《为出版法修正原则上蒋委员长报告》,谓"佥认新闻检查制度废止后,出版法之修订,确属需要。惟现以制宪期近,凡所更革,似应以宪政实施为对象,谨本此意,将职等对于修改出版法意见拟具修正原则如下":一、出版法中凡有关本党之字句,应予删改。二、出版法中应明文规定;关于新闻纸杂志之发行,凡符合出版法法定条件,申请登记者,主管机关于法定期间内,必须予以登记。三、核准新闻纸杂志登记之机关应一元化,无论在中央或地方,均应确定一个机关办理,以专责成。四、关于出版品限制登载之事项,应加补充。五、出版品不得登载妨害元首名誉之文字。"出版法修正后,出版法施行细则自应由内政部根据新出版法详加修订。查现行出版法施行细则,较之出版法本身,在精神上更为严厉,且与出版法不无出入,此则理应合并陈明者。上列原则系为适应制宪以后政治情势,对修正出版法所应注意者。惟修正以后是否立即实行,抑或规定俟制宪以后实行,事关本党政策,应请钧座裁夺所拟原则,抑俟核示后提交常会。所陈是否有当,敬候。"(参见王宠惠著、张仁善编《王宠惠法学文集》及附录《王宠惠先生年谱》,法律出版社2008年版)

潘公展继续任中央图书杂志审查委员会主任。1月9日,国民政府行政院颁布训令,各省市图书杂志审查处的业务,仍由中央图书杂志审查委员会继续监督。2月10日,国民政府行政院根据中央图书杂志审查委员会的报告,通令各省市政府:"此后检扣违禁书刊,应由各地图审机关、军委会特审处、邮电检查所、宪警机关共同负责,切实办理,其它各机关均不得任意越权检查,以专责成。"15日,中央图书杂志审查委员会给1944年出版并演出的剧本中的8个获奖剧本颁奖,这8个获奖的剧本是《万世师表》《陆文龙》《草木皆兵》《董小婉》《凯歌归》《河山春晓》《少年游》《否极泰来》。5月,潘公展编《五十年来的中国》由重庆胜利出版社出版。此书分上下编,上编为"国家建设之部",收录邹鲁、王云五等人撰写的国民革命、政治、外交、出版等方面的文章;下编"学术思想之部",收录贺麟、顾颉刚等人撰写的关于哲学、科学、史学等方面的论文。7月12日,重庆《大公报》广告栏载文《出版业为文化危机向参政会紧急呼吁》:"出版业因受物价飞涨及种种困难限制,已陷无法维持之绝境,本年六月十四日发表紧急呼吁后,曾蒙有关当局予以关怀,自深感激,惟迄无切实具体之改善办法,画饼充饥,势所难能,而种种危机之日益严重,同业等为延续战时文化出版事业之最后呼吸,亦为谋自身生存于万一,实难缄默,以趋绝境。当此第四届国民参政会第一次大会开幕之际,除专呈该会请予协助,转请政府切实注意,并函请本业同业公会转呈各有关机关予以改善外,谨再作沉痛迫切之呼吁。"先陈述种种困难,再提出改善要求,其中第五点是:"请图书审查机关对于国防军事有关之书刊外，一律免审。既经送审核准者，应准刊印审查号码，并严令各地审查机关切实遵奉中央命令，不得再有扣留情事，以资保障。至送请审查之原稿，内容倘与审查标准有出入者，请指明应行删改之处，仍将原稿发还，以便作者遵令修正再审，勿遽予扣留，致作者虚掷无限心血，并造成作者与出版者间之意外纠纷。"9 月 22日，国民党中常会第十次会议决议，从 1945 年 10 月 1 日起，撤销对新闻、图书、杂志的检查。10 月 6 日，国民政府行政院宣布废除《非常时期报社、通讯社、杂志登记管制暂行办法》《非常时期军办报社、通讯社、杂志社登记管理暂行办法》及一应出版检查制度和办法。（参见吴永贵《民国图书出版史编年：1912—1949》，社会科学文献出版社 2018 年版；王学典《20 世纪史学编年（1900—1949）》，商务印书馆 2014 年版）

　　张道藩继续任中央文化运动委员会主任委员。2 月下旬，《文化界时局进言》在《新华日报》等报刊上发表后，蒋介石暴跳如雷。张道藩则一面调查签名的经过，一面另拟了一份"宣言"，拉文化界人士签名。张道藩也将"宣言"送茅盾要求签名。茅盾随即将该"宣言"退了回去，并告诉张道藩，自己已在《文化界时局进言》上签名，因为它符合自己的观点。4 月18 日，国民党中央有关各部召开第四次出版会议，会议指出：陪都近数月来，"出版书刊甚为踊跃，供过于求，但各省市县则普遍感到书荒，形成畸形发展状态"。出书"又侧重知识分子，而一般广大民众又苦无书读""重都市轻农村"等。5 月 7 日，选举中华全国戏剧界抗敌协会第七届理监事，叶楚伧、冯玉祥、张道藩、柳亚子、潘梓年、张恨水、华林、谢冰心、黄芝冈（岗）等 9 人为监事。10 月 26 日，教育部"清理战时文物损失委员会"向政府报送"赴日调查团工作纲要"：该调查团设团长 1 人，团员 4 至 6 人，由本会呈请教育部聘任；另设英日文秘书各 1 人，职员 4 人至 6 人，由会派任。并附有"赴日调查团团员候圈名单"：团长，张道藩。团员：（一）古董：徐鸿宝（二）古籍：张政烺、向达、贺昌群；（三）字画：朱家济、伍蠡甫；（四）熟悉日本一般收藏情形者：陈乐素、常任侠、庄尚严。11 月，国民党中宣部遵照张道藩 10 月30 日函的指示，向各地发出密电："查此类书刊（指茅盾《清明前后》）发行例应禁止，唯出版检查制度业经废止，对该剩本出版不易限制；因待电达，倘遇该剧上演及剧本流行市上时，希即密饬部属暗中设法制止，免流传播毒为荷。"同月 29 日，上海《申报》载，昨日文化界盛会，张道藩报告陪都 8 年文化概况，许孝炎谓立法院正修订《出版法》：中央文化运动委员会主任委员张道藩，中宣部副部长许孝炎，于昨日下午 2 时半在康乐酒家联合举行招待本市文化界茶会，到文化新闻电影戏剧界人士 500 余人。3 时，张道藩致辞，报告 8 年来陪都教育、新闻、出版、文艺、音乐、美术、戏剧、电影、杂剧之发展概况，略谓（一）教育方面，在量和质方面，大体都有进步。（二）新闻方面，对于舆论的领导、民气的发扬，都有很大贡献。（三）出版方面，虽因纸张印刷的条件不够，量和质却都进步。（四）文艺方面，在建国时期，有新的结合与新的努力。此外音乐、美术、戏剧、电影、杂技都提高了民间艺术的地位。继由许孝炎副部长致辞，重点报告新闻自由。略谓本人对张道藩先生的报告有一点补充，也可说是文化界人士所喜欢听的一个消息，就是中央正在预备修正出版法。以现所施用之出版法细则，是抗战前拟定的，其后又为适应战时需要，增有补充法规，现战事已结束，战时补充法规已不再需要存在，并根据出版自由、新闻自由之原则，将现行出版法所有条规，重行加以裁废或修正。过去限制范围较广，今后大概仅限制妨害善良风俗，以及妨害治安之文字刊载，至于出版登记，在战时因为保持军事外交秘密及印刷材料纸张关系，而加以限制，今后则将仅为一种手续而已。此修正之新出版法，已由国防最高委员会通过，现送立法院审核中。一俟公布,中国文化界之前途当更可光明而发扬广大。(参见吴永贵《民国图书出版史编年:1912—1949》,社会科学文献出版社 2018 年版;唐金海、刘长鼎主编《茅盾年谱》,山西高校联合出版社 1996 年版;田本相、阿鹰编著《曹禺年谱长编》,上海交通大学出版社 2017 年版;陈福康《郑振铎年谱》,三晋出版社 2008 年版)

陶希圣 1943 年冬和 1945 年春与戴杜衡共同编译《拿破仑兵法语录》、克劳塞维茨《战争原理》、《孙子兵法》中英对照本。4 月 30 日,陶希圣致信胡适,谈他对中国今后政局的观察,主眼在"反共"。其中包括(一)民主政治与党派问题;(二)中共武力问题;(三)苏联之世界政策;(四)旧金山大会前中共之活动;(五)柏林陷后中共之方向;(六)学界之动向;(七)国民大会可能引起之政争;(八)彼之最终目的;(九)政府对苏政策;(十)学术界努力之必要。信中表示,政治危机甚急,故甚盼胡适回国。"即万一不能回国,亦必有以贡献于国家存亡荣辱之念"云云。10 月,委员长侍从室撤销,陶希圣转任国防最高委员会参事。(参见陈峰编《中国近代思想家文库·陶希圣卷》及附录《陶希圣年谱简编》,中国人民大学出版社 2014 年版;耿云志编《胡适年谱》,福建教育出版社 2012 年版)

袁同礼继续任北平图书馆馆长。9 月底,考察欧美结束,归国复命。"旅美半载,极受该国文化界欢迎,毕兹堡大学特赠与名誉博士学位,并被选为美国图书馆协会顾问","曾访问英、法、比、加诸国,参加伦敦教长会议,被举为联合国图书中心执委会委员"。美国图书馆协会会长尤尔凡林、执行秘书米兰姆致函宋子文,答谢行政院派袁同礼赴美,谓"袁博士在美之交际中,已表现其伟大之机才与策略。长期之友谊业已构成,彼此间之交通业已开辟,此后将由通信实行坦白之讨论"。10 月 23 日,袁同礼以理事长身份,在重庆主持中图协理事会议,并作报告:(一)怀特博士未能访华,系美军总部担忧战事吃紧,不予核准。(二)美国援助欧亚各国图书馆,已成立统筹机构"图书中心",并希望中国以最高学术机关负责统筹,不必单独行动(又见 6 月 15 日条)。(三)英国援助欧亚各国图书馆,去年亦成立统筹机构"联合国图书中心"。(四)十年来美国图书馆的进步,采访编目阅览均趋专门化,如改普通阅览室为专门阅览室。该会并议决图书损失调查、增加会费、请增补助、分区设国立图书馆、请拨纸张等 5 项事务。同日,有新闻报道提示袁同礼考察,除为国内争取援助外,尚有考察心得和平馆新政,如开架制和分部制,而图书馆工作的专门化,平馆后来设 9 个专门研究室,为国内图书馆首创。而美国建议中国战后复员时,注意各大学选址,避免集中沿海,也可引申。

袁同礼 11 月 12 日抵达北平。13 日,在北平主持平馆接收和复员。14 日,袁同礼函王重民:"本馆将与北大合作,在北平办一训练机构,凡目录版本之课程,由北大担任;凡分类编目及技术课程,由本馆担任。亦盼台端返国协助训练高级人才。"12 月 2 日,袁同礼在平馆参加北平图书馆协会光复后首次会员大会,主席为松坡图书馆馆长叶景华。袁同礼以中图协理事长身份作报告。"略谓:后方图书馆事业,虽在种种困难之下,但仍照常积极进行,若图书之采访及运用,均有相当良好成绩。欧美图书馆事业,在近十年中,发展尤速,令人惊讶。各图书馆之经费,亦大见增加。乡村图书馆,尤为普遍,几乎每人均有利用图书馆之机会。末谓平市面积广大,人口众多,宜多设立图书馆,以供人民阅览。"大会议决,俟会员登记完毕后,再行正是改选理监事。平馆西文编目组组长李钟履为大会司仪兼记录。28 日,袁同礼在重庆致胡适函,因收购潘氏藏书,祈在美筹款:"适之先生著席:战事结束以来,故家文物纷纷散出,除海源阁已收归国有外,正在接洽中者只有傅沅叔、伦哲如(在平)、潘明训、刘晦之、刘翰怡及潘氏滂喜斋(均在沪)。目前沪上之房租、地产均按美金或金条计算。潘明训（名宗周）去世后屡闹家务，各支主张分书析产，尤有提前收购之必要。渠家索价美金五六万元，虽力请政府设法，但宋院长对于文化事业之赞助似尚不如庸之先生。故甚盼美方可以给予少许之援助，则在国内进行较易办理。除在沪时曾奉上一电外，兹又奉上致 Stevens 先生电稿复本及说明一纸，仍希相机进行，不胜感盼。专此，敬候道祺。同礼叩上。"同月，《朱遏先先生与目录学》刊于《文史杂志》第 5 卷第 11—12 期。（参见张光润《袁同礼研究》（1895—1949），华东师范大学博士学位论文，2018 年）

　　蒙文通继续任四川省立图书馆馆长，兼任四川大学的教授。1 月 4 日，访顾颉刚。7日，宴请顾颉刚夫妇、吴宓、吴春帆等。14 日，至文化茶园开史学分会筹备会，同座者有顾颉刚、冯汉骥、郑德坤、姜蕴刚等 8 人。蒙文通任会计。2 月 14 日，金毓黻致信蒙文通。3 月，刘敦愿到四川省图书馆采编部工作。三台草堂国学专科学校校董会因内部纠纷，派李子雄、钟子杰赴成都请蒙文通前往协调，并推蒙文通兼任校长一职。春，蒙文通欣然临校。但因不能长住三台，故由杨向奎代理校长职，堂弟蒙季甫任教务，主持日常工作。蒙文通又应邓锡侯等聘请，编修《营山县志》。同在春季，至营山收集资料。5 月底，将 23 本采访资料、22 本资料汇编和一部旧县志带回成都总纂。

　　按：据《营山县志》载：至 1949 年秋，初稿编定，设疆域、建置、赋役、礼俗、学校、选举、官师列传、人物列传、农业、工业、商业、交通、自治、物产、古迹金石、事记、叙余等 19 卷，并由营山驻渝代表雇人缮写，但是未能出版。

　　蒙文通自是年起，连续五年研究道教典籍，辑有成玄英《老子义疏》、李荣《老子注》、严君平《道德指归论》、陈景元《老》《庄》二注、王安石《老子注》，复辑汉唐间古注 40 余家以为《老子古注补》，又校正张清夜《阴符发秘》、王弼注《老子》，再集唐前诸籍所引《老子》文为《老子征文》，意在恢复古本《老子》，前后计达 10 种，是时已付印者止 4 种。蒙文通《治学杂语》（《蒙文通学记》）云："很多人的学问，大概在三十岁上下就把规模大致定下来，这以后只是在深和细上面有所发展。我在五十岁以后才开始研究道教，也还能开拓一个方面，颇有所获，主要是由于从前在理学上下的功夫比较深，一接触便能提出问题；方法上其实也就只还是搞经学的那些，不外求家法、考遗说、辑佚、校勘而已。"自是年春起至 1949 年底，杨正苞从蒙文通学。

　　按：杨正苞《缅怀蒙大伯文通先生》（《蒙文通教授诞辰百周年学术座谈会纪念册》）云：自 1945 年春始，四年间先生于百忙之中不吝从头指引，较有系统地导读了部分古史、史论、文字和理学的基础书籍。凡重要关节及顺文有疑处，均蒙提示释解，从而于古代史及儒家义理之学得以初知门径。愧不能窥见先生学术堂奥，然为人、为学的教悔，则受益终身。（参见王承军《蒙文通先生年谱长编》，中华书局 2012年版）

　　卢作孚 11 月 13 日将北碚管理局民众图书馆、中国西部科学院图书馆、民生公司图书馆合并，成立北碚图书馆，晏阳初任理事长，张从吾任馆长。经筹备，该馆于 1946 年 7 月 1日正式开馆，藏书达 24 万册。（参见王果编《中国近代思想家文库·卢作孚卷》及附录《卢作孚年谱简编》，中国人民大学出版社 2014 年版）

　　马衡继续任北平博物院院长。4 月，应杨家骆邀请，与顾颉刚、何遂、傅振伦等 15 位著名学者参与大足石刻考查团。5 月，马衡书《大足石刻考查团题名》。同月，在《书学》第 5 期发表《故宫影印书谱释文校记》。6 月 10 日，陪同王世杰视察由贵阳安顺迁重庆巴县 80 箱文物储藏库。9 月，任教育部清理战时文物损失委员会副主任委员。12 月 5 日，列席国立北平故宫博物院第六（七）届理事会第一次大会。朱家骅部长主持会议，公举朱家骅为理事长,吴稚晖、张伯苓、张继、叶楚伧、朱家骅为常务理事。马衡院长报告院务。(参见马思猛《马衡年谱》,故宫出版社 2021 年版;陈福康《郑振铎年谱》,三晋出版社 2008 年版)

杨家骆任中国学典馆馆长,当时居住在重庆北碚。杨家骆在即将付印的《民国大足县志》里,了解到了从未听说过的大足石刻造像,决定组建考察团前往考察。考察团包括国立北平故宫博物院院长马衡、立法院军事委员会委员长何遂、著名历史学家顾颉刚教授和他的夫人张静秋女士、复旦大学教授朱锦江,以及博物馆学专家傅振伦等,一共 15 人。这是大足石刻历史上第一次学者组团进行的科学考察。"大足石刻考察团"历时 7 天,考察团对北山、宝顶山石刻编制其窟号,测量其部位,摹绘其像饰,鉴定其时代,还拍摄照片 200 余帧,摹绘 200 余幅,拓碑 100 余通,在县内部分学校演讲,"大足石刻"一名,首因考察团使用而延续至今。当时《大公报》《中央日报》等报纸跟踪报道考察情况,杨家骆、马衡、傅振伦、朱锦江、吴显齐等都撰写文章,后大多收入《民国重修大足县志》卷首。有学者考论其价值,以为可继云冈、龙门鼎足而三,可以说"实与发现敦煌相伯仲"。(参见李梅《大足石刻与苏州的初相遇,与苏州人的"再相逢"》,《澎湃新闻》2021 年 1 月 30 日)

汪东继续任国立礼乐馆馆长。1 月,中国文化经济建设协会在重庆成立,汪东被推为负责人。5 月 18 日,主持召开国立礼乐馆礼制审议会第一次会议,集中讨论丧服问题。8 月 18 日,出席中国教育学术团体联合会第四届年会,与会者有柳诒徵、卢前、常任侠、顾颉刚等 300 余人。中国教育学术团体联合会为抗日期间教育学术团体的联合组织,其前身为 1937 年春在南京成立的中国教育学术团体联合办事处,抗日战争爆发后西迁入川,扩展改组为联合会。曾于 1938 年、1942 年、1944 年、1945 年举办过四次年会。9 月 27 日,与黄炎培、竺可桢等商量费巩失踪问题。同月,陈之佛生日,设宴沙坪坝金刚饭店,汪东偕徐悲鸿、吕凤子、陈树人、赵少昂、傅抱石、黄君碧等著名画家均以佳作相赠以示庆贺。10 月 27 日,汪东参加北碚文化建设委员会成立大会,顾颉刚、卢子英、黄子裳、赵仲舒、胡定安、李清悚、杨家骆、陈可忠、马客谈、汪旭初、李春昱、李乐元、余上沅、张博和、杜召棠、唐现之等出席。是年,为沈祖棻作《涉江填词图》并题《木兰花慢》词,词中以李清照比沈祖棻。(参见薛玉坤《汪东年谱》,河南文艺出版社 2016 年版)

沈兼士 2 月 6 日接待柴德赓、魏建功来访,宾主轮流写字为乐。5 月 1 日,作致国民政府教育部函,因两年多未领取私立北平辅仁大学薪津,请求批准在辅大补助费项下扣拨,以解决生活上的困难。20 日,作致教育部函,请求援例拨款救济在北平参与抗日活动的私立北平辅仁大学英千里等人。6 月 5 日,教育部批准沈兼士呈文,拨款救济参与抗战活动的私立北平辅仁大学教职员英千里等 21 人。14 日,教育部高等教育司作致沈兼士电函,同意援例救济私立北平辅仁大学教职员英千里等 21 人及沈氏眷属,并要求查明英千里是否已死于敌伪狱中,拟另予从优议恤。28 日,作致教育部长朱家骅函,请求为曾从事抗日工作的华北文教协会成员方绍烈、李德启发放救济款。7 月 2 日,教育部长朱家骅发致沈兼士电函,同意补助曾从事抗日工作的华北文教协会成员方绍烈、李德启各 3 万元。8 月 30 日,《中央日报》刊登消息,称教育部在全国设立 6 个收复区辅导委员会,从事办理各收复区公立、私立及敌伪所办教育文化机关接收事宜,沈兼士为教育部平津区特派员。9 月 2 日,作《海粟吉金录跋》。(参见郦千明、汪素梅《沈兼士年谱简编》,《湖州师范学院学报》2021 第 3 期)

许寿裳 3 月 29 日为胜利出版社撰写《章炳麟》,稿成。5 月 5 日,为范质甫先生所著《质言》题跋。同月 14 日,成诗一首,题为《悼罗斯福总统》。7 月 21 日,为沈仁山(寿铭)舅父 60

诞辰,许寿裳约同亲友,假嘉华水泥厂设筵为之祝贺。8月14日,日本投降,赋诗二首,题为《八月十日晚,闻日本向盟国乞降,翌日得溧儿安抵华府信,喜而有作二首》。10月18日,作《鲁迅与民族性研究》文一篇。19日,至白象街西南实业大厦餐厅出席鲁迅先生纪念会,任主席。11月4日,为《教育全书》分撰《章炳麟》传略,是日完稿。(参见倪墨炎、陈九英编《许寿裳文集》下及附录二《许寿裳先生年谱》,百花出版社2003年版)

王献唐1月1日至9月9日客四川南溪李庄中央研究院历史语言研究所。1月2日,访王崇武、张政烺、陈槃。以《周金文存》校《志稿》毕。25日,再整理《国史金石志稿》,连同清校第3期本共5册,包裹由邮寄张苆臣。并发张苆臣、李菊田两函,第4期《志稿》至是告一段落。30日,撰《说挞线》毕,尚须增改。王献唐在李庄期间,撰《中国古代货币通考》《国史金石志稿》《古文字中所见之火烛》等专著,完成《说料》《说挞线》《说美》(即《释每美》)等文撰写。9月11日,告别李庄,董作宾坐船送至宜宾。12日,与董作宾、罗伯希在宜宾告别。13日,抵重庆,下榻卫聚贤处。10月3日,山东省政府重新接收山东省立图书馆,以王献唐在渝尚未回鲁,暂派罗象临(复唐)代理馆长,负责办理接收及整理事宜。王献唐在重庆期间,病情加重,先后寓丁惟汾、邢蓝田家养病。22日,接顾实聘国学社董事函。国史馆送来《国史金石志稿》钞本。11月15日,国史馆张继批复王献唐8月5日提交的《金石志稿金文部门编讫总报告》:"《金文》已编毕,请续编《石文》。"(参见张书学、李勇慧《王献唐年谱长编》,华东师范大学出版社2017年版)

栾调甫10月8日致函王献唐,谈治学感想:"八年之别,不通音问者且五稔矣。思我故人,日不在屋梁月照间也。沈灶之中,困苦备尝,直匪言之可喻。幸能守静如愚,得免辋川投阁之辱。闭户读书,时获安身抱独之效。堪以告慰远怀,庶几无愧鲁国两生用践宿昔之言耳。年来醉心文字之学,考文辨体,足证汉新之失。正音定韵,每见顾、段之疏。自谓超汉逾秦,前无古人。并肩当世,惟公与我。质之吾兄,得勿胡卢笑我狂态,犹昔侉气未除者耶!要为知我者言,不觉罄情而快吐之也。自狂飙顿息、方庆更苏之日,而波澜横生,复抱杞天之忧,愧生公之说法,思经国之长策。窃谓当前之务有七:申公为政不在多言,一也;武侯治蜀,主用重典,二也;古之四民,世安其业。今之六民,宜严其界,三也;酬庸以金,忽使滥官,四也;取人以言,必责其实。任能以官,必考其成,五也;思想自由,言论尚同,六也;化党为国,使人无歧;视之心国,收共济效,七也。久远之计,端在树人,而以学术为先。慨自汉武好文士尚辞藻,辞藻盛则学术衰,学术衰则心术坏,人才虽盛无俾国用也。百代以来,任法治国,明敏无若,武侯勤劳,莫如文皇,蜀则终守偏霸之局,隋亦仅成开皇之治,及身而后,两局皆败。岂谓人存政举,世无治法可言,要亦人无朴实之学,士皆浮华之才,心术已坏,吏道遂败,人才虽盛,徒启祸源。当此之时,虽以尧舜之圣,夙夜之勤,无能为也;虽抱济世之志,至善之道,莫能行也。探源追本,岂非辞藻盛学术衰而心术坏,有以致之,此历年读史治学,所以感叹于武皇谓汉以来世无治道可言也。数十年中,埋首故纸堆里,一知半解,虽无稗世,然朴实治学之志,至今未尝稍煞。思挽百代之狂澜,重建朴实之学风,至今持之弥坚。诚以人能朴实为学,自无幸进之心,必使人无幸进之心,方可实收宏奖之效,亦以学风朴实,学行必修,然后用行舍藏,人人可期,庶无尔我之叹,而有治道之实,居恒举此,晓告学者,终无一丝之效,未始不叹慎子贵势之言,而有待于势之为也。"(参见张书学、李勇慧《王献唐年谱长编》,华东师范大学出版社2017年版)

徐文珊继续任国民政府文化运动委员会委员兼编译科长,主编文化运动丛书。12月,

《历史教育论》由重庆史学书局出版。此书系作者对抗战时期历史教育的总结，共 12 章，分别是：历史与民族、历史与现实、历史与将来、历史与文化演进、历史与文化建设、历史与戏剧、历史与小说及其他艺术、论史观、历史的特性、论大时代、史学风气之改革、历史教育之实施。徐文珊由"拘拘自限"于古史考订向"以现实为归趋"的历史教育转变。他希望通过历史教育"因已然之势，应目前之需，启未来之运"，并借此为国家和民族"效其沧粟之诚"。(参见王学典《20 世纪史学编年(1900—1949)》，商务印书馆 2014 年版)

傅筑夫仍任职于重庆国立编译馆，继续主持大规模的中国古代经济史料的搜集和整理工作。6 月，他在《文史杂志》"社会史专号"发表《社会经济史的分段及其缺点》，批评用马克思主义的社会经济形态理论来划分历史阶段，文中写道："由一种社会制度转变到另一种社会制度，其间绝没有显著的鸿沟，可以为两个时期或两种制度的分界，而实是前后交错，新旧并存，成为一种交互错综的现象。所有人为的分期，实际上都是非常勉强，而且是每每陷于错误"，"即使这个学说完全正确，但是应用到中国历史上来，亦是错误百出。中国的马克思主义者，为了要使中国历史符合这四阶段的公式，每每去曲解历史，甚至改造历史"。结论是："利用任何一家的分段标准来强绳中国历史，其结果都是错误。"8 月，始任中央大学教授。(参见王学典《20 世纪史学编年(1900—1949)》，商务印书馆 2014 年版)

史念海继续任重庆国立编译馆副编审，兼任复旦大学历史系副教授。9 月 15 日，致函陈垣："拜别以来，瞬已八载，念慕之忱，无时或已。每欲肃笺叩请起居，而寇氛尚炽，恐致意外，因循未果。日者兼老莅止，得以拜闻尊体安吉，为之欣慰不置。我校虽处于恶劣势力之下，日在风雨漂泊之中，赖吾师鼎力维护，卒能止彼敌寇之觊觎，伸我民族之正气。而生远在南服，未能北归，略效驱策，聊分患难，闻讯之下，既感且愧。"(参见刘乃和、周少川、王明泽《陈垣年谱配图长编》，辽海出版社 2000 年版)

李长之是春在重庆北碚编译馆任编审，出版《梦雨集》(商务印书馆)、《歌德童话集》(东方书社)和《文史通义删存》(文化书社)，翻译出版康德的《批判力批判》、席勒的《威廉·退尔》。(参见李书《李长之年表》，《新文学史料》1979 年第 3 期)

王云五继续在重庆任商务印书馆总经理。2 月 18 日，重庆《大公报》载，商务印书馆设立宜宾分馆启事：为供应川南区域读书界采购便利起见，特于宜宾林森路 91 号设立分馆，定于 2 月 18 日开幕，就地举行廉价一月，敬希川南各界就近采购，无任企幸。4 月 3 日，重庆《大公报》广告，商务印书馆编《中学文库》发售特价。5 月 11 日，重庆《大公报》载：《中学文库》，商务印书馆选印，各省订购。6 月 7 日，重庆《大公报》广告，商务印书馆出版各种丛书，各书均照定价 160 倍发售。8 月 16 日，王云五致张元济书，谓："不通问将及两年，苦闷不可言状。最后胜利固早有把握，却想不到突然来临，许多城市得免糜烂，我公及许多戚友得免受惊，真各方之福也。弟本拟即派久芸返沪面禀一切，以交通工具尚有待，弟自身固有较大之便利，然又以此间现仍为首都，一切接洽均须在此，故暂时不便他行。兹谨将鄙意藉此函闻告如左：(一)此间复员计划须视沪、港原有纸型、机器之保有程度，极盼先以梗概见告，俾资筹划。(二)此间对香港方面一有交通机会，即派徐应昶前往会同访查办理并详报，以便筹划，但沪处如有所闻，望先函电见示。(三)此间经济尚可，沪如需款，请电告，当设法汇上，倘久芸能来，并可由彼多带现钞济急。(四)沪处人事情况，现尚留何人？工厂是否开工？望傅卿详告。(五)沪厂财政状况亦盼以大概见告。(六)逵方、树敏及令孙女三人皆安好，弟常常获晤，勿念。"18 日，王云五致张元济巧电，告以李泽彰即飞沪。21 日，张元济致王云五马电："请即飞莅沪。"

　　王云五8月29日致张元济书，提出应报告并提出董事会讨论数事："（一）八年抗战，公司元气大伤，复兴艰钜，弟不敢卸责，亦不忍卸责，愿为公司续留一年，以策复兴，惟应付非常，不能不有专责专权，此应请报告者一也。（二）公司复兴基础固赖沪港设备之保全与利用，而其枢纽则在首都，除分别派人勘查沪港真相以为策划外，弟目前不得不暂留陪都，俾与政府联系，期有助于公司之复兴，此应请报告者二也。（三）公司八年来未发股息，各股东虽平时多有倚股息为收入者，而在太平洋战争发生后，不为一时小利而同流合污，实堪敬佩，兹战争虽已获胜利之结束，惟一时尚难召开股东会，弟拟提请董事会决议一次借发股息五百万元，俟弟返沪再行召集股东会提请追认，此应提出讨论者一也。（四）鲍庆林兄去世后，闻董事会为应付非常，推举公司襄理韦傅卿君暂代本公司经理，现在李经理伯嘉业已回沪主持，韦君暂代经理已无其必要，且就当前局势观察，为公为私，韦君亦以交卸其所代理之职责为宜，此应请提出讨论者二也。"9月1日，张元济致王云五书，敦请王早日返沪主持公司大局。18日，重庆《大公报》广告，商务印书馆9月份第二周新书和重版书，各书均照定价160倍发售，印刷地点外另加运费。9月23日，王云五致张元济书，谓：董事会"两事缓议理由弟虽未读大函，无从详悉，然股息事，度我公或恐因此惹起外间注意，拟俟外间注意减少后实行。此举仅关内部，稍缓尚无大碍……至于傅卿免代经理一事，关系颇为严重，实有不及久待之势，在我公或以傅卿受命于最恶劣之环境下，应付煞费苦心，迄今得保公司资产，其功不可没，弟亦至表同情，……无如五联之事，在公司处彼环境固属万不得已，然按国家政策，加以嫉忌本公司者之倾陷，局势实至严重，幸以公司在后方之贡献及弟个人之关系，经弟在此分头解释之后，风波渐息，惟以主持人更换为条件，故不得不暂屈傅卿以维持公司。"28日，王云五接张元济9月16日书后又复先生长函。除解释本人暂留一年理由外，再次陈述必须免去韦福霖沪处"最高负责人"职务的根据。并就他离开商务之后商务领导层人事安排提出建议。（参见吴永贵《民国图书出版史编年：1912—1949》，社会科学文献出版社2018年版）

　　李叔明继续任中华书局总经理。4月19日，重庆《大公报》广告，中华书局新书，各书照定价100倍发售。10月，中华书局派白纯华等于10日乘机飞广州前往香港接收香港厂，18日到香港。"据报，各家在港印刷厂，商务损失大半；大业则零件多被拆毁，大件及房屋尚存；大东则荡然无存。中华书局港厂大致完好，日占时期曾被改称为'香港印刷工场'。现已录用员工76人，随即着手整修机器房屋。（一）查明所存主要机件物料情况。印钞部分凹版课，大电机四架，油磅压力机一架，四色机一架。彩印课，双色机一架，单色机三架，对开机二架，大小号码机一千零四十六只。照相课，各种镜头已无存。其他各课尚完好。印书部分卷筒机一架零件有缺损，又从南洋影片公司搬回一架，其他制版装订等损失浩大。现存物料：胶版墨二万余磅，凹版墨三十九万余磅，杂墨六万磅，日人搬来美货胶版墨二万余磅。钞票纸一百四十二令，邮票纸九十一筒，牛皮纸九十一筒，报纸五十六筒。损失各种油墨约十六万磅，各种纸张约三万筒、二万七千令以上。机件物料约现值港币二百万元。（二）被日军搬去广东印刷厂及商务港厂现已收回的机件，有橡皮机四架，切纸机二架，小凹版机三十一架，对开胶版机及装订机等多架。（三）其后陆续收回在市上出现的钞票纸二千令。由港处向均益仓库收回教科书及参考书、工具书等二万六千二百二十五包约值国币十二亿元。（四）另有被日人拆往日本的大电机一架，至1947年10月才得收回。1946年1月

21日,中华书局港厂经三个月整理后正式开工,承印七联处春销书九十五万一千册,印工港币四万七千二百余元。2月间,又承印电车公司车票八百万张,印工港币一万九千六百元。同时印制信封信纸、抄本、日记簿等文具用品,以应港粤各地销售。"(参见吴永贵《民国图书出版史编年:1912—1949》,社会科学文献出版社 2018 年版)

赵家璧继续任良友图书公司总编辑。2月28日,重庆《大公报》载有良友图书公司启事:"本公司创办于民国十四年,原设上海北四川路,出版《良友画报》文字书籍及各种图书画册等。'八一三'战事发生,书纸印机尽毁于敌人之炮火,乃于二十七年移港出版,旋因上海租界情形尚称安定,二十九年二月又迁回上海,用美商名义继续刊行。三十年十二月八日,是月二十八日即与商务、中华、开明、生活六大同业同遭敌人封闭,生财丛书被劫一空,本公司因不甘于敌人铁骑之下,苟延残喘,乃于三十二年二月撤退至桂林复业。一载以来,出版新书四十余种,方冀徐图发展,奈湘桂战事继起,本公司又不得不奉令疏散。沿途因交通工具之缺乏,书籍纸张,损失不赀,幸全部纸型均已抢出,书籍亦有一小部分安全运渝,自三十四年三月一日起移重庆民族路九十八号英年大楼恢复营业。除将桂林版各书陆续重印外,每月仍将有新书数种出版,画报刊物亦在筹备恢复中。二十年来虽历经摧残,然本公司以不屈不挠之精神,作再接再厉之奋斗,此后仍当为文化前途略尽绵薄。邦人君子,幸垂察焉。"3月1日,良友图书复兴印刷公司从桂林迁重庆复业。约初春,赵家璧来茅盾唐家沱寓所,谈编一套《抗战八年文学大系》的想法。茅盾对这一想法表示赞同,并答应大力协助,承担编辑《八年小说集》的工作。不久,就将小说集选目初稿和一部分从杂志上剪下的小说选稿交给了赵家璧。小说选目共分五类,入选作品 35 篇。抗战胜利后,赵家璧所在的良友复兴图书公司因股东内部纠纷,无形停业,这个出版《抗战八年文学大系》的计划也随之流产。(参见赵家璧《话说〈新文学大系〉》,载《新文学史料》1984 年第 1 期;吴永贵《民国图书出版史编年:1912—1949》,社会科学文献出版社 2018 年版)

宋云彬4月7日日记:"茅盾、巴金、金兆梓等联名来函,谓'拟乘此湘桂文艺作家内徙、同志群集之机会,成立一种机构,为同仁之写作及出版谋福利',邀请参加。并谓'弟等所邀请共同发起此事者共十一人',计开:老舍、宋云彬、洪深、柳无忌、孙伏园、章靳以、叶圣陶、郑振铎、吕淑(叔)湘、朱自清、闻一多。"6月,宋云彬参加中国民主同盟。抗战胜利后,任重庆进修出版社编辑,同时主编民盟《民主生活》周刊。(参见陈福康《郑振铎年谱》,三晋出版社 2008 年版)

李辰冬继续任《文化先锋》《文艺先锋》主编。抗战胜利以后,随着建国时期的到来,国统区的文艺界也纷纷开始回顾并总结抗战以来的文艺运动,并对以后的文艺建设问题,进行了种种展望与讨论。其中,"三民主义"的"民权""民生"是此时谈论较多的"建国"话题。围绕着这些,文艺界也展开了一些"建国"文艺运动,等等。这些文艺活动,与胜利前的"民族文艺"运动,对接构成了"三民主义文艺"的整个建设体系。这一时期,随着问题的进一步讨论和展开,一个关于"中国战后文化建设"的问题,逐渐引了出来。为此,《文化先锋》《文艺先锋》两刊还专门举行了一次座谈会,加以讨论。座谈中,讨论了各种文化的建设问题,比如,要认清并扩大"文化"的范围,文化不仅含有文学,还包含其它文艺,自然科学等;有人指出,过去的文化工作忽略了"经济"问题,提出"要防止买办式的经济势力来支配文化",也有人提出,要以"哲学"为根本,等等。可见,战后文化的建设问题,涉及到政治、经济、文化的方方面面。其中,任何一方面,都可能与文学发生关系,并成为干预文学的理由。(参见张

志云《〈文艺先锋〉(1942—1948)与国统区文艺运动》,四川大学博士学位论文,2007年）

王进珊（署名珊）7月31日在《文艺先锋》7卷1期发表《创作代表时代的作品》,旨在回答抗战即将胜利之后首先困扰文艺界的一个话题是："文艺作家以什么迎接胜利",文艺界为此展开了不少讨论。此文分析了所谓"代表时代不朽的作品"的几种意义：第一,历史上各时代都有它不同的状况,与不同的时代意义,"现在,便是在危难艰难中全民族致力于复兴的时代。现代的文学作品,必须能反映出这种意义"；第二,文学之所以可贵,在于不但能呼出自己的心声,而亦能呼出同时代大多数人的共同心声,作者就是同时代人的"代言人"；第三,一部作品的成功,不只在当时站得住,下去几百年,几千年,仍然站得住,才是真正的好作品,即所谓能"传世",能在历史上挺立着,代表某个时代,使后人虽隔多年,爱不忍释,百读不厌。这才称得起代表时代的不朽作品。结论是,时代意义之伟大丰富,自中国有史以来,无过于此时者,这是产生"伟大作品"的适当条件,然而限于种种原因,真正代表现时代的不朽著作,则尚未发现。这也许还需要过一个时期,但"我们希望作家们要意识到这一问题,要决心,要发誓,替中华民族写下一部万代传诵的史诗"。（参见张志云《〈文艺先锋〉(1942—1948)与国统区文艺运动》,四川大学博士学位论文,2007年）

署名"名"8月31日在《文艺先锋》第7卷第2期发表《别忘了八年的艰苦》,作者似乎表现得颇为体谅作家,说："是的,我们胜利了。然而,胜利却同时带来了更艰巨的建国任务,文艺部门和其他部门一样,压在作家双肩上的担子,不但没有减轻,反而加重",在此情形下,考虑到抗战8年来作家们的艰苦,反过来批评大家空嚷"为什么没有伟大作品产生"是不应该的。理由是,历史性的伟大作品,原不是在仓卒、动乱、急迫的情形下所能产生的。"战争给我们无数宝贵的经验和资料,却需要和平和安定的生活来咀嚼,消化,才能发挥光彩。今后的问题,是我们怎样把抗战八年来全国军民在最高领袖领导之下艰苦支撑的记录,制成不朽的伟著,让世界人类更深切地了解中国的胜利不是侥幸得来,让后代子孙更警惕地记起祖先的遗烈,如何在这一代作了轰烈烈的牺牲与奋斗。至于粉饰和平的作品,我们是不需要的","这种说法,或许不尽一致",然而对于"伟大作品"的呼唤,却是共同的声音。其实,对于这样一个抗战以来一直就呼声不断的、早已不再新鲜的话题,大家所真正关心的是,战后的文学建设问题。（参见张志云《〈文艺先锋〉(1942—1948)与国统区文艺运动》,四川大学博士学位论文,2007年）

署名"朔"9月30日在《文艺先锋》第7卷第3期发表《文艺作家以什么迎接胜利》,提出了文艺作家新的时代使命："中国抗战的结果,乃是国民革命整个途程中又一段道路的跋涉过去,自此而后,如何把三民主义的新中国建设起来,乃是我们的文艺作家无时能忘的任务"；"在迅速建设三民主义新中国的这一个课题下,急于要完成的自然是民权普遍民生发展的大目标"。文章认为,"民权""民生"目标的达成,不仅是一个政治问题、经济问题,而且是一个"教育"问题,而文艺作家之工作,也就是教育工作的一种,自应把宣扬民权主义的担子挑上,这不仅是留在少数都市少数人群中间呐喊一阵就可完事的,必须彻底深入"民间"展开其工作方可；至于求民生主义之急速实现,绝不能止于依赖政府定下的种种计划和办法,还需要智识分子文艺作家起来用一种"社会运动"的方法来促其有成。"有意识有思想的作家必定会以这类适乎时需的写作计划来迎接胜利的"。显然,短论是将"三民主义"中的"民权""民生"等政治任务,拿来作为文艺作家的创作方向,也显示出将文艺运动纳入政治体系的企图。（参见张志云《〈文艺先锋〉(1942—1948)与国统区文艺运动》,四川大学博士学位论文,

2007年）

胡厥文、章乃器、黄炎培、胡西园、施复亮、吴羹梅、李烛尘、王纪华、杨卫玉、孙起孟、王却尘、俞寰澄、张澍霖、酆云鹤、胡子婴、林汉达、庄茂如、章元善、王靖方、王载非、徐崇林、黄墨涵、萧万成、毕相辉、夏炎德、鄂公复、宁芷村、范尧峰、王孝绪、漆琪生、林涤非、姜庆湘、陈钧、文先俊、罗叔章、王之浩、周勖成任首届中国民主建国会理事。

李组绅、阎宝航、冷遹、董问樵、彭一湖、贾观仁、张雪澄、沈肃文、魏如、杨美真、萧伦豫、胡景文、董幼娴、邓建中、徐伯昕、刘伯昌、钟复光、刘丙吉、姚维钧任首届中国民主建国会监事。

谭平山、陈铭枢、柳亚子、朱蕴山、王昆仑、郭春涛等10月在重庆召开的三民主义同志联合会第一次全体代表大会上被选为常务干事。会议通过了《三民主义同志联合会政治主张》《临时组织总章》《第一次全体大会决议案》。

马义、王文受等10月在重庆组织中国人民党，以"刷新政治，安定社会，解救民生，实践民主"为党纲。

李宗英为理事长的中国地方自治学会1月26日在重庆正式成立，以"研究地方自治之理论与实际，实现三民主义，促进五大建设"为宗旨。编辑出版《地方自治丛书》。

杨兆龙4月任司法行政部刑事司司长，准备战后面临的惩办战犯等问题。6月完成《联合国宪章》中文翻译工作。同时任教育部参事和法律教育委员会秘书长并任中央大学、东吴大学重庆分校、朝阳法学院法学教授。

梁希、潘菽、金善宝、谢立惠、竺可桢、李四光、任鸿隽、丁燮林、严济慈等人7月1日在重庆发起成立中国科学工作者协会。出版《科学新闻》《科学时代》《科学工作者》等刊物。

李德全为理事会主席的中国妇女联谊会7月15日在重庆成立，史良、罗叔章、刘清扬等26人为理事会成员。

甘乃光、朱家骅、翁文灏、陈仪、熊式辉为常务理事的中国计划建设学会7月27日在重庆正式成立，以"研究及提倡三民主义计划建设"为宗旨。

郑开道、蒋凯南、罗光国、郑剑泉、陈云腾等为常务理事的华侨青年服务事业协进社8月在重庆成立，以"集中侨胞力量，共谋侨胞福利，协助祖国建设，促进国民外交为服务最高原则"。

傅彬然、左舜生主编的《联合增刊》9月16日在重庆创刊，由《中华论坛》《民主世界》《国讯》《中学生》《新中华》《再生》《文汇》等10家刊物联合主办。

张继、吴铁城、陈立夫、谷正纲、叶秀峰等8月26日在重庆发起成立台湾重建协会，以协助政府完成台湾之收复与建设为宗旨。

陈东原6月改任教育部资料研究室主任，主编教育部的第二次的《中国教育年鉴》。

钱永铭为理事长的中国全国民营电业协会6月在重庆成立。

陈伯吹因《小朋友》杂志在重庆复刊，任主编。中华书局迁回上海后，继续任该书局编审。

吕斯百参加在重庆举办的中华全国美术会美展。主持并参加中华全国美术会举办的"劳军美展"。

秦宣夫在重庆举办第一次个人画展，画展受到广泛好评。重庆《大公报》出专刊，撰文评介者有徐悲鸿、傅抱石、林风眠、汪日章、吕斯伯、宗白华诸先生。

太虚1月20日在国际宗教联合研究会成立之际莅会演说。同日，太虚应国民外交协会请，致电罗斯福。春，西安大兴善寺巴利三藏院成立开学，太虚任院长。5月22日，太虚出席宗教徒联谊会成立两周年纪念，作《中国宗教徒联谊会赞词》。29日，太虚初回缙云山，集汉院教职员，开谈话会，指导分西藏佛学、印度佛学、中国佛学、现代佛学四组，各别研究而期协调沟通（修持与研究）。6月24日，卢作孚与何比衡陪英美大使来缙云山参观，与太虚晤谈。7月4日，大师以德国投降，乃作《告日本四千万佛教徒》，劝其慨然无条件投降。由福善代为广播。当时邵力子、沈钧儒等发起创办"文化研究院"，敦请大师为名誉董事。8月10日，日本宣告无条件投降，太虚作《告世界佛教徒》，俾有所贡献于永久和平，略谓：亚东南各民族，尤当以佛教加强其联合，以联合的力量来共同努力发扬佛教，以对世界永久和平作非常有力的贡献！中日佛教徒，尤应密切联合。一方面肃清魔鬼们遗留的毒素；一方面发扬最彻底自由平等博爱民主精神的大乘佛教文化，努力于人类真正和平的推进！12月17日，内政与社会部训令：《依法组织中国佛教整理委员会》。委员为：太虚、章嘉、虚云、圆瑛、昌圆、全朗、李子宽、屈文六、黄庆澜。并指定太虚、章嘉、李子宽为常务（海廿六、十二《中国佛教会整理委员会附刊》）。大师因作《中国佛教会整理委员会之诞生》。（参见印顺编著《太虚法师年谱》，宗教文化出版社1995年版）

吴耀宗2月创办和主编《天风周刊》，1946年迁往上海。《天风》存在至今，是今天基督教三自委员会机关刊物，每期发行量达30万册。2月，应邀迁至成都华西坝11号，与加拿大传教士文幼章（Jame G. Endicott）同住，引为莫逆。他们的住处被学生们称为"民主之家"。是年，发表《中国的前途》《粉饰的坟墓》《死与生》《论世界安全机构》《人的价值》《自我的解放》《五饼二鱼》《真理至上》《上帝在哪里》《论修养》等文章。（参见赵晓阳编《中国近代思想家文库·吴耀宗卷》及附录《吴耀宗年谱简编》，中国人民大学出版社2014年版）

梅贻琦继续任西南联大常委会常委、清华大学校长。5月3日，梅贻琦在清华第二十七次评议会上报告说："本校复校问题前在教部谈及，原则上应无问题。此时对于复校具体计划尚难拟定，惟师资之充实当为最切要之事项，盼各院系预为留意将来师资可以罗致之问题。"7月18日，梅贻琦常委在致教育部函件上提到：胜利业已到临，各校复校计划应赶即筹备。西南联大结束，其文、理、法商、工各院系学生将来即分配清华、北大、南开续读；惟师范学院原所未设，前奉部令有将师院以独立设置为原则之语，而西南师资之缺乏亦似有保留师院之需要。西南联大之师范学院将来应如何办理，应请早为规定，并即派定院长，俾可为筹备。8月19日，即日寇宣布无条件投降的第4天，梅贻琦主持了清华第五十七次校务会议，出席者叶企孙（研究委员会主席）、沈履（秘书长）、潘光旦（教务长）、陈岱孙（法学院长）、吴有训（理学院长）、冯友兰（文学院长），全面讨论了本校战后复员计划，并议决如下之10点规划，这是此后几年梅校长领导清华复员迁校工作的思想和行动纲领：1. 由校长偕同一二人员先往北平视察校址（园）以便计划修复。2. 联大学生分配改入三校问题，本校可建议除参酌各学生志愿外，应顾及调节太多太少之情况；3. 本校今后仍应着重学术研究，本科学生勿使太多（勿超过两千人）；4. 本校特种研究所宜于复校后改组，除因得有特别补助另行设置外，其研究工作以并入相关学系为原则；5. 本校应筹划成立农学院（事前宜与北大洽商，以免重复）；6. 本校为应航空研究所之需要，应筹设气象学系；7. 本校将来经费，应请政府核拨。至本校基金之美金部分，利息仍留作留美经费；8. 各学系教师人数，应依照部定名额，并参酌其他情由，预为配定，以作补充标准；9. 本校长沙校舍，应留充本校研究工作站

（或将一部分暂借与该区之清华中学应用）；10.本校应聘教授一人任图书馆长，以重馆务。20日，梅贻琦复函教育部：师院文史地和数理化专修科并入文理学院有困难，拟第一学期仍留原班上课，俟师院将来办法决定后处置。联大常委会指定潘光旦、冯友兰等4人商讨师院处置问题。

梅贻琦8月22日出席并主持清华评议会第二十九次会议，会议讨论复校问题，批准了这个计划，进而议决："提请校长即行聘定人员组织本校复校计划委员会，筹划本校各种复校问题及复校需预算""提议本校于复校后应筹设大学出版部"等补充计划6条。出席者有冯友兰、叶企孙、陈岱孙、潘光旦、沈履、李辑祥、黄子卿、赵访熊（后三人为教授评议员）。缺席者有吴有训理学院长，施嘉炀工学院长，以及其他教授评议员张奚若、雷海宗、陈福田、朱自清、王裕光、刘崇鋐、汤佩松。自此，梅贻琦即全身心地为完美实现这一复校计划而奔波。23日，梅贻琦主持西南联大第343次常委会，决议：抗战业已胜利结束，为筹划三校迁返平、津，设置三大学联合迁移委员会，聘请郑天挺、黄钰生、查良钊、施嘉炀、陈岱孙为委员，郑天挺为主席。同日，梅贻琦给抗战期中因故留居北平的清华元老之一的张子高教授发了一封长信，询问故园及平中情况。稍后，梅贻琦即委托陈福田执状赴平作先头的接管联络事宜。因福田出生于夏威夷岛，有美侨身份，精通美语，当时在北平美军势力很大的情势下，联系实有很大方便，此亦梅贻琦知人善任之一例。陈福田行前梅贻琦托其再带给张子高一信。9月4日，本校、云大、中法三大学学生自治会及昆明文协等联合在本校新校舍东食堂举行从胜利到和平晚会，参加者千余人。10日，梅贻琦偕同西南联大总务长郑天挺抵渝，参加"全国教育善后复员会议"，顺便就复员原则问题听取政府首脑指示，其间逗留一个月。常委会主席职务由周炳琳代理。20日上午9点，"全国教育善后会议"开会，朱家骅部长外，尚有翁文灏、戴季陶、陈立夫、李石曾演说，黄季陆代表会员答词。午饭后预备会议，梅贻琦被推任副议长。22日，梅贻琦与云南省教育厅厅长龚自知分别向全国教育善后复员会议提出西南联大结束后，联大师范学院留昆独立设置案。10月1日，西南联大张奚若、周炳琳、朱自清、李继侗、吴之椿、陈序经、陈岱孙、汤用彤、闻一多、钱端升10教授为国共和谈致电蒋介石、毛泽东，要求停止内战，实现国内和平民主。《张奚若等十教授为国共商谈致蒋毛电文》在一定程度上也可反映梅贻琦本人的政治观点和态度。

梅贻琦10月10日上午返回昆明，中午即与叶企孙、沈履一起晤见冯柳漪、周炳琳等；下午查良钊、任之恭、毕正宣先后来谈工作。10月13日，梅贻琦主持联大校务会议，报告重庆之行，讨论复员迁校工作。为了开好这次会议，梅贻琦事前拟好一个报告提纲。同日，梅贻琦主持清华评议会第三十一次会议，在会上作上述各问题的报告。该会通过的有关决议是：（一）本校应以复校后每年所需经费整个预算向政府提出，并请在庚款未续付以前全数由政府支给（美金利息暂留作留美各项经费）；（二）前平大之医、工两学院本校不便接收。如农学院由北大接收，该院所有农场之邻近本校部分，应商由北大划让本校；（三）本校长沙校舍如湖南大学需用，可由校让售或请教部增拨美金若干作本校添补设备之用。18日，梅贻琦主持清华教授会三十四年度（即1945年）第二次会议（常会），亦即日寇宣布无条件投降后之第一次教授会。梅校长在会上着重报告了如下三大问题：（一）教育部召集之善后复员会议精神，原则上西南西北各校仍留原地，其历史悠久成绩较大有返回必要者迁回原地；收复区各原校之校舍破坏者应由日本赔偿，其掠夺或毁坏之图书设备经调查后应由敌方追回或令补偿。（二）联大复员问题，联大将一整个单位包括三校之教职员及学生由昆迁回平津,此中困难者为交通,迁校时期最早须在明年4月以后。师院经云南省参议会及教育厅要求留昆。(三)清华复员问题,已向教育部说明发展计划,此后人才训练、学术研究并重,将加办农学院、化工系、建筑系,气象组扩大为系,加语言人类学系。

梅贻琦10月27日下午5时出席并主持常委会第三五〇次会议,报告教育部已聘傅斯年为常委会委员,傅斯年常委已经到校。会议决议:(一)设置校庆庆祝大会筹备委员会,聘请查良钊、沈履、郑华炽等为委员,查良钊为主席。(二)聘请冯友兰、雷海宗、姚从吾、罗庸、闻一多为西南联合大学纪念册编辑委员会委员,冯友兰为主席。(三)陈岱孙奉派赴北平接收清华大学校舍,赴平期间所遗经济学系及商学系主任职务,暂请赵迺抟兼代。同日下午4时,梅贻琦出席联大教授会茶会,欢迎傅斯年就任北京大学代校长、西南联大常委。29日,"校庆周"纪念活动开始,学生自治会主持回顾"八年来之联大"讨论会。11月1日,举行校庆8周年纪念活动。上午在东食堂举行庆祝大会,梅贻琦、傅斯年讲话。下午在图书馆举行茶会,招待来宾和校友。晚饭全校师生大聚餐。饭后举行营火晚会。7日下午3时,主持清华第五十八次校务会议,会议决定组织北平校产保管委员会,以陈岱孙、陈福田、张子高、邓以蛰、毕正宣为委员,陈岱孙为主席。21日下午5时,联大常委会第三五四次会议决定傅斯年因公赴平离校期间,由汤用彤代表出席常委会会议;梅贻琦因公赴平离校期间,请叶企孙代理常委职务;联大纪念册改名为联大校志,联大纪念册编辑委员会改名为联大校志编委会。25日,联大、云大、中法、英专四大学学生自治会联合发起的反内战时事晚会在联大新校舍大草坪举行,参加者6000余人,由钱端升、伍启元、费孝通、潘大逵4位教授演讲。晚会进行中,第五军武装士兵在联大墙外鸣枪放炮威胁,特务乘机捣乱,切断电源,激起学生和群众的愤慨。几所大学酝酿罢课。26日,昆明《中央日报》发布中央社"匪警枪声"消息,污蔑时事晚会,更加激起学生公愤。联大学生自治会召开代表大会,通过罢课决议,并授权理事会负责组织罢课委员会。

梅贻琦11月26日登上飞往北平的飞机。27日,昆明市学联召开各大中学校代表大会,决议全市总罢课,并成立昆明市中等以上学校罢课联合委员会(简称罢联),由联大罢委会主席为召集人。同日,云南省代主席李宗黄、警备总司令关麟征召集中学校长会议,限令各校于28日起无条件复课,并组织以邱清泉为总指挥的反罢课委员会,扬言继续以武力解决。28日,罢联正式发表《昆明市大中学生为反对内战及抗议武装干涉集会告全国同胞书》(即《罢课宣言》)。全市中等以上学校决定12月1日全部罢课。29日上午,本年度教授会第二次开会,发表《国立西南联合大学全体教授为11月25日地方军政当局侵害集会自由事件抗议书》。下午,教授会召集全校学生训话,劝导学生复课,未获结果。30日,罢联为学生被殴打逮捕事向云南省警备司令部提出严正抗议,并发表《紧急告全市同胞书》《告昆市父老书》等文告。同日,联大68名教职员签名发表声明,向国民政府和地方当局提出反对武装威胁、维护学府尊严、维护各种自由等要求。12月1日,"一二·一"惨案发生。上午11时左右,武装军人和暴徒袭击本校新校舍和师范学院,投掷石块和手榴弹。南菁中学教员于再、师院专修科学生潘琰、李鲁连和昆华工校学生张华昌遇难,受重伤学生20余人,轻伤学生30余人,工学院亦遭暴徒寻衅、滋扰、破坏。袁复礼、马大猷教授也遭殴打。下午,代常委叶企孙召开紧急教授会议,发表谴责当局暴行宣言。同日,罢联刊物《罢委会通讯》创刊。2日,第三次教授会议决议:推派教授代表参加死难学生入殓仪式,建议学生自治会在校园内安葬死难同学。组织法律委员会负责研讨法律程序,提出控诉。下午 3 时,罢联在图书馆前举行"一二·一"死难烈士入殓仪式,参加者 6000 余人。4 位烈士棺木停放在图书馆大阅览室。3 日,罢联发出公告:在西南联大图书馆设置 4 烈士灵堂,自 4 日起接受各界公祭。一个半月内前来致祭吊唁的各界人士达 15 万人次。4 日,第四次教授会议决议:自即日起停课 7 天,表示抗议。6 日,罢联发表《昆明大中学生为"一二·一"惨案告全国同胞书》,除重申《罢课宣言》提出的主张和要求外,又提出惩凶、抚恤死者、治疗伤者、赔偿公私损失等要求。7 日,蒋介石发表《告昆明教育界书》,并派教育部次长朱经农到昆明协调谈判。8 日,罢联发表《读蒋主席〈告昆明教育界书〉后》,予以严正驳斥。同日,昆明学生万余人在联大图书馆前草坪举行纪念"一二·九"运动 10 周年大会,会后公祭 4 烈士。

　　按:12 月 9 日,延安各界青年 2000 余人集会,纪念"一二·九"运动 10 周年,周恩来在讲话时指出:"'一二·九'未完成的任务,由今天的青年运动继承起来。""我们处在新的'一二·九'时期,昆明惨案就是新的'一二·九'。"

梅贻琦在北平接到加急电报后,由于机票难买而耽搁了几天。12 月 11 下午 1 点半抵达重庆。当天晚上与吴有训、萨本栋、李济、梁思成等学界同仁一起参加了教育部长朱家骅举行的"饭约"。12 日 11 点到教育部取机票时又与朱家骅"晤谈"了大约一个小时。12 日下午 2 点半,登上一架货机(来不及等客机),当天下午 8 点钟飞抵昆明。然后约傅斯年、杨振声、周炳琳、赵迺抟等了解事情的详细经过以及这些人对事件的看法,一直到当晚子夜 12 点始返寓。13 日 8 点以后又先后约钱端升、叶企孙、冯友兰、沈履、赵凤喈等来寓,听取他们的意见。10 点,他又去联大办公室与傅斯年、教育部次长朱经农谈话,并从朱经农那里得知,国民党重庆当局已向云南省府主席卢汉发了密电:"十五日以后如不复课,即准备举动。"下午 2 点,去云大医院慰问了在事件中受伤的 4 位同学。14 日上午,梅贻琦召开西南联大常委会商定了两件事:1. 发 17 日复课的布告;2. 15 日召集学生代表谈话。同日下午,他又约闻一多来谈了一个小时的话,并在当日日记中写了对闻一多的评语:"一多实一理想革命家,其见解、言论可以煽动,未必切实际,难免为阴谋者利用耳。"15 日,梅贻琦常委召集学生代表谈话。傅斯年、冯友兰劝说同学复课。晚,学生代表大会决议,在所提出条件未能圆满解决前,不能复课。16 日,梅贻琦常委到灵堂吊唁 4 烈士。17 日,第六次教授会决议,劝导学生务必于 20 日复课,否则教授同仁只好辞职。19 日,第七次教授会发表《告同学书》,仍希望同学于 20 日照常上课。20 日,学生代表大会决议,将复课条件改为 5 条:(1)惩凶;(2)取消禁止集会游行之非法禁令;(3)保障人身自由;(4)要求中央社更正污蔑教授及同学之荒谬言论,请教授会会同罢委会将事件真象文告交《中央日报》等报刊公布;(5)由政府负担安葬、抚恤、治疗费用,赔偿公私损失。同日,第八次教授会讨论学生上课问题。会后,梅贻琦常委在同学生自治会理事谈话时转达了教授会的意见,并表示原则上同意修改后的复课条件。24 日下午,梅贻琦、熊庆来举行记者招待会,报告"一二·一"惨案真相,指出地方党政军当局"处置大错""应负激起罢课风潮之责任",并保证学校根据法律控告杀人凶犯。谈话全文在 26 日昆明《中央日报》及其他报纸发表。25 日,罢联召开代表大会,经过讨论,决定 27 日复课(停灵复课),待李宗黄等得到公正惩处后再决定出殡公葬日期,通过并发表《昆明市中等以上学校罢课联合委员会复课宣言》。(参见黄延复、钟秀斌《一个时代的斯文:清华校长梅贻琦》,九州出版社 2011 年版;蔡仲德编撰《冯友兰先生年谱长编》,中华书局 2014 年版;闻黎明、侯菊坤《闻一多年谱长编》(增订版),上海交通大学 2014 年版;西南联大北京校友会编《国立西南联合大学校史——1937 至 1946 年的北大,清华、南开》,北京大学出版社 1996 年版;齐家莹编《清华人文

学科年谱》,清华大学出版社1999年版)

傅斯年10月以北京大学代理校长任西南联大常务委员会委员。27日下午4时,梅贻琦主持出席联大教授会茶会,欢迎傅斯年就任北京大学代校长、西南联大常委。30日,傅斯年正式就职。11月,傅斯年到达北平,处理北大复员事宜。此前,傅斯年为北京大学复员事,已派郑天挺去北平进行筹备。傅斯年在北上途中,得知国民政府教育部的命令接受北平日伪各校的学生,办理北平临时大学补习班。傅斯年在重庆发表声明,为保持北京大学的纯洁,坚决不录用伪北京大学的教职员。但学生经过甄别和补习,可以接受。同月7日,容庚在北平《正报》发表致傅斯年的"万言书",借此抗议并为自己的行为辩护。周作人对傅斯年的做法也作出回应。12月1日,西南联大发生"一二·一"惨案。2日,北平各报载"十一月三十日重庆专电":"北大代理校长傅斯年,已由昆明返渝,准备赴平,顷对记者谈:'伪北大之教职员均系伪组织之公职人员,应在附逆之列,将来不可担任教职;至于伪北大之学生,应以其学业为重,已开始补习,俟补习期满,教育部发给证书后,可以转入北京大学各系科相当年级,学校将予以收容。'"同日,周作人见报后在当天日记中悻悻然写道:"见报载傅斯年谈话,又闻巷内驴鸣,正是恰好,因记入文末。"4日,傅斯年(北大代校长)奉蒋介石之命由渝飞昆"调解学潮"。6日,傅斯年主持教授评议会。冯友兰与钱端升在会上发生争执。"会议伊始,端升与芝生就因误解而大吵起来。端升提出评议会代表及四个谈判人所受到的批评,他在与会者面前解释不清究竟是怎么回事。故当他说是吴和萧批评谈判人时,芝生就大喊莫名其妙。此语将端升惹火了,他跳起来往外走,我们将其拉住,傅一再说好也无济于事。最后芝生向他道歉并同他握手,端升才勉强接受,但局面仍十分尴尬。"同日,卢汉、朱经农等代表政府邀请本校、云大等四所院校学生代表商谈复课条件。卢汉、傅斯年表示对抚恤、赔偿等条件负责解决,但对惩凶无权处理。要求同学先复课,然后保证惩凶。同学代表则表示必须首先惩凶,谈判无进展。8日,北平《世界日报》报道了傅斯年对记者发表的长篇谈话,就北京大学教职人员去留问题发表4点严正声明:"一、专科以上学校,必须要在礼义廉耻四字上,做一个不折不扣的榜样,给学生们,下一代的青年们看看!北大原先是请全体教员内迁的,事实上除开周作人等一二人之外,没有内迁的少数教员也转入辅仁、燕京任教。伪北大创办人钱稻孙,则原来就不是北大的教授。所以现在伪北大的教授,与北大根本毫无关系。二、朱部长向我说过,伪北大教员绝无全体由补习班聘请任教之事,而系按照陆军总部征调伪敌人员服务办法,征调其中一部服务,不发聘书,与北大亦无关系。三、北大有绝对自由,不聘请任何伪校组织之人任教。四、在大的观点上说,如本校前任校长蒋梦麟先生,如明春返国的胡适校长,北大教授团体及渝昆两地同学会和我的意见是完全一致的。无论现在将来,北大都不容伪校伪组织的人插足其间。"傅斯年强调"正是非,辨忠奸",是负有教育责任的人教育青年一代的价值判断标准,即要让青年们知道什么是爱国,什么是卖国。最后他表明自己的态度说:"这些话就是打死我也是要说的。"

傅斯年12月10日下午2时主持三十四年度第五次教授会临时会,与会者共86人。傅斯年报告来昆明后与各方接洽经过、法律委员会报告工作经过后,会议讨论决定:(一)以教授会名义致函教育部朱经农次长,请教育部转达政府:本会认为对于此次惨案应严惩凶犯及主使人,其中负责行政责任者尤应先行撤职。(二)本会应竭力求上述议案中之办法尽早实现。(三)本会应立即劝告学生复课(劝告方式由常委会酌定)。(四)接受法律委员会草拟之呈监察院文。(五)其余各项呈文授权法律委员会全权办理。(六)招待新闻记者之书面说明改用书面分送各报馆。15日，西南联大常委会召集学生代表谈话，梅贻琦说明学校规定17日上课的原由，与到时不复课则有被解散三校的后果。傅斯年、冯友兰、潘光旦、陈序经、周炳琳亦相继发言，大旨皆于劝告之外指出此举关系学校前途之重大，劝同学尽早复课。中午，傅斯年与梅贻琦、潘光旦、查良钊至机场送朱经农返渝。17日下午3时，梅贻琦约请教授会成员茶会，报告最近数日经过及他与傅斯年感觉无望不能不退避贤路之意。会上，多数教授受梅贻琦情绪影响，有些悲观者亦提出辞职，傅斯年与闻一多当面发生口角。12月19日下午3时，傅斯年出席第七次教授会临时会，与会者92人，梅贻琦主持会议。会议决定由教授会公告全体学生，劝于20日晨一律照常上课，学生接受保证复课。西南联大因"一二·一"惨案引发的学潮至此结束。

按：王康《闻一多传》记录了闻一多与傅斯年的这次冲突：闻一多说："学生愿意读书，教员愿意教书，这本是不成问题的事，现在复课，其实问题也很简单，只要答应学生们的要求，马上就可以上课。傅先生刚才说，只要复了课，一切都包在他身上，可是，学生们说，傅常委来了好些天，打了许多包票，连最低限度的惩凶、赔偿、道歉……的要求，都一件没实现，要是傅常委走了，怎么敢相信他的保证呢？""我们大家不妨想想，现在杀人的凶手仍然逍遥法外，人身自由连起码的保障也没有，中央社的造谣诬蔑没有洗清，死的人，血迹未干，伤的人，伤势未好，我们教授会提的抗议也无人理会，学府尊严荡然无存。今天，我们怎能忍心带着学生复课？八年来，我们和学生同甘共苦，今天，在学生遭到打击需要支持的时候，我们怎忍心和学生造成对立？我们如果不是自欺欺人的话，都会觉得这种说法多么可笑。如果政府愿意答应学生的要求，何不早点答应，何必旷日持久，还要往返如此周折？"这时，傅斯年打断了先生的发言，说道："本来，我的话早已说完了，既然闻先生有了不同的意见，我只好再说几句。我从重庆来的时候，许多和联大有关的老朋友，都非常关心学校的前途，这样拖下去，学校或者解散，或者提前分家。这往目前来说，对大家都很不好。一多爱护学生的用心令人钦佩，但是，对于政治问题却不能感情用事。这几天据我了解，事情并不像你们所想象的那么简单，今天正有人别有用心，利用学生的鲜血，来达到他们的政治目的。在座的同事也犯得着受人利用吗？蒋先生也很关心此事，……"先生听了这话，愤怒驳斥道："你一再提到蒋先生，难道要我们一起三呼万岁吗？大批军警特务，在光天化日之下，打人杀人，傅先生不以为怪；学生被杀被打，竟称之为别有用心受人利用！按照这个意思，也就是说，学生就是罪有应得，而官方杀人倒是理所当然了。谁无子女谁无骨肉非如此倒置，我希望在座的同事们，用良心来评判评判……。"

按：冯友兰《全集》第一卷《自序》载："傅斯年从重庆来了。……他秘密地向联大的部分教授说，这次罢课，蒋很怒，你们要叫学生赶紧结束，不然的话，蒋要派霍揆彰武力解散联大，把学生都编入青年军。……当时认为，问题的关键是撤换关麟征和学生复课这两件事孰先孰后的问题。重庆为顾全它的面子，坚持要学生先复课，学生为了贯彻他们的要求，坚持要先撤换关麟征。傅斯年根据重庆的意图，认为可以由教授会出面向学生作一个保证，于学生复课后十五天内调走关麟征。当时就召集教授会，由我和训导长查良钊联合提出一个议决案：学生先复课，教授会保证于复课十五天内使关麟征去职。会中就这个议决案进行讨论，很是激烈，发言的人很多，甚至要发言的人必须先到主席台签名，由主席按顺序叫名发言。辩论的结果，议决案通过了，学生也接受了保证复课了。果然在十五天内关麟征调到东北当接收大员去了。"（参见欧阳哲生编《中国近代思想家文库·傅斯年卷》及附录《傅斯年年谱简编》，中国人民大学出版社2015年版；韩复智编《傅斯年先生年谱》，《台大历史学报》1996年第20期；焦润明《傅斯年传》，人民出版社2002年版；耿云志编《胡适年谱》，福建教育出版社2012年版；中共中央文献研究室编撰、逄先知主编《毛泽东年谱（1893—1949）》，人民出版社、中央文献出版社1993年版；黄延复、钟秀斌《一个时代的斯文：清华校长梅贻琦》，九州出版社2011年版；蔡仲德编撰《冯友兰先生年谱长编》，中华书局2014年版；闻黎明、侯菊坤《闻一多年谱长编》（增订版），上海交通大学2014年版；张菊香、张铁荣主编《周作人年谱》，南开大学出版社1985年版；西南联大北京校友会编《国立西南联合大学校史——1937至1946年的北大、清华、南开》，北京大学出版社1996年版；岳南《南渡北归》第二部，湖南文艺出版社2011年版）

　　冯友兰1月2日致函梅贻琦，说明因母病拟乘寒假期间返回河南原籍省视，请假期间清华文学院院长一职拟请雷海宗代理。哲学系主任一职拟请金岳霖代理。8日，得唐河"母故速归"电报。上旬，迁家至联大新建之教师宿舍内。中旬，与景兰一起离昆明返唐河奔丧。同月，《中国哲学史》在重庆出版。2月初，撰《先妣吴太夫人行状》《祭母文》。7日，葬母。2月中旬至3月上旬与景兰先生一起启程返西南。3月，在重庆第三次为中央训练团讲演两周。4月12日下午5时，出席联大校务会议第七届第七次会议。13日，在西仓坡梅贻琦住宅出席会议。19日下午5时，出席常委会第三三一次会议。26日下午5时，出席常委会第三三次会议。29日下午，出席清华校庆纪念会。同月，得国民党河南省党部电，知国民党河南省党员代表大会选他为出席国民党第六次全国代表大会代表；所著《新原道》(一名中国哲学之精神)作为"中国哲学丛书"乙集之二由商务印书馆在重庆出版。此书除绪论外，共有10章，即孔孟、杨墨、名家、老庄、易庸、汉儒、玄学、禅宗、道学、新统。

　　按：冯友兰《自序》云："此书所谓道，非《新理学》中所谓道。此书所谓道，乃讲《新理学》中所谓道者。《新理学》所谓道，即是哲学。此书讲《新理学》所谓道，所以此书非哲学底书，而乃讲哲学底书。此书之作，盖欲述中国哲学主流之进展，批评其得失，以见新理学在中国哲学史中之地位。所以先论旧学，后标新统。异同之故明，斯继开之迹显。庶几世人可知新理学在中国哲学史中之地位。所以先论旧学，后标新统。异同之故明，斯继开之迹显。庶几世人可知新理学之称为新，非徒然也。近年以来，对于旧学，时有新解，亦借此书，传之当世。故此书非惟为《新理学》之羽翼，亦旧作《中国哲学史》之补编也。书凡十章，新统居一，敝帚自珍，或贻讥焉。然孔子曰：'文王既没，文不在兹乎！'孟子曰：'圣人复起，必从吾言。'其自信若是。即老氏之徒，濡弱谦下，亦曰：'知我者希，则我者贵。'亦何其高自期许耶？盖学问之道，各崇所见，当仁不让，理固然也。写此书时，与沈公武(有鼎)先生，时相讨论。又承汤锡予(用彤)先生，贺自昭(麟)先生，先阅原稿，有所指正，谨此致谢。又英国友人休士先生，拟就原稿译为英文，期在伦敦出版。并附记，以志鸿爪。"

　　冯友兰5月3日下午3时在联大昆北东部楼下出席清华第十七次评议会。又出席联大校务会议。4日，自昆明抵重庆。5—21日，在重庆出席国民党第六次全国代表大会。26日，应潘光旦邀宴，同席者有朱自清等。席间冯友兰谈国民党全国代表大会情况。29日下午5时，在昆明钱局街联大附中出席常委会第三三四次会议。6月5日，出席清华评议会。下午5时出席联大校务会议第七届第九次会议。12日下午5时，出席常委会第三三次会议。14日下午3时，在北门街71号出席清华三十三年度第五次教授会(临时)。闻教育部当局因某方于西南联大经费有所建议，拟令清华每年输款50万办联大研究院，故萧蘧、施嘉炀、周培源、张奚若等16人联名提议召开临时会，以便于评议会前交换意见。20日下午5时，在南开办事处出席常委会第三三六次会议。22日下午3时半，在清华办事处出席清华第五十六次校务会议。23日，出席清华聘任委员会第二十四次会议。25日，主持文学院教授会。27日下午5时，出席常委会第三三七次会议。29日，出席清华聘任委员会第二十五次会议。同月，发表《从房捐说到土地政策》。文中探寻房捐不及房租十分之一之不合理现象的社会根源，认为封建社会的本质如不改变，所有政治上的改变都是空的，都不过是一种表面上的装饰，因而主张要从根本做起，只有彻底实行"平均地权"的土地政策。这种土地政策不仅是一种经济政策或社会政策，而且是根本改造中国社会的一种手段。

　　冯友兰7月5日中午12时在文化巷30号出席清华第二十八次评议会。下午5时在昆明旧府署清华办事处出席联大校务会第七届第十次会议。11日上午12时，出席常委会第三三八次会议。17日，在北门街11号出席联大教授会第三十三年度第四次会议。19日中午12时,出席常委会第三三九次会议。26日中午12时,出席常委会第三四〇次会议。同月,《对于儒家哲学之新修正》刊于《胜流》第2卷1期。8月1日中午12时,出席常委会第三四一次会议。下午3时出席联大校务会第七届第十一次会议。会议汇集从军同学意见及实际情形,决定由本校建议蒋委员长请求改善,推冯友兰及潘光旦、刘崇鋐、张奚若、闻一多、黄钰生、陈雪屏等7位教授起草建议书,由冯友兰为召集人。2日下午3时,出席清华三十四年度第一次教授会。会议审查研究院第十届毕业生王浩等5人、本科十七级毕业生马忠等9人的成绩,选举下届评议员、各院院长及研究院委员会主席候选人。根据选举结果,梅贻琦请仍聘冯友兰为文学院院长。出席清华聘任委员会第二十六次会议。13日中午12时,出席第三四二次常委会会议。15日晚,云南省财政厅厅长招宴,冯友兰与梅贻琦出席。席间得知日本宣布无条件投降的消息。19日中午12时,在文化巷30号出席清华第五十七次校务会议。22日下午3时,在清华办事处出席清华第二十九次评议会议。23日,出席联大聘任委员会会议。中午12时在拓东路联大工学院出席常委会第三四三次会议。24日,出席清华聘任委员会第二十七次会议。29日下午5时,在文林街昆中北院清华大学校长办公室出席常委会第三四四次会议。9月2日,朱自清来访。6日下午3时,在清华办事处出席清华第三十次评议会。下午5时出席常委会第三四五次会议。8日下午3时半在昆华中学北院北教室楼出席联大教授会三十四年度第一次会议,选举第八届校务会议教授代表。13日下午5时,出席常委会第三四六次会议。16日,《大学与学术独立》刊于《扫荡报》。

按:此文认为"同盟国的胜利是知识的胜利",中国要成为世界强国,必须"定下知识学术独立自主的百年大计。目前急要决定的,就是要树立几个学术中心。其办法是把现有的几个有成绩底大学,加以充分的扩充,使之成为大大学",使之"一方面是教育机关,一方面是研究机关。它不但要传授已有的知识,而并且要产生新的知识。他应当是一代知识的宝库。他对于人类的职务,真正是所谓继往开来";认为对此大学,政府及社会应有的态度是"尽量予以财政上的支持""不可有急功近利的要求""持不干涉的态度。……对于每一门学问,只有研究那一门的专家有发言权。……要予他们研究自由,并且要予他们以选择人才的自由……外边的人,不能干涉"。

冯友兰9月20日为聘曹靖华事致函梅贻琦,并附致曹靖华函。函中还提及陈寅恪在中央研究院之薪水已停,要求作为部聘教授调回联大。下午3时出席联大校务会议第八届第一次会议。24日下午5时,出席常委会第三四七次会议。同月,美国著名汉学家德克·卜德来信邀请明年9月赴美国费城宾夕凡尼亚大学任客座教授,冯友兰回信接受邀请;往联大教师宿舍看望自成都赴伦敦治眼疾的陈寅恪。10月9日下午5时,出席常委会第三四八次会议。10日,《国庆感言》刊于昆明《正义报》。13日下午3时半,出席联大校务会议第八届第二次会议,听梅贻琦报告重庆教育会议及接洽各事情况。14日,上午10时,在清华办事处出席第三十一次评议会。会议议决应以复校后每年所需经费整个预算向政府提出,并请在余款未续付前全数由政府支给。17日下午5时,出席常委会第三四九次会议。18日下午3时,出席清华三十四年度第二次教授会,听梅贻琦报告。24日下午5时,出席常委会第三五〇次会议。会议聘请先生及雷海宗、姚从吾、罗庸、闻一多为联大纪念册编辑委员会委员,请冯友兰为委员会主席。27日下午4时,应梅贻琦之邀,出席欢迎傅斯年就任北京大学代校长、西南联大常委的联大教授会茶会。31日下午5时,出席常委会第三五一次会议。11月1日上午10时,在东会堂出席联大8周年纪念会。2日,出席清华评议会。7日下午3时,出席清华第五十八次校务会议。下午5时,出席常委会第三五二次会议。14日下午5时,出席常委会第三五三次会议。21日下午5时,出席常委会第三五四次会议。26

日,出席评议会。会议决定就"十一·廿五"事件向地方政府抗议,并向教育部发电。下午 3 时,出席联大会议第八届第三次会议。27 日,出席校务会议。28 日上午,出席教授会,会议选出三名代表劝学生复课。下午出席评议会,交换意见。29 日上午 9 时,在清华办事处会议室出席联大三十四年度第二次教授临时会,与会共 82 人。

　　按:会上冯友兰报告校志征稿事宜,主席叶企孙报告联大学生罢课事情发生及校务会议处置之经过。会议经过讨论决定:(一)"同人站在教育立场,对本月廿五日晚军政当局行为认为重大污辱,应依校务会议决议原则加强抗议。"(全体通过)(二)召集全体学生训话,劝令即日复课,由全体教授出席。(三)推举先生及张奚若、钱端升、周炳琳、朱自清、赵凤喈、燕树棠、闻一多为抗议书起草委员,以冯友兰为召集人。抗议书内容由起草委员会全权负责。下午即与张奚若等 7 人起草《国立西南联合大学全体教授为 11 月 25 日地方军政当局侵害集会自由事件抗议书》,并立即向报界发表。抗议书云:"近代民主国家,无不以人民自由为重,而集会言论之自由尤为重要。无此自由者,应便有之。既有此自由,应保障之,充实之。此固社会进步之常理,经世建国之要道,而为政府与人民所应共晓者也。其在我国,集会言论自由,载在宪法,全国人民同应享受,大学师生自无例外,且断非地方军政当局所得擅加限制者。乃本月 25 日晚,方本大学学生与云南大学、中法大学及英语专修学校学生在本大学举行晚会之时,竟有当地驻军在本大学四周施放枪炮,断绝交通。际此抗战已结束,举国方以进入宪政时期,而地方军政当局竟有此不法之举,不特妨害人民正当自由,侵犯学府之尊严,抑且引起社会莫大之不安。兹经同人等于本日集会,全体一致决议,对此不法之举,表示最严重之抗议。"

　　冯友兰 12 月 1 日下午 3 时出席联大校务会议第八届第五次会议。会议决定分别致电国民政府主席蒋介石、行政院院长宋子文、教育部部长朱家骅,请派政军大员来昆明彻查处理此次事件,并派代表 3 人赴渝接洽。2 日上午 9 时,出席联大三十四年度第三次教授会临时会,听取会议主席叶企孙报告 11 月 29 日召集学生训话经过、12 月 1 日校务会议决定,以及 12 月 1 日暴徒袭击联大师范学院、工学院、新校舍及附中等处情形。3 日,出席校务会议。下午 3 时,在联大图书馆前大草坪参加"一二·一"死难烈士入殓仪式。4 日上午 9 时,出席联大三十四年度第四次教授会临时会,听取周炳琳报告法律委员会工作进行情形后,有停课与罢课之争,辩论激烈,时间长达 6 小时。冯友兰与周炳琳(主张停课)、张奚若与闻一多(主张罢课)发言最为尖锐。5 日下午 5 时,出席联大常委会第三五六次会议。6 日,出席傅斯年主持评议会,与钱端升在会上发生争执。10 日下午 2 时,出席三十四年度第五次教授会临时会,听取傅斯年报告来昆明后与各方接洽经过、法律委员会报告工作经过。11 日下午 5 时,出席联大常委会第三五次会议。13 日上午 9 时访梅贻琦。15 日上午 9 时,在办事处与常委会其他成员一起召学生会代表谈话,与傅斯年、潘光旦、陈序经、周炳琳发言,大旨皆于劝告之外指出此举关系学校前途之重大。11 时,与其他常委会成员先出,令学生自行慎重考虑。中午,与梅贻琦、傅斯年、潘光旦、查良钊至机场送朱经农返渝。16 日中午,应梅贻琦之邀,与常委会其他成员餐叙,知上午学生会代表 8 人送来书面答复,谓昨晚代表大会议决"在条件未圆满解决前不能复课"。17 日中午,仍与常委会其他成员餐叙,知昨日下午 4 时闻一多来告学生方面可有转机,但是日并无上课者。下午 3 时,参加梅贻琦约请之教授会成员茶会。会上傅斯年与闻一多发生口角。19 日下午 3 时后,出席第七次教授会临时会。会议推冯友兰及周炳琳、赵廼抟草拟上项文告,并代表教授会与卢、霍接洽。会后与周炳琳、赵廼抟在梅贻琦宅用晚餐。饭后即草拟《教授会告同学书》。文告拟就后即付印贴出。随即与梅贻琦、周炳琳、赵廼抟访卢汉,卢允即作声明尊重合法之自由。20 日下午 3 时,出席第八次联大教授会临时会,听取梅贻琦报告学生自治会来函呈报代表大会修正复课条件情形。22日下午5时,出席联大第九次教授会临时会。24日上午,赴梅贻琦住宅,与梅等商定将教授会改于26日召集。25日上午10时,应梅贻琦约,与汤用彤、朱自清、潘光旦、查良钊、沈履、赵迺抟共商教授会声明改以谈话方式发表文稿。26日下午3时,出席第十次教授会临时会。27日下午5时,出席清华第五十九次校务会议,听校长报告复校问题。31日下午5时,出席联大常委会第三五八次会议。(参见蔡仲德编撰《冯友兰先生年谱长编》,中华书局2014年版)

闻一多和王赣愚、伍启元、周作仁、周新民、吴晗、崔书琴、孙毓棠、徐茂先、张印堂、曾昭抡、赵迺抟、赵公望、杨西孟、蔡维藩、鲍觉民等16位大学教授年前应昆明《正义报》请作新岁问答。1月7日,《新岁五问笔谈》刊出闻一多所答第五问:"过去一年,在国内或国际间,有哪些成功的或失败的教训最值得记取?"13日,《什么是儒家——中国士大夫研究之一》刊于昆明《民主周刊》第1卷第5期。同月,住进联大在西仓坡新盖的教职员宿舍。和闻一多同排房子的有吴有训、冯友兰、陈达、邱宗岳、杨石先。又吴大猷、潘光旦、陈友松、江泽涵、吴晗、杨业治、徐毓淮、杨周翰、萧涤非、噶邦福也在同院。2月4日,中国民主同盟云南省支部召开全体盟员大会,讨论修改去年9月19日民盟全国代表会议所通过的《中国民主同盟纲领草案》。12日除夕,与吴晗一起和民青负责人会谈,不久建立民盟云南省支部与民青的正式组织联系。3月10日,闻一多等29教授因物价飞涨联名订定稿酬。

按:3月10《云南晚报》刊载《米价在狂涨中,教授联名订定稿酬,千字斗米不马虎》报道,说:"联大云大王赣愚、伍启元、朱自清、吴之椿、吴晗、邵循正、邵循恪、周作仁、周新民、胡毅、徐毓淮、孙毓棠、陈友松、陈雪屏、张印堂、崔书琴、贺麟、费孝通、曾昭抡、雷海宗、闻一多、杨西孟、蔡维藩、赵迺抟、郑天挺、郑华炽、潘光旦、鲍觉民、戴世光等二十九教授,以近来物价高涨,论文演讲所得之报酬实值甚微,同时精神与时间过分损失,拟自所节制,特自今日起联合订定润例如下:一、文稿每千字以斗米之值计;二、报纸星期论文每篇以二斗米之价值计;三、每次演讲以二斗米之值计(演讲稿之发表须另依文稿付酬);四、稿酬先惠,定时取稿演讲报酬亦须先惠,米价以惠酬时昆中米之市价为准。另并拟定公约三条,规定各须认真遵守润例之规定,不可偶因情面,率尔对外让步,致使其他同人难以应付,润例办法将不易维持。各人对遵守共订之润例,应负道义上责任。"

闻一多等342人3月12日联名发表《昆明文化界关于挽救当前危局的主张》。该文原题为《昆明文化界对时局的紧急呼吁》,由吴晗起草,闻一多润色,罗隆基补充而成。前后共有四稿,第三稿为闻一多钢板刻印。为了征集签名,闻一多跑了许多路。中旬,昆明《民主周刊》增刊出版。这个刊物的出版,是李公朴、张光年等人对罗隆基主张走"第三条道路"有不同看法而另行编辑的,闻一多也参与了筹备。3月24日,田汉、安娥夫妇应青年远征军第二〇七师政治部邀请,自贵阳抵昆明。安娥是闻一多早年在北京艺术专科学校时的学生,先来看望闻一多。同日,昆明文协与昆明银行业同仁福利会,联合举办文艺讲习班,聘闻一多、朱自清、闻家驷、田汉、魏猛克、刘思慕等14人为讲师。每讲有相当于一斗米价钱的酬金。28日,出席西南联大学生自治会举办的"国是与团结问题"座谈晚会,到会者5000余人。会场情绪热烈,盛极一时。会上,曾昭抡演讲"军队统一问题",吴晗演讲了"团结问题",王赣愚演讲"国民大会与政党"。张奚若因事未能出席,他的讲题"国民大会的特质"由曾昭抡讲述。最后,由闻一多演讲并做结论。同月,协助民青审阅《民主通讯》。春,闻一多对李公朴产生误会,随即道歉。4月4日晚,西南联大召开学生代表大会,通过对于国是的主张。该文件付印之前,曾送闻一多润饰修改。6日,西南联大中文系、外文系联合举办诗歌晚会,讲题计有:一、抗战以来中国新诗的前途;二、如何接受中国文学的遗产;三、从历史观点看旧诗；四、如何采用西洋诗的形式；五、法诗最近的趋势；六、境界与感觉的移植；七、从社会、思想、哲学说到新诗的素养；八、民歌；九、前途的预测和我们应有的努力；十、英国诗最近的趋势等问题。分由闻一多、罗膺中、朱自清、浦江清、闻家驷、冯至、卞之琳、李广田、杨周翰、王佐良等 10 人主讲。闻一多出席并讲"抗战以来中国新诗的前途"。9 日，参加西南联大新诗社成立一周年纪念会，会上围绕"诗歌与人民性"主题展开讨论。同日，西南联大二十五壁报、社团成立"联大壁报联合会"。闻一多对该会建立做了一些协助工作。

闻一多、吴晗、萧涤非、陆钦墀、白澄、闻家驷、洪谦、俞铭传、吴征镒、李广田、沈从文、尚钺、林石父、光未然、李公朴、林涧青、楚图南、常任侠、姜震中、罗隆基、谢加因、金若年、吕剑、麦浪、杨须知、苏均持、周新民、费孝通、周钢鸣、何家槐、郑伯华、欧阳德荫、袁度、庄永烈、黎敏、羊醉秋、林士诒、蓝驶明、余湘、杨祺、吴传启、李昌庆、穆芷、郑康、彭桂萼、彭桂蕊、卜兴杜规、杨亚宁、杨秋帆等 51 人 4 月 10 日致信郭沫若、顾颉刚，就二位所分别领导的辞典年表编纂处、文史杂志社和文化工作委员会等机关先后被无故取消表示慰问。13 日，为美国总统罗斯福 12 日病逝沉痛发言。27 日，作《五四运动的历史法则》，刊于 5 月 10 日昆明《民主周刊》第 1 卷第 20 期。文中分析了封建势力与帝国主义互相并存、互相利用的关系，表现出闻一多运用阶级与阶级分析的方法认识中国社会与现实的思想。同月，闻一多对李公朴又产生了误会，但立刻和好如初。5 月 2 日，作《说鱼》后记，全文刊于 6 月昆明《边疆人文》（乙种）第 2 卷第 3—4 期合刊。《说鱼》分六节：一、什么是隐语；二、鱼；三、打鱼钓鱼；四、烹鱼吃鱼；五、吃鱼的鸟兽；六、探源。此文是闻一多试图用文化人类学方法研究古代诗歌的论文，认为"鱼"是古人运用很普遍的一个隐语，它所代替的是"匹偶""情侣"。作者特别强调"隐语"的作用，说它是一种充沛着现实性的艺术。同日晚，出席西南联大新诗社举办的"诗歌朗诵晚会"。这是联大、云大、中法大学和英专四校学生自治会联合发起"五四"纪念活动周中的一个组成部分。

按：是日，国民党云南省执行委员会通过昆明市政府，向各校下达教字第 124 号密令，称"五四"纪念周活动"皆有不轨言行发生可能"，要各校"务须严密防止学生参加非法活动"。但纪念活动仍按预定计划进行。晚会上到两千多人。闻一多首先发言，随后开始诗歌朗诵，登台者有何孝达、刘振邦、何兆斌、李实中、朱自清、胡庆燕、张光年、吕剑、郭良夫、许健冰、金德濂、常任侠等。闻一多也朗诵了解放区诗人艾青的《大堰河》。他朗诵富有感情，给人深刻的印象。

闻一多 5 月 3 日晚 7 时参加西南联大历史学会举办的"五四以来青年运动总检讨会"。会议在新校舍北区东饭厅召开，有 3500 余人出席，气氛十分活跃。讨论的第一个问题是"史实的追忆"，首先进行第一小节"史实的追忆"，由闻一多讲述。会上还有雷海宗、吴晗、曾昭抡、沈有鼎和同学 60 余人发言。最后，吴晗作结论。同日，德国宣布投降，欧洲人民狂欢庆祝。消息传到昆明，《正义报》记者吴地分别采访闻一多和刘崇鋐、杨西孟、邵循正、吴晗、周新民 6 教授，请就"欧战结束后，对欧洲和平的展望""苏联何时在东方参战""对日战事哪天能结束"等 7 个问题进行笔谈。4 日下午 1 时，西南联大、云南大学、中法大学、英语专科学校四校学生自治会，在云大操场举行"五四纪念大会"，闻一多与潘光旦、潘大逵、曾昭抡、吴晗、李树青等教授出席了大会。到会者还有中学生、职业青年、新闻记者及盟国友人，共 6000 余人。会上，吴晗、潘大逵演讲时，天下起雨，有人到树下避雨，会场秩序出现紊乱。闻一多站出来大声疾呼："是青年的都过来！是继承五四血统的青年都过来！""这雨算得什么雨，雨，为我们洗兵！"最后他呼吁："这是行动的时候了，让民主回到民间去"，从而稳住了现场。会后，举行了万人游行，人们高呼"立即结束国民党独裁专政！""建立联合政府!""取消特务!"等口号,走过昆明主要街道。这是皖南事变后,国统区出现的第一次群众示威游行,并公开宣传中国共产党的诸项主张。闻一多始终走在队伍当中。当队伍回到会场,闻一多再次走上讲台,作即席演讲。同日,《人民的世纪——今天只有"人民至上"才是正确的口号》刊于《大路周报》创刊号。"人民的世纪",是美国副总统华莱士去年访华时说的一句话,已成为大后方流行的一种口号。闻一多接过这句话,特别强调"人民至上",以反对所谓"国家至上";《五四断想》刊于西南联合大学悠悠体育会编辑的《五四周年纪念特刊》;《五四与中国新文艺》刊于西南联大、云大、中法、英专四校学生自治会联合编辑的《五四特刊》。这是根据2日在联大"诗歌朗诵会"上的发言整理而成,文中提出:现在是群众的时代,让文艺回到群众里去。此文当时就受到了人们的重视。13日,重庆《新华日报》在《昆明十一教授对五四和时局的意见》报道中,摘录了本文最后两段。5日下午6时半,出席文协昆明分会与西南联大文学会、外国语文学会、文艺社、冬青社,及云南大学文史学会、中法大学文史学会7团体在西南联大图书馆前大草坪联合举办的纪念第一届文艺节晚会。出席者还有徐梦麟、罗庸、闻家驷、李何林、李广田、冯至、卞之琳、朱自清、周钢鸣、楚图南、尚钺、吕剑、常任侠等人。

按:会上,吕剑首先报告"改五四为文艺节的经过和意义",接着徐梦麟讲"五四运动的经过",闻家驷讲"艺术与人生",常任侠讲"五四以来的诗歌问题",楚图南讲"抗战以来二三文艺问题",尚钺讲"鲁迅",周钢鸣讲"报告文学",李何林讲"新文艺中的文艺批评",李广田讲"文学的普及与提高"。像往常一样,压轴的仍是闻一多,他的讲题为"艾青与田间"。《文艺晚会》有报道:"最后,闻一多先生在比较艾青和田间的时候,特别强调他们诗的不同是源于生活。艾青是今天的诗人,田间是明天的诗人。田间,闻先生引了一句胡风的评语说:'是第一个抛弃了知识分子灵魂的战争诗人,民众诗人。'"(《联大通讯》第2期,1945年5月21日)

闻一多5月21日出席民主周刊社等五团体举办的欢迎新中国剧社晚会,并准备演讲,但因宪警阻止而提前散会,未能讲成。26日晚7时半,应文协昆明分会及银行业同人福利会主办的文艺讲习班之邀,担任第11讲主讲,题为"怎样接受文学遗产"。同月,在联大演讲"妇女解放问题"。经张源潜记录,以原题发表于昆明《大路》周报第5期。6月4日,应邀到西南联大附中做"道家的人生观"演讲。8日,"中外文艺联络社"在重庆正式成立,闻一多与郭沫若、茅盾、老舍、叶圣陶、曹禺、夏衍、曹靖华、冯乃超、李青崖、焦菊隐、李星可、徐迟、袁水拍、叶以群、洪深、戈宝权共17人任编辑委员。10日,参加西南文化研究会学习讨论会。会上周新民讲"两党的政纲政策"。中午,与张光年、吴晗、白麦浪、杨须知、金若年等在冠生园宴请郭沫若,郭沫若应邀参加苏联科学院建院两百周年庆祝活动,于昨日晚由重庆飞抵昆明。陪同郭沫若的苏联大使馆人员,曾问闻一多要从苏联带点什么。闻一多说想要一套马雅柯夫斯基选集,后来郭沫若回国时,果然带来这套书。但是,当郭沫若在上海遇到吴晗时,闻一多已经被国民党杀害了,郭沫若和吴晗看着这部书,泣不成声。下午两时,昆明文化界人士发起组织的"文化沙龙",在威远街39号正式开幕。闻一多和徐梦麟、周新民、曾昭抡、吴晗等均出席。6时,与田汉、安娥、吴晗、金树培、凌鹤、尚钺、常任侠、宋云彬等聚会在王晋笙寓所聚餐。饭后,应田汉之邀,观看四维剧团演出的《江汉渔歌》。14日,诗人节,《人民的诗人——屈原》刊于昆明《诗与散文》"诗人节特刊"。文章从屈原是"宫廷弄臣的卑贱的伶官"身份、《离骚》的"人民的艺术形式"、《离骚》内容"无情的暴露了统治阶层的罪行"、屈原的"行义"四个方面,论述了屈原是人民的诗人。晚8时,文协昆明分会、西南联大、云南大学、中法大学、新中国剧社等16团体在云大至公堂联合举办诗人节纪念晚会,出席者千余人。主席徐梦麟首先报告开会意义。接着姜亮夫演讲后,闻一多发表演说。18日晚,西南联大同学在昆华北院南教室举行高尔基逝世9周年纪念会。23日,清华大学召开迁昆明后第二十四次聘任委员会会议,议决续聘闻一多与朱自清、王力、浦江清、许维遹、陈梦家为教授。24日,出席西南文化研究会学习讨论会。参加者有华岗、曾昭抡、尚钺、闻家驷等。25日,昆明文艺界人士在威远街39号文化沙龙举行茶会,庆贺茅盾创作25周年及50岁诞辰,闻一多出席并题词。上半年《新诗的前途》发表于重庆《火之源文艺丛刊》第5—6集合刊。

闻一多等146人7月1日联名发表《昆明文化界致国民参政会电》。当时国民参政会四届一次会议将于7日在重庆召开,闻一多认为参政会本为咨询顾问机关,其成员由政府圈定,不能代表民意,所以根本没有召开的必要,目前的关键,是"扩大人民民主运动""促成正式民意机关之建立"。该电文今存四稿:一稿为罗隆基起草,闻一多润色修订;二稿为闻一多钢板刻印,落款署"六月二十八日";三稿为闻一多在油印件上再做修改,并附有签名名单;四稿为根据闻一多修改稿排印之铅印传单。4日,重庆《新华日报》在《文化短波》中报道:"闻一多和楚图南等预备办一个文艺学术综合性的巨型刊物,题名听说已定为《原野》。"6晚,闻一多出席西南联大、云南大学、中法大学三校学生自治会联合举办的"七七"纪念晚会并发言。参加者有曾昭抡、吴晗、潘光旦、罗隆基、伍启元等千余人。同日,对罗隆基起草的《抗战八周年纪念日中国民主同盟云南省支部宣言》继续润辞定稿。12日,为王瑶学习延长一年事致清华大学校长梅贻琦信。梅贻琦批:"照办。"17日,赴北门街71号,出席西南联合大学一九四四年度第四次教授会议。主席为梅贻琦,闻一多担任书记。29日上午10时,出席西南联大召开的欢迎参加青年远征军同学返校大会,并发言。8月1日下午3时,闻一多赴文林街清华办事处出席西南联大第七届第十一次校务会议。2日下午3时,出席清华大学一九四五年度第一次教授会议,选举本年度教授会议书记。闻一多与伍启元、雷海宗、戴世光4人被提名,戴世光当选。又选举文学院院长,闻一多与冯友兰、雷海宗被提名,冯友兰当选。11日,闻一多子闻立鹤和王瑶不约而同赶到司家营,向闻一多报告日本乞降消息。闻一多立刻到龙泉镇把蓄了8年的长髯剃掉。14日,闻一多等207人联名发表《告国际友人书》,指出现实的问题是要民主、要团结、要彻底的胜利,呼吁国际友人共同支持中国人民建立新的中国。

按:签名者:丁聪、丁文波、丁月秋、力丁、于振东、王瑶、王健、王天栋、王志诚、王若明、王若移、王兆祺、王念慈、王为一、王菊英、王振华、王朝声、王树根、方庶民、毛清秋、白澄、白麦浪、甘娥、石炎、田鲁、田日灵、田朝凡、丘学炎、江溯、江爱钟、西铁卿、光未然、艾秋飚、朱景良、朱新宇、吕剑、辛毅、辛毓庄、祁仲安、何平、何善周、邢庆兰、杜迈之、江翠、宋云杉、李埏、李小明、李文宜、李公朴、李何林、李克毓、李俊昌、李德家、李鲸石、李赋宁、吴茵、吴靭、吴晗、吴穆、吴壬林、吴敏中、吴富恒、吴乾就、吴征镒、宗扬、宗玮、季镇淮、尚钺、芮霖、孟南、孟超、孟健、孟心坚、岳庄、金震、金若年、林路、林珊、林慧、林士诒、林乃祥、林石父、周化、周小光、周天行、周依维、周新民、周慧仙、周钢鸣、马雍、马国亮、洪道、姜震中、施沛、俞铭传、姚翔、胡钊、胡毅、胡宗澧、徐平、徐欣、徐兰芳、徐梦麟、凌红岭、高博、袁度、袁绛、袁震、孙慎、孙铮、孙金鉴、孙晓桐、郭勇、郭文芹、冯法祀、冯素陶、许杰、许立明、许秉铎、许维遹、梁秀如、章楠、章泯、章国昌、陆钦墀、曹伯韩、常任侠、陈吾、陈鹄、陈鹏、陈志鹏、陈光国、陈天祜、陈丹南、陈祥珍、陈清林、张客、张茑、张小楼、张工心、张文元、张进修、张时俊、张敬凤、张崇扬、张曼筠、张学文、张庆芬、张澜庆、特伟、彭淑端、彭丽天、农慕之、曾昭抡、费克、费孝通、黄纪孟、黄相荣、黄敏慧、黄叶绿、楚图南、闻隆、闻一多、闻家驷、董祚楷、叶齐祥、叶笃庄、蔡超尘、杨洛、杨澍、杨人鸿、杨素辉、杨须知、杨淑慧、杨芬君、杨锦山、赵沨、赵词清、蒋锐、蒋明德、郑康、郑独步、潘大逵、潘光旦、谈苏、刘思慕、刘桂武、刘渔邨、钱铮、钱玲娟、卢静、钟秋岩、顾德荫、薛沉之、谢加因、蓝驶明、蓝馥心、颜锡鲲、萧凡、萧虚里、瞿白英、韩北屏、罗隆基、苏茵、严恭、严素经、顾文若。（铅印传单，云南师范大学党史征集委员会藏）

闻一多8月15日出席联大、云大、中法三大学学生自治会举办的"从胜利到和平时事晚会"，并发言。22日，西南联合大学召开第三十九次教务会议。闻一多与赵迺抟、郑华炽、李继侗、汤用彤、陈雪屏等28人出席。下旬，罗隆基即将调民盟中央总部工作，云南省支部决定由闻一多以宣传部长兼《民主周刊》社社长。其后，决定杜迈之为《民主周刊》主编。再后，孟南、赵汉先后任主编，编辑有林彦群、胡钊等人。同月，《类书与诗》刊于《国文月刊》第37期。此文曾发表于1934年3月24日天津《大公报》"图书评论"副刊，此次发表的是重新校改过的稿子。9月3日，《谨防汉奸合法化》刊于昆明《中央日报·胜利日特刊》。同日下午7时半，新诗社在西南联大新校舍东饭堂举办"为胜利民主团结诗歌朗诵会"，闻一多出席了这次千人大会。4日晚，西南联大、云南大学、中法大学三校学生自治会与文协昆明分会、中苏文协昆明分会、民主周刊社、自由论坛社、大路周刊社、人民周报社等团体，在联大东会堂联合举办"从胜利到和平"盛大晚会，晚会由闻一多主持。会将结束，由闻一多宣读了《昆明教育文化界庆祝胜利大会宣言》。8日下午3时半，闻一多出席西南联合大学在昆华中学北院北楼教室召开的1945年度第一次教授会议，闻一多当选为教授会书记，又与钱端升、张奚若、陈岱孙、陈雪屏、郑华炽、冯文潜、燕树棠、汤用彤、吴大猷、朱自清、李辑祥当选为本年度教授会议代表。15日，闻一多等1232人，联名发表《昆明各界人士为庆祝胜利及和平建设新中国通电》，提出解决国是诸意见。17日下午，看望陈寅恪。陈寅恪将于21日赴加尔各答，此是闻一多与陈寅恪的最后一次见面。中旬，参加人民周报社、自由论坛社、大路周刊社联合复刊讨论会，出席人还有侯达虔、李承勋、费孝通、吴晗、王康等。23日，为揭露国民党当局阴谋陷害《扫荡报》总编辑高紫瑜及报社进步人士，闻一多、周新民等欲请辛亥革命元老、时任昆明经委会主任褚辅成，直接向蒋介石提出抗议，要求维护人权。

闻一多原被民盟云南省支部选举为代表。10月1日，中国民主同盟临时全国代表大会在重庆上清寺特园召开。闻一多虽未能赴渝，但仍在会上被增选为民盟中央执行委员会委员。同日，与张奚若、周炳琳、朱自清、李继侗、吴之椿、陈序经、陈岱孙、汤用彤、钱端升共10教授联名致电蒋介石、毛泽东，提出对于国是主张。同日晚，参加西南联大文艺社成立2周年纪念晚会，并在会上讲诗歌问题。孟超亦讲杂文，李广田讲小说，李何林讲文学理论，田汉讲民族形式问题。黄药眠、尚钺亦到会。2日晚，与吴晗至云南大学社会系办公室，并邀张奚若、楚图南、闻家驷、尚钺、费青、向达、吴富恒、费孝通等人及一些青年教师，共同组成《时代评论》周刊编委会。18日下午3时，赴清华大学办事处，出席清华大学一九四五年度第二次教授会议。19日晚，参加昆明文化界在云南大学至公堂举办的纪念鲁迅逝世9周年座谈会。闻一多在最后做结论："鲁迅的道路是新文艺的道路，也是新中国的道路。"29日，西南联大举行8周年校庆纪念周。次日，闻一多受聘为联大纪念册编辑委员会委员。31日，西南联大学生自治会学艺部举办"八年来的联大"检讨会，闻一多出席并发言，指出联大教授仅仅是一个民主"堡垒"。"堡垒"是保守的，因此还不够，还要冲锋。

闻一多11月1日出席西南联大社会科学研究会举办的座谈会，讨论国内形势和内战危机诸问题。5日，与闻家驷、曾昭抡、吴晗、潘光旦联合邀请梅贻琦、傅斯年、杨振声吃饭，饭后谈到政局与校局。23日，在西南联大举办的第二次"战后之中国"系列演讲中，主讲"战后的文艺道路"。同日,西南联大、云南大学、中法大学、英语专科学校四校学生自治会联合筹备召开反对内战时事晚会,贴出海报,定于25日晚在云大至公堂开会,请闻一多和钱端升、伍启元、杨西孟、费孝通等教授演讲。26日黎明,闻一多得知同学罢课消息,想起华岗离昆前的话,不免为学生担心。29日上午9时,西南联大在清华大学办事处召开本年度第二次教授会议。出席82人。主席叶企荪,闻一多以书记身份做记录。闻一多参与起草了《国立西南联合大学全体教授为十一月二十五日地方军政当局侵害集会自由事件抗议书》。30日,中国民主同盟云南省支部发言人对昆市大中学生罢课发表声明,完全同意学生提出的正当要求。这一转变说明先生已开始支持罢课,其中中共联大地下党总支部负责人袁永熙对闻一多做了及时的思想工作。12月1日,"一二·一"惨案发生,闻一多和吴晗闻讯学生被杀时,悲愤不已,立刻跑到医院去看望受伤的同学。同日晚,在第一线指导罢联工作的洪德铭与闻一多、吴晗碰头。12月2日上午9时,西南联大在清华大学办事处召开本年度第三次教授会议。主席叶企茹,闻一多以书记身份作记录。"联大教授会"一致通过决议,抗议昆明国民党当局屠杀学生的罪行,并做出四项决定。闻一多等就主张罢教声援学生运动,但教授会议决:"五、罢教问题延缓讨论。"未能通过。4日上午9时,西南联大在清华大学办事处召开本年度第四次教授会议。主席叶企荪,闻一多以书记担任记录。会前,闻一多就罢教声援学生运动又作了许多说服,希望得到支持。最后表决,赞成停课者61票,赞成罢教者19票。6日,闻一多等298人联名发表《为十二月一日党政军当局屠杀教师学生昆明市各大中学教师罢教宣言》,提出三项严正要求:一、严惩屠杀无辜教师与学生之党政军负责人;二、以事实保证不再发生类似事件;三、取消11月25日地方当局所颁布之非法禁令。

按:落款单位有:昆明西南联合大学、云南大学、中法大学、英语专科学校、昆华女中、昆华中学、昆华商校、天祥中学、南菁中学、黔灵中学、中山中学、求实中学、五华中学、昆华农校、培文中学、南英中学、云南大学附中、长城中学、建设中学、文正中学、昆华女职、大同中学、市立女中、金江中学、天南中学、衡岳中学、龙渊中学、中法中学、昆华师范、昆华工校等校教师。签名者:丁维铎、李禺、于舜卿、王鋆、王晓云、王通裕、王志诚、王云珍、王维振、王兆裕、王文、王玉华、辛念荣、王景鹤、王庆周、王灼如、王康、王金钟、王瑞沅、王树勋、王万熔、文波、尹履江、石珏、田思源、田晓、申净文、申恩荣、朱伯欣、朱亚杰、朱文达、朱公行、朱光亚、朱德熙、任树群、向达、江枫、江爱良、江志云、吕万钟、吕德申、吴企如、吴静山、吴家华、吴彬、吴征镒、吴富恒、吴亦芳、余培忠、何纲、何炳昌、何兆武、何扬、何文达、何玉英、何立忠、何炳元、何昌杰、李爱山、李俊昌、李宗渠、李培玉、李治中、李永嘉、李如金、李懋仁、李达武、沈日叙、沈培江、杜华民、杜精南、巫宁慧、汪志华、汪明辉、林书诚、林书元、杜少侯、林文彪、林培真、易经香、易岫篆、易梦虹、易淑懿、尚钺、周维俊、周家炽、周新民、周宏光、孟庆哲、孟育新、胡笳、胡维青、胡耀宗、胡庆钧、胡小兰、范超瀛、范家骅、紫英、凌德洪、俞铭传、俞和权、段品三、段蕙仙、段佩瑛、姜震中、姜安、马天禄、马承祜、苗华殿、郎实珍、陈尔弼、陈穆、陈家骅、陈玉珍、陈尚文、陈钟远、陈庆局、陈情、陈美觉、陈光远、陈宣剑、陈霁秋、陈秉钧、陈文俊、郭志青、郭崇礼、郭双文、郭芸、唐登岷、唐嗣霖、唐振湘、唐诚光、唐鳌虞、孙本旺、孙阳谷、孙希炽、徐嘉预、孙永明、邬学茂、范淑谨、徐大德、徐利治、徐绍龄、殷焕先、殷汝棠、陆钦墀、袁克勤、袁冬贞、陆凡、郭一民、符开甲、冯宝麟、冯开文、冯式权、冯钟潜、资臣、张希恺、张宗凤、张侠成、张人鹤、张绍桢、张同珍、张培荃、张秉文、张行煜、张厉平、张之毅、张诚浩、张澜庆、张祖美、张璇卿、张尔隽、张特之、张志光、张振名、梅树、梅淑玉、许少鸿、许杰、许健冰、许渊冲、章育中、章琏玉、高国泰、高其梅、高维汉、高鼎之、莫翰文、黄赏林、黄匡一、黄自强、黄少鹄、黄辉实、黄永泰、温功礼、彭同和、彭国焘、董继高、董申保、董维民、董行安、董苏因、傅乐淑、傅学义、解非、解德容、程力方、程志潜、程应镠、项粹安、万绍祖、万文琛、曾幕蠡、曾宪邦、楚图南、杨东明、杨秀珍、杨明、杨光社、杨德森、杨德新、杨时侃、杨鹏魁、杨秉祺、杨益、费家骐、费孝通、费青、闻一多、叶其汉、叶志青、叶崇基、郑若洋、郑宝芬、郑林生、郑智锦、廖山涛、刘春生、刘家怀、刘宗汉、刘俊融、刘治中、刘振鹤、刘宏周、刘德彰、熊士敏、熊中煜、蔡洁石、傅玉影、邓海油、刘笑娟、刘邦瑞、刘晋年、刘志远、刘审美、刘维芳、刘金钰、刘世泽、刘琳、萧学恺、萧成资、萧前瑛、萧访桂、潘大逵、潘光旦、潘清华、潘鉴元、卢福庠、龙文池、龙秀云、阎生文、阎昌麟、蒋湘漳、蒋仁、钱学熙、钱介福、谢光迪、谢松涛、骆大辉、关山月、关德超、缪鸾和、薛宗柳、简思泽、戴今生、戴光纯、戴钟珩、穆广文、聂扬建、罗应荣、罗得光、谭沛祥、谭又新、严志达、严维华、顾文山、顾思良、衡岳。

闻一多 12 月 9 日在昆明《时代评论》第 6 期发表《人·兽·鬼》。此文是对某些在教授会议上瞻前顾后者的画像。10 日下午 2 时,西南联大在清华大学办事处召开本年度第五次教授会议。主席为 4 日晚方自重庆抵昆的北大校长傅斯年,闻一多以书记作记录。同日,西南联大教授会发表《为此次昆明学生死伤事件致报界的公开声明》。闻一多等人很重视这个声明,特将它刊于《民主周刊》第 2 卷第 20 期。同日,郭沫若、茅盾、巴金、胡风、叶圣陶、曹靖华、冯乃超、阳翰笙、冯雪峰、陈白尘、吴祖光、梅林、宋云彬、邵荃麟、伍禾、葛琴等有请闻一多转罢委会一信,表示对昆明学生运动的支持。17 日,西南联大学生未能按照学校要求复课。梅贻琦看到此情,下午 3 时约闻一多等教授会代表谈话,表示辞职之意。4 时,梅贻琦离去,教授们立即召开本年度第六次教授会议,周炳琳为主席,闻一多仍以书记作记录。会上,多数教授受梅贻琦情绪影响,有些悲观者亦提出辞职,闻一多与傅斯年发生口角。会上闻一多等还提出反提议,要求政府将李宗黄立即撤职,如办不到则教授全体辞职。18 日早上,闻一多向民青负责人表示,可以争取梅贻琦站在同情学生的一边。19 日下午 3 时,西南联大在清华大学办事处召开本年度第七次教授会议,梅贻琦为主席,闻一多以书记作记录。这次会议,是联大学生自治会决定将复课条件修改消息通报闻一多后,由闻一多草拟开会提议,由潘光旦、张印堂、吴晗、萧涤非、沈履、冯友兰、周先庚、傅恩龄、徐毓楠、闻家驷、李继侗、陈友松、陈桢、江泽涵、周作仁、钱端升、王维诚等 20 余教授签名而召开的。同日,西南联大教授会发表《告同学书》,表示决心追究肇事责任者,以满足学生惩凶之复课要求。晚,闻一多和吴晗、张奚若与同学们一起商量复课事。20 日下午 3 时,西南联大在清华大学办事处召开本年度第八次教授会议。梅贻琦为主席,闻一多仍以书记作记录。23 日,民主同盟云南省支部召开盟员大会,闻一多等 11 人为执行委员,闻一多为宣传委员会主任委员。后增设文化工作委员会,原由闻一多担任主任委员,未久闻一多推李何林任之。此次改选后,吴晗出任《民主周刊》社社长,未久由闻一多担任。同月,《新诗的前途》发表于《火之源》第 5—6 期合刊。是年,中国民主同盟总部为便于在缅甸开展民盟工作,决定筹办"南侨文化供应社"。闻一多是发起人之一。约是年,作《鲁家思想与独裁主义》一文,今存手稿。(参见闻黎明、侯菊坤《闻一多年谱长编》(增订版),上海交通大学 2014 年版;夏鼐《吴晗的学术生涯》浙江人民出版社 1984 年版)

吴晗等 16 位大学教授 1 月 7 日在昆明《正义报》之《新岁五问笔谈》作新岁问答。同月,吴晗搬进联大在西仓坡盖的教职员宿舍,住在闻一多对门。2 月 3 日,郭沫若致吴晗信,信中说到闻一多有篇关于屈原的文章:"《中原》是需有力量之著作,如蒙时惠大稿,甚表欢迎。前闻昆明来友言,一多先生有关于屈原论文将投寄,不知□否? 如见面请代问一声。"12 日除夕,吴晗与闻一多一起和民青负责人会谈。经吴晗提议,地下党组织支持,在联大建立民青组织。13 日,郭沫若再次致信吴晗,说:"闻先生文已由友人交来,并已拜读,觉甚新颖。"3 月 10 日,吴晗与闻一多等 29 教授因物价飞涨联名订定稿酬。12 日,吴晗起草,吴晗等 342 人联名发表《昆明文化界关于挽救当前危局的主张》。此前的 2 月 22 日,《新华日报》发表郭沫若起草,沈钧儒、柳亚子、马寅初等300余人签名的《文化界对时局进言》,呼吁"在目前全世界战略接近胜利的阶段",必须"及早实行民主",组织包括全国各党派在内的"战时全国一致政府",以挽救"中国的危机"。《昆明文化界关于挽救当前危局的主张》与此相配合,原题为《昆明文化界对时局的紧急呼吁》,吴晗起草后,经闻一多润色,罗隆基补充而成。文中提出关于反对独裁、实现民主的四点主张。签名者由最初59人增至342人。第四稿特别指出所谓将要召开的国民大会原是十年前一党包办选举时产生的,不能代表人民产生新政府和制定新宪法。

按:签名者为:丁力、丁则明、丁修六、文国运、方映天、方庶民、丹娜、王逸、王庚、王瑶、王斑、王逊、王一峰、王永康、王世清、王世钦、王金陵、王金钟、王牧园、王受昌、王朝声、王悸萍、王振远、王振华、王漱园、王菊英、王龙甫、王赣愚、牛车、卞之琳、白予、白澄、白璐、白文、白麦浪、甘娥、仝洛、石岭珉、史舵、光军、光未然、江逸、江枫、江萍、江涛、江篱、江骥、吕剑、艾茜、朱江、朱宁生、朱维藩、沙草、沙鸥、沙之骆、伯韩、辛毅、辛汉文、辛毓庄、沈从文、沈传良、沈宪道、何方、何庄、何鹤、何善周、余翼、余湘、余冠英、余晏清、杜平、杜宣、杜光昭、杜乃祥、杜迈之、宋舒、邱文郁、邱星海、祁仲安、李朋、李扬、李埏、李琼、李公朴、李文宜、李仁苏、李立里、李孔昶、李克兢、李和生、李何林、李永力、李步颜、李承慧、李家治、李广田、李俊昌、李杰民、李润之、李宁军、李兰纳、吴菁、吴晗、吴达元、吴乾元、吴富恒、吴惟诚、吴佩瑾、吴征镒、尚钺、金隄、金若年、周辂、周小光、周禾书、周仲覃、周思明、周新民、周铭功、周基坒、周钢鸣、孟浪、孟平黄、邵翰馨、林路、林慧、林文铮、林石父、林之藩、林乃祥、林乃祥、林成耀、林毓瑞、侯枋、马亚、马大猷、马君玠、马惠英、马鹤鸣、马龙图、洪谦、胡毅、胡绍南、胡国钊、胡庆燕、俞铭传、郎彤光、姚翔、姜寅清、姜震中、范宁、范崇武、凌鹤、凌琯如、昊立德、夏康农、屏山、唐世瑛、唐立镇、康朗、琴妮秀、梁星、梁秀如、梁汉伦、高山、高履平、徐植、徐守廉、冯素陶、陆钦墀、孙倬、孙金秋、孙世瑞、孙玲英、孙昌熙、孙敦乐、孙剑秋、孙晓桐、郝竹英、时怀铭、袁度、袁震、袁之方、袁敏兰、常任侠、纳静波、温寓海、郭瑶华、章名涛、邹镛森、许杰、许立明、许维通、徐令德、曹春、曹明、曹仝、陆群、陆逸君、张客、张威、张炜、张莺、张小楼、张文渊、张立藩、张亚西、张卓然、张志明、张时俊、张世彝、张孝明、张雨峰、张曼筠、张学元、张学文、南方虹、陈琦、陈健、陈廪、陈立人、陈文龙、陈光国、陈定民、陈良直、陈绍花、陈国符、陈新生、陈森泉、陈遵妫、陈学诗、程漠、程力方、程明远、程流金、程漪芸、曾雨峰、曾遂庵、曾昭抡、庄永烈、费孝通、游国恩、傅漓、黄任、黄鉴、黄世晔、黄敏慧、黄碧鸥、黄曙秋、闻隆、闻一多、闻家驷、楚图南、万稼轩、蔡之俊、蔡超尘、叶思悚、叶露茜、杨明、杨澍、杨光玉、杨亚宁、杨谷香、杨春洲、杨秀芬、杨克强、杨须知、杨素辉、杨绍廷、杨佩珍、杨德洪、杨静慧、杨贤如、杨维书、蒲柳、黎敏、黎茄、汉萍、赵沨、赵光平、赵建中、赵纯一、赵瑞兰、赵嗣卿、熊伟、郑康、郑易里、郑伯华、郑秉璧、郑独步、诸葛明、刘北汜、刘吉耀、刘卓如、刘怀武、刘渔邨、蒋锐、蒋君超、谈苏、潘光旦、晓龙、欧阳德荫、阎振兴、谢明、谢加因、穆芷、薛小宋、薛沈之、萧凡、萧荻、瞿白音、魏蟠、魏承斌、蓝骏明、罗志雄、罗喜闻、罗肇发、罗隆基、颜武伟、苏均持、苏滋禄、苏鸿纲、顾元、顾光中、顾建中、顾默、龚德光、思慕、叶雨、陆儒燊、洪道、张祯、张溥仁、吴南山、袁玳蒂、田鲁、陈文德、万声、宋小珍、郭萍、陈世忠、何丕承、吴持恭。

吴晗3月28日出席西南联大学生自治会举办的"国是与团结问题"座谈晚会,到会者5000余人。吴晗演讲了"团结问题"。4月4日晚,西南联大召开学生代表大会,通过对于国是的主张。此前联大学生会负责人和民青负责人曾多次和闻一多、吴晗进行过研究。由于各印刷厂拒绝承印联大学生宣言,民青执委会决定创办一小型印刷所,得到吴晗、闻一多支持。10日,与闻一多等51人致信慰问郭沫若、顾颉刚。23日,民青负责人洪德铭以洪田禾之名给吴晗一信,述及筹备印刷《民主通讯》及筹办印刷所事。5月2日,冲破敌人的重重禁令,联大举行"五四青年运动座谈会"。吴晗在会上发表了题为《论"五四"》的演讲。他说:"上一代青年要求民主和科学;这一代青年的任务还是反帝反封建,还是要求得到民主和科学。过了二十六年了,这二十六年是血的时代。以万计,以千百万计的青年们的头颅,换得了支持民族命运的二十六年"，"五四运动是继承辛亥革命，补充辛亥革命的社会思想的革命。五四运动是反帝的反封建的革命"。他要求"青年人必然要继承五四光荣的传统精神，继承反帝的传统而反法西斯，反独裁，要求民主，要求自由，要求解放，配合着世界的民主潮流，努力于奠定人民世纪的伟业"。他提醒青年，"只有用人民的力量才能解决人民本身的问题。只有用人民的力量，才能奠定人民的世纪"。

按：从吴晗的演讲可以看到，吴晗加入民盟之后受到马列主义、毛泽东思想的影响，思想发生了很大的变化。他公开指责他的老师胡适关于"读书救国"的论调，认识到国民党反动派的腐朽，同时也认识到只有人民力量才是决定历史前进的力量。

吴晗5月3日晚7时在新校舍北区东饭厅出席西南联大历史学会举办的"五四以来青年运动总检讨会"，会议有3500余人出席，气氛十分活跃。会上雷海宗、吴晗、曾昭抡、沈有鼎和同学60余人发言，最后由吴晗作结论。4日下午1时，西南联大、云南大学、中法大学、英语专科学校四校学生自治会，在云大操场举行"五四纪念大会"，到会者共六千余人。吴晗与闻一多、潘光旦、潘大逵、曾昭抡、李树青等教授出席了大会。吴晗与潘大逵发表讲演。6月10日，郭沫若应邀访问苏联，路过昆明，在金碧路的冠生园同闻一多、吴晗欢叙。同日下午两时，昆明文化界人士发起组织的"文化沙龙"在威远街39号正式开幕。吴晗和闻一多、徐梦麟、周新民、曾昭抡等出席。25日，出席昆明文艺界人士在威远街39号文化沙龙举行的茶会，庆贺茅盾创作25周年及50岁诞辰。7月1日，吴晗等146人联名发表《昆明文化界致国民参政会电》。7日晚，与曾昭抡、潘光旦、罗隆基、伍启元等千余人出席西南联大、云南大学、中法大学三校学生自治会联合举办的"七七"纪念晚会。吴晗作"所谓国民参政会与国民大会"的演讲。8月14日，日本天皇宣布无条件投降，吴晗等207人联名发表《告国际友人书》，呼吁国际友人共同支持中国人民建立新的中国。15日，吴晗出席联大、云大、中法三大学学生自治会举办的"从胜利到和平时事晚会"，并在《怎样克服内战危机》的演讲中对比了蒋介石与朱德关于接受日伪投降问题两个截然不同的命令。9月4日，昆明学联邀请各界联合举行联欢晚会，庆祝抗日战争胜利。吴晗与曾昭抡、闻一多和周新民等发表演讲。

按：吴晗针对蒋介石9月3日发表的宣言，针锋相对地指出：召开"国民大会"，究竟"由何人召开""何时召开"？蒋介石在宣言中说："盼各党领袖参加政府。"吴晗说："这点固好，不过我很希望，莫要象今日的参政会。盖今日的参政会，据说参政员一共二百九十名，除共产党及各党派占二十五名左右，及无党派占五十名左右外，其余全都是国民党。"蒋介石说要"军队国家化"。吴晗说："这本也甚好，不过军队国家化后，所有军队交给谁呢？如交给政府，当然不可能，因为现政府是一个贪污政府。"至于"所谓中国国民党二十年来之军队，党部已完全撤消，但现在一般带兵的将领都是国民党员或中委，这样讲军队国家化，是诚欺人之谈"。后来国民党云南省社会处向国民党中央社会部作了一个密报，即"关于庆祝抗战胜利情况呈文"，其中有这么一段话："是晚到会人数约有三千左右，并有曾昭抡、吴晗、闻一多、周新民等教授到会演讲。所讲之内容，除曾昭抡之外，均系抨击本党诋毁领袖。"

吴晗等1232人9月15日联名发表《昆明各界人士为庆祝胜利及和平建设新中国通电》，提出解决国是诸意见。中旬，与闻一多、李承勋、费孝通、吴晗、王康等出席人民周报社、自由论坛社、大路周刊社联合复刊讨论会。10月2日晚，为共同组成《时代评论》周刊编委会，与闻一多至云南大学社会系办公室，并邀张奚若、楚图南、闻家驷、尚钺、费青、向达、吴富恒、费孝通等人及一些青年教师任《时代评论》编委。11月5日，与闻一多、闻家驷、曾昭抡、潘光旦联合邀请梅贻琦、傅斯年、杨振声吃饭，饭后谈到政局与校局。25日，联大爱国师生联合其他学校师生,共6000余人,在联大召开时事晚会,遭到中统特务头子查宗藩等的破坏,国民党军队用机关枪、钢炮、步枪向会场上空射击。吴晗立即写了《抗议非法的武装干涉集会自由》一文,刊于昆明的《民主周刊》。文章指责昆明的国民党党政军联席会议在24日公布的禁止各团体、学校一切集会或游行的命令"是不合法的,不合理的"。"所谓不合法,第一,国民政府所昭示的全国性保障人民一切自由的法令,地方政府无权变更,更无权取消,更无权制订和国家大法恰相违反的单行法令。第二,这样的决议出于所谓党政军联席会议也是不合法的。政府已经宣布还政于民,党部已经退出学校,党部只能管党员,管不着学校,管不着团体。军只能管现役军人,管不着老百姓,更不应该干预学校和团体。所谓不合理,更是显然。集会结社自由,言论行动自由,载在约法,也曾经政府三令五申,反复保障。生活在昆明的市民,不曾做过汉奸,也从没有和敌伪合作,凭什么平白被剥夺这些基本人权!"

按:文中又说,联大四校举行反内战时事晚会到会人数之多,"又一次证明了正义之必然胜利,也说明了自由必在斗争中取得的真理"。反动派居然实行武装干涉,出现了"手枪声,步枪声,机关枪声,手榴弹声,甚至小钢炮声,纷然交作,和校园里的教授演讲声,学生拍掌声竞赛"的局面。这是"开了人类有史以来所未有的武器用途的记录,也造成了中华民国有史以来军阀压迫学生的新花样"。文章最后提出:"立刻制止内战,要求和平""组织民主的联合政府""切实保障人民的言论,集会,结社,游行,人身等自由"。

按:时事晚会后,为了反击国民党武装干涉学生集会自由,昆明各校学生举行罢课。联大剧艺社、阳光美术社等社团都走上街头,进行反内战宣传。云南省主席李宗黄和云南警备司令关麟征召集各校负责人及反动宪、警头目会议,叫嚷"不惜流血""你们有集会的自由,我有开枪的自由"。要各校交出所谓"有思想问题"的学生名单,限令学生在十一月二十八日复课。广大爱国师生坚持斗争,拒绝复课。特务头子查宗藩在省党部召集的特务头目和反动党团骨干的会议上叫嚷"现在党国处在危机之中,党员要忠于党国,联大学生都是共产党,我们要去打死他们"。12月1日,"一二·一"惨案发生,吴晗和闻一多闻讯学生被杀时,立刻跑到医院去看望受伤的同学。并在第二天召开了"联大教授会",一致通过决议,抗议昆明国民党当局屠杀学生的罪行。

吴晗针对12月10日蒋介石发表告昆明教育界人士书,其中反复强调要"整顿纪纲",说什么"学校学生一言一动",都要"遵守纪纲",撰写了《"一二·一"惨案与纪纲》一文,指出:"从十一月二十五日到十二月一日这一周,是中国有史以来最黑暗的一周,是中华民国建国以来最不体面的一周,也是从国民党成立五十年以来最不光明、最被玷辱的一周。""昆明三十万市民明明白白,清清楚楚,谁发出非法的禁止集会的命令,谁指使军队包围以及开火,谁在组织反罢课委员会,谁指派特务捣毁学校,谁给的手榴弹,谁下令屠杀学生……。"吴晗指出,所谓纪纲问题,"必得先明白是谁在破坏纪纲。就昆明市民所知,学生确乎尽了保持纪纲的能事,从二十五日晚到今天,秩序整然,对内有组织,有纪律,对外用文字的宣传,用口头演讲呼号,反对内战,要求和平民主团结,不但无罪,而且有功。他们没有闯入任何场所,恣行捣毁,以至杀人抢劫"。"反之,造成现在'社会与学校无政府无秩序的状态',破坏纪纲的是本月一日以前的党政军当局。要正纪纲,先得正他们。要不贻国家之羞,先得严惩他们。要保持国民党的党誉,更得先查办他们。""正纪纲、明法纪,立刻惩办惨案的负责人。第一、行政的处分,一律立刻撤职;第二、法律的处分,查明事实,由军事法庭、普通法庭分别照国法处刑。其次,明令取消二十四日的非法禁令。并立即废止特务组织。"19日,为《民主周刊》社印行林薮所著《一二·九——划时代的青年史诗》作序,指出:"一二·

一继承了一二·九,上溯到五四反帝反封建使命,前人的血迹替后人指了路标,纵然万分艰苦,纵然前途修远,集合全民族青年的力量,我们必然会到达,一定会到达。"对胜利充满着信心。(参见夏鼐《吴晗的学术生涯》,浙江人民出版社1984年版;闻黎明、侯菊坤《闻一多年谱长编》(增订版),上海交通大学2014年版)

罗隆基等342人3月12日联名发表《昆明文化界关于挽救当前危局的主张》。春,因罗隆基曾于上年12月16日在《民主周刊》发表《政治的民主与经济的民主》,认为苏联有经济民主而无政治民主,英美有政治民主而无经济民主,力主走第三条道路。为此,民盟云南省支部在李公朴家中开过一次讨论会,闻一多、吴晗、楚图南、张光年等与罗隆基展开了短兵相接的激烈辩论,罗隆基谈笑自若地重申了他的主张,谈笑中不免埋下几根暗刺。通过辩论与信息传播,罗隆基的主张从此在盟内外的市场日益缩小了。从这时起,李公朴、闻一多等酝酿在罗隆基掌握的昆明民盟机关刊《民主周刊》之外,另办一个民盟左翼的半月刊《民主增刊》。4月10日,参与闻一多、吴晗等51人联署致信慰问郭沫若、顾颉刚。7月1日,罗隆基、闻一多等146人联名发表《昆明文化界致国民参政会电》。此文由罗隆基起草、闻一多润色。

按:签名者有:丁月秋、于振鹏、王瑶、王健、王世钦、王若明、王若移、王振华、王菊英、方庶民、白澄、白麦浪、田实、田曰灵、甘娥、光未然、朱新宇、伯韩、辛毅、何庄、何丕承、吕剑、杜平、杜宣、杜迈之、汪钱、宋云彬、李文宜、李仁苏、李克兢、李公朴、李何林、李俊昌、李义襄、李实中、李整理、李德家、吴晗、吴乾就、吴征镒、林路、林慧、林文铮、林石父、林乃祥、尚钺、季镇淮、孟心田、孟心坚、金若年、周小光、周振飞、周基堃、周钢鸣、周慧仙、祁仲安、思慕、姜震中、胡钊、胡绍南、洪道、施沛、南方虹、范宁、侯达虔、孙晓桐、孙镜秋、唐其昌、胡毅、凌鹤、凌琯如、高履平、夏康农、夏继诚、袁震、时怀铭、郭勇、冯素陶、常任侠、陆钦墀、许杰、许立明、许维遹、梁秀如、费孝通、张客、张莺、张小楼、张时俊、张曼筠、张进修、张学文、张澜庆、徐守廉、徐兰芳、陈健、陈鹏、陈天佑、陈定民、陈丹南、陈仓亚、陈新生、陈祥珍、曾昭抡、程力方、程流金、黄新波、黄慧敏、杨林、杨洛、杨澍、杨须知、杨炳超、杨锦山、杨维书、杨淑慧、杨鸿魁、叶雨、叶露茜、楚图南、章楠、彭淑端、闻一多、闻家驷、赵沨、赵仲邑、赵爱清、谈苏、刘北林、郑伯华、郑独步、潘大逵、潘光旦、钱毅超、龙文池、简竹坡、薛沉之、薛琴芳、谢航、谢加因、瞿白音、萧涤非、罗喜闻、罗隆基、龚德光、游国恩。

罗隆基与曾昭抡、吴晗、潘光旦、伍启元等千余人7月7日晚出席出席西南联大、云南大学、中法大学三校学生自治会联合举办的"七七"纪念晚会。罗隆基演讲"联合政府"。同日,罗隆基起草、闻一多润辞的《抗战八周年纪念日中国民主同盟云南省支部宣言》定稿。宣言再次表示反对内战、反对召开国民参政会、反对国民党包办国民大会的立场,并要求立即召开三大政团圆桌会议,讨论联合政府问题。8月15日,出席联大、云大、中法三大学学生自治会举办的"从胜利到和平时事晚会",并演讲《怎样走向民主团结的道路》,提出军队国家化、财富大众化、政治民主化三项主张。会上,刘思慕、罗隆基等还回答了"美国政府对中国的内战,是否会无限制地帮助合法政府""如果真正打起内战来,双方力量的对比如何""假如人家不要联合政府,我们怎么办"等问题。罗隆基说:"如果我们所要求的联合政府没有办法实现,我们只有革命!"全场报以热烈掌声。12月,罗隆基调民盟中央总部工作,离开昆明赴重庆。(参见闻黎明、侯菊坤《闻一多年谱长编》(增订版),上海交通大学2014年版)

曾昭抡等16位大学教授1月7日在昆明《正义报》之《新岁五问笔谈》作新岁问答。2月,曾昭抡与李公朴合著之《青年之路》一书出版。3月10日,参与29教授因物价飞涨联名订定稿酬。12日,联署发表《昆明文化界关于挽救当前危局的主张》。下旬,李公朴、闻一多等酝酿在罗隆基掌握的昆明民盟机关刊《民主周刊》之外,另办一个民盟左翼的半月刊《民主增刊》。这个刊物向国民党申请登记时候,主编的名字报的是曾昭抡,曾昭抡在国民党高层关系多,容易通过。28日,出席西南联大学生自治会举办的"国是与团结问题"座谈晚会,到会者5000余人。会上,曾昭抡演讲《军队统一问题》,吴晗演讲了《团结问题》,王赣愚演讲《国民大会与政党》。张奚若因事未能出席,他的讲题"国民大会的特质"由曾昭抡讲述。5月3日晚7时,出席西南联大历史学会举办的五四以来青年运动总检讨会,与雷海宗、吴晗、沈有鼎和同学60余人发言。4日下午1时,出席西南联大、云南大学、中法大学、英语专科学校四校学生自治会在云大操场举行的"五四纪念大会"。6月10日下午两时,昆明文化界人士发起组织的"文化沙龙"在威远街39号正式开幕。曾昭抡与闻一多、吴晗、徐梦麟、周新民等出席。7月7日晚,曾昭抡出席出席西南联大、云南大学、中法大学三校学生自治会联合举办的"七七"纪念晚会,并演讲"八年来的军事与外交"。8月下旬,民盟云南省支部收到曾昭抡16日自重庆来信,称民盟临时全国代表大会定10月1日在渝举行,望速选出云南支部代表。随后云南支部全体盟员在唐家花园开会,选出李公朴、闻一多、李文宜、冯素陶、辛志超、楚图南为代表。又潘光旦、罗隆基、曾昭抡、周新民、潘大逵、吴晗为民盟中央执行委员会委员,是出席临代会的当然代表。(参见闻黎明、侯菊坤《闻一多年谱长编》(增订版),上海交通大学2014年版;周天度、孙彩霞《李公朴传》及附录《李公朴生平活动简表》,群言出版社2002年版)

潘光旦1月搬进联大在西仓坡新盖的教职员宿舍。因生活窘迫,潘夫人赵瑞云曾自制绣花绸睡衣、头巾、手帕卖给盟军,她请闻一多画过两幅龙的图案作为绣样。3月10日,参与29教授因物价飞涨联名订定稿酬。12日,联署发表《昆明文化界关于挽救当前危局的主张》。5月2日,自由论坛社组织五四纪念座谈会,座谈内容为"自由主义在中国"。这次座谈会记录没有写明发言人姓名,但《自由论坛》由潘光旦主编,当由潘光旦发起和主持。刊于5月4日《自由论坛》周报第25期的《自由主义在中国:五四纪念座谈会记录》所载:"为了纪念'五四',我们特地邀集了一些朋友来社座谈自由主义的前途。参加的人有当年躬与其事的前辈,有自由主义的拥护者,有一般认为很急进的左派青年朋友。就职业而论,这晚座中人包括有大学教授、讲师、助教、研究员、中学教员、银行行员、杂志编辑和大学生。我们并非有意选定自由主义的前途为题,只因为当晚参加的人在认识上有些是出入很大的,总希望话能很平心静气,由平凡的题目引起,后来谈话的范围拉得很广,虽然没有什么结论,但各人都很认真地在思索,讨论。这份记录原文很长,这里只就可以公开的摘要发表。"这次座谈很重要,有助于当年知识精英对自由主义及其道路的认识。

按:文中又有载"主席"所言:"再过两天就是'五四'二十六周年,近年来官方好像看得很不顺眼,进而有人主张把这史事要从书本中,从人们的记忆中删除掉,消灭掉,我们这批人对此还有什么话说呢?一年一度的纪念会到今年似乎特别值得我们追念,穷思。今晚邀集朋友们来社,算是纪念'五四',就与'五四'有关系的各方面问题讨论,题目且定为自由主义的前途,从这里起较为方便一些。甲先生是五四当年身历其境的前辈,我们特地请他来参加,请各位多多发言。""今日美国社会主义的倾向很明显","大势所趋,英美应该多多采行社会主义的政策,苏联多给人民以英美人民所享有的政治自由,放弃过去控制人民自由的办法,二者便可以调和起来,中国青年应在这种趋势之下找出一条路来,把中国弄好"。

潘光旦5月4日下午出席西南联大、云南大学、中法大学、英语专科学校四校学生自治会在云大操场举行的"五四纪念大会"。6月24日,潘光旦出席西南文化研究会学习讨论会,并主讲"英美民主与苏联民主的比较,与中国应有的民主"。参加者有华岗、曾昭抡、尚钺、闻家驷等。当时在民盟内部,对民主有不同理解,有人认为英美有政治民主无经济民主,苏联则有经济民主无政治民主,希望在中国实行既有政治民主又有经济民主的制度。这次会上,对此问题讨论尤为激烈。闻一多批评了潘的某些观点,说:"潘先生是一个生物学家(科学家),他也是一个中国人,中国人有敷衍的态度,他缺乏主观的改造的认识。"6月,西南联大社会系教授李树青出国,潘光旦设宴饯行,闻一多作陪。7月7日,抗日战争8周年纪念日。潘光旦出席昆明文化界在文化沙龙举办的文艺检讨会。晚,潘光旦出席西南联大、云南大学、中法大学三校学生自治会联合举办的"七七"纪念晚会,并演讲"八年来的教育与文化"。9月,《自由论坛》社社长郭相卿被国民党当局威胁利诱,于昆明《中央日报》刊登启事,"正告潘光旦",称《自由论坛》与民主杂志无关系,并将潘排挤出编委会。12月23日,民主同盟云南省支部召开盟员大会。潘光旦等11人当选为执行委员,并任财务委员会主任委员。

　　按:为了揭露自由论坛社社长郭相卿被国民党当局威胁利诱的阴谋,闻一多与吴晗、曾昭抡、王赣愚、费孝通、杜才斋、王康、袁方等召开紧急会议,议决开除郭相卿社籍,解散自由论坛社。同时又起草了《自由论坛社社员启事》,文云:"同人等于民国三十二年二月创立自由论坛社,发行《自由论坛》月刊,继于民国三十四年九月增办《自由论坛》周刊,一切重要社务,由社员大会决定,日常事务则由社员大会所推选之社务委员会全权执行。社员郭相卿以发行人资格被赋予社长名义。历年以来,关于经费之筹措,刊物之编辑,民主运动之倡导与响应,俱由社务委员潘光旦、王赣愚、费孝通等负完全责任。对外捐募款项亦以社务委员之名义行之。不意上月郭相卿突以社长名义在各报刊登荒谬启事,以个人而否认全体社员行动。当经社员大会开会议决,肯定过去一切行为合于全体社员公意,郭相卿违法叛社,罢免其社长名义。并以郭君青年,特予宽容,于启事中仅声明议决案原则,不列郭君姓名,开其自新之路,刊登于九月十七日《中央日报》。次日郭相卿逸人请项,表示悔过,恳求将启事中取消社长一段删去,社务委员以其既知自新,勉允所请。讵料郭相卿君涛张反覆,不顾信义,叛师卖友,变本加厉,又于九月二十日《中央日报》刊登非法启事,反唇相讥。兹特郑重声明,郭相卿两次启事所列事项,完全不合事实,违反社员公意,经社员大会议决,正式公布开除郭相卿君社籍,依法追究最近以社务委员名义所募集之款项,并自即日起宣布解散自由论坛社。本社前出《自由论坛》月刊至第三卷第五期为止,《周刊》至二十八期为止。此后如有同样名字之刊物出现,概与本社同人无涉。特此声明。"(《吴晗闻一多等签名的自由论坛社为开除郭相卿社籍及解散自由论坛社的社员大会启事底稿》,中国革命博物馆藏)该声明于九月二十七日在《云南日报》第一版广告栏中刊出,署名者为潘光旦、王赣愚、费孝通、闻一多、吴晗、曾昭抡、张莘群、王康、袁方、杜才奇。(参见吕文浩编《中国近代思想家文库·潘光旦卷》及附录《潘光旦年谱简编》,中国人民大学出版社2015年版;闻黎明、侯菊坤《闻一多年谱长编》(增订版),上海交通大学2014年版;齐家莹编《清华人文学科年谱》,清华大学出版社1999年版)

　　费孝通加入中国民主同盟,参与反对内战、争取民主宪政活动,成为闻名一时的民主教授。3月10日,参与29教授因物价飞涨联名订定稿酬。4月10日,参与闻一多、吴晗等51人联署致信慰问郭沫若、顾颉刚。5月31日,《云南日报》发表社论《当前经济政策的检讨》说,最近大公报刊载昆明各大学戴世光、费孝通、鲍觉民、伍启元、杨西孟等5位教授合撰"星期论文"一篇,讨论现阶段的物价及经济问题,语重心长,发人深省。我们完全同意5教授所指出的现阶段的经济危机是由于高度的通货膨胀,而高度的通货膨胀是由于"既得利益集团"的操纵所造成的。9月中旬,费孝通与闻一多、侯达虎、李承勋、费孝通、吴晗、王康等参加人民周报社、自由论坛社、大路周刊社联合复刊讨论会。现存《〈人民〉〈自由〉〈大路〉为联合复刊讨论会记录》,全文如下:"一、《人民》《大路》两周刊决定于最近联合复刊,另与《自由》同人合作。二、联合的动机,系基于过去人事上之谐和及对现实见解相同,而希望能以更有力的姿态出现,以对当前时局国事有所贡献。三、联合办法:由三方面组成联合出版委员会;《人民》《大路》仍保持其各自之独立性,但皆得遵守联合出版委员会之意见;联合出版委员会由三方面依实际情形分为编辑及发行两部分,编辑由费孝通负责,发行由《人民》《大路》联合负责。四、经费:《人民》《大路》各负担四分之一,《自由》负二分之一。五、《人民》《大路》原有之债务,仍各自负责清还,惟联合版对于两刊原有之未满期定户愿担负一部分清理之责,其担负之比例俟后决定。六、联合刊名《人民大路》。七、发行人仍用《人民》《大路》二发行人之姓名。八、总编辑具名。九、总编辑对文章之刊选负全责。十、下次集会时间29日下午8时半。十一、联合出版委员会由7人组成之,《人民》2人、《大路》2人、《自由》3人。《大路》侯达虑、孟超,《自由》吴晗、费孝通、王康,《人民》(缺)。十二、联合办事处设《人民》文艺沙龙,编辑部设费先生处。"10月2日,《时代评论》创刊,由费孝通任主编,王康任发行人,编委有闻一多、张奚若、吴晗、楚图南、费孝通、闻家驷、尚钺、费青、向达等,至1946年3月被勒令停刊,共出版18期。12月23日,民主同盟云南省支部召开盟员大会,费孝通等11人当选为执行委员,并任研究委员会主任委员。(参见吕文浩编《中国近代思想家文库·潘光旦卷》及附录《潘光旦年谱简编》,中国人民大学出版社2015年版;《吴晗闻一多等出席的人民周报社、自由论坛社、大路周刊社为联合复刊讨论会记录》,中国革命博物馆藏;闻黎明、侯菊坤《闻一多年谱长编》(增订版),上海交通大学2014年版;《云南大学志》编审委员会《云南大学志》第2卷《大事记(1915年—1993年)》,云南大学出版社1993年版;西南联大北京校友会编《国立西南联合大学校史——1937至1946年的北大、清华、南开》,北京大学出版社1996年版)

钱端升1月作为太平洋学会中国委员会成员,出席在美国Virginia的Hot Spring举行的太平洋学会第九次会议。一起前往的有蒋梦麟、张君劢等。3月,自美返抵昆明。应西南联大学生自治会邀请,演讲"战后的国防问题"。4月,当选为第四届国民参政会参政员。同月,在西南联大讲课,"强调欲建新中国,必须国共和解"。7月,在第四届国民参政会第一次会议上,提出《请重新订立关于教授非国语语文之政策及方案》。同月,与周炳琳联名提案,不同意国民参政会大会问题审查会一致通过的决议草案。两人联名发表的《对于国民大会问题审查意见的声明》,被刊登于重庆《新华日报》。8月3日晚,受西南联大学生自治会邀请,在联大演讲"参政会与今后中国政治",强调"中国需要联合领导,除了各党派联合起来,参加领导权,没有第二种更好的方法"。9月8日,被联大教授会选举为第八届校务会议教授代表。28日,钱端升访朱自清,承示《为国共商谈致蒋介石毛泽东两先生电》,朱自清同意在电文上签名。10月1日,钱端升起草并与联大教授张奚若、周炳琳、朱自清、陈岱孙、汤用彤、闻一多等10位教授为国共和谈致电蒋介石、毛泽东,要求"立即同意召集包括各党各派及无党无派人士之政治会议,共商如何成立容纳全国各方开明意见之联合政府,再由此联合政府于最短期内举行国民大会代表之选举,定期召开国民大会,以制定根本大法,以产生立宪政府"。后刊于10月17日《民主周刊》第2卷第12期,发表时题《国立西南联合大学张奚若等十教授为国共商谈致蒋介石毛泽东电文》。

　　按:当时昆明各界纷纷表明对国是态度,钱端升认为联大教授亦应表示立场,遂起草一文,请各位教授签名。张奚若为了避免为人口舌,主张只约请名教授签名,故最后仅有十教授签名。该电由交通部电信局发出,发报纸共用了二十四页。台湾"国史馆"今存该电发电纸原件,在"发报人姓名及住址"栏里,盖有"钱端升印"的图章,旁有"一面抄送毛泽东先生,一面签报主席"之批示。(国民政府档案,台湾"国史馆"存,典藏号001-014510-0003)

钱端升、闻一多、伍启元、杨西孟、费孝通、潘大逵等教授11月23日接西南联大、云南大学、中法大学、英语专科学校四校学生自治会邀请,定于25日晚在云大至公堂晚会演讲。

25 日晚 7 时,民盟云南支部配合西南联大、云南大学两校学生自治会筹划组织的大规模的反内战时事晚会在西南联大广场举行,钱端升演讲"中国政治之认识",他以国民党员身份极力强调目前成立联合政府之必要。演讲未毕,校外即闻枪声,军警包围联大。国民党员伍启元接着演讲,他以经济学家的眼光,讲"财政经济与内战关系",当他说到内战扩大中国必失去建立现代工业化国家的机会、财政经济将趋于总崩溃时,墙外手枪声、机关枪声四起,子弹嗖嗖从人群头顶掠过,电线被割断。大会点起汽油灯继续进行。费孝通讲"美国与中国内战之关系",指出美国政策实有助长中国内战之嫌,其罪在美国财阀军阀,中美人民应联合起来反对中国内战。当潘大逵讲"如何制止内战"前,机关枪、冲锋枪声齐作。潘仍登台强调从速召开政治会议,尤其指出撤退美苏军队是制止内战的主要条件。为了安全,大会提前结束,在"我们反对这个"的反内战歌声中散会。但外校同学刚出校门又遭阻击,各处出口均被断绝,不得已又折回联大,至 10 时许,方自农场小路经云大后门入城。为抗议国民党破坏民主集会,四大学学生自治会当晚议决联合罢课。29 日,重庆《新华日报》报道《钱端升教授呼吁成立联合政府》。12 月 1 日,"一二·一"惨案发生。2 日,钱端升、周炳琳、费青、燕树棠、赵凤喈 5 位教授在 12 月举行的西南联大教授集会上,被推选组成法律委员会,准备起诉国民党特务杀害西南联大学生的罪行。此举得到成都、上海各界纷纷响应后,国民党特务甚至寄给钱端升一颗子弹,以此相威胁。19 日,出席西南联大在清华大学办事处召开的本年度第七次教授会议。20 日,拒绝出席西南联大校务会议,以抗议教授会因"一二·一"惨案有压迫学生复课事。(参见孙宏云编《中国近代思想家文库·钱端升卷》及附录《钱端升年谱简编》,中国人民大学出版社 2014 年版;闻黎明、侯菊坤《闻一多年谱长编》(增订版),上海交通大学 2014 年版;姜建、吴为公编《朱自清年谱》,安徽教育出版社 1996 年版)

　　张奚若 9 月 8 日下午 3 时半出席西南联合大学在昆华中学北院北楼教室召开的 1945年度第一次教授会议,与钱端升、陈岱孙、闻一多、张奚若、陈岱孙、陈雪屏、郑华炽、冯文潜、燕树棠、汤用彤、吴大猷、朱自清、李辑祥当选为教授会议代表。10 月 1 日,张奚若领衔西南联大十教授为国共和谈致电蒋介石、毛泽东,要求停止内战,应速成立立宪政府,实现国内和平。此电发表后,产生重要影响。17 日,此电文曾以《国立西南联合大学张奚若等十教授为国共商谈致蒋介石毛泽东两先生电文》为题,刊于昆明《民主周刊》第 2 卷第 12 期。同期载有《十教授致蒋毛电文》,谓:"十教授中张奚若先生是前参政员,周炳琳、钱端升两先生是老国民党员,也是现任参政员,过去几次参政会中都曾剀切陈言,替人民说话。其他的七位教授,除闻一多先生是中国民主同盟的盟员,吴之椿先生是国民党员而外,都是以教学为业,精研笃究,卓著声誉的学者。内中没有一个是共产党员或曾是共产党员,年龄也都在四十以上,绝没有年青气盛容易被人利用的分子在内。他们的意见应该可以说纯粹自发的,纯粹基于国家民族立场的,超出党派利害立场的意见,也就是代表了整个人民的意见。"

　　按:全文如下:重庆国民政府文官处分转蒋介石先生、毛泽东先生大鉴:日本投降,先生等聚首重庆,国人方庆外患既除,内争可泯,莫不引领企望协商早得结果,统一一成事实,新中国之建设早获开始。顾谈商逾月,外间第传关于地区之分辖有异议,军额之分配有争执,而国人所最关切之民主政治之实施,及代表此政治之议会之召集,转未闻有何协议。诚所传非虚,则谈商纵有结果,亦只是国共两党一时均势之获得而已,既不能满足全国人民殷殷望治之心,亦不足以克服国家目前所遭遇之困难。奚若等内审舆情,外察大势,以为一党专政固须终止,两党分割,亦难为训。敬请先生等立即同意召集包括各党各派及无党无派人士之政治会议,共商如何成立容纳全国各方开明意见之联合政府,再由此联合政府于最短期内举行国民大会代表之选举,定期召开国民大会,以制定根本大法,以产生立宪政府。必如此,一切政治纠纷乃可获致圆满之解决,而还政于民之口号乃不至徒托空言。在立宪政府成立以前,国共两党既为今日中国力量最雄厚之两大政党,先生等又为其领袖,故刷新政治,改正方向,先生等实责无旁贷。

今当除旧布新之际,有数事应请特别注意,并立即施行者。十余年来,我国政权实际上操于介石先生一人之手,介石先生领导抗战矢志不渝,自为国人所钦敬,惟十余年来政治上之种种弱点,如用人之失当,人民利益之被漠视,以及贤者能者之莫能为助,其造因为何?诚宜及时反省!今后我国无论采用何种政制,此一人独揽之风,务须迅予纠正。此其一。十余年来,由于用人之专重服从,而不问其贤能与否,遂致政治、道德日趋败坏,行政效率日趋低落。即自日本投降以来,收复区人事之布置,亦在在使人惊讶失望。今后用人,应重德能,昏庸者、贪婪者、开倒车者,均应摒弃,庶我国可不致自绝于近代国家之林,而建国工作乃能收效。此其二。军人干政,在任何国家,任何时代皆为祸乱之阶,今后无论在中央或在地方,为旧军人或为新军人,隶国民党之军人或隶共产党之军人,皆不应再令主政。此其三。奸逆叛国,其罪莫逭,政府纵恻隐为怀,不将大小伪官一一加以惩处,而元凶巨憝及直接通敌之辈,绝不可使逃法外。须知过于姑息,便损纪纲,忠奸不分,何以为国。此其四。

以上四者,皆属今日当务之急,亦为国家根本之图,先生等领导国内两大政党,倘刷新政治,改变作风之决心一经表明,目前政治上之纷乱局面,可立归于澄清,而来日宪政之实施,亦可大减其阻力。抑更有进者,民主制度之所以能风靡全世而战胜反动集团、消灭法西斯主义者,乃因其能以全国人民之意志为国家之意志,以全国人民之力量为国家之力量。故真正民主国家,其政府对于个人之价值,与夫个人之人格与自由,莫不特别重视,对于全体人民之智慧,亦莫不衷心信赖。先生等领导大党,责逾寻常,务望正心诚意,循宪政之常轨,以运用其党力,诚能以实际之措施,求人民拥护,藉人心之归向,作施政之指针,则一切纠纷自然消弭矣。夫导国家于富强康乐之域,其道自尊重人民始,而树立宪政、轨范心理上之因素,尤为首要。奚若等向以教学为业,目击政治纷乱,所加于人民之损害,亦既有年,值此治乱间不容发之际,观感所及,不容缄默,率直陈词,尚乞察纳。张奚若、周炳林、朱自清、李继侗、吴之椿、陈序经、陈岱孙、汤用彤、闻一多、钱端升。十月一日。

张奚若、楚图南、闻家驷、尚钺、费青、向达、吴富恒、费孝通等人及一些青年教师10月2日晚应闻一多与吴晗邀至云南大学社会系办公室,共同组成《时代评论》周刊编委会。31日,西南联大学生自治会学艺部举办"八年来的联大"检讨会。校庆纪念周内,人们特别关心是月10日签订的《国共会谈纪要》,民青编辑的《现实》壁报就接受敌伪投降、解放区政治问题,访问了张奚若、闻一多、王赣愚等教授,并将其意见刊登在壁报上。11月29日上午9时,西南联大在清华大学办事处召开本年度第二次教授会议决定推张奚若、钱端升、周炳琳代表本会向学生训话。下午3时,联大召开全校大会,动员学生复课。民青向中共南方局的汇报稿《"一二·一"运动与"民青"》是这样记录这天的会中情形:"当天下午,即由罢委会发表一封给教授的公开信,内容主要表明两点,在图书馆前面公布,并在教授来到会前向同学宣读。教授来后,由叶企荪、张奚若、周炳琳、钱端升诸人代表校方讲话,除对同学行动表同情及赞助外,进一步以种种理由,要求同学复课,并由周炳琳代表校方宣布第二天(卅日)上午9时正式复课。并说:同学因故未能复课听便,但不得干涉他人上课。当由罢委会代表答复称:自由未能获取,无法复课。周炳琳说以后保证开会决无同样事情发生。同学代表称:果尔则我等明天游行,如未出事,则立即复课,问周炳琳能否保证。周氏答称:彼所保证者,系指校内集会自由,非指校外而言。至是代表遂以'九一八'为例,而声明不能等候解决,必须以行动贯彻主张,不当奴隶。至此闻一多出来讲演(预定不许他说话),他认为复课是一策略问题,而复课并非是不干,同时表示罢课已获重大成果云云,并指责罢委会代表感情用事,想用感情煽动人,最幼稚亦最可羞愧。语毕,教授即行离开会场,同时罢委会正式宣布继续罢课。"(参见中国共产主义青年团中央委员会资料室藏,转引自一二·一运动史编写组编《一二·一运动史料选编》上册,云南人民出版社 1980 年版。此件原题为《昆明学生惨案经过》;闻黎明、侯菊坤《闻一多年谱长编》(增订版),上海交通大学 2014 年版)

叶企孙 8 月 23 日因理学院院长吴有训离昆赴渝,出任中央大学校长,叶企孙继任理学院院长。11 月 7 日,联大第 352 次常委会决议:聘请叶企孙、周炳琳、冯文潜、陶葆楷、郑天挺为医药补助委员会委员,并请叶企孙为主席。13 日,梅贻琦常委因公赴渝转北平,常委职务由叶企孙暂代。29 日上午 9 时,叶企孙出席并主持西南联大在清华大学办事处召开本年度第二次教授会议。会上叶企荪报告学生罢课情形及校务会议处理之经过,遂议决五项:"一、同人站在教育立场,对本月二十五日晚军政当局行为,认为重大污辱,应依校务会议决议原则加强抗议(全体通过)。二、召集全体学生训话,劝令即日复课,由全体教授出席。除代理常委叶企荪先生、教务长潘光旦先生外,另推代表三人发言(通过)。三、推举抗议书起草委员 8 人。抗议书内容由起草委员全权负责(通过)。四、推张奚若、钱端升、周炳琳三先生代表本会向学生训话。五、推冯友兰、张奚若、钱端升、周炳琳、朱自清、赵凤喈、燕树棠、闻一多 8 先生为抗议书起草委员(冯友兰先生为召集人)。"12 月 2 日上午 9 时,叶企孙出席并主持联大三十四年度第三次教授会临时会,与会者共 85 人。叶企荪报告"十一月二十九日召集学生训话经过";报告"校务会议决议:分电教育部及蒋主席宋院长,请派政军大员来昆彻查处理,并推代表三人赴渝接洽";报告"十二月一日暴徒袭击本校师范学院、工学院、新校舍及附中等处情形"。查良钊"报告学生死伤概况",袁复礼"报告新校舍受袭击并本人受伤情形",马大猷"报告工学院受袭击捣毁及本人被殴情形",高崇熙"报告新校舍受袭击情形",张清常"报告师范学院受袭击及学生被屠杀情形"。教授们对此次大屠杀莫不愤慨异常,会中一致通过五项决议:"一、推派周炳琳、汤用彤、霍秉权三先生参加死难学生入殓仪式,代表本会同人致吊,并代表同人向受伤者致慰问。二、请主席向地方军政当局交涉,万一学生坚持抬棺游行,请准予进行。三、建议学校拨校园地以安葬本校死难二同学。四、接受助教 28 人建议书中关于法律部分,组织法律委员会,负责研讨。法律委员会委员由周炳琳、钱端升、费青、燕树棠、赵凤喈五先生及建议书具名之法律系助教二人充任之。"当时等曾建议罢教声援学生,但教授会议决:"五、罢教问题延缓讨论。"

叶企孙 12 月 4 日上午 9 时出席西南联大在清华大学办事处召开的本年度第四次教授会议。会上多数教授仍主张采取法律解决,不愿给当局施加更大压力,但对惨案仍表示愤怒,对同学仍十分同情。会上通过 7 项决议:"一、法律委员会委员,除上次会议推定之周炳琳、钱端升、费青、赵凤喈、燕树棠五先生,及助教代表曹树经、闻鸿钧二先生外,再加请蔡枢衡、章剑、李士彤三先生及助教丁则良先生参加工作。二、委托校务会议招待中外新闻记者,并以书面说明此项事件真相。三、电请三常委即日返昆主持校务。四、委托法律委员会搜集有关本次事件之史料。五、自即日起本校停课七天,对死难学生表示哀悼,对受伤师生表示慰问,并对地方当局不法之横暴措施表示抗议。六、由校务会议迅速设法劝导学生复课。七、促法律委员会加紧工作,务期早日办到惩凶及取消非法禁止集会之命令。"在教授会议上,主张罢教的闻一多处于少数,但仍泰然。回家后称赞张奚若,说:有些人讲话真让人生气,我想起来讲话,又要作记录,急死人,幸有张先生在会上舌战群儒,痛快淋漓。9 日,《新华日报》发表社论《中国青年的光荣》,认为教授会议通过"停课七天"议决,具有重要意义,因为这"是过去任何一次学生运动中所未曾有过的"。(参见蔡仲德编撰《冯友兰先生年谱长编》,中华书局 2014 年版;闻黎明、侯菊坤《闻一多年谱长编》(增订版),上海交通大学 2014 年版;西南联

大北京校友会编《国立西南联合大学校史——1937至1946年的北大、清华、南开》，北京大学出版社1996年版)

刘崇鋐与曾昭抡、王赣愚、雷海宗、蔡维藩、伍启元、邵循正、冯至、孙毓棠、吴晗等3月7日晚起应基督教女青年会之邀，举行国际问题系统讲演。4月13日，刘崇鋐与陈岱孙、闻一多、周新民、吴晗、费孝通等11位教授出席为12日美国总统罗斯福逝世举行的座谈会。12月22日下午5时，刘崇鋐出席并主持联大第九次教授会临时会，与会者共96人。会议决定：(一)17日教授会曾决定请求政府将李宗黄先予以撤职处分，如不能办到，则教授会全体辞职，兹补充为"从今日起以两个月为求此事实之最大限度"。(二)学生自治会对于上课学生有剥夺其权利之举，应如何惩处，请常委酌定。同日《梅贻琦日记》云："闻未到会，派寿民(即刘崇鋐——蔡按)暂代。孟真颇示焦躁，盖已决于明日返渝，校事不欲过问矣。会散后留周、冯、赵晚饭，草'谈话'之二。饭后又随周、赵访傅，劝其稍缓返渝，未得谅允。以后只好仍自支撑耳。"所说"'谈话'之二"，即《梅常委书面谈话》，全文如下："今天下午教授会开会，学生自治会送来呈教授会函一件，并派代表二人到会，本人当将此函转交，并征求教授会同意，由学生会代表出席陈述意见。关于请求政府将此次事变之负责首脑人员先行撤职事，教授会已通过决议案，自本日起以两个月为求此事实现最大期限，决以去力争。昨日省政府卢主席曾来函，询问本校校舍、校具损失数目及死难同学家属住址，本校当即复函，并将受伤学生姓名及医药用费开去。本月二十日，本人曾对学生自治会理事会代表面加告诫，对于上课同学不得加以阻拦或采取其他行动。乃近两日学生会对上课学生竟采取行动，剥夺学生应得权利，殊属违背学校纪律，应迅即自行纠正。以后如再有此种行动，本人决将执行学校纪律，严予惩处，以维持秩序。"(参见西南联大北京校友会编《国立西南联合大学校史——1937至1946年的北大、清华、南开》，北京大学出版社1996年版；蔡仲德编撰《冯友兰先生年谱长编》，中华书局2014年版)

陈岱孙与闻一多、周新民、刘崇鋐、吴晗、费孝通等11位教授4月13日出席为12日美国总统罗斯福逝世举行的座谈会。6月20日，联大第336次常委会决议：聘请潘光旦、朱自清、李继侗、陈岱孙、刘仙洲、陈雪屏为1944—1945年度毕业生成绩审查委员会委员。9月8日下午3时半，陈岱孙出席西南联合大学在昆华中学北院北楼教室召开的1945年度第一次教授会议，与钱端升、闻一多、张奚若、陈岱孙、陈雪屏、郑华炽、冯文潜、燕树棠、汤用彤、吴大猷、朱自清、李辑祥当选为教授会议代表。会上陈岱孙有提案，闻一多记录为："向政府建议：于战事结束后六个月(即从明年二月起)，各级学校教职员薪给之底薪，应增至合于战前购买力百分之五十之数。战事结束后一年(即明年八月起)，增至百分之一百。现行米代金及一切零星临时津贴，一律废止。上列之百分比，应以各校所在地物价指数为准。本议案交校务会议执行。决议通过。主席指定本会书记会同陈岱孙、伍启元、冯友兰三人负责起草关于上列议案之电稿。"此提纲通过后，当日便起草完代电稿。12日，由闻一多转交兼代总务处长查良钊。10月27日，联大第350次常委会决议：陈岱孙奉派赴平接收清华大学校舍，赴平期间所遗经济学系及商学系主任职务，暂请赵迺抟兼代。(参见西南联大北京校友会编《国立西南联合大学校史——1937至1946年的北大、清华、南开》，北京大学出版社1996年版；闻黎明、侯菊坤《闻一多年谱长编》(增订版)，上海交通大学2014年版)

周炳琳时任北大法学院院长。5月底，周炳琳从重庆回昆，告知总务长郑天挺得知重庆消息，宋子文将请蒋梦麟为秘书长，蒋已同意。6月27日，联大第337次常委会决议，周炳琳主持本校1945——1946年度重庆地区招生事宜。9月11日，梅贻琦常委赴渝出席教育部于9月20日召开的全国教育善后复员会议,常委会主席职务由周炳琳代理。10月1日,周炳琳参与联大10教授为国共和谈致电蒋介石、毛泽东,要求停止内战,实现国内和平民主。10月17日,联大第349次常委会决议:加聘郑华炽、霍秉权、周炳琳、沈履等为联合迁移委员会委员。12月4日上午9时,出席联大三十四年度第四次教授会临时会,并报告法律委员会工作进行情形后,有停课与罢课之争,辩论激烈,时间长达6小时。分为主张停课的冯友兰、周炳琳与主张罢课的张奚若、闻一多两派。17日下午4时,周炳琳主持第六次教授会,与会者共88人。会议决定:(一)请梅贻琦缓辞。(二)由各系主任代表教授会于18日上午9时联合召集学生自治会全体代表,劝导学生复课并听取意见。明日下午分系由各教授向本系学生进行劝告。(三)劝导时说明星期四务必复课,如不复课,教授同人只好总辞职。会议至晚9时始散。19日下午3时,出席第七次教授会临时会,与会者92人。会议推冯友兰及周炳琳、赵廼抟草拟上项文告,并代表教授会与卢、霍接洽。会后冯友兰与周炳琳、赵廼抟在梅贻琦宅用晚餐,饭后即草拟《教授会告同学书》。29日中午,梅贻琦约宴卢汉、霍揆彰、赵康节及军长王仙峰、副军长张某、参谋长吴丽川等,周炳琳与冯友兰、杨振声、叶企孙、查良钊作陪。(参见西南联大北京校友会编《国立西南联合大学校史——1937至1946年的北大、清华、南开》,北京大学出版社1996年版;焦润明《傅斯年传》,人民出版社2002年版;蔡仲德编撰《冯友兰先生年谱长编》,中华书局2014年版)

郑天挺继续任西南联大总务长。5月底,从时任北大法学院院长的周炳琳获知宋子文将请蒋梦麟为秘书长。郑天挺即疑其不确,并表示:"果有此事,未免辱人太甚,不惟(蒋)个人之耻,抑亦学校(北大)之耻。"又说:"师(指蒋)果允之,则一生在教育界之地位全无遗矣。"其中理由是,秘书长究属幕僚,职事与政务官(部长)不同,而且当时蒋梦麟已60岁,若事事躬亲,亦非所以敬老之意;且蒋梦麟在十五六年前就已作为教育部长,目前大学校长(尤其是北大)地位不低,何必自弃而当此僚属?"为(蒋)师计,殊不宜。"他把此意也告知蒋梦麟夫人陶曾谷,并写信请她转告蒋校长,建议三点:一、应向北大全体教授有所解释;二、为将来复校方便计,西南联大仍维护委员制;三、提胡适先生为蒋之继任人,并将二、三点写信告知傅斯年。周炳琳与郑天挺谈时,也对郑的几点表示赞同。8月23日,联大第343次常委会决议:抗战业已胜利结束,为筹划三校迁返平、津,设置三大学联合迁移委员会,聘请郑天挺、黄钰生、查良钊、施嘉炀、陈岱孙为委员,郑天挺为主席。10月17日,联大第349次常委会决议:郑天挺奉北京大学之命,赴平接收,请假3个月,总务长职务,查良钊公忙不能兼代,改请沈履暂代。30日,教育部人事处聘请郑天挺暂赴平津区协办接收辅导事宜。(参见西南联大北京校友会编《国立西南联合大学校史——1937至1946年的北大、清华、南开》,北京大学出版社1996年版;焦润明《傅斯年传》,人民出版社2002年版)

贺麟因西南联合大学"三民主义教学委员会"主席陈雪屏离校,代理其职务。4月,《陆王之学的新开展——介绍熊十力及马一浮二先生的思想》刊于《建国导报》第1卷第17期。9月21日,贺麟致信胡适,告"近应《五十年来的中国》编者潘公展先生的约,写有《五十年来的哲学》一文。文中有两三处提及先生,虽觉表述的不充分,但也足见向往之忱,特附寄一阅,尚祈指正"。信中表示盼望早归,以主持北大复员工作。并说"孟邻先生官兴正浓,且彼在行政院对于北大也极有帮助"。24日,联大第347次常委会决议:三民主义教学委员会主席职务请贺麟担任。是年,贺麟译著斯宾诺莎《致知篇》由商务印书馆出版;在《五十年来的中国哲学》一文的基础上著成《当代中国哲学》一书,将《五十年来的中国哲学》作为第一章,题目改为《中国哲学的调整与发扬》,由胜利出版公司出版。还撰有《陆象山与王安石》等

文。（参见高全喜编《中国近代思想家文库·贺麟卷》及附录《贺麟年谱简编》，中国人民大学出版社2014
年版；齐家莹编《清华人文学科年谱》，清华大学出版社1999年版；西南联大北京校友会编《国立西南联合
大学校史——1937至1946年的北大、清华、南开》，北京大学出版社1996年版；耿云志编《胡适年谱》，福
建教育出版社2012年版；马勇《蒋梦麟传》，河南文艺出版社1999年版）

汤用彤9月6日在胡适任命为北京大学校长当日致函胡适，说："前孟邻先生自美返国
就政院秘长，北大同人因复校之期不远，校事须加紧策进，极欲先生返国为孟邻先生臂助，
因有枚荪及弟等四人之电。此举用意并非对孟邻先生有所不满（其时亦未知校长将辞职）。
至孟邻先生所以坚持辞职的缘故，实因'大学校长不得兼任行政官吏'之条规，乃其任校长
时所手订。当蒋先生自渝返昆召集教授同人宣布辞意时，措辞极诚恳坚决，同人闻悉之下，
神志黯然，盖惜其去而知其不能留也。……前孟邻先生在渝尚未返校宣布辞职时，昆明即
传言其有辞意。弟与景钺兄曾上校长一书劝阻。其中有曰：溯自先生长校以来，在北平时
代，极意经营，提高学术水准，成效彰著……在抗战八年中，三校合作，使联大进展无碍，确
保国家高等教育之命脉。此中具见先生处事之苦心，有识者均当相谅。"9月8日，汤用彤与
钱端升、张奚若、陈岱孙、陈雪屏、郑华炽、闻一多、冯文潜、燕树棠、吴大猷、朱自清、李辑祥
等12人在教授会当选为出席第八届校务会议之教授代表。11月21日，傅斯年常委因赴渝
转平，在离校期间，请汤用彤代表出席常委会。12月25日上午10时，应梅贻琦约与冯友
兰、朱自清、潘光旦、查良钊、沈履、赵迺抟共商教授会声明改以谈话方式发表文稿。同月，
汤用彤《印度哲学史略》由重庆独立出版社出版。此书在吸收欧美学者研究成果的基础上，
发掘利用了"汉文佛经中所包含的印度哲学"资料，对从古至公元七八世纪的印度哲学发展
作了系统的阐述，在学界产生重要影响。（参见汤一介、赵建永编《中国近代思想家文库·汤用彤
卷》及附录《汤用彤年谱简编》，中国人民大学出版社2015年版；西南联大北京校友会编《国立西南联合大
学校史——1937至1946年的北大、清华、南开》，北京大学出版社1996年版；马勇《蒋梦麟传》，河南文艺
出版社1999年版；王学典《20世纪史学编年（1900—1949）》，商务印书馆2014年版）

江泽涵任附设在国立西南联合大学校内的国立中央研究院数学研究所研究员。9月3
日，江泽涵也致信胡适说："今日是胜利日，北大事真是千头万绪，不知从何说起。蒋校长来
昆明宣布他要辞职后就回重庆了。他是说你回来继任。他曾要锡予师代理校长，锡予师坚
决地拒绝了，现在还是无人负责。本来学校的事都在毅生一人手中，他今日飞重庆，听说教
育部派他去北平，不知道他真去北平否？ 现在可以负责的只有枚荪兄与锡予师在昆明。
（枚荪兄似不肯居负责的地位，因为他反对蒋校长兼职颇烈。）我觉得你做不做校长关系不
大，但是你能早回北大一天，于北大的好影响越大。凡是与北大有关的人几乎全体渴望你
回来。不知道你究竟能否提早回国，我们只怕北大仍旧敷衍下去，不能趁此整顿振作，未免
太可惜了。"14日，江泽涵再次致函胡适，说："你掌北大已有命令。你若在国外电辞，恐怕发
生周折，于北大很不利。此事经过据我旁观，约如下：梦麟先生做官而兼校长，几全体不赞
成。有些人以为他将来回来，暂时北大敷衍过去，也未尝不可，但这只是与他最接近的少数
人，多数人很痛恨战时北大敷衍的不当。枚荪、孟真二位则从大道理上说，非要你来任校长
不可。"

按：信中再引周炳琳（枚荪）的话："劝适之先生回国与劝他回国任校长，看作是同一事，不容易分开。
现在蒋校长做官了，中央研究院又有代理院长，这是适之先生任校长的一个最好的机会。"他的理由是：现
在是最重要的时期，只有适之先生能来改善北大，并影响全国大学，这就像以前蔡先生的时候一样，别人
不能当此任。他以为：蒋校长的兴趣不在大学教育。战时他对北大的事不问，但他每日忙着招待无关重

要的外国人同云南的显要,可见他的兴趣所在。适之先生也无法推避,正如周鲠生先生不能不去武汉一样。校内的空气如此,一个最重大的原因,是校长避免与教授接谈,当然与学生更无关系。蒋校长绝对不看教授,教授也只极少数去看他。只有一个校务会议,起初不选举代表,被教授逼迫多时,选出代表,但不肯开会。好像每年有两次,就算稀有的事。开会时总设法阻止多谈。校长从远处回来,有时有个茶会,或校庆时有茶会,但在这种会中,毅生兄总做出难堪的样子,叫人唱戏或想别种办法闹一阵而散。这种情形过去特别显著,近一两年好些。所以有人说蒋校长当红十字会会长后,精神好多了。盼望他做更大的官,精神可以更好些。这原因何在? 我觉得:一、他的夫人与多位谈不来。(有警报时他们与枚苏兄、树人师、景钺、今甫兄在乡下同住一院子。我幸而在另一乡下。)二、毅生兄遇事敷衍对付,他是管理北大一切事务的人。我从来未公开表示我的意见,枚苏兄有一次问我,我只空洞地说:"从前提倡民主与科学,那时国内样样学问空虚,难以有大成就。现在时机好,各种学问都已有进步,所以更需对于教育有眼光有见解的人领导。"所以具体地说,我对于枚苏兄的理由是很赞成的。(参见马勇《蒋梦麟传》,河南文艺出版社1999年版)

丁声树9月19日致信胡适,为胡适长北大欢欣鼓舞,并发感慨:"从此振古未有之大变局,得此千载一时的良机,我们的国家若仍旧爬不起来,站不住脚,那不止是民族的羞辱,简直是人类文明的大耻。"信中转告沈兼士先生问候,并丁宁再三,请胡适寄《水经注》案全稿。(参见耿云志编《胡适年谱》,福建教育出版社2012年版)

朱自清1月6日出席五华中学说林社举办的诗歌朗诵会。晚,赴南国酒家应罗建业夫妇邀宴。7日晨,吴景超来访,当时吴景超刚抵昆明。晚,在厚德福宴请吴景超。21日晚,应潘光旦邀宴。2月3日,开始作诗评《美国的朗诵诗》,刊于3月15日《时与潮文艺》第5卷第1期,此文评介了美国诗人达文鲍特的长诗《我的国家》。6日,译《我的国家》毕,费时一周。附入《美国的朗诵诗》一文。8—10日,译美国女作家多罗色·巴克尔诗11首。收入《常识的诗》一文。15日,作诗评《常识的诗》毕,刊于《文聚》第2卷第3期。此文评介了美国女作家多罗色·巴克尔的诗作。16日,许维遹、陈岱孙、萧叔玉夫妇等来访。同日,访耿钰夫妇。应赵凤喈邀宴。21—23日,译《依然照旧》。稿今佚。27日,应闻一多之请,看《昆明文化界关于挽救当前危局的主张》。晚,应萧涤非邀宴。3月5日下午,出席联大校务会议,议决就改善教师生活待遇致电教育部。朱自清担任通电起草人之一。6日,访闻一多,告以不欲在《昆明文化界关于挽救当前危局的主张》上签名。同日,访吴晗。10日,与联大、云大29教授联名订定稿酬标准。3月13日,赴南屏街工矿大楼出席昆明银行业同仁福利会举办的茶话会,议决"文协"昆明分会与该福利会联合举办文艺讲习班。朱自清和闻一多、楚图南、徐嘉瑞、李何林、李广田、刘思慕、周钢鸣、田汉、魏猛克、闻家驷等被聘为讲师。21日,访宋云彬。25日,作书评《诗文评的发展——评罗根泽〈中国文学批评史〉第一、二、三分册:〈周秦两汉文学批评史〉〈魏晋六朝文学批评史〉〈隋唐文学批评史〉(商务印书馆)与朱东润〈中国文学批评史大纲〉(开明书店)》毕,费时半月,刊于次年7月1日《文艺复兴》第1卷第6期;又载次年7月25日《读书通讯》第113期。此文对罗根泽和朱东润的两部著作作了细致评介。28日,听黎东方作"三国人物"讲演。4月6日,联大中文系与外文系联合举办的诗歌晚会第一次晚会在联大昆北食堂举行。该系列晚会讲题计有10讲,分别由闻一多、罗庸、朱自清、浦江清、闻家驷、冯至、卞之琳、李广田、杨周翰、王佐良等10人主讲。

朱自清4月13日赴梅宅出席梅贻琦召开的临时会议,讨论对学生运动拟采取中立立场。20日,《怎样学习国文》刊于《国文杂志》第3卷第3期。此文为在昆明中法中学的讲演稿,由段联瑗整理。29日下午,出席清华大学34周年校庆纪念会。同月,与叶圣陶合著的

《国文教学》由开明书店出版。内收朱自清文章8篇,前有两人联合署名的《序》一篇。5月2日晚,赴联大东会堂参加联大"五四纪念周"由新诗社举办的诗歌朗诵会,并登台朗诵诗歌。3日,出席清华评议会会议及联大校务委员会会议。5日晚,赴联大图书馆前草坪出席"文协"昆明分会与联大文学会、外国语文协会、文艺社、冬青社及云大文史学会、中法大学文史学会7团体联合举办的纪念第一届文艺节晚会。出席者还有徐梦麟、罗庸、闻一多、闻家驷、李何林、李广田、冯至、卞之琳、周钢鸣、楚图南、尚钺、吕剑、常任侠等。19日,访卢芷芬夫妇、宋云彬、皮名举、费孝通等。26日,应潘光旦邀宴。听冯友兰述出席国民党六中全会情况,朱自清日记载:"使余等大失所望。老头子毫无远见,失去声望。彼全然背弃自己之信念,迟早将引起反抗。"29日晚,出席联大国文学会举行的毕业同学欢送会并作发言。就历史与现实的矛盾进行分析,认为不能背离历史,必须联系现实人生给予历史以新的解释。出席会议并讲话的还有浦江清等。6月8日,读毛泽东《论联合政府》。16日下午,参加五华中学诗歌朗诵会,朗诵所译诗作《我的国家》。参加朗诵会的还有光未然、闻一多等。19日,作书评《历史在战斗中——评冯雪峰〈乡风与市风〉》毕,费时1月余,刊于9月1日《中学生》第91期。20日与潘光旦、李继侗、陈岱孙、刘仙洲、陈雪屏被聘为联大1944年度毕业成绩审查委员会委员。22日,作《始终如一的茅盾先生》,刊于《抗战文艺》第10卷第4—5期合刊(该期《抗战文艺》编好后因故未能出刊)。25日下午,赴威远街34号文艺沙龙出席"文协"昆明分会举行的庆祝茅盾创作25周年暨50寿辰纪念会。6月29日下午,乘飞机赴成都探亲。

朱自清8月30日下午从成都飞抵昆明。9月3日,西南联大1945年度第一学期开始上课。本学年朱自清开设"中国文学史""中国文学批评""文学评论"等课,并继续在五华中学兼课。9月8日下午,赴昆华中学北院北楼出席联大教授会会议,与钱端升、张奚若、陈岱孙、陈雪屏、郑华炽、闻一多、冯文潜、燕树棠、汤用彤、吴大猷、李辑祥当选为联大第八届校务会议教授代表。9日,致叶圣陶信,谈联大复员后《国文月刊》的出路问题,并对国共合作表达了真诚的希望。11日,致叶圣陶信,谈拟由开明书店接办《国文月刊》事。17日,访闻一多不遇,得闻太太允许,翻阅闻一多手稿。21日,送别陈寅恪等人赴加尔各达。27日,赴北大文科研究所出席欢迎向达的茶话会,听向达谈敦煌近日情形。晚,在榕园邀宴张东泉,并邀闻一多、钱端升作陪。28日,钱端升来访,承示《为国共商谈致蒋介石毛泽东两先生电》,同意在电文上签名。10月10日,访游国恩、宋云彬等。12日,访余冠英、彭桂蕊、二弟物华等。与余冠英商谈《国文月刊》事。17日,出席联大中文系为刚从美国归来的杨振声和一年级新生举行的欢迎会。27日下午,出席联大教授会为欢迎傅斯年所举办的茶话会。当时傅斯年正式就任北京大学代理校长并为联大校务委员会常委。11月3日晚,应斯普罗斯邀宴。11日,访罗庸,谈《国文月刊》事。

朱自清11月26日出席联大评议会会议,议决就军警以枪炮威胁学生事件向地方当局进行抗议,并致电教育部。29日赴清华大学办事处出席联大教授会会议,推选张奚若、钱端升和周炳琳代表教授会吁请学生复课。与闻一多、冯友兰、张奚若、钱端升、周炳琳、赵凤喈和燕树棠当选为"国立西南联合大学全体教授为十一月二十五日地方军政当局侵害集会自由事件抗议书"起草委员会委员。12月1日,"一二·一"惨案发生。同日,朱自清出席联大校务会议,会议议决致电委员长蒋介石、行政院长宋子文和教育部长朱家骅。2日上午,赴清华大学办事处出席联大教授会会议,推选周炳琳、汤用彤和霍秉权3名代表与学生磋商并参加下午为死难者举行的入殓仪式。下午,未出席联大举行的死难者入殓仪式。4 日上午,赴清华大学办事处出席联大教授会会议。会议为解决"一二·一"善后事宜激辩 6 小时,议决校方宣布停课一周,对死难学生表示哀悼,并对地方当局表示抗议等。9 日上午,赴联大图书馆参加 4 烈士公祭仪式。9 月 10 日上午,赴清华大学办事处出席联大教授会会议,会议通过"国立西南联合大学教授会为此次昆明学生死伤事件致报界之公开声明"等。17 日下午,出席联大教授会会议,商讨劝学生复课事。18 日,按联大教授会决议,会见本系学生代表,劝其复课。19 日下午,赴清华大学办事处出席联大教授会会议,商量劝学生于次日复课事,并通过"西南联大教授会告同学书"。20 日下午,赴清华大学办事处出席联大教授会会议,汇报学生上课情形。25 日上午,应梅贻琦邀参加讨论梅贻琦于次日在记者招待会上的讲话稿。在座有冯友兰、汤用彤、潘光旦、查良钊等。26 日,出席联大教授会会议,商讨处理学生集会及补课考试等事。(参见姜建、吴为公编《朱自清年谱》,安徽教育出版社 1996 年版)

雷海宗 3 月在西南联大学生自治会举办的和平问题演讲会上主讲《战后世界和平与中国》、钱端升讲《战后的国防问题》、张印堂讲《实施宪政与政党政治》、王赣愚讲《战后的政治机构》、伍启元讲《战后的中国经济往何处去》、周作仁讲《战后的币制问题》、陈达讲《构成战后的人口政策》。同月,雷海宗与曾昭抡、刘崇鋐、王赣愚、蔡维藩、伍启元、邵循正、冯至、孙毓棠、吴晗等先后在西南联合大学基督教女青年会举办的国际问题系统讲演中发表演讲。4 月 10 日,伍启元被西南联合大学常委会推荐赴印度研究。(参见江沛、刘忠良编《中国近代思想家文库·雷海宗、林同济卷》及附录《雷海宗年谱简编》,中国人民大学出版社 2014 年版;马瑞洁、江沛《雷海宗年谱简编》,载王京州编《河北近现代学者年谱辑要》,国家图书馆出版社 2017 年版;西南联大北京校友会编《国立西南联合大学校史——1937 至 1946 年的北大、清华、南开》,北京大学出版社 1996 年版)

李广田 4 日与 9 日出席新诗社晚上举行诗歌与人民性座谈会,到会者还有闻一多、楚图南、闻家驷、尚钺等学者教授和诗歌爱好者 60 余人。5 月 5 日,出席由文协昆明分会与西南联大文学会、外国语文学会、文艺社、冬青社、云南大学文学会、中法大学文史学会联合举办的第一届文艺节晚会,并演讲《文学的普及与提高》。出席大会的还有闻一多、朱自清、闻家驷、冯至、卞之琳、楚图南、尚钺、罗庸、李何林、徐嘉瑞等。18 日,李广田在西南联大文艺社举行的纪念高尔基逝世 9 周年晚会上发表《纪念高尔基,论文艺工作者应该站在哪一边》的演讲。(参见西南联大北京校友会编《国立西南联合大学校史——1937 至 1946 年的北大、清华、南开》,北京大学出版社 1996 年版)

陈梦家 5 月 5 日出席由文协昆明分会与西南联大文学会、外国语文学会、文艺社、冬青社、云南大学文学会、中法大学文史学会联合举办的第一届文艺节晚会。11 月,所著《西周年代考》由重庆商务印书馆出版。此书分两部分,分别由竹书纪年和金石文字考证西周年代,并形成"夏商周积年简表""两周简表""西周分期表""西周诸侯世表""两周诸国存亡表"等 5 个附表。是年,陈梦家又有《老子今释》由商务印书馆在重庆出版。(参见王学典《20 世纪史学编年(1900—1949)》,商务印书馆 2014 年版;齐家莹编《清华人文学科年谱》,清华大学出版社 1999 年版)

沈从文年初应昆明《观察报》之邀,主编副刊《新希望》。1 月,《长河》第 1 卷由昆明文聚出版处作为"文聚丛书"出版单行本。该书由 1938 年 8 月至 11 月间在香港《星岛日报·星座》上连载的《长河》文本扩充修订而成,字数由原来的 6 万增至 10 万余。3 月 6 日,《作家书简》刊于《贵州日报·新垒》第 1 期。12 日,昆明文化界 342 人联名发表《关于挽救当前危局的主张》，要求成立民主联合政府。此前，为征集签名，闻一多曾跑到离昆明20公里远的呈贡，找到当时还住在那里的沈从文签字。沈从文签名后，留闻一多一起吃饭。4月10日，闻一多、吴晗等51人致信慰问郭沫若、顾颉刚，沈从文亦在该信上签名。7月17日，到西南联大北门街71号出席西南联大教授会三十三年度第四次会议。26日，校改完长篇小说《长河》第1卷。9月1日，西南联大1945—1946年度第一学期开始注册，3日上课。沈从文本年度开设的课程有：《国文壹五》（读本），《各体文习作（二）乙》（语体文），《现代中国文学》《中国小说史》。11月，日本开成馆出版了冈木隆三翻译的日文版小说集《沈从文短篇集》，内收小说《旅店》《婚前》《阿金》《七个野人与最后一个迎春节》4篇。12月17日下午5时半，到西南联大清华大学办事处出席西南联大教授会三十四年度第六次会议。冬，闻一多邀吴晗专程同到桃源沈从文家中，劝他加入中国民主同盟。由于对党派政治的反感，沈从文不肯参加。（参见吴世勇编《沈从文年谱》，天津人民出版社2006年版）

王力8月在《国文月刊》第37期发表《句子》，同期所载论文还有许维遹《〈尚书〉义证·金滕篇》，闻一多《类书与诗》等。是年，王力发表的论文还有：《人物称数法》，载桂林《国文杂志》第3卷第3—4期；《字史》，载《国文杂志》第3卷第4—5期；《理想的字典》，载《国文月刊》第33期；《词类》，载《国文月刊》第34期；《词品》，载《国文月刊》第35期；《仂语》，载《国文月刊》第36期。抗战胜利后，王力开始整理《诗法》讲义。10月，《中国语法理论》下册由商务印书馆出版。至此，王力的《中国现代语法》和《中国语法理论》2部专著全部问世。（参见张谷、王缉国《王力传》附录《王力先生年谱》，广西教育出版社出版；齐家莹编《清华人文学科年谱》，清华大学出版社1999年版）

杨振声与闻一多指导毕业生康倪，论文题目为《唐诗中的文艺高潮》。4月23日，国民政府公布第四届国民参政会参政员名单，杨振声为"依照国民参政会组织条例第三条丁项遴选者"75人之一。25日，与汪静之前往在美国旧金山市歌剧院开幕的联合国成立大会访问，遇萧乾。8月，杨振声由美国经伦敦回国。同月，北大对杨振声起支最高薪额；《世界学生》改《世界文艺季刊》，杨振声与李广田主编。10月13日，杨振声返回昆明。同日，《我们打开一条生路》刊于《大公报》"星期文艺"副刊。14日，访梅贻琦。15日下午，朱自清来访。晚，梅贻琦来访。17日，出席中文系欢迎会，另有朱自清、闻一多等参加。晚，赴梅贻琦邀宴。23日中午，赴梅贻琦邀宴。24日，赴蒋梦麟太太约在榕园午餐。28日，晚，赴章廷谦邀宴。11月2日晚，赴陈序经邀宴。5日晚，赴闻一多等邀宴。29日上午9时，到清华办事处参加三十四年度第二次教授会议。会议主席为叶企孙，82位教授代表出席。12月2日上午9时，到清华大学办事处会议室参加三十四年度第三次教授会议。会议主席为叶企孙，84位教授代表出席。4日上午9时，在清华办事处参加三十四年度第四次教授会议。会议主席为叶企孙，89位教授代表出席。10日下午2时，参加三十四年度第五次教授会议。会议主席为傅斯年，86名教授代表出席。12日深夜，梅贻琦由北平飞抵昆明，下飞机后即与傅斯年、杨振声、周炳琳等晤谈有关学潮及教育部欲解散联大事。15日午饭后，梅贻琦来访。17日下午5点半，在清华办事处参加三十四年度第六次教授会议。会议主席为周炳琳，88位教授代表出席。19日下午3时，到清华办事处参加三十四年度第七次教授会议。会议主席为梅贻琦，92位教授代表出席。29日，赴梅贻琦约宴作陪。是年，杨振声回北平负责接管北京大学，进行北京大学迁回的筹备工作。

按：据常风《留在我心中的记忆》（《逝水集》，辽宁教育出版社1995年版）所述："抗战胜利后，南行师友最先回到北平的是杨振声先生,杨先生于一九四五年秋天就先回到北平负责北大复员的筹备工作。""胜利后当年九、十月间,杨振声先生从昆明回到北平筹备北京大学复员工作。他告诉我,叶(公超)先生几年来在英国做宣传工作很有成绩。杨先生还讲到叶先生有一次在海上遇险逃到一只小船上和歹徒恶斗的惊险事。朋友们平常都不知道叶先生有这许多惊人的本领。杨先生还告诉我有什么论文在英国得了奖。"(参见蓬莱市历史文化研究会《杨振声编年事辑初稿》,黄河出版社2007年版)

　　冯至3月作《尼采对于将来的推测》,后刊于《自由论坛》第20期。文中就国内对尼采政治思想的某些曲解进行辩诬,认为在尼采的思想里并没有人云亦云的鼓吹日耳曼人统一世界的观点。这是国内至今罕见的为尼采正名的文章。8月10日,日本宣布无条件投降,抗战胜利结束。冯至当晚听到这一喜讯,冒雨前往街头庆贺,并写下了《八月十日灯下所记》,追怀"八·一三"抗战的见闻。同月,还写下了《纪念死者》,提醒人们不要因为抗战胜利而忘了死去的英雄们。12月,昆明发生了震惊全国的"一二·一"惨案,为之震惊。次日清晨,脱口说出《招魂》一诗,写在一张从江西赣县带来的竹纸上,送到4烈士灵前。后来镌刻在"一二·一"四烈士墓前石壁上,至今还在。冬,作《读缪弘遗诗》。是年,论文尚有《杜甫和我们的时代》《歌德与人的教育》《教育》等。《杜甫和我们的时代》论述杜甫所处的时代与"我们"现在面临的时代之异同,提倡要用杜甫对待现实的执着精神和乐观态度,对待"我们"今天所处的现实;还在《我想写怎样一部传记》一文中,谈了想写杜甫传的"大胆的想法"。(参见周棉《冯至年谱》,载王京州编《河北近现代学者年谱辑要》,国家图书馆出版社2017年版)

　　许寿谔5月3日在西南联大历史学会举办的"五四以来青年运动总检讨会"上作中心发言,闻一多、吴晗、雷海宗、曾昭抡、沈有鼎亦发言。

　　熊庆来继续任云南大学校长。4月20日,云南大学举行校庆23周年纪念,云南省政府主席龙云亲临参加,并发表讲话,谓云南大学为唐公会泽(即唐继尧)所创办。民国二十七年,本人因公赴南京,力请中央,改为国立。并延请学擅专长且对教育热心的熊校长来校主持,进步甚速。就质与量说都甚进步。21日,《云南日报》发表《研究精神与学术自由——谈龙主席在云大校庆日讲词》社论,强调大学必须有研究精神,而研究精神只有在学术自由的条件下才能获得丰硕成果。4月30日至5月6日,中共云南省工委为庆祝中国共产党第七次全国代表大会于4月23日在延安召开,特领导民青组织,以各大中学校学生自治会的名义,发动青年学生、举行"五四"纪念周活动。内容有青年运动座谈会、科学讨论会、文艺晚会、音乐晚会、诗歌朗诵会、书画展、球赛、火炬竞走等。5月4日,万余名爱国学生与民主进步人士在云南大学操场举行"五四"纪念大会,通过《昆明各大学学生自治会举办"五四"纪念大会通电》。26日,云南大学文史学系为充实史学组,建立云南史学基础,新聘专任教授柳诒徵(部聘教授),不日即可来校。又聘联大教授姚从吾、郑天挺、张印堂为兼任教授,连同云大原有专任教授刘文典、方国瑜、白寿彝、蒋硕虞、丁则良、陆钦墀等共10余人。

　　熊庆来6月亲自函请兴文银行董事长陆崇仁,请求资助云大的西南文化讲座,行长很快允诺捐助80万元作西南文化讲座基金。同月10日,云大附中高十班、十一班、女高二班、初五班、初六班同时毕业,这是该校成立以来,毕业人数最多的一届。熊庆来校长主持毕业典礼,来宾田汉、夏康农、辛毓庄等发表了演说。14日,昆明文协与各大学共15个团体,在云大至公堂联合举行诗人节晚会,闻一多讲屈原生平的作品,楚图南、李广田报告新诗成果,常任侠、田汉、冯至、光未然、韩北屏等朗诵诗歌。参加者千余人,气氛热烈。7月17日,龙云主席近闻云大文法学院教师有著作多种,将陆续出版,特慷慨捐赠国币50万元,充作刊印费。27日,熊庆来校长举行茶会,欢迎从印度返回的30余名云大参加远征的青年军同学。秋，云大社会学系研究室自呈贡迁回昆明。8月25日，熊庆来为发行人，陈仓亚主编的《中法文化》月刊在昆明创刊。10月7日，熊校长赴渝参加全国教育善后复员会议返回昆明。他对记者发表谈话说，这次会议通过决议案甚多，其中，对西南、西北决定建立昆明、成都、兰州、西安等处为文化重心点，以使国家文化有均衡发展。在谈到云大时，教育部曾商请云大招收师范生，以加强师资培养。但从云大本身发展看，调整扩充的不在招收师范生，而在增设物理系、机械系及园艺系，使理、工、农等学院较臻健全。现物理系教育部已批准设置，机械系与园艺系将与其他大学学系调整一并考虑。本校近蒙教育部准予增拨临时费1100余万元，作建设及购置图书仪器之用。熊校长在渝时，新聘定教授朱锡侯博士(心理生理)、王绍曾技正(航空)、李文庵技正(数学)、冯本理先生(历史)等，尚有铁道管理及冶金、理化教授在接洽中。11月17日为世界学生日。本市文化教育界在大光明戏院举行纪念会，由熊庆来主持。他在致词中说，1939年11月17日，德国法西斯对捷克学生教授大肆杀戮，死难者十余人，世界学生会为纪念这一文化界与暴力抗争的历史，特定此日为世界学生日，以兹永久纪念。我国学生为争学术自由也有过光荣斗争的历史，对这一天更应该纪念。12月1日，昆明发生震惊中外的"一二·一"惨案，国立西南联合大学、云南大学等高校学生罢课，抗议国民党当局的暴行。同日，云南大学教职员71人签名，发表《为昆明市学生罢课并受枪击遭致伤亡事件敬告各界书》。12月24日，西南联大常委梅贻琦、云大校长熊庆来举行各报记者招待会，报告"一二·一"惨案真相，严正指出此次惨案实为地方党、政、军当局"处置失当"，"实一大错误"。26日，昆明《中央日报》及其他报纸刊登了梅贻琦、熊庆来讲话全文。熊庆来校长迫于当局的压力，不得不请刘文典帮他写了《劝学生复课书》《再劝学生复课书》两篇文章。中心意思是学生任何时候都要以读书为重，不能长期罢课，问题还是要谈判解决。这两篇文章用熊庆来的名义，由云大印刷散发。(参见《云南大学志》编审委员会《云南大学志》第2卷《大事记(1915年—1993年)》，云南大学出版社1993年版;章玉政编著《刘文典年谱》，安徽大学出版社2011年版)

　　楚图南继续任教于云南大学。1月10日，《专家的限度》刊于2月《评论报》第25期。同月，《战后和平与教育》刊于《民主周刊》第1卷第10期。3月上旬，民盟云南支部领导成员在李公朴寓所开讨论会，楚图南、闻一多、李公朴等当面批评罗隆基关于第三条道路的主张。12日，与李公朴、闻一多等昆明文教界人士300多人，联合发表《挽救当前危机的主张》，呼吁成立由各党派参加的民主联合政府，改组统帅部。中旬，民盟云南支部决定另编《民主周刊》增刊以批判第三条道路。31日，《记杨保堃》刊于《文艺的民主问题》第1辑。4月6日，云大学生自治会在至公堂主办时事座谈会，首先由楚图南教授讲《克里米亚会议与中国民族解放运动》，他说，这次会议，已奠定世界民主运动与民族解放运动的基础，行将召开的旧金山会议，则为此次会议精神的继续与扩大，将为争取中国民族解放，彻底实现民主，千载一时的契机，宜于此时加强国内团结，政治民主。继由周新民教授讲《旧金山会议与中国政局》，提出中国当务之急为改善士兵生活及军民关系，敌后游击队与正规军的配合，国军与盟军的配合，始能获胜。曾昭抡在演讲中，强调世界政治已趋向民主，此项原则必将为参加会议诸国所接受，而各解放国家之政府亦将循此条道路前进。费孝通、吴晗也都讲了话。9日，出席西南联大新诗社举办的"中国诗歌的人民性"座谈会。14日，在文协昆明分会与银行界同仁福利会所办的文艺讲习班上，讲授《中国社会与中国文艺》。22日，在文协昆明分会举行的纪念罗曼·罗兰和托尔斯泰大会上，就二人的创作背景及其人生观、世界观发展过程作了讲演。同月,同冯素陶一起解除了闻一多对李公朴的误会。

楚图南5月4日出席昆明学联组织的在云南大学操场上举行的有7000人参加的"五四"集会和游行,并作演讲,号召青年继承"五四运动"反帝反封建,为争民主、自由、科学而努力奋斗。5日,在昆明文艺界与西南联大等单位联合举办的"五四文艺节"纪念会上,以《抗战以来文艺的二三问题》为题作了讲演。21日,在西南联大学生进步文艺团体的文艺晚会("五四"纪念活动)上,就艺术与人民的关系作了讲演。6月14日,楚图南在文协昆明分会等文艺团体联合举办的"诗人节"晚会上作讲演。中旬,与闻一多、张光年等接待访苏归来的郭沫若一行及苏联驻华总领事。23日,《致敬并致问美国的笔的战士们》刊于《民主周刊》第1卷第26期。25日,出席昆明文化界人士举行的文化沙龙茶会,庆祝茅盾创作25周年及其50华诞。7月7日,楚图南出席昆明文艺界工作者与文化工作者联合举办的"抗战八年文化运动检讨会",并作了发言。同日,《八年来文化运动检讨》刊于《人民周刊》。9月1日,《论人民的军队》刊于《民主周刊》第2卷第7期。同日,《胜利在哪里?》刊于《真报》。下旬,在民盟云南支部盟员大会上,楚图南当选为民盟第一次全国代表大会代表。10月1—12日,民盟第一次全国代表大会在重庆举行,楚图南因病未能出席。会上楚图南当选为民盟中央执行委员。3日,蒋介石为了扑灭云南民主运动,消灭异己,派嫡系部队进驻昆明,武力发动"昆明政变",将龙云的军队调离昆明,把龙云挟持到重庆。此前,楚图南、周新民一起曾获悉蒋的阴谋,研究对策,但刚将对付方案交给龙云的副官杨立德,次日即发生政变。同月,《新人类的战士罗曼·罗兰》刊于《诗与散文》第3卷第4期。11月1日,《时代评论》创刊,楚图南任编委委员。12月1日,国民党当局武装袭击云南大学、西南联大等校,制造了"一二·一"惨案。2日,民盟云南支部负责人,强烈谴责国民党当局的法西斯暴行,对"一二·一"惨案提出抗议,油印散发。3日,云南大学教授会讨论流血惨案,楚图南发言:教授会应向政府提出抗议,要求立刻取消恐怖行为,取消制造谣言;提议全市罢教;对受害师生进行慰问。6日,在《为十二月一日党政军当局屠杀教师学生昆明各大中学校教师罢课宣言》上签名。23日,在民盟云南支部第一次大会上,选举楚图南、闻一多、吴晗、费孝通等11人为执行委员,楚图南任主任委员,闻一多任宣传部长兼青年委员会主任,冯素陶任组织部长及财务、秘书、妇女、《民主周刊》社等部门负责人。是年,发表《奴性兽性与统制教育》于《评论报》第21—22期合刊;将所著《荷戈集》交与出版人曹洛峰,此稿失落。

按:楚图南在抗日战争期间发表了以下几篇文章,但时间不详。包括:《略论全面战争》,载《大国民报》第18期;《全国物力人力彻底集中和准确的应用始可挽救当前危局》,载衡阳《大刚报》;《怎样推动地方救亡文化》,载《南风》第574期;《抗战以来的文艺及民族形式问题》,在中华文协云南分会的讲稿;《耻辱的诗人与耻辱的诗歌》,载《西南特刊》;《诗歌的人性和人民性》,载《诗与散文》特刊;《写什么与怎样写》,载《南风》;《略论读古书》,载《南风》;《对木刻应有两点认识》,为云南木刻协会作。还有《陆放翁的诗歌》《〈离离草〉的上演》《论读书》等。(参见麻星甫编著《楚图南年谱》,群言出版社2008年版;《云南大学志》编审委员会《云南大学志》第2卷《大事记(1915年—1993年)》,云南大学出版社1993年版;闻黎明、侯菊坤《闻一多年谱长编》(增订版),上海交通大学出版社2014年版)

刘文典3月应冯友兰之邀,为其母撰墓志铭。5月20日,云南大学文史系扩充史学组,教授达10余人,其中包括刘文典。6月,大学生陆续开始毕业考试。刘文典担任云大毕业考员,负责监督毕业考试、审核的整个过程。7月7日,刘文典应云大学生邀请,在泽清堂讲演"卢沟桥事变"。12月1日,昆明爆发震惊中外的"一二·一"爱国民主运动。云大校长熊庆来一方面积极报告事件真相，谴责暴行；一方面邀请刘文典撰文，呼吁学生尽快复课。（参见章玉政编著《刘文典年谱》，安徽大学出版社 2011 年版）

姜亮夫 1 月 28 日在《云南日报》发表《"一·二八"所得到的》一文，深刻揭露了日本侵略者从光绪五年侵占我国琉球以来 70 年的种种罪行及其使用的种种卑劣伎俩，要国人警惕日本侵略者使用"以华制华"破坏国人团结以达到其侵略目的的阴谋诡计。6 月，姜亮夫撰《职司考》《古史官录》诸文。又撰成《汉书札记》，约 400 多篇，曾部分刊载《文史》周刊。7 月，被云南大学聘为教授兼文法学院院长。是年，云南省政府主席龙云聘姜亮夫为云南省通志续编委员会委员与通志审定委员会委员。（参见林家骊《姜亮夫先生年谱》，《中文学术前沿》2015 年第 1 期；《云南大学志》编审委员会《云南大学志》第 2 卷《大事记（1915 年—1993 年）》，云南大学出版社 1993 年版）

徐梦麟继续任职于文协昆明分会。5 月 5 日下午 6 时半，与闻一多、罗庸、闻家驷、李何林、李广田、冯至、卞之琳、朱自清、周钢鸣、楚图南、尚钺、吕剑、常任侠等人出席文协昆明分会与西南联大文学会、外国语文学会、文艺社、冬青社以及云南大学文史学会、中法大学文史学会七团体联合举办的纪念第一届文艺节晚会。会上，吕剑首先报告"改五四为文艺节的经过和意义"，接着徐梦麟讲"五四运动的经过"，此外，闻家驷、常任侠、楚图南、尚钺、周钢鸣、李何林、李广田、闻一多等也发表了演讲。6 月 10 日下午 2 时，与吴晗、闻一多、周新民、曾昭抡等出席昆明文化界人士发起组织的"文化沙龙"开幕式。14 日晚 8 时，出席并主持文协昆明分会、西南联大、云南大学、中法大学、新中国剧社等 16 团体在云南大学至公堂联合举办的诗人节纪念晚会。徐梦麟首先报告开会意义，接着姜亮夫、闻一多发表演讲，田汉介绍屈原生平及作品，称屈原是真正的人民诗人。尚钺、楚图南也有发言。然后开始诗朗诵，有张光年诵《离骚新译》，云大文艺研究社诵《聪明人》《主子和奴才》，韩北屏诵《一个序曲》（以湘桂大撤退为题材），李实中诵何其芳的《黎明之前》和《都市》，何孝达诵《给屈原》。然后，新中国剧社演唱《茶馆小调》《凭良心》。11 时许方散会。（参见闻黎明、侯菊坤《闻一多年谱长编》（增订版），上海交通大学出版社 2014 年版）

华岗继续任教于云南大学，并从事民主运动与统战工作。1 月 1 日，所著《苏联外交政策史论》由昆明风云出版社出版。此书共 7 章，探讨了"苏联外交政策底特质""苏联外交政策底四大原则""苏联外交政策底动力和依据""革命和内战时期的苏联外交政策""和平建设时期的苏联外交政策""反侵略战争时期的苏联外交政策""战后和平问题和苏联外交的展望"等问题。8 月 15 日，日本宣布投降以后，蒋介石不是调驻扎在接近越南边境的他的嫡系部队，而是调由卢汉率领的云南主力部队去越南受降。华岗感到，这表明蒋介石搞掉龙云的一场风暴已迫在眉睫。他求见龙云，请他提高对蒋介石吞并阴谋的警惕。但是龙云不听，他认为蒋介石作为堂堂国民政府主席是不敢冒天下之大不韪的。华岗一面考虑继续找人劝说龙云，一面和云南省工委商量，党组织要为突然事变预作准备。10 月 3 日，蒋介石发动突然袭击，龙云被送到重庆（后来又移到南京）软禁起来。中共在云南的地下组织，由于预先作了准备没有被破坏。10 月 5 日，华岗写完长篇论文《中国历史的翻案》后，利用美国的军车巧妙地离开了昆明。在中共的建议下，龙云后来也设法逃出蒋介石的牢笼，到达香港参加了人民民主阵营。（参见向阳编著《华岗传》，浙江人民出版社版 1993 年版；王学典《20 世纪史学编年（1900—1949）》，商务印书馆 2014 年版）

李公朴年初仍在昆明。2 月，李公朴与曾昭抡合著之《青年之路》一书出版。初春，拒绝国民党特务要他去重庆当官的利诱。3 月 12 日，与吴晗、张光年、闻一多等 342 人联名发表

《昆明文化界关于挽救当前危局的主张》。下旬,李公朴家中召开一次讨论会,罗隆基、闻一多、吴晗、楚图南、张光年等出席,就罗隆基《政治的民主与经济的民主》力主走第三条道路展开辩论。李公朴心平气和地发表了很好的见解。他谈到抗战初期他在延安和华北敌后根据地的见闻,说明在人民当家做主的地方,才会有真民主。两派意见自然是谁也说服不了谁,但多数人的观点是一致的。随后,李公朴与闻一多等盟员酝酿创办了《民主周刊》增刊,发表文章,拥护新民主主义革命,批评云南民盟内部某些人主张走"第三条道路"的观点。4月10日,与吴晗、闻一多等51人联名致信慰问郭沫若、顾颉刚,对国民党强令解散郭沫若领导的文化工作委员会表示愤慨。5月,协助中共地下党秘密印刷毛泽东和朱德在"七大"的报告《论联合政府》和《论解放区战场》。6月25日,与昆明文化界人士李何林、闻一多、朱自清等举行茶会,庆贺茅盾创作25周年及50岁诞辰。28日,赵丹、顾而已由渝抵昆,李公朴曾在家里为欢迎赵丹,举办了一次小型座谈会。会上赵丹诉说了在新疆被盛世才关押中所受的酷刑和惨无人道的迫害。7月1日,李公朴与罗隆基等146人联名发表《昆明文化界致国民参政会电》,要求"扩大人民民主运动""促成正式民意机关之建立"。7日,抗日战争8周年纪念日,李公朴与闻一多等30余昆明文化界人士在文化沙龙举办文艺检讨会,讨论题为"八年来各部门文化的检讨"和"如何展开今后文化运动"。8月14日,与丁聪、王健、李文宜等207人联名发表《告国际友人书》,呼吁国际友人共同支持中国人民建立民主团结的新中国。下旬,被民盟云南省支部推荐为出席民盟临时全国代表大会代表之一。9月3日下午7时半,出席新诗社在西南联大新校舍东饭堂举办的"为胜利民主团结诗歌朗诵会",朗诵了《不要教胜利冲昏头脑》的诗篇。15日,与闻一多等人联名发表《昆明各界人士为庆祝胜利及和平建设新中国》通电。

　　李公朴10月1日出席在重庆召开的中国民主同盟第一次代表大会,并当选为中央执行委员和民主教育委员会副主任。同月,帮助张光年离开昆明到达北平。11月1日,《民主教育》月刊创刊,自第5期起任主编。12月6日,在《新华日报》上发表《现代的圣人》短文。12月8日,撰写《政治会议的试金石——用行动来哀悼死难的师生》。9日,参加"陪都各界公祭一二·一昆明死难师生大会"。之前负责追悼会筹备工作。16日,撰写《从世界看一二·一惨案》。同日,出席中国人民救国会第一次会员大会,讨论救国会改组问题。会上当选中央执行委员、中央常务委员。21日,出席救国会第一次常务会议,与沈志远等14人被推任"扶助政治协商会议之特别委员会"委员,并负责召集。24日,与沈钧儒、梁漱溟等人以陪都各界反内战联合会名义,分别致电毛泽东、蒋介石,希望停止武装冲突,促进政治协商。26日,出席重庆市杂志联谊会第七次会议,向与会者报告当前政治问题。会议交换讨论了对马歇尔来华及政协会议意见。29日,与陶行知等救国会方面代表应中共代表团邀请,赴宴交换对政协会议意见。30日,在"人救会"上作《政治报告》。后将该报告提纲以《从世界看到中国》为题目发表。是年,中国民主同盟总部决定在缅甸成立"南侨文化供应社",开展海外民盟工作,出面作为发起人之一。(参见周天度、孙彩霞《李公朴传》及附录《李公朴生平活动简表》,群言出版社2002年版;闻黎明、侯菊坤《闻一多年谱长编》(增订版),上海交通大学出版社2014年版)

　　朱德熙大学毕业后在昆明中法大学中文系任教并加入民盟。

　　田汉3月22日应青年远征军207师邀请,率领四维平剧社儿童班自贵阳抵达云南曲靖。24日,与安娥一起抵达昆明。29日上午,出席昆明戏剧文艺界在大观楼举行的欢迎游园会,并在叶露茜致欢迎词后发表讲话,说:"五四"运动所给吾人之课题,反帝反封建,提倡民主与科学,尚待吾人努力。号召发扬"五四"新文化传统,并发挥新的战斗精神。30日,作《重建文化堡垒问题》,刊于31日昆明《评论报》第31期,文中提出:抗战文化运动"应该建立更多的小据点",此外"更应向广大敌后建立文化据点,通过文化手段与敌人争人民",希望昆明能建成"文化的堡垒"。说:应利用战争促进"东西文化交流"的机会,"竭力增进盟友对我文化上真实的理解",同时也要"使我民众更深的接受西洋进步文化,以为我们现代化之物"。31日晚,出席云南省文化运动委员会举办的剧人晚会及戏剧展览,并作演讲。4月15日,应邀为"文协"昆明分会及银行业同仁福利会主办的文艺讲习班主讲《新阶段与新剧运》。27日,在昆明《评论报》第37期发表《新中国剧社是怎样奋斗出来的?》。同月,与郭沫若、柳亚子、张西曼等联合发起在重庆成立"革命诗社"。6月14日,出席"文协"昆明分会及大学等15个团体联合举行的诗人节晚会,并作演讲。25日晚,出席昆明文艺界在文艺沙龙举行的祝贺茅盾50寿辰并创作25周年纪念会。26日,在昆明《扫荡报》发表《忆茅盾》。

田汉7月7日与闻一多、李公朴、潘光旦、尚钺等30余人出席昆明文化界在文艺沙龙举行的文化检讨会,围绕"八年来各部门文化的检讨"和"如何展开今后文化运动"两个问题进行座谈。座谈记录载同年10月上海《文萃》创刊号。17日,出席昆明文化界音乐界在南屏大戏院举行的纪念聂耳逝世10周年大会,并作演讲,说:我们称聂耳是划时代的民族歌手,是因为在当时中国音乐界正在走着《毛毛雨》《妹妹我爱你》的路线,而聂耳却一改前非,创造了为中国人民谋解放求独立的新的歌曲,而且也喊出了中华民族的灾难和人民的痛苦,从此替中华民族的音乐开辟了一条崭新的路线。9月24日,出席昆明戏剧界为应重庆戏剧艺术社要求征集对今后戏剧复员问题的意见而在翠湖招待所召开的座谈会。10月17日,作《漫忆鲁迅先生》一文,回顾初识鲁迅、参加鲁迅50诞辰寿庆活动及当初为改编《阿Q正传》征求鲁迅意见等往事,刊于11月上海《文萃》第5期。同月,与"革命诗社"其他成员联名发表《"革命诗社"征诗启》,刊于重庆《民主与科学》1卷9—10期合刊。12月上旬,闻西南联大发生"一二·一"惨案,即从安宁赶回昆明,亲赴联大灵堂吊唁。以"一二·一"惨案为题材,创作独幕话剧《门》,刊于《妇女旬刊》第1卷第4—5期合刊。(参见张向华编《田汉年谱》,中国戏剧出版社1992年版)

张光年继续在昆明与李公朴、闻一多从事民主运动。春,出席在李公朴家中召开的讨论会,就罗隆基《政治的民主与经济的民主》力主走第三条道路展开辩论,罗隆基、闻一多、吴晗、楚图南、张光年等出席。据张光年《怀念李公朴同志》回忆:"轮到我这位'民盟之友'发言了,为了表示一点学术意味,我在这些教授们面前做了一次不高明的'教条主义表演'。我摘引了列宁怎样说,斯大林怎样说,毛泽东怎样说,这些论述似乎正好针对罗隆基式的怪论。这样的旁征博引自然不是好办法,而当时几位朋友听来却有新鲜感。幸好我刚刚读完了韬奋的《萍踪寄语》《萍踪忆语》,其中某些段落,就是他旅苏期间的耳濡目染,分析了苏联的社会主义民主。今天看来,苏联当时的社会主义民主是很不充分的。但我引自该书的有根有据的评述,对反驳罗氏言论是有用的。"4月10日,参与闻一多、吴晗等51人联署致信慰问郭沫若、顾颉刚。6月10日中午,与闻一多、吴晗、白麦浪、杨须知、金若年等在冠生园宴请郭沫若。18日晚,西南联大同学在昆华北院南教室举行高尔基逝世9周年纪念会,张光年在这次晚会上朗诵了新作政治讽刺诗《市侩颂》。22日,由张光年整理的彝族长诗《阿细的先鸡》由北门出版社出版发行。9月3日下午7时半,出席新诗社在西南联大新校舍东饭堂举办的"为胜利民主团结诗歌朗诵会"。9月13日,国民党当局迫害在昆明《扫荡报》担任主要编辑工作的中共地下党员和进步人士,张光年与闻一多、周新民、萨空了得到消息后,商量对策,决定以潘光旦领衔,联合昆明文化界人士致函龙云,进行营救。该信由张光年起草,闻一多订正,萨空了誊录。15日,张光年等1232人,联名发表《昆明各界人士为庆祝胜利及和平建设新中国通电》,提出解决国是诸意见。

　　按:签名者有:张光年、章泯、祁仲安、王健、李公朴、黄叶绿、李实中、蓝驶明、潘大逵、陆钦墀、冯素陶、尚钺、罗隆基、夏康农、张曼筠、王振华、李何林、宋云彬、孟超、杨怡士、白澄、王汉斌、张源潜、潘汝谦、王瑞沅、许铮、谭正儒、洪继凯、何孝达、康倪、周新民、李文宜、彭允中、杨须知、洪道、王念平、詹开龙、沈叔平、杨明、王云、曾昭抡、吴晗、胡钊、曹聚仁、楚图南、季镇淮、何善周、许维通、王瑶、范宁、潘光旦、费孝通、闻家驷、辛毅、袁震、施载宣、刘美菊、王景山、萧松、李政道等。

　　张光年10月离开昆明,行前看望闻一多,并送了一个长烟斗。张光年是通过李公朴的关系,利用国民党军官吃空额之机,顶着某人之名进了第五军留昆城防司令部电训队,随队辗转到河内,乘美国军舰到渤海湾葫芦岛登陆后,再到北平的。到北平后,张光年接闻一多信,大意说:昆明传言张光年在葫芦岛上岸后与八路军接火被俘,张光年说自己就是光未然,才被放了,此事确否望速回信。张光年马上复信,说没有这回事,请闻一多放心。(参见闻黎明、侯菊坤《闻一多年谱长编》(增订版),上海交通大学出版社2014年版;《云南大学志》编审委员会《云南大学志》第2卷《大事记(1915年—1993年)》,云南大学出版社1993年版)

　　李何林继续任职于文协昆明分会。5月5日下午6时半,在西南联大图书馆前大草坪出席文协昆明分会与西南联大文学会、外国语文学会、文艺社、冬青社以及云南大学文史学会、中法大学文史学会七团体联合举办的纪念第一届文艺节晚会,并作"新文艺中的文艺批评"的演讲。6月25日,昆明文艺界人士在威远街39号文化沙龙举行茶会,庆贺茅盾创作25周年及50岁诞辰。茶会由李何林主持,闻一多和朱自清、闻家驷、田汉、李广田、宋云彬、刘思慕、李公朴、白澄、吕剑、韩北屏、吴晗、楚图南、邵荃麟、马子华、何家槐、魏荒弩、凌鹤、常任侠、范启新、杨东明、赵沨、张光年等出席。10月1日晚,参加西南联大文艺社成立2周年纪念晚会,并在会上讲文学理论。(参见闻黎明、侯菊坤《闻一多年谱长编》(增订版),上海交通大学出版社2014年版)

　　顾毓琇8月18日自重庆飞抵昆明,将以陆军总司令部中将参议身份于次日飞湖南芷江参加受降签字仪式。在昆明,顾毓琇特到西仓坡看望闻一多与潘光旦,闻一多赶刻了一方象牙名章相赠。顾毓琇回忆:"抗战胜利后,我离开中央大学校长职务,受国民政府派遣,作为陆军总司令的中将参议,前往湖南芷江参加日伪投降签字仪式。我们乘机经昆明再去芷江,在昆明我去联大宿舍看望一多与光旦,光旦在家设晚宴招待我。我们那天谈到深夜,一多告诉我他已加入了民盟,还看过共产党的书。他对我能去首都受降,很是高兴,说这是清华的光荣。为了庆贺,他特为我赶刻了一枚图章,同时还有为吴有训刻的一枚。"(参见访问顾毓琇记录,1988年5月11日;闻黎明、侯菊坤《闻一多年谱长编》(增订版),上海交通大学出版社2014年版)

　　戴扶青5月26日在昆明创办《海鸥周刊》,参与发起者尚有于右任、冯玉祥、龙云、许世英、李根源、张治中、杨森、卫立煌、杜聿明、宋希濂、史良、褚辅成、梁寒操、郭沫若、曾昭抡、潘光旦等100多人。曾昭抡作《创办海鸥周刊缘启》。编委兼撰稿人有曾昭抡、周新民、潘光旦、伍启元、蔡维藩、雷海宗、燕树棠等。

　　于乃义主编的私立五华文理学院的院刊《五华》月刊6月15日在昆明创刊。该刊为抗战胜利后云南本土学者创办的一份重要文史研究杂志,虽然办刊时间比较短,仅出刊6期,但编辑和撰稿人大多是云南乃至全国知名学者,因而所刊文章影响较大,具有一定的学术研究价值和史料价值。(参见沙文涛《〈五华〉月刊述评》,《西南古籍研究》2015年第9期)

竺可桢继续任浙江大学校长。1月3日,致函朱家骅,请辞气象所所长职。13日,主持欢送浙大学生(第二次)战地服务团会议,向团长支德瑜授旗。29日,在湄潭复函军令部。述美军既需参考(指我国沦陷区内自1935年至1944年之气象报告——编者注),可来气象所,当予以提供。但向美方提出两项条件:(一)借用气象记录摄影后,须向气象所赠送4份,(二)美军应向气象所赠送北太平洋天气图全套底图。2月3日,浙大教育系心理学教授陈卓如来,交与中国科学工作者协会之简章及宣言,嘱加入并作发起人。允之。8日,为遵义专员公署专员高文伯饯行,很是不舍。日记载:"文伯在遵将四年,与浙大同人相处甚相得。其人廉洁,而学问知识亦高出侪辈,一旦离去,浙大将骤失一友人也。"11日,关注人口问题。阅《东方杂志》所载《论我国人口统计》及《世界人口的趋势》,并将人口统计数字摘抄于日记。19日,文澜阁《四库全书》保管委员会在重庆成立,被聘为委员。21日,在重庆出席蒋介石所约知识青年从军指导委员会委员之晚膳。张伯苓坐在蒋之右,竺可桢坐蒋之左。3月1日,在重庆国立专科以上学校校长会议上报告浙大概况。3日,在重庆由中央党部全国知识青年从军指导委员会安排,偕西南联大校务委员会主席梅贻琦、西北师范学院院长李蒸、西北大学校长刘季洪、武汉大学校长王星拱等前往璧山访问青年远征军201师。

竺可桢3月8日在重庆就复员后大学如何办理问题接受记者采访,认为关于战后各校之恢复,在图书仪器方面须要盟友美国加以协助,更希望政府在租借法案下能有计划地分拨一部物资,用于各校理、工、农、医之急需。指出中国欲立足于强国之中,必须发展工业,其所需人才必须从研究自然科学之最高学府中挑选。至于战后教育方针,作为现代国家,对于理工科与文法科应当并重。18日,在重庆对赵九章到气象所9个月主持工作甚为满意,认为托付得人,必须将气象所所务辞去。20日,在重庆与中研院总干事李书华谈辞气象所所长事。以赵九章主持甚得力,托付得人,故提出辞去所长一职。22—23日,在重庆出席中央研究院院务会议。26日,在重庆出席中央大学纪念周,讲演《中国古代何以不能产生近代科学》,认为我国近世科学不发达之原因,在于我国学以致用之主张。我国向以"明德利用厚生"为治国要事,但对为学问而学问以及求真理均置之度外,是乃大误也。同日,参加重庆大学纪念周,讲《怎样做一个民主国家的公民》。强调欲施行民主,必先破除士大夫观念及黄老学说。4月1日,在重庆与朱家骅、吴有训、陶孟和谈战后高等教育,主张大学学术自由,课程必须简化。5日,在北碚召集气象所谈话会。述赵九章到所10个月,所中行政大有改进,对于研究指导有方,且以物理为气象之基本训练,日后进步非从物理着手不可,故赵代所长主持,将来希望自无限量。现托付得人,中研院必可准予辞去所长职务,表示将来愿在所内为一研究员。12日,在重庆至中央训练团党政高级训练班演讲《科学方法》。5月2日,竺可桢接叶笃正从美国芝加哥来函,知其已入校,有Rossby为系主任,Byers为教授,实际负责系务。7日,在浙大国父纪念周上讲《道德与法律》。述西方国家重法治;中国重人治。人治以道德为重,道德以良心为制裁;而法律则以权力为制裁。现代国家,法治实属必要。12日,在永兴对浙大学生发表讲话,述民主国民应具备之道德,即(一)法治精神,(二)服从大多数,但大多数人亦须尊重少数人之意见,(三)公德心与责任心。14日,在湄潭于浙大纪念周上讲话,阐述民主与言论自由之关系,期望同学尤应保持公德心、法制精神及调和精神。26日,竺可桢预计胜利在望,不久将回杭。以浙大在遵义五六年,不可不有一纪念,因嘱浙大中文系教授王焕镳作碑文,计736字。因碑上只能容六百字,故将王文中减去一百余字。6月2日,主持浙大校务会议,议决校庆纪念日自8月1日改为4月1日,理由是浙大前身求是书院成立于1897年4月1日。11日,接教育部转来二等及三等青天白日景星勋章各一枚。17日,出席浙江同乡会,被推为理事长。同月,署名立浙江大学黔省校舍碑于遵义。碑文记载浙大迁黔6年中校舍分布、院系设置及教学设备甚详。碑文题为“国立浙江大学黔省校舍记”,由王焕镳撰文,竺可桢删改审定,罗韵珊楷书刻石。

　　按:1982年7月7日遵义市十一中(旧省立三中)扩建时发现该碑,幸存完好。此碑现存于遵义湘滨公园内。

　　竺可桢7月1日主持浙大第十八届毕业典礼并致词,述毕业生对国家应尽之义务。指出义务有二,一为大学生高出一般国民之智慧上的义务;一为普通公民之义务。当此抗战建国期间,大学生最大之义务,莫若对国家至上、民族至上有最大贡献。勖勉大学生要做好普通公民之义务:(1)知先后。(2)明公私。(3)辨是非。同日,中国科学工作者协会在重庆成立。8月间,当选为理事,后由理监事联席会议推选为理事长。27日,在湄潭分校讲演《怎样做一民主国家的公民》。在述自由、平等、博爱三者为近代民主之基础之后,提出应改变士大夫传统观念和黄老学说,凡做事不应以个人利害为出发点,应以大多数人民最大幸福为出发点。8月7日,接朱家骅函,嘱任世界青年协会的赞助人。10日,日本无条件投降。浙大员生和全城市民一起拥向街头,通宵达旦,全城沸腾。翌日,浙大学生发起狂欢游行。11日,致电浙东分校主任路季讷,嘱接收杭州校产,嘱派老同事陆子桐于杭州收复日到杭筹备一切;并洽浙江省黄季宽主席,收回城内报国寺、蒲场巷,城外哈同花园、华家池与临平、湘湖、万松林之产业。同日,主持浙大会议,议定复员计划。18日,出席浙大全体教职员庆祝胜利大会并发表演讲,与师生共享胜利的喜悦。22日,在浙大暑期学术讲演会上讲演《为什么中国古代没有产生自然科学》。认为中国农村社会的机构和封建思想,使中国古代不能产生自然科学。而此种机构,此种思想,到如今还大部遗留着。人民一受教育,就以士大夫阶级自居,不肯再动手。在学校所习科目,只问其出路之好,待遇之丰,更不校量科目之基本训练如何,个人之兴趣如何。把利害之价值放在是非价值之上。而社会上一般提倡科学的人们,也只求科学之应用。讲稿发表于《科学》杂志1946年第28卷第3期。

　　竺可桢8月25日参加浙大基督教团契第五届夏令营,演讲《战后之大学教育》,论述了人性本善还是人性本恶、道德之价值是否高于知识、国家与人民孰为重要等问题。9月4日,出席遵义各界庆祝抗战胜利大会,并发表演讲。14日,浙大复员委员会及遵、湄、永兴分会成立。任复员委员会及遵义分会召集人。15日,主持复员委员会会议,讨论校迁问题。17日,在浙大国父纪念周报告世界大势及浙大8年来的发展。最后略述大学之目标,应以理智为重。指出近年官吏之贪污,学风之不良,非道德之咎,实社会有不合理之处。今后大学应行教授治校制,以符合民主之潮流。20—26日,在重庆出席全国教育善后复员会议。讨论内迁学校复员问题时,与梅贻琦、吴有训等提议:“请教育部派人至日本视察学校及工厂情形以定选取图书仪器机械,赔偿国内学校及研究机关损失案。”其间又出席教育部召开的专科以上校长座谈会。10月1日,在重庆与涂长望、赵九章等一起应邀至美军总部,商量统一全国气象网问题。大家皆敷衍,没有结果。借此听取了涂长望对科协工作的汇报及召开一次理事会的建议，表示同意。2日，在重庆出席中研院院务会议。讨论接收上海自然科学研究所、台湾总督府中央研究所、东北大陆科学院等事。5日，在北碚受李约瑟嘱，开始作《二十八宿起源》英文稿，至10月10日作毕。14日，自重庆飞南京。到后即赴北极阁，见有驻军，院庭中杂草丛生，墙壁失修，但台顶风速仪仍在转动。自山上下望，见全城依然如故，不禁有江山依旧，面目全非之慨。15日，至珞珈路22号，见所有书籍均丢失。所丢失者，包括1936年以前大约有10年的日记。18—29日，在杭州勘察浙大文理学院、农学院、师范学院校址，筹划浙大在杭州复课事宜及拜访党政军各机关首长。召集吴钟伟、沈思玛并浙东分校主任路季讷等开会讨论复校事项。30日，在上海出席中国科学社理事会会议。任鸿隽在报告中说生物研究所迁渝，所有图书因赖竺可桢辗转冒险，代搬入川，得以照常工作。

竺可桢11月8日在杭州主持浙大复校开学典礼，报告浙大西迁经过及浙大发展情形，并述大学教育之两种使命：一为传授知识道德；二为注重研究。教育部长朱家骅莅临并讲话，赞扬浙大复校之迅速，为自后方迁至前方复校之第一位，而迁徙次数之多，亦为全国各大学中之最艰苦者。又谓"八年以来，浙大不仅在数量上大为扩充，即在质的方面，亦能维持战前水准，此应归功竺校长之擘划领导"。省会党政军各机关首长均到会。同日，接受《正报》记者采访。述浙大8年来学生人数有很大增加，而在教学质量方面仍竭力保持一定的水准，学术研究空气仍相当浓厚。又谈到浙大今后将次第兴办法、医两学院，恢复高工、高农两校，在五年之内，使浙大成为一拥有5000学生的大学。16日，飞重庆。17日，晤教育部部长杭立武，汇报杭州情况及复员经费问题。12月12日，获悉已由中研院指派赴伦敦出席国际气象会议，但以浙大目前复员情形，决意不往。13日，致函赵元任，述浙大情况："敝校现分为两部，一部在杭州，有文理农工一二年级生，法学院一年级生及师范学院，共有学生700余人。一部分在贵州有文理农工师五院学生1400余人。贵州部分定于明年五、六月间开始返杭。"（参见李玉海编《竺可桢年谱简编》，气象出版社2010年版）

梅光迪继续任浙大文学院院长。12月27日，在贵阳逝世。28日，浙大校长竺可桢召开紧急行政谈话会，商洽一切善后问题，即组织治丧委员会，并致电其家属。29日，乘邮车赴筑，前往为之料理丧事，一路十分艰辛。31日，在贵阳出席梅光迪安葬仪式，介绍其生平事略，述梅已成历史上之人物，其不可及者有三：（一）对于作人、读书，目标甚高，一毫不苟。（二）为人富于热情，对于青年尤爱护备至。（三）不鹜利，不求名，一丝不苟。仪式毕，送其安葬于筑垣六广门外二里许之八角岩圣公会墓地。（参见李玉海编《竺可桢年谱简编》，气象出版社2010年版）

缪钺继续任教于浙江大学。2月，《欧阳永叔治学之精神》刊于《思想与时代》第40期。5月18日，因费巩先生失踪案一事，美国心理学家舒来勃及重庆卫戍司令所派高级参谋沈醉、联络官潘景翔来校调查有关情况。缪钺受校长竺可桢之约，与张君川、谢幼伟晤谈。秋，始得张孟劬（尔田）去世的消息，撰挽联及挽诗以表哀思，挽联定稿为："学术衍章实斋之流便坐接微言谁与传薪承绝业；身世较元遗山相近野亭存故献老看沈陆痛神州。"12月1日，缪钺致函陈槃，谓"弟近治先秦学术，以为《吕氏春秋》一书，兼备百家之言，不啻先秦诸子之总汇。先秦学术中种种问题，多可在吕书中寻得线索。弟拟用分析之法，研究吕氏宾客著书之情形及用心，追溯其资料之来源，查勘其中学说承受融合之迹，并评其得失利病而推论其对后世之影响。拟先撰单篇论文，然后合为一书，已成《〈吕氏春秋〉中之音乐理论》及《先秦书中老子史料之检讨》，近正拟撰《〈吕氏春秋〉与〈山海经〉》"。（参见缪元朗《缪钺先生生平编年(1904年—1978年)》,《魏晋南北朝史论文集——中国魏晋南北朝史学会第八届年会暨缪钺先生百年诞辰国际学术研讨会论文集》,2004年)

方敬主编贵阳《大刚报》副刊《阵地》。5月,从贵阳致函茅盾约稿。茅盾在回信中说,副刊必须坚持抗战的文艺方向,发表的文学作品要短小精悍,丰富多样,生动活泼,要登一些翻译的进步诗文,要办出特色;并提醒方敬,高尔基逝世9周年纪念日快到了,副刊应该发表一些纪念文章,并随信寄去了《写下了第一篇小说的高尔基》等文章。(参见方敬《缅怀茅盾同志》,载《抗战文艺研究》1982年第1期;唐金海、刘长鼎主编《茅盾年谱》,山西高校联合出版社1996年版)

田汉1月22日下午出席贵州省妇女运动委员会为组织募集10万双劳军布鞋平剧义演而举行的招待茶会,并发表讲话。2月8日,出席贵州省文化运动委员会为筹备纪念戏剧节而召开的座谈会。15日,出席贵阳市各界为戏剧节而举行的纪念会,并致词,对戏剧在我国近百年来之蜕变及进展,阐述颇详,并勉黔省剧界同仁努力,务期与民族运动取得更密切之配合,以达成对抗战应负之责任。22日,与熊佛西等发起并主持的民众戏剧教育运动周开始举行。下午,作戏剧改革运动方面的演讲。25日,出席文化界联谊会为欢迎杨森夫妇而在盟军之友社举行的晚餐会,并致词。27日下午,出席黔桂湘边区总部政治部为响应戏剧教育运动周而举行的招待茶会,并致词。3月3日,在贵州广播电台作题为《对地方戏的认识》的广播演讲。上旬,"文协"桂林分会旅筑剧人演出委员会为募款救济留筑文化工作者,组织公演吴祖光的话剧《少年游》。负责主持此项活动,并指导排练。中旬,因新中国剧社瞿白音来电相邀,改变去重庆的计划,决定前往昆明。(参见张向华编《田汉年谱》,中国戏剧出版社1992年版)

司马文森年初组建游击武装"抗日青年挺进队",任政委,一起工作的还有杨繁、何谷、吉联抗、郑思等。同时对桂军流散到敌后的韦善祥部队等进行统战工作,成立"抗日别动纵队",任政治部主任。又和罗培元、张琛等组成桂北工委——当时中共在桂北一带的最高领导机构,共同领导当时活跃在桂北的三支抗日武装:"青年挺进队""《柳州日报》自卫队""抗日别动纵队",直至抗战胜利。9月13日,司马文森一家离开桂北游击区,暂住广西宜山,以这时期的斗争生活为题材,创作了中篇小说《宋国宪》。10月29日,在贵阳《大刚报》发表《我谈"文艺复员"》,对抗战胜利后的文协提出三点希望:"(一)文协应有更周密计划布置一下,把战时文协,改变为一建设新民主主义中国的文协""(二)抗战文协,应即做总结八年来的经验教训工作,给中国文艺界结一笔八年来的账""(三)抗战文协要调查并检举投敌文艺家,给他们以应得处分,决不许宽容"。11月19日,在《新华日报》发表文章,否定该报8月1日《文坛奇遇》一文关于司马文森捕获"汉奸文人"胡危舟之说,并且根据调查到的材料,说明胡危舟在宜山曾为游击队做过不少好事,认为"一个比较有血气的人,在受过如此磨难之后,再与敌人合作,是很难有的",表现其实事求是的精神。11月至1946年4月,在广州《建国日报》发表《桂北散记》(一)至(一一六)约7万字。12月2—23日,在广州《建国日报》发表《太民主》《惭愧!惭愧!》《论国民性》《谈"格"》《精神卖淫之类》等短论。10日,出席在广东省民教馆礼堂举行的盛大欢迎会,欢迎由昆明来广州市的文化戏剧界人士。司马文森在会上倡议广州的戏剧工作者能够来一次联合大公演。着手筹备《文艺生活》复刊。是年,短篇小说集《大时代中的小人物》由重庆上海杂志公司出增订版。(参见杨益群《司马文森年谱》,载1985年《抗战文艺研究》第2期)

巨赞至北流受聘为无锡国学专修学校教授。该校本在无锡,战时迁至北流。(参见黄夏

年编《中国近代思想家文库·巨赞卷》及附录《巨赞年谱简编》，中国人民大学出版社2015年版）

朱谦之继续任教于中山大学。1月，日军攻粤北，战事吃紧，与中大师生踏上逃亡路，历经险阻，于2月19日抵达临时省会龙川。3月，作《奋斗廿年》。6月13日，在《正气日报》上发表《战后人生观的改变》。7月4日，在梅县基督教青年会讲《战后文化展望》，在《汕报》和《中山日报》分别发表《从新音乐运动到新歌剧运动》《我们的新音乐运动》。8月，在《正气日报》发表《军火商人戈登》。复任文学院院长。9月，文科研究所《历史丛书》第一种《哥仑布前一千年中国僧人发现美洲说》（梅县本）出版。受美国投掷原子弹的影响，开始收集关于原子弹、原子能的各种著述，思想上产生极大震动，逐渐意识到唯物论的科学性。其后至新中国建立很少有著作出版。10月，中大迁回广州，被聘为文学院院长、哲学系主任、文科研究所主任、历史学部主任，身兼四职。（参见黄夏年编《中国近代思想家文库·朱谦之卷》及附录《朱谦之年谱简编》，中国人民大学出版社2015年版）

黄文山继续任教于中山大学。抗战胜利后，广东省立法商学院成立，创办社会学系，任院长兼系主任。8月，任广东省府委员、国民政府侨务委员会委员。11月，中华文化学会在广州恢复并举行成立大会，与吴康等9人当选理事和常务理事。学会有研究部，分为三大类、27组，其中在第二大类社会科学类中设有文化学组，黄文山、戴裔煊和岑家梧为主要研究员。12月，被广东省主席、粤侨事业辅导会主任委员罗卓英聘为粤侨事业辅导会副主任委员。（参见赵立彬编《中国近代思想家文库·黄文山卷》及附录《黄文山年谱简编》，中国人民大学出版社2013年版）

马元材（非百）继续任教于中山大学。4月，马元材《秦史纲要》上册由重庆大道出版社出版。此书之目的在"补二十四史无秦史之缺"，体裁仿"史记汉书等正史成例"，实为由秦史课讲义基础上增修而成，分武力建国、中原争霸、统一运动、计划建设、帝国崩溃等内容。该书仅见上册，至六国覆亡而止。该书是秦史研究领域最早的专著之一，对此后的秦史研究有一定影响。10月，马元材在《文史杂志》第5卷第3—4期发表《秦时佛教已流行中国考》。（参见王学典《20世纪史学编年（1900—1949）》，商务印书馆2014年版）

王亚南在福建永安创办经济科学出版社。3月，福建省研究院社会科学研究所《社会科学》创刊，王亚南撰写了题为《社会科学与自然科学》的代发刊词。侧重刊发中国社会史及与之相关的社会制度研究、福建社会政治文化专题研究等方面的论著是该刊的特色之一。6月，王亚南《社会科学论纲》一书由东南出版社在福建永安出版。秋，国民党福建当局逮捕了社会科学研究所研究员、著名记者、中共地下党员羊枣（杨潮）。王亚南愤而辞职，离开永安。不久，受厦门大学之聘，任法学院院长兼经济系主任。他延请了郭大力、林砺儒、杨东莼、石兆棠等进步教授，大大加强了厦大讲坛上马列主义的传播工作，并有力地支持了全校进步的学生运动，对于厦大成为当时"东南学运的民主堡垒"作出了重要的贡献。年底，应台湾大学校长庄长恭之邀，赴台大法学院讲学，为时1个月。12月，王亚南在福建省研究院社会科学研究所《社会科学》第1卷第4期发表《中国社会经济史上的法则问题》。文中指出："最近二十年中的中国社会史的研究，虽然使中外经济史学者关于中国社会的理解，有了一些根本的改变，即不再把中国社会看成需要另制一套历史立论或法则，始能加以说明的东西，但中国社会史上的许多特殊表象，毕竟不是硬套现成公式所能解释的"。（参见夏明方、杨双利编《中国近代思想家文库·王亚南卷》及附录《王亚南年谱简编》，中国人民大学出版社2015年版；王学典《20世纪史学编年（1900—1949）》，商务印书馆2014年版）

傅衣凌6月30日在《福建文化》总34号发表《太平天国时代回乱领导人物出身考——

太平天国时代社会变乱史之三》。9月,傅衣凌在福建省研究院社会科学研究所《社会科学》第1卷第2—3期合刊发表《太平天国时代团练抗官问题引论》。12月,在福建省研究院社会科学研究所《社会科学》第1卷第4期发表《唐代宰相地域分布与进士制之相关的研究》。同期还刊有王亚南《中国社会经济史上的法则问题》、郑书祥《明代东南倭患及其对于社会经济之影响》、胡寄馨《明代福建市舶司及漳州舶税征收机关考》等文。(参见王学典《20世纪史学编年(1900—1949)》,商务印书馆2014年版)

夏承焘继续任教于乐清师范。1月14日,马叙伦寄夏承焘组诗七章,托宓逸群转交。夏相隔四个多月方才收到。7月,应宓逸群为夏承焘《月轮楼词钞》作跋,有言:"敬其人穆然如佛门尊宿,目所及,耳所住,心所向,无非词者,是化于词者也。"认为"其言有物,则上揖灵均(屈原),下攀柴桑草堂(陶渊明)"。10月18日,夏承焘复函马叙伦。同日,夏承焘日记载:"作笺与马夷初翁,附去拜李五峰墓词一首,答其春间寄诗。"(参见吴无闻编《夏承焘教授纪念集》,中国文联出版公司1988年版;卢礼阳《马叙伦年谱》,浙江古籍出版社2021年版)

胡先骕1月4日致电任鸿隽,欲往美国考察教育。1月5日,任鸿隽复电:"出洋事不易办到,所务如何进行,最好来渝一商,弟鸿隽微。"14日,致电任鸿隽,再请静生所年预算。15日,任鸿隽复电,谈静生所年预算。春,日军进犯,省府及正大迁宁都。胡先骕避难至永丰。4月30日,黄萍荪主编《龙凤》杂志创刊,刊载胡先骕诗作《出塞曲·为知识青年从军运动而作》。是期《龙凤》还刊载"胡先骕教授划时代巨制《中华民族之改造》,自下期在本刊连续刊载"的预告以及该著作目录:1.绪论;2.中华民族之形成与其特征;3.中华民族之衰弱及其复兴;4.民族混合对于中华民族之影响;5.封建制度对于中华民族之影响;6.郡县制度对于中华民族之影响;7.选举制度对于中华民族之影响;8.门阀制度对于中华民族之影响;9.考试制度对于中华民族之影响;10.兵役劳役制度对于中华民族之影响;11.封建经济对于中华民族之影响;12.秦以后经济对于中华民族之影响;13.儒墨道法四派学说对于中华民族之影响;14.佛教对于中华民族之影响;15.宋明理学对于中华民族之影响;16.宗教衰败对于中华民族之影响;17.昔日海外交通对于中华民族之影响;18.近代海外交通对于中华民族之影响;19.清代政治对于中华民族之影响;20.民国以来之政治对于中华民族之影响;21.海通以后中国半殖民地经济对于中华民族之影响;22.上海为近代半殖民地都市罪恶之代表对于中华民族之影响;23.近代教育制度对于中华民族之影响;24.近代思想对于中华民族之影响;25.科学教育对于中华民族之影响;26.工艺文明对于中华民族之影响;27.民主主义社会主义共产主义与三民主义;28.本位文化与全盘西化;29.人本主义与物本主义;30.优生与优境;31.身体之改造;32.思想之改造;33.政治之改造;34.经济之改造;35.教育之改造;36.社会之改造;37.中华民族及其文化之改造;38.中华民族之改造与世界之改造。

胡先骕5月19日致电任鸿隽,告暂居永丰。22日,任鸿隽复电胡先骕。6月18日,胡先骕致电任鸿隽。25日,任鸿隽致电胡先骕。7月,南高、东大学生发起纪念秉志、钱崇澍60寿辰,胡先骕50寿辰,发表征寿金启,并刊翁文灏祝贺诗作。同月16日,胡先骕向中基会提交《静生生物调查所一九四五年预算书》,所列静生所职员是:胡先骕、秉志、秦仁昌、汪发缵、杨惟义、俞德浚、王启无、彭鸿绶、胡德贞等。并致函任鸿隽,函中有曰:"窃以为静生所经济基础即已动摇,则为谋永久计,宜有两策,同时进行。第一,将静所与北大或国立博物馆永久合作,其经费归北大或博物馆负担一大部分,如美国斯密桑研究所及其他研究所附丽于国家博物馆或大学之前例;第二,筹划经费作生产事业。今咏霓任行政院副院长,梦麟任行政院秘书长,骝先任教育部长,皆系老友,应不难办到。此层请先与三公及范旭东、江翊云两先生商洽,俟弟抵渝后即正式规定可也,然待至还都以后办,亦无不可,好在为期已不远矣。"8月15日,《龙凤》出版第2期,是期开始连载胡先骕《中华民族之改造》,全文分四个部分:一、绪论;二、中华民族之形成与其特性及成就;三、中华民族之盛世及其衰弱与复兴;四、民族混合对于中华民族之影响。

按:黄萍荪《编辑后记》曰:"胡先骕先生,字步曾,江西新建人。以研究植物学知名欧美,于中国文学造诣尤深。现任国立中正大学特约教授。本年自泰和迁居永丰,月前赣县倭寇沿江东窜,经吉水而屠永丰,先生行踪,遂为举世人士所关切,惟视其无恙耳。""胡先骕先生年来除临池吟咏外,未见有重要著作发表,此次为本刊撰《中华民族之改造》,凡十万言,可谓难得矣。作者以生物学家的眼光来解剖这一民族,从生理构造说起,一直谈到文化发展的程度为止。他的好处是,系统而不繁冗,条理分明,适挈其要。又如医家之切脉,优劣具表,而处之以方。这种文字,非把古今中外上下数千年的历史罗于胸次,是不易发挥的。"

胡先骕9月5日致函任鸿隽,告拟赴南京,望在南京会晤,相商续办静生所办法。25日,《龙凤》出版第3期,未能按胡先骕《中华民族之改革》目录顺序刊载,而是遵作者之意,以为《政治之改造》《教育之改造》二节较有现实性,特提先发表,其余移至第4期以后。然而,该刊自第3期之后即停刊。胡先骕后在《观察》等刊物上曾发表《教育之改造》《思想之改造》《经济之改造》三节(《胡先骕文存》上卷收录)。至于其他部分则未刊出,其原稿亦不知去向。同期《龙凤》还刊载胡先骕长诗《书平蛮三将题名后即以美郑洞国师长》及该刊编辑室所辑《胡先骕小传》。10月1日,任鸿隽来函,告静生所已接收,须派人负责。10月初,负责接收平津地区教育文化机构之教育部特派员沈兼士任致函胡先骕,请其北上办理接收静生所一切事宜。13日,任鸿隽致电胡先骕,谈接收静生所事宜。18日,夏纬琨受胡先骕委派接收了石驸马大街83号静生所所属之通俗博物馆。22日,任鸿隽自南京来函。由于邮路不畅,此前胡先骕致函皆未收到,故于静生所复员事反复言说。11月初,秉志致函任鸿隽,以为此时其与胡先骕皆不便往北平办理静生所的接收,而推荐黄野萝、傅书遐前往。因而黄傅皆有函致任。15日,任鸿隽复黄傅两君之函,并不同意其赴平办理接收,而认为应由胡先骕主持复员静所工作。19日,任鸿隽自重庆有南京、上海之行,曾与秉志相晤,获知各方情形,于静生所复员,致函胡先骕请赴重庆面商。12月6日,胡先骕致函任鸿隽,报告庐山植物园损失情况。至于静生所与科学社生物所合并,则表示坚决反对,而赴重庆面商,则难以启程。同日,任鸿隽复函胡先骕,敦促其速行北上,执掌静生所之复员工作。7日,胡先骕致函平所夏纬琨、桂洵,对静生所接收后具体事宜予以布置。9日,胡先骕致函任鸿隽,表明其主持静生所复员,将不畏人事之纠缠。22日,中基会来函,告知其被聘为中基会研究教授及相关待遇。26日,胡先骕致电任鸿隽,告已来南昌居住。26日,致函任鸿隽,报告静生所损失情况。并告知将往上海,转而北平,而中基会下拨之经费过少,感到难以恢复昔日之辉煌。(参见胡宗刚《胡先骕先生年谱长编》,江西教育出版社2007年版)

李达8月在日本投降后返回老家零陵居住,受到国民党特务的监视,没有行动自由。译美国威廉庄斯东《如何处置日本》刊于《新中华》副刊第3卷第7期。9月,《如何处置日本(续)》续刊于《新中华》副刊第3卷第8期。(参见宋俭、宋镜明编《中国近代思想家文库·李达卷》及附录《李达年谱简编》,中国人民大学出版社2014年版)

李伯渔任陕西《益世报》董事长、西安《教友生活》月刊主编。

刘季洪继续任西北大学校长。1月26日,教育部部长朱家骅在给刘季洪的"训密字第

146号"函称："查抗战愈近胜利,奸党活动日趋激烈……为防止奸党活动继续蔓延起见,该校长应督饬该校内党务、团务及训导负责人员,密切联系,加强举行党务、团务、军训训导会议,并邀请导师党义教员及国文教员等,对中共问题……俾明真相,庶免为奸党所盅。"4月18日,刘季洪就教育部训育委员会关于本校进步教授季陶达、徐褐夫二人"思想有左倾嫌疑"一案,给教育部朱家骅呈文,详细地报告了两位教授的近况及对他们监视防范的措施。同月,以卫佐臣为负责人的西北大学地下"西北民主青年社"在校内秘密成立,简"民青"社。此为中国共产党陕西省工委领导与"民主同盟"西北总支部帮助下,为适应国统区民主运动高涨的新形势建立起来的党的青年学生外围组织。"西北民主青年社"由中共老党员杨明轩领导下的"五人小组"作为最高领导机构,主要在陕西各大专院校和部分中、小学教师中发展组织。"民青"社按照秘密的单线关系在西大和西工艺展组织,通过负责人卫佐臣与上级"五人小组"成员王维祺发生指导关系。因此,在全校中共地下党员、民青礼员的领导下,是年下半年,全校进步社团如雨后春笋般地恢复和建立起来。10月,刘季洪为了提倡学术研究、鼓励学生写作,创办了《西大学生》(月刊),由中正书局和中国文化服务社经销发行。至次年6月止,共出刊7期,发表了不少学生中的好习作。12月,西南联大"一二·一"惨案发生后,西北大学学生的民主运动迅速高涨。刘季洪公开宣布:西北大学教职员工不准成立教授会、职工会,学生不准成立学生自治会。(参见西北大学校史编写组《西北大学校史稿》,西北大学出版社1987年版)

萧一山年初继续任西北大学文学院院长。2月,萧一山《清代史》由重庆商务印书馆出版。此书是在《清代通史》基础上的简写和补充,以"民族革命"观念贯穿全书,简要梳理了从明末满清兴起至宣统退位革命成功的历史。该书后被收入《民国丛书》第4编,并被辽宁教育出版社等再版。抗战胜利后,萧一山改任国民政府主席北平行辕秘书长,三年间处理北平政务,沟通地方与中央之意见,殊费苦心,声望卓著。是年,担任北平华北文法学院校董兼董事长。(参见萧树苓《萧一山先生生平大事记》,中国人民政治协商会议江苏省徐州市委员会文史资料委员会编《徐州文史资料》第12辑,1992年;王学典《20世纪史学编年(1900—1949)》,商务印书馆2014年版)

牛汉年初在西安主编文艺期刊《流火》。5月初,由党派回西北大学从事学生运动。

黎锦熙在抗日战争胜利后被任命为西北师范学院(北京师范大学前身)院长。国语统一筹备会改名为国语统一推行委员会,黎锦熙仍为常务委员。是年,发表了《词汇义类大系》《国字新部首》《学术业务类码简表》等20余篇各类专论。(参见黎泽渝《黎锦熙先生年谱》,《汉字文化》1995年第2期)

陆懋德继续任陕西省立师范专科学校史地科教授。1月,陆懋德《史学方法大纲》由独立出版社出版。陆懋德早年留学英国,获硕士学位,曾在清华大学、北京师范大学、辅仁大学历史系任教。本书是其在多年授课讲稿的基础上整理而成。全书分五编,每编分为三章。第一编论"历史的意义""历史的地位"和"历史的方法",第二编谈"史料的收集""史料的类别""史料的运用",第三编论"考证的需要""考证的工作""考证的决定",第四编论"解释的需要""解释的观点"和"解释的方法",第五编论"著作的体裁""著作的文艺"和"著作的编制"。陆书征引伯伦汉和朗格诺瓦、瑟诺博司等人的著作随处可见,其关于考证的章节,几乎是直接移用。本书条理清晰,文字简要,广泛介绍西方史学家的理论、观点和方法。阐述问题时,往往追根溯源,且以中外情形参照互证,持论也较平允。1980年北京师范大学史学研究所将其列入"史学史资料丛刊"再版。(参见王学典《20世纪史学编年(1900—1949)》,商务

印书馆2014年版)

李嘉言继续任教于兰州西北师范学院,所著《贾岛研究》获教育部学术审议会评选的第四届学术二等奖。5月1日,朱自清致信李嘉言祝贺,并提到了闻一多,说:"闻先生现在很忙,作文演讲次数很多,但他一面还照常用功。"(参见李之禹《李嘉言与闻一多先生》,未刊稿;闻黎明、侯菊坤《闻一多年谱长编》(增订版),上海交通大学2014年版)

高一涵继续任检察院甘宁青监察使。3月1—7日,为民国三十四年司法人员考试监试。5月5日,中国国民党在重庆召开第六次全国代表大会,高一涵为特准列席人员之一。同月,高一涵视察甘肃省高等法院、皋兰地方法院及该院新建监狱、看守所等处。巡查甘肃省第六、第七两行政督察区所属永兰、高台、酒泉、玉门等11县政设施及一般情况,特别对于军队补给、军粮运输以及军风纪等情形详加调查,报院核转。16日,祭成吉思汗陵,归后作诗记之。6月15日,为皖江两省避难西北同乡子女创建学校,与甘肃省主席朱绍良联名致信兰州各界社会名流,请其资助。同日,乙酉诗人节,参加《千龄社》第二次集会,作诗纪念屈原。7月27—31日,为甘肃省省县司法处审判官考试监试。8月15日,日本天皇宣布无条件投降,高一涵喜极作《胜利歌》二首欢庆胜利。同月,张舜臣将军到兰州,高一涵将张大千所绘《剑阁图》转交将军。9月15—18日,高一涵为民国三十四年高等考试初试、普通考试、特种考试高级邮务员考试监试。10月,赴青海乐都、民和、西宁等县巡查,并亲自调查青海高等法院院长马师融被控贪污违法各案,兼慰问各少数民族。11月,赴甘肃省第九、第五两行政督察区内各县巡视调查,并提交巡查报告,报送监察院。同月20日,提交视察青海省政治教育建设及骑五军移防新疆等情况报告。(参见高大同《高一涵先生年谱》,上海文化出版社2011年版)

常书鸿继续任国立敦煌研究所所长。因教育部宣布解散敦煌艺术研究所,常书鸿求助于国民政府中央研究院院长傅斯年。傅斯年批准恢复敦煌艺术研究所,并拨发卡车一辆、物资若干。12月,敦煌研究所成员陆续离开敦煌,为求敦煌所的生存,常书鸿携儿女离开敦煌到达兰州,高一涵与甘肃省教育厅长设宴为他们一家洗尘,并建议常书鸿父女在兰州先搞一个画展,以扩大敦煌影响。《常书鸿父女书画展》在兰州获巨大成功后,高一涵又力劝常书鸿赴重庆争取国民政府的支持。(参见高大同《高一涵先生年谱》,上海文化出版社2011年版;叶文玲《敦煌守护神——常书鸿》,上海文艺出版社2001年版)

潘絜兹到国立敦煌艺术研究所从事古代壁画的临摹研究工作。

罗家伦1月上书监察院,请辞新疆监察使一职。4月23日,新疆监察使一职任期届满,监察院长于佑任建议由罗家伦连任,国防最高委员会会议通过。5月5—21日,出席中国国民党第六次全国代表大会,当选为中央执行委员。31日,应邀出任全国慰劳抗战将士委员会豫、鄂将士慰劳团团长。9月,任中央文化运动委员会委员。10月20日,启程赴伦敦出席联合国筹设"文化教育科学组织"会议,重游牛津、剑桥等地,重访美国。(参见刘维开《罗家伦先生年谱》,中国国民党中央委员会党史委员会1996版;张晓京编《中国近代思想家文库·罗家伦卷》及附录《罗家伦年谱简编》,中国人民大学出版社2015年版)

陈垣继续任辅仁大学校长。当时身处沦陷的北平的陈垣精神异常苦闷,但闭门谢客,没有社会活动却给他的学术研究提供了充足的时间保证,因此,他的史学著述不仅没有减低速度,反而进入高产时期。1月31日,致子陈乐素函。2月28日,致张长弓函。3月14日,致方豪函:《清初僧诤记》刻木本新成,谨以一部奉贻。5月1日,致子陈乐素函。6月30

日,朱启钤来函,将陈垣撰写《明季滇黔佛教考》时所未得见之《语嵩语录》送上,并请求为《语嵩塔铭》作一书后。7月4日,复朱启钤函,作《语嵩塔铭》书后。同月,著《通鉴胡注表微》成。作《通鉴胡注表微》小引:"频年变乱,藏书渐以易粟。唯胡氏覆刻元本通鉴,尚是少时读本,不忍弃去;且喜其字大,虽夹注亦与近代三号字型无异,颇便老眼。杜门无事,辄以此自遣。一日读后晋纪开运三年胡注有曰'臣妾之辱,唯晋宋为然,呜呼痛哉!'又曰:'亡国之耻,言之者痛心,短见之乎! 此程正叔所谓真知者也,天乎人乎!'读竟不禁凄然者久之。因念胡身之为文、谢、陆三公同年进士,宋亡隐居二十余年而后卒,顾《宋史》无传,其著述亦多不传。所传仅《鉴注》及《释文辩误》,世以是为音训之学,不之注意。故言浙东学术者,多举深宁、东发,而不及身之。自考据学兴,身之始以擅长地理称于世。然身之岂独长于地理已哉,其忠爱之忱见于《鉴注》者不一而足也。并表而出之,都二十余万言。庶几身之生平抱负,及治学精神,均可察见,不徒考据而已。"《通鉴胡注表微》分20篇:本朝篇第一;书法篇第二;校勘篇第三;解释篇第四;避讳篇第五;考证篇第六;辨误篇第七;评论篇第八;感慨篇第九;劝戒篇第十;治术篇第十一;臣节篇第十二;伦纪篇第十三;出处篇第十四;边事篇第十五;夷夏篇第十六;民心篇第十七;释老篇第十八:生死篇第十九;货利篇第二十。书名"表微",是经过反复推敲的。最初作"通鉴胡注述义""述义"后改为"奥论""探微",最后才定名"表微"。本书前10篇刊于12月《辅仁学志》第13卷第1—2合期;后10篇刊于次年12月,《辅仁学志》第14卷第1—2期合刊。

按:《辅仁学志》第14卷第1—2期合刊目录后有识语说:"此论文本为纪念被捕及被俘诸友而作,岂意稿未成刊,诸公已出狱。"后十篇发表于1946年12月《辅仁学志》第14卷第1—2合期。本书是陈垣最后一部专著,也是他史学研究晚年所达到的最高境界。在这部书中,陈垣对胡注中隐含着的民族气节和爱国热情作了充分的阐发。同时,在字里行间倾注了自己对祖国前途的忧虑,对抗战将士的敬慕和对汉奸卖国贼的痛恨。陈垣通过对胡三省生平抱负和学术精神的阐扬,表达了自己的政治观、民族观、宗教观、生死观、货利观,同时,对自己的史学研究也是一次小结。因此,陈垣自称本书为"我学说的记里碑"。

按:陈垣1957年的重印后记曰:胡三省亲眼看到宋朝在异族的严重压迫下,政治还是那么腐败,又眼见宋朝覆灭,元朝的残酷统治,精神不断受到剧烈的打击。他要揭露宋朝招致灭亡的原因,斥责那些卖国投降的败类,申诉元朝横暴统治的难以容忍,以及自己身受亡国惨痛的心情,因此,在通鉴注里,他充分表现了民族气节和爱国热情。但是,这样一位爱国史学家是在长时期里被埋没着,从来就没有人给他写过传记。到清朝,有人认为他擅长地理,有人认为他擅长考据,才偶然提到他。至于他究竟为什么注通鉴?用意何在? 从没有人注意,更没有人研究。相反的,有些人著书专攻击胡注,但是谈到的都是注中的小毛病,无关宏旨。

我写《胡注表微》的时候,正当敌人统治着北京。人民在极端黑暗中过活,汉奸更依阿苟容,助纣为虐。同人同学屡次遭受迫害,我自己更是时时受到威胁,精神异常痛苦。阅读胡注,体会了他当日的心情,慨叹彼此的遭遇,忍不住流泪,甚至痛哭。因此决心对胡三省的生平、处境,以及他为什么注《通鉴》和用什么方法来表达他自己的意志等,作了全面研究,用三年时间写成《通鉴胡注表微》二十篇。

按:王学典《20世纪史学编年(1900—1949)》(商务印书馆2014年版)曰:"陈垣深入研究《资治通鉴》胡三省注,历时三年,写成《通鉴胡注表微》二十篇。这是作者对以往史学研究具有总结性意义的论著。该书'前十篇言史法',即考据与史评,是对于史学研究方法的总论,结合胡注的研究,建立起自己的方法体系。校勘、解释、避讳、考证、辨误诸篇关系历史文献考证的方法,是约取《校勘学释例》《史讳举例》等书精华,分析胡三省《通鉴》注文,并进行史法总结;'后十篇言史事',所言史事有政治、军事、民族、民心、宗教、人生与经济等。其中《臣节》《夷夏》两篇讲民族气节,《出处》《生死》两篇集中在'正人心,端士习',《治术》《伦纪》《边事》《民心》《货利》诸篇则是针对时局而作,至于《释老》篇则因作者一向留心宗教史,借此表达自己宗教信仰自由的主张。"白寿彝《要继承这份遗产》(《励耘书屋问学记》代序)曰："我愿意特别推荐《通鉴胡注表微》这部书，这是援庵先生所有著作中最有代表性的作品，其中有不少值得我们好好挖掘的东西，这是更可珍贵的遗产。"吴怀祺《〈通鉴胡注表微〉在中国近代史学史上的价值》(《纪念陈垣校长诞生 110 周年学术论文集》)曰："《通鉴胡注表微》全面反映援庵先生的史学思想、治史成就和学风特征，是援庵先生史学发展到一个重要阶段的标志。""援庵先生在治史中表现出不满足于具体研究的成果，而有着总结史学方法的自觉意识。他写的《史讳举例》《〈元典章〉校补释例》(即《校勘学释例》)反映出他治史的特点，也显示出他注重从民族史学遗产中总结史学方法的思维途径。而《通鉴胡注表微》则全面反映出援庵先生治史的特征，表现出他审视民族史学遗产、总结史学方法的独特视角。""来自中国民族史学的传统，又回到对民族史学遗产的研究，这是援庵先生史学方法论的重要特征。援庵先生没有全面讲史学方法的书籍，但《通鉴胡注表微》可以说是援庵先生的具有民族特点的史学方法的著作。""从《表微》书中所加的大量的按语中体味出先生的思想具有强烈的历史感与时代感。治史不再是以书斋为天下，而是以天下为己任，期望着民族的崛起，民族的自强。"

陈垣是夏南归探亲。9 月 3 日，辅仁大学举行 8 年以来首次开学典礼，陈垣在典礼上发表讲话："民国廿六年以来，我们学校已有八年不行开学典礼，因我们处在沦陷区域，国旗拿不出来，国歌亦唱不响亮，甚至连说话都要受限制，为了避免一切不必要的麻烦，以往的八年是由不动声色的黑暗世界中渡过来的，从昨天日本投降签字起，世界的永久和平已经产生，光明的新时代已经开始，所以八年来解放后之第一次开学典礼，是特别值得庆贺的。"10 月 5 日，辅仁大学举行公宴欢迎来平的文学院长沈兼士，席间陈垣致词。10 月 7 日，致陈乐素函。11 日，辅仁大学史学系校友会成立。11 月 2 日，致傅斯年函："弟自卅年底出版《南宋初河北新道教考》后，未尝发表一文，可谓懒极，仅为《通鉴胡注表微》，尚未出版而虏已降服矣！提要一纸谨呈。《道教考》想尊处亦未见，俟交通稍便当呈正。精力日衰，恐不能复有所造述。阅报知伯希和先生已作古，更为之怅然。寅恪先生游英，常通信否？仲勉先生近况何如？吾二人至今未尝晤面也。"同日，致陈乐素函。10 日，致陈乐素函。12 月 13 日，致陈乐素函。23 日，致张长弓函。同月，蒋介石在北平茶会招待中外来宾，到会的有靳云鹏、张作相、朱启钤、谷锺秀、陈垣、陆志韦及美军驻平津长官、英美记者，对北方困苦艰难，备致慰问，并赞扬其坚贞不屈精神。陈垣曾写信告诉柴德赓，在胜利后的一个元旦团拜会上，陈诚说北京这地方没有一点民族意识。别人听了也罢，陈垣听了十分气愤。便站起来反驳他，说："陈部长，你过去来过这里没有？我们在日本人统治下进行斗争，你知道吗？可惜你来的太迟了！"于是愤然离席，并说今后再也不参加这种集会了。

按：袁一丹《史家的权柄与道义之诤——以"陈门四翰林"为中心》(《中国文化》第 53 期，2021 年春季号)曰："关于抗战时期的学术史，目前谈论得最多的是西南联大。西南联大被视为教育史上的奇迹，亦是战争状态下民族精神的象征。但如何看待沦陷区的大学教育，怎么评判抗战八年留居沦陷区的文人学者，以及他们这一时期的学术研究，仍是一个充满争议的问题。1945 年傅芸子回顾北平沦陷时期国学研究的成绩，谓'自事变以还，北大清华，师大燕大，或陷于停顿，或至于解散，惟余辅大中大，仍维持原状，弦歌未辍。一般专门学者多散而之四方，亦有隐居都门者，当时北京之学术界颇呈落寞之势，而国学之研究亦稍现静止之状态'。然而，辅仁作为德国天主教背景的教会大学，却在沦陷时期取得不俗的学术成绩。1945 年《辅仁学志》刊出《沦陷期间本校文史出版目录》，分为研究专著与定期刊物两大类。专著以辅仁校长陈垣为主，包括《旧五代史辑本发覆》(1937)、《吴渔山先生年谱》(1937)、《释氏疑年录》(1939)、《明季滇黔佛教考》(1940)、《南宋初河北新道教考》(1941)以及未列入目录、完成于抗战胜利后的集大成之作《通鉴胡注表微》。除陈垣所著数种外，沦陷时期辅仁出版的文史专著还有：唐兰《天壤阁甲骨文并存考释》(1939)、叶德禄编《民元以来天主教史论丛》(1943)、沈兼士编《广韵声系》(1945)等。另一类则是定期刊物,包括《华裔学志》第三卷至第十卷(1938—1945)、《辅仁文苑》第一辑至第十一辑(1939—1942)、《辅仁大学语文学会演讲集》第一辑至第三辑(1940—1942)、《民俗学志》第一卷至第四卷(1942—1945)。这几种刊物性质不一:《华裔学志》是西文刊物,每半年出版一期;《辅仁文苑》为学生编辑的文艺刊物,每季出版一辑。《语文学会演讲集》则依托辅仁国文系成立的语文学会,1939年10月由沈兼士、余嘉锡等教授发起,定期举办专题演讲,研究生及高年级本科生亦参与其间轮流报告读书心得。《民俗学志》(Folklore Studies)是由辅大人类学博物馆编辑的西文年刊,由史学系教授叶德礼(Matthias Eder)主持,刊载有关民俗学及文化人类学的论文。学术研究之外,要感受沦陷时期辅仁的校园氛围,可翻阅学生编辑的新闻月刊《辅仁生活》。对于抗战时期辅仁大学的文史之学而言,最重要的学术阵地当属每半年出版一期的《辅仁学志》。陈垣、余嘉锡、沈兼士及辅仁出身的青年学者如周祖谟、牟润孙、柴德赓、启功、余逊等人沦陷时期最用力的专题论文,多发表在《辅仁学志》上。因此若要考察辅仁文史之学的常与变,沦陷期间持续出版且一直维持较高学术水准的《辅仁学志》无疑是最合适的研究对象。《辅仁学志》创刊于1928年,1947年停刊,持续近二十年,沦陷下亦未中断。一年一卷,每年两期,在实际出刊过程中,常将两期合刊为一卷出版。刊物编委虽达十人,但从约稿、组稿到审稿、编辑等具体工作几乎悉由主编陈垣一人负责,因此《辅仁学志》大体反映了史家陈垣的治学风格。从创刊号之弁言可见这一学术社群的治学倾向:"欲适应时代之要求,非用科学方法不可。欲阐发邃古之文明,非共图欧洲合作不可。"所谓"共图欧洲合作",流露出与海外汉学争胜的心态。而欲与欧洲汉学争胜,则不得不注重塞外之学及大量新出土的材料:"敦煌写卷,多宋元学者所未见。殷墟龟甲,更汉注唐疏所未言。访法画于山崖屋壁之间,征古文于流沙坠简之上。向之摩挲百宋千元者,今则须踯躅于新疆大漠。"一时代之学术必有其新材料与新问题,能用新材料研究新问题,即陈寅恪为陈垣《敦煌劫余录》作序时标举的"预流"之学。陈垣诸人在道德观念上虽趋于保守,但在治学方法及研究视野上却与时俱进,有意与国际汉学一争高下。七七事变后,辅仁、燕京等教会大学成为北平乃至整个华北文教界的"孤岛",既是沦陷区青年最向往的高等学府,对留平学者亦起到政治庇护的功能。沦陷之下,大学何为? 借用燕大校长司徒雷登的说法,无论何时何地,大学教育应具备两种特性:其一,作为从事学术研究的净土,应不受时局的侵扰,不受偏见与宣传的影响,可以自由进行教学工作,于知识的探求与应用外,别无目的;其二,大学应与国家、社会发生密切的关系,自视为外在环境中不容割弃的一部分,并从环境中汲取新的材料、动力,以应付国家的需要,包括危机时刻的特别需要。这两种特性并不冲突,因为大学在国族延续中的特殊功用,及对社会所能履行之义务,是以保持自身的自由与清白为前提,但绝非以与世隔绝的方式,保持其自由与清白。(参见刘乃和、周少川、王明泽《陈垣年谱配图长编》,辽海出版社2000年版;柴德赓《陈垣先生的学识》,载《励耘书屋问学记》,三联书店1982年版)

沈兼士9月作为教育部平津区特派员,乘飞机离开重庆,前往北平从事教育文化机构接收事宜。10月5日,辅仁大学举行公宴欢迎来平的文学院长沈兼士,席间陈垣致词:"七月十五日本校教授董洗凡、张怀、英千里等十余人得释出狱,十八日本校公宴诸教授于此,今日又欢迎沈先生,而情形大不相同。当日大家不能作一语,今日乃得畅所欲言。沈先生到重庆去,三年有半,对我校及诸教授所作所为报告政府,使政府对我校有正确认识,否则我校地位,将致动摇,沈先生之功劳,为吾人所感谢不尽。"沈兼士表示:"政府对该校过去之工作认识甚清,教授讲师因参加工作而被捕者达二十余人,亦为他校所无,实为我校增光。惟今后国立各院校将相继迁回,对于教授之聘请,学生之选择,行政之改善等方面,必将有一番竞赛,我校非大力改革不能与他校并驾齐驱,望全校师生共同努力。"月初,沈兼士致函胡先骕,请其北上办理接收静生所一切事宜。当时胡先骕不能立即北来,而改派静生所旧人夏纬琨负责。对于静生所之李良庆、张春霖,沈兼士认为其曾任伪职,不宜负责。6日,沈兼士作致教育部长朱家骅电函,报告办公地点及已与第十一战区前进指挥所、各接收委员商定的接收程序。同日,再作致教育部长朱家骅电函,请示伪大学学生接收后如何处理问题。7日,教育部长朱家骅作致沈兼士电函,指示设立临时大学,招收复员区青年就学。9日,作致教育部长朱家骅电函,报告接收伪新民印书馆手续已办妥,但其他机关争相接办,请教育部设法解决该问题。12日,教育部长朱家骅作致沈兼士电函,指示学生甄审、登记、补习办法。同日,沈兼士被私立北平辅仁大学聘请为教授兼文学院院长。15日,作致教育部总务司长贺师俊电函,请转报朱家骅部长有关新民印书馆由本部接收事宜。16日,教育部长朱家骅作致沈兼士电函,告知已呈报行政院,并分电北平市有关当局,要求伪新民印书馆仍由教育部接收。17日,作致教育部总务司长贺师俊电函,请转报朱家骅部长,速指示新民印书馆改名及印刷教科书等事宜。同日,由夏纬琨负责办理接收文津三号静生生物调查所所址。18日,沈兼士作致教育部电函,报告教育部平津区特派员办公处接收敌伪文教机关阶段性工作状况。19日,教育部长朱家骅作致沈兼士电函,指示赶紧筹办北平临时大学补习班,该补习班由陈雪屏担任主任。22日,教育部总务司长贺师俊作致沈兼士电函,告知新民印书馆接收、运送教育部定教科书纸牌等有关事宜。同日,作致教育部长朱家骅电函,报告接收伪土木工程专科学校,伪师大附中、附小及伪北大分泌研究所等情况,请示下一步如何办理。同日,作致教育部长朱家骅电函,请求准予私立北平辅仁大学德籍教员雷冕等47人仍旧留校服务,免予集中。

　　沈兼士10月23日赴国立故宫博物院主持接收事宜。24日,作致教育部总务司长贺师俊电函,要求转请朱家骅部长设法争取新民印书馆接办事宜。再作致教育部总务司长贺师俊电函,要求转陈朱家骅部长请示三点:一、已接收之东方文化事业总会东厂胡同房屋能否拨出一部归华北文教协会使用;二、上述房屋又能否拨出一部作教育部编辑教科书工作之会址;三、其余房舍能否拨给平津区特派员办公处职员居住。26日,作致教育部长朱家骅电函,报告国民党中宣部曾接收两处日伪印刷机构,建议力争经管新民印书馆,以便安置华北文协及党部相关人员。27日,教育部长朱家骅作致沈兼士电函,指示迅速筹备恢复新民印书馆,赶印教科书,并说明接收情形已获行政院批准。28日,在东厂胡同教育部特派员办公处会见王世襄,商谈筹备成立教育部战时文物清损委员会驻平津办公处事宜。29日,作致教育部总务司长贺师俊电函,报告新民印书馆赶印教科书及更改名称等问题。11月5日,沈兼士作致教育部总务司长贺师俊电函,报告北平青年学生人心浮动及各方均采取怀柔政策,要求转请朱家骅部长指示对学生进行甄审和补习的办法。6日,作致教育部总务司长贺师俊电函,询问平津区教育部职员薪俸及朱家骅部长何时赴平等事项。7日,作致教育部长朱家骅电函,报告陈诚、陈立夫召集北平学生训话情形,建议对学生甄审和补习宜采取较宽松的政策。12日,呈文国民政府教育部,详细报告拟接收伪新民印书馆相关情况。16日,作致教育部长朱家骅电函,报告日本东方文化事业总会房屋接收后拟拨有关部门使用,请求给予批复。24日,作致教育部长朱家骅电函,请示接收北平日方学校后如何处置等问题。26日,作致教育部总务司长贺师俊电函,称美国新闻记者报道的部派教育复员人员与北平市教育界形成新旧两大壁垒,朱家骅等不肯予伪院校教职员就职两事,与事实完全相反,请转告朱家骅部长向蒋介石作出解释,以免混淆视听。

　　沈兼士12月2日接教育部长朱家骅作电函,指示补习班应慎重征用伪校教职员服务,补习班考试应组织考试委员会。6日,教育部长朱家骅作致沈兼士电函,指示对学潮问题应采取严厉措施,必要时可解散学校,将学生集中军训,不再宽容。同日,教育部长朱家骅再作致沈兼士电函,指示严格遵循伪校教职员甄审办法,对异议者,严厉处置。7日,作致教育部长朱家骅电函,报告北平行营方面态度与教育部极不一致,请求设法解决此事。8日,教育部长朱家骅作致沈兼士电函,指示妥善处置旧伪校教职员,并称平津情形复杂,要严密注意。9日,天津《大公报》刊登消息,称教育部特派员沈兼士接受记者采访时谈到,文化教育接收工作已告一段落,现正开始点交清理,希望至迟能于年底完毕,然后开始河北、山东境内接收工作的辅导与整理。13日,教育部长朱家骅作致沈兼士电函,指示晋见在北平的蒋介石,报告处置伪校教职员办法。15日,教育部长朱家骅作致沈兼士电函,询问购买中文书籍事,并指示沈陪同英千里等晋见蒋介石,详细说明对伪校员生的处置办法。17日,作致教育部长朱家骅电函,报告蒋介石在北平对大学、高中学生训话等情况。18日,教育部长朱家骅作致沈兼士电函,商谈印书馆开办事宜。21日,作致教育部长朱家骅电函,请示北平新民印书馆究竟由何机关办理及其房产归属权问题。22日,作致教育部总务司长贺师俊电函,报告新民印书馆移交、伪院校学生补习班经费等事项。同日,天津《大公报》刊登消息,称沈兼士谈已接收文教机构涉及教育行政和教育文化、图书馆、伪校等3类,共计68处。24日,作致教育部长朱家骅电函,报告北平市党政接收会议决定将部分日本人所办学校划给市教育局应用,请示教育部如何处理。26日,作致教育部长朱家骅电函,报告依据教育部指示,将北平、天津两市接收的日本人所办学校移交各市政府,转拨教育局添办各级学校。同日,作致教育部总务司长贺师俊电函,请求转交为平津日本人所办学校事致部长函电等事项。28日,教育部总务司长贺师俊作致沈兼士电函,要求查明新民印书馆内部机件及估价等,上报教育部。同月,在东厂胡同会见王世襄,商量收藏德国人杨宁史铜器事;沈兼士《石鼓文研究三事质疑》刊于《辅仁学志》第13卷第1—2期合刊。同期还载有余嘉锡《杨家将故事考信录》、孙楷第《梁鼓角横吹曲用北歌解》、周祖谟《胡三省生卒行历考》等文。是年,经多方奔走,将接收的原日本华北高工学校,筹备成立国立高工学校,校址在北平阜成门内。沈兼士所主编完成的《广韵声系》由辅仁大学印行,石印本,平装2册。(参见郦千明、汪素梅《沈兼士年谱简编》,《湖州师范学院学报》2021第3期;刘乃和、周少川、王明泽《陈垣年谱配图长编》,辽海出版社2000年版;胡宗刚《胡先骕先生年谱长编》,江西教育出版社2007年版)

英千里、董洗凡、张怀等10余位辅仁大学教授继续被日军关押。7月15日被释放出狱。18日,辅仁大学公宴出狱诸教授。英千里被释放后,出任北平市教育局局长。是年,为表彰英千里对国家及天主教高等教育的巨大贡献,罗马教廷特授"骑都尉勋爵"爵位给英千里。英千里非常感动,因为这个爵位只属于真正有功于国家的人。是年,英千里次子英若诚也在从天津圣路易中学毕业,获得免试进入剑桥大学的资格。重获自由的英千里与儿子进行了一次长谈:"当初你爷爷把我送出去,是希望我从小就学习西方文化,从根本上了解西方世界的科技和文明,将来好为自己的国家做事,可他万万没有想到,这造成我一生无法弥补的欠缺。我十二岁出国,二十四岁回来,完全不了解中国社会,很多应该做又很想做的事情都做不了。"他说:"千万不要从一个外国学校出来,再进到另一个外国学校里去。"要儿子以自己为鉴,放弃剑桥,改在国内上大学,以更好地报效国家。(参见刘乃和、周少川、王明泽《陈垣年谱配图长编》,辽海出版社2000年版;覃仕勇《隐忍与抗争:抗战中的北平文化界》,北京时代华文书局2015年版)

余嘉锡7月31日作《杨家将故事考信录》,刊于12月《辅仁学志》第13卷第1—2期合刊,后收入《余嘉锡论学杂著》。此文完成于抗战胜利前夕,仍是受日寇侵略的黑暗时期。序曰:"杨业祖孙三世,皆欲为国取燕、云以除外患,其识乃高过赵普等,使当时能用其言,则金、元无所凭藉而起,靖康之辱,祥兴之祸,皆可以不作。"与清代学者钱大昕厌恶小说类不同,余嘉锡客观看待小说的优与缺。《杨家将演义》虽不如四大名著之工,但它歌颂了杨家三代英雄。《杨家将故事考信录·故事起源一》曰:"余以为杨业父子之名,在北宋本不甚著,今流俗之所传说,必起于南渡之后。时经丧败,民不聊生,恨胡虏之乱华,痛国耻之不复,追惟靖康之祸,始于徽宗之约金攻辽,开门揖盗。因念当太宗之时,国家强盛,傥能重用杨无敌以取燕云,则女真蕞尔小夷,远隔塞外,何敢侵陵上国。由是讴歌思慕,播在人口,而令公六郎父子之名,遂盛传于民间。"余嘉锡以古比今,言语闲谈之中流露出对麻木国人的警醒和对祖国的深情,真可谓既明小说之理,又能通达致用。(参见王语欢《余嘉锡学术年谱》,黑龙江大学硕士学位论文,2013年)

孙楷第上半年继续在辅仁大学任教。抗战胜利后,很多学校纷纷复校,由大后方搬回原来的地方,国立北平大学也复校了。孙楷第接受傅斯年的聘任,正式担任北平大学教授。12月,孙楷第《梁鼓角横吹曲用北歌解》刊于《辅仁学志》第13卷第1—2期合刊。(参见于飞《孙楷第先生年谱简编》,载王京州编《河北近现代学者年谱辑要》,国家图书馆出版社2017年版)

张东荪年初在北平成立民盟华北总支部,总支部委员共6人:张东荪、叶笃义、曾琪、林可玑(曾、林是青年党)、周鲸文、张云川,张东荪为主任委员,林可玑负责组织工作,叶笃义负责宣传事务。民盟华北总支部的成立,为抗战胜利后民盟在华北的发展打下了一定的基础。8月15日,日本宣布无条件投降,民盟发表《在抗战胜利声中的紧急呼吁》,提出了"民主统一,和平建国"的口号,指出:"毫无问题,我们坚决地要求民主,一切反民主的都是我们所不赞成的。毫无问题,我们要求一个完整的国家,凡一切可以制造分裂或引起内战的姿态或措施,也是我们要坚决地排除的。我们现在的口号是民主统一,和平建国。"9月1日,张东荪在北平创办《正报》,作为自己的舆论喉舌。他在《发刊辞》中说明办《正报》的目的,是使受日寇奴役的华北民众"一吸自由空气","使其得为大家的公共喉舌";它的名字"取态度中正,与新闻正确之意"。张东荪认为,抗战是"民主与霸道"之战,抗战胜利是民主的胜利,今后中国应走上民主道路,为此必须特别注重民主习惯的训练,提倡言论自由和理性主义。该报富有特色处在于"社论"和后来开辟的《社会研究》《哲思》等副刊。张东荪指出,民主与和平是今后世界发展的潮流,今后中国必须走上这样的道路,中国今后问题完全在于"民主之真假"问题。随后,张东荪在《正报》上发表了许多《社论》,指出"唯有大家都行民主政治,世界才能有永久和平"。张东荪以《正报》为喉舌,冷静分析了战后中国与世界形势发展的趋势,坚决主张在和平的基础上实现民主,赞同中共提出的联合政府,希望通过国内各种政治势力间的政治协商方式解决战后重大问题。这些主张,触到了国民党一党专制的痛处,在当时刚刚从日伪统治下解放的北平民众中产生了很大影响,自然遭到了国民党当局的嫉恨和压制。从1945年10月1日到12日,不允许刊发《社论》,甚至10月4日被罚停刊1日。

张东荪9月12日在《正报》上发表《国民大会与联合政府》,赞同成立联合政府,希望国共双方通过和平谈判解决争端,并提出:"目前政局,应采取以下步骤:(一)各党派联席会议;(二)过渡的联合政府;(三)国民大会;(四)正式民选政府。"10月1日,燕京大学在北平正式复校,张东荪继续担任燕京大学哲学系教授。10月1—12日,中国民主同盟在重庆上清寺"特园"召开临时全国代表大会,会议通过了《政治报告》《临时全国代表大会宣言》和《中国民主同盟纲领》三个文件,系统阐述了"把中国造成一个十足道地的民主国家"思想。其要旨为:在政治上实行英美式的议会民主政治,在经济上参照苏联的社会主义平等原则,就是所谓的"拿苏联的经济民主来充实英美的政治民主"。这与张东荪主张的"中间路线"颇为相近。10日，国共两党在重庆签订《国共谈判纪要》。经过国共两党的反复协商，最后决定政协会议由5个单位38名代表参加。国民党8人，共产党7人，民盟9人，青年党5人，无党派人士9人。张东荪和张君劢以国家社会党领袖的身份，代表民盟出席政治协商会议。10月18日至11月1日，张东荪在《正报》上连载了《一个提供大家参考的建国方案》，继续并发展了30年代"修正的民主政治"的主张。11月下旬，张东荪赴重庆参加政协会议后，《正报》正式停刊。（参见左玉河编《张东荪年谱》，群言出版社2014年版；左玉河编《中国近代思想家文库·张东荪卷》及附录《张东荪年谱简编》，中国人民大学出版社2015年版）

张尔田2月19日因病逝世，张东荪为其操办后事并将其葬于西郊万安公墓。张东荪被捕后，张尔田骤受惊吓，加上为张东荪的安危担心，忧郁成疾。据他的学生张芝联回忆，张东荪被日寇逮捕后，"孟老因受惊发病，不得不从西郊迁居西城，东荪先生夫人要求我与孟老同住，照顾老人，直至翌年端午节前东荪先生出狱，我才移居东城宽街，但每周仍往探视聆教"。张东荪在日寇的监狱中也分外挂念着情深意笃的兄长。他回忆当时的情景说："有一次梦见回家，梦境十分清楚。到家时见着家兄孟劬。他虽十分高兴，然却问我：你是鬼罢。我告诉他，我确是人，不是鬼。确是人回家，不是魂回家。不料醒来依旧在监牢里，此时天尚未明，一灯如豆，其凄惨真是可绝人寰了。"当比张东荪先出狱的邓之诚到张家中告知东荪在狱中的生活情景时，"孟劬挥泪听之"，足见其兄弟感情之深。由于张东荪被捕，张尔田忧虑过度，身体日渐衰落。张东荪悲愤地回忆："余因燕校被封，为敌人逮捕入狱，先兄亦受惊而病，几于危殆沪上，音问遂断。迨余出狱，先兄体力迥不如前，未及睹胜利已溘然长逝。"（参见左玉河编《张东荪年谱》，群言出版社2014年版；左玉河编《中国近代思想家文库·张东荪卷》及附录《张东荪年谱简编》，中国人民大学出版社2015年版；见孙文阁、张笑川《中国近代思想家文库·张尔田、柳诒徵卷》及附录《张尔田年谱简编》，中国人民大学出版社2014年版）

马裕藻日夜期盼抗战胜利。年初，马裕藻在病榻上听到隆隆炮声，喃喃地说："天快亮了，天快亮了。"4月，马裕藻在抗战胜利前四个月带着巨大遗憾与世长辞。（参见杨涛《抗战时期的"留平教授"》，《文史天地》2010年第6期）

俞平伯继续在中国大学文学系任教。抗战末期，俞平伯经许宝骙介绍参加中国民主革命同盟（即"小民革"）北方地下组织，同期先后参加者尚有张东荪及叶笃义。9月24日，五言长诗《遥夜闺思引》写讫。此诗始作于1942至1943年间，其时燕冀沦陷已久，俞平伯"寄迹危邦，避人荒径"，独写"聊忏幽忧"的长诗，以述十年徒揶之悔。10月，收到朱自清9月15日自昆明来信。31日，札记《〈文赋〉之段落》刊于天津《民国日报·副刊》。11月9日，为自写第一本《遥夜闺思引》赠许季珣作跋语。中旬，为自写第二本《遥夜闺思引》赠胡静娟作跋语。28日，为自写第三本《遥夜闺思引》赠毕树棠作跋语，刊于次年1月21日天津《大公报·综合》副刊第34期，题目为《跋〈遥夜闺思引〉》（其三）。收入《〈遥夜闺思引〉跋语》时，题为《第三写本赠毕树棠君》。同日晚，清华大学负责先头接管、复员工作的陈福田在东来顺宴请来自昆明的梅贻琦校长，俞平伯与张伯谨、孙锡三、孙瑞芹、陈岱孙、施嘉炀、毕正宣等应邀出席作陪。俞平伯将近作长诗《遥夜闺思引》手稿、书信及《谢灵运诗集》托梅贻琦带至昆明，转交朱自清。同月，经过书信往还，接受吴小如为门弟子。

俞平伯12月6—7日在天津《大公报·综合》副刊第3—4期发表《王勃〈滕王阁诗序〉〈古文观止〉本纠误》。20日，为自写第四本《遥夜闺思引》赠朱自清作跋语，刊于次年1月

22日天津《大公报·综合》副刊第35期,题为《跋〈遥夜闺思引〉》(其四)。又刊于1948年9月12日《华北日报·文学》周刊第37期"朱自清先生纪念专号",题为《跋〈遥夜闺思引〉写本赠朱佩弦君》,文末增加了1948年9月10日写的后记。收入《〈遥夜闺思引〉跋语》时,题目为《第四写本赠朱佩弦君》。22日,在北平广播电台讲《读书的意义》,讲稿刊于次年1月14日天津《大公报·综合》副刊第31期。作者认为"读书的真意义,于扩充知识以外兼可涵养性情,修持道德,原不仅为功名富贵做敲门砖"。他认为解决社会生计问题,使人安心向学和改革教育考试铨叙各制度,已"成为民族复兴国运重光的大业之一支了"。28日,致胡适信,恳请远在美国的胡适设法为入狱待判的周作人"薄其罪责,使就炳烛之余光,遂其未竟之著译"。冬,教育部在北平设"临时大学补习班",俞平伯被聘到北大红楼临时大学补习班第二分班即文学院,选授《清真词》,为时一学期多。年内,经许德珩介绍,加入九三学社。
(参见孙玉蓉编《俞平伯年谱》,天津人民出版社2006年版)

　　周作人1月4日在《新民声》报发表《十堂笔谈(五)·国史》,认为:"国民常识中重要的一部分是国史的知识","这种知识,除通史之外还应注意于近代的一部分,据我的意思,宋元至清最为重要,这一千年中不但内忧外患最多,深刻地显露出中国的虚弱情形,就是文化思想,不论是好是坏,也是从两宋起发生转变,造成现在这状态的"。12日,作《文学史的教训》,刊于《艺文杂志》第3卷第1—2期。文章认为,中国文学史上散文发达最早,因而"现今散文之兴盛其原因大半是内在的","由于本来有根柢",但也"不可使现代的新散文再陷入到旧的泥坑里去"。他认为写国语文"所当谨慎者"有二:首先,"容易犯文胜之弊,便是雅达有余而诚不足","其次则是正统思想的遗传病,韩退之的直系可以不必说了,文学即宣传之主张在实际上并不比文以载道好,结果都是定于一尊,不过这一尊或有时地之殊异罢了"。17日上午,往华北综合调查研究所开会。30日下午,往同和居,赴《大阪每日》《朝日新闻》社之招宴。2月3日下午,往伪华北综合调查研究所,参加理事会会议。同月,伪华北政务委员会改组,伪国民政府特派王荫泰为伪华北政务委员会委员长,周作人仍被任命为伪华北政务委员会委员。3月15日下午,往留日同学会,赴该会成立7周年纪念大会。会上由会长王揖唐致开会词,日本公使馆楠木公使代表日本特务机关长松崎、伪新民会副会长喻熙杰讲话,并改选留日同学会职员,周作人当选为留日同学会理事。4月16日下午,往中南海迎宾馆迎接到北平视察的伪国民政府代理主席、大汉奸陈公博及随行人员褚民谊、赵尊岳、丁默村、周隆庠等。

　　周作人6月14日编《北京竹枝词集》。15日,作《北京的风俗诗》,文中介绍了北京竹枝词中,以咏风俗人情为主的风俗诗。30日,吴鸣时来访,送来北京大学聘书。31日,送还北京大学聘书。同月,编《近代散文》。8月1日下午,往伪华北综合调查研究所,参加理事会会议。15日,从广播中听到日本投降,中国抗日战争宣告最后胜利的消息。17日,往中南海勤政殿,出席伪华北政务委员会宴会。20日,复北京大学文学院信,同意就任文学院国文系系主任职。28日,往伪中日文化协会开会,议决协会工作结束。同月,散文集《立春以前》由太平书局出版,收1944年1月至1945年1月所写散文34篇。9月30日,往伪华北综合调查研究所集会,宣告研究所解散。10或11月,周作人委托赵荫棠至张家口找董鲁安(当时更名为于力),说想去解放区,希望通过董问一问共产党能否接纳他?11月7日,周作人作《道义的事功化》,再次宣扬"中国须有两大改革,一是伦理之自然化,二是道义之事功化",这也可视为他对自己沦陷期间出任伪职的理论上的辩解。5日,周作人对常风表示:他认为可以派当时任国民党在北平的文化接收大员的沈兼士到日本去负责清点从日本归还的文物工作。6日,周作人因汉奸案被国民党政府逮捕,押在北平炮局胡同监狱。是年,作《红楼内外》,收《知堂乙酉文编》。文中回忆了新文化运动前后至华北沦陷前与北京大学有关的一些人和事,全文包括下列各节:从卯字号说起、林琴南的《蠡叟丛谈》、古今中外的蔡校长和辜鸿铭、关于端先生、《新青年》与《国故》、红楼中的名人、不客气的林公铎、钱玄同与刘半农、戏曲与印度哲学、张竞生博士、五四与三一八、图书馆长李守常、从四月六日说起、高仁山其人、黄晦闻与孟心史之死。(参见张菊香、张铁荣主编《周作人年谱》,南开大学出版社1985年版)

容庚继续任伪北京大学教授,讲授甲骨文、金石学、文字学概要、说文四门课程。9月,傅斯年代理北京大学校长。"傅斯年的政策是将所有在'伪北大'时期积极服务的教员驱逐出北大。"按傅斯年的政策,容庚自然也在被驱逐出北大之列。10月24日下午,至北大授课,学生属为《新生命》月刊作文。归草《与北大代理校长傅斯年先生一封公开信》。25日,续写前信,26日下午,访徐宗元,同访王桐龄,托其将信转与《华北日报》发表。30日又早访钱稻孙,属代致傅斯年信。11月7日,在北平《正报》发表致傅斯年的"万言书",借此抗议并为自己的行为辩护,其中有:"沦陷区人民,势不能尽室以内迁;政府军队,仓皇撤退,亦未与人民内迁之机会。荼毒蹂躏,被日寇之害为独深;大旱云霓,望政府之来为独切。我有子女,待教于人;人有子女,亦待教于我。则出而任教,余之责也。策日寇之必败,鼓励学生以最后胜利终属于我者,亦余之责也。"呼吁对曾在日本人控制的北大服务过的教员实行宽大处理。傅斯年马上发表了两个声明捍卫他的政策,指出北大在1937年已经制定了一项政策,鼓励全体教员迁移到南方。而且,几乎所有的"伪北大"教员最初都不在北大教书,所以聘请他们是完全错误的。此外,傅斯年更相信,他的责任是坚定维持忠诚原则,以此为后代树立一个不折不扣的榜样。(参见王汎森《傅斯年:中国近代历史与政治中的个体生命》,生活·读书·新知三联书店2012年版)

傅芸子继续任教于伪北京大学。所撰《近年来国学研究在北京》刊于《文化年刊》第2卷。此文回顾北平沦陷时期国学研究的成绩,谓"自事变以还,北大清华,师大燕大,或陷于停顿,或至于解散,惟余辅大中大,仍维持原状,弦歌未辍。一般专门学者多散而之四方,亦有隐居都门者,当时北京之学术界颇呈落寞之势,而国学之研究亦稍现静止之状态"。又谓:"史学方面近年较为发达,仍推陈援庵新著最多,陈氏以数十年之力,专治史学,博通淹贯,一时无俦。近年所撰《明季滇黔佛教考》《南宋初河北新道教考》二书,博大精微,与前撰《旧五代史辑本发覆》《元西域人华化考》诸书,均为同一不朽之业。"(参见刘乃和、周少川、王明泽《陈垣年谱配图长编》,辽海出版社2000年版)

傅增湘4月30日致信张元济,询昔年所印宋本《史记》已完成卷数,寄北以便搭配宋本全部。5月25日,张元济复傅增湘书。谓:"昨由北平商务印书馆递到四月三十日手书。展阅识为大笔,欣慰无似。虽腕力差弱,而神气不殊。再阅几时,必能完全恢复。但久病初瘳,务祈加意珍摄,勿过劳动,是所至祷。前此寄来旧纸搭印宋刻黄善夫《史记》,奉示后当即询查。据原经手人丁君英桂呈报,约印成什之四强,存纸亦尚不少。谨将开列清单呈上,即祈台核。近来行路大难,无便人可以托带,邮寄尤不可靠,只可俟战事全熄方可奉上,好在为期不远矣。"(参见孙英爱《傅增湘年谱》,河北大学硕士学位论文,2012年;张人凤、柳和城编著《张元济年谱长编》,上海交通大学出版社2011年版)

蒋复璁继续任中央图书馆馆长。6月15日,重庆《中华图书馆协会会报》第19卷第1—

3期合刊报道《中央图书馆展览善本书》:"四月二十一日为国立中央图书馆成立十二周年纪念,该馆特选择所藏一部分善本书籍及金石拓片若干种在馆内举行展览,自二十二日起至二十四日止,参观者极为踊跃云。"9月,教育部长朱家骅派蒋复璁为京沪区教育善后复员特派员。9月10日,郑振铎日记载:"晨,森玉来,偕出访慰堂,遇之扬子饭店。谈甚畅。教部以'京沪区教育复员辅导委员'名义予我,似觉无聊。至通园,戒严甚紧,不知何故。偕森玉、慰堂、仲章午餐。餐后,偕慰堂(复璁)访吴雨绅(生),又访某,未遇,归家。稍息,又访郁秉坚。"当时,教育部派蒋复璁为京沪特派员,在上海设办事处,组织"京沪区教育复员辅导委员会",由蒋复璁兼主任委员,聘马叙伦、郑振铎、张凤举、许炳堃(潜夫)、刘英士、徐鸿宝(森玉)、叶凤虎等为委员,研讨有关教育复员、接管敌伪文教单位等问题。该组织平均三五天即在愚园路40号开一次会,列席者有王醒吾、周予同、厉家祥,除蒋复璁有几次缺席外,郑振铎与大部分成员基本每次都签到。至12月27日开第27次会,未久便结束了。另,身任国立中央图书馆长的蒋复璁还聘任郑振铎为该馆顾问兼编纂。9月27日,郑振铎致蒋复璁电:"南京成贤街教育部蒋慰堂先生:满铁会社调查部及经济研究所已由国际问题研究会封存,云奉有何总司令手谕,请即与总部交涉,电复办法。铎,沁。"同日,"上海市党政接受委员会"致蒋复璁函(编为辅字第49号),定29日上午9时半在市府会议室开委员会第3次会。上有批示:"请郑委员出席。伦。九、廿八。"

蒋复璁9月28日致上海市党政接收委员会函:"敬启者,本月二十九日召开第三次会议,复璁因未能回沪,特请本处委员郑振铎先生代表出席,相应函达,即请查照为荷。"上有马叙伦28日签名。29日,教育部苏浙巡回教学团邓传楷致刘韶仲信:"蒋特派员闻尚未返沪,本团公文壹件,拟烦转送郑委员振铎。(许老面示迳送郑委,而郑委寓址一时无从打听。)"同日,蒋复璁致郑振铎电(编为辅字第55号)"愚园路749弄23号郑西谛兄:电悉。国际研究院系王芃生先生主持,与弟甚熟,俟面洽后再办"。10月1日,蒋复璁致上海市警察局函,关于苏皖教育巡回团接收学校事。上有郑振铎1日和马叙伦2日签名。10月24日,蒋复璁致杭立武信,谈追查存港被劫图书事。25日,郑振铎以蒋复璁名义开具证明:"兹派本处专门委员沈仲章前赴苏州办理接收陈群藏书事宜。此证。"郑振铎以蒋复璁名义致江苏省政府、江苏省党政接收委员会、吴县党政接收委员会函:"查陈群京沪二地藏书已由本处先后派员接收竣事,惟苏州护龙街所藏书,虽已加调查,尚未着手接收。兹派本处专门委员沈仲章前往办理接收手续,请赐予协助,实为公便。"26日,郑振铎以蒋复璁名义致第三方面军苏州司令部函:"查陈群京沪二地藏书已由本处先后派员接收竣事,惟苏州护龙街所藏书,虽已加调查,尚未着手接收。兹派本处专门委员沈仲章前往办理接收手续,请赐予协助,实为公便。"27日,蒋复璁致啸谷函,关于接受事。31日,郑振铎以蒋复璁名义致第三方面军司令部汤司令函。

按:函曰:"查虹口窦乐安路二〇二弄二号,原为陈逆群所租藏书之所。前教育部战区(现改收复区)文物保存委员会接收陈群存沪各处藏书时,以其凌乱不堪,且无目录可资查考,乃将窦乐安路此宅会同本处亦加封存,俾能将此处藏书集中该处,加以清理编目,业由本处呈报行政院临时驻沪办事处在案。现经原房主与收复区文物保存委员会委员(现兼教育部教育复员辅导委员会委员、原任国立故宫博物院古物馆馆长)徐鸿宝先生订立合同,租得该处,开始正式办公。惟该处与贵司令部近在咫尺,尚恳时加照拂,实为公便。"

蒋复璁11月7日分别致叶恭绰、陈君葆信,谈追查存港被劫图书事。8日,蒋复璁致杭立武信,谈追查存港被劫图书事。15日,在愚园路40号开京沪区教育复员辅导委员会第

19次会议,出席者蒋复璁、郑振铎、许炳堃、马叙伦、张凤举、徐鸿宝、叶凤虎。19日,陈君葆分别致杭立武、蒋复璁信,报告存港被劫图书事。20日,郑振铎以蒋复璁名义复上海区敌伪产业处理局函问(京沪区教育复员辅导委员会所接受敌产中无汽车),编为"辅字第296号"和"导字第300号"。12月5日,《申报》报道《京沪区辅导委会/办理教育复员》:"〔本市讯〕收复区教育文化机关;亟待接收整理。顷悉教育部为适应紧急事机,决定分区接收办法,全国划为六区,分设教育复员辅导委员会,专责办理。经呈奉行政院核准施行,并派蒋复璁为京沪区教育复员辅导委员会特派员,许炳堃、郑振铎、马叙伦、刘国钧、刘韶仲、叶凤虎、周均时、解风等为委员,办理江苏、浙江、安徽、上海市、南京市等省市教育文化机关接收及复员,辅导区当地最高军政长官指导协助云。"13日,在愚园路40号开京沪区教育复员辅导委员会第27次会议,出席者蒋复璁、郑振铎、马叙伦等,讨论该会应办事务行将完竣,拟签呈部长于本月底结束。19日,郑振铎以蒋复璁名义签发添印《日伪机构事业资产接收简报表》及《填表须知》。20日,郑振铎以蒋复璁名义签发致上海区敌伪产业处理局函,说明京沪区教育复员辅导委员会所接受敌产中无金银珍宝。(参见陈福康《郑振铎年谱》,三晋出版社2008年版)

詹文浒9月4日被国民党中央宣传部指派为特派员,接管上海敌伪的新闻出版电影广播事业。12月1日,上海《申报》载,国民党中央宣传部特派员办公处昨结束:中央宣传部驻沪特派员办公处,以接收工作,已告一段落,已于昨日结束。兹据詹特派员文浒告记者,略称:兹遵奉中央意旨,三个月任务完毕,尽先结束,报部撤销。所有事务,计报纸、杂志、通讯社请求出版或复刊,可向市政府社会局索取表格,申请登记。已接收之敌伪产业处理,各敌伪报纸及出版业,大致已告完竣,均经分别转呈中央,如有未了事宜,可运呈重庆,美专校街中央宣传部核办。本市各报纸杂志要求平价配购白报纸事宜,可迳呈上海区敌伪产业处理处核办,俟该局召集配购会议时,当由本人代表中宣部参加意见,公允办理。(参见吴永贵《民国图书出版史编年:1912—1949》,社会科学文献出版社2018年版)

夏衍是春完成四幕剧《芳草天涯》,后于9月在重庆上演,重庆美学出版社10月出版。3月30日,国民党政府军事委员会下令撤销文化工作委员会,与沈钧儒、翦伯赞、徐冰等出席郭沫若召集的宣布结束该会工作的会议。8月,抗日战争胜利,国共"重庆谈判",8月28日,到重庆机场迎接毛泽东。其间,为《新华日报》采写有关这方面活动的"本报讯"与"本报特写"。9月,夏衍奉命从内地来上海,复刊《救亡日报》,见到刘长胜、刘晓、梅益。同月23日,夏衍带来中华全国文艺界抗敌协会致郑振铎等人的《慰问上海文艺界书》,高度赞扬"八年以来,诸位先生在敌人的包围之中,继而在敌人的直接的屠杀威胁之下不屈不挠,备尝辛苦,为中华民族保存了崇高的气节,中国人民以诸位为光荣,中国文艺界以诸位为骄傲"。夏衍还带来了"文协"关于《调查附逆文化人的决议》等文件,后刊于9月25日《新华日报》、29日《周报》第4期及10月1日《文汇报》等。"文协"并委托郑振铎、许广平、李健吾3人在上海负责领导调查文化汉奸的工作。10月,《救亡日报》更名为《建国日报》复刊,夏衍任总编辑,12天后被国民党政府查封。12月14日,《申报·春秋·文化通讯》报道《文协分会即可成立》:"从重庆得到的消息,文艺协会上海分会,自夏衍到沪发动,公布赞成改组的公开信,经过几次集会,现已成熟,可于本月中旬成立,闻将由正统派文坛宿将郑振铎祭酒。"(参见夏衍《夏衍全集》附录《夏衍年表》,浙江文艺出版社2005年版;陈福康《郑振铎年谱》,三晋出版社2008年版)

郑振铎2月5日为自撰清代总集书目题跋:"去岁秋冬之间,既尽斥清人文集以易米,心灰意懒，不复有收书之兴，乃庋总集于一室，编为此目，以自省览。此皆应用之书也，有此一目，殊便检索。惟天寒岁暮，粮储将空，室人、孺子不能一日无食；此目成后，此百许种之总集势或将继文集之后而被斥去，则此目者或将为待鬻之目矣。呜呼！"3月17日，作《纫秋山馆书目》毕，作跋云"右书九百一十二种，皆予烬余鬻余之所存者"，并谈及自己收书的原则是为了应用，有时宁舍"熊掌"而取"鱼"。4月1日，在重庆的教育部组织"战时文物保存委员会"，郑振铎被任为委员。该委员会旨在从事战区和后方的文物保护工作，并为战后文物调查预先准备。但直至战事结束，教育部及有关部门对战时文物的损失调查工作并无实质性进展。4月19日夜，友人李健吾突然被日本宪兵逮捕，近20天后获释。此后，友人柯灵又第二次被捕。同月，因生活所迫，将5500册藏书出让给中华书局图书馆。内有名人年谱50来种，《楚辞》各家评注本40来种，还有不少诗文总集、别集和地方性的郡邑诗人总集。附有一册手写《纫秋山馆书目》及跋文。5月13日，以"纫秋"化名为所藏明刊《玉茗堂批评异梦记》作题跋二则。提及此书去冬由孙实君索价36000元，因经济窘困而无力购之，今春为友人张叔平购去。"叔平见予深喜之，乃慨然曰'即以贻君如何'，予大喜，遂挟之以归，报之以明刊本冯氏《经济类编》百册。然此为孤本，《类编》则不难得，固未能相提并论也。"同月，以"纫秋"化名为所藏清康熙刊本《石濂和尚集》卷首附图作题跋。

　　郑振铎6月17日午至夏丏尊处为其60生辰祝寿。王伯祥日记："十二时后，乃同往寿丏尊。余与丏、莘、索、宪、济、予、彬、蕉及龙文同席，别席之设在楼上者为丏夫人、龙夫人及丏两孙，余则雪村、调孚、均正、达轩、西谛、履善、子如、振甫、辑三也。"19日，为所购罗振玉《古器物学研究议》题跋，云："久不阅肆矣，以方斥书数百种易米，意兴阑珊，不忍重睹线装册子也。"又云："罗氏为近五十年来最努力之学者，此议久应采为国策，而知者寥，可叹也。"8月15日正午，听到日皇广播，正式宣布接受条件。抗战8年来，郑振铎一直坚持战斗在上海，据其《求书日录》回忆："假如有人问我：你这许多年躲避在上海究竟做了些什么事？我可以不含糊地回答他说：为了抢救并保存若干民族的文献。""我心里也想走，而想走不止一次，然而我不能走。我不能逃避我的责任。""前四年，我耗心力于罗致、访求文献，后四年——一二·八以后——我尽力于保全、整理那些已经得到的文献。我不能把这事告诉别人。"郑振铎《求书日录》又说，后四年，"在这悠久的四个年头里，我也曾陆续地整理了不少的古书，写了好些跋尾。我并没有十分浪费这四年的蛰居的时间"。除了题有年、月、日的题跋本年谱已分别收入外，今见这期间郑振铎所作题跋未署日期的还有以"纫秋"化名为《醉乡记》《汝水巾谱》《清晖阁批点玉茗堂还魂记》《春雨楼集》《算沙室全藏目录》等书题跋；以"纫秋居士"化名为《精选点板昆调十部集乐府先春》《东郭记》《新刻赵状元三错认红梨记》等书题跋；以"幽芳阁主"化名为《全宋词》等书题跋；以"幽芳居士"化名为《芥子园画传》等书题跋；等等。在上述最后一书的题跋中，郑振铎生动地写出了他写作这些题跋时的心情："收异书于兵荒马乱之世，守文献于秦火鲁壁之际，其责至重，却亦书生至乐之事也。……大地黑暗，圭月孤悬，蛰居斗室，一灯如豆。披卷吟赏，斗酒自劳，人间何世，斯世何地，均姑不闻问矣。"

　　郑振铎8月20日开始写《蛰居散记》，本日作《自序》，认为对抗战时期敌占区的生活，"如果能有一部详细的记载，作为'千秋龟鉴'，实胜于徒然的歌颂胜利的欢呼"。"劫后余生，痛定思痛，把这几年来目睹耳闻的事实写下来，……也许可以使将来的史家们有些参考罢。"后刊于9月8日《周报》创刊号。9月4日，《中央日报》上海版《黑白》副刊发表（徐）开垒《留沪作家苦斗录·郑振铎》，盛赞："他以他的坚贞，在抗战文艺史上写了辉煌的一笔。"7日，写毕《锄奸论》，后刊于9月15日《周报》第2期，文中提出："要肃清荒淫与无耻的集团！"还提出应将汉奸分成四等罪犯，每等又分政治的、经济的、文化的三类。"如果这一次不来一个大扫除，而再是那样的藏垢纳污下去，中华民族的前途一定会遭逢一次更大的空前浩劫的。"此后，郑振铎又写了不少锄奸论文。10日，郑振铎被聘为教部以"京沪区教育复员辅导委员"，蒋复璁兼主任委员。13日，为徐森玉起草致上海市教育局顾毓琇局长信。14日，中华全国文艺界抗敌协会向重庆各大报纸发布请求政府协助会员复员并已拟定计划的消息。该计划书中提到"在敌人侵占地区忠贞不屈之会员，如……在上海之郑振铎……，应在情况了后请予慰劳"。19日，南京《学生周刊》创刊号转载郑振铎《论新中国的建设》。21日，"雷士德基金委员会代表桑格"致"教育部京沪区特派员办公处郑秘书振铎"，云"雷士德学校及雷士德工艺学院系由英籍土木建筑工程师亨利雷士德于一九三四年所设立"，要求发还校舍以俾开学。9月23日，《新华日报》发表《全国文艺界抗敌协会慰劳上海文艺战士并请检举文化汉奸》一文。25日，《新华日报》刊登《留居上海的文艺战士对文协慰问复信申谢——正设法调查检举文化汉奸》一文。

　　按：《全国文艺界抗敌协会慰劳上海文艺战士并请检举文化汉奸》全文如下：太平洋战起，上海沦陷敌手，中华全国文艺界抗敌协会在沪会员，即在敌人直接屠杀威吓之下，坚持不屈，或入狱惨遭拷打，或隐名埋姓从事抗敌工作，备尝艰苦。现在上海收复，文协总会特致函慰问如下：

　　景宋、振铎、丐尊、统照、健吾诸先生并转其他在敌人铁掌下坚贞不屈的文艺界诸先生。谨代表大后方及解放区的作家和文艺工作者向诸位表示诚恳的慰问。八年以来，诸位先是在敌人的包围之中，进而是在敌人的直接的屠杀威胁之下，不屈不移，备尝艰苦，为中华民族保存了崇高的气节，中国人民以诸位为光荣，中国文艺界以诸位为骄傲。数年以来，我们以亲人般的心情关怀诸位的安全，然而无法可想。现在敌人屈膝了，我们用欣喜的心情向诸位表示这一点诚意，祝诸位健康。敌人的投降，只是中国人民解放事业的一个段落，真正的难关的建设工作，还放在我们的前面。我们期待着诸位的领导力量，祝诸位的再接再厉。

　　附带一个请求：在这次神圣的抗战中，汉奸如此之多，是中华民族的奇耻大辱，本会已设立机构，负调查文化汉奸之责，但因情形隔膜，进行不易，现特请诸位先生分神着手调查，并收集证据，由景宋、振铎、健吾三先生负责约集与推动，想诸位一定慨然允诺的。附上调查表一份，藉作参考。中华全国文艺界抗敌协会。

　　按：《留居上海的文艺战士对文协慰问复信申谢——正设法调查检举文化汉奸》署名有郑振铎、许景宋、夏丐尊、李健吾、周建人、柯灵、许杰、满涛、佐临、师陀、唐弢、罗稷南、董秋斯、郭绍虞、陈西禾、辛笛、蒋天佐、徐调孚、吴岩、陈麟瑞、王以中、张联、杨绛等，全文如下：

　　敌寇投降后全国文协曾致函慰问抗战时期留居上海忠贞不屈的文艺战士，现得上海文协分会致谢函如下：中华全国文艺界抗敌协会诸位先生公鉴：惠函九月二十三日由夏衍先生带到了。感谢诸位先生的慰问，我们在这遥远的八年当中，彼此非常之疏隔，有时连通信也不可能，在这期间，真像被浓雾遮迷了双方的视线，被无情的炮声掩盖了两地的听闻，我们是多么希望早些得到你们的音讯呀，就是快上一分一刻也好。胜利带来了喜音，我们两地文艺界人士有重行畅谈的机会，我们的欢喜，没有言语可以形容。

　　诸位先生这些年来在大后方团结各方面爱国人士坚持抗敌，争取自由，直至胜利完成，为我全中国文艺工作者的指路明灯，这是我们困守在沦陷区的人们非常钦佩的。我们对诸位先生的艰苦工作，谨致无上敬意！现在敌人虽然表示投降，但这些年的破坏工作正待复兴，艰苦的缔造，还在前面。中华全国文艺界抗敌协会过去领导全国文艺工作者走着正确的道路，获致举国无比的拥护，这正是中国团结的象征，以后建设民主新中国，尤望诸位先生勇敢负起责任。文协既已取得合法地位，只要省去"抗敌"二字，继续领导全国文艺界,从事建国工作,名正言顺,此间友好,必当竭尽绵薄,加以声援。

至于调查文化汉奸,我们正在设法进行,并在各刊物中发动言论,严正检举。我们相信,只要全中国人民不忘记这八年的苦战,创伤痛深,绝不会轻易饶恕汉奸的,尤其文化汉奸,以其歪曲言论,毒害国民思想,强颜事敌,卑鄙恶劣,无所不用其极,此间文艺界同人深明除恶务尽之理,摘奸发伏,不敢后人,誓当为中华民国洗涤这一奇耻大辱,知承关注,并以奉闻。西望云天,曷胜翘企。匆匆布意,并致敬礼!

郑振铎10月4日撰《〈民主〉发刊词》一篇,后发表于10月13日《民主》周刊创刊号。表示"强大、自由、民主的中国,乃是我们所希求,所要联合了全国的国民乃至一切的政党来缔造之的","我们决不愿意退后","我们不想放弃了我们自己的责任"。5日,教育部战时文物保存委员会拟具要求日本归还劫物初步意见,其中提出"拟由本部派专员驻东京盟军总部,协助调查我国文物被劫夺情形"。郑振铎曾多次向该委员会提出追查当年移藏香港冯平山图书馆而被日本劫去之珍本图书。6日晨,郑振铎起撰"民主政治"一篇毕,题为《走上民主政治的第一步》,指出"收复区不是敌人的土地,国军也并不是占领军,对于收复区的人民们(当然汉奸们是除外),应该给以最大的同情与最大的安慰","获得自由权的保障"。后刊于10月13日《民主》周刊第1期。13日,郑振铎筹办的《民主》周刊在上海正式创刊,郑振铎任主编,发行人为王丰年(利华保险公司总经理),马叙伦、周建人、许广平、董秋斯、罗稷南为编委。逢周六出版,编委会两周一次例会。郑振铎创刊号上发表《发刊词》《走上民主政治的第一步》,还在"随笔"栏发表《我们的责任更加重》,指出:"更光荣,更伟大,更可靠的和平,建设,正待着我们努力!"该刊从属于生活书店的出版发行战线,与《周报》《文萃》一起被人称为国统区三大民主刊物。据王丰年《〈民主周刊〉始末记》回忆:"徐伯昕在抗战刚一结束就积极筹备'生活书店'复业,并约请郑振铎等办一个刊物,以继承邹韬奋先生办的《生活周刊》,并于刊头采用韬奋的手迹;同时为了防止国民党当局的迫害和便于登记,不用《生活周刊》的名称,而改用《民主周刊》,由郑振铎出面任主编,周建人、许广平、马叙伦、董斯秋、罗稷南为编委。主要编辑人员先后由蒋天佐、郑森禹、艾寒松等担任。负责出版工作的先为张锡荣,后来有方学武等人参与其事。在筹备期间,张锡荣受伯昕的委托找我商量,嘱我当发行人。"14日,中华全国文艺界抗敌协会在重庆召开理监事联席会,讨论抗战胜利后该会的活动诸事,决定改名为"中华全国文艺界协会",简称仍为"文协";并决定成立上海分会,委托郑振铎、夏丏尊、许广平等人筹备。后上海分会为全国文协总会迁至上海作了接应和准备。

郑振铎主编《民主》周刊第2期10月20日出版。郑振铎除发表政论《读国共会议记录》外,还发表由他领衔,许广平、夏丏尊、李健吾、柯灵、黄佐临、唐弢等24人联名的《上海文艺界复全国文协书》,坚决拥护"文协"的领导,并表示要坚决清查文化汉奸。该复信又载本日《文汇报·世纪风》《建国日报》和23日《新华日报》等。这期《民主》还辟有"鲁迅逝世九周年纪念特辑",发表了克士(周建人)等人的文章。同日,全国文协在重庆召开记者招待会,老舍报告文协总会将移往上海,已请郑振铎、许广平、夏丏尊、李健吾等着手进行。27日,郑振铎在主编的《民主》周刊第3期上发表政论《日本国民之再教育》,提出了"怎样从根本上铲除他们的军国主义的教育"的问题。同日,在《周报》第8期上发表《蛰居散记》之八《韬奋的最后》,回忆描写在1944年7月秘密探望病危时邹韬奋的情形,高度赞扬邹韬奋"不是为了自己,而是为了真理,而是为了祖国"的革命精神。28日,作《东南亚洲的动荡与世界和平》,刊于11月3日《民主》周刊第4期。29日,作《对于物价的紧急措置》,刊于11月3日《周报》第9期。

郑振铎 11 月 1 日在今日于上海复刊的《大公报》开始连载发表的《求书日录》，内容是郑振铎在抗日战争期间奋不顾身抢救保卫民族文献的有关回忆和日记。今日发表《求书日录》（一），主要记述 1938 年为国家购致《脉望馆钞校本古今杂剧》一事。同日，教育部"战时文物保存委员会"改名为"清理战时文物损失委员会"，主任委员杭立武，副主任委员李济、梁思成，郑振铎为委员。2 日，在《大公报·文艺》上发表《求书日录》（二），记述在 1937 年"八一三"以后整整四年为了抢救古籍坚守在上海的情形。3 日，在《大公报·文艺》上发表《求书日录》（三）。同日，在主编《民主》周刊第 4 期上发表《制止物价高翔的方案》。4 日，在《大公报·文艺》上发表《求书日录》（四），记述 1939 年底与张元济、张咏霓、何炳松等人致电重庆政府当局要求"以国家的力量来'抢救'民族的文献"诸事。5 日，在愚园路 40 号举行京沪区教育复员辅导委员会第 16 次会议，出席者郑振铎、马叙伦、张凤举、许潜夫、徐鸿宝、叶风虎，列席者厉家祥、周予同等。6 日，与许广平联名致柳亚子信"战争使我们分隔，八年间先生备尝流离之苦，独捐正义之旗，屡屡为民请命，不辞嫌怨。我们除了备致钦崇、遥祝健康之外，对于先生之宏言说论，争相传诵。仍觉若有所失者，则以久违德范，殊感彷徨。当兹沪地敌氛已逝，文运方兴，倘蒙先生惠然肯来，领导一切，使主持有自，不致殒越，正国族之幸，文化之光！万祈早日命驾，无任翘盼！"同日，在《大公报·文艺》上发表《求书日录》（五），记述 1940 年后为国家抢购古书的紧张情形。7 日，在《大公报·文艺》上发表《求书日录》（六），记述在 1941 年下半年秘密寄运所购书籍的情形。8 日，在愚园路 40 号举行京沪区教育复员辅导委员会第 17 次会议，出席者郑振铎、马叙伦、徐鸿宝、许潜夫、张凤举、叶风虎。9 日，在《大公报·文艺》上发表《求书日录》（七），记述在 1941 年以后忙着转移图书和紧急躲藏隐蔽诸事。10 日，在主编《民主》周刊第 5 期"物价问题特辑"上发表政论《人为的涨价与人为的抑价》。11 日，在《大公报·文艺》上发表《求书日录》（八），记述在沦陷时期危险、艰苦的生活。《求书日录》的序至此连载完毕。

郑振铎 11 月 13 日在《大公报·文艺》上发表《求书日录》（九）。从今日起发表自 1940 年 1 月 4 日开始的有关"求书"内容的日记。15 日，在愚园路 40 号举行京沪区教育复员辅导委员会第 19 次会议，出席者郑振铎、许炳堃、马叙伦、张凤举、徐鸿宝、叶风虎、蒋复璁。16 日，在《大公报·文艺》上发表《求书日录》（十）。同日，在中共上海市委学委领导的《时代学生》第 3 期"助学运动专辑"上发表《为助学金呼吁》。17 日，在主编《民主》周刊第 6 期上发表政论《我们反对内战！》，对国民党当局的反人民的内战阴谋，表示了最强烈的抗议。18 日，在《大公报·文艺》上发表《求书日录》（十一）。19 日，在周予同主编的《前线日报·书报评论》副刊第 1 期发表《跋〈心史〉》，论述传世宋末爱国诗人郑思肖的《心史》绝非伪托，高度赞扬郑思肖坚贞的民族气节。21 日，在《大公报·文艺》上发表《求书日录》（十二）。22 日，《文汇报》发表《上海文化界百余人联名呼吁开放言论出版自由》，名单中有郑振铎。23 日，在《大公报·文艺》上发表《求书日录》（十三）。24 日，在主编《民主》周刊第 7 期上发表政论《我们的主张和态度》，对国是提出看法。25 日，在《大公报·文艺》上发表《求书日录》（十四）。29 日，《申报》报道《教部上海区/甄审委会成立/委员决定十三人》，郑振铎、杨荫溥、蒋维乔、鲁继曾、李寿雍、蒋复璁、周予同等 13 人为委员。12 月 3 日，在《大公报·文艺》上发表《求书日录》（十六）。6 日，在《大公报·文艺》上发表《求书日录》（十七）。7 日，《申报·教育与体育》报道《教部将斟酌情形/征用技术教授/伪留日生亦将处理》："上海各伪大学停闭后，其中数百名附逆伪教职员之处理问题，颇为各方所关心。顷据教育部京沪区特派员办公署秘书郑振铎语记者云:'过去参加各伪大学之教授,除其中附逆有据者,将分别加以检举外,其余在政府未正式公布处理办法以前,各校均不得加以聘用;惟为顾全事实上之需要,教育部或将斟酌情形,对少数特殊技术教授,予以征用,使其仍有机会参加工作。'并云:'对德日等敌性国侨民,亦将采取同样办法。至关于伪政府时期所派遣留日之学生,回国后,或将依照处理国内伪校学生办法,同样处理。"

　　郑振铎12月8日在主编的《民主》第9期上发表《我们的抗议》,强烈抗议反动当局没收《民主》《周报》等进步刊物。同日,在《大公报·文艺》上发表《求书日录》(十八)。13日,郑振铎、蒋复璁、马叙伦等在愚园路40号出席京沪区教育复员辅导委员会第27次会议,讨论该会应办事务行将完竣,拟签呈部长于本月底结束。15日,在主编《民主》周刊第10期上发表《由昆明学潮说起》,抗议反动派制造"一二·一"惨案。同期还载有《昆明"民主周刊社"来信》,其中之一是郑振铎在北平教书时的学生吴晗的来信,互通声息,互相激励。17日,中华全国文艺协会上海分会正式成立。下午,在金城银行大楼举行成立大会,郑振铎为大会主席,并最先致词。会后即在原处聚餐。因时间关系,今日选举分会理事未及检票。18日,在《大公报·文艺》上发表《求书日录》(十九)。同日,《申报》报道《文协沪分会/昨日成立/要求言论自由/检举附逆文人》:"中华全国文艺协会上海分会,于昨日下午四时,假江西路金城大楼,举行成立大会。到于伶、巴金、孔另境、史东山、石华父、任钧、朱雯、李健吾、吴仞之、金满成、周予同、周建人、柯灵、姚蓬子、封凤子、师陀、唐弢、夏衍、夏丏尊、徐调孚、徐蔚南、曹聚仁、陈西禾、黄佐临、许广平、张骏祥、费穆、熊佛西、赵景深、郑振铎、罗洪、顾仲彝、朱端钧等六十余人。由郑振铎主席,决议通过该分会筹备会提案三起:(一)要求政府尽速开放上海言论自由。(二)请求保障作家权益。(三)组织特种委员会,检举附逆文人。以上三案,交理事会办理之。并通过:(甲)分会会章,决定设理事会,由会员大会选举理事十四人,监事五人组织之。(乙)通过分会成立宣言。(丙)向总会及全国文艺作家致敬电。(丁)向世界文艺作家致敬电。最后由全体到会会员选举理监事,因时间关系,于今日检票发表。大会于六时半散会,旋即在原处举行叙餐。"19日,作政论《杜鲁门宣言与中国前途》,评述美国总统杜鲁门于15日发表的《对华政策声明》,后刊于《民主》周刊第11期。20日,全国文协上海分会成立大会选票今日公开检票。21日,《申报》报道《文协上海分会/理监事选出》:"中华全国文艺协会上海分会,已于日前成立。大会选举理监事于昨日公开检票,结果:郑振铎、许广平、李健吾、柯灵、唐弢、巴金、姚蓬子、夏丏尊、夏衍、于伶、顾仲彝、赵景深、张骏祥、叶以群、葛一虹等十五人当选为理事。徐调孚、费穆、王辛笛三人为候补理事。马叙伦、周建人、黄佐临、顾一樵、郭绍虞五人当选为监事。熊佛西、陈西禾、徐蔚南三人为候补监事。"

　　郑振铎12月24日在《大公报·文艺》发表《求书日录》(二十),为1940年2月4日的"求书"日记,后即中辍。同日,全国文协上海分会举行第一次理事会,推举郑振铎、许广平、李健吾、姚蓬子、叶以群5人为常委理事,郑振铎、葛一虹为总务股正副主任。25日,在"陆军第三方面军上海日侨管理处"主办的《导报》半月刊第4期上发表短论《日本今后该走的路》,表示希望"经过了这一次创深痛剧的教训之后日本人应该明白今后要走的路是什么路了""我们等待着他们的改革与进步!"26日,致《大公报·文艺》编辑信:"《求书日录》,篇幅甚多,恐非数月所能刊毕,而《文艺》须数日始得一见,刊载此类长文,似不甚相宜。请于即日起,停止刊出。将来当移登他报或篇幅较多之月刊上……"此信为12月30日《大公报·

文艺》的编者《小启事》中引录。29日,在主编《民主》周刊第12期"新年特大号"上,发表《迎中华民国三十五年》。同期载有由郑振铎、马叙伦等61人签名的《给美国人民的公开信》,呼吁美国人民支持中国人民反对蒋介石集团发动的反人民内战。该公开信又载本日《周报》第17期。同日,在《周报》第17期"新年特大号"上发表《蛰居散记》之十七《记几个遭难的朋友们》,记述在沦陷期间许广平、夏丏尊等许多友人被敌人逮捕、受尽折磨摧残,有的甚至失了踪;歌颂了他们的爱国精神。30日,《申报》报道《本市军政当局/筹设胜利博物馆/先设筹备委员会今日召开》:"上海市政府钱市长大钧,第三方面军汤司令官恩伯,鉴于京沪区日侨日俘献缴之古物图书等,为数甚众,拟筹办上海胜利博物馆。先设'上海胜利博物馆筹备委员会',由主办有关机关派员,另聘本市学者名流组成,定于今日下午四时,假日侨管理处会议室举行筹备委员首次会议。其筹备委员名单为:王光汉、孙元良、邵任之、叶恭绰、杜月笙、王晓籁、蒋竹庄、徐悲鸿、陈陶遗、丁福保、蒋复璁、沈尹默、郑振铎、谢无量、张元济、张大千、庞莱臣、徐森玉、王念忱、周镇寰等多人。又悉该筹备委员会负责将书物整理陈列,并决定永久管理人选,及觅定馆址,以在市中心区为原则。同时该博物馆组成后,即移交上海市,筹委会即告结束。"(参见陈福康《郑振铎年谱》,三晋出版社2008年版;葛晓燕、何家炜编著《夏丏尊年谱》,中国文史出版社2012年版;唐金海、刘长鼎主编《茅盾年谱》,山西高校联合出版社1996年版)

马叙伦4月为马裕藻病故作《挽马幼渔》七绝三章。6月,金屋书店发布新书预告(六种),前三种依次为马叙伦《中国文学学史》、周予同《中国文学史》、刘麟生《中国政体史》,后三种为陈伯吹、陈情溥、陈汝惠作品。8—9月间,约傅雷见面,随后委托傅雷,通过苏商时代书报社姜椿芳的牵线,向梅益了解解放区第一手情况。9月10日,受聘为教育部京沪区教育复员辅导委员会委员。教育部京沪特派员蒋复璁(慰堂)兼主任委员。委员另有张凤举、许炳堃(潜夫)、刘英工、徐鸿宝(森玉)、叶风虎等。上旬,前往巴黎新村傅雷寓所,与报人徐铸成见面,了解大后方情况。11日,出席教育部京沪区教育复员委员会会议。15日,《惩奸》刊于《周报》第2期。自此成为《周报》主要撰搞人,累计发表30多篇文章。同月,与施复亮、曹聚仁等浙一师校友相聚于开明书店。10月6日,撰《思想解放》,提出"解放思想实为解放一切之基础"。文章说:"思想本极度自由者,今乃曰思想解放,对桎梏而言者也,必已经桎梏而后乃言解放。""民众思想一经桎梏,其知识即不健全,以不能接受多方面之道理。其最大之患为理路不清,亦即认识不清。如个人与国家常不能别;社会之组织不健全,则政府有不忠实之行为,则瞠目坐视而莫之如何。治本之道,自惟教育;而莫要于解放思想。桎梏思想之教育,是谓奴化教育。"下半年,任铭善、沈幼征来访。

按:沈幼征《回忆马叙伦先生》:"不久,任铭善先生因事来沪,我又陪同他去看马先生。马先生十分高兴,约定时间叫我们去吃便饭。那一天,还邀集了几位和我年龄相仿的学生,陪任先生畅饮。饭后,马先生取出手抄的毛主席词《沁园春·雪》让大家看。马先生沉默了一会儿,心情沉重地对任先生说:'心叔,不管国民党政府表面文章做得多么好看,实际上蒋介石已下定决心打内战,看来是难以制止的。'接着提高声音说,'数风流人物,还看今朝。我们只有寄希望于那一边了'。"

马叙伦、周建人、许广平、董秋斯、罗稷南10月13日为郑振铎主编的《民主》编委。10月20日,列名《我们对于处置敌日在华商人的意见》,刊于《新文化》半月刊创刊号。联署共39人,包括李玄伯、周建人、郑振铎、柯灵、姜椿芳等。27日,《肃清贪冒是实现民主政治的前奏》刊于《民主》周刊第3期卷首。文章同时提醒:"我们不要只注意到官吏的贪冒呀!官吏不是社会的中心。官吏的贪冒,往往也是由社会造成的。"31日,撰《读了国民大会代表联谊会宣言以后》,指出:"若说代表的人选,当然不能'钦定',也不能'私派',自然会'水到渠成'，由全国民众用正当的方式选出，不容有不尊崇法度之举动。在高呼实现民主声浪里头，凡是违背真正民主方式所产生之机构和其代表，绝非我们所能承认!"秋，如皋沈幼征来访。11 月 10 日，《和平需要武力做保障吗》刊于《民主》周刊第 5 期卷首，文中批评美国总统杜鲁门的外交政策。秋冬间，经谢仁冰介绍，与王绍鏊（却尘）认识。22 日，列名文化界要求即日废止新闻检查制度的宣言，刊于《大公报》。12 月 1 日，《国民的责任应该说话》刊于《民主》周刊第 8 期。6 日，撰《再说些老百姓的话》，就政治协商会议提出 4 条要求：会议第一件必须办到，开会第一日宣告任何地方的内战立即停止；第二件国民党向会议宣告撤销党治，所有在政治方面党的工作立刻停止；第三件，八年前选出的国大代表，时效早过，情势不同，宣告撤销，以后必须用普选的方法自由选举；第四件，军队国有，限于一个月内将降军缴械完毕，即将最大部分移充国防。11 日，撰《怎样结束昆明惨案》，提出 4 项要求："（一）除陈奇达、刘友治自有应得之罪外，对云南省各当局应严重的课其责任，至少先行撤职，军队调防。（二）宣布民众应享受法律保障的一切自由。严禁官吏阳奉阴违。（三）除正规军外不得有类似军队或秘密组织之特工。（四）由国民党向全国宣布撤销党治，实行民主，除政府机构暂不变更外，所有党在政治上之各种权力即行停止使用，召集政治协商会议，组织进行民主政体之临时机构，交卸其责任。"

马叙伦 12 月 17 日当选中华全国文艺界协会上海分会监事。18 日，撰《走上民主的路吧》《一个重要的建议》，刊于《民主》周刊第 11 期。22 日，《高等教育如何改进》刊于《周报》第 16 期。24 日，撰《政治协商会议的暗礁》，刊于《周报》第 17 期。26 日，撰《写在政治协商会议以前》，刊于《民主》周刊第 12 期新年特大号。文中指出："从三十五年起，我们要本着我们的觉悟，绝对不可相信任何骗术。我们要拿定主意，自己实现我们的一切人权，我们要开放眼光，选择合于我们生活的政治，我们要团结力量对付再来的骗子。""现在四万万多的我们，都由心照不宣的形成一整个意识，就是我们要实现真正的民主政体，我们要立刻取消一党专政，这样一个前提，是政治协商会议劈手第一件须办的事。"29 日，领衔发表《给美国人民的公开信》，刊于《民主》周刊第 12 期新年特大号。公开信希望美国人民以高尚的同情和援助，制止中国内战，实现民主政治，克服目前难关。落款：马叙伦、冯少山、王绍鏊、郑振铎、张凤举、范苏若、徐相任、曹鸿翥、林汉达、严景耀、宓逸群、张纪元、周建人、周煦良、傅雷、唐弢、柯灵、段力佩、徐彻、贾沛安、罗稷南、柳枝、文超、谢仁冰、冯宝符、丁一之、叶以群、于伶、吴天、郑效洵、蒋天佐、许广平、柏李、张可、白蚀、柳无垢、董秋斯、洪儋训、方晓白、金瑞苓、王德楚、王之东、姜椿芳、谢开夏、徐伯昕、平心、吴景崧、王德鹏、于友、娄立斋、芷痕、郑森禹、顾均正、黎澍、朱明、石啸冲、梁纯夫、陆诒、王章麟、徐调孚、朱维基，共 61 人。其中随即参与民进的不下 20 位。

马叙伦与郑振铎、周建人、许广平、徐伯昕、柯灵等年底在中国共产党影响和支持下，筹备发起成立"中国民主促进会"。12 月 30 日，"中国民主促进会"正式成立。下午，马叙伦出席中国民主促进会第一次会员会议，作关于发起组织的原因和经过的报告。与会 26 人决议在理事会未产生前，会务由马叙伦负责会议在中国科学社总办事处会心楼（今上海黄浦区明复图书馆，位于陕西南路 235 号）举行，马叙伦首先报告发起本会的原因和经过，为"永固国基""群策群力"而共同组织团体。随后强调两点：民主促进会"纯粹是一个民间的团体"，而且一再坚持"民主促进会既以促进为目的，而不是政治组织，所以并非永久性，一等宪政实施，真正的民主政治建立成功，民主促进会即行解散"。会议通过的第一项决议就是

"本次集会为本会的成立大会"。首次会员集会上讨论通过的《中国民主促进会简章》,确定"本会以发扬民主精神推进中国民主政治之实践为宗旨"(第二条),对马叙伦看重的两点也有充分体现——"凡各界无党无派人士赞同本会宗旨",办理入会手续后"得为本会会员"(第三条);"本会至国民代表最高权力机构成立后,由大会决议宣告结束"(第十条)。这两条内容郑振铎、傅雷相当赞同,郑振铎称之为"我们的守则"。民进《简章》第七条提出"全体大会每三个月开会一次,……遇必要时得由会员四分之一以上之提议或理事三人以上之提议召集之"。后马叙伦与郑振铎一起起草《中国民主促进会对于时局的宣言》。

　　按:王绍鏊《我一生中的政治活动》:(经谢仁冰介绍与马叙伦认识之后)"约定先邀请双方的朋友在广和居开一座谈会,马氏方面出席的有傅雷、郑振铎、唐弢等,我这方面有林汉达、谢仁冰、张纪元等人,时值马歇尔(驻华特使)要来中国,大家主张扩大座谈会,多约朋友来参加。首次会议是在青年会召开,陈巳生、许广平、周建人、曹鸿翥、梅达君、赵朴初、冯少山等均到会。第二次会议时到会的朋友更多,当时就有人提议组织比较永久性的团体,于是定期在亚尔培路中国科学社讨论组织问题,经过讨论研究通过了简章及宣言,宣言内容以我的意见书为主,删去文尾,加上了几句口号,作为中国民主促进会的宣言。"(参见卢礼阳《马叙伦年谱》,浙江古籍出版社 2021 年版;陈福康《郑振铎年谱》,三晋出版社 2008 年版)

　　夏丏尊 1 月 13 日为内山美喜子在上海病逝撰写碑文。碑文曰:"以书肆为津梁,期文化之交互,生为中华友,殁作华中土。吁嗟乎,如此夫妇。"6 月 23 日,夏丏尊 60 寿辰,叶圣陶日记载:"今日为丏翁生日,六十岁矣。邮书不通,曾未致一语为祝。满子下面作肴,余傍晚进黄酒半斤。"8 月 9 日夜,日本投降的消息传来,市民涌上街头,欢呼庆祝。夏丏尊激动得难以入睡,在自家门口走来走去。抗战胜利后不久,夏丏尊致信丰子恺,言:战后交通与生活一定困难。你故园尽毁,而沙坪坝倒有小屋,不如暂断归念。9 月 23 日,《新华日报》发表《全国文艺界抗敌协会慰劳上海文艺战士并请检举文化汉奸》一文。文中有"景宋、振铎、丏尊、统照、健吾诸先生并转其他在敌人铁掌下坚贞不屈的文艺界诸先生"。9 月 27 日,叶圣陶日记载:"洗公相告,上海已有信来,诸友皆安,唯近来生活殊艰苦,远过于我后方诸人。丏翁有病,为肺结核及肋膜炎,精神不佳,拟劝往白马湖休养。"同月,应《新语》杂志之约,撰写《读日本松方公爵遗札——日本对华政策史料》,刊于 10 月 2 日第 10 卷第 1 期。同月,夏衍从重庆回上海,前去探望病中的夏丏尊。其时,夏衍已以剧作家闻名,但各剧本尚未结集,夏丏尊主动提出,可由开明书店为之出一套剧本集。10 月 7 日,夏丏尊等上海文艺界人士 39 人联合发表宣言,要求严惩日本战犯,赔偿文物、图籍与财产、土地的损失。10 月 14 日,中华全国文艺界抗敌协会在重庆召开理监事联席会,讨论抗战结束后该会的活动。会上决定改名为中华全国文艺界协会(简称"文协")。并致函许景宋、郑振铎、夏丏尊、王统照、李健吾等,委托他们在上海筹备成立分会。20 日,中华全国文艺界协会召开记者执行会,宣布"文协"总部将由重庆移驻上海,请在沪的郑振铎、许广平、夏丏尊和李健吾等人着手有关准备工作。

　　夏丏尊 11 月 1 日代《新语》杂志向从安徽回上海的赵景深征稿。11 月 4 日,朱自清致信叶圣陶,信中谈及"丏尊翁六十纪念集事"。11 月 11 日,开明书店同人组织"明社",借三山会馆天后大殿举行联谊会,兼为范洗人洗尘,并补庆夏丏尊 60 寿辰。由已回到上海的内地同仁宴请留沪同仁暨家属。据王伯祥日记载,12 时就席前先全体合影,共 50 余人,宴会凡四桌,王伯祥、范洗人、章雪村、夏丏尊、巴金、郭绍虞、周予同、濮文彬等人同桌。17 日,《中国古籍中的日本语》刊于《新语》第 10 卷第 4 期。同日,王伯祥致信叶圣陶,附丏尊、雪村、绍虞、调孚信。22 日,文化界袁希洛、马叙伦、陈叔通、夏丏尊、郑振铎等百余人,呼吁国民党政府废止新闻检查制度,禁止一切非法没收取缔书刊行为,恢复言论出版自由。24日,于在春探视夏丏尊。夏丏尊以《符咒与政治》一文相示。25日,《好话与符咒式的政治》刊《大晚报》。文章对抗战胜利后国民党接收大员的丑恶行径进行了无情的揭露与抨击。同月,晤巴金,畅谈文艺界的情况和出版事业的前景。12月,学生贾祖璋从内地返沪,看望卧病的夏丏尊。老师殷殷询问8年间学生在内地的生活情况。同月17日,中华全国文艺界协会上海分会在上海江西路福州路口金城银行6楼举行成立大会。夏丏尊因病请假。李健吾、巴金、夏丏尊、柯灵、唐弢、夏衍、丁玲、赵景深、张骏祥等15人当选为中华全国文艺家协会上海分会理事。同日,夏丏尊在《大公报》发表《中国书业的新途径》,指出当时的书店大都集出版印刷发行于一身,致使书店资力、人力分散,结果,没有一家机构足以与现代欧美国家同行相抗衡。他主张把发行和出版机构分立,并提出了具体操作办法和改组后的好处。

按:我国出版业自古以来出版与发行都是一体化经营,正式提出两者分立的,夏丏尊是第一人。中国在1897年有了新式经营的商务印书馆,但直至解放前从未有过"单以发行为业务"的图书批发机构或代销机构,提此建议的,夏丏尊亦为第一人。(参见葛晓燕、何家炜编著《夏丏尊年谱》,中国文史出版社2012年版)

周予同在抗战胜利后,任《前线日报》副刊《书报评论》主编。8月20日,作《东北诸省国民教育之重建——战后教育革新论之一》,后刊于《周报》创刊号。约在9月,任教育部专员,监收复旦本部,后"因痛恨贪污"辞职。教育部又曾派遣赴台湾,任文史专科学校校长,唐文治为此作《送周予同先生赴台湾序》,曰:"予同先生此行,任讲学之职,实负传道之功。古语曰:'莫为之前,虽美弗彰,莫为之后,虽美弗传。'"周予同其后因故未去台湾。10月,《我理想中的新中国》刊于《周报》第6期。《王伯祥日记》12月9日条:"饭后予同、达君先后至,商台湾教育处征选中学教员事宜。"12月10日条:"午后予同来馆,知西谛亦将有渡台之役也。"12月18日条"帮予同看台湾甄选教员试卷",可知周予同为教育部接收台湾事出力不少。年底,患上神经衰弱。(参见成棣《周予同先生年谱》,《传统中国研究集刊》第20辑,上海社会科学院出版社2019年版;葛剑雄整理《谭其骧日记》,文汇出版社1998年版;陆阳《唐文治年谱》,上海三联书店2013年版)

柯灵、唐弢主编政论刊物《周报》9月8日在上海创刊,刘哲民任发行人,由上海周报社发行,后由上海出版公司发行。为抗战胜利后文化界进步人士创办的有影响的政治刊物之一,以政论为主,兼及通讯、漫画等。该刊以"站在人民的立场""加强团结,实行民主"为宗旨,提出严惩汉奸,实行真正民主,反对打内战,取消政治特务,美军撤离中国,主张打倒官僚资本,辅助本国工商业及农业,建立新的民主共和国,缔造工业化社会。15日,马叙伦《惩奸》刊于《周报》第2期。自此成为主要撰稿人,累计发表30多篇文章。郑振铎对《周报》的创刊也给予鼎力支持,在该刊连载《蛰居散记》。主要撰稿人还有夏衍、吴晗、茅盾、周而复、黄炎培、宦乡、费孝通、叶圣陶、李平心、楼适夷、静远、黄裳、蔡楚生、曹聚仁、周予同、胡风、田汉、柳亚子、巴金、丰子恺、叶浅予、艾芜、何为等。次年8月24日出版第49—50期合刊,被查禁。同在9月,由柯灵出面,代蛰居上海的几位朋友和前辈,邀约返沪筹备《大公报》复刊的徐铸成便酌,酒席设在傅雷寓所。参加者夏丏尊、马叙伦、郑振铎、周煦良、徐中舒。席间,徐铸成谈了对复刊《大公报》的打算,决心以争取民主、反对内战为言论方针,请在座的各位朋友作特约撰述。12月17日,中华全国文艺界协会上海分会成立,唐弢、柯灵等15人当选为中华全国文艺家协会上海分会理事。(参见卢礼阳《马叙伦年谱》,浙江古籍出版社2021年

版;陈福康著《郑振铎年谱》,三晋出版社2008年版;葛晓燕、何家炜编著《夏丏尊年谱》,中国文史出版社2012年版)

傅雷9月与周煦良合编《新语》半月刊,共出5期,因邮局扣发停刊。10月至次年5月,分别以"疾风""移山""风""雷"等笔名,为《新语》写文艺政治文章16篇,翻译政论2篇;为《周报》写政论3篇;为《民主》写书评1篇;为《文汇报》写政论2篇。12月,为柯灵主编的《周报》积极提供材料,出版揭露国民党镇压民主运动、屠杀学生的12月1日《昆明血案实录》。与马叙伦等发起成立中国民主促进会,并当选为后补理事。同月,法国罗曼·罗兰著、傅雷译《约翰·克利斯朵夫》第一册由上海骆驼书店出版,书名系马叙伦题签。共4册,次年2月出齐。(参见傅雷著、傅敏编《傅雷文集》附录傅敏、罗新璋《傅雷年谱》,安徽文艺出版社1998年版;卢礼阳《马叙伦年谱》,浙江古籍出版社2021年版)

孙儆、季龙图、孙保玕、蔡禹门、解树强、朱绍文、冯少山、谢冰、任传薪、王绍鏊、杨锷声、姚文达、曹鸿翥、陈明如、金徽彝、罗沉、周启文、邱杰、金孟、刘峰、王筠、陈巳生上海士绅12月27日联名发表《我们对于时局的主张与要求》,《新华日报》第三版友声专栏转载。文中认为:"我们认定谁发动内战,谁就是人民的公敌。我们希望贤明的当局把目光放远一些。假如迅速实行民主,就无从发生内战。目前存在人民间的主要问题,都可以用和平的方法来解决,而绝对不是经过内战的屠杀,便能解决了事。"为此提出三点意见:"一、要求友邦从速撤退中国驻军,并停止一切足以助长中国内乱的行动。二、立即停止内战,各方军队归还原防。一切争议,应举行全国性的政治协商会议解决,并组织调查团赴争战地点查明真相。三、用普选方法重行选举国民大会代表,制定宪法,组织民主统一的政府,以定国是。"

按:王绍鏊《我一生中的政治活动》追忆:"有一次我将写好了的一篇主张先民主而后统一,反对先统一而后民主的意见书,让一些知名之士签名的时候,马叙伦也有一篇上蒋介石书,提出五个纲领,第一条就提出'要统一军政',却好与我的意见相左,故朋友将马的意见书交来时我不签名,而我的意见书传到马氏处,他也没有签名。但马氏见签名里有我的旧友谢仁冰,就去问谢意见书是谁人手笔,谢告知是我的手笔,马氏就请谢介绍我见面,见面后稍有争辩,但最后马氏就把他上书的原意撤销。"王此处所言的意见书,显然就是上引以孙儆名义领衔的这份《主张与要求》。参与联署的冯少山、谢冰(仁冰)、王绍鏊、曹鸿翥、陈巳生稍后均为民进早期会员。(参见卢礼阳《马叙伦年谱》,浙江古籍出版社2021年版)

顾毓琇时任上海市教育局局长。9月13日,郑振铎为徐森玉起草致上海市教育局顾毓琇局长信:"迳启者,查陈群藏书富甲江南,其留存上海数量亦不在少数。兹据陈群家属函本会,愿遵从陈群遗嘱,将全部藏书捐献国家。惟各书散度各处,极易散失,本会为保存文物计,除南京、苏州两处已派员封存外,所有上海部分藏书,拟即会同本部京沪区特派员及贵局集中保管。请即派员至霞飞路一六六一号通园内本会上海办事处会同前往为荷。教育部战区文物保存委员会委员徐鸿宝。"11月29日,《申报》报道《教部上海区/甄审委会成立/委员决定十三人》,顾毓琇任副主任委员(参见陈福康《郑振铎年谱》,三晋出版社2008年版)

李登辉仍在复旦沪校。5月11日,李登辉给在渝的吴道存去信,提出"复旦精神"为"牺牲"和"团结"(Sacrifice and Solidality),章益校长赞同。后又在"牺牲"和"团结"以外,加上"服务"(Service),作为复旦精神的完整解释。8月下旬,派员工前往江湾母校探视。被派员工设法通过重重封锁线,探明江湾母校第一手情况,积极准备复校。抗战胜利,赵世洵在重庆向李登辉致函庆祝。李在回信中说:我们应以基督的精神,宽容敌人,彻底发扬"恕"的哲学……我们虽已求得有形的胜利,但距离内在的胜利,目标尚远……世风较前更下,人心较前更险,国民道德普遍低落,上下交征以利,寡廉鲜耻,莫此为甚!君谓中国有无限之希望,吾实忧心如焚，未敢苟同也。10月21日，章益校长为准备复员飞抵上海。是日中午，在上海海关俱乐部举行来沪校友盛会。李登辉、章益等与会。章益校长报告移校事宜。各地校友献金折合黄金57两，其中30两作为李老校长的颐养基金。李登辉后来将此款捐献给学校修建大礼堂（即今天的相辉堂）。余款20万元赠孙寒冰夫人，10万元赠股以文夫人。10月30日，于右任、邵力子本月中分别致函问候李登辉，李登辉于是日复信表示谢意。11月27日，章益校长签发校字1319号，呈教育部部长朱家骅，请准由校照聘李登辉为复旦永久名誉校长。

> 按：呈文曰："谨呈者，本校前在私立时代，筚路蓝缕，惨淡经营，以蔚成学府者，皆出于本校前校长李登辉先生之擘划主持。李先生早岁赞衰革命，嗣更致力教育文化事业，主持本校教务前后达三十余年，其事业奋斗之历史、所贡献于国家社会者实已甚多，而其毕生精力尽瘁于本校者，尤难罄述。李先生近已达七十有三之高龄，两目失明，自应退休以养余年。为酬德报功，表率后进起见，拟请准予由校聘请李先生为本校永久名誉校长，以酬作育之劳而示崇敬之意，可否？现合备文，呈请鉴核示遵。"（参见钱益民《李登辉传》及附录四《李登辉年谱简编》，复旦大学出版社2005年版）

何炳松继续任建阳暨南大学校长。1月，暨大发生驱逐总务长盛叙功、教务长许杰事件。6月，为暨大学生司琦所著《升学指导的理论与实际》作序。8月14日，日本无条件投降。不久，邀王亚南来校讲学月余，题目为《中国经济的改造》。10月，先行回沪联系暨大迁校事宜，建阳校务由沈炼之代理。因真如校舍被毁，为解决校舍问题历经波折。11月29日，《申报》报道《教部上海区/甄审委会成立/委员决定十三人》："教育部上海区甄审委员会，在主任委员何炳松、副主任委员顾毓琇筹划之下，即将成立。委员人选，亦经决定为吴保丰、章益、朱恒璧、戴粹伦、叶凤虎、李熙谋、郑振铎、杨荫溥、蒋维乔、鲁继曾、李寿雍、蒋复璁、周予同等十三人。顾问为许炳堃、马叙伦二人。该会甄审条例草案，已呈朱部长带渝审校。一俟核准寄沪，即行公布。所有甄审手续，当按照条例办理云。"（参见鑫亮《忠信笃敬：何炳松传》，浙江人民出版社2006年版；陈福康《郑振铎年谱》，三晋出版社2008年版）

吕思勉将日记更名为《居易记》。去年至是年之际撰《蠹鱼自讼》和《连丘病案》《连丘病案续》三篇，分别刊于3月15日《春雷：文艺春秋丛刊之三》；6月《朝雾：文艺春秋丛刊之四》；9月《黎明：文艺春秋丛刊之五》。为研究吕思勉重要的传记资料，可见其当时隐于乡里，在贫病交迫中的教育和著述生活。现《蠹鱼自讼》和《连丘病案》均收入上海古籍出版社出版的《吕思勉诗文丛稿》。5月，吕思勉所撰《历史研究法》，收入范泉主编的"青年知识文库"第一辑，由上海永祥印书馆初版印行。该书后收入《史学四种》《吕著史学与史籍》和上海古籍出版社出版的《史学与史籍七种》。10月，光华大学复校，吕思勉偕女儿翼仁至上海，回到上海光华大学任教。同月28日，《实行宪政时期的政党》刊于《青年日报》。同月，《中国的五年计划》刊于《知识》第2期；《抗战的总检讨和今后的方针》《战后中国经济的出路》刊于《青光半月刊》复刊号。10—12月，文史方面的著述有《论文史》《治水三阶段》和《发现新世界者为谁？》3篇，其中《论文史》刊于11月18日《知识》第5期；《发现新世界者为谁》刊于12月1日《正言报》，而《治水的三阶段》刊于《正言报》副刊《学林》第2期。又撰有《胜利年大事记》《民国三十四年大事记（续）》和《胜利年大事记（三续）》，前一篇曾刊于上海《正言报》，后二篇为未刊稿，都是为其日后撰史所准备的长编资料。

吕思勉11月3日在上海应朝鲜文史学者柳树人之请，撰《中韩文化叙》，谓"环东南海而国，文化受诸我者，盖以十数，莫能先韩。高句丽、百济典籍沦亡，其详不可得而闻矣。然倭人之文化，实受诸百济，观其彬彬稍能自通于上国，而百济之文化可知也。自时厥后，我之文化有所启发,韩人必能蹑武之,佛教行于新罗,理学盛于朝鲜,其明征矣"。6日,在《正言报》发表《到朝鲜去搜书》,谓"东洋诸国承袭中国的文化,而程度较高的,自然要推还朝鲜和日本,而朝鲜的文化,实在还在日本之上","朝鲜人的书,被日本人搬去的也不少,我们得到日本国里去搜寻代朝鲜人取回,我国也可录一副本,日本人如有意钞录,我们自然也要允许他的,倘能择其佳者,印行以广流行,那自然更好了。学术者,天下之公器,任何人不得据而为私有"。12月16日,《论外蒙古问题》(上)刊于《平论半月刊》第7期;19日,《五都》刊于《正言报》。同月,《中国的生命线与世界和平》刊于《知识》第8期。是年,《抗战何以能胜建国如何可成》刊于《正言报》。又作《致光华大学校务委员会书》,此为吕思勉继民国十六、十七年后,第三次致书光华大学校务委员会,更全面而又具体地向学校申述其复校大计。年底,上海市政府教育局顾毓琇,选任上海的一些著名文化人士或学者担任市内部分中学之校长,吕思勉即被任命为市北中学校长,但其时他年已60余岁,体弱多病,一再婉言谢绝,但教育局的任命状已经颁布,只得默认,但吕思勉素未到校任职视事,工资、报酬也一概未取。

  按:1946年2月8日,《申报》刊有关于吕先生的任免消息一则:本市市北中学校长吕思勉,业已辞职,由前国立中山中学校长,陈保泰继任,并闻吕思勉已调任市教育局顾问。(参见李永圻、张耕华编撰《吕思勉先生年谱长编》,上海古籍出版社2012年版)

  唐文治继续任国专沪校校长。1月,国专沪校毕业民国三十三年度第一学期学生9人,其中三年制国学科2人,五年制国学科7人。2月17日,原太仓中学教师陈仲达偕旧时太属中学毕业吴拯寰、瞿西华,前来请印行《茹经堂文集》五编,唐文治以"迩者纸工奇昂费尤艰巨",固辞之,而吴、瞿两人坚请,遂以原稿授之印行。太仓中学学生潘仰尧、邹驾白赞同出资。《五编》共7卷,3月付梓,5月完竣,有文139篇。由吴世镇校对,陈仲达、陆景周、陆汝挺参校。唐文治作"序",瞿世镇"跋"。序曰:"宣圣之乐以忘忧固,非所敢望,而亚圣成德达材之选,彬彬然,恂恂然,岂非人间之至乐哉! 夫传道之志愿,不在形迹而在精神。"3月16日,国学馆第三届毕业生张寿贤致函新任教育部长朱家骅,谓:"唐先生因目疾加剧,返沪疗养,八十衰翁,屡受困厄,身滞沪滨,贫病交加。前年曾蒙总裁特电慰问,并致送生活费三万元,笃念耆硕,令人感奋。""唐先生为当代经学大师,灵光巍存,屡受敌伪诱胁,屹未稍动,大节芬芳,凛然正气。"同时张寿贤谓:"桂林经七年来之悉心擘画,虽经费艰窘,而规模粗具。去年桂柳失陷,消息中断,旅渝校友极为焦念,近由广西银行转来一电,悉现迁金秀复校,交通隔绝,炊烟屡断。"为此,张寿贤敦请拨发国专卅三年度下期经补费及教补金,并恳发特别救济费30万元。朱家骅复函称:"私立无锡国学专修学校请拨特别救济费,已由部一次补助二十万元,并电知该校款汇广西省政府。唐蔚芝先生处另电致慰。"4月4日,朱家骅致电唐文治,以示慰问之意:"唐蔚芝先生道席:久钦尘范,时切神驰,比闻寓沪,颐养高年,尤深眷恋,特电致慰并珍摄。"7月,国专沪校毕业民国三十三年度第二学期学生陈以鸿等9人,皆为三年制国学科。

  唐文治8月8日在苏联对日宣战后于《自订年谱》记:"胜局遂定。"25日,黄炎培、杨卫玉、江问渔、贾佛如同代电上海陈陶遗、徐采丞并转唐文治、张元济、聂云台、蒋竹庄、朱吟江、徐静仁、李耆卿、刘厚生、汤定之、金松岑、陆规亮、贾季英、毛子坚、仇亮卿、袁仲濂、袁俶畲、黄伯樵、钱舜卿、庞甸材、金巨山、张伯初及同社诸君子:"苦战八年幸乃败敌。诸公羁滞陷区,以湛冥之姿态,扶持正气,维系人心,其处境之艰,用心之苦,无日不在同人怀念与钦敬之中。今者失土全收,还乡在即,追思死者,岂可复生,握手有期,惟有相抱痛哭耳。特先驰贡诚敬。凡诸旧好,幸致倦倦,恕不一一。"9 月,国专沪校开学,仍称"无锡国学专修学校"。唐文治仍授《读文法》一课。国专沪校原先的一些兼职教授离校,遂聘无锡国学馆首届毕业生唐景升为总务主任,并讲授"基本文选",又聘刘文兴等人来校任教,讲授"元明清戏剧"、小说等课程。时王蘧常、唐景升、黄云眉、胡曲园、王佩净等仍在沪校任课。以前因战事而辍学的一些国专学生又回到国专沪校复学。如季位东、汤志钧、陈祥耀、黄汉文等。

唐文治 9 月 27 日呈文教育部长朱家骅,称国专沪校将"召集旧时生徒,并招新生若干名,恢复旧时校名……俟日后斟酌情形,或迁回无锡旧址,再行呈报",呈请教部核准,先行备案。10 月 11 日和 25 日教育部连发两份"代电",云:"现抗战胜利,该校应即筹画复员事宜,所请在沪招生复校一节,俟该校复员后再行报核。""希迅与北流该校切取联系,筹划复员事宜,仍迁无锡办理。至上海方面,如有事实需要,先行上课,惟不得擅用该校名义招生。仰即遵照。"冬,唐文治嘱王蘧常赴无锡,筹备国专在无锡复校事宜。在无锡组织了复校委员会,聘在锡校友许岱云、李尧春、陈其昌等为复校委员会委员。复校委员会向已经停办的正风中学收回无锡国专的原有校舍,将多年没有大修的房屋予以修葺,并筹设附属中学。招收本部及附中新生 300 余人,聘教职人员 20 余人。年底,唐文治为《王蘧常文集》作"序",称"王君之行,清矫拔俗,懔然如不可犯,读其文者当知其为君子人也",并在文中揭橥了"人生当世,气节而已矣。士大夫所负之责任,激励之节而已矣"的旨意。是年,作《论世界之和与战》《论定国要策》《仁寿鉴》。其《论世界之和与战》云:"余悲近时战事无所底止,爰作此文,迨脱稿,敌降,中日和平已实现,遂录之以为后世殷鉴。"《论定国要策》云:"敢问今日定中国要策,宜何如应之,曰余所持者无甚高论,惟有兴廉务实二事而已。"《仁寿鉴》云:"余每叹世人纷纷扰扰,奔逐于利,心志不定,而自促其寿也,夫国民心志不定,则身家危,当道者心志能定,毋沉溺奔骋于利欲,吾国庶有豸乎? 爰作此文,希冀寿己寿人寿国而即以寿世也。"作《周易天命学》《周易保民学一》《周易保民学二》《义马记》《人生三不及论》。
（参见陆阳《唐文治年谱》,上海三联书店 2013 年版）

钱钟书任上海暨南大学外文系教授兼南京中央图书馆英文馆刊《书林季刊》编辑。11 月 7 日,在周煦良、傅雷主编的《新语》半月刊第 4 期（及下一期）上发表《小说识小》,深获郑振铎赞赏。后钱钟书又写两篇,发表于郑振铎翌年主编的《联合晚报·文学周刊》,钱钟书在附记中说:"去年秋,傅怒安先生编《新语》,索稿无以应,刺取札记中涉稗官者二十许事报命。郑西谛先生见而谬赏,属其继录。聊复爬疏得数十事,自附于不贤之义云尔。"赵景深后来说:"我看到《新语》上的《小说识小》,非常佩服。他把中外文学冶于一炉,取其极相似者合并来谈,使我极感兴味。听说将出单行本,大约存稿不少,恰好我为《大晚报》编《通俗文学周刊》,便写信给他索取此稿。他回信说,已经给了振铎所编的《文艺周刊》。"（参见陈福康《郑振铎年谱》,三晋出版社 2008 年版）

叶恭绰仍居上海。4 月 5 日,《顾廷龙日记》载:李玄伯家人求售,书上多有国立图书馆印记,是李玄伯借了书不还被仆人偷卖,李不能脱离失察的过失,"倘即此以例故宫案,叶恭绰虽舌敝唇焦,难为辩护矣"。牵涉到故宫盗宝案。9 月 18 日,叶恭绰给顾颉刚的信中提到自己此时住在福履理路懿 44 号,身体不好,血压高。10 月底,叶恭绰致郑振铎信。11 月 3 日,顾廷龙来访,长谈。7 日,叶恭绰致郑振铎信,因整理抗战时期在港运书各文件,奉告有关书目等事。又提到"读《求书日录》,不胜感触","有人见赠《蜀笺谱》,知公所好,谨以奉贻"。9日，郑振铎题《中国版画史图录》一册赠叶恭绰"前编《中国版画史》，尝向友人周子竞先生借得陈老莲《博古页子》收入《图录》中。时承印者为北平故宫博物院印刷所。抚影刷摹，无不精工，见者每误为原本。其以旧纸抚刷者，尤为佳妙无比。劫后偶检书箧，得已装成册之一本，敬以奉贻玉虎先生。"（参见陈福康《郑振铎年谱》，三晋出版社2008年版）

夏敬观7月27日致张元济书，谓："兹送上手卷，请法书题引首（荔竹轩联吟图）六字，上款'筑隐先生、荔君夫人属题'，下题大名。支票拾壹万元并呈，希验收。此叩菊公早安。"7月28日，张元济复夏敬观书，谓："昨复寸函，计荷督及。细阅支票，未有傅式悦印记，题款为'筑隐'二字，词义相联，揣测必为一人。是君为浙江省长，祸浙甚深，即寒家宗祠亦毁于其所委门徒县长。以是未敢从命，尚祈鉴谅，图卷、支票同时缴上，乞督收为幸。临颖不胜悚歉之至。"同日，再复夏敬观书，谓："午前奉电谕，知所上一函已登籤掌。承属仅题引首，勿书上款，曲体下情，至深感荷，极应遵办。惟再四思维，业已明知，而佯为勿知，于心终觉不安，故仍不愿下笔。务祈鉴其愚忱，婉为辞谢，无任企祷之至。"是年，夏敬观撰《六续疑年录》。此书上海图书馆有目。《六续疑年录》是夏氏"偶于旧书摊得不知谁何残稿"的基础上，进行增补而成的。此稿生前未梓行，上海图书馆有目无书，后由卞孝萱先生整理揭载于《西南古籍研究》（1987）。夏敬观《序》云："是书之用，非以臧否人物，但其人有著述文章，或一技艺之长，而生、卒之年可稽，不应复有所去取也。""其间若五代之际，宋齐丘、冯道、韩熙载、冯正中诸人，亦皆录取。"卞先生在《整理说明》中指出："剥去前人笼罩在《疑年录》上的封建面纱，使之具备近代工具书的效用，这当然更是一个值得肯定的进步。"《六续疑年录》中庞元济、萧俊贤、傅增湘、陈汉第、胡嗣瑗、陈曾寿、吴徵、余绍宋等8人卒于1949年，俞陛云、金兆蕃、黄懋谦等3人卒于1950年，正与《序》中"以及近人，积之数年"语合。（参见陈谊《夏敬观年谱》，黄山书社2007年版；张人凤、柳和城编著《张元济年谱长编》，上海交通大学出版社2011年版）

杨宽10月从家乡返回上海，受蒋维乔邀请担任鸿英图书馆临时史料部主任。其间，在主管图书馆、博物馆、民众教育等事业的上海市教育局社会教育处处长俞庆棠、科长高君珊和雷洁琼及原上海博物馆董事长叶恭绰等人的支持下，杨宽四处寻找上海博物馆原有的文物，最后在愚园路一条街巷内的仓库中找到了那批原寄存震旦博物院的文物。11月，上海市立博物馆复馆筹备委员会成立，聘徐森玉、徐蔚南、杨宽等为委员。同月12日，上海市立博物馆设立复馆办事处，聘杨宽为办事处主任。13日，顾颉刚致顾廷龙信中谈及杨宽与童书业编辑《青光》周刊事。12月12日，上海市教育局第十二次局务会议通过并公布"上海市立博物馆组织规程"，杨宽任上海市立博物馆复馆筹备委员会常务委员兼办事处主任。12月14日，杨宽以上海市立博物馆复馆筹备委员会常务委员兼办事处主任致函上海市教育局局长顾毓琇及李副局长："窃查上海市立博物馆复馆筹备委员会为积极进行复馆工作起见，先行设立办事处，由常务委员中推定杨宽为办事处主任，受复馆筹备委员会之指导，负责办理复馆事宜，业经组织就绪，勘定本市胶洲路六〇一号三楼为办公处，已于十二月一日开始办公。理合备文呈报，仰祈鉴核，备查。谨呈：上海市教育局。"是年，承名世来上海谋生，杨宽对其有帮助，其为上海市立博物馆主办的《中央日报·文物周刊》组稿、写稿。（参见贾鹏涛《杨宽先生编年事辑》，中华书局2019年版；童教英《童书业传》，中国大百科全书出版社2017年版）

童书业上半年仍在常州惠林中学任教。暑假，惠林中学被省立中学合并，童书业再次失业，遂与卞达人到常州，为三民主义青年团所办的《胜利周刊》写文章，内容多为歌颂抗战胜利。不久,和卞达人同赴上海,由吴绍澍委任为《青年日报》馆编纂,编写《抗战史》。后来《青年日报》馆又解散,童书业再度失业。幸此时吕思勉、杨宽、顾颉刚等陆续回上海,童书业历经坎坷波折后,又回到了学术环境中。杨宽任命童书业为上海博物馆干事,待复馆后被聘为历史部主任,张凤的学生蒋大沂被聘为艺术部主任。(参见童教英《童书业传》,中国大百科全书出版社2017年版)

顾廷龙继续任职于合众图书馆。4月3日,顾廷龙为吴湖帆乞题《后村诗余》访张元济。张元济谈及所得翁心存日记,现在钞其大事,将来可印,凡酬酢衣饰琐事均删去。顾廷龙"以为日常生活真,应留后人知之",张元济不以为然。9月1日,下午,在至合众图书馆出席合众董事会第五次常会,并与叶景葵报告1944年度上届财产目录、收支情况和工作。同日,顾廷龙致顾颉刚信"以中去年以来为誉老编《五代十国文》,即在敝馆校理,较为闹热。现已竣事,闻将往助振铎检点前代中央图书馆购存之书矣"。11月18日,顾廷龙致顾颉刚信:"最近悉教部有赴日调查损失文物之组织,该调查团团长为张道藩,团员徐森老、贺昌群、向达、伍蠡甫(光建子,任该团英文秘书)、张凤举(任日文秘书)……初,赴日调查团委由森老主持……不意改张为首长,且人选由部派定者,惟森老与钱钟书云,此事全由杭立武主管之。"(参见沈津编著《顾廷龙年谱》,上海古籍出版社于2004年版;张人凤、柳和城编著《张元济年谱长编》,上海交通大学出版社2011年版;陈福康《郑振铎年谱》,三晋出版社2008年版)

张元济3月初接待潘世兹来访。15日,张元济致蒋维乔书,谓:"前属探问南海潘氏藏书。其受分之子世兹旧历元宵后曾来弟处。探其语气,似尚无斥去之意,或对弟不便质言,亦未可知。"春,交通大学校长王之卓、曹鹤荪来访,言今年4月8日为交大49年校庆,《交大周刊》将辑印特刊,请张元济撰文。张元济遂撰《追溯四十九年前今日之交通大学》。4月19日,张元济在寓所主持商务印书馆董事会第459次会议,会议通报书业同业公会通告,1944年12月16日起书价暂加五成,1945年4月5日起再加五成。约4月,撰手稿本《翁文端公日记》跋及摘录凡例。8月16日,撰嘉庆十年路鄐续修《平湖县志》题跋。17日,撰《中华民族的人格》题辞:"国民丧失人格,国必灭亡。日寇禁毁此书,无非欲灭亡我国也。今我国免于灭亡,其犹赖有此人格乎。张元济识。"24日,张寿镛开吊,张元济被邀往题主。李拔可、金兆蕃、夏地山等亦往吊唁。25日,黄炎培、杨卫玉、江问渔、贾佛如联名自渝致电上海陈陶遗、唐文治与张元济等:"苦战八年,幸乃败敌,诸公羁滞陷区,以湛冥之姿态,扶持正气,维系人心,其处境之艰,用心之苦,无日不在同人怀念与钦敬之中。今者失土全收,还乡在即,追思死者,岂可复生,握手有期,惟有相抱痛哭耳。特先驰贡诚敬。凡诸旧好,幸致惓惓,恕不一一。"29日,王云五致张元济书,提出应报告并提出董事会讨论数事。9月1日,张元济致王云五书,敦请王早日返沪主持公司大局。同日下午,张元济至合众图书馆参加合众董事会第五次常会。董事长陈陶遗因病缺席,推张元济为临时主席。叶景葵、顾廷龙分别报告1944年度上届财产目录、收支情况和工作。叶又报告陈文洪捐出版费储券50万元;汪伯绳捐购书费储券10万元,史稻村经募购书券储券6万元。会议修正通过:私立合众图书馆筹备处办事规则(十条)、私立合众图书馆筹备处暂订阅览规则(十五条);追认调整经常费、职员薪津,以及拨付特别购书费中储券60万元等。9月4日,韦福霖复张元济书:"交下大著《中华民族的人格》廿册已为同人争购一空,书价新定每本五千元,同人九折,共玖万元,随函附呈,乞詧收。尊处存书如续有题就者,请随时交下发售。查公司尚有存书八百余册,能否并请加题,以广流传,敬乞示遵。"

张元济9月6日致王云五鱼电,谓:"亟盼飞临,诸事一定,仍可返渝。乞电复。"9日,李泽彰来访。李泽彰昨晚与国民政府新任上海市长钱大钧等飞抵上海。是日送呈王云五8月29日致张元济书及王所拟定之《驻沪办事处办事大纲》(王另有致韦福霖函)。12日,蒋复璁、郑振铎来访,商谈整理沦陷前收入未及寄往后方之珍贵图籍。15日,于寓所主持商务印书馆董事会第460次会议。李泽彰代表王云五出席,并报告后方公司大致情形。李云:惨淡经营四年,财政上不仅不借债,且相当宽裕,出版不仅照常,出版新书且为同业之冠。重庆、成都、恩施等13个分支馆照常营业,并新设宜宾、万县、汇山等8个分馆。福州、桂林、长沙、南京、杭州等分馆已收复或正在收复之中。内地初版、重版图书一千多种,编印《中学生文库》共400册;"七联处"印销国定本教科书,商务占23%。张元济提议云:"王总经理四年来在后方艰苦奋斗,公司得以转危为安。今后复兴计划拟由本会授权王总经理全权办理。惟李董事代王总经理所提'祇能留公司一年'一节,拟俟王总经理返沪再行恳商打消。请公决。"议决通过。张元济又提议:"沪处现已有李经理伯嘉来沪主持,本会第四五六次会议议决之总务会议应即废止。"议决通过。16日,复王云五书,谓:"一、来示属为报告董事会之事。甲、我兄应付非常,不能不有专职专权,此为当然之事;乙、我兄暂留陪都,俾与政府联系,此亦现实之事。昨日开董事会,经伯嘉报告我兄不能来沪之理由,诸董均以为然,并经弟陈明在此非常时期,董事会应以复兴公司全盘责任相加,并以全权委托施行。在座诸君,咸为首肯。"10月28日下午,赴叶景葵寓所参加浙江省公益会常会。到者陈仲恕、张笃生、何德奎、叶景葵、陈元崧、胡藻青、陈受昌、刘承幹。陈仲恕报告云,"本有四百余万之款,两次折算,现不过存万余元而已"。31日,致郭沫若书,对内战危险表示关切。11月8日,张元济复王云五书,谓:"前日得廿八日发手书,又谓近来精力比以前更为兴奋,为国家、为社会、为公司出力,几无余闲,尚须从事著述。似于所请节劳一节,未蒙鉴谅。惟弟窃思再进忠言,我国前途尚不知有几许艰钜,我兄不能不相与祁许,望六之年,总是长养少而消耗多。闻须发已尽白,当不可视为有余,任意支用。就令有余,亦当善为储蓄,以备异日之大用。此实为我国前途计,非仅为兄一人计也。北四川路尊居,表示欲待价而沽,藉轻目前之负担,已属小儿探询市价。据告近因政府对敌伪资产种种防范,致地产交易完全停顿,须俟时机稍转,方能着手。"12月14日,吴稚晖、张伯苓、王宠惠、钱新之、王世杰、陈布雷、黄任之、王云五联名于重庆《中央日报》刊登《浙西张元济鬻书》启事。是年,商务印书馆驻沪办事处由李泽彰负责,出版陈寅恪《隋唐制度渊源略论稿》、冯友兰《新原道》、林语堂《啼笑皆非》、杨端六《工商组织与管理》、费孝通译《文化论》等。(参见张人凤、柳和城编著《张元济年谱长编》,上海交通大学出版社2011年版)

赵齐良时任商务印书馆同人会主席。9月14日,上海《申报》载,商务印书馆同人会启事:"查本会于民国三十年之秋,因公司当局实行内迁,沪市员工大批被裁,本会责职所在,自难缄默,惟彼时沪市环境险恶,奸伪当道,稍一不慎,即可因工潮而遭敌伪觊觎,污我崇高文化员工。本会在市党部正确领导下,严守岗位,力保清白,与公司作正义合理之交涉,旋以环境日非,为顾全现实,不得不含泪忍痛,接受前工部局工业社会处邢德女士调解,签订协定,而不使我最大文化机关之工潮趋于恶化。四年来,我商务员工,卧薪尝胆,苟延残喘,流离失所,饥困备尝,兹值抗战胜利,河山已复,建国之途,必在增加生产,复兴文化。本会为贯彻前言,准备向公司商洽,履行诺言,同心合力,效忠文化事业。凡我同人,务希于一星期内,驾临东西门路(白尔路)五十八号本会临时办事处登记,在本会统一领导下,俾获早日

复员，特此通告。主席赵齐良。"（参见吴永贵《民国图书出版史编年：1912—1949》，社会科学文献出版社2018年版）

舒新城仍任中华书局编辑所所长兼图书馆馆长，继续为中华书局图书馆搜集大量珍贵资料。4月，郑振铎因生活所迫，将5500册藏书出让给中华书局图书馆。附有一册手写《纫秋山馆书目》及跋文。同月11日，舒新城日记载："（高）念修送郑《纫秋山馆书目》一册，为郑西谛（振铎）所藏，彼未明言，但由其字迹辨出。共九百十一种，五千四百二十九册，索三百万元，平均不到六百元一册。其中虽有若干极平常者，但亦有珍贵者，论价不算贵。不过（吴）叔同未必能理解及此。姑先交图书馆查对（大部分已有）目录再说。"16日，舒新城日记载："又与叔同商定：（一）郑氏（西谛）藏书九百十一种，计五千四百余册，依其所开价目以三百万元由图书馆收购。"18日，舒新城日记载："上午得念修电话，郑氏之书已购定，日内送图书馆。下午电话告（楼）云林检收。"同日，王伯祥日记："余久困于日用，前日与雪村言，拟以所藏《四部备要》二千五百册售于开明图书馆，俾易米自救。几经措商，今日始由西谛、予同之居间，言明以储币八十万元为代价。一俟交割，当可稍纾积困也。"抗日战争胜利后，舒新城有感中国经济、政治、文化之落后，民众文盲人数之众，在主持中华书局工作之外，开始致力于电化教育的推广。11月17日，舒新城在之江大学作题为《以耳代目的速成建国法——利用无线电广播推进民众教育以增强国力》的演讲报告，后刊于1947年元旦《大公报》，引起当时广播界的注意，有十余电台联合广播全文3日。自11月起，舒新城主持购置了外国的科学教育影片200余部，并初步自行摄制了一些教学影片。（参见陈福康《郑振铎年谱》，三晋出版社2008年版）

郭绍虞1月14日在《正言报》发表《人类的隔阂》。10月，《民主与狂狷精神》刊于《民主周刊》创刊号；《有为与有守》刊于《民主周刊》第2期；《论狂狷人生》刊于《民主周刊》。12月3日，《论八股》刊于《大晚报》。（参见何旺生《郭绍虞学术年表》，《中国韵文学刊》2008年第1期）

陆殿扬时任训育委员会委员国立编译馆教科用书组主任。12月11日，《申报》载，教部派陆殿扬推行国定教科书：教育部以收复区学校，缺乏适当教材，特派训育委员会委员国立编译馆教科用书组主任陆殿扬氏到京沪一带，督导推行国定教科书，以利教学。陆氏先到南京视察，现已抵沪。前日下午市教育局召集私立中学校长谈话会时，即由陆氏演讲，详述推行国定教科书之意义与目的，希望各校明春开学，一律采用国定教科书，以发扬民族意识及革命精神，并临时答复，各校校长提出关于教材之各项问题。12月28日，上海《申报》载文：陆殿扬《为儿童教育呼吁》。（参见吴永贵《民国图书出版史编年：1912—1949》，社会科学文献出版社2018年版）

曹聚仁抗战胜利后经上饶至杭州，采访受降典礼。8月回上海，发恶性疟疾。11月，曹聚仁《冯友兰论——论〈新理学〉及其他》刊于《周报》第11—13期。12月底方由友人处得知女儿夭折，匆赶回乐平。（参见曹雷编订《曹聚仁年谱》，《曹聚仁先生纪念集》，2000年；蔡仲德编撰《冯友兰先生年谱长编》，中华书局2014年版）

谭正璧《梅花梦》5月19—29日由新艺剧团再度演于金城戏院。6月，新中国艺术学院复校。后又因日寇破坏而停办。9月，抗战胜利。10月任中国书报社编译所所长（至1946年1月），主编"新中国文库"。是年，历史小说集《长恨歌》由杂志社出版，《日本所藏中国佚本小说述考》由知行社出版，《夜珠集》由太平书局出版，《国文必读》第2辑《古文笔法选》由日新出版社出版，《琵琶弦》《血的历史》由中国书报社出版。（参见谭麒《谭正璧年谱》，载周嘉主编《蕰云》第2辑，中西书局2014年版）

刘大杰任上海临时大学文法科主任。9月17日,郁达夫在南洋苏门答腊从事抗日宣传时,被日本宪兵暗杀于丹戎革岱荒野中。噩耗传来时,刘大杰满腔悲愤,为痛失良师,当即执笔蘸墨以泪写就《闻郁达夫为日帝杀害作诗哭之》七律悼诗一首,曰:"飘零半世投荒死,子散妻离泪欲吞;春夜每难忘旧事,南溟长此望中原。许身报国诚无愧,隐姓埋名再不冤;凡文平生诗意苦,杜鹃啼血我招魂。"在郁达夫的周年祭日,刘大杰痛悼恩师又挥泪写下两首悼亡诗:《哭郁达夫》:"春云旧梦已如烟,醉酒谈诗十七年;当日谁能怨贾谊,而今我自哭张颠。休言湖海难逃网,只恨文章不值钱;窗外潇潇秋意冷,断肠风味写吴笺。"《再吊》:"一曲情无尽,三秋梦不成;南天魂已断,故国恨难平。文字倾江海,兵戎问死生。关山千万里,淡淡月黄昏。"12月30日,刘大杰和马叙伦、王绍鏊、林汉达、周建人、赵朴初、陈巳生、雷洁琼、柯灵等26人一起出席了在上海中国科学社召开的成立中国民主促进会的第一次会员大会。(参见《郁达夫文集》第10册)

刘海粟在抗战胜利后着手上海美术专科学校复校工作。9月15日,上海美术专科学校顺利复校,刘海粟到校复职。原并入国立英士大学艺术专修科教授、学生,相率复员美专,继续教学。(参见陈祖恩、袁志煌编著《刘海粟年谱》,上海人民出版社1992年版;王震《20世纪上海美术年表》,上海书画出版社2005年版)

沈士风、周牧轩、王小摩发起的中华文艺书画学院4月创立于上海,每周逢周末、周日下午为授课之期。科目有国画、书法、金石、诗文、史学、画理等科。教师有王小摩、张大壮、周以鸿、孔小瑜、张侣笙、张筠庵、周铼霞、王贞珉、杜进高、叶百丰、童书业、周牧轩。每三个月为一学期。星期六讲画理、诗文,星期日实习书画。由王小摩任院长,沈士风任总务主任。(参见王震《20世纪上海美术年表》,上海书画出版社2005年版)

王宸昌主编《卿云画刊》月刊9月创刊,上海卿云社出版兼发行,蒋孝游、娄泳芬、蒋冬郎编辑。仅见同年10月10日出版的第2期。10月10日,王宸昌、蒋孝游、王柳影等发起的上海画人协会正式成立,该会"以联络上海画人研讨学术、协助国家文化宣传建设新中国之艺术精神为宗旨"。时有会员69人。理事长王宸昌,常务理事蒋孝游、王柳影,理事娄泳芬、蒋锡颐、张宇澄、陈景烈,候补理事谢伯子、石佩卿,监事长丁庆龄,监事姜书竹、吕哲明,候补监事贝聿昭。会员有刘佩乙、张岳霖、陈征雁、吴子余、潘君诺、尤冰如、陈静子、汪九如、黄子曦、郑克芎、刘琯、沈祖菜、张家瑛、潘季华、朱旌圣、林梦松、陈一芎等。主要活动为辅导民间教育,举办各项展览会,组织参观写生,出版文艺期刊,作品研讨等。(参见王震《20世纪上海美术年表》,上海书画出版社2005年版)

徐秋澄、王承之等人发起的秋澄书画社(简称秋社)11月14日在上海成立,以研究金石书画,保存国粹,发扬文化,参考古今作品专以研讨提高艺术为主旨。会员60余人。(参见王震《20世纪上海美术年表》,上海书画出版社2005年版)

姚虞琴、张中原、商笙伯、江寒汀、张石园、孙钧卿、徐韶九、唐云、张大奇、顾功模、陈莲涛、杜进高、张大壮等人发起的上海市金石书画联谊社11月15日成立,其宗旨为"发扬文化、提倡艺术、服务社会、联络感情"。会员约60人。未获批准立案,活动时间不长。(参见王震《20世纪上海美术年表》,上海书画出版社2005年版)

朱子开主编《开路》报。10月,《开路》报第1期报道《文化界动态》,提到:"《前线日报》副刊,九月二十日起,已由吴文祺接辑。内容皆为战前第一流作家,如马叙伦、郑振铎、周予同、许杰、傅雷等皆为该副刊的特约撰稿者,阵容一时无两。"(参见陈福康《郑振铎年谱》,三晋出版社2008年版)

潘公展在抗日战争胜利后回到上海担任《申报》董事长,《商报》副董事长,上海参议会议长等职。又应爱国民族资本家、菱湖实业家章荣初之邀,任章荣初在家乡菱湖成立的菱湖建设协会和青树基金团理事长,致力农村建设,开办多家工厂、农场、医院和学校。

陈高傭任上海市文化运动委员会主任委员,兼任教育部京沪联合办事处主任,同年秋创办中国新闻专科学校任校长,并担任《中国新闻》和《新文化半月刊》杂志的负责人。

杨家洛将中国辞典馆易名为世界学院中国学典馆,迁往上海。因业务关系,继续保留了重庆北碚馆舍,取名北泉分馆。

胡朴安在抗战胜利后出任《民国日报》社长及上海通志馆馆长,旋病逝。

徐蔚南在抗日战争胜利后回沪主持《民国日报》的复刊工作,并担任上海通志馆副馆长、上海大东书局编纂主任。

胡道静在抗日战争胜利后,得到"抗战胜利勋章"。回到上海后,继续在新闻界工作。

青主在抗战胜利后,先后就教于上海同济大学、复旦大学和南京大学,以教德国文学为主。

姚雪垠到四川三台,任内迁的东北大学副教授。抗战胜利后到上海,任大夏大学副教务长,代理文学院长。

熊佛西任上海实验戏剧学校校长,后与陈白尘、黄佐临创办上海戏剧电影工作者协会。

孙晓村参加中国民主同盟。任上海法政学院教授、上海兴华制茶公司副总经理。

陈鹤琴回沪任教育局督导处主任督学,接管外国人所办中小学,创立上海市立幼稚师范学校。

沙千里参与组建中国经济事业协进会、上海人民团体联合会等。

王艮仲创建中国建设服务社,并任理事长。后任上海剧艺社理事长,国民政府立法院立法委员。

赵清阁在抗战胜利后回上海,担任《神州卫报》副刊主编,并在上海戏剧专科学校任教。

范烟桥因《文汇报》复刊,前往兼任编辑《文汇画报》。

胡厥文返回上海,任新民机器厂总经理,创办《中国工业》月刊社。

林淡秋回到上海,在苏联塔斯社创办的时代社任职,编辑《时代日报》。

左舜生11月任青年党十届中央常委兼宣传部长,在上海创办党报《中华时报》。

姜椿芳为总编辑的《新生活报》8月16日在上海创刊,9月1日改名《时代日报》。编辑人员先后有林淡秋、陈冰夷、叶水夫、许磊然、黎澍、满涛、王元化、楼适夷、陆诒、倪海曙、冯雪峰、严玉华等。

梅兰芳自抗战开始即杜门匿居,洁身不屈,坚拒为敌伪演剧。抗战胜利后,与上海戏剧电影界李健吾等10余人联合组织"上海电影戏剧事业协进会"。10月10日,双十节,在上海发表《我理想中的新中国》,提出:"从事戏剧工作者,都应成为服役于民众的艺术家,建设新社会的战士。"

按:11月28日,《解放日报》发表一则"文化短讯"《梅兰芳重新从事戏剧活动》。消息说:中国最著名的京剧演员梅兰芳,自抗战开始即杜门匿居,洁身不屈,坚拒为敌伪演剧。抗战胜利后,他曾与上海戏剧电影界李健吾等十余人联合组织"上海电影戏剧事业协进会"。今年双十节,他在上海发表《我理想中的新中国》,说:"杜门谢客隐居八年之后,我今天又和观众相见了。""回想八年以来,我们所过的是如何艰难的岁月!……现在痛苦的日子已经过去,我希望未来将是永久和平与幸福。""至于我个人,我只是一个演剧者,毕生的心力都花费在舞台上。如果也允许我对新中国有什么理想,我愿意从我切身的事业想起。

我想象,在未来的新中国,……从事戏剧工作者,都应成为服役于民众的艺术家,建设新社会的战士。国家保障他们的生活,社会尊重他们的地位;而他们本身,也不止于是供闲人消遣的工具。……自然,要实现这个理想,我们必须有一个富强的国家,进步、开明、充满着光明和朝气的社会。"(参见艾克恩编纂《延安文艺运动纪盛》,文化艺术出版社1987年版;孙国林编著,王佳钰、王增辉校订《延安文艺大事编年》,陕西师范大学出版总社2016年版)

袁雪芬领衔主演的越剧演出团体——雪声剧团3月成立于上海明星大戏院。是年,袁雪芬、范瑞娟在上海九星大戏院演出《梁祝哀史》,并与编导一起对剧目作了重新整理。

吴小楼与邢竹琴等进上海新世界剧场演出。是秋,再次参加袁雪芬、范瑞娟领衔的雪声剧团。

张桂凤在上海加入袁雪芬、范瑞娟领衔的雪声剧团。

王文娟与小白玉梅、邢月芳合作演戏。

徐玉兰参加丹桂剧团,与筱丹桂合作演出于上海大来剧场。

俞振飞应邀加入梅剧团,曾与梅兰芳合演《玉堂春》《凤还巢》等。

江亢虎继续任考试院院长。4月5日,汪伪第六届中央政治委员会成立,列名江继续担任"当然委员"。同月,从南方潜至北京隐居,"不闻外事"。10月,在北京,被国民党军统局逮捕,关押于北平监狱。5日,被宣布正式逮捕。江在狱中写自白书为自己辩护。(参见汪佩伟编《中国近代思想家文库·江亢虎卷》及附录《江亢虎年谱简编》,中国人民大学出版社2015年版)

陈公博1月开始"重整党务"。因为汪伪国民党从中央到地方的各级党部已形同虚设,很少有专人负责。8月16日,陈公博主持召开了伪中央政治委员会最后一次会议,通过了伪国民政府解散宣言。25日,陈公博由于深感罪大恶极,在日本人的庇护下乘专机逃离南京前往日本京都。10月3日,陈公博由中国武装军警押解回国,被投进苏州监狱。在狱中,他写下了洋洋万言的自白书,为自己的罪行辩解。

龙榆生继续任中央大学中文系主任。1月,张东荪交给民盟成员王大鲁一封介绍信,赴南京会同龙榆生一起到徐州,与民盟成员张云川一起,策动苏北伪军郝鹏举部起义。经伪江苏省教育厅长张仲锐(次溪)介绍,张云川与郝鹏举进行了会谈(龙榆生、张仲锐两人均以参与此项活动而参加了民主同盟)。王大鲁随后回北平向张东荪汇报,张云川赴苏北解放区向陈毅等人汇报。经过反复的工作,郝鹏举于抗战胜利之际率部投向中国共产党,后郝鹏举又叛变投向了蒋介石,被新四军消灭。6月,龙榆生辞去中央大学的一切职务,8月任南京"国立模范中学"校长。11月,龙榆生被国民党教育部囚禁于南京老虎桥监狱,后移至苏州狮子口监狱看守所,因与汪精卫的关系以"文化汉奸"罪名而被判刑12年。(参见左玉河编《张东荪年谱》,群言出版社2014年版;左玉河编《中国近代思想家文库·张东荪卷》及附录《张东荪年谱简编》,中国人民大学出版社2015年版)

钱仲联上半年在南京中央大学任教,并任文学院院长。8月日寇投降,抗战胜利。遂办理交接,息影还乡。

霍松林以兰州考区第一名的成绩考入中央大学中文系。

黄瑞采为理事长的中国土壤学会11月25日在南京成立,以"联络国内外之土壤学家,本学术研究之纯粹精神,而促进土壤学会之进步,以达到增产之目的"为宗旨。编辑出版《土壤通讯》及会志。

叶再生在南京创办《生路》杂志,主编《职业青年》。

朱屺瞻接张元济4月28日书,谓:"前荷枉临,备聆教益,欣幸无似。命题传家乐善图,展阅全卷，绅绎再三，世德昭垂，弥深企仰。自愧樗材，不克阐扬万一。谨成十绝，藉报雅命。联书芜劣，知不值方家一哂也。"6月18日，张元济撰古风诗《题〈分类明人书扇集〉为朱屺瞻》。诗序云："朱君屺瞻以所辑明人书扇假阅。凡数十通。有奇节、淑行者汇列在前，反是者别附于后，寓劝惩于赏鉴中。用意甚正，谨赋长句，即乞教正。"12月，朱屺瞻回到太仓，加入"新太仓社"。与陆博泉倡办"大学贷金""中学生助学金"，自捐10万元，资助清寒学生。唐文治深嘉此举，于劝募启上领衔倡导，并资助2万元。（参见张人凤、柳和城编著《张元济年谱长编》，上海交通大学出版社2011年版；陆阳《唐文治年谱》，上海三联书店2013年版）

王统照任山东大学中文系教授。12月19日，王统照在山东主编的《民言报》副刊《潮音》创刊，来信向郑振铎约稿，郑振铎即把已在《周报》上发表的《封锁线内外》寄去，后发表于28日《潮音》第5期，副标题为《上海在沦陷期中的地狱生活之一》。（参见陈福康《郑振铎年谱》，三晋出版社2008年版）

何满子为毛泽东的《沁园春·雪》词谱曲，并印了五六百份在书店卖。因此遭到国民党当局传讯，于是离开成都，到了南京。经由记者孟秋江介绍，被委任为天津《益世报》驻南京特派员。

卜青茂以国民党中央宣传部平津特派员的身份为《天津民国日报》社长。

贺翊新8月为《河北教育》作发刊词，谓"现实的河北环境既如是艰苦，而行政上所负的职责决不容稍事畏缩，唯有团结本省教育同仁，风雨同舟，一德一心，战胜险阻，勉渡难关！兹为集中本省教育界同仁力量，共谋教育复员的推进，特在本厅经费万分拮据之际，筹发本刊，以期统一意志，集中力量，向共同目标勇往迈进"，并提出推动教育行政学术化、促进专家与行政合作、发扬民主教育精神、倡导学术研究、加强国民教育及社会教育研究5点建议。

按：五点建议具体如下：一、推动教育行政学术化：教育行政的任务分为计划、执行，及考核，过去教育行政机关虽曾负责计划、执行，及督导，然多根据法令条文，公文指示，言简意赅，下级机关以法令繁琐，不辨轻重，多作应付，此为行政效率不能增进的最要原因。补救之道，应当使教育行政学术化，教育行政机关对所属机关的指示，不仅依据教育法令，尤须使其能自动的"乐干"。本刊的发行第一任务即在推动教育行政学术化，以教育学术研究，配合教育行政实施，如本厅推行中等学校导师制，本刊即对导师制作系统研究，从学术上阐明该制的理由及根据；如本厅推行各级学校办理社会教育，本刊即从学术上研讨学校办理社教的必要及实施方法，使下级执行人员对政令有深刻了解，乐于执行，行政效率定可增进的。

二、促进专家与行政合作：中国过去有一个最大缺点就是教育与社会分家，学术与政治脱离，从事学术研究之人，往往自鸣清高，埋首研究，其研究结果，因缺乏行政力量推进，空有抱负，终难兑现，而办理行政之人，虽有行政权力，缺乏学术方案，行政工作陷于枝节零碎；这是学术与行政不能进步的一大原因。挽救之道应促进政治与学术，专家与行政合作，教育行政，旨在作育人才，发扬学术，尤应与专家合作的。本刊发行的第二任务在促进专家与行政合作，特请全国教育专家尤其本省教育专家为本刊撰稿，或发抒伟论予以理论指导，或明订方案，予以工作指针，行政人员得专家的指导，推行业务可收事半功倍之效，教育专家的学术研究藉行政人员的合作有了实现的机会，今后学术与行政能联锁进行，双方都有新的前途。

三、发扬民主教育精神：第二次世界大战后，世界潮流的趋向民主，中国政治也向民主迈进；民主政治是民本政治，是多数政治，国家重要政策要取决于最多数人民意见，中国古语所谓"集思广益"，及俗语所谓"三个活皮匠赛过一个诸葛亮"，正可表现民主精神。民主精神引用于教育，除教育实施应注重人民教育机会均等外，教育改进应采纳多数人民的意见，以期集思广益。本省教育复员以后，本厅亟愿乘此良机，作有计划的改进，惟兹事体大，固须征询专家意见，尤其汇集各级教育行政人员，各级学校教育及社会教育人员，受教育的学生以及社会人士各方面意见，方恰乎民主教育精神。本刊发刊第三任务即在发扬民主教育精神,本厅如有重要教育实施必藉本刊宣布,使所属行政人员及教育人员普遍了解,各级行政人员,各校师生以及社会人士如有改进意见,也可藉本刊发表,有了被采择的机会,我们希望本刊成为本省教育同仁的公共议场,能尽量反映最大多数教育同仁的公共意志,使教育改进建筑在公共意志之上,民主教育精神即算发挥淋漓尽致了!

四、倡导学术研究:今日世界学术进步,日新月异,教育工作人员负有作育人才,传布学术的任务,自应从事学术研究,方能迎上时代,有积极建树。过去本省教育同仁的"实干"精神,是溢声全国的,抗战发生后,河北教育同仁服务后方各省,艰苦卓绝,所经之地,备受欢迎,真堪告慰!本省教育同仁的优点是实干苦干,表现事功,而缺点为忽略学术研究不善写作,以致全国各大书局出版的教科用书和参考用书,著作者多为江浙及其他各省人士,河北教育文化同仁有著述者,实不多见,在学术上未能有显著的建树,实可惋惜!今后河北教育文化同仁不仅应具有"实践"的苦干精神,尤应有"实用"的学术精神,本刊发刊的第四任务即在倡导学术研究,希望本刊成为本省学术研究的公共园地,介绍教育思潮,研究教育问题等有关教育学术论著,固所需要,其他科学文学哲学史学,艺术等论述亦表欢迎,尤注重奖励青年习作,以培植未来的学术基础,我们希望因本刊的创刊将本省学术空气激动起来!

五、加强国民教育及社会教育研究:本刊为综合性教育刊物,研究各项教育原不应有轻重轩轾;惟因为本省经奉行政院指定推行国民教育与社会教育为本年度中心工作,本刊为配合行政实施,自应加强国教及社教研究;同时国教及社教为新兴教育,多乏成规可循,理论的阐扬与方法的提供尤有必要,国教与社教的研究亦应加强。后方各省自二十九年推行国民教育以来,教育厅均发刊《国民教育指导月刊》,为国民教师工作参考;本省本年度推行国教既为中心工作,亦拟发刊《国民教育指导月刊》,奈以经费困难,不克实现,及于本刊暂辟"国民教育指导"一栏,专刊有关国教文字,供国民教师参考,这是需要特为声明的。

以上所举,不过荦荦大者,此外教育实况的报道,优良学校的介绍,以及教育文艺的提倡等均所重视,惟在本厅人力物力艰难之际,完成以上任务,自属力有未逮,尚希本省教育先进,各级教育行政同仁及各级学校师生,不吝珠玑,时赐鸿文,以光篇幅,则众志不难成城,群力即为易举,这是本刊同仁所热诚企望的!(《河北教育》1945年第1期)

白朗和罗烽于9月离延安奔赴东北故乡开展工作。白朗负责军区《前进报》副刊和"前进"文工团的建团工作,并参加东北的解放战争。

张辛实任总经理的东北电影公司10月1日在长春成立。

吴公虎为社长、黄深明为总编辑的《中国日报》8月在香港创刊。

杨奇任社长兼总编辑的《正报》11月13日在香港创刊。

邵荃麟转赴香港,任中共香港工作委员会文委委员、工委副书记,后任中共中央香港分局文委书记。

蔡继琨为团长的台湾省交响乐团成立。

毛泽东1月10日在边区劳模会上作《必须学会做经济工作》的讲话。2月3日,致电周恩来,指出:罗斯福、丘吉尔、斯大林已在开会,数日后即可见结果。"请明白告诉国民党及小党派:除非明令废止一党专政,明令承认一切抗日党派合法,明令取消特务机关及特务活动,准许人民有真正自由,释放政治犯,撤销封锁,承认解放区,并组织真正民主的联合政府,我们是碍难参加政府的。"同日,毛泽东再致电周恩来:除坚持废除党治外,请着重取缔特务、给人民真正的自由、释放政治犯、撤销对边区的包围四条。请直告赫尔利、宋子文、王世杰、张治中,"如这四条不先办到,不能证明废党治、行民主不是骗局,我们万难加入政府。因加入政府要负责任,没有先行四条,我们无从负责任,即使形式上废除党治,成立联合政府,亦将毫无用处,不过骗人空招牌而已"。2 月 15 日,在中共中央党校讲演,主要讲时局问题、山头主义问题、审查干部问题。3 月 6 日,致电苏联作家协会主席吉洪诺夫,吊唁著名作家托尔斯泰逝世。16 日,主持中共六届七中全会主席团会议,讨论"七大"准备工作。会议决定向七中全会提出:毛泽东、朱德、刘少奇、周恩来、彭德怀、康生、高岗、陈毅、陈云、林伯渠、任弼时、董必武、彭真、张闻天、徐向前、贺龙 16 人为七大主席团;毛泽东、朱德、刘少奇、周恩来、任弼时 5 人为主席团常委,处理中央日常事务。3—4 月,对《关于若干历史问题的决议》草案作多次修改。3 月 8 日,新华社发表毛泽东写的新华社记者对王世杰谈话的评论,揭露国民党中央宣传部长王世杰 7 日答外国记者称"现在政府决将关于国民大会的召集问题,提付国民参政会审议"这一说法的荒谬性和欺骗性。评论指出:"自从国民参政会成立以来,根据它的组织法,根据历来的事实,任何决定问题的权力也没有,现在叫它'审议'起国民大会的应否召集来,按照王博士的法律,它说'应'也没有用,它说'否'也没有用。假如忽然有用起来,岂非犯法乱纪。"评论最后指出:中国人民必须振作精神,整顿国家,好打日本侵略者。"整顿之法,就是追问独夫蒋介石丧师失地祸国殃民的责任,坚决反对任何形式的猪仔国民大会,立即废止蒋介石独夫专政,成立民主的联合政府。"9 日,毛泽东修改周恩来致赫尔利信。周恩来在信中将他本日致王世杰信内声明的两事通知赫尔利,并要他尽快转达美国总统罗斯福。

毛泽东 4 月 21 日主持中国共产党第七次全国代表大会预备会议,作《"七大"工作方针》的报告。23 日,毛泽东在中国共产党第七次全国代表大会开幕式上致开幕词,指出我们的大会是处在反法西斯战争最后胜利的前夜。"这个大会是一个打败日本侵略者、建设新中国的大会,是一个团结全中国人民、团结全世界人民、争取最后胜利的大会。"在中国人民面前摆着两条道路、两种命运"或者是一个独立、自由、民主、统一、富强的中国,就是说,光明的中国,中国人民得到解放的新中国;或者是另一个中国,半殖民地半封建的、分裂的、贫弱的中国,就是说,一个老中国。"我们的任务就是为着打败日本侵略者,建立一个独立的、自由的、民主的、统一的、富强的新中国而奋斗。同日,国民党政府公布国民参政会第四届参政员名单。中共参政员共 8 名,除上届参政员毛泽东、林伯渠、秦邦宪、陈绍禹、邓颖超、董必武、吴玉章外,增加了周恩来。24 日,毛泽东向中国共产党第七次全国代表大会提交《论联合政府》书面政治报告。报告分析了国际国内形势,总结了抗战中两条不同指导路线的斗争和人民战争的基本经验,阐述了中国共产党在民族民主革命阶段的一般纲领和具体纲领,指出中国人民应当争取打败侵略者、建设新中国的前途。5 月 3 日,同朱德致电斯大林,祝贺苏联红军于 5 月 2 日攻克柏林。11 日,朱德、林伯渠、李鼎铭欢宴在延安的苏、美、英等国朋友,庆祝盟军在欧洲的反法西斯战争胜利结束,毛泽东出席祝贺。31 日,在中国共产党第七次全国代表大会作关于政治报告讨论的结论,讲三个问题:国际形势,国内形势,若干思想政策问题。6 月 11 日,中国共产党第七次全国代表大会闭幕,毛泽东致闭幕词,以"愚公移山"的寓言,鼓励全党坚持奋斗,挖掉压在中国人民头上的帝国主义和封建主义两座大山。18 日,毛泽东与周恩来复褚辅成、黄炎培、冷遹、王云五、傅斯年、左舜生、章伯钧 7 参政员 2 日来电,欢迎他们来延安商谈国是。

毛泽东 6 月 19 日主持中共七届一中全会第一次会议。会议选举毛泽东、朱德、刘少奇、周恩来、任弼时、陈云、康生、高岗、彭真、董必武、林伯渠、张闻天、彭德怀 13 人为中央政治局委员;选举毛泽东、朱德、刘少奇、周恩来、任弼时为中央书记处书记;选举毛泽东为中央委员会主席兼中央政治局、中央书记处主席。会议讨论通过《关于召开中国解放区人民代表会议及其筹备事项的决议》。30 日，毛泽东同周恩来复电沈钧儒、陶行知、张申府："三先生拟来延赐教，无任欢迎，何日命驾，乞示行期。"7 月 1 日，毛泽东与朱德、周恩来、林伯渠等到机场欢迎由王若飞陪同从重庆飞抵延安的 6 位国民参政员褚辅成、黄炎培、冷遹、傅斯年、左舜生、章伯钧，王云五因病未能同行。2 日下午，在杨家岭会见褚辅成等 6 位参政员，听取他们述明来意和对国内问题的意见。陪同会见的有朱德、刘少奇、周恩来、任弼时等。褚辅成等 6 人说明他们对于国际国内局势的看法，认为国内团结有绝对的必要，并指出国共双方都有愿意恢复谈判的表示。毛泽东接着说：双方的门没有关，但门外有一块绊脚的大石挡住了，这块大石就是国民大会。晚上，出席中共中央在杨家岭中央大礼堂为欢迎褚辅成等举行的宴会，并陪同他们出席文艺晚会。3 日下午，与周恩来同章伯钧、左舜生谈话。晚上，同朱德、周恩来、林伯渠到褚辅成等 6 位参政员下榻的陕甘宁边区政府交际处，同他们继续会谈。4 日，毛泽东主持中共中央书记处会议，会议通过《中共代表与褚辅成、黄炎培等六参政员延安会谈记录》。同日，在杨家岭住处会见褚辅成等 6 位参政员，进行第三次会谈，毛泽东将中共方面整理的《中共代表与褚辅成、黄炎培等六参政员延安会谈记录》交褚辅成等。会谈记录包含两部分内容：一、褚辅成等与中共方面同意下列两点：停止国民大会进行；从速召开政治会议。二、中共方面之建议，其中说"在国民政府停止进行不能代表全国民意的国民大会之条件下，中国共产党同意由国民政府召开民主的政治会议"，并提议在政治会议召开前，应对这一会议的组织、性质、议程以及释放政治犯等作出确定。毛泽东对中共方面之建议作了说明。晚上，出席在王家坪第十八集团军总司令部举行的为褚辅成等6 位参政员饯行的宴会。5 日，同朱德、周恩来、林伯渠等到延安机场欢送褚辅成等飞返重庆。

毛泽东 7 月 12 日主持中共中央书记处会议。会议拟定准备提交政治局会议通过的中央各部委负责人名单：中共中央军事委员会主席毛泽东，副主席朱德、刘少奇、周恩来、彭德怀，总政治部主任刘少奇，总参谋长叶剑英（后改为总参谋长彭德怀、副总参谋长叶剑英）；中央组织部部长彭真（兼中央党校校长）；中央宣传部部长陆定一，副部长陈伯达；中央社会部（中央情报部在内）部长康生；解放区人民代表会议筹备会主任周恩来；中央政治研究室主任张闻天，副主任何凯丰；中央职工委员会主任邓发；中央妇女委员会主任蔡畅；中央青年委员会主任冯文彬。7 月 22 日，新华社发表毛泽东写的关于时局的评论《内战危险空前严重》。26 日，中、美、英三国发表波茨坦公告，促令日本无条件投降。8 月 6 日，美军在日本广岛投下第一颗原子弹。9 日，又在日本长崎投下第二颗原子弹。《解放日报》9 日刊登美国在日本投下第一颗原子弹的消息，毛泽东看到这条消息后，约胡乔木、余光生、陈克寒谈话，指出不应夸大原子弹的作用。8 月 8 日，苏联对日宣战。9 日，主持在杨家岭召开的中共七届一中全会第二次会议。会议通过分别根据六届七中全会和七大的讨论意见修改后的《关于若干历史问题的决议》和《中国共产党党章》。新的《党章》确立了毛泽东思想为党的指导思想并首次写入党章。会议着重讨论时局问题。同日，毛泽东发表《对日寇的最后一战》的声明。并致电斯大林元帅将以全力配合红军及盟军作战。10 日晚，得知日本政府发出乞降照会。

毛泽东 8 月 11 日为中共中央起草《关于日本投降后中国共产党任务的决定》。13 日，在延安干部会议上作关于抗日战争胜利后的时局和我们的方针的讲演。14 日，苏联和国民党政府在莫斯科签订《中华民国和苏联友好同盟条约》。同日,蒋介石致电延安,邀请毛泽东赴重庆谈判。15日,日本电台广播天皇裕仁投降诏书。美国总统杜鲁门任命麦克阿瑟为驻日占领军司令官,指定蒋介石享有在中国(除满洲外)受降的权力。16日,复蒋介石8月14日第一次邀请毛泽东去重庆谈判的来电:"朱德总司令本日曾有一电给你陈述敝方意见,待你表示意见后,我将考虑和你会见的问题。"8月20日,蒋介石再次电邀毛泽东赴渝。22日,复蒋介石8月20日第二次邀请毛泽东赴重庆谈判电:"兹为团结大计,特先派周恩来同志前来进谒。"23日,毛泽东主持中共中央政治局扩大会议。在会议上作长篇发言,分析国内外形势,说明党在新的环境下所采取的方针和对策。同日,蒋介石第三次电邀毛泽东到渝谈判。24日,毛泽东复蒋介石8月23日第三次邀请毛泽东赴重庆谈判的来电:"鄙人极愿与先生会见,商讨和平建国大计。俟飞机到,恩来同志立即赴渝晋谒。弟亦准备随即赴渝。"25日,毛泽东、周恩来等中央政治局部分成员同从重庆回来的王若飞再次研究毛泽东去重庆的问题。经过反复权衡利弊,决定毛泽东去重庆。在这以前,接到斯大林来电说,日本投降,国共应言归于好,共商建国大事。如果继续打内战,中华民族有毁灭的危险。26日,主持中共中央政治局会议,会议继续讨论去重庆谈判的问题。27日,为中共中央起草致各中央局、分局,各区党委通知:"在毛离延期间,刘少奇同志代理主席职务,并增选陈云、彭真二同志为候补书记。"

　　毛泽东8月28日上午11时许同周恩来、王若飞乘飞机离开延安。10月11日下午1时30分,回到延安。前后历时43天。同日,毛泽东主持中共中央政治局会议,报告重庆谈判的经过。12日,毛泽东同张治中共进早餐,朱德、彭德怀、叶剑英、吴玉章、王若飞、杨尚昆作陪。当张治中询问对今后谈判的意见时,毛泽东说,希望此次谈判中尚未获得协议的国民大会问题与解放区问题,早日商得共同意见,以便政治协商会议能及早顺利开幕。上午9时,张治中同王若飞乘原机飞往重庆,毛泽东到机场送行。在去机场路上,毛泽东对同车的张治中说:你为和平奔走是有诚意的,你把《扫荡报》改为《和平日报》就是一个例子。《扫荡报》是在江西围攻我们时办的,你改了报纸的名字,有些人是一定不赞成的。12月15日,出席中共中央会议。会议讨论通过毛泽东为中共中央起草的《一九四六年解放区工作的方针》。会议决定周恩来、董必武、王若飞、邓颖超、叶剑英、陆定一、吴玉章7人为中共代表出席政治协商会议;成立南方局(原称重庆局),董必武为书记,王若飞为副书记。17日,中共中央发言人就杜鲁门15日发表的对华政策声明发表谈话:"要求中国内战之立时的、全面的与无保留的终止;并要求即将在重庆召开的政治协商会议执行各党派代表会议的职权,结束一党专政与改组国民政府。"25日、26日,读普列汉诺夫《论一元论历史观的发展》。(参见中共中央文献研究室编撰、逄先知主编《毛泽东年谱(1893—1949)》,人民出版社、中央文献出版社1993年版;艾克恩编纂《延安文艺运动纪盛》,文化艺术出版社1987年版;孙国林编著,王佳钰、王增辉校订《延安文艺大事编年》,陕西师范大学出版总社2016年版)

　　刘少奇1月28日就开展大后方农村工作问题为中共中央起草致周恩来电:"南方局在目前时期的工作,除开进行一般的民主号召与上层联络工作外。应用大力进行下层的群众工作。为了准备可能的日本对于云、贵、川的进攻以及将来国内的重大事变,我们必需在大后方的农村中建立可靠的基础,南方局及大后方各地党的组织应以农村工作为主要工作。应设法训练与动员一批党员、进步的青年学生和进步人士,利用各自的社会联系深入到农村去,用合法的以及非法的办法去为农民群众服务,联络农民以及民团等。只有这一工作获有大的成绩时,然后才能在日本进攻中或国内重大事变中有雄厚的与可靠的基础发动游击战争。"4月23日至6月11日,中国共产党第七次全国代表大会在延安举行。在开幕大会上,毛泽东致开幕词,刘少奇发表演说。30日,就知名的党外进步人士要求参加中国共产党问题,为中共中央起草复山东分局电。委托中共山东分局审查、批准范铭枢、李澄之、郭维城、姚尔觉等人入党事宜,然后报中央备案。说明以后此类人士入党问题照此方式办理。5月14—15日,在中共七大全体会议上作《关于修改党的章程的报告》。报告论述了中国共产党的特点和性质、党的指导思想、中国革命的特点、党的群众路线、党的民主集中制等一系列重大理论原则问题。6月19日,出席中共七届一中全会第一次会议,刘少奇当选为中央政治局委员、中央书记处书记。

刘少奇7月2日陪同毛泽东会见褚辅成、黄炎培、冷遹、傅斯年、左舜生、章伯钧等6名国民参政会参政员,听取他们述明来意和对国内问题的意见。4日出席中共中央书记处会议。会议讨论通过《中共代表与褚辅成、黄炎培等六参政员延安会谈记录》。8月27日,中央决定毛、周赴渝谈判。在毛离延期间,刘少奇同志代理主席职务,并增选陈云、彭真二同志为候补书记。28日,刘少奇与任弼时、朱德及延安各界代表到机场送毛泽东、周恩来、王若飞赴重庆谈判。9月5日,刘少奇与朱德等出席延安各界两万人集会,热烈庆祝抗日战争胜利。10月11日,同朱德、任弼时等到机场欢迎毛泽东、王若飞飞返延安,周恩来留在重庆继续与国民党谈判。12月25日,为中共中央起草致中共谈判代表团电:"昆明惨案材料,连同郭沫若、陶行知的文章、诗歌等已广播,并令各地印成小册子广为散发到各城市学生和军队中去,望你处亦搜集尽可能多的材料印成小册子散发。应把昆明事件看成是新阶段中一次很有意义的、公开的群众政治运动。"(参见中共中央文献研究室《刘少奇年谱》,中央文献出版社1996年版)

周恩来1月4日起草以陕甘宁边区总工会、晋察冀边区工人抗日救国总会、晋绥边区总工会等名义致伦敦英国职工会联合会总书记西特龙·菲利浦斯,并转英、美、苏三国职工会代表会议电。要求允许以中国解放区职工会的名义派出代表参加将于2月在伦敦召开的世界职工会代表会议。18日,同董必武致电王若飞,指出目前对大后方文化人整风不宜扩大到党外,因为现正开展民主运动,"正好引导文化界进步分子联合中间分子,向国民党当局作要求学术、言论、出版自由的斗争,向顽固分子作思想斗争,揭露国民党文化统制政策的罪恶,并引导其与青年接近,关心劳动人民生活,以便实际上参加和推动群众性的民主运动。这也就是很好的整风",而"抽象地争论世界观、人生观","必致松懈对国民党内顽固派的斗争,招致内部的纠纷"。主张即使党内文化人整风也"应多从目前实际出发","领导同志们更加团结,更加积极地进行反对国民党的斗争,而防止同志们相互埋怨、相互猜疑的情绪的增长"。21日,王若飞曾就中共关于召开有国共和民盟三方面参加的国事会议预备会议的主张,同沈钧儒、黄炎培等人座谈。他们认为中共态度完全正确,符合全国人民的要求,并提出一些建议。同日,王若飞将情况报告中共中央后,周恩来电复王若飞:预备会应讨论国事会议和联合政府的组织及其实际步骤,应通过共同纲领,应保证放人、撤兵、给人民自由、废除特务四条的实现。请王就此同民盟和国民党内民主派交换意见。"各党派联合的基本原则是争取抗战彻底胜利,实行孙中山的革命三民主义,建立独立、自由、繁荣、民主、统一的中国。"

周恩来2月16日飞返延安。18日,出席中共六届七中全会主席团会议(扩大)。在会上报告同国民党谈判的情况、美国对华政策以及其内部在对日战略问题上的不同主张。3月1日，向西北公学学员作题为《民主与专制》的报告。18日，出席延安文化界百余人讨论大后方文化运动的座谈会，并报告大后方民主运动及文化运动的情况，号召延安文化界努力工作，多写作品，并将自己下乡工作与工农兵结合的经验转告大后方文化界。作为他们"文化下乡"的参考。座谈会决定致电慰问和支持在大后方艰苦奋斗的文化界。4月2日，王若飞同黄炎培、吴贻芳、胡霖、邵力子、雷震、左舜生、沈钧儒、章伯钧、张申府、孙科等谈国共问题。大家一致请致电延安，欢迎周恩来和董必武再来重庆协商。4月23日，国民政府公布第四届国民参政会参政员名单。毛泽东、周恩来、董必武、林伯渠、吴玉章、秦邦宪、陈绍禹、邓颖超为参政员。6月2日，褚辅成、黄炎培、冷遹、王云五、左舜生、傅斯年、章伯钧7位参政员致电毛泽东、周恩来，说团结问题的政治解决，为全国国人所渴望，希望国共恢复商谈。18日，毛泽东、周恩来电复褚辅成、黄炎培、冷遹、王云五、左舜生、傅斯年、章伯钧7位参政员，指出国民党拒绝党派会议，坚决召开包办分裂之国大，已进一步造成内战危机。诸公的热心呼吁，倘能使当局觉悟，我党无不乐于谈判。复电还表示欢迎来延安商谈国事。6月19日，出席中共七届一中全会第一次会议。在会上当选为政治局委员、书记处书记。7月1日，毛泽东、周恩来、朱德等到机场欢迎由重庆飞抵延安的6位参政员褚辅成、黄炎培、冷遹、傅斯年、左舜生和章伯钧，王云五因病未能成行。2日，褚辅成等参政员到杨家岭毛泽东住所拜访毛泽东，在座的有朱德、刘少奇、周恩来。同日，中共中央设宴招待6位参政员，并举行欢迎晚会。李富春主持会议，周恩来致欢迎词，强调民主和团结。黄炎培、左舜生讲了话。3日，毛泽东、周恩来约见章伯钧、左舜生；周恩来和毛泽东、朱德、林伯渠到招待所，就停止召开"国民大会"，从速召开政治会议等问题同6位参政员商谈。5日，和毛泽东、朱德、刘少奇等到机场送褚辅成等6位参政员离开延安返重庆，带去共同商定的国共谈判方案。8月14日，蒋介石电邀毛泽东赴重庆"共同商讨""国际国内各种重要问题"。22日，代毛泽东起草复蒋介石20日再次邀请毛泽东赴渝电："兹为团结大计，特先派周恩来同志前来。"25日，在接到蒋介石23日第三次邀毛泽东赴重庆的来电后，又接到魏德迈的再电邀请。晚，中共中央政治局开会，商定毛泽东、周恩来、王若飞到重庆谈判。会后，周恩来致电钱之光，对毛泽东在重庆的安全警卫、住房安排、饮食习惯等做了具体指示。8月28日，毛泽东、周恩来、王若飞等由赫尔利、张治中陪同飞抵重庆。11月25日，周恩来飞返延安。12月5日，撰成关于国共谈判向中共中央的报告。9日，在延安青年纪念"一二·九"10周年大会上讲话，指出昆明惨案就是新的"一二·九"，号召全国青年为实现国家的民主、和平而奋斗。说"五四"运动未完成的任务由"一二·九"青年运动继承起来，"一二·九"未完成的任务由今天的青年运动继承起来。"青年是争取和平、民主的先锋队，谁有青年，谁就有将来。"（参见中央文献研究室《周恩来年谱1898—1976》，中央文献出版社1998年版）

董必武和周恩来1月18日联名致电王若飞，提出《关于大后方文化人整风问题的意见》，指出文化人整风只限于南方局文委及《新华日报》社两部门的同志，不宜扩大到党外。3月5日，和周恩来电复在云南作统战工作的华岗，肯定了他去年下半年在成都与各方民主力量协商，使他们了解我党政策的作法；阐释了党派会议是成立联合政府的一个实际步骤，用以坚决反对蒋介石包办的御用国会。电文还询问龙云对中共最近的主张和作法的意见。8日，和周恩来一起出席延安文化界人士会议，并在会上作了《大后方一般情况》的报告。27日，国民政府行政院发表中国出席旧金山联合国会议代表团人选名单：代理行政院长宋子文为首席代表,成员有王宠惠、李璜、吴贻芳、魏道明、胡适、顾维钧、张君劢、董必武、胡霖,顾问施肇基。4月1日,出席中共六届七中主席团会议。会议决定:董必武带随员2人(伍修权、陈家康或章汉夫),参加中国出席旧金山会议代表团。主席团指示,董赴美后主要是争取外国朋友,提高我党的国际地位,并尽量争取留驻美国工作。下午,和周恩来、朱德参加毛泽东同美国驻延安军事观察组成员谢伟思的谈话。4月2日,王若飞同黄炎培、吴贻芳、胡霖、邵力子、雷震、左舜生、沈钧儒、章伯钧、张申府、孙科等谈国共问题,大家一致请致电延安,欢迎周恩来和董必武再来重庆协商。(参见《董必武年谱》编纂组《董必武年谱》,中央文献出版社1991年版)

张闻天1月17—18日出席中共六届七中全会主席团座谈会,讨论抗日战争时期军事路线问题。2月3日,出席中共六届七中全会主席团会议。会议讨论周恩来在重庆同国民党谈判情况及党派会议问题的来电。18日,出席中共六届七中全会主席团会议。会议听取周恩来关于同国民党谈判情况的报告。3月16日,出席中共六届七中全会主席团会议。会议讨论七大准备工作。会议决定向七中全会提出毛泽东等16人为七大主席团,张闻天为被提名者之一。28日,出席中共中央办公厅为庆贺林伯渠60寿辰而举行的祝寿会。31日,出席中共中央六届七中全会全体会议。4月23日,出席中国共产党第七次全国代表大会开幕式。5月2日,在七大上作检讨发言,检讨了过去内战时期所犯的路线错误,并再次公开承担责任。6月9日,中共七大正式选举中央委员44人,张闻天被选为中央委员。19日,出席中共中央七届一中全会,张闻天当选为政治局委员。7月1日,张闻天随同毛泽东、朱德、周恩来等去延安机场,迎接从重庆来到延安促进国共两党恢复谈判的黄炎培等7位爱国民主人士。2日,参加了同他们的会谈。5日,又参加了送行。8月23日,出席中共中央政治局扩大会议。会议决定张闻天担任中共中央书记处政治研究室主任和中共中央宣传会议(原为宣传委员会)副主任,主任由毛泽东兼任,成员有博古、凯丰、余光生、艾思奇、陈克寒、陆定一、陈伯达、胡乔木等。9月中旬,张闻天向中央提出去地方做实际工作的请求。10月11日,到机场迎接毛泽东、王若飞由重庆返回延安。并出席中共中央政治局会议,听取毛泽东报告重庆谈判的经过。10月下旬,张闻天乘美军执行小组的飞机离开延安赴东北。同行的有高岗、李富春、王鹤寿、陈正人、凯丰、陈光、朱瑞、郭述申、刘英及机要员黄友凤共11人。11月2日,中共中央决定成立北满分局,陈云为书记,林枫为副书记,高岗、张闻天为委员。高岗兼北满军区司令员,陈云兼北满军区政治委员。(参见张培森主编《张闻天年谱》,中共党史出版社2000版)

林伯渠继续任陕甘宁边区政府主席。3月12日,延安文化界教育界在交际处开会纪念生活教育社成立18周年。边区政府主席林伯渠以及该社延安分社社员和文教界徐特立、柳湜、艾思奇、赵毅敏、艾青、贺绿汀、齐燕铭、张宗麟、董纯才等百余人出席。会上介绍了生活教育社简史,由陶行知一手创办的育才学校工作过的同志介绍该校情况。林伯渠主席讲话指出:生活教育社、陶行知和诸位先生18年的劳绩,在教育事业上有一定收获。打破了中国历代把读书当成士大夫阶级特权的思想,使教育为群众服务。并抛弃了读死书的教条主义。徐老讲话特别称赞育才学校的教育与实际结合的方针。贺绿汀以他在育才学校任职时的具体事实说明陶行知的民主作风与爱护学生的精神。最后由刚从后方来延安的育才学校同学黄晓庄、陈复君演唱歌曲,其中一支为《你这个坏东西》(骂大后方囤积居奇者)。28日,中共中央委员会为林伯渠同志60寿辰致祝词。林伯渠致函党中央。

按：林伯渠感谢信说："感谢你们对我的寿辰的祝贺，并感谢你们对我的勉励和关怀。在这六十年的途程中，正是中国历史变化最多的年头，我只是跟随着中华民族的优秀儿女，在我们人民的浩大事业中尽一点微薄的力量，我所走过的道路，也只是在中国这样的国度里，一个彻底民主主义者的道路。我能够光荣地站在无产阶级行列里，是党培养了我，人民群众教育了我，革命实践引导了我。在我们党担负着空前巨大历史任务的今天，回顾着个人的经历，瞻望着展开在中国人民前面的宽阔的光明的前途，我掩盖不住充满于我心中的真诚的喜悦，也说不尽我心中的感激之情。经过了多少的磨难和变化，中国人民终于找到了毛泽东同志这样的舵手。我们这个古老的民族，终于走上了新生的道路。我自己也在这个大时代中发觉自己鬓发虽然白了，却不缺少年轻人的热情。这个时代使我年轻了，我愿意和全党同志在一起，为中国人民多做一些年代的工作，并愿意向人民群众学习更多的革命本领，为着抗日战争的彻底胜利与中国人民的完全解放而奋斗。"（参见艾克恩编纂《延安文艺运动纪盛》，文化艺术出版社 1987 年版）

吴玉章时任陕甘宁边区政府文化委员会主任。1 月 10 日，陕甘宁边区文协电唁罗曼·罗兰逝世，电文如下："重庆法国大使馆请转巴黎法国学士院：对于法国伟大思想家和民主主义的伟大战士罗曼·罗兰先生的逝世，谨致哀悼之忱。罗兰先生对于中国民族民主奋斗的同情援助，引起中国人民永远的感激。希望新法国和新中国的文化界在为今后世界自由、和平与进步的共同努力中，能继续增进罗兰先生所遗下的这种珍贵的友谊。"11 日，出席边区政府政务会。14 日，在陕甘宁边区劳动英雄和劳动模范工作者大会闭幕式上讲话。16 日，出席边区政府政务会，听朱瑞介绍山东情况。17 日，继续听朱瑞介绍山东情况。2 月 5 日，在朝鲜（延安）革命军事学校开学典礼上讲话。7 日，出席彭雪枫追悼会。同日，谢觉哉来访。24 日，参加西北局的座谈会。3 月 6 日，参加边区政府政务会。13 日下午，赴董必武寿宴。18 日，主持延安文化界的集会，邀周恩来报告"大后方民主运动及文化运动的情况"，邀董必武报告"大后方的一般情况"。27 日，出席边区政府为林伯渠 60 寿辰举行的祝寿会。28 日，出席中共中央办公厅为林伯渠举行的祝寿会。31 日，出席中共六届七中全会第七次会议。会议通过拟提交七大的毛泽东作的政治报告草案和党章草案。4 月 2—3 日，讨论《关于若干历史问题的决定（草案）》。6 日，讨论毛泽东的政治报告草案。7 日，延安文化界致函重庆文化界，支持重庆文化界 2 月 22 日的《对时局进言》。11 日，讨论《关于若干历史问题的决议（草案）》。20 日，出席中共六届七中全会第八次全体会议。21 日，出席中国共产党第七次全国代表大会预备会。毛泽东作《"七大"工作方针》的讲话，阐明大会方针是：团结一致，争取胜利。4 月 23 日至 6 月 11 日，出席中国共产党第七次全国代表大会。当选为中国共产党第七届中央委员会委员。6 月 11 日，在闭幕式上发表演说。

吴玉章与毛泽东、周恩来、林伯渠、董必武、秦邦宪、陈绍禹、邓颖超 4 月 23 日被国民政府聘为第四届国民参政会参政员。6 月 14 日，讨论解放区代表会议事。晚上参加联合国日晚会。21 日，出席各团体代表会议，讨论筹备解放区代表会议，原则通过致各解放区参议会、政府电。7 月 1 日午后 1 点，和毛泽东、朱德、林伯渠、周恩来、邓颖超、博古、张闻天、林彪、叶剑英、徐特立、李富春、谢觉哉、杨尚昆等去机场欢迎来延安访问的黄炎培、褚辅成、左舜生、冷遹、章伯钧、傅斯年等 6 位国民参政员。2 日，出席中共中央招待黄炎培等 6 位国民参政员的宴会及晚会。5 日，欢送黄炎培等 6 位参政员离延安回重庆。9 日，受中央委派，吴玉章和周恩来、李富春代表中共中央参加召集中国解放区人民代表会筹备委员会工作。10 日，就《中国通史稿》审读意见复信吴亮平。13 日，在中国解放区人民代表大会筹备委员会（略称人代会筹委）开幕式上讲话。下午，出席人代会筹委常委会。16 日，在周恩来处出席人代会筹委党组干事会。17 日，出席人代会筹委党组会。24 日，出席人代会筹委党组会。26日,出席人代会筹委党组会。8月1日,出席人代会筹委常委会。9日,出席中共七届一中全会第二次会议。10日,出席人代会筹委纲领起草委员会议。28日,到机场欢送毛泽东、周恩来、王若飞,在赫尔利、张治中陪同下飞赴重庆谈判。

吴玉章9月5日在延安各界庆祝抗日战争胜利大会上讲话。25日晚,借交际处为高自力等人饯行。10日,出席陕甘宁边区政府庆祝国庆34周年大会。10月22日,经中共中央批准,宪法研究会今日成立,由谢觉哉、徐特立、吴玉章、李木庵、何思敬、杨绍萱等组成,谢觉哉为主任委员。31日,出席宪法讨论会,主题为批评"五五宪草"。11月5日,中国解放区战犯调查委员会在延安成立,吴玉章为主任委员,张勃川为秘书长,李克农、伍云甫等22人为常务委员。6日,在《解放日报》发表《谈苏联十月革命和中苏条约》。7日,在延安各界庆祝十月革命28周年大会上,以中苏文化协会延安分会会长名义发表演说。15日,主持延安各界追悼冼星海大会并致悼词。20日,出席宪法研究会。21日,出席宪法研究会。会议推谢觉哉、何思敬、李木庵等7人起草新民主主义宪草大纲。12月6日下午,出席宪法研究会召开的宪法纲要座谈会。9日,出席延安各界青年纪念一二·九运动10周年大会并讲话。同日,出席延安各界青年声援昆明学生反内战运动座谈会并讲话。12月15日,就惩办战犯问题,以中国解放区战犯调查委员会主任委员身份,在《解放日报》发表谈话,指出:许多日本重要战犯仍逍遥法外。本会成立以来即着手积极调查,并电各解放区同时进行调查。现第一批战犯名单业已拟就,望各解放区以至全国展开广泛的控诉运动,彻底揭发敌寇汉奸罪行。晚上参加中央会议,讨论1946年任务、民主施政纲领、宪法原则等。同日,《解放日报》发布战犯名单。(参见刘文耀、杨世元《吴玉章年谱》,四川人民出版社1998年版;艾克恩编纂《延安文艺运动纪盛》,文化艺术出版社1987年版)

徐特立2月5日与朱德、林伯渠、吴玉章等出席在罗家坪举行的朝鲜革命军政学校延安总校开学典礼并致词。26日,出席延安四所小学教师训练班开学典礼,并作专题报告。4月23日,出席中国共产党第七次全国代表大会,当选为中央委员。6月11日,在中国共产党第七次全国代表大会闭幕式上发言,认为这次大会是一个空前胜利的大会,不仅在中国有历史意义,而且对太平洋被压迫民族的解放有决定的历史意义。7月1日,与毛泽东、朱德、周恩来、刘少奇、林伯渠、吴玉章、邓颖超、秦邦宪、张闻天、刘伯承、陆定一、林彪、叶剑英、李富春、杨尚昆、谢觉哉等30余人,专程到机场迎接国民参政会中褚辅成、黄炎培、冷遹、傅斯年、左舜生、章伯钧六位参政员的来访,并合影留念。同月,苏中出版《毛泽东选集》第一卷,收录1937—1938年毛泽东抗战初期的11篇著作。书中《论毛泽东思想》(集录、代序)选录朱德、周恩来、刘少奇、陆定一、陈毅、陈伯达、曼努伊斯基、邓发、艾思奇、徐特立、博古、范文澜、康生、王稼祥、罗荣桓等以及冈野进(即野坂参三)所作文章与报告中有关论述学习毛泽东思想重要意义的部分。9月2日,在延安大学教育系发表关于教育重要性的谈话。11月1日,在《边区教育通讯》创刊号上发表《读〈教育通讯〉创刊号之我见》。12月12日,在《解放日报》发表《"一二·九"感言》。(参见《徐特立年谱》编纂委员会编《徐特立年谱》,人民出版社2017年版)

吴亮平7月4日致函吴玉章,送马列学院中国历史研究室编写的《中国通史稿》第一编请审阅,并请于7月10日前将尊见及稿子寄回,以便遵照高见讨论修改。7月10日,吴玉章就《中国通史稿》审读意见复信吴亮平:"看了《中国通史稿》第一编,觉得很好。这是用马克思主义的方法来写历史的尝试。材料丰富,叙述通俗,处处注重社会发展的经济基础,出

示土物、龟甲骨文等实物为根据。这些都是很好的。"同时"觉得有几个缺点,写在下面":
一、关于家族的起源没有说到,就是说关于两性的关系的历史发展没有很好的说明。二、关于商鞅变法讲得比较多,关于管仲的功绩没有说到。对于齐桓及齐国的作用,估计得很低。三、孔子作《春秋》开始了中国编年纪事的例子,这是他大的功劳。有成文史以后的年代要附一有系统的记载。四、关于老子生在孔子之后,这是一个翻案,听说前几年在北京争论很激烈。如果还没有得到可靠的结论,则不宜采入这个通史中去。又谈到"范文澜同志主张开一座谈会来交换大家的意见,我以为这是很好的。请你用中宣部或历史研究室的名义约对历史有兴趣的人,于本月25或26日午后在杨家岭丸堂开一座谈会如何?请与洛甫同志商约行之"。

　　按:吴玉章关于《中国通史稿》的整体审读意见是:一、为了要说明我们和旧历史家不同,必须首先说明我们编这历史的方法。特别在中国仅有唯物史观的少许萌芽,而还没有普遍地了解唯物史观的意义,更是要着重指出。因此我认为在第一编的开始,或引言、绪论中必须说明编辑的方法。

　　二、编辑的方法也要分两种:一种是有成文史以前的历史传说时期,这时期的材料有许多是后人伪造、假托,不是尽都可靠。我们只有用恩格斯《家族、私有财产及国家的起源》一书作为尺度;特别是把摩尔根的时代分类表作为标准,更加以近年来所发掘的出土物等作为根据去辨别古书材料的真伪确定去取;一种是有编年纪以后的成文史,这些史料是不科学而且带有许多神秘性,我们必须用马克思的唯物史观的方法去善为去取所有的材料。每一时代必定要先从他的经济发展情形说起,然后及于它的文物制度等上层建筑物。

　　三、编辑的体裁,我认为应分为三种:一种是简单明了,只说出研究的结论而不把一切研究的辩论放在里面,目的是在为初学的人大概知道中国历史的发展概略的情形。要扼要而不繁杂,篇幅不宜多;一种是比较详细,更深刻地能表现时代更具体的内容,引证史实更多。这是为中等以上学校用的教本而作;还有一种是为研究历史而作。内容可以丰富一些,各种辩论可多收一些,使旧史材料不至遗漏。至于叙述用通俗的白话体写出来是好的,但必须把原文及出处附在中间或篇末。这样来表示"信而有征"。

　　四、历史发展的规律,有共同性,也有特殊性。因此,说到一般共同性之外,一定要把握住他的特殊性。我们反对那种说亚细亚生产方法是另外一种历史发展的道路。但我们并不反对说东方社会发展有他的一些特点:如中国的资本主义为何迟迟不发展;中国的家族姓氏制度为何特别严密而至今还能保持;中国的奴隶制度和封建制度的特点何在;中国没有统一的宗教而孔子学说何以能支配八千年的社会;东方专制君主制的基础何在;中国农民土地问题之特点等等,都必须用马克思的唯物史观的方法来加以分析。我认为马克思、恩格斯论中国这本书上关于论东方生产力、村社等文章是很重要的,它可以解答许多问题。(参见刘文耀、杨世元《吴玉章年谱》,四川人民出版社1998年版)

　　博古继续任《解放日报》社社长。1月1日,《解放日报》发表新年献词《争取胜利早日实现》。新的一年的任务,就是毛泽东同志在《一九四五年的任务》中概括的四个口号:"加强解放区抗日工作""组织沦陷区人民""援助大后方人民""建立民主的联合政府",中心是建立民主的联合政府。29日,延安《解放日报》编者话说:"罗曼·罗兰逝世了,全世界反法西斯战争中的人民,都为这伟大的战友哀悼!趁着今天他的生日和明天他的逝世一周年,请延安文艺界的同志们写了几篇文章,在本版出两期专刊,以表示我们无限深沉的悼念。"2月12日,毛泽东给《解放日报》总编辑博古写信,说:"今天报载张平凯《晋察冀机关部队大生产的第一年》,请全文分数日广播。此文写得生动,又带原则性。早几日《贯彻减租》社论(指2月9日社论)及路家口村新闻(指2月9日报载《太行平顺县路家口检查减租的经验》),谅已广播了,也是很好的。我们报纸自己能写这样的社论,大进步了。(谁人写的?)"

　　博古6月14日在《解放日报》刊出社论《团结的大会,胜利的大会》,指出"七大"的历史标志：一、全体一致通过了毛泽东同志的政治报告。二、根据毛泽东同志的军事学说和7年武装斗争的经验，制定了人民军事路线的完整体系，这就是朱德同志军事报告中的主要部分。三、新党章的制定，意味着党内生活和党与群众的关系已经有长足的进步。最重要的是毛泽东同志的思想被全党一致承认为党的指导思想，为我党一切工作的指针。7月7日，中共中央发表《纪念抗战八周年口号》。同日，《解放日报》社论《纪念抗战八周年》。7月24日，《解放日报》为纪念邹韬奋逝世一周年发表一组诗文：黄炎培的《韬奋逝世一周年纪念词》、张仲实的《不屈不挠尽善尽美的作风》、艾思奇的《血肉相联》、鲁果的《十一月二十一日》、张宗麟的诗《邹韬奋先生逝世周年纪念》。8月10日，《解放日报》发表社论《苏联对日宣战》。8月23日，博古为中共中央宣传会议成员。9月22日，《解放日报》发表评论《文艺工作者到前方》，说最近延安大批文艺工作者到前方去，这是延安文艺界的一个空前未有的创举。近几年来，文艺创作有很大收获，是因为我们有了一个唯一正确的方向，即文艺为工农兵、文艺工作者和工农兵结合的方向。公式化倾向的存在，说明深入到群众中去，和实际生活结合，仍然是许多文艺工作者的主要问题。现在是时候了，到前线、工厂、矿山、城市去，更加扩大我们的视野。方纪撰文《到群众中去》，呼吁文艺工作者到前方去作宣传、搞创作。12月9日，《解放日报》社论《纪念"一二·九"十周年》。（参见艾克恩编纂《延安文艺运动纪盛》，文化艺术出版社1987年版；孙国林编著，王佳钰、王增辉校订《延安文艺大事编年》，陕西师范大学出版总社2016年版）

艾思奇4月被选为党的"七大"代表，并出席了"七大"。7月25日，艾思奇在《解放日报》撰写杂文《难》，说学习文件并不难，而学的道理与感情相结合变为行动，并割除旧思想感情，达到整风运动要求的思想革命，才是大难。8月，艾思奇被任命为《解放日报》副总编，并担任《解放日报》和《新华社》两社的编委委员。同月23日，中共中央政治局扩大会议决定成立中共中央书记处政治研究室和中共中央宣传会议（原为宣传委员会），毛泽东兼任主任，张闻天担任副主任，成员有博古、凯丰、余光生、艾思奇、陈克寒、陆定一、陈伯达、胡乔木等。是年，艾思奇除了处理繁忙的编务工作外，还撰写了《人类科学文化的胜利》《血肉相联》《一往无前》《东方强盗就缚以后》《文艺工作者到前方去》等社论、评论和具有指导性的文章。9月22日，为适应大批文艺工作者纷纷到前方的形势，艾思奇在《解放日报》发表社论《文艺工作者到前方去》，论述这一潮流的伟大意义，助推它的发展。社论说：最近，延安有大批文艺工作者到前方去，是延安文艺界空前的壮举。它的意义不仅在于规模大，更在于我们已经找到了唯一正确的方向，这就是文艺为工农兵、文艺工作者与工农兵结合的方向。许多初学写作的人，写出了好作品；而一些修养较高的人，却写不好的作品。这其中的关键是对生活认识的深浅。作品的公式化问题，也只有深入生活才能解决。大量事实证明，"深入到实际中去，和实际生活结合，仍然是我们许多文艺工作者的主要问题"，"现在，正是我们深入到实际中去的时候了，我们将走进前线、工厂、矿山、城市……我们得到这样的机会来更加扩大我们的视野。我们所希望文艺工作者的，便是和自己的这个走进新的现实的过程一起，能够给我们带来反映这个激变的时代的作品"。首先是希望多写通讯报告文学，及时反映现实的新变化；典型的、纪念碑式的长篇作品，我们也是需要的。"要产生这样的作品，是有待于我们文艺工作者长期深入地对于实际生活（乃至于它的历史）的观察研究。但现在的到前方去，也正是这样的开始。我们预祝在不久的将来，能有那种典型的纪念碑式的作品，拿到我们读者的面前。"（参见《艾思奇全书》第8卷附录《艾思奇生平年谱》，人民出版社 2006 年版；张培森主编《张闻天年谱》，中共党史出版社 2000 版；艾克恩编纂《延安文艺运动纪盛》，文化艺术出版社 1987 年版；金紫光、何洛主编《延安文艺丛书·文艺理论卷》，湖南人民出版社 1984 年版；孙国林编著，王佳钰、王增辉校订《延安文艺大事编年》，陕西师范大学出版总社 2016 年版）

胡乔木参与起草了《关于若干历史问题的决议》。4 月 20 日，中共第六届七中全会通过《关于若干历史问题的决议》。5 月 3 日，解放区青年联合会筹备会正式成立。常委有冯文彬、胡乔木、宋一平、王治国、蒋南翔、黄庆熙、安平、史立言、张迅如、朱荣等。中央青年工作委员会书记冯文彬任筹备会主任，蒋南翔任秘书长。12 月 23 日，中华全国文艺界协会延安分会、陕甘宁边区文化协会在交际处大厅召开盛大座谈会，声援国民党区文艺界争取和平民主自由运动。到会有胡乔木、柯仲平、李伯钊、胡蛮、柳湜、艾思奇、赵伯平、曹葆华、江隆基、张季纯、欧阳山尊、王亚凡、金紫光、张寒晖等 150 余人。胡乔木报告国统区文艺界情况，称："国民党统治区文艺界遭受的不只是严格的检查，而且遭受国民党对印刷、剧场等限制，以致要出版不能印刷、要演剧没有剧场。日寇投降后，国民党在所谓'收复区'把各种出版的机关及电影院剧场加以'占领'，压迫进步的文艺活动。许多曾与敌人有勾结的汉奸文艺人以所谓'地下军'的姿态，摇身一变而成为国民党的文化人。抗战以来在大后方千辛万苦坚持抗日民主的文艺活动的作家，这时却陷于不能工作的苦境。""虽然处境是这样艰难，但国民党统治区的进步文化界仍是始终一贯地坚持了拥护民主、反对独裁的主张，团结了一切有正义感的作家进行不屈不挠的斗争，这是文艺界的光荣。"柯仲平报告会务工作与组织文艺工作队、通讯队赴华北解放区情况。张季纯、欧阳山尊、王亚凡、金紫光、张寒晖、罗合如相继发言，痛斥国民党发动内战，声援大后方文艺界的正义斗争。（参见艾克恩编纂《延安文艺运动纪盛》，文化艺术出版社 1987 年版）

范文澜继续在中央宣传部工作，所著《太平天国革命运动》连载于 4 月 25—30 日延安《解放日报》。同年，由延安新华书店出版。《谁革命？革谁的命？》由冀鲁豫书店出版。是年，继续撰写《中国通史》近代史部分，至是年离开延安时，已撰成从鸦片战争到义和团部分，于 1946 年在延安出版（曾称"上编第一分册"，后来定名为《中国近代史》上册）。此书造端宏大，材料新颖，深刻再现了中国近代历史的进程，中肯地评价了各个时期的事件和人物，体现了革命性和科学性的高度结合。它的产生，标志着近代史研究达到了新的阶段，它所奠定的基本框架和提出的一系列深刻论断，影响近代史研究达数十年。此书至 1955 年一共印行了 9 版，同样受到读者空前热烈的欢迎。（参见陈其泰《范文澜学术思想评传》，北京图书馆出版社 2000 年版；陈其泰《范文澜：承章黄衣钵扬马列学说》，《光明日报》2021 年 3 月 15 日）

尹达 3 月 13 日在《解放日报》发表《郭沫若先生与古代研究》。作者应《解放日报》之邀，回应郭沫若《古代研究的自我批判》一文，对郭氏中国古代社会研究的历史功绩、学术观点和治学精神进行了评述。作者认为，《中国古代社会研究》"在中国，这是以唯物史观的观点研究中国历史的第一部巨著，从中国历史科学的发展上看，它确是一部划时代的作品；由于它的诞生，才把陈腐的中国古代史料点活了，才奠定了研究中国古代社会历史的基础"。《卜辞通纂考释》一书"成为中国空前的、综合性的、关于甲骨文字的杰作，每一个研究古代社会和古文字学的人，都依靠着它作为最可靠、最珍贵的读物"。而《古代研究的自我批判》一文，"从郭先生自身研究的经过里，检讨了中国古代社会中的许多问题，把十几年研究的菁华简要地写出来了；这的确是古代研究中的一件极宝贵的文献"。郭氏"根据十几年研究的成果，对最初的《中国古代社会研究》进行了自我批判，这不仅是郭先生对古代社会研究的进一步的发展，同时也正是今后研究中国古代社会的指标"。4 月，《群众》周刊第 7—8 期

转载此文。(参见王学典《20 世纪史学编年(1900—1949)》,商务印书馆 2014 年版)

吕振羽《简明中国通史》(第一分册)9 月由生活书店出版。10 月,《中国政治思想史》(增订版)由延安新华书店出版。吕振羽主动向组织提出去东北基层工作请求,后经刘少奇批准,与江明、朱理治、黄文等组队,随刘秀峰率领的干部大队、何长工率领抗大大队同赴东北。撰诗《偕江明由延安去东北道中》(16 首)。途经热河,被中共冀热辽分局领导程子华、罗瑞卿、黄火青等挽留。向分局领导主动要求到地县工作,先后任热西地委副书记、分局工作巡视团团长。旋奉中央电示:由李运昌、欧阳钦、吕振羽三同志组成冀热辽救济分会领导小组。(参见《吕振羽全集》第 10 卷附录《吕振羽生平年谱》,人民出版社 2014 年版)

周扬继续任延安大学校长。6 月 2 日,在《解放日报》发表《关于政策与艺术——〈同志,你走错了路〉的序言》(重庆《新华日报》7 月 11 日转载),肯定《同志,你走错了路》“是一个优秀的具有深刻教育意义的政治剧本”,其价值在于第一次在艺术作品中反映我党和八路军的内部生活及思想斗争,处理党内反倾向斗争的重大主题。同时颂扬了民族气节,达到了艺术与政治思想、政策思想的结合。11 月中旬,党中央决定决定“延安大学”各学院(包括鲁艺)迁离延安,去东北新解放区继续办学,开展文艺运动。迁校队伍由延大校长周扬率领,沙可夫负责鲁艺部分。在他们离延安前夕,毛泽东、周恩来曾先后接见并作临别赠言。周恩来说:你们到一个地方必须生根开花,必须联系那里的群众,必须按照当地老百姓喜闻乐见的形式来进行艺术宣传工作,决不能硬搬延安的经验。毛泽东同志勉励说:你们去东北,那里形势紧张,是必争之地。现在还是敌强我弱。我们要集中优势兵力,歼灭敌人。你们这次去东北的任务是争取青年,办大学。你们这次去,冰天雪地,可能有害病的,还可能有牺牲的,遇到问题要分析。一个西瓜可以切为两半,一半叫困难,一半叫光明。刚才我说过东北是必争之地。事不宜迟,说走就走,我们的“飞机”就是两只腿。这支迁校队伍就这样肩负重任,奔上征程。但当行军途经河北怀来县时,因东北战场形势急转,去路被堵,当时中央电令延大整个迁校队伍,暂转张家口待命,这样就在那里与华北联大汇合。1946 年春,鲁艺奉命仍向东北进发,那时周扬已留华北联大任副校长。鲁艺的迁校队伍,由吕骥、张庚等带领。此后,“鲁迅艺术学院”在东北中央局领导下,又重新建立起来,先在佳木斯,后至沈阳。院长最初为萧军,后为吕骥。

按:鲁艺从 1938 年 3 月至 1945 年的七年半时间内,开办了文学系四届,戏剧、音乐、美术系各五届,培养学生 685 人,其中文学系 197 人,戏剧系 179 人,音乐系 192 人,美术系 147 人。先后举办短期的“普通班”“前干班”“地干班”“学习班”,学员甚多。各种专业教员有:周立波、何其芳、沙汀、艾青、肖军、陈荒煤、严文井、舒群、曹葆华、吕骥、贺绿汀、吴晓邦、张贞黻、向隅、马可、李元庆、麦新、周巍峙、李焕之、瞿维、唐荣枚、何士德、杜矢甲、孟波、张庚、王滨、田方、姚时晓、许珂、钟敬之、张水华、袁文殊、舒强、沙蒙、王大化、于敏、凌子风、牧虹、江丰、蔡若虹、王曼硕、王武廓、马达、胡一川、力群、张仃、胡蛮、古元、王朝闻、华君武、莫朴、彦涵、刘岘等五六十人,各专业的研究员和工作团员一百余人。(参见艾克恩编纂《延安文艺运动纪盛》,文化艺术出版社 1987 年版;孙国林编著,王佳钰、王增辉校订《延安文艺大事编年》,陕西师范大学出版总社 2016 年版)

丁玲时任陕甘宁边区文协副主任。1 月 13 日,参加延安群英会发奖典礼,西北战地服务团获团体奖。4 月,与柯仲平、林山、陈明等人组成“说书组”,采取“联系、团结、教育、改造民间说书艺人,启发、引导、帮助他仍编新书,学新书和修改新书,发挥他们自己的天才,鼓励他们自己创作”的正确方针,对边区说唱艺术的发展起了很大的推动作用。在他们帮助下,民间艺人韩起祥编了《刘巧团圆》《张玉兰参加选举会》等新书。7 月 1 日,主持中华全国文艺界抗敌协会延安分会扩大理事会,讨论当前文艺工作及推派代表参加筹备解放区人民代表会议事宜。到会30余人,新来延安的舞蹈家吴晓邦参加了会议。丁玲任大会主席,报告文抗过去及今后的工作问题。周恩来报告政治形势及召开解放区人民代表会议的意义。周扬、徐懋庸、沙可夫、艾青、塞克、萧三、陈学昭、吴印咸、柯仲平等发了言,会议肯定了文抗过去的工作,并选举丁玲、塞克、肖军、周扬、萧三等5人参加陕甘宁边区参议会常驻会及边区政府所发起的筹备会。26日,延安文抗分会在延大会议室举行理事全体会议,选举丁玲、周扬、贺绿汀、艾青、萧三、塞克、柯仲平、江丰、肖军等9人为常委,推丁玲为主任委员兼负责总务部,周扬负责研究部,萧三负责出版部。自上次举行扩大理事会后,扩充组织,登记新旧会员287人,并进行分区选举。选出周扬,艾思奇、沙可夫、丁玲、柯仲平、吕骥、艾青、萧三、张庚、贺绿汀、何其芳、马健翎、古元、塞克、刘志仁、徐懋庸、舒群、李伯钊、肖军、吴晓邦、江丰、罗烽、陈波儿、吴印咸、刘芝明等25人为理事,陈学昭、陈荒煤、张季纯、欧阳山、周巍峙、杨醉乡、王曼硕、蔡若虹等8人为候补理事。文抗召开新理事全体会议,丁玲主持讨论文抗今后工作,吴晓邦、艾青、肖军等先后发言。何其芳、艾青、陈学昭论及文艺刊物与人民结合问题。贺绿汀、艾青、周扬、丁玲都强调组织文艺工作者到前方去,到敌后解放区去。当场贺绿汀、艾青、塞克等声明愿到前方去。

　　丁玲7月出席陕甘宁边区参议会。8月15日,日寇无条件投降后,延安许多干部出发到各个解放区开展工作,文艺工作者也一齐出动。经中央办公厅批准,丁玲与杨朔、陈明等人组成延安文艺通迅团,准备步行去东北,沿途采写通讯报道。8月24日,延安文化界百余人在交际处举行欢送会,欢送即将上前线的两个文艺工作团。由文抗发起与鲁艺联合组织的延安文艺工作团共分两团:第一团由舒群率领,40余人,第二团由艾青率领,50余人。欢送会上,周恩来、彭真、边区政府林伯渠主席莅会讲话。边区文协副主任丁玲致开幕词,并代表文抗勉励去前方的同志坚持毛主席的文艺政策,为更广大的工农兵服务。在新环境中,尤其时刻和自己的小资产阶级的思想与习惯作斗争。边区政府林伯渠主席代表陕甘宁边区人民,对文艺工作者数年来的努力,表示感谢。中共中央组织部代理部长彭真指出,文艺工作者经过思想改造,使文艺普及工作有了很大的创造。以后还要把文艺普及到新解放区和全中国去。他要求:一、更应深入群众,准备到大城市的工厂、贫民区、矿山去。二、和当地干部结合,虚心当他们的小学生,先估计他们的工作成绩,然后批评缺点。三、反映当地群众的生活,而不是把延安的一套硬搬出去。周恩来同志勉励大家要贯彻毛主席的文艺政策和鲁迅方向,坚持文化统一战线政策。号召大家在新时期中更须长期埋头苦干,不求急于出名,不怕默默无闻。到了新地区,尤其防止骄傲,不要装出是从延安来的,要比现在更虚心,这样才能顺利地开展工作。28日,到延安机场送毛泽东主席赴重庆与国民党谈判。10月,丁玲与陈明等离开延安,向晋绥解放区进发。11月7日,抵晋绥解放区兴县。13日,在兴县写报告文学《阎日合流种种》,刊于12月8日《晋察冀日报》。同月,撰写报告文学《介绍俘虏学习队》,刊于11月18日《解放日报》。同月,从兴县经岢岚、五寨、神池、朔县、平鲁、右王、右云、阳高步行到天镇。年底,从天镇坐车抵晋察冀解放区张家口市,住《晋察冀日报》社。12月,因热河被国民党封锁,未能前往东北,留在张家口开展工作。(参见王周生《丁玲年谱》,上海社会科学院出版社1997年版;艾克恩编纂《延安文艺运动纪盛》,文化艺术出版社1987年版)

　　萧三时任陕甘宁边区文化协会常委。2月20日,在《解放日报》发表《第一步——从参加边区参议会及劳模大会归来》,说参加大会,使人苏醒过来,眼界大开,看到一些想象不到的东西。2月22日,毛泽东给萧三写信:"你的《第一步》(《第一步》是萧三参加陕甘宁边区参议会及劳模大会后写的一篇文章,主要谈文艺工作者深入工农兵问题),写得很好。你的态度,大不同于初到延安那几年了,文章诚实,恳切,生动有力。当然,从前你的文章也是好的,但是现在更好了,我读这些文章,很得益处。为着使延安文艺工作同志们多参加群众性的集会,须关照高岗、贾拓夫、谭政、罗迈、李富春、彭真几位同志,遇有这类会议不要忘记组织文艺同志们去参加。此事请你访他们去谈谈,我有机会也将告诉他们。今年全边区性的大会少开,但地方性的,延市、延安县和延属分区的,必有许多,同县、市、分区的负责同志及宣传部讲通此事,也很必要,可否也请你去谈一下?"3月9日,萧三在《解放日报》发表《悼A·托尔斯泰》,说"他的道路是中国作家的范例,他的言论也使中国人民兴奋"。8月6日,萧三在《解放日报》发表《学习七大路线——祭鲁迅六十五岁冥寿》。说通过学习党的"七大"文件,进一步认识到鲁迅的方向所以代表着中国文化的方向,"因为鲁迅有明确的阶级立场,无产阶级人民大众的立场"。七大路线正是要求我们象鲁迅那样,做一个立场坚定的革命者。10日,萧三在《解放日报》撰文《福音》。说苏联对日宣战是抗日战争的福音,全中国,全世界都将为此而沸腾,胜利即将来临。15日,萧三在《解放日报》发表诗《延安狂欢夜》,说:"人们举火炬,扭秧歌,喊口号。人们只是叫,只是跳,只是笑。""人们觉得自己的血在沸腾,人们想起八年来的痛苦和牺牲,才换得今天的狂欢和兴奋……"12月15日,萧三致函美国作家,对美军武装干涉中国内政,帮助国民党反动派进行反共反人民内战极表愤慨。呼吁美国人民起来,保卫和平,要求美国政府立即撤退驻华美军。(参见中共中央文献研究室编撰、逢先知主编《毛泽东年谱(1893—1949)》,人民出版社、中央文献出版社1993年版;艾克恩编纂《延安文艺运动纪盛》,文化艺术出版社1987年版;孙国林编著,王佳钰、王增辉校订《延安文艺大事编年》,陕西师范大学出版总社2016年版)

艾青1月13日出席陕甘宁边区群英大会举行的授奖典礼。边区政府民政厅厅长刘景范作总结报告《更加推广劳动英雄和模范工作者的运动》(《解放日报》1月24日全文登出)。中共中央宣传教育部副部长赵毅敏宣布:大会评判委员会评定特等、甲等和乙等三种奖。特等得8万元,甲等得5万元,乙等得3万元。文艺界获甲等奖者有16人:艾青、杨绍萱、吴印咸、李鹰航、齐燕铭、陈波儿、张云、李卜、古元、王大化、张水华、周巍峙、钟敬之、欧阳山尊、吴雪、汪东兴。获乙等奖者有19人:姚仲明、周而复、俞琴、裴玉昌、柯蓝、邵子南、韩冰、张婷懿、晏勇、史雷、黄俊耀、李高峰、董真、翟强、谢力鸣、尹文光、宋兴中、贺敬之、康志强。获团体奖者有西北战地服务团、中国民歌研究会、延安平剧研究院、枣园文工团、联政宣传队、关中报。

按:《甲等模范文化工作者——艾青同志》:艾青,男,三十五岁,浙江省金华县人,专门学校文化程度,作家。被选为甲等模范工作者的事迹:1.在整风以来,执行毛主席的文艺方向,于去年赴吴家枣园调查,写了《吴满有》的诗篇,并给吴满有朗诵,走向调查研究、为工农兵服务的新文艺方向。这首诗在艾青同志自己是一个转变,即由写小资产阶级而转变为写劳苦群众。这首诗在《新华日报》发表以后,影响许多大后方的青年向往延安,宣传了我党在边区的经济建设。2.他在去年自动地积极参加秧歌活动。中央党校秧歌队,由艾青领导,演出《牛永贵挂彩》《妇纺》《归队》《张兰英》等秧歌剧,都给观众以很大的教育(如文化沟二流子看剧后领纺车)。3.他写《秧歌剧形式》一文,总结了党校的秧歌活动,给秧歌以恰当的估计,提出若干正确的意见。现在这篇文章已印成小册子,并正在教育好多大众的文艺工作者。艾青同志也有他的缺点,如个人主义、个人英雄主义残余。如能改正,他更有远大的前途。——中共中央党校劳动英雄模范工作者选举总筹委会。(参见艾克恩编纂《延安文艺运动纪盛》,文化艺术出版社1987年版;孙国林编著,王佳钰、王增辉校订《延安文艺大事编年》,陕西师范大学出版总社2016年版)

艾青8月24日率华北文艺工作团第二团56人奔赴前线,延安文化界百余人在交际处举行欢送会,周恩来、彭真、林伯渠等出席并讲话。艾青领导的华北文艺工作团临行前合影,有艾青、严辰、贾克、马达、周巍峙、李振声、杜矢甲、吴晓邦、江丰、凌子风、边军、彦涵、莫朴、钟敬之、舒强、肖兵、肖逸、叶映、陈强、贺敬之、迪之、陈企霞、王朝闻、陈清章、程瑞樾、陈孟君、吴坚、李冰、周峰、吴劳、胡沙、孟于、熊焰、赵昔、逯斐、高维进、孙铮、王昆、胡斌等。该团在李德生部队掩护下,奉命于9月20日从延安出发,前往张家口。周恩来同志赶到鲁艺来为大家送行。第二文艺工作团经延长,过清涧,到绥德,继而到吴堡渡黄河,来到了新解放区。这次行军,历时50天,二千几百里路全是步行,平均日行60里,多时一天一百几十里。11月8日,艾青率领延安文艺界组织的华北文艺工作团一行经过50多天的长途行军,安抵张家口。晋察冀中央局宣传部、晋察冀日报社、新华社晋察冀分社、边区文联、军区抗敌剧社召开欢迎会。邓拓致欢迎词,认为这是边区8年来少有的一次文艺界的盛大集会。艾青代表华北文工团讲话:晋察冀边区的文艺工作,文艺与实际斗争结合,在全国范围内起了光荣的先进作用。这一次我们赶到这个斗争最尖锐、生活最丰富的晋察冀前线,马上就要和这里久经战斗的文艺工作同志在一起战斗了,希望在实际生活中来改造和锻炼自己。到达张家口不久,华北文艺工作团归并于华北联合大学,恢复文艺学院,内分文学、戏剧、美术、音乐、新闻五个系,一个舞蹈组,并设有文工团、文艺研究室、美术工厂。文艺学院院长沙可夫,艾青任副院长,同时兼授文艺理论与创作的课程。由华北联大校长成仿吾主编,出刊了大型综合刊物《北方文化》。艾青和丁玲、邓拓、萧三、杨献珍等都是这个半月刊的编委。(参见艾克恩编纂《延安文艺运动纪盛》,文化艺术出版社1987年版;孙国林编著,王佳钰、王增辉校订《延安文艺大事编年》,陕西师范大学出版总社2016年版)

贺敬之、丁毅执笔,鲁艺集体创作大型歌剧《白毛女》6月10日为党的第七次全国代表大会代表演出。该剧是由西北战地服务团邵子南从前方带回的河北民间传说故事作为题材的,并首先写出诗剧初稿。后由鲁艺集体创作,贺敬之、丁毅执笔。马可、张鲁、瞿维、焕之、向隅、陈紫、刘炽作曲。王大化、舒强、张水华导演。许珂舞台设计。演员有王昆、林白、张守维、邸力、赵起扬、李百万、陈强、李波、王家乙、韩冰、管林、林农、吴坚、杜德夫。毛泽东与全体中央委员和七大代表观看了演出,演出获得很大成功。当戏演到高潮,喜儿被救出山洞,后台唱出"旧社会把人逼成鬼,新社会把鬼变成人"的歌声时,毛泽东主席和其他中央领导一同起立鼓掌。由于《白毛女》在思想上的高度成就,使它成为解放区影响最大、最受欢迎的剧目。在引起了强烈反响的同时,也出现各种不同意见。7月17日,《解放日报》起开展关于《白毛女》的"书面座谈"。是日发表综合报道有的指出:此剧"演出时间之久,场次之多,在延安是罕见的","受到观众热烈的欢迎",特别在党的第七次代表大会之后演出,是"适时生动的阶级教育"。有的称赞它"赋予歌剧以浓厚的话剧成分""适当运用、改造并创作民间歌曲""中外乐器大规模配合伴奏"以及"舞台装置的简单而有特色""是突破既成形式的创造,是有建设性的创造,这创造,给我们增加了创作新歌剧的信心和勇气""开辟了创造新歌剧的道路"。也有的对歌剧提出一些修改意见:一、写农民向黄世仁斗争不够有力,颇为概念化。二、喜儿山洞生活(三场)和到娘娘庙取食(二场)太多了。占全剧6幕18场的四分之一。三、戏里的农民都写得软弱、无知、落后。四、开明绅士的出现太突然,是作者硬加进去的。希望剧作者进一步了解新农村，把戏改得更好。（参见艾克恩编纂《延安文艺运动纪盛》，文化艺术出版社 1987 年版）

季纯 7 月 21 日在《解放日报》发表"书面座谈"文章《〈白毛女〉的时代性》。除肯定该剧的教育意义和表演、音乐、置景方面的成就外，还尖锐指出时代描写不真实的问题。一、女大要嫁。17 岁的喜儿，或留家赘婿，或离家找人，不能像杨白劳那样臆想："喜儿是我的命根子，父女俩死也不能离。"在那样的时代，一个农民是否会因爱女而发生悲剧呢？二、封建地主的最大利益是土地和地租，黄世仁为什么放弃了这点而搞一个"女子小人"的小问题呢？这是避重就轻。三、过年趋吉避凶、问喜道贺的日子，少东家和黄母何必在这时讨一个刚死去父亲、正在披麻戴孝的喜儿当丫头呢？地主是不会不忌讳的。四、喜儿怀孕 7 个月，黄世仁筹办婚事，全家沸腾，喜儿怎么蒙在鼓里，并抱有成亲幻想？五、杨白劳身负重债，不应苦中寻乐，给女儿兴奋地扎红头绳。在女儿未抢走前，杨白劳自己先做了弱者，走了绝路。他的报复心不是向黄世仁而是向自己，有些勉强。（参见艾克恩编纂《延安文艺运动纪盛》，文化艺术出版社 1987 年版）

解清（黎辛）8 月 1 日在《解放日报》发表评论《谈谈批评的方法——读〈"白毛女"的时代性〉》。文章针对季纯的批评给以反批评，说季纯的文章没有认识到人民群众喜爱《白毛女》的真正原因，认为季纯的意见带有主观的公式的倾向，而且批评的立场和态度也是不可取的。文章指出《白毛女》确实不是十全十美的，但我们应该本着肯定优点、促其进步的态度去批评。《白毛女》上演之后，有的观众说："我含着眼泪若干年了，看了《白毛女》我哭了一整夜，它刺痛了我的旧创痕。"有人说："真是巧，戏演的就跟我家过去的遭遇一个样样。"大家表示："借着它的光和热""将不疲倦地勤奋学习和工作，誓为白毛女及一切被剥削被压迫者复仇！"看看季纯的批评和观众的反映多么的不同。（参见艾克恩编纂《延安文艺运动纪盛》，文化艺术出版社 1987 年版）

夏静 8 月 2 日在《解放日报》"书面座谈"发表《〈白毛女〉的演出效果》一文，说该剧的成功，在于它有生活，通过合理的生动的形象，使你感到剥削的罪恶和封建统治的黑暗。主题明确，爱谁，恨谁，同情谁，非常清楚。看后令人感动。全剧在音乐效果和气氛方面还可进一步改进。（参见艾克恩编纂《延安文艺运动纪盛》，文化艺术出版社 1987 年版）

唱泉 8 月 2 日在《解放日报》"书面座谈"发表的《〈白毛女〉观后感》中说："我是一个一贯生活在大都市里的青年学生，现在在经济部门工作，《白毛女》深深教育和感动了我，启发了我的阶级意识和阶级仇恨。"文章认为《白毛女》的歌与剧结合得"非常自然而和谐"，并借用电影手法，使场景"变换迅速"，效果甚好。（参见艾克恩编纂《延安文艺运动纪盛》，文化艺术出版社 1987 年版）

陈陇 8 月 2 日在《解放日报》"书面座谈"发表《生活与偏爱——关于〈白毛女〉》，认为《白毛女》是相当成功的剧作。美中不足的是该剧内容有些拘于"传说"的形式，整个戏前紧后松，前三场和后三场有些不调和，不匀称，前边细致形象，后面概念空泛。（参见艾克恩编纂《延安文艺运动纪盛》，文化艺术出版社 1987 年版）

孙犁 5 月 15 日在《解放日报》发表小说《荷花淀——白洋淀记事之一》。6 月 4 日，《解放日报》在"读者往来"栏目中登出一读者意见《我们要求文艺批评》。说 5 月 15 日登出孙犁的《荷花淀》之后，有人认为是充满健康乐观的情绪，写出了斗争中的新人物、新生活、新性格。有人说是"充满小资产阶级情绪"，缺少敌后战斗的气氛。这很难理解。究竟是新人物新性格呢，还是小资产阶级感情呢？希望延安从事文艺理论、文艺批评的同志加以分析研究,公开讨论,以帮助读者正确理解作品,帮助作者掌握创作方向。6月2日,孙犁在重庆《新华日报》登出解放区生活报道《白洋淀边一次小斗争》。(参见艾克恩编纂《延安文艺运动纪盛》,文化艺术出版社1987年版)

力群、王朝闻、古元、江丰、彦涵、祜曼(胡蛮)等鲁艺美术研究室教师4月12日在《解放日报》发表研究文章《关于新的年画利用神像格式问题》,对3月22日《解放日报》提出的"关于年画利用灶爷形式"问题进行讨论,"认为利用旧年画形式有一定的限制,决不是所有的旧年画形式都可以利用"。例如旧年画中除灶爷财神之外的门神、钟馗、麒麟送子等,"很难装进新内容","实不易开拓出什么前途","某些旧年画形式固然可以利用,但我们更应该大胆的吸取旧年画的优点创造新年画,这是一定更有前途的"。(参见艾克恩编纂《延安文艺运动纪盛》,文化艺术出版社1987年版)

王朝闻5月18日在《解放日报》发表《年画的内容与形式》,认为"年画宜描绘能够引起愉快感情的生活、可纪念的英雄、胜利的斗争故事等",情节要丰富,要有适于歌颂的形象和色调,适应群众的欣赏习惯和接受能力。同日,张望、罗工柳也在《解放日报》"读者往来"中发表了对年画创作的看法。张望说:延安印的《门神》《丰衣足食图》《平型关大战》最受欢迎。定边印的《纺织图》《全家福》销路最好。问题是《全家福》也有被误认为灶爷的,因为表现手法不好,画面暗淡,面目不清。应多印一些《丰衣足食》《讲究卫生》的新年画。罗工柳说:在关中分区最受欢迎的是《平型关大战》。新式灶爷《全家福》影响很大,老百姓误认为"公家灶爷""边区灶爷",并说公家把灶神当二流子了,"边区不提倡迷信,你们为啥卖灶爷?"(参见艾克恩编纂《延安文艺运动纪盛》,文化艺术出版社1987年版)

方纪6月18日在《解放日报》发表《生活指示着它的未来——读书散记之一》,指出文艺描写工农不应该反对理想,不应该反对对于美的生活的向往,因为被压迫人民的生活中包含着理想,因此才有斗争和前进的力量。(参见艾克恩编纂《延安文艺运动纪盛》,文化艺术出版社1987年版)

林默涵7月25日在《群众》杂志第10卷第14期上发表《论个性的解放与发展》。12月12日,林默涵在重庆《新华日报》发表《写什么》:"写什么呢? 我的答案是:写广大人民所最需要的东西,也就是写广大人民的斗争最有意义的东西。这样的东西,如果你熟悉它,当然是最好了;如果你不熟悉它,就应当努力去熟悉。"(参见艾克恩编纂《延安文艺运动纪盛》,文化艺术出版社1987年版)

辛可、明坦、肖肃、施展撰文、石鲁插图的文章《"新洋片"在农村》刊于7月28日《解放日报》。文中介绍"新洋片"是一种美术与文学、音乐相结合的综合艺术,通过农村宣传活动,证明它是向广大农民进行宣传的好形式。(参见艾克恩编纂《延安文艺运动纪盛》,文化艺术出版社1987年版)

何思敬8月14日撰文《在狂欢中想》:想到苏联人民和军队的伟大援助;要警惕日本帝国主义的野心未死;还要想到今后建立一个庄严雄伟的民主共和国的伟大任务。(参见艾克恩编纂《延安文艺运动纪盛》,文化艺术出版社1987年版)

陈荒煤带领葛洛、赵起扬、胡征、朱平康、陈因、计桂森等8月21日出发去山西太岳地区。抗日战争胜利后,鲁艺学员分头奔赴各地接受新任务。此为首批鲁艺学员。(参见艾克恩编纂《延安文艺运动纪盛》,文化艺术出版社1987年版)

陈涌8月23日在《解放日报》撰写杂感《回想与幻想》。回忆抗战胜利的艰辛,提醒人们丢掉幻想,为幸福未来继续努力。10月9日,陈涌在《解放日报》发表《我们还要洗脸》,指出到新的地方工作，我们很容易发生另外种种复杂的思想，如掺杂个人打算，到大城市去享福。应该是走到死也要坚持为人民服务。10月19日，陈涌在《解放日报》发表《革命要有韧性——纪念鲁迅先生逝世九周年》。（参见艾克恩编纂《延安文艺运动纪盛》，文化艺术出版社1987年版）

何其芳的论文集《星火集》9月14日由重庆群艺出版社印刷。该书收有作者1937年以后的全部论文，写出他作为一个革命知识分子，在改造自己的个人主义思想与人民大众结为一体过程中的真实状况。10月12日，何其芳在《新华日报》上发表《〈清明前后〉的现实意义》，说《清明前后》是茅盾的一部力作，因它有着尖锐又丰富的现实意义。这个剧本毫不含糊地提出问题，说明问题，更告诉我们一个创作家需要有明确的立场和观点。没有人民大众的立场，没有科学的观点，我们无法使我们的艺术与真理相结合。"19日，何其芳在重庆《新华日报》连载长文《回忆延安》。此文帮助了大后方人民从各个方面了解延安，形成一个完整、鲜活的印象。后来集成一册出版，受到读者热烈欢迎。（参见艾克恩编纂《延安文艺运动纪盛》，文化艺术出版社1987年版；孙国林编著，王佳钰、王增辉校订《延安文艺大事编年》，陕西师范大学出版总社2016年版；唐金海、刘长鼎主编《茅盾年谱》，山西高校联合出版社1996年版）

任桂林9月8日在《解放日报》发表戏剧评论《从〈三打祝家庄〉的创作谈到平剧改造问题》。作者以自己创作《三打祝家庄》的经验，总结平剧改造的几个问题，认为改造平剧首先要改造平剧工作者，其次是演技、音乐等方面的改革。（参见艾克恩编纂《延安文艺运动纪盛》，文化艺术出版社1987年版）

李纶10月2日在《解放日报》发表《谈历史剧的创作》。该报编者说："这篇文章是作者根据创作《三打祝家庄》的实际经验写的，可供从事于戏剧工作的同志们参考。其中有些论点还可继续研究与讨论。"李纶认为：一、拿现实生活来了解历史和充实历史是可以的，而且是必要的。但又不是以现实生活去代替、冒充历史生活。二、历史剧必须写出历史阶段的特征。有人说《三打祝家庄》"没有新术语，这是一个优点"，也"找不出不象历史的地方"。写出历史特征才能做到这一点。三、历史剧是戏剧，是艺术，又是向人作宣传的。它既不能为了现实斗争而驱使古人，改变历史，又能够对现实斗争起作用，真正使反映历史生活与服务政治统一起来。（参见艾克恩编纂《延安文艺运动纪盛》，文化艺术出版社1987年版）

冯牧10月8日在《解放日报》发表《谈"生根开花"》，强调知识分子必须和群众结合，在他们中间生根开花。（参见艾克恩编纂《延安文艺运动纪盛》，文化艺术出版社1987年版）

柯蓝10月25日在《解放日报》发表长文《关于通俗谜语》，包括：一、群众欢迎通俗谜语；二、旧的通俗谜语的特点；三、向旧通俗谜语学习些什么；四、编写新通俗谜语。同时刊登该报陈涌的短论《关于民间文艺》，说今天发表柯蓝的一篇《关于通俗谜语》，是边区群众报社关于通俗谜语的总结。作者在这里介绍通俗谜语的特点，提出了我们应该学习的地方，希望做文艺工作的同志注意。毛主席教导我们要研究群众的创作，注意老百姓的"萌芽状态的文艺"，帮助它，扶植它，向它学习。要这样做，必须要有"眼睛向下"的精神。（参见艾克恩编纂《延安文艺运动纪盛》，文化艺术出版社1987年版）

陈学昭12月13日撰文《告别延安——让我永远学习毛主席的思想》，说她1938年8月到延安，住了7年，看到延安创造了"不可思议的奇迹"。"别了，延安！别了，陕甘宁边区，勇敢、勤劳、朴素的人民！你所教给我的东西是这样多，这样珍贵。让我永远学习毛主席的思想方法，群众观点，学习他在文艺座谈会上的讲话的精神，为人民服务，为工农兵、为广大的人民服务的精神。"（参见艾克恩编纂《延安文艺运动纪盛》，文化艺术出版社1987年版）

蔡若虹8月18日作漫画《新中国的基石》,绘画显示毛主席的《论联合政府》是战胜敌人、建立新中国的强大基石。(参见艾克恩编纂《延安文艺运动纪盛》,文化艺术出版社1987年版)

成仿吾继续任晋察冀边区参议会议长。4月23日至6月11日,在延安参加党的第七次代表大会。6月26日,中国解放区人民代表会议筹委会在延安召开,成仿吾与朱良才、陈凤桐、沙可夫等9人被选为出席筹委会的晋察冀代表。8月,毛泽东同志征询成仿吾意见:"仿吾同志,你以后搞什么工作?搞政权还是搞教育?"热爱教育事业的成仿吾毫不犹豫地回答:"我还是做教育工作好。"约10月,从延安出发,返回晋察冀边区。9月中旬,华北联大迁入张家口,校部设东安大街。平、津学生纷纷至张家口报考。11月8日,延安文艺界组织的华北文艺工作团一行49人,由艾青带队,到达张家口并入"联大"。艾青担任华北联大文艺学院副院长,并担任文艺理论、文艺思潮等课的讲授。12月,成仿吾全家抵张家口。华北联大全校师生举行欢迎会。成仿吾在讲话中,再一次申明他对教育事业的热爱。此时,仍继续担任边区参议会议长。同月15日,由延安赴张家口工作的成仿吾、萧三、艾青、钟敬之、马达、舒强、彦涵、厂民(严辰)、杜矢甲、凌子风、王朝闻等数十人,联名致电重庆反内战联合会及郭沫若、老舍、洪深等先生,响应重庆等地的反内战运动。呼吁全国文化界团结起来,争取彻底的思想、言论、创作、出版、演出等自由,为人民大众的新文化服务。(参见张傲卉、宋彬玉《成仿吾年谱》,《东北师大学报》1985年第5期;艾克恩编纂《延安文艺运动纪盛》,文化艺术出版社1987年版)

蓝公武父子3人继续被关进设在沙滩北大红楼的日本特务总部的地下室里。因为宣传抗日,蓝公武曾七进日本宪兵队,但始终坚贞不屈,每次出狱都不改初衷,继续从事抗日宣传。他多次对学生讲:"进了宪兵队,千万不要屈服,要和他们进行斗争。"他又说:"我会说日本话,但在外边我就是不说。只有在敌人宪兵队里,我用日本话向他们讲日本必败。敌人劝我不要讲,我问他们:'你们日本人爱日本不爱?既然许你们日本人爱日本,就许我中国人爱中国!我要讲下去。'敌人对我没办法。"8月,抗日战争胜利前夕,蓝公武一家摆脱了敌人的监视,进入晋察冀边区。蓝公武的儿子蓝英年回忆说,当时,一家人从北平乘火车到了定县,便有一群晋察冀边区城工部的干部备了马车在等候着。他觉得:"把父亲接到晋察冀边区不可能是城工部的意思,甚至也不是晋察冀中央局的主意,很可能是毛泽东的决定。因为父亲到晋察冀边区后,立即担任要职。"(参见覃仕勇《隐忍与抗争:抗战中的北平文化界》,北京时代华文书局2015年版)

胡适继续居留美国。1月7日,郑天挺致信胡适,说"赵、戴《水经注》公案"。2月7日,翁文灏致信,详述中基会终获维持的前后经过。10日,时在美国的罗常培致信胡适,谈北大复校仍应以发展文史为主。3月27日,国民政府发表中国参加旧金山联合国大会代表名单,胡适为代表之一。4月10日,在哈佛大学的安宅佛教堂讲《中国人思想中的不朽观念》。25日,出席旧金山联合国制宪会议。会议制定的《联合国宪章》,因有安理会常任理事国享有否决权的规定,胡适拒绝在宪章上签字。会间曾与中共代表董必武就战后政治问题有所辩论。胡适要求共产党放弃武力,从事单纯政党活动,受到董必武的反驳。30日,陶希圣致信胡适,谈他对中国今后政局的观察,主眼在"反共"。5月4日,翁文灏致胡适长信,谈中基会今后的工作。信中说,中基会负有提倡文化及发展中美合作的任务。但资金有限,故目前方针应是"尽量减少分散补助而努力集中扼要的提倡"。他将中基会援助的文化机关分为三类,一为大学,二为图书馆,三为科学研究机关。均应确定重点,加以扶持。发展国际合作亦是中基会应予注重的工作。为开展中基会的各项工作,现存资金不足,应从早向美国热心援华的方面洽商资助,希望胡适积极从事。5月12日,丁声树致信胡适,告以沈兼士的住址,并称沈兼士正谋印书事。又说因二月间谈《水经注》案新著时,曾谈及有意寄回国印。故在给沈兼士信上顺便说及,并略述重要结论。沈兼士素重戴学,必高兴知道此事。

胡适6—7月作《海外读书笔记》。6月19日,胡颂平致信胡适,告以联教组织召集的国际大学会议定于8月在荷兰举行,已电邀胡适前往演说。该会共请3人:法国哲学家Maritain,代表欧洲文化,哈佛大学校长Conant,代表美洲文化;胡适则作为亚洲文化之代表。7月2日,教育部长朱家骅又电告此事,问是否能够前往参加。9日,钱端升自重庆写信,希望胡适"集中精力写《中国思想史》英文本,写好即返国","至于应否参政,则应俟兄返国观察后再自决定"。29日,朱家骅致信胡适,告称政府决聘胡适为今年8月29日至9月6日在伦敦举行的世界青年大会的赞助人之一。8月1日,周鲠生致信胡适,说蒋梦麟要到行政院,须免去校长职务,"此间北大朋友以为复兴北大,非兄莫属"。10日,王重民致信胡适说:"今早奉到挂号寄来的论《水经》全稿,凡三夹册,一气读完。……百五十年来的一个谜,今被先生猜破了。"21日,朱家骅电胡适、蒋廷黻、赵元任,请他们在美策动募捐以助国内大学复校。24日,发电给毛泽东(请王世杰转),要求中国共产党放弃武力,做和平的第二大党。

按:电中说:"顷见报载傅孟真兄转达吾兄问候胡适之之语,感念旧好,不胜驰念。前夜与董必武兄深谈,弟恳切陈述鄙见,以为中共领袖诸公今日宜审察世界形势,爱惜中国前途,努力忘却过去,瞻望将来,痛下决心,放弃武力,准备为中国建立一个不靠武装的第二大政党。公等若能有此决心,则国内十八年纠纷一朝解决,而公等廿余年之努力皆可不致因内战而完全消灭。试看美国开国之初,节福生十余年和平奋斗,其手创之民主党遂于第四届选举取得政权。又看英国工党五十年前仅得四万四千票,而和平奋斗之结果,今年得千二百万票,成为绝大多数党。此两事皆足供深思。中共今日已成第二大党,若能持之以耐心毅力,将来和平发展,前途未可限量。万不可以小不忍而自致毁灭。"中国共产党当然不可能接受胡适的建议。

胡适接8月30日教育部长朱家骅电告,世界教育会议(即后来的联合国教科文组织)于11月1日在伦敦开会,推胡适为中国出席代表之一。9月1日,罗敦伟致信胡适说:"半年来若干名流学者、大学教授以及新兴产业界人士,有中国民主党之酝酿。"希望胡适出而领导并代拟党纲。又说,只要胡适允任领导,"即可获致五百人以上知名之士发起,经常费绝无问题。伟亦已面告蒋主席,原则上亦颇首肯"。9月3日,朱家骅致电胡适,已推定胡适为北京大学校长,返国前,由傅斯年代理校务。同日,胡适有电致朱家骅,推辞出席世界教育会议代表事,但表示反对李石曾等人充代表。5日,傅斯年为此特电告,李石曾等正在活动,劝胡适不要推辞。9月6日,任命胡适为北大校长的令文正式发布。9月10日,致电朱家骅、蒋梦麟、傅斯年,告"世界教育会议,当勉强遵命参加。民国二十年以后,北大复兴,孟邻(即蒋梦麟)兄领导之苦心伟绩,弟所深知。北大复员,仍不可无孟邻兄之领导。曾于上月托张仲述带信与北大同仁,恳切陈述此意。孟邻兄为政府征调,只是暂局。孟真兄肯扶病暂代,最可感幸。将来弟归国,若不得已,亦愿与孟真分劳,暂代一时,以待孟邻兄之归。此意至诚恳,乞亮察。并乞转陈主席与咏霓兄,并恳转致北大同仁"。电中顺告:"拟明年二月海道归国。"13日,蒋介石致电胡适称:"北大复员事宜亟待兄筹洽商,望兄早日回国主持校务,并图良晤。"10月2日,朱家骅通知胡适,教育部国语推行委员会聘其为委员。10日,国民政府明令给胡适等7人颁发"胜利勋章"。此勋章至1946年10月,始由教育部函寄给胡适。同月,作《1911—1912年的中国革命》。11月1—16日,作为中国代表团首席代表在伦敦出席联合国教科文组织会议,参与制定该组织的宪章。会议期间,胡适提议于1949年纪念孔子诞生2500周年。胡适在伦敦期间,曾往牛津大学接受名誉博士学位。29日,朱家骅颁给故宫博物院第六届理事会理事聘书。12月,作《跋葛斯德藏书库藏的岑氏惧盈斋钞四库本赵一清〈水经注释〉》《跋章寿康刻本赵一清〈水经注释〉》。(参见耿云志编《胡适年谱》,福建教育出版社2012年版;耿云志编《中国近代思想家文库·胡适卷》及附录《胡适年谱简编》,中国人民大学出版社2014年版)

赵元任继续在哈佛大学工作。1—6月,讲授粤语课并继续编著Cuntonese Primer(奥语入门),10月交初稿。2—3月,胡适、萨本栋、蒋梦麟、周鲠生、周培源、钱端升等先后访哈佛大学,都来赵元任家做客。这时第二次世界大战已接近尾声,大家经常聚在一起议论局势。3月20日,武汉大学校友在赵元任家聚餐,祝贺周鲠生校长生日。4月11日,从无线电里听到美国罗斯福总统去世的消息,感到很震惊。24日,哈佛大学消费合作社(Harvard Coop)上午开门时,赵元任夫妇买了一本赵杨步伟著《中国食谱》,这天可以说是该书的波士顿发行日。5月7日下午,听到德国投降的号外。8日,用录音机灌下美国杜鲁门总统和英国首相丘吉尔宣布德国投降的公告。6月1日,赵元任夫妇结婚24周年纪念。晚上孩子们以24支蜡烛装饰晚餐,表示祝贺。6月,赵元任夫人开始撰写自传,赵元任跟着将夫人自传手稿,由中文翻译成英文。赛珍珠(Pearl Buck)和她丈夫Richard J. Walsh对这本自传很有兴趣,并愿再次由John Day公司出版(FOC)。6月17日,胡适在哈佛大学的讲学结束,赵元任开车送他到火车站。接着老朋友陶孟和来剑桥元任家小住。

赵元任7月接受哈佛大学最后一次聘请(1945年7月1日始,为期一年)。赵元任提出期满辞职并推荐李方桂接替他的工作。本年在哈佛大学的主要工作有:与杨联陞合作编写一本汉英口语小字典,称《国语字典》,7月交初稿。这本字典大部分的释义、方言读音、序言和附录为元任所作。8月暑假期间,赵元任一家和老朋友陶孟和开车到Vermont佛蒙特州老同学Robert King的村舍度假,继续翻译夫人的自传。8月8日,无线电新闻报道美国在日本投下第一颗原子弹,赵元任认为这是一件大事,给《纽约时报》读者来信栏写信。赵元任反复阅读了两本关于原子能的书:(1)H. D. Smyth著Report on Atomic Energy;(2)G. G. Hawley &. S. W. Leifson著Atomic Energy in War and Peace。8月10日,开始听到日本求和的消息。为了及时收听日本投降的新闻,家中的无线电24小时开着。8月11日,新闻报道盟国向日本提出的条件。8月12日晚上9点多,听到美国NBC台报道杜鲁门总统说日本接受投降。听到消息后,六个人激动的抓起King家牝牛颈铃使劲摇,并狂热地呼喊。没过一分钟无线电又广播:"别急,没有什么投降,……战争在继续。"大家停下来等到深夜,没有任何消息。8月13日,又等了一天。8月14日,胜利之日终于等到了,赵元任先听加拿大台,7点刚过就听到Atlee总理宣布日本投降,再调回美国台时杜鲁门总统已经宣布过了,只听到群众狂热的庆贺声。9月,假期满,胡适全家返回剑桥。

赵元任10月16日在哈佛大学Interscientific Group讲"Symbology and the Chinese Language"(符号学与中国语言)。10月27日至11月21日,赵元任和胡适赴英国伦敦出席联合国教科文组织的筹备会。先是9月教育部朱家骅部长来电聘请赵元任为中国代表团成员,胡适为中国代表团首席代表。10月27日,胡适与赵元任同机从纽约飞往伦敦。在四十年代客机不多也不大,他们乘坐的飞机能容40人,实际上旅客只有17人。这是赵元任第一次乘客机渡大西洋,日记中详细记载了飞行细节。28 日下午 2 点,抵达英国南海岸,又继续飞往 Hurn,改乘火车到伦敦。中国代表团其他成员已到伦敦,胡适住 Claridges Hotel,赵元任和罗家伦住 Park Lane Hotel,陈通伯任中国代表团秘书。赵元任和胡适到伦敦的第二天,中国代表团即开始活动,陈通伯汇报会议筹备经过,大家讨论胡适代表中国的发言稿。在顾维钧带领下代表团拜会了英国的 Wilkinson 小姐等。11 月 1 日,联合国教育文化组织会议在英国的土木工程学院正式开幕,挪威的 Sommerfield 任临时主席。大会选举英国的 Helen Wilkinson 小姐为主席,Atlee 总理和大会副主席相继发言。胡适当选为会议副主席。2 日,胡适在大会发言,该发言被评为当天发言最好的两三个发言之一。5 日,会议进入分组阶段,共分 5 个专门委员会。赵元任被分配到第一专门委员会,负责讨论组织的名称和导言(preamble),胡适到第二专门委员会,参加讨论组织问题。加拿大的 Wallace 被选为第一专委会的主席。6 日,第一专委会开始讨论组织的目标和任务,准备导言。

赵元任 11 月 8 日被分到起草委员会,被推选为主席,委员会其他成员包括保加利亚、法国、希腊、英国、墨西哥、荷兰的代表。会议用英文和法文两种语言直接讨论,不经翻译。接着几天都是参加起草委员会会议。14—15 日,大会通过了导言和组织的整个宪章。16 日,历时 16 天的 UNESCO 筹备会闭幕。在伦敦的 24 天,赵元任除了参加会议外,还安排了参观和访友。两次看望正在英国治疗视网膜脱落的陈寅恪,看望中国原子物理学家钱三强、清华大学教授叶公超等。拜访英国语言界的一些学者,包括老相识 University College 语音学家 Daniel Jones 教授。由于战争的破坏,Jones 教授当时只能挤在一间很小的房子里。元任两次访问 Walter Simon 教授,讨论国语罗马字,观摩 Simon 的几堂课,其中两堂粤语课。离英国之前,赵元任与代表们访问了牛津大学。21 日,赵元任与胡适同机飞回纽约,24 日回到家。31 日,赵元任夫妇到纽约参加美国语言学会学术讨论会,赵元任作为学会主席发言,宣读论文"The Logical Structure of Chinese Words"。(参见赵新那、黄培云编《赵元任年谱》,商务印书馆 1998 年版)

林语堂所撰《日本俘虏访问记》1 月 1 日刊于《时与潮》第 22 卷第 6 期。26 日,旅美印度联盟在纽约康莫德瑞酒店举办晚宴以庆祝印度独立日。赛珍珠主持晚宴,林语堂应邀发表演讲。当时赛珍珠与林语堂同为旅美印度联盟名誉主席。同月,所撰英文文章"Ancient Chengtu: City of Teahouse Culture"(《古代成都:茶馆文化之城》)刊于《亚细亚杂志》第 45 卷第 1 期;所撰英文文章"The Civil War in China"(《中国内战》)刊于《美国信使》(The American Mercury)第 60 卷第 253 期;所著并自译的《啼笑皆非》由商务印书馆初版。3 月 9 日,《美亚》第 9 卷第 5 期刊登了"China's 'Scholarly Press Agent': Lin Yutang's New Role"(《中国的"学术型新闻代言人":林语堂的新角色》)一文。24 日,所撰英文文章"China and Its Critics"(《中国及其批评者》)载《民族》第 160 卷(第 324—327 页)。该文是对埃德加·斯诺在 1945 年 2 月 17 日的《民族》上发表的"China to Lin Yutang"(《林语堂眼中的中国》)一文的回应,后作为附录之一载林语堂著、威廉·海涅曼公司于 1946 年在英国伦敦、加拿大多伦多与澳大利亚墨尔本出版的 The Vigil of a Nation(自附中文书名《枕戈待旦》)一书。31 日,埃德加·斯诺又在《民族》上发表了"China to Lin Yutang Ⅱ"(《林语堂眼中的中国(二)》)一文。

林语堂所撰英文文章"Conflict in China Analyzed"(《中国内战分析》)刊于 7 月 18 日《远东调查》第 14 卷第 14 期。此文是对 7 月 4 日的《远东调查》第 14 卷第 12 期所载迈克尔·林赛所撰"Conflict in North China:1937—1943"(《北中国的冲突:1937—1943》)的回应。后改题为"Origin and Pattern of the Civil War"(《内战的根源与模式》),作为附录之一收入林语堂著,威廉·海涅曼公司于 1946 年在英国伦敦、加拿大多伦多与澳大利亚墨尔本出版的 The Vigil of a Nation(自附中文书名《枕戈待旦》)。10 月 1 日,所撰《中国人生哲学的可爱》载《新世界》第 1 期。是年,埃内斯特·拉特诺(Ernest Rathenau)摄影、霍斯特(Horst)编辑的 Orientals:People from India,Malaya,Bali,China(《东方人:印度人、马来亚人、巴厘人与中国人》)一书由美国纽约的 J.J.奥古斯汀出版社出版。该书从孔子、孟子、老舍、林语堂、泰戈尔、赛珍珠等中西名家的著述中选录了不少文字片断。(参见郑锦怀《林语堂学术年谱》,厦门大学出版社 2018 年版)

　　蒋梦麟 1 月 6—17 日率中国代表团出席在美国弗吉尼亚州温泉城举行的太平洋学会第九次会议。代表团成员有张君劢、邵毓麟等。会议的中心议题就是战后日本的处置问题。与会者在战后日本解除武装、领土变更及赔偿问题上的看法大体一致。具体而言,各方达成一致之点有:(一)日本必须解除武装。日本现有的军事力量及军事工厂必须摧毁,日本的征兵制度、宪兵和秘密警察必须废除,并且这些措施必须在盟军占领的最初阶段实施。(二)严格执行开罗会议决定,不仅剥夺日本所辖之台湾、朝鲜及其委任统治岛屿,而且琉球、千岛等地也须剥夺以作盟军之海空军战略基地。(三)朝鲜必须独立。一个独立的自由的朝鲜有助于维护整个地区的稳定。但在朝鲜完全独立之前,朝鲜由盟军占领。(四)日本必须为它的侵略行为所造成的损失给予赔偿。赔偿的大部分由光复后的土地上的日本财产充当。但当会议讨论到天皇的处置与日本民主政治改革的方案及战后日本经济恢复之程度等问题时,与会者出现了分歧。关于日本工商业之地位及日本经济恢复之程度,会上也出现了两种相反的意见。而且在这两种不同的意见中,中国与英、美处于对立的地位。中国代表团团长蒋梦麟把中国的立场概括为三条:一是完全彻底地打败日本;二是太平洋各国相互信任与合作;三是迅速把中国建成一个民主的工业化国家。总之,中国不希望看到日本在战后迅速恢复起来,但英美出于全球战略的考虑决定在战后扶持日本。

　　按:这其中最重要的因素,就是英美对战后共产主义发展的估计。1944 年底,美国军方的一份调查报告认为,中国共产主义运动是国际共产主义运动的一部分,中国共产党在它的整个历史时期都忠诚地支持并遵循苏联的政策。其中最重要的结论有:1.中国共产党的民主是苏维埃的民主,而不是"英美意义上的民主";2.中国共产主义运动是国际共产主义运动的一部分,由莫斯科发起并领导;3.苏俄计划在满洲、朝鲜和华北制造由俄国人主导的地区;4.如果没有满洲和华北的自然资源,强大稳定的中国就不可能存在;5.为了阻止满洲和华北脱离中国,中国就不能像欧洲那样分为英美军事行动区和苏联军事行动区。这样,美国从对抗苏联在远东的影响的目的出发,主张战胜日本后把满洲归还中国,以帮助中国获得完全的独立和统一。也正是因为这一点,美国最终决定保留日本的天皇,并帮助日本迅速恢复经济,以防止共产主义的扩张和日本国内可能出现的革命浪潮。这样中国所希望的战后彻底打败日本并使中国迅速强大起来的愿望再度落空。(参见欧阳军喜《抗战前后中国知识分子对日外交立场之演变——以中国太平洋国际学会为例》,《史学月刊》2005 年第 10 期)

　　王宠惠 4 月代表中国出席在美国召开的《联合国宪章》制宪会议。王宠惠与首席代表宋子文,顾问施肇基,代表顾维钧、魏道明、吴贻芳、李璜、张君劢、董必武、胡霖 7 人出席旧金山联合国大会。同月 25 日,"联合国国际组织会议"在美国旧金山开幕,包括中国在内的50 个国家的 282 名代表出席大会。6 月 25 日,与会代表一致通过了《联合国宪章》。26 日举行签字仪式。中国代表第一个在《宪章》的中、法、俄、英、西 5 种联合国正式语言文件上签字。随后是法、苏、英、美4国代表依次签字,然后才是与会的其他45个国家,后又有波兰补签。在中、法、苏、英、美及其他多数签字国批准宪章后,同年10月24日宪章开始生效,联合国正式成立,取代先前的国际联盟。签字的51个国家成为联合国创始会员国。王宠惠在联合国成立会上对战后世界集体安全的策划、联合国安理会实施办法、中国国家权益的维护等多有建设性建议,且多被采纳。他提出的世界和平与安全之维系应特别尊重正义原则与国际公法原则的建议,被列为联合国宪章第一章宗旨及原则之第一条;提出的国际法规之整理编纂应随时依国际形势局势之发展而研究施行、未来国际法庭组织应以过去在海牙国际法庭组织为蓝本的建议,交由他主持的法学专家委员会会议讨论,获得委员会赞成,后联合国大会在此基础上决议成立国际法及联合国大会国际法委员会;提出的除经济社会之互助合作外,应特别强调国际文化合作的建议,亦为联合国文教组织的建立,提供了理论指导,成为联合国宪章的组成部分。为吴经熊等起草的联合国宪章的中文译本作最后审查润色。(参见王宠惠著、张仁善编《王宠惠法学文集》及附录《王宠惠先生年谱》,法律出版社2008年版)

　　董必武4月12日率章汉夫、陈家康乘飞机离重庆飞印转美,参加旧金山联合国会议。21日,飞抵纽约。23日,和毛泽东、周恩来、林伯渠、秦邦宪、陈绍禹、邓颖超、吴玉章等被国民政府聘为第四届国民参政会参政员。24日,和中国代表团其他成员一起飞抵美国旧金山。下午,出席该市华侨为中国代表团举行的欢迎会。25日下午4时半,联合国国际组织会议在美国旧金山歌剧院开幕。出席会议的有50个国家,282名代表。董必武和中国代表团全体成员一起参加了开幕式。4月25日至5月2日,为大会一般性辩论阶段。各国代表团首席代表先后在全体大会上发言,表明对新的国际组织的态度。会议还讨论了大会组织工作问题。5月1日下午,参加中国出席联合国安全机构会议代表团举行的第一次记者招待会,并回答记者提出的有关问题。3日起,讨论和制定联合国宪章。18日,在旧金山用英文发表《中国解放区实录》,向全世界介绍了中国共产党领导下的抗日根据地在政治、军事、经济、文化等方面所取得的伟大成就及我党我军在整个抗日战争中的巨大作用和影响。24日,和代表团部分团员一起访问旧金山市华侨居住区,先后参观了中华会馆、中华学校、东华医院等。在中华学校还向学生发表了讲话。27日,和代表团全体团员一起出席旧金山中华总会馆为代表团举行的宴会。6月3日,和代表团部分团员到旧金山市孙逸仙公园向孙中山铜像献花。下午,出席旧金山救国总会举行的侨众宣传大会,并在会上发表演讲指出:海外侨胞希望我国早日实现民主政治,国内同胞也具同一目标,切望大家一齐努力,争取我国的民主政治早日实现。5日,在旧金山由华侨宪政党、致公党举办的演讲大会上,作关于《中国共产党的基本政策》的长篇讲演,全面地阐述了中国共产党坚持抗战、坚持团结、坚持民主进步的基本政策,介绍了在抗日战争以及建设陕甘宁边区、敌后抗日根据地的巨大成就,指出中国共产党所有各项政策都是为了建立一个独立、民主、自由、团结、强大、繁荣的新中国。讲演内容随后连载于当月16—20日《华侨日报》。11日,王若飞电告周恩来:董老请示可否同意他与章汉夫参加国际劳工大会,陈家康参加国际青年大会。毛泽东收阅后批示同意。19日,中共中央举行七届一中全会,董当选为中央政治局委员。

　　董必武6月20日下午出席代表团为招待旧金山市华侨各侨团领袖及新闻界举行的酒会。同日,解放区职工联合筹委会在延安杨家岭举行第二次筹备会议,董必武和陈郁、邓发、章汉夫4人被会议推选为代表解放区职工出席9月间在巴黎举行的世界职工大会。后因在美任务繁忙，未成行。25日下午6时45分，董必武代表中国共产党在旧金山电台对国内发表广播演说。26日晨，联合国宪章会议一致通过联合国宪章。宪章明确规定，联合国的宗旨是维持国际和平和安全，并发展国际间的友好合作；联合国所应遵守的基本原则是，各国主权平等，以和平方法解决国际争端，不得侵犯他国的领土完整或政治独立，并不得干涉他国的内政。董必武以中国代表之一的身份，在联合国宪章上签字。晚，和中国代表团全体代表，出席旧金山会议闭幕式。7月2日，离旧金山乘火车赴纽约。在纽约期间会见了华侨进步人士，并多方接触了侨胞，特别是华侨劳动群众。访问了中国人民的朋友史沫特莱、史迪威的女儿以及赛珍珠等。还为《新华日报》社购买印刷机而多方奔走。12日，中共中央书记处会议决定，成立解放区临时救济委员会，董必武为主任，李富春为副主任，伍云甫为秘书长。20日，应华美协进社的邀请，出席该社在中国大厦举行的学术建国讨论会，作了题为《中国问题的关键》的演讲，指出：中国国内有两种反动主张，一为复古运动，一为仿效法西斯运动。中共及民主党派主张抗战时实行有效的民主的联合政府；把日寇赶出中国后，由民主选举代表组织国民大会，通过宪法，依宪法选举政府负责官员。董必武的讲演不断被掌声打断。《华侨日报》于24日摘要发表。11月20日，在章汉夫陪同下，离美回国。26日，飞抵重庆。（参见《董必武年谱》编纂组《董必武年谱》，中央文献出版社1991年版）

张君劢1月2日在张公权、张嘉铸陪同下赴华盛顿。3日，张君劢、张公权、张嘉铸同访前驻美大使施肇基，施肇基提及美国一般意见，认为此次行政院改组，尚欠彻底，未能尽如人意。后与张公权参观布鲁金研究院，先约该院航空问题专家范正宜午饭，饭后由院长摩尔顿博士导引参观各部门。4日，在张公权的陪同下至美国国务院访格鲁大使。大使殷殷问及共党问题，并谈到中苏关系，认为唯有设法贯彻开罗会议宣言，方可使满洲不致发生问题。6—17日，在蒋梦麟团长率领下参加在美国费吉尼亚州温泉举行的第九次太平洋国际学会年会。会议的议题是战后日本的处置问题。在第一天散会之后，张君劢向一位朋友表示，想看看美国乡村政治，这位朋友就带他看了一些地方人口登记与土地清丈局及一所地方法院。15日，在《民宪》第1卷第11期发表《国共问题公开报告以后》。29日，与张公权往听华莱士、罗斯福夫人及工党领袖演讲。2月1日，在张公权的陪同下，赴纽约州首府阿尔本莱（Albany）访州长杜威，并参观州政府之审核及税务两科。2日，在张公权的陪同下，参观纽约州上下两院，州政府法制与预算两科。晚，与张公权赴华美协进社晚饭。饭后张君劢向该社主办之建国学术讨论会政治组会员演讲国内政治情形。16日，与吴文藻一起拜会了麦几孚。

按：麦几孚，20世纪美国著名的政治学家和社会学家。麦几孚认为，民主本身只是一种政治形式，而不是一种经济制度。他不赞成将民主与任何形式的经济改革和经济形式发生直接联系，认为在民主制度下，人民无论是选择集体主义经济还是不选择集体经济，都不失为民主。而通常与集体主义等同起来的"经济民主"，则是一个错误的名称。在张君劢记录的双方问答的要点中，麦几孚告诉张君劢，民主就是人民之同意，民主只有一种，不能分之为二——如所谓经济民主和政治民主之分。

张君劢2月20日与张公权赴普林斯顿访爱因斯坦。2月21日下午5时，与张公权离普林斯顿，返纽约。23日，与张公权同赴华盛顿。3月10日，在《民宪》第1卷第12期发表《法国人权协会之人权宣言》。14日，在张公权的陪同下往访美国明尼苏达州众议院议员周以德（Walter Judd）。同日，张君劢夫人王世瑛在重庆产后逝世。晚，王世杰与熊式辉商议，应否邀请李璜和张君劢加入中国参加旧金山会议代表团，请示蒋介石，蒋表示同意，但蒋提出："参加时不得附任何条件。"第二天早晨，李璜电话回答："须视其同党及他党之态度。"16

日,张公权接张肖梅来电,得知张君劢夫人王世瑛因生产病逝的消息。鉴于张君劢"正在国外研究民主政治组织,兴高采烈之际,不敢即告,免使悲悼,伤及健康"。21日,美国上议院议员布鲁斯特Owen Brewster约张公权午饭。张公权为张君劢介见共和党领袖马丁Joseph Martin。据告明年美国参众两院将组织视察团赴菲律宾,渠拟顺道至中国一游。张君劢即席表示欢迎。24日,美国时代杂志主人亨利·鲁斯约张君劢、张公权茶叙。25日,张公权把张君劢夫人去世的噩耗函告张君劢。26日,国防最高委员会会议上,通过了包括张君劢在内的10名出席旧金山联合国制宪会议的人选名单。27日,中华民国行政院公布名单,宋子文为首席代表,顾维钧、王宠惠、魏道明、胡适、吴贻芳、李璜(青年党)、张君劢(国社党)、董必武(共产党)、胡霖为代表,施肇基为高等顾问。7日,张君劢、顾维钧、魏道明、王宠惠、胡适、董必武、吴贻芳、李璜、胡霖等人组成的中国代表团(张君劢时在美国,董必武4月12日离重庆)在宋子文率领下离重庆飞印转赴美国旧金山。12日,在华府拜见不久前来美的顾维钧,向顾出示一份准备拍发给蒋介石促其与中共和谈的电报稿。张君劢向顾表示他不相信两年后(两年之内?)能实现宪政。在这两年中,中国的国际问题,特别是对苏关系问题很棘手。如果俄国人参战,而中共又与苏俄采取联合行动,则局势将变得非常难于处理。

　　张君劢4月13日致函张公权,告将民主政治研究所改名社会科学研究院。14日,张君劢约胡适、陈辉德、晏阳初、卢作孚、李铭、李光前、王志莘诸人为社会科学院发起人,宣告正式成立。15日,出席顾维钧举办的欢迎出席旧金山会议的中国代表团新来代表的午宴,吴贻芳、李璜、胡世泽、吴经雄、杜建时、张忠绂等一同出席。顾维钧把中国代表团组织方案和代表、顾问以及专家的分工作扼要介绍。张君劢、胡适、吴经雄都主张在各自分工范围内可根据自愿接见记者但不得有违政府的总方针。顾维钧表示,这个代表团的组成真正具有代表全中国性质,他敦促大家在会上要立戒有损这一令誉的言行。张君劢坚持所有提案在未向大会提出前必须在代表团内进行公开而深入的讨论;顾维钧表示完全赞同。17日,出席顾维钧召集的全体代表、专家和顾问会议。19日,出席顾维钧召集由专家、顾问和代表约24人参加的会议,会议集中讨论中国应否同意定期修改宪章的问题。晚,张公权陪同赴魏道明大使处晚饭。4月20日,张公权陪同赴美国国务院访菲克,谈社会科学院宗旨,及拟在美成立分院。菲氏表示同意,但主张先在中国成立总院,再来美国募款,设立分院。与张公权赴施肇基处午饭,请其担任社会科学研究院董事及纽约分院董事,均获同意。施肇基席间提及旧金山和会我国代表团组织,有各党各派代表,完全由罗斯福总统一电之力。晚,和张公权同晚餐,饭后,乘火车赴旧金山,出席联合国制宪会议。23日,国民政府公布第四届国民参政会参政员名单,依照《国民参政会组织条例》第三条,丁项、张君劢被遴选为本届参政员。24日下午,出席旧金山市华侨为中国代表团举行的欢迎会。25日,在《民宪》第2卷第1期发表《邱吉尔民主政治标准七事释义》。同日下午4时半,联合国国际组织会议在美国旧金山歌剧院开幕。出席会议的有50个国家282名代表,中国代表团全体成员参加了开幕式。会议期间,张君劢被选定为联合国宪章大会组织委员。5月1日,出席中国代表团举行的记者招待会。全体中国代表都登台,但按照事前的约定,只由顾维钧和宋子文二人回答问题。到会记者约五六百人,整个会场情景动人,气氛轻松自然。6月26日,张君劢作为中国代表团成员出席联合国宪章签字仪式。晚,出席旧金山会议闭幕式。

　　按:据张君劢的英文秘书刘毓棠回忆说:"我觉得君劢先生最大的贡献,是他替中国代表团提出了一个备忘录,提出国际教育科学文化组织的必要,于是有后来'联合国教育科学文化组织(UNESCO)'之成立,这一机构设在巴黎。这无疑是我国在旧金山会议伟大贡献之一。"会议期间,张君劢与民主宪政党领导人李大明举行过几次谈判,双方达成了一些共识。后来李大明与洪门致公党领袖司徒美堂同行归国,与张君劢"重提旧议便完成了合并的工作"。大会期间拜访捷克创立人多玛·马萨烈克之子约翰·马萨烈克于旅社,略谈捷克如何恢复。张君劢在会外活动中,特别支持亚洲印度与朝鲜的独立运动。时印度尼赫鲁之妹班弟脱夫人要求印度独立,在旧金山举行对英示威集会,约张君劢前往演讲,我国代表团以不愿得罪英国之故,而予以阻挠,张君劢不理,毅然前往。在会中之发言曰:"大英帝国集团,为民主国之结合,如加拿大、澳洲、南非各有宪法各皆独立。我相信不久之将来,印度必将步加澳之后为集团一员。"对于朝鲜脱离日本独立一事,张君劢尤为之力争。因之,李承晚于韩国独立之日,特致函张君劢曰:"此函为永久不变之请柬,至于行期,请自行决定。"大会闭会后,他也没有立即回国,而是移居华盛顿,通过中国驻美大使魏道明,拜访了美国总统杜鲁门。他对杜鲁门说,想研究美国宪法。杜鲁门就在国会里拨了一间房子给他,又指定秘书一人,陪他去国会中各委员会旁听,并提供资料,供他研究。

张君劢7月6日通过张欣海的介绍,与李璜同赴在美国加州洛杉矶寓居的杜仑所设晚宴。杜仑为哲学家,曾著《世界六大思想家》一书,译为中文,甚流行。是晚到者有小说家、社会科学家、日报专栏作者共20余人,都以中国客人为发问目标,使李璜与张君劢大有"舌战群儒"之慨。7月7—20日,第四届国民参政会一次会议在重庆举行。张君劢当时在美,未出席本次大会。但在20日下午举行的大会第十九次会议上被选举为本次会议休会期间驻会委员。9月10日,在华盛顿与李璜相晤,共同参观国会图书馆,在其咖啡馆午饭后,畅谈别后两月游历所见。张君劢读了海耶克的《到奴役之路》这本出版不久行销甚好的书,于是向李璜提出社会主义是否与民主政治相容的问题来讨论。同日,在《再生半月刊》革新版第4期发表《国际政治与国内政治之相互关系》。15日,致书胡适,澄清重庆《新华日报》上载张君劢与李璜介绍胡适入民主同盟报道,说"岂徒被介绍人绝无所闻,而介绍人自身亦觉此等消息来自天外"。信中表示对国共谈判,"望其早日成立,免得内战"。10月1—12日,中国民主同盟在重庆上清寺特园召开临时全国代表大会,即民盟第一次全国代表大会,历时12天。张君劢因在美国,未出席会议,被选为中央常务委员和国际关系委员会主任。30日,《文萃》杂志第4期转载张君劢《国际政治与国内战争之相互关系》一文。21日午后,中国民主同盟中央常务委员会举行会议,张君劢、张澜、梁漱溟、黄炎培、张东荪、沈钧儒、张申府、罗隆基、章伯钧被追认为民主同盟出席政治协商会议的代表。30日,张君劢由伦敦飞抵巴黎。晚间,出席中国驻法大使馆举行的元旦晚会。在法国停留10天,会晤了法共领导丁隆和杜威勒斯。他们对张君劢说:法国的军事工业,限期完成是不成问题的,他们除了自己保护自己外,还要尽世界安全之责,法共已参加政府,他们是可负责说这种话的。他们现在内部团结,宪法即将完成,在新宪大纲中所争执的也是一院、两院制,以及总统职权大小问题,一切行政都比中国有效率,国际地位早已提高。(参见李贵忠《张君劢年谱长编》,中国社会科学出版社2016年版;翁贺凯编《中国近代思想家文库·张君劢卷》及附录《张君劢年谱简编》,中国人民大学出版社2014年版;耿云志编《胡适年谱》,福建教育出版社2012年版)

张公权继续在美国考察经济。1月2日,张公权、张嘉铸陪同张君劢赴华盛顿。3日,张公权、张嘉铸陪同张君劢访前驻美大使施肇基。晚,张公权约白伦廷、范宜德、菲克、施肇基与张君劢晚饭,以便张君劢与他们长谈。4日,张公权陪同张君劢至美国国务院访格鲁大使。28日,张公权访泛美航空公司总经理卜莱雅,因为张君劢欲研究纽约州行政,托其介绍访问州长杜威,当承电话介绍。29日,张公权陪同张君劢往听华莱士、罗斯福夫人及工党领袖演讲。2月1日,张公权陪同张君劢赴纽约州首府阿尔本莱(Albany)访州长杜威,并参观州政府之审核及税务两科。2日,张公权陪同张君劢参观纽约州上下两院,州政府法制与预算两科。晚,张公权陪同张君劢赴华美协进社晚饭。饭后张君劢向该社主办之建国学术讨论会政治组会员演讲国内政治情形。20日,与张公权赴普林斯顿访爱因斯坦。21日下午5时,张公权陪同张君劢离普林斯顿,返纽约。23日,与张君劢同赴华盛顿。3月14日,张公权陪同张君劢往访美国明尼苏达州众议院议员周以德(Walter Judd)。4月2日,张公权赴洛克菲勒基金会,访其政治社会系主任威理芝(Joseph Willits)及其同事伊文思(Roger Evans),为张君劢拟办一民主政治研究所,请其与以财力协助。4月13日,张君劢致函张公权,告将民主政治研究所改名社会科学研究院。20日,张公权陪同张君劢赴美国国务院访菲克,谈社会科学院宗旨,及拟在美成立分院。8月13日,张公权刚从波士顿返回纽约,与张君劢再次相见。16日,张公权与张君劢飞抵加拿大蒙特芮(Montreal)。张公权赴加拿大参加国际民航会议。23日,与张君劢乘火车赴加拿大首都渥太华。中华民国驻加大使刘锴与中国银行纽约经理处前经理夏屏方来接。9月3日,张公权乘火车抵华盛顿,张君劢到站迎接。9月,张公权匆匆回国担任东北行营经济委员会主任兼中长路理事长。(参见李贵忠《张君劢年谱长编》,中国社会科学出版社2016年版)

晏阳初仍在美国。1月4日,接到新任代理行政院长兼外长宋子文密电:"平民教育与地方自治,是开创民主政府的第一优先。盼立即回国负责主持政府支持的计划。并候明教。"回电表示因故不能应命。13日,在1944—1945年度第七届歌剧夺魁汇演广播节目中作题为"中国与世界和平"的演讲。该次演讲是在纽约都市大戏院,通过蓝色广播网播放。18日,致信宋子文院长。信中首先向其祝贺担任行政院院长职务以及美国对此就中国时局充满了信心与更高的期望。其次,希望在其担任国家领导职务之后,在平民教育和地方自治方面获得更大的进步。第三,阐述自己对平民教育和地方自治的6点看法。19日,收到纽约蓝色广播网电台第七届歌剧夺魁汇演广播节目主持人约瑟夫·R.特鲁其代尔夫人的夸奖信。全信如下:"尊敬的晏博士:贝尔蒙特夫人和我都非常感谢上星期您在'歌剧夺魁汇演'广播节目中露面。您的演讲引起了极大的兴趣。我认为这是我们这个季节所得到的最直率明了的演讲之一。有许多听众来索取演讲稿。认识您非常荣幸,由衷地希望再次幸会。"2月初,经宋子文夫人张乐怡介绍,在纽约拜访罗斯福总统夫人,畅谈一小时,受到罗斯福夫人的赞赏。后不久,罗斯福夫人应允担任平民教育运动中美委员会理事,尽力支持赞助工作。15日,晏阳初获坦普尔大学授予的荣誉法学博士学位。该校社会学系主任J. Stewart Burgess教授向校长提陈的表扬状称:"晏和一群优秀的专家献身这项工作,居住农村里,运用这新的媒介方法,表证出平民经组织后,不仅消除文盲,并且革新农业生产方法,使乡村工业复苏;又改善卫生保健,以达成有效率的地方政府。由这些在教育上及社会改造的伟大成就论:晏阳初实在是一具信仰、富想象的英勇学者,也是他的万千同胞心智与精神的解放者。"3月,晏阳初与美国著名女作家赛珍珠长谈。

按:晏阳初告诉这位关心中国平民教育运动的女作家:"在中国华北地区的所有游击队中,定县的游击队是极其厉害的。政府曾派人到北方作过调查,其中有一人回来告诉我们说,定县那些小伙子是真能干呀!他们不仅打游击,而且同时在搞本地区的建设,还在邻县领头干。在定县的472个村子中,敌人只能占领21个,而且都在铁路沿线上。敌人根本不敢向铁路线的两边渗透、蚕食,其余的村子由两位人民选举出来的县长领导着,铁路东边那位县长曾任过平民学校教师,西边那位是平民学校的毕业生。"(参见时间、崔屹平主编《记忆:〈东方时空〉倾情奉献二十余位名人最精彩的一年》,华艺出版社2001年版)随后赛珍珠撰成《告语人民》(Tell the People)一书,她在书的扉页上用整篇的位置写下了"献给定县人民"六个大字以铭记"为了广大人民，他们愉快地投身于平民教育事业"。她以优美的文字、畅通的语言，热情讴歌了平教会的工作，讴歌勤劳朴实的定县人民。采用两人对话的方式，叙述25年来献身中国平民教育乡村建设工作的经过。赛珍珠在该书序言中指出："现在世界上有四分之三的人受着腐败政治的压迫，愚昧无知，食不果腹，时刻受到疾病的威胁。因此，首先应为他们着想；怎样使他们受教育？怎样使他们健康？怎样使他们吃得饱、有知识、能自治？在这些有关计划未付诸实施前，空谈和平是毫无意义的。这本书就是一个建设性计划的记录，这个计划已作为试验实施了25年。该计划受过自觉的检验，它所面对的问题也正是当今世界的问题。这是一个中国人为中国创造并实施的计划。""25年前，晏阳初和他的朋友看到自己国家的问题：四分之三的人是文盲，人人受疾病的威胁和腐败政府的压迫。他们给自己提出一个问题，即如何在一代人的时间里改变这种状况？他们决定用自己的行动来回答这一问题。然而，在这项工作完成之前，战争就爆发了，但是，试验毕竟开始了。全盘计划不仅准备在中国实施，而且要推广到世界各地。这种计划对于美国南部、中南美洲的某些地方：古巴、波多黎各，甚至印度、东南亚、非洲以及凡是受着饥饿、愚昧与暴政压迫的人民，都是非常有价值的。""我要提醒人们，无论是个人还是政府，假如在内心里不能和这些中国青年一样地相信一般平民应当有充足的食物、健康、生计和值得信赖的政府，他就不可能实现这种计划。尊重平民乃是实现任何和平计划的先决条件。今天有一个绝大的危险，那就是在许多大人物的思想里，都把这个先决条件抛到脑后去了。在西方各国尤其是这样。他们的善意和智慧，我们是承认的。但他们在制定世界计划时的依据，只是他们主观认定的所谓人民的需要。实际上，他们根本没有认真探索人民究竟缺乏的是什么。一个强加于人民的计划，即使其出发点是为了人民的利益，也会由于满足不了其真正需要而宣告失败。即使是从人民利益出发了，强加于人也只会推迟和平的希望。倘若人民仍处于愚昧无知的状态，其追求与自身利益适得其反，那就需要教育和引导，但决不是强加于人！""在这本小册子里，叙述了一些中国知识分子，由于被本国一般平民的优秀品质所感动，乃下定决心去同人民一起生活，了解他们的缺陷和需要，从而研究如何制定一种计划，使之完善并付诸实施。当前，全世界需要这样一种计划，我认为这种计划对于人类和平来说是必不可少的。"

晏阳初4月28日致信美国菲尔德基金会创立者M.菲尔德。同日，将平民印书局计划送致斐尔德。同月，会见好莱坞著名华裔摄影师黄宗霑，商筹创建平民电影厂计划。5月9日，与斐尔德在纽约市作进一步商讨。说明"平教总会"一贯的独立立场，以及出版自由、纸张缺乏、人才培养诸问题，澄清斐尔德疑问后，再提出"印书局"大概预算。17日，受"中美委员会"理事会主席史瓦浦所邀与斐尔德一起共进午餐。谈到"平民印书局"计划，斐尔德再三说"我们两人对于这一计划都有兴趣"。史瓦浦极力赞成，斐尔德即很爽快地说：斐尔德基金会或将同意给予设立印书局的财力支持。8月，中国乡村建设育才院扩充更名为"中国乡村建设学院"，由初级学院升格为独立学院。设社会学、乡村教育、农学、农田水利4个系，修业年限4年，并且经教育部同意，批准学院设立本科学士学位授予点，四个学系的学生如能按时顺利完成学业，在毕业时均可被授予本科学士学位；修业年限则由乡建育才院时期的两年扩展延长为四年；学院四个学系的设置，完全体现着晏阳初在定县实验时期针对民众所患"愚、贫、弱、私"的四大病症来推行四大教育的思想和宗旨，即以前用文艺教育治愚、生计教育治贫、卫生教育治弱、公民教育治私，转变为现在以乡村教育系培养文艺教育人才治愚、农学系和农田水利系培养生计教育人才治贫、社会学系培养组织教育人才与地方行政单位干部治私；但由于经费和师资力量的限制，原计划在适当时期增设公共卫生学系培养卫生教育人才治弱，还未来得及实现。四系分流归宗，分工合作，全部教学坚持理论与实际紧密结合的重要指导原则，采用问题与方法结合一体的重要授课手段，最终共同实现农村改造与国家建设的宏远目标。中国乡村建设学院的成立，使中国首次有了专门为农村培养从事实际建设人才的四年制高等学府，"中国乡村建设学院的成立是中国教育史上学术的新纪元"。同月,与国民党军委会政治部部长张治中合办的《士兵月刊》社被解散,《士兵月刊》停刊。

晏阳初11月初前往洛杉矶演讲访问。事先约会好莱坞著名华籍摄影师黄宗霑(James Wong Howe)晤聚。两人促膝畅谈,一致认定电影片不仅是教育民众、训练技术人员有力的工具,也将大大加快中国现代化的速度,在十年清除三万万文盲计划中,必然扮演最重要角色,并且将缩短中国人了解世界各方面进展情况的时间。原计划中国现代化需要50年,由于这一电影片的流行,可能只要30年就达到目的。晏向黄说明为实现平民电影厂计划,足够应用的器材设备与适当人才是必要的,基于黄在好莱坞的卓越成就与地位,为加速中国的现代化,企盼黄贡献时间与精力来协助设立这一电影厂。上中旬,自纽约前往洛杉矶。13日,抵旧金山。19日,旧金山市参事会议全体投票一致通过5071号决议案,晏阳初被公认为旧金山市荣誉公民。致敬状指出:晏阳初是经东西各权威人士公认的真正哲学家与人道主义者。历史将以最高地位记载晏对中国的贡献。是年,所提出的使"人民免于愚昧无知的自由"("第五项自由")被联合国文教组织(UNESCO)采纳,并作为联合国文教组织倡导的基本教育计划,"免于愚昧无知的自由"被认为是人类的言论自由、信仰自由、经济自由和安全自由"四项自由"的基础;赛珍珠《告与人民:与晏阳初谈平民教育运动》由纽约的庄台出版社出版;在菲律宾国际乡村改造学院上演讲:《中国平民教育运动的总结》。原题为The Chinese Mass Education Movement, A Summary,收入宋编《全集》第二卷中。该《总结》内容包括三个部分。第一部分,谈中国的未来;第二部分,讲平民教育运动;第三部分,讲战后计划及需要;接受普林斯顿大学、耶鲁大学荣誉法学博士学位;接受路易斯维尔大学所赠予的荣誉法学博士学位;中国乡村建设学院报考人1045人,录取160人,招录比例6.5:1。但开学报到的实际人数却只有116人。(参见杜学元、郭明蓉、彭雪明《晏阳初年谱长编》,上海交通大学出版社2017年版;宋恩荣编《中国近代思想家文库·晏阳初卷》附录《晏阳初年谱简编》,中国人民大学出版社2015年版;王超《晏阳初与中国乡村建设学院(1940~1952)》,四川师范大学硕士论文,2013年;时间、崔屹平主编《记忆:〈东方时空〉倾情奉献二十余位名人最精彩的一年》,华艺出版社2001年版;张颖夫、田冬梅《论晏阳初在重庆北碚对大学教育的改革及其当代价值》,《西南大学学报》2012年第1期)

袁同礼继续在英美访学。2月17日,哥伦比亚大学校长Butler在纽约为他举办晚餐会。餐会内有请胡适致辞,胡因行程冲突,未出席。3月,教育部组织战区文物保存委员会,胜利后,更名清理战时文物损失委员会,袁同礼以平馆馆长充任该会委员。4月6日,美国图书馆专家诺伦堡博士访华,中图协假借中央图书馆(重庆)举行欢迎茶话会。诺氏身份特殊,为美国图书救济联合会主席。中美同时派专家互访,袁同礼奉行政院派遣赴美,用意邦交甚深,可谓实副平馆立馆宗旨第三条。4月25日,袁同礼在旧金山参加联合国国际组织会议,被聘为中国代表团咨议。5月底,袁同礼获毕兹堡大学名誉博士学位,一作法学名誉博士。6月15日,中研院在重庆召集英美赠书分配委员会,袁同礼被推为该会委员、秘书,返国之前,由傅斯年代理秘书职务。同月,据刊于《中华图书馆协会会报》第19卷第1—3期的《英美赠书分配委员会之成立》载:"抗战结束后,英美捐赠我国之图书期刊为数颇多,其分配事宜,英美两方面希望我国由最高学术机关主持办理,曾由国立中央研究院院长朱家骅、该院评议会秘书翁文灏二君召集有关人士,于六月十五日在渝开会,当经决定组织分配委员会,社委员十一人,并公推翁文灏为主席,袁同礼为秘书,吴有训、周鲠生、陈裕光、杭立武、傅斯年、楼光来、李四光、任鸿隽、蒋复璁为委员。在袁氏未返国以前,其秘书职务由傅斯年代理云。"美国国务院前委记平馆征集论文,美国国务院消息云:截至6月,平馆征集寄美英文科学论文187篇,英译中国文艺作品,有茅盾、郭沫若、曹禺、张骏祥、老舍等人所撰剧本。9月13日,在英伦出席"盟国教长会议书籍委员会(会议)","报告我国图书馆之被毁情形,并向各代表备忘录","当选为盟国书籍中心分配委员会委员"。书籍中心分配委员会"将负责向盟国分配书籍约一百万册"。袁同礼返国后,"遗缺将由我国驻英大使馆秘书钱存典继任"。(参见张光润《袁同礼研究(1895—1949)》,华东师范大学博士学位论文,2018年)

罗常培1月至次年6月在美国朴茂纳大学讲授"汉语引论"等课程。美国朴茂纳大学校长莱因对他"在美国朴茂纳大学杰出的工作"表示感谢,赞扬罗常培"对学生和学校十分关切",称其"在朴茂纳赢得了永久的地位,我们全体同人对能有这样一位学者做了这样出色的工作引为幸事"。2月10日,罗常培(时在美国)致信胡适,谈北大复校仍应以发展文史为主。说"陈仲甫先生临终的遗言,希望北大能保持文史研究的传统"。信中向胡适推荐各方面学术新进:文学有吴晓铃等,史学有张政烺等,哲学有任继愈、石峻等。希望胡适为他们谋求留学的机会。信中还谈及组党的问题,说:"我觉得战后的中国,确是'我辈不出,当如苍生何!'我虽被骆先拉入国民党,但我仍然是自由主义的信徒,有我在各报发表的星期论文可证。这一点希望您不要太消极了。假如我们组党,您便是我们的党魁!"最后还谈及北大文学院应恢复《国学季刊》的问题。9月22日,罗常培致信胡适,谈北大复员问题。信中说:"先生去国后,北大事实上已失去学术重心。想要复兴,须恢复民八至十三以前,或二十年至战前的学术空气。各系须整顿者外语、法律、地质、化学、……均须考虑。"希望务必将沈兼士请回北大。但"凡参加伪校者,即知堂(周作人)亦在不赦——请先生万勿留情。事务方面,毅生(郑天挺)确系柱石,但教务非换一个众望所归的不可,枚荪(周炳琳)似最适宜。培植后进的意思,仍望先生筹一具体办法"。是年,罗常培专著《中国人与中国文》由开明书店出版;整理刘申叔遗说的《汉魏六朝专家文研究》由重庆独立出版社出版。论文《〈金元戏曲方言考〉序》刊于《图书季刊》新6卷第1—2期合刊;《师范学院国文学系所应注意的几件事》刊于《当代评论》4卷2期,又收入《中国人与中国文》。(参见《罗常培文集》编委会编《罗常培文集》第10卷及附录《罗常培年表》,山东教育出版社2000年版;耿云志编《胡适年谱》,福建教育出版社2012年版)

杨联陞继续在哈佛大学攻读博士学位。9月10日,杨联陞致信胡适,对胡适受任北大校长,表示"为学界前途贺"。信中针对史学界的问题,提出一些想法,供其参考。认为"中国的史学界,需要热诚的合作跟公正的批评"。而现在的情况是"偏于闭门造车,大家不通气",所以建议:"(一)各校的史学系主任,应该常常通讯,至少每校请一位教授专门担任通讯联络。(二)应当常常交换教授跟研究人员,至少作短期访问讲演。(三)应当分区组织史学会,常常开会讨论学术。研究生均得参加;本科生须成绩优异者始得参加;以为鼓励。(四)史学界应该合力整理并发表史料,搜访并保存史迹。(五)出版一个像《史学评论》一类的杂志,特别注重批评介绍(书籍文章都好。中国需要很多像伯希和一类的'汉学界的警察')。(六)史学界应当合力编辑丛书,如剑桥、牛津所出的各种历史大系,每册由几个人合写,或一个人专写都可以。请几位学界前辈认真主编。(七)史学界应当合力编辑工具书,如《国史大辞典》《中国经济史大辞典》之类。"信中表示,这些事如胡适愿意领导,则甚愿为之"摇旗呐喊"。(参见耿云志编《胡适年谱》,福建教育出版社2012年版)

饶毓泰继续在美国俄亥俄州立大学休假,与A. H. 尼尔森等合作进行分子红外光谱的实验研究。9月19日,致信胡适,荐举张文裕、彭桓武、马仕俊、张宗燧、马祖圣、李作浩、李仲揆、汪敬熙、钱学森、郭永怀、黄昆等,请胡适考虑聘为北大教授。10月8日,饶毓泰连致胡适两信,谈聘任事。建议聘马大猷主持电学工程系,又建议聘钱学森做北大工学院长。随信寄上钱所拟《工程科学系之目的及组织大纲》草案。饶毓泰认为此稿与自己所拟有许多相同而与一般工程学者之见解不同,值得深切注意。10月14日,胡适复信饶毓泰:"请聘钱学森为(北大)工学院长",并请饶毓泰再"约定物理系及工学院人才"。(参见耿云志编《胡适年谱》,福建教育出版社2012年版)

王徵在美即将回国。2月3日,胡适致函王徵,说:"大乱之后应该多注重与民休息。……'天网恢恢,疏而不漏'一句话源出于主张自然无为的老子。……疏是不细密。恢恢是大而宽。恢恢而疏,老百姓才能充分发展其自身的能力,从各方面谋生存,谋树立,谋发展。"28日,王徵复信胡适,不赞成2月3日信提倡"无为"的意思,认为无为哲学"很可以为不计划与糊途无计划的人如孔公(指孔祥熙)者作注脚,则中国象征代表,我常说的笑话:黄河、大栅栏行车,孔公为政,可以鼎足而三矣"。(参见耿云志编《胡适年谱》,福建教育出版社2012年版)

王重民继续在美国国会图书馆从事善本研究。8月10日,王重民致信胡适,说:"今早奉到挂号寄来的论《水经》全稿,凡三大册,一气读完。……一百五十年来的一个谜,今被先生猜破了。"15日,日本宣布投降,从南京撤军,王重民知道抗战胜利,非常高兴,即着手准备回国。他念念不忘的是寄存在远东部的那批善本书,于是向恒慕义要求制作新木箱以便将书装箱运回中国。但是恒慕义要求袁同礼先办好接收手续,才能将书运出。但这批书大部摄出显微胶卷,写出提要,有三只得将胶卷先行带回。(参见刘修业《王重民教授生平及学术活动编年》,载王京州编《河北近现代学者年谱辑要》,国家图书馆出版社2017年版;耿云志编《胡适年谱》,福建教育出版社2012年版)

瞿同祖3月应主持中国历史研究室的魏特夫邀请,赴美担任哥伦比亚大学与华盛顿大学合作设立的中国历史研究室研究员,直到1953年离开。其间,瞿同祖主要从事社会史研究,并完成了关于汉史的研究,其文稿后来经过整理修订,由杜敬轲博士编辑,以英文《汉代社会结构》为名由华盛顿大学出版社1972年出版。此书主要对汉代的家族、婚姻、妇女地位、社会阶级以及豪族等问题进行论析。《亚洲历史学报》评论此书"是中国现代学术最佳成就的一个主要范例,它对一个复杂而重要的课题作出了卓越的综合"。(参见王学典《20世纪史学编年(1900—1949)》,商务印书馆2014年版)

陈序经1月在美国出席太平洋国际学会发表论文《南洋与中国》。在会上,法国代表曾指出暹罗改为泰国,表明有侵略他人土地的野心与企图;在场泰国代表承认这一事实,并保证日本投降后即恢复暹罗国号。(参见田彤编《中国近代思想家文库·陈序经卷》及附录《陈序经年谱简编》,中国人民大学出版社2014年版)

罗家伦10月20日启程赴伦敦出席联合国筹设"文化教育科学组织"会议,重游牛津、剑桥等地,重访美国。返国后任国民党党史编纂委员会副主任。

陈达应美国普林士顿大学之邀赴美参加普林士顿大学200周年纪念,在会上宣读关于《中国人口选择调查计划》的论文。

吴贻芳作为无党派人士的代表出席在美国旧金山召开的联合国制宪大会,并在联合国宪章上签字。

徐谟任驻土耳其大使,曾代表中国出席在华盛顿召开的轨迹法学会议,参加起草新国际法庭章程,兼任旧金山联合国组织会议中国代表团顾问。

郭秉文出任联合国救济总署副署长兼秘书长。

张景钺在美国加州大学进行一年的学术访问。

周书楷任联合国教科文组织中国代表团秘书。

胡霖参加旧金山联合国成立大会。

周培源参加美国国防委员会战时科学研究与发展局海军军工试验站从事鱼雷空投入水的战事科学研究。

钱学森任加州理工学院副教授。

梁思礼普渡大学毕业,获学士学位。后入辛辛那提大学攻读硕士和博士学位。

张文佑经李四光推荐,赴欧美访问考察。

何炳棣考取第六届庚款留美公费,入美国哥伦比亚大学专攻英国史及西欧史。

陈寅恪继续任教于成都燕京大学。8月15日,日本宣布投降,全校师生欢庆胜利。陈寅恪教授眼睛已失明,不能亲睹庆祝盛况,赋诗数首志庆。9月14日,陈寅恪教授应英国牛津大学聘请,担任汉学首席教授,由研究生刘适陪护,自成都启程飞昆明,与西南联大邵循正教授等于21日同机飞往印度,转赴英伦讲学并治疗眼疾。(参见张玮瑛、王百强、钱辛波主编《燕京大学史稿》,人民中国出版社2000年版)

陈源继续任职于伦敦中英文化协会。10月6日,陈源致信胡适,告以世界教育文化会议筹备情况。其中提到,英国一批年轻科学家特别重视科学在此一世界性机构中的地位。他们建议,在名称上应标出"科学"字样,使成为"教育科学文化组织"。认为中国应支持此议,并设法同美国代表团联络。希望胡适、赵元任等能提早几天到,可以多做一点准备。(参见耿云志编《胡适年谱》,福建教育出版社2012年版)

叶君健在第二次世界大战结束后,得到英国"研究员基金"到英国剑桥大学英王学院研究欧洲文学。

宋则行在英国剑桥大学研究西方经济理论。

吴传钧进入英国利物浦大学研究生院深造。

陈体强在英国牛津大学攻读国际法。

郭沫若6月9日午饭后启程赴苏联,参加苏联科学院成立220周年的纪念大会。费德林、安南略、戈宝权、于立群等往机场送行。晚抵达昆明。10日,在昆明访闻一多、吴晗、光未然等人,并在冠生园一起吃了中饭。下午,继续航程,晚到达印度加尔各答。20日,乘飞机抵达德默兰。21日,与老舍、叶圣陶、洪深、陈白尘、巴金等24人在重庆《新华日报》联名发表通启,定24日为茅盾50诞辰举行茶会。25日晨,飞离德黑兰。上午,抵达莫斯科的中央飞机场。大使馆的秦涤清、李清盛来接机。26日,致信费德林。同日,碰见中英科学合作馆李约瑟博士。27日晨,作《祝辞》并致科玛洛夫院长的信。晚,应邀出席市长在斯莫尔尼宫举行的晚宴。会见东方学院院长司徒鲁卫。28日上午,往东方学院听学术报告。司徒鲁卫院长主席,在致开会辞中特别作了介绍,故临时发言,表示说:"我今天来参观东方学院,拜听了各位先生的报告,我得到了很多的教益。苏联学者在研究学问上所具有的实事求是的精神和缜密审慎的方法,我将要带回中国去,使中国的学术界也能够兴盛起来。科学要为人民服务,科学才能够获得正常的发展。"29日午后,从列宁格勒乘火车抵达莫斯科,至国家饭店下榻。丁西林也到达莫斯科。30日下午,与丁西林同大使馆的人一起去飞机场迎接来访苏联的中国使节团。晚,参加苏联政府为招待各国科学家在克里姆林宫举行的晚宴,斯大林、莫洛托夫、加里宁等出席宴会。7月1日,对塔斯社记者发表谈话。3日,伏伊丁斯博士来访,齐赫文斯基同来。应允后日往历史研究所作报告。同日,与丁西林被邀出席莫洛托夫招待中国使节团及外交界的晚宴。4日,"晨起准备明天的报告,《战时中国的历史研究》,十二时顷完成"。"赴对外文化协会,与凯缅诺夫会长谈约一小时,商量我在苏联参观的步骤,允为订一个月的计划。"晚,李立三来访,同到高尔基大街散步。5日上午,拜访作家协会秘书亚布雷丁。下午,往历史研究所,作题为《战时中国的历史研究》的报告。主要讲到抗战以来的历史研究,通史的酝酿,古代社会的争辩,历代农民革命运动的关心,封建制长期停滞的探源。报告会由伏伊丁斯基博士主持。7日,"晨起草就《战时中国的文艺活动》"。8日,"润色《战时中国的文艺活动》"。20日上午,寓中润色讲演稿《战时中国的文艺活动》。21日上午,齐赫文斯基来"共同译述《战时中国的文艺活动》"。同日,写就《苏联印象》,以备广播。26日晨,草《中国文学的两条路线》。"这可以说是我的中国文学发展史的一个提要。文学的起源是集体创作,集体享受,集体保有的。自从社会内部有了分化,文学也就有了分化。""我们的努力是要使我们的文学成为人民的文学。"午后,在东方大学作讲演。晚,李立三来访。27晚,往对外文化协会,作题为《战时中国的文艺活动》的报告。齐赫文斯基报告《苏联战时文学在中国》。8月1日晨,郭沫若撰写对于苏联学术界的印象。3日晚,应邀在苏联对外文化协会历史哲学组作学术报告,题为《战时中国历史研究》。俄文摘要载苏联《历史问题》12月号,次年由文雄译为中文,发表于《中国学术》季刊1946年8月1日创刊号。

按:作者首先讲道:不管有多大困难,"中国历史学家在抗战时期从未停止过自己的工作,放下过自己的手"。虽然"还没有一部良好的通史",但近三十年来"中国历史学家的智慧是用在解决基本的问题之上",根据历史发展的法则"指明各个历史时代的人民、文化、科学和艺术应该放在重要的位置,从而在这个基础上重新创造中国的历史"。延安历史学家合写的《中国通史简编》,"价值不仅在于把中国历史系统化,而且在于写得非常的通俗"。翦伯赞的《中国史纲》,"实则一部大书,全书还没有完成"。关于中国社会发展的时代划分问题,主要是对于奴隶社会问题的"巨大的争论",介绍自己从《中国古代社会研究》到《古代研究的自我批判》中观点的变化,以及吕振羽、翦伯赞等的观点。进而将自己的基本结论作"简单"说明。又从周秦之际社会的变革谈到思想上产生了"强大的高潮",指出中国目前对于古代各种哲学学派"展开极普遍的研究",所解释的孔、墨、法等哲学学派各不相同,而"占了最显要的地位"的是侯外庐以及他的《中国古代社会史论》和《中国古代思想学说史》二书。而在"这一时期的思想史的许多问题",自己与他还有着"本质的分歧"。随后介绍了自己在《十批判书》中的基本观点。中国历史学家普遍注意的一个问题是:中国封建社会为什么这样长久?为什么不能从封建制度过渡到资本主义?为什么每次农民革命终归失败,即使胜利也没有改变社会的基础?对于这些问题,虽然没有得出"确定的答案",但大多数人都认为由于"中国生产力停滞不进的原因",因此农民革命"不能造成新的生产方法""意识形态的上层构造——政治、文化等等——也就停止不进"。最后表示:"中国需要现代化和工业化——这是历史科学指给我们的历史的必然。人民已经醒来了。中国历史要从'帝王家谱'的时代进到'人民历史'的时代。"

郭沫若8月8日乘车返抵莫斯科,在食堂吃饭时遇着蒋经国、卜道明诸位。下午,往访莫斯科大学,"蒙校长、考古部部长、历史学部部长接谈"。9日上午,"在食堂遇熊式辉、沈鸿烈诸人,闻昨夜广播,苏联已对日宣战"。下午,应邀往对外文协参加送别宴会,并讲话。对于文化协会与凯会长表示深厚的谢意,"为我订了周详的计划,使我在短时间之内游历了不少的地方,得到了很丰富的学习机会。尤其在今天,这样历史性的纪念日,受到盛大的招待,使我感受着没世不忘的光荣"。参加宴会者,"中国方面有傅大使、钱参事、胡济邦,苏联方面,凯缅诺夫会长特别为我介绍了好几位新见面的来宾:名作家爱伦堡、西蒙诺夫,作家联盟的主席尼古拉·吉洪诺夫,外交部第一远东司司长邓金等众多朋友们"。12日晨,起草《白居易译诗序》。同日,就苏联对日宣战,对塔斯社记者发表谈话,"感到深切的喜悦"。认为"是使日本帝国主义完全败北的一种保证"。16日乘飞机启程回国。18日,致函费德林。19日,由德黑兰经印度飞抵昆明。20日上午,飞抵重庆。(参见林甘泉、蔡震主编《郭沫若年谱长编》,中国社会科学出版社2017年版)

冼星海1月中旬带领库斯坦城音乐馆演出队去哈萨克山庄巡回公演,不幸染患肺炎,经当地医院抢救,"挣扎了三个月",方始脱险。2月15日,抱病作管弦乐《中国狂想曲》,这是中国第一部民族形式的狂想曲,包括五乐段,分别取中国民歌《古情歌》《五月鲜》《下山虎》《观灯》《秧歌》作主调,云"因久患重病,四肢无力,作此聊解数月来苦痛,令我寻味过去""想念祖国"。该乐谱1951年由北京人民出版社出版。春,抱病整理作品,撰写《创作札记》,将历年创作编成26号。5月,因病情严重,且查明是"延安来的音乐家",即被库斯坦当局转送至莫斯科克里姆林宫医院。经诊查,发现患有肺结核、肝肿、腹膜炎、心脏病。同月,向探望者黄循表示,希望战胜病魔,完成未竟之业,云"我还想再活三十年,用我的音乐去歌唱中国人民的壮丽事业!"10月2日,冼星海在致格利埃尔信中抱憾自己未能在"欧洲大城市的交响音乐会中听到自己的作品",期望能在大师的"指导和帮助"下实现此愿。25日,致莫拉杰里信中云"一旦可怕的危险期过去,医生让坐起,我就要写'交响诗·胜利'""请寄总分谱纸"。30日晚12时,因疾病并发,在莫斯科克里姆林宫医院病逝,终年40岁。11月上旬,莫斯科中国留学生会同苏联有关部门为冼星海逝世举行追悼会,遗体火化,骨灰盒陈放于莫斯科郊外顿斯科伊古教堂,骨灰盒上用俄文写下:"中国作曲家,爱国主义者,共产党员:黄训。"

按:冼星海的主要作品是在延安完成的,共写了六部大合唱,两部歌剧,一部交响乐,近百首歌曲,音乐理论文章近10篇,还有教学讲稿多部。冼星海病逝后,由李立三从苏联带回他的作品手稿,包括《民族解放交响乐》《神圣之战交响乐》《中国狂想曲》《满江红》《黄河大合唱》全部管弦乐总谱,歌剧《滏阳河》《九一八大合唱》组曲,以及独唱、独奏曲、各种舞曲、创作札记、歌曲等一大批宝贵音乐财富。遵照党的指示,当即在延安成立了以中央管弦乐团副团长金紫光为主的"星海作品保管委员会",并计划组织"星海研究会"。他在遗作《民族解放交响乐》的"说明"中赫然写着:"此作献给伟大的中国共产党中央委员会和光荣的领袖毛泽东同志。"说明他心里时刻有党在。

按:冼星海逝世消息迅速传到延安。11月6日,《解放日报》发表了柯仲平的《悼星海》一诗:"星海!星海! 你的短歌——手榴弹;你的大合唱——暴风雨一般;你的民族交响乐,雄浑如中国的长江大海、中国的峻岭高山。你,中国人民的超等歌手;你,聂耳后的一大天才。"11月12日,延安《解放日报》发表冼星海在莫斯科病逝消息,周扬、沙可夫、吕骥、贺绿汀等在延安宣布成立冼星海同志追悼大会筹备委员会。14日,遵照毛泽东的指示,延安各界在冼星海曾工作的鲁艺大礼堂隆重举行人民音乐家冼星海追悼大会。礼堂正中悬挂毛泽东主席手书悼词:"为人民的音乐家冼星海同志致哀!"参加大会的有边区政府主席林伯渠、边区文协主任吴玉章,以及有关领导谢觉哉、徐特立、罗迈(李维汉)、姚尔觉等七百余人。主祭是鲁艺院长吴玉章,陪祭是周扬、柯仲平。谢觉哉致悼词,吕骥报告冼星海生平。鲁艺戏剧音乐系演唱冼星海谱写的歌曲《救国军歌》《青年进行曲》《在太行山上》《保卫黄河》等。吴玉章致词说:"冼星海同志是中国的天才音乐家。他的逝世,是党和中国人民的巨大损失。他一生为劳动人民奋斗不息,他的歌曲表现了中国广大人民的要求,表现了中国革命时代的精神。"又说,冼星海有三点值得我们学习:第一,热烈的爱国精神,追求民族解放的精神;第二,是他对于广大人民的热爱;第三,是正确的艺术路线方针——为政治服务,为群众斗争服务。延安自然科学院院长徐特立说:"冼星海同志和聂耳同志,是中国历史上划时代的音乐家,他们的歌曲,是解放前的中国人民的呼声,他们是音乐界的鲁迅和邹韬奋,值得我们永久地纪念。"罗迈、贺绿汀、肖军、柯仲平相继讲话。15日,《解放日报》刊出"冼星海同志追悼特刊",登出诗文有吕骥的《悼冼星海同志》,贺绿汀的《哀悼星海同志》,周巍峙的《解放区人民热爱星海同志》,向隅的《学习星海同志的优良作风》,张鲁的《我们常想看的亲爱的导师》,马可的《回忆星海同志》,白韦、刘采石的诗歌《哀悼》,以及星海年谱和星海遗作《路是我们开》(歌曲)。

　　按:1946年1月5—7日,冯玉祥、沈钧儒、周恩来、柳亚子、马思聪等48人在重庆联名发起假江苏同乡会礼堂举行冼星海逝世纪念音乐会,由伍伯就独唱《别情》《夜半歌声》《莫提起》;由张相英独唱《热血》《茫茫的西伯利亚》;由陈贻鑫指挥育才学校音乐组演唱《生产运动大合唱》(塞克词);由严良堃指挥国立音乐院音艺合唱团演唱《黄河大合唱》;独唱储声虹、叶理平、张相英,伴奏屠咸若。1947年3月10日,郭沫若在上海作《序〈黄河大合唱〉》,赞扬《黄河大合唱》"是抗战中产生的最成功的一个新型歌曲。音节的雄壮而多变化,使原有富于情感的辞句,就象风暴中的浪涛一样,震撼人的心魄","星海兄同时是一位革命家,尽管他那样专心于音乐,但他并不是为艺术而艺术的那种妄人,他是要以音乐服务人民、服务革命的工具的。因此神圣的抗日战争爆发,他就不能不放弃他的学业而从海外回到祖国的怀抱里来了。回国后便参加了政治部第三厅,我们曾经朝夕相处了二年光景,他终究上延安去了。这《黄河大合唱》就是在延安产生的。""星海虽然离开了我们,但他是永远和我们在一道的。听吧,黄河在怒吼! 那就是他的灵魂在怒吼,是中国的灵魂在怒吼!"1983年1月19日,莫斯科苏中友协假各国人民友谊之家举行骨灰交接仪式,由苏中友协副主席贾丕才与中国驻苏大使杨宋正分别代表两国政府履行手续。25日,中国驻苏大使馆一等秘书张敏鳌自莫斯科乘机专程护送冼星海骨灰盒抵北京,苏中友协和中国音协在北京机场举行迎灵仪式,即由孙慎代表中国音协、冼妮娜代表亲属护送去北京八宝山革命公墓临时存放。1985年11月26日,中国音协于北京八宝山革命公墓举行冼星海骨灰越灵仪式,由严良堃、冼妮娜乘火车护送至广州。1985年11月29日,广东省聂耳逝世50周年、冼星海逝世40周年大会筹备委员会,假广州新落成之星海园隆重举行冼星海骨灰安放仪式。(参见秦启明《冼星海年谱简编(1905—1945)》(续完),《星海音乐学院学报》1990年第1期;艾克恩编纂《延安文艺运动纪盛》,文化艺术出版社1987年版;钟敬之、金紫光主编《延安文艺丛书・文艺史料卷》,湖南文艺出版社1987年版;孙国林编著,王佳钰、王增辉校订《延安文艺大事编年》,陕西师范大学出版总社2016年版)

　　郁达夫1月1日例作遗言,谓"自改业经商以来,时将八载,所得盈余,尽施之友人亲属之贫困者",积贮无多,目前现金"约存二万余盾;家中财产,约值三万余盾。'丹戎宝'有住宅草舍一及地一方,长百二十五米达,宽二十五米达,共一万四千余盾"。全部财产、金银器具等"当统由妻何丽有及子大雅(亚)与其弟或妹(尚未出生)分掌"。国内财产"有杭州场官衡住宅一所,藏书五十万卷"以及"未取回的著作版税由国内三子飞、云、均所得"。了娜说,像这种遗嘱,"还不止一张",就他知道的,就有两张(据了娜《流亡外纪》)。孙百刚说,关于"国内有藏书五十万册云云。这显然不是笔误便是吹牛。要说是笔误,应是五万卷,但五万之数还是夸大的。也许达夫有意如此,因为当时他是以富商的身份出现,不但当时是赵豫记酒厂的老板,而且以前在国内也是一位大资本家。豪商巨贾家中有几万册藏书,不算稀希"。8月18日,从无线电台得到日本无条件投降的消息,惊喜欲狂,独酌相庆,吟诵杜甫的《闻官兵收河南河北》。吟诵到第二遍,声调渐渐低沉,觉得自己的处境和杜少陵不同,情况也比少陵复杂得多,还有很多牵肠挂肚之事犹待料理。思前想后,兴奋、悲愤、怨恨交织在一起,唏嘘一阵。……嗣后,曾召集当地华侨组织和文化界人士举行会议,准备组织欢迎联军筹备委员会。29日,与包思井等几位客人在家聊天,谈论结束农场之事。8点钟后,有一个三十来岁模样的青年叩门,说要达夫帮忙一事,被骗至荒外,秘密逮捕。9月17日,郁达夫被日本宪兵秘密杀害于离武吉丁宜七公里的丹戎革岱荒野中。

　　按：关于郁达夫被捕杀害之原因，胡愈之《流亡和失踪》说："日本人在抗战时期没有逮捕达夫，现在已经投降了，为什么还要逮捕他呢？那只有一个动机，就是为了要消灭日宪兵的残暴罪恶的见证。"郁达夫牺牲后，胡愈之于 1946 年 8 月 24 日给全国文艺界协会书写《郁达夫的流亡和失踪》的报告，高度评价了郁达夫的一生，认为"他的一生是富丽悲壮的诗史"，并说："他不能用他自己的笔来写这篇伟大的诗史，是中国文艺界一笔大大的损失。"1953 年 8 月 30 日，巴东及苏西文化教育工作者，为纪念达夫及同在日据时期遇难的 11 位苏东反日同志，在离武吉丁宜三公里华侨公墓处，立二公尺长宽之四方形纪念碑一块。解放后，郁达夫被人民政府追认为革命烈士。故乡人民为纪念这位在抗日战争中为中国民族革命作出了贡献的文学家和为国殉难的他的胞兄郁华烈士，在富阳鹳山建造了一座"双烈亭"，茅盾挥毫题写"双松挺秀"。（参见陈其强《郁达夫年谱》，浙江大学出版社 1989 年版）

　　胡愈之在临近抗战胜利时撰写了《告侨胞书》《告印尼兄弟书》等文。国内误传胡愈之在南洋病故。7 月，《中学生》杂志出版特辑，发表叶圣陶、茅盾、傅彬然、云彬、柏寒、胡子婴等 6 人悼念胡愈之的文章。8 月 23 日，与沈兹九、汪金丁等到棉兰，庆贺抗战胜利，着手办《民主日报》。29 日，郁达夫失踪，胡愈之不顾个人安危，亲自去巴雅公务作专门调查。写了《郁达夫的流亡和失踪》，揭开郁达夫失踪之谜。10 月间，借沈兹九等 9 人从苏门答腊返回新加坡。应文化界老战友陈如旧邀请与张企程、吴柳斯、刘漫等去吉隆坡、槟城等地参观访问。在新加坡筹办新南洋出版社。12 月 1 日，开始用"沙平"笔名，主编《风下》周刊，并发表许多文章，开始了历史新时期的战斗。3 日，在《风下》周刊创刊号发表《原子与外交》《关于民族形式文化生活漫谈》等文，并在"这一周"栏上发表《开场白》《剿共内战与民主统一》《白宫外交的歧途》《人民抗日军复员》等短评。10 日，在《风下》周刊第 2 期发表《少年航空兵》（连载小说，至第 38 期止连载完）。7 日，在《风下》周刊第 3 期发表《关于华侨地位的新认识》，并在"这一周"栏上发表《莫斯科会议与和平阵线》《印尼问题》《经济的慕尼黑》《尼赫鲁将来马来亚》等短评。24 日，在《风下》周刊第 4 期"这一周"栏发表《欧洲与远东》《伊朗的民主斗争》《国内团结问题》《马来亚民主同盟》等短评。12 月 2 日，胡愈之、沈兹九致郑振铎等人信，后发表于次年 3 月 1 日北平《集纳》半月刊第 2 期。22 日，胡愈之夫妇致信夏丏尊等，讲述了当年在新加坡的艰难生活。（参见朱顺佐、金普森《胡愈之传》及附录《胡愈之生平大事年表》，杭州大学出版社 1991 年版；陈福康《郑振铎年谱》，三晋出版社 2008 年版）

　　林惠祥在新加坡参加陈嘉庚主持的有关南洋华侨筹赈会活动资料的整理编辑工作，协助整理出版刊物，参加《南侨回忆录》一书的编辑出版工作。

　　董寅初在日本投降后，始恢复自由，为促进华侨社会的团结，共同建立中华侨团总会，并担任常务委员、总干事兼治安委员会总会主任，积极保护华侨安全。

　　王任叔参加苏岛华侨民主同盟，主编《前进周刊》、印尼文《民主日报》，写成大型话剧《五祖庙》。

　　苏联 А·托尔斯泰逝世。3 月 6 日，毛泽东电唁 А·托尔斯泰之丧。苏联作家协会主席吉洪诺夫讣电给毛主席说："苏联作家协会主席团悲痛地通知你，杰出的我国作家亚列克赛·尼科拉耶维奇·托尔斯泰之逝世。"毛泽东主席复电称："惊闻苏联著名作家，亚列克赛·尼科拉耶维奇·托尔斯泰逝世噩耗，谨致哀唁。"中国陕甘宁边区文化协会亦致电哀悼，表示"我们新中国的文化工作者们，在反对日本法西斯侵略者的斗争中，将以更努力的工作纪念亚列克赛·托尔斯泰先生之逝世"。8 日，方纪在《解放日报》发表《对 А·托尔斯泰创作的一点介绍》。同版刊登《А·托尔斯泰传略》。9 日，萧三在《解放日报》发表文章

《悼A·托尔斯泰》。(参见艾克恩编纂《延安文艺运动纪盛》,文化艺术出版社1987年版)

美国外交官约翰·S.谢伟思2月中旬在为即将回国的阿尔伯特·魏德迈将军所写的备忘录中,首次建议美国政府对中国共产党奉行类似盟国对南斯拉夫的铁托游击队所奉行的政策。即像丘吉尔一样,根据一切党派在和德国人作战中的努力的情况,而不是以他们的意识形态来判断是否提供援助。3月9日,谢伟思返抵延安。13日,毛泽东会见谢伟思,在谈话中指出美国对涉及中国的问题依然没有一个明确的看法,美国政策依旧是暧昧不明的。又说:中国战后最急需的是发展经济。中国必须建立起轻工业以供应市场,提高人民的生活水平。像中国这样大而又落后的国家,在未来的长时间里,必然是农业占优势。农民问题是中国未来的基本问题。除非在解决农业问题的基础上,中国工业化不可能取得成功。中国必须实行土地改革和民主,中国共产党的政策将给中国带来民主和坚实的工业化的手段。最后指出:蒋介石拒绝成立任何真正的联合政府,他宣布在1945年11月召开国民党一手炮制的国民大会,他现在走的道路是直接导向中国内战和国民党毁灭的道路。必须向中国的自由主义者和中国的朋友美国,讲清楚蒋介石决心立即在国民党独占的基础上建立立宪政府这一最新策略所具有的危险。和平过渡到宪政的唯一希望就是成立联合政府。谢伟思将这些情况及时地一一报告重庆和华盛顿。30日,谢伟思接到要其立即返回华盛顿报到的命令。中共领导人还以为美国政府在收到他的报告和使馆电报后要进一步听取他的意见。

谢伟思4月1日下午4时应邀前往毛泽东的住所。周恩来和朱德已先行到场,谈话彻夜进行。毛泽东再次明确地表示愿意和美国友好和合作,希望美国对国共双方采取不插手政策。这是谢伟思和中共领导人之间的最后一次谈话,涉及国共、中美、中苏关系等许多重要问题,其深度和广度均超过以往的历次谈话。4月4日,谢伟思离开延安。12日,谢伟思抵达华盛顿。这一天恰逢罗斯福逝世。气氛急转直下,对谢伟思的归来无人问津。此时,谢伟思偶尔邂逅了《美亚》杂志主编菲利浦·贾飞,将自己撰写的有关中国问题的一些报告借给贾飞阅读。美国"联邦调查局"一直怀疑贾飞为苏联间谍。6月6日,谢伟思受此案牵连与包括贾飞在内的另外5人同时被捕,成为当时轰动全国的头条新闻。7日,《旧金山新闻报》的头条大标题是《共产党获得了美国机密》。8日,报纸进一步点名集中攻击谢伟思,头条大标题竟说:《赤色分子制造了史迪威和蒋介石的分裂》。此即著名的《美亚》案件,"标志了美国对华政策的一个转折点"。(参见中共中央文献研究室编撰、逢先知主编《毛泽东年谱(1893—1949)》,人民出版社、中央文献出版社1993年版)

美国司徒雷登继续被日军关押。5月9日,苏联红军攻克柏林,德国法西斯彻底失败,第二次世界大战接近尾声。6月中旬,日本内阁通过了释放司徒雷登的决定,拟由司徒雷登前往重庆去说服蒋介石。7月26日,中、美、英三国政府通过和发布了《波茨坦公告》,促令日本无条件投降。日本军界的一些顽固分子还想做最后挣扎,他们一方面逼迫政府不得投降,一方面派代表会见司徒雷登,要求司徒雷登充当求和使者,被司徒雷登断然拒绝。8月15日,日本宣布投降。17日,司徒雷登获得自由。从1941年12月9日被捕到1945年8月17日获释,司徒雷登的囚禁生活整整持续了三年零八个月。刚刚出狱,司徒雷登就邀请尚留在北平的燕大教职人员陆志韦、洪业、林嘉通、蔡一谔、侯仁之等5人在东交民巷三官庙开会,组成复校工作委员会,共商复校大计。他一心要使燕京大学成为抗战胜利后第一所在北平恢复的大学。8月29日,司徒雷登在美国军事代表团的安排下,搭乘美国军用飞机飞往重庆。此行的主要目的有两个，一是参加国民党政府为庆祝抗战胜利举行的活动；二是与在成都复课的燕大流亡师生见面。在重庆，数百名燕大校友专门为老校长举办了一次盛大的招待会，共同庆祝校友们劫后重逢。18 日，司徒雷登参加蒋介石的外交招待会。在会场晤见了正在重庆参加国共和谈的中共代表毛泽东、周恩来和董必武，双方进行了交谈。毛泽东问候司徒时说："现在延安有许多你以前的学生。"司徒答："我希望他们为他们学到的东西增光。"不久，毛泽东和周恩来又专门设宴招待了司徒雷登。28 日，司徒雷登由重庆飞抵成都，逗留二日，视察成都燕大，受到全校师生热烈欢迎。司徒雷登由前往新津盟军机场迎候的师生代表陪同，抵达陕西街校门时，门房校工敲锣，全校师生涌向校门口欢呼迎接。司徒雷登校务长登上校门内教士楼教授宿舍前廊高台，向全体师生致意，简短致词，感情至为激动。随后，在操场的盛大欢迎会上发表演讲，并安排"公开会见时间"接见学生。后来司徒校务长回忆说："他们什么都缺，没有图书、科学实验设备和教科书，这种情况只有那些亲眼见到过从沿海各省迁往内地的其他学府，和战争所造成的其他灾难的人，才能想象得出来……看到我所热爱的同事和他们的学生在如此多的困难面前，仍然勇敢的坚持着，并给予我热烈的欢迎，我感到近四年的监禁是值得的。"10 月 10 日上午 10 点，浴火重生的燕大师生在燕园大礼堂举行了隆重的开学典礼。大礼堂里欢声雷动，大家一起为胜利欢呼，一起为新生的燕京大学欢呼。11 月 6 日《燕京新闻》刊出成都各大学学生团体联谊会主编之"反对内战，促进民主团结"专刊。12 月 8 日，庆祝北平燕大复校及成都复校 3 周年，全校举行庆祝大会。（参见张玮瑛、王百强、钱辛波主编《燕京大学史稿》，北京人民中国出版社 2000 年版；覃仕勇《隐忍与抗争：抗战中的北平文化界》，北京时代华文书局 2015 年版）

美国夏仁德是年夏再次回到燕京大学。11 月 1 日，夏仁德、许鹏程教授自北平抵成都燕大，学生自治会举行欢迎大会。6 日，夏仁德教授在周会讲演美国近况。

按：1946 年，夏仁德经西安、上海回到海淀燕园，任燕大教育系主任。1950 年夏仁德返美，1963 年退休。1973 年 4 月，夏仁德夫妇得到邀请回中国作客，周恩来总理在中山公园欢迎他们。（参见张玮瑛、王百强、钱辛波主编《燕京大学史稿》，北京人民中国出版社 2000 年版；覃仕勇《隐忍与抗争：抗战中的北平文化界》，北京时代华文书局 2015 年版）

英国著名科学家、中央科学合作馆馆长李约瑟博士 9 月访问西北大学，并于 18 日在校本部大礼堂作《科学与民主主义》的学术报告，会后又与教授座谈交流学术问题。10 月，李约瑟在《自然》杂志上发表《贵州和广西的科学》，其中写道："在遵义之东 75 公里的湄潭，是浙江大学科学活动的中心。在那里，不仅有世界第一流的气象学家和地理学家竺可桢，有世界第一流的数学家陈建功、苏步青教授，还有世界第一流的原子能物理学家卢鹤绂、王淦昌教授。他们是中国科学事业的希望。"（参见西北大学校史编写组《西北大学校史稿》，西北大学出版社 1987 年版；朱原之、杨之玥、周炜、章咪佳《73 年前的浙大是这样砥砺前行的》，《浙江日报》2017 年 10 月 22 日）

英国著名记者冈瑟·斯坦因所作《毛泽东朱德会见记》一文刊于 1 月 30 日英国《新闻时事报》，此文记述了他几次访问中对毛泽东的印象。他说：在我同毛泽东谈话的 30 小时当中，通过所有我所访问过的几百个共产党人，也包括地主、商人等等，我开始了解毛泽东先生所享有的信任与爱戴了。"他几乎羞怯的谦逊与自然的热诚，反映着对于别人的人性尊严的深深敬重，以及对人的学习能力的深深信任，那正是他不断地让负责的工作者们所牢记的基本意识之一。""一开头，他显得有点温和。但他却有一种人的坚定性，那种人相信着智慧的说服而不信强力，并且知道怎样鼓舞别人热衷于战争的胜利作为当前的目标，热衷于社会与文化的进步作为久远的目标。"(参见中共中央文献研究室编撰、逄先知主编《毛泽东年谱(1893—1949)》,人民出版社、中央文献出版社 1993 年版)

英国林迈可全家抗战胜利后返回英国。毛泽东在送行的晚宴上,对林迈可在中国抗战中作出的贡献给予了肯定和感谢。新华社高级编辑刘光牛说,林迈可离开中国前,将他在 8 年内所有关于广播的资料都留给了新华社,有很多至今依然保存在档案馆中。

按:林迈可重返英国后,一直持续关注中国的国际传播事业,多次致信新华社,为英文稿件的翻译等提出建议,并在新中国成立后多次重访中国,直到 1994 年去世。1975 年,英国出版了林迈可著《抗战的中共》,引起极大反响。1987 年,国际文化出版公司出版了林迈可著《八路军抗日根据地见闻录——一个英国人不平凡经历的记述》。2005 年,解放军文艺出版社出版林迈可著《抗战中的红色根据地》。三本书内容基本相同,连同二百余幅照片,记录了林迈可夫妇的难忘经历。(参见覃仕勇《隐忍与抗争:抗战中的北平文化界》,北京时代华文书局 2015 年版)

比利时天主教传教士文宝峰从日本侵略军潍县集中营释放回北平。8 月中旬,由常风陪同访问周作人,文宝峰向周作人请教了关于语丝社的一些问题。文宝峰曾于 1943 年秋天写信给周作人,想请他指导学习中国新文学。周作人回信介绍他找常风,请常风帮助他学习。后文宝峰曾用法文写了《中国现代文学史》。(参见张菊香、张铁荣主编《周作人年谱》,南开大学出版社 1985 年版)

三、学术论文

王治心《中国学术史上四大争端》刊于《大众(上海)》第 30—31 期。

按:王治心《中国学术史上四大争端》一文,分两期对中国学术史上四大争端:"今文古文之争,程朱陆王之争,汉学宋学之争,科学玄学之争"进行了介绍。

是文曰:"学术思想以有争端而得进步,证诸世界各种学术而可信。大抵甲创一说,便产生乙说与之抗以成对峙之局;不久,有丙者出而折衷调和之以另树一说,接着又有丁说起而对抗。如此递嬗而下,由戊而己由庚而辛的继续争辩,愈争辩则愈入微,正如剥笋,愈剥则愈近里。例如:哲学上有一元二元,唯心唯物,现象实在等问题之争;文学上有唯美浪漫,象征写实,古典朴素等主义之辩,证诸世界哲学史文学史而无可否认的。由此可见争辩至于学术是一件有价值的事,但却不容有主观的偏见,夹杂意气,不然,不独得不到任何成效,相反的,使学术本身陷入于乌烟瘴气之中,又可见争辩也是一件不容易的事。我中国学者向来反对争辩,而以为'辩生于末学',是徒见其弊端而不见其利的缘故。在中国学术思想史上,不能否认也曾有过不少的争端,而其争端的是否合乎逻辑?姑置不论,不过既然有争端,总可以承认是一种好现象。例如我们所认为学术思想上的黄金时代的先秦诸子,便是这种情形。"

是文认为:先秦以后,中国学术史上有四个较大的争端:

一、今文古文之争。"秦灭以后,汉初搜求经书,以汉代通行的隶书写定的,成为今文经,如世所传的熹平石经及汉碑等是;后来由孔壁中及其他所搜寻得的古籀文原本,称为古文经,如世所传的钟鼎石鼓文之类;因此,就有两种不同的文字的经籍,而有古今文的分别。更从文字不同而引起的争端,牵连到意义上去,今文专明微言大义,通经致用;古文多详章句训诂,考证古制。《尚书》便是引起这争端的导火线,以伏胜所口授而传于欧阳夏侯的为今文,以孔安国所得于孔壁的为古文,以考伏生今文《尚书》二十九篇,得多十六篇。由是在《尚书》的争端上,不独是文字,意义,即篇幅,传授,亦都为争辩的材料。更由《尚书》的争端,影响到其他经籍,如《诗》《礼》《易》《春秋》等,莫不各有古今文的问题了。西汉是今文学时代,所列于学官的,都是今文经。……及至汉哀帝时,刘歆以继父校书之故,而得古文经,奏请列《春秋左传》《毛诗》《逸礼》等书于学官,帝令与博士们讲论其义,诸博士皆不肯置对,刘歆乃移书责让之,以明古文经的可信,……是可谓热心拥护古文的第一人,当时虽没有达到目的,而为一班博士们所攻击,甚至龚胜、师丹、公孙禄等，欲请治刘歆以乱经之罪，以为古文是伪托的。然而从此以后，诗有毛氏，易有费直，书有孔安国，礼有周官，春秋有左氏，遂与今文经争取其地位，于是古今文两派，如水火不相容，主今文的以古文为变乱师法，主古文的以今文为党同妒真，争锋相对，各不相让。直至东汉初，韩歆请立费氏易左氏春秋博士，今文家虽数数廷争，而古文学者始渐渐抬头，东汉便成为古文学全盛时期。"

二、程朱陆王之争。"自宋至明，前后约六百多年间，称之为理学时代，理学本为儒学的别一名称，也有称之道学的，《宋书》中于《儒林传》之外别立《道学传》以示区别。因为他们虽然也是发扬孔子，却与汉唐的面目有些两样，带些道佛思想在内，所以梁任公称它为'儒表佛里'之学。我们读黄宗羲、全祖望所辑成的《宋元学案》《明儒学案》，其间所列的理学家，不下数百家之多，然而总其学说，大致可归纳成两大派，即程朱派与陆王派是。""这两派所辩的问题，原是一般哲学上的普通问题，即纯理论与经验论的不同。纯理论者，以为真理的认识，难乎知觉经验，全然为理性的作用；经验论者，以为知识全由经验而得，经验以外，没有知识的根源。前者认知识是先天的，后者认知识为后天的。据此以观察程朱陆王的意见，有显而易见的区别：朱熹为学，包括在'居敬穷理'四字，所谓居敬，即伊川所说的'涵养须用敬'，所谓穷理，即伊川所说的'进学在致知'。以为求圣之道，不外此二语，所以涵养致知为第一义，涵养是德性的工夫，致知是知识的工夫，好像车的两轮，缺一不可。……所以程朱一派的主张，是外而内的，注重在'经验'，与陆象山不同的地方就在此。陆象山以为求圣工夫，必须先要把'心'收拾得住，然后可以读书求知；不然，读书愈多，知识愈高，则其作恶的力量愈大，曾说：'学者须是打叠田地净洁，田地不净洁，若读书，则是假寇兵，资盗粮。'读书所以求知识，有知识的人，未必有道德，道德不一定从书本中得来的，所以他曾经问朱子说：'尧舜曾读何书？'承认道德是从心地里做起的，是由内而外的，这也就是孟子所说'先立乎其大者'的意思。与朱子所争，只在一个'先'字，一方面以为先致知而后立德，一方面以为先立德而后致知，并不是叫人不要读书，只是不要把读书当做第一件事。……明朝王阳明的致良知，是以发扬陆学为己任，……因此，宗王学者，皆从静悟中用功，有'一悟便了'的话，愈近于禅，发生极大流弊，而引起清代学者的反动。……总之：程朱陆王的异点：程朱所重，学问思辨，即物穷理，注意经验，归纳方法，近于荀子，由内而外；陆王所重，简易直捷，心即理，发挥直觉，演绎方法，同于孟子，由外而内。"

三、汉学宋学之争。"清代学术上劈头第一问题，即为汉学与宋学，什么叫汉学宋学？皮锡瑞《经学历史》上这样说：'治经必宗汉学，而汉学亦有辨：前汉今文说，专明大义微言；后汉杂古文，多详训诂章句。章句训诂不能尽厌学者之心，于是宋儒起而言义理，此汉宋之经学所以分也。'这是说明汉宋学的分别。清儒治经学者，以研究理学的人，称为宋学家，以研究考证学的人，称为汉学家；江藩《汉学师承记》里把汉学家与宋学家分别得很清楚。首先揭橥'反宋'旗帜的，在清初则有顾、黄、王、颜四大家，顾即顾炎武，可以说是反宋学者中的先锋，他提出了'经学即理学'的口号，全祖望《顾先生神道表》上说：'谓古今安得别有所谓经学者，经学即理学也。自有舍经学以言理学者，而邪说以起。不知舍经学则其所谓理学者禅学也。'其攻击理学的原因，以其只知空谈心性，不知切实学问，乃是变相的禅学。……清初学者反宋的一方面，而汉学还没有正式地建立起来，顾炎武'经学即理学'的主张，虽后人目之为汉学开山祖师，而真正的汉学，要算自乾隆时的吴派、皖派起头。吴始惠栋，尊古宗汉，梁任公说：'清代学术，论者多称为汉学，其实纯粹的汉学，惟惠氏一派。'皖始江永、戴震，初颇崇仰宋学，继则变而诤宋，与颜李浙东之说相出入。"

四、科学玄学之争。"这是五四运动以后的一件新事体，是发生于民国十二年前后的。谁都承认民国八年的五四运动，乃是中国思想转变的枢纽，正好像西洋的文艺复兴一样。五四以前，虽已有过什么维新运动，新文化运动，酝酿了许多年，及至五四，方始起了根本的变化，从封建势力下完全得到了解放，从政治上的反抗起头，扩大成为全部的社会运动，主张个人的自觉，对于一切旧制度，旧思想，旧伦理，旧生活，旧文化，旧文学……等等，都加以澈底的反抗。于是便产生出许多的讨论，例如：对于礼教的攻击，白话文言的争论，东西文化的比较，对于古史的怀疑，……等等，发表了不少意见。特别是关于这'科玄'问题，一时学者，都加入讨论，而讨论的文章，几乎有三十万言之多，亚东书局把两方面的文章，收集起来，订成一本《科学与人生观》的书，同时，也有人出了一本《人生观论战》，内容上差不多是一样的。这些文章，大概发表在北京的《努力周报》《清华周列》《晨报副刊》，上海的《时事新报·学灯》《太平洋杂志》……等报上，这里面分成三方面意见:(一)以为人生观是超科学的,(二)以为人生观是受科学支配的,(三)以为人生观有一部分可以用科学来支配,一部分是超科学的。"

刘鸿景《老庄申韩合传论》刊于《国学丛刊(北京)》第15期。

罗继祖《唐代经学与五经正义之史料》刊于《国学丛刊(北京)》第15期。

范戍《历代石经考》刊于《国学丛刊(北京)》第15期。

张汝舟《论典籍之存佚与学风》刊于《中国学报》第1卷4期。

罗常培《文心雕龙诔碑篇口义》刊于《中国学报》第1卷4期。

张汝舟《老子辅义》刊于《中国学报》第1卷4期。

汪辟疆《方湖疏记》刊于《中国学报》第1卷4期。

柳诒徵《史原》刊于《国立中央大学文史哲季刊》第3卷第1期。

柳诒徵《史权》刊于《国立中央大学文史哲季刊》第3卷第1期。

张贵永《从英国先期浪漫主义到赫尔德的历史思想》刊于《国立中央大学文史哲季刊》第3卷第1期。

张贵永《西洋外交史研究》刊于《国立中央大学文史哲季刊》第3卷第1期。

刘节《明代心学批判》刊于《国立中央大学文史哲季刊》第3卷第1期。

唐圭璋《宋词版本考》刊于《国立中央大学文史哲季刊》第3卷第1期。

朱焕尧《四种记注史书述》刊于《国立中央大学文史哲季刊》第3卷第1期。

王玉章《宋元戏曲史商榷》刊于《国立中央大学文史哲季刊》第3卷第1期。

樊仲云《今日之中日文化问题》刊于《东方学报》第1卷3期。

杨光政《民族与文化》刊于《东方学报》第1卷3期。

蔡孙《民族与政治》刊于《东方学报》第1卷3期。

赵继圣《民族与经济》刊于《东方学报》第1卷3期。

仙心《民族与法》刊于《东方学报》第1卷3期。

柳雨生《民族与文学》刊于《东方学报》第1卷3期。

赵正平《中华民族复兴问题史观》刊于《东方学报》第1卷3期。

吴敏轩《日本民族的体质及其构成》刊于《东方学报》第1卷3期。

赵光磊《泰国的民族运动》刊于《东方学报》第1卷3期。

龚达仁《苏联的民族问题与民族政策》刊于《东方学报》第1卷3期。

仲涛《犹太民族问题》刊于《东方学报》第1卷3期。

黄征夫《印度简论》刊于《东方学报》第1卷4期。

樊仲云《读史漫谈》刊于《东方学报》第1卷4期。

赵继圣《印度政治机构之史的概述》刊于《东方学报》第1卷4期。

印仁《现印度的文化》刊于《东方学报》第1卷4期。

昭立《印度种姓阶级制度史观》刊于《东方学报》第1卷4期。

胡逸名《印度经济论》刊于《东方学报》第1卷4期。

谢建南《印度近代工业的发展》刊于《东方学报》第1卷4期。

黄日燕《英国对印土侯国的政策》刊于《东方学报》第1卷4期。

吴敏轩《印度独立运动指导者群像》刊于《东方学报》第1卷4期。

钱萼孙《吴梅村清凉山赞佛诗笺》刊于《真知学报》第4卷第1—2期。

钱万选《旧乐评议》刊于《真知学报》第 4 卷第 1—2 期。

童玉民《中国古农书提要》刊于《真知学报》第 4 卷第 1—2 期。

苏后《战争财政和战争经济》刊于《真知学报》第 4 卷第 1—2 期。

张季信《课程编制之研究》刊于《真知学报》第 4 卷第 1—2 期。

李长傅《中国地名研究》刊于《真知学报》第 4 卷第 1—2 期。

古品先《棉花杂种之研究方法》刊于《真知学报》第 4 卷第 1—2 期。

卫聚贤《周易研究》刊于《说文月刊》第 5 卷第 3—4 期。

杨树达《洹子孟姜壶跋》刊于《说文月刊》第 5 卷第 3—4 期。

赵擎寰《饕餮纹样溯源》刊于《说文月刊》第 5 卷第 3—4 期。

孔玉芳《四川省立博物馆所藏汉代石函浮雕与陶制明器说》刊于《说文月刊》第 5 卷第 3—4 期。

何遂《校经图序》刊于《说文月刊》第 5 卷第 3—4 期。

董作宾《么些象形文字字典序》刊于《说文月刊》第 5 卷第 3—4 期。

黎东方《尚书禹贡篇会释》刊于《说文月刊》第 5 卷第 3—4 期。

莫伯强《桂林文献漫录》刊于《说文月刊》第 5 卷第 3—4 期。

成其原译《十七世纪时在墨西哥的中国》刊于《说文月刊》第 5 卷第 3—4 期。

朱偰《西南行诗纪》刊于《说文月刊》第 5 卷第 3—4 期。

陈志良《广西东陇傜的礼俗与传说》刊于《说文月刊》第 5 卷第 3—4 期。

卫聚贤《包公案及其考证》刊于《说文月刊》第 5 卷第 3—4 期。

卞之琳《新文学与西洋文学》刊于《世界文艺季刊》第 1 卷第 1 期。

君培《论新诗的内容和形式》刊于《世界文艺季刊》第 1 卷第 1 期。

杨周翰《路易·麦克尼斯的诗》刊于《世界文艺季刊》第 1 卷第 1 期。

君培《歌德与人的教育》刊于《世界文艺季刊》第 1 卷第 2 期。

闻家驷《罗曼·罗兰的思想、艺术和人格》刊于《世界文艺季刊》第 1 卷第 2 期。

李广田《谈报告文学》刊于《世界文艺季刊》第 1 卷第 2 期。

卢式《罗曼·罗兰的〈悲多汶传〉》刊于《世界文艺季刊》第 1 卷第 2 期。

卢式《爱密尔·白朗代及其〈咆哮山庄〉》刊于《世界文艺季刊》第 1 卷第 2 期。

杜光埙《罗斯福总统四次当选与美国民主政治》刊于《东方杂志》第 41 卷第 1 号。

吴泽炎《欧洲解放国家的内战与外力干涉》刊于《东方杂志》第 41 卷第 1 号。

曾纪桐《国际货币基金与战后美元地位》刊于《东方杂志》第 41 卷第 1 号。

刘秉仁《军队复员与就业准备》刊于《东方杂志》第 41 卷第 1 号。

陈正谟《土地制度改革与农业改造》刊于《东方杂志》第 41 卷第 1 号。

郝景盛《论我国土地之合理利用与造林》刊于《东方杂志》第 41 卷第 1 号。

周通旦《人生奋斗之意义》刊于《东方杂志》第 41 卷第 1 号。

李树青《儒家思想的社会背景》刊于《东方杂志》第 41 卷第 1 号。

龚树模《地球的运动》刊于《东方杂志》第 41 卷第 1 号。

张宗炳《生命的化学基础》刊于《东方杂志》第 41 卷第 1 号。

张礼千《东西洋考中之针路》刊于《东方杂志》第 41 卷第 1 号。

方豪《十七八世纪中国学术西被之第二时期》刊于《东方杂志》第 41 卷第 1 号。

邵祖平《杜诗精义》刊于《东方杂志》第 41 卷第 1 号。

严敦杰《红楼梦新考别编》刊于《东方杂志》第 41 卷第 1 号。

陈伯吹译《高尔基论普式庚》刊于《东方杂志》第 41 卷第 1 号。

檀仁梅《中美文化联系的商榷》刊于《东方杂志》第 41 卷第 2 号。

任美锷《美国与太平洋》刊于《东方杂志》第 41 卷第 2 号。

刘秉仁《我国历年关于工人家庭生活费之研究述评》刊于《东方杂志》第 41 卷第 2 号。

吴恩裕《对于政治的认识与态度》刊于《东方杂志》第 41 卷第 2 号。

桂裕《简化诉讼程序之管见》刊于《东方杂志》第 41 卷第 2 号。

岑仲勉《从人种学看天山南北之民族》刊于《东方杂志》第 41 卷第 2 号。

曹日昌《现代心理学的发展及其趋势》刊于《东方杂志》第 41 卷第 2 号。

简素《元代用兵日本始末》刊于《东方杂志》第 41 卷第 2 号。

詹锳《李诗辨伪》刊于《东方杂志》第 41 卷第 2 号。

杜光埙《丘吉尔战时混合内阁及其将来》刊于《东方杂志》第 41 卷第 3 号。

翟楚《建立世界和平的程序与原则》刊于《东方杂志》第 41 卷第 3 号。

简贯三《工业化、工业革命、工业建设》刊于《东方杂志》第 41 卷第 3 号。

陈植《战后农工並重论》刊于《东方杂志》第 41 卷第 3 号。

易日译《西比利亚的交通》刊于《东方杂志》第 41 卷第 3 号。

王祖唐《火箭的原理和利用》刊于《东方杂志》第 41 卷第 3 号。

鹿朔译《战争与医学》刊于《东方杂志》第 41 卷第 3 号。

李絜非《历史与地理》刊于《东方杂志》第 41 卷第 3 号。

岑仲勉《揭出中华民族与突厥之密切关系》刊于《东方杂志》第 41 卷第 3 号。

夏定域《明代黔中文献录》刊于《东方杂志》第 41 卷第 3 号。

苏莹辉《敦煌新出写本毛诗孝经合考》刊于《东方杂志》第 41 卷第 3 号。

王锐《元剧演出研究》刊于《东方杂志》第 41 卷第 3 号。

黄觉民《中国字笔顺标准的研究》刊于《东方杂志》第 41 卷第 3 号。

周敦礼《法权收回后之外侨保护与国家责任》刊于《东方杂志》第 41 卷第 4 号。

王璧岑《战后建设新中国的财政问题》刊于《东方杂志》第 41 卷第 4 号。

朱偰《战后国际贸易之趋势与我国之对策》刊于《东方杂志》第 41 卷第 4 号。

吴泽炎《英国社会保险计划》刊于《东方杂志》第 41 卷第 4 号。

汪家正译《战后世界教育的重建》刊于《东方杂志》第 41 卷第 4 号。

吴恩裕《政治学的对象问题》刊于《东方杂志》第 41 卷第 4 号。

周通旦《谈克治人欲》刊于《东方杂志》第 41 卷第 4 号。

高觉敷《关于人格之特殊习惯说与共同元素说》刊于《东方杂志》第 41 卷第 4 号。

许同莘《说剑》刊于《东方杂志》第 41 卷第 4 号。

饶宗颐《芜城赋发微》刊于《东方杂志》第 41 卷第 4 号。

崔书琴《中山先生的革命论》刊于《东方杂志》第 41 卷第 5 号。

陈钟浩《战后世界局势的展望》刊于《东方杂志》第 41 卷第 5 号。

陈盛清《战后关于土地的法律问题》刊于《东方杂志》第 41 卷第 5 号。

萨师炯《国民政府组织法之演变及其特质》刊于《东方杂志》第 41 卷第 5 号。

翟楚《政治本质论》刊于《东方杂志》第41卷第5号。

曾资生《两汉的黄老思想》刊于《东方杂志》第41卷第5号。

何贯衡《"富"与"贵"》刊于《东方杂志》第41卷第5号。

何启拔《南洋华侨人口的分析》刊于《东方杂志》第41卷第5号。

汪家正译《自由教育底蕴义》刊于《东方杂志》第41卷第5号。

施之勉《汉武后元不立年号本证》刊于《东方杂志》第41卷第5号。

李权《阅清史稿儒林文苑诸传书后》刊于《东方杂志》第41卷第5号。

岑仲勉《饕餮即图腾并推论我国青铜器之原起》刊于《东方杂志》第41卷第5号。

徐复《阙氏读音考》刊于《东方杂志》第41卷第5号。

钱穆《中国传统政制与五权宪法》刊于《东方杂志》第41卷第6号。

李毓田《从马尼拉的解放谈今后远东的军事形势》刊于《东方杂志》第41卷第6号。

毛起鹓《战后中国的充分就业问题》刊于《东方杂志》第41卷第6号。

汪家正译《民主信念与教育设施》刊于《东方杂志》第41卷第6号。

韩明谟《奥格朗教授的"文化脱节"学说》刊于《东方杂志》第41卷第6号。

沈文辅《论古今中外之常平仓政策》刊于《东方杂志》第41卷第6号。

李长之《司马迁之性格与交游》刊于《东方杂志》第41卷第6号。

岑仲勉《周铸青铜器所用金属之种类及名称》刊于《东方杂志》第41卷第6号。

谢投八《国画革新问题》刊于《东方杂志》第41卷第6号。

傅庚生《赋比与间诂》刊于《东方杂志》第41卷第6号。

孙玄常《怀仁圣教序考》刊于《东方杂志》第41卷第6号。

俞颂华《中美合作与中国经济前途》刊于《东方杂志》第41卷第7号。

毛起鹓《苏日中立条约废弃以后》刊于《东方杂志》第41卷第7号。

汪叔棣《认识英国》刊于《东方杂志》第41卷第7号。

吴文晖《论我国之地价税法》刊于《东方杂志》第41卷第7号。

范锜《习惯与品格》刊于《东方杂志》第41卷第7号。

周通旦《难者缺陷说与立志》刊于《东方杂志》第41卷第7号。

腾大春《由学术观点谈大学教育》刊于《东方杂志》第41卷第7号。

陈植《造林学之内容及其研究之途径》刊于《东方杂志》第41卷第7号。

严敦杰《宋乾兴历积年日法朔余考中考》刊于《东方杂志》第41卷第7号。

许同莘《台湾旧事述略》刊于《东方杂志》第41卷第7号。

李长之《司马迁与李陵案》刊于《东方杂志》第41卷第7号。

张长弓《蔡琰悲愤诗辨》刊于《东方杂志》第41卷第7号。

陈友松《新世界建设的展望》刊于《东方杂志》第41卷第8号。

钱穆《考试与选举》刊于《东方杂志》第41卷第8号。

陈定闳《疾病——一个社会病理学的研究》刊于《东方杂志》第41卷第8号。

周通旦《老庄无为绎旨》刊于《东方杂志》第41卷第8号。

施子愉《斯宾格勒与陶因比》刊于《东方杂志》第41卷第8号。

彭泽益《太平天国的伦理观》刊于《东方杂志》第41卷第8号。

高觉敷《欲求的水准》刊于《东方杂志》第41卷第8号。

方豪《唐代景教史稿》刊于《东方杂志》第41卷第8号。

邵祖平《韩偓诗旨表征》刊于《东方杂志》第41卷第8号。

傅庚生《谈新诗》刊于《东方杂志》第41卷第8号。

杜光埙《第二次世界大战爆发后的民主政治》刊于《东方杂志》第41卷第9号。

潘光旦《环境民族与制度》刊于《东方杂志》第41卷第9号。

周绥章《从罗斯福总统谈到新时代的政治家》刊于《东方杂志》第41卷第9号。

阮毅成《现代法学之特征》刊于《东方杂志》第41卷第9号。

曹亨闻《论十八世纪英国政论新闻学》刊于《东方杂志》第41卷第9号。

朱有瓛《个性主义与英国教育》刊于《东方杂志》第41卷第9号。

陈定闳《回教社会学家伊木·哈勒敦》刊于《东方杂志》第41卷第9号。

周荫棠《进士之出路》刊于《东方杂志》第41卷第9号。

严敦杰《算学启蒙流传考》刊于《东方杂志》第41卷第9号。

施雅风《中国古代之土壤地理》刊于《东方杂志》第41卷第9号。

方肖矩《中国伟大旅行家徐霞客》刊于《东方杂志》第41卷第9号。

贺益文《滇北风土志》刊于《东方杂志》第41卷第9号。

钱穆《论元首》刊于《东方杂志》第41卷第10号。

杜光埙《从罗斯福总统之去世论国家元首出缺时之继任问题》刊于《东方杂志》第41卷第10号。

吴清友《计划与苏联经济建设》刊于《东方杂志》第41卷第10号。

潘楚基《国际货币合作的回顾与前瞻》刊于《东方杂志》第41卷第10号。

王壁岑《县银行诸问题》刊于《东方杂志》第41卷第10号。

陈剑恒《赫胥黎论今后英国教育》刊于《东方杂志》第41卷第10号。

李树青《纪念一位土地经济学家——魏尔万先生》刊于《东方杂志》第41卷第10号。

彭泽益《太平天国与儒教》刊于《东方杂志》第41卷第10号。

马以愚《明史何以误算回历及回教隋时入华》刊于《东方杂志》第41卷第10号。

陈植《清初李笠翁氏之造园学说》刊于《东方杂志》第41卷第10号。

鲍正鹄《读顾恺之画云台山记》刊于《东方杂志》第41卷第10号。

张礼千《三宝和宝船》刊于《东方杂志》第41卷第10号。

钱穆《论地方自治》刊于《东方杂志》第41卷第11号。

潘楚基《国际民航发展的回顾与前瞻》刊于《东方杂志》第41卷第11号。

姜蕴刚《外交纵横谈》刊于《东方杂志》第41卷第11号。

汪家正译《教育设施和国际善意》刊于《东方杂志》第41卷第11号。

周宪文《家的经济观》刊于《东方杂志》第41卷第11号。

何君超《十九世纪二大划时代化学家李弼与维勒》刊于《东方杂志》第41卷第11号。

周谷城《西北交通之历史的观察》刊于《东方杂志》第41卷第11号。

朱偰《阮籍咏怀诗之研究》刊于《东方杂志》第41卷第11号。

吴泽炎《旧金山会议的任务》刊于《东方杂志》第41卷第12号。

余天柱《第二次大战后世界各国的民主问题》刊于《东方杂志》第41卷第12号。

桂裕《外国公司认许问题之商榷》刊于《东方杂志》第41卷第12号。

潘楚基《墨西哥会议的成果》刊于《东方杂志》第41卷第12号。

汪家祯《巴勒士坦问题》刊于《东方杂志》第41卷第12号。

姜蕴刚《统一政治下之秦代社会》刊于《东方杂志》第41卷第12号。

曾资生《宋辽金元的考核制度概况》刊于《东方杂志》第41卷第12号。

叶维法《民族健康与优生》刊于《东方杂志》第41卷第12号。

鲁实先《金乙未元历命算日及岁实朔实考》刊于《东方杂志》第41卷第12号。

张震泽《跋石门颂》刊于《东方杂志》第41卷第12号。

詹锳译《漫谈四声》刊于《东方杂志》第41卷第12号。

俞颂华《旧金山会议经过的检讨》刊于《东方杂志》第41卷第13号。

朱辛流《善后救济之道》刊于《东方杂志》第41卷第13号。

秦百川《完成地方自治与建立地方财政》刊于《东方杂志》第41卷第13号。

徐恩予《战后农村经济改造吾见》刊于《东方杂志》第41卷第13号。

漆敬尧《民族性与世界永久和平》刊于《东方杂志》第41卷第13号。

汪家正译《印度现代教育鸟瞰》刊于《东方杂志》第41卷第13号。

吴学周《我国战后科学研究计划刍议》刊于《东方杂志》第41卷第13号。

施之勉《春秋伯子男同位说》刊于《东方杂志》第41卷第13号。

方国瑜《跋王宗载四夷馆考》刊于《东方杂志》第41卷第13号。

詹锳译《论"裸体诗"》刊于《东方杂志》第41卷第13号。

汪叔棣《旧金山会议的特征》刊于《东方杂志》第41卷第14号。

周子亚《国际法之新趋势》刊于《东方杂志》第41卷第14号。

高迈《我国户内救济之过去与今后》刊于《东方杂志》第41卷第14号。

萨师炯《秦代的地方制度》刊于《东方杂志》第41卷第14号。

汪家正译《人性与和平》刊于《东方杂志》第41卷第14号。

钱穆《神会与坛经》刊于《东方杂志》第41卷第14号。

计终胜《改历刍议》刊于《东方杂志》第41卷第14号。

经利彬《"滇南本草"考证》刊于《东方杂志》第41卷第14号。

姜蕴刚《希特拉之死》刊于《东方杂志》第41卷第14号。

陈钟浩《论英国工党内阁》刊于《东方杂志》第41卷第15号。

钱穆《学统与治统》刊于《东方杂志》第41卷第15号。

桂裕《由性别论司法官职务之分配》刊于《东方杂志》第41卷第15号。

周宪文《宣传与反宣传》刊于《东方杂志》第41卷第15号。

漆敬尧《各国民族性》刊于《东方杂志》第41卷第15号。

萨师炯《两汉时代的地方制度》刊于《东方杂志》第41卷第15号。

严敦杰《筹算算盘论》刊于《东方杂志》第41卷第15号。

傅振伦《中国博物馆史略》刊于《东方杂志》第41卷第15号。

方诗铭《火浣布之传入与昆仑地望之南徙》刊于《东方杂志》第41卷第15号。

李絜非《明代的浙江倭寇》刊于《东方杂志》第41卷第15号。

孙道升《诗经编纂所根据之原则》刊于《东方杂志》第41卷第15号。

詹锳《改良国文教学制度刍议》刊于《东方杂志》第41卷第15号。

方九皋《原子弹与世界和平》刊于《东方杂志》第 41 卷第 16 号。

桂裕《新辨奸论》刊于《东方杂志》第 41 卷第 16 号。

杜光埙《政治民主主义失败之检讨》刊于《东方杂志》第 41 卷第 16 号。

严钟湛《论棉花核价与调整棉价问题》刊于《东方杂志》第 41 卷第 16 号。

杜若《波茨坦会议与德国疆域问题》刊于《东方杂志》第 41 卷第 16 号。

黄正铭《巴黎和会与德国疆域问题》刊于《东方杂志》第 41 卷第 16 号。

钱穆《论首都》刊于《东方杂志》第 41 卷第 16 号。

斯行健《植物与人类》刊于《东方杂志》第 41 卷第 16 号。

罗一之《唐代天可汗考》刊于《东方杂志》第 41 卷第 16 号。

周由尘《诗经长短句辑》刊于《东方杂志》第 41 卷第 16 号。

许君远《旧金山的报业》刊于《东方杂志》第 41 卷第 16 号。

张清华《民主政治的面面观》刊于《东方杂志》第 41 卷第 17 号。

钱穆《人治与法治》刊于《东方杂志》第 41 卷第 17 号。

王壁岑《对改革我国币制的商榷》刊于《东方杂志》第 41 卷第 17 号。

方九皋《论琉球的将来》刊于《东方杂志》第 41 卷第 17 号。

汪家正译《英国教育的革命》刊于《东方杂志》第 41 卷第 17 号。

姜蕴刚《友情主义》刊于《东方杂志》第 41 卷第 17 号。

萨师炯《魏晋南北朝时代的地方制度》刊于《东方杂志》第 41 卷第 17 号。

高启杰《七月的时代及其社会》刊于《东方杂志》第 41 卷第 17 号。

施之勉《终军上对在元狩五年考》刊于《东方杂志》第 41 卷第 17 号。

岑仲勉《误传的中国古王城与其水力利用》刊于《东方杂志》第 41 卷第 17 号。

易日《台湾概观》刊于《东方杂志》第 41 卷第 17 号。

谭英华《元喇嘛教徒对于中国艺术之贡献》刊于《东方杂志》第 41 卷第 17 号。

黎锦熙《新目录学及"类码法"之扩大应用》刊于《东方杂志》第 41 卷第 17 号。

储安平《英国工党执政》刊于《东方杂志》第 41 卷第 18 号。

金天锡《战时财政的新改革》刊于《东方杂志》第 41 卷第 18 号。

魏建猷《清代外国银圆之流入及其影响》刊于《东方杂志》第 41 卷第 18 号。

高迈《医药救济的社会化》刊于《东方杂志》第 41 卷第 18 号。

方九皋《第二次世界大战中基地和滩头的重要性之检讨》刊于《东方杂志》第 41 卷第 18 号。

徐嘉瑞《南诏初期宗教考》刊于《东方杂志》第 41 卷第 18 号。

许同莘《许国史地考证》刊于《东方杂志》第 41 卷第 18 号。

岑仲勉《自波斯湾头至东非中部之唐人航线》刊于《东方杂志》第 41 卷第 18 号。

石地《太平洋战争史略》刊于《东方杂志》第 41 卷第 18 号。

王云五《关于最高经济委员会》刊于《东方杂志》第 41 卷第 19 号。

潘楚基《旧金山会议的难关和成就》刊于《东方杂志》第 41 卷第 19 号。

毛起鹇《五外长会议与重划意大利疆界问题》刊于《东方杂志》第 41 卷第 19 号。

汤钟琰《国社主义与德国大学教育》刊于《东方杂志》第 41 卷第 19 号。

桂裕《大陆法系与英美法系》刊于《东方杂志》第 41 卷第 19 号。

程懋珪《战后心理建设与德语改造之基本原理》刊于《东方杂志》第 41 卷第 19 号。

王范之《王充思想评谊》刊于《东方杂志》第 41 卷第 19 号。

岑仲勉《三伏日纪始》刊于《东方杂志》第 41 卷第 19 号。

祝文白《两千年来中国图书之厄运》刊于《东方杂志》第 41 卷第 19 号。

龚骏《摩尔达维亚近代交通考》刊于《东方杂志》第 41 卷第 19 号。

李树青《喜马拉雅山巡礼》刊于《东方杂志》第 41 卷第 19 号。

张长弓《汉武帝柏梁联句辨》刊于《东方杂志》第 41 卷第 19 号。

蒋廷黻《善后救济总署之性质与任务》刊于《东方杂志》第 41 卷第 20 号。

吴泽炎《国际关系的近观与远景》刊于《东方杂志》第 41 卷第 20 号。

潘楚基《英国工党胜利的原因与意义》刊于《东方杂志》第 41 卷第 20 号。

储安平《中国人与英国人》刊于《东方杂志》第 41 卷第 20 号。

何启拔《战后南洋华侨经济的展望》刊于《东方杂志》第 41 卷第 20 号。

桂裕《司法官之素质与数量》刊于《东方杂志》第 41 卷第 20 号。

汪家正译《美国士兵补习教育》刊于《东方杂志》第 41 卷第 20 号。

方九皋译《原子弹与将来》刊于《东方杂志》第 41 卷第 20 号。

施之勉《汉里名考》刊于《东方杂志》第 41 卷第 20 号。

李书田《北洋大学五十年之回顾与前瞻》刊于《东方杂志》第 41 卷第 20 号。

潘楚基《战后欧洲的政治倾向》刊于《东方杂志》第 41 卷第 21 号。

徐日琨《苏联的财政制度》刊于《东方杂志》第 41 卷第 21 号。

储安平《论中英两国之造人》刊于《东方杂志》第 41 卷第 21 号。

桂裕《诉讼程序之简化》刊于《东方杂志》第 41 卷第 21 号。

程懋珪《从生命本质的直观中谈战后社会改造》刊于《东方杂志》第 41 卷第 21 号。

岑仲勉《何谓生霸死霸》刊于《东方杂志》第 41 卷第 21 号。

蒋逸雪《殷商拓地朝鲜考》刊于《东方杂志》第 41 卷第 21 号。

邓广铭《赵匡胤的得国及其与张永德李重进的关系》刊于《东方杂志》第 41 卷第 21 号。

石地《第二次欧战大战史略》刊于《东方杂志》第 41 卷第 21 号。

张长弓《枚乘诗辨》刊于《东方杂志》第 41 卷第 21 号。

刘梦秋《方望溪文论》刊于《东方杂志》第 41 卷第 21 号。

潘楚基《大小国家投票权平等问题》刊于《东方杂志》第 41 卷第 22 号。

陈伯康《官僚主义的历史根源与民主》刊于《东方杂志》第 41 卷第 22 号。

吴泽炎《明日的世界是否会左倾?》刊于《东方杂志》第 41 卷第 22 号。

尤亚贤《珍珠港事变的前夕》刊于《东方杂志》第 41 卷第 22 号。

吴清友《保健事业在苏联》刊于《东方杂志》第 41 卷第 22 号。

桂裕《法律之理论与实践》刊于《东方杂志》第 41 卷第 22 号。

萨师炯《隋代的地方制度》刊于《东方杂志》第 41 卷第 22 号。

严敦杰《金乞未元历斗分考》刊于《东方杂志》第 41 卷第 22 号。

汪家正译《不列颠底中国文化研究》刊于《东方杂志》第 41 卷第 22 号。

史念海《秦汉时代关西人民的尚武精神》刊于《东方杂志》第 41 卷第 22 号。

孙玄常《姜石帚非白石辨》刊于《东方杂志》第 41 卷第 22 号。

邵祖平《乐府诗研究谈》刊于《东方杂志》第 41 卷第 22 号。

吴泽炎《纽伦堡战犯审判的意义》刊于《东方杂志》第 41 卷第 23 号。

吴其玉《评中苏同盟条约》刊于《东方杂志》第 41 卷第 23 号。

潘楚基《法国选举揭晓》刊于《东方杂志》第 41 卷第 23 号。

汪家正译《新欧洲的演变》刊于《东方杂志》第 41 卷第 23 号。

张礼千《建设新南洋刍议》刊于《东方杂志》第 41 卷第 23 号。

李善丰《英国出口贸易的衰落及其振兴方案》刊于《东方杂志》第 41 卷第 23 号。

李紫翔《三峡水电计划的认识和准备》刊于《东方杂志》第 41 卷第 23 号。

腾大春《战后新教育》刊于《东方杂志》第 41 卷第 23 号。

方迈《户外救济的纵横观》刊于《东方杂志》第 41 卷第 23 号。

徐文珊《读老子》刊于《东方杂志》第 41 卷第 23 号。

傅庚生《汉赋与俳优》刊于《东方杂志》第 41 卷第 23 号。

史国英《今后战争科学与技术之应有的演变》刊于《东方杂志》第 41 卷第 24 号。

张清华《论健全舆论的造成及其保持》刊于《东方杂志》第 41 卷第 24 号。

吴泽炎译《美国和苏联》刊于《东方杂志》第 41 卷第 24 号。

孟长泳译《美国战后经济》刊于《东方杂志》第 41 卷第 24 号。

黄俊升《中国与帝俄关于新疆之交涉》刊于《东方杂志》第 41 卷第 24 号。

桂裕《商法之同化》刊于《东方杂志》第 41 卷第 24 号。

邓子琴《现行礼服制度商榷》刊于《东方杂志》第 41 卷第 24 号。

张少微《韦柯及其社会哲学》刊于《东方杂志》第 41 卷第 24 号。

曾资生《宋代荐举制度的运用与精神》刊于《东方杂志》第 41 卷第 24 号。

蒋正叔《鲁著"陈氏中西回史日历冬至订误"发缪》刊于《东方杂志》第 41 卷第 24 号。

傅振伦《外国博物馆史略》刊于《东方杂志》第 41 卷第 24 号。

施之勉《董子年表订误》刊于《东方杂志》第 41 卷第 24 号。

李树青《阿格拉的宫堡及陵墓》刊于《东方杂志》第 41 卷第 24 号。

张长弓《苏李诗辨》刊于《东方杂志》第 41 卷第 24 号。

恒《无名有实的公敌》刊于《新语》第 1 期。

木讷《德意侨民问题》刊于《新语》第 1 期。

周煦良《欧洲往哪里去?》刊于《新语》第 1 期。

傅雷《吾国过去教育之检讨》刊于《新语》第 1 期。

夏丏尊《读日本松方公爵遗札》刊于《新语》第 1 期。

辛笛《今日风行欧美的英国十九世纪小说家》刊于《新语》第 1 期。

敢《日本政局的变化》刊于《新语》第 2 期。

疾风《邮政与铁道加价》刊于《新语》第 2 期。

煦《日本战俘的教育费》刊于《新语》第 2 期。

王伯祥《从中俄密约到中苏友好同盟条约》刊于《新语》第 2 期。

马叙伦《日本与庚子赔款》刊于《新语》第 2 期。

郭守纯《改良中国农业之我见》刊于《新语》第 2 期。

舟斋《原子炸弹的政治意义》刊于《新语》第 2 期。

雷坦《五年来原子研究的内幕》刊于《新语》第 2 期。

默《台湾的国语运动》刊于《新语》第 3 期。

舟斋《法币美金汇率的谣传》刊于《新语》第 3 期。

马叙伦《新时代与新道德》刊于《新语》第 3 期。

周煦良《正视物价问题》刊于《新语》第 3 期。

南沙译《欧洲解放后的贫困》刊于《新语》第 3 期。

瞿炳晋《复兴我国纺织工业之管见》刊于《新语》第 3 期。

Maurice Ravel 原著,沈敦行译《一个音乐家的修养》刊于《新语》第 3 期。

傅雷《〈勇士们〉读后感》刊于《新语》第 3 期。

雷《国民的意志高于一切》刊于《新语》第 4 期。

迻山《反对移用租借物资》刊于《新语》第 4 期。

迻山《学术无伪、学生无伪》刊于《新语》第 4 期。

周煦良《内战中我们应有的认识和行动》刊于《新语》第 4 期。

张凤举《中日战后三大问题》刊于《新语》第 4 期。

褚嘉《抗战与民主》刊于《新语》第 4 期。

夏丏尊《中国古籍中的日本语》刊于《新语》第 4 期。

美国 Stanley High 原著,傅雷译《给苏联人的一封公开信》刊于《新语》第 4 期。

疾风《废止出版检查制度》刊于《新语》第 5 期。

周煦良《战后英国政治瞻望》刊于《新语》第 5 期。

默《伪钞收换办法的改善》刊于《新语》第 5 期。

林子政《刺刀与教育》刊于《新语》第 5 期。

傅雷《艺术与自然的关系》刊于《新语》第 5 期。

沈敦行《中国戏剧中的歌舞及演技》刊于《新语》第 5 期。

郭绍虞《现代文学批评的特征》刊于《新语》第 5 期。

谢新陈《五百年前的书页状况》刊于《新语》第 5 期。

胡祖荫《读书指导二三言》刊于《上海文化》创刊号。

胡山源《我的读书经验》刊于《上海文化》创刊号。

王季深《光复后的上海新闻界》刊于《上海文化》创刊号。

郭天闻《从郑振铎先生求书说起》刊于《上海文化》创刊号。

孙德镇《敬惜白报纸(短评)》刊于《上海文化》创刊号。

王村夫《研究台湾的四本新书》刊于《上海文化》创刊号。

陈铁卿《三铢钱行罢时期应从汉纪说》刊于《泉币杂志》第 28 期。

罗沐园《篆文徐天启钱先后发现史》刊于《泉币杂志》第 28 期。

丁福保《咏古泉》刊于《泉币杂志》第 28 期。

郑家相《中国古币考第一集序》刊于《泉币杂志》第 28 期。

张季量《题郑氏上古货币推究》刊于《泉币杂志》第 29 期。

郑家相《研究刀布之我见》刊于《泉币杂志》第 29—30 期。

陈仁涛《民国廿五年之中圆》刊于《泉币杂志》第 30 期。

陈仁涛《民国廿一年之金本位币》刊于《泉币杂志》第 30 期。

罗沐园《通宝绍圣钱之分析》刊于《泉币杂志》第 30 期。

王荫嘉录《品泉》刊于《泉币杂志》第 30 期。

罗沐园《今日之上海通货》刊于《泉币杂志》第 31 期。

岑子潜《癖泉忆旧杂记序》刊于《泉币杂志》第 31 期。

郑家相《赤仄老人传》刊于《泉币杂志》第 31 期。

陈铁卿《汉武五铢叙论》刊于《泉币杂志》第 31—32 期。

罗沐园《胜利号献辞》刊于《泉币杂志》第 32 期。

王君复《藏泉名家歌》刊于《泉币杂志》第 32 期。

袁伯樵《克伯屈之教育思想》刊于《国立四川大学师范学院院刊》第 2 期。

张伸《中学之课外活动》刊于《国立四川大学师范学院院刊》第 2 期。

朱义胄《文体述要(续前)》刊于《国立四川大学师范学院院刊》第 2 期。

罗孔昭《宗族篇》刊于《国立四川大学师范学院院刊》第 2 期。

黄念田《蕲春先生遗著提要》刊于《国立四川大学师范学院院刊》第 2 期。

薛鸿志《四川省中小学生身长体重之统计的资料》刊于《国立四川大学师范学院院刊》第 2 期。

余介石《我国中等数学教育的最近与将来》刊于《国立四川大学师范学院院刊》第 2 期。

刘绍禹、何其恺《记忆与理解》刊于《国立四川大学师范学院院刊》第 2 期。

王恩洋《东方文教研究院与文化教丛刊》刊于《文教丛刊》第 1 卷第 1 期。

吕澂《谈"学"与"人之自觉"》刊于《文教丛刊》第 1 卷第 1 期。

陈铭枢《中国哲学思想与佛法一瞥》刊于《文教丛刊》第 1 卷第 1 期。

王恩洋《儒学在人类文化之地位及其意义与源流》刊于《文教丛刊》第 1 卷第 1 期。

李源澄《法家思想之演变》刊于《文教丛刊》第 1 卷第 1 期。

王恩洋《评新唯识论者之思想》刊于《文教丛刊》第 1 卷第 1 期。

陈铭枢《禅学》刊于《文教丛刊》第 1 卷第 1 期。

王恩洋《中国二千年前之经验论哲学大师荀卿》刊于《文教丛刊》第 1 卷第 1 期。

何光天《人类和平之展望》刊于《文教丛刊》第 1 卷第 1 期。

王恩洋《对整理四川文献之意见》刊于《文教丛刊》第 1 卷第 1 期。

王恩洋《唐虞之德治》刊于《文教丛刊》第 1 卷第 2 期。

王恩洋《周易之哲理》刊于《文教丛刊》第 1 卷第 2 期。

宜黄邱檗学《大乘入楞伽经疏证卷第二》刊于《文教丛刊》第 1 卷第 2 期。

吕澂述《玄奘法师之生平及其学说》刊于《文教丛刊》第 1 卷第 2 期。

李源澄《从儒学史上言孝弟义》刊于《文教丛刊》第 1 卷第 2 期。

王恩洋《荀子之知识论》刊于《文教丛刊》第 1 卷第 2 期。

黄世彦《亚里斯多德之中道论与孔子之学》刊于《文教丛刊》第 1 卷第 2 期。

侯春福《亚里斯多德之中道论与儒家中庸之比较》刊于《文教丛刊》第 1 卷第 2 期。

王恩洋《儒家中庸之真义与亚里士多德中道之异同》刊于《文教丛刊》第 1 卷第 2 期。

王恩洋《从作人态度论诸葛武侯》刊于《文教丛刊》第 1 卷第 2 期。

王恩洋《论世界大战与人类前途》刊于《文教丛刊》第 1 卷第 3—4 期合刊。

化中《优胜劣败新论》刊于《文教丛刊》第 1 卷第 3—4 期合刊。

王恩洋《论中国建设之道》刊于《文教丛刊》第1卷第3—4期合刊。

王恩洋著《孔子学案》刊于《文教丛刊》第1卷第3—4期合刊。

王恩洋著《荀子学案》刊于《文教丛刊》第1卷第3—4期合刊。

邱檗学《大乘入楞伽经疏证卷第三》刊于《文教丛刊》第1卷第3—4期合刊。

朱镜宙《法海一勺》刊于《文教丛刊》第1卷第3—4期合刊。

唐大海《唯识要义》刊于《文教丛刊》第1卷第3—4期合刊。

王恩洋《论诗经之艺术》刊于《文教丛刊》第1卷第3—4期合刊。

王恩洋《佛法与中国之文学》刊于《文教丛刊》第1卷第3—4期合刊。

张纯一《国学简择》刊于《文教丛刊》第1卷第3—4期合刊。

傅西《老庄哲学的同异》刊于《文教丛刊》第1卷第3—4期合刊。

黎锦熙《中有闻教得度密法序》刊于《文教丛刊》第1卷第3—4期合刊。

朱镜宙《比丘尼法明塔铭》刊于《文教丛刊》第1卷第3—4期合刊。

田惕忱《张石忱事略》刊于《文教丛刊》第1卷第3—4期合刊。

王恩洋《富顺张氏兴城公刘孺人世蔚公邓孺人世芳公邓孺人家传》刊于《文教丛刊》第1卷第3—4期合刊。

翦伯赞《人类的尊严与教育自由》刊于《民主教育》第1期。

邓初民《民主政治与民主教育》刊于《民主教育》第1期。

若斯《实践民主教学的成果》刊于《民主教育》第1期。

王朝隆《新社会本位教育系统草案》刊于《民主教育》第1期。

力扬《记重庆鲁迅逝世九周年纪念会》刊于《民主教育》第1期。

钱风《艺术教育需要思想武装》刊于《民主教育》第1期。

徐越《人民需要和平团结》刊于《民主教育》第1期。

[苏]列奥诺伐作,岳峻记《苏联中学校的任务》刊于《民主教育》第1期。

光雨《毒素侵蚀下的教育》刊于《民主教育》第2期。

曾少颖《大学生在和平建设中的任务》刊于《民主教育》第2期。

茗薰《解放武训先生》刊于《民主教育》第2期。

张元《集体自觉的考试方法》刊于《民主教育》第2期。

铁马《为老百姓写课本》刊于《民主教育》第2期。

冶人《新教师建设新社会》刊于《民主教育》第2期。

徐越《世界和平受威胁》刊于《民主教育》第2期。

陶行知《行知行谈》刊于《民主教育》第3期。

罗素《建立世界大学的提议》刊于《民主教育》第3期。

麦定斯斯《卢梭——民主教育的前辈》刊于《民主教育》第3期。

[英]赫胥黎等《苏联的科学》刊于《民主教育》第3期。

方与严《武训纪念与普及教育》刊于《民主教育》第3期。

方与严《新教育体系》刊于《民主教育》第3期。

徐越《世界还在动荡中》刊于《民主教育》第3期。

陶行知《社会大学》刊于《民主教育》第4期。

邓初民《论读书宗旨》刊于《民主教育》第4期。

李公朴《怎样办社会大学》刊于《民主教育》第 4 期。

贝韦《中学国文的教学》刊于《民主教育》第 4 期。

徐平《关于小学教育》刊于《民主教育》第 4 期。

霞呆《救救国民教育》刊于《民主教育》第 4 期。

米开尔斯哥莱作，徐迟译《墨西哥扫除了文盲》刊于《民主教育》第 4 期。

〔苏〕米丁斯基著，孟昌译《苏联国民教育组织的基本原理》刊于《民主教育》第 4 期。

方与严《民主的教师》刊于《民主教育》第 5 期。

绿嘉《我初次做教师的感觉和遭遇》刊于《民主教育》第 5 期。

杨大戈《俯首甘为孺子牛》刊于《民主教育》第 5 期。

章北荒《怎样改造一个学校》刊于《民主教育》第 5 期。

阿亚《一所实验小学》刊于《民主教育》第 5 期。

汪穆译《民主社会里的教育功能》刊于《民主教育》第 5 期。

导时《论小学教师硬性避籍》刊于《民主教育》第 5 期。

文炳《育才学校的民众教育之一》刊于《民主教育》第 5 期。

陶行知《创造的儿童教育》刊于《战时教育》第 9 卷第 1 期。

恒《中学招生困难》刊于《战时教育》第 9 卷第 1 期。

邓初民《略论教育目标与我们的努力》刊于《战时教育》第 9 卷第 1 期。

方与严《生活教育六大运动略》刊于《战时教育》第 9 卷第 1 期。

邵荃麟《怎样做一个文艺工作者》刊于《战时教育》第 9 卷第 1 期。

简拙一《实验与贡献》刊于《战时教育》第 9 卷第 1 期。

章静《我们做的农村教育工作》刊于《战时教育》第 9 卷第 1 期。

夏迪蒙《怎样获得朋友的帮助》刊于《战时教育》第 9 卷第 1 期。

桑德孙著，明诺译《有创造的科学教育》刊于《战时教育》第 9 卷第 1 期。

方与严《教育·民主·宪政》刊于《战时教育》第 9 卷第 2 期"民主教育特辑（一）"。

陶行知《和平门村民大会》刊于《战时教育》第 9 卷第 2 期"民主教育特辑（一）"。

陶行知讲《实施民主教育的提纲》刊于《战时教育》第 9 卷第 2 期"民主教育特辑（一）"。

悟《我怎样用民主方法指导女生生活》刊于《战时教育》第 9 卷第 2 期"民主教育特辑（一）"。

爱思金、罗贝慈合著《战火中的苏联学校与儿童》刊于《战时教育》第 9 卷第 2 期"民主教育特辑（一）"。

陈原译《新型的国际教育》刊于《战时教育》第 9 卷第 2 期"民主教育特辑（一）"。

自汗《自由教学的西南联大》刊于《战时教育》第 9 卷第 2 期"民主教育特辑（一）"。

章恒《学校儿童节的工作》刊于《战时教育》第 9 卷第 2 期"民主教育特辑（一）"。

彰《杂谈重庆市立中心学校》刊于《战时教育》第 9 卷第 2 期"民主教育特辑（一）"。

金助《岳池中等学校的几个特点》刊于《战时教育》第 9 卷第 2 期"民主教育特辑（一）"。

忠《一个落后的私立中学》刊于《战时教育》第 9 卷第 2 期"民主教育特辑（一）"。

恒莎《历史的巨变》刊于《战时教育》第 9 卷第 2 期"民主教育特辑（一）"。

曾孟《青年的出路》刊于《战时教育》第 9 卷第 2 期"民主教育特辑（一）"。

明诺译《有创造性的科学教育（续）》刊于《战时教育》第 9 卷第 2 期"民主教育特辑

(一)"。

　　陆弦《诗人,音乐家与现实生活》刊于《诗与音乐》第1期。

　　王云阶《诗与音乐的结合》刊于《诗与音乐》第1期。

　　黄药眠《诗,诗人的锻炼》刊于《诗与音乐》第1期。

　　赵沨《云南俗乐研究杂记》刊于《诗与音乐》第1期。

　　王云阶译《苏联战时音乐》刊于《诗与音乐》第1期。

　　陈莫编译《苏联女声乐家凡能尼亚·巴尔梭娃》刊于《诗与音乐》第1期。

　　刘国钧《跋裘善云旧藏汉简》刊于《书学》第4期。

　　王玉章《"宋元戏曲史"商榷》刊于《文史哲季刊》第3卷第1期。

　　颜不违《垂虹桥史话》刊于《文史半月刊》第2期。

　　孙昌熙《元曲中的水浒故事》刊于《国文月刊》第37期。

　　罗常培《金元戏曲方言考序》刊于《图书季刊》新6卷第1—2期。

四、学术著作

　　(清)黄宗羲著,李心庄重编《(重编)明儒学案》(上下册)由重庆国立编译馆刊行。

　　(清)佚名著,张充和、叶方青译《刺虎》由重庆国立礼乐馆刊行。

　　(清)方鼎等修《晋江县志》由福建晋江县文献委员会刊行。

　　刘明水著《国学纲要》(上下册)由重庆商务印书馆刊行。

　　唐津梁编著《国学问答汇编》由文光书局刊行。

　　曹朴著《国学常识》(上下册)由文光书店刊行。

　　孙渠著《哲学解蔽论》由上海中华书局刊行。

　　李天然著《辩证唯物论》由四川成都正学社刊行。

　　闻亦博《力行哲学论证》由重庆正中书局刊行。

　　冯友兰著《新原道》(一名《中国哲学之精神》)由重庆商务印书馆刊行。

　　按:此书除绪论外,共有10章,即孔孟、杨墨、名家、老庄、易庸、汉儒、玄学、禅宗、道学、新统。

　　郭沫若著《先秦学说述林》由福建永安东南出版社刊行。

　　按:是书主要章节有:周易之制作时代、先秦天道观之进展、驳说儒、庄子与鲁迅、屈原思想、古代社会研究答客难、墨子的思想、公孙尼子与其音乐理论、秦楚之际的儒者、述吴起、吕氏春秋与秦代政治、韩非"初见秦"篇发微、韩非子的思想、由周代农事诗论到周代社会等。

　　郭沫若著《十批判书》由重庆群益出版社刊行。

　　按:《十批判书》为"文化研究院丛书"之一。收录《古代研究的自我批判》《孔墨批判》《儒家八派的批判》《稷下黄老学派的批判》《庄子的批判》《荀子的批判》《名辩思潮的批判》《前期法家的批判》《韩非子的批判》和《吕不韦与秦王政的批判》等十篇论文,以及《后记——我怎样写〈青铜时代〉和〈十批判书〉》《后记之后》。

　　熊十力著《读经示要》由南方印书馆刊行。

　　金景芳著《易通》由重庆商务印书馆刊行。

　　陈梦家著《老子分释》由重庆商务印书馆刊行。

　　郭沫若著《孔墨底批判》刊行。

邢振基著《孔子遗教要义》由著者刊行。

罗根泽著《墨子探源》刊行。

张默生选注《（新注）墨子精选读本》由四川成都东方书社刊行。

张廷灏著《从孙子兵法研究做事方法》由重庆中周出版社刊行。

王毓瑚著《管仲》由重庆胜利出版社刊行。

陈启天编《韩非子参考书辑要》由上海中华书局刊行。

何健著《礼经大学古本讲义》由重庆商务印书馆刊行。

何键著《古本大学讲义》由行余读书会刊行。

赵如珩著《中庸之实践的研究》由中国知行学社刊行。

中央陆军军官学校辑《大学中庸》由中央陆军军官学校刊行。

杨向奎著《西汉经学与政治》由重庆独立出版社刊行。

陈大齐著《因明大疏蠡测》由重庆著者刊行。

余家菊著《理学漫谈》由重庆商务印书馆刊行。

李世繁著《颜李学派》由北京四存学会刊行。

查猛济著《焦里堂的力行哲学》由温州战地图书出版社刊行。

杨荣国著《中国十七世纪思想史》由福建永安东南出版社刊行。

贺麟著《当代中国哲学》由江苏南京胜利出版社刊行。

孙本文等编著《中国战时学术》由中央文化运动委员会刊行，有张道藩序。

按：是书收文 12 篇，分别介绍抗战 7 年中的哲学、文学、教育学、社会学、政治学、法律学、经济学、心理学、地理学、自然科学等方面的发展情况。

杨泽中著《国父与中国思想》由安徽屯溪东南半月刊社刊行。

全增嘏著《西洋哲学小史》由重庆商务印书馆刊行。

洪谦著《维也纳学派哲学》由重庆商务印书馆刊行。

汤用彤著《印度哲学史略》由重庆独立出版社刊行。

乔万选著《论理学大纲》由江苏南京新鸣印书馆刊行。

黄建中著《比较伦理学》由重庆中国文化服务社刊行。

陈豪著《做事的基本技能》由上饶龙吟书屋刊行。

陈炜谟著《青年守则精义》由重庆国民图书出版社刊行。

黄警顽编《职业青年手册》由四川成都甲申出版社刊行。

曾昭抡、李公朴著《青年之录》由云南昆明北门出版社刊行。

新华书店编辑部重编《青年修养》由新华书店刊行。

拓荒编著《给前进青年的几封信》由四川成都经纬书局刊行。

惠迪人著《革命的知与行》由江苏南京中央日报社刊行。

李秋心著《自力更生论》由陕西西安青鸟月刊社刊行。

陈正祥著《自然与人生》由重庆大地出版社刊行。

刘继宣编著《国民守则释证》由重庆正中书局刊行。

邵字建编《处世宝鉴》由重庆汤文镇刊行。

万异编著《心欲》由重庆国民图书出版社刊行。

郭沫若等著，青年生活社编《怎样自我学习》由重庆新华日报图书课刊行。

张芟兰编著《人生的透视》由四川成都广学会刊行。

萧孝嵘著《心理建设之科学基础》由重庆商务印书馆刊行。

张耀翔著《心理学讲话》由上海世界书局刊行。

俞平欧著《心理建设论》由重庆中央训练团刊行。

丁瓒著《心理卫生论丛》由重庆商务印书馆刊行。

傅彬然著《学习心理之话》由开明书店刊行。

高觉敷著《青年心理》由军事委员会全国知识青年志愿从军编练总监部训练组刊行。

黄德馨著《心理卫生与人格培育》由重庆商务印书馆刊行。

雷肇唐等编著《战时中国大中学生之心理健康状况并论青年人格之转》由国立中央大学医学公共卫生科刊行。

王震辉著《国民战时心理卫生》由重庆商务印书馆刊行,有萧孝嵘序。

萧孝嵘著《群众心理》由中央军事委员会干训团刊行,有罗卓英《军事心理丛书序》《丛书编辑大意》。

张达善编著《精神卫生法》由重庆中华书局刊行。

黄士复著《佛教概论》由重庆商务印书馆刊行。

太虚著《建设现代中国佛教谈》由中国佛学会刊行。

按:是书内容包括佛教与中国文化、佛教与现代中国、佛教之教法、佛教之教制等6部分。

太虚讲,福善编校《人生佛教》由重庆海潮音社刊行。

广文编著《佛教会组织须知》由中国佛教会四川省分会刊行。

杏子选《佛学丛论》第1辑由上海大法轮书局刊行。

陈基慈编著《一朵中国花》由澳门白德美纪念出版社刊行。

道俘著《圣经是神默示的吗》刊行。

福善著《三唯论》由重庆海潮音社刊行。

傅养恬编《抗战初结声中东方学术界之函讨》由四川成都启文印刷局刊行。

黄龙阿清著《手相学浅说》由上海著者刊行。

纪录、丁牧南等著《公理战胜纪念特辑》由中华公教进行会全国临时指导会刊行。

李直著《觉悟之路》由上海中华书局刊行。

石觉民编《西北回教生活》第1辑由兰州回教青年月刊社刊行。

汤亦可编《圣诞丛谈》由上海世界书局刊行。

王震辉著辑《乐守主日》由上海时兆报馆刊行。

惟贤编《大觉佛学院院刊》(第1辑)由四川开县大觉佛学院刊行。

印顺著《唯识学探源》由重庆正闻学社刊行。

赵世光著《二十年回忆》由上海灵粮刊社刊行。

安罗支著《博士界之论辩》由上海大雄书局刊行。

孙本文、王凤喈、赵兰坪编著《三民主义与社会科学》由重庆正中书局刊行。

王亚南著《社会科学论纲》由福建永安东南出版社刊行。

平心著《各科基本知识讲话》由重庆上海杂志公司刊行。

国立编译馆编《社会学名词》由重庆正中书局刊行。

孙本文著《社会思想》由重庆商务印书馆刊行。

金雷著《社会史话》由上海永祥印书馆刊行。

李树青著《蜕变中的中国社会》由重庆商务印书馆刊行。

王克编《中国社会服务事业》由重庆商务印书馆刊行。

王亚南、章振乾等著《福建省研究院社会科学研究所研究汇报》由福建永安福建省研究院刊行。

国民政府主计处统计局编《中华民国统计提要》（民国三十四年辑）由重庆编者刊行。

陕西省政府统计室编《陕西省统计资料汇刊》（三十四年辑，第5期）由陕西西安编者刊行。

广东省政府统计处编《广东省统计资料汇编》由编者刊行。

四川省政府统计处编《四川省统计提要》由编者刊行。

贵州省政府统计室编《贵州省统计年鉴》由编者刊行。

张君俊著《华族素质之检讨》由重庆商务印书馆刊行。

臧渤鲸著《中华民族新论》由重庆商务印书馆刊行。

杨惠祥著《民俗学》由重庆商务印书馆刊行。

叶育之著《怎样变政易俗》由四川成都西蜀文化社刊行。

翁春雪著《福建岁时风俗考》由福建沙县前行出版社刊行。

庄泽宣编《乡村建设与乡村教育》由云南昆明中华书局刊行。

瞿菊农著《乡村建设与教育》由中国文化服务社刊行。

中国农村问题研究会编《农村调查》由编者刊行。

杨绰庵讲《机关管理》由中央训练团党政高级训练班刊行。

王洛著《结婚的教养》由吉林长春满洲杂志社刊行。

王一得编《怎样组织快乐家庭》由四川成都经纬书局刊行。

邵瀞容著《夫妻之间》由重庆中国文化服务社刊行。

陈德献著《神圣的两性》由重庆市印刷生产合作社刊行。

养真子著《养真集》由中教道义会道义月刊社刊行。

萧公权著《中国政治思想史》由重庆商务印书馆刊行。

秦尚志著《中国政治思想史讲话》由上海世界书局刊行。

杨幼炯著《中国近代政治思潮论》由重庆青年出版社刊行。

崔书琴著《三民主义新论》由重庆商务印书馆刊行。

卢祖清著《三民主义补遗研究》由杭州正中书局刊行。

孙科著《三民主义新中国》由上海商务印书馆刊行。

叶青编著《三民主义与民主政治》由重庆青年出版社刊行。

张铁君著《三民主义研究导论》由重庆青年书店刊行。

杨幼炯编著《三民主义思想体系之认识》由重庆正中书局刊行。

耿馨山编著《三民主义纲要》由文教建国出版社刊行。

蒋介石著《三民主义青年团团长告全国青年书》由中央团部刊行。

李尚友编著《国父政治学说研究纲要》由重庆国民图书出版社刊行。

林桂圃著《国父论马克思主义及其他》由重庆现实出版社刊行，有陈布雷序。

蒋介石著《总裁抗战言论类编》由经纶出版社刊行。

金成编辑《蒋中正全集》由上海国际书局刊行。

陈福华辑《蒋介石先生抗战建国名言抄》由重庆商务印书馆刊行。

中国国民党中央执行委员会训练委员会编《总裁言论教本》由编者刊行。

谷陈白坚著《主任委员言论集》由甘肃省妇女工作委员会刊行。

国际出版社编《蒋夫人论世界和平》由上海国际出版社刊行。

刘峙著《抗战胜利后刘经扶先生讲演集》刊行。

第五届中央执行委员会编《第五届中央执行委员会党务报告》由编者刊行。

国防最高委员会党政工作考核委员会编《国防最高委员会党政工作考核委员会工作报告》由编者刊行。

洁君编《中国国民党政纲政策》由南平国民出版社刊行。

李明瀚著《中国国民党二十年来奋斗简史》由重庆中国出版社刊行。

国民政府编《中国国民党第六届全国代表大会政治总报告》由编者刊行。

中国国民党中央执行委员会训练委员会编《党务工作要领》由编者刊行。

中国国民党中央执行委员会训练委员会编《中国国民党政纲政策与实施概况》由编者刊行。

中心出版社辑《中国国民党第六次全国代表大会资料辑要》由重庆中心出版社刊行。

中央党校教务处编《党的政策选集》由编者刊行。

中央抚恤委员会编《中国国民党第六次全国代表大会中央抚恤委员会工作报告》由重庆编者刊行。

中央海外部编《中国国民党第六次全国代表大会中央海外部工作报告》由重庆编者刊行。

中央执行委员会秘书处编《中国国民党第六次全国代表大会纪录》由编者刊行。

中央执行委员会秘书处编《中国国民党第六次全国代表大会重要议题参考文件》由编者刊行。

中央执行委员会秘书处编《中国国民党第六届中央执行委员会第一次全体会议纪录》由编者刊行。

周曙山著《中国国民党史概论》由重庆博文书局刊行。

祝平著《中国国民党政纲政策之检讨》由重庆中心印书局刊行。

邹鲁著《中国国民党史略》由重庆商务印书馆刊行。

中国国民党新疆省党部编《〈中国之命运〉问答》由编者刊行。

陈诚讲《总裁革命之理论与实践》由三民主义青年团中央团部刊行。

蒋介石著,黄逸民编《中国的建设》由上海建国出版社刊行。

陈诚著《对于建国工作之研究》由军政部刊行。

杨幼炯著《现阶段的建国论》由重庆商务印书馆刊行。

明志学社编《战后建设》由编者刊行。

王扬编《中国的战后建设》由编者刊行。

徐平著《抗战八年来的经验》由上海中国出版社刊行。

阎锡山著《奋斗动力》由太原民族革命同志会工作委员会刊行。

黄珍吾著《团务工作讲话》由广东潮流出版社刊行。

吴恩裕著《马克思的政治思想》由重庆商务印书馆刊行。

毛泽东著，晋察冀日报社编《毛泽东选集》由晋察冀新华书店刊行。

按：邓拓为《毛泽东选集》卷首写了《编者的话》，他指出：中国共产党"在长期曲折复杂的斗争中，终于找到了天才的领袖毛泽东同志"，"他真正掌握了科学的马列主义的原理原则，使之与中国革命实践密切结合，使马列主义中国化。过去革命斗争的经验教训了我们，要保证中国革命的胜利，全党同志必须彻底地团结在毛泽东思想指导之下。""一切干部，一切党员，虚心和细心的学习毛泽东同志的学说，用毛泽东同志的思想来武装自己，并用毛泽东同志的思想去战胜党内各种错误思想与党外一切反动思想，这是异常迫切的任务。这是使全党在思想上、政治上、组织上和行动上完全统一起来，使党成为完全巩固的广大群众性的和进一步布尔什维克化的一个异常重大的关键。"邓拓在《编者的话》中还强调说："为了贯彻毛泽东思想于边区全党，特出版毛泽东选集，以介绍毛泽东同志的各种名著，来帮助全党同志加强整风学习。"

毛泽东著《毛泽东选集》（第 1 卷）由苏中出版社刊行。

毛泽东著《论联合政府》由渤海新华书店刊行。

毛泽东等著《中国共产党第七次全国代表大会文献》由延安解放社刊行。

大智编《团结的大会胜利的大会》由新华书店晋察冀分店刊行。

《团结的大会胜利的大会》由冀鲁豫书店刊行。

刘少奇著《论共产党员的修养》由冀中导报社刊行。

高岗著《时时刻刻为老百姓兴利除弊——领导方法与作风》由华北新华书店刊行。

拂晓社编《中国共产党的政策》由编者刊行。

大江编《战时皖南行政资料》由编者刊行。

晋冀鲁豫边区政府编《太行区四二、四三两年的救灾总结》由编者刊行。

黎玉著《民主思想民主政策民主作风——黎主任委员在山东行政工作会议上的思结报告》由山东新华书店 1 刊行。

中共晋察冀中央局宣传部编《支部党员教材参考提纲》由编者刊行。

鲁中军区政治部宣传科编《敌后解放区介绍》由鲁中新华书店刊行。

陈伯达、艾思奇等著《评〈中国之命运〉》由阳光出版社刊行。

陈伯达等著《阎锡山批判》由太岳新华书店刊行。

范文澜著《谁革命？革谁的命？》由冀鲁豫书店刊行。

陈觉玄著《中国民主思想发展史》由四川成都大学印书局刊行。

曹伯韩著《民主浅说》由上海北门出版社刊行。

冯铸著《民主概观》由四川成都大学印书局刊行。

陈诚著《民主与民权》由军政部刊行。

张申府著《独立与民主》由北平文献出版社刊行。

王汉民编著《民主与团结》由民族出版社刊行。

张政明编《民主与团结》由重庆独立出版社刊行。

黄药眠著《到和平之路》由四川成都新中出版社刊行。

殷海光著《光明前之黑暗》由光明出版社刊行。

张今铎著《中国的转机》由云南昆明远东出版社刊行。

何永佶著《为中国谋政治改进》由重庆商务印书馆刊行。

王晋琦等编辑《黎明之前》由安徽中央日报社刊行。

中国国民党福建省执行委员会宣传处编《胜利文献》由编者刊行。

李宗明编《我们的主义》由中国国民党福建省安溪县党部刊行。

张质君著《人类社会与民族国家论》由重庆商务印书馆刊行，有顾颉刚序和自序。

曾繁康著《三国群雄之用人及其成功失败》由重庆北斗书店刊行。

吴克峰著《论知识分子》由福建厦门东方出版社刊行。

叶青著《组织原理》由中央组织部刊行。

陈果夫编著《机关组织论》由重庆正中书局刊行。

古贯郊著《庶务管理》由重庆中国文化服务社刊行。

周连宽编《公文处理法》由重庆正中书局刊行。

察哈尔省人民代表会议大会秘书处编《察哈尔省人民代表大会大会汇刊》由编者刊行。

贵州省政府秘书处编《黔政概况》由贵州贵阳编者刊行。

贺扬灵编述《浙西三十三年对敌行政总检讨》由浙江浙西民族文化馆刊行。

湖北省民政厅编《省政问题十篇》由编者刊行。

湖北省政府编《湖北省行政会议记录》由编者刊行。

湖北省政府编译室编《湖北省收复区紧急善后会议纪要》由编者刊行。

华美协进社编《旅美中国同人录》由编者刊行。

林有壬编《党员守则释义》由重庆正中书局刊行。

刘文辉讲《改进党务必先改进作风》由西康著者刊行。

四川省政府编《四川省政府工作计划》由编者刊行。

汪镕三编著《建立乡镇实务》由编著者刊行。

许晚成著《明日之青年》由重庆上海龙文书局刊行。

旅渝暹罗华侨互助社编《暹罗问题专集》由重庆编者刊行。

中国国民党安徽省执行委员会编《安徽省党务工作报告》由编者刊行。

中国国民党新疆省执行委员会编《中国国民党新疆省执行委员会工作报告》由编者刊行。

陈大齐讲《考选制度大要》由中央训练团党政高级训练班刊行。

格桑泽仁著《边人刍言》由重庆西藏文化促进会刊行。

考试院编《第四届国民参政会第一次大会考试院工作报告书》由编者刊行。

考试院编《考试院工作报告书》由编者刊行。

刘书传讲《保甲编组与民众服务演讲大纲》由国防部新闻局刊行。

全国慰劳总会编《慰劳工作总报告》由编者刊行，有全国慰劳总会报告书序，谷正纲、张发奎序各一篇。

沈慰霞编《地方自治》由四川成都个人刊行。

张清源著《县地方自治法案》由黄河出版社刊行。

中国国民党中央执行委员会训练委员会编《地方自治》由编者刊行。

中国国民党中央执行委员会训练委员会编《七年来之训练工作》由编者刊行。

陈传德编著《行政练习》(上下册)由上海春江书局刊行。

富伯平著《行政管理》由重庆商务印书馆刊行。

何鲁成著《人事考核》由重庆商务印书馆刊行。

上海市警察局警察训练所编《外事警察讲义》由上海编者刊行。

余秀豪著《警察人事管理》由重庆商务印书馆刊行,有徐中齐序和自序。

张金鉴著《人事行政原理与技术》由重庆商务印书馆刊行。

中央警官学校编审处主编《中央警官学校警察初级干部讲义》(1—2)由主编者刊行。

孔雪雄著《农民运动经验谈》由重庆国民图书出版社刊行。

史太璞编著《我国工会法研究》由重庆正中书局刊行。

柏天民著《天民演讲集》刊行。

陈良珍编辑《抗战以来妇女问题言论集》由重庆青年出版社刊行。

杜君慧著《妇女问题讲话》由重庆新知书店刊行。

熊芷、杨理著《妇女工作》由重庆中华书局刊行。

中国妇女慰劳自卫抗战将士总会编《中国妇女慰劳总会专刊》由重庆编者刊行。

李为之、侯鉴编著《中国童子军纲要》由陕西西安西京日报社刊行。

范晓六编《童子军教材》由上海二二五童子军书报用品社刊行。

杨纪编《中国要览》由四川成都大公报馆刊行。

钱穆著《政学私言》由重庆商务印书馆刊行,有自序。

盖勃尔等著《攻错集》由四川成都刊行。

胡秋原著《近百年来中外关系》由上海中国文化服务社刊行。

梁冰编《国际政治常识问答》由中央军校第三分校政治部刊行,有编辑例言。

雨君著《国际问题研究法》由上海永祥印书馆刊行。

孟云桥编著《西洋政治思想史》由重庆国立编译刊行。

张明养著《战后远东国际关系》由成都新中出版社刊行。

乔木等著《胜利与和平—展望旧金山会议》由重庆读书出版社刊行。

金仲华编著《旧金山会议内幕》由星期快报社刊行。

马哲民等著《旧金山会议与世界和平》由四川成都新世纪丛刊社刊行。

姚士彦编著《旧金山会议》由战地图书出版社刊行。

大公报馆编《旧金山会议实录》由重庆大公报馆刊行。

时事新报馆撰述《旧金山会议的纵观》由重庆时事新报馆刊行。

王远江编《旧金山联合国会议详记》由安徽屯溪中国文作服务社刊行。

吴望愉编《世界和平的重建——从顿巴敦到旧金山》由广东梅县新建设月刊社刊行。

《联合国宪章》由福建省银行管理处经济研究室刊行。

《联合国宪章》由军事委员会办公厅刊行。

彭芳草编著《联合国宪章的产生与评价》由福建永安立达书店刊行。

三民主义青年团中央团部编《联合国宪章及有关言论》由编者刊行。

王仲髙、郑余德编《东西两大会议》由浙江云和青年出版社刊行。

张明养著《新民主与世界政治改造》由重庆建国书店刊行。

包遵彭著《二次大战与中外学生运动史》由重庆文声书局刊行。

蔡振扬编著《世界各国内幕》由福建南平中华文化出版社刊行。

华北政务委员会总务厅情报局编《今日的欧洲》由编者刊行。

陈剑恒著《认识美国》由重庆商务印书馆刊行。

上海战时文化研究会编《美国内幕》由上海新世纪月刊社刊行。

大众周刊社编《美军登陆与中国前途》由南京大众周刊社刊行。

第十八集团军总政治部日本问题研究室编《二次大战中的日本政治》由新华书店刊行。

胡福相著《日本对于殖民地之警察设施》由中国文化服务社福建分社刊行,有朱家骅、陈仪、谷正伦、李士珍序及自序。

张家望编《日本问题展望》由民族正气出版社刊行。

张友渔著《如何建立新日本》由四川成都星期快报社刊行。

钟焕新著《苏联地方自治》由贵州贵阳文通书局刊行。

尼泽尔、闵夏尔著《如何处置德国》由重庆大公报馆刊行。

冯自由著《华侨革命史话》由重庆海外出版社刊行

李朴生著《华侨问题导论》由重庆独立出版社刊行。

侨务委员会编《侨务十三年》由编者刊行。

丘汉平著《战后华侨问题》由福建省银行经济研究室刊行。

姚枬著《中南半岛华侨史纲要》由重庆商务印书馆刊行。

葛赤峰著《朝鲜革命纪》由重庆商务印书馆刊行。

何任清著《法学通论》由重庆商务印书馆刊行。

按:是书分法学、法律、国家、权利义务4编。前两编概述法学的定义、分类、研究方法、学派、法系,以及法律的一般理论,包括法律的定义、进化、类别、渊源、解释、适用、制裁等;后两编则论述国家的定义、分类、责任、主权及权利和义务等。

林振镛、王冠英编著《法学通论》由重庆中国书店刊行。

陆军宪兵学校编《法学通论》由编者刊行。

按:是书讲述法律的现象、观念、渊源、效力、解释、执行、制裁,以及权利义务的内容,法律种类,内容分类等,乃该校的军官教材。

宪兵司令部编《法学通论》由重庆编者刊行。

谷寅编著《法律实用基本知识》由湖南新化中国法律编辑社刊行。

徐道邻著《唐律通论》由重庆中华书局刊行。

按:是书内容包括读唐律有四益说、唐律之与中国法制史、唐律之与现代法、唐律之与东亚诸国、唐律之与罗马法、礼教中心论、家庭主义论、唐律狱讼制度特点等。

胡经明著《宪法纲要》由重庆独立出版社刊行。

金鸣盛著《宪草国民大会问题之研究》由胜流半月刊社刊行。

林纪东编著《行政法提要》由重庆大东书局刊行。

罗志渊编《各国宪法分类汇编》由重庆大东书局刊行。

陈体强著《英国行政法论》由重庆商务印书馆刊行。

朱学山编《民法》由重庆大东书局刊行。

胡元义著《物权法论》由四川成都四川大学法律系刊行。

张企泰著《中国民法物权论》由重庆大东书局刊行。

徐福基编著《实行租赁法论》由上海会文堂新记书局刊行。

秦宏济著《专利制度概论》由重庆商务印书馆刊行。

余天民编著《刑法与犯罪研究》由重庆正中书局刊行。

张道行编《国际公法》由重庆国立编译馆刊行。

陶樾著《现代国际法史论》由重庆大东书局刊行。

李浴日著《兵学随笔》由重庆世界兵学社刊行。

戴坚著《中美兵学通论》由重庆世界兵学社刊行。

吴光杰编《英汉陆海空军军语字典》由重庆大东书局刊行。

萧孝嵘著《士气心理》由军事委员会干部训练团刊行。

张德琇编《心理作战》由军事委员会全国知识青年志愿从军编练总监部、干部训练团刊行。

蒋百里著《国防论》由重庆商务印书馆刊行。

按：此书是作者自第一次世界大战以来有关国防、政治、经济、军事、文化等方面的论文和讲演集。

卢凤阁讲述《战史讲话要旨》由陆军大学刊行。

卢凤阁编《第一次世界大战简史》（上下册）由陆军大学刊行。

陆军大学战史系编《第一次世界大战史——西战场国境马恩两会战附录》由陆军大学刊行。

罗贤等编《政工概况》由军事委员会全国知识青年志愿从军编练总监部刊行。

白崇禧主编《军事委员会陆军各级学校整理计划》由军训部刊行。

陆军大学编《陆军大学简史》刊行。

白成章等著《训练实录》由颍川第十战区干部训练分团学生班第一期刊行。

普梅夫著《云南的国防价值》由云南昆明天野社刊行。

中国的空军出版社编《防空的过去与展望》由中国的空军出版社刊行。

徐思平著《中国兵役行政概论》由重庆文治出版社刊行。

陆龙著《新兵役法诠释》由重庆商务印书馆刊行。

三五九旅政治部编《两种作风》由联防军政治部刊行。

晋察冀军区政治部编《新战士课本》刊行。

冀鲁豫日报社编《关于官兵关系》由冀鲁豫书店刊行。

鲁中二军分区武装部编《民兵军事课本》刊行。

师征等著《英勇奋斗十八年——从红军到解放军》由冀南书店刊行。

朱德著《论解放区战场》由延安解放社刊行。

陈漫远著《抗日战争的战术问题》由抗战日报社刊行。

盐阜区民兵指挥部政治部编《盐阜区第一次民兵代表大会特刊》由盐阜社刊行。

蒋蕴青编《苏联军队政治工作》由军事委员会政治部刊行。

张正权等编《研究战术的几个基本要点》由青年远征军二〇一师军中导报社刊行。

蒋介石著《青年远征军编练之特质与教育要项》由军事委员会干部训练班刊行。

张正权等编《本师的成长》由青年远征军中二〇一师军中导报社刊行。

张正权等编《本师的教育》由青年远征军中二〇一师军中导报社刊行。

杨正治著《步兵操典修正理由书》由重庆军训部步兵监中山室出版组刊行。

杭鸿志著《骑兵战术参考》由陆军大学刊行。

军训部编《野战炮兵操典草案》由南京拔提书局刊行。

何希琨编《海军战术讲义》由陆军大学刊行。

兵役部役政司编《学生从军纪实》由编者刊行。

蒋介石讲《蒋委员长对从军知识青年第一期入伍训词》刊行。

军事委员会政治部第三厅编《青年军的诞生》由军事委员会政治部刊行。

王云、沈醒园编著《从军潮》由重庆北斗书店刊行。

曹翼璋等编《青年远征军的诞生》由重庆军中导报社刊行。

罗贤编《青年远征军剪影》由军事委员会全国知识青年志愿军编练总监部刊行。

罗贤编《青年远征军之成长》由军事委员会全国知识青年志愿军编练总监部刊行。

青年军人丛书编辑委员会编《知识青年从军论丛》由军事委员会全国知识青年志愿军编练总监部刊行。

军事委员会全国知识青年志愿军从军编练总监部编《征集概况》由编者刊行。

军事委员会全国知识青年志愿军从军编练总监部编《干部训练概况》由编者刊行。

青年军人丛书编辑委员会编《女青年服务总队训练与生活》由军事委员会全国知识青年志愿军从军编练总监部刊行。

罗贤等编《东南分团工作概况》由军事委员会全国知识青年志愿军从军编练总监部刊行。

陆军总司令部编《中国战区中国陆军司令部处理日本投降文件汇编》由编者刊行。

军事委员会广东行营参谋处编《广东受降记述》由广州怀远印刷厂刊行。

第三方面军司令部编《第三方面军司令部受降工作报告书》刊行。

中国驻印军副总指挥办公室编《中国驻印军缅北战役战斗纪要》刊行。

戴广德著《我们怎样打进缅甸》由贵阳中央日报社刊行。

陆军大学编《南昌会战》由编者刊行。

杜永龄编《贵南会战》由陆军大学刊行。

王毅著《琼崖抗战概况》由琼崖守备军司令部驻韶办事处刊行。

游凤池著《军事地理学》由陆军大学刊行。

按:是书介绍军事地理的定义用途范围及研究法、军事地理在作战上的价值、军事地理研究的因素、我国军事地理机构、军事地理材料搜集方法、兵要地志调查法、兵要地志编纂法等。

军事委员会军训部颁行《有线电学》由军用图书社刊行。

罗云平著《军用轻便铁路工程》由重庆商务印书馆刊行。

高君毅编著《原子炸弹》由上海九星出版社刊行。

陈汉光著《神秘的原子炸弹》由台湾台南书局刊行部刊行。

徐绍清编《原子弹》由军事委员会政治部刊行。

航空委员会编造《军事委员会航空器材补充计划》由军事委员会刊行。

宪兵司令部编《步兵轻兵器射击教范》刊行。

军事委员会军训部颁行《步兵重兵器射击教范草案》由军学编译社刊行。

吴嘉博著《降伏日本的新兵器》由上海江海出版社刊行。

军事委员会司令部编《捕捉俘虏要领》刊行。

赵兰坪著《经济学提要》由重庆大东书局刊行。

东方曦著《经济学教程初编》由上海永祥印书馆刊行。

马寅初著《战时经济论文集》由重庆作家书屋刊行。

周敦礼著《战时劳动政策》由重庆社会劳动局刊行。

方显廷等著《中国战后经济问题研究》由重庆商务印书馆刊行。

谷春帆著《旧文明与新工业》由重庆商务印书馆刊行。

谷春帆著《中国工业化计划论》由重庆商务印书馆刊行。

刘鸿万著《工业化与中国人口问题》由重庆商务印书馆刊行。

刘鸿万著《工业化与中国劳工问题》由重庆商务印书馆刊行。

简贯三编著《工业化与社会建设》由重庆中华书局刊行。

按：是书论述工业化的意义与必要，中国工业化的困难、条件及途径，工业建设与计划社会等问题。

杨寿标著《工业建设与金融政策》由重庆商务印书馆刊行。

伍启元著《中国工业建设之资本与人才问题》由重庆商务印书馆刊行。

韩稼夫著《工业化与中国交通建设》由重庆商务印书馆刊行。

褚葆一著《工业化与中国国际贸易》由重庆商务印书馆刊行。

曹立瀛著《工业化与中国矿业建设》由重庆商务印书馆刊行。

韩稼夫著《工业化与中国农业建设》由重庆商务印书馆刊行。

韩稼夫著《中国农村工业问题》由重庆正中书局刊行。

李春昱等著《中国矿业纪要》（第七次，民国二十四年至三十一年）由重庆经济部中央地质研究调查所刊行。

李春昱讲《中国资源问题——矿产方面》由中央训练团党政高级训练班刊行。

黄震中编《宁夏机械工业（一）》刊行。

闵奇若述《中国酸碱工业之过去现在与将来》由中国经济研究会刊行。

杨建著《浙江工业化之基本建设》由编者刊行。

詹克俭著《宁夏陶瓷事业》（第 2 册）由宁夏光华瓷厂刊行。

资源委员运务处编《五年来之工矿运输》由编者刊行。

周日朝编著《征工筑路实施方法》由重庆正中书局刊行。

军政部编《军事委员会兵工厂整理计划》由编者刊行。

沈乃斌、饶国璋编《工厂管理教程》由空军机械学校刊行。

中国工业经济研究所编《战时工业管制检讨》由编者刊行。

金心衷编著《依据实业计划我国可开发之富源》由编者刊行。

乔启明著《中国农村社会经济学》由重庆商务印书馆刊行。

按：作者《自序》说："本书为著者在金陵大学农学院执教斯课时之讲义，原稿内容，历年来迭加修正补充，以学说原理为经，以中国农村实际调查资料之研究分析为纬，纯以客观态度与科学方法，解剖中国农村社会及经济的结构，藉以揭明农村社会经济全盘的实况。所有图表数字，多经著者亲自考察，或专门调查。抗战以后之材料与数字较少，其可引用者，亦曾随时收集补入，务期其详确可靠，俾国内青年学子尤其从事农村工作者并一般读者对斯学理论有一明白概念，而对于整个中国农村社会经济问题之现状、症结与改进方案或解决之途径，能有正确深切的认识。抑本书立论中心，冀就个人观察研究之所得，彻底分析吾国农村土地、人口与文化之基础，进而论述组训农民提高农民生活程度之道，一得之愚，以供政府及社会人士建设新农村之参考张本。全书不尚空谈臆说，一切均以国内调查事实为根据，兼或搜罗国外资料，以为比较；惟书内各种引证材料，本拟详注，惜原文尚皆散佚于沦陷区，且脱稿仓促，所有编制体裁，皆未尽善，初不愿遽尔印行。间有见之者，以鉴于国内此类著作太少，际此朝野共谋农工配合发展及推行地方自治努力基层建设积极实施民生主义之时，此书所提供之论旨及资料，或不无参考之处，时以公开出版相属望;而蹉跎至今,衷心歉然。近来印刷困难,本书图表甚多,一一付印,成本过重,且复稽时,不得已重予删除,原图计有四十一图,今保留其四;表之取消者亦多,盖凡可以文字说明者,皆予略去。事实所限,亦无可如何之举。详细之补充修正,当俟再版;惟望高明贤达不吝指教,则幸甚矣。本书列为金陵大学农学院农村社会学课程之一,蒋杰、沈经保、王友竹三君曾先后为余搜集整理资料,编写方面,蒋、王二君尽力尤多。付梓之前,复由朱晋卿、何锦明、李柏钧三君助余修改图表文字。特于此同致谢忱。乔启明民国三十三年元月序于渝都。"(乔启明《乔启明文选》,社会科学文献出版社2012年版)

台湾行政干部训练班编《日本统治下的台湾农业法规辑要》由编者刊行。

周宪文编《新农本主义批判》由南平国民出版社刊行。

张靖中著《建设农村劳资合作计划》由昆明著者刊行。

邹秉文编《我国战后农业建设计划纲要》由金陵大学农学院农业教育学系刊行。

中央训练委员会编《中国农村建设论文选辑》由编者刊行。

胡宏基著《经济农场经营法》由编者刊行。

李顺乡编《战时林业》由农林部刊行。

浙江省政府建设厅编《浙江农业》由编者刊行。

左治生著《中国粮食问题与粮食政策》由甘肃田赋粮食管理处刊行。

尹静夫著《战后粮政》由自由西报社刊行。

胡竟良著《中国棉产改进史》由重庆商务印书馆刊行。

庄晚芳著《台湾茶业》由福建省农林公司刊行。

吴觉农著《抗战与茶叶改造》由财政部贸易委员会、外销物资增产推销委员会茶叶研究所刊行。

胡竟良著《中国棉产改进史》由重庆商务印书馆刊行。

文中进著《抗战期中畜牧兽医青年应有的觉悟》由陆军兽医学校大学部刊行。

杜伟著《浙江省渔业概况与今后发展计划》刊行。

王洸著《水道运输学》由重庆商务印书馆刊行。

按:是书分20章,述及轮船的发明、发展、种类、吨位,航业公司组织及营运,航线,海员与海商法,港口以及各国航业政策,我国的航权等。

巫宝三著《国民所得概论》由重庆正中书局刊行。

朱剑农编著《节制资本原理》由重庆国民图书出版社刊行。

郑伯彬著《日本侵占区之经济》由重庆资源委员会经济研究室刊行。

李崇年编著《沦陷区经济概述之一》由编者刊行。

汪镕三著《乡镇造产研究》由志成印刷局刊行。

徐逸樵著《建设海南刍议》刊行。

蒋君章著《西南经济地理》由重庆商务印书馆刊行。

孙乐先著《中式簿记学》由北平立生出版社刊行。

谢允庄编著《簿记基础知识》由重庆大东书局刊行。

石毓符编著《普通会计学》由重庆正中书局刊行。

马超俊、余长河著《比较劳动政策》(上下册)由上海商务印书馆刊行。

罗渊祥编《劳动法规》由上海大东书局刊行。

李宗黄讲《工作竞赛之理论与实施》由工作竞赛推行委员会刊行。

福建省社会处编《国民义务劳动手册》由编者刊行。

社会部劳动局编《县市国民义务劳动计划范本》由编者刊行。

陆仁寿著《总务行政管理》由重庆中华书局刊行。

按:是书分上下篇,上篇论述总务行政管理的意义、组织、科学管理规程和办法等;下篇叙述文书、人事、事务、出纳、福利、治安等问题。

中山文化教育馆编《合作研究集》由重庆中华书局刊行。

林葆忠著《中国合作经济问题》由编者刊行。

谢允庄编《农业合作簿记》由重庆正中书局刊行。

谢允庄编著《合作会计问题》由重庆正中书局刊行。

谢允庄编著《合作簿记》由重庆正中书局刊行。

阮模著《合作制度论》由福建崇安社会部全国合作社物品供销处东南分处刊行。

彭莲棠编著《民生经济建设与合作》由重庆正中书局刊行。

喻志东编《妇女合作》由重庆社会部合作事业管理局全国合作社物品供销处各机关公务员工眷属生产合作推广部刊行。

朱国璋著《公司理财》由重庆中华书局刊行。

潘信中编《土地登记制度》由重庆正中书局刊行。

王恒编著《汉代土地制度》由重庆正中书局刊行。

朱霄龙编著《土地登记之理论与实务》由军技印刷厂刊行。

新华书店编《边区的劳动互助》由山东新华书店刊行。

区党委研究室编《组织起来的经验汇编》由新华书店刊行。

晋察冀边区行政委员会实业处编《劳动互助的典型例子和经验》由编者刊行。

天津东亚毛呢纺织公司编《东亚精神(甲)》由编者刊行。

吴大业著《物价继涨的经济学》由重庆商务印书馆刊行。

方显廷编著《中国战时物价与生产》由重庆商务印书馆刊行。

丘东旭著《我国租税之研究与批判》由著者刊行。

温耀祥编著《中国直接税概要》由上海同懋印书局刊行。

陈友三、陈思德著《田赋征实制度》由重庆正中书局刊行。

国民政府主计处编《民国政府主计处工作报告》由编者刊行。

彭雨新著《县地方财政》由重庆商务印书馆刊行。

关吉玉著《中国税制》由重庆经济研究室刊行。

按:是书为经济研究所丛书之一。内容分租税原理、过去之中国税制、现行中国税制、战后我国税制之商榷等5编,着重阐述战时各类税制之沿革、实施情况及历年税收。

赵兰坪著《货币与银行》由著者刊行。

藤茂桐编著《货币新论》由重庆正中书局刊行。

按:是书分7章:货币理论的新趋势、货币理论利率与经济理论、储蓄与投资、生产计划与预期价格、利率与生产计划、消费计划与全部均衡、动态的全部均衡—结论。系统介绍货币动态均衡理论。附录:1.消费计划的检讨;2.近代储蓄与投资理论的简史;3.长期利率与短期利率;4.利率与生产阶段。

刘涤源著《货币相对数量说》由重庆中华书局刊行。

徐肇和编著《合作金融浅说》由重庆正中书局刊行。

陈颖光、李锡勋编著《合作金融》由重庆正中书局刊行。

严谔声编《工商团体与金融业法令要览》由上海市商会刊行。

熊光前编《金融法规》由重庆大东书局刊行。

郑林庄著《战后中国农业金融》由四川成都西南印书局刊行。

郭荣生编《中国省地方银行概况》由中央银行经济研究处刊行。

赵曾珏编《中国之邮政事业》由重庆商务印书馆刊行。

按：是书介绍我国邮政沿革、组织、国内外业务、边疆及军事邮递、人事、器材、财务管理等。

周绍濂编著《人寿保险计算学》由重庆正中书局刊行。

谭天愚、万行浩著《世界合作运动百年史纲》由南京中国合作图书用品生产合作社刊行。

侯哲莽著《世界合作思想十讲》由重庆正中书局刊行。

朱学范著《战后国际人力复员》由上海商务印书馆刊行。

姚枬著《战后南洋经济问题》由重庆商务印书馆刊行。

焦敏之编《苏联的经济》由重庆中外出版社刊行。

焦敏之编《苏联十六国的经济》由重庆中外出版社刊行。

徐培根编著《美国经济动员及其经济战斗力》由陆军大学刊行。

魏胥之著《英国在中国的经济侵略史》由北平新民印书馆刊行。

张白衣著《英国战时财政论》由重庆商务印书馆刊行。

熊式辉主编《美国之重工业》由重庆商务印书馆刊行。

曹伯韩著《精神文化讲话》由开明书店刊行。

徐嵩龄著《精神建设论》由明正书室刊行。

胡兰成著《文明的传统》由湖北汉口大楚报社刊行。

邓熙著《中国文化建设论》由四川试报印刷部刊行。

教育部国际文化教育事业处编《联合国教育科学文化组织》由编者刊行。

华北新华书店编辑部编《实际工作者、模范文教工作者们，大家动手，为工农兵的需要而写作》由编者刊行。

李富春等著，索堡新华书店编《文教工作的新方向》由编者刊行。

曙光出版社编《文化汉奸》由上海曙光出版社刊行。

史梅岑编著《新闻学纲要》由河洛日报社刊行。

边区群众报社编《怎样写新闻通讯》由岳北人民报社刊行。

桑榆著《新闻背后》由上海复兴出版社刊行。

张西林编著，朱苴英、杨虹邨校订《最新实验新闻学》由福建中华文化出版社刊行。

施星火、唐戌中著《新闻与通讯的写作》由浙江昌化书林出版社刊行。

程今吾著《新教育体系》由重庆文治出版社刊行。

朱洗著《智识与教育》(改进文库)由福建永安改进出版社刊行。

王学孟著《现代政治与教育》由重庆商务印书馆刊行。

唐现之编《梁漱溟教育论文集》由开明书店刊行。

延安新教育学会编《行知教育论文选集》由华北新华书店刊行。

陶行知著《普及现代生活教育之路及其方案》(生活教育社丛刊)由生活教育社刊行。

重庆

邹鲁著《我对于教育之今昔意见》由重庆商务印书馆刊行。

王凤喈编著《中国教育史》由重庆国立编译馆刊行。

陈科美著《教育社会学讲话》（教育讲话丛书）由上海世界书局刊行，有著者序。

邵鹤亭编著《训导原理》（训导丛书）由重庆正中书局刊行。

艾伟编《教育心理学大观》（上中下册）（中国教育心理研究所丛书）由重庆商务印书馆刊行。

按：是书上册包括崔佛著教育心理学、瓦德著心理学在教育上之应用、吴国敦著心理学与教育、法克斯著教育心理学其问题与方法四部分；中册包括楚克拉著教育心理学、卜莱西著教育心理学、费勒其著教育心理学三部分；下册分章登著教育心理学、散地放著教育心理学基础、吉德著教育心理学三部分。有纪念艾险舟先生任教20周年筹委会的序。

戴景曦编著《教育行政》（师范学校简易师范学校适用）（下册）由福州教育图书出版社刊行。

刘真著《教育行政》由上海中华书局刊行。

按：是书分绪论、教育宗旨与政策、教育行政组织、学校制度、教育人员、教育经费、教育视导、教育行政机关的实际问题等8章。

《论新民主主义的教育》由苏南出版社刊行。

教育阵地社编《新教育论文选集》（新教育丛书）由新华书店华北分店刊行。

教育部编《国民参政会第四届第一次大会教育部工作报告书》由编者刊行。

全国教育善后复员会议筹备委员会编《全国教育善后复员会议》（教育丛刊）由上海国际出版社刊行。

全国教育善后复员会议筹备委员会编《全国教育善后复员会议报告》由编者刊行。

教育部督学室编《教育视导试行标准》（地方教育行政、中等学校、国民学校、社会教育之部）由编者刊行。

教育部中等教育司编《三十三年度各省市教育施政计划汇刊》（教育行政辅导丛书）由编者刊行。

陕甘宁政府办公室厅编《陕甘宁边区教育方针》由索堡新华书店刊行。

察哈尔省教育厅编《陕甘宁边区文教大会选辑》（新教育丛书）由编者刊行。

甘肃省政府教育厅编《抗战期间之甘肃教育》由编者刊行。

台湾行政干部训练班编《日本统治下的台湾教育法规辑要》（中央训练团台湾行政干部训练班参考资料）由编者刊行。

四川省教育厅编《抗战时期之四川教育》由编者刊行。

苏中公学政治部编《苏中公学概况》由江苏编者刊行。

马客谈著《儿童教育》（中华儿童教育社教育丛书）由重庆中华儿童教育社刊行。

晋冀鲁豫边区政府第一所编审委员会编《课本与作剧》（教育丛书）由编者刊行，有李一清的“出版之前”。

钟鲁斋著《小学各科新教学法之研究》（大学丛书）由上海商务印书馆刊行，有杜佐周序。

吴鼎编《小学科学教育实施法》（教育丛书）由上海中华书局刊行。

王复旦编著《小学竞技运动教材与教法》由重庆教育部国民体育委员会刊行。

韬奋书店编《小学生唱游集》由河南韬奋书店刊行。

冯公智编《小学游戏》由重庆教育部国民体育委员会刊行。

许钟谟、雷狄恒编《小朋友升学指导》由重庆美乐出版社刊行。

方英等编《小学各科升学指导》（问题解答）由四川万县华星书局刊行。

中华儿童教育社、国立重庆师范学校编《国民教师工作指引》（第 1 集）由重庆大东书局刊行。

张荫椿、徐君梅编《小学教师手册》（上下册）由福建四维出版社刊行。

陶端予著《杨家湾小学在摸索试验中的成长》由太岳新华日报社刊行。

陶端予著《陕甘宁边区杨家湾小学》（文教丛书）由冀鲁豫书店、冀鲁豫日报社刊行。

浙江永嘉县中央镇第一中心国民学校编《立校四十九周年纪念册》由编者刊行。

龚启昌著《中学普通教学法》由重庆商务印书馆刊行。

李絜非著《历史教学法》由四川成都路明书店刊行。

高梓编著《中学舞蹈教材》（上下册）由重庆教育部国民体育委员会刊行。

屠绍纯等编《给投考高中的同学们》由重庆中学生读物研究社刊行。

韩克温编《平中校友特刊》（廿三周年暨迁校五周年纪念）由太原平民中学校刊行。

李传书著《南洋中学校沿革概略》刊行。

云南省立缅云师范学校编《拓荒的园丁》（缅云师范辅导丛刊）由编者刊行。

利昌石印局编《冬学参考资料》由编者刊行。

曹树勋编《边疆教育新论》由重庆正中书局刊行。

云南缅云师范学校编《走向边疆》（缅云师范辅导丛刊）由云南编者刊行。

曹钧石编《乡土教材》（小学常识补充读物）由上海正言出版社刊行。

方万邦著《体育原理》由重庆商务印书馆刊行。

王学政著《体育概论》（新中学文库）由上海商务印书馆刊行。

王学政著《体育与教育》由重庆商务印书馆刊行。

江良规著《体育原理》由重庆商务印书馆刊行。

程登科著《世界体育史纲要》由重庆商务印书馆刊行。

吴澂、王子鹤编《小学徒手操》由重庆教育国民体育委员会刊行。

周鹤鸣编《早操》由重庆教育部特设体育师资训练所刊行。

萧保源编《单双杠游戏与比赛》（教育部特设体育师资训练所体育丛书）由重庆教育部特设体育师资训练所刊行。

周家骐主编《上海足球》由上海业余周报社刊行。

吴志青《太极拳正宗源流》（尚武楼丛书）由云南昆明致文印刷铸字所刊行。

教育部国民体育委员会主编，温敬铭著《短兵术》由重庆教育部国民体育委员会刊行。

张文广著《摔角术》由重庆教育部国民体育委员会刊行。

谢宣编著《海内外象棋新谱》由重庆正风出版社刊行，有冯玉祥、孙科、于右任、孔祥熙等人题词和跋。

濮源澄著《科学游戏》由重庆中华书局刊行。

罗常培著《中国人与中国文》由重庆开明书店刊行。

李达仁等著《新语文建设论》由福建永安东方出版社刊行。

张公辉著《中国文字的优点和整理发扬的方法》由著者刊行。

中国大词典编纂处编，汪怡主编《国语辞典》由重庆商务印书馆刊行。

沈兼士主编《广韵声系》(上下册)由北平辅仁大学刊行。

李霖灿编《么西表音文字字典》》(国立中央博物院专刊乙种 2)由四川南溪中央博物院筹备处编委会刊行。

上海通编辑部编《上海通俗语及洋泾浜》(语文丛书)由上海龙文书店刊行。

陈延庭编著《厦门语系研究》由福建漳州华声通讯社刊行。

刘宇著《语言和文字》(青年知识文库)由上海永祥印书馆刊行。

罗刚著《(绘图)三民主义三字经》由重庆东方出版社刊行。

曹伯韩著《通俗文化与语文》由重庆读书出版社刊行。

程西玽编著《国文手册》由陕西西安原上出版社刊行。

叶绍钧、朱自清著《国文教学》由重庆开明书店刊行。

叶梦麟著《松阳方言考》刊行。

曹朴著《中国文法初阶》(基本知识丛书)由重庆文光书店刊行。

李安宅著《意义学》(大学丛书)由重庆商务印书馆刊行。

按:《意义学》又叫《意义逻辑》,主要研究思想与语言的关系等。内分语言与思想之部、意义学技术之部 2 编。后附《"意义底意义"的意义》及《以中国为例评孟子论心》两篇。

陈望道著《修辞学发凡》(青年文库)由重庆中国文化服务社刊行。

按:是书讲述修辞的两大分野、消极修辞和积极修辞及文体等。

冯家勋编《国民大字典》由广西桂林君民书店刊行。

杜松寿编《中文同音字典》由陕西西安经世书店刊行。

王云五著《王云五新词典》由重庆商务印书馆刊行。

王云五著《王云五小辞典》由重庆商务印书馆刊行。

刘铁冷编著《作文描写辞典》由上海新生书局刊行。

苏之光编《中学生作文描写辞典》由福建永安南华出版社刊行。

高语罕著《中学作文法》由重庆陪都书店刊行。

力群出版社编辑部编《(言文对照)初中模范作文》由云南昆明力群出版社刊行。

任苍厂编《议论文写作指导》由四川成都甲申出版社刊行。

王夐编著《最新应用文》由四川成都东方书社刊行。

刘大明著《农村应用文》由河北韬奋书店刊行。

秦翰才著《文书写作谭》由重庆耕耘出版社刊行。

孙玠成编著《公文简化手册》由重庆惜余书屋刊行

欧阳元编著《语体书信作法》由海屋出版社刊行。

盛毓方著《现代女子处世书信》由重庆国风书店刊行。

甲申出版社编《书信不求人》由四川成都甲申出版社刊行。

倪维编著《最新普通尺牍大全》由重庆群力出版社刊行。

张萌编著《(标点详注)实用尺牍大全》由广西桂林文友书店刊行。

张建中编《处世尺牍大全》由上海万有书局刊行。

甲申出版社编《尺牍用语小辞典》由四川成都甲申出版社刊行。

储苏民编著《(言文对照、白话详解)现代学生新尺牍》由重庆仁智书局刊行。

储菊人编著《(言文对照、详注分类)交际新尺牍》由重庆新中国书局刊行。

储菊人编著《（分类详注言文对照）学生新尺牍》由重庆新生书局刊行。

刘揆一编《现代模范日记》由重庆陪都书店刊行。

陈俊编《学生模范日记》由重庆会友书店刊行。

姚乃麟编《最新公文程式》由四川成都新生命书局刊行。

徐涛编著《作文描写新辞典》由重庆长风书店刊行。

徐麟史著《写信要览》（国民文库）由重庆中国文化服务社刊行。

朱建康编《最新交际大全》由上海大文书局刊行。

周海澄编《现代新楹联集成》由四川成都大中书局刊行。

周辨明编著《八年抗战中国语文国际化的进展》（Q. R. 1937—1945）由厦门大学文学院刊行。

杨誉龙等编《（缩本）实用大字典》由上海中华书局刊行。

严工上编著《（标注音调）说话流口辙（北平口语练习法）》由上海世界书局刊行。

陈独醒编著《（口才训练）怎样讲演》由四川成都甲申出版社刊行。

谭正璧编著《名著的选读》（儿童幸福丛书）由四川成都北新书局刊行。

舒倬编《儿童文选》由重庆文信书局刊行。

陆静山、杨明忠编《少年国语文选》（第 1 册）由重庆文光书店刊行。

郭怀人编《古今名文精选续编》（中学国文补充读物）由四川成都实学书局刊行。

邓纲著《怎样记录人名》（速记丛书）由上海亚伟图书出版社刊行。

沈彬编《中学生英汉字典》由四川成都复兴书局刊行。

倪明材编著《英文造句法正误详解》（武昌中华大学丛书 5）由重庆教育书店刊行。

之江编《实验高级英文法题解》由上海译者书店刊行。

张萌编著《（分类详释各界适用）实用成语》由上海华成书店刊行。

詹文浒编著《基本英文法》（上下册）由重庆正中书局刊行。

叶德光编著《实用英文》由重庆实学书局刊行。

周思良编著《（华文注音 习题测验）自学英语会话》由重庆新中国书局刊行。

周觉识著《英汉从军会话》由重庆开明书店刊行。

许思聪编《（中等学校）（改订本）实用英语模范读本》（第 1 册）由关东印书馆刊行。

钱歌川编著《英文法初步》由重庆中华书局刊行。

钱歌川编著《英文动词用法》（英文研究小丛书 10）由重庆中华书局刊行。

陆殿扬编《简易英语书信集》（简易英语丛书）由重庆开明书店刊行。

欧阳元编著《英文书信作法》由海屋出版社刊行。

陆殿扬编《简易英语诗歌集》（第 1 集）（简易英语丛书）由重庆开明书店刊行。

陆殿扬编《简易英语论说集》（第 1—2 集）（简易英语丛书）由重庆开明书店刊行。

陆殿扬编《简易英语剧本集》（第 1—2 集）（简易英语丛书）由重庆开明书店刊行。

陆殿扬编《简易英语故事集》（第 1—2 集）（简易英语丛书）由重庆开明书店刊行。

柳无忌等编《现代英语》（1—6 册）由重庆开明书店刊行。

柳无垢著《现代英语会话》由重庆开明书店刊行。

刘慧著《中学英文作文造句指导》（现代英语自学丛书 4）由重庆现代外国语文出版社刊行。

林荫编选《(言文对照)模范古文选》由重庆长风书店刊行。

谢克任编著《(自学本位 中文讲解)英文最常用成语650》由重庆新生书局刊行。

吴光杰编《英汉军事常识会话》(第1册)由重庆大东书局刊行。

唯明编《(英汉对照)(1944)国际文献》由重庆世界出版社刊行。

林东生编著《(英汉对照 白话讲解)英语从发音到写作》由广西桂林新生书局刊行。

李儒勉编著《日用英文习语分类例解》由重庆开明书店刊行。

金澍荣、李庭芗著《高级中学英语课本之分析》(研究专刊第1种第3册)由陕西城固西北师范学院教育研究所刊行。

方丽韶编著《外事英文会话教科书》由重庆自由西报刊行。

陈哲人编《(华文注解)英语精读文选》由重庆华成书店刊行。

陈浩编《实用英语交际会话》由重庆万象周刊社刊行。

曹志成编著《英文的讲读写》由重庆求知图书社刊行。

曹涟君编著《(公式举例华文讲解)英文中译法》由重庆新中国书局刊行。

顾仲彝、朱志泰著《文学概论》由上海永祥印书馆刊行。

李辰冬著《新人生观与新文艺》由重庆中央文化运动委员会刊行。

薛凤昌著《文体论》(百科小丛书,王云五主编)由重庆商务印书馆刊行。

按:是书分文体的概观、文体的纵观、文体的分别、现代文体之变革等4章。

万亦吾著《文艺欣赏之社会学的分析》由重庆商务印书馆刊行。

许杰著《文艺,批评与人生》由上饶战地图书出版社刊行。

胡风著《民族战争与文艺性格》(胡风第三批评论文集)由重庆南天出版社刊行。

范泉著《战争与文学》由上海永祥印书馆刊行。

朱恕之著《文心雕龙研究》由南郑县立民生工厂刊行。

按:是书分总论、本质论、鉴赏论、创造论、批评论、文体论、文学的雏形、文心雕龙的两点重要申辩、文学与时代等11章。

宋云彬编著《中国文学史简编》由重庆文化供应社刊行。

刘永济著《十四朝文学要略》由重庆中国文化服务社刊行。

李岳南著《语体诗歌史话》由四川成都拔提书店刊行。

蒋伯潜著《诗歌文学纂要》由重庆正中书局刊行。

周贻白著《中国戏剧小史》由上海永祥印书馆刊行。

罗常培著《汉魏六朝专家文研究》由重庆独立出版社刊行。

龚书炽著《韩愈及其古文运动》由重庆商务印书馆刊行。

罗根泽编著《晚唐五代文学批评史》(中国文学批评史第4分册)由重庆商务印书馆刊行。

陈子展著《宋代文学史》由重庆作家书屋刊行。

李何林编著《近二十年中国文艺思潮论》由上海生活书店刊行。

陈寅恪著《陶渊明之思想与清谈之关系》由北平燕京大学哈佛燕京学社刊行。

按:作者说:"渊明之思想为承袭魏晋清谈演变之结果及依据其家世信仰道教之自然说而创改之新自然说。惟其为主自然说者,故非名教说,并以自然与名教不相同。但其非名教之意仅限于不与当时政治势力合作,而不似阮籍、刘伶辈之佯狂任诞。盖主新自然说者不须如主旧自然说之积极抵触名教也。

又新自然说不似旧自然说之养此有形之生命,或别学神仙,惟求融合精神于运化之中,即与大自然为一体。因其如此,既无旧自然说形骸物质之滞累,自不致与周孔入世之名教说有所触碍。故渊明之为人实外儒而内道,舍释逛而宗天师者也。推其造诣所极,殆与千年后之道教采取禅宗学说以改进其教义者,颇有近似之处。然则就其旧义革新,'孤明先发'而论,实为吾国中古时代之大思想家,岂仅文学品节居古今之第一流,为世所共知者而已哉!"但汤用彤遗稿《魏晋玄学与政治思想》,对陈寅恪的《陶渊明之思想与清谈之关系》的研究方法及结论有所不满。

李辰冬著《三国水浒与西游》由重庆大道出版社刊行。

张天翼等著《贾宝玉的出家》由福建永安东南出版社刊行。

许杰著《现代小说过眼录》由福建永安立达书店刊行。

胡愈之等著《作家的童年》由简明出版社刊行。

按:是书收录鲁迅《琐记》、茅盾《我的中学生时代及其后》、郭沫若《我小学与中学》,以及夏丏尊、胡适、穆木天、胡愈之、丁玲、赵景深、谢冰莹、沈从文、黄庐隐、叶圣陶、丰子恺、张天翼、巴金、曹聚仁等30人回忆儿童时代的文章各1篇。

孟津选注《鲁迅自传及其作品》由上海英文学会刊行。

鲁迅著《阿Q正传》由上海激流书店刊行。

按:周作人1922年3月19日在《晨报副镌》(署名仲密)发表《〈阿Q正传〉》说:"《阿Q正传》是一篇讽刺小说""他的主旨是'憎',他的精神是负的。然而这憎并不变成厌世,负的也不尽是破坏""《阿Q正传》里的讽刺在中国历代文学中最为少见,因为他多是反语,便是所谓冷的讽刺——'冷嘲'""《阿Q正传》的笔法的来源""是从外国短篇小说而来的,其中以俄国的果戈里与波兰的显克微文最为显著,日本的夏目漱石、森鸥外两人的著作也留下不少的影响"。他还认为"阿Q这人是中国一切的'谱'——新名词称作'传统'的结晶""是一个民族的类型"。

殷尘著《郭沫若归国秘记》由上海言行出版社刊行。

田苗等著,柯灵编选《作家笔会》由上海春秋杂志社刊行。

按:是书收录关于丁玲、郁达夫、茅盾、老舍、闻一多、蹇先艾、沈从文、叶圣陶、徐懋庸、王统照、郑振铎、曹禺、李青崖、黎烈文、李霁野等20多位现代作家的回忆与印象的文章17篇。

谢冰莹等著《女作家自传选集》由重庆耕耘出版社刊行。

按:是书收录现代女作家子冈、安娥、白薇、林北丽、彭慧、叶仲寅、褚问鹃、赵清阁、谢冰莹等的自传9篇。

卓立、吴梵编《当代作家自传集》(第1集)由重庆出版界月刊社刊行。

按:是书收录陈衡哲、罗根泽、金兆梓、杨荫溥、杨尔埕、郑鹤声、叶青、简贯三、龚德柏、张文伯、鲁觉吾、李长之、李曼瑰等人的自传或回忆录13篇。

林榕著《夜书》(论评集)由北京文章书房刊行。

石怀池著《石怀池文学论文集》由上海耕耘出版社刊行。

许杰编《蚁垤集》(文艺评介选集)由江西上饶战地图书出版社刊行。

陈公博著《寒风集》由上海地方行政社刊行。

杨一鸣编《文坛史料》由大连大连书店刊行。

柳无忌著《印度文学》由重庆中国文化服务社刊行。

杨世骥著《文苑谈往》由重庆中华书局刊行。

吕荧著《人的花朵》由重庆大星印刷出版社刊行。

胡风著《在混乱里面》(胡风第五批评论文集)由重庆作家书屋刊行。

考验社编辑《方生未死之间》由香港考验社刊行。

孔另境著《青年写作讲话》由上海永祥印书馆刊行。

任苍厂编《小品文写作指导》由四川成都甲申出版社刊行。

吴景嵩著《现代欧洲艺术思潮》由上海永祥印书馆刊行。

滕固著《中国美术小史》由重庆商务印书馆刊行。

按:滕固把中国古代美术发展分成四个时代:汉以前为生长时代,魏晋南北朝为混交时代,隋唐五代宋为昌盛时代,元明清为沉滞时代,而且明确指出"沉滞时代绝不是退化时代"。

吕澂著《西洋美术史》由重庆商务印书馆刊行。

章士佼编绘《美术字画法大全》由四川成都美的书店刊行。

梁永泰绘《人体画典》由重庆亚洲图书社刊行。

朱舟枫编绘《战时学生画集》由上海飞霞书局刊行。

袁啸声编绘《图画示范》由重庆力群出版社刊行。

陆静山著,舜田绘《儿童文画》(1—3册)由四川成都实学书局刊行。

鲁迅原著,丁聪作画《阿Q正传插画》由重庆群益出版社刊行。

靳克勤绘《人间生活画集》由四川璧山社会美术教育学社刊行。

王德修编绘《小朋友画宝》由重庆旋风出版社刊行。

丰子恺作《儿童相》由上海开明书店刊行。

丰子恺作《古诗新画》由上海开明书店刊行。

丰子恺作《民间相》由上海开明书店刊行。

丰子恺作《学生相》由上海开明书店刊行。

丰子恺作《战时相》由上海开明书店刊行。

丰子恺作《都市相》由上海开明书店刊行。

王琦等作《木刻联展纪念册》由台北北新创造出版社刊行。

陈康著《书学概论》由重庆教育书店刊行,有著者自序。

按:是书包括总论、书法、书学、结论等4编。内容有中国书法的概念、价值、应用、择帖、养气、执笔、运行、结体、布白、艺术、书学史、书人小传、帖学等。

刘光汉(原题古弦人)著《书法经验录》由建西印刷社刊行。

于右任编著《标准草书千字文》由重庆说文社刊行部刊行,有刘延涛的跋。

吕思著《音乐的时代性》由北平新民印书馆刊行。

李凌著《怎样自学音乐》由重庆建国书店刊行。

夏白著《简易乐理读本》由重庆音乐艺术社刊行。

赵沨、李凌著《乐理与和声》由广西桂林读书出版社刊行。

陈剑晨编曲《(中级独奏)口琴名曲集》由上海口琴会刊行。

陈振铎编著《怎样习奏二胡》由重庆国立音乐学院刊行。

吴俊敏编《平剧精选工尺曲谱》由重庆川汉出版研究社刊行。

赵沨编著《名曲解说》由云南昆明北门出版社刊行。

方成甫编著《平剧歌谱精选》由重庆瑞文书局刊行。

文英编《创作之歌》由重庆现代书局刊行。

中央训练团编《复兴歌曲集》由编者刊行。

王瑞娴制谱《旧诗新曲》(第1集)由上海中华书局刊行。

王秋萍编《凯旋歌》由个人刊行。

中国民间音乐研究会编《鄜鄂·道情曲选》由新华书店刊行。

中华全国音乐界抗敌协会晋察冀分会编《解放歌声》(第2集)由张家口新华书店晋察冀书店刊行。

新华书店编《苏联新歌》(《时代》歌曲选)由新华书店刊行。

福建省知识青年志愿从军征集委员会宣传科编《从军歌集》由福建省党部宣传科刊行。

陈果夫编著《鹤林歌集》由重庆正中书局刊行,有吴伯超的序及编著者的自序。

孙慎编《儿童新歌集》(附儿童唱歌教学法)由重庆歌曲研究社刊行。

歌曲研究社编《最佳名曲选》由重庆上海杂志公司刊行。

陈原、余获编《抒情名歌选》由四川成都实学书局经售。

姚牧编《抒情新歌集》由广西桂林河山出版社出版。

青年军人丛书编辑委员会编《青年军歌集》由军事委员会全国知识青年志愿从军编练总监部刊行。

林克辉著《到战场上去高唱》由广东梅县东山中学刊行。

杨白华词,江定仙曲《祖国向我们呼唤》由重庆国立礼乐馆刊行。

瞿白音、周钢鸣作诗,瞿白音等作词,舒模等作曲《岁寒曲》由重庆进修出版教育社刊行。

洪波作曲《心弦底歌》(洪波歌曲)(第1集)由重庆华一书局刊行。

陈原、余获编《合唱名歌选》由四川成都实学书局刊行。

林程维德著《维德曲选》(第1集)由个人刊行。

国立礼乐馆编《凯歌选》(1—9辑)由编者刊行。

国立礼乐馆编《线谱活页凯歌选》(1—7种)由编者刊行。

徐伯璞编著《戏剧教育行政》由重庆商务印书馆刊行。

陈豫源等编《云南省文化运动委员会主办推广戏剧教育周特刊》由云南昆明云南省文化运动委员会宣传组出版。

阎金锷编著《汉剧》由重庆商务印书馆刊行。

任苍厂编《怎样写剧本》(戏剧写作指导)由四川成都经纬书局刊行。

国立戏剧专科学校编《(国立)戏剧专科学校成立十周年纪年刊》由编者刊行。

教育生活社编《秧歌舞》由明理书店刊行。

王礼安编《交际舞术》由重庆万象周刊社刊行。

郑狄克著《实用标准交际舞》(附舞态连环画及步法足印图)由上海狄克舞艺传习所刊行。

孙云年编《影展特刊》(第二届无锡业余摄影展览会)由江苏无锡摄影研究会刊行。

陈治策编著《导演术》由重庆商务印书馆刊行。

鲁思著《电影知识》由上海永祥印书馆刊行。

王钰编《(1945)电影新歌集》(中外流行)由重庆求知图书社刊行。

方明编剧,费穆导演《牧歌》由上海国风国风艺术剧社刊行。

吕思勉著《历史研究法》由上海永祥印书馆刊行。

按:是书作者认为,研究历史与作史不同,作史的方法,第一是搜集材料,第二是对这些材料加以考订,第三是着手编纂;而研究历史,要具备多种学科知识,包括自然科学的知识,具备历史唯物主义的观点等。

陆懋德著《史学方法大纲》由重庆独立出版社刊行。

按:是书分5编,论历史、史料、考证、解释、著作等。

吕振羽、翦伯赞等著《中国历史论集》由厦门东方出版社刊行。

徐文珊著《历史教育论》由重庆史学书局刊行。

按:是书分12章,论述历史与民族、现实、将来、文化的关系,史学风气的改革,历史教育的实施,以及历史观等。

吴泽著《中国历史简编》由重庆峨眉出版社刊行。

萨孟武著《中国社会政治史》(第1册)由重庆独立出版社刊行。

余精一著《中国社会经济史论》由江苏南京东西文化社刊行。

按:是书分史前史概论、三代奴隶社会说批判、三代封建社会论、秦汉至清社会性质、近百年社会性质5章。

林炎著《中华民族的由来》由上海永洋印书馆刊行。

按:是书分上下两篇简单论述中国民族的由来及中国社会史的分期。上篇分列中国民族的东来、西来、南来、北来诸家学说及学说及科学研究的展开情况和安特生、沙发诺夫等人的观点。下篇简述"中国社会史之谜"及郭沫若、胡秋原、李季、杨东莼、陈邦国、王宜昌、熊得山、周谷城、陶希圣、钱亦石、吕振羽、杜畏之、桑谷克己、佐野袈裟美及作者对这个问题的不同看法。

施瑛著《中国民族史讲话》由上海世界书局刊行。

郑子田著《中国原始社会研究》由上海永祥印书馆刊行。

王养怡著《尚书本义》(第1册,尧典、舜典)由北平著者刊行。

吴康著《尚书大纲》由重庆商务印书馆刊行。

董作宾著《殷历谱》由中央研究院历史语言研究所在李庄镇石印刊行。

按:董作宾在此书出版前,曾专门复印一份寄给在成都燕京大学任教的陈寅恪求教,陈寅恪在肯定此为"不朽之盛业"的同时,也提出一些意见和建议。董作宾根据陈氏的意见进行修订,使之更加完善。书出版后,陈寅恪称赞说:"抗战八年,学术界著作当以尊著为第一部书,决无疑义也。"(《致董作宾》,《陈寅恪集·书信集》,北京三联书店2001年版)此书上报后,在重庆的蒋介石亲自签发了嘉奖令:"中央研究院朱院长勋鉴:三十四年七月四日呈悉,董作宾君所著《殷历谱》一书,发凡起例,考证精实,使代远年湮之古史志年历,爬梳有绪,脉络贯通,有俾学术文化,诚非浅显,良深嘉勉,希由院转致嘉勉为盼。中正午养侍秘。"(董作宾《殷历谱》,中央研究院历史语言研究所专刊1945年4月版)

胡厚宣著《甲骨学商史论丛二集》由齐鲁大学国学研究所刊行。

郭沫若著《青铜时代》由重庆文治出版社刊行。

陈梦家著《西周年代考》由重庆商务印书馆刊行。

张廷灏著《从孙子兵法研究做事方法》由重庆中周出版社刊行。

马元材著《秦史纲要》(上册)由重庆大道出版社刊行。

宋剑空标点《通鉴总论》(附史歌)由重庆知行印书社刊行。

陈垣著《通鉴胡注表微》由北平辅仁大学刊行。

按:是书乃陈垣最后一部专著,也是他史学研究晚年所达到的最高境界。在这部书中,陈垣对胡注中隐含着的民族气节和爱国热情作了充分的阐发。同时,在字里行间倾注了自己对祖国前途的忧虑,对抗战将士的敬慕和对汉奸卖国贼的痛恨。陈垣通过对胡三省生平抱负和学术精神的阐扬,表达了自己的政治观、民族观、宗教观、生死观、货利观,同时对自己的史学研究也是一次小结。因此,陈垣自称本书为

"我学说的记里碑"。(刘乃和、周少川、王明泽编著《陈垣年谱配图长编》,辽海出版社2000年版)

王光福编《黑契丹纪事本末》刊行。

沈曾植注《元朝秘史》由北平古学院刻本刊行。

郭沫若著《甲申三百年祭》由上海野草出版社刊行。

按:是书为纪念明亡国三百年而撰写的有关明末农民起义李自成的论文。作者第一个以马克思列宁主义的科学态度对李自成领导的农民起义的原因、经验教训作了总结。全文大致可分三个部分,第一部分说明明朝末年,政治腐败,灾荒严重,崇祯昏聩,结果引起民变,弄出亡国之祸。第二部分叙述李自成起义队伍由小到大,终至推翻明朝统治,占领北京。其中特别详细考证了知识分子李岩的经历及其重要作用。第三部分说明李自成占领北京之后,不听李岩的主张,被胜利冲昏了头脑,忽略敌人,不讲政策,有些首领生活腐化,发生宗派斗争,最后终于失败。书后有附录三篇:《甲申事变》(明末亡国的历史)、《三百年前》、《在情理之上》(读史笔记)。

朱偰著《明季社党研究》由重庆商务印书馆刊行。

萧一山著《清代史》由重庆商务印书馆刊行。

王兴瑞著《清末革命保皇两党关系史》由重庆史学书局刊行。

张寿镛著《约园杂著三编》刊行。

钱端升、萨师炯等著《民国政制史》(上册)重庆由商务印书馆刊行。

张忠绂编著《中华民国外交史》(一)由上海正中书局刊行。

张难先著《湖北革命知之录》由重庆商务印书馆刊行。

林薮编《一二·九——划时代的青年史诗》(北平学生抗日救国运动史)由云南昆明民主周刊社、学习出版社刊行。

龙毓峻著《鳞爪录》由重庆正中书局刊行。

廖干东著《中日八年战争回顾》由时事日报刊行。

张超著《倭祸九年记》由宁波著者刊行。

蒙藏委员会编译室编《从七七到九九》由编者刊行。

何刚编《抗日战争最后胜利》由上海出版社刊行。

朱子爽著《中国国民党八周年来领导抗战的伟绩》由重庆国民图书出版社刊行。

陈志豪等编辑《八年抗战实录》(庆祝胜利画刊)由文化艺术社刊行。

远东出版局编辑部编《胜利纪念画册》由四川成都编者刊行。

中国国民党中央执行委员会宣传部编《抗战第八周年纪念册》由重庆国民图书出版社刊行。

傅学仁著《还我河山》由光复出版社刊行。

东北前锋社、今日东北社编《北光复纪念》由编者刊行。

江海出版社编《淞沪抗战史》由编者刊行。

贺扬灵编《三十三年之浙西敌情》由浙西民族文化馆刊行。

读者之友社编《中国胜利与日本投降》由重庆编者刊行。

军委会干训团东南分团训导组编《庆祝抗战胜利特辑》由军委会干训团东南分团刊行。

国际出版社编《日本向中国投降始末》由重庆国际出版社刊行。

朱沛人等编《胜利手册》由浙江民族出版社刊行。

朱培璜编《日本是怎样投降?》由上海侨声报社上海办事处、侨声书店刊行。

黄文英编著《日本投降的经过》由中国复兴文化社刊行。

江肇基编《日本帝国的毁灭》由云南昆明扫荡报营业部刊行。

刘贯一著《抗战外史》(上下集)由济南胶东通讯社刊行。

胡芦、姚骏编《日本投降记》由重庆中国文化供应社刊行。

大同出版公司编《汉奸丑史》(第1辑)由江苏南京编者刊行。

大同出版公司编辑《汉奸丑史》(第3—4合辑)由上海编者刊行。

光明出版社编《汉奸百丑图》由江苏南京编者刊行。

光明出版社编《女汉奸脸谱》由上海编者刊行。

方殷著《沦陷后的东北》(又名《东北内幕》)由文锋出版社刊行。

广东省党部宣传处编《广东省伪机关人员调查录》由广东编者刊行。

人民书店编辑部编《新时期的路标》由人民书店刊行。

邹阳编著《国共之间》由历史资料供应社刊行。

王世杰讲《中共问题商谈之经过》刊行。

国际出版社编《政府与中共代表会谈纪要》由上海国际出版社刊行。

黄炎培著《延安归来》由重庆国讯书店刊行。

新华日报馆编《为和平而奋斗》由重庆新华日报馆刊行。

华北新华书店编《国共会谈材料汇集》由山西黎城编者刊行。

张西曼著《致马歇尔特使函》由著者刊行。

胶东新华书店编《中国新的内战危机》由编者刊行。

胶东新华书店编《"蒋敌伪"合流的阴谋》由编者刊行。

胶东新华书店编《蒋伪合作宁渝合流的内战阴谋》由牡丹江书店刊行。

胶东新华书店编《国民党发动内战之铁证》由编者刊行。

新华社编《国民党当局所谓民主运动的真相》由编者刊行。

《大后方舆论十题》由新华书店刊行。

周建人等著《我们反对内战》由自由出版社刊行。

陪都各界反对内战联合会编《昆明一二一学生爱国运动》由编者刊行。

辽东建国书社编辑《昆明惨案》由编者刊行。

华北新华书店编辑《高树勋将军邯郸起义特辑》由编者刊行。

徐益棠编辑《边疆研究论丛》(民国卅一至卅三年度)由四川成都私立金陵大学中国文化研究所刊行。

缪荃孙等编纂《江苏省通志稿》(古迹志5卷共2册)由伪江苏省政府刊行。

缪荃孙等编纂《江苏省通志稿》(文化志六卷2册)由伪江苏省政府刊行。

陈鉴修编《龙溪新志初稿》(第1辑)由漳州胜利出版社龙溪支社刊行。

陈仪讲《日本统治台湾的经过》由台湾行政干部训练班刊行。

郑伯彬编著《台湾新志》由上海中华书局刊行。

贺觉非著《理化县志稿》由西康省政府刊行。

曾昭抡著《大凉山夷区考察记》由上海求真出版社、昆明求真出版社刊行。

朱谦之著《哥伦布前一千年中国僧人发现美洲说》由文科研究所历史丛书刊行。

曹伯韩著《世界史纲要》由永安东南出版社刊行。

潘公展编《五十年来的世界》由重庆胜利出版社刊行。

李建芳著《各国民族统一运动史论》由重庆大道出版社刊行。

按：是书概述德国、日本、意大利、美国和尼德兰的民族统一运动史。

周登云著《近百年世界史纲(1850年至1945年)》由重庆南方印书馆刊行。

金仲华编《一九四四年的世界》由重庆中外出版社刊行。

中外出版社编《克里米亚声明全文(英汉对照)》由重庆中外出版社刊行。

新华书店编辑部编《世界的新面貌》由山西涉县新华书店刊行。

塞翁编《二次世界大战欧战述评》(第1、3卷)由南平复兴出版社刊行。

新中国编译社编《蜕变中之欧洲》由上海新中国报社刊行。

华岗著《苏联外交政策史论》由云南昆明康宁书店刊行。

侯外庐著《苏联历史学界诸论争解答》由重庆建国书店刊行。

按：是书系关于历史发展规律的研究。包括关于社会发展史指导律的问题、关于亚细亚古代社会法则的问题、关于亚细亚生产方法适用于古代中国的问题、关于苏联新社会发展法则的问题等。

王子毅编著《韩国》由重庆商务印书馆刊行。

总政敌伪研究室编辑《日本革命运动史话》由山东新华书店刊行。

黎正甫著《郡县时代之安南》由重庆商务印书馆刊行。

杨义旐著《越南民族运动史》由民族史地研究会刊行。

沈颂芳著《法兰西地下活动》由重庆世界编译所刊行。

大公报馆编《法兰西第四共和的诞生》由重庆大公报馆刊行。

曹末风编著《二次世界大战简史》由重庆中外出版社刊行。

赵一民编《二次世界大战纪事本末》由东方出版社刊行。

杨复生著《世界风云录》(第二次世界大战国际政治外交史料)刊行。

中外出版社编《克里米亚声明全文》由重庆中外出版社刊行。

军事委员会办公厅编《波茨坦会议公报》刊行。

冯自由著《华侨革命史话》由重庆海外出版社刊行。

按：此书详细记述了自1894年12月兴中会成立起至1911年10月武昌起义止，世界各地华侨积极支持并参加辛亥革命的光辉业绩，是研究辛亥革命和世界华侨史的宝贵资料。

陈陟编《中国七大哲人传》由四川成都经纬书局刊行。

按：是书介绍孔子、老子、孟子、墨子、庄子、朱子、王阳明等中国七大哲学家的生活、思想、著述、家世等。

陶元珍著《中国人物新论》由重庆北斗书店刊行。

按：是书收文11篇，有《汉高祖对楚战略在抗战中的应用》《狄青之死》《岳飞死因之分析》《第三次中日战争的战费和张居正》《史可法的救亡言论》《林则徐的国际知识》《胡林翼五次荐举左宗棠的经过》等。

黄奋生编著《边疆人物志》由重庆正中书局刊行。

按：是书收录班禅额尔德尼、哲卜尊丹巴呼图克图、马步芳、马步青等22位边疆人物传记。

祝世德编著《大禹》由汶川县政府出版。

宁生著《孟子》由重庆国民图书出版社刊行。

朱焕尧编著《汉武帝》由重庆胜利出版社刊行。

杜呈祥编著《卫青霍去病》由重庆青年出版社刊行。

杜呈祥编著《张骞苏武》由重庆青年书店刊行。

朱谈著《班昭》由重庆胜利出版社刊行。

黄文弼、罗郁著《班超》由重庆胜利出版社刊行。

王芸生等著《诸葛亮新论》由重庆读者之友社刊行。

陈寅恪著《陶渊明之思想与清谈之关系》由北平燕京大学哈佛燕京学社刊行。

温肇桐编著《晋唐二大画家》由上海世界书局刊行。

李旭著《李世民》由重庆青年出版社刊行。

李长之编著《韩愈》由重庆胜利出版社刊行。

龚书炽著《韩愈及其古文运动》由重庆商务印书馆刊行。

邓广铭编著《岳飞》由重庆胜利出版社刊行。

彭国栋著《岳飞评传》由重庆商务印书馆刊行。

徐渊若著《哥窑与弟窑》(附龙泉青瓷图录)由浙江龙泉著者刊行。

温肇桐著《元季四大画家》由上海世界书局刊行。

钱穆著《王守仁》由重庆商务印书馆刊行。

朱东润著《张居正大传》由上海开明书店刊行。

郑鹤声著《郑和》由重庆胜利出版社刊行。

蒋逸雪著《张溥年谱》由重庆商务印书馆刊行。

闻亦博著《明代模范学生夏完淳传记》由重庆独立出版社刊行。

胡嵩编《胡忠简公年谱》由贵州贵阳中央日报社刊行。

魏应麒编著《林则徐》由重庆胜利出版社刊行。

秦翰才著《左文襄公在西北》由重庆商务印书馆刊行。

范文澜著《汉奸刽子手曾国藩的一生》由张家口新华书店晋察冀分店刊行。

温肇桐著《清初六大画家》由上海世界书局刊行。

按：是书介绍清初六大画家王烟客、王圆照、王石谷、王麓台、吴渔山、恽南田的生平事迹、所属画派，并评论其作品。

陈伯达著《介绍窃国大盗袁世凯》由冀鲁豫书店刊行。

陈伯达著《窃国大盗袁世凯》由香港丘引社刊行。

许寿裳编著《章炳麟》由重庆胜利出版社刊行。

按：全书分四章："最近三百年来中国政治和学术的鸟瞰""革命元勋的章先生""国学大师的章先生""先生晚年的志行"。

罗香林著《国父之大学时代》由重庆独立出版社刊行。

高良佐著《孙中山先生传》由四川成都近芬书屋刊行。

孔繁霖编著《陈英士》由重庆青年出版社刊行。

郭中襄著《蒋委员长传》由上海芷江出版社刊行。

雷一鸣编辑《蒋委员长革命史》由革新书店刊行。

ABC书店纂《伟大的领袖》由上海编者刊行。

文史研究会编辑《蒋主席轶事》由上海长风书店刊行。

宪兵司令部编辑《总裁言行》由重庆江北编者刊行。

解放日报社编著《蒋介石的诺言与自白》由大连大众书店刊行。

屠诗聘编《蒋委员长画集》由上海中国图书杂志公司刊行。

储祎编著《蒋介石及著名将领》由上海东方书店刊行。

按:是书收蒋介石、徐永昌、何应钦、汤恩伯、胡宗南、阎锡山、刘峙等27位国民党将领的小传。

喻传鉴编《张伯苓先生七旬寿辰纪念册》由重庆南开校友总会刊行。

蒋梦麟著《西潮》(英文)在美国刊行。

按:是书乃作者前半生的回忆录,用英文写于在昆明西南联大工作期间。作者利用抗战期间躲空袭的闲暇,在没有灯光、没有桌椅的防空洞里,用随身携带的铅笔和硬面笔记本,写成这样的一部自传。1957年才由作者译成中文在台湾出版。全书分"满清末年""留学美国""民国初年""国家统一""中国生活面面观""抗战时期"和"现代世界中的中国"等7部分。

周越然著《六十回忆》由上海太平书局刊行。

按:是书作者曾供职于上海商务印书馆,他回忆了60年来的所作所为和所见所闻,其中涉及商务印书馆和姚勇忱、陈其美、康有为、伍廷芳、陈独秀、辜鸿铭等人。

V字编译社编《汉奸汪精卫》由V字出版公司刊行。

华北新华书店编辑部编《阎锡山罪行拾录》由编者刊行。

黄绍竑著《五十回忆》(上下册)由杭州云风出版社刊行。

中华论坛社编《邓演达先生行述》由编者刊行。

李仕亮、冰如、弓金著《边区基干兵团一等英雄李仕亮》由新华书店刊行。

野鲁著《边区地方营兵一等英雄——暴文生》由索堡新华书店刊行。

花信风、王承天编著《抗战英雄点将录》由上海新生出版公司刊行。

许尚文编《当代医学传略》由江苏金山崇济医室刊行。

曹冷泉编著《陕西近代人物小志》由陕西西安攀川出版社刊行。

许晚成主编《上海百业人才小史》由上海龙文书店编辑部刊行。

凤子著《舞台漫步》由上海大陆图书杂志出版公司刊行。

卢葆华著《飘零人自传》由重庆说文社刊行部刊行。

青苗著《丹娘传》由福建南平画锦坊战时文化供应社刊行。

何志强编著《联合国四巨头》由上海光复出版社刊行。

按:是书介绍蒋介石、杜鲁门、艾德里、斯大林等人传略。

何志强编著《四强外交人物志》由上海光复出版社刊行。

按:是书收录中、美、英、苏4国13名外交家小传。其中有中国的宋子文、王世杰、顾维钧、王宠惠,美国的戴维斯、霍普金斯、韦南特,英国的贝文、艾登、哈里法克斯,苏联的莫洛托夫、李维诺夫和柴达诺夫。

何志强编著《联合国将领传》由上海光复出版社刊行。

按:是书中国部分介绍何应钦、白崇禧等6人小传;外国部分介绍美、英、苏三国的麦克阿瑟、尼米兹、蒙巴顿、佛塞莱塞、伏罗希洛夫、铁木辛哥等6人小传。

友联编委会编《世界各国战事犯》由上海友联出版社刊行。

按:是书记述第二次世界大战期间各国战犯的一部分罪状。内收日本战事犯:东条英机、畑俊六、山下奉文、铃木贞一、本间雅晴、裕仁、桥本欣五郎、近卫文麿、土肥原、东乡茂德、岛田繁太郎、衫山元、松井石根、小矶国昭、重光葵;中国汉奸:汪精卫、溥仪、陈公博、王克敏、周佛海、褚民谊、陈璧君、林柏生;德国战犯:希特勒、希姆莱、戈林、戈培尔、里宾特洛甫;法国叛徒:贝当、赖伐尔;美国奸逆:伊娃;意大利祸首:墨索里尼;英国叛徒:哈哈爵士;挪威叛徒:葵士林;越南战犯:德古;印度叛徒:鲍斯;泰国奸逆:阿巴温。

欧亚出版社编《中美名将录》由上海欧亚书局刊行。

高敬武著《名人生活与体育》由重庆商务印书馆刊行。

按:是书讲述富兰克林、华盛顿、俾斯麦、左拉、爱伦凯、穆德、贝登堡、威廉二世、史密斯、尼赫鲁等10人的日常生活及其对于体育的兴趣。

李铸晋等编《林肯》由四川成都五大学比较文化研究所刊行。

杨人梗著《圣鞠斯特》由重庆商务印书馆刊行。

韬奋书店编《列宁与斯大林的故事》由韬奋书店刊行。

贺湄著《中国地理基础》由重庆建国书店刊行。

贺湄著《中国地理新讲》由广西桂林实学书局刊行。

金祖孟编著《中国地理通论》(第1集)由重庆中华书局刊行。

大众文化服务社编《今日中国》由重庆大众文化服务社刊行。

金擎宇等编《中华民国新地图》由重庆亚光舆地学社刊行。

李承三等编《中国分省地图》由重庆禹甸图书局刊行。

华北合作事业总会调查室编《河北省通县县势及交易场概况》由编者刊行。

徐尔灏著《青康藏新西人考察史略》由国立中央大学理科研究所地理学部刊行。

陈正祥著《西北区域地理》由上海商务印书馆刊行。

曹弃疾、王葽著《西京要览》由陕西西安扫荡报办事处刊行。

李绍忠编《上海内幕》由江苏南京再造出版社刊行。

王礼安著《上海风物画》由重庆古今书屋刊行。

北碚管理局著《北碚游览指南》由编者刊行。

贺耀祖著《重庆要览》由重庆市政府刊行。

卢继成著《大广州指南》由广东广州新生路月刊社刊行。

郭上崇、邹子彬编著《上杭风光》由幸福报社刊行。

曹颖僧著《延绥览胜》由重庆史学书局刊行。

胡焕庸著《台湾与琉球》由重庆京华印书馆刊行。

李絜非著《台湾》由重庆商务印书馆刊行。

陈纯仁著《台湾》由军事委员会政治部刊行。

庄孟伦著《台湾全貌》由福建漳州胜利出版社龙溪支社刊行。

胡元璋编《台湾要览》由福建永安战时中国出版社刊行。

何敏先编著《台湾轮廓》由前锋出版社刊行。

陈碧柳编《最新台湾指南》由福建南平中国文化供应社刊行。

陈台山编著《台湾概览》由正中书局刊行。

徐子为、潘公昭著《今日的台湾》由上海中国科学图书仪器公司刊行。

陈原著《世界地理基础》由重庆建国书店刊行。

欧阳缨著,邹新垓增订《新世界列国地图》由湖南新化亚新地学社刊行。

杨虹邨等编绘《世界大战图解》由福建中华文化出版社刊行。

何凤山编《欧美风光》由重庆政治生活出版社刊行。

胡焕庸编著《南欧地理》由重庆京华印书馆刊行。

胡焕庸编著《美国地理》由重庆京华印书馆刊行。

胡焕庸编著《苏联地理》由重庆京华印书馆刊行。

陈正祥编著《西伯利亚地理》由重庆京华印书馆刊行。

奚清友编著《今日之苏联》由重庆读书出版社刊行。

郝雷格尔著《锡兰》由重庆商务印书馆刊行。

庄文编著《琉球概览》由重庆国民图书出版社刊行。

蒋君章著《菲列滨新志》由重庆建设出版社刊行。

顾实著《汉书艺文志讲疏》由重庆商务印书馆刊行。

苏渊雷编《经世文综》(4版)由黄中出版社刊行。

国立中央研究院历史语言研究所编《六同别录》(上)由编者刊行。

吴其昌著《子馨文在》由重庆独立出版社刊行。

按:分殷鉴集、美芹集、思桥集、学艺集4卷。第1卷收《历史上国难的教训》《中华民族生存发展的斗争》等11篇史学论文。第2卷收《民族危机的认识和救国治学的态度》《不屈服即胜利》等24篇政治文章。第3卷收《梁任公先生晚年言行记》《王国维先生生平及其学说》等4篇名人治学方法的研究文章。第4卷收《陈龙川年谱序》《朱子治学方法考》《宋元明清学术史》等8篇文史论文。

进修月刊社编《进修文选》由生活书店刊行。

贵州省地方自治月刊社编《现代学术论丛》由编者刊行。

谭正璧著《日本所藏中国佚本小说述考》由上海知行编译社刊行。

商务印书馆编《中学文库目录》由编者刊行。

按:是书分目录学、读书指南、各科论文丛刊、中国哲学、西洋哲学、伦理学、论理学、心理学、宗教、社会学、政治学、国际外交、经济学、财政学、行政、统计学、教育学等类。

中法汉学研究所编《潜夫论通检》由北平中法汉学研究所刊行。

陈原编《书摘》(第1集)由重庆五十年代出版社刊行。

陈原编《书摘》(第2集)由重庆五十年代出版社刊行。

杨纪编《中国要览》(19版)由大公报馆刊行。

《普通图书馆设备举要》由重庆商务印书馆刊行。

周连宽编著《档案管理法》由重庆正中书局刊行,有甘乃光等人的序及自序。

周越然著《版本与书籍》由上海知行出版社刊行,有自序。

林志鎏编《福建省立图书馆图书总目》(第1册)由福建省立图书馆刊行。

中国联合准备银行调查室编《中国联合准备银行图书室图书分类目录》由编者刊行。

(伪)华北政务委员会总务厅情报局编《时代与教师》(时局丛书)由北平编者刊行。

(伪)华北政务委员会总务厅情报局编《各国电影检阅制度》由编者刊行。

[美]罗伊斯(原题鲁一士)著,樊星南译《近代哲学的精神》(上下册)由重庆商务印书馆刊行。

[美]罗特(原题劳德)著,郭文彬译《修养的经验与学习》由重庆一心书局刊行。

[美]高武著,张振铎译《人事工程学》由重庆商务印书馆刊行。

[美]威廉著,刘芦隐、郎醒石译《马克思主义与社会史观》由中国文化服务社刊行。

[美]哥登回事著,陆德音译《社会科学史纲(第5册文化人类学)》由商务印书馆刊行。

[美]艾迪著,李经邦译《青年性生活》由福建实用出版社刊行。

[美]斯坦赫特著,刘若村译《少年性知识十讲》由上海中华书局刊行。

[美]赛珍珠著,李木译《男与女》由上海华美出版社刊行。

[美]赛珍珠著,周鹃痕译《美国与中国》由上海文化书局刊行。

〔美〕戈贝德著,何肇嘉译《战后世界》由重庆独立出版社刊行。

〔美〕鲍威尔、伊斯曼著《世界之命运系诸中国》由爝火出版社刊行。

〔美〕克罗等著《胜利与复兴》由重庆大公报馆刊行。

〔美〕祝特著《我们的盟邦中国》由上海国际出版社刊行。

〔美〕拉铁摩尔著,曹未风、刘尊棋译《亚洲的决策》由重庆中外出版社刊行。

〔美〕E. 波林、M. 瓦忒等著,高君纯、郑庭椿译《军事心理学》由福建永安改进出版社刊行。

〔美〕卜伦梯斯原著,陈时伟、左宗杞编译,曾昭抡校阅《化学战剂》由重庆国立编译馆刊行。

〔美〕卡尔著,关梦觉译《苏联的军队》由重庆五十年代出版社刊行。

〔美〕汤玛斯著,唐君铂译《战斗情报》由重庆军学编译社刊行。

〔美〕斯坦莱著,张德昌译《战后国际投资问题》由重庆中华书局刊行。

〔美〕比安士铎著,王云五译《苏联工农业管理》由重庆商务印书馆刊行。

〔美〕斐南著,卢怀道、王哲镜译《会计学》(上下册)由福建南平国民出版社刊行。

〔美〕威廉·乌克斯著,中国茶叶研究社译《茶叶全书》(上下册)由上海开明书局刊行。

〔美〕J. Borkin、C、A. Welsh 著,许继廉译《工业进攻之故事》由重庆商务印书馆刊行。

〔美〕斯蒂芬司著,董任坚、胡冠璐译《小学低年级的活动》(儿童教育丛书)由上海中华书局刊行。

〔美〕密西尔著,唯明节译《(英汉对照节本)飘》由重庆教育书店刊行。

〔美〕劳台巴赫著,朱葆光、孙少礼译《(英汉对照)史达林与朱可夫》由上海中外出版社刊行。

〔美〕戴文波著,杨周翰译《我的国家》由重庆中外出版社刊行。

〔美〕奥尼尔著,王思曾译《红粉飘零》由江苏南京独立出版社刊行。

〔美〕丽琳·海尔曼著,冯亦代译《守望莱茵河》由重庆美学出版社刊行。

〔美〕霍桑著,侍桁译《红字》由重庆文风书局刊行。

〔美〕亨利·詹姆士著,于绍方译《诗人的信件》由重庆人生出版社刊行。

〔美〕德莱赛著,钟宪民译《嘉丽妹妹》由重庆建国书店刊行。

〔美〕勃罗维尼著,陈永采译《人猿泰山》由重庆大华书店刊行。

〔美〕勃罗维尼著,陈永采译《泰山情侣》由重庆大华书店刊行。

〔美〕勃罗甫斯著,乐之译《人猿泰山》由重庆天下出版社刊行。

〔美〕杰克·伦敦著,许天虹译《强者的力量》由福建永安立达书店刊行。

〔美〕辛克莱著,柯夫译《前线》由上海草原出版社刊行。

〔美〕史特朗著,白禾译《七重天》由重庆文摘出版社刊行。

〔美〕赛珍珠著,罗致译《大地》由重庆新中国书局刊行。

〔美〕密契尔著,郑安娜译《风流云散》由重庆美学出版社刊行。

〔美〕休士著,祝秀侠译《黑丽德》由南京独立出版社刊行。

〔美〕马尔兹著,柳无垢译《实情如此》由重庆山城出版社刊行。

〔美〕约翰·海尔赛著,林友兰译《阿丹诺之钟》由重庆光半月刊社刊行。

〔美〕聂克卡脱著,艾珑译《假钞票》(聂克卡脱最新探案)由上海广益书局刊行。

[美]裴屈罗·斯坦因著,徐迟译《解放、是荣耀的》由重庆新群出版社刊行。

[美]威尔基著,朱鼎臣译《四海一家》由上海光复出版社刊行。

[美]威尔基著,郝百英译《自由中国》由上海正始出版社刊行。

[美]恩尼·派尔著,林疑今译《勇士们》由重庆中外出版社刊行。

[美]史诺著,孙承佩译《战时苏联游记》由重庆中外出版社刊行。

[美]宝爱莲著,慕循、依兰译《烽烟万里》由上海言行社刊行。

[美]劳森著,刘振华译《轰炸东京记》由福建南平战时文化供应社刊行。

[美]Etta Shiber 著,汤一雯译《地下巴黎》由重庆商务印书馆刊行。

[美]斯各脱著,唐达译《在中国上空》由上海杂志公司刊行。

[美]海莱著《太平洋战线》由重庆大公馆刊行。

[美]史笃威著,必力译《从重庆到苏联》由上海复兴出版社刊行。

[美]项美丽著,仓圣译《中国与我》由上海复兴出版社刊行。

[美]贝尔纳斯、[英]贝文著,国际出版社编《英美对五国外长会议之立场》由上海国际出版社刊行。

[美]葛德石著,薛贻源译《中国的地理基础》由重庆开明书店刊行。

按:是书分地理景观、地形、气候——决定人类活动的因素、四千年来的农民、中国的天然富源、中国与世界的往来六章。

[美]纳文斯、康玛格著,刘尊棋等译《美国史》(上下册)由重庆中外出版社刊行。

[美]斯诺著,张雪怀译《委员长生活漫记》由上海建国图书馆刊行。

[美]爱泼斯坦等著《毛泽东在重庆》由上海合众出版社刊行。

[美]爱泼斯坦等著《毛泽东印象》由旅顺民众书店刊行。

[美]辛都斯著,魏敬译《苏联的新面目》由重庆时与期社刊行。

[美]曼德尔著,晓歌译《苏维埃远东》由重庆中外出版社刊行。

[苏]阿瓦林等著《国际观察家对中国政治的评论》由营口民主书店刊行。

[苏]斯大林著《关于红军之三个特点》由哈尔滨中苏友好学会刊行。

[苏]阿瓦林等著《中国往哪里去》由山东新华书店刊行。

[苏]佛米金哥著,吴清友等译,屈武校《苏联的红军》由中苏文化协会编译委员会刊行。

[苏]施米尔乐夫著,常彦卿译《合同战术》由晋察冀军区司令部刊行。

[苏]齐列穆尼耶等著,编译局译《兵团战术概则》由十八集团军总司令部刊行。

[苏]伏尔柯夫著《无形的战士》由新华书店刊行。

[苏]H.伊万诺夫著,常彦卿译《军事技术便览》由第十八集团军总政治部刊行。

[苏]哈察特洛夫著,吴清友译《苏联交通》由重庆商务印书馆刊行。

[苏]柯席乌洛夫、顾用中编《俄文读本》由上海时代社刊行。

[苏]高尔基著,张镜谭译注《旅伴》(晨光英汉对照丛书甲级)由重庆晨光书局刊行。

[苏]高尔基著,林陵等译《(中俄文对照)高尔基早期作品集》(第1集)由上海时代书报出版社刊行。

[俄]屠格涅夫著,牛光夫译《(俄华英对照)屠格涅夫散文诗选》由国立语文学会刊行。

[俄]契诃夫著,张友松译注《活动产》(晨光英汉对照丛书)由重庆晨光书局刊行。

[俄]戈果里著,唯明译注《(英汉对照)钦差大臣》由重庆世界出版社刊行。

〔俄〕戈果里著，唯明译注《（英汉对照）钦差大臣》由上海教育书店刊行。

〔苏〕高尔基著，戈宝权译《我怎样学习写作》由重庆读书出版社刊行。

〔俄〕贝灵著，梁镇译《俄罗斯文学》由重庆商务印书馆刊行。

〔苏〕A. 罗斯金著，戈宝权译《高尔基》由云南昆明北门出版社刊行。

〔俄〕屠格涅夫著，巴金译《散文诗》由重庆文化生活出版社刊行。

〔俄〕屠格涅夫著，李岳南译《屠格涅夫散文诗集》由重庆正风出版社刊行。

〔俄〕果戈理著，魏荒弩译《结婚》（一个全属无稽事件的两幕剧）由云南昆明华侨书店刊行。

〔俄〕契诃夫著，曹靖华译《三姊妹》由重庆文化生活出版社刊行。

〔苏〕高尔基著，胡明译《夜店》由上海光华出版社刊行。

〔苏〕高尔基著，焦菊隐译《未完成三部曲》由重庆上海杂志公司刊行。

〔俄〕李翁诺夫著，林陵译《侵略》由上海时代书报出版社刊行。

〔俄〕西蒙诺夫著，白寒译《俄罗斯人》由上海时代书报出版社刊行。

〔俄〕西蒙诺夫著，桴鸣译《俄罗斯人》由韬奋书店刊行。

〔俄〕柯尔纳楚克著，林陵译《战线》由上海时代书报出版社刊行。

〔俄〕柯尔纳楚克著，水夫译《赴苏使命》（三幕剧）由上海时代书报出版社刊行。

〔俄〕T. 兹拉托戈洛瓦、A. 卡普勒著，林淡秋译《列宁在一九一八年》（电影剧本）由张家口新华书店晋察冀分店刊行。

〔俄〕L. 索伯列夫等著，茅盾译《蓝围巾》由重庆中苏文化协会编译委员会刊行。

〔俄〕邵洛霍甫等著，曹靖华辑译《死敌》由重庆文光书店刊行。

〔俄〕M. 斯里帕纳夫等著，叶菡等译《空中女英雄》由上海海燕出版社刊行。

〔俄〕V. 梭尔齐瓦等著，黎烈文译《最高勋章》由福建永安中流社刊行。

〔俄〕屠格涅夫著，赵蔚青译《不幸的少女》由重庆文化生活出版社刊行。

〔俄〕屠格涅夫著，赵蔚青译《静静的洄流》由重庆文化生活出版社刊行。

〔俄〕屠格涅夫著，马宗融译《春潮》由重庆文化生活出版社刊行。

〔俄〕陀思退夫斯基著，叔夜译《女房东》由重庆联益出版社刊行。

〔俄〕陀斯退夫斯基著，叔夜译《白夜》由重庆联益出版社刊行。

〔俄〕陀斯退夫斯基著，韦丛芜译《穷人》由重庆文光书店刊行。

〔俄〕谢德林著，陈原译《地主之家》由重庆文风书局刊行。

〔俄〕托尔斯泰著，北芝译《高家索的回忆》由重庆独立出版社刊行。

〔俄〕托尔斯泰著，孟克之译《早春絮语》由上海长风书店刊行。

〔俄〕托尔斯泰著，方敬译《家庭幸福》由广西桂林文化生活出版社刊行。

〔俄〕绥拉菲摩维支著，曹靖华译《铁流》由重庆学艺出版社刊行。

〔俄〕绥拉菲摩维支著，周文改编《铁流》由河南韬奋书店刊行。

〔俄〕绥拉菲摩维支著，周文改编《铁流》由张家口新华书店晋察冀分店刊行。

〔俄〕梅勒支可夫斯基著，绮纹译《诸神复活》由上海中华书局刊行。

〔苏〕高尔基著，丽尼译《天蓝的生活》由重庆上海杂志公司刊行。

〔苏〕高尔基著，周览译《奥罗夫夫妇》由重庆上海杂志公司刊行。

〔苏〕高尔基著，罗稷南译《魔影》由重庆大时代书局刊行。

[俄]库普林著,汝龙译《女巫》由重庆文化生活出版社刊行。

[俄]A.托尔斯泰著,曹靖华译《保卫察里津》由云南昆明北门出版社刊行。

[俄]卡达耶夫著,朱葆光译《妻》由重庆中外出版社刊行。

[俄]葛洛斯曼著,林陵译《人民不死》由上海时代书报出版社刊行。

[俄]葛洛斯曼著,茅盾译《人民是不朽的》由重庆中苏文华协会编译委员会刊行。

[俄]硕洛霍夫著,钟蒲译《被开垦的荒地》第一卷由上海中华书局刊行。

[俄]毕尔文采夫著,白寒译《试炼》由时代书报出版社刊行。

[俄]梭罗维约夫著,金人译《伊凡·尼古林——俄罗斯的水兵》由上海时代书报出版社刊行。

[俄]戈尔巴托夫著,水夫译《不屈的人们》由上海时代书报出版社刊行。

[俄]巴弗尔·尼林著,丽尼译《祖国的儿女们》由上海杂志公司刊行。

[俄]保罗·休士林著,朱雯译《战斗在顿河》由福建永安联合编译社刊行。

[俄]叶密良诺娃著,磊然译《外科医生》由上海时代书报出版社刊行。

[俄]兹维尔嘉著,向青译《不幸的蒙妮迦》由福建永安东南出版社刊行。

[苏]高尔基著《列宁》由东北中苏友好协会刊行。

[俄]潘菲洛夫著《目击记》由新华书店刊行。

[俄]葛洛斯曼著,无名氏译《特列勃林卡地狱》由上海时代社刊行。

[俄]魏里奇科著,戈宝权译《哥尼斯堡之陷落》由重庆群众杂志社刊行。

[苏]沃勒科夫改编,金人、文霄译《绿野仙踪》由重庆光明书局刊行。

[苏]A.罗斯金著,戈宝权译《高尔基》由云南昆明北门出版社刊行。

[苏]德累仁著,闵凡译《柴门霍甫评传》由重庆世界语函授学社刊行。

[苏]T.兹拉托戈洛瓦、A.卡普勒著,林淡秋译《列宁在一九一八年》由张家口新华书店晋察冀分店刊行。

[苏]高尔基著《列宁》由东北中苏友好协会刊行。

[苏]斯·基尔著《六年随从列宁——列宁底汽车夫之回忆》由吉林四平街东北中苏友好协会四平街支部刊行。

[苏]VOKS著,李秉钧译《德兵日记》由重庆五十年代出版社刊行。

[俄]勃洛克等编著,卫惠林等译《苏联的人与地》由四川成都今日新闻社刊行。

[英]华特著,萨空了编译《宣传心理学研究》由上海耕耘出版社刊行。

[英]卡莱尔著,周太玄译《人的科学》由中华书局刊行。

[英]斯迈尔斯著,徐百益编译《胜利与自强》由上海人生出版社刊行。

[英]哈顿著,实甫译《结婚的性艺术》由福建十日谈社刊行。

[英]卡尔著,王之珍译述《和平之条件》由重庆商务印书馆刊行。

[英]戴维斯著,朱宝贤译《二十世纪的问题》由重庆商务印书馆刊行。

[英]佛勒著,李志纯译《机械化战争之理论与实例》由重庆商务印书馆刊行。

[英]佛勒著,李志纯译《机械化战争论》由重庆商务印书馆刊行。

[英]攸挨著,彭荣仁译《计划经济之理论》由重庆中华书局刊行。

[英]派通著,陈俊译《会计学原理》由四川文化印书馆刊行。

[英]韩德森著,纪文勋译述《供求论》由重庆商务印书馆刊行。

［英］格来顿齐夫著《台湾经济生活》由大公报馆刊行。

［英］格来顿齐夫著，北京联华银行经济研究室译《台湾经济展望》由译者刊行。

［英］威尔斯等著，朱培璜编《新闻自由》由重庆侨声书店刊行。

［英］Adolf Lowe 著，许孟瀛译述《演变中之大学教育》由重庆商务印书馆刊行。

［英］雪莱、拜伦等著，李岳南译《小夜曲》（原名英国二十四家诗选）由上海正风出版社刊行。

［英］莎士比亚原著，［英］查理·兰姆、玛利·兰姆改编，杨镇华译《仲夏夜之梦》由重庆新中国书局刊行。

［英］迭更司著，方敬译《圣诞欢歌》由重庆文化生活出版社刊行。

［英］狄更司著，陈原译《人生的战斗》由重庆国际文化服务社刊行。

［英］迭更司著，许天虹译《双城记》由重庆文化生活出版社刊行。

［英］迭更司著，许天虹译《匹克维克遗稿》（第 1 册）由上饶战地图书出版社刊行。

［英］勃朗特著，李霁野译《简·爱》（上中下册）由重庆文化生活出版社刊行。

［英］爱弥莱·白朗蒂著，罗塞译《魂归离恨天》（上下册）由罗塞刊行。

［英］哀利奥特著，梁实秋译《吉尔菲先生的情史》由重庆黄河书局刊行。

［英］哈代著，吕天石译《微贱的裘德》由重庆大时代书局刊行。

［英］柯南道尔著，林俊平译《石桥女尸》由上海环球书报社刊行。

［英］柯南道尔著，苏逸萍译《蓝宝石》由上海大江书局刊行。

［英］高尔斯华绥著，端木蕻良译《苹果树》由重庆建国书店刊行。

［英］依嘉华雷斯著，秦瘦鸥译《大帝之剑》由四川成都百新书店刊行。

［英］乌尔夫著，谢庆垚译《到灯塔去》由重庆商务印书馆刊行。

［英］劳伦斯著，叔夜译《在爱情中》由重庆说文出版社刊行。

［英］大卫·加奈特著，冯丽云译《女人变狐狸》由重庆人生出版社刊行。

［英］普列斯来著，王友竹译《黑城谍窟》由重庆美学出版社刊行。

［英］伊丽莎白·顾芝著，陈立译《绿鲸街头》由上海复兴出版社刊行。

［英］爱尔思著，浪燕译《幻想的爱人》由重庆文潮出版社刊行。

［英］亨利·詹姆士著，于绍方译《诗人的信件》由重庆人生出版社刊行。

［英］厄涅斯德布累马著，华侠译《盲目侦探》由四川成都雷电出版社刊行。

［英］斯坦林·雪娜著，沈锜译《雪娜自传》由重庆中国文化事业刊行。

［英］泰娄著，剑波等译《巴尔干半岛》由四川成都今日新闻社刊行。

［法］纪德著，盛澄华译《地粮》由重庆文化生活出版社刊行。

［法］高乃意著，焦菊隐译《金戈红粉》由重庆中国文化事业社刊行。

［法］小仲马著，吴文江译《茶花女》由重庆华联出版社刊行。

［法］罗曼·罗兰著，贺之才译《七月十四日》由重庆商务印书馆刊行。

［法］倍尔纳著，黎烈文译《亚尔维的秘密》由福建永安改进出版社刊行。

［法］拜尔纳著，林柯译《玛婷》由上海文化生活出版社刊行。

［法］Laiche Evgine 著，刁汝钧译《龟兔竞走》由重庆商务印书馆刊行。

［法］约瑟叶尔曼著，张道藩译《蜜月旅行》由上海正中书局刊行。

［法］班雅曼·贡思当著，卞之琳译《阿道尔夫》由重庆人生出版社刊行。

[法]巴尔扎克著,罗塞译《戴侬夫人》由云南昆明黎明社刊行。

[法]巴尔扎克著,陈原译《巴尔扎克讽刺小说集》由重庆五十年代出版社刊行。

[法]大仲马原著,徐蔚南译《基度山恩仇记》由重庆独立出版社刊行。

[法]梅礼美著,徐仲年译《鹡鸰姑娘》由重庆正风出版社刊行。

[法]都德著,紫英重译《热恋》由重庆万光书局刊行。

[法]法朗士著,徐蔚南译《泰绮思》由重庆正风出版社刊行。

[法]莫泊桑著,何敬译《美男子》由重庆文风书局刊行。

[法]莫泊桑著,索夫译《爱情的火焰》由重庆国际文化服务社刊行。

[法]罗逖著,陈家烈译《冰岛渔夫的故事》由重庆天地出版社刊行。

[法]勒白朗著,林俊平译《七个奇案》由四川成都环球书社报刊行。

[法]罗曼·罗兰著,李劼人译《彼得与露西》由四川成都人言出版社刊行。

[法]罗曼·罗兰著,傅雷译《约翰·克利斯朵夫》由上海骆驼书店刊行。

[法]罗曼·罗兰著,钟宪民译《若望·葛利斯朵夫》第 2 卷由重庆世界出版社刊行。

[法]纪德著,盛澄华译《伪币制造者》(上下册)由重庆文化生活出版社刊行。

[法]卢骚著,陈新译《忏悔录》由重庆大地图书公司刊行。

[法]讷闪著,李青崖译《戴高乐将军传》由重庆世界编译所刊行。

[德]勒温(原题列文)著,高觉敷译《形势心理学原理》由重庆正中书局刊行。

[德]尼采著,杨伯苹译述《教育家之叔本华》由重庆商务印书馆刊行。

[德]克劳塞维茨著,陶希圣、杜衡译《克劳塞维茨战争原理》由重庆南方印书社刊行。

[德]卫德明主编《德华大辞典》由上海壁恒图书公司刊行。

[德]歌德著,李长之译《歌德童话》由四川成都东方书社刊行。

[德]曼德编著,张传普译《第一次世界大战史——西战场国境会战》由陆军大学刊行。

[德]路德维希著,杨刚译《解放者》(林肯传第四章)由重庆美学出版社刊行。

[德]梅林著,罗稷南译《马克斯传》由上海骆驼书店刊行。

按:是书分第一章"早年",第二章"黑格尔的学徒",第三章"流寓巴黎",第四章"恩格斯",第五章"亡命布鲁舍尔",第六章"革命与反革命",第七章"流寓伦敦",第八章"马克思与恩格斯",第九章"克里米亚战争和恐慌",第十章"王朝的兴替",第十一章"国际的早年"。

[德]P. Kohler 著,越裔译《希特勒的秘密》由上海国际书局刊行。

[德]豪士浩华著,周光达译述《国防地理学》由重庆商务印书馆刊行。

按:是书分 6 篇:许多国防性质之地缘政治学基础、国防学与自然地理学中之国防地理概念、生物地理的国防学、人文地理学的动力、都市国防技术的人文地理学、国防地理的活动自由问题。

夏夫纳著,祝平译《德国之土地抵押与登记》由重庆正中书局刊行。

[日]武者小路实笃著,东方文化编译馆译《青年人生观》由上海东方书局刊行。

[日]石川武美著,金朴庵译《新家庭手册》由上海国风书店刊行。

[日]日本人民解放联盟华北地方协议会宣传部编《"日本人反战同盟"在这样斗争着》由新华书店刊行。

[日]石田文次郎著,印斗如译《土地总有权史论》由中国地政研究所、台湾土地银行研究室刊行。

[日]藤泽亲雄著《现代文化的危机与兴亚世界观》由华北政务委员会总务厅情报局编

者刊行。

〔日〕黑田鹏信著，丰子恺译《艺术概论》由重庆开明书店刊行。

〔日〕岩田丰雄著，洪洋译《海军》由上海申报馆刊行。

〔日〕小泉八云著，东方文化编译馆译《一个日本女人的日记》由上海东方书局刊行。

〔日〕鹿地亘著，沈起予译《叛逆者之歌》由上海作家书屋刊行。

〔日〕松本雄原著，集成译《猎人的幸运》由重庆天地出版社刊行。

〔日〕中村孝也著，东方文化编译馆译《日本文化史讲话》由上海东方书局刊行。

〔日〕矢内京忠雄著，廖鸾扬译《委任日本统治南洋群岛土人社会研究》由重庆商务印书馆刊行。

〔意〕圣亚尔方骚·利高烈著，常守义译《依靠圣母》由绥远明德学园刊行。

〔意〕加尔洛·哥利登尼著，了一译《风流寡妇》由重庆建国书店刊行。

〔意〕梅安尼著，丁山译《月亮的儿子们》由澳门慈幼印书馆刊行。

〔意〕沙耳非米尼著，周谦冲译《史学家与科学家—史学与社会科学性质概论》由重庆商务印书馆刊行。

〔意〕范斯伯著《日本间谍》由上海文华出版社刊行。

〔西班牙〕西万提斯著《唐·吉诃德》由河南沙县韬奋书店刊行。

〔西班牙〕费丁·丁纳生著，方达人译《情魔》由上海国风书店刊行。

〔西班牙〕埃斯哥曼士著，石鱼译《幸福的城》（童话集）由重庆大东书局刊行。

〔奥地利〕显尼志勒著，施蛰存译《自杀以前》由福建永安十日谈社刊行。

〔奥地利〕显尼志勒著，施蛰存译《爱尔赛之死》由福建复兴出版社刊行。

〔匈牙利〕裴多菲·山大著，孙用译《勇敢的约翰》由福建东南书局刊行。

〔匈牙利〕贝拉巴拉兹著，焦菊隐译《安魂曲》由上海文化生活出版社刊行。

〔波兰〕显克微支著，施蛰存译《战胜者巴尔代克》由福建永安十日谈社刊行。

〔波〕马凌诺斯基著，费孝通等译《文化论》由重庆商务印书馆刊行。

〔波〕克尔罗斯基著，唐君毅译《爱情之福音》由重庆正中书局刊行。

〔希腊〕柏拉图著，林苑文译《爱的对话》由重庆国际文化服务社刊行。

〔希腊〕柏拉图著，林苑文译《爱的对话》由重庆国际文化服务社刊行。

〔蒲〕玛丽安妮著，方荫译《修道女的情书》由重庆新丰出版社刊行。

〔蒲〕玛丽安妮著，皇城译《葡萄牙少女的恋情》由重庆绿洲出版社刊行。

〔比利时〕梅特林著，王石城译《水落石出》由重庆商务印书馆刊行。

〔挪威〕易卜生著，邬侣梅译《赫达夫人传》由重庆文治出版社刊行。

〔印度〕太戈尔著，张炳星译《太戈尔献诗集》由译者刊行。

〔印度〕迦梨陀沙著，卢前译《孔雀女》由重庆正中书局刊行。

〔印度〕泰戈尔著，止默译《我的童年》由重庆商务印书馆刊行。

〔印度〕尼赫鲁著，周祥光、斯东译《尼赫鲁给女儿的信》由重庆商务印书馆刊行。

Edward A. fitzpatrick 著，Sister Mary Adolph，O. S. F. 译《灵魂的生活》由山东兖州保禄印书馆刊行。

Mary Adolph 译《基督降生以前》由山东兖州保禄印书馆刊行。

Mary Adolph 译《救世主传》由山东兖州保禄印书馆刊行。

F. Boas 著，杨成志译述《人类学与现代生活》由重庆商务印书馆刊行。

按：是书论述种族问题、优生学、教育问题及现代文明与原始文化等。杨成志《人类学与现代生活·译者序言》说："人类学的历史虽然比较短，但种种成就，的确已影响到全部人文科学的领域，尤其是对历史学和文化学，已使得其中许多旧的观念和理论根本动摇而启示了一些新的问题。我们知道，传统的所谓历史，只是成文史，时间方面只包括人类发展的一个短时间，空间方面仅涉及世界的一部分，人类的一部分，传统的文化观，同样也只涉及某一期间某一些人之活动的部分成果，而且论者往往以主观的成见，作为衡量文化价值的准绳。自人类学发达以来，因先史考古学的贡献，人类有文字以前的历史逐渐明了了，因民族学的贡献，若干未被人注意过得民族的情况逐渐明了了，由于各种族体质与心理的比较研究，主观的武断的种族论和文化观渐被批判了。从这几方面的发展，人类学并就形成了一种研究人文的新方法论体系。例如，人类学者把各种人类集团各种文化看做整体来研究，把个人作为集团的一员来研究。对于文化，不仅注意其内部的关系，也着重其外部的关联；不仅注意其现况，也着重其历史与传统……这一切，便都是人种学新方法体系的一些表现，其影响于他种科学，实在是很大的。"

T. A. Biuvcll 著，吴泽炎编译《美国国家动员计划》由国防研究院刊行。

R. Brandon 著，于登斌译《交际舞入门》由重庆个人刊行。

C. Weber 著，之江编译《(英汉对照)薛涛艳史》由四川成都译者书店刊行。

C. B. Rutley 著，张梦麟译《两少年》由重庆中华书局刊行。

G. A. Thorn 著，董任坚、马虚若译《儿童音乐》由中华书局刊行。

H. Lichtewberg 著，李辰东译《浮士德研究》由重庆商务印书馆刊行。

贝兴仁著，张准译《科学与宗教》(第1册)由天津工商学院刊行。

巴尔肯(H. H. Balkin)著，李木译《相人术与成功术》由天津李本书屋刊行。

欧麦尔·奈赛斐著，赛尔顿丁注，马坚译《教义学大纲》刊行。

乌格朋、戈登外塞主编，朱亦松译述《政治学与其他社会科学》由重庆商务印书馆刊行。

布尔霖著，沈颖译《成吉思汗》由中央陆军军官学校刊行。

汤美亭、胡允廉编译《苏联作战经验》由中央陆军军官学校教育处刊行。

毕部纳编，林寿椿译《美国之盐业》由财政部盐务总局刊行。

张嘉璈著，杨湘年译《中国铁道建设》由重庆商务印书馆刊行。

兹浮利夫等著《新文化与新文化人》由人民书店刊行。

培克著，美国新闻处译《美国国务院对华文化援助》由译者刊行。

千古利著，李伯均译《战时英国粮食增产运动》由重庆正中书局刊行。

国际劳工局编，张国维译《合作组织与战后救济》由中国合作事业协会刊行。

萨伐格著，孙寒冰译《一个陌生女人的来信》由重庆商务印书馆刊行。

密西尔著，杜沧白译《飘》由重庆陪都书店刊行。

戈温洛克著，雷生、金仲华译《战地间谍的故事》由知识出版社刊行。

屈里格温著，金川译《荒林夺宝》(世界侦探小说名著丛刊)由上海国风书店刊行。

韩布登、杰克逊等著，语戈等译《波罗的海》由四川成都今日新闻社刊行。

布赖安著，劳绍玑编译《(日用英语会话)流利的英语》由上海蓓开书店刊行。

美国全国教育会编，曾大钧译《战后美国之国民教育》由重庆商务印书馆刊行。

李宝贵原著，徐华译述《时事真义》由上海时兆报馆刊行。

白德美纪念出版社编译《中世纪圣教栋梁》由澳门编者刊行。

常守义译《儿童德经》由绥远明德学园刊行。

傅玉棠译《可纪念的少年著作家》由澳门白德美纪念出版社刊行。

傅玉棠译《青年慈父》由澳门白德美纪念出版社刊行。

纳忠编译《五功与伦理》由云南省经济委员会刊行。

岳道编译《灵迹大圣》由澳门白德美纪念出版社刊行

岳道译《七苦圣母的爱儿》由澳门白德美纪念出版社刊行。

朱希圣译述《圣心与司铎》由立教公署刊行。

陈翊周译《三民主义要义》(蒙文国文对照)由教育部刊行。

朱恩贞译著《美国战时高级女童军》由青年出版社刊行。

时事新报馆撰述委员会译述《联合国—人民及国土》由重庆时事新报馆刊行。

中外出版社编译《联合国宪章》由重庆中外出版社刊行。

李梅生编译《国际对华舆论》由云南昆明护国出版社刊行。

沈时良编译《旧金山会议》由上海出版社刊行。

张申府编译《"四大自由"及其他有关战后国际和平组织的重要文件》由重庆国际问题学会刊行。

新生丛书编译委员会编译《我们的盟友——中国》由陕西西安新生晚报社刊行。

李绍忠编译《国际情报内幕》由政经编译社刊行。

天戈编译《日本的间谍》由上海博览书局刊行。

刘栋译《化学战基地兵站连》由联合勤务总司令部化学兵干部训练班刊行。

陶希圣辑译《拿破仑兵法语录》由重庆南方印书馆刊行。

任扶善译述《人力复员问题》由重庆正中书局刊行。

中国农民银行汉译社会科学百科全书译辑委员会编译《农业经营》由重庆正中书局刊行。

邓文烈编译《日本继承税》由财政部直接税署经济研究室刊行。

曹安和译《昭君》(选自明王世贞青冢记)由重庆国立礼乐馆刊行。

周辨明、黄典诚译著《语言学概要》由国立厦门大学刊行。

力行教育研究社译《(英汉对照,正音注释)莎氏乐府本事》由重庆新亚书店刊行。

庄稼编译《(英汉对照 华文详注)怎样写英文日记》由重庆新中国书局刊行。

钱歌川译《基本英语字表》由重庆中华书局刊行。

谢冰莹著,林如斯、林无双英译《(汉英对照)女叛徒》由重庆求知图书社刊行。

唐允魁、周庄平编译《(英汉对照)英美会话学习法及实例》由广西桂林新生书局刊行。

任鹤鲤译著《鲁迅传》由上海星州出版社刊行。

芳信著《罗曼·罗兰评传》由上海永祥印书馆刊行。

韬奋书店编《列宁与斯大林的故事》由韬奋书店刊行。

孙用译《保加利亚短篇集》由上海正言出版社刊行。

刘立千译《续藏史鉴》由四川成都华西大学华西边疆研究所刊行。

安炳武编译《远东苏联》由江西上饶战地图书出版社刊行。

毛启瑞编译《美国将星录》由重庆中外出版社刊行。

《大悲咒(九十九亿恒河沙数诸佛所说)》由上海大法轮书局刊行。

《巫神的坦白》由河北新华书店刊行。

五、学者生卒

丁开嶂(1870—1945)。开嶂原名作霖,字小川,直隶丰润人。20岁左右应遵化州乡试,得中秀才。后入京师大学堂第一班,毕业时获"奏奖"文科举人。1900年7月与朱锡麟、张榕相约,各自出关组织革命军、创立抗俄铁血会,进行抗俄斗争。1906年秋在家乡南青坨发动群众,宣传科学,推倒佛像,改庙堂为学校,开办女子学校。同年加入中国同盟会。1907年抗俄铁血会改名为北洋铁血会,自任总理。1911年在天津法租界小白楼设铁血会军部,任军长。辛亥革命后回归故里,因右臂染丹毒致残,以左臂著书。著有《收复东北大计划》《天籁余音》《中国英雄大战史》《灰烬余翰》等。

张尔田(1874—1945)。尔田一名采田,字孟劬,号遁庵、遁庵居士,又号许村樵人,浙江杭州人。先后在北京大学、北京师范大学、中国公学、光华大学、燕京大学等校任中国史和文学教授。最后在燕京大学哈佛学社研究部工作,为燕京大学国学总导师。著有《元朝秘史注》《蒙古源流笺注》《玉溪生年谱会笺》《蛮书校补》《遁盦文集》《槐后唱和》《遁庵乐府》《钱大昕学案》等。

按:张笑川《近代中国史学转型期的传统派史家——张尔田史学思想简论》说:"张尔田是清末民初的重要史学家。在中国史学由传统史学向近代史学转向之时,他以继承和发扬'浙东史学'为己任,在史学宗旨和史学方法等方面,注重对中国传统史学精神和方法的阐发;同时,他针对近代'新史学'中处于主流地位的'新考据学派'的疑古倾向和考据倾向展开批评。张尔田的史学思想,代表了部分近代中国'传统派'史家的史学思想,值得中国史学史研究者重视。"(《史学理论研究》2011年第4期)

赵叔孺(1874—1945)。叔孺原名润祥,字献忱、叔孺,后易名时棡,号纫苌,晚年自号二弩老人,以叔孺行世,浙江鄞县人。清末诸生,曾任福建同知。民国后,隐居上海。金石书画、花卉虫草、鞍马翎毛,无不精擅,尤擅画马,可称"近世之赵孟頫"。弟子有沙孟海、方介堪、陈巨来、叶潞渊等。著有《二弩精舍印谱》《汉印分韵补》等。

张寿镛(1876—1945)。寿镛字伯颂,浙江鄞县人。1903年中举,任江苏淞沪捐厘总局提调。1910年改任江苏度支公所科长。1925年在上海创办光华大学,任校长。在抗日战争中,与郑振铎、何炳松等接受政府委托,在上海秘密收购古籍,收到善本4860部、普通本一万余部,为保存祖国文献作出贡献。又刊刻有《四明丛书》共8集,178种,1000余卷。著有《经学大纲》《诸子大纲》《文学大纲》《诗文初稿》《约园杂著》等。

按:吴雯《百年大计,根在树人——光华大学校长张寿镛的办学之道》说:"张寿镛在担任光华大学校长期间,始终重视学生精神的培养,在其影响之下,光华大学逐渐形成了爱国精神、艰苦办学精神等核心思想;教育思想上,他关注学生的心理建设,强调知行合一,中西并重、兼容并包,注重加强学生理论和实践的协调统一,并着意汲取中国传统文化与西方思想的精髓来锻造学生。此外,张寿镛还是一位著名的藏书家,抗战时期与张元济、何炳松、郑振铎等人一起,在上海秘密抢救大量古籍,为中国文化的传承做出了重大贡献。"(《华东师范大学学报》(教育科学版)2013年第4期)

赵正平(1877—1945)。正平字厚生,江苏宝山人。早年赴日留学,入早稻田大学。辛亥革命后历任兵站总监部参谋长、南京留守府调查局长、北京特别市社会局长、青岛教育局长等。1922年任上海暨南大学校长。曾主编《复兴月刊》。1937年参加蒋介石召集的庐山谈话会。1939年参加汪精卫汉奸集团。先后任汪伪国民政府中任教育部部长、中央图书馆馆长、编译馆馆长、中日文化协会常务理事、中央政治委员会委员、国民政府委员等职,并任伪中央大学、伪上海大学校长。抗战胜利后逃往浙江镇海,畏罪自杀。著有《半部论语与政治》《孟子新解》等。

蔡东藩(1877—1945)。东藩幼名椿寿,稍长取名郕,号东藩,一作东帆,浙江萧山人。1891年中秀才。1909年中省优贡生。1910年朝考以优入选,翌年春赴福建以知县候补。因不满官场恶习,月余托病回乡。辛亥革命后,到上海会文堂新记书局任编辑,修撰《高等小学论说文范》《中等新论说文范》《清史概论》等书。从1916年至1926年的十年间,写成《中国历代通俗演义》。另著有《留青别集》《留青新集》《客中消遣录》《楹联大全》及诗集《风月吟稿》《写忧草》等。

张相(1877—1945)。相原名廷相,字献之,浙江杭州人。1902年后任杭州安定学堂、府中学堂、宗文学堂的文史讲席。1914年应上海中华书局之聘,编审文史地课本,主持教科图书部,后任编辑所副所长,先后30年。著有《诗词曲语辞汇释》《古今文综》《古今尺牍大观》(与姚汉章合编)。

赵昌燮(1877—1945)。昌燮字铁山,山西太谷人。1909年得中府拨贡,曾任吏部文选司和农工商部庶务司主事。在京为官时,常去琉璃厂逛书店,后谢职回家,终日博览群书,潜心金石书画,书法精湛,被誉为"华北第一笔"。喜收藏古籍,并喜求名人精校善本,其善本书有唐开元《石经》、明版《太平御览》明汲古阁仿宋陶诗、殿版二十二史、聚珍版善本书多种。

杨荫杭(1878—1945)。荫杭字补塘,江苏无锡人。1895年考入天津中西学堂。1898年转入南洋公学,次年以南洋公学的官费留学生身份赴日本留学,组建励志会,创办《译书汇编》。1902年日本东京专门学校(今早稻田大学)本科毕业。1907年7月在早稻田大学获法学士学位。后赴美留学,1910年在宾夕法尼亚大学获得法学硕士学位。1910年在北京家法政学校授课。1911年辛亥革命后,经张謇推荐,任江苏省高等审判厅长。1916年被任命为京师高等检察厅长。1919年辞职回无锡老家。1920年移居上海,任《申报》副总编兼主笔。1923年迁居苏州,任开业律师和自由评论家。1937年迁居上海法租界,在上海震旦女子文理学院、上海私立大同大学教书。1945年在苏州中风去世。曾译载卢梭的《民约论》、孟德斯鸠的《万法精理》、穆勒的《自由原论》《代议政府》等资产阶级启蒙著作,介绍了西方的资产阶级民主政治,编译发行《波兰衰亡战史》等,出版《明治历史》《日本维新活动历史》《最近俄罗斯政治史》《美国独立史》以及《近世政治史》《近世外交史》等。

丁士源(1879—1945)。士源字文槎(一作问槎),号蔼翁,笔名萝蕙草堂主人,浙江吴兴人。北洋水师学堂及上海圣约翰大学毕业;后留学英国。清末历任陆军部军法司长、高等巡警学堂总办。民国成立后,历任段祺瑞副官长、京绥及京汉铁路局长、《日日新闻》主笔、国内公债局总理、天津中华汇业银行经理等。曾加入进步党,为安福系骨干分子。1932年后任伪满洲国驻日公使、伪满洲国驻国联代表等。长于书法。

于守祝(1882—1945)。守祝字华三,山东惠民人。早年毕业于山东省优级师范,曾任山东省自治筹备处及教育厅秘书、黑龙江省女子师范校长、惠民县劝学所长、山东省立第四中学物理教员等职。自幼擅长书法,工汉隶及晋唐楷书,后改写魏碑。作品俊秀洒脱,别具一格。

傅立鱼(1882—1945)。立鱼,安徽英山人。1899年考取秀才,1900年于安徽大学肄业,旋以官费赴日本留学,毕业于明治大学分校。在日本加入孙中山创立的同盟会。归国后,历任安徽省视学官、巡抚部院参议。国民党二次革命时,在天津日租界创办《新春秋报》。1913年在大连日本人办的中文报纸《泰东日报》社任编辑长。1920年7月创办大连中华青年会,被选为会长。同时创办青年会会刊《新文化》(后更名《青年翼》),任社长。1921年任大连市役所议员和南满洲教育会编辑委员、满蒙文化协会顾问。1923年被大连中华工学会、大连中华印刷职工联合会、中华觉民学校聘为顾问。1924年7月31日任大连中华团体有志联合会执行委员长。1925年被推为大连沪案后援会主任委员。1928年7月被大连日本殖民当局以政治结社的罪名逮捕,强行驱逐出境。1929年在北平创办《新中华报》继续进行反日宣传。1931年应邀到天津《大公报》从事经营管理。

王雪民(1883—1945)。雪民初名衡,又名钊,初字燮民,后称雪民,后以字行,天津人。少时与胞兄王襄共案切磋,潜心金石,饱览家藏甲骨、铜器、玺印、封泥、砖瓦、钱币等大量文物。因幼年身体羸弱,无法出外就学,在家自修金石之业。因对周秦古玺兴趣颇浓,十几岁开始就以刻刀为铁笔,以石材作纸帛,寄意方寸之间,探索印学奥蕴。与穆寿山、张穆斋被称为"津门三印人"。曾任职于天津市第一图书馆,被天津市美术馆聘请为导师。著有《燮民先生印谱》《雪民印谱》《雪老遗作》《王雪民印存》《雪民印存续集》等。

曾运乾(1884—1945)。运乾字星笠,晚年自号枣园,湖南省益阳人。湖南优级师范学堂毕业后,历任东北大学、中山大学、湖南大学教授。在考古、审音方面的造诣颇高。著有《毛诗说》《三礼说》《荀子说》《庄子说》《尚书正读》等。

陈摩(1886—1945)。摩字迦盦、迦庵、伽庵、伽盦、迦仙,别号迦蓝陀,江苏常熟人。幼年从父学画,后在上海某美术学校学习。工山水松石,有名于时。曾任苏州草桥中学、二中、省立第一师范、第二工专、苏州美专等校美术教师、教授,从事艺术教育十余年。1925年与管一得、余彤甫组织建立"冷红画会",1926年辞去各校教职工作,在家中"松花石室""竹林精舍"专事绘画。1942年参加江苏美术协会,与赵子云、朱竹云、吴逸人负责学术部,组织美术展览,出版美术月刊。

梅光迪(1890—1945)。光迪字迪生,又字觐庄,安徽宣城人。1911年赴美留学,先在西北大学,后到哈佛大学专攻文学,是中国首位留美文学博士。并在美国哈佛大学执教十年,为美国培养大批的汉学人才。1920年回国任南开大学英文系主任。1921年任国立东南大学洋文系主任。创办《学衡》杂志。1924年去美国讲学。1927年回国后任中央大学代理文学院院长。后又去美国哈佛大学工作。1936年任浙江大学文理学院副院长兼外国文学系主任。1939年文理学院分开,任文学院院长。1938年至1945年任第一、二、三届国民参政会参政员。著有《梅光迪文录》等。

按:布尔曼编著的《民国名人辞典》对梅光迪做了这样的评价:"文学革命的迅速成功不可避免地鼓动了虚浮的作风,一些所谓新派作家,对中国文化传统既无知,对西方文化的理解也同样肤浅和有限。梅氏对新文化运动中一些作家的自以为是,自高自大提出批评,指责他们缺乏客观和谦和的态度,批评他们狂热,不容异己,党同伐异的学霸作风。梅光迪从不反对学习西方,但反对当时某些文学改良主义者对传统文化一概否定的虚无主义态度,这当中不少人其实对西方文化里有价值的方面缺乏透彻理解。梅氏强调指出,西方文化中有许多地方是皮相的,昙花一现和颓废的。梅氏不反对运用白话,对不少用白话写成的文学作品很欣赏,称赞它们堪为楷模。但他并不认同白话应当全面取代文言文的观点。尽管他也认为,过时的文言词汇应当停止使用,应当丢弃文言在表现形式上的清规戒律,而将它改造成一种适合表达

现代思想的工具。"(哥伦比亚大学出版社1968年版)

姚光（1891—1945）。光字凤石，号石子，又号复庐，江苏金山人。17岁考入上海震旦学校，后因病辍学。1907年与高旭、何宪纯等创办张堰钦明女校。1909年参加南社。1912年6月与高燮等创办国学商兑会，任理事长，出版《国学丛选》，发表《国学保存论》等一系列发扬国学要旨的论文，被举为金山县首届议事会议员。同年参加中华自由党金山分部，并起草《自由党金山分部启》，6月自由党改组为同盟会，被举为金山分部副部长。1918年接替柳亚子主持南社。后蛰居上海，致力《金山艺文志》的编著，从1919年始，历20余年终完成。著有《总角文存》《复庐文稿》《复庐文稿续编》《复庐文稿三编》《金山卫佚史》《读书札记》《倚剑吹箫楼诗话》《闲情偶笔》《怀旧楼丛录》《荒江樵唱》《倚剑吹箫楼诗》《浮梅草》《续浮梅草》《姚光全集》。

陈抱一（1893—1945）。抱一，原籍广东，生于上海。1913年留学日本专攻西画。1921年毕业于东京美术学校，回国后自创"抱一绘画研究所"，指导人体写生。1925年于上海创办中华艺术大学，与丁衍庸负责西画科。并先后在上海美专等校任教。曾与乌始光、汪亚尘等组织"东方画会""晨光美术会"，与徐悲鸿、潘玉良等组织"默社"。擅长油画。著有《油画法之研究》《静物画研究》《人物画研究》等。

郁达夫（1896—1945）。达夫原名郁文，幼名荫生，字达夫，幼名阿凤，浙江富阳人。1913年随长兄赴日留学，考入东京第一高等学校预科一部（文科），后改读三部（医科），并开始接触西方文学，同时开始小说创作的最初尝试。1915年进入名古屋第八高等学校三部，次年改回读文科，专攻法学部政治学科。1919年毕业后，进入东京帝国大学经济学部。1921年6月在东京与郭沫若、成仿吾等组织成立创造社。1922年从东京帝大毕业后回国，积极参与创造社的活动，编辑创造社所属的文学刊物。1923年秋至1926年又先后到北京大学、武昌师范大学、广东大学任教，但主要精力仍用于文学创作。1927年推出创造社。1928年与鲁迅合编《奔流》月刊，又在鲁迅支持下，主编《大众文艺》。1930年2月与鲁迅等共同发起成立中国自由运动大同盟。同年3月加入"左联"。1931年12月加入上海文化界反帝抗日大联盟。1932年2月与鲁迅、茅盾等联名发表《上海文化界告世界书》。1933年1月加入中国民权保障同盟，并被选为上海分会执行委员。1936年赴福建任省府参议，后又兼任公报室主任。1937年任福州文化界救亡协会理事长。1938年3月赴武汉参加军委会政治部第三厅的抗日宣传工作，任设计委员，被选为中华全国文艺界抗敌协会常务理事、研究部主任及《抗战文艺》编委。抗日战争中，在香港、南洋群岛一带从事爱国宣传活动，并编辑文学刊物。1945年9月17日被日本宪兵杀害于苏门答腊。代表作《沉沦》《故都的秋》《春风沉醉的晚上》《过去》《迟桂花》《达夫短篇小说集》《达夫散文集》《达夫游记》等。

按：温儒敏《论郁达夫的小说创作》说："一九二一年十月，现代文学史上第一本小说集《沉沦》出版，'在中国枯槁的社会里，好像吹了一股春风'，引起了强烈的反响。它的作者郁达夫成为独树一帜的小说家，同诗集《女神》的作者郭沫若一样蜚声文坛，赢得了当时广大青年读者很高的称誉。此后，在十多年的创作生涯中，郁达夫写下了四十多篇短篇小说和两部长篇小说，其中不少篇章都产生过很大影响。郁达夫是新文学发展初期拥有最多读者的优秀作家之一。他的小说那么受欢迎，是由于那'惊人的取材与大胆的描写'。他敢于真实地揭示五四运动后一部分小资产阶级知识分子不满现实，而又找不到出路的苦闷，反映了这种'时代病'；他塑造了徘徊于历史岔路口的'零余者'形象，暴露了黑暗现实给青年的精神磨难，从一个侧面反映了时代；他在艺术上敢于创新，探索并扩大了浪漫主义小说艺术表现的疆域，具有独特的风格。郁达夫的小说尽管内容复杂，有许多消极成分，形式上也不尽完善，但对于'五四'以来新文学

的发展,是起过重要作用的。"(《中国现代文学研究丛刊》1980 年第 2 期)

康白情(1896—1945)。白情字洪章,四川安岳人。1920 年毕业于北京大学。在北大学习期间,与罗家伦、傅斯年等组织新潮社,并参加少年中国学会。在"五四"新文学运动中,写过不少白话新诗。著有诗集《草儿》(后改为《草儿在前集》)、《河上集》等。

谢六逸(1898—1945)。六逸笔名宏徒、鲁愚,贵州贵阳人。1917 年就读于日本早稻田大学。1921 年加入文学研究会。同年 4 月接编文学研究会的机关刊物《文学周报》,先后主编过《言林》《国民》《儿童文学》《趣味》《文讯》等多种期刊。又为黎明书局、光华书局、文通书局编过一些书籍。1922 年进入商务印书馆。1929 年创办复旦大学新闻系。历任上海神州女校教务长及暨南大学、大夏大学教授。1935 年至 1937 年兼任上海《立报》文艺副刊"言林"主编。1937 年任生活书店《国民周刊》主编。曾被推选为上海编辑人协会主席。1943年至 1945 年任国立贵阳师范学院国文系主任。著有《实用新闻学》《西洋小说发达史》《日本文学》《中国小说研究》等。

按:王代莉《谢六逸新闻教育思想探究》说:"谢先生作为一个新闻学家,一生呕心沥血,为我国的新闻教育事业作出了重大贡献,在他的操持下,复旦大学新闻学系成为与燕京大学新闻系媲美的、体系完整的、颇具规模的新闻教育基地,对当时在我国还是新兴学科的新闻学,起到了开拓创建的重要作用,培育了一大批新闻学专家。"(《教育文化论坛》2010 年第 5 期)

冼星海(1904—1945)。星海曾用名黄训、孔宇,祖籍广东番禺,出生于澳门。1920 年进入岭南大学附中,入选本校管乐队,参与组建惺社华乐队。1923 年当选社刊《惺社》美术主任,负责绘制插图及设计封面。1925 年岭大附中毕业,在"五四"新文化运动的推动下,转赴北京,考入北京大学音乐传习所"专修理论"。1926 年 9 月中止在北京的专业学习,返回广州入岭南大学文科一年级,兼任岭大附设华侨学校音乐助教员、岭大青年会事业部音乐系主任。1927 年 2 月任岭南大学管乐队指挥。1928 年进上海国立音专学习音乐,从阿利国·富华教授主修小提琴,从李恩科教授副修钢琴。1929 年去巴黎勤工俭学,师从著名提琴家帕尼·奥别多菲尔和著名作曲家保罗·杜卡斯。1932 年在巴黎音乐院和多隆姆音乐学校分别学习音乐理论与作曲课程。1934 年与郑志声等在巴黎发起成立中国留法学生音乐协会。1935 年回国后,积极参加抗日救亡运动。1938 年赴延安,后担任鲁迅艺术学院音乐系主任。1945 年 10 月病逝于莫斯科。现存歌曲 250 首、大合唱 4 部、歌剧 1 部、交响乐 2部、管弦乐组曲 4 部、狂想曲 1 部及其他器乐演奏曲多部。2009 年被授予 100 位为新中国成立作出突出贡献的英雄模范人物。

按:王如意《冼星海独唱歌曲研究》说:"冼星海的独唱歌曲是冼星海音乐的重要组成部分。冼星海创作了大量的音乐作品,有交响曲、交响诗、管弦乐及其他小型器乐曲,更有《黄河大合唱》等大型声乐体裁及大量的合唱(单曲)、齐唱和重唱歌曲。冼星海的独唱歌曲虽然所占比例并不大(约占声乐作品的 1/10),但其音乐创作从独唱歌曲而始,于独唱歌曲而终,贯穿其创作生涯的全过程。冼星海的独唱歌曲展现出音乐语言、形式上的探索性以及音乐风格、审美情趣、文化精神上的独特性,在 20 世纪上半叶的中国独唱歌曲中独树一帜。尤其是对现代音乐风格的追求和对法语艺术歌曲的借鉴,成为冼星海独唱歌曲中最具探索性的部分,在 20 世纪上半叶中国独唱歌曲创作中具有一定的开创性。"(南京艺术学院硕士学位论文,2008 年)

厉以平(—2013)、余一中(—2013)、薛志耘(—2013)、卢大伟(—2016)生。

六、学术评述

本年度是抗日战争战略反攻阶段(1944 年初至 1945 年 8 月)的最后一年。8 月 15 日,日本宣布投降，抗战以中国取得最后胜利而告终。这是鸦片战争以来中国反侵略战争的重大胜利，一洗近百年的国耻，是值得中国人民永远纪念的历史时刻。当全国各界在热烈庆祝抗战胜利之际或之后，自然会不约而同地转向对中国未来时局的思考。中国究竟将往何处去？中国能否从此换来长久的和平？中国如何开始战后重建？能否成为名副其实的世界大国？这些都成为当时政学两界热议的问题。对此，国共双方开始了新一轮的较量，而各民主党派也极力想影响国共双方的立场与决策。实际上，国共双方的战略布局及其与民主党派的三方互动在此之前早已开始，只是到了抗战胜利之后更趋激烈，而至8月28日至10月10日的国共重庆谈判臻于高潮。10月10日，国共双方在重庆签署《政府与中共代表会谈纪要》（又称《双十协定》）。纪要内容包括和平建国的基本方针、政治民主化、国民大会、人民自由、党派合法化、特务机关、释放政治犯、地方自治、军队国家化、解放区地方政府、奸伪、受降等12个问题。国民党政府接受中共提出的和平建国的基本方针。双方协议"必须共同努力，以和平、民主、团结、统一为基础""长期合作，坚决避免内战，建设独立、自由和富强的新中国"。双方还确定召开各党派代表及无党派人士参加的政治协商会议，共商和平建国大计。这是重庆谈判最重要的两项成果。然而至11月11日，国民党复员整军会议在重庆召开，会议制定"对共产党全盘战争"的作战计划，预计在"三个月到半年消灭共军"。同日，国共双方代表张群、王世杰、邵力子、周恩来、王若飞邀请民主同盟张澜、沈钧儒、黄炎培、左舜生、罗隆基、章伯钧、张申府、鲜特生、周鲸文在重庆特园举行会议，商谈政协会议和国民大会召开时间及停止军事冲突问题。27日，美国总统杜鲁门任命前陆军参谋长马歇尔为总统驻华特使，兼大使衔，赴中国"调处"国共冲突。12月1日，美国驻华军事代表团成立，魏德迈任团长。16日，美国总统杜鲁门发表声明，对华政策是全面支持国民政府。在国共双方分合角力过程中，作为第三方的以中国民主同盟为主体的民主党派进一步快速崛起并发挥了越来越重要的作用。8月15日，中国民主同盟发表《在抗战胜利声中的紧急呼吁》，提出"民主统一、和平建国"的口号，并提出反对11月12日召开国民大会、明令重申保障人民的一切基本自由、释放一切政治犯和思想犯、召集各党派及无党派民主人士的政治会议等10项主张。9月10日，民盟中央主席张澜于国共两党谈判期间致函蒋介石和毛泽东，希望国共两党乘此时机"全盘""彻底"解决国家的问题，并提出"政治必须彻底民主""军队属于国家，军人忠于国家"等项建议。10月1日，中国民主同盟临时全国代表大会在重庆举行，大会讨论了民盟的政策、组织、机构、政纲，提出迅速召开政治协商会议，成立民主联合政府，举行国民大会等10项主张。10月19日，中国民主同盟发表《临时全国代表大会宣言》，对政治协商会议、民主联合政府、国民大会、人民自由、释放政治犯与废止特务制度，以及军队、经济、外交、内政、教育等10个方面阐述立场和态度，力求全盘彻底地总解决。11月19日，张澜、沈钧儒、黄炎培等发起成立"陪都各界反对内战联合会"。12月1日，国民党军警、特务荷枪实弹，分批闯入西南联大、云南大学等校，杀死学生4人，伤60余人，酿成"一二·一"惨案。6日，中国民主同盟总部发言人为昆明"一二·一"惨案发表谈话，严厉谴责国民党残酷镇压手无寸铁的青年学生。民盟及各界左翼人士与组织的强力声援，进一步激发了昆明"民主堡垒"以及全国高校民主运动的进一步高涨。16日，民主建国会成立大会在重庆召开，选举黄炎培、胡厥文、黄墨涵为主席团成员，通过《民主建国会成立宣言》《民主建国会政纲》《民主建国会组织原则》和《民主建国会章程》。29日，中国民主同盟南方总支部在香港成立，李章达为主任、丘哲为副主任。南方总支部统一领导广东、广西、福建、香港、澳门、马来亚、新加坡、印度尼西亚、越南、英国、美国等地的民盟工作。30日,中国民主促进会在上海举行成立大会。重要领导人为马叙伦、周建人等。同日,中国民主同盟主席张澜致函国共两党代表张群、王世杰、邵力子和周恩来、王若飞、叶剑英,提出政治协商会议举行在即,请速即停止内战,所有问题均得提交政治协商会议解决。

鉴于国内外形势的重大变化尤其是八年抗战的胜利结束,本年度的官方文化教育导向也作出了相应调整。1月9日,国民政府行政院颁布训令,各省市图书杂志审查处的业务,仍由中央图书杂志审查委员会继续监督。2月10日,国民政府行政院根据中央图书杂志审查委员会的报告,通令各省市政府:"此后检扣违禁书刊,应由各地图审机关、军委会特审处、邮电检查所、宪警机关共同负责,切实办理,其它各机关均不得任意越权检查,以专责成。"14日,教育部公布《国立学校及学术机关聘用外籍人员规程》5条。3月5日,国民党第五届中常委会第二七九次会议通过《文化运动纲领实施办法》。30日,国民政府军委会政治部以机构重叠为名,下令撤销"文化工作委员会",郭沫若召集会议,宣布该会工作到此结束。4月1日,教育部成立"战时文物保存委员会",开始从事战区文物保护和战后文物调查的准备工作。4日,教育部在重庆举行学术审议委员会第二届第十四次常务委员会。会议通过了《教育部学术审议委员会科学研究奖助办法(草案)》。14日,国民政府公布《教育部教育研究委员会组织条例》10条。18日,国民党中央有关各部召开第四次出版会议,会议指出:陪都近数月来,"出版书刊甚为踊跃,供过于求,但各省市县则普遍感到书荒,形成畸形发展状态",出书"又侧重知识分子,而一般广大民众又苦无书读""重都市轻农村"等。6月9日,国民政府公布《教育部国语推行委员会组织条例》9条。同日,国民政府公布《教育部国民体育委员会组织条例》10条。29日,教育部公布《修正教员服务奖励规则》17条。8月15日,教育部电颁《战区各省市教育复员紧急办理事项》14条,请各省市政府转饬教育厅局遵照办理。同月,中央博物院筹备处奉教育部令,对历年被日本毁掠的公私文物进行调查,开具出《日本公私机关收藏中国古物者之详单》和《见于著录在日本之中国古器物目录》两份清单。教育部同时赶制《日本应归还我国及应作抵偿甲午以来我国学术文化损失用之文物简表》,以供追索之用。9月13日,教育部公布《边疆初等教育设施办法》27条。20日,教育部在重庆举行全国教育善后复员会议。蒋介石向全体代表致词,说:"教育关系建国之成败,至为重大",教育界人士"必须认识建国时期,教育第一之要义,切实负起责任,培植下一代青年,对于国家民族有所贡献"。会议于9月26日结束。会议共有提案128件,其所得结论包括内迁教育机关之复员问题、收复区教育复员与整理问题、台湾区教育之整理问题、华侨教育之复员问题、其他教育之复员问题五大类。25日,国民党中央宣传部颁布《废除出版检查制度办法》,宣布从10月1日起,废止战时出版品检查办法及禁载标准,战时书刊审查规则同时废止,新闻检查除军事禁区外,一律废止。27日,行政院颁布《管理收复区报纸、通讯社、杂志、电影、广播事业暂行办法》,对收复区敌伪及附逆的报纸杂志的处置作出规定,规定"敌伪机关或私人经营之报纸、通讯社、杂志及电影制片厂、广播事业一律查封,其财产由宣传部长会同当地政府接受管理"。同月,教育部在上海设立"京沪区教育复员指导委员会",蒋复璁任主委,聘任徐森玉、马叙伦、钱基博、郑振铎为委员,主持清理敌占区的图书文物。后成立"上海区清点接收文物委员会",叶恭绰为会长,徐森玉实际负责,郑振铎、王庸、孙家晋、徐微、张凤举等参与其事。10月1日,国民政府废除战时新闻检查制度。重庆《大公报》发表社评《新闻言论自由之始》;重庆《新华日报》发表社论《言论自由初步收获》;重庆《中央日报》发表社论《舆论政治时代的来临》。同日,行政院长宋子文要求外交部转告盟军占领日本统帅部,通知日本政府禁止对自甲午战争以来劫自我国的文物作转让变卖。4 日,教育部公布《促进注音国字推行办法》8 条。6 日,国民政府行政院宣布废除《非常时期报社、通讯社、杂志登记管制暂行办法》《非常时期军办报社、通讯社、杂志社登记管理暂行办法》及一应出版检查制度和办法。16 日,国民政府公布《教育部医学教育委员会组织条例》12 条。19 日,教育部修正公布《教育部处务规程》96 条。24 日,教育部公布国民教育研究问题,要求各地国民教育研究会检讨本乡(镇)或本县(市)或本师范教育区实施国民教育成绩及其应改善事项,并要求拟订辅导所属国民学校或中心国民学校方案和举办教师进修研究计划,以及教师福利计划,研究如何强化收复区各级国民教育研究会之组织,并推进其工作和如何肃清收复区敌伪对于儿童及民众所施之奴化教育。同月,教育部设台湾区教育复员辅导委员会,任罗宗洛为特派员办理辅导接收教育事宜。11 月 1 日,行政院训令教育部战时文物保存委员会改名为清理战时文物损失委员会。该会分设建筑、古物、图书、美术 4 组,把全国划分成重庆、平津、粤港、东北、京沪等若干个大区,各设分区办事处,举办全国公私文物损失的调查登记。调查结束后,编有《战时文物损失目录》。8 日,国防最高委员会商讨拟定《关于索赔与归还劫物之基本原则及进行办法》。9 日,台湾省行政长官公署颁布《教育接收办法》,开始接收省内学校及其他教育机构。13 日,教育部公布《教育部设置边疆教育督导员办法》13 条。《办法》规定:边疆教育督导员以分区设置为原则。依边疆交通情形,暂分察绥区、甘宁青区、新疆区、西藏区、川康区、云贵区等 6 个区。15 日,教育部公布《专科以上学校教员应约出国讲学或研究办法》9 条。16 日,联合国教育会议在伦敦举行,44 个国家的代表参加。国民政府派胡适、程天放、罗家伦、赵元任、李书华 5 人出席。同日,签订联合国教育科学文化组织约章。26 日,外交部约集军政、经济、教育、内政各部代表讨论办理归还劫物案事宜。12 月 21 日,教育部颁布《收复区专科以上学校教员职员甄审办法》6 条。《办法》规定:收复区专科以上学校教职员由教育部组织甄审委员会作详尽调查审核。《办法》对"应厉行检举""不再担任教育工作""继续担任教育工作""予以奖励"四种情况的具体标准作出规定。同日,台湾省行政长官公署教育处决定在全省加强国语教育。27 日,教育部颁布《收复区专科以上学校毕业生甄审办法》9 条。同日,公布《收复区专科以上学校肄业生学业处理办法》9 条。同日,教育部"呈请行政院会商军委会分饬收复区军政有关机关,将以未接收之敌伪图书文物等一律通知本部清理战时文物损失委员会接收"。28 日,教育部训令各省市教育厅局:奉行政院令,将战地失学失业青年招致训练委员会与教育部战区教育指导委员会合并,改组为青年复学就业辅导委员会,主持失学失业青年辅导工作。是年,第五届教育部学术审议委员会"补助学术研究及奖励著作发明"奖评出,其中人文社会科学类著作有:文学类一等奖空缺,二等奖 2 名(柴德赓《鲒埼亭集谢三宾考》、姚薇元《鸦片战争史事考》),三等奖 7 名(孙文青《南洋草店汉墓画像集》、严济宽《中国民族女英雄传记》、王玉哲《鬼方考》、许澄远《魏晋南北朝教育史》等),奖助者 5 名(朱谦之《哥伦布前一千年中国僧人发现美洲说》等);哲学类一二等奖空缺,三等奖 2 名(崔书琴《三民主义新论》、金平欧《心理建设论》);社会科学类一等奖空缺,二等奖 3 名(周荫棠《中国近代文官出身之途径》等),三等奖 8 名(罗仲言《中国国民经济史》上册等);古代经籍研究类一二等奖空缺,三等奖 2 名(程廷杰《周易程传参正》、苏维岳《诗经丛著》)。以上官方文化教育制度与政策的变化与实施,都对本年度学术产生不同程度的影响。

就学术版图结构而论,本年度8月15日抗战胜利后的最大变化是原先的沦陷区主要演变为国统区,所以以8月15日为界,此前依然划分为国统区、解放区与沦陷区三大区域;此后演变为国统区、解放区与沦陷区—国统区三大区域。但由于所有迁向西南、西北的行政、文化、学术机构皆需一段时间的准备,多数至1946年完成复员,加之海外依然为六大板块,其中重庆、昆明、延安所构成西南—西北学术纵轴线尚无根本的改变。

首先是国统区。重庆轴心中,蒋介石于8月连续三次邀请毛泽东亲赴重庆谈判,至8月28日终于成行。然后至10月10日国共双方在重庆签署《政府与中共代表会谈纪要》(又称《双十协定》),次日上午9时半,毛泽东与各界代表握手话别,离开重庆回抵延安,前后历时43天。尽管国共双方代表的谈判举步维艰,但毛泽东在谈判桌外的社交活动却异常丰富,不仅在重庆掀起巨大波澜,而且为国内外所瞩目。按照毛泽东社交活动的日程安排,主要有:一是出席各种官方宴会、茶会;二是约见知名民主人士;三是往访国民党大佬;四是举行记者会;五是会见国际人士;六是看望南方局及各界人士。毛泽东离开重庆后,柳亚子意欲在《新华日报》发表毛泽东赠与他的《沁园春·雪》,未果。《新民报晚刊》编辑吴祖光看到这首词后,认定此词一旦发表,必将震惊整个重庆,甚至可以轰动全国,于是匆忙抄录毛泽东的词稿,刊于11月14日《新民报晚刊》第二版副刊"西方夜谭",在重庆引起轰动。再回到重庆学术轴心的常态:郭沫若、顾颉刚、陈寅恪、钱穆、马寅初、傅斯年、李济、董作宾、梁思成等学坛领袖继续发挥着支柱与引领作用。郭沫若最重要的学术活动是2月8日主持撰写《文化界对时局进言》,并与重庆文化、出版界知名人士茅盾、胡绳、黄洛峰、张静庐、巴金、史东山、老舍、宋云彬、沙千里、吴祖光、周谷城、金善宝、马寅初、夏衍、张申府、邓初民、谢冰心、顾颉刚等312人签名发表于2月22日《新华日报》,旨在揭露国民党在政治、经济、文化、教育等方面的反动政策,指出"民主团结是解决国内局势之主要前提",要求召开临时紧急会议,组织战时全国一致政府,提出废除一切限制人民活动的法令、取消一切党化教育的设施、停止特务活动、枪口一致对外等6项主张。蒋介石对此极为恼火,遂以机构重叠为名命令解散文工会。30日,郭沫若接国民党政治部长张治中训令,着"裁撤"文化工作委员会。郭沫若即派人通知阳翰笙、冯乃超等人来寓所商量善后问题。郭沫若最重要的学术成果是3月由重庆文治出版社出版的《青铜时代》与9月由重庆群益书社出版的《十批判书》。作为郭沫若关于先秦社会学术思想的姊妹篇,前书偏于文献考证,后书则重在学理辨析。马寅初尽管曾被蒋介石拘禁于江西集中营,但批判锐气依然不减。3月4日,马寅初应重庆伊斯兰青年会邀请于重庆中国回教协会演讲《战后中国的唯一出路》,不指名批评蒋介石,"一个人不能是一个真空管……真空管是肚里空空的,没有东西,外面的东西却又坚决地抗拒不让进来",并指出,"经济上的出路是:一个是民主,一个是和平,不民主的就是反潮流,是反动分子"。4月8日,马寅初出席重庆文化界"欢宴文化战士郭沫若及文工会诸先生"会议。重庆文化界知名人士百余人到会。马寅初于会上再次不指名批评蒋介石:"解散文工会的是真空管!"12月13日,《新华日报》报道:"著名经济学教授马寅初先生致函昆明各大中学教授、教师和同学,表示深切慰问,信里说:'我很同情你们的不幸遭遇,我更憎恨反动派法西斯的卑劣无耻。愿坚持反内战,争民主的神圣意念,共同继续奋斗到底。'"在学术方面,《马寅初战时经济论文集》11月由作家书屋出版,马寅初自序云:"回忆二十年前鄙人所作的各篇论文与所讲的各项问题,专注重于介绍西洋学说,以今日之眼光视之,可谓幼稚极矣;以视今日后起的学者所作的专著,更不能望其肩背,足见经济学这门科学在中国于短短的二十年之中已有长足的进步。然则后起者之学说,必驾乎前人之上,自为学术前进必由的途径。希望本集读者,以精益求精的态度作进一步的研究,使此学日变而无穷则幸甚。"重庆轴心的学术大本营依然是中央研究院。朱家骅继续任国民政府教育部长,兼任中央研究院代院长,集制定和实施教育与研究政策于一身。4月4日,国民政府教育部在重庆举行学术审议委员会第二届第十四次常务委员会,朱家骅、朱经农、陈立夫、茅以升等出席。会议通过了《教育部学术审议委员会科学研究奖助办法(草案)》。会议初审合格教授64人,副教授45人,讲师84人,硕士22人,助教146人。8月15日,日本法西斯宣布无条件投降,朱家骅以国民政府教育部长向收复区教育界播发《战区各省市教育复员紧急办理事项》的通告,要求收复区各教育机关暂维现状,听候接收。9月底,朱家骅派蒋复璁为京沪区教育善后复员特派员,沈兼士为平津区特派员,辛树帜为武汉区特派员,王季高为青岛区特派员,臧启芳为东北区特派员,张云为广州区特派员,办理接收事宜。翁文灏继续任国民政府经济部部长,在战后经济重建工作方面担当重任,又兼任中央研究院评议会秘书。5月31日,国民政府正式任命翁文灏为行政院副院长、国民政府委员,院长为宋子文。8月29日,经济部颁布《收复区敌国资产处理办法》暨《收复区工矿事业接收整理办法》。17日,翁文灏由重庆飞抵南京,为最早返抵南京的国民政府高级官员。10月10日上午,翁文灏出席南京各界代表中山陵谒陵仪式,并在随后召开的南京各界庆祝抗战胜利大会上发表致词,勉力全国文武一致努力从事建国工作。同日,翁文灏被国民政府颁令授予"胜利勋章"。10月11日,翁文灏由南京抵上海,视察接收复员工作。23日,被行政院第717次会议通过任命为收复区全国性事业接收委员会主任委员。傅斯年继续主持史语所所务。7月1日,傅斯年与黄炎培、褚辅成、章伯钧、冷遹、左舜生6位参政员由王若飞陪同代表国民参政会访问延安,商谈和平建国问题,毛泽东同朱德、周恩来、林伯渠等到机场欢迎。4日,毛泽东在杨家岭住处会见褚辅成等6位参政员,进行第三次会谈,毛泽东将中共方面整理的《中共代表与褚辅成、黄炎培等六参政员延安会谈记录》交褚辅成等。5日,毛泽东同朱德、周恩来、林伯渠等到延安机场欢送褚辅成等6位参政员飞返重庆。傅斯年在延安拜访林伯渠、范文澜和看望弟子尹达。离开延安时,毛泽东委托傅斯年向在美国的胡适转达问候,董必武亲自出面代表中国共产党争取胡适对共产党的支持,但被胡适拒绝。9月4日,国民政府令:国立北京大学校长蒋梦麟呈请辞职,准免本职,任命胡适为国立北京大学校长。胡适未到任前,由傅斯年代理。9月20—25日,傅斯年以西南联大常委、北京大学代理校长的身份参加了在重庆召开的全国教育善后复原会议。会议就内迁教育机关的复原以及教育秩序整顿问题进行了讨论和议决。国民党政府对此次会议相当重视,朱家骅、翁文灏、李石曾、蒋廷黻等参加会议,蒋介石亲临大会讲话。傅斯年在大会上多次发言,阐述对教育复原工作的意见。30日,蒋梦麟已辞去国立北京大学校长职务,本校常务委员会委员职务一并解除,由傅斯年继任。随后傅斯年前往昆明就任北京大学代理校长,此为傅斯年学术生涯的新的转折点。李济与傅斯年继续组织和推动西北科学考察团的考古发掘。5月,夏鼐在甘肃宁定县阳洼湾发现两座齐家文化墓葬,从墓葬的填土中发现了马家窑文化的陶片,并据此否定了齐家文化早于仰韶文化的结论,又把齐家文化划归另一个文化系统,动摇了安特生的甘肃史前文化六期划分说。董作宾的经典名著《殷历谱》4月由中央研究院历史语言研究所出版。傅斯年多次督促董作宾写印《殷历谱》,并亲自筹划出版事宜。所以《殷历谱》即将完成时,董作宾请傅斯年作序。傅序高度评价董氏的学术成就,指出董作宾在历法研究中广泛应用新技术,并用现代天文学关于日月食的记录加以检验,澄清了商朝统治时期的顺序。《殷历谱》此书终于奠定了董作宾在甲骨学中的崇高地位。重庆轴心的另一学术大本营是高等学校。顾毓琇上半年继续任国立中央大学校长。8月,顾毓琇校长辞职获准,由西南联大理学院院长吴有训继任。同月29日,吴有训卸任西南联合大学理学院院长职务,布衣长衫,未带一人,由昆明至重庆赴任。到校不久,即着手领导复员搬迁筹划。9月,吴有训校长聘唐培经为教务长、沙学俊为训导长、戈定邦为总务长、范存忠为文学院院长、欧阳翥为理学院院长、何联奎为法学院院长、徐养秋为师范学院院长、罗清生为农学院院长、陈章为工学院院长、戚寿南为医学院院长。同时成立本校复员计划委员会,吴有训校长为主任委员,江良规、胡家健为副主任委员。9月20—25日,吴有训参加全国教育善后复员会议,与梅贻琦、竺可桢等提出一项向日本调查图书、仪器,以补偿大学和研究机关损失案。章益继续任重庆复旦大学校长。抗战胜利后,章益校长迅速启动复原工作。10月初,章益乘飞机赴沪,联系迁校事宜。11月26日,复旦大学上海补习部的土木工程系和化学系师生200余人先行迁回江湾上课。可是校房破坏严重,修理费时,直到次年3月底才初步修缮完工,其他各系陆续迁回江湾。陈望道继续主持复旦大学新闻系。8月下旬,重庆国共谈判期间,陈望道、张志让、周谷城等受到毛泽东的邀见。11月13日,重庆复旦大学的30多个团体千余人举行念孙中山80诞辰晚会,陈望道、老舍等呼吁与会者"联合起来""制止内战"。顾颉刚继续主编《文史杂志》。2月8日,顾颉刚参与签名发表《文化界发表时局进言,要求召开临时紧急会议,商讨战时政治纲领,组织战时全国一致政府》,刊于2月22日《新华日报》。由此激起当局之不满,朱家骅、张道藩各派人来要顾颉刚登报更正,被顾颉刚拒绝。同月,顾颉刚任复旦大学教授,由其主编的《文史杂志》出版"古代史专号"。6月,《文史杂志》出版"社会史专号"。陈寅恪继续任教于成都燕京大学。自去年12月12日双目失明之后,陈寅恪住进存仁医院治疗,于12月18日做了手术,但未获成功。至本年2月12日,陈寅恪因目疾不愈,自存仁医院归家。不久研究生刘适兼任助手。6月26日,陈寅恪56岁生日,悲恨交集,痛苦之状可由所作《五十六岁生日三绝》知之。秋间,英国方面请陈寅恪赴英治疾。9月14日晨7时,陈寅恪由成都飞往昆明。17日下午,闻一多看望陈寅恪,此是闻一多与陈寅恪的最后一次见面。21日,陈寅恪偕同邵循正、孙毓棠、沈有鼎、洪谦乘飞机赴印度加尔各答转英国。吴宓继续在成都燕京大学讲学。此间,吴宓发表了有关《红楼梦》研究的一系列论文,并且应邀到浙江大学、武汉大学、西北大学做《红楼梦》之学术报告,"都曾'轰动'了这些高等学府及所在地方"。钱穆继续任教于华西大学,兼四川大学教席,其代表作是5月刊于重庆《中央周刊》第7卷第17期的《中国学术思想之分期》。同时钱穆还重点关注庄禅与政治两大问题。陆侃如、冯沅君夫妇继续任教于东北大学。1月6日,受中华全国文艺界抗敌协会总务部主任老舍委托,陆侃如、冯沅君与杨向奎、姚雪垠、丁易等发起的"中华全国文艺界抗敌协会川北分会"在三台成立,陆侃如为川北分会主席,冯沅君与赵纪彬为副主席。冯沅君担任会报《文学期刊》主编。陆侃如、冯沅君常号召大家举办多种多样的活动来宣传抗战精神。除以上两个学术大本营之外,再就交织于政界、文艺界与学术界的学术活动作一简要梳理:一是以中共中央南方局为中心的左翼文人学者群体。潘梓年继续任《新华日报》社长,《新华日报》依然是中共在重庆的舆论中心。3月30日,文工会被国民党勒令解散后,文工会主任郭沫若的工作重心转到中苏协会,当时郭沫若任中苏文协研委会主任委员,副主任为阳翰笙、葛一虹。4月6日,阳翰笙奉命代郭沫若主持中苏文协研委会主任委员工作。中苏文化协会的重要人物还有《中苏文化》杂志委员会主任王昆仑,副主任侯外庐、翦伯赞。老舍主持的"文协"方面,主要举行了"文协"成立7周年纪念会与庆祝茅盾创作25周年活动。二是任职于国民党党务、政府以及学术文化机构的文人学者群体。其中蒋梦麟6月25日出任行政院秘书长,就此正式踏入他的从政道路。这在当时的北大同仁中,引起了不小的波动。首先是蒋梦麟原本考虑兼职,但这有悖于他自己手定的大学校长不得兼任政府官员这一限定。其次是蒋梦麟年届62出任行政院秘书长,有辱于蒋梦麟本人与北大。尤以时任北大历史系教授兼秘书长的郑天挺和时任北大历史系教授兼历史语言研究所所长的傅斯年二人最为不满。再次是蒋梦麟早在当年的春天即赴美国考察教育,遍访美国东部、西部及北部。北大教授们曾希望他这次访美能洽购一些图书、仪器,并物色新教授,以为胜利后复员中的北大建设有所裨益。不料他在美期间即应允就任行政院秘书长职,此决定他事前并未曾跟任何人商量,事后又不来信解释,于是引起了北大一些人的不满,致使即将复员回北平的北大开始发生一场"倒蒋举胡"的风潮,欲趁蒋梦麟到行政院任职的机会,用胡适来取代蒋梦麟在北大的作用。三是任职于商务印书馆、中华书局等的出版机构及刊物的文人学者群体。赵家璧继续任良友图书公司总编辑。3月1日,良友图书复兴印刷公司从桂林迁重庆复业。约初春,赵家璧来茅盾寓所,谈编一套《抗战八年文学大系》的想法。茅盾对这一想法表示赞同,并答应大力协助,承担编辑《八年小说集》的工作。不久,就将小说集选目初稿和一部分从杂志上剪下的小说选稿交给了赵家璧。抗战胜利后,赵家璧所在的良友复兴图书公司因股东内部纠纷,无形停业,这个出版《抗战八年文学大系》的计划也随之流产。

国统区的另一轴心是昆明。梅贻琦继续任西南联大常委会常委、清华大学校长。8月19日,即日寇宣布无条件投降的第4天,梅贻琦主持清华第五十七次校务会议,全面讨论了本校战后复员计划,并议决10点规划,这是此后几年梅校长领导清华复员迁校工作的思想和行动纲领。8月22日,梅贻琦出席并主持清华评议会第二十九次会议,会议讨论复校问题,批准了这个计划。23日,梅贻琦主持西南联大第三百四十三次常委会,决议:抗战业已胜利结束,为筹划三校迁返平、津,设置三大学联合迁移委员会,聘请郑天挺、黄钰生、查良钊、施嘉炀、陈岱孙为委员,郑天挺为主席。9月10日,梅贻琦偕同西南联大总务长郑天挺抵渝,参加"全国教育善后复员会议",顺便就复员原则问题听取政府首脑意见,其间逗留一个月。10月1日,西南联大张奚若、周炳琳、朱自清、李继侗、吴之椿、陈序经、陈岱孙、汤用彤、闻一多、钱端升10教授为国共和谈致电蒋介石、毛泽东,要求停止内战,实现国内和平民主。10月18日,梅贻琦主持清华教授会三十四年度(即1945年)第二次会议(常会),亦即日寇宣布无条件投降后之第一次教授会。梅校长在会上着重报告了如下三大问题:(一)教育部召集之善后复员会议精神。(二)联大复员问题。(三)清华复员问题。29日,"校庆周"纪念活动开始,学生自治会主持回顾"八年来之联大"讨论会。11月1日,举行校庆8周年纪念活动。11月26日,梅贻琦登上飞往北平的飞机,具体考察复员事宜。12月1日,"一二·一"惨案发生。梅贻琦在北平接到加急电报后,由于机票难买而耽搁了几天。12月11下午1点半,抵达重庆。24日下午,梅贻琦、熊庆来举行记者招待会,报告"一二·一"惨案真相,指出地方党政军当局"处置大错","应负激起罢课风潮之责任",并保证学校根据法律控告杀人凶犯。谈话全文在26日昆明《中央日报》及其他报纸发表。25日,罢联召开代表大会,经过讨论,决定27日复课(停灵复课)。西南联大因"一二·一"惨案引发的学潮至此勉强平息下来,但昆明"民主堡垒"经此"惨案",业已成为民主先锋,就如干柴烈火,随时都有可能突然重燃起来,而且势不可挡。在学术研究上,西南联大依然以文学院院长冯友兰为当之无愧的领袖。与此同时,闻一多则因诗人气质与民主斗志的爆发而臻于"高光时刻"。3月12日,闻一多、吴晗、罗隆基等342人联名发表《昆明文化界关于挽救当前危局的主张》。此文原题为《昆明文化界对时局的紧急呼吁》,由吴晗起草,闻一多润色,罗隆基补充而成。前后共有四稿,第三稿为闻一多钢板刻印。为了征集签名,闻一多跑了许多路。中旬,昆明《民主周刊》增刊出版。这个刊物的出版,是李公朴、张光年等人对罗隆基主张走"第三条道路"有不同看法而另行编辑的,闻一多也参与了筹备。28日,闻一多出席西南联大学生自治会举办的"国是与团结问题"座谈晚会,到会者5000余人。会场情绪热烈,盛极一时。7月11日,闻一多子闻立鹤和王瑶不约而同赶到司家营,向闻一多报告日本乞降消息。闻一多立刻到龙泉镇把蓄了8年的长髯剃掉。14日,闻一多等207人联名发表《告国际友人书》。9月4日晚,西南联大、云南大学、中法大学三校学生自治会与文协昆明分会、中苏文协昆明分会、民主周刊社、自由论坛社、大路周刊社、人民周报社等团体在联大东会堂联合举办"从胜利到和平"盛大晚会,晚会由闻一多主持。会将结束,由闻一多宣读了《昆明教育文化界庆祝胜利大会宣言》。15日,闻一多等1232人联名发表《昆明各界人士为庆祝胜利及和平建设新中国通电》,提出解决国是诸意见。10月1日,闻一多与张奚若、周炳琳、朱自清、李继侗、吴之椿、陈序经、陈岱孙、汤用彤、钱端升共10位教授联名致电蒋介石、毛泽东,提出对于国是的主张。12月1日,"一二·一"惨案发生,闻一多和吴晗闻讯学生被杀时,悲愤不已,立刻跑到医院去看望受伤的同学。4日上午9时,出席联大三十四年度第四次教授会临时会,听取周炳琳报告法律委员会工作进行情形后,有停课与罢课之争,辩论激烈,时间长达6小时。主张停课的冯友兰、周炳琳与主张罢课的张奚若、闻一多发言最为尖锐。6日,闻一多等298人联名发表《为十二月一日党政军当局屠杀教师学生昆明市各大中学教师罢教宣言》,提出三项严正要求:一、严惩屠杀无辜教师与学生之党政军负责人;二、以事实保证不再发生类似事件;三、取消11月25日地方当局所颁布之非法禁令。19日下午3时,西南联大在清华大学办事处召开本年度第七次教授会议,此次会议是联大学生自治会决定将复课条件修改消息通报闻一多后,由闻一多草拟开会提议并由潘光旦、张印堂、吴晗、萧涤非、沈履、冯友兰、周先庚、傅恩龄、徐毓楠、闻家驷、李继侗、陈友松、陈桢、江泽涵、周作仁、钱端升、王维诚等20余教授签名而召开的。同日,西南联大教授会发表《告同学书》,表示决心追究肇事责任者,以满足学生惩凶之复课要求。闻一多所言"联大教授仅仅是一个民主'堡垒','堡垒'是保守的,因此还不够,还要冲锋",即赋予西南联大"民主堡垒"更为激进的含义,而以闻一多为核心的系列大规模群体活动,更是将西南联大"广场民主"运动推向高潮。昆明轴心的另一学术高地是云南大学。熊庆来继续任云南大学校长,云南大学的民主运动与西南联大一同走向高潮。10月7日,熊校长赴渝参加全国教育善后复员会议返回昆明。他对记者发表谈话说,这次会议通过决议案甚多,其中对西南、西北决定建立昆明、成都、兰州、西安等处为文化重心点,以使国家文化有均衡发展。12月24日,西南联大常委梅贻琦、云大校长熊庆来举行各报记者招待会,报告"一二·一"惨案真相,严正指出此次惨案实为地方党、政、军当局"处置失当""实一大错误"。26日,昆明《中央日报》及其他报纸刊登了梅贻琦、熊庆来讲话全文。

国统区的南方区域中,浙江大学与中山大学依然为两大学术高地,但桂林文化城却因著名文人学者群体的大幅流失而经历了由盛而衰的遭变。竺可桢继续任浙江大学校长。3 月 8 日,竺可桢在重庆就复员后大学如何办理问题接受记者采访,指出中国欲立足于强国之中,必须发展工业,其所需人才必须从研究自然科学之最高学府中挑选。至于战后教育方针,作为现代国家,对于理工科与文法科应当并重。6 月 2 日,竺可桢主持浙大校务会议,议决校庆纪念日自 8 月 1 日改为 4 月 1 日,理由是浙大前身求是书院成立于 1897 年 4 月 1 日。8 月 25 日,竺可桢参加浙大基督教团契第五届夏令营,演讲《战后之大学教育》。9 月 14 日,浙大复员委员会及遵、湄、永兴分会成立,竺可桢任复员委员会及遵义分会召集人。15 日,竺可桢主持复员委员会会议,讨论校迁问题。17 日,竺可桢在浙大国父纪念周报告世界大势及浙大 8 年来的发展。最后略述大学之目标,指出今后大学应行教授治校制,以符合民主之潮流。20—26 日,竺可桢在重庆出席全国教育善后复员会议,讨论内迁学校复员问题。10 月 14 日,竺可桢自重庆飞南京。到后即赴北极阁,见有驻军,院庭中杂草丛生,墙壁失修,但台顶风速仪仍在转动。自山上下望,见全城依然如故,不禁有江山依旧,面目全非之慨。11 月 8 日,竺可桢在杭州主持浙大复校开学典礼,省会党政军各机关首长均到会。竺可桢校长报告浙大西迁经过及浙大发展情形,并述大学教育之两种使命:一为传授知识道德;二为注重研究。教育部长朱家骅莅临并讲话,赞扬浙大复校之迅速,为自后方迁至前方复校之第一位,而迁徙次数之多,亦为全国各大学中之最艰苦者。又谓"八年以来,浙大不仅在数量上大为扩充,即在质的方面,亦能维持战前水准,此应归功竺校长之擘划领导"。同日,竺可桢校长接受《正报》记者采访,讲述浙大 8 年来学生人数有很大增加,而在教学质量方面仍竭力保持一定的水准,学术研究空气仍相当浓厚。又谈到浙大今后将次第兴办法、医两学院,恢复高工、高农两校,在五年之内,使浙大成为一拥有 5000 学生的大学。从而为浙大的战后以及长远发展描绘了宏伟蓝图。梅光迪继续任浙大文学院院长。12 月 27 日,梅光迪在贵阳逝世。28 日,浙大校长竺可桢召开紧急行政谈话会,商洽一切善后问题,即组织治丧委员会,并致电其家属。29 日,乘邮车赴筑,前往为之料理丧事,一路十分艰辛。31 日,竺可桢校长在贵阳出席梅迪生安葬仪式,介绍其生平事略,概述梅已成历史上之人物,其不可及者有三:(一)对于作人、读书,目标甚高,一毫不苟。(二)为人富于热情,对于青年尤爱护备至。(三)不骛利,不求名,一丝不苟。仪式毕,送其安葬于筑垣六广门外二里许之八角岩圣公会墓地。金曾澄继续任中山大学代校长。正当中山大学在坪石的发展走上正轨,教学和科研也开展得有声有色的时候,随着全国抗战形势的变化和日本帝国主义的最后挣扎,中山大学不得不面临新一轮的搬迁,最终前往梅县与连县。10 月,东江本校、连县分教处,以及仁化区员生等,均先后坐船回到广州石牌校址。朱谦之继续任教于中山大学。因受美国投掷原子弹的影响,朱谦之开始收集关于原子弹、原子能的各种著述,思想上产生极大震动,逐渐意识到唯物论的科学性。10 月,中大迁回广州,朱谦之被聘为文学院院长、哲学系主任、文科研究所主任、历史学部主任,身兼 4 职。11 月,中华文化学会在广州恢复并举行成立大会,朱谦之与吴康等 9 人当选理事和常务理事。学会有研究部,分为三大类、27 组,其中在第二大类社会科学类中设有文化学组,黄文山、戴裔煊和岑家梧为主要研究员。

国统区的西北区域中,刘季洪继续任西北大学校长。4 月 18 日,刘季洪就教育部训育委员会关于本校进步教授季陶达、徐褐夫二人"思想有左倾嫌疑"一案,给教育部朱家骅呈文,详细地报告了两位教授的近况及对他们监视防范的措施。10 月,刘季洪为了提倡学术研究、鼓励学生写作,创办了《西大学生》月刊,由中正书局和中国文化服务社经销发行。至次年6月止,共出刊7期,发表了不少学生中的优秀习作。12月,西南联大"一二·一"惨案发生后,西北大学学生的民主运动迅速高涨。刘季洪公开宣布:西北大学教职员工不准成立教授会、职工会,学生不准成立学生自治会。随后引发左翼师生的不满与反抗。萧一山年初继续任西北大学文学院院长。2月,萧一山《清代史》由重庆商务印书馆出版。此书是在《清代通史》基础上的简写和补充,以"民族革命"观念贯穿全书,简要梳理了从明末满清兴起至宣统退位革命成功的历史。抗战胜利后,萧一山改任国民政府主席北平行辕秘书长,三年间处理北平政务,沟通地方与中央之意见,殊费苦心,声望卓著。黎锦熙继续任教于兰州西北师范学院。5月5日,国民党六大召开前夕,在朱家骅与陈立夫联名向蒋介石推荐的98名"最优秀教授党员"中,黎锦熙、陈寅恪、伍蠡甫、熊庆来、萨本栋、金毓黻、竺可桢、王星拱、朱光潜、张伯苓、蒋梦麟、梅贻琦、冯友兰、贺麟、华罗庚、姚从吾等最为著名的大学校长、教授赫然在列。抗战胜利后,黎锦熙出任西北师院院长。国语统一筹备会改名为国语统一推行委员会,黎锦熙仍为常务委员。常书鸿继续任国立敦煌研究所所长。因教育部宣布解散敦煌艺术研究所,常书鸿求助于国民政府中央研究院院长傅斯年。傅斯年批准恢复敦煌艺术研究所,并拨发卡车一辆、物资若干。12月,敦煌研究所成员陆续离开敦煌,为求敦煌所的生存,常书鸿携儿女离开敦煌到达兰州,高一涵与甘肃省教育厅长设宴为他们一家洗尘,并建议常书鸿父女在兰州先搞一个画展,以扩大敦煌影响。《常书鸿父女书画展》在兰州获巨大成功后,高一涵又力劝常书鸿赴重庆争取国民政府的支持。

其次是解放区。仍以延安为轴心,其中最为重大的事件是中共中央及时召开了"七大",在抗战胜利转轨进程中具有里程碑意义。先就延安轴心而论,一是在思想舆论方面,博古继续任《解放日报》社社长,艾思奇任《解放日报》副总编。1月1日,《解放日报》发表新年献词《争取胜利早日实现》。新的一年的任务,就是毛泽东在《一九四五年的任务》中概括的四个口号:"加强解放区抗日工作""组织沦陷区人民""援助大后方人民""建立民主的联合政府"。中心是建立民主的联合政府。6月14日,《解放日报》刊出社论《团结的大会,胜利的大会》,指出"七大"的历史标志:一、全体一致通过了毛泽东同志的政治报告。二、根据毛泽东同志的军事学说和七年武装斗争的经验,制定了人民军事路线的完整体系,这就是朱德同志军事报告中的主要部分。三、新党章的制定,意味着党内生活和党与群众的关系已经有长足的进步。其中最重要的是毛泽东同志的思想被全党一致承认为党的指导思想,为我党一切工作的指针。8月9日,毛泽东在杨家岭主持召开中共七届一中全会第二次会议。会议通过分别根据六届七中全会和七大的讨论意见修改后的《关于若干历史问题的决议》和《中国共产党党章》,新的《党章》确立了毛泽东思想为党的指导思想并写入首次党章。二是文艺建设方面,吴玉章时任陕甘宁边区政府文化委员会主任。4月7日,延安文化界致函重庆文化界,支持重庆文化界2月22日的《对时局进言》。7月1日,陕甘宁边区文协副主任丁玲主持中华全国文艺界抗敌协会延安分会扩大理事会,讨论当前文艺工作及推派代表参加筹备解放区人民代表会议事宜。丁玲报告文抗过去及今后的工作问题。周恩来报告政治形势及召开解放区人民代表会议的意义。周扬、徐懋庸、沙可夫、艾青、塞克、萧三、陈学昭、吴印咸、柯仲平等发了言。会议肯定了文抗过去的工作,并选举丁玲、塞克、肖军、周扬、萧三等5人参加陕甘宁边区参议会常驻会及边区政府所发起的筹备会。26日,延安文抗分会在延大会议室举行理事全体会议,选举丁玲、周扬、贺绿汀、艾青、萧三、塞克、柯仲平、江丰、肖军等9人为常委,推丁玲为主任委员兼负责总务部,周扬负责研究部,萧三负责出版部。8月15日,日寇无条件投降后,延安许多干部出发到各个解放区开展工作,文艺工作者也一齐出动。24日,延安文化界百余人在交际处举行欢送会,欢送即将上前线的两个文艺工作团。由文抗发起与鲁艺联合组织的延安文艺工作团共分两团:第一团由舒群率领,40余人;第二团由艾青率领,50余人。欢送会上,周恩来、彭真、边区政府林伯渠主席莅会讲话。边区文协副主任丁玲致开幕词,并代表文抗勉励去前方的同志坚持毛主席的文艺政策,为更广大的工农兵服务。9月22日,为适应大批文艺工作者纷纷到前方的形势,艾思奇在《解放日报》发表社论《文艺工作者到前方去》,论述这一潮流的伟大意义,助推它的发展。10月,经中央办公厅批准,丁玲与杨朔、陈明等人组成延安文艺通迅团,离开延安,准备步行去东北,沿途采写通讯报道。12月,因热河被国民党封锁,未能前往东北,留在张家口开展工作。同月23日,中华全国文艺界协会延安分会、陕甘宁边区文化协会在交际处大厅召开盛大座谈会,声援国民党区文艺界争取和平民主自由运动。到会有胡乔木、柯仲平、李伯钊、胡蛮、柳湜、艾思奇、赵伯平、曹葆华、江隆基、张季纯、欧阳山尊、王亚凡、金紫光、张寒晖等150余人。胡乔木报告国统区文艺界情况,柯仲平报告会务工作与组织文艺工作队、通讯队赴华北解放区情况。张季纯、欧阳山尊、王亚凡、金紫光、张寒晖、罗合如相继发言,痛斥国民党发动内战,声援大后方文艺界的正义斗争。三是在学术研究方面,周扬继续任延安大学校长。11月中旬,党中央决定"延安大学"各学院(包括鲁艺)迁离延安,去东北新解放区继续办学,开展文艺运动。迁校队伍由延大校长周扬率领,沙可夫负责鲁艺部分。但当行军途经河北怀来县时,因东北战场形势急转,去路被堵,当时中央电令延大整个迁校队伍,暂转张家口待命,这样就在那里与华北联大汇合。范文澜继续撰写《中国通史》近代史部分,至是年离开延安时,已撰成从鸦片战争到义和团部分,于1946年在延安出版(曾称"上编第一分册",后来定名为《中国近代史》上册)。此书造端宏大,材料新颖,深刻再现了中国近代历史的进程,中肯地评价了各个时期的事件和人物,体现了革命性和科学性的高度结合,标志着近代史研究达到了新的阶段,它所奠定的基本框架和提出的一系列深刻论断,影响近代史研究达数十年。此书至1955年一共印行了9版,同样受到读者空前热烈的欢迎。延安轴心还有一项重要活动是7月1日褚辅成、黄炎培、冷遹、傅斯年、左舜生、章伯钧6位国民参政员由王若飞陪同从重庆飞抵延安,毛泽东与朱德、周恩来、林伯渠等到机场欢迎。2日下午,毛泽东在杨家岭会见褚辅成等6位参政员,听取他们述明来意和对国内问题的意见。3日下午,毛泽东与周恩来同章伯钧、左舜生谈话。晚上,与朱德、周恩来、林伯渠到褚辅成等6位参政员下榻的陕甘宁边区政府交际处,同他们继续会谈。4日,毛泽东主持中共中央书记处会议,会议通过《中共代表与褚辅成、黄炎培等六参政员延安会谈记录》。同日,毛泽东在杨家岭住处会见褚辅成等6位参政员,进行第三次会谈,毛泽东将中共方面整理的《中共代表与褚辅成、黄炎培等六参政员延安会谈记录》交褚辅成等。晚上,毛泽东出席在王家坪第十八集团军总司令部举行的为褚辅成等6位参政员饯行的宴会。5日,毛泽东同朱德、周恩来、林伯渠等到延安机场欢送褚辅成等6位参政员飞返重庆。再看晋察冀边区:成仿吾继续任晋察冀边区参议会议长。9月中旬,华北联大迁入张家口,校部设东安大街。11月8日,延安文艺界组织的华北文艺工作团一行49人,由艾青带队,到达张家口并入"联大"。艾青担任华北联大文艺学院副院长,并担任文艺理论、文艺思潮等课的讲授。12月15日,成仿吾、萧三、艾青、江丰、钟敬之、马达、舒强、彦涵、厂民(严辰)、杜矢甲、凌子风、王朝闻等数十人联名致电重庆反内战联合会及郭沫若、老舍、洪深等先生,响应重庆等地的反内战运动。呼吁全国文化界团结起来,争取彻底的思想、言论、创作、出版、演出等自由,为人民大众的新文化服务。总之,本年度延安轴心及整个解放区的一个重要动态是到前线去,到东北区,与中共中央提出的"向北发展、向南防御"重大战略相契合。

再次是沦陷区。以 8 月抗战胜利为界限,由此前的沦陷区大部分演变为国统区,仍以北平—上海为两大中心。先看北平中心:陈垣继续任辅仁大学校长。当时身处沦陷的北平的陈垣精神异常苦闷,但闭门谢客、没有社会活动却给他的学术研究提供了充足的时间保证,所以他的史学著述不仅没有减低速度,反而进入高产时期。9 月 3 日,辅仁大学举行八年以来首次开学典礼,陈垣在典礼上发表讲话:"民国廿六年以来,我们学校已有八年不行开学典礼,因我们处在沦陷区域,国旗拿不出来,国歌亦唱不响亮,甚至连说话都要受限制,为了避免一切不必要的麻烦,以往的八年是由不动声色的黑暗世界中渡过来的,从昨天日本投降签字起,世界的永久和平已经产生,光明的新时代已经开始,所以八年来解放后之第一次开学典礼,是特别值得庆贺的。"沈兼士原任辅仁大学文学院长,受命负责接收平津地区教育文化机构之教育部特派员。10 月 5 日,辅仁大学举行公宴欢迎来平的文学院长沈兼士,席间陈垣致词。沈兼士表示:"政府对该校过去之工作认识甚清、教授讲师因参加工作而被捕者达二十余人,亦为他校所无,实为我校增光。惟今后国立各院校将相继迁回,对于教授之聘请,学生之选择,行政之改善等方面,必将有一番竞赛,我校非大力改革不能与他校并驾齐驱,望全校师生共同努力。"英千里继续被日军关押。日本投降前夕,英千里在社会各界的营救下出狱。为表彰英千里对国家及天主教高等教育的巨大贡献,罗马教廷特授予其"骑都尉勋爵"爵位。英千里非常感动,因为这个爵位只属于真正有功于国家的人。张东荪年初在北平成立民盟华北总支部,总支部委员共 6 人:张东荪、叶笃义、曾琪、林可玑(曾、林是青年党)、周鲸文、张云川,张东荪为主任委员,林可玑负责组织工作,叶笃义负责宣传事务。民盟华北总支部的成立,为抗战胜利后民盟在华北的发展打下了一定的基础。9 月 1 日,张东荪在北平创办《正报》,作为自己的舆论喉舌。他在《发刊辞》中说明办《正报》的目的,是使受日寇奴役的华北民众"一吸自由空气""目的使其得为大家的公共喉舌";它的名字"取态度中正、与新闻正确之意"。张东荪认为,抗战是"民主与霸道"之战,抗战胜利是民主的胜利,今后中国应走上民主道路,为此必须特别注重民主习惯的训练,提倡言论自由和理性主义。该报富有特色处在于"社论"和后来开辟的《社会研究》《哲思》等副刊。10 月 1 日,燕京大学在北平正式复校,张东荪继续担任燕京大学哲学系教授。10 月 18 日至 11 月 1 日,张东荪在《正报》上连载《一个提供大家参考的建国方案》,继续并发展了 30 年代"修正的民主政治"的主张。马裕藻日夜期盼抗战胜利。年初,马裕藻在病榻上听到隆隆炮声,喃喃地说:"天快亮了,天快亮了。"4 月,马裕藻在抗战胜利前四个月带着巨大遗憾与世长辞。俞平伯继续在中国大学文学系任教。抗战末期,俞平伯经许宝骙介绍参加中国民主革命同盟(即"小民革")北方地下组织,同期先后参加者尚有张东荪及叶笃义。12 月 28 日,俞平伯致胡适信,恳请远在美国的胡适设法为入狱待判的周作人"薄其罪责,使就炳烛之余光,遂其未竟之著译"。容庚继续任伪北京大学教授,讲授"甲骨文""金石学""文字学概要""说文"4 门课程。9 月,傅斯年代理北京大学校长。按傅斯年的政策,所有在"伪北大"时期积极服务的教员都将被驱逐出北大,容庚自然也在被驱逐之列。10 月 24 日下午,容庚至北大授课,归草《与北大代理校长傅斯年先生一封公开信》。11 月 7 日,容庚在北平《正报》发表致傅斯年的"万言书",借此抗议并为自己的行为辩护,其中有:"沦陷区人民,势不能尽室以内迁;政府军队,仓皇撤退,亦未与人民内迁之机会。荼毒蹂躏,被日寇之害为独深;大旱云霓,望政府之来为独切。我有子女,待教于人;人有子女,亦待教于我。则出而任教,余之责也。策日寇之必败,鼓励学生以最后胜利终属于我者,亦余之责也。"呼吁对曾在日本人控制的北大服务过的教员实行宽大处理。傅斯年马上发表了两个声明捍卫他的政策,指出北大在1937年已经制定了一项政策,鼓励全体教员迁移到南方,而且几乎所有的"伪北大"教员最初都不在北大教书,所以聘请他们是完全错误的。此外,傅斯年更相信,他的责任是坚定维持忠诚原则,以此为后代树立一个不折不扣的榜样。再看上海中心:教育部长朱家骅9月派中央图书馆馆长蒋复璁为京沪区教育善后复员特派员。蒋复璁到任后在上海设办事处,组织"京沪区教育复员辅导委员会",由蒋复璁兼主任委员,聘马叙伦、郑振铎、张凤举、许炳堃(潜夫)、刘英士、徐鸿宝(森玉)、叶风虎等为委员,研讨有关教育复员、接管敌伪文教单位等问题。夏衍9月奉命从内地来上海,复刊《救亡日报》,见到刘长胜、刘晓、梅益。同月23日,夏衍带来中华全国文艺界抗敌协会致郑振铎等人的《慰问上海文艺界书》,高度赞扬"八年以来,诸位先生在敌人的包围之中,继而在敌人的直接的屠杀威胁之下不屈不移,备尝辛苦,为中华民族保存了崇高的气节,中国人民以诸位为光荣,中国文艺界以诸位为骄傲"。夏衍还带来了"文协"关于《调查附逆文化人的决议》等文件,后刊于9月25日《新华日报》、29日《周报》第4期及10月1日《文汇报》等。"文协"并委托郑振铎、许广平、李健吾3人在上海负责领导调查文化汉奸的工作。10月,《救亡日报》更名为《建国日报》复刊,夏衍任总编辑,12天后被国民党政府查封。郑振铎4月1日任重庆的教育部组织"战时文物保存委员会"委员。同月,郑振铎因生活所迫,将5500册藏书出让给中华书局图书馆。9月4日,《中央日报》上海版《黑白》副刊发表(徐)开垒《留沪作家苦斗录·郑振铎》,盛赞郑振铎:"以他的坚贞,在抗战文艺史上写了辉煌的一笔。"9月23日,《新华日报》发表《全国文艺界抗敌协会慰劳上海文艺战士并请检举文化汉奸》一文。25日,《新华日报》刊登《留居上海的文艺战士对文协慰问复信申谢——正设法调查检举文化汉奸》一文。上述两函充分彰显了郑振铎等抗战时期坚守孤岛、坚贞不屈的道德与文化价值,富有典范价值与意义。抗战胜利后,郑振铎迅速投身于民主运动。10月13日,郑振铎筹办的《民主》周刊在上海正式创刊,由郑振铎任主编。12月17日下午,中华全国文艺协会上海分会在金城银行大楼举行成立大会,郑振铎为大会主席,并致词。会议通过分会筹备会提案三起:一、要求政府尽速开放言论自由,二、请求保障作家权益,三、组织特种委员会检举附逆文人。这是抗战胜利之后上海文艺界、文化界以郑振铎为领袖的一次大会师。马叙伦也积极投入民主运动。12月11日,郑振铎撰《怎样结束昆明惨案》,提出四项要求。26日,撰《写在政治协商会议以前》,刊于29日《民主》周刊第12期新年特大号。29日,马叙伦领衔上海文化艺术界名家61人发表《给美国人民的公开信》,刊于《民主》周刊第12期新年特大号。公开信希望美国人民以高尚的同情和援助,制止中国内战,实现民主政治,克服目前难关。30日,马叙伦与郑振铎、周建人、许广平、徐伯昕、柯灵等在中国共产党影响和支持下筹备发起的"中国民主促进会"正式成立。会议讨论通过了《中国民主促进会简章》,会后由马叙伦与郑振铎一起起草《中国民主促进会对于时局的宣言》。

最后是海外交流。先看"出"的方面,依然以美国为中心,而苏联的地位明显上升。胡适继续居留美国。4月25日,胡适出席旧金山联合国制宪会议。会议制定的《联合国宪章》因有安理会常任理事国享有否决权的规定,胡适拒绝在宪章上签字。会间,胡适曾与中共代表董必武就战后政治问题有所辩论,胡适要求共产党放弃武力,从事单纯政党活动,遭到董必武的反驳。8月24日,胡适发电给毛泽东(请王世杰转),要求中国共产党放弃武力,做和平的第二大党。9月3日,教育部长朱家骅致电胡适,已推定胡适为北京大学校长。9月6日,任命胡适为北大校长的令文正式发布。10月10日,国民政府明令给胡适等7人颁发"胜利勋章"。11月1—16日,联合国教育文化组织会议在英国的土木工程学院举行,胡适作为中国代表团首席代表在伦敦出席联合国教科文组织会议,参与制定该组织的宪章。挪威的Sommerfield任临时主席,胡适当选为会议副主席。2日,胡适在大会发言,该发言被评为当天发言最好的两三个发言之一。会议期间,胡适还提议于1949年纪念孔子诞生2500周年。王宠惠与首席代表宋子文,代表顾维钧、魏道明、吴贻芳、李璜、张君劢、董必武、胡霖以及顾问施肇基等4月代表中国出席在美国旧金山召开的《联合国宪章》制宪会议。同月25日,"联合国国际组织会议"在美国旧金山开幕,包括中国在内的50个国家的282名代表出席大会。6月26日,举行签字仪式。中国代表第一个在《宪章》的中、法、俄、英、西5种联合国正式语言文件上签字。签字的51个国家成为联合国创始会员国。王宠惠在联合国成立会上对战后世界集体安全的策划、联合国安理会实施办法、中国国家权益的维护等多有建设性建议,且多被采纳,并为吴经熊等起草的联合国宪章的中文译本作最后审查润色。会议期间,张君劢被选定为联合国宪章大会组织委员。据张君劢的英文秘书刘毓棠回忆说:"我觉得君劢先生最大的贡献,是他替中国代表团提出了一个备忘录,提出国际教育科学文化组织的必要,于是有后来'联合国教育科学文化组织(UNESCO)'之成立,这一机构设在巴黎。这无疑是我国在旧金山会议伟大贡献之一。"在美期间,代表团成员也开展了不同的会议与社交活动。董必武5月18日在旧金山用英文发表《中国解放区实录》,向全世界介绍了中国共产党领导下的抗日根据地在政治、军事、经济、文化等方面所取得的伟大成就及我党我军在整个抗日战争中的巨大作用和影响。6月5日,董必武在旧金山由华侨宪政党、致公党举办的演讲大会上,作关于《中国共产党的基本政策》的长篇讲演,全面地阐述了中国共产党坚持抗战、坚持团结、坚持民主进步的基本政策,介绍了在抗日战争以及建设陕甘宁边区、敌后抗日根据地上的巨大成就,指出中国共产党所有各项政策都是为了建立一个独立、民主、自由、团结、强大、繁荣的新中国。讲演内容随后连载于当月16—20日《华侨日报》。赵元任继续在哈佛大学任教。2—3月,胡适、萨本栋、蒋梦麟、周鲠生、周培源、钱端升等先后访哈佛大学,都至赵元任家做客。当时第二次世界大战已接近尾声,大家经常聚在一起议论局势。10月27日至11月21日,赵元任和胡适赴英国伦敦出席联合国教科文组织的筹备会。11月8日,赵元任被分到起草委员会,其他成员包括保加利亚、法国、希腊、英国、墨西哥、荷兰的代表。14—15日,大会通过了导言和组织的整个宪章。31日,赵元任到纽约参加美国语言学会学术讨论会,并作为学会主席发言,宣读论文"The Logical Structure of Chinese Words"。蒋梦麟1月6—17日率中国代表团出席在美国弗吉尼亚州温泉城举行的太平洋学会第九次会议,代表团成员有张君劢、邵毓麟等。会议的中心议题就是战后日本的处置问题。与会者在战后日本解除武装、领土变更及赔偿问题上的看法大体一致。但当会议讨论到天皇的处置与日本民主政治改革的方案及战后日本经济恢复之程度等问题时,与会者出现了分歧。关于日本工商业之地位及日本经济恢复之程度,会上也出现了两种相反的意见。而且在这两种不同的意见中,中国与英、美处于对立的地位。中国代表团团长蒋梦麟把中国的立场概括为三条:一是完全彻底地打败日本;二是太平洋各国相互信任与合作；三是迅速把中国建成一个民主的工业化国家。总之，中国不希望看到日本在战后迅速恢复起来，但英美出于全球战略的考虑决定在战后扶持日本。晏阳初仍在美国。1月4日，接到新任代理行政院长兼外长宋子文密电："平民教育与地方自治，是开创民主政府的第一优先。盼立即回国负责主持政府支持的计划。并候明教。"回电表示因故不能应命。2月初，经宋子文夫人张乐怡介绍，晏阳初在纽约拜访罗斯福总统夫人，畅谈1小时。受到罗斯福夫人的赞赏。后不久，罗斯福夫人应允担任平民教育运动中美委员会理事，尽力支持赞助工作。15日，晏阳初获坦普尔大学授予的荣誉法学博士学位。该校社会学系主任 J. Stewart Burgess 教授向校长提陈的表扬状称："晏和一群优秀的专家献身这项工作，居住农村里，运用这新的媒介方法，表证出平民经组织后，不仅消除文盲，并且革新农业生产方法，使乡村工业复苏；又改善卫生保健，以达成有效率的地方政府。由这些在教育上及社会改造的伟大成就论：晏阳初实在是一具信仰、富想象的英勇学者，也是他的万千同胞心智与精神的解放者。"3月，晏阳初与美国著名女作家赛珍珠长谈。随后赛珍珠撰成《告语人民》一书，她在书的扉页上用整篇的位置写下了"献给定县人民"六个大字以铭记"为了广大人民，他们愉快地投身于平民教育事业"。8月，中国乡村建设育才院扩充更名为"中国乡村建设学院"，由初级学院升格为独立学院。设社会学、乡村教育、农学、农田水利四个系，修业年限4年，并且经教育部同意，批准学院设立本科学士学位授予点。学院四个学系的设置，完全体现着晏阳初在定县实验时期针对民众所患"愚、贫、弱、私"的四大病症来推行四大教育的思想和宗旨，即以前用文艺教育治愚、生计教育治贫、卫生教育治弱、公民教育治私，转变为现在以乡村教育系培养文艺教育人才治愚、农学系和农田水利系培养生计教育人才治贫、社会学系培养组织教育人才与地方行政单位干部治私。中国乡村建设学院的成立，使中国首次有了专门为农村培养从事实际建设人才的四年制高等学府，"中国乡村建设学院的成立是中国教育史上学术的新纪元"。是年，晏阳初所提出的使"人民免于愚昧无知的自由"（"第五项自由"）被联合国文教组织（UNESCO）采纳并作为联合国文教组织倡导的基本教育计划，"免于愚昧无知的自由"被认为是人类的言论自由、信仰自由、经济自由和安全自由"四项自由"的基础。郭沫若6月9日午饭后启程赴苏联，参加苏联科学院成立220周年的纪念大会。在苏期间，多次应邀做学术报告。冼星海1月中旬带领库斯坦城音乐馆演出队去哈萨克山庄巡回公演，不幸染患肺炎，经当地医院抢救，"挣扎了三个月"，方始脱险。2月15日，冼星海抱病作管弦乐《中国狂想曲》，这是中国第一部民族形式的狂想曲。10月30日晚12时，因疾病并发，在莫斯科克里姆林宫医院病逝，终年40岁。11月上旬，莫斯科中国留学生会同苏联有关部门为冼星海逝世举行追悼会，遗体火化，骨灰盒陈放于莫斯科郊外顿斯科伊古教堂，骨灰盒上用俄文写下："中国作曲家，爱国主义者，共产党员：黄训。"冼星海逝世消息迅速传到延安。11月6日，《解放日报》发表了柯仲平的《悼星海》一诗："星海！星海！你的短歌——手榴弹；你的大合唱——暴风雨一般；你的民族交响乐，雄浑如中国的长江大海、中国的峻岭高山。你，中国人民的超等歌手；你，聂耳后的一大天才。"11月14日，遵照毛泽东的指示，延安各界在冼星海曾工作的鲁艺大礼堂隆重举行人民音乐家冼星海追悼大会。主祭是鲁艺院长吴玉章，陪祭是周扬、柯仲平。谢觉哉致悼词，吕骥报告冼星海生平。罗迈、贺绿汀、肖军、柯仲平相继讲话。15日，《解放日报》刊出"冼星海同志追悼特刊"。郁达夫8月18日从无线电台得到日本无条件投降的消息，惊喜欲狂，独酌相庆，吟诵杜甫的《闻官兵收河南河北》。嗣后，曾召集当地华侨组织和文化界人士举行会议,准备组织欢迎联军筹备委员会。9月17日,郁达夫被日本宪兵秘密杀害于离武吉丁宜七公里的丹戎革岱荒野中,不幸倒在了抗战胜利之后。关于郁达夫被捕杀害之原因,胡愈之《流亡和失踪》说:"日本人在抗战时期没有逮捕达夫,现在已经投降了,为什么还要逮捕他呢?那只有一个动机,就是为了要消灭日宪兵的残暴罪恶的见证。"郁达夫牺牲后,胡愈之于1946年8月24日给全国文艺界协会书写《郁达夫的流亡和失踪》的报告,高度评价了郁达夫的一生,认为"他的一生是富丽悲壮的诗史",并说"他不能用他自己的笔来写这篇伟大的诗史,是中国文艺界一笔大大的损失"。再看"进"的方面:美国外交官约翰·S·谢伟思2月中旬在为即将回国的阿尔伯特·魏德迈将军所写的备忘录中,首次建议美国政府对中国共产党奉行类似盟国对南斯拉夫的铁托游击队所奉行的政策。即像丘吉尔一样,根据一切党派在和德国人作战中的努力的情况,而不是以他们的意识形态来判断是否提供援助。3月9日,谢伟思返抵延安。4月1日下午4时,谢伟思应邀前往毛泽东的住所。毛泽东再次明确地表示愿意和美国友好和合作,希望美国对国共双方采取不插手政策。这是谢伟思和中共领导人之间的最后一次谈话,涉及国共、中美、中苏关系等许多重要问题,其深度和广度均超过以往的历次谈话。4月4日,谢伟思离开延安。12日,谢伟思抵达华盛顿。此时,谢伟思偶尔邂逅了《美亚》杂志主编菲利浦·贾飞,将自己撰写的有关中国问题的一些报告借给贾飞阅读。美国"联邦调查局"一直怀疑贾飞为苏联间谍。6月6日,谢伟思受此案牵连与包括贾飞在内的另外5人同时被捕,成为当时轰动全国的头条新闻。7日,《旧金山新闻报》的头条大标题是《共产党获得了美国机密》。8日,报纸进一步点名集中攻击谢伟思,头条大标题竟说:《赤色分子制造了史迪威和蒋介石的分裂》。此即著名的《美亚》案件,"标志了美国对华政策的一个转折点";美国司徒雷登继续被日军关押。8月17日,司徒雷登获得自由。从1941年12月9日被捕到1945年8月17日获释,司徒雷登的囚禁生活整整持续了三年零八个月。刚刚出狱,司徒雷登就邀请尚留在北平的燕大教职人员陆志韦、洪业、林嘉通、蔡一谔、侯仁之等5人在东交民巷三官庙开会,组成复校工作委员会,共商复校大计。他一心要使燕京大学成为抗战胜利后第一所在北平恢复的大学。8月29日,司徒雷登在美国军事代表团的安排下,搭乘美国军用飞机飞往重庆。此行的主要目的有两个:一是参加国民党政府为庆祝抗战胜利举行的活动;二是与在成都复课的燕大流亡师生见面。10月10日上午10点,浴火重生的燕大师生在燕园大礼堂举行了隆重的开学典礼。大礼堂里欢声雷动,大家一起为胜利欢呼,一起为新生的燕京大学欢呼。11月6日,《燕京新闻》刊出成都各大学学生团体联谊会主编之"反对内战,促进民主团结"专刊。12月8日,庆祝北平燕大复校及成都复校3周年,全校举行庆祝大会;英国著名科学家、中央科学合作馆馆长李约瑟博士9月访问西北大学,并于18日在校本部大礼堂作《科学与民主主义》的学术报告,会后又与教授座谈交流学术问题。10月,李约瑟在《自然》杂志上发表《贵州和广西的科学》,其中写道:"在遵义之东75公里的湄潭,是浙江大学科学活动的中心。在那里,不仅有世界第一流的气象学家和地理学家竺可桢,有世界第一流的数学家陈建功、苏步青教授,还有世界第一流的原子能物理学家卢鹤绂、王淦昌教授。他们是中国科学事业的希望。"英国著名记者冈瑟·斯坦因所作《毛泽东朱德会见记》一文刊于1月30日英国《新闻时事报》,此文记述了他几次访问中对毛泽东的印象。他说:在我同毛泽东谈话的30小时当中,通过所有我所访问过的几百个共产党人,也包括地主、商人等等,我开始了解毛泽东先生所享有的信任与爱戴了。"一开头,他显得有点温和。但他却有一种人的坚定性，那种人相信着智慧的说服而不信强力，并且知道怎样鼓舞别人热衷于战争的胜利作为当前的目标，热衷于社会与文化的进步作为久远的目标"。

与上年相比，本年度学术论争有所回升，兹归结为以下8个方面。

1. 关于建国体制与方略的论争。这是一个兼具政治与学术的重要论题，不仅意义重大，而且极为复杂，学界多有基于不同立场与背景及时发出自己的声音。其中首要的是建国体制问题。蒋介石在1月1日元旦广播讲话中，反对成立联合政府，坚持一党专政，此为国民党的建国方案定下基调。24日，周恩来离开延安，飞抵重庆，代表中共与国民党谈判，商谈建立民主联合政府事。蒋介石仍坚持一党专政，反对成立联合政府。4月23日至6月11日，中国共产党第七次全国代表大会在延安举行，毛泽东主持会议，作《两个中国之命运》的开幕词和《论联合政府》的政治报告。然后在8月底至10月10日重庆谈判中，中共方面作出重大让步，不再继续提联合政府，所以"双十协定"被命名为《政府与中共代表会谈纪要》。其中第一条表述为："关于和平建国的基本方针：一致认为中国抗日战争业已胜利结束，和平建国的新阶段即将开始，必须共同努力，以和平民主团结为第一基础，并在蒋主席领导之下，长期合作，避免内战，建设独立自由和平之新中国，实行三民主义。双方又同认蒋主席所倡导之政治民主化，军队国家化，及党派平等合作，为达成和平建国必由之途径。"但即便如此，也终究不为蒋介石所接纳。在国共之间，作为第三方的中国民主同盟更倾向于中共建立联合政府的主张。8月15日，在日本宣告无条件投降之日，中国民主同盟发表《在抗战胜利声中的紧急呼吁》，提出了"民主统一、和平建国"的口号，并提出了反对11月12日召开国民大会、明令重申保障人民的一切基本自由、释放一切政治犯和思想犯、召集各党派及无党派民主人士的政治会议等10项主张。10月1—12日，中国民主同盟在重庆上清寺"特园"召开临时全国代表大会，大会讨论了民盟的政策、组织、机构、政纲，提出迅速召开政治协商会议，成立民主联合政府，举行国民大会等10项主张，通过了《政治报告》《临时全国代表大会宣言》和《中国民主同盟纲领》三个文件，系统阐述了"把中国造成一个十足道地的民主国家"思想。其要旨为：在政治上实行英美式的议会民主政治，在经济上参照苏联的社会主义平等原则，就是所谓的"拿苏联的经济民主来充实英美的政治民主"。12月1日，中国民主同盟举行外国记者招待会，由张澜主持，罗隆基、沈钧儒、章伯钧、梁漱溟等出席，对记者发表谈话，其中第六点是"由政治协商会议共同协议，成立联合政府"。24日，中国民主同盟部分领导人参加陪都各界反内战联合会，致函毛泽东主席和国民政府，呼吁政治解决纠纷，"万不宜诉诸武力"，并说："同人等慎国亡无日之戒，爰成立本会。"联名发此函者，有彭一湖、梁漱溟和沈钧儒、陶行知等计28位。可见在和平建国的讨论中，大致形成国、共、民主党派三大阵营的不同主张，并在学界获得相应的回声。其中也有比较中性的意见，如6月2日参政员褚辅成、黄炎培、冷遹、王云五、傅斯年、左舜生、章伯钧等7人致电毛泽东、周恩来，希望国共两党从速恢复商谈，促成团结，不唯抗战得早获胜利，建国新猷，亦基于此。7月4日，黄炎培与褚辅成等6参政员在延安期间与毛泽东、周恩来等进行三次正式商谈，是日达成五点共识。但学界左右阵营还是相当分明。重庆部分学者秉承蒋介石的旨意，最为典型的是陶希圣4月30日致信胡适，谈他对中国今后政局的观察，主眼在"反共"。其中包括（一）民主政治与党派问题；（二）中共武力问题；（三）苏联之世界政策；（四）旧金山大会前中共之活动；（五）柏林陷后中共之方向；（六）学界之动向；（七）国民大会可能引起之政争；（八）彼之最终目的；（九）政府对苏政策；（十）学术界努力之必要。信中表示，政治危机甚急,故甚盼胡适回国。"即万一不能回国,亦必有以贡献于国家存亡荣辱之念"云云。8月24日,身居美国的胡适发电给毛泽东(请王世杰转),要求中国共产党放弃武力,做和平的第二大党。中国共产党当然不可能接受胡适的建议。另一方面,中共关于建立联合政府的主张还是得到了海内外的广泛认同和响应。2月10日,美洲10家华侨报纸通电国内,要求结束一党专政,立即成立联合政府。13日,重庆《新华日报》发表由于绍芳、于立群、李德全、曹孟君、林琼等104人联合署名的《陪都妇女界对时局的进言》,提出要求召开国是会议,成立联合政府。22日,《新华日报》发表郭沫若起草,郭沫若、茅盾、胡绳、黄洛峰、张静庐、巴金、史东山、老舍、宋云彬、沙千里、吴祖光、周谷城、金善宝、马寅初、夏衍、张申府、邓初民、谢冰心、顾颉刚等312人签名的《文化界对时局进言》,要求召开临时紧急会议,组织战时全国一致政府,提出废除一切限制人民活动的法令、取消一切党化教育的设施、停止特务活动、枪口一致对外等6项主张。7月7日,罗隆基起草、闻一多润辞的《抗战八周年纪念日中国民主同盟云南省支部宣言》定稿。宣言再次表示反对内战、反对召开国民参政会,反对国民党包办国民大会的立场,并要求立即召开三大政团圆桌会议,讨论联合政府问题。10月1日,钱端升起草、张奚若领衔西南联大10位教授为国共和谈致电蒋介石、毛泽东,要求"立即同意召集包括各党各派及无党无派人士之政治会议,共商如何成立容纳全国各方开明意见之联合政府,再由此联合政府于最短期内举行国民大会代表之选举,定期召开国民大会,以制定根本大法,以产生立宪政府"。此电发表后,产生重要影响。当时昆明各界纷纷表明对国是的态度,钱端升认为联大教授亦应表示立场,遂起草一文,请各位教授签名。张奚若为了避免为人口舌,主张只约请名教授签名,故最后仅有10位教授签名。17日,此电文以《国立西南联合大学张奚若等十教授为国共商谈致蒋介石毛泽东两先生电文》为题,刊于昆明《民主周刊》第2卷第12期。同期载有短评《十教授致蒋毛电文》,谓:"十教授中张奚若先生是前参政员,周炳琳、钱端升两先生是老国民党员,也是现任参政员,过去几次参政会中都曾剀切陈言,替人民说话。其他的七位教授,除闻一多先生是中国民主同盟的盟员,吴之椿先生是国民党员而外,都是以教学为业,精研笃究,卓著声誉的学者。内中没有一个是共产党员或曾是共产党员,年龄也都在四十以上,绝没有年青气盛容易被人利用的分子在内。他们的意见应该可以说纯粹自发的,纯粹基于国家民族立场的,超出党派利害立场的意见,也就是代表了整个人民的意见。"11月25日晚7时,民盟云南支部配合西南联大、云南大学两校学生自治会筹划组织的大规模的反内战时事晚会在西南联大广场举行,钱端升演讲《中国政治之认识》,以国民党员身份极力强调目前成立联合政府之必要。演讲未毕,校外即闻枪声,军警包围联大。为抗议国民党破坏民主集会,四大学学生自治会当晚议决联合罢课。29日,重庆《新华日报》报道《钱端升教授呼吁成立联合政府》。其次是建国精神问题。这里应特别提到张西曼主编的《民主与科学》杂志1月在重庆创刊。张西曼是老同盟会员、国民党立法委员,但他参政、议政而不从政。为了"联合民主战士,发扬救国主张,推动时代的改造",张西曼利用自己在知识分子中的深厚人脉,筹备创办了《民主与科学》这份杂志,聘马寅初、茅以升、周谷城、邓初民、陶行知、张申府、郭沫若、翦伯赞、谭熙鸿、费孝通、丁燮林等48人为特约撰述。先后在《民主与科学》上发表文章的有马寅初、邓初民、丁瓒、华罗庚、钱崇澍、周太玄、卢于道、董时进、吴景超、柳亚子、陶大镛、孟宪章等著名学者近百人。《民主与科学》的办刊宗旨是"争取国际民主团结及抗战胜利,同时促进科学教育,发扬科学的建国精神,使国家民族同跻于富强之林"。张西曼在《民主与科学》发刊词中开宗明义,提出中国革命的目标就是"民主"与"科学"。提出"民主"是抗建的先决条件和主导力量,而"科学"是抗建的骨干和细胞。但从张西曼所发表的文章中可以看出,这里所说的"民主"并不是一般意义上的泛泛的"民主",而是具有强烈的政治色彩,就是要建立苏联社会主义那样的"民主"。这同张西曼长期坚持宣传孙中山的"三大政策"和苏联社会主义运动,主张利用苏联社会主义革命的方法和手段来改造中国的思想是相一致的。《民主与科学》作为综合性刊物,其栏目有民主政治和科学研究文论、边疆学术研究、时事述评、革命诗选等,但主要的文章还是以政治论文和科学研究论文为主。从文章的类型和内容来看,《民主与科学》所关心的都是社会现实问题,尤其是关注于抗战胜利之后的建国问题。张西曼本人所撰的《民主与科学是中国革命的两大目标》《要大家都能问国事》《五四中的社会主义运动》《政治道德和革命纪律》《民主是根除官僚黑暗的特效药》就是最典型的示范。再次是建国重心问题。其中经济重建依然是重中之重。马寅初3月4日应重庆伊斯兰青年会邀请于重庆中国回教协会演讲《战后中国的唯一出路》,指出:"经济上的出路是:一个是民主,一个是和平,不民主的就是反潮流,是反动分子。"21日,马寅初应卢作孚邀请,于民生公司演讲《中国经济界的前途》,认为中国的工业,在战后,一定要与全世界的工业联合起来。中国所产的东西,无论如何要准出口到外国,外国所产的东西,要销与我国。要这样,世界的安全才稳定。6月2日,马寅初赴中央大学为1945届全体毕业生演讲《中国战后之福利经济》,主张人类社会转入全面发展、平衡发展阶段:"今后的福利经济,不但要求财富的增加,尤其要求财富的均享,所以中国之福利经济是要政府以有计划的方式改善全民生活,增进全民幸福。等待全民均富达到以后,就应讲究更高的价值,那是真、善、美、圣。"9月,许涤新《中国经济的道路》由生活书店出版,作者将中国经济道路归纳为四条:第一条是鸦片战争以来所走的那条老路,第二条是欧美旧民主主义的道路,第三条是新民主主义的道路,第四是最新式的社会主义的道路。其中第四条道路解放区已开始实行。社会主义的优越性,充分地从苏联的繁荣中可以看出来,要彻底解决社会经济问题,要彻底消灭人与人间的剥削,只有走这条路。此书的最大特点是将中国战后经济建国提升到经济道路的高度。10月3日,翁文灏举行外国记者招待会就日本对中国的掠夺和经济复员建设工作发表谈话。翁文灏表示,战后中国"仍须以重大之努力及工作,以建设中国,成一稳定坚强之国家,藉以保证世界和平与其他各国友好合作"。10日,翁文灏在《中央日报》发表《战后经济建设应有的几点认识》,论述中国战后经济建设方针。11月21日,翁文灏举行外国记者招待会,在介绍日本侵华经济机构及其在华经济掠夺情形后,翁文灏表示:"目前中国的工作是为历史开一新的时代,一切以国家进步及国民利益为前提,于自强之中,并重视他国利益,以巩固国际和平。"另一个重心是文化问题。3月5日,国民党第五届中常委会第二七九次会议通过《文化运动纲领实施办法》。文化建设问题再次受到高度重视。同月30日,田汉作《重建文化堡垒问题》,刊于31日昆明《评论报》第31期,文中提出:抗战文化运动"应该建立更多的小据点",此外"更应向广大敌后建立文化据点,通过文化手段与敌人争人民",希望昆明能建成"文化的堡垒"。又说:应利用战争促进"东西文化交流"的机会,"竭力增进盟友对我文化上真实的理解",同时也要"使我民众更深的接受西洋进步文化,以为我们现代化之物"。钱穆也高度关注文化建设的问题,在11月由重庆商务印书馆初版的《政学私言·自序》中强调指出:"中国之前途,将决于中国之文化",然后以文化地理学论三种文化类型:(一)沙漠草原区。(二)平原江河区。(三)滨海岛屿区。但作者由此拓展到更为广阔的论述空间,比如还谈到新中国建都的问题:"新中国当以西安为首都,建设西北,兼顾西南;当以北平为陪都,调整东北,兼顾东南。第一首都西安,回复民族生机,唤醒历史光荣。第二首都北平,吸纳世界新潮、开展国际和平。中山先生说:'革命的中国,首都宜在武汉。建设的中国,首都宜在西安。领导亚洲的中国,首都宜在伊犁。'这一节话,将再新宣示其内在精神之含义,而悬为新中国建国途径之一种新启示。上述的建国三纲领,'民族'主义是一个'明道设教'的问题。'民权'主义是一个'立法创制'的问题。'民生'主义是一个'亲民行政'的问题。此道、法、政三问题之逐步建设,全国上下只有坚苦卓绝、笃实践履,将为中华民族乃至全世界人类造无穷之幸福。"相关著作则有:曹伯韩著《精神文化讲话》、徐嵩龄著《精神建设论》、邓熙著《中国文化建设论》。在此需要补充一下的是,抗战胜利以后,随着建国时期的到来,国统区的文艺界也纷纷开始回顾并总结抗战以来的文艺运动,并对以后的文艺建设问题,进行了种种展望与讨论。李辰冬主编的《文化先锋》《文艺先锋》深度介入其中,并以"三民主义"的"民权""民生"论题为引领,推动文艺界展开"建国"文艺运动等等。这些文艺活动,与胜利前的"民族文艺"运动,对接构成了"三民主义文艺"的整个建设体系。与此同时,随着问题的进一步讨论和展开,由文艺—文化的互动与交融,一个关于"中国战后文化建设"的问题逐渐引了出来。为此,《文化先锋》《文艺先锋》两刊还专门举行座谈会,重点就各种文化的建设问题加以讨论。此外,胡先骕《中华民族之改造》始载于4月30日黄萍荪主编《龙凤》杂志创刊号,以"中华民族改造"的命题列为38个专题,从中华民族之形成与其特征、中华民族之衰弱及其复兴到中华民族及其文化之改造、中华民族之改造与世界之改造,堪称创刊号划时代巨制,实则与文化建构主题相契合。惜后未能按原计划全部刊出。诚然,战后建国还广泛涉及其他诸多方面,而相对于政界而言,学者的视野更为开阔,思维也更为活跃。兹以西南联大为例:是年3月,西南联大学生自治会举办和平问题演讲会,雷海宗主讲《战后世界和平与中国》、钱端升讲《战后的国防问题》、张印堂讲《实施宪政与政党政治》、王赣愚讲《战后的政治机构》、伍启元讲《战后的中国经济往何处去》、周作仁讲《战后的币制问题》、陈达讲《构成战后的人口政策》。4月6日,云大学生自治会在至公堂主办时事座谈会,首先由楚图南教授讲《克里米亚会议与中国民族解放运动》,他说这次会议,已奠定世界民主运动与民族解放运动的基础,行将召开的旧金山会议,则为此次会议精神的继续与扩大,将为争取中国民族解放、彻底实现民主提供千载一时的契机,宜于此时加强国内团结,政治民主。继由周新民教授讲《旧金山会议与中国政局》,提出中国当务之急为改善士兵生活及军民关系,敌后游击队与正规军的配合,国军与盟军的配合,始能获胜。曾昭抡在演讲中,强调世界政治已趋向民主,此项原则必将为参加会议诸国所接受,而各解放国家之政府亦将循此条道路前进。以上演讲广泛涉及战后建国的内政外交多个层面。其他尚有以下论著:毛泽东著《论联合政府》,蒋介石著、黄逸民编《中国的建设》,陈诚著《对于建国工作之研究》,杨幼炯著《现阶段的建国论》,明志学社编《战后建设》,王扬编《中国的战后建设》,方显廷等著《中国战后经济问题研究》,伍启元著《中国工业建设之资本与人才问题》,韩稼夫著《工业化与中国交通建设》,褚葆一著《工业化与中国国际贸易》,曹立瀛著《工业化与中国矿业建设》,韩稼夫著《工业化与中国农业建设》,陈友松著《新世界建设的展望》,简贯三著《工业化与社会建设》《工业化、工业革命、工业建设》,陈植著《战后农工并重论》,陈盛清著《战后关于土地的法律问题》,徐恩予著《战后农村经济改造吾见》,王壁岑著《战后建设新中国的财政问题》,毛起鹓著《战后中国的充分就业问题》,俞颂华著《中美合作与中国经济前途》,朱偰著《战后国际贸易之趋势与我国之对策》,吴学周著《我国战后科学研究计划刍议》,程懋珪著《战后心理建设与德语改造之基本原理》,翟楚著《建立世界和平的程序与原则》,陈钟浩著《战后世界局势的展望》,汪家正译《战后世界教育的重建》,等等。这些论著从不同视角讨论了战后重建问题。

2. 关于复员工作的部署与讨论。这是本年度最为急迫而又艰巨的工作,广泛涉及政治、经济、文化、教育、科研等各个方面,其中居于要位而又比较得力的是由经济部长升任行政院副院长的翁文灏与教育部长兼中央研究院代院长朱家骅。翁文灏自5月31日被任命为行政院副院长、国民政府委员之后,在经济复员乃至整个战后复员中承担了更多的责任。一是成立组织机构、配备人员;二是出台相关规程;三是亲赴收复区第一线指导督促工作;四是出席相关会议;五是发表声明和谈话;六是发表演说和论文。8月25日,翁文灏在全国工业团体联合大会开幕式上发表关于战后工业复员的演说。翁文灏认为:中国工业界因战事关系须渡过三个时期:第一为抗战时期,第二为复员时期,第三为建设时期。9月20日,翁文灏在全国教育善后复员会议开幕式上发表演说。10月1日,翁文灏应邀出席在重庆合作大会堂举行的农业推广委员会等23团体联谊会并发表演说,谈以农立国之道。10月10日,翁文灏在《中央日报》上发表《战后经济建设应有的几点认识》一文,论述中国战后经济建设方针。朱家骅主持的教育部、中央研究院与经济部的复员工作互有异同,但更加量大面广,而且与学术关系也更为密切。一是出台规章制度;二是急发通知或电报;三是召开专题会议;四是派员落实分区接收。与经济部复员工作所不同的是,教育复员的重点是高校复员,其职责主要在各高校自身,其中最为出色的是主持西南联大的梅贻琦校长,就在日寇宣布无条件投降的第四天,即8月19日,梅贻琦主持清华第五十七次校务会议,全面讨论了本校战后复员计划,并议决如下之十点规划,这是此后几年梅校长领导清华复员迁校工作的思想和行动纲领,可谓未雨绸缪、精心谋划、高屋建瓴、水到渠成,实为其他高校所不及。与以上官方要求相呼应,各地高校陆续全面行动起来,而不少学者则更具前瞻性地提出了许多意见与建议。比如黄炎培早在4月6日就在中国教育会座谈会中对沦陷区收复后的教育问题提出如下意见:(一)第一步要消毒。应将敌伪学校强迫使用的教科书(含有明显毒素者),公开烧毁。这在精神上可起消毒作用。(二)在敌伪教育界中有爱国之士,亦有迫于淫威而无重大罪行者,应予以照顾,并使其继续服务。(三)各地设立死难纪念碑和抗战博物馆。(四)名地应将沦陷和收复日作为纪念日。郑振铎10月27日在其主编的《民主》周刊第3期上发表政论《日本国民之再教育》,提出了"怎样从根本上铲除他们的军国主义的教育"的问题。所论问题与意见都很重要。抗战结束后的复员工作既是当务之急,又是一项复杂工程,其中还涉及对民族败类、日本战犯以及日侵财物的清算与索赔。关于日侵财物问题,主要是两个方面,一是敌伪经营产业处置。二是敌伪劫掠文物处置。而关于民族败类问题,当时在文教界提出了"附逆文化人"与"文化汉奸"的概念,主要指文教界的叛国失节分子。对于"附逆文化人"与"文化汉奸"的甄别处置,可以称之为"文化锄奸"。不过其中情况比较复杂,在任职日伪组织与文教机构、出任高官与一般职员、主动投敌与被动应付、罪大恶极与无罪记录之间本有很大的不同。与此同时,也有一些探讨"文化锄奸"的论著相继问世。论文方面:闻一多9月3日在昆明《中央日报·胜利日特刊》发表《谨防汉奸合法化》。郑振铎9月7日作《锄奸论》,刊于9月15日《周报》第2期,文中提出:"要肃清荒淫与无耻的集团!"还提出应将汉奸分成四等罪犯,每等又分政治的、经济的、文化的三类。"如果这一次不来一个大扫除，而再是那样的藏垢纳污下去，中华民族的前途一定会遭逢一次更大的空前浩劫的。"桂裕也于《东方杂志》第 41 卷第 16 号发表《新辨奸论》。著作方面则有：曙光出版社编《文化汉奸》（上海曙光出版社）、司马文侦著《文化汉奸罪恶史》（上海曙光出版社）、大同出版公司编《汉奸丑史》第 1 辑（江苏南京编者刊行）、大同出版公司编辑《汉奸丑史》第 3—4 辑合辑（上海编者刊行）、光明出版社编《汉奸百丑图》（江苏南京编者刊行）、光明出版社编《女汉奸脸谱》（上海编者刊行）、V 字编译社编《汉奸汪精卫》（V 字出版公司刊行）。曙光出版社编《文化汉奸》与司马文侦著《文化汉奸罪恶史》明确提出了"文化汉奸"之说。后书出版于 11 月，先以作者的《几句闲话》开场，主要内容有《三年来上海文化界怪现状》《"和平文化"的"大本营"》《沐猴而冠的大东亚文学者大会》等综述，然后是对"文化汉奸们"的"个别的叙述"。书中将张爱玲、张资平、关露、潘予且、苏青、谭正璧等另外16 个作家列为"文化汉奸"，重点是列数张爱玲的"卖国行为""罪恶事例"，抨击她在《杂志》《天地》《古今》等"汉奸"刊物上发表文章，还参加一些亲日性质的文化活动，像 1945 年 7 月21 日由《新中国报》主办的"纳凉会"等。作者指责"文化界的汉奸，正是文坛妖怪，这些妖怪把文坛闹得乌烟瘴气，有着三头六臂的魔王，有着打扮妖艳的女鬼"，主张对这些所谓"文奸"采取"有所处置"的行动。由于匆忙成书，《文化汉奸罪恶史》在学理上多有不周之处，但由此还原当时的具体场景，是书无疑具有一定的代表性。

　　3. 关于北京大学重建复兴的讨论。此为 9 月新任北京大学校长胡适、代理校长傅斯年首先要集中思考的问题。在北大校长的任命正式发布前，蒋介石曾属意于傅斯年，并征求过傅斯年的意见。傅斯年对胡适一向以师礼事之，对其极为尊重、信仰。故有一封恳切的信给蒋介石，极言北大校长非胡莫属。9 月 6 日，胡适任北大校长的令文正式发布。同日，傅斯年致电称："北大复校，先生继蒋梦麟先生，同人欢腾，极盼早归。此时关键甚大，斯年冒病勉强维持一时，恐不能过三个月。更当增设医、农、工三院，林可胜主张以协和为北大医科，乞在美进行。化工系可与侯德榜一商。此时恐非在美捐款及书籍不可。聘请教员亦须在美着手。乞先生即日进行，并作归计。"其中即涉及北大的发展方向问题。不过，在此之前，当时仍居于美国的胡适则自此前即陆续收到诸多学者的信函，每每涉及北京大学的后续如何发展复兴问题。2 月 10 日，时在美国的罗常培致信胡适，谈北大复校仍应以发展文史为主，说"陈仲甫先生临终的遗言，希望北大能保持文史研究的传统"，信中向胡适推荐各方面学术新进：文学有吴晓铃等，史学有张政烺等，哲学有任继愈、石峻等。希望胡适为他们谋求留学的机会。最后还谈及北大文学院应恢复《国学季刊》的问题。8 月 1 日，武汉大学校长周鲠生致信胡适，说蒋梦麟要到行政院，须免去校长职务，"此间北大朋友以为复兴北大，非兄莫属"。9 月 3 日，江泽涵也致信胡适说："今日是胜利日，北大事真是千头万绪，不知从何说起。蒋校长来昆明宣布他要辞职后就回重庆了。他是说你回来继任。他曾要锡予师代理校长，锡予师坚决的拒绝了，现在还是无人负责。本来学校的事都在毅生一人手中，他今日飞重庆，听说教育部派他去北平，不知道他真去北平否？现在可以负责的只有枚荪兄与锡予师在昆明。我觉得你做不做校长关系不大，但是你能早回北大一天，于北大的好影响越大。凡是与北大有关的人几乎全体渴望你回来。不知道你究竟能否提早回国，我们只怕北大仍旧敷衍下去，不能趁此整顿振作，未免太可惜了。"然后至 9 月 6 日胡适任北大校长的令文正式发布之日，则有汤用彤、段锡朋、吴景超、周炳琳、傅鹰等北大教授亦致电，盼早归国就职。10 日，杨联陞致信胡适，对胡适受任北大校长，表示"为学界前途贺"。

信中针对史学界的问题,提出一些想法,供其参考。认为"中国的史学界,需要热诚的合作跟公正的批评"。而现在的情况是"偏于闭门造车,大家不通气",所以提出七点建议。14日,江泽涵再次致函胡适,说:"你掌北大已有命令。你若在国外电辞,恐怕发生周折,于北大很不利。此事经过据我旁观,约如下:梦麟先生做官而兼校长,几全体不赞成。有些人以为他将来回来,暂时北大敷衍过去,也未尝不可,但这只是与他最接近的少数人,多数人很痛恨战时北大敷衍的不当。枚荪、孟真二位则从大道理上说,非要你来任校长不可。"19日,饶毓泰致信胡适,荐举一批人材,请胡适考虑聘为北大教授。提到的有张文裕、彭桓武、马仕俊、张宗燧、马祖圣、李作浩、李仲揆、汪敬熙、钱学森、郭永怀、黄昆等。同日,丁声树致信,为胡适长北大欢欣鼓舞,并发感慨:"从此振古未有之大变局,得此千载一时的良机,我们的国家若仍旧爬不起来,站不住脚,那不止是民族的羞辱,简直是人类文明的大耻。"信中转告沈兼士先生问候,并丁宁再三,请胡适寄《水经注》案全稿。21日,贺麟致信胡适,信中表示盼望早归,以主持北大复员工作。并说"孟邻先生(蒋梦麟)官兴正浓,且彼在行政院对于北大也极有帮助"。22日,罗常培再次致信胡适,谈北大复员问题。10月8日,饶毓泰连致胡适两信,谈聘任之事,建议聘马大猷主持电学工程系;又建议聘钱学森做北大工学院长。随信寄上钱学森所拟《工程科学系之目的及组织大纲》草案。饶毓泰认为此稿与自己所拟有许多相同而与一般工程学者之见解不同,"值得深切注意"。17日,傅斯年致胡适长信,报告北大"以胡继蒋"的前后经过,及为出席世界教育会议事,李石曾大攻朱家骅等情况。信中主要谈北大复员后的院系设置及添聘教员,筹措经费事,提出许多具体想法供胡适酌夺。上述各种意见对即将出任北京大学校长的胡适多少有些参考价值和启示意义。

4. 关于五四运动26周年的纪念与阐释。"五四"是一个永远值得纪念的节日,也是一个永远值得讨论的话题。先看国共双方的官方媒体:《中央日报》5月4日发表社论《展开现阶段的青年运动》,文中提出不管是工运、农运、妇运、青运,都必须汇合于以三民主义指导的国民革命运动,并鼓励青年积极投身抗战,宣称:"今日在国家为独立、民主与科学而从事最后战斗的时候,每一觉悟的青年!在这一有意义的节日,就应立下决心,继续去年十万从军青年的雄壮步伐,参加抗日战争"。同期还刊有知白《五四运动的本质》,指出五四运动之初,"其对外的一面,是反对日本的侵略;其对内的一面,是反抗北京政府的卖国",同样强调青年是五四运动的中心力量,后来又成为国民革命的中坚,与《展开现阶段的青年运动》主旨相近。同在5月4日,为了纪念"五四"并庆祝党的七大召开和苏联红军占领柏林,延安大学、延大鲁艺、延安中学、朝鲜革命军政学校等各类学校的教职员工、学生举行盛大纪念会。延安《解放日报》则在第一版刊登社论《迎接解放区青年联合会的成立》。同日,重庆中共机关报《新华日报》为纪念五四运动26周年发表社论《创造人民世纪的文化》,强调:人民世纪必然会产生出人民大众的文化,新的世纪开始了,新的文化有待于今后的努力创造。15日,重庆中共机关刊物《群众》月刊第10卷第9期刊发社论《智识青年与民主运动——"五四"二十六周年纪念》以及郭沫若4月27日所作的《"五四"课题的重提》。后文认为:"'五四'运动的课题是接受赛先生(科学)与发展德先生(民主)。这课题依然还是一个悬案。""我们今天的任务,依然要继续'五四'精神,加紧解决我们的悬案:接受科学并发展民主。""要做到这一层,总要有政治的民主化以为前提,学术研究得到自由,科学者的生活得到保障,一切都以人民为对象,科学才能够脱掉买办性质,而不致遭受恶用。科学精神也才能够得到鼓励而发扬起来。""我们必须重提起'五四'精神,为拯救中国,为拯救全人类而努力."这比较典型地代表了左翼阵营的观点。由中共南方局链接延安并延伸于重庆左翼阵营,纪念五四运动26周年的声势远远超过了国民党《中央日报》等官方媒体,实际上已基本掌控了五四运动26周年纪念与阐释的主导权,其中最为重要的平台是文协。5月4日,"文协"发布《为纪念文艺节公启》,已将五四与文艺节合二为一。同日午后,"文协"成立七周年和第一届文艺节的庆祝会同时在重庆文化会堂举行,郭沫若、茅盾、老舍、胡风、巴金、曹禺、潘梓年、王芸生、靳以、张恨水、孙伏园等百余人出席。主席邵力子以及郭沫若、王芸生、老舍相继讲话,老舍报告了会务。郭沫若强调:"纪念文艺节,必须继承发扬五四的民主科学精神","文艺界要完成这个使命,一方面必须消灭文化运动中的'三寸金莲'主义,另方面亦必须克服'高跟鞋'主义。""对于这些,要用全力扫荡。"《大公报》主编王芸生说:文艺界既定"五四"为文艺节,就应该从今天起继承"五四"精神,要有青年气,要有些爆炸力。国民党"五四"以来有意无意在复古,抹杀了新文化,这是值得当局来检讨的。希望今后作家有写作自由、思想自由。同日,茅盾4月19日所作的《五十年代是"人民的世纪"——纪念"文协"七周年暨第一届"五四"文艺节》刊于《抗战文艺》文协7周年特刊。5日,"文协"假青年会举行文艺欣赏会,胡风在会上作文艺报告,其主旨是以"五四"以来文艺发展的各个时期的情况,来说明要继承"五四"的民主与科学的传统,必须在人民大众里面生根,必须与人民大众结合起来,这样才能发扬光大。此外,力求超脱与国共之外的重庆《大公报》则于5月4日发表社评《五四杂感》以及茅盾的《文艺节的感想》。前文强调五四精神之可贵,在于思想自由,五四的口号是科学与民主,到今天更见其正确,并就民主精神作了重点阐释。后文提醒:今天的文艺运动正站在十字路口。文艺必须配合整个的民主潮流,"深入社会,面向人民",表现人民的喜怒爱憎,说出人民心坎里的话语。世界在前进,中国的文艺运动也一定得前进。大有时不我待之感! 从《大公报》这篇社论以及发表茅盾的左翼观点来看,《大公报》之立场与观点似有明显的变化。与重庆左翼紧密呼应的是成都。5月4日,中共川康特委通过成都民主青年协会串联,由成都各大中学校100多个进步社团联合发起,在华西大学足球场举行了有数千人参加的纪念"五四"青年节营火会。晚会以反对国民党独裁统治、争取民主、成立联合政府为主题,还提出了"国民党特务滚出学校"的具体口号。应邀参加营火会的教授有燕京大学沈体兰,四川大学李相符、彭迪先,华西大学吴耀宗、文幼章,金陵女大陈中凡,文学家叶圣陶,进步人士杨伯凯等。他们先后发表讲话,谴责国民党抗战不力,压制民主,贪污腐化,特务横行。叶圣陶主持大会并致辞,还朗诵了一首他新作的讽刺国民党独裁的短诗。燕京大学学生张瑀(苏予)代表到会全体学生讲话说:"我们今天纪念'五四',一定要发扬'五四'精神',争民主,反独裁,反对特务统治学校。"叶圣陶5月4日日记对此有具体记载。纪念"五四"的另一中心是昆明,可谓后来居上,盛况空前。先是田汉3月29日上午出席昆明戏剧文艺界在大观楼举行的欢迎游园会,并在叶露茜致欢迎词后发表讲话,说:"五四"运动所给吾人之课题,反帝反封建,提倡民主与科学,尚待吾人努力。号召发扬"五四"新文化传统,并发挥新的战斗精神。5月2日,国民党云南省执行委员会通过昆明市政府,向各校下达教字第124号密令,称"五四"纪念周活动"皆有不轨言行发生可能",要各校"务须严密防止学生参加非法活动"。但昆明纪念活动仍按预定计划进行。同日晚,西南联大新诗社举办"诗歌朗诵晚会"。晚会上到2000多人,闻一多、吴晗等先后发言,吴晗在会上发表了题为《论"五四"》的演讲,要求"青年人必然要继承五四光荣的传统精神,继承反帝的传统而反法西斯,反独裁,要求民主,要求自由,要求解放,配合着世界的民主潮流,努力于奠定人民世纪的伟业"。同日,潘光旦主持的自由论坛社组织五四纪念座谈会,座谈内容为"自由主义在中国",后以《自由主义在中国:五四纪念座谈会记录》刊于5月4日《自由论坛》周报第25期。3日晚7时,西南联大历史学会在新校舍北区东饭厅举办"五四以来青年运动总检讨会",有3500余人出席,气氛十分活跃。会上雷海宗、吴晗、曾昭抡、沈有鼎和同学60余人发言,最后由吴晗作结论。4日下午1时,西南联大、云南大学、中法大学、英语专科学校四校学生自治会在云大操场举行"五四纪念大会",闻一多与潘光旦、潘大逵、曾昭抡、吴晗、李树青等教授出席了大会。到会者还有中学生、职业青年、新闻记者及盟国友人,共6000余人,规模空前宏大。同日,闻一多《五四断想》《五四与中国新文艺》分别刊于西南联合大学悠悠体育会编辑的《五四周年纪念特刊》与西南联大、云大、中法、英专四校学生自治会联合编辑的《五四特刊》。5日下午6时半,文协昆明分会与西南联大文学会、外国语文学会、文艺社、冬青社,及云南大学文史学会、中法大学文史学会7团体在西南联大图书馆前大草坪联合举办纪念第一届文艺节晚会,闻一多、徐梦麟、罗庸、闻家驷、李何林、李广田、冯至、卞之琳、朱自清、周钢鸣、楚图南、尚钺、吕剑、常任侠等出席。吕剑首先报告《改五四为文艺节的经过和意义》,接着徐梦麟讲《五四运动的经过》,闻家驷讲《艺术与人生》,常任侠讲《五四以来的诗歌问题》,楚图南讲《抗战以来二三文艺问题》,尚钺讲《鲁迅》,周钢鸣讲《报告文学》,李何林讲《新文艺中的文艺批评》,李广田讲《文学的普及与提高》。像往常一样,压轴的仍是闻一多,他的讲题为《艾青与田间》。10日,闻一多作于4月27日的《五四运动的历史法则》刊于昆明《民主周刊》第1卷第20期。文中分析了封建势力与帝国主义互相并存、互相利用的关系,表现出闻一多运用阶级与阶级分析的方法认识中国社会与现实的思想。上述纪念活动演讲与文章秉承"五四"精神,与"五四"论题多有内在的关联。鉴于当时反内战、反独裁的特定背景以及昆明作为"民主堡垒"的特定标识,这些活动、讲演以及文章多被赋予"民主"的特殊意义。总的来看,抗战胜利前夕的五四运动26周年的纪念风向发生了重大变化,大致以重庆与昆明为两大中心,以中共及左翼为主导,以回归科学民主精神为宗旨,然后重点向民主方向推进,并衍为反内战、反独裁的民主广场运动。其中昆明与成都规模最为宏大,而重庆与昆明学术含量最高。

5. 关于"人民的文艺"观的讨论。郭沫若自去年提出"人民的教育"观之后,又于是年提出"人民的文艺"观。4月12日,郭沫若作《向人民大众学习》,刊于5月4日重庆《文哨》月刊第1卷第1期"五四"文艺节创刊号,又载6月17日延安《解放日报》以及次年《胶东大众》第30期。20日,郭沫若作《人民的文艺》,刊于29日重庆《大公报》,又作为代发刊词刊于次年1月1日《文艺生活》光复版第1期以及次年《胶东大众》第44期。文中说道:"今天是人民的世纪,我们所需要的文艺也当然是人民的文艺。""人民的文艺是以人民为本位的文艺,是人民所喜闻乐见的文艺,因而它必须是大众化的,现实主义的,民族的,同时又是国际主义的文艺。"4月28日下午,郭沫若往沙坪坝学生公社作讲演,后以《我们需要怎样的文艺?》为题刊于5月8日重庆《新华日报》,文中说:"我们不需要替统治者歌功颂德,替一家一姓歌功颂德,我们要歌人民大众的功,颂人民大众的德! 我们需要这样的文艺!""我们要以文艺来替人民服务,在科学的水平上走向人民文艺的道路。""现在是人民的世纪,我们反对法西斯,反对一个人的独裁专制,反对个人主义、侵略主义,这样才能勉尽文艺家的责任,才能满足人民的要求。""在政治上,是天下人之天下或少数人之天下的斗争;在文艺上,是人民的文艺和帝王文艺的斗争;现在我们不需要一人的文艺,而是需要人民的文艺。"10月15

日,郭沫若《人民世纪的文艺》刊于上海《建国日报·春风》第 6 期。12 月 17 日,郭沫若作《一切为了人民》,刊于《抗战文艺》月刊次年 5 月 4 日第 10 卷第 6 期。与郭沫若上述文艺观相呼应,茅盾、吴晗、闻一多也都高度重视人民的力量。上引 4 月 19 日茅盾作《五十年代是"人民的世纪"——纪念"文协"七周年暨第一届"五四"文艺节》(刊于 5 月 4 日《抗战文艺》文协七周年特刊)即以"人民的世纪"为题。6 月 8 日下午 3 时,茅盾出席由中苏文化协会、文协、剧协联合举行的茶会,欢送郭沫若赴苏出席苏联科学院 220 周年纪念盛会。茅盾在会上致词说,郭先生代表了中国人民,是以人民大使、文化大使的身份参与盟邦苏联的这一盛会的。希望郭先生把中国人民争取进步、自由的情形带给苏联,把苏联的文化进步的情形带回来。吴晗 5 月 2 日在联大举行"五四青年运动座谈会"发表了题为《论"五四"》的演讲时提醒青年,"只有用人民的力量才能解决人民本身的问题。只有用人民的力量,才能奠定人民的世纪"。闻一多 5 月 4 日在《大路周报》创刊号发表《人民的世纪——今天只有"人民至上"才是正确的口号》。"人民的世纪",是美国副总统华莱士去年访华时说的一句话,已成为大后方流行的一种口号。闻一多接过这句话,特别强调"人民至上",以反对所谓"国家至上"。6 月 14 日为诗人节,闻一多在昆明《诗与散文》"诗人节特刊"发表《人民的诗人——屈原》,此文从屈原是"宫廷弄臣的卑贱的伶官"身份、《离骚》的"人民的艺术形式"、《离骚》内容"无情的暴露了统治阶层的罪行"、屈原的"行义"四个方面,论述了屈原是人民的诗人。尽管郭沫若、吴晗、闻一多强调人民的力量、提出"人民的文艺"观,并称颂屈原为"人民的诗人",其思想渊源有所不同,但可以肯定的是彼此都受到马克思主义人民观以及毛泽东《在延安文艺座谈会上的讲话》的影响。去年 4 月间,何其芳和刘白羽受周恩来委派,随林伯渠率领的中共代表团到达重庆,向大后方的文艺工作者传达毛泽东《在延安文艺座谈会上的讲话》,并调查国统区文艺运动情况。5 月,文化界人士聚郭沫若家,欢迎从延安来渝的何其芳、刘白羽二人。他俩按周恩来的指示,先向郭沫若谈延安整风及文艺界情况。郭沫若深受启发,即按周恩来在延安的嘱托,第二天就召开了座谈会,请何其芳、刘白羽谈了延安整风情况、文艺座谈会前后及《讲话》精神。《在延安文艺座谈会上的讲话》提出的"文艺为人民大众、为工农兵服务的方向",本质上即是一种人民文艺观。9 月 22 日,为适应大批文艺工作者纷纷到前方的形势,时任《解放日报》副总编的艾思奇在《解放日报》发表社论《文艺工作者到前方去》,论述这一潮流的伟大意义,助推它的发展。社论说:最近,延安有大批文艺工作者到前方去,是延安文艺界空前的壮举。它的意义不仅在于规模大,更在于我们已经找到了唯一正确的方向,这就是文艺为工农兵、文艺工作者与工农兵结合的方向。"此与上述"人民的文艺"观是息息相通的,但郭沫若、闻一多、吴晗多少还是融合了西方理论的因素。考虑到当代文艺批评中"人民性"作为评价标准的重要性与普遍性,则郭沫若等率先提出的"人民的文艺"以及相关讨论具有先行性意义。

6. 关于"主观精神"的论争。胡风主编的《希望》1 月在重庆创刊,创刊号载有舒芜《论主观》与胡风《置身在为民主的斗争里面》。前文完成于 1944 年 2 月 28 日,文后有作者 9 月 27 日所作《附录》,共分为 12 个部分,从"新哲学"的崭新视角论述了人的主观精神在改造世界中所起的作用,以及在文艺创作中的地位,其矛头指向"一面向那边的复古运动进攻,一面向这边的教条主义进攻",但重心在于"机械——教条主义",作者以此为出发点集中批判了把自己封闭起来的教条主义的流弊,指出必须要从事物的实际运动中把握世界,而不应拘泥在已成的理论之中。对于当前的作家而言,就必须深入广大人民的生活中,以培养自己健全的"主观",来克服创作上的客观主义倾向。胡风此文本是配合舒芜《论主观》而作,但彼此的基点与视角有所不同,胡风所推崇的是批评现实主义,并试图将"主观精神"注入并融入批评现实主义之中,旨在"和目前泛滥着的,没有思想力的光芒,因而也没有真实性的迫力的形象的平庸性,即所谓客观主义进行文艺思想上的斗争",与舒芜批评的"机械——教条主义"互有异同。由于舒芜《论主观》与胡风《置身在为民主的斗争里面》力图从文艺反映民主革命这一角度,说明文艺要为"现实主义底前进和胜利而斗争",但却不适当地夸大了主观在文艺创作中的作用,所以难免由此引发争论。1月25日,由时任中共南方局文委负责人之一的冯乃超召开小型座谈会,讨论舒芜的文章《论主观》。茅盾在会上首先发言,认为此文对大后方文艺界情况的分析不符合实际,洋洋几万言,实际上是"卖野人头",说完即退席。参加座谈会的还有邵荃麟、冯雪峰、蔡仪、胡风、何其芳、刘白羽、林默涵等。何其芳、刘伯羽等也对舒芜的主观论提出批评。同月,由周恩来在曾家岩周公馆召开座谈会,继续讨论舒芜的《论主观》,并延伸至胡风的《置身在为民主的斗争里面》。在会上,茅盾谈了自己对《论主观》的批评意见。周恩来还以《子夜》为例,来说明文艺真实性的问题。总体而论,胡风对于当时南方局内部讨论的批评意见并不接受。尽管由周恩来出面,而且是"开会讨论"和"单独谈话"双管齐下,胡风"仍然没有被说服",而且还表示出了不满和反感情绪。此后争论也一直在延续,成为一场长达5年之久的文艺论争的主要焦点之一。吴永平《胡风如何"呼应"舒芜的〈论主观〉》(《盐城师范学院学报》(人文社会科学版)2007年第4期)认为:胡风的《置身在为民主的斗争里面》在诸多方面"呼应"了舒芜的《论主观》,既承接了舒芜文中的一些观念,也作了一些修正、补充和发展。举其大者,述列如下:其一,从反"(主观)完成"论到宣扬"自我扩张"论。其二,从"感性的人民"论到"精神奴役的创伤"论。其三,从"生活实践"论到"创作实践"论。概而言之,胡风当年通过《置身在为民主的斗争里面》"呼应"舒芜的《论主观》是确实的,也表明他们当年在文艺观,甚至政治追求上是相通、相近的。在当年党为实现宏大奋斗目标而全力促进思想统一(整风)的大环境下,胡风、舒芜放言批评整风中出现的新的"教条主义"倾向,要求继续解放思想和独立探索,其志可嘉,其情可悯,尽管他们自身也有理论素养不足、某些观点也不无偏激之处的问题。但他们的批评不合时宜,其社会效果并不理想。唐弢、严家炎主编《中国现代文学史(三)》(人民文学出版社1980年版)认为:"《论主观》力图从哲学史的角度说明主观问题,认为新哲学进入了约瑟夫(按:即斯大林)阶段""今天的哲学,除了其全部基本原则当然仍旧不变而外,'主观'这一范畴已被空前的提高到最主要的决定性的地位了。"并且在文艺上提出了"主观精神""战斗要求""人格力量"三个口号,认为这三者是决定文艺创作的关键。《置身在为民主的斗争里面》力图从文艺反映伟大的民主斗争这个角度,说明文艺"要为现实主义底前进和胜利而斗争",但他不适当地夸大了主观在文艺创作中的作用。胡风说:"文艺创造,是从对于血肉的现实人生的搏斗开始的",因而"要求主观力量底坚强,坚强到能够和血肉的对象搏斗,能够对血肉的对象进行批判"。胡风把作家在体现生活过程中的所谓"自我扩张"看作"艺术创造的源泉"。胡风虽然也说"与人民结合""思想改造",但他却强调劳动人民身上的落后面,说他们"随时随地都潜伏着或扩展着几千年的精神奴役的创伤。作家深入他们,要不被这种感性存在的海洋所淹没,就得有和他们底生活内容搏斗的批判的力量"。关于"主观精神"的论争在一定意义上说已经预示了胡风的悲剧。

7. 关于茅盾50寿辰暨创作生活25周年纪念与评价。6月21日,《新华日报》载:郭沫若、老舍、叶圣陶、洪深、陈白尘、巴金等24人发起,为茅盾诞辰50周年举行茶会。24日,重庆文化界、文艺界在白象街西南实业大厦举行集会,庆祝茅盾50寿辰和创作生活25周年,到会700多人。王若飞代表中共出席了茶会,邵力子以个人身份前来祝贺。到会的还有沈钧儒、柳亚子、马寅初、章伯钧、邓初民、刘清扬、胡子婴、张道藩等。苏联大使馆的一等秘书费德林、美国新闻处的窦爱士以及外国新闻记者等11位盟邦友人,刚从新疆监狱中死里逃生的赵丹、徐韬、王为一、朱今明也前来祝贺。纪念活动的主席沈钧儒首先致词,在表示了对茅盾的敬意之后,着重谈了三点看法:第一,茅盾先生的创作是有中心思想的,围绕这中心选择材料描写;第二,作品中表现出认清了整个时代的各种关系;第三,写老百姓的东西。他总起来说:"茅盾先生能抓住时代,是文化战士,现在什么问题都脱离不了时代,茅盾先生和我比起来还是青年,是青年的作家。"柳亚子说:"作为文艺家,要的是政治认识,'有所为'是对政治的认识。'有所不为'就是对政治的操守,没有操守思想就反动落后,对民族无一点好处,茅盾先生就是'有所为'与'有所不为'的作家。"邓初民说,今天的祝寿会,"是庆祝也是鞭策,不仅对茅盾先生是鞭策,对大家也是鞭策"。费德林宣读了苏联驻华大使彼得罗夫的贺信,信中说:"尊敬的茅盾先生:衷心祝愿您五十岁寿,并希望您的写作事业得到更辉煌的成就。苏联的读者,对您的天才和作品,有着崇高无比的估价。苏联读者普遍敬仰和热烈欢迎您底大作。"在会上讲话的还有邵力子、王若飞、窦爱士、马寅初、刘清扬、常任侠(刚从昆明来)、冯雪峰(代表文艺界)、傅彬然(代表出版界)等。祝寿茶会结束以前,茅盾起来答谢。同日,《新华日报》发表了社论《中国文艺工作者的路程》,概述了茅盾在文艺上所走过的道路。此外,还发表了王若飞的代论《中国文化界的光荣中国知识分子的光荣——祝茅盾先生五十寿日》,追述了茅盾所走过的路程和贡献。该报还出了纪念专页,发表了叶圣陶的《略谈雁冰兄的文学工作》、亚子的《祝茅盾先生五十双寿》《诗》、恨水的《一段旅途回忆——追记在茅盾先生五十寿日》、吴组缃的《为中国现实主义文学祝贺》。同日,老舍《给茅盾兄祝寿》刊于《大公报·文艺》第71期。文中高度评价了茅盾的革命精神与创作道路,文章最后希望茅盾再写出十部八部比《子夜》更伟大的作品。同日,成都文化界庆祝茅盾50寿辰和创作25周年。参加者有李劼人、叶圣陶、陈白尘、黄药眠,沈志远等。叶圣陶说:"我们要和茅盾一样:提着灯笼在黑夜里行走。现在成都、重庆、昆明各地到处有人点着灯笼,光明越聚越多,黑暗终将被冲破。"25日,昆明文艺界在文艺沙龙庆祝茅盾创作25周年及50寿辰,李公朴、闻一多、田汉、吴晗、朱自清、楚图南、李何林、光未然、韩北屏、邵荃麟、马子华、宋云彬、何家槐、吕剑、李广田等20余人到会。大家对茅盾给予了很高评价。26日,昆明《扫荡报·扫荡副刊》发表了纪念茅盾创作25周年及50寿辰的文章,计有田汉的《忆茅盾》、邵荃麟的《感谢和希望》等。同月,黄炎培与杨卫玉、俞颂华联名祝茅盾先生50寿,称颂茅盾一身兼为社会文学家、民族文学家和民间文学家三种资格之一人。8月3日,《新华日报》发表《文艺》杂志、《文哨》月刊的《茅盾文艺奖金征文启事》。10月1日,《文哨》第1卷第3期为"茅盾先生五十寿展暨创作二十五周年纪念特辑",发表了叶圣陶、吴组缃、沙汀、艾芜、叶以群的回忆和纪念文章。在此补充一下:8月上旬,茅盾开始创作一生中唯一的一个剧本《清明前后》。9月26日,该剧在重庆青年会正式公演。29日,郁文哉在重庆《新民报》晚刊发表《读〈清明前后〉》,文中认为:"中国民族工业的厄运是中国现代经济史的重要内容之一,也是中国现代文学的重要主题之一。中国文艺家首先而且正确地把它反映入作品中去的,当推茅盾先生。"文章还指出:"《子夜》和《清明前后》两书虽然都是描写中国民族工业的厄运,但其间已明白表示出有着一个距离。吴荪甫失败得发了疯;林永清则终于觉悟起来了。这是中国民族工业家的一个进步。"10月1日,金同知在《新华日报》发表《〈清明前后〉观后感》,认为"茅盾先生以纯真的感情,细腻朴实的笔,在观众眼前展露了一幅幅人生的画面。""《清明前后》的演出,有着深刻积极的意义,它对现在的明确、尖锐、严正的针砭,正标贴出了大后方剧运的一个新的起点,一个好的倾向和好的作用和范例。"12日,何其芳在《新华日报》上发表《〈清明前后〉的现实意义》,说《清明前后》是茅盾的一部力作,因它有着尖锐又丰富的现实意义。这个剧本毫不含糊地提出问题,说明问题,更告诉我们一个创作家需要有明确的立场和观点。没有人民大众的立场,没有科学的观点,我们无法使我们的艺术与真理相结合。"

8. 关于贺敬之《白毛女》的讨论。贺敬之、丁毅执笔,鲁艺集体创作的大型歌剧《白毛女》6月10日为党的第七次全国代表大会代表演出,毛泽东与全体中央委员和"七大"代表出席观看,演出获得巨大成功。该剧以由西北战地服务团邵子南从前方带回的河北民间传说故事作为题材,并首先写出诗剧初稿,后由鲁艺集体创作,贺敬之、丁毅执笔。马可、张鲁、瞿维、焕之、向隅、陈紫、刘炽作曲,王大化、舒强、张水华导演,许珂舞台设计。由于《白毛女》在思想上的高度成就,使它成为解放区影响最大、最受欢迎的剧目。在引起了强烈反响的同时,也出现各种不同意见。7月17日起,《解放日报》开展关于《白毛女》的"书面座谈"。是日发表的综合报道中,有的指出:此剧"演出时间之久,场次之多,在延安是罕见的""受到观众热烈的欢迎",特别在党的第七次代表大会之后演出,是"适时生动的阶级教育"。有的称赞它"赋予歌剧以浓厚的话剧成分""适当运用、改造并创作民间歌曲""中外乐器大规模配合伴奏"以及"舞台装置的简单而有特色""是突破既成形式的创造,是有建设性的创造,这创造,给我们增加了创作新歌剧的信心和勇气""开辟了创造新歌剧的道路"。也有的对歌剧提出一些修改意见:一、写农民向黄世仁斗争不够有力,颇为概念化。二、喜儿山洞生活(三场)和到娘娘庙取食(二场)太多了,占全剧6幕18场的四分之一。三、戏里的农民都写得软弱、无知、落后。四、开明绅士的出现太突然,是作者硬加进去的。希望剧作者进一步了解新农村,把戏改得更好。7月21日,季纯在《解放日报》发表"书面座谈"文章《〈白毛女〉的时代性》,除肯定该剧的教育意义和表演、音乐、置景方面的成就外,同时,还尖锐指出时代描写不真实的问题。8月1日,解清(黎辛)在《解放日报》撰写评论《谈谈批评的方法——读〈"白毛女"的时代性〉》,文中针对季纯的批评给以反批评,说季纯的文章没有认识到人民群众喜爱《白毛女》的真正原因,认为季纯的意见带有主观的公式的倾向,而且批评的立场和态度也是不可取的。2日,《解放日报》又以"书面座谈"发表以下诸文:夏静《〈白毛女〉的演出效果》认为该剧的成功,在于它有生活,通过合理的生动的形象,使你感到剥削的罪恶和封建统治的黑暗。主题明确,爱谁,恨谁,同情谁,非常清楚。看后令人感动。同时认为全剧在音乐效果和气氛方面还可进一步改进。唱泉《〈白毛女〉观后感》认为《白毛女》的歌与剧结合得"非常自然而和谐",并借用电影手法,使场景"变换迅速",效果甚好。陈陇《生活与偏爱——关于〈白毛女〉》认为《白毛女》是相当成功的剧作。美中不足的是该剧内容有些拘于"传说"的形式,整个戏前紧后松,前三场和后三场有些不调和,不匀称,前边细致形象,后面概念空泛。《白毛女》的问世以及相关讨论,在延安文艺史上具有重要意义。

其他相关论争或讨论还有:关于"民主""自由"论争的延续、关于直觉表现的论争、关于文工会的撤销与评价、关于"文协"成立7周年的总结与评价、关于侯外庐思想史的评价、关于曹禺文学创作的讨论等。

　　上述学术论争之外，聚焦于重要学术论题的论著尚有：孙本文、王凤喈、赵兰坪编著《三民主义与社会科学》，王亚南著《社会科学论纲》《中国社会经济史上的法则问题》，竺可桢著《中国古代何以不能产生近代科学》，马叙伦著《思想解放》，刘明水著《国学纲要》（上下册），孙渠著《哲学解蔽论》，冯友兰著《新原道》（一名《中国哲学之精神》），熊十力著《读经示要》，郭沫若著《先秦学说述林》《十批判书》，金景芳著《易通》，陈梦家著《老子分释》，罗根泽著《墨子探源》，杨荣国著《中国十七世纪思想史》，贺麟著《当代中国哲学》，洪谦著《维也纳学派哲学》，汤用彤著《印度哲学史略》，陈大齐著《因明大疏蠡测》，黄建中著《比较伦理学》，太虚著《建设现代中国佛教谈》，吴恩裕著《马克思的政治思想》，张申府著《独立与民主》，钱穆著《政学私言》，陈觉玄著《中国民主思想发展史》，萧公权著《中国政治思想史》，杨向奎著《西汉经学与政治》，杨幼炯著《中国近代政治思潮论》，胡秋原著《近百年来中外关系》，王宠惠著《五十年来的外交》，冯自由著《华侨革命史话》，姚枬著《中南半岛华侨史纲要》，张贵永著《西洋外交史研究》，王兴瑞著《清末革命保皇两党关系史》，朱偰著《明季社党研究》，钱端升、萨师炯等著《民国政制史》（上册），李建芳著《各国民族统一运动史论》，马寅初著《战时经济论文集》，傅筑夫著《社会经济史的分段及其缺点》，乔启明著《中国农村社会经济学》，徐道邻著《唐律通论》，蒋百里著《国防论》，孙本文著《社会思想》，萨孟武著《中国社会政治史》（第 1 册），余精一著《中国社会经济史论》，林炎著《中华民族的由来》，施瑛著《中国民族史讲话》，岑仲勉著《从人种学看天山南北之民族》《饕餮即图腾并推论我国青铜器之原起》，常乃惪著《中国社会之史的发展》，陶行知著《普及现代生活教育之路及其方案》（生活教育社丛刊），邹鲁著《我对于教育之今昔意见》，陈科美著《教育社会学讲话》，大春著《由学术观点谈大学教育》，李安宅著《意义学》，陈望道著《修辞学发凡》，李辰冬著《新人生观与新文艺》《三国水浒与西游》，薛凤昌著《文体论》，胡风著《民族战争与文艺性格》（胡风第三批评论文集），范泉著《战争与文学》，刘永济著《十四朝文学要略》，苏雪林著《昆仑之谜》，闻一多著《说鱼》，罗常培著《汉魏六朝专家文研究》，陈寅恪著《陶渊明之思想与清谈之关系》，朱恕之著《文心雕龙研究》，罗根泽编著《晚唐五代文学批评史》（中国文学批评史第 4 分册），陈子展著《宋代文学史》，王玉章著《宋元戏曲史商榷》，周贻白著《中国戏剧小史》，李何林编著《近二十年中国文艺思潮论》，张天翼等著《贾宝玉的出家》，谭正璧著《日本所藏中国佚本小说述考》，许杰著《现代小说过眼录》，茅盾著《对于文坛的一种风气的看法——谈长篇小说需要之多及其写作》，胡风著《在混乱里面》（胡风第五批评论文集），柳无忌著《印度文学》，吴景嵩著《现代欧洲艺术思潮》，滕固著《中国美术小史》，吕澂著《西洋美术史》，陈康著《书学概论》，柳诒徵著《史原》《史权》，吕思勉著《历史研究法》，陆懋德著《史学方法大纲》，吕振羽、翦伯赞等著《中国历史论集》，徐文珊著《历史教育论》，吴泽著《中国历史简编》，顾颉刚著《我们要补足旧史的缺陷》《黄河流域与中国古代文明》，翦伯赞著《略论中国文献学上的史料》，董作宾著《殷历谱》，胡厚宣著《甲骨学商史论丛二集》，郭沫若著《青铜时代》，吴康著《尚书大纲》，陈梦家著《西周年代考》，马元材著《秦史纲要》（上册），顾实著《汉书艺文志讲疏》，陈垣著《通鉴胡注表微》，王光福编《黑契丹纪事本末》，沈曾植注《元朝秘史》，萧一山著《清代史》，潘公展编《五十年来的世界》，周登云著《近百年世界史纲（1850 年至 1945 年）》，华岗著《苏联外交政策史论》，侯外庐著《苏联历史学界诸论争解答》，柴德赓著《鲒埼亭集谢三宾考》，钱穆著《王守仁》，朱东润著《张居正大传》，范文澜著《汉奸刽子手曾国藩的一生》，许寿裳编著《章炳麟》,蒋梦麟著《西潮》,陆朔著《从美国现在的 TVA 说到我国将来的 TVA》,陈正祥著《西北区域地理》,吴其昌著《子馨文在》,张寿镛著《约园杂著三编》,祝文白著《两千年来中国图书之厄运》,夏丏尊著《中国书业的新途径》,等等。竺可桢《中国古代何以不能产生近代科学》认为我国近世科学不发达之原因,在于我国学以致用之主张,把利害之价值放在是非价值之上。而社会上一般提倡科学的人们,也只求科学之应用。郭沫若著《先秦学说述林》《十批判书》皆为经典名著。后书收录《古代研究的自我批判》《孔墨批判》《儒家八派的批判》《稷下黄老学派的批判》《庄子的批判》《荀子的批判》《名辩思潮的批判》《前期法家的批判》《韩非子的批判》和《吕不韦与秦王政的批判》等十篇论文,以及《后记——我怎样写〈青铜时代〉和〈十批判书〉》《后记之后》。冯友兰《新原道》除绪论外,共有10 章,即孔孟、杨墨、名家、老庄、易庸、汉儒、玄学、禅宗、道学、新统。作者《自序》云:"此书所谓道,非《新理学》中所谓道。此书所谓道,乃讲《新理学》中所谓道者。《新理学》所谓道,即是哲学。此书讲《新理学》所谓道,所以此书非哲学底书,而乃讲哲学底书。此书之作,盖欲述中国哲学主流之进展,批评其得失,以见新理学在中国哲学史中之地位。"萧公权《中国政治思想史》在《绪论》中指出:"吾国政制自商周以来,凡经三变:商周之际,部落社会渐进而成封建天下,此为一变;始皇并吞六国,划天下为郡县,定君主专制之制,此为二变;满清失政,民国开基,二千年之君制遂告终止,此为三变,段落分明。"此书被认为是中国政治思想史领域的奠基性著作之一,开创了中国政治思想研究的新局面。美国汉学家牟复礼穷十余年之力移译此书,后由普林斯顿大学印行。杨向奎《西汉经学与政治》被认为是针对顾颉刚《五德终始说下的政治与历史》而作,论述了五行说的起源及"五德终始说"于西汉的发展,于西汉经学今古文之别之外,又提出孟学与荀学之别,反对康有为等关于刘歆编伪群经,王莽以伪篡汉的观点。王宠惠《五十年来的外交》将我国近五十年来之外交,大致分为国民政府成立以前与国民政府成立以后两个阶段。最后强调"吾人须知外交与内政密切相关,欲求外交之胜利,必须先谋内政之修明"。马叙伦《思想解放》提出"解放思想实为解放一切之基础""思想本极度自由者,今乃曰思想解放,对桎梏而言者也,必已经桎梏而后乃言解放"。陈寅恪著《陶渊明之思想与清谈之关系》推许陶渊明"为人实外儒而内道,舍释迦而宗天师者也。推其造诣所极,殆与千年后之道教采取禅宗学说以改进其教义者,颇有近似之处。然则就其旧义革新,'孤明先发'而论,实为吾国中古时代之大思想家,岂仅文学品节居古今之第一流,为世所共知者而已哉!"但汤用彤遗稿《魏晋玄学与政治思想》,对陈寅恪的《陶渊明之思想与清谈之关系》的研究方法及结论有所不满。王亚南《中国社会经济史上的法则问题》指出:"最近二十年中的中国社会史的研究,虽然使中外经济史学者关于中国社会的理解,有了一些根本的改变,即不再把中国社会看成需要另制一套历史立论或法则,始能加以说明的东西,但中国社会史上的许多特殊表象,毕竟不是硬套现成公式所能解释的。"林炎《中华民族的由来》分上下两篇简单论述中国民族的由来及中国社会史的分期。上篇分列中国民族的东来、西来、南来、北来诸家学说及科学研究的展开情况和安特生、沙发诺夫等人的观点。下篇简述"中国社会史之谜"及郭沫若、胡秋原、李季、杨东莼、陈邦国、王宜昌、熊得山、周谷城、陶希圣、钱亦石、吕振羽、杜畏之、桑谷克己、佐野袈裟美及作者对这个问题的不同看法。常乃惪《中国社会之史的发展》同意"社会发展有一定必然的轨道",但是不主张以社会经济形态的发展来划分历史时期,而提出以"社会权力的转移"作为历史分期标准。从商代到春秋末叶是"封建社会",亦即"贵族权的社会";战国秦汉时代封建社会已经崩溃，是所谓"君权社会"；魏晋北朝则形成第二期的"封建社会"；至宋明以后则又形成第二期的"君权社会"。苏雪林《昆仑之谜》的缘起是在研究屈原《天问》过程中，不可避免涉及中国古代历史与地理，其中"昆仑"一词犹迷雾缠绕、混沌一团。鉴此，作者共列六大问题，并为之一一解谜：一、昆仑一词何时始见于中国载记；二、汉武帝考定昆仑公案；三、中国境内外之昆仑；四、何者为神话昆仑？何者为实际昆仑？五、昆仑与四河；六、昆仑与中国。闻一多《说鱼》是试图用文化人类学方法研究古代诗歌的论文，认为"鱼"是古人运用很普遍的一个隐语，它所代替的是"匹偶""情侣"。作者特别强调"隐语"的作用，说它是一种充沛着现实性的艺术。茅盾《对于文坛的一种风气的看法——谈长篇小说需要之多及其写作》认为长篇小说的创作之所以"成了一时的风尚"，其主要原因在于社会的要求和需要，目前大家都愿意写长篇的风气，"对于新文艺的将来必将产生深远的影响"。柳诒徵《史原》《史权》二文即系被称为柳诒徵"文史学晚年定论"的《国史要义》前两篇。顾颉刚《我们要补足旧史的缺陷》提出："我们要想补足旧日史家留给我们的缺陷，要想由史料的整理得见旧日社会的全貌，但这些社会的全貌要的的确确是由史料中显示出来的，而不是我们有意或无意中想象出来的。这是我们的任务，也是我们的要求。"翦伯赞《略论中国文献学上的史料》不仅代表了翦伯赞在史料学研究方面的深度与广度，也显示出唯物史观派史学在 20 世纪 40 年代开始重视史料的新动向。董作宾《殷历谱》历时 10 年，数易其稿，至 1943 年秋初稿基本完成，但限于条件在李庄无法铅印，同时由于大量引用甲骨卜辞也不便于铅印，于是董作宾就准备手写石印。又用了一年零八个月的时间，于 1945 年 4 月完成，以中央研究院历史语言研究所专刊出版，石印二百部，每部都有编号，此书确立了董作宾作为"甲骨四堂"的学术地位，陈寅恪对此书赞赏有加，谓"病中匆匆拜读一过，不朽之盛业，唯有合掌赞叹而已""抗战八年，学术著作当以《殷历谱》为第一部，决无疑义也"。陈垣《通鉴胡注表微》深入研究《资治通鉴》胡三省注，历时 3 年，写成《通鉴胡注表微》20 篇。这是作者对以往史学研究具有总结性意义的论著。其中是年先行出版的"前十篇言史法"，即考据与史评，是对于史学研究方法的总论，结合胡注的研究，建立起自己的方法体系。此书乃陈垣最后一部专著，也是他史学研究晚年所达到的最高境界。柴德赓《鲒埼亭集谢三宾考》获第五届教育部学术审议委员会"补助学术研究及奖励著作发明"奖人文社会科学类著作二等奖。朱东润《张居正大传》12 月由开明书店出版，此书与梁启超的《李鸿章传》、吴晗的《朱元璋传》、林语堂的《苏东坡传》一起被誉为"20 世纪四大传记"。陆朔《从美国现在的 TVA 说到我国将来的 TVA》所谓的 TVA，是英文 The Tennessee Valley Authority 的缩写，是美国的一个区域建设机构。"这个机构，我们一般译为'田纳西流域管理总局'。"是文指出："TAV 的方案，是美国的一种区域设计，系以某一定流域和可受它开发影响的毗连地方为范围的。凡某一河流和它的支流所穿行的地方就是叫作流域，而此流域和他流域的划分就是分水线为界的。"蒋梦麟著《西潮》乃作者前半生的回忆录，用英文写于在昆明西南联大工作期间。作者利用抗战期间躲空袭的闲暇，在没有灯光、没有桌椅的防空洞里，用随身携带的铅笔和硬面笔记本，写成这样的一部自传。1957 年才由作者译成中文在台湾出版。全书分"满清末年""留学美国""民国初年""国家统一""中国生活面面观""抗战时期"和"现代世界中的中国"等 7 部分。蒋梦麟的个人经历即蕴含于这一"西潮"之中。

聚焦于学术史的重要论著有：钱穆著《中国学术思想之分期》，王治心著《中国学术史上四大争端》之一、二，方豪著《十七八世纪中国学术西被之第二时期》，侯外庐著《中国近世思想学说史》(下卷)《章太炎关于"分析名相"的经史一元论》,傅芸子著《近年来国学研究在北京》,孙本文等编著《中国战时学术》,曹日昌著《现代心理学的发展及其趋势》,张贵永著《从英国先期浪漫主义到赫尔德的历史思想》,等等。钱穆《中国学术思想之分期》5月刊于重庆《中央周刊》第7卷第17期。文中认为:"近贤讲论中国学术思想,每以先秦为第一期,两汉以下为第二期。细审实有未当。若论政治史,以先秦为限断,此甚贴切。先秦前为'封建政治',而秦后则为'郡县政治'也。若论社会经济史,似不如以五代为划时代之界线。五代以前,可称为'门第社会'。宋以后则为'平民社会'。论其经济,宋以前中国经济偏在北部黄河流域,大体为大农制度。宋以后则偏于南方长江流域,大体为小农制度。但论学术思想,则其情形又不同。窃谓中国学术思想,当以两汉以前为第一期,魏晋以后又为一期;直至明末以来,则渐渐走上第三期。"其中第一期学术,为经学与子学对抗之时期;第二期学术,则为佛学与理学争衡之时期。古代学术无论那一家那一派,都注重在集体意识上,以国家大群为讨论的出发点与归宿处;孔、老、墨、法,莫不皆然。而魏晋南北朝以下的学术,便比较偏重个人方面,以自己内心为出发点与其归宿处。故第一期为集体观念之学,第二期为个人观念之学。第一期学术思想的重要问题,多偏重于历史、社会、政治、经济、天下治乱、民族盛衰,而第二期学术思想的主要问题,则更偏重于自己的"心""性"。晚明以下,应该是第三期学术思想的开始,惟仍在萌芽时代。自道、咸以下,西方新学术、新思想东渐,情形更复杂了。这条路,大体说之,应该仍是晚明以来想走的路子。应该是重新回复到第一期的集体观念上去,而同时也应该以第二期之学术,个人心性之自修自证悟其本,而以第一期所看重的国族大群、治国平天下之大经大纶尽其用。这庶乎是"内圣外王"与"全体大用"合一之学,庶乎是第三期学术之康庄大道。王治心《中国学术史上四大争端》之一、二刊于《大众》第30—31期。此文分两期对中国学术史上四大争端:"今文古文之争,程朱陆王之争,汉学宋学之争,科学玄学之争"进行了介绍:一、今文古文之争。"秦灭以后,汉初搜求经书,以汉代通行的隶书写定的,成为今文经,如世所传的熹平石经及汉碑等是;后来由孔壁中及其他所搜寻得的古籀文原本,称为古文经,如世所传的钟鼎石鼓文之类;因此,就有两种不同的文字的经籍,而有古今文的分别。更从文字不同而引起的争端,牵连到意义上去,今文专明微言大义,通经致用;古文多详章句训诂,考证古制。二、程朱陆王之争。"自宋至明,前后约六百多年间,称之为理学时代,理学本为儒学的别称,也有称之道学的,《宋书》中于《儒林传》之外别立《道学传》以示区别。因为他们虽然也是发扬孔子,却与汉唐的面目有些两样,带些道佛思想在内,所以梁任公称它为'儒表佛里'之学。"三、汉学宋学之争。"清代学术上劈头第一问题,即为汉学与宋学,什么叫汉学宋学? 皮锡瑞经学历史上这样说:'治经必宋汉学,而汉学亦有辨:前汉今文说,专明大义微书;后汉雅古文,多详训诂章句。章句训诂不能尽餍学者之心,于是宋儒起而言义理,此汉宋之经学所以分也。'这是说明汉宋学的分别。"四、科学玄学之争。这是五四运动以后的一件新事体,是发生于民国十二年前后的。这里面分成三方面意见:(一)以为人生观是超科学的,(二)以为人生观是受科学支配的,(三)以为人生观有一部分可以用科学来支配,一部分是超科学的。侯外庐所著《中国近世思想学说史》(下卷)6月由重庆三友书店出版。作者提出:"所谓中国'近代'云者,严格地说,明末清初至十九世纪中叶以前,是封建社会的末世,已有资本主义生产关系的萌芽,故本书的第一编、第二编,乃封建社会末世的思想史;十九世纪中叶至二十世纪二十年代,中国逐步沦为半殖民地半封建社会,故本书的第三编,乃半殖民地半封建社会的思想史,也就是旧民主主义革命时期的思想史。这种时代的断限,是学术思想史作出科学判断的根据,应该重视。本书第一编标为'十七世纪中国学术之新气象',实已表明在封建末世具有资本主义萌芽的历史条件下,学术思想已有新的气氛。本书第三编标为'十九世纪思想活动之巨变',实示中国历史进入近代后学术思想的划时代剧变。但是也应该承认,这种认识当时还没有象后来那样明确。""过去出版过梁启超的《清代学术概论》和《近三百年中国学术史讲义》,出版过钱穆的《近三百年中国学术思想史》。他们都是用资产阶级的观点方法治学术思想史的,尽管罗列材料,作出论断,但是不能揭露本质,得出科学的结论。"而《中国近世思想学说史》则是"用马克思主义的观点方法研究近三百年思想史的尝试"。侯外庐《章太炎关于"分析名相"的经史一元论》认为章氏的学术活动"在中国学术史上是19世纪末叶的有价值遗产。他的经史一元论,是继承了清初傅青主'经子皆王制',章实斋'六经皆史'的思想,而发展为一家之言"。孙本文等编著《中国战时学术》收文12篇,分别介绍抗战7年中的哲学、文学、教育学、社会学、政治学、法律学、经济学、心理学、地理学、自然科学等方面的发展情况。傅芸子《近年来国学研究在北京》刊于《文化年刊》第2卷。此文回顾北平沦陷时期国学研究的成绩,谓"自事变以还,北大清华,师大燕大,或陷于停顿,或至于解散,惟余辅大中大,仍维持原状,弦歌未辍。一般专门学者多散而之四方,亦有隐居都门者,当时北京之学术界颇呈落寞之势,而国学之研究亦稍现静止之状态"。又谓:"史学方面近年较为发达,仍推陈援庵新著最多,陈氏以数十年之力,专治史学,博通淹贯,一时无俦。近年所撰《明季滇黔佛教考》《南宋初河北新道教考》二书,博大精微,与前撰《旧五代史辑本发覆》《元西域人华化考》诸书,均为同一不朽之业。"上述数文皆为典型的学术史论之作。(以上参见本书"学术背景""学术活动""学术论文""学术著作""学者生卒"栏所引文献与出处,以及章恒忠、王亚夫主编《中国学术界大事记(1919—1985)》,上海社会科学院出版社1988年版;中央教育科学研究所编《中国现代教育大事记1919—1949》,教育科学出版社1988年版;王学典《20世纪史学编年(1900—1949)》,商务印书馆2014年版;付祥喜《20世纪前期中国文学史写作编年研究》,北京师范大学出版社2013年版;中国大百科全书总编辑委员会《中国大百科全书·考古学》,中国大百科全书出版社2002年版;张岂之主编《民国学案》,湖南教育出版社2011年版;王学珍等编《北京大学纪事(1898—1997)》,北京大学出版社1998年版;清华大学校史研究室编《清华大学一百年》,清华大学出版社2011年版;齐家莹编《清华人文学科年谱》,清华大学出版社1999年版;南京大学高教研究所编《南京大学大事记(1902—1988)》,南京大学出版社1989年版;北京师范大学党委办公室、北京师范大学校长办公室《北京师范大学纪事》,北京师范大学出版社2012年版;张玮瑛、王百强、钱辛波主编《燕京大学史稿》,人民中国出版社2000年版;吴定宇主编《中山大学校史(1924—2004)》,中山大学出版社2006年版;刘长鼎、陈秀华《中国现代文学运动史》,山东文艺出版社2013年版;艾克恩编纂《延安文艺运动纪盛》,文化艺术出版社1987年版;孙国林编著,王佳钰、王增辉校订《延安文艺大事编年》,陕西师范大学出版总社2016年版;文天行编《国统区抗战文艺运动大事记》,四川省社会科学院出版社1985年版;沈卫威《学衡派编年文事》,南京大学出版社2015年版;吴永贵《民国图书出版史编年:1912—1949》,社会科学文献出版社2018年版;王震《20世纪上海美术年表》,上海书画出版社2005年版;欧阳哲生《纪念"五四"的政治文化探幽——一九四九年以前各大党派报刊纪念五四运动的历史图景》,《中共党史研究》2019年第4期;郝智浩《延安时期党对五四运动的纪念——以〈解放日报〉为中心的考察》,《毛泽东思想研究》2021年第1期;商金林《几代人的"五四"(1919—1949)》,《新文学史料》2009年第3期;苏国安《南京国民政府时期学校教育政策研究》,河北大学博士学位论文,2010年;周韬《南京国民政府文化建设研究(1927—1949)》,湖南师范大学博士学位论文,2008年;张志云《〈文艺先锋〉(1942—1948)与国统区文艺运动》,四川大学博士学位论文,2007年;熊飞宇《中共中央南方局与重庆抗战文学》,四川大学博士学位论文,2011年;李扬《从第三厅、文工会看国统区抗战文艺(1937—1945)》,中国社会科学院研究生院博士学位论文,2010 年;吴敏《1940 年代前后延安的文化组织与文学社团》,复旦大学博士学位论文,2006 年;杨兴东《大学校长领导特质与大学变革研究——基于北大代校长傅斯年的个案分析》,山东师范大学硕士学位论文,2010 年;胡晓蓉《梅贻琦"教授治校"思想研究》,山西大学硕士学位论文,2012 年;王立《沿着〈闻一多的道路〉向前——王康与他的〈闻一多的道路〉》,《郭沫若学刊》2019 年第 2 期;唐正芒、周鹏飞《抗战胜利后内迁高校的东返复员述略》,《中州学刊》2015 年第 7 期;王磊《建国前后的史学转型(1937—1956)》,中国人民大学博士学位论文,2009 年;冯务中《"历史周期率"对话及其文本若干细节问题之考证》,《毛泽东研究》2022 年第 2 期;欧阳军喜《胡适与太平洋国际学会——兼论现代中国自由主义的两难处境》,《安徽史学》2006 年第 1 期;张颖夫《晏阳初"平民教育"理论与实践研究——基于当代中国社会转型期的视角》,西南大学博士学位论文,2009 年;林建华《中间路线与知识分子的分化研究》,中国社会科学院博士后论文,2009 年;吴锦旗《抗战时期大学教授的政治参与研究》,南京大学博士学位论文,2009 年;于景洋《张西曼思想研究》,东北师范大学博士学位论文,2010 年;汤一介《1945—1948 年汤用彤先生与北大复校——汤用彤与胡适、傅斯年》,《北京大学学报(哲学社会科学版)》2013 年第 3 期;吴海勇《1928 年至 1948 年〈中央日报〉对五四运动的评论》,《上海党史与党建》2009 年第 5 期;于文善《抗战时期重庆马克思主义史学研究》,华东师范大学博士学位论文,2011 年;冯晓蔚《吴晗在昆明的民主之路》,《党史纵览》2018 年第 9 期;吴永平《胡风如"呼应"舒芜的〈论主观〉》,《盐城师范学院学报(人文社会科学版)》2007 年第 4 期;高鹏程《〈大众文艺丛刊〉对〈在延安文艺座谈会上的讲话〉精神的传播与实践研究》,吉林大学博士学位论文,2021 年;王佳钰《〈白毛女〉历演不衰七十年》,《党史博采(纪实版)》2015 年第 6 期;闻黎明、侯菊坤《闻一多年谱长编》(增订版),上海交通大学 2014 年版;杨武能、邱沛篁《成都大词典》,四川辞书出版社 1995 年版)